中華大藏經編輯局編

中華大藏經

漢文部分

九七

中華書局

圖書在版編目(CIP)數據

中華大藏經:漢文部分. 第97册/《中華大藏經》編輯局編. —
北京:中華書局,1984. 4(2023. 11 重印)
ISBN 978-7-101-01450-1

Ⅰ. 中… Ⅱ. 中… Ⅲ. 大藏經 Ⅳ. B941

中國版本圖書館 CIP 數據核字(2016)第 050372 號

內封題簽:李一氓
裝幀設計:伍端端

中華大藏經(漢文部分)
第九七册
《中華大藏經》編輯局 編
*
中 華 書 局 出 版 發 行
(北京市豐臺區太平橋西里 38 號 100073)
http://www.zhbc.com.cn
E-mail:zhbc@zhbc.com.cn
北京建宏印刷有限公司印刷
*
787×1092 毫米 1/16 · 59¼印張 · 2 插頁
1984 年 4 月第 1 版 2023 年 11 月第 4 次印刷
定價:600.00 元

ISBN 978-7-101-01450-1

中華大藏經(漢文部分)

第九十七册目録

千字文編次　稼——載

稼

一八二〇　注大乘入楞伽經十卷

宋東都沙門寶臣注述

(宋崇寧藏本)

注大乘入楞伽經卷第一 并序　時

東都沙門 寶臣 述

達磨西來本自不立文字楞伽東付以印傳佛心宗雖叢林此話大行而衲子猶患幽眇粵有實叉難陀大德出於李唐久視年間互收三翻之品題謚足一經之妙理方諸前古文數暢而義昭然直使後來力不勞而功必倍當時稱爲大備詁釋未見其人寶臣輙集數注之舊書一卷移作七軸之新說補其罅漏考實闕疑正爲晨焉知尊敢効珎珠自衒庶學道之士盡觀其致焉

新譯大乘入楞伽經序

天冊金輪聖神皇帝製

蓋聞摩羅山頂既最崇而最嚴楞伽城中實難往而難入先佛弘宣之地曩聖修行之所爰有城主號羅婆那乘宮殿以謁○尊顏奏樂音而祈妙法因峯以表興指藏海以明宗所言入楞伽經者斯乃諸佛心量之玄樞群經理窟之妙鍵廣喻幽旨洞明深義不生不滅非有非無絕去來之二途離斷常之雙執以第一義諦得最上妙珎體諸法之皆虛知前境之如幻混假名之分別等生死與涅槃大慧之問初陳法王之旨斯發一百八義應實相而離世間三十九門破邪見而宣正法曉名相之並假祛妄想之迷衿依正智以會如如悟緣起而歸妙理境風既息識浪方澄三自性皆空二無我俱泯入○如來之藏遊解脫之門原此經文來自西國至若元嘉建號跋陀之譯未弘（劉宋初譯四卷本）延昌紀年流支之義多舛（後魏次譯十卷本）朕虔思付囑情切紹隆以久視元年歲次庚子林鍾紀律炎帝司辰于時避暑箕峯觀風潁水三陽宮內重出斯經討三本之要詮成七卷之了教三藏沙門于闐國僧實叉難陀大德大福先寺僧復禮等並名追安遠德契騰蘭襲龍樹之芳猷探馬鳴之祕府戒香與覺花齊馥意珠共性月同圓故能了達沖微發揮奧賾以長安四年正月十五日繕寫云畢自惟菲薄言謝珪璋顧四辨而多慚贍一乘而罔測難違緇俗之請強申翰墨之文詞拙理乖彌增媿恧伏以此經微妙最爲希有破重昏之暗傳燈之句不窮演流注之功湧泉之義無盡題目品次列于後云

大乘入楞伽經

題標說經之所曰楞伽者此云難往也謂衆寶所成光映日月遊空夜叉所居此城在摩羅山頂其山高峻下瞰大海傍無門戶得神通者堪能升往乃表心地法門無心無證者方能入也下瞰大海表其心海本自清淨因境風所轉識浪波動欲明達境心空海亦自寂心境俱寂事無不照猶如大海無風日月森羅煥然明白此經直爲上根頓說種子業識爲如來藏異彼二乘滅識趣寂者故亦爲異彼權教修空菩薩空增勝者故直明識體本性全真便明識體即成智用如彼大海無風即境像便明心海法門亦復如是○言經者梵音修多羅此云契經也契謂契法契機若獨契其法則法不應機獨契其機則機不達法經謂常也以貫攝爲義顯乎前聖後聖所說皆然故言常持諦理而不忘故云貫總群生而教之故曰攝又云如織經爲緯而成之在乎其人

大唐　三藏于闐國實叉難陀譯

按唐敬愛寺譯經沙門智嚴所注此經劉宋譯本其首序云梵文廣略通有三本廣本十萬頌次本三萬六千頌略本四千頌此方前後凡四譯皆是略本四千頌文一本舊闕大藏中現存三本者○劉宋元嘉十二年中天竺三藏求那跋陀羅於金陵草堂寺譯成四卷唯一品來文未足題曰楞伽阿跋多羅寶經（在身字函）二者後魏三藏菩提流支延昌二年於洛陽汝南王宅及鄴都金華寺兼補闕文凡三品經譯成一十卷分爲十八品題曰入楞伽經（在伏字函）三者唐久視初于闐國三藏實叉難陀沙門復禮等既譯畢華嚴新經（八十卷者是）而見此經前譯兩本頗略未馴意重潤色以廣流通續奉　詔再譯遂於嵩嶽天中蘭若會三本文（上二本并一梵本）　勅成七卷凡一十品題曰大乘入楞伽經（在四字函）故御製序云元嘉建號跋陀之譯未弘延昌紀年流支之義多舛今此注者正釋唐本仍將流支所譯餘八品題如次間入注文經中亦成一十八品庶知文有始終理無二致讀者易曉○或謂學者以爲達磨所指唯四卷輙諸七軸之多且易爲力殊不知首經初譯文字簡古首尾文闕洪儒碩德尚且病其難於句讀序引題跋自有明文（蘇東坡元豐間爲張文定公寫此經四卷本自作跋云楞伽義趣幽眇文字簡古讀者或不能句讀顧爲首序亦云之詞常苦楞伽經難讀則鈍人可知）斯經參同三本得其純全句義昭著試發而讀之則知思過半矣

羅婆那王勸請品第一

自下正釋經文義分爲三謂序正流通也此品即序分從問答品訖廣重頌凡十七品名正宗分最後一頌名流通分初四卷本此一品經全闕獨首有六行餘文以爲略序言羅婆那者未見正譯即夜叉王也勸請如來入寶山中說自證法復請大慧菩薩而爲啓問之首故言勸請言品者義類同者聚在一段故名品品是經總四千頌有一十八品此品建初故云第一

如是我聞

舉所聞之法體也謂如是一部經義我昔親從佛聞故佛地論云傳佛教者言如是之事我昔曾聞此總合釋信聞也○若離釋之如是者信成就也智度論云佛法大海信爲能入智爲能度經無豈約非信不階故稱如是有云聖人說法但爲顯如唯如爲是又云如者當理之言是者無非之稱今則云如即真空是即妙有既無有外之真故空而非斷無真外之俗故有而非常即對破權宗邪宗以彰中道故云如是○我聞者聞成就也將欲傳之於未聞若有言而不傳即爲虛設不在能說貴在能傳故次明我聞也我即文殊阿難五蘊假者云何稱我我有四種一凡夫徧計二外道宗計三諸聖隨世假分賓主四法身真我今是後二無前二種凡外計我我既無我聞亦無聞從緣空故不壞假名即不聞聞

爾若約此經旨趣即傳法菩薩以我無我不二之真我
而闡真俗無礙之法門也
一時佛
言一時者時成就也時者亦隨世假立時分也。一者揀
異餘時。如來說經時有無量不能備舉。一言略周故云
一時。即法王啓運嘉會之時也。佛者主成就也。梵音佛
陀。此云覺者。謂自他覺滿之者。起信論云。所言覺者謂
心體離念。離念相者等虛空界。無所不徧。法界一相。即
是如來平等法身。則以無念名之爲覺。然有三義。一自
覺。覺知自心本無生滅。二覺他。覺一切法無不是如。三
覺滿。自他理圓稱之爲滿。故知有念即不名覺。起信云
一切衆生不名爲覺。以無始來念念相續未曾離念。又
云若有衆生能覺無念者。即爲向佛智故
住大海濱摩羅山頂楞伽城中
此處成就也。眞身無在而無不在。故次辨之。言大海濱
摩羅山頂者。通舉說處也。此山在大海中。高五百由旬。
非神足力皆不能到。楞伽者。別舉說場也。此云難往。義
見前題。言中者。佛好中道。外中天降中國。中夜滅。皆表
中道也。今處城中說自證法中道義也
與大比丘衆及大菩薩衆俱
衆成就也。從假入空觀偏破生死。即先列聲聞也。從空
入假觀偏破涅槃。即後列菩薩也。二邊既離則中道現
前。大比丘者具五義故。一名怖魔。二名乞士。三名破惡
四名淨命。五名名字僧。大菩薩者具云菩提薩埵也。菩
提此云覺。即所求佛果。薩埵此云有情。即所化衆生。又
云此求菩提之有情也。俱者一時一處也。是謂六義圓
成三疑頓息
其諸菩薩摩訶薩悉已通達五法三性諸識無我善知境
界自心現義遊戲無量自在三昧神通諸力隨衆生心現
種種形方便調伏。一切諸佛手灌其頂皆從種種諸佛國
土而來此會大慧菩薩摩訶薩爲其上首
此讚菩薩德也。摩訶大也。言五法三自性。八識二無我

者是四妙門攝世出世一切諸法。下正宗分備明此義
也。悉已通達者言諸菩薩悉已究竟通達此法無礙也
○善知境界自心現義者謂三界依正迷悟生死境界
唯是自心現義。菩薩善能如實了知不從外得也。○
遊戲無量自在三昧神通諸力者。謂遊戲自心所現無
量自在解脫三昧正受六通十力也。曰遊戲者何也。謂
已得無量自在既神且通。忘己任物彼此無滯。則處處
有樂故曰遊戲也。○隨衆生心現種種形方便調伏者。
謂隨衆生心即是自心現境界中衆生既殊心色亦異。
隨類示現方便調伏也。○一切諸佛手灌其頂者是皆
行窮十地蒙灌頂加。言位尊也。皆從種種諸佛國土而
來此會大慧菩薩爲其上首者。謂有大神德從異方來。
上首菩薩具大智慧故云大慧。上通明證信序竟
爾時世尊於海龍王宮說法過七日已從大海出有無量
億梵釋護世諸天龍等奉迎於佛。爾時如來舉目觀見摩
羅耶山楞伽大城即便微笑而作是言昔諸如來應正等
覺皆於此城說自所得聖智證法非諸外道臆度邪見及
以二乘修行境界。我今亦當爲羅婆那王開示此法
從此至品終。別明發起序也。言世尊者。謂具上如來等
九號爲世所尊也。梵謂色界梵王。釋即帝釋爲欲界主。
護世謂四天王。諸天龍等者即天龍八部也。如來即諸
法如義。應正等覺者謂正覺即自心如理智妙觀真諦
也。等覺即自心如量智徧觀俗諦也。是謂佛佛祖祖唯
以自一念心照真達俗成無上覺。故云昔諸如來應正
等覺也。餘義如文可知
爾時羅婆那夜叉王以佛神力聞佛言音遙知如來從龍
宮出梵釋護世天龍圍遶見海波浪觀其衆會藏識大海
境界風動轉識浪起發歡喜心於其城中高聲唱言我當
詣佛請入此城令我及與諸天世人於長夜中得大饒益
言夜叉王承佛神力見海波浪不能現像觀其衆會如
來藏識其如性海亦復如是爲於無明境界風動轉識
浪生不能發現無邊德用即起歡喜心當詣請佛入此

城中說楞伽是事。令諸衆生無明風息識浪不生心海澄
清無德不現也
作是語已即與眷屬乘花宮殿往世尊所到已下殿右遶
三匝作衆伎樂供養如來所持樂器皆是大青因陀羅寶
琉璃等寶以爲間錯無價上衣而用纏裹其聲美妙音節
相和於中說偈而讚佛曰

心自性法藏　無我離見垢　證智之所知　願佛爲宣說
善法集爲身　證智常安樂　變化自在者　願入楞伽城
過去佛菩薩　皆曾住此城　此諸夜叉衆　一心願聽法

大青因陀羅寶。含諸物像對即變應。是夜叉等所持樂
器皆是此寶而又間錯以琉璃等寶纏裹以無價上衣
音聲美妙節奏相和。中說三偈而讚於佛。初一偈上三
句正讚所證真心自性是諸法藏。從本已來具足無量
性功德故無二我執離五見垢。唯佛與佛乃能證知。第
二一偈讚請佛入城。上三句如次讚三身。第四一句正
請。第三一偈敘昔佛菩薩皆曾住此城。世尊亦應爾我
等願聽法
爾時羅婆那楞伽王以都吒迦音歌讚佛已復以歌聲而
說頌言

世尊於七日　住摩竭海中　然後出龍宮　安詳昇此岸
我與諸婇女　及夜叉眷屬　喻迦娑剌那　衆中聰慧者
悉以其神力　往詣如來所　各下花宮殿　禮敬世所尊
復以佛威神　對佛稱己名　我是羅刹王　十首羅婆那
今來詣佛所　願佛攝受我　及楞伽城中　所有諸衆生
過去無量佛　咸昇寶山頂　住楞伽城中　說自所證法
世尊亦應爾　住彼寶嚴山　菩薩衆圍遶　演說清淨法
我等於今日　及住楞伽衆　一心共欲聞　離言自證法
我念去來世　所有無量佛　菩薩共圍遶　演說楞伽經
此入楞伽典　昔佛所稱讚　願佛同往尊　亦爲衆開演
請佛爲哀愍　無量夜叉衆　入彼寶嚴城　說此妙法門
此妙楞伽城　種種寶嚴飾　牆壁非土石　羅網悉珍寶
此諸夜叉衆　昔曾供養佛　修行離諸過　證智常明了

夜叉男女等　渴仰於大乘　自信摩訶衍　亦樂令他住
唯願無上尊　爲諸羅刹衆　甕耳等眷屬　往詣楞伽城
我於去來今　勤供養諸佛　願聞自證法　究竟大乘道
願佛哀愍我　及諸夜叉衆　共諸佛子等　入此楞伽城
我宫殿婇女　及以諸瓔珞　可愛無憂園　願佛哀納受
我於佛菩薩　無有不捨物　乃至身給侍　唯願哀納受

時羅婆那王上以樂音讃請佛此復以歌聲說偈請佛者表情無情同也對稱已名我是羅刹王十首羅婆那者謂羅刹王表諸衆生根本無明即主也十首表利鈍十使由無明生是一切塵勞煩惱之首也願佛攝受我所有諸衆生我宫殿彩女乃至身給侍唯願哀納受等如經自明大意即表能達無明實性即是佛性内外塵勞一切煩惱自然隨順正徧知覺故云給侍納受也言以都咤迦音及喻甕剌那者未見正譯摩訶衍者此云大乘

爾時世尊聞是語已即告之言夜叉王過去世中諸大導師咸哀愍汝受汝勸請詣寶山中說自證法未來諸佛亦復如是此是修行甚深觀行現法樂者之所住處我及諸菩薩哀愍汝故受汝所請作是語已默然而住

佛語夜叉王許受彼請故默然而住

時羅婆那王即以所乘妙花宫殿奉施於佛佛坐其上王及諸菩薩前後導從無量婇女歌詠讃歎供養於佛往詣彼城到彼城已羅婆那王及諸眷屬復作種種上妙供養夜叉衆中童男童女以寶羅網供養於佛羅婆那王施寶瓔珞奉佛菩薩以挂其頸爾時世尊及諸菩薩受供養已各爲略說自證境界甚深之法

言佛及諸菩薩受供養已各爲略說甚深法要

時羅婆那王并其眷屬復更供養大慧菩薩而勸請言

我今請大士　奉問於世尊　一切諸如來　自證智境界
我與夜叉衆　及此諸菩薩　一心願欲聞　是故咸勸請
汝是修行者　言論中最勝　是故生尊敬　勸汝請問法
自證清淨法　究竟入佛地　離外道二乘　一切諸過失

彼王復供養大慧菩薩請爲我等及諸菩薩奉問如來自證智法離諸過失入佛智地

爾時世尊以神通力於彼山中復更化作無量寶山悉以諸天百千萬億妙寶嚴飾一一山上皆現佛身一一佛前皆有羅婆那王及其衆會十方所有一切國土皆於中現一一國中悉有如來一一佛前咸有羅婆那王并其眷屬楞伽大城阿輸迦園如是莊嚴等無有異一一皆有大慧菩薩而興請問佛爲開示自證智境以百千妙音說此經已佛及諸菩薩皆於空中隱而不現

言如來以神通力復於彼山化現如上依正重重無盡境界乃至空中隱而不現一一如華嚴會中彌勒彈指樓閣門開善財入已見彼莊嚴大樓閣中而有無盡百千樓閣廣大莊嚴亦復如是彼無盡百千樓閣中一一各有無盡百千樓閣一一樓閣前各有彌勒菩薩一一彌勒菩薩前各有善財童子一一善財童子皆悉合掌在彌勒前乃至從三昧起忽然不見此二皆表超情離見廣大自在無障礙法界也即諸佛與衆生交徹淨土與穢土融通法法皆更互莊嚴塵塵徧含法界相入相即無盡重重令其悟修圓明證入矣

羅婆那王唯自見身住本宫中作是思惟向者是誰誰聽其說所見何物是誰能見佛及國城衆寶山林如是等物今何所在爲夢所作爲幻所成爲復猶如乾闥婆城爲翳所見爲燄所惑爲如夢中石女生子爲如煙焰旋火輪耶

諸法既隱楞伽王唯見自身住本宫中此明不離當處也作是思惟即起尋伺觀也諦觀諸法誰說誰聽爲是何物覓諸法相了不可得

復更思惟一切諸法性皆如是唯是自心分別境界凡夫迷惑不能解了無有能見亦無所見無有能說亦無所說見佛聞法皆是分別如面所見不能見佛不起分別是則能見

復更思惟正念觀察得如實觀了諸法性無能無所無見無聞是名真實見也

時楞伽王尋即開悟離諸雜染證唯自心住無分別往昔所種善根力故於一切法得如實見不隨他悟能以自智善巧觀察永離一切臆度邪解住大修行爲修行師現種種身善達方便巧知諸地上增進相常樂遠離心意意識斷三相續見離外道執着内自覺悟入如來藏趣於佛地

此明夜叉王由如實觀尋即開悟證唯自心住無分別智也所謂得如實見不隨他悟者言迷悟多歧亦無別法迷時迷境爲物悟時了境即心悟即覺迷非別有一悟而從外來故云不隨他悟也能以自智善巧觀察永離臆度邪解者謂理則頓悟乘悟併消若作勝解即墮群邪唯以善巧智觀察即無勝解之心耳善達方便巧知諸地上增進相者謂既如實悟復達善巧方便則諸地始終永無委曲相也故樂遠離心識妄見直趣佛地三相續義如下廣明

聞虛空中及宫殿内咸出聲言善哉大王如汝所學諸修行者應如是學應如是見一切如來應如是見一切諸法

言夜叉王既開悟虛空宫殿爲之讃可言應如是學應如是見如是者隨順如實之辭也許其此學此見皆如實故諸佛如來見一切法亦同如是見也前來既以化境爲說法此復以宫殿爲讃可何也豈非發真歸源虛空宫殿自然消殞色空依正同一法界誰能爾也

若異見者則是斷見汝應永離心意意識應勤觀察一切諸法應修内行莫着外見莫墮二乘及以外道所修句義所見境界及所應得諸三昧法汝不應樂戲論談笑汝不應起圍陁諸見亦不應着王位自在亦不應住六定等中

此明種種勸其離異見若異見者則是斷見謂若異此如實之見則爲斷滅見也汝應永離心意意識應勤觀察一切諸法者言自證法非心意識境界故當遠離之勤觀察者當如理觀察一切法性也應修内行者當潛行密用也莫着外見者即下所謂二乘外道句義境界也圍陁諸見者即外道婆羅門遵奉梵天所說四圍陁書可十萬偈咸口相傳不書皮貝亦不應住六定等中

者即外道異計欣猒六行伏惑等定也如一種外道計第四禪無想一天為涅槃而於欲界修無想定厭下三禪及於欲界為苦麤障欣上無想天是淨妙離故得下三禪及欲界惑伏而不行命終即生無想異熟經五百劫還即墮落流轉生死如是等六行伏惑邪定皆不應住耳

若能如是即是如實修行者行能摧他論能破惡見能捨一切我見執着能以妙慧轉所依識能修菩薩大乘之道能入如來自證之地汝應如是勤加修學令所得法轉更清淨善修三昧三摩鉢底莫着二乘外道境界以為勝樂如凡修者之所分別外道執我見有我相及實求那而生取着二乘見有無明緣行於性空中亂想分別

言若不着二乘外道諸見方能如實修行摧破他論惡見及捨我執等能以妙慧轉所依識者即四智轉八識也入如來自證地者言與諸佛同得同證也善修三昧三摩鉢底者三昧此云正定亦云正受為正定不亂能受諸法淨持簡擇故又以無境可動名為正定無物可受名為正受三摩鉢底此云等至為正定能發生正慧等持諸法至勝位故此法宜善修也外道執我見有我相及實求那取着者求那此云功能謂外道執有我相及四大蘊界處有實功能取着色聲香味觸法及二乘見有十二緣不了性空於中亂想分別故勸於此莫生外道取着及二乘妄想也

楞伽王此法殊勝是大乘道能令成就自證聖智於諸有中受上妙生楞伽王此大乘行破無明翳滅識波浪不墮外道諸見行中楞伽王外道行者執着於我作諸異論不能演說離執着見識性二義善哉楞伽王汝先見佛思惟此義如是思惟乃是見佛

所謂此法者何法為自心住無分別法也殊勝非昧劣法方能成就自證聖智也於諸有中受上妙生者謂能證此殊勝法必能於諸有中上品受生不趣下劣也所謂破無明翳滅識波浪者無明能障蔽慧目業識波浪能鼓動心源此大乘行能破滅之識性二義者為外道既執着我見於異論中不能演說離見識性法非法義也汝先見佛如是思惟者言夜叉王汝先見佛能如實思惟此義乃是真見佛之見也

爾時羅婆那王復作是念願我更得奉見如來如來世尊於觀自在離外道法能說自證聖智境界超諸應化所應作事住如來定入三昧樂是故說名大觀行師亦復名為大哀愍者能燒煩惱分別薪盡諸佛子衆所共圍遶普入一切衆生心中徧一切處具一切智永離一切分別事相我今願得重見如來大神通力以得見故未得者得已得不退離諸分別住三昧樂增長滿足如來智地爾時世尊知楞伽王即當證悟無生法忍為哀愍故便現其身令所化事還復如本時十頭王見所曾覩無量山城悉寶莊嚴一一城中皆有如來應正等覺三十二相以嚴其身自見其身徧諸佛前悉有大慧夜叉圍遶說自證智所行之法亦見十方諸佛國土如是等事悉無有別

言夜叉王復念願得重見如來佛即知彼當悟深法復現其身令所化事如本不異含徧一切無盡重重時十首王自見其身徧諸佛前悉有大慧夜叉圍遶說自覺聖智所證之法亦見一切佛刹如是等事與前無別

爾時世尊普觀衆會以慧眼觀非肉眼觀如師子王奮迅迴眄欣然大笑於其眉間髀脇腰頸及以肩臂德字之中一一毛孔皆放無量妙色光明如虹拖暉如日舒光亦如劫火猛焰熾然時虛空中梵釋四天遥見如來坐如須彌楞伽山頂欣然大笑

此明如來普觀衆會欲為說法言慧眼非以肉眼者為肉眼礙而非通故不能普觀故以慧眼觀之於其眉間髀脇腰頸及以肩臂德字之中一一毛孔皆放光明者如來凡放光必表法非苟然也今此會眉間七處俱放光明豈非表圓明中道離徧計依他成就衆德乎時虛空中釋梵諸天遥見如來坐如妙高楞伽山頂欣然大笑笑非無所以也

爾時諸菩薩及諸天衆咸作是念如來世尊於法自在何因緣故欣然大笑身放光明默然不動住自證境入三昧樂如師子王周迴顧視觀羅婆那念如實法

是時菩薩及諸天衆咸念如來何因緣故欣然而笑身放光明入三昧樂周旋迴顧觀夜叉王疑必有以也

爾時大慧菩薩摩訶薩先受羅婆那王請復知菩薩衆會之心及觀未來一切衆生皆悉樂着語言文字隨言取義而生迷惑執取二乘外道之行或作是念世尊已離諸識境界何因緣故欣然大笑為斷彼疑而問於佛佛即告言善哉大慧善哉大慧汝觀世間愍諸衆生於三世中惡見所纏欲令開悟而問於我諸智慧人為利自他能作是問大慧此楞伽王曾問過去一切如來應正等覺二種之義今亦欲問未來亦爾此二種義差別之相一切二乘及諸外道皆不能測

言大慧知菩薩衆會之心及觀未來一切衆生迷惑執取為斷彼疑而問於佛佛嘆善哉為利自他能起是問謂夜叉王曾問過去諸佛是二種義今亦欲問未來亦爾二乘外道所不能測既已曾問今復欲問未來亦爾於是二義果誠不知耶

爾時如來知楞伽王欲問此義而告之曰楞伽王汝欲問我宜應速問我當為汝分別解釋滿汝所願令汝歡喜能以智慧思惟觀察離諸分別善知諸地修習對治證真實義入三昧樂為諸如來之所攝受住奢摩他樂遠離二乘三昧過失住於不動善慧法雲菩薩之地能如實知諸法無我當於大寶蓮花宮中以三昧水而灌其頂復現無量蓮華圍遶無數菩薩於中止住與諸衆會遞相瞻視如是境界不可思議楞伽王汝起一方便行住修行地復起無量諸方便行汝定當得如上所說不思議事處如來位隨形應物汝所當得一切二乘及諸外道梵釋天等所未曾見

是時如來知楞伽王欲請問其速問欲解釋滿其願言善知諸地者即知初地乃至不動善慧法雲及佛地

也修習對治證眞實義者即於諸地加功用行治所治障不遺邪路也於大寶蓮花宮中三昧水灌其頂者謂行與佛同爲法王子入灌頂位也佛復教其起一平等行及無量差別行定當得如上所說境界唯汝楞伽王親證所能得之非二乘外道釋梵所能見也

爾時楞伽王蒙佛許已即於清淨光明如大蓮華寶山頂上從座而起諸婇女衆之所圍遶化作無量種種色華種種香末香塗香幢幡幰蓋冠珮瓔珞及餘世間未曾見聞種種勝妙莊嚴之具又復化作欲界所有種種無量諸音樂器過諸天龍乾闥婆等一切世間之所有者又復化作十方佛土昔所曾見諸音樂器又復化作大寶羅網遍覆一切佛菩薩上復現種種上妙衣服建立幢幡以爲供養作是事已即昇虛空高七多羅樹於虛空中復雨種種諸供養雲作諸音樂從空而下即坐第二日電光明如大蓮花寶山頂上歡喜恭敬而作是言我今欲問如來二義如是二義我已曾問過去如來應正等覺彼佛世尊已爲我說我今亦欲問於是義唯願如來爲我宣說世尊變化如來說此二義非根本佛根本佛說三昧樂境不說虛妄分別所行善哉世尊於法自在唯願哀愍說此二義一切佛子心皆樂聞爾時世尊告彼王言汝應問我當爲汝說

言楞伽王蒙聽許即化粧嚴供具所謂種種華香幢幡幰蓋瓔珞即莊嚴諸具幰即帳屬也又化欲界所有及過天龍等世間諸佛國土所有樂器以爲供養表其欽法也復於虛空中雨諸供養從空而下表其請法謙下恭敬也言過去如來已爲我說者明三世如來同一法也世尊變化如來所說二義非根本佛說者謂報化非眞佛亦非說法者故欲世尊根本佛爲說也世尊告言當爲說二義也

時夜叉王更着種種寶冠瓔珞諸莊嚴具以嚴其身而作是言如來常說法尚應捨何況非法云何得捨此二種法何者是法何者非法法若應捨云何有二有二即墮分別相中有體無體是實非實如是一切皆是分別不能了知阿賴耶識無差別相如毛輪住非淨智境法性如是云何可捨

此正問如來法與非法二義云何可捨也前以莊嚴具供養此復以莊嚴具嚴身何也此表進問威儀不敢輕易餘義經文自明

爾時佛告楞伽王言楞伽王汝豈不見瓶等無常敗壞之法凡夫於中妄生分別汝今何故不如是知法與非法差別之相此是凡夫之所分別非聖智見凡夫墮在種種相中非諸聖者楞伽王如燒宮殿園林見種種焰火性是一所出光焰由薪力故長短大小各各差別汝今云何不如是知法與非法差別之相楞伽王如一種子生芽莖枝葉及以花果無量差別外法如是

此正荅前問如來先舉瓶等無常及焰火性種子生芽三喻以明法與非法差別之相使其易明

內法亦然謂無明爲緣生蘊界處一切諸法於三界中受諸趣生有苦樂好醜語默行止各各差別又如諸識雖是一隨於境界有上中下染淨善惡種種差別楞伽王非但如上法有差別諸修行者修觀行時自智所行亦復見有差別之相況法與非法而無種種差別分別楞伽王法與非法差別相者當知悉是相分別故

此舉三內法合前喻以無明爲緣合前瓶喻以諸識合火性喻以修觀行合種子喻然瓶以造作爲義由無明緣能造根身器界種種不同火以熏變爲義由諸識能熏變一切染淨諸法差別種子以發生爲義由修觀行自智發生亦復見有差別之相如是法喻各有以也是三法總明二義悉是相分別故

楞伽王何者是法所謂二乘及諸外道虛妄分別說有實等爲諸法因如是等法應捨應離不應於中分別取相見自心法性則無執着瓶等諸物凡愚所取本無有體諸觀行人以毗鉢舍那如實觀察名捨諸法楞伽王何者是非法所謂諸法無性無相永離分別如實見者若有若無如是境界彼皆不起是名捨非法復有非法所謂兎角石女兒等皆無性相不可分別但隨世俗說有名字非如瓶等而可取着以彼非是識之所取如是分別亦應捨離是名捨法及捨非法楞伽王汝先所問我已說竟

上正荅法與非法二義如經自明金剛經無着釋論即云法尚應捨者實相生故何況非法者理不應故亦皆破其有無情見令自證入如大香象擺壞羇鏁自在而去耳言毗鉢舍那者此云觀舉觀必同修止止者梵音奢摩他偏圓諸教釋義不同大意謂一念稱理攝散歸寂曰止寂而常照曰觀起信論以此二行合爲一門共相助成不相捨離若止觀不俱則無能入菩提之道深密經云衆生被相縛及爲麤重縛要勤修止觀乃尒得解脫故天台以止觀慈悲導身口意業及誓願爲安樂行是皆以止觀爲能修萬善爲所修也深密楞嚴涅槃等經瑜伽起信止觀等論廣明其義

楞伽王汝言我於過去諸如來所已問是義彼諸如來已爲我說楞伽王汝言過去但是分別未來亦然我亦同彼楞伽王彼諸佛法皆離分別已出一切分別戲論非如色相唯智能證爲令衆生得安樂故而演說法以無相智說名如來是故如來以智爲體智爲身故不可分別不可以我相分別不可以人衆生相分別何故不能分別以意識因境界起取色形相是故離能分別亦離所分別楞伽王譬如壁上彩畫衆生無有覺知世間衆生悉亦如是無業無報諸法亦然無聞無說楞伽王世間衆生猶如變化凡夫外道不能了達楞伽王能如是見名爲正見若他見者名分別見由分別故取着於二楞伽王譬如有人於水鏡中自見其像於燈月中自見其影於山谷中自聞其響便生分別而起取着此亦如是法與非法唯是分別由分別故不能捨離但更增長一切虛妄不得寂滅寂滅者所謂一緣一緣者是最勝三昧從此能生自證聖智以如來藏而爲境界

此言如來復爲夜叉王徵破種種妄分別見使其離念寂滅發生正見言楞伽王汝言我於過去諸如來所已

問是義彼諸如來已爲我說汝言過去但是分別未來亦然我亦同彼彼諸佛法皆離分別乃至爲令衆生得安樂故者此明過現未來三無差別也如來以智爲身不可以我人衆生相分別乃至離能所分別者謂心佛衆生三無差別也譬如壁上畫衆生無有覺知世間衆生亦如是無業無報諸法亦然無聞無說此先舉喻次以法合也又言譬如有人於水鏡中自見其像於月燈中見影於山谷中聞響此皆喻衆生以自心取自心於無色像中起色像執法與非法分別亦尓若了虛妄寂滅一緣生自證智出是非是則合如來藏妙淨明心以爲境界信哉此品雖目爲正宗之發起即便能了根本無明入佛知見矣

大乘入楞伽經問答品第二

將釋此品略答五門一來意二宗趣三解妨難四釋名五釋文初來意者前品序分由致既彰正宗宜顯故此品來也二明宗趣者謂一切諸經各自有宗故先德言承言須會宗今別明此經宗趣然下品又云一切法不生不應立是宗者斯言遣滯耳若無宗之宗則宗說兼暢起信論云有法能起摩訶衍信根是故應說所言法者謂衆生心是心則攝一切世間出世間法依於此心顯示摩訶衍義何以故是心眞如相即是摩訶衍體故是心生滅因緣相能示摩訶衍自體相用故一切諸佛本所乘故一切菩薩皆乘此法到如來地故是故知此自性清淨圓明眞體德用難思本來具足悉是一切諸佛衆生本所乘之宗亦是一切若凡若聖皆乘此法到如來地而爲其趣也但衆生不自了知隨順悟入以諸妄想染汙故昏昧劣耳三解妨難云梵本既一何故三師所譯品目一多不同答曰天台云品者或佛自唱或結集所置或義譯增足又云夫分經節文悉是先賢蘭菊各擅其美後生不應是非競諍無三益喪一道三益者世界等三悉檀也一道者第一義悉檀也是故當知品目離合或一或多皆方便故四釋品名者謂此正宗首品是一經大位總問答也從集一切法品初諸議章訖斷食肉凡十四品名別問答也謂大慧首以一百八句同爲一結總問如來如來一一牒領所問隨句答之所謂生句非生句常句非常句乃至一百八句皆以非字答之欲其離念入心眞如門也故云問答品次經文下即正釋文

爾時大慧菩薩摩訶薩與摩帝菩薩俱遊一切諸佛國土承佛神力從座而起偏袒右肩右膝着地向佛合掌曲躬恭敬而說頌言

摩帝此云慧也言偏袒右肩右膝着地即西域儀也表荷擔佛法

世間離生滅　猶如虛空花　智不得有無　而興大悲心

自下八頌總嘆佛德也言世間者衆生世間也嘆佛了衆生虛假如空中花故無起滅謂如來正智觀察不得此衆生爲有爲無故無緣大悲任運而起若計有衆生而起悲者名愛見悲也

一切法如幻　遠離於心識　智不得有無　而興大悲心

一切法者五蘊世間也謂五陰六入十二處十八界等一切諸法也法既如幻心識亦云此嘆如來觀法如幻以成大悲也

世間恒如夢　遠離於斷常　智不得有無　而興大悲心

此總言情器世間也妄計有色色壞名斷又計有識識更受生名常佛知世間如夢所見即無色識可計斷常是嘆如來了二見如夢以成大悲也

知人法無我　煩惱及尓焰　常清淨無相　而興大悲心

煩惱者煩惱障也尓焰者所知障也由我法執二障具生若了二空障元無有此嘆如來達人法二空二障清淨以成大悲也問既人法空寂二障元無如來云何而興大悲答衆生不知此理故迷妄顚倒流轉無極今令衆生悟入斯法是則眞實而興大悲故淨名云當爲衆生說如斯法是則眞實慈也

佛不住涅槃　涅槃不住佛　遠離覺所覺　若有若非有

對生死說涅槃對衆生說佛佛知生死如夢無體故不住涅槃知衆生如空花不實故不住佛譬如有病則說藥無病不得說藥故云佛不住涅槃涅槃不住佛無佛故無能覺無涅槃故無所覺有佛無佛有涅槃無涅槃乃至有無等二見悉皆遠離故云遠離覺所覺若有若非有

法身如幻夢　云何可稱讚　知無性無生　乃名稱讚佛

大般若云一切諸法皆無自性無性故空空故無相無相故無願無願故無生無生故無滅是故諸法本來寂靜自性涅槃若佛出世若不出世法常尓故能達是者名稱讚佛

佛無根境相　不見名見佛　云何於牟尼　而能有讚毀

離根境相出凡聖量是則名見佛牟尼此云寂靜離見超情孰能讚毀

若見於牟尼　寂靜遠離生　是人今後世　離著無所取

言遠離生者離相流注二種生也一本作寂靜離生滅以是觀者名爲正觀故云是人今後世離着無所取也

爾時大慧菩薩摩訶薩偈讚佛已自說姓名

我名爲大慧　通達於大乘　今以百八義　仰諮尊中上

大慧自言有大乘機今以百八義仰諮尊中上佛爲尊中最上也

時世間解聞是語已普觀衆會而作是言

汝等諸佛子　今皆恣所問　我當爲汝說　自證之境界

世間解者十號之一也上世間生滅如空花等是佛自證境界

爾時大慧菩薩摩訶薩蒙佛許已頂禮佛足以偈問曰

此後凡四十八偈半問百八句見也百八種見或一句爲一問或兩句爲一問或三句爲一問乃至十句爲一問或一句爲兩問有廣略不同不可一一如數然此百八問正問上五法三自性八識二無我度衆生對治法門是故大慧舉上與摩帝菩薩遊諸佛刹所見之事故下問山海日月等即五法中名相妄想下問諸禪解

脫等即五法中正智如如也
云何起計度　云何淨計度　云何起迷惑　云何淨迷惑
上二句問妄計度性起滅染淨下二句問無明緣起流轉還淨如下二種沙門婆羅門中別荅
云何名佛子　及無影次第
問菩薩何故名佛子及問眞實無相法中因何有次第既有次第何名無相言無影者即無相也但譯文變尒
云何刹土化　相及諸外道
問如來在刹土中化衆生化相及破諸外道也
解脫至何所　誰縛誰能解
問法本無縛而誰求解既二俱云復至何所如下一切法深密義及解義相中別荅
云何禪境界　何故有三乘
上句問諸禪以何爲境界下句問佛乘本一因何而有三乘差別如下四種禪及三乘一乘覺中別荅
彼以何緣生　何作何能作
問因緣所起本自無生若體不生何有能生因及所作果如下一切法因緣相中別荅
誰說二俱異　云何諸有起
上句問諸外道四句妄見此即舉中二句以該上下如下離一異俱不俱中別荅下句問云何欲色無色三有起也
云何無色定　及與滅盡定　云何爲想滅　云何從定覺
上二句問小乘外道四空定及滅正受下二句問滅受想定想受既滅何因復從定覺若從定覺滅義不成
云何所作生　進去及持身
問禪定所持神通去住自在也進名爲去持名爲住如下三種意成身中別荅
云何見諸物　云何入諸地
問心外無物云何知見五法三自性等悟入諸地具諸佛法至如來位下五法自性諸識無我差別相中別荅
云何有佛子　誰能破三有　何處身云何　生復住何處

上二句問諸佛子誰是破三有生死者下二句問破三有處及何身破三有既破三有復何處生
云何得神通　自在及三昧
問神通三昧以何而得此徵起修因也如下諸佛有二種持中別荅
三昧心何相　願佛爲我說
上句問三昧心何相有相非三昧下一句結請
云何名藏識　云何名意識
此問八識得名所由下句一本謂云何意及識如下諸識章別荅
云何起諸見　云何退諸見
問諸識生住見相及滅見相如下二種生住滅中別荅
云何姓非姓　云何唯是心
問既有三乘五姓之異云何復說唯是心量如下五種種姓中別荅
何因建立相　云何成無我
問建立有相及無我相如下建立誹謗中別荅
云何無衆生　云何隨俗說　云何得不起　常見及斷見
上二句問眞諦無及俗諦有下二句徵問二見何得不起非有立有名常見非無立無名斷見
云何佛外道　其相不相違　何故當來世　種種諸異部
上二句問云何邪正得不相違如下佛說生滅無常外道亦說生滅無常中別荅下句問未來有十八部之差別
云何爲性空　云何刹那滅
上句問一切法云何性空如下一切法空無生無二中別荅下句問刹那滅刹那名念壞名無常如下刹那壞相中別荅
胎藏云何起　云何世不動
上句問依如來藏而有生死言胎藏者與生死胎作藏也如下爲我說陰界入生滅中別荅下句問世間諸法體性生滅何故不動

云何諸世間　如幻亦如夢　乾城及陽焰　乃至水中月
問何故說此五喻爲顯諸法本離生滅興此喻也如下沙門婆羅門觀一切法無自性中別荅
云何菩提分　覺分從何起
問三十七菩提分法并起處
云何國土亂　何故見諸有
上句問名相妄想法中云何有國土亂下句問諸法既無體云何衆生而見諸有
云何知世法　云何離文字
上句問衆生云何覺知世法如下二種覺智中別荅下句問云何諸法性離文字如下宗趣相中別荅
云何如空花　不生亦不滅
問何故說世間如空花不生滅如下意成法身非生滅中別荅
眞如有幾種　諸度心有幾
上句問眞如有幾種如下七種第一義中別荅下句問諸度心有幾如下六波羅密中別荅
云何如虛空　云何離分別
上句問誰知諸法如虛空下句問云何離於妄想分別如下今當說自性分別相已下別荅
云何地次第　云何得無影
問諸地次第何得無相次第當有增降之殊如下一切菩薩入滅定次第相續相中別荅
何者二無我　云何所知淨
如下善觀二無我及淨自心現流中別荅此二問
聖智有幾種　戒衆生亦然
上句問智差別令捨劣修勝如下智識中別荅下句問衆生性欲非一如來制戒有幾種
摩尼等諸寶　斯並云何出　誰起於語言　衆生及諸物
上二句問寶生所因下二句問誰起於語言有情及資具如下四種言說分別相中別荅
明處與伎術　誰之所顯示

問五明法及世間伎能誰之所作五明論者一名內論一切佛法是也二名外論有四種謂因論聲論醫方論工巧論此五各能生智故云明處

伽陀有幾種　長行句亦然

伽陀此云諷誦長即長篇句或四言五言

道理幾不同　解釋幾差別

問理趣解釋幾差別大般若經理趣分說諸法皆空無生無滅無自性性離一切相不可願求然第一義湛然常住解深密經應機解釋通說有六一真義理趣謂二障淨智所行真實二證得理趣謂於真義得如實知三教導理趣謂自證已開示衆生此三爲本後三解釋四離二邊理趣謂有問言云何名爲真義理趣應答彼言非有非無非常非斷五不思議理趣謂有問言云何證得應答彼言謂不思議若於諸法遠離戲論爾時證得真勝義性故知言說皆非真實六隨衆生所樂理趣謂有問言云何教導應答彼言隨諸衆生意樂各異順彼所欲方便開示

飲食共誰作　愛欲云何起

問飲食愛欲云何生淨名曰從癡有愛則我病生

云何轉輪王　及以諸小王　云何王守護

問大小諸王及守國法

天衆幾種別　地日月星宿　斯等並是何

問諸天大地及日月星宿如大集據炭等經一一廣明

解脫有幾種　修行師復幾

問解脫是無學人修行即是有學人各有幾種如下須陁洹差別相中別荅

云何阿闍梨　弟子幾差別

闍棃此云教師問師設教及弟子稟教

如來有幾種　本生事亦然

問如來及本生因緣各有幾種

衆魔及異學　如是各有幾

魔羅此云能害凡障善品能生苦惱命皆名爲魔總有四種謂煩惱魔死魔陰魔天魔此問諸魔及異學者欲修行人識生死諸見根本也

自性幾種異　心有幾差別

如下當善知三自性相別荅自性四因緣眼識轉已下別荅此心

云何唯假設　願佛爲開演

問云何諸法是妄想假施設量下如佛所說若知境界但是假名都不可得中別荅

云何爲風雲　念智何因起

上句一本作云何空風雲下句問四正念智何因而有亦云世俗念智

藤樹等行列　此並誰能作

問葛草林木無情之物皆誰作也

注大乘入楞伽經卷第一

住西禪嗣祖沙門守遵

捨錢三十貫文開此經

葛同印造

東寺

注大乘入楞伽經卷第一

校勘記

一　底本，宋崇寧藏本。此書共十卷，僅崇寧藏收録，無校。

注大乘入楞伽經卷第二　　時

云何象馬獸　因何而捕取　云何卑陋人　願佛為我說
問象馬等獸因何捕取遞相殺戮及問卑陋賤人何業
所致
云何六時攝　云何一闡提　女男及不男　此並云何生
上句問外道有六節爲師又云西域兩月爲時年分六
節次句問一闡提如下一闡提中別荅次句問黃門男
女如正法念經所明
云何修行進　云何修行退
問學者修行云何而有進退之異
瑜珈師有幾　令人住其中
瑜珈此云相應謂與一切乘境行果等相應也如瑜珈
師地論五分十七地中所明

衆生生諸趣　何形何色相　富饒大自在　此復何因得
問衆生諸趣形相富饒自在之因
云何釋迦種　云何甘蔗種
問如來世俗種姓事在他經略如釋迦譜方誌等所明
仙人長苦行　是誰之教授
問仙人修苦行謂得長生彼師以何法教授弟子
何因佛世尊　一切剎中現　異名諸色類　佛子衆圍繞
問佛於處處應物現形凡聖圍繞何因如是
何因不食肉　何因令斷肉　食肉諸衆生　以何因故食
問食肉制斷食肉因緣如下斷食肉中別荅
何故諸國土　猶如日月形　須彌及蓮花　萬字師子像
何故諸國土　如因陁羅網　覆住或側住　一切寶所成
何故諸國土　無垢日月光　或如花果形　箜篌細腰鼓
問世界形相差別不同者明唯心所造故也華嚴經云
種子差別故果實生不同行業若干故佛剎種種異具
如世界成就品所明因陁羅者即帝釋別名也
云何變化佛　云何爲報佛　眞如智慧佛　願皆爲我說
問佛名義也隨機赴感應化佛酬其往因名報佛體性
無二眞如佛本覺顯照智慧佛

云何於欲界　不成等正覺　何故色究竟　離染得菩提
如來滅度後　誰當持正法
問盧舍那佛成菩提界及問涅槃後誰持正法略如摩
訶摩耶等經及付法藏傳所明
世尊住久如　正法幾時住
問如來住世久近及正法住時分長短
悉檀有幾種　諸見復有幾
上句問悉檀此云義宗下句問世諦諸見又天台宗有
四悉檀一世界二對治三爲人四第一義故云若失四
悉檀意自行化他皆名著法若得四悉檀意自他俱無
着
何故立毗尼　及以諸比丘
毗尼是戒比丘於此戒中分分得解脫也
云何得世通　云何得出世
問世間五通及出世六通云何而得言六通者謂天眼
天耳他心宿命神足漏盡也此六該三乘人但深淺明
昧有異世間通無漏盡雖分得前五亦唯有漏攝
復以何因故　心住七地中
問七地心量地謂功用位極也意該前後
僧伽有幾種　云何成破僧
問僧有幾種意明眞僞及問破壞僧令不和合獲大罪
報又或說二種僧羯磨僧法輪僧或說三種僧和合僧
假名僧眞實僧或說四種僧有羞僧無羞僧啞羊僧眞
實僧也破壞僧義如雜心所說
云何爲衆生　廣說醫方論
問世出世間醫方論也各有多方故云廣說
何故大牟尼　唱說如是言　迦葉拘留孫　拘那含是我
餘經有此言故大慧問之謂化迹有殊德體無異如下
四等中別荅
何故說斷常　及與我無我　何不常說實　一切唯是心
問如來何不常爲衆生說眞實法而復爲衆生說斷說
常說我無我妄想心量法何爲也如下未來世有諸邪

智巳下別荅
云何男女林　訶梨菴摩羅
問世間果實何故不同也訶梨者呵梨勒果菴摩羅者
阿摩勒果
雞羅娑輪圍　及以金剛山　如是處中間　無量寶莊嚴
仙人乾闥婆　一切皆充滿　此皆何因緣　願佛爲我說
輪圍亦云鐵圍乾闥婆者諸天樂神也後二句總結請
也
爾時世尊聞其所請大乘微妙諸佛之心最上法門即告
之言善哉大慧諦聽諦聽如汝所問當次第說即說頌言
佛聞大慧能問如是微妙心法故讚善哉誡令審諦無
以生滅心行聽實相法也自後凡三十九偈皆如來爲
說
若生若不生　涅槃及空相　流轉無自性
言大慧上正問有爲生法無爲不生法涅槃虛空剎那
流轉法皆是妄想所現各無自性
波羅蜜佛子　聲聞辟支佛　外道無色行
言上所問正是人及人所行法也佛子聲聞緣覺外道
是人諸波羅蜜是三乘人所行法無色行是外道所行
法言此人及人所行法皆以無自性結之此佛略荅之
微旨也
須彌巨海山　洲渚剎土地
自下八行半偈是如來次第牒領大慧百八句問也須
彌山在大海中故言須彌巨海山牒領上須彌也巨海
者上問中無洲渚剎土地領上土地
星宿與日月　天衆阿修羅　解脫自在通　力禪諸三昧
滅及如意足
修羅力如意足上問中無義應有也
菩提分及道　禪定與無量　諸蘊及往來　乃至盡滅定
心生起言說
諸蘊及往來領上來生生諸趣心生起言說領上誰起
於語言

心意識無我　五法及自性　分別所分別　能所二種見
諸乘種性處　金摩尼眞珠　一闡提大種　荒亂及一佛
智所知教得　衆生有無有

大種上無文。一佛領上迦葉等是我衆生有無有領上

我無我

象馬獸無因　云何而捕取　云何因譬喻　相應成悉檀
所作及能作　衆林與迷惑　如是眞實理　唯心無境界
諸地無次第　無相轉所依　醫方工巧論　伎術諸明處

唯心無境界領上一切唯是心餘皆牒領上問

須彌諸山地　巨海日月量　上中下衆生　身各幾微塵

須彌諸山地已下凡九偈言大慧旣問名相何以不問諸山大海日月星宿衆生刹土及由旬斗斛斤兩四大諸根如是塵量所成旣言我名大慧通達大乘何故不問此下正微塵積聚數量之名意爲問有不周又爲遣物情計諸物旣積微所成何有體性

一一刹幾塵　一一弓幾肘　幾弓俱盧舍　半由旬由旬
兔毫與隙遊　蟣羊毛穬麥

言最細微塵名兎毫塵七兎毫塵成一羊毛頭塵七羊毛頭塵成一隙中塵七隙中塵成一蟣七蟣成一虱七虱成一穬麥七穬麥成一指。一十二指成一搩兩搩成一肘。四肘爲一弓。五百弓名一拘樓舍。十拘樓舍名一由旬。三千大千世界爲一化佛。刹謂此等諸法皆積微成體。何故不問各具幾塵所成

半斗與一斗　是各幾穬麥　一斛及十斛　十萬暨千億
乃至頻婆羅　是等各幾數

此皆是梵家積斗斛之名。或云千萬那由他名頻婆羅

幾塵成芥子　幾芥成草子　復以幾草子　而成於一豆
幾豆成一銖　幾銖成一兩　幾兩成一斤　幾斤成須彌
此等所應問　何因問餘事　聲聞辟支佛　諸佛及弟子
如是等身量　各有幾微塵　火風各幾塵　一一根有幾
眉及諸毛孔　復各幾塵成　如是等諸事　云何不問我

此上皆是如來說也。言如是名相亦應問

云何得財富　云何轉輪王　云何王守護　云何得解脫

從此以下凡二十偈復領大慧所問財富領上富饒

云何長行句　婬欲及飲食　云何男女林　金剛等諸山
幻夢渴愛譬　諸雲從何起　時節云何有　何因種種味

種種味上問中無

女男及不男　佛菩薩嚴飾　云何諸妙山　仙闥婆莊嚴
解脫至何所　誰縛誰解脫　云何禪境界　變化及外道
云何無因作　云何有因作

無因作有因作領上二俱異

云何轉諸見　云何起計度　云何淨計度　所作云何起
云何而轉去　云何斷諸想　云何起三昧

斷諸想領上云何爲想滅起三昧領上云何從定覺

破三有者誰　何處身云何　云何無身我　云何隨俗說
汝問相云何　及所問非我

無身我領上無衆生相云何領上何因建立相非我領上成無我

云何爲胎藏　及以餘支分　云何斷常見　云何心一境
云何言說智　戒種性佛子　云何稱理釋　云何師弟子
衆生種性別　飮食及虛空　聰明魔施設

施設牒上云何唯假設聰明魔上問無

云何樹行布　是汝之所問　何因一切刹　種種相不同
或有如箜篌　腰鼓及衆花　或有離光明　仙人長苦行
或有好族姓　令衆生尊重　或有體卑陋　爲人所輕賤
云何欲界中　修行不成佛　而於色究竟　乃昇等正覺
云何世間人　而能獲神通　何因稱比丘　何故名僧伽
云何化及報　眞如智慧佛　云何使其心　得住七地中
此及於餘義　汝今咸問我

從初地至七地是有心地觀三界心意識量此者結上百八問於餘義者微塵積數等皆是三界妄想相是七地所觀法故言云何使其心得住七地中汝今咸問我

總結所牒文

如先佛所說　一百八種句　一一相相應　遠離諸見過
亦離於世俗　言語所成法　我當爲汝說　佛子應聽受

先佛所說離見相句皆與實相不相違背自然遠離諸惡見過亦離世間言所成法都無實義當爲汝說誡令諦聽故龍勝云聽者端視如渴飲一心入於語義中聞法踊躍心悲喜如是之人可爲說

爾時大慧菩薩摩訶薩白佛言世尊何者是一百八句。

佛言大慧所謂生句非生句常句非常句

自下如來約心眞如門荅也言衆生於眞實無生上妄起生見本自非生故云生句非生句若有生法可言有常以生無故則無有常故云常句非常句此二句旣尒餘諸句類皆以下句遣上句妄見若無則眞實自現

相句非相句住異句非住異句

爲成生句相從而來住異二句上問中無本無今有名生法非凝然名異法有暫用名住

刹那句非刹那句自性句非自性句空句非空句斷句非斷句心句非心句中句非中句恒句非恒句

上無中句凡有三常一外道計四大性常二業習氣相續得果不斷故常三如來藏體眞常住故常此三常皆悉夫虛妄見舊注凡有三常不同

緣句非緣句因句非因句煩惱句非煩惱句愛句非愛句方便句非方便句

大煩惱有六隨煩惱二十上無方便文

善巧句非善巧句清淨句非清淨句相應句非相應句譬喻句非譬喻句弟子句非弟子句師句非師句種性句非種性句三乘句非三乘句無影像句非無影像句願句非願句三輪句非三輪句

願句三輪句上無文

標相句非標相句有句非有句無句非無句俱句非俱句自證聖智句非自證聖智句現法樂句非現法樂句刹句非刹句塵句非塵句水句非水句

如恒河一水四見不同

弓句非弓句大種句非大種句算句非算句神通句非神

通句處空句非處空句雲句非雲句巧明句非巧明句伎
術句非伎術句風句非風句地句非地句心句非心句假
立句非假立句體性句非體性句蘊句非蘊句衆生句非
衆生句覺句非覺句涅槃句非涅槃句所知句非所知句
外道句非外道句荒亂句非荒亂句幻句非幻句夢句非
夢句陽焰句非陽焰句影像句非影像句火輪句非火輪
句乾闥婆句非乾闥婆句天句非天句飲食句非飲食句
婬欲句非婬欲句見句非見句波羅蜜句非波羅蜜句戒
句非戒句日月星句非日月星句諦句非諦句果句非果
句
諦句牒上如實句果句上無文
滅句非滅句起句非起句醫方句非醫方句相句非相句
相有三種謂體相標相法相前是形色體相次是標相
此則法相
支分句非支分句禪句非禪句迷句非迷句現句非現句
護句非護句種族句非種族句仙句非仙句王句非王句
攝受句非攝受句寶句非寶句記句非記句
攝受句記句上無文
一闡提句非一闡提句女男不男句非女男不男句味句
非味句
味句上無文
作句非作句身句非身句計度句非計度句動句非動句
根句非根句有爲句非有爲句因果句非因果句
有爲句因果句上無文
色究竟句非色究竟句時節句非時節句樹藤句非樹藤
句種種句非種種句
種種句上無文
演說句非演說句決定句非決定句毗尼句非毗尼句比
丘句非比丘句住持句非住持句文字句非文字句
住持句求那譯云處句也○上約心眞如門總答一百
八句皆言非者如馬鳴云當知眞如自性非有相非無
相非非有相非非無相非有無俱相非一相非異相非

非一相非非異相非一異俱相從本已來一切染法及
一切衆生以有妄心念念分別皆不相應故即是眞心
常恒不變淨法滿足亦無有相可取以離念境界唯證
相應故
大慧此百八句皆是過去諸佛所說汝及諸菩薩摩訶薩
應當修學
此是結勸諸菩薩等應當如是學菩薩道修菩薩行舉
先佛者皆發明誠信故
大乘入楞伽經集一切法品第三
釋此品有四門一來意二解妨難三釋名四釋文初來
意者上品明總問答竟此下諸品皆別問答故次來也
二解妨難云一百八句既已總明何故下諸品一一別
問詞意皆不出總中豈非繁重乎答總別該攝斷常之
見方銷眞俗圓融去取之情始絕耳三釋名者論依一
心開二門上品已明心眞如門總攝一切法此品即明
心生滅門總攝一切法生一切法以是二門不相離故
論云心生滅者依如來藏故有生滅心所謂不生不滅
與生滅和合非一非異名爲阿賴耶識此識有二義能
攝一切法生一切法云何二義一者覺義二者不覺義
所言覺義者謂心體離念離念相者等虛空界無所不
徧法界一相即是如來平等法身依此法身說名本覺
依本覺故而有不覺乃至三細六麤升沉苦海依不覺
故說有始覺又以覺心源故名究竟覺不覺心源故非
究竟覺是故十法界中若聖若凡若因若果依正染淨
舉在是矣故名集一切法品次經文下即正釋文
爾時大慧菩薩摩訶薩復白佛言世尊諸識有幾種生住
滅
從此品說斷食肉凡十四品明別問答故品品多云重
白世尊今此首章即別問答心意識也謂初剎那識異
於木石生得染淨各自能爲無量無數染淨識本從初
剎那不可說劫乃至金剛喻定經一剎那有不可說不
可說識生諸有情色心二法者則有染有淨有生有滅

此識約生滅門中有幾種生住滅無遠劫無始何名爲初剎那謂此即是念起
佛言大慧諸識有二種生住滅非臆度者之所能知一念六時妄念違真名爲初識非是也去有識斛起名爲初識也
眞如妙性本自無生一念隨緣事分起盡即是眞心不
守自性隨無明緣成於諸識生住異滅此非凡小及因
位菩薩智慮所知故論云依無明熏習所起識者非凡
夫二乘智慧所覺乃至菩薩究竟地不能盡知唯佛窮
了
所謂相續生及相生相續住及相住相續滅及相滅
相續即流注也一本亦云流注言流注者唯目第八識
三相微隱即業相轉相現相也如起信論所明種現不斷名爲流注由無
明緣初起業識故說爲生相續長劫故名爲住到金剛
定等覺一念斷本無明名流注滅相生住滅者謂餘七
識心境麤顯故名爲相雖七緣八望六爲細具有四惑
亦名麤故依彼現識自種諸境緣合生七說名相生長
劫重習名爲相住從末向本漸伏及斷至七地滿名爲
相滅依前生滅立迷悟依依後生滅立染淨依後短前
長事分二別即是流注生住滅相生住滅也
諸識有三相謂轉相業相眞相
上雖答云諸識有二種生住滅未辨何識爲生滅此復
言三種相欲簡諸識之中有生滅不生滅者言眞相者
如來藏心在纏不染性自神解名自眞相根本無明起
靜令動動爲業識即是賴耶極微細相名爲業相轉相
者依前業相轉成能緣及所緣境生七轉識同名轉相
又從靜起動名之爲業從内趣外名之爲轉如來藏心
不可增減名爲眞相亦名眞識然雖三相名殊同是一
心隨緣不變之二義也謂眞心不變即隨緣故名轉相
業相以隨緣即不變故名眞相論云是心從本已來自
性清淨爲無明所染有其染心是不變即隨緣也又云
雖有染心恒常不變是隨緣即不變也
大慧識廣說有八略則唯二謂現識及分別事識
如來上明諸識有三種相是已處中說故而此又明諸

識廣略者以衆生根行不等受解緣別故也言廣說有八者一曰眼識了別於色二曰耳識了別於聲三曰鼻識了別於香四曰舌識了別於味五曰身識了別於觸六曰意識了別諸法七曰末那識（此云染汙意）恒審思量唯緣藏識見分亦名傳送識八曰阿賴耶識（此云藏識）謂此八識各是衆生無始已來不了自心隨妄緣起於中第八是其根本頓變根身器界種子轉生七識各能變現自分所緣（所緣即境也色是賴識自分所緣乃至三境是阿賴耶識自分所緣無心外法能與心爲緣）（但是自心生還與心爲相）此八識外實無我法問曰如何變耶荅曰我法分別熏習力故諸識生時變似我法六七二識無明覆故緣此執爲實我實法如患夢者患夢力故心似種種外境相現夢時執爲實有外境寤來方知唯夢所變我此身相及外世界色空等法亦復如是唯識所變迷故執有我及諸法悟來方知唯心識變以如實知無前境界故種種方便起隨順行轉八識成四智菩提安住秘藏究竟涅槃故曹溪云大圓鏡智性清淨平等性智心無病妙觀察智見非功成所作智同圓鏡五八六七果因轉但轉其名無實性若於轉處不留情繁興永處那伽定即此轉識成智義也○略則唯二謂現識及分別事識者求那譯本云略有三種於現識上加一眞識也若作三種釋者眞謂性淨本覺現謂賴耶現識餘七俱名分別事識雖第七識不緣外塵緣第八故亦名分別事識眞謂本覺者即識實性也此譯即云現識屬賴耶分別事識屬前六識不言第七者謂第七末那計內爲我屬賴耶計外爲我所屬前六識眞即識實性亦屬賴耶淨分是故但云略則唯二與處中說數無相濫

大慧如明鏡中現諸色像現識亦爾

此舉喻合以明現識也謂現識如鏡所現境界如像故起信云三界虛僞唯心所作離心則無六塵境界也又云第八藏識爲依止故轉生七識於中第六造引滿業感總別報如鏡現像善惡不差言總別報者一謂總報屬第八識二謂別報在前六識且以有漏善業言之如持五戒招得人身是總報業由於因中有瞋忍等於人總報而有姸醜等名別報業亦名引滿業即能招第八引異熟果名爲引業能招第六滿異熟果名爲滿業然其引業能造之思要是第六意識所起若其滿業能造之思從五識起雖造滿業亦非自能由意識引方能作故其第七識唯有俱生惑智二障業障報障彼七俱無雖具四惑但緣內故屬於有覆無記性攝則不能造善惡二業唯前六識起惑造業業成難逃感諸異報如鏡現像不濫絲毫故楞嚴云六識造業所招惡報從六根出也或注此經指第七識而爲能造善惡業者數無明文（唯宗鏡錄七十三卷首一段因緣古注而云七識造業又與本錄節次引經論最明諸識義皆相違顯可見也）

大慧現識與分別事識此二識無異相互爲因

言賴耶現識及分別事識無異相皆由最初一念爲緣令眞如心不守自性隨緣成有諸識熏習更互爲因流轉不息故華嚴云眼耳鼻舌身心意諸情根以此常流轉而無能轉者彼疏釋云言以此者謂以上八識自爲能所熏展轉爲因而常流轉無別我人故云無能轉者又云識外無法亦爲無者故曰此二識無異相互爲因也

大慧現識以不思議熏變爲因分別事識以分別境界及無始戲論習氣爲因

此又廣明諸識生住因也通而言之麤細二識皆依無明住地而起以根本無明動彼靜心而起細識依此細識轉起麤心故以無明通爲其本若別言之依無明爲因生三細不相應心依境界爲緣生三麤相應心故云麤細二識各具二因方得生住言不思議熏者謂無明能熏眞如不可熏處而能熏故名不思議熏又熏則不熏不熏之熏名不思議熏言不思議變者謂眞如心受無明熏不可變異而變異故名不思議變又變即不變不變之變名不思議變勝鬘經云不染而染難可了知者謂此不思議也然此熏變甚微且隱故所起現識行相微細於中亦有轉識業識舉麤顯細故但云現識即起信云不相應心○言分別境界者即是現識所現種種境界還能動彼心海起諸事識之浪也言無始戲論習氣者即彼和合心海之中妄念戲論習氣無始已來熏習不斷未曾離念故此境界及妄念戲論熏動心海種種識生以妄念及境界麤而且顯故所起之分別事識行相麤顯即起信云相應心也此謂現識依不思議熏故得生依不思議變故得住分別事識依境界故得生依心海故得住也○上佛言諸識有二種生住滅已下至此謂無明熏習眞如成染緣起也故論云當知無明能生一切染法一切染法皆是不覺相故

大慧阿賴耶識虛妄分別種種習氣滅即一切根識滅是名相滅

自下明若達妄源成淨緣起也言阿賴耶識和合心海中妄念分別種種習氣若滅即一切根識滅言一切根者謂意根起識而能分別一切諸法名一切根識即第六意識及所依第七末那現行識相滅名相生住滅識滅也所言種種習氣者約唯識宗說諸習氣總有三種一名言習氣謂有爲法各別親種名言有二一表義名言即能詮義音聲差別二顯境名言即能了境心心所法隨二名言所熏成種作有爲法各別因緣二我執習氣謂虛妄執我我所種我執有二一俱生我執即修所斷我我所執二分別我執即見所斷我我所執隨二我執所熏成種令有情等自他差別三有支習氣謂招三界異熟果種有支有二一有漏善即是能招可愛果業二諸不善即是能招非愛果業隨二有支所熏成種令異熟果善惡趣別諸說習氣皆准應知

大慧相續滅者謂所依因滅及所緣滅即相續滅所依因者謂無始戲論虛妄習氣所緣者謂自心所見分別境界

言所依因及所緣滅即相續滅者謂所依無始根本無明習氣因滅及所緣妄境界染法緣滅即微細流注生住滅識滅也言所依因謂無始戲論習氣所緣謂自心所見分別境界者經自牒釋所滅無明及妄境界爲因

緣義也故論云以無明滅故心無有起以心無起故境界隨滅以因緣俱滅故心相皆盡名得涅槃成自然業

大慧譬如泥團與微塵非異非不異金莊嚴具亦復如是

此引二喻喻上染淨二緣起也一謂真妄體非一異二但妄滅而真不亡義如次文釋之

大慧若泥團與微塵異者應非彼成而實彼成是故不異若不異者泥團微塵應無分別

若言泥團與微塵實異者泥團應非微塵所成而實彼成故不可言異也若實不異者則泥團與微塵應無分別既其因果麤細有殊亦不可言一也

大慧轉識藏識若異者藏識非彼因若不異者轉識滅藏識亦應滅然彼真相不滅

以法合喻明非一異也謂諸轉識與藏識若異者依無明風熏動之時藏識之體應不隨緣則墮常過然如來藏藏識是善不善因非不隨緣也若不異者轉識滅時藏識亦應滅則墮斷過然藏識真相竟不滅爾故起信云以一切心識之相皆是無明無明之相不離覺性非可壞非不可壞如大海水因風波動水相風相不相捨離而水非動性若風止滅動相則滅濕性不壞故如是衆生自性清淨心因無明風動心與無明俱無形相不相捨離而心非動性若無明滅相續則滅智性不壞故

大慧識真相不滅但業相滅若真相滅者藏識應滅若藏識滅者即不異外道斷滅戲論

如下經云如來藏爲無始虛僞惡習所熏名爲藏識故論云不生不滅與生滅和合非一非異名爲具分賴耶藏識是以此藏識中不生不滅淨分真相竟不滅但生滅染分業相滅也若真相滅者藏識實性亦應滅爾若藏識實性滅則與外道斷滅見同是故論云所言滅者唯心相滅非心體滅又云唯癡滅故心相隨滅非心智滅

大慧彼諸外道作如是說取境界相續識滅即無始相續識滅

謂諸外道見身壞命終六識不能取境一生相續識隨四大緣離散之時即計無始相續識永滅更無業報受生相續是故名爲墮落斷見故下偈云色識雖轉滅而業不失壞令於諸有中色識復相續若色識轉滅諸業失壞者是則無生死亦無常無常即斷常二見亦俱離也豈同外道妄計斷滅耶

大慧彼諸外道說相續識從作者生不說眼識依色光明和合而生唯說作者爲生因故

諸外道說六根能取境界之六識執從神我邪因等生不說眼等諸識從色等因緣生唯計作者爲生因故故名外道

作者是何彼計勝性丈夫自在時及微塵爲能作者

勝性亦云勝妙是生梵天之天主也丈夫即我之別名自在謂大自在天及計時節微塵等爲能作者更餘異計如下廣說

復次大慧有七種自性所謂集自性性自性相自性大種自性因自性緣自性成自性

自下重明染淨二緣真妄識體此七自性成上妄識生滅身也謂煩惱體性能集善惡等業故名煩惱爲集自性既有集因必有未來苦果性故言性自性既有苦果必有形相故言相自性既有形相即從四大種生故言大種自性既有四大即從因緣所成故言因自性緣自性成自性然妄無別體隨所執得名

復次大慧有七種第一義所謂心所行智所行二見所行超二見所行超子地所行如來所行如來自證智所行

第一義諦道理無二爲人不同證有優劣此七成上真識不生不滅法身也所行一本作境界即所行境界也謂發心菩薩緣第一義法性如來藏心故名心所行勝解行地菩薩等各起十種智慧緣於真如故名智所行初地菩薩正證真如見二種無我故名二見所行八地菩薩超二乘超七地故名超二見所行十地超九地九地名一子地後二所行即佛地也

大慧此是過去未來現在一切如來應正等覺法自性第一義心

此七種第一義是三世諸佛所證第一義法性如來藏心非緣慮妄識也

以此心成就如來世間出世間最上法

自下明真心之德用也以有此第一義心故能成就如來法身及世出世間最上菩提涅槃淨妙等一切諸法若無此心則不能成

以聖慧眼入自共相種種安立不與外道惡見共

言以聖慧眼入一切法自相共相種種安立唯是一心其所安立悉令悟入佛之知見不與外道惡見同又云此七種第一義心是聖人慧眼所見建立七種不同爲自相共成法身爲共相餘義如上說

大慧云何爲外道惡見謂不知境界自分別現於自性第一義見有見無而起言說

此微釋惡見謂彼外道等不知境界一切諸法皆是自心分別所現於自性第一義說爲有無

大慧我今當說若了境如幻自心所現則滅妄想三有苦及無知愛業緣

佛說若了自心所現境界如幻不實則一切妄想等悉滅也言三有苦者果也無知謂無明也愛謂煩惱也業謂有漏善惡等業也是三皆因也故論云若離妄念則無一切境界之相唯一真心矣

大慧有諸沙門婆羅門妄計非有及有於因果外顯現諸物依時而住或計蘊界處依緣生住有已即滅

言起邪見人不越在家出家二衆也亦二乘外道二衆也非有者謂計虛空自然爲因也及有者謂計微塵世性自在天等爲因也即是計無因邪因爲能生因也於正因果外計顯現諸物依時而住皆外道所計也或計五蘊十八界十二處依因緣生住無常變異生已即滅不了常住真心即二乘所計也皆迷自心所現耳

大慧彼於若相續若作用若生若滅若諸有若涅槃若道

若皆若果若諦是破壞斷滅論何以故不得現法故不見根本故

此牒破也言若相續者即總牒其因果不斷也若作用者即牒其生滅之間暫有用也若諸有若陰界入滅名涅槃若趣向涅槃名道若有漏諸業若修道所得名果若冥初等二十五諦上皆牒計也言是破壞斷滅論者破計也謂外道無種生即是破壞因果也又言從有種生生已滅名斷滅論也言何以故等者徵結也謂上妄計即體非有故云不得現法故何獨現計本無窮其初因亦不可得故云不見根本故

大慧譬如瓶破不作瓶事又如燋種不能生芽

次引喻明言如瓶已破不作瓶用事以譬無種則無法不作陰界入因事又如雖有燋種不作芽事以譬雖有自在天等為種不能作陰界入相續生因事

此亦如是若陰界處法已現當滅應知此則無相續生以無因故但是自心心虛妄所見

後言法合也以上二因不成故即無陰界入性可滅今外道說有陰界入性言三世中滅得涅槃者是自心妄想也彼陰界入無相續生以有種無種不成因故故言但是自心虛妄所見

復次大慧若本無有識三緣合生龜應生毛沙應出油汝宗則壞違決定義所作事業悉空無益

言重復次於前文破轉計也謂彼轉計所生與無種有種三緣和合而生者龜應生毛沙應出油然龜本無毛沙本無油合亦不生三緣體空如何生果汝宗則壞違決定義者喻斥不成故言宗壞以違汝決定能生之義又於一相中妄計三緣違我大乘決定之義所作事業悉空無益者事即是果業乃是因言因果事業並唯妄說都無實義

大慧三合為緣是因果性可說為有過現未來從無生有此依住覺想地者所有教理及自惡見熏習餘氣作如是說

此牒示其過也謂彼外道以三合為緣是因果性可說為有成三世法此即邪謬相承及自惡見作是說耳

大慧愚癡凡夫惡見所噬邪見迷醉無智妄稱一切智說

言凡夫外道為惡見迷醉所噬不能自知愚癡無智妄稱一切智說外道指六師為一切智人二乘執權智為實智也

大慧復有沙門婆羅門觀一切法皆無自性如空中雲如旋火輪如乾闥婆城如幻如焰如水中月如夢所見不離自心由無始來虛妄見故取以為外作是觀已斷分別緣亦離妄心所取名義知身及物并所住處一切皆是藏識境界無能所取及生住滅如是思惟恒住不捨

自下言正見人觀一切法皆無自性如幻夢等不離自心無能所取及生住滅如是觀察無有間斷是名正觀

大慧此菩薩摩訶薩不久當得生死涅槃二種平等大悲方便無功用行觀衆生如幻如影從緣無起知一切境界離心無得行無相道漸昇諸地住三昧境了達三界皆唯自心得如幻定絕衆影像成就智慧證無生法入金剛喻三昧當得佛身恒住如如起諸變化力通自在大慧方便以為嚴飾遊衆佛國離諸外道及心意識轉依次第成如來身

此菩薩摩訶薩者即上正見沙門婆羅門也行無相道者謂萬行齊修三輪體寂也漸昇諸地者謂初登歡喜地乃至第七遠行地也證無生法者謂得無功用道登第八不動地也入金剛喻三昧者謂初地菩薩創得無分別智斷異生性障二地至十地菩薩如實修行漸斷諸障增勝功德第十一地等覺菩薩金剛喻定頓斷俱生二障種子也轉依次第成如來身者即等覺後念解脫道斷二障習氣即得如來無上菩提及大涅槃二轉依果也一謂轉染得淨二謂轉迷得悟又菩提名生得二障障不生今斷障得生涅槃名顯得本性清淨客塵翳故今斷而彼顯轉依位別通有六種故云轉依次第成如來身也餘義如文可以意得

大慧菩薩摩訶薩欲得佛身應當遠離蘊界處心因緣所作生住滅法戲論分別但住心量觀察三有無始時來妄習所起思惟佛地無相無生自證聖法得心自在無功用行如如意寶隨宜現身令達唯心漸入諸地是故大慧菩薩摩訶薩於自悉檀應善修學

言但住心量觀察三有又云令達唯心漸入諸地者謂此一心法門是凡聖之本迷之墮世間生死悟之證出世菩提故先聖曰世間不越三科出世不過二果二果者即如上釋成如來身二轉依果也三科者即此五蘊十二處十八界諸妄心法也故云欲得佛身應當遠離乃至觀察令達唯心於自心宗勸善修學

爾時大慧菩薩摩訶薩復白佛言世尊唯願為我說心意意識五法自性相衆妙法門此是一切諸佛菩薩入自心境離所行相稱真實義諸佛教心唯願如來為此山中諸菩薩衆隨順過去諸佛演說藏識海浪法身境界

大慧於此雖通請說心意意識五法自性相意欲如來且成前問是故結請但云順諸佛說藏識海浪法身境界也言稱真實義諸佛教心者揀非虛妄心識也凡言心者略示名體通有四種梵音各別翻譯亦殊一紇利陀耶此云肉團心是色身中五藏心也如此方黃庭經五藏論中說二緣慮心此是八識俱能緣慮自分境故此八各有心數亦云心所於中或無記或通善染之殊諸經論中目心所法總名心也謂善心惡心等三質多耶此云集起心唯是根本第八識也積集諸法種子起現行故四乾栗陀耶此云貞實心亦云堅實心此是真實心也然第八識無別自體但是真心以不覺故與諸妄想而有和合不和合義和合義者能含染淨目為藏識不和合者體常不變目為真如即此離所行相稱真實義諸佛教心也雖然四種體同迷悟真妄義別如取真金須明識瓦礫及以僞實但盡除之縱不識金金體自現

爾時世尊告大慧菩薩摩訶薩言有四種因緣眼識轉何

等爲四所謂不覺自心現而執取故無始時來取着於色虛妄習氣故識本性如是故樂見種種諸色相故

佛言有四因緣眼識轉轉生也一謂不覺外塵是自心現而執取故二謂無始已來取着於色妄想熏習不斷故三謂識本性如是故識以了別爲自性故四謂樂欲見諸色相故

大慧以此四緣阿賴耶識如瀑流水生轉識浪如眼識餘亦如是於一切諸根微塵毛孔眼等轉識或頓生譬如明鏡現衆色像或漸生猶如猛風吹大海水

言以此四緣令心水流生轉識浪如眼識既尒餘諸識亦如是於一切諸根微塵毛孔眼等諸轉識或頓生譬如明鏡現衆色像無有前後或漸生猶如猛風吹大海水前波起後波隨言微塵毛孔者即色塵身根也

心海亦尒境界風吹起諸識浪相續不絕

言外塵風擊如來藏心海起諸識浪造業感報生死不絕亦如之

大慧因所作相非一非異業與生相相繫深縛不能了知色等自性五識身轉大慧與五識俱或因了別差別境相有意識生

此明諸識展轉互爲因也言因所作相非一非異者因即第八如來藏識也所作相謂七轉識從第八所生也非一者諸識行相不同也非異者同皆緣起無自性也言業與生相相繫深縛者謂第八識變起根身器界名爲生相六七二識無明覆故由此執爲實我實法第六意識引起前五造引滿業感諸異報生死不絕故云業與生相相繫深縛是皆不了色等諸塵自心妄現故五識身轉也大慧眼等五識與五塵俱時或因了別色等差別境相而意識生也是故當知根身塵境一切諸法皆是衆生自心妄識互爲因果之所現也故伽陁云諸法於藏識識於法亦尒更互爲因相亦互爲果相

然彼諸識不作是念我等同時展轉爲因而於自心所現境界分別執着俱時而起無差別相各了自境

彼諸識等各了自境者此明八識俱能了別自分境故不知唯是自心妄現也謂色是眼識境乃至賴耶見分是第七識境根身種子器界是藏識境然此八識離如來藏無別自體以衆生不知故執爲八識之名諸佛證得故能成四智之用若昧之則八識起執藏之號七識得染汙之名六識起徧計之情五識徇根塵之相若了之賴耶成圓鏡之體持功德之門末那爲平等之原一自他之性第六起觀察之妙轉正法之輪五識興所作之功垂應化之迹斯則一心匪動識智自分不轉其體但轉其名不分其理而分其事

大慧諸修行者入於三昧以習力微起而不覺知但作是念我滅諸識入於三昧實不滅識而入三昧以彼不滅習氣種故但不取諸境名爲識滅

上明諸識展轉爲因各了自境妄想流注欲轉諸識成智用者以根本藏識微細難知故舉二乘修習三昧不知諸識習氣種子依藏識不滅自謂我滅諸識入於三昧而實未也但伏六識不取塵境彼將爲滅

大慧如是藏識行相微細唯除諸佛及住地菩薩其餘一切二乘外道定慧之力皆不能知

此顯有能知者謂如是諸識所依藏識行相微細唯佛究竟知其邊際及住地菩薩方能分知其餘聲聞獨覺外道修行而得三昧智慧悉不能了

唯有修行如實行者以智慧力了諸地相善達句義無邊佛所廣集善根不妄分別自心所見能知之耳

言能知難知之所以也以智慧力了諸地相善達句義者有了因也無邊佛所廣集善根者有緣因也本有正因由是現前自然明見妄習流注故云能知

大慧諸修行人宴處山林上中下修能見自心分別流注得諸三昧自在力通諸佛灌頂菩薩圍遶知心意意識所行境界超愛業無明生死大海是故汝等應當親近諸佛菩薩如實修行大善知識

下中上修言隨人分量也分別流注即上二種生住滅也餘義如文皆當親近善知識者如馬鳴曰諸佛法者有因有緣因緣具足乃得成辦如木中火性是火正因若無人知不假方便能自燒木無有是處衆生亦爾雖有正因熏習之力不遇諸佛菩薩知識示教利喜慈悲攝護以之爲緣能自斷煩惱入涅槃者則無是處

爾時世尊重說頌言

汎論偈頌有四種不同梵音亦異仍具八意不復備引今此直明其大略一但字滿三十二即爲一頌二諷頌或名直頌謂以偈說法不須長行三應頌重頌長行也或爲鈍根重說或爲後來之徒或爲增明前說四集施頌謂以少言攝集多義施他誦持故今此經內於前四中二三所攝然凡言長行偈諷相望有五對之例謂有無廣略離合先後隱顯至文當審詳之

譬如巨海浪　斯由猛風起　洪波鼓溟壑　無有斷絕時
藏識海常住　境界風所動　種種諸識浪　騰躍而轉生
青赤等諸色　珂貝乳石蜜　淡味衆花果　日月與光明
非異非不異　意等七種識　應知亦如是　如海共波浪
心俱和合生　譬如海水動　種種波浪轉　藏識亦如是
種種諸識生　心意及意識　爲諸相故說　八識無別相
無能相所相　譬如海波浪　是則無差別　諸識心如是
異亦不可得　心能積集業　意能廣積集　了別故名識
對現境說五

此頌明前現識之海性自常住爲彼六塵境界之風所飄動故此七種識現識之體以爲內因六塵境界以爲外緣興盛六種麤重相故故云譬如巨海浪由斯猛風起洪波鼓溟壑無有斷絕時藏識海常住境界風所動種種諸識浪騰躍而轉生○云何名爲境界之風其風形狀當如何耶謂青赤等種種顯色能起眼識珂貝等珠出種種勝妙音聲能起耳識檀乳等香熏布種種芬芬香氣能起鼻識木羅石蜜等諸安觸著和種種善美樂具能起身識鹹淡等味隨其所應出種種味能起舌識現在之花未來之果種種法塵隨爲彼識所緣境界

能起意識令此文中舉塵取識應審觀察彼末那識即
是意識微細分位無別體耳如是六塵能動心體令使
散亂譬如猛風故名爲風故云青赤等諸色珂貝乳石
蜜鹽味衆花果○如是七識及與藏識同耶異耶非同
非異離二邊故譬如日與光明示與波浪非同非異七
識藏識非同非異義亦復如是故云日月與光明非異
非不異意等七種識應知亦如是如海共波浪心俱和
合生○如是七識從何處所來入藏識作七種數流轉
起動無斷絕時如是七轉識不從內來不從外來不從
中間來唯藏識體變作七識譬如海水動作波浪故云
譬如海水動種種波浪轉藏識亦如是種種諸識生心
意及意識爲諸相故說○如是現識及七轉識八種心
識唯有生滅無常相耶亦有實相常住相耶如是八識
從無始來三際不動四相不遷眞實常住自性清淨功
德滿足無有二相故云八識無別相無能相所相譬如
海波浪是則無差別諸識心如是異亦不可得○諸識
本寂妄塵無體由不覺故前五識轉覽現塵境第六分
別起惑造業第七傳送執我我所能廣積集同爲能熏
第八藏識受熏持種積集不云展轉爲因流轉不息故
云心能積集業意能廣積集了別故名識對現境說五
○是知離心之境文理俱虛即識之塵詮量有據狂心
不歇歇即菩提垢淨心明本來是佛

爾時大慧菩薩摩訶薩以頌問曰

自下三重問答躡前而起總一十八偈各有經家生起
此即初番問生起也下准此

青赤諸色像　衆生識顯現　如浪種種法　云何願佛說

上云青赤等塵發生諸識如海波浪皆非一異又云心
積集等行相有殊故致斯問

爾時世尊以頌荅曰

青赤諸色像　浪中不可得　言心起衆相　開悟諸凡夫

上二句明色即是空故不可得次一句空即是色故起
衆相下一句釋第三句

而彼本無起　自心所取離　能取及所取　與彼波浪同

此一偈法合重明青赤諸色像浪中不可得二句也

身資財安住　衆生識所現　是故見此起　與浪無差別

色身正報也資生財物及安住處依報也此一偈法合
重明言心起衆相造業感報依正不同皆是衆生自心
妄現

爾時大慧復說頌言

大海波浪性　鼓躍可分別　藏識如是起　何故不覺知

此約法喻而難

爾時世尊以頌荅曰

阿賴耶如海　轉識同波浪　爲凡夫無智　譬喻廣開演

依彼大海譬喻演說使愚夫通曉

爾時大慧復說頌言

譬如日光出　上下等皆照　世間燈亦然　應爲愚說實

大慧因上言心起衆相開悟諸凡夫即是如來方便不
說實法故問如日光出時等照於萬物如來既出世應
爲諸愚夫平等說眞實

已能開示法　何不顯眞實

言如來已爲衆生顯示諸法何故不爲愚夫說眞實法

爾時世尊以頌荅曰

若說眞實者　彼心無眞實　譬如海波浪　鏡中夢及像
俱時而顯現　心境界亦然

此一頌半上二句法說謂非器不堪聞實非不平等次
三句舉三喻況彼心無實第三一句以法合喻故云亦
然

境界不具故　次第而轉生　識以能了知　意復意謂然
五識了現境　無有定次第

次一頌半上言外境緣若不具足內識即次第轉生故成
唯識云依止根本識諸識隨緣現或俱或不俱如波濤
依水謂緣若同時具足即俱現如鏡現像無有前後此
偈明緣不同具即次第而轉生也以第六識分別諸法
塵故云識以能了知意緣阿賴耶起我我所執故云意
復意謂然五識隨現塵何有定次第

譬如工畫師　及畫師弟子　布彩圖衆像　我說亦如是
彩色中無文　非筆亦非素　爲說衆生故　綺煥成衆像

是二頌言畫色本無形隨形即畫像以況如來本無法
隨機即說法豈得止說一種法也

言說則變異　眞實離文字　我所住實法　爲諸修行說
眞實自證處　能所分別離　此爲佛子說
愚夫別開演　種種皆如幻　所見不可得　如是種種說
隨事而變異　所說非所應　於彼爲非說

此二頌半正明如來應機說異也上二句總標說意次
五句謂對利根說一乘眞實法次五句謂對餘鈍根說
種種如幻法一一如文下二句謂所說法不應機者翻
爲妄語故云非說

譬如衆病人　良醫隨授藥　如來爲衆生　隨心應量說

是一頌又以良醫隨病授藥不同況如來應量說法有
異故不得如日平等照物以結前問

世間依怙者　證智所行處　外道非境界　聲聞亦復然

依怙者即如來也

注大乘入楞伽經卷第二

葛同印造

左朝請大夫充福建路提舉常平茶事公事張　元禮
將仕郎黃　紀　前住廣安沙門　智　住彌陀沙門　了文
各捨錢一十貫省同開此經

注大乘入楞伽經卷第三

時

復次大慧菩薩摩訶薩若欲了知能取所取分別境界皆是自心之所現者當離憒鬧昏滯睡眠初中後夜勤加修習遠離曾聞外道邪論及二乘法通達自心分別之相

能取所取者亦云能緣所緣謂即心識見相二分也故華嚴經云能緣所緣力種種法出生餘文意謂欲了知者應離浮沉諸惡覺觀眞實修行也

復次大慧菩薩摩訶薩住智慧心所住相已於上聖智三相當勤修學

住智慧心所住相者即上云通達自心分別之相也

何等爲三所謂無影像相一切諸佛願持相自證聖智所趣相諸修行者獲此相已即捨跛驢智慧心相入菩薩第八地於此三相修行不捨

言跛驢者謂未得無功用慧故以況之

大慧無影像相者謂由慣習一切二乘外道相故而得生起一切諸佛願持相者謂由諸佛自本願力所加持故而得生起自證聖智所趣相者謂由不取一切法相成就如幻三昧身趣佛地智故而得生起

無影像相者謂無分別智離二取也然二乘外道所習淺陋如來常種種訶叱於此反取之者欲其迴心捨邪途入正轍也諸佛願持相者謂如諸佛皆發弘誓成熟有情嚴淨佛土也自證聖智所趣相者謂如來法身自覺聖智相也餘文可知

大慧是名上聖智三種相若得此相即到自證智所行之處汝及諸菩薩摩訶薩應勤修學

言以是三相能到如來地故勸令修學

爾時大慧菩薩摩訶薩知諸菩薩心之所念承一切佛威神之力白佛言唯願爲說百八句差別所依聖智事自性法門

諸菩薩衆心念謂五法三自性八識二無我皆是聖人度衆生法門事如來上既說八識竟亦應爲我說百八句差別所依五法聖智事三自性法門衆有此念故大慧承諸佛神力而興是問言聖智事者即五法也

一切如來應正等覺爲諸菩薩摩訶薩墮自共相者說此妄計性差別義門知是義已則能淨治二無我觀照明諸地超越一切二乘外道三昧之樂見諸如來不可思議所行境界畢竟捨離五法自性以一切佛法身智慧而自莊嚴入如幻境住一切刹兜率陀宮色究竟天成如來身

言自共相者且以四諦中苦諦言之如苦諦下三界依正蘊界處等一切諸法各各不同名自相苦諦即名共相謂苦諦四門中無常爲一切有爲法共相苦爲一切有漏法共相空與無我通爲一切法共相又如五陰不同名自相共成人身名共相界處等亦爾乃至一切諸法各各又有自共相也兜率陀者此云知足彼天内宮是一生補處菩薩所居也色究竟天是行滿報佛成正覺處餘文悉明遠離過習顯示衆德成就如來法身之義以有是利故請佛爲說如上法門

佛言大慧有一類外道見一切法隨因而盡生分別解想兔無角起於無見如兔角無一切諸法悉亦如是復有外道見大種求那塵等諸物形量分位各差別已執兔無角於此而生牛有角想

自下如來約牛兔角破執名相起妄想見此明叙彼二外道計謂一外道見一切法隨因緣滅妄起分別想兔無角復一外道見大種功能根身塵境緣未散時形量差別計牛有角以不了故至執異見生決定解

大慧彼墮二見不了唯心但於自心增長分別大慧身及資生器世間等一切皆唯分別所現

此明牒破彼外道見文有八句上四句破起見因下四句示唯妄現故伽陀云知諸法唯心便捨外塵相由此息分別悟平等眞空思之可了

大慧應知兔角離於有無諸法悉然勿生分別云何兔角離於有無互因待故分析牛角乃至微塵求其體相終不可得聖智所行遠離彼見是故於此不應分別

此一段經上四句總結應離妄已下諸句別徵破也○云何下別徵破彼墮無見也謂云何兔角離於有無破云互因待故彼兔角無因牛角有故若無牛角彼何所因而言無耶○分析下次別破彼墮有見也謂若執於牛有角者分析牛角至於極微何有實體而計有耶故下偈云無因有故無是無不成無有待無亦然展轉相因起言皆不實也聖智所行離彼見者謂如實見者悉離有見常見之有亦離邪見斷見之無是故結勸應離分別

爾時大慧菩薩摩訶薩復白佛言世尊彼豈不以妄見起相比度觀待妄計無耶

大慧因上言兔角等離於有無互因待故分析牛角乃至極微求不可得而爲離彼妄見復問佛言彼離見者既不作牛有角想豈不以比度觀待同妄計言無耶

佛言不以分別起相待以言無彼以分別爲生因故以角分別爲其所依所依爲因離異不異非由相待顯兔角無

如來荅言離妄見者不以分別起相觀待以言無也何以故彼妄見者以妄分別爲生因故以角有無而起分別爲其所依既所依爲因即妄計有無然分別與角俱無定性離異不異離分別者非由相待牛角無性顯兔角無

大慧若此分別異兔角者則非角因若不異者因彼而起大慧分析牛角乃至極微求不可得異於有角言無角者如是分別決定非理二俱非有誰待於誰若相待不成待於有故言兔角無不應分別不正因故有無論者執有執無二俱不成

自下再牒破也言若此分別定異兔角者則非角因若定不異者又是因彼而起言俱無自性也分析牛角乃至極微求不可得異於有角而又言無角如是分別者定非理也謂若以有爲有則以無爲無有既不有則無無也故云二俱非有誰待於誰是知牛角兔角二俱無性而對何法言有言無耶若相待不成待於有故言兔角無者不應分別不正因故謂有與無爲因無與有爲

因此因不正也。既二因不正有無兩果理自不成故結
破云有無論者執有執無二俱不成也
大慧復有外道見色形狀虛空分齊而生執著言色異虛
空起於分別
上以析法破牛兔此以體法會色空謂衆生所執聞宜
不同故佛施能治巧拙有異亦是破轉計也言又有外
道見色形狀質礙變異虛空分齊空廓無礙而生執著
謂色異空起妄分別者此謂如來敘彼計也
大慧虛空是色隨入色種大慧色是虛空能持所持建立
性故色空分齊應如是知
自下正破也佛語大慧空即是色隨入色種中故色外
無空也色即是空互爲能所建立性故非色滅空也色
空分齊應如是知
大慧大種生時自相各別不住虛空中非彼無虛空
會昔權說重明色空不二也謂昔破外道執有我故說
有造色從大種生自相各別而麤顯造色性即空故更
無別色而住於空故云不住非彼無虛空也
大慧兔角亦爾觀待牛角言彼角無大慧分析牛角乃至
微塵又析彼塵其相不現彼何所待而言無耶若待餘物
彼亦如是
此又引上牛兔二角以合色空類觀諸法差別妄見一
對破應知亦爾○然諸外道異計雖多不出惡見及
無因邪因二種因也言惡見者謂於諸諦理顛倒推度
姦慧爲性能障正見招苦爲業謂惡見者多受苦故此
見行相差別有五一薩迦耶見謂於五取蘊執我我所
一切見趣所依爲業二邊見謂即於彼隨執斷常障處
中行出離爲業三邪見謂謗因果作用實事及非四見
諸餘邪說如增上緣名義徧故四見取謂於諸見及所
依蘊執爲最勝能得清淨一切鬬諍所依爲業五戒禁
取謂於隨順諸見戒禁及所依蘊執爲最勝能得清淨
無利勤苦所依爲業二種因義如下當說
大慧汝應遠離兔角牛角虛空及色所有分別汝及諸菩
薩摩訶薩應常觀察自心所見分別之相於一切國土爲
諸佛子說觀察自心修行之法
佛勸菩薩應常觀察自心所見妄想之相既自知已於
一切處轉相傳授普使知病識藥令得服行至安樂處
爾時世尊即說頌言
心所見無有　唯依心故起　身資所住影　衆生藏識現
心意及與識　自性五種法　二無我清淨　諸導師演說
長短共觀待　展轉互相生　因有故成無　因無故成有
微塵分析事　不起色分別　唯心所安立　惡見者不信
外道非行處　聲聞亦復然　救世之所說　自證之境界
上五行偈文顯可知更不繁釋○此約外道執牛兔角
決定有無及色空異以破五法中名相妄想竟
爾時大慧菩薩摩訶薩爲淨自心現流故而請佛言世尊
云何淨諸衆生自心現流爲漸次淨耶爲頓淨耶
此就淨衆生心習現流五法中次明正智義謂能淨者
自覺聖智也所淨者自心現流也
佛言大慧漸淨非頓如菴羅果漸熟非頓諸佛如來淨諸
衆生自心現流亦復如是漸淨非頓如陶家造器漸成非
頓諸佛如來淨諸衆生自心現流亦復如是漸而非頓譬
如大地生諸草木漸生非頓諸佛如來淨諸衆生自心現
流亦復如是漸而非頓大慧譬如人學音樂書畫種種伎
術漸成非頓諸佛如來淨諸衆生自心現流亦復如是漸
而非頓譬如明鏡頓現衆像而無分別諸佛如來淨諸衆
生自心現流亦復如是頓現一切無相境界而無分別如
日月輪一時遍照一切色像諸佛如來淨諸衆生自心過
習亦復如是頓爲示現不可思議諸佛如來智慧境界譬
如藏識頓現於身及資生國土一切境界報佛亦爾於色
究竟天頓能成熟一切衆生令修諸行譬如法佛頓現報
佛及以化佛光明照耀自證聖境亦復如是頓現法相而
爲照耀令離一切有無惡見
上明四漸四頓者謂淨衆生自心現流其機大者頓之
其機小者漸之漸者言其權頓者言其實權以趣實
以導權所以聖人開悟衆生或頓或漸權實偏圓未始
不相顧者庶使含識隨宜得入也又云漸約修行未證
入故頓約修行已證入故
復次大慧法性所流佛說一切法自相共相自心現習氣
因相妄計性所執因相更相繫屬種種幻事皆無自性而
諸衆生種種執着取以爲實悉不可得
此明三佛建立說法釋成頓漸所顯義也法性所流佛
者報身佛也說一切自共相法是自心本識現習氣因
相及前轉識妄計所執因相更相繫屬種種幻事皆無
自性故起信云一切諸法皆是衆生無明妄心而得住
持如鏡中像無體可得而衆生不了種種執着取以爲
實豈不悮哉
復次大慧妄計自性執着緣起自性起
言自共相等一切諸法本無自性依他衆緣和合生起
猶如幻事即依他起性也而諸衆生妄想計度種種執
着取以爲實即是妄計自性執着緣起自性而起
大慧譬如幻師以幻術力依草木瓦石幻作衆生若干色
像令其見者種種分別皆無真實
舉喻以明緣起不實如幻師依草木起衆生色像譬如
來藏性隨緣起種種諸法故肇論云萬法假立不真譬
如幻化人非無幻化人幻化人非真人也皆明緣起不
實故
大慧此亦如是由取着境界習氣力故於緣起性中有妄
計性種種相現是名妄計性生
此以法合謂於緣起性中生妄計性亦如是
大慧是名法性所流佛說法相
結說因緣所生諸法皆如幻不實
大慧法性佛者建立自證智所行離心自性相
建立自覺聖智所證法界離妄想心量自性塵境相是
法佛法
大慧化佛說施戒忍進禪定智慧蘊界處法及諸解脫諸
識行相建立差別越外道見超無色行

化佛八相示成應緣攝化說六度治六蔽離陰界入解脫諸識相隨宜建立諸法差別超外道執見越無色所行。謂外道取無色以爲涅槃

復次大慧法性佛非所攀緣。一切所緣一切所作根量等相悉皆遠離非凡夫二乘及諸外道執着我相所取境界。是故大慧於自證聖智勝境界相當勤修學於自心所現分別見相當速捨離

攀緣妄念也所緣妄法也所作妄業也餘義如文。上既顯示三佛說法此結獨舉法佛所證法以勸修學者故法華經云雖說種種道其實爲一乘

復次大慧聲聞乘有二種差別相所謂自證聖智殊勝相分別執着自性相

二約聲聞所證聖智以明正智義因上勸菩薩修自證聖智境界相然聲聞亦有自證聖智境界相欲簡異聲聞故舉聲聞有二種差別相初自證聖智異彼外道故云殊勝

云何自證聖智殊勝相謂明見苦空無常無我諸諦境界離欲寂滅故於蘊界處若自若共外不壞相如實了知故心住一境住一境已獲禪解脫三昧道果而得出離住自證聖智境界樂未離習氣及不思議變易死是名聲聞乘自證聖智境界相

言聲聞人於三界有情明見無常苦空無我及四諦境界厭離五欲栖心寂滅於蘊界處若自若共外不壞相而未獲法空但得人空慧如實了知故心住一境住一境已遂獲諸禪八解三三昧門八聖道分四沙門果而得出離也但斷現行煩惱未斷習煩惱但斷分段生死未離變易生死是故名爲聲聞乘自證聖智境界相

菩薩摩訶薩雖亦得此聖智境界以憐愍衆生故本願所持故不證寂滅門及三昧樂諸菩薩摩訶薩於此自證聖智樂中不應修學

明菩薩所證是了一切法本性無生正受樂不同聲聞息陰界入求涅槃樂菩薩雖亦得是聖智境界以大悲本願故不取證寂滅及三昧樂故誡諸菩薩於此樂中不應修學

大慧云何分別執着自性相所謂知堅濕煖動青黃赤白如是等法非作者生然依教理見自共相分別執着是名聲聞乘分別執着相菩薩摩訶薩於此法中應知應捨離人無我見入法無我相漸住諸地

此謂聲聞知彼四大形顯色等種種諸法非如外道計作者生然守如來止啼權說於自共相妄想執着菩薩於彼應知唯是自心妄現故應捨離了我法空漸入智地到如來境

爾時大慧菩薩摩訶薩白佛言世尊如來所說常不思議自證聖智第一義境將無同諸外道所說常不思議作者耶

三破外道所計顯正智義因上如來說頓爲顯示常不思議智大慧舉以白佛如來所說常不思議即是此間自證聖智第一義境將非同諸外道所說常不思議作者耶謂外道以作者爲常不思議因相也

佛言大慧非諸外道作者得常不思議所以者何諸外道常不思議因自相不成既因自相不成以何顯示常不思議大慧外道所說常不思議若因自相成彼則有常但以作者爲因相故常不思議不成

如來告大慧非諸外道作者因緣得常不思議彼因自相不成故故楞嚴云以生滅心爲本修因而求佛乘不生不滅無有是處

大慧我第一義常不思議第一義因相成遠離有無自證聖智所行相故有相第一義智爲其因故有因離有無故非作者如虛空涅槃寂滅法故常不思議是故我說常不思議不同外道所有諍論大慧此常不思議是諸如來自證聖智所行眞理是故菩薩當勤修學

明如來舉上常不思議有因有相成也能所因相俱離有無謂自證聖智所行相故非餘境故有相第一義智爲正因故非生滅故有因能所因相離有無故非作者譬如虛空涅槃寂滅無作法故常不思議是故我說異諸外道所有諍論此常不思議是諸如來自覺聖智所得故勸菩薩當勤修學

復次大慧外道常不思議以無常異相因故常非自相因力故常

言外道以無常變異相爲常不思議因故云常非是自覺所行相因力故常

大慧外道常不思議以見所作法有已還無無常已比知是常我亦見所作法有已還無無常已不因此說爲常

明外道見世間所作法有已還無悉是無常妄計神我爲常待無常已比知是常佛則反是不因此說以爲常也

大慧外道以如是因相成常不思議此因相非有同於兔角故常不思議唯是分別但有言說何故彼因同於兔角無自因相故

若外道以如是無常因相成常不思議者此因相非眞實故同於兔角故常不思議唯是妄想言說何以故無有常因常相故

大慧我常不思議以自證爲因相不以外法有已還無無常爲因外道反此曾不知常不思議自因之相而恒在於自證聖智所行相外此不應說

前謂佛反外道此則外道反佛曾不能知常不思議自因之相離有無超情識而恒妄計在於自證聖智所行相外是故如來誡不應說然三乘之道優劣雖殊悉皆內證若心外見法任說幽玄終成外道

復次大慧諸聲聞畏生死妄想苦而求涅槃不知生死涅槃差別之相一切皆是妄分別有無所有故

四約愚智觀解優劣以明正智不知生死涅槃差別之相是妄分別有者謂對生死說涅槃如對病說藥達生死無故所對涅槃亦不可得故思益經云諸佛出世不爲令衆生出生死入涅槃但爲度生死涅槃之二見耳妄想無性即涅槃故

妄計未來諸根境滅以爲涅槃不知證自智境界轉所依藏識爲大涅槃

以凡愚不知生死即涅槃計未來根境滅作涅槃想非是自覺所證境界如來證自智境界者以有識藏故妄見生死轉識藏故生死即涅槃故下經云妄想識滅名爲涅槃

彼愚癡人說有三乘不說唯心無有境界大慧彼人不知去來現在諸佛所說自心境界取心外境常於生死輪轉不絕

愚夫以生死異涅槃爲此愚夫說斷生死趣涅槃故說三乘種性智者說此六趣生死是妄想心量無有境界而彼愚夫不知三世如來所說生死妄想是自心現境界取心外境計生死相與涅槃差別故生死流轉

復次大慧去來現在諸如來說一切法不生何以故自心所現非有性故離有無生故如兎馬等角凡愚妄取唯自證智所行之處非諸愚夫二分別境

言三世如來說外心現一切諸法不生何以故謂自心所現非有性故不生離有無生二種見故不生此就智者知諸法無生起佛種性如兎馬等角本來不生凡愚不覺妄取生滅唯如來自覺所證之處一切法自體性相不生非愚夫有無分別境界

大慧身及資生器世間等一切皆是藏識影像所取能取二種相現彼諸愚夫墮生住滅二見中故於中妄起有無分別大慧汝於此義當勤修學

言正報色身及資生器界一切諸法是本識影像能所二取之所變現妄想無性而諸愚夫墮彼見中分別有無故告大慧汝於此心現一切法不生義當勤修學

復次大慧有五種種性何等爲五謂聲聞乘種性緣覺乘種性如來乘種性不定種性無種性

五約種性以驗於機明正智義因上畏生死苦樂求涅槃起於種性故次明種性相也

大慧云何知是聲聞乘種性謂若聞說於蘊界處自相共相若知若證舉身毛竪心樂修習於緣起相不樂觀察應知此是聲聞乘種性

若聞蘊陰界入自共相身得涅槃知苦斷集證滅修道時悲喜異相愛樂修習於緣起發悟之相不樂觀察應知以修上法名聲聞乘種性

彼於自乘見所證已於五六地斷煩惱結不斷煩惱習住不思議死正師子吼言我生已盡梵行已立所作已辦不受後有修習人無我乃至生於得涅槃覺

此明聲聞斷惑分齊類諸菩薩第五六地然但斷三界現行煩惱未斷習使及所知障未度不思議變易死諸魔外中決定唱言我得四智究竟覺乃至生於得涅槃覺也

大慧復有衆生求證涅槃言能覺知我人衆生養者取者此是涅槃復有說言見一切法因作者有此是涅槃

言有衆生妄計覺知我人衆生長養士夫各各差別以見神我此是涅槃復有執言自在天等以爲作者名爲涅槃此二即是無種性外道

大慧彼無解脫以未能見法無我故此是聲聞乘及外道種性於未出中生出離想應勤修習捨此惡見

此明外道計有神我性無解脫法聲聞取自共相未獲法空皆不出妄覺故應勤修習轉彼惡見而趣如來種性故

大慧云何知是緣覺乘種性謂若聞說緣覺乘法舉身毛竪悲泣流淚離憒鬧緣無所染着有時聞說現種種身或聚或散神通變化其心信受無所違逆當知即是緣覺乘種性應爲其說緣覺乘法

言若聞說緣起諸法知緣體空無所染着或時聞說現種種身或合多身爲一身或離一身爲多身及於神通變化信受無違欣樂修習是謂緣覺乘種性然有二種不同一遇佛演說十二因緣法依以受行名爲緣覺即如上說二出無佛世覩緣自悟名爲獨覺

大慧如來乘種性所證法有三種所謂自性無自性法內身自證聖智法外諸佛刹廣大法大慧若有聞說此一一法及自心所現身財建立阿賴耶識不思議境不驚不怖不畏當知此是如來乘性

自性無自性法者謂三自性三無性祕密法也內身自證聖智法者謂佛自證一乘了義不可思議眞實法也外諸佛刹廣大法者謂廣大悲願莊嚴淨土攝化衆生究竟到於一切智地法也若有聞說此等法者是故名爲佛乘種性

大慧不定種性謂聞說彼三種法時隨生信解而順修學

言此不定人聞說三乘法時隨生信入順學而成其性可移故言不定

大慧爲初治地人而說種性欲令其入無影像地作此建立

初治地人即不定種性者三乘俱可入也爲說是種性令彼明悟了權趣實超入第八無所有地任運至如來地故作此建立

大慧彼住三昧樂聲聞若能證知自所依識見法無我淨煩惱習畢竟當得如來之身

此明三乘五性同入如來一佛乘也謂昔權說三乘五性中定性二乘無性闡提不許成佛今究竟說雖有三乘五性之異由新熏故本來唯是一佛乘也舉一例諸是故但云彼住三昧樂聲聞既已修習斷煩惱結若能迴心證知識性見法無我畢竟皆得無上最勝如來之身

爾時世尊即說頌言

預流一來果　不還阿羅漢　是等諸聖人　其心悉迷惑

言小乘初心修七方便至見諦理能斷三界見道所斷八十八使創預聖流名預流果次從是發六無礙道斷於欲界前之六品修所斷惑證第六解脫於人天更一往來名一來果又發後三無礙道永斷欲界七八九品諸煩惱盡更不還欲界受生名不還果又於色界修行永斷上二界修道所斷一切煩惱得盡智無生智不受

後有名阿羅漢果如來方便爲畏生死妄想苦愚夫說
斷三界煩惱得諸果差別然皆不離心量故云是等諸
聖人其心悉迷亂
我所立三乘　一乘及非乘　爲愚夫少智　樂寂諸聖說
佛應機立三一俱權三約一據一對三設三既不存一
亦非有爲彼愚夫樂寂諸聖故有是說
第一義法門　遠離於二取　住於無境界　何建立三乘
於第一義中諸法無所有何有教法及有諸乘名
諸禪及無量　無色三摩提　乃至滅受想　唯心不可得
諸禪及無量者謂四靜慮四無量心也無色三摩提即
無色界四空處定也滅受想謂聲聞滅盡定也言如來
說諸禪三昧等諸法亦無有實爲妄想心量愚夫作如
是說故云唯心不可得上明正智竟
復次大慧此中一闡提何故於解脫中不生欲樂大慧以
捨一切善根故爲無始衆生起願故
三約菩薩闡提知生死涅槃無二以明如如義
云何捨一切善根謂謗菩薩藏言此非隨順契經調伏解
脫之說作是語時善根悉斷不入涅槃
言此闡提謗大乘法藏及作惡言此非隨順修多羅毗
尼解脫之說以斷一切善根不得涅槃
云何爲無始衆生起願謂諸菩薩以本願方便願一切衆
生悉入涅槃若一衆生未涅槃者我終不入此亦住一闡
提趣此是無涅槃種性相
菩薩本願方便欲斷一切衆生生死令得涅槃若一衆
生未證入者我竟不入言一闡提以謗菩薩藏故不得
涅槃菩薩知生死即涅槃亦更不得涅槃以不得涅槃
名同故云亦住一闡提趣此是無涅槃種性相也
大慧菩薩言世尊此中何者畢竟不入涅槃佛言大慧彼
菩薩一闡提知一切法本來涅槃畢竟不入非捨善根何
以故捨善根一闡提以佛威力故或時善根生所以者何
佛於一切衆生無捨時故是故菩薩一闡提不入涅槃
言捨善根一闡提以如來神力故或時善根生得涅槃

是故菩薩知生死即涅槃故言不入以上明如如竟
復次大慧菩薩摩訶薩當善知三自性相何者爲三所謂
妄計自性緣起自性圓成自性
上雖分別三自性爲五法未知何者是三自性故下正
明三自性體也言妄計自性者謂諸愚夫妄想計度所
執蘊界入等爲實我實法名妄計性此有二種一自性
總執諸法實有自性二差別別執常無常等實有自體
或依名妄計義或依義妄計名等約體不出人法二體
約執不出名義二執又云衆生染心於依他起自性中
有二種妄計自性一者隨覺即現行執二者慣習習氣
隨眠即執種子也○言緣起自性者謂依他衆緣和合
生起猶如幻事名緣起自性亦有二義一依真理之他
如波依水起二依妄緣之他如波依風○圓成自性者
謂妄想體空緣起無性即是圓成究竟唯一真心更無
所有故楞嚴云無漏真淨云何是中更容他物上總釋
竟下文即別釋
大慧妄計自性從相生云何從相生謂彼依緣起事相種
類顯現生計着故
言妄想無體但從緣起事相生計執故
大慧彼計着事相有二種妄計性生是諸如來之所演說
謂名相計着相事相計着相大慧名相計着相者謂計着
內外法事相計着相者謂即彼內外法中計着自共相是
名二種妄計自性相
言計此相起二種妄想是諸如來建立演說謂於內外
法起男女瓶衣等名是名相計着相於彼內外法中計
着自共相法是事相計着相即是自性差別二計着
大慧從所依所緣起是緣起性
依因也謂諸法從因緣而生名緣起性故云未曾有一
法不從因緣生
何者圓成自性謂離名相事相一切分別自證聖智所行
真如大慧此是圓成自性如來藏心
言圓成自性無別自體但於緣起自性離名相事相妄

想分別自覺聖智所證如如此即圓成自性法身實體
如來藏性清淨真心也是故須假如實方便離念觀察
方能悟入故摩訶衍論云圓成實自性應知宣說四清
淨法一自性清淨謂真如實際勝義法界二離垢清淨
謂即此離一切障垢三得此道清淨謂一切波羅蜜多
菩提分法四生此境清淨謂最上乘妙正法教如是四
法總攝一切清淨諸法無有遺餘
爾時世尊即說頌言
名相分別　二自性相　正智如如　是圓成實

前明出世間若因若果染淨差別不離五法此一行
經還攝五法爲三自性謂名相分別是妄計緣起二自
性正智如如即圓成實○是知三性無際隨一全收真
妄互融性相無礙從緣起生分別即是妄計從緣起悟
真實即是圓成所以由分別故一分成生死由真實故
一分成涅槃了分別性空故即生死成涅槃迷真實性
有故即涅槃成生死都是一法隨緣顯義成三三非三
而一性圓一非一而三性具卷舒不失隱顯常如非一
非三泯性相於實地而三而一耀行布於義天撮要所
歸莫先斯旨
大慧是名觀察五法自性法門自證聖智所行境界汝及
諸菩薩摩訶薩當勤修學
結成五法三性法門以勸修學
復次大慧菩薩摩訶薩當善觀察二無我相何者爲二所
謂人無我相法無我相
既能修學五法三自性已更當觀察人法二無我相言
人無我者梵云補特伽羅此言數取趣謂諸有情起惑
造業即爲能取當來五趣名之爲趣雖復數數起惑造
業五趣輪迴都無主宰實自在用故言無我經云無我
無造無受者善惡之業亦不亡○法無我者謂諸法體
雖復任持軌生物解亦無勝性實自在用故言無我○
此二種執我或有有情總執補特伽羅爲我或有有情
別執色受想行識等爲我故瑜伽云補特伽羅無我者

謂離一切緣生行外別有實我不可得故法無我者謂即一切緣生諸行性非實我是無常故是故經云當善觀察上略通釋竟下文即別廣釋

大慧何者人無我相謂蘊界處離我我所無知愛業之所生起眼等識生取於色等而生計著又自心所見身器世間皆是藏心之所顯現

云何人無我謂離我我所陰界入中分別觀察但是無明業愛等生於眼識等諸根妄取自心現妄想境界皆是藏心妄想施設彼無有我也此即就陰界入中以示無我

剎那相續變壞不停如河流如種子如燈焰如迅風如浮雲躁動不安如猿猴

自下約喻舉五觀門以明無我此舉無常門也夫我謂常義今既無常故無有我文標六喻上五喻幻身下一喻妄心如水奔流種牙變易燈藉眾緣飄風不住浮雲起滅以上諸喻剎那變壞此身亦爾豈有常耶又妄心躁動等若猿猴既不能令身心常住我義焉在

樂不淨處如飛蠅

舉不淨門明其無我然一切世間貪著此身不淨之聚三十六物穢惡之軀如彼飛蠅翫於臭處我謂淨義故知無我

不知厭足如猛火

舉苦門以破我一云如風火我者樂義今貪欲無厭如風中猛火逢薪轉熾追求不得爲苦所惱既無有樂故知無我

無始虛僞習氣爲因諸有趣中流轉不息如汲水輪

舉不自在門以示無我謂無始虛僞習業所熏往來三有如汲井輪循環不息爲愛水故溉灌業因即業因所推豈有實我

種種色身威儀進止譬如死屍呪力故行亦如木人因機運動

此舉空門以破我謂觀陰界入種種身色如機關木人呪術所起死屍雖若云爲實非我也

若能於此善知其相是名人無我智

上以法喻推詰善知陰界入中悉無有我如機關木人等是名人空智

大慧云何爲法無我智謂知蘊界處是妄計性

言菩薩知緣起陰界入法若執爲實者是妄計自性本來非有故寶積經云了色不堅如聚沫思惟諸受等浮泡想如熱時陽焰動芭蕉諸行應觀察如世善幻舞戲者剎那便現諸色像了知識用亦如是智者於此皆無顧此破凡夫執有五蘊也大般若云苦惱聚沫是蘊相如來覺爲無相○寶積又云內外十二處我說心爲主彼復因業生業由思久住眼色俱爲緣而生起於識緣闕則不生譬無薪之火如是生諸法和合互相生無作無受者現作用如幻一切內外法我已知空幻愚夫顛倒執分別我我所此破凡夫執有十二處十八界也大般若云生長門是處相如來覺爲無相多毒害是界相如來覺爲無相○楞嚴亦云根塵同源縛解無二識性虛妄猶如空花

如蘊界處離我我所唯共積聚愛業繩縛互爲緣起無能作者諸法亦爾離自共相虛妄分別種種相現愚夫分別非諸聖者

如陰界入空無我我所唯共積聚煩惱業故如繩自縛展轉相生無實自體一切諸法亦復如是離自共相由妄分別種種相現愚夫如是非諸聖者令知悟修超凡入聖

如是觀察一切諸法離心意意識五法自性是名菩薩摩訶薩法無我智

言諸聖賢何以不起妄想者以滅一切心意識名相妄想故

得此智已知無境界了諸地相即入初地心生歡喜次第漸進乃至善慧及以法雲諸有所作皆悉已辦住是地已有大寶蓮花王眾寶莊嚴於其花上有寶宮殿狀如蓮花菩薩往修幻性法門之所成就而坐其上

自此已下明觀察法無我所得利益也謂見法無我故得入初地觀察開覺次第漸進乃至十地所作已辦有大寶花王眾寶莊嚴上有大寶宮殿蓮花王座菩薩修如幻三昧成就而坐其上受佛職位也

同行佛子前後圍繞一切佛剎所有如來皆舒其手如轉輪王子灌頂之法而灌其頂

言此菩薩欲受佛位故同類菩薩以爲眷屬前後圍繞一切諸佛從十方來以手摩頂授以佛位如轉輪王授太子王位時以金鍾盛四大海水灌太子頂上授轉輪王位譬諸佛皆申右手摩菩薩頂授法王位

超佛子地獲自證法成就如來自在法身大慧是名見法無我相汝及諸菩薩摩訶薩應勤修學

以見法無我故乘茲增進行因圓滿故超菩薩地得如來法身是故諸菩薩當勤修學

爾時大慧菩薩摩訶薩復白佛言世尊願說建立誹謗相

因上觀二無我能離有無斷常二見故請建立誹謗相也非有說有名建立非無說無名誹謗

令我及諸菩薩摩訶薩離此惡見疾得阿耨多羅三藐三菩提

若如來爲我說者令我等離有無惡見疾得無上菩提得菩提已破建立常誹謗斷見令於正法不生毀謗

言正法離有無若說於有無名謗正法

佛受其請即說頌言

身資財所住　皆唯心影像　凡愚不能了　起建立誹謗
所起但是心　離心不可得

言依正諸法不知自心妄現而起有無建立誹謗墮於二見也

爾時世尊欲重明此義告大慧言有四種無有有建立何者爲四所謂無有相建立相無有見建立見無有因建立因無有性建立性是爲四

此列四名謂非有相見因性之中而橫立也

大慧誹謗者謂於諸惡見所建立法求不可得不善觀察
遂生誹謗此是建立誹謗相
彼於所建立法觀察不得而説言無名爲誹謗矣
大慧云何無有相建立相謂於蘊界處自相共相本無所
有而生計着此如是此不異而此分別從無始種種惡習
所生是名無有相建立相
言陰界入無自共相而妄計此如是自相也此不異共
相也從無始過惡熏習所生故也
云何無見建立見謂於蘊界處建立我人衆生等見是
名無有見建立見
謂於蘊界處中妄建立我人衆生以爲能見者
云何無有因建立因謂初識前無因不生其初識本無後
眼色明念等爲因如幻生生已有有還滅是名無有因建
立因
外道建立初識有因從冥諦而生佛言此識初不從冥
諦因生其初識本無生後眼色明念等爲因如幻生一
念不住故生已有有還滅
云何無有性建立性謂於虚空涅槃非數滅無作性執着
建立大慧此離性非性一切諸法離於有無猶如毛輪兎
馬等角是名無有性建立性
言外道於三無爲無作法而建立有性佛言此離性非
性類明一切諸法離於有無猶如毛輪垂髮由翳目而
生兎馬等角本自無有
大慧建立誹謗皆是凡愚不了唯心而生分別非諸聖者
是故汝等當勤觀察遠離此見
總結離二惡見以勸修學
大慧菩薩摩訶薩善知心意意識五法自性二無我相已
言佛説八識五法三性二無我者欲令衆生離於名相
妄想得如來法身展轉相續成佛不斷
爲衆生故作種種身如依緣起起妄計性亦如摩尼隨心
現色普入佛會聽聞佛説諸法如幻如夢如影如鏡中像
如水中月遠離生滅及以斷常不住聲聞辟支佛道

爲利衆生令得佛種不斷故隨衆生善根影現種種諸
色身也如依緣起起於妄計以譬如來依衆生善根生
也如摩尼珠不作心而隨色變以譬如來不作意能隨
衆生善根心水大小而變亦如摩尼隨物而變以譬如
來隨衆生善根現取佛土大衆集會於中説法其所説
諸法不實如幻夢等菩薩既知諸法如幻而離生滅斷
常等見亦離二乘自共相見
聞已成就無量百千億那由他三昧得此三昧已徧遊一
切諸佛國土供養諸佛在諸天上顯揚三寶示現佛身爲
諸聲聞菩薩大衆説外境界皆唯是心悉令遠離有無等
執
言菩薩既知諸法如幻得諸地無量億三昧現成正覺
復説自心現量法令衆離有無等見
爾時世尊即説頌言
佛子能觀見　世間唯是心　示現種種身　所作無障礙
神通力自在　一切皆成就
言能觀察生死世間唯是自心妄現故如摩尼無思示
於多身離所作行則一切成就也
爾時大慧菩薩摩訶薩復白佛言願爲我説一切法空無
生無二無自性相
因上説一切法如幻如夢即是説法空故大慧舉此空
法以請如來又云自下舉空無生等爲顯上四門至趣
也所言空者明前五法非有無生以顯八識不生無二
即二我兩亡離性即三性空寂故上經云見諸如來所
行境界畢竟捨離五法自性
我及諸菩薩悟此相故離有無分別疾得阿耨多羅三藐
三菩提
我等覺悟已即離妄想而證菩提
佛言諦聽當爲汝説大慧空者即是妄計性句義大慧爲
執着妄計自性故説空無生無二無自性
言空者謂世間妄想計度性句義爲愚夫計着諸法自
性是以我説諸法空無生無二離自性相

大慧略説空性有七種謂相空自性空無行空行空一切
法不可説空第一義聖智大空彼彼空
諸教辨空自有增減斯經雖略其義不殊
云何相空謂一切法自相共相空展轉積聚互相待故分
析推求無所有故自他及共皆不生故自共相無生亦無
住是故名一切法自相空
言諸法相展轉因緣積聚無自體故自他及共俱不生
故相依何住
云何自性空謂一切法自性不生是名自性空
即生性體自性不生
云何無行空所謂諸蘊本來涅槃無有諸行是名無行空
一切諸法本性常滅不復更滅豈有行耶
云何行空所謂諸蘊由業及因和合而起離我我所是名
行空
言五陰諸行法從衆緣所起無有我我所故有爲諸行
空
云何一切法不可説空謂一切法妄計自性無可言説是
名不可説空
一切法從妄想所起無自性故離言説
云何第一義聖智大空謂得自證聖智時一切諸見過習
悉離是名第一義聖智大空
謂如來得自覺聖智第一義時一切妄想見過習氣悉
皆離故
云何彼彼空謂於此無彼是名彼彼空
此名互無空於此無彼於彼無此故名空於彼有此於
此有彼即不名空
譬如鹿子母堂無象馬牛羊等我説彼堂空非無比丘衆
鹿子人名也其母即毗舍佉優婆夷深重三寶造立精
舍安止比丘於中不畜象馬等象馬無故言空
大慧非謂堂無堂自性非謂比丘無比丘自性非謂餘處
無象馬牛羊
舍及比丘有不名空若餘處有象馬亦不説象馬空

大慧一切諸法自共相彼彼求不可得是故說名彼彼空是名七種大慧此彼彼空空中最麤汝應遠離

言是空最麤非是真空故勸遠離

復次大慧無生者自體不生而非不生除住三昧是名無生

此解無生言就因緣中破生故說不自生若破生說無生不是真無生除住八地如幻三昧以上是名真無生

大慧無自性者以無生故密意而說大慧一切法無自性以剎那不住見後變異故是名無自性

言諸法一念不住異性起故名無自性

云何無二相大慧如光影如長短如黑白皆相待立獨則不成

言譬如光影長短黑白悉相待立無實故不得言二

大慧非於生死外有涅槃非於涅槃外有生死生死涅槃無相違相如生死涅槃一切法亦如是是名無二相大慧空無生無二無自性相汝當勤學

謂了妄想性空即生死成涅槃若迷真實性有即涅槃成生死如生死涅槃既無二類通一切法亦爾

爾時世尊重說頌言

我常說空法　遠離於斷常　生死如幻夢　而彼業不壞

言真實道理生死實空猶如幻夢但不得幻夢解者生死諸業即不可壞

虛空及涅槃　滅二亦如是　愚夫妄分別　諸聖離有無

舉上三無為空不得對涅槃說生死亦不得對生死說涅槃愚夫妄想故說為二聖人體達故離有無

爾時世尊復告大慧菩薩摩訶薩言大慧此空無生無自性無二相悉入一切諸佛所說修多羅中佛所說經皆是此義

言空等義普入諸經無有一法不含斯理

大慧諸修多羅隨順一切眾生心說而非真實在於言中譬如陽焰誑惑諸獸令生水想而實無水

此謂會權歸實也而諸經有不說空無生者以眾生悕望不一故如來隨眾生心作種種異說而實在乎心悟不在文言譬如群鹿為渴所逼見春時焰而作水想迷亂馳趣而彼陽焰實非是水

眾經所說亦復如是隨諸愚夫自所分別令生歡喜非皆顯示聖智證處真實之法大慧應隨順義莫著言說

勸依實義莫著言說

爾時大慧菩薩摩訶薩白佛言世尊修多羅中說如來藏本性清淨常恒不斷無有變易具三十二相在於一切眾生身中為蘊界處垢衣所纏貪恚癡等妄分別垢之所汙染如無價寶在垢衣中

如來藏經亦云一切眾生貪瞋癡諸煩惱中有如來身常無染汙德相具足如我無異

外道說我是常作者離於求那自在無滅世尊所說如來藏義豈不同於外道我耶

此難如來若說有如來藏義是違上一切修多羅皆應說空即同外道說有神我然彼計我其義有三一者體常名為作者二者雖在五陰而離於求那三者徧歷諸趣實非生滅今說藏義豈非同於外道我耶

佛言大慧我說如來藏不同外道所說之我大慧如來應正等覺以性空實際涅槃不生無相無願等諸句義說如來藏為令愚夫離無我怖說無分別無影像處如來藏門未來現在諸菩薩摩訶薩不應於此執着於我

言如來所說不同外道神我也外道說我如麻麥拇指立其定相佛說如來藏或名為空或名實際乃至無願斯則體一應物名異不同外道所說神我以愚夫恐怖於無我故如來方便說無所有境界作如來藏門勸諸菩薩不應於此同於外道計我

大慧譬如陶師於泥聚中以人功水杖輪繩方便作種種器如來亦爾於遠離一切分別相無我法中以種種智慧方便善巧或說如來藏或說為無我種種名字各各差別

如陶師依一泥聚隨其所須方便作種種器以譬如來於一法無我應機方便或說如來藏或說無我種種名字不同也

大慧我說如來藏為攝著我諸外道眾令離妄見入三解脫速得證於阿耨多羅三藐三菩提是故諸佛說如來藏不同外道所說之我若欲離於外道見者應知無我如來藏義

此明欲離妄見證無上菩提應知無我如來藏義○然言如來藏者通有三義一隱覆義謂覆藏如來故云藏也故理趣般若經云一切眾生皆如來藏勝鬘經云如來法身不離煩惱藏名如來藏○二含攝義謂如來法身含攝一切身相國土神通大用無量功德故亦謂含攝一切眾生皆在如來藏內故○三出生義謂此法身既含眾德了達證入即能出生故十地論云地智能生無漏因果亦能生成人天道行○此三義者初約迷時後約悟時中間剋體故勝鬘經云若於無量煩惱所纏如來藏不疑惑者於出纏無量煩惱藏法身亦無疑惑但果顯易信因隱難明故淺識之流輕因重果願諸學者深信自心

爾時世尊而說頌言

士夫相續蘊　眾緣及微塵　勝自在作者　此但心分別

外道所計由神我故令陰相續又計微塵等與生法為緣或計一切悉是勝妙自在天之所作此但心量妄想

注大乘入楞伽經卷第三

左朝議大夫主管台州崇道觀葉森鄉貢進士林[illegible]然

各捨錢二十貫省共開此經各副願心功德圓滿

注大乘入楞伽經卷第四　　時
爾時大慧菩薩摩訶薩普觀未來一切衆生復請佛言願
爲我說具修行法如諸菩薩摩訶薩成大修行
因上入三解脫門疾得菩提故大慧請如來說如諸菩
薩等所修行法無漏方便
佛言大慧菩薩摩訶薩具四種法成大修行何者爲四謂
觀察自心所現故遠離生住滅見故善知外法無性故專
求自證聖智故若諸菩薩成此四法則得名爲大修行者
如來言具四方便能成就大修行此舉四名下自徵釋
大慧云何觀察自心所現謂觀三界唯是自心離我我所
無動作無來去無始執着過習所熏三界種種色行名言
繫縛身資所住分別隨入之所顯現菩薩摩訶薩如是觀
察自心所現
此謂三界依正等法唯是自心過習所熏分別隨入之
所現者如起信論云以一切法皆從心起妄念而生也
如是觀察名爲正觀
大慧云何得離生住滅見所謂一切法如幻夢生自他及
俱皆不生故隨自心量之所現故見外物無有故見諸識
不起故及衆緣無積故分別因緣起三界故如是觀時若
内若外一切諸法皆不可得知無體實遠離生見證如幻
性即時逮得無生法忍住第八地了心意意識五法自性
二無我境轉所依止獲意生身
遠離生見者謂七地滿功用位畢於二種生中而能離
彼相生見也證如幻性住第八地了心識等得意生身
者即無功用道覺法自性意生身也
大慧言世尊以何因緣名意生身
因上八地菩薩既云轉所依識云何復名意生身故問
意生身者何因緣
佛言大慧意生身者譬如意去速疾無礙名意生身大慧
譬如心意於無量百千由旬之外境先所見種種諸物念
念相續疾詣於彼非是其身及山河石壁所能爲礙意生
身者亦復如是如幻三昧力通自在諸相莊嚴憶本成就
衆生願故猶如意去生於一切諸聖衆中是名菩薩摩訶
薩得遠離於生住滅見
意有三義故取意爲喻一迅疾二無礙三徧到以喻菩
薩得如幻三昧現形十方以化衆生亦有此三義也○
從意生身者亦復如是已下以法合喻可知
大慧云何觀外法無性謂觀察一切法如陽焰如夢境如
毛輪無始戲論種種執着虛妄惡習爲其因故如是觀察
一切法時即是專求自證聖智大慧是名菩薩具四種法
成大修行汝應如是勤加修學
此明修四如實行成上四種法門謂觀自心所現行成
上一切法空門也遠離生住滅見行成上無生法門也
善知外法無性行成上無自性法門也專求自證聖智
行成上無二門也是名菩薩成就四法得修行者如實
大方便故勸汝當勤行修學
爾時大慧菩薩摩訶薩復請佛言願說一切法因緣相以
我及諸菩薩摩訶薩了達其義離有無見不妄執諸法漸
生頓生
因上見妄想緣生於三界故大慧舉因緣相以請問
佛言大慧一切法因緣生有二種謂内及外外者謂以泥
團水杖輪繩人功等緣和合成瓶如泥瓶縷疊草蓆種牙
酪酥悉亦如是名外緣前後轉生
言泥團爲因水杖等爲緣而成於瓶瓶爲果如泥瓶因果
既爾例餘縷疊等四亦復如是皆以縷草種酪爲其因
疊蓆牙酥爲果緣義可知是名緣生之法必先因後果
展轉而生謂親起者爲因疎助者爲緣也
内者謂無明愛業等生蘊界處法是爲内緣起此但愚夫
之所分別
内緣者謂以無明愛業等爲因緣故生陰界入身名之
爲果但是愚夫虛妄分別各見差別廣如中論破因緣
品所明然外由内變本末相收爲一緣起
大慧因有六種謂當有因相屬因相因能作因顯了因觀
待因
上通說一切諸法内外因緣竟自下別說六種因及四
種緣皆是愚夫自所分別
大慧當有因者謂内外法作因生果
言後果起時名爲當有即是現在作因當來得果名當
有因也
相屬因者謂内外法作所緣生果蘊種子
謂作攀緣已内外法生能所因果更相屬故蘊果也種
子因也
相因者作無間相生相續果
言互爲果相相續不斷名爲相因對法論云俱有互爲
果如大相所相心於心隨轉謂有爲相於有爲法有爲
法於有爲相心於隨心法隨心法於心互爲果故亦名
俱有因也
能作因者謂作增上而生於果如轉輪王
一切有爲唯除自體以一切法爲能作因由彼生時無
障住故譬如國人以其輪王不爲損害咸作是言我因
輪王而得安樂
顯了因者謂分別生能顯境相如燈照物
言妄想事生已能顯境相能所因果互相發明如燈照
物
觀待因者謂滅時相屬斷無妄想生
如長短高下互相因待因果亦然因滅果起故名滅時
相屬斷不見妄想法生
大慧此是愚夫自所分別非漸次生亦非頓生何以故大
慧若頓生者則作與所作無有差別求其因相不可得故
自下破計六種因緣生是自心妄想相若言頓生者則
能所因果無別何有因相
若漸生者求其體相亦不可得如未生子云何名父
言未生子不得名父此之一喻俱破二見若因果同時
頓生者則如父子齊體尊卑莫辨若先因後果則父先
子後子若定後父稱何從以此責之二見都喪父喻因
子喻果又云如無父故不得名子前分已滅故後分不

得次第名
諸計度人言以因緣所緣緣無間緣增上緣等所生能生互相繫屬次第生者理不得成皆是妄情執著相故
此說妄計四緣生者謂觀能辦果名曰因緣更相依故謂所緣緣前後間導稱爲次第不礙生義故云增上諸計度人以是四緣能所生法相繫屬次第生者皆不可得唯是心量妄想執着相故四緣廣義如唯識論所明
大慧漸次與頓皆悉不生但有心現身資等故外自共相皆無性故唯除識起自分別見大慧是故應離因緣所作和合相中漸頓生見
佛昔方便說一切法從因緣生以破外道自然無因邪因又說緣生無我破外道執有我如下偈云爲遮於能作說因緣和合爲遮於常過說緣是無常今此會令捨權乘達唯心現故結破云應離因緣和合相中頓漸生見○然遮異見權實教中通有三說一令諸菩薩知一切法從因緣生異外道見二知從心現揩二乘見三唯心性起不同權教學者應知
爾時世尊重說頌言
一切法無生　亦復無有滅　於彼諸緣中　分別生滅相
以一切法無生故不得言滅但於彼不實諸緣中妄分別有生滅之相
非遮諸緣會　如是滅復生　但止於凡愚　妄情之所着
明佛不遮緣起滅復生法以法自性不生故唯爲斷凡愚癡惑妄想所計着故
緣中法有無　是悉無有生　習氣迷轉心　從是三有現
言緣起有無一切諸法皆無生唯從自心習氣迷轉故三有現三有者謂欲有色有無色有也
本來無有生　亦復無有滅　觀一切有爲　譬如虛空花
離能取所取　一切迷惑見　無能生所生　亦復無因緣
但隨世俗故　而說有生滅
若離二取一切妄見則知所生法能生因緣悉皆本無非復推之使無也

爾時大慧菩薩摩訶薩復白佛言世尊願爲我說言說分別相心法門我及諸菩薩摩訶薩善知此故通達能說所說二義疾得阿耨多羅三藐三菩提令一切衆生於二義中而得清淨
因上言但隨世俗故而說有生滅故大慧舉言說分別相及心法門以請問也
佛言大慧有四種言說分別相所謂相言說夢言說計着過惡言說無始妄想言說大慧相言說者所謂執着自分別色相生夢言說者謂夢先所經境界覺已憶念依不實境生計着過惡言說者謂憶念怨讎先所作業生無始妄想言說者以無始戲論妄執習氣生是爲四
四種言說文顯可知又夢言說者亦云入地菩薩得無生忍覺已緣勝解行地乃至七地先所經境界不實說諸法如夢故名夢言說
大慧復言世尊願更爲說言語分別所行之相何處何因云何而起
問言說所出處問言說因何而生
佛言大慧依頭胷喉鼻脣齶齒舌和合而起
此等諸緣出言說處
大慧復言世尊言語分別爲異不異佛言大慧非異非不異何以故分別爲因起言語故
謂彼言說因分別生
若異者分別不應爲因若不異者語言不應顯義是故非異亦非不異
若言說與分別異者不應因分別起言說若言說與分別不異者以分別不顯義言說亦應不顯義而言說能顯義是故俱非
大慧復言世尊爲言語是第一義爲所說是第一義佛告大慧非言語是亦非所說何以故第一義者是聖樂處因言而入非即是言
因上言說能顯義故大慧問爲言說是第一義爲所說是第一義并重舉上第一義心法以請問而佛荅言非言語是亦非所說何以故第一義者是自證聖智三昧樂境因言而入非即是言是故言教如標月指若復見月了知所標畢竟非月
第一義者是聖智內自證境非言語分別智境言語分別不能顯示大慧言語者起滅動搖展轉因緣生若展轉緣生於第一義不能顯示
言語生滅動搖是無常故從衆緣生即無自體云何能顯第一義
第一義者無自他相言語有相不能顯示第一義者但唯自心種種外相悉皆無有言語分別不能顯示是故大慧應當遠離言語分別
言第一義諦絕自他相言說涉有相故不能顯示又第一義者但唯證入自性真心心外無法外種種法悉皆無性言說妄想豈能顯示故勸離言說分別依第一義
爾時世尊重說頌言
諸法無自性　亦復無言說　不見空空義　愚夫故流轉
以諸法無體故亦無有言說凡愚不見言說空所說空故流轉生死
一切法無性　離語言分別　諸有如夢化　非生死涅槃
言一切法及言說不實如夢如化如夢化者豈有生死涅槃定相
如王及長者　爲令諸子喜　先示相似物　後賜眞實者
我今亦復然　先說相似法　後乃爲其演　自證實際法
上一頌舉喻下頌法合謂我今所演自覺聖智實際境界不說言說所說
爾時大慧菩薩摩訶薩復白佛言世尊願爲我說離一異俱不俱有無非有無常無常等一切外道所不能行自證聖智所行境界
大慧因上言第一義者是自證聖智所得非言說分別境界即舉自證聖智所得第一義以請問然第一義體離一異有無斷常俱不俱等四句見故大慧請離四句法也此中說三法以明四句有十二句依文有九隱顯

互出一異上有四句有無上有三句常無常上有二句
經家略故具如四宗論所明
遠離妄計自相共相入於眞實第一義境漸淨諸地入如
來位以無功用本願力故如如意寶普現一切無邊境界
一切諸法皆是自心所見差別令我及餘諸菩薩等於如
是等法離妄計自性自共相見速證阿耨多羅三藐三菩
提普令衆生具足圓滿一切功德
言非獨離外道見亦離二乘執陰界入自共相見令諸
菩薩及諸衆生速證如來無上種智
佛言大慧善哉善哉汝哀愍世間請我此義多所利益多
所安樂大慧凡夫無智不知心量妄習爲因執着外物分
別一異俱不俱有無非有無常無常等一切自性
上雖言離有無等未知何者是有無今正出有無法體
言凡夫愚癡不知是自心量妄習爲因之所變現執着
外法爲有爲無起四句等見此是妄計有無體也下十
二喻況此有無一異等法皆不眞實是應遠離荅上顧
爲我說離一異有無常無常等所行境界
大慧譬如群獸爲渴所逼於熱時焰而生水想迷惑馳趣
不知非水愚癡凡夫亦復如是無始戲論分別所熏三毒
燒心樂色境界見生住滅取內外法墮一異等執着之中
鹿逐時焰況愚樂欲境言愚癡凡夫亦復如是合上群
獸無始戲論分別所熏三毒燒心合上爲渴所逼樂色
境界見生住滅合上於熱時焰而作水想取內外法墮
一異等執着之中合上迷惑馳趣不知非水
大慧如乾闥婆城非城非非城無智之人無始時來執着
城種妄習熏故而作城想外道亦爾以無始時來妄習熏
故不能了達自心所現着一異等種種言說
大慧譬如有人夢見男女象馬車步城邑園林種種嚴飾
覺已憶念彼不實事大慧汝意云何如是之人是黠慧不
荅言不也大慧外道亦爾惡見所噬不了唯心執着一異
有無等見
大慧譬如畫像無高無下愚夫妄見作高下想未來外道

亦復如是惡見熏習妄心增長執一異等自壞壞他於離
有無無生之論亦說爲無此謗因果拔善根本應知此人
分別有無起自他見當墮地獄欲求勝法宜速遠離
大慧喻如翳目見有毛輪互相謂言此事希有而此毛輪
非有非無見不見故外道亦爾惡見分別執着一異俱不
俱等誹謗正法自陷陷他
大慧譬如火輪實非是輪愚夫取着非諸智者外道亦爾
惡見樂欲執着一異俱不俱等一切法生
大慧譬如水泡似頗梨珠愚夫執實奔馳而取然彼水泡
非珠非非珠取不取故外道亦爾惡見分別習氣所熏說
非有爲生壞於緣有
復次大慧立三種量五分論已於聖智內證離二自性法
起有性分別
言三種量者一曰現量二曰比量三曰聖言量量者是
楷定義譬夫升斗量物也現量者現即顯現謂分明證
境不帶名言無籌度心親得法體離妄分別而非錯謬
比量者比即比類謂以因由譬喻比類量度而得知故
如遠見煙必知有火隔墻見角必知是牛雖不親見亦
非虛妄聖言量者謂以如來聖教爲準繩故古德曰
吾佛滅後以經論爲繩墨知識爲指南以防閑魔外是
也○五分論者一宗二因三喻四合五結宗因喻三亦
云三支比量喻合但成之且如外道妄計執聲爲常於
聲明中立量云聲是有法定常爲宗因云所作性故同
喻如虛空然而虛空非所作性則因上不轉引喻不齊
立聲爲常不成若佛法中聲是無常故立量云聲是有
法定無常爲宗因云所作性故同喻如瓶盆如楞嚴經
云音聲雜語言但係名句味豈常也哉外道種種計執
自謂過人若不類彼立量比破之何由破執故如來所
說五分論者如以楔出楔將聲止聲也所謂摧魔外之
異執定佛法之綱宗令諸衆生於自覺聖智所證境界
離有無等諸異見故愚夫迷教者猶計有性一異斷常
妄想分別

大慧諸修行者轉心意識離能所取住如來地自證聖法
於有及無不起於想大慧諸修行者若於境界起有無執
則着我人衆生壽者
諸修行者應滅心意識離二自性能取所取入如來地
於有及無不生妄想若於自覺所證境作有無計還着
我我所
大慧一切諸法自相共相是化佛說非非佛說大慧化佛
說法但順愚夫所起之見不爲顯示自證聖智三昧樂境
言化佛但隨順愚夫妄起之見作種種言說說自相共
相令知不實法故非非佛者宋魏二譯皆云法佛
大慧譬如水中有樹影現彼非影非非影非樹形非非樹
形外道亦爾諸見所熏不了自心於一異等而生分別
大慧譬如明鏡無有分別隨順衆緣現諸色像彼非像非
非像而見像非像愚夫分別而作像想外道亦爾於自心
所現種種形像而執一異俱不俱相
大慧譬如谷響依於風水人等音聲和合而起彼非有非
無以聞聲非聲故外道亦爾自心分別熏習力故起於一
異俱不俱見
大慧譬如大地無草木處日光照觸焰水波動彼非有非
無以倒想非想故愚癡凡夫亦復如是無始戲論惡習所
熏於聖智自證法性門中見生住滅一異有無俱不俱性
大慧譬如木人及以起屍以毗舍闍機關力故動搖運轉
云爲不絕無智之人取以爲實愚癡凡夫亦復如是隨逐
外道起諸惡見着一異等虛妄言說
毗舍闍即鬼名
是故大慧當於聖智所證法中離生住滅一異有無俱不
俱等一切分別
如來結勸於所證中應離如上凡夫外道生滅一異有
無斷常俱不俱等惡見分別也○然天竺邪見大約有
三一佛法外外道如上計執四句及六師九十六種外
道是也二附佛法外道起自犢子方廣自以聰明讀佛
經書不明正見別生妄解譬夫牛飲水成乳蛇飲水則

成壽諸師皆推不受是附佛法邪見人也三學佛法成外道執佛教門而生煩惱不得悟入大論云若不得般若方便入阿毗曇即墮有中入空即墮無中入昆勒墮亦有亦無中中論云執非有非無名愚癡論倒執正法還成邪見人又大乘四門皆成見者實語是虛妄生語見故涅槃是生死起貪著故多服甘露傷命早夭失方便門墮於邪執故稱內邪見也是知法無定相迴轉隨心執則成非達之無咎如四句法通塞由人在法名四句悟入名四門妄計名四執毀之名四謗四句不動得失空生一法無差升沉自異但有所重所依立知立解絲毫見處不忘皆成外道故知見在即凡情亡即佛

爾時世尊重說頌言

諸識蘊有五　猶如水樹影　所見如夢幻　不應妄分別

此頌上三喻類於五蘊不應妄起分別

三有如陽焰　幻夢及毛輪　若能如是觀　究竟得解脫

頌牒四喻明三有不實以是觀者必得菩提

譬如熱時焰　動轉迷亂心　渴獸取為水　而實無水事
如是識種子　動轉見境界　如翳者所見　愚夫生執著

上一頌頌前初喻次一頌頌前法合

無始生死中　執著所纏覆

通頌十二喻意由於無始執著我法所纏覆故

退捨令出離　如因楔出楔

上十二喻如逆楔欲去生死楔

幻呪機所作　浮雲夢電光　觀世恒如是　永斷三相續

又頌五喻觀世如是能斷三界永無相續浮雲電光上無文

此中無所有　如空中陽焰　如是知諸法　則為無所知

言知諸法無體則無可知

諸蘊如毛輪　於中妄分別　唯假施設名　求相不可得

言諸陰非有假名亦空無自性相

如畫垂髮幻　夢乾闥婆城　火輪熱時焰　實無而見有
如是常無常　一異俱不俱　無始繫縛故　愚夫妄分別

又通頌七喻顯有無一異常無常等四句見不實畫喻上文無

明鏡水淨眼　摩尼妙寶珠　於中現色像　而實無所有
心識亦如是　普現眾色像　如夢空中焰　亦如石女兒

此明諸法雖現皆無實畫淨眼石女兒上文無

復次大慧諸佛說法離於四句謂離一異俱不俱及有無等建立誹謗大慧諸佛說法以諦緣起滅道解脫而為其首非與勝性自在宿作自然時微塵等而共相

言諸佛出世凡演說法離四句絕百非建立誹謗凡情聖量所不能及大機未遇皆以四諦十二因緣證滅修道解脫生死而為濫觴之首不與諸外道勝性自然而共其相雖初說小乘之因緣已勝外道之玄妙

大慧諸佛說法為淨惑智二種障故次第令住一百八句無相法中而善分別諸乘地相猶如商主善導眾人

為淨惑智二種障故猶如商主引導商人知道中通塞過咎止宿之處而又善別種種諸寶以譬如來引導眾生斷除二障令住無相法中安隱之處而又善別諸乘差別地位之寶也○言惑智二障者如起信論云六染心者名煩惱礙能障真如根本智故無明義者名為智礙能障世間自然業智故此義云何以依染心能見能現妄取境界違平等性故以一切法常靜無有起相無明不覺妄與法違故不能得隨順世間一切境界種種知故此約本末相依以明二障義若約二執以明二障者如後當引成唯識論以釋其義

復次大慧有四種禪何等為四謂愚夫所行禪觀察義禪攀緣真如禪諸如來禪

因上二障能障聖道不證如來菩提涅槃二轉依果凡學道者應修禪定發生無漏妙慧方能淨彼二障故次說四種禪也亦云六波羅蜜中禪定一行最為神妙能發起性上無漏智慧萬行萬德乃至神通光明皆從定發故三乘學人欲求聖道必須修禪故通明四種禪也

大慧云何愚夫所行禪謂聲聞緣覺諸修行者知人無我見自他身骨鎖相連皆是無常不淨相如是觀察堅著不捨漸次增勝至無想滅定是名愚夫所行禪

言修二乘觀行者達人無我見自他蘊界處皆是無常苦空不淨之相觀察不捨得初靜慮漸次轉勝至無想受滅盡三昧然不離相故名為愚夫所行禪

云何觀察義禪謂知自共相人無我已亦離外道自他俱作於法無我諸地相義隨順觀察是名觀察義禪

義者諸法實相也從初地至七地菩薩觀二乘外道等法俱知不實已於法無我諸地相義隨順正觀故名觀察義禪也

云何攀緣真如禪謂若分別無我有二是虛妄念若如實知彼念不起是名攀緣真如禪

何者是妄念謂此二無我是妄念何以故為對治二種我見故說二種無我以所治既不實能治亦是妄故言二無我虛妄念若如實知如理平等不起二無我妄念是名緣真如禪一作正念真如禪

云何諸如來禪謂入佛地住自證聖智三種樂為諸眾生作不思議事是名諸如來禪

言得如來地自證聖智真實法身常住寂滅令眾生得三種樂及得如來智慧法身不思議事也三種樂者禪定樂菩提樂涅槃樂是名如來禪又先德約凡夫外道三乘一乘所依不同通有五種禪謂滯異計欣上厭下而修者是外道禪正信因果亦以欣厭而修者是凡夫禪悟我空偏真之理而修者是小乘禪悟我法二空所顯真理而修者是大乘禪若頓悟自心本來清淨元無煩惱無漏智性本自具足此心即佛畢竟無異依此而修者是最上乘禪亦名如來清淨禪亦名一行三昧亦名真如三昧此是一切三昧根本若能念念修習自然漸得無量百千諸三昧也

爾時世尊重說頌言

愚夫所行禪　觀察義相禪　攀緣真如禪　如來清淨禪

頌上四禪名也

脩行者在定　觀見日月形　波頭摩深險　虛空火及晝

此明外道二乘修禪之相也言外道計着神我於禪觀時見如日月形狀明淨朗曜或見紅蓮在深險之下二乘以自共相爲實有灰身滅智同於虛空如薪盡火滅以爲究竟涅槃晝字恐悞餘二本皆作盡字

如是種種相　墮於外道法　亦墮於聲聞　辟支佛境界

如上諸相是外道及聲聞辟支佛禪境界也

捨離此一切　住於無所緣

上句觀察義禪下句是攀緣眞如禪

是則能隨入　如如眞實相　十方諸國土　所有無量佛　悉引光明手　而摩是人頂

言入如來清淨禪也

爾時大慧菩薩摩訶薩復白佛言世尊諸佛如來所說涅槃說何等法名爲涅槃

因上外道以見神我爲涅槃二乘以身智滅如薪盡火滅爲涅槃故問如來說何等法爲涅槃

佛告大慧一切識自性習氣及藏識意識見習轉已我及諸佛說名涅槃即是諸法性空境界

言諸識等見習轉已名涅槃者謂無明轉即變爲明如融氷成水更非他物不餘處來故云即是諸法性空所顯眞實境界

復次大慧涅槃者自證聖智所行境界遠離斷常及以有無云何非常謂離自相共相諸分別故云何非斷謂去來現在一切聖者自證智所行故

明如來所證涅槃境界離斷常有無性故云何非常謂除自共相妄想故非常云何非斷謂三世如來所證得故非斷

復次大慧大般涅槃不壞不死若死者應更受生若壞者應是有爲是故涅槃不壞不死諸修行者之所歸趣

以更不受生相續故涅槃不死以非有爲生住滅法故涅槃不壞以無壞無死故爲修行者之所歸趣

復次大慧無捨無得故非斷非常故不一不異故說名涅槃

涅槃無煩惱可捨無菩提可得故非斷常一異唯證相應是名如來涅槃

復次大慧聲聞緣覺知自共相捨離憒閙不生顚倒不起分別彼於其中生涅槃想

二乘覺知陰界入中無眞諦神我捨離憒閙煩惱障滅不生顚倒不起未來生死分別彼於其中生涅槃想故法華經云但盡生死名爲解脫其實未得一切解脫

復次大慧有二種自性相何者爲二謂執着言說自性相執着諸法自性相執着言說自性相者以無始戲論執着言說習氣故起執着諸法自性相者以不覺自心所現故起

因上一切識自性習氣等轉說名涅槃然一切識自性是凡夫法故明凡夫計着一切識自性起二種自性相也謂無始以來妄想言說習氣不斷故計着有言說自性相不知自心所起諸法故見有自共相陰界入一切法故執着諸法自性相

復次大慧諸佛有二種加持持諸菩薩令頂禮佛足請問衆義云何爲二謂令入三昧及身現其前手灌其頂

因上凡夫計着起二種自性相故如來對上二種自性相故以二種加持加諸菩薩

大慧初地菩薩摩訶薩蒙諸佛持力故入菩薩光明定入已十方諸佛普現其前身語加持如金剛藏及餘成就如是功德相菩薩摩訶薩者是

言初地菩薩蒙如來神力加持故入菩薩大乘照明三昧入已一切諸佛皆現其前三業加持如金剛藏華嚴會中住初地時及餘成就初地功德相菩薩亦如是加

大慧此菩薩摩訶薩蒙佛持力入三昧已於百千劫集諸善根漸入諸地善能通達治所治相至法雲地處大蓮華微妙宮殿坐於寶座同類菩薩所共圍遶首戴寶冠身如黃金瞻蔔花色如盛滿月放大光明十方諸佛舒蓮華手於其座上而灌其頂如轉輪王太子受灌頂已而得自在

菩薩蒙加入定已於百千劫積集一切諸善根故漸入諸地能達治所治相至法雲地者總收地義略有二種一者果分此不可說唯證相應二者因分可以寄言辨於行解斷證等故此十地修十勝行斷十種障證十眞如建立十地行有二種一者通相於地地中具修一切諸善行故二者別相此復有二一者十度雖諸地中皆具修習然別地相各說一增初地檀增二地戒增乃至十地智度增復修十行今略對明謂初歡喜地修願樂行說十大願樂利樂故便能斷異生性障證徧滿眞如而此眞如二空所顯無有一法而不在故證此便得名歡喜地謂初獲聖性具證二空能益自他生大歡喜乃至第十地修受位行斷於諸法中未自在障便證業自在等所依眞如而此眞如普於一切神通作業總持定門皆自在故證此便得名法雲地謂大智雲含衆德水蔽如空麤重充所依法身故○然此十地通於三乘一乘雖同意明寄位若約三乘初地願二地戒三地定四地已上皆慧攝若約圓修行齊修通有三德一證道德證智契如故二教道德隨德差別故三不住道德不住生死及涅槃故一地之中具足一切諸地功德初後圓融故若一向別逆行位而階差若一向同失進修而墮寂所以位位具德陞降宛然重重練磨本位不動將受佛職坐蓮華王座眷屬圍遶衆寶瓔珞莊嚴其身十方諸佛皆舒右手摩菩薩頂譬如自在轉輪聖王及天帝釋太子灌頂以授職位而得自在故

此諸菩薩亦復如是是名爲二諸菩薩摩訶薩爲二種持之所持故即能親見一切諸佛異則不能

法合結示如文可知若不如是則不能見

復次大慧諸菩薩摩訶薩入於三昧現通說法如是一切皆由諸佛二種持力

九住定獲通善說法要皆由二種神力加持所致故

大慧若諸菩薩離佛加持能說法者則諸凡夫亦應能說大慧山林草樹城郭宮殿及諸樂器如來至處以佛持力

尚演法音況有心者聾盲瘖瘂離苦解脫大慧如來持力
有如是等廣大作用
言雖加持神力能說法者諸凡夫應能說言凡夫不能
也況佛以大悲加持一切無情之物尚演法音矧有心
者乎事見月光童經所明但有見聞無非獲益故
大慧菩薩復白佛言何故如來以其持力令諸菩薩入於
三昧及殊勝地中手灌其頂
佛上說加初十二地末明加之所以故大慧請問何緣
神力偏加二地
佛言大慧為欲令其遠離魔業諸煩惱故為令不墮聲聞
地故為令速入如來地故令所得法倍增長故是故諸佛
以加持力持諸菩薩
為離二種過故初地須加為得二種利故十地須加忘
失菩提心修諸善根是為魔業等如華嚴大集中所明
大慧若不如是彼諸菩薩便墮外道及以聲聞魔境之中
則不能得無上菩提是故如來以加持力攝諸菩薩
言初地不加必墮外道惡見及聲聞境界十地不加不
能速得菩提
爾時世尊重說頌言
世尊清淨願　有大加持力　初地十地中　三昧及灌頂
菩薩積集善根如來本願故加猶如摩尼無思而應故
云清淨
爾時大慧菩薩摩訶薩復白佛言世尊佛說緣起是由作
起非自體起外道亦說勝性自在時我微塵生於諸法今
佛世尊但以異名說作緣起非義有別
因上言諸佛說法以諦緣起滅道解脫而為其首非與
外道性勝自在宿作自然時微塵等而共相故大慧舉
上佛自說緣起請問世尊如佛說緣起是由作起非心
自體起外道亦說勝自在天等而生諸法今佛但以異
名說作緣起非別有義耳
世尊外道亦說以作者故從無生有世尊亦說以因緣故
一切諸法本無而生生已歸滅

此難如來所說正類外道也
如佛所說無明緣行乃至老死此說無因非說有因世尊
說言此有故彼有若一時建立非次第相待者其義不成
是故外道說勝非如來也
言如來說十二緣中無明無因非是有因又說無明有
故行有行有故識有非漸次相待其義不成復難如來
說緣起不如外道故言外道說勝非同如來
何以故外道說因不從緣生而有所生世尊所說果待於
因因復待因如是展轉成無窮過又此有故彼有者則無
有因
何所以外道勝如來謂彼說微塵世性等因不從他緣
生而能生他因常為因不為果是故外道說勝也如佛
所說觀行是無明果觀識即是因如是一法即是因即
是果因緣雜亂無明生諸行諸行生老死老死生無明
如是展轉成無窮過又此有故彼有者則無有定因以
是二義釋成如來說不如外道
佛言大慧我了諸法唯心所現無能取所取說此有故彼
有非是無因及因緣過失大慧若不了諸法唯心所現計
有能取及以所取執著外境若有若無彼有是過非我所
說
謂了諸法非有無生但唯心現故無說法因緣過失若
不如是了知諸法心外見境計著有無有所言說皆成
戲論
大慧菩薩復白佛言世尊有言說故必有諸法若無諸法
言依何起
有言說因緣之名必有所說因緣諸法若無所說因緣
性言說依何而生
大慧雖無諸法亦有言說豈不現見龜毛兔角石女兒等
世人於中皆起言說大慧彼非有非非有而有言說耳大
慧如汝所說有言說故有諸法者此論則壞
言一切法但有言說都無實義故引龜毛兔角喻之以
明縱有言說自性亦無所說諸法自性

大慧非一切佛土皆有言說言說者假安立耳
此又明言說性亦無也故起信云以一切言說假名無
實但隨妄念不可得故若言說有性則一切剎土皆應
有言也
大慧或有佛土瞪視顯法或現異相或復揚眉或動目精
或示微笑頻申謦欬憶念動搖以如是等而顯於法大慧
如不瞬世界妙香世界及普賢如來佛土之中但瞪視不
瞬令諸菩薩獲無生法忍及諸勝三昧大慧非由言說而
有諸法
釋上非一切剎土皆有言說以顯法是故無言說自性
此世界蠅蟻等虫雖無言說成自事故
釋上言說是假安立耳言見此愚夫無知如虫蟻等故
作言說以辨法相故上經云有諸言說悉由愚夫希望
見生亦云微細諸虫尚無有言說而各辦其事
爾時世尊重說頌言
如虛空兔角　及與石女兒　無而有言說　妄計法如是
言上三物並無體性但有言說妄計諸法名實自性亦
爾
因緣和合中　愚夫妄謂生　不能如實解　流轉於三有
爾時大慧菩薩摩訶薩復白佛言世尊所說常聲依何處
說
因上佛謂言說所說皆無自性則無有因緣法故大慧
乘餘修多羅佛自說十二因緣有佛無佛性相常住故
問所說常聲依何處說
佛言大慧依妄法說以諸妄法聖人亦現然不顛倒
言即說虛妄法為常也為愚夫見因緣妄法執以為實
起生滅見如來說言此即是常以彼妄法諸聖亦現然
不起於有無顛倒
大慧譬如陽焰火輪垂髮乾闥婆城夢幻鏡像世無智者
生顛倒解有智不然然非不現
此七喻者明境是一而見有異也
大慧妄法現時無量差別然非無常何以故離有無故云

何離有無一切愚夫種種解故
彼虛妄法現時雖有種種無量差別如水中月然非無常何故不是無常言虛妄法離有無故非無常云何離有無興起虛妄見謂諸愚夫種種境界是離有無興而起種種虛妄見解
如恒河水有見不見餓鬼不見不可言有餘所見故不可言無聖於妄法離顛倒見
如恒河水餓鬼見爲火無火處見火即是見他好人不見者以譬愚夫無虛妄處見有虛妄即是見他聖人不見者是故諸聖於虛妄法悉離顛倒有無見故
大慧妄法是常相不異故非諸妄法有差別相以分別故而有別異是故妄法其體是常
言諸妄法是眞常故無種種相異可得故以愚夫妄想分別言有異故
大慧云何而得妄法眞實謂諸聖者於妄法中不起顛倒非顛倒覺若於妄法有少分想則非聖智有少想者當知則是愚夫戲論非聖言說
有少分想者謂生心動念即乖法體失正念故既失正念非愚夫戲論乎
大慧若分別妄法是倒非倒彼則成就二種種性謂聖種性凡夫種性
若愚夫分別緣起妄法爲倒非倒遂有二種種性差別
大慧聖種性者彼復三種謂聲聞緣覺佛乘別故大慧云何愚夫分別妄法生聲聞乘種性所謂計着自相共相
謂彼愚夫觀察妄法取自共相起聲聞乘種性
大慧何謂復有愚夫分別妄法成緣覺乘種性謂即執着自共相時離於憒鬧
即彼聲聞所觀虛妄自共相法遠離計着起緣覺乘種性
大慧何謂智人分別妄法而得成就佛乘種性所謂了達一切唯是自心分別所見無有外法
智者觀此妄法實相了彼能見所見從自心起故無有外法有無妄想起佛乘種性
大慧有諸愚夫分別妄法種種事物決定如是決定不異此則成就生死乘性
此釋第二愚夫種性言諸愚夫於此妄法取種種事性相決定執有實我實法起生死乘種性
大慧彼妄法中種種事物非即是物亦非非物
言此虛妄法離有離無是名三乘及凡夫種性
大慧即彼妄法諸聖智者心意意識諸惡習氣自性法轉依故即說此妄名爲眞如是故眞如離於心識我今明了顯示此句離分別者悉離一切諸分別故
此重釋成佛乘種性如文可知問曰上云妄法是常以分別故而有別異謂即眞如愚夫分別名爲妄法此云即彼妄法習氣轉依即說此妄名爲眞如既妄法即眞如無復妄法與誰論即耶答曰如爲不識水人指氷是水指水是氷但有名字寧有二物論相即耶亦如一珠向月生水向日生火不向則無水火一物未嘗二而有水火之殊耳一心法門亦復如是在凡夫即眞如名妄法在聖人即妄法名眞如聖凡情盡眞妄見亡者孰得而名乎
大慧菩薩白佛言世尊所說妄法爲有爲無
舉上三乘凡夫同觀妄法以問如來爲有爲無也
佛言如幻無執着相故若執着相體是有者應不可轉則諸緣起應如外道說作者生
言妄法如幻不可以有無而計着故若計着有性相者即是眞實不可轉故則諸緣起妄法應同外道計從有無生一切法
大慧又言若諸妄法同於幻者此則當與餘妄作因
若諸妄法同於幻者此幻應與愚夫妄法作因當來必招餘報果故
佛言大慧非諸幻事與妄惑因以幻不生諸過惡故以諸幻事無分別故
非幻與妄惑爲因以幻不實不起過惡及分別故若起諸過生分別者是則爲因故非與餘妄作因
大慧夫幻事者從他明呪而得生起非自分別過習力起是故幻事不生過惡大慧此妄惑法唯是愚夫心所執着非諸聖者
此明妄法如幻若心想計着者但是愚夫
爾時世尊重說頌言
聖不見妄法　中間亦非實　以妄即眞故　中間亦眞實
上二句言聖人知妄惑體無實故不見於妄法下二句謂觀妄法實性故妄惑即是眞實
若離於妄法　而有生相者　此還即是妄　如翳未清淨
復次大慧見諸法非幻無有相似故說一切法如幻
言諸妄法離幻更無相似故說一切法如幻也
大慧言世尊爲依執着種種幻相言一切法猶如幻耶爲異依此執着顛倒相耶
既言離幻更無相似爲計着種種幻相言如幻耶爲異依此計著顛倒相言如幻耶
若依執着種種幻相言一切法猶如幻者世尊非一切法悉皆如幻何以故見種種色相不無因故
若計幻相謂諸法皆如幻者餘有性法即非如幻故言非一切法悉如幻何故不如幻見人天男女色相非無因故亦非因呪術而起故不如幻者故
世尊都無有因令種種色相顯現如幻是故世尊不可說言依於執着種種幻相言一切法與幻相似
言都無別因令諸色相差別顯現可言如幻是故不可以見幻相相似說一切法如幻也
佛言大慧不依執着種種幻相言一切法如幻大慧以一切法不實速滅如電故說如幻
不以幻相有種種人天有種種二法相似言一切法如幻以一切法當體不實速起速滅如彼電光故說如幻
大慧譬如電光見已即滅世間愚夫悉皆現見一切諸法依自分別自共相現亦復如是以不能觀察無所有故而妄計着種種色相

譬如電光剎那頃現現已即滅迅速無常世間現見類
合諸法依自心妄想現亦爾不能觀察不實非有而起
執着自共色相
爾時世尊重說頌言
非幻無相似　亦非有諸法　不實速如電　如幻應當知
上二句頌非幻無有相似故說一切法如幻下二句頌
上答文
爾時大慧菩薩摩訶薩復白佛言世尊如佛先說一切諸
法皆悉無生又言如幻將非所說前後相違
大慧因佛先說一切法無生今又謂不實速如電說一
切法如幻故言世尊前後所說自相違
佛言大慧無有相違何以故我了於生即是無生唯是自
心之所現故若有若無一切外法見其無性本不生故
由了諸法唯自心現即知生本無生故龍勝云諸法不
自生亦不從他生不共不無因是故知無生由是觀之
有無外法悉無自性故本不生
大慧爲離外道因生義故我說諸法皆悉不生大慧外道
群聚共興惡見言從有無生一切法非自執着分別爲緣
大慧我說諸法非有無生故名無生
外道以作者爲生因義謂從有無生一切法有謂有種
即自在微塵等爲能生因也無謂無種即虛空自然等
生也不說從自心妄想生故我說一切法不同外道無
因邪因生故名無生耳
大慧說諸法者爲令弟子知依諸業攝受生死遮其無有
斷滅見故
佛語大慧我說諸法非有無生唯是自心分別爲緣令
受化者知一切法雖無作者而業不亡是故攝受二種
生死遮彼邪見斷滅戲論故識論云生死相續由內因
緣不待外緣故唯有識因謂有漏無漏二業正感生死
緣謂煩惱所知二障助感生死所以者何生死有二種
一分段生死謂諸有漏善不善業由煩惱障緣助勢力
所感三界麤異熟果身命短長隨因緣力有定齊限故
名分段二不思議變易生死謂諸無漏有分別業由所
知障緣助勢力所感殊勝細異熟果由悲願力改轉身
命無定齊限故名變易妙用難測名不思議經云無我
無造無受者善惡之業亦不亡豈類惡見斷滅論耶已
上如來敘無生意下文說如幻正答二義無有相違
大慧說諸法相猶如幻者令離諸法自性相故爲諸凡
愚墮惡見欲不知諸法唯心所現爲令遠離執着因緣
生起之相說一切法如幻如夢彼諸愚夫執着惡見欺
誑自他不能明見一切諸法如實住處
如實住處者謂無所住故名如實住此是自覺聖智無
師智自然智之所證處不由他悟若有所住則爲非住
大慧見一切法如實處者謂能了達唯心所現
從無住本立一切法非了唯自心者豈能明見乎是故
如來所說諸法無生如幻無有相違
爾時世尊重說頌言
無作故無生　有法攝生死　了達如幻等　於相不分別
以無作性故說無生爲遮斷見故說業性攝生死觀諸
法如幻性相故即無相可得是故遠離緣起分別
復次大慧我當說名句文身相諸菩薩摩訶薩善觀此相
了達其義疾得阿耨多羅三藐三菩提復能開悟一切衆
生
因上如來爲衆生故慈悲方便作種種異說欲令衆生
了名句中實義莫着言說故說名句文身告諸菩薩能
觀此相達其義趣疾得菩提復能以是開覺衆生是知
法無言象非離言象若無言象而惑倒執言象而迷眞
故聖人利見垂象設教豈徒然哉
大慧名身者謂依事立名名即是身是名名身句身者謂
能顯義決定究竟是名句身文身者謂由於此能成名句
是名文身
如依瓶盆事立瓶盆名謂一名二名多名能詮自性名
曰名身言句身等者即因名成句因句顯義如銅鐵等
瓶句義各異謂一句二句多句能詮差別名曰句身由
於此文能成名句謂一字二字多字爲二所依名曰文
身若依古譯翻文爲味但是所顯非能顯也身者多法
積聚義
復次大慧句身者謂句事究竟名身者謂諸字名各各差
別如從阿字乃至呵字文身者謂長短高下
自下重明異義也句身謂句事究竟者言有文時必有
名未必有句若有句時必有名及文故云句事究竟也
名身者謂諸字名各各差別如從阿字乃至呵字者如
十四音阿呵等字皆初短次長高下亦爾故繼言文身
者謂長短高下即音韻屈曲長短高下也名句必依文
字立故

王譯刊

注大乘入楞伽經卷第四

巧緣鏤板沙門　迪輝　重校勘
福州皋山嗣祖沙門　僧璟　都校勘
葛同印造

注大乘入楞伽經卷第五　　時

復次句身者。如足跡。如衢巷中人畜等跡。名謂非色四蘊以名說故。文謂名之自相由文顯故。是名名句文身。此名句文身相汝應修學

世間諸法不出五陰。此又約五陰以明名句文身也。句身如足跡者。謂如世人失象馬者尋跡以得象故。以實相者亦因言而悟。是名句身。色陰相顯故以跡言。四蘊者受想行識也。非有形兆故以名說。若照見本寂是皆實相也。二由文顯勸應修學。古聖因是悟入者。故捨全身以求半偈

爾時世尊重說頌言

名身與句身　及字身差別　凡愚所計著　如象溺深泥

如來為除衆生心病故。以名句文身方便說法。如以毒攻毒也。若諸愚夫猶着名句不悟實義無解脫期。譬如香象溺淤泥耳

復次大慧。未來世中。有諸邪智惡思覺者。離如實法。以見一異俱不俱相問諸智者。彼即答言此非正問

因上說名句文身相。令諸菩薩了如實義疾得菩提。開示衆生恐未來世惡覺觀者以邪見一異俱不俱等四句相問諸智者。彼當答言我所通達義是離四句真實法汝今此問是名非問

謂色與無常。為異為不異。如是涅槃諸行。依所依造所造見所見地與微塵智與智者。為異為不異。如是等不可記事次第而問。世尊說此當止記答。愚夫無智非所能知。佛欲令其離驚怖處不為記說

此叙邪智惡思覺者虛妄推度非理問難詞也。謂色與無常乃至智與智者為異不異。智者應告言如是等問不可記事。而佛名為無記置答。以彼愚人無聞慧故不知有無是邪是正。欲令彼離斷常邪見諸怖畏故不為記說。俱舍第十九云。諸契經說十四無記。即其義也。亦名置答。所以不答者。謂此乃無義語也。知之不免生死不知不障涅槃

大慧。不記說者。欲令外道永得出離作者見故。大慧。諸外道衆計有作者。作如是說。命即是身。命異身異。如是等說名無記論

言不為記說者。欲令外道反思而自解得出離作者妄見故。以外道即陰離陰而計我故。故說身命為一為異等。皆無記邪論耳

大慧。外道癡惑說無記論。非我教中。大慧。我教中說離能所取不起分別。云何可止。大慧。若有執著能取所取不了唯是自心所見。彼應可止

大慧。諸佛如來以四種記論為衆生說法。大慧。止記論者我別時說。以根未熟且止說故

此明如來應正等覺常以四種記論說法度生。止記論者意在別時。以根未熟衆生且置答故。不為根熟者說止記論

復次大慧。何故一切法不生。以離能作所作無作者故。何故一切法無自性。以證智觀自相共相不可得故。何故一切法無來去。以自共相來無所從去無所至故。何故一切法不滅。謂一切法無性相故不可得故。何故一切法無常謂諸相起無常性故。何故一切法常。謂諸相起即是不起無所有故無常性常。是故我說一切法常

言如來為根熟衆生開方便門示真實相隨其種類或說不生不滅常無常等也。謂離能所作無作者故說一切法不生。以證智觀察自共相法不可得故說一切法無自性。諸法本無所從來去亦無所至故說一切法無來去。諸法體空無自性相不可得故說一切法不滅。一切諸法相起即滅無常性故說一切法無常。諸法相起即是不起本無生滅無常性常故說一切法常。是謂如來離能所取不起分別善巧說法

爾時世尊重說頌言

一向及反問　分別與置答　如是四種說　摧伏諸外道

數論與勝論　言有非有生　如是等諸說　一切皆無記

言如來四種言說者。一謂隨問而答名為一向。如問一切衆生悉生死也。應一向答悉皆生死。二謂如有問者反問令答。名為反詰。三謂根熟問者廣為分別。如問一切衆生死復生也。應當分別有煩惱者死而復生。無煩惱者死已不生。四謂折伏外道故須置答。如問身與煩惱雞子雞母孰為先後。故止而不答也。如數論計有。勝論計非有。言諸外道有無等見皆不可記

以智觀察時　體性不可得　以彼無可說　故說無自性

明正智觀察自性非有。通頌前一切法不生等六門也

爾時大慧菩薩摩訶薩復白佛言世尊願為我說諸須陀洹須陀洹行差別相

大慧因上愚夫分別妄法生聲聞乘種性。然聲聞法中有四果差別。故舉四果差別以請問行。謂因行須陀洹人所修因行。正欲趣向阿羅漢果。根有利鈍故有差別之異

我及諸菩薩摩訶薩聞是義故。於須陀洹斯陀含。阿那含。阿羅漢方便相皆得善巧。如是而為衆生演說。令其證得二無我法。淨除二障。於諸地相漸次通達。獲於如來不可思議智慧境界。如衆色摩尼普令衆生悉得饒益

言方便相者。四果修行方便相也。須陀洹此云預流。謂從凡夫地修七方便。起八忍八智。斷三界四諦下八十八使分別惑。斷至八十七品名初果向。八十八品盡名初果。創入聖人流類故名預流也。斯陀含此云一往來。謂初果見道已。起九無間道九解脫道。斷三界九地共九九八十一品修惑也。且欲界一地九品修惑。共潤七生。在初果身中。斷欲界前五品盡名二果向。六品盡名二果。從此命終更須一往天上一來人間斷餘三品惑。故云一往來也。阿那含此云不來。謂已在二果身中斷欲界九品修惑。至八品盡名三果向。至九品盡名三果。一往色界天上不還來欲界受生故云不來。已上三果人名有學也。阿羅漢此有三翻。一云殺賊。二云無生。三云應供。謂在三果身中斷上二界八地八九七十二品修所斷惑。斷至七十一品名第四果向。斷七十二品盡

名第四阿羅漢果無學位是以但盡九情別無聖解善薩得是善巧為衆生說如是聲聞法如是菩薩法令其證得人法無我淨惑智障於諸地相究竟通達至如來所證境界得佛法身法財益物無盡以有此利故請如來說四果差別

佛言諦聽當為汝說大慧言唯佛言大慧諸須陁洹須陁洹果差別有三謂下中上

上問諸須陁洹須陁洹行今答云諸須陁洹須陁洹果言互顯故利鈍不同故有三耳

大慧下者於諸有中極七反生中者三生五生上者即於此生而入涅槃

七反生者謂欲界一地九品俱生煩惱共潤七生也初品潤二生次三品各潤一生次二品共潤一生後三品共潤一生明須陁洹極鈍者未斷欲界惑故人天七反得阿羅漢喻如毒蛇囓人七步即死何以不四六為大力故何以不八為毒力故以譬須陁洹何以不六生煩惱力強故何以不八生無漏業成熟故中機者或三生五生得阿羅漢涅槃果上機者即此一生得阿羅漢果名現滅須陁洹不說中間經於二果

大慧此三種人斷三種結謂身見疑戒禁取上上勝進得阿羅漢果

言須陁洹雖利鈍三種不同通斷三種結也謂於五取蘊執我我所名身見是一結於諸諦理猶豫不決疑佛與外道不知何者為正是二結謂於妄見隨順外道非理戒禁執為最勝能得清淨是三結問能已永斷見道所斷一切煩惱得須陁洹果何故但言此三種人即斷三結耶答最勝所攝故謂此三種結障解脫得最為殊勝所以者何由薩迦耶見執取五蘊為我我所深生愛樂故於大苦聚不生厭離於勝解脫無發趣心或有有情雖已發趣解脫然由戒禁取及疑僻執邪道疑正道故便邪出離及不正出離又此三結是迷所知境因故違見因故迷對治因故如大般若經說斷三結名預流果薄貪瞋癡名一來果斷順下分五結永盡名不還果斷順上分五結永盡名阿羅漢果令所有集法皆成滅法名獨覺菩提永斷一切習氣相續名為無上正等菩提此皆約通教獨舉其要也言上上勝進得阿羅漢者謂須陁洹所斷諸結分為九品能斷諸結者智亦分為九品若初學人智慧微弱名下下之智能斷上上之結久學智慧名了名上上之智能斷下下結得阿羅漢涅槃果

大慧身見有二種謂俱生及分別如依緣起有妄計性大慧譬如依止緣起性故種種妄計執着性生彼法但是妄分別相非有非無非亦有無凡夫愚癡而橫執着猶如渇獸妄生水想此分別身見無智慧故久遠相應見人無我即時捨離

唯識論言貪瞋癡慢疑身見邊見邪見見取戒禁取如是總別十使煩惱中六通俱生及分別起任運思察俱得生故疑及邪見二取四種唯分別起要由惡友及邪教力自審思察方得生故經言身見有二種謂俱生及分別譬依緣起自性種種妄計執着性生如依俱生有分別起謂依五陰起妄想身見以彼妄想不實故非有無法愚夫橫執如陽焰中無水鹿渇所逼故妄作水想此分別身見由無智慧故執我我所久遠相應須陁洹觀雖有五陰合成此人中無有我也令審觀故見人無我即時捨離斷分別身見

大慧俱生身見以普觀察自他之身受等四蘊無色相故色由大種而得生故是諸大種互相因故色不集故如是觀已明見有無即時捨離捨身見故貪則不生是名身見相

言能普觀自身與他身齊等受想行識諸陰與色陰俱有名無體無自性相觀色陰從四大種所造展轉相因而生四大中既無主宰誰能合集以成色乎色陰有質尚空況受等四陰無色相故豈非空耶如是觀察明見有無俱妄不實五陰無體身見即斷凡貪愛者為有身見捨身見故貪從何生故法華云諸苦所因貪欲為本貪不生故是名斷身見相

大慧疑相者於所證法善見相故及先二種身見分別斷故於諸法中疑不得生亦不於餘生大師想為淨不淨是名疑相

謂於所證四眞諦法善見彼相故決定能斷二種妄想身見故疑無從起亦不於天魔外道凡夫處生大師想起於淨見是名斷疑相

大慧何故須陁洹不取戒禁謂以明見生處苦相是故不取夫其取者謂諸凡愚於諸有中貪着世樂苦行持戒願生於彼須陁洹人不取是相唯求所證最勝無漏無分別法修行戒品是名戒禁取相

言須陁洹不取未來受生戒觀有生處即有諸苦不求受生處樂夫其取者謂諸愚夫於三有中求五欲樂苦行修習精進持戒願生彼處如難陁為求女色持戒即其類也須陁洹人不取未來受生處五欲樂唯求所證最勝無漏四眞諦理無分別法方便受持修行正戒是名斷戒禁取相

大慧須陁洹人捨三結故離貪瞋癡大慧白言貪有多種捨何等貪佛言大慧捨於女色纏綿貪欲見此現樂生來苦故又得三昧殊勝樂故是故捨彼非涅槃貪

凡夫不能捨三結不達人無我由於身見保此我故貪名利以榮我瞋違情境恐侵害我愚癡錯解非理計校不知五蘊都無我主但是形骸之色妄想之心從無始來因緣力故念念生滅相續不窮如水消消如燈焰焰身心假合似一似常凡愚不覺執之為我故起諸結須陁洹人如上所觀五蘊無主捨三結故離貪瞋癡凡夫貪五欲聲聞貪出世涅槃故言貪有多種女色為甚故獨言捨纏綿欲又得三昧正受樂故未能斷涅槃貪菩薩乘者於此二種貪悉能捨故

大慧云何斯陁含果謂不了色相起色分別一往來已善修禪行盡苦邊際而般涅槃是名斯陁含

不了色相者起色分別斯陁含觀照種種色相從妄想生故於人天一往來已善修禪定智慧我見不生盡苦邊際而得涅槃是故名斯陁含

大慧云何阿那含謂於過去未來現在色相起有無見分別過惡隨眠不起永捨諸結更不還來是名阿那含

阿那含又云出欲淤泥以欲界煩惱猶如淤泥阿那含者已出欲界皆生色界觀三世色性無實見九有生處即有諸苦過惡煩惱習不起捨離諸結更不還欲界受生即於色天而盡諸漏是故名阿那含

大慧阿羅漢者謂諸禪三昧解脫通力悉已成就煩惱諸苦分別永盡是名阿羅漢

言阿羅漢修行四禪及三三昧了八解脫分證十力三明六通皆已成就煩惱發業所招諸苦妄想永滅是故名阿羅漢

大慧言世尊阿羅漢有三種謂一向趣寂退菩提願佛所變化此說何者佛言大慧此說趣寂非是其餘大慧餘二種人謂已曾發巧方便願及為莊嚴諸佛衆會於彼示生

瑜伽論及法華論說聲聞有四種一決定種性亦名趣寂二增上慢此是凡夫得第四禪謂阿羅漢三退已還發大菩提心亦名不定種性如法華會舍利弗等得記聲聞是其類也四者應化非真謂佛及菩薩變化示現引實聲聞向大乘故此經所問除增上慢止有三種謂說何者佛告大慧所說趣寂定性羅漢斷四住煩惱出生死苦得涅槃者非是其餘退已還發大菩提心者已曾發善巧廣大行願成熟有情佛所化者為莊嚴諸佛國土及衆會眷屬於彼示生作阿羅漢

大慧於虛妄處說種種法所謂證果禪者及禪皆性離故自心所見得果相故

言為妄想衆生處說種種法斷諸煩惱所證四果如實所知行禪者及諸禪三昧皆性離故唯自心量虛妄所見得果相耳

大慧若須陁洹作如是念我離諸結則有二過謂墮我見及諸結不斷

此明初果斷結終不起念我能斷結若起念者應有二過則墮身見及三結等悉不斷故例餘三果亦復如是故金剛經佛問須菩提須陁洹等至阿羅漢能作是念我得須陁洹等四果否須菩提皆言不也世尊若作是念即為着我人衆生壽者雖曰權乘昧劣苟非離麤妄念亦不能斷分段生死

復次大慧若欲超過諸禪無量無色界者應離自心所見諸相大慧想受滅三昧超自心所見境者不然不離心故

言欲超過聲聞諸禪四無量心及無色界四空定等得如來三昧者當離三界自心妄想相大慧聲聞極果即以想受滅定而為究竟若謂超心量者不然何以故妄想心未滅故

爾時世尊重說頌言

諸禪與無量　無色三摩提　及以想受滅　唯心不可得

諸禪謂四禪也無量即慈悲喜捨度衆生四無量心也無色三摩提四無色定也想受滅謂四禪四無色定受想悉寂滅也皆唯心量彼悉無有故云唯心不可得

預流一來果　不還阿羅漢　如是諸聖人　悉依心妄有

次明四果亦不離妄想心量故言如是諸聖人悉依心妄有圓覺經曰有妄業故妄見流轉厭流轉者妄見涅槃

禪者禪所緣　斷惑見真諦　此皆是妄想　了知即解脫

初頌明所修行法次頌明能證之人此第三偈能所合明並不離妄想心量若如實覺為妄計生死故說涅槃所治生死既無能治涅槃亦遣故得菩薩一切解脫

復次大慧有二種覺智謂觀察智及取相分別執著建立智

因上偈言了知即解脫然知覺有不解脫者故舉二種覺智以簡優劣謂觀察知人法二無我是正覺智不知人法二種我空取相執著建立有我如是了知是邪覺智不得解脫

觀察智者謂觀一切法離四句不可得四句者謂一異俱不俱有非有常無常等我以諸法離此四句是故說言一切法離大慧如是觀法汝應修學

云何取相分別執着建立智謂於堅濕煖動諸大種性取相執着虛妄分別以宗因喻而妄建立是名取相分別執着建立智是名二種覺智相

凡夫計執有大種性相妄想分別以宗因喻五分論法成於不實而妄建立是名邪正二種覺智相如來以稱出稱如前破外道計亦說三支比量五分論也

菩薩摩訶薩知此智相即能通達人法無我以無相智於解行地善巧觀察入於初地得百三昧以勝三昧力見百佛百菩薩知前後際各百劫事光明照耀百佛世界

若菩薩摩訶薩達妄即真知此二種覺智相了人法空我不可得以離念無相智而於地前勝解行位善巧觀察即入初地得大乘光明等百三昧門以彼勝力見百佛乃至光明照燭百佛世界故攝論云菩薩入初地時證十百明門一於一剎那頃證百三摩地二以淨天眼見百佛國三以神通力能動百佛世界四能往百佛世界教化衆生五能以一身化百類身形令有情見六能成就百類所化有情七若為利益能留身住世百劫八能知前後際百劫事九能以智慧入百法明門洞達曉了十能以身觀百類眷屬餘地倍倍增勝

善能了知上上地相以勝願力變化自在至法雲地而受灌頂入於佛地十無盡願成就衆生種種應現無有休息而性安住自覺境界三昧勝樂

言第二離垢地乃至如來地皆是成就初地之中十無盡願事見華嚴等經餘義經文自顯

復次大慧菩薩摩訶薩當善了知大種造色

因上外道計有四大種性造出四大色相故次勸菩薩當善了知大種造色令知無實

云何了知大慧菩薩摩訶薩應如是觀彼諸大種真實不生以諸三界但是分別唯心所見無有外物如是觀時大

種所造悉皆性離超過四句無我我所住如實處成無生相

言無生者通說有二二理無生圓成實性本不生故二事無生緣生之相即無生故言住如實處成無生相者謂觀三界唯心所現離我我所能證理事俱無生也

大慧彼諸大種云何造色大慧謂虛妄分別津潤大種成內外水界炎盛大種成內外火界飄動大種成內外風界色分段大種成內外地界離於虛空由執着邪諦五蘊聚集大種造色生

此出外道妄計有四大種生造色也謂彼妄想計有津潤之性爲水大種生內外水界內即血汗流液外則河海泉源有炎熾成熟之性爲火大種生內外火界內則體含煖氣外則焚燎萬物有飄動之性爲風大種生內外風界內則氣息運動外則萬籟俱吟有色質分齊之性爲地大種生內外地界內即皮肉筋骨外則原濕丘陵妄想計有堅濕煖動離於虛空由執邪諦不了五陰虛假積聚本無自性言由大種造色生故上佛告菩薩應善了知

大慧識者以執着種種言說境界爲因起故於餘趣中相續受生

言識者即上五陰中妄識也由迷真心而成以執着種種言說境界爲親起因故作業受生於諸趣中相續不斷當知內身外境四大五陰但是分別心量所現

大慧地等造色有大種因非四大種爲大種因何以故謂若有法有形相者則是所作非無形者大慧此大種造色相外道分別非是我說

非四大種爲大種因謂皆由心現也故結云此大種造色相是外道妄想分別

復次大慧我今當說五蘊體相謂色受想行識大慧色謂四大及所造色此相各異受等非色大慧非色諸蘊猶如虛空無有四數大慧譬如虛空超過數相然分別言此是虛空非色諸蘊亦復如是離諸數相離有無等四種句故數相者愚夫所說非諸聖者

自下復破五蘊皆空無自性相非獨色陰四大不實

諸聖但說如幻所作唯假施設離異不異如夢如像無別所有不了聖智所行境故見有諸蘊分別現前是名諸蘊自性相

言聖人雖見五蘊了知不實唯假施設離異不異如幻如夢故大般若云若菩薩摩訶薩修行般若波羅蜜多時如實知色猶如聚沫性不堅固如實知受猶如浮泡虛僞不住速起速滅如實知想猶如陽焰水不可得虛妄渴愛而起是想如實知行猶如芭蕉葉葉拚除實不可得如實知識猶如幻事衆緣和合假施設有相雖似有而無其實是故五蘊無別所有不了如來所證境界見有蘊法執着分別常現在前是名妄想諸蘊自性相

大慧如是分別汝應捨離捨離此已說寂靜法斷一切剎諸外道見淨法無我入遠行地成就無量自在三昧獲意生身如幻三昧力通自在皆悉具足猶如大地普益群生

寂靜法者謂諸法實相從本已來無有起相也餘義如文

復次大慧涅槃有四種

上明覺智以顯生德優劣此明涅槃辨其顯德邪正是謂菩提涅槃二轉依果德也

何等爲四謂諸法自性無性涅槃種種相性無性涅槃覺自相性無性涅槃斷諸蘊自共相流注涅槃大慧此四涅槃是外道義非我所說

外道計諸法體性是有名自性後除爲無名無性以眞諦爲涅槃又計有諸法相名種種相性後觀爲無名無性以神我爲涅槃又通計性相是有名自相性亦後觀爲無名無性以妄覺爲涅槃上三種正出外道計又斷五陰六道中流注以人無我爲涅槃是二乘涅槃以見有五陰亦同外道故楞嚴經聲聞緣覺墮定性者皆云違遠圓通背涅槃城

大慧我所說者分別爾炎識滅名爲涅槃

前謂諸自智境界轉所依藏識爲大涅槃復云一切識自性習氣藏識意識見習轉已我及諸佛說名涅槃此又獨言分別所知境界識滅名爲涅槃雖通別稱異皆欲諸識習種現行俱滅也次文問荅可見

大慧言世尊豈不建立八種識耶佛言建立大慧言若建立者云何但說意識滅非七識滅佛言大慧以彼爲因及所緣故七識得生

如來言分別識滅名涅槃大慧疑之與前說異故問豈不建立八種識耶而獨言爾炎識滅非餘七識皆滅佛語大慧以彼意識通三性故起惑造業與諸識爲因及緣境界故餘七種識依之而起意識若滅則餘識不生

大慧意識分別境界起執着時生諸習氣長養藏識由是意俱我我所執思量隨轉無別體相

言六識了境起計着時生三習氣熏習增長阿賴耶識由是末那第七意俱執我我所恒審思量相續隨轉無別體相

藏識爲因爲所緣故執着自心所現境界心聚生起展轉爲因

又根本識爲因變起根身種子器界爲所緣故故云執着自心所現境界諸心聚生是謂從種起現由現生種現種無性猶如茭蘆遞相爲因故云展轉爲因

大慧譬如海浪自心所現境界風吹而有起滅是故意識滅時七識亦滅

如海中波浪互相排引亦展轉相生色聲香味觸是自心現境界風吹動諸識念念起滅亦復如是故言意識滅時餘七識亦滅

爾時世尊重說頌曰

我不以自性　及以於相作

頌上外道四種涅槃謂我不以自性作相滅以眞諦等爲涅槃

分別境識滅　如是說涅槃

頌上妄見境界識滅是如來涅槃

意識爲心因　心爲意境界　因及所緣故　諸識依止生
頌上八識展轉互爲因
如大瀑流盡　波浪則不起　如是意識滅　種種識不生
如流盡則無波以譬意識滅餘七識亦不生頌上喻幷
法合也問前云諸外道說取境界相續識滅即無始相
續識滅又云聲聞妄計未來根境滅以爲涅槃根境旣
滅識亦不生今言如是意識滅種種識不生與彼外道
二乘何以異也荅外道見身壞命終六識不取境不知
但是妄緣離故計謂相續六識滅即無始相續識滅墮
落斷見二乘雖未來根境滅相續六識但現行滅而習
種實未滅也此謂賴耶識中意識習種相續永滅則餘
七識亦隨滅故不同耳
復次大慧我今當說妄計自性差別相令汝及諸菩薩摩
訶薩善知此義超諸妄想證聖智境知外道法遠離能取
所取分別於依他起種種相中不更取着妄所計相
因上言妄想分別爾炎識滅名爲涅槃今正明滅妄想
識差別通相令諸菩薩了知不實超諸妄想到如來境
界知外道法諸見不生離能所分別於緣起中不復妄
計也
大慧云何妄計自性差別相所謂言說分別所說分別相
分別財分別自性分別因分別見分別理分別生分別不
生分別相屬分別縛解分別大慧此是妄計自性差別相
徵列十二種妄分別名義如下釋
云何言說分別謂執着種種美妙音詞是名言說分別
計着種種音聲章句以爲有性名言說分別也
云何所說分別謂執有所說事是聖智所說境依此起說
是名所說分別
計有五法三自性名所說分別
云何相分別謂即於彼所說事中如渴獸想分別執着堅
濕煖動等一切諸相是名相分別
言計有四大相是名相分別
云何財分別謂取着種種金銀等寶而起言說是名財分
別
計有財利慳貪取着名財分別
云何自性分別謂以惡見如是分別此自性決定非餘是
名自性分別
如計有四大性言地性堅水性濕火性熱風性動乃至
眞俗各有自性不同名自性分別
云何因分別謂於因緣分別有無以此因相而能生故是
名因分別
言若因若緣有無分別因相生是名因分別
云何見分別謂諸外道惡見執着有無一異俱不俱等是
名見分別
依此有無起四句見是名見分別
云何理分別謂有執着我我所相而起言說是名理分別
於五蘊中計我我所說虛妄法是名理分別
云何生分別謂計諸法若有若無從緣而生是名生分別
計有無法定從緣生是名生分別
云何不生分別謂計一切法本來不生未有諸緣而先有
體不從因起是名不生分別
計諸法本不生元有體性不假緣起從因緣生者無因
無果是名不生分別
云何相屬分別謂此與彼遞相繫屬如金與綫是名相屬
分別
計有爲諸法俱有因果遞相繫屬如以金爲縷金即在
縷縷即在金是名相屬分別
云何縛解分別謂執因能縛而有所縛如人以繩方便力
故縛已復解是名縛解分別
計有煩惱能縛衆生後時修道能解衆生如人先以繩
縛縛已復解亦復如是名縛解分別
大慧此是妄計性差別相一切凡愚於中執着若有若無
言愚夫妄計有無生此分別
大慧於緣起中執着種種妄計自性如依於幻見種種物
凡愚分別見異於幻
於依他緣起中生種種妄想自性如依呪術見諸幻事
愚夫妄想見異於幻計有種種實物
大慧幻與種種非異非不異若異者應幻非種種因若一
者幻與種種應無差別然見差別是故非異非不異大慧
汝及諸菩薩摩訶薩於幻有無不應生着
言呪術與種種物離一異也若種種物異呪術者呪術
不應與種種物爲因若言種種物與呪術一者呪術與
種種物應無差別然見呪術與種種物差別是故離異
不異故告大慧及諸菩薩如依幻術生種種物離一異
有無莫計着也
爾時世尊重說頌言
心爲境所縛　覺想智隨轉
言愚夫妄心爲生死境界所縛妄想智隨境界轉也
謂妄覺也
無相最勝處　平等智慧生
無相處八地也最勝處佛地也言上二地得生死涅槃
平等
在妄計是有　於緣起則無
如依藤計蛇妄情謂有於藤緣起蛇相實無
妄計迷惑取　緣起離分別
言妄計惑心取藤爲蛇緣起藤體實非蛇相此一行舉
緣起破妄計也
種種支分生　如幻不成就　雖現種種相　妄分別則無
謂有種種名相支分生如幻所起則不成種種雖現諸
相了妄分別則皆無實唯識論云依他起自性分別緣
所生此一行破緣起也
彼相即是過　皆從心縛生　妄計者不了　分別緣起法
彼緣起相即是過者謂從心縛煩惱而生愚人不了故
分別爲實有無
此諸妄計性　皆即是緣起
上言緣起從妄計心縛生此又謂妄計性從緣起生即
是緣起也

妄計有種種緣起中分別
此妄計性種種於緣起中生計度分別故唯識云由彼
彼徧計徧計種種物此徧計所執自性無所有
世俗第一義 第三無因生
明有世俗諦第一義諦無有第三若說第三諦即同外
道無因生也
妄計是世俗 斷則聖境界
由妄計緣而生三界生死有無一切諸法即是世諦若
了緣無性妄想滅即是聖人所行境界第一義也故唯
識論謂諸法性略有二種一者虛妄謂妄計所執二者
眞實謂圓成實復有二種一者世俗謂依他起二者勝
義謂圓成實故云圓成實於彼常遠離前性謂於依他
若離妄計即圓成實故云斷則聖境界
如修觀行者 於一種種現 於彼無種種 妄計相如是
如二乘外道修觀行者若作青想觀時天地萬物莫不
皆青赤黃白等亦復如是元無青處正作青想即是青
也即是無青處見青以譬凡夫外道妄見有無生死諸
法亦是無生死諸法處妄見有也故言妄計相如是
如目種種翳 妄想見衆生 彼無色非色 不了緣起然
不覺緣起喩假施設者亦如不覺垂髮火輪不實耳
如金離塵垢 如水離泥濁 如虛空無雲 妄想淨如是
此言離妄計垢濁了緣起雲翳即是圓成清淨實性故
以上三爲喩
無有妄計性 而有於緣起 建立及誹謗 由斯分別壞
計緣起爲有名建立計妄想爲無名誹謗言作此有無
見者由妄分別自破正見
若無妄計性 而有緣起者 無法而有法 有法從無生
依因於妄計 而得有緣起
上二句牒計次一偈明因妄想生緣起即正破也
相名常相隨 而生於妄計 以緣起依妄 究竟不成就
此上二句明因緣起又生妄想次二句又破緣起依妄
亦同妄計無有自性了茲緣妄竟無所成

是時現清淨 名爲第一義
若度妄想即名聖人第一義諦圓成實也
妄計有十二 緣起有六種
頌上十二種分別由六塵境界風飄動而有
自證眞如境 彼無有差別
自覺聖智所證境界了彼緣妄故無差別
五法爲眞實 三自性亦爾 修行者觀此 不越於眞如
言修行者觀五法三自性體無二相即是如如
依於緣起相 妄計種種名 彼諸妄計相 皆因緣起有
言緣起妄計更互相生俱無有力不能自立
智慧善觀察 無緣無妄計 眞實中無物 云何起分別
言聖人自覺智慧觀察時無有緣起性亦無妄計自性
即是正智如如圓成自性云何愚夫爲作妄想覺知何
所求也
圓成若是有 此則離有無 既已離有無 云何有二性
圓成實性是眞實有圓常淨妙離妄有無本無二性
妄計有二性 二性是安立 分別見種種 清淨聖所行
爲妄計故有妄計緣起二自性聖人方便隨情說法亦
權安立令知妄想種種清淨是聖人所行處故
妄計種種相 緣起中分別 若異此分別 則墮外道論
此明佛法知生死緣起法從自妄想心中生若計生死
有無諸法異於妄想從微塵冥諦自在等生者即外道
論也
以諸妄見故 妄計於妄計 離此二計者 則爲眞實法
諸見者五惡見也因見外境與妄識俱故生妄想故言
妄計於妄計能離緣起妄計二種妄想見者即是正智
所證如如眞實法也
大慧菩薩摩訶薩復白佛言世尊唯願爲說自證聖智行
相及一乘行相我及諸菩薩摩訶薩得此善巧於佛法中
不由他悟
大慧因上言自證眞如境了彼緣妄無有差別故舉能
證自覺聖智及所證一乘行相以請問欲得是善巧不

隨他教而自悟入
佛言諦聽當爲汝說大慧菩薩摩訶薩依
諸聖教無有分別獨處閑靜觀察自覺不由他悟離分別
見上上昇進入如來地如是修行名自證聖智行相
言此自覺聖智非言說所及前聖所知悲誨有情轉相
傳授說諸法無性但妄想分別爲患耳依諸聖教無妄
分別即自證入然此妄想雖本無體由無始來習以成
性要假靜緣觀照自覺非由他悟離妄想見即能漸次
進入佛位如是修行是故名爲自覺聖智相
云何名爲一乘行相謂得證知一乘道故云何名爲知一
乘道謂離能取所取分別如實而住大慧此一乘道唯除
如來非外道二乘梵天王等之所能得
言一乘者即一心也以包含運載爲義若攀緣取境則
運入六趣之門若妄想不生則運至一實之地故佛語
大慧離能所取如實而住是則了生死妄即涅槃眞頓
悟一心更無所趣故非凡夫二乘邪劣心行所能知爾
大慧白言世尊何故說有三乘不說一乘佛言大慧聲聞
緣覺無自涅槃法故我說一乘以彼但依如來所說調伏
遠離如是修行而得解脫非自所得
上言一乘非餘外道二乘梵天王等之所能得即知如
來方便說三乘故問何故說有三乘而不說一乘佛語
大慧一乘人知生死自性是涅槃故聲聞緣覺無自涅
槃法故我說一乘以彼但依厭離世間調伏修行而得
解脫非自己力得涅槃法是故不爲說一乘耳
又彼未能除滅智障及業習氣未覺法無我未名不思議
變易死是故我說以爲三乘
如上過未滅未堪受大法故如來說三乘
若彼能除一切過習覺法無我是時乃離三昧所醉於無
漏界而得覺悟既覺悟已於出世上上無漏界中修諸功
德普使滿足獲不思議自在法身
言二乘味着三昧樂作涅槃想若能滅彼智障及業習
氣覺法無我度不思議變易死爾時方離三昧所醉於

劣無漏三昧中覺悟，既覺悟已，自知住有餘地，起上上
昇進，如實修行諸功德滿足，亦得如來自在法身
爾時世尊重說頌言
天乘及梵乘　聲聞緣覺乘　諸佛如來乘　諸乘我所說
此一行頌上諸乘名也
乃至有心起　諸乘未究竟　彼心轉滅已　無乘及乘者
無有乘建立　我說爲一乘
言有心動計有諸乘，即非究竟；若妄想心滅，即無諸乘，
亦無能乘諸乘之人，以無人故，亦不建立諸乘，是名一
乘
爲攝愚夫故　說諸乘差別　解脫有三種　謂離諸煩惱
及以法無我　平等智解脫
引導衆生故，說三乘解脫，離諸煩惱是二乘解脫，謂但
盡分段生死，名爲解脫，其實未得一切解脫，達法無我
平等大智，即是如來真解脫
譬如海中木　常隨波浪轉　聲聞心亦然　相風所漂激
雖滅起煩惱　猶被習氣縛
言聲聞雖斷現行煩惱，未斷所知及根本無明，猶被習
氣自共相風飄激，其心譬海中木，常隨浪轉
三昧酒所醉　住於無漏界　彼非究竟趣　亦復不退轉
以得三昧身　乃至劫不覺
味着滅定，住於人空無漏界中，以爲涅槃，未至佛究竟
地，然亦不退更作凡夫，以得三昧身，自謂是佛，乃至劫
數不覺未至佛果
譬如昏醉人　酒消然後悟　聲聞亦如是　覺後當作佛
言若於無漏界覺，自知住化城，未達寶所，更起勝行，集
諸功德，後亦當得佛無上身

佛心品第四

將釋此品，義有三門：初叙來意，二釋品名，三釋經文。○
初來意者，上品通明心生滅門覺與不覺二義，攝一切
法生一切法，故但總名集一切法品，自下九十三品別
明心生滅門覺與不覺二義生攝一切法，此品居首，故
次來也。○二釋品名者，梵音佛陀，此云覺者，梵[illegible]栗[illegible]
耶，此名真實心，即一切佛自性離垢妙淨明心也，故名
佛心品。○次經文下正釋經文，餘品文前亦名有三門，
應准思之，更不開釋
爾時佛告大慧菩薩摩訶薩言：今當爲汝說意成身差別
相，諦聽諦聽，善思念之。大慧言：唯
因上言自覺聖智證一乘道，以成法身，故即明法身大
悲起用，作種類身，以化衆生，故次明三種意成身也
佛言：大慧，意成身有三種，何者爲三？謂入三昧樂意成身，
覺法自性意成身，種類俱生無作行意成身。諸修行者入
初地已，漸次證得
言三種意成身，是諸修如實行者從初地以上至佛地
以來，麤細優劣，有此三類耳
大慧，云何入三昧樂意成身？謂三四五地入於三昧，離種
種心，寂然不動，心海不起轉識波浪，了境心現，皆無所有，
是名入三昧樂意成身
明從初地至七地，以還菩薩要須入禪定正受，始能現
作種種身，如意偏至而無障礙，言入三昧樂正受時，離
諸妄心，寂然不動，心海常安，不起識浪，知一切境界唯
自心現，本無所有，是故名爲三昧樂正受意成身，經家
好略，舉中三地，意該前後，以明七地也
云何覺法自性意成身？謂八地中了法如幻，皆無有相，心
轉所依，住如幻定及餘三昧，能現無量自在神通，如花開
敷，速疾如意，如幻如夢，如影如像，非造所造，與造相似，一
切色相具足莊嚴，普入佛剎，了諸法性，是名覺法自性意
成身
言八地菩薩覺了諸法猶如幻夢，不須入定，能現種種
身猶如意生也，知幻故，心轉所依，住如幻等十三昧王
及餘無量三昧，能現自在神通，速疾如意等，非是四大
所造，形容如似四大造也，一切色相種種支分具足莊
嚴，普入佛剎，以化衆生，達諸法性如幻夢不實，是故名
爲覺法自性意成身

云何種類俱生無作行意成身？謂了達諸佛自證法相，是
名種類俱生無作行意成身。大慧，三種身相，當勤觀察
明十地至如來地，了達諸佛自證聖智境界，無明種類
異機同感，應無前後，一時俱生，猶如意生而無障礙，現
此種類，不須作意，故言無作行，是故法身大悲起用三
意成身，當勤修學
爾時世尊重說頌言
我大乘非乘　非聲亦非字　非諦非解脫　亦非無相境
然乘摩訶衍　三摩提自在　種種意成身　自在花莊嚴

佛言我不對小乘說大乘，明佛乘非聲說文字，非實非
虛，非解非縛，亦非有無境界
然此如來所得大乘，因上自覺聖智證一乘道，法身起
用，現意成身也。三摩提自在者，頌上入三昧樂意成身
也。種種意成身者，頌種類俱生無作行意成身也。自在
花莊嚴者，頌覺法自性意成身也
爾時大慧菩薩摩訶薩復白佛言：世尊，如世尊說五無間
業，何者爲五？若人作已，墮阿鼻獄。佛言：諦聽，當爲汝說。大
慧言：唯
因上言三種意生身，欲明三種意生身，要因無漏無間
知慧，得明五種內無間業，是無漏之因
佛告大慧：五無間者，所謂殺母、殺父、殺阿羅漢、破和合僧、
懷惡逆心出佛身血
此徵數列名，義有內外，如下釋
大慧，何者爲衆生母？謂引生愛，與貪喜俱，如母養育
愛爲根本，能引生死輪迴，還有貪愛與身俱來，況如嬰
兒緣於母，故養育成立
何者爲父？所謂無明，令生六處聚落中，故斷二根本，名殺
父母
以無知故，愛因此生，受識名色六入之身，故名無明爲
衆生父也，六處聚落者，即六入身是也，以無間智永斷
癡愛根本，名殺父母，故淨名云：從癡有愛，即我病生，謂
一切惑使皆由是生也

云何殺阿羅漢謂隨眠爲怨如鼠毒發究竟斷彼是故說名殺阿羅漢

諸惑習種隨諸有情眠伏藏識故謂隨眠爲怨明羅漢習使微細不現如鼠噬人雖復瘡愈遇時微發以譬羅漢習使雖復不現遇緣微發究竟斷此微細習使名殺阿羅漢

云何破和合僧謂諸蘊異相和合積聚究竟斷彼名爲破僧

觀察五蘊如夢幻不實無有色受想行識異相和合以成身名爲破僧也凡和合名僧今五蘊亦名爲僧了五蘊無體因名破僧故般若云照見五蘊皆空度一切苦厄

云何惡心出佛身血謂八識身妄生思覺見自心外自相共相以三解脫無漏惡心究竟斷彼八識身佛名爲惡心出佛身血

明不覺五陰諸法自共相是自心妄現不實故妄計有八識身即有妄想覺知種種境界覺境界者名爲佛也依之起染故復名血以空無相願三無漏智斷彼八識妄覺染汙名爲惡心出佛身血也

大慧是爲內五無間若有作者無間即得現證實法

內五無間是無漏因此逆即順若有作者無間即得自覺聖智現證實法一乘道也

復次大慧今爲汝說外五無間令汝及餘菩薩聞是義已於未來世不生疑惑

上說行內五無間不入地獄得現證實法恐人聞此謂行外五無間亦不入地獄故次明行外五無間得地獄苦令聞是義不生疑惑也

云何外五無間謂餘教中所說無間若有作者於三解脫不能現證

言若行此外無間者不得三解脫無間樂唯得地獄無間苦也

唯除如來諸大菩薩及大聲聞見其有造無間業者爲欲勸發令其改過以神通力示同其事尋即悔除證於解脫

明唯除佛菩薩及大聲聞見餘作無間業者爲勸發故令除疑悔過以神力變化示同其事譬如闍王弑父身生惡疾懺悔佛教作實相觀觀已惡疾即除此闍王或是聖人化作化作此者有何利益欲勸實作外無間者發心懺悔也

此皆化現非是實造若有實造無間業者終無現身而得解脫

無有實造無間業者不得無間苦也言必得無間苦然無現身得解脫

唯除覺了自心所現身資所住離我我所分別執見或於來世餘處受生遇善知識離分別過方證解脫

又如闍王受佛化已覺知自心妄現不實離我我所妄想執見或未來世於異道身遇善知識離於自心妄想見過方得解脫

爾時世尊重說頌言

貪愛名爲母　無明則是父　識了於境界　此則名爲佛
隨眠阿羅漢　蘊聚和合僧　斷彼無餘間　是名無間業

此二頌頌內五無間業如經自明

爾時大慧菩薩摩訶薩復白佛言世尊願爲我說諸佛體性

因上識了境界則名爲佛非真佛故須以三解脫無漏智斷之上佛不真須斷更說何等而爲真佛故有佛之體性以請問也

佛言大慧覺二無我除二種障離二種死斷二煩惱是佛體性

諸佛體性即法身也常爲報化之所依故一切衆生曠劫漂沉或墮邪小而不能證者良由二障二障不斷由於二執欲除二執必假二空執障既亡二死永斷即聖性現前應用塵沙名之爲佛故云覺人法二無我除惑智二障離分段變易二死斷現行習氣二煩惱是故名爲諸佛體性然諸障中煩惱尤甚又別示其相欲學者痛治之

大慧聲聞緣覺得此法已亦名爲佛我以是義但說一乘

爾時世尊重說頌言

善知二無我　除二障二惱　及不思議死　是故名如來

頌上可知

注大乘入楞伽經卷第五

王文刊

注大乘入楞伽經卷第六

東都沙門寶臣　集

爾時大慧菩薩摩訶薩復白佛言世尊如來以何密意於大衆中唱如是言我是過去一切諸佛及說百千本生之事我於爾時作頂生王大象鸚鵡月光妙眼如是等

因上覺二無我等法名爲佛過去諸佛已覺此法故名爲佛以過去故世尊今覺此法亦名爲佛覺道雖一過現不同云何言我是過去一切諸佛及依本生經說如來過去曾種種受生如作頂生王及象鳥王月光妙眼仙人等百千生又言我是過去一切諸佛舉二文相違以請如來

佛言大慧如來應正等覺依四平等秘密意故於大衆中作如是言我於昔時作拘留孫佛拘那含牟尼佛迦葉佛云何爲四所謂字平等語平等身平等法平等云何字平等謂我名佛一切如來亦名爲佛佛名無別是謂字等

佛佛名字無二無別是謂字平等亦如鶖峨摩羅與文殊師利共遊十方所見十方諸佛彼佛皆稱釋迦佛者是也

云何語平等謂我作六十四種梵音聲語一切如來亦作此語迦陵頻伽梵音聲性不增不減無有差別是名語等

密跡力士經第二說佛聲有八轉謂體業具爲從屬於呼是八轉聲各具八德所謂調和聲柔軟聲諦了聲易解聲無錯謬聲無雌小聲廣大聲深遠聲八八即成六十四種非唯釋迦佛一切諸佛皆如是迦陵頻伽即鳥名其聲清雅超於衆鳥故引爲喻

云何身平等謂我與諸佛法身色相及隨形好等無差別除爲調伏種種衆生現隨類身是謂身等

法身者知二無我等法名法身色身者相好莊嚴名色身佛佛皆無差別除爲調伏彼彼諸趣差別衆生示現種種異類色身此正荅何故是佛及百千種類受生是名身等無有相違

云何法平等謂我與諸佛皆同證得三十七種菩提分法是謂法等是故如來應正等覺於大衆中作如是說

三十七菩提分法者菩提是覺分是因義此三十七爲諸乘覺因亦名道品故淨名云道品是道場是法身因然三十七品總有七類一對治顛倒道即四念處二斷諸懈怠道謂四正勤三引發神通道謂四神足四現觀方便道所謂五根五親近現觀道即是五力六現觀自體道謂七覺分七現觀後起道謂八正道義如別說此七類次第者謂聞法已先當念持次即勤修勤故攝心調柔柔故信等成根根增爲力七覺分別八正正行總以喻顯法性如地念處如種子正勤爲種植神足如抽芽五根如生根五力如莖葉增長開七覺花結八正果一切諸佛皆同證得是名法平等一本菩提分法下更有十力四無畏等六字

爾時世尊重說頌言

迦葉拘留孫　拘那含是我　依四平等故　爲諸佛子說

頌上四佛之名及四平等密意也

爾時大慧菩薩摩訶薩復白佛言世尊如世尊說我於某夜成最正覺乃至某夜當入涅槃於其中間不說一字亦不已說亦不當說不說是佛說世尊依何密意作如是語

因上依四平等故爲諸佛子說即是如來有所說故舉昔教二夜中間實無言說以請問

佛言大慧依二密法故作如是說云何二法謂自證法及本住法云何自證法謂諸佛所證我亦同證不增不減證智所行離言說相離分別相離名字相

明自證法所行境界三世如來畢竟平等俱離言說心緣名字等相故言不說

云何本住法謂法本性如金等在鑛若佛出世若不出世法住法位法界法性皆悉常住

如金銀等性本來自有不由金師鼓之始有以譬本住法性本自有不由如來說之始有假如來出世說之法界不爲之增若佛不出無所言說法界不爲之減言此法住法位皆悉常住非言說也

大慧譬如有人行曠野中見向古城平坦舊道即便隨入止息遊戲大慧於汝意云何彼作是道及以城中種種物耶白言不也佛言大慧我及諸佛所證眞如常住法性亦復如是是故說言始從成佛乃至涅槃於其中間不說一字亦不已說亦不當說

亦如向古城道本來自有不由士夫行之始有以譬眞如法界本來自有不由如來說之始有以明不說也

爾時世尊重說頌言

某夜成正覺　某夜般涅槃　於此二中間　我都無所說

頌上得道入滅於二中間皆無說

自證本住法　故作是密語　我及諸如來　無有少差別

言上二法故作是密意而言都無所說明我與諸佛同證此無言說法故三世中無可說凡言說者順衆生情耳

爾時大慧菩薩摩訶薩復白佛言世尊願說一切法有無相令我及諸菩薩摩訶薩離此相疾得阿耨多羅三藐三菩提佛言諦聽當爲汝說大慧言唯

因上我於某夜成正覺即是有至某夜涅槃即是無故舉有無相以請問令我及諸菩薩知有無二見是虛妄故如實修行疾得菩提

佛言大慧世間衆生多墮二見謂有見無見墮二見故非出出想

有無二見不能超情非出離法世間衆生墮斯見者妄謂離想

云何有見謂實有因緣而生諸法非不實有實有諸法從因緣生非無法生大慧如是說者則說無因

一切諸法因緣所起性離有無若執實有者不了唯心所現則說世間無因無緣而生諸法

云何無見謂知受貪瞋癡已而妄計言無

言先受貪瞋癡爲有後滅之爲無是名無見

大慧及彼分別有相而不受諸法有復有知諸如來聲聞緣覺無貪瞋癡性而計爲非有此中誰爲壞者大慧白言

謂有貪瞋癡性從取於無名爲壞者
如來以上二意問大慧言此中誰爲破壞佛法者而大
慧白言妄取貪瞋癡性爲有後計爲無名破壞佛法者
佛言善哉汝解我問此人非止無貪瞋癡名爲壞者亦壞
如來聲聞緣覺何以故煩惱內外不可得故體性非異非
不異故
如來嘆其所解言此人非止妄取貪瞋癡爲有性後除
爲無名壞佛法者亦壞三乘聖人謂本取貪瞋癡爲有
後除貪瞋癡爲無得成聖果也何以故是破佛法者煩
惱內外不可得故體性非異非不異故內者身也外者
塵也言內身外塵妄想不實則無人可得人尚自無貪
瞋癡煩惱因何得有則性離四句故知妄計有人斷煩
惱得聖果者是壞佛法人也
大慧貪瞋癡性若內若外皆不可得無體性故無可取故
聲聞緣覺及以如來本性解脫無有能縛及縛因故
言貪瞋癡不在內外故不可得本無體性故無可取三
乘聖人知彼虛妄即是自性解脫非是破壞貪瞋癡始
得解脫若破壞得解脫者即是有作法不可久也縛者
煩惱也縛因者衆生也佛知煩惱與衆生無實故即無
人斷煩惱得解脫也
大慧若有能縛及以縛因則有所縛作如是說名爲壞者
是爲無有相我依此義密意而說寧起我見如須彌山不
起空見懷增上慢
所縛亦衆生也如鐵孕垢而自毀鐵形令觀衆生空故
無縛因亦無煩惱爲能縛能縛既無所縛亦無此重釋
自性解脫若作如上說取貪瞋癡爲有壞之爲無者是
名破有爲無相墮落斷滅空見也是故破有爲空非真
空愚夫以爲真空故我依此義密意說寧起人我有
見如須彌山不起空見懷增上慢謂破有爲無非真空
愚夫以之爲真空者未得謂得名增上慢也
若起此見名爲壞者墮自共見樂欲之中不了諸法唯心
所現以不了故見有外法剎那無常展轉差別蘊界處相

相續流轉起已還滅虛妄分別離文字相亦成壞者
言墮妄想自共見中不了自心現量計爲有無乃至虛
妄分別離文字法亦成壞者是謂破壞佛法人也
爾時世尊重說頌言
有無是二邊　乃至心所行　淨除彼所行　平等心寂滅
明淨除有無及妄所行境界則得平等寂滅心也
不取於境界　非滅無所有　有真如妙物　如諸聖所行
言知貪愛境界性虛妄無可取即是體性寂滅非是無
他所有始寂滅也心外無物故有物悉如如如聖賢境
界
本無而有生　生已而復滅　因緣及有無　彼非住我法
頌上生滅有無之見者不住如來實相法界
非外道非佛　非我非餘衆　能以緣成有　云何而得無
佛言生法非外道作又非佛作非神我作亦非餘自在
微塵世性等作但從妄想生故也既從妄緣集會始得
起者即無自體無自體故即明無此生法也生法本無
何須更無之
誰以緣成有　而復得言無　惡見說爲生　妄想計有無
言四大五蘊中各無主誰聚集會之仍說因緣有生有
既不有寧得復說破有爲無明外道惡見故說有生法
妄想故計爲有無
若知無所生　亦復無所滅　觀世悉空寂　有無二俱離
能知因緣中本無生後亦不須滅觀世間空寂如虛空
華即無有無二見
爾時大慧菩薩摩訶薩復請佛言世尊唯願爲說宗趣之
相令我及諸菩薩摩訶薩善達此義不隨一切衆邪妄解
疾得阿耨多羅三藐三菩提佛言諦聽當爲汝說大慧言
唯
因上有無是外道宗故舉如來自宗以請問也
佛言大慧一切二乘及諸菩薩有二種宗法相何等爲二
謂宗趣法相言說法相
自覺觀察知生死不實如空中花證實相境界名宗趣

法相爲人解說此不實法令如實理悟解證入名言說
法相此二種宗法相一本作宗通及說通
宗趣法相者謂自所證殊勝之相離於文字語言分別入
無漏界成自地行超過一切不正思覺伏魔外道生智慧
光是名宗趣法相
言自覺聖智所證實法遠離文言虛妄分別入真淨界
成就如來自覺地行超諸世間妄想思覺制伏魔外光
明暉發此是如來內心所證境界本無生滅名曰宗趣
法相也
言說法相者謂說九部種種教法離於一異有無等相以
巧方便隨衆生心令入此法是名言說法相汝及諸菩薩
當勤修學
經通大小乘有十二部今說九部者如涅槃第三云護
大乘者受持九部法華第一云我此九部法隨順衆生
說瑜伽等論說聲聞藏無有方廣然諸經論且約一相
故作是說如實說者大小皆具如深密中菩薩依十二
分教修奢摩他瑜伽二十一云佛爲聲聞一一具演十
二分教而涅槃說大但有九者依三部之小相故謂因
緣中取因事制戒於譬喻中依爲誘引於論義中約非
了義法華九部小者三相大故於記莂中取記作佛自
說之內依不請支方廣之中依廣大利樂其正法廣陳
通大通小今此既云一切二乘及諸菩薩有二種宗法
相則會權趣實亦該法華涅槃之二義也故謂九部種
種教法離於一異有無斷常等四句見相方便善巧隨
順衆生令得度脫是故名爲言說法相結勸菩薩應勤
修學
爾時世尊重說頌言
宗趣與言說　自證及教法　若能善知見　不隨他妄解
此偈略標釋宗說二義若善通達則不隨妄想凡夫
如愚所分別　非是真實相　彼豈不求度　無法而可得
言佛宗趣不如愚夫妄分別見真實性也而彼豈不妄
起求度若知諸法非有實性無可得故即是解脫如來

宗趣
觀察諸有爲　生滅等相續　增長於二見　顚倒無所知
明於生滅中妄計有實增長有無二見者是愚夫顚倒
無正知見
涅槃離心意　唯此一法實　觀世悉虛妄　如幻夢芭蕉
言離心識即是涅槃唯此一如而爲眞實巳上明如來
宗趣也言如來有自宗通故知世法虛妄悉如幻夢
無有貪瞋癡　亦復無有人　從愛生諸蘊　如夢之所見
此一行頌上言說相也佛言雖有貪恚癡是虛妄所見
故實無有人也從渴愛所遍妄生五陰計此五陰爲有
者如夢所見也
爾時大慧菩薩摩訶薩復白佛言世尊願爲我說虛妄分
別相
因上宗趣言觀世悉虛妄如幻夢芭蕉故復舉妄分別
相以請問
此虛妄分別云何而生是何而生因何而生誰之所生何
故名爲虛妄分別
上總問妄想分別所行之相此別牒問義復有五一問
妄分別如何而生二問妄分別是何處生三問妄分別
所因四問妄分別體爲是誰五問妄分別之名
佛告大慧善哉善哉汝爲哀愍世間天人而問此義多所
利益多所安樂諦聽諦聽善思念之當爲汝說大慧言唯
一切異生流浪生死皆由一念妄想爲緣是故大慧因
問是義實爲饒益安樂衆生然妄想不實雖本無性無
始巳來惡習所熏從畢竟無成畢竟有而衆生不了須
假方便聞思觀察悟彼無性本無生滅不起有無分別
妄想即能證入如來境界言諦聽者聞慧也善思者思
慧也念之者修慧也佛將涅槃最後付囑當遵四法則
涅槃可證一近善知識二聽聞正法三思唯其義四如
實修行衆經無量行門不同皆能證入唯此圓門統攝
衆行故了義教多令諦聽善思念之
佛言大慧一切衆生於種種境不能了達自心所現計能
所取虛妄執著起諸分別墮有無見增長外道妄見習氣
心心所法相應起時執有外義種種可得計着於我及以
我所是故名爲虛妄分別
言諸衆生種種色聲香味觸法不實境界荅上問虛妄
分別所行之相也不能了達自心所現荅上問妄想云
何而生也計能所取虛妄執着起諸分別荅上問妄想
是何處生也墮有無見增長外道妄見習氣荅上問妄
想所因也心心所法相應起時執有外義種種可得荅
上問妄想體爲是誰也計着於我及以我所是故名爲
妄想分別荅上問妄想之名也言心心所法等者謂八
識心王六位心所相應起時執有色等諸法可得也餘
義如文自明
大慧白言若如是者外種種義性離有無過諸見相
此下大慧舉世俗第一義二諦明其設並也如是者指
世尊上荅詞也謂若如是者世諦所見外種種義墮有
無相者即是性離有無起四句見相者
世尊第一義諦亦復如是離諸根量宗因譬喻
言第一義諦亦如世諦墮有無四句者即是離有無四
句也離諸根量宗因譬喻者謂第一義離妄想諸根及
三種量五分論宗因譬喻相
世尊何故於種種義言起分別第一義中不言起耶將無
世尊所言乖理一處言起一不言故
明世尊何故偏於世諦離有無處言起分別第一義諦
離有無處不言起分別耶故知世尊所說乖理既同離
有無何故一處言起一不起也
世尊又說虛妄分別墮有無見譬如幻事種種非實分別
亦爾有無相離云何而說墮二見耶此說豈不墮於世見
又說妄想分別墮有無見如幻非實亦有無相離云何
復說墮二見耶此即顚倒世間見耳
佛言大慧分別不生不滅何以故不起有無分別相故所
見外法皆無有故了自唯心之所現故
佛告大慧我非謂世諦處生妄想第一義處滅妄想故
云分別不生不滅次下徵釋如文可知
但以愚夫分別自心種種諸法着種種相而作是說令知
所見皆是自心斷我我所一切見着離作所作諸惡因緣
覺唯心故轉其意樂善明諸地入佛境界捨五法自性諸
分別見
言前所說種種不實境界生妄想分別者爲諸愚夫分
別自心一切諸法計種種相執以爲實今達所見皆唯
心現得離我我所等諸惡因緣覺自妄想心量轉心意
識明解諸地入如來境捨五法三自性等對治法門諸
妄見也
是故我說虛妄分別執着種種自心所現諸境界生如實
了知則得解脫
以是愚夫妄想因緣故我說虛妄分別種種計着生若
能知如實義即得解脫滅諸妄想
爾時世尊重說頌言
諸因及與緣　從此生世間　與四句相應　不知於我法
言世間從因緣生愚夫不了因緣性離起四句見不知
如來達從緣生者是無生法
世非有無生　亦非俱不俱　云何諸愚夫　分別因緣起
謂世間非與四句相應云何愚夫妄想分別計因緣中
有生
非有亦非無　亦復非有無　如是觀世間　心轉證無我
言因緣中無生離於四句能如是觀者妄心轉滅得法
無我也
一切法不生　以從緣生故　諸緣之所作　所作法非生
言從緣生者無自體故知一切法無生也既從緣所作
非自有生即明無也
果不自生果　有二果失故　無有二果故　非有性可得
如瓶上還自生瓶即有能所生二果之過既無二過即
無生性可得也自此巳上頌上愚夫妄計種種不實諸
法從因緣生起有無分別此中破因緣生法故離有無
四句妄想見也

觀諸有爲法　離能緣所緣　決定唯是心　故我說心量
言妄想念慮者名能緣也六塵境界名所緣也明觀有
爲法虛妄故離能緣所緣決定唯是第一義心故我亦
說名爲心量一本云無心之心量我說爲心量
量之自性處　緣法二俱離　究竟妙淨事　我說名心量
言量自體處因緣及法是二悉離究竟清淨妙圓眞覺
俱是對治法門亦說爲心量也
施設假名我　而實不可得　諸蘊蘊假名　亦皆無實事
有四種平等　相因及所生　無我爲第四　修行者觀察
明三界虛假我及諸法悉無實事言有四種平等有爲
之相無常平等有漏之因苦平等所生法皆空不實及
無我平等是四平等諸修行者常勤觀察
離一切諸見　及能所分別　無得亦無生　我說是心量
言修行者觀四平等能離諸見能所分別無生無得此
相待而說亦是心量
非有亦非無　有無二俱離　如是心亦離　我說是心量
謂離有無四句如是離心亦復離之亦未起心量
眞如空實際　涅槃及法界　種種意成身　我說是心量
言對變異說眞如對有說空對妄說實際對生死說涅
槃對六道說法界對五陰說意成身此皆是對治法門
若尋言取着有所得者並是心量故大般若經云若有
一法過涅槃者我亦說爲如幻如夢以涅槃無相故若
取於相即是心量非眞涅槃
妄想習氣縛　種種從心生　衆生見爲外　我說是心量
外所見非有　而心種種現　身資及所住　我說是心量
此言六道生死依正境界是妄想世俗心量也如大慧
言第一義諦亦如是離諸根量宗因譬喻謂對世諦心
量故說第一義量上第一義量亦皆對治說也故楞嚴
云言妄顯諸眞妄眞同二妄猶非眞非眞云何見所見
皆是絕眞俗對待情見欲令如實證入
爾時大慧菩薩摩訶薩復白佛言世尊如來說言如我所
說汝及諸菩薩不應依語而取其義世尊何故不應依語

取義云何爲語云何爲義
因上言如實了知則得解脫故舉菩薩當依於義莫著
言說而問云何爲語爲義
佛言諦聽當爲汝說大慧言唯佛言大慧語者所謂分別
習氣而爲其因依於喉舌脣齶齒輔而出種種音聲文字
相對談說是名爲語
言妄想習氣爲因喉舌齶等爲緣出諸音聲文字談說
故名爲語
云何爲義菩薩摩訶薩住獨一靜處以聞思修慧思惟觀
察向涅槃道自智境界轉諸習氣行於諸地種種行相是
名爲義
此明實義是大菩薩於寂靜處以正念觀察見人法二
空趣涅槃城自覺境界滅諸妄習行諸地勝進行相至
如來地所證實法故名爲義
復次大慧菩薩摩訶薩善於語義知語與義不一不異義
之與語亦復如是若義異語則不應因語而顯於義而因
語見義如燈照色大慧譬如有人持燈照物知此物如是
在如是處菩薩摩訶薩亦復如是因語言燈入離言說自
證境界
明諸菩薩善語義者達非一異如燈照色而色非燈也
謂因燈見色不得言異而色非燈故不得言一以譬因
語入義不得言異而義非語故不得言一故云因語言
燈入離言說自證實義
復次大慧若有於不生不滅自性涅槃三乘一乘五法諸
心自性等中如言取義則墮建立及誹謗見以異於彼起
分別故如見幻事計以爲實是愚夫見非賢聖也
此明若有於不生不滅等染淨諸法中如言取義計言
說與義一者名建立計言說與義異者名誹謗言以異
於彼起分別故者釋成計異譬如所見種種幻事計以
爲實是愚夫虛妄見解非聖人也釋成計一
爾時世尊重說頌言
若隨言取義　建立於諸法　以彼建立故　死墮地獄中

言諸愚夫隨言取義建立諸法以計有法不免惡道誹
謗亦爾
蘊中無有我　非蘊即是我　不如彼分別　亦復非無有
蘊中無有我以況言說中無義非蘊即是我以況言說
不即是義言眞實義不如彼愚夫妄想建立亦復非無
明離有無也
如愚所分別　一切皆有性　若如彼所見　皆應見眞實
言若如彼愚夫所分別見一切言義悉有實性者一切
凡愚即是見眞諦人應名聖人
一切染淨法　悉皆無體性　不如彼所見　亦非無所有
以彼愚夫不能見眞諦故凡愚所見染淨等法悉無自
性故云不如彼所見亦非無所有謂眞實義非涉有無
唯是聖人自覺聖智之所能證
復次大慧我當爲汝說智識相汝及諸菩薩摩訶薩若善
了知智識之相則能疾得阿耨多羅三藐三菩提
如來因上菩薩當善語義相欲明知語者是識知義者
是智故次　智識相也
大慧智有三種謂世間智出世間智出世間上上智云何
世間智謂一切外道凡愚計有無法
言計着有無者是凡夫外道世間情見智也
云何出世間智謂一切二乘著自共相
二乘之人計着陰界處等自共相故不達法空行斷生
死希望涅槃是出世間智也
云何出世間上上智謂諸佛菩薩觀一切法皆無有相不
生不滅非有非無證法無我入如來地
明自覺聖智觀自共相一切諸法本不生滅離有離無
達人法二無我證如來地是名出世間上上智
大慧復有三種智謂知自相共相智知生滅智知不生滅
智
明如來一智應物有殊也謂導二乘知自共相應凡夫
知生滅類菩薩知不生滅故復言三種也
復次大慧生滅是識不生滅是智墮相無相及以有無種

種相因是識離相無相及有無因是智
言生滅墮有無及有無因皆是識無生滅離有無及因
名智
有積集相是識無積集相是智着境界相是識不着境界
相是智
積集種子起現行相是識又能熏積集諸法種子相名
識
三和合相應生是識無礙相應自性相是智有得相是識
無得相是智
我及根塵三事和合相應生是識不藉餘生不因境起
無礙相應性自神解名智
證自聖智所行境界如水中月不入不出故
言自聖智覺諸境界無實如水中月故無出入也又云
智性本明固非生滅但以離妄名生妄覆言滅如水淨
月現水濁影沉而月性常爾本無出入也
爾時世尊重說頌言
採集業爲心　觀察法爲智　慧能證無相　逮自在威光
採集業種爲生死因名爲心識觀察諸法如夢幻鏡像
不隨煩惱而造諸業名智能證無相淨妙法身威光自
在是名爲慧
境界縛爲心　覺想生爲智　無相及增勝　智慧於中起
言爲夢幻境界所縛者名妄想心覺種種不實境界從
妄想生者名爲智無相入地也及增勝者如來地言佛
慧從入地如來地生
心意及與識　離諸分別想　得無分別法　佛子非聲聞
心者第八藏識也意者第七識也及與識者前六識也
故下偈云藏識名爲心思量性名意能了諸境相是故
說名識言覺藏識及諸轉識虛妄故不復分別也佛子
者菩薩也言得無妄想分別法即是菩薩非聲聞也
寂滅殊勝忍　如來清淨智　生於善勝義　遠離諸所行
仁王經中說有五忍謂伏信順無生寂滅各有下中上
品地前但得伏忍三品九地如次配次三忍十地等覺

及佛得寂滅忍故云寂滅殊勝忍是如來清淨智也明
佛忍淨智從勝義諦生妄想心識所行境界皆悉遠離
我有三種智　聖者能明照　分別於諸相　開示一切法
如來隨機說法有三種智是聖人照明知分別諸相不
實開示一切令悟實法
我智離諸相　超過於二乘　以諸聲聞等　執着諸法有
如來智無垢　了達唯心故
言二乘厭生死求涅槃計有五陰等諸法不達唯心量
佛智清淨知陰界處相不實名達心量
復次大慧諸外道有九種轉變見
因上智識相中外道智知生滅是故次明外道九種生
滅轉變謂或境轉心變或心轉境變也
所謂形轉變相轉變因轉變相應轉變見轉變生轉變物
轉變緣明了轉變所作明了轉變是爲九一切外道因是
見故起有無轉變論
依正形狀不同名形轉變五陰相生住異滅一念不住
名相轉變言無因邪因能生諸法名因轉變心生境起
能所相應名相應轉變有無四句見名見轉變言所生
法從冥諦自在等生名生轉變諸有爲法滅名物轉變
緣能顯果名緣明了轉變緣所作法差別名所作明了
轉變諸外道因是九種轉變起有無見生轉變論
此中形轉變者謂形別異見譬如以金作莊嚴具環釧瓔
珞種種不同形狀有殊金體無易一切法變亦復如是
明此形轉變譬如以金作諸器服則有種種形狀不同
言有轉變非金性變也一切諸法轉變亦爾妙明眞體
常住不易凡夫外道無有知者
諸餘外道種種計着皆非如是亦非別異但分別故一切
轉變如是應知
言諸餘外道乃至所作明了轉變種種計着皆非一異
但妄想故如是一切轉變
譬如乳酪酒果等熟外道言此皆有轉變而實無有若有
若無自心所見無外物故

外道妄計一切性轉變非一非異譬如乳酪酒果等熟
也因乳得酪不得言異氣味不同不得言一彼實無有
無法可轉變也言有無法是自心妄現外性無實故
如此皆是愚迷凡夫從自分別習氣而起實無一法若生
若滅如因夢幻所見諸色如石女兒說有生死
此結皆是愚夫自妄想習氣言有轉變如夢幻見色石
女生兒本無是法倚得論有生滅轉變
爾時世尊重說頌言
形處時轉變　大種及諸根　中有漸次生　妄想非明智
外道言形處時節四大作種諸根轉變二乘之人計有
中陰漸續生陰悉是妄想
諸佛不分別　緣起及世間　但諸緣世間　如乾闥婆城
佛知因緣所起法無生非如彼妄想分別計因緣中有
世間諸法轉變也但世間從緣起者如乾闥婆城本不
實故是知以智照之即世法而成佛法故無分別以情
執之即佛法而成世法故論轉變一心實不動二見自
成差同共一法中別成凡聖解
爾時大慧菩薩摩訶薩復白佛言世尊唯願如來爲我解
說於一切法深密義及解義相
大慧因上偈言大種及諸根中有漸次生即是深密執
着義既有密執亦應有斷密執得解脫故舉深密執着
義及解脫義相以請問一本作一切法相續義解脫義
今我及諸菩薩摩訶薩善知此法不墮如言取義深密執
着離文字語言虛妄分別普入一切諸佛國土力通自在
總持所印覺慧善住十無盡願以無功用種種變現光明
照耀如日月摩尼地水火風住於諸地離分別見知一切
法如夢如幻入如來位普化衆生令知諸法虛妄不實離
有無品斷生滅執不着言說令轉所依
無思益物猶如日月摩尼水火等也餘義如經自明言
知密執解脫無實有如是益是故懇請
佛言諦聽當爲汝說大慧於一切法如言取義執着深密
其數無量所謂相執着緣執着有非有執着生非生執着

滅非滅執着乘非乘執着為無為執着地地自相執着自分別現證執着外道宗有無品執着三乘一乘執着大慧此諸
此等密執有無量種皆是凡愚自分別執而密執着此諸分別如蠶作繭以妄想絲自纏纏他執着有無欲樂堅密

此明一切諸法虛妄無體不可言說聖人方便引接衆生令知不實故作種種言說凡愚不了計着言說而取其義執着深密所謂相執着乃至三乘一乘執着此等密執其數無量皆是外道凡愚衆生自妄想執如蠶作繭而自纏縛以此執着轉教他人是為纏他故執着有無欲樂堅密而不自覺

大慧此中實無密非密相以菩薩摩訶薩見一切法住寂靜故無分別故若了諸法唯心所見無有外物皆同無相隨順觀察於若有若無分別密執悉見寂靜是故無有密縛非密縛相大慧此中無縛亦無有解不了實者見縛解耳何以故一切諸法若有若無求其體性不可得故

上段經文並敘計此正明諸法實義也故言此中實無密非密相若定有者諸大菩薩則不能見諸法寂靜無有分別也若諸外道凡夫能了唯心所見本無外物皆同無相隨順觀察於有無一切法悉見寂靜故無密縛非密縛相然此非唯本來無縛亦無有解不悟諸法實義者妄見縛與解耳何以故無有縛解謂一切凡情聖量有無諸法悉虛妄故求其實體皆不可得

復次大慧愚癡凡夫有三種密縛謂貪恚癡及愛來生與貪喜俱以此密縛令諸衆生續生五趣密縛若斷是則無有密非密相

言有三毒及愛來生冨樂果報與貪喜俱行故有三界生死相續不斷

復次大慧若有執着三和合緣諸識密縛次第而起有執着故則有密縛若見三解脫離三和合識一切諸密縛皆悉不生

言心縛則一切纏與塵勞而共起故云諸識密縛次第而起心解則一切解與實相而相應故云一切密縛皆悉不生出要之方莫越於此

爾時世尊重說頌言

不實妄分別　是名為密相　若能如實知　諸密網皆斷

為不實妄想故說有密縛若了真實解脫尚無密網豈有

凡愚不能了　隨言而取義　譬如蠶處繭　妄想自纏縛

言凡夫不知諸法無性隨言取義故為妄想而自纏縛

爾時大慧菩薩摩訶薩復白佛言世尊如世尊說由種種心分別諸法非諸法有自性此但妄計耳

因上言於一切法執着深密其數無量皆是凡愚自分別執縛解俱無大慧將設難料簡恐墮空見故先牒問如世尊說由種種心分別諸法者即上佛言相等密執有無量種皆是凡愚自分別等文也非諸法有自性者牒上佛言一切諸法求其體性不可得也此但妄計耳牒上佛言此中無縛亦無有解不了實者見縛解耳

世尊若但妄計無諸法者染淨諸法將無悉壞

此明定宗正設難也若言但妄分別計有種種縛解而實無諸法者則無衆生雜染煩惱亦無聖人清淨涅槃將非如來悉壞一切法墮空見耶

佛言大慧如是如是如汝所說一切凡愚分別諸法而諸法性非如是有此但妄執無有性相

上大慧問中有二種難一難如來言無縛解則無染淨一切諸法二難如來墮空見過佛言如是等印述所問先荅前難言真實道理實無衆生煩惱亦無清淨涅槃此但虛妄計執本無諸法性相也

然諸聖者以聖慧眼如實知見有諸法自性

此荅後難也言我不墮空見一切聖人有真實法自性唯聖人以聖智知以慧眼能見不墮空見也是知上既遣有言空今復示真所斷但離情執而真性自明故謂如實知見

大慧白言若諸聖人以聖慧眼見有諸法性非天眼肉眼不同凡愚之所分別

因上佛言有諸法自性不墮空見大慧復欲設難料簡還牒問言若諸聖人以聖智能知以慧眼能見有諸法真實自性非天肉眼所能知見不同凡愚妄分別見故大慧因此躡跡起疑申五種難望如來決也

云何凡愚得離分別不能覺了諸聖法故

第一凡聖各別難也言外道愚夫既不見聖人真實法性云何能依真以捨妄故云不能如實覺了諸聖人法故

世尊彼非顛倒非不顛倒何以故不見聖人所見法故聖見遠離有無相故

第二非倒不倒難也言亦不得說彼愚夫為顛倒不顛倒也何以故非倒不倒謂凡聖既各別愚夫不見聖人離於有無真實法故若皆見聖人所見法又行世俗妄想事可言顛倒以本不真實故不得言倒非倒也

聖亦不如凡所分別如是得故非自所行境界相故

第三明聖同凡倒難也言諸聖人亦不同凡虛妄分別有所得相故明非是聖人自智所行境界相故故不同凡如是得也若行自境界即非無所得是亦同凡

彼亦見有諸法性相如妄執性而顯現故不說有因及無因故墮於諸法性相見故

此正立難也言彼聖人行自境界亦有諸法真實性相即同凡愚妄計執性而顯現故而又不說真實法性因緣非緣之所以故墮於凡愚妄執諸法性相見故此謂聖人亦同凡倒也

世尊其餘境界既不同此如是則成無窮之失孰能於法了知性相

此重釋成也其餘境界者即三界凡夫境界也言凡乖聖道過乃無窮若聖異凡亦復如是若聖若凡誰能於法如實了知真實性相

世尊諸法性相不因分別云何而言以分別故而有諸法

世尊分別相異諸法相異因不相似云何諸法而由分別

復以何故凡愚分別不如是有而作是言為令衆生捨分

別故說如分別所見法相無如是法

第四明凡境非妄難也。言諸法性相自有，不由分別而有也。云何佛言以分別故而有諸法耶。世尊分別心相諸法境相，二相各異，因不相似，云何諸法而由分別有也。復以何事故而謂凡愚分別諸法而諸法性非如是有。言為衆生捨分別故說如分別所見法相無如是實法耶。此明凡夫所見境界是實非妄不由分別而有以立難也

世尊何故令諸衆生離有無見所執著法而復執着聖智境界墮於有見何以故不說寂靜空無之法而說聖智自性事故

第五明聖墮有見難也。言佛何故令彼凡夫離有無見而復執着眞實法性聖智境界墮於有見。何故不說空如來藏非心行處寂滅之法而說聖智所行眞實自性事耶。此墮有見也。佛上又言分別法性非如是有是墮無見。此難聖人亦墮有無也

佛言大慧我非不說寂靜空法墮於有見何以故已說聖智自性事故我為衆生無始時來計着於有於寂靜法以聖事說令其聞已不生恐怖能如實證寂靜空法離惑亂相入唯識理知其所見無有外法悟三脫門獲如實印見法自性了聖境界遠離有無一切諸着

明如來方便說有聖智眞實自性即無眞實之相可得。絕凡聖量，唯證相應。總荅前五難也。故語大慧我非不說離見超情寂滅空法墮於有見。何故不墮有見已說。聖智所證實法不違眞空自性事故。我為衆生無始覺故計着有無於如實空法以如實不空聖智事說令彼聞是法已不生斷常怖畏亦能如我所證實法離惑亂妄想相入唯識眞實性知其所見別無外法悟空無相及於無作三解脫門得如實法印了聖人境界故離有無凡情聖量一切計着也

復次大慧菩薩摩訶薩不應成立一切諸法皆悉不生何以故一切法本無有故及彼宗因生相故

此言一切法眞實自性本不生不應更立不生宗也。文有六節以破立宗情執○一法本不生破。言菩薩不應成立一切諸法皆悉不生者總標勸也。何以故不應立不生宗謂一切法本來無有故及彼宗因生相悉本來無有故不得立不生宗也

復次大慧一切法不生此言自壞何以故彼宗有待而生故

二因待生法破。明若立不生宗即自壞不生義也。又徵何以故自壞不生義以所立彼不生宗要因待生法故說不生宗不生若因他生法說即是自壞不生義故中論云若法為待成是法還成待

又彼宗即入一切法中不生相亦不生故

三責同諸法破。又彼不生宗即入一切法數中一切法者世出世生不生有無一異常非常等法也若立不生宗即入一切法數言一切法不生相本亦不生故不待立也

又彼宗諸分而成故又彼宗有無法皆不生此宗即入一切法中有無相亦不生故

四假五分成墮有無破。又彼立不生宗要假因喻合結五分而成故不應立。又彼不生宗於有無法上立皆不生此宗即入一切法數中也有無性相本亦不生故何處得立不生宗也

是故一切法不生此宗自壞不應如是立諸分多過故展轉因異相故

五立宗多過破。是故若立一切法不生宗即自壞不生義也。結勸不應如是立宗。五分論成多過失故。言因體性本不生上更立不生宗故云展轉因也。異相故者一切法體性不生與不生宗異也

如不生一切法空無自性亦如是

六相望准例破。言如不生既爾一切法無自性不應立宗亦復如是

大慧菩薩摩訶薩應說一切法如幻如夢見不見故一切法皆是惑亂相故除為愚夫而生恐怖大慧凡夫愚癡墮有無見莫令於彼而生驚恐遠離大乘

上總破不應立宗。此語菩薩應說一切法體同幻夢性離有無也。如幻夢現故生不成生也。幻夢不現故不生不成不生也。成上不因立宗不得說生不生也。故云如幻如夢見不見故。然一切法皆是惑亂妄想相故若說生不生愚癡凡夫多墮有無而生怖畏若言如幻如夢二情自遣結會前說有眞實自性離有無應如是悟入即契大乘

爾時世尊重說頌言

無自性無說　無事無所依　凡愚妄分別　惡覺如死屍

言一切法無自性相亦無言說若事若理能依心所依處悉無但是愚夫妄想惡覺無有慧命如彼死屍也。頌上如來印述所難先荅前問言諸法性非如是有此但妄計等

一切法不生　外道所成立　以彼所有生　非緣所成立

此明諸法性相本不生也。外道不了計虛妄法成立有生以彼所立生者非謂因緣所成也計從神我冥諦等生也若能覺了法從緣生即無自性無自性故即是無生也

一切法不生　智者不分別　彼宗因生故　此覺則便壞

言智者知一切法體是不生故不作有無分別也若不生宗因他生法立如此妄覺即壞本不生義也此二偈頌上一切法不生不應立宗也

譬如目有翳　妄想見毛輪　諸法亦如是　凡愚妄分別

謂妄想分別計有諸法者譬如翳目見毛輪垂髮也

三有唯假名　無有實法體　由此假施設　分別妄計度
假名諸事相　動亂於心識　佛子悉超過　遊行無分別

言三界有無生死諸法但有假名而無實義愚夫不達聖人方便言教是假施設由此分別妄想計度名言事相以為實有惑亂心識佛子菩薩能知如來方便言說無可計度超過情量所行境界無有分別

無水取水相　斯由渴愛起　凡愚見法爾　諸聖則不然
由渴愛故無水處妄作水想以譬愚夫由癡愛故無生滅有無處妄作生滅有無想此四偈頌上大慧假立五種難也
聖人見清淨　生於三解脫　遠離於生滅　常行無相境
修行無相境　亦復無有無　有無悉平等　是故生聖果
言三解脫從聖人清淨知見生也遠離生滅常行無相境者亦無有無一異等法也由此有無平等悟諸法實相是故能生聖人果也
云何法有無　云何成平等　若心不了法　內外斯動亂
了已則平等　亂相爾時滅
佛自徵問何者是有無何者爲平等謂彼愚夫不達諸法虛妄計着有無故內外惑亂若能了者有無妄想本來平等亂相自亡上三偈半頌如來荅五種難結會諸法有無實自性有無平等能生聖果是故唯證相應莫妄分別
爾時大慧菩薩摩訶薩復白佛言世尊如佛所說若知境界但是假名都不可得則無所取無所取故亦無能取能取所取二俱無故不起分別說名爲智
大慧因上言三有唯假名無有實法體又云一切法不生智者不分別故舉此智不得能所分別以請問也
世尊何故彼智不得於境爲不能了一切諸法自相共相一異義故言不得耶
爲如一來投多米相似不辨故智不得也
爲以諸法自相共相種種不同更相隱蔽而不得耶
爲如少鹽投多水味相隱蔽故智不得也
爲山巖石壁簾幔帷障之所覆隔而不得耶
爲如是等障外有物故智不得也
爲極遠極近老小盲冥諸根不具而不得耶
極近者眼睫也此上四節定宗自下一一牒難也
若不了諸法自相共相一異義故言不得者此不名智應是無智以有境界而不知故
以有來事不能分別得故應是無智也
若以諸法自相共相種種不同更相隱蔽而不得者此亦非智以知於境說名爲智非不知故
言非是無前境界相與智和合名爲智也
若山巖石壁簾幔帷障之所覆隔極遠極近老小盲冥而不知者彼亦非智以有境界智不具足而不知故
以有此諸事不能分別故亦是無智
佛言大慧此實是智非如汝說我之所說非隱覆說我言境界唯是假名不可得者以了但是自心所見外法有無智慧於中畢竟無得
如來言此實是智非如汝說不得前境名無智也汝說有前境迭相隱覆故智慧不得我謂境界假名無實智慧不得者應是智以覺諸法唯是自心有無性離智慧於中了無所得
以無得故爾焰不起入三脫門智體亦忘
言以不得於事故智於境界不生入三解脫門智體尚亦忘況餘外法乎
非如一切覺想凡夫無始已來戲論熏習計着外法若有若無種種形相如是而知名爲不知
明非如惡覺妄想愚夫無始虛僞戲論熏習計着諸法有無形相作如是而知者名爲不知也
不了諸法唯心所見着我我所分別境智不知外法是有是無其心住於斷見中故
言彼愚夫不覺諸法唯是自心現量計我我所分別境智以爲實有以障礙遠近諸根不具故不知外法是有是無即名無智名爲斷見
與今捨離如是分別說一切法唯心建立
言三界萬法唯心建立者是一切如來應衆生病發藥之要也故伽陀云知諸法唯心便捨外塵相由此息分別悟平等真如是謂但離妄緣即如如佛凡情聖量不待別作觀行而自銷殞
爾時世尊重說頌言
若有於所緣　智慧不觀見　彼無智非智　是名妄計者
牒頌計有所緣一切法自共相一異義種種境界事不能觀察分別知也縱使能知亦不是智不知非無智若言知不知爲智不智者是妄想愚夫所計也
無邊相互隱　障礙及遠近　智慧不能見　是名爲邪智
老小諸根冥　而實有境界　不能生智慧　是名爲邪智
是二頌皆上三句牒下一句破斥如文自明
注大乘入楞伽經卷第六
葛同印造
王泽刊

注大乘入楞伽經卷第七　時

復次大慧惡癡凡夫無始虛僞惡邪分別之所幻惑不了
如實及言說法計心外相著方便說不能修習清淨真實
離四句法
因上偈言彼無智非智是名妄見者欲明愚夫不知如
來如實宗趣法及言說法故為無始虛僞惡邪妄想之
所幻惑故不能覺知自心妄想明菩薩知此二種法故
能了自心妄想是故次明如實宗趣法及言說法
大慧白言如是如是誠如尊教願為我說如實之法及言
說法令我及諸菩薩摩訶薩於此二法而得善巧非外道
二乘之所能入佛言諦聽諦聽當為汝說大慧三世如來
有二種法謂言說法及如實法言說法者謂隨衆生心為
說種種諸方便教
三藏十二部一切修多羅是如來隨衆生心差別以方
便故作種種異說言殊契一詮旨兩云可謂言說法通
也
如實法者謂修行者於心所現離諸分別不墮一異俱不
俱品超度一切心意意識於自覺聖智所行境界離諸因
緣相應見相一切外道聲聞緣覺墮二邊者所不能知是
名如實法此二種法汝及諸菩薩摩訶薩當善修學
言如實宗通法者是諸修行者於自心現量無妄分別
不墮四句超越心識自覺聖智所證境界離妄因緣及
能所取相應見相外道二乘智不能測是故名為如實
宗通法故結勸諸菩薩於此二法應勤修學也問言說
宗趣二義前文已明今此再說豈非重繁乎荅前約三
乘此約一乘又前即先宗後說此則先說後宗標感有
殊故非重也
爾時世尊復說頌言
我說二種法　言教及如實　教法示凡夫　實為修行者
教法示凡夫一作說者授童蒙言凡愚無知亦如童蒙
也如實宗通不是言說故為行者
盧迦耶陁品第五
爾時大慧菩薩摩訶薩復白佛言世尊如來一時說盧迦
耶陁呪術詞論但能攝取世間財利不得法利不應親近
承事供養世尊何故作如是說
大慧因上佛言三世如來有二種法謂言說法及如實
法即是有言說故舉佛昔說盧迦耶陁呪術詞論不應
親近請問如來此教既有言說彼教何故作如是說也
盧迦耶陁未尋正譯即外道論師也
佛言大慧盧迦耶陁所有詞論但飾文句誑惑凡愚隨順
世間虛妄言說不如於義不稱於理不能證入真實境界
不能覺了一切諸法恒墮二邊自失正道亦令他失輪迴
諸趣永不出離
謂外道所有言說法但飾文句誑惑世間不如義不稱
理不能證入如實法自壞壞他永不解脫
何以故不了諸法唯心所見執着外境增分別故是故我
說世論文句因喻莊嚴但誑愚夫不能解脫生老病死憂
悲等患
何以故者佛自徵也不了下釋是故下結如文可知
大慧釋提桓因廣解衆論自造諸論彼世論者有一弟子
現作龍身詣釋天宮而立論宗作是要言憍尸迦我共汝
論汝若不如我當破汝千輻之輪我若不如斷一一頭以
謝所屈說是語已即以論法摧伏帝釋壞千輻輪還來人
間大慧世間言論因喻莊嚴乃至能現畜生之形以妙文
詞迷惑諸天及阿修羅令其執着生滅等見而況於人是
故大慧不應親近承事供養以彼能作生苦因故
言帝釋福智俱勝猶被世論弟子現畜生形以文詞惑
亂而況於人是故不應親近者以彼世論能為生死苦
因故
大慧世論唯說身覺境界大慧彼世論有百千字句後末
世中惡見乖離邪衆崩散分成多部各執自因大慧非餘
外道能立教法唯盧迦耶以百千句廣說無量差別因相
非如實理亦不自知是惑世法
明世論言說唯說此身見聞覺知虛妄境界所有百千
字句後末世中分成多部皆出於盧迦耶陁差別因相
各不自知是惑世法執為勝解
爾時大慧白佛言世尊若盧迦耶所造之論種種文字因
喻莊嚴執着自宗非如實法名外道者世尊亦說世間之
事謂以種種文句言詞廣說十方一切國土天人等衆而
來集會非是自智所證之法世尊亦同外道說耶
此難如來亦說世間種種言詞墮於世論非自證法若
爾亦同外道言說耶
佛言大慧我非世說亦無來去我說諸法不來不去大慧
來者集生去者壞滅不來不去此則名為不生不滅大慧
我之所說不同外道墮分別中何以故外法有無無所着
故了唯自心不見二取不行相境不生分別入空無相無
願之門而解脫故
佛荅我不說世論生滅法不同外道墮妄想中外法有
無覺唯自心離能所取不起妄分別入於一心三解脫
門證如實法
大慧我憶有時於一處住有世論婆羅門來至我所遽問
我言瞿曇一切是所作耶我時報言一切所作是初世論
又問我言一切非所作耶我時報言一切非所作是第二
世論彼復問言一切常耶一切無常耶一切生耶一切不
生耶我時報言是第六世論彼復問言一切一耶一切異
耶一切俱耶一切不俱耶一切皆由種種因緣而受生耶
我時報言是第十一世論
如來舉其昔事廣明世論言一切法梵天等作也以先
問故荅言初世論再問故荅言二世後四合明為六文
以前六後五為十一也瞿曇者佛祖姓氏也義如別說
彼復問言一切有記耶一切無記耶有我耶無我耶有此
世耶無此世耶有他世耶無他世耶有解脫耶無解脫耶
是剎那耶非剎那耶虛空涅槃及非擇滅是所作耶非所
作耶有中有耶無中有耶我時報言婆羅門如是皆是汝
之世論非我所說
虛空涅槃及非擇滅此三是無為法餘義可知皆是外

道世論非是如來所說之法

婆羅門我說因於無始戲論諸惡習氣而生三有不了唯是自心所見而取外法實無可得如外道說我及根境三和合知生我不如是我不說因不說無因唯依妄心以能所取而說緣起非汝及餘取著我者之所能測大慧虛空涅槃及非擇滅但有三數本無體性何況而說作與非作

佛說一切法因於無始戲論業執諸惡習氣而生三有愚夫不覺唯是自心妄想所見執取外法及外道說我及根境和合知生佛非如是謂知一切法悉虛妄故不得說有因無因唯依妄念能所分別假施緣起本無實體非執我者所能覺知又涅槃等亦但數有三況說作與非作耶

大慧爾時世論婆羅門復問我言無明愛業爲因緣故有三有耶爲無因耶我言此二亦是世論又問我言一切諸法皆入自相及共相耶我時報言此亦世論婆羅門乃至少有心識流動分別外境皆是世論

無明愛業爲因緣故生三界及一切法皆入自共相者是二乘法乃至少有心識流注不盡俱世論也

大慧爾時彼婆羅門復問我言頗有非是世論者不一切外道所有詞論種種文句因喻莊嚴莫不皆從我法中出我報言有非汝所許非世不許非不說種種文句義理相應非不相應

婆羅門言一切外道所有詞論種種句味因喻莊嚴莫不皆從我法中出悉是世論頗更有非世論不佛報言有非世論法非汝有者故非汝所許非世不許也雖離言論亦假種種文句因喻莊嚴始可悟也故言非不說種種文句義理相應非不相應

彼復問言豈有世許非世論耶我答言有但非於汝及以一切外道能知何以故以於外法虛妄分別生執著故若能了達有無等法一切皆是自心所見不生分別不取外境於自處住自處住者是不起義不起於何不起分別此是我法非汝有也

言以不實種種外法虛妄分別生計着故不了皆是自心現量故不能知非世論也起信論云一切諸法唯依妄念而有差別若離心念則無一切境界之相是故一切法從本已來離言說相離名字相離心緣相畢竟平等無有變異不可破壞唯是一心故名眞如也能於自處住不起有無妄念分別是如來法非外道所有

婆羅門略而言之隨何處中心識往來死生求戀若受若見若觸若住取種種相和合相續於愛於因而生計着皆汝世論非是我法

明妄識計着去來等法皆世論也

大慧世論婆羅門作如是問我如是答不問於我自宗實法默然而去作是念言沙門瞿曇無可尊重說一切法無生無相無因無緣唯是自心分別所見若能了此分別不生

言世論者作如上問佛如上答尚不少覺自謂聖明不辭而退反作念言以如來所說爲非

大慧汝今亦復問我是義何故親近諸世論者唯得財利不得法利

此擧昔答婆羅門義結酬大慧所請

大慧白言所言財法是何等義佛言善哉汝乃能爲未來衆生思惟是義諦聽諦聽當爲汝說大慧所言財者可觸可受可取可味令着外境墮在二邊增長貪愛生老病死憂悲苦惱我及諸佛說名財利親近世論之所獲得云何法利謂了法是心見二無我不取於相無有分別善知諸地離心意識一切諸佛所共灌頂具足受行十無盡願於一切法悉得自在是名法利以是不墮一切諸見戲論分別常斷二邊

言財利增長貪愛生老病死憂悲苦惱不應親近法利蒙佛灌頂於一切法悉得自在故應親近承事供養

大慧外道世論令諸癡人墮在二邊謂常及斷受無因論則起常見以因壞滅則生斷見我說不見生住滅者名得法利是名財法二差別相汝及諸菩薩摩訶薩應勤觀察

外道計五陰不從因生故起常見計造色滅不能更生名斷見如來所說唯是自心現量不見生住滅者此二差別勸勤觀察莫如外道計執不捨

爾時世尊重說頌言

調伏攝衆生　以戒降諸惡　智慧滅諸見　解脫得增長

如來調伏攝受衆生常說修行三決定義謂攝心爲戒因戒生定因定發慧以是名爲三無漏學學是道故解脫增長能證實相然戒爲定體慧爲定用偈文影略非不言也

外道虛妄說　皆是世俗論　橫計作所作　不能自成立

言梵天等爲能作一切諸法爲所作妄計能所如來法身眞實自宗彼不能成

唯我一自宗　不著於能所　爲諸弟子說　令離於世論

言如來唯以一自宗故出現於世能所影像都無爲弟子說令離世論

能取所取法　唯心無所有　二種皆心現　斷常不可說

乃至心流動　是則爲世論　分別不起者　是人見自心

來者見事生　去者事不現　明了知來去　不起於分別

有常及無常　所作無所作　此世他世等　皆是世法論

上四偈略頌長行世論計執如文可知○然外道邪見雖有九十六種並不離五見二因五見者謂十使惱煩中五利使也如第三卷已略釋言二因者謂無因邪因也或計二十五諦從冥等生或計六句和合等生或謂自在梵天等生或謂微塵虛空宿作等而爲世間及涅槃本統收所計不出四見謂數論計一勝論計異勒沙婆計亦一亦異若提子計非一非異若計一者則謂因中有果若計異者則謂因中無果三則亦有亦無四則非有非無餘諸異計皆不出此雖多不同就其結過不離二因謂從虛空自然生即是無因餘皆邪因此方儒道二教若約君臣父子三才五常等乃域中至化也固不在言且天竺外道明說三世亦信因果知厭生死樂求涅槃但眞源小差致去道懸遠而況尊門之學善上

一身縱有終身之憂而無他世之慮雖齊生死嗟一榮枯唯計自然或推天命如所謂人法地地法天天法道道法自然若以自然爲因能生萬物即是邪因若謂萬物自然而生如鶴之白烏之黑即是無因又謂易有太極是生兩儀兩儀生四象四象生八卦八卦定吉凶吉凶生大業者若計太極爲因即是邪因若謂一陰一陽之謂道即計陰陽變易能生萬物亦是邪因若計一爲虛無自然者則亦無因然無因邪因乃成大過謂虛空自然等生應常生故昔說小乘之因緣已破外宗之玄妙是知佛法之淺淺尤勝外道之深深故知殊方異域總由迷正因緣紛然異計尚不知三界由乎我心從癡有愛流轉無極安知性空之理妙有之門眞如隨緣性相無礙圓融交映涉入重重者哉言有濫同釋教者皆是佛法之餘同涅槃經盜牛之喻不能善取加以水漿乳猶難得況抨驢乳而得醍醐或識解膚淺世智妄推或苟求虛名習邪見種樹地獄之苦本遏種智之深因豈不哀哉廣明異計如瑜伽第六顯揚第九第十婆沙十一十二及金七十論說中百等論亦廣破之

涅槃品第六

爾時大慧菩薩摩訶薩復白佛言世尊佛說涅槃說何等法以爲涅槃而諸外道種種分別

因上外道問虛空涅槃及非擇滅是所作耶非所作耶佛言大慧虛空涅槃及非擇滅本無體性但以數有三耳故舉如來說何法以爲涅槃而諸外道各妄分別起涅槃見

佛言大慧如諸外道分別涅槃皆不隨順涅槃之相諦聽諦聽當爲汝說

言非彼外道妄計涅槃能得隨順眞實涅槃

大慧或有外道言見法無常不貪境界蘊界處滅心心所法不現在前不念過現未來境界如燈盡如種敗如火滅諸取不起分別不生起涅槃想大慧非以見壞名爲涅槃

有外道言作無常等觀故不戀境界觀成得定故色心心數諸法不現在前亦不緣念三世境界癡愛業因盡故如燈膏盡不復明如種敗不復芽如火滅薪無不復燃能所取不起故妄分別不生於此有餘無餘作涅槃想此聲聞涅槃也以見滅壞分段生死始得涅槃故亦同外道

或謂至方名得涅槃境界想離猶如風止

言方論師計從方生人人生天地滅後還入於方謂方是常也風仙論師計風能生殺萬物風性亦常皆謂得涅槃也

或謂不見能覺所覺名爲涅槃或謂不起分別常無常見名得涅槃

圍陁論師計梵天能生一切是能覺萬物爲所覺伊賒那論師所計一切從伊賒生物是無常而彼是常謂不見能所不起分別名得涅槃

或有說言分別諸相發生於苦而不能知自心所現以不知故怖畏於相以求無相深生愛樂執爲涅槃

躶形論師作如此計不知相從心現也又云一類以無想天爲涅槃及以四空處爲涅槃者皆作此所計

或謂覺知內外諸法自相共相去來現在有性不壞作涅槃想

毗世論師計虛空及四大性三世不壞也

或計我人衆生壽命及一切法無有壞滅作涅槃想

常見論師計我及諸法更無壞滅

復有外道無有智慧計有自性及以士夫求那轉變作一切物以爲涅槃

女人眷屬論師計有自性及以士夫功能轉變作一切物也

或有外道計福非福盡或計不由智慧諸煩惱盡或計自在是實作者以爲涅槃

苦行外道計罪福俱盡淨眼論師計不由智慧諸惑皆盡摩陁羅論師計大自在天是眞實能作衆生生死者

或謂衆生展轉相生以此爲因更無異因彼無智故不能覺知以不了故執爲涅槃

尼揵子論師計劫初生一男一女彼二和合展轉相生不知是無明愛業而爲根本謂一切物滅歸於彼而爲涅槃

或計證於諦道虛妄分別以爲涅槃

僧佉論師計二十五諦從冥而生自然四德謂證眞實諦道

或計求那與求那者而共和合一性異性俱及不俱執爲涅槃

摩醯首羅論師計摩醯首羅一體三分有大功能與功能者而共和合墮四句見執爲涅槃

或計諸物從自然生孔雀文彩棘針銛利生寶之處出種種寶如此等事是誰能作即執自然以爲涅槃

自然論師所計有二若以自然爲因能生萬物即是邪因若謂萬物自然而生即是無因

或謂能解二十五諦即得涅槃或有說言能受六分守護衆生斯得涅槃

迦毗羅論師以明了二十五諦爲涅槃若能受六德論今萬民安樂安樂之性即是涅槃

或有說言時生世間時即涅槃

時散論師計時節爲因能生世間諸法

或執有物以爲涅槃或計無物以爲涅槃或有計著有物無物爲涅槃者或計諸物與涅槃無別作涅槃想

或以有性爲涅槃或以無性爲涅槃或以有無二法爲涅槃或以萬物是諠動涅槃是寂靜此二無別爲涅槃也以上外道種種妄計起涅槃見與如提婆等論廣釋其相

大慧復有異彼外道所說以一切智大師子吼說能了達唯心所現不取外境遠離四句住如實見不墮二邊離能所取不入諸量不著眞實住於聖智所現證法悟二無我離二煩惱淨二種障轉修諸地入於佛地得如幻等諸大三昧永超心意及以意識名得涅槃

此示如來眞實涅槃。今開悟已隨順證入。如經自明。○故成唯識論約三乘人。本有修顯涅槃義別。通有四種餘皆邪見。一本來自性清淨涅槃。謂一切法相眞如理雖有客塵所染。而本性淨。具無數量微妙功德。無生無滅湛若虛空。一切有情平等共有。與一切法不一不異。離一切相一切分別。尋思路絕名言道斷。唯眞聖者內自所證。其性本寂故名涅槃○二有餘依涅槃。謂即眞如出煩惱障。雖有微苦所依未滅。而障永寂故名涅槃○三無餘依涅槃。謂即眞如出生死苦。煩惱既盡。餘依亦滅。衆苦永寂故名涅槃○四無住處大涅槃。謂即眞如出所知障。大悲般若常所輔翼。由斯不住生死涅槃。利樂有情窮未來際。用而常寂故名涅槃。一切有情皆有初一。二乘無學容有前三。唯佛世尊可言具四○上諸外道種種異計。即是迷此本來自性清淨涅槃。墮於邪見妄分別起涅槃見也。上修無常觀不念境界。如燈盡等起涅槃想。即此有餘依無餘依涅槃也。上能了達唯心所現。入於佛地。超心意識等名得涅槃。即此無住處大涅槃也。涅槃古翻云無爲。亦云滅度。唐譯云圓寂。謂德無不具障無不盡也

大慧。彼諸外道虛妄計度。不如於理。智者所棄。皆墮二邊作涅槃想。於此無有若住若出。彼諸外道皆依自宗而生妄覺。違背於理。無所成就。唯令心意馳散往來。一切無有得涅槃者。汝及諸菩薩宜應遠離

言諸外道種種計度作涅槃想。既違正理竟無所成。唯增妄識馳騁散亂。往來生死不得解脫。是故勸諸菩薩應遠離也

爾時世尊重說頌言

外道涅槃見　各各異分別　彼唯是妄想　無解脫方便
遠離諸方便　不至無縛處　妄生解脫想　而實無解脫
外道所成立　衆智各異取　彼悉無解脫　愚癡妄分別

明諸外道妄涅槃見。無解脫方便。妄生解脫想。人人邪解各自異趣。悉是愚癡妄分別

一切癡外道　妄見作所作　悉著有無論　是故無解脫
凡愚樂分別　不生眞實慧　言說三界本　眞實滅苦因

世論言說是三界生死本。離世論言說是名眞實滅苦之因

譬如鏡中像　雖現而非實　習氣心鏡中　凡愚見有二
不了唯心現　故起二分別　若知但是心　分別則不生

言妄想心鏡中現於境界。無實故不得說二。愚夫不知故見有二。若了唯心能取所取妄想不生

心即是種種　遠離相所相　如愚所分別　雖見而無見
三有唯分別　外境悉無有　妄想種種現　凡愚不能覺

言從妄心生種種境界。既從妄想心生故無能相所相。如愚所見妄分別者。雖見即是無見。三有亦爾。愚不能覺

經經說分別　但是異名字　若離於言語　其義不可得

言妄想分別法。但有言說都無實義。若云詮會旨。妄分別義悉不可得

法身品第七

爾時大慧菩薩摩訶薩。復白佛言。世尊。願爲我說如來應正等覺自覺性。令我及諸菩薩摩訶薩而得善巧。自悟悟他

大慧因上明眞實涅槃超心意識。故舉能證涅槃如來法身應正等覺自覺性以請問。令我等菩薩得是善巧自覺覺他

佛言。大慧。如汝所問當爲汝說。大慧言。唯。世尊。如來應正等覺爲作非作。爲果爲因。爲相所相。爲說所說。爲覺所覺。如是等爲異不異

言如來法身應正等覺。爲作法耶。非作法耶。爲是果耶。爲是因耶。爲能相耶。爲所相耶。爲言說耶。爲所說耶。爲能覺耶。爲所覺耶。爲異此等辭句有如來法身耶。爲即此等辭句是如來法身耶

佛言。大慧。如來應正等覺。非作非非作。非果非因。非相非所相。非說非所說。非覺非所覺。何以故。俱有過故

明如來法身是作是非作等俱有過咎。故佛遮彼過。總言非也

大慧。若如來是作。則是無常。若是無常。一切作法應是如來。我及諸佛皆不忍可。若非作法。則無體性。所修方便悉空無益。同於兔角石女之子。非作因成故

若如來法身是作法。則是無常。佛不忍可。若非作法。則無體性。非作因成。是故法身非作非非作也

若非因非果。則非有非無。若非有非無。則超過四句。言四句者。但隨世間而有言說。若超過四句。唯有言說。則如石女兒。大慧。石女兒者。唯有言說。不墮四句。以不墮故不可度量。諸有智者應如是知如來所有一切句義

若非作非非作。則非因非果。若非因非果。則非相非所相。故言非有非無。若非有非無。則非說非所說。故言超過四句。夫墮句者名曰世間。故言四句者。但隨世間而有言說。若超四句唯有言說。則如石女兒也。石女兒者唯有言說。不墮四句。以不墮故不可度量。則非覺非所覺也。智者應知如來所有一切句義亦如是。豈有異此即此辭句。是如來法身耶

大慧。如我所說諸法無我。以諸法中無有我性。故說無我非是無有諸法自性。如來句義應知亦然

此引昔權以明今實也。我常方便說一切法無有我性故說無我。非是無有陰界入法之自性也。欲比法身與陰界入合。無有陰界入生死自性。非無法身常住自性故云如來句義應知亦然。故地持經中明二法性。一事法性。性差別故。二實法性。眞實故。此陰界入諸法自性。即事法性也。如來法身常住自性。即實法性也

大慧。譬如牛無馬性。馬無牛性。非無自性。一切諸法亦復如是。無有自相而非有。即有。非諸愚夫之所能知。何故不知。以分別故。一切法空。一切法無生。一切法無自性。悉亦如是

譬如牛馬合群。牛非馬性。馬非牛性。馬體上不得說牛性。是有是無。然非無馬體自性也。以況法身與陰界入諸法合。法身上不得說陰界入性是有是無。然非無法

身自性故云一切諸法亦復如是無有自相而非有即
有也言非有者無有諸法自性也即有者有法身常住
自性也然唯證相應非諸愚夫之所能知也何故不知
以諸愚夫有妄分別故不知耳言一切法空無生無自
性悉亦如是者明如來法身有一切法空無生無自性
超過有無常住自性故云悉知亦然
大慧如來與蘊非異非不異若不異者應是無常五蘊諸
法是所作故若異者如牛二角有異不異互相似故不異
長短別故有異如牛右角異左左角異右長短不同色相
各別然亦不異如於蘊於界處等一切法亦如是
明如來法身與五陰法離一異也故以牛角爲喻如於
五陰於界處等一切法亦然如經自顯
大慧如來者依解脫說如來解脫非異非不異若異者如
來便與色相相應色相相應即是無常若不異者修行者
見應無差別然有差別故非不異
上明法身與陰界入繫縛諸法離異不異此又明與出
世解脫法離異不異也如來法身以解脫名說言如來
與解脫非異非不異也若如來異解脫者則同色相即
是無常若如來與解脫一者則人與所得法即無分別
修行者見應無差別然有能證人所得法差別故非一
是故如來解脫離異不異也
如是智與所知非異非不異若非異非不異則非常非無
常非作非所作非爲非無爲非覺非所覺非相非所相非
蘊非異蘊非說非所說非一非異非俱非不俱以是義故
超一切量超一切量故唯有言說唯有言說故則無有生
無有生故則無有滅無有滅故則如虛空
自此以下明如來眞實法身也智者法身也所知者陰
界入也言眞實法身知一切境界離有無一異常無常
等四句妄見超見覺聞知一切心量唯有言說無生無
滅猶如虛空故華嚴云欲知諸佛心當觀佛智慧佛智
無依處如空無所依
大慧虛空非作非所作非作非所作故遠離攀緣遠離攀

緣故出過一切諸戲論法出過一切諸戲論法即是如來
如來即是正等覺體正等覺者永離一切諸根境界
躡前重釋結酬所問明如來法身正等覺者永離一切
諸根境界不可以識情虛妄測度
爾時世尊重說頌言
出過諸根量　非果亦非因　相及所相等　如是悉皆離
下有七偈頌法身離念超過二見此總明悉皆離也
蘊緣與正覺　一異莫能見　既無有見者　云何起分別
蘊緣者陰界入也正覺者法身也言法身與陰界入離
一異也若無有見者不得分別有一異
非作非所作　非因非非因　非蘊非不蘊　亦不雜餘物
言法身離上來等法過咎也
非有一法體　如彼分別見　亦復非是無　諸法性如是
言法身非有一法體如彼愚夫妄分別見雖非愚夫所
見性亦復非是無也諸法性如是者謂諸法性本來亦
爾離有離無不可言說
待有故成無　待無故成有　無既不可取　有亦不應說
夫方便教說有無者相形待而生故爲遣執有故言無
遣墮無故言有若言法身超一切量無既不可取有豈
容言說
不了我無我　但著於語言　彼溺於二邊　自壞壞世間
言愚夫不知如來法身體離有無計我無我著於言說
溺於一切二邊過患則自壞壞他流轉生死
若能見此法　則離一切過　是名爲正觀　不毀大導師
若能見此如來法身則離有無一切過患是故名爲能
正觀察不毀導師所說法要
爾時大慧菩薩摩訶薩復白佛言世尊如佛經中分別攝
取不生不滅言此即是如來異名世尊願爲我說不生不
滅此則無法云何說是如來異名
大慧因上言如來法身無有生滅又如佛昔修多羅中
分別攝取不生不滅說此即是如來異名然不生不滅
此則無法云何說爲如來異名故大慧舉此二教相違

以請如來會通爲是無性爲是如來異名
如世尊說一切諸法不生不滅當知此則墮有無見世尊
若法不生則不可取無有少法誰是如來唯願世尊爲我
宣說
若法不生則無有少法可取誰是如來者則墮無見若
言攝取不生不滅是如來異名既有可攝取則墮有見
故復請世尊爲我宣說無不墮二見
佛言諦聽當爲汝說大慧我說如來非是無法亦非攝取
不生不滅亦不待緣亦非無義我說無生即是如來意生
法身別異之名一切外道聲聞獨覺七地菩薩不了其義
言我說如來異名名不生不滅非是無法者答上問言
此則無法也亦非攝取不生不滅者答上問言云何說
是如來異名也亦不待緣者不墮有見也亦非無義
者答不墮無見也我說無生非即非離即是如來覺法
自性種類俱生意成法身之異號也然此不生不滅凡
愚外道昧劣二乘七地菩薩心量未滅非其境界是皆
不能了耳
大慧譬如帝釋地及虛空乃至手足隨一一物各有多名
非以名多而有多體亦非無體
言佛雖有名字差別終無異體別陳故引帝釋乃至手
足隨一一物雖有多名其體唯一
大慧我亦如是於此娑婆世界有三阿僧祇百千名號諸
凡愚人雖聞雖說而不知是如來異名
如來上酬大慧所問先以法說次引喻明此又以法而
與喻合言阿僧祇者此云無數餘文可知
其中或有知如來者知無師者知導師者知勝導者知普
導者知是佛者知牛王者知梵王者知毗紐者知自在者
知是勝者知迦羅者知眞實邊者知無盡者知瑞相者知
如風者知如火者知俱毗羅者知如月者知如日者知如
王者知如仙者知戍迦者知因陀羅者知明星者知大力
者知如水者知無滅者知無生者知性空者知眞如者知
是諦者知實性者知實際者知法界者知涅槃者知常住

者知平等者知無二者知無相者知寂滅者知具相者知因緣者知佛性者知教導者知解脫者知道路者知一切智者知最勝者知意成身者如是等滿足三阿僧祇百千名號不增不減於此及餘諸世界中有能知我如水中月不出不入

如上略舉或有知者五十種名以例多數也毗紐此云大力迦毗羅城名以佛生彼城因名迦毗羅仙也因陁羅此云尊重俱毗羅及弍迦未見正譯如是等滿三無數百千名號稱謂不同然其體唯一無有增減此方餘界有利根者能知如來法身隨衆生心現實無去來譬如皎月影現衆水何有出入哉

但諸凡愚心沒二邊不能解了然亦尊重承事供養而不善解名字句義執着言教昧於眞實謂無生無滅是無體性不知是佛差別名號

言彼愚夫墮二邊見雖亦承事供養不了名義執着言說昧於如來眞實法身實無去來而謂不生不滅同於無法不明是佛隨衆生心現種種名字

如因陁羅釋揭羅等以信言教昧於眞實於一切法如言取義彼諸凡愚作如是言義如言說義說無異何以故義無體故是人不了言音自性謂言即義無別義體

釋揭羅此云勇猛言等者等餘也因陁羅釋揭羅等並帝釋異名以徒信名教昧於實體於諸法中隨言取義諸愚癡者作如是言義如言說無有別異謂言即義體性亦無是人不了言說生滅義非生滅

大慧彼人愚癡不知言說是生是滅義不生滅大慧一切言說墮於文字義則不墮離有離無故無生無體故

明一切語言墮於名字而眞實義不墮名字以離有無無受生無身相是故不墮

大慧如來不說墮文字法文字有無不可得故唯除不墮於文字者

如來應機所說諸法雖盈龍宮徧法界其實不墮文字言教文字語言本性離故唯除方便正顯實義不墮名教者是達如來說法之微意也

大慧若人說法墮文字者是虛誑說何以故諸法自性離文字故是故大慧我經中說我與諸佛及諸菩薩不說一字不荅一字所以者何一切諸法離文字故非不隨義而分別說

言若人不善說法墮文字言教者名虛誑謗三世如來及諸菩薩其實未嘗說荅一字諸法性相離故亦非不隨眞實義故假分別說以顯耳

大慧若不說者教法則斷教法斷者則無聲聞緣覺菩薩諸佛若總無者誰說爲誰是故大慧菩薩摩訶薩應不着文字隨宜說法我及諸佛皆隨衆生煩惱解欲種種不同而爲開演令知諸法自心所見無外境界捨二分別轉心意識非爲成立聖自證處

上如來欲令衆生知義故假作言說以顯愚夫計着言說不得眞實義也衆生聞此念言如來何故不直說眞實義而作言說令衆生計着不得眞實義何也爲除此疑故明不得直說眞實不生不滅法令衆生起疑斷滅無三乘等空見過也正得方便假文字說若不假方便說者教法則壞無三乘聖人誰說爲誰是故菩薩當莫着文字隨宜說法明方便言教是諸如來隨衆生心欲解不同而爲開演令達諸法唯心所現捨内外分別轉滅妄識不是成立如來自覺聖智所證處也

大慧菩薩摩訶薩應隨於義莫依文字依文字者墮於惡見執着自宗而起言說不能善了一切法相文辭章句既自損壞亦壞於他不能令人心得悟解

此示菩薩應依實義莫隨言說若依文字者損壞自他不得明悟

若能善知一切法相文辭句義悉皆通達則能令自身受無相樂亦能令他安住大乘則得一切諸佛聲聞緣覺及諸菩薩之所攝受若得諸佛聲聞緣覺及諸菩薩之所攝受則能攝受一切衆生若能攝受一切衆生則能攝受一切正法若能攝受一切正法則不斷佛種若不斷佛種則得勝妙處

言能知實義者有如上廣大利益也勝妙處者即是自覺聖智所證處耳

大慧菩薩摩訶薩生勝妙處欲令衆生安住大乘以十自在力現衆色像隨其所宜演眞實法眞實法者無異無別不來不去一切戲論悉皆息滅是故大慧善男子善女人不應如言執着於義何以故眞實之法離文字故

明最後身菩薩得勝妙處已出障圓明能盡未來以十自在力化有情類令悟眞實離文字故不應如上起執着也言十自在者所謂初命自在以於壽命修短應物故心財業生願信如智法等亦復如是具如華嚴所明

大慧譬如有人以指指物小兒觀指不觀於物愚癡凡夫亦復如是隨言說指而生執着乃至盡命終不能捨文字之指取第一義大慧譬如嬰兒應食熟食有人不解成熟方便而食生者則發狂亂不生不滅亦復如是不方便修則爲不善是故宜應善修方便莫着言說如觀指端

愚夫計着言說之指不得實義故有此二喻先喻執詮忘義次喻應詮義捨詮各有法合如文具明是故結勸宜修方便故華嚴云若欲求除滅無量諸過惡當於佛法中勇猛常精進莫徒執名教如觀指端無異

大慧實義者微妙寂靜是涅槃因言說者與妄想合流轉生死大慧實義者從多聞得多聞者謂善於義非善言說善義者不隨一切外道惡見身自不隨亦令他不隨是則名曰於義多聞欲求義者應當親近與此相違著文字者宜速捨離

此明自悟眞實義故離諸妄想散亂而得涅槃也眞實義者從多聞者得多聞者謂善思修隨順於義非獨善言說也不令自他墮外道惡見名曰多聞是故欲求實義者當親近與義相違者愼勿近之

爾時大慧菩薩摩訶薩承佛威力復白佛言世尊如來演說不生不滅非爲奇特何以故一切外道亦說作者不生不滅世尊亦說虛空涅槃及非數滅不生不滅

因上佛言爲愚夫故不得直說眞實不生不滅義猶如
嬰兒不應食生故復問言如來所說不生不滅非有奇
特何以故一切外道亦說作者不生不滅與佛世尊說
三無爲法不生不滅無有異也
外道亦說作者因緣生於世間世尊亦說無明愛業生諸
世間俱是因緣但名別耳外物因緣亦復如是故佛說
與外道說無有差別
上言佛與外道同說不生不滅法此又言同說因緣生
諸世間故亦無有異
外道說言微塵勝妙自在衆生主等如是九物不生不滅
世尊亦說一切諸法不生不滅若有若無皆不可得
此出外道不生滅義九物體也一時二方三虛空四微
塵五四大種六大梵天七勝妙天八大自在天九衆生
主即神我也謂諸外道計此九物不生不滅能與生死
諸法作因通名作者與佛大乘說一切法本非生滅若
有若無悉不可得亦無異
世尊大種不壞以其自相不生不滅周流諸趣不捨自性
世尊分別雖稍變異一切無非外道已說是故佛法同於
外道若有不同願佛爲演有何所以佛說爲勝若無別異
外道即佛以其亦說不生滅故世尊常說一切世界中無
有多佛如向所說是則應有
於九物中舉一大種結難如來以例餘也言四大種亦
不滅壞周流七趣自性常住不生不滅如來分別所說
諸法雖稍異之其實無非外道已說若有不同願說所
以如無別義一切外道即是如來世尊常說一世界中
多佛出世者無有是處如向所說是則應有以其所說
與如來無異也
佛言大慧我之所說不生不滅不同外道不生不滅不生
無常論何以故外道所說有實性相不生不變我不如是
墮有無品我所說法非有非無離生離滅云何非無如幻
夢色種種見故云何非有色相自性非是有故見不見故
取不取故是故我說一切諸法非有非無

言如來所說不生滅義不與外道同也故不生無常生
滅論外道計執一切諸法有實性相得不生不滅如來
不墮有無品故凡所說法離有無生滅也云何離有無
如幻夢色正在夢時不得言無也然彼色相非實有故
不得言有也能所見取皆不可得故說諸法不生不滅
離有離無
若覺唯是自心所見住於自性分別不生世間所作悉皆
永息分別者是凡愚事非賢聖耳
能覺唯是自心現量安住法身眞實自性無妄分別世
間所作生死事業皆寂靜故妄想作事非聖人也
大慧妄心分別不實境界如乾闥婆城幻所作人大慧譬
如小兒見乾闥婆城及以幻人商賈入出迷心分別言有
實事凡愚所見生與不生有爲無爲悉亦如是如幻人生
如幻人滅幻人其實不生不滅諸法亦爾離於生滅大慧
凡夫虛妄起生滅見非諸聖人
此引小兒見乾闥婆城及幻化人商賈出入心謂實有
愚人妄起生滅不生滅法爲有爲無亦復如是其實幻
人不出不入諸法亦爾離生離滅凡夫妄想起諸異見
非聖賢也
言虛妄者不如法性起顛倒見顛倒見者執法有性不見
寂滅不見寂滅故不能遠離虛妄分別是故大慧無相見
勝非是相見相是生因若無有相則無分別不生不滅則
是涅槃
言如來所說眞實法性而有奇特也妄想者不如實義
以悟法性故起種種諸顛倒見執一切法有實性相不
見本來寂靜義故不能離妄分別也是故無相見者與
涅槃爲因故勝不同相見計得不生不滅者是受生因
達無性相無有妄想生住異滅寂靜妙常則涅槃也
大慧言涅槃者見如實處捨離分別心心所法獲於如來
內證聖智我說此是寂滅涅槃爾時世尊重說頌言
爲除有生執　成立無生義　我說無因論　非愚所能了
一切法無生　亦非是無法　如乾城幻夢　雖有而無因

空無生無性　云何爲我說
此言無生無因者謂非如外道妄計作者而爲能生諸
法因也故楞嚴經云妄元無因於妄想中立因緣性皆
是衆生妄心計度
離諸和合緣　智慧不能見　以是故我說　空無生無性
離諸妄緣無能見者是故說空無生無性
一一緣和合　雖現而非有　分析無和合　非如外道見
幻夢及垂髮　野馬與乾城　無因而妄現　世事皆如是
妄緣合成本無自性雖現可見而非實有故論問云若
一切法皆非實有如何現前分明可見答云鏡像水月
乾闥婆城夢境幻事第二月等分明可見豈有實耶唯
識亦云現見如夢中見所見不俱見時不分別云何言
現見野馬即陽燄遊氣
折伏有因論　申述無生旨　無生義若有　法眼常不滅
我說無因論　外道咸驚怖
言外道聞說無因無生即作斷滅怖畏
爾時大慧以偈問曰
云何何所因　復以何故生　於何處和合　而作無因論
言云何者曾有大士詰外道言汝生法云何生爲從有
因生爲從無因生答言從有因生也言何所因者謂既
從有因生即問何所因答言從微塵世性四大種等因
生也言復以何故生者謂又問彼大種等復以何故生
答言四大種等無因生也言於何處和合而作無因論
者謂若四大種等無因無因則無法無法則無處無處
則無和合無和合則無生何得立四大無因生諸世間
論大慧舉此重請佛決
爾時世尊復以偈答
觀察有爲法　非因非無因　彼生滅論者　所見從是滅
佛言應觀有爲一切諸法非有因生非無因生故說無
生以滅外道生滅戲論問曰現見諸法有生有滅云何
言無耶答云一切諸法緣起無性故無生滅自體可得
生即無生滅即無滅如陽燄水本自乾爾故金剛三昧

經云因緣所生義是義滅非生滅諸生滅義是義生非
滅如上九偈破外道計從邪因生故說無生
爾時大慧說偈問曰
爲無故不生　爲待於衆緣　爲有名無義　願爲我宣說
爲無故無生耶爲待於衆緣故無生耶既有不生名不
應無此不生義惟爲分別說也
爾時世尊復以偈答
非無法不生　亦非以待緣　非有物而名　亦非名無義
一切諸外道　聲聞及緣覺　七住非所行　此是無生相
如來荅言悉皆非也此是意生法身名作無生外道二
乘七地菩薩非其境界
遠離諸因緣　無有能作者　唯心所建立　我說是無生
諸法非因生　非無亦非有　能所分別離　我說是無生
唯心無所見　亦離於二性　如是轉所依　我說是無生
離二性者離內外二性也餘文可知
外物有非有　其心無所取　一切見咸斷　此是無生相
空無性等句　其義皆如是　非以空故空　無生故說空
非如太虛斷滅空等故說空謂法身無生故說空自此
已上八行偈說如來意生法身以爲無生
因緣共集會　是故有生滅　分散於因緣　生滅則無有
若離於因緣　則更無有法　一性及異性　凡愚所分別
有無不生法　俱非亦復然
若離妄緣更有別法而謂因果一性異性是諸外道凡
愚妄想也有無不生俱非四句亦復如是
唯除衆緣會　於中見生滅　隨俗假言說　因緣遞鈎鏁
若離因緣鏁　生義不可得
凡夫不能了諸妄緣是故長劫爲之鈎鏁連環不斷故
目因緣名鈎鏁也若離妄緣無別生法
我說唯鈎鏁　生無故不生　離諸外道過　非凡愚所了
若離緣鈎鏁　別無生法者　是則無因論　破壞鈎鏁義
如燈能照物　鈎鏁現若然　此則離鈎鏁　別有於諸法
此末一偈是牒外道救立生法是先有要待因緣生譬
如暗中物是先有要待燈照始得見故言鈎鏁現若然
謂因緣現生法亦如燈光現暗中物佛言若如此論者
是則離因緣外別更有生法也
無生則無性　體性如虛空　離鈎鏁求法　愚夫所分別
復有餘無生　衆聖所得法　彼生無生者　是則無生忍
言無彼刹那生住異滅四相生故可謂無生此則名爲
無生法忍
一切諸世間　無非是鈎鏁　若能如是解　此人心得定
無明與愛業　是則內鈎鏁　種子泥輪等　如是名爲外
若言有他法　而從因緣生　離於鈎鏁義　此則非教理
此言無明與愛業者於十二有支因緣中略舉其三也
若具言之即無明緣行行緣識識緣名色名色緣六入
六入緣觸觸緣受受緣愛愛緣取取緣有有緣生生緣
老死憂悲苦惱此明三世妄因果法謂過去有二支因
一無明二行現在有五支果一識二名色三六入四觸
五受現在有三支因一愛二取三有未來有二支果一
生二老死言一切衆生無始已來皆爲無明十二因緣
長劫鈎鏁往來三界牢獄之中無有出離智者了悟修
道斷除即得解脫故云無明滅則行滅乃至生滅即老
死滅當知滅妄因緣故須修道問云何修道荅推求十
二因緣根本迺是無明因無明故起煩惱業因業故起
果報而有諸苦皆因無明爲根本如人伐樹須先斷其
根問無明何者是荅不覺心是以不覺故妄起分別心
外見法謂有謂無謂是謂非謂得謂失受諸果報身心
等苦皆由無明我今欲斷無明先須自覺心源隨心所
起一切妄想皆從不覺心生須知自心之性本無生滅
亦無來去何以得知一切妄念忽然而起覺即不生云
何名覺如貪瞋癡起時還以自心觀察推求此貪瞋癡
有何形狀爲青黃爲赤白爲未來爲過去爲現在爲在
內外中間推求貪瞋癡都無形狀若本來是有今日覺
時亦應可見今覺既無故知由不覺故忽然妄起覺即
不生故覺是無明對治此現在無明不得心以無無明
故一切妄想煩惱不生煩惱不生故業不生故無過去
二因無二因故現在五果不生五果不生故愛取有三
因不生現在三因無故未來二果報不生名斷十二因
緣鈎鏁此十二因緣無處名爲涅槃此自覺聖智名爲
菩提依此十二因緣觀察修行者道有三類上智觀者
得佛菩提中智觀者得緣覺菩提下智觀者得聲聞菩
提故肇論云三乘觀法無異但心有大小爲差矣
生法若非有　彼爲誰因緣　展轉而相生　此是因緣義
言生法若非實有彼因緣更誰爲因緣此二句牒外道
計也以其展轉相生故正知有因緣義無別有生性也
堅濕煖動等　凡愚所分別　但緣無有法　故說無自性
如醫療衆病　其論無差別　以病不同故　方藥種種殊
我爲諸衆生　滅除煩惱病　知其根勝劣　演說諸法門
非煩惱根異　而有種種法　唯其一大乘　清涼八支道
以人異故說異非法性有異以病別治殊非眞如有別
故言唯有一大乘清涼八支道八支道者能生一乘果
法之因也一即八八即一圓融交暎無二無別受一非
餘是爲偏見

注大乘入楞伽經卷第七

葛同印選

注大乘入楞伽經卷第八

無常品第八

爾時大慧菩薩摩訶薩復白佛言世尊一切外道妄說無常世尊亦言諸行無常是生滅法未知此說是邪是正所言無常復有幾種

因上凡夫虛妄起生滅見非諸聖人謂外道凡夫不得如實而起無常生滅妄見故說無常聖人得如實理應不起無常生滅妄見世尊何故亦言諸行無常是生滅法未知此說孰爲邪正所言無常復有幾種耳

佛言大慧外道說有七種無常非是我法何等爲七謂有說始起即捨是名無常生已不生無常性故

有外道說四大種性無始造作色等諸法作已而捨即計所作法是其無常

有說形處變壞是名無常有說色即無常有說色之變異是名無常一切諸法相續不斷能令變異自然歸滅猶如乳酪前後變異雖不可見然在法中壞一切法有說物無常有說物無物無常有說不生無常徧住一切諸法之中

其中物無物無常者謂能造所造其相滅壞大種自性本來無起

自下牒釋廣破妄計七種無常也此初牒釋破第六無常言其中物無物無常者牒計也謂能造下諸句即釋破也言能造大種所造諸法虛妄不實其相滅壞大種自性不可得故本來無起無起故無滅何有能造所造實法言無常耶

不生無常者謂常與無常有無等法如是一切皆無有起乃至分析至於微塵亦無所見以不起故說名無生此是不生無常相若不了此則墮外道生無常義

次牒釋破第七無常言一切法本來寂靜非是滅生名無常不覺此者則計不生以爲有生法滅名無常也

有物無常者謂於非常非無常處自生分別其義云何彼立無常自不滅壞能壞諸法若無無常壞一切法法終不滅成於無有如杖捶瓦石能壞於物而自不壞此亦如是

三牒釋破第五無常言於非常非無常處外道不了計謂無常是自生妄想也其義云何下徵釋譬喻彼妄計義如經自明

大慧現見無常與一切法無有能作所作差別云此是無常此是所作無差別故能作所作應俱是常不見有因能令諸法成於無故

此下如來正破彼計也謂現見物無常與所作諸法無有異體故云無有能作所作差別既云此是物無常此是所作法無差別故能作所作應俱是常何以故不見有物無常爲因而能破壞所作諸法成於無故

大慧諸法滅壞實亦有因但非凡愚之所能了

以外道計除物無常無有能令人天變化有無者是故佛言人天依正一切諸法生起滅壞實亦有因但非凡愚之所能了謂一念妄想是生起滅壞因外道不知故以物無常爲因也

大慧異因不應生於異果若能生者一切異法應並相生彼法此法能生所生應無分別現見有別云何異因生於異果

自下如來破轉計也上言無差別破計物無常自不滅壞能壞諸法此謂有別復破轉計能生諸法故言異因不應生於異果若實能生者一切異法應皆相生如粟種生麻苣種生麥情生無情無情生情彼法此法能生所生應無有別而世現見諸法有別云何妄計異因生於異果

大慧若無常性是有法者應同所作自是無常自無常故所無常法皆應是常

若計物無常性爲能生因是有法者應同所作性不究竟自是無常也自無常故何能滅壞生起諸法所無常法皆應是常何以故既同所作而計常住自不滅壞故所作法皆是常也

大慧若無常性住諸法中應同諸法墮於三世與過去色同時已滅未來不生現在俱壞一切外道計四大種體性不壞色者即是大種差別大種造色離異不異故其自性亦不壞滅

若計物無常性常住一切諸法之中而能有無生滅諸法者既住諸法中應同諸法墮於三世俱滅壞也自體不有豈能令物無常乎一切外道妄計大種體性不壞言造色壞色者即是大種差別和合而有離異不異故其色自性亦不壞滅耳

大慧三有之中能造所造莫不皆是生住滅相豈更別有無常之性能生於物而不滅耶

此總結破物無常見如文可知以上破物無常竟

始造即捨無常者非大種互造大種以各別故非自相造以無異故非復共造以乖離故當知是非始造無常

四牒釋破第一始造即捨無常謂諸外道所計不出互自共三爲能造也言非大種互過大種以各別故者謂堅濕等本無自性其用互有相違不能更互以造於色故破云以各別故如下偈曰大種無自性又云大種互相違安能造於色也言非自相造以無異故者自獨也謂大種性本自無生不能獨起以造於色故破云以無異故如下偈曰大種本無生故無所造色也言非復共造以乖離故者共者同和之義謂四大種性自乖離豈相凌滅如水不容火等豈能共同而造於色故破云以乖離故如下偈曰火乃燒於色水復爲壞爛風能令散滅云何色得生也當知非是始造無常者結破也

形狀壞無常者此非能造及所造壞其義云何謂分析色乃至微塵但滅形狀長短等見不滅能造所造色體此見墮在數論之中

五牒釋破第二無常計但滅形狀長短等見不滅能所造體此見墮在僧佉中也

色即是無常者謂此即是形狀無常非大種性若大種性亦無常者則無世事無世事者當知則墮盧迦耶見以見一切法自相生唯有言說故

六牒釋破第三無常計大種性常住不滅爲能作者若

亦無常則無世事如是所計墮於外道盧迦耶見以彼
妄見諸法自相生唯有言說無自性相故
轉變無常者謂色體變非諸大種譬如以金作莊嚴具嚴
具有變而金無改此亦如是
七牒釋破第四無常計色質變異名無常非大種體名
無常也故舉余作嚴具喻之嚴具有變異名無常而金
無改非無常也此色法體變異無常亦如是
大慧如是等種種外道虛妄分別見無常性彼作是說火
不能燒諸火自相但各分散若能燒者能造所造則皆斷
滅
總結上七種無常及等餘外道妄想分別見無常性如
彼計謂火燒四大時而不能燒諸大自相言若能燒者
能造所造後應斷滅以見不斷故計大種性常
大慧我說諸法非常無常何以故不取外法故三界唯心
故不說諸相故大種性處種種差別不生不滅故非能造
所造故能取所取二種體性一切皆從分別起故如實而
知二取性故了達唯是自心現故離外有無二種見故離
有無見則不分別能所造故
此明如來自覺聖智所證實法凡有說示如證而說不
同外道常無常見何以故爾謂了外法虛妄不實離執
取故乃至離有無見不妄分別能所造故通有十義釋
成正理如文可知
大慧世間出世間及出世間上上諸法唯是自心非常無
常不能了達墮於外道二邊惡見大慧一切外道不能解
了此三種法依自分別而起言說著無常性大慧此三種
法所有語言分別境界非諸凡愚之所能知
言世出世間及出世間最勝上上諸法皆唯是心無有
外法非常無常若不能了則墮惡見依自妄想而計言
說計常無常此三種法所有方便語言分別亦非凡愚
所能覺知
爾時世尊重說頌言
始造即便捨　形狀有轉變　色物等無常　外道妄分別

言七種無常是諸外道妄分別見
諸法無滅壞　諸大自性住　外道種種見　如是說無常
是法住法位世間相常住故言諸法無滅壞諸大自性
住外道不了計大種常造色無常故言外道種種見如
是說無常
彼諸外道衆　皆說不生滅　諸大性自常　誰是無常法
離能無所離所無能既能造大種說不生滅其性自常
誰是無常所造色法
能取及所取　一切唯是心　二種從心現　無有我我所
梵天等諸法　我說唯是心　若離於心者　一切不可得
能取妄見所取妄塵梵天等法虛妄不實離於心量皆
不可得耳
現證品第九
爾時大慧菩薩摩訶薩復白佛言世尊願為我說一切菩
薩聲聞緣覺入滅次第相續相令我及諸菩薩摩訶薩善
知此已於滅盡三昧樂心無所惑不墮二乘及諸外道錯
亂之中
因上言世間出世間及出世間上上諸法即有菩薩聲
聞緣覺斷世間生死入出世間滅盡三昧樂及得諸地
次第相續相故大慧舉滅盡三昧及地次第相續相請
問如來欲顯三乘聖凡優劣令修勝行證佛果海不墮
權乘及諸邪見迷惑中耳
佛言諦聽當為汝說大慧菩薩摩訶薩至于六地及聲聞
緣覺入於滅定七地菩薩念念恒入離一切法自性相故
非諸二乘二乘有作墮能所取不得諸法無差別相了善
不善自相共相入於滅定是故不能念念恒入大慧八地
菩薩聲聞緣覺心意意識分別想滅
言菩薩至六地及聲聞緣覺同斷三界煩惱生死能入
滅盡三昧七地菩薩迥異二乘念念恒入無有間斷二
乘有煩惱生死可斷故不能念念恒入八地菩薩無功
用道恒在三昧無出入相而同聲聞緣覺涅槃滅妄想
心識也

始從初地乃至六地觀察三界一切唯是心意意識自分
別起離我我所不見外法種種諸相凡愚不知由無始來
過惡熏習於自心內變作能取所取之相而生執著
明初地至六地菩薩雖未盡滅心意意識已能修行觀
察諸法由分別有麤分別想更不現行凡愚不覺無始
以來過惡虛偽習氣所熏於自心變能所取相故起計
著如鐵孕垢而自毀傷
大慧八地菩薩所得三昧同諸聲聞緣覺涅槃以諸佛力
所加持故於三昧門不入涅槃若不持者便不化度一切
衆生不能滿足如來之地亦則斷絕如來種姓是故諸佛
為說如來不可思議諸大功德令其究竟不入涅槃聲聞
緣覺著三昧樂是故於中生涅槃想
言此八地菩薩初得無生法忍覺一切法如幻如夢心
量妄想息滅諸佛以七種加勸於三昧門不入涅槃若
不蒙加勸發即不修行廣大行願悲化有情亦如聲聞
緣覺斷佛種姓是故如來為示無量難思功德令其滿
足成佛果海無墮二乘於無生三昧生涅槃想也然此
品言聲聞緣覺是昔菩薩退菩提願者彼定性趣寂二
乘尚不能知初地之法況能分同八地菩薩得無生忍
耶
大慧七地菩薩善能觀察心意意識我我所執生法無我
若生若滅自相共相四無礙辯善巧決定於三昧門而得
自在漸入諸地具菩提分法
言七地菩薩善觀心識妄想斷我我所生滅自共相無
礙辯才善巧決定雖未能滅心識流注已於三昧而得
自在漸入諸地具足菩薩菩提分法言四無礙辯者謂
法義詞及以樂說義如別釋
大慧我恐諸菩薩不善了知自相共相不知諸地相續次
第墮於外道諸惡見中故如是說大慧彼實無有若生若
滅諸地次第三界往還一切皆是自心所見而諸凡愚不
能了知以不知故我及諸佛為如是說
欲令菩薩覺陰界入自共相等虛假不實善於諸地相

續次第對治妄想不墮外道惡見邪徑故如此說然彼諸法有無生滅實不可得愚夫不知是故諸佛皆以方便作是說耳

大慧聲聞緣覺至於菩薩第八地中為三昧樂之所昏醉未能善了唯心所見自共相習纏覆其心著二無我生涅槃覺非寂滅慧

退菩提願聲聞緣覺於第八地中味著無生三昧為彼所醉不達三界自共相虛妄妄緣人法二無我空處作涅槃想不見諸法自性寂滅為真涅槃

大慧諸菩薩摩訶薩見於寂滅三昧樂門即便憶念本願大悲具足修行十無盡句是故不即入於涅槃以入涅槃不生果故離能所取故了達唯心故於一切法無分別故不墮心意及以意識外法性相執著中故然非不起佛法正因隨智慧行如是起故得於如來自證地故

言八地菩薩雖見無生三昧樂為本願哀愍大悲成就滿十大願度脫眾生不證無生以為涅槃然非不起菩提分佛法正因隨於智慧如實修行如是故得入如來地也

大慧如人夢中方便度河未度便覺覺已思惟向之所見為是真實為是虛妄復自念言非實非妄如是但是見聞覺知曾所更事分別習氣離有無念意識夢中之所現耳

覺竟無水船栰非真夢時見河船栰非妄以譬得入地覺已本無生死故菩提分功德非真七地未覺心量未滅故菩提分功德非妄但是無始見覺聞知曾所更事熏習不斷故心意識妄想夢現言離有無念者考餘二本當作墮有無念也

大慧菩薩摩訶薩亦復如是始從初地而至七地乃至增進入於第八得無分別見一切法皆如幻等離能所取見心心所廣大力用勤修佛法未證令證離心意意識妄分別想獲無生忍此是菩薩所得涅槃非滅壞也

言菩薩從初地至七地增進修行合上如人夢中方便度河入於第八得無分別智合上未度便覺見一切法已下合上覺已思惟等文互影略更相映顯可以意得

大慧第一義中無有次第亦無相續遠離一切境界分別此則名為寂滅之法

第一義中言思路絕唯自覺智所證相應不得說有十地對治次第相續相此則強名寂滅法也

爾時世尊重說頌言

諸住及佛地　唯心無影像　此是去來今　諸佛之所說
七地是有心　八地無影像　此二地名住　餘則我所得

住亦地也無影像即無所有也七地已還總名心量未滅八地已上名無所有十地已去方言佛也故云此二地名住餘則我所得也

自證及清淨　此則是我地　摩醯最勝處　色究竟莊嚴
譬如大火聚　光焰熾然發　化現於三有　悅意而清涼
或有現變化　或有先時化

初半偈頌法身次一偈頌報身第三一偈頌化身報化皆由法身有也

於彼說三乘　皆是如來地　十地則為初　初則為第八
第九則為七　第七復為八　第二為第三　第四為第五
第三為第六　無相有何次

如來方便隨情說法即有諸乘第一義中何有次第故思益經云得諸法正性者不從一地至於一地是知以實映權方便相盡皆無所有

如來常無常品第十

爾時大慧菩薩摩訶薩復白佛言世尊如來應正等覺為常為無常

因上此是去來今諸佛之所說若如來墮三世者則是無常故問如來應正等覺為常為無常也

佛言大慧如來應正等覺非常非無常何以故俱有過故云何有過大慧若如來常者有能作過一切外道說能作常若無常者有所作過同於諸蘊為相所相畢竟斷滅而成無有然佛如來實非斷滅

言佛是常是無常俱有過咎云何有過咎若如來常者則同外道計神我等為能作者為能作常若無常者則同世間有為作法為相所相畢竟敗壞成於無有法身應斷滅然佛如來實非斷常

大慧一切所作如瓶衣等皆是無常是則如來有無常過所修福智悉空無益又諸作法應是如來無異因故是故如來非常非無常

若言如來是無常即同瓶衣一切作法無常過也所修正因福慧莊嚴皆空無益然佛如來功流萬世常存道通億劫彌固又一切世間有所作法皆應是如來以同是作因生故而言如來是常無常者有如上過故不可言說也

復次大慧如來非常若是常者應如虛空不待因成大慧譬如虛空非常非無常何以故離常無常若一若異俱不俱等諸過失故復次大慧如來非常若是常者則是不生同於兔馬魚蛇等角

此復破轉計也若言如來如虛空常者則不待自覺智所修因成以虛空離四句邊分得譬如來也又若言如來是不生常者則如兔馬等角本來無生也若同虛空兔馬言常則無方便廣大益物義是故不同也

復次大慧以別義故亦得言常何以故謂以現智證常法故證智是常如來亦常大慧諸佛如來所證法性法住法位如來出世若不出世常住不易在於一切二乘外道所得法中非是空無然非凡愚之所能知

以別義故亦得言常謂以現前離念明智證真常法故亦得言常此真常理有佛無佛常住不變徧一切法非斷滅無凡夫外道豈能覺知故法華云同共一法中而不得此事

大慧夫如來者以清淨慧內證法性而得其名非以心意意識蘊界處法妄習得名一切三界皆從虛妄分別而生如來不從妄分別生

言如來者以自覺聖智所證得名不以心意識自共相法妄習得名一切世間皆從不實妄想所生如來非彼

生也
大慧若有於二有常無常如來無二證一切法無生相故
是故非常亦非無常大慧乃至少有言說分別生即有常
無常過是故應除二分別覺勿令少在
有妄取捨生死涅槃故有常無常也如來所證無二法
故離常無常不寂靜見學者應滅二妄分別令盡無餘
爾時世尊重說頌言
遠離常無常　而現常無常　恒如是觀佛　不生於惡見
若常無常者　所集皆無常　為除分別覺　不說常無常
乃至有所立　一切皆錯亂　若見唯自心　是則無違諍
此三偈頌上長行經文自明可知
如來藏性品第十一
爾時大慧菩薩摩訶薩復白佛言世尊唯願為我說蘊界
處生滅之相若無有我誰生誰滅而諸凡夫依於生滅不
求盡苦不證涅槃
因上如來非以心意意識蘊界處法妄習得名又佛常
說諸法無我故問唯願為我說蘊界處生滅之相彼陰
界入中既無有我誰生誰滅而諸凡愚依於生滅不覺
苦盡不證涅槃無生滅法若無有我誰知苦盡誰證涅
槃耶
佛言大慧諦聽諦聽當為汝說大慧如來藏是善不善因
能徧興造一切趣生譬如伎兒變現諸趣離我我所
如來藏者自性清淨心在纏之名也佛言陰界入中雖
無我而有如來藏能受善不善因故能徧興造六道生
死法譬如伎兒依呪術故變起六道形色法無我我所
凡夫依如來藏起六道生死無我我所亦如是
以不覺故三緣和合而有果生外道不知執為作者無始
虛偽惡習所熏名為藏識生於七識無明住地
言二乘不覺如來藏無我故計根塵識三緣和合以為
生因外道不覺如來藏無我故計神我等以為作者為
無始惡習所熏名如來藏為藏識生於七識無明住地
也下二句一作生無明住地與七識俱

譬如大海而有波浪其體相續恒住不斷本性清淨離無
常過離於我論其餘七識意意識等念念生滅妄想為因
境相為緣和合而生不了色等自心所現計著名相起苦
樂受名相纏縛既從貪生復生於貪若因及所緣
如彼大海因風起浪水相波相相續不斷以況如來藏
海因無明風起七識浪生死相續不斷亦爾然如來藏
本來自性清淨無垢離常無常及諸外道我論過失其
餘諸識念念生滅以妄因緣和合而生三界生死不了
色等一切諸法自心所現計著名相起諸煩惱造善惡
業感苦樂報既從貪生復生於貪若因及緣流轉生死
無解脫期故法華云諸苦所因貪欲為本也自此已上
明如來藏與三界有漏善惡為因
諸取根滅不相續生自慧分別苦樂受者或得滅定或得
四禪或復善入諸諦解脫便妄生於得解脫想
此明若愛取諸根滅不相續生自惡覺觀分別苦樂受
者修如是行或得滅定四禪入四諦解脫便妄生得真
解脫想故法華云但盡生死名為解脫其實未得一切
解脫也自此已上明如來藏與出世間聲聞緣覺劣無
漏善法為因
而實未捨未轉如來藏中藏識之名若無藏識七識則滅
何以故因彼及所緣而得生故然非一切外道二乘諸修
行者所知境界以彼唯了人無我性於蘊界處取於自相
及共相故
言聲聞緣覺其實未捨虛偽習氣即未能轉藏識之名
非真解脫若無藏識七識無依習氣亦滅乃真解脫何
以故爾因彼藏識為所依止及彼相分為所緣餘識生
故然非外道二乘境界以彼無明法執未滅故
若見如來藏五法自性諸法無我隨地次第而漸轉滅不
為外道惡見所動住不動地得於十種三昧樂門為三昧
力諸佛所持觀察不思議佛法及本願力不住實際及三
昧樂獲自證智不與二乘諸外道共得十聖種性道及意
生智身離於諸行是故大慧菩薩摩訶薩欲得勝法應淨

如來藏藏識之名
此明能轉滅藏識見如來藏心五法三自性二無我等
對治法門則滅功用惡覺不能傾動住不動地無功用
道了十種如幻三昧如夢度河未度而覺為彼三昧覺
力所持任運修行難思佛法願力廣大不住無為及無
生忍獲自覺智不共餘乘而證十地聖人之道意生法
身離於功用諸三昧行是故菩薩欲得勝淨微妙佛法
者應淨妄習藏識之名無如二乘但斷分段生死便謂
真解脫也
大慧若無如來藏名藏識者則無生滅然諸凡夫及以聖
人悉有生滅是故一切諸修行者雖見內境住現法樂而
不捨於勇猛精進
若無藏識之名則無凡聖分段變易二種生滅真修行
者雖見自實際住現法樂住三昧不捨方便進趣佛地
名聖人生滅也
大慧此如來藏藏識本性清淨客塵所染而為不淨一切
二乘及諸外道臆度起見不能現證如來於此分明現見
如觀掌中菴摩勒果
外道妄覺二乘偏覺非現前見菩薩分覺雖勝亦未究
竟如來現見如來藏如視掌中菴摩勒果皎然非謬
大慧我為勝鬘夫人及餘深妙淨智菩薩說如來藏名藏
識與七識俱起令諸聲聞見法無我大慧為勝鬘夫人說
佛境界非是外道二乘境界大慧此如來藏藏識是佛境
界與汝等比淨智菩薩隨順義者所行之處非是一切執
著文字外道二乘之所行處是故汝及諸菩薩摩訶薩於
如來藏識藏當勤觀察莫但聞已便生足想
言如來藏識藏是佛境界非諸二乘外道所行之處當
勤觀察三慧備修勿得守聞而生知足
爾時世尊重說頌言
甚深如來藏　而與七識俱　執著二種生　了知則遠離
言二種生者即上凡夫及以聖人悉有生滅也
無始習所熏　如像現於心　若能如實觀　境相悉無有

如鏡因前境故有虛僞色像現亦如如來藏因七轉識無始惡習熏故有三界依正妄法現如實觀者一切悉無耳

如愚見指月　觀指不觀月　計著文字者　不見我眞實

智者見指必知有月愚夫反是故但觀文字之指不得眞實法也

心如工伎兒　意如和伎者　五識爲伴侶　妄想觀伎衆

言如來藏識藏受熏持種變起根身器界如工伎兒染汙末那執我法故如和伎者前五轉識取塵相資譬之伴侶第六意識虛妄了別類彼觀人

五法門品第十二

爾時大慧菩薩摩訶薩復白佛言世尊願爲我說五法自性諸識無我差別之相我及諸菩薩摩訶薩善知此已漸修諸地具諸佛法至於如來自證之位

因上見如來藏五法自性諸識無我對治法門則滅故此復舉五法自性諸識無我差別相以請問也

佛言諦聽當爲汝說大慧五法自性諸識無我所謂名相分別正智如如若修行者觀察此法入於如來自證境界遠離斷常有無等見得現法樂甚深三昧大慧凡愚不了五法自性諸識無我於心所現見有外物而起分別非諸聖人

此五法等度衆生對治法門若不修行治所治障入眞實證即是凡夫妄分別也

大慧白言云何不了而起分別佛言大慧凡愚不知名是假立心隨流動見種種相計我我所染著於色覆障聖智起貪瞋癡造作諸業如蠶作繭妄想自纏墮於諸趣生死大海如汲水輪循環不絕不知諸法如幻如焰如水中月自心所見妄分別起離能所取及生住滅謂從自在時節微塵勝性而生隨名相流

明愚不了名是假立心隨流動見有諸法計我我所生死輪轉不覺諸法如幻等性唯是自心妄分別起離能所取及生住滅謂從自在勝性等生妄心外緣隨塵流逸

大慧此中相者謂眼識所見名之爲色耳鼻舌身意識得者名之爲聲香味觸法如是等我說爲相

五根六境通名爲相亦云眼識所見名有見有對色耳鼻舌身識所得者名無見有對色意識所得者名無見無對色此三種色相總名相也

分別者施設衆名顯示諸相謂以象馬車步男女等名而顯其相此事如是決定不異是名分別

施設衆多名字顯示差別種種諸相謂有象馬等名生即有象馬等相起也此事如是者顯示自相也決定不異者顯示共相也計有此等名相是故名爲妄想分別

正智者謂觀名相互爲其客識心不起不斷不常不墮外道二乘之地是名正智

以正智觀察物無當名之實名無得物之功自性本無俱互爲客則無分別名相識生豈涉斷常墮凡夫地

大慧菩薩摩訶薩以其正智觀察名相非有非無遠離損益二邊惡見名相及識本來不起我說此法名爲如如

言此正智不取名相法爲有不捨名相法爲無遠離損減增益二見名相妄識本自不生是故强名爲如如也

大慧菩薩摩訶薩住如如已得無照現境昇歡喜地離外道惡趣入出世法法相淳熟知一切法猶如幻等證自聖智所行之法離憶度見如是次第乃至法雲至法雲已三昧諸力自在神通開敷滿足成於如來成如來已爲衆生故如水中月普現其身隨其樂欲而爲說法其身清淨離心意識被弘誓甲具足成滿十無盡願是名菩薩摩訶薩入於如如之所獲得

言住如如者得入無相寂靜境界超勝解行昇歡喜地乃至功德滿足於色究竟處證如來地成熟衆生如水中月圓照示現無量應身隨宜說法體性清淨離心意識成滿昔願十無盡句是名菩薩如實修行五法等法者得如如法身若不修者則生顛倒凡夫流轉諸趣曠野

爾時大慧菩薩摩訶薩復白佛言世尊爲三性入五法中爲各有自相佛言大慧三性八識及二無我悉入五法其中名及相是妄計性以依彼分別心心所法俱時而起如日與光是緣起性正智如如不可壞故是圓成性

大慧前舉四門而問如來但約五法一門而荅故此再問爲三自性入於五法中爲三自性別有自相耶佛荅言餘三法門悉入五法中者以但修一門則諸門備攝餘三亦爾謂其中名相生妄計自性此妄計自性即入五法中名相也若依彼分別心心所法必帶名相俱時而起譬如日與光俱是名緣起自性入五法中分別也正智如如非是作法故不可壞是圓成性入五法中正智如如也已上明三自性入五法竟

大慧於自心所現生執着時有八種分別起此差別相皆是不實唯妄計性若能捨離二種我執二無我智即得生長大慧聲聞緣覺菩薩如來自證聖智諸地位次一切佛法悉皆攝入此五法中

言於自心妄所現法生執着時有心意識八種分別起此差別相此八名相即入五法中名相妄想了此名相皆是不實唯妄計性即入五法中正智如如此明八識入五法也既皆不實唯妄計性若計實有二種我名及二我相即入五法中名相分別若能覺彼二我不實即得生法二無我智即入五法中正智如如此明二種無我入五法也非但五法攝餘三門聲聞緣覺菩薩如來若因若果一切諸法悉入其中也

復次大慧五法者所謂相名分別如如正智此中相者謂所見色等形狀各別是名爲相依彼諸相立瓶等名此如是此不異是名爲名施設衆名顯示諸相心心所法是名分別

此佛復明五法義也相名二法可知起心心所緣念瓶等名相則名分別心法即八識心王心所法即六位心所亦曰心數法義如別說

彼名彼相畢竟無有但是妄心展轉分別如是觀察乃至

覺滅是名如如
了彼名相不實故無妄想覺知則名如如也
大慧真實決定究竟根本自性可得是名如相我及諸佛
隨順證入如其實相開示演說若能於此隨順悟解離斷
離常不生分別入自證處出於外道二乘境界是名正智
唯此一事實餘二則非真故謂決定究竟根本自性可
得餘皆魔事也是故諸佛隨順證入如其實相爲彼衆
生開示演說五法門等令入如實處二乘外道所不能
得則名正智
大慧此五種法三性八識及二無我一切佛法普皆攝盡
大慧於此法中汝應以自智善巧通達亦勸他人令其通
達通達此已心則決定不隨他轉
言當覺正智如如勿隨名相分別所轉也
爾時世尊重說頌言
五法三自性　及與八種識　二種無我法　普攝於大乘
頌上四門普攝大乘一切法義也
名相及分別　二種自性攝　正智與如如　是則圓成實
此頌三自性入五法中
恒河沙品第十三
爾時大慧菩薩摩訶薩復白佛言世尊如經中說過去未
來現在諸佛如恒河沙此當云何爲如言而受爲別有義
大慧因上現證品偈言此是去來今諸佛之所說又因
上言其身清淨離心意識既離心識即不可爲譬故舉
餘經言三世諸佛如恒河沙故問爲如說而受爲別有
餘義
佛告大慧勿如言受大慧三世諸佛非如恒沙何以故如
來最勝超諸世間無與等者非喻所及唯以少分爲其喻
耳
言三世如來過世間望非譬所譬不可比恒河故華嚴
云三界有無一切法不能與佛爲譬喻
我以凡愚諸外道等心恒執着常與無常惡見增長生死
輪迴令其厭離發勝希望言佛易成易可逢值若言難遇

如優曇花彼便退怯不勤精進是故我說如恒河沙
爲誘進凡愚外道令猒生死故說化佛易見如恒河沙
皆已得道汝今不應受此生死若說諸佛如優曇鉢花
難得見故此諸人等便生退怯更不進求
我復有時觀受化者說佛難值如優曇花
言又見受化弟子不勤精進說佛難值遇如優曇鉢花
汝今得值何不精勤勝進遠離生死
大慧優曇鉢花無有曾見現見當見如來則有已現當見
大慧如是譬喻非說自法自法者内證聖智所行境界世
間無等過諸譬喻一切凡愚不能信受
言優曇花三世之中無有見者如來則世間悉見何得
說佛如優曇花明爲衆生如是譬喻故說化佛難見易
見非說自真實法故自法者乃是如來所證境界世無
與等不可爲譬非凡夫心識所見之相是皆不能信受
耳
大慧真實如來超心意識所見之相不可於中而立譬
喻然亦有時而爲建立言恒沙等無有相違
真實法身離心緣相非譬所及然亦有時而以少分爲
其建立言恒沙等無相違咎
大慧譬如恒沙龜魚象馬之所踐踏不生分別恒淨無垢
如來聖智如彼恒河力通自在以爲其沙外道龜魚競來
擾亂而佛不起一念分別何以故如來本願以三昧樂普
安衆生如恒河沙無有愛憎無分別故
諸有智者以譬喻得解如來方便以此等道理比恒河
沙故無有相違
大慧譬如恒沙是地自性劫盡燒時燒一切地而彼地大
不捨本性恒與火大俱時生故諸凡愚人謂地被燒而實
不燒火所因故如來法身亦復如是如恒河沙終不壞滅
恒沙不可壞邊得比法身
大慧譬如恒沙無有限量如來光明亦復如是爲欲成就
無量衆生普照一切諸佛大會
言照一切諸佛衆會如恒河沙無限量邊得比如來

大慧譬如恒沙住沙自性不更改變而作餘物如來亦爾
於世間中不生不滅諸有生因悉已斷故
純是金沙無有瓦石以比如來法身無有生死生滅等
沙謂如來三有生因悉斷
大慧譬如恒沙取不知減投不見增諸佛亦爾以方便智
成熟衆生無減無增何以故如來法身無有身故大慧以
有身故而有滅壞法身故無滅壞
非色身法故無增減
大慧譬如恒沙雖苦壓治欲求蘇油終不可得如來亦爾
雖爲衆生衆苦所壓乃至蠢動未盡涅槃欲令捨離於法
界中深心願樂亦不可得何以故具足成就大悲心故
本願大悲三昧樂故不捨衆生
大慧譬如恒沙隨水而流非無水也如來亦爾所有說法
莫不隨順涅槃之流以是說言諸佛如來如恒河沙大慧
如來說法不隨於趣趣是壞義生死本際不可得知既不
可知云何說趣大慧趣義是斷凡愚莫知
趣字宋魏二譯俱作去字言如來說法不隨諸去流轉
愚夫不知諸法隨涅槃流無有去來
大慧菩薩復白佛言若生死本際不可知者云何衆生在
生死中而得解脫
若衆生生死本際始時不可知者云何後時得解脫終
時可知耶
佛言大慧無始虛偽過習因滅了知外境自心所現分別
轉依名爲解脫非滅壞也是故不得言無邊際
言無始妄習因滅妄分別想轉所依故即名解脫非斷
滅邊是故不得言無邊也
大慧無邊際者但是分別異名大慧離分別心無別衆生
以智觀察内外諸法知與所知悉皆寂滅大慧一切諸法
唯是自心分別所見不了知故分別心起了心則滅
言有無邊際者不異妄分別也若離妄分別外別有衆
生即有衆生斷生死得解脫今觀知與所知一切諸法
本來寂滅唯在衆生了不了耳

爾時世尊重說頌言

觀察諸導師　譬如恒河沙　非壞亦非去　是人能見佛

譬如恒河沙　悉離一切過　而恒隨順流　佛體亦如是

是二偈頌上恒河沙七種譬喻如文可知

刹那品第十四

爾時大慧菩薩摩訶薩復白佛言世尊願爲我說一切諸法刹那壞相何等諸法名有刹那

因上以有身故而有滅壞即是說陰界入無常故舉一切諸法刹那壞相以請問也

佛言諦聽當爲汝說大慧一切法者所謂善法不善法有爲法無爲法世間法出世間法有漏法無漏法有受法無受法

如來將示是非刹那故先牒釋一切諸法謂順正理益自他故即名善法違於正理損自他故名不善法以有生滅繫屬因緣有所得故名有爲法無生住滅繫屬因緣無所得故名無爲法世即隱覆義隱覆勝義故又可破壞義三世所遷故間者墮虛僞中故隱覆之法即墮虛僞中世即是間名世間法出虛僞故名出世間有即三有漏即染汙謂三有法性是染汙名有漏法無染汙故名無漏法受即執受有執受故名爲生死無執受故即名涅槃斯之五對一一普該一切法也按劉宋譯本不善法字下更當有無記法三字

大慧舉要言之五取蘊法以心意意識習氣爲因而得增長凡愚於此而生分別謂善不善

以心意識妄習爲因陰界入等色心諸法得增長者凡夫分別謂善不善是刹那也

聖人現證三昧樂住是則名爲善無漏法

修三昧爲因證現法樂住名爲聖人善無漏法非刹那也

復次大慧善不善者所謂八識何等爲八謂如來藏名藏識意及意識并五識身

再欲釋前善不善法是非刹那故標云復次故舉八識如來藏是刹那非刹那因然此第八阿賴耶識唯是無覆無記性攝第七末那唯是有覆無記性攝前六轉識通善不善無記三性未轉依位此八種識俱名刹那故如來藏名刹那因若得轉依八識皆是善無漏法如來藏名非刹那因善不善性依無記有故無記性經文影略非不言也

大慧彼五識身與意識俱善不善相展轉差別相續不斷無異體生生已即滅

言五識取塵與六七識共俱六識造善惡業相展轉差別善惡業習相續不斷故五識身生此五識身亦念念生滅

不了於境自心所現次第滅時別識生起意識與彼五識共俱取於種種差別形相刹那不住我說此等名刹那法

此明五識不覺諸法自心現故取種種塵隨取即滅故言次第滅隨次第滅時即六識生故言別識生起意識與彼五識共俱取於五識所取種種差別形相一念時不住是名刹那也

無漏習氣非刹那法此非凡愚刹那論者之所能知

言無漏習氣熏如來藏藏識離念相應證得聖果即非刹那故起信論云得無念者則知心相生住異滅以無念等故此豈凡愚未曾離念生滅戲論能知耶

彼不能知一切諸法有是刹那非刹那故彼計無爲同諸法壞墮於斷見

凡愚不覺是非刹那則計無漏真如無爲同諸作法生滅敗壞墮於外道所執斷見起信論云人我見者聞修多羅說世間諸法畢竟體空乃至涅槃真如之法亦畢竟空離一切相以彼不知爲破着故即謂真如涅槃之性唯是其空豈非墮於斷滅見耶

大慧五識身非流轉不受苦樂非涅槃因

五識身非流轉一作七識不流轉言彼七識念念生滅無自性故不能流轉六道亦不知苦樂亦非涅槃因

如來藏受苦樂與因俱有生滅

言如來藏常故隨其染淨熏習轉變爲作依持能令諸識知苦樂與因俱若生若滅

四種習氣之所迷覆而諸凡愚分別熏心不能了知起刹那見

凡愚爲五住熏心所迷覆故不知如來藏常起刹那見言四種習氣者即四住煩惱及根本無明也

大慧如金金剛佛之舍利是奇特性終不損壞

言如來藏不生滅猶如金剛與佛骨也

若得證法有刹那者聖應非聖而彼聖人未曾非聖如金金剛雖經劫住稱量不減云何凡愚不解於我秘密之說於一切法作刹那想

凡愚不達諸法虛妄故我方便隨順爲說一切諸法刹那不住無漏習氣非刹那也

大慧菩薩復白佛言世尊常說六波羅蜜若得滿足便成正覺何者爲六云何滿足

因上修證三昧樂住名爲聖人善無漏法故舉餘經世尊常說六波羅蜜若得滿足便成正覺故問何者爲六云何滿足

佛言大慧波羅蜜者差別有三所謂世間出世間出世間上上大慧世間波羅蜜者謂諸凡愚著我我所執取二邊求諸有身貪色等境如是修行檀波羅蜜持戒忍辱精進禪定成就神通生於梵世

言世間波羅蜜者計我我所執取有無二邊惡見求三有身貪着色聲香味觸境行於有漏諸波羅蜜得生富樂六欲梵世乃至無色非非想處悉不能免流轉生死

大慧出世間波羅蜜者謂聲聞緣覺執著涅槃希求自樂如是修習諸波羅蜜

言出世間波羅蜜者是二乘人厭捨生死欣趣涅槃求於自度修習六種劣無漏行故不得作佛○如下出世上上波羅蜜者是如來常說若得滿足便成正覺須祖識其相今依先德略啓十門一釋名二出體三辨相四建立五次第六相攝七修證八約教九觀心十釋文○

初釋名中先通名後別稱通名波羅蜜者唯識論六要七最勝之所攝受方可建立波羅蜜多一安住最勝謂要安住菩薩種性二依止最勝謂要依止大菩提心三意樂最勝謂要悲愍一切有情四事業最勝謂要具行一切事業五巧便最勝謂要無相智之所攝受六迴向最勝謂要迴向無上菩提七清淨最勝謂要不為二障間雜即三時無悔若七隨闕非到彼岸故此六度各四句分別其別名者輟已惠人曰施防非止惡曰戒堪受諸法未能忘懷名忍此約生忍又忍即忍可忍即是慧雙忍事理故練心於法名精精心務達為進梵音禪那此云靜慮梵音般若此云智慧○二出體者施以無貪及彼所起三業為性戒以受學菩薩戒時三業為性忍以無瞋精進審慧及彼所起三業為性精進以懃及彼所起三業為性靜慮但以等持為性智以擇法為性開為十度者後四亦以擇法為性說是根本後得智故○三辨相者施有三種謂財施無畏施法施戒有三種謂攝律儀戒攝善法戒饒益有情戒忍有三種耐怨害忍安受苦忍諦察法忍精進有三種謂被甲精進攝善精進利樂精進靜慮有三種謂安住靜慮引發靜慮辨事靜慮智慧有三種謂加行無分別智正體無分別智後得無分別智下餘四度別名辨相此既無文如別章說○四建立者為十地中對治十障證十真如故開有十為對六蔽漸修佛法漸熟有情故但說六六中前三增上生道感大財體及眷屬故後三決定勝道能伏煩惱成熟有情及佛法故又前三饒益有情施財不惱忍彼惱故後三對治煩惱勤修加行永伏永滅故又由前三故不住涅槃由後三故不住生死能為無住涅槃資糧開說十度後唯四者助六令滿故方便助前三願助精進力助靜慮智助般若如深密說○五次第者謂由前前引發後後及由後後持淨前前又前前麤後後細易難修習次第如是○六相攝者此六一一皆攝一切波羅蜜多互相順故般若論云檀義攝於六資生無畏法

第十智所論入有未莊嚴波羅蜜即不攝者有已莊嚴波羅蜜即相攝者今此經文必具攝故若但說六六攝後四若開為十第六唯攝無分別智後四皆是後得智攝○十修證者五位通修佛方究竟六約因位總有三名謂初無數劫施等勢力尚微被煩惱伏但名波羅蜜多第二劫六勢力漸增能伏煩惱名近波羅蜜多第三僧祇勢力轉勝能畢竟伏一切煩惱名大波羅蜜多故經云出世上上波羅蜜多○八約教者諸教可思此教要須一一融攝徹果該因○九觀心者可以意得若不觀心非已智分不能開發自家寶藏縱福智兼修盡隨物轉功歸生滅無漏勝因皆不成就故淨名云諸佛解脫當於眾生心行中求也○次經文下即第十釋文

大慧出世間上上波羅蜜者謂菩薩摩訶薩於自心二法了知唯是分別所現不起妄想不生執著不取色相為欲利樂一切眾生而恒修行檀波羅蜜

言出世間上上波羅蜜者謂大菩薩而於自心內外二法覺知唯是妄分別現不起施者妄想不生受者執著不取中間施物色相為令眾生得無畏安樂而恒行施故論云以知法性體無慳貪故隨順修行檀波羅蜜

於諸境界不起分別是則修行尸羅波羅蜜即於不起分別之時忍知能取所取自性是則名為羼提波羅蜜初中後夜勤修匪懈隨順實解不生分別是則名為毗梨耶波羅蜜不生分別不起外道涅槃之見是則名為禪波羅蜜

論云以知法性無染離五欲過故隨順修行尸羅波羅蜜以知法性無苦離瞋惱故隨順修行羼提波羅蜜以知法性無身心相離懈怠故隨順修行毗梨耶波羅蜜以知法性常定體無亂故隨順修行禪波羅蜜

以智觀察心無分別不墮二邊轉淨所依而不壞滅獲於聖智內證境界是則名為般若波羅蜜

論云以知法性體明離無明故隨順修行般若波羅蜜故華嚴六地偈云不取眾相而行施本絕諸惡堅持戒解法無害常堪忍知法性離具精進已盡煩惱入諸禪善達性空分別法此偈明地上所修故直云已盡煩惱等論通勝解行中發心修行但云隨順○又先德云六度萬行互相融攝成菩提分皆由般若成立故五度如盲般若如導若布施無般若唯得一世榮後受餘殃債若持戒無般若暫生上欲界還墮泥犁中若忍辱無般若報得端正形不證寂滅忍若精進無般若徒興生滅功不趣真常海若禪定無般若但行色界禪不入金剛定若萬善無般若空成有漏因不契無為果若般若不明萬行虛設故般若經中欲得世出世間一切善法悉成就者一一當學般若是故非真流之行無以契真求有證真之行不從真起故云如是六度如實修行若得滿足即得阿耨多羅三藐三菩提若不具足則無能入菩提之道

王文刊

注大乘入楞伽經卷第八

潁川陳祥 陳元奉 宋二十七娘

各捨錢一十貫文同開此經

葛同印造

注大乘入楞伽經卷第九

爾時世尊重說頌言

愚分別有爲　空無常剎那　分別剎那義　如河燈種子

諸有爲法猶如幻夢愚夫妄計而起常見佛爲說空無常剎那以不了故復計無常作剎那想如河燈也

一切法不生　寂靜無所作　諸事性皆離　是我剎那義

以一切法剎那流轉必無自性無自性故即是無生若非無生則不流轉契無生者乃見剎那故淨名云不生不滅是無常義

生無間即滅　不爲凡愚說　無間相續法　諸趣分別起

言諸生法即是無生寂滅之相愚人不信故不得爲愚人說是間若計定有剎那相續法者則有六趣妄想生

無明爲其因　心則從彼生　未能了色時　中間何所住

明妄心識從彼無明生也若妄心未生未能分別色時中間則無法夫何所住耶

無間相續滅　而有別心起　不住於色時　何所緣而生

言無間相續前念滅已後念續生者不住色時無有所緣則無生也

若緣彼心起　其因則虛妄　因妄體不成　云何剎那滅

後念以從前念滅處起故不是如實因生因既虛妄體不成卒則名無生故不得言剎那滅壞

修行者正受　金剛佛舍利　及以光音宮　世間不壞事

對凡夫妄計一切法剎那故說此正受等法爲非剎那

如來圓滿智　及比丘證得　諸法性常住　云何見剎那

如來正智滿足及諸比丘證得入地諸法實性云何見剎那非剎那也

乾城幻等色　何故非剎那　大種無實性　云何說能造

不了諸法如幻夢等取於種種差別形相剎那不住何言非耶大種虛妄無實自性故不得說爲能作者此偈應在六度章前恐翻譯悞

變化品第十五

因佛應化隨宜說法甚深難解故大慧於此略舉十則以請會通是故法華經云雖說種種道其實爲一乘

爾時大慧菩薩摩訶薩復白佛言世尊如來何故授阿羅漢阿耨多羅三藐三菩提記

如上章言聲聞緣覺執著涅槃希求自樂修六度不得佛何故不定種性中云住三昧樂聲聞畢竟當得如來之身

與諸菩薩等無差別

五種性中既有三乘所乘不一入滅正受中何故復言六地菩薩與聲聞緣覺同入滅盡三昧求那譯本有此與諸菩薩等無差別八字此下既有答文恐但脫落

何故復說無般涅槃法眾生得成佛道

剎那章言七識非流轉不受苦樂非涅槃因七識者是一切眾生識也故問無般涅槃法眾生云何得成佛道

又何故說從初得佛至般涅槃於其中間不說一字

佛言不說一字不答一字何故佛四平等中有語平等也

又言如來常在於定無覺無觀

恒河沙章謂佛不起一念分別何得善知根性爲眾生說法

又言佛事皆是化作

既言一切諸法自相共相是化佛說即是化佛化作佛事何故餘經言應化非真佛亦非說法者

又言諸識剎那變壞

剎那章中佛說諸識剎那不住何故上言知依諸業攝受生死

又言金剛神常隨衛護

恒沙章言如來最勝超諸世間非喻所及即是不可見相何須金剛力士守護

又言前際不可知而說有般涅槃

恒沙章中生死本際不可知何故復言有眾生般涅槃斯則有終時可知如有終則有本際也

又現有魔及以魔業又有餘報謂旃遮婆羅門女孫陀利外道女及空鉢而還等事世尊既有如是業障云何得成一切種智既已成於一切種智云何不離如是諸過

恒沙偈言悉離一切過何故如來而有此諸過也謂佛初成道第六天魔與四兵持苦具詣樹下嬈如來旃遮婆羅門女繫木盂謗於佛孫陀利女外道殺以謗佛又佛曾乞食周徧不得空鉢而還等即等餘不能備舉者如食於馬麥頭背俱痛調達申越闍王逆害刺傷足設火坑毒飯等事

佛言諦聽當爲汝說大慧我爲無餘涅槃界故密勸令彼修菩薩行此界他土有諸菩薩心樂求於聲聞涅槃令捨是心修行大行故作是說又變化佛與化聲聞而授記別非法性佛大慧授聲聞記是祕密說

爲聲聞證無餘涅槃自謂是佛故佛方便與授記莂言住三昧樂聲聞畢竟當得如來之身自令覺非是佛進向大乘無餘涅槃初心菩薩樂聲聞法者亦令捨是心進修大行及變化佛與化聲聞記法性如來無有是事

此皆方便祕密所說此答第一問

大慧佛與二乘無差別者據斷惑障解脫一味非謂智障智障要見法無我性乃清淨故煩惱障者見人無我意識捨離是時初斷

惑智二障亦名煩惱所知二障成唯識云由斷續生煩惱障故證真解脫由斷礙解所知障故得大菩提言煩惱障者謂執徧計所執實我薩迦耶見而爲上首百二十八根本煩惱及彼等流諸隨煩惱此皆惑亂有情身心能障涅槃名煩惱障亦名惑障言所知障者謂執徧計所執實法薩迦耶見而爲上首見疑無明愛恚慢等障於智用於所知境無顛倒性而不能了能障菩提名所知障亦名智障如是二障分別起者即見所斷任運起者即修所斷二乘但能斷煩惱障解脫生死處與佛不異故言佛與二乘而無差別非是智障斷處不異此答第二問也○然上四卷中約本末相依以明二障此約二執以明二障故文少異

藏識習滅法障解脱方得永淨
明七轉識諸法障礙藏識習氣等是一切衆生妄體虛
假無常非涅槃因不能成道若七識滅於一切法障中
得解脱藏識習滅究竟清淨即是妄想滅名爲涅槃名
成佛道此答第三問
大慧我依本住法作是密語非異前佛後更有說先具如
是諸文字故
言依本然常住之法如來密意故作是説雖有語平等
但言語生滅無有自性此答第四問
大慧如來正知無有妄念不待思慮然後説法
如來悲智常現前故不待思慮得爲衆生而演説法此
答第五問
如來久已斷四種習離二種死除二種障
佛言四住煩惱無明習氣斷故名眞佛化佛者方便現
形以化衆生非眞佛也此答第六問
大慧意及意識眼識等七習氣爲因是刹那性離無漏善
非流轉法大慧如來藏者生死流轉及是涅槃苦樂之因
九愚不知妄著於空
言七種識妄想習氣爲因是刹那無常性離善無漏非
流轉法不能往來六道如來藏常故能持生死流轉是
涅槃苦樂之因愚夫不覺妄計言空此答第七問
大慧變化如來金剛力士常隨衛護非眞實佛眞實如來
離諸根量二乘外道所不能知住現法樂成就智忍不假
金剛力士所護一切化佛不從業生非即是佛亦非非佛
譬如陶師衆事和合而有所作化佛亦爾衆相具足而演
説法然不能説自證聖智所行之境
化佛方便隨衆生相現同人法故假於守護眞實如來
離一切根量即是不可見相不假守護是一切化佛隨
人善根生不從實業生非是眞佛然依眞起化亦不離
眞佛如陶家輪等衆事和合而有所作化佛亦爾衆生
輪轉衆相具足還説自共相法不説眞佛自證聖智所
行境界此答第八問

復次大慧諸凡愚人見六識滅起於斷見不了藏識起於
常見大慧自心分別是其本際故不可得離此分別即得
解脱
言凡夫見此身滅不見來生故起斷見不覺藏識念
念流注故起常見自心妄分別想是其生死本際是故
本際不可得也滅妄分別名爲解脱此答第九問
四種習斷離一切過
化佛隨衆生所宜方便示現種種過惡眞實如來四住
煩惱及無明習氣悉斷無如是過此答第十問
爾時世尊重説頌言
三乘及非乘　無有佛涅槃　悉授如來記　説離衆過惡
言非乘者無般涅槃法衆生也
成就究竟智　及無餘涅槃　誘進怯劣人　依此密意説
欲彼成就究竟種智斷所知障證佛無餘大般涅槃誘
怯劣者故隱覆説
諸佛所得智　演説如是道　唯此更非餘　故彼無涅槃
如來證智雖説種種道其實爲一乘更無餘法而彼聲
聞計所得涅槃自謂是佛者非眞涅槃也以上三偈並
頌第一問答略該餘問答
欲色有諸見　如是四種習　意識所從生　藏意在其中
三界生死見思無明悉是衆生心意意識展轉爲因熏
習發現此頌第十問答也
見意識眼等　無常故斷滅　迷意藏起常　邪智謂涅槃
此頌第九問答如文可知
斷食肉品第十六
爾時大慧菩薩摩訶薩復白佛言世尊願爲我説食不食
肉功德過失
如來在鬼王宫中説法諸夜叉等念食時欲至非肉不
食欲令諸鬼生慈心故請如來説食不食肉功德過失
即是會上一切諸佛心佛心者慈悲是也
我及諸菩薩摩訶薩知其義已爲未來現在報習所熏食
肉衆生而演説之令捨肉味求於法味於一切衆生起大

慈心更相親愛如一子想住菩薩地得阿耨多羅三藐三
菩提或二乘地暫時止息究竟當成無上正覺
世間衆生生死輪轉怨結相連墮諸惡趣受大苦惱皆
由食肉更相殺害增長煩惱不得出離能捨肉味求於
法味慈心相向清淨明了如實修行即得阿耨多羅三
藐三菩提
世尊路迦耶等諸外道輩起有無見執著斷常尚有遮禁
不聽食肉何況如來應正等覺大悲含育世所依怙而許
自他俱食肉耶
大慧舉邪況正以明食肉之過謂諸外道尚有遮禁況
復如來世間救護而許自他而食肉耶路迦耶者未見
譯文
善哉世尊具大慈悲哀愍世間等觀衆生猶如一子願爲
解説食肉過惡不食功德令我及與諸菩薩等聞已奉行
廣爲他説
嘆佛世尊具大慈悲拔苦與樂願爲解説我等奉行亦
令一切永不食肉
爾時大慧菩薩摩訶薩重説頌言
菩薩摩訶薩　志求無上覺　酒肉及與葱　爲食爲不可
愚夫貪嗜肉　臭穢無名稱　與彼惡獸同　云何而可食
食者有何過　不食有何德　唯願最勝尊　爲我具開演
葱等五辛臭惡不淨生嗔熟食發婬酒亂靜性損
衆善生諸惡是故辛酒俱障善業
爾時佛告大慧菩薩摩訶薩言大慧諦聽諦聽善思念之
吾當爲汝分別解説大慧一切諸肉有無量緣菩薩於中
當生悲愍不應噉食我今爲汝説其少分
有無量因緣不應食肉自下如來爲之略説
大慧一切衆生從無始來在生死中輪迴不息靡不曾作
父母兄弟男女眷屬乃至朋友親愛侍使易生而受鳥獸
等身云何於中取而食之大慧菩薩摩訶薩觀諸衆生同
於己身食肉皆從有命中來云何而食大慧諸羅刹等聞
我此説尚應斷肉况樂法人大慧菩薩摩訶薩在在生處

觀諸衆生皆是親屬乃至慈念如一子想是故不應食一切肉大慧衢路市肆諸賣肉人或將犬馬人牛等肉而販鬻之如是雜穢云何可食大慧一切諸肉皆是精血汙穢所成求清淨人云何取食大慧食肉之人衆生見之悉皆驚怖修慈心者云何食肉大慧譬如獵師及旃陀羅捕魚網鳥諸惡人等狗見驚吠獸見奔走空飛水住一切衆生若有見者咸作是念此人氣息猶如羅刹今來至此必當殺我爲護命故悉皆走避食肉之人亦復如是是故菩薩爲修慈行不應食肉

　梵音旃陀羅此謂殺人畜者

大慧夫食肉者身體臭穢惡名流布賢聖善人不用親狎是故菩薩不應食肉大慧夫血肉者衆仙所棄群聖不食是故菩薩不應食肉大慧菩薩爲護衆生信心令於佛法不生譏謗以慈愍故不應食肉大慧若我弟子食噉於肉令諸世人悉懷譏謗而作是言云何沙門修淨行人棄捨天仙所食之味猶如惡獸食肉滿腹遊行世間令諸衆生悉懷驚怖壞清淨行失沙門道是故當知佛法之中無調伏行菩薩慈愍爲護衆生不令生於如是之心不應食肉大慧如燒人肉其氣臭穢與燒餘肉等無差別云何於中有食不食是故一切樂清淨者不應食肉大慧諸善男女冢間樹下阿蘭若處寂靜修行或住慈心或持呪術或求解脫或趣大乘以食肉故一切障礙不得成就是故菩薩欲利自他不應食肉大慧夫食肉者見其形色則已生於貪滋味心菩薩慈念一切衆生猶如己身云何見之而作食想是故菩薩不應食肉大慧夫食肉者諸天遠離口氣常臭睡夢不安覺已憂悚夜叉惡鬼奪其精氣心多驚怖食不知足增長疾病易生瘡癬恒被諸虫之所唼食不能於食深生厭離大慧我常說言凡所食噉作子肉想餘食尚然云何而聽弟子食肉大慧肉非美好肉不清淨生諸罪惡敗諸功德諸仙聖人之所棄捨云何而許弟子食耶若言許食此人謗我

　如來常說凡所飲食作食子肉想餘食者尚然況於弟子而聽食肉

大慧淨美食者應知則是秔米粟米大小麥豆蘇油石蜜如是等類此是過去諸佛所許我所稱說我種姓中諸善男女心懷淨信久植善根於身命財不生貪着慈愍一切猶如己身如是之人之所應食非諸惡習虎狼性者心所愛重

　言佛唯許食諸聖人所應食者餘皆不聽

大慧過去有王名師子生耽着肉味食種種肉如是不已遂至食人臣民不堪悉皆離叛亡失國位受大苦惱大慧釋提桓因處天王位以於過去食肉餘習變身爲鷹而逐於鴿我時作王名曰尸毗愍念其鴿自割身肉以代其命大慧帝釋餘習尚惱衆生況餘無慚常食肉者當知食肉自惱惱他是故菩薩不應食肉大慧昔有一王乘馬遊獵馬驚奔逸入於山險既無歸路又絕人居有牝師子與同遊處遂行醜行生諸子息其最長者名曰班足後得作王領七億家食肉餘習非肉不食初食禽獸後乃至人所生男女悉是羅刹轉此身已復生師子豺狼虎豹鵰鷲等中欲求人身終不可得況出生死涅槃之道大慧夫食肉者有如是等無量過失斷而不食獲大功德凡愚不知如是損益是故我今爲汝開演凡是肉者悉不應食大慧凡殺生者多爲人食若人不食亦無殺事是故食肉與殺同罪奇哉世間貪着肉味人身有肉尚取食之況於鳥獸有不食者以貪味故廣設方便置羅網罟處處安施水陸飛行皆被殺害設自不食爲貪價直而作是事大慧世復有人心無慈愍專行慘暴猶如羅刹若見衆生其身充盛便生肉想言此可食大慧世無有肉非是自殺亦非他殺心不疑殺而可食者以是義故我許聲聞食如是肉

　言世無有肉不是殺生而可食者以是義故佛許聲聞食如是肉耶言不聽許也

大慧未來之世有愚癡人於我法中而爲出家妄說毗尼壞亂正法誹謗於我言聽食肉亦自曾食大慧我若聽許聲聞食肉我則非是住慈心者修觀行者行頭陀者趣大乘者云何而勸諸善男子及善女人於諸衆生生一子想斷一切肉大慧我於諸處說遮十種許三種者是漸禁斷令其修學今此經中自死他殺凡是肉者一切悉斷

　明有說言佛毗尼中聽食肉者悉是謗如來也昔於餘經說遮十種許三種者以衆生惡習既久而其情欲不可頓去是漸禁絕就其情而制之令其修習令於此會一切種一切時開遮方便一切悉斷是謂最後清淨明誨言遮十種者人蛇象馬龍狐豬狗師子獼猴也許三種者不見不聞不疑也謂肉有二者他殺自死見聞疑者所謂他殺不見聞疑者所謂自死或云許五種謂不見聞疑外加鳥殘自死共成五種雖云三五不同俱不出自死肉之一義也

大慧我不曾許弟子食肉亦不現許亦不當許大慧凡是肉食於出家人悉是不淨大慧若有癡人謗言如來聽許食肉亦自食者當知是人惡業所纏必當永墮不饒益處大慧我之所有諸聖弟子尚不食於凡夫段食況食血肉不淨之食

　一切有情皆依食住謂食以資益諸根大種心心所法能生喜樂相續執持總有四種一者段食變壞爲相謂欲界繫香味觸三於變壞時能爲食事二者觸食觸境爲相謂有漏觸纔取境時攝受喜等能爲食事三意思食希望爲相謂有漏思與欲俱轉希可愛境能爲食事四者識食執持爲相謂有漏識由段觸思勢力增長能爲食事此四能持有情身命令不壞斷故名爲食段食唯於欲界有用觸意思食雖徧三界而依識轉隨識有無此對有情飲食血肉是故且言不食段食於義四種悉應斷故下言法身非雜食者謂超情識是四俱無

大慧聲聞緣覺及諸菩薩尚唯法食豈況如來大慧如來法身非雜食身大慧我已斷除一切煩惱我已浣滌一切習氣我已善擇諸心智慧大悲平等普觀衆生猶如一子云何而許聲聞弟子食於子肉何況自食作是說者無有是處

三乘聖人皆以法喜禪悅為食也。如來法身無雜食者。
如智論云。除諸法實相餘皆魔事。則煩惱爾炎現行種
習悉已斷。故種智圓明無緣悲心觀於衆生如一子想。
豈許弟子而食子肉。復自食子肉耶
爾時世尊重說頌言
悉曾為親屬　衆穢所成長　恐怖諸含生　是故不應食
此一行偈於上諸因緣中略頌其三也。
一切肉與葱　韮蒜及諸酒　如是不淨物　修行者遠離
亦當離麻油　及諸穿孔牀九卷　以彼諸細虫　於中大驚怖十
自下諸偈多示其過。悉令遠離。少頌長行。言當離麻油
者。外國風俗檮麻使生虫合壓之規多汁益肥。如何可
食。及孔隙諸牀多有虫聚。皆不可坐卧
飲食生放逸　放逸生邪覺　從覺生於貪　是故不應食
邪覺生貪故　心為貪所醉　心醉長愛欲　生死不解脫
放逸者。犬隨煩惱中之一也。飲酒食肉心多放逸。諸惡
覺觀等悉隨生長。是故生死輪轉。不得捨離
為利殺衆生　以財取諸肉　二俱是惡業　死墮叫喚獄
不想不教求　此三種名淨　世無如是肉　食者我訶責
既無想教求。則三淨肉。非有。凡諸肉者皆殺命而得。如
何可食
更互相食噉　死墮惡獸中　臭穢而顛狂　是故不應食
獵師旃荼羅　屠兒羅刹娑　此等種中生　斯皆食肉報
旃荼羅。即旃陁羅也
食已無慚愧　生生常顛狂　諸佛及菩薩　聲聞所嫌惡
象脇與大雲　涅槃央掘摩　及此楞伽經　我皆制斷肉
象脇。大雲。涅槃。央掘摩。皆經名也
先說見聞疑　已斷一切肉　以其惡習故　愚者妄分別
佛先所說見聞疑殺不許食者。已是悉斷。然惡習愚夫
不知教意。妄起分別謂聽食肉
如貪障解脫　肉等亦復然　若有食之者　不能入聖道
未來世衆生　於肉愚癡說　言此淨無罪　佛聽我等食
淨食尚如藥　猶如子肉想　是故修行者　知量而行乞
言凡食淨食尚如服藥想。如食子肉想。何況食肉。是故
比丘少欲知足而行乞食。以斷貪愛
食肉背解脫　及違聖表相　令衆生生怖　是故不應食
背正解者由無慈慧虧利自他。及違聖人護生儀表
安住慈心者　我說常厭離　師子及虎狼　應共同遊止
既心無害物。假使猛獸如虎狼師子者。而常馴伏
若於酒肉等　一切皆不食　必生賢聖中　豐財具智慧
此一偈明不食果報。謂必生賢聖諸佛會中。豐足法財
具佛種智
陁羅尼品第十七
爾時佛告大慧菩薩摩訶薩言。大慧。過去未來現在諸佛
為欲擁護持此經者。皆為演說楞伽經呪。我今亦說。汝當
受持。即說呪曰
怛姪他一　覩吒覩吒都下反同二　杜吒杜吒三　鉢吒鉢吒四　葛
吒葛吒五　阿㕧鵌阿㕧鵌六　毗㕧鵌毗㕧鵌七　你讖你讖
八　呬讖呬讖九　縛扶反黃讖縛讖十　葛鵌葛鵌十一　揭囉葛鵌
十二　阿吒末吒十三　折吒咄吒十四　耆若攘柯反二合　吒薩普二合吒十五
葛地下雅同計反　剌地十六　皺地十七　呬讖呬讖十八　第讖第讖十九　折
鵌折鵌二十　般制般制二十一　畔第畔第二十二　㩳制滿制二十三
黮胝反户荼去聲鵌二十四　杜荼鵌二十五　般荼鵌二十六　過計過計
二十七　末計末計二十八　斫結鵌二合　斫結鵌二十九　地呼依字讖地
讖三十一　呬讖呬讖三十二　黮黮黮三十三　褚丑音短反　褚褚褚三十
杜杜杜重呼三十四　杜虎二合　杜虎杜虎三十五　莎訶三十六
天台於妙法蓮華經陁羅尼品皆以四悉檀翻名釋義
陁羅尼。此翻總持。總持惡不起。善不失。其一又翻能遮能
持。能持善。能遮惡。其二此能遮邊能持中善。其四衆經
開遮不同。或專用治病。如那達居士。或專護法。如此文
或專用滅罪。如方等。或通用治病滅罪護經。如請觀音。
或大明呪。無上明呪。無等等明呪。則非治病。非滅罪。非
護經。若通方者。亦應兼若論別者。幸須依經。勿乖教也
○次釋義云。諸師或說呪者是鬼神王名。稱其王名。部
落敬主。不敢為非。故能降伏一切鬼魅。其一或云呪者。如
軍中之密號。唱號相應無所訶問。若不相應即執治罪。
若不順呪者頭破七分。若順呪者則無過失。其二或云呪
者。密默治惡。惡自休息。譬如微賊從此國逃彼國。詐稱
王子。彼國以公主妻之。多瞋難事。有一明人從其國來
主往說之。其人語主。若當瞋時說偈。偈云無親遊他國
欺誑一切人。麤食是常事。何勞復作瞋。說是偈時默然
瞋歇。後不復瞋。是主及一切人但聞斯偈皆不知意。呪
亦如是。密默遮惡餘無識者。其三或云呪者是諸佛密語。
如王索先陀婆。一切群下無有能識。唯有智臣乃能知
之。呪亦如是。秖是一法徧有諸力。病愈罪除善生道合。
其四為此義故皆存本音。譯人不翻意在此也。惡世弘經
喜多惱難。以呪護之使道流通也○今此楞伽經。如來
所說陁羅尼。亦專護法使道流通○或又云。凡呪文自
古不翻有五意。一是諸佛秘密語法。唯佛能知。二是總
持門含多義故。三或是鬼神名呼之勑以守護修行人
故。四或是諸佛秘密印。如王印信所往無不遵奉。五不
思議力所加持故受持密誦。滅罪生福。此與天台意同
異可知
大慧。未來世中。若有善男子善女人受持讀誦為他解說
此陁羅尼。當知此人不為一切人與非人諸鬼神等之所
得便。若復有人卒中於惡。為其誦念一百八遍。即時惡鬼
疾走而去。大慧。我更為汝說陁羅尼。即說呪曰
怛姪他一　般頭迷二　般頭摩第鞞去聲三　醯去聲呼下同　泥醯祢
醯泥四　主鵌主羅主鵌五　虎鵌虎羅虎鵌六　㢈鵌㢈羅㢈
鵌七　跛鵌跛羅跛鵌八　瞋上聲呼　第瞋第九　畔逝末第十　般
羅拿二合十一　末第十二　尼羅迦鵌二十　莎訶三十
大慧。若有善男子善女人受持讀誦為他解說此陀羅尼。
不為一切天龍夜叉人非人等諸惡鬼神之所得便。我為
禁止諸羅刹故說此神呪。若持此呪。則為受持入楞伽經
一切文句悉已具足
夜叉此云捷疾鬼。亦云苦活。羅刹此云可畏。亦云食人
鬼。此二部是北方毗沙門天王之所領者

偈頌品第十八

爾時世尊欲重宣此修多羅中諸廣義故而說頌言

諸法不堅固　皆由分別生　以分別即空　所分別非有

言一切法皆非堅實者，謂從分別想念而生也。若能了悟分別識空，則知諸法本來寂滅，若生若滅俱是分別。分別若亡法非生滅，金剛三昧經亦云，法從分別生，還從分別滅，滅諸分別法，是法非生滅

由虛妄分別　是則有識生　八九識種種　如海衆波浪

此又言九識者，即密嚴經以第九為純淨識也。諸經論中復指真如為第九識，皆名異體同，謂真一俗八二合說也。然此真如即識實性，非是依他別有體故，亦非能類別有九識，但是第八具分賴耶開而為二，以有漏分為染，無漏分為淨，通七轉識，故言九識。如下偈云，顯示阿賴耶殊勝之藏識，離能取所取，（轉染分也）我說為真如。（即淨分也）此開之者，即偈頌五對義中長合偈離也。又此緣起諸識應以四句辨之：一以識實性（今名第九亦名真如）識，唯不生滅，如水濕性；二七轉識皆生滅，如衆波浪；三第八阿賴耶識亦生滅亦不生滅，如海含動靜，故前偈云阿賴耶如海，轉識同波浪；四無明倒執非生滅非不生滅，如起浪猛風，非水非浪，故前偈云譬如巨海浪，斯由猛風起。○今此品經九六百六十有六偈，重頌經中諸廣義也。如下偈云涅槃有六，諸色有八，諸蘊及佛各二十四。此類名數頗多，前諸品內並無文者，即五對義中長無偈有也。其中要義未見經論及章疏解釋者，不敢臆說，併俟來哲。餘四對中所未釋者亦爾

習氣常增長　盤根堅固依　心隨境界流　如鐵於磁石

衆生所依性　遠離諸計度　及轉智所知　轉依即解脫

轉依之義，前已略釋。識論又云，菩薩從前見道起已，為斷餘障，復數修習無分別智，乃至捨彼二麤重故，（二障種子名麤重）便能證得廣大轉依。依謂依他，即依他起與染淨法為所依故。染謂虛妄遍計所執，淨謂真實圓成實性。轉謂二分轉捨轉得，由數修習無分別智，斷本識中二障麤重故，能轉捨依他起上遍計所執，及能轉得依他起中圓成實性。由轉煩惱得大涅槃，轉所知障證無上覺。○或依即是唯識真如，生死涅槃之所依故。愚夫顛倒迷此真如，故無始來受生死苦。聖人離倒悟此真如，便得涅槃畢竟安樂。謂數修習無分別智，斷本識中二障麤重，故能轉滅依如生死，及能轉證依如涅槃。故云及離智所知，轉依即解脫

得如幻三昧　超過於十地　觀見心王時　想識皆遠離

爾時心轉依　是則為常住　在於蓮花宮　幻境之所起

既住彼宮已　自在無功用　利益諸衆生　如衆色摩尼

無有為無為　唯除妄分別　愚夫迷執取　如石女夢子

應知補伽羅　蘊界諸緣等　迷空無自性　無生有非有

我以方便說　而實無有相　愚夫妄執取　能相及所相

一切知非知　一切非一切　愚夫所分別　佛無覺自他

諸法如幻夢　無生無自性　以皆性空故　有無不可得

我唯說一性　離於妄計度　自性無有二　衆聖之所行

問：既唯一性無有二者，何故此經及諸修多羅說有三性，該攝一切？答：應知三性雖隨相分，各具二義，本末相收，唯一性故。妄計二義者，一情有，二理無。緣起二義者，一似有，二無性。圓成二義者，一不變，二隨緣。由圓成中不變，緣起無性，妄計理無，由此三義故，三性一際無有異也。故經云，一切衆生即涅槃，不復更滅。此則不壞末而常本也。由圓成中隨緣，緣起似有，妄計情有，由此三義亦無異也。故經云，法身流轉五道名曰衆生。此則不動本而常末也。是故真該妄末，妄徹真源，性相融通，無有二也。故云我唯說一性，自性無有二。問：既不壞三性而說一性，如何此經及諸修多羅又說一切法皆無自性？答：應知如來密意說故。故唯識云，即依此三性立彼三無性，故佛密意說一切法無性。初則相無性，（謂妄計性）次無自然性，（依他緣起非自然故）後由遠離前所執我法性。（體相俱無此圓成性）此言三性三無性，不是依圓體亦無，但無計執之妄情，是故皆言無自性，是知究竟指歸唯一實性。故次偈云，此諸法性義，亦即是真如，常如其性故，即唯識實性故。智論云，除諸法實相，餘皆魔事。（能了此三性三無性義，即於此經及餘修多羅說一切法性非性理，如破竹焉）

如四大不調　變吐見螢光　所見皆非有　世間亦如是

猶如幻所現　草木瓦礫等　彼幻無所有　諸法亦如是

非取非所取　非縛非所縛　如幻如陽焰　如夢亦如翳

若欲見真實　離諸分別取　應修真實觀　見佛必無疑

世間等於夢　色資具亦爾　若能如是見　身為世所尊

三界由心起　迷惑妄所見　離妄無世間　知已轉染依

愚夫之所見　妄謂有生滅　智者如實觀　不生亦不滅

愚夫所見隨妄緣故，謂有生滅，故圓覺云，一切衆生於無生中妄見生滅。如實觀者，了妄即真，故不生不滅。故前經云，即說此妄名為真如也。○然不生滅義，三性不同。謂妄計性無體可生可滅；依他起性即生不生，即滅不滅；圓成實性自體本有，不待新生，盡未來際究竟常住，永不斷滅。若以三性相對，各約自相論者，即妄計之法妄生妄滅，圓成真心不生不滅，依他有二，謂相同妄計，似生似滅，性同圓成，不生不滅。故華嚴經云，一切法不生，一切法不滅，以依他緣起無別自性，全同圓成，能悟此旨，諸大乘經說一切法不生不滅、究竟常住等，皆無餘蘊也

常行無分別　遠離心心法　住色究竟天　離諸過失處

於彼成正覺　具力通自在　及諸勝三昧　現化於此成

化身無量億　遍遊一切處　令愚夫得聞　如響難思法

遠離初中後　亦離於有無　非多而現多　不動而普遍

說衆生身中　所覆之真性　迷惑令幻有　非幻為迷惑

由心迷惑故　一切皆悉有　以此相繫縛　藏識起世間

如是諸世間　唯有假施設　諸見如暴流　行於人法中

若能如是知　是則轉所依　乃為我真子　成就隨順法

愚夫所分別　堅濕暖動法　假名無有實　亦非相所相

身形及諸根　皆以八物成　凡愚妄計色　迷惑身籠檻

凡愚妄分別　因緣和合生　不了真實相　流轉於三有

識中諸種子　能現心境界　愚夫起分別　妄計於二取
無明及愛業　諸心依彼生　以是我了知　爲依他起性
妄分別有物　迷惑心所行　此分別都無　迷妄計爲有
心爲諸緣縛　生起於衆生　諸緣若遠離　我說無所見
已離於衆緣　自相所分別　身中不復起　我爲無所行
衆生心所起　能取及所取　所見皆無相　愚夫妄分別
顯示阿賴耶　殊勝之藏識　離於能所取　我說爲眞如
蘊中無有人　無我無衆生　生唯是識生　滅亦唯識滅
猶如畫高下　雖見無所有　諸法亦如是　雖見而非有
如乾闥婆城　亦如熱時焰　所見恒如是　智觀不可得
因緣及譬喻　以此而立宗　乾城夢火輪　陽焰日月光
火焰互等喻　以此顯無生　世分別皆空　迷惑如幻夢
見諸有不生　三界無所依　內外亦如是　成就無生忍
得如幻三昧　及以意生身　種種諸神通　諸力及自在
諸法本無生　空無有自性　迷惑諸因緣　而謂有生滅
愚夫妄分別　以心而現心　不現於外色　而實無所有
如定力觀見　佛像與骨鎖　及分析大種　假施設世間
身資及所住　此三爲所取　意取及分別　此三爲能取
迷惑妄計者　以能所分別　但隨文字境　而不見眞實
行者以慧觀　諸法無自性　是時住無相　一切皆休息
如以墨塗雞　無智者妄取　實無有三乘　愚夫不能了
若見諸聲聞　及以辟支佛　皆大悲菩薩　變化之所現
三界唯是心　分別二自性　轉依離人法　是則爲眞如
日月燈光焰　大種及摩尼　無分別作用　諸佛亦如是
諸法如毛輪　遠離生住滅　亦離常無常　染淨亦如是
如着隨翳藥　見地作金色　而實彼地中　本無有金相
愚夫亦如是　無始迷亂心　妄取諸有實　如幻如陽焰
應觀一種子　與非種同印　一種一切種　是名心種種
淨種子爲一　轉依爲非種　平等同法印　悉皆無分別
種種諸種子　能感諸趣生　種種衆雜苦　名一切種子
觀諸法自性　迷惑不待遣　物性本無生　了知即解脫
定者觀世間　衆色由心起　無始心迷惑　實無色無心

如幻與乾城　毛輪及陽焰　非有而現有　諸法亦如是
一切法不生　唯迷惑所見　以從迷妄生　愚妄計着二
由種種習氣　生諸波浪心　若彼習斷時　心浪不復起
心緣諸境起　如畫依於壁　不爾虛空中　何不起於畫
若緣少分相　令心得生者　心旣從緣起　唯心義不成
心性本淸淨　猶若淨虛空　令心還取心　由習非異因
執着自心現　令心而得起　所見實非外　是故說唯心
藏識說名心　思量以爲意　能了諸境界　是則名爲識

梵阿賴耶此云藏識謂第八根本識而能含藏積集世出世間諸法種故故云藏識說名心然此識具能藏所藏執藏義故謂與雜染互爲緣故有情執爲自內我故由是三義得藏識名若是菩薩至第八地及二乘無學人但有能所二藏無執藏故故此本識通有三位及七種名如別章說○梵音末那此云染汙意謂第七傳送識與四惑俱名爲染汙恒審思量名之爲意故云思量以爲意又標意名爲簡心(第八)識(前六)積集了別劣餘識故標心識名應知亦爾○前六轉識隨六根境種類異故謂名眼識乃至意識(隨根立名)或名色識乃至法識(隨境立名)謂於六境了別名識然此隨境立六識名依五色根未自在說若得自在諸根互用一根發識了一切境但可隨根立名而無相濫○亦云心積集義意思量義識了別義略分二種積集二者一集行相二集種子初通諸識後唯第八思量二者一無間意二現思量初通諸識後唯第七了別二者一細二麤細通諸識麤唯前六故華嚴云諸業虛妄積集名心末那思量意識分別眼等五識了境不同愚癡凡夫不能知覺○若依小乘教但說有六識義分心意識於阿賴耶唯得其名若大乘權教於阿賴耶但得一分生滅之義而於眞性未能融通即說眞如凝然不作諸法此經如實說故謂依如來藏故有生死依如來藏故有涅槃論云自性淸淨心爲無明所染有其染心雖有染心恒常不變是謂眞妄和合非異非同能成一心二諦之門不墮斷常有無之見

心常爲無說　意具二種行　現在識通具　善與不善等
證乃無定時　超地及諸刹　亦越於心量　而住無相果
所見有與無　及以種種相　皆是諸愚夫　顚倒所執着
智若離分別　物有則相違　由心故無色　是故無分別
諸根猶如幻　境界悉如夢　能作及所作　一切皆非有
世諦一切有　第一義則無　諸法無性性　說爲第一義
於無自性中　因諸言說故　而有物起者　是名爲俗諦
若無有言說　所起物亦無　世諦中無有　有言無事者
顚倒虛妄法　而實不可得　若倒是有者　則無無自性
以有無性故　而彼顚倒法　一切諸所有　是皆不可得
惡習熏於心　所現種種相　迷惑謂心外　妄取諸色像
分別無分別　分別是可斷　無分別能見　實性證眞空
無明熏於心　所現諸衆生　如幻象馬等　及樹葉爲金
猶如翳目者　迷惑見毛輪

此言惡習熏於心所現種種相又云無明熏於心所現諸衆生則知有情衆生無情器界皆由無明熏習而有故智覺云於一圓湛析出根塵聚內四大爲身分外四大爲境若離熏習之緣決定無法可得言熏習者通有二種一習熏謂熏心體成染淨識等二資熏謂現行心境及諸惑相資等故起信論云有四種法熏習義故染法淨法起不斷絕云何爲四一者淨法名爲眞如二者一切染因名爲無明三者妄心名爲業識四者妄境所謂六塵熏習義者如世衣服初非香臭隨以物熏則有彼氣此亦如是眞如淨法實無於染但以無明而熏習故則有染相無明染法實無淨業但以眞如而熏習故則有淨用○云何熏習起染法不斷所謂以有眞如法故有於無明以有無明染法因故即熏習眞如以熏習故則有妄心以有妄心即熏習無明不了眞如法故不覺起念現妄境界以有妄境界染法緣故即熏習妄心令其念着造種種業受於一切身心等苦○云何熏習起淨法不斷所謂以有眞如法故能熏習無明以熏習因緣力故則令妄心厭生死苦樂求涅槃以此妄心有

厭求因緣故，即熏習真如自信己性，知心妄動，無前境界，修遠離法，以如實知無前境界故，種種方便起隨順行，不取不念，乃至久遠熏習力故，無明則滅，以無明滅故，心無有起，以心無起故，境界隨滅，以因緣俱滅故，心相皆盡，名得涅槃，成自然業，乃至廣說

愚夫亦如是　妄取諸境界　分別所分別　及起分別者
轉所轉轉因　因此六解脫　由於妄計故　無地無諸諦
亦無諸刹土　化佛及二乘　心起一切法　十二一切處及身
心性實無相　無智取種種　分別迷惑相　是名依他起
相中所有名　是則為妄計　諸緣法和合　分別於名相
此等皆不生　是則圓成實　十方諸刹土　衆生菩薩中
所有法報佛　化身及變化　皆從無量壽　極樂界中出
於方廣經中　應知密意說　所有佛子說　及諸導師說
悉是化身說　非是實報佛　諸法無有生　彼亦非非有
如幻亦如夢　如化如乾城　種種由心起　種種由心脫
心生更非餘　心滅亦如是　以衆生分別　所現虛妄相
唯心實無境　離分別解脫　由無始積集　分別諸戲論
惡習之所熏　起此虛妄境　妄計自性故　諸法皆無生
依止於緣起　衆生迷分別　分別不相應　依他即清淨
所住離分別　轉依即真如　勿妄計虛妄　妄計即無實
迷惑妄分別　取所取皆無　分別見外境　是妄計自性
由此虛妄計　緣起自性生　邪見諸外境　無境但是心

問：既無境，但是心邪見外境者，應一切時、一切處皆見有色，或皆不見，何故於有色時處，眼則見色，餘無色時處則不見耶？荅：如人夢中所見境界諸物，雖一切是無，從於虛妄夢想心起，然亦不妨見有物處見，無物處或先見後不見，或初不見後見，非處處皆見，亦非一期長見。故識論云：於有色處，眼則見色，餘無色處不見色者，此義不然。何以故？以彼夢中於無色處則見有色，於有色處不見有色，心識變起一切諸法，無而見有，亦復如是。問：若爾，何故多人同處同時皆同於有處見有，無處見無，有時見有，無時見無耶？荅：譬如百千餓鬼同依業力，皆於無膿血猛火等處，同時而見，豈清河流水實有猛火耶？故云無境但是心識

如理正觀察　能所取皆滅　如愚所分別　外境實非有
習氣擾濁心　似外境而轉　已滅二分別　智契於真如
起於無影像　難思聖所行　依父母和合　如蘇在於瓶
阿賴耶意俱　令赤白增長　閉尸及稠胞　穢業種種生
業風增四大　出生如果熟　五與五及五　瘡竅有九種
爪甲齒毛具　滿足即便生　初生猶糞虫　亦如人睡覺
眼開見於色　分別漸增長　分別決了已　脣齶等和合
始發於語言　猶如鸚鵡等　隨衆生意樂　安立於大乘
非惡見行處　外道不能受　自內所證乘　非計度所行
願說佛滅後　誰能受持此　大慧汝應知　善逝涅槃後
未來世當有　持於我法者　南天竺國中　大名德比丘
厥號爲龍樹　能破有無宗　世間中顯我　無上大乘法
得初歡喜地　往生安樂國　衆緣所起義　有無俱不可
緣中妄計物　分別於有無　如是外道見　遠離於我法
一切法名字　生處常隨逐　已習及現習　展轉共分別
若不說於名　世間皆迷惑　爲除迷惑故　是故立名言
愚分別諸法　迷惑於名字　及以諸緣生　是三種分別
以不生不滅　本性如虛空　自性無所有　是名妄計相
如幻影陽焰　鏡像夢火輪　如響及乾城　是則依他起
真如空不二　實際及法性　皆無有分別　我說是圓成
語言心所行　虛妄墮二邊　慧分別實諦　是慧無分別
於智者所現　於愚則不現　如是知所現　一切法無相
如假金瓔珞　非金愚謂金　諸法亦如是　十四外道妄計度
諸法無始終　住於真實相　世間皆無作　妄計不能了
過去所有法　未來及現在　如是一切法　皆悉是無生
諸緣和合故　是故說有法　若離於和合　不生亦不滅
而諸緣起法　一異不可得　略說以無生　廣說則爲滅
一是不生空　一復是生空　不生空爲勝　生空是滅壞
真如空實際　涅槃及法界　種種意生身　我說皆異名
於諸經律論　而起淨分別　若不了無我　依教不依義
衆生妄分別　所見如兔角　分別即迷惑　如渴獸逐焰
由於妄執着　而起於分別　若離妄執因　分別則不起
甚深大方廣　知諸刹自在　我爲佛子說　非爲諸聲聞
三有空無常　遠離我我所　我爲諸聲聞　如是總相說
不着一切法　寂靜獨所行　思念辟支果　我爲彼人說
身是依他起　迷惑不自見　分別外自性　而令心妄起
報得及加持　諸趣種類生　及夢中所得　是神通四種
夢中之所得　及以佛威力　諸趣種類等　皆非報得通
習氣熏於心　似物而影起　凡愚未能悟　是故說爲生
隨於妄分別　外相幾時有　爾所時增妄　不見自心迷
何以說有生　而不說所見　無所見而見　爲誰云何說
心體自本淨　意及諸識俱　習氣常熏故　而作諸濁亂
藏識捨於身　意乃求諸趣　識迷似境界　見已而貪取
所見唯自心　外境不可得　若修如是觀　捨妄念真如
諸定者境界　業及佛威力　此三不思議　難思智所行
過未補伽羅　虛空及涅槃　乘隨世俗說　真諦離文字
二乘及外道　同依止諸見　迷惑於唯心　妄分別外境
羅漢辟支佛　及以佛菩提　種子堅成就　夢佛灌其頂
心幻趣寂靜　何爲說有無　何處及爲誰　何故願爲說
迷惑於唯心　故說幻有無　生滅相相應　相所相平等
分別名意識　及與五識俱　如影像暴流　從心種子起
若心及與意　諸識不起者　即得意生身　亦得於佛地
諸緣及蘊界　人法之自相　皆心假施設　如夢及毛輪
觀世如幻夢　依止於真實　真實離諸相　亦離因相應
聖者內所證　常住於無念

聖人內證常住無念者，謂真心無念，佛教所宗，故起信云：以一切法本來唯心，實無於念，而有妄心不覺起念，見諸境界，故說無明。若能觀察知心無念，即得隨順入真如門。是故學者雖明悟修行，期圓種智，唯以無念為宗。但得無念，則愛惡自然淡薄，悲智自然增明，罪業自然銷除，功行自然精進，於解則見諸相非相，於行則名無修而修，障習盡時，生死即絕，生滅滅已，寂滅現前，應

用無窮名之爲佛

迷惑因相應　執世間爲實　一切戲論滅　迷惑則不生
隨有迷分別　癡心常現起　諸法空無性　而是常無常
生論者所見　非是無生論　一異俱不俱　自然及自在
時微塵勝性　緣分別世間　識爲生死種　有種故有生
如畫依於壁　了知即便滅　譬如見幻人　而有幻生死
凡愚亦如是　癡故起縛脫　內外二種法　及以彼因緣
修行者觀察　皆住於無相　習氣不離心　亦不與心俱
十四 雖爲習所纏　心相無差別　心如白色衣　十五 意識習爲垢
垢習之所汙　令心不顯現　我說如虛空　非有亦非無
藏識亦如是　有無皆遠離　意識若轉依　心則離濁亂
我說心爲佛　覺了一切法　若離三相續　亦離於四句
有無皆捨離　諸有恒如幻　前七地心起　故有二自性
餘地及佛地　悉是圓成實　欲色無色界　及以於涅槃
於彼一切身　皆是心境界　隨其有所得　是則迷惑起
若覺自心已　迷惑則不生　我立二種法　諸相及以證
以四種理趣　方便說成就　見種種名相　是迷惑分別
若離於名相　性淨聖所行　隨能所分別　則有妄計相
若離彼分別　自性聖所行　心若解脫時　則常恒真實
種性及法性　真如離分別　以有清淨心　而有雜染現
無淨則無染　真淨聖所行　世間從緣生　增長於分別
觀彼如幻夢　是時即解脫　種種惡習氣　與心和合故
衆生見外境　不觀心法性　心性本清淨　不生諸迷惑
迷從惡習起　是故不見心　唯迷惑即真　真實非餘處
以諸行非行　非餘處見故　若觀諸有爲　遠離相所相
以離衆相故　見世唯自心　安住於唯心　不分別外境
住真如所緣　超過於心量　若超過心量　亦超於無相
以住無相者　不見於大乘　行寂無功用　淨修諸大願
及我最勝智　無相故不見　應觀心所行　亦觀智所行
觀見慧所行　於相無迷惑　心所行苦諦　智所行是集
餘二及佛地　皆是慧所行　得果與涅槃　及以八聖道
覺了一切法　是佛清淨智　眼根及色境　空明與作意

故令從藏識　衆生眼識生

此段末一偈如來順小乘機說衆生眼識具根境等五種緣時從藏識生然八識皆藉緣方生舉一例諸故但言眼識若約大乘義於八識中眼識一種藉九緣生謂一空二明三根四境五作意六根本七染淨八分別九種子耳識唯藉八緣而起九中除明鼻舌身三各藉七緣識方得轉八中除空第六意識依五緣生七中除染淨及分別第七識四緣生五中除根本或三緣生以根與境並屬第八第八識四緣生五中除根本以第七識即所依根故若加等無間緣即如次十九八六四五諸緣而生如有頌云眼識九緣生耳識唯從八鼻舌身三七後三五三四若加等無間於前各增一故唯識偈云依止根本識諸識隨緣現或俱或不俱如波濤依水意識常現起除生無想天及無心二定睡眠與悶絕

取者能所取　名事俱無有　無因妄分別　是爲無智者
名義互不生　名義別亦爾　計因無因生　不離於分別
妄謂住實諦　隨見施設說　一性五不成　捨離於諦義
戲論於有無　應起此等覺　以見無我故　不妄求諸有
計作者爲常　呪術與諍論　實諦離言說　而見寂滅法
依於藏識故　而得有意轉　心意爲依故　而有諸識生
虛妄所立法　及心性真如　定者如是觀　通達唯心性
觀意與相事　不念常無常　及以生不生　不分別二義
從於阿賴耶　生起於諸識　終不於一義　而生二種心
由見自心故　非空非言說　若不見自心　爲見網所轉
諸緣無有生　諸根無所有　無貪無蘊界　十六 悉無諸有爲
本無諸業報　無作無有爲　執著本來無　無縛亦無脫
無有無記法　法非法皆無　非時非涅槃　法性不可得
非佛非真諦　非因亦非果　非倒非涅槃　非生亦非滅
亦無十二支　邊無邊非有　一切見皆斷　我說是唯心

問十二有支因緣是一切衆生流轉三世因果法何得言無唯是一心耶答本來無故只由一念無明風鼓動真如海遂成十二緣起作流轉之根由若了之爲佛智海之波瀾昧之作生死河之漩洑故華嚴云不了第一義號曰爲無明因不了之所盲成惑業之衆苦了無明之實性成涅槃之妙心若迷爲惑業則成三道一無明愛取三支是煩惱道二行有二支是業道三識名色六入觸受生死七支是苦道若悟爲三因佛性一識名色六入觸受生死是正因佛性二無明愛取是了因佛性三行有是緣因佛性如是等義唯是一心隨迷悟緣派成多種雖成多種不離一心（如華嚴第六地有十種逆順觀十二因緣皆不離唯心）故大集經云十二因緣一人一念悉皆具足但隨一境一念起處無不具足（非斷非常以三世論）且如眼見色不了名無明生愛惡名行是中心意名識色共識行即名色六處生貪名六入色與眼作對名觸領納名受於色纏綿名愛想色相名取念色心起名有心生名生心滅名死乃至耳聞聲意知法於一念中一一如是一日一夜凡起幾念念念織幾十二因緣成六趣無窮之生死是知生死無體全是如來藏第一義心迷悟昇沉了不可得故起信云所謂一切境界唯心妄起故有若心離於妄動則一切境界滅唯一真心無所不徧豈非唯一心乎

注大乘入楞伽經卷第九　三淨刊

濟南林靖共　嫩燈洪　達卿　各捨鈔一十貫省
助教陳幹住法雲沙門義光僧善應　各捨錢三貫文

東寺

葛同造

注大乘入楞伽經卷第十　時

煩惱業與身　及業所得果　皆如焰如夢　如乾闥婆城
以任唯心故　諸相皆捨離　以任唯心故　能見於斷常
涅槃無諸蘊　無我亦無相　以入於唯心　轉依得解脫
惡習爲因故　外現於大地　及以諸衆生　唯心無所見
身資土影像　衆生習所現　心非是有無　習氣令不顯
垢現於淨中　非淨現於垢　如雲翳虛空　心不現亦爾
妄計性爲有　於緣起則無　以妄計迷執　緣起無分別
非所造皆色　有色非所造　夢幻焰乾城　此等非所造
若於緣生法　謂眞及不實　此人決定依　一異等諸見
聲聞有三種　願生與變化　及離貪瞋等　從於法所生
菩薩亦三種　未有諸佛相　思念於衆生　而現佛形像
衆生心所現　皆從習氣生　種種諸影像　如星雲日月
若大種是有　可有所造生　大種無性故　無能相所相
大種是能造　地等是所造　大種本無生　故無所造色
假實等諸色　及幻所起色　[illegible]乾城色　焰色爲第五
一闡提五種　種性五亦然　五乘及非乘　涅槃有六種
諸蘊二十四　諸色有八種　佛有二十四　佛子有二種
法門有百八　聲聞有三種　諸佛剎唯一　佛一亦復然
解脫有三種　心流注有四　無我有六種　所知亦有四
遠離於作者　及離諸見過　內自證不動　是無上大乘
生及與不生　有八種九種　一念與漸次　證得宗唯一
無色界八種　禪差別有六　辟支諸佛子　出離有七種
三世悉無有　常無常亦無　作業及果報　皆如夢中事
諸佛本不生　爲聲聞佛子　心恒不能見　如幻等法故
故於一切剎　從兜率入胎　初生及出家　不從生處生
爲流轉衆生　而說於涅槃　諸諦及諸剎　隨機令覺悟
世間洲樹林　無我外道行　禪乘阿賴耶　果境不思議
星宿月種類　諸王諸天種　乾闥夜叉種　皆因業愛生
不思變易死　猶與習氣俱　若死永盡時　煩惱網已斷
財穀與金銀　田宅及僮僕　象馬牛羊等　皆悉不應畜
不臥穿孔牀　亦不泥塗地　金銀銅鉢等　皆悉不應畜
土石及與鐵　螺及頗梨器　滿於摩竭量　隨鉢故聽畜
常以青等色　牛糞泥果葉　染白欽婆等　令作袈裟色
四指量刀子　刃如半月形　爲以割截衣　修行者聽畜
勿學工巧明　亦不應賣買　若須使淨人　此法我所說
常守護諸根　善解經律義　不狎諸俗人　是名修行者
樹下及巖穴　野屋與塚間　草窟及露地　修行者應住
冢間及餘處　三衣常隨身　若闕衣服時　來施者應受
乞食出遊行　前視一尋地　攝念而行乞　猶如蜂採花
閙衆所集處　衆雜比丘尼　活命與俗交　皆不應乞食
諸王及王子　大臣與長者　修行者乞食　皆不應親近
生家及死家　親友所愛家　僧尼和雜處　修行者不食
寺中煙不斷　常作種種食　及故爲所造　修行者不食

上云財穀與金銀田宅及僮僕已下至此九一十四偈佛誡弟子無故悞犯攝律儀戒方能成就攝善法戒及饒益有情戒生定發慧具一切佛法是知戒爲定慧之基不可一日無此若也古德以譬數層之閣下固而上存者宜矣

行者觀世間　能相與所相　皆悉離生滅　亦離於有無
若諸修行者　不起於分別　不久得三昧　力通及自在
修行者不應　妄執從微塵　時勝性作者　緣生於世間
世從自分別　種種習氣生　修行者應觀　諸有如夢幻
恒常見遠離　誹謗及建立　身資及所住　不分別三有
不思想飲食　正念端身住　數數恭敬禮　諸佛及菩薩
善解經律中　眞實理趣法　五法二無我　亦思惟自心
內證淨法性　諸地及佛地　行者修習此　處蓮華灌頂
沉淪諸趣中　厭離於諸有　往塚間靜處　修習諸觀行
有物無因生　妄謂離斷常　亦謂離有無　妄計爲中道
妄計無因論　無因是斷見　不了外物故　壞滅於中道
恐墮於斷見　不捨所執法　以建立誹謗　妄說爲中道
以覺了唯心　捨離於外法　亦離妄分別　此行契中道
唯心無有境　無境心不生　我及諸如來　說此爲中道
若生若不生　自性無自性　有無等皆空　不應分別二
不能起分別　愚夫謂解脫　心無覺智生　豈能斷二執

覺智者謂二無我智也二執者謂我法二執也二無我智是對所治我法二執起能治道如前二無我章已說然將施二智妙藥應盡識二執病源如成唯識論云外道餘乘（即二乘也）所執我法各有二種一曰俱生二曰分別○俱生二執者謂無始來虛妄熏習內因力故恒與身俱（與身俱生與心同事）不待邪教及邪分別任運而轉故名俱生此復二種一常相續在第七識緣第八識起自心相執爲實法及實我故二有間斷在第六識緣識（第八所變）蘊界處相或總或別起自心相執爲實法及實我故○分別二執者謂亦由現在外緣力故非與身俱要待邪教及邪分別然後方起故名分別唯在第六意識中有此亦二種一緣邪教說蘊界處種種相故起自心相分別計度執爲實法及實我故二緣邪教說於諸法自性等相及我相故起自心相分別計度執爲實法及實我故（此二執文論中散說今此合引）○如是二執分別起者即見所斷若俱生者即修所斷皆由無明因緣生故是如幻有所執我法妄計度故決定非有故世尊言諸識所緣唯心所現依他起性如幻事等若了二空二執隨斷彼能了者即二覺智也故云若無覺智生豈能斷二執

以覺自心故　能斷二所執　了知故能斷　非不能分別
了知心所現　分別即不起　分別不起故　眞如心轉依
若見所起法　離諸外道過　是智者所取　涅槃非滅壞
我及諸佛說　覺此即成佛　若更異分別　是則外道論
不生而現生　不滅而現滅　普於諸億剎　頓現如水月
一身爲多身　然火及注雨　隨機心中現　是故說唯心
心亦是唯心　非心亦心起　種種諸色相　通達皆唯心
諸佛與聲聞　緣覺等形相　及餘種種色　皆說是唯心
從於無色界　乃至地獄中　普現爲衆生　皆是唯心作

問三界初因四生元始莫窮本末罔辨端由莊老指之爲自然周孔詺之爲渾混佛於此說從無色界乃至地獄依正皆是唯心所作最初起處如何指南荅欲知有

情身土真實端由無先我心如華嚴經云應觀法界性一切唯心造又云心如工畫師能畫諸世間五陰悉從生無法而不造故云諸菩薩初住地時應善觀察隨其所有一切法門隨其所有甚深智慧隨所修因隨所得果隨其境界隨其力用隨其示現隨其分別隨其所得悉善觀察知一切法皆是自心而無所著楞嚴亦云迷妄有虛空依空立世界想澄成國土知覺乃眾生至於世界眾生業果三種相續皆是覺明明了知性因了發相從妄見生山河大地諸有為相次第遷流因此虛妄終而復始是知光未發處尚無其名念欲生時便分其影若有知有覺則眾生界起若無想無慮則國土緣生因染法而六趣輪迴隨淨心而四聖階降可謂凡聖之本身土之由故指虛空世界也悉我自心焉非止言其太極生兩儀玄牝為天地根而已矣考善惡報應也悉我自業焉非止言其上帝無常天網恢恢而已矣豈虛言哉

如幻諸三昧　及以意生身　十地與自在　皆由轉依得
愚夫為想縛　隨見聞覺知　自分別顛倒　戲論之所動
一切空無生　我實不涅槃　化佛於諸剎　演三乘一乘

問此經前後或云三乘一乘或云五性一性或云無乘及乘者乃至種種異說究其旨趣竟如何耶答佛說種種道其實為一乘若隨權實各別所據則似相違反若會通者皆不相違謂就機則三約法則一新熏有五本有無二若入理雙寂則三一俱亡若約佛化儀則能三能一餘諸異說類此可知是故論云競執有是非達者無違諍

佛有三十六　復各有十種　隨眾生心器　而現諸剎土
法佛於世間　猶如妄計性　雖見有種種　而實無所有
法佛是真佛　餘皆是化佛　隨眾生種子　見佛所現身
以迷惑諸相　而起於分別　分別不異真　相不即分別
自性及受用　化身復現化　佛德三十六　皆自性所成
由外熏習種　而生於分別　不取於真實　而取妄所執
迷惑依內心　及緣於外境　但由此二起　更無第三緣
迷惑依內外　而得生起已　六十二十八　故我說為心
知但有根境　則離於我執　悟心無境界　則離於法執
由依本識故　而有諸識生　由依內處故　有似外影現
無智恒分別　有為及無為　皆悉不可得　如夢星毛輪
如乾闥婆城　如幻如焰水　非有而見有　緣起法亦然
我依三種心　假說根境我　而彼心意識　自性無所有
心意及與識　無我有二種　五法與自性　是諸佛境界
習氣因為一　而成於三相　如以一彩色　畫壁見種種
五法二無我　自性心意識　於佛種性中　皆悉不可得
遠離心意識　亦離於五法　復離於自性　是為佛種性
若身語意業　不修白淨法　如來淨種性　則離於現行
神通力自在　三昧淨莊嚴　種種意生身　是佛淨種性
內自證無垢　遠離於因相　八地及佛地　如來性所成
遠行與善慧　法雲及佛地　皆是佛種性　餘悉二乘攝
如來心自在　而為諸愚夫　心相差別故　說於七種地
第七地不起　身語意過失　第八地所依　如夢渡河等
八地及五地　解了工巧明　諸佛子能作　諸有中之王
智者不分別　若生若不生　空及與不生　自性無自性
但唯是心量　而實不可得　為諸二乘說　此實此虛妄
非為諸佛子　故不應分別　有非有悉非　亦無剎那相
假實法亦無　唯心不可得　有法是俗諦　無性第一義
迷惑於無性　是則為世俗　一切法皆空　我為諸凡愚
隨俗假施設　而彼無真實　由言所起法　則有所行義
觀見言所生　皆悉不可得　如離壁無畫　離質亦無影
藏識若清淨　諸識浪不生　依法身有報　從報起化身
此為根本佛　餘皆化所現　不應妄分別　空及以不空
妄計於有無　言義不可得　凡愚妄分別　德實塵聚色
一一塵皆無　是故無境界　眾生見外相　皆由自心現
所見既非有　故無諸外境　如象溺深泥　不能復移動
聲聞住三昧　昏墊亦復然　若見諸世間　習氣以為因
離有無俱非　法無我解脫　自性名妄計　緣起是依他
真如是圓成　我經中常說　心意及與識　分別與表示
　本識作三有　皆心之異名　壽及於煖識　阿賴耶命根
　　根本識種名壽以能持識故此種能令色心不斷亦名
　　命根此識相分色法身根所得名煖現行識名識
意及與意識　皆分別異名　心能持於身　意恒審思慮
意識諸識俱　了自心境界　若實有我體　異蘊及蘊中
於彼求我體　畢竟不可得　一一觀世間　皆是自心現
於煩惱隨眠　離苦得解脫　聲聞為盡智　緣覺寂靜智
如來之智慧　生起無窮盡　外實無有色　唯自心所現
愚夫不覺知　妄分別有為　不知外境界　種種皆自心
愚夫以因喻　四句而成立　智者悉了知　境界自心現
不以宗因喻　諸句而成立　分別所分別　是為妄計相
依止於妄計　而復起分別　展轉互相依　皆因一習氣
此二俱為客　非眾生心起　妄住三界中　心心所分別
所起似境界　是妄計自性　影像與種子　合為十二處
所依所緣合　說有所作事　猶如鏡中像　翳眼見毛輪
習氣覆亦然　凡愚起妄見　於自分別境　而起於分別
如外道分別　外境不可得　如愚不了繩　妄取以為蛇
不了自心現　妄分別外境　如是繩自體　一異性皆離
但自心倒惑　妄起繩分別　妄計分別時　而彼性非有
云何見非有　而起於分別　色性無所有　瓶衣等亦然
但由分別生　所見終無有　無始有為中　迷惑起分別
何法令迷惑　願佛為我說　諸法無自性　但唯心所現
不了於自心　是故生分別　如愚所分別　妄計實非有
異此之所有　而彼不能知　諸聖者所有　非愚所分別
若聖同於凡　聖應有虛妄　以聖治心淨　是故無迷惑
凡愚心不淨　故有妄分別　如母語嬰兒　汝勿須啼泣
空中有果來　種種任汝取　我為眾生說　種種妄計果
令彼受樂已　法實離有無　諸法先非有　諸緣不和合
本不生而生　自性無所有　未生法不生　離緣無生處
現生法亦爾　離緣不可得　觀實緣起要　非有亦非無
非有無俱非　智者不分別　外道諸愚夫　妄說一異性

不了諸緣起　世間如幻夢　我無上大乘　超越於名言
其義甚明了　愚夫不覺知　聲聞及外道　所說皆慳恪
令義悉改變　皆由妄計起　諸相及自體　形狀及與名
攀緣此四種　而起諸分別　計梵自在作　一身與多身
及日月運行　彼非是我子　具足於聖見　通達如實法
善巧轉諸想　到於識彼岸　以此解脫印　永離於有無
及離於去來　是我法中子　若色識轉滅　諸業失壞者
是則無生死　亦無常無常　而彼轉滅時　色處雖捨離
業住阿賴耶　離有無過失　色識雖轉滅　而業不失壞
令於諸有中　色識復相續　若彼諸衆生　所起業失壞
是則無生死　亦無有涅槃　若業與色識　俱時而滅壞
生死中若生　色業應無別　色心與分別　非異非不異
愚夫謂滅壞　而實離有無　緣起與妄計　展轉無別相
如色與無常　展轉生亦爾　既離異非異　妄計不可知
如色無常性　云何說有無　善達於妄計　緣起則不生
由見於緣起　妄計則真如　若滅妄計性　是則壞法眼
便於我法中　建立及誹謗　如是色類人　常毀謗正法
彼皆以非法　滅壞我法眼　智者勿共語　比丘事亦弃
以滅壞妄計　建立誹謗故　若隨於分別　起於有無見
彼如幻毛輪　夢焰與乾城　彼非學佛法　不應與同住
以自墮二邊　亦壞他人故　若有修行者　觀於妄計性
寂靜離有無　攝取與同住　如世間有處　出金摩尼珠
彼雖無造作　而衆生受用　業性亦如是　遠離種種性
所見業非有　非不生諸趣　如聖所了知　法皆無所有
愚夫所分別　妄計法非無　若愚所分別　彼法非有者
既無一切法　衆生無雜染　以有雜染故　無明愛所繫
能起生死身　諸根悉具足　若謂愚分別　此法皆無者
則無諸根生　彼非正修行　若無有此法　而為生死因
愚夫不待修　自然而解脫　若無有彼法　凡聖云何別
亦則無聖人　修行三解脫　諸蘊及人法　自共相無相
諸緣及諸根　我為聲聞說　唯心及非因　諸地與自在
內證淨真如　我為佛子說　未來世當有　身着於袈裟

妄說於有無　毀壞我正法　緣起法無性　是諸聖所行
妄計性無物　計度者分別　未來有愚癡　揭那諸外道
說於無因論　惡見壞世間　妄說諸世間　從於微塵生
而彼塵無因　九種實物常　從實能成實　從德能生德
真法性異此　毀謗說言無　若本無而生　世間則有始
生死無前際　是我之所說　三界一切物　本無而生者
驢騾狗生角　亦應無有疑　眼色識本無　而今有生者
衣冠及席等　應從泥團生　如疊中無席　蒲中亦無席
何不諸緣中　一一皆生席　彼命者與身　若本無而生
我先已說彼　皆是外道論　我先所說宗　為遮於彼意
既遮於彼已　然後說自宗　恐諸弟子衆　迷著有無宗
是故我為其　先說外道論　迦毗羅惡慧　為諸弟子說
勝性生世間　求那所轉變　諸緣無有故　非已生現生
諸緣既非緣　非生非不生　我宗離有無　亦離諸因緣
生滅及所相　一切皆遠離　世間如幻夢　因緣皆無性
常作如是觀　分別永不起　若能觀諸有　如焰及毛輪
亦如尋香城　常離於有無　因緣俱捨離　令心悉清淨
若言無外境　而唯有心者　無境則無心　云何成唯識
以有所緣境　衆生心得起　無因心不生　云何成唯識
真如及唯識　是衆聖所行

此言衆聖皆悉修行真如實觀及唯心識觀如進趣大乘方便經云若於一實境界修信解者應當習學二種觀道一唯心識觀二真如實觀學唯心識觀者所謂於一切時一切處隨身口意所有作業悉當觀察知唯是心乃至一切境界若心往念皆當察知勿令使心無記攀緣不自覺知於念念間悉應觀察隨心所有緣念當使心隨逐彼念令心自知知己內心自生想念非一切境界有念有分別也所謂內心自生長短好惡是非得失衰利有無等見無量諸想而一切境界未嘗有想起於分別當知一切境界自無分別想故即自非長非短非好非惡乃至非有非無離一切相如是觀察一切法唯心想生若使離心則無一法一相而能自見有差別也○真如實觀者思唯心性無生無滅不住見聞覺知永離一切分別之想故云真如及唯識是衆聖所行如上理行雙修方名觀法故永嘉云渡海先須上船非船無以能渡修心必須入觀非觀無以明心心尚未明相應何日若不修習得菩提者猶兎等類亦應證得

此有言非有　彼非解我法　由能取所取　而心得生起
世間心如是　故非是唯心　身資土影像　如夢從心生
心雖成二分　而心無二相　如刀不自割　如指不自觸
而心不自見　其事亦如是　無有影像處　則無依他起
妄計性亦無　五法二心盡　能生及所生　皆是自心相
密意說能生　而實無自性　種種境形狀　若由妄計生
虛空與兎角　亦應成境相　似境從心起　此境非妄計
然彼妄計境　離心不可得　無始生死中　境界悉非有
心無有起處　云何成影像　若無物有生　兎角亦應生
不可無物生　而起於分別　如鏡現非有　彼則先亦無
云何無境中　而心緣境起　真如空實際　涅槃及法界
一切法不生　是第一義性　愚夫墮有無　分別諸因緣
不能知諸有　無生無作者　無始心所因　唯心無所見
既無無始境　心從何所生　無物而得生　如貧應是富
無境而生心　願佛為我說　一切若無因　無心亦無境
心既無所生　離三有所作　因瓶衣角等　而說兎角無
是故不應言　無彼相因法　無因有故無　是無不成無
有待無亦爾　展轉相因起　若依止少法　而有少法起
是則前所依　無因而自有　若彼別有依　彼依復有依
如是則無窮　亦無有少法　如依木葉等　現種種幻相
衆生亦如是　依事種種現　依於幻師力　令愚見幻相
而於木葉等　實無幻可得　若依止於事　此法則便壞
所見既無二　何有少分別　分別無妄計　分別亦無有
以分別無故　無生死涅槃　由無所分別　分別則不起
云何心不起　而得有唯心　意差別無量　皆無真實法
無實無解脫　亦無諸世間　如愚所分別　外所見皆無
習氣擾濁心　似影像而現　有無等諸法　一切皆不生

但唯自心現 遠離於分別 說諸法從緣 爲愚非智者
心自性解脫 淨心聖所住 數勝及露形 梵志與自在
皆墮於無見 遠離寂靜義 無生無自性 離垢空如幻
諸佛及今佛 爲誰如是說 淨心修行者 離諸見計度
諸佛爲彼說 我亦如是說 若一切皆心 世間何處住
何因見大地 衆生有去來 如鳥遊虛空 隨分別而去
無依亦無住 如履地而行 衆生亦如是 隨於妄分別
遊履於自心 如鳥在虛空 身資國土影 佛說唯心起
願說影唯心 十卷何因云何起 身資國土影 七皆由習氣轉
亦因不如理 分別之所生 外境是妄計 心緣彼境生
了境是唯心 分別則不起 若見妄計性 名義不和合
遠離覺所覺 解脫諸有爲 名義皆捨離 此是諸佛法
若異此求悟 彼無覺自他 若能見世間 離能覺所覺
是時則不起 名所名分別 由見自心故 妄作名字滅
不見於自心 則起彼分別 四蘊無色相 彼數不可得
大種性各異 云何共生色 由離諸相故 能所造非有
異色別有相 諸蘊何不生 若見於無相 蘊處皆捨離
是時心亦離 見法無我故 由根境差別 生於八種識
於彼無相中 是三相皆離 意緣阿賴耶 起我我所執
及識二執取 了知皆遠離 觀見離一異 是則無所動
離於我我所 二種妄分別 無生無增長 亦不爲識因
既離能所作 滅已不復生 世間無能作 及離能所相
妄計及唯心 云何願爲說 自心現種種 分別諸形相
不了心所現 妄取謂心外 由無覺智故 而起於無見
云何於有性 而心不生著 分別非有無 故於有不生
了所見唯心 分別則不起 分別不起故 轉依無所著
則遮於四宗 謂法有因等 此但異名別 所立皆不成
應知能作因 亦復不成立 爲遮於能作 說因緣和合
爲遮於常過 說緣是無常 愚夫謂無常 而實不生滅
不見滅壞法 而能有所作 何有無常法 而能有所生
天生阿脩羅 鬼畜閻羅等 衆生在中生 我說爲六道
由業上中下 於中而受生 守護諸善法 而得勝解脫

佛爲諸比丘 說於所受生 念念皆生滅 請爲我宣說
色色不暫停 心心亦生滅 我爲弟子說 受生念遷謝
色色中分別 生滅亦復然 分別是衆生 離分別非有
我爲此緣故 說於念念生 若離取著色 不生亦不滅
緣生非緣生 無明真如等 二法故有起 無二即真如
若彼緣非緣 生法有差別 常等與諸緣 有能作所作
是則大牟尼 及諸佛所說 有能作所作 與外道無異
我爲弟子說 身是苦世間 亦是世間集 滅道皆悉具

此四諦義天台約涅槃經聖行品開成四種四諦謂生滅無生滅無量無作○生滅者苦集是世間因果滅道是出世因果謂逼迫名苦則三相遷移（集論云諸有情生及生所依處俱名苦諦）增長名集則四心流動（集論云一切煩惱及煩惱增上所造諸業俱名集諦）除患名道則對治易奪寂靜名滅則滅有還無即令衆生知苦斷集欣滅修道雖世出世皆是變異故名生滅四諦也（諦有二義一諦諦實二諦審諦）○若達四諦從緣生故空即超筌悟旨而成智慧謂解苦無苦名苦聖諦解集無和合名集聖諦解滅無滅名滅聖諦解道無道名道聖諦故名無生四諦也○大涅槃經云苦有無量相非諸聲聞緣覺所知集滅道等亦復如是即無量四諦也○若了陰入皆如無苦可捨無明煩惱即是菩提無集可斷生死即涅槃無滅可證邊邪皆中正無道可修無苦無集故無世間無滅無道故無出世間一切諸法皆是實相實相外更無別法即無作四諦也故玄義云以迷理故菩提成煩惱名集諦涅槃成生死名苦諦以能解故煩惱即菩提十卷名道諦生死即涅槃名滅諦即事而中八無思無念無誰造作故名無作亦名一實諦所以八千聲聞法華會上見如來性如秋收冬藏更無所作以達本故法爾如斯若未親證之人不可安然拱手倣無作無修直須水到渠成自然任運○以是四諦豎對諸土有增有滅同居有四方便則三實報則二寂光唯一又總說名四諦別說名十二因緣苦是識名色六入觸受生死等七支集是無明行愛取有等五支道是對治因緣方使滅是無明滅行滅乃至老死滅故涅槃經開四四諦亦開四十二因緣下智觀之得聲聞菩提中智觀之得緣覺菩提上智觀之得菩薩菩提上上智觀之得諸佛菩提故中論云因緣所生法即是生滅我說即是空是無生滅亦名爲假名是無量亦名中道義是無作又謂因緣即集所生即苦滅集方便是道苦集盡是滅○問法性尚非一法云何以一二三四推之答法性是所迷苦集是能迷能迷有輕重所迷有即離約界內外分別即有四種苦集約根性證理即有一二三四不同若界內鈍人迷真重苦集亦重利人迷真輕苦集亦輕界外利鈍輕重亦爾法性是所解滅道是能解所解有即離能解有巧拙界內鈍人所解離能解則拙利人所解即能解亦巧界外利鈍即離巧拙亦如是○問集既有四苦果何二答惑隨於解集則有四解隨於惑但感二死例如小乘惑隨於解則有見諦思惟若解隨於惑但是一分段生死爾○問苦集可是因緣所生法滅道何故爾答苦集是所破滅道是能破能破從所破得名俱是因緣生法故大涅槃云因滅無明即得熾然三菩提燈亦是因緣也○問法性是所迷何故二何故四答法性隨權實是故二法性隨根緣是故四若達此旨見相關法等例作四種料簡即無差濫是知一心四諦橫該豎徹理無不窮法無不備也

凡夫妄分別 取三自性故 見有能所取 世及出世法
我先觀待故 說取於自性 今爲遮諸見 不應妄分別
求過爲非法 亦令心不定 皆由二取起 無二即真如
若無明愛業 而生於識等 邪念復有因 是則無窮過
無智說諸法 有四種滅壞 妄起二分別 法實離有無
遠離於四句 亦離於二見 分別所起二 了已不復生
不生中知生 生中知不生 彼法同等故 不應起分別
願佛爲我說 遮二見之理 令我及餘衆 恒不隨有無
不雜諸外論 亦離於二乘 諸佛證所行 佛子不退處
解脫因非因 同一無生相 迷故執異名 智者應常離

法從分別生　如毛輪幻焰　外道妄分別　世從自性生
無生及真如　性空與實際　此等異名說　不應執為無
如手有多名　帝釋名亦爾　諸法亦如是　不應執為無
色與空無異　無生亦復然　不應執為異　成諸見過失
以總別分別　及遍分別故　執著諸事相　長短方圓等
總分別是心　遍分別為意　別分別是識　皆離能所相
我法中起見　及外道無生　皆是妄分別　過失等無異
若有能解了　我所說無生　及無生所為　是人解我法
為破於諸見　無生無住處　令知此二義　故我說無生
佛說無生法　若是有是無　則同諸外道　無因不生論
我說唯心量　遠離於有無　若生若不生　是見應皆離
無因論不生　生則著作者　作即離諸見　無即自然生
佛說諸方便　正見大願等　一切法若無　道場何所成
離能取所取　非生亦非滅　所見法非法　皆從自心起
牟尼之所說　前後自相違　云何說諸法　而復言不生
眾生不能知　願佛為我說　得離外道過　及彼顛倒因
唯願勝說者　說生及與滅　皆離於有無　而不壞因果
世間墮二邊　諸見所迷惑　唯願青蓮眼　說諸地次第
取生不生等　不了寂滅因　道場無所得　我亦無所識
剎那法皆空　無生無自性　諸佛已淨二　有二即成過
惡見之所覆　分別非如來　妄計於生滅　願為我等說
積集於戲論　和合之所生　隨其類現前　色境皆具足
見於外色已　而起於分別　若能了知此　則見其實義
若離於大種　諸物皆不成　大種既唯心　當知無所生
此心亦不生　則順聖種性　勿分別分別　無分別是智
分別於分別　是二非涅槃　若立無生宗　則壞於幻法
亦無因起幻　損減於自宗　猶如鏡中像　雖離一異性
所見非是無　生相亦如是　如乾城幻等　悉待因緣有
諸法亦如是　是生非不生　分別於人法　而起二種我
此但世俗說　愚夫不覺知　由願與緣習　自力及最勝
聲聞法第五　而有羅漢等　時隱及滅壞　勝義與流遷
是四種無常　愚分別非智　愚夫墮二邊　德塵自性作

以取有無宗　不知解脫因　大種互相違　安能起於色
但是大種住　無大所造色　火乃燒於色　水復為瀾壞
風能令散滅　云何色得生　色蘊及識蘊　唯此二非五
餘但是異名　我說彼如怨　心心所差別　而起於現法
分析於諸色　唯心無所造　青白等相待　作所作亦然
所生及性空　冷熱相所相　有無等一切　妄計不成立
心意及餘六　諸識共相應　皆依藏識生　非一亦非異
數勝及露形　計自在能生　皆墮有無宗　遠離寂靜義
大種生形相　非生於大種　外道說大種　生大種及色
法無生法外　外道計作者　依止有無宗　愚夫不覺知
清淨真實相　而與大智俱　但共心相應　非意等和合
若業皆生色　則違諸蘊因　眾生應無取　無有住無色
說色為無者　眾生亦應無　無色論是斷　諸識不應生
識依四種住　無色云何成　內外既不成　識亦不應起
眾生識若無　自然得解脫　必是外道論　妄計者不知
或有隨樂執　中有中諸蘊　如生於無色　無色云何有
無色中之色　彼非是可見　無色則違宗　非乘及乘者
識從習氣生　與諸根和合　八種於剎那　取皆不可得
若諸色不起　諸根則非根　是故世尊說　根色剎膩迦
云何不了色　而得有識生　云何識不生　而得受生死
諸根及根境　聖者了其義　愚癡無智者　妄執取其名
不應執第六　有取及無取　為離諸過失　聖者無定說
諸外道無智　怖畏於斷常　計有為無為　與我無差別
或計與心一　或與意等異　一性有可取　異性有亦然
若取是決了　名為心心所　此取何不能　決了於一性
有取及作業　可得而受生　猶如火所成　理趣似非似
如火頓燒時　然可然皆具　妄取我亦然　云何無所取
若生若不生　心性常清淨　外道所立我　何不以為喻
迷惑識稠林　妄計離真法　樂於我論故　馳求於彼此
內證智所行　清淨真我相　此即如來藏　非外道所知
分析於諸蘊　能取及所取　若能了此相　則生真實智
是諸外道等　於賴耶藏處　計意與我俱　此非佛所說

若能辯了此　解脫見真諦　見修諸煩惱　斷除悉清淨

見修諸煩惱者即見道所斷分別煩惱及修道所斷俱生煩惱也通三乘說者略有十種一貪二瞋三癡（亦云無明）四慢五疑六身見七邊見八邪見九見取十戒禁取如是總別十使煩惱中疑及邪見二取四種唯分別起即見所斷煩惱餘貪等六通分別俱生兼二所斷謂見所斷及修所斷也○八識之中前五識得起初三亦通分別及俱生由用意識中邪師邪教及邪思惟三因引故得有分別起也第六意識總具十種四唯分別六通分別俱生第七末那唯四俱生謂我癡我見我慢我愛此識有覆無記性故其第八識十總不起（唯含欲種）唯此無覆無記性故○分別俱生皆通三界唯瞋一種只欲界有上色無色二界煩惱皆是有覆無記性攝欲界四諦下各有十使即為四十上二界皆除瞋諦別各有九即有七十二并欲界合有一百一十二其俱生者欲界具六上二界除瞋各唯有五合成十六通前分別總有一百二十八煩惱○若二乘機以八忍八智斷三界四諦分別煩惱得預流果次修九無間道九解脫道斷三界俱生煩惱得餘三果其所知障諸趣寂者入無餘時斷其餘一切有斷不斷不同愚法以彼唯斷煩惱障故（回心二乘得同回心菩薩分斷所知障不同愚法二乘唯斷煩惱障）○直進菩薩二障俱斷煩惱障中不同二乘約界分位（回心菩薩斷煩惱障或漸二乘）但於二障分別起者地前伏現行初地真見道時一剎那中頓斷彼種其俱生中煩惱初地已去自在能斷留種故不斷何以故潤生攝化故不墮二乘故為斷所知障故為得大菩提故彼第七識煩惱性非潤生故非所留行相細故七地已還有時暫現以觀智有間故是故當知煩惱障種至金剛位其所知障行相細故正障菩薩道故於地地分斷要至佛地方盡無餘由此即說二障修或俱至佛地故對法論云又諸菩薩十地位中唯修所知障對治道非斷煩惱障得菩提時頓斷煩惱及所知障○若約小教諸聲聞人於煩惱障但能折伏何況能斷所

知障。其菩薩人於二障中。不分俱生及分別。但有正使及習氣。地前伏使現。初地斷使種。地上除習氣。佛地究竟淨。此中習氣。從斷正使種子無間。方有餘殘習氣○若約六七八識與二障合辨者。有義。八識中唯習氣。末那中唯種子。六識唯現行。或云六七八識。皆通習氣種子現行。然此二障俱能障智。通名無明。以是本末二無明故。如起信論。依本末相依門。以明二障。以無明所起六染心。爲煩惱礙（即四住地煩惱）。能起染心之無明（根本）。名爲智礙（無明住地）。其煩惱礙亦名枝末無明（亦名所知障也）。何以故。以能染境義邊名爲煩惱。以能障智義邊亦名無明。故瑜伽論云。無明有二。若貪等俱者。名相應無明（枝末）。非貪等俱者。名獨行無明（根本）。以是主故。唯識又云。不共無明有二。一恒行不共。唯末那有（枝末）。二獨行不共。末那所無（根本）○是故天台。以體眞止。從假入空觀。與空慧相應。即能破見思惑（四住煩惱）。成慧眼一切智。智能得體。得眞體也。以方便隨緣止。從空入假觀。分別藥病種種法門。即破無知惑（枝末無明）。成法眼道種智。智能得體。得俗體也。以離二邊分別止。及上二觀爲方便。得入中道觀。破根本無明。成佛眼一切種智。智能得體。得中道第一義體也。猶名巧度次第義爾。若約一心圓頓止觀者。謂法性寂然曰止。寂而常照名觀。以止緣於諦。則一諦而三諦。以諦繫於止。則一止而三止。譬如三相在一念心。雖一念心而有三相。止諦亦如是。所止之法雖一而三。能止之心雖三而一。以觀觀於境。則一境而三境。以境發於觀。則一觀而三觀。如摩醯首羅面上三目。雖有三目而是一面。觀境亦如是。觀三即一。發一即三。不可思議。非世出世。不權不實。不優不劣。不前不後。不並不別。不大不小。故中論云。因緣所生法。即空即假即中也。故知破一切惑。莫若空。無假無中而不空。建立一切法。莫若假。無空無中而不假。究竟一切性。莫若中。無假無空而不中。是皆對治衆生心病。無明煩惱。方便如此建立。於賢首宗。猶屬終教義。如上所破無明煩惱。在圓覺經亦名理事二障也○若約頓教。惑性智性皆本淨故。故不可說斷與不斷。設謂有惑可斷。亦不依地位漸斷。如起信云。若離妄念。則無一切境界之相是也。圓教更不分使習種現。謂一切煩惱。不可說其體性。則全妄全眞。唯是無盡重重法界。諸佛心中衆生。衆生心中諸佛。互相涉入。是故一障一切障。一斷一切斷○然修觀行者。須達能斷無性。所斷本空。無斷之斷。方爲正斷。若執定有者。則墮於常。不可斷故。若執定無。即墮於斷。失聖智故。故先德云。佛本是而勤修。惑元無而須斷

本性清淨心　衆生所迷惑　無垢如來藏　遠離邊無邊
本識在蘊中　如金銀在鑛　陶冶鍊治已　金銀皆顯現
佛非人非蘊　但是無漏智　了知常寂靜　是我之所歸
本性清淨心　隨煩惱意等　及與我相應　願佛爲解說
自性清淨心　意等以爲他　彼所積集業　雜染故爲二
意等我煩惱　染汙於淨心　猶如彼淨衣　而有諸垢染
如衣得離垢　亦如金出鑛　衣金俱不壞　心離過亦然
無智者推求　箜篌螺鼓等　而覓妙音聲　蘊中我亦爾
猶如伏藏寶　亦如地下水　雖有不可見　蘊真我亦然
心心所功能　衆集蘊相應　無智不能取　蘊中我亦爾
如女懷胎藏　雖有不可見　蘊中真實我　無智不能知
如藥中勝力　亦如木中火　蘊中真實我　無智不能知
諸法中空性　及以無常性　蘊中真實我　無智不能知
諸地自在通　灌頂勝三昧　若無此真我　是等悉皆無
有人破壞言　若有應示我　智者應答言　汝分別示我
說無真我者　謗法著有無　比丘應羯磨　擯弃不共語
說真我熾然　猶如劫火起　燒無我稠林　離諸外道過
如蘇酪石蜜　及以麻油等　彼皆悉有味　未嘗者不知
於諸蘊身中　五種推求我　愚者不能了　智見即解脫
明智所立喻　猶未顯於心　其中所集義　豈能使明了
諸法別異相　不了唯一心　計度者妄執　無因及無起
定者觀於心　心不見於心　見從所見生　所見何因起
我姓迦旃延　淨居天中出　爲衆生說法　令入涅槃城

緣於本住法　我及諸如來　於三千經中　廣說涅槃法
欲界及無色　不於彼成佛　色界究竟天　離欲得菩提
境界非縛因　因縛於境界　修行利智劍　割斷彼煩惱
無我云何有　幻等法有無　愚應顯真如　云何無真我
已作未作法　皆非因所起　一切悉無生　愚夫不能了
能作者不生　所作及諸緣　此二皆無生　云何計能作
妄計者說有　先後一時因　顯瓶衣子等　說諸物生起
佛非是有爲　所具諸相好　是輪王功德　非此名如來
佛以智爲相　遠離於諸見　自內證所行　一切過皆斷
聾盲瘖瘂等　老小及懷怨　是等尤重者　皆無梵行分
隨好隱爲天　相隱爲輪王　此二著放逸　唯願者出家
我釋迦滅後　當有毗耶婆　迦那梨沙婆　劫比羅等出
我滅百年後　毗耶婆所說　婆羅多等論　次有半擇婆
憍拉婆囉摩　次有冐狸王　難陀及毱多　次蔑利車王
於後刀兵起　次有極惡時　彼時諸世間　不修行正法
如是等過後　世間如輪轉　日火共和合　焚燒於欲界
復立於諸天　世間還成就　諸王及四姓　諸仙垂法化
韋陁祠施等　當有此法興　談論戲笑法　長行與解釋
我聞如是等　迷惑於世間　所受種種衣　若有正色者
青泥牛糞等　染之令壞色　所服一切衣　今離外道相
現於修行者　諸佛之幢相　亦繫於腰縚　漉水而飲用
次第而乞食　不至於非處　生於勝妙天　及生於人中
寶相具足者　生天及人王　王有四天下　法教久臨御
上昇於天宮　由貪皆退失　純善及三時　二時并極惡
餘佛出善時　釋迦出惡世　於我涅槃後　釋種悉達多
毗細大自在　外道等俱出　如是我聞等　釋師子所說
談古及笑語　毗夜婆仙說　於我涅槃後　毗細大自在
彼說如是言　我能作世間　我名離塵佛　姓迦多衍那
父名世間主　母号爲具財　我生瞻波國　我之先祖父
從於月種生　故号爲月藏　出家修苦行　演說千法門
與大慧授記　然後當滅度　大慧付達摩　次付彌佉梨
彌佉梨惡時　劫盡法當滅　迦葉拘留孫　拘那含牟尼

及我離塵垢　皆出純善時　純善漸滅時　有道師名慧
成就大勇猛　覺悟於五法　非二時三時　亦非極惡時
於彼純善時　現成等正覺　衣雖不割縷　雜碎而補納
如孔雀尾月　無有人侵奪　或二指三指　間錯而補成
異此之所作　愚夫生貪著　唯當於三衣　恒滅貪欲火
沐以智慧水　日夜三時修　如射箭勢極　一墮還放一
亦如秤酪木　善不善亦然　若一能生多　則有別異相
施者應如田　受者應如風　若一能生多　一切無因有
十二
所作因滅壞　是妄計所立　若妄計所立　十三 如燈及種子
一能生多者　但相似非多　胡麻不生豆　稻非穬麥因
小豆非穀種　云何一生多　名手作聲論　廣主造王論
順世論妄說　當生梵藏中　迦多延造經　樹皮仙說祀
鵂鶹出天文　惡世時當有　世間諸衆生　福力感於王
如法御一切　守護於國土　青蠅及赤豆　側僻與馬行
此等大福仙　未來世當出　釋子悉達多　步多五髻者
口力及聰慧　亦於未來出　我在於林野　梵王來愍我
鹿皮三歧杖　膊絡及軍持　此大修行者　當成離垢尊
說於真解脫　牟尼之幢相　梵王與梵衆　諸天及天衆
施我鹿皮衣　還歸自在宮　我在林樹間　帝釋四天王
施我妙衣服　及以乞食鉢　若立不生論　是因生復生
如是立無生　唯是虛言說　無始時積集　無明為心因
生滅而相續　妄計所分別　僧佉論有二　勝性及變異
勝中有所作　所作應自成　勝性與物俱　求那說差別
作所作種種　變異不可得　如水銀清淨　塵垢不能染
藏識淨亦然　衆生所依止　如興渠蒜氣　鹽味及胎藏
種子亦如是　云何而不生　一性及異性　俱不俱亦然
非所取之有　非無非有為　馬中牛性離　蘊中我亦然
所說為無為　悉皆無自性　理教等求我　是妄垢惡見
不了故說有　唯妄取無餘　諸蘊中之我　一異皆不成
彼過失顯然　妄計者不覺　如水鏡及眼　現於種種影
遠離一異性　蘊中我亦然　行者修於定　見諦及以道
勤修此三種　解脫諸惡見　猶如孔隙中　見電光速滅

法遷變亦然　不應起分別　愚夫心迷惑　取涅槃有無
若得聖見者　如實而能了　應知變異法　遠離於生滅
亦離於有無　及以能所相　應知變異法　遠離外道論
亦離於名相　內我見亦然　諸天樂觸身　地獄苦逼體
若無彼中有　諸識不得生　應知諸趣中　衆生種種身
胎卵濕生等　皆隨中有生　離聖教正理　欲滅惑反增
是外道狂言　智者不應說

謂依如來能詮聖教，所詮正理，如實修行，斷惑證真，則無有塵累。捨此欲滅煩惱，皆為虛說。○故賢首師以佛聖教正理，發明宗趣等，巧被機宜，各分為五。（見華嚴教章及起信論疏）且聖教五者：一小乘教，以隨機故，隨他語故，而說諸法一向差別，以其簡邪正，辨凡聖，分欣厭，明因果。然所說理，但顯人空，未明法空，唯依六識三毒建立染淨根本，未盡法源，故多諍論。二大乘始教，亦名分教，謂定性二乘、無性闡提俱不成佛，此既未盡大乘法理，故立為初；有不成佛，故名為分。廣說法相，少說法性，所說法性即法相數，決擇分明，故少諍論。三終教，亦名實教，說如來藏隨緣成阿賴耶識，緣起無性，一切皆如，定性無性悉當成佛，方盡大乘至極之說，故立為終；以稱實理，故名為實。少說法相，多說法性，所說法相亦會歸性，故無諍論。以上二教並依地位漸次修成，總名為漸。然此一門與前後別，但教有始終頓漸之殊，法非優劣淺深之異。四頓教，但一念不生即名為佛，不依地位漸次而說，故名為頓。總不論事相，唯辨真性，十四一切所有唯是妄想，十五一切法界唯是絕言，五法三自性皆空，八識二無我俱遣，訶教勸離，毀相泯心，生心即妄，不生即佛。五一乘圓教，明一位即一切位，一切位即一位，是故十信滿心即攝五位成正覺等，主伴具足，故名圓教。所說唯是無盡法界性海圓融緣起無礙，如帝網珠重重無盡。（若於五中顯此經者，正唯頓教，亦屬於終）○然教章獨於圓教中而云一乘有二：一同教一乘，同頓同實故；二別教一乘，唯圓融具德故。謂別教則逈異諸教，同教即普攝諸教。前後諸師所判教

義，莫善於此。但未明諸乘五教亦各有同別共不共，故今續之，以成其說。一小乘教者，以共人天乘為同教，以唯顯四諦四果為不共別教，故品足論六云：有共異生法、不共異生法。云何為共？謂有定及有生。此復云何？謂如是定，如是生，異生聖者皆容得有。云何不共？謂四通行、四無礙解、四沙門果等。二大乘始教者，以共二乘迴心教為同，以不共二乘直進教為別，此如智論有共不共般若，教章明迴心直進二教是也。三大乘終教者，以共前三乘為同，法華經云：於一佛乘分別說三。汝等所行，皆菩薩道。以不共三乘唯一乘為別，法華經云：十方佛土中，唯有一乘法，無二亦無三。唯此一事實，餘二則非真。是知法華、涅槃皆對權小以顯一乘。四大乘頓教，以共始終小乘為同，以不共前三唯頓為別，如圓覺經云：此經名為頓教大乘，頓機衆生從此開悟。謂約別教直進機也。又云：亦攝漸修一切群品。此約同教迴心機也。五一乘圓教者，如上所引教章文是也。○此五教中，若以大小為對，則初一為小，後四為大；若約權實為對，前二為權，後三為實；若以頓漸為對，前三皆漸，後一為頓；若以偏圓為對，前四皆偏，後一為圓。而前前不攝後後，後後必收前前，此約同教說也。○若約別教，則後後皆破前前，故華嚴經云：法性真常離心念，二乘於此亦能得，不以此故為世尊，但以甚深無礙智。（[illegible]）楞伽經云：初地即為八，乃至無相有何次。（[illegible]）法華經云：無二亦無三。（此破始終教）梵網經呵二乘為邪見。（[illegible]）皆但除其病，不除其法。○然同教中雖同前前，而中間三教亦得分同於後，如圓覺經有圓教法界三觀，攝論等有實教行相，然有其所同，無其所別，有其義而無其教，唯成當教中義。由諸經論有如是同別共不共等法門出沒相涉，故方便立五教不同。○問：已知五教各有同別，貫於群詮，由是以明一代時教，更無餘蘊。云何一心約就諸教而有如是差別義耶？答：此有二義，故作是說。一約法通收，謂由此甚深緣起一心具五義門，是故聖人隨以

一門攝化衆生。二攝義從名門。如小乘教說。二攝理從
事門。如始教說。三理事無礙門。如終教說。四事盡理顯
門。如頓教說。五性海具德門。如圓教說。是則不動本而
常末。不壞末而常本。五義相融。唯一心也。二約機得法
分齊（機器不同）謂或有得名而不得義。如小乘教。或有得名
得一分義。如始教。或有得名得具分義。如終教。或有得
義而不存名。如頓教。或有名義俱無盡。如圓教。是知聖
教萬差。要唯此五。初則歷然不濫。後通全體相收。一味
融通。群疑屏息。總是如來一大善巧攝生方便也。餘諸
義門廣如彼說
先應決了我　及分析諸取　以如石女兒　無決了分折
我離於肉眼　以天眼慧眼　見諸衆生身　離諸行諸蘊
觀見諸行中　有好色惡色　解脫非解脫　有住天中者
諸趣所受身　唯我能了達　超過世所知　非計度境界
無我而生心　此心云何生　豈不說心生　如河燈種子
若無無明等　心識則不生　離無明無識　云何生相續
妄計者所說　三世及非世　第五不可說
言三世及非世。第五不可說者。謂天竺犢子部。以我法
俱有而爲宗。趣立五法藏。謂三世爲三。無爲爲四。（即是非世）
第五不可說藏。我在其中。以不可說爲有爲及無爲也
故此一部。諸部共推不受。呼爲附佛法外道也
諸佛之所知　諸行取所住　彼亦爲智因　不應說智慧
而名爲諸行　有此因緣故　則有此法生　無別有作者
是我之所說　風不能生火　而令火熾然　亦由風故滅
云何喻於我　所說爲無爲　皆離於諸取　云何愚分別
以火成立我　諸緣展轉力　是故能生火　若分別如火
是我從誰生　意等爲因故　諸蘊處積集　無我之商主
常與心俱起　此二常如日　遠離能所作　非火能成立
妄計者不知　衆生心涅槃　本性常清淨　無始過習染
無異如虛空　象卧等外道　諸見所雜染　意識之所覆
計火等爲淨　若得如實見　便能斷煩惱　捨邪喻稠林
到聖所行處　智所知差別　各異而分別　無智者不知

說所不應說　如愚執異材　作析櫃沉水　妄計與真智
當知亦復然　食訖持鉢歸　洗濯令清淨　澡漱口餘味
應當如是修　若於此法門　如理正思惟　淨信離分別
成就最勝定　離著住於義　成金光法燈　分別於有無
及諸惡見網　三毒等皆離　得佛手灌頂　外道執能作
迷方及無因　於緣起驚怖　斷滅無聖性　變起諸果報
謂諸識及意　意從賴耶生　識依末那起　賴耶起諸心
如海起波浪　習氣以爲因　隨緣而生起　剎那相鈎鎖
取自心境界　種種諸形相　意眼等識生　由無始惡習
似外境而生　所見唯自心　非外道所了　因彼而緣彼
而生於餘識　是故起諸見　流轉於生死　諸法如幻夢
水月焰乾城　當知一切法　唯是自分別　正智依真如
而起諸三昧　如幻首楞嚴　如是等差別　得入於諸地
自在及神通　成就如幻智　諸佛灌其頂　見世間虛妄
是時心轉依　獲得歡喜地　諸地及佛地　既得轉依已
如衆色摩尼　利益諸衆生　應現如水月　捨離有無見
及以俱不俱　過於二乘行　亦超第七地　自內現證法
地地而修治　遠離諸外道　應說是大乘　說解脫法門
如兎角摩尼　捨離於分別　離死及遷滅　教由理故成
理由教故顯　當依此教理　勿更餘分別
此最後一頌。謂約義付囑流通。教迹也。即心能詮也。理
本也。即心所詮也。非本無以垂迹。非迹無以顯本。若能
尋迹得本。自然絕迹歸宗。故云教由理故成。理由教故
顯也。此教者。摩訶衍中真實了義教也。此理者。謂緣起
一心甚深至理也。是故結勸四輩弟子。信解修行。如實
證入不斷如來種性。故云當依此教理。勿更餘分別　王津刊

注大乘入楞伽經卷第十

丐緣鏤板沙門　法璋　重校勘
福州泉山嗣祖沙門　僧瑋　都校勘
僧子先捨錢二十貫文　僧惠榮　惠福　各捨錢五貫文

葛同印造

楞伽經纂序

洪惟此道不容以聲靈山破顏而法已傳少林面壁而意默示惟授心要不立言文俾之眉宇相得而大道無餘針艾不施而沉痾頓釋柰何學者膠於曩昔之業習揺於知見之風波菴摩漸熟者不無日輪頓照者或寡月氛俱現金礦混殽遂使妙明每多塵翳而況世久而傳必謬師多而習必訛不載之書何以示證於是我祖爰自西來指出秘文併以傳授將使世替而法愈固人訛而文尚存但有志於披砂亦何艱於得寶我祖達磨嘗曰吾有楞伽四卷是諸佛之心印付之二祖祝俾護持傳之老師歷代稱讚蓋取大乘之器授之上味之珍咸滌細微悉置彼眞淨地只爲竺唐異壤文語殊音覽者彌旬困於句讀安能披文見義了然得於心胷哉深嘆覺皇妙旨因循與蠹俱捐想惟諸

聖之寒心豈有仁人而坐視愚嘗於此精誠嚮慕意義潛通繼晷披尋大理昭晰深嘆前文僻古遂令後學輟觀於是纂叙玄樞爲之詮注方啓琅函秘典蠲日施功果然金飾婦人中宵見夢強鞭不敏鄙頌兼成願階學徒目觀心了朞年之久四軸巳周不敢與正經竝行但號曰楞伽經纂遂以百八句義列爲七十餘門撮彼玄機隨爲標目使學者披文得義以義證心非特佛印可傳抑使雄文不墜噫衆生昏昧習業纏綿不知自擲家財終日爲他運糞性識飄忽老死奔馳乃至埋沒四生輪迴六趣間有上乘之士難逃邊見之塵泯心相於斷空者不知其反溺於無認靈識之幻塵者不知其反墮於有無爲大道寧落識塵擬議迷源澄神愈動靈光相續影裏藏身黙坐觀空窟中活計況乃見聞覺識認作眞如那將文字語

句三輪句非三輪句相句非相句有品句非有品句俱句非俱句緣自聖智現法樂句非現法樂句刹土句非刹土句阿㝹句非阿㝹句水句非水句弓句非弓句實句非實句數句非數句（此物之數也）數句非數句（此數霜縷切）明句非明句虛空句非虛空句雲句非雲句工巧伎術明處句非明處句風句非風句地句非地句心句非心句施設句非施設句自性句非自性句

言師爲密旨但得靈源返本何處諸法不眞故我能仁大垂方便闡一心之妙杜諸見之邪必欲醇酎醍醐待將普灌窮子以出世慧入凡夫心指擿瑕玼洗除垢滌七性七義鍛鍊眞心三相四禪簡除情識立四小果以排空想述五無間以袪妄緣念所證之未圓遂分十地究諸法之無相乃示七空三智三身而俾之同歸法身二法五法而俾之共厎如法只爲情

存見量誰知失在錙銖因示離想之涅槃乃顯無我之識藏斷妄絲而不令相續俾實印而使佩眞空滅有非有情超性非性覺將欲爲後來絕情見之竇開自覺之塲巽鑛石都捐即眞金徧體而乃關防位前之岐徑黜檢地上之癩瘕刮削透金塵發明膈羅膜咸使二障頓盡無乘可登永脫世世垢衣坐進如如妙地是故寶藏垂標而獨謂之心品江西稱讚而眷嘆其無門謂之心品則心外無宗謂之無門則有門離法仰斯妙旨實有眞歸寶貨森陳只求大價醫方紛委曲爲微痾大價得而諸貨可捐微痾除而羣方何用先佛授受唯是一心秘典密嚴只除心病眞識空寂緣妄情生空寂還源情塵自泯即此眞識廓爾無依心境俱忘緣續永離是謂正智豈有他求探得元珠不出家中舊物技除翳眼自然空裏無花水非別體而一任成波鑑無自心而何妨照物上佛密意千聖同歸楮毫可殫稱讚莫盡此愚所以不辭爝火以助日光普願有情同居無漏太姥居人楊彥國序

楞伽經纂卷第一上　　阿

一切佛語心品第一

如是我聞。一時佛住南海濱楞伽山頂。種種寶華以爲莊嚴。與大比丘僧及大菩薩衆。俱從彼種種異佛刹來。是諸菩薩摩訶薩無量三昧自在之力。神通遊戲。大慧菩薩摩訶薩而爲上首。一切諸佛手灌其頂。自心現境界善解其義。種種衆生種種心色。無量度門隨類普現。於五法自性識二種無我究竟通達（名相妄想正智如如曰五法妄想緣起成自性曰三自性識即八識是也二種無我即人法是也楞伽以佛語心爲宗無門爲法門所以成之者在此）爾時大慧菩薩與摩帝菩薩。俱遊一切諸佛刹土。承佛神力從座而起偏袒右肩右膝著地合掌恭敬以偈讚佛

世間離生滅　猶如虛空華
智不得有無　而興大悲心
一切法如幻　遠離於心識
智不得有無　而興大悲心
遠離於斷常　世間恒如夢
智不得有無　而興大悲心
知人法無我　煩惱及爾炎
常清淨無相　而興大悲心
一切無涅槃　無有涅槃佛
無有佛涅槃　遠離覺所覺
若有若無有　是二悉俱離
牟尼寂靜觀　是則遠離生
是名爲不取　今世後世淨

爾時大慧菩薩偈讚佛已自說姓名

我名爲大慧　通達於大乘
今以百八義　仰諮尊中上
世間解之士　聞彼所說偈
觀察一切衆　告諸佛子言
汝等諸佛子　今皆恣所問
我當爲汝說　自覺之境界

爾時大慧菩薩承佛所聽頂禮佛足合掌恭敬以偈問曰

云何淨其念　云何念增長
云何見癡惑　云何惑增長
何故刹土化　相及諸外道
云何無受次　何故名無受
何故名佛子　解脫至何所
誰縛誰解脫　何等禪境界
云何有三乘　唯願爲解說
緣起何所生　云何作所作
云何俱異說　云何爲增長
云何無色定　及以滅正受
云何爲想滅　何因從定覺
云何所作生　進去及持身

云何現分別　云何生諸地
破三有者誰　何處身云何
往生何所至　云何最勝子
何因得神通　及自在三昧
云何三昧心　最勝爲我說
云何名爲藏　云何意及識
云何生與滅　云何見已還
云何爲種姓　非種及心量
云何建立相　及與非我義
云何無衆生　云何世俗說
云何爲斷見　及常見不生
云何佛外道　其相不相違
云何當來世　種種諸異部
云何空何因　云何刹那壞
云何胎藏生　云何世不動
何因如幻夢　及揵闥婆城
世間熱時炎　及與水月光
何因說覺支　及與菩提分
云何國土亂　云何作有見
云何不生滅　世如虛空華

云何覺世間　云何說離字
離妄想者誰　云何虛空譬
如實有幾種　幾波羅蜜心
何因度諸地　誰至無所受
何等二無我　云何爾炎淨
諸智有幾種　幾戒衆生性
誰生諸寶性　摩尼真珠等
誰生諸語言　衆生種種性
明處及伎術　誰之所顯示
伽陀有幾種　長頌及短句
成爲有幾種　云何名爲論
云何生飲食　及生諸愛欲
云何名爲王　轉輪及小王
云何守護國　諸天有幾種
云何名爲地　星宿及日月
解脫修行者　是各有幾種
弟子有幾種　云何阿闍梨
佛復有幾種　復有幾種生
魔及諸異學　彼各有幾種
自性及與心　彼復各幾種

云何施設量　唯願最勝說
云何空風雲　云何念聰明
云何爲林樹　云何爲蔓草
云何象馬鹿　云何爲捕取
云何爲卑陋　何因而卑陋
云何六節攝　云何一闡提
男女及不男　斯皆云何生
云何修行退　云何修行生
禪師以何法　建立何等人
衆生生諸趣　何相何像類
云何爲財富　何因致財富
云何爲釋種　何因有釋種
云何甘蔗種　無上尊願說
云何長苦仙　彼云何教授
如來云何於　一切時刹現
楞伽一卷　七
種種名色類　最勝子圍繞
云何不食肉　云何制斷肉
食肉諸種類　何因故食肉
云何日月形　須彌及蓮華
師子勝相刹　側住覆世界

如因陀羅網　或悉諸珍寶
箜篌細腰鼓　狀種種諸華
或離日月光　如是等無量
云何爲化佛　云何報生佛
云何如如佛　云何智慧佛
云何於欲界　不成等正覺
何故色究竟　離欲得菩提
善逝般涅槃　誰當持正法
天師住久如　正法幾時住
悉檀及與見　各復有幾種
毗尼比丘分　云何何因緣
彼諸最勝子　緣覺及聲聞
何因百變易　云何百無受
云何世俗通　云何出世間
云何爲七地　唯願爲演說
僧伽有幾種　云何爲壞僧
云何醫方論　是復何因緣
何故大牟尼　唱說如是言
迦葉拘留孫　拘那含是我
何故說斷常　及與我無我

何不一切時　演說真實義
而復爲衆生　分別說心量
何因男女林　訶梨阿摩勒
雞羅及鐵圍　金剛等諸山
無量寶莊嚴　仙闥婆充滿
楞伽一卷　陳達
無上世間解　聞彼所說偈
八
大乘諸度門　諸佛心第一（此心如樹
木堅實心念慮心也非）
善哉善哉問　大慧善諦聽
我今當次第　如汝所問說
生及與不生　涅槃空刹那
趣至無自性　佛諸波羅蜜
佛子與聲聞　緣覺諸外道
及與無色行　如是種種事
須彌巨海山　洲渚刹土地
星宿及日月　外道天修羅
解脫自在通　力禪三摩提
滅及如意足　覺支及道品
諸禪定無量　諸陰身往來
正受滅盡定　三昧起心說

心意及與識　無我法有五
自性想所想　及與現二見
乘及諸種性　金銀摩尼等
一闡提大種　荒亂及一佛
智爾燄得向　衆生有無有
爲馬諸禽獸　云何而捕取
譬因成悉檀　及與作所作
叢林迷惑通　心量不現有
諸地不相至　百變百無受
醫方工巧論　伎術諸明處
諸山須彌地　巨海日月量
下中上衆生　身各幾微塵
一一剎幾塵　弓弓數有幾
肘步拘摟舍　半由延由延
兎毫窻塵蟣　羊毛麵麥塵
鉢他幾麵麥　阿羅麵麥幾
獨籠那佉梨　勒叉及舉利
乃至頻婆羅　是各有幾數
爲有幾阿㝹　名舍梨沙婆
幾舍梨沙婆　名爲一賴提

幾賴提摩沙　幾摩沙陀那
復幾陀那羅　爲迦梨沙那
幾迦梨沙那　爲成一波羅
此等積聚相　幾波羅彌樓
是等所應請　何須問餘事
聲聞辟支佛　佛及最勝子
身各有幾數　何故不問此
火燄幾阿㝹　風阿㝹復幾
根根幾阿㝹　毛孔眉毛幾
護財自在王　轉輪聖帝王
云何王守護　云何爲解脫
廣說及句說　如汝之所問
衆生種種欲　種種諸飲食
云何男女林　金剛堅固山
云何如幻夢　野鹿渴愛譬
云何山天仙　揵闥婆莊嚴
解脫至何所　誰縛誰解脫
云何禪境界　變化及外道
云何無因作　云何有因作
有因無因作　及非有無因

云何現已滅　云何淨諸覺
云何諸覺轉　及轉諸所作
云何斷諸想　云何三昧起
破三有者誰　何處爲何身
云何無衆生　而說有吾我
云何世俗說　唯願廣分別
所問相云何　及所問非我
云何爲胎藏　及種種異身
云何斷常見　云何心得定
言說及諸智　戒種性佛子
云何成及論　云何師弟子
種種諸衆生　斯等復云何
云何爲飲食　聰明魔施設
云何樹葛藤　最勝子所問
云何種種剎　仙人長苦行
云何爲族姓　從何師受學
云何爲醜陋　云何人修行
欲界何不覺　阿迦膩吒成
云何俗成通　云何爲比丘
云何爲化佛　云何爲報佛

云何爲如如　平等智慧佛
云何爲衆僧　佛子如是問
箜篌䇿鼓花　剎土離光明
心地者有七　所問皆如實
此及餘衆多　佛子所應問
一一相相應　遠離諸見過
悉檀離言說　我今當顯示
次第建立句　佛子善諦聽
此上百八句　如諸佛所說

不生句生句常句無常句相句無相句住異句非住異句剎那句非剎那句自性句離自性句空句不空句斷句不斷句邊句非邊句中句非中句常句非常句（九有三常此常梵音與上常音異也）緣句非緣句因句非因句煩惱句非煩惱句愛句非愛句方便句非方便句巧句非巧句淨句非淨句成句非成句譬句非譬句弟子句非弟子句師句非師句種性句非種性句三乘句非三乘句所有句無所有句願句非願句三輪句非三輪句相句非相句有品句非有品句俱句非俱句緣自聖智現法樂句非現法樂句剎土句非剎土句阿㝹句非阿㝹句水句非水句弓句非弓句實句非實句數句非數句（此物之數也）數句非數句（此數籌術切）明句非明句虛空句非虛空句雲句非雲句工巧伎術明處句非明處句風句非風句地句非地句心句非心句施設句非施設句自性句非自性句陰句非陰句衆生句非衆生句慧句非慧句涅槃句非涅槃句爾燄句非爾燄句外道句非外道句荒亂句非荒亂句幻句非幻句夢句非夢句燄句非燄句像句非像句輪句非輪句揵闥婆句非揵闥婆句天句非天句飲食句非飲食句婬欲句非婬欲句見句非見句波羅蜜句非波羅蜜句戒句非戒句日月星宿句非日月星宿句諦句非諦句果句非果句滅起句非滅起句治句非治句相句非相句支句非支句巧明處句非巧明處句禪句非禪句迷句非迷句現句非現句護句非護句族句非族句仙句非仙句王句非王句攝受句非攝受句寶句非寶句記句非記句一闡提句非一闡提句女男不男句非女男不男句味句非味句事句非事句身句非身句覺句非覺句動句非動句根句非根句有爲句非有爲句無爲句非無爲句因果句非因果句色究竟句非色究竟句節句非節句叢樹葛藤句非叢樹葛藤句雜句非雜句說句非說句毗尼句非毗尼句比丘句非比丘句處句非處句字句非字句大慧是百八句先佛所說汝及諸菩薩應當修學

指明眞相分第一　東寺

爾時大慧菩薩復白佛言世尊。諸識有幾種生住滅。佛告大慧。諸識有二種生住滅。非思量所知唯般若智乃能照觀諸識有二種生。謂流注生謂心念緣生如水流注及相生謂觀一切色相而生有二種住。謂流注住及相住。有二種滅。謂流注滅及相滅。大慧。諸識有三種相。謂轉相業相真相真相即常住真心也下文自真相實不滅者是也業相謂真相爲無明所覆業所由生故曰業相轉相謂無明覆故本來不動者令轉而受染故曰轉相大慧。略說有三種識。廣說有八相八相即八識也何等爲三。謂真識現識及分別事識如如實相迴離塵妄故曰真識能受所現之色故曰現識即諸經之第八識亦謂之藏識也色爲所現識爲能現以其如鏡現像故曰現識分別事識即諸經第六意識是也譬如明鏡持諸色像。現識處現亦復如是。現識及分別事識。此二壞不壞相。展轉因壞者分別識也謂分別已則壞不壞者現識也謂所現雖滅而能現者常存二者互相因故曰展轉因不思議薰及不思議變。是現識因。取種種塵及無始妄想薰。是分別事識因本來無諸識相從無始冥薰及種種變異故有現識攬取諸塵及爲妄想所薰故有分別事識若覆彼真識。種種不實諸虛妄滅。則一切根識滅。是名相滅覆有反復之義謂回光返照還於真識則一切根塵泯爲法界所有性相復何觀哉大慧。相續滅者。相續所因滅則相續滅。所從滅及所緣滅則相續滅。所以者何。是其所依故。依者。謂無始妄想薰。緣者。謂自心見等識境妄想所從所緣所依皆虛妄相續之因惟滅其因則相續滅矣一心真相本自廓然迴脫根塵復何所依心不自心復何所緣盖爲膠於所薰習未免依他雖悟本心己獲明了緣立心相續妄不休唯是續病併除方即如如妙地如來續滅識爲此爾強立自心與識境同故曰等識境妄想大慧。譬如泥團微塵。非異非不異。金莊嚴具亦復如是。若泥團微塵異者。非彼所成。而實彼成。是故不異。若不異者。則泥團微塵應無分別。如是大慧。轉識藏識真相若異者。藏識非因。若不異者。轉識滅。藏識亦應滅。而自真相實不滅因真相而有藏識因藏識而有轉識有所因則非異矣真相不滅則藏識亦不滅若夫轉識有所攝受所謂業相也此則未嘗不滅一滅一不滅則非不異矣盖不異者其體也異者其用也譬泥團金具雖不同一本於微塵與金言此以明業相轉識雖滅皆本於不滅之真相爾是故大慧。非自真相識滅。但業相滅。若自真相滅者。藏識則滅。藏識滅者。不異外道斷見論議。彼諸外道作如是論。謂攝受境界滅。識流注亦滅。若識流注滅者。無始流注應斷無始流注斷乃斷見也不了唯心故大慧。外道說流注生因。非眼識色明集會而生。更有異因。彼因者。說言若勝妙若士夫若自在若時若微塵謂外道異因非必眼界識界色界無明界所生也又有因於勝妙等說論曰不滅真相即達磨所傳之一心也明靈虛微亘古亘今究其本原無有間雜妄想和合乃有諸識諸識所現乃有諸相諸相不常乃有生住滅覺此則涅槃樂迷此則生死河達道之人覺彼所現幻塵不實皆由無始妄想所薰回光返照還於真識如水歸坎流浪自停如火歸空光芒頓滅便可逝遇自在心境俱忘永謝諸塵端然實相盖爲薰習尚在未免攀緣終日依他不自知覺間有強生知見立自本心不知陰界藏身徒然以佛覓佛一則依他境界一則以心緣心二病未除妄相相續故如來必欲從緣俱息快因迹指轉業兼離真相永淨是道也非從他得只是家珍目前歷歷孤明認着依前埋没不須取捨本自圓成但離妄緣即是實際佛語心品明此而已○須曰如何歷劫沉生死只爲從前有識因當覺二生無別體要知八相亦非塵有情須信唯心起分別都緣妄想薰若覆根塵皆不實就中不滅相還真

了妄明真分第二

復次大慧。有七種性自性。所謂集性自性。性自性。相性自性。大種性自性。因性自性。緣性自性。成性自性。復次有七種第一義。所謂心境界。慧境界。智境界。見境界。超二見境界。超子地境界。如來自到境界。此是過去未來現在諸如來應供等正覺性自性第一義心此是梵音肝栗大謂如樹木心非念慮心念慮心梵音女質多以性自性第一義心。成就如來世間出世間出世間上上法。聖慧眼入自共相建立。如所建立。不與外道論惡見共採諸境而集於心曰集心生則性生曰性性生而相現曰相四大從之曰大種依他而生曰因緣因而作曰緣覺性圓照曰成如如真相中不容他緣妄情幻出諸性唯是大覺照觀真源達彼性生無非妄幻彼諸體寂本空皆是覺心自爲現量知自現巳乃滅幻塵幻滅覺圓即如如爾楞伽自性蓋皆如此道光返照一心故曰心明心必本於燭邪之慧故曰慧用慧必貴於決斷之智故曰智有智而後正見明故曰見有正見者然後超有無故曰超二見超二見然後超佛子地故曰子地超子地巳然後捨法雲之灌頂登正覺之道場故曰如來自到如來以出世心造此境界超諸塵妄過越邪宗外道不能踵其門二乘不能造其奧故曰第一義夫一心本寂爲有性相萬法皆空執名境界然如來言自性不同皆以識破外塵故言第一義不同皆以超然全真故惟其外塵不染獨爾全真如來成就心法者實出於此故曰第一義心云何外道論惡見共。所謂自境界妄想見外道惡見於自境界但起妄想之見不覺識自心所現。分齊不通。愚癡凡夫性無性自性第一義作二見論。復次大慧。妄想三有苦滅。無知愛業緣滅。自心所現幻境隨見。今當說以三有苦滅故能覺見自心所現於所現境忽如幻化大慧。若有沙門婆羅門自沙門巳下至妄稱一切智說皆外道見欲令無種有種因果現及事時住。緣陰界入生住。或言生巳滅。彼若相續若事若生若有若涅槃若道若業若果若諦。破壞斷滅論外道斷見於若相續等向一切破壞而斷滅之所以者何。以此現前不可得。及見始非分故以不見根本故曰見始非分譬如破缾不作缾事。亦如焦種不作牙事外道斷見於法悉如破缾焦種者如是大慧若陰界入性巳滅今滅當滅。自心妄想見無因故。彼無次第生彼欲一切斷滅使妄想無因則無生也大慧。若復說有種無種識三緣合生者。龜應生毛。沙應出油。汝宗則壞。違決定義。有種無種說有如是過。所作事業悉空無義。大慧。彼諸外道說有三緣合生者。所作方便因果自相。過去未來現在有種無種相。從本巳來成事相。承覺想地轉。自見過習氣作如是說外道以三相承彼覺想之地轉而不自知非自覺而隨境有覺曰覺想過在巳見曰自見過如是愚癡凡夫惡見所害。邪曲迷醉。無智妄稱一切智說。大慧。若復諸餘沙門婆羅門。見離自性浮雲火輪揵闥婆城無生幻燄水月及夢數者虛幻而謂有自性以喻妄念沙門若正見當離此也自諸餘沙門巳下皆論正見與外道異內外心現妄想。無始虛僞不離自心所以能離彼自性者以覺知所現妄僞悉不離自心故妄想因緣滅盡。離妄想說所說觀所觀。及受用建立身之藏識。於識境界攝受及攝受者不相應謂之不相應則其情滅矣無所有境

界離生住滅識境不相應則無所有矣至無所有則一切生
滅離自心起隨入分別所謂真心任過知也大慧
彼菩薩不夂當得生死涅槃平等。大
悲巧方便無開發方便謂心地如如無所開發
大慧。彼於一切衆生界。皆悉如幻。不
勤因緣不勤云者不勞心於因緣者也遠離內外境
界。心外無所見。次第隨入無相處。次
第隨入從地至地三昧境界。解三界
如幻分別觀察。當得如幻三昧。度自
心現無所有得。住般若波羅蜜始也覺惟
心現至於度自心現則廓然無朕無智無得乃依般若而住無捨離
彼生所作方便心無依他則能離彼生之所作金剛
喻三摩提。隨入如來身。隨入如如化
化物而未嘗化故曰如如神通自在。慈悲方便具
足莊嚴。等入一切佛剎外道。入處離
心意意識。是菩薩漸次轉身得如來
身。是故欲得如來隨入身者。當遠離
陰界入。心因緣所作方便生住滅。妄
想虛僞因緣生滅皆心所造故曰心也言此悉當遠離唯心
直進。觀察無始虛僞過。妄想習氣因。

三有思惟無所有於三界思惟悉無一法可當情者故
曰無所有佛地無生至於佛地萬法無生到自覺聖
趣自心自在。到無開發行。如隨衆色
摩尼。隨入衆生微細之心。而以化身
隨心量度。諸地漸次相續建立謂以十地
漸次觀衆生心量隨根而度之故如衆色摩尼是故大慧。自
悉檀善應當修學悉檀宗也非宗人而自宗爲善○頌
曰七般性義最精識成就如來上上機陰似破辭皆斷見性同幻焰亦須
離眞心直進非他物佛地無生更莫疑從此始隨心量度宛如隨衆色摩尼

澄識明心分第三

爾時大慧菩薩復白佛言世尊。所說
心意意識五法自性相。一切諸佛菩
薩所行。自心見等所緣境界不和合
大慧言一切諸佛菩薩所行與彼妄心見所緣境界者不同故曰不和合顯示一切說成眞實相惟與妄心不同故顯示以
成眞實相一切佛語心。爲楞伽國摩羅耶
山海中住處諸大菩薩說。如來所歎
海浪藏識境界法身心之與識猶海之與浪本無同
異名爲識眞源還復即是心宗妄緣無明乃名爲識馬祖語楞伽經謂以佛語心
爲宗以無門爲法門以佛語心爲宗者謂即心爲宗除外更無別法以無
門爲法門者謂即心是法有門即是妄緣心外無宗有門離法楞伽大旨
其在斯乎故此一篇特以心識爲喻
爾時世尊告大慧菩薩言。四因緣故
眼識轉。何等爲四。謂自心現攝受。不
覺無始虛僞過色習氣。計著識性自
性。欲見種種色相。是名四種因緣。水
流處藏識。轉識浪生。如眼識。一切諸
根微塵毛孔俱生。隨次境界生亦復
如是藏識譬則水流處轉識譬則浪生如眼之有識則六根毛孔如
塵而生諸境界之生亦然譬如明鏡現衆色像。猶
如猛風吹大海水。外境界風。飄蕩心
海。識浪不斷。因所作相異不異。合業
生相謂外攬所作之事而內之業相乃生故曰合也此二相若異若
不異深入計著。不能了知色等自性故。
五識身轉色等如幻還彼自性了知者如此大慧。即
彼五識身俱因差別分段相知。當知
是意識因。彼身轉。彼不作是念。我展
轉相。因自心現妄想計著轉。而彼各
各壞相俱轉。分別境界分段差別。謂
彼轉。如修行者入禪三昧。微細習氣

轉而不覺知。而作是念。識滅然後入禪正受。實不識滅而入正受。以習氣種子不滅故不滅。以境界轉。攝受不具故滅（彼五識轉時不自覺知亦如入禪三昧者不知其識實不滅也入禪定者非必習氣滅也但攝受諸相不具於心爾）如是微細藏識究竟邊際。除諸如來及住地菩薩。諸聲聞緣覺外道修行所得三昧智慧之力一切不能測量決了。餘地相智慧巧便分別（餘地相謂地前善薩見解也當巧便分別以祛其病爾）決斷句義。最勝無邊。善根成熟。離自心現妄想虛僞。宴坐山林下中上修。能見自心妄想流注（妄想永淨）無量剎土諸佛（故曰離有必見之故又曰能見自心妄想）灌頂。得自在力神通三昧。諸善知識佛子眷屬。彼心意意識自心所現自性境界。虛妄之想。生死有海。業愛無知。如是等因。悉已超度。是故大慧。諸修行者應當親近最勝知識。爾時世尊欲重宣此義而說偈言

譬如巨海浪　斯由猛風起
洪波鼓冥壑　無有斷絕時
藏識海常住　境界風所動
種種諸識浪　騰躍而轉生
青赤種種色　珂乳及石蜜
淡味衆華果　日月與光明
非異非不異　海水起波浪
七識亦如是　心俱和合生
譬如海水變　種種波浪轉
七識亦如是　心俱和合生
謂彼藏識處　種種諸識轉
謂以彼意識　思惟諸相義
不壞相有八　無相亦無相
譬如海波浪　是則無差別
諸識心如是　異亦不可得
心名採集業（因心採集乃有諸法）　意名廣採集
諸識識所識　現等境說五

爾時大慧菩薩以偈問曰

青赤諸色像　衆生發諸識
如波種種法　云何唯願說

爾時世尊以偈答曰

青赤諸雜色　波浪悉無有
採集業說心　開悟諸凡夫
彼業悉無有　自心所攝離
所攝無所攝　與彼波浪同
受用建立身（現識建立其身）　是衆生現識（因彼）

於彼現諸業　譬如水波浪

爾時大慧菩薩復說偈曰

大海波浪性　鼓躍可分別
藏與業如是　何故不覺知

爾時世尊以偈答曰

凡夫無智慧　藏識如巨海
東寺
業相猶波浪　依彼譬類通

爾時大慧菩薩復說偈曰

日出光等照　下中上衆生
如來照世間　爲愚說眞實
已分部諸法　何故不說實

爾時世尊以偈答曰

若說眞實者　彼心無眞實
譬如海波浪　鏡中像及夢

一切俱時現　心境界亦然
境界不具故　次第業轉生
識者識所識　意者意謂然
五則以顯現　無有定次第
譬如工畫師　及與畫弟子
布彩圖衆形　我說亦如是
彩色本無文　非筆亦非素
爲悅衆生故　綺錯繪衆像
言說別施行　眞實離名字
分別應初業　修行示眞實
眞實自悟處　覺想所覺離
此爲佛子說　愚者廣分別
種種皆如幻　雖現無眞實
如是種種說　隨事別施設
所說非所應　楞伽一卷　於彼爲非說
彼彼諸病人　良醫隨處方
如來爲衆生　隨心應量說
妄想非境界　聲聞亦非分
哀愍者所說　自覺之境界

復次大慧。若菩薩摩訶薩欲知自心現量。攝受及攝受者妄想境界。當離群聚習俗睡眠。初中後夜常自覺悟。修行方便。當離惡見經論言說。及諸聲聞緣覺乘相。當通達自心現妄想之相（頌曰因緣四種惑癡盲心海從茲浪不平有似猛風吹巨浸又如明鏡現諸形本來廓徹休言性纔有纖毫塵識情堪嘆細微難測了悉離覺想始無生）

超乘證幻分第四

復次大慧。菩薩摩訶薩建立智慧相住已（能了識明心即住於智慧故曰建立智慧相住已）於上聖智三相當勤修學。何等爲聖智三相當勤修學。所謂無所有相。一切諸佛自願處相。自覺聖智究竟之相。修行得此已。能捨跛驢心慧智相（謂第七地）得最勝子第八之地。（觀三界生死不定心名跛驢以不能行故）則於彼上三相修生。大慧。無所有相者。謂聲聞緣覺及外道相。彼修習生。自願處相者。謂諸先佛自願處修生。自覺聖智究竟相者。一切法相無所計著。得如幻三昧身。諸佛地處進趣行生。是名聖智三相。若成就此聖智三相者。能到自覺聖智究竟境界。是故大慧。聖智三相當勤修學（頌曰智慧已除諸識浪宜觀三相善勤行先離斷見云非有次證如來自願生性相頓忘無所著世間如幻不留情從茲始到空王殿聖智于今定成）

楞伽經纂卷第一下

阿

有無俱遣分第五

爾時大慧菩薩。知大菩薩衆心之所念。名聖智事分別自性經。承一切佛威神之力而白佛言世尊。唯願爲說聖智事分別自性經。百八句分別所依（謂此經乃百八句分別之所依歸）如來應供等正覺。依此分別說菩薩摩訶薩入自相共相妄想自性（謂之自性九以法性自爾非若二乘外道之斷絕也經九言自性皆如此）以分別說妄想自性故。則能善知周遍觀察人法無我。淨除妄想。照明諸地。超越一切聲聞緣覺及諸外道諸禪定樂。觀察如來不可思議所行境界。畢定捨離五法自性。諸佛如來法身智慧善自莊嚴。起幻境界。昇一切佛刹兜率天宮。乃至色究竟天宮。逮得如來常住法身佛告大慧。有一種外道。作無所有妄想計著。覺知因盡因盡則無復自覺知矣兔無角想。如兔無角。一切法亦復如是此外道計無而生斷見也復有餘外道。見種求那極微。陁羅驃形處橫法各各差別說云求那依也陁羅驃主也謂外道見四大種依於極微所主形處遂橫計其差別作牛有角想見已。計著無兔角橫法。作牛有角想此外道計有而生常見也以懲兔角之無乃墮牛角之有橫法謂非法之正耳大慧。彼墮二見。不解心量。自心境界妄想增長身。受用建立妄想限量。大慧。一切法性亦復如是一切法性亦受用而建立離有無不應作想。若復離有無而作兔無角想。是名邪想。彼因待觀故兔無角。不應作想。乃至微塵

分別事性悉不可得以懲彼有無二見乃謂如兔無角故曰待觀以至微塵分別性皆不可得是皆邪想爾大慧。聖境界離。不應作牛有角想兔無角想是墮斷見聖之所離恐其反此復墮常見而興牛有角想故又言不應作牛有角想爾時大慧菩薩白佛言世尊。得無妄想者見不生想已。隨比思量觀察不生妄想言無耶大慧謂隨比而思之見妄不生而遂言無耶此疑辭也佛告大慧。非觀察不生妄想言無。所以者何。妄想者因彼生故謂妄想皆因攬彼而生故曰因彼生故依彼角生妄想。以依角生妄想。是故言依因故。離異不異故謂兔無角而生妄想是有所依角與妄想非異非不異非觀察不生妄想言無角。大慧。若復妄想異角者則不因角生。若不異者。則因彼故。乃至微塵分析推求悉不可得。不異角故彼亦非性。二俱無性者。何法何故而言無耶。大慧。若無故無角。觀有故言兔無角者。不應作想。大慧。不正因故而說有無。二俱不成。大慧。復有餘

外道見。計著色空事形處橫法。不能善知虛空分齊。言色離虛空。起分齊見妄想。大慧。虛空是色。隨入色種。色是虛空。持所持處以色爲所則空爲能矣謂所持者雖實而能持者常空所建立性。色空事分別當知。大慧。四大種生時。自相各別。亦不住虛空。非彼無虛空。如是觀牛有角故兔無角。又牛角者析爲微塵。又分別微塵刹那不住。彼何所觀故而言無耶。若言觀餘物者。彼法亦然人見其廓然大空以是爲空而不知色之所聚人見其具諸名相以是爲色而不知爲空所持是皆於無性之中而妄有建立者然也此以明外道因牛角之有而遂言兔角之無不知析彼牛角爲微塵又復歸於無矣謂牛角既析而歸空又何所觀而言兔角之無也四大種雖不住空非無空亦如牛角之有而復歸於無爾時世尊告大慧菩薩言。當離兔角牛角虛空形色異見妄想。汝等諸菩薩摩訶薩。當思惟自心現妄想隨入爲一切刹土。最勝子。以自心現方便而教授之。爾時世尊欲重宣此義而說偈言

色等及心無（言色與虛心皆寂）　色等長養心
身受用安立　識藏現衆生
心意及與識　自性法有五
無我二種淨　廣說者所說
長短有無等　展轉互相生
以無故成有　以有故成無
微塵分別事　不起色妄想（已上廣說所說）
心量安立處　惡見所不樂（不樂惡見）
覺想非境界　聲聞亦復然
救世之所說　自覺之境界（頌曰昧者不知眞境界却將妄想汙情田離空論色徒偏見棄有歸無墮一邊萬法但從心鏡現群愚只向識根緣圓光本是無私照繞有纖毫挽不玄）

漸淨即頓分第六

爾時大慧菩薩。爲淨除自心現流故。復請如來。白佛言世尊。云何淨除一切衆生自心現流。爲頓爲漸耶（自心現習氣流曰現流現流不已輪轉生死如來於諸衆生蠲彼幻塵悉還實相故以漸除爲始頓照爲成）

佛告大慧。漸淨非頓。如菴羅果漸熟非頓。如來淨除一切衆生自心現流。亦復如是漸淨非頓。譬如陶家造作諸器。漸成非頓。如來淨除一切衆生自心現流。亦復如是漸淨非頓。譬如大地漸生萬物。非頓生也。如來淨除一切衆生自心現流。亦復如是漸淨非頓。譬如人學音樂書畫種種伎術。漸成非頓。如來淨除一切衆生自心現流。亦復如是漸淨非頓。譬如明鏡頓現一切無相色像。如來淨除一切衆生自心現流。亦復如是頓現無相無有所有清淨境界。如日月輪頓照顯示一切色像。如來爲離自心現習氣過患衆生。亦復如是頓爲顯示不思議智最勝境界。譬如藏識。頓分別知自心現。及身安立受用境界。彼諸依佛。亦復如是頓熟衆生所處境界。以修行者安處於彼色究竟天（依佛者胡本云津膩謂化佛是眞佛氣分也依佛所化亦爲分別自心所現及身受用境界故以藏識依佛能頓示衆生不思議智）譬如法佛所作依佛光明照耀。自覺聖趣亦復如是。彼於法相有性無性惡見妄想。照令除滅（法佛無作光明照耀者化佛也然化佛之照耀非離法佛故曰依佛法佛者自覺聖智境界於法相有無惡見皆令除滅亦如化佛之照耀也自菴羅果已下言漸淨自譬明鏡已下言頓熟）大慧。報佛說一切法。入自相共相自心現習氣因。相續妄想自性計著因。種種無實幻。種種計著不可得（種種計著亦如幻化求其所有皆不可得）復次大慧。計著緣起自性。生妄想自性相。如工幻師依草木瓦石作種種幻。起一切衆生若干形色。起種種妄想。彼諸妄想亦無眞實（工幻師譬心草木瓦石譬緣起一切若干形色譬妄想自性相）如是大慧。依緣起自性起妄想自性。種種妄想心。種種相行事妄想相。計著習氣妄想。是爲妄想自性相生。是名報佛說法（法佛不以說法爲事所謂說法者報佛也起信論云因諸波羅等無滿行薰及不思議薰之所成就具足無量樂相故說爲報佛以是知報佛說法者以觀照種種不實成就圓滿報身故）大慧。法佛者。離心自性相說自心所現尚有心之性相至於法佛不以說法爲事故曰離心自性相自覺聖所緣境界建立施作。化佛者。說施戒忍精進禪定及心智慧。離陰界入。解脫識相。分別觀察建立。超外道見無色見自施戒忍至無色見等皆以一法身而示現衆多法門故曰化佛說法也又法佛者。離攀緣。攀緣離。一切所作根量相滅。非諸凡夫聲聞緣覺外道計著我相所著境界。自覺聖究竟差別相建立。是故大慧。自覺聖差別相當勤修學。自心現見應當除滅佛身一也論其本來清淨迥脫諸塵曰法佛論其具足樂相法界圓滿曰報佛論其即彼一真建立萬法曰化佛法佛離心自性相故自覺聖當勤修學報佛應化佛分別自心境界故自心現見應當除滅○頌曰本來離相亦離名即一分三示衆盲始淨諸塵須積漸終能頓照甚分明報身真淨蠲諸想化佛隨緣應有情惟是法身根量滅無心無證亦無成

離二種聲聞分第七

復次大慧。有二種聲聞乘通分別相。謂得自覺聖差別相。及性妄想自性計著相。云何得自覺聖差別相聲聞。謂無常苦空無我境界。真諦離欲寂滅謂於無常苦空等境界計著寂滅已得人無我未得法無我息陰界入自共相。外不壞相如實知於陰界外存不壞相是以無明與佛性爲兩也皆自慧分別心得寂止。心寂止已。禪定解脫。三昧道果正受解脫自覺聖差別相其所樂住者此也不離習氣不思議變易死以習氣未離故未度不思議變易死得自覺聖樂住聲聞。是名得自覺聖差別相聲聞。大慧。得自覺聖差別樂住菩薩摩訶薩。非滅門樂於自覺差別相樂住此乃決定寂滅聲聞非菩薩所行寂滅門樂故曰非滅門樂正受樂謂得三昧正受樂顧愍衆生及本願不作證。是名聲聞得自覺聖差別相樂。菩薩摩訶薩於彼得自覺聖差別相樂。不應修學。云何性妄想自性計著相聲聞。所謂大種青黃赤白堅濕暖動非作生自相共相一切自生而吾無作生故曰非作生先勝善說見已如來所說善事曰先勝善說於彼起自性妄想大種青黃本非作生於彼起非作生之自性先勝善說中來無性於彼起善說之自性故曰性妄想自性是皆未入法無我相而有所計著故住聲聞菩薩摩訶薩於彼應知應捨。隨入法無我相。滅人無我相見。漸次諸地相續建立。是名諸聲聞性妄想自性計著相頌曰号爲自覺已無遺及墮聲聞不自知已達苦空能寂止彼於習氣未能離優游正受雖其樂顧憫衆生不帶悲更有一般聞勝善妄生自性却狐疑

常不思議差別分第八

爾時大慧菩薩白佛言世尊。世尊所說常不思議自覺聖趣境界。及第一義境界。非諸外道所說常不思議因緣耶常住真心如金剛舍利故曰常不可以心思言議故曰不思議佛告大慧。非諸外道因緣得常不思議。所以者何。諸外道常不思議。不因自相成。若常不思議不因自相成者。何因顯現常不思議自相所謂真相復次大慧。不思議若因自相成者。彼則應常由作者因相故常不思議不成以有作爲因相故不成一切取捨莫非有作大慧。我第一義常不思議。第一義因相成。離性非性故。得自覺相故有相自覺相者廓然無朕之相也光境俱

忘相後何有第一義智因故有因。離性非性故雖曰有相有因常離性非性見譬如無作虛空涅槃滅盡故常。如是大慧。不同外道常不思議論。此常不思議。諸如來自覺聖智所得。如是故常不思議自覺聖智所得應當修學

復次大慧。外道常不思議無常。性異相因故外道常不思議以性及非性互相爲因所以無常非自作。因相力故常。復次大慧。諸外道常不思議。於所作性非性無常。見已思量計常一切所作性與非性皆無常外道觀彼無常即自卜度妄計我常大慧。我亦以如是因緣所作者性非性無常。見已自覺聖境界。說彼常無因故但惟自覺無因而說彼常也若復諸外道因相成常不思議。自因相性非性同於兔角謂外道離因相成而非因於自相故曰性非性同兔角此常不思議但言說妄想。諸外道輩有如是過。所以者何。謂但言說妄想同於兔角。自因相非分。大慧。我常不思議因自覺得相故。離所作性非性故常。非外性非性無常思量計常。若復外性非性無常。思量計常不思議常。而彼不知常不思議自因之相去。得自覺聖智境界相遠。彼不應說外道計常則離去自因之相遠於自覺境界故曰不應說○頌曰無知外道太茫茫於彼無常妄計常却向識根生作想又如兔角絕形彰堪嗟幻餤應難久須信真金鍊轉剛惟有如來因自相豈同電露暫時亡

生死涅槃差別分第九

復次大慧。諸聲聞畏生死妄想苦而求涅槃。不知生死涅槃差別。一切性妄想非性於一切性妄想以爲非性未來諸根境界休息。作涅槃想謂之休息非根量滅非自覺聖智趣。藏識轉但藏識轉爾是故凡愚說有三乘。說心量趣無所有凡愚說心量曰無所有故隨斷見彼不知過去未來現在諸如來自心現境界。計著外心現境界。生死輪常轉自心現則覺知所現者唯自心外心現則計著客塵不自覺而計客塵茲所以生死輪常轉也○頌曰聲聞不委惟心境却向無中作涅槃縱待根塵休息盡誰知生死出還難

一切法不生差別分第十

復次大慧。一切法不生。是過去未來現在諸如來所說。所以者何。謂自心現性非性。離有非有生故謂本來空寂而自心於無生中現出性及非性之見現性即有見生現非性即非有見生如來一切法不生則離於是矣大慧。一切性不生。一切法如兔馬等角。是愚癡凡夫不實妄想。自性妄想故。大慧。一切法不生自覺聖智趣境界者。一切性自性相不生。非彼愚夫妄想二境界自性身財建立趣自性相有妄想自性而有妄想身財建立趣彼自性相計著故曰趣自性相大慧。藏識攝所攝相轉。愚夫隨生住滅二見。希望一切性生。有非有妄想生。非聖賢也。於彼應當修學頌曰遠離性相絕廉纖諸法無生不用占空認兔頭成斷見妄從自性起諸炎難於眼裏藏金屑休向空中作白粘若問如來心現說無生有性却成添

五無間種性差別分第十一

復次大慧。有五無間種性。云何爲五。謂聲聞乘無間種性。緣覺乘無間種性。如來乘無間種性。不定種性。各別

種性。云何知聲聞乘無間種性。若聞說得陰界入自共相斷。知時舉身毛孔熙怡欣悅。及樂修相智修諸有相之智故曰相智不修緣起發悟之相所緣萬境必有所起原其所起一心是也於此當求發悟不於起處而求發悟雖欲滅相適增妄想是名聲聞乘無間種性。聲聞無間見第八地。起煩惱斷。習煩惱不斷如波之起曰起煩惱習煩惱謂習氣也不度不思議變易死。度分段死。正師子吼。我生已盡。梵行已立。不受後有。如實知修習人無我。乃至得般涅槃覺有涅槃想故曰得涅槃覺大慧各別無間者。我人衆生壽命長養士夫。彼諸衆生作如是覺謂作離四相見解者求般涅槃。復有異外道說。悉由作者言一切性相皆是有作見一切性已。言此是般涅槃。作如是覺。法無我見非分。彼無解脫。此諸聲聞乘無間外道種性。不出出覺於未出中作出離想故曰不出出覺爲轉彼惡見故。應當修學。大慧。緣覺乘無間種性者。若聞說各別緣無間。舉身毛竪。悲

泣流淚。不相近緣。所有不著。種種自身種種神通。若離若合種種變化。聞說是時其心隨入。若知彼緣覺乘無間種性已。隨順爲說緣覺之乘。是名緣覺乘無間種性相。大慧。彼如來乘無間種性有四種。謂自性法無間種性自性法謂一切性彼自有性離性非性見離自性法無間種性自性法所以遣妄至此又當離之得自覺聖無間種性。外剎殊勝無間種性自覺即無相三昧外剎則塵塵三昧若聞此四事一一說時。及說自心現身財建立不思議境界時。心不驚怖者。是名如來乘無間種性相。大慧。不定種性者。謂說彼三種時未到如來乘無間故言三種而已隨說而入。隨彼而成。此是初治地者。謂種性建立。爲超入無所有地故。作是建立謂雖隨種性建立要之不着聲聞緣覺之乘故能超入無所有地無所有地初地菩薩也故云此是初治地者彼自覺藏者。自煩惱習淨。見法無我。得三昧樂住聲聞。當得如來最勝之身自覺藏謂不定種性中能自覺者也雖得三昧樂而住聲聞至此當證佛地故曰當得爾時世尊欲重

宣此義而說偈言

須陀槃那果　往來及不還
逮得阿羅漢　是等心惑亂
三乘與一乘　非乘我所說
愚夫少智慧　諸聖遠離寂聖亦不滯於寂故曰遠離
第一義法門　遠離於二教
住於無所有　何建立三乘
諸禪無量等　無色三摩提
受想悉寂滅　亦無有心量

頌曰五般無間有差殊見性還歸各別塗緣覺妄隨神化勝聲聞空斷陰雲轟滿懷了了他無性外剎塵塵用不殊方顯如來眞種性更無心量可名摸

一闡提差別分第十二

大慧。彼一闡提。非一闡提。世間解脫誰轉謂世間皆有解脫之性若非一闡提則世間解脫誰復背轉以一闡提者於善法中不生信心故大慧。一闡提有二種。一者捨一切善根。及於無始衆生發願。云何捨一切善根。謂謗菩薩藏及作惡言。此非隨順修多羅毗尼解

脫之說。捨一切善根故不般涅槃。二者菩薩本自願方便故謂本意自願涅槃樂非不般涅槃一切衆生而般涅槃。彼般涅槃。是名不般涅槃法相涅槃法相乃真解脫解脫者空無相無願今也本自願方便非不欲涅槃一切衆生已而後般涅槃畢竟自著於寂滅之相非無相無願也故曰不涅槃法相若夫如來滅度一切衆生已而無有一衆生實滅度者以無相無願故此亦到一闡提趣此非爲捨善根者說故曰亦到一闡提趣大慧白佛言世尊。此中云何畢竟不般涅槃。佛告大慧。菩薩一闡提者。知一切法本來般涅槃已。畢竟不般涅槃。而非捨一切善根一闡提也謂知一切本來涅槃已而自著於寂滅之相是墮斷見故曰畢竟不般涅槃大慧。捨一切善根一闡提者。復以如來神力故。或時善根生。所以者何。謂如來不捨一切衆生故。以是故菩薩一闡提不般涅槃頌曰惟有慈悲一闡提度他迷者自還迷若論捨善猶能轉菩薩都無趣寂期

三自性差別分第十三

復次大慧。菩薩摩訶薩當善三自性本來空寂所有性相如幻如夢彼皆自爾如來無攝取之情亦無滅之之想經言性自性皆如此云何三自性。謂妄想自性。緣起自性。成自性。大慧。妄想自性從相生。大慧白佛言世尊。云何妄想自性從相生。佛告大慧。緣起自性事相相。行顯現事相相緣起謂心從緣起顯現謂所作已著於彼事相之相而計著之故曰事相相計著有二種妄想自性。如來應供等正覺之所建立。謂名相計著相。及事相計著相。名相計著相者。謂內外法計著。事相計著相者。謂即彼如是內外自共相計著名虛而事實故有二種相之異是名二種妄想自性相。若依若緣生。是名緣起。云何成自性。謂離名相事相妄想。聖智所得。及自覺聖智趣所行境界。是名成自性如來藏心惟自覺聖乃可言成自性惟成自性乃可言如來藏心爾時世尊欲重宣此義而說偈言

名相覺相　自性二相

正智如如　是則成相

大慧。是名觀察五法自性相經此楞伽之異名自覺聖智趣所行境界。汝等菩薩應當修學頌曰二般妄想性無窮緣起依他妄亦同惟有離名成自性吹毛實劍但揮空

觀二無我分第十四

東寺

復次大慧。菩薩摩訶薩善觀二種無我相。云何二種無我相。謂人無我。及法無我。云何人無我。謂離我我所人無我者則能離我我所其所離者謂如下文所述陰界入聚。無知業愛生。眼色等攝受計著生識。謂一切諸根自心現器身藏由陰界入聚即生無知業愛由攝受眼色等而計著之即生一切業識以此知一切諸根皆由自心現出形器身財也自妄想相施設顯示。如河流如種子生出不已如燈。如風。如雲。剎那展轉壞。躁動如猿猴。樂不淨處如飛蠅。無厭足如風火。無始虛偽習氣因如汲水輪。生死趣有輪以有虛偽習氣之因種種身色如幻術神呪幻則乃有生死輪轉之趣現出不實呪則無而忽有機發像起如機括之發不可禦如鏡之像因彼而現善彼相知善彼相知謂善知彼相皆當遠離以

前一離字該之若能善知即能速離非假於滅之斷見故但曰善彼相知而已是名人無我智。云何法無我智。謂覺陰界入妄想相自性。如陰界入離我我所陰界妄想自性人也能覺而離之使離我我所則人無我矣覺而離之者法也於其覺性又當離之亦如陰界入之離我我所然後法無我矣陰界入積聚。因業愛繩縛。展轉相緣。生無動搖。諸法亦爾陰界積聚本皆無性因於業愛其縛如繩展轉相緣生於無動搖之境此人無我者之著觀也一切法性本亦寂然因於愛取攬攝而生所生之境本亦不動法無我者所觀亦然故曰諸法亦爾離自共相不實妄想相妄想力。是凡夫生。非聖賢也一切虛偽故曰不實妄想相如河流種子是也為彼驅使故曰妄想力如機發繩縛是也但能離此則知人無我而已此凡夫所能離爾故曰非聖賢世心意識五法自性離故。菩薩摩訶薩當善分別一切法無我心意識五法自性離即至法無我矣故繼之以菩薩當分別一切法無我也言菩薩當分別法無我九以別其善人無我者二乘與凡夫爾善法無我。菩薩不久當得初地菩薩無所有觀地相。觀察開覺歡喜。次第漸進。超九地相。明得法雲地。於彼建立無量寶莊嚴。大寶蓮華王像。大寶宮殿。幻自性境界修習生一切法如幻彼幻唯自性覺彼如幻自性則一切法如幻矣至法雲地方知法如幻乃不住虛寂而建立一切慈悲法行即大實蓮華王像等是也於彼而坐。同一像類。諸最勝子眷屬圍繞。從一切佛剎來佛手灌頂。如轉輪聖王太子灌頂。超佛子地第十地曰佛子到自覺聖法趣。當得如來自在法身。見法無我故。是名法無我相聲聞地前皆未能了法無我故未能證如來自在法身於此始言當得如來法身汝等諸菩薩應當修學頌曰如來實相等無差學者紛然亂似麻將謂已除人陰界誰知又被法雲遮慧燈自是無狂餘定水從何覓覺花萬法了知如幻化莊嚴端坐法王家

離建立誹謗分第十五

爾時大慧菩薩復白佛言世尊。建立誹謗相唯願說之本來空寂妄有所立曰建立或觀建立自無所得而生誹謗故曰誹謗皆不明心量故令我及諸菩薩離建立誹謗二邊惡見。疾得阿耨多羅三藐三菩提。覺已。離常建立斷誹謗見。不謗正法。爾時世尊受大慧菩薩請已而說偈言

建立及誹謗　無有彼心量

身受用建立　及心不能知

愚癡無智慧　建立及誹謗

爾時世尊於此偈義。復重顯示。告大慧言。有四種非有有建立本來非有以妄想而有建立故曰非有有建立云何為四。謂非有相建立。非有見建立。非有因建立。非有性建立。是名四種建立。又誹謗者。謂於彼所立無所得。觀察非分而起誹謗於前所建立不善觀察即生斷見而起誹謗是名建立誹謗相。復次大慧。云何非有相建立相。謂陰界入非有自共相而起計著。此如是。此不異。是名非有相建立相。此非有相建立妄想。無始虛偽過。種種習氣計著生。非有見建立相者。若彼如是陰界入我。人。眾生壽命長養士夫見建立四相之見亦如陰界入之妄想虛偽是無見中而妄立有見是名非有見建立相。非有因建立相者。謂初識無因。生後不實如幻。本不生。眼色明界念前生。生已實已

還壞（諸識本無所因以眼界色界無明界在念前而生則是於無因中有建立也）是名非有因建立相。非有性建立相者。謂虛空滅般涅槃。非作計著建立。此離性非性。一切法如兎馬等角。如垂髮現。離有非有。是名非有性建立相（虛空涅槃寂名以顯道其本離性及非性兎角垂髮執妄以迷真本亦離有及非有是皆情計妄立性相故）建立及誹謗。愚夫妄想。不善觀察自心現量。非聖賢也。是故離建立誹謗惡見。應當修學（頌曰佛地彝登理謂何只因沉溺斷常河建言謂有應為病謗法稱無即是魔湛寂性中離取捨圓明境界絕偏頗須知自覺惟心境鏡本無塵不用磨）

隨類普現分第十六

東寺

復次大慧。菩薩摩訶薩善知心意意識五法自性二無我相趣。究竟為安眾生故作種種類像。如妄想自性處依於緣起。譬如眾色如意寶珠。普現一切諸佛剎土。一切如來大眾集會。悉於其中聽受經法。所謂一切法如幻如夢光影水月（為安眾生建立萬法猶如色現摩尼以至普現一佛剎聽受經法亦如幻夢水月未嘗一法有計著性者故龍宮滿字之誥煩而如來云未曾說一字也）於一法離生滅斷常。及離聲聞緣覺之法。得百千三昧。乃至百千億那由他三昧。得三昧已。遊諸佛剎供養諸佛。生諸天宮宣揚三寶。示現佛身聲聞菩薩大眾圍繞。以自心現量度脫眾生。分別演說外性無性。悉令遠離有無等見。爾時世尊欲重宣此義而說偈言

心量世間　佛子觀察
種類之身　離所作行
得力神通　自在成就

（頌曰巳圓大智為懷悲却效眾生性相迷顯示法王諸像類究如隨眾色摩尼龍官萬卷聲喧谷行海千門月在池到此徧遊諸佛剎宜揚三寶作天師）

空離自性分第十七

爾時大慧菩薩復請佛言。惟願世尊為我等說一切法空。無生無二離自性相。我等及餘諸菩薩眾。覺悟是空無生無二離自性相已。離有無妄想。疾得阿耨多羅三藐三菩提（說空者多墮斷見墮斷見則有生有二而有自性相大慧於此願聞說空而繼之以無生無二離自性相故如來亦言為妄想自性計著者說空）爾時世尊告大慧菩薩言。諦聽諦聽。善思念之。今當為汝廣分別說。大慧白佛言。善哉世尊。唯然受教。

楞伽卷一　三十八　李森

佛告大慧。空空者即是妄想自性處。大慧。妄想自性計著者說空。無生無二離自性相。大慧。彼略說七種空。謂相空。性自性空（前言性自性至此性自性亦空矣）行空。無行空。一切法離言說空。第一義聖智大空。彼彼空。云何相空。謂一切性自共相空。觀展轉積聚故分別無性。自共相不生。自他俱性無性故相不住（自他俱見亦皆無性則不住於相矣恐人於無性又生斷見不住相云者非無相也但不住爾）是故說一切性相空。是名相空。云何性自性空。謂自己性自性不生（性自性云者為欲識破外塵還一切性於其自而自已無有性自性想則一切性自性空矣）是名一切法性自性空。是故說性自性空。云何行空。謂陰

離我我所。因所成所作業方便生陰之所蘊本離我我所皆因所作方便而生以此知行空是名行空。即此如是行空。展轉緣起自性無性。是名無行空彼行空者亦無自性故曰無行空云何一切法離言說空。謂妄想自性無言說故。一切法離言說。是名一切法離言說空妄想自性本無言說既無言說復何所離故曰離言說空云何一切法第一義聖智大空。謂得自覺聖智一切見過習氣空能見一切過患曰見過自覺聖智雖已離過患而見過之心未忘雖止見行而習氣未除至此則一切皆空矣是名一切法第一義聖智大空此空為大故曰大空祖師曰廓然無聖是之謂歟云何彼彼空。謂於彼無彼空。是名彼彼空謂彼中無彼物故言空不知其雖無彼而又有此也蓋法自有相何用分別其分別性亦空故曰彼彼空譬如鹿子母舍。無象馬牛羊等。非無比丘眾而說彼空非舍舍性空。亦非比丘比丘性空。舍本不空故曰非舍空說舍則有舍故非舍性空非餘處無象馬。是名一切法自相。彼於彼無彼。是名彼彼空有鹿子母舍則舍性非空有比丘眾則比丘性非空雖無

象馬餘處有之亦非空然皆一切法之自性相又何必言彼無彼當知無彼性亦空矣故曰彼彼空世間法相本來常住謂之無彼未免墮斷故曰是空最麤是名七種空。彼彼空者是空最麤。汝當遠離。大慧。不自生。非不生即真而動了無生滅之性故曰不自生非執無生之性若木石然故曰非不生除任三昧。是名無生離自性唯任三昧正受更不立無生之想即是無生離自性。剎那相續流注及異性。現一切性離自性。是故一切性離自性剎那之頃流及他性以是而現一切性皆離自性一切性者境也言境則知所謂無生者法也云何無二。謂一切法如陰熱。如長短。如黑白。大慧。一切法無二。非於涅槃彼生死。非於生死彼涅槃。異相因有性故。是名無二萬法體空本無性相涅槃生死豈有二耶苟於涅槃生死有彼此二性則有二相故曰異相因有性故如涅槃生死。一切法亦如是。是故空無生無二離自性相。應當修學為有妄想計著故言空以治之然謂之空則無生矣無生有性則反墮斷見謂之空則無二矣無二有性則反墮常見故如來說空而繼之以無生無二又曰離自性相者蓋於空之無生無二又當離自性相故也爾時世尊欲重宣此

義而說偈言

我常說空法　遠離於斷常
生死如幻夢　而彼業不壞
虛空及涅槃　滅二亦如是
愚夫作妄想　諸聖離有無

頌曰眾生妄想未消除諸佛談空為欲麤須到不生仍不二更無自性即無處有心未解袪常斷離性方能度有無若是大空何所諂冰霜一點在紅壚

離言即義分第十八

爾時世尊復告大慧菩薩言。空無生無二離自性相。普入諸佛一切修多羅。凡所有經悉說此義。諸修多羅悉隨眾生希望心故為分別說顯示其義。而非真實在於言說。如鹿渴想誑惑群鹿。鹿於彼相計著水性。而彼無水。如是一切修多羅所說諸法。為令愚夫發歡喜故。非實聖智在於言說。是故當依於義。莫著言說頌曰覺皇不捨大慈悲言說紛紜為止啼若到岸頭何用筏休如渴鹿妄生疑

楞伽經纂卷第一下

阿

楞伽經纂卷第一

校勘記

一　底本，宋崇寧藏本。此楞伽經纂四卷（每卷爲上、下合卷），僅崇寧藏收録，無校。

楞伽經纂卷第二上　　阿

一切佛語心品第二

無我如來藏分第十九　東寺

爾時大慧菩薩白佛言世尊。世尊修多羅說如來藏自性清淨。轉三十二相入於一切衆生身中（三十二相者如來之色相也如來藏者如來無相之真心也如來回轉三十二相而以無相之相入於一切衆生身中）如大價寶垢衣所纏。如來之藏常住不變亦復如是。而陰界入垢衣所纏。貪欲恚癡不實妄想塵勞所汙。一切諸佛之所演說。云何世尊同外道說我。言有如來藏耶。世尊外道亦說有常作者。離於求那周遍不滅。彼說有我（求那依也外道亦謂有常作者離於所依與如來同）佛告大慧。我說如來藏。不同外道所說之我。大慧。有時說空無相無願如實際。法性。法身。涅槃。離自性。不生不滅。本來寂靜。自性涅槃。如是等句。說如來藏已。如來應供等正覺。爲斷愚夫畏無我句故。說離妄想無所有境界如來藏門。未來現在菩薩不應作我見計著（謂如來嘗說空無相等句雖不說如來藏而如來藏之說已在是矣若夫心見未揣妄立藏性則是空中捏怪顙上安頭認而有之我所立矣故如來貴乎無我愚夫無知見彼無我反生怖畏是故佛說如來藏欲不墮空故自無所有境界令不墮有故）譬如陶家。於一泥聚。以人工水木輪繩方便作種種器。如來亦復如是。於法無我離一切妄想相。以種種智慧善巧方便。或說如來藏。或說無我。以是因緣故。說如來藏不同外道所說之我。是名說如來藏。開引計我諸外道故說如來藏。令離不實我見妄想。入三解脫門境界。希望（華嚴謂菩薩觀緣起而知自性空得空解脫觀十二有支自性滅得無相解脫入空無願求唯爲教化衆生故得無願解脫故曰三解脫）疾得阿耨多羅三藐三菩提。是故如來應供等正覺。作如是說如來之藏。若不如是則同外道。是故大慧爲離外道見故。當依無我如來之藏。爾時世尊欲重宣此義而說偈言

人相續陰　　緣與微塵

勝自在作（作微塵勝自在說皆頌曰寶藏圓明絕我營營不因大覺垂慈現成途路弗曾爲旅歸程無依無住如來住休向如來住處行）　　心量妄想（外道續陰是心量妄想○情堪噏外道自盲誰識純真沒泊家山何用指）

修行大方便分第二十

爾時大慧菩薩觀未來衆生復請世尊。惟願爲說修行無間。如諸菩薩摩訶薩修行者大方便

佛告大慧。菩薩摩訶薩成就四法。得修行者大方便。云何爲四。謂善分別自心現。觀外性非性。離生住滅見。得自覺聖智善樂。是名菩薩摩訶薩成就四法得修行者大方便。云何善分別自心現。謂如是觀三界唯心分齊。離我我所。無動搖。離去來。無始虛僞習氣所薰。三界種種色行繫縛身財建立。妄想隨入現（謂以色行建立身財隨入自心而現妄想）是名菩薩摩訶薩善分別自心現。云何善觀外性非性。謂炎夢等一切性。無始虛僞妄想習因。觀一切性自

性。菩薩摩訶薩作如是善觀外性非性（以無始虛僞本來寂靜法皆自爾故曰自性）是名菩薩摩訶薩善觀外性非性。云何善離生住滅見。謂如幻夢一切性。自他俱性不生（眞源虛廓伏境而生境滅心亡一如幻夢何有生滅之可去）［楞伽二卷　三　李捧］隨入自心分齊故（覺惟心現故曰隨入自心分齊）見外性非性見識不生。及緣不積聚（非特見外性以爲非性而此所見之識亦不生而緣亦不聚）見妄想緣生於三界內外一切法不可得。見離自性生見悉滅（所見無自性生而見亦無見故法）知如幻等諸法自性。得無生法忍。得無生法忍已。離生住滅見。是名菩薩摩訶薩善分別離生住滅見。云何得自覺聖智善樂。謂得無生法忍。住第八菩薩地。得離心意意識五法自性二無我相（已上八地一切悉離若其餘地未足語此）得意生身。世尊。意生身者何因緣。佛告大慧。意生身者。譬如意去。迅疾無礙。故名意生。譬如意去。石壁無礙。於彼異方無量由延。因先所見憶念不忘。自心流注不絕於身。無障礙生。大慧。如是意生身得一時俱。菩薩摩訶薩意生身如幻三昧力自在神通妙相莊嚴。聖種類身一時俱生（聖種類身謂後文一切佛法緣自得樂相是也）猶如意生無有障礙。隨所憶念本願境界。爲成就衆生得自覺聖智善樂。如是菩薩摩訶薩得無生法忍住第八菩薩地。轉捨心意意識五法自性二無我相身。及得意生身。得自覺聖智善樂。是名菩薩摩訶薩成就四法得修行者大方便。當如是學（爲離心意意識五法自性二無我相已於寂滅中現出妙相無有障礙猶如意生此皆通達如幻三昧不滯於空乃能如此。頌曰如來爲惑衆沉淪指出修行四種因令見妄心惟自現了明外性悉非眞境緣出沒皆如幻聖智縱橫不是塵從此廓然無障礙神通乃得意生身）［楞伽二卷　四　康］

離緣因俱漸分第二十一

爾時大慧菩薩復請世尊。惟願爲說一切諸法緣因之相（萬法本空緣因而有）以覺緣因相故。我及諸菩薩離一切性有無妄見。無妄想見漸次俱生。

佛告大慧。一切法二種緣相。謂外及內。外緣者如泥團。謂泥團柱輪繩水木人工諸方便。緣有餅生。如泥餅。縷疊草席種牙酪酥等方便緣生亦復如是。是名外緣前後轉生（緣外所作一切名相）（緣者雖在內所緣者實在外故曰外緣）云何內緣。謂無明愛業等法得緣名。從彼生陰界入法得緣所起名。彼無差別而愚夫妄想。是名內緣法。大慧。彼因者有六種。謂當有因。相續因。相因。作因。顯示因。待因。當有因者。作因已。內外法生。相續因者。作攀緣已。內外法生陰種子等。相因者。作無間相相續生。作因者。作增上事如轉輪王。顯示因者。妄想事生已。相現作所作。如燈照色等（作則有相無有間斷故曰無間相現謂妄想生已則一切相從心而現昭然可見）待因者。滅時作相續斷。不妄想性生（滅時謂妄想滅時凡斷妄亦妄想也待斷乃無故曰待因）大慧。彼自妄想相。愚夫不漸次生。不俱生。所以者何。若復俱生者。作所作無分

別。不得因相故。若漸次生者。不得相
我故漸次生亦不生。如不生子無父
名。大慧漸次生。相續方便。不然但妄
想耳眞理廓然本無生滅及與相續蓋因設為相續方便滅已復生乃有是說此皆妄想楞伽二卷因攀緣次第增上緣等生。
所生故。漸次生不生漸次生非能生乃妄心之所生也
妄想自性計著相故。漸次俱不生
漸次及俱皆本不生因妄自性而計著之自心現受用故
自相共相外性非性妄想自性計著皆自心現身財而自共相皆是外性非本有性大慧。漸次俱不生。除
自心現。不覺妄想故相生。是故因緣
作事方便相。當離漸次俱見。爾時世
尊欲重宣此義而說偈言

一切都無生　亦無因緣滅
於彼生滅中　而起因緣想
非遮滅復生　相續因緣起
唯為斷凡愚　癡惑妄想緣
有無緣起法　是悉無有生
習氣所迷轉　從是三有現
眞實無生緣　亦復無有滅
觀一切有為　猶如虛空華
攝受及所攝　捨離惑亂見
非已生當生　亦復無因緣
一切無所有　斯皆是言說

頌曰眞相圓明絕芥塵休從妄想起緣因悉離漸次俱生見始作逍遙自在人

離言說妄想分第二十二

爾時大慧菩薩復白佛言世尊。惟願
為說言說妄想相心經此經上佛語心也我
及餘菩薩若善知言說妄想相心。則
能通達言說所說二種義言說妄想皆心所起心本無名以現得名故曰言說妄想相心疾得阿耨多羅
三藐三菩提。以言說所說二種趣。淨見於聲音曰言說言說之事曰所說菩薩以此能淨
一切衆生衆生不著言說佛告大慧。諦聽諦聽。善思念
之。當為汝說。大慧白佛言。善哉世尊。楞伽二卷
唯然受教
佛告大慧。有四種言說妄想相。謂相
言說。夢言說。過妄想計著言說。無始
妄想言說。相言說者。從自妄想色相
計著生。夢言說者。先所經境界隨憶
念生。從覺已境界無性生憶先所經與夫覺已而知無性以是而有言說彼悉如夢故曰夢言說過妄想計
著言說者。先怨所作業隨憶念生謂怨先所作業而憶持之以生過念為是而說無始妄想言說
者。無始虛偽計著過自種習氣生習氣積緣如自下種故曰自種是名四種言說妄想相
爾時大慧菩薩復以此義勸請世尊。
惟願更說言說妄想所現境界。何處
何故云何何因衆生妄想言說生
佛告大慧。頭胷喉鼻脣舌斷齒和合
出音聲。大慧白佛言世尊。言說妄想
為異為不異。佛告大慧。言說妄想非
異非不異。所以者何。謂彼因生相故謂有生相乃有言說若無生相言說亦亡茲所以不可言同異也大
慧。若言說妄想異者。妄想不應是因因有妄想乃聲為言說云何有異若不異者。語不顯
義而有顯示不顯之義說能顯之云何無異是故非
異非不異。大慧復白佛言世尊。為言
說即是第一義。為所說者是第一義。
佛告大慧。非言說是第一義。亦非所

說是第一義。所以者何。謂第一義聖樂言說所入是第一義(聖樂言說所入。雖由言說而入。而過於言說遠矣)非言說是第一義。第一義者。聖智自覺所得。非言說妄想覺境界。是故言說妄想不顯示第一義。言說者生滅動搖。展轉因緣起。若展轉因緣起者。彼不顯示第一義。大慧。自他相無性故。言說相不顯示第一義(自相他相本來無性。言說相者不過分別自他。故不顯示第一義)復次大慧。隨入自心現量故。種種相外性非性。言說妄想不顯示第一義(一切言說皆自心所現。本無性故不示第一義)是故大慧。當離言說諸妄想相。爾時世尊欲重宣此義而說偈言

諸性無自性　亦復無言說
甚深空空義　愚夫不能了
一切性自性　言說法如影
自覺聖智子　實際我所說

(頌曰。言說皆因妄想情齒斷喉舌衆緣成。若從聖智求言說。打破鐘來覓響聲)

淨離四句分(謂一異俱不俱有無非有非無常無常曰)

四句第二十三

爾時大慧菩薩復白佛言世尊。惟願為說離一異俱不俱有無非有非無常無常。一切外道所不行。自覺聖智所行。離妄想自相共相。入於第一真實之義。諸地相續漸次上上增進清淨之相。隨入如來地相。無開發本願譬如衆色摩尼境界。無邊相行自心現。趣部分之相(相行所現一切皆有部秩分數相行離現各趣部分以如衆色現摩尼然)一切諸法。我及餘菩薩離如是等妄想自性自共相見。疾得阿耨多羅三藐三菩提。令一切衆生一切安樂具足充滿。佛告大慧。善哉善哉。汝能問我如是之義。多所安樂多所饒益。哀愍一切諸天世人。佛告大慧。諦聽諦聽。善思念之。吾當為汝分別解說。大慧白佛言。善哉世尊。唯然受教

佛告大慧。不知心量愚癡凡夫。取內外性。依於一異俱不俱有無非有非無常無常自性習因計著妄想譬如群鹿為渴所逼。見春時炎而作水想。迷亂馳趣不知非水。如是愚夫無始虛僞妄想所薰。三毒燒心。樂色境界。見生住滅取內外性。墮於一異俱不俱有無非有非無常無常想。妄見攝受如乾闥婆城。凡愚無智而起城想。無始習氣計著相現。彼非有城非無城。如是外道無始虛僞習氣計著。依於一異俱不俱有無非有非無常無常見。不能了知自心現量。譬如有人。夢見男女象馬車步城邑園林山河浴池種種莊嚴。自身入中。覺已憶念。大慧。於意云何。如是士夫。於前所夢憶念不捨。為黠慧不。大慧白佛言不也世尊。佛告大慧。如是凡夫惡見所噬外道智慧。不知如夢自心現性。依於一異俱不俱有無非有非無常無常見。譬如畫像不高不下。而彼凡愚作高下想。如是未來外道惡見習氣

充滿。依於一異俱不俱有無非有非無常無常見。自壞壞他。餘離有無無生之論。亦說言無。謗因果見。拔善根本。壞清淨因。勝求者當遠離去。作如是說。彼墮自他俱見有無妄想已。墮建立誹謗。以是惡見當墮地獄（言遠離者）（當如是見）譬如翳目見有垂髮。謂衆人言。汝等觀此而是垂髮。畢竟非性非無性。見不見故。如是外道妄見希望。依於一異俱不俱有無非有非無常無常見。誹謗正法。自陷陷他。譬如火輪非輪。愚夫輪想。非有智者。如是外道惡見希望。依於一異俱不俱有無非有非無常無常想。一切性生。譬如水泡似摩尼珠。愚小無智作摩尼想計著追逐。而彼水泡非摩尼非非摩尼。取不取故（心所執取乃有是相）如是外道惡見妄想習氣所薰。於無所有說有生。緣有者言滅（緣有著空又墮斷見）復次大慧。有三種量五分論。各建立已。得聖智自覺離二自性事。而作有性妄想計著（諸外道建立三種量五分論而自謂實得聖智）（離二自性事乃起有性妄想而計著之）大慧。心意意識身心轉變。自心現攝所攝諸妄想斷。如來地自覺聖智修行者。不於彼作性非性想（謂正修行者不於彼境界而作性及非性想）若復修行者。如是境界性非性攝取相生者。彼即取長養及取我人。大慧。若說彼性自性自共相。一切皆是化佛所說。非法佛說。又諸言說。悉由愚夫希望見生。不為別建立趣自性法。得聖智自覺三昧樂住者分別顯示（謂化佛說法為隨順凡夫所見令其修行非為建立如實修行及顯示聖智三昧樂境界）譬如水中有樹影現。彼非影非非影。非樹形非非樹形。如是外道見習所薰。妄想計著。依於一異俱不俱有無非有非無常無常想。而不能知自心現量。譬如明鏡。隨緣顯現一切色像而無妄想。彼非像非非像而見像非像。妄想愚夫而作像想。如是外道惡見。自心像現。妄想計著。依於一異俱不俱有無非有非無常無常見。譬如風水和合出聲。彼非性非非性。如是外道惡見妄想。依於一異俱不俱有無非有非無常無常見。譬如大地。無草木處熱炎川流洪浪雲湧。彼非性非非性。貪無貪故。如是愚夫無始虛偽習氣所薰。妄想計著。依生住滅一異俱不俱有無非有非無常無常。緣自住事門。亦復如彼熱炎波浪。譬如有人呪術機發。以非衆生數毗舍闍鬼。方便合成動搖云為。凡愚妄想計著往來。如是外道惡見希望。依於一異俱不俱有無非有非無常無常見戲論。計著不實建立。大慧。是故欲得自覺聖智事。當離生住滅一異俱不俱有無非有非無常無常等惡見妄想。爾時世尊欲重宣此義而說偈言

幻夢水樹影　垂髮熱時炎

如是觀三有　究竟得解脫
譬如鹿渴想　動轉迷亂心
鹿想謂爲水　而實無水事
如是識種子　動轉見境界
愚夫妄想生　如爲翳所翳
於無始生死　計著攝受性
如逆楔出楔　捨離貪攝受（言難離也）
如幻呪機發　浮雲夢電光
觀是得解脫　永斷三相續
於彼無有作　猶如炎虛空
如是知諸法　則爲無所知
言教唯假名　彼亦無有相
於彼起妄想　陰行如垂髮
如畫垂髮幻　夢乾闥婆城
火輪熱時炎　無而現衆生
常無常一異　俱不俱亦然
無始過相續　愚夫癡妄想
明鏡水淨眼　摩尼妙寶珠
於中現衆色　而實無所有
一切性顯現　如畫熱時炎
種種衆色現　如夢無所有

復次大慧。如來說法離如是四句。謂一異俱不俱有無非有非無常無常。離於有無建立誹謗（離是四者）分別結集眞諦緣起道滅解脫。如來說法以是爲首。非性非自在非無因非微塵非時非自性相續而爲說法（如來說法以結集眞諦爲首。非若外道性與自在及無因等而相續說）。復次大慧。爲淨煩惱爾炎障故。譬如商主。次第建立百八句無所有。善分別諸乘及諸地相（爲淨衆生故建立百八句。凡以善分別諸乘及地相。爾其本實無有也。頌曰。衆生計著似狂醒。四句依他妄想情。一異俱緣隨癡暗。有無常見競頭爭。摩尼垂髮元非性。樹影風聲假彼成。一切須知心鏡裏。姸媸狀貌本無形）。

禪差別分第二十四

復次大慧。有四種禪。云何爲四。謂愚夫所行禪。觀察義禪。攀緣如禪。如來禪。云何愚夫所行禪。謂聲聞緣覺外道修行者。觀人無我性。自相共相骨鎖。無常苦不淨相計著爲首。如是相不異觀。前後轉進想不除滅（謂於無常苦空）是名愚夫所行禪（不淨等相堅著不捨漸次增進至非想滅定）。云何觀察義禪。謂人無我自相共相。外道自他俱無性已（於人無我相及於外道自他俱見彼皆觀察知無性已）觀法無我。彼地相義漸次增進。是名觀察義禪。云何攀緣如禪。謂妄想二無我妄想（妄想分別也。謂若分別無我有二。即是尚有分別也。若如實知則彼分別不復生矣）如實處不生妄想。是名攀緣如禪。云何如來禪。謂入如來地行。得自覺聖智相三種樂住。成辦衆生不思議事。是名如來禪。爾時世尊欲重宣此義而說偈言

凡夫所行禪　觀察相義禪
攀緣如實禪　如來清淨禪
譬如日月形　鉢頭摩深險
如虛空火燼（幽明暗之不同）　修行者觀察（言顯）
如是種種相（已下四句言三種禪）　外道道通禪
亦復墮聲聞　及緣覺境界

捨離彼一切　則是無所有
一切剎諸佛　以不思議手
一時摩其頂　隨順入如相

（頌曰堪笑堪嗟不免疑禪那因此又支離愚夫作意祛除我觀察留心相義推如實攀緣妄想如來聖智絕思惟慈悲苦爲衆生辨問著元來揔不知）

涅槃差別分第二十五

爾時大慧菩薩復白佛言。世尊。般涅槃者。說何等法謂爲涅槃。佛告大慧。一切自性習氣藏意意識見習轉變。名爲涅槃（已上七者有所轉變而即寂名爲涅槃）諸佛及我涅槃。自性空事境界（謂如來涅槃無所計著亦無所轉變無依無作一切成現所作境界悉空無事故曰空事境界言諸佛涅槃以明前者非也）復次大慧。涅槃者。聖智自覺境界。離斷常妄想性非性。云何非常。謂自相共相妄想斷故非常。云何非斷。謂一切聖去來現在得自覺故非斷。大慧。涅槃不壞不死。若涅槃死者。復應受生相續。若壞者。應墮有爲相。是故涅槃離壞離死。是故修行者之所歸依。復次大慧。非捨非得。非斷非常。非一義。非種種義。是名涅槃。復次大慧。聲聞緣覺涅槃者。覺自相共相不習近境界。不顚倒見妄想不生。彼等於彼作涅槃覺（頌曰諸佛慈悲爲指蹤涅槃自性要通融斷常死壞皆無染藏意因緣已絕同堪笑二乘生覺想又祛顚倒墮塵籠如來路上無消息攙攙怱怱一鑑中）

離言事自性分第二十六

復次大慧。二種自性相。云何爲二。謂言說自性相計著。事自性相計著。言說自性相計著者。從無始言說虛僞習氣計著生。事自性相計著者。從不覺自心現分齊生（頌曰腭喉脣舌發音聲萬事縱橫盡日營皆是妄緣空計著自心覺了即無生）

如來神力建立分第二十七

復次大慧。如來以二種神力建立菩薩摩訶薩頂禮諸佛聽受問義。云何二種神力建立。謂三昧正受爲現一切身面言說神力。及手灌頂神力（謂令入三昧然後爲現神力）大慧。菩薩摩訶薩初菩薩地住佛神力（謂初入菩薩地必依神力方入照明三昧如下云）所謂入菩薩大乘照明三昧。入是三昧已。十方世界一切諸佛以神通力。爲現一切身面言說。如金剛藏菩薩摩訶薩。及餘如是相功德成就菩薩摩訶薩。是名初菩薩地菩薩摩訶薩得菩薩三昧正受神力。於百千劫積集善根之所成就。次第諸地對治所治相通達究竟。至法雲地。住大蓮華微妙宮殿。坐大蓮華寶師子座。同類菩薩眷屬圍繞。衆寶瓔珞莊嚴其身。如黃金薝蔔日月光明。諸最勝手從十方來。就大蓮華宮殿坐上而灌其頂。譬如自在轉輪聖王及天帝釋太子灌頂。是名菩薩手灌頂神力。大慧。是名菩薩摩訶薩二種神力。若菩薩摩訶薩住二種神力。面見諸佛如來。若不如是則不能見。復次大慧。菩薩摩訶薩凡所分別三昧神足諸法之行。

是等一切悉住如來二種神力。大慧。
若菩薩摩訶薩離佛神力能辯說者。
一切凡夫亦應能說。所以者何。謂不
住神力故。大慧。山石樹木及諸樂器
城郭宮殿。以如來入城威神力故。皆
自然出音樂楞伽二卷之聲。何況有心者十五。聾及盲
瘖瘂無量衆苦皆得解脫。如來有如
是等無量神力利安衆生
大慧復白佛言世尊。以何因緣如來
應供等正覺菩薩摩訶薩住三昧正
受時及勝進地灌頂時加其神力。佛
告大慧。為離魔業煩惱故（謂令其離魔業煩惱
等）及不墮聲聞地禪故。為得如來自
覺地故。及增進所得法故。如來應供
等正覺咸以神力建立諸菩薩摩訶
薩。若不以神力建立者。則墮外道惡
見妄想（如來所加神力非由外至亦因無依無作法性而已故不
墮外道見）及諸聲聞衆魔希望。不得阿耨
多羅三藐三菩提。以是故諸佛如來
咸以神力攝受諸菩薩摩訶薩。爾時

世尊欲重宣此義而說偈言
神力人中尊　大願悉清淨
三摩提灌頂　初地及十地
（頌曰如來普照徧河沙魔業皆離絕等差菩薩盡承神力攝遂令端坐寶蓮華）
因緣言說差別分第二十八
爾時大慧菩薩復白佛言世尊。佛說
緣起即是說因緣。不自說道。世尊。外
道亦說因緣。謂勝自在時微塵生。如
是諸性生。然世尊所謂因緣生諸性
言說（因緣生諸性言說佛與外道其見異故云有間悉檀）有間
悉檀無間悉檀（悉檀者譯義或言宗或言成就或言理也）
世尊。外道亦說有無有生。世尊亦說
無有生。生已滅。如世尊所說無明緣
行乃至老死。此是世尊無因說。非有
因說。世尊建立作如是說。此有故彼
有（謂有無明乃有緣行故曰此有故彼有）楞伽二卷 十六 非建立漸生係
觀外道說勝。非如來也。所以者何。外
道說因不從緣生而有所生。世尊說
觀因有事觀事有因。如是因緣雜亂
如是展轉無窮

佛告大慧。我非無因說。及因緣雜亂
說。此有故彼有者。攝所攝非性。覺自
心現量。大慧。若攝所攝計著。不覺自
心現量。外境界性非性（謂於外境有性非性見）
彼有如是過。非我說緣起。我常說言
因緣和合而生諸法。非無因生。大慧
復白佛言世尊。非言說有性有一切性
耶。若無性者言說不生。是故言說有
性有一切性。佛告大慧。無性而作言
說。謂兔角龜毛等。出間現言說（無而見有）
（乃世間言說）大慧。非性非非性。但言說耳
（佛告以言說非有性亦非有非性）如汝所說。言說有
性有一切性者。汝論則壞。大慧。非一
切剎土有言說。言說者是作耳。或有
佛剎瞻視顯法。或有作相。或有揚眉。
或有動睛。或笑或欠。或謦咳。或念剎
土。或動搖。大慧。如瞻視及香積世界
普賢如來國土。但以瞻視令諸菩薩
得無生法忍及諸勝三昧。是故非言
說有性有一切性。大慧。見此世界蚊

蚋蟲蟻。是等衆生無有言說而各辦事。爾時世尊欲重宣此義而說偈言

如虛空兎角　及與槃太子
無而有言說　如是性妄想
因緣和合法　凡夫起妄想
不能如實知 楞伽二卷　輪迴三有宅 十七 卅

頌曰因緣勿爲從他起言說休論性有 無若覺唯心成現境鏡明鏡響自如如

離惑亂見分第二十九 妄想爲惑 誰其不然

凡夫迷悟昏不自知二乘悟迷 認爲顛倒昏不自知病不服藥 認爲顛倒飲藥增病遂使眞常 無由旋復故如來爲惑亂而說 常祖師云迷生 寂亂悟無好惡

爾時大慧菩薩復白佛言。世尊。常聲者何事說 謂聲言爲常者 以何事而說 佛告大慧。爲惑亂 執惑亂以爲顛倒 而生滅之心生茲 所以役於取捨而不得常祖師曰良 由取捨所以不如故大慧問常而佛 答以爲 惑亂 以彼惑亂。諸聖亦現而非顛倒 諸聖亦現惑亂與人同無 倒與不倒覺想與人異 大慧。如春時炎火輪垂髮乾闥婆城幻夢鏡像。世間顛倒。非明智也。然非不現 謂 之 明智非如木石安得不 現彼但如幻雖現不現 大慧。彼惑亂

爾時大慧菩薩復白佛言。世尊。常聲者何事說 謂聲言爲常者 以何事而說 佛告大慧。爲惑亂 執惑亂以爲顛倒 而生滅之心生茲 所以役於取捨而不得常祖師曰良 由取捨所以不如故大慧問常而佛 答以爲 惑亂 以彼惑亂。諸聖亦現而非顛倒 諸聖亦現惑亂與人同無 倒與不倒覺想與人異 大慧。如春時炎火輪垂髮乾闥婆城幻夢鏡像。世間顛倒。非明智也。然非不現 謂 之 明智非如木石安得不 現彼但如幻雖現不現 大慧。彼惑亂者有種種現。非惑亂作無常。所以者何。謂離性非性故 本來離性因妄而 生一翳在目空華 亂墜彼安能 作無常哉 云何離性非性惑亂。謂一切愚夫種種境界故 種種境界謂 如下文恒河 如彼恒河。餓鬼見不見故。無惑亂性 餓鬼於河不見有水是無恒河之 性如彼愚夫溺於惑亂不自知也 於餘現故。非無性 餘具覺知見爲恒河 是有恒河之性如彼 聲聞執爲實有於 惑亂性欲壞滅之 如是惑亂。諸聖離顛倒不顛倒。是故惑亂常。謂相相不壞故 諸聖於惑亂非如愚夫之無惑 亂性而不自知亦非如二乘之

有惑亂性而務欲壞滅故離倒與不 倒之覺斯不期於常而自常矣所以 常者以未嘗相相而務欲 滅之故也故下文云云 大慧。非惑亂種種相妄想相壞。是故惑亂常。大慧。云何惑亂眞實。若復因緣諸聖於此惑亂。不起顛倒覺非不顛倒覺。除諸聖。於此惑亂 楞伽二卷 有少分想 十八 。非聖智事 林祥 相 聖於惑亂已得如幻倒不倒見皆 悉無有除此之外有少分覺即覺 想也故曰非 聖智事相 大慧。凡有者愚夫妄說。非聖言說 有者謂執惑亂性 而有之此愚妄爾 彼惑亂者倒不倒妄想。起二種種性 已下雖 聖種性 亦是有任 妄想也 謂聖種性及愚夫種性。聖種性者三種分別。謂聲聞乘緣覺乘佛乘。云何愚夫妄想起聲聞乘種性。謂自共相計著。起聲聞乘種性。是名妄想起聲聞乘種性。大慧。即彼惑亂妄想起緣覺乘種性。謂即彼惑亂自共相不親計著 有緣而覺非不計著 但有所覺而不親之 爾 起緣覺乘種性。云何智者即彼惑亂起佛乘種性。謂覺自心現量外性非性不妄想相 謂不於外性而 起非性之想 起佛

乘種性。是名即彼惑亂起佛乘種性雖曰佛乘以有心量故不免妄想若知如幻則佛乘亦妄爾又種種事性凡夫惑想。起愚夫種性愚夫分別種種事性決定如是決定不異故曰惑想彼非有事非無事。是名種性義聲緣聖凡皆即惑亂而起種性彼種性中種種事物非即是物亦非非物皆隨心而現故曰是名種性義大慧。即彼惑亂不妄想。諸聖心意意識過習氣自性法轉變性。是名爲如。是故說如離心即惑亂之性而不妄想故諸聖能轉捨心意意識等習氣而爲真如也說如離心者謂離心意意識等我說此句顯示離想。即說離一切想大慧白佛言世尊。惑亂爲有爲無。佛告大慧。如幻無計著相。若惑亂有計著相者。計著性不可滅緣起。應如外道說因緣生法。大慧白佛言世尊。若惑亂如幻者。復當與餘惑作因謂一切如

楞伽二卷　十九　東達

幻前後轉生諸餘惑亂因此而起又大慧之疑也佛告大慧。非幻惑因。不起過故。幻不起過。無有妄想一切如幻諸過潛消過之能消以無諸妄大慧。幻者從他明處生。非妄想過習氣處生惟彼覺明乃能如幻是故不起過。大慧。此是愚夫心惑計著。非聖賢也餘惑作因以是生疑是愚夫計非聖賢也爾時世尊欲重宣此義而說偈言

聖不見惑亂　中間亦無實
中間若真實　惑亂即真實
捨離一切惑　若有相生者
是亦爲惑亂　不淨猶如翳

離相亦惑亂也故曰不淨○須曰若有寂空凝絕較量妄疑惑亂敗真常寂將覺想祛顛倒撓破無心佛道場却潒不辭潭底現妍媸終豈鑑中藏但影

知一切皆如幻萬法紛紜掣電光

楞伽經纂卷第二上

東寺　阿

楞伽經纂卷第二下

阿

如幻差別分第三十

東寺

復次大慧。非幻無有相似。見一切法如幻。大慧白佛言世尊。爲種種幻相計著言一切法如幻。爲異相計著種種謂一切相異相謂顛倒相變異不同猶如幻化此大慧之疑也若種種幻相計著言一切性如幻者。世尊。有性不如幻者大慧謂既有性相即不速滅安可計著如幻所以者何。謂色種種相非因。世尊。無有因色。種種相現如幻一切色相非因而然是故無種種幻相計著相似性如幻既無所因則種種相現自如幻爾佛告大慧。非種種幻相計著相似一切法如幻。大慧。然不實一切法速滅如電。是則如幻以法不實速滅譬如電故言如幻如電光。剎那頃現。現已即滅。非愚夫現愚夫執著不能速滅故云如是一切性自妄想自共相觀察無性。非現色相計著謂於一切性相若能觀察無性乃見如幻非於色相有所計著爾時世尊欲重宣此義而說偈言

非幻無有譬　說法性如幻
不實速如電　是故說如幻

大慧復白佛言。如世尊所說。一切性無生及如幻。將無世尊前後所說自相違耶。說無生性如幻

佛告大慧。非我說無生性如幻。前後相違過。所以者何。謂生無生性體空寂凡有所生悉如幻夢故雖有生實未嘗生覺自心現量。有非有外性非性無生現但覺自心有及非有外性非性皆無生現大慧。非我前後說相違過。然壞外道因生故。我說一切性無生。外道癡聚欲令有無有生。非自妄想種種計著緣外道從有無生一切法不說自心妄想執著因緣而生大慧。我非有無有生。是故我以無生說而說。大慧。說性者。為攝受生死故說言人之有性為欲衆生知死生有去來非如斷滅之見壞無見斷見故。為我弟子攝受種種業受生處故謂有是業有是受生以性聲說攝受生死。大慧。說幻性自性相。為離性自性相故佛說如幻非有所立欲有所離故也墮愚夫惡見相希望。不知自心現量。壞因所作生緣自性相計著。說幻夢自性相一切法愚夫惡見不知自心如來欲令破壞因緣計著之見故說幻夢為之對治不令愚夫惡見希望計著自他。及一切法如實處見作不正論法法如幻即無緣想亦無滅見說令法相一切如實愚夫執著而以此說為不正論大慧。如實處見一切法者。謂超自心現量知心有現則心為現轉未能無心心如實處則心無自心法惟自法如鏡現像不將不迎心量之見亦將除滅爾時世尊欲重宣此義而說偈言

無生作無性　有性攝生死
觀察如幻等　於相不妄想

頌曰世間萬一自形彰昧者依他盡日忙故說幻因明遽滅要同掣電暫時光無生為破愚天執有性須知應病方儻若無心如實處曾無一物可思量

離名句形身分第三十一

復次大慧。當說名句形身相。善觀名句形身菩薩摩訶薩隨入義句形身假名顯道故覺名句即入義句疾得阿耨多羅三藐三菩提。如是覺已。覺一切衆生。大慧。名身者。謂若依事立名。是名名身。句身者。謂句有義身。自性決定究竟。是名句身事以名立名以句定句以顯義義有自性因自性故決定究竟形身者。謂顯示名句。是名形身形身即字也又形身者。謂長短高下。又句身者。謂徑跡。如象馬人獸等所行徑跡得句身名。大慧。名及形者。謂以名說無色四陰故說名。自相現故說形制字者長短高下像其本形故曰自相現是名名句形身說名句形身相分齊。應當修學知名句形身即知所以言者在於言外而言者特筌蹄爾時世尊欲重宣此義而說偈言

名身與句身　及形身差別
凡夫愚計著　如象溺深泥

東寺

頌曰形名章句亂紛然不免鷄窗坐究研萬里江湖如到岸行人何用守空舡

離相止惑分第三十二

復次大慧。未來世智者。當以離一異俱不俱見相。我所通義。問無智者。彼即荅言。此非正問。謂色等常無常。為異不異。如是涅槃諸行相所相求那所求那造所造見所見塵及微塵修與修者。如是比展轉相。如是等問。而言佛說無記止論無記猶無所記錄謂不立說也止論謂置而不荅也如來為彼衆生怖其著有故說言無記所以通之外道計著攝所攝性不知自心現量故止而不為說昧者不知佛之通義不在此而直以此稱佛蓋失之矣非彼癡人之所能知。謂

聞慧不具故。如來應供等正覺。令彼離恐怖句故說言無記。不爲記說。又止外道見論故而不爲說。大慧。外道作如是說。謂命即是身。如是等無記論。彼諸外道愚癡。於因作無記論（若因於身命者是也。故曰於因）非我所說　大慧。我所說者。離攝所攝。妄想不生。云何止彼。若攝所攝而計著者。不知自心現量故止彼（佛之止論爲此而已）如來應供等正覺。以四種記論爲衆生說法。大慧。止記論者。我時時說。爲根未熟。不爲熟者（四種記論謂直荅反質荅分別荅置荅。置荅即止論也）

復次大慧。一切法離所作。因緣不生。無作者故。一切法不生（以外道於因作無記論故）（佛說因緣不生及性相不可得）大慧。何故一切性離自性。以自覺觀時自共性相不可得故。說一切法不生（自覺則一切性相皆無所得故一切法不生）何故一切法不可持來不可持去。以自共相欲持來無所來。欲持去無所去（無所攝受故無所來。既無所來復何所去）是故一切法離持來去。何故一切諸法不滅。謂性自性相無故。一切法不可得故。一切法不滅（性自性相悉無所有。法不可得又何所滅）何故一切法無常。謂相起無常性。是故說一切法無常（本來寂滅何有無常。無常性者因於世間）（諸相起故）何故一切法常。謂相起無生性。無常常故。說一切法常（謂一切相起本無生性。既本無生。無常常矣）爾時世尊欲重宣此義而說偈言

記論有四種　一向反詰問
分別及止論　以制諸外道
有及非有生　僧佉毗舍師
一切悉無記　彼如是顯示
正覺所分別　自性不可得
以離於言說　故說離自性

（頌曰。外道愚癡義不通。妄爲止記混真空。若論聖智無蹤跡。性相皆離絕異同）

離四果差別分第三十三

爾時大慧菩薩復白佛言。世尊。惟願爲說諸須陀洹。須陀洹趣差別通相。若菩薩摩訶薩善解須陀洹趣差別通相。及斯陀含阿那含阿羅漢方便相分別。知已。如是如是爲衆生說法。謂二無我相及二障淨。度諸地相究竟通達得諸如來不思議究竟境界。如衆色摩尼。善能饒益一切衆生。以一切法境界無盡身財攝養一切（一切法無盡身財即華嚴之行海是也）佛告大慧。諦聽諦聽。善思念之。今爲汝說。大慧白佛言。善哉世尊。唯然聽受

佛告大慧。有三種須陀洹。須陀洹果差別。云何爲三。謂下中上。下者極七有生。中者三五有生而般涅槃。上者即彼生而般涅槃。此三種有三結下中上。云何三結。謂身見。疑。戒取。是三結差別。上上昇進得阿羅漢。大慧。身見有二種。謂俱生及妄想。如緣起妄想自性妄想。譬如依緣起自性種種妄想自性計著生。以彼非有非無非有無。無實妄想相故（須陀洹無愚夫想有無非有無。又一切法皆無實想。此之妄想亦如愚夫緣起自性種種計著而生妄想）

（也）愚夫妄想種種妄想自性相計著。如熱時炎鹿渴水想。是須陀洹妄想身見（謂欲去愚夫妄想如此而不知及墮無實妄想妄想身見者以有人無我見）彼以人無我攝受無性斷除久遠無知計著。大慧。俱生者。須陀洹身見。自他身等。四陰無色相故。色生造及所造故。展轉相因相故。大種及色不集故（謂須陀洹見自身它身色相本空雖曰遣色適長生相是乃俱生身見俱生身見者以有色不集等見）須陀洹觀有無品不現。身見則斷。如是身見斷貪則不生。是名身見相（觀有無一切不現方斷身見而不生貪）大慧。疑相者。謂得法善見相故。及先二種身見妄想斷故。疑法不生。不於餘處起大師見爲淨不淨。是名疑相須陀洹斷（謂疑法不生故曰疑相斷）大慧。戒取者云何。須陀洹不取戒。謂善見受生處苦相故。是故不取。大慧。取者謂愚夫決定受習苦行爲衆具樂故求受生。彼則不取（謂諸愚夫持戒精勤種種苦行求受生處饗未來樂彼須陀洹不取是相故曰不取戒）除回向自

覺勝。離妄想。無漏法相行方便。受持戒支（唯於回向等受持戒支則雖取而不取也）是名須陀洹取戒相斷。須陀洹斷三結。貪癡不生。若須陀洹作是念。此諸結我不成就者。應有二過。墮身見及諸結不斷（須陀洹若作是念此是三結我離三結者是名見二法反墮身見而所謂結斷者復不斷矣）大慧白佛言世尊。世尊說衆多貪欲。彼何者貪斷。佛告大慧。愛樂女人。纏綿貪著。種種方便。身口惡業。受現在樂。種未來苦。彼則不生。所以者何。得三昧正受樂故。是故彼斷。非趣涅槃貪斷（須陀洹果得正受樂故能斷世間貪非能斷趣涅槃貪）大慧。云何斯陀含相。謂頓照色相妄想生相。見相不生（照破色相及妄想生想於彼見相又皆不生）善見禪趣相故。頓來此世盡苦際得涅槃。是故名斯陀含。大慧。云何阿那含。謂過去未來現在色相性非性。生見過患。使妄想不生故（於色相性以及非性而自生過患之見蓋彼於妄想使不生故）及結斷故。名阿那含。大慧。阿羅漢者。謂諸

禪三昧解脫力。明煩惱苦妄想非性故。名阿羅漢。大慧白佛言世尊。世尊說三種阿羅漢。此說何等阿羅漢爲得寂靜一乘道。爲菩薩摩訶薩方便示現阿羅。爲佛化化（以佛之化化導衆生曰化化一乘道果菩薩方便示現爲佛化化此三種也）佛告大慧。得寂靜一乘道聲聞。非餘餘者（謂今所說阿羅漢乃一乘道非彼二種故於下文述二種行以明一乘其行不然）行菩薩行。及佛化化。巧方便本願故。於大衆中示現受生。爲莊嚴佛眷屬故。大慧。於妄想處種種說法。謂得果得禪。禪者入禪悉遠離故。示現得自心現量。得果相。說名得果（禪者入禪一切遠離是謂得禪以見心現量是謂得果說名得果非實得果已上二種未超心量故非一乘）復次大慧。欲超禪無量無色界者。當離自心現量相。大慧。受想正受。超自心現量者不然。何以故。有心量故（以前二種未離受想正受唯超自心現量者乃不復爾故曰不然凡以別二種有心量故自欲超禪無量無色界已下皆述寂靜一乘道也）爾時世尊欲重宣此義

而說偈言
諸禪四無量　無色三摩提
東寺
一切受想滅　心量彼無有
須陀槃那果　往來及不還
及與阿羅漢　斯等心惑亂
禪者禪及緣　斷知見眞諦
此則妄想量　若覺得解脫
頌曰諸佛眞機不易傳過諸色量實難肩斷除三結高持戒頓照無生果已圓唯有那含能見過堪佳羅漢得諸禪一乘除是超心量體合虛空不立玄

二種覺分第三十四

復次大慧。有二種覺。謂觀察覺。及妄想相攝受計著建立覺。大慧。觀察覺者。謂若覺性自性相。選擇離四句不可得。是名觀察覺覺性自性亦無性見即無四句之可離故曰選擇離四句不可得彼四句者。謂離一異俱不俱有無非有非無常無常。是名四句。大慧。此四句離。是名一切法。此四句觀察一切法。應當修學覺性自性即離四句法自法爾於此始名爲一切法離此四句觀察諸法始超四句而即自在故當修學大慧。云何妄想相攝受計著建立覺。謂妄想相攝受計著堅濕煖動不實妄想相。四大種宗。因相譬喻。計著不實建立而建立。是名妄想相攝受計著建立覺計著四大種之所宗即自因相而生譬喻且曰彼皆不實之所建立計著於此是有建立本無所有有立皆妄又當覺此是名二種覺相。若菩薩摩訶薩成就此二覺相善覺二種故曰成就人法無我相究竟。善知方便無所有覺。觀察行地。得初地入百三昧無所有覺即能觀察行地方得初地入百三昧不旋踵間而超法雲言其速也得差別三昧。見百佛及百菩薩。知前後際各百劫事。光照百剎土。知上上地相。大願殊勝。神力自在。法雲灌頂。當得如來自覺地。善繫心十無盡句華嚴教中十無盡句成熟衆生種種變化。光明莊嚴。得自覺樂三昧正受頌曰觀察覺中離四句計他不實亦非眞到頭無覺方爲覺始作如來閫域人

離四大造色分第三十五

復次大慧。菩薩摩訶薩當善四大造色。云何菩薩善四大造色以有四大之性造出四大之色相菩薩摩訶薩作是覺。彼眞諦者。四大不生眞諦寂靜故云不生蓋無生想乃不生矣於彼四大不生作如是觀察。觀察已。覺名相妄想分齊。自心現分齊。外性非性。是名心現妄想分齊於彼四大作不生觀乃能覺知妄想分齊悉由自心所現分齊而知外性率皆非性謂三界觀彼四大造色性。離四句通淨菩薩於三界中觀四大造色之性本無所有離於四句通淨而無所染離我我所。如實相自相分段造色已離四句即於實相自相一切如之初無生滅之想即相而言故說分段任無生。自相成若任實相即住無生如此自相乃成大慧。彼四大種云何生造色。謂津潤妄想大種。生內外水界。堪能妄想大種。生內外火界。飄動妄想大種。生內外風界。斷截色妄想大種。生內外地界。色及虛空俱計著邪諦。五陰集聚。四大造色生。大慧。識者。因樂種種跡境界故。餘趣相續四大生色以諸根識樂於一切形跡境界其餘諸趣以是續生大慧。地等四大及造色等。有四大緣。非彼四大緣。所以者何。謂性形相處

所作方便無性。大種不生若覺無性四大種子亦無有生故云非彼四大緣性形相處所作方便和合生。非無形。是故四大造色相。外道妄想非我頌曰地水火風名四大誰知和合衆緣成若知四大元無性自相如如總不生

諸陰自性相分第三十六

復次大慧。當說諸陰自性相。云何諸陰自性相。謂五陰。云何五。謂色受想行識。彼四陰非色。謂受想行識。大慧。色者四大及造色。各各異相。非無色有四數如虛空。譬如虛空過數相。離於數。而妄想言一虛空四大種性周徧法界然其色相猶可指陳若夫非色諸陰逈離數相如人妄言爲一虛空也大慧。如是陰過數相。離於數。離性非性。離四句。數相者。愚夫言說所說。非聖賢也諸陰離相離性及離四句因迷而有覺後皆空愚夫妄執以爲實有故曰非聖賢也大慧。聖者如幻種種色像。離異不異施設。又如夢影士夫身。離異不異故聖者之於五陰倏有忽無如幻出種種色像又如幻夢影未嘗計其同異故永嘉云五陰浮雲空去來大慧。聖智趣。同陰妄想現。是名諸陰自性相。汝當除滅諸陰性相本來空寂皆因妄想而現聖智肓趣不墮有無同其妄想所現而無所著故云是名諸陰自性相汝當除滅滅已。說寂靜法。斷一切佛剎諸外道見。說寂靜時。法無我見淨法雖無我其見猶存見性兼忘乃眞寂靜及入不動地。入不動地已。無量三昧自在。及得意生身。得如幻三昧通達究竟。力明自在。救攝饒益一切衆生。猶如大地載育衆生。菩薩摩訶薩普濟衆生亦復如是頌曰五陰浮雲性本離還如夢影幻生疑法無我見仍虛淨空手壓中一幻師

離四種涅槃差別分第三十七

復次大慧。諸外道有四種涅槃。云何爲四。謂性自性非性涅槃謂不覺性自性而以爲非性即涅槃者種種相性非性涅槃謂以一切性相皆爲非性即涅槃者自相自性非性覺涅槃謂初以性相爲非性今乃覺焉而實覺想於此即涅槃者諸陰自共相相續流注斷涅槃謂斷諸陰流注而即涅槃者是名諸外道四種涅槃。非我所說法。大慧。我所說者。妄想識滅。名爲涅槃外道涅槃不離妄想識陰種子如來所言一切識滅名爲涅槃非實有性大慧白佛言世尊。不建立八識耶。佛言建立。大慧白佛言。若建立者。云何離意識非七識大慧謂既立八識何故於此但說意識滅而非七識滅也佛告大慧。彼因及彼攀緣故。七識不生因及攀緣初由意識若意識滅則七識無由而生意識者。境界分段計著生。習氣長養藏識。意俱。我我所計著。思惟因緣生。不壞身相藏識。因攀緣自心現境界計著心聚生。展轉相因。譬如海浪。自心現境界風吹。若生若滅亦如是。是故意識滅。七識亦滅自境界分段計著至因緣生意識之所生也自不壞身相至亦如是七識之所生也習氣滋生長養藏識意與之俱計著我所而有思惟相續因緣乃生意識若夫不壞身相藏識則如來藏也藏識爲之因攀緣所現而聚於心乃生七識七識即前所謂現識意識即前所謂分別事識不壞身相藏識即前所謂眞識心之所現意識分別七識隨之意識滅盡無所攀緣七識空名故當自滅爾時世尊欲重宣此義而說偈言

我不涅槃性　所作及與相
妄想爾炎識　此滅我涅槃

彼因彼攀緣　意趣等成身
與因者是心　爲識之所依
如水大流盡　波浪則不起
如是意識滅　種種識不生

（頌曰妄想紛拏不自知却於心鏡現形儀遂令七識攀緣起留得諸塵意裏推境上根塵如不著靈源澄湛更何疑超然寶藏無形像對面知他是阿誰）

離妄想自性差別分第三十八

復次大慧。今當說妄想自性分別通相。若妄想自性分別通相善分別。汝及餘菩薩離妄想。到自覺聖。外道通趣善見。覺攝所攝妄想。斷緣起種種相妄想自性行。不復妄想。大慧。云何妄想自性分別通相。謂言說妄想。所說事妄想。相妄想。利妄想。自性妄想。因妄想。見妄想。成妄想。生妄想。不生妄想。相續妄想。縛不縛妄想。是名妄想自性分別通相。云何言說妄想。謂種種妙音歌詠之聲。美樂計著。是名言說妄想。云何所說事妄想。謂有所說事自性。聖智所知。依彼而生言說妄想。是名所說事妄想（聖智所知了義志說若依彼而生言說故名所說事妄想）。云何相妄想。謂即彼所說事如鹿渴想。即種種計著而計著。謂堅濕煖動相一切性妄想。是名相妄想。云何利妄想。謂樂種種金銀珍寶。是名利妄想。云何自性妄想。謂自性持此如是不異。惡見妄想。是名自性妄想（本無所有妄立自性以爲此法如是如是不異此惡見也）。云何因妄想。謂若因若緣。有無分別因相生。是名因妄想。云何見妄想。謂有無一異俱不俱惡見。外道妄想計著妄想。是名見妄想。云何成妄想。謂我我所想成決定論。是名成妄想。云何生妄想。謂緣有無性生計著。是名生妄想。云何不生妄想。謂一切性本無生無種。因緣生無因身。是名不生妄想。云何相續妄想。謂彼俱相續如金縷。是名相續妄想。云何縛不縛妄想。謂縛因縛計著。如士夫方便若縛若解（謂縛因能縛而有所縛如人以繩方便力故縛已復解）。是名縛不縛妄想。於此妄想自性分別通相。一切愚夫計著有無。大慧。計著緣起而計著者。種種妄想計著自性。如幻示現種種之身（計著緣起於妄自性而生）。凡夫妄想見種種異幻（計著如依於幻見種種物）。（凡夫以此轉執幻相）大慧。幻與種種。非異非不異。若異者。幻非種種因。若不異者。幻與種種無差別而見差別。是故非異非不異。是故大慧。汝及餘菩薩。如幻緣起妄想自性。異不異有無莫計著。

爾時世尊欲重宣此義而說偈言

心縛於境界　覺想智隨轉（隨境）
（而覺謂之覺想）
無所有及勝　平等智慧生
妄想自性有（已下皆妄立緣起之性）　於緣起則無
妄想或攝受　緣起非妄想
種種支分生　如幻則不成
彼相有種種　妄想則不成
彼相則是過　皆從心縛生
妄想無所知　於緣起妄想

此諸妄想性　即是彼緣起
妄想有種種　於緣起妄想
世諦第一義（以世諦及第一義爲二）　第三無因生（又立無生之說爲三）
妄想說世諦　斷於聖境界（已上諸妄惟聖則斷）
譬如修行事　於一種種現（於一理而現種種）
於彼無種種　妄想相如是
譬如種種翳　妄想衆色現
翳無色非色　緣起不覺然
譬如鍊眞金　遠離諸垢穢
虛空無雲翳　妄想淨亦然
無有妄想性　及有彼緣起
建立及誹謗　悉由妄想壞
妄想若無性　而有緣起性
無性而有性　有性無性生
依因於妄想　而得彼緣起
相名常相隨　而生諸妄想
究竟不成就　則度諸妄想（究竟而諸相不就則度矣）
然後知清淨　是名第一義
東寺
妄想有十二　緣起有六種
自覺知爾炎　彼無有差別（唯自覺則知差別者皆尒炎也）
五法爲眞實　自性有三種
修行分別此　不越於如如
衆相及緣起　彼名起妄想
彼諸妄想相　從彼緣起生
覺慧善觀察　無緣無妄想
成已無有性（謂成自性）　云何妄想覺（至成自性則一切無性云何用覺）
彼妄想自性　建立二自性
妄想種種現　清淨聖境界（唯聖乃知雖現而非實）
妄想如畫色　緣起計妄想
若異妄想者　即依外道論
妄想說所想　因見和合生
離二妄想者　如是則爲成（頌曰妄想皆因緣即起更論無有異兼同還如夢裏重占夢覺後方知一切空）

自覺一乘相分第三十九

大慧菩薩復白佛言。世尊。惟願爲說自覺聖智相及一乘。若自覺聖智相及一乘。我及餘菩薩善自覺聖智相及一乘不由於他。通達佛法。佛告大慧。諦聽諦聽。善思念之。當爲汝說。大慧白佛言。唯然受教

佛告大慧。前聖所知。轉相傳授。妄想無性。菩薩摩訶薩獨一靜處。自覺觀察。不由於他。離見妄想（覺其不由於他因心而見）（於此心見又當遠離）上上昇進入如來地。是名自覺聖智相。大慧。云何一乘相。謂得一乘道覺。我說一乘。云何得一乘道覺。謂攝所攝妄想。如實處不生妄想。是名一乘覺。大慧。一乘覺者。非餘外道聲聞緣覺梵天王等之所能得。唯除如來。以是故說一乘。大慧白佛言。世尊。何故說三乘而不說一乘。佛告大慧。不自般涅槃法故。不說一切聲聞緣覺一乘。以一切聲聞緣覺。如來

調伏授寂靜方便而得解脫。非自己力。是故不說一乘。復次大慧。煩惱障業習氣不斷故。不說一切聲聞緣覺一乘。不覺法無我。不離分段死。故說三乘。大慧。彼諸一切起煩惱過習氣斷。及覺法無我煩惱習氣已斷又當覺法無我若不覺法無我則未能忘法如味著三昧樂及非性無漏界是也彼一切起煩惱過習氣斷。三昧樂味著。非性無漏界覺煩惱習氣雖斷而未能覺法無我方且味著三昧樂及非性無漏境界智者於此又當覺也觀察一切皆本非性而證無漏性相未忘故當覺也覺已。復入出世間上上無漏界。滿足衆具。當得如來不思議自在法身。爾時世尊欲重宣此義而說偈言

諸天及梵乘　聲聞緣覺乘
諸佛如來乘　我說此諸乘
乃至有心轉即隨三乘　諸乘非究竟有心
若彼心滅盡　無乘及乘者
無有乘建立　我說爲一乘
引導衆生故　分別說諸乘
解脫有三種　及與法無我
煩惱智慧等　解脫則遠離
譬如海浮木　常隨波浪轉
聲聞愚亦然　相風所漂蕩
彼起煩惱滅　除習煩惱愚
味著三昧樂　安住無漏界
無有究竟趣　亦復不退還
得諸三昧身　乃至劫不覺
譬如昏醉人　酒消然後覺
彼覺法亦然　得佛無上身

頌曰聖智無乘名自覺蓋言自照不由人味貪三昧皆爲障無漏爲心未免塵終被相風時鼓轉猶如浮木泛江津廓然覺性空中泯始得如來自在身

楞伽經纂卷第二下

三丈尾　又

東寺

楞伽經纂卷第三上

一切佛語心品第三

意生身分第四十

爾時世尊告大慧菩薩言。意生身分別通相。我今當說。諦聽諦聽。善思念之。大慧白佛言。善哉世尊。唯然受教。佛告大慧。有三種意生身。云何爲三。所謂三昧樂正受意生身。覺法自性性意生身。種類俱生無行作意生身。修行者了知初地上增進相。得三種身（心本無相執名以身自其所得之受用而生猶如意生無有障礙故曰意生身得三種身者進於初地故曰了知初地增進相）。大慧。云何三昧樂正受意生身。謂第三第四第五地三昧樂正受故。種種自心寂靜。安住心海。起浪識相不生。知自心現境界性非性（知所現之性皆非其性）是名三昧樂正受意生身。云何覺法自性性意生身。謂第八地觀察覺了如幻等法悉無所有。身心轉變（謂轉捨心意意識五法自性二無我相身）得如幻三昧。及餘三昧門。無量相力自在。明如妙華莊嚴。迅疾如意（本一法界成現百千三昧清淨瀰潔明如妙華隨心化現故曰迅疾如意前言實相所現此言照諸幻相）猶如幻夢水月鏡像。非造非所造。如造所造。一切色種種支分具足莊嚴。隨入一切佛刹大衆。通達自性法故（以能通達一切法皆彼自性而吾無性故曰自性法若是則雖現一切法而法常無染）是名覺法自性性意生身。云何種類俱生無行作意生身。所謂覺一切佛法緣自得樂相。是名種類俱生無行作意生身（即一心而普造則萬法森彰如海印像故曰種類俱生即一心而隨緣則無作而作如風過空故曰無行作）大慧。於彼三種身相。觀察覺了。應當修學。爾時世尊欲重宣此義而說偈言

非我乘大乘　非說亦非字
非諦非解脫　非無有境界
然乘摩訶衍　三摩提自在
種種意生身　自在華莊嚴

（頌曰豁達已除諸識浪遂於三種現身財安然初覺元非性如幻徐知法障閑功德海中騰雨露莊嚴門裏結樓臺須知無作而俱作一切皆從自得來）

離五無間分第四十一

爾時大慧菩薩白佛言世尊。如世尊說若男子女人行五無間業。不入無擇地獄。世尊。云何男子女人行五無間業。不入無擇地獄。佛告大慧。諦聽諦聽。善思念之。當爲汝說。大慧白佛言善哉世尊。唯然受教。佛告大慧。云何五無間業。所謂殺父母。及害羅漢。破壞衆僧。惡心出佛身血。大慧。云何衆生母。謂愛。更受生。貪喜俱。如緣母立。無明爲父。生入處聚落。斷二根本。名害父母。彼諸使不現。如鼠毒發諸法。究竟斷彼。名害羅漢。云何破僧。謂異相諸陰和合積聚。究竟斷彼。名爲破僧。不覺外自共相及自心現量七識身。以三解脫無漏惡想。究竟斷彼七種識佛。名爲惡心出佛身血。若男子女人行此無間者。名五無間事。亦名無間等（華嚴經云菩薩觀諸緣起）

自性空得空解脫觀諸有支性滅無有少法相生得無相解脫無相無願唯除慈悲得無願解脫此名三解脫謂行五無間者其意欲以三解脫及無漏想斷彼七識佛其實未能解脫故曰惡想

復次大慧。有外無間。今當演說。汝及餘菩薩聞是義已。於未來世不墮愚癡。謂先所說無間。若行此者。於三解脫一一不得無間等法斷此五種名無間等斷之者是有心於善業者也若於三解脫中不見有無間等法除此已。餘化神力現無間等化現無間則非究竟斷彼故曰外無間唯化現無間是則以智慧方便而行無間非有心於善業故能為作五無間罪者除疑悔也謂聲聞化神力。菩薩化神力。如來化神力。為餘作無間罪者除疑悔故。為勸發故。神力變化現無間等。無有一向作無間事神力化現現已還滅非究竟斷彼故曰無有一句作無間事不得無間等。除覺自心現量化現無間即於無間等法實無所有唯覺自心現量而自心現量之性本亦非性故下文云云離身財妄想。離我我所攝受。或時遇善知識。解脫餘趣相續妄想化現無間本以智慧方便而為眾生若有餘趣相續之想則亦未超心量故云爾時世尊欲重宣此義而說偈言

貪愛名為母　無明則為父
覺境識為佛　諸使為羅漢
陰集名為僧　無間次第斷
是謂五無間　不入無擇獄

頌曰五般無間最為精正眼觀來是業生爭似無心三解脫不須防檢自圓成

佛知覺分第四十二

爾時大慧菩薩復白佛言。世尊。惟願為說佛之知覺。世尊。何等是佛之知覺。佛告大慧。覺人法無我覺人法無我則無復有無我之相矣了知二障。離二種死。斷二煩惱。是名佛之知覺。聲聞緣覺得此法者。亦名為佛。以是因緣故。我說一乘。爾時世尊欲重宣此義而說偈言

善知二無我　二障煩惱斷
永離二種死　是名佛知覺

頌曰皆言人法兼無我子細尋思了得麼只遣二邊無取捨如來知覺沒殽訛

佛等一切分第四十三

爾時大慧菩薩白佛言。世尊。何故世尊於大眾中唱如是言。我是過去一切佛。及種種受生。我爾時作漫陀轉輪聖王。六牙大象。及鸚鵡鳥。釋提桓因。善眼仙人。如是等百千生。經說佛告大慧。以四等故等謂與之齊等無有分別如來應供等正覺。於大眾中唱如是言。我爾時作拘留孫。拘那含牟尼。迦葉佛。云何四等。謂字等。語等。法等。身等。是名四等。以四種等故。如來應供等正覺於大眾中唱如是言。云何字等。若字稱我為佛。彼字亦稱一切諸佛。彼字自性無有差別。是名字等。云何語等。謂我六十四種梵音言語相生。彼諸如來應供等正覺。亦如是六十四種梵音言語相生。無增無減。無有差別。迦陵頻伽梵音聲性。云何身等。謂我與諸佛法身及色身相好無有差別。除為調伏彼彼諸趣差別眾生故。示現種種差別色身。是名身等。云何法等。謂我及彼佛得三十七菩

提分法。略說佛法無障礙智。是名四等。是故如來應供等正覺於大衆中唱如是言（字語身法既與諸佛無有差別則與諸受生一切種類皆悉平等無有同異達此然後知天地同根萬物一體）爾時世尊欲重宣此義而說偈言

迦葉拘留孫　鉤那含是我（楞伽卷五用）
以此四種等　我爲佛子說

（頌曰衆生諸佛亦均齊大覺皆言我昔爲若論四般無異等即同於彼更何疑）

自得本住分第四十四

大慧復白佛言。如世尊所說。我從某夜得最正覺。乃至某夜入般涅槃。於其中間。乃至不說一字。亦不已說當說。不說是佛說。大慧白佛言世尊。如來應供等正覺。何因說言不說是佛說（大慧言正覺即佛也而云不說是佛說故疑）佛告大慧。我因二法故作如是說。云何二法。謂緣自得法。及本住法（自覺而不從外得曰自得萬變而法界如然曰本住）是名二法。因此二法故我如是說。云何緣自得法。若彼如來所得。我亦得之。無增無減。緣自得法究竟境界離言說妄想離字二趣（離言及字故曰二趣）云何本住法。謂古先聖道如金銀等性。法界常住。若如來出世若不出世。法界常住。如趣彼城道。譬如士夫行曠野中見向古城平坦正道。即隨入城受如意樂。大慧於意云何。彼作是道及城中種種樂耶。荅言不也。佛告大慧。我及過去一切諸佛法界常住亦復如是。是故說言我從某夜得最正覺。乃至某夜入般涅槃。於其中間不說一字。亦不已說當說（佛以自得及本住法故離言字二趣一切所說對病設藥如鏡現像悉無所得亦無增滅）爾時世尊欲重宣此義而說偈言

我某夜成道　至某夜涅槃
於此二中間　我都無所說
緣自得法住　故我作是說（楞伽一卷六偈）
彼佛及與我　悉無有差別

（頌曰圓明妙體絕思惟若墮三乘豈易知自得樂中離所說真常法界弗曾移衆生有病根根別我佛施方種種醫若信古今無異體不談一字更何疑）

離有無有相分第四十五

爾時大慧菩薩復請世尊。惟願爲說一切法有無有相。令我及餘菩薩離有無有相。疾得阿耨多羅三藐三菩提。佛告大慧。諦聽諦聽。善思念之。當爲汝說。大慧白佛言。善哉世尊。唯然受教

佛告大慧。此世間依二種。謂依有及無。墮性非性。欲見不離離相（依於有無即墮性及非性而欲見可離及不可離相以不知心量故）云何世間依有。謂有世間因緣生（本來寂滅凡說有者皆因緣故）非不有。從有生。非無有生（此世間說有者有無常相因故）彼如是說者。是說世間無因（說有者爲無之因）云何世間依無。謂受貪恚癡性已。然後妄想計著貪恚癡性非性。若不取有性者。性相寂靜故。謂諸如來聲聞緣覺不取貪恚癡性爲有爲無。大慧。此中何等爲壞者。大慧白佛言世尊。若彼取貪恚癡性。後不復取（此皆論愚夫依無也彼諸愚夫受貪恚已又計非性其意不取有性）

者謂彼自寂靜故又謂諸佛聲緣亦不取彼有無之性一切斷滅殊不知其不了自心現量反墮壞滅之想此所以言壞也佛告大慧。善哉善哉。汝如是解。大慧。非但貪恚癡性非性爲壞者。於聲聞緣覺及佛亦是壞者此難辭也如來謂若以貪恚癡爲壞滅前言聲緣及佛亦可謂壞蓋貪恚癡與佛聲緣同歸於內外不可得故所以者何。謂內外不可得故。煩惱性異不異故。大慧。貪恚癡若內若外不可得。貪恚癡性無身故。無取故。非佛聲聞緣覺是壞者。佛聲聞緣覺自性解脫故縛與縛因非性故佛及聲緣既見本性而得解脫於縛與因皆本無性大慧。若有縛者。應有縛是縛因故。大慧。如是說壞者。是名無有相若以貪恚癡爲我之縛而欲壞去即是有縛者又爲縛因念念壞去以爲非性是墮斷見故曰是名無有相大慧。因是故我說寧取人見如須彌山。不起無所有增上慢空見。無所有增上慢者。是名爲壞。墮自共相見希望。不知自心現量。見外性無常剎那展轉壞。陰界入相續流注變滅。離文字相妄想。是名壞者。爾時世尊欲重宣此義而說偈言

有無是二邊　乃至心境界
淨除彼境界　平等心寂滅
無取境界性　滅非無所有
有事悉如如　如賢聖境界
無種而有生　生已而復滅
因緣有非有　不住我教法
非外道非佛　非我亦非餘
因緣所集起　云何而得無
誰集因緣有非因於他自心緣起　而復說言無
邪見論生法　妄想計有無
若知無所生　亦復無所滅
觀世悉空寂　有無二俱離頌曰休說有無皆已離因緣生滅又沉淪若能悟了惟心境一似醒來看醉人

宗說俱通相分第四十六

爾時大慧菩薩復白佛言。世尊。惟願爲我及諸菩薩說宗通相。若善分別宗通相者。我及諸菩薩通達是相。通是相已。速成阿耨多羅三藐三菩提。不隨覺想及衆魔外道。佛告大慧。諦聽諦聽。善思念之。當爲汝說。大慧白佛言。唯然受教

佛告大慧。一切聲聞緣覺菩薩有二種通相。謂宗通及說通。大慧。宗通者謂緣自得勝進相反照自心曰自得超離緣妄曰勝進遠離言說文字妄想。趣無漏界自覺地自相。遠離一切虛妄覺想非見自心曰覺想降伏一切外道衆魔。緣自覺趣光明輝發。是名宗通相。云何說通相。謂說九部種種教法。離異不異有無等相。以巧方便隨順衆生。如應說法如響之應曰如應令得度脫。是名說通相。大慧。汝及餘菩薩應當修學。爾時世尊欲重宣此義而說偈言

宗及說通相　緣自與教法
善見善分別　不隨諸覺想
非有眞實性　如愚夫妄想
云何起妄想　非性爲解脫何起非性以爲解脫
觀察諸有爲　生滅等相續

增長於二見　顛倒無所知
一是爲眞諦　無罪爲涅槃（此顛倒見）
觀察世妄想　如幻夢芭蕉
雖有貪恚癡　而實無有人（皆自心故）
從愛生諸陰　有皆如幻夢

（頌曰光明自覺證宗風方便隨機說亦通此是如來眞淨境有無覺想悉皆空）

離不實妄想分第四十七

爾時大慧菩薩白佛言。世尊。惟願爲說不實妄想相。不實妄想云何而生。說何等法名不實妄想。於何等法中不實妄想。佛告大慧。善哉善哉。能問如來如是之義。多所饒益。多所安樂。哀愍世間一切天人。諦聽諦聽。善思念之。當爲汝說。大慧白佛言。善哉世尊。唯然受教。

佛告大慧。種種義種種不實妄想。計著妄想生。攝所攝計著。不知自心現量。及墮有無見。增長外道見。妄想習氣。計著外種種義。心心數妄想。計著我我所生。大慧白佛言。世尊。若種種義種種不實妄想。計著妄想生。攝所攝計著。不知自心現量。及墮有無見。增長外道見。妄想習氣。計著外種種義。心心數妄想。我我所計著生。世尊。若如是外種種義相。墮有無相。離性非性。離見相。世尊。第一義亦如是。離量限分譬因相（第一義相無數無形無際無可喻無可因故曰離量限分譬因相）世尊。何故一處妄想不實義種種性計著妄想生。非計著第一義處相妄想生。將無世尊說邪因論耶。說一生一不生（大慧假問謂外義亦離性相與第一義同爲計著或言妄想生或言妄想不生何爲而言異耶）

佛告大慧。非妄想一生一不生。所以者何。謂有無妄想不生故。外現性非性。覺自心現量。妄想不生（謂有無之想本自不生外現之性本自非性覺自心現則一切唯心妄不期滅。頌曰圓明法界絕虛疑萬種皆因外假成若覺惟心無別物不祛妄想自無生）大慧。我說餘愚夫自心種種妄想相故。事業在前。種種妄想性相計著生。云何愚夫得離我我所計著見。離作所作因緣過。覺自妄想心量。身心轉變。究竟明解一切地。如來自覺境界。離五法自性事見妄想（至此收拂五法自性之迹）以是因緣故。我說妄想從種種不實義計著生。知如實義。得解脫自心種種妄想。爾時世尊欲重宣此義而說偈言

諸因及與緣　從此生世間
妄想著四句　不知我所通
世間非有生　亦復非無生
不從有無生　亦非非有無
諸因及與緣　云何愚妄想
非有亦非無　亦復非有無
如是觀世間　心轉得無我
一切性不生　以從緣生故
一切緣所作（皆緣於心）　所作非自有（所作）
事不自生事　有二事過故（謂有）（緣及所緣）
無二事過故　非有性可得

觀諸有爲法　離攀緣所緣
無心之心量　我說爲心量
量者自性處　緣性二俱離
性究竟妙淨　我說名心量
施設世諦我　彼則無實事
諸陰陰施設　無事亦復然
有四種平等　相及因性生
第三無我等　第四修修者
妄想習氣轉　有種種心生
境界於外現　是世俗心量
外現而非有　心見彼種種
建立於身財　我說爲心量
離一切諸見　及離想所想
無得亦無生　我說爲心量
非性非非性　性非性悉離
謂彼心解脫　我說爲心量
如如與空際　涅槃及法界
種種意生身　我說爲心量

頌曰若到如來自覺境逈然無古亦無今眞常玄旨猶無見妄想情塵何處尋

離語義妄想分第四十八

爾時大慧菩薩白佛言。世尊。如世尊所說菩薩摩訶薩當善語義。云何爲菩薩善語義。云何爲語。云何爲義。佛告大慧。諦聽諦聽。善思念之。當爲汝說。大慧白佛言。善哉世尊。唯然受教。佛告大慧。云何爲語。謂言字妄想和合。依咽喉脣舌齒齗頰輔。因彼我言說妄想習氣計著生。是名爲語。云何爲義。謂離一切妄想相言說相。是名爲義。大慧。菩薩摩訶薩於如是義。獨一靜處。聞思修慧。緣自覺了。向涅槃城。習氣身轉變已。自覺境界。觀地地中間勝進義相。是名菩薩摩訶薩善語義。復次大慧。善語義菩薩摩訶薩。觀語與義。非異非不異。觀義與語。亦復如是。若語異義者。則不因語辨義。而以語入義。如燈照色。復次大慧。不生不滅自性涅槃三乘一乘心自性等。如緣言說義計著。墮建立及誹謗見（彼不生不滅等當無所緣而自證）。異建立。異妄想。如幻種種妄想現（見一切法久別異相而起妄想謂如種種幻相故曰異建立異妄想）。譬如種種幻。凡夫衆生作異妄想。非聖賢也（佛言如幻但言其速滅爾非爲其別異而起如幻之想也）。爾時世尊欲重宣此義而說偈言

彼言說妄想　建立於諸法
以彼建立故（緣彼言說而建立）　死墮泥犁中
陰中無有我　陰非即是我
不如彼妄想　亦復非無我
一切悉有性　如凡愚妄想
若如彼所見　一切應見諦
一切法無性　淨穢悉無有
不實如彼見　亦非無所有（謂一切無性無有者亦不實之斷見）

頌曰緣他言義立宗風異此同歸妄想中情識茫茫無實見不知何處覓眞空

袪別智識相分第四十九

復次大慧。智識相今當說。若善分別智識相者。汝及諸菩薩則能通達智識之相。疾成阿耨多羅三藐三菩提。大慧。彼智有三種。謂世間。出世間。出

世間上上。云何世間智。謂一切外道凡夫計著有無。云何出世間智。謂一切聲聞緣覺墮自共相希望計著。云何出世間上上智。謂諸佛菩薩觀無所有法。見不生不滅。離有無品。如來地人法無我。緣自得生。大慧。彼生滅者是識。不生不滅者是智。復次墮相無相及墮有無種種相因是識。超有無相是智。復次長養相是識。非長養相是智。復次有三種智。謂知生滅。知自共相。知不生不滅。復次無礙相是智。境界種種礙相是識。復次三事和合生方便相是識。無事方便自性相是智本無所事一切方便還他自性復次得相是識。不得相是智諸識寂滅心境俱忘了無所得故曰不得自得聖智境界。不出不入。故如水中月自得境界實相如如不見去來如水中月是謂聖智爾時世尊欲重宣此義而說偈言

採集業為識　不採集為智
觀察一切法　通達無所有
遠得自在力　是則名為慧不採
為智至此乃慧
縛境界為心心未離緣不免於縛　覺想生為智
無所有及勝為智至此乃慧　慧則從是生覺想
心意及與識　遠離思惟想言慧如此
得無思想法　佛子非聲聞
寂靜勝進忍　如來清淨智
生於善勝義　所行悉遠離
我有三種智　聖開發真實
於彼想思惟　悉攝受諸性
二乘不相應以思惟攝受故不相應　智離諸所有
計著於自性　從諸聲聞生
超度諸心量　如來智清淨

頌曰開標智識亦群生只為凡愚眼未明三智並名皆是妄二乘非性亦非精
如來地上超心量佛子須知絕想情自得界中無出入還如月湛水中形

離外道轉變見分第五十

復次大慧。外道有九種轉變論。外道轉變見生謂之轉變即有見相所謂形處轉變。相轉變。因轉變。成轉變。見轉變。性轉變。緣分明轉變。所作分明轉變。事轉變。是名九種轉變見今而非昔故曰轉變一切外道因是起有無。生轉變論。云何形處轉變。謂形處異見。譬如金變作諸器物。則有種種形處顯現。非金性變。一切性變亦復如是。或有外道作如是妄想。乃至事變妄想。彼非如非異妄想故非有如是非不如是皆心現妄想如是一切性轉變。當知如乳酪酒果等熟。外道轉變妄想。彼亦無有轉變。若有若無自心現外性非性彼不知自心所現外性本非性大慧。如是凡愚眾生。自妄想修習生。大慧。無有法若生若滅。如見幻夢色生如實真心本無生滅有無轉變外道妄習如彼幻夢遽生色相一切非實爾時世尊欲重宣此義而說偈言

形處時轉變　四大種諸根
中陰漸次生　妄想非明智
最勝於緣起　非如彼妄想
然世間緣起　如乾闥婆城

頌曰法身常住不遷移轉變皆因性相迷萬法縱橫如幻夢覺來無物可思惟

解脫相續相分第五十一

爾時大慧菩薩復白佛言。世尊。惟願為說一切法相續義解脫義。若善分別一切法相續不相續相。我及諸菩薩善解一切相續巧方便。不墮如所說義計著相續（一切諸法本來空寂蓋因言說文字計著其義故云）。善於一切諸法相續不相續相。及離言說文字妄想覺。遊行一切諸佛剎土。無量大眾力自在通揔持之印。種種變化光明照曜。覺慧善入十無盡句。無方便行猶如日月摩尼。四大於一切地離自妄想相見。見一切法如幻夢等（內觀四大悉離妄想外觀諸法一切如幻）入佛地身。於一切眾生界隨其所應而為說法而引導之。悉令安住一切諸法如幻夢等。離有無品及生滅妄想。異言說義。其身轉勝。佛告大慧。善哉善哉。諦聽諦聽。善思念之。當為汝說。大慧白佛言。唯然受教

佛告大慧。無量一切諸法如所說義計著相續。所謂相計著相續。緣計著相續。性非性計著相續。生不生妄想計著相續。滅不滅妄想計著相續。乘非乘妄想計著相續。有為無為妄想計著相續。地地自相妄想計著相續。自妄想無間妄想計著相續。有無品外道依妄想計著相續。三乘一乘無間妄想計著相續。復次大慧。此及餘凡愚眾生自妄想相續。以此相續故。凡愚妄想如蠶作繭。以妄想絲自纏纏他。有無有相續相計著。復次大慧。彼中亦無相續及不相續相。見一切法寂靜。妄想不生故。菩薩摩訶薩見一切法寂靜。復次大慧。覺外性非性（菩薩當覺外性非性本有惟自心現）自心現相無所有。隨順觀察自心現量。有無一切性（本無亦有）無相見。相續寂靜故。於一切法無相續不相續相（以見分別有無故名相續以見諸法寂靜故名不相續菩薩於此悉無是相）。復次大慧。彼中無有若縛若解。餘墮不如實覺知有縛有解。所以者何。謂於一切法有無有。無眾生可得故（有縛有解是眾生計著有無然有無畢竟無眾生可得）。復次大慧。愚夫有三相續。謂貪恚癡及愛。未來有喜愛俱（未來愛俱所以相續）。以此相續故。有趣相續。彼相續者續五趣。大慧。相續斷者。無有相續不相續相。復次大慧。三和合緣作方便計著。識相續無間生。方便計著則有相續。三和合緣識斷。見三解脫。一切相續不生。爾時世尊欲重宣此義而說偈言

不真實妄想　是說相續相
若知彼真實　相續網則斷
於諸性無知　隨言說攝受
譬如彼蠶蟲　結網而自纏
愚夫妄想縛　相續不觀察

（頌曰真空無相沒縢騰括續還能繳得麼堪笑凡愚依妄想如蠶纏了復纏他）

了妄即空分第五十二

大慧復白佛言。如世尊所說。以彼彼妄想。妄想彼彼性（妄性非故曰彼彼）非有彼

自性。但妄想自性耳。謂非本來有性但自已妄想所成故曰妄想自性爾世尊。若但妄想自性。非性自性相待者。非為世尊如是說煩惱清淨無性過耶。一切法妄想自性非性故大慧謂以一切性為妄想自性則必以性自性為非矣故曰非楞伽三卷十七性自性相待若是則是以煩惱清淨一切無性為過而世尊所說不然付下蓋謂一切妄想皆自心現非本有性佛告大慧。如是如是。如汝所說。大慧。非如愚夫性自性妄想真實惟覺自心現性則一切如幻非如愚夫執以為真實此妄想自性非有性自性相然聖所以不執為真實以其本非有性但自心現性相而然爾大慧。如聖智有性自性。聖知聖見聖慧眼。如是性自性知言妄想之性自性而不執著亦如聖知聖見之性自性所知大慧白佛言。若使如聖以聖知聖見聖慧眼非天眼非肉眼。性自性如是知。非如愚夫妄想此假問也聖亦不有天眼肉眼之分別但知性自性而已不同愚夫分別妄想云何愚夫離是妄想。不覺聖性事故大慧謂愚夫以不覺聖性事亦同諸聖之離妄想也世尊。彼亦非顛倒非不顛倒。所以者何。

謂不覺聖事性自性故。不見離有無相故大慧謂聖以不見愚妄想為得而愚亦不見聖知見何為而不得世尊。聖亦不如是見。如事妄想。不以自相境界為境界故聖亦不如愚夫之見於外妄想一切如之自已境界未嘗自認世尊。彼亦性自性相。妄想自性如是現。不說因無因故謂墮性相見故彼謂愚夫異境界非如彼等如是無窮過。不覺性自性相故自大慧白佛已下其意謂聖離非如愚夫妄想然亦有聖知等性自性愚夫雖不離妄想然亦又離聖性妄想聖雖有無相愚夫又不見離有無相聖亦不覺事妄想不執自境界悉任妄想自性而不說因無因謂愚墮性相見而聖之異境界非如彼愚妄想無窮然亦不覺性自性相皆大慧反覆詰問之辭世尊。亦非妄想自性。因性自性相。彼云何妄想非妄想。如實知妄想聖亦非妄想而因性自性云何愚夫妄想自見非為妄想亦如佛之實知楞伽三卷十八康世尊。妄想異。自性相異。世尊。不相似因妄想自性相。彼云何各各不妄想。而愚夫不如實知聖凡若妄想異則自性異令也凡聖異者以聖能因妄想自性相故然聖因性凡亦非妄想則是各不妄想云何愚夫不如聖之實知也然為眾生離妄想故

說如。妄想相不如實有以愚夫不如實知故為眾生離妄想而說如謂彼妄想相不如聖之實有即是隨有見述在下文世尊。何故遮眾生有無有見事自性計著。聖智所行境界計著墮有見。說空法非性。而說聖智自性事蓋云佛遮眾生有無自性計著而聖智境界計著反墮有見佛既說空法及非性而又說有見聖智自性事耶佛告大慧。非我說空法非性。亦不墮有見說聖智自性事。然為令眾生離恐怖句故。眾生無始以來計著性自性相。聖智事自性計著相見。說空法。大慧。我不說性自性佛為聖智事計著自性相見方說空法若有性自性見即墮有相故曰我不說性自性所說皆為眾生故此又拂前性自性之迹大慧。但我住自得如實空法。離惑亂相見。離自心現性非性見若以自心現性皆本有性是著有也以為非性又著無也惟佛離此故得如實空法及如實印所印也得三解脫。如實印所印。於性自性得緣自覺觀察住。離有無事見相佛言性自性蓋欲眾生觀察妄念不離本心若執此相即墮有無當於自覺離諸有無○頌曰如實真空佛所安還如用

（印一般般須知無住方爲住要識如來住也難）

壞諸法不生宗分第五十三

復次大慧。一切法不生者。菩薩摩訶薩不應立是宗。所以者何。謂宗一切性非性故（謂法不生則是於一切性有非性之見言）及彼因生相故（因有生對方立不生之宗）說一切法不生宗。彼宗則壞。彼宗一切法不生彼宗壞者。以宗有待而生故。又彼宗不生入一切法故。不壞相不生故。立一切法不生宗者。彼說則壞（不壞真相本自不生今乃建立是宗而入一切法則彼建立何爲不壞）大慧。有無不生宗。彼宗入一切性有無相不可得。大慧。若使彼宗不生。一切性不生而立宗。如是。彼宗壞。以有無性相不生故。不應立宗。五分論多過故。展轉因異相故（立一切不生宗外道五分論也謂之不生是對異相而立名若自相即無生與不生之見）及爲作故。不應立宗分（本來寂滅今又言一切不生則有作病故不應立宗）謂一切法不生。如是一切法空。如是一切法無自性。不應立宗。大慧。然菩薩摩訶薩說一切法如幻夢。現不現相故。及見覺過故（謂一切法如幻夢之不實以明其現而未嘗現則是現出不現之相故曰現不現相故一切不實覺而後滅則不免覺想之過故但云幻夢則是猶有還無不待覺而自滅故曰見覺過故蓋言菩薩當說如幻夢不當說一切法不生）當說一切法如幻夢性。除爲愚夫離恐怖句故（愚夫怖其著有墮空而離大乘之智故佛說無生以祛其惑）大慧。愚夫墮有無見。莫令彼恐怖。遠離摩訶衍。爾時世尊欲重宣此義而說偈言

無自性無說　無事無相續（此皆）

（愚夫不生之見）

彼愚夫妄想　如死屍惡覺（如死）

（晃之不能變動此爲惡覺）

一切法不生　非彼外道宗（外道）

（不達其本）

至竟無所生　性緣所成就（不生）

（之說緣想所成）

一切法不生　慧者不作想

彼宗因生故　覺者悉除滅

譬如翳目視　妄見垂髮相

計著性亦然　愚夫邪妄想

施設於三有　無有事自性（雖有）

（施設其體本空）

施設事自性　思惟起妄想（若有）

（自性是思惟想）

相事設言教　意亂極震掉

佛子能超出　遠離諸妄想

非水水想受　斯從渴愛生

愚夫如是惑　聖見則不然

聖人見清淨　三脫三昧生

遠離於生滅　游行無所畏

修行無所有　亦無性非性

性非性平等　從是生聖果

云何性非性　云何爲平等

謂彼心不知　內外極漂動

若能壞彼者　心則平等見

（頌曰萬法如空自不生有無實理復何曾若於此說留宗言飲藥誰知病轉增）

離智即心分第五十四

爾時大慧菩薩復白佛言。世尊。如世尊說。如攀緣事。智慧不得。是施設量

建立（於攀緣事無所用智如之而已故曰如攀緣事若不因施設亦不說攀緣也）施設所攝受非性。攝受亦非性。以無攝故智則不生。唯施設名耳（用智照以息攀緣則智生如攀緣而不與之分別則智滅故曰智慧不得以是故凡施設建立皆無攝受性而一切如幻故於施設惟名存耳）云何世尊。為不覺性自相共相異不異故智不得耶。為自相共相種種性自性相隱蔽故智不得耶。為山巖石壁地水火風障故智不得耶。為極遠極近故智不得耶。為老小盲冥諸根不具故智不得耶。世尊。若不覺自共相異不異智不得者。不應說智。應說無智。以有事不得故。若復種種自共相性自性相隱蔽故智不得者。彼亦無智。非是智。世尊。有爾炎故智生。非無性。會爾炎故名為智（爾炎識會故名為智）若山巖石壁地水火風極遠極近老小盲冥諸根不具智不得者。此亦非智。應是無智。以有事不可得故。佛告大慧。不如是。無智應是智。非非智（萬法如如不開）

（智眼乃為大智此破大慧無智及非智之疑）我不如是隱覆說攀緣事智慧不得是施設量建立。覺自心現量。有無有外性非性知而事不得（但覺自心現量則一切有無及性非性之所知皆非所知也故曰事不得）不得故。智於爾炎不生。順三解脫。智亦不得（雖順三解脫而智亦不自知其所順）（經凡言智不得皆然）非妄想者無始性非性虛偽習智。作如是知（此智不得非如妄想者習無始虛偽）（立為知見如此）是知彼不知故（是知乃智者所不知故云）於外事處所相性無性妄想不斷（妄想）（計其有性無性）自心現量建立說我我所相攝受計著。不覺自心現量。於智爾炎而起妄想。妄想故。外性非性觀察不得。依於斷見（昧者以有智而起妄故於外性非性莫之有得）（乃謂一切皆空此斷見也）爾時世尊欲重宣此義而說偈言

有諸攀緣事　智慧不觀察
此無智非智　是妄想者說
於不異相性　智慧不觀察
障礙及遠近　是名為邪智
老小諸根冥　而智慧不生
而實有爾炎　是亦說邪智

（頌曰如所攀緣隨建立勿開智明見紛紜但知一切惟心現萬里秋空絕點雲）

如來說宗俱通相分第五十五

復次大慧。愚癡凡夫無始虛偽惡邪妄想之所回轉。回轉時自宗通及說通不善了知。著自心現外性相故。著方便說。於自宗四句清淨通相不善分別。大慧白佛言。誠如尊教。惟願世尊為我分別說通及宗通。我及餘菩薩善於二通。來世凡夫聲聞緣覺不得其短（有所蔽則得以短之）佛告大慧。善哉善哉。諦聽諦聽。善思念之。當為汝說。大慧白佛言。唯然受教。佛告大慧。三世如來有二種法通。謂說通及自宗通。說通者。謂隨眾生心之所應。為說種種眾具契經（秦曰契今曰經）是名說通。自宗通者。謂修行者離自心現種種妄想。謂不墮一異俱不俱品。超度一切心意意識。自覺聖境離

因成見相、一切外道聲聞緣覺墮二邊者所不能知。我說是名自宗通法。大慧、是名自宗通及說通相、汝及餘菩薩應當修學。爾時世尊欲重宣此義而說偈言

我謂二種通　宗通及言說
說者授童蒙　宗為修行者

頌曰為對衆生有說言詮知說裏絕跡等宗通更了諸心識洵若虛空不立玄

離世論分第五十六

爾時大慧菩薩白佛言。世尊。如世尊一時說言、世間諸論種種辯說、慎勿習近、若習近者、攝受貪欲。不攝受法。世尊何故作如是說

佛告大慧、世間言論種種句味、因緣譬喻、採集莊嚴、誘引誑惑愚癡凡夫。不入真實自通。不覺一切法妄想顛倒。墮於二邊、凡愚癡惑而自破壞、諸趣相續、不得解脫、不能覺知自心現量、不離外性自性妄想計著、是故世間言論種種辯說、不脫生老病死憂悲苦惱誑惑迷亂。大慧、釋提桓因廣解衆論、自造聲論、彼世論者有一弟子、持龍形像、詣釋天宮、建立論宗、要壞帝釋千輻之輪、隨我不如、斷一一頭以謝所屈彼謂欲使隨於我我或不如即斷頭以謝作是要巳。即以釋法摧伏帝釋、釋墮負處、即壞其車。還來人間。如是大慧、世間言論因譬莊嚴。乃至畜生亦能以種種句味惑彼諸天及阿脩羅著生滅見。而況於人、是故大慧、世間言論應當遠離、以能招致苦生因故。慎勿習近。大慧、世論者、惟說身覺境界而巳。彼世論者乃有百千、但於後時後五十年。當破壞結集結集謂藏教惡覺因見盛故。惡弟子受、如是大慧、世論破壞結集。種種句味因譬莊嚴說外道事。著自因緣。無有自通。彼諸外道無自通論。於餘世論廣說無量百千事門。無有自通。亦不自知愚癡世論

爾時大慧白佛言世尊。若外道世論種種句味因譬莊嚴無有自通。自事計著者但於自事而有計著、世尊亦說世論。為種種異方諸來會衆天人阿脩羅。廣說無量種種句味。亦非自通耶。亦入一切外道智慧言說數耶

佛告大慧。我不說世論。亦無來去。唯說不來不去。大慧、來者趣聚會生。去者散壞。不來不去者是不生不滅。我所說義不墮世論妄想數中。所以者何、謂不計著外性非性、自心現處二邊妄想所不能轉於自心所現不惛有無二邊、相境非性。覺自心現。則自心現妄想不生覺一切法自心所現則能知他妄想來處故妄想無從而生、妄想不生者。空無相無作。入三脫門、名為解脫。大慧、我念一時於一處住、有世論婆羅門來詣我所、不請空閑。便問我言。瞿曇一切所作耶。我時答言。婆羅門。一切所作。是初世論。彼復問言。一切非所作耶。我復報言。一切非所作。是第二世論。彼復問言。一切常

耶。一切非常耶。一切生耶。一切不生耶。我時報言。是六世論。大慧。彼復問我言。一切一耶。一切異耶。一切俱耶。一切不俱耶。一切因種種受生現耶。我時報言。是十一世論。大慧。彼復問言。一切無記耶。一切記耶。有我耶。無我耶。有此世耶。無此世耶。有他世耶。無他世耶。有解脫耶。無解脫耶。一切刹那耶(刹那梵語一念)。一切不刹那耶。虛空耶。非數滅耶。涅槃耶。瞿曇作耶。非作耶。有中陰耶。無中陰耶。我時報言。婆羅門。如是說者。悉是世論。非我所說。是汝世論。我唯說無始虛僞妄想習氣種種諸惡三有之因。不能覺知自心現量而生妄想。攀緣外性如外道法。我諸根義三合智生(謂知三緣和合而生者此外道見)。我不如是。婆羅門。我不說因。不說無因。惟說妄想攝所攝性。施設緣起。非汝及餘墮受我見相續者所能覺知。大慧。涅槃虛空滅。非有三種。但數有三耳

[楞伽三卷 廿五]

復次大慧。爾時世論婆羅門復問我言。癡愛業因故有三有耶(三有即三界也)。爲無因耶。我時報言。此二者亦是世論耳。彼復問言。一切性皆入自共相耶。我復報言。此亦世論。婆羅門。乃至意流妄計外塵。皆是世論(謂意之流注計著外塵)

復次大慧。爾時世論婆羅門復問我言。頗有非世論者不。我是一切外道之宗。說種種句味因緣譬喻莊嚴。我復報言。婆羅門。有。非汝有者。非爲非宗非說非不說。種種句味非不因譬莊嚴。婆羅門言。何等爲非世論。非非宗非非說。我時報言。婆羅門。有非世論。汝諸外道所不能知。以於外性不實妄想虛僞計著故。謂妄想不生(外道及於外性有所計著而不知自謂妄想不生)覺了有無自心現量。妄想不生。不受外塵。妄想永息。是名非世論。此是我法。非汝有也。婆羅門。略說彼識。若來若去。若生若死。若樂若苦。若溺若見。若觸若著。種種相若和合相續。若受若因計著。婆羅門。如是比皆是汝等世論。非是我有。大慧。世論婆羅門作如是問。我如是荅。彼即默然不辭而退。思自通處。作是念言。沙門釋子出於通外。說無生無相無因。覺自妄想現相。妄想不生。大慧。此即是汝向所問我。何故說習近世論種種辯說攝受貪欲。不攝受法

[楞伽卷三 二十六]

大慧白佛言。世尊。攝受貪欲及法。有何句義。佛告大慧。善哉善哉。汝乃能爲未來衆生。思惟諮問如是句義。諦聽諦聽。善思念之。當爲汝說。大慧白佛言。唯然受教

佛告大慧。所謂貪者。若取若捨。若觸若味。繫著外塵。墮二邊見。復生苦陰生老病死憂悲苦惱。如是諸患。皆從愛起。斯由習近世論及世論者。我及諸佛說名爲貪。是名攝受貪欲。不攝

受法。大慧。云何攝受法。謂善覺知自心現量。見人無我及法無我相。妄想不生。善知上上地。離心意意識。一切諸佛智慧灌頂具足。攝受十無盡句。於一切法無開發自在。是名爲法。所謂不墮一切見一切虛僞一切妄想一切性一切二邊。大慧。多有外道癡人。墮於二邊。若常若斷。非黠慧者。受無因論則起常見。外因壞。因緣非性則起斷見（以一切無因曰常緣於非性而墮空曰斷皆不免有生滅相）。大慧。我不見生住滅故。說名爲法。大慧。是名貪欲及法。汝及餘菩薩應當修學。爾時世尊欲重宣此義而說偈言

一切世間論　外道虛妄說
妄見作所作　彼則無自宗
惟我一自宗　離於作所作
爲諸弟子說　遠離諸世論
心量不可見　不觀察二心（能現所現曰二心）
攝所攝非性　斷常二俱離
乃至心流轉　是則爲世論
妄想不轉者　是人見自心
來者謂事生　去者事不現（如鏡現像）
明了知去來　妄想不復生
有常及無常　所作無所作
此世他世等　斯皆世論通（頌曰外道不明心量誑妄將幻識詰眞宗誰知眼裏元無病自起空花亂太空）

離涅槃想分第五十七

爾時大慧菩薩復白佛言。世尊所言涅槃者。爲何等法名爲涅槃。而諸外道各起妄想。佛告大慧。諦聽諦聽。善思念之。當爲汝說。如諸外道妄想涅槃。非彼妄想隨順涅槃（一切妄想隨順涅槃即眞涅槃）。大慧白佛言。唯然受教。佛告大慧。或有外道陰界入滅。境界離欲。見法無常。心心法品不生。不念去來現在境界。諸受陰盡。如燈火滅。如種子壞。妄想不生。斯等於此作涅槃想（此去妄想不生謂以不生爲想者）。大慧。非以見壞。名爲涅槃（彼蓋壞滅諸見而即涅槃）。大慧。或以從方至方。名爲解脫。境界想滅。猶如風止（從方至方謂無有異趣境界之想雖滅而想性不滅如風暫止）。或復以覺所覺見壞。名爲解脫。或見常無常作解脫想（謂不起分別常無常見作解脫想以有想故不得解脫）。或見種種相想。招致苦生因。思惟是已。不善覺知自心現量。怖畏於相而見無相。深生愛樂。作涅槃想。或有覺知內外諸法自相共相。去來現在有性不壞。作涅槃想。或謂我人衆生壽命一切法壞。作涅槃想（不壞墮常壞即墮斷）。或以外道惡燒智慧。見自性及士夫。彼二有間士夫所出。名爲自性。如冥初比求那轉變求那是作者。作涅槃想。或謂福非福盡。或謂諸煩惱盡。或謂智慧。或見自在是眞實作生死者。作涅槃想。或謂展轉相生。生死更無餘因。如是。即是計著因。而彼愚癡不能覺知。不知故。作涅槃想。或有外道言得眞諦道。作涅槃想。或見

功德功德所起和合一異俱不俱。作涅槃想。或見自性所起。孔雀文彩種種雜寶及利刺等性。見已。作涅槃想。或有覺二十五眞實。或王守護國受六德論。作涅槃想。或見時是作者時節。世間如是覺者。作涅槃想（凡有見時自謂有作時節凡夫覺此即墮斷見）或謂性。或謂非性。或謂知性非性。或見有覺與涅槃差別。作涅槃想。有如是比種種妄想。外道所說。不成所成。智者所弃。大慧。如是一切。悉墮二邊。作涅槃想。如是等外道涅槃妄想。彼中都無若生若滅。大慧。彼一一外道涅槃。彼等自論智慧觀察。都無所立。如彼妄想心意來去漂馳流動。一切無有得涅槃者。大慧。如我所說涅槃者。謂善覺知自心現量（量有四種一現見二比知三譬喻四先勝相傳彼外道於四度量悉皆不成）不著外性。離於四句。見如實處。不墮自心現妄想二邊。攝所攝不可得。一切度量不見所成。愚於眞實不

應攝受（於眞實相不自立知同於愚者亦無攝受）棄捨彼。已（棄捨謂不著外性以至不應攝受等）得自覺聖法。知二無我。離二煩惱。淨除二障。永離二死。上上地如來地如影幻等諸深三昧。離心意意識。說名涅槃。大慧。汝等及餘菩薩應當修學。當疾遠離一切外道諸涅槃見。爾時世尊欲重宣此義而說偈言

外道涅槃見　各各起妄想
斯從心想生　無解脫方便
愚於縛縛者　遠離善方便
外道解脫想　解脫終不生
衆智各異趣　外道所見通
彼悉無解脫　愚癡妄想故
一切癡外道　妄見作所作
有無有品論　彼悉無解脫
凡愚樂妄想　不聞眞實慧
言語三苦本　眞實滅苦因
譬如鏡中像　雖現而非有
於妄想心鏡　愚夫見有二

不識心及緣　則起二妄想（愚昧）
了心及境界（本心與緣爲二）　妄想則不生
心者即種種　遠離想所想
事現而無現（心無計著故）　如彼愚妄想（萬法）
三有惟妄想（如如無所分別故如愚者外境也）　外義悉無有（外義）
妄想種種現（外義皆以妄想而現）　凡愚不能了
經經說妄想　終不出於名
若離於言語　亦無有所說

（頌曰　純眞法界自圓成　外道如何墮想情　展轉只因生滅相　漂沉還落斷常坑　自心覺了非他物　四句袪除更不萌　清淨境中無所得　涅槃惟有一虛名）

楞伽經纂卷第三下

楞伽經纂卷第四上

一切佛語心品第四　　阿

離一切根量分第五十八

爾時大慧菩薩白佛言。世尊。惟願爲說三藐三佛陀。我及餘菩薩善於如來自性。自覺覺他。佛告大慧。恣所欲問。我當爲汝隨所問說。大慧白佛言。世尊。如來應供等正覺。爲作耶。爲不作耶。爲事耶。爲因耶。爲相耶。爲所相耶。爲說耶。爲所說耶。爲覺耶。爲所覺耶。如是等詞句爲異爲不異。佛告大慧。如來應供等正覺。於如是等詞句。非事非因。所以者何。俱有過故。大慧。若如來是事者。或作或無常。無常故。一切事應是如來。我及諸佛皆所不欲。若非所作者。無所得故方便則空。同於兔角般大之子。以無所有故。大慧。若無事無因者。則非有非無。若非有非無。則出於四句。四句者是世間言說。若出四句者。則不墮四句。不墮四句故。智者所取。一切如來句義亦如是。慧者當知。如我所說。一切法無我。當知此義無我性。是無我（佛說諸法無我以諸法中無有我性故說無我非是無有諸法自性故下文云云）一切法有自性無他性。如牛馬。大慧。譬如非牛馬性。馬牛性（譬如牛無馬性馬無牛性非無自性）其實非有非無。彼非無自相。如是大慧。一切諸法非無自相。有自相。但非無我。愚夫之所能知。以妄想故（攀緣外道棄有隨空不離妄想攀緣外道執自相未能了知）如是一切法空。無生無自性。當如是知（謂若知此空義乃證如來清淨法身與諸陰界無異不異之性相）如是如來與陰。非異非不異。若不異陰者。應是無常。若異者方便則空（若離陰即是斷見）若二者應有異。如牛角相似故不異。長短差別故有異。一切法亦如是（非離陰而別有法身故如牛角之相似然以方便而成實相故所以有差別）大慧。如牛右角異左角。左角異右角。如是長短種種色各各異。大慧。如來於陰界入。非異非不異。如是如來解脫。非異非不異。如是如來以解脫名說。若如來異解脫者。應色相成。色相成故應無常。若不異者。修行者得相應無分別。而修行者見分別。是故非異非不異。如是智及爾炎（謂之爾炎則因物而起矣）非異非不異。大慧。智及爾炎非異非不異者。非常非無常。非作非所作。非有爲非無爲。非覺非所覺。非相非所相。非陰非異陰。非說非所說。非一非異非俱非不俱。非一非異非俱非不俱故。悉離一切量（[illegible]是名爲量）離一切量則無言說。無言說則無生。無生則無滅。無滅則寂滅。寂滅則自性涅槃。自性涅槃則無事無因。無事無因則無攀緣。無攀緣則出過一切虛僞。出過一切虛僞則是如來。如來則是三藐三佛陀。大慧。是名三藐三佛陀佛陀。三藐三佛陀佛陀者。離一切根量。爾時世尊欲重宣此義而說偈言

悉離諸根量　無事亦無因
已離覺所覺　亦離相所相
陰緣等正覺　一異莫能見
若無有見者　云何而分別
非作非不作　非事亦非因
非陰不在陰　亦非有餘雜
亦非有諸性　如彼妄想見
當知亦非無　此法法自爾
以有故有無　以無故有有
若無不應受　若有不應想
或於我非我　言說量流連
沉溺於二邊　自壞壞世間
解脫一切過（即無我是也）　正觀察我通（我通）
是名爲正觀　不毀大導師

（頌曰佛陀實際絕行蹤非事非因茂異同根量兩頭俱截斷迥然志照若虛空）

不生不滅離言說分第五十九

爾時大慧菩薩復白佛言世尊。如世尊說修多羅（梵語多羅此間契經）。攝受不生不滅（謂經中攝受不生不滅之說）。又世尊說不生不滅是如來異名。云何世尊。爲無性故說不生不滅。爲是如來異名。佛告大慧。我說一切法不生不滅。有無品不現。大慧白佛言世尊。若一切法不生者。則攝受法不可得。一切法不生故。若名字中有法者。唯願爲說。佛告大慧。善哉善哉。諦聽諦聽。善思念之。吾當爲汝分別解說。大慧白佛言。唯然受教。佛告大慧。我說如來非無性。亦非不生不滅。攝一切法。亦不待緣故。不生不滅亦非無義（不生不滅若無實義即斷見也）。大慧。我說意生法身。如來名號。彼不生者（謂之意生雖生而未嘗生乃是不生者）。一切外道聲聞緣覺七住菩薩非其境界。大慧。彼不生即如來異名。譬如因陁羅釋迦不蘭陁羅。如是等諸物。亦各有多名。亦非多名而有多性。亦非無自性。如是大慧。我於此娑呵世界（娑呵釋言能忍）有三阿僧祇百千名號。愚夫悉聞。各說我名。而不解我如來異名。大慧。或有衆生知我如來者。有知一切智者。有知佛者。有知救世者　有知自覺者。有知導師者。有知廣導者。有知一切導者。有知仙人者。有知梵者。有知毗紐者。有知自在者。有知勝者。有知迦毗羅者。有知眞實邊者。有知月者。有知日者。有知主者。有知無生者。有知無滅者。有知空者。有知如如者。有知諦者。有知實際者。有知法性者。有知涅槃者。有知常者。有知平等者。有知不二者。有知無相者。有知解脫者。有知道者。有知意生者。大慧。如是等三阿僧祇百千名號。不增不減。此及餘世界皆悉知我。如水中月不出不入。彼諸愚夫不能知我。墮二邊故。然悉恭敬供養於我。而不善解知詞句義趣。不分別名。不解自通。計著種種言說章句。於不生不滅作無性想。不知如來名號差別。如因陁羅釋迦不蘭陁羅。不解自通會歸終極。於一切法隨說計著。大慧。彼諸癡人作如是言。義。如言說義。說無異（謂彼義說不知自通亦如言說）所以者何。謂義無身故。言說之外更無餘義。惟止言說。大慧。彼惡燒智（惡能滅慧如燒物然）不知言說自性。不知言說生滅。義不生滅。大慧。一切言說墮於文字。義則不墮。離非性故。無受生。亦無身。大慧。如來不說墮文字法。文字有無不可得故。除不墮文字。大慧。若有說言如來說墮文字法者。此則妄說。法離文字故。是故我等諸佛及諸菩薩不說一字。不荅一字。所以者何。法離文字故。非不饒益義說。言說者。衆生妄想故。大慧。若不說一切法者。教法則壞。教法壞者則無諸佛菩薩緣覺聲聞。若無者誰說爲誰。是故菩薩摩訶薩莫著言說。隨宜方便廣說經法。以衆生希望煩惱不一故。我及諸佛爲彼種種異解衆生而說諸法。令離心意意識故。不爲得自覺聖智處（於聖智言處以別聖智不在言說）大慧。於一切法無所有。覺自心現量。離二妄想。諸菩薩摩訶薩依於義不依文字。若善男子善女人依文字者。自壞第一義。亦不能覺他。墮惡見相續而爲衆說。不善了知一切法一切地一切相。亦不知章句。若善一切法一切地一切相。通達章句。具足性義。彼則能以正無相樂而自娛樂。平等大乘建立衆生。大慧。攝受大乘者。則攝受諸佛菩薩緣覺聲聞。攝受諸佛菩薩緣覺聲聞者。則攝受一切衆生。攝受一切衆生者。則攝受正法。攝受正法者。則佛種不斷。佛種不斷者。則能了知得殊勝入處。知得殊勝入處菩薩摩訶薩。常得化生建立大乘。十自在力現衆色像。通達衆生形類希望煩惱諸相。如實說法。如實者不異。如實者不來不去相。一切虛僞息。是名如實（謂之如實以明其非有是相）大慧。善男子善女子不應攝受隨說計著。眞實者離名字故。大慧。如爲愚夫以指指物。愚夫觀指。不得實義。如是愚夫隨言說攝受計著。至竟不捨。終不能得離言說指第一實義。譬如嬰兒。應食熟食。不應食生。若食生者則令發狂。不知次第方便熟故。大慧。如是不生不滅。不方便修則爲不善。是故應當善修方便。莫隨言說如視指端。是故大慧。於眞實義當方便修。眞實義者。微妙寂靜。是涅槃因。言說者妄想合。妄想者集生死。大慧。眞實義者從多聞者得。多聞者謂善於義。非善言說。善義者不隨一切外道經論。身自不隨。亦不令他隨。是則名曰大德多聞。是故欲求義者。當親近多聞所謂善義。與此相違計著言說。應當遠離（頌曰如來境界豈容聲苦口紛紛爲衆情離說離言方合道不生不滅只空名眞心出入波中月法相縱橫鑑裏形實際義中無一字涅槃生死坦然平）

祛外道不生不滅分第六十

爾時大慧菩薩復承佛威神而白佛

言世尊。世尊顯示不生不滅。無有奇特。所以者何。一切外道因。亦不生不滅。世尊亦說虛空非數緣滅及涅槃界不生不滅。外道說因生諸世間。世尊亦說無明愛業妄想爲緣生諸世間。彼因此緣。名差別耳。外物因緣亦如是（言外物則以別無明愛業者內也）如是世尊與外道論無有差別。微塵勝妙自在衆生主等如是九物不生不滅。世尊亦說一切性不生不滅有無不可得。外道亦說四大不壞。自性不生不滅。四大常。是四大。乃至周流諸趣不捨自性。世尊所說亦復如是（外道分別諸大佛亦分別諸大）是故我言無有奇特。惟願世尊爲說差別。所以奇特勝諸外道。若無差別者。一切外道皆亦是佛。以不生不滅故。而世尊說一世界中多佛出世者。無有是處。如向所說一世界中應有多佛。無差別故（大慧謂佛不可多得故言無有是處若言多佛豈外道亦是佛而佛與外道更無差別耶）

佛告大慧。我說不生不滅不同外道不生不滅。所以者何。彼諸外道有性自性。得不生不變相（此性自性謂自立不變之性相）我不如是墮有無品。大慧。我者離有無品。離生滅。非性非無性。如種種幻夢現故非無性（佛說無性但如幻夢而已既不著有亦不墮空故下文云云）云何無性。謂色無自性相。攝受現不現故。攝不攝故（色本無自性但人攝受與不攝受現與不現乃有或有或無之見）以是故一切性無性非無性。但覺自心現量。妄想不生（謂之無性非同斷見但覺自心現量而妄想不生則自無性矣）安隱快樂。世事永息。愚癡凡夫妄想作事非諸聖賢。不實妄想如揵闥婆城及幻化人。大慧。如揵闥婆城及幻化人。種種衆生商賈出入。愚夫妄想謂眞出入。而實無有出者入者。但彼妄想故。如是大慧。愚癡凡夫起不生不滅惑。彼亦無有有爲無爲。如幻人生。其實無有若生若滅。性無性無所有故。一切法亦復如是離於生滅。愚癡凡夫墮不如實。起生滅妄想。非諸聖賢不如實者（聖賢不除妄想亦不如實然不起生滅想與凡夫異）不爾。如性自性。妄想亦不異。若異妄想者。計著一切性自性。不見寂靜（不爾者異前之辭也如來於一切性自性如之而已於妄想未嘗有異之之念）不見寂靜者。終不離妄想。是故大慧。無相見勝。非相見相者受生因故不勝（見無相者名爲勝相若非相而見有相則不斷有生之因故爲不勝）無相者。妄想不生。不起不滅。我說涅槃。大慧。涅槃者。如眞實義見。離先妄想心心數法（如眞實義見則雖見而無所見心心數法悉皆離之蓋如來涅槃如實印所印無起滅之性相故也）逮得如來自覺聖智。我說是涅槃。爾時世尊欲重宣此義而說偈言

滅除彼生論　建立不生義
我說如是法　愚夫不能知
一切法不生　無性無所有（亦非無性）
乾闥婆幻夢　有性者無因
不生無自性　何因空當說
以離於和合　覺知性不現

是故空不生　我說無自性
謂一一和合　性現而非有
分析無和合　非如外道見
夢幻及垂髮　野馬乾闥婆
世間種種事　無因而相現【謂本無因惟心所現】
折伏有因論　申暢無生義
申暢無生者　法流永不斷
熾然無因論　恐怖諸外道【或說無因以恐怖外道文】

爾時大慧以偈問曰

云何何所因　彼以何故生
於何處和合　而作無因論

爾時世尊復以偈荅

觀察有爲法　非無因有因
彼生滅論者　所見從是滅

爾時大慧說偈問曰

云何爲無生　爲是無性耶
爲顧視諸緣　有法名無生
名不應無義　惟爲分別說

爾時世尊復以偈荅

非無性無生　亦非顧諸緣
非有性而名　名亦非無義
一切諸外道　聲聞及緣覺
七住非境界　是名無生相
遠離諸因緣　亦離一切事
唯有微心住　想所想俱離
其身隨轉變【謂轉所依亦無無性】　我說是無生
無外性無性　亦無心攝受
斷除一切見　我說是無生
如是無自性　空等應分別
非空故說空　無生故說空
因緣數和合　則有生有滅
離諸因緣數　無別有生滅
捨離因緣數　更無有異性
若言一異者　是外道妄想
有無性不生　非有亦非無
除其數轉變　是悉不可得
但有諸俗數　展轉爲鉤鎖
離彼因緣鎖　生義不可得
生無性不起　離諸外道過
但說緣鉤鎖　凡愚不能了
若離緣鉤鎖　別有生性者
是則無因論　破壞鉤鎖義
如燈顯衆像　鉤鎖現若然
是則離鉤鎖　別更有諸性
無性無有生　如虛空自性
若離於鉤鎖　慧無所分別【離鉤鎖而求法愚夫所分別爾】
復有餘無生　賢聖所得法
彼生無生者　是則無生忍
若使諸世間　觀察鉤鎖者
一切離鉤鎖　從是得三昧
癡愛諸業等　是則內鉤鎖
鑽燧泥團輪　種子等名外
若使有他性　而從因緣生
彼非鉤鎖義　是則不成就【謂非聖智】
若生無自性　彼爲誰鉤鎖
展轉相生故　當知因緣義
堅濕煖動法　凡愚生妄想

離數無異法謂離數更無別法　是則說無性
如醫療衆病　無有若干論
以病差別法　爲說種種治
我爲彼衆生　破壞諸煩惱
知其根優劣　爲彼說度門康
非煩惱根異楞伽四卷　而有種種法十二
唯說一乘法　是則爲大乘

頌曰不生不滅義如如外道如何辨等殊只爲立名兼相遂令歸有或歸無一靈妙覺波還水萬種塵緣雪在爐如實界中亡取捨更無眞妄可名模

袪外道七無常見分第六十一

爾時大慧菩薩復白佛言。世尊。一切外道皆起無常妄想。世尊亦說一切行無常是生滅法。此義云何。爲邪爲正。爲有幾種無常

佛告大慧。一切外道有七種無常。非我法也。何等爲七。彼有說言。作已而捨。是名無常。有說形處壞。是名無常。有說即色是無常。有說色轉變中間是名無常。無間自之散壞。如乳酪等轉變。中間不可見。無常毁壞一切性轉即色言色之相色轉變言色之性故別立此句一切色相轉變無窮而其中間轉變之性不住散壞莫見其迹若乳變爲酪是謂色轉變無常也有說性無常。有說性無性無常。有說一切法不生無常入一切法以本不生而復生一切法是以不生而入生也以不生而入生故去不生無常入一切法大慧。性無性無常者。謂四大及所造自相壞。四大自性不可得不生外道謂四大相壞而四大自性不生不可得故言性無性無常彼不生無常者。非常無常。一切法有無不生。分析乃至微塵不可見。是不生義非生。是名不生無常相。若不覺此者。墮一切外道生無常義外道分析一切法皆不生故若自立不生之相乃有不生無常之句不覺此則是於不生中而反有生大慧。性無常者。是自心妄想。非常無常性。所以者何。謂無常自性不壞立無常性者謂無常自不壞滅而能壞滅諸法故下文云云楞伽四卷十三康大慧。此是一切性無性無常事。除無常無有能令一切法性無性者。如杖瓦石破壞諸物。現見各各不異。是性無常事。非作所作有差別。此是無常。此是事作所作無異者。一切性常無因性立無常性者將以壞滅一切法性令皆無性如以杖瓦石等破壞諸物令各歸壞滅所謂無常事也彼蓋不知作者在乎心也所作者事物之有相也作與所作不同而外道謂非有差別皆欲歸於無常故曰性無常者是自心妄想大慧。一切性無性有因。非凡愚所知。非因不相似事生。若生者。一切性悉皆無常。是不相似事。作所作無有別異而悉見有異性無性因自心現非因不相似事而生若不深探其因心所現而云因不相似事是著一切色相而見一切性皆無常矣若是則向之外道所謂作所作無洧別異而公於一切色相悉見有異若性無常者。墮作因性相。若墮者。一切性不究竟眞空無作無因立無常性以破壞一切色相是有作也因一切不相似色相而壞滅之是有因也以其溺於性相故曰不究竟一切性作因相墮者。自無常應無常。無常無常故。一切性不無常。應是常墮作因相則無常自性與物俱轉亦無常夫自無常故一切性相皆應是常若無常入一切性者。應墮二世。彼過去色與壞俱。未來不生。色不生故。現在色與壞相俱。色者四大積集差別。四大及造色自性不壞。離

異不異故。一切外道一切四大不壞。一切三有四大及造色。在所知。有生滅（大種造色非異非不異其自性亦不壞彼外道不滅諸大以三界依四大及微塵等是故隨彼所知說生住滅）。離四大造色。一切外道於何所思惟性無常。四大不生自性相不壞故（外道虛妄分別謂離四大諸塵等法更有無常是故說言諸大不生以自性相常不壞故）。離始造無常者（謂作已而捨也）。非四大。復有異。四大各各異相自相故。非差別可得。彼無差別。斷等不更造。二方便不作。當知是無常。彼形處壞無常者。謂四大及造色不壞。至竟不壞。大慧。竟者分析乃至微塵。觀察壞四大及造色。形處異見長短不可得。非四大。四大不壞形處壞現。墮在數論（外道以四大造色不壞分析乃至微塵但滅形狀長短異見不滅四大造色故墮世論）。色即無常者。謂色即是無常。彼則形處無常非四大。若四大無常者。非俗數言說（外道謂色無常即是形處無常非大種性若大種性亦無常者則無世事無世事者則墮世論下文云云）。世俗言說非性者。則墮世論。見一切性但有言說。不見自相生。轉變無常者。謂色異性現。非四大。如金作莊嚴具。莊嚴具轉變現。非金性壞。但莊嚴具處所壞。如是餘性轉變等亦如是。如是等種種外道無常見妄想。火燒四大時自相不燒。各各自相相壞者。四大造色應斷（外道言如火燒諸大而自相尚在彼蓋謂必待自相皆壞然後四大造色之相斷已上皆外道見）。大慧。我法起非常非無常。所以者何。謂外性不決定故（如來於外性如幻未嘗決定有無之）。唯說三有微心。不說種種相有生有滅。四大合會差別。四大及造色故。妄想二種事攝所攝知。二種妄想離外性無性二種見（四大及造色二種事本來空寂皆以有攝及所攝性乃知爾如來如實而知二種妄想以不取有無二種相故）。覺自心現量妄想者。思想作行生。非不作行。離心性無性妄想（覺自心現量者唯見自心妄想名為作行生而實不生以離心性及無性妄想故）。世間出世間上上一切法。非常非無常。不覺自心現量。墮二邊惡見相續。一切外道不覺自妄想。此凡夫無有根本。謂世間出世間上上從說妄想生。非凡愚所覺。爾時世尊欲重宣此義而說偈言

遠離於始造　及與形處異
性與色無常　外道愚妄想
諸性無有壞　大大自性住
外道無常想　沒在種種見
彼諸外道等　無若生若滅
大大性自常　何謂無常想
一切唯心量　二種心流轉
攝受及所攝　無有我我所
梵天為樹根　枝條普周徧
如是我所說　唯是彼心量

（頌曰外道雖聽智弗長溺於性相說無常誰知心外無餘法不攝纖塵是道場）

超諸地相分第六十二

爾時大慧菩薩復白佛言。世尊。唯願為說一切菩薩聲聞緣覺滅正受次第相續。若善於滅正受次第相續相者。我及餘菩薩終不妄捨滅正受樂

門。不墮一切聲聞緣覺外道愚癡自初地至十地皆由滅正受而入佛地故云滅正受次第相續或有聲聞緣覺於此起涅槃想而於如來地不滿足此大慧所以云不妄捨滅正受樂門不墮聲聞外道愚癡不妄捨者謂於三昧樂有所持也佛告大慧。諦聽諦聽。善思念之。當為汝說。大慧白佛言。世尊。惟願為說。佛告大慧。六地起菩薩及聲聞緣覺入滅正受此聲聞乃第六地聲聞第七地菩薩念念正受。離一切性自性相正受滅諸念而正受者六地也隨念不離七地為然以能離一切法自性正受非聲聞緣覺此是七地菩薩非是七地聲聞諸聲聞緣覺墮有行覺。攝所攝相滅正受。是故七地非念正受聲聞緣覺緣有為行而入正受及先墮攝所攝境界是七地聲聞未能隨念正受故曰非念正受所以別七地菩薩得一切法無差別相非分。得種種相性未得一切法無差別故曰分以見諸法種種異相故非覺一切法善不善性相正受。是故七地無善念正受分別善不善性相而入正受是七地聲聞也於隨念正受則無善巧方便故曰無善念正受亦以別七地菩薩大慧。八地菩薩及聲聞緣覺。心意意識妄

想相滅此聲聞乃八地聲聞也八地菩薩聲聞於意識妄想非有斷滅之想故曰相滅相滅者如圓覺云於一切趣不起妄想於妄想境不加了知是也初地乃至七地菩薩。觀三界心意識量離我我所。自妄想修墮外性種種相七地菩薩觀三界心意意識其本離我我所唯是自心妄想乃墮外性種種諸相此謂自七地墮外道邪僻者愚夫二種自心攝所攝。向無知不覺無始過惡虛偽習氣所薰二種自心謂外道於我我所及有無二邊而生攝所攝計著不知由無始來過惡薰習大慧。八地菩薩聲聞緣覺涅槃此文亦以別八也[illegible]八地聲聞雖皆曰涅槃而實不同菩薩者。三昧覺所持。是故三昧門樂不般涅槃八地菩薩於三昧正受覺而有所持故雖有三昧樂而不作涅槃想若不持者。如來地不滿足。棄捨一切為眾生事。佛種則斷三昧覺所持故不忘大悲本願而為眾生若一切滅盡而證涅槃即墮斷空何眾生之能願慇諸佛世尊為示諸佛所以示現如來如來不可思議無量功德功德者為欲菩薩願慇眾生故聲聞緣覺三昧門得樂所牽故。作涅槃想此八地聲聞也菩薩非不涅槃無心於涅槃故不般涅槃聲緣牽於三昧門樂則是故有心於涅槃故曰想

大慧。我分部七地分別部分其所得法善修心意意識相。善修我我所攝受。人法無我生滅自共相人法無我生滅自共相皆善修也善四無礙決定力。三昧門地次第相續入道品法佛之分部七地菩薩所得如此不令菩薩摩訶薩不覺自共相。不善七地墮外道邪徑故立地次第佛所以立地次第而分部七地者為此大慧。彼實無有若生若滅。除自心現量諸地次第皆是自心所現其實無有若生若滅如來於此但指唯心而[illegible]一所謂地次第相續及三界種種行。愚夫所不覺。愚夫所不覺者。謂我及諸佛說地次第相續及說三界種種行世尊及諸佛以對治眾生病故有諸地次第及三界種種行之說愚夫不覺而有執著殊不知佛說而未嘗說也。頌曰十地皆因邪徑設那堪地上有聲聞初根斷滅方歸正七地惟心妄始分八地常持三昧覺每於群品布慈雲自心若了無餘事階漸紛綸只讓云

滅諸地而證圓覺分第六十三

復次大慧。聲聞緣覺第八菩薩地謂聲聞在第八地者滅三昧門樂醉所醉。不善自

心現量自共相習氣所障墮人法無我法攝受見妄想涅槃想謂有人法無我之相及攝受法之見蓋以妄想心爲涅槃故非寂滅智慧覺大慧菩薩者見滅三昧門樂本願哀愍大悲成就第八菩薩見寂滅三昧樂門便能憶持本願依大慈悲成就衆生知分別十無盡句不妄想涅槃想彼已涅槃妄想不生故離攝所攝妄想覺了自心現量一切諸法妄想不生不墮心意意識外性自性相計著妄想非佛法因不生隨智慧生八地菩薩已離諸法妄想於是復修一切佛法非因於此則餘無所生然所以生非妄想生隨智慧生得如來自覺地如人夢中方便度水未度而覺覺已思惟爲正爲邪非正非邪八地菩薩於如來自覺之地如人夢臨大水欲渡其身未渡中閒忽然便寤寤已思惟此爲是實爲復是虛餘無始見聞覺識因想種種習氣種種形處墮有無相心意意識夢現向之所見非虛非實唯是無始見聞覺識習氣所薰不離有無二相至此則心意意識一切頓覺悉如幻夢隨緣而現無去之之想覺已則滅無留之之情故曰夢現謂之夢現則現已還滅非有斷滅之想也大慧如是菩薩摩訶薩於第八菩薩地見妄想生初地轉進至第七地見一切法如幻等方便度攝所攝心妄想行已作佛法方便未得者令得第八地已無妄想生之見所可見者乃初地轉進至七地所修行者皆第八地所見之妄想也唯見一切如幻而善離攝所攝心至此疑墮於空而乃勤修佛法未得令得故曰方便大慧此是菩薩涅槃方便不壞離心意意識得無生法忍見如幻已而又復作佛事此乃涅槃方便非壞滅諸法名爲涅槃故曰不壞蓋由善離心意意識是以得證無生法忍大慧於第一義無次第相續說無所有妄想寂滅法次第說爲喻菩薩之入外道邪徑者妄想寂滅皆是對治法若第一義諦一切根量滅則妄想寂滅皆無所有矣爾時世尊欲重宣此義而說偈言

心量無所有　此住及佛地
去來及現在　三世諸佛說
心量地第七第七地末離心量　無所有第八至第八方無所有
二地名爲住　佛地名最勝
自覺智及淨　此則是我地
自在最勝處　清淨妙莊嚴
照曜如盛火　光明悉徧至
熾炎不壞目　周輪化三有
化現在三有　或有先時化
於彼演說乘　皆是如來地
十地則爲初　初則爲八地
第九則爲七　七亦復爲八
第二爲第三　第四爲第五
第三爲第六　無所有何次

頌曰纔登八地絕疑情心量因緣更不須自覺聖樂方便巧已離意識頓無生自心具了諦求寂佛法何妨度有情若到如來無所證夢中度水覺何曾

離常無常分第六十四

爾時大慧菩薩復白佛言世尊如來應供等正覺爲常無常佛告大慧如來應供等正覺非常非無常謂二俱有過常者有作主過謂常者是於虛寂中強立眞常之性故云作主常者一切外道說作者無所作是故如來常非常非作常故有過如來之常非無因而常亦非作主而常常與作常皆不免有過故若如來無常者有作無常

過。陰所相相無性。陰壞則應斷而如來不斷（五陰相本來無性若必欲陰壞而諸相斷滅然佛如來實非斷滅）大慧。一切所作皆無常如缾衣等。一切皆無常過（若謂無常如缾衣之無定相則一切法皆墮無常）一切智衆具方便應無義。以所作故（若一切所作皆無常則一切智衆皆具有所修福慧悉空無義以有所作故無常）一切所作皆應是如來。無差別因性故。是故如來非常非無常。復次大慧。如來非如虛空常。如虛空常者。自覺聖智衆具。無義過（前言非常非無常此言如來非常若如虛空之常空無所有則自覺聖智衆皆具有一切皆無義矣）大慧。譬如虛空。非常非無常離常無常一異俱不俱常無常過故不可說。是故如來非常（此言雖非如虛空常然亦如虛空之性無所變動離常無常等過一有所說即有情量名相數何而不墮於常無常耶）復次大慧。若如來無生常者。如兎馬等角。以無生常故方便無義。以無生常過故如來非常（執無生而有常如兎馬等角悉無所有則一切方便皆無義若是又墮斷見此如來所以非常）復次大慧。更有餘事知如來常。所以者何。謂無間所得智常故如來常（此述如來實有常住之法而非世之所謂常無常者）大慧。若如來出世若不出世。法畢定住。聲聞緣覺諸佛如來無間住（聲聞緣覺與如來所得智皆無間斷故曰住）不住虛空。亦非愚夫之所覺知。大慧。如來所得智。是般若所薰。非心意意識彼諸陰界入處所薰。大慧。一切三有。皆是不實妄想所生。如來不從不實虛妄想生（謂如來無間之智畢定常住非住虛空非墮陰識但離妄緣即如如矣）大慧。以二法故有常無常。非不二。不二者。寂靜一切法。無二生相故（語常無常則有二法唯不二法乃能寂靜）（諸法以不二法者無生無二無性相故）是故如來應供等正覺非常非無常。大慧。乃至言說分別生。則有常無常過。分別覺滅者則離愚夫常無常見。寂靜慧者永離常無常非常無常薰。爾時世尊欲重宣此義而說偈言

衆具無義者　生常無常過
若無分別覺　永離常無常
從其所立宗　則有衆雜義
等觀自心量　言說不可得

（頌曰楞伽頂上絕纖塵常與無常屬作因兎角無生歸斷見虛空籠統亦非真若能自覺方爲道纔有言辭便不親須到如來無間智超然常住邁群倫）

楞伽經纂卷第四上

楞伽經纂卷第四下　阿

滅識即藏分第六十五

爾時大慧菩薩復白言世尊。惟願世尊更爲我說陰界入生滅。彼無有我。誰生誰滅。愚夫者依於生滅。不覺苦盡。不識涅槃。佛言善哉諦聽。當爲汝說。大慧白佛言。唯然受教。佛告大慧。如來之藏是善不善因。能徧興造一切趣生。譬如伎兒變現諸趣。離我我所。不覺彼故三緣和合方便而生。外道不覺計著作者。爲無始虛僞惡習所薰。名爲識藏。生無明住

地。與七識俱（無明本無住地以有識藏乃生）如海浪身常生不斷。離無常過。離於我論。自性無垢畢竟清淨（言如來藏離作無常及有我論）其餘諸識有生有滅（若墮於識即有生滅）意意識等念念有七（言因意識而有七識）因不實妄想取諸境界。種種形處計著名相。不覺自心所現色相。不覺苦樂（起苦樂受故云不覺）不至解脫。名相諸纏。貪生生貪（因貪生故乃生貪著）若因若攀緣彼諸受根滅。次第不生餘自心妄想。不知苦樂。入滅受想正受。第四禪善真諦解脫。修行者作解脫想。不離不轉名如來藏識藏。七識流轉不滅。所以者何。彼因攀緣諸識生故。非聲聞緣覺修行境界。不覺無我。自共相攝受生陰界入。見（謂如來藏識藏止是其名不同因彼識藏而有攀緣故生諸識然非聲聞外道所知境界以彼不覺二無我及於蘊界處而取自相共相故）如來藏五法自性人法無我。則滅地次第相續轉進（謂修行者若見如來藏及五法三自性於人法悉皆無我乃能滅諸地次第而任不動地）餘外道見不能傾動。是名住菩薩不動地。得十三昧道門樂。三昧覺所持。觀察不思議佛法（以觀察佛法自）自願。不受三昧門樂及實際（顧則能顧愍衆生不滯空寂故於三昧門樂及實際皆不受）向自覺聖趣。不共一切聲聞緣覺及諸外道所修行道。得十賢聖種性道。及身智意生（所立之智如意之生）離三昧行（著三昧行即有三昧相故當離之）是故大慧。菩薩摩訶薩欲求勝進者。當淨如來藏及識藏名。若無識藏名如來藏者。則無生滅（有如來藏及識藏二種名則有是性相而生滅起矣故當淨之淨之則無所有也）大慧。然諸凡聖悉有生滅。修行者自覺聖趣現法樂住。不捨方便（雖曰如來藏無名亦無生滅而諸聖亦未嘗與木石同性故悉有生滅以是故修行者雖自覺聖智法樂現前而不捨於勇猛精進故曰不捨方便）大慧。此如來藏識藏。一切聲聞緣覺心想所見。雖自性淨。客塵所覆故。猶見不淨非諸如來（如來無我之藏如如絕想本來清淨一切聲緣而以想見蓋由客塵所覆而見不淨）如來者。現前境界猶如掌中視阿摩勒果（自覺境界常現在前則不復有心想之見蓋以無客塵覆故）大慧。我於此義。以神力建立。令勝鬘夫人（藏中勝鬘經是也）及利智滿足諸菩薩等。宣揚演說如來藏及識藏名。七識俱生。聲聞計著。見人法無我。故勝鬘夫人承佛威神說如來境界。非聲聞緣覺及外道境界。如來藏識藏。唯佛及餘利智依義菩薩智慧境界（知聲聞計著寂滅則如來藏不可離以知心想有生滅見則如來藏不可即以是唯佛菩薩智慧境界）是故汝及餘菩薩。於如來藏識藏。當勤修學。莫但聞覺作知足想（未能自覺故曰聞覺）爾時世尊欲重宣此義而說偈言

甚深如來藏　而與七識俱
二種攝受生（二種謂藏與識）　智者則遠離
如鏡像現心（心之所現如鏡現像）　無始習所薰
如實觀察者　諸事悉無事
如愚見指月　觀指不觀月
計著名字者　不見我真實
心為工伎兒　意如和伎者
五識為伴侶　妄想觀伎衆

頌曰如來實藏只虛名善惡皆由彼造成諸識盡時方合道盡機不染始無生有心作想應難淨真諦攀緣亦未精爭似現前無覆蓋還如摩勸掌中擎

五法三自性二無我分別相分

第六十六

爾時大慧菩薩白佛言世尊。惟願爲說五法自性識二種無我究竟分別相。我及餘菩薩於一切地次第相續分別此法入一切佛法。入一切佛法者。乃至如來自覺地。佛告大慧。諦聽諦聽。善思念之。大慧白佛言。唯然受教

佛告大慧。五法自性識二無我分別趣相者。謂名相妄想正智如如。若修行者修行入如來自覺聖趣。離於斷常有無等見。現法樂正受住。現在前謂修行者若觀察此法入於如來自覺境界則得現法樂三昧常現在前未嘗間昧所謂猶如掌中覩阿摩勒果大慧。不覺彼五法自性識二無我。自心現外性。凡夫妄想。非諸聖賢。大慧白佛言世尊。云何愚夫妄想生。非諸聖賢。佛告大慧。愚夫計著俗數名相。隨心流散。流散已。種種相像貌墮我我所見希望。計著妙色。計著已。無知覆障生染著。染著已。貪恚癡所生業積集。積集已。妄想自纏。如蠶作繭。墮生死海諸趣曠野。如汲井輪。以愚癡故。不能知如幻野馬水月自性離我我所。起於一切不實妄想。離相所相及生住滅。從自心妄想生無實如幻奔馳如野馬隨現如水月彼皆自現其自現之性本來離我離相皆從自心妄想而生非自在時節微塵勝妙生。愚癡凡夫隨名相流。大慧。彼相者。眼識所照名爲色。耳鼻舌身意意識所照名爲聲香味觸法。是名爲相。大慧。彼妄想者。施設衆名。顯示諸相。如此不異象馬車步男女等名謂以象馬等名而顯其相是名妄想。大慧。正智者。彼名相不可得。猶如過客非有斷滅之相故諸識不生。不斷不常。不墮一切外道聲聞緣覺之地。復次大慧。菩薩摩訶薩以此正智不立名相。非不立名相。捨離二見建立及誹謗。知離有無二見及建立誹謗之所知名相不生非必不立名相名相自不生矣是名如如。大慧。菩薩摩訶薩住如如者。得無所有境界故。得菩薩歡喜地。得菩薩歡喜地已。永離一切外道惡趣。正住出世間趣。法相成熟。分別幻等一切法。自覺法趣相分別如幻等法而證自得聖智所行法相離諸妄想見性異相。次第乃至法雲地。於其中間。三昧力自在。神通開敷。得如來地已。種種變化圓照示現。成熟衆生。如水中月。善究竟滿足十無盡句。爲種種意解衆生分別說法隨意生解曰意解法身離意所作法身無爲悉離意識之所作至此乃名如如是名菩薩入如如所得

爾時大慧菩薩白佛言世尊。云何爲三種自性入於五法。爲各有自相宗三自性謂妄想自性緣起自性成自性而皆不離於五法之內故曰入於五法佛告大慧。三種自性及八識二種無

我。悉入五法。大慧。彼名及相。是妄想自性。若依彼妄想生心心法。名俱時生。（本無名相皆妄想生）如日光俱種種相。各別分別持。（心本無所持以分別諸相而有所持故曰分別持以是故有緣起）是名緣起自性。大慧。正智如如者。不可壞故名成自性。復次大慧。自心現妄想八種分別。謂識藏意意識及五識身相者。（識有身財故曰身相）不實相妄想故。我我所二攝受滅。二無我生。是故大慧。此五法者。聲聞緣覺菩薩如來自覺聖智諸地相續次第。一切佛法悉入其中。復次大慧。五法者。相名妄想如如正智。大慧。相者。若處所形相色像等現。是名爲相。若彼有如是相。名爲餅等（謂有餅相即有餅名）即此非餘。是說爲名。施設衆名。顯示諸相。餅等心心法。是名妄想（若依餅相而生餅名心及心法皆然）彼名彼相。畢竟不可得。始終無覺（凡有覺皆覺想）於諸法無展轉不實妄想。是名如如。真實決定究竟自性不可得。彼是如相。我及諸佛隨順入處。普爲衆生如實演說。施設顯示於彼（示彼衆生）隨入正覺。不斷不常。妄想不起。隨順自覺聖趣。一切外道聲聞緣覺所不得相（無復有聲聞外道之相故曰不得相）是名正智。大慧。是名五法三種自性八識二種無我。一切佛法悉入其中。是故大慧。當自方便學。亦教他人勿隨於他。爾時世尊欲重宣此義而說偈言

五法三自性　及與八種識
二種無有我　悉攝摩訶衍
名相虛妄想　自性二種相
正智及如如　是則爲成相

（頌曰三般自性示真詮悉入楞伽五法玄須了相名皆是妄迴離妄想即忘緣如如正智何須覺人法忘情始得圓高步便超三界外從茲親摘火中蓮）

優曇恒沙譬喻分第六十七

爾時大慧菩薩復白佛言。世尊。如世尊所說句。過去諸佛如恒河沙。未來現在亦復如是。云何世尊。爲如說而受。爲更有餘義。惟願如來哀愍解說。

佛告大慧。莫如說受。三世諸佛量非如恒河沙。所以者何。過世間望。非譬所譬。以凡愚依計常外道妄想。長養惡見。生死無窮。欲令厭離生死趣輪。精勤勝進故。爲彼說言。諸佛易見。非如優曇鉢華難得見故息方便求（若言難遇如優曇鉢華即生退怯故說易見如恒河沙所以誘之欲其進也）有時復觀諸受化者。作是說言。佛難值遇。如優曇鉢華。優曇鉢華無已見今見當見（說諸佛出世如優曇鉢華者依可化衆生故云觀諸受化者）如來者。世間悉見。不以建立自通故說言如來出世如優曇鉢華（謂世間雖悉見如來而不得自覺聖智境界故說言如優曇鉢華）大慧。自建立自通者。過世間望（謂自覺聖智所得世間無等過諸譬喻故云過世間望）彼諸凡愚所不能信。自覺聖智境界無以爲譬。真實如來過心意意識所見之相。不可爲譬。大慧。然我說譬佛如恒沙。無有過咎（譬佛如沙非爲多故所譬具在下文非一義也）譬如恒沙。一切魚鼈斬收魔羅師子象馬人獸踐

踏。沙不念言。彼惱亂我而生妄想。自性清淨無諸垢汙。如來應供等正覺。自覺聖智恒河。大力神通自在等沙。一切外道諸人獸等一切惱亂。如來不念而生妄想。如來寂然無有念想。如來本願以三昧樂安衆生故無有惱亂。猶如恒河。等無有異。又斷貪恚故其待魚鱉輪收等物等無有異故曰又斷貪恚譬如恒沙。是地自性。劫盡燒時燒一切地。而彼地大不捨自性。與火大俱生故。其餘愚夫作地燒想。而地不燒。以火因故。如是如來法身。如恒沙不壞地以火生而愚夫作地燒想地實不燒一切有身俱壞凡夫作法身壞想而如來法身實不壞大慧。譬如恒沙。無有限量。如來光明亦復如是無有限量。爲成熟衆生故普照一切諸佛大衆。大慧。譬如恒沙。別求異沙永不可得。如是如來應供等正覺無生死生滅。有因緣斷故。大慧。譬如恒沙。增減不可得知。如是如來智慧成熟衆生。不增不減。非身法故。身法者有壞。如來法身非是身法身法即有壞之身相。如壓恒沙。油不可得。如是一切極苦衆生逼迫如來。乃至衆生未得涅槃。不捨法界自三昧願樂。以大悲故衆生極苦遂感如來發大悲本願故曰逼迫猶壓沙也壓沙而油不可得欲令如來捨離法界中深心願樂亦不可得大慧。譬如恒沙。隨水而流。非無水也。如是如來所說一切諸法隨涅槃流。是故說言如恒河沙沙譬則一切諸法水譬則涅槃流法雖千變皆隨涅槃未有一法而不涅槃者故曰非無水也雖所說一切法皆隨涅槃流而未嘗隨諸去流轉故曰隨流而性常如來不隨諸去流轉。去是壞義故以涅槃非壞故不隨諸去流轉大慧。生死本際不可知。不知故。云何說去。去者斷義而愚夫不知。大慧白佛言。世尊。若衆生生死本際不可知者。云何解脫可知。佛告大慧。無始虛僞過惡妄想習氣因滅。自心現。知外義妄想身轉。解脫不滅。是故無邊。非都無所有。爲彼妄想作無邊等異名無始因滅然後覺知自心所現覺心自現則能了知外境不爲妄想所轉故名解脫解脫者非是壞滅雖說無邊非都無所有曰無邊者亦爲衆生妄想而立異名耳觀察內外離於妄想。無異衆生。智及爾炎一切諸法悉皆寂靜謂以解脫知見觀察內外諸法則離於妄想無別有衆生蓋以即此妄想名爲衆生故如是觀者智及爾炎悉皆寂靜以解脫者識破衆生妄想心故故下文云云不識自心現妄想故妄想生。若識則滅一切妄想不患不滅惟患其不能識了若能識了則妄想無自而生所謂解脫者此也爾時世尊欲重宣此義而說偈言

觀察諸導師　猶如恒河沙
不壞亦不去　亦復不究竟
是則爲平等　觀察諸如來
猶如恒沙等　悉離一切過
隨流而性常　是則佛正覺

頌曰譬彼優曇亦未覩恒沙設喻義兼陳不流不去如常寂無滅無增類法身迴絕因緣何所異任他惱亂不曾嗔爲君更說無窮量還似光明照剎塵

剎那壞相差別分第六十八

爾時大慧菩薩復白佛言。惟願爲說一切諸法剎那壞相剎那念也一念之頃心意俱生展轉變壞故曰剎那壞相蓋愚夫計著識相而然世尊。云何

一切法剎那。佛告大慧。諦聽諦聽。善思念之。當為汝說

佛告大慧。一切法者。謂善不善無記。有為無為。世間出世間。有罪無罪。有漏無漏。受不受。大慧。略說心意意識及習氣。是五受陰因。是心意意識習氣長養。凡愚善不善妄想識習氣有善不善分別此剎那見也大慧。修三昧樂。三昧正受現法樂住。名為賢聖善無漏法樂現前而住則無復妄想爽此謂非剎那者大慧。善不善者。謂八識。何等為八。謂如來藏名識藏如來藏識藏其實一也以其未隨名相則曰如來藏以其墮於名相則號為識藏故曰名識藏心意意識及五識身。非外道所說。大慧。五識身者。心意意識俱。善不善相展轉變壞。相續流注。不壞身生。亦生亦滅。不覺自心現。次第滅。餘識生。形相差別攝受不壞身猶真識也隨順意識而生生已還滅若不覺自心所現則次第滅時別識生起取於種種形相差別意識五識俱相應生。剎那時不住。名為剎那謂念念不住故名剎那大慧。剎那者。名識藏如來藏意俱生。識習氣剎那剎那壞者識習氣也如來藏與意俱生乃有剎那壞相無漏習氣非剎那。非凡愚所覺。計著剎那論故。不覺一切法剎那非剎那。以斷見壞無為法凡愚計著一切諸法剎那變壞而不能知一切諸法有是剎那非剎那故乃計無為同諸法壞是墮斷見故曰以斷見壞無為法大慧。七識不流轉。不受苦樂。非涅槃因七識剎那變壞不與生死俱轉故云不流轉不受苦樂唯如來藏生死流轉故受苦樂為涅槃因大慧。如來藏者。受苦樂與因俱。若生若滅。四住地無明住地所醉。凡愚不覺。剎那見。妄想薰心凡愚不能了知如來之藏起剎那見故為妄想所薰

復次大慧。如金金剛佛舍利。得奇特性。終不損壞。大慧。若得無間有剎那者。聖應非聖。而聖未曾不聖無間有剎那謂剎那非剎那者若得無間有剎那則雖聖之名亦不免於名相故亦壞聖亦壞而湛然者不期於存而獨存是乃所以聖者故曰未曾不聖如金金剛。雖經劫數。稱量不減以剎那本無所成亦無所壞若得無間有剎那則無復剎那不剎那見故如金剛等何成壞之足云云何凡愚不善於我隱覆之說。於內外一切法作剎那想佛說剎那所以息煩亂而凡愚無知作剎那想。頌曰。堪嘆誰知壞剎那若還計著又成魔剎那一切皆云壞借問真空壞得麼

三種波羅蜜差別分第六十九

大慧菩薩復白佛言。世尊。如世尊說六波羅蜜滿足。得成正覺。何等為六

佛告大慧。波羅蜜有三種分別。謂世間。出世間。出世間上上。世間波羅蜜者。我我所攝受計著。攝受二邊。為種種受生處欲邀福於來世故行波羅蜜樂色聲香味觸故。滿足檀波羅蜜。戒忍精進禪定智慧亦如是。凡夫神通及生梵天貪於色等境界而欲成就神通生於梵天非善於六度者也出世間波羅蜜者。聲聞緣覺墮攝受涅槃故行六波羅蜜。樂自己涅槃樂不覺自心所現作涅槃想而攝受之故以行六波羅為樂出世間上上波羅蜜者。覺自心現妄想量。攝受及自心二故。不生妄想覺自心現妄想則知攝與所攝及自心與妄想皆是二法以覺此故不生妄想於諸趣攝受非分悉無諸趣攝受故曰非分自心色相不計著

(聲聞緣覺雖能滅外色相而計著自心之色相若前之自己涅槃樂是也至此則不然矣)爲安樂一切衆生故生檀波羅蜜。起上方便(爲安樂衆生而起最上方便此善於布施也)即於彼緣。妄想不生。戒是尸波羅蜜(即諸境界不起妄想則無去取離著之見此善於持戒也)即彼妄想不生。忍知攝所攝。是羼提波羅蜜(即於不起妄想忍知能攝所攝自性此善於忍辱也)初中後夜。精勤方便。隨順修行。方便妄想不生。是毗棃耶波羅蜜(隨順如實修行於修行方便亦不起方便之想此善於精進也)妄想悉滅。不墮聲聞涅槃攝受。是禪波羅蜜(聲聞有涅槃想故有攝受非此始名禪定)自心妄想非性(覺自心妄想皆非有性故曰非性)智慧觀察。不墮二邊。先身轉勝而不可壞(轉先身而即勝如金剛之不可壞)得自覺聖趣。是般若波羅蜜。爾時世尊欲重宣此義而說偈言

東寺

空無常剎那　愚夫妄想作
如河燈種子　而作剎那想
剎那息煩亂　寂靜離所作
一切法不生　我說剎那義
物生則有滅　不爲愚者說(愚者不曉剎那義而作想)
無間相續性　妄想之所薰
無明爲其因　心則從彼生
乃至色未生　中間有何分
相續次第滅　餘心隨彼生
不住於色時　何所緣而生
以從彼生故　不如實因生(謂非因實際而生)
云可無所成　而知剎那壞
修行者正受　金剛佛舍利
光音天宮殿　世間不壞事
住於正法得　如來智具足
比丘得平等　云何見剎那
乾闥婆幻等　色無有剎那
於不實色等　視之若眞實(一切色相無非實際)

(頌曰世俗波羅樂色聲聲緣攝受涅槃城自心覺了方爲上六度從茲絕想情)

如來說法離諸過差別分第七十

爾時大慧菩薩復白佛言。世尊。世尊記阿羅漢(記謂受記)得成阿耨多羅三藐三菩提。與諸菩薩等無差別。一切衆生法不涅槃。誰至佛道。從初得佛至般涅槃。於其中間不說一字。亦無所荅。如來常定故亦無慮亦無察。化佛化作佛事。何故說識剎那展轉壞相。金剛力士常隨侍衛。何不施設本際。現魔魔業惡業果報。旃遮摩納孫陀利女空鉢而出。惡業障現。云何如來得一切種智而不離諸過。佛告大慧。諦聽諦聽。善思念之。當爲汝說。大慧白佛言。善哉世尊。唯然受教。佛告大慧。爲無餘涅槃故。說誘進行菩薩行者故。此及餘世界修菩薩行者樂聲聞乘涅槃。爲令轉聲聞乘進向大乘(授聲聞言無上正覺凡以誘進也)化佛授聲聞記。非是法佛。因是故記諸聲聞與菩薩不異。大慧。不異者。聲聞緣覺諸佛如來煩惱障斷解脫一味(只解脫煩惱一味爾)非智障斷(聲緣煩惱障斷與如來同智障不斷與如來異)

大慧。智障者。見法無我。殊勝清淨障[illegible]妄見法無我性乃得清淨是智障斷也煩惱障者。先習見人無我斷。七識滅謂先所習人無我見至此而斷然後意識捨離是煩惱障斷也法障解脫。識藏習滅。究竟清淨煩惱障斷止於七識滅爾至於法障解脫然後識藏習滅故曰究竟清淨此已下說諸佛如來因本住法故。前後非性本住法即常住真心前云如樹木心是也一切圓融前後皆非有性無盡本願故。如來無慮無察而演說法以本願無盡故不忘演說然所以演說實出於無慮無察正智所化故。念不妄故。無慮無察所以化人出自正智實無妄念故凡所演說無慮無察四住地無明住地習氣斷故。二煩惱斷。離二種死。覺人法無我及二障斷以無明習氣斷故方斷二煩惱乃至二障斷大慧。心意意識眼識等七剎那。習氣因。善無漏品離。不復輪轉。如來藏者輪轉。涅槃苦樂因。空亂意慧愚癡凡夫所不能覺。大慧。金剛力士所隨護者。是化佛耳。非眞如來。眞如來者。離一切根量。一切凡夫聲聞緣覺及外道根量悉滅。得現法樂住。無間法智忍故非金剛力士所護。一切化佛不從業生。化佛者非佛。不離佛。因陶家輪等衆生所作相而說法如陶家輪造出百千器類皆因衆生所作之相此化佛說法也非自通處說自覺境界既曰化佛故云非自通處復次大慧。愚夫依七識身滅。起斷見。不覺識藏故起常見愚夫以七識身滅而謂一切斷滅故起斷見不覺識藏本無所有執以爲真常之法故起常見自妄想故不知本際。自妄想慧滅故解脫四住地無明住地自妄想之集滅乃能解脫無明習氣斷故一切過斷。爾時世尊欲重宣此義而說偈言

三乘亦非乘　如來不磨滅
一切佛所記　說離諸過惡
爲諸無間智　及無餘涅槃
誘進諸下劣　是故隱覆說
諸佛所起智　即分別說道
諸乘非爲乘乘無乘及涅槃　彼則非涅槃智者
欲色有及見欲界色界三有及見　說是四住地
意識之所起　識宅意所住
意及眼識等　斷滅說無常
或作涅槃見　而爲說常住此皆因衆生而說一切法

頌曰大慈金口何曾失誘進聲緣故佛同凡了妄緣冥慮察不忘本願演宗風藏心輪轉非無漏化佛因他豈自通若識如來真境界迥離根量等虛空

戒飲食分第七十一

爾時大慧菩薩以偈問言

彼諸菩薩等　志求佛道者
酒肉及與葱　飲食爲云何
惟願無上尊　哀愍爲演說
愚夫所貪著　臭穢無名稱
虎狼所甘嗜　云何而可食
食者生諸過　不食爲福善
惟願爲我說　食不食罪福

大慧菩薩說偈問已。復白佛言。惟願世尊爲我等說食不食肉功德過惡。我及諸菩薩於現在未來。當爲種種希望食肉衆生分別說法。令彼衆生慈心相向。得慈心已。各於住地清淨

明了。疾得究竟無上菩提。聲聞緣覺自地止息已。亦得速成無上菩提。惡邪論法諸外道輩。邪見斷常顛倒計著。尚有遮法不聽食肉。況復如來世間救護正法成就而食肉耶。佛告大慧。善哉善哉。諦聽諦聽。善思念之。當爲汝說。大慧白佛言。唯然受教

佛告大慧。有無量因緣不應食肉。然我今當爲汝略說。謂一切衆生從本已來。展轉因緣常爲六親。以親想故。不應食肉。驢騾駱駝狐狗牛馬人獸等肉。屠者雜賣故。不應食肉。不淨氣分所生長故。不應食肉。衆生聞氣悉生恐怖。如旃陀羅及譚婆等。狗見憎惡驚怖群吠故。不應食肉。令修行者慈心不生故。不應食肉。凡愚所嗜臭穢不淨。無善名稱故。不應食肉。令諸呪術不成就故。不應食肉。以殺生者見形起識。深味著故。不應食肉。彼食肉者。諸天所棄故。不應食肉。令口氣臭故。不應食肉。多惡夢故。不應食肉。空閑林中虎狼聞香故。不應食肉。令飲食無節量故。不應食肉。令修行者不生厭離故。不應食肉。我嘗說言。凡所飲食。作食子肉想。作服藥想故。不應食肉。聽食肉者無有是處。復次大慧。過去有王。名師子蘇陁婆。食種種肉。遂至食人。臣民不堪。即便謀反。斷其俸祿。以食肉者有如是過故。不應食肉。復次大慧。凡諸殺者。爲財利故殺生屠販。彼諸愚癡食肉衆生。以錢爲網而捕諸肉。彼殺生者。若以財物。若以鉤網。取彼空行水陸衆生。種種殺害。屠販求利。亦無不教不求不想而有魚肉。以是義故。不應食肉。大慧我有時說遮五種肉。或制十種。今於此經。一切種一切時開除方便一切悉斷。大慧。如來應供等正覺尚無所食。況食魚肉。亦不教人。以大悲前行故。視一切衆生猶如一子。是故不聽令食子肉。爾時世尊欲重宣此義而說偈言

曾悉爲親屬　鄙穢不淨雜
不淨所生長　聞氣悉恐怖
一切肉與葱　及諸韮蒜等
種種放逸酒　修行常遠離
亦常離麻油　及諸穿孔牀
以彼諸細蟲　於中極恐怖
飲食生放逸　放逸生諸覺
從覺生貪欲　是故不應食
由食生貪欲　貪令心迷醉
迷醉長愛欲　生死不解脫
爲利殺衆生　以財網諸肉
二俱是惡業　死墮叫呼獄
若無教想求　則無三淨肉
彼非無因有　是故不應食
彼諸修行者　由是悉離遠
十方佛世尊　一切咸訶責
展轉更相食　死墮虎狼類
臭穢可厭惡　所生常愚癡

多生旃陀羅　獵師譚婆種
或生陀夷尼　及諸食肉性
羅剎猫狸等　徧於是中生
縛象與大雲　央掘利魔羅
及此楞伽經　我悉制斷肉
諸佛及菩薩　聲聞所訶責
食已無慚愧　生生常癡冥
先說見聞疑　已斷一切肉
妄想不覺知　故生食肉處
如彼貪欲過　障礙聖解脫
酒肉葱韮蒜　三十七 悉爲聖道障
未來世衆生　於肉愚癡說
言此淨無罪　佛聽我等食
食如服藥想　亦如食子肉
知足生厭離　修行行乞食
安住慈心者　我說常厭離
虎狼諸惡獸　恒可同游止
若食諸血肉　衆生悉恐怖
是故修行者　慈心不食肉
食肉無慈慧　永背正解脫

及遠聖表相　是故不應食
得生梵志種　及諸修行處
智慧富貴家　斯由不食肉

頌曰如來不食度群倫況嗜腥羶染穢人秘典一時都禁斷僭行從此得通津○揔頌曰如來只爲閒癡盲豈悍相將入草行紙筆跡中傳了義冒喉響裏演無生也知明月元非指要覓眞金不免烹若問楞伽端的意舉頭擬議八千程

楞伽經纂卷第四下

楞伽後序

世疑達磨西來不立文字以楞伽秘典爲非達磨所傳乃魏流支之妄嗚呼是未嘗知祖意面壁九年杜絕言句門人得髓不容以聲此西來之旨也柰何後學智劣世遠師訛無所折正學者必待揚眉拭背而盡得之則達磨之教得其傳者幾希矣是故我祖不免取上乘一心之典併以傳授且曰吾有楞伽四卷是佛之心印使法云而典存上根利器者可由此而證道傳訛習異者亦可由此而折正雖歷百千世而宗風不墜者其有賴於斯乎馬祖嘗曰達磨自天竺來傳上乘一心之法引楞伽經以佛語心爲宗以無門爲法門其言著在方册以達磨授經之言爲非則馬祖亦誣人矣夫馬祖師讓讓師六祖其言必有師承使楞伽果出於流支之僞濫胡不折正於馬祖獨於數百載而下折正於人乎流支之說果何經據而云以傳燈爲出於景德之後今爲此說者果出於景德之前乎若以二祖非人勿傳之說爲非是未嘗知先聖有醍醐上味翻爲毒藥之語也今楞伽無傳則已其文具存試取而讀之有一言違先聖之旨乎但恐其句讀之難非麤心者所能分別也去聖時遥邪說增熾斯典備存尚不知取而讀之以爲之折正況欲盡毀棄以爲

非達磨所傳後如何哉以爲吾宗不立文字一切斷滅之則三祖之信心銘四祖之禪宗論六祖之壇經皆數千言盡可焚置而靈山所付特可委之迦葉又何用阿難區區爲之結集殊不知面壁得髓之說乃達磨之拈花也楞伽四卷乃達磨之一大藏教也聖人立法自有權實安可執一而論夫以八識二無我五法三自性語楞伽之一二則可矣究楞伽之意故有盡竹帛所不能載者此達磨所謂可惜後人以爲名相去在正今日之弊也吾將纂述斯典爲之詮釋使文順而義明異學者易於觀覽以大闡揚達磨之宗使有見聞者槩可成佛遽得此說誠可駭嘆因以爲之辨云

太姥野人楊彥國序

楊居士楞伽經纂後序

昔馬祖謂楞伽以佛語心爲宗以無門爲法門居士楊公謂以心爲宗則心外無宗以無門爲法門則有門非法此楞伽之指要也其所發明事相專論五法三自性八識二無我故又名聖智事分別自性經又名觀察五法自性相經又名言說妄想相心經居士謂心本無名以現得名故云言說妄想相心此佛語心之大意也云佛語心者以其始終所論不離妄想以至論倒不倒妄想起聖凡種性雖聖種性亦由不顛倒妄想而起名爲妄想其實自心現量大哉心量雖十方虛空山河大地不出其中修行者乃欲滅除妄想而求眞諦殊不知心之有想猶海之有浪欲捨浪而觀海亦猶捨煩惱而求菩提捨惑亂而求戒定其可得乎由此觀之唯能知妄想之可以凡可以聖然後可與論楞伽大旨嗚呼身心世界居妄想中不自知覺乃欲滅想求眞去道愈遠此佛所以特假海浪以諭大慧至於大慧問不實妄想云何而生則曰種種義種種不實妄想論妄想生滅則曰聖賢如性自性妄想亦不異以至反覆詰難則告之曰前聖所知轉相傳授妄想無性獨一靜處自覺觀察離見妄想其告之深切著明如此故居士嘆言迷此則生死河悟此則涅槃樂其有得於斯歟後之學者假此微言求自覺悟當如此經所指獨依於義不依於文要在默契幽深回光返照則楞伽印心之說當自得於言說思惟之表若或執此經文以求心要是猶刻舟求劍其蹉過遠矣昔慧滿嘗云諸佛說心令知心相是虛妄今乃重加心相又增議論深違佛旨斯可謂善觀楞伽者也此經雖以五法等事相爲主論然皆隨而排遣未嘗

泥於一法自非深明義趣已捨筌蹄其能不滯於言說文字間乎居士福州長溪人家于瀲浦余建炎間作邑長溪時居士已去世三十餘年矣聞有是經纂特趨瀲浦謁其弟惇禮察院得其所藏之本察院公具言居士自少爲學有雋聲一舉不第便有遯世之意去參諸方深造禪理既而結茅太姥之下徧閱内典獨於楞伽自有所得若夙緣所契研窮咀味凡數十年乃作此論臨終戒其子以親書副本藏諸柩仍建小塔于太姥左峯之巔以淨本置其中歲久塔頂夜有光村人疑有物遂窮之唯有文字四秩由是散失民間察院公宦游既歸乃復求訪得之觀其分章作偈顧雖諸禪老宿皆瞪眎而不敢眦睨非大手筆其誰能之名經纂者以明其非注釋云耳紹興二十八年十一月初九日左太中大夫充敷文閣待　制知福州軍州事提舉學事兼管内勸農使充福建路安撫使馬步軍都總管歸安縣開國男食邑三百戶賜紫金魚袋沈諝記

東寺

金剛經纂要刊定記卷第一　并序　漢四

長水沙門　子璿　錄

釋氏教金剛經世所由來尚矣自秦至今凡幾百載諷誦無畢高感應盈簡牘利及幽壤而達乎神明蓋趣大之坦塗破小之宏略也

漢四　一

故補處頌以爲本二論釋而有貫諸疏互解或依或違圭山大師撮掇精英黜逐浮僞命曰纂要蓋取中庸復申記略用備傳習石壁師仍貫義意別爲廣錄美則美矣辭或繁長後學多不便用今更刊定翦削煩亂俾流而無滯學而思講庶吾道無墜地之患也巳大宋天聖紀号之明年季冬月甲子日序云

疏文分三初標題自二初經疏名題金剛般若經疏論纂要者此題九字從寬至狹能所六重一能所釋謂金剛等五字是所疏論下四字屬能二能所詮謂經字屬能金剛等四字是所三能所簡有二一簡通謂經通一代時教般若唯局當部二簡別般若猶通八部金剛但屬一經五能所喻金剛是能般若屬所六能所纂纂字屬能謂疏主也要字是所謂正義也若著并序二字復加一重二字是能上皆所攝

然此七重不出教行人理謂經及疏論并序五字是教謂能詮能釋能序也般若通行謂觀照也纂字屬人疏主也金剛要字屬理金剛喻實相即真理要字是正義即道理既知一題能所去著須知題內義理淺深金剛有三義謂堅利明也般若亦三義謂實相觀照文字也經有三義謂常貫攝也疏亦三義謂疎決布也論者議也亦三義謂議理議智議行也纂要亦三義謂要義要行要文也且金剛三義者以萬物不能壞能壞於萬物復能有照用可喻三種般若矣堅喻實相以其雖經多劫流迸六道未嘗生滅未嘗虧鈌故云堅也故心經云是諸法空相不生不滅不垢

漢四　二

不淨不增不減等利喻觀照般若謂此顯時照諸法空故言利也故心經云觀自在菩薩行深般若波羅密多時照見五蘊皆空度一切苦厄乃至云無智亦無得等明喻文字般若以文字能詮顯彰明實相觀照令顯現故

由斯三義似彼金剛故舉金剛以喻般若然此般若諸佛衆生悉皆有之由彼在纏故不能利用苟能聞教解悟內外熏力則能斷煩惱出生死理智相冥能起大用與佛無異其猶金在鑛中不能隨用苟能出鑛必能成器斷物故知此慧無不有之故知此慧能建大義今云般若蓋大慧之梵音也金剛即般若之正喻法喻雙彰故曰金剛般若也若準經題具足合云波羅密即歎慧之功也唐言彼岸到此猶西域之風若順此方合云到彼岸彼岸者即是涅槃爲對生死之此故号涅槃爲彼意明般若是到彼岸慧斯則慧之別相也然到彼岸慧略有二意所謂頓漸也頓者此慧顯時一剎那間照諸法空即是到彼岸故名到彼岸慧以不歷多時乃名爲頓漸者

漢四　三

雖則頓照法空且習以性成任運計執所以策彼頓悟之慧覺察妄情損之又損之以至於無爲此則究竟到於彼岸亦名到彼岸慧以歷多時故名爲漸漸之與頓遲速雖殊一種得名到彼岸慧所以具足合云金剛般若

波羅密今略不言也次明經字具三義者然
準諸家解釋共有多義謂湧泉出生繩墨結
鬘之類若佛地論中唯說二義謂貫也攝也
貫穿所應說義攝持所化衆生且如来入滅
二千餘年遺風若存得聞正法者斯皆經之
貫穿之義也衆生流浪莫知所從得佛教門
成歸正趣者斯皆經之攝持之義也具此二
義故名爲經今以此二復加常義以對三種
般若謂實相常觀照貫文字攝也然此一經
羅什所譯句偈清潤令人樂聞至今長幼髙
卑盈於寰宇靡不受持此經也疏論纂要者
即此一卷疏文也疏即青龍大雲資聖塵外
等疏疏謂疎通理趣決擇義相布致文言也
論即天親無著智度金剛仙功德施等論一
一論中任運議於理智行也問既有疏論釋
經何必更製斯疏荅以纂要故即是纂他疏
論之要義而成此疏也然纂要之設總有兩
意一則上符聖旨二則下叶人心意顯諸說
有不符聖旨不叶人心者且初意者只如此
經是空無相宗有以法相行位廣列而釋此

則不符聖旨失於宗故故序云或配入名相
著事乖宗有人聞是空宗便作一味無相道
理解釋此亦不符聖旨以宗雖無相義乃千
端既以一味解釋此則迷於末也故序云或
但云一真望源迷派前則乖宗不迷派此則
迷派不乖宗互有得失俱未圓暢復有縱於
漢四
四
僻見以之注釋宗派俱失不足評量故序云
其餘肖談臆注不足論矣然其諸說雖各有
舛的以未兼暢故皆判云不符聖旨也今製
此疏不添法相免乖於宗隨文釋之不迷於
派離前二過究乎得中此則超然獨符聖旨
然今疏内皆用聖言故序云故今所述不攻
異端疏是論文乳非城内况二菩薩師補處
尊補處如来師釋迦佛展轉推本佛佛相承
降及無著天親更無異說故知此疏便是佛
言謗此疏者即同謗佛也故序云且天親無
著師補處尊後學何疑或添或棄次下叶人
心者且諸家章疏在理未當於文且繁致令
學人少敢措意故轉念者廣通會者稀故序
云致使口誦牛毛心通麟角然今此疏撮其

樞要直下銷經經疏相兼盈五十紙不問緇
侶塵俗可以留心不唯上中下根可以學習
有斯兩意所以述之此則前智後悲自他兼
利也故云金剛般若經疏論纂要幷序者幷
謂共兼及也序者敘也敘述經疏之意故又
序者緒也謂頭緒也意明此半紙之言是述
漢四
五
疏入作之頭緒也二作者嘉号京者都也大
也即士庶貴賤都會之大處也然是西京非
謂東壯以有大興福寺闍棟故不言西也沙
門梵語此云勤息即釋衆之通号謂勤修諸
行息煩惱故述者明非製作符上纂要之言
但是敘述先聖之旨非別製作故也例如夫
子云述而不作信而好古竊比於我老彭二
序宗旨二一序讚經旨二一通明起教之緣
二一明迷真起妄二一真空言鏡心等者以
要言之上句即真性離緣下句即緣無自性
大約如此若其委明應先略配後當廣釋略
配者此兩句中鏡像是喻心色是法本淨元
空通於法喻以鏡喻於心以像喻於色像是
鏡之所現如色是心之所現鏡雖現像其像

元空即顯鏡本淨也心雖現色其色元空即顯心本淨也言本淨者即是性淨通因果凡聖故故華嚴云非識所能識亦非心境界其性本清淨開示諸群生此略指配也若廣釋者鏡即人間所用之鏡然有塵翳不堪用者有雖淨而在匣者有淨無塵垢挂之高臺萬像斯鑒者今取後者爲喻心者性相二宗所說各異相宗說者或以集起爲心唯第八識集諸種子起現行故或以緣慮爲心通於八識俱能緣慮自分境故然此所說但是有爲生滅非今所喻性宗說者即如來藏本源自性清淨心也然今所明正是此心以是迷悟根本凡聖通依世出世間皆不離此所以起信論中立爲大乘法體故論云摩訶衍者一法二義所言法者謂衆生心是心則攝一切世間出世間法依於此心顯示摩訶衍義又云依一心法有二種門一者心真如門二者心生滅門是二種門皆各摠攝一切法此義云何以是二門不相離故以真如門是通相故攝一切生滅門雖是別相以是即真如之

生滅亦攝一切以此二門同依一心爲源則知萬法不出此心又如華嚴是圓極一乘亦以此心爲一真法界之體故彼疏說統四法界爲一真法界謂寂寥虛曠沖深包博摠該萬有即是一心體絕有無相非生滅乃至云諸佛證此妙覺圓明現成菩提爲物開示等然此一心有性有相相則凡聖迷悟因果染淨等異性則靈靈不昧了了常知然此性相不即不離以相不離性故只向同處異性不離相故只於異處同性不即相故未始有差別相不即性故未甞不殊異蓋緣性相一味所以同異兩存其猶一水波濕性相同異可知然此靈心本非一切能爲一切心之名字亦由此立今云淨者但約畢竟空義非是揀染名淨以但唯一心貫通染淨故荷澤云知之一字衆妙之門一切諸法依此建立既爲得失之祕府乃是昇降之玄樞稱衆妙門實爲至矣今所辨者即是此心然前所說相宗二種乃是此心之內生滅一門對辨淺深故須料揀和會通攝則實無所遺本淨者喻則

可知法中有二意一則此心從本已來性畢竟空故二則現爲煩惱所纏而無染故此當起信論中真如門也故大集經云善男子一切衆生心性本淨心本淨故煩惱諸結不能染著猶如虛空不可玷汙心性空性等無有二等像即鏡中所現萬像色即本淨之心所現諸法然所現法不出色心今唯言色而不言心者一爲文句窄故二爲影在下故三爲以初攝後故前二可知後意者一切諸法不出五蘊色之一字貫五之初今言色者舉初攝後也故大般若中每例諸法皆以色字爲初如云善現般若波羅蜜多清淨故色清淨色清淨故一切智智清淨等由是文雖標色而意兼於心色心既彰萬法備矣元空者喻則可知法中有二意一即本來是空論云一切諸法唯依妄念而有差別若離心念則無一切境界之相二即現見空故色等諸法本來自空迷人不知妄執爲有雖然執有未始不空故中論云諸法若不空即無道無果又云以有空義故一切法得成然此一句亦是

釋疑恐人聞說心性本淨復見論云是心則攝世間法等便謂本具染等不合言淨故下句釋云像色元空也意云色等若實則汙淨心色等既空憑何汙心如鏡現穢像穢像元空似有實無云何染汙故云鏡心本淨像色元空也無上依經云清淨有二義一者自性清淨是其通相二者離垢清淨是其別相實性論中亦有二義一自性清淨謂性淨解脫二離垢清淨謂障盡解脫魏譯唯識論云心有二種一者相應心所謂一切煩惱受想行等二者不相應心所謂第一義諦常住不變自性清淨心也今所明者即自性清淨及第一義諦心故云本淨復次兩句更互釋成以上句釋下句成色空義以下句釋上句成心淨義色若不空心則不淨心若不淨色即不空由心淨故色空由色空故心淨以色心二法不相離故當知由心淨故方能現色如鏡淨故方能現像染則不能又由色空故不能染心如像空故不能汙鏡實則汙也上句下句法喻對明反覆相成故云互釋疏夢識下

二明妄有即正當起信論中心生滅門然此亦具法喻以夢喻識以夢中所現之物喻境如人睡後作夢於無物處見物喻心迷成識於無境處見境然雖物依夢現而夢物皆虛雖境從識生而識境俱妄也夢者如常人被睡蓋所覆心識昧略恍惚成夢準切韻中夢者心亂之貌亦云寐見曰夢意明心識昏亂見於異事名之為夢識者本淨一心忽然不覺不覺是妄心性乃真真妄和合目之為識即是第八阿梨耶識也故起信云依如来藏故有生滅心所謂不生不滅與生滅和合非一非異名阿梨耶識無初者初始也意明此識無前際故然真心妄識雖虛實有殊若究其源俱無初際然有兩意一則如佛頂經說煩惱菩提二俱無始謂自有此真心已来便有此妄識非謂真先妄後亦非妄先真後若言真先妄後即應諸佛更起無明若言妄先真後何有無真之妄居然獨立由是故知二俱無始此則夢喻不齊却似金之與鑛若言鑛先金後即合所棄之鑛鍊之得金若言金先鑛後應可純淨金器重生於鑛由是二物俱無初際於法可知問如論云依如来藏故有生滅心既言依真有妄則是妄後真先何得說之二俱無始荅不然所言依者明妄無自體依真而成顯本末之義非先後之義故起信云以如来藏無前際故無明之相亦無有始若說三界外更有衆生始起者即是外道經說二者謂妄體全空都無生起之蹤跡故言妄無始也故起信云覺心初起心無初相即斯義也若據此意夢喻正同以夢生時無蹤跡故有茲兩意故云妄無初也然上夢鑛二喻之中各取少分共況一識無初之義方盡其理夢則喻無初法鑛則喻無初時若單用鑛喻則妄識有實若唯取夢喻則妄識有始今既分取相似之處理極成矣物者即夢中所現之物也境者即是識中所變我法等境成有者且如夢中所見自他境界覺来反想即定是無正在夢時決定為有若不然者何有讚喜謗瞋厭苦欣樂等事耶故知有也如莊子中說莊周夢為蝴蝶都来忘却莊

周及乎睡覺夢除何曾更有蝴蝶爲莊周時既不羨蝴蝶爲蝴蝶時亦不羨莊周彼此各行互不相識然準彼書意以顯生死齊平今之所引意明執實之義謂依於妄識變起我法等相悟来了達則誠知是空若正迷時定執爲有若不然者何有貪瞋愛惡取捨等事耶故知是有故成唯識論云依識所變妄見我法猶如幻夢幻夢力故心似種種外境相現緣此執爲實有外境然雖夢中見種種事推其根本唯一夢心以夢心滅時夢事皆滅法中亦爾境雖無量原其根本唯一識心識心滅時境界隨滅故起信論云一切諸法唯依妄念而有差別若離心念即無一切境界之相則知三界唯心萬法唯識諒不虛哉由是三界世間一切有漏染法皆從妄識而生

漢四　十一

故名此識以爲妄本然一切有漏染法生起微著次第揔有兩重一無始根本二展轉枝末展轉枝末即後逐妄科中所明無始根本正當此段言根本者即根本無明言無明者謂無妙覺之明故以就通相言之故當此識

然根本無明具有二義所謂迷真執妄也迷真者即真心本不生滅德相業用量過塵沙日用不知如狂如醉若貧女宅中寶藏窮子衣內明珠雖有如無枉受艱苦故華嚴云於第一義不了名曰無明執妄者妄即五蘊色之與心如幻如化本無實體衆生認此爲自身心計虛爲實故名執妄故圓覺經云妄認四大爲自身相六塵緣影爲自心相乃至結云由此妄有輪轉生死故名無明然此二義遞互相成舉一則兼未嘗獨立但若執妄必須迷真但若迷真必須執妄譬如有人迷東必執西亦互相成立思之可見跡由是下二明習妄流轉即當妄法生起第二門展轉枝末也由是等者由因也是此也因此迷真成識現起世間一切境界緣此境界起惑造業受報無窮此中惑業報應四字但是三道然此三法諸教之中有名三障障聖道故或名三道引心邐迤至業報故或名三雜染以性不清淨故又此三障更相由藉由煩惱故起惡業由惡業因緣故得苦果初言惑者即煩

惱也品類即根本及隨根本有六謂貪瞋癡慢疑惡見隨煩惱有二十謂忿恨覆惱嫉慳乃至散亂不正知等若以要言之不出根本中三謂貪瞋癡即此三種便能成就三界世間故華嚴云由貪瞋癡發身口意作諸惡業無量無邊等此惑因起由前無明迷平等理

漢四　十二

妄認五蘊身心即此身心是過患根本故肇公云約天地爲高下約日月爲東西約身爲彼此約心爲是非老子亦云吾有大患爲吾有身及吾無身吾有何患故知此身是一切過患根本既執之爲有遂分自他依此身心起諸煩惱於一切順情境上起於貪心於一切違情境上起於瞋心以護自身將爲主宰也於此二中不知是妄任運而起乃名爲癡此等煩惱究其所因皆從根本無明而有也次云業者然業雖無量統唯有三謂善惡不動也由前貪瞋熾盛發動身口作諸惡業即身三口四意三等十惡業也或有稍知因果貪来生榮樂之事即翻惡爲善持不殺等五八十戒即善業也或厭下苦麤障欣上淨妙

利修有漏禪定名不動業然此三種業雖勝劣不同皆由迷心所造俱有漏攝故圓覺經中結三業云皆輪廻故不成聖道由是則知前之三業皆依煩惱所成也言報應者應即是報既有業種蘊在藏識因緣會時必須受報涅槃經云非空非海中非入山石間無有地方所脫之不受報尚書云天作孽猶可違自作孽不可逭由是有業必有報應然若推諸業體相都無及受報時未嘗差錯惡因苦果善因樂果如影如響的無差謬然泛論果報六道不同以類收之但唯三種謂苦樂捨由前惡業爲因則感三塗苦報謂地獄餓鬼畜生也由前善業爲因即感人天樂報謂四洲六欲也由前不動業爲因即感上界差別之報即色無色界也然於三界之中所受苦樂之身是別業正報所居勝劣器界即共業依報正報有生老病死依報有成住壞空器界空而復成有情死而還生無始至今聯綿不絕迷惑耽戀誠可悲夫故法華云三界無安猶如火宅由是報因業感業由惑成惑因

無明無明無始一念妄有也則知三界六道有情無情究其所從皆因夢識而有襲習綸輪者襲謂承襲即相續義由惑發業業能招苦次第相續故習謂熏習即相斆義意明惑業念念斆學念念熏習故唯識云由諸業習氣二取習氣俱故名爲習然此二義必互相資謂相續故相斆相斆故相續故云襲習故唯識云前異熟既盡復生餘異熟也譬如有人襲儒學文由承襲於儒故方能學習於文又由學習於文故方能承襲於儒也相資之義豈不昭然綸即綸緒也謂衆生業種雖復無邊終不一時受六道報報有次緒故名綸緒也然有兩意一如人負債強者先牽故二如人種物潤者先生故輪謂輪轉謂生已復死死已還生生死不停故名輪轉或天上死人間生人間死畜生生等故無常經云循環三界內猶如汲井輪然此二義亦互相資由綸緒故輪轉由輪轉故綸緒也其猶播蠒抽絲由彼絲輪轉而不止故使絲緒起之不絕亦由絲緒起之不絕故使絲輪轉而不止或

可淪字其義亦通即沒溺義也謂於生死大河長受沒溺故云淪涅槃經云若有衆生樂諸有爲造作諸業是人迷失真常是名暫出還沒跡中且用輪字如向所說惑業則言其襲習報應則言其綸輪然二二對辨亦互相資謂由惑業襲習故使報應綸輪實由報應綸輪故令惑業襲習斯則乘因感果依果造因因果相資以之不絕此即十二因緣前前爲因後後爲果之義故唯識頌云由諸業習氣二取習氣俱前異熟既盡復生餘異熟或曰如是起惑造業受報輪轉時劫長短耶故次云塵沙劫波莫之遏絕也塵即碎十方世界之微塵沙即殑伽河中如麵之沙謂此河周四十里沙細如麵劫波者梵音此云時分大劫小劫長時短時延促雖殊通名時分莫之者猶不能也遏絕者止滅也意言六道衆生起惑造業受生輪轉已來將一沙爲一劫波沙盡而劫波不盡又將一塵爲一劫波塵盡而劫波無盡塵沙有限劫波無窮相續至今不能止之滅之故云莫之遏絕也然此二

段字句雖多若論實事不過五字謂心識惑業報其餘並是顯敘真妄成立輪迴之辭意謂本是一心不覺成識起惑造業生死無窮是故如来現身說教故大科云起教縁也疏故我下二別明說教之意如法華經云我以佛眼觀見六道衆生貧窮無福慧入生死嶮道相續苦不斷乃至爲是衆生故而起大悲心等文二一敘說阿含之意二一正敘今初兩句標佛現身也故者所以義我即指佛也言滿淨者揀異分淨以佛無明永盡無念之極故覺即覺悟者即指人謂佛是覺悟之人也若梵語菩提此翻爲覺斯則約法梵語佛陀此云覺者斯則約人今此辨人故言覺者亦可滿字是揔淨覺爲別者字屬人即明如来是滿淨滿覺之者揀諸聖人覺淨未滿唯佛如来三障都盡三覺具圓故号如来爲滿淨覺者若以此二望衆生二乘菩薩諸佛及本性料揀有兩種四句一者衆生不淨二乘菩薩分淨諸佛滿淨本性但淨二者衆生不覺二乘菩薩分覺諸佛滿覺本性但覺今於

此二四句中皆當第三也現相者即化身相也人中者即現化之處也唯向人中示相者天上著樂無由發心三塗極苦正當難處唯於人中苦樂相兼對苦必能發心所以佛出現化天上如病未發豈須針艾三塗似膏肓之病不足醫治人中如小瘵所禁堪可與藥故佛出現然如来現相揔有四種謂他受用報身大化小化隨類化身等今明說此教者即小化身也然有八相謂一從兜率天退二入胎三住胎四出胎五出家年十九六道成年二十五七轉法輪經五十五年八入涅槃年八十此論現身但明成道之相次明說法即轉法輪相佛成道之相身長丈六紫磨金容項佩圓光胷題卍字三十二相八十種好八部擁衛四衆欽崇巍巍峨峨光映日月德相繁廣不可具陳此小化身其相劣弱若望受用即雲泥有殊故法華經說長者脫珍御服著弊垢衣珍御之服以喻受用之身弊垢之衣即況紫磨金體蓋以衆生垢重不堪見勝妙之身既不能見亦無所聞則於衆生都無利益大悲接

物故現小化亦如法華經說窮子見父踞師子牀寶几承足富貴殊勝威德特尊窮子見之竊作是念此或是王或是王等非我傭力得物之處長者見子默而識之乃至云即脫瓔珞細軟上服嚴飾之具更著麤弊垢膩之衣右手執持除糞之器以此方便得近窮子此喻如来隱彼勝身現於劣相也疏先說下正明設教以此方佛事藉以音聲若無言教現相何益教先說小後方說大或曰此明般若何論小乘荅雖同佛言有深有淺若不對辨安知淺深然一代佛教不出大乘小乘乃至圓宗亦大乘攝其所宗者皆宗因緣雖則同宗因宗於中淺深有異小乘即生滅因緣大乘即無性因緣無性因緣者如中論云因緣所生法我說即是空空即無性義也今明小乘故云生滅因緣生滅因緣者諸法緣會即生緣離即滅既生既滅足知無常然則不無生滅之法以有法執故也然佛出世先說小者有二對治故說生滅對治凡夫外道執我我是主宰義既言生滅則知無主無主無

宰則無我也說因緣對治外道自然之計外道所執多執神我有作受故兼執自然既言因緣則非神我自然也爲治此二是故先說生滅因緣即佛初成道始從鹿苑度五俱輪次度舍利弗目連迦葉三兄弟等於十二年間所說即諸部阿含等經是也令悟等者佛說此法意令衆生悟四真諦也此有兩種因果謂集是世間因苦是世間果道是出世因滅是出世果也苦即三苦八苦三苦謂苦苦壞苦行苦八苦謂生老病死求不得五陰盛愛別離怨憎會集即業惑如逐安中說滅即有餘無餘二種涅槃入經可見道即八正道謂正見正思惟正語正業正命正精進正念正定也諦者誠實義如世間苦集逼迫和合事無虛謬名爲實義非謂不生不滅名實即

漢四　十八

說苦定苦集定集等以是義故四皆是也故遺教經云日可令冷月可令熱佛說苦諦實苦不可令樂即如佛於鹿苑爲三比丘三轉四諦法輪之例也三轉者一示相轉示謂顯示苦行相等令其悟解云此是苦此是集等

二勸修轉勸謂誡勸令其修斷云此是苦汝須知此是集汝須斷等三作證轉作證謂引已所作令其信受云此是苦我已知此是集我已斷等意言我已知已斷已修已證汝等斆我當知當斷當修當證如是說已一類小根之人如言啓悟厭生死苦樂求涅槃發心進修作五停心等七種方便斷三界四諦下分別麤惑得初果證乃至進修漸斷三界俱生細惑證餘三果得阿羅漢則令世間因亡果喪出世間因生果證法華云爲求聲聞者說應四諦法度生老病死究竟涅槃是故䟽云先說生滅因緣令悟苦集滅道䟽既除下二結判我執者即於五蘊揔相計有主宰名爲我執若一一推求色等性中不見我體名爲我空若見五蘊之法實有體性名爲法執

漢四　十九

若了五蘊如幻如化從緣無性名爲法空既除者已盡也以小乘人聞說生滅因緣不執於我故云既除我執未達者以未聞說無性因緣猶計蘊法爲實故云未達法空若具言之合云既除我執已達我空未達法空未除

法執今則上執下空文影略故入除我執便是已達我空未達法空便是未除法執故也䟽欲盡下二敘說般若意二一揔云大部二一敘教釋意病根者喻法執也如人有病令人不安如木有根能生枝葉意云二執如病令諸衆生不得安樂若取法執爲病病即是根持業釋也若取我執爲病是病之根即依主釋今則病通二執根喻法執以能所依二體異故我是能依法是所依以能從所生故能非根根唯局所也由是凡夫有我執必兼有法執二乘有法執不必具我執又二乘無我執則未必無法執菩薩無法執則必無我執如囚迷杌方可見人等般若即慧也爲顯此法故遺言成教教即文字般若即觀照實相二般若也今約佛論故通法教俱名般若也此中意云如來意欲盡衆生有執之病根方談空宗之般若然大乘教法無量無邊何故此中唯談般若謂正能破執大乘初門二執若除真性自現故唯談此除其病也故古德云華嚴經如治國之法養性之藥般若教

如定亂之將治病之藥二經既爾餘可例知心境等者然佛初說小乘心境俱有說大乘法相即境空心有說般若教即心境俱空今正明此故云齊泯心即心心所法境即諸識相分心通能變能緣境通本質影像心境等亡故云齊泯謂約徧計則都無所有如繩上蛇約依他則緣無自性如麻上繩由心故境由境故心境滅心空心如境謝然諸法雖多不出心境心境既泯則一切皆泯也心經亦云無眼耳鼻舌身意無色聲香味觸法無眼界乃至無意識界等故云齊泯即是真心者顯非斷滅恐聞一切諸法泯之皆無諸法既無應成斷滅故此顯云即是真心然此心與上心字不同上是緣生忘心即前夢識也此是常住真心即前鏡心也爲揀別故故特言真以一切諸法皆依此心若離此心無別有法故經云一切世界因果微塵因心成體心之所現名曰依他執之爲實乃名徧計依計既泯即是圓成如繩依麻有蛇託繩生繩蛇既亡則麻著矣此是疏主出般若之密意若據經文即但言諸法皆空不言即是真心故下文云離一切相即名諸佛文雖不彰義實如此若法性宗即直於諸法空處顯出真心故圓覺經云種種幻化皆生如來圓覺妙心猶如空華從空而有乃至云諸幻盡滅覺心不動故云即是真心也垢淨雙亡者上言心境染淨已含文未顯彰故重明也意云非但無諸有漏心境之法若於法中染淨之法亦復不有爲對治垢染方彰淨法之名所治之垢既亡能治之淨何立如無慳貪布施亦遣等則知若理若智若因若果一切行位諸對治門悉皆不有垢淨並無故曰雙亡故心經云無無明亦無無明盡等一切清淨者此淨與上淨字不同上即對染之淨此名真空曰淨以聲聞怖空故言清淨清淨即空義也大般若中或則云空或言清淨然萬法雖多不出心境恐收不盡又約垢淨重明斯則是法皆攝竟無所遺故言一切也故大般若云善現般若波羅蜜多清淨故色清淨乃至諸佛無上菩提悉皆清淨又非謂泯却心境顯真心了然後亡垢淨顯真空此乃文家成隔句對若欲順義應云心境齊泯垢淨雙亡一切清淨即是真心理則明矣謂真心之中本無心境垢淨等法名之爲空非謂無於心法成於斷滅故唯識頌云初即相無性次無自然性後由遠離前所執我法性此諸法勝義亦即是真如常如其性故即唯識實性然此與前迷真習妄正爲翻對若無前意焉起此文疏三千下二顯瑞彰會三千即三千大千世界如下所明瑞即祥瑞煥明也佛說此經之時放大光明照三千界非不煥然復現種種奇異之事有此祥瑞故云三千瑞煥故大般若經第一云爾時世尊於師子座上自敷尼師壇結加趺坐入等持王三昧安詳而起一一身分各放六十百千俱胝那庾多光各照三千大千世界乃至云令此世界六種變動盲者得視聾者得聞等又云其諸天人佛神力故各見於佛正坐其前咸謂如來獨爲說法十六會彰者然般若類有八部謂大品小品放光光讚道行勝天王文殊問金剛唐譯

六百卷二百七十五品揔一十六分前五無名後十一分有名前六分品後十不分品即初分七十九品第二分八十五品第三三十一品第四二十九品第五二十四品第六勝天王般若分一十七品第七曼殊室利分第八那伽室利分第九能斷金剛分第十般若理趣分第十一施波羅蜜多分十二淨戒十三安忍十四精進十五靜慮十六般若即大明度無極經四卷同前五分儒首菩薩無上清淨分衛經二卷即第九分實相般若即第十分道行小品各十卷同第四分光讚十卷放光三十卷大品三十卷皆同第二分然上諸本開合大部文勢次緒事理一一皆同但廣略之異唯仁王一本不在八部之中疏今之下二別示今經二初略標指如文二廣序

漢四　二十三

讚二一序歎幽玄二一具序一經詮旨三句偈下一正序句有文句義句今通此二偈謂積句所成亦通此二隱謂潛隱即現在無文如經中多無所斷之疑文及其住名略謂少也即現雖有文而不廣故如經中唯有能斷之文及有住義旨謂意旨趣謂旨之所歸徹理曰深難覺曰微難覺有二意一爲文隱略故義趣難覺二爲徹理故甚深難覺然隱略深微之相即下所云慧即返流淨用約斷執觀空得名般若正翻云慧不云智也下釋題中廣辨體相三空者即我空法空俱空也如下經云無我相人相等即我空也我相即是非相等即法空也離一切相即名諸佛是俱空也二空可知俱空有三說一別觀人法名二空同一刹那雙觀人法曰俱空二即二執既遣二空亦遣名俱空三即能所遣時慧亦無住即與本性相應此時自無人法二相及非法相等名俱空徹謂透徹慧是能徹三空是所徹般若照時透過三空之表即與本源相應以本心源非空非有爲對人執方說人空爲對法執方說法空爲對二執方說俱空即空是能對執爲所對所對之執既遣能對之空亦除空執兩亡方契本性若住空境未曰相應所以疏中特言慧徹由是四加行位菩薩爲取空相不名見道故唯識偈云現前立少物謂是唯識性以有所得故非真住唯識今既徹於空相能所兼亡即同唯識見道頌云若時於所緣智都無所得爾時住唯識離二取相故檀舍萬行者梵音檀那此云布施舍謂舍攝萬行即菩薩所行之行不唯於

漢四　二十四

萬今舉大數耳以布施舍於三施三施該於六度六度包於萬行以本望末故曰檀舍萬行也所以佛荅修行唯言布施故彌勒頌云檀義攝於六資生無畏法此中一二三是名修行住住一十八下約二論以敘歎準無著論中從佛正說巳下乃至經終分爲十八住處謂第一發心住乃至第十八上求佛地住即是修大乘行人從因至果安住之處密示階差者謂隱密示現行人修行入位階降差別之相以經中都無十八住名舍有十八住義以不顯配故云密示前後淺深不同故云階差也然階差之相在下正宗文前疏文具明斷二十七疑者準天親論從佛荅三問畢便躡跡斷疑乃至經終二十七叚謂第一求佛行施住相疑乃至第二十七入寂如何說

法疑潛通血脉者潛謂潛闇通謂通流血脉者喻也以經中多分唯有能斷之語而無所斷之言由是文起孤然勢意斷絶及尋經旨皆有所因文雖不彰理且連貫以不明顯故曰潛通其循人身血脉外雖不彰内宛流注

約喻顯法故曰潛通血脉也此義見於逐段敘疑之文疏不先下二反顯不先遣遣者即反顯慧徹三空之義謂二執爲所遣二空爲能遣又二空爲所遣俱空爲能遣以俱空遣二空空病亦空故云遣遣如圓覺云應當遠離一切幻化虚妄境界由堅執持遠離心故心如幻者亦復遠離遠離爲幻亦復遠離離遠離幻亦復遠離遠離曷契如如者曷何也契合也如如者即上三空之表本源真性也二空破執執喪空明空病亦空方契本元真性也

意云若不先遣遣即滯有滯空何能契合真如本性然此語勢亦是御注序文彼云咸歸遣遣之旨盡入如如之妙疏故雖下三順結如經中度四生即是策修無生可度即是無相行六度即是策修不住相布施等即是無相如是類例徧於經中然度生修行合是有相今以無生可度無住布施無法可説無我修善故順經宗無相之義一經前後無不談此故曰始終又因心果心咸皆如是斯則正策修時無相正無相處策修非謂前後始終

皆爾疏由斯下二結歎四法幽玄三一正結歎若據前正敘歎中約教義分能詮所詮今於所詮之中别開行果即四法足矣然教密如前句偈隱略理密如前旨趣深微行果二玄前文未顯故宜别明行玄者夫菩薩行不出二種謂隨相行離相行也隨相即同前策修離相即同前無相玄者妙也若二行抗行或先或後不名爲玄二行同時不相妨閡乃名爲玄若唯隨相即同凡夫若唯離相即同二乘二行相資宛符中道即觀空而萬行沸騰涉有而一道清淨是菩薩行矣果立者果即佛果也此中佛果摠有二種所謂真身應身應身有相真身無相玄者若二身各異相無相殊不名爲玄以相即無相無相即相真應無閡故曰玄也所以經中若以相觀佛則是人行邪道不以具足相發心則墮斷滅以此真身應身不一不二故使然也由斯者因此也即正指説此一卷經是密是玄也此則結指前文之所明標爲後説之所以也疏致使下二示難了致遂也使令也由前四法幽玄之故遂令諷誦甚多而解者極少口諷即讀誦其文也牛毛喻其多也妙解經意乃名心通麟者瑞獸君聖則現角者麟唯一角喻悟者少也此有兩重相望以論多少謂麟比牛而已少角比毛而又少意謂讀誦者多中之多通悟者少中之少疏或配下三彰謬解前四句即但不符聖旨别作意度不得圓暢雖非邪僻亦名謬解後二句肯談臆注正是邪謬前言心通者少不通者多此之三類即是不通之相也此前兩家皆先敘因然後結過配入名相者謂有疏將法相名句配入其中此則貪著其事好尚法相也如下經云凡夫之人貪著其事乖宗者以經宗無相真空既以法相解之寧契經旨以不順理名之爲乖但云一真者但猶獨也以闡説此經是空

無相宗則首末作離心離境空無相道理一味銷釋故云一真望源迷派者望謂瞻望源謂水生之處也迷謂昏迷派謂流派路分曰歧水分曰派意云此經雖宗無相而文義千差今雖符大底宗源而全乖差別義理故云望源迷派已斯言乃是曉公起信序文今雖用之而意異彼彼則以一心爲源隨緣生滅爲派此則以經宗爲源義理爲派故不同也其餘等者前則各有一長此乃都来邪僻前則依人依教此乃率意推肖率爾疎謬之言故曰肖談臆注不堪採覽置之言外故云不足論矣就中此釋宇内偏多疏主云予久志斯經徧詢諸疏親見數十本或假託金剛藏或云志公或云傅大士或云達磨或云五祖或題自名皆好紙好墨裝飾甚華其中文義揔不堪採如釋舍衛國云衛者百靈衛護舉一例諸首末皆爾苟有無限愚人不能甄别寶爲至妙誠可悲哉故云肖談等若将源派約迷不迷前後相望有其四句一迷源不迷派即配入名相者二迷派不迷源即但云一真者三源派俱迷即肖談臆注也四源派俱不迷即下不攻異端是此疏也疏河沙下二引文結顯河沙珍寶者即經云如恒河中所有沙有如是等恒河是諸恒河沙寧爲多不乃至此福德勝前福德三時身命者即經云

漢四 二八

須菩提若有善男子善女人初日分以恒河沙等身命布施乃至何況書寫受持讀誦爲人解説喻所下有二意一即於此内外二財喻之不及二即如下文云我念過去無量阿僧祇劫於然燈佛前乃至譬喻所不能及舍兹二意故云喻所不及豈徒然哉者豈者可也徒者空也意云可空如此也意謂此經句偈隱略旨趣深微尋波討源卒難得意儻悟玄理隨分受持得福德多不可思議既若如此非聖智不能造其源常情之流豈合措意此文意含兩勢一驗凡心不曉二驗持者福多也疏且天親下二迷造疏意二一示疏論師承有據二一示論師承斥他添削梵語提婆盤豆此云天親是地前四加行位菩薩即無著弟也無著梵語阿僧佉是初地菩薩即天親兄也補處即彌勒菩薩見在兜率天上次補佛處号曰當来下生彌勒尊佛以二菩薩依稟彌勒菩薩偈頌造論解經故云師補處尊下懸談廣明後學下斥其違論即無著天親之後製疏之者也何疑者責辭也添即

漢四 二九

前云配入名相者於本論外加以大小乘法相行位故云添棄即前云但云一真者棄却兩論别自解釋也不知彼人云我勝菩薩爲復不知菩薩所造論耶若言不是我勝菩薩亦非不知造論但以志道參玄忘言取意截徑修進不務枝流誰有心力尋於論文者即應責之曰尋論釋經則推無心力推肖率意心力何多且者約截之辭以不論所餘截徑而斥意云今不論你有理無理且論主是入位上流復從彌勒所受義句此盡佛佛相傳展轉師授你之後學何得固違而自率意耶一是凡聖愚智懸隔二是師父之言背智率愚悖師無禮如父有所作子乃故違豈合天道耶故此引師以斥也疏故今下二明今述解不攻異端今初兩句對非顯是故今者由

菩薩展轉相授所以今之述作不攻異端攻謂攻擊異端別異端即端倪即顯諸家却是異端也故云對非顯是故論語云攻乎異端斯害也矣注云善道有統故殊塗而同歸異端不同歸也疏是下二句出其因由既用本論釋經不攻異端明矣乳非下引經喻涅槃第十云復次善男子如牧牛女爲欲賣乳貪多利故加二分水轉復賣與餘牧牛女彼牧牛女得已復加二分水轉賣與近城女人彼女得已復加二分水賣與城中女人彼女得已復加二分水詣市賣之時有一人爲子納婦當須好乳以待賓客至市欲買是賣乳者多索價數是人荅言汝乳多水不直爾許之直今我贍待賓客是故當取取已還家煑用作糜而無乳味然於苦味中千倍爲勝何以故乳之爲味諸味中最善男子我涅槃後正法未滅餘八十年爾時是經於閻浮提當廣流布是時當有諸比丘抄略是經分作多分抄前著後抄後著前前後著中中著前後雜以世語錯定是經令多衆生不得正見如彼女人展轉賣乳乃至成糜而無乳味然彼經意以喻涅槃此借用之以喻般若此中城内之言語稍漫通今取最初新搆之乳未加水者以爲喻也或曰此中豈無疏主自語應同添水乳耶荅不然雖有自言但是連合前後或引文之端皆從本義而非添也疏纂要下二示名題義意在下諸家至此皆略判經題今務簡削繁下文委釋三解本文二初偈文歸請將欲製疏恐未上符下合故歸請也意云法華經說假使滿世間皆如舍利弗盡思共度量不能測佛智聖智尚難啚度凡心豈可測量由是祈請加護異無紕繆於中前三句歸敬三寶後一句祈願利生初二字能歸至誠稽者稽也首即頭也尚書云稽首拜手注云稽首謂首至地也拜手首至手也今則屈頭至地稽留少時表敬之甚也又禮有三種謂下揖中跪上稽首今則上禮表無慢心然能歸之人必具三業表佛有天眼天耳他心知故謂以身業歸表佛有天眼見以口業歸表佛有天耳聞以意業歸表佛有他心知又圓滿三業善故成就三輪因故以未歸三寶之前三業悉皆不善今歸三寶故三業皆善也三輪者謂神通輪記心輪教誡輪因中身業歸果獲神通輪因中口業歸果獲教誡輪因中意業歸果獲記心輪據此即三業是因三輪是果三輪之因依主釋也今言稽首即當身業但舉身業餘者自具謂稱三寶名及述所爲事即口業也心不虔誠寧肯歸禮即意業也牟尼下正舉三寶謂佛法僧爲福之田三皆可寶故云三寶帶數釋也然有三種一住持即塑畫等像佛也三藏教文法也五衆和合僧也遵守遺言任持像法名曰住持二別相者佛即三身法即教理行果僧即二乘菩薩三同體者覺照名佛軌持名法和合名僧於中復有本性觀行融通之異皆一法上說之故云同體於上三中今所歸者即別相也五教之中當其始教以此經屬始教故今但取當宗之中能說般若爲佛所說般若爲法發起流通者爲因故非餘教牟尼下佛也梵音釋迦牟尼此云能仁寂默能仁故

不住涅槃寂默故不住生死又寂者現相無相默者示說無說此則即真之應也大覺者覺即是佛大揀餘聖餘聖雖覺未名爲大二乘偏覺菩薩分覺皆非大也唯佛如來一覺永覺無所不覺如大夢覺如蓮華開逈超羣 漢四 五十二 聖故獨稱大尊者具上九号爲物所尊下文廣辨能開下法也於中能字屬佛開字通佛及法謂在佛爲能開在法爲所開般若三空句五字唯局法也然於此中具教理行果般若果也以是到彼岸慧故三空理也句即教也理果合論行也以慧照理是菩薩行故發起下僧也發起上士即須菩提因與三問故佛說之流通上士即是彌勒無著天親也邐迤解釋方始弘傳上士者高上之士也或曰上人故馬鳴菩薩讚無常經歸敬偈云八輩上人能離染或云大士故大雲疏云如斯大士皆歸命斯皆通用故隨人稱疏冥資下一句祈願利生也冥闇資助也所述即此疏也契合也羣機即一切衆生也然資助加護有二種一即顯加謂現身說法有所見聞二即冥加但得智力無所規聽今於二中唯求冥加也以製疏釋經唯藉智力但得冥助不須見聞以此經云若以色見聲求是行邪道爲順此教故不求顯然凡所設教皆契理契機今不言契理者以疏是論文已契理故又疏 漢四 五十三 主於二利中利他偏甚今唯言契機者悲增之相也

金剛經纂要刊定記卷第一

金剛經纂要刊定記卷第一

校勘記

一　底本，清藏本。

一　五六頁上一行「并序」，[徑]無。

一　五六頁上三行至一二行「釋氏……序云」，[徑]置於一行前，並冠以序題「金剛經纂要刊定記并序」。

一　五六頁上一三行「題自」，[徑]作「題目」。

一　六一頁中八行第七字「既」，[徑]作「已」。本頁下一〇行第一〇字同。

一　六三頁上一八行「三比丘」，[徑]作「五比丘」。

一　六六頁上六行第一三字「義」，[徑]作「意」。

金剛經纂要刊定記卷第二　漢五
長水沙門　子璿　録
將釋下二開章正釋既蒙加祐心通智明約
義開章遂申經旨文二初標列章門將猶欲
也此依崇聖寺塵外疏唯開四門若準大雲
疏中即開六門一明經意二明宗旨三明經
體四辨譯時五解題目六釋經文今雖四門
含六門義謂此第二攝彼二三第四攝彼五
六其餘單攝但小異耳二依章正釋二初總
論諸教如多藥共治一病二別顯則如一一
藥各有功能也初中二初通赴機緣酬因者
酬請酬報因謂因地以佛於因地初發心時
希求無上正等菩提遂啟四弘誓願煩惱無
邊誓願斷法門無邊誓願學衆生無邊誓願
度佛道無上誓願成於此四中三願皆畢唯
一未圓誓度衆生衆生宛在今雖證果不捨
因門現身說法濟度羣品以報先願故曰酬
因故法華云我本立誓願欲令一切衆如我
等無異如我昔所願今者以滿足化一切衆
生皆令入佛道酬請者佛初成道梵王帝釋
等請轉法輪故法華云爾時諸梵王及諸天
帝釋護世四天王及大自在天并餘諸天衆
眷屬百千萬恭敬合掌禮請我轉法輪如来
黙然受請既受其請故始於鹿苑終至鶴林
四十九年說諸經教救度衆生故法華云即
於波羅柰轉四諦法輪等也顯理度生者此
二相從合說然有通別通則佛以一音演說
法衆生隨類各得解別則說四諦法顯生空
理度凡夫外道說六波羅蜜顯二空理度不
定性二乘及利根凡夫令入大乘道說一乘
法顯法界理度定性不定性二乘及地住菩
薩并上上利根凡夫令入一乘究竟佛道若
據下二克就佛意唯為一大事等者法華經
具云諸佛世尊唯為一大事因緣故出現於
世舍利弗云何名諸佛世尊唯為一大事因
緣故出現於世諸佛世尊欲令衆生開佛知
見使得清淨故出現於世乃至欲令衆生入
佛知見道故出現於世準天長疏解云佛之
知見非三非五故云一廣博包含故云大諸
佛儀式說此化生故云事衆生有此機能感
於佛曰因佛即應之曰緣故者所以義由此
一大事因緣所以佛出於世開示悟入者此
之四句不出於二初二句能化後兩句所化
能化有二謂大開而由示此屬於佛所化亦
二謂始悟而終入此屬衆生若準法華論釋
開者雙開菩提涅槃二無上果示者別示法
身顯三乘同體悟者知義別指報身二乘不
知說令知故入者因義修因契入故華嚴疏
主解云開者開除惑障示者示真實理悟者
悟妄本空了心體寂只令悟上真理入者冥
於心體石壁解云一切衆生皆有佛性大開
也指云心中了了分明是佛性曲示也斬新
領解決定印可不疑始悟也一切念想都亡
終入也諸家解釋旨趣不同白壁黃金各為
至寶疏後別顯者近指一卷金剛遠關諸部
般若以同宗故意明有何所以說無相經於
中五段具列如疏初中三初標對治者如病
設藥義見序中我執者有二一凡夫情計我
即執五蘊揔相以為主宰二外道神我即蘊
離蘊或大或小幽靈神聖動用難思皆計為

實故云我執計一切法實有體性名為法執然佛說小乘以除我執今說般若重為此者蓋深必該淺也由是正除法執兼明我空也由此下二釋二初揔標由執起障煩惱即根隨等此依我執而起如前遂妄中說所知即根本無明也故起信論云無明義者名為智礙即所知障也此依法執而起由煩下二別示二障過患二初煩惱障心不等者心本清淨自在功德妙用過於塵沙良由此障覆蔽不得顯現故云心不解脫解脫者自在義不唯令心不解脫復能造業潤業業即善惡不動業也以有業因必招果報即受生也受生之處所謂五道生而復死往而又來故云輪轉輪轉之相已如序中綸輪義也反推其源即是我執故知我執是過患根本故要除之由所知下二所知障慧不等者此即大乘深慧不論小乘淺慧此慧若發照見五蘊皆空唯是心性離自心外無別有法今為無明覆蔽不得開發故華嚴云若不了自心云何知正道彼由顛倒慧增長一切惡不達等者然

諸法性相有別有通別則如水以濕為性以動靜為相等通則諸法同以無為為性有為為相由無是慧故不能了之然了心即根本智了性相即後得智二智不顯蓋由無明無明不除不成佛法故云縱出三界亦滯二乘

滇五　四

等斯則雖出火宅猶止化城不到寶所若反推其本由於法執將知法執是過患根本也然此二障非謂抗行皆由一心所為但微著有異所知則細煩惱則麤麤細雖殊都無別體猶如一水起動成波微著有異於中亦有二義纔動則不能現像同彼所知猛盛則覆舟溺人況於煩惱法喻相對照然可見又心慧解脫約人料揀以成四句謂心解脫慧不解脫二乘也心不解脫慧解脫大悲菩薩也俱解脫佛也俱不解脫凡夫也疏二執下三結以前推窮一切過患根本是其我法二執二執若遣二障即除二障若除則諸過自滅由是過患之源即其二執為除二執故演斯經故知此經是大良藥故心經云般若波羅蜜多是大神呪是大明呪等乃至云能除一

切苦真實不虛欲知此經經除二執者如經云無我相人相衆生相壽者相是除我執也無法相亦無非法相是除法執也如此類例徧於經中疏二中二初標可知二釋疑者於理於事猶豫不決即心所法中煩惱一數然有

滇五　五

二種一種子二現行種子謂蘊在藏識未顯發者名為未起現行謂動之於心或形之於口名為現起遮則遮其種子不令起於現行斷則斷於現行即自除其根本其猶築堤防水傾津潑餧其義可見即經下指經也然準經即荅三問已展轉而斷起復連環故云節節至二十七然遮斷之言揔有兩意一則經中有須菩提陳疑處是現行即第二第十一第十九餘無問辭皆種子也二即當時盡是現行望於後代揔名種子斯則斷現行時即是遮種子也然二意中後意稍切故二十七疑皆言斷而不言遮也疏三中二初標二釋然汎論業有三種謂善惡不動受有三時謂現生後若今世造善惡今世受苦樂者名順現報業若今世造善惡次生方受名順生報

業若今世造善惡從第三生已去乃至百千生方受名順後報業今世有人造善惡業目下無報便疑無因果者良由不達此三時報也故佛名經云行善之者觸事轗軻行惡之者是事諧偶致使世間愚人謂之善惡不分我經中說有三種報如上所叙今言轉滅者三中唯轉惡業以違理故時則通三然此惡業受報準小乘宗說有定不定如初篇四重名爲定業僧殘已下名不定業以此對時應成四句謂時定報不定報定時不定俱定俱不定若此經說者則不然以未入我法名決定業若入我法名不決定業所言不定者或輕或重或受或不受也問若然者何以大般若中云唯除決定業應受報耶答但轉重成輕非令不受故無違也如此經云若有人受

漢五　六

持讀誦此經爲人輕賤者是人先世罪業應墮惡道以今世人輕賤故先世罪業則爲消滅當得阿耨菩提言先世者有二意一前生之前名爲先世二未持經前名爲先世雖通此二後義爲正也今以三塗之業用輕賤代之令報不定生報現償令時不定此皆轉重令輕也其滅輕不受經則無文經雖無文義乃合有然有兩意一者以重況輕意云重業既轉之令輕輕業故宜不受二則曾墮三塗之者出在人中猶有餘業即貧窮諸衰等若今既不墮三塗則餘業必免亦是時報俱不定也疏四中三初標二釋二初未說夫爲凡小佛成正覺者即菩提樹下三十四心斷結五分法身初圓示成正覺也未說等者即成道之後十二年已前但說人天因果及四諦緣生未說三空般若無妙慧者妙慧謂無相甚深般若也此是法空之慧以未說般若未顯法空故無此慧也施等住相者等於戒忍等四住於我人衆生等相及住法非法相也既住我法等相則成世間因果故皆有漏也

漢五　七

此說凡夫依人天教者或滯二乘者設有斷惑證真不無厭苦欣樂縱出三界亦墮聲聞緣覺之地此依小乘教者若準凡夫無無麤慧就勝通說故言無妙慧也疏故談下二已說得爲佛因二初順釋即十二年後說諸部般若之教詮顯妙慧妙慧即第六般若波羅蜜以法身是真如妙理本不生滅但以煩惱覆之名如來藏若妙慧照破煩惱真理顯現成大法身故說妙慧爲法身因也五度等者五度即施戒忍進定感身即三十二相八十種好紫磨金色之體也此由積習五波羅蜜之所感得故言五度爲應身因疏若無下二反顯非波羅蜜等者雖行施等由無慧導皆成住相由住相故便成有漏但成世間善因樂果故非佛因也故菩提資粮論云施戒忍進定及此五之餘皆由智度故波羅蜜所攝○疏故須下三結福慧屬因即五度六度是能嚴也兩足是果即真身應身爲所嚴也然諸佛果德雖無量無邊以要言之不過此二故法華云如其所得法定慧力莊嚴以此度衆生自證無上道大意謂由無般若致使施等非波羅蜜不成佛因故須福慧二嚴乃成兩足妙體然前五與第六互相資助以真應二果必須具故其猶膠青彩色彩非膠而不著膠非彩而無色六非五而無相五非六而

無因如經云應無所住即修慧也行於布施即修福也又以無我無人無衆生無壽者即修慧也修一切善即修福也此例甚多疏五中三初標真應二果者然諸經論皆説三身此中唯明二者已合攝故言三身者即法報化如權宗所説法身是理無漏無為報身是智轉識所成有為無漏雖證於理智且非理如日合空由是理智分為二也化身是影固宜不同由此説佛有三身也今言二者法報合故以智即是理如光即珠是故合説為真身也如淨名經云佛身無為不墮諸數豈言報體是有為耶又涅槃經云若人言如來同有為者死入地獄是故此中不説於三但言二也故智論云佛有二身一真身二應身亦云生身應身皆化身也問法報化等皆是佛身法報既其不分化體何故別説耶荅法報皆實所以合論化體唯虛故宜別也疏未聞下二釋謂十二年前小乘之人唯取三十二相金色之身以為真佛不知更有真佛故云但言色相不知下以未達法空故不知此相

但是真身之中所現影像也故唯識云大圓鏡智能現能生身土智影既言是影則知非真故彌勒頌云應化非真佛亦非説法者不如等者若知真身是實應身是虛又了相即無相名為真身無相即相名為應身如是見者名如實見故華嚴云於實見真實不實見不實如是解法相是則名為佛若不如是名為不如實見疏故此下三結發明二果者如經云如來説三十二相即是非相者發明真身也是名三十二相者發明應身也又云則非具足色身發明真身也是名具足色身發明應身也餘例此知二因等者真身由前慧因證得應身由前福因證得也前段中云故須福慧二嚴等即是約果説因今云故此發明等即是望因説果如是説者意令衆生修二種因證二種果也然前五門展轉相躡謂説般若經本除二執故有第一二執雖遣兩疑猶存故有第二縱使無疑爭柰先業故有第三惡業既滅無漏因成故有第四因既昭然果證何遠故有第五由是一經大意極此

五重矣疏明經宗體者宗即所詮體即能詮今初宗者尊也重也心言之所尚也然言由於心故肇公云情尚於空者觸言而賓無毛詩序云情動於中而形於言餘皆例此文二初統明諸教然此方古今教有三種淺深既異所宗亦殊一儒教主即文宣王謂孔丘也宗於五常仁義禮智信意以修身慎行理國理家揚名後代也二道教主即玄元皇帝謂老聃也宗於自然自然即融蕩是非齊平生死終歸虛無也三釋教主即釋迦也宗於因緣意令識迷破惑證真起用也是故疏云因緣為宗然一代佛教通宗因緣雖小乘生滅大乘無性淺深有異大約統論皆因緣也然有二種一世間二出世間世間有二一內二外外復有二一謂種子為因水土人時等為緣而芽得生又泥團為因輪繩陶師等為緣而器得成二內謂無明為因行支為緣而生識等五支及生老死二支前二器世間後一即有情世間故知成此三界世間只由因緣二字二者出世間有三種一則本覺內熏

為因師教外熏為緣而始覺得生二始覺為
因施等五度為緣而佛果得成三則大悲為
因衆生為緣而應化得興故知出世間一切
淨妙等事不出因緣二字故法華云佛種從
緣起是故說一乘中論云未曾有一法不從
因緣生又云我說是因緣能滅諸戲論然統
收世出世間一切諸法有義空義假義中義
雖淺深不同皆墮因緣也言有者有生有滅
也謂諸法緣會而生緣離則滅如馬勝比丘
為舍利弗說偈曰諸法從緣生緣離法即滅
如是滅與生沙門如是說空者既屬因緣則
知無體無體即空義也故中論云因緣所生
法我說即是空假者如鏡像水月雖則不實
緣會不得不現故淨名云是身如影從業緣
現中者以假故非空空故非假非空非假即
漢五　十二
空即假名爲中義故淨名云說法不有亦不
無以因緣故諸法生又如中論都明有等四
義云因緣所生法我說即是空亦名爲假名
亦名中道義即三乘教中所說空有中假等
義並不出因緣故云佛教統宗因緣也疏別

顯等者所謂通中之別隨何經中所宗各異
如華嚴法界法華一乘淨名不思議真如佛
性等也文三初約法正立然般若種類諸說
不同準智度論說有三種一文字即能詮教
二觀照即能觀智三實相即所觀境羅付後
來開爲五種謂於觀照中開出眷屬即隨行
五蘊及燸等善根於實相中開出境界即俗
諦境此五中唯觀照持業釋餘皆依主大雲
解之五皆持業謂文字性空即般若故眷屬
境界同文字故實相即是法身起信論云依
此法身說名本覺故然雖三雖五三者爲正
何則般若所照皆實相故不唯真如故智論
云照色等空即名實性性空實理離於顛倒
非虛偽故於空見空亦名顛倒於空無著乃
是實法色等虛偽誑人眼根故知但約不顛
倒離虛偽便爲實相則雙實真俗二諦爲一
實相也燸等眷屬是慧性故相應隨行俱觀
照故故知觀照攝眷屬也由是雖則說三已
攝於五既符智論必契深經故三為正然諸
家立宗或為觀照或唯實相此並未當且此

經所詮一一離相豈唯觀照又教化衆生斷
疑破執豈唯實相由是今疏雙取為宗不一
不二者欲言其一體用有殊欲言其二寂照
常俱故非一二疏以即下二約喻釋成則顯
雙取為正且本舉能堅能利一金剛以喻觀
漢五　十二
照實相二種般若若單取觀照則闕堅義若
單取實相則闕利義又皆言即者釋成不二
之相以照而常寂故理非智外寂而常照故
智非理外既離理無智離智無理故如金剛
即堅即利疏萬行下三約行結顯謂菩薩行
中必須具此若昧實相則難亡分別便成住
相即墮有漏若昧觀照則闕智用便滯偏空
同於二乘故須二事兼行方契中道此則如
前行玄之義也由是起信論中止觀合說法
華經內定慧莊嚴華嚴明定慧二事菩薩依
賴涅槃顯定慧不等不見佛性諸教中說無
明邪見自此而生故華嚴疏云萬行忘照而
齊修頓漸無碍而雙入皆此義也二體分三
初標立可知文字下二正釋或曰諸家所出
教體皆取聲名句文或通取所詮之法今何

單取文字耶由是疏云文字即含聲名句文此明具四法也聲即言音名句文三即聲上屈曲表示名詮諸法自性句詮諸法差別文即是字為二所依也問四法之中文字最居其末云何攝聲等法耶荅所以能攝者有二意一能顯文字有其三處謂心上顯即意識境聲上顯即耳識境色上顯即眼識境今取初者故能攝之二有聲未必有名句文有文則必有聲名句前前未必有後後後必有於前前如苗必有根根未必有苗也以是義故故攝聲等文字性空下明攝所詮理也謂依於般若顯乎文字文字本空即是般若無別文字體也然有二意一體屬緣生無自體故二非別有一法為文字體故此皆意顯般若是文字體也其猶鎔金成像像即是金也疏故皆下三揔結含攝之義如上所明能所揔該故言理無不盡此乃文字則該能詮盡般若則該所詮盡詮旨既備故云統為教體疏分別處會文二初中二初揔示大部此經下二別顯此經揔可知疏別明中文三初正

明東土翻譯前後二初通辨諸譯流支者天平二年於洛陽譯成十四紙名金剛般若真諦太康元年於金陵郡譯成十四紙名金剛斷割笈多開皇十年於洛陽譯成十六紙名金剛斷割玄奘貞觀二十二年於玉華宮譯成十八紙名能斷金剛義淨證聖二年於佛授記寺譯成十二紙名能斷金剛疏今所下二克示所傳疏天竺下二因辨西方解釋異同轉授天親者有說云以天親久習小乘近從大教要滌情執故轉授之斷疑執顯行位正宗文中可見疏今科下三示今科判依據差別二初正明科釋所依兼無著者以顯此疏正依天親傍用無著餘論諸疏義見開題處疏題云下二結成立題所以不同淨名集疏備書四聖之名義即如何晏集解論語於孔安國馬融等注中當者用之不當者翦之今疏亦爾或雙取以各有理或共成一義故兩存馬疏釋通文義二初題目二初釋所詮三初釋金剛二初翻名示相梵云下新云縛左羅力士所執者如經所說執金剛神梵云

諾建那此云露形神即此力士也金中最剛者金語通五此最精堅故安剛字仍非人間之物故云帝釋有之乃是天上至寶故云薄福者難見正理論云帝釋有寶名曰金剛不為薄福衆生所見疏極堅下二約法辨義二初引經論揔彰二義三初揔標略辨為有勝能故云極堅極利喻般若馬無物下釋極堅等相則知若有一物能壞則非極堅若有一物不碎則非極利也如銀鐵雖堅遇火則融刀劍雖利斫石則缺非極堅利也揀餘堅利故加極字疏涅槃下二引教委釋涅槃下引經無著下引論難壞即堅義能斷即利義細牢者細謂揀麤顯是微妙牢揀可壞堅固義成智因即是慧慧是智之因智是慧之果此約觀照般若說以微細故能入於惑令彼滅也不可壞者智論云一切語言名相等事皆可破壞唯無相智不可破壞此約實相般若說問實相般若分因果耶荅用有勝劣故分因果體無增減因果一如故普賢觀云大乘因者諸法實相大乘果者亦諸法實相華嚴

經疏云理開體用名大方廣智分因果號佛
華嚴疏皆以下三結顯喻肯此結所引經論
之意然先上諸德皆用此義資聖云金剛者
堅而復利堅喻本覺真性雖流轉諸趣而覺
性無壞利喻般若淨照三賢十地貫通萬行
無明惑暗無不壞也肇云金剛者堅利之譬
也堅故物不能沮利故物無不摧以況斯慧
邪魔不能毀堅之極也萬物皆能破利之義
也又諸經論說金剛喻定勝鬘經說金剛喻
智梵網經以十迴向爲十金剛仁王謂十堅
心淨名以金剛慧決了此相無縛無脫得無
生法忍又諸經論說金剛座金剛山金剛輪
如是等說皆取堅利義也又晉武帝起居注
云武帝十三年敦煌有人獻金剛寶生於金
中色如紫石英狀如蕎麥百鍊不銷可以切
玉如泥是知堅利之極也疏真諦下二引真
諦別示六種二初正明六種一一以法合之
分明在疏皆般若之功也災厄等者有厄則
災禍必來有業則苦果定至厄除則災禍不
起業喪則苦果不生隨人所須有二意一則

如餘物不能隨所須金不可爲銀用羅不可
爲錦用等金剛則不然要者皆得法中亦爾
有漏功德人不可爲天富不可爲貧無漏不
爾隨心所成二則餘物用之則盡金剛出之
不窮法上亦爾有漏受之則窮無漏受之不
漢五　十六
盡對日等者慧即始覺合本覺時見法無生
名無生智如起信云得見心性心即常住常
住即無生義也火出燒盡世間使六合空廓
智起斷除煩惱令大道通同能清等者水清
則萬像齊鑒疑除即佛法現前空中等者昇
太虛則不履於地住真空則不墮世間銷諸
毒者中毒則令人命終起惑則永沈生死毒
除則延年益壽惑遣則不滅不生疏傍兼下
二結示傍正佛所立名本約堅利如上六義
乃是兼明諸家至此多不料簡殊濫正義若
將此六配前五因即一當第三二三當四五
四當第二五六當第一疏般若下二釋般若
二初翻名略指般若正翻慧者以古來諸德
義翻爲妙慧淨慧無相慧此皆挾到彼岸義
是別相也或云智慧今云正翻慧者即通相

也即照下約功用以出體也照蘊空即是功
用本覺之慧即是出體大品云色如聚沫受
如泡幻想如陽燄行如芭蕉識如幻化如是
觀者名照蘊空相應等者本覺即如來藏自
性清淨心非新生故言本不頑暗故言覺慧
漢五　十七
即始覺也依體起用故云之慧始即同本故
曰相應然本覺與慧不一不二以不二故故
言相應以不一故故言之慧故資聖云妄心
見俗曰無明悟心照真爲般若俗境萬有見
心必異真空理一悟自無差第一義空離照
無理清淨本覺即理是照又涅槃云佛性者
名第一義空第一義空名爲智慧此等皆證
體用非一非二義也然本即實相始即觀照
疏若約下二引教廣釋二初引論別相釋二
初明揔攝三慧學者即修大乘行人也初須
聞法生解名聞慧次則測度所聞評量教理
分明忍可以印自心曰思慧然後如聞思處
依而行之無所乖越名修慧前二有漏後一
無漏前淺後深深淺雖殊通名爲慧是故揔
收名爲般若如人攻文赴舉及第雖前劣後

勝皆一人也云云疏故無著下二引論文釋成
二初正釋成波羅蜜中等者此明頓悟中漸
修也慧纔發時照萬法空便到彼岸名為頓
悟由有多生習性未得念念相應故須聽聞
正法思惟其義如說修行方得究竟證入名
為漸修開題中略明也若唯識中說則具根
後二智謂十度中六通本後四唯後得六中
則二智皆具為分十度故第六偏取二空本
也今依無著更加加行智則通前三矣金剛
斷處等者如金剛斷物之處而斷煩惱非謂
金剛亦通所斷疏又云下二配因果二初雙
引論上者字論牒所標下者字疏牒論文智
因即慧慧果即智也前雖引用今方解釋此
引無著也次引智論可知疏則聞下二雙解
釋此明法空深慧意揀我空慧為麤淺不為

漢五　十八

佛因但是二乘因故般若下出所以以慧是
揀擇義揀擇惑障顯無為故以因位有惑故
須擇之乃名為慧智但決斷為義以果位無
惑但唯決定朗然獨照故名為智只是一法
受此兩名如人破賊為將功成為相也有說
以無漏智性為智因大雲破之三塗有性何
不斷惑闕細義也此約妙慧別相以破若就
通相取亦可矣以凡是有心皆成佛故此得
是因也疏若依下二引經通相釋此明字緣
字界若字是字界般郍都為緣若以般為緣
助於若界則名為慧若以郍為緣助於若界
則名為智如僧人俗人等云云名殊謂曰智曰
慧義殊謂決斷揀擇此中義殊故使名殊也
體性無別者皆別境中一也前三種智皆名
慧故智與慧皆如金剛故薩遮尼乾經云
帝釋金剛寶能滅阿修羅智碎煩惱山能壞
亦如是無常經云金剛智杵碎邪山永斷無
始相纏縛疏波羅下三釋波羅蜜文三初約
語對翻應云下廻梵文以西域風俗例皆如
此云云青龍云蜜多者離義到義元康云天竺

漢五　十九

風俗所作究竟皆云到彼岸到離之義次文
明之疏謂離下二約義順釋二初釋義前三
句中每句皆上法下喻意明煩惱如大河難
可度故生死如此岸有情居故涅槃如彼岸
諸佛住故則慧是能離能度能到生死等是
所離所度所到若欲離此到彼必須渡於中
流此約四諦說之理則明矣知苦是離此岸
斷集修道是渡中流證滅是到彼岸也此順
小乘義說下經令入大乘無餘涅槃即須離
二種生死此岸乘六度船筏度二障中流到
二涅槃彼岸涅槃等者以翻波羅蜜為彼岸
即是涅槃是故約轉依果明彼岸義然生死
即分段變易煩惱即揔該二障圓寂者義翻
也謂德備塵沙曰圓妙絕相累曰寂滅度者
肇云涅槃者秦言無為亦云滅度或但云滅
然滅與小乘不同小乘以滅生死為滅大乘
以寂滅為滅故涅槃云生滅滅已寂滅為樂
然滅唯據果滅度乃兼因今則約果標因故
云滅度所以經中上言涅槃下云滅度亦是
唐梵雙彰也涅槃種類下文具明疏一切下
二通難此即淨名經文彼云若彌勒得授記
者一切衆生亦應授記何以故一切衆生即
寂滅相不復更滅等今用此文以為難辭難
意云衆生既即寂滅何有離此到彼今言到
彼者莫違經耶但以下釋通但約翻迷成悟

便是離此到彼若悟此已漸除漸證名爲究竟然成波羅蜜要與七最勝相應如唯識說疏若兼下三順義通結則是波羅蜜中之聞思修慧也疏經者下二釋能詮二初翻名修多羅或云修妬路或云素怛覽此但梵音楚夏之異耳義翻者以修多羅正翻云線由西天以修多羅一名召於四實謂聖教席經井索線彼多以華獻佛置之案上恐風吹散以線貫之又見此方聖教能持佛語得無所遺如線貫華故以線稱目之就彼處呼曰修多羅據此正翻即合云線此方不貴線稱故翻爲經斯則暗符彼方席經兼順此土儒道之經然雖符順彼此而未免相濫由是更加契字以揀異之然更合於修多羅上加欲底二字翻爲契經則唐梵皆足也契者下二釋義詮表下釋契字詮表義理釋契理也謂說事如事說理如理云云契合人心釋契機也謂令人有所悟解歡喜信受云云斯則契理契機之經依主釋也文雖是倒意以經是能契也經者下次釋經字初標以佛下釋如開題處明

已令唯言經而不言契者以爲有般若揀濫明非道德等經故不言也後釋下二釋經文疏二初科分斯則道安法師所判但是佛經無問大小皆科爲三意云序分彰說法之由致正宗暢本意之玄門流通繼遐芳於萬古冥符西域今古通遵此經從如是至敷座而坐是序分時長老下至應作如是觀是正宗分佛說是經下至信受奉行是流通分證信者即六成就也顯說聽時處一一分明以證非謬令物生信故發起者則以事相表示發起正宗法義也然此二序更有異名謂通序別序通謂諸經同故云云別謂諸經別故云云亦謂經後序經前序經後序者佛說之時未有結集之時方安立故經前序者佛先發起方說經故疏中三段今初云云疏建立因者意明如是等言因何而立佛臨下佛將入滅阿難愁惱阿泥樓豆告阿難言汝是持佛法人且須裁抑汝當往彼咨問後事阿難曰云何後事阿泥樓豆曰世尊在日以佛爲師世尊滅後

以誰爲師世尊在日依世尊住世尊滅後依何而住惡性比丘佛在之日佛自調伏佛滅度後如何調伏遐葢後來理宜結集一切經首置何等言阿難承教一一咨問令疏影略不載問辭但書荅語也四念處者四即身受心法念謂念慧處謂身等即是念慧所安住處則念是能住身等四處爲所住於此四處安住念慧名四念處住帶數釋也一觀身不淨即有漏色蘊具有五種不淨一種子不淨乘過去業識種子攪現在父母精血合成身故故淨名云是身如幻從顛倒起是身如影從業緣現智論云是身種不淨非餘妙寶物不從華間生唯從穢道出二住處不淨於母胎中居生藏之下熟藏之上常受熏穢故智論云是身如臭物不因華間生不從薝蔔有亦不出寶山三自體不淨合三十六物以成身故謂外有髮毛爪齒眵淚涕唾垢汗便利等十二次有皮膚血肉筋脉骨髓肪膏腦膜等十二中有脾腎心肺肝膽腸胃赤痰白痰生藏熟藏等十二智論云地水火風質能盛

受不淨傾海洗此身不能令香㮣四自相不
淨九孔常流不淨物故智論云種種不淨物
充滿於身中常流出不止如漏囊盛物五究
竟不淨一旦命終胮脹爛壞臭惡狼藉不堪
見故淨名云是身假以澡浴衣食必歸磨滅
智論云審諦觀是身終歸於死處難御無反
復背恩如小兒金光明亦云雖常供給懷怨
害終歸棄我不知恩二觀受是苦者受即是
心所徧行五中一也仍有三種謂苦樂捨苦
謂苦苦樂謂壞苦捨謂行苦問樂受未壞應
非苦耶荅以樂是苦因故凡夫妄計為樂示
來是苦問捨非苦樂云何苦耶荅行蘊遷流
逼迫常苦但以苦樂麤相所覆常情不知此
微細苦故此三法俱名苦也三觀心無常者
心即緣慮生滅之心謂心心念念前滅後生
漢五 二十三
相續不絕如水流注故經中說一念中有九
十剎那一剎那中九百生滅四觀法無我者
法即五蘊謂五蘊法中一一推求即蘊離蘊
皆無我也如上觀之即能對治凡夫四種顛
倒謂凡夫顛倒則造業受生及此用心自然

無咎以戒為師者從其軌範但依戒律作止
分明故菩薩戒序云波羅提木叉者是汝大
師如來在日無異此也默擯等者佛法慈悲
為無刑罰比丘惡性唯默擯之意令省已知
慚愳自然調伏耳經初等語釋在次文然此四
中意在第四文中承便兼帶前三䟽建立意
者建立如是等言意在於何此有三意如䟽
三段斷疑等者智度論說佛滅度後諸天王
等請迦葉言乃至云法城欲頹法幢欲倒當
以大悲建立佛法迦葉受請往須彌頂擊大
揵槌諸聖弟子得神通者皆來集會迦葉告
言佛法欲滅衆生可愍待結集竟隨汝入滅
諸來聖衆受教而住畢鉢羅窟迦葉入定以
天眼觀今是衆中誰有煩惱應逐出者唯有
阿難煩惱未盡爾時迦葉從定而起於大衆
中牽出阿難告言清淨衆中結集法藏汝結
未盡不應住此是時阿難慚恥悲泣告迦葉
言我能有力久可得道但為侍佛以阿羅漢
者不得給侍故留殘結不盡斷爾迦葉告言
汝更有過佛意不聽女人出家為汝慇懃致

請令佛正法五百歲衰微是汝突吉羅罪佛
臨涅槃近俱尸竭城背痛疊鬱多羅僧敷卧
語汝須水汝不供給是汝突吉羅罪佛昔問
汝若有人好修四神足應住壽一劫若無滅
一劫為汝不對令佛早入涅槃是汝突吉羅
漢五 二十四
罪汝於一時以鬱多羅僧襯身而卧是汝突
吉羅罪汝昔與佛疊僧伽梨衣以足踏上是
汝突吉羅罪佛陰藏相入涅槃後以示女人
實為羞恥是汝突吉羅罪迦葉言汝有如是
六種突吉羅罪應於僧中悔過是時阿難脫
華屣袒右肩長跪合掌依六種突吉羅罪懺
悔懺悔已迦葉牽阿難出語言汝漏盡可来
言訖自閉窟門是時阿難涕淚悲泣求斷結
惑靡不精誠至於後夜疲極偃息頭未至枕
朗然得悟三明六通作大羅漢却至窟門擊
門而喚迦葉言汝復何来曰我漏已盡迦葉
言汝若漏盡可縱神通於戶鑰孔中入阿難
騰身入来禮拜僧足迦葉手摩阿難頂言我
欲為汝令汝得道汝勿嫌恨此如蘇秦張儀
云云 然階聖果切在修心不如說行事佛何益

狐假虎威宜其止絶斯意甚妙詳而警之時
大衆請阿難昇座結集法藏既昇座已未發
言間感得自身相好如佛是時大衆遂起三
疑故說下既言我從佛聞則知非佛重起非
他方佛來亦非阿難成佛故云三疑頓斷廣
漢五　二十五
如彼論恐煩略叙也疏息諍等者同為羅漢
德業頗齊若云自言固宜喧諍疏異邪等者
阿若言無憂者曰有外道意云萬法雖異不
出有無置之經初以之為吉以初吉故今中
後亦吉今則不爾故云異邪䟽正釋下二初
標列述意言成就者謂六為能成就教爲所
成就也疏一信下二依科解釋六初中二初
合釋謂兼次段合而釋之此則别義不計六
數單釋謂正釋信成就義所引論文有標有
釋佛法下是釋或曰因何最初便明其信故
此釋也信為能入者然佛法無量信為初基
若無信心寧肯修習由是五位之内信位居
初十信之中信稱第一十一善法信亦為先
故知信心之前更無善法依此信本方興解
行乃至證入故華嚴云信是道源功德母長

養一切諸善根斷除疑網出愛河開示涅槃
無上道今置經首以表信相為入法之初也
智為能度者菩薩萬行非智不成若無智慧
即滯有著空以智為主不著二邊成無漏因
獲菩提果故菩提資粮論云施戒忍進定及
此五之餘皆由智度故波羅蜜所攝信者下
正顯如是二字是信之辭上皆智論所釋又
聖下是劉虬注無量義經中釋此下皆約法
說也顯如者衆生如隱故沈三界欲絶三界
只要顯如故云但為除如之外餘皆虚妄故
云唯如為是論云除諸法實相餘皆魔事有
云始從得道乃至涅槃其中所說無不為如
又有下即梁武帝解意明有即無故不有無
即有故不無相即同時故名不二不二即如
也此約雙融顯如也如非下恐聞有無不二
漢五　二十六
為如便謂如體是有是無故此遮云如非有
無意明有無即不是即非有無也此上二
解如字是顯體是字即無非也疏二聞下二
初正釋我聞之義然我有四種一凡夫徧計
我二外道神我三三乘假我四法身真我今

揀餘者故云五蘊假者則第三隨世流布要
簡賓主乃稱於我阿難已達我空實不計執
故云假者聞者然大小乘諸論辨聞不同有
云耳根或云耳識或云根識和合故聞今云
耳根發識則後義也以根識單闕皆不能聞
云云然根識聞聲而不聞教若準名句唯是意
聞故瑜伽云聞謂比量然由耳識緣於聲境
與意同時得聞也然此二識聞聲名句實非
先後異時以率爾耳識同時意識故得聞也
五識皆然廢别下或曰既云耳根發識故聞
合云耳聞云何經内唯言我聞故此釋也以
耳是六根之别我是一身之摠今廢别耳從
其摠我故言我聞阿難下二商較所聞之法
前二句牒難辭謂阿難是佛成道夜生年至
二十方為侍者二十年前佛所說法並具不
漢五　二十七
聞何得結集諸經皆稱我聞有云下通釋此
有三意有云重說者一也佛初命阿難為侍
者阿難從佛乞三願一不著佛退衣二不隨
佛受别請三請說未聞之法佛隨其願故得
聞也得深三昧等者二也金剛華仙經說阿

難得法性覺自在三昧力故前所説經皆能憶持與聞無異故法華經云世尊甚希有令我念過去無量諸佛法如今日所聞若推下三也不思議境界經云復有百千萬億菩薩現聲聞形亦来在座其名曰舍利弗乃至阿難等是則三中前二權説後一實論故言推本也疏三時下二一棟顯釋師資合會者謂説者教人以道德曰師資者取也從師之教取而行之也佛及大衆説聽具足故云合會説畢聽畢故云究竟意取説無異席貫通首末故曰一時佛地論云此就刹那相續不斷説聽究竟揔名一時一時之語佛自言故涅槃云昔佛一時在尸首林又云我於一時在迦尸國此則顯説聽能所一切圓畢也諸方下揀時也不同有二謂橫則參差不同竪則延促不同延促不同如人間五十年四天王天一晝夜上上倍增故參差不同者如俱舍云夜半日没中日出四洲等既然云何定言寅卯辰巳日月等耶又説下二會法釋此是慈公楞嚴疏意説領即師資也下有四對心

境泯者以聞法之時妄心不起心既不起境即不生心境兩亡故云泯也此即不得以生滅心行聽實相法此通依計故皆泯也斯則染心俗境一對理智融者以聽法之際能所不分以動念即乖法體二皆真實故言融而

漢五　二十八

不言泯也斯則淨心真境一對凡聖如者由心分別則見聖見凡心既不生誰凡誰聖相本自盡故言如也斯則因果一對本始會者妄念起時隔於本始念既不起本始自同攝用歸體故言會也斯則體用一對問此與第二何別荅前智是始覺中根本智前理是本覺中直諦境若此始本本通真俗始合本後則前狹後寬也前為形染且言真境淨智此為都明故言本覺始覺也又前約分證故云理智融此約極證故言本始會也諸二者謂心境理智凡聖本始也皆一者一義不同謂心境則泯之故一理智則融之故一凡聖則如之故一本始則會之故一義雖不同俱名為一故云一時疏四主下二初翻名經唯標佛者以秦人好略故仍存梵音者恐濫菩提

故以菩提云覺則屬於法今指於人故言其佛無相濫失故不翻也若釋其義須得唐言故先翻對也然覺謂覺察覺悟覺悟既照真本有覺察則了妄本空了妄本空則不逐於妄照真本有則不迷於真真妄既明則能破

漢五　二十九

和合識滅相續心顯現法身智純淨也當爾之時始本無二唯一覺耳菩薩雖亦照真了妄未得究竟猶帶薩埵之名唯佛如来所作究竟故獨稱覺者起信下二釋義二一約體離念釋然此論明本覺心體性離諸念今此引釋果佛者以果佛之體即是本覺元自離念因果雖分離念無別故以本覺離念即是佛體故經云大乘因者諸法實相等是故在纏名本覺出纏名究竟覺始終體一更無別法故論云即是如来平等法身依此法身説名本覺則以下疏結本覺離念是佛體也然覺下二約位三義釋無生滅者謂智照真如如理見故然有二意一則心中無生滅之法如起信云如實空者從本已来一切染法不相應故以念生則染今既無念故不相應二

則無者不也只明此心本不生滅即同起信云以遠離微細念故得見心性心即常住常住即無生滅也覺他者此亦始覺了事即真以望自心故名覺他即同起信云一切諸法從本已来離名字相離心緣相畢竟平等無有變異不可破壞唯是一心故名真如覺滿者以前二覺有解有證先後勝劣存自他之相未得稱滿今此圓備不立自他故稱之滿若準涅槃經說自覺者覺自身有佛性覺他者覺一切衆生悉有佛性覺滿者若自若他無二佛性故然常徒所說自覺揀凡夫覺他揀二乘覺滿揀菩薩此中說者自覺便揀二乘權教菩薩豈唯凡夫故華嚴云一切諸法性無生亦無滅奇哉大導師自覺能覺他故知下二引論反釋三初反顯意云無念故名

漢五 三十

覺當知有念則不名覺也起信下二引證前云心體離念雖通因果今明衆生不名為覺獨顯果人方名覺也又云下三順結正結無念是佛義以無念是佛故能觀無念者即是向佛智也疏五處下二一釋舍衛舍衛亦云

舍婆提新云室羅伐悉底此但梵音楚夏耳此城在中印土憍薩羅國緣南天亦有憍薩羅國恐濫彼國故以城為國名聞物者謂名聞勝德珍奇寶物多出此國謂具下釋欲塵即佳麗女色財寶即珍奇寶物多聞謂博通内外典籍解脫即五通仙人等遠離欲也此即國豐四德亦翻為豐德也遠聞等者如上四事皆為外國之所聞知義淨下但證遠聞之義以有名稱故得遠聞祇樹下二釋祇園二初總指舍衛國主波斯匿王有一大臣名須達多為兒娉婦躬至王舍城寄止長者珊檀那舍宅時長者中夜而起莊嚴舍宅營辦餚饍須達聞已問言大士欲請國王為婚姻之會耶荅言請佛無上法王須達聞已身毛皆竪復問何等名佛長者廣為說佛功德須

漢五 三十一

達多言善哉大士所言佛者功德無上今在何處長者荅言在王舍城迦蘭陀竹林精舍時須達多一心念佛忽然天明其光熾盛猶如白日即尋光處至城門下佛神力故門自開關尋路而往爾時如来出外經行須達見

已歡喜踴躍不知禮法直問世尊時首陀天為其長者化作四人至世尊所接足禮拜胡跪問訊右繞三帀却住一面須達見已依而為之世尊即為如應說法長者聞已得須陀洹果後復請佛惟願臨顧至舍衛城受我微供佛即問言卿舍衛國頗有精舍容受我否須達多言必見垂顧便當營辦世尊爾時默然受請時須達多迴舍衛國佛令鶖子同往指授造寺儀式即須達布金買祇陀太子園祇陀太子施園中樹林二人共搆精舍既訖即執香爐向王舍城遥作是言所設已辦惟願如来受此住處佛時懸知長者之心即共大衆發王舍城猶如壯士屈伸臂頃至祇陀園是時長者以其所設奉施於佛佛即受已即住其中廣如涅槃經賢愚經四分律西域記說須者往撿今佛於此說金剛般若經故云在舍衛國祇樹給孤獨園也然須達是主祇陀助成今樹先園後者以太子是儲君須達是臣佐禮別尊卑故爾真諦記說住處有二一境界處即舍衛也為化俗故二依止處

即祇園也為統出家人故又善見婆沙云舉舍衛令遠人知舉祇園令近人知故雙舉也祇陀下二別釋三初釋祇陀戰勝者亦云勝林餘如疏梵語下二釋給孤謂少而無父曰孤老而無子曰獨拯給孤獨名為善施又亦

漢五　三十二

等者就中孤獨偏所矜哀其實餘人亦非不施故也西國下三釋園字梵音具云僧伽藍摩此云衆園則僧伽是能住之衆藍摩是所住之園斯則約能要所耳寺者司也官舍也以佛法初來安鴻臚寺後置僧舍便以為名也疏衆者下文二初釋標類名高謂遐邇稱譽德著謂行業恢隆怖魔者謂初出家日飛行夜叉唱乃至魔宫聞故怖也以一人出家展轉化度損減眷屬故然出家人從因至果三度怖魔謂出家時發菩提心時成正覺時前二但怖後乃與戈為佛所摧草不降伏乞士者謂上從善友乞法以練心下從檀越乞食以資身故智度論云何名比丘比丘名乞士清淨活命故名乞士如經中說舍利弗乞食向壁而餐時有梵志女名淨目來見舍利弗云沙門汝食淨耶荅言食淨淨目言沙門下口食耶荅曰不也乃至問仰維方等皆荅言不也淨目女言食有四種我問於汝汝皆言不我今不解汝說舍利弗言有出家人合藥種穀植樹等不淨活命名下口食有觀星

漢五　三十三

宿日月風雨雷雷等不淨活命名仰口食有曲媚豪勢通致四方巧言多求不淨活命名方口食有以種種呪術卜筭吉凶不淨活命名維口食姊我不墮是四種不淨食中我用清淨乞食活命淨目因聞是說清淨法食歡喜信解得須陀洹道如是清淨乞食活命故名乞士淨戒者謂比丘二百五十戒比丘尼五百戒有表受無表持清淨持戒名為淨戒有說五義謂加淨命破惡令以乞士即淨命淨戒即破惡故唯三也理和下梵語僧伽此云衆和合謂理和無違事和無諍也千二下二釋舉數佛初成道者即菩提樹下示成正覺也憍陳如等者餘阿濕鞞摩訶男婆提婆敷富那婆蹉準本行經說佛初成道梵天王等請轉法輪世尊受請作是思惟諸世間中誰先得度有五仙人昔日與我有大利益堪能受我初轉法輪復作是念彼等五仙今在何處以淨天眼觀彼五仙在鹿野苑中爾時世尊即向彼園廣為說法外道身心悉皆伏滅所著之服即成三衣手執鉢器鬚髮自落

經於七日威儀具足如百夏比丘乃至為轉四諦法輪得阿羅漢果迦葉三兄弟等者智度論說爾時第一優樓頻螺迦葉在火龍窟為首教化五百弟子二那提迦葉領三百弟子在象頭山修行三伽耶迦葉領二百弟子在希連河曲共計千人皆為世尊之所降伏求索出家師徒皆得阿羅漢果舍利弗等者智度論說摩伽陀聚落有婆羅門名檀耶那而有八子中有一子名優婆低沙即舍利弗也復有一婆羅門產子名離多即目連也是

漢五　三十四

二童子共為親友於刪闍耶外道所出家二人同心立其擔願若復更得勝是師者為我等說甘露勝道必相契悟爾時世尊有一弟子名曰馬勝威儀庠序入城乞食進止有方舍利弗見已隨到所止白言仁者汝是正師

為是弟子馬勝言别有大師我是弟子又復
問言汝之大師說何法耶荅言諸法從緣生
諸法從緣滅如是滅與生我師如是說時舍
利弗聞是語已即於是處遠塵離垢得法眼
淨歸到所止為目連說亦復如是二人共相
領諸弟子俱詣佛所求索出家佛呼善來鬚
髮自落袈裟著體執持應器成比丘相於聲
聞衆中智慧神通各得第一是二百眷屬悉
得出家即受具戒乃至得成阿羅漢果耶舍
等者未檢此常隨等者以此諸人先並事外
鄰苦累劫一無所證纔遇見佛便得上果感
佛恩深故常隨也然具四衆及龍天等今但
顯一隱餘流通分中自俱者下前則標指約
主望衆故言與此則都結主衆通論首末相
望事不異也

漢五　　華五

金剛經纂要刊定記卷第二

金剛經纂要刊定記卷第二

校勘記

一　底本，清藏本。

一　一七二頁中五行末字「若」，徑作「苦」。

一　一七四頁中五行「羅付」，徑作「羅什」。

一　一七五頁下一五行第一五字「今」，徑作「令」。

一　一七八頁下一七行「爪齒」，徑作「爪齒」。

一　一八三頁中六行「雷雷」，徑作「雷電」。

金剛經纂要刊定記卷第三

長水沙門　子璿　録

二發起下二初叙意戒能下以戒是防非止惡義定是寂靜不動義慧是明照揀擇義但能防非心即不動心若不動慧乃分明世出世法無不鑒照其猶海中欲現萬像必要水清欲求清水無過水靜欲得水靜勿令起波止波如戒水靜如定水清如慧所現萬像如一切法喻中則水若不起波則水靜水靜則水清水清則現萬像法中則心不起非則心寂心寂則照知萬法法上但唯一心喻上但唯一水法喻相對義則昭然故經云尸羅不清淨三昧不現前此則戒資定也圓覺云一切諸菩薩無閡清淨慧皆依禪定生此則定發慧也疏戒中七節如疏一化主具上九號者以佛有十號世尊當第十故云具上九號十號者一如來二應供三正徧知四明行足五善逝世間解六無上士七調御丈夫八天人師九佛十世尊二化時當日初分者謂一日夜十二時總成四分一初分即寅卯辰諸天食時二中分即巳午未人法食時三晡分即申酉戌神鬼食時四夜分即亥子丑畜生食時今言辰時即初分之後際也唐周二譯皆言日初分斯則時勝也此時則乞求不難以太早太遲皆難得故若非時乞食欲施即無不施又愧便成惱他乞之不得亡餐又饑是惱自也三化儀下謂佛有三衣一安陀會即五條名下品衣亦名行道作務儭身等衣二鬱多羅僧即七條名中品衣亦名入衆說法衣三僧伽黎即九條乃至二十五條名上品衣亦名福田衣製像水田見生福故入王城聚落即著此衣今以入城乞食故著也天王鉢者梵語鉢多羅此云應量器是過去維衛佛鉢入涅槃後龍王将在宮中供養釋迦成道龍王送至海水上四天王欲取化爲四鉢各得一鉢以奉如来如来受已重疊四鉢在於左手以右手按合成一鉢此是紺瑠璃石鉢持用乞食也佛出行化須著衣持鉢者爲離苦樂二邊故諸在家者好尚錦綺華潔衣服寶器增長放逸太著樂邊出家外道苦行尼乾躶形手捧飯食致招訶醜太著苦邊佛處中行故著衣持鉢也四化處者園是所住處國是所化處之往也今行化故出祇園入舍衛也處廣等者準西域記國周六十餘里内城周二十里故云處廣智度論云居家九億故曰人多五化事者此釋經中乞食兩字頭陀下或曰佛爲教主何須乞食故疏釋也頭陀此云抖擻抖擻煩惱故然頭陀有十二種事謂常乞食阿蘭若乃至樹下坐露地塜間坐等今則一也若行此事獲大功德佛現斯軌令人效之頭陀既獲功德放逸足明尤過世尊尚自乞食餘人豈合懈怠慙耻愧悚自然行之同事攝者則四攝法之一也又佛自乞食準纓絡經說有十意一止苦故謂盲得見二得樂故謂一聸一禮生無量福三除慢故謂衆生見之不生我慢四滿鉢願故富欲施多鉢則爲空貧欲施少鉢則爲滿五鬼神供養故六障閡者見佛故老病貧賤悉皆得見佛也七示天王所獻鉢故八作軌模故九絶誹謗故十令弟子不畜八不淨物故

有此十意故自乞食纓絡女下通難前引經難今所下釋通淨名下但證上乞食不食之義六化等者此釋經中於其城中次第乞已也內證平等者如理見故心離貪慢等者不貪富好不慢貧拙平等修乞故云慈無偏利也表威德等者謂佛制小乘律不許入惡象家恐彼損害不許入婬女沽酒家恐生染心佛入者表威德勝也息凡夫等者謂恐憎此愛彼故破一乘分別者謂迦葉捨富從貧乞意令生福須菩提捨貧從富乞不欲惱他云云二人所見互有是非如來異此是非一貫也然上五中初大智二大悲三顯德四息凡五破小七化終然已等者和會字之句義也今讀則從文釋則從義若廣下權加數字顯文義煎暢也飯即喫也論語云飯疏食佛苦下通伏難應先難云前引纓絡女經言不食今經何以言食故此釋也有說食欲至口有威德天在側隱形接至他方施作佛事斯則示現而食非真食也由是彼此皆不相違寶雲下顯齋儀也此四事中前二云擬後二不云

者以梵行貧病來則與之不來自食後二不然故不云耳十二頭陀經除梵行者以自乞故故不分之疏定者於中三節如疏云云疏併資緣者此釋經中收衣鉢也飯食兩字如前所解訖了畢也須併資緣者以修定時具於五緣謂閑居靜處息諸緣務等佛雖至聖諸習都無實於衣鉢不生勞慮若不併除後人傚傚無由得定以佛是教主凡有所作人皆效學故云示現爲後軌也疏淨身業等者此釋經中洗足已三字阿含下牒難也又如佛三十二相中有皮膚塵不染相今何用洗耶示現下釋通也此有三意一順世故夫人外歸必恐塵染故須洗足佛順亦爾也二表法故洗去煩惱垢染顯得清淨法身也三爲後軌者如資緣說疏正入定者此釋經中敷座而坐也沈掉等者沈謂昏沈能引睡眠障定增故掉謂掉舉任運攀緣能引散亂亦障定心又於四儀中以卧則昏沈行則掉舉住則疲倦唯坐爲勝故不沈掉然昏沈掉舉蓋是凡夫若據如來的無此事今垂軌則蓋爲後

漢六　四

人或曰經中但言敷座焉知入定耶故次釋云魏譯等則知入定也如常敷座等者謂如來每會說般若皆自敷座具爲般若出生諸佛即是佛母表敬般若故自敷座已說八會此當第九儀軌不易故曰如常趺謂足背加謂以一足壓一足結即兩足不散表吉祥故智論云見畫加趺坐魔王尚驚懼何況入道人端身不傾動又爲正觀五種因緣是故結加趺坐一由身攝斂速發輕安最爲勝故二由此宴坐能經時久不令身速疲極故三由此宴坐是不共法外道他論皆無有故四由此宴坐形相端嚴令他見已極敬信故五由此宴坐佛佛弟子共所開許一切賢聖所稱讚故正觀五種因緣是故應當結加趺坐端身住者不低不昂不左右傾側也正念者如理而念名爲正念念即念慧謂離沈掉有無等不動謂不動於正念也唐譯下亦證同上義正願者即正念也若別說者願是希欲謂希欲住對面念念是所願也然在定前異此則非正願也住對面念者面即是踰念即是

漢六　五

法住對兩字通於法喻今法喻之中各闕一事謂法闕所照理喻闕能照鏡鏡對面住面則自彰念對理住理則自現法喻闕者文影略故或可不爾但理觀分明如面目覩現量即水喻亦得無著下顯入定意先牒難併緣入定意在於何於此下釋通於此者論云於法也能覺者定通能說者說通也意云定通方得說通以散心說法不能如實從定發言必有當也故下文云云何為人演說不取於相如如不動諸經之中每欲說法皆先入定意皆如此云云斯亦示現為後軌也若準如来言念何失是故論云顯示等也疏然大下二通前表法釋二初約大雲廣辨三初標大聖即佛體周法界曰大智鑒無昧曰聖現跡者所現之化跡也所表者諸佛所為必不率爾皆以事相表內身心如說如來藏經舉身放光光中現華華萎見佛遂阿難問佛佛為說之如華嚴中說佛菩薩說天說雲須彌山大海等皆有所表斯皆事相為能表法為所表以不徒然故云必也疏表本覺下二釋二初

表通序本覺佛對化佛說五蘊都對舍衛國化身佛在舍衛國表本覺佛在五蘊城城中既人物相兼蘊內亦色心具足覺魔等對戰勝也梵音魔羅此云殺者能殺行人慧命故也然有四種一天魔即欲界主二煩惱魔三陰魔四死魔今言覺空者如心經云照見五蘊皆空無無明乃至亦無老死盡也照五蘊空即破陰魔無無明盡破煩惱魔乃至無老死即破死魔餘出世法尚空況天魔耶照心識具德者對給孤獨也上迷本覺之父曰孤下隱妙用之子曰獨今照性本具塵沙功德無所乏少即給孤獨也求法等對比丘乞士義也外則乞食養命內則求法資神覺心下二表別序覺心等者對入舍衛大城也應云覺心既發寧棄塵勞如來出世寧棄羣品將欲徧觀遂入識藏將欲教化遂入王城離城邑而教化誰人離心識而觀察何事心心數法等者對於其城中次第乞已也乞食不揀貧之與富觀察豈擇心所心王即妄下二句對乞得食也外化人而得食內觀法而生喜法喜下二句對還至本處飯食

也食能資身法能益心也思惟假緣對著衣持鉢忘緣符真對收衣鉢也乞食既須衣鉢思惟要假因緣入定既併資緣契理須忘念慮觀照下二句對洗足也若欲安坐必須洗去足塵若欲還源必須拂除心念返本下二句對敷座而坐也法空即敷座心寂即而坐敷座方堪人坐法空心始得寂心寂下二句對正宗法也謂安坐始能說經心寂方彰妙慧也疏欲談下三結也資聖下二引資聖略明即道液法師疏也今摘而用之文不全取於中二一正明身有二者通論生佛也僞者色身真即法身五蘊等者謂衣以外覆食以內資生則雖因父母存即須假衣食法身等者謂非生因之所生但了因之所了由是色身以食為命法身以慧為命保僞謂執妄合塵遺真謂迷理背覺此皆倒也養真謂悟理合覺棄僞謂達妄背塵也羣生下牒前倒者也我乃下示現入城乞食以表法也意令求般若照成法身故云引真也故託下都結表法之意謂示現乞食意在說法耳疏涅槃下

二引證但證法爲食義也正宗中疏二初標章門以一卷經文二論解釋大雲青龍皆二論並行今即不爾何者以無著配十八住處天親斷二十七疑旨趣既殊科段亦異或一疑中有四住五住或一住中有二疑三疑乍合乍離連前帶後以是之故文涉交加理則不必深玄學者以之難解今既別釋應不相干傳講之流少力多獲耳初中三初正示七句七義句者論述歸敬偈已即云成立七種義句已此般若波羅蜜即得成立義句揀文句也既以一義爲一句此經共有七義句也七義句名疏中自有於中前六顯示菩薩所作究竟第七顯示成立此法門故然此七句之文教理行果悉圓滿矣於中一二三四是行也五理也六果也七教也齊此懸判一科唯依無著之名記之疏一種性不斷者此非凡夫二乘及權教菩薩意明佛種性不斷也謂護下指經便是釋意謂以小付大囑大化小展轉如是寧有斷絕如人父母付屬子孫云云此是空生之本意故以此事讚佛引起問

端也疏二發起行相者既欲種性不斷故須發起修行之相也謂申下指經其實佇聽亦在此攝疏三行所住處者既有能發必有所發也十八住名義下文廣釋從佛下指經是無下釋名義此即相之無相非一向之無相略見行玄爲順本宗故標無相也疏四對治中邪行即不正行也但不順佛道皆名邪行共者不一義見者分別情正行者即離見之正行非純正之正行也二種對治者以正行治邪行是一對治以無分別智治分別見是二對治然邪即全治共中即但治於見不治正行如披砂揀金而去砂不去金今經中但有能治無所治也且如第一住處中不度衆生爲邪行度衆生爲對治於度衆生時見有衆生是所度見我是能度是分別見度而無度爲對治此理實同時義分前後初住既爾餘可例知故論云行諸住處時有二種對治疏五不失中謂由下明意也離增減者謂執有爲增執無爲減前墮此二則失中道今皆離之故得不失也如經中即非佛法是勝義

諦遮增益邊是名佛法是世俗諦遮損減邊其餘即非是名皆例此也論最後結云菩薩離此二邊故於彼對治不復更失故名不失疏六地位中謂由下釋以二邊邪僻置之不論中道乃是大菩提路故於此中分立地位如往帝都有三路異兩邊皆非中道即正正路之中方可論於遠近遲速等也法中亦爾故經云一切賢聖皆以無爲法而有差別信行下分位也於十八住中前十六住是信行地此當三賢依信起行故名信行亦名信解依信起解故第十七住是淨心地此當初地離分別障親證真如故第十八住從第二地已去乃至佛位通名如来地也又以諸家明地位或廣或略廣則五十二位略則泯之全無今則均於廣略去其太甚說三地五位矣疏七立名中謂由下釋謂約三種法上立金剛名一約般若體用名金剛此如金剛堅利二約地位闊狹名金剛此如金剛杵形以信行一僧祇淨心只一刹那佛地二僧祇如金剛杵初後闊中間狹故三約文字名金剛此

如畫像也以詮信行地七紙餘經佛地三紙
餘文淨心地五行經如彼畫像亦初後闊中
間狹故又此三者法喻之上皆展轉而成喻
中且根本是堅利金剛因造以成其杵因畫
以成其像法中根本是體用般若因修以成
其位地因詮以成其文字也又此法喻各三
事中一事即實餘二皆虛喻中堅利金剛是
實杵形畫像皆虛法中體用般若是實位地
文字皆虛以此三事首末相似故立金剛之
名然前一是佛本意餘二是菩薩及古德意
也由前六等者於中前五堅利第六闊狹闊
狹之中含能所詮也疏後四下二總指後四
應先問云第三句內說盡經文未知後四如
何配攝故此云也謂一一住說對治故於對
治處顯不失中道故於不失中立位地故於
漢六　十一
前六中道立名故云云疏十八下三廣釋第三
三一正辨十八住處疏中具列十八住名略
釋其義兼明對治十二種障便指經文令知
科段所屬然每住經文疏但略標三字五字
緣以經本科段首尾文勢稍重恐言涉相濫

故不標最初之字但取其次異文亦不結終
齊至何處意在省約耳向下隨文略叙首末
以隔前後一中發心者謂發廣大第一等四
種心也經文從佛告須菩提諸菩薩摩訶薩
應如是降伏其心乃至若菩薩有我相人相
衆生相壽者相即非菩薩以大乘菩薩最初
法爾合發是心故十八住中居其第一二者
經從復次須菩提於法應無所住行於布施
乃至須菩提菩薩但應如所教住不住等者
等有二意一則等於餘文如上所引二則等
於餘義謂等餘戒等五也此則雖是指經便
兼釋義則波羅蜜是所應戒等是能應能所
兩合故云相應由是但行施戒等不能離相
或行離相不行施戒等皆非相應行直於行
施戒等處離相離相處行施戒等方得名爲
相應行也三者經從須菩提於意云何可以
身相見如來不乃至若見諸相非相即見如
来問色身是相何以離相求之荅色身之相
是影法身無相是體欲得有相色身須見無
相法體未見法體不能現相是故先令見相

無相方得色相之身耳此中意在文外故論
此意科也四中言說者經從須菩提白佛言
世尊乃至法尚應捨何況非法問法身非言
說何故以言說爲法身耶故疏釋云因言顯
理故此有二意一以言說顯於法身法身非
言說二文字性離即是法身無別法身耳智
漢六　十二
相者經從須菩提於意云何如来得阿耨菩
提耶乃至一切賢聖皆以無爲法而有差別
則以無相無爲法爲智相也故起信云以智
相無可見故福相者經從須菩提於意云何
若人滿三千大千世界七寶以用布施乃至
須菩提所謂佛法者即非佛法斯則以持說
此經獲無漏福所感微妙色身名爲福相也
然是法身之福相福相非法身依主釋五於
下文三初正示此文經從須菩提於意云何
須陀洹能作是念我得須陀洹果不乃至是
樂阿蘭那行得勝者以小乘四果勝於四向
等故對劣彰勝也此即以小況大也小人尚
猶無過君子豈合有慠由無慢故方得證果
故經皆言我不作是念我得須陀洹果等從

此下二通叙後段意明等者叙次第之意也
先問云前之四住何不言離障耶故云也意
云凡欲修進先須發心發心已則修行故有
第一第二發心修行本求佛果佛果之内唯
有二身麤細之間先色後法故有第三第四
漢六　十三
前修勝行恐有慢心障入聖位故說小果以
况大乘今離障進入十迴向位也故從第五
方說離障也然此十二障每至一住皆須躡
前以辨来意如云雖得無慢猶自少聞故於
第六住中對治少聞障他皆倣此以此諸障
皆在地前能障見道非是地上故云障盡入
證道也然障是所治文在經外住是能治正
是經文若相望說之理則明矣今當下三別
結對治然準五蘊論說慢有七九二種但開
合之異此約入道人說七者論云一慢於劣
謂勝於相似謂等二過慢於相似謂勝於勝
謂等三慢過慢謂於勝已計勝彼四邪慢已
實無德計已有德五我慢謂於五聚蘊計我
我所六增上慢謂於勝妙法中未得謂得七
卑劣慢於多分勝計已少分劣今所離者即

五六也以證我空故取自果故六者經從佛
告須菩提於意云何如来昔在然燈佛所乃
至實無所得云何離障得成住耶疏次云離
第下所離障不離下結成住義於中上句成
住下句離障也若離佛世不名住處無佛說
法則是少聞便成其障若不離佛世乃成住
處常遇佛說法則具多聞便離障也然凡是
修行智慧為本欲得智慧必須多聞故依佛
住離少聞障也故經云多聞增智慧勤聞第
一方問若然者據今經云於法實無所得豈
成多聞答此是聞而無聞得而無得無得而
得是真得無聞而聞是實聞故成此住七者
經從須菩提於意云何菩薩莊嚴佛土不乃
至應無所住而生其心離小下所離障攀緣
即是作念蓋一義耳緣形等者意云若取色
漢六　十四
聲等相為土即有分限故名小也以不如法
身故若不取相分别不生心境兩亡竟何分
限故云大也契法下釋所以也意令忘懷嚴
法性土不令生心嚴法相土也故經云不應
住色等生心應無所住而生其心偈釋云智

習唯識通如是取淨土非形第一體非嚴莊
嚴意八者經從須菩提於意云何譬如有人
身如須彌山王乃至是名大身成熟者即由
教化令衆生成種根熟有所悟證離捨下所
離障若捨衆生即不能教化故令離障方成
住也若見大小下反釋所以意言能濟物者
蓋為不見大小也故經云佛說非身是名大
身豈存大小若見大小則有高下親踈憎愛
心既不等寧曰大悲縱使化生但成愛見憎
者則去便捨衆生云何成熟反此用意則物
無有遺遲速之間皆能成熟九者經從須菩
提如恒河中所有沙乃至如来無所說離樂
下所離障然隨順外論即是散亂但能遠離
即成住也即儒墨文筆除佛教外皆外論也
以外論之事是名利源既若求名豈得心無
漢六　十五
散亂况得之則樂失之則苦苦之則憂樂之
則溢由斯業累世世沈淪反推其本皆由隨
順外論耳恒沙下舉持經福多以責外學意
云持經者功德若此而不修行名利之源是
輪迴苦本如何隨順却乃修學十者經從須

菩提於意云何三千大千世界所有微塵是爲多不乃至是名世界色是依報即外四大身是正報即內五蘊摶取者即和合義也但秦魏譯異爾然摶取約法相應兼人二事相望總有三對一內身色蘊及外器界但合微塵所成名爲摶取見有身器爲依正執取等即是相應二受等四蘊但合心心所法而成名爲摶取見有苦樂受等即是相應三色心和合以成此身名爲摶取見有心色即是我人相應行即遷流造作之義觀破之義如下所明影像相者謂色心等法是法界中之影像亦可是業識之影像離破下所離障無巧便者由無善巧方便不能破此影像乃名爲障若有巧便破之則成其住也巧便之相彰在次文既離下躡於前住以爲方便之本由無散亂則成其定從定方能發慧觀而破之以細下正示二種方便巧便之相也然破色具二破心唯一除細末也以心心所法不可析破故麤色顯著難忘執情析至極微易袪妄念故須具二如下文說相想即心境也心

境兩忘故云除十一者經從須菩提於意云何可以三十二相見如來不乃至是名三十二相離福下所離障欲入聖道須福資粮如人遠行豈可空往佛爲至聖是福之因供養給侍無不獲福即以此福爲其資粮若供養

漢六
十七

得福即是住非障反之則是障非住也不以下或問文云不以相見如來如來尚不得見云何給侍耶故此釋也此即但以智慧隨順相應名爲給侍然非謂棄却相身別侍無相之佛但了相即非相不生執著乃曰相應凡所供養親近恭敬皆名給侍若生執著不順於理雖常見佛不名爲見如下文云若以色見我以音聲求我是人行邪道不能見如來華嚴云若人百千劫常隨於如來不了真實義盲瞑不見佛又如佛昔三月昇忉利天爲母說法後降閻浮有蓮華色比丘尼欲先見佛化作轉輪王隊仗往至佛所佛乃訶之具陳上事時須菩提在於山中亦欲見佛尋復思念空無相理是真法身何用見色相言已復坐竟不往見於是佛告蓮華色言須菩提

先見我竟汝已在後故知執相迷真對面千里虛心體物天地一家故古人云肝膽雖近情生則隔江山雖緬道契則鄰是知通達妙理方真給侍若斯給侍是侍真佛故所獲福無有邊際十二者經從須菩提若有善男子

漢六
十七

善女人以恒河沙等身布施乃至是名第一波羅蜜離樂下是所離障然障名有所闕略若取周備不過住名但樂味成障遠離成住且約爲障起過有其五重一爲身求利二由求利養令身疲乏此復有二一由放逸令身疲乏二求不得身亦疲乏三由身疲故令心熱惱四由心熱惱故不起精進五由不精進故退失功德恒沙命施下釋成對治經苦校量意令改革以見大利故不求小利既不求利身則不疲身既不疲心則不惱心既不惱則起精進既起精進則能受持獲無邊福故知經意爲治此障成其住也一身者一報身也意云豈爲一報之身終日求名求利求之不足未始稱情縱使多財死爲他物持經功德無量無邊盡未來際用之不竭利害若此

人何不然無常經云眷屬皆捨去財貨任他將但持自善根險道充粮食十三者經從須菩提忍辱波羅蜜乃至如人有目日光明照見種種色離不下所離障此但不忍爲障忍之成住也無我下出忍之所以也斯有兩意所謂通别通則由無我相離累遭割截常能忍受别則由無我故能忍由累苦故能忍也十四者經從須菩提當來之世若有善男子善女人能於此經受持讀誦乃至果報亦不可思議離智下所離障若耽寂無智即是障非住若離寂修智即是住非障日三時下指經對治意云欲證聖性非智不階經若校量意在策發此同華嚴經中訶勸之相彼云法性真常離心念二乘於此亦能得不以此故爲世尊但以甚深無閡智然此是對治之别

漢六 十八

意故須一向而言令人捨定修慧若據究竟通論必須定慧等學涅槃經中說定慧不等不見佛性無明邪見自此而生前第十一住便是定門對治不同故須然也修習之者須兼行之十五者經從爾時須菩提白佛言世尊乃至實無有法發阿耨多羅三藐三菩提者離十一下所離障謂動不自攝則是障非住若自攝不動則是住非障也論中則云自取障我能下釋意云由計我故遂起降住勝能之心不覺喜動故不自攝今經既云無一衆生得滅度無法得菩提則不計勝能故能對治也十六經從須菩提於意云何如來於然燈佛所有法得阿耨多羅三藐三菩提不乃至是故名一切法離十二下若無教授即是障非住若得教授即是住非障欲入下釋成住義雖三賢位中亂修六度經一無數劫欲入聖道要佛策發故於資糧位後立加行名其猶鑽火火欲出時倍加功力遇佛然燈佛也得無所得者即然燈與善慧授記當得作佛號釋迦牟尼非佛與法故云無得問此

漢六 十九

說善慧得記進入八地何故將此配地前耶荅欲入初地須學八地用心方可得入若學初地竟不能入如人學射可知又將證八地猶須教授欲入見道豈得不然然從第五至此住中每住對治一障此障障於見道今則加行位極對治已盡故云而證道矣十七者經從須菩提譬如人身長大乃至佛說一切法無我無人無衆生無壽者攝種性下釋成住義智體即觀照般若是能證也即妙平二智無分别也以得此智生如來家决定紹佛種故斯則地前加行之智至於初地轉受此名證徧等者體即實相般若是所證也以徧在一切法中故唯識云由此真如二空所顯無有一法而不在故論中則名平等智然有五種平等因緣一麁惡平等二法無我平等三斷相應平等四無希望心平等五一切菩薩證道平等有是五種因緣故名平等智故論云入證道時得二種智一攝種性智二平等智也然所證是理今云智者斯有兩意一准起信論云依此法身說名本覺二則理智冥合能所不殊如珠與光不相捨離成法報身者攝種性智至果得成報身平等智至果得成法身故長大者論即云妙大妙即報身以萬行功德所莊嚴故大即法身真如實理徧一切故十八者自此已下皆求佛地於中

復有六種具足具足者圓滿義謂轉捨二障轉得菩提涅槃攝轉具足也既證聖性生如来家須示佛果功德令其欣趣然其果德雖多以要言之不出依正二報二報之内先明所依若無所依能依何立正報之内不踰福智智引福故先智後福然後別顯三業依次所明一經從須菩提若菩薩作是言我當莊嚴佛土是不名菩薩乃至若菩薩通達無我法者如来說名真是菩薩此教下指位即從二地至於等覺當修道位謂莊嚴之時離能所相名之爲淨稱周法界故云具足故經云通達無我法者如来說名真是菩薩二者經從須菩提於意云何如来有肉眼不乃至未来心不可得見淨者即五眼也見即無見名之爲淨無所不見名爲具足智淨者即悉知諸心等知即無知名之爲淨無所不知名爲具足以智見不別故當一處此下等即指位揀非修道即無學位也下之四段皆合有無上之言故云貫通下四三者經從須菩提於意云何若人滿三千大千世界七寶以用布施乃至以福德無故如来說得福德多問前已頻說施福與此何別荅前所說者皆是校量不及受持之福令此說者乃是無住稱性之福非能校量故不同也問佛是果布施是因云何果中即說因行荅凡是果德皆彼因成舉彼無住之因以彰稱性之福也言自在者揀有漏之福不自在也若準論中此與智淨合爲一段意明福智不相離故則於身中開之爲二謂色身具足亦盈六數今則合後開前者意云福之與智迢然不同配攝因果五六有異異須開也相之與好同是一身兼對下語意以成三業故須合也四者經從須菩提於意云何佛可以具足色身見不乃至是名諸相具足此明如来真應具足如經云即非具足色身明真身也是名具足色身明應身也即非諸相具足明真身也是名諸相具足明應身也五者經從須菩提汝勿謂如来作是念我當有所說法乃至是名說法說而無說無說之說是真說法具足者無法可說無所不說是名說法六者然於心中復有六種一念處二正覺三施設大利益曰攝取法身五不住生死涅槃六行住淨化度衆生大悲爲本故先明念處自未成佛焉能度他故次明正覺自利既滿即合利他故次明施設大利益猶恐滯相大次明攝取法身又恐住空有故次明不住生死涅槃又恐執施化迹故次明行住淨也以此六義別對經文廣如彼論避煩不叙又十下二重以八義相攝一者攝是籠羅包納之義即以普度衆生現無違反是故配同第一發心住也二者淨與相應蓋一義耳是故配同第二住也三者雖三色四法皆是欲得由此配同三四二住也四者可知五者正當淨心地故同此住六者正當究竟位故同此住雖通修道就多故說一一下明各攝義如第一住中普度四生廣也令入無餘涅槃深已實無衆生得滅度者廣也菩薩無我人等相者深也初住既爾餘則例知若五百生忍廣也並無我人深也若細言之前以六住攝十八住後以二住攝十八住皆得滿足疏十八住下三更約地位配

釋然諸教中所說地位或有或無如楞伽經云十地即爲初二地即爲八乃至無所有何地此明無也仁王瓔珞等經即具說地位是明有也然此有無皆隨機說也若華嚴行布萬差圓融一際有無無閡斯則稱性之說也然依華嚴有無無閡方爲了義以約法即無約人即有人法既不相離有無故合均齊然其行人念念須冥佛境反窮果海自然階降不同若預等級用心畢竟障於證入故華嚴疏云修則頓修位分因果况此經宗無相豈合列位淺深但約情惑漸薄而位地轉高義相稍同故略配攝也第一十住者十住謂第一發心住二持地三修行四生貴五方便具足六正心七不退八童真九法王子十灌頂今配十住者與彼初住名同故配之也問比但云一如何配十荅以初攝後故問何故不言十信位耶荅亦攝入十住位中也以前之十住通名信行地故亦同華嚴合前開後也故發心一住前攝十信後攝餘九耳第二十行等者十行即一歡喜行二饒益三無瞋恨四無盡五離癡亂六善現七無著八尊重九善法十真實前六者十中前六行也以配此中第二住處以此住處說六度故即布施配歡喜行持戒配饒益行忍辱配無瞋恨行精進配無盡行禪定配離癡亂行智慧配善現行心離分別善巧示現故三第七行者不以相見如來即無著也四後三行者配第四住中三種法身謂言說法身配尊重行於佛言教生尊重故智相法身配善法行以真如無爲是真善法故福相法身配真實行以持經之福無漏真實故五至十四配十廻向者一救護一切衆生離衆生相廻向二不壞三等一切佛四至一切處五無盡功德藏六隨順堅固善根七等心隨順一切衆生八真如相九無縛無著解脫十法界無量五配第一離慢即是離衆生相也六配第二遇佛多聞信解行等不壞七配第三諸佛離相既不住色即等佛也八配第四既見大身非身是真如際方至一切處九配第五不隨外論受持此經即得無盡功德十配第六觀破五蘊與定相應善根堅固十一配第七既不取相即於衆生等隨順之十二配第八經云離一切相即名諸佛即真如相也十三配第九割截不瞋即無縛無著也十四配第十經云無有邊不可思議功德即是法界功德也十五煖等者配四加行位也然此四位由三賢菩薩已經一無數劫修集福智資糧爲入見道故復加行煖頂二位以四尋伺觀觀所取名等四法假有實無即所取空忍世第一以四如實智通觀能所名等皆空然忍有三品謂下中上下品印所取空中品順能取空上品印能取空世第一二空俱印然皆滯相未能證實故唯識云現前立少物謂是唯識性以有所得故非實住唯識若配經文即十五住經云實無有法發阿耨菩提心者以菩提能發所取既言實無即所取空當煖頂二位十六住中經云佛於然燈佛所不得菩提是印所取空當下品忍次云如來者即諸法如義即順能取空然猶未說後時不得即知未能印持故當中品忍次云實無有法佛得阿耨菩提

此明後時畢竟不得即印能取空當上品忍次云如来所得法此法無實無虛乃至即非一切法即雙印二空當世第一位也十七初地者如前疏云攝種性智證徧行真如等故當初地十八等者於中合有二謂此住中初國土淨具足當修道位故前疏云此教二地已上諸大菩薩從無上見智淨具足已下皆究竟位故前疏云此下皆住佛果也是則十八住中前十四資糧十五十六加行十七見道十八中初一具足修道餘即無學道也懸判竟第二下二初牒章分文二依章正釋四初善現申請二一整儀讚佛疏二初釋請人從初至恭敬即是整儀餘皆讚佛也經時者即如来食已敷座而坐時也德長年老者謂德高曰長年多曰老也唐譯下證年老魏譯下證德長智慧超倫即是德長義也然以慧為命者約喻顯法也謂人身以命為本佛法以慧為本命盡則六根俱廢慧喪則萬行不成云云此約別義釋長老也若通意者但有德業便名長老如云先生未必年老矣須菩提者亦云蘇補底但梵音楚夏耳善吉下從来倒標生時下據本順釋西域記云是東方青龍陀佛影響釋迦之會示跡聲聞發揚空理十方諸佛法皆爾也從座下二釋請儀二初正釋經文皆整儀者疏雖通明經須別釋從座起者師資之道尊卑頗殊欲有諮詢不可坐問此同曾子避席對夫子也孝經中夫子問曾子曰先王有至德要道以順天下民用和穆上下無怨汝知之乎曾子避席曰參不敏何足以知之雖彼荅此問而致敬是同也偏袒右肩是彼方儀則此土非儀也欲問如来故須偏袒右膝下右則為順膝能迴屈表順理心也著地即示卑之相也膝表智地表理合掌即表冥心掌合不執外物心冥覺不異縁欲問實相法門故須用心如此恭敬者總結也起座袒肩跪膝合掌莫非恭敬故爾亦可配於三業謂座起袒肩合掌等身業也恭敬即意業也白佛言下即口業也希有下疏且總明具有四種一時希有曠劫難逢然今賢劫之中正當住劫就住劫中有二十增減今即第九減劫中人壽二萬歲時迦葉如来出世百年減一年至人壽百歲時釋迦如来出世減後此劫已盡至第十劫展轉却增至八萬四千歲又百年減一年至人壽八萬歲時彌勒佛出世望過去未来二佛相去一千一百萬餘年中間更無故云希有也故法華云諸佛興出世懸遠值遇難二處希有三千界中唯有一佛百億四天下百億須彌山百億日月百億六欲百億梵世其中唯有一佛此方而現也三德希有福慧超絕勝無上故故法華云我所得智慧微妙最第一又云如其所得法定慧力莊嚴以此度衆生自證無上道然佛功德不可稱說盡其邊際故華嚴云剎塵心念可數知大海中水可飲盡虛空可量風可繫無能說盡佛功德四事希有用大慈悲極巧方便現多種身相演無量法門隨衆生根皆利益故今所歎者意則雖通義當歎事以下標云善護念等如来者真化不同真佛名如来者迷時背覺合塵名如去悟了背塵合覺名如来如即真如来去即隨

緣也化佛名如來者從真如起來成正覺而化衆生今當後者故云從如而來根熟者三賢已上菩薩信根成熟永無退轉也智慧力即無分別智成就佛法即隨其分位令證真如乃於一法令達百千萬法明門等斯則自利行也教化力即後得智攝受衆生即隨其分位令於百千萬億等世界中教化衆生斯則利他行也根未熟者十信菩薩也以此位人六度亂修心如輕毛故云懼其退失以信根未成遇緣恐退故須付囑智者令其教化使不退也將小下將小菩薩付大菩薩囑大菩薩化小菩薩也此如父母遺囑子孫云云菩提下二別解菩薩菩薩梵音言猶不足具云菩提薩埵此云覺有情以時人不貴唐言故存梵語秦地好略又削提埵二字但云菩薩約境所求是覺所度是有情然約人有四句謂二乘有求無度諸佛有度無求菩薩亦求亦度凡夫無求無度約心者亦四句諸佛有覺無情凡夫有情無覺菩薩有情有覺二乘入無餘依界無情無覺約能所者所求是覺

能求是有情三皆下皆上句是覺下句是有情然此三義之中初約悲智次約真妄三約人法菩薩之義不踰此三未必實冠天衣方是菩薩二中疏曲分下二初釋當機以發心者方是當機華嚴下引證此有兩意初云有人先曾發心後時忘失尚非其器況全不發心者何以故魔所攝持故後意即云衆生發心後時忘失者蓋爲不解住修降伏耳故今所問免使遺忘前揀其機後防其退有茲兩意故用彼經所以善財童子每遇善友皆啓云我已先發阿耨多羅三藐三菩提心而未知云何學菩薩行修菩薩道意明發心方是修行之器阿耨下先翻名謂正智下釋義上正字且對偏字以分二智下正字即明二智所覺不偏不邪即以正智覺真徧智覺俗皆不偏邪故云正覺以二乘偏覺凡夫邪覺今揀此二故不偏邪謂如理而知如事而知故也然此二智亦名如理如量根本後得真俗權實等又準智度論說從因至果有五種菩提一發心菩提即十信是二伏心菩提即三

賢是三明心菩提即初地至七地是四出到菩提八九十地是五無上菩提即如來地是今約能發心即當第一約所發即第五能所合論貫通初後也疏二釋正問三初釋魏本先引文意云下釋意住何境界者未發心時住六塵境既發心已誠宜改轍故云住何境界修何下未發心時十惡爲務既發心已不可依前故云修何行業妄心下未發心時妄心起即逐妄既發心已不可隨之是故問云云何降伏故佛下懸示荅意意云昔住六塵之境今住四心昔行十惡今行六度昔時濟相今令不著如是用心真實修行發菩提心豈忘失耶秦譯下會當經初難起意云下釋初二句標意云雖無修行之文含有修行之義如起信中說六八二識不言第七雖即不說義亦具足云云謂四下指經釋成意云四心中亦有住修降義六度中亦有住修降義何以故住謂發心必須修進降謂制伏依住修所明由是於此不相捨離秦什所略意在于茲文雖不明義已具矣故無著下三引論證

住謂欲願者欲願意起即是發心也修行等者平等持心名爲等持等持即相應相應即是修行義也降伏等者彼心即上相應心也制令還住即却使相應也此即依住修說降伏義經論相契聖旨頗同故如上說理實然

矣又十八等者此是無著論明豎荅三問之意也若準天親解經則明橫荅三問從須菩提但應如所教住已下即爲別斷疑情令明無著故有此說意云不唯四心六度之中有住修降伏之義其如十八住内皆有此三如

初住中度四生入涅槃是住義無生可度是修義無我等相是降伏義初住既爾餘則皆然故知下結義三行一者三義具足方成一行謂空發心降伏不修行亦非行但發心修行不降伏亦非行空降伏修行不發心亦非

漢六　三十

行如鼎三足如天三光闕一不可譯經之妙厥在茲焉印讃所讃者印讃須菩提之所讃也即經云善哉善哉是讃也如汝所說是印也如来善護念等是所讃也重言等者善吉所讃雅契佛心若不重言安表善極如顔回

死夫子歎之云天喪予天喪予注云再言者痛傷之甚也吉凶雖别慇懃頗同護付等者空生發言言當其事是故調御印讃云勑聽許說者經云汝今諦聽勑聽九當爲汝說許說也諦謂審實之義意令審諦真實用心聽

也無以生滅等者此乃反用淨名經文彼云無以生滅心行說實相法此意云既不得以生滅心說豈得以生滅心聽既是不生不滅實相之法云何以生滅心行說之聽之無以妙饌置於穢器智論下釋相端視謂不左顧

右眄也目若别顧心則異緣本欲制心且令端視此是用心之方便也渴飲者喻也如渴飲水但恐水竭無暇别觀聽法之者亦復如是思翼妙門無心睥睨一心入語義者意中現義方發於言言中有義義中有意令聽者

漢六　三十一

以耳識聽其言以意識採其義尋義而取意得意而捨義苟能得意在懷何慮失於言義心心若此如瓶注瓶一覽無遺可爲至妙故云一心入於語義中也踊躍即歡賀之貌即欲聞法之時也悲喜即聞了之時悲謂傷昔

日不遇如下經云涕淚悲泣喜謂慶今日之得聞如鶖子踊躍歡喜傷昔慶今故云悲喜如是下結揀其機也意云若不如是用心則不可爲說又真諦記說諦聽離三過失得三功德謂離散亂輕慢顛倒如次生聞思修三

慧也標勸將陳者標謂標指勸謂勸勉將猶欲也陳說也即經云善男子等標也應如是等者勸也標勸之意意在欲說故云将陳即懸指向下正荅之文是故疏云我當爲汝等也三中唯者下如今人稱喏皆順從之辭也

老子云唯之與阿相去幾何注文如疏今則禮對也十地等者釋願聞之相即華嚴十地品中諸菩薩衆請金剛藏說十地法門之偈今借用之然前四句於中約喻配其三慧初句聞慧聞法不思如飲水不味次句思慧若要尋求食味應須啖嚼第三修慧修行惑遣如服藥病除後句即三慧之果蜂採百華以成蜜人集萬行以證真蜂成蜜已依蜜而活人證真已依真而住我等下合喻最後一句通喻所聞

金剛經纂要刊定記卷第三

漢　三十二

金剛經纂要刊定記卷第三

校勘記

一　底本，清藏本。

一　一九三頁下一六行第九字「已」，囮作「也」。

一　一九五頁上八行第一一字「住」，囮作「佳」。

金剛經纂要刊定記卷第四　漢七

長水沙門　子璿　録

四如來正說二初正荅所問二初舉總標列
以牒問經諸菩薩摩訶薩者問前舉當機云
善男子善女人洎令荅處何言菩薩摩訶薩
耶荅大心未發即是凡夫既巳發心即名菩
薩善現標舉約未發心時故云善男子善女
人世尊酬荅約巳發心後乃言諸菩薩摩訶
薩疏此以下四初正釋經文以空生聞有三
種佛令牒舉但言降伏故此釋也前二句標
謂住下釋謂度生無我是住中降伏也施不
住相是修中降伏也由斯義故降伏爲總也
經意在此者在舉降伏而標住修欲顯文不
義豐彰乎玄妙始雖住修究竟降伏得意茲
深故但云一也有科下二斥他謬判即大雲
疏也青龍即云舉終括始其義亦同乃令下
正斥失文不穩暢者本宜初包後義如色例
於聲等何忽舉後攝初致使文非穩暢不穩
暢則蓋由於科非經文本意也況詳下三詳
定經旨降伏在住修中者住中降伏即實無

漢七　一

度者修中降伏即無住布施無度無住便是
離相離相既通住修故知降伏是總不別下
四牒難釋通初句牒難難云空生既問有次
第住修降伏宼分何故經中不與別荅而寄
住修中明耶此經下正通離相是降心者如
前所引無度無住等須約住脩顯者若有發
心修行斯可說得降心若無住修說何降制
斯則只於住修以降分別妄念故云本不相
離無著下引證可知疏荅問中科安住等者
此即安住四心彌勒偈云廣大第一常其心
不顛倒利益深心住此乘功德滿依此科判
故列四心也疏初句下二初釋標三界普度
者釋廣大義一切衆生不越三界三界普度
方名廣大若一衆生不與度者非廣大也故
經標云所有一切衆生即統該也梵語僕呼
繕那此云衆生智度論云五蘊和合中生故
云衆生瑜珈論云思業爲因卵胎濕化爲緣
五蘊初起名之爲生類即流類即胎卵等四
也若卵下二釋列三初中二初釋文禀命之
始名曰受生（即初起之時也）卵等曰異故云差別謂

漢七　二

卵鷇中生胎藏中生依濕而生化忽然生故
不同也然三界衆生不出五道以四攝五亦
得具足故疏次云天獄等化生斯則從狹之
寬明也天獄化生者天上地獄唯是化生最
狹也鬼通胎化者次寬也謂地行羅刹及鬼
子母皆是胎生故有鬼母白目連曰我晝夜
分各生五百子随生自食雖盡不飽故知有
胎生鬼也餘皆化生也人畜各四者人四者
毗舍佉母卵生三十二子胎生常人濕即柰
女從菴羅樹濕氣而生化生即劫初之人故
俱舍云二禪福将盡下生贍部州畜具四者
正法念經云化生金翅鳥能食四生龍乃至
濕生也然禽獸雖殊皆畜生道攝餘獸皆胎
餘鳥皆卵也諸餘微細等者如華嚴云盡法
界虚空界十方刹海所有衆生種種差別所
謂卵生胎生濕生化生或有依於地水火風
而生住者或有依空及諸卉木而生住者種
種生類種種色身乃至云一切天龍八部人
非人等無足四足多足有色無色有想無想
非有想非無想等以令經中無別說處不可

漢七　三

構虛而言故疏結云不可具分品類也卵劣
下二通難應難云卵生最劣云何在初化生
最勝云何居末二釋下通約境等者謂卵生
必具胎濕化以未生處胎胎中必濕無而忽
有爲化胎生必兼濕化濕必兼化化不必兼
餘但從於無而忽有故此則前前必具後後
後後不具前前故爲此次也約心從本等者
謂衆生本因起業業識即根本無明與本性
和合能所未分混沌如卵卵即卵𣪊故藥師
經云破無明𣪊竭煩惱河無明發業蘊在藏
識爲胎受生爲濕生時從無而忽有爲化由
是義故故爲此次也依止差別者依止即是
衆生身身具依止依止義異故云差別故疏
次云有色無色等有色即以色爲身無色即
以四蘊爲身又色界有四禪云云無色有四空
云云如是品類不同故云依止差別問如有經
云佛涅槃時無色界天淚下如雨既有淚下
云何無色荅所言無色者無業果色不無定
果色故不違也境界差別者雖言境界意明
空等四處空識二處者無色界第一第二天

也無所有處者第三天也非有想非無想者
第四天也無麤想有細想故是三有之頂故
云有頂問下二界皆有色何故唯言四禪以
爲色界又色界亦有一天名爲無想云何唯
指無所有處爲無想耶答三界統論不出五
事謂欲色想無想非有想非無想然非有無
想即局於有頂一天色界一天雖名無想已
從多分通名色界故但指無所有處爲無想
其餘三事從空識二處已下乃至欲界相望
有無寬狹不同謂欲界具三色界無欲無色
界唯想無色無欲故立有想之名色界雖有
想恐濫上名故立有色之目欲界雖兼色想
上已沾於二名揀異彼故但名欲界下下必
具於上上上上不兼於下下故立名之本其
在茲焉如有三人一人解經律論一人解經
律一人唯解律揀別立號云云可知又欲界三欲五
妙欲境勝故色界細妙色勝故無色想心勝故由是欲唯欲界色通
二界想徧三界無想通上二界非有想非無
想局上一界斯則不同功德地所釋也二中
經我者即發菩提心菩薩所稱今佛說彼也

涅槃者秦譯滅度今經上梵下唐故云而滅
度之若具足梵音應云摩訶波利昵嚩喃此
云大圓寂今經論中多言涅槃也然準唯識
論說有四種涅槃一自性清淨涅槃凡聖同
有二有餘依即出煩惱障有苦依身故三無
餘依身出生死苦無依故然小乘以灰身滅
智爲無餘無餘有三一煩惱餘二業餘三果
報餘大乘則以究竟實所爲無餘故智論說
四住地煩惱盡名有餘依五住地煩惱盡名
無餘依四無住處悲智相兼不住生死涅槃
故疏即無下即大乘之無餘四種之中無住
處涅槃也謂不住菩薩變易生死不住二乘
灰斷涅槃即眞無住處名爲無餘若小乘無
餘如有情滅滅不別今不同彼故云不共二
乘不共者即非彼四之第三則言同而意異
也如法華經云若得作佛時具三十二相爾
時乃可謂永盡滅無餘此則二障都盡二死
永離也第一者結歸偈旨仍釋科名意謂若
非無住處之無餘焉得彌勒指爲第一心耶
無著下初二句難意云一切衆生五性差別

云何皆入無餘涅槃三分半衆生不得成佛故云不可得義生所攝者荅也此是無著立量成立皆可度也應立量云三分半衆生是有法定皆成佛故爲宗因云生所攝故同喻一分半衆生意云涅槃經說凡是有心定當作佛圓覺經云有性無性齊成佛道此則是可得義安云不得又云卵濕等者舉難處難也卵濕則畜生難無想有頂即長壽天難雖舉二處意兼八難八難謂三塗北州長壽天佛前佛後世智辯聰無根等難意云難處即不可度云何皆入有三因緣等者答也難處待時者此亦令成其種也意云難處衆生不可常定至非難處而度脫之若得成種遲速之間必須成熟發廣大心故合無遺非難處者雖即未度且令成熟已熟可知此稍同前護付之義也三中疏一性空者衆生緣生緣生無性故即空也同體者同一真如性故故起性論云謂如實知一切衆生及與己身真如平等無別異故論云下引證此語猶反應云衆生滅度無異自身寧於自身起於他想

本寂者相本自盡不待滅故淨名云一切衆生即寂滅相不復更滅問此與性空何別荅前但即空此則本來成佛成佛即入涅槃故云本寂前淺後深可知無念者有念即有衆生如無翳則空華不現法界者一真法界平等無差云何於中見自他相故偈云平等真法界佛不度衆生此上五義大雲之文然於中一三約所二約能所四唯約能五該本末也大抵意云若見衆生有可度者即生疲勞不能常度反此即常也又度與不度其心不二名之爲常也故金剛三昧經云若化衆生不生於化不生無化其化大焉四中經何以故者徵意云設所見有衆生可度此何過耶次通云若菩薩有我等相即非菩薩此是反明意云是真菩薩必無我爲能度豈更見有衆生得滅度耶遠離依止身見衆生等（依止即身見異名亦名相續梵云薩迦耶此云身見）等於我人壽者也此名身見者以依於身起此見故故云依止身見衆生等相（又身見爲本諸餘見等依此而生故）今皆遠離故云等相也已斷等者內無我即無自相無自相

即平等平等即空義也信解等者以己方人也由內無自相故得外無他相中有故自是所以也既無自他之相即自他平等志公云以我身空諸法空千品萬類悉皆同顯示降伏等者準無著論廣大第一當住常心當修不倒當降安住一段之中便具三義今此段文正當降義故云顯示降伏等也不轉者轉即生起義意云我見等不生起也我不生起正是降心義也爾炎者梵語此云智母即根本智能生後得故名智母以根本智雖內證真理而無能證之心今後得智雖外度生而無能度之念故云如爾炎也如是用意名不顛倒心反之即顛倒耳二答修行五一總標疏於法統標者謂色聲等六通名法故魏經云不住於事菩薩萬行者謂自利利他事行理行如是等行無量無邊今言萬者且舉大數總名布施者謂第一即資生施第二第三即無畏施四五六度皆名法施偈云下引偈釋於中初二句標第三句配第四句結也一二三者謂一攝一二攝二三攝三也是則

三施爲能攝六度爲所攝無著下攝所以也
前二義顯法施義隱故疏明矣然要畧明資
生者資即外財也無畏者由持戒忍辱故無
心害物設有冤家亦不讐報也若無精進等
者起信云於諸善事心不懈退立志堅強遠
離怯弱等若無禪定等者下文云云何爲人
演說不取於相如如不動不動即無染義也
擬心即差尚名爲染況貪信敬名利等豈得
非懲若無智慧等者說火濕水熱地動風堅
名爲顛倒若說事如事說理如理則非顛倒
由是開一施爲三施開三施爲六度開六度
爲萬行萬行不出六度六度不出三施三施
不出一種檀那是故此中唯言布施二別釋
疏指三事者六境雖差統唯三事謂自下列
偈云下釋初二句標斯不著者斯此也不令
著此三事也次二句釋存已不施者釋上自
身也爲著自身不行施故求異事者釋上報
恩果報也此非菩薩所行正行故云異事報
恩酬過去之恩果報望未来之報自身不施
義當現在護亦防也意令於此三世事中防

護悉皆不著即是不住色等布施也三中疏
前但下意云前之三事收過未盡不妨有不
著自身不著果報不爲報恩而行施者亦非
無住今則下顯今經意心即能緣境即所緣
有即雙該心境及心境所餘收不盡者皆有
字攝空者即離心境等相也問住境理有所
乖離心此復何失答空有二法相待立名有
之與空二俱是相隨墮一相非是常心是故
此令一切皆遣微細盡袪者不論心境空有
起心動念則乖法體是故一切盡令袪遣直
須施時其心平等不起分別方成無住也問
若然者生心動念則非無住且衆生心行任
運非常若待相應畢竟無分若一向不施又
不成佛因若行布施即墮住相進退不可其
事云何答欲求菩提必須行施初行施時難
頓相應要須用心方便隨順任運起念作意
遠之用心多時自然任運得與理合從微至
著漸次相應爾如起信說真如離言說名字
心緣不及遂致問云若如是義者諸衆生等
云何隨順而能得入故答云若知一切法雖

念亦無能念可念是名隨順若離於念名爲
得入云云偈云下引證上義故知心境空有等
莫非相也論云下約離二執三輪釋上離相
施物是法施者受者是人今皆不見則離二
執名爲二空二空皆離即三輪體空輪者喻
也如車輪內虛方能運轉故老子云當其無
有車之用三事體空能招佛果三體體實即
墮世間斯則以無相輪摧三有相超出世間
也無著下但證成上義相即境也想即心也
有人下指斥謬判如文四顯益經此亦別斷
一疑應云無住則無福德疑也大雲二十七
疑從此便爲第一云無住有福疑今則不取
爲大段疑數何者緣是答問之中曲分疑也
故論云得降伏心故是以次說布施利益不
住相者施成就義次後方始文勢云自此已
下一切修多羅示現斷生疑心也疏二一科
釋文意若離等者釋徵意也以魏云不住相
想遂疑云若存施想即有施因以有施因方
有施果既無施想則無施因因尚不成果何
得立如故債須記若忘誰還此疑同無記心

中行施也法中亦爾不可思量者以是無相施福故不可思量喻中東方是衆方之首是故先明南西北方如次例說法喻皆同不可思量意云非謂無空此空相對義在合中虛空下二別辨喻旨徧一切處者謂色非色中皆有空故謂住下法合也住不住中皆有福故謂近感十王住中福遠招菩提不住福又近得色身住中福遠得法身不住福空雖無相非謂無空福雖不住非謂無福二者寬廣即橫徧十方高即竪窮三際大即通該橫竪如上之義法喻皆大殊勝者喻則三災不壞法則四相不遷三者無盡究竟不窮蓋一義耳然世界有盡虛空無窮有漏有窮無漏無盡三種常義咸在茲焉大抵意云無住之福徧滿一切無住之福高大殊勝無住之福究

漢七　十二

竟不窮猶如虛空思量不及以稱法界故得如斯義利昭然復何所惑五中經但應如所教住者問前令不住此又令住住與不住何是何非荅前令不住用心此令住於不住不住而住即住真空如鳥不住空却能住空若住於空即不住空也故魏經云但應如是行於布施準此荅三問已便合經終入流通分緣空生於如来荅處生起疑情所以爲斷斷巳又起展轉滋多執盡疑除終二十七段由是更有次下經文也疏二躡跡下文二初約論分文躡跡斷疑者謂躡前語跡斷彼疑情經中雖不顯有疑辭而伏在文内故但言斷而不言起彌勒頌中亦同於此故偈云調伏彼事中遠離取相心及斷種種疑亦防生成心示現者二意一則空生假設云爲二則指示顯現故第一疏初標章爲求下指疑起處也此從不住相布施中来爲閣前不住三世空有等相方名真施遂疑云凡所行施蓋爲求佛既有所求云何無住又不住等者此縱難也設使因成無住此亦非理故次云因果不類故夫爲因果必須相類有即俱有空即俱空深淨皆爾既若色相是果云何以無住爲因則因空果有理恐不然今将果驗因因合有住佛說無住是誑我耶舉疑因經意云於汝意中還可用三十二相之身見法身如来爲不可耶此相是疑起之因故舉以問本只下釋起疑因以二乘人唯取丈六相爲真佛既將此相爲果故不信無住之因因果不相類故佛令舉果以問令知果海無相自然於因不惑無住也防相酬經意空生見佛舉相以問即知不得相求故荅不也遮防等者

漢七　十三

意恐末代衆生不達此理取相爲真故此遠遮迷見準義則正斷空生現行遮防未来種子也遮斷之義具在懸談論云下引證問經中云見論釋云成就豈合佛意耶荅既作此見必作此證故無違也異有爲經徵意云以何義故不以三十二相見法身如来釋意云以如来所說三十二相之身相即非法身之相故即猶是也非猶不也本文猶倒正言不是也相是等者謂三十二相蓋是鏡智之上所現影像既懂有爲之數故當四相所遷况對機宜有無不定焉可将此而爲法身故言相是有爲等此釋經中如来所說身相也佛體異此等者法身佛體異此有爲故說三十二相不是法身相也此釋即非身相偈云下

引證具云分別有爲體防彼成就得三相異
體故離彼是如来於中初二句義當前段後
一句當次科第三一句合當此文故偏引證
佛體下轉釋偈文即經云即非身相住異下
釋三相義以前標四相此偈唯三者以生在
過去滅屬未来住異二種同處現在又此二
相不相捨離即住而異即異而住以同時處
故合爲一恐濫常住但標異也若細下約義
細分即爲四也此引唯識釋相謂從無而有
名生自有而無爲滅前後改變爲異暫爾相
續爲住然法身如来非前際生非後際滅無
有變異不可破壞故異此也即無相經意云
夫一切相皆從妄念而生是故佛相亦是虛
妄若分別不起相自無生即見非相諸相既
亡唯是覺體名見如来由是則知佛身無相
疏二一釋前二句二初正釋非但者不獨也
凡即六道衆生聖即三乘賢聖依有淨穢正
即凡聖爲對依報故重牒之諸法雖多不出
此四雖舉四法該一切也此釋經中凡所有
相皆是虛妄恐人聞說身相非相將謂唯獨
佛身今言凡所以遮局見以從下釋所以凡
聖染淨勝劣雖殊皆從念生無不虛妄念無
自相不離覺性念尚無性況所現相而實有
耶以念是所依相是能依所依尚虛能依何
有其猶皮既不存毛將安附起信下二引證
於中順顯反顯詳而悉之若見下二釋後二
句二初正釋遮離等者以色即是空空即是
色離色求空斯爲大失故此遮矣不唯等者
又恐聞相即非相是如来將謂只約佛身相
說除佛身外相非如来故云一切相皆無
也
此釋經中諸字也譬如鏡中現一人像兼現
餘物不唯人像空處是鏡餘物空處亦皆是
鏡合法可知如是了者則知見與見緣似現
前境元我覺明故起下二引論釋四初引起
信此有二意一證諸相皆無相義以相依念
生覺體尚離於念何況於相耶二證諸相無
處皆如来義離念之相名爲法身法身既等
虛空虛空何曾有相無相平等攝一切相即
是法身下文云離一切相即名諸佛又云如
来者即諸法如義故云不唯等也肇云下二
引肇法此即明見法身佛之行相恐人聞諸
相非相即見如来便希無相之佛昭然目前
若如是者何殊彼相故云行合等智與理冥
心與神會故云行合解通者如前解了一切
相非相也前是真見此是似見故起信云法
身無有彼此色相迭相見故偈云下三引本
論即前殘偈此依天親論釋無著下四引無
著離徧計者不執虛相爲實故唯識云圓成
實於彼常遠離前性真色身者有兩意一則
以虛妄爲虛妄但如其事不必取不生不滅
以爲真也如以水月爲水月雖似而非真矣
故華嚴云於實見真實不實見不實如是解
法相是則名爲佛二謂相即無相同法身故
攝末歸本名真色身即真善妙色也故涅槃
云吾今此身即是常身法身金剛不壞之身
問前則泯相此乃存相何相違耶荅前顯法
身故云相即非相今明色身故言無相即相
蓋以果佛必具二身二身相即如波與水兩
論之中各顯一義言似相反意實相符菩薩

巧便妙在於此故彼下兩文皆證顯色身義耳然此一段疑中從微至著明真應二身總有六重一明佛相非相二明佛相非即如来三明一切相皆非相四明一切相非相皆如来五明唯證相應無佛可見六明無相之相是真色身然此六重前前則淺後後轉深文不累書理即頓現達者所見必須一時無前後耳第二疏初標章論云下指疑起處無住等者此指正荅住修降問也無相見佛即前若見諸相非相即見如来未来下結成疑也意云因果既皆無相即因果俱深如我親承方能領悟未世鈍根去何信受既不信受空說何益耶呈疑經問意云未来末世能有衆生聞此因果俱深章句生真實信心不頗能也意揀況爾之信故言實信魏云下引魏本會文魏經有之此經闕者羅什巧譯妙在影略耳亦可此文通約現未爲問以佛世時亦有難信此深法者如諸小乘及外道等法華會上猶有退席聲聞況今般若至下佛荅但舉末世以況現在末世尚有佛世豈無故今

秦本不言未来等也句詮差别者以名但詮諸法自性如言色即揀非心等言心揀非色等然其色心各有多種而未明此何色心耶句能分辨真心妄心形色顯色等故云句詮差别也章解句者以句雖詮差别而未廣顯

濮七　十六

義理以真妄形顯色心之中含多義故章能明之故云解句章猶彰也疏文順義故先解句大品下明信之相謂見有色心三科等法是信一切法也今以般若照之一切浮塵諸幻化相當處出生隨處滅盡幻妄稱相其性真爲妙覺明體是不信一切法方名信般若矣其猶淨眼不見空華若執空華豈信淨眼法合可知顯信經莫作是說者訶勸之辭豈謂後世一向無信如佛滅後末法之中有戒定者能於深義實有信心信此爲實也大集下明佛滅後有五五百歲前前勝後後劣解脱者證也即三乘聖果禪定者行也即漏無漏大小乘事理等定也多聞者解也即頓漸偏圓空有等解此上三者前必具後後未必具前塔寺者謂不求至道多好有爲以身外

資財修世間福業等闘諍者此明佛法之中多有諍論且如西天大小乘宗分河飲水大乘之内性相又殊小乘之中二十部異各皆黨已自是非他爰及此方未免於是若相若性南宗北宗禪講相非彼此朋黨互不相許

濮七　十七

名闘諍也皆如例者須有五百歲及牢固之言牢固者人多相襲決定不捨也然此但就增勝說之非不相通如佛滅後二百年内育王造塔豈局第四耶又菩薩藏經云後五百歲無量善人修禪定解脱多聞豈唯一二三耶今經云後五百歲即此時也雖當闘諍之代亦有戒德之人是知五種牢固但約增勝而說本疑下疏以斷疑之文照前呈疑之處是顯空生疑於惡世無信也前引魏經以證斯義惡世尚爾況餘世耶戒定下約三學釋定是福體故對於定正解無倒者既有正解必無倒惑以解因果無相道理名爲實信即慧學也無著下引證魏經云有持戒修福得智慧者彌勒頌云說因果深義於後惡世時不空以有實菩薩三德備三德即是三學今

文但取於此章句能生信心以此爲實即是
慧也若其無慧孰能以此爲實而生信耶少
欲下持戒少欲修定靜亂習慧斷惑故言等
也言增上者以戒等三學是增勝上法經中
說爲三決定義戒出下辨三益相有戒者不
懀地獄餓鬼畜生生四洲六欲故戒經云欲
得生天上若生人中者常當護戒足勿令有
毀損定出六欲者欲界無定故得定者生上
二界故圓覺經云棄愛樂捨還資愛本便現
有爲增上善果慧出三界者三界之本是其
業惑有智慧者悉能除遣業惑既遣自然超
越故心經云觀自在菩薩行深般若波羅蜜
多時照見五蘊皆空度一切苦厄然淺慧尚
能得出三界豈況大乘甚深般若信因經反
顯順明之異可知緣勝者雖則益我爲友人
皆友焉且凡不及聖小不如大因不及果一
佛雖果不及多佛既云無量千萬故云終勝
也因勝者三毒即貪瞋癡此明能害有情故
貶云毒以生起即是不善乆伏故名善根故
華嚴云我昔所造諸惡業皆由無始貪瞋癡

唯識云善謂信慚愧無貪等三根有生長義
故名根也善與不善皆由此三苟能伏之乃
名因勝因緣俱勝方起此信是知實信誠不
易得一念尚爾況乎永信及持說等耶福德
門經意云信經之人得無量福如来於彼咸
悉知見如是無量福者指信經福同前不住
施福十方虛空不可思量也無著下文二初
釋佛知見行住等即四威儀中各有所作差
別故注云四蘊者即受想行識謂相應不相
應思何事念何事取捨憂喜等念皆名心也
注云色身者即爲四蘊所依止故今約義標
故云依止即行住坐卧屈伸俯仰等斯則生
心起念無所不知舉動施爲靡不咸見蓋佛
智眼廓爾無邊依正斯在豈不齊鑒法華云
我常知衆生行道不行道心無形相故但言
知身質既形故得云見斯人德行既備善根
夙成佛不攝授於理如何故云此等顯示等
然則佛智無偏觀生如一有感斯應其誰謂
之不然論云下或問見之與知說一則可云
何經内具言之乎故云若不說等以凡夫亦

有知見見通肉眼知兼比量由是故有不知
不見今佛知見非同此也謂於見處即知非
如比量知知處即見非同肉眼見即無事不
知無事不見經標悉言其在玆矣故彌勒頌
云佛非見果知願智力現見得福下二釋得
福先引經論云下釋義能生因者正修福業
即信解持說者也自體果者即熏成種子自
體後感當果也正起者作福之時當於現行
彼滅者謂現行滅謝種子方成蘊在識中用
感當果此云下正會今文以得之一字生取
俱舍謂生得取得也秦譯之妙其在此矣二
所以中疏二一叙意科分由無等者謂無我
法二執分別是得攝受所以也已斷麁執經
意如疏初徵下文二初節釋經文徵意可知
釋中我者謂執自五蘊總相爲我人者計我
死已生天天死爲畜等故梵語補特伽羅此
云數取趣即是人也衆生者計我衆多之法
相續生故壽者亦云壽命計我一生壽命不
斷絶故然我是總主人等爲别攝别歸總故
言我執由是三中皆言計我等也然上四相

雖是經中所無不可不了耳能取等者心境俱亡也以萬法雖多統唯心境心境各有無量差別故云一切也真空等者雖即諸法皆空非謂一向非相但以離執真空不斷故云亦無非法相然離下二商較經旨此明得佛知見之兼正也故論下引證中有徵釋詳而示之實相差別者實相即無差別但是能生實相方便有差別耳持戒功德即指前段信心等者下云信心清淨則生實相彌勒頌云彼人依信心恭敬生實相不但等者意謂能生實相有多方便不必獨說智慧前云離執此言般若者由是般若能除執故前約所斷此約能斷能所雖異而意不異未除細執者謂二執俱生任運起者前離分別麁執已能成就淨信得佛知見猶殘細執未除究竟障於聖道故令顯示令其斷之經徵意云以何義故要無法非法相釋意云由取相故即著我人等餘文云云可以詳悉疏二初釋總明二相總解等者經云若心取相相中意含法非法相故云總也亦是等者以次文別明取

法非法皆著我人等相故此且是立其宗也若取下二釋別明二相二一正辦二相無明使者法執俱生也是無明住地所攝故名爲使現行等者即我執分別現行前已斷者示無我見者結成上義但取等者即前無明使是所有者轉猶起也我想者我執分別現行也依止者分別種子爲彼現行所依止故亦可法執分別名爲依止與彼我執所依止故斯皆不起也中有下二別解徵意可知以後釋前者不如云以細釋麁義則易見問二乘之人亦有法執云何不起我見耶答以二乘人從初修行偏斷我執至無學位麁細盡除是故雖有法執而不起我執令約大乘學者雙斷二執分別並遣俱生兩存由是二執任運而起也故無著云以我相中隨眠不斷故則有我取玄門經是故者由前取法非法皆著我等故所以勸令不應即入中道也以是義故者由是不取法非法故疏結歸中者不應取法離有也不應取非法離無也既離有無即歸中道假言顯義者謂所言非法是顯

法體離於性計若無非法之言罔知彼義餘皆例此當知義不自顯必假於言故淨名云無離文字說解脫也不應等者謂雖聞非法不得如言便執空義此遮一向執言者也不執等者謂若全棄非之於言則安解諸法空義將知但除其病不除其法此遮一向離言者也是則全執全棄二皆不可故華嚴疏云夫法無言象非離言象無言象而倒惑執言象而迷真偈云等者餘兩句云如人捨舩筏法中義亦然論云下轉釋偈文得證智等者以言詮智得智忘言忘言即不住也如乘筏渡河至岸捨筏隨順等者未得證智不可都忘其言未達彼岸不應捨筏實相生者實相名法得實相智無相無得故云應捨以實相無相故唯識云若時於所緣智都無所得理不應者此實相法尚不可得況離實相外一切法耶除諸法實相餘皆魔事故云非法不與理合故不相應以是例非故云何況第三中疏初標章向說下指疑起處此從第一中來以彼文云不可以身相得見如來佛非

有爲者此指偈云分別有爲體防彼成就得
三相異體故離彼是如來故云非有爲亦是
案定立其理也云何下結成疑既若佛非有
爲即不合有得有説因何釋迦於菩提樹下
得菩提前後諸會説法既有得有説即憧有
爲云何前言不以相見作無爲耶舉因問經
意云於汝心中所謂如何謂我得菩提爲不
得耶謂我説法爲不説耶伊本疑此故舉問
之佛問等者空生疑得疑説佛即順疑以問
辭雖云得意顯無得試其所荅解與不解無
著下引證彼疑有取佛顯無取以無破有故
云翻也説法例之順理酬經意可知定者實
義謂無實法名菩提無實法名如來説此一
向約勝義荅也偈云等者餘句云説法不二
取無説離言相意謂釋迦如來是其應化應
漢七　二十三
化之相俗有真無是故荅中皆言無定準金
光明經及攝論説佛果無別色聲功德唯有
如如及如如智獨存此是真佛今既異此豈
得言真故云應化非真等無定法經徵意云
以何義故無定法可説耶釋意云欲言其有

無狀無名欲言其無聖以之靈諦理若此欲
何説哉説尚不得欲何取哉取即得也是故
上云無有定法如來可説等疏二一引無著
正聞等者此則聞而無聞説而無説非謂全
不聞不説也如淨名云夫説法者無説無示
其聽法者無聞無得是玆義矣分別性者一
切諸法皆依妄念而有差別念尚無念法豈
是法故云非法法無我者但分別性亡即是
法無我理此理不無故云非非法也論云下
二引天親二一釋文依真等者此且標立所
依之本然於其上説離有無一切等者緣生
之法本無真實之體亦無真實之相故云非
也實相有者諸法既無即真實相實相不無
故云非非法也此即非却非法也何故下二
通難難意云本來疑證疑説問荅悉以雙該
今於釋所以中何故但言所説而不言證耶
有言下釋也此乃以説反驗於證且川有珠
而不枯山有玉而增潤内無德本外豈能談
故但言説自表其證也又此言取即是證也
無取經徵意云所以言無取無説非法非非

法者何也釋意云聖人即是無爲無爲即無
分別若有取説法非法等皆屬分別不名無
爲何爲聖人故無取説等言賢聖者賢即是
聖鄰近釋也魏云等者問行位通於賢聖云
何唯取聖人荅若以通論即該賢位此明證
漢七　二十四
果深淺故唯言聖得名者即差別也以諸聖
人皆約證無爲差別之義而立其名如證徧
行真如得名歡喜地菩薩等此則得名差別
蓋一義耳論意等者謂登地已上隨證一分
真如皆斷一障二愚即是一分清淨約於此
義便立一名乃至佛地例皆如此非別得法
者無得而得即是真得菩提若言有得即是
不得當知菩提樹下都無實事故偈云應化
非真佛等故無取説者結歸經文無分別義
也具足清淨者佛也謂一切惑習悉皆斷除
蕩無纖塵純一無雜故分清淨者菩薩也分
斷諸障分證真如垢未全除故名爲分故佛
頂經云餘塵尚諸學明極即如來廣如序中
滿淨覺者處説無著下約無爲差別明賢聖
也無分別者即無爲義無所作爲故云無爲

無爲真如蓋是一法菩薩等者有分別故有所爲故如来等者無分別故無所作故初無爲者菩薩也折伏等者此約在觀分別不生分得相應故云顯了後無爲者如来也無復分別是真無爲即第一義也此約於佛故復

漢七　二十五

云者更無過上故云無上覺即佛也三乘下結通諸乘以二乘之人亦分證真理故此通攝也是知三乘賢聖皆修證無爲所證雖無淺深能證有其差別猶如三獸同度一河能度有差所度無別故大品云欲求聲聞乘當學般若波羅蜜欲求緣覺菩薩無上佛乘皆言當學般若波羅蜜是故經云一切賢聖也校量等者問本因善吉起疑所以世尊爲斷斷疑既已何用校量荅論云法雖不可取不可說而不空故意云恐有人聞是法不可取說便欲一向毁廢言教故此校量顯勝令其演說受持故大雲於此開立第五不空福德疑以論文不言斷疑故此不立也劣福問經意云七寶最珎三千最大用此布施福多不多倶舍下明三千世界四大洲者謂東勝身洲南贍部洲西牛貨洲北倶盧洲日月者即一四天下同一日月之所照臨蘓迷亦云須彌盧但梵語楚夏耳此云妙高山四寶所成高八萬由旬欲天者六欲天也謂四天王天忉利天夜摩天兜率天化樂天他化自在天梵世者色界初天也於中復有三天謂梵衆天梵輔天大梵天各一千等者如上各滿一千方成一小千界此小千等者又一千箇小千界方成一中千界此千等者又以一千箇中千界方成一大千界皆同等者謂四禪已上三災不及故不說成之與壞三禪已下統維三災故云同一成壞就中從初禪已下同火災二禪已下同水災三禪已下同風災七寶等可知福多酬經荅文可見徵云以何義故說多釋意云不約勝義空故說多是約世

漢七　二十六

諦有故說多勝義空者此門是絕相無爲不可言福與不福福既不有無以言多世俗有者此門是有相有爲可以言福以有福故兼可言多判經福經意可知然四句尚爾況全部耶疏二一正釋經文偈釋持說因明勝之所以望後經文有似太疾以偈文連環不可分故悉之受持及說者標二法門不空等者謂持說此經不同寶施空得福德更得何物次文是也福不趣菩提者謂寶施雖多但成世間有漏之福終不能成無上菩提二能趣菩提者謂持說此經斷除煩惱煩惱盡處即是菩提故四句下二別示句相詮義等者謂以一句詮一義一義爲一句四義方成一偈一異有空常無常等皆各有四句然今經四句人說不同有說取無我無人無衆生無壽者爲四句有說取若以色見我等爲四句有說一切有爲法等爲四句有說但於一經之中隨取四句經文便爲四句有說始從如是終至奉行方成四句然上諸說皆非正義如凡下明正義斯則約有無等爲四句也謂第

漢七　二十七

一是有句第二是無句第三是亦有亦無句第四是非有非無句文義兼備故云最妙以此四義能通實相即是四門然但下通妨先問且一二二句皆是四言第三一句獨成六字文既增減云何成偈故此釋也持說等者

以此四義是萬法之門若了四義即通萬法萬法既通豈有菩提而不證哉文或等者但論其義義不在文義必周圓文從增減義若等者謂闕之成謗具之成門成謗者謂闕無成增益謗闕有成損減謗闕非有非無成相違謗闕亦有亦無成戲論謗以有則定有無則定無餘二例之故成四謗何以故法不如是故不如法見故斯則般若波羅蜜猶如大火聚四面不可取也具四句者謂義無所闕故有不定有是即無之有無不定無是即有之無餘亦例之隨於一句之中圓見四句之義不憧增減等謗故成門也何以故法如是故如法見故斯則般若波羅蜜猶如清涼池四面皆得入但以人依於法法異人乖苟法義之所全豈菩提而不證矣故言受持此經勝於施福正釋經徵意云以何義故持說此經勝於寶施釋意可知諸佛菩提法者揀非餘乘菩提法也然餘菩提非此不出但舉勝者而以例之此二者持說也了因者以法身是本真之理不生不滅但以煩惱覆之則隱

智慧了之則顯持說此法妙慧自彰觀破煩惱法身現矣生因者報化之身本來無有萬行所致故名為生故彌勒頌云於實為了因亦為餘生因為經云一切諸佛菩提法皆從此經處轉釋經所言佛法者約世諦故有即非佛法者約第一義即無第一等者謂俗諦

滇七

二十八

相中有迷悟染淨凡聖之異故說佛法從經而出真諦之理離於迷悟染淨凡聖之相故不可說出佛法之義也故圓覺云一切如來圓覺妙心本無菩提及與涅槃亦無成佛及不成佛無妄輪迴及非輪迴然則本論異此不能煩述第四疏初標章向說下指疑起處此從第三中來不可取說者以前文云如來所說法皆不可取不可說云何下結成疑也前云一切賢聖通於三乘故疑聲聞得果是取如初果人證自初果亦自說言已證初果等入流果經問意云於汝意中如何汝謂須陀洹人作念云得須陀洹果不荅言不也徵意云若如是者以何義故得名須陀洹釋意云但約不入色等境界即名須陀洹疏三初

正釋經文入流者四果名為聖人今從凡夫剏入聖類故流類也預廁也只由下釋得名所以入者取著義若取六塵即滯凡流不取六塵名入聖流是知功過在人不在六塵境界據此則何有別法而為所入耶論云下引證上義不取一法者不唯六塵也名逆流者

滇七

二十九

逆凡流也謂若取六塵即入凡流逆聖流既不取著即入聖流逆凡流也乃至下例明餘果初果尚爾況餘果耶然非下二商教果證或問既皆不取應亦不證故此釋也但於下轉釋意明但無取心非謂不證若起下反明凡夫著我既由起心聖人無我必不起也故知下三結斷疑情空生本謂證果是取故生疑今明無取方成證義永異所疑也若準斷疑斯文已畢以四果是小乘賢聖修證行位是故經中具而明也然此四果復有四向謂向於果故即須陀洹向等於四果之中初為見道次二修道後一無學道且初修行得入見道謂十六心斷三界四諦下八十八使分別麁惑得初果證謂三界各有四諦每諦下

各有煩惱即貪瞋癡慢疑身見邊見邪見見
取戒禁取四諦之下或具或闕故成八十八
使雜心論云苦下具一切集滅除三見道除
於二見上界不行恚謂初句即欲界苦諦下
全具十使次句即集滅二諦下各除三見即
身邊二見及戒禁取所以除此三者緣身是
苦本觀苦已斷身見邊見依身而起故亦隨
亡無戒禁取者以集諦不計非道爲道滅諦
又非修位是故皆無戒禁取道當修位却或
有之故不除矣故云道除於二見不除戒禁
也由是苦下具十集滅二諦下各七通前即
二十四道諦下八合三十二後句云上界不
行恚即於二四諦下各除一瞋每界各有二
十八共成五十六兼下欲界三十二即都合
爲八十八也云何十六心謂欲界四諦下各
漢七　二十
一忍一智以成八心又合上二界爲一四諦
類下欲界觀斷亦各一忍一智以成八心二
八即爲十六心也忍即無間道是正斷惑時
智即解脫道是斷了時所謂苦法智忍苦法
智苦類智忍苦類智乃至道法智忍道法智

道類智忍道類智斷至十五心道類智忍名
初果向至第十六心道類智時名證初果入
於見道爲須陀洹分別麁或一時頓斷猶如
劈竹三節並開即以見諦八智爲初果體初
果行相畧明如是餘之三果佇見次文一来
果經問荅及徵意皆同上釋意明斯陀含者
但於人間天上一度徃来雖復徃来實無徃
来之者只約此義名斯陀含斷惑者謂欲界
修惑有四即貪瞋癡慢此是俱生細惑任運
起者障於修道以難斷故分爲九品所謂上
上乃至下下此九品惑二三果人斷之斷至
五品名二果向斷六品盡名第二果故俱舍
云斷至五二向斷六一来果一徃等者以九
品修惑能潤欲界七生謂上上品潤兩生次
三各一生次二品共一生下三品共一生今
漢七　二十一
斷六品已損六生猶殘下三品潤欲界一生
是故一徃天上更須一来人間受生斷餘惑
也便得等者問據此次第合是第三云何僭
言便得羅漢荅所言便得羅漢等者非謂逾
越不證第三但約欲界惑盡徃而不来望一

去說故云便得等也若改便得爲直至何也
餘下三品一生斷盡使徃羅漢即不須前来
和會也故名下結成第二果即以見道八品
無爲及修道六品無爲爲此果體無我等者
由無我故不計去来非謂不去不来但不計
去来之者其猶魯船匠士刻木爲人雖復驅
使徃来實無情慮所計不来果經問荅徵意
亦同上釋意云阿那含者一徃天上更不再
来雖爾不来亦無不来之者但約此義名阿
那含不来不還蓋是一義斷惑等者謂前九
品惑中餘下三品斷至八品名三果向斷九
品盡名第三果故俱舍云斷惑七八品名第
三果向九品全斷盡即得不還果更不還者
欲界修惑但餘三品三品煩惱共潤一生今
以斷之更無惑潤杜絕紆絆故無再来故云
下結成第三果也即以見道八品無爲及修
道九品無爲爲此果體此二三果人斷惑猶
如截木横斷而已知之同前者合云已悟無
我雖能徃来四不生下二初辨得名三釋者
由有三義故存梵音無賊者意以煩惱爲賊

謂斷人慧命劫功德財致使行人失於聖道
流迸生死曠野不達涅槃寶所爲害頗深故
名爲賊見修等者謂上二界各有三種修惑
謂貪癡慢此惑微細難除故約八地分之每
地分成九品都合七十二品每品各有一無
間一解脫斷至七十一品名阿羅漢向斷七
十二品惑盡成阿羅漢此果斷惑如登樓臺
漸陟漸高見修合論兼欲界一地總以八十
九品無爲爲此果體若約四果有爲出體者
即初果唯取道類智一解脫道爲體第二唯
取斷欲界九品修惑中第六品一解脫道爲
體三果唯取第九品一解脫道爲體羅漢唯
取有頂地第九品中一解脫道盡智爲體所
言無爲即離繫果有爲即等流果不生等者
謂我生已盡梵行已立所作已辦不受後有
然前三句即是盡智後句即是無生智謂不
向三界之中受有苦身也以世間因亡果喪
出世間因成果證故應受等者爲超出人天
故堪受人天供養若或一種淪溺寧堪供之
故俱舍云供養阿羅漢得現在福報善𠭊業

煩惱盡福田勝故當知未出三界受他供養
者大須隨順出離豈得安然免之哉舉問經
意準前可知明答及徵意準前釋意云阿羅
漢者無煩惱不受生應供養以是義故名阿
羅漢除此之外更無一法名阿羅漢若阿下
反釋云若或作念言我得阿羅漢果便著我
人等相則與凡夫何所異哉由此驗知的無
是念引已證令信者以已方人也亦令衆生
皆亡是念入於聖道故先印經意云佛於往
日曾說於我得是三昧人中第一不惱等者
若人嫌立則復爲坐乃至不向貧家乞食皆
爲不惱他也能令下釋既不惱之煩惱何起
第一等者謂十大弟子各有一能皆稱第一
即迦葉頭陀阿難多聞舍利弗智慧目連神
通羅睺羅密行阿那律天眼富樓那說法迦
旃延論義優波離持律須菩提解空今言無
諍者只由解空得無諍故亦如夫子十哲各
有能事謂德行顔淵閔子騫冉伯牛仲弓言
語宰我子貢政事冉有季路文學子遊子夏
離欲等者謂貪使煩惱通於三界斷盡此貪

方真離欲也問若然者則但是羅漢皆斷三
界煩惱云何善現稱第一耶答所言第一者
蓋約無諍不約離欲也故經云我得無諍三
昧人中最爲第一又魏經云我若作念世尊
則不記我無諍行第一意者以空生獨得無
諍三昧故於諸離欲羅漢之中稱爲第一也
不取經云佛雖讚我我於此時輒無是念佛
意經云若我當此之時作如是念我得阿羅
漢果佛則不說我爲樂寂靜者只緣不作是
念故佛讚之無所行者即不作念也故經中
反說即言若作是念順釋即言實無所行離
煩惱障者謂貪等十使麁細盡除離三昧障
者三昧是定障即是惑三昧之障依主釋也
不同煩惱即障持業釋故然此二障離各有
由離煩惱障得羅漢故離三昧障得無諍故
寂靜者寂靜即是無諍定意言須菩提是樂
寂靜之者第五疏初標章釋迦下先迷疑意
即釋迦因中爲善慧仙人蒙然燈如來授記
云汝於來世當得作佛號釋迦牟尼由此增
進入第八地故云受法廣有因緣如第十二

中說云何下指疑起處便結成疑此亦從前第三中來以彼文云如來所說法皆不可取不可說故經問意云於汝意中如何謂我昔於然燈佛所於授記言說之中有法爲所得爲無所得荅意云如来昔在然燈佛所於授記言說之中實無法爲所得說是語言等者以是語言故無所得語言非實者謂語言從緣緣無自性舉體全空故無得也斯則聞而無聞說而無說智證法者釋得記之由也意明但以自無分別智證自無差別理智與理冥境與神會豈有所說所得耶論云下引證上義證法離言說相故不可說證法離心緣相故不可取也

金剛經纂要刊定記卷第四 終

金剛經纂要刊定記卷第四

校勘記

一 底本，清藏本。

一 一九九頁上一三行末字「不」，徑作「簡」。

一 一九九頁中末行「曰異」，徑作「四異」。

一 二〇〇頁中一九行第一二字「地」，徑作「施」。

一 二〇一頁上一八行「起性論」，徑作「起信論」。

一 二〇四頁上三行第一六字「引」，徑作「言」。

一 二〇四頁下二行第六字「明」，徑作「名」。

一 二〇七頁上一五行第一一字「殘」，徑作「淺」。

一 二一〇頁下一行第一四字「今」，徑作「經」。

一 二一一頁下一二行「俱含」，徑作「俱舍」。

金剛經纂要刊定記卷第五　漢八

長水沙門　子璿　録

第六疏初標章若法下指疑起處此亦從前第三中来云何下結成疑也既與功運行六度齊修迴向發心嚴淨佛土此若非取則孰為取耶佛身之疑意亦同此以是二報不相離故故論文中二疑雙叙然今此科但斷一種舉問經意云菩薩取形相莊嚴佛土不佛意等者空生本疑有取佛意欲顯無取取與無取在於性相二土故且舉相問之試其解不釋荅經意云不取相莊嚴佛土也徵意云以何義故不取相莊嚴佛土釋意云不以相莊嚴是真實莊嚴也偈云下於中前三句正釋經後一句即却釋偈之第三句也又前兩句釋經中莊嚴佛土者非形釋即非莊嚴第一體釋是名莊嚴非嚴顯偈中非形莊嚴意顯偈中第一體此但指配其文義意即邐迤次顯論釋下轉釋偈文諸佛下至不可取釋偈之前半謂修習無分別智通達唯識真實之性此則以智契如名為莊嚴即是無取之義所疑有取自此釋遣莊嚴有二下釋後半先列二土形相即法相土謂金地寶池等以要言之但有所見聞皆屬形相第一義即法性土謂離一切相無所見聞即真如理是非嚴下正釋即以後第三句為出所以由是故得非嚴及莊嚴也非嚴即揀法相土非今所嚴之者當於經中則非莊嚴也莊嚴意即顯法性土是此所嚴之者當於經中是名莊嚴所謂顯發過恒河沙數功德而為莊嚴如金作器器非外来即以此器反嚴於金是故前引論云諸佛無有莊嚴國土事等是則於諸嚴中更無過者故云第一莊嚴等也言意者即指非形第一體是非嚴莊嚴之意也意即所以也問諸佛身土必須性相具足方為了義今既唯言於性豈不關於相耶荅身土之相唯心之影心淨方能現之苟能清淨其心身土自然顯現其猶磨鏡塵盡像生自然如然故非造作故唯識云大圓鏡智能現能生身土智影況是即相亡相非謂棄相取性但無執情何關於相然以經宗無相此義稍增首末皆爾用心之相如次所明淨心勸經意云以是義故汝諸菩薩應生無住清淨之心若人下先叙所遮之心意以形相為真佛土由是見故便欲形相莊嚴故云我成就等彼住下顯失也意明本欲嚴淨如何却生染心以住色等即生死心何名淨耶為遮下躡前所遮引起經意既以不住色等為清淨心當知住於色等誠為染矣正智者無住之心既是正智當知有住所生之心同為妄識此中正智而言生者所謂顯發非捌然而生故大經云於一切法不生是般若波羅蜜生也以此般若不生不滅故云真心若都下顯意遮過恐墮空見故令生此真心天真之心本無生滅但緣住境即不相應亦非斷滅心若不住般若了然亦非生起恐人迷此故為顯而遮之是則前令不住色等是遮有後令生心是遮無既離有無即名中道如斯體達是真莊嚴何有佛土而不清淨故淨名云欲淨佛土當淨其心隨其心淨即佛土淨淨其心者即離有無也第七疏初標章疑起之意前章

已叙問此與第三何別荅前化此報故不同也緣前聞應化非真故無有取便云報身是實應有取心是故此疑躡彼第三而起也斷疑經問荅可知徵意云以何義故名之爲大釋意云非有漏有爲身是無漏無爲身若準無著則全異於此大抵首末皆依二諦而釋也今此疏中有依天親有依無著則此一段且依天親也疏二初總釋喻旨高遠等者謂下據金輪高八萬由旬六萬諸山而爲眷屬故名爲大故華嚴疏云須彌横海落群峯之高而不取等者彼山雖大四寶所成五位法中色法所攝三性之内無記性收豈有分別而取爲王也報佛下正明所喻謂進修多刼福智圓明純淨無垢更無過此故云無上獨王（去聲）法界故號法王大有二義一約體身智郭周故二約位諸聖莫及故無分別者非如色法是無記性但以三祇修習萬慮都忘如知寐然故無分別偈云下以偈結也非身下二別解非身二初牒經畧指無漏無爲者無漏則簡異世間無爲則表非生滅問今明報

身即合有爲無漏云何此說無爲耶荅此據實教不約權宗故是無爲也故淨名云佛身無爲不墮諸數佛身無漏諸漏已盡故偈云下二引論廣釋二初引本偈此偈標遠離有爲有漏意顯唯有無漏法體論云下二引論文三初雙標若如是者指經徵起以標也以唯下二雙釋清淨身即法身也此釋有物之句即是經中是名大身也問此說報身云何言法荅以法報合說二身不殊以此實教理智無二故得云耳以遠離下釋無物之句也即是經中佛說非身也法身既是無爲則離有爲生滅有爲既離況有漏耶故此釋文不言諸漏以是下三雙結謂以是遠離及唯有故顯得法身真我無漏無爲不生不滅湛然清淨故有實體名爲有物不如凡夫徧計之我有漏有爲即生即滅如彼夢幻無有實體也以不依下結無有物亦是重顯所以也以不依於五蘊有爲之縁而住唯如如及如如智獨存故有實我當知凡夫皆依五蘊有爲縁住五蘊尚假況所計我耶縁法非已故云

依他也辯沙經意可見阿耨池者此贍部洲從中向北有九黑山次有大雪山次有香醉山於雪北香南有阿耨池此云無熱惱縱廣五十由旬八功德水充滿其中於中四面各出一大河東名殑伽河繞池一帀流入東海南信渡河西縛芻北徙多皆繞池一帀如次入南西北海今經恒河即殑伽也言恒者譯者訛也周四十里者謂初出池口處也佛多下出取喻之由然說此經時但在祇園餘說法時多近於彼故以喻也彰福經意可見論云下徵也謂三疑之後四果之前已說寶施之喻今復說者豈不重耶偈云下釋也謂前已一三千界寶施此說無量三千界寶施雖則總是多若總是勝校量然其後者即多中之多勝中之勝故重說也斯則言說重而義意不重何故下轉難意云何不於前文中便說此喻耶爲漸下約人通也謂機淺法深頓說難信漸次誘引令知勝德又前下約法通也謂喻之前未說四果無心釋迦無得嚴淨國土不嚴而嚴修證佛身無證而證是故校

量之喻亦未能勝後乃既明斯義法理無深
由是校量之喻亦復殊勝或可出生佛法之
義亦在前喻之後也況後釋所以中五段經
文亦屬於此思之顯勝經意可知大意同前
者即福不趣菩提二能趣菩提是也可敬經
可知大般若下引事證帝釋每於善法堂中
爲天衆說般若波羅蜜法或有時不在諸天
若到皆向座恭敬作禮爲重於法乃尊於處
故高顯者以尊人故令處高顯俾遠近皆見
敬而生福也形貌等者塔中有佛形貌人見
必生敬心見於說法之處亦如見佛形貌若
梵語制多此云靈廟或云可供養處與此大
同獲益經意云宣說四句之處尚得天人供
養何況盡此經文能受持耶如經敘之前四
句等者據此經意望於前段有二勝劣何者
爲前說其處此說於人前明四句偈此明盡
受持由是前則劣中之劣此乃勝中之勝反
覆而言故云何況也最上者法身也無漏無
爲絕上上故第一者報身也衆聖中尊更無
過故希有者化身也如前所說四種事故意

明受持讀誦具獲三身功德圓滿也有云能
趣菩提故云最上勝出諸乘故云第一世間
無比故云希有有佛經意云如此經文隨何
方所即爲有佛及諸弟子經顯下明有佛及
有之所以謂報化必依法身法身又從經顯
既有能顯之教必有所顯之佛又經是教法
佛是果法果由理顯理由行致斯則三佛備
足四法具圓所在之處豈生輕劣又一切下
明有弟子之所以三乘賢聖體是無爲經顯
無爲故有賢聖尊重者謂證如者皆是入理
聖人可尊可重故若準魏經即但言有佛使
人尊重不言別有弟子故彼文云即爲有佛
尊重似佛名勝經問意云未審此經有何名
目不有名目如何奉持荅文可知徵意云如
来常說諸法名相皆空今特立此名者有何
所以釋意云我所立者名即無名無名之名
豈違空義爲受持故於無名中強立名耳佛
立下釋立名之因因即所依之義謂金剛有
能壞之義般若有觀照之功法喻雙彰故曰
金剛般若其實亦約能堅之義以立今且就

用釋之具如題中及七義句中說也斷惑故
勝者衆生流轉爲遭惑染若斷惑染成佛無
疑豈不勝乎對治等者約名顯義義實名虛
若執虛名安得實義慮有斯執是故對治異
說勝經問意云汝謂如来除所證之法外更
有別異之說不荅意云如来除所證之法外
更無別異之說此段躡於次前立名處來意
云非唯立此經名名即無名凡有所說悉皆
如此又非我獨爾諸佛亦然無別等者謂釋
迦一佛初中後說竟無別異增減然乃但據
真實無差不約言辭有異耳但如下出所以
也凡有說時皆如其證證中無說豈有異耶
三世下結通諸佛以諸佛同證竟無二源不
證則已證則無別也若未至極位在因地中
隨其所說各各差別何以故所證不同故如
地前地上十地節級不同由是果人決無異
說故云下結成上義既一佛多佛過去未来
所說皆同咸如其證如證之說不亦勝乎故
論云下引證唯獨等者說般若能斷煩惱無
有一佛不作此說餘皆若此第一等者以諦

理離言說相離名字相故不可說此證前既如其證則無所說也然無著天親語雖似異其意實同既如其證豈非第一義耶塵勝經問荅之文可見釋意云所言塵者非煩惱塵但是地塵所言世界者非染因界但是地塵界此即躡前校量中來由前說河沙寶施不及持經惑者所聞未能誠信所以如來特說此義使其明見優劣用滌所疑具在疏文昭然可見

論云下釋盡其意意云碎界爲塵塵上不起煩惱寶施得福即有貪瞋五欲自娛無惡不造故相傳云布施是第三生怨所以塵界勝於寶施且塵界但不起過尚得爲勝況受持此經定招佛果豈可以爲劣哉由是相望便有三重勝劣謂寶施不及塵界塵界不及持經持經尚勝於塵界豈得不如寶施如百姓不如宰相宰相不如天子天子尚勝於宰相豈得不如百姓喻中天子最勝也法中持經最勝也經勝所以豈不昭然大雲下但對經文以揀法喻更無別義然其意者說微塵是塵貪等亦是塵以俱有坌汙之義故說三千爲界說煩惱染因亦爲界以皆有爲因之義故亦可三千是器界煩惱是有情界故也今則揀非貪等塵及染因界但是地塵及三千界也是則結釋上義並如前說果勝經問荅之文可知微意云以何義故不以三十二相爲法身如來釋意云如來說三十二相非是法身無爲之相但是化身有爲之相故恐施下叙經起之意也恐彼意云若施不求佛即起煩惱本爲求佛云何煩惱彼所求者即是三十二相之身爲破此見故復問之持說下且標勝劣謂寶施但得色相持經即得菩提故云勝彼福德何以故者微意云既得三十二相何不得菩提彼相下釋也理法身是菩提相彼三十二相非菩提相所以言者菩提無相故由法身即菩提相非菩提相空矣又於其中法身則勝色身則劣何以故法身無爲真實性故色身有爲影像相故然由持說因勝故果中獲法身寶施因劣故果中獲色身故上標云持說此經勝彼福德經福下轉遮謬解恐施寶者聞上所說便云雖知色身劣於法身寶施不如持說我以不能持說不要法身恒將寶施成就色身相好既圓不亦妙矣爲遮此見故此云也謂前且約別義分於因果故說施感相身若據實義而論空施不成相果何者由無智慧隨相生情所施雖多唯成有漏縱得三十二相但是轉輪王色相雖同不名爲佛若能持說此經則智慧圓起依慧行施不住有空以無漏因獲無漏果如此三十二相始得名爲佛焉意明下結釋上義不逾前說校量經意如文可知但甚多之言顯超命施之福也捨身等者意恐人聞寶施不及受持便謂以是身外之財所以劣於經福若將身命布施必勝受持爲破其見故有此文沙數猶劣況一身耶泣歎經意者謂空生聞上所說喜極成悲泣涕連連自宣心曲身爲羅漢已是多時慧眼雖開未聞斯教捨身下悲泣之由然有三意一謂傷彼捨身虛其功故意云捨命河沙劣於持說不達深旨勞而無功二謂悲曩劫不逢遇故意云

在凡不聞故當其分自階聖果亦未聞之三
謂慶今得聞喜極成悲故善吉㧑聞深法非
本所望涕淚交流以彰極喜今此疏中且明
前一也論云下引證慧眼等者謂空生混跡
寄位小乘自證人空已來未聞法空之理以
法空是大乘所證境故然以此爲經勝由者
有兩重意一謂教若麤淺聞乃尋常既感悲
啼乃知深妙二謂常人啼泣未足爲奇善吉
悲傷當知最勝之所以不亦明乎正明經
意云若人聞此能生信心此信若生不信諸
法故云清淨諸法既泯實相生焉三身功德
自此周備豈不勝耶第一等者如前所明經
文存畧故標二也此中即般若教餘者即未
說般若之前二乘人天之教所言實相者即
無相之相也謂無我法之相以要言之離一
切相名爲實相故下文云離一切相即名諸
佛言餘教所無者謂人天教中具足二執小
乘教內法相猶存不可以二執之相而爲實
相故言餘者非實相非猶無也言此有者謂
頓除二執雙顯二空空病亦空二邊皆離中

道斯顯名實相焉故云此中有也問實相之
理教但能詮云何信心便生實相荅謂能信
此經必無二執無二執處即是實相非謂別
有實相生也佛跡經意云此實相者體當勝
義但唯無相名依世諦故言實相爲離等者
恐聞實相之名便生實相之想想即分別也
良以實相真妙言念不及雖假言念唯證相
應若起當情但唯影像恐認於此故曰即非
信解經意云我爲阿羅漢親禀佛言信解受
持不爲難事若當來世濁惡世中去聖時遠
不聞佛說覽斯遺教信解法空領受任持依
解起行若斯等類不亦難乎未來等者謂無
著出世當正法中故引來世之勝人以誡當
時之劣者是知小人君子何代無之斯則指
於第二疑中所說後五百歲持戒修福者也
三空經徵意云設有能信解受持以何義故
得爲希有釋意云以無我等相故此則我空
也徵意云所以令無我等相者何謂也釋意
云以我等相即非相故我相體是心心所法
既無此體即是法空也又徵意云以何義故

令無我法之相後釋意云離一切相名爲佛
故諸相雖多不逾我法今此統收故云一切
斯則是相皆離爲俱空也俱空之理則名爲
佛佛自此成故言勝也人法二取其義可知
顯示等者爲我法二空菩薩有分離一切相
方是如來今顯示此義者令諸菩薩方便隨
順學而習之見賢思齊速成佛故云諸佛
世尊乃至如是學也印定經意如文可知然
以前來從爾時須菩提聞說是經乃至離一
切相即名諸佛盡是空生之言於中邐迤有
其六重所謂聞法悲啼信生實相對彰難易
明無我人法執兼亡盡成佛故如斯所說皆
當誠諦之言故佛世尊印云如是重言者表
言當之極耳不動經意云此經深妙難解難
知或有人聞多生驚畏若得不生驚畏豈不
希有者哉實難其人蓋緣經勝經勝之義昭
然可知驚畏者此三行相不同驚謂愕然而
恠怖則進退慞惶畏則一向恐懼如人欲往
上京行於大路以先未經歷忽然而驚心自
念言何謂至此或進或退疑是疑非遂無决

定之心謂此路元来不是或反而不進或恐懼發狂墜壑投巖不終天命法中亦爾以佛於人天小乘教中說空說有不達意者隨言而執及說此經則顯非空非有中道之理先所執者悉皆驚畏却以爲非不能進趣或墮
漢八　十三
凡夫或落小乘菩提真空從玆永失今之經意則云若人聞此不有不空難信之法不生驚畏之心則能不捨菩提進向大道旨趣深妙尠有其人若或有之是爲希有也大因經徵意云以何義故聞而不驚等得爲希有耶釋意云以此法門於諸波羅蜜中是第一波羅蜜故然此波羅蜜若約勝義則不可言故言非第一等今所說者約世諦說爲勝之義不亦然乎故云是名等二都下爲前来兩重校量皆言經勝釋勝所以已列九門每門之中各是一義未知根本何謂勝乎斯則於勝所以中更徵勝所以也大因者謂第六般若波羅蜜也以佛有三身法身最大此能得故名爲大因六中最勝故稱第一勝餘等者謂人天二乘教中不詮此法今乃詮之彼以所

詮劣故能詮亦劣此以所詮勝故能詮亦勝也

清淨等者謂隨相之法建言必異離相之理說即無差以平等一夫故平等一味即勝義諦也以是勝義故清淨矣故彼下通釋都徵之意檀即是施通於内外二財故云等也無如是功德者謂在因無破惑之功在果無法身之德故此福者受持讀誦也然前門門皆顯經勝勝之根本不過此門能成清淨法身是故說名爲勝内外財施安可校量第八疏
漢八　十四
初標章向說下指疑起處也此從前内財校量中来謂河沙命施全勝外財猶感苦身故名爲劣若爾者印定前說依此下結成疑也謂依此經受持解說不憚勞苦即是菩薩行菩薩之行無所不爲剜身然燈割肢救鴿一句投火半偈亡軀供佛燒身捐形飼虎如是等行皆名苦因爲行頗同果證何異因果既等何勝劣哉云何等者意明前捨身命即成苦果今受持經亦是苦行何故不成苦果耶忍體經意云忍辱波羅蜜者勝義諦中則無

此相故云非忍辱等斷疑意者若如汝言受持此經及菩薩行苦行便同捨身俱成苦果者此義不然以前捨身不達無相即成苦果持說此法菩薩苦行達無我人知忍無忍彼岸非岸直造本源豈成苦果故云忍辱非忍辱等忍到等者然此以超忍爲體須知本末五重然後披疏則明見其理五重者一是本源之心非動非靜二不忍謂以怨報怨三忍雖不加報未能忘懷即未至彼岸忍四忘情絕慮寂然不動即至彼岸忍五非動非靜即
漢八　十五
超彼岸忍爲治動心且居靜境動既非實靜豈爲真若準五門方爲究竟與其第一更無二源體相常然竟無改易今言忍辱波羅蜜即第四門非忍辱波羅蜜即第五門離苦相者已越第三彼岸非岸兼超第四尚踰靜境豈有動心初後兩端正當忍體正明經徵意云以何義故能行此忍釋意云以無我人等相故也歌利王等準涅槃經說我念往昔生南天竺富單那城婆羅門家是時有王名迦羅富其性暴惡憍慢自在我於爾時爲衆生

故在彼城外寂然禪思爾時彼王春木華敷與其眷屬宮人綵女出城遊觀在林樹下五欲自娛其諸綵女捨王遊戲遂至我所我時爲欲斷彼貪故而爲說法時王見我便生惡心而問我言汝今以得阿羅漢果耶我言不得復言獲得不還果耶我言不得復言汝既年少未得如是二果則爲具有貪欲煩惱云何恣情觀我女人我即荅言大王當知我今雖未斷貪欲結然其內心實無貪著王言癡人世有仙人服氣食果見色尚貪況汝盛年未斷貪欲云何見色而當不著我言大王見色不[illegible]實不由於服氣食果皆由繫念無常不淨王言若有輕他而生誹謗云何得名修持淨戒我言大王若有妬心則爲誹謗我無妬心云何言謗王言大士云何名戒我言忍名爲戒王言若忍是戒當截汝耳若能忍者知汝持戒即截我耳時我被截容顏不變時王群臣見是事已即諫王言如是大士不應加害王告諸臣汝等云何知是大士諸臣不言見受苦時容顏不變王復語言我當更試

知變不變即劓其鼻刖其手足爾時菩薩已於無量無邊世中修習慈悲愍苦衆生時四天王心懷瞋忿雨砂礫石王見事已心大怖畏復至我所長跪而言惟願哀愍聽我懺悔我言大王我心無瞋亦如無貪王言大德云何得知我即立誓我若真實無瞋恨者令我

滇八

十六

此身平復如故發是願已身即平復今疏言問得四果者蓋通相而言也論云下義如後釋反顯經徵意云以何義故得知無我等相釋意云若有我相應生瞋恨既不瞋恨則無我相如昔立誓若實無瞋身即平復以無瞋故則知無我以無我故方成真實忍波羅蜜支離也相續忍經意云恐人將謂只是一度能爲此忍故說過去已五百生或恐人言無我能忍應可暫時若使頻爲必不能爾故說多生悉皆如是或恐人言有何所因無我能忍故說多生忍之熟故含三意故有是言也累苦故者本疑累苦難忍却由累苦能忍斯則翻前三意中後二意也而樂者然有四意故樂一爲忍熟故樂如役力之人久得其志

也二爲正定故樂常踞大定寂滅不動故三爲愍他故樂如孩子杖父父即樂生四爲自利故樂以将此幻形易得堅質具玆四意故言樂也疏文但有前三故偈云下引證如是苦行果者對破疑情也謂因苦果還苦因樂

滇八

十七

果還樂故不同也如陶金作器器還是金和土脫墼墼還是土前徵云何此法不成苦果今此結云如是苦行故不成苦果也二勸離相中疏二一引論叙意論云下出勸之由也謂不能安忍欲捨菩提心由見苦故見苦是苦者由不離我相故若離我相則不見苦自然成忍不捨菩提故今勸之令離相也夫菩提心者謂上求下化二利不息既若見苦爲苦即不能忘身捨命出生入死是故便捨大菩提心如舍利弗本發大心行菩薩行至六住被乞眼睛便生瞋忿不成忍行捨大歸小蓋由我相也三種苦者前二即次文後一即當第十疑中心住於法行布施等是也意明住相行施墮有漏中受用欲樂疲乏生苦也亦可有漏有限有限故乏受用乏受用故生

於苦也然今依天親科經故不收入此段前二文理相似故全用之總標經意云以是無我相等得成忍行故彼諸菩薩應須離相發菩提心若離等者住相既捨菩提不住即成大忍菩提之心自然久固何捨之有也無著下可知流轉苦經意云不應住於色等六境生於妄心應生無住菩提之心若心有住色等境界則爲非住菩提也以是義故佛於正荅問之中說菩薩心不應住於色等布施菩薩之行處處皆同故引前文以證於後也流是下解科文此即四諦之中前二世間因果也大雲解云集招苦果故說爲流生死不停故名爲轉斯則襲習綸輪之義也著色等者著色等即疲乏菩提心不生不著色等即不疲乏菩提心生矣引前等者是上修行文中也巳如前說相違苦經意云菩薩行行本爲利益衆生故便離相行於布施若能離相則衆生相違時不生疲乏也況我法二相如來說爲非相耶以皆本無故須離矣若其本有何用離之勸離之旨方茲著矣疏文內引無著顯意既爲等者蓋不合爲而爲之也如人邀客本爲供承見有所須反生凌辱於理如何由不能下出瞋之所以也故顯下出經意也但無此二心必相應論云下二約天親釋文衆生相者以魏經云一切衆生相故陰中等者今於陰中不見有我故云非相也五陰法者以彼衆生皆用五陰之所成故陰空等者以無能成之五陰故云法無我也然此人法二相本自空無衆生不知妄執爲有今所說者意令知而離之也又此我法經文文與意反文即先法後人意則先人後法魏經之內文句昭然故今疏中順意釋也第九疏初標章於證下述疑意兼指疑起處也此從前第三第七中來以彼校量內外財施不及持經以此得菩提故遂起疑云若然者且言說是因因即是道以此證果理則不成何者以果是無爲無爲有體因是有爲有爲無體無體之道不到果中云何說此而爲因耶斷疑經意云如來之言真實無異皆如其事不誑衆生持說必趣菩提汝等云何不信又以如来說於真實等故名如来爲真實語者由是者字皆屬如来疏文初畧消經意佛所下通說斷疑之意皆如其事者即下四語所說之事今說等者以彼況此也意云彼既無謬此豈不然真語下二廣釋五語佛身即真身也以法報合論理智無二故若欲分文別指則佛身是報大菩提法爲法也是真智者以菩提是覺覺即智故論云依此法身說名本覺法報今說同名真身如來說此真智之法乃名如来爲真語者此則以所說名能說也餘皆例此諦實等義已如前說如語等者小乘雖有生空之理非實真如以是偏真未徹源故大乘之內具顯三空空病亦空是究意真如法也不異者與三乘弟子授記劫數久遠名號壽量國土等事一一不異故也佛將等者謂本来只有四語秦什譯時加此一語欲以說統四語發明佛意用之斷疑也應可一一舉而問之以顯不誑之義且如佛說大菩提法爲真智時爲真不真耶則對曰真當知如来是真語者斯則不誑之義明矣他皆例

此說此四事既不誑人令說此經受持得菩提果豈成誑耶云何不信雖此言說有爲無體之因能證離言無爲有體之果故偈云果雖不住道而首能爲因以諸佛實語彼智有四種亦如淨名云文字性離即是解脫無離文字說解脫也離執經意者前雖以言遣疑又恐隨言生執聞說依言得菩提便謂言中有菩提及聞言中無菩提便謂畢竟無菩提不達言空而法實故作斯執今則遣之故云如来所得等也如言等者爲言說緣生本無自性言中菩提亦同言說何以故有名無實故如言於火但有火名名言二法皆無體性故云如言等也不如等者不似言說也謂言說畢竟無體菩提之法即不無也但以不在言中不無離言之法如言中之火雖無不無離言之火由是言中雖無火不妨因言而得火言中雖無菩提不妨因言而得菩提以依言進修必證果故若然者則不應言中執有離言執無達此有無方云離執故偈云順彼實智說不實亦不虛如聞聲取證對治如是

說第十疏初標章若聖下指疑起處此從第三中来準彼但云無爲不言真如今所言者揀餘無爲故所以揀者欲顯所疑要成徧義餘無爲法有不徧故彼真如下立理也如華嚴云法性徧在一切處一切衆生及國土三世悉在無有餘亦無形相而可得斯則處及塵塵時該念念故也何故下結成疑既徧時處即合皆得何故有得不得耶斷疑經意云若住法行施則不得真如如入暗中一無所見若無住行施則得真如如太陽昇天何所不矚真如雖徧得失在人義理昭然竟何所惑無智等者謂無般若觀照之智由無智故即執著色等六塵及空有等一切法也以住是執著之義故云住法心不淨者由執著故爲塵所染正智不生不證真理故云不得得即證也有智等者反前可見對治等者以經中具有法喻疏中配釋影略難明今要預說然會疏文謂喻中有五一空二色三暗四日五目法中有四一真如二性德三煩惱四智法四喻五數不齊者以空喻真如色喻性德

暗喻煩惱日目二事同喻一智所以然者以日目二事各有一能智慧之中具有二義日能破暗如智斷惑目能見空如智證理既目無破暗之義日無見空之能約義分之但有四對法喻喻中意者且如虛空無所不徧一切色法亦滿世間百千萬人悉在其內日光未出六合瞑然雖在空而不見空雖對色而不見色苟或日出昏暗盡除眼目開明空色皆見匪但空無邊際身在其中反思暗瞑之時不曾暫出法中亦爾謂真如之理周徧十方性上功德亦徧一切衆生無量悉在其中以智慧未生唯是癡暗雖在真內何曾見真雖有性德不見性德苟或智慧明發惑暗蓋除真性廓周自然明見匪但性無邊際身在性中反思迷暗之時不曾暫離故肇公云道遠乎哉觸事而真聖遠乎哉體之則神彌勒頌云時及處實有爲不得真如無智以住法餘者有智得對治法者即智慧也以日目二種同喻此故謂日是能治暗是所治所治之暗既盡能治日光現前即能見其色等法中

感智例此言也故偈云暗如愚無智明者如有智對法及對治得滅法如是讃德者以顯得真如爲由心淨心淨由不住法不住法緣有智有智蓋由聞經當知此經有其勝德故須讃歎以示将来勝德之相即下十段總標經意如文可知所言以佛智慧知功德者意言除佛世尊餘無知者蓋顯功德之殊勝也受持因者標也爲欲下釋欲受其文故先讀欲持其義故先誦是故受持皆由讀誦故分因果也受持等者謂依總持法而受持修行若文若義總能領納方曰受持此則思慧也讀誦等者謂依聞慧廣故讀誦修行若無所聞憑何讀誦此聞慧也論云廣多讀習亦名聞慧然皆言修行者蓋通相說也非是三慧中修慧以修慧與理相應唯局無漏出於讀等四法之表故不配之但約聞思二慧共所成就故疏次云是則從他聞法等故偈下引證從他即聞慧也及内即思慧也捨命福經意可知以事等者以前来已說命施此中復說者蓋時事俱勝故時即布施之時事即怖

施之事前但一度施一河沙身命時事皆小今則無量劫中日復三度以河沙身命布施時事皆大是捨命福中勝福德也信經福經意亦可知不逆者是不謗義也魏經如此信經者謂能所校量之中皆有勝劣能中一河沙數爲劣三時多劫爲勝所中信經爲劣持說爲勝前則以劣況勝此則以勝況劣前淺後深天地之遠矣餘不測經意云若具足讃歎終不可窮以實言之有無邊功德等也非餘等者非二乗菩薩能盡知也故前云以佛智慧而悉知故又下文云當知是經義不可思義果報亦不可思議佛尚如此餘豈能知自覺者謂以心思口議但及名相之境此非名相故不可思議唯證相應故也等及勝者兩意一則無有等此勝功德故二則無有勝於此故無有等於此故故心經云是無上呪是無等等呪及即等義故不別標也大心說經意云以非餘者所知故故爲最上者說一佛乗者經中初標大乗名恐濫於權教故復揀云最上乗者今疏中出最上乗體故云一

佛乗也體當本覺故名爲佛非二非三故名一乗故魏經云爲住第一大乗衆生說即當善吉所爲機發無上菩提心者能傳經意云若能宣說受持此則修行二利能令佛種不斷則名荷擔菩提滿足無上界者滿足即成就義界即因義意明不可量等功德與無上菩提爲因故也荷擔等者在肩曰擔背負曰荷今明行菩薩行即是荷擔謂以大悲下化以大智上求以大願雙運安於精進肩上從煩惱生死中出念念不住直至菩提真性自他一時解脫方捨此擔法炬經中具有此說今經云受持讀誦即自利廣爲人說即利他既若二利兼行必以大願爲體由是能令佛種不斷故名荷擔菩提樂小經徵意云云何唯爲大乗者說何故持說名爲荷擔菩提釋意云以樂小者著我等見不能持說故知能持能說是最上乗荷擔菩提之者問何者名爲小法誰爲樂小之人荅四諦緣生名爲小法聲聞緣覺即是樂小之人滯情於中乃名爲樂彼有法執此顯三空是其非處故不能

持說故魏經云若有我人等見於此法門能受持者無有是處當知若能持說即是樂大法者不著我人等見也問聲聞緣覺以達我空云何經中而言著我荅以我人等見是心心所法著之即是法執故指緣覺聲聞也或可樂小法者即是聲聞緣覺著我見者即是一切凡夫如塔經意云經顯法身依法則有報化三身既存塔廟斯在是故此處勸應供養準纂靈記說隨朝益州新繁縣王者村有書生姓苟未詳其名於彼村東空中四面書之村人謂曰書者何也曰我書金剛般若經曰何用焉曰與諸天讀之時人見聞若存若亡彼屬霖雨流水滂霈唯此地方丈餘間如堂閣下竟無沾濕於是牧童每就避雨時人雖在莫知所由至武德初有西僧至神貌頗異於此作禮村人謂曰前無殿塔爲何禮也曰君是鄉人耶曰然僧曰君大無識此有金剛般若經諸天置蓋其上不絕供養云何汙踐使其然乎村人乃省苟生寫經之處自此遂甃嚴欄護之不令汙踐苟至齋日每常

供養瞻禮者往往有聞天樂之聲迄今其處雨不能濕且空書無迹尚乃如斯況紙素分明而不能顯轉罪經意云如過去造極惡合來世墮三塗者苟遇此經受持讀誦功力既著能消極惡遂以現遭輕賤之事更不墮於惡道即是轉重業令輕受也持經無我等相即煩惱障盡極惡消滅即業障盡不墮即報障盡三障既滅三德必圓故云當得菩提也總包等者以打罵等事皆名輕賤故隋譯下引證無著下轉釋無量者以身口意三所爲之事但不饒益皆屬輕賤也故云無量罪滅者罪障既盡漸漸修行因圓果滿自然爲佛經言當得意顯後時非謂現世得成佛果餘轉滅等義已於懸談五因中說竟第八經疏二初總敘意速證等者意明持說此經速證菩提之法所以超過如來事多世尊之福故偈云福不至菩提二能至菩提也二別科釋經二初中全具福經意可見然燈前者以釋迦因地修行經三無數劫第一劫滿遇寶髻如來第二劫滿遇然燈如來第三劫滿遇勝

觀如來今云然燈前者即第二劫中也那由他者第九數數當萬萬少分福經意對前比量可解然所不及者有二義一彼得福德此得菩提故二彼有我相此無我相故故前云此人無我人相等也則疑經意云前雖校量亦未具說若具說者人必狐疑狐者狡獸也以多疑故故云狐疑述征記云風勁河冰始合要須狐行以此物善聽聽氷下水無流聲即過也魏經即但云疑惑幽邃經意云校量不及佛不具說者以此經義及持者果報皆不可心思言議故也福體者經義也爲福所依故果體者佛菩提也測量即思議也以福田佛果皆無相故然科云總結幽邃準疏所判但局第十疑中今若詳之兼該三七之二以始自第三乃至第十邐迤次第五度校量謂外財兩度內財兩度佛因一度且第一以一三千界七寶布施校量不及持說第二以無量三千界寶施校量不及第三以一河沙數身命布施校量不及第四以無量河沙數身命布施校量不及第五以如來因地供養

諸佛功德校量不及至此第五是校量之極更無譬喻可以比況故云乃至筭數譬喻所不能及苟或具說人必生疑故復云我若具說者或有人聞心則狂亂狐疑不信自此之後讚校都絕所以望前數段故總結云當知是經義不可思議等也問此至經末猶有數處校量云何輒言無校量耶荅餘所校量但是別意以之斷疑實非前說五重次第也由是隨時畧舉一三千界寶或須彌聚寶或河僧祇界寶以為校量若不然者豈得勝義之後却舉劣福為次第耶第十一疏初標章佛教下指疑起處住修下即正荅三問及次前十段也若無下結成疑既教我住修離過豈是無我無人若言無我誰住修離過耶亦云下敘別義除細執者即是第二疑中未除之者故今舉之令其除斷問執與疑何別耶荅執則堅著疑乃不決若攄論意正是除執不言斷疑今疏云斷疑者若言除執文勢孤起血脉不貫故依諸疏以立此疑偈云下引證除執道之與心蓋是一法但以心本無我而

執我道本不住而成住故立障心違道也然此疑執之文若詳經義別分則從爾時須菩提至即非菩薩是斷疑後之一段是除執也故論中釋已偏指後文問經文雖似前問意全別意云若人發心則無有我是誰降伏其心反覆如上所說必無我經意云若人發菩提心已當生度盡一切衆生之心然不得起有衆生可度之念亦不可起我能度之念念既不起即無我無我即名菩薩也非菩薩經徵意云以何義故度衆生令不起衆生之念耶釋意云若有我相衆生相等非菩薩故前約所度之境此約能度之心心境合論通名為我既前後互舉則顯能所皆無也俱釋經徵意云前無所化之境次無能化之心所以要無能所者何謂也釋意云以能所俱十方是菩薩故法之一字能所俱攝第十二疏初標意若無菩薩者指疑起處即從次前文中來也以前云無發心者發心者即是菩薩故云何下結成疑也然燈即是釋迦因地第二劫滿所遇之佛既於彼處行菩薩行云何乃

言無發心者舉疑處經意云汝意之中頗謂我於然燈佛所得菩提不若得菩提何成菩薩是彼疑處故舉問之降怨下敘其本事準本行經說昔有大城名為蓮華城中有王名曰降怨有一婆羅門名曰日主為王所重分與半國封授為王別為王城名為娫主日主夫人名為月上然燈菩薩降神右脇出家成道時降怨王將欲迎請遂勑城內外十二由旬禁斷諸華不令私賣王皆自買以供如來彼國雪山南面有一梵志名曰珍寶有五百弟子中有一弟子名之雲童或名善慧於彼衆中而為上首所有仙法皆學已了辭師還家師曰汝今將歸須以清淨傘蓋革屣金杖乃至金錢五百報感之恩雲童曰我今並無此物但放我去得即送來師即放之雲童因赴無遮之會得五百金錢便欲送還師處因至蓮華城內見城嚴麗即問於人乃知然燈如來欲至遂將三百金錢於一婢子處買得五枝優鉢羅華兼彼女子寄華兩枝共為供養時佛入城即以此華散佛頂上以願力故

成於華蓋隨佛行住佛神力故化一方泥善慧見之布髮而掩復作是念願得如来踏我身過若不蒙記莂我終不起如来即至履之而過止諸徒衆皆不令踏即授其記作如是言此摩那婆於未来世當得作佛號釋迦牟尼十號具足如我無異今善吉意云既若實華供佛布髮掩泥即是菩薩若此非菩薩者則孰為菩薩歟斷疑念經荅意云我意不謂如来得菩提也我已解佛所說之義於彼佛所無有一法得為菩提彼時者蓮華城中授記之時也智與理冥心與神會亡所得之法無能得之心故云都無等由無等者即指上無得而得夫菩提之為法者寂滅無生不空不有離一切相若離能所則順菩提得佛授記若存能所心境不亡則與菩提極相違逆

漢八　三十

如何得記故淨名云寂滅是菩提滅諸相故印決定經意云空生之言稱其實理故云如是實無下如来述成可知我於彼時者即受記及修行時也無有一法得菩提者此約橫竪顯之橫則於六度萬行之中行行皆無得義若布施得菩提則不要戒忍等竪則初中後念念念皆無得義若初念得何須念念相續等如是橫竪心行之中皆無得菩提義也功德施下未詳何經若見等者以自他之相相待而成既見於他必須見自見身清淨等者反於前也清淨即是空義見他既見於自不見自則不見他成既相因而成泯亦相因而滅如淨名云如自觀身實相觀佛亦然亦如志公云以我身空諸法空千品萬類悉皆同亦同莊子中說因有而有之因無而無之也見清淨智等者非唯無所見之自他兼無能見之智用斯則能所雙泯也圓覺經云依幻說覺亦名為幻既皆是幻豈得存焉然雖能所兩亡不成斷滅以靈源真心本無能所妄生能所即是乖真能所既除即合本體靈

漢八　三十一

然不昧物我皆如故華嚴云能見及所見見者悉除遣不壞於真見是名真見者又圓覺云諸幻盡滅覺心不動是名見佛者結成見義如上用心方得見佛若生分別執相違真則不名見故華嚴云一切法不生一切法不滅若能如是解諸佛常現前得無生忍等者謂以正智忍可印持無生法故以一切法本無生滅衆生迷倒妄見生滅苟離妄見正智即生契合本體達一切法本来無生名無生忍例而言之見一切法無滅亦名無滅忍今則舉初以攝後也一切智智者是達一切諸法之智表用非一故重言耳有云依於始覺顯得本覺智中之智名智智也得授記者準楞嚴經記有四種一未發心時與記或有流轉五道生於人間好樂佛法過百千萬億劫當發心過百千萬億劫行菩薩道供佛化生皆若干劫當得菩提二適發心與記者是人久劫種諸善根好樂大法有慈悲心即住不退地故發心與記三密記者有菩薩未得記而行六度功德滿足天龍八部皆作是念此菩薩幾時當得菩提劫國弟子衆數如何佛斷此疑即與授記舉衆皆知此菩薩獨不知四無生忍記者於大衆中顯露與記也今當第四也謂散華佛頂布髮泥中依有漏心得無生智於大衆前分明記一刻也聲不至耳

者能所俱寂以離分別心故心既不起耳何所聞亦非餘者此無分別處非謂別有一智能智圓覺云離遠離幻亦復遠離亦非惛懞等者恐聞都無分別亦非餘智便謂同於木石一向頑癡故圓覺云諸幻盡滅覺心不動

濵八 三十二

然即此覺心亦無所得故頌云若時於所緣智都無所得等此則離沉離掉了然寂然妙契本心竟何所得善慧彼時心同此也反覆釋經意可知矣若正覺下釋反釋也以法不可下釋覆釋也擬此則善慧彼日但聞其言言性本空竟何有得但約妄惑盡處真智現前當此之時義言得矣第十三疏二一科分此初二段皆屬前疑但是於中相躡曲叙今以論文別說故復開之二初斷下隨釋疏初標章無佛疑者若了虛無之無無即無咎執之爲無無則太傷故成此疑後法亦然也若無菩提者指疑起處此從十二中來諸疏叙疑多書菩薩字便云從第十一中來然論文之中但云菩提方是血脈相次即無下結成疑也意云果法號曰菩提證得始名爲佛既

菩提不可得豈有能證人謗者即損減過也若言無佛是真謗佛也大論云寧起有見不起無見等爲斷下預指斷疑之文然是魏本彼文云如來者即實真如非無經徵意云若無菩提則無有佛以何義故得有如來釋意

濵八 三十三

云若無真如則無有佛也以真如是佛故今真如本有復何疑焉無著下挾來義解以真如通於凡聖衆生垢染但名如去佛位清淨名曰如來如序中滿淨義及第三疑中具足清淨義也猶如下喻明也意顯精純故名真金謂衆生如金鑛菩薩如金鑛相半佛如純金也然金性本有鍊之則純如體本然修之則淨故圓覺云譬如銷金鑛金非銷故有雖復本來金終以銷成就一成真金體不復重爲鑛無得經意者恐人聞非無如來便言既有如來即有菩提何者以得菩提方名如來故爲破此見故云有人言得實無得也無有法即菩提法也錯解者實不得而謂得故也不實語者即錯解也等菩薩行者謂將前菩薩行以等菩提即指同前來萬一之中皆無

得菩提義也但空生疑得故以佛等菩提佛顯無得故以菩提等行無著下可解夫佛與菩提義分人法體無二源由是唐言總名爲覺既佛即菩提菩提即佛豈有得義應知說菩提樹下成正覺時同彼然燈佛處亦無所得也疏二斷下二疏初標章無因行者指疑起處此從無佛中來以前將行等菩提明無得義故則如來下結成疑也意云行即是因菩提是果既無因行何得菩提或不約能得所得以成疑也前來斷疑則以菩提等行如今起疑却以行等菩提爲斷下預指能斷之文遮疑經意者以空生前疑得菩提是有執此疑不得菩提是無執今則雙遣故云無實無虛二執既遣復何疑無耶故云遮也無色等相者釋無實也即顯菩提無色聲等相然

濵八 三十四

則但無實色等相而不無於假相故經但言無實不言全無也彼即菩提者釋無虛也此有三意一者無色等相處即顯無相真理是菩提相也二者即以色等相爲菩提相由色等無性便是菩提如像無體便是明鏡即色

明空不待滅故故云彼即菩提相相即性也三者菩提無相刧以色等爲相以菩提即真如真如隨緣成色等故論云無漏無明皆同真如性相無著下標真如無二者以虛實是空有斷常二邊既言俱無即顯中道也謂言下釋無實也如言菩提而言中無菩提故謂彼下釋無虛也有兩意一則無離文字說解脫故二則明菩提不同言說全無性故故魏經云不實不妄語斷疑經意云以一切法並以真如爲體一切之言凡聖收盡故皆佛法真如既是佛法餘法豈非佛法耶如一切像以鏡爲體故一切像皆是鏡像又所言一切法非定實一切法是全空一切法一切法下義如上說由色等者謂色等即空故非色等如像即鏡故非像等斯約諸法即真顯非

演八　三十五

法真如等者謂空中必無色也以獮滿清淨中不容他故此約真中無法解非法也備斯二義故曰即非是名下以彼色等雖非質閡之一切乃是即性之一切今約此義故曰真如揀異色等無性故云自性也真佛法經意

以前說佛之與法二皆不無又佛之與法二皆不異未知何者是佛法真體而言不無不異耶故此顯有真如是真佛法以彰不無不異之義也依彼下兩句標也離一切障者離煩惱所知二障徧一切境者如華嚴云法性徧在一切處等功德即相大即大智慧光明徧照法界等大體即體大功德所依也故即等者功德及體皆廣大故此上解佛大身非身下兩句論文自釋無諸相者無有爲相也如前三相異體故有真如體者有無爲法也如前離彼是如來攝一切等者攝理融攝也華嚴云一切衆生及國土三世悉在無有餘故名大身安立等者真如之理本非自他非不自他爲破衆生執自他故言非自他形對強言故云安立斯則安立真如假名名曰大身既攝一切則無自他也故起信云此真如體亦不可立以一切法皆同如故

金剛經纂要刊定記卷第五

金剛經纂要刊定記卷第五

校勘記

一　底本，清藏本。

一　二二一頁下九行第三字「今」，徑作「合」。

一　二二一頁下一七行「說統」，徑作「統收」。

一　二二三頁上末行末字「怖」，徑作「布」。

一　二二三頁下九行「雙連」，徑作「雙運」。

一　二二四頁下一七行首字「一」，徑無。

金剛經纂要刊定記卷第六　滇九

長水沙門　子璿　錄

第十四跡初標章若無菩薩者指疑起處此同第十二於十一中来但起則同時斷則次第也諸佛下順他以立理也既無菩薩即無此事然佛不成菩提即是生不入涅槃但約凡聖分於因果故下結疑之處則合而言之何故下結成疑也意云若無菩薩則度生嚴土之者是何人哉失念經意可知但亦如是言是躡起疑處之文非次前文也偈云下兼釋後段嚴土之義以文意鈎鎖故聯而引之也初句標次二句釋後一句結意云真界平等擬心即差既生其心豈非顛倒經中作如是言即生心也是意言故無人經徵意云何故作是念便不名菩薩釋意云但約無我無人真如清淨名爲菩薩非謂别有一法故下文云若作是念則不名菩薩也跡文可知前說經意云以是義故佛常宣說一切諸法皆無我人等相然一切諸法本無我人但違之則是衆生順之則是菩薩失念經意準前可知釋所以經徵意同前釋云如来說莊嚴佛土者非有能嚴所嚴則嚴與不嚴等無有二是真嚴也今既異此故非菩薩釋成菩薩經意可知論云下通釋前段以偈文通標在前論文通釋於後前後相望理則昭然起何下約論徵也故經下引經釋也無著下可知問此與第六皆言嚴土義何别耶答前則對無取疑有取此則對無人疑有人然此與第十二皆從十一中起以彼文云無發菩提心者佛意但是拂於我人之心不是泯於菩薩空生不達此意將謂我人與菩薩不異由是空生起疑之處則云若無菩薩如来斷疑之處則言無人彼此㑹含未甞顯說直至此處方乃決通經文特言通達無我法者如来說名真是菩薩第十五跡初標章前說菩薩下指疑起處此從十四中來以前云我度衆生我嚴佛土皆非菩薩斯則不見自他之義若通而言之亦兼從正答問及第十一疑中來也若如是下結成疑也以闇不見自他等相便謂如來都無智眼故成疑也跡斷之下二引論彰意偈云下先述斷疑意也初句縱次句奪第三句明能見五眼體常故言實也末句明所見諸心體妄故云顛倒然若干種心是智所知境今配爲所見境者以如來知見無二體故約眼爲見在心曰知故十八住中合爲一住處也斷疑意云菩薩但離能所分别故云不見諸佛豈無真實智眼此顯正斷其疑下但隨文科釋跡文五下三依經斷疑肉眼經問答文意可知肉團等者謂四塵名肉清淨眼根依肉而住名爲肉眼如楞嚴云眼如葡萄朶耳如新卷葉鼻如雙垂爪舌如初偃月身如腰鼓顙意如幽室見清淨眼根依此發也障内下約所見分齊以結名也依肉之眼名爲肉眼佛具下或問曰佛爲至聖何以同凡有肉眼耶故此通之然但約具諸根處說有肉眼非謂如来是血肉身故經云捨無常色獲常色等肉眼邊等者謂作觀行依肉眼處想外境界觀想成故見障外事名爲天眼如阿那律等大般若下克就佛說前但約名通解故云障外今約佛位而言故云人

中無數等除見天下結成分齊亦顯二眼體同以佛眼體是一而有五用故根本者能生後得故亦名正體智真智如理智以能照真故名慧眼也後得者從根本後方得起故亦名徧智俗智如量智由能達俗故名法眼也問據前一二先淺後深云何三四先深後淺答前約眼之次第此約證之次第以達俗由證真故說爲後得也疏於內文二初局釋當文前四等者佛有此眼故云佛眼以前二眼通凡夫二乘無法眼菩薩雖具且劣若在於佛四皆殊勝揔名佛眼是則佛眼之外無別四眼也其猶四河歸海失本名耳四皆勝者謂凡夫肉眼見障內天眼見障外佛眼見無數世界二乘天眼唯見一三千界佛天眼見河沙佛土二乘慧眼唯照生空地上菩薩亦皆分證佛之慧眼圓照三空洞徹真性菩薩法眼所知未盡地地之中各有分限佛之法眼所知障盡無法不知無生不度故四皆勝也又見下以所見是佛性此眼能見故如涅槃云聲聞定多慧少不見佛性菩薩慧多定少雖見佛性猶不明了諸佛如來定慧等故了了見性如觀掌中菴摩勒果斯不亦圓極之義乎問菩薩聲聞定慧互闕於其佛性則何以聲聞不見菩薩分見耶答以定慧望於佛性慧是因定是緣因親緣疎故使然也又聲聞但有偏空慧無中道慧故云慧少菩薩有中慧故見佛性也又此五中唯第三持業釋餘皆依主釋也無著下二通前揔顯二初引無著義揔釋淨勝者非顛倒故超諸聖故四種者舉所以攝能明於分齊如以六境攝六識色攝即肉天二眼論云色攝有二一法果二修果法即肉眼以從過去業法之所感故修即天眼謂是定果修所得故二眼同見色法色法最麤故先明也第一義即真諦境攝慧眼也世諦即俗諦境攝法眼也一切種者一切種種差別境也一切攝者攝佛眼也即無所不了是一切種智故論云一切種無功用智名爲佛眼古德下二約古德重結可知智淨中五段從狹至寬展轉而數謂數沙數河數界數生數心欲明如來之智微妙能知故約所知之境廣多以顯經皆可見標悉知經文可知共欲者染也欲謂五欲即色等五塵心與欲合故名爲共又欲謂貪欲是心所攝舉初該後意無瞋等心與貪等相應故云共也前約與境相應此約與煩惱相應皆爲深也離欲者淨也即不與六塵境煩惱相應名之爲淨染淨之心各有無量故曰若干也釋悉知經徵意云以何義故能悉知之釋意云彼等諸心皆是妄識妄識即空故云非心以即空故真心不滅故云是名真心體同故能悉知大雲下釋出能知所以也以諸心是真心中所現少分之法今證真體豈不能知諸心下牒釋可知與此殊者以雲說無直論言唯妄故不同也論釋爲正若以科疏觀之却以雲釋爲正也請詳種種顛倒識者釋經中諸心也魏本云如來說諸心住皆爲非心住是名爲心住論釋意云諸即種種住謂顛倒以八識皆能緣境有取著故或約前六名爲種種緣麤顯境相續不斷故名爲住以離等兩句釋皆爲非心住也離與不住蓋是

一義智與實念亦無別體意明不住大乘四
念處故若住於此即是實念實智既住六塵
即顛倒識也是故說顛倒者釋是名爲心此
但結歸顛倒識也釋非心經徵意云所以說
諸心爲顛倒識無體者何謂也釋意云以於
過現未来求不得故已滅下釋三世不可得
所以也論文淨名華嚴並同但釋現在有少
異耳論云現在虛妄分别故淨名云現在不
住華嚴云現在空寂然文異而意不異也然
此獨於現在之中言第一義者以無著釋經
皆約二諦既五眼文中不言眼即非眼又以
見智二種其體不殊故於最後安立第一義
第一義即是空寂空寂即是不可得義意皆
同也第十六疏初標章向說下指疑起處此
從第十五中来心住者指魏經如上所引顛
漢九　六
倒者指偈文皆不可得者指經文若如是下
結成疑也意云衆生心是顛倒福德依心而
成豈非顛倒顛倒既同何名善法既非善法
修福何益問荅福經可知以是下釋多所以
以如來舉因緣以問空生牒因緣以荅因緣

無性福亦無性乃成無漏是故多也此文但
標下文即釋反順釋經意云若是住相之福
我不說多以是無住之福是故說多也疏一
初引論正釋偈云下標也論云下釋也意云
心識住故故成顛倒顛倒故福皆虛妄佛智
無住依之作福即非顛倒非顛倒故皆真實
也取相者是有漏福故不說多離相者是無
漏福故說多也問福下二問荅解妨問意可
知違順等者謂一法界心本来無住本来空
寂佛智空而無住故言順妄識住而不空故
言違所言不空但妄識不空非真實不空也
苟忘懷而違之則無所不喻也第十七疏初
標章若諸佛下指疑起處此從第三中来云
何下結成疑也此約下出疑所依意云既言
無相法身是佛何以成就相好亦名爲佛此
漢九　七
約法身疑色身也現身經問荅可知徵意云
以何義故不以色身見佛釋意云以約勝義
非世諦故由此不應定以色身見於佛也隨
形好者八十種也法數如常即小相也隨其
身形一一皆好故八十好即色身鏡中下喻

明也故知鏡中有物却不能現物如凡夫雖
有法身不能現相好者蓋緣有物所言物者
妄身心也論云下約性相揀收也畢竟等者
約體揀然相好下隨相收也此二下釋相好
爲佛之由如金畢竟非師子亦非無金以師
子不離於金故是故下約存泯會釋經文言
無者約體而說釋即非色身言有者隨相而
說釋是名色身成就者魏經即是今文具足
義現相經如前三十二相者法數如常即大
相也一一等者前從鏡中無物已下義意並
同前文已明今不別釋也第十八疏初標章
若如来下指疑起處此與前疑同時於第三
中杷起則同時斷成先後非從次前文来若
言從彼来者已悟非身之身何疑無說之說
思之可見云何下結成疑也意云聲不自聲
依色而發既無所依之色何有能依之聲故
成疑也遮錯解經文可知谷中下喻明也意
云以有外聲遂有響荅谷中實無作響之者
說法亦爾法身實無能說之者以機感故遂
見如来有所說法又谷雖應聲而無應聲之

念佛雖說法而無說法之心據此却由無念
故方能說法是故遮云勿謂等也釋所以經
徵意云以何義故令我不作是念釋意可知
世尊下疏如文可解示正見經意如疏如佛
法亦然者佛既無身故現身法亦無說故强
漢九　八
說以佛例法故曰亦然二差别者論云一者
能詮名句文也二者所詮義也此能所詮若
望於佛俱是所說通名法也不離等者論云
釋是名說法法相之界故名法界說法無自
相者論云釋無法可說謂相即性故言說緣
生無自性故又解不離法界下二句俱是釋
無法可說謂此二種不離法界法界之外無
别二法自相可得以此二法自相本空不可
得故此即以下句釋上句也真說等者夫爲
說法當如法說名真說法法離一切名相分
别若稱此說是如法說故下文云云何爲人
演說不取於相如如不動然第三第五第七
及此四處皆明無說者意各不同以第三疑
化身有說第五疑證智可說第七明佛無異
說此文疑無身何說以此爲異然諸疏於十

八九之間約魏本經文皆出一疑龍外皆云
何人能信疑雲云能信深法疑令秦經既無
其文疏亦不叙而觧今見近本秦文皆有此
段乃於抄中略要叙釋名爲所說既深無信
疑論云若言諸佛說法者是無所說無說不
離法身法身無相有何等人能信如是甚深
漢九　九
法界斷之經云爾時慧命須菩提白佛言世
尊頗有衆生於未來世聞說是法生信心不
此疑甚深無信以問也解空第一智慧圓通
以慧爲命故稱慧命生信心者生大乘正信
心也不信一切法方爲正信此信與聖性相
應故起信云如是信心成就得發心者入正
定聚畢竟不退名住如來種中正因相應次
揀聖性有人以酬佛言須菩提彼非衆生非
不衆生須菩提下合云實有衆生能信此法
彼能信者非是凡夫衆生非不是聖性衆生
也論云非衆生者非凡夫體故非不衆生者
以有聖體故非不是聖體衆生偈云非衆生
衆生非聖非不聖此中聖體者佛之知見也
以是信之根本故次徵是非生信以釋經云

何以故須菩提衆生衆生者如來說非衆生
是名衆生何以故者徵也以何義故說非衆
生又名衆生耶須菩提衆生衆生者此牒也
於非衆生中說爲衆生者如來說非衆生是
名衆生非衆生者非愚小異生也是名衆生
者結成能信之人有聖體也偈云所說說者
深非無能信者此上經文魏譯則有秦本則
無既二論皆釋此文後人添入亦無所失况
有冥報之緣宜亦可信第十九疏初標章不
得一法者指疑起處此從第三第十二第十
三中來以彼文中皆言無法得菩提故云何
下結成疑也離上上者如初地並於地前名
上未離二地之上乃至等覺亦未免於妙覺
之上唯佛極證更無上位之上故云離上上
是則凡夫離下下諸佛離上上餘之中流不
奚九　十
離上下轉轉等者謂轉捨二障轉得二果轉
捨轉得故云轉轉意云既若轉得菩提云何
不得一法故成疑也爲斷下預指斷疑之意
也指示顯現故云示現無法爲正覺經縱閣
無得是得並可知矣彼處等者此明無有一

法可名爲上如須彌至大微塵至小盡未免
於上以皆有故如虛空無故得名無上也菩
提處者菩提即所證處也無一法等者但妄
盡覺滿名曰菩提離此寧有菩提可得平等
爲正覺經亦可知不增減者即釋經中無有
高下謂在聖不增故無高居凡不滅故無下
斯則平等之義也平等名無上者夫上以待
下得名下既不立上豈存爲更無下轉釋無
上義然此問答之中有三種無上義初問中
言無上頭之上約修證說次則無法爲上故
名無上約空寂說後則無對下之上故名無
上約凡聖同體說後二是荅中意也修正覺
經意云然雖無法然雖平等非謂不修得成
正覺應以無我等心修諸善法然後得成然
此善法約勝義則無約世諦則有天親異此
演九 十一
詳之了因者了有二義一了斷義以般若能
了煩惱空故二顯了義能顯法身故令無我
等即是此義亦名正因正由此慧除妄得法
身故令云正道道即因義緣因者即施戒等
五與彼般若爲資緣故助即資也資彼正因

之力斷煩惱成菩提也猶燈能破暗顯空必
藉心油爲助緣也是正覺者以梵語三菩提
此云正覺即所證之果無漏善者問有漏之
中亦有善法何故偏局無漏耶荅以無我等
相所修故唯無漏也又以有漏之善非菩提
因令爲菩提故須無漏問上三段中前二無
得後一有證義既矛盾云何兩存荅所言修
者但是斷除我法顯自真理竟無一法可得
由此二義宛相符順問第三第十二第十三
兼此一段前後四處皆說不得菩提如何辨
異耶荅前後文雖相似義意不同以第三疑
釋迦得果第十二疑善慧成因十三疑無法
無佛十九疑有修有證茲義迢然請無所濫
第二十疏初標章若修下指疑起處此從十
九中來則所說下形對前之數段結成疑也
意云既言修一切善法得菩提云何前來頻
言持說得菩提耶以是下成立持說不得菩
提之理以名句文三無記性攝無記性法中
無因果故豈感菩提耶經之比校如文可知
雖言等者許爲無記也而說等者不許非因

也是故下出經意能爲佛因故勝寶施論云
下轉釋爲因之由以經詮真理因之悟解依
解起行方得菩提若無教門要知所入故法
華云以佛教門出三界苦又言下論之別意
汝決無記謂小乘薩婆多宗說聲通善惡名
演九 十二
句文身唯無記性我法是記者謂大乘宗地
上菩薩於後得智中所變名等唯是善性非
無記性是故等者意云只就無記尚得爲因
況是無漏善性所攝而不得菩提耶問此與
第九疑何別荅彼約有爲無體難此約無記
非因難又彼唯據持說難此則兼對善法難
迢然不同也第二十一疏初標章若法下指
疑起處此從十九中來云何下結成疑也既
度衆生即有高下高下即不平等故成疑也
錯解經文初正遮二再誡可知正見經微意
云以何義故令不作是念釋意云以實無衆
生爲如來所度故平等下兩句立其義宗以
名下兩句釋其所以論云下轉釋後二句也
假名者但有衆生之名而無衆生之體故云
假也與五陰共者謂於五蘊和合之處說言

衆生不即不離故云共也不離法界者佛是
極證之人已全是法界衆生雖未能證緣生
無體亦同法界豈將法界度於法界是故偈
云平等等也所以經文反顯若順言之應云
以佛無我人等相故不見有衆生爲所度也
取相過等者以無謂有故不如法界故不了
緣生故便成有念故爾炎梵語此有兩義一
謂智母已如前說二謂境界然是定中境界
令取此義意云佛智稱境而知真如是有作
有知衆生是無作無知也若作智母釋者即
根本智證平等理無有分別令觀衆生亦復
如是也拂迹經意云佛雖說我元來無我執
有我者蓋是凡夫雖言凡夫亦無凡夫如夢
人見虎虎與夢人皆不可得法中亦爾以凡
夫人執我故云非我恐執凡夫故云非凡夫
邏迤除遣執情故云展轉拂迹然前正荅問
中及第十一十四兼此一段前後四處皆說
度生無度雖文同而意異謂最初令離我度
生十一疑能度者是我十四疑無我而誰度
二十一疑真界平等不合度生同異昭然第

漢九 十三

二十二疏初標章論云下指疑起處此從十
七中來雖相等者以前文云即非具足色身
即非諸相具足具足即成就義秦魏經異也
而以等者以前文云是名具足色身是名諸
相具足彼中意者法身畢竟非相好相好亦
非不佛由無相故現相不離法身所以疑云
既無相故方能現相則但見於相便知無相
也如遠見煙定知有火以離於火必無煙故
表佛經問意云可以相比觀無相法身如來
不識根經荅意云實可以相比觀法身如來
悟色身者知應化非真義也迷法身者不知
法身畢竟非色相義意謂下出荅意也意云
但見法身之相好則知相好之法身如見草
木之苗必知其根由是科文約喻而立凡聖
不分經意云輪王亦有此相應是如來偈云
等者意云但約本望末則定若約末望本則
不定且如輪王與佛色相雖同相之所依二
各有異佛相即法身所現王相依業因而生
凡聖雲泥復何準的況依法身有自他受用
復有大小隨類化等各各不同如苗與根事

漢九 十四

亦不定初栽之樹則有苗無根所接之樹則
苗根各異故也佛非相見經意云緣闕依真
現假假不離真及乎約假來真真不由假實
德不在相令色鮮矣仁以貌取者失之子羽
而今以後馬敢不識見聞不及經文可見然
恐空生更約說法比知如來故言音釋求之
不得此疑即從第十八中來令預遮防故無
後說魏偈者明見聞不及之由也秦經則但
明見聞不及偈云等者彌勒偈也於中半釋
秦偈半釋魏偈意云見聞是識但能緣於色
聲佛非色聲故不可知彼法者法身也真如
相者即離一切相是真如相非如言說知者
以真如法離言說故但是真智之境唯證相
應故云自證第一第七第十七及此一段皆
云不以相見如來者義意皆別初以對果疑
因次明感果離相次說依真現假後明約假
求真故不同也第二十三疏初標章由前下
指疑起處此從一十二中來遂作念下作一
向離相解便是指起疑之宗也若爾下結成
疑也意云福但成相果相既非佛修福何益

漢九 十五

故佛果下結成疑名也論云下引證失福者非菩提因故失果者非菩提果故遮念經意云汝若謂如来不以具足相故得菩提莫作是念文勢似重意實不重但前叙後遮也華嚴偈中前半屬前文後半屬此段以文意鈎鏁故就一處而引既言不離色聲豈合一向毁相毁相非理故此遮之肇云下亦前後相半耳不偏等者相不定故如輪王非佛非不等者應機即現不離法身故如釋迦是佛斷滅見者義在次文出過經文可知損減等者謂執有是增益過執無是損減過今既一向離相正當此句斯則於果損福德莊嚴於因損五度之行壞俗諦也斷見者中論云定有則著常定無則著斷今既一向作無相解正當斷見邊見著空有斷常皆是著邊邪之見並非正見故云過也不失經徵意云以何義故令不作此念釋意云但發菩提心者皆不作此念故知作此念者豈非過歟如所住法者所住之法即大菩提心菩提心者即悲智願也

金剛經纂要刊定記卷第六

金剛經纂要刊定記卷第六

校勘記

一 底本，清藏本。

一 二二九頁上六行第三字「然」，徑作「無」。

一 二三四頁下三行第一一字「来」，徑作「求」。

一 二三四頁下六行「音釋」，徑作「音聲」。

一 二三四頁下一八行「一十二」，徑作「二十二」。

一 二三五頁上一五行第六字「著」，徑作「者」。

一 二三五頁上一六行第一二字「徵」，徑作「徵」。

一 二三五頁上一七行第二字「令」，徑作「今」。

金剛經纂要刊定記卷第七　　漢十

長水沙門　　子璿　　錄

一切菩薩皆安住此心行菩薩行有大智故不住生死有大悲故不住涅槃令令離於斷常二見即是不住生死涅槃故云如所住法即七最勝中依止最勝不斷等者意云生死本空猶如影像影像不有後何斷焉今言不斷者非謂固留但了性不有了相不無隨順俗諦故云不斷此即通達之義於涅槃等者若被寂所縛即不自在今寂而常用用而常寂是自在義此中下顯偏說之意然攝不斷生死利益衆生但成大悲不住涅槃如其具論亦須不住生死方成如所住法一向下即出偏說之意遮寂者即二乘人灰身滅智撥喪無餘被涅槃所拘是不自在今以不具相發心正墮於此爲對治故偏示一門下文菩薩不受福德即不住生死義則圓矣偈云下引證論云下釋偈雖不依下縱也法身真佛是真菩提正由智了爲因故不依彼而不失下奪也福德是因即五度果報是果即三十

二相相非不佛故言不失既不失果即不失因以能下明不失之由謂真菩提必須具足二莊嚴故智慧即真身福德即應身故論云法身者智相身福相者異相身以諸如來皆含具此二種相故故法華云如其所德法定慧力莊嚴以此度衆生自證無上道得忍經意云菩薩於無我心中所修福德勝彼有我心中所修福德以莊嚴法身究竟不失故論云下先敘所遣之念念云若出世無分別智正是佛因即所修福德盡皆失也何以故福非因故爲遮此故者引起能遣之文得勝忍不失者正明不失義謂若心住相修諸福德墮於有漏此福則失若心離相修諸福德成於無漏此福不失也以得下出不失之由斯則以果驗因成不失義無垢即清淨無漏是佛身矣二無我者人法也得此二空之智名之爲忍正明經意云前言無我所修之福以爲勝者只由菩薩不受福故可訶等者明不受之由亦是以果驗因成不受義意云果若有漏則知受福是可訶責果既無漏則知不

受云何可訶無著下顯對前文不住涅槃前後相望共成悲智之義耳若住等者反明也徵釋經意云菩薩作福若生貪著則成有漏因既有漏果亦有漏得三十二相但同輪王不名爲佛此則因果俱失成其所疑今既作福不生貪著則因成無漏因既無漏果亦復然所得三十二相莊嚴法身名之爲佛云何疑其失因及果第二十四疏初標章若諸菩薩下指疑起處即從次前文來論中即云若菩薩不受彼果報等云何下結成疑也衆生用者據佛壽量合滿百年至八十便入涅槃意留二十年福與後代弟子受用又於佛供養承事能令衆生獲福無量斯亦佛福衆生受用也問前云菩薩不受今何難佛受用又前言受是取義今疑受是用義文義既異何以成疑答此皆以果驗因也因中若不受取果中焉合受用果中尚自受用因中豈無受取耶錯解經意云若人言如來出現來入滅去住世間皆不解我所說義是福等者是彼無漏福德之應報即無垢果也果中無有色

相故論云佛果無有色相迭相見故又論云佛果無別色聲唯如如又如如智獨存故無來去等為化下或問曰既佛果無別色聲來去等何以出現受福為衆生受用耶故此釋之意說衆生根熟為能感緣以佛無緣大悲無量刧來利他善根熏淨法界以成善習有感即應任運無心如一月不下降百水不上昇慈善根力法爾如是正是斷疑之意若果中有心受用則因中亦有心受取果中既是自然因中足明無著也正見經徵意云以何義故名為如來既名為來亦表其去何言錯解釋意云以真佛本來無來去故偈云下標真化異也如來即是法身本來不動猶若虛空故不同化身隨機來去此非異而異也大雲下釋此約機心染淨遂見佛有來去名為化身來無所從去無所至即是不動名為法身斯則機見有佛來去佛實不動云云自彼於我何為此中畧舉水喻衆生心則知月喻法身影喻化體清濁喻染淨也水清月現月亦不來水濁月隱亦非月去但是水有清濁非謂月有昇沈法中亦爾心淨見佛非是佛來心垢不見亦非佛去但是衆生垢淨非謂諸佛隱顯解極等者謂解極則心絕心絕則會如如體本周故無方所此明即應之真緣至下明即真之應也意同大雲隱顯斷疑意者諸佛本無來去衆生妄見去來尚無出現之佛寧有受福之事第二十五論文於此不別敘疑而義意合有也初標章據前下指疑起處此從三處來不可以化等者第二十二也濫於輪王故法身無來去等者二十四也斥為錯解故據遮下二十三也不失等者彌勒頌云得勝忍不失一異相反難為存去故成疑矣此約下懸指斷疑之意彼約一異雙存而難此據一異俱非而通也破麤色經問答多少如文可知䟽三初引天親約斷疑偈云下標也論云下釋也一真法界數量消滅非一異故諸佛證此亦非一異而言處住者以非此二義可住著故為示下正顯住意意以界喻真身塵喻化身也塵因界碎故非異喻從真起應也塵細界麤故非一喻真實應假也無著下二破執法別是一義非斷疑也名身即受等四蘊色身即地等四大於中下以細末破色身以無所見破名身無所見即不念也此叚說塵甚多正是初方便大雲下三示破相明方便之相以能破是細末所破是麤色能所合之故成科名此言下揀異大小大乘用觀假想分別起其慧数破析彼色一一分析至於極微二乘天眼所不能見此則細末之極不可破析名極略色非小乘等者以彼宗迷唯識理不達諸法即空計此微塵以為實有故說積諸微塵以成世界故俱舍論云極微微金水兎羊牛隙塵蚤蝨麥指節彼後增七倍等今此揀去故云非實塵也破微塵經意云以何義故說微塵耶釋意云以無實體故又徵意云所以說微塵空又說微塵者何謂也釋意云佛所說者非實微塵是空微塵也䟽二初約斷疑釋塵碎下喻說塵是碎世界為末也故界麤而塵細是非一也塵衆聚者世界是衆塵成故塵界非異也如是下法合謂應現十方故非一同依一體

故非異又依法起化故非一離法無化故非異又若下二約破法釋亦是約喻法說者若化是實亦不用佛說只為是虛餘人不知故佛說矣無著下引證同此破世界經意云非唯所起微塵是空微塵抑亦能起世界亦是空世界本論等者如次文所說衆生世界者有情世間也以心法無質不可分析故但以不念方便破之念之則有不念則無故起信云心生則法生心滅則法滅等也破和合經徵意云以何義故說世界耶釋意云世界若實則是一合佛說一合者非實有之一合是空無之一合跡文中引天親解論云下標也大雲下釋寘合也寘然合為一也一即和合故云一合矣三千破一者既言三千則非一義此乃通明五蘊無一合義無著下二引無著解並說等者情器雙明也故有下且標二摶取大雲下顯明情器俱名世界謂塵衆則器世界衆生則有情世界摶取為一等者謂情器不分為一世界也此一合有二摶取於五蘊中分色心故本以合二為一今則開一

漢十　六

成二然和合摶取蓋是一義但秦魏譯異耳一摶取者是名身衆生世界義不可分但有一義故差別摶取者是器世界聚多微塵成一世界故故無著論云衆生世界有者此為一摶取微塵有者此為差別摶取二界無實等者故心經云是故空中無色無受想行識無眼耳鼻舌身意無色聲香味觸法等經是名一合相者約俗諦說有明在次文妄執有經意云此一合相無體可說但為凡夫妄生貪著以彼下釋經中不可說也五蘊和合無實體故斯則界歸於塵則無界可取塵歸唯識則無塵可取四蘊離念則無心可取也衆生取著皆由虛妄分別故起信云一切境界唯依妄念而有差別此明經中但凡夫已下文若有下反顯也以世界體若是實有不名虛妄分別合是正見世諦說者即前是名也同論云以彼聚集第一義不可說即前即非也同前無物可取小兒等者世諦雖說但是假有凡夫不敏執之為實猶彼小兒如言執物見五蘊者不了法空是法執也取和合者

漢十　七

不達衆法即我執也二執不亡故名貪著其事也迷於事法所知障也煩惱可知是依二執起於二障也破我法者前破我法所緣之境令知不實今破能緣我法見心見心乃是所起分別令即破之令亡分別入聖道也故偈云非無二得道遠離於我法斥錯解經文問答並可知矣但不觧必不錯觧也遣言執經徵意云以何義故說為不觧釋意云佛說我人等見非實我人等見是假名我人等見衆生不觧謂之為實所以前科判云錯矣虛妄等者見有我故名為我見體實無故乃云虛妄虛妄無實元是不見如纏屨見蛇豈是實見如所下兩意一以真如為所如彼真如不分別故二以我法為所我法本無如所知故云何下徵如外道下釋人無我等者一法界中無我無無我今對有我說於無我權說假言故云安置法無我等者以見是心心所法執有此見名為法執心法不實故言安置此文破法我者是連帶引之非謂正意也相應等者入地證如也不分別者離分別障也

即此等者若存我法即分別無窮但了二空則自無分別即此二空觀爲入理之方便也除分別經意云發菩提心者於一切法應如是知見信解不生法相疏二初明無分別所依二初揔徵三法無著下節節以疏徵起以經荅之何人等者即經中發菩提心者於何法者即經中一切法何方便者即經中應如是知見信解此顯下二別釋第三二初揔標此顯下增上心即定也增上智即慧也皆是增勝上法故云增上知見勝解者定慧之後位於中下二別釋二初揔彰三義於中者於彼三事之中也若智等者明此三種體即是智但依止方便不同故立三名也奢摩他此云止止即是定智依此定併息萬緣唯心獨存故云知也毗鉢等者毗鉢舍那此云觀觀即是慧依此慧故觀察一切委細推求歷歷分明故名爲見此二者知見也三摩提此云等持但以定慧等處名三摩提依此義故名爲勝解言依止者名依義立也以三摩下二轉釋後義自在者定慧無閡故內緣等者既

未證真但緣影像以真如法離心緣故今既變影緣如但名勝解從此能引根本正智無分別中爲近方便故云何下二正顯無分別理即論釋經中不生法相初句徵起次句正顯大雲下約位釋論前方便等者即知見勝解此當地前四加行位令不分別者即不生法相通在十地及佛地也雖滿分不同皆用根本無分別智親證諦理也如唯識見道頌云若時於所緣智都無所得爾時住唯識離二取相故顯本寂經意云所言法相非實有之法相是本無之法相不共者非法相也勝義諦中不容他故離性離相非和合故相應者是名法相也性起爲相不離性故如前金中無器不離金也第二十六論文於此不言斷別疑故雲外二疏皆攝入前段合疏詳文合有是故開之因聞下指疑起處此從二十五中來意云下立理即化身下指無化體若爾下結成疑也意云能說之佛既虛所說之教豈實持說不實之教寧有福耶功德經文校量可解阿僧祇此云無数發菩薩心者揀

餘人偈云下標論云下釋先牒疑縱之而彼下據理奪之無量下揀有量等斯則三重顯於持說之勝不染經徵意云云何演說便獲如是功德釋文可見前云發菩薩心者意在於此若非菩薩焉能如是無著下初引解二初申經意既說法之心如彼真如無有分別不取能所說相所獲功德利益至矣故決定說也無所染者即無分別不取不動也此則正是斷疑之意謂佛所有說皆如真實傳授之人要皆如是既如其法福乃無邊何疑持說無福德耶又如偈云諸佛說法時不言是化身以不如是說是故彼說正意云若言是化則人無敬心所說之法寧肯信受由不說故人皆宗奉所說之教咸悉受持無漏之福自然無量等云何下二銷經文不可等者此明離於說相非全不說前云無法可說淨名無說無示是名說法故魏經云如不演說若異下反明以取相故有分別故不如如故既不如如即成顛倒又說時下約事明無染前約不稱理今約不稱事夫說法者本爲利生

今為名利豈非染説大雲下二引大雲觧生滅心行即有所得分別取相今既不以即與如合故曰如如上如即似義下如即真如似於真如故曰如如心境如者即兩皆真如無似義也則無染者謂擬心即差便名為染故

論云動即有苦果不離因此則微細念慮盡名為染不必貪欲第二十七疏初標章若諸下指疑起處此從二十六中來以化身如來常說法故前雖無文而有此意云何下結成疑也涅槃即是不動無為義如前文云若人

言如來若來去坐卧即不觧所說義如來者無所從來亦無所去故名如來斯則佛入涅槃也意云涅槃寂靜說法喧動動寂相反云何兩存經徵意云以何義故佛常說而不閡涅槃如論所敘釋意云常佛有妙智觀諸法

漢十 十一

空如夢幻等雖現說法似有為相而常住涅槃無作之理復何疑哉若於論外不作斷疑釋者此文但責說法不染徵意云以何義故說法之時不取於相得合真如不動不染耶釋意云但觀諸有為相猶如夢幻等自然於

說不取不著契合真如無有動搖分別等也疏文二初開章指文魏本等者以彼此二經皆說譬喻就中彼廣此略今則標廣以釋於中下二隨章辨釋三初約兩論釋魏本中九喻二初文者偈云下標論云下釋初釋前二

句真化不一故非有為真化不異故不離有為言諸佛者揀小乘涅槃一向寂滅如來涅槃悲智兼運名無住處何故下躡前徵起釋後二句徵意可知由妙智等者妙智揀二乘麤智正觀揀凡夫倒見既以妙智正觀有為

諸法如夢幻等故涉有而不住有觀空而不住空用而常寂寂而常用故終日說法終日涅槃如華嚴疏云寂寥於萬化之域動用於一虛之中也故知若不涉有豈名大乘涅槃若不證如何名無染說法言雖似反意乃相符善現約極違以申疑如來據極順以通釋理實深妙光茲末篇二兼無著下初指論分文此偈者魏經文也四有為者即下自性等四初自性下二隨文正釋四初文二初釋章意此見等者謂見相二分以自證分為體然

此三法是生死之自性一切生死從此而生故名此三為根本矣此通八識也一星下二別解文三初文見分者雲云第六識也計度分別緣共相境世間諸智盡在其中故以星光況於此識此約執計強盛故獨指第六非

漢十 十二

不通八也無智等者此中法喻相兼文猶闕略若具配屬即法喻四對謂以日喻智以星喻識以明喻悟以闇喻迷且如喻中意云無日闇中有星光故有日明中無星光故法中無智迷中有識用故有智悟中無分別故其

猶昏夜日光黯然唯星獨存晷辨南北杲日纔現星光自沈法中亦爾生死迷中本智未顯意識分別似有鑒覺若智顯彰光明徧照分別念慮泯然無餘無彼光者此約分喻喻中俱無星光而不無星體法中融同一智無別識心故二中如目等者意云翳若在眼則見毛輪執若在意見實我法若正配法喻即翳喻第七識毛輪等喻所見分今標云翳喻所見分者此有三意一密配第七識謂若但取毛輪則唯喻所見第七意識無因可收故

此密配無所遺也二交互影略以喻上舉能法中言所自然影略說收所餘三顯示毛月無有體性意雖在所令却舉能以顯所從能生足知無體也以顛倒見者出無體所以於無見有故云顛倒取無義者情有理無故三中燈喻識者理則雖通義當前五以六七八識各有配故燈約等者以膏油喻貪愛以燈喻識若無膏油則燈光不起若無貪愛則識念不生故論云依止貪愛法住然此上三喻皆是能熏深汙根本故通名自性相其所熏第八識持種引心配屬雲喻如下所明或可星喻見分翳自所見毛月喻相分證喻自證分自證分即第八識其後雲喻但況識中種子為未來法著所住味者即是味著所住幻喻等者即約所幻境說如結巾為兎結草為馬乃至變現種種境界以器下所喻法也六塵境界不一故云種種無著下會釋科文大雲釋意可知能變之識尚猶不實所變之境豈得有體故起信云一切境界唯依妄念而有差別若離心念則無一切境界之相三隨

下二

初釋章意自身等者明身受當體是過失觀此等者隨順出離也又解等著執著身受是隨順過失也所謂執身為常執受為樂即是顛倒顛倒即過失也初露下二正解文二初者少時住者如草上之露日出即晞衆生妄身亦復如是然有三意一命脩短有纔生即死故二比於上界時極促故三念念遷謝即生即滅故有斯三意故曰少時二中受用事者受能領納即此領納是受之用即此受用便名爲事受想等者因即是觸受之因故想能助受故俱舍云受同飲食想同助味三法不定者有三釋一則苦樂捨三受不定也二則受想因於三法而不定三法即違順等三境也三則受想觸為三三皆不定也以一不定餘皆不定故然此雖說想觸意明於受如風水相授即有泡起觸想和合則有受生是故以泡喻於受也故大雲云水上之泡出沒不定心中之受苦樂不常苦體等者受是苦體苦謂三苦彼苦身中有苦生故是苦苦破

滅是壞苦不相離是行苦逐境住情妄生樂想故名隨順功德施下意說壽命不同前義喻則可知法中始生等者說蘊胞中名生形體未成即有死者纔生者生下即死也暫停住者五歲十歲乃至百歲通名暫住初天所見人間半百尚同晝夜況聖智乎故正法念經云有於胎藏中死有生而已命終有能行便亡有能走便卒雖脩短之異皆歸死處故淨名云是身虛偽假以澡浴衣食必歸磨滅四隨下三初釋章意隨順人法等者二空真智能出二死方便觀察名為隨順二正解文三初如夢者人之神遊也以過去所作見聞事業皆是所念之處與夜來夢無有差別憶之可說掬之不見如經云如寤時人說夢中事心縱精明欲何因緣取夢中物唯念性者以念為體性故念之似有不念全無觀察等者謂白日見聞境界所熏夢中究然還見雖即無人造作境界分明現前如是下法合過去業因所熏感招現在果報雖則無人造作不免生死輪迴故淨名云無我無造無受者

善惡之業亦不亡若夢寤時則夢所見事一
無所有若迷覺已則生死輪迴杜絕蹤跡故
起信云應觀過去所念諸法恍惚如夢二中
不住生滅文異義同凡是有爲即生即滅無
異時也以無性故體虛妄故經云因緣和合
虛妄有生因緣別離虛妄名滅楞伽經云初
生即有滅不爲愚者說起信云應觀現在所
念之法猶如雲光三中子時者在種子位時
根本等者應云阿黎耶識在種子位時爲一
切法作種子根本以一切諸法從種子生故
麤惡種者有漏種也以無漏種子爲細妙故
似空者喻多也華嚴云若此惡業有體相者
盡虛空界不能容受如雲者空喻種子雲喻
未來所起現行之法以雲依空忽然起故故
起信云應觀未來所現諸法猶如於雲忽爾
而起無著下通明三事結釋科文大雲下顯
無著科意三世既空憑何有我執我既不出
離達無我者必出離也故偈云觀根及受用
觀於三世事於有爲法中得無垢自在二中
諸經等者謂如來說法多以夢幻虛假之事

況諸法空義或廣或略散在諸經諸論隨何
經論宗趣雖殊大意皆破衆生徧計情執或
情執多者不達法者約喻生疑病既連緜藥
還邐迤以悟爲限法喻重重今約華嚴十忍
品疏文兼攝大乘論意勢顯諸喻意令無混
濫也一切法空者此是義宗若是上根聞之
漢十　十六
便解中根之類一喻即明下根之流展轉生
惑更以諸喻如下所辨現見等者難曰諸法
若不見任說法皆空現見歷然在因何得是
空故說如幻下以喻釋喻也下皆準此愛著
等者難曰衆生不愛著任說法如幻既生愛
著心云何得如幻故說如餤下釋也不得水
者難曰貪求若不得任說法如餤求者皆遂
心云何得如餤故說如夢下釋也夢造等者
難曰善惡無果報任說法如夢因果事昭然
云何得如夢故說如影下釋也姸美好也媸
醜陋也此說對鏡之色高低者此說對谷之
聲也一一應者無一像而不應色無一響而
不應聲無雜亂等者必不對美現醜對高應
低故利樂等者難曰菩薩不化生任說如影

響菩薩既化生云何如影響故說如化下釋
也作化事者不可謂作化事便言爲實不可
謂度衆生便謂衆生實有良爲衆生即空迷
故不覺爲說令覺若實有體化之何益故淨
名云觀衆生如幻化如水月鏡像如龜毛兔
漢十　十七
角等文殊問云若然者菩薩云何行慈維摩
詰言爲衆生說如是法是真實慈也上來五
重徵釋皆顯法空蓋因喻生迷遂展轉訓曉
極茲後位喻盡法彰疑冰自釋然諸經中或
說乾城水月杌鬼繩蛇翳目空華龜毛兔角
等皆隨機隨說引令得出必不依次有是五
重也秦經夢幻等者以夢等四事皆無體性
若觀有爲諸法如其夢等則空理易明露雷
二事暫有即無若觀諸法如其露電則無常
自顯悟真空下顯益不住相者凡夫迷真空
既住相當知悟真空即不住相也住即執取
深著之義又凡夫顛倒不了無常故戀世間
不務修進當知達彼一切悉無常性念念遷
謝不住不久由是怖畏生死樂趣涅槃如救
頭然寸陰是競所以佛於涅槃會中偏讚此

觀以爲第一然二句中各有解行配釋可知妙符下結歎符破相宗者歎前四喻也然佛一代教門就大乘中宗塗有三一法相宗謂解深密等經瑜伽唯識等論二彼相宗謂般若等經中百門等論三法性宗謂法華涅槃等經起信寶性等論既般若宗於破相令說有爲喻以夢幻泡影則妙符宗旨也亦亡情等者歎後二喻若觀世間諸法如電露等自不繫情於身命財而生常解又由前四喻故慧解亡情由後二喻故智是亡情又前亡執有之情後亡計常之情若不覺空無常即繫情於身命資具今既悟此空無常理則情念沮壞真智現前斯則上合經宗故云妙下契物情故云巧也魏譯下牒間也或問曰魏譯九喻秦經略三者何也今此牒之以星下釋通有體者雖星不如日燈藉膏油未是全空故云有體雲種者法喻雙舉雲能含雨種必生芽故曰含生難契等者本爲執情堅固不了即空由是設喻以蕩分別若觀有體之物便同折色難悟即空空觀不成故云難契潛滋等者既不了無常唯於境相而生常想不能捨離縱不故意任運生情不覺而起故曰潛也取意等者先德皆云敵對唐梵則奘稱能取意譯經則什爲最然雲等三喻則直下翦除於餘六中又換一喻謂以影代翳也所以換者影並於翳空義顯故流通經文可見佛說是經已者本爲空生致問故佛答降住修行荅問既終便合經畢仍以躡跡起疑連環二十七段洎乎此文疑念冰釋既善吉無問故能仁杜宣一卷經內雖兼有師資以其就勝故但云佛說長老等義如前所解疏二初隨經文別釋近事男女者標釋可知亦云近住男清信男等並可知非天者亦非人也謂非天人趣之所攝故亦云無酒如實等者說理如理說事如事故果淨者依解起行得無漏故無著下二引論疏讚釋無覺者不發二空智也二執牢固如石之堅石猶可磨可琢聞經不能無我而解不啻於石故云過於詩云我心匪石不可轉也轉猶動也磨琢皆是動義又論云下人於深法不能覺及信世人多如此是故法荒廢無因者無大乘正因不得菩提故摠持法者祕密般若也深句義者顯了般若也或摠持法是經文深句義是本偈從尊者即彌勒無著也廣說即自指論文佛母者以能生諸佛及菩提法故餘文易知

金剛經纂要刊定記卷第七

金剛經纂要刊定記卷第七

校勘記

一　底本，清藏本。

一　二四〇頁下一二行第六字「沈」，[徑]作「存」。

一　二四一頁上一二行「翳自」，[徑]作「翳目」。

一　二四一頁中一七行第四字「授」，[徑]作「投」。

一　二四三頁上一〇行「智是」，[徑]作「習定」。

佛說阿彌陀經疏

唐海東新羅國沙門元曉述

將釋此經三門分別初述大意次釋經宗致其第三者則入文釋第一述大意者夫衆生心之爲心也離相離性如海如空如空之故無相不融何有東西之處如海之故無性是守豈無動靜之時爾乃或因染業隨五濁而長流或承淨緣絕四流而永寂若斯動靜皆是大夢以覺望之無流無寂穢土淨國本來一心生死涅槃終無二際然無二之覺取之良難迷一之夢去之不易所以大聖垂迹有遐有邇所陳言教或褒或貶至如牟尼善逝現此穢土誡五濁而勸往彌陀如來御彼淨國引三輩而導生今是經者斯乃兩尊出世之大意四輩入道之要門示淨土之可願讚妙德而可歸妙德可歸者耳聞經名則入一乘而無反口誦佛號則出三界而不還何況禮拜專念讚詠觀察者哉淨土可願者浴於金妙蓮池則離有生之染因遊玉樹檀林則向無死之聖果加復見佛光入無相聞梵響悟無生然後乃從第五門出回轉生死之苑憩煩惱之林不從一步普遊十方世界不舒一念遍現無邊三世其爲樂也可勝度乎極樂之稱豈虛也哉言佛說者從金口之所出千代不刊之教阿彌陀者含實德之所立萬劫無盡之名能所合舉以標題目故言佛說阿彌陀經也第二辨經宗致者此經直以超過三界二種清淨以爲其宗令諸衆生於無上道得不退轉以爲意致何者名爲二種清淨如論說言此清淨有二種一者器世間清淨二者衆生世間清淨乃至廣說故然入此清淨有其四門一圓滿門唯佛如來得入此門如本業經說二一向門八地已上菩薩得入此門如攝大乘論說三純淨門唯有第三極歡喜地已上菩薩得入此門如解深密經說四正定聚門唯無退者得入此門無邪定聚及不定聚如兩卷經說通論極樂世界具此四門今此經宗二種清淨正示第四正定聚門不定聲聞及說凡夫亦得生故論說二乘種不生決定種性不得生故聲王經說安樂世界阿彌陀佛有父母者是變化女非實報女論說女人不生彼者無實女故如變鳥此亦如是故又復雖有父母而非胎生寔是化生假爲父母如彼經言若四衆能正受彼佛之名號以此功德臨命終時阿彌陀佛即與大衆往此人所令其得見見已尋生慶悅倍增功德以是因緣所生之處永離胞胎穢欲之形純處鮮妙寶蓮華中自然化生具大神通光明赫奕當知父母假寄之耳又彼經言阿彌陀佛與聲聞俱如來應供正遍知其國號曰清泰聖王所住其城縱廣十千由旬而觀經說彼佛身高六十萬億那由他恒河沙由旬城小身大不相當者當知彼佛有衆多城隨衆大小城亦大小大城之中示以大身小城之中現以小身聲王經十千由旬者是與聲聞俱住之城當知佛身相當而住觀經所說身高大者當知其城亦隨廣大與諸大衆俱住處故如兩卷經及此經中池中蓮華大小懸殊隨池有大小其華亦大小當知城身大小亦爾其餘相違準此而通或說聲

王經中說有父母是顯彼佛所住穢土是義不然所以然者彼經既說寶蓮華中自然化生具大神通光明赫奕又下文言有二菩薩一名觀世音二名大勢至此二菩薩侍立左右此等悉是淨土相故不異觀經之所說故當知彼經所說提婆達多及魔王等悉於淨土變化所作不由此等爲非淨土如化畜生非穢土故且止乘論還釋本文此下第三入文解釋文有三分序正流通序分之中有其六句於中前二是其標句其後四事證成前二言如是者總舉所聞之法表有信順之心言我聞者別提能聞之人表無違諍之意下四則引二對證成明憶聞時處成能聞之不謬既有大師大衆證所說之可信於中委悉如常可知第六序大衆有三先聲聞衆次菩薩衆後雜類衆聲聞衆中舍利弗者此云身子目揵連者此云讃誦迦葉者此云飲光迦旃延者此云扇繩摩訶拘絺羅者此云大膝離婆多者此云假和合周利槃特迦者此云蛇奴或云小道難陀此云慶喜阿難陀此云歡喜羅睺羅此云覆障或云宮生憍梵波提此云牛呞賓頭盧此云耆年頗羅墮此云利根迦留陀夷此云黒上此是悉達未出家時師也劫賓那此云房宿薄拘羅此云善容阿㝹樓馱此云無貪或云如意菩薩衆中阿逸多者此云無能勝乾陀訶提者赤色餘則可知爾時佛告已下第二正說分於中有三一者正示二種清淨果二者勸修二種正因其第二者引例證成初中有二略標廣解中二句先標依果後標正報釋中亦二先釋依果後釋正報依果清淨之中義門有二文相有六別總功德有其十五義門二一釋名門二辨相門六者名門開二相門分四故別總十五者別有十四總成一故別有十四者六文之中有其四例前一各有一後二各有二第三文中開三第四文中分五是故合有十四功德第一文言無有衆苦但受諸樂者是無諸難功德成就如論頌言永離身心惱受樂常無間故第二文言七重欄楯羅網行樹者是莊嚴地功德成就如論頌言雜華異光色寶欄徧圍繞故第三文中有三功德池水金沙者是莊嚴水功德成就如論頌言諸池帶七寶淥水含八德下積黃金沙上耀青蓮色故階道樓閣有金銀等者是種種事功德成就如論頌言備諸珍寶性具足妙莊嚴故蓮華如輪青色青光等者莊嚴妙色成就功德如論頌言無垢光焰熾明淨耀世間故第四文中有五功德一妓樂功德常住天樂故二寶地功德黃金爲地故三雨華功德六時雨華故如論頌曰金地作天樂雨華散其間歡樂無疲極晝夜未嘗眠故四自在功德乘通遊行故五受用功德飯食經行故如論頌曰供養十方佛報得通作翼愛樂佛法味禪三昧爲食故然彼土食有二種一者內食如此論說二者外食如餘經說如兩卷經言若欲食時七寶鉢器自然在前百味飯食自然盈滿雖有是食而無食者但見色聞香意以爲足今此經言飯食經行者文相合於受用外食也第五文中有二功德如變化功德化作衆鳥說妙法故如論頌曰種種雜色鳥各各

出雅音聞者念三寶忘想入一心故二大義功德無惡道等之名體故如論頌曰大乘善根男等無譏嫌名女人及根缺二乘種不生故案云經說無有惡道譏嫌論顯無有人道譏嫌互舉之爾義如所說第六文中有二功德如論說言莊嚴虛空功德成就者偈言無量寶交絡羅網虛空中種種鈴發響宣吐妙法音故二者莊嚴性功德如論說言莊嚴性功德成就者偈言正道大慈悲出生善根故今言自然間生念三寶心者正是性心以依出世善根種子不待功用自然生故正念三寶離邪歸正結道衆行故名正道念此三寶勝妙功德回施一切名大慈悲上來合有十四功德無不超過三界六道是故總名清淨世界如論說言莊嚴清淨功德成就者偈言觀彼世界相勝過三界道故或有論說十八圓滿今此經中依果清淨說此十五若加後說正報四句則有十九清淨功德然經與論有同有異於中委悉準之可知舍利弗於汝意云何此下第二正報清淨於中示顯四種

功德一者主功德二者伴功德三者大衆功德四者上首功德主功德中略出二種一者光明無量二者壽命無量準此經文釋阿彌陀此土譯之應云無量又言成佛已來於今十劫者爲遣疑情有人疑言壽雖無量要有始終未知今者爲始爲末今解言今既所過唯經十劫當知今後無量劫住故第二伴功德者聲聞弟子皆阿羅漢故論云莊嚴眷屬功德成就者偈言如來淨華衆正覺華生故案云此言淨華衆者謂得七種淨華之衆何等爲七一者戒淨二者心淨三者見淨四度疑淨五道非道知見淨六行知見淨七行斷知見淨於中廣說出瑜伽論有此七種淨華之衆從佛正覺華中化生也第三大衆功德者衆生生者皆是阿鞞跋致故乃至十念功德生彼國者入正定聚求無退故論言何者莊嚴大衆功德成就偈言人天不動衆清淨智海生故案云皆依如來智海舍潤入正定聚無動轉故第四上首功德者其中多有一生補處乃至阿僧祇說故言何者莊嚴上首

功德成就偈言如須彌山王勝妙無過者故案云一生菩薩十地中勝如妙山王故論中具顯八種莊嚴此經略示四種功德上來二文合爲第一示顯二種清淨果已竟衆生聞者應當發願自此已下第二勸修二種淨因就中有四一勸發願二明修因三示受果四結勸言第二文中明二種因一者正因二者助因正因中言不可以少善根福德因緣得生彼國者顯示大菩提心攝多善根以爲因緣乃得生故如菩薩地發心品文又諸菩薩最初發心能攝一切菩提分法殊勝善根爲上首故能違一切有情處所三業惡行功德相應案云菩薩初發菩提之心能攝一切殊勝善根能斷惡業功德相應是故說言非少善根福德因緣得生彼國所以得知此爲因者兩卷經中攝九品因以爲三輩三中皆有發菩提心論中唯顯此文意言大乘善根男等無譏嫌名此意正言生彼國者雖有九品齊因大乘發心善根所以等無譏嫌之名也有人難言若要發大心方生淨土者不應生

彼而證小果彼無退具故若乃退大而證小
果無有是處故又兩卷經中十八願中言設
我得佛十方衆生至心信樂欲生我國乃至
十念若不生者不取正覺唯除五逆誹謗正
法若未發大心不得生者則應亦揀未發心
而不揀故明知不必然不至心爲至心言之
所揀故更不須揀雖有是破皆不應理所以
然者發菩提心既是正因未發心者直是無
因而非有障何須揀别五逆謗法乃是障礙
非直無因故須揀别是故此難無所關也又
非生彼退菩提心但在此間先發大心熏成
種子後時退心下地現行良由先發大心種
子不失故得作因以生彼國而退現行大乘
之心故生彼國取小果耳是故彼難還顯自
短之耳第二明助因者執持名號一心不亂
故阿彌陀如來不可思議功德所成之名號
故一日乃至七日者勝人速成劣者遲熟故
聲王經說十日誦名者劣人十日乃成故或
一二日等是下品因五六七日者是中品因
乃至十日成上品因故其人已下第五受執
我見已下第四結勸上來四文合爲第二勸
修因竟如我今者讚歎已下大分第三引例
證成於中有四一者引餘佛說證有可信二
者釋此經名成有勝利三者舉願無違重勸
發心四者歎法希結勸信受初中先辨自所
稱讚後引六方諸佛同讚於汝意云何已下
是第三文於中有三問次第三勸信若有人
發願已下是第三文先示願勢後勸發願如
我今者已下是第四文於中有三先已讚他
次他讚已其第三者結歎勸信上來三分正
說文竟佛說已下是流通分

佛說阿彌陀經疏終

　往生教觀真攝心成道之要術也而小本
彌陀不特時所宗尚秦譯且造疏立章者
衆生有以六方佛已去爲流通分雖近古
嘗闢之晚學又乃承用不遇指南何從正
轍唐初海東曉法師不唯以佛說此經已
下爲流通分且以執持名號爲助因此尤
超然拔萃於諸疏之上予獲是本喜不自
勝俟它日刻諸梓與天下共之則使浪斷
經科臆判正助者當北面斂衽俯伏而抱
媿焉時慶元四季五月既望雪川烏戍比
丘宗相題跋

佛說阿彌陀經疏

校勘記

一 底本，明永樂北藏本。

一 二四四頁上二行首字「唐」，南無。

一 二四四頁上一六行第一六字「人」，南、徑、清作「入」。

一 二四四頁中五行第一一字「舍」，南、徑、清作「含」。次頁下三行第五字同。

一 二四五頁中九行「第二者」，徑作「第三者」。

一 二四六頁中一三行「淨華」，徑作「浮華」。

一 二四六頁下一二行「三業惡行」，南作「三惡業行」。

一 二四七頁上末行「第五」，徑作「第三」。

一 二四七頁中七行「第三文」，徑作「第二文」。

一 二四七頁中一二行第六字「經」，清無。

般若波羅蜜多心經略疏并序　勒八

唐翻經沙門法藏述

夫以眞源素範沖漠隔於筌罤妙覺玄猷奥賾超於言象雖眞俗雙泯二諦恒存空有兩亡一味常顯良以眞空未嘗不有即有以辨於空幻有未始不空即空以明於有有空有故不有空有空故不空不空之空空而非斷不有之有有而不常四執旣亡百非斯遣般若玄旨斯之謂歟若歷事備陳言過二十萬頌若撮其樞要理盡一十四行是知詮眞之教乍廣略而隨緣超言之宗性圓通而俱現般若心經者實謂曜昏衢之高炬濟苦海之迅航拯物導迷莫斯爲最然則般若以神鑒爲體波羅蜜多以到彼岸爲功心顯要妙所歸經乃貫穿言教從法就喻詮旨爲目故言

般若波羅蜜多心經

將釋此經五門分別一教興二藏攝三宗趣四釋題五解文

初教興者依大智度論云如須彌山王非無因緣非少因緣令得振動般若教興亦復如是具多因緣一謂欲破外道諸邪見故二欲迴二乘令入大乘故三令小菩薩不迷空故四令悟二諦中道生正見故五顯佛勝德生淨信故六欲令發大菩提心故七令修菩薩深廣行故八令斷一切諸重障故九令得菩提涅槃果故十流至後代益衆生故略說此十具收彼意令此教興第二藏攝者謂三藏之中契經藏攝二藏之內菩薩藏收權實教中實教所攝第三宗趣者語之所表曰宗宗之所歸曰趣然先總後別總以三種般若爲宗一實相謂所觀眞性二觀照謂能觀妙慧三文字謂詮上之教不越此三故以爲宗別亦有三一教義一對以文字教爲宗餘二義爲趣二境智一對以眞空境爲宗觀照智爲趣三因果一對以菩提因行爲宗菩提果德爲趣

般若波羅蜜多心經

第四釋題者亦有三初教義分二謂般若心是所詮之義經之一字是能詮之教即能詮般若之經依義立名二就所詮義中法喻分二謂般若等是所詮之法心之一字是所引之喻即般若內統要衷之妙義況人心藏爲主爲要統極之本三就前法中有體用分二謂般若是體此云智慧即神悟玄奥妙證眞源也波羅蜜多是用此云到彼岸即由斯妙慧翻生死過盡至眞空之際即簡不到彼岸之慧故以爲名謂體即用故法之喻故義之教故立斯名耳

觀自在菩薩

自下第五解文此既心經是以無序及流通也文中分二初顯了般若後即說呪曰下明祕密般若何以辨此二者謂顯了明說令生慧解滅煩惱障以呪祕密言令誦生福滅罪業障爲滅二障成二嚴故說此二分就前文中亦二初略標綱要分二從舍利子色不異空下明廣陳實義分以義非頓顯故先略標非略能具故次廣釋又前是據行略標後即就解廣陳前中有四一能觀人二所行行三觀行境四明能觀

利益且初能觀人觀自在菩薩者是能觀人也謂於理事無閡之境觀達自在故立此名又觀機往救自在無閡故以爲名焉前釋就智後釋就悲菩謂菩提此謂之覺薩者薩埵此曰衆生謂此人以智上求菩提用悲下救衆生從境得名故

行深般若波羅蜜多時

二明所行之行謂般若妙行有其二種一淺即人空般若二深即法空般若今簡淺異深故云行深般若言時者謂此菩薩有時亦同二乘入人空觀故法華云應以聲聞身得度者即現聲聞身等今非彼時故云行深時也

照見五蘊皆空

三明觀行境謂達見五蘊自性皆空即二空理深慧所見也

度一切苦厄

四明利益謂證見眞空苦惱斯盡當得遠離分段變易二種生死證菩提涅槃究竟樂果故云度一切苦厄也上來略標竟

舍利子色不異空空不異色色即是空空即是色受想行識亦復如是

自下第二明廣陳實義分於中有五一拂外疑二顯法體三明所離四辨所得五結歎勝能初段文有四釋一正去小乘疑二兼釋菩薩疑三便顯正義四就觀行釋初中言舍利子者舉疑人也舍利是鳥名此翻爲鶖鷺鳥以其人母聰悟迅疾如彼鳥眼因立其名是彼之子連母爲號故曰鶖子是則母因鳥名子連母號聰慧第一標爲上首故對之釋疑也彼疑云我小乘有餘位中見蘊無人亦云法空與此何別今釋云汝宗蘊中無人名蘊空非蘊自空是則蘊異於空今明諸蘊自性本空而不同彼故云色不異空等又疑云我小乘中入無餘位身智俱盡亦空無色等與此何別釋云汝宗即色非空滅色方空今則不爾色即是空非色滅空故不同彼以二乘疑不出此二故就釋之二兼釋菩薩疑者依寶性論云空亂意菩薩有三種疑一疑空異色取色外空今明色不異空以斷彼疑二疑空滅色取斷滅空今明色即是空非色滅空以斷彼疑三疑空是物取空爲有今明空即是色不可以空取空以斷彼疑三疑既盡眞空自顯也三便顯正義者但色空相望有其三義一相違義下文云空中無色等以空害色故準此應云色中無空以色違空故若以互存必互亡故二不相閡義謂以色是幻色必不閡空以空是眞空必不妨幻色若閡於色即是斷空非眞空故若閡於空即是實色非幻色故三明相作義謂若此幻色舉體非空不成幻色是故由色即空方得有色故大品云若諸法不空即無道無果等中論云以有空義故一切法得成故眞空亦爾準上應知是故眞空通有四義一廢己成他義以空即是色故即色現空隱也二泯他顯己義以色是空故即色盡空顯也三自他俱存義以隱顯無二是眞空故謂色不異空爲幻色色存也空不異色名眞空顯也以互不

相礙二俱存也四自他俱泯義以舉體相即全奪兩亡絶二邊故色望於空亦有四義一顯他自盡二自顯隱他三俱存四俱泯並準前思之是則幻色存亡無閡眞空隱顯自在合爲一味圓通無寄是其法也四就觀行釋者有三一觀色即空以成止行觀空即色以成觀行空色無二一念頓現即止觀俱行方爲究竟二見色即空成大智而不住生死見空即色成大悲而不住涅槃以色空境不二悲智念不殊成無住處行三智者大師依瓔珞經立一心三觀義一從假入空觀謂色即是空故二從空入假觀謂空即是色故三空假平等觀謂色空無異故

舍利子是諸法空相

第二顯法體於中有二先總後別今初也言是諸法空相者謂蘊等非一故云諸法顯此空狀故云空相中邊論云無二有此無是二名空相言無二者無能取所取有言有此無者有能取所取無是二不二名爲空相

不生不滅不垢不淨不增不減

二別顯中有三對六不然有三釋一就位釋二就法釋三就觀行釋初就位釋者一不生不滅在道前凡位謂諸凡夫死此生彼流轉長劫是生滅位眞空離此故云不生不滅也二不垢不淨者在道中菩薩等位謂諸菩薩障染未盡淨行已修名垢淨位眞空離此故名不垢不淨三不增不減者在道後佛果位中生死惑障昔未盡而今盡是減也修生萬德昔未圓而今圓是增也眞空離此故云不增不減又佛性論中立三種佛性一道前名自性住佛性二道中名引出佛性三道後名至得果佛性佛性唯一就位分三今眞空無異亦就位分異又法界無差別論中初名染位次名染淨位後名純淨位皆同此也二就法釋者謂此眞空雖即色等然色從緣起眞空不生色從緣謝眞空不滅又隨流不染出障非淨又障盡非減德滿不增此生滅等是有爲法相翻此以顯眞空之相故云空相也三就觀行釋者謂於三性立三無性觀一於徧計所執性作無相觀謂彼即空無可生滅二於依他起性作無生觀謂依他染淨從緣無性三於圓成實性作無性觀謂前二不有而非滅觀智照現而不增又在纏出障性無增減又妄法無生滅緣起非染淨眞空無增減以此三無性顯彼眞空相

是故空中無色無受想行識無眼耳鼻舌身意無色聲香味觸法無眼界乃至無意識界

第三明所離然眞空所離歷法多門統略有四一法相開合門二緣起逆順門三染淨因果門四境智能所門初是故空中者是前不生不滅等眞空中故無色等者彼眞空中無五蘊等法此就相違門故云無也理實皆悉不壞色等以自性空不待壞故下並準知此中五蘊即合色爲一開心爲四二無眼等者空無十二處十二處即合心爲一半謂意處全及法處一分開色

爲十半謂五根五境爲十處及法處一分三無眼界等者空無十八界十八界中即色心俱開準上可知釋此三科具如對法等論也

無無明亦無無明盡乃至無老死亦無老死盡

二明緣起逆順門無無明者順觀無明流轉門以其性空故云無無明也亦無無明盡逆觀無明還滅門以眞空故無可盡也此舉初支中間十支皆應準此故云乃至末後一支謂老死亦流轉還滅皆空也

無苦集滅道

三染淨因果門苦集是世間因果謂苦是生死報先舉今生厭集是彼因謂是煩惱業厭苦斷集先果後因故也滅道是出世間因果滅是涅槃果先舉令欣道是彼因謂八正道修之於後皆空無有也

無智亦無得

四境智能所門非但空中無前諸法彼知空智亦不可得故云無智也即此所知空理亦不可得故云無得也問前云空即是色等明色等不亡何以此文一切皆無豈非此空是滅色耶答前雖不閡存而未嘗不盡今此都亡未嘗不立故大品云諸法無所有如是有此無此就無所有前據如是有又前就相作門此就相害門一法二義隨說無違

以無所得故

第四明其所得有二初牒前起後二正明所得今初也言以無所得故者牒前起後也以者由也故者因也由前無所得爲因今後有所得也大品云無所得故而得

菩提薩埵依般若波羅蜜多故

二正明所得有二先明菩薩得涅槃斷果後明諸佛得菩提智果前中亦二先舉人依法後斷障得果今初也言菩提薩埵者舉人也義如前解依般若波羅蜜多故者明依此法行也故者起後也

心無罣閡

二斷障得果中有三初行成二斷障三得果今初也言心無罣閡者行成也謂惑不閡心故境不閡智故

無罣閡故無有恐怖遠離顚倒夢想

二斷障也言無罣閡故牒前起後也無有恐怖者外無魔寃之怖即惡緣息也遠離顚倒夢想者內無惑障之倒即惡因盡也

究竟涅槃

三得果也涅槃此云圓寂謂德無不備稱圓障無不盡稱寂簡異小乘化城權立今則一得永常故云究竟又釋智能究竟盡涅槃之際故云究竟

三世諸佛依般若波羅蜜多故

第二得菩提智果於中有二初舉人依法二明得果今初也謂三世諸佛更無異路唯此一門故云依般若波羅蜜多故也

得阿耨多羅三藐三菩提

二正明得果也阿耨多羅此云無上也三藐者此云正也次三者此云等也菩提此云覺也即無上正等覺也覺有二義一正覺即如理智正觀眞諦二等覺即如量智

偏觀俗諦皆至極無邊故云無上也上來所得竟

故知般若波羅蜜多是大神呪是大明呪是無上呪是無等等呪

第五結歎勝能於中有二先别歎後總結令初也言故知者牒前起後也由佛菩薩依般若得菩提涅槃果故知般若是大神呪等歎其勝能略歎四德然有三釋一就法釋一除障不虛名爲神呪二智鑒無[illegible]名爲明呪三更無加過名無上呪四獨絶無倫名無等等呪二約功能釋一能破煩惱二能破無明三令因行滿四令果德圓三就位釋一過凡二越小三超因四齊果謂無等之位互相齊等故云無等等十地論云無等者謂佛比餘衆生彼非等故重言等者此彼法身等故何故不但說無等耶示現等正覺故

能除一切苦眞實不虛

二總結勝能謂三苦八苦一切苦也又分段變易亦云一切苦也除苦決定故云眞實不虛也上來廣略不同總明顯了般若竟

故說般若波羅蜜多呪即說呪曰

自下第二段明祕密般若於中有二初牒前起後二正說呪詞今初也前云是大神呪未顯呪詞故今說之

羯諦羯諦波羅羯諦波羅僧羯諦菩提薩婆訶

二正說呪詞此有二義一不可釋以是諸佛祕語非因位所解但當誦持除障增福亦不須强釋也二若欲强釋者羯諦者此云去也度也即深慧功能重言羯諦者自度度他也波羅羯諦者波羅此云彼岸即度所到處也波羅僧羯諦者僧者總也謂也即謂自他溥度總到彼岸也言菩提者至何等彼岸謂大菩提處也言薩婆訶者此云速疾令前所作速疾成就故也

略釋絶筆述懷頌曰

般若深邃　累刧難逢　隨分讃釋　冀會眞宗

般若波羅蜜多心經略疏

法藏長安二年於京清禪寺翻經之暇屬同禮部兼檢校雍州長史榮陽鄭公清簡成性忠孝自心金柯玉葉之芳葩九列三王之重寄羽儀朝序城壍法門始自青衿迄于白首持此心經數千萬徧心游妙義口誦靈文再三慇懃令出略疏輙以蠡管詎測高深云爾

般若心經贊序

張説　撰

萬法起心心人之主三乘歸一一法之宗知心無所得是眞得見一無不通是玄通如來說五蘊皆空人本空也如來說諸法空相法亦空也知法照空見空捨法二者知見復非空耶是故定與慧俱空中法入此門者爲明門行此路者爲超路非夫行深般若者其孰能證於此乎祕書少監駙馬都尉榮陽鄭萬鈞深藝之士也學有傳癖書成草聖迺揮灑手翰鐫刻心經樹聖善之寶坊啓未來之華葉佛以無依相而說法本不義以無所得而傳今則無滅道

存文字意齊天壤國老張説聞而嘉焉讚
揚佛事題之樂石

般若波羅蜜多心經畧疏

校勘記

一 底本，清藏本。
一 二四九頁上二行首字「唐」，南無。
一 二四九頁上一一行第八字「超」，南作「起」。
一 二四九頁上一九行「教興」，南作「興教」。
一 二四九頁中一八行「般若波羅蜜多心經」，南無。
一 二四九頁下二行第一一字「詮」，南作「顯」。
一 二四九頁下三行「所引」，南作「能顯」。
一 二四九頁下一〇行經文「觀自在菩薩」前，南冠以「經」字。以下疏文前之二十一句經文，南均冠以「經」字，不再出校。
一 二五〇頁下四行「即是」，徑作「即」。
一 二五一頁上一二行第一〇字「色」，徑無。
一 二五一頁中一行「空相」下，南有「比丘滿起」四字。
一 二五一頁中九行「故名」，南作「故云」。
一 二五一頁下七行「又在」，南作「又有」。
一 二五二頁上七行首字「二」，南作「三」。
一 二五三頁上一四行第八字「齊」，徑作「濟」。
一 二五三頁下一九行第五字「啟」，南作「使」。

般若心經略疏連珠記上　百四

立斯題者示無曾聽爾謂此記文是
皆佛祖之靈蚌夜光赤野丹淵明月
虧全者也第以朱絲金縷貫
連成記有類蒼梧之珠丘焉

宋　玉峯沙門師會述

將釋此疏文二初題目二初標疏題然題目
有二種冠之經首則曰經題標於疏前乃曰
疏目今即疏題般若等是所解之經略疏乃
能解之疏取所解之經目能解之疏分取他
名有財釋若云之疏即依主釋略者要略之
略非別有廣疏也并序者兼有一序也二顯
嘉號翻經者京口僅公所刻夾科經疏之後
刊祖師自題云法藏長安二年於京清禪寺
翻經之暇屬司禮部兼撿校雍州長史榮陽
鄭公再三殷勤令出略疏既曰翻經之暇非
曾預譯場之謂也沙門者此翻勤息次二字
疏主之令名述者述而不作之謙詞也二本
文三初總標名意一開章釋文三慶讚回向
初中二初通叙玄綱彰般若大宗二初正叙
幽深三初超言以指體二初體玄夫以等者
夫乃發語之詞以言由也眞源者非虛妄念

慮曰眞是諸法性體曰源即實相般若無相
眞如也清涼釋剎那際三昧云即窮法眞源
謂窮彼剎那時相都寂則剎那無際由達清
淨眞如本無相故則以無相眞如為眞源矣
貞元曰妄隨境變體逐相遷鼓擊眞源浩蕩
無際彼以衣珠秘藏為物性之眞源草堂曰
般若之心是萬法之體又曰眞空者即靈妙
心源良由本是眞如一心與生滅合名黎耶
變起根身器界色等諸法推之無體歸於眞
心之空則第一義空為諸法之本源故曰眞
源論曰以有空義故一切法得成經云從無
住本立一切法鎮國曰無住性空眞如皆實
相之異名疏主又曰令機證眞源入果海也
則以果海為眞源矣素範者素表無瑕範持
自性謂其體若氷霜性猶珠玉在煩惱泥不
改堅白論云如如體中過恒染法皆悉空空
無所有故疏主曰素範超情空有以茲雙泯
沖漠者沖曰深玄漠言廣遠疏主又曰廓無
涯而超視聽深無極而抗思議論曰超思惟
之境絕窺覦之域是豈筌蹄所能獲哉筌者

取魚之器蹄者網兔之罝以況談思與眞理
隔絕也妙覺下二用妙即觀照般若也鎮國
曰離覺所覺故名妙覺經云如來今得妙空
明覺論曰覺心源故名究竟覺又論曰薩般
若慧唯有覺照無一一法而非覺故疏主即
曰妙證眞源之知慧也玄猷者猷者道也因
也言此妙覺入眞源之正道克妙果之深因
故下疏云由斯妙慧翻生死過盡至眞空之
際與賾者謂般若淵海深而不可極也大論
云智慧大海唯佛窮底超於言象者經云般
若義者無名無說又曰眞般若者清淨如虛
空無知無見無作無緣古德云體本絕待名
說俱寂故超言象也前云筌蹄乃言象之喻
而互舉者欲文妙耳周易略例云言生於象
故可以尋言以觀象象生於意故可以尋象
以觀意意以象盡象以言著故得意忘象得
象忘言猶蹄者所以在兔得兔而忘蹄筌者
所以在魚得魚而忘筌存言者非得象存象
者非得意然彼欲學者捨詮而求旨也今之
疏者乃謂妙空眞覺理圓言偏畢竟不可說

相故疏主曰渺渺玄猷名言罕尋其際茫茫素範相見靡究其源是則即言忘言即相忘相非謂滌除萬物相塞視聽寂寥虛豁然後爲真者也問曰時然後言非其時而言謂之過言且此教之興欲令行者發大心修廣行破外迴小斷障得果益衆生也疏主何由約彼萬法之源妙覺極果而遽叙耶答曰欲顯修因同果地覺故文殊創問本起之因至聖首提究竟之果若性非金玉雖琢不成寶器故經云不能了自心云何知正道又問苟叙首楞圓覺頓教深經可如高論令此經者列屬五時漸教明矣何以直叙真源妙覺以漸濫頓寧無過乎答曰吾祖心遊大教妙悟圓宗行行令了自心字字朝宗頓旨圓頓宗主華嚴祖師豈與夫三時五時之學士會權歸實之漸人同日而語哉又況一經之所宗萬行所由生也雖真下二三諦以彰玄下疏云令悟二諦中道生正見故空假皆中色空無寄方爲此經所宗第一義諦之真空故於中有二初二諦存泯文有二句上句相違義故雙泯下句相作不相礙義故雙存鎮國曰色空相望總有三義一相違義二不相礙義三相作義結云此三無礙方曰真空亦稱妙有義記曰所以真俗雙泯者真者真空之理爲真諦也俗者色等諸法爲俗諦也又曰但約緣起萬差爲俗無性一味爲真雙泯者以二諦不一相違義故以俗害真真泯以真違俗俗亡互奪兩亡是曰雙泯又曰此緣起法由性空故令彼幻有亦不得有是故一切唯是真空經云諸法畢竟空無有毫末相又云一切法空如劫盡燒等大般若云色等空故空中無色依彼幻有非有之門及依真空非不空門說彼真空永害幻有是故遂令俗相永盡而爲真諦又此緣起法由幻有相故令彼真空亦成不空唯是緣起幻有差別故楞伽云非遮滅復生相續因緣起故攝論瑜伽等中明依他起法永不是無如是並依真空非空門及依幻有非不有門說彼緣有永非是空故方爲俗諦如是二諦極相形奪方成本位瓔珞云世諦有故不空真諦空故不有故雙泯也二諦恒存者宗致曰以若不緣生不無性故謂緣有者顯不自有不自有者則是無性又無自性者顯非自有非自有者則是緣有下經云色即是空空即是色論云智障極旨闇謂真俗別執亦不得以性空故而不許緣生以無緣生空不立故論云有爲法空以從緣生故又此是真空非斷空故若待滅緣生方爲空者是則情中惡趣空也是故以真奪俗俗盡而俗常存也又亦不得許緣有故違害真空以若不空非是緣有自若有者非緣生故是故以俗害真真泯而真常存也又不異有之空方爲真空不異空之有方是幻有是故此二不二存泯同時也空有下二一味圓彰圭山曰謂一真心性非空非色能空能色如鏡之明是於二諦之後加第一義諦謂無性故緣生空亡也緣生故無性有亡也空有俱亡爲一味法故云常顯下疏曰幻色存亡無礙真空隱顯自在合爲一味圓通無寄是其法也良以下三中道以顯妙清涼曰意明此中空有皆是中道然幻有真空雖

通三性諸祖釋義多就依他以叙諸宗立義不同諸教淺深迥異而宣政之來與義湮微遂令罵說之流多抑深經以爲權淺今當先叙諸家所宗空有令盡然在前後銷疏文初言幻有者亦名緣有妙有假有以有宗致曰

此大乘内於緣生法二宗盛諍一法相宗說此緣生決定不空以有因緣之所生故猶如幻事不可言無若言空者應非緣生如兔角等又云三論但破小乘外道偏計實我實法不破大乘依他起性以是幻有非過失故若此亦破則是斷滅惡趣空攝非正法故既是深過明知緣生決定不無攝論瑜伽深密經等決定說有不可違故此乃始教相宗說此幻有不許即空也二空宗說此緣生法決定是空以從緣生必無自性猶如幻事不可言有若言有者則不從緣不從緣故則非緣起之法也又云設使瑜伽等論所立依他三論亦破以諸緣生無不空故若此不破見不亡故理非盡故此是始教空宗說此幻有不得言有若言其有則是病眼愚夫所取法執未盡也三法性宗說此幻有從緣無性如幻化人非無幻化人幻化人非眞故云幻有亦名妙有以非有爲有故名妙有又曰以即空之色爲妙色由了無色而現色故成妙色又曰即空之有方爲具德之有又曰幻有義者是則非有非不有名爲幻有又云不墮一邊爲俗諦中道等此乃法性宗約空有相即以顯幻有義也次言眞空者一法相宗約彼遍計所執密意說言諸法自性皆空翻彼小乘而空六識依圓是有不得即空遍計是空但是

空無亦曰眞空二空宗說心境俱空平等一味圭峯曰以諸法無性即名眞理如幻花無體即是太虛又引門論云大分深義所謂空也假名及中道但就空說清涼曰三論宗云妄說爲有眞諦故空依計是俗俗故是有圓成是眞眞故是空從緣生法決無自性故曰眞空若言有者即是法執智光竺汰康朗諸師之所宗也汰法師本無論曰非有有即無非無無即無故曰眞空所以肇公作不眞空論演義釋其題曰此中眞空非是對妙有之眞空此眞空是所破病彼謂眞諦一向無物爲眞空故肇公以不不之云不一向是無物故曰不眞空又曰此但得三論一分空義耳草堂曰彼且不立眞何況於妄以眞諦爲眞空也三法性宗所說眞空鎭國曰即色之空方曰眞空亦稱妙有又曰要皆即有之空方爲具德之空又曰非空之空爲具德耳此即法性宗所顯中道之眞空也次銷疏文文有四節初對總融空有以顯中道所以前科三諦圓通空有一味者良由幻有眞空無二爲中道故大疏結成中道云非空非有是中道義鈔云然其正意合眞空二義總名非空合幻有二義總名非有空有不二故爲中道眞空二義即空與非空幻有二義即有與非有

也言眞空者清涼曰由無性故空是空義緣生故空是空之所以所以即是因緣謂何以無性得成空義釋云由從緣生所以無性是故緣生無性是空之所以既是從緣生法無性故空故曰眞空而又不待壞彼差別法體然後方空是故眞空未嘗不有又即此有法

緣生無性便名眞空故云即有以辨於空言幻有者清涼曰緣生故有是有義無性故有是有之所以又曰何以緣生得爲有義釋云特由無定性故方始從緣而成幻有是故無性是有所以旣是從緣無性之有則此有常無自性故云幻有未始不空又即此無性舉體從緣而成於有是故即空以明於有然此疏文直明眞空是即幻有之眞空幻有是即眞空之幻有故云總融空有以顯中道有空下二別融空有以顯中道即於幻有眞空之上各顯一中道義也初言有者是指幻法自體即幻有上非不有義也次言空有者謂此幻法從緣無性即空之有是空家之有故言空有故不有者以其舉體全空無所有故即幻有上非有義也非有非不有無二爲一幻有宗致曰一非有義謂舉體全空無所有故二非不有義謂不待壞彼差別相故大品云諸法無所有如是有是故非有非不有名爲幻有次云空者是指眞空上非不空義也言有空者謂此眞空是緣生無性之空即有之空是有家之空故云有空故不空者不待滅緣生方爲空故全有之空故不空也即眞空之上非空義也非空非不空無二爲一眞空宗致曰二眞中亦二義一非空義謂以空無空相故二非不空義謂餘一切相無不盡故是故非空非不空名爲眞空經云空不空不可得名曰眞空中論云無性法亦無一切法空故宗致合此有五重中道一謂非有則是非不有以此無二爲幻有莊嚴論云無體非無體非無體即體無體體無二是故說是幻此以無體爲幻體故說無二由此無二不隨一邊故名中道此是俗諦中道二眞中非空即是非不空以此無二爲眞空雙離二邊名爲中道此是眞諦中道三幻中非有則眞中非不空義幻中非不有則眞中非空義以並無二故由此無二與前無二復無二是故二諦俱融不隨一邊名爲中道此是二諦中道四幻中非有與眞中非空融無二故名爲中道此是非有非空之中道經云非有非無名爲中道五幻中非不有則是眞中非不空此則非非有非非無之中道謂絕中之中也是故二諦鎔融妙絕中邊是其意也此中初二中道是空有別融後三二諦交絡以顯中道也不空下三顯正揀非以明中道言不空等者即無性故空緣生故空爲眞空也鎭國云顯正也空而非斷者非無見斷見之空鎭國云揀非也斷見之無是定性之無定無則着斷今緣生故空非是定無無性故空亦非定無定無者一向無物如龜毛兎角今但從緣無性故非定無是故空而非斷也不有等者亦先顯正後揀非不有之有者即無性故有緣生故有此二種有並非常見之有常見之有是定性有今從緣無性之有非定性有顯是幻有顯正也旣非定性之有故云有而不常揀非也則是眞空妙有離斷常之中道也四執下四離謗具德以顯中道鎭國曰中道者非唯非有非無而非斷非常等皆中道也四執者亦云四謗鎭國謂定有者增益謗定無者損減謗亦有亦無相違謗非有非無戲論謗一異俱不俱常無常等皆曰四謗如情

所封定執四句故皆成謗般若離四句不可
以有無取故今四執既亡即成四德吾祖又
曰然皆具德不成四謗謂此四句即是具德
以稱眞故不同情計又曰盡有之空盡空之
有方爲具德又皆即有之空方爲具德之空
即空之有方爲具德之有又隨一句必具餘
三若隨闕者則非具德百非斯遣者論曰百
非非非千是非是非百非背千是非非中中
背背天天演水之談足斷而止審慮之量手
亡而住可謂般若二諦中道之大宗也古云
境智餘科不貫義似未安故不欲循其轍也
上來正叙幽深竟般若下二結歸玄旨夫般
若虛玄者葢羣詮之宗極眞一之無差一十
六會之格言二十四年之雅誥性理幽微超
情離見獨拔於有名之表頴脫於曳尾之塗
玄雖玄矣妙復妙焉不亦罄於茲序哉故云
斯之謂歟若歷下二别歎眞詮顯曲盡妙旨
二初通明廣略二初示文若歷等者謂歷色
心等事備陳正理則有八部二十萬頌頌有
四種一阿耨窣覩婆此云數字頌不論長行
但數三十二字則云一頌二伽陀此云諷頌
亦云直頌直以偈頌諷美法門故三祇夜此
云應頌應前長行頌故四集施頌積集法義
令誦持故今即初也若撮下即略經也樞謂
門樞爾雅曰制扇以樹門傍曰樞即俗呼門
準是也又言行乃君子之樞機葢言華屋之
要四體之本也以況八部所詮頓實之旨斯
經盡之故曰撮其樞要理盡一十四行行即
十七字之行耳理趣般若序云此經並乃覈
諸會之旨歸縮積篇之宗緒清凉曰明是六
百卷理趣也今經亦六百卷之樞要矣是知
下二顯意二初廣略由機疏主曰機緣感異
聖應所以殊分論說廣自力根略自根力如
來則以廣說修多羅略說修多羅以應之故
曰廣略隨緣緣者機緣也超言下二理圓俱
現疏主又曰聖應雖殊不思議一經云譬如
癡人畏空而走經恒沙劫不能得出在所至
處不離虛空良以眞空妙宗性無不在故能
俱現矣般若下二别叙今經二初妙讚投機
昏衢苦海以喻有情奔馳生死無智慧明五
苦八苦不得邊底也高炬迅航以況斯經三
無相慧拯接物機導引迷徒羣修多羅莫比
斯最然則下二聊示經目二初略提綱要般
若等者肇公曰然則智有窮幽之鑒而無知
焉神有應會之用而無慮焉神無慮故能獨
王於世表智無知故能玄照於事外經云般
若無知無所不知則觀照實相也波羅下功
者功用也謂濟人天龍渡生死海置涅槃岸
乃斯妙慧之功用也心顯等者讚能詮經略
能攝廣之妙勝也如圓覺題中修多羅了義
五字是故圭山科下六字總屬能詮鈔曰上
五字是比對諸經歎此經殊勝意顯圓覺一
經是修多羅藏中了義之經今疏主特彰一
十四行是六百卷中之要妙意言是般若部
中之心如人心藏是一身之要也前已廣叙
所詮甚深故此特顯能詮文字般若如精羅
氣絲爲葢順譯主獨就喻彰經乃等者線能
貫華經能持緯聖宣法義經以貫之也從法
下二以義結成般若法也心乃喻焉心經爲
詮般若爲旨結爲題目矣將釋下二開章釋

文一初標列章門五門者疏從經略門止五焉前三義門後二正釋以經題目即本文故然此五門生起有緒初教興者夫聖人言不虛發動必有由非大因緣莫興斯教教雖無量不出二藏三藏權實教門雖知深旨未悉所崇宗趣既明須知題目綱要已彰在文難曉五章生起其略如是初教下二依門解釋五初教興二初生起大意教興者論問曰佛以何因緣故說般若波羅蜜經諸佛不以無事及小事因緣而自發言譬如須彌山王不以無事及小事因緣故動今以何等大因緣故說般若波羅蜜經故疏引此生起教興大意一謂下二開章別釋二初正釋四初破邪迴小謂末伽黎等廣起有無等見行於理外世尊說般若等經破實我法化令入道二者鹿園之器方等彈呵漸已成熟般若之經廣說諸法自性皆空翻彼小乘引令入大故大品云若人欲得阿羅漢果當學般若波羅蜜等疏主曰九十五種競扇邪風一十八部爭揮擳火遂使真空慧日匿輝昏雲般若玄珠

惑茲魚目三今下二顯理成行前二顯理次三成行令小等者即下三亂意人爲說般若令意淨入理也四令悟下正見者令信解真正了悟中真不執定實色空方名正見二諦中道者以是此經之所詮故義記云二論宗於般若通以二諦中道而爲其宗彼文具彰真俗空有與奪存壞以明緣有性空或相奪全盡或相與全存或自壞自存無有障礙若相與門則不壞有之空與彼不壞空之有理不雜故成非一門若相奪門則此壞有之空與盡空之有全奪故非一也若各自存門則不相是故非一也若各自壞門則無一可一故非一也以存壞無礙二理不雜不墮邊故不失中道是謂二諦中道也非異之義如彼所明又非一與非異復無有二以緣起無二故以壞有之空即是盡空之有無障礙故極相違反還極相順是故相奪相與復無有二鎔融無礙也由非一即非異故即二諦爲中道由非異即非一故即中道爲二諦又非一與非異亦非一是故即非一之非異與即非

異之非一義不雜故而非一也謂不異中之二不異二之中融通不雜故非中非二具足中二是謂中邊無障無礙之中道令悟此故斯教興也五顯等者此下欲成勝行故演斯經以淨信大心萬行之本又發三心修十信即是行故佛德者常等四德及佛地河沙真淨功德義同華嚴舉果勸樂生信心也問覺鈔說空宗佛德空云諸部般若中百門論首末皆是又引此經無所得等皆曰彼義何由令說常樂等德答彼成智光比順疏主下辨所得中云德無不備故非佛德空也大菩提心者即直等三心深廣行者離相爲深隨相爲廣般若具明二行故八令下三斷障得果二障二果並如下說十流下四傳芳萬古此爲未來等蒙益也略說下二結指第二下二明藏攝二初藏攝三藏者謂經律論也通稱藏者以含攝故謂攝一切所應知義攝即包含故契經者謂契理契機貫穿攝化即貫穿言教攝持所化也經非餘二故契經攝二藏者則約大小以分今非二乘故菩薩藏收權

實下二教攝鎭國曰由前經藏有權實等故有此門然疏主述作隨宜制度事非一準且華嚴備張五教起信無差唯約四宗斯經但明權實梵網獨開化制蓋以欲和陽春之高唱乃追玉舌之旨歸然則門門刃解東流義義氷鎔三藏戒經具說重輕兼明持犯約化制以釋通豈非得旨般若竪貫二時横通五教有帶有雙談空談有彰權實以明之可稱絕唱且一大藏經雖皆佛說然有就機方便權宜說有稱性決了眞實說今經決了眞實故云實教攝也但以權實多門理須略辨約說有三一就五教前四皆權後一方實此如孔目教章等說二者前二爲權後三皆實如華嚴圓覺等疏所說三者淨土說爲眞實娑婆談是權宜如修證儀說疏依第二問般若

談空以空爲始始固屬權故政觀以來議斯權實衆說不同或約大小或約通別或曰教果是權理行是實何以記皆不叙答曰論云從得道夜乃至涅槃常說般若斯經權實雙彰漸頓兼唱諸宗判釋不同故使後賢多誤

今將具列以鑿源流一戒賢論師曰依徧計所執而說諸法自性皆空依他圓成猶未說有即判般若等經中百等論說六識空多談空理屬第二時法界無差論疏依此以判般若等經屬第二宗攝二智光論師曰第三時中方爲上根說無相大乘謂此緣生即是性空平等一相依計是有圓成是空依此以判般若等經總破大小法相八識俱空多說空理圓覺疏等叙彼所判般若等經中百等論屬於空宗始教所攝三吾祖鎭國大和尚曰若唯說法華爲實則抑諸部般若了義大乘之經般若離四句何曾存空般若不壞四句豈無妙有是知實相般若即是正因佛性觀照般若即爲了因大品仁王理趣等經皆屬終教四者諸祖皆曰二邊既離中道不存心境兩亡亡絕亦絕般若現前已當八部無相六乘之極致鎭國曰即同智照無二亦同頓教文殊問光讚放光等經諸祖並曰頓教五鎭國曰大品云一切法趣色即一切皆色一中具一切即事事無礙般若義該五教即具

圓矣而疏主以戒賢智光二宗所判眞諦之空非第一義空故不攝此義當後三故言實攝若約今經顯詮分齊者鎭國云若以三觀就心經意色不異空明俗不異眞空不異色明眞不異俗色空相即明是中道爲空假中之三觀疏中亦以三觀釋經當前第三義也又云以會色觀中明色不異空等明空即色中明空不異色等第三觀但合前二第四拂前四向相現眞空相不生不滅無智亦無得眞空觀備矣貞元判同頓教即前第四義也前疏廣叙中道下文備彰相作相成互存互泯無礙自在圓中同教經詮堅實一心即圓覺妙心含圓別矣皆前第五義也疏文經旨明若矚日別議權實者惑亦甚焉第三下三明宗趣二初唱章釋名宗者崇也尚也今云語之所表者即此經表彰表顯之崇崇尚也趣者趣向也即宗意所歸趣之處也然先下二總別演義二先總總以等者大論云說智及智處智皆般若曉公曰此中即顯三種般若說智者文字般若及智處者實相般若

智智即觀照般若是三皆此經之宗一實等
者古德曰妙心湛寂無相而相謂之實相實
相隨緣爲諸法之眞性肇公云實相法性性
空緣會本無一義耳二觀照等者即正體智
等無相離分別之慧也三即文字般若孔目
云熟教有三種智謂實相般若智等清涼曰
清涼法界相宗不得名智法性宗中亦名爲
智即此實相也或說五種般若不離此三故
云不越等別亦下後別一教義對深窮教海
志在見理成智也二境智對諦觀正理意其
破惑發智矣三因果對因行即觀照妙慧也
果德爲趣非佛德空矣然別宗如此其通宗
者般若以無相爲宗清涼曰無相宗會於三
教謂始教頓教實教今經正當頓實若深必
該淺義或可通第四下四釋題三初唱章二
演義三初分教義二初辯詮旨謂般若心者
標舉也是所詮之義者判釋也判此題中心
及般若等言皆屬所詮之法即下無罣礙心
也不空譯云菩薩有般若波羅蜜多心名普
徧智藏乃至色性是空空性是色等即心是

所詮法明矣圭山曰藏和尚般若心經疏作
所詮義釋心字意云般若之心是萬法之體
故云心也會同堅實用釋圓覺妙心揀云不
同緣慮集起之義又曰肉團麤淺不必揀也
故云所詮之義經之等者詮上般若心也佛
地論云能貫能攝故名爲經又曰應知此中
宣說佛地饒益有情依所詮義名佛地經且
能所詮釋經題者本出親光而四明禮公乃
言大違佛理智者位居五品親光登地菩薩
位望相遼如一輕塵較大地土而輒是彼非
此不知其可也若心作喻釋即心經二字是
能詮教也二結離合即能等者依所詮義立
能詮名三摩娑釋依主得名補盧沙聲屬聲
受稱二就下二析法喻二初約所詮以指法
就上所詮義中復取心字以喻能詮教勝唯
般若等是所詮之法故不言所喻復云所詮
是知實相觀照非所喻也獨將一十四行文
字般若爲所喻故但言所引之喻不言能喻
心之下二歎能詮以引喻此乃譯人之意非
疏主正義故慈恩云般若波羅蜜多者大經

之通名心經者此經之別稱般若之心經也
草堂曰亦作能詮教釋意云此半紙之經是
六百卷之中也即紇利陀耶此云肉團心引
而爲喻喻此略經是大部之心藏也即文字
般若是所喻心之一字是能喻也即般下法
合以彰要謂六百卷二十萬頌之內也統要
等者幽讃曰甄綜精微纂綱賾事雖萬象統
即色而爲空道縱千門貫無智而兼得採廣
文之秘旨標貞心以爲稱也況人等者況譬
也如人百體心爲其主故經云心如帝三喻
此略經唯談妙最餘藏六腑喻廣說經兼被
二乘亦該權淺豈似此經中道鎔融唯終唯
頓文略義深括盡玄奧故云統極之本然泛
論心者有其四種一紇利陀耶即肉團心二
緣慮心謂八識俱能緣慮自分境故三質多
謂集起心即第八識集諸種子起現行故四
乾栗陀此云堅實心若作所詮則當第四堅
實約法以解心也作能詮釋則當第一肉團
約喻以解心也且圭山出自大唐非後人救
過而穿鑿也顯矣近代嶽公而謂疏主不知

約法以解心陋哉坐井而觀天曰天小者也
三就下三明體用二初翻名以顯體即就前
所詮法中非所喻文字般若中也體用分二
者然體用多門略明三義一寂體照用則實
相觀照爲體用也放光云般若無所有相無
生滅相此明寂體無相也道行云般若無所
知無所見此顯照用無知也二權實二智以
分體用實智照眞内鑒而無知體也權智涉
俗外應而無慮用也三直就大乘以明體用
則以當法包含爲體運載功能爲用疏主曰
體用合說故云大乘三大二運即其義也又
疏主明乘體中則以無分別智所依眞如互
爲兼正攝餘勝行爲乘體性明業用中乃約
三佛性中自性爲所乘引出爲能乘至得果
爲所至處又約運因成果等義爲乘業用然
今此疏乃取到岸爲用證眞爲體正用第三
兼之前二若以翻盡爲用照源作體則通用
二三該之第一般若等者譯梵成唐即神等
者靈知不測曰神頴脫衆妄曰悟超名言之
表曰玄出相見之鄉稱與以無得無智之般

若會契離性離相之眞源本覺自知照體獨
立絶知會忘能所本心挺現不由他悟故證
而稱妙也若以眞源爲實相則般若但目觀
照文字若約一法多名則理智互出以無智
外之如故眞源即般若亦無如外之智故智
慧即眞源矣波羅下二會梵以彰用波羅若
譯梵成唐既以到岸爲用正約運因成果也
而義有三一由斯妙慧者運行令增也二生
死過盡者運惑令滅也三眞空際者運理令
顯也初一是能後二是所又即雜集三轉依
義一心轉眞性現故二道轉行漸增故三斷
轉惑障滅故又起信云破和合識是轉滅顯
現法身是轉顯智淳淨是轉增但小不次不
到之慧揀權小也謂體下三結釋初一持業
後二依主立斯名者據不空譯本即說主立
耳經觀下五解文疏三初唱經標章然此當
通唱一經而判釋之隨科釋處再唱子科經
文於義即便今疏從略但存別唱不然則判
釋居前或本作此安布以廣陳中例亦如此
故不敢率易改動此既下二會義具闕然此

經六譯三分有無譯人意樂今此云者是語
略之之意也慈恩曰録大經妙最別出此經
三分二序故皆遺闕然餘譯多具文中下三
開章演釋二初總別開判二初分總二初判
經何以下二顯意何以者假問令說也謂顯
等者滅惑要須開解開解在於顯談祝詛志
期生福障除然後福生經談二分依修而福
慧等嚴故云顯了等也夫灌頂大悲滌業之
辭甚顯首稜如意雪罪之文頗明孤山乃謂
顯祕之與機心好異引直說爲神呪判情迷
作祕宣遂使教關淺深人無利鈍且郢書燕
說誰曰不空獻替鳳毛豈稱祕密況乃全抄
本疏雜以浮辭謾誇十疏通經是亦浪名江
表鈔孟蘭而服義疏斯經乃欺心中邊皆甜
實雜其味就前下二判別二初判經略標綱
要者眞心之空斯教喉衿是以經家標爲義
本不空譯云菩薩白言我欲於此會中說諸
菩薩普徧智藏般若波羅蜜多心蒙佛聽許
入慧光定照五蘊空度苦厄等一經宗本故
略標之廣陳實義者色空交徹性相融通事

非權淺故云爾也以義下二顯意初約廣略三約解行者略乃定中照見得非自利行乎廣則起定宣揚對機明辨開彼解爲然今經略分則别譯序分之文譯者之妙巧應秦人而皆別相修多羅攝略爲廣本亦本略收前中下二依門作釋

般若心經略疏連珠記上

般若心經略疏連珠記上

校勘記

一　底本，明永樂北藏本。
一　二五五頁上一行末字「上」，南無。
一　二五五頁上四行首字「宋」，南無。
一　二五五頁上一七行第八字「一」，南作「二」。
一　二五九頁上一一行第二字「智」，南作「如」。
一　二六〇頁上一行第二字「一」，南、徑作「二」。
一　二六〇頁下一〇行第一二字「比」，南、徑作「此」。
一　二六一頁下一四行第四字「日」，徑作「曰」。
一　二六二頁上一行「一實」，徑作「一貫」。
一　二六二頁上二行「湛寂」，南作「湛然」。
一　二六二頁上七行「清涼」，南作「清淨」。
一　二六二頁下一〇行「三喻」，南作「王喻」。
一　二六三頁中八行第一三字「今」，南、徑作「令」。
一　二六四頁上末行書名、卷次，南無（未換卷）。

般若心經略疏連珠記下

宋玉峯沙門師會述

經二初顯了般若二初略標綱要分疏三初科分第四科名諸師注本但云明利益無能觀之言以愚所見傳寫之家悞下能字耳二隨釋經四初能觀人疏二初標章指經初句標章次句牒經能觀人者指示也言觀自在者鎮國曰三業歸依十通隨應鑒無遺照益無不周然或云觀世音梵云婆盧枳底此云觀世濕伐羅此云自在若云攝伐多此云音梵本有二故譯有二名而法華云觀其音聲皆得解脫即觀世音然彼經初語業稱名滅除七災二身業禮拜能滿二願三意業存念淨除三毒即自在義今多稱觀世音者語業用多感易成故經取義圓云觀自在慈恩說十自在恐繁不錄謂於下二依名演義二初解別名理事等者良以觀不可分之理圓攝一塵中本分限之事全遍法界內理事圓融無所罣礙廣大甚深三昧自住三摩地時解脫若斯是以從三昧起如證而說故云觀達自在等也又觀等者十四無畏三十二身皆本妙圓通也菩謂下二釋通名上求下化翻梵成唐矣經行下二所行行二初唱經二明下二演義二初就法以揀淺妙行二者即二空行也人我執無處所顯眞如名人空法我執無處所顯眞如名法空如爲所顯智是能顯二執空無故名二空太一云人空通小乘而未清淨三乘方清淨法空在三乘而未清淨至一乘究竟清淨言時下二約時以顯深別譯云欲說菩薩普徧藏心非應二乘時也然疏主循滎陽之請協譯者知見以大揀小略顯一理般若時貫五三教詮權實對淺論深旨該多義清涼引理趣般若一段經文用彰二義深淺懸絕理趣分當五百七十八經云爾時世尊依一切無戲論法說如來之相爲諸菩薩宣說般若甚深理趣輪字法門謂一切法空無自性故一切法無相離衆相故一切法無願無所願求故一切法寂靜求寂滅故一切法無常無常性故一切法無樂非可樂故一切法無我不自在故一切法無淨離淨相故一切法不可得推尋其相不可得故鈔曰此上顯性空理趣又經云爾時世尊復依一切住持藏法如來之相爲諸菩薩宣說般若一切有情住持遍滿甚深理趣勝藏法門謂一切有情皆如來藏普賢菩薩自體遍故一切衆生皆含剛藏以金剛藏所灌洒故一切衆生皆正法藏一切皆依正語轉故一切衆生皆妙業藏一切事業加行依故鈔曰前明有法非有後明無法不無非有非無是中道理趣上皆彼文有法非有是性空理趣義當始教空宗無法不無中道理趣義通後三實教理趣今經揀其秘旨實教所攝理當後義故云行深時也又般若義具五教今經攝其樞要相望備論淺深理無不可恐繁不敘上皆順疏以深揀淺今於疏外率愚以助一解輙謂慧光三昧廣大甚深窮法源底當體難思菩薩遊此故云行深如理而證照理究竟當斯之時乃曰行深時耳原夫經意未必須俟揀顯疏主且順譯人三乘宗旨大以揀小爲義作此釋耳經照下三觀行境初

唱經三明下演釋觀行境者鎮國曰五蘊者身心之異名行人若不識身心真妄何能懸契不達真妄之本諸行徒施是以菩薩欲爲大心宣祕要法先入慧光大定以離念之明智徹法之慧目洞達五蘊自性空無所起當體即如然後從三昧起告鶖子曰應如是學故以達五蘊空爲觀行境然以深慧觀蘊性空對之起觀故名爲境若成般若境即所行鎮國曰如般若中雖有實相爲成智慧所行境中若能若所皆是所行如諸菩薩行深般若能觀所觀皆所 行行二空理者鎮國又曰生死之本莫過人法二執迷身心總相故計人我爲實有迷五蘊自相故計法我爲實有智眼照知五蘊和合假名爲人一一諦觀但見五蘊求人我相終不可得先觀色蘊是觀身了知堅則地潤則水煖則火動則風觀餘四蘊則是觀心了知領納爲受取相爲想造作爲行了別爲識依此身心諦觀分明但見五蘊求人我相終不可得名爲人空若觀一一蘊皆從緣生都無自性求蘊相不可得則

五蘊皆空名爲法空是以照五蘊而二空理現經度下四明利益夫一切苦厄二死收盡今見真空度已盡矣何者清涼曰乘人空觀行出分段生死永處涅槃乘二空觀行雙照人法二我畢竟空無所有則離諸怖畏度一切苦厄出變易生死名究竟解脫苦謂五苦八苦變易謂因緣等四種生死如唯識等說依此觀行得究竟樂果佛德空手上來下三通結經舍下二廣陳實義分五初拂外疑作此科者切緣鄭公乂誦此經先已熟聞譯者之說是以䟽主順其聞見有此云耳故慈恩云今說色空互相顯者令義增明破疑執故一者二乘作意狹劣不樂利他二者於大乘中顚倒推求及起疑惑等實非䟽主及經宗旨故有便顯正義之科方順本宗釋經通意於中二初唱經清涼曰色即法相之首五蘊之初故諸經論凡說一義皆先約色故大般若等從色已上種智已還八十餘科皆將色例若略收法不出十對所依體事無不即空是以諸祖皆云真空之理幻色等事遂以釋

成十門無礙也自下下二作釋二初判總此科䟽文理在唱經之前䟽中從略不存通唱已如上會初段下二釋別二初總示釋儀文有四釋者則此唱經文通作四釋蓋文含四義故也非於所疑法中有四釋也是則鶖子亦隨四說義有不同若總四釋皆屬所疑法則陸沉經宗失於深旨矣大科從初二義以立其名初中下二唱章顯相四初正去小乘疑經二初舉疑人言舍下牒經舉疑人者判釋也舍利下出得名之緣亦翻春鶖聰慧下歎德以釋對告之由異譯經說佛在鷲山與大比丘衆滿千百人今特告之故曰上首彼疑下二對釋疑三初有餘位初舉疑彼聞大乘說法空理而生此疑有餘者太一云有餘身智故見蘊無人者蘊中無我顯人空故亦云下正疑與彼大乘法空無別今釋下顯異相蘊中等者牀上無人牀固非無蘊中無人蘊豈空耶則空與蘊異今明下以經遣疑又疑下二無餘位太一曰無餘身智故同數滅無爲爲體初舉疑此位身智俱盡無色心等

蘊故汝宗等者以小乘析色觀色盡方空大乘體色觀色即是空非滅色明空如始教說今則下以經釋遣以二下三通結示二兼下二兼釋菩薩疑是亦通釋舍利下一段經文理當亦有唱經舉疑人之科疏略不指疑人

即舍利子耳而謂引論舉疑人者非也然疏云菩薩何以鶖子者疏主曰此等皆是已在三乘中則鶖子等位皆三乘太一曰舍利弗身在佛法中義當聰明位又曰其位在於頓悟熟教義通初教又廻心聲聞約本則名聲

聞據現學法則名菩薩疏文有三一賓性下標舉一疑下二列釋三疑下三結示然今列三疑以順經文故與玄鏡不次而圭峯略注意存的示觀心不欲衍引故云不必和會三便下三便顯正義良以色空無礙相即圓通乃是斯經所詮正理故云便顯正義釋疑之義義門兼有經亦二段舍利子者對告人也所顯義中一彰所以釋成空有二初正顯無礙因由二初標示便顯下牒科名但色下示義所以經說色空相即互無異者良由具此

三義故得空非斷空有非定有空而全有即有以辨於空有而全空即空而辨於有真空妙色存亡無礙隱顯圓融一味無寄也鎮國又曰緣起之事與性空之理二互相望有乎三義由此三義成於理事無礙彰其所以亦

但說此三門四義疏主用此仰釋斯經則此段經文義淵奧具足十門理事無礙是一經實義之宗本也下明所離顯法體皆即妙有之真空耳此下二科疏文今古同迷乃將斯經抑爲權淺往往不免謗法矣鎮國大和尚

循文解釋辭句曉然今略出之一相違下二釋相彼文云言相違者經云空中無色以空害色故亦應云色中無空以色違空故若互相存必互相亡故即五六九十四門後二義全同此疏但不相礙義末文云此即七八事理相即二門相作義至準上應知下云此即三四依理成事事能顯理門也其初二門即通顯體相亦不相礙義釋曰言初二門者即相徧二門文句全同故不備書具如貞元第一之下真空亦爾者上以色望於空而成相

作若空望於色作義亦然是故下二躡示圓通所以是故者躡上之辭由上三義無礙故令真空妙色各具四義而成空色圓通鎮國曰又由上三義諸空有法通有四義當知始教所詮真諦之空雖云即色之空不具四義

三門良由若言其有即是法執未盡故當深究此經所詮即色之空即空之色各具四門三義雙存雙泯逆順隱顯具德自在無濫空宗妄說爲有真諦是空鎮國說性宗即空之色爲妙色即色之空爲真空是則非有之有

非空之空爲具德之空有也吾祖隨句牒釋恐有固執不敢避繁遂具書之於中二一真空望妙色彼文云一廢已成他義以空即色故即色現而空隱也即是第三依理成事門二泯他顯已義以色即空故即色盡空顯也

即第八事法即理門三自他俱存義以隱顯無二是真空故謂不異空爲幻色色存也不異色名真空空顯也以互不相異二俱存也即是第九真理非事門四自他俱泯義以舉體相即全奪兩亡絕二邊故即第五以理奪

事門上之四義並空望於色色望下二妙色望眞空初標示以色爲自以空爲他故異前門一顯他自盡義即是第四事能顯理門二自顯隱他義即是第七眞理即事門三俱存義即是第十事法非理門四俱泯義即是第六事能隱理門並準前思之者一以色即是空故即空現而色隱也良由顯空之他盡色之自故事有顯理之能也餘三可知又有前四門必帶後四門有後四門必帶前四門合則通爲四門全有之空全空之有故通合爲四是則下二會圓通結示經宗是則者承前之語也由色有顯他自盡等不思議玄奥之德故能或存或亡無有障礙具德之空或隱或顯逆順自在故即幻有之眞空即眞空之幻有圓妙融通無有異相故云合爲一味圓通無寄是其所詮之法故經云色不異空空不異色等也所以相違無礙及相作者以緣起法有四義故一緣生故有二緣生故空三無性故有四無性故空由初及四二義別故有相違義由二及三有相作義謂緣生故空

則有作於空無性故有即空作於有由上四義同一緣起有不相礙義又由初二義有有望於空而成四義由後二義有空望於有而成四義謂由無性故有有廢已成他義由無性故空有泯他顯已義由上二義無礙故有俱存義由上二義相形故有自他俱泯義有望於空四義準之又以無性緣生故有則非常見有見之有爲幻有無性緣生故空則非斷見無見之空爲眞空幻有即是不有有眞空即是不空空非空非有是中道義以有與非有無二方爲幻有空與非空無二爲眞空故有非空與有無二爲一幻有空與非有無二爲一眞空又幻有與眞空無二爲一味法上來並是鎭國和尚將此一科經旨疏文釋彼理事無礙法界則此經正義於斯可見若依此釋斯經分齊正當圓中同教於中若唯取雙存義當終教唯取俱泯則當頓教若欲屬當經文如前所引玄鏡二義亦當終頓又以明所離未文問答幷法相開合疏語則一經始終皆談色空交徹理事無礙中道玄旨

精考疏主深衷未易肯將經文一字抑爲權淺況下更有明所得一科顯佛德圓常乎由斯等義是故疏主判云實教所攝乃將今家五教後三合爲一實其理甚明四就下四就觀行釋前約所證所觀之境今就能證能觀之智以釋經文於中亦有對告等科疏略不出文三初止觀兩輪一觀色等者經第二句也寶冊云所言止者謂止一切境界相即以覺慧唯識道理破外塵相塵相既止無所分別故云止色是外塵觀之即空故成止行論又云依是三昧則知法界一相即名一行三昧當知眞如是三昧根本文殊般若經云云何名一行三昧佛言法界一相繫緣法界是名一行三昧入一行三昧者盡知河沙諸佛法界無差別相乃至廣說眞如三昧能生此等無量三昧文殊般若即此經之廣文也觀空等者論云所言觀者謂分別因緣生滅相隨順毗鉢舍那觀義故即經第四句瑜伽云若於諸法勝義理趣及諸無量安住理趣世俗妙慧當知名觀觀空即色乃安立世俗矣

空色無二即二不異句也見色非實色舉體是眞空見空非斷空舉體是幻色廓情塵而空色無礙泯智解而心境俱寘可謂止觀雙行爲究竟也論云定隨時彼觀則順觀隨時中彼定即順具足具足不離轉故見色下次二不住道見色等者論曰觀一切法自性無生離於妄見不住生死智也見空等者論曰觀一切法因緣和合業果不失起於大悲修諸福德攝化衆生不住涅槃悲也色空下二不異句悲智念不殊者即悲之智觀彼即生之空即智之悲以化即空之生隨順法性不住二邊故云成無住處行鎮國曰大智自利異凡大悲利他異小此二相導成不住道三智下後一心三觀而言依瓔珞經者智者云有次第三觀一心中三觀從假入空觀亦名二諦觀從空入假觀亦名平等觀二空觀爲方便得入第一義諦觀此名出瓔珞經彼釋意云假是虛妄俗諦空是審實眞諦今欲去假歸眞故言從假入空觀假是入空之詮先須觀假知假虛妄而得會眞故言二諦觀從

空入假觀者若住於空與二乘何異不成佛法不益衆生是故觀空不住於空而入於假知病識藥應病授藥令得服行故名從空入假觀而言平等者望前稱平等前破假用空今破空用假破用既均故言平等觀二空爲方便者初觀空生死次觀空涅槃此之二空爲雙遮之方便初觀用空次觀用假此之二用爲雙照之方便心心趣歸薩婆若海雙照二諦也是爲次第三觀一心三觀者此出釋論論云三智實在一心中得只一觀而三觀觀於一諦而三諦故名一心三觀乃至此觀成時證一心三智準此即三觀之名本出瓔珞論以一心融之名一心三觀故云依瓔珞經當知論宗於經人承於論就本而言依經立耳文中初觀會色歸空次觀明空即色後即空色無礙泯絕無寄中道第一義諦觀也清涼曰空如不二爲眞空不壞假名即爲假觀合上空假爲中道故疏云空假平等非破用均也又可以次顯不次也謂說之前後觀時三一相即經詮普徧藏心故名一心三觀

玄鏡云色不異空明俗不異眞空不異色明眞不異俗色空相即明是中道二祖配經不同則知經意融通亦各任放辯才也經舍下大文第二顯法體經二先總二初唱經科判今初下二依義演釋二初釋經蘊等者謂三科七大等法空狀者即第一義空形相體狀也不同角挈垂壺之相負近致遠之性內爲性外爲相也良以眞空隨緣而現諸法要在緣中方顯空理故約諸法而明空相中邊下二引論初引頌宗致亦引此頌則云無二有此無是二名中道言無下引釋文義記又曰此有彼無無二爲中道又曰此中有此無者只是無彼有也探玄云一遣妄二順眞又初會性永無二實相不滅又前了其不有後證其不無故云無二有此無是二名空相也鎮國云無妄法之有有妄法之無然有無有二一定性有無二眞空妙有無妄法之有則無定性之有非斷無矣有妄法之無是眞空之無便爲妙有是故若舉妄取眞則妄有眞空如三論說若空有對辯則妄空眞有如涅槃

明無能取所取有者則無妄法之有也有能取所取無者則有妄法之無也又曰遂令緣起之相相無不盡無性之理理無不現經不下後別三初唱經經明六不而中論云不生亦不滅不常亦不斷不一亦不異不來亦不去此明八不清涼曰欲明不生不滅含義無盡略舉八不又曰然不生等佛法之體正教之要義味無盡釋有多門略伸一兩是以賢首清涼約境行通別以釋斯義破法顯理此爲最要中論曰不生不滅已總破一切法又六八十不若約顯儀無盡則經論異出不必更會若言展轉相因互成由不來去得非一異由不生滅得不斷常會亦無違備如二祖恐繁不錄二別下二釋儀初就下三演釋三一就位釋二初直釋道前者疏主云謂見道前也凡者内外二凡今就相顯遍從外凡雜染衆生位說論曰爲本際無邊煩惱藏所縛從無始來生死趣中生滅流轉名衆生界故云謂凡夫等是生滅位第一義空性非生滅故經以不不之是以疏言眞空離此等也道

中者見修二道十地位中也疏主曰又以十地說爲見修故云菩薩等位障染等者此約能所治障行以分垢淨疏主又云已斷障故名淨斷未盡故名垢又修起淨德名淨淨德未圓猶帶障故名垢又異前位故名淨異後位故名垢眞空離此故經不之道後等者究竟位也今盡者疏主曰習氣亦盡也萬德今圓者疏主曰福智圓滿最極淨也此皆染淨相翻緣修若此性覺眞空不容有是故總不之首稜云云何是中更容他物又佛下二引論二初引佛性先總標即彼論第二卷第三顯體分三因品論云復次佛性體有三種三性所攝義應知三種者所謂三因三種佛性三因者一應得因二加行因三圓滿因初即二空所顯眞如由此應得菩提心乃至道後法身故二加行因者謂菩提心由此心故得三十七品十度十地乃至道後法身三圓滿因者即加行因由此得一切滿三種佛性者應得因中具有三性一住自性性二引出性三至得性清涼曰住自性性者謂道前凡夫

位引出性者從發心已上窮有學聖位至得性者無學聖位言發心已上者若約得位已去則當解行發心若約見道位說則證發心也疏主又曰自性住佛性者雜染衆生位中有垢眞如引出性菩薩位垢淨眞如至得性即無垢眞如眞空等者就前三位故有生等性空覺明無若干也又法下二引無差論如彼分位門說二就下二就法釋二初釋別謂此等者珠現青黃而珠不生青黃遽亡而珠不滅又隨等者如華華空空不生華華去空澄空不加淨障盡等者垢盡對除即無對垢將誰減乎德不增者於此無修亦無成就其何增耶此生下二會總諸識熏習故妄心分別故有色等生是故皆有爲也眞空離此故翻破彼顯空相也三就下三就觀行釋二初正釋謂於等者標指也具言三無性者謂相無自性性生無自性性勝義無自性性於中二初對三無性說一於徧計作無相觀由無徧計方顯無相故唯識云依此三性說彼三無性是知若無徧計安知無相謂彼等者徧

計之法妄情謂有道理是無古今觀之無可生滅二於等者染淨之法從因緣生無有生故故經云一切法無來是故無有生以生無有故滅亦不可得旣本無生將何垢淨三圓成中言前二不有者謂依計也此約空性二宗義說若法相宗但無徧計又下約本性重釋圓成也又妄下二眞就當性說徧計性者性本自無何有生滅緣生即無性無性即空奚染淨之有覺明空海而爲虛空平等本性孰增減耶鎮國曰別約三性中各有三釋一直就當性說二約當性二義說三對三無性說今即初後二義顯正作通別釋者未見其理二會總可知經是下大文第三明所離二初正釋經義四初法相開合門二初唱經第三下二判釋二初總判然眞等者眞空是能離妄法之眞如也所歷乃所離定實有性蘊等妄染之法也云空無者即無此染法非無不空眞如理也統略有四廣說則八十餘科法相開合者則蘊界處隨根開合也初是下二別釋二初示經意會中道初是等者良以

第一義空無性故空蘊等諸法定實有性有無相違是故此中無彼等法此就下會中道即前相違義也今云無者以空害色故中無色也不壞色者即不相礙相作義也空是眞空不妨幻色若礙於色非眞空故自性等者由從緣故有有來即無故不待壞近古不達而謂但顯空理未曉全即妙有也此中下二就法相顯開合初明五蘊亦云五陰章曰問蘊義云何答諸所有色去未現在內外細麤遠近勝劣彼一切略說色蘊積聚義故如財貨積聚乃至識蘊此問顯得名也又苦相廣大故名爲蘊如經純大衆苦蘊集故等又問蘊義云何實有幾是實有爲何義故觀實有耶答此餘根境是實有義一切皆實有爲捨執著實有故觀察實有此蘊義聲聞即實初教即空終教即如頓教不可說一乘即法界二無下空十二處也處章云十色界即十色處彼不言半略也章問曰處義云何答識生長門義是處義當知是種子義攝三無眼下三空十八界界章曰云何建立界謂色蘊

即十界眼等五根界色等五境界及法處一分受想行蘊即法界一分識蘊七識界謂眼等六識及意界故云色心俱開有作三六觀者義亦可見章問界義云何答一切法種子義謂依阿賴耶識中諸法種子說名界界是因義故又能持自相義是界義廣義彼說釋此下指廣經無下二緣起逆順門二初唱經此即緣起觀也鎮國云緣起深義佛教所宗乘智階差淺深多種龍樹曰因緣有二一內二外外即水土穀牙內即十二因緣今正辨內然外由內變本末相收總含法界一大緣起大經文內略說十重窮究性相以顯無盡一乘之義廣如彼疏三乘緣起亦具十門如瓔珞經三乘之智觀之各得自果廣說如餘二明下二作釋彼之十門皆具逆順逆則緣滅順則緣生此約流轉還滅以爲逆順即逆生死順生死也若言無明緣行等順生死也無明滅故行滅等逆生死也順即流轉門逆乃還滅門若二門各說逆順具如採玄第十以其等者三道性空故因緣生法生無有

生故逆觀等者以生無有故滅亦不可得經云諸法從本來常自寂滅相故無可盡此舉下例餘支經無下三染淨因果門二初唱經四聖諦也聖者正也無漏正法得在心故諦有二義一者諦實此約境辨如所説相不捨離故眞實故決定故謂世出世二種因緣必無虛妄差失故二審諦此就智明聖智觀彼審不虛故凡夫雖有苦集而不審實不得稱諦無倒聖智審知境故故名聖諦瑜伽云由二緣故名諦一法性故二勝解故凡夫有初無後聖具二故偏稱聖諦法性是諦實勝解即審諦三染下二作釋言世間因果者欲顯四諦義通大小事理具足不同十二因緣但事而無理名廣而事略事亦不具但有苦集而無道故六波羅蜜但顯出世間而無世間今言苦集是世間因果顯四諦包含具足相也所知所斷無改易故謂苦是下出諦體相也逼迫名苦雖釋别名亦即辨相逼迫身心是苦行相故是生死報者指體也體即有漏色心業所招報也集是彼因者積集增長名

集亦是出名相也謂是等者出體也猒苦斷集能化教法出興意也上是染因果滅道等者淨因果也滅是涅槃者寂靜名滅顯名相也涅槃者出體也道等者即止觀八正道等令欣等者示教意也此約相説通大小乘智論云小乘三是有相滅是無相大乘四皆無相皆空者即空即如也然天台有四四諦一生滅二無生三無量四無作束之唯性相相開生滅無量性開無生無作若以名召實今經具四若約所詮正當無作兼攝無生何者若但解苦無苦名苦聖諦解集無和合解滅無滅解道無道達四緣生故空則當無生若了陰入皆如無苦可捨無明塵勞即是菩提無集可斷生死即涅槃無滅可證邊邪皆中正無道可修無苦無集即無世間無滅無道即無出世間不取不捨同一中道又無苦可捨非是空故無有可捨以體即如如外無苦何所捨耶此句言如如尚亡空集中無明塵勞皆即菩提豈同前空菩提體外無别可斷不同無生空無可斷前則空中無花云何

可摘今則色則是空波即是水不可除波非同滅色生死即涅槃非是體空無可生滅邊邪皆中正非離邊外别有中道非離邪外别有正道亦非無邊無邪無可修也即是今經圓通無礙一味法也故當無作經無智下第四境智能所門二初唱經四境下二作釋知空等者經云若説有覺猶未離幻是故無智所知等者經云本無菩提及與涅槃又經云設更有法勝過菩提涅槃我亦説如夢如幻文殊般若分云若知我性即知無法若知無法即無境界若無境界即無所依若無所依即無所住若無所住即住平等若住平等則無能所故曰無住鎮國曰我即法性更不證入法性無性復何所入又曰然有二意一上二句明一性不分故無能所猶如一指不能自觸二法性無性復何所入明性空故無能所入亦如虛空不住虛空文殊分又云佛告文殊汝於佛法豈不趣求文殊言世尊我今不見有法非佛法者何所趣求此即一性意也佛又問云汝於佛法已成就耶文殊言我

都不見法可名佛法何所成就此即性空意也佛又問汝豈不得無著性耶文殊答曰我即無著性豈無著性復得無著性此即我即法性更不證入唯一如如何有能所得哉此皆今經之廣文也問前下二問答顯宗二初異乘躡跡問此中文雖一道義有二問一即前後相違二則疑令滅色前拂疑中空即是色色存也今云都無故似相違二乘不達疑令滅色也答前下二經旨圓通答不礙存者清涼曰即空之色爲妙色故不礙存也即色之空爲真空未嘗不盡矣今此都亡即色之空也未嘗不立即空之色也鎮國曰般若不壞四句豈無妙有不礙存未嘗不立有句也都亡未嘗不盡無句也合一則兩亦形奪則俱非有則妙有豈非正詮一性哉大品下引證諸法無所有即無妄法之有是都亡無句也如是有此乃則有妄法之無是未嘗不立有句也此就等者即所離中無定性實有也前據如是有者即空之有不思議之有也又前下顯正義中三義也一法者一味無差別法也二義即空有二門隨說無違者互融相是不同空宗空即是真有即爲妄清涼曰性空通於初頓終教妙有即是實教若通於空有二互交徹具德即是圓教經以下第四明所得此經大科有五初則斷疑以生信次則顯理令正解三則起行而斷惑四明所得以顯果五乃歎法以讚德是則當機稟教依修剋證一道始終豈可但將所離一科斷除衆生情計經家說示行者令解理中無此便謂說空抑歸權始不觀此科二轉依果無得而大得當機獲益耶然此所得若通論般若雖有權實皆爲三人所得故經云若有情類於聲聞乘性決定者聞此法已速能證得自無漏地乃至於無上乘性決定者聞此法已速證無上正等菩提等又疏主曰般若亦爲二乘良以法華之前未經破會通說三乘法具獲三乘益今經雖唯說大兼斷彼疑與其進也於中二初牒前起後二初唱經二判釋言以下牒經科釋也前云無智亦無得故今躡爲因行由是而得果如是則前明所離是斷惑今明所得是證果也清涼曰無所得即般若相由得般若無得智慧故方得也故引大品無得而得大品又云以無所得而爲方便祖曰若不住事理生死涅槃則事理無礙之方便也疏主曰由觀真空方成諸行是故十度等行皆由空成菩提等果皆由空立是故從此真空無住建立諸法又令諸法得相即相入無障無礙等並是此門之大用也又無得者要須足跡不存蕩然淨掃方云無得清涼曰非但相有性無而已謂諸宗計多有此說但空自性不空於法如法相宗但無徧計非無依他設學三論不得意者亦云法無自性故說爲空則令相不空矣今無性緣生故有有體即空緣生無性故空空而常有要互交徹方是真空妙有其言大同而旨有異政觀以來尚不達此經菩下二正明所得二先明得斷果二初舉人依法二初唱經二判釋言斷果者斷所顯故明依等者即依前無得般若智慧法行也若無般若餘度皆不到岸經心下二斷障得果三初行成二初唱經二

斷下二作釋初科判次牒釋行成者總示謂惑下別顯謂煩惱障障心心不解脫故造業輪轉所知障障慧慧不解脫故不了自心不達諸法性相縱出三界亦滯下乘不得成佛今得般若深慧二障種現俱亡得二解脫故不礙等也經無下二斷障二初唱經二斷下二作釋言魔冤之怖者天魔外道現形以怖行者廣如起信本末論說顛倒夢想者生住異滅䟽主例釋以夢皆能眠衆生於我我所中而不覺知故夢所見境無而謂有故名顛倒由本淨心為無明所眠夢於四相起諸煩惱今得般若智日破煩惱夢了諸法空故云惡因盡也經究下三得果二初唱經三得下二作釋初翻梵成華德無不備者無住處大般涅槃具足常等無盡德也教興中云顯佛勝德生淨信故今得菩提涅槃果故不同無得乃眞佛德空也祖文引此顯佛德空者乃順智光前記已會障無不盡者惑障本如無盡可盡無斷可斷簡異下釋究竟言但簡小乘順慈恩三藏也又釋等者非眞流之行無

以契眞未有適眞之行不從眞起今以即實相之觀照證彼即智之如如珠發光光還自照窮理盡性故名究竟此據自宗釋也經三下二諸佛得智果二初舉人依法二初唱經二作釋經云一門超出妙莊嚴路經得下二正明得果二初唱經二正下二演釋初翻梵成唐覺有下釋義如理智觀眞非行理外故云正覺如量智觀俗如彼性相偏觀察故故云等覺至極無邊者得一切種智過彼下乘下位故無有上上來下結也經故下大文第五結歎勝能二先別歎勝德二初唱經二演釋二初牒前起後由佛下顯經意歎其下二略歎四德三一就法釋二約功能釋行滿故無有過上德圓故與無等齊等也三就下三就位釋引論中比餘下釋無等字重言等下釋後等言也經能下二總結勝能二初唱經二總下二作釋變易者方便生死因緣生死有有生死無有生死也上來下二結分齊經故下二祕密般若二初牒前起後二初唱經自下下二判釋言前云者牒前未顯下起後

也然前科結歎歎前顯了今云爾者經意多含貫前通後也經羯下二正說呪辭二正下二䟽語二初理不可釋是諸等者以諸佛心印下位不測故不須釋二若下二應機强釋䟽主應鄭公之請而强釋也然雖云祕密不可說有因緣故亦可無言而言如文殊五字呪而般若等經大智度論皆有解釋智論曰阿字是實相門則顯三種般若不相捨離字即名字般若入般若波羅密門即觀照般若悟不生等即實相般若大品云阿字門一切法初不生故智論釋云若菩薩一切諸法中聞阿字即時隨義所謂一切法從初來不生相以阿提秦言初故阿耨波陀秦言不生故大品云羅字悟一切法離塵垢故論云若聞囉字即隨義知一切法離垢相以囉闍秦言垢故大品云波者第一義故論云若聞波字即知一切法入第一義以波羅末陀秦言第一義故大品云遮字修不可得論云若聞遮字即時知一切法諸行皆悉非行以遮利夜秦言行故大品云那字門諸法離名性相不

得不失故論云若聞那字卽知一切法不得不失不來不去以那泰言不故故知不因緣亦可强釋三慶讃迴向般若深邃讃也累劫難逢慶今逢也隨分讃釋謙也冀會眞宗迴向實際也而言眞宗者謂般若眞宗亦佛法大宗也

百五　廿五

般若心經疏連珠記下

心經疏者迺唐賢首國師於譯場中應鄭公之請而作也其文約其旨微故述鈔之家尤爲難能慧因華嚴法師獨明幽趣穎邁常譚每苦舊章頗乖疏意一日俯從衆請爰出新記名曰連珠盖取諸相遺訓以爲指南經論格言而作程式鈎索深隱論厥方來俾今慧炬相然則其功豈不懋矣時皇宋乾道龍集乙酉中秋旣望沙門慧詵題

般若心經略疏連珠記下

校勘記

一　底本，明永樂北藏本。
一　二六五頁上一行至二行書名、卷次、述者，[南]無(未換卷)。
一　二六五頁下六行「含剛藏」，[南]、[徑]作「金剛藏」。
一　二六六頁中一九行首字「例」，[南]作「倒」。
一　二六七頁上六行「引論」，[南]作「經論」。
一　二六七頁中六行「用此」，[徑]無。
一　二六七頁中末行第七字「倆」，[徑]作「有」。
一　二六七頁下一行「亦然」，[徑]作「亦成」。
一　二六八頁中四行「有有」，[南]作「空有」。
一　二六八頁下一行第一〇字「將」，[南]無。
一　二六八頁下七行「第二句」，[南]作「第三句」。
一　二六九頁上二行第八字「空」，[南]無。
一　二七二頁上九行「瑜伽」，[徑]作「瑜伽」。
一　二七二頁中九行「無量」下，[徑]有「四無作束之唯性相相開生滅無量」十四字。
一　二七二頁中一八行第一二字「佡」，[南]、[徑]作「似」。
一　二七三頁上一四行「合一」，[南]、[徑]作「合二」。
一　二七四頁上一五行第一〇字「德」，[南]作「故」。
一　二七四頁中三行「咒竟」，[徑]作「究竟」。
一　二七四頁下三行第一二字「荐」，[徑]作「等」。
一　二七五頁上七行末字「下」，[南]無。
一　二七五頁上一三行第一一字「論」，[南]、[徑]作「諂」。

華嚴法界玄鏡卷上　百一

唐清涼山大華嚴寺沙門澄觀述

余覃思大經薄修此觀羅其旨趣已在踈文恐隨業於深經少讃演玄要精誠之者時一發揚數子懇求叩余一闡咸言注想訪友尋源或學或傳徧求衆釋積歲疑滯今方煥焉夕惕勤勤願釋深旨顧以西垂之歲風燭難期恐妙觀之淪滑使枝辭之亂轍乃順誠請略析幽微名法界玄鏡冀將來道友見古賢之深衷矣

觀曰修大方廣佛華嚴法界觀門略有三重終南山釋法順俗姓杜氏

釋曰大等六字所依之經略無經字法界觀下能依之觀今先略釋經名大方廣者一切如來所證法也佛華嚴者契合法界能證人也法分體相用人有因果大者體大也則深法界諸佛衆生之心體也曠包如空湛寂常住強稱為大故經云法性徧在一切處一切衆生及國土三世悉在無有餘亦無形相而可得即大義也方廣者相用周徧即體之相相德之法無邊即相之用業用廣而無盡三無障礙舉一全收聖智所緣為所證之法界也佛者果也萬德圓明華喻因也衆行榮曜嚴通能所而有二重一華因能嚴佛果所嚴以十度因成十身果無行不備無德不圓二華為能嚴大方廣者則所嚴也嚴體相用成佛三德稱體而嚴顯真常德如相而嚴辯修成德依用修嚴成大用德徧嚴如德成德無邊之華嚴也故一總題有體相用人有因果人法雙題法喻齊舉一經三大皆大方廣五周因果並佛華嚴一題七字各有十義今當略釋大十義者則七字皆大一大者體大法界常徧故二方者相大性德無際故三廣者用大稱體用周故四佛者果大十身皆悉徧法界故五華者因大普賢行願自體徧故六嚴者智大佛智如空能為嚴故七經者教大竭海墨不能書一句故八者義大上六字所詮皆稱性故九者境大總斯七字普以衆生為所緣故十者業大以斯教旨橫徧豎窮無休息故具十無盡故稱大也方廣十義者如體之相稱體之用即十方法十大用也佛十義者一大者法身佛以法為身佛身充滿於法界故二方者智身智如法故三廣者具於二身一者化身一身普周為無量故二者意生身一多隨意無不周故佛者含五六身一菩提身覺樹道成故二者威勢身初成正覺映菩薩故華者含七八身七福德身三世所行衆福大海因不可盡故八者願身毗盧願因周法界故嚴者第九相好莊嚴身十蓮華藏相好嚴故經者第十力持身舍利圓音聲教無盡故則經七字皆成佛也華嚴十義者

以十度華嚴於十身為嚴不同即十嚴故略無經字十義亦略是攝是貫是常是法並可知也無盡教海不出七字故依此教以成觀門修法界觀門略有三重者略標綱要修之一字總貫一題止觀熏修習學造詣也言法界者一經之玄宗總以緣起法界不思議為宗故然法界之相要唯有三然總具四種一事法界二理法界三理事無礙法界四事事無礙法界今是後三其事法界歷別難陳一一事相皆可成觀故略不明總為三觀所依

體其事略有十對一教義二理事三境智四行位五因果六依正七體用八人法九逆順十感應隨一一事皆爲三觀所依之正體其製作人名德行因緣具如傳記　觀曰眞空觀第一理事無礙觀第二周徧含容觀第三

釋曰此列三名眞空則理法界二如本名三則事事無礙法界言眞空者非斷滅空非離色空即有明空亦無空相故名眞空如文具之二理事無礙者理無形相全在相中互奪存亡故云無礙亦如文具三周徧含容者事本相礙大小等殊理本包徧如空無礙以理融事全事如理乃至塵毛皆具包徧此二相望成於十門亦如下說然事法名界界則分義無盡差別之分齊故理法名界界即性義無盡事法同一性故無礙法界具性分義不壞事理而無礙故第四法界亦具二義性融於事一一事法不壞其相如性融通重重無盡故　觀曰第一眞空觀法於中略作四句十門　釋曰此標章也前二各四加第三四故爲十門　觀曰一會色歸空觀二明空即色觀三空色無礙觀四泯絶無寄觀　釋曰此列名也　觀曰就初門中爲四一色不即空以即空故何以故以色不即斷空故不是空也以色舉體是眞空也故云以即空故良由即是眞空故非斷空也是故言由是空故不是空也　釋曰四觀皆有三段謂標釋結然準下文前三以法揀情第四正顯法理揀情三句標名則同釋義則與今先總明三句所揀所揀有三一揀即離二揀亂意三揀形顯初中就通相說三句皆揀即離從多分說初句明空不離色以揀離色次句明空不即色以揀太即第三句雙明不即不離揀其即離由揀三情故第四句顯其正理第二揀亂意者謂實性論明地前菩薩有三種空亂意以不了知眞如來藏生死涅槃二際平等執三種空一謂斷滅故空初句揀之二取色外空第三句揀之三者謂空爲有第二句揀之既揀三種不正之空故第四句說眞空也第三揀形顯者有六第一句形色體空非斷空第二句顯色無體自性空第三句空無形顯一體空第四句色空不二俱空空解曰此第二義作觀有理以見第二有青黃言謂爲顯色第一第三無青黃言便爲形色故爲此釋細詳有違何者一三何以不言形色長短等耶第二何以徧言顯色耶何以形色揀非斷滅顯色不得揀斷滅耶第二顯色何以得言青黃之相非即眞空之理形色何以不得言長短方圓非眞空耶故第三釋非爲愜當但揀前二是顯眞空而文第二偏言青黃非眞空者顯色明相相顯著故又形色是假顯色是實實色即空則假形色亦即空矣是知三句皆含形顯二皆即空次正釋文今初第一句有三初標次何以下釋此揀離色明空及斷滅空言離色者空在色外色外復二一對色明空如牆處不空牆外是空此第三句揀二滅色明空謂如穿井除土出空要須滅色今正揀此故中論云先有而後無是即爲斷滅然外道二乘皆有斷滅外道斷滅歸於太虛二乘斷滅歸於涅槃故肇公云大幻莫若於有身故滅身以歸無勞勤莫先於有智

故絶智以論虛又云智爲雜毒形爲桎梏故灰身滅智撥喪無餘若謂入滅同於太虛全同外道故楞伽云若心體滅不異外道斷見戲論故今文云不即斷空次以色舉體下釋上以即空故三良由下結成於中先約義結由即眞空故非斷滅後是故下結成標名

觀曰二色不即空以即空故何以故以青黃之相非是眞空之理故云不即空然青黃無體莫不皆空故云即空良以青黃無體之空非即青黃故云不即空也　釋曰亦標釋結釋中揀二妄情一揀太即以闇色空不知性空便執色相以爲眞空故須揀之故云青黃之相非是眞空之理此唯揀凡也小不計色爲即空故次然青黃下明亦非離相有性要即青黃無體爲眞空耳由此義故則似雙揀亦揀小乘然是舉法雙揀情後明不離是舉法耳二亦用上文以揀亂意三種空中以空爲有彼謂別有一物是於空體故今揀之故十地經云有不二不盡此一句經揀三亂意空以有揀斷滅空以不二揀異色明空以不盡揀空爲有不謂有體盡滅今當不盡謂空若是物則有盡滅若有盡滅則有生起今法空相不生不滅豈有有耶故般若云是諸法空相不生不滅等又青黃之相尚非眞空要須無性豈得以空而爲有耶三良以下結成舉其無體之空結非色相明空非有豈得色耶

觀曰三色不即空以即空故何以故以空中無色故不即空會色無體故是即空良由會色歸空空中必無有色是故由色空故色非空也上三句以法揀情訖　釋曰此中文二先釋當句後結前三前中亦三初標次釋釋中先雙揀即離以空中無色故色不即空以離色無體故空不離色不即不離方爲眞空二揀亂意異色明空彼執色外有空與色爲異如前對色明空今明空中尚無有色何得有空與色相對又會色無體故說即空豈於色外有空對色古人云色去不留空空非有邊住也三良由下結成上義以下即空結上不即空也特由會色爲空安得空中有色二上三下總結三門

觀曰四色即是空何以故凡是色法必不異眞空以諸色法必無性故是故色即是空如色空既爾一切法亦然思之　釋曰此中有二先正顯眞空之義後結例諸法前中亦三初標次釋以色從緣必無性故者依他無性即眞空圓成三是故下結既非滅色異色不即不離故即眞空空非色相無徧計矣緣生無性即依他無性無性眞理即是圓成故此眞空該徹性相二如色空既爾下結例諸法上之四門但明色空色即法相之首五蘊之初故諸經論凡說一義皆先約色故大般若等從色已上種智已還八十餘科皆將色例今此亦爾例一切法若略收法不出上之十對所依體事無不即空皆須以法揀情顯即事歸理

觀曰第二明空即色觀於中亦作四門　釋曰此總標也然此四門總相但翻上四亦前三句以法揀情第四句正顯法理就揀情中翻前色空義則大同取文小異亦標語則同釋義有別今先總揀亦有三義一揀即離二揀亂意三揀形顯今初第一句明眞空不離前色第

二句明真空非即色相第三句明真空雙非即色離色第二揀三亂意者第一句明斷空非是實色第二句明相有非真空即揀相有第三句明所依非能依即揀能依其第三義揀形顯者有云第一句明非斷空不礙形色第二句明自性空不礙顯色第三句明一體空俱不礙形顯第四句明俱空空不礙二空色解曰前會色歸空觀第三揀義旣違正理今雖列之以對前文亦不取也次正釋文四句亦各有三後二復加有二

觀曰一空不即色以空即色故何以故斷空不即是色故云非色真空必不異色故云即色要由真空即色故令斷空不即色也

釋曰此門亦三初標二釋釋上二句初句明斷空非真色對前色即空中實色非斷空下句明真空不異色對前不離色明空雖含即離下句則是舉正上句是所揀情情謂離色二揀亂意者揀斷空非實色對前會色歸空觀實色非斷空三要由真空下結成以下句舉正結上句是所揀情

觀曰二空不即色以空即色故何以故以空理非青黃故云空不即色然非青黃之真空必不異青黃故是故言空即色要由不異青黃故不即青黃故言空即色不即色也

釋曰此亦有三初標釋中先揀即離明真空非即色相云空不即色正揀太即對前會色歸空中色相非真空後然非青黃之理必不異青黃者明不即色之空亦非全在色外對前亦非離相有性二揀亂意者揀謂空爲有旣空理非青黃豈是有耶對前真空不是相有三要由下結舉不異之正結前太即之情

觀曰三空不即色以空即色故何以故空是所依非能依故不即色也必與能依作所依故即是色也良由是所依故不即色是所依故即是色是故言由不即色故即是色也上三句亦以法揀情訖

釋曰就文亦二先釋此句後結上三句前中亦三初標釋中雙揀即離可知但前約空中無色揀此約能依非所依揀次下當知然正反前應云色中無空故今不云爾者空中無色有理有文色中無空文理俱絕以空中無色由事即理理絶相故色必有空無空之色非實故故不及上別就能所依以釋其義二揀亂意者唯取下句必與能依爲所依故揀於異空之色對前異色明空三良由下結以一所依雙結不即不離意云旣是所依之空必非能依之色故云不即色二旣是色之所依非餘所依故不離色也結離亂意者旣必與能依之色而爲所依明色非空外對前空非色外也二上三句下總結三門義如前說

觀曰四空即是色何以故凡是真空必不異色以是法無我理非斷滅故是故空即是色如空色旣爾一切法皆然思之

釋曰此門亦二先釋第四後結例諸法今初亦三初標二釋言以是法無我理等者出所以也無我即空以是法空即法無我故空是色三是故空即是色者結此門也二如空色下結例舉上四門空即是色則例此空是一切法況不是十對所依耶

觀曰第三色空無礙觀者謂色舉體不異空全是盡色之空故即色不盡而空現空舉體不異色全是盡空之色故即空即

色而空不隱也是故菩薩觀色無不見空觀
空莫非見色無障無礙爲一味法思之可見
釋曰此觀有三謂標釋結二謂色下釋釋
相云全是盡色之空者有本無盡色之三字
但云全是空故耳而釋義亦通以不對下文
理非全現故今依有本釋然色是有中之別
稱通是空有二門耳空有各有二義空二義
者謂空非空有二義者謂有非有空中言空
者以空必盡有故言非空者亦無空相故又
不礙有故有中言 有者有必盡空故非有者
有相離故又不礙空故今明色空無礙中初
明色不礙空取空上盡色之義次明空不礙
色取色上盡空之義其不相礙即是舉體全
是之義其離空有相義在第四泯絕門中然
今文中色空之上各有三句皆初句標無礙
下句出無礙相色中出相言色不盡而空現
者以色不礙空故色不盡也即是盡色之空
故而空現也空中出相云即空即色而空不
隱者以空不礙色故空即色也而是盡色之
空故空不隱也若總相言但色舉體即空即

色不盡以即空故空便現也空上亦然以空
舉體爲色故空即色既即是空空不隱也若
依此釋前無三字義理亦通則應後句減却
盡空之三字今依有本三是故下結成無礙
亦是前明所觀此正明能觀故云菩薩見色
等　觀曰第四泯絕無寄觀者謂此所觀眞
空不可言即色不即色亦不可言即空不即
空一切法皆不可不可亦不可此語亦不受
迥絕無寄非言所及非解所到是謂行境何
以故以生心動念即乖法體失正念故　釋
曰此第四觀大分爲二先正釋第四後對前
三觀會釋成總今即初也文中三初標名二
謂此下釋相三何以下徵結此中大意但拂
迹現圓若細釋者然色空相望乃有多義一
融二諦義初會色歸空明俗即是眞一明空
即色顯眞即是俗三色空無礙明二諦雙現
四泯絕無寄明二諦俱泯若約三諦初即眞
諦二即俗諦後一即中道第一義諦若約三
觀初即空觀二即假觀三四即中道觀三即
雙照明中四即雙遮明中雖有三觀意明三

觀融通爲眞空耳二者色空相望總有四句
取文小異初會色歸空觀中四句前三句明
色不異空第四句明色即是空第二明空即
色觀中四句前三句明空不異色第四句明
空即是色第三觀明但合前二今第四句拂
四句相現眞空相不生不滅乃至無智亦無
得眞空觀備矣若約三觀就心經意色不異
空明俗不異眞空不異色明眞不異俗色空
相即明是中道即上四句爲空假中之三觀
也與今義同取文小異耳三者色空相望總
有三義一相成義二無礙義三相害義廣如
第二理事無礙觀中今文含有三前二相即
亦相成義第三色空無礙觀正明無礙義今
第四觀即相害義相害俱泯故雖有此三意
俱顯於眞空義耳若別消文者不可言即色
不即色者拂前第二明空即色觀不可言即
色者正拂第四句不可言不即色者亦拂前
三句以空非空故無可言即色不即色又理
本絕言故約觀即心冥眞極故方成妙色觀
耳次云亦不可言即空不即空者拂第一會

色歸空觀不可言即空正拂第四句不可言
不即空亦拂前三句以色亦即非色無可言
即空不即空故即事同理故理本絶言故心
冥眞極無心即故方成即空觀耳又上會色
歸空無增益謗明意即色無損減謗色空無
礙無雙非戲論謗今無可相即無相違謗四
謗既無百非斯絶故迴絶無寄又云一切法
皆不可者結例總拂言結例者非獨色法成
其三觀並皆拂之受想行識萬化之法皆同
前色言總拂者總拂前三會色歸空觀等皆
不可也亦無四句可絶三觀可拂故不可亦
不可言此語亦不受者若受不可說言是則
有受有受則有念有念者皆是心言之迹故
迴絶無寄二邊既離中道不存心境兩亡亡
絶無寄般若現矣若生心動念皆不會理言
語道斷故言不及心行處滅故解不到言是
謂行境者結成上行然有二意一者上是行
家之境今心與境冥智與神會亡言虛懷冥
心遺智方詣玆境明唯行能到非解境故二
者即上心智契合即是眞行行即是境行分

齊故三何以下反釋成行　觀曰又前四句
中初二句八門皆揀情顯解第三句一門解
終趣行此第四句一門正成行體若不洞明
前解無以躡成此行若不解此行法絶於前
解無以成其正解若守解不捨無以入玆正
行是故行由解成行起解絶也　釋曰此即
第二總結四門然上第四門唯結當門成行
今總結四門然云上二句八門者則句大門
小前總標中亦云四句十門皆句大門小上
結中云上三句以法揀情此第四句一門是
則門句互通應合門大句小義既互通此隨
文釋於中三句初正分解行二若不洞明下
反顯相資如目足相資於中初以解成行次
若不解下絶解成解後若守下捨解成行三
是故下結成二相總成眞空絶相觀也則內
外並冥緣觀俱寂也　觀曰理事無礙觀第
二　釋曰即理事無礙法界也　觀曰但理
事鎔融存亡逆順通有十門　釋曰此觀文
三初總標二別釋三結勸今則初也即總顯
觀名具爲十門本就前色空觀中亦即事理

不得此名者有四義故一雖有色事爲成空
理色空無礙爲眞空故二理但明空未顯眞
如之妙有故三泯絶無寄亡事理故四不廣
顯無礙之相無爲而爲無相而相諸事與理
炳現無礙雙融相故爲上四義故不得名至
此獨受是以今標具下十門無礙之根鎔融
是總該下十門似如洪鑪鑄衆像故鎔謂鎔
冶即初銷義融謂融和即終成一義以理鎔
事事與理和二而不二十門無礙其義同故
又此二理事鎔融別當相徧相徧互融故次
存即九十眞理非事事法非理二相存故亡
即七八眞理即事事法即理廢己同他各自
泯故逆即五六眞理奪事理逆事也事能隱
理事逆理故順即三四依理成事理順事也
事能顯理事順理也故此二句總攝十門方
爲事理無礙之義成第二觀然事理無礙方
是所觀觀之於心即名能觀此觀別說觀事
俗觀觀理眞觀觀事理無礙成中道觀又觀
事兼悲觀理是智此二無礙即悲智相導成
無住行亦即假空中道觀耳　觀曰一理徧

於事門謂能徧之理性無分限所徧之事分位差別一一事中理皆全徧非是分徧何以故以彼真理不可分故是故一一纖塵皆攝無邊真理無不圓足　釋曰此第一門然下十門應即爲十以釋二意便總料揀故分五對第一理事相徧對第二理事相成對第三理事相害對第四理事相即對第五理事相非對亦名不即對然此五對皆先明理尊於理故又皆相望一三五七九以理望事二四六八十以事望理初對爲二先正釋二料揀前中二門即分爲二今初也文中有三初標名二謂能徧下釋事理相性空真理一相無相故不可分則無分限事約緣起故分位萬差三一一事中下釋其徧相理非事外故要徧事經云法性徧在一切處一切衆生及國土故次何以下釋全徧所由謂要全徧者若不全徧理可分故非如浮雲徧滿虚空隨方可分故是故下別指一事顯其徧相以塵含理顯理全徧　觀曰二事徧於理門謂能徧之事是有分限所徧之理要無分限此有分限之事於無分限之理全同非分同何以故以事無體還如理故是故一塵不壞而徧法界也如一塵一切法亦然思之　釋曰文亦有三初標二謂能徧下示能所相三此有分下明徧理之相於中初正明以全同名徧次何以下釋同所以有分之事全如理故若不徧同事有別體次是故下結示徧相後如一塵下例一切法此對爲下四對之本由相徧故有相成等　觀曰此全徧門超情難見非世喻能況　釋曰第三料揀上二門也於中三初標難喻二寄喻別顯三問答解釋今初也言難見者以道理深故有本云離見離見即超情義耳言難見者容有見理故下寄喻以明難言世喻難喻耳言難喻者事理相殊而互相徧理徧事故無相全在相中事徧理故一塵便無涯分一塵既無涯分何有法之當情無相全在相中至理何曾懸遠即相無相互目難觀其容全理之事世法何能爲喻故經云譬如法界徧一切不可見取爲一切又云三界有無一切法不能與此爲譬喻顯下海喻亦分喻耳　觀曰如全大海在一波中而海非小如一小波帀於大海而波非大同時全徧於諸波而海非異俱時各帀於大海而波非一又大海全徧一波時不妨舉體全徧於諸波一波全帀大海時諸波亦各全帀互不相礙思之　釋曰第二寄喻以明也既無可喻而舉喻者借其分喻通其玄意令諸達識因小見大亡言領旨文有三重無礙初以大海對一波明大小無礙此舉喻上事理相徧二義竟也文但舉喻略無法合若總相合以海喻理以波喻事配文可解然意猶難見大海何得全在一波以海無二故一理何得全在於一事以理無二故一波何以全帀大海以同海故一塵何以全徧於理事同理故一同時全徧下以一海對諸波明一異無礙約法即一理對於諸事以辯無礙又上即非大非小此即非一非異其一異等相至下問答自明所以三又大海全徧一波下以大海雙對一波諸波互望齊徧無礙約法即以一理對一事多事相望齊徧無礙　觀曰

問理既全體徧一塵何故非小既不同塵而小何得說爲全體徧於一塵又一塵全帀於理性何故非大若不同理而廣大何得全徧於理性既成矛盾義極相違　釋曰第三問答解釋雙釋法喻而其文中但就法說例使曉喻上喻之中文有三節今但合爲兩重問答一問牒大小而答兼一異二對前第三以大海雙對一波諸波互望齊徧無礙爲問前中先問後答今初問也文中二先以理望事問約喻即前大海全在一波而海非小故云理既全體徧等即以徧難小既不同塵而小下以非小難徧二又一塵全帀下約事望理難先以一塵難大次云若不同理而廣大下以非廣難徧約喻即前一波全徧於大海而波非大既成矛盾下結難矛者鑹也盾者排也昔人雙賣二事歎盾即云矛刺不入歎矛即云能穿十重之盾買者云我買汝矛還刺汝盾豈不傷哉意明二語互相違　觀曰答理事相望各非一異故得全收而不壞本位　釋曰此下答中二先雙標後雙釋今即初也上問但問大小今正答一異兼於大小由於理事二法相望故云各非一異　觀曰先理望事有其四句一眞理與事非異故眞理全體在一事中二眞理與事非一故理性恒無邊際三以非一即是非異故無邊理性全在一塵四以非異即是非一故一塵理性無有分限　釋曰此釋理望事四句中前二正明徧塵非小之相初句徧塵第二句非小其三四二句徧酬其難難意云徧塵非小二義相違何得互通今第三句明大理徧在一塵

第四句明雖徧非小其無分限則非小也即雙答徧塵難非小及非小難徧一塵難雖兩段但一相徧耳

華嚴法界玄鏡卷上

華嚴法界玄鏡卷上

校勘記

一　底本，明永樂北藏本。

一　二七六頁上一行「卷上」，[南]無。

一　二七六頁上二行首字「唐」，[南]無。

一　二七七頁下二行「第三義」，[南]作「第三句」。

一　二七八頁中六行末字「色」，[南]作「空」。

一　二七九頁下九行「三門」，[南]作「二門」。

一　二八〇頁中一〇行「正念」，[南]作「正命」。

一　二八〇頁中一五行「一明」，[南]、[徑]、[清]作「二明」。

一　二八一頁上一一行第九字「絶」，[南]作「捻」。

一　二八二頁下一三行末字「今」，[南]、[徑]、[清]作「全」。

一　二八二頁下一五行第三字「一」，[南]作「二」。

一　二八三頁中末行書名、卷次，[南]無（未換卷）。

華嚴法界玄鏡卷下　百二

唐清涼山大華嚴寺沙門　澄觀述

觀曰次以事望理亦有四句者一事法與理非異故一塵全帀於理性二事法與理非一故不壞於一塵三以非一即非異故一小塵帀無邊眞理四以非異即非一故帀無邊理而塵不大思之　釋曰答事望理即答前一塵徧理何故非大等亦初二句正明徧理非大之相初句一塵徧理第二句明其非大亦三四句正答相違之難亦第三句明一小塵徧於大理亦第四句雖徧於理而塵不大但明事理非一非異兩義難通　觀曰問無邊理性全徧一塵時外諸事處爲有理性爲無理性若塵外有理則非全體徧一塵若塵外無理則非全體徧一切事義甚相違　釋曰此下第二番對前以大海雙對一波諸波互望齊徧無礙之喻而爲問答今此問也彼前喻云又大海全徧一波時不妨擧體全徧於諸波一波全徧大海時諸波亦各全徧互不相礙文中先正問後答若塵外有下結成妨難若約喻問應云大海全徧一波時餘諸波處爲有大海爲無大海若波外有海則非全體徧一波若波外無海則非全體徧一切波對難文可知　觀曰答以一理性融故多事無礙故故得全在內而全在外無障無礙是故各有四句　釋曰此下答中文則雙標二門一理性融故標約理四句多事無礙故標約事四句餘可知　觀曰先就理四句者一以理性全體在一切事中時不礙全體在一塵處是故在外即在內二全體在一塵中時不礙全體在餘事處是故在內即在外三以無二之性各全在一切中故是故亦在內亦在外四以無二之性非一切故是故非內非外前三句明與一切法非異此之一句明與一切法非一良爲非一非異故內外無礙

釋曰此就理中文一先正明後結無礙今初即答前無邊理性全徧一塵時外諸事處爲有理性爲無理性今第二句正答明餘處有即釋喻中大海全徧一波時不妨擧體全徧於諸波其第一句兼明在一切中時亦全在一塵前略無問若爲問者應云理性全在諸法時爲全在一塵不今此明全在一塵以徧一切豈揀一塵第三句明其總徧內外此是恒理故亦無問若問應云爲齊徧不第四句雙非亦非徧義故不爲問義理無妨故具出四句後前三下結成無礙亦酬前結難義甚相違之言內外無礙故不相違　觀曰次就事四句者一一事全帀於理時不礙一切事法亦全帀是故在內即在外二一切事法各帀於理時不礙一塵亦全帀是故在外即在內三以諸事法同時各帀故是故全在內亦全在外無有障礙四以諸事法各不壞故彼此相望非內亦非外思之　釋曰此約事四句前問所無今影出之前喻却有喻云一波全帀大海時諸波亦各全帀互不相礙先擧一波以望於海故是就事四句故前標云多事無礙故若別爲問者應問云一事徧於理時餘事亦徧理不若亦徧者則理有重重若不徧者多事則不如理故今答云多事如理同理而徧則無重重何以故理無二故但事

同理即無分限故云徧耳於中第一句一事徧不礙多事徧第二句多事徧不礙一事徧第三句諸法同時徧第四句一多之相歷然問理望於事在一事爲在內在多事爲在外今事望理以何爲內外耶答亦以一事爲內多事爲外若爾何異前門理望於事答前門先舉理徧於事名理望事今門先舉事徧於理名事望理故分二門本意但問多事徧理一事徧不前門答之又問一事徧理多事徧不故用此門答之通相皆以事爲內外故前門中但有一重之問即第一句一事全徧理故在內不礙一一亦徧理故即在外以其一多皆即理故故云全徧非有多理與事徧也故第四句云彼此相望非內非外以前約理第四但以性非一切居然非內非外今此約事望理理無內外何有非一非異故言既不壞相要須一事之中非是一切一切事中非是一故方成第四故須彼此相望非內非外已釋第一相徧對竟　觀曰三依理成事門謂事無別體要因真理而得成立以諸緣起

皆無自性故由無性理事方成故如波攪水以成動水望於波能成立故依如來藏得有諸法當知亦爾思之　釋曰此下第二相成對然下八門皆先標名後謂字下解釋下更不料揀就此對中先明理望於事即第三門先正釋後以諸下出所以所以有二一由無性故二真如隨緣故而文有三初明由無性成中論云以有空義故一切法得成若無空義者一切則不成大品云若諸法不空則無道無果二如波下喻喻有二義一上喻無性由水不守水自性故而能成波二下喻真如隨緣成故謂若無水則無有波若無真如依何法成三依如來藏下合於上喻真如隨緣即勝鬘經云依如來藏故有生死依如來藏故有真如謂若無真如將何合妄而成生死以一切法離於真心無自體故其如來藏即生死門之真如也故問明品文殊難云心性是一云何見有種種差別覺首答云法性本無生示現而有生則是真如隨緣答　觀曰四事能顯理門謂由事攬理故則事虛而理

實以事虛故全事中之理挺然露現如由波相虛令水體露現當知此中道理亦爾思之　釋曰此第四門事望理也文有法喻合今釋之然躡前門成謂無第三則離理有事今第四門何能顯理如離水無波波起現水既攬理成故能現理以法從緣則無性故況從無性理而成於事事必無性故從緣無性即是圓成夜摩偈云分別此諸蘊其性本空寂空故不可滅此是無生義由蘊之事方顯性空性空即是無生真理又須彌偈云了知一切法自性無所有如是解法性則見盧舍那一切法事也無所有即真理也　觀曰五以理奪事門謂事既攬理成遂令事相皆盡唯一真理平等顯現以離真理外無片事可得故如水奪波波無不盡此則水存已壞波令盡　釋曰此下第三相害對言相害者形奪兩亡故今此第五理望於事故理奪事文有法喻亦攬第三成此第五以全將理而爲事故事未盡矣先正釋後以離真下出其所以真外無事故則奪事也如攪水爲波波唯是

濕波自虛矣故出現品云設一切衆生於一念中悉成正覺與不成正覺亦無有異何以故菩提無相無非相故物物無相斯理顯現生佛兩亡　觀曰六事能隱理門謂眞理隨緣成諸事法然此事法既違於理遂令事顯理不現也如水成波動顯靜隱經云法身流轉五道名曰衆生故衆生現時法身不現也

釋曰此事望理也文分爲三初正釋亦由第三門成以全理成事事有形相理無形相故事覆理故然此事法既違於理故隱也有本云既而於理不及違也次喻顯取靜爲水隱義明故三經云下引證即法身經下當更釋財首亦云世間所言論一切是分別未曾有一法得入於法性者事隱理故　觀曰七眞理即事門謂凡是眞理必非事外以是法無我理故事必依理理虛無體故是故此理擧體皆事方爲眞理如水即波無動而非濕故即水是波思之　釋曰此下第四相即對也前明隱奪事隱於理而理不亡理奪於事而事猶存雖言奪事皆盡而意在彼事相虛非無彼事也今明相即廢已同他各唯一耳今第七門理望於事亦有法喻法中先略釋後以是法無我下出所以若是但空出於事外則不即事今以即法爲無我理離於事外有何理耶故理虛無體全將事法本來虛寂爲眞理耳喻中無動而非濕以事即理意明全將濕爲動故理即事耳　觀曰八事法即理門謂緣起事法必無自性無自性故擧體即眞故說衆生即如不待滅也如波動相擧體即水故無異相也　釋曰事望理也亦有法喻中論曰若法從緣生是則無自性若無自性者云何有是法無自性者是眞理也故事即理故說衆生即如下闇引淨名淨名彌勒章云一切衆生皆如也又云若彌勒得滅度者一切衆生亦應滅度所以者何一切衆生即眞如相不復更滅森羅及萬象一法之所印觸事而眞不壞假名而說實相擧喻可知是即第八衆生寂滅即是法身第七法身隨緣名曰衆生衆生法身體一名異從本已來未曾動靜亦無隱顯以名異故有互相即有互隱奪以一體故得互相即得互隱顯由此相即眞俗二諦曾不相違夜摩偈云如金與金色展轉無差別法非法亦然體性無有異理即事故雖空不斷事即理故雖有不常理即事故無智外如爲智所入事即理故無如外智能證於如　觀曰九眞理非事門謂即事之理而非是事以眞妄異故實非虛故所依非能依故如即波之水非波以動濕異故　釋曰此下第五相非對也即雙存義若不雙存無可相成相即隱奪等此門則隨緣非有之法身恒不異事而顯現後門則寂滅非無之衆生恒不異眞而成立謂於此門理望於事而有三對一是眞二是實三是所依即顯第十門是妄是虛是能依故　觀曰十事法非理門謂全理之事事恒非理性相異故能依非所依故是故擧體全理而事相宛然如全水之波波恒非水以動義非濕故

釋曰此第十門事望於理但有二對一明事是於相則影出第九理是於性都有四對二能依所依不異前門文並可知若依此對二

諦時立即於諦常自二七八即於解常自一五六則二而不二三四則不二而二由初一對則令前義皆得相成　觀曰此上十義同一緣起約理望事則有成有壞有即有離事望於理有顯有隱有一有異逆順自在無障無礙同時頓起深思令觀明現是謂理事圓融無礙觀　釋曰第三結勸於中二先結束前義後勸修成觀前中先總標若闕一義非真緣起後約理下別收十門以成八字然一三五七九理望於事二四六八十事望於理先理望於事有成者　第三依理成事門有壞者第五真理奪事門有即者第七真理即事門有離者第九真理非事門事望理中有顯者第四事能顯理門有隱者第六事能隱理門有一者第八事法即理門有異者第十事法非理門然成壞等就功能說言有成者理能成事非理自成餘七亦然則一一門皆有事理無礙之義故云約理望事等不會相徧者有三義故一是總相後八依此相徧而得成故二者相徧無別異相非如成壞隱顯等

殊故三者大同相即相即攝故言逆順自在者理事相望各二順二逆三成七即理順事也四顯八即事順理也五奪九非理逆事也六隱十非事逆理也其相徧言亦是順也欲成即成欲壞即壞欲顯即顯欲隱即隱等故云自在成不礙壞壞不礙成等故云無礙正成之時即壞時等故曰同時五對無前後故云頓起又上四對理望於事但有成等而無顯等事望於理但有顯等而無成等事從理成故可許言成理非新有故但可言顯事成必滅故得言壞真理常住但可言隱理無形相故但可即事事有萬差可與理冥故得云一理絕諸相故云離事事有差異故云異相上約義別有此不同統而收之但成五對五中前四明事理不離後一明事理不即不即不離方為緣起相又五對之中共有三義成顯一對是理事相作義奪隱不即此之二對即是事理相違義相徧相即二對是事理不相礙義又由相徧故有相作有相作故有於相即由相違故有於不即又若無不即則無

可即乃至相徧由相徧故四對皆成故說真空妙有各有四義約理望事有真空四義一廢己成他義即依理成事門二泯他顯己義即真理奪事門三自他俱存義即真理非事門四自他俱泯義即真理即事門由其相即

故得互泯又由初及三有理徧事門以自存故舉體成他故徧他也後約事望理有妙有四義一顯他自盡義即事能顯理門二自顯隱他義即事能隱理門三自他俱存義即事法非理門四自他俱泯義即事法即理門又由初及三有即事徧於理門以自存故而能顯他故徧他耳故約有存亡無礙真空隱顯自在故逆順自在無障無礙二深思下勸修成觀學而不思同無所得體達於心即凡成聖矣　觀曰周徧含容觀第三　釋曰即事事無礙法界也　觀曰事如理融徧攝無礙交參自在略辯十門　釋曰此觀有三初總標舉數二別顯觀相三結勸修行今則初也即總名之意以事事無礙若唯約事則彼此相礙若唯約理則無可相礙今以理融事

事則無礙故云事如理融然理含萬有無可同喻略如虛空虛空中略取二義一普徧一切色非色處即周徧義二理含無外無有一法出虛空故即含容義理亦如空具於二義無不徧故無不包故即事如理乃至纖塵亦能包徧故云事如理融徧攝無礙攝即含容義無礙二義一徧不礙攝二攝不礙徧故事事能攝能徧等皆無礙其交衆自在亦徧十門　觀曰一理如事門謂事法既虛相無不盡理性真實體無不現是則事無別事即全理爲事是故菩薩雖復看事即是觀理然說此事爲不即理　釋曰此下十門展轉相生然事理相如大同前門相徧門也即爲總意能成下八比二猶兼理事無礙有此二故得有事事無礙之義屬事事攝而有本云理如事現事如理徧作觀釋文多徧現義細尋成局但有徧現闕餘義故徧現二字諸本多無無則義寬今依無本今理如事者如事之現如事之局如事差別如事大小一多等故後門事如於理非但如理徧亦如於理無相無

礙非內外等又若有徧現亦似事理無礙觀中事理相徧故無徧現於義爲正十門皆先標名後解釋今初理如事中先正釋既以事虛理實理體現是則真理如事之虛以虛名爲實體虛即是實名無別事次是故菩薩下以人證成由見事實是故見事即是見理後然說此事下不壞相故若壞於相理何所如是則真理如事相大小　觀曰二事如理門謂諸事法與理非異故事隨理而圓徧遂令一塵普徧法界法界全體徧諸法時此一微塵亦如理性全在一切法中如一微塵一切事法亦爾　釋曰據初釋文似但明徧義徧是理之別稱相無分限故既一微塵舉體全在一切法中亦如理之不可分也文中先出所因由不異理故由第一門理如事故遂得此門事全如理言圓徧者無分故圓體周故徧次遂令下別示徧相謂徧理法界從法界全體下明壞徧事由塵如理故徧諸事次如一塵下舉微塵例諸事即事事皆徧斯則事事重重無礙矣　觀曰三事含理事無礙門

謂諸事法與理非一故存本一事而能廣容如一微塵其相不大而能容攝無邊法界由剎等諸法既不離法界是故俱在一塵中現如一塵一切法亦爾此事理融通非一非異故總有四句一一中一二一切中一三一中一切四一切中一切各有所由思之　釋曰文有三一正釋二結例三融通今初由上一事含於理故餘一切事與所含理體不異故隨所含理皆在一事中而言與理非一者前門與理非異同理而徧此門亦是如理而含則亦不異由不壞一相方有能含對前非異故言非一下通局中則顯第二亦不壞相如一微塵其相下出事含相二如一塵下結例三此事理下融通就廣容門有此四句此中能含所含不出一多交絡成四爲能含邊皆具與理非一非異義由非一故有體爲能含由非異故有用方能含爲所含邊但約與理非異義耳如初一中一者上一不壞相故有能含體而與下一理非異故便能包含下一而下一由與上一理非異故隨所含理在上

一中以離理無事故二一切中一者以一切不壞相故有能含體與亦之一理不異故能含於下一下之一與上一切理不異故隨下自一之理在上一切中三一中一切者由一不壞相故得爲能含而與下一切理不異故能含一切所含一切與上一理不異故隨自一切之理在上一中四一切中一切者由三一切不壞相故有能含體與下一切理非異故含下一切下之一切與上一切理非異故隨下一切之理在上一切之中是故結云各有所由前第二門是廣徧義此第三門是含容義已具此觀之總名矣此下之七門並皆不離廣徧含容之二義也　觀曰四通局無礙門謂諸事法與理非一即非異故令此事法不離一處即全徧十方一切塵内由非異即非一故全徧十方而不動一位即遠即近即徧即住無障無礙　釋曰此門重釋第二第二俱徧今不壞相有不徧義徧即是通不徧是局文中與理非一故局非異故通即遠下結徧即是通住則是局　觀曰五廣陿無礙門謂諸事法與理非一即非異故不壞一塵而能廣容十方刹海由非異即非一故廣容十方法界而微塵不大是則一塵之事即廣即陿即大即小無障無礙　釋曰此重釋第三門三明如理包含今由與理有非一義不壞陿相而能廣容文中非一故陿比異故廣先明非一即非異故明不壞廣容不句反上是則一塵下結　觀曰六徧容無礙門謂此一塵望於一切由普徧即是廣容故徧在一切中時即復還攝彼一切法全住自一中又由廣容即是普徧故令此一塵還即徧在自内一切差別法中是故此一塵自徧他時即他徧自能容能入同時徧攝無礙思之　釋曰此門正合前四五二門兼合二三以四五二門釋二三故廣容普徧不相離故名中徧即普徧容即廣容釋文中先標次釋後結今初以一望多有徧容義以有彼多可得徧故此一能容若多望一即無徧容以所望之一無可言徧能望之多而容於一不可得言爲廣容故次由普徧下釋有二對初徧即是容唯一徧一容後又由下容即是徧亦是一容一徧前中徧即是容者一徧多時還攝所徧之多在我一内猶如一鏡徧九鏡時還攝九鏡在一鏡内後容即是徧約法反上謂如一鏡容多鏡時能容之一鏡却徧所容多鏡影中故云還徧自内一切差別法中是故下結可知　觀曰七攝入無礙門謂彼一切望於一法以入他即是攝他故一切全入一中之時即令彼一還復在自一切之内同時無礙又由攝他即是入他故一法全在一切中時還令一切恒在一内同時無礙思之　釋曰釋相之中先標後釋今初但約以多望一能攝即前能容入即前徧而前一爲能徧有多可徧今入但入於一不得言徧前門有多可容故得言容今一無多可容故但云攝次以入他即是攝他故下別釋其相亦有二對前對多爲能入故還攝所入之一在能入多中如九鏡入於一鏡還攝所入一鏡在能入多鏡之中後對但反前多能入爲多能攝耳謂多攝一時多爲能攝一爲所攝而多即能

入故還將此多入於所攝一法之中如九鏡爲能攝還將九鏡入所攝一鏡之中然上二對能入能攝皆是於多即攝即入名攝入無礙而一但爲所攝所入不得能攝能入之名至第八門方有能攝能入耳後同時無礙者結也結上多能入時即爲能攝故云同時

觀曰八交涉無礙門謂一法望一切有攝有入通有四句謂一攝一切一入一切一切攝一一切入一一攝一法一入一法一切攝一切一切入一切同時交參無礙有本後二句入在頭　釋曰釋文亦三初標所依次釋三結初中但一望多有攝有入次通有四句下釋以一望一切故一在初然第六門亦一望多但有容徧二句而無攝入第七門但多望一有攝有入亦唯二句今第八門雖一望一切而一與多俱爲能攝能入得交涉名又交涉者前第七門多能攝一即多亦爲能入今第八門多攝於一所攝之一亦能攝多故能攝之多却爲所攝故入一中得交涉名既一之與多俱爲能攝能入便有四句雖似八句二二合故故但四句四句皆具攝之與入第一句云一攝一切一入一切者謂上句一爲能攝一切爲所攝而所攝一切亦得爲能攝即上能攝之一却爲所攝故上之一却入一切之中故云一入一切第二句云一切攝一一切入一者上[百二]句一切爲能攝[十六]一爲所攝而所攝一亦爲能攝故上之一切却爲所攝云一切入一此句但反上第一句耳三即以一望他一四即第三句中一切復望別一切以其四句爲能攝邊同理之包爲能入邊同理之徧故又四句皆由與理非一非異故由與理非一有一多體可爲攝入由與理非異便能攝入若以十鏡爲喻一鏡爲一九鏡爲多謂初句云一攝一切一入一切者應云一鏡攝九鏡一鏡入九鏡謂上一鏡爲能攝則九鏡爲所攝而所攝九鏡亦爲能攝故上能攝之一鏡却入九鏡之中云一鏡入九鏡下三例然第二句云一切攝一一切入一者應云九鏡攝一鏡九鏡入一鏡謂上九鏡爲能攝則一鏡是所攝以所攝一鏡亦爲能攝故上能攝之九鏡却入所攝一鏡中云九鏡入一鏡第三句一攝一法一入一法者應云一鏡攝一鏡一鏡入一鏡謂第一鏡攝第二一鏡第一鏡亦入第二一鏡第四句云一切攝一切一切入一切者應[十七]言十鏡各攝於九鏡十鏡皆入於[百二]九鏡而所入所攝但云九鏡者留一爲攝入故言有本云後二句入在頭者云一入一法一攝一法一切入一切一切攝一切以不倒前故依現本四句皆攝在初

觀曰九相在無礙門謂一切望一亦有入有攝亦有四句謂攝一入一攝一切入一攝一入一切攝一切入一切同時交參無障無礙　釋曰初標名云相在者自已攝法入他法中他又攝法在我已中故云相在至下句中當見釋中亦三謂標釋結標云一切望一者一切在初正反第八二亦有四句下釋釋四句中上標既云一切望一則有四句四句之首皆合有一切之言以爲能攝今並略耳但取所攝所入以成四句然此四句與前全異如前一攝一法一入一法但明自一隨對

他一自一攝他一時亦入他一耳今則不然謂第一句云攝一入一者此謂一切隨攝一法將入一法約十鏡說總以九鏡爲能攝第一句者九鏡攝第一鏡入第二一鏡之中二攝一切入一者謂九鏡皆攝九鏡入一鏡中三攝一入一切者九鏡各攝一鏡徧入九鏡之中四攝一切入一切者九鏡皆攝九鏡各入九鏡之中攝將隨一入彼一中復攝彼一在此多中等故名相在約法一一作者且約諸佛望衆生說總以諸佛爲一切是能攝衆生爲所攝所入第一句者諸佛攝一衆生入一衆生中二者諸佛攝一切衆生入一衆生中三者諸佛身攝一衆生入一切衆生身毛中四者諸佛各攝一切衆生入一切衆生中餘法相望一多皆爾三同時下總結由此

百二
十八

互攝互在故有帝網重重之義問此一切望一皆一切在初前一望一切何不四句皆一在初答若但一在初唯有兩句謂一攝一切一入一切爲一句一攝一法一入一法爲兩句耳今由相涉第二句一切是前所攝爲能

攝故第三句互一相對第四句唯一切對故成四句耳故不得四句皆一在初然正義如前更有一意如攝一入一謂一切正攝一時即能入一等若爾何異第八第八一攝一一入一者一入所攝一中今趣舉一其一皆入以正同理廣容即同理普徧故若爾何異第七第七但有二句亦自入所攝一中故此中一切正攝一亦入餘一亦入一切等故若約十鏡作者一鏡爲一九鏡爲一切一者九鏡攝一鏡九鏡亦能入一鏡二者九鏡攝九鏡九鏡入一鏡三者九鏡攝一鏡九鏡即入九鏡四者九鏡攝九鏡九鏡亦即入九鏡爲攝一切入一切雖通此釋今不取之亦有云前第八門是複四句一攝一一入一兩句方成一句故今一攝一者但攝其一入我一中二

百二
十九

但攝一切入我一中等若爾但有一攝句耳亦無入義故不取之　觀曰十普融無礙門謂一切及一普皆同時更互相望一一具前兩重四句普融無礙準前思之　釋曰此第十門總融前九近且收三第八門一望一切

第九門一切望一令具此二以一望一切有第八門四句以一切望一有第九門四句其第七門雖不具四句而是一切攝一中收故近收三言總收九者九門不出一多故由其初門理如事故一可爲多由第二門事如理故多可爲一二四如理之徧三五如理之包二即二而不二四即不二而二以不壞相故三即非廣而廣五即廣即非廣亦以不壞相故六即雙含一多容徧無礙七便攝入自在八含一多交涉九含攝入自在十即融成一致故第十門即同時具足相應門九即因陀羅網境界門由第八交涉互爲能所有隱顯門其第七門相即相入門五即廣陿門四不離一處即徧有相即門三事含理事故有微細門六具相即廣陿二門前三總成諸門事理相如故有純雜門隨十爲首有主伴門顯於時中有十世門故初心究竟攝多劫於剎那信滿道圓一念該於佛地以諸法皆爾故有託事門是故十玄亦自此出　觀曰令圓明顯現稱行境界無障無礙深思之令現在

前也　釋曰第三結勸修學謂若圓明在心依解生行行起解絶雖絶而現解行雙融修而無修非唯用徧一門實亦三觀齊致無心體極無間常行何障不消何法能礙斯觀顯現聖遠乎哉體之則神矣體非權小聖亦難思矣故初生王（百二）宮貴極臣佐離（二十）此成觀安造玆玄余久探玄籍注想華嚴此之一觀久而究盡不鏡方寸虛負性靈故名法界玄鏡時巳從心之歲矣本文結云華嚴法界玄一卷（有本無玄字今依有本也）今夾本文在內別題云華嚴法界玄鏡

華嚴法界玄鏡卷下

華嚴法界玄鏡卷下

校勘記

一　底本，明永樂北藏本。

一　二八四頁上一行書名、二行述者，南無（未換卷）。

一　二八四頁中一四行「三句」，南作「一句」。

一　二八四頁中一六行第八字「一」，南作「二」。

一　二八五頁上一〇行第九字「祖」，南、徑、清作「相」。

一　二八五頁下三行第一一字「文」，南作「所」。

一　二八六頁上六行第三字「現」，徑作「顯」。又末字「流」，南作「輪」。

一　二八六頁下一九行第一四字「有」，南作「成」。

一　二八七頁中八行第五字「上」，南作「成」。

一　二八八頁上一四行第五字「比」，南、清作「此」。

一　二八八頁上一七行首字「局」，南作「義」。

一　二八八頁中三行第一四字「釋」，南作「明」。

一　二八九頁上二行第一〇字「亦」，南、徑、清作「下」。

一　二八九頁上七行末字「三」，南、徑、清作「上」。

一　二八九頁中六行第一五字「比」，南、徑、清作「非」。

一　二八九頁中七行「不向」，南、徑、清作「下句」。

一　二八九頁下九行第四字「令」，南作「今」。

一　二九一頁中一四行「一兩」，南作「一攝」。

一　二九一頁下一行第八字「今」，清作「令」。

一　二九一頁下一〇行「融成」，南作「攝成」。

一　二九一頁下一二行第八字「八」，南作「入」。

一　二九一頁下一八行第八字「該」，南、徑、清作「該」。

一　二九二頁上三行第六字「用」，南、徑、清作「周」。

一　二九二頁上末行「卷下」，南無；徑作「卷下終」。

金師子章雲間類解并序

晉水沙門　淨源　述

法非喻不顯喻非法不生是故至人見一真之性匪珠也故用金師子以況之見群生之器匪齊也故用諸法章以導之富哉非吾祖賢首垂一乘之文廓十方之奧則何以流慈訓世隨機有授非天冊聖帝畢萬乘之心尊三寶之教則奚能因喻了法由法達性者乎然而斯文禪叢講席莫不崇尚故其注解現行于世者殆及四家清源止觀禪師注之於前昭信法燈大士解之於後近世有同號華藏者三衢昭昱法師五臺承遷尊者皆有述焉歷覩其辭或文煩而義闕或句長而教非遂使修心講說二途方興偶習之志反陷取捨之情源不佞每念雅誥嘗疚于懷既而探討晉經二玄推窮唐經兩疏文之煩者刪之義之闕者補之句之長者剪之教之非者正之其間法語與辭與祖師章旨炳然符契者各從義類以解之于時絕筆於雲間善住閣故命題曰雲間類解焉

元豐三年歲次庚申四月八日序

華嚴金師子章

華嚴標所宗經金師子章正立其名舉喻顯法序文備矣

京大薦福寺沙門　法藏　述

京即長安漢高祖所都也大薦福寺唐中宗所建也沙門乃釋子生善滅惡之稱次二字名諱也出家傳道翻宣茂德具如聖宋高僧傳并唐閻少監碑銘若夫判五章教道則隴西美之於釋論集六重觀門而河東推之於塔銘耳抑又連此章旨而為規式則雜華圓覺二疏載之詳矣述者樂記云明也鄭玄曰訓其義也

初明緣起

夫至聖垂教以因緣為宗緣有內外之殊世出世之異故標第一明諸緣起也

二辨色空

前明緣起莫逾色空幻色俗諦真空真諦二諦無礙唯一中道故次辨色空也

三約三性

空宗俗諦明有即偏計依他也真諦明空即圓成實性也故次第三約三性也

四顯無相

偏計情有理無依他相有性無圓成理有情無性有相無故次第四顯無相也

五說無生

前之四門真俗有無皆成對待今此一門唯辨妙性本無增減故第五說無生

六論五教

夫妙性無生超群數而絕朕然機緣有感遂根性以類分故次第六論五教也

七勒十玄

以義分教教類有五前四小大始終漸頓皆偏今示圓融故次第七勒十玄也

八括六相

雲華十玄根於觀門刪藏六相源乎大經經觀融通相玄交徹故第八括六相

九成菩提

六相道文一經與旨非情識所窺唯智眼所觀將遊薩婆若海故第九成菩提

十入涅槃

菩提智果覺法樂也涅槃斷果寂靜樂也照而常寂心安如海故第十入涅槃

明緣起第一

謂金無自性隨工巧匠緣遂有師子相起

金喻真如不守自性匠況生滅隨順妄緣

喻真妄和合成阿賴耶識此識有二義一者覺義為淨緣起二者不覺義作染緣起

起但是緣故名緣起青三
經云諸法從緣起無緣即不起即理事無
礙門同一緣起也上句示緣中句辨起下
句揔結然釋此初章非獨攝起信申義亦
乃採下文為準
辨色空第二
謂師子相虛唯是真金
幻色之相既虛真空之性唯寔諸本無虛
字唯五臺注本有之
師子不有金體不無
色相從緣而非有揀凡夫實色也空性不
變而非無揀外道斷空也
故名色空
色蘊既爾諸法例然大品云諸法若不空
即無道無果上句雙標色空次句雙釋下
句雙結
又復空無自相約色以明
空是真空不礙於色則觀空萬行沸騰也
不礙幻有名為色空
色是幻色不礙於空則涉有一道清淨也
揔而辨之先約性相不變隨緣以揀斷常
後約不住生死涅槃以明悲智
約三性第三
師子情有名為徧計

謂妄情於我及一切法周徧計度一一執
為實有如癡孩鏡中見人面像執為有命
質礙肉骨等故云情有也
師子似有名曰依他
此所執法依他衆緣相應而起都無自性
唯是虛相如鏡中影故云似有也
金性不變故號圓成青三
本覺真心始覺顯現圓滿成就真實常住
如鏡之明故云不變有本作不改亦通上
文依空宗申義蓋躡前起後也此章引性
宗消文亦以喻釋喻也若依教義章明三
性各有二義徧計所執性有二義一情有
二理無依他起性有二義一似有二無性
圓成實性有二義一不變二隨緣今文各
顯初一皆隱第二仰推祖意單複抗行義
有在焉
顯無相第四
謂以金收師子盡
既攬真金而成師子遂令師子諸相皆盡
金外更無師子相可得
真金理也師子事也亦同終南云以離真
理外無片事可得
故名無相
名號品云達無相法住於佛住無量義經

云其一法者所謂無相然名號品約果無
量義約理理果雖殊無相一也
說無生第五
謂正見師子生時但是金生
上句妄法隨緣下句真性不變偈云如金
作指環展轉無差別
金外更無一物
離不變之性無隨緣之相問明品云未曾
有一法得入於法性
師子雖有生滅金體本無增減
成事似生而金性不增則起唯法起也體
空似滅而金性不減則滅唯法滅也
故曰無生
大經云蘊性不可滅是故說無生又云空
故不可滅此是無生義既云無生為佛法
體諸經論中皆詮無生之理楞伽說一切
法不生中論不生為論宗體
論五教第六
一師子雖是因緣之法念念生滅
以師子屬乎緣生原人論辨小乘教亦云
從無始來因緣力故念念生滅相續無窮
實無師子相可得
論次云凡愚不覺執之為實
名愚法聲聞教

因說四諦而悟解故號聲聞既除我執未
達法空故名愚法有本作愚人法名聲聞
教然此一教下攝人天由深必收淺故上
談緣覺以其理果同故例如約人辨藏唯
出聲聞藏耳
二即此緣生之法
躡前起後也初文師子二字亦通此用下
三皆然
各無自性徹底唯空
始自形骸之色思慮之心終至佛果一切
種智皆無自性徹於有表唯是真空以色
性自空非色滅空也
名大乘始教
始初也大品云空是大乘之初門此教有
二一始教亦名分教今但據始教者以深
密第二第三時教同許定性無性俱不成
佛故今合之唯言始教耳
三雖復徹底唯空不礙幻有宛然
空是真空不礙幻有即水以辨於波也
緣生假有二相雙存
有是幻有不礙真空即波以明於水也
名大乘終教
緣起無性一切皆如方是大乘至極之說
故名為終此亦有二一終教對前始教立

名二實教對前分教立名分猶權也始摧
而終實以有顯實宗故然終實二宗并始
分二教皆大乘漸門耳
四即此二相互奪兩亡
以理奪事而事亡即真理非事也以事奪
理而理亡即事法非理也亦同行願疏中
形奪無寄門
情偽不存
反跳上句理事雙亡則情識偽相無所存矣
俱無有力空有雙泯
由前互奪故皆無力理奪事則妙有泯也
事奪理則真空泯也心經略疏云空有兩
亡一味常顯
名言路絕棲心無寄
通結心言罔及寶藏論云理冥則言語道
斷百會則心行處滅
名大乘頓教
頓者言說頓絕理性頓顯一念不生即是佛
等故楞伽云頓者如鏡中像頓現非漸此
亦有二一逐機頓即此文示之二化儀頓
即後圓教收之
五即此情盡體露之法混成一塊
情盡見除也大疏亦云情盡理現諸見自
亡混成一塊者約法則混成真性約除則

一塊真金故裴相序云融缾盤釵釧為金
鑠與大用起必全真
用則波騰鼎沸全真體以運行
萬象紛然參而不雜
萬法起必同時一際理無先後釋上二節
依體源觀
一切即一皆同無性
無量中解一也大經云華藏世界所有塵
一塵中見法界
即一一切因果歷然
一中解無量也準詮都序云果徹因源位
滿分攝菩薩
力用相收卷舒自在
一有力收多為用則卷他一切入於一中
即上文一一切即一皆同無性也多有力收
一為體則舒已一位入於一切即上文一
即一切因果歷然也文雖先後義乃同時
故云卷舒自在也
名一乘圓教
所說唯是法界緣起無礙相即相入重重
無盡此亦有二謂同教一乘圓全收諸教
宗別教一乘圓全揀諸教宗
勒十玄第七
一金與師子同時成立圓滿具足

師子六根與金同時成立以表人法因果
體用悉皆具足妙嚴品云一切法門無盡
汸同會一法道場中
名同時具足相應門
大疏云如海一滴具百川味
二若師子眼收師子盡則一切純是眼若耳
收師子盡則一切純是耳
眼耳互收池一事故
諸根同時相收悉皆具足
會諸根之同例眼耳之別
則一一皆雜一一皆純為圓滿藏
眼即耳等皆雜也如菩薩入一三昧即六
度皆修無量無邊諸餘行德俱時成就故
名為雜耳非眼等皆純也又入一三昧唯
行布施無量無邊更無餘行名之為純即
教義章云純雜自在無不具足名圓滿藏
名諸藏純雜具德門
此名依至相立賢首新立廣陿自在無礙
門故大疏云如徑尺之鏡見千里之影
三金與師子相容成立一多無礙
多容一則六根成立多容多則師子無殊
於中理事各各不同
金性喻理師子喻事二雖互容性相各別
或一或多各住自位

此經偈云以一佛土滿十方十方入一亦
無餘世界本相亦不壞無比功德故能爾
名一多相容不同門
人疏云若一室之千燈光光相涉
四師子諸根一一毛頭皆以金收師子盡
諸根諸毛各攝全體
一一徹徧師子眼眼即耳耳即鼻鼻即舌舌
即身
諸根相即體非用外
自在成立無障無礙
經云一即是多多即一文隨於義義隨文
名諸法相即自在門
大疏云如金與金色二不相離
五若看師子唯師子無金即師子顯金隱
相顯性隱
若看金唯金無師子即金顯師子隱
性顯相隱
若兩處看俱隱俱顯
性相同時隱顯齊現
隱則祕密顯則顯著
賢首品云東方入正受西方從定起
名祕密隱顯俱成門
大疏云若片月澄空晦明相並
六金與師子或隱或顯或一或多

若觀金時師子似隱唯顯一金觀師子時
金性似隱具顯諸根
定純定雜有力無力
一體真金純而有力六根分異雜而無力
即此即彼主伴交輝
此主彼伴交光互參
理事齊現皆悉相容
教義章云猶如東箭齊頭顯現
不礙安立微細成辦
經云一塵中有無量剎剎復為塵說更難
名微細相容安立門
大疏云如琉璃餅盛多芥子
七師子眼耳支節一一毛處各有金師子一
一毛處師子同時頓入一毛中
以一切攝一切同入一中即交涉無礙門
偈云一切佛剎微塵等爾所佛坐一毛孔
一一毛中皆有無邊師子又復一一毛帶此
無邊師子還入一毛中
又以一切攝一切帶之復入一中即相在
無礙門偈云無量剎海處一毛悉坐菩提
蓮華座
如是重重無盡猶天帝網珠
梵語釋迦提桓因陀羅此云能仁天主網
珠即善法堂護淨珠網取燈交光無盡也

名因陀羅網境界門
大疏云若兩鏡互照傳耀相寫
八說此師子以表無明語其金體具彰真性
妄法生滅無明也如來藏不生滅真性也
理事合論況阿賴識令生正解
理事即真妄論云真妄和合非一非異名
阿賴耶識此識有覺不覺二義覺即令生
真性正解不覺即令生無明正解若約善
財衆諸知識遇三毒而三德圓皆生正解
名託事顯法生解門
大疏云如立像豎臂觸目皆道
九師子是有為之法念念生滅
隨工匠緣時時遷謝
剎那之間分為三際
攝前標後
謂過去現在未來此三際各有過現未來
普賢行品云過去中未來未來中過去亦
離世間品荅普慧之問也
揔有三三之位以立九世即束為一段法門
如師子諸根諸毛本純一之金也
雖則九世各各有隔相由成立融通無礙同
為一念
通玄論云十世古今始終不離於當念
名十世隔法異成門

大疏云若一夕之夢翱翔百年
十一
十金與師子或隱或顯或一或多各無自性
由心迴轉
謂全心一事隨心徧一切中即一隱多顯
也全心之一切隨心入一事中即多隱一
顯也以表師子與金悉皆迴轉而無定相耳
說事說理有成有立
經云應觀法界性一切唯心造
名唯心迴轉善成門
賢首亦改此一門為主伴圓明具德門故
大疏云如北辰所居衆星拱之
括六相第八
師子是揔相
一即具多為揔相
五根差別是別相
多即非一名別相
共從一緣起是同相
多類自同成於揔
眼耳等不相濫是異相
名體別異現於同
諸根合會有師子是成相
一多緣起理妙成
諸根各住自位是壞相
壞住自法常不作教義章中有八句偈文

上引六句隨文注之末後二句結歎勸修
云唯智境界非事識以此方便會一乘彼
章廣寄一舍以喻六相後學如仰祖訓宜
悉討論耳
成菩提第九
菩提此云道也覺也
翻梵從華新舊二義
十二
謂見師子之時即見一切有為之法更不待
壞本來寂滅
淨名云衆生即寂滅相不復更滅
離諸取捨即於此路流入薩婆若海故名為道
離諸取捨之言義屬上句文連下句謂不
捨一切有為而取寂滅無為則義屬上句
也既取捨情亡自然流入一切智海則文
連下句也第八不動地亦明斯旨薩婆若
云一切智今明果德為道故深廣如海耳
即了無始已來所有顛倒元無有實名之為覺
起信論云一切衆生不名為覺以從本來
念念相續未曾離念故說無始無明即同
此文無始已來所有顛倒也論又云若得
無念者則知心相生住異滅乃至本來平
等同一覺故即同次文元無有實名之為
覺矣
究竟具一切種智名成菩提

究竟極果也亦名究竟覺一切種智即三智之一也昔圭峯疏圓覺以一切種智釋圓明賢首述還源由圓明而證菩提今文謂具一切種智而成菩提者通而辨之雖發辭小異而歸宗大同也若依起信有大智用無量方便乃至得名一切種智皆屬同教又按貽信鈔文叙五教様各成菩提唯取圓宗以因果二門相攝即別教耳

入涅槃第十

見師子與金二相俱盡煩惱不生

二相俱盡所觀境空也煩惱不生能緣心泯也內外雙亡玄寂著矣

好醜現前心安如海

青三　十三

新記云如金作器巧拙懸殊即好醜現前也記次文云一以貫之唯金究竟即心安如海也上句覆疏二相俱盡下句覆疏煩惱不生

妄想都盡無諸逼迫出纏離障永捨苦源名入涅槃

惑業都盡無集諦之妄想也三苦皆亡無苦諦之逼迫也無漏智發出纏離障則道諦已修也解脫自在永離苦源則滅諦已證也入者了達解悟之名涅槃義翻圓寂經云流轉是生死不動名涅槃然涅槃一

章誠雜華之淵蘊故晉譯寶王性起而捜玄探玄鈎深以索隱唐翻如來出現則舊疏新記聯芳而續敡且高麗國中斯文尚備而傳授不絕況此諸部盡出中華碩諸後昆求師鑽仰同報雲華賢首清涼圭峯之劬重德耳

金師子章雲間類解

金師子章雲間類解

校勘記

一　底本，明永樂南藏本。

一　二九五頁上一行「并序」，[徑]無。

一　二九五頁上二行「晉水沙門淨源述」，[清]無。

一　二九五頁上一〇行「清源止觀禪師」，[清]作「清涼澄觀禪師」。

一　二九五頁上末行末字「序」，[清]作「晉水沙門淨源序」。

一　二九六頁中一五行第九字「推」，[清]作「惟」。

盂蘭盆經疏并序　　百六

唐充國沙門　宗密　述

宋晉水沙門淨源錄疏注經

始於混沌塞乎天地通人神貫貴賤儒釋皆
宗之其唯孝道矣應孝子之懇誠救二親之
苦厄酬昊天恩德其唯盂蘭盆之教焉宗密
罪釁早年喪親每履雪霜之悲永懷風樹之
恨竊以終身墳壟卒世蒸嘗雖展孝思不資
神道遂搜索聖賢之教虔求追薦之方得此
法門實爲妙行年年僧自恣日四事供養三
尊宗密依之修崇已歷多載兼講其誥用示
未聞今因歸鄉依日開設道俗耆艾悲喜遵
行異口同音請製新疏心在松栢豈慢鄉閭
式允來情發揮要道

稽首三界主　大孝釋迦尊　累劫報親恩
積因成正覺　將末錫衆類　應請演斯經
欲使背恩人　咸能酬罔極　我今所讚述
願衆聖冥加　自他存没親　離苦常安樂

將解此經先開四段一敎起所因二藏乘所
攝三辨定宗旨四正解經文初中復分爲四
一酬宿因故二酬今請故三彰孝道故四示
勝田故初酬宿因者悉達太子不紹王位捨
親去國者本爲修行得道報父母恩然菩薩
用心不務尊已故開盂蘭法會以福自他二
親此經所興本意如此二酬今請者大目揵
連因心之孝欲度父母報乳哺之恩故出家
修行神通第一觀見亡母墮餓鬼中自救不
能白佛求法方陳盆供救母倒懸由愛其親
施及一切故爲道俗弟子請佛留此教門酬
目連所問即是說經之由致也三彰孝道者
復有其二一通明孝爲二教之宗本二别明
二教行孝之同異初通明中且明儒教以孝
爲本者謂始自天子至於士人家國相傳皆
立宗廟雖五孝之用則别而百行之源不殊
故開宗明義章中標爲至德要道德以之
爲體教法由是而生何有君子而不務本既
爲天經地義須令企及俯從雖論禮壞樂崩
終訶衣錦食稻甚哉孝之大也聖人之德又
何以加於孝乎次釋教以孝爲本者然一切
諸佛皆有真化二身釋迦化身說隨機權教
舍那真身說究竟實教教者經律也經詮理
智律詮德行故我盧舍那佛最初成正覺時
便說華嚴大經菩薩大戒戒雖萬行以孝爲
宗故初標云爾時釋迦牟尼佛初坐菩提樹
下成無上正覺初結菩薩波羅提木叉孝順
父母師僧三寶孝順至道之法亦同孔聖云至德要道
孝名爲戒亦名制止涅槃云奇哉父母生育
我等受大苦惱滿足十月懷抱我身既生之
後推乾就濕除去不淨大小便利乳哺長養
將護我身以是義故當須報恩隨順供養上
通明二教以孝爲本竟次别明二教行孝之
同異者於中初明其異後顯其同初謂生前
侍養異後謂没後追思異侍養異者儒宗則
慎護髮膚揚名後代故樂春不出曾子開衾
釋教則祝髮壞衣法資現世故優陀通信淨
藏迴雅是謂爲善不同同歸于孝没後異者
有其三一居喪異儒則棺槨宅兆安墓留形
釋則念誦追齋薦其去識二齋忌異儒則内
齋外定想其聲容釋則設供講經資其業報
三終身異儒則四時殺命春夏秋冬釋則三

節放生（一歲終二夏滿三忌辰隨力所及皆須爲父母放生命一七乃至七七之數物七諸七卒哭祥日然今但滿三年）施戒盆會（此經云云）良由眞宗未至周孔且使繫心（愛禮存羊之類）令知理有所歸不應猶執權教且福之大者莫大於施生是梵釋之本因是天地之大德今殺彼祭此豈近仁心是若可忍孰不可忍雖云祈福（月令云九月中氣日在氐命有司合秩芻以養犧牲乃至以祠宗廟之靈爲人祈福）實是立儺自徇虛名殃於神道（故途中有歌哭一類）問若父母生於餘趣則可改祭爲齋如墮鬼中寧無饗祀答黍稷非馨蘋蘩可薦應知礿祭勝於殺牛況鬼神等差豈皆受饗上明異竟次顯其同者復有二初明存沒同後明罪福同今初約紀孝行章中五句之文以辨其同即攝於生前沒後也一云居則致其敬者儒則別於犬馬釋則舉身七多二養則致其樂者儒則怡聲下氣溫清定省等也故有扇牀溫席之流釋則節量信毀分減衣鉢等也故有割肉充飢之類（須闍太子）三病則致其憂者儒中如文帝先嘗湯藥武王不脫冠帶釋中如太子以肉爲藥高僧以身而擔四喪則致其哀者儒有武丁不言子皐泣血釋有目連大叫調御舁棺（於儒禮雖不同而亦哀有餘也）五祭則致其嚴者儒有薦蔔釋有餉飯之類也（嚴雖有異祭意大同）以至教未來難弘報應故先且立於祭法令敬事於神靈神靈則父母之識性足顯祖考之常存既形滅而神不滅豈厚形而薄神乎餘如前辨上來存沒同竟次辨罪福同罪同者儒則條越五刑犯當五擿而恩赦不該釋則名標七逆戒黜七遮而阿鼻定入福同者儒則旌於門閭上天之報釋則瑩於戒德淨土之因（如觀經說當修三福一孝養父母等乃至此三種業是三世諸佛淨土正因）上來總彰孝道竟次當第四示勝田者喻如世間人欲得倉廩中五穀豐盈歲歲不乏者必須取穀麥種子以牛犂耕於田地而種之不種則竭盡也法中亦爾以悲心敬心孝心爲種子以衣食財帛身命爲牛犂以貧病三寶父母爲田地有佛弟子欲得藏識中百福莊嚴生生無盡者須運悲敬孝心將衣食財帛身命敬養供給於貧病三寶父母名爲種福也不種即貧窮無福慙入生死險道謂種福之田如種穀之田名爲福田也然種子有精新乾焦田有肥濃确瘦如悲敬孝心有懇切閑慢貧有淺深病有輕重佛有眞化化有住世入滅法有小大教有權實僧有持毁父母有現生七世一一配肥瘦之田昭然可見今盂蘭供會具三種肥田故云勝也謂佛歡喜日供養自恣淨戒大德敬田勝也報父母恩田勝也父母在厄難中悲田勝也爲欲示此勝田故說此經第二藏乘所攝者藏謂三藏乘謂五乘三藏者一修多羅此云契經契者契理契機經者佛地論云貫攝爲義謂貫穿所應知義攝持所化衆生故此教於三學中詮於定學二毗柰耶此云調伏調謂調練三業伏謂制伏過非此教詮於戒學三阿毗達磨此云對法法謂涅槃四諦對謂對向對觀其能對者即無漏慧此教詮於慧學然經是化教開誘化導也律是制教制約行業也論則推徵解釋今此盂蘭盆據其名題即化教所攝屬於經藏據其義意亦制教攝屬於律藏（制比丘等年年自恣日行此法故）五乘者乘以運載爲名

五謂人天聲聞緣覺菩薩此五力有大小載有遠近一人乘謂三歸五戒運載衆生越於三塗生於人道其猶小艇纔過谿澗二天乘謂上品十善及四禪八定運載衆生越於四洲達於上界如次船越小江河三聲聞乘謂四諦法門四緣覺乘謂十二因緣法門皆運載衆生越於三界到有餘無餘涅槃成阿羅漢及辟支佛皆如大船越大江河五菩薩乘謂悲智六度法門運載衆生總超三界三乘之境至無上菩提大般涅槃之彼岸如乘舶過海今此經者是人天乘所攝在小乘藏中三辨定宗旨者此經以孝順設供拔苦報恩爲宗今以二門分別一釋行相二配句數初者謂目連本爲孝誠欲酬恩德力所未及故先出家是以始得六通便觀三界見其亡母生餓鬼中（諸得道人未必皆爲父母即驗目連爲欲報恩故出家也）雖餉香餐旋成猛火悲號投佛奉教設盆拔冥塗身脫一劫苦不辜生育大報劬勞細詳經宗備斯四義二配句數者有四四句一孝順兩字自有四句一孝而非順如三牲之養等二順而非孝如病索禁忌之食而即供欲行非爲之事而不揀等三亦孝亦順謂有隱無犯三諫而隨順色觀志三年無改四非孝非順如水中葬父之類二以孝順與設供相對復爲四句一孝順非設供如董黯王祥等二設供非孝順爲己求福而修齋等三俱是即盂蘭盆會四俱非謂逆而慳也三以孝順對拔苦亦爲四句一孝順非拔苦謂董永等二拔苦非孝順謂救他人之苦厄三俱是即盂蘭會也四俱非謂逆小之人也四以孝順對報恩亦爲四句一孝順非報恩護髮膚不驕危非法不言等二報恩非孝順扶輪報一餐修行報施主等三俱是盂蘭盆會也四俱非謂辜恩逆人今修此一門即圓四行所得功德何可校量實由境勝心强徹於神理故第四正解文於中復二初釋題目

佛說盂蘭盆經

疏曰此經總有三譯一晉武帝時刹法師翻云盂蘭盆經二惠帝時法炬法師譯云灌臘經應以文云具飯百味五果汲灌盆器香油錠燭等故三舊本別錄又有一師翻云報恩經約所行之行而立名故今所釋者即初譯也義淨三藏云傾自我口暢之彼心以教合機故稱佛說盂蘭是西域之語此云倒懸盆乃東夏之音仍爲救器若隨方俗應曰救倒懸盆斯由尊者之親魂沉闇道載飢且渴命似倒懸縱聖子之威靈無以拯其塗炭佛令盆羅百味式貢三尊仰大衆之恩光救倒懸之窘急即從此義以制經名經者正名爲線義曰契經線能貫華經能持緯謂所詮之義似緯似華能詮之文能持能貫今順此方典誥是以目之爲經借義助名仍加契字此釋扶佛地論二義中貫穿之義已如上釋雜心論五義中結鬘之義餘四者涌泉出生繩墨顯示次解本文分三第一序分二正宗分三流通分以三分之興彌天高判冥符西域今古同遵初序分中諸經多有二序一證信序謂如是之法我從佛聞標記說處分明大衆同聞非謬以爲證據令物信受經無豐約非信不階由是經初必須證信故智度論云說時

方人令生信故二發起序發明生起正宗之法如淨名寶蓋法華毫光之類然證信亦云通序諸經皆同故亦云經後序佛說法時而未有故發起亦云別序諸經各別故亦云經前序佛先自發起方說正宗故初證信者

經聞如是一時佛在舍衛國祇樹給孤獨園䟽佛臨滅度阿難請佛令置此言也所問四事佛一一答謂一令依四念處住謂觀身不淨受是苦心無常法無我二以戒爲師三默擯惡性比丘四一切經初皆云如是我聞一時佛在某處與某衆若干人等諸經多具六種成就文或闕略義必具之謂一信二聞三時四主五處六衆六緣不具教則不興必須具六故云成就今經闕於列衆也又聞成就爲初異餘經者各是譯人之意謂或云如是之法我從佛聞或云我於佛邊聞如是法皆是指法之辭也不云我者意彰聖人皆證無我餘經有者即阿難自指五蘊假者不同情計之我亦無過也聞謂耳根發識聽彼外聲次云如是者信成就也夫信者言是事如是不信者言是事不如是故肇公云信順之辭也一時者師資合會說聽究竟總名一時揀異餘時謂如來說經時有無量不能別舉一言略周故但云一諸方時分延促不定故言一也然諸經皆不指定時而必指定處者有說展轉招難故不用之今詳其意以處則不過十六國中遊化住止之處而有其數易爲標指時則年月春秋寒熱晝夜寅卯須臾等時變易迅速積數無量不可說錄難爲標指故也佛者梵云佛陀此云覺者謂覺了眞妄性相之者覺有三義一自覺我空揀異凡夫二覺他法空揀異二乘三覺滿俱空合於本覺名究竟覺或名大覺妙覺揀異菩薩在舍衛者處成就也眞諦記云住處有二一境界處遊歷之境爲化在俗之流二依止處爲統出家之衆初即舍衛後即祇園又婆沙論云舉舍衛令遠人知國是總也舉祇園令近人知園是別也舍衛此云聞物謂具足欲塵財寶之物多聞解脫之人遠聞諸國故故義淨三藏譯金剛經云名稱大城祇樹等 者即祇陀太子所施之樹給孤長者所買之園祇陀此云戰勝波斯匿王太子也生時王與外國戰勝因以爲名給孤獨者是臣之號本名須達多此云善施謂給孤給獨即是善施又常行施故名善施鄉人美之號給孤獨孤者少而無父也獨者老而無子也然園是須達所買樹是祇陀所施園總樹別先合標園令以禮別尊卑故樹先園後西國呼寺爲僧伽藍此云衆園以佛敎東流初至中國立鴻臚寺賓異域僧僧既漸多散置別館存其本號皆曰寺焉其買園施樹者涅槃經說須達長者爲兒娉婦詣王舍城因見佛發心請入舍衛說法佛令舍利弗隨歸先揀住處擇得祇陀太子之園長者問買太子戲云側布黃金滿即賣之長者便欲交付太子云是戲言共請斷事人斷之被斷令依先語長者載金側布唯餘一隅太子見其不惜財寶知佛殊勝遂施所餘之地置立門屋施園中樹以爲林蔭二人共成精舍請佛居之故云祇樹等也闕衆成就者但文略也如無常經等然有其時必具

徒衆故經末云四輩弟子歡喜奉行二發起者此經既以孝順拔苦爲宗故托救母之緣而爲發起文分爲六第一知道已證第二知恩欲酬第三攀慕徧尋第四得見所在第五慟哭往救第六惡習現前今初○經大目犍連始得六通䟽此人姓大目犍連唐言采菽氏彼國上古有仙常食菉豆尊者是彼種族故也名尼拘律陀即樹名也尊者二親因祭此樹神而生尊者故名此也是王舍城中輔相之子時人貴其種所以稱其氏始得六通者始即是初初得聖道便度二親者本因親而修道故也道雖無異本願各殊故諸聖者不必皆爾六通者一神境通智證神境故亦名如意通身如其意欲往即到故二天眼通三天耳通謂能見能聞若近若遠障內障外色聲等故四宿命通能知宿世本生本事故五他心通謂於定散漏無漏心一切能知故六漏盡通謂身中漏盡而能知故六皆無擁故總名通二知恩欲酬○經欲度父母報乳哺之恩䟽度謂度脫然報恩兩字但是通標

虛位度脫正是其報乳謂母乳哺是餧哺乳哺如濟食是恩之實事度脫如扶輪是報之實事然父母有遠近恩有輕重報有分全遠者七世乃至多世近者即生此身七世者外教所宗人以質質爲本傳體相續以父祖已上爲七世故偏尊於父佛教所宗人以靈識爲本四大形質爲靈識所依世世生生皆是父母生養此身已去乃至七生所生父母爲七世寄託之處唯在母胎生來乳哺懷抱亦皆是母故偏重母是以經中但云乳哺之恩也乃至多世者於中偏取歸依佛已來所生身之父母以能生我修道之器故諸佛成道之時多生父母皆相會遇聞法獲益恩輕重者此生父母最重餘漸輕也報有分全者侍養一生爲分度脫多生爲全經云右有擔父左有擔母偏行大地亦不能報恩故知此生所報設同孟宗董黯董永之類亦爲分也今經云欲度者明其全也若總不報便是不孝罪人況加逆事且況論一切人恩華嚴經云不知恩者多遭橫死觀佛相海經云是阿鼻

因諸恩尚然況於父母父母之恩無可校量故詩云蓼蓼者莪匪莪伊蒿哀哀父母生我劬勞乃至無父何怙無母何恃出則銜恤入則靡至父兮生我母兮鞠我拊我畜我長我育我顧我復我出入腹我欲報之德昊天罔極即第十三周幽王好征伐民人勞苦孝子不得終養耳故三藏云父母義高天地恩深巨海是以俯仰顧腹之恩思答劬勞之德父母恩重云父母懷抱和和弄聲含笑未語飢時須食非母不哺渴時須飲非母不乳云云十指甲中食子不淨云云計論母恩昊天罔極嗚呼慈母云何可報云云至於行來東西鄰里井竈碓磨不時還家母忽心驚兩乳流出即知我見家中憶我即便還家反如齧指心痛問詳此經文淺朴偏誑貪賤之流何也答君子自孝故偏誑小人又君子有簞瓢之貧何妨碓磨等事偏敘艱勤之語始彰鞠養之勞耳又云其兒遙見母來或在闌車搖頭弄腦或復曳腹隨行嗚呼向母母爲其子曲身下就長舒兩手摩拂塵土嗚和其口開懷出乳以

乳乳之母見兒歡兒見母喜二情相交恩愛慈重莫復過是云云既至長大朋友相隨梳頭摩髮欲得好衣覆蓋其身弊衣故破父母自著新好綿帛先與其子至於行來官私急疾傾心南北逐子東西橫簪頭上既與索婦得他女子父母轉踈私房屋室共妻語樂父母年高氣力衰老終朝至暮不來借問或復父孤母寡獨守空房猶如客人寄止他舍常無恩愛或無襦被寒凍苦辛厄難遭之太甚年老色衰多饒蚤虱夙夜不卧長吟歎息何罪宿愆生此不孝之子或時呼喚瞋目驚怒婦兒罵詈低頭含笑乃至云云帝釋梵王諸天人民一切衆會聞經歡喜發菩提心號哭動地淚下如雨評曰細思其事誠哉是言或有母不如此兒不如彼者百中之一也良由衆生無始無明迷真執妄既根本顛倒故枝末一一皆然禍哉凡愚云何可度三攀慕偏尋◯經即以道眼觀視世間疏觀求生處是天眼通由證道而得故云道眼也世間有二謂三界是器世間六道是有情世間然尊者袁親之日猶是凡夫不知父母生於何道今成聖果力可追求故以天眼上下觀視於三界處尋六道身得遍便觀故云即也四得見所在

◯經見其亡母生餓鬼中不見飲食皮骨連立疏本觀世間俱尋父母父生樂處不假施勞既非經宗故此不述母生鬼道已屬三塗復在餓中是鬼之極苦拔濟苦者唯盂蘭盆發起正宗意在斯也生餓鬼中是異熟果酬引業故不見飲食是等流果酬滿業故是慳食退業也皮骨連立是增上果準正理論鬼本住此洲之下五百由旬縱廣亦爾有琰魔羅界一云在此贍部四邊直下等從此展轉散趣餘方以人間一月爲一日乘此積月積年壽五百歲然鬼有三種一無財鬼亦無福德不得食故二少財鬼少得淨妙飲食故三多財鬼多得淨妙飲食故此三種中復各有三初無財三者一炬口鬼謂火炬炎熾常從口出由前生燒壞村柵焚炙賢良以此求財墮於地獄從地獄出墮此鬼中故正法念經云若人貪嫉枉奪人財破人城郭殺害抄掠得財奉王大臣轉增凶暴墮熾然餓鬼中二針咽鬼謂頭大如山咽如針孔由破齋夜食盜竊衆僧之食故故齋法清淨經說目連路逢數百萬鬼頭如大山等三臭口鬼謂口中腐臭自惡受苦以多貪名利自是非他讚歎惡人毀謗賢善故據此三種寧吞鐵丸不食信施少財三者一針毛鬼毛利如針行便自刺爲貪利故妄行針灸及刺畜生但爲求財不能愈疾故二臭毛鬼毛利而臭自拔受苦以販賣猪羊烹宰鵝鴨湯爛刀剝痛楚難堪地獄罪終墮斯鬼趣三大癭鬼咽垂大癭自決噉膿由嫉妬於人常懷瞋恨故多財三者一得棄鬼謂常得祭祀所棄食故以罪多福少少施多慳棄擲之物方能惠施故二得失鬼謂常得巷陌所遺食故以於現財常生慳著疑欲失者方起捨心故三勢力鬼謂夜叉羅剎毗舍闍等所受富樂類於天人或依樹林或住山谷或居靈廟或處空官形暨而行屬於鬼趣此等變化多端者以因地罪福不精故感樂相雜故付法藏傳說僧伽耶舍廿.

丘遊大海邊見妙宮殿家鎖二鬼等云云今尊者之親是無財鬼中炬口鬼也不見飲食食未入口化爲火故又有處說餓鬼有三種一外障以得遇水時即見人執刀杖等障故二内障口有火炬或咽如針故三無障見河是猛火或食糞穢或自割自噉等今尊者之親當内障也上來諸鬼等皆出自心因行既招果報必應譬如影響由於形聲雖父母至親不相替代故諸智者宜各勵心儻遇善緣不應空過一朝去世誰爲修崇縱託子孫七分獲一況無孝子悔恨何追且濁世凡流鮮懷仁孝唯憂妻子豈念幽靈貧賤者迫以飢寒富貴者荒於財色設能追福厭課者多竭力罄心萬中無一世途目擊豈不昭然故恩重經云夫妻和合同作五逆或時呼喚急速走使父母之語十度九違不相從順罵詈瞋目生存尚爾沒後可知自既不仁兒豈能孝故昔有逆父林野乃持與迴歸以古觀今雖迹異而心同也五慟哭往救○經目連悲哀即以鉢盛飯往餉其母疏悲哀者生育恩重如

上所陳死別隔生忽然再見縱使顏容仍舊亦可涕泣悲傷況覩鬼形皮骨連立喉中烟燄腹裏空虛苦似倒懸命唯喘息豈不能碎身擗踊竭氣號咷恨罪逆之偷安痛慈親之受苦經標總意但云悲哀細察當時何疑不爾故三藏科云摧慟釋云感激徹於骨髓號呌動於天地鉢飯往餉者母既氣綿夕漏厄在朝飢飢而且渴理須救濟濟此之急飯食爲先故以鉢盛飯持餉於母第六惡習現前○經母得鉢飯便以左手障鉢右手摶食食未入口化成火炭遂不得食疏境隨心變果藉業成餓因未除飽緣寧致鬼是炬口食近口而熾然水作堅冰冰近湯而確爾即知神力不禁業力除飢要且除慳故六通往餉而招殃百味盆羅而拔苦大哉業熱可思者焉今左手障鉢慳恐餘侵右手摶食貪於自給慳貪猛盛如此現行飯食劣緣若何充濟故化爲火不得食也上來序分竟自下正宗文分爲二初目連悲陳苦厄後如來廣示因緣今初○經目連大呌悲號涕泣馳還白佛具

陳如此疏子急告父臣急告君自力不如理宜投佛弟子勤觀四諦已證三明可以反覆山河迴轉日月豈料母縈極苦命若倒懸渴其孝誠盡其神變竟不能令除惡報暫濟飢腸所以呌泣奔還備申哀懇後如來廣示因緣中且依三藏大分八段第一彰母罪深第二明子德薄第三斥邪無力第四顯正有能第五許以救方第六示其正法第七孝子領悟第八慈母獲益今初彰母罪深○經佛言汝母罪根深結疏有經說定光佛時目連名羅卜母字青提羅卜欲行囑其母曰若有客來娘當具饍去後客至母乃不供仍更詐爲設食之筵兒歸問曰昨日客來若爲備擬母曰汝豈不見設食處耶從爾已來五百生中慳悋相續故云罪根深結罪謂身口之業根謂慳貪之心多生相續爲深膠固難解爲結從慳所起皆是罪業非唯彼時一度妄語謂慳貪是苦根所作是苦業餓鬼是苦果爲三道也若準十重戒中慳亦是業唯貪爲惑問五百生慳爲人爲鬼答人鬼相間造受相資

苦唯人身不名惡報若唯鬼身不應造業或亦爲畜於理無妨但慳習不除即名相續問目連自定光佛世已來所生之母不一如何偏救彼之青提答青提與目連緣深今生復爲其母但救此身所生之母非謂救彼遠世青提餘論云云皆爲未達第二明子德薄〇經非汝一人力所柰何疏汝母慳心慳於一切時經多世事歷多人豈汝一人力可濟拔第三斥邪無力〇經汝雖孝順聲動天地天神地祇邪魔外道道士四天王神亦不能柰何疏三藏云縱汝感天靈於上界激地祇於下方縱攝邪魔橫羅外道統六合以同家總八部爲一衆併其神力亦不柰何外道道士者外道中之道士也揀内道中之道士佛教初傳此方呼僧爲道士故也四天王者毗沙門等護持世界者也第四顯正有能〇經當須十方衆僧威神之力乃得解脫疏三藏云一縷不能制象必假多絲一人不能除業必資衆德今詳前後經文以邪正一多相對乃有四句一正而非多此不能救故前非汝一人柰何二多而非正亦不能救即前神祇邪魔外道等也三亦多亦正方可救拔即十方衆僧也四不多不正居然不可故經無文第五許以救方〇經吾今當說救濟之法令一切難皆離憂苦疏今當說者正是許辭救濟法者是所許事令一切等者千鈞之弩不獨爲鼷鼠發機三界之尊豈偏令汝母離苦第六示其正法於中分二初教孝子獻供之法後教衆僧受供之儀初中復有五段一定勝時二發勝意三設勝供四讚勝田五獲勝益謂自恣日爲勝時如春陽之月孝心爲勝意如精新種子百味五果等爲勝供如好牛犁以之供養如能耕墾賢聖衆爲勝田如膏腴之地存亡父母六親眷屬乃至七代離苦生天爲勝益如千箱萬斛秋收冬藏經文意勢豈不然乎智者詳之如指其掌今初第一定勝時〇經佛告目連十方衆僧七月十五日僧自恣時疏梵語僧伽此云衆和合謂若衆而不和如羣商羣吏及軍衆等不名僧寶若和而不衆如二人同心之類亦非僧寶衆而和合爲福之因方名僧寶和合者有六種謂身和同事語和同默意和同忍戒和同修見和同解利和同均也儒說小人君子或和或同今釋子比丘和而同也今云十方者法無限局豈隔親踈衆僧者唐梵重標譯人之拙七月十五日前三月夏安居竟故可自恣自恣有三日或十四十五十六今舉中間也此剩僧字去之又句闕亦是譯人之失也何不云共自恣時自恣者自已之過恣他所舉謂一夏安居九旬加行不階四果亦得四禪佛設教門本意如此正法像法僧等皆然雖後五百歲亦有持戒修福福是定也然將超苦海謹護浮囊猶恐當局者迷必籍旁觀得失縱不斷惑證果還希罪滅福生故偏袒於衆中白大德長老或見我過或聞我罪或疑我犯恣他所舉哀愍語我我當懺悔如此則身心清淨猶如琉璃況禪定解脫或有之矣供養此者力用可知豈不拔濟先亡資熏現在故三藏云比丘受歲之日大衆自恣之時僧多獲道於四果故能濟厄於七代二發勝意〇經

當爲七世父母及現在父母厄難中者疏當
爲者能救之心七世下所救之境約境明心
故云勝也七世者所生父母不同儒教取上
代祖宗厄難中者通取存没没則地獄鬼畜
存則病痛枷禁皆名厄難七世生身雖似轉
疎皆是生我修道之器既蒙鞠育豈負深恩
故三藏云天地覆載既無憚於劬勞幽顯沉
淪理合答於罔極三設勝供○經具飯百味
五果汲灌盆器香油錠燭牀敷卧具盡世甘
美以著盆中供養十方大德衆僧疏具飯百
味者總標也如人盛饌槃筵邀命賓客唯云
喫飯故飯爲總統於百味百者大數非定一
百五果者一核果如棗杏桃李等二膚果如
瓜梨柰椹等三殼果如胡桃石榴等四檜果
如蘇荏等五角果如菱豆等上皆舌所嘗也
汲灌盆器者沐浴等所用并下牀敷卧具皆
身所覺也香者鼻所嗅也油錠燭者照燎等
用即眼所見也亦可香油塗身亦屬身攝西
域如此盡世甘美者亦屬舌也上來於五欲
境中唯闕聲也盡世之言詳其意趣有二種

盡謂富貴則盡世所有有即須求貧賤則力
所及及則須覓即知不定少多之物但在竭
盡其心亦類彼享于克誠馨於明德也著盆
中者譯經訛錯如何牀等可置盆中應云著
盂蘭盆供會之中也供養二句者正明行也
據經本意但可以受用物供養大德之僧不
必彫鏤金玉剪劃繒綵高聳闌架等也故三
藏云汝須物華四事盆美八珍歷十方而運
想澄一心而供養四事謂房舍衣服飯食湯
藥八珍謂食之米麵味之鹽醋果之李柰菜
之芥薑四讚勝田○經當此之日一切聖衆
或在山間禪定或得四道果或在樹下經行
或六通自在教化聲聞緣覺或十地菩薩大
人權現比丘在大衆中皆同一心受鉢和羅
飯具清淨戒聖衆之道其德汪洋疏初二句
約人讚時而總標末二句以威儀讚人而總
結中間人法有其五對但文不次謂處有山
間樹下對證有四果六通對行有自利利他
對經行自利教化利他學有戒定對各有其
文人有大小對亦名權實對聲聞緣覺爲實

爲小十地菩薩爲權爲大又總束之不出人
法爲三學三乘對從初至四果禪定也次從
或在下至自在教化智慧也皆同下三句淨
戒也三乘者即聲聞緣覺十地大人也皆同
一心者是意和合謂受供時皆同運慚愧殷
重心慈悲報恩救濟心人雖位有凡聖德有
優劣而所運心一而無異故云同也受鉢和
羅飯者鉢中飯也梵云鉢多羅此云應器和
字訛也今時但云鉢者略也經題云盆即是
鉢也譯時隨俗題之云盆盆之與鉢皆器也
故三藏釋題翻爲救器此一句經正明自恣
大德受盂蘭盆供也五獲勝益○經其有供
養此等自恣僧者現世父母六親眷屬得出
三塗之苦應時解脫衣食自然若父母現在
者福樂百年若七世父母生天自在化生入
天華光疏此一唱經有兩節意初一半者蒙
悲願之力而離苦後一半者蒙慈願之力而
得樂樂中有存亡之異初云此等自恣僧者
指前五對所說也現世父母者生此身之父
母也非謂未亡名爲現世故指得益云出三

塗其現在未亡之父母下自有文云福樂百年是也不應重舉三藏錯會故作異釋甚非文意六親者父母兄弟夫妻或云男女不取兄弟眷屬者一切姻戚通於表裏出三塗解脫者總明離苦也衣食自然者且翻三塗生於人天故屬拔苦之文亦可便得樂屬於後也若父母下明存亡得樂文相可知天華光者天上妙華光明也略指快樂之相矣自下第二敎衆僧受供之儀　經時佛勑十方衆僧皆先爲施主家呪願願七世父母行禪定意然後受食初受食時先安在佛前塔寺中佛前衆僧呪願竟便自受食疏此中前半淨三業後半具三寳前中呪願口業禪定意業受食身業後中塔前是佛呪願是法受食是僧從他受而後食法律如此即受字亦屬法也塔者邊國訛語正云窣堵波此云高顯處此中意通殿塔塔安舍利殿安佛像自下大文第七孝子領悟○經時目連比丘及大菩薩衆皆大歡喜目連悲啼泣聲釋然除滅疏淨業既成必知離苦觀因驗果聲響不差故

喜而止啼也如處世刑獄囑大力人財賄既行其心已喜第八慈母獲益○經是時目連母即於是日得脫一劫餓鬼之苦疏目連聞經且是受敎施設盆供合在餘時今說經次便云脫餓鬼者譯經闕略也應於正宗終處叙結集家文云爾時目連聞是法已至七月十五日施設盆供供自恣僧已其母即於是日得脫一劫餓鬼之苦則文義俱顯矣故三藏云孝子既獻供於此辰慈母乃除殃於是日大哉聖力速疾如斯其餓鬼受苦年劫時分待檢叙之自下大文第三流通分也文中有三一申請○經目連復白佛言弟子所生母得蒙三寳功德之力衆僧威神之力故若未來世一切佛弟子應亦奉盂蘭盆救度現在父母乃至七世父母爲可爾否疏說此語時亦是設供之後非一席之事至畢鉢羅窟方始總集爲經也目連愛其親而及他人如頴考叔諫莊公云云二讚請○經佛言大善快問我正欲說汝今復問疏初句標讚大善快問者深契聖心後二句釋所以以正欲說即

遇問辭機感相投潛通密應故言快問佛本意者欲說孝道最大故拔苦事重故盂蘭法勝故世尊觀衆勝緣機熟可敎化故三答請文五一敎起行○經善男子若比丘比丘尼國王太子大臣宰相三公百官萬民庶人行慈孝者皆應先爲所生現在父母過去七代父母於七月十五日佛歡喜日僧自恣日以百味飯食安盂蘭盆中施十方自恣僧疏雖貴賤品隔僧俗道殊自非化生濕生無不有父有母慈烏鸚鵡尚解思恩豈况人倫而不濟拔孝之利害已具懸談既識是非須依正道故云應先爲所生等也據制令必爲不爲即是違制故亦當於制教是以前亦屬律藏然佛無悲喜今於此日示現歡喜者應機緣也以佛本出世秖爲勸人修行見人造業則悲見人修善則喜今比丘九旬加行日滿倍更懇誠三千界中皆同如此稱佛本意寧不欣歡此日設盆其福甚也二敎發願○經願使現在父母壽命百年無病無一切苦惱之患乃至七世父母離餓鬼苦生人天中福樂

無極疏所修必假行門所獲必由心願願者心之樂欲欲得存沒咸安存者保壽於人間常無病惱沒者遷神於天上永絶冥塗行願相資無所不利三教常作○經是佛弟子修孝順者應念念中常憶父母乃至七世父母年年七月十五日常以孝慈憶所生父母爲作盂蘭盆施佛及僧以報父母長養慈愛之恩疏是佛弟子修孝順者反明非佛弟子及不孝者即任不設盆也念念常憶者無終始也長養是事慈愛是心故前起行及發心願以報之也餘文可解三藏云父母結愛既念念不離心孝子報恩須年年不絶供四勸受持○經若一切佛弟子應當奉持是法疏智度論云信力故受念力故持今云奉者即受之義皆應者勗此二力五喜而奉命○經時目連比丘四輩弟子歡喜奉行疏四輩者僧尼士女或曰人天龍鬼疑故兩存然凡厥生靈皆依恃怙故父母恩均於天地此雖至孝不得其門今受神方兼覩靈驗必能除七世之厄難報二親之劬勞自知心有所之是以歡喜承命

盂蘭盆經疏終

盂蘭盆經疏

校勘記

一　底本，明永樂北藏本。明徑山藏本與此本相比，内容與結構均同，但文字差異較大，且徑山藏本於經疏前收録了佛説盂蘭盆經全文，卷末並載有跋文及疏主畧傳等。爲便於閱讀，兹將徑山藏本作爲别本收録於卷後。

一　三〇〇頁上二行首字「唐」，南無。

一　三〇〇頁上三行首字「宋」，南無。

一　三〇〇頁下一六行「迴雅」，清作「迴邪」。

一　三〇一頁上二行夾註左「然今但滿三年」，清作「亦然異今時俗但滿三年也」。

一　三〇一頁上七行夾註右「氏命」，清作「氏命」。

一　三〇一頁上八行夾註左「一類」，南、清作「二類」。

一　三〇二頁中一六行第三字「文」，

南、清作「經文」。

一　三〇二頁下一二行末字「扶」，清作「符」。

一　三〇二頁下一五行「第一」，清作「初」。

一　三〇三頁中一五行夾註「遊歷之境」，南無。

一　三〇四頁中五行「質質」，清作「形質」。

一　三〇五頁上一一行「瞋曰」，清作「瞋目」。

一　三〇五頁中九行末字至次行首三字「慳食退業」，清作「慳貪業果」。

一　三〇五頁下末行「惑樂相離」，清作「苦樂相離」。

一　三〇六頁上一行第一〇字「家」，南作「其家」。

一　三〇六頁上二行第七字「鬼」，南無。

一　三〇六頁上一八行「持與」，南、清作「持與」。

一　三〇六頁中一一行「大炭」，南、清作「火炭」。

一　三〇七頁上一行首字「苦」，清作「若」。

一　三〇七頁上二行「無妨」，南作「無如」。

一　三〇七頁上三行第三字「目」，南、清作「自」。

一　三〇七頁下一〇行第七字「不」，南作「之」。

一　三〇八頁上一九行第一一字「古」，南、清作「舌」。

一　三〇九頁上六行第一二字「便」，清作「使」。

一　三一〇頁上一五行「皆應」，清作「應當」。

一　三一〇頁中二行後，清有跋文及疏主傳略各一篇，內容見卷後別本。

佛說盂蘭盆經

西晉三藏法師竺法護譯

聞如是一時佛在舍衛國祇樹給孤獨園大目犍連始得六通欲度父母報乳哺之恩即以道眼觀視世間見其亡母生餓鬼中不見飲食皮骨連立目連悲哀即以鉢盛飯往餉其母母得鉢飯便以左手障鉢右手摶食食未入口化成火炭遂不得食目連大叫悲號涕泣馳還白佛具陳如此佛言汝母罪根深結非汝一人力所奈何汝雖孝順聲動天地天神地祇邪魔外道道士四天王神亦不能奈何當須十方衆

僧威神之力乃得解脫吾今當說救濟之法令一切難皆離憂苦佛告目連十方衆僧七月十五日僧自恣時當為七世父母及現在父母厄難中者具飯百味五果汲灌盆器香油錠燭牀敷臥具盡世甘美以著盆中供養十方大德衆僧當此之日一切聖衆或在山間禪定或得四道果或在樹下經行或六通自在教化聲聞緣覺或十地菩薩大人權現比丘在大衆中皆同一心受鉢和羅飯具清淨戒聖衆之道其德汪洋其有供養此等自恣僧者現世父母六親眷屬得出三途之苦應時解脫衣食自然若父母現在者福樂百年若七世父母生天自在化生入天華光時佛勅十方衆僧皆先為施主家呪願願七世父母行禪定意然後受食初受食時先安在佛前塔寺中佛前衆僧呪願竟便自受食時目連比丘及大菩薩衆皆大歡喜目連悲啼泣聲釋然除滅時目連母即於是日得脫一劫餓鬼之苦目連復白佛言弟子所生母得蒙三寶功德之力衆僧威神之力故若未來世一切佛弟子亦應奉盂蘭盆救度現在父母乃至七世父母可為爾否佛言大善快問我正欲說汝今復問善男子若比丘比丘尼國王太子大臣宰相三公百官萬民庶人行慈孝者皆應先為所生現在父母過去七世父母於七月十五日佛歡喜日僧自恣日以百味飲食安盂蘭盆中施十方自恣僧願使現在父母壽命百年無病無一切苦惱之患乃至七世父母離餓鬼苦生人天中福樂無極是佛弟子修孝順者應念念中常憶父母乃至七世父母年年七月十五日常以孝慈憶所生父母為作盂蘭盆施佛及僧以報父母長養慈愛之恩若一切佛弟子應當奉持是法時目連比丘四輩弟子歡喜奉行

佛說盂蘭盆經

佛說盂蘭盆經疏上

充國沙門宗密述

始於混沌塞乎天地通人神貫貴賤儒釋皆宗之其唯孝道矣應孝子之懇誠救二親之苦厄酬昊天恩德其唯盂蘭盆之教焉宗密罪釁早年喪親每履雪霜之悲永懷風樹之恨竊以終身墳壟卒世蒸嘗雖展孝思不資神道遂搜索聖賢之教虔求追薦之方得此法門實是妙行年年僧自恣日四事供養三尊宗密依之修崇已歷多載兼講其誥用是未聞今因歸鄉依日開設道俗耆艾悲喜邊行異口同音請製

新疏心在於佑豈假鄰門式允來情發揮要道

稽首三界主大孝釋迦尊累劫報親恩積因成正覺將承傷衆願應請演斯經欲使背恩人成能酬罔極我今所述妙願衆聖冥加自他存歿親離苦常安樂

將解此經先開四段一敘起所因二藏乘所攝三辨定宗旨四正解經文初中復四一酬宿因故二酬今請故三彰孝道故四示勝田故

初敘起所因

初酬宿因者悉達太子不紹王位捨親去國本為修行得道報父母恩然菩薩用心不務尊已故闡盂蘭法會以福自他二親此經所興本意如此

二酬今請者謂大目犍連因心之孝欲度父母報乳哺之恩故出家修行神通第一觀見亡母墮餓鬼中自救不能白佛求法佛示盆供救母倒懸蒙愛其親施及一切故為道俗弟子請佛斷此法門酬目連所請即是說經之緣致也

三彰孝道者復有其二一通明孝為二教之宗本二別明二教行孝之同異

初通明中且明儒教以孝為本者謂始自天子至於士人家國相傳皆立宗廟雖五孝之用則別而不行

之源不殊故開宗明義章中標爲至德要道道德以之爲體教法雖是而生何有君子而不務本既爲天經地義須令示及儒從雖論禮壞樂崩終詞衣錦食稻其淺孝之大也聖人之德又何以加於孝乎

次釋教以孝爲本者然一切佛皆有真化二身釋迦化身說隨機攝教舍那真身說究竟實教教者經律也經詮理智律詮戒行戒雖萬行以孝爲宗故其盧舍那佛最初成正覺時便說華嚴大經菩薩大戒又經標云爾時釋迦牟尼佛初坐菩提樹下成無上正覺已初結菩薩波羅提木叉孝順父母師僧三寶孝順至道之法孝名爲戒亦名制止涅槃亦云奇哉父母生育我等受大苦惱滿足十月懷抱我身既生之後推乾就濕除去不淨大小便利乳哺長養將護我身以是義故應當報恩隨順供養上通明二教以孝爲本竟

次別明二教行孝之同異者於中初明其異後顯其同初謂生前侍養異後謂歿後追思異

侍養異者儒宗則慎護髮膚揚名後代故樂春不出釋子開會釋教則祝髮壞衣法資現世故役陀通信淨藏回邪是謂爲跡不同同歸乎孝

歿後異者復有三異一居喪異儒則棺槨宅兆安墓留形釋則念誦追齋薦其去識二齋忌異儒則內齋外定想其聲容釋則設供講經資其業報三終身異儒則四時殺命春夏秋冬釋則三節放生施戒盆會異跡真宗未互周孔且使祭心今知禮有所歸不應猶執權教且福之大者莫大於施生是釋梵之本因類天地之大德今殺彼祭此豈近仁心是若可忍孰不可忍雖云祈福實是立讐自徇虛名殃於神道問父母生於餘趣則可以祭爲齋如墮鬼中寧無饗祀答黍稷非馨蘋蘩可薦應知禴祭勝於殺牛況鬼神等差豈皆受饗上明異竟

次顯其同者復有其二初明存歿同後明罪福同今初約紀孝行章中五句之文以辨其同即攝於生前歿後也一居則致其敬者儒則別於犬馬釋則孝身七多二養則致其樂者儒則怡聲下氣溫凊定省等故有扇枕溫席之流釋則節量信施分減衣鉢等故有割肉充饑之類三病則致其憂者儒中如文帝先嘗湯藥武王不脫冠帶釋中如太子以肉爲藥尚偕以身而療四喪則致其哀者儒有武丁不言子皋泣血釋有目連大叫調御昇棺五祭則致其嚴者儒

有爲尸之流釋有俯飯之類但以至敬未來雖弘報恩故先且立於祭法令敬事於神靈神靈則父母之識性足顯祖考之常存既形滅而神不滅豈厚形而薄神乎餘如前辨上來存歿同竟

次辨罪福同罪同者儒則條越五刑犯當五摘而思救不殺釋則名標七遮戒懺七逆而阿鼻定入福同者儒則旌於門閭上天之報釋則瑩於戒德淨土之因上來總彰孝道竟

第四示勝田者喻如世間人欲得倉廩中五穀豐盈歲歲不乏者必須取穀審種子以牛犁耕於田地而種之不種則摒盡也法中亦爾以悲心敬心孝心爲種子以衣食財帛身命爲牛犁以貧病三寶父母爲田地有佛弟子欲得藏識中百福莊嚴生生無盡者須運悲敬孝心將衣食財帛身命給濟敬養於貧病三寶父母名爲種福不種即貧窮無福戀入生死險道謂種福之田名爲福田如種穀之田名穀田也然種子有情析乾焦田有肥濃磽瘦如悲敬孝心有悲切閑緩貧有淺深病有輕重佛有真化化有住世入滅法有大小教有權實僧有持毀父母有現生七世一一配肥瘦之田昭然可見今盂蘭供會具三種肥田故云勝也謂佛歡喜日供養自恣淨戒大德敬田勝也報父母恩恩田勝也父母在厄難中悲田勝也爲欲示此勝田故說此經也

二藏乘所攝

第二藏乘所攝者藏謂三藏乘謂五乘

三藏者一修多羅此云契經契者契理契機經者佛地論云貫攝爲義謂貫穿所應知義攝持所化生故此教於三學中詮於定學二毘奈耶此云調伏調謂調練三業伏謂制伏過非此教詮於戒學三阿毘達磨此云對法法謂涅槃四諦對謂對向對觀其能對者即是妙慧此教詮於慧學然經是化教開訪化導也律是制教制約行業也論則推徵解釋經律之意也今此盂蘭盆雖其名題即化教攝屬於經藏據其義意亦制教攝屬於律藏

五乘者乘以運載爲名五謂人天聲聞緣覺菩薩此五力有大小載有遠近一人乘謂三歸五戒運載衆生越於三塗生於人道其猶小艇纔過溪澗二天乘謂上品十善及四禪八定運載衆生越於四洲達於上界猶如小船越小江河三聲聞乘謂四諦法門四緣覺乘謂十二因緣法門皆能運載衆生越於三界

到有餘無餘涅槃成阿羅漢及辟支佛皆如大船越大江河五菩薩乘謂悲智六度法門運載衆生總超三界三乘之境至無上菩提大般涅槃之彼岸如乘船過海也今此經者謂是人天乘所攝在小乘藏中

三辨定宗旨

三辨定宗旨者此經以孝順設供拔苦報恩爲宗今以二門分別一釋行相二配何數

初者爲目連本爲孝誠欲酬恩德力所未及故先出家是以始得六通便觀三界見其亡母生餓鬼中羸劣香飯旋成猛火悲號投佛佛敎設於盆供拔其途

身脫一劫苦不亭生存大報劬勞細詳經旨備斯四
義
二配句數者有四四句一孝順兩字自有四句一孝
而非順如三牲之養等二順而非孝如病索禁忌之
食而即供獻行非為之事而不諫等三亦孝亦順謂
有隱無犯三諫而應順色觀志三年無改四非孝非
順如水中埜父之類二以孝順設供相對復為四句
一孝順非設供如董黯王祥等二設供非孝順為已
求福而修齋等三俱是即盂蘭盆會四俱非謂逆而
慳也三以孝順對拔苦亦為四句一孝順非拔苦謂

董永等二拔苦非孝順謂救他人之苦三俱是即蘭
盆會四俱非謂逆小之人也四以孝順對報恩亦為
四句一孝順非報恩護髮府不顧危非法不言等二
報恩非孝順扶輪報一餐修行報施主等三俱是盂
蘭盆會也四俱非謂辜恩逆人今修此一門即圓四
行所得功德何可校量實孫境勝心殷徹於神理故
也

佛說盂蘭盆經疏上終

佛說盂蘭盆經疏下

充國沙門宗密述

四正解經文二

正解經文於中復二初釋題目二解本文

初釋題目

佛說盂蘭盆經

此經總有三譯一晉武帝時剎法師翻云盂蘭盆
經二惠帝時法炬法師譯云灌臘經應此文云具
飯百味五果汲灌盆器香油錠燭等故三舊本別
錄又有一師翻為報恩經約所行之行而立名故

今所釋者即初譯也義淨三藏云須自恣日暢之
彼心以敬合儀故稱佛說盂蘭是西域之語此云
倒懸盆乃東夏之音仍為救器若隨方俗應曰救
倒懸盆斯孫尊者之親魂沉闇道載飢且渴命似
倒懸縱聖子之威靈無以拯其塗炭佛令盆羅百
味式貢三尊仰大眾之恩光救倒懸之窘急即從
此義以立經名經者正名為線義曰契經線能貫
華經能持緯謂所詮之義似緯似華能詮之文能
持能貫今順此方典誥是以目之為經借義助名
仍加契字此釋符佛地論二義中貫穿之義雜心
論五義中結鬘之義也

二解本文

解本文分三一序分二正宗分三流通分以三
分之與彌天高判冥符西域今古同遵初序分
中諸經多有二序一證信序謂如是之法我從
佛聞標記說時說處分明大眾同聞非謬以為
證據令總信受經無豐約非信不傳孫是經初
必須證信故智度論云說時方人令生信故二
發起序發明信起正宗之法如淨名寶蓋法華
毫光之類然證信亦云通序諸經皆同故亦云
經後序佛說法時而未有故發起亦云別序諸
經各別故亦云經前序佛先自發起方說正宗
故

初證信序

聞如是一時佛在舍衛國祇樹給孤獨園

則佛臨滅度時阿難請問四事佛令置此言也所
問四事佛一一答謂一依四念處二以戒為師三
默擯惡性比丘四一切經初皆云如是我聞一時
佛在某處與某處若干人俱諸經多具六種成就
文或闕略義必具之謂一信二聞三時四主五處
六眾六緣不具教則不興必須具六故云成就今
經闕於列眾也
又聞成就為物異餘經者各是譯人之意謂或云
如是之法我從佛聞或云我於佛邊聞如是法皆
是指法之詞也不云我者意彰聖人皆證無我理
故餘經有者即阿難自指五蘊假者不同情計之
我亦無過也聞謂耳根發識聽彼外聲
次云如是者信成就也大信者言是事如是不信
者言是事不如是故肇公云信順之詞也
一時者師資合會說聽究竟總名一時簡異餘時

也謂如來說經時有無量不能別舉一言略周故
但云一諸方時分延促不定故總言一時然諸經
中不指定時指定處者有解指難故不用之今詳
其意以處則不過十六國中遊化住止之處而有
其數易為標指時則年月春秋寒熱晝夜寅卯須
臾等時變異迅速積數無量不可說録難為標指
故佛者梵語佛陀此云覺者謂覺了真妄性相之
者也覺有三義一自覺我空簡異凡夫二覺他法
空簡異二乘三覺滿俱空合於本覺名究竟覺或
名大覺妙覺簡異菩薩

在舍衛等者處成就也眞諦記云住處有二一境界處謂化在俗之流二依止處謂統出家之衆初即舍衛後即祇園婆沙論云衆舍衛者令遠人知舉祇園者令近人知舍衛此云聞物謂具足財寶之物多聞解脱之人遠聞諸國故義淨三藏譯金剛經云名稱大城祇樹等者即祇陀太子所施之樹給孤長者所買之園祇陀此云戰勝波斯匿王太子也生時王與外國戰勝因以爲名給孤獨者是臣之號本名須達多此云善施謂給孤獨即是善施又常行施故名善施鄉人美之號給孤獨然

園是須達所買樹是祇陀所施因總樹别先合標園今以隨别尊卑故樹先園後西國呼寺爲僧伽藍摩此云衆園以佛教東流初至中國止鴻臚寺賓與城館館既漸多散置别館存其本號皆曰寺焉其買園施樹者涅槃經説須達長者爲兒聘婦詣王舍城因見佛發心請入舍衛説法佛令舍利弗隨歸先揀住處擇得祇陀太子之園長者問買太子戯云側布黄金滿即賣之長者便欲交行太子云是戯言共請斷事之人斷之彼斷令依先語長者歡金側布唯少一隅太子見其不惜財寶知佛殊勝遂施所餘之地置立門屋施閣中樹以爲林陰二人共成精舍請佛居之故云祇樹等也闕衆成就者但文畧也如無常經等然有其時必具徒衆故經末云四輩弟子歡喜奉行

二發起序　六

發起者此經既以孝順拔苦爲宗故託救母之緣而爲發起文分爲六第一目連道滿第二知恩欲酬第三舉慈備等第四得見所在第五痛哭往救第六慈智現前

初目連道滿

大目犍連始得六通

此人姓大目犍連唐言采菽氏彼國上古有仙常食菉豆尊者是彼之種族也名尼拘律陀即樹名也尊者二親因祭此樹神而生尊者故名此也是王舍城中輔相之子時人貴其種所以稱其氏始得六通者始即是初初得聖道便度二親本因親而修道故也道雖無與本願各殊故諸聖者不必皆爾六通者一神境通謂證神境故亦名如意通身如其意欲往即到故二天眼通三天耳通謂能見能聞若近若遠障内障外色聲等故四宿命通能知宿世本生本事故五他心通謂於定散漏無漏心一切能知故六漏盡通謂身中漏盡而能知故六皆無擁故總名通

二知恩欲酬

欲度父母報乳哺之恩

度謂度脱然報恩兩字但是通標度脱正是其報乳謂母乳哺是餧哺然父母有遠近恩有輕重報有分全遠者七世乃至多世近者即生此身七世者外教所宗人以形質爲本傳體相續以父祖已上爲七世故偏尊於父佛教所宗人以靈識

爲本四大形質爲蟲識所依世世生生皆有父母生養此身已去乃至七生所生父母爲七世也然寄託之處惟在母胎生來乳哺懷抱亦多是母故偏重母是以經中但云報乳哺之恩也乃至多世有於中偏取歸依佛已來所有生身父母能生我身修道器故諸佛成道之時多生父母皆相會遇聞法獲益恩有輕重者此生父母最重餘漸輕也報有分全者侍養一生爲分度脱多生爲全故經云左肩擔父右肩擔母徧行大地亦不能報恩故知此生所報爲分設同孟宗董黯董永之類亦爲

分也今經云欲度父母者意令得道明其全也若總不報便是不孝罪人況加逆事且泛論一切人恩華嚴經云不知恩者多遭横死觀佛相海經云有恩不報是阿鼻因諸恩尚然況於父母父母之恩無可校量故詩云蓼莪者莪匪莪伊蒿哀哀父母生我劬勞乃至無父何怙無母何恃出則銜恤入則靡至父兮生我母兮鞠我撫我畜我長我育我顧我復我出入腹我欲報之德昊天罔極故三藏云父母義高天地恩深巨海是以係仰顧腹之恩思劬勞之德父母恩重經云父母懷抱含笑

未語和和弄聲饑時須食非母不哺渴時須飲非母不乳云云計論母恩昊天罔極嗚呼慈母云何可報云云至於行來東西隣里井竈碓磨不時還家母忽心驚兩乳流出即知我兒家中憶我即便還家問詳此經文淺朴偏誡貧賤之流何也答君子自孝故偏誡小人又君子有單瓢之貧何妨碓磨等事又偏敘劬勞之語始彰鞠養之勞耳又云其兒遥見母來或在闌車擡頭弄腦或復曳腹隨行嗚呼向母母爲其子曲身下就長舒兩手拂拭塵土嗚和其口開懷出乳以乳乳之母見兒歡兒見母喜二情相交恩愛慈重莫復過是云云既生長大朋友相隨梳頭摩髮欲得好衣覆蓋其身敝衣故被父母自著新好綿帛先與其子至于行來官私急疾傾心南北逐子東西横簪頭上子漸長大爲與索妻得他女子父母轉疏私房室内共相語樂父母年老氣力衰微終朝至暮不來借問或復父孤母寡獨守空房猶如客人寄止他舍常無恩愛或無襦被寒凍苦辛厄難遭之太甚年老色衰多饒蟣虱夜不臥長吟歎息何罪宿愆生此不孝之子或時呼喚瞋目驚怒盡不從順婦兒罵

習俱頭合笑，六帝釋梵王諸天人民一切衆會
聞經歡喜發菩提心號哭動地淚下如雨詳目細
思其事誠哉是言或有學不知此兄不如彼者百
中無一也良緣衆生無始無明迷真執妄既根本
顛倒故枝末一一皆然鳴哉凡愚云何可度

三舉察觸冥

即以道眼觀視世間

觀求生處是天眼通誘道而得故云道眼世間
有二謂三界是器世間六道是有情世間然學者
喪親之日猶是凡夫不知父母生十何道今成聖
果方可追求故以天眼上下觀視十三界處尋六
道身得通便觀故云仰也

四得見所在

見其亡母生餓鬼中不見飲食皮骨連立

本觀世間俱尋父母父生樂處不假施勞既非徑
宗故此不述母生鬼道已屬三塗從在餓中是興
之極苦救濟苦者唯盂蘭盆發起正宗意在斯也
生餓鬼中是異熟果酬引業故不見飲食是等流
果酬滿業故是慳貪業之果也皮骨連立是擧上
果準正理論鬼本住在此洲之下五百由旬徑廣

亦有有咬處餓鬼從此展轉散取餘方人間一月
為一日乘此值月値年壽五百歲然鬼有三種一
無財鬼以無福德不得食故二少財鬼少得淨妙
飲食故三多財鬼多得淨妙飲食故此三種鬼復
各有三無財三者一炬口鬼謂火炬炎熾常從口
出源是前生燒與村柵焚炙賢良以此求財墮於
地獄從地獄出墮此鬼中故正法念經云若人會
嫉枉奪人財破人城郭殺害掠得財奉王大臣
轉增因緣墮燒然餓鬼中二鍼咽鬼謂頸大如山
咽如鍼孔縣於破齋夜食盜竊衆僧之食故故齋

法滅淨經云目連路逢鬼頭如大山等三
臭口鬼謂口中腐臭自惡受苦以多貪名利自是
非他讚歎惡人毀謗賢善故墮此三種寧存餓鬼
不食信施少財三者一鍼毛鬼毛利如鍼行便自
刺為貪利故妄行鍼灸及判畜生但為求財不念
疾故二臭毛鬼毛利而臭自拔受苦緣於販賣豬
羊烹宰鵝鴨湯爛刀剝苦痛難堪地獄罪終墮斯
鬼趣三大癭鬼咽垂大癭自決啖膿緣嫉妬於人
常懷瞋恨故多財三者一得棄鬼謂常得祭祀所
棄食故緣於罪多福少少施多慳棄擲之物方患

施故二得失鬼謂常得巷陌所遺食故以於現財
常生慳着疑欲失者而方捨故三勢力鬼謂夜叉
羅刹毘舍闍等所受富樂類於人天或依樹林或
住山谷或居靈廟或處空宮形堅而行屬於鬼趣
此等變化多端者緣於因地罪福不倚苦樂之因、
相雜作故付法藏傳說僧伽耶舍比丘遊大海邊
見妙宮殿其家餓二鬼等今尊者之視是無財鬼
中炬口鬼也又有處說餓鬼有三種一外障得遇
水時即見有人執刀杖等而障礙故二內障口有
火炬或咽如鍼故三無障見河是猛火或食糞穢
或自割身肉食啖等今尊者之親當內障也上來
諸鬼皆緣自心因行所招果報必應譬如影響緣
於形聲雖父母至親不相替代故諸智者宜各勵
心儻遇善緣不應空過一朝去世誰為修崇縱託
子孫七分獲一況無孝子悔恨何追且濁世凡流
鮮懷仁孝唯戀妻子甘念幽靈貧賤者迫以飢寒
富貴者荒於財色設能追福厭課者多竭力罄心
萬中無一世途目擊豈不昭然故恩重經云夫妻
和合同作五逆彼時呼喚急速爭使父母之語十
喚九違不相從順罵詈瞋目生存尚爾歿後可知

自既不仁兒寧能孝故昔有逆父林野乃持與飯
歸以古觀今雖途跡異而心同也

五慟哭往救

目連悲哀即以鉢盛飯往餉其母

悲哀者生育恩重如上所陳死別關生忽然再見
縱使顏容仍舊亦可啼泣悲傷況覩鬼形皮骨連
立喉中煙焰腹裹空虛苦似倒懸命惟喘息豈不
能摧身擗踊渴氣號咷假罪逆之倫安痛慈親之
受苦經標總意印目悲哀細察當時何能不爾故
三藏什云擢慟擗云感激徹於骨髓號叫動於天
地鉢飯往餉者母既氣絕久滯厄在朝飢飯而且
渴理須救濟濟此之急飯食為先故以鉢盛飯持
餉於母

六惡習現在

母得鉢飯便以左手障鉢右手摶食食未入口化成
火炭遂不得食

境隨心變果藉業成餓因未除饑終寧致鬼是炬
口食近口而熾然水作堅冰冰近湯而確耳即知
神力不禁業力除飢要且除慳故六通往餉而招
燄百味並難而致苦大哉業熟可思者為今左手

障鉢慳恐餘侵右手摶食貪於自給慳貪猛盛如
此現行飯食劣緣若何充濟故化為火不得食也
上來序分竟

二正宗分二

正宗分文分為二初目連悲陳苦厄二如來廣
示因緣

初目連悲陳苦厄

目連大叫悲號涕泣馳還白佛具陳如此

子急告父臣急告君自力不如理宜投佛弟子勤
觀四諦已證三明可以反覆山河翻轉日月莅料

母榮極苦命若倒懸竭其孝誠盡其神變而責不能令除怨報哲濟飢腸所以叫泣奔還備申哀懇

二如來廣示因緣八

如來廣示因緣且依三藏大分八段第一彰母罪深第二明子德劣第三斥邪無力第四顯正有能第五許以救方第六示其正法第七孝子領悟第八慈母獲益

初彰母罪深

佛言汝母罪根深結

有經中說定光佛時目連名羅卜母字青提羅卜

欲行囑其母曰若有客來孃當具膳去後客至母乃不供仍更許爲設食之筵兒歸問曰昨日客來若爲備擬母曰汝豈不見設食處耶從爾已來五百生中慳慳相續故云罪根深結罪謂身口之業根謂慳貪之心多生相續爲深交固難解爲結從慳所起皆是罪業非唯彼時一度妄語謂慳貪是苦根所作是苦業餓鬼是苦果爲三事也若准十重戒中慳亦是業唯貪爲根起罪業故問五百生深爲人爲鬼答人鬼相間造受相資若唯人身不名惡報若唯鬼身不應造罪或亦爲資於理無妨但慳習不除即名相續問目連自定光佛世已來所生之母不一如何偏救彼之青提答青提與目連緣深今生復爲其母但救此身所生之母非謂救彼遠世青提餘論云云皆爲未達

二明子德劣

非汝一人力所奈何

汝母慳心慳於一切時經多世事歷多人豈汝一人力可能拔

三斥邪無力

汝雖孝順聲動天地天神地祇邪魔外道道士四天王神亦不能奈何

三藏云縱汝感天靈于上界激地祇于下方縱橫邪魔羅外道統六合以同一家總八部以爲一衆併其神力亦不奈何外道道士者外道中之道士也簡內道中之道士佛教初傳此方呼僧爲道士故四天王者毗沙門等護持世界者也

四顯正有能

當須十方衆僧威神之力乃得解脫

三藏云一縷不能制象必假多絲一人不能除業必資衆德今許前後經文以邪正一多相對乃有四句一正而非多此不能救故前非汝一人奈何二多而非正亦不能救即前神祇邪魔外道等也三亦多亦正方可救拔即十方僧也四不多不正居然不可故無經文

五許以救方

吾今當說救濟之法令一切難皆離憂苦

今當說者正是許詞救濟法者是所許事令一切等者千鈞之弩不獨爲鼷鼠發機三界之獄豈偏令汝母離苦

六示其正法

示正法於中分二初教孝子獻供之法後教衆僧受供之儀

初復有五一定勝時二發勝意三設勝供四讚勝田五獲勝益

謂自恣日爲勝時如春陽之月孝心爲勝意如精新種子百味五果等爲勝供如好牛犁以之供養如能耕墾賢聖爲勝田如膏腴之地存亡父母六親眷屬乃至七代離苦生天爲勝益如千箱萬斛秋收冬藏經文意勢豈不然乎智者詳之如指其掌

初教孝子獻供法五

一定勝時

佛告目連十方衆僧七月十五日僧自恣時

梵語僧伽此云衆和合謂若衆而不和如羣商羣吏及軍衆等不名僧寶若和而不衆如二人同心之類亦非僧寶衆而和合爲福之因方名僧寶和合者此有六種謂身和同事爵和同默意和同忍戒和同修見和同解利和同均也儒說小人君子或和或同今但比丘和而同也今云十方者法無限局豈簡親疎衆僧者僧梵重標譯人之拙七

月十五日者前三月夏安居竟故可自恣自恣有三日或十四十五十六今舉中間也此剩僧字去之又何闕亦是譯人之失也何不云共自恣時自恣者自己之過恣他所舉謂一夏安居九旬加行不惜四果亦得四禪佛設教門本意如此正像末法僧等皆然雖設五白亦有持戒修福者然將超苦海護浮囊猶恐窗房者迅必藉旁觀傳失縱不斷惑證果還希罪滅福生故福祖於衆中自大德長老或見我過或聞我罪或疑我犯恣任所舉哀愍語我我當懺悔如此則身心清淨猶如琉璃禪定解脫或有之矣供養此者力用可知豈不救濟先亡資薦現存故三藏云比丘受歲之日大衆自恣之時僧多获道於四果故能濟厄於七代

二發勝意

當爲七世父母及現在父母厄難中者

當爲者能救之心七世下所救之境約境明心故云勝也七世者所生父母不同儒教取上代祖宗厄難中者通於存歿歿則地獄鬼畜存則病瘤伽禁皆名厄難七世父母雖假佛力皆是生我修道

之器既家狀有貴賤因故三藏云大地僕戲既
無擇於劬勞掏啖沉淪理合答於罔極
三設勝供
具飯百味五果汲灌盆器香油錠燭牀敷臥具盡世
甘美以著盆中供養十方大德衆僧
具飯百味者總標也如人盛供營饌邀命賓客唯
云喫飯故飯爲總統於百味百者大數非定一百
五果者一核果如棗杏桃李等二膚果如瓜梨柰
椹等三殼果如胡桃石榴等四檜果如蘇荏等五
角果如麥豆等上皆舌所嘗也汲灌盆器者沐浴
等所用并下牀敷臥具皆身所覺也香者鼻所齅
也油錠燭者炤燎等用眼所見也亦可香油塗身
亦屬身攝西域如此盡世甘美者亦屬舌也上來
於五欲境中唯闕聲也盡世之言評其意趣有二
種盡謂富貴則盡世所有貧即須求貧賤則盡力
所及及則且覓即知不定少多之物但在竭盡其
心亦類彼卑於克誠然於明德也著盆中者譯經
訛略如何牀等可置盆中應云著盂蘭盆供合之
中也供養二句者正明行也據經本意但以可受
用物供養大德之僧不必嚫錢金玉剪割綵綺高

聳閣架等也故三藏云汝須物華四事並美八珍
歷十方而遐想澄一心而供養
四讚勝田
當此之日一切聖衆或在山間禪定或得四道果或
在樹下經行或六通自在教化聲聞緣覺或十地菩
薩大人權現比丘在大衆中皆同一心受鉢和羅飯
具清淨戒聖衆之道其德汪洋
初二句約人讚將而總標末二句以威儀讚人而
總結中間人法有其五對但文不次謂處有山間
樹下對證有四果六通對行有自利利他對學者
戒定對人有大小對亦名權實對又總束之不出
人法謂三學三乘對也從初至四果禪定也次從
或在下至自在教化智慧也皆同下三句淨戒也
三乘即聲聞緣覺十地大人也皆同一心是意和
合謂受供特皆同湛愉悅般重心慈悲報恩救濟
心人雖位有凡聖德有優劣而所運心一而無異
故云同也受鉢和羅飯者鉢中飯也梵云鉢多羅
此云應量器和字訛也今將但云鉢者略也經題
云盆即是鉢也譯特隨俗題之云盆盆之與鉢皆
是器故故三藏釋題翻爲於器此一句經正明自

恣人總受盂蘭盆供也
五獲勝益
其有供養此等自恣僧者現世父母六親眷屬得出
三塗之苦應時解脫衣食自然若父母現在者福樂
百年若七世父母生天自在化生入天華光
此一唱經有兩節意勸一半者崇慈順之力而離
苦後一半者崇悲願之力而得樂樂中有存亡之
異初云此等自恣僧者指前五對所說也現世父
母者生此身父母也非謂未亡名爲現世故指得
益云出三塗其現在未亡之父母下自有文云福
樂百年是也不應重舉三藏錯會故作異釋甚非
文意六親者父母兄弟夫妻眷屬者一切姻戚通
於表裏出三塗解脫者總名離苦也衣食自然者
且翻三塗生於人天故屬彼苦之文亦可得樂屬
於後也若父母下明存亡得樂文相可知天華光
者天上妙華光明也略指快樂之相矣
二教衆僧受供儀
時佛勅十方衆僧皆先爲施主家呪願願七世父母
行禪定意然後受食初受食時先安在佛前塔寺中
佛前衆僧呪願竟便自受食
此中前中淨三業後中具三寶前中呪願口業禪
定意業受食身業後中塔前是佛呪願是法受食
是僧僧他受而後食法律如此佛受字亦屬法也
塔者梵語訛略正云窣堵波此云高顯處此中爲
通殿塔塔中安舍利殿安佛像
七孝子領悟
時目連比丘及大菩薩衆皆大歡喜目連悲啼泣聲
釋然除滅
淨業既成必知離苦觀因驗果將富不慈故喜而
止啼也如處世刑獄劉大力人明暗既行其心已
寬
八慈母獲益
時目連母即於是日得脫一劫餓鬼之苦
目連聞經且是受教施設盆供合在餘時今說經
次便云脫餓鬼者譯經闕略也應於正宗終處敘
結集家文云爾時目連聞是是法已至七月十五
施設盆供供自恣僧已其母即於是日得脫一劫
餓鬼之苦則文義順矣故三藏云孝子既獻供
於此晨慈母乃除殃於是日大哉聖力速疾如斯
其餓鬼受苦年劫時分待檢攸之

三流通分
流通分有三一申請二讚請三答請
一申請
目連復白佛言弟子所生母得蒙三寶功德之力衆
僧威神之力故若未來世一切佛弟子亦應奉盂蘭
盆救度現在父母乃至七世父母可爲爾不
說此語時亦是設供之後非一席之事至畢鉢羅
窟方始總集爲經也目連愛其親而及他人如頴
考叔諫莊公也
二讚請

佛言大善快問我正欲說汝今復問

初何標讚大善快問者深契聖心後二句釋所以正欲說即遇問詞機感相投潛通密應故言快

問佛本意者欲說孝道最大故拔苦事重故盂蘭法勝故世尊觀衆勝緣機熟可敎化故

三答請五

一敎起行

善男子若比丘比丘尼國王太子大臣宰相三公百官萬民庶人行慈孝者皆應先爲所生現在父母過去七世父母於七月十五日佛歡喜日僧自恣日以

百味飮食安盂蘭盆中施十方自恣僧

雖貴賤品隔僧俗道殊自非化生溼生無不有父有母慈烏鶉鴿尚解思恩豈況人倫而不濟拔孝之利害已具玄談既識是非須依正道故云應先爲所生等也據制令必爲不爲即是違制故亦當於制敎是以前判亦屬律藏然佛無悲喜今於此日示現歡喜者應機緣也以佛本出世只爲勸人修行見人造惡則悲見人修善則喜今比丘九旬加行日滿僧更思誠三千界中皆同知此稱佛本意豈不欣歡此日設供其福甚矣

二敎發願

願使現在父母壽命百年無病無一切苦惱之患乃至七世父母離餓鬼苦生人天中福樂無極

所修必假行門所獲必歸心願願者心之樂欲欲得存歿咸安存者保壽於人間常無病惱歿者遷神於天上永絕貧窮行願相資無所不利

三敎常作

是佛弟子修孝順者應念念中常憶父母乃至七世父母年年七月十五日常以孝慈憶所生父母爲作盂蘭盆施佛及僧以報父母長養慈愛之恩

是佛弟子修孝順者反明非佛弟子及不孝順孝即任不設盆供也念念常憶者無終始也長養是事慈愛是心故前起行及發心願以報之也餘文可解三藏云父母於我愛心念念不去心孝子報恩須年年不絕供

四勸受持

若一切佛弟子應當奉持是法

智度論云信力故受念力故持今云奉者即受之義應當者屬此二力

五喜而奉命

時目連比丘四輩弟子歡喜奉行

四輩者僧尼士女或云人天龍鬼疑故而存然凡厥生靈皆依恃怙故父母恩均於天地此雖至孝不得其門今受神方信知靈驗必能除七世之厄難報二親之劬勞自知心有所之是以歡喜承命

佛說盂蘭盆經疏下終

經疏音釋

錠 音定燈也　厭課 [illegible]　擒 [illegible]

三節放生 [illegible]

盂蘭經疏唐圭峯禪師分孝道要言以注經廣明釋門資孝之學名得報親之方不落異解傍岐入佛乘上乘也故歷代高僧於自恣日誘諸緇素設盂蘭會作度親復資遵此經疏耳慶與徐序東孝廉結弘法會集諸宰官居士續梓方册三百卷目中適此疏未鐫今太僕捐資復板余檢閱南北藏文句不同今依雲棲大師定本刻之大師分科節目別出手眼但南北較訛多不能盡謹跋數語令觀者不昧識文句異同或因指見月得佛大孝報恩之旨是所願矣　貴州赤水雪山沙門繼慶跋

疏主傳畧　杜本有釋贊錄二林蘭要

終南山圭峯宗密禪師果州西充縣人也姓何氏唐建中元年生髫齓通儒書冠歲探釋典元和二年將赴貢舉偶造遂州道圓和尚法席欣然契會遂求披剃當年進具傳習心印又徧訪名能廣乎知見著述圓覺華嚴涅槃金剛起信唯識盂蘭盆法界觀行願經等疏鈔并集諸宗禪言爲禪源詮及酬答書偈議論等總百餘卷並傳於世文宗太和中詔入內賜紫累問法要朝士傾慕尋請歸山至會昌元年正月六日于興福塔院坐滅四衆哀泣喧野奉全身于圭峯茶毘得舍利數十粒明白潤大藏之右宋世壽六十二僧臘三十四宣宗追謚定慧禪師塔曰青蓮嘗有偈云作有義事是惺悟心作無義事是狂亂心狂亂隨情念臨終被業牽惺悟不由情臨終能轉業

盂蘭盆經疏三卷計字一萬一千七百二十
松江信官太僕寺卿李必雲捐資五兩二錢七分祈
母[illegible]氏吳樂光風十方緇素同行眞孝
信士徐爾鉉施銀五錢八分四釐上祈
先考太僕寺丞趙菴府君往居淨上永證無生
信士徐濟承刷、抱香庵[illegible]對
崇禎甲申孟夏松江弘法會貴州赤水釋繼慶較識

般若波羅蜜多心經註解

御製心經序

二儀久判萬物備周子民者君君育民者法其法也三綱五常以示天下亦以五刑輔弼之有等凶頑不循教者往往有趨火赴淵之爲終不自省是凶頑者非特中國有之盡天下莫不亦然俄西域生佛號曰釋迦其爲佛也行深願重始終不二於是出世間脫苦趣其爲教也仁慈忍辱務明心以立命執此道而爲之意在人皆若此利濟羣生今時之人罔知佛之所以每云法空虛而不實何以導君子訓小人以朕言之則不然佛之教實而不虛正欲去愚迷之虛立本性之實特挺身苦行外其教而異其名脫苦有情昔佛在時侍從聽從者皆聰明之士演說者乃三綱五常之性理也既聞之後人各獲福自佛入滅之後其法流入中國間有聰明者動演人天小果猶能化凶頑爲善何況聰明者知大乘而識宗旨者乎如心經每言空不言實所言之空乃相空耳除空之外所存者本性也所以相空有六謂口空說相眼空色相耳空聽相鼻空嗅相舌空味相身空樂相其六空之相又非眞相之空乃妄想之相爲之空相是空相愚及世人禍及今古往往愈墮瀰深不知其幾斯空相前代帝王被所惑而幾喪天下者周之穆王漢之武帝唐之玄宗蕭梁武帝元魏主燾李後主宋徽宗此數帝廢國怠政惟蕭梁武帝宋之徽宗以及殺身皆由妄想飛昇及入佛天之地其佛天之地未嘗渺茫此等快樂世嘗有之爲人性貪而不覺而又取其樂人世有之者何且佛天之地如爲國君及王侯者若不作非爲善能保守此境非佛天者何如不能保守而僞爲用妄想之心即入空虛之境故有如是斯空相富者被纏則婬欲並生喪富矣貧者被纏則諸詐並作殞身矣其將賢未賢之人被纏則非仁人君子也其僧道被纏則不能立本性而見宗旨者也所以本經題云心經者正欲去心之邪念以歸正道豈佛教之妄耶朕特述此使聰明者觀二儀之覆載日月之循環虛實之孰取保命者何如若取有道保有方豈不佛法之良哉色空之妙乎

般若波羅蜜多心經註解

唐三藏法師玄奘奉詔譯

大明天界善世禪寺住持僧宗泐

演福講寺住持僧如玘奉詔同註

按施護譯本世尊在靈鷲山中入甚深光明宣說正法三摩提舍利子白觀自在菩薩言若有人欲脩學甚深般若法門者當云何脩學而觀自在遂說此經此經即世尊所說大部般若之精要故知菩薩之說即是佛說傳至中華凡五譯今從玄奘所譯者以中國盛行故也般若者梵語也華言智慧波羅蜜多者華言到彼岸衆生由迷慧性居生死曰此岸菩薩由脩般若悟慧性到涅槃曰彼岸心者般若心也此般若心人人本具說此經者欲令衆生斷除妄心顯發本性故也經者法也常也此經以單法爲名實相爲體觀照爲宗度苦爲用大乘爲教相此五者皆經中所說之旨單法者即般若波羅蜜多也實相者即諸法空相也觀照者即照見五蘊皆空也度苦者即度一切苦厄也大乘者即菩薩所行深般若也

觀自在菩薩行深般若波羅蜜多時 觀自在者能脩般若之菩薩也般若波羅蜜多者菩薩所脩之法也菩薩用般若觀慧照了自心清淨圓

融無礙故稱自在此自行也復念世間受苦衆生令其脩習此法改惡遷善離苦得樂無不自在此化他也菩薩者梵語菩提薩埵華言覺衆生但稱菩薩者從略也行者脩行也深般若者實相般若也非初心淺智者所觀故云深也時者菩薩脩行般若時也

照見五蘊皆空度一切苦厄照者觀也五蘊者色受想行識也蘊者積聚也空者眞空也色者色身也受者領納也想者思想也行者造作也識者分別也識即心王受想行是心所也度者度脫也一切苦厄者世間之衆苦也菩薩由照五蘊空寂離生死苦復閔在迷衆生顚倒妄想悖理亂常不忠不孝十惡五逆致受衆苦故說此般若法門令其脩習皆得解脫也已上一段乃阿難結集法藏時敘述觀自在菩薩度生之功行此是別序也下段自舍利子起始是觀自在菩薩答舍利子所問也

舍利子舍利子佛之弟子智慧第一因其爲衆請問故菩薩呼其名而告之云

色不異空空不異色色即是空空即是色受想行識亦復如是色即四大幻色空乃般若眞空衆生由迷眞空而受幻色譬如水之成氷也菩薩因脩般若觀慧照了幻色即是眞空其猶融氷爲水然色之與空其體無殊故曰色不異空空不異色如氷不異水水不異氷復恐鈍根衆生不了猶存色空二見故曰色即是空空即是色如氷即是水水即是氷若受若想若行若識莫不皆然此乃一經之要般若之心也

舍利子是諸法空相不生不滅不垢不淨不增不減是諸法者指前五蘊也空相者即眞空實相也菩薩復告舍利子云既了眞諸法當體即是眞空實相實相之體本無生滅既無生滅豈有垢淨既無垢淨豈有增減乎

是故空中無色無受想行識此眞空實相之中既不可以生滅垢淨增減求之故總結云無色無受想行識無即空也

無眼耳鼻舌身意無色聲香味觸法眞空實相之中既無五蘊亦無六根六塵此空十二入也

無眼界乃至無意識界既無十二入亦無十八界十八界者六根六塵六識也乃七九至者舉其始末而四略其中也如上五蘊十二入十八界不出色心二法爲迷心重者說爲五蘊爲迷色重者說爲十二入爲色心俱迷者說爲十八界已上三科脩學之人隨其根器但脩一科即能悟入

無無明亦無無明盡乃至無老死亦無老死盡此空十二因緣也無明者癡暗也謂於本性無所明了非暫然無知乃違理強覺之謂也無無明等者菩薩以般若智觀此無明其性本空無生滅相故云無無明亦無無明盡也乃至無老死亦無老死盡者義與前同但舉其始末而略其中也生相者如法華經云無明緣行乃至生緣老死是也滅相者如經云無明滅則行滅乃至生滅則老死滅是也十二因緣亦名十二有支一曰無明亦名煩惱二曰行謂造作諸業此二支乃過去所作之因也三曰識謂起妄念初託母胎也四曰名色從託胎後生諸根形也五曰六入癸胎中而成六根也六曰觸出胎後六根對六塵也七曰受謂領納世間好惡等事此五支乃現在所受之果也八曰愛謂貪染五欲等事也九曰取謂於諸境生取著心也十曰有謂作有漏之因能招未來之果此三支乃現在所作之因也十一曰生謂受未來五蘊之身也十二曰老死謂未來之身既老而死此二支乃來世當受之果也此十二因緣該三世因果展轉因依如輪旋轉無有休息一切衆生迷而不知良可悲也此本緣覺之人所觀之境大乘菩薩微照此境皆無實性故云無也

無苦集滅道無苦集滅道者觀四諦清淨也苦即生死苦果集是感業苦因此二者世間之法也滅即涅槃樂果道即道品樂因此二者出世間之法也說此四諦者欲令衆生知苦斷集慕滅脩道離苦得樂也此本聲聞之人所觀之境大乘菩薩照了此境當體空寂故云無也

無智亦無得七九智者般若之智也五大乘菩薩以智照境既無五蘊及四諦諸法即是人法皆空境智俱泯如病去藥忘故云無智亦無得也

以無所得故此結前起後之言

菩提薩埵依般若波羅蜜多故心無罣礙無罣礙故無有恐怖遠離顚倒夢想究竟涅槃菩提薩埵者能依之人也般若波羅蜜多者所依之法也菩薩之人依此般若法門脩學功成理顯故得心無業縛因無業縛故無生死恐怖既無生死恐怖則無顚倒煩惱此三障既空三德乃顯故云究竟涅槃涅槃者梵語摩訶般涅槃那華言大滅度大即法身滅即解脫度即般若此之三德非別有也即三障是迷即三障悟即三德所謂生死即法身煩惱即般若結業即解脫然雖障即是德自非般若之功德不能顯譬如磨鏡垢盡明現斯之謂也

三世諸佛依般若波羅蜜多故得阿耨多羅三藐三菩提三世者過去未來現在也阿耨多羅三藐三菩提者華言無上正等正覺此言非惟菩薩如是脩證而一切諸佛莫不皆脩般若得成正覺也

故知般若波羅蜜多是大神呪是大明呪是

無上呪是無等等呪前是顯說般若後是密說般若然既顯說而又密說者何耶良由衆生根器不同所入有異故也四種呪者蓋言般若功用能破魔障名大神呪能滅癡暗名大明呪能顯至理名無上呪極妙覺果無與等者名無等等呪能除一切苦真實不虛此結般若功用廣大除著得樂決定無疑令諸衆生信受奉行也

故說般若波羅蜜多呪即說呪曰

揭諦揭諦　波羅揭諦　波羅僧揭諦　菩提薩娑訶已上密說般若此五種不翻之一也蓋呪是佛之密語非丁凡所知法華疏云呪是鬼神王之名號稱其王名則部落敬主故能降伏一切鬼魅或云呪者如軍中密號唱號相應無所訶問又呪者願也如螺贏之祝螟蛉願其類我佛菩薩說呪願諸衆生皆如我之得成正覺能誦此呪者則所願無不成就也

般若波羅蜜多心經註解

般若波羅蜜多心經註解

校勘記

一　底本，明永樂北藏本。

一　三二〇頁上二行「御製」，清作「洪武御製」。

金剛般若波羅蜜經註解

姚秦三藏法師鳩摩羅什奉　詔譯

大明天界善世禪寺住持僧宗泐

演福講寺住持僧如玘奉　詔同註

此經以喻法爲名實相爲體無住爲宗斷疑爲用大乘爲教相○初釋喻法名者金剛喻也般若法也金中精剛至堅至利能碎萬物此經能斷衆生疑執取以爲喻故大品般若十六分中以此經名能斷分波羅蜜是梵語華言到彼岸衆生在生死海中無有窮極脩此般若到涅槃彼岸蓋大乘菩薩達生死即涅槃則非度而度非到而到也經者訓法訓常梵語脩多羅此翻契經謂契理契機故也二辯實相體者即一實相理也經云若人得聞是經即生實相三明無住爲宗者宗者要也經云應無所住經中多以無住破著故以無住爲宗也四論斷疑爲用者由經力用能斷安執故以斷疑爲用也五判大乘爲教相者經云爲發最上乘者說故以大乘爲教相也○此經乃姚秦三藏法師鳩摩羅什所譯分三十二分者相傳爲梁昭明太子所立九譯本無又與本論科節不同破碎經意故不取焉今註一本天親等論取其意而不盡用其語以其語深難便初學故也

如是我聞一時佛在舍衛國祇樹給孤獨園與大比丘衆千二百五十人俱

如是者指一經所聞法體也我聞者阿難謂如是之法我從佛而聞也一時者即如來說法機應和合時也佛者覺也佛是教主尊極名佛舍衛者國名也華言豐德祇樹給孤獨園者祇陀太子施樹給孤長者買園共立精舍請佛而住此說法處也比丘者梵語也華言乞士上乞法以資慧命下乞食以資色身千二百五十人俱者此諸弟子凡佛說法之處常隨侍也已上如是等六事冠於諸經之首謂之通序如來臨滅度時阿難問佛一切經前當安何語佛言當安如是我聞等語非但我法如是三世諸佛法皆如是

爾時世尊食時著衣持鉢入舍衛大城乞食於其城中次第乞已還至本處飯食訖收衣鉢洗足已敷座而坐

此別序也亦名發起序以乞食爲發起者蓋佛欲說無住相施故先乞食以表發之然佛以禪悅法喜爲食而行乞者示同凡僧欲令折已慢幢生彼福德耳爾時者當是時也世尊者世閒所尊十號之一也食時者辰時也著衣者服僧伽黎衣也持鉢者持應量器也次第乞者佛心平等不擇貧富也本處者給孤園也洗足者食訖而洗足也敷座而坐者敷坐具而加趺也

時長老須菩提在大衆中即從座起偏袒右肩右膝著地合掌恭敬而白佛言希有世尊如來善護念諸菩薩善付囑諸菩薩

長老須菩提乃此經發起之人稱長老者以其德長年老也梵語須菩提華言空生亦名善現從座起至恭敬乃請法之儀希有者讚佛之辭也善護念者爲護念現在根熟菩薩與智慧力令其成就自行與教化力令其攝受衆生也善付囑者爲付囑未來根未熟菩薩已得大乘者令其不捨未得大乘者令其勝進也護念付囑即希有事也佛德之大無過度生然雖注意於般若度生必待請問故善現觀相知意即首稱歎希有而後請問也

世尊善男子善女人發阿耨多羅三藐三菩提心應云何住云何降伏其心

此發問之端也阿耨多羅三藐三菩提者華言無上正等正覺也問意以如來護念付囑現在未來菩薩令成佛果是菩薩雖發道心誓度衆生求成佛道未知其心云何安住大乘云何降伏安心使至佛果不退失耶

佛言善哉善哉須菩提如汝所說如來善護念諸菩薩善付囑諸菩薩汝今諦聽當爲汝說善男子善女人發阿耨多羅三藐三菩提心應如是住如是降伏其心唯然世尊願樂欲聞

善現既讚歎請問妙稱佛心故印可云善哉善哉當爲汝說也而又誡約云應如是住如是降伏其心善現即會佛意故唯然應之願聞是法然一經之大要不過善現所問安住大乘降伏安心如來所答脩行之法亦不出乎理事二行破執斷疑而已具見下文

佛告須菩提諸菩薩摩訶薩應如是降伏其心

善現雙問安住降伏如來但答降伏其心者蓋降伏安心必安住大乘舉降伏則攝安住矣

所有一切衆生之類若卵生若胎生若濕生若化生

人與旁生具有四生諸天地獄中陰惟是化生鬼通胎化二生皆屬欲界

若有色色界天

若無色無色界天

若有想識處天

若無想無所有處天

若非有想非無想非想非非想處天我皆令入無餘涅槃而滅度之如是滅度無量無數無邊衆生實無衆生得滅度者何以故須菩提若菩薩有我相人相衆生相壽者相即非菩薩此一段是菩薩所脩理觀具乎四心謂廣大心勝心常心不顛倒心慈氏頌云廣大第一常其心不顛倒第一即勝心也經云所有一切衆生之類者所懷之境廣此大心也云我皆令入無餘涅槃者此勝心也無餘涅槃即如來究竟彼岸也云實無衆生得滅度者了生佛一如此常心也無我人衆生壽者此不顛倒心也若有四相謂之四倒若一衆生不令滅度及見衆生實滅度者則未能了達本源遂有我人衆生壽者四相不名菩薩我者於五蘊中妄計有我我所人者妄計我生人中異於餘趣衆生者妄計五蘊和合而生壽者妄計我受一期果報一期果報即若長若短壽命也此皆顛倒妄想亦名四見菩薩能用般若妙智照了性空本無四相名降伏其心否則非菩薩也

復次須菩提菩薩於法應無所住行於布施所謂不住色布施不住聲香味觸法布施須菩提菩薩應如是布施不住於相此一段理觀兼事行也不住是理觀布施是事行於法者六塵諸法也布者普也施者捨也菩薩所脩六度萬行以布施爲初度攝後五度蓋施有三種資生施無畏施法施也資生施者施以財物資他生也無畏施者持戒不惱無冤忍辱不報有冤法施者精進不倦說法禪定不差機說法智慧不顛倒說法然一切布施不過六塵所謂六處如絲數卧具飲食湯藥之類是也世人行施心希果報是爲著相菩薩行施了達三輪體空故能不住於相三輪者謂施者受者及所施物也佛告善現應如是不住於相而行施者蓋欲菩薩降伏安心也

何以故若菩薩不住相布施其福德不可思量須菩提於意云何東方虛空可思量不不也世尊須菩提南西北方四維上下虛空可思量不不也世尊須菩提菩薩無住相布施福德亦復如是不可思量須菩提菩薩但應如所教住此段恐人疑云既離相施則無福報故佛告離相之施其福轉多良由不住相施施契性空性空無邊施福無邊故舉十方虛空以爲喻也論云其義有三一徧一切處二實廣高大三究竟不窮已上答降伏安住問竟

一斷求佛行施住相疑此疑從前文不住相布施而來

須菩提於意云何可以身相見如來不不也世尊不可以身相得見如來何以故如來所說身相即非身相佛告須菩提凡所有相皆是虛妄若見諸相非相即見如來前段說無住相施降伏其心是成佛之因恐善現疑佛果是有爲身相故佛問云可以身相見如來不善現悟佛問意乃答不可以身相見然有相者應身也無相者法身也法身是體應身是用若知用從體起應即是法所以無相故論云如來所說相即非相若能了達此意則一切世間之相無非眞如無爲佛體故佛印可善現云若見諸相非相即見如來

二斷因果俱深無信疑此疑從前無住行施非相見佛兩段經文而來

須菩提白佛言世尊頗有衆生得聞如是言說章句生實信不論云無住行施因深也無相見佛果深也因果之法既深疑末世在迷鈍根衆生不如是能生信心佛告須菩提莫作是說如來滅後後五百歲有持戒脩福者於此章句能生信心以此爲實佛荅末世自有具福慧人聞此般若能生實信言後五百歲者大集經中云有五箇五百歲今乃最後五百歲時也持戒也脩福定也生信慧也三學俱備能生實信矣當知是人不於一佛二佛三四五佛而種善根已於無量千萬佛所種諸善根聞是章句乃至一念生淨信者若論實信之由從多佛所已種善根聞此大乘之法則能生信至於一念少時生信亦從佛所種諸善根而然也須菩提如來悉知悉見是諸衆生得如是無量福德信心生一念諸佛盡皆知凡有衆生聞是章句乃至一念淨信佛智佛眼無不知見所以得福無量何以故是諸衆生無復我相人相衆生相壽者相無法相亦無非法相此順釋生信得福之故謂了生法二空論云有智慧者了知生法二無我故又云生法各有四種想想即相也言無復我人衆生壽者四相此生空也言無法相亦無非法相者他譯更有無相亦非無相此法空也疏云初列生空有四相次列法空但有兩句法非法也蓋譯人略之耳何以故是諸衆生若心取相則爲著我人衆

生壽者若取法相則著我人衆生壽者何以故若取非法相則著我人衆生壽者此返顯違經非福言若心取相等此生執也若取法相等此法執也是故不應取法不應取非法以是義故如來常說汝等比丘知我說法如筏喻者法尚應捨何況非法此結上文而證勸也不應取法者空能觀之智也不應取非法者空所觀之境也論云法有性相尚不應取何況非法本無性相又云善如法尚不取況不善非法疏云今言法者說五陰空爲法五陰相爲非法即以陰空爲藥名法陰有爲病名非法陰病既除空藥亦遣非法既謝在法亦亡興論意正相泯合言筏喻者論既云如欲濟川先應取筏至彼岸已捨之而去又智論引筏喻經云汝等若解我筏喻法是時善法宜應棄捨況不善法斯乃無所得之要術俾不疑滯於物矣

三斷無相云何得說疑此疑從前第一疑中不可以身相得見如來而來

須菩提於意云何如來得阿耨多羅三藐三菩提耶如來有所說法耶向說不可以相見佛佛非有爲恐有疑云何故釋迦樹下得道諸會說法耶須菩提言如我解佛所說義無有定法名阿耨多羅三藐三菩提亦無有定法如來可說何以故如來所說法皆不可取不可說非法非非法所以者何一切賢聖皆以無爲法而有差別眞如法體離有無相離言說相豈可以耳聞心得耶當知樹下得道諸會說法但應身耳其報身法身無得無說然應即法報說即無說是故不可以有取不可以無取也善現解佛問意即答以無道可證無法可說何以故下又自徵釋由不可取不可說非法非非法言非法者不可以有取言非非法者不可以無取由不可取故不可說然如來垂應有證有說者蓋得非有非無之體也一切賢聖者三世十方佛菩薩也以用也無爲乃自證之理眞諦也差別乃化他之用俗諦也諸佛說法不離二諦吾佛亦然

須菩提於意云何若人滿三千大千世界七寶以用布施是人所得福德寧爲多不須菩提言甚多世尊何以故是福德即非福德性是故如來說福德多若復有人於此經中受持乃至四句偈等爲他人說其福勝彼何以故須菩提一切諸佛及諸佛阿耨多羅三藐三菩提法皆從此經出須菩提所謂佛法者即非佛法此乃較量持說功德佛問假如人以大千世界七寶爲施其福多不善現會意答云甚多蓋此福德離福德自性故言多也佛又言離性布施福報雖多而受持此經爲人演說能趣菩提其福勝彼言乃至四句偈者舉少以況多耳然持經福勝者蓋諸佛之身及所證之法無不從是般若而生般若稱爲佛母者良有以也然猶恐其於此取著故復告云所謂佛法者即非佛法

四斷聲聞得果是取疑此疑從上無爲法不可取說而來

須菩提於意云何須陀洹能作是念我得須陀洹果不須菩提言不也世尊何以故須陀洹名爲入流而無所入不入色聲香味觸法是名須陀洹梵語須陀洹華言入流此舉聲聞所證初果也已斷見惑離四趣生預入聖人之流故云入流言無所入者是不著於所入之流又不著於六塵境界故言不入也

須菩提於意云何斯陀含能作是念我得斯陀含果不須菩提言不也世尊何以故斯陀含名一往來而實無往來是名斯陀含梵語斯陀含華言一來此聲聞第二果也蓋欲界有九品思惑前六品已斷後三品未斷更須欲界一度受生故云一來言實無往來者謂不著於往來之相也

須菩提於意云何阿那含能作是念我得阿那含果不須菩提言不也世尊何以故阿那含名爲不來而實無不來是故名阿那含梵語阿那含華言不來此聲聞第三果也斷欲界思惑盡不來欲界受生故曰不來言實無不來者謂不著於不來之相也

須菩提於意云何阿羅漢能作是念我得阿羅漢道不須菩提言不也世尊何以故實無有法名阿羅漢世尊若阿羅漢作是念我得阿羅漢道即爲著我人衆生壽者梵語阿羅漢華言無學此聲聞第四果也此位斷三界煩惱俱盡究竟眞理無法可學故名無學言實無有法

名阿羅漢者謂無無學所證之相也若言有
證即著四相也此一段明四果離著論云向
說無佛果可成無佛法可說云何四果各取
所證而說恐起此疑故佛約此而問善現皆
荅以離著深
會佛之意也
世尊佛說我得無諍三昧人中最為第一是
第一離欲阿羅漢我不作是念我是離欲阿
羅漢世尊我若作是念我得阿羅漢道世尊
則不說須菩提是樂阿蘭那行者以須菩提
實無所行是名須菩提是樂阿蘭那行此乃
善現
引自已所證離著令人生信也然善現所證
之果不過無學而世尊特稱其為第一者以
無諍故也梵語阿蘭那華言無諍無諍者謂
離二障一者惑障二者智障離惑則不著有
相離智則不著無相故無諍也無
所行者謂不著於所行之行也
五斷釋迦然燈取說疑此疑亦從第三疑
中不可取不可說
而
來
佛告須菩提於意云何如來昔在然燈佛所
於法有所得不不也世尊如來在然燈佛所
於法實無所得此斷釋迦然燈授受之疑謂
善現述已所證離著固已得
矣而如來又恐善現疑佛昔受然燈之記於
法實有所得故興此問善現荅以實無所得
是無疑矣然燈者大論云然燈生
時身光如燈以至成佛亦名然燈
六斷嚴土違於不取疑此疑亦從第三疑
中不可取而來
須菩提於意云何菩薩莊嚴佛土不不也世

尊何以故莊嚴佛土者即非莊嚴是名莊嚴
是故須菩提諸菩薩摩訶薩應如是生清淨
心不應住色生心不應住聲香味觸法生心
應無所住而生其心問意以菩薩脩六度萬
行莊嚴淨土現身說法
是有所取云何不取荅意以菩薩雖脩行嚴
土行乃無作土亦非嚴非嚴而嚴故曰即非
莊嚴是名莊嚴既而如來又告善現云為菩
薩者應如是生清淨心乃非取而取如維摩
經云隨其心淨則佛土淨斯之謂也若於六
塵生著不名清淨故又云應無所住而生其
心
七斷受得報身有取疑此疑亦從第三疑
中不可取而來
須菩提譬如有人身如須彌山王於意云何
是身為大不須菩提言甚大世尊何以故佛
說非身是名大身須彌山者梵語須彌盧華
言妙高此山四寶所成高
出衆山之上故稱山王佛之報身逺離諸漏
名之為非尊崇奇特名之為大佛之問意以
聖人之法既無為無取所得報身豈非有取
恐有此疑故設喻為問而善現即知須彌自
無分別我是山王故得為大報身離著
亦復如是故曰佛說非身是名大身
須菩提如恒河中所有沙數如是沙等恒河
於意云何是諸恒河沙寧為多不須菩提言
甚多世尊但諸恒河尚多無數何況其沙須
善提我今實言告汝若有善男子善女人以
七寶滿爾所恒河沙數三千大千世界以用

布施得福多不須菩提言甚多世尊佛告須
菩提若善男子善女人於此經中乃至受持
四句偈等為他人說而此福德勝前福德恒
河
天竺之河周四十里佛多近此說法故取為
喻前說一大千世界七寶布施以喻持說福
勝今以無量大千世界七寶布施不如持說
此經四句其福轉勝於彼此則增勝而論格
量持說
之功
復次須菩提隨說是經乃至四句偈等當知
此處一切世間天人阿脩羅皆應供養如佛
塔廟何況有人盡能受持讀誦須菩提當知
是人成就最上第一希有之法若是經典所
在之處則為有佛若尊重弟子藏佛舍利之
處謂之塔奉
佛形像之處謂之廟隨說此經四句偈處天
人固當敬之如佛塔廟況能具足持誦者耶
成就最上第一希有之法者成無上佛果菩
提也若是經典等者經典所在即佛之所在
持說之人即佛弟
子可不宗敬乎哉
爾時須菩提白佛言世尊當何名此經我等
云何奉持佛告須菩提是經名為金剛般若
波羅蜜以是名字汝當奉持所以者何須菩
提佛說般若波羅蜜即非般若波羅蜜須菩
提於意云何如來有所說法不須菩提白佛
言世尊如來無所說善現既聞持經成就希
有之法故問此經何名

云何受持佛答此經名金剛般若能斷一切疑執故當奉持也斷執雖用般若之智然法性本空不可取著故云即非般若波羅蜜也如來又慮善現未達般若性空謂有言說故又詰云如來有所說法不而善現了知說即無說乃答云如來無所說也

須菩提於意云何三千大千世界所有微塵是為多不須菩提言甚多世尊須菩提諸微塵如來說非微塵是名微塵如來說世界非世界是名世界

此節文意由前施寶得福而來前以無量大千世界七寶布施得福雖多然非離性則是貪等煩惱染因有為福報故此遂以世界微塵為喻塵界乃無情之物不生貪等煩惱染因是則有為福報不及塵界之無情況持說此經是遠離煩惱之因能取菩提而不勝耶非微塵非世界者非煩惱染因微塵世界也[十六]是名微塵是名世界者乃是無記微塵世界也無記猶無情謂不起善惡也[十六]

須菩提於意云何可以三十二相見如來不不也世尊不可以三十二相得見如來何以故如來說三十二相即是非相是名三十二相

三十二相者應身相也非相者法身相也是名三十二相者應既即法法全是應不妨說三十二相也言施寶之福縱能成佛身相但是應身不及持說功德能成法身也

須菩提若有善男子善女人以恒河沙等身命布施若復有人於此經中乃至受持四句偈等為他人說其福甚多

七寶布施外財也身命布施內財也身施者如尸毗王代鴿是也命施者如薩埵飼虎是也以輕重較之則外財輕而易內財重而難然此二施皆有為有漏因果總不如持說四句能取菩提之妙果也

爾時須菩提聞說是經深解義趣涕淚悲泣而白佛言希有世尊佛說如是甚深經典我從昔來所得慧眼未曾得聞如是之經世尊若復有人得聞是經信心清淨則生實相當知是人成就第一希有功德世尊是實相者則是非相是故如來說名實相世尊我今得聞如是經典信解受持不足為難若當來世後五百歲其有眾生得聞是經信解受持是人則為第一希有[十七]何以故此人[十七]無我相人相眾生相壽者相所以者何我相即是非相人相眾生相壽者相即是非相何以故離一切諸相即名諸佛

善現知捨身命所感之福不如持說之勝得聞此法感佛恩深遂悲泣流涕讚言希有自謂從昔已來未曾聞是經典若人聞經信心清淨則能生乎實相又謂我今值佛獲聞是經不以為難而未來眾生得聞是法始為希有所以希有者以依此經脩行不起我人眾生壽者四相即是非相非相即實相也離此諸相即成正覺故曰即名諸佛也

佛告須菩提如是如是若復有人得聞是經不驚不怖不畏當知是人甚為希有何以故須菩提如來說第一波羅蜜非第一波羅蜜是名第一波羅蜜

如是如是者然之之辭也大乘之法本是難信難解然非大乘根器卒聞是法未免驚愕疑怖畏懼能聞是法而不驚畏者實為希有此希有法無與等者故名第一然法本無說慮其於法取著故云非第一波羅蜜有因緣故亦可得說故云是名第一波羅蜜也

八斷持說未脫苦果疑　此疑從上捨身布施而來

須菩提忍辱波羅蜜如來說非忍辱波羅蜜何以故須菩提如我昔為歌利王割截身體我於爾時無我相無人相無眾生相無壽者相何以故我於往昔節節支解時若有我相人相眾生相壽者相應生瞋恨須菩提又念過去於五百世作忍辱仙人於爾所世無我相無人相無眾生相無壽者相

忍辱者六度之一也安受曰忍毀害曰辱前云捨身命之福報是生死苦因不及持說之福此之行忍亦捨身命不成苦因者何耶蓋能達法無我到於彼岸也說非忍辱波羅蜜者即遣著也如是忍行佛昔曾行故引歌利王之事以證之梵語歌利華言極惡佛於宿世曾作仙人山中脩道王因畋獵見而不喜遂割其耳鼻截其手足時仙人略無瞋恨以慈忍力身復如故蓋能了達我人眾生壽者四相皆空非惟無苦亦乃有樂也又引過去五百世中作忍辱仙以證之者明行忍行非止一世也

是故須菩提菩薩應離一切相發阿耨多羅三藐三菩提心不應住色生心不應住聲香

味觸法生心應生無所住心若心有住則為非住是故佛說菩薩心不應住色布施須菩提菩薩為利益一切衆生應如是布施如來說一切諸相即是非相又說一切衆生即非衆生（佛累世行忍以無我故得成菩提故發菩提之心應須離一切相離相即不住色等六塵也應生無所住心心無所住即能住菩提若心有住則非住佛道矣菩薩所行六度皆應離相色為六塵之首施為六度之初故云不應住色布施如是行施為利羣生著存施為之心則非無住下役遣著故曰非相非衆生也）

九斷能證無體非因疑（此疑從上為利生行施而來）

須菩提如來是眞語者實語者如語者不誑語者不異語者須菩提如來所得法此法無實無虛（如來所得菩提妙果如理而證離於言說何故累稱持說功德勝餘布施等福耶然佛無所證而證無所說而說所證所說無不當理恐善現未達此意故又告云是眞實等語眞語者說佛菩提也實語者說小乘法也如語者說大乘法也不異語者說授記事也不誑語者不誑衆生也解譯無此一句無實無虛者如來所證之法本離言說故曰無實對機有說故曰無虛也）

十斷眞如有得無得疑（此疑從前不住相而來）

須菩提若菩薩心住於法而行布施如人入暗則無所見若菩薩心不住法而行布施如人有目日光明照見種種色（聖人以無為眞如得名然眞如之體偏一切時偏一切處何故衆生有得者有不得者蓋心有住法不住法之異耳住者住著也如行布施不達三輪體空名為住法心既住法不成檀波羅蜜如入暗中則無所見若達三輪體空則心無所住即成檀波羅蜜如人有目在日光中見諸色相也）

須菩提當來之世若有善男子善女人能於此經受持讀誦則為如來以佛智慧悉知是人悉見是人皆得成就無量無邊功德（言未來世中若有受持讀誦者佛眼佛智悉能知見既行勝因必成妙果故曰成就無量無邊功德也）

須菩提若有善男子善女人初日分以恒河沙等身布施中日分復以恒河沙等身布施後日分亦以恒河沙等身布施如是無量百千萬億劫以身布施若復有人聞此經典信心不逆其福勝彼何況書寫受持讀誦為人解說（初日分者寅卯辰時也中日分者巳午未時也後日分者申酉戌時也如是一日三時捨無量身歷無量劫而行布施世間無此事然佛設此喻者以況聞經生信福德之勝何況書持讀誦說者耶信力曰受念力曰持對文曰讀背文曰誦所謂書寫受持讀誦者自行也為人解說者化他也）

須菩提以要言之是經有不可思議不可稱量無邊功德如來為發大乘者說為發最上乘者說若有人能受持讀誦廣為人說如來悉知是人悉見是人皆得成就不可量不可稱無有邊不可思議功德如是人等則為荷擔如來阿耨多羅三藐三菩提何以故須菩提若樂小法者著我見人見衆生見壽者見則於此經不能聽受讀誦為人解說（此般若之體本絕言思其功德廣大不可得而稱量非樂小乘者所可得聞故曰為發大乘者說為發最上乘者說發大乘者通指行門三教之人也發最上乘者的指圓頓之人能生信解者也如是之人脩行此法則成就不可思議功德故能荷擔如來無上菩提彼小乘不能聽受讀誦為人解說為著四見故也）

須菩提在在處處若有此經一切世間天人阿脩羅所應供養當知此處則為是塔皆應恭敬作禮圍繞以諸華香而散其處（塔為藏舍利之處若天人脩羅固當敬事此般若經卷所在之處是眞法身舍利寶塔可不敬乎）

復次須菩提善男子善女人受持讀誦此經若為人輕賤是人先世罪業應墮惡道以今世人輕賤故先世罪業則為消滅當得阿耨多羅三藐三菩提（持誦此經者人當恭敬而反被人輕賤者以宿罪業合招惡報由經力故但被輕賤故其罪消滅當得無上佛果持經功德可謂大矣）

須菩提我念過去無量阿僧祇劫於然燈佛前得值八百四千萬億那由他諸佛悉皆供

養承事無空過者若復有人於後末世能受持讀誦此經所得功德於我所供養諸佛功德百分不及一千萬億分乃至筭數譬喻所不能及阿僧祇翻無數時那由他者十億為洛叉十洛叉為俱胝十俱胝為那由他如來於過去然燈佛前供養無數諸佛其功德可謂深且大矣乃言不及末世持經功德者蓋持經能生理解得證菩提供佛雖感福報但是事相故持經功德百千萬億分中不及一分也又言筭數譬喻所不能及者蓋事相之福是可思議之法而般若妙智忘能所絕待對不可得而思議者也

須菩提若善男子善女人於後末世有受持讀誦此經所得功德我若具說者或有人聞心則狂亂狐疑不信須菩提當知是經義不可思議果報亦不可思議此經非大乘根器不能持誦而持誦所感功德豈常人可聞聞必狐疑不信故不具說蓋此經之義趣與其果報不可思議故也

十一斷安住降伏存我疑此疑從前諸文無我人等相而來

爾時須菩提白佛言世尊善男子善女人發阿耨多羅三藐三菩提心云何應住云何降伏其心善現初問此義至是復問者何耶問辭雖同其意則別蓋所問不過住大乘降妄心而已初之問意但問能住能降之法此之問意著謂我能住我能降存此分別之障於真諦無住之道故又興此問也

佛告須菩提若善男子善女人發阿耨多羅三藐三菩提心者當生如是心我應滅度一切衆生滅度一切衆生已而無有一衆生實滅度者何以故須菩提若菩薩有我相人相衆生相壽者相則非菩薩所以者何須菩提實無有法發阿耨多羅三藐三菩提心者此節文意亦與前同但前是破情顯智所破之情即我人等四相粗執所顯之智即般若真智自此而下忘智顯理破我人等四相細執由此賢位漸入聖階矣

十二斷佛因是有菩薩疑此疑從上實無有法發菩提心者而來

須菩提於意云何如來於然燈佛所有法得阿耨多羅三藐三菩提不由前云實無有法發菩提心者意謂無發心者則無菩薩若無菩薩云何釋迦於然燈佛所名曰善慧布髮掩泥行菩薩行得受記耶佛恐善現潛有此疑故舉以問

不也世尊如我解佛所說義佛於然燈佛所無有法得阿耨多羅三藐三菩提善現答意云善慧彼時都無所得離諸分別由悟無法故得受記

佛言如是如是須菩提實無有法如來得阿耨多羅三藐三菩提須菩提若有法如來得阿耨多羅三藐三菩提者然燈佛則不與我授記汝於來世當得作佛號釋迦牟尼以實無有法得阿耨多羅三藐三菩提是故然燈佛與我授記作是言汝於來世當得作佛號釋迦牟尼善現既會法無所得佛然其說乃言如是如是既而又反覆告之者要令善現知法無所得深契至理故得受記蓋如來所證妙果乃心地本具法門離諸名相無授受中而論授受也

十三斷無因則無佛法疑此疑從上釋迦於然燈行因實無有得而來

何以故如來者即諸法如義若有人言如來得阿耨多羅三藐三菩提須菩提實無有法佛得阿耨多羅三藐三菩提何以故者徵起之辭也由前云實無有法得菩提果故受然燈之記遂疑既無佛果豈有佛法耶釋云如來者即諸法如義如者真如也不偽曰真不異曰如此真如體貫徹三世緜亘十方非空非有不變不遷名如來性若有所得即非佛菩提也

須菩提如來所得阿耨多羅三藐三菩提於是中無實無虛是故如來說一切法皆是佛法須菩提所言一切法者即非一切法是故名一切法所得者忘情而證也無實者非有為相也無虛者是真如體也然此真如非別有法即一切色等諸法離性離相名真如體唯佛與佛乃能證此故一切法皆

是佛法眞如之體雖不離於諸法然亦不可取著故云即非一切法是名一切法

須菩提譬如人身長大須菩提言世尊如來說人身長大則爲非大身是名大身上說如來所證眞如之體徧一切處可謂長大矣又恐善現起長大之見故佛又設喻徵之曰譬如人身長大善現因喻有悟即曰非大身是名大身論云大身有二義一者徧一切處即法身二者功德大即報身此之二身皆離諸相故名爲非

十四斷無人度生嚴土疑此疑同十二疑皆從第十一疑中實無有法發心者而來

須菩提菩薩亦如是若作是言我當滅度無量衆生則不名菩薩何以故須菩提實無有法名爲菩薩是故佛說一切法無我無人無衆生無壽者須菩提若菩薩作是言我當莊嚴佛土是不名菩薩何以故如來說莊嚴佛土者即非莊嚴是名莊嚴須菩提若菩薩通達無我法者如來說名眞是菩薩法界混然身土平等尚無佛道可成安有衆生可度是則起度生之心脩行嚴土即凡夫見不名菩薩者畢竟起何等心名爲菩薩故云能通達無我法者眞菩薩也

十五斷諸佛不見諸法疑此疑從上菩薩不見衆生可度佛土可淨而來

須菩提於意云何如來有肉眼不如是世尊如來有肉眼須菩提於意云何如來有天眼不如是世尊如來有天眼須菩提於意云何如來有慧眼不如是世尊如來有慧眼須菩提於意云何如來有法眼不如是世尊如來有法眼須菩提於意云何如來有佛眼不如是世尊如來有佛眼須菩提於意云何如恒河中所有沙佛說是沙不如是世尊如來說是沙須菩提於意云何如一恒河中所有沙有如是沙等恒河是諸恒河所有沙數佛世界如是寧爲多不甚多世尊佛告須菩提爾所國土中所有衆生若干種心如來悉知何以故如來說諸心皆爲非心是名爲心所以者何須菩提過去心不可得現在心不可得未來心不可得前說不見彼是衆生不見我爲菩薩不見淨佛國土如是則不見諸法名爲諸佛如來然而如來具足五眼豈都無所見耶五眼者肉眼天眼慧眼法眼佛眼也古德偈云天眼通非礙肉眼礙非通法眼惟觀俗慧眼了知空佛眼如千日照異體還同此之五眼通該十界而優劣有殊如經所說五眼皆如來所具者無非佛眼也恒沙世界一切衆生之心如來無不知見然衆生之心種種顛倒而言非心者妄識本空也是名爲心者眞如不滅也所以者何下微釋非心之所以也蓋三世之心過去已滅未來未至現在不住皆是虛妄生滅故求之不可得也

十六斷福德例心顛倒疑此疑從上心住顛倒而來

須菩提於意云何若有人滿三千大千世界七寶以用布施是人以是因緣得福多不如是世尊此人以是因緣得福甚多須菩提若福德有實如來不說得福德多以福德無故如來說得福德多前說衆生心有住著是爲顛倒然福由心造豈亦是顛倒若是何名善法耶恐潛此疑故佛斷之福德有實者住相布施成有漏因其福則寡福德無者離相布施成無漏因其福乃多是則不住於相心離顛倒所作之福無非善法也

十七斷無爲何有相好疑此疑從前如來者即諸法如義而來

須菩提於意云何佛可以具足色身見不不也世尊如來不應以具足色身見何以故如來說具足色身即非具足色身是名具足色身須菩提於意云何如來可以具足諸相見不不也世尊如來不應以具足諸相見何以故如來說諸相具足即非具足是名諸相具足上說諸佛所證乃無爲之法云何佛身有八十種好三十二相而可見耶爲斷此疑故有此問善現乃會如來法身圓非色相可見而未嘗離於色相而不可見故云即非具足色身是名具足色身即非具足諸相是名具足諸相良由全法身無爲之體起應身相好之用是故應身即是法身乃無相而相相而無相無見而見見而無見者也

十八斷無身何以說法疑此疑從上身相不可得見而來

須菩提汝勿謂如來作是念我當有所說法莫作是念何以故若人言如來有所說法則為謗佛不能解我所說故須菩提說法者無法可說是名說法既云如來色身相好不可得見如何為人演說法耶然如來悲願深重隨感而應無說而說說即無說不違此意是為謗佛言無法可說是名說法者離性教已不妨稱性而說也

爾時慧命須菩提白佛言世尊頗有衆生於未來世聞說是法生信心不善現解空第一與般若空慧相應以慧為命故稱慧命前云身乃非身之身法乃非說而說身說俱妙難信難解所以有此疑問

佛言須菩提彼非衆生非不衆生衆生有聖有凡而凡夫衆生於此般若不能生信聖體衆生乃能信解言彼非衆生者非凡夫衆生也非不衆生者不是非聖體衆生也聖體衆生即大乘根器人也豈可視為凡夫衆生不能生信尚恐善見未悟下文又徵釋之

何以故須菩提衆生衆生者如來說非衆生是名衆生衆生衆生者牒上文非衆生非不衆生也如來說非衆生是名衆生者言非是凡夫衆生是聖體衆生能生信解者也

十九斷無法如何脩證疑此疑從前十二十三疑中無法得阿耨菩提而來

須菩提白佛言世尊佛得阿耨多羅三藐三菩提為無所得耶佛言如是如是須菩提我於阿耨多羅三藐三菩提乃至無有少法可得是名阿耨多羅三藐三菩提前既云實無有法得無上正覺如何卻有脩證故疑而問之佛答有三一答無法可得為正覺二答平等為正覺三答正助脩善成正覺初答如文可見

復次須菩提是法平等無有高下是名阿耨多羅三藐三菩提二答平等為正覺也

以無我無人無衆生無壽者脩一切善法則得阿耨多羅三藐三菩提須菩提所言善法者如來說即非善法是名善法三答正助脩善成正覺也正助者正謂正觀空四相也助謂緣助脩一切善法也初答以無法可得為正覺者達妄即真也二以平等為正覺者法無高下也三以正助成正覺者離相脩善也由離相故名為善法

二十斷所說無記非因疑此疑從上脩善法而來

須菩提若三千大千世界中所有諸須彌山王如是等七寶聚有人持用布施若人以此般若波羅蜜經乃至四句偈等受持讀誦為他人說於前福德百分不及一百千萬億分乃至算數譬喻所不能及前既云從脩善法得菩提則佛所說法是無記法不能得菩提耶恐有此疑故佛舉大千世界中施七寶聚如須彌山之多且大較之持說四句功德百千萬億分中乃不及其一所說法蓋佛離言說相以離相故能作菩提之因故慈氏偈云雖言無記法而說是彼因彼即菩提也

二十一斷平等云何度生疑此疑從第十九疑中是法平等而來

須菩提於意云何汝等勿謂如來作是念我當度衆生須菩提莫作是念何以故實無有衆生如來度者若有衆生如來度者如來則有我人衆生壽者須菩提如來說有我者則非有我而凡夫之人以為有我須菩提凡夫者如來說則非凡夫既云是法平等無有高下云何如來卻度衆生故偈云平等真法界佛不度衆生以名共彼陰不離於法界名即衆生假名也陰即五陰實法也此假名實法皆即法界故云不離於法界既即法界凡聖一如豈有衆生可度故云佛不度衆生如來若謂我為能度衆生為所度此則著於四相由離四相則非度而度度而非度則是如來說有我者真我也則非有我者非妄我也而凡夫之我是我執也非凡夫者論云非生謂不生聖人法即毛道凡夫也

二十二斷以相比知真佛疑此疑從第十七疑中如來不應以色身諸相見而來

須菩提於意云何可以三十二相觀如來不

須菩提言如是如是以三十二相觀如來佛

言須菩提若以三十二相觀如來者轉輪聖王則是如來須菩提白佛言世尊如我解佛所說義不應以三十二相觀如來爾時世尊而說偈言

若以色見我　以音聲求我　是人行邪道　不能見如來三十二相者應身相也觀如來者觀法身如來也問意謂可於應身相好中觀見法身不善現乃知應身相好從法身流出若見相好即見法身故答云如是如是佛又恐善現於應身取著不達法體故又以輪王即如來爲難而善現解佛難意故云不可以三十二相觀如來也既而佛乃說偈以證之法身之體周不離於聲色但凡夫墮於聞見是行邪道不能見於如來也

二十三斷佛果非關福相疑二十八此疑從上不應以相觀佛而來

須菩提汝若作是念如來不以具足相故得阿耨多羅三藐三菩提須菩提莫作是念如來不以具足相故得阿耨多羅三藐三菩提須菩提汝若作是念發阿耨多羅三藐三菩提心者說諸法斷滅莫作是念何以故發阿耨多羅三藐三菩提心者於法不說斷滅相上明如來所證菩提不從福德而致是則菩薩所脩福德不成菩提之因亦不克果報耶爲斷此疑故告之曰莫作是念如來不以具足相而得菩提具足相即福德相也蓋大乘所脩福德之因所得福德之果但離取著之相不同小乘斷滅之見故曰於法不說斷滅相也下又設喻以告

須菩提若菩薩以滿恒河沙等世界七寶持用布施若復有人知一切法無我得成於忍此菩薩勝前菩薩所得福德須菩提以諸菩薩不受福德故須菩提白佛言世尊云何菩薩不受福德須菩提菩薩所作福德不應貪著是故說不受福德假使有人以無量世界七寶行施心有所著所感之福則成有漏心若離著即成無漏故云若有人知一切法無我得成於忍無我者無人法二執也忍即無生法忍初住菩薩所證也既得無生法忍則與彼住相行施者不同故云勝前菩薩所得福德言不受福德者不受有漏福報也善現又疑既不受福報云何能獲無生法忍須知有漏果報則不應受無漏果報則受而不取取謂取著故云菩薩所作福德不應貪著也

二十四斷化身出現受福疑二十九此疑從上不受福德而來

須菩提若有人言如來若來若去若坐若臥是人不解我所說義何以故如來者無所從來亦無所去故名如來有來去坐臥者乃如來應身也無來無去者法身也然如來昔行菩薩道時不受福報云何至果有去來坐臥之相使諸衆生供養獲福恐有此疑故告以釋之謂如來應用示有動作而法身之體如如不動也

二十五斷法身化身一異疑此疑從上應有去來法無去來而來

須菩提若善男子善女人以三千大千世界碎爲微塵於意云何是微塵衆寧爲多不須菩提言甚多世尊上明應身去來是異法身無去來是一佛恐善現有一異之見故設諭以釋之釋中初舉世界微塵一異斷疑次舉言說況法離見初釋中文有三科一標界塵一異以顯無性言世界者喻法身也微塵者喻應身也世界一也微塵異也碎界作塵塵無異性合塵爲界界無一性喻全法起應應無異性全應即法法無一性故偈云去來化身佛法身常不動於是法界處非一亦非異然如來體用互融所以能一能異非一非異自在無礙者矣何以故若是微塵衆實有者佛則不說是微塵衆所以者何佛說微塵衆則非微塵衆是名微塵衆此釋微塵喻應身無異性若知碎世界作微塵微塵全是世界則塵無實性故曰則非微塵以離性計而說微塵故曰是名微塵也此喻全法起應應即是法何異性之有哉

世尊如來所說三千大千世界則非世界是名世界何以故若世界實有者則是一合相如來說一合相則非一合相是名一合相須菩提一合相者則是不可說但凡夫之人貪著其事此釋世界喻法身無一性若知合微塵爲世界世界全是微塵則世界無實性故曰則非世界以離性計而說世界故曰是名世界也一合相者言衆塵和合爲一

世界非一合相者非性執之一合是名一合相者乃離性之一合也此一合相不可思說而凡夫不了自生貪著耳此喻全應是法法不離應何一性之有哉

須菩提若人言佛說我見人見衆生見壽者見須菩提於意云何是人解我所說義不不也世尊是人不解如來所說義何以故世尊說我見人見衆生見壽者見則非我見人見衆生見壽者見是名我見人見衆生見壽者見

此下明離我法二見初離我見夫我見者有眞我之見有妄我之見見者虛妄分別衆生見也眞我見見者遠離執著如來見也既離執著亦有眞我見人見衆生見壽者見此不見而見也在迷衆生以爲如來實有四見故云不解如來所說義也善現既解如來所說之義即知四見皆非虛妄分別是眞我之見故云是名我見人見衆生見壽者見也

須菩提發阿耨多羅三藐三菩提心者於一切法應如是知如是見如是信解不生法相須菩提所言法相者如來說即非法相是名法相

次離法見夫如來說法要令衆生發菩提心脩行契理故聞如來所說當如是知見信解不生法相言不生法相者不於法取著也法本離相如來稱性而說故云即非法相是名法相此一段文雖正釋離於法執亦是總結降住正行由經初善現請問若人發無上菩提心者應云何住云何降伏其心如來答云應如是住如是降伏其心故今結云發菩提心者於一切法如是知見信解此結如是住也不生法相此結降伏妄心也

二十六斷化身說法無福疑

此疑從上塞前化身是異而來

須菩提若有人以滿無量阿僧祇世界七寶持用布施若有善男子善女人發菩薩心者持於此經乃至四句偈等受持讀誦爲人演說其福勝彼云何爲人演說不取於相如如不動

此段文有三節初以無量阿僧祇世界七寶布施是假喻格量也自若有善男子下明持說福勝自云何爲人演說下是釋福勝所以據經文但明持說功德而論乃謂化佛說法有無量功德者蓋化佛是說經教主持說是弘經之人所弘之經是佛所說佛之所說離言說相故功德無量弘經之人若能離著則其福能勝彼也如如者法身之理也化身既即法身則無去無來故不動也

二十七斷入寂如何說法疑

此疑從上演說與不動而來

何以故

上言如如不動則佛常住世間爲衆生說法何故言如來入涅槃耶恐有此疑故說偈以釋云

一切有爲法　如夢幻泡影　如露亦如電

應作如是觀

一切有爲法者一切世間生滅之法也佛生人中示同生滅亦屬有爲無常之法無常之法虛假不實故以夢幻泡影露電六種爲喻應作如是觀者觀即般若妙智以此妙智觀有爲法如夢幻等能觀既是妙智所觀無非妙境妙境者一境三諦也妙智者一心三觀也三觀者空假中也三諦者眞俗中也即觀有爲之法離性離相之謂空無法不具之謂假非空非假之謂中諦者審實不虛之謂全諦發觀以觀照諦諦既即一而三觀豈前後而照故云如是觀也能如是觀乃了化身即法身無常即常也雖即法身不礙涅槃常即無常也良以如來究竟非常非無常之法故所以能常能無常也是則終日涅槃終日說法不住有爲不住無爲不可得而思議者也一經始末皆稱如是始云如是住如是降心中間節節云如是至此又云如是觀論乃釋云妙智正觀故知妙智實一經之宗也正宗竟

佛說是經已長老須菩提及諸比丘比丘尼優婆塞優婆夷一切世間天人阿脩羅聞佛所說皆大歡喜信受奉行

金剛般若波羅蜜經註解

洪武十年十一月二十有二日

皇帝有詔令天下僧徒習通心經金剛楞伽

三經晝則講說夜則禪定復

詔取諸郡禪教僧會于天界善世禪寺校讎三經古註一定其說頒行天下以廣

傳持洪惟

皇上以金輪統御乘夙願力親受靈山付囑流通教法以壽慧命不勝幸甚於是臣僧宗泐等才雖愚鈍敢竭丹衷述平昔所聞輒爲註釋註成以十一年正月二

十有八日詣
闕進呈
上御華蓋殿覽畢乃可其說
勅刊板行世然此三經皆是究心之要其
功在乎破情顯性而流通之功良亦不
細上以陰翊　主九　二十三
王度下以資益羣生非惟吾徒一時之幸
實天下萬世之至幸也臣僧宗泐謹識
洪武十一年正月　日

金剛般若波羅蜜經註解

校勘記

一　底本，明永樂北藏本。

一　三二三頁中一六行註解左「未來根」，[徑]作「本來根」。

一　三二三頁中末行「應云何住」，[清]作「云何應住」。

一　三二五頁下一四行註解左「思惠」，[徑]作「思惑」。

一　三二六頁上一行註解左第一〇字「明」，[徑]作「名」。

一　三三〇頁中一一行「若千」，[徑]、[清]作「若干」。

一　三三三頁上一七行註解右第一二字「正」，[徑]作「證」。

一　三三四頁上五行第一二字「切」，[徑]、[清]作「功」。

欽錄 主一
洪武十一年七月初十日天界善世禪
寺住持宗泐演福教寺住持如玘持奏
新註楞伽經同考功監令李汞等官於
西華樓進呈
御覽當日欽奉
聖旨這經好生註得停當可即刊板印行教
天下衆僧每講習欽此

進新註楞伽經序

臣聞法運之興雖曰在人亦必有其時
焉有其人而無其時有其時而無其人
雖欲興之其可得哉是故必有
聰明聖智之君當天下乂安之時以興之也
至若楞伽一經我 主一
大覺世尊說之於二千年之前而
今上皇帝行之於二千年之後豈非有其人
而有其時乎不然何此經東流中國千
有餘載前代帝主未曾有如我
聖天子之留神注意究其旨趣
敕僧徒咸肄習之有如此之盛也然吾
佛之所以說此經者蓋欲除衆生之妄心俾
歸於眞正之道而
皇上之心欲天下後世之人皆捨妄歸眞去
惡從善以躋乎仁壽之域其有契於
佛之心乎且此經之要不出五法三自性八
識二無我而該乎眞妄修性聖凡因果
皆不外乎一心能究此心者則畏惡而
遷善捨妄而歸眞得至自覺正智之地
不能究此心者則縱情肆欲流而忘返
至于失其忠孝敗俗亂常甘蹈刑辟如
履水火此吾
佛所以興大悲心而拔濟之亦猶
帝王之仁育黎庶若保赤子者也臣僧宗泐
如玘昨於 主一 二
內廷欽承
聖諭以爲心經金剛楞伽三經實治心法門
遣情離著具在是矣爾輩可不勉乎臣
等受
命以來夙夜兢惕懼無以上副
宸衷於是竭誠殫慮註釋心經金剛二典已
於洪武十一年正月二十八日
奏準行世而楞伽以今七月初十日始克
註成謹熏沐繕寫拜手稽首詣
闕進呈重念臣等才識庸陋學術空疎固
不敢叨於註釋之列然承
雨露之餘澤依
日月之清光庶幾少裨流通之萬一云爾
洪武十一年七月 日序

楞伽阿跋多羅寶經註解卷第一上

宋求那跋多羅奉 詔譯
大明天界善世禪寺住持臣僧宗泐
演福講寺住持臣僧如玘奉 詔同註

此經凡四譯今存者三其一則劉宋求那跋多羅譯成四卷曰楞伽阿跋多羅寶經其二則元魏菩提流支譯成十卷曰入楞伽經其三則唐實叉難陀與復禮等譯成七卷曰大乘入楞伽經若論所譯文之難易則唐之七卷文易義顯始末具備今釋者從宋譯四卷者以此本首行於世習誦者衆況達磨大師授二祖心法時指楞伽四卷可以印心而張方平嘗書此本蘇子瞻爲序其事是知歷代多從此本也然文辭簡古至於句讀有不可讀乃取七卷中文義顯者釋之仍採古註善者併註之

此經以法喻爲名第一義心爲體了妄顯性爲宗斥小辯邪爲用方等大乘爲教相法喻爲名者楞伽是城名華言不可往其城在南海摩羅山頂無神通者不可往佛於此處說法即佛境界以表法也至阿跋多羅者華言無上亦云入實者貴之物以喻此經尊貴故云法喻爲名也經者貫也謂貫通諸義也第一義心爲體者即如來藏自性清淨第一義心也了妄顯性爲宗者謂違妄顯眞離性執也斥小辯邪爲用者謂破小乘之偏執推外道之邪見也方等大乘爲教相者謂經通三乘義從圓頌也此之五章皆經中所詮之旨今預取而釋首題者欲令學者知一經之大意也

一切佛語心品

佛語心者即諸佛所說心法也然經中所說法門大約有四謂五法三自性八識二無我而獨言心者蓋此四種法門是一經之綱目究心之精要如入楞伽云五法自性等衆妙法門是一切諸佛菩薩入自心境離所行相稱眞實義諸佛教心也

如是我聞一時佛住南海濱楞伽山頂種種寶華以爲莊嚴與大比丘僧及大菩薩衆俱從彼種種異佛剎來是諸菩薩摩訶薩無量三昧自在之力神通遊戲大慧菩薩摩訶薩而爲上首一切諸佛手灌其頂自心現境界善解其義種種衆生種種心色無量度門隨類普現於五法自性識二種無我究竟通達

此通序分也如是者指所聞之法亦信順之辭我聞者阿難從佛聞持是法也一時者教主徒衆嘉會之時也佛者覺也謂覺道既成衆機說法導利群生也住南海濱楞伽山頂者說法之處也寶華莊嚴者是其處勝也大比丘菩薩衆者列同聞之衆也從彼異佛剎來者舉遠知近以顯衆多也無量三昧等者讚菩薩之德也自大慧下別讚大慧之德諸佛手灌其頂者明其位居等覺當授佛位故爲灌頂自心現境界者一切善惡境界皆由自心發現大慧善解其智起勝也種種衆生心色者謂一切有情五蘊種種不同大慧以無量度門而普應之則法門深廣也五法者曰名曰相曰妄想曰正智曰如如也三自性者曰妄想曰緣起曰成也識即八識也二無我者即人無我法無我也已上諸法大慧皆能究竟通達爲衆作發起之人此佛所以深讚之也

爾時大慧菩薩與摩帝菩薩俱遊一切諸佛剎土承佛神力從座而起偏袒右肩右膝著地合掌恭敬以偈讚佛

此下別序分也摩帝華言慧也自偏袒至恭敬天竺之敬儀也

世間離生滅　猶如虛空華　智不得有無
而興大悲心　一切法如幻　遠離於心識
智不得有無　而興大悲心　遠離於斷常
世間恒如夢　智不得有無　而興大悲心

一切世間衆生背覺合塵流轉生死而起妄想心識復計斷常二見無由出離如來以妙智觀察了達生滅等一切諸法如空華如幻如夢不有不無故興大悲心而度脫之使其皆得遠離也

知人法無我　煩惱及爾燄
常清淨無相　而興大悲心

此離惑智二障煩惱惑障也爾燄乃梵語智障也智本破惑惑即人法二執無我者無此二執也若於智生著智亦成障如來了知人法惑智本空故云常清淨無相衆生在迷受苦故起悲心而拔濟之

一切無涅槃　無有涅槃佛　無有佛涅槃
遠離覺所覺　若有若無有　是二悉俱離

一切者一切衆生也涅槃者不生不滅之理也佛與衆生同具此理尚無生死可斷爲有涅槃可證故云一切無涅槃然非證而證證此涅槃是則佛爲能證之人涅槃是所證之法離法無人故云無有涅槃佛離人無法故云無有佛涅槃入楞伽云佛不住涅槃涅槃不住佛辭異而義同也覺即佛所覺即涅槃人法俱泯故云遠離覺所覺然人法俱泯是亡有而未亡無故云若有若無有是二悉俱離也

牟尼寂靜觀　是則遠離生　是名爲不取
今世後世淨

牟尼是梵語華言寂默佛之名也此言人能如是觀佛寂靜之體從遠離而生是則於佛不生取著故今世後世皆得清淨入楞伽云若見於牟尼寂靜遠離生是人今後世離著無所取辭義尤顯已上諸偈讚佛皆言離著者蓋讚佛生善若不離著生善不深故也

爾時大慧菩薩偈讚佛已自說姓名

我名爲大慧　通達於大乘　今以百八義
仰諮尊中上

此下正宗分也大慧自言是大乘機爲衆發起

世間解之士　聞彼所說偈　觀察一切衆
告諸佛子言　汝等諸佛子　今皆恣所問
我當爲汝說　自覺之境界

世間解者如來十號之一也大慧所問百八義皆如來親證之法故云自覺之境界

爾時大慧菩薩摩訶薩承佛所聽頂禮佛足

合掌恭敬以偈問曰寶臣註入楞伽云此後諸偈問百八句義或一句為一問或二句為一問或三句為一問乃至十句為一問或一句為兩問然此百八句正問五法三自性八識二無我度衆生對治法門是故大慧舉上與摩帝遊諸佛剎所見之事故下問山海日月等即五法中名相妄想下問諸禪解脫等即五法中正智如如也云何淨其念問淨其妄念而生正念云何念增長問增淨念云何見癡惑問起見惑云何惑增長問增見惑何故剎土化相及諸外道問如來於剎土中示現身相化衆生及諸外道云何無受次入楞伽云及無影次第謂問無相法中因何有次第何故名無受承上問若有次第何名無相法無受即無相義何故名佛子問菩薩何名佛子解脫至何所問行人既得解脫復能往至何所誰縛誰解脫問迷時誰縛悟時誰解何等禪境界問諸禪定以何為境界云何有三乘惟願為解說問何故有聲聞緣覺菩薩三乘緣起何所生云何作所作問善惡緣起及所作業果云何俱異說問外道邪見何有俱異之說云何為增長入楞伽云云何諸有起謂起三有也云何無色定問無色界四空定及與滅正受問滅盡定之正受云何為想滅何因從定覺問受想心滅為定何得從定起覺云何所作生進去及持身問從定起用凡所作為是身去住得大自在云何現分別問現身說法分別諸法種相差別云何生諸地問得悟入諸地位入楞伽云云何入諸地破三有者誰何處身云何問能破諸有出三界是何佛子入楞伽云

云何有佛子而能破三有往生何所至問既破三有往生何處云何最勝子問弟子之中誰為第一何因得神通及自在三昧問神通三昧修何行而得云何三昧心最勝為我說問三昧之心何者為勝云何名為藏問第八藏識云何意及識問意根及諸識云何生與滅云何見已還問意識起見生滅已還亦惑也入楞伽云云何起諸見云何退諸見云何為種性非種及心量問三乘差別種性外道非種及不定種心量與非我義問有相及無我相云何無衆生云何世俗說問真無俗有云何為斷見及常見不生問斷常二見云何佛外道其相不相違問邪正無背云何當來世種種諸異部問佛滅後弟子所宗經部各異云何空何因云何剎那壞問諸法性空剎那念滅剎那極微細念也云何胎藏生問托胎受生云何世不動問世相遷流性何不動何因如幻夢及揵闥婆城世間熱時燄及與水月光問此五喻喻世間生滅相皆無實義揵闥婆梵語也此云尋香城何因說覺支及與菩提分問七覺支及八正道云何國土亂問所依國土何因亂壞云何作有見問諸法無體何作有見有即三有入楞伽云何故見諸有云何不生滅世如虛空華問世相如空華何故言不生不滅入楞伽云云何如空華不生亦不滅云何覺世間云何說離字問衆生云何覺知世法云何離文字相離妄想者誰云何

虛空譬問誰知諸法如虛空離妄想分別入楞伽云云何如虛空云何離分別如實有幾種問真如有幾幾波羅蜜心問諸度心有幾何因度諸地誰至無所受問誰能超越十地至於佛地無所受即佛境界何等二無我問誰能空人法二執惑障云何爾燄淨問誰能淨智障諸智有幾種問諸正智幾戒衆生性問衆生性殊禁戒有幾誰生諸寶性摩尼真珠等問諸寶物何從而生誰生諸語言衆生種種性問衆生語言差別種性不同何因而起明處及伎術誰之所顯示問五明五法及伎術五明者一曰內論謂一切佛法二曰外論有四種曰因曰聲曰醫方曰工巧此五各能生智故云明處伽陀有幾種長頌及短句伽陀梵語也此云孤起亦曰諷誦與重頌不同問孤起頌及長行重頌成為有幾種問經中理趣入楞伽云道理幾不同云何名為論問釋經之論入楞伽云解釋幾差別云何生飲食及生諸愛欲問飲食誰作愛欲何起云何名為王轉輪及小王云何守護國問大小諸王守國土之法及諸天有幾種云何名為地星宿及日月問欲界名相解脫修行者是各有幾種問學無學人解脫是無學修行是學弟子有幾種云何阿闍黎問師弟子阿闍黎此云教師佛復有幾種復有幾種生問佛三身及本生事本生謂宿世所行事入楞伽云如來有幾種本生事亦然魔及諸異學彼各有幾種問衆魔及諸外道魔梵語魔羅此云能害謂能害善法自性及與心彼復

各幾種問性與心幾種差別云何施設量惟願最勝說問心量安想施設最勝者稱佛也云何空風雲問欲界無情名相云何念聰明問欲界有情心念云何能生智慧云何為林樹云何為蔓草云何象馬鹿云何而捕取問草木之生誰使之然象鹿誰使之生又復誰能捕取十二何因而卑陋問卑陋賤人何業所致云何六節攝問一年云何分六節西域以兩月為一節一年分為六節八云何一闡提一闡提是梵語此云極惡又云信不具云男女及不男斯皆云何生問世間若男若女及五種不男之人何因而生云何修行退云何修行生問修行之人因何退墮因何精進而生禪師以何法建立何等人問修禪定者用何法示人入道衆生諸趣何相何像類問六道生趣形像云何為財富何因致財富問世間財富何因而致云何為釋種何因有釋種云何甘蔗種無上尊願說問釋迦種族及甘蔗種本行經云大茅草王得成王仙被獵師所射滴血於地生二甘蔗日炙而開出一男一女男名善生即甘蔗王釋種乃其裔也云何長苦仙彼云何教授問苦行仙人意求長生受教於誰如來云何於一切時剎現種種名色類最勝子圍繞問佛現身塵剎隨類不同衆所圍繞何因如是耶云何不食肉云何制斷肉食肉諸種類何因故食肉問食肉及斷食肉因緣云何日月形須彌及蓮華師子勝相剎側住覆世界如因陀

羅網此問世界形相須彌者妙高山也統一四天下一日月所照蓮華者華藏世界也師子世界於諸剎土最勝世界如蓋有側有覆有仰有橫因陀羅網即帝網網有千珠珠光交映喻世界重重無盡或悉諸珍寶箜篌細腰鼓狀種種諸華或離日月光如是等無量此亦問世界形相不同或諸寶所成或狀如箜篌如鼓如華或無日月所照何因而致九云何為化佛云何報生佛云何如如佛云何智慧佛問佛身名不同者何化佛應身也謂千百億化身報生佛他報身也謂他機所見如如佛法身也謂體性如如不異智慧佛自報身也謂自己修因感果以始覺之智合於本覺故曰智慧云何於欲界不成等正覺何故色究竟離欲得菩提問盧舍那報身佛不於欲界得道而於色究竟處得道者何耶善逝般涅槃誰當持正法問佛滅後傳持正法者誰天師住久如正法幾時住問佛住世及滅後正法所住時分長短天師即天人師也悉檀及與見各復有幾種問所化機緣及與見解悉檀者徧施也有四種一世界悉檀世界者次第也謂聞說法次第得歡喜益二對治悉檀謂聞法修行對破宿障得滅惡益三為人悉檀謂因聞法故得生善益四第一義悉檀謂因聞法故得悟理益毗尼比丘分云何何因緣毗尼者律也問因事制律及持律之僧入楞伽云何故立毗尼及以諸比丘彼諸最勝子緣覺及聲聞何因百變易云何百無受問二乘生處變易者謂變易生死居方便土因移果易也無受者謂入無餘涅槃不受後有也云何世俗通云何出世間云何為七地惟願為

演說問世間五通得出世六通及住第七地中第七名已辦也僧伽有幾種云何為壞僧問三乘僧及破戒僧梵語僧伽此云衆亦名和合云何醫方論是復何因緣問世間及出世間醫方諸論為誰而說入楞伽云云何為衆生廣說醫方論何故大牟尼唱說如是言迦葉拘留孫拘那含是我問何故如來說過去佛即是我耶義見第三卷經文四等中釋出何故說斷常及與我無我何不一切時演說真實義而復為衆生分別說心量問如來何不但說大乘而廣說諸法耶何因男女林訶梨阿摩勒問世間果木男女林木也訶梨阿摩勒二果名皆西域所有雞羅及鐵圍金剛等諸山無量寶莊嚴仙闥婆充滿問此諸山及衆寶莊嚴仙人樂神充滿者何乾闥婆天帝之樂神也此下是世尊領大慧所問亦釋也無上世間解聞彼所說偈大乘諸度門諸佛心第一善哉善哉問大慧善諦聽我今當次第如汝所說入楞伽云爾時世尊聞其所請大乘微妙諸佛之心最上法門即告之曰善哉大慧諦聽諦聽如汝所問當次第說即說頌曰十二十生及與不生涅槃空剎那趣至無自性此釋大慧所問有為生法無為不生法涅槃虛空剎那流轉等法皆妄想所現初無自性佛諸波羅蜜佛子與聲聞緣覺諸外道及與無色行如是種種事頌上所問人及所行法無色行外道所行法也須彌巨海山洲渚剎土地頌上國土中無情名相星宿及日

月外道天修羅解脫自在通力禪三摩提滅及如意足覺支及道品領上所問諸法名相也三摩提即三昧滅即無受如意足即欲念進慧四如意足也覺支即念擇進喜輕安定捨七覺支也道品總言即三十七道品也諸禪定無量諸陰身往來正受滅盡定三昧起心說心意及與識無我法有五自性想所想及與現二見諸禪定世出世間大小禪定也諸陰身六道生死身也正受即三昧滅盡定者受想心滅身證此定三昧起心說者從定而起運心說法也自心意及二見者總領五法三自性八識二無我也乘及諸種性金銀摩尼等一闡提大種荒亂及一佛智爾燄得向衆生有無有乘即三乘一闡提見前註大種即四大種荒亂即國土亂一佛即前迦葉等是我得向猶魔得便義有無有即空有象馬諸禽獸云何而捕取譬因成悉檀及與作所作譬即譬喻因成即相應悉檀即四悉檀如上註作所作即能作所作之業也叢林迷惑通心量不現有諸地不相至百變百無受醫方工巧論伎術諸明處名相並如前註此上皆領大慧所問諸山須彌地巨海日月量下中上衆生身各幾微塵自此至毛孔眉毛幾皆佛反詰大慧所問不周量者度數也上中下衆生總十界而言也身幾塵謂身量長短輕重也一一剎幾塵弓弓剎即剎土謂大千世數有幾肘步拘樓舍半由延由延界為一剎土二尺為一肘四肘為一弓五百弓為一拘樓舍十拘樓舍為一由延由延即由旬也兔毫窗塵蟣羊毛𪍿麥塵古註云七微塵成一窗塵七窗塵成一兔毛頭塵七兔毛頭塵成一羊毛頭塵七羊毛頭塵成一牛毛頭塵七牛毛頭塵成一蟣七蟣成一蝨七蝨成一芥七芥成一大麥𪍿即大麥也鉢他幾𪍿麥鉢他是升斗阿羅𪍿麥幾阿羅是一斗獨龍那佉梨獨龍是一斛那佉梨是十斛勒叉及舉利十萬為勒叉一億為舉利乃至頻婆羅是各有幾數頻婆羅一兆也為有幾阿㝹塵也名舍梨沙婆芥子也幾舍梨沙婆名為一賴提草子也幾賴提摩沙豆也幾摩沙陀那銖也復幾陀那羅為迦梨沙那兩也幾迦梨沙那為成一波羅斤也此等積聚相幾波羅彌樓彌樓須彌山也謂幾斤之塵能成彌樓之山入楞伽云幾斤成須彌者是矣是等所應請何須問餘事聲聞辟支佛佛及最勝子身各有幾數何故不問此謂何不問佛及三乘身各幾塵火燄幾阿㝹風阿㝹復幾言火風二大各幾塵數根根幾阿㝹毛孔眉毛幾根根言六根此下復領大慧所問護財自在王領何名為王轉輪聖帝王云何王守護領云何護國云何為解脫領解脫修行者此復有幾種廣說及句說如汝之所問領伽陀有幾種長頌及短句入楞伽云云何長行句衆生種種欲五欲也種種諸飲食領食肉不食肉云何男女林金剛堅固山云何如幻夢野鹿渴愛譬云何山天仙揵闥婆莊嚴領無量寶莊嚴仙闥婆充滿解脫至何所誰縛誰解脫此二句領問語同云何禪境界領何等禪境界變化及外道領剎土化相及諸外道云何無因作云何有因作有因無因作及非有無因此四句領云何俱異說云何現已滅領見已還云何淨諸覺云何諸覺轉及轉諸所作領云何淨其念云何念增長云何斷諸想云何三昧起破三有者誰何處為何身領破三有及何處身云何無衆生而說有吾我云何世俗說惟願廣分別此領無衆生及世俗說所問相云何及所問非我領建立相及非我義云何為胎藏及種種異身領胎藏生及名色類云何斷常見領何故說斷常云何心得定領云何三昧言說及諸智領諸語言及諸智戒種性佛子領幾戒衆生性云何成及論領成為幾種何名為論云何師弟子領弟子幾種及阿闍黎種種諸衆生斯等復云何領男女及不男云何為飲食聰明魔施設領念聰明魔及幾種施設量云何樹葛藤領林樹蔓草最勝子所問云何種剎領云何日月形生如是等無量乃仙人長苦行云何為族姓領釋種乃生甘蔗種從何師受學領建立何等人云何為醜陋領云何卑陋云何人修行領修行進退欲界何不覺阿迦膩吒成領欲界不成正覺及色究竟天離欲得菩提阿迦膩吒即

色究竟也云何俗神通頌世俗通云何為比丘頌毗尼比丘分云何為化佛云何為報佛云何如如佛平等智慧佛頌問佛身云何為衆僧佛子如是問頌三乘僧箜篌腰鼓華刹土離光明頌問刹土形相心地者有七頌云何為七地七地乃已辯地謂思惑已盡慧心顯著故曰心地十三所問皆如實總結指大慧所問皆如實義此及餘衆多佛子所應問總結指大慧所失問一一相相應遠離諸見過悉檀離言說我今當顯示次第建立句總結前生後即總上問頌皆契理離過以四悉檀當作百八句顯示建立佛子善諦聽戒令聽受此上百八句如諸佛所說此百八句法該五法三自性八識二無我諸佛所說之法無出于此自此以下結指諸句一一令人破情無遺著故皆言非句入楞伽云爾時大慧菩薩摩訶薩白佛言世尊何者是一百八句佛言大慧所謂生句非生句云云不生句生句常句無常句合云生句非生句此言不生句生句語倒也言衆生於真如無生覺上妄起生法之見本自非生故云非生句若計生法此則有常以無有生故曰非常相句無相句住異句非住異句計常則有相非常則無相因生有住因住有異住謂住於世間異謂從少至老其相變異住異二句前無問辭蓋問雖略答必詳悉也刹那句非刹那句自性句離自性句離即非也空句不空句斷句不斷句邊句非邊句中句非中句此二句無問常句非常句前云常句言凡夫於住計常此言常句言外道計四大性常

緣句非緣句因句非因句煩惱句非煩惱句愛句非愛句方便句非方便句此句無問巧句非巧句淨句非淨句成句非成句譬句非譬句弟子句非弟子句師句非師句種性句非種性句三乘句非三乘句所有句非所有句願句非願句此句無問三輪句非三輪句此句無問三輪者謂身輪現通口輪說法意輪鑒機相句非相句有品句非有品句俱句非俱句緣自聖智現法樂句非現法樂句入楞伽云自證聖智句非自證聖智句現法樂句非現法樂句刹土句非刹土句阿㝹句非阿㝹句水句非水句弓句非弓句實句非實句數句非數句數微塵數也數句非數句數上聲明句非明句虛空句非虛空句雲句非雲句工巧伎術明處句非工巧伎術明處句風句非風句地句非地句心句非心句施設句非施設句自性句非自性句陰句非陰句衆生句非衆生句慧句非慧句十四涅槃句非涅槃句爾燄句非爾燄句外道句非外道句荒亂句非荒亂句幻句非幻句夢句非夢句燄句非燄句像句非像句輪句非輪句入楞伽云火輪句揵闥婆句非揵闥婆句天句

非天句飲食句非飲食句婬欲句非婬欲句見句非見句波羅蜜句非波羅蜜句戒句非戒句日月星宿句非日月星宿句諦句非諦句隊上如實果句非果句此句無問滅起句非滅起句入楞伽云滅句非滅句起句非起句治句非治句入楞伽云壁方句非壁方句相句非相句所答見有三相前則體相次則標相此則法相支句非支句入楞伽云支分句謂支形分段巧明處句非巧明處句禪句非禪句迷句非迷句現句非現句護句非護句族句非族句仙句非仙句王句非王句攝受句非攝受句此一句無問寶句非寶句記句非記句此一句無問一闡提句非一闡提句女男不男句非女男不男句味句非味句此一句無問事句非事句此一句無問身句非身句覺句非覺句動句非動句根句非根句有為句非有為句無為句非無為句因果句非因果句此三句無問色究竟句非色究竟句節句非節句十五叢樹葛藤句非叢樹葛藤句雜句非雜句此一句無問說句非說句毗尼句非毗尼句比丘句非比丘句處句非處句字句非字句大慧是百八句先佛所說汝及諸菩薩摩訶薩應當

修學按今宋本正文止得百單四句於中加唐本四句方是如有品句非有品句下唐本作有句非有句無句非無句又緣自聖智現法樂句非現法樂句唐本開作兩句又起滅句非起滅句有分作兩句又說句非說句下唐本更有決定句非決定句總加四句此一百八義文有三段始則大慧請問中則如來領釋然所問所領皆無倫次故不可以定數開合而論之至復乃結指顯示一百八句句句遣著然而不多不少數至此者蓋表也

對百八煩惱成百八法門也其為法也有事有理有性有修有真有妄有迷有悟有教有行有因有果有體有用有即有離有亡有無一經大旨舉在是矣此下別問別答

爾時大慧菩薩摩訶薩復白佛言世尊諸識有幾種生住滅佛告大慧諸識有二種生住滅非思量所知諸識有二種生謂流注生及相生有二種住謂流注住及相住有二種滅謂流注滅及相滅

從此至盡文別問答五法三自性八識二無我也首問諸識者蓋識即是心心為萬法之本故也據常途所立諸識謂第九菴摩羅識即真常淨識屬佛第八阿黎耶識即舍藏識屬菩薩第七阿陀那識即傳送識屬二乘第六分別事識亦名波浪識屬凡夫或有譯師不立第九者謂第九即第八異名今經所明諸識不同常途據後經文謂如來藏名識藏及意根意識眼等五識共為八識以此諸識約生滅門說故問有幾種生住滅佛答有二種生住滅非思量所知者真如妙性本無生滅隨無明緣而起諸識故有生住異滅生謂因緣所生住謂住止異謂變異滅謂滅盡此不言異者文略耳然此諸識生滅之相唯佛智能明故云非思量所知言流注生住滅者謂識蘊於內念念相續如水流注未始暫停也言相生住滅者謂相顯於外根境相對起生住滅

大慧諸識有三種相謂轉相業相真相轉相者無始熏變覺成不覺也業相者以不覺故動則成業也真相者隨緣不變體性真淨也依起信論云業相轉相現相乃從真起妄妄動成業因動故轉見有境界次第發現也此不言現而言真者蓋言此識隨緣不變故名真耳

大慧略說有三種識廣說有八相何等為三謂真識現識及分別事識大慧譬如明鏡持諸色像現識處現亦復如是諸識略說有三種者真識即如來藏識現識即如來藏所轉亦名識藏名轉而體不轉分別事識即意根意識及五識身此開藏識為二合事識為一也廣說有八相者據後經文即合上真識現識為一藏識開上分別事識為七識謂意根意識眼識耳識鼻識舌識身識也然此諸識廣略開合不同者良以如來藏是善不善因隨染淨緣熏變不同衆生無始惡習所熏唯逐染緣故如來藏轉名識藏次第轉生諸識此全真成妄全理成事也若能隨於淨緣了達諸識皆即真智如來藏無復轉名則即事而理反妄歸真矣鏡喻現識者以現識是能生諸法之本造因招果如鏡之照物妍醜不差也

大慧現識及分別事識此二壞不壞相展轉因現識含藏善惡種子無失故名不壞事識以根對境起憎愛心念念生滅故名為壞然此二識難壞不壞有異而展轉相因非異非不異也

大慧不思議熏及不思議變是現識因熏者熏炙也變者轉變也言不思議熏者全真成妄也言不思議變者全理成事也真妄不二事理體一不熏而熏不變而變不可心思口議如是熏變成現識因

大慧取種種塵及無始妄想熏是分別事識因種種塵者六塵也取者六根取六塵而起愛見也無始妄想熏者無始以來起此愛見妄想熏成事識是為因也

大慧若覆彼真識種種不實諸虛妄滅則一切根識滅是名相滅覆者反復也謂若能返照真識則一切愛見妄想自然消滅能熏妄想既滅則所熏根識亦泯是為相滅

大慧相續滅者相續所因滅則相續滅所從滅及所緣滅則相續滅大慧所以者何是其所依故依者謂無始妄想熏緣者謂自心見等識境妄想相續滅者即流注滅也識之相續是有因緣因緣若滅則相續滅因謂無始妄想即根本無明也緣謂自心所見分別境界無始妄想即根本無明也

大慧譬如泥團微塵非異非不異金莊嚴具亦復如是大慧若泥團微塵異者非彼所成而實彼成是故不異若不異者則泥團微塵應無分別此喻明轉識與藏識非異非不異正顯藏識真相不滅以為一經之要所謂佛語心者其在是歟泥團喻轉識微塵喻藏識藏識是真轉識是妄泥團因微塵而成其體是一故不可言異泥團微塵若定是一則無所分別故不可言非異乃喻從真起妄妄滅真顯金為莊嚴具其喻亦然然後合法

如是大慧轉識藏識真相若異者藏識非因

若不異者轉識滅藏識亦應滅而自眞相實不滅此明法非一異謂諸轉識與藏識若異者彼無明風熏動之時藏識之體應不隨緣則墮常見然藏識是善不善因非不隨緣也若不異者轉識滅時藏識亦應滅則墮斷見然藏識眞相終不可滅蓋衆生自性清淨心因無明風動心與無明俱無形相不相捨離而心非動性若無明滅相續則滅而智性不壞也是故大慧非自眞相識滅但業相滅若自眞相識滅者藏識則滅大慧藏識滅者不異外道斷見論議此明眞妄滅不滅所以也上言轉識滅藏識不滅已顯其非異非不異猶恐大慧未達深意故復告云眞相不滅但業相滅蓋眞是不變之性本離生滅業是無明虛妄之相故有生滅既反妄歸眞則妄滅而眞不滅也眞若有滅何異外道斷見論議論議即戲論謂外道不實言教也大慧彼諸外道作如是論謂攝受境界滅識流注亦滅若識流注滅者無始流注應斷大慧外道說流注生因非眼識色明集會而生更有異因大慧彼因者說言若勝妙若士夫若自在若時主一若微塵外道之論十八不出斷常二見所謂攝受境界滅則識流注亦滅者此計斷也攝受境界者謂心識所取之塵境也內敎謂流注滅者蓋言其相滅耳而性未嘗滅也外道言滅是爲斷滅宜知流注識性出於無始藏識也哉彼又言流注生因非眼識色明四緣和合而生以爲別有異因異因者若勝妙即勝性是生梵天之天主也若士夫亦名丈夫即十六知見之一神我之別名也自在謂大自在天也及計時節微塵等爲能生者外道所計生因皆此類也

復次大慧有七種性自性所謂集性自性性自性相性自性大種性自性因性自性緣性自性成性自性此七種自性名義或約妄釋是凡非聖恐非經意如下文云此是三世如來性自性第一義心又曰凡夫無性自性豈非性義是聖非凡耶故當約聖釋於七中前六不出因果謂集性自性即爲善聚集因也由集因故有性有相性內而相外也大種自性者謂四大種果也大種本通凡聖今約聖報所謂色常等常謂眞常即法性五陰果故有因有緣因親而緣疎也因果所成者成成自性也即後文第一義心也復次大慧有七種第一義所謂心境界慧境界智境界見境界超二見境界超子地境界如來自到境界言境界者入楞伽云所行即所行境界而有通別之異前六種通於菩薩及佛自到境界第七種唯屬於佛心境界者即心所造詣第一義處也心能發慧慧力既勝則成智智用既成則正見現前正見現前則超斷常二見乃至超越菩薩境界至如來自到境界也大慧此是過去未來現在諸如來應供等正覺性自性第一義心之一此總結自性第一十九義心是佛所證以性自性第一義心成就如來世間出世間出世間上上法自此以下明如來依自性第一義成就自行化他德用也成就世間者示同人法而化他也出世間者通三乘也出世間上上法者惟佛與佛能究竟也

聖慧眼入自共相建立如所建立不與外道論惡見共聖慧眼者佛知佛見也自相者自證之法也共相者化他之法也由自悟入佛之知見建立種種法門令諸衆生依法修行亦皆悟入佛之知見然所建立法門皆是全體起用故不同外道戲論邪見也大慧云何外道論惡見共所謂自境界妄想見不覺識自心所現分齊不通外道修行亦發邪慧所見境界不知惟心發現妄自分別有無故言妄想見也言分齊不通者謂所現境界之相不能通達也大慧愚癡凡夫性無性自性第一義作二見論凡夫無性自性第一義者迷而不知非實無也以其迷故於此性義非有非無中起有無二見戲論也復次大慧妄想三有苦滅無知愛業緣滅自心所現幻境隨見今當說三有者欲界色界無色界言有者生死不亡也苦即生死苦也無知是無明愛是思惑業緣是善惡業緣此生死煩惱業緣即苦惑業三道皆是自心所現虛幻之境若能了達如幻則諸境自滅如入楞伽云若了境如幻自心所現則滅妄想三有苦及無知愛業緣大慧若有沙門婆羅門欲令無種有種因果現及事時住緣陰界入生住或言生已滅沙門此云勤息謂勤修衆善止息諸惡婆羅門此云淨行此說言二衆起有無見過同外道無種者計自然性也有種者計此身從微塵生從世性生也以此爲因欲令成果故云因果

現也及計依事物時節而住或緣五陰十八界十二入等所生而住此常見也或言生已即滅此斷見也

大慧彼若相續若事若生若有若涅槃若道若業若果若諦破壞斷滅論所以者何以此現前不可得及見始非分故

若相續謂因果相續若事謂事物若生謂陰界入等生若有謂如上諸法實是有者則顯涅槃等四諦之法皆無也乃成其破壞斷滅之論且涅槃與道是出世間之法若業緣若苦果是世間之法此云四諦是佛所說眞俗法門彼以為無成斷滅論故復徵釋其義云以此現前四諦之法悉皆以為實無於我見最初起處計有計無皆是邪見非解脫正因之分故也

大慧譬如破瓶不作瓶事亦如焦種不作牙事

設此二喻以明外道斷見初喻無果無果則無因也次喻無因無因則無果也

如是大慧若陰界入性已滅今滅當滅自心妄想見無因故彼無次第生

若謂五陰十八界十二入已滅則是無因今滅則是無果當滅則復無因以是推之皆是自心妄想所見彼因既無則無次第相續生矣

大慧若復說無種有種識三緣合生者龜應生毛沙應出油汝宗則壞違決定義有種無種說有如是過所作事業悉空無義

此重複破外道釋計也上惟計有計無為生法之因既被斥矣若復計有無與識三緣和合而生者亦無是理故說喻以曉之龜既不能生毛沙既不能出油則所計義墮故云汝宗則壞以其違背大乘決定之義故也外計以有無二見為本故總斥云有如是過既無其本則所作事業因果皆無實義也

大慧彼諸外道說有三緣合生者所作方便因果自相過去未來現在有種無種相從本已來成事相承覺想地轉自見過習氣作如是說

上止言彼說三緣為能生之因未言其所作之事所作者何若方便若因果若自相通乎三世方便者外道教法也因果者依彼教所修因果也自相者自心所現之相也此三世之事自其近者言之若探其本而有無二種之相相承覺想地轉所謂八萬劫前冥初生覺覺生性性生地次第轉生二十五諦皆由自己邪見過患熏習餘氣作如是說也

如是大慧愚癡凡夫惡見所害邪曲迷醉無智妄稱一切智說

愚癡凡夫亦是外道由著惡見邪見迷無所知自以為智立教誨人故妄稱一切智說也

大慧若復諸餘沙門婆羅門見離自性浮雲火輪揵闥婆城無生幻燄水月及夢內外心現妄想無始虛偽不離自心妄想因緣滅盡離妄想說所說觀所觀受用建立身之藏識於識境界攝受及攝受者不相應無所有境界離生住滅自心起隨入分別

此明佛法正說即廣前說所現幻境也見離自性者謂見一切法悉離自生性執亦離他生共生無因生性執今總略云自性以離性執故無生也譬之如空中雲如旋火輪如尋香城如幻如燄如水中月如夢所見與幻境一也若達此幻境本無內外見有內外然從無始妄想虛偽所成若不離自心自心性離則妄想因緣滅盡此即妄想三有苦果滅也以及能說所說能觀所觀至於受用建立身之藏識一切皆離言於識境界攝受者境界即六塵攝受即六根言及攝受者即六識也言不相應者由了識境空寂則無待對豈復有生住滅然後藏識自心得起隨入一切境界以正智分別無不可也

大慧彼菩薩不久當得生死涅槃平等大悲巧方便無開發方便大慧彼於一切衆生界皆悉如幻不勤因緣遠離內外境界心外無所見次第隨入無相處次第隨入從地至地三昧境界

法界平等本無生滅迷之為生死悟之為涅槃迷悟雖殊理常平等菩薩修行自淺至深故云不久當得生死涅槃平等此自證也自既證理起用化他運大悲心施設善巧方便誘接羣生使其修無作行開發本性言無開發方便者即無功用行也理雖人人本具非此無功用行則自行化他皆不成就彼菩薩既諳此理則了一切衆生皆如幻化不勞作意任運遠離內外境界諸相唯一眞心更無所見是為入無相處無相處即初住破無明顯法性處次第入行向地從地至地者從一地至十地也

解三界如幻分別觀察當得如幻三昧度自心現無所有得住般若波羅蜜捨離彼生所作方便金剛喻三摩提隨入如來身隨入如如化神通自在慈悲方便具足莊嚴等入一

切佛刹外道入處離心意意識是菩薩漸次轉身得如來身上了衆生界如幻則知心外無法至此又了三界如幻得如幻三昧度越自心所現境界不復有種種方相乃得安住智慧彼岸言捨離彼生所作方便者離於有生所作乃得無生無作之方便也金剛喻者言等覺菩薩用佛智斷最後微細無明能斷難斷故以金至堅至利之物喻之三摩提者此云等持即金剛後心所得之定從此定轉入佛地如如者本覺之理也住此理起諸變化故能神通自在慈悲方便以爲莊嚴言入一切佛刹者是入佛界也言外道入處者是入魔界也由能究竟離心意識得無分別智普現色身三昧故也言轉身得如來者此總結菩薩所證之果也

大慧是故欲得如來隨入身者當遠離陰界入心因緣所作方便生住滅妄想虛偽唯心直進觀察無始虛偽過妄想習氣因三有思惟無所有佛地無生到自覺聖趣自心自在到無開發行如隨衆色摩尼隨入衆生微細之心而以化身隨心量度諸地漸次相續建立是故大慧自悉檀善應當修學言欲得如來身者必依已證之衆而修因行應遠離五陰十八界十二入種種妄心及因緣和合所作生住滅法虛妄分別言唯心直進觀察者謂觀諸法惟心不涉餘途直觀一念三道本無所有言虛偽過者煩惱道也言習氣因者業道也言三有者苦道也於此思惟了無一法則契佛地無生到自覺聖趣境界既得自心無入而不自在故曰到無開發行即無功用行也菩薩至此位中隨機應現如摩尼珠隨色而轉以微細智入衆生微細之心隨彼心量說無量度門令彼所度衆生亦由諸地漸次相續建立法門菩薩度生莫善於四種悉檀故總結勸云應當修學悉檀之義已見前註

爾時大慧菩薩復白佛言世尊所說心意意識五法自性相一切諸佛菩薩所行自心見等所緣境界不和合顯示一切說成眞實相一切佛語心爲楞伽國摩羅耶山海中住處諸大菩薩說如來所歎海浪藏識境界法身自所說心意識至一切佛語心是大慧述所聞之法乃佛菩薩之所行者然不離衆生自心境界言不和合者不與根塵和合也蓋五法三自性諸法迷悟共由眞妄同出而有和合不和合之異和合者妄識也不和合者眞智也既不和合則顯一切所說皆眞實相即諸佛教心之大要也既述已聞復起後請惟願爲諸菩薩演說如來前所稱歎之法言海浪藏識者即第八識此識含藏善惡諸法隨染淨緣如海起浪如來究竟眞理法身境界也

爾時世尊告大慧菩薩言四因緣故眼識轉何等爲四謂自心現攝受不覺無始虛偽過色習氣計著識性自性欲見種種色相大慧是名四種因緣水流處藏識轉識浪生此答上問自言眼等四緣明轉識依藏識生所謂四緣者根緣色緣識緣欲見緣也根緣者根即眼根眼所對境自心發現由不覺故妄生執取色緣者色塵本空無始時來執著爲色妄想熏習使之然也識緣者識以分別爲性根塵相對而起計著欲見緣者雖三緣和合若不起心欲見則諸色相猶不見也由是四緣眼識轉生若推其本起於藏識故曰水流處由藏識而生轉識如水起浪也

大慧如眼識一切諸根微塵毛孔俱生隨次境界生亦復如是譬如明鏡現衆色像猶如猛風吹大海水心體如海八識如水流注七識如暴流六識如波浪令像八識流動得有眼等轉識浪生如眼識餘五根至於一微塵一毛孔皆與識俱生無不覺知隨次境界生亦如是者言外塵境界亦與識漸次而生萬法唯識見於是矣然識之所生有頓有漸如明鏡現衆色像者喻頓生也如猛風吹大海水者喻漸生也鏡之現像無有前後風吹海水則前波起而後波隨也

外境界風飄蕩心海識浪不斷因所作相異不異合業生相深入計著不能了知色等自性故五識身轉大慧即彼五識身俱因差別分段相知當知是意識因心爲外塵所動如風吹海諸識浪生相續不斷藏識爲因轉生諸識作諸業相有同不同合所作業及所生因所以深入妄計執著不知色等自性體空故眼等五識次第轉生言身者衆集爲義謂聚諸見塵爲一眼識等既生五識則有意識與之俱緣故曰即彼五識身俱然彼五識因五塵差別分段之相而生知覺意識因者言五識是六識之因也

彼身轉彼不作是念我展轉相因自心現妄想計著轉而彼各各壞相俱轉分別境界分段差別謂彼轉彼身轉者謂彼五識轉生六識而識亦不自謂展轉相因

而生皆由自心所現妄計爲境境有生滅轉亦隨之或以彼境有變壞之相識亦俱轉又以彼識分別諸境而識轉故曰謂彼轉也

如修行者入禪三昧微細習氣轉而不覺知而作是念識滅然後入禪正受實不識滅而入正受以習氣種子不滅故不滅以境界轉攝受不具故滅

此既二乘入滅盡定以例微細藏識不滅之義蓋二乘之人入此定不能知是識轉自謂我因滅諸識而入正受而實未嘗滅也不滅者以識之習氣種子依藏識故也彼滅盡定但伏六識不取塵境以爲識耳攝受不具者即不取塵境也

大慧如是微細藏識究竟邊際除諸如來及住地菩薩諸聲聞緣覺外道修行所得三昧智慧之力一切不能測量決了

此言藏識微細行相惟有諸佛及登地菩薩能知究竟邊際一切二乘外道所得三昧之力皆不能知

餘地相智慧巧便分別決斷句義最勝無邊善根成熟離自心現妄想虛偽宴坐山林下中上修能見自心妄想流注無量剎土諸佛灌頂得自在力神通三昧諸善知識佛子眷屬彼心意意識自心所現自性境界虛妄之想生死有海業愛無知如是等因悉已超度是故大慧諸修行者應當親近最勝知識

餘地相者蓋言修習如實行者以智慧力善巧方便分別諸地相也決斷句義者即善達諸句義也善根成熟者謂於無邊佛所廣集善根而最勝也離自心現妄想虛偽者謂不妄分別自心所現能知之耳山林乃修行之處下中上修根器不等悉皆能見自心妄想流注所以無量剎土諸佛爲之灌頂乃得自在神通三昧衆所知識是諸菩薩眷屬心意意識所行境界無不知之則能超越業愛無明生死大海故識修者應當親近如實修學此段經文詞義隱晦舊註多有不同今依唐譯顯白處釋之

爾時世尊欲重宣此義而說偈言

譬如巨海浪　斯由猛風起　洪波鼓冥壑　無有斷絕時

藏識海常住　境界風所動　種種諸識浪　騰躍而轉生

青赤種種色　珂乳及石蜜　淡味衆華果

初八句頌上猶如猛風吹大海水也青赤色等此該六塵追頌上外境界風飄蕩心海也青赤是色能起眼識珂珮是聲能起耳識檀乳是香能起鼻識木羅石蜜是觸能起身識甘淡是味能起舌識現在之華未來之果種種法塵能起意識是爲境界風起心海識浪也

日月與光明　非異非不異　海水起波浪

七識亦如是　心俱和合生

此二喻政謂八識心與六識和合俱生非異非不異而云七識者以意根意識兼五識身而言非謂第七識日月海水喻本光明波浪喻末也

譬如海水變　種種波浪轉　七識亦如是

心俱和合生　謂彼藏識處　種種諸識轉

謂以彼意識　思惟諸相義　不壞相有八

無相亦無相　譬如海波浪　是則無差別

諸識心如是　異亦不可得

此依上海波之喻復開爲二義初喻言異據入楞伽多此七識亦如是心俱和合生二句蓋此本喻八識轉生諸識如海水變起諸波浪言以彼意識思惟諸相者以意識思惟六塵等相故曰異也次喻言不異

偈云不壞相有八者謂八識無壞相也無相亦無相者謂八識本無相可見諸識同依藏識亦無相可見如海浪雖異同一濕性則無差別諸識唯心亦不可得故曰異亦等也

心名採集業　意名廣採集　諸識識所識　現等境說五

釋論云心意識三一法異名對數名心能生爲意分別爲識又云前起爲心次起爲意後了別爲識言心名採集業者根塵相對一念心起而生取著成善惡業意名廣採集者由前心轉入意根起貪瞋癡廣造諸業諸識識所識者謂第六識分別前之五識所受五塵故云現等境說五五即五識也

爾時大慧菩薩以偈問曰

青赤諸色像　衆生發諸識　如浪種種法　云何惟願說

上云青赤等塵發生五識如海波浪皆非一異又云心能積集業等故致斯問

爾時世尊以偈答曰

青赤諸雜色　波浪悉無有　採集業說心　開悟諸凡夫

上二句頌法喻皆空下頌心意採集成業要令凡夫知造業之由而悟本性也

彼業悉無有 自心所攝離 所攝無所攝

與彼波浪同（此頌明所造之業及能造之心悉皆空寂亦同波浪攝即取也）

受用建立身 是衆生現識 於彼現諸業

譬如水波浪（此頌明衆生依正二報及所作業皆自心妄現如水起波然違妄即眞如波即是水同一漏性爲有差別之相）

爾時大慧菩薩復說偈言

大海波浪性 鼓躍可分別 藏與業如是

何故不覺知（此問言法喻是同何故衆生有知不知）

爾時世尊以偈答曰

凡夫無智慧 藏識如巨海 業相猶波浪

依彼譬類通（凡夫無智不能覺知藏識如海而常住業相似浪而轉生舉喻引類令彼通解）

爾時大慧菩薩復說偈言

日出光等照 下中上衆生 如來照世間

爲愚說眞實 已分部諸法 何故不說實

（此之問意正由請說法身境界當爲說實而如來但說藏識如海等諸部法相是故設喻以問既分諸部何不說實也）

爾時世尊以偈答曰

若說眞實者 彼心無眞實 譬如海波浪

鏡中像及夢 一切俱時現 心境界亦然

（如來之意正欲說實而未說者機未熟耳故云彼心無眞實由無眞實故如來說藏識轉生諸識如海起浪及鏡中之像夢中之事雖一時俱現皆非眞實故曰心覺界亦然也）

境界不具故 次第業轉生 識者識所識

意者意謂然 五則以顯現 無有定次第

（此明外塵境界非心本具但隨業轉生六識分別五識所取外塵故云識所識也意根對法塵而起意識亦復然矣五識隨二十八五塵而顯現豈定有次第而生耶）

譬如工畫師 及與畫弟子 布彩圖衆形

我說亦如是 彩色本無文 非筆亦非素

爲悅衆生故 綺錯繪衆像（此喻正顯言說文字無實之義如來隨機說法如畫師之隨形圖像然圖像雖由彩色筆素而成其實則非彩色筆素但爲取悅衆情假之以繪諸像也）

言說別施行 眞實離名字 分別應初業

修行示眞實 眞實自悟處 覺想所覺離

此爲佛子說（言說別施行等者謂對機施設言教非實在於言教以其眞實本離名字所以分別者爲應初業初業謂初發心人也若有眞實心者則示眞實之法令其修行及其悟眞實之處則能覺所覺俱遣況言說乎）

愚者廣分別 種種皆如幻 雖現無眞實

如是種種說 隨事別施設 所說非所應

於彼爲非說（此再釋應初業句雖爲愚者廣以言教種種分別其實非眞亦猶幻師現出諸相皆非眞實故種種言說隨機方便施設耳言所說非所應者謂小乘之人爲說眞實之法則非所宜彼翻以爲非說所謂說法不投機翻成大妄語是也）

彼彼諸病人 良醫隨處方 如來爲衆生

隨心應量說 妄想非境界 聲聞亦非分

哀愍者所說 自覺之境界（良醫隨病投藥不同以況如來應量說法有異然如來所說自覺眞實境界非外道小乘境界也妄想即外道二十九入楞伽云外道非境界聲聞亦復然）

楞伽阿跋多羅寶經註解卷第一上

楞伽阿跋多羅寶經註解卷第一上

校勘記

一 底本，明永樂北藏本。

一 三三五頁上末行「帝主」，徑作「帝王」。

一 三三八頁上一三行註解左首字「族」，清無。

一 三四二頁上七行「不異」，徑作「若不異」。

一 三四二頁中一〇行「子地」，清作「十地」。

一 三四四頁中一〇行註解左首字「智」，清作「實」。

一 三四四頁中一八行註解右首字「自」，徑、清作「首」。

一 三四五頁中四行註解左「意議」，徑、清作「意識」。

一 三四五頁中一五行「波浪」，徑作「海浪」。

楞伽阿跋多羅寶經註解卷第一下　主二

宋求那跋多羅奉詔譯
大明天界善世禪寺住持臣僧宗泐
演福講寺住持臣僧如玘奉詔同註

復次大慧若菩薩摩訶薩欲知自心現量攝受及攝受者妄想境界當離羣聚習俗睡眠初中後夜常自覺悟修行方便當離惡見經論言說及諸聲聞緣覺乘相當通達自心現妄想之相

前明眞實固非外道小乘境界然而心之本具法門若能修習何憂不就故益結勸現量塵境無不出於自心迷而不覺妄想取著言攝受者能取也及攝受者所取也欲了虛妄而顯眞實當獨處遠俗離諸昏散於初中後夜覺悟所謂修行方便法門然惡見經論是外道之本小乘空相是聲聞緣覺之病若解遠離則能通達自心所現妄想之相而造夫眞實之境矣

復次大慧菩薩摩訶薩建立智慧相住已於上聖智三相當勤修學何等為聖智三相當勤修學所謂無所有相一切諸佛自願處相自覺聖智究竟之相修行得此已能捨跛驢心智慧相得最勝子第八之地則於彼上三相修生大慧無所有相者謂聲聞緣覺及外道相彼修習生大慧自願處相者謂諸先佛自願處修生大慧自覺聖智究竟相者一切法相無所計著得如幻三昧身諸佛地處進趣行生大慧是名聖智三相若成就此聖智三相者能到自覺聖智究竟境界是故大慧聖智三相當勤修學

上言法身境界是如來究竟之地修行之人欲到此地非智莫進是故建立智慧之相為修學者之所依住若不進功何由成就故誡勸云於上聖智三相當勤修學又恐大慧未達三相復微而釋之然此三相二乘所不能行故喻如跛驢最勝子者即第八地菩薩不共二乘故云能捨良以此經雖是大乘亦兼通教也言修生者謂修行而生聖智也無所有相者無二乘外道之相也自願處相者諸佛從本立願修行也聖智究竟相者自證中道智相也中道離空有二邊之相故云無所計著也三昧身即報身也諸地處等者謂化身徧諸佛刹示同行者進修趣果故云行生結勸可知

爾時大慧菩薩摩訶薩知大菩薩衆心之所念名聖智事分別自性經承一切佛威神之力而白佛言世尊惟願為說聖智事分別自性經百八句分別所依

五法三自性八識二無我皆是此經所說聖智之事諸菩薩已聞說八識覺念欲聞三自性法是故大慧為衆再請但言自性經者舉總而攝別也言百八句分別所依者謂百八句以分別自性為所依也

如來應供等正覺依此分別說菩薩摩訶薩入自相共相妄想自性以分別說妄想自性故則能善知周徧觀察人法無我淨除妄想照明諸地超越一切聲聞緣覺及諸外道諸禪定樂觀察如來不可思議所行境界畢定捨離五法自性諸佛如來法身智慧善自莊嚴起幻境界昇一切佛刹兜率天宮乃至色究竟天宮逮得如來常住法身

如來聞諸菩薩於生法自共相執為說妄計自性差別義門知是義已周徧觀察則離人法二我之執既離已乃入諸地所以度越凡小禪定優入如來不思議境其五法三自性之妄執不離而離也法身智慧莊嚴者自行之果圓也起幻境界者現土化他也至於一切佛刹天宮凡有衆生可受化者無不於中示現受生成等正覺兜率陀者此云知足謂於五欲知止足也

佛告大慧有一種外道作無所有妄想計著覺知因盡兔無角想如兔無角一切法亦復如是大慧復有餘外道見種求那極微陀羅驃形處橫法各各差別見已計著無兔角橫法作牛有角想

外道之見無出二種一者計無見一切法隨因而盡更無有因如兔無角諸法亦爾此斷見也二者計有見大種依微塵而生大種者四大種也求那翻依陀羅驃翻塵於塵等諸物形量處橫計差別作牛有角想此常見也

大慧彼墮二見不解心量自心境界妄想增長身受用建立妄想根量大慧一切法性亦復如是離有無不應作想大慧若復離有無

而作兔無角想是名邪想彼因待觀故兔無角不應作想乃至微塵分別自性悉不可得大慧聖境界離不應作牛有角想彼外道之起有無二見因不了諸法唯心但於自心境界增長妄想分別至於世間資身之具無非妄想心量根循心也若能達此心量所現境界皆是虛妄其有無二見則可泯矣復告大慧非但心法本空一切諸法之性亦本離有無之相不應妄計又復若謂有無俱離作兔無角想亦及邪計言待觀者待謂待對謂對牛角之有觀兔角之無亦非眞空故云不應作想至於微塵自性求其體相皆不可得良以聖智境界本離彼見是故於此不應分別也

爾時大慧菩薩摩訶薩白佛言世尊得無妄想者見不生相已隨比思量觀察不生妄想言無耶既斥外道有無皆非正因故又問云今正教得無妄想者唯見不生相而已與彼外道觀察不生妄想言無者何異耶

佛告大慧非觀察不生妄想言無所以者何妄想者因彼生故依彼角生妄想以依角生妄想是故言依因故離異不異故非觀察不生妄想言無角答中先正揀非言非觀察等者蓋了妄想無自性爲無不同彼分別對有言無蓋彼以分別妄想爲生法之因如因角有無而起分別故云以依角生妄想言離異不異者異謂依角而起有無分別不異謂角無分別離此見故故云非觀察不生妄想言無角也

大慧若復妄想異角者則不因角生若不異者則因彼故乃至微塵分析推求悉不可得不異角故彼亦非性二俱無性者何法何故而言無耶大慧若無故無角觀有故言兔無角者不應作想大慧不正因故而說有無二俱不成此復妄想異角等者再釋上義若謂分別與角異者則角非所依之因若不異者因彼而起分別若分析至於微塵悉不可得者則有角無角二見俱泯故曰不異角故彼亦非性非性者非實性也若有無二法俱無性者指何法而言無耶言無故無角者謂異於有角而言無角者決無是理故云不應作想言不正因者謂不得正因論有無者皆無實義故云二俱不成也

大慧復有餘外道見計著色空事形處橫法不能善知虛空分齊言色離虛空起分齊見妄想重舉外計色空之義以辯其非因如入楞伽云復有外道見色形狀虛空分齊而生執著言色異虛空起於分別

大慧虛空是色隨入色種大慧色是虛空持所持處所建立性色空事分別當知大慧四大種生時自相各別亦不住虛空非彼無虛空上言不善分別色空此言空即是色色即是空持所持處者謂色爲虛空所持於所持處建立諸色則空外無色色互爲能所云何而言離虛空起分齊見也言性色空事者謂性色性空之事當知是分別入楞伽云此色空分齊應如是知四大種者地水火風也四大生時堅濕煖動自相各別雖不住於虛空未嘗離於虛空故云非彼無虛空也

如是大慧觀牛有角故兔無角大慧又牛角者析爲微塵又分別微塵剎那不住彼何所觀故而言無耶若言觀餘物者彼法亦然觀牛有角等者是對牛角之有言兔角之無也此牛角析爲微塵又分分析之至於隣虛如是則覺無覺相求剎那住相亦不可得剎那者微細念也彼外道計無者對牛角之有而言牛角求之既無微塵可得不知對何物而言無耶入楞伽云若待餘物彼亦如是待即對也

爾時世尊告大慧菩薩摩訶薩言當離兔角牛角虛空形色異見妄想汝等諸菩薩摩訶薩當思惟自心現妄想隨入爲一切剎土最勝子以自心現方便而教授之此結勸離二種見又曰當思惟自心現妄想欲知妄想有無之實但當返觀自心是果有耶果無耶亦有亦無非有非無思之自得亦當以此教導於他故曰隨入一切剎土最勝子猶佛子也

爾時世尊欲重宣此義而說偈言

色等及心無　色等長養心　身受用安立
識藏現衆生　心意及與識　自性法有五
無我二種淨　廣說者所說　長短有無等
展轉互相生　以無故成有　以有故成無
微塵分別事　不起色妄想　心量安立處
惡見所不樂　覺想非境界　聲聞亦復然

救世之所說　自覺之境界

色等及心無者頌上妄想自性不出色等外塵及內識心以理言之本無所有此一無字斷妄利刀莫過乎此承當得去何想不除但凡夫不子而起妄想及取以長養自心故身受用等物由之建立自本而言藏識所現故心意識次第而生自性法有五者約三自性立名相等五法及二無我也廣說等者頌上有無妄想及觀待等皆非正因也微塵分別事不起色等頌上析角無角邪許妄想也心量安立處者頌上思惟自心離有無計即第一義安立之處非外道小乘惡見覺想所樂境界乃佛所說自覺境界也

爾時大慧菩薩爲淨除自心現流故復請如來白佛言世尊云何淨除一切衆生自心現流爲頓爲漸耶

自心現流者謂八識自心現行流法煩惱亦謂之自心現過患習氣大慧爲此請淨除之法爲頓耶爲漸耶

佛告大慧漸淨非頓如菴羅果漸熟非頓如來淨除一切衆生自心現流亦復如是漸淨非頓譬如陶家造作諸器漸成非頓如來淨除一切衆生自心現流亦復如是漸淨非頓譬如大地漸生萬物非頓生也如來淨除一切衆生自心現流亦復如是漸淨非頓譬如人學音樂書畫種種伎術漸成非頓如來淨除一切衆生自心現流亦復如是漸成非頓譬如明鏡頓現一切無相色像如來淨除一切衆生自心現流亦復如是頓現無相無有所有清淨境界如日月輪頓照顯示一切色像如來爲離自心現習氣過患衆生亦復如是頓爲顯示不思議智最勝境界譬如藏識頓分別知自心現及身安立受用境界彼諸依佛亦復如是頓熟衆生所處境界以修行者安處於彼色究竟天譬如法佛所作依佛光明照耀自覺聖趣亦復如是彼於法相有性無性惡見妄想照令除滅

此段示漸頓淨相佛告大慧下示漸淨相文凡四喻有法有喻有合文皆可見譬如明鏡下示頓淨相亦有四喻初無相色像者爲即明之像像體本空以喻法中無相境界本無所有故云無有所有藏識喻云頓分別知者非藏識分別乃分別藏識所現境界如鏡現像此喻依佛頓熟大根衆生所居之境言依佛者報身佛也以報身依法身故言譬如法佛所作依佛者入楞伽云譬如法佛頓現報佛及以化佛是也自覺聖趣者即自證聖境彼外道有無性訖惡見照了令滅也

大慧法依佛說一切法入自相共相自心現習氣因相續妄想自性計著因種種不實如幻種種計著不可得

法依佛者法即法身體也依佛即報佛用也謂全體起用說一切法法即大乘法也入自相共相等者言衆生迷於本性入於自相共相之執是自心所現煩惱名習氣因由煩惱相續妄計造諸結業名計著因由煩惱結業受諸虛妄生死故云不實如幻此之三道談乎九界故云種種計著然此三道本是三德衆生迷之流轉三道佛說此法令其了達自性本空即妄成眞眞妄俱泯故曰不可得也

復次大慧計著緣起自性生妄想自性相大慧如工幻師依草木瓦石作種種幻起一切衆生若干形色起種種妄想彼諸妄想亦無眞實

此言自共相等諸法不出二種自性由緣起自性而生妄想自性之相故復以喻顯之依草木等作種種幻此喻緣起自性也若干形色等者謂妄想自性也彼諸妄想如幻師作諸幻相故云亦無眞實也

如是大慧依緣起自性起妄想自性種種妄想心種種相行事妄想相計著習氣妄想是爲妄想自性相生大慧是名依佛說法

上以幻法喻諸妄想此合前喻言種種妄想心等者因有心則有想有想則有行有行則有事無非妄想即前三道之相但開合異耳入楞伽云由取著境界習氣力故於緣起性中有妄計性種種相現是名妄計性生文顯故引註于此是名依佛說法結也

大慧法佛者離心自性相自覺聖所緣境界建立施作

法佛修德法身也言離心自性相者離妄念也且法身究竟何所不離而特言心者以心爲萬法之本心若不亡則一切法生今言離相則諸法寂滅寂滅相者法身之謂也既言離相則法身名相何自而立故曰自覺聖所緣境界建立施作所謂搖指法性爲法身斯乃無名之名非相之相也

大慧化佛者說施戒忍精進禪定及心智慧

離陰界入解脫識相分別觀察建立超外道見無色見

化佛者即應身佛也說三乘法度諸眾生所說六度者菩薩法也離五陰十八界十二入及解脫識相分別者二乘法也觀察建立即後文二種覺義乃菩薩自行化他法也超外道見者離斷常二見也無色見者計無色定為涅槃定即受想二心滅也

大慧又法佛者離攀緣攀緣離一切所作根量相滅非諸凡夫聲聞緣覺外道計著我相所著境界自覺聖究竟差別相建立是故大慧自覺聖究竟差別相當勤修學自心現見應當除滅

又法佛者重示所離前言離心自體離也今復示離所離之境離也離攀緣則異於凡夫離攀緣離則異於二乘蓋二乘雖離前塵又著於空佛則不然也一切所作根量相滅者異於外道也故曰非諸凡夫乃至所著境界所離既極則惟自覺聖境界而已而言究竟差別相者究竟乃極之果位差別乃以無為法而有差別無差之差也結勸有二勸修學結當文次除滅結上自心現流也

復次大慧有二種聲聞乘通分別相謂得自覺聖差別相及性妄想自性計著相云何得自覺聖差別相聲聞謂無常苦空無我境界真諦離欲寂滅息陰界入自共相外不壞相如實知心得寂止心寂止已禪定解脫三昧道果正受解脫不離習氣不思議變易死得自覺聖樂住聲聞是名得自覺聖差別相聲聞

上地菩薩修自覺聖智既有大小不同故出聲聞所證之相有二種異自覺聖差別相者所證之理也性妄想自性計著相者執教起見也雖同是聲聞得失永異無常苦空無我者聲聞所修析空之觀也境界者所空之境也真諦者真理也離欲寂滅者離三界愛欲入無餘涅槃也息滅五陰十八界十二入自相共相自共相即總別相也外不壞相如實知者謂聲聞不能如實了知生死相即涅槃相故以為外也以心得寂滅而後心止心既止寂故得禪定乃至正受解脫不離習氣等者所破煩惱有正有習但能斷正離分段生死未能斷習猶有變易生死分段者三界內支形分段生死也變易者方便土因移果易生死也言不思議者此變易生死非凡夫所能思議也樂住者謂聲聞樂住於真空涅槃也

大慧得自覺聖差別樂住菩薩摩訶薩非滅門樂正受樂顧愍眾生及本願不作證大慧是名聲聞得自覺聖差別相樂菩薩摩訶薩於彼得自覺聖差別相樂不應修學

此言菩薩亦證真諦而不住著言非滅門者不同小乘住寂滅門趣正受樂言顧愍眾生等者謂菩薩以悲願度生不取著涅槃也此重結指是聲聞所得三昧之樂然菩薩於此三昧不應修學

大慧云何性妄想自性計著相聲聞所謂大種青黃赤白堅濕煖動非作生自相共相先勝善說見已於彼起自性妄想菩薩摩訶薩於彼應知應捨隨入法無我相滅人無我相見漸次諸地相續建立是名諸聲聞性妄想自性計著相

此段徵釋著相聲聞初釋性妄想謂四大種色各有自然之性如地以堅為性水以濕為性火以煖為性風以動為性言非作生者非造作而生也仍於陰界入自共相而生執著先勝是佛謂佛善巧宣說言執敎聲聞不能了達自性本空見彼境界諸相起自性妄想為菩薩者當知是過而捨離之隨入法無我相等入楞伽云離人無我見入法無我相漸入諸地是名下結

爾時大慧菩薩摩訶薩白佛言世尊世尊所說常不思議自覺聖趣境界及第一義境界世尊非諸外道所說常不思議因緣耶

如來所談常不思議與外道所說名同恐學者濫真墮妄故舉以為問名同義異具見下文所言常與不思議無出二種境界常即自覺聖趣不思議即第一義自覺常智也聖趣常境也由常智而契常境故名為常第一義體絕言思故云不思議也豈外道邪見所可同也

佛告大慧非諸外道因緣得常不思議所以者何諸外道常不思議不因自相成若常不思議不因自相成者何因顯現常不思議復次大慧不思議若因自相成者彼則應常由作者因相故常不思議不成

答言非諸外道因緣等者蓋外道修證非正因緣因非正因果非正果故徵釋而弁之不因自相成者謂非自覺相所成則常不思議境界之果亦不成也彼因若從自覺相成則因常而果亦常也言由作因相等者由所作之因是邪計故所以常不思議不成果也

大慧我第一義常不思議第一義因相成離性非性得自覺相故有相第一義智因故有因離性非性故譬如無作虛空涅槃滅盡故常如是大慧不同外道常不思議論如是大慧此常不思議諸如來自覺聖智所得如是故常不思議自覺聖智所得應當修學

此斷外道之非而顯正教之是言第一義因相成等者此第一義即是中道實相以是爲因相即是常因以是爲相即是常相遠離有無之過言離性則非有離非性則非無非有非無正顯中道中道絶待故常常故妙妙故不可思議此所以爲如來究竟常不思議異彼外道無自相因故復言有因有相言譬如無作虛空等者虛空以無爲故常涅槃以滅盡故常此常不思議則與外道諍論自不侔矣言諸如來等者佛言非但我法如是諸佛所證常不思議無不然也故誡菩薩應當修學

復次大慧外道常不思議無常性異相因故非自作因相力故常復次大慧諸外道常不思議於所作性非性無常見已思量計常

此斥外道無常性所以難其無果以其因非正因故復對因反復斥之言異相因者非我自因之相也彼言常者非自作正因實相之力所成之常乃非常計常之常豈顯常性之果哉又復外道所計常不思議乃言世間所作之法有已還無悉是無常性非性即有無也作是見已妄計神我以爲常不思議已故云思量計常

大慧我亦以如是因緣所作者性非性無常見已自覺聖境界說彼常無因大慧若復諸外道因相成常不思議因自相性非性同於兔角此常不思議但言說妄想諸外道輩有如是過所以者何謂但言說妄想同於兔角自因相非分

又曰我亦如是因緣者謂如來亦見彼性無常而修於常顯自覺聖境界而後乃知彼無常性故說彼常無因又若以外道邪因邪相成常不思議者然彼因自相性但有言說而無實義故云同於兔角諸外道輩下結過其略有四言說妄想一也自因相非分二也非自覺得相三也思量計常四也故云有如是過也

大慧我常不思議因自覺得相故離所作性非性故常非外性非性無常思量計常大慧若復外性非性無常思量計常不思議常而彼不知常不思議自因之相去得自覺聖智境界相遠彼不應說

我常不思議等者佛謂我之所得不思議以自證爲因相不同外道有已還無爲無常以神我思量計常若復外性等者復斥外計亦有四義初斥思量計常二名不知常不思議自因之相三斥去佛所得相遠四彼不應說者斥其但有言說也

復次大慧諸聲聞畏生死妄想苦而求涅槃不知生死涅槃差別一切性妄想非性未來諸根境界休息作涅槃想非自覺聖智趣藏識轉是故凡愚說有三乘說心量趣無所有是故大慧彼不知過去未來現在諸如來自心現境界計著外心現境界生死輪常轉

小乘畏懼生死忻求涅槃不知生死涅槃差別之相皆是妄想無有實性此小乘智眼見未來根塵息滅認爲涅槃豈眞所謂自覺聖智所趣之境亦非藏識所轉之涅槃也言凡愚說有三乘者謂生死即涅槃大乘之法非彼所知爲說小乘眞空涅槃心量無所有即眞空也而又不知三世諸佛涅槃妙心自心發現非別有也妄計心外有法起惑造業輪轉生死也

復次大慧一切法不生是過去未來現在諸如來所說所以者何謂自心現性非性離有非有生故大慧一切性不生一切法如兔馬等角是愚癡凡夫不覺妄想自性妄想故大慧一切法不生自覺聖智趣境界者一切性自性相不生非彼愚夫妄想二境界自性身財建立趣自性相大慧藏識攝所攝相轉愚夫墮生住滅二見希望一切性生有非有妄想生非聖賢也大慧於彼應當修學

諸佛分上覓無生尚叵得況一切法乎良由衆生無始着於諸法是故諸佛破其昔計故言不生以一切法唯自心現性無實性豈但離乎有生亦離無生涅槃經所謂不生不生是也一切性不生等者復約迷悟以示得失謂不能了生即無生但言一切性不生計著一切法如兔馬之無角此愚夫不覺妄想是自性之妄想故也非今所謂不生若言一切法不生是佛自

覺聖智趣境界者則一切法性相俱不生此眞無生非彼愚夫妄想分別有無二境也言自性身財等者如入楞伽云身及資生器世間等一切皆是藏識影像所取能取二種相現愚夫不了墮生住滅有無二見取著一切性生不出有無妄想實非聖賢所得無生言於彼者於諸佛所說無生應當修學也

復次大慧有五無間種性云何爲五謂聲聞乘無間種性緣覺乘無間種性如來乘無間種性不定種性各別種性論其種性本無差別無始熏習或內或外或大或小或定或不定此經所以明夫種性有五言無間者謂其種性純一無間雜也

云何知聲聞乘無間種性若聞說得陰界入自共相斷知時舉身毛孔熈怡欣悅及樂修相智不修緣起發悟之相是名聲聞乘無間種性聲聞無間見第八地起煩惱斷習煩惱不斷不度不思議變易死度分段死正師子吼我生已盡梵行已立不受後有如實知修習人無我乃至得般涅槃覺聲聞厭苦心切急於取證故聞說四諦知苦斷集慕滅修道之時則身心悅豫陰界入自共相雖聞合不同即是苦諦相智者四諦之總相智也聲聞根鈍樂修此智不修緣起發悟之相者緣即十二因緣乃緣覺所修而發悟者而聲聞不樂修也聲聞以無間三昧見第八辟支佛地斷現行見思煩惱未斷無明別惑言習煩惱者即無明也以故未能超越變易生死但能超越分段生死以苦海耳師子吼即無畏說也謂至八地說言我生已盡斷苦集也梵行已立不受後有修道證滅也皆實不虛故云如實知也修習人無我乃至得涅槃覺謂空人執而得涅槃證眞空也

大慧各別無間者我人衆生壽命長養士夫彼諸衆生作如是覺求般涅槃復由異外道說悉由作者見一切性已言此是般涅槃作如是覺法無我見非分彼無解脫大慧此諸聲聞乘無間外道種性不出出覺爲轉彼惡見故應當修學各別無間者此言著相聲聞不異外道而言無間於我人知見等各各差別之法計爲涅槃而不知此是生死根本反以爲覺而取證也復有一種計一切法悉由造作而有非因計因見一切性是爲涅槃如聲聞之樂滅修道然於法無我解脫實非其分名爲佛子實是外道故云無間外道雖欲出離三界而不能出故云不出出覺亦勸令學者當轉彼惡見而趣如來種性也

大慧緣覺乘無間種性者若聞說各別緣無間舉身毛豎悲泣流淚不相近緣所有不著種種自身種種神通若離若合種種變化聞說是時其心隨入若知彼緣覺乘無間種性已隨順爲說緣覺之乘是名緣覺乘無間種性相緣覺者從佛稟教觀十二因緣覺眞諦理名爲緣覺亦名獨覺者出無佛世觀緣自悟也各別緣無間者聞說十二因緣果循環而悟無生適其所願悲感交集至於流淚言不相近等者謂樂獨善寂修遠離行凡所有相皆不能著或時爲說身通變化或離一身爲多身或合多身爲一聞如是說心有所入菩薩知彼緣覺種性當爲說此緣覺乘法也

大慧彼如來乘無間種性有四種謂自性法無間種性離自性法無間種性得自覺聖無間種性外剎殊勝無間種性大慧若聞此四事一一說時及說自心現身財建立不思議境界時心不驚怖者是名如來乘無間種性相如來種性無間者謂其性圓融無礙也言四種者一自性法即如來藏自性清淨心也二離自性法謂此性離執也三得自覺聖即如來究竟覺智也四外剎殊勝謂如來悲願嚴土攝生種種殊勝也入楞伽云所證法有三種者合自性法離自性法爲一此三種即法報應三身也及說自心現身財等者入楞伽云聞自心所現身財建立阿賴耶識不思議境不驚不怖不畏當知此是如來乘性

大慧不定種性者謂說彼三種時隨說而入隨彼而成大慧此是初治地者謂種性建立爲超入無所有地故作是建立彼自覺藏者自煩惱習淨見法無我得三昧樂住聲聞當得如來最勝之身不定種性者聞說聲聞緣覺如來三種法時隨生信解而順修學從小入大其性可移故言不定初治地者即乾慧地人爲其說不定種性令彼超入無所有地此地即第七已辦地作是建立者作是說也彼自覺藏等者入楞伽云

彼住三昧樂聲聞若能證知自所依識見法無我淨煩惱習畢竟當得如來之身自所依識即自覺藏第八識也煩惱習即無明也

爾時世尊欲重宣此義而說偈言

須陀槃那果　往來及不還　逮得阿羅漢

是等心惑亂 須陀槃那者即須陀洹此云預流能斷三界見惑預入聖人之流此初果也往來者梵語斯陀含能斷一欲界前六品思惑後三品未斷於人天中更一往來比二果也不還者梵語阿那含斷欲界思盡更不來欲界受生此三果也阿羅漢四果也是四果人雖斷見思取證小果而未能斷塵沙無明二惑是為惑亂也

三乘與一乘　非乘我所說　愚夫少智慧

諸聖遠離寂 三乘者聲聞緣覺不定三種性也一乘如來種性也非乘各別種性也如來之意但說一乘為機器不齊故說三乘非乘引權歸實諸聖遠離寂即樂入寂滅四果聖人也

第一義法門　遠離於二教　住於無所有

何建立三乘 第一義門是為寂理宜有權實之殊如來住此寂理一法不立說三乘乎

諸禪無量等　無色三摩提　受想悉寂滅

亦無有心量 諸禪者四禪也無量者四無量心也無色者四無色定也三摩提者謂等持即三昧也受想寂滅者小乘滅盡定也此等諸法心量都盡也

大慧彼一闡提非一闡提世間解脫誰轉大慧一闡提有二種一者捨一切善根及於無始衆生發願云何捨一切善根謂謗菩薩藏及作惡言此非隨順修多羅毗尼解脫之說捨一切善根故不般涅槃 一闡提是梵語此翻信不具亦云極惡非一闡提者非定是極惡若定是極惡則永無轉惡為善得解脫時也然闡提現行雖惡性不斷善若能照性亦得成佛故又告云闡提有二種捨一切善根者此眞極惡人也及於無始衆生發願者此菩薩闡提也云何捨一切等者微釋極惡之義也謗菩薩藏及作惡言此乃人法俱謗安肯隨順經律解脫之法而入涅槃所謂闡提斷修善盡者是也

二者菩薩本自願方便故非不般涅槃一切衆生而般涅槃大慧彼般涅槃是名不般涅槃法相此亦到一闡提趣 此言大乘菩薩本願方便欲令一切衆生悉入涅槃而後涅槃言不般涅槃法相者菩薩了生死即是涅槃涅槃本具非別有涅槃可入所謂清淨行者不入涅槃者是也言亦到一闡提趣者蓋菩薩了惡即善無善可修趣同闡提捨一切善及不入涅槃故也

大慧白佛言世尊此中云何畢竟不般涅槃佛告大慧菩薩一闡提者知一切善法本來般涅槃已畢竟不般涅槃而非捨一切善根一闡提也大慧捨一切善根一闡提者復以如來神力故或時善根生所以者何謂如來不捨一切衆生故以是故菩薩一闡提不般涅槃 此微釋菩薩闡提不般涅槃之所以言本來般涅槃等者經云一切衆生即涅槃相不可復滅然菩薩非終不般涅槃蓋了脩即性離涅槃相也或時善根生等文顯可見

復次大慧菩薩摩訶薩當善三自性云何三自性謂妄想自性緣起自性成自性 分別自性乃此經之要領前已略明今復詳說

大慧妄想自性從相生大慧白佛言世尊云何妄想自性從相生佛告大慧緣起自性事相相行顯現事相相計著有二種妄想自性如來應供等正覺之所建立謂名相計著相及事相計著相名相計著相者謂內外法計著事相計著相者謂即彼如是內外自共相計著是名二種妄想自性相若依若緣生是名緣起 言妄想自性從相生者正從緣起相生也緣起者謂從因緣起予事相事相顯現而生二種計著言相相者事相非一也如來建立者即如來為衆生演說妄想自性以令了妄無妄也名相計著相者謂於根塵內外法中計著名相事相計著相者謂即於彼根塵法上不了性空計著自相共相若依若緣生正明緣起自性依即因也謂諸法從因緣而生因緣有根塵因緣有業惑因緣而業惑又從根塵而起凡世出世間一切諸法無有不從因緣而生龍樹所謂因緣所生法是也

云何成自性謂離名相事相妄想聖智所得及自覺聖智趣所行境界是名成自性如來

藏心成即成就言離名相事相妄想者謂諸佛聖人觀因緣所生之法即空即假即中離諸妄想成就正智如如也聖智所得即正智也自覺聖智即如如也合此二法成一自性是為如來藏心

爾時世尊欲重宣此義而說偈言

名相覺想　自性二相　正智如如　是則成相

名相即緣起自性覺想即妄想自性正智如如即成自性此攝五法為三自性故知五法三自性特開合異耳

大慧是名觀察五法自性相經自覺聖智趣所行境界汝等諸菩薩摩訶薩應當修學一經所說雖通五法三自性勸修從要乃為自覺聖智故茲結勸也

復次大慧菩薩摩訶薩善觀二種無我相云何二種無我相謂人無我及法無我云何人無我謂離我我所陰界入聚無知業愛生眼色等攝受計著生識一切諸根自心現器身藏自妄想相施設顯示言善觀人法無我相者謂用二十八空妙觀破生法二執也在圭他經則曰生法二空此云人無我法無我無即空也人乃衆生假名法乃五陰實法凡夫於此假實我見偏重故以無我破之若達無我則一切離著顯出本性妙人妙法矣人無我中言離我我所者我即假名我所即實法也蓋假不自假依實法而有假名若推假必兼其實故曰陰界入聚無知即煩惱謂實法從煩惱業愛所生眼色等者謂眼等諸識取於色等諸塵器身藏器即依報謂世間如器身即正報藏即藏識入楞伽云又自心所見身器世間皆是藏心之所顯現此等諸法求其妄執皆不可得是為人無我也

如河流如種子如燈如風如雲剎那展轉壞躁動如猨猴樂不淨處如飛蠅無猒足如風火無始虛偽習氣因如汲水輪生死趣有輪種種身色如幻術神呪機發像起善彼相知是名人無我智河流等五喻剎那壞相躁動等三乃虛妄識相故以猨蠅風火喻之然皆無始虛妄習因墮於生死三有輪轉故以汲井輪喻之種種身色等者此喻幻身如幻術能使機發神呪能使像起入楞伽云譬如死屍呪力故行亦如木人因機運動善彼相知即善知如上喻相是觀人無我妙智也

云何法無我智謂覺陰界入妄想相自性如陰界入離我我所陰界入積聚因業愛繩縛展轉相緣生無動搖諸法亦爾離自共相不實妄想相妄想力是凡夫生非聖賢也心意識五法自性離故法無我智從實法直示謂覺知陰界入相是妄計性如陰界入等者圭例前人無我觀離十九我我所但由陰等積聚業愛纏縛互為緣起推其自性了不可得故曰無動搖動搖即造作也入楞伽云無能作者既無能作安有所作諸法故云離自共相然此虛妄之相是凡夫妄想分別非諸聖賢既了法法本空尚何妄想之有哉故曰自性離也離非遠離即達其性亡耳

大慧菩薩摩訶薩當善分別一切法無我善法無我菩薩摩訶薩不久當得初地菩薩無所有觀地相觀察開覺歡喜次第漸進超九地相得法雲地於彼建立無量寶莊嚴大寶蓮華王像大寶宮殿幻自性境界修習生於彼而坐同一像類諸最勝子眷屬圍繞從一切佛剎來佛手灌頂如轉輪聖王太子灌頂超佛子地到自覺聖智法趣當得如來自在法身見法無我故是名法無我相汝等諸菩薩摩訶薩應當修學此結勸利益文中言當得初地者歡喜地也無所有等者謂菩薩用中道妙觀了諸地相無有障礙如是觀察故開覺而生歡喜或超或漸至法雲地住此地已有無量寶莊嚴境界而現具前幻自性者由修習幻性法門感如是報同一像類等者謂法身菩薩之類皆來圍繞諸佛亦來手摩其頂灌頂以下如文可見

爾時大慧菩薩摩訶薩復白佛言世尊建立誹謗相惟願說之令我及諸菩薩摩訶薩離建立誹謗二邊惡見疾得阿耨多羅三藐三菩提覺已離常建立斷誹謗見不謗正法真如界中尚不當無安得言有非有說有名建立常見也非無說無名誹謗斷見也大慧設此以問云何離此二見當得菩提不謗正法耶

爾時世尊受大慧菩薩請已而說偈言

建立及誹謗　無有彼心量　身受用建立
及心不能知　愚癡無智慧　建立及誹謗

此言建謗皆由心量然心量之實求不可得如來如此直示今彼凡迷了本無有離諸邪見言身受用建立者身即色身正報也受用即資財依報也由愚癡無智不知是自心妄現墮於二見

爾時世尊於此偈義復重顯示告大慧言有四種非有有建立云何爲四謂非有相建立非有見建立非有因建立非有性建立是名四種建立又誹謗者謂於彼所立無所得觀察非分而起誹謗是名建立誹謗相

上言建立誹謗是斷常邪見而未詳說名義故列其名而後釋義名相固多其略有四曰相曰見曰因曰性皆言非有建立者謂其本無強作有見誹謗相不從他起至於建立法中求不可得以作空想故云於彼所立無所得言觀察非分者入楞伽云不善觀察蓋不能了眞空不空而起誹謗之見也

復次大慧云何非有相建立相謂陰界入非有自共相而起計著此如是此不異是名非有相建立相此非有相建立妄想無始虛僞過種種習氣計著生

此釋建立初相中言非有相建立者謂於陰界入自相共相本無所有而生計著云此如是此不異如是者自相也不異者共相也然此非有相建立相非始今世故云無始虛僞習氣計著生也

大慧非有見建立相者若彼如是陰界入我人衆生壽命長養士夫見建立是名非有見建立相

非有見等者此見亦從我所上起謂於陰界入中妄起我人衆生等見故云非有見建立也

大慧非有因建立相者謂初識無因生後不實如幻本不生眼色明界念前生生已實已還壞是名非有因建立相

此因建立言初識無因生者謂最初識念無因而生生後不實如幻既然如幻豈有生乎眼色明界等者言初識本無後因眼等四緣一念前生生已實有實已還壞是爲生滅故皆非也

大慧非有性建立相者謂虛空滅般涅槃非作計著性建立此離性非性一切法如兎馬等角如垂髮現離有非有是名非有性建立相

性建立中言虛空滅般涅槃者即三無爲也虛空謂虛空無爲滅謂非擇滅無爲般涅槃謂擇滅無爲此三無爲皆無作性但邪計執著建立爲有言離性非性者謂一切諸法本來非有非無如兎馬等角是喻非有如垂髮由翳目而生是喻非無

建立及誹謗愚夫妄想不善觀察自心現量非聖賢也是故離建立誹謗惡見應當修學

此總結斥由愚夫不善觀自心現量非有非無而妄計有無實非聖賢故勸菩薩離此二見當修學也

復次大慧菩薩摩訶薩善知心意意識五法自性二無我相趣究竟爲安衆生故作種種類像如妄想自性處依於緣起譬如衆色如意寶珠普現一切諸佛刹土一切如來大衆集會悉於其中聽受佛法所謂一切法如幻如夢光影水月於一切法離生滅斷常及離聲聞緣覺之法

此言菩薩善知心意意識五法二性二無我相可趣究竟之地自行既成當化衆生隨類現形故云作種種類像言如妄想等者況菩薩隨機設化亦猶凡夫妄想從緣而起又曰譬如衆色等者喻菩薩以一身一切身普現一切諸佛刹土與諸大衆聽受如來說法其所說者如幻如夢如鏡中像如水中月遠離生滅及以斷常不住二乘之地也

得百千三昧乃至百千億那由他三昧得三昧已遊諸佛刹供養諸佛生諸天宮宣揚三寶示現佛身聲聞菩薩大衆圍繞以自心現量度脫衆生分別演說外性無性悉令遠離有無等見

既離二乘之地即得諸佛無量三昧乃至示現佛身言自心現等入楞伽云爲諸大衆說外境界皆唯是心悉令遠離有無等執

爾時世尊欲重宣此義而說偈言

心量世間　佛子觀察　種類之身　離所作行
得力神通　自在成就

言心量世間者謂菩薩以自心現量觀諸世間隨機應然皆出於無緣慈力故離所作行亦由得如幻三昧力等而成就也

爾時大慧菩薩摩訶薩復請佛言惟願世尊爲我等說一切法空無生無二離自性相我等及餘諸菩薩衆覺悟是空無生無二離自性相已離有無妄想疾得阿耨多羅三藐三菩提爾時世尊告大慧菩薩摩訶薩言諦聽諦聽善思念之今當爲汝廣分別說大慧白佛言善哉世尊唯然受教

大慧聞上諸法遠離斷常二見則已了達眞空諸法無生無異離性離相而到於聖趣爲未了者復有此請故如來條列而答之

佛告大慧空空者即是妄想自性處大慧妄想自性計著者說空無生無二離自性相大慧彼略說七種空謂相空性自性空行空無行空一切法離言說空第一義聖智大空彼彼空

空空者空之又空之謂也空之又空能空之觀也妄想自性處所空之境也由凡夫於此執著妄想自性故如來說空無生無二離性離相之法也空有廣略故諸經教所說空義非一此經但說七種乃赴一時之機如應病與藥也具見下文

云何相空謂一切性自共相空觀展轉積聚故分別無性自共相不生自他俱性無性故相不住是故說一切性相空是名相空

此徵釋相空而言一切性自共相空者蓋一切法本無自他共離四性衆生妄執從四性生四性即四句四句求其生相了不可得故云相空展轉積聚者即陰界入互相待對也分別無性者即分析推求皆無自性無性亦無故云相不生也自他俱性無性者此覆蹤上義自謂自生他謂他生俱謂共生無謂無因生無因生即離生也相不住即不住於相也

云何性自性空謂自己性自性不生是名一切法性自性空是故說性自性空

自性空者謂於當念觀一切所生之法無自生性名自性空前已空性此復言性空者前乃推檢入空故性相俱相約修說也此則本自二空故性相俱性約性說也

云何行空謂陰離我我所因所成所作業方便生是名行空

行空言陰離我我所者陰是我所性本離執從陰成我從我起行因所者因我所也謂因我所起業方便和合而生妄執順性推求皆不可得名行空也

大慧即此如是行空展轉緣起自性無性是名無行空

無行空者不離前所作行乃了達諸陰展轉緣起無有自性乃行無行矣是爲無行空

云何一切法離言說空謂妄想自性無言說故一切法離言說是名一切法離言說空

一切法離言說空者謂一切法妄計自性自性叵得豈容言說是爲離言說空也

云何一切法第一義聖智大空謂得自覺聖智一切見過習氣空是名一切法第一義聖智大空

自覺聖智本不當空而能空彼見過習氣所既空已能空亦空即畢竟空也

云何彼彼空謂於彼無彼空是名彼彼空大慧譬如鹿子母舍無象馬牛羊等非無比丘衆而說彼空非舍舍性空亦非比丘比丘性空非餘處無象馬是名一切法自相彼於彼無彼是名彼彼空是名七種空彼彼空者是空最麤汝當遠離

彼彼空者正謂外道所計之空對此言之但空於彼而不空此故云於彼無彼空譬如鹿子等者鹿子人名也其母毗舍佉優婆夷深重三寶造立精舍安止比丘於中不畜象馬等言彼舍空者但無象馬爲空非謂比丘衆亦空非舍以下總斥外道邪計之空謂其縱能空舍比丘而不能空其二者之性縱以是處無象馬爲空而餘處非無是則能所彼此究然何空之有是名一切法下結所之詞初彼字指外道但於彼無彼而不能無此又言七種空內而彼彼空最麤者是外道之邪計故誡學者深當遠離也

大慧不自生非不生除住三昧是名無生

此釋無生之問不自生者具言當如大論偈云諸法不自生亦不從他生不共不無因是故說無生非不生者謂非一向不生以理言之無生無所不生永嘉亦云若實無生無不生除住三昧者除登初地初住破無明顯法性是眞無生也

離自性即是無生離自性剎那相續流注及異性現一切性離自性是故一切性離自性

此訓離自性相之問還約無生言之故曰離自性即是無生言剎那相續流注者心也及

異性現等者法也謂心若變動則有異性所現一切諸法若了心空則諸法自泯故云離自性也

云何無二謂一切法如陰熱如長短如黑白大慧一切法無二非於涅槃彼生死非於生死彼涅槃異相因有性故是名無二如涅槃生死一切法亦如是故空無生無二離自性相應當修學此詶無二之問先約事示其二相陰熱長短黑白之相待對究然不得不二又曰一切法無二者約理言也以其理一融彼事異則一切法無二也言非於涅槃等者生死涅槃本來平等非涅槃外別有生死非生死外別有涅槃彼即外也然此二者不二而二二而不二若不了此而謂有異相因則各旨自性故訖無二以一之既了此二無二則一切法無不然也是故下總結勸

爾時世尊欲重宣此義而說偈言

我常說空法　遠離於斷常　生死如幻夢
而彼業不壞　虛空及涅槃　滅二亦如是
愚夫作妄想　諸聖離有無佛謂我說中道妙空則有無俱遣故云遠離於斷常此總明也生死如幻夢下次明生死涅槃各離斷常則了生死如幻夢故不常彼業不壞故不斷虛空及涅槃即三無為法總是涅槃此涅槃亦如幻故不常非同小乘滅無故不斷滅二無二也謂生死涅槃無二離乎斷常亦如是也愚夫妄想故墮斷常聖人已離有無則無二法之異耳

爾時世尊復告大慧菩薩摩訶薩言大慧空無生無二離自性相普入諸佛一切修多羅凡所有經悉說此義諸修多羅悉隨衆生希望心故爲分別說顯示其義而非眞實在於言說如鹿渴想誑惑羣鹿鹿於彼相計著水性而彼無水如是一切修多羅所說諸法爲令愚夫發歡喜故非實聖智在於言說是故當依於義莫著言說此總結空無生等諸法非但此經所說乃一切大教所詮之旨聖智境界本無言說然如來善巧分別者爲令衆生離著顯性苟或執之則失於理故誡云莫著言說妙在得意忘言如月指之喻斯得之矣

楞伽阿跋多羅寶經註解卷第一下

楞伽阿跋多羅寶經註解卷第一下

校勘記

一　底本，明永樂北藏本。

一　三四七頁中五行第六字「動」，徑、清作「勤」。

一　三四八頁上一行第一二字「因」，徑作「應」。末行第一二字同。

一　三四八頁上一六行註解右第二字「丼」，清作「中」。

一　三五〇頁上三行註解右「不子」，徑、清作「不了」。

一　三五〇頁上六行註解右首字「許」，徑、清作「計」。

一　三五〇頁下七行註解右「此喻」，清作「比喻」。

一　三五一頁中一七行第五字「性」，徑作「心」。

一　三五三頁上一三行「聲間」，徑、清作「聲聞」。

一　三五六頁下六行註解右「意誠」，徑、清作「意識」。

楞伽阿跋多羅寶經註解卷第二上

宋求那跋多羅奉詔譯

大明天界善世禪寺住持臣僧宗泐

演福講寺住持臣僧如玘奉詔同註

一切佛語心品第二

爾時大慧菩薩摩訶薩白佛言世尊世尊修多羅說如來藏自性清淨轉三十二相入於一切衆生身中如大價寶垢衣所纏如來之藏常住不變亦復如是而陰界入垢衣所纏貪欲恚癡不實妄想塵勞所汙一切諸佛之所演說云何世尊同外道說我言有如來藏耶世尊外道亦說有常作者離於求那周徧不滅世尊彼說有我內外言教或有相似苟不辯明邪必濫正故大慧以佛說如來藏有同外道所計神我爲問首言如來藏性清淨者體離染汙名曰清淨此如來藏生佛本同諸佛悟此起三十二相應身之用衆生迷佛所悟轉淨爲染故云轉入衆生身中如大價下喻顯可知云何世尊等者正結問也言亦說有常作等者即彼計神我爲常是能作者離於所依陰等諸緣周徧不滅故云離於求那周徧不滅也彼說有我者意以此同如來藏也

佛告大慧我說如來藏不同外道所說之我大慧有時空無相無願如實際法性法身涅槃離自性不生不滅本來寂靜自性涅槃如是等句說如來藏已如來應供等正覺爲斷愚夫畏無我句故說離妄想無所有境界如來藏門大慧未來現在菩薩摩訶薩不應作我見計著答中先約法判異言我說如來藏初無我相但爲顯眞破妄故說我與無我不同外道妄計之我言空無相無願者三空也空是性空無相是相空無願是性相俱空無所願也如實際是眞如實際也法性法名執則性名不改法身者師執法性還以法性爲身涅槃者滅度也或說離自性或說不生不滅或說本來寂靜或說自性涅槃如是諸句皆如來藏之異名然如來以種種名演說如來藏義爲令衆生離我但機樂不同懼聞無我之名者說離妄想無所有境界離妄即無我是爲如來藏門門者能通欲衆生從此門而入故戒云不應計著

譬如陶家於一泥聚以人工水木輪繩方便作種種器如來亦復如是於法無我離一切妄想相以種種智慧善巧方便或說如來藏或說無我以是因緣故說如來藏不同外道所說之我是名說如來藏開引計我諸外道故說如來藏令離不實我見妄想入三解脫境界希望疾得阿耨多羅三藐三菩提是故如來應供等正覺作如是說如來之藏若不如是則同外道是故大慧爲離外道見故當依無我如來之藏譬如下引喻結顯泥聚一也本無定器陶家以作工方便故成種種器喻法無我亦一也本無定名以智慧方便說種種名如前空無相至涅槃等是也故結云或說如來藏或說無我名雖不同義則是一蓋開引著我外道說如來藏本令離著入三脫門成等正覺豈同外道神我之見邪三解脫者性淨解脫圓淨解脫方便淨解脫也

爾時世尊欲重宣此義而說偈言

人相續陰　緣與微塵　勝自在作　心量妄想人相續陰者人即是我陰即五陰此我陰相續不斷者外道計此之法從邪因緣與微塵及勝自在天所作作即生也然彼不知此但心量妄想耳

爾時大慧菩薩摩訶薩觀未來衆生復請世尊惟願爲說修行無間如諸菩薩摩訶薩修行者大方便大慧既聞入三解脫門疾得菩提菩提是道果果非因行莫成行非方便莫進故爲來世之機伸此請也無間者無間雜間斷也

佛告大慧菩薩摩訶薩成就四法得修行者大方便云何爲四謂善分別自心現觀外性非性離生住滅見得自覺聖智善樂是名菩薩摩訶薩成就四法得修行者大方便答中言成就四法是大方便者方便多門四法乃方便之大故與其他方便不同然此四者不出修性因果謂全性起修從因至果也四法義見下文

云何菩薩摩訶薩善分別自心現謂如是觀三界唯心分齊離我我所無動搖離去來無

始虛偽習氣所熏三界種種色行繫縛身財建立妄想隨入現是名菩薩摩訶薩善分別自心現釋分別自心現中言觀三界唯心分齊者三界由妄想而起妄想不出自心分齊者界限也了知心外無法則人法二執俱離復何動作去來之相但由無始妄想熏故有三界種種五陰繫縛言色行者略舉五陰之二耳由有五陰之身故有資身財物建立如是諸法皆因自心妄想顯現若知本來空寂安有生滅是為善分別也

云何菩薩摩訶薩善觀外性非性謂燄夢等一切性無始虛偽妄想習因觀一切性自性菩薩摩訶薩作如是善觀外性非性是名菩薩摩訶薩善觀外性非性前觀內心此修外觀此之二觀修乃隨宜未必俱用言外性非性者了外法之性非自他等四性而生也謂陽燄夢幻等性是也此一切法由無始妄習為因故皆不實如燄夢等是為善觀外性非性也

云何菩薩摩訶薩善離生住滅見謂如幻夢一切性自他俱性不生隨入自心分齊故見外性非性見識不生及緣不積聚見妄想緣生於三界內外一切法不可得見離自性生見悉滅知如幻等諸法自性得無生法忍得無生法忍已離生住滅見是名菩薩摩訶薩善分別離生住滅見離生住滅見謂如夢等牒前所觀也見識不生下正示離見言由前觀故內見心識不生外緣不積聚一一推求性不可得故云不生不生而生以妄想緣生於三界內外諸法均一理故皆不可得則離自性由離性故緣生與見皆悉寂滅如是證知諸法如幻即是無生法忍無生則無滅故生住滅之見無不離也

云何菩薩摩訶薩得自覺聖智善樂謂得無生法忍住第八菩薩地得離心意意識五法自性二無我相得意生身此自覺聖智謂得無生法忍者初破無明顯法性也言善樂者既得無生以此為樂又云住第八菩薩地者此乃通教第八地也菩薩至此地受扶始證無生法忍作餘教釋之不可也離心意識等既證無生何法可離乃非離而離得意生身者起用之本亦捨意得意之用也

世尊意生身者何因緣佛告大慧意生身者譬如意去迅疾無礙故名意生譬如意去石壁無礙於彼異方無量由延因先所見憶念不忘自心流注不絕於身無障礙生大慧如是意生身得一時俱菩薩摩訶薩意生身如幻三昧力自在神通妙相莊嚴聖種類身一時俱生猶如意生無有障礙隨所憶念本願境界為成就衆生得自覺聖智善樂意生身等者意有三義取以為喻一迅疾二無礙三徧到蓋言菩薩得如幻三昧現身稱生亦有此三義也凡夫意到而身不能到身意俱到惟聖及得通者能之言如幻三昧自在神通者能生之意也妙相莊嚴聖種類身者所生之身也一時俱生猶如意生者法喻很合也成就衆生者令其亦得善樂也

如是菩薩摩訶薩得無生法忍住第八菩薩地轉捨心意意識五法自性二無我相身及得意生身得自覺聖智善樂是名菩薩摩訶薩成就四法得修行者大方便當如是學菩薩依此四法修行即得從因至果起用化他故戒云當如是學

爾時大慧菩薩摩訶薩復請世尊惟願為說一切諸法緣因之相以覺緣因相故我及諸菩薩離一切性有無妄見無妄想見漸次俱生上言修行證無生忍然無生之理未嘗離於因緣所生之法若覺了斯旨則能離諸妄執故大慧為衆而請言漸次俱生者謂諸法漸生頓生此皆邪見義見下文

佛告大慧一切法二種緣相謂外及內外緣者謂泥團柱輪繩水木人工諸方便緣有瓶生如泥瓶縷疊草席種牙酪酥等方便緣生亦復如是是名外緣前後轉生內外因緣皆有親疏之義謂親生為因疏助為緣外緣者合有因字泥團為因柱輪等為緣和合為瓶瓶即所生法也泥瓶因緣既然例餘縷疊等四亦復然也言前後轉生者謂前因後緣展轉而生也

云何內緣謂無明愛業等法得緣名從彼生陰界入法得緣所起名彼無差別而愚夫妄想是名內緣法前言外者依報也此言內者正報也言無明業等生陰界

入法者此十二因緣也由過去無明行乃生現在陰界入亦由現在愛業生未來陰界入也以是得名內緣起法彼無差別者謂本無漸生頓生差別但是凡夫妄想分別耳

大慧彼因者有六種謂當有因相續因相因作因顯示因待因當有因者作因已內外法生相續因者作攀緣已內外法生陰種子等相因者作無間相相續生作因者作增上事如轉輪王顯示因者妄想事生已相現作所作如燈照色等待因者滅時作相續斷不妄想性生

當有因者謂所作因乃根塵所生法是現在因能招當來之果也相續因者謂攀緣根塵成善惡業續生後陰種子果復為因也相因者謂作無間斷善惡業相因果相續不斷也作因者謂於因上作因如轉輪王已獲勝報更作勝因名增上也顯示因者謂凡妄想事生必有因能作所作境相如燈照物顯然可見也待因者謂妄想滅時還作作時還滅若相續念斷則不妄想性生以妄待不妄是為待因也

大慧彼自妄想相愚夫不漸次生不俱生所以者何若復俱生者作所作無分別不得因相故若漸次生者不得相我故漸次生不生如不生子無父名

此言六因所生之法非二種生相但是凡夫妄想之所分別故言不漸次生不俱生也所以者何下微詰不生所以若一切法頓生者則能作之因所作之法無有分別求其因相不可得也若一切法漸生者求其體相亦不可得故喻云如不生子安有父名

大慧漸次生相續方便不然但妄想耳因攀緣次第增上緣等生所生故大慧漸次生不生妄想自性計著相故漸次俱不生自心現受用故自相共相外性非性大慧漸次俱不生除自心現不覺妄想故相生是故因緣作事方便相當離漸次俱見

漸次相續方便求其生相既不可得故曰不然但妄謂生耳言因攀緣等者謂四緣也心緣塵境曰攀緣亦名因緣也心數法次第而生曰次第緣也諸法生時隨心所現不生障礙曰增上緣也心託緣生如心識之生眼識曰緣緣也言等者等於緣緣也言生所生者謂妄想從此四緣而生於中求之亦不可得故云漸次生不生蓋此四緣亦是妄計故漸與頓皆不生也但自心現受用故然於外性自相共相推求亦無自性故也惟除愚夫自生妄想故戒云當離漸次俱見

爾時世尊欲重宣此義而說偈言

一切都無生　亦非因緣滅　於彼生滅中　而起因緣想

非遮滅復生　相續因緣起　唯為斷凡愚　癡惑妄想緣

有無緣起法　是悉無有生　習氣所迷轉　從是三有現

一切都無生者言一切法漸次與頓俱不生也既云不生豈有滅乎但以本迷而起生滅之想耳非遮滅復生者佛之所以說無生滅者非謂實無生滅緣起為斷凡愚妄計作如是說若究其本性何生何滅但無始習惑迷轉遂有三界生滅三有者即三界也

真實無生緣　亦復無有滅　觀一切有為　猶如虛空華

攝受及所攝　捨離惑亂見　非已生當生　亦復無因緣

一切無所有　斯皆是言說

猶如虛空華者言衆生於真如實理中起生滅見如病眼見華耳攝受及所攝者乃謂能取所取於此根塵境界不見有無惑亂等相則已生當生一切無有乃假名言說耳

爾時大慧菩薩摩訶薩復白佛言世尊惟願為說言說妄想相心經世尊我及餘菩薩摩訶薩若善知言說妄想相心經則能通達言說所說二種義疾得阿耨多羅三藐三菩提以言說所說二種趣淨一切衆生

上云一切無所有斯皆是言說然凡愚多於言說起諸妄想不能會理故大慧發如是問言心經者即此經所說名相妄想顯示第一義心二種義者入楞伽云通達能說所說義疾得無上菩提令一切衆生於二義中亦得清淨也

佛告大慧諦聽諦聽善思念之當為汝說大慧白佛言善哉世尊唯然受教佛告大慧有四種言說妄想相謂相言說夢言說過妄想計著言說無始妄想言說相言說者從自妄想色相計著生夢言說者先所經境界隨憶念生從覺已境界無性生過妄想計著言說者先怨所作業隨憶念生無始妄想言說者

無始虛偽計著過自種習氣生是名四種言說妄想相眞實理上離言說相一尚叵得豈有四哉如來說此四者以言遺言離說第一義心亦當離著況此四種皆說衆生妄想也相言說者謂從自心所現妄想色相分別自相共相而生也夢言說者謂憶念所歷境界形於夢寐而有言說然覺已無實境界故云無性也過妄想計著言說者謂昔有怨讎曾害於我後時憶念而生憤恨之言也無始妄想言說者謂從無始戲論妄執習氣所生也若能離此四種妄想言說則顯一實妙理矣

爾時大慧菩薩摩訶薩復以此義勸請世尊惟願更說言說妄想所現境界世尊何處何故云何何因衆生妄想言說生此問言說所起之處也佛告大慧頭胸喉鼻脣舌齗齒和合出音聲大慧白佛言世尊言說妄想爲異爲不異佛告大慧言說妄想非異非不異所以者何謂彼因生相故大慧若言說妄想異者妄想不應是因若不異者語不顯義而有顯示是故非異非不異頭等七處息風所依和合出聲而成言說既依衆緣而生則聲爲妄矣故有第二異不異問佛答非異非不異者但以分別爲因起言說耳又告異則妄想不應是因不異則言說不應顯義云何而有言說顯示故曰非異非不異也大慧復白佛言世尊爲言說即是第一義爲所說者是第一義佛告大慧非言說是第一義亦非所說是第一義所以者何謂第一義聖樂言說所入是第一義非言說是第一義第一義者聖智自覺所得非言說妄想覺境界是故言說妄想不顯示第一義言說者生滅動搖展轉因緣起若展轉因緣起者彼不顯示第一義大慧自他相無性故言說相不顯示第一義復次大慧隨入自心現量故種種相外性非性言說妄想不顯示第一義是故大慧當離言說諸妄想相言說者能詮之教也所說者所詮之理也問意謂此二者孰爲第一義耶佛答能說所說皆非第一義者雖所詮是理而非自得之妙似是而非惟聖樂處因言而入非言說即是也然聖智樂處是自得之妙故云非言說妄想覺境界言說不能顯示第一義者有三一者言說出於生滅動搖展轉緣起無常故二者言說問答有自他相故三者言說妄想不了惟心諸相無故乃戒云當離言說諸妄想相

爾時世尊欲重宣此義而說偈言

諸性無自性　亦復無言說　甚深空空義
愚夫不能了　一切性自性　言說法如影
自覺聖智子　實際我所說諸性無自性者離心緣相也亦復無言說者離言說相也既絕言思是爲第一義空愚夫昧此則墮諸有一切性自性等謂一切法有自性則有言說然皆不實如影惟聖智所詮實際是我所說也

爾時大慧菩薩摩訶薩復白佛言世尊惟願爲說離一異俱不俱有無非有非無常無常一切外道所不行自覺聖智所行離妄想自相共相入於第一眞實之義諸地相續漸次上上增進清淨之相隨入如來地相無開發本願譬如衆色摩尼境界無邊相行自心現趣部分之相一切諸法我及餘菩薩摩訶薩離如是等妄想自性自共相見疾得阿耨多羅三藐三菩提令一切衆生一切安樂具足充滿夫離四見絕百非乃菩薩入道之初門故舉以爲問先列四句相自一異至無常四句有三初一異四句者合云一異亦異亦不異非異非不異俱即亦異亦不異不俱即非異非不異也有無四句者合云有無亦有亦無非有非無也常等四句合云常無常亦常亦無常非常非無常也經文從略不具列也此三四句各有宗計一切外道正坐此見言不行者不能離也惟聖智由能離四句故不見有自共相可登第一義眞實之地漸歷諸地至於佛地無開發等者入楞伽云以無功用本顯力故蓋自行既滿復以本顯普入佛剎化諸衆生如如意珠所現境界無不具顯無邊相行者相謂地相行即所修之行雖則無邊皆惟心現一切諸法差別之相部分即差別也我及下結請今滿自他願行也佛告大慧善哉善哉汝能問我如是之義多所安樂多所饒益哀愍一切諸天世人佛告大慧諦聽諦聽善思念之吾當爲汝分別解

說大慧白佛言善哉世尊唯然受教佛告大慧不知心量愚癡凡夫取內外性依於一異俱不俱有無非有非無常無常自性習因計著妄想答中初總約法說有二一者不知自心現量於陰身內見有外法計內外性於同相起一見於別相起異見依此兩間而起俱見離此兩間起不俱見有無常無常皆若是也二者自性習因由宿習所熏而起邪計妄見下文凡十二喻各有法有喻有合不無同異隨文別點譬如羣鹿為渴所逼見春時燄而作水想迷亂馳趣不知非水如是愚夫無始虛偽妄想所熏習三毒燒心樂色境界見生住滅取內外性墮於一異俱不俱有無非有非無常無常想妄見攝受鹿逆時燄不知非水愚夫樂欲不知樂是苦因言妄想熏習即自性習因義也取內外性等正謂起見也如揵闥婆城凡愚無智而起城想無始習氣計著相現彼非有城非無城如是外道無始虛偽習氣計著依於一異俱不俱有無非有非無常無常見不能了知自心現量揵闥婆本無城種無智之人妄習所熏而作城想此喻外道不達自心所現起一異等見也譬如有人夢見男女象馬車步城邑園林山河浴池種種莊嚴自身入中覺已憶念大慧於意云何如是士夫於前所夢憶念不捨為黠慧不大慧白佛言不也世尊佛告大慧如是凡夫惡見所噬外道智慧不知如夢自心現性依於一異俱不俱有無非有非無常無常見夢所見境本非實事而乃憶念不捨非黠而何此喻外道邪計不了唯心起諸見也譬如畫像不高不下而彼凡愚作高下想如是未來外道惡見習氣充滿依於一異俱不俱有無非有非無常無常見自壞壞他餘離有無無生之論亦說言無誹謗因果見拔善根本壞清淨因勝求者當遠離去作如是說彼墮自他俱見有無妄想已墮建立誹謗以是惡見當墮地獄此畫像喻況外道惡習起見自壞壞他言餘離有無無生論者指正教也正教無生之論離有無見而彼反將此同為已見亦說言無勝求謂求勝法者當離此見彼外道以邪見故當墮惡趣可不懼乎譬如翳目見有垂髮謂眾人言汝等觀此而是垂髮畢竟非性非無性見不見故如是外道妄見希望依於一異俱不俱有無非有非無常無常見誹謗正法自陷陷他此喻中言非性非無性者以見有垂髮故言非無性以不見有垂髮故言非性餘文可見譬如火輪非輪愚夫輪想非有智者如是外道惡見希望依於一異俱不俱有無非有非無常無常想一切性生此喻外道邪心取境無而為有起種種見譬如水泡似摩尼珠愚小無知作摩尼想計著追逐而彼水泡非摩尼非非摩尼取不取故如是外道惡見妄想習氣所熏於無所有說有生緣有者言滅水泡喻中於無所有說有生者義通前喻以莫非無有說有及於正因緣說有處則反言斷滅此外道之倒見例皆如是復次大慧有三種量五分論各建立已得聖智自覺離二自性事而作有性妄想計著三種量者謂現量比量聖言量也量即楷定義譬升斗量物也現量者現即顯現親得法體離妄分別而非錯謬也比量者比即比類比類量度而知其然如隔山見煙必知有火隔牆見角必知是牛雖非親見亦非虛妄聖言量者謂以如來正教為準繩故五分論者一宗二因三喻四合五結宗因喻三亦云三支比量合結但成此三義耳如外道妄計執聲為常於聲明中立量云聲是有法定常為宗因云所作性故同喻如虛空然而虛空非所作性則因上不轉引喻不齊立聲為常不成若佛法中聲是無常故立量云聲是有法定無常為宗因云所作性故同喻如瓶盆如楞嚴云音聲雜語言但依名句味豈常也哉外道種種計著自謂過人若不類彼立量破之執何由破故如來敘三種量五分論雖各建立修之則得自覺聖智能離緣起妄想二種自性而愚夫迷故猶計有性妄想分別也大慧立意意識身心轉變自心現攝所攝諸

安想斷如來地自覺聖智修行者不於彼作
性非性想若復修行者如是境界性非性攝
取相生者彼即取長養及取我人入楞伽云諸修行者
轉心意識離能所取住如來地自證聖法於
有及無不起於想大慧諸修行者若於境界
起有無執則著我人衆生壽者
此云長養即十六知見之一也
大慧若說彼性自性自共相一切皆是化佛十三
所說非法佛說又諸言說悉由愚夫希望見
生不爲別建立趣自性法得聖智自覺三昧
樂住者分別顯示如來說法有實有權言若
說彼性等法是化佛所說
權法也若說自覺聖智三昧樂境是諸佛所
說實法也言悉由愚夫希望見生者是實機
未熟但說
權法耳
譬如水中有樹影現彼非影非影非樹形
非非樹形如是外道見習所熏妄想計著依
於一異俱不俱有無非有非無常無常想而
不能知自心現量譬如明鏡隨緣顯現一切
色像而無妄想彼非像非非像而見像非像
妄想愚夫而作像想如是外道惡見自心像
現妄想計著依於一異俱不俱有無非有非
無常無常見譬如風水和合出聲彼非性非
非性如是外道惡見妄想依於一異俱不俱

有無非有非無常無常見譬如大地無草木
處熱燄川流洪浪雲湧彼非性非非性貪無
貪故如是愚夫無始虛僞習氣所熏妄想計
著依生住滅一異俱不俱有無非有非無常
無常緣自住事門亦復如彼熱燄波浪譬如
有人呪術機發以非衆生數毗舍闍鬼方便
合成動搖云爲凡愚妄想計著往來如是外
道惡見希望依於一異俱不俱有無非有非
無常無常見戲論計著不實建立大慧是故
欲得自覺聖智事當離生住滅一異俱不俱
有無非有非無常無常等惡見妄想已上五
喻詞異
義同皆喻外道無始妄習不知諸法唯心起
一異等見說喻之意要令離見顯性故總結
勸云是故欲得自覺聖智當離生住滅一異
等惡見妄想呪術機發者西土外道呪令毗
舍闍鬼入木人中走動如人
實非衆生故云非衆生數也
爾時世尊欲重宣此義而說偈言十四

幻夢水樹影　垂髮熱時燄　如是觀三有
究竟得解脫　譬如渴鹿想　動轉迷亂心
鹿想謂爲水　而實無水事　如是識種子
動轉見境界　愚夫妄想生　如爲翳所翳
於無始生死　計著攝受性　如逆楔出楔
捨離貪攝受　如幻呪機發　浮雲夢電光
觀是得解脫　永斷三相續　於彼無有作
猶如燄虛空　如是知諸法　則爲無所知
言教唯假名　彼亦無有相　於彼起妄想
陰行如垂髮　如畫垂髮幻　夢揵闥婆城
火輪熱時燄　無而現衆生　常無常一異
俱不俱亦然　無始過相續　愚夫癡妄想
明鏡水淨眼　摩尼妙寶珠　於中現衆色
而實無所有　一切性顯現　如畫熱時燄
種種衆色現　如夢無所有偈中幻夢水樹
影等乃通頌上
文但譬喻有重複文相交互重複者三如翳
目垂髮及夢喻凡四出熱燄幻喻凡三出陽
燄畫喻凡再出單頌上文者有四如揵城等
訣頌者二如聲及水泡別出者有六如楔如
浮雲如電如水如淨眼如摩尼皆長行所無
此且大略分之隨文釋者初夢等四喻無非
顯幻故以幻事冠之於首然長行本明凡外
起見今以爲幻觀三有者以其不達幻理所
以起見故復明幻三相續者據後文即三毒
是也言無所知者未知諸法如幻是有強覺
之知已知如幻則無所知矣言教唯假名者
謂有無等四句言教本唯假名無有實相以
其不了故起妄想想行等陰即實法也又云
如畫垂髮幻等凡疊七喻以明本無所有而
現有衆生皆頌
上文餘皆可見
復次大慧如來說法離如是四句謂一異俱
不俱有無非有非無常無常離於有無建立

誹謗分別結集眞諦緣起道滅解脫如來說法以是爲首非性非自在非無因非微塵非時非自性相續而爲說法復次大慧爲淨煩惱爾燄障故譬如商主次第建立百八句無所有善分別諸乘及諸地相此顯通示說法軌儀蓋如來說法常依二諦故也如云離句絕非則眞諦不可說也又云離四句已無妨四說則俗諦可說也即涅槃經中四不可說有因緣故亦可得說是也言善分別結集者上明一異等四句皆外道邪見即是結集由是流轉生死之苦若能善分別即妄顯眞非妄外別有故云眞諦緣起若能慕滅修道即得一切解脫解脫即不思議俗諦此之二諦不二而二二而不二者也如來證此二諦即以自行而用化他故云以是爲首非性等非外道所計勝性非自在天等邪無因緣爲人說法也既又告云爲淨煩惱爾燄障故煩惱人即惑障爾燄即智障淨此二障次第可入百八句無相法中至於分別諸乘及諸地相無不皆善如來如是善導猶如商主之導衆商人也

復次大慧有四種禪云何爲四謂愚夫所行禪觀察義禪攀緣如禪如來禪上明離惑智二障能入如來所證法門然非首楞嚴定莫能造詣故又明四種禪定蓋非淺無以明深故兼三種言之

云何愚夫所行禪謂聲聞緣覺外道修行者觀人無我性自相共相骨瑣無常苦不淨相計著爲首如是相不異觀前後轉進相不除滅是名愚夫所行禪愚夫禪言二乘外道修者以其所觀人無我性不能了自心量所現自相共相性空倂以愚夫目之骨瑣者即小乘所觀自他身骨瑣相連皆是無常苦不淨相對治計著此爲首言相不異觀者謂定中見相與觀不異此觀成之相也雖次第增進至無想定然不離相是名愚夫禪也

云何觀察義禪謂人無我自相共相外道自他俱無性已觀[十三]法無我彼地相義[十六]漸次增進是名觀察義禪觀察義禪是偏教菩薩所修者謂人我等壘前所離也外道自他等者入楞伽云亦離外道自他俱性於法無我諸地相義一一隨順觀察也

云何攀緣如禪謂妄想二無我妄想如實處不生妄想是名攀緣如禪攀緣如禪是頓教菩薩所修者入楞伽謂緣眞如禪緣即觀也眞如即理謂觀理將除妄想妄想者乃人法二執二無我有空二執之觀也若但分別心存取捨是爲妄想若了二執當體即空無所待對是爲如實處不生妄想也

云何如來禪謂入如來地得自覺聖智相三種樂住成辦衆生不思議事是名如來禪如來禪者即首楞嚴定修此禪定登妙覺地究竟自覺聖智三種樂住者佛以首楞嚴定爲住住之法常寂光土爲所住之處常寂光即三德涅槃也三種樂住其在茲乎不思議事者是無作妙用謂全體起用成就衆生也

爾時世尊欲重宣此義而說偈言

愚夫所行禪　觀察相義禪　攀緣如實禪
如來清淨禪　譬如日月形　鉢頭摩深險
如虛空火盡　修行者觀察　如是種種相
外道道通禪　亦復墮聲聞　及緣覺境界
捨離彼一切　是則無所有　一切刹諸佛
以不思議手　一時摩其頂　隨順入如相

譬如日月等出[十三]諸禪相以示得失[十七]謂於定中或見如日月形或見鉢頭摩此云紅蓮華或見海有深險之狀或如虛空或如火盡盡或作燼凡修觀者見此種種相現不應取著著則墮於外道邪禪及落二乘境界當善觀察悉須捨離不見有一法可得則無所有可入如來禪也

爾時大慧菩薩摩訶薩復白佛言世尊般涅槃者說何等法謂爲涅槃涅槃有三謂外道妄計涅槃二乘取證涅槃如來究竟涅槃此三涅槃名雖同而實大異苟不以法而正其名則如來藏與凡小混不可不辯故此致問

佛告大慧一切自性習氣藏意意識見習轉變名爲涅槃諸佛及我涅槃自性空事境界一切自性習氣者入楞伽云一切識自性習氣也即一切衆生心識性執熏習氣分藏意意識者即藏識與事識此言自心也皆言習者由無始愛見妄想熏習故也轉變者謂轉藏識事識爲自覺聖智境界名爲涅槃然一切衆生即涅槃相何轉變之有所謂名轉而體不轉也諸佛及我者佛謂此究竟涅槃我及諸佛同證證無別證但了生死即是涅槃涅槃之性亦不可得是爲空事境界

復次大慧涅槃者聖智自覺境界離斷常妄
想性非性云何非常謂自相共相妄想斷故
非常云何非斷謂一切聖去來現在得自覺
故非斷
離情故非常
顯性故非斷
大慧涅槃不壞不死若涅槃死者復應受生
相續若壞者應墮有爲相是故涅槃離壞離
死是故修行者之所歸依
涅槃言不壞不死
者是對有壞有死
而言也良以涅槃是不生不滅之理若凡夫
是有壞死小乘入於真空涅槃灰身無身滅
智無智亦可謂不壞不死雖離分段之生復
受變易之生是有相續之相雖離於有復著
於空是猶有爲令如來涅槃離此
諸相是爲大乘行者之所歸趣
復次大慧涅槃非捨非得非斷非常非一義
非種種義是名涅槃
此一節是總結上義言
非一者是非空非種種
者是非假非空非假
正顯中道大涅槃也
復次大慧聲聞緣覺涅槃者覺自相共相不
習近境界不顛倒見妄想不生彼等於彼作
涅槃覺
二乘於廿三陰界入自共相中十八用苦空無
常無我之觀厭離生死心切故於六
塵境界不樂習親近言不顛倒見者斷見惑
也妄想不生者斷思惑也既滅苦集而證真
空故曰於彼
作涅槃覺
復次大慧二種自性相云何爲二謂言說自
性相計著事自性相計著言說自性相計著

者從無始言說虛僞習氣計著生事自性相
計著者從不覺自心現分齊生
二種性相起
各有由如經
所謂若了言說性空諸法唯心
何計著之有哉事即諸法也
復次大慧如來以二種神力建立菩薩摩訶
薩頂禮諸佛聽受問義云何二種神力建立
謂三昧正受爲現一切身面言說神力及手
灌頂神力
二種神力建立者入楞伽云諸佛
有二種加持持諸菩薩令頂禮佛
足請問衆義三昧即正受此
華梵兼舉亦翻正心行處
大慧菩薩摩訶薩初菩薩地住佛神力所謂
入菩薩大乘照明三昧入是三昧已十方世
界一切諸佛以神通力爲現一切身面言說
如金剛藏菩薩摩訶薩及餘如是相功德成
就菩薩摩訶薩
住佛神力者由佛神力能令
見佛復由菩薩三昧善根乃
能感應一致故曰入大乘照明三昧即光明
定也由是定故見佛聞法如金剛藏者即華
嚴會中佛力加被之一菩
薩也以一例諸廿三故云及餘
大慧是名初菩薩地菩薩摩訶薩十九得菩薩三
昧正受神力於百千劫積集善根之所成就
次第諸地對治所治相通達究竟至法雲地
住大蓮華微妙宮殿坐大蓮華寶師子座同
類菩薩摩訶薩眷屬圍繞眾寶瓔珞莊嚴其

身如黃金瞻蔔日月光明諸最勝手從十方
來就大蓮華宮殿座上而灌其頂譬如自在
轉輪聖王及天帝釋太子灌頂是名菩薩手
灌頂神力大慧是名菩薩摩訶薩二種神力
若菩薩摩訶薩住二種神力面見諸佛如來
若不如是則不能見
於百千劫者此明初地
菩薩被加之所以次第
諸地下自淺至深也譬如自在下重出灌頂
事也若不如是則不能見者總結及顯也
復次大慧菩薩摩訶薩凡所分別三昧神足
諸法之行是等一切悉住如來二種神力大
慧若菩薩摩訶薩離佛神力能辯說者一切
凡夫亦應能說所以者何謂不住神力故大
慧山石樹木及諸樂器城郭宮殿以如來入
城威神力故皆自然出音樂之聲何況有心
者聾盲瘖瘂無量眾苦皆得解脫如來有如
是等無量神力利安眾生
凡所分別下校釋
被加之義起後況
釋之意謂菩薩凡所辯說三昧等法皆由住
佛神力即以凡況聖言菩薩若離神力則不
能有所說況凡夫乎若得神力雖無情之物
亦皆有用況有情者而不得以脫苦耶而言
凡夫不住神力者乃以聖奪凡耳又云如來
有如是神力者即如來大寂定中寂而常照
稱性施設萬端無不可
者亦豈有意於其間哉
大慧菩薩復白佛言世尊以何因緣如來應

供等正覺菩薩摩訶薩住三昧正受時及勝進地灌頂時加其神力佛告大慧爲離魔業煩惱故及不墮聲聞地禪故爲得如來自覺地故及增進所得法故是故如來應供等正覺咸以神力建立諸菩薩摩訶薩若不以神力建立者則墮外道惡見妄想及諸聲聞衆魔希望不得阿耨多羅三藐三菩提以是故諸佛如來咸以神力攝受諸菩薩摩訶薩爾時世尊欲重宣此義而說偈言

神力人中尊　大願悉清淨　三摩提灌頂

初地及十地此段復問如來加被菩薩所以如來答以四義如經可見良以初心菩薩道力未充不假如來神力加持非但不能增進至如來地亦且不能遠離聲聞魔界如來慈悲攝受之意可謂深矣偈頌可解

爾時大慧菩薩摩訶薩復白佛言世尊佛說緣起即是說因緣不自說道世尊外道亦說因緣謂勝自在時微塵生如是諸性生然世尊所謂因緣生諸性言說有間悉檀無間悉檀因緣之說有正有邪佛說者爲正外道說者爲邪此二者不可不知是故大慧並舉以問不自說道者謂佛說緣起不言緣起所以故云不自說道外道言勝自在等而諸法生諸性即諸法也然與如來所說因緣生法被機言教爲有間異耶無間異耶悉檀即四悉檀機也

世尊外道亦說有無有生世尊亦說無有生生已滅如世尊所說無明緣行乃至老死此是世尊無因說非有因說世尊建立作如是說此有故彼有非建立漸生觀外道說勝非如來也所以者何世尊外道說因不從緣生而有所生世尊說觀因有事觀事有因如是因緣雜亂如是展轉無窮亦說有無有生者外道言有從無有生則無因而已亦說無有生等佛言無有生生已滅如無明緣行等豈非佛說亦無因耶世尊建立下以雜亂難言佛常說此有故彼有則在一時非漸次而生是非但並齊而已亦且見外道之說勝也外道之說因乃異因耳佛說不同如觀因有事等既互相有則成雜亂遂有展轉無窮之過此皆大慧所難

佛告大慧我非無因說及因緣雜亂說此有故彼有者攝所攝非性覺自心現量大慧若攝所攝計著不覺自心現量外境界性非性彼有如是過非我說緣起我常說言因緣和合而生諸法非無因生答中先總破彼難次釋正意言此有故彼有者此即六根彼即六塵謂根塵相由而起攝所攝非性等者謂了因緣生法唯心所現無能取所取非性謂離性執也若攝所攝計著等者入楞伽云若不了諸法唯心所現計有能取所取執著外境若有若無彼有是過非我所說過即雜亂也彼即外道也性非性即有無也因緣和合而生者正酬無因之問豈同外道邪無因也

大慧復白佛言世尊非言說有性有一切性耶世尊若無性者言說不生是故言說有性有一切性因上說因緣生法遂疑言說有性一切諸法亦有性耶若諸法無性則言從何起遂結請云言說有性有一切性

佛告大慧無性而作言說謂兔角龜毛等世間現言說大慧非性非非性但言說耳如汝所說言說有性有一切性者汝論則壞佛答以無性而有言說謂因緣本無性不妨以言說示之豈必言說之爲性耶如世間現說龜毛兔角石女兒亦本無性而有言說則非性非非性言非性則非實非非性則不妨有言說故曰但言說耳結所云汝論則壞者謂以有性之說壞也

大慧非一切刹土有言說言說者是作耳或有佛刹瞻視顯法或有作相或有揚眉或有動睛或笑或欠或謦欬或念刹土或動搖大慧如瞻視及香積世界普賢如來國土但以瞻視令諸菩薩得無生法忍及諸勝三昧是故非言說有性有一切性大慧見此世界蚊蚋蟲蟻是等衆生無有言說而各辦事非一切刹土等正言未必皆言說也而言說但是隨緣施作作而無作豈有性耶或有佛土瞻視顯法等此皆隨機化事不同良以諸佛設化不專聲欬香味觸法無非經教皆可顯法入道

如禪家有拈椎豎拂揚眉瞬目以接人者蓋亦出此世但以言說爲數者一何局哉如噂視者即不瞬世界前但通擦此乃別出如香積世界以香爲佛事例餘塵設化可知豈持聖人設化如此至於有情微細物類亦有不假言說而能辨事者故曰見此世界蚊蚋蟲蟻等也

爾時世尊欲重宣此義而說偈言

如虛空兎角　及與槃大子　無而有言說
如是性妄想　因緣和合法　凡愚起妄想
不能如實知　輪迴三有宅

言槃大子者即石女兒也與兎角等皆喻本無而有言說亦揭法本無性而妄想云性故云如是性妄想以例因緣和合法凡愚妄想不能如實而知故有輪迴三有之事也

爾時大慧菩薩摩訶薩復白佛言世尊常聲者何事說佛告大慧爲惑亂以彼惑亂諸聖亦現而非顛倒大慧如春時燄火輪垂髮揵闥婆城幻夢鏡像世間顛倒非明智也然非不現大慧彼惑亂者有種種現非惑亂作無常所以者何謂離性非性故

常聲者說常法也問意謂如來說常法依何事而說也惑亂者無常也佛意正謂無常說常要達無常即常故言諸聖亦現者謂惑亂無常生死之法非唯衆生實造而諸佛果後權現示同衆生以了無常即常不同凡夫故曰非顛倒也如春時燄等七喻正喻顛倒惑亂凡夫在迷執無爲有非常計常是爲顛倒雖非明智者之事然亦非不現也復告大慧云彼惑亂等者言彼妄法現時雖有種種差別不同然非無常良以諸法本離有無一一即性即性故常離性非性即離有無也

大慧云何離性非性惑亂謂一切愚夫種種境界故如彼恒河餓鬼見不見故無惑亂性於餘現故非無性如是惑亂諸聖離顛倒不顛倒是故惑亂常謂相相不壞故大慧非惑亂種種相妄想相壞是故惑亂常

云何下謂惑亂之法聖人見之其性本常而必曰離性非性者何以未能了達即是愚夫境界故也如彼恒河等者承上愚夫所見舉以爲喻餓鬼雖近恒河而不見水以其見水是火故云見不見也見離有異而彼恒河體常自若無惑亂性者謂不以見故爲有不以不見故爲無自其見者言之非無恒河故曰於餘現故非無性也如是惑亂等正釋惑亂常義謂諸聖以離倒不倒見故即彼惑亂體是常性以其法法不壞故也又言非惑亂者謂非諸妄法自有種種差別之相以愚夫妄想分別見有異相若離分別妄法即常故曰惑亂常也

大慧云何惑亂眞實若復因緣諸聖於此惑亂不起顛倒覺非不顛倒覺大慧除諸聖於此惑亂有少分想非聖智事相大慧凡有者愚夫妄說非聖言說

入楞伽云云何而得妄法眞實謂諸聖者於妄法中不起顛倒非顛倒覺若於妄法有少分想則非聖智有少想者當知則是愚夫戲論非聖言說

彼惑亂者倒不倒妄想起二種種性謂聖種性及愚夫種性聖種性者三種分別謂聲聞乘緣覺乘佛乘云何愚夫妄想起聲聞乘種性謂自共相計著起聲聞乘種性是名妄想起聲聞乘種性大慧即彼惑亂妄想起緣覺乘種性謂即彼惑亂自共相不親計著起緣覺乘種性云何智者即彼惑亂起佛乘種性謂覺自心現量外性非性不妄想相起佛乘種性是名即彼惑亂起佛乘種性

言彼惑亂者謂分別妄法是倒非倒則成二種種性非倒是聖倒即愚夫先出聖種性復有三種謂聲聞緣覺佛乘初聲聞乘中言愚夫妄想起者謂愚夫於五陰自相共相照了空寂而生厭離乃成聲聞種性緣覺亦云自共相名雖執義同但樂修遠離故云不親是爲緣覺種性佛種性中特言智者異二乘故覺自心現量等義見前釋是爲佛乘種性

又種種事性凡夫惑想起愚夫種性彼非有事非無事是名種性義大慧即彼惑亂不妄想諸聖心意意識過習氣自性法轉變性是名爲如是故說如離心我說此句顯示離想即說離一切想

謂愚夫種性中言種種事性者謂分別妄法種種事物隨事計著以成其性言彼非有事等者謂即彼妄法非事非非事即非有非無是爲愚夫種性又曰即彼惑亂不妄想者重示佛乘種性不特於妄法不妄想而已亦於心意意識過患習氣等法皆悉轉變轉變之極乃復其性無非一如以皆如故離心絕想此句即離心絕

想之句所謂真如離念向則心絶是也

大慧白佛言世尊惑亂爲有爲無佛告大慧如幻無計著相若惑亂有計著相者計著性不可滅緣起應如外道說因緣生法自此之下問答有四初問惑亂有無因上以惑亂爲常爲實又以爲妄想然則果有耶果無耶佛答以如幻無計著相者意謂若言妄法定有定無則生計著性不可滅故以如幻言之若不能了如幻則緣起之法同於外道邪計因緣矣

大慧白佛言世尊若惑亂如幻者復當與餘惑作因佛告大慧非幻惑因不起過故大慧幻不起過無有妄想大慧幻者從他明處生非自妄想過習氣處生是故不起過大慧此是愚夫心惑計著非聖賢也此問因答而起若以惑亂如幻復能起過與餘惑作因而生法耶佛答幻非惑因有三義一幻不起過故二無妄想故三從明處生故明處者入楞伽云明呪謂幻從呪術而生非自分別過習而起然此三義皆明幻不起惡非妄法因若分別妄惑起過乃是凡夫故曰非聖賢也

爾時世尊欲重宣此義而說偈言

聖不見惑亂　中間亦無實　中間若真實
惑亂即真實　捨離一切惑　若有相生者
是亦爲惑亂　不淨猶如翳前四句明大乘聖智了妄即真惑亂妄法乃凡夫境界佛眼見之無非真實而此真實亦非實體離此空有是爲真實良由聖智了達妄法即是真實故也後四句明小智離妄顯真於真著相亦爲惑亂如目有翳見爲不淨也

楞伽阿跋多羅寶經註解卷第二上

楞伽阿跋多羅寶經註解卷第二上

校勘記

一　底本，明永樂北藏本。

一　三六二頁中一九行註解右首字「空」，徑、清作「復」。

一　三六七頁上一行「三昧」，徑作「三時」。

楞伽阿跋多羅寶經註解卷第二下　主四

宋求那跋多羅奉　詔譯

大明天界善世禪寺住持臣僧宗泐

演福講寺住持臣僧如玘奉　詔同註

復次大慧非幻無有相似見一切法如幻大慧白佛言世尊為種種幻相計著言一切法如幻為異相計著若種種幻相計著言一切性如幻者世尊有性不如幻者所以者何謂色種種相非因世尊無有因色種種相現如幻世尊是故無種種幻相計著相似性如幻

上言一切法如幻佛恐大慧疑何獨以幻為喻故復告云非假幻喻諸法更無有可相似者故說一切法如幻也此第三問中意謂佛說一切法如幻為執著種種幻相而言如幻耶為不執著諸相而言如幻耶若執著幻相言諸法如幻者未必諸法皆如幻也故曰有性不如幻者性即法也又微難者意謂若緊言之凡諸色相應無別因然世間未有有因之色皆如幻者世尊下結難如文

佛告大慧非種種幻相計著相似一切法如幻大慧然不實一切法速滅如電是則如幻大慧譬如電光剎那頃現現已即滅非愚夫現如是一切性自妄想自共相觀察無性非現色相計著

答中言諸法如幻者正非計著幻相直以一切法不實速滅如電乃如幻耳又以喻顯電光剎那起滅之速推聖智乃知非愚夫所覺現相如是一切下入楞伽云一切諸法依自分別自共相現亦復如是以不能觀察無所有故而妄計著種種色相

爾時世尊欲重宣此義而說偈言

非幻無有譬　說法性如幻

不實速如電　是故說如幻

上二句答非幻無以喻諸法下二句答幻相如電

大慧復白佛言如世尊所說一切性無生及如幻將無世尊前後所說自相違耶說無生性如幻

此第四問謂佛既說一切法無生又云如幻是有豈非有無相違耶

佛告大慧非我說無生性如幻前後相違過所以者何謂生無生覺自心現量有非有外性非性無生現大慧非我前後說相違過然壞外道因生故我說一切性無生大慧外道癡聚欲令有無有生非自妄想種種計著緣大慧我非有無有生是故我以無生說而說

佛答非我說有相違所以下徵釋生無生者言我了於生即是無生惟是自心之所現故若有若無一切外法其性本無有生故我說無生此總答也別答中有二一壞外道因生如彼計種種因有生故說一切性無生二為破外道計有無生非自執著妄想為緣又告大慧云我非有無有生者謂離有無之見故我以無生之說而說無生也

大慧說性者為攝受生死故壞無見斷見故為我弟子攝受種種業受生處故以性聲說攝受生死

說性者下入楞伽云說諸法者為令弟子知依諸業攝受生死遮其有無斷滅見故為我弟子下為令弟子知隨業受生性聲者性即法聲即說言以法說說攝受生死也

大慧說幻性自性相為離性自性相故墮愚夫惡見相希望不知自心現量壞因所作生緣自性相計著說幻夢自性相一切法不令愚夫惡見希望計著自及他一切法如實處見作不正論大慧如實處見一切法者謂超自心現量

說幻性下釋說幻義一為知性離自性圓覺云知幻即離是也二為破愚夫取著相此復有三不知自心現量一也壞正因緣所生法二也緣自性相作實有計著三也故說一切法如幻如夢之相破之不令愚夫下結過顯德於如實處作不正論結過也不正論即自他性計戲論也又如實處下是顯德入楞伽云見一切法如實處者謂能了達惟心所現也

爾時世尊欲重宣此義而說偈言

無生作非性　有性攝生死

觀察如幻等　於相不妄想

無生作非性者入楞伽云無作故無生謂諸法性本無生故說無生有性攝生死頌上依業說生死也以如幻觀之則離妄想分別也

復次大慧當說名句形身相善觀名句形身菩薩摩訶薩隨入義句形身疾得阿耨多羅

三藐三菩提如是覺已覺一切衆生大慧名身者謂若依事立名是名名身句身者謂句有義身自性決定究竟是名句身形身者謂顯示名句是名形身又形身者謂長短高下又句身者謂徑跡如象馬人獸等所行徑跡得句身名大慧名及形者謂以名說無色四陰故說名自相現故說形是名名句形身說名句形身相分齊應當修學名句形身者唯識論云名詮自性句詮差別文即是字為二所依形即文也身者聚義名詮自性者如說六根但云眼耳鼻舌身意之名而已句詮差別者如云眼是佛眼法眼慧眼等種種差別也然此名句形三身名為三假假者對實而言則聲為實此一實三假乃能詮教體今但云當說名句形身而不言一實者以佛說法之聲即一實也善觀者謂當善觀察名句形身能詮之教即達所詮之義速成菩提非惟自覺亦能覺他也已上總釋自大慧下別解謂依事立名者即名詮自性也句有義身者即句詮差別也凡句以詮義差別為性故決定究竟不相混濫是身句之功也形身謂顯示名句者即由文字以顯名句亦即名句以成文故曰文即是字為二所依又形者是喻喻如人之形有長短高下文之長短亦猶是也句身謂徑跡者如因跡始知有象馬等所行猶尋句而得義也上乃以形句對言若名與形相對言者則如五陰之受想行識四陰無色而有名色陰自相顯現故說有形亦猶文因義而顯也佛之說此名句形身是示學者入理之門理由行顯故云應當修學

爾時世尊欲重宣此義而說偈言

名身與句身　及形身差別　凡夫愚計著

如象溺深泥文字性離即是解脫若隨文起見過同邪外如象溺深泥可不戒耶

復次大慧未來世智者以離一異俱不俱見相我所通義問無智者彼即答言此非正問謂色等常無常為異不異如是涅槃諸行相所相求那所求那造所造見所見塵及微塵修與修者如是比展轉相如是等問而言佛說無記止論非彼癡人之所能知謂聞慧不具故如來應供等正覺令彼離恐怖句故說言無記不為記說又止外道見論故而不為說佛說離四句本令歸正故語大慧未來世菩薩當以離四句相問彼世人意示入道之門彼無智人不達此意乃答云此非正論謂色等者言約陰入界等諸法上而分常無常異不異等四句也如是涅槃諸行者行即能顯涅槃之行能相所相能依所依能造所造能見所見塵及微塵謂泥團微塵也修與修者即人法也如是比展轉相者言上相對二法如是等下入楞伽云如是不可記事次第而問世尊說此當止記答愚夫無智非所能知佛欲令其離驚怖處不為記說

大慧外道作如是說謂命即是身如是等無記論大慧彼諸外道愚癡於因作無記論非我所說大慧我所說者離攝所攝妄想不生云何止彼大慧若攝所攝計著者不知自心現量故止彼大慧如來應供等正覺以四種記論為衆生說法大慧止記論者我時時說為根未熟不為熟者止外道見論者隨語生解執為見論故皆止而不說俾思之而自得命即身者以外道計即陰是我離陰是我故說身命為一異等如是等說名無記論於因作無記論者計無因而生見為無記然佛所說者離能取所取不起安想云何止彼者謂何不直作如是而說以曉之而止之者何耶但為彼執著能取所取不知唯心所現故止之也四種論如後文止論是其一也不唯止彼外道亦為根未熟者時復說之耳

復次大慧一切法離所作因緣不生無作者故一切法不生大慧何故一切性離自性以自覺觀時自共性相不可得故說一切法不生何故一切法不可持來不可持去以自共相欲持來無所來欲持去無所去是故一切法離持來去大慧何故一切諸法不滅謂性自性相無故一切法不可得故一切法不滅大慧何故一切法無常謂相起無常性是故說一切法無常大慧何故一切法常謂相起無生性無常常故說一切法常一切法下明不生句有二意一離所作因緣故不生二離自共性相故不生也不可持來下以事言之非無去來但

以四句求自共相不可得故不見有去來之跡淨名經云來者無所從來去者亦無所至此以理言之也諸法不滅者謂一切法本無性相豈有滅乎常無常句約情理言若以情見相相遷流故云相起無常以理言之法法即性故云相起無生此無常即常也

爾時世尊欲重宣此義而說偈言

記論有四種　一向反詰問　分別及止論
以制諸外道　有及非有生　僧佉毗舍師
一切悉無記　彼如是顯示　正覺所分別
自性不可得　以離於言說　故說離自性

此四種論言一向曰直荅謂隨問而荅也反詰問亦曰反質謂反質所問也分別謂詳辯而荅也止論謂置而不荅也制諸外道多用止論有及非有生者謂數論計有勝論計無僧佉者數論也毗舍者勝論也如是等法皆無記論所攝彼外道計不出有無故云彼如是顯示以正智觀之求其性相皆不可得況言說乎

爾時大慧菩薩摩訶薩復白佛言世尊惟願為說諸須陀洹須陀洹趣差別通相若菩薩摩訶薩善解須陀洹趣差別通相及斯陀含二四阿那含阿羅漢方便相分別知已六如是如是為衆生說法謂二無我相及二障淨度諸地相究竟通達得諸如來不思議究竟境界如衆色摩尼善能饒益一切衆生以一切法境界無盡身財攝養一切大慧是大乘人請說小乘者何蓋菩薩有

自行化他不同自行則雖趣極果化他則法須徧至故為衆請說四果之法須陀洹此云預流初果也又言須陀洹趣者趣即趣向謂初果向也差別通相者通即同也謂分別同相別相也及二果三果四果修行方便之相皆得善解分別知已如是如是者謂如是分別如是而知為諸衆生說此四法令其證得二無我相淨除惑智二障於諸地相漸次通達獲於如來智慧境界以法身法財利物無盡如摩尼珠以實濟人之無匱也

佛告大慧諦聽諦聽善思念之今為汝說大慧白佛言善哉世尊唯然聽受佛告大慧有三種須陀洹須陀洹果差別云何為三謂下中上下者極七有生中者三五有生而般涅槃上者即彼生而般涅槃荅初果中言有上中下三種差別者根性利鈍不同耳極七有生者謂極鈍下根斷見惑證初果後進斷思惑欲界中九品思惑具經七反生死方斷此惑取證三果七反者謂人中七生天中七生中陰中十四生合二十八生今言七反者從略也三五有生者謂中根之人證初果後三生或五生斷此惑盡取證三果即彼生而般涅槃者謂上根之人得初果已即於當生超至四果而入真空涅槃也

此三種有三結二四下中上云何三結七謂身見疑戒取是三結差別上上昇進得阿羅漢三結正當初果所斷見惑與八十八使廣略之異耳言亦有下中上者以結惑從人根性而分為三也上上昇進等者於此斷惑證果合有三斷四超言上上者約大超根性而說也

大慧身見有二種謂俱生及妄想如緣起妄想自性妄想譬如依緣起自性種種妄想自性計著生以彼非有非無非有無無實妄想相故愚夫妄想種種妄想自性相計著如熱時燄鹿渴水想是須陀洹妄想身見彼以人無我攝受無性斷除久遠無知計著身見者彼於五陰身作主宰見此分二種俱生者謂見與身俱生如前身見妄想復依見而起如後邊見故曰如緣起等謂依緣起故起妄想自性以彼非有下正釋上妄想身見以本非四見而有四見則是無實妄想相如彼緣起而愚夫以妄想故起種種妄想自性計著故譬之如熱時燄非水謂水即其相也彼以人無我攝受無性者即初果向人以人無我觀了本無性故其惑即斷言無知者謂染汙無知也

大慧俱生者須陀洹身見自他身等四陰無色相故色生造及所造故展轉相因相故大種及色不集故須陀洹觀有無品不現身見則斷如是身見斷貪則不生是名身見相俱生身見者初果人觀察自他之身受想行識四陰無色相故色由四大種生造及所造即能造所造謂四大造色陰展轉者即四大互相因也不集者謂大種與色性無和合如是觀之五陰有無皆不可得孰為身見故曰有無品不現身見既斷貪亦不生也

大慧疑相者謂得法善見相故及先二種身見妄想斷故疑法不生不於餘處起大師見為淨不淨是名疑相須陀洹斷此疑相中謂初果人於四

諦法諦了無惑即善見相及前二種身見分別斷故於諸法中更不生疑自然明了邪正不復餘外道處起大師想為淨不淨者不於佛處疑善不善是為疑相不生也

大慧戒取者云何須陀洹不取戒謂善見受生處苦相故是故不取大慧取者謂愚夫決定受習苦行為衆具樂故求受生彼則不取除回向自覺勝離妄想無漏法相行方便受持戒支是名須陀洹取戒相斷戒取者非戒為戒也外道邪習非因計因如持雞狗等戒是也初果人不取彼戒謂善見彼受報苦相徒勞苦行故不取也愚夫取者以五欲等衆具為樂故求受生然非三昧之樂雖求樂果其實何有彼初果人不取是為戒非無自已所持之戒故曰除回向自覺勝等即彼所修戒行回因向果戒支者支謂支分如七覺支及五支戒等是離不取乎彼而取乎此然非大乘無取之戒是亦限也

須陀洹斷三結貪癡不生若須陀洹作是念此諸結我不成就者應有二過墮身見及諸結不斷大慧白佛言世尊世尊說衆多貪欲彼何者貪斷佛告大慧愛樂女人纏綿貪著種種方便身口惡業受現在樂種未來苦彼則不生所以者何得三昧正受樂故是故彼斷非趣涅槃貪斷言三結者見惑也因斷此見離貪嗔癡此三者即見惑中之思惑也言二過者身見本也諸結末也本既不除末何由滅貪有多種特言愛樂女人舉其重者言之初果人得三昧勝樂能斷此欲雖離於有猶著於空故云非趣涅槃貪斷也

大慧云何斯陀含相謂頻照色相妄想生相見相不生善見禪趣相故頻來此世盡苦際得涅槃是故名斯陀含此明二果相謂照了五陰色相妄想不同初果修四行觀故得頻名生相即諸見相即妄想此二不生惟無漏智加修禪定則善見禪趣之相進斷欲界思惑至盡六品惟餘一生故曰頻來此世盡苦際者離人中生死得涅槃者證二果也

大慧云何阿那含謂過去未來現在色相性非性生見過患使妄想不生故及結斷故名阿那含此三果人通觀三世色相皆空非性即空也離有無分別過患故云妄想不生結斷者斷欲界後三品思惑也

大慧阿羅漢者謂諸禪三昧解脫力明煩惱苦妄想非性故名阿羅漢諸禪三昧即羅漢所修智定解脫力明即所證之法力即神通明乃三明也以是照了煩惱諸苦分別皆空謂色無色界思惑淨盡證無學果也

大慧白佛言世尊世尊說三種阿羅漢此說何等阿羅漢世尊為說寂靜一乘道為菩薩摩訶薩方便示現阿羅漢為佛化化佛告大慧得寂靜一乘道聲聞非餘餘者行菩薩行及佛化化巧方便本願故於大衆中示現受生為莊嚴佛眷屬故大慧於妄想處種種說法謂得果得禪禪者入禪悉遠離故示現得自心現量得果相說名得果復次大慧欲超禪無量無色界者當離自心現量相大慧受想正受超自心現量者不然何以故有心量故此簡羅漢名相通別通則通名羅漢別則三種不同三種中一實二權得寂靜一乘道者一實也菩薩方便示現及佛化化者二權也佛答謂所說羅漢是實非權一乘者乃三乘之一非佛乘之一也巧方便本願者即餘二種為已曾發善巧方便誓願示現羅漢莊嚴佛會而為眷屬也於妄想衆生之處為其說法同其修證故曰得果得禪歸入於禪而不住禪亦隨心量示現得果而不住於果二種權行既不同於實行又不住果住禪是為超禪故示超禪之相令其捨世間禪得出世間禪世間禪謂四禪四無量四無色定也當離自心者心量既極即是如來禪然則滅受想定豈非超心量乎故復簡云不然以其取滅受想亦是心量故須一切捨離皆不可得圓覺經所謂照與照者同時寂滅斯得之矣

爾時世尊欲重宣此義而說偈言

諸禪四無量　無色三摩提　一切受想滅
心量彼無有　須陀槃那果　往來及不還
及與阿羅漢　斯等心惑亂　禪者禪及緣
斷知見真諦　此則妄想量　若覺得解脫

偈中初四句頌上超禪相中四句頌上四果惑亂者以大斥小謂小乘取涅槃相亦是心惑亂也後四句禪者禪等即上能入所入及禪所緣境與夫斷集知苦見眞諦理皆寂滅性中妄想心量若能覺了則究竟解脫無得而得也

復次大慧有二種覺謂觀察覺及妄想相攝受計著建立覺大慧觀察覺者謂若覺性自性相選擇離四句不可得是名觀察覺上云若覺得解脫故又告之以覺知之道二種覺義一往言之雖若眞妄之異然據結文云菩薩成就則皆大士所觀而眞俗不同觀察覺即眞諦之覺也建立覺即俗諦之覺也良以菩薩眞觀眞不捨俗照俗不違眞若覺性自性等者即觀一切法之自性此性本來離相不可以一異等四句分別簡擇故云不可得也

大慧彼四句者謂離一異俱不俱有無非有非無常無常是名四句大慧此四句離是名一切法大慧此四句觀察一切法應當修學分別四句之相如前言四句離者是不著於妄計也若墮四句計中非所以覺性自性今皆求之叵得則離彼四句復乎本性是名一切法以此四句觀一切法無情不離無性不顯故結勸云應當修學

大慧云何妄想相攝受計著建立覺謂妄想相攝受計著堅濕煖動不實妄想相四大種宗因相譬喻計著不實建立而建立是名妄想相攝受計著建立覺是名二種覺相若菩薩摩訶薩成就此二覺相人法無我相究竟善知方便無所有覺觀察行地得初地入百三昧得差別三昧見百佛及百菩薩知前後際各百劫事光照百剎土知上上地相大願殊勝神力自在法雲灌頂當得如來自覺地善繫心十無盡句成熟衆生種種變化光明莊嚴得自覺聖樂三昧正受二建立覺者入楞伽云謂於堅濕煖動諸大種性取相執著虛妄分別以宗因喻而妄建立是名取相分別執著建立智宗因喻者即五分論法雖是不實建立以世諦故而建立之則眞俗兩行不相妨疑若以菩薩下總結二覺成相初覺成故於人法知無我相次覺成故了無我相不離人法故曰究竟善知方便無所有覺者還以二種覺觀歷於行地而後得入初地也入三昧見佛等皆以百言之者以菩薩初破無明能分身百界所入法門數皆如之故偏論云菩薩入初地時證十百明門一於一剎那頃證百三摩地二以淨天眼見百佛國三以神通力能動百佛世界四能往百佛世界教化衆生五能以一身化百類身形令有情見六能成就百類所化有情七若爲利益能留身住世百劫八能知前後際百劫事九能以智慧入百法明門洞達曉了十能以身觀百類眷屬餘地倍倍增勝十無盡句者如華嚴十地品住初歡喜地有十不可盡句云云亦如等賢十行願皆言無盡以此善繫其心成熟衆生至於自覺聖樂三昧則菩薩之能事畢矣

復次大慧菩薩摩訶薩當善四大造色云何菩薩善四大造色大慧菩薩摩訶薩作是覺彼眞諦者四大不生於彼四大不生作如是觀察觀察已覺名相妄想分齊自心現分齊外性非性是名心現妄想分齊謂三界觀彼四大造色性離四句通淨離我我所如實相自相分段住無生自相成上云四大言之未詳故重示之初明能覺觀則曰菩薩作是覺等言彼眞諦四大不生者理也亦承上觀察覺言之然理非無四大直彰無相故云不生所以菩薩作不生觀察不生而生是生四大之本故有四大名相妄想次第窮其四大所起亦是自心現之分齊既了諸法唯心即達外性非性是則觀彼四大造色性離性離者無生四句也以是四句通淨四大亦即四大圓離四性由是離我我所離故復本復本故法法不失自體故曰如實相自相分段住如實相則相相一如自相分段則有差別惟其同異不相妨礙則無生自相如是而成此能覺之智也

大慧彼四大種云何生造色謂津潤妄想大種生內外水界堪能妄想大種生內外火界飄動妄想大種生內外風界斷截色妄想大種生內外地界色及虛空俱計著邪諦五陰集聚四大造色生此明所覺之法復躡上文微釋其相彼四大者對眞諦而言則以四大爲彼對四大而言亦以眞諦爲彼言四大種生造色者即大種爲能造如前堅濕煖動是也四大爲所造如後內外水大等通名爲色是也若楞嚴則交至而起如覺明空昧相待成搖故有風輪等云云今各從類造故有津潤大種生於水大等蓋文雖別而理通言其造法莫不因性而有相從微而至著相因想成未由種起所以發生萬

類本乎一心所謂津潤堪能攝動斷截者各隨四大性分說也又津潤等亦可約貪瞋癡等分言之故一一皆曰妄想想也大種種也此皆發於微者也及其既著則爲內外四大謂正報爲內依報爲外俱徧一切而與空俱故曰色及虛空等外道於此計著邪諦或計有無或起分齊已如前斥由四大造色故有五陰因陰而有六根次第而生故云四大造色生也

大慧識者因樂種種跡境界故餘[十三]趣相續大慧地等四大及造色等有四大緣非彼四大緣所以者何謂性形相處所作方便無性大種不生大慧性形相處所作方便和合生非無形是故四大造色相外道妄想非我識者六識謂六識樂諸塵境出入履歷故曰跡此由妄識著於妄境逐成結業六趣受生相續不斷又曰地四大等者示四大不能獨造必兼於緣不專在緣故曰非彼四大緣所以下徵釋其義謂性津潤等性形相四大色相因也處及所作方便緣也若因無生性雖緣亦不生故曰大種不生必由衆緣和合成形非無形者則亦在緣也既無在無不在則本無實性無性而生則因緣之義彰矣言外道妄想者此與前計著邪諦之語皆因而斥非謂四大造色相不同外道妄想分別故曰非我

復次大慧當說諸陰自性相云何諸陰自性相謂五陰云何五謂色受想行識彼四陰非色謂受想行識大慧色者四大及造色各各異相大慧非無色有四數如虛空譬如虛空過數相離於數而妄想言一虛空大慧如是陰過數相離於數離性非性離四句數相者愚夫言說非聖賢也此明五陰自性相數非數言數者以色非色各有四數故曰彼四陰非色又曰色者四大造色各各異相則四大不同通名爲色而色亦有四次言非數者即色界無色界皆非數也且約無色界示之故云非無色有四數如虛空正言無色四陰本無有四譬如虛空超過數相然妄想分別言虛空是一陰亦如是離諸數相有無等四句計有數相者是凡夫所言非諸聖賢如云佛身無爲不墮諸數是也

大慧聖者如幻種種色像離異不異施設又如夢影士夫身離異不異故大慧聖智趣同陰妄想現是名諸陰自性相汝當除滅滅已說寂靜法斷一切佛剎諸外道見大慧說寂靜時法無我見淨及入不動地入不動地已無量三昧自在及得意生身得如幻三昧通達究竟力明自在救攝饒益一切衆生猶如大地載育衆生菩薩摩訶薩普濟衆生亦復如是聖人了陰如幻雖現種種色[十四]像離於施設異不異見如夢影中現士夫身皆無實體豈有異不異耶然異不異見乃凡夫之妄想佛之所以能離者由了凡聖陰體本來不二故曰聖智趣同陰妄想現凡夫欲復本體當須遠離陰妄性相故云汝當除滅妄執若滅寂靜乃彰故復能說此寂靜之法遠離一切外道之見說此法時既離法無我執即能入不動地得無量三昧一切法門普濟羣品如地之載育也

復次大慧諸外道有四種涅槃云何爲四謂性自性非性涅槃種種相性非性涅槃自相自性非性覺涅槃諸陰自共相相續流注斷涅槃是名諸外道四種涅槃非我所說法大慧我所說者妄想識滅名爲涅槃涅槃之說有邪有正佛欲說正乃先斥邪言外道四種涅槃名相如經所列涅槃是果果由因得其因既邪果亦非正故云非我所說我之所說涅槃者直以妄識心滅耳蓋由外道涅槃不離神我神我即妄識故以妄想識滅而對破之也

大慧白佛言世尊不建立八識耶佛言建立大慧白佛言若建立者云何離意識非七識佛告大慧彼因及彼攀緣故七識不生意識者境界分段計著生習氣長養藏識意俱我我所計著思惟因緣生不壞身相藏識因攀緣自心現境界計著心聚生展轉相因譬如海浪自心現境界風吹若生若滅亦如是是故意識滅七識亦滅上云妄想識[十五]滅名爲涅槃逐疑八識亦滅佛答以不滅言建立者不滅也又疑七識不滅佛答以彼因及攀緣故七識不生者彼即六識言因及攀緣在六識而七識執我未嘗相離若六識滅則七識亦不生也意識者下通示諸識展轉相因未始不俱乃體一而相異也又有四意一境界分段者言六識從六塵生也二習氣長養者言六識不離七識八識也三我我所計著者言七識我執從思惟彼因

彼緣而生四不壞身相下藏識即第八識言因攀緣自心現境界等此八識因於六識能緣還緣自心所現境界故即六塵也以計著故而生六識能心總諸心故云心聚生也謂八識與六識展轉相因諸而生如此相因有本有末本謂八識展轉生因識末謂六識相起善惡七識則傳送其間故云展轉相因復以諭顯海諭八識浪諭六識以六塵為境界風境界乃自心所現還吹八識心海轉生諸識若生若滅亦猶依海而有風因風而鼓浪展轉之相其若是也風息則浪滅故云意識滅七識亦滅也

爾時世尊欲重宣此義而說偈言

我不涅槃性　所作及與相　妄想爾燄識
此滅我涅槃　彼因彼攀緣　意趣等成身
與因者是心　為識之所依　如水大流盡
波浪則不起　如是意識滅　種種識不生

外道所謂四種涅槃不離性之與相佛既斥之則曰我不以性相為涅槃直以妄想智障識滅為涅槃耳彼因彼攀緣等言七識由意趣因等成六識身究其本因還以八識之心為諸識之所依如水下諭意可見

復次大慧今當說妄想自性分別通相若妄想自性分別通相善分別汝及餘菩薩摩訶薩離妄想到自覺聖外道通趣善見覺攝所攝妄想斷緣起種種相妄想自性行不復妄想入楞伽云我今當說妄計自性差別相令汝及諸菩薩摩訶薩善知此義超諸妄想證聖智境知外道法遠離能取所取分別於依他起種種相中不更取著妄所計相

大慧云何妄想自性分別通相謂言說妄想所說事妄想相妄想利妄想自性妄想因妄想見妄想成妄想生妄想不生妄想相續妄想縛不縛妄想是名妄想自性分別通相妄想是一隨境有異此中先總次別總名可見別相凡十有二初列十二名次徵釋其義

大慧云何言說妄想謂種種妙音歌詠之聲美樂計著是名言說妄想此計著種種音聲詞句以為有性也

大慧云何所說事妄想謂有所說事自性聖智所知依彼而生言說妄想是名所說事妄想所說事自性者凡所說事極其所以自性惟聖智所知凡愚不了但依彼事而生言

大慧云何相妄想謂即彼所說事如鹿渴想種種計著而計著謂堅濕煖動相一切性妄想是名相妄想此言隨事起見如渴鹿之奔陽燄以作水想謂於地水火風執有堅濕煖動之性而不知其性本虛於一切法妄計名相性即法也

大慧云何利妄想謂樂種種金銀珍寶是名利妄想世間財寶本是幻物凡夫不了而起貪著

大慧云何自性妄想謂自性持此如是不異惡見妄想是名自性妄想言持此如是者持謂執持即於諸法起自性見執以為是餘皆為非何異外道惡見分別也

大慧云何因妄想謂若因若緣有無分別因相生是名因妄想謂於因緣生法起有無等見妄想分別成生死因也

大慧云何見妄想謂有無一異俱不俱惡見外道妄想計著妄想是名見妄想此言外道惡見執著有無一異俱不俱四句分別也

大慧云何成妄想謂我我所想成決定論是名成妄想此於假名實法上計我我所而起言說分別

大慧云何生妄想謂緣有無性生計著是名生妄想入楞伽云謂計諸法若有若無從緣而生是名生分別也

大慧云何不生妄想謂一切性本無生無種因緣生無因身是名不生妄想謂一切法未有諸緣而先有體是不假因緣而生故起不生分別也

大慧云何相續妄想謂彼俱相續如金縷是名相續妄想彼俱相續如金縷者入楞伽云謂此與彼遞相繫屬如金與線是名相續分別

大慧云何縛不縛妄想謂縛不縛因緣計著如士夫方便若縛若解是名縛不縛妄想縛不縛因緣計著者以理言之法本自離何縛之有情著成縛不可云無如士夫者入楞伽云如人以繩方便力故縛已復解此於無縛解中而生計著也

於此妄想自性分別通相一切愚夫計著有

無已上諸計不出有無故皆云也

大慧計著緣起而計著者種種妄想計著自性如幻示現種種之身凡夫妄想見種種異幻大慧幻與種種非異非不異若異者幻非種種因若不異者幻與種種無差別而見差別是故非異非不異是故大慧汝及餘菩薩摩訶薩如幻緣起妄想自性異不異有無莫計著前直分別妄想自性未明其所計著者故次明緣起復以幻喩之示妄想本虛凡夫不了見有種種差別之相故喩云幻與種種非異非不異反覆示例前可見若了法無自性於緣起妄想皆不可得故不應作異不異有無計著

爾時世尊欲重宣此義而說偈言

心縛於境界　覺想智隨轉　無所有及勝

平等智慧生　妄想自性有　於緣起則無

妄想或攝受　緣起非妄想　種種支分生

如幻則不成　十四　彼相有種種　十八　妄想則不成

心縛者謂現前一念為塵境所轉故有業縛而本有覺智亦隨妄而轉若了妄即眞離諸有相及至佛地則復平等大慧矣勝即最勝處佛地也妄想自性下八句言妄想緣起之為有無初四句約法後四句約喩謂妄想自性若有則緣起無法可得亦不待緣起而成妄想若以妄想能攝受取彼境界成妄想者而緣起自非妄想又何能成於妄想耶喩者謂如幻人幻作種種支分若先已生則不待幻而成彼之幻相雖有種種而妄想自無種種故曰不成此皆顯有無不可得也

彼相則是過　皆從心縛生　妄想無所知

於緣起妄想　此諸妄想性　即是彼緣起

妄想有種種　於緣起妄想此八句復言緣起妄想相因而成言彼相過者謂緣起相之過由心縛著所以成過心縛即妄想也若了緣起則無妄想因妄想不覺於緣起生諸分別此緣起與妄想相由而有初無前後之異故云妄想即緣起體圓無二而終以緣起而有分別也

世諦第一義　第三無因生　妄想說世諦

斷則聖境界世諦俗諦也第一義眞諦也諸佛說法常依此二諦此外則外道邪計故曰第三無因生故涅槃云出世人所知名第一義諦世人所知名世諦外道立二十五諦明因中有果第一從冥初生覺第二從覺生我心第三從我心生色聲香味觸等此云無因即自然性也妄想說下結成三種自性世諦者緣起妄想二種自性也聖境界即第一義諦成自性也然迷之即世諦悟之即第一義諦故云斷則聖境界也

譬如修行事　於一種種現　於彼無種種

妄想相如是　二十四　譬如種種翳　十九　妄想眾色現

翳無色非色　緣起不覺然　譬如鍊眞金

遠離諸垢穢　虛空無雲翳　妄想淨亦然

此四喩初喩妄想自性言修行事者如禪有十種一切處謂青黃赤白等皆徧一切其境本一以心想故有種種現妄想之相亦復如是次種種翳下喩緣起自性翳本無色妄見色現故無色非色之實緣起不覺亦復然也又鍊眞金空無翳二喩皆喩成自性也言無彼妄想緣起二種自性則如金之無垢空之無翳故云妄想淨亦然也

無有妄想性　及有彼緣起　建立及誹謗

悉由妄想壞　妄想若無性　而有緣起性

無性而有性　有性無性生　依因於妄想

而得彼緣起　相名常相隨　而生諸妄想

究竟不成就　則度諸妄想　然後智清淨

是名第一義無有妄想性等重釋上緣起妄想自性本來非有非無言定有則墮建立言定無則墮誹謗皆由妄想以壞正見妄想若無性等謂若無妄想性而有緣起性者則有從無生成無因之過蓋無始妄念分別而有緣起然妄想之由依於名相名之與相如影隨形皆是虛妄因不了此而起妄想窮其妄源無所成就則妄想自滅以復自覺聖智名第一義度即滅也

妄想有十二　緣起有六種　自覺知爾燄

彼無有差別　五法為眞實　自性有三種

修行分別此　不越於如如妄想十二如前所說緣起有六者六即六塵謂緣起自性由六塵境界風所動而起或謂六因者非也然此妄想緣起總是差別之相自覺聖智之中則無如是差別也爾燄即智也五法三自性皆如來自行化他法門修行之人稱性觀之無非眞實一理故曰不越於如如也

眾相及緣起　彼名起妄想　彼諸妄想相

從彼緣起生　覺慧善觀察　無緣無妄想

成已無有性　云何妄想覺　彼妄想自性

建立二自性　妄想種種現　清淨聖境界
妄想如畫色　緣起計妄想　若異妄想者
則依外道論　妄想說所想　因見和合生
離二妄想者　如是則爲成
衆相及名俱爲緣起彼名及相皆爲妄想此妄想緣起皆從名相而生而又言妄想從緣起[十三]而生者蓋指現前所起妄念從根塵和合而生上言緣起從妄[二十]想生者蓋指迷眞從妄而有因緣生法學者不可不審然以正智觀之二皆無有成已無有性者言圓成實性中本無性執云何衆生而生妄想覺知既迷眞性而成妄想故有名相事相二種自性然迷之則見種種相現悟之則是聖人所行清淨境界妄想如畫色者言於無起有如本無色像因畫而生妄想本於緣起緣起本於分別計緣起而生妄想其爲妄想如是吾佛方便如是識者爲令反妄歸眞故也若異此而言妄想則是外道邪計戲論故曰妄想說所想因見和合生蓋外道以妄心分別妄想之相及論三緣和合而生皆非正論若離緣起妄想二種自性則爲圓成自性矣
大慧菩薩摩訶薩復白佛言世尊惟願爲說自覺聖智相及一乘若說自覺聖智相及一乘我及餘菩薩善自覺聖智相及一乘不由於他通達佛法
大慧因聞上究竟諸妄顯第一義故以自證聖智行相及一乘行相爲乘而請思修取證也
佛告大慧諦聽諦聽善思念之當爲汝說大慧白佛言唯然受教佛告大慧前聖所知轉相傳授妄想無性菩薩摩訶薩獨一靜處自覺觀察不由於他離見妄想上上外進入如來地是名自覺聖智相
前聖所知即自證聖智行相及一乘行相謂過去諸佛無不從此二種行門成等正覺以其遞相傳授故所謂佛佛授受祖祖承承者也此乃總答前請妄想無性下別答自覺聖智行相諸法本來寂滅凡愚不覺生妄分別而說妄法本無自性然欲遮修妙行必於靜處以自觀察[十四]觀之不已則諸妄[二十一]想不離而離漸歷諸地入於如來境界所謂自覺聖智自然究竟矣
大慧云何一乘相謂得一乘道覺我說一乘云何得一乘道覺謂攝所攝妄想如實處不生妄想是名一乘覺大慧一乘覺者非餘外道聲聞緣覺梵天王等之所能得唯除如來以是故說名一乘
此釋一乘行相言一乘者一佛乘也謂如來所乘大乘之法也此一乘法不離人之一心所謂妙法者即心也蓋心具妙法與佛所證無二無別欲覺一乘之道須究自心故云攝所攝妄想謂了根塵能取所取妄心即妄顯眞如實而住故云如實處不生妄想然此一乘覺道唯佛與佛乃能究盡故云非餘外道等之所能得也
大慧白佛言世尊何故說三乘而不說一乘佛告大慧不自般涅槃法故不說一切聲聞緣覺一乘以一切聲聞緣覺如來調伏授寂靜方便而得解脫非自己力是故不說一乘復次大慧煩惱障業習氣不斷故不說一切聲聞緣覺一乘不覺法無我不離分段死故說三乘
此問如來但說小乘不說大乘之意佛答以三義故不說一乘言不自般涅槃法者以二乘不能了生死即涅槃故不爲說一也言調伏授寂靜等者以其稟方便教修證空寂但離虛妄名爲解脫未得一切解脫故不爲說二也言煩惱障等者以其但斷四住通惑未斷習氣別惑全在故不爲說三也二乘破人執未破法執故云不覺法無我也雖斷煩惱身君分段來名變易生死故云不離分段死也如來爲此小機故但爲說三乘法耳
大慧彼諸一切起煩惱過習氣斷及覺法無我彼一切起煩惱過習氣斷三昧樂味著非性無漏界覺覺已復入出世間上上無漏界滿足衆具當得如來不思議自在法身
此言一乘行者以煩惱習斷不爲無明所醉了眞空三昧之樂不生味著故云非性乃得無漏界覺無漏界即入實報土受法性身隨類現形示生示滅度脫諸有故云覺已復入出世間至上品寂光二嚴具備究顯不思議自在法身是爲一佛乘也
爾時世尊欲重宣此義而說偈言

諸天及梵乘[十四]　聲聞緣覺乘　諸佛如來乘[二十三]
我說此諸乘　乃至有心轉　諸乘非究竟
若彼心滅盡　無乘及乘者　無有乘建立
我說爲一乘

前四句通頌諸乘次六句頌說一乘之意言有心轉者轉即起動謂若有一念心動雖佛乘亦非究竟況餘乘乎言於心行處滅無有能乘之人亦無所

乘之法乃至一乘法門無可建立離名字相非破非立有此等機乃爲說一乘也

引導衆生故　分別說諸乘　解脫有三種

及與法無我　煩惱智慧等　解脫則遠離

譬如海浮木　常隨波浪轉　聲聞愚亦然

相風所漂蕩　彼起煩惱滅　餘習煩惱愚

此頌上文說三乘法三種解脫即三乘所證之果謂聲聞斷正使緣覺斷習氣菩薩正習俱斷破惑雖殊證果即一眞空涅槃法無我等此言大乘行者得法無我惑智平等縛脫不二是爲遠離大解脫也譬如下喻二乘未斷智障爲空相風之所漂蕩如浮木之在海乃爲波浪所轉雖斷通惑未斷根本無明故曰餘習煩惱愚餘習即無明也

味著三昧樂　安住無漏界　無有究竟趣

亦復不退還　得諸三昧身　乃至劫不覺

譬如昏醉人　酒消然後覺　彼覺法亦然

得佛無上身

二乘都分段生死之苦得眞空涅槃之樂於中味著而無進趣然亦不退作凡夫此三昧身墮無爲坑乃至經劫不覺譬如世人醉酒昏亂都無覺知至於酒消而後乃覺此喻二乘根轉心回覺法無我究竟正智故云得佛無上身也

楞伽阿跋多羅寶經註解卷第二下

楞伽阿跋多羅寶經註解卷第二下

校勘記

一　底本，明永樂北藏本。

一　三七一頁上一六行註釋右第四字「二」，清作「一」。

一　三七一頁下一九行註釋左末字「一」，清作「二」。

一　三七八頁上一二行註釋右「三緣」，清作「二緣」。

一　三七八頁下四行註釋左第七字「二」，清作「一」。

一　三七八頁下五行註釋左首字「三」，清作「二」。

楞伽阿跋多羅寶經註解卷第三上　主五

宋求那跋多羅奉詔譯

大明天界善世禪寺住持臣僧宗泐

演福講寺住持臣僧如玘奉詔同註

一切佛語心品第三

爾時世尊告大慧菩薩摩訶薩言意生身分別通相我今當說諦聽諦聽善思念之大慧白佛言善哉世尊唯然受教佛告大慧有三種意生身云何爲三所謂三昧樂正受意生身覺法自性性意生身種類俱生無行作意生身修行者了知初地上上增進相得三種身三種意生身乃通教菩薩自行化他之道爲菩薩者不可不知故如來不待問而告之初列三名而後徵釋

大慧云何三昧樂正受意生身謂第三第四第五地三昧樂正受故種種自心寂靜安住心海起浪識相不生知自心現境界性非性是名三昧樂正受意生身言三昧樂正受意生身者此菩薩從三地至四地斷見惑從五地至七地斷思惑得真空三昧之樂三昧翻正受言三昧又言正受華梵兼舉耳意生身者謂作意成真空法性身也種種自心等謂菩薩證空不同二乘心生味著爲相風所動故曰安住心海入不同凡夫起六識波浪蓋了一切境界雖自心現皆無自性是爲初章生身此自行也

大慧云何覺法自性性意生身謂第八地觀察覺了如幻等法悉無所有身心轉變得如幻三昧及餘三昧門無量相力自在明如妙華莊嚴迅疾如意猶如幻夢水月鏡像非造非所造如造所造一切色種種支分具足莊嚴隨入一切佛剎大衆通達自性法故是名覺法自性性意生身此言菩薩入第八地覺了諸法如幻皆無有相身心轉變無礙住如幻諸三昧門普入佛剎神通自在如妙華之莊嚴也迅疾下言如意如幻等者皆言化身速疾之無礙也非造非所造者謂化身色相不同四大實造如造所造者謂此色相與造相似如此幻造色相具足福慧莊嚴無形剎土違此諸法唯我自性之性是爲自性性意生身此化他也

大慧云何種類俱生無行作意生身所謂覺一切佛法緣自得樂相是名種類俱生無行作意生身大慧於彼三種身相觀察覺了應當修學初則從生死假入涅槃空次則從涅槃空入建立假猶是二邊今入中道所謂覺一切佛法等言菩薩從八地已去接入回向位中了達諸佛自證法相即我自心故云自得樂相也言種類俱生者輔行云了佛證法即入中道屬佛種類或謂千種萬類非也自既入中所化之機亦成佛之種類故云俱生至此位中智轉行融名無行作未入證道但名意生是爲第三意生相也此三種身相乃約位次別明第二卷中言譬如意去速疾約處顯二義釋者是通釋也誡勸修學如文可見

爾時世尊欲重宣此義而說偈言

非我乘大乘　非說亦非字　非諦非解脫
非無有境界　然乘摩訶衍　三摩提自在
種種意生身　自在華莊嚴偈初四句約如來自證離相故皆以非言之謂雖是大乘以離相故是無乘可乘蓋離諸名相無證無得而亦非無境界可示然乘摩訶衍者乘即能乘摩訶衍即所乘之法乃指三種意生身是大乘之法也三摩提者即初意生身也種種意生者超頌種類俱生身也華莊嚴者頌第二意生身也

爾時大慧菩薩摩訶薩白佛言世尊如世尊說若男子女人行五無間業不入無擇地獄世尊云何男子女人行五無間業不入無擇地獄佛告大慧諦聽諦聽善思念之當爲汝說大慧白佛言善哉世尊唯然受教佛告大慧云何五無間業所謂殺父母及害羅漢破壞衆僧惡心出佛身血五無間業悉逆之極者凡作是業必受無間地獄之報如來有時說言亦有行五無間業不入無擇獄者無擇即無間也大慧未達於是問佛答中先標事列名次約法微釋名雖從逆法實惟顯義見下文

大慧云何衆生母謂愛更受生貪喜俱如緣母立無明爲父生入處聚落斷二根本名害父母貪愛母無明父即十二因緣中現在之愛更從受生與未來貪喜俱皆有生義

如毋養育立即生也由無明貪愛生六入十二處等聚落若斷此貪愛無明根本即害父母義也

彼諸使不現如鼠毒發諸法究竟斷彼名害羅漢

彼諸使不現者謂羅漢已斷正使未斷習氣如鼠齧人瘡雖愈遇雷復發喻羅漢習氣雖則不現忽遇相風搖動如迦葉聞琴起舞是也諸法即不涂汙無知之法若能究竟斷之即害羅漢義也

云何破僧謂異相諸陰和合積聚究竟斷彼名為破僧

和合名僧故以五陰和合言之異相即色受想行識也積聚即五陰積聚生死也若能斷之即破僧義也

大慧不覺外自共相自心現量七識身以三解脫無漏惡想究竟斷彼七種識佛名為惡心出佛身血若男子女人行此無間事者名五無間亦名無間等

不覺外自共相者謂不知諸法自相共相是自心現量乃由迷於八識唯存七識指七識妄覺而為佛義非三解脫無漏之行莫能斷之無漏本善而言惡者亦順殺害義能發此心究竟斷除七識之佛即出佛身血義也入楞伽云斷彼八識身佛者以九識為佛識八識為菩薩識以其體爲無明此內五無間也自若男子下總結

復次大慧有外無間今當演說汝及餘菩薩摩訶薩聞是義已於未來世不墮愚癡云何五無間謂先所說無間若行此者於三解脫一一不得無間等法除此已餘化神力現無間等謂聲聞化神力菩薩化神力如來化神力為餘作無間罪者除疑悔過為勸發故神力變化現無間等無有一向作無間事不得無間等除覺自心現量離身財妄想離我我所攝受或時遇善知識解脫餘趣相續妄想

外無間者外以對內蓋指前五無間為內也以實造無間之業為外也上說行五無間得證聖智恐人謂實造無間之因亦不受惡報故又說此若聞外五無間事業報不差則不生疑惑故云不墮愚癡言先所說者謂於餘教中曾說無間若作此無間業者必墮阿鼻豈得三種解脫無間等法耶除此已下言權造者權必引實入楞伽云見其有造無間業者為欲勸發令其改過以神通力示同其事尋即悔除證於解脫所謂行於非道通達佛道如調達阿闍世王等是也無有下言無有實造而不受無間報者然實造者未必永不得三解脫法故曰除覺自心現量等言若能了諸法唯心內不見身外不見財離人法執或於來世餘趣受生遇善知識離分別過背得解脫

爾時世尊欲重宣此義而說偈言

貪愛名為母　無明則為父　覺境識為佛
諸使為羅漢　陰集名為僧　無間次第斷
謂是五無間　不入無擇獄

此頌上內五無間也

爾時大慧菩薩復白佛言世尊惟願為說佛之知覺世尊何等是佛之知覺佛告大慧覺人法無我了知二障離二種死斷二煩惱是名佛之知覺聲聞緣覺得此法者亦名為佛以是因緣故我說一乘爾時世尊欲重宣此義而說偈言

善知二無我　二障煩惱斷　永離二種死
是名佛知覺

向言一乘覺道其說捃略而未嘗言所知所覺者何法於是復申此請佛乃告之了二無我是為覺了二障是為知究論人法生佛平等本無二執所謂眞如界內絶生佛之假名此無人執也平等性中無自他之形相此無法執也衆生迷之成二我執如來覺了本性二執皆空故云無我中二障者惑障智障也即上二執為惑二空為智既以二空空其二執是無惑障能空之智亦泯是無智障二障乃生死之因因滅故果滅故云離二種死二死者分段變易之死也二煩惱者謂通別二惑也此二惑累至於極果方能斷盡如是了達名為佛之知覺二乘雖小若能回心向大如佛覺知是佛而已故云亦名為佛所以說一乘者此也重頌可見

爾時大慧菩薩白佛言世尊何故世尊於大衆中唱如是言我是過去一切佛及種種受生我爾時作曼陀轉輪聖王六牙大象及鸚鵡鳥釋提桓因善眼仙人如是等百千生經說

三世諸佛道無不同而覺知前後不無有去來今之異云何世尊言我是過去一切佛又曰種種受生則異其形大慧持此兩端衆以為問本生經云如來過去曾種種受生如作轉輪王及作釋提善眼大象鸚鵡等百千生

佛告大慧以四等故如來應供等正覺於大衆中唱如是言我爾時作拘留孫拘那含牟尼迦葉佛云何四等謂字等語等法等身等是名四等以四種等故如來應供等正覺於大衆中唱如是言佛告以四等故作拘留孫等佛乃訓上我是過去諸佛之問四等義見下文云何字等若字稱我爲佛彼字亦稱一切諸佛彼字自性無有差別是名字等云何語等謂我六十四種梵音言語相生彼諸如來應供等正覺亦如是六十四種梵音言語相生無增無減無有差別迦陵頻伽梵音聲性云何身等謂我與諸佛法身及色身相好無有差別除爲調伏彼彼諸趣差別衆生故示現種種差別色身是名身等云何法等謂我及彼佛得三十七菩提分法略說佛法無障礙智是名四等是故如來應供等正覺於大衆中唱如是言爾時世尊欲重宣此義而說偈言

迦葉拘留孫　拘那含是我　以此四種等

我爲佛子說四等者字語身法四皆平等也字等者謂我名佛一切如來亦名爲佛佛名無別是爲一字等也語等者謂我作六十四種梵音聲語說一切諸佛亦然是名語等密跡力士經第二說佛聲有八轉謂體業具爲從屬於呼是八轉聲各具八德所謂調和聲柔軟聲諦了聲易解聲無錯謬聲無雌小聲廣大聲深遠聲八八即成六十四種頻伽即鳥名其聲清雅超於衆鳥故引以喩也身等者謂我與諸佛法報應化之身等而無差別雖機不等應跡或殊會其歸趣亦一已法等者謂所得道品之法與諸佛無殊也言無障礙智者謂得是四等則於一切佛法無所障礙亦不迷於如來化跡同異也

大慧復白佛言如世尊所說我從某夜得最正覺乃至某夜入般涅槃於其中間乃至不說一字亦不已說當說不說是佛說世尊如來應供等正覺何因說言不說是佛說佛告大慧我因二法故作如是說云何二法謂緣自得法及本住法是名二法因此二法故我如是說示四等猶涉言詮故復以始終不說一字之義爲問佛答以我因二法故謂無法可說是佛之說也自得即自證修德也本住即本具性德也修性一如皆離言說故云我如是說云何緣自得法若彼如來所得我亦得之無增無減緣自得法究竟境界離言說妄想離字二趣言自證境界與諸佛究竟無別此自得之妙無增減豈可得而言思故曰離言說等入楞伽云離言說相離分別相離名字相此云二趣未詳云何本住法謂古先聖道如金銀等性法界常住若如來出世若不出世法界常住如趣彼城道譬如士夫行曠野中見向古城平坦正道即隨入城受如意樂大慧於意云何彼作是道及城中種種樂耶答言不也佛告大慧我及過去一切諸佛法界常住亦復如是是故說言我於某夜得最正覺乃至某夜入般涅槃於其中間不說一字亦不已說當說

爾時世尊欲重宣此義而說偈言

我某夜成道　至某夜涅槃　於此二中間

我都無所說　緣自得法住　故我作是說

彼佛及與我　悉無有差別謂古先聖道者即先佛所證性德之法也如金銀等性者喩本住法性如金之堅剛非鍛錬所得法界常住亦復如是所謂有佛無佛性相常住又言法界常住者結本住法也又曰如趣彼城道等此兼喩自得本住二法歸乎一致所謂平坦正道者本住法也士夫入城受樂者自得法也以其本有正道故得隨之而入入已安之皆非外物言此二法本有之性非言思所及所以五十年中一大藏教不說一字者非曰不說蓋以言遺言三世諸佛其歸一揆也偈頌文顯不釋

爾時大慧菩薩復請世尊惟願爲說一切法有無有相令我及餘菩薩摩訶薩離有無有相疾得阿耨多羅三藐三菩提佛告大慧諦聽諦聽善思念之當爲汝說大慧白佛言善

哉世尊唯然受教佛告大慧此世間依有二
種謂依有及無墮性非性欲見不離離相至理寂絶非有非無衆生昧此墮於二邊不能復本故大慧爲衆發問佛先順問而答而後徵釋其義依二種等者謂世間衆生依有無之境起有無見墮性非性即有無見也欲見謂樂著此見非出離法妄謂出離故云不離離相也
大慧云何世間依有謂有世間因緣生非不八
有從有生非無有生大慧彼如是說者是說
世間無因大慧云何世間依無謂受貪恚癡
性已然後妄想計著貪恚癡性非性大慧若
不取有性者性相寂靜故謂諸如來聲聞緣
覺不取貪恚癡性爲有爲無依有下是釋有相謂實有世間因緣而生諸法非不實有從有生言非無有生者謂能生因緣是有此計無爲有故復告云彼如是說者是外道無因論也依無下是釋無相謂先受三毒性已而後妄計其性非性非性即妄計爲無若不妄受三毒爲有性者則無所取無取則性相本來寂靜如佛與二乘不取三毒性乃離有無之見也
大慧此中何等爲壞者大慧白佛言世尊若
彼取貪恚癡性後不復取佛告大慧善哉善
哉汝如是解大慧非但貪恚癡性非性爲壞
者於聲聞緣覺及佛亦是壞者所以者何謂
內外不可得故煩惱性異不異故如來既釋有無之相以訓大慧之請因問此二者之間何等是破壞佛法者大慧乃答以彼先取三毒性爲有後計爲無者是破壞義佛可其說乃云非但計無爲壞亦壞二乘及佛蓋彼謂佛與二乘亦本取三毒爲有後除三毒爲無得成聖果故云亦是壞者所以者何下謂聖人了達內外諸法皆不可得亦了煩惱之性本離一異等四句何壞之有
大慧貪恚癡若內若外不可得貪恚癡性無
身故無取故非佛聲聞緣覺是壞者佛聲聞九
緣覺自性解脫故縛與縛因非性故大慧若
有縛者應有縛是縛因故大慧如是說壞者
是名無有相貪恚癡下復釋不壞所以言若內若外者謂三毒之性於內外中間求之皆不可得既不可得豈有體性而可取乎故結云非佛聲聞緣覺是壞者蓋佛與二乘本性解脫非縛非脫故也又言若有縛者謂先受而後不取則已有縛縛是其果果必有因因即貪等有縛則有壞如是說壞者則墮斷滅空見故云無有相也
大慧因是故我說寧取人見如須彌山不起
無所有增上慢空見大慧無所有增上慢者
是名爲壞墮自共相見希望不知自心現量
見外性無常剎那展轉壞陰界入相續流注
變滅離文字相妄想是名爲壞者寧取人見下以大況小明空見之失也人見即我見言增上慢者謂自已之法增上成乎見慢經云未得謂得未證謂證即此人也人見之惡有限增上慢空見則無法不棄是名爲壞故云寧起人見如須彌山不起空見也墮自共見等言起空見之由良以無始起自生共生之見於中樂欲不了諸法唯心見有外法念念生滅展轉變壞所謂陰界入相續流注變滅計此實法滅已歸無是其空見至於虛妄分別離文字相亦成壞義
爾時世尊欲重宣此義而說偈言
有無是二邊　乃至心境界　淨除彼境界
平等心寂滅　無取境界性　滅非無所有
有事悉如如　如賢聖境界　無種而有生
生已而復滅　因緣有非有　不住我教法
非外道非佛　非我亦非餘　因緣所集起
云何而得無　誰集因緣有　而復說言無
邪見論生滅　妄想計有無　若知無所生
亦復無所滅　觀此悉空寂　有無二俱離前八句頌內教正義無種而有生下頌妄計生滅有無非我教法也非外道等四句佛謂凡我所說生法者非佛非外道所作亦非神我及異因所造乃由正因緣和合所集而起然以所起言之不得謂無誰集因緣等者言正因緣所生法非我叵得孰爲有孰爲無也若夫邪見所論是妄計有無生滅若知生本無生滅亦非滅自然妙契空寂不墮有無二十見故云有無二俱離也
爾時大慧菩薩復白佛言世尊惟願爲我及
諸菩薩說宗通相若善分別宗通相者我及
諸菩薩通達是相通達是相已速成阿耨多
羅三藐三菩提不隨覺想及衆魔外道佛告

大慧諦聽諦聽善思念之當爲汝說大慧白佛言唯然受教佛告大慧一切聲聞緣覺菩薩有二種通相謂宗通及說通

欲善化導必宗說俱通方能誘物而底于道蓋宗者道之本說者教之跡宗以明趣趣不明則失其所歸教以詮理理或昧則迷其所入故宗通而說不通理雖精而不顯說通而宗不通言雖辯而非要而二者實相須爲用不可偏廢也大慧請說宗通相而不及說者舉其要耳宗通則說在其中矣答中兼言者必二而後備也

大慧宗通者謂緣自得勝進相遠離言說文字妄想趣無漏界自覺地自相遠離一切虛妄覺想降伏一切外道衆魔緣自覺趣光明輝發是名宗通相

宗通者即自證殊勝之相也謂依教思修得意忘言離於文字分別趣入地住悟無生忍度越三乘證智自然降伏魔外至於佛地究竟覺智朗然獨耀此宗通至極之相也

云何說通相謂說九部種種教法離異不異有無等相以巧方便隨順衆生如應說法令得度脫是名說[十五]通相大慧汝及餘[十二]菩薩應當修學

說通相者說法逗機之相也九部者十二部中之九部也然有大小不同若小乘九部無方廣無無問自說無授記之三部如經云我此九部法隨順衆生說是也若大乘九部無因緣譬喻論議之三部如妙玄所云此從別說容通論皆有十二部亦云十二分教此中言九部既云以巧方便隨衆生說乃從小入大也言離異不異有無者謂離四句已無妨四說又云如應說法者應即當也言當以何法說者即爲說之令其得度此如來衆後說通之相爲菩薩者不可不學也

爾時世尊欲重宣此義而說偈言

宗及說通相　緣自與教法　善見善分別　不隨諸覺想

上三句頌二通之相善見者宗通也分別者說通也不隨諸覺想者謂得二通相則不隨外道強覺妄想也

非有眞實性　如愚夫妄想　云何起妄想　非性爲解脫

若未得眞如實性而起分別如愚夫妄想無異妄想者何即妄計諸法非性爲解脫者是也非性即無也

觀察諸有爲　生滅等相續　增長於二見　顚倒無所知
一是爲眞諦　無罪爲涅槃　觀察世妄想　如幻夢芭蕉

如來以止智眼觀察世間諸有爲法皆是虛幻生滅妄計爲實增長有無二見凡愚顚倒無所知覺除一眞如涅槃妙心之外餘皆虛妄故復云如幻夢芭蕉也無罪者謂了罪性本空即是涅槃也

雖有貪恚癡　而實無有人　從愛生諸陰　有皆如幻夢

此重釋如幻等義言雖有三毒而無能起之人蓋二我本空何三毒之有是則能生愛欲與所生五陰皆如夢幻也

爾時大慧菩薩白佛言世尊惟願爲說不實妄想相不實妄想云何而生說何等法名不實妄想於何等法中不實妄想佛告大慧善哉善哉能問如來如是之義多所饒益多所安樂哀愍世間一切天人諦聽諦聽善思念之當爲汝說大慧白佛言善哉世尊唯然受教佛告大慧種種義種種不實妄想計著妄想生大慧攝所攝計著不知自心現量及墮有無見增長外[十五]道見妄想習氣[十二]計著外種種義心心數妄想計著我我所生

窮妄想者必極其致示眞性者必盡其源盡其源則眞性自明極其致則妄想何有故大慧請問不實妄想相凡三問一問妄想云何生二問何法名妄想三問於何而起妄想佛依次答釋初答言種種義者凡外法有種種相義皆虛妄因之而生故有種種不實妄想計著生也次答言攝所攝計著者謂於根塵計著不知唯心所現及於心外墮有無見是增長諸外道見皆妄想法知其法則知所以妄也後答言妄想習氣等者即上所依處也又曰心心數妄想計著我我所生者即人法二我是其處也知其處則知所以起妄之源源既不實妄即滅矣

大慧白佛言世尊若種種義種種不實妄想計著妄想生攝所攝計著不知自心現量及墮有無見增長外道見妄想習氣計著外種種義心心數妄想我我所計著生世尊若如是外種種義相墮有無相離性非性離見相世尊第一義亦如是離量根分譬因相世尊何故一處妄想不實義種種性計著妄想生

非計著第一義處相妄想生將無世尊說邪因論耶說一生一不生大慧白佛言下疊領上意以生後問意謂佛如是說者則於外種種義墮有無相者亦是性離有無及離諸見之相然第一義亦是離諸根量宗因喻相意以外種種義與第一義無異何故言種種義生分別第一義不生分別豈非世尊所言乖理有生有不生耶十五

佛告大慧非妄想一生一不生所十三以者何謂有無妄想不生故外現性非性覺自心現量妄想不生大慧我說餘愚夫自心種種妄想相故事業在前種種妄想性相計著生云何愚夫得離我我所計著見離作所作因緣過覺自妄想心量身心轉變究竟明解一切地如來自覺境界離五法自性事見妄想以是因緣故我說妄想從種種不實義計著生知如實義得解脫自心種種妄想佛答以我非虛妄分別世諦有生第一義有不生所以下徵釋所以生不生者謂了有無妄想所見外法離性覺了惟心所現而妄想不生非別有第一義諦也但愚夫不了自心所現故見所作有為事業在前於中起諸分別妄計耳非別有世諦也既而佛又念諸愚夫在迷云何能離人法二我及離能作所作因緣之過又念云何能覺妄想皆自心量而得身心轉變究竟明解一切智地到如來自證境界離五法三自性事見妄想事即名相見即妄想既作是念所以我說妄想從種種虛妄計著而生知如實義者謂能如是了知如實之義即得解脫息諸妄想也

爾時世尊欲重宣此義而說偈言

諸因及與緣　從此生世間　妄想著四句
不知我所通　世間非有生　亦復非無生
不從有無生　亦非非有無　諸因及與緣
云何愚妄想　非有亦非無　亦復非有無
如來觀世間　心轉得無我　一切性不生
以從緣生故　一切緣所作　所作非自有
事不自生事　有二事過故　無二事過故
非有性可得偈從初至非有性可得頌上所作因緣之過諸因及與緣等謂

凡諸世間法莫不從因緣生而妄想者於因緣法著有無等四句之見不知如來所通之理世間非有生下離性執四句謂諸法本無四性又曰諸因及與緣等仍責前過謂諸法本空云何愚夫於中而生妄想非但本無有無四句性況亦無非有非無四句相執具如大論性相二空也若能如是觀察轉彼性相二執而得人法二無我智然性實不生從緣故有此諸法既從緣生則法無自體又曰事不自生事者事十五即果也凡所生之十四法有因則必有果如業因相生死之果原其因既不生果豈自生果耶若無果生果二事之過則任運離乎有無性執故云非有性可得也

觀諸有為法　離攀緣所緣　無心之心量
我說為心量　量者自性處　緣性二俱離
性究竟妙淨　我說名心量自此至末頌上覺自妄想心量

顧如來自覺境界此八句略頌心量不了諸法惟心則有所緣之境以正智觀之離乎能緣亦心所緣之境既離能所則無分別之心是為惟心故云我說為心量離了諸法惟心猶存性執對境未能忘能緣之念直須緣性俱離始為究竟如來藏心之心量也緣性者緣即能緣性即所緣之法也

施設世諦我　彼則無實事　諸陰陰施設
無事亦復然　有四種平等　相及因性生
第三無我等　第四修修者此下廣示心量也世諦我者人執也諸陰陰者法執也然此二執以自共相求之無實事可得則法皆平等故有四種平等見相即五陰則相與非相平等相必有因因性與果性平等因果具故有我則我與無我平等能了無我者是修則有修與無修平等也

妄想習氣轉　有種種心生　境界於外現
是世俗心量　外現而非有　心見彼種種
建立於身財　我說為心量妄想等者由無始妄想熏習次第轉生種種心識妄心既作見有外境此世俗心量也然外境本無由心取之見種種相即五塵等是身財建立謂五識身財即十五妄想心量也

離一切諸見　及離想所想　十五無得亦無生
我說為心量　非性非非性　性非性悉離
謂彼心解脫　我說為心量　如如與空際
涅槃及法界　種種意生身　我說為心量前四句謂能離人法二我之見及離能想所想則無得無生是為正智之心量也中四句

謂離有無四句性執及離能離之心亦即正智心量非性即非有非非性即非無性非性即有無如入楞伽所云也後四句言如如即眞如空際即實際涅槃即究竟大涅槃法界即佛法界此皆一體異名由離前名相妄想至於正智以極眞如實際住於涅槃法界之中故能示現種種意生之身度脫衆生是爲如來第一義心心量也

爾時大慧菩薩白佛言世尊如世尊所說菩薩摩訶薩當善語義云何爲菩薩善語義云何爲語云何爲義佛告大慧諦聽諦聽善思念之當爲汝說大慧白佛言善哉世尊唯然受教佛告大慧云何爲語謂言字妄想和合依咽喉脣舌齒斷頰輔因彼我言說妄想習氣計著生是名爲語因前云如如及法界等語故有善語善義之問荅中先明善語謂言字妄想等入楞伽云語者所謂分別習氣而爲其因依於喉舌等而出種種音聲文字相對談說是名爲語也

大慧云何爲義謂離一切妄想相言說相是名爲義大慧菩薩摩訶薩於如是義獨一靜處聞思修慧緣自覺了向涅槃城習氣身轉變已自覺境界觀地地中間勝進義相是名菩薩摩訶薩善義義由語顯若隨語生見非但失義亦且迷名故須離此妄想相及言說相要由契證方名善義故此明修證之道所謂獨一靜處聞思修慧於眞如法界等境其所詮名義思惟觀察緣自覺智趣向涅槃轉前所說妄想習氣歸自覺境界行於諸地勝進行相是名善義

復次大慧善語義菩薩摩訶薩觀語與義非異非不異觀義與語亦復如是若語異義者則不因語辯義而以語入義如燈照色語即能詮言教義即所詮義理謂善解能詮即達所詮善解所詮即了能詮蓋約大乘言之雖有能詮所詮而能所[十五]不二故云非異非[十六]不異義雖忘言非言無以辯義則必因言而入於義如燈照色者入楞伽云譬如有人持燈照物知此物如是在如是處所謂文字性離即是解脫其善語善義之謂歟

復次大慧不生不滅自性涅槃三乘一乘心自性等如緣言說義計著墮建立及誹謗見異建立異妄想如幻種種妄想現譬如種種幻凡愚衆生作異妄想非聖賢也此段言隨語計著之過如不生不滅等雖皆理性名言若謂實有則墮常見若謂實無則墮斷見況餘者乎異建立異妄想者謂因言說差別建立而起異妄想計著如見幻事計以爲實是愚夫見非聖賢也

爾時世尊欲重宣此義而說偈言

彼言說妄想　建立於諸法　以彼建立故
死墮泥犂中　陰中無有我　陰非即是我
不如彼妄想　亦復非無我　一切悉有性
如凡愚妄想　若如彼所見　一切應見諦
一切法無性　淨穢悉無有　不實如彼見
亦非無所有

初四句中言依語起見之失不免惡報言陰中無有我等此外道之見合有所謂陰中有我我中有陰即陰是我離陰是我也不如彼妄想等謂雖不如彼外道邪見於言說中種種計著無非是我也一切悉有性者常見也若謂一切法實有性應須見諦彼不見諦而言有性則妄見而已又曰一切法無性斷見也斷則[十七]淨穢無有故特非之意謂[十五]不如彼見之不實等也

復次大慧智識相今當說若善分別智識相者汝及諸菩薩則能通達智識之相疾成阿耨多羅三藐三菩提大慧彼智有三種謂世間出世間出世間上上云何世間智謂一切外道凡夫計著有無云何出世間智謂一切聲聞緣覺墮自共相希望計著云何出世間上上智謂諸佛菩薩觀無所有法見不生不滅離有無品如來地人法無我緣自得生辯諸法之眞妄明語義之是非莫尚乎智識故如來不待問而自說也然此智識有通有別義見于文初明智有三種約世出世間能知而言也世智言外道者凡出家不稟佛教者皆名爲外其智之極雖至非想然其所計不出有無但名世智也出世智中言二乘墮自共相者以二乘觀陰界入因緣四諦無出總別相智猒惡生死欣樂涅槃故云希望計著也上上智言觀無所有者謂佛菩薩用上上智照了諸法皆畢竟空本無生滅離有無相至于究竟覺地更無彼此色相妄有二我此自覺聖智不從外得也

大慧彼生滅者是識不生不滅者是智復次墮相無相及墮有無種種相因是識超有無相是智復次長養相是識非長養相是智

此約三識三智對揀言生滅之法屬九界者是識不生滅法屬佛界者是智相無相者相則言有無相言空以九界不出空有三邊墮空有者是識超空有者是智言相因者對果而言也長養是識者正約對人法無我言之前文所謂色等長養心是也凡假外塵資養於內者識也無所資待自得於內者智也

復次有三種智謂知生滅知自共相知不生不滅復次無礙相是智境界種種礙相是識復次三事和合生方便相是識無事方便自性相是智復次得相是識不得相是智自得聖智境界不出不入故如水中月

此三種智約一人所知而言據後偈文即如來所知之三也知生滅者一切智也知自共相者道種智也知不生不滅者一切種智也只是一智而有三用名為三智又云無礙相是智者謂於前之三智一心融泯無礙之相是智及是則為識也又云三事等者三事即根塵及我三事和合相應而生是[十七]識此不知自性相[十八]故若知性相則一念靈知不假緣生故曰無事方便自性相是智也又云得相不得相為識智者相即性相之相相惟是一而有離不離之異故云得不得也自得者所謂如來自得聖智境界無以名狀故云不出不入如水中月也

爾時世尊欲重宣此義而說偈言

採集業為識　不採集為智　觀察一切法
通達無所有　逮得自在力　是則名為慧
縛境界為心　覺想生為智　無所有及勝
慧則從是生

言採集業者採謂採取集謂招集以根對塵而生取著起善惡業招集生死是名為識能了根塵絕待物我兩忘不生取著名之為智如是觀察因緣生法當體即空解脫自在名上上智慧即智也心外無境不了唯心為境所轉是名為縛心即識也覺此妄心則為智矣無所有下二句義見前解

心意及與識　遠離思惟想　得無思想法
佛子非聲聞　寂靜勝進忍　如來清淨智
生於善勝義　所行悉遠離

心意及與識總言識也遠離思想法智也得無思想法則轉識為智此是菩薩而非聲聞七言智之始也寂靜勝進忍即如來寂滅忍智此言智之終也此清淨智從善勝第一義生所以行處悉遠離也

我有三種智　聖開發真實　於彼想思惟
悉攝受諸性　二乘不相應　智離諸所有
計著於自性　從諸聲聞生　超度諸心量
如來智清淨

三種智等頌上所知之三是如來所開發故雖所知生滅諸法[二十]亦皆真實大論所謂三智一心是[十九]也於彼思惟等重出前二智以顯上上之智謂彼凡夫以妄想故受諸生滅二乘反是故不相應離諸所有而又計著自性則二乘智而已若如來極智清淨則超越一切心量也

復次大慧外道有九種轉變論外道轉變見生所謂形處轉變相轉變因轉變成轉變見轉變性轉變緣分明轉變所作分明轉變事轉變大慧是名九種轉變見一切外道因是起有無生轉變論云何形處轉變謂形處異見譬如金變作諸器物則有種種形處顯現非金性變一切性變亦復如是或有外道作如是妄想乃至事變妄想彼非如非異妄想故

此外道妄計九種轉變論謂形相因成等不出四大五陰等法彼見其生滅異相故計有轉變而正教則曰緣生曰如幻曰自心現外性非性及不變等然未嘗定說此邪正得失所以分也形謂身形相謂生住滅相因謂所作之因成謂所成之果見謂隨物遷移性謂生生不敗緣謂因緣變滅作謂造作不常事謂有為之法是為九種言因是起有無者謂自有之無或自無之有皆轉變相不出有無而已云何下微釋形處轉變即四大諸根形質處也彼見其形隨時變異謂有轉變而不知性未嘗變金變作諸器雖有種種之異而金性不變又曰一切性變亦如是者性即法也言一切法雖變而性不變亦復如是或有外道等乃結斥外計言彼非如非異者謂彼於非如非異之中而生妄想分別故有種種轉變之異也

如是一切性轉變當知如乳酪酒果等熟外道轉變妄想彼亦無有轉變若有若無自心現外性非性大慧如是凡愚眾生自妄想修習生大慧無有法若生若滅如見夢幻色生

如是一切性下破外道計性轉變先以喻顯言當知者戒學者當知彼計如乳酪酒果次

第漸熟彼見如是以理言之本非實有故曰彼亦無有轉變其實有無等法皆自心所現外性非性者言無外物也如是凡愚下入楞伽云皆是愚迷凡夫從自分別習氣而起實無一法若生若滅如因夢幻所見諸色如石女兒說有生死然則於生滅而不生邪見者世諦也見生滅而起計著者外道也見如夢幻者觀行之通者也見法法皆自心現了外性非性者此經之正論也

爾時世尊欲重[二十五]宣此義而說偈言[二十]

形處時轉變　四大種諸根　中陰漸次生

妄想非明智　最勝於緣起　非如彼妄想

然世間緣起　如揵闥婆城前四句頌外道邪計轉變然皆是妄想分別非明智者之見也後四句明如來所說正因緣生法雖不同彼外計然亦皆無實性故云如揵闥婆城也

爾時大慧菩薩復白佛言世尊惟願為說一切法相續義解脫義若善分別一切法相續不相續相我及諸菩薩善解一切相續巧方便不墮如所說義計著相續善於一切諸法相續不相續相及離言說文字妄想覺遊行一切諸佛剎土無量大眾力自在通總持之印種種變化光明照耀覺慧善入十無盡句無方便行猶如日月摩尼四大於一切地離自妄想相見見一切法如幻夢等入佛地身於一切眾生界隨其所應而為說法而引導之悉令安住一切諸法如幻夢等離有無品及生滅妄想異言說義其身轉勝如來說法為令眾生了達諸法本無性執而反於言說起見者名相續相若於文字性離名不相續即解脫相此相續不相續乃生死解脫之根本所以大慧請說斯義若善分別等謂如來若為善巧分別此二種相[二十四]則能善解此法不[二十一]墮如所說義計著相續及離言說文字虛妄分別妄想覺即分別也故能普入一切佛剎隨方進道言力通總持印者即所得功德法門也種種變化等言起化用故光照物善入佛慧滿十大願無盡句即顯也言無方便行者即無作功行猶如日月行空無所依著如摩尼隨色而現而無自性如地水火風周徧而無妨礙此皆菩薩化道之相至歷諸地分分離諸妄想徹見諸法如幻如夢入於佛地成法性身普應眾生隨宜說法漸引入實亦了諸法如幻離有無見斷生滅執不著言說而後化功歸已則其身相轉增殊勝也

佛告大慧善哉善哉諦聽諦聽善思念之當為汝說大慧白佛言唯然受教佛告大慧無量一切諸法如所說義計著相續所謂相計著相續緣計著相續性非性計著相續生不生妄想計著相續滅不滅妄想計著相續乘非乘妄想計著相續有為無為妄想計著相續地地自相妄想計著相續自妄想無間妄想計著相續有無品外道依妄想計著相續三乘一乘無間妄想計著相續答中先示諸相續相言無量等者謂十界依正色心始於言說終於無言推其著心蓋無適而非相續故曰如所說義計著相續所謂隨語生解也於中初約世間法謂相即五陰緣即所緣塵境也性非性即有無也生不生即生死也滅不滅即寂滅不寂滅也乘非乘即內教與外道言乘以運載為義大小乘則能運出生死而至涅槃外道所乘不能運出生死故云非乘也有為無為即世出世間法亦作與無作地地自相謂分別諸地名相也自妄想無間入楞伽云自分別現證執著所謂法愛者是也有無品外道所計之根本也三乘一乘無間謂於大小乘教分別無間斷也

復次大慧此及餘凡愚眾生自妄想相續以此相續故凡愚妄想如蠶作繭以妄想絲自纏纏他有無有相續相計著此結斥前諸妄想執著此及餘者此指內教弟子其執猶輕餘指外道其執乃重故曰凡愚妄想如蠶作繭以妄想絲自纏纏他莫能自出卒墮於有無斷常之見而已

復次大慧彼中亦無相續及不相續相見一切法寂靜妄想不生故菩薩摩訶薩[二十二]見一切法寂靜復次大慧[二十五]覺外性非性自心現相無所有隨順觀察自心現量有無一切性無相見相續寂靜故於一切法無相續不相續相復次大慧彼中無有若縛若解餘墮不如實覺知有縛有解所以者何謂於一切法有無

有無衆生可得故此中文有三段言彼中等者即指前相續不相續相謂無此二相者由菩薩見一切法住寂靜故經云諸法從本來常自寂滅相者是也且世間諸法生滅流注何以見其寂靜故云覺外性非性等謂了諸法惟心心外無法如是觀之自然能見有無法相皆悉空寂故無相續不相續相言無有縛解者前之相續不相續皆名爲縛惟觀寂靜之智名解然如實理中本無縛解所以有縛有解者不見此理故也既又復釋謂一切法若有若無求其體性俱不可得故云無衆生可得

復次大慧愚夫有三相續謂貪恚癡及愛未來有喜愛俱以此相續故有趣相續彼相續者續五趣大慧相續斷者無有相續不相續相復次大慧三和合緣作方便計著識相續無間生方便計著則有相續三和合緣識斷見三解脫一切相續不生貪恚癡者相續之因也五趣者相續之果也由過去因成現在果現在作因復招未來之報言愛未來者謂貪愛來生如意果報與喜愛俱以此三毒相續故有諸趣輪轉言趣者即六道也以修羅遍於五道故但云五趣言相續斷者謂三毒滅則離五趣所謂因滅則果滅也又言無相續不相續相者亦謂無縛無脫之謂即境智雙亡也三和合緣等者言外道妄計根塵我三緣和合諸識次第相續而起又言方便計著者言有執著則相續無間若了三緣離諸執著見三種解脫則相續不生矣三解脫者性淨解脫圓淨解脫方便淨解脫也蓋了三緣即三解脫非別有脫也

爾時世尊欲重宣此義而說偈言

不真實妄想　是說相續相　若知彼真實
相續網則斷　於諸性無知　隨言說攝受
譬如彼蠶蟲　結網而自纏　愚夫妄想縛
相續不觀察此頌上續不續不出真妄而已妄則續真則不續若了妄即真則諸法一如豈有續不續耶若於諸法無知隨語取著如蠶結網自縛縛他無有間斷由不觀察故也反而觀之相續何有

楞伽阿跋多羅寶經註解卷第三上

楞伽阿跋多羅寶經註解卷第三上

校勘記

一　底本，明永樂北藏本。

一　三八二頁上一二行「謂我」，經作「諸我」。

一　三八二頁上一九行「拘那含」，經、清作「拘那舍」。

一　三八六頁下三行註解右第四字「含」，清作「念」。

楞伽阿跋多羅寶經註解卷第三下

宋求那跋多羅奉　詔譯

大明天界善世禪寺住持臣僧宗泐

演福講寺住持臣僧如玘奉　詔同註

大慧復白佛言如世尊所說以彼彼妄想妄想彼彼性非有彼自性但妄想自性耳世尊若但妄想自性非性自性相待者非為世尊如是說煩惱清淨無性過耶一切法妄想自性非性故如世尊所說等此大慧領如來所說諸妄想意為致問之端彼彼者正言彼諸妄想也然諸法本無實性但妄計耳而大慧猶有疑者謂若但是妄想自性非諸法有自性此自性與非自性相待者豈非世尊所說染淨諸法皆無實性耶大慧意以一切法無自性妄想有自性為難

佛告大慧如是如是如汝所說大慧非如愚夫性自性妄想真實此妄想自性非有性自性相然答中先可其說謂諸法無自性為是妄想有自性為非非如愚夫等者言不同彼凡夫計性自性之妄想以為真實又曰此妄想自性等者入楞伽云此但妄執無有性相

大慧如聖智有性自性聖知聖見聖慧眼如是性自性知大慧白佛言若使如聖以聖知聖見聖慧眼非天眼非肉眼性自性如是知非如愚夫妄想世尊云何愚夫離是妄想不覺聖性事故世尊彼亦非顛倒非不顛倒所以者何謂不覺聖事性自性故不見離有無相故上云自性非性者遣情也此云有性自性者顯理也然此知實理性非佛智佛眼莫能知見故云聖知聖見等也佛既以自證境界示之大慧即領悟斯旨又請曰若果如聖所知見非凡夫知見故云非天眼非肉眼等也因復疑而難曰愚夫既不能覺了聖自性事云何得離妄想能明此理因上聖凡所見不同故云彼亦非顛倒非不顛倒復自徵釋謂不覺聖事性者言凡夫非不顛倒也不見離有無相者言聖人非顛倒也蓋聖眼所見無不真實不見有一法可捨故也

世尊聖亦不如是見如事妄想不以自相境界為境界故世尊彼亦性自性相妄想自性如是現不說因無因故謂墮性相見故異境界非如彼等如是無窮過世尊不覺性自性相故世尊亦非妄想自性因性自性相彼云何妄想非妄想如實知妄想聖亦不如是等者入楞伽云聖亦不如凡所分別如是得故非自所行境界相故彼亦性自性者言聖人亦有真實性相聖人既有是性愚夫固亦有之故曰妄想自性如是現然如來真實性相離乎因緣及無因性而凡愚妄想自性則墮性相之見聖人所行境界既異凡愚則不如彼墮於性相無窮之失由不能覺了性自性相故也亦非妄想自性等言諸法性相不因分別云何言分別而有耶故結難曰彼凡夫云何得妄想非妄想如實知妄想之不實也

世尊妄想異自性相異世尊不相似因妄想自性相彼云何各各不妄想而愚夫不如實知然為眾生離妄想故說如妄想相不如實有世尊何故遮眾生有無有見事自性計著聖智所行境界計著墮有見說空法非性而說聖智自性事言妄想異等謂凡夫分別有異見諸法性相之異言不相似因者謂因所見之不相似諸法何嘗自謂異不異也各各者諸法也但愚夫不能如實知覺耳然如來如是說諸法者為令眾生離乎妄想了知諸法皆非實有也世尊何故下言世尊云何止諸眾生不著有無諸見執著而後取著聖智境界墮於有見又何故不說空寂之法而說聖智自性事耶

佛告大慧非我說空法非性亦不墮有見說聖智自性事然為令眾生離恐怖句故眾生無始以來計著性自性相聖智事自性計著相見說空法大慧我不說性自性相大慧但我住自得如實空法離惑亂相見離自心現性非性見得三解脫如實印所印於性自性得緣自覺觀察住離有無事見相答中先拂彼難言離恐怖句者謂眾生聞空生怖聞有生著故說聖智自性事以導之然聖智事因非有無而著有者乃說空法以治之是知說空說有皆為眾生未嘗說有實法也故曰我不說性自性相即示自證之法曰但我得如實空法即本住畢竟妙空也不墮邪倒惑亂常居中道

故離自心現性非性諸見即得悟三解脫獲如實印見法自性了聖境界離有無一切諸著

復次大慧一切法不生者菩薩摩訶薩不應立是宗所以者何謂宗一切性非性故及彼因生相故說一切法不生宗彼宗則壞彼宗一切法不生彼宗壞者以宗有待而生故又彼宗不生入一切法故不壞相不生故立一切法不生宗者彼說則壞大慧有無不生宗彼宗入一切性有無相不可得大慧若使彼宗不生一切性不生而立宗如是彼宗壞以有無性相不生故不應立宗五分論多過故展轉因異相故及爲作故不應立宗分謂一切法不生如是一切法空如是一切法無自性不應立宗上言妄想與聖智皆空乃真妄俱遣是不生義恐菩薩立此爲宗混於外計故說此以破之言一切法不生則言想俱絕言之已非況妄立宗爭如彼外道立不生宗反生枝葉故云不應立是宗所以者何下微釋其義謂宗一切性非性者意謂宗必有主若宗一切性性自非性宗義何在凡言不生必因生立既有待對則不生成生自壞不生義其不應立宗一也又彼宗不生必入一切法中言不生義過一切世間諸法之中言不壞相不生故者入楞伽云不生相亦不生故言諸法本皆不生豈待立耶故云彼說則壞其不應立宗二也言有無不生者有以無爲不生此乃轉計有無皆不生言入一切性者性即法也謂有無不生亦過一切法中皆離有無之相無有轉計有無性相皆不可得是亦不生義其不應立宗三也五分論多過者五分論義見前註多過指宗因喻三過也初宗有九過曰現量相違聖教相違世間相違比量相違自語相違相符極成能別不極成所別不極成俱別不極成次因有十四過謂遍是宗法性初相中有四不成曰隨一不成所依不成兩俱不成猶豫不成後二相共十過有六不定曰同分異全不定異分同全不定俱品一分轉不定共不定不共不定決定相違不定有四相違曰法自相相違法差別相違有法自相相違有法差別相違三同喻有五過別喻中有五過同喻中曰所立不成能立不成俱不成無合倒合別喻中曰能立不遣所立不遣俱不遣不離倒離共三十三過也展轉因異相者言彼轉計因相不同及墮有爲有作其不應立宗四也又曰謂一切法不生又曰空又曰無自性此三者若各立宗則有多宗其不應立宗五也

大慧然菩薩摩訶薩說一切法如幻夢現不現相故及見覺過故當說一切法如幻夢性除爲愚夫離恐怖句故大慧愚夫墮有無見莫令彼恐怖遠離摩訶衍上既斥立宗之非此顯其是故語大慧云應說一切法如幻夢現不現相現不現謂非實有也及令衆生離見聞覺知之過故又云當說言除爲愚夫者蓋愚夫墮於有無之見云不說如幻如夢不能離彼二見復恐小機聞此不有不無而生怖畏不受大乘故誡云莫令彼恐怖遠離大乘意令菩薩隨機說法也

爾時世尊欲重宣此義而說偈言

無自性無說　無事無相續　彼愚夫妄想
如死屍惡覺　一切法不生　非彼外道宗
至竟無所生　性緣所成就　一切法不生
慧者不作想　彼宗因生故　覺者悉除滅此頌上一切法不生言一切法本無自性豈有言說無說則無事無事則無相續之相此本之與末皆不生也但彼愚夫妄起分別立不生之宗其惡覺如死屍之無知也則佛說一切法不生豈彼外道所立不生之宗至竟無所生等言性本不生從因緣而生也因緣尚不可得諸法豈有生邪然慧者尚不作不生想豈作生想彼宗言不生者因生而有不生是有待對覺者則無是見故云悉除滅也
譬如翳目視　妄見垂髮相　計著性亦然
愚夫邪妄想　施設於三有　無有事自性
施設事自性　思惟起妄想　相事設言教
意亂極震掉　佛子能超出　遠離諸妄想譬如翳目等明邪正之異翳目垂髮垂見前註喻非有而有三有即三界謂三有本無惟妄想現故云施設於三有無有事自性施設者建立也由妄想而有建立以故如來施設言教以化之所謂但以假名字引導於衆生衆生不達反於言教而起分別動亂心識故云意亂極震掉惟菩薩能離是過超出三有也
非水水想受　斯從渴愛生　愚夫如是惑
聖見則不然　聖人見清淨　三脫三昧生
遠離於生滅　遊行無所有　修行無所有
亦無性非性　性非性平等　從是生聖果

非水水想受者言非水妄作水想由渴愛故
爾是猶渴鹿之奔陽燄此喻愚夫非有計有
聖則不然蓋聖人以正智觀見三界之相無
有傾惱生死故云清淨三脫慧也三昧定也
定慧既生出離生滅遊行於無所有無所有
即畢竟空也言修行無所有者菩薩能如是
修之亦契乎非有非無之理故云亦無
性非性如是則有無平等佛果成矣

云何性非性　云何為平等　謂彼心不知
內外極漂動　若能壞彼者　心則平等宗

佛自徵釋意謂有無平等凡聖一如因迷解
有異迷則不知心外無法為境風之所漂動
解故能壞彼見則復
本心平等之理矣

爾時大慧菩薩復白佛言世尊如世尊說如
攀緣事智慧不得是施設量建立施設所攝
受非性攝受亦非性以無攝故智則不生唯
施設名耳

因上明離攀緣是智故復以智不
得為請如世尊說攀緣事者言世
間塵境乃愚夫所緣之事正智觀察皆無所
有故云不得是施設量建立施設即前妄想
建立境界境界既不可得則能取所取二俱
無有故云智則不生所施設者皆是妄想假
名耳

云何世尊為不覺性自相共相異不異故智
不得耶為自相共相種種性自性相隱蔽故
智不得耶為山巖石壁地水火風障故智不
得耶為極遠極近故智不得耶為老小盲冥
諸根不具故智不得耶世尊若不覺自共相
異不異智不得者不應說智應說無智以有
事不得故若復種種自共相性自性相隱蔽
故智不得者彼亦無智非是智世尊有爾燄
故智生非無性會爾燄故名為智若山巖石
壁地水火風極遠極近老小盲冥諸根不具
智不得者此亦非智應是無智以有事不可
得故

上云智慧不得固以釋之恐學者未了
又申數問意令破妄智而顯具智故一
一挾妄反覆為難初云為不覺性自共相等
謂陰界入等諸法都不覺知有自共相異不
異故云智不得耶又云為自共相種種諸法
自性相之所隱蔽不得為智耶如下諸難則
智不為智
又顯不釋

佛告大慧不如是無智應是智非非智我不
如是隱覆說攀緣事智慧不得是施設量建
立覺自心現量有無有外性非性知而事不
得不得故智於爾燄不生順三解脫智亦不
得非妄想者無始性非性虛偽習智作如是
知是知彼不知

答中言不如是者是拂彼難
言無智等者即非智之智而
智體亦不可得故曰非非智若准大論謂無
智者空也應是智者假也非非智者中道智
也如是三智一心中得得而無得是為智慧
不得言我不如是隱覆說者佛言我如是說
是顯非隱雖亦嘗有隱覆之說如後文云云
但宜隱則隱宜顯則顯此則非隱也覺自心
現量下正顯具智謂了境有無唯自心量言
外性非性者諸法本空也如是而知知而不
知是為事不得也事即境也境既不得智亦
不生爾燄智障也入三脫門智體亦亡也非
妄想者據妄知也謂非如一切妄想凡夫無
始以來有無虛妄熏習之智不知諸法唯心
知彼事物而不知自性則表
智於物故云是知彼不知也

故於外事處所相性無性妄想不斷自心現
量建立說我我所相攝受計著不覺自心現
量於智爾燄而起妄想妄想故外性非性觀
察不得依於斷見

此承上而言謂彼妄知於
外境界形相有無分別不
斷此於自心現量妄自建立計人法二我而
生取著蓋不覺知是自心量於前外境妄想
不斷墮於常見於後智體能所不妄轉為智
障而起分別以分別故於外法有無觀察不
可得處而
生斷見

爾時世尊欲重宣此義而說偈言

有諸攀緣事　智慧不觀察　此無智非智
是妄想者說　於不異相性　智慧不觀察
障礙及遠近　是名為邪智　老小諸根冥
而智慧不生　而實有爾燄　是亦說邪智

有境可緣者是凡夫之智了境唯心者是無
智之智正智則無緣而緣是為無智以此無
智為非智者是凡夫妄想之說此頌上智慧
不得之義也於不異相性智慧不觀察者此
頌上自相共相異不異言不觀察
者即智不得也餘皆頌上可見

復次大慧愚癡凡夫無始虛偽惡邪妄想之
所回轉回轉時自宗通及說通不善了知著

自心現外性相故著方便說於自宗四句清淨通相不善分別大慧白佛言誠如尊教惟願世尊爲我分別說通及宗通我及餘菩薩摩訶薩善於二通來世凡夫聲聞緣覺不得其短

宗說通相前既說已此又說者何也前通三乘此惟在佛又前爲衆請此佛自述言愚癡凡夫等者謂此二法在凡未嘗無之但爲迷轉故全體不知回轉者謂迷自己故回內向外惟著自心現外相等境界亦著方便言教故於自心宗本離四句所通清淨之相不能明了於是大慧因而致請言不得短者謂宗通而說不通其短在化導說通而宗不通其短在自行二者俱通則不得爲短也

佛告大慧善哉善哉諦聽諦聽善思念之當爲汝說大慧白佛言唯然受教佛告大慧三世如來有二種法通謂說通及自宗通說通者謂隨衆生心之所應爲說種種衆具契經是名說通自宗通者謂修行者離自心現種種妄想謂不墮一異俱不俱品超度一切心意識自覺聖境界離因成見相一切外道聲聞緣覺墮二邊者所不能知我說是名自宗通法大慧是名自宗通及說通相汝及餘菩薩摩訶薩應當修學

答中言三世如來有二通者顯諸佛自行化他之法無不同也先明說通言衆具契經者即前九部攝一切法故曰衆具而卒歸乎契理契機故云契經次明宗通自證之法本不可說故寄修者以示其相曰離自心現種種妄想等者謂不墮一異等四句則妄想不行妄想不行則超越一切心識到自覺聖境界言離因成見相者因成即因成假謂意根對法塵而起分別之見也離者離此見也然如來自證之法非邪外偏小著空有二邊者之所能知唯大乘菩薩能修能證故誡云應當修學

爾時世尊欲重宣此義而說偈言

我謂二種通　宗通及言說　說者授童蒙

童蒙言初機也既解說通未必惟在初機爲對宗通言耳

宗爲修行者

雖爲修行而言自證也

爾時大慧菩薩白佛言世尊如世尊一時說言世間諸論種種辯說慎勿習近若習近者攝受貪欲不攝受法世尊何故作如是說佛告大慧世間言論種種句味因緣譬喻採集莊嚴誘引誑惑愚癡凡夫不入眞實自通不覺一切法妄想顚倒墮於二邊凡愚癡惑而自破壞諸趣相續不得解脫不能覺知自心現量不離外性自性妄想計著是故世間言論種種辯說不脫生老病死憂悲苦惱誑惑迷亂

夫論有世論出世論故道有正有邪雖不兩立而未嘗不並行於世故如來誡其於世論慎勿親近大慧所以致問言世論者即外道盧伽耶陀此翻左世亦云惡論此論但飾文詞誑惑凡愚有習近者惟攝取世間財欲不得法利答中先斥其非以彼言論不詮正理故不可以入眞實自通之地卒歸於二邊而已凡愚癡惑下此明受習之非以自破壞正見故有諸趣生死相續無由解脫下文諸過之相可見

大慧釋提桓因廣解衆論自造聲論彼世論者有一弟子持龍形像詣釋天宮建立論宗要壞帝釋千輻之輪隨我不如斷一一頭以謝所屈作是要已即以釋法摧伏帝釋釋墮負處即壞其車還來人間如是大慧世間言論因譬莊嚴乃至畜生亦能以種種句味惑彼諸天及阿修羅著生滅見而況於人是故大慧世間言論應當遠離以能招致苦生因故愼勿習近

此段下引事證失釋提桓因者帝釋之異名也持龍形像者謂變作龍身也要約也入楞伽云作是要言憍尸迦我共汝論汝若不如我當破汝千輻之輪我若不如斷一一頭以謝所屈即以釋法者謂即以帝釋所造論法爲難墮負即不勝謂帝釋不勝也乃至畜生者如變作龍身之類也又言世間論應當遠離者謂彼論爲害若此可不愼歟

大慧世論者唯說身覺境界而已大慧彼世論者乃有百千但於後時後五十年當破壞結集惡覺因見盛故惡弟子受如是大慧世論破壞結集種種句味因譬莊嚴說外道事

著自因緣無有自通大慧彼諸外道無自通論於餘世論廣說無量百千事門無有自通亦不自知愚癡世論世論下重出彼論建立身覺境界者謂五陰身覺想之境也雖彼世論乃有百千極其宗趣不離情識豈知有至道哉後五十年破壞結集者按金剛功德施論謂人壽百齡開為二分初分五十教力增強後五十歲教力漸微言正法欲滅時也或當作後五百年十字恐誤破壞如來結集正教以彼顛倒惡覺苦因邪見盛故其惡黨類受習其說自取論溺也如是下結斥言著自因緣者如所說身覺是已而不能以理自通故云無有自通由其不能自通雖廣說百千事門不過是惑世法彼不自知良可悲也

爾時大慧白佛言世尊若外道世論種種句味因譬莊嚴無有自通自事計著者世尊亦說世論為種種異方諸來會衆天人阿修羅廣說無量種種句味亦非自通耶亦入一切外道智慧言說數耶佛告大慧我不說世論亦無來去唯說不來不去大慧來者趣聚會生去者散壞不來不去者是不生不滅我所說義不墮世論妄想數中所以者何謂不計著外性非性自心現處二邊妄想所不能轉相境非性覺自心現則自心現妄想不生妄想不生者空無相無作入三脫門名為解脫此顯正教初大慧反問如來所說亦同世論凡有二難如文云云如為他方諸天人衆廣說諸法則隨他意語豈亦非自通義亦何異於外道世智言說耶答中先牒初難言我不說世論蓋世論說去來佛雖說不去不來來言趣聚會生者謂來則衆緣和合而生去言散壞者謂去則緣散而滅佛說異是言不去不來即不生不滅乃我所通答次難云云不墮世論妄想數者即外道有無分別是妄想數復自徵釋謂不著二邊以不著故有無妄想所不能轉良以自相境界非性非性即空何轉之有又言覺自心現等者說了諸法唯心妄想復何所生由不生故入三脫門空者性空也無相者相空也無作者性相俱空心無所作也無作又曰無願謂無願求也

大慧我念一時於一處住有世論婆羅門來請我所不請空閑便問我言瞿曇一切所作耶我時報言婆羅門一切所作是初世論彼復問言一切非所作耶我復報言一切非作是第二世論彼復問言一切常耶一切無常耶一切生耶一切不生耶我時報言是六世論大慧彼復問我言一切一耶一切異耶一切俱耶一切不俱耶一切因種種受生現耶我時報言是十一世論大慧彼復問言一切無記耶一切記耶有我耶無我耶有此世耶無此世耶有他世耶無他世耶有解脫耶無解脫耶一切刹那耶一切不刹那耶虛空耶非數滅耶涅槃耶瞿曇作耶非作耶有中陰耶無中陰耶大慧我時報言婆羅門如是說者悉是世論非我所說是汝世論此正引論廣辯邪正婆羅門是梵語具云婆羅賀摩拏此云淨齋亦云淨行自傳祖自梵天口生因從梵姓如梵志即其種也惟五天竺有餘國無之又云外意其種別有經書世承其業或在家或出家恃術倨傲言不請空閑者空閑猶閑隙也請問之儀當待間隙如禮有請間之語是也而彼倨傲卒然來問所以責之也彼問雖多繫以一世論報之所以拒之也如是說者悉是世論無非情見又曰非我所說是汝世論所以外之也

我惟說無始虛偽妄想習氣種種諸惡三有之因不能覺知自心現量而生妄想攀緣外性如外道法我諸根義三合知生我不如是婆羅門我不說因不說無因惟說妄想攝所攝性施設緣起非汝及餘墮受我相續者所能覺知大慧涅槃虛空滅非有三種但數有三耳此佛自示正教不出三道無始習氣煩惱道也種種諸惡業道也三有苦道也因者謂煩惱惡業為苦道之因也由不能覺知諸法唯心所現於彼外法而起妄想攀緣此乃正因緣之說非外道所知又曰如外道法者重舉彼計以格其說言我諸根義三合知生者謂義及根境三緣和合而知生知即識也佛說異是故曰我不說因不說無因因即因緣無因即自然唯依妄心以能取所取而說緣起非汝及餘外道著我執之不斷者所能測言涅槃虛空滅文似孤起及考大慧之問謂知如來之說亦同外道數論故乃告

云此三無爲但數有三而非有三三無爲義見前註

復次大慧爾時世論婆羅門復問我言癡愛業因故有三有耶爲無因耶我時報言此二者亦是世論耳彼復問言一切性皆入自共相耶我復報言此亦世論婆羅門乃至意流妄計外塵皆是世論復次大慧爾時世論婆羅門復問我言頗有非世論者不我是一切外道之宗說種種句味因緣譬喻莊嚴我復報言婆羅門有非汝有者非爲非宗非說非不說種種句味非不因譬莊嚴婆羅門言何等爲非世論非非宗非非說我時報言婆羅門有非世論汝諸外道所不能知以於外性不實妄想虛僞計著故謂妄想不生覺了有無自心現量妄想不生不受外塵妄想永息是名非世論此是我法非汝有也婆羅門略說彼識若來若去若死若生若樂若苦若溺若見若觸若著種種相若和合相續若愛若因計著婆羅門如是比者是汝等世論非是我有大慧世論婆羅門作如是問我如是答彼即默然不辭而退思自通處作是念言沙門釋子出於通外說無生無相無因覺自妄想現相妄想不生

此如來對大慧述婆羅門所問及佛所答然其所問扶佛二三義以爲問端佛皆答以世論者此乃據彼所知凡意識流動隨塵計著無分邪正皆爲世論使彼不得措辭所以杜之也彼論既窮遂有非世論之請如來言有非汝所有也非爲非宗乃至譬喻莊嚴皆言非者謂異其論雖微啓之而終未與說實及其再請曰何等爲非非宗非非說乃復抑之曰非汝所知以其於外法妄想計著非唯不能信入亦恐隨語生解增其見過所以難之也然後告云謂妄想不生令其覺了有無無非唯心所現則妄想不生不受外塵則一妄想永息是爲非世論始知三世諸佛初無一法與人但令妄想不生則天眞妙性不遠而復矣既述正論復斥其非自略說彼識若來若去至於若因計著皆彼外計妄識彼論既亟復斷而退亦不毀辭且言思自通處又曰出於通外者此皆外道退而有省之言以佛所說求諸己而不得始知出於自通之外而曰無生無相等觀其所領亦足以見其有所得矣

大慧此即是汝向所問我何故說習近世論種種辯說攝受貪欲不攝受法大慧白佛言世尊攝受貪欲及法有何句義佛告大慧善哉善哉汝乃能爲未來衆生思惟咨問如是句義諦聽諦聽善思念之當爲汝說大慧白佛言唯然受教佛告大慧所謂貪者若取若捨若觸若味繫著外塵墮二邊見復生苦陰生老病死憂悲苦惱如是諸患皆從愛起斷由習近世論及世論者我及諸佛說名爲貪是名攝受貪欲不攝受法

此是結指所問所答大慧因復問貪欲及法之義答中以取捨等爲貪貪即煩惱以貪故繫著外塵等即結業也復生苦陰等即苦道也然皆以愛爲本愛復由習近世論及世論者即人也皆能攝令生貪故云攝受貪欲言不攝受法者不攝受正法也

大慧云何攝受法謂善覺知自心現量見人無我及法無我相妄想不生善知上上地離心意意識一切諸佛智慧灌頂具足攝受十無盡句於一切法無開發自在是名爲法所謂不墮一切見一切虛僞一切妄想一切性一切二邊大慧多有外道癡人墮於二邊若常若斷非黠慧者受無因論則起常見外因壞因緣非性則起斷見大慧我不見生住滅故說名爲法大慧是名貪欲及法汝及餘菩薩摩訶薩應當修學

此答攝受法問謂善覺知等者言所攝受非別有法即覺知唯心所現見二無我不取於相離諸分別善知諸地行相離心意識受諸佛灌頂具足受行十種大願於一切法悉得自在是名法利又言不墮一切見等謂顯自性離諸邪倒多有外道下凡墮邊見皆愚人法非黠慧者謂斷常邪見非凡小乘黠慧無因論謂四大性常不假因成故墮常見或見外因壞滅計因緣非性則成斷見又言我不見生住滅故者則生而無生住而非住滅而非滅則異乎斷常是名爲法結斷可見

爾時世尊欲重宣此義而說偈言
一切世間論　外道虛妄說　妄見作所作
彼則無自宗　唯我一自宗　離於作所作
爲諸弟子說　遠離諸世論　心量不可見
不觀察二心　攝所攝非性　斷常二俱離
乃至心流轉　是則爲世論　妄想不轉者
是人見自心　來者謂事生　去者事不現
明了知去來　妄想不復生　有常及無常
所作無所作　此世他世等　斯皆世論通

初四句頌世論計作所作不知唯自心量則以有無爲宗言作所作者作謂能作所謂所作之法如計梵天微塵等生是也唯我等者佛謂唯我以自心爲宗離於妄計能作所作爲諸弟子說此正法令其不習世論心量不可見者以心離性執不可以有無見不可以能所攝是謂斷常俱離二心即有無見也心爲斷常所轉者則爲世論心離分別不爲所轉是明見自心也若彼外道計來者爲生去者爲滅事即生死事也不現即滅也佛說無去無來即不生不滅故云明了知去來妄想不復生也後四句惟頌世論如文可見

爾時大慧菩薩復白佛言世尊所言涅槃者說何等法名爲涅槃而諸外道各起妄想佛告大慧諦聽諦聽善思念之當爲汝說如諸外道妄想涅槃非彼妄想隨順涅槃大慧白佛言唯然受教佛告大慧或有外道陰界入滅境界離欲見法無常心心法品不生不念去來現在境界諸受陰盡如燈火滅如種子壞妄想不生斯等於此作涅槃想大慧非以見壞名爲涅槃

前論二乘所得涅槃與外道以妄想識滅爲涅槃辯之明矣大慧於此復有所請者恐理未盡明見未盡破或墮邪見則究竟解脫之道無上涅槃之域反致使覽[十五]本有法身慧命[十六]不得而顯此大慧之所憂不可不復請也如來乃告曰或有外道陰界入滅等作涅槃想者按提婆論釋凡外道妄計涅槃有二十種此當第一論曰諸受陰盡如燈滅種壞風止名涅槃今文則又曰境界離欲等謂於六塵無染故曰離欲見諸法無常故不起心心數法以不念過現等境故諸受陰盡如燈滅種壞受滅則想滅故曰妄想不生且約梵滅云爾其實見想不除故斥曰非以見壞爲涅槃也此總破諸計

大慧或以從方至方名爲解脫境界想滅猶如風止或復以覺所覺見壞名爲解脫或見常無常作解脫想或見種種相想招致苦生因思惟是已不善覺知自心現量怖畏於相而見無相深生愛樂作涅槃想

從方至方者論云第二外道說最初有方從方生世間及人人生天地次第滅沒還入彼處說方是常名涅槃因或謂方猶方所亦彼此也謂從彼至此不失本性又曰境界想滅猶如風止者新說云風仙外道計風能生殺萬物說風性常是曰涅槃或謂風止則無跡而已言覺所覺等者外道言覺多謂覺想入楞伽云不見能覺所覺名爲涅槃見壞即不見也言常無常等者按論外道言師名伊賒那形不可見徧一切處能生萬物能生是常名爲涅槃所生之物即名無常解脫涅槃名異體同也言種種相想等者此以相想而爲苦因不知相即自心所現捨相而著無相之見於此愛樂以爲涅槃

或有覺知內外諸法自相共相去來現在有性不壞作涅槃想或謂我人衆生壽命一切法壞作涅槃想[十六]或以外道惡燒[十七]智慧見自性及士夫彼二有間士夫所出名爲自性如冥初比求那轉變求那是作者作涅槃想或謂福非福盡或謂諸煩惱盡或謂智慧或見自在是眞實作死生者作涅槃想

言覺知內外諸法等者即覺想分別根塵等法自共之相三世之異神我之性不壞以爲涅槃言我人等者妄謂四相之法滅壞以爲涅槃言惡燒智慧者此乃惡見火燒滅正智自性我見之本也士夫十六知見之一也彼二有間間異也謂彼自性與士夫二者有間異也然自性從士夫所出如冥初生覺之比或謂二有從初生覺爲一有從冥生大爲一有者文意不貫若從其說則不合又云如冥初比言求那轉變等者謂依自性轉變能作諸法以爲涅槃言福非福等者非福罪也謂非福俱盡皆指盡處以爲涅槃言煩惱盡等者按論煩惱與智本爲一計謂煩惱盡依智慧名爲涅槃言或見自在等者論云自在天能造作衆王生死者能作名常爲涅槃也

或謂展轉相生生死更無餘因如是即是計著因而彼愚癡不能覺知以不知故作涅槃

想或有外道言得眞諦道作涅槃想或見功德功德所起和合一異俱不俱作涅槃想或見自性所起孔雀文彩種種雜寶及利刺等性見已作涅槃想言展轉相生者尼犍子論師計劫初生一男一女彼時和合展轉相生一切物滅復歸於彼謂此外更無餘因曾不知如是計著是生死因而彼愚癡不覺以爲涅槃言得眞諦道等者僧佉論師計二十五諦從冥初生謂證眞實之道以爲涅槃或見功德等者凡外道所謂功德多指苦行仍於所起和合處作四句見以爲涅槃或見自性等者入楞伽云或計諸物從自然生孔雀文彩棘刺銛利生寶之處出種種寶如此等事是誰能作即執自然以爲涅槃也大慧或有覺二十五眞實或王守護國受六德論作涅槃想或見時是作者時節世間如是覺者作涅槃想或謂性或謂非性或謂知性非性或見有覺與涅槃差別作涅槃想覺二十五眞實者謂覺了二十五諦眞實又言王守護國者謂若能受六德論令萬民安樂安樂之性以爲涅槃言見時是作者時散論師計時節爲因能生世間諸法時有變遷而作者不異如是覺者以爲涅槃言性非性等者入楞伽云或執有物或執無物或執有物無物共以爲涅槃此云性性即法法即物也有覺等者謂萬物是喧動涅槃是寂靜此二無別以爲涅槃已上外道種種妄計起涅槃見具如提婆等論廣釋其相也有如是比種種妄想外道所說不成所成智者所棄大慧如是一切悉墮二邊作涅槃想

如是等外道涅槃妄想彼彼中都無若生若滅大慧彼一一外道涅槃彼等自論智慧觀察都無所立如彼妄想心意來去漂馳流動一切無有得涅槃者此段結斥文凡有五言不成所成者以其皆妄想故雖計涅槃而不成涅槃乃爲智者所棄一也又曰如是一切悉墮二邊者二也又彼雖妄計生滅而實彼法何曾生滅三也然彼所計皆是邪論以正智觀之無所成立四也又所以彼心想流動乖涅槃性是故無有得涅槃者五也以此料之足顯其妄矣大慧如我所說涅槃者謂善覺知自心現量不著外性離於四句見如實處不墮自心現妄想二邊攝所攝不可得一切度量不見所成愚於眞實不應攝受棄捨彼已得自覺聖法知二無我離二煩惱淨除二障永離二死上上地如來地如影幻等諸深三昧離心意意識說名涅槃大慧汝及餘菩薩摩訶薩應當修學當疾遠離一切外道諸涅槃見如我所說等者對邪顯正其文亦五謂善覺知自心現量不著外性一也離於四句見如實處二也不墮自心現妄想二邊則能取所取不可得三也一切度量不見所成者顯如來涅槃出衆邪外四也度量即數也愚於眞實不應攝受者愚即迷也謂迷於實理隨有所見不應取著五也言棄捨彼已者謂棄彼妄見已即得自覺聖智之法知人法無我離通別二惑除惑智二障離分段變易生死漸歷諸地至於佛地此皆所證之法如幻三昧離心意識

皆所以能顯涅槃者究論三德涅槃所謂如來秘密之藏如伊字三點天主三目不縱不橫絶思絶議如是安住是爲究竟涅槃故誡學者應當修學離彼邪見

爾時世尊欲重宣此義而說偈言

外道涅槃見　各各起妄想　斯從心想生
無解脫方便　愚於縛縛者　遠離善方便
外道解脫想　解脫終不生　衆智各異趣
外道所見通　彼悉無解脫　愚癡妄想故

此頌上諸外道妄計涅槃之見言各各者如前文所列有二十一種不同然皆起於邪習心想言無解脫方便者欲解生死之縛而得解脫非善巧方便之行則不可也既無方便解脫安能入於涅槃愚即愚迷由愚迷故不了所計邪見是煩惱生死之縛所以捨離善巧方便欲求解脫終不可得衆智等四句言諸外道苦行成主所得通智是妄非眞也

一切癡外道　妄見作所作　有無有品論
彼悉無解脫　凡愚樂妄想　不聞眞實慧
言語三苦本　眞實滅苦因　譬如鏡中像
雖現而非有　於妄想心鏡　愚夫見有二
不識心及緣　則起二妄想　了心及境界
妄想則不生　心者即種種　遠離相所相
事現而無現　如彼愚妄想

一切癡外道妄見作所作此二句是結斥外計也有無有下明妄想眞實謂妄想出於言論爲三苦之本眞實反於妄想故爲滅苦之因意令凡愚反迷歸悟耳復以喻顯鏡以喻心像以喻境凡夫不能了境唯

心故見心外有法而起分別，如見鏡中之像而生實想，乃見有二，故云不識心及緣則起二妄想。緣即境也。若了心境一如，妄從何起。心者下四句合上鏡像之喻。種種諸境也。既知諸境唯心，則無能相所相。事即境也。言境之現如鏡像之無實，但愚迷不了自生分別耳。

三有唯妄想　外義悉無有　妄想種種現　凡愚不能了[二十六]　經經說妄想[二十]　終不出於名　若離於言說　亦無有所說

三有即三界外，義即外境，謂三界六道生死皆無實體，但由妄想見此種種外境，故云凡愚不能了此。總結迷妄之失也。然如來所說種種諸法皆說衆生妄想溺於生死，意令衆生反妄歸眞安住涅槃，而衆生著於名字言說，不能忘言得意，若能了言說而無言說，則所說之法亦不可得，如得魚免而忘筌罤，此如來示人之深意也。

楞伽阿跋多羅寶經註解卷第三下

楞伽阿跋多羅寶經註解卷第三下

校勘記

一　底本，明永樂北藏本。

一　三九二頁上六行末字「宗」，徑、清作「見」。

一　三九四頁下六行註解左第一三字「間」，清作「問」。

一　三九五頁上四行「彼後問言」，徑作「彼復問言」。

一　三九六頁下一七行註解左「衆王」，清作「衆生」。

楞伽阿跋多羅寶經註解卷第四上　主七

宋求那跋多羅奉　詔譯

大明天界善世禪寺住持臣僧宗泐

演福講寺住持臣僧如玘奉　詔同註

一切佛語心品第四

爾時大慧菩薩白佛言世尊惟願爲說三藐三佛陀我及餘菩薩摩訶薩善於如來自性自覺覺他佛告大慧恣所欲問我當爲汝隨所問說大慧白佛言世尊如來應供等正覺爲作耶爲不作耶爲事耶爲因耶爲相耶爲所相耶爲說耶爲所說耶爲覺耶爲所覺耶如是等辭句爲異爲不異涅槃是所證之法如來是能證之人大慧旣領涅槃之旨故又以如來爲請三藐三佛陀此云正徧知亦名正覺正徧知者謂正知徧知正知於中徧知於邊如來自性謂法身也佛旣領請故大慧具以三號爲問三號即是三德如來即法身中諦也應供即解脫俗諦也正徧知即般若眞諦也通號有十而特問此三者乃其要也作謂修持造作義該因果事即果也相謂身相說謂言說覺謂覺知謂如來於此辭句爲異爲不異耶

佛告大慧如來應供等正覺於如是等辭句非事非因所以者何俱有過故大慧若如來是事者或作或無常無常故一切事應是如來我及諸佛皆所不欲若非所作者無所得故方便則空同於兔角槃大之子以無所有故大慧若無事無因者則非有非無若非有非無則出於四句四句者是世間言說若出四句者則不墮四句不墮四句故智者所取一切如來句義亦如是慧者當知答中先酬所問非事非因即非因非果也合云非作非不作言俱有過者不特言事因而已正言如來若惟是事因則墮有作之過若非事因則墮無所有過也言如來是事等者謂若如來定須用因果等事則是無常若是無常則一切所作之法應是如來然我及諸佛皆不欲同彼事也若非所作等即最上非事因句謂非所作則無所得無所得則智慧方便皆爲徒設同於兔角石女兒也又言無事無因者謂法身既非有作則離有無之過離有無過則出於四句之外四句者即一異俱不俱有無非有非無常無常等四句也不墮此四句是爲如來句義爲智者之所取也

如我所說一切法無我當知此義無我性是無我一切法有自性無他性如牛馬大慧譬如非牛馬性非馬牛性其實非有非無彼非無自性如是大慧一切諸法非無自相有自相但非無我愚夫之所能知以妄想故如是一切法空無生無自性當如是知上明如來句義不墮四句恐未達者謂如來句義亦非實性故引例以顯如我所說等佛謂我常說一切法無我無我者謂無性執之性非無性分之性故云有自性無他性他者對己之謂也意謂如來句雖離諸句非無法身常住自性故又以喩顯如牛但有牛之性而無馬性馬但有馬之性而無牛性故云非有非無謂彼各有自性而無他性入楞伽云一切諸法亦復如是無有自相而非有即有謂非但有自性亦有自相但非無我者無我即聲聞謂但非凡小之所能知而不知者由妄想分別之所蔽也如是一切法空等謂一切法無我既然以例一切法空如來之性不空一切法無生如來法身乃生一切法無自性而如來有常住之性故云當如是知

如來如是與陰非異非不異若不異陰者應是無常若異者方便則空若二者應有異如牛角相似故不異長短差別故有異一切法亦如是大慧如牛右角異左角左角異右角如是長短種種色各各異大慧如來於陰界入非異非不異如來如是下謂法身與五陰對論非異非不異陰即苦道苦道即法身故非異迷悟有殊故非不異若言法身不異五陰則是無常生滅之法若謂異者則如來無全體起用方便益物之相故云則空所以法身與陰非異非不異也若不了陰即是法身則二者有異故又以牛角爲喩牛角相似則不異長短差別則有異一切諸法亦如是者謂法身與一切法非異非不異亦如是也又以牛角左右異爲喩者謂法身本一而諸法有異亦猶牛之左右角之不同耳結文可知

如是如來解脫非異非不異如是如來以解脫名說若如來異解脫者應色相成色相成

故應無常若不異者修行者得相應無分別而修行者見分別是故非異非不異此法身如來對解脫之德而論言如來以解脫名說者如來之所究顯蓋由了結業即解脫故也此如來與解脫非異非不異若云異者解脫應身色相則是無常若不異者則修行之人與解脫相應無因果人法之異然有能所分別故結云非異非不異也如是智及爾燄非異非不異大慧智及爾燄非異非不異者非常非無常非作非所作非有為非無為非覺非所覺非相非所相非陰非異陰非說非所說非一非異非俱非不俱非一非異非俱非不俱故悉離一切量此約般若與智障相對而論智即般若爾燄即智障例前合云若異則離障無智若不異則障豈是智但云非異非不異者文之略耳此般若與智障非異非不異者則與法身解脫無二無別故復總結而例通之曰非常非無常等總不出非二邊顯中道非能所顯一相非四句顯忘言故又云離一切量量即數也離一切量則無言說無言說則無生無生則無滅無滅則寂滅寂滅則自性涅槃自性涅槃則無事無因無事無因則無攀緣無攀緣則出過一切虛偽出過一切虛偽則是如來如來則是三藐三佛陀大慧是名三藐三佛陀佛陀大慧三藐三佛陀佛陀者離一切根量夫離諸言量則是無生寂滅自性涅槃而已既彰本性乃復宗結示曰無事無因等惟一法身迥然獨立不見諸法為所攀緣故出一切虛偽名為如來三藐三佛陀重言佛陀者翻知覺之異號結二名也言至於此可謂極矣而復疊云離一切根量者總酬所問指歸法身自性也

爾時世尊欲重宣此義而說偈言

悉離諸根量　無事亦無因　已離覺所覺
亦離相所相　陰緣等正覺　一異莫能見
若無有見者　云何而分別　非作非不作
非事亦非因　非陰非在陰　亦非有餘雜
亦非有諸性　如彼妄想見　當知亦非無
此法法亦爾悉離下四句總頌佛陀離相陰緣者陰即五陰緣即界入等攀緣之緣正覺即法身一異莫能見者謂正覺法身與生死苦道無一異之相可見既無能見之人豈有一異之法而可分別耶非作等四句正顯法身中道餘雜諸法過咎也亦非有下四句離二見言如來法體由彼凡夫妄想分別而見雖離諸相而亦非無實相可見此法法亦爾者謂此法身不可言有不可言無法爾而然也
以有故有無　以無故有有　若無不應受
若有不應想　或於我非我　言說量留連
沉溺於二邊　自壞壞世間　解脫一切過
正觀察我通　是名為正觀　不毀大導師以有故無以無故有此有無相待而立有無既各無自體豈應取著故云不應受不應想也其或未了二我本空滯於言說此乃弱於有無二見非獨自壞亦且壞他何由出於生死若能了達法身解脫自在離一切過是為達觀不謗於佛也

爾時大慧菩薩復白佛言世尊如世尊說修多羅攝受不生不滅又世尊說不生不滅是如來異名云何世尊為無性故說不生不滅為是如來異名佛告大慧我說一切法不生不滅有無品不現大慧白佛言世尊若一切法不生者則攝受法不可得一切法不生故若名字中有法者惟願為說佛告大慧善哉善哉諦聽諦聽善思念之吾當為汝分別解說大慧白佛言唯然受教佛告大慧我說如來非無性亦非不生不滅攝一切法亦不待緣故不生不滅亦非無義經中言不生不滅者非一其所詮之旨不無同異如云修多羅攝受不生不滅攝受者謂含攝其理又云此是如來異名大慧以為不生不滅是無性義云何言是異名豈如來亦無性耶佛答以不生不滅是離有無故曰有無品不現此以一答酬其二請大慧又以為不現是不生若一切法不生豈是如來異名若是異名於名字中豈亦有不生法義故又致請答中言非無性者謂如來非是無法亦非攝取不生不滅亦不待生滅之緣而言不生不滅言亦非無義者起後正答也大慧我說意生法身如來名號彼不生者一切外道聲聞緣覺七住菩薩非其境界大慧

彼不生即如來異名大慧譬如因陀羅釋迦不蘭陀羅如是等諸物一一各有多名亦非多名而有多性亦非無自性

言我說意生身等其文猶略應云我說不生不滅即不生義不生而生則一切法身異名皆從此出故曰意生法身如來一名號言彼不生者疊上一切法不生義也然此不生是如來究竟之趣非外道偏乘之所造諸故云非其境界七住即七地蓋通教菩薩到八地方證無生故也以此不生爲如來異名即不生不滅名偏義圓斯之謂也譬如因陀羅等此引帝釋異名以況如來異名非一蓋帝釋所住地及虛空乃至手足隨一一物各有異名其名雖多人只是一故無多性隨物顯義非無自性也

如是大慧我於此娑呵世界有三阿僧祇百千名號愚夫悉聞各說我名而不解我如來異名大慧或有衆生知我如來者有知一切智者有知佛者有知救世者有知自覺者有知導師者有知廣導者有知一切導者有知仙人者有知梵者有知毗紐者有知自在者有知勝者有知迦毗羅者有知真實邊者有知月者有知日者有知主者有知無生者有知無滅者有知空者有知如如者有知諦者有知實際者有知法性者有知涅槃者有知常者有知平等者有知不二者有知無相者有知解脫者有知道者有知意生者大慧如是等三阿僧祇百千名號不增不減此及餘世界皆悉知我如水中月不出不入

我於娑呵世界等凡列三十三種異名始言愚者悉聞各說我名謂名各有義也而不解我如來異名則不知其體一本於不生不滅也乃至云如是等三阿僧祇百千名號阿僧祇此云無數時此乃如來果後施化之迹言百千名號不增不減者蓋隨舉一名則攝諸法名在多不增在一不減此方他界皆知佛名言如水月不出不入者月喻應身水喻衆生之心衆生心淨如來即應如月在水然月在空影現於水月不下降故云不入亦不離水故云不出也

彼諸愚夫不能知我墮二邊故然悉恭敬供養於我而不善解知辭句義趣不分別名不解自通計著種種言說章句於不生不滅作無性想不知如來名號差別如因陀羅釋迦不蘭陀羅不解自通會歸終極於一切法隨說計著

彼諸愚夫等重釋彼不知不生不滅中道應身之本墮於有無二邊雖皆能敬事而不能善解名字句義故云不分別名不解自通由執著言教昧於實理謂不生不滅是無體性故於如來異名差別而皆不知如不知因陀羅等皆帝釋之異名也既不解自通之趣歸于至極故於一切諸法隨語生見故云隨說計著也

大慧彼諸癡人作如是言義如言說義說無異所以者何謂義無身故言說之外更無餘義唯止言說大慧彼惡燒智不知言說自性不知言說生滅義不生滅大慧一切言說墮於文字義則不墮離性非性故無受生亦無身大慧如來不說墮文字法文字有無不可得故除不墮文字

此段重示迷名失旨義如言說等夫義有能詮文字之義有所詮道理之義褻人迷於道理言文字之義如所言說謂義之所說無有異也既又微釋謂義無身故身即體也言能詮文字之義更無有體蓋不知所詮道理之義出於言說之外唯止於言說而已由彼惡見燒滅正智不解如來言教言於生滅義無生滅然一切言說墮於文字義則不墮言離性非性者是離有無之過既離是過則無受生亦無體相是爲言外之旨也如來不說墮文字法者謂文字性離即是解脫不可以有無求之是則如來非不說法若有離文字而解者即爲說之

大慧若有說言如來說墮文字法者此則妄說法離文字故是故大慧我等諸佛及諸菩薩不說一字不答一字所以者何法離文字故非不饒益義說言說者衆生妄想故大慧若不說一切法者教法則壞教法壞者則無諸佛菩薩緣覺聲聞若無者誰說爲誰

若有不違如來說即無說謂說墮文字法者則爲謗佛謗法故云此則妄說既又告大慧云我及諸佛菩薩未嘗說一字答一字蓋離文字性故也非不饒益義說者謂非不隨宜演說饒益衆生然說即無說若謂有說者凡愚之妄想分別耳據理絶言被緣可說說即成教若有緣不說則教法不立教若不立則大小乘機無修證之分如是則孰爲能度孰爲所度而

建立權教哉

是故大慧菩薩摩訶薩莫著言說隨宜方便廣說經法以衆生希望煩惱不一故我及諸佛為彼種種異解衆生而說諸法令離心意意識故不為得自覺聖智處法固不可不說若著言說則又成病故告云莫著言說然隨宜方便而說者蓋衆生機樂不同煩惱非一我及諸佛皆如是說然所被機固未是欲得自覺聖智處者凡可以離乎妄想心識者則為說也大慧於一切法無所有覺自心現量離二妄想諸菩薩摩訶薩依於義不依文字若善男子善女人依文字者自壞第一義亦不能覺他墮惡見相續而為衆說不善了知一切法一切地一切相亦不知章句若善一切法一切地一切相通達章句具足性義彼則能以正無相樂而自娛樂平等大乘建立衆生一切法無所有等入楞伽云令知諸法自心所現無外境界離說所說二種妄想既又戒學者言當依於義不依文字若依文字則害於義豈能令他獲益言墮惡見相續等者則於言說相續計著而為他說此乃不善了知一切教法地住因果之相及章段句義若善了知此等諸義即能樂於無相令諸衆生安住平等大乘也大慧攝受大乘者則攝受諸佛菩薩緣覺聲聞攝受諸佛菩薩緣覺聲聞者則攝受一切

衆生攝受一切衆生者則攝受正法攝受正法者則佛種不斷佛種不斷者則能了知得殊勝入處知得殊勝入處菩薩摩訶薩常得化生建立大乘十自在力現衆色像通達衆生形類希望煩惱諸相如實說法如實者不異如實者不來不去相一切虛偽息是名如實大慧善男子善女人不應攝受隨說計著眞實者離文字故此承上文而言既攝受大乘之法則一切凡聖無不攝者如是則為正法為佛種為殊勝入自覺聖處既得入已則能起用化他建立大乘十力無畏隨類現形慰諸渴望消諸煩惱演說如實之法此如實法無異別之稱絕去來之相一切戲論悉皆息滅然如實之法雖是大乘不應隨說計著以離文字名為眞實大慧如為愚夫以指指物愚夫觀指不得實義如是愚夫隨言說指攝受計著至竟不捨終不能得離言說指第一實義大慧譬如嬰兒應食熟食不應食生若食生者則令發狂不知次第方便熟故大慧如是不生不滅不方便修則為不善是故應當善修方便莫隨言說如視指端此以二喻示得失相一以指指物喻者喻言說實義二嬰兒熟食喻者喻方便修法然皆有得有失其理曉然滯於言說則失第一實義如但觀指而不觀物不善修方便則不契不生不滅之理如嬰兒食生而不食熟如是而不發狂者

幾希矣故又戒云善修方便莫隨言說也是故大慧於眞實義當方便修眞實義者微妙寂靜是涅槃因言說者妄想合妄想者集生死大慧眞實義者從多聞者得大慧多聞者謂善於義非善言說善義者不隨一切外道經論身自不隨亦不令他隨是則名曰大德多聞是故欲求義者當親近多聞所謂善義與此相違計著言說應當遠離眞義之義離言說相故云微妙寂靜此理若顯即是涅槃之果未顯名因若著言說不會實義則與妄想和合以成生死之因然此眞實之義必由聞慧而得又言善於義者非徒多聞而已要在忘言得意共隨語生見何異外道蓋善於義則自他不惑於外說是為大德多聞故學大乘者不可不親近大德否則不善於義墮於言說故復戒勸爾時大慧菩薩復承佛威神而白佛言世尊世尊顯示不生不滅無有奇特所以者何一切外道因亦不生不滅世尊亦說虛空非數緣滅及涅槃界不生不滅世尊外道說因生諸世間世尊亦說無明愛業妄想為緣生諸世間彼因此緣名差別耳外物因緣亦如是世尊與外道論無有差別微塵勝妙自在衆生主等如是九物不生不滅世尊亦說一切

性不生不滅有無不可得外道亦說四大不壞自性不生不滅四大常是四大乃至周流諸趣不捨自性世尊所說亦復如是是故我言無有奇特惟願世尊為說差別所以奇特勝諸外道若無差別者一切外道皆亦是佛以不生不滅故而世尊說一世界中多佛出世者無有是處如向所說一世界中應有多佛無差別故上言不生不滅直以正教言之未辯所以異於外道者是故大慧復有異同之問凡有四難一以外道說生法之因與佛所說三無為法為難虛空即虛空無為非數緣滅即非擇滅無為涅槃即擇滅無為二以彼生因與佛所說十二緣生為難三以微塵等生與佛所說一切性不生滅為難九物者一時二方三虛空四微塵五四大種六大梵天七勝妙天八大自在天九衆生主即神我也四以彼說四大與世尊所說四大為難此皆以外道之說比同佛說如文可見

佛告大慧我說不生不滅不同外道不生不滅所以者何彼諸外道有性自性得不生不變相我不如是墮有無品大慧我者離有無品離生滅非性非無性如種種幻夢現故非無性云何無性謂色無自性相攝受現不現故攝不攝故以是故一切性無性非無性但覺自心現量妄想不生安隱快樂世事永息答中先斥非而後顯是言外道有性自性等謂彼所說性有自性如云四大常以堅濕煖動之性皆不壞不亂以為不得不生不變之相然亦著心妄計雖曰不生不滅實有生滅墮於有無佛謂我不如是我之所說不生不滅離於有無生滅及非有非無如幻夢色現是非無色性不可得是非有言色無自性相攝受者夢幻色相本非實有愚人妄想故現其實不現妄心攝取實不可取故如心一切諸法亦非有非無但能覺了諸法唯心心外無境則妄想自滅安於涅槃之樂永息生死之事矣

愚癡凡夫妄想作事非諸聖賢不實妄想如乾闥婆城及幻化人大慧如乾闥婆城及幻化人種種衆生商賈出入愚夫妄想謂真出入而實無有出者入者但彼妄想故如是大慧愚癡凡夫起不生不滅惑彼亦無有有為無為如幻人生其實無有若生若滅性無性無所有故一切法亦如是離於生滅愚癡凡夫墮不如實起生滅妄想非諸聖賢凡世間有為生滅之事起於妄心此乃凡夫所迷故曰非諸聖賢乾闥婆城喻妄境不實如文可見言愚夫起不生不滅惑者謂彼妄想本是生滅妄謂不生不滅則惑也彼亦無有有為無為者言彼不棄有為是不知生滅之實既無無為是不知無生滅之實如見幻人之生其實無有生滅一切諸法亦復如是愚夫之所以起妄想者由不見如實之理墮於虛妄聖賢則不爾也

不如實者不爾如性自性妄想亦不異若異妄想者計著一切性自性不見寂靜不見寂靜者終不離妄想是故大慧無相見勝非相見相見者受生因故不勝大慧無相者妄想不生不起不滅我說涅槃大慧涅槃者如真實義見離先妄想心心數法逮得如來自覺聖智我說是涅槃言不如實者入楞伽云虛妄者不如法性不爾者言謂不同聖賢也聖賢之所以為聖賢者由了妄想即是真實非別有也如彼凡夫性自性妄想與如實理亦本不異若謂如實理與妄想有異則執著諸法自性不見本來寂靜之體不見此體妄想執情終不能離言無相見勝者既云著相不見寂靜則欲見寂靜以無相為勝非是相見蓋著相見者是生死之因故不為勝然則無相是離妄想契乎不生不滅是為佛說究竟涅槃又云涅槃者如真實義見則未見涅槃以前妄想心數皆悉遠離至於佛地也

爾時世尊欲重宣此義而說偈言

滅除彼生論　建立不生義　我說如是法
愚夫不能知　一切法不生　無性無所有
乾闥婆幻夢　有性者無因　不生無自性
何因空當說　以離於和合　覺知性不現
是故空不生　我說無自性　謂一一和合
性現而非有　分析無和合　非如外道見

滅除彼生論者謂破外道妄計之論外道雖有不生不滅之言乃妄想分別是生死因

故云生論佛說不生不滅是中道實理對彼有生故云不生義也一切法下頌非有非無如乾城幻夢雖有而無因也不生無自性等是承上再微顯不生者是無自性性是空云何為我說也以離於和合下是釋謂於根塵離和合相而覺知之性自然不現不現是空空一則不生是故佛說無自性也謂一一下重釋上義如文可見

夢幻及垂髮　野馬乾闥婆　世間種種事　十三
無因而相現　折伏有因論　中暢無生義
中暢無生者　法流永不斷　熾然無因論
恐怖諸外道　夢幻等喻世間之法無因而現其相本虛並顯不生之義其所破立則折伏外道有因之論申暢無生之義然外道本計無因而生而言有因者蓋彼所言不生不滅乃是妄計實為生死之因故斥其為有因論也外論既滅則正法流行無生之論熾然而說使彼外道聞而恐怖也

爾時大慧以偈問曰
云何何所因　彼亦何故生　於何處和合
而作無因論
爾時世尊復以偈答
觀察有為法　非無因有因　彼生滅論者
所見從是滅　此頌問答顯無因論義問有四意謂云何何因何故何處而作是無因論耶答亦有四觀察有為法是答處有為即世間生滅之法也非無因有因是答云何謂佛法非有非無也彼生滅論者是答何所因即因彼外道生滅論也所見從是滅是答何故謂滅彼邪見也

爾時大慧說偈問曰
云何為無生　為是無性耶　為顧視諸緣
有法名無生　名不應無義　惟為分別說　此問無生義為諸法無自性名無生耶為顧待諸因緣名無生耶為別有法名無生耶既顧有無之名必有無生之義願佛為說
爾時世尊復以偈答
非無性無生　亦非顧諸緣　非有性而名
名亦非無義　一切諸外道　聲聞及緣覺
七住非境界　是名無生相　答中先遮所問蓋無生者不墮有無故皆非之名亦非無義起後正答也凡有三意一以所證位顯蓋此無生忍位非諸凡小及偈教菩薩所住境界七住即七地以菩薩到第八地方破無明故云七住非境界也
遠離諸因緣　亦離一切事　唯有微心住
想所想俱離　其身隨轉變　我說是無生　十四　二以離諸緣故則非顧待之緣既離諸緣亦離一切生死之事惟有微妙寂靜之心如是而住所以能想所想分別俱離妄心既為妙心而身亦轉勝是為無生佛所說也
無外性無性　亦無心攝受　斷除一切見
我說是無生　如是無自性　空等應分別
非空故說空　無生故說空　三以有無二性不可得故內外俱忘無外性者是忘外也無心攝受者是忘內也內外既忘則斷一異等見如是無生即無自性無性故空空亦叵得故曰非空說空空即無生故又云無生說空也
因緣數和合　則有生有滅　離諸因緣數
無別有生滅　捨離因緣數　更無有異性
若言一異者　是外道妄想　有無性不生
非有亦非無　除其數轉變　是悉不可得　此於緣生示無生義準後文即十二因緣數法和合而有生滅然十二惑業因緣亦從根塵因緣而起若離能生因緣而所生之法何有故曰無別有生滅也若離生滅因緣豈復有一異之見同於外道若離一異亦離有無非有非無等四句惟除其為因緣之所轉者凡能了達無生是有無諸句皆不可得
但有諸俗數　展轉為鉤鎖　離彼因緣鎖
生義不可得　無生性不起　離諸外道過
但說緣鉤鎖　凡愚不能了　若離緣鉤鎖
別有生性者　是則無因論　破壞鉤鎖義
如燈顯眾像　鉤鎖現若然　是則離鉤鎖
別更有諸性　諸俗數即生死俗假因緣謂凡夫從本以來惟逐妄緣流轉生死如鉤鎖連環之不可斷若能了達妄緣生　十五　即無生故云生義不可得也言生無性不起但等謂了生無生性執不起則離外道邪見但我說因緣鉤鎖之義令了生即無生凡愚所不能了若離能生因緣之外別有所生法者則我說無因之論而反自破鉤鎖之義如燈顯眾像等者佛謂我說鉤鎖之義正欲令人了達生即無生否則離此生法之外別求無生如眾物由燈而顯非即物是明故云鉤鎖現若然謂鉤鎖之現若是則因緣之外別有

諸法也

無性無有生　如虛空自性　若離於鉤鎖
慧無所分別　復有餘無生　賢聖所得法
彼生無生者　是則無生忍 了達因緣生法性相叵得是爲無生則其體性如虛空無礙若離緣生別求無生是智慧無礙觀察之用故曰慧無所分別也餘無生者指上賢聖所得由了生即無生是爲無生法忍

若使諸世間　觀察鉤鎖者　一切離鉤鎖
從是得三昧　癡愛諸業等　是則內鉤鎖
鑽燧泥團輪　種子等名外　若使有他性
而從因緣生　彼非鉤鎖義　是則不成就
若生無自性　彼爲誰鉤鎖　展轉相生故
當知因緣義 此言世間衆生若能進修觀察因緣所生之法當體即空乃得無生三昧離於鉤鎖然所觀因緣有內有外內則無明等十二因緣外則鑽燧泥輪等事鑽燧得火泥團成瓶種子生芽此三者名外因緣此外因緣以喻於內乃顯離因緣外別無生法若謂別有法從他緣而生是非善觀因緣之義則不能成就無生法忍若達生即無生即縛成脫故云彼爲誰鉤鎖否則流轉生死是因緣義

堅濕煖動法　凡愚生妄想　離數無異法
是則說無性 此四句是言外道妄計四大之性不壞以爲不生不滅離數等者謂離因緣而說無生法也

如醫療衆病　無有若干論　以病差別故
爲設種種治　我爲彼衆生　破壞諸煩惱
知其根優劣　爲彼說度門　非煩惱根異
而有種種法　唯說一乘法　是則爲大乘 此喻如來立教之意若論出世本意惟說一乘以度羣生如大醫王但以阿伽陀藥徧治衆病故云無有若干論然機器不齊未免曲垂方便爲說三乘漸次調伏如隨病差別設種種藥然非根[十七]異而法有殊權機[十六]若熟咸歸一實所謂十方佛土中唯有一乘法也

爾時大慧菩薩摩訶薩復白佛言世尊一切外道皆起無常妄想世尊亦說一切行無常是生滅法此義云何爲邪爲正爲有幾種無常 常與無常之名無異外道不以義定邪正易分上明不生不滅是眞常之義已破外計未辯無常邪正之殊所以再請決也問辭可見

佛告大慧一切外道有七種無常非我法也何等爲七彼有說言作已而捨是名無常有說形處壞是名無常有說即色是無常有說色轉變中間是名無常無間自之散壞如乳酪等轉變中間不可見無常毀壞一切性轉有說性無常有說性無性無常有說一切法不生無常入一切法 七種無常皆是外計先列次釋列中唯色轉變無常稍涉釋義色言四大造色轉變謂生住異滅無間自之散壞等者謂相續不斷能令變異自然歸滅也如乳酪之轉變雖不可見然在法中自然變壞一切法也餘皆下文具釋釋中或無破計或但釋義仍不次第不出色性也

大慧性無性無常者謂四大及所造自相壞四大自性不可得不生 性無性者謂四大之性皆無自性能造及所造相皆歸變壞故曰無常四大自性下是破彼計意謂大種自性本來不生不生尚無何生可滅言無常耶

彼不生無常者[十七]非常無常一切法[十七]有無不生分析乃至微塵不可見是不生義非生是名不生無常相若不覺此者墮一切外道生無常義 先出正義而後斥非言非常等者佛謂常與無常一切有無諸相對法體本不生乃至分析至於微塵亦無所見以是義故說名無生此爲如來所說不生無常之相若不了此義則墮外道所計生無常義以外道不達無生之旨雖說無生實爲有生故斥云生無常也

大慧性無常者是自心妄想非常無常性所以者何謂無常自性不壞大慧此是一切性無性無常事除無常無有能令一切法性無性者如杖瓦石破壞諸物 言自心妄想等者謂彼於非常非無常中自生分別以爲無常能壞諸法而自性不壞此即是前性無性無常之事意謂事可壞而性不可壞世間諸法有壞者因無常故無常徧於諸法之中如杖瓦石能破壞諸物而自體不壞也

現見各各不異是性無常事非作所作有差

別此是無常此是事作所作無異者一切性常無因性大慧一切性無性有因非凡愚所知

此破外計佛謂現前所見諸法與無常無異安有性與事不同耶故云非作所作有差別故知無常即事事即無常此能所不異應是常義無因性者入楞伽云不見有因言無常無破壞諸法之因一切性下佛言諸法滅壞實亦有因但此意微隱非凡愚之所能了

非因不相似事生若生者一切性悉皆無常是不相似事作所作無有別異而悉見有異若性無常者墮作因性相若墮者一切性不究竟一切性作因相墮者自無常應無常無常無常故一切性不無常應是常

非因不相似事生等者謂無常若非有因則無差別事生若其生矣一切法則與之偕生悉皆無常豈非差別事以驗無常之有因必矣如彼所計則此法彼法能作所作應無差別而現見差別之異云何妄計無因生差別法耶若性無常等者凡言性必究竟無作無作則常既云無常則墮於有作諸法非究竟義以是為因則墮作因性相失本性十七義言自無常應無十八常者謂能作之性若是無常應同所作之法皆是無常自性既是無常則所作無常之法及應是常一切性即一切法也

若無常入一切性者應墮三世彼過去色與壞俱未來不生色不生故現在色與壞相俱色者四大積集差別四大及造色自性不壞離異不異故一切外道一切四大不壞一切三有四大及造色在所知有生滅離四大造色一切外道於何所思惟性無常四大不生自性相不壞故

若無常性徧諸法中乃屬三世變遷過去色已壞未來色未生現在色俱壞色即四大差別之色能造四大及所造色其性不壞離異不異此一切外道謂四大體性不壞如此一切三有下入楞伽云三有之中能造所造莫不皆是生住滅相豈更別有無常之性能生於物而不滅耶此如來結斥外道之過

離始造無常者非四大復有異四大各各異相自相故非差別可得彼無差別斯等不更造二方便不作當知是無常

入楞伽云始造即捨無常者非大種互造大種以各別故非自相造以無異故非復共造以乖離故當知是非始造無常二方便謂同異更造之方便也

彼形處壞無常者謂四大及造色不壞至竟不壞大慧竟者分析乃至微塵觀察壞四大及造色形處異見長短不可得非四大四大不壞形處壞現十七墮在數論

形處即十九形狀乃四大造色不壞者外道計此能造所造至竟不壞至竟猶極也盡也謂分析造色至於微塵猶不可壞但觀察滅壞形狀長短等見不壞能造所造色體此乃俗數言語故云墮在數論也

色即無常者謂色即是無常彼則形處無常非四大若四大無常者非俗數言說世俗言說非性者則墮世論見一切性但有言說不見自相生

色即無常謂此即是形處無常非四大謂非四大種性若是大種亦無常者於俗數言說有違有墮違則非俗墮則乖真進退俱失皆非正論又言世俗言說非性者是結前過世論即彼外道盧伽耶見以彼妄見諸法但有言說無自性相也

轉變無常者謂色異性現非四大如金作莊嚴具轉變現非金性壞但莊嚴具處所壞如是餘性轉變等亦如是

色異性現者色即四大所造之色謂色體變異故無常性現以現處為壞非四大種壞如金作具具有變壞而金性不改言無常事壞性不壞亦如是也

如是等種種外道無常見妄想火燒四大時自相不燒各各自相相壞者四大造色應斷

此總結斥外道七種無常凡彼諸見皆約四大為言既非正見故云妄想入楞伽云彼作是說大不能燒諸大自相但各分散若能燒者能造所造則皆斷滅謂四大種不壞是常見四大分散是斷見彼種種妄計不出此二見也

大慧我法起非常非無常所以者何謂外性不決定故唯說三有微心不說種種相有生有滅四大合會差別四大及造色故妄想二種事攝所攝知二種妄想離外性無性二種見

此如來的示正教對外揀異言我說諸法起於非常非無常而能常能無常即全體起用外道昧此墮於有無二見如上所示令對邪顯正故曰非常非無常所以下徵釋以

外法不決定有故但說三界諸法唯心所現言微心者現前剎那妄心或謂微妙心者非也既了諸法唯心則心外無法不同彼說諸相有生有滅諸相者何即四大合會差別之相及四大能造所造之色蓋彼謂能造大種不壞所造諸色有壞佛說非常非無常則皆不生不滅也妄想二種事攝所攝者入楞伽云能取所取二種體性一切皆從分別起故能如實了知能取所取二種體性起於妄想即知諸法唯心離於有無二見

覺自心現量妄想者思想作行生非不作行離心性無性妄想世間出世間出世間上上一切法非常非無常不覺自心現量墮二邊惡見相續一切外道不覺自妄想此凡夫無有根本謂世間出世間出世間上上從說妄想生非凡愚所覺此示能覺不覺之相覺即能覺之智自心現量下皆所覺之境眾生無始昧於唯心非常非無常之體起於妄想今覺知妄想由思想作行生非不作行無非忘想既了妄想則離自心有無分別之見離此見已則世出世間出世間上上諸法非常非無常之體復本一如矣其不覺者墮於有無二邊惡見相續此外道所以常在妄想不知自心現量言凡夫無有根本者謂不知諸法所起根本但謂世出世間諸法生於言說妄想然此三種之法所有言語分別境界非諸凡愚之所能知見也

爾時世尊欲重宣此義而說偈言

遠離於所造　及與形處異　性與色無常
外道愚妄想　諸性無有壞　大大自性住
外道無常想　沒在種種見　彼諸外道等
無若生若滅　大大性自常　何謂無常想
一切唯心量　二種心流轉　攝受及所攝
無有我我所　梵天為樹根　枝條普周徧
如是我所說　唯是彼心量初四句總頌離諸見諸性無有壞等頌上總破諸見謂彼雖妄想無常而四大自性不壞故曰大大自性住又曰彼諸外道等者重示諸外道謂彼所計本無生滅之實四大性常固自若也何得定謂作無常想乎復從要而示之曰一切唯心量等入楞伽云能取及所取一切唯是心二種從心現無有我我所外道計自在天初造眾生為有情本如樹木而生枝葉周徧一切佛言我所說外道如是計著皆是彼妄想心量也

爾時大慧菩薩復白佛言世尊唯願為說一切菩薩聲聞緣覺滅正受次第相續若善於滅正受次第相續相者我及餘菩薩終不妄捨滅正受樂門不墮一切聲聞緣覺外道愚癡滅正受者正受即三昧謂滅盡定也此定三乘同入而位次淺深不同善知此已於大滅定不捨於凡小正受不墮問辭可見

佛告大慧諦聽諦聽善思念之當為汝說大慧白佛言世尊惟願為說佛告大慧六地菩薩摩訶薩及聲聞緣覺入滅正受第七地菩薩摩訶薩念念正受離一切性自性相正受非聲聞緣覺諸聲聞緣覺墮有行覺攝所攝相滅正受是故七地非念正受得一切法無差別相非分得種種相性覺一切法善不善性相正受是故七地無善念正受大慧八地菩薩及聲聞緣覺心意意識妄想相滅各中位相進否多途皆約通教三乘共行十地而說凡有四義初以六地七地對明淺深則六地是三乘同入滅盡定此位最淺故菩薩所得之定未異二乘也七地菩薩念念正受等者念念則出入無間離一切性自性相正受則不取攝所攝一切相故不同二乘墮有行覺有行覺者有為行也必滅諸相然後得定是故七地為非念正受謂非彼住念之正受也又曰得一切法無差別相者乃覺一切法性相無有差別非分得者非彼二乘於其定中分得諸相性也善不善者謂菩薩至七地尚不住於善況不善念乎是為無善念正受二約七地八地以辯異相即是心意識妄想相有滅未滅高下不同至八地三乘妄想悉滅異乎七地也

初地乃至七地菩薩摩訶薩觀三界心意意識量離我我所自妄想修墮外性種種相愚夫二種自心攝所攝向無知不覺無始過惡虛偽習氣所熏次明三乘從初地至七地觀三界諸法唯心意識然雖同觀而妄想有滅不滅得失之異離我我所等得也墮外性種種相等失也二種自心者謂外道墮於有無妄計能取所取一向無知不覺無始過惡熏習也

大慧八地菩薩摩訶薩聲聞緣覺涅槃菩薩者三昧覺所持是故三昧門樂不般涅槃若

不持者如來地不滿足棄捨一切有爲衆生事故佛種則應斷諸佛世尊爲示如來不可思議無量功德聲聞緣覺三昧門得樂所牽故作涅槃想三明八地三乘同一涅槃而有住不住之異菩薩者等言菩薩以諸佛三昧覺力所加持故爲化衆生於三昧門不般涅槃若不加持則不能功行滿足到於如來之地是棄捨衆生而不化度亦斷如來種性是故諸佛爲說不思議功德勸進令其究竟二乘自謂自度著三昧樂生涅槃想所以失也

大慧我分部七地善修心意意識相善修我我所攝受人法無我生滅自共相善四無礙決定力三昧門地次第相續入道品法分部者謂分別部類有善不善滅不滅等異意令七地菩薩善修心意識相了達識性本空以除妄想善修我我所等者謂了人法二執攝受二無我性不墮生滅自相共相善無礙辯才及決定三昧力則定慧均等由是斷入諸地得菩提分也

不令菩薩摩訶薩不覺自共相不善七地墮外道邪徑故立地次第大慧彼實無有若生若滅除自心現量所謂地次第相續及三界二十三種種行愚夫所不覺愚夫所不覺者謂我及諸佛說地次第相續及說三界種種行不令菩薩等者佛正恐菩薩不善了知自相共相不知諸地次第墮於外道邪徑故如是以說地位次第也又告云彼實無有生滅諸地次第三界往還一切皆是自心所現但諸凡愚不能了知以不知故我及諸佛爲如是說

復次大慧聲聞緣覺第八菩薩地滅三昧門樂所醉不善自心現量自共相習氣所障墮人法無我法攝受見妄想涅槃想非寂滅智慧覺四示二乘至菩薩地爲三昧樂之所昏醉滅即滅盡定所醉即三昧樂以其醉故不能善了唯心所現自相共相習氣所覆著二無我攝受見者謂著法之見妄想不除生涅槃想非寂滅正慧也

大慧菩薩者見滅三昧門樂本願哀愍大悲成就知分別十無盡句不妄想涅槃想彼已涅槃妄想不生故離攝所攝妄想覺了自心現量一切諸法妄想不生不墮心意意識外性自性相計著妄想非佛法因不生隨智慧生得如來自覺地見滅三昧等者言通教菩薩見真空涅槃之理不同二乘樂著憶念度生悲願修行十無盡句不起涅槃之想既不住空則離能取所取了達唯心諸法不生分別不墮心識外法性相執著既妄想不生無復受生之因成就佛法之因能至如來之地也

如人夢中方便度水未度而覺覺已思惟爲正爲邪非正非邪餘無始見聞覺識因想種種習氣種種形處墮有無想心意意識夢現此喻菩薩自行化他之法意謂夢時非無覺已非有而乃非實非虛正喻八地菩薩始見實理終於度生一以如幻三昧建立故如夢時作用及得無生法忍顯無功用道如覺已無得言未度而覺者位未極故未到彼岸爲正爲邪者審其虛實也非正非邪者極言其理也言餘無始見聞覺識因想等者爲餘在迷衆生但由無始以來墮於見聞覺知妄想熏習而有種種形狀著於有無故有心識夢事之所現耳

大慧如是菩薩摩訶薩於第八菩薩地見妄想生從初地轉進至第七地見一切法如幻二十四等方便度攝所攝心妄想行已作佛法方便未得者令得大慧此是菩薩涅槃方便不壞離心意意識得無生法忍大慧於第一義無次第相續說無所有妄想寂滅法此合上喻謂此菩薩見妄想生即所夢生死大河之喻從初地轉進至七地見諸法如幻等方便即能度方便義也度攝所攝妄想行已者即是自行變根境等一切妄想義也作佛法方便未得者令得即以自度而復度他亦猶未度者令度義也言涅槃方便不壞者謂菩薩雖得涅槃而不壞方便度生事也離心意者言菩薩至八地得無功用道如覺已無得之喻亦是結示忍名故曰得無生法忍於第一義下結示言於第一義無次第中說有次第無相續中說有相續無所有妄想中說有妄想無寂滅法中說寂滅法良以第一義諦中一法不可得況次第相續平然皆依衆生心量方便化門於本無中分別說爾

爾時世尊欲重宣此義而說偈言

心量無所有　此住及佛地　去來及現在

三世諸佛說　心量地第七　無所有第八

二地名爲住　佛地名最勝　自覺智及淨
此則是我地　自在最勝處　清淨妙莊嚴
照燿如盛火　光明悉偏至　熾餤不壞目
周輪化三有　化現在三有　或有先時化
於彼演說乘　皆是如來地　十地則爲初
初則爲八地　第九則爲七　七亦復爲八
第二爲第三　第四爲第五　第三爲第六
無所有何次

初八句先總次別別者謂七地猶存心量八地則無所有故約此二地對明分齊偏得住名住者謂依止也八地雖無所有猶有定住唯佛地爲最勝也自覺智及淨下諸偈皆須如來地不壞目者言如來光明雖復熾盛不同日電等光奪目壞人目周輪周流也謂如來周流三界設化無窮化遍三世先時指過去也乘即大小乘也言十地爲初地等乃以不次顯其圓融究竟而言寂滅眞如有何位次故云無所有何次也

爾時大慧菩薩復白佛言世尊如來應供等正覺爲常爲無常佛告大慧如來應供等正覺非常非無常謂二俱有過若常者有作主過常者一切外道說作者無所作是故如來常非常非作常有過故若如來無常者有作無常過陰所相相無性陰壞則應斷而如來不斷

前言常無常者多矣而獨未明如來所證之法爲常爲無常以理言之前所說者豈外於此苟不別明惑者昧爲故復爲未了者請答中先言所證非常非無常蓋其所證理絕百非圓離衆過異彼外計故言雙非若謂常無常則二俱有過也若如來是常者則同外道計神我爲能作之常主即神我也而如來言常者無所作故常而非常非彼有作之常而有過也若如來無常者是有所作同於五陰爲有相之所相其相無性故陰壞應斷而如來之常則不斷也

大慧一切所作皆無常如瓶衣等一切皆無常過一切智衆具方便應無義以所作故一切所作皆應是如來無差別因性故是故大慧如來非常非無常

言一切所作如瓶衣等皆歸無常則顯如來所修福智皆空無益若同所作則一切有作皆應是佛衆具者福德莊嚴之具無差別因性者謂佛與諸法所作是同則非別有因性也故結之云云

復次大慧如來非如虛空常如虛空常者自覺聖智衆具無義過大慧譬如虛空非常非無常離常無常一異俱不俱常無常過故不可說是故如來非常復次大慧若如來無生常者如兎馬等角以無生常故方便無義以無生常過故如來非常復次大慧更有餘事知如來常所以者何謂無間所得智常故如來常

言如來非如虛空常等者入楞伽云若是常者應如虛空不待因成然自覺聖智乃如來修德究顯則無是過又言譬如虛空乃顯雙非離於諸句故不可言常也又復若是常者則是無生如兎馬等角本來無生則無方便益物之義故曰如來非常又復更有餘事知如來常者上云非常非無常乃據性德圓離然如來稱性圓證亦得言常言無間所得智者謂究竟始覺無礙智也

大慧若如來出世若不出世法畢定住聲聞緣覺諸佛如來無間住不住虛空亦非愚夫之所覺知大慧如來所得智是般若所熏非心意意識彼諸陰界入處所熏大慧一切三有皆是不實妄想所生如來不從不實虛妄想生大慧以二法故有常無常非不二不二者寂靜一切法無二生相故

此言如來出世等所證法性有佛無佛性相常住此理周徧無間凡聖故云無間住言不住虛空者顯常住也但愚夫迷而不知也言如來所得智等者謂修德之智全性德般若之所熏發不同衆生心識爲陰界入等所熏又言如來不同三界從妄想生則唯從眞實功德所生言二法者謂虛妄生眞實生二法也然虛妄法中雖說常無常未嘗實理總爲無常如來究竟實理本非常非無常但言常者偏意圓然如來所證之常即無常是不違斯旨言說分別有常無常故云非不二也然不二者即一寂靜之理究竟一切諸法皆具不二之理故云無二生相也

是故如來應供等正覺非常非無常大慧乃至言說分別生則有常無常過分別覺滅者則離愚夫常無常見不寂靜慧者永離常無

常非常無常熏此言如來所證實理本離有無言想才涉言說分別則墮二邊之過分別覺滅者即言語道斷心行處滅也到此乃離諸過故云永離常無常言非常無常熏者蓋分別變非亦是惡見若離分別所熏亦離也

爾時世尊欲重宣此義而說偈言

衆具無義者　生常無常過　若無分別覺
永離常無常　從其所立宗　則有衆雜義
等觀自心量　言說不可得衆具無義等謂凡在迷修德未顯者皆墮常無常之過若無分別則離二邊趣乎寂靜從其所立宗者謂外道所計之常及七種無常無非邪見故云則有衆雜義若以佛智等觀自心現量契乎實理則一切分別言說皆不可得也

楞伽阿跋多羅寶經註解卷第四上

楞伽阿跋多羅寶經註解卷第四上

校勘記

一　底本，明永樂北藏本。
一　四〇〇頁中一五行註解右末字「不」，清作「亦」。
一　四〇〇頁下一八行註解左第二字「言」，徑作「非」。
一　四〇一頁上一〇行「娑呵」，徑作「娑婆」。
一　四〇一頁下四行註解右第八字「旨」，清作「旨」。
一　四〇三頁中一一行第五字「夫」，清作「未」。
一　四〇四頁上一九行註解左末字「誡」，徑、清作「滅」。
一　四〇七頁上一三行註解右「忘想」，徑、清作「妄想」。
一　四〇九頁下一三行註解右「陰界人」，清作「陰界入」。
一　四〇九頁下一五行註解右「言偏」，清作「言徧」。

楞伽阿跋多羅寶經註解卷第四下 主八

宋求那跋多羅奉 詔譯

大明天界善世禪寺住持臣僧宗泐

演福講寺住持臣僧如玘奉 詔同註

爾時大慧菩薩復白佛言世尊惟願世尊更爲我說陰界入生滅彼無有我誰生誰滅愚夫者依於生滅不覺苦盡不識涅槃佛言善哉諦聽當爲汝說大慧白佛言唯然受教

陰界入生滅前文因言之矣而大慧復有請者意謂陰界入法有迷有解以解則彼無有我誰爲生滅以迷則愚夫依於生滅不覺苦盡不識涅槃何由出離生死耶

佛告大慧如來之藏是善不善因能徧興造一切趣生譬如伎兒變現諸趣離我我所不覺彼故三緣和合方便而生外道不覺計著作者爲無始虛僞惡習所熏名爲識藏生無明住地與七識俱如海浪身常生不斷離無常過離於我論自性無垢畢竟清淨

答中言如來藏爲善不善因者如來謂理性如來現前一念所具名之爲藏根塵一念心起隨染淨緣染即無明隨無明染緣則爲九界生死淨即教行隨教行淨緣則爲四種道滅四種者即生滅無生無量無作也故曰是善不善因因則感果言一切趣生者即十界善惡果報譬如下喻上隨緣所造之法本離二我如伎兒依呪術故變現種種形像豈有二我之執言三緣者根塵識也根塵和合一念心起由不覺故隨逆染緣惟造惑業而成九界生死彼外道以不覺故妄計執著造作由無始惡習所熏名爲識藏轉生七識無明住地言無明起之始也從此根本乃生枝末無明故喻之曰如海浪身常生不斷此隨染緣從細至粗也若能一念回光能隨淨緣則離無常之過二我之執自性清淨所謂性德如來則究顯矣

其餘諸識有生有滅意意識等念念有七因不實妄想取諸境界種種形處計著名相不覺自心所現色相不覺苦樂不至解脫名相諸纏貪生生貪若因若攀緣彼諸受根滅次第不生餘自心妄想不知苦樂入滅受想正受第四禪

此言諸識有生有滅諸識者謂意識及意意識并前五意識是爲七識非第七二乘識也由念念而起起必同時因不實妄想等者謂六識取境也種種形處者六塵也根塵既形遂著名相由不了色等自心所現生苦樂受展轉生死無由解脫名相纏縛從貪起貪因受及所緣互相藉皆所謂生相也彼諸受下是名滅相謂受根及想行等次第不生惟餘自心妄想不覺苦樂言入滅受想者謂受想心滅即滅盡定或得四禪也

善眞諦解脫修行者作解脫想不離不轉名如來藏識七識流轉不滅所以者何彼因攀緣諸識生故非聲聞緣覺修行境界不覺無我自共相攝受生陰界入見如來藏五法自性人法無我則滅地次第相續轉進餘外道見不能傾動是名住菩薩不動地得十三昧道門樂三昧覺所持觀察不思議佛法自願不受三昧門樂及實際向自覺聖趣不共一切聲聞緣覺及諸外道所修行道得十賢聖種性道及身智意生離三昧行是故大慧菩薩摩訶薩欲求勝進者當淨如來藏及識藏名

善眞諦解脫等即聲聞所修於此滅定作解脫想非究竟滅也不離不轉等入楞伽云而實未捨未轉如來藏中藏識之名若無藏識七識則滅由不轉不滅所以七識與六識爲因及攀緣而生然非二乘諸修行者所知境界以彼唯了人無我性於蘊界處取於自相及共相故若見如來藏則五法三自性皆無我相豈陰界入而不滅耶

由前悟入得預初地次第增進位深德著不爲外道邪見所動至第八不動地於此得十種三昧樂門爲諸佛三昧力所持覺即佛也即能觀察諸佛之法及本願力不同小乘著三昧樂及不住實際則起化利物也獲自證智豈與凡小所修行同得十賢聖種性道者即十地聖種性也十地皆聖兼言賢者對極位而言也及身智意生者謂由十地至于佛地身即法身智即報身意生即化身既得三身離於三昧因行故戒勸云欲勝進至如來地者當淨如來藏識藏之名如來之藏本無可淨淨其垢者耳識藏以名言者由迷如來藏轉成妄識無有別體故但有名若無識藏之名則轉妄識爲如來藏也

大慧若無識藏名如來藏者則無生滅大慧然諸凡聖悉有生滅修行者自覺聖趣現法

樂住不捨方便大慧此如來藏識藏一切聲聞緣覺心想所見雖自性清淨客塵所覆故猶見不淨非諸如來大慧如來者現前境界猶如掌中視阿摩勒果如來藏本無生滅今既復本而生滅何有然諸凡聖悉有生滅者凡謂外凡內凡外凡即十信內凡即住行向亦名為賢聖謂十地聖亦有生滅者雖能修行得自覺聖趣猶居因位未離變易生死言不捨方便者一者自行增道方便二者化他益物方便皆有生滅義也此如來藏等入楞伽云此如來藏識藏本性清淨客塵所染而為不淨一切二乘及諸外道憶度起見不能現證如來於此分明現見如觀掌中菴摩勒果大慧我於此義以神力建立令勝鬘夫人及利智滿足諸菩薩等宣揚演說如來藏及識藏名七識俱生聲聞計著見人法無我故勝鬘夫人承佛威神說如來境界非聲聞緣覺及外道境界如來藏識藏唯佛及餘利智依義菩薩智慧境界是故汝及餘菩薩摩訶薩於如來藏識藏當勤修學莫但聞覺作知足想我於此下指往昔所說經為證如來之說本不假證但於彼經已曾廣明故盡略說得以指之入楞伽云我與勝鬘夫人及餘深妙淨智菩薩說如來藏名識藏與七識俱起令諸聲聞見法無我故勝鬘下文顯可見言莫但聞覺作知足想者言如來藏識藏是佛境界非三慧具足莫能造詣戒勸修學良在此也

爾時世尊欲重宣此義而說偈言

甚深如來藏　而與七識俱　二種攝受生
智者則遠離　如鏡像現心　無始習所熏
如實觀察者　諸事悉無事　如愚見指月
觀指不觀月　計著名字者　不見我真實〔十八〕〔四〕
心為工伎兒　意如和伎者　五識為伴侶
妄想觀伎衆

頌上如來藏與七識俱乃至由自相共相二種攝取則有陰界入生此乃隨妄緣者若能反妄見如來藏則遠離生死失如鏡像等喻上說也謂八識體性本來無物由無始惡習所熏轉生諸識等法如鏡現像稱性而觀像虛事亡復以指月以喻假名實法有得有失苟不能忘言契理致如觀指而不觀月也心謂如來藏心隨緣變造如伎兒之化現意即意根復起意識識起善惡如和伎者五識取塵意識同起是為伴侶妄想分別如觀伎人也

爾時大慧菩薩白佛言世尊唯願為說五法自性識二種無我究竟分別相我及餘菩薩摩訶薩於一切地次第相續分別此法入一切佛法入一切佛法者乃至如來自覺地佛告大慧諦聽諦聽善思念之大慧白佛言唯然受教佛告大慧五法自性識二種無我分別趣相者謂名相妄想正智如如若修行者修行入如來自覺聖趣離於斷常有無等見現法樂正受住現在前大慧不覺彼五法自性識二無我自心現外性凡夫妄想非諸聖賢五法等上雖已明而未曾約諸地分別示其所以入一切佛法至如來地者故復請之答中先通示五法迷悟相謂修行者趣入則五法通是悟相故曰若修行者等若反是不覺則五法通是迷相故云不覺彼五法等是知法無自性迷悟在人此且〔十八〕總〔五〕示所以趣入等相備見後文

大慧白佛言世尊云何愚夫妄想生非諸聖賢佛告大慧愚夫計著俗數名相隨心流散流散已種種相像貌墮我我所見希望計著妙色計著已無知覆障故生染著染著已貪恚癡所生業積集積集已妄想自纏如蠶作繭墮生死海諸趣曠野如汲井輪以愚癡故不能知如幻野馬水月自性離我我所起於一切不實妄想離相所相及生住滅從自心妄想生非自在時節微塵勝妙生愚癡凡夫隨名相流此徵釋中別約名相妄想就凡夫法以示迷相謂依六塵等俗數名相起諸分別其心流散忘返隨我我所見希望計著於色覆障聖智起貪恚癡造作諸業如蠶作繭妄想自纏墮於諸趣生死大海已上迷相無出三道文顯可見如蠶作繭者喻自纏縛也如汲井輪者喻生死輪迴也如幻野馬等喻不知幻性離我我所也起於一切不實等謂名相起諸妄想妄本不實起於幻相幻相本虛離相所相亦無生住滅可得則

歸於自心而已實非自在等邪因所生凡愚不知妄取外境隨諸名相流散耳大慧彼相者眼識所照名為色耳鼻舌身意意識所照名為聲香味觸法是名為相大慧彼妄想者施設衆名顯示諸相如此不異象馬車步男女等名是名妄想大慧正智者彼名相不可得猶如過客諸識不生不斷不常不墮一切外道聲聞緣覺之地彼相者等追釋名相二法不出六識取彼六塵之者名也所取者相也顯示施設諸名相者妄想也象馬等名以此名即顯其相名相既立謂此事如是決定不異是名妄想分別已上三法屬凡夫正智者下就聖賢法以明悟相言名相不可得者謂欲求正智但了名相不實猶如過客識心不起離乎斷常不墮凡小境界是為正智

復次大慧菩薩摩訶薩以此正智不立名相非不立名相捨離二見建立及誹謗知名相不生是名如如大慧菩薩摩訶薩住如如者得無所有境界故得菩薩歡喜地得菩薩歡喜地已永離一切外道惡趣正住出世間趣法相成熟分別幻等一切法自覺法趣相離諸妄想見性異相次第乃至法雲地於其中間三昧力自在神通開敷得如來地已種種變化圓照示現成熟衆生如水中月究竟滿足十無盡句為種種意解衆生分別說法法身離意所作是名菩薩入如如所得此段正明如如由前正智觀察名相非有非無故言不立非不立也捨離有無二邊不墮損益二謗一切名相不生是為如如義也菩薩住如如下正示如如所得之相既曰如如豈有得乎乃以無得而得得自他因果之法言無所有境界者離空有二邊之相由此登歡喜地則別教初地也不離而離離一切外道惡趣無住而住住出世間正趣無分別而分別了一切法皆悉如幻無證而證證自覺法趣亦離諸妄想見性異相即能見所見前文所謂相見俱離是也如是次第至法雲地以至三昧力等種種功德由之開發至如來地為衆生故普現色身如水中月具足成滿十無盡願隨其意解而為說法其身清淨離心意識是為如如所得之相也

爾時大慧菩薩白佛言世尊云何世尊為三種自性入於五法為各有自相宗佛告大慧三種自性及八識二種無我悉入五法大慧彼名及相是妄想自性大慧若依彼妄想生心心法名俱時生如日光俱種種相各別分別持是名緣起自性大慧正智如如者不可壞故名成自性上既明五法則三自性義在其中今前後會攝故復問其攝入之外亦各有自相宗耶答中先答總入可知次別配法相初以名相對妄想者從所因言也以彼妄想反屬緣起者從所起說也若依妄想生心心法者言心王心所依分別起起乃同時如日與光不相捨離分別諸相自持其名各各無差是為緣起自性正智如如皆非有作故不可壞是名圓成自性是為三自性入五法也

復次大慧自心現妄想八種分別謂識藏意意識及五識身相者不實相妄想故我我所二攝受滅二無我生是故大慧此五法者聲聞緣覺菩薩如來自覺聖智諸地相續次第一切佛法悉入其中此明五法攝於八識於自心現而起妄想有八種分別皆是虛妄不實之相若能捨離二種我執則能所攝受俱滅二無我智由是而生即正智如如是知識等雖異同歸五法無別自相宗明矣然此五法而三乘與佛及一切諸法皆入其中也

復次大慧五法者相名妄想如如正智大慧相者若處所形相色像等現是名為相若彼有如是相名為瓶等即此非餘是說為名施設衆名顯示諸相瓶等心心法是名妄想彼名彼相畢竟不可得始終無覺於諸法無展轉離不實妄想是名如如真實決定究竟自性不可得彼是如相我及諸佛隨順入處普為衆生如實演說施設顯示於彼隨入正覺不斷不常妄想不起隨順自覺聖趣一切外道聲聞緣覺所不得相是名正智大慧是名五法三種自性八識二種無我一切佛法悉

入其中是故大慧當自方便學亦教他人勿隨於他此段重列名釋義復自一途大同小異不無所以先相後名不出名實互有前後餘二不同者前約自行故前智後如此兼化他則反其次故云我及諸佛隨順入處者如如也普為衆生如實演說等正智也故知此文兼是化他此中言相者謂所見色等形狀各別也名者依彼諸相立瓶等名因此名相則有心心數法種種攀緣是名妄想了達名相畢竟無有但是迷心展轉分別如是觀察離諸妄想是名如如也真實決定等者重指如相示諸佛入處依於自證如實演說不斷不常非凡小偏邪所得故名正智又曰一切佛法悉入其中者約互攝義通結四種故與上異戒云自學教他又言勿隨於他者謂莫隨名相所轉也

爾時世尊欲重宣此義而說偈言

五法三自性　及與八種識　二種無有我

悉攝摩訶衍　名相虛妄想　自性二種相

正智及如如　是則為成相悉攝摩訶衍者謂上四法普攝一切大乘之法反而言之一切佛法亦遍攝此之四法也

爾時大慧菩薩復白佛言世尊如世尊所說句過去諸佛如恒河沙未來現在亦復如是云何世尊為如說而受為更有餘義惟願如來哀愍解脫三世諸佛如恒河沙經教言之多矣諸佛之數為果如所說而受耶為別有義耶故復請云云

佛告大慧莫如說受三世諸佛量非如恒河沙所以者何過世間望非譬所譬以凡愚計常外道妄想長養惡見生死無窮欲令厭離生死趣輪精勤勝進故為彼說言諸佛易見非如優曇鉢華難得見故息方便求有時復觀諸受化者作是說言佛難值遇如優曇鉢華優曇鉢華無已見今見當見如來者世間悉見不以建立自通故說言如來出世如優曇鉢華大慧自建立自通者過世間望彼諸凡愚所不能信自覺聖智境界無以為譬真實如來過心意意識所見之相不可為譬大慧然我說譬佛如恒河沙無有過咎答中先指其非蓋諸佛數量過於恒沙亦過世間心量所望故非喻所喻宜特恒沙而已蓋凡設喻義非一撥彼凡愚未受化者生死無窮佛則為說諸佛易見非如曇華令其不生退想息其方便妄求進求佛道以難顯易所以進之也有時觀已受化者為說佛之難值猶如曇華令其欣慕向道所以策之也又云曇華之難見者無已今當見之說而如來於世人皆見之故知說如來如曇華者實起人難遭之想耳然此二喻言難言易者皆如來化用邊事非如來自證境界故云不以建立自通若論自證世間無等非喻所及一切凡愚莫能信受亦非心意識所能知見然有時而為建立化他何咎之有

大慧譬如恒沙一切魚鼈輸收摩羅師子象馬人獸踐踏沙不念言彼惱亂我而生妄想自性清淨無諸垢汙如來應供等正覺自覺聖智恒河大力神通自在等沙一切外道諸人獸等一切惱亂如來不念而生妄想如來寂然無有念想如來本願以三昧樂安衆生故無有惱亂猶如恒沙等無有異又斷貪恚故恒沙世間無情之物雖為魚鼈人獸等踐踏不生惱亂之念以喻如來聖智神通自在受諸外道人獸惱亂不起念想蓋以本願力利安衆生無有愛憎分別輸收摩羅翻殺子魚

譬如恒沙是地自性劫盡燒時燒一切地而彼地大不捨自性與火大俱生故其餘愚夫作地燒想而地不燒以火因故如是大慧如來法身如恒沙不壞此言沙性不壞喻如來法身常住言是地自性者有事有理以事別同一堅性故為沙為石以理則與彼堅濕煖動均一真性故劫盡燒時而地性自若蓋地與火大俱是生故愚夫不知見謂燒爾火因者以地無火而不燒火無地而不續故地不得而燒如來法身不遷不變亦復然也

大慧譬如恒沙無有限量如來光明亦復如是無有限量為成熟衆生故普照一切諸佛大衆大慧譬如恒沙別求異沙永不可得如是大慧如來應供等正覺無生死生滅有因緣斷故此一節言恒沙無有限量者喻如來光明無量普照一切言無異沙者喻

如來離分段變易二種生死以有漏無漏因緣皆斷故也

大慧譬如恒沙增減不可得知如是大慧如來智慧成熟衆生不增不減非身法故身法者有壞如來法身非是身法此喻如來以方便智成熟衆生而於法身體無增減不同色身有生有滅身法者色身也如壓恒沙油不可得如是一切極苦衆生逼迫如來乃至衆生未得涅槃不捨法界自三昧願樂以大悲故壓沙無油喻如來雖爲衆生衆苦所逼乃至蠢動未盡涅槃欲捨深心願樂亦不可得以大悲心具足成就衆生故也大慧譬如恒沙隨水而流非無水也如是大慧如來所說一切諸法隨涅槃流是故說言如恒河沙如來不隨諸去流轉去是壞義故大慧生死本際不可知不知故云何說去大慧去者斷義而愚夫不知恒沙隨流愚人但見沙流而不見水以智觀之非無水也此喻如來說一切法隨順涅槃有如順流而非去義故曰如來不隨諸去流轉謂於法悟性不隨相轉故不同去流以去是生死壞滅之義故也生死本際等入楞伽云生死本際不可得知既不可知云何說趣大慧趣義是斷凡愚莫知趣即去也大慧白佛言世尊若衆生生死本際不可知者云何解脫可知佛告大慧無始虛僞過惡妄想習氣因滅自心現知外義妄想身轉解脫不滅是故無邊非都無所有爲彼妄想作無邊等異名觀察內外離於妄想無異衆生智及爾燄一切諸法悉皆寂靜不識自心現妄想故妄想生若識則滅生死解脫本際一理云何一可知一不可知答中言無始虛僞等乃是解脫之由言以自心現知於外境則妄想身轉即是解脫既妄想轉即是解脫實不滅也不滅則徧一切處故曰無邊體既無邊故云非都無所有爲彼妄想等言彼妄想轉處作解脫無邊等名名轉體不轉故云異名觀察內外者前以自心現知外義則外無外相還以此理而照內心則內外一如離於妄相惟一眞如更無別法故云無異衆生智及爾燄了無待對所以諸法悉皆寂靜不識自心現者重結示釋成此妄想生滅皆由自心識與不識而已矣苟識自心妄無不滅然有言識而妄不滅者是未爲眞識故也

爾時世尊欲重宣此義而說偈言

觀察諸導師　猶如恒河沙　不壞亦不去

亦復不究竟　是則爲平等　觀察諸如來

猶如恒沙等　悉離一切過　隨流而性常

是則佛正覺不壞頌上喻法身常住不去頌如來說法不隨諸去流轉亦復不究竟者謂以不壞不去觀察如來則未爲究竟當觀諸佛猶如恒沙平等無異離諸過患又言隨流性常者謂隨順究竟涅槃之流是爲眞常正覺也

爾時大慧菩薩復白佛言世尊唯願爲說一切諸法刹那壞相世尊云何一切法刹那佛告大慧諦聽諦聽善思念之當爲汝說佛告大慧一切法者謂善不善無記有爲無爲世間出世間有罪無罪有漏無漏受不受刹那者時之最促念之極微者也如云壯士一彈指頃六十一刹那故以心念起滅不停爲刹那又物之無常變壞者爲刹那是皆衆生虛妄識相上說妄想身轉是說陰等無常故舉諸法刹那壞相爲問答中先列一切法名然後爲釋大慧略說心意意識及習氣是五受陰因是心意意識習氣長養凡愚善不善忘想略說者對下廣說而言心識習氣乃生死之因五陰乃生死之果由不了心識習氣長養故有三界六凡有漏妄想刹那善不善即三善三惡也大慧修三昧樂三昧正受現法樂住名爲賢聖善無漏修三昧等即無漏因果三昧因也法樂住果也此三乘賢聖無漏之法無漏則離刹那念也大慧善不善者謂八識何等爲八謂如來藏名識藏心意意識及五識身非外道所說大慧五識身者心意意識俱善不善相展轉變壞相續流注不壞身生亦生亦滅不覺自心現次第滅餘識生形相差別攝受意識五識俱相應生刹那時不住名爲刹那善不善下廣明刹那相非刹那相名雖重出義則通示如來藏名識藏者即第八識此識乃至五識名相出於

正教故云非外道所說言五識身者正明剎那相也心意意識俱者即上眼等五識與心意識同時取境有善不善相或次第起或間雜起故云展轉變壞相續流注根境之間未始間斷不壞者不斷也身生者五識身自生也生則有滅故云亦生亦滅由不覺諸境自心所現皆於差別形相念念起滅故云次第滅餘識生攝受意識者以五根境五塵攝歸意識起善起惡亦由意識同時取境而起分別故曰相應生剎那時不住者言諸識起滅不停不於此則於彼無時暫息是爲剎那之相也

大慧剎那者名識藏如來藏意俱生識習氣剎那無漏習氣非剎那非凡愚所覺計著剎那論故不覺一切法剎那非剎那以斷見壞無爲法

剎那者下重結前起後此二種相雖通依諸識生起而所從則別故曰名識藏等是則以諸識從識習氣者剎那也從無漏習氣者非剎那也既是無漏猶名習氣者謂其體是第七識執想猶在雖非剎那未爲究竟眞常無漏乃是三乘賢聖境界故非凡愚所覺凡愚計著作剎那論非但不覺非剎那亦不自知其爲剎那也以斷見者謂凡外苦行妄厭涅槃斯乃墮於斷見非無漏涅槃故曰壞無爲法

大慧七識不流轉不受苦樂非涅槃因大慧如來藏者受苦樂與因俱若生若滅四住地無明住地所醉凡愚不覺剎那見妄想熏心

七識下流轉者承上無漏之義對六識八識辯異蓋此二乘之識已斷見思不流轉三界不受生死苦樂故異於六識非涅槃因故異八識以八識受熏能成涅槃之因故也如來藏者正明八識以能含藏善惡隨緣流轉生死苦樂因果四住地者枝末無明也無明住地者根本無明也由此無明昏醉故受二種生死凡愚妄想熏心不能了知起剎那見

復次大慧如金金剛佛舍利得奇特性終不損壞大慧若得無間有剎那者聖應非聖而聖未曾不聖如金金剛雖經劫數稱量不減云何凡愚不善於我隱覆之說於內外一切法作剎那想

如來本答剎那之問剎那則有損壞而直以不可損壞言者蓋迷則是剎那悟則非剎那也喻如金剛等金中精剛以百鍊故鑛璞全消惟一精剛物不能壞此世間之奇特性也又喻佛舍利以萬行熏修玷染都盡惟一精眞無能壞者此出世間奇特性也如來所得眞常亦復如是故曰若得無間有剎那等佛謂我以無間三昧所證眞常豈有剎那言聖應非聖者夫聖未有不聖之理則知既悟不迷其無剎那明矣故云金剛雖經劫數稱量不減云何凡愚不解祕密之說於一切法作剎那想隱覆祕密也

大慧菩薩復白佛言世尊如世尊說六波羅蜜滿足得成正覺何等爲六

剎那生滅者生死此岸之事也眞常不壞者涅槃彼岸之理也然則自此岸而達彼岸由剎那而究竟眞常者其六度之功乎大慧所以承是而請問也

佛告大慧波羅蜜有三種分別謂世間出世間出世間上上大慧世間波羅蜜者我我所攝受計著攝受二邊爲種種受生處樂色聲香味觸故滿足檀波羅蜜戒忍精進禪定智慧亦如是凡夫神通及生梵天

答中言六度有三初世間六度言我我所攝受計著等者謂凡夫所修其過爲四所謂計我我所則無度生之念一也著於二邊則不能達中道彼岸二也爲求勝報則不免於生死三也樂著六塵則非無住相施四也外道之得五神通及生梵天亦由修無漏事六度而得也

大慧出世間波羅蜜者聲聞緣覺墮攝受涅槃故行六波羅蜜樂自己涅槃樂

此是二乘所修雖依四諦十二因緣行此六度言墮攝受涅槃者但爲自度而樂眞空之樂故與菩薩所修不同也

出世間上上波羅蜜者覺自心現妄想量攝受及自心二故不生妄想於諸趣攝受非分自心色相不計著爲安樂一切衆生故生檀波羅蜜起上上方便即於彼緣妄想不生戒是尸波羅蜜即彼妄想不生忍知攝所攝是羼提波羅蜜初中後夜精勤方便隨順修行方便妄想不生是毗黎耶波羅蜜妄想悉滅不墮聲聞涅槃攝受是禪波羅蜜自心妄想非性智慧觀察不墮二邊先身轉勝而不可壞得自覺聖趣是般若波羅蜜

此圓頓菩薩所修攝受者謂六根攝受六塵自心二者言修檀度治慳貪能治所治之二也大乘菩薩既覺了諸法惟心所現所謂不住色聲香味觸法而行布施則能治所治二無二也二無二故則三輪

體空故曰不生妄想能施空也不攝受能受空也不計著色相所施之物空也菩薩如是行施是爲利樂一切衆生故曰上上方便也即於彼緣等謂即以善修檀度之心於持戒等緣亦妄想不生一一稱性而持者戒也如是而持戒則非持非犯如是而安忍則不違不順如是而精進則何進何怠如是而修稱則無定無亂如是而行般若則非愚非慧自然不即二邊不離二邊安於中道直濟彼岸是爲上上波羅蜜相忍中言知攝所攝者即能取所取自性皆空精進中凡兩言方便者一則別相謂誦經等二則通相謂兼五度皆須精進而行禪度中言不墮聲聞攝受者謂聲聞定力偏多及樂著涅槃菩薩則不如是也而六度皆言妄想不生或言悉滅或言非性是則六度雖異而以離妄爲本若能離妄何行不成哉先身轉勝而不可壞者謂六度增進乃至般若所得慧身轉勝前五不可破壞得自覺聖趣則又般若之至者於是三品雖通中下意實在乎上上修者擇焉

爾時世尊欲重宣此義而說偈言

空無常剎那　愚夫妄想作　如河燈種子

而作剎那想　剎那息煩亂　寂靜離所作

一切法不生　我說剎那義

如來常以如河流如種子如燈等喻破彼妄想有爲作法皆是空無常剎那凡愚不善此隱密之說而起剎那妄想剎那息煩亂等正頌上隱覆義謂能了剎那可以息煩亂體寂靜則自然離所作故一切法無生所以爲說剎那之義也

物生則有滅　不爲愚者說　無間相續性

妄想之所熏　無明爲其因　心則從彼生

乃至色未生　中間有何分

物生則有滅固是生滅常理若爲愚者說則濫名相於是破生滅法先示生相爲所破謂無間相續性即剎那生滅由妄想所熏無明爲因故剎那妄心從彼而生次明能破中初破去相言乃至色未生等承上心雖生而色未生時中間自無所依之分是心無色而不生也有何分入楞伽作何所住

相續次第滅　餘心隨彼生　不住於色時

何所緣而生　以從彼生故　不如實因生

云何無所成[十八]　而知剎那壞

此明相續滅相謂色雖已生而心續滅是色心不相待縱有餘心隨彼色生苟心不住於色復何所緣而生爲其念念不住而亦不取故是心雖有色亦無生性抑若從彼生則自無生性可得故曰不如實因生[十六]次破滅相者由上求剎那成相尚不可得況有剎那滅相爭壞即滅也既破生滅則復本眞常矣

修行者正受　金剛佛舍利　光音天宮殿

世間不壞事　住於正法得　如來智具足

比丘得平等　云何見剎那　揵闥婆幻等

色無有剎那　於不實色等　視之若眞實

此頌不壞法有四謂修行者正受一也金剛二也佛舍利三也光音天宮殿四也此天三災不壞復爲後劫生成之始此天與金剛是世間不壞事正受與佛舍利是出世間不壞事次示能得不壞之人言住於正法得者謂如來以正智具足莊嚴比丘以平等正受皆以正法而得然金剛與光音雖曰不壞總是無常云何見剎那者頌上結斥謂若不如上作剎那見當以何理見剎那耶故以揵城喩之然幻色固非剎那而衆生於虛妄法中計爲實有是猶視揵城幻色爲實非剎那而何若了剎那妄即眞實矣

爾時大慧菩薩復白佛言世尊世尊記阿羅漢得成阿耨多羅三藐三菩提與諸菩薩等無差別一切衆生法不涅槃誰至佛道從初得佛至般涅槃於其中間不說一字亦無所答如來常定故亦無慮亦無察化佛化作佛事何故說識剎那[十八]展轉壞相金剛[十七]力士常隨侍衛何不施設本際現魔魔業惡業果報旃遮摩納孫陀利女空鉢而出惡業障現云何如來得一切種智而不離諸過

此文有七問一問授聲聞記二自一切衆生下至無所答問佛何故言不說法三如來常下問何待思惟說法四化佛下問說剎那壞相五問何故金剛侍衛六問本際七問九惱九惱者如天魔之與兵旃遮婆羅門女以木盂繫腹孫陀利殺女入婆黎那村乞食空鉢而出食馬麥頭背俱痛刺傷足設大坑毒飲是爲九也

佛告大慧諦聽諦聽善思念之當爲汝說大慧白佛言善哉世尊唯然受教佛告大慧爲無餘涅槃故說誘進行菩薩行者故此及餘世界修菩薩行者樂聲聞乘涅槃爲令離聲聞乘進向大乘化佛授聲聞記非是法佛大慧因是故記諸聲聞與菩薩不異大慧不異者聲聞緣覺諸佛如來煩惱障斷解脫一味

非智障斷大慧智障者見法無我殊勝清淨煩惱障者先習見人無我斷七識滅法障解脫識藏習滅究竟清淨此答初問言為無餘涅槃故說等者子果縛盡故曰無餘然非究竟雖為授記乃須行菩薩行此乃誘進小乘又曰此及餘世界等言菩薩有始修大行復樂小果為其說授記記事以策進之故云進向大乘此則斯經言記聲聞之意授聲聞記正在法華今乃化佛權記故云非是法佛言與菩薩不異等據同斷惑障解脫一味云爾非為智障斷也智障斷則見法無我得如來殊勝清淨境界非聲聞也聲聞但斷見思煩惱見人無我未破無明見法無我故與菩薩異也又曰七識滅者乃以七八識而論二障有脫未脫二乘但滅七識而法障未脫所謂但離虛妄名為解脫是也若法障等滅方為究竟清淨是知同異未易輕議也

因本住法故前後非性此答第二問也謂本住法無增無減故前無佛道可得後無涅槃可入中間亦無法可說故曰前後非性非性者離自性也無盡本願故如來無慮無察而演說法正智所化故念不妄故無慮無察四住地無明住地習氣斷故二煩惱斷離二種死覺人法無我及二障斷此答第三問也如來度生誓願無盡無謀而應非說而說故曰無慮無察良以究竟正智圓鑑法界如鏡現像何待思慮然後說法耶又曰四住地等謂究竟果盡所斷者二障所離者二死所證者二無我法門豈化佛之所為乎大慧心意意識眼識等七剎那習氣因善無漏品離不復輪轉大慧如來藏者輪轉涅槃苦樂因空亂意慧愚癡凡夫所不能覺此答第四問也心意等名七識身即一第六事識而剎那有壞不壞者所從言異耳若以諸識從剎那習氣因則有壞從善無漏品則不壞以其性離非剎那故不復輪轉即不壞義然剎那習氣者大識之分也善無漏品者七識之分也此乃六七對明壞不壞義若約七八相望則七識執我想心未忘故有可壞惟八識不壞故特言眼識等七意存八識不壞故也如來藏者別顯藏識謂此識在輪轉謂之輪轉在涅槃謂之涅槃與之為苦樂而未始不淨是則不即不離非壞不壞故非凡愚所能覺知空亂者小乘著空乃為空所亂也

大慧金剛力士所隨護者是化佛耳非真如來大慧真如來者離一切根量一切凡夫聲聞緣覺及外道根量悉滅得現法樂住無間法智忍故非金剛力士所護一切化佛不從業生化佛者非佛不離佛因陶家輪等眾生所作相而說法非自通處說自覺境界此答第五問也問中有對論別論對論則佛有真化故曰力士所護者化佛也離一切根量等言真佛不墮自他陰界入法得現法樂住無間法智忍故則究竟住於智斷功德法身常與定俱故不須護別論者雖化亦不護凡二意故蓋化謂化現亦應也又無而欻有曰化皆隨機應現不同凡夫隨實業生則不待護一也又曰化佛者非佛不離佛乃從真起化故非一非異亦不待護二也但化用必因眾生眾生有作須眾緣具故佛亦以緣具說法故曰因陶家輪等正取緣具義也是則不護而護如金剛力士豈得非化乎非自通處者不同真佛惟說自覺境界也

復次大慧愚夫依七識身滅起斷見不覺識藏故起常見自妄想故不知本際自妄想慧滅故解脫此答第六問也本際非不可施設但為眾生未能出自妄想外故於本際有所不知極其妄想不出斷常二見故曰愚夫依七識身滅等據彼所知極於七識之外無所知故因起斷見而不覺識藏無盡見其念念相續故起常見由其自妄想內而不及外故不能知必待妄想轉滅方是解脫慧滅者示妄不自滅必由慧而滅也四住地無明住地習氣斷故一切過斷此答第七問也如來五住煩惱正習俱盡二死永忘豈復有魔業等事然皆為眾生故方便示現耳此之七問七答依經分節或分為十或節為六讀者宜自詳之

爾時世尊欲重宣此義而說偈言

三乘亦非乘　如來不磨滅　一切佛所記
說離諸過惡　為諸無間智　及無餘涅槃
誘進諸下劣　是故隱覆說　諸佛所起智
即分別說道　諸乘非為乘　彼則非涅槃
欲色有及見　說是四住地　意識之所起
識宅意所住　意及眼識等　斷滅說無常
或作涅槃見　而為說常住

非乘者非佛乘也不磨滅者謂真佛也以其非乘故為授一乘記以其是真佛故說離諸過惡此間頌初後二答亦兼頌第五問答也為諸無間智等覆頌初答意可知諸佛所起智者頌答第二問也謂從初庭道樹所得智後即分別說道此以其說而顯無說非曰不說以非性言之故三乘而非佛

無真空涅槃而非究竟涅槃云不說爾欲色有及見等者頌四住地也謂三界見思分爲四住意識下頌答第六問謂意由八識而起而八識意之所住故謂之爲宅以是言之自不容以七識身滅而起斷見彼又於意及眼識等斷滅處說無常或作涅槃見者此皆凡外自妄想見故不知本際如來爲是說常住也

爾時大慧菩薩以偈問曰

彼諸菩薩等　志求佛道者　酒肉及與葱
飲食爲云何　惟願無上尊　哀愍爲演說
愚夫所貪著　臭穢無名稱　虎狼所甘嗜
云何而可食　食者生諸過　不食爲福善
惟願爲我說　食不食罪福如來在鬼王宮中說法諸夜叉等念食時對至非肉不食大慧欲令諸鬼生慈心故因請如來說食肉不食肉罪福

大慧菩薩說偈問已復白佛言惟願世尊爲我等說食不食肉功德過惡我及諸菩薩於現在未來當爲種種希望食肉衆生分別說法令彼衆生慈心相向得慈心已各於住地清淨明了疾得究竟無上菩提聲聞緣覺自地止息已亦得速成無上菩提惡邪論法諸外道輩邪見斷常顛倒計著尚有遮法不聽食肉況復如來世間救護正法成就而食肉耶入楞伽云路伽耶等諸外道輩起有無見執著斷常尚有遮禁不聽食肉何況如來正等覺大悲含育世所依怙而許自他俱食肉耶

佛告大慧善哉善哉諦聽諦聽善思念之當爲汝說大慧白佛言唯然受教佛告大慧有無量因緣不應食肉然我今當爲汝略說謂一切衆生從本以來展轉因緣嘗爲六親以親想故不應食肉入楞伽云一切衆生從無始來在生死中輪迴不息靡不曾作父母兄弟男女眷屬乃至朋友親愛侍使易生而受鳥獸等身云何於中取而食之驢騾駱駝狐狗牛馬人獸等肉屠者雜賣故不應食肉不淨氣分所生長故不應食肉衆生聞氣悉生恐怖如旃陀羅及譚婆等狗見憎惡驚怖羣吠故不應食肉梵音旃陀羅此云屠者譚婆此云食狗肉人又獵師也又令修行者慈心不生故不應食肉凡愚所嗜臭穢不淨無善名稱故不應食肉令諸呪術不成就故不應食肉以殺生者見形起識深味著故不應食肉彼食肉者諸天所棄故不應食肉令口氣臭故不應食肉多惡夢故不應食肉空閑林中虎狼聞香故不應食肉令飲食無節故不應食肉令修行者不生厭離故不應食肉我嘗說言凡所飲食作食子肉想作服藥想故不應食肉聽食肉者無有是處復次大慧過去有王名師子蘇陀娑食種種肉遂至食人臣民不堪即便謀反斷其奉祿以食肉者有如是過故不應食肉復次大慧凡諸殺者爲財利故殺生屠販彼諸愚癡食肉衆生以錢爲網而捕諸肉彼殺生者若以財物若以鉤網取彼空行水陸衆生種種殺害屠販求利大慧亦無不教不求不想而有魚肉以是義故不應食肉大慧我有時說遮五種肉或制十種今於此經一切種一切時開除方便一切悉斷大慧如來應供等正覺尚無所食況食魚肉亦不教人以大悲前行故視一切衆生猶如一子是故不聽令食子肉文中言亦無不教不求不想而有魚肉者應具二義一謂屠販者非惟自殺亦教人殺者教也爲財利故以鉤網等販彼衆生者求也見形起識深生味著者想也次謂愚癡食肉衆生雖不自殺以食肉故興彼屠販即教殺義以錢爲網而捕諸肉即求義想義同上然儒之五常以仁爲首若曰釣而不綱弋不射宿不殺胎不殀夭君子遠庖廚皆仁之端而不禁於食肉我佛直以不殺衆生爲第一戒視昆蟲肖翹無異已子謂此而不戒則斷慈悲種子其爲仁豈不博哉

爾時世尊欲重宣此義而説偈言

曾悉爲親屬　鄙穢不淨雜　不淨所生長
聞氣悉恐怖　一切肉與葱　及諸韮蒜等
種種放逸酒　修行常遠離　亦常離麻油
及諸穿孔牀　以彼諸細蟲　於中極恐怖
言離麻油者外國風俗擣麻使生蟲合壓之規多汁益肥如何可食孔隙諸牀多有蟲聚皆不可坐卧以諸蟲於坐卧之時生驚怖故
飲食生放逸　放逸生諸覺　從覺生貪欲
是故不應食　由食生貪欲　貪令心迷醉
迷醉長愛欲　生死不解脫　爲利殺衆生
以財網諸肉　二俱是惡業　死墮呌呼獄
若無教想求　則無三淨肉　彼非無因有
是故不應食　彼諸修行者　由是悉遠離
十方佛世尊　一切咸訶責　展轉更相食
死墮虎狼類　臭穢可厭惡　所生常愚癡
多生旃陀羅　獵師譚婆種　或生陀夷尼
及諸食肉性　羅刹貓狸等　徧於是中生
縛象與大雲　央掘利魔羅　陀夷尼此云羅刹女縛象大雲央掘摩羅皆經名也
及此楞伽經　我悉制斷肉　諸佛及菩薩
聲聞所訶責　食已無慚愧　生生常癡冥
先説見聞疑　已斷一切肉　妄想不覺知
故生食肉處　如彼貪欲過　障礙聖解脫
酒肉葱韮蒜　悉爲聖道障　未來世衆生
於肉愚癡説　言此淨無罪　佛聽我等食
食如服藥想　亦如食子肉　知足生厭離
修行行乞食　安住慈心者　我説常厭離
虎狼諸惡獸　恒可同游止　若食諸血肉
衆生悉恐怖　是故修行者　慈心不食肉
食肉無慈慧　永背正解脫　及違聖表相
是故不應食　得生梵志種　及諸修行處
智慧富貴家　斯由不食肉　佛説心品將末大慧復請垂誡酒肉等以終之蓋吾佛設化以一性平等爲本以慈悲同體爲心以爲人入道爲宗故莫先於清淨離過以濟物度生爲事故莫上於罪福因果是以楞嚴正宗之後具明四種明誨三種漸次而於此經誡之彌篤亦可以之擬流通爲文先請通誡次請別誡佛答中備列不應食肉者凡十七驗云云次示遮制通局中初言小教方便或開五種謂見聞疑殺等自餘宜若開食或制十種謂人蛇象等而不及餘類似應通許者然尤謹言之但曰遮制而已曾無開許之言縱有一特方便亦不得已爾次言此經聞除方便一切悉斷其言可謂深切矣而論者猶以聽制食肉爲一疑難蓋記者有言曰此經菩薩不應食肉故知仍存小教中開遂謂此經但制菩薩仍存小教開許者或謂記者之悞今謂非也正言楞伽當四阿含之後故存漸教之説與乎梵網頓制以見此經之部當方等如是而已所謂存者特其文耳何謂猶存其事且以爲悞耶不然經云一切悉斷斯言何謂乎嗚呼大爲之防嚴爲之制而世猶或違之況不爲之誡乎有以見業習之深也至有不復讚歎梵行亦令他人入不律儀者吾知斯人自貽厥咎然此經言一切法唯自心現苟如善惡唯心素何順妄想而違聖教哉戒之勉之

楞伽阿跋多羅寶經卷第四終

今經四卷凡四品總名爲佛語心而無別品之目魏本十卷分十八品唐本七卷分十品後東都沙門寶臣註唐本則取魏之餘八品如次間入亦成十八品夫楞伽一經乃諸佛所説心法佛説此法令一切菩薩入自心境則知云佛語心品者據一經大意而言之其魏唐二本別分品目者據經之節段而分之使學者易曉知文有總別理無二致也昔姚秦命僧講此經而不分節段講無倫序故主有云吾佛經賓主問答皆有起盡此僧講經如何獨無倫序時道安在洛陽聞此説乃歎曰何以吾儕例受斯恥自此經無大小例分三分後親光論傳至中華果符其説所謂分經雅合

於覩光者是也今四卷仍存佛語心品後依魏唐二本所列之品標於其上庶使講學之人不迷於章段然十八品之中但鈌陀羅尼偈頌二品初勸請品中文亦不足止有六行偈文以爲別序分斷食肉即流通分故知文略而義不略也臣僧如玘謹識

新刻楞伽經後題

皇帝既御寶曆丕弘儒典兼用佛乘以化成天下且以般若心經及金剛楞伽二經發明心學寔爲迷塗之日月苦海之舟航乃洪武十年冬十月
詔天界禪師臣宗泐演福法師臣如玘重加箋釋明年春正月心經金剛經新註成
睿徹
睿覽已刊行矣秋七月楞伽註又成
上御西華樓宗泐如玘同侍從之臣投進
上覽已悅曰此經之註誠爲精確可流布海內使學者講習焉宗泐即奉
詔鋟梓於京師天界禪林如玘還杭之演福私念與宗泐同被
上旨宜以天界爲枸合刋斯經於演福獨其卷帙浩繁未遂厥志蚤夜以爲憂淨慈禪師臣夷簡乃爲撰疏勸諸同袍暨樂善者助成之起手於又明年夏五月至冬十一月訖功費鈔五百六十四緡云惟楞伽一經具藏通別圓四教大旨所以斥小乘之偏破邪見之惑無非欲顯圓宗自覺正智而已第其文辭古奧讀者殊未易曉東都沙門寶臣嘗爲之訓詁援據雖若該博而於經意多邈然不相入晉臺雷菴受公徒襲寶臣之緒論自不能伸一喙二者咸無取焉惟柏庭法師善月依天台教旨著爲通義夐然絕出常倫苟以經文顯白者證之亦未免有遺憾他尚何望哉如玘以辯博無礙之智遊戲毗盧藏海台衡之書無不融攝故其論著雖有徵於柏庭反復參驗務不失如來說經本意宗泐又能裁度旨趣約繁辭而歸精當遂使數百載疑文奧義煥然明暢誠可謂靈承
皇上嘉惠烝民之意弘昭大覺立教度人之方者矣嗚呼佛之大法惟帝王能興之宗師能傳之今一旦遭逢如此之盛讀是經者小則思遠惡而遷善大則思明心而見性庶不負
聖天子之大德哉是年冬十二月四日前翰林學士承旨嘉議大夫知制誥兼修國史兼太子贊善大夫臣金華宋濂拜謹題

楞伽阿跋多羅寶經註解卷第四下

校勘記

一　底本，明永樂北藏本。

一　四一四頁上三行註解右第一五字「智」，清作「知」。

一　四一六頁中四行「不滅」，徑作「不滅」。

一　四一八頁中一九行註解右第六字「正」，清作「止」。

一　四一八頁下一八行註解左第一三字「二」，清作「一」。

釋金剛經纂要疏分三

長水沙門 子璿 錄

晨一

初標題目二 初經疏名題 二作者 長水

二序宗旨二 初明迷真起妄二 初真空 二妄有 二明習妄流轉 由是

三解本文二

晨一

初通明起教之緣二 初三教 教我 二結判 既除

二別明說教之意三

初序讚經旨二 初敘說阿含之意二 二敘說般若之意二 初敘教釋意 欲盡

二述造疏意二

初示疏論師承有據二 初總示大部二 二別示今經三 二顯瑞彰會三

二示名題義意在下 纂要

初示論師承序他添削 且天 初略標指今二 初正敘旬偈 初正結歎 二返顯 二示難了

二示今述解不攻異端 故今 二廣序讚三 三順結 三彰發解

初偈文歸讚稽首 初序嘆幽玄二 初具序一經詮旨三 二結嘆四法幽玄三

二開章正釋二 二引文結顯 沙河

初標示別章門 科釋 初總標由執起障 由煩 初煩惱障 由煩 初順釋 故

二依章正釋四 二別示二障過患二 二所知 由所 二返顯 若

一辨教起因緣二 初標 二釋二 三結 執二

初標 二為 二釋 違

二明經宗體二 初標 三為 二釋 重轉

三分別處會二 初未說失為示佛成 二已說得為佛因二

四釋通文義二 初對治我法二執三 初標 四為 二釋二 三結 法須

初通起機緣 初 中 二為遮斷種現二疑二 初標 二釋 三結 此故

二克就佛意 若據 三轉滅輕重二業二 初約法正立 別顯 二約喻釋成 以即 三約行結顯 萬行

初總論諸教二 四為顯示福慧二因二

二別顯此經五 五為發明真應二身三

初統明諸教第二

初明經宗二 二別顯今經三 初標立二體 二正釋 文字 三總結 故皆

二明經體三

初總明佛說大部處會二 晨一 初總示大部三 第 初總標略辨 經 二引教委釋 ...

二別明傳譯卷軸主三 二別顯此經二 此經 三結顯前示 以

初正明東土翻譯前後二 初通辨諸譯 後別 初正明 ... 二結示 ...

二因弁西方解釋異同 天竺 二克示所傳 今所

三示今科判依據義別二 初正明科釋所依 今科 初引經論總彰二義三 二引真諦別示六種二 二結成立題所以 題云

四釋通文義二 初題目 二 二經文 二

初釋金剛二 初翻名示相 金剛 初明總攝意 約 二約法弁義二 二引論文釋成二

二釋般若二 初翻名略指 般若 初正釋成 無故 二釋波羅蜜三 二引教廣弁二 二配因果二

初釋所詮三 初約語對翻 波 二約義順釋二 初引論另相釋二 初雙引論 一又云

二釋能詮二 二順義通結 若 二引經通攝所 依 二雙文辨釋 則閑

初翻名 此 二釋義 此 初釋義謂 二合釋 初三釋我聞之義二 二兩教所聞之本 所

初利分役(?)傳 二通難一切 二單釋 單釋 初揀顯釋 三時 二會法釋 又云

二隨釋經十 初明建立之目 此釋 初信成就二

初序分二 晨一 二明建立之意 明 二聞成就二 初翻名 四主 二釋義二

二正說分 三正釋文義二 三時成就二

二流通分 四主成就二

初證信序 ... 初標列述意 ... 五處成就二 初引論正釋二

二發起序 ... 二依科解文六 六眾成就二 二引論返釋二

初敘意二

二隨釋經二
初戒疏七
二定疏二
初併資緣二分
二淨身業二淨
三正入定三正
初正解此文三
二通前表法二
初釋標類衆
二釋舉數千二
初釋化主七分
二釋化時二化
三釋化儀三化
四釋化處四化
五釋化事五化
六釋化等六化
七釋化終七化
初釋含衛五處
二釋祇園二
初總標別
二別釋三
初釋祇陀林
二釋給孤獨
三釋園字四園
初顯資聖
初釋大衆
初遠顯說如
二引證起信
三顯結又云
初約體離念釋起信
二約位三義釋然覺
初表通序本表
二表別序心宅
初約大雲廣弁二
二引賢聖略明二
二正說分疏二
初約無著七種義句以懸判三
二依天親問答斷疑以科釋二
初標別章門二
二依章隨釋二
二引證證
二釋二
三結鼓
初釋前七
二總指後四
三廣釋第三
初弄十八住處十八
二重以八義相攝
三更約地位配釋十八
初種性初中
二發起二發
三住處三行
四對治四對
五不失五不
六地位六地
七立名七名

初牒章分文第一
二依章正釋經四
初善現申請二
二如來讚許疏三
三善現佇聞
四如來正說二
初申讚所讚曲分
二教聽許說教二
二標勸將陳標二
初釋當機曲分
二釋正問三
初正答所問二
二躡迹斷疑
初舉總標別以牒問疏第
二約別顯總以答問二
初整儀請佛疏二
二發問端疏二
初釋請人長者
二釋請儀二
表一
初正釋疑文從座
二別解菩薩提菩
初釋觀本釋二
二會當經詳衆
三引論證無故
初正釋疑文
二斥他謬判科判
一發心住十八
二波羅蜜相應住二
三欲得色身住三
四欲得法身住四
五修道無慢住五
四
六不離佛出住六
七願淨佛土住七
八成熟衆生住八
九遠離外論住九
十觀破色身住十
十一恭侍如來住十一
十二遠離退失住十二
十三忍苦住十三
十四離寂靜味住十四
十五證道離喜住十五
十六求佛教授住十六
十七證道住十七
十八求佛地住十八
初正示此文五
二通叙
三別辨對治今當
初國土具足八十
二無上見智淨具足二
三無上福具足三
四無上身具足四
五無上語具足五
六無上心具足六
初受生差別一
二依土差別二
三境界差別三
初釋標文二
二釋列三

初答安住降心問四
二答修行降心問五
初總標
二別釋
三總結
四顯益疏二
五結勸
二躡迹斷疑疏三
初斷求佛行施住相疑疏二
二斷因果俱深無信疑疏二
初標章叙疑二斷
二依經斷疑四
初約無信生疑
二呵疑詞以顯信
三明能信之所以二
四示中道之玄門
初明歷事善友積集信因
二明善友所攝成就信德二
初敘意科分二明
三詳定經旨詳現
四牒難釋通別
初廣大心二
二第一心
三常心
四不倒心
表一
初科釋文意初句
二別弁前二句
初約論分文二
二依論科釋疏二十七
初釋前二句二
二釋後二句二
初正釋若見
二引論釋四
初釋佛知見
二釋得福德得福
初明攝受得福顯福德門疏二
二明攝受所以顯智慧門疏二
初正明已斷疑執疏二
初節釋經文
初釋文者如
二通難如
初舉疑因以問
二防相得以酬
三釋體異有為
五
四印佛身無相二
初標章叙疑一斷
二依經斷疑經四
初正釋疑
二引證
初引起信
二引肇注肇云
三引本論偈云
四依無著無著

二依科正釋二
三斷無相云何得說疑[諸佛]
初斷未除細執疑二
初釋總明二相[若心]
二釋別明二相二
二商較經言[無離]
初正弁二相[若取]
二別解微意[中有]
初標章叙疑三斷
二依經斷疑經二
初牒疑因以問
二順實理以酬
初正釋經文
二商較果證[然非]
三結斷疑情[故知]
初問答斷疑四
二校量顯勝四
三釋無定之言[所謂]
四釋無取說所以
初舉劣福以問
二釋福多以酬
初引無著
初釋文[論云]
二通難[何故]
三判經福超過二[疏]
二引大親二
四釋超過所以三
初舉所得以問
二明無取以答
三引已證令信三
初正釋
初正釋經文
二別示句相四
二轉釋
初弁得名不[四]
二分科釋三[經]
六
初明佛先印
二彰已不取
三却釋佛意
四斷聲聞得果是取疑二[疏]
衆一
初入流果三[疏]
二來果
三不來果
四不生果三[疏]
初標章叙疑[四斷]
二依經斷疑[經四]
五斷釋迦然燈取說疑二[疏]
初舉取相莊嚴問

初標章叙疑五斷
二依經斷疑
六斷嚴土違於不取疑[疏]二
初標章叙疑六斷
二依經斷疑三[經]
七斷受得報身有取疑二[疏]
初問答斷疑二[疏]
二校量顯勝二
二釋離相莊嚴答
三依淨心莊嚴勸
初標章指疑[七斷]
二依經斷疑二[經]
初總釋喻意
二別解非身二
初牒經略指非
二引論廣釋二
初舉標[論云]
二雙釋[以唯]
三雙結[以是]
初引本偈[故偈]
二引論文三
初約外財校量廣顯經勝二
初校量勝劣三
二釋勝所以
初約多河以弁沙
二約多沙以彰福
三約多福以顯勝
初尊處嘆人勝三
初明處可敬
二顯人獲益
三顯處有佛
衆一
二約義弁名勝
三佛無異說勝
四施福劣塵勝
五感果離相勝
三約內財校量倍顯經勝二
初正歎聞經深法勝
二淨心契實具德勝二
初正明
二稱跡
七
三信解三空同佛勝三
初總標信解
二別顯三空
三如來印定
初引無著顯意
二約天親釋文[論云]

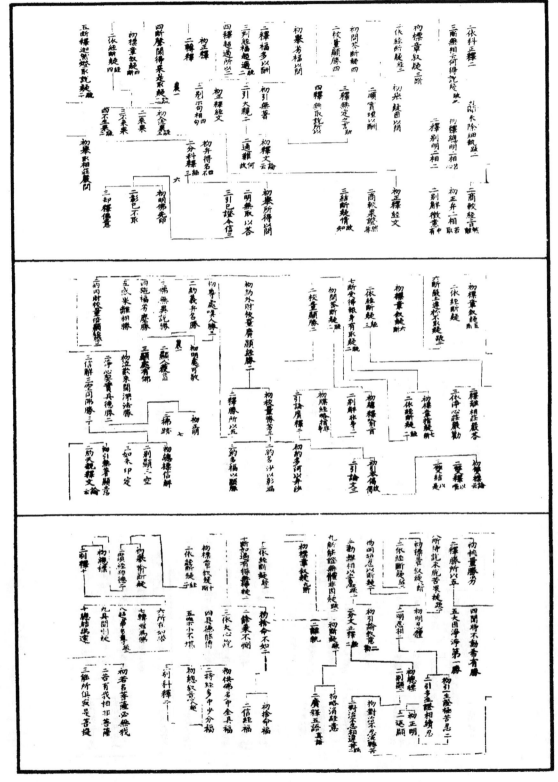

初校量勝劣
二釋勝所以五
四聞時不動希有勝
五大因淨淨第一勝
初引一生受極苦忍二
初正明
二返顯
二引多生證相續忍
八斷持說未脫苦果疑[疏]
初標章叙疑八斷
二依經斷疑經二
初明忍體
二明忍相二
初總標
二別顯二
初對治不忍流轉苦
二對治不忍相違苦[疏]
初明離忍以斷疑二
初引論叙意勸二
二餘文正釋二[經]
二勸離相以生忍[疏]二
九斷能證無體非因疑[疏]二
初斷疑[疏]二
初略消疑意
二廣釋五語[真語]
二離執
初標章叙疑九斷
二依經斷疑[經]二
初捨命不如二
初捨命福
二信經福
二餘乘不惻
十斷如過有得無釋疑二
二依大心說
初供佛名中全具福
二持經多中少分福
四具德能傳
五無宗小不堪
初標章叙疑十斷
二依經斷疑二[經]
初總叙意[八疑]
別科釋二
初舉喻斷疑
二顯經功德二
六所在如塔
七轉罪為佛
八超事多佛[疏]
初總標
二別釋十
九具聞則疑
十總結幽遠
初若名菩薩必無我
二若有我相非菩薩
三能所俱寂是菩提

十一斷住修降伏是我疑二經疏
初標章叙疑十斷
二依經斷疑經二
初問
二答
十二斷佛因是有菩薩疑疏
初舉疑處
二斷疑念
初顯真如是佛故非無
二明佛即菩提故無得
三印決定
四返覆釋
標一
十三斷無因則無佛法疑十
初標章叙疑十二
二依經斷疑經四
初遣執遮疑
二釋義斷疑
八
初科分十三
二隨釋三十
初斷一向無佛疑疏二
二斷一向無法疑疏二
三斷真佛真法體
初標章叙疑
二依經斷疑二經
初明失念
二明無人
三引前說
十四斷無人度衆生嚴土疑疏二
初標章叙疑十四
二依經斷疑二經
初遮度衆生念二
二遮嚴土念二
三釋成菩薩
初明失念
二釋所以
十五斷諸佛不見諸法疑疏二
初標章叙疑十五
二引論明意斷六
初肉眼
二天眼
三慧眼
初引無著長行總釋無著
二引古德偈重結古德

三依經斷疑二十
四法眼
五佛眼疏二
初約釋偈文四
二通前總牒二
初約能見五眼明見淨五
二約所知識心明智淨五
初總明染淨以標悉知
二會妄歸真以釋悉知
初約實恒河以數沙
二約河中沙以數河
三約沙河中沙以數界
四約界中所有
五約二衆生所有心三
三推破雜染以釋非心
標一
七
十六斷福德例心顛倒疑疏
初標章叙疑十六
二依經斷疑經一
初引論正釋偈云
二問答解妨問福
初問福答福
二返釋順釋疏二
十七斷無為何有相好疑二疏
初標章叙疑十七
二依經斷疑經二
初由無身故現身
二由無相故現相
十八斷無身何以說法疑二疏
初遮錯解
二釋所以
三示正見
初以無法為正覺
二以平等為正覺
三以正助修正覺
十九斷無法如何修證疑二疏
初標章叙疑十八
二依經斷疑二經
初標章叙疑十九
二依經斷疑經二
初遮其錯解
二示其正見
二十斷所說無記非因疑二疏
初標章叙疑十二
二依法斷疑
初問以相表佛
二答因面識根
三難凡聖不分
二十一斷平等云何度生疑二疏
二返釋所以

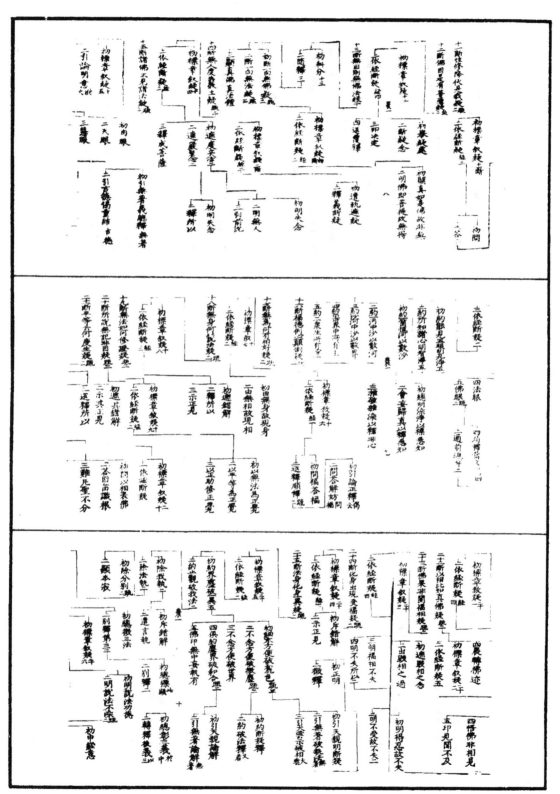

二十二斷以相比知真佛疑經二
初標章叙疑二十二
二依經斷疑經四
四展轉佛迹
四悟佛非相見
五印見聞不及
二十三斷佛果非關福相疑經二
初標章叙疑二十三
二依經斷疑五
初遮毀相之念
二出毀相之過
初明得忍故不失
二明不受故不失
三明福相不失
四明不失所以二
二十四斷化身出現受福疑二疏
初標章叙疑二十四
二依經斷疑經四
初斥錯解
二示正見
初正明
二徵釋
二十五斷法身化身一異疑二疏
初由無方便破細色疏五
二不念方便破微塵疏二
三不念方便破世界
四俱約塵界破和合疏二
五佛印無中妄執有
初引天親明斷疑
二引無著破執法無著
三引大雲示破相大雲
初約斷疑釋
二約破法釋又者
初引天親論解
二引無著論解無著
初標章叙疑二十五
二依經斷疑二經
初約界塵破一異五
二約止觀破我法二
標一
初除我執二
二除法執二
初除分別二疏
二顯本寂
初斥錯解
二遣言執
初總徵三法
二別釋第三二十
初標章叙疑二十六
初總標此顯
二別釋二
十
初明說法功德
二明說法不染二疏
初總彰三義於中
二轉釋後義以三
初申經意

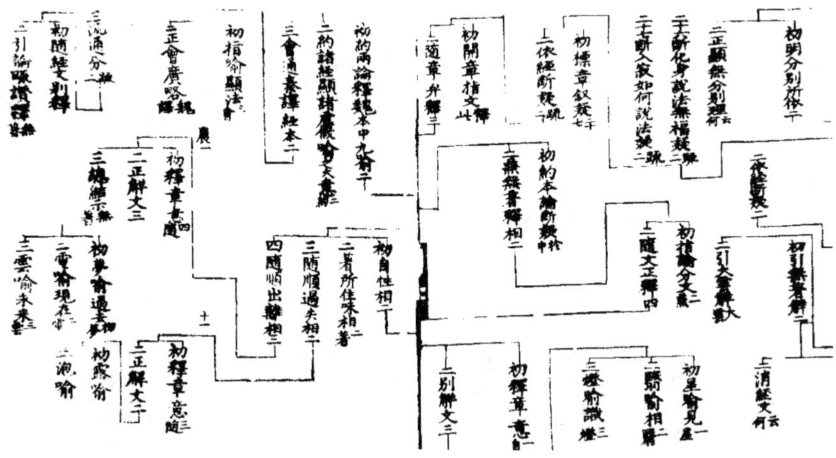

釋金剛經纂要疏科

釋金剛經纂要疏分三

校勘記

一　底本，明永樂北藏本。

一　說明：依本卷結構特點，悉按每版之最上層之次序論其行數。

一　四二三頁上五行「初三敘」，[徑]、[清]作「初正敘」。

一　四二三頁下九行「初利分」，[徑]、[清]作「初科分」。又「初三釋」，[徑]、[清]作「初正釋」。

一　四二四頁上九行「初約大雲廣卉二」，[徑]、[清]作「初約大雲廣卉三」。

一　四二四頁上一〇行「二引資聖略明」，[徑]、[清]作「三引資聖略明」。

一　四二四頁中七行下左與八行之間底端「三語」，[徑]、[清]作「五語」。

一　四二四頁中一〇行下左「二依土差別」，[徑]、[清]作「二依止差別」。

一　四二四頁中一四行「以牒問疏甲」，[徑]、[清]作「以牒問疏四」。

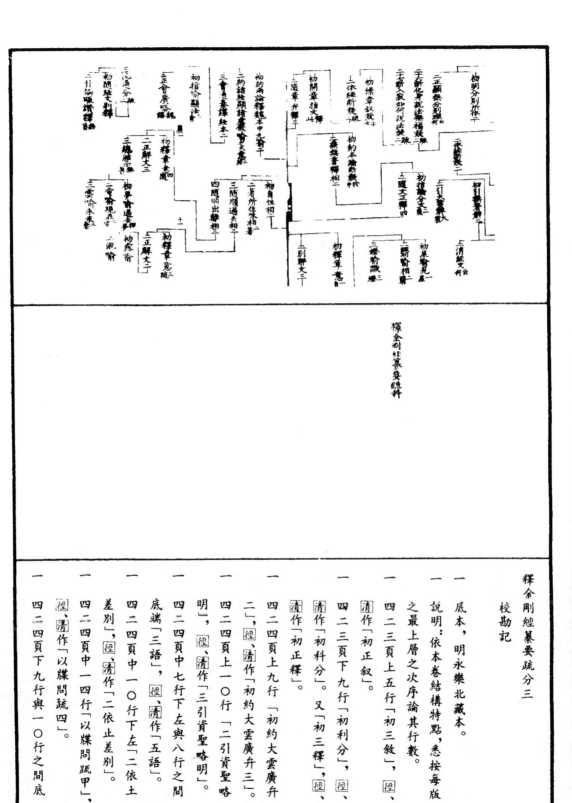

一　四二四頁下九行與一〇行之間底端

端「非俱」，清作「非但」。

一　四二五頁上五、六行之間「三釋無定之言」下小字「疏」，徑、清作「疏二」。

一　四二五頁中一四行「初泣歎来聞深法勝」，徑、清作「初泣歎未聞深法勝」。

一　四二六頁上一二行「二遮嚴竪念二」，清作「二遮嚴土念二」。

一　四二六頁中八行「五約二衆生所有心三」，清作「五約一一生所有心三」。

一　四二六頁中九行「二依經斷疑」下小字「經一」、清作「經二」。

一　四二六頁中一一行「初標章叙」，徑作「初標章叙疑」。

一　四二六頁中一五行下「一依經斷疑」，徑作「二依經斷疑」。

一　四二六頁下三行下「五印見聞」，清作「五即見聞」。

金剛般若經疏論纂要 并序上
大興福寺沙門 宗密 述　長水沙門 子璿 治定
鏡心本淨像色元空夢識無物物境成有由
是惑業競習報應綸輪塵沙劫波莫之遏絶
故我滿淨覺者現相人中先說生滅因緣令
悟苦集滅道既除我執未達法空欲盡病根
方談般若心境濟泯即是真心垢淨雙亡一
切清淨三千瑞煥十六會彰今之所傳即第
九分句偈隱畧旨趣深微慧徹三空權含萬
行住一十八處密示階差斷二十七疑潛通
血脉不先遣遣曷契如如故雖兼脩始終無
相由斯教理皆密行果俱玄致使口諷牛毛
心通麟角或配入名相著事乖宗或但云一
真望源迷派其餘胃談臆注不足論矣河沙
珍寶三時身命喻所不及豈徒然哉且天親
無著師補處尊後學何疑或添或棄故今所
述不攻異端疏是論文孔非城内纂要名意
及經題目次下即釋無煩預云
稽首牟尼大覺尊　能開般若三空句
發起流通諸上士　冥資所述契群機

将釋此經未入文前懸叙義門畧開四段第
一辯教起因緣第二明經宗體第三分別處
會第四釋通文義初中二初總論諸教謂酬
因酬請顯理度生也若據佛本意則唯為一
大事因緣故出現於世欲令衆生開佛知見
等後別顯此經五一為對治我法二執故由
此二執起煩惱所知二障由煩惱障障心心
不解脫造業受生論轉五道由所知障障慧
慧不解脫不了自心不達諸法性相縱出三
界亦滞二乘不得成佛故名障也二執若除
二障隨斷為除二執故說此經二為遮斷種
現二疑故遮未起種子之疑斷現起現行之
疑即經中荅所問已便躡跡節節斷疑乃至
經終二十七段三為轉滅輕重二業故轉重
業令輕受滅輕業令不受四為顯示福慧二
因故佛成正覺未說般若之前衆生由無妙
慧施等住相皆成有漏或滞二乘故談般若
顯示妙慧為法身因五度為應身因若無般
若則施等五非波羅密不名佛因故須福慧
二嚴方成兩足尊矣五為發明真應二果故

未聞般若之前但言色相是佛不知應化唯
真之影不如實見真身應身故此發明二果
令知由前二因證得第二明經宗體二初宗
統論佛教因緣為宗別顯此經則實相般若
觀照般若不一不二以為其宗以即理之智
觀照諸相故如金剛能斷一切即智之理是
為實相故如金剛堅牢難壞萬行之中一一
不得昧此是故合之以為經宗二體文字般
若即是經體文字即含聲名句文文字性空
即是般若無別文字之體故皆含攝理無不
盡稱為教體第三分別處會二初總明佛說
大部處會六百卷文四處十六會說一王舍
城鷲峯山七會（山中四會 山頂三會）二給孤獨園七會
三他化天宮摩尼寶藏殿一會四王舍城竹
林園白鷺池側一會此經則第二處第九會
第五百七十七卷後別明傳譯此卷時主前
後六譯一後秦羅什二後魏菩提流支三陳
朝真諦四隨朝笈多五唐初玄奘六大周義
淨上六人皆三藏今所傳者即羅什弘始四
年於長安草堂寺所譯天竺有無著菩薩入

日光定上昇兜率親諸彌勒禀受八十行偈
又將此偈轉授天親天親作長行解釋成三
卷論約斷疑執以釋無著又造兩卷論約顯
行位以釋今科經唯約天親釋義即兼無著
亦傍求餘論採集諸疏題云纂要其在茲焉

第四釋通文義二初解題目
金剛般若波羅蜜經
金剛者梵云跋折羅力士所執之杵是此
寶也金中最剛故名金剛帝釋有之薄福
者難見極堅極利喻般若焉無物可能壞
之而能碎壞萬物涅槃經云譬如金剛無
能壞者而能碎壞一切諸物無著云金剛
難壞又云金剛能斷又云金剛者細牢故
細者智因故牢者不可壞故皆以堅喻般
若體利喻般若用又真諦記說六種金剛
一青色能消災厄喻般若能除業障二黃
色隨人所須喻無漏功德三赤色對日出
火慧對本覺出無生智火四白色能清濁
水般若能清疑濁五空色令人空中行坐
慧破法執住真空理六碧色能消諸毒慧
除三毒傍兼可矣非堅利之本喻般若正
翻云慧即照五蘊空相應本覺之慧是也
若約學者從淺至深言之則攝聞思脩三
慧總爲般若故無著云能斷者般若波羅
蜜中聞思脩所斷如金剛斷處而斷故又
云細者智因故者智因即慧也依智度論
因位名般若果位名智則聞思脩皆名爲
細細妙之慧佛智之因矣般若能斷故在
因位佛果無斷轉受智名若依大品經若
宇通智慧二義故智與慧名義少殊體性
無別波羅蜜者此云彼岸到應云到彼岸
謂離生死此岸度煩惱中流到涅槃彼岸
涅槃此云圓寂亦云滅度一切衆生即寂
滅相不復更滅但以迷倒妄見生死名在
此岸若悟生死本空元來圓寂名到彼岸
若兼般若迴文應云到彼岸慧經者梵音
脩多羅義翻爲契經契者詮表義理契合
人心即契理契機也經者佛地論云能貫
能攝故名爲經以佛聖教貫穿所應說義
攝持所化生故後釋經文准常三分初序
分二正宗分二流通分初文二初證信序
二發起序○今初證信序
如是我聞一時佛在舍衛國祇樹給孤獨園
與大比丘衆千二百五十人俱
釋此分三一明建立之因則佛臨滅度阿
難請問四事佛一一荅我滅度後一依四
念處住二以戒爲師三默擯惡性比丘四
一切經初皆云如是我聞一時佛在某處
與某衆若干等二明建立之意意有三焉
一斷疑故謂結集時阿難昇座欲宣佛法
感得自身相好如佛衆起三疑一疑佛重
起說法二疑他方佛來三疑阿難成佛故
說此言三疑頓斷二息諍故若不推從佛
聞言自製作則諍論起三異邪故不同外
道經初云阿憂等三正釋文義具六成就
謂信聞時主處衆六緣不具教則不興必
須具六故云成就一信若兼我聞合釋則
指法之辭也如是之法我從佛聞單釋如
是者智度論云信成就也佛法大海信爲
能入智爲能度信者言是事如是不信者

言是事不如是又聖人說法但爲顯如唯如爲是故稱如是又有無不二爲如如非有無爲是二聞我即阿難五蘊假者聞謂耳根發識癈別從總故云我聞阿難所不聞二十年前之經有云如來重說有云得

深三昧總領若推本而言即阿難是大權菩薩何法不通三時師資合會說聽究竟故言一時諸方時分延促不同故但言一又說法領法之時心境泯理智融凡聖如始本會此諸二法皆一之時四主具云佛

陀此云覺者起信云所言覺義者謂心體離念離念相者等虛空界即是如來平等法身則以無念名之爲佛然覺有三義一自覺覺知自心本無生滅二覺他覺一切法無不是如三覺滿二覺理圓稱之爲滿故知有念則不名覺起信云一切衆生不名爲覺以無始來念念相續未曾離念又云若有衆生能觀無念者則爲向佛智故五處舍衛此云聞物謂具足欲塵財寶多聞解脫等遠聞諸國故義淨譯云名稱大

城祇樹等者即祇陀太子所施之樹給孤長者所買之園祇陀此云戰勝波斯匿王太子也生時王與外國戰勝因以爲名梵語須達此云善施給孤獨即是善施也又亦常行施故西國呼寺爲僧伽藍此云衆

園六衆與者并也及也大者名高德著比丘梵語此含三義故存梵不譯一怖魔二乞士三淨戒衆者理和事和千二百五十者佛初成道度憍陳如等五人次度迦葉三兄弟兼徒總一千次度舍利佛目連各

兼徒一百次度耶舍長者子等五十人經舉大數故減五人此常隨衆故偏列數非無餘衆末隱顯耳俱者一時一處二發起序者謂乞食威儀離於邪命是爲持戒戒能資定定能發慧故以戒定發起般若正

宗△文二初戒

爾時世尊食時著衣持鉢入舍衛大城乞食於其城中次第乞已還至本處

分七節釋一化主成實論說具上九號爲物欽重故曰世尊天上人間共所尊故二化時食時辰時當日初分求乞易得不惱自他乞已歸園正當巳時如常齋法三化儀著僧伽梨衣持四天王所獻鉢四化處園在城東南五六里自外之內爲入處廣人多曰大五化事佛爲欲顯頭陀功德令

放逸者慙愧以同事攝故自乞食瓔珞女經說化佛身如金剛無生熟二藏令所乞者利益他故淨名云爲不食故應受彼食六化等一由內證平等理外不見貧富相二心離貪慢慈無偏利三表威德

不懼惡象沽酒婬女等家四息凡夫猜嫌五破二乘分別七化終然巳字義屬下句文連上句飯食字義屬上句文連下句若廣其文令當句中備者應云次第乞巳還至本處飯食飯食訖收衣鉢佛若不食他福不滿寶雲經說隨所乞得分爲四分一擬與同梵行二擬施貧病乞人三水陸衆生四自食十二頭陀經唯說三分除梵行

二定

飯食訖收衣鉢洗足已敷座而坐

分三節釋一併資緣將欲入定須息攀緣
衣鉢不收心有勞慮故佛示現為後軌也
即收大衣著七條二淨身業阿含經說佛
行離地四指蓮花承足今示現洗者順世
表法為後軌也三正入定敷座坐禪者由
身端故心離沉掉故魏譯云如常敷座結
加趺坐端身而住正念不動唐譯云端身
正願住對面念無著云顯示唯寂者於此
能覺能說故然大聖現跡必有所表表本
覺之佛在五蘊之都覺魔軍本空名為戰
勝照心識具德即是給孤求法養神名乞
士衆覺心既發寧棄塵勞將欲徧觀遂入
識藏心心數法次第思惟即妄而真皆得
法喜法喜無體融合覺心思惟假緣亡緣
可符真性觀照是跡拂跡返本還源返本
還源法空心寂心寂真體般若朗然欲談
般若正宗如是示現發起資聖云夫身有
二一偽二真五蘊偽體假衣食以生育法
身無相因般若以照成羣生保偽遺真諸
佛養真棄偽群生既迷真而取偽我乃假

偽跡而引真故託乞食之緣將施法喜之
化故涅槃經云汝諸比丘雖行乞食初未
曾乞大乘法食第二正宗分二門分別初
約無著七種義句以懸判後依天親問荅
斷疑以科釋初中七義句者一種性不斷
謂護念付囑二發起行相謂由請讚許三
行所住處謂十八住從佛正說直至經終
是無相行所住處矣四對治謂一一住處
皆具邪行共見正行二種對治五不失謂
由對治離增減二邊不失中道六地位謂
由不失中道成賢聖位信行地淨心地如
來地七立名謂由前六智慧堅利位地圓
狹故名金剛後四但約第三句中十八住
說無別經文十八住處者一發心住經云
應如是降伏其心所有一切等二波羅密
相應行住不住色布施等三欲得色身住
可以身相等四欲得法身住法身有二一
言說法身頗有衆生等因言顯理故二證
得法身復有二一智相如來得阿耨等二
福相若人滿三千等五於脩道得勝中無

慢住須陀洹等從此至十六住如次對治
十二種障意明欲求色身法身須離是障
障盡故入十七證道住今當對治第一慢
障六不離佛世時住昔在然燈等離第二
少聞障不離佛世則具多聞七願淨佛土
住菩薩莊嚴佛土不等離小攀緣作念脩
道障緣形相土則小無緣則大契法界故
八成熟衆生住人身如須彌等離捨衆生
障若見大小不能濟物九遠離隨順外論
散乱住如恒河中所有沙等離樂隨外論
散乱障恒沙寶施不及持經如何外學不
脩正法十色及衆生身搏取中觀破相應
行住三千世界所有微塵等離破影像相
中無巧便障既離散乱與定相應以細末
不念二種方便破麁至細泯細至空則除
影像之相想十一供養給侍如來住可以
三十二相見如來不等離福資糧不具障
不以相見常見法身名為給侍福無邉矣
十二遠離利養及疲乏熱惱故不起精進
及退失住恒河沙身命布施等離樂味懈

怠利養障恒沙命施猶勞受持豈爲一身
耽著利養身疲心惱而懈怠耶十三忍苦
住忍波羅密割截身等離不能忍苦障無
我等相累苦能忍十四離寂靜味住當來
之世若有人能於此經受持讀誦等離智
資糧不具障日三時捨身一一沙數不及
信經如何唯專禪定耽寂靜味闕於智慧
而不持說十五於證道時遠離喜動住云
何住降等離十一不自攝障我能住降心
生喜動動則不能自攝十六求佛教受住
於然燈佛所有法得菩提不等離十二無
教授障欲入初地須佛教授故約遇佛得
無所得而證道矣十七證道住人身長大
等攝種性智證徧行真如成法報身故長
大矣十八上求佛地住於中復有六種具
足一國土淨具足我當莊嚴佛土等此教
二地已上諸大菩薩二無上見智淨具足
有肉眼不等此下皆唯佛果故云無上無
上之言貫通下四三福自在具足若人滿
三千界七寶等四身具足佛可以具足色

身等五語具足汝勿謂如來說法等六心
具足佛得阿耨菩提爲無所得耶乃至應
作如是觀又十八住畧爲八種亦得滿足
一攝住處二波羅密淨住處一二次配三
欲住處攝三及四四離障礙住處即前十
二障也從五至十六五淨心住處六究竟
住處上二次配十七十八七廣大住處八
甚深住處上二各攝十八住處一一住中
皆深皆廣十八住文配位地者第一十住
第二十行中前六三第七行四後三行五
至十四如次配十迴向十五煖頂十六忍
世第一十七初地十八從二地乃至佛地
第二依天親問答斷疑以科釋揔分四段
△初善現申請二初整儀讚佛
時長老須菩提在大衆中即從座起偏袒右
肩右膝著地合掌恭敬而白佛言希有世尊
如來善護念諸菩薩善付囑諸菩薩
長老者德長年老唐譯云具壽壽即是命
魏譯云慧命以慧爲命須菩提有三義譯
謂善吉善現空生生時室空解空之善瑞

現矣相師占云唯善唯吉從座起下皆整
理威儀脩敬之相希有者世所無故如來
者從如而來論云善護念者依根熟菩薩
說謂與智慧力令成就佛法與教化力令
攝受衆生善付囑者依根未熟菩薩說懼
其退失付授智者付者將小付大囑者囑
大化小菩提薩埵此云覺有情三釋一約
境所求所度二約心有覺悟之智餘情慮
之識三約能所所求能求三皆如次配覺
及有情二正發問端
世尊善男子善女人發阿耨多羅三藐三菩
提心應云何住云何降伏其心
曲分二初釋當機華嚴云忘失菩提心脩
諸善業魔所攝持阿耨多羅三藐三菩提
此云無上正徧正覺謂正智徧智覺知真
俗不偏不邪二釋正問魏譯云應云何住
云何脩行云何降伏其心意云若人發菩
提心已住何境界脩何行業妄心若起云
何降伏故佛令安住四心脩六度行於中
降心不令著相秦譯畧脩行者意云住道

降心即是脩行謂四心六度皆名住脩降
伏故無著云住謂欲願脩行謂相應等持
降伏謂彼心若散制令還住又十八住中
一一皆以住脩降伏釋之故知義雖有三
而行是一〇二如來讚許
佛言善哉善哉須菩提如汝所說如來善護
念諸菩薩善付囑諸菩薩汝今諦聽當爲汝
說善男子善女人發阿耨多羅三藐三菩提
心應如是住如是降伏其心
曲分三一印讚所讚重言善哉讚美之極
護付能令佛種不斷是事必然故印讚言
如汝所說〇二勑聽許說無以生滅心行
聽實相法智論偈云聽者端視如渴飲一
心入於語義中踊躍聞法心悲喜如是之
人可爲說三標勸將陳我當爲汝如是如
是委細而說三善現佇聞
唯然世尊願樂欲聞
唯者順從之辭禮對曰唯野對曰阿十地
經云如渴思冷水如饑思美食如病思良
藥如衆蜂依蜜我等亦如是願聞甘露法

△四如來正說二一正荅所問二初舉揔
標別以牒問
佛告須菩提諸菩薩摩訶薩應如是降伏其
心
此以降伏爲揔住脩爲別也謂住脩之中
皆有降伏經意在此故唯標降伏有科此
所標云舉後攝初者乃令經文極不穩暢
理例顛倒自古言教秖有以初攝後未聞
以後攝初况詳經文無別荅降伏之處則
知降伏在住脩中皆令離相是荅降伏問
也不別荅者此經宗於離相離相正是降
心本意欲明降心須約住脩而顯住脩降
心本不相離故無著十八住皆有住脩降
心△二約別顯揔以荅問二一荅安住降
心問四初廣大心
所有一切衆生之類若卵生若胎生若濕生
若化生若有色若無色若有想若無想若非
有想非無想
文二初句標三界普度故若卵下二列三
一受生差別天獄化生鬼通胎化人畜各

四諸餘微細水陸地空不可具分品類卵
劣在初者二釋一約境具緣多者爲首二
約心從本至末爲次二依止差別有色四
禪無色四空三境界差別功德施云有想
則空識二處無想則無所有處非等則有
頂〇〇二第一心
我皆令入無餘涅槃而滅度之
即無住處涅槃不共二乘故云第一無著
云何故願此不可得義生所攝故又云卵
濕無想有頂則不能云何普入有三因緣
一難處生者待時故二非難處生未成熟
者成熟之故三已成熟者解脫之故〇〇
三常心
如是滅度無量無數無邊衆生實無衆生得
滅度者
一性空故二同體故論云自身滅度無異
衆生三本寂故四無念故五法界故四不
倒心
何以故須菩提若菩薩有我相人相衆生相
壽者相即非菩薩

論云遠離依止身見衆生等相故無著云
已斷我見得自行平等相故信解自他平
等顯示降伏心中攝散時衆生想亦不轉
如彼爾炎△二荅脩行降心問五○初揔
標
復次須菩提菩薩於法應無所住行於布施
於法者統標諸法應無下正明脩行問菩
薩萬行何唯說一荅萬行不出六度六度
揔名布施故偈云檀義攝於六資生無畏
法此中一二三是名脩行住無著云若無
精進疲倦故不能說法若無禪定即貪信
敬利養染心說法若無智慧便顛倒說法
二別釋
所謂不住色布施不住聲香味觸法布施
本論但指三事謂自身報恩果報偈云自
身及報恩果報斯不著護存已不施防求
於異事三揔結
須菩提菩薩應如是布施不住於相
前但指三事今則心境空有微細盡袪故
偈云遠離取相心論云不見施物受者施

者無著云不住相想有人將此結文爲荅
降伏問非也前標次釋次結皆云無住都
是脩行中降伏之義何忽偏判配結之文
爲荅別問○四顯益
何以故若菩薩不住相布施其福德不可思
量須菩提於意云何東方虛空可思量不不
也世尊須菩提南西北方四維上下虛空可
思量不不也世尊須菩提菩薩無住相布施
福德亦復如是不可思量
初句徵者論云若離施等相想云何成就
施福若菩薩下釋於中三初法說爲疑無
福不可思以斷之東方下喻說可知菩薩
無住相下法合虛空者無著云猶如虛空
有三因緣一遍一切處謂住不住相中相
生故二寬廣高大殊勝故三無盡究竟不
窮故五結勸
須菩提菩薩但應如所教住
二躡跡斷疑論云自此已下示現斷生疑
心於中文分二十七段一斷求佛行施住
相疑疑云爲求佛果行施即是住所求佛

相云何無住又不住相爲因莫感色相之
果因果不類故斷之文四初舉疑因以問
須菩提於意云何可以身相見如來不
本秖因以相爲佛故對前不住相起疑佛
舉疑起之因問荅欲令除斷○二防相得
以酬
不也世尊不可以身相得見如來
遮防疑者欲以相求令得見佛故荅云不
可以相得見論云爲防彼相成就得如來
身三釋體異有爲
何以故如來所說身相即非身相
相是有爲生住異滅佛體異此故非身相
偈云三相異體故者佛體異於有爲三相
也住異二相同是現在故合爲一若細分
即四故唯識云生表此法先非有滅表此
法後是無異表此法非凝然住表此法變
有用四印佛身無相
佛告須菩提凡所有相皆是虛妄若見諸相
非相即見如來
非但佛身無相但是一切凡聖依正有爲

之相盡是虛妄以從妄念所變現故妄念
本空所變何實故起信云一切境界唯依
妄念而有差別若離心念即無一切境界
之相若見諸相等者遮離色觀空也恐聞
相是虛妄又別求無相佛身故云相即非
相便是如來不唯佛化身相是如來所見
一切相皆無相即如來也故起信云所
言覺義者謂心體離念離念相者等虛空
界即是如來平等法身肇云行合解通則
爲見佛偈云離彼是如來者離彼三相是
法身如來也無著則於色身但離徧計不
執色相即真色身故彼論云此爲顯示如
來色身又與當第三欲得色身住處二斷
因果俱深無信疑論云無住行施因深也
無相見佛果深也未來惡世必不生信空
卷二　十八
說何益斷之文四初約無信以呈疑
須菩提白佛言世尊頗有衆生得聞如是言
說章句生實信不
魏云頗有衆生於未來世云云今畧此句
者影在後五百歲也句詮差別章者解句

實信者大品云於一切法不信是信般若
二呵疑詞以顯信
佛告須菩提莫作是說如來滅後後五百歲
有持戒脩福者於此章句能生信心以此爲
實
後五百歲者大集云初五百歲解脫牢固
第二五百歲禪定牢固三多聞四塔寺五
鬬諍（廿如初二句例）本疑惡世無信故舉惡世以
斷疑持戒脩福者戒定也以此爲實者正
解無倒無著云增上戒等三學顯示脩行
少欲等功德戒出三塗定出六欲慧出三
界三明能信之所以二初明歷事善友積
集信因
當知是人不於一佛二佛三四五佛而種善
根已於無量千萬佛所種諸善根聞是章句
卷二　十九
乃至一念生淨信者
無著云顯示集因於多佛所明久事善友
則緣勝也種諸善根明久伏三毒則因勝
也二明善友所攝成就信德二初明攝受
得福顯福德門

須菩提如來悉知悉見是諸衆生得如是無
量福德
無著云謂於一切行住所作中知其心（四蘊）
見其依止（色）故此等顯示善友所攝論云
若不說見或謂如來以比智知若不說知
或謂如來以肉眼見視須二語得福德者
魏云生如是福德取如是福德論云生者
能生因取者熏脩自體果義無著云生者
福正起時現行取者即彼滅時攝持種子
此云得者生取二義不離於得得之一字
生取俱攝二明攝受所以顯智慧門由無
二執故得攝受△文二初正明已斷麤執
何以故是諸衆生無復我相人相衆生相壽
者相無法相亦無非法相
初徵信者以何義故得如來悉知悉見後
釋二一無我執執取自體爲我計我展轉
趣於餘趣爲人計我盛衰苦樂種種變異
相續爲衆生計我一報命根不斷而住爲
壽者二無法執論云無法相者能取所取
一切法無亦無非法相者無我真空實有

然離二執正是得佛知見成就淨信之本
善根福德却是相熏故論云有智慧便足
何故復說持戒功德爲示現實相差別義
故亦有持戒功德依信心恭敬能生實相
故不但說般若二因顯未除細執

何以故是諸衆生若心取相則爲著我人衆
生壽者若取法相即著我人衆生壽者何以
故若取非法相即著我人衆生壽者

若心取下揔明二相揔解取法非法盡名
相也亦是建立取相則我等相便生立義
宗也若取法下別明二相論云但有無明
使無現行麤煩惱示無我見故無著云但
取法及非法相轉非我等想以我等想及
依止不轉中有微者取法但爲法相何故
便著我等釋云取非法亦著我等何況取
法以後釋前也四示中道之玄門

是故不應取法不應取非法以是義故如來
常說汝等比丘知我說法如筏喻者法尚應
捨何況非法

初正結歸中後引說以證筏喻者餟言顯
義不應如言執義不執即爲不取非全棄
也偈云彼不住隨順於法中證智論釋云
不住者得證智捨教如到彼岸隨順者隨
順彼證智之教法如未到岸無著云法尚
應捨者實相生故何況非法者理不應故
三斷無相云何得說疑論云向說不可以
相見佛佛非有爲云何釋迦得阿耨菩提
云何說法斷之文二初問荅斷疑四初舉
疑因以問

須菩提於意云何如來得阿耨多羅三藐三
菩提耶如來有所說法耶

佛問得不意顯不得故無著云顯示翻於
正覺取故二順實理以酬

須菩提言如我解佛所說義無有定法名阿
耨多羅三藐三菩提亦無有定法如來可說

偈云應化非真佛亦非說法者三釋無定
法之言

何以故如來所說法皆不可取不可說非法
非非法

無著云不可取者謂正聞時不可說者謂
正說時非法者分別性故非非法者法無
我理故論云彼法非法非非法依真如義
說非法者一切法無體相故非非法者彼
真如無我實相有故何故唯言說不言證
有言說者即成證義故若不證者則不能
說四釋無取說之所以

所以者何一切賢聖皆以無爲法而有差別

魏云一切聖人皆以無爲法得名論意云
聖人但依真如清淨得名非別得法故無
取說而有差別者論云真如具足清淨分
清淨無著云無爲者無分別義故是故菩
薩有學得名如來無學得名初無爲者折
伏散乱時顯了故後無爲者唯第一義者
無上覺故三乘賢聖皆脩證無爲故通說
爲差別二校量顯勝四初舉劣福以問

須菩提於意云何若人滿三千大千世界七
寶以用布施是人所得福德寧爲多不

俱舍偈云四大洲日月蘇迷盧欲天梵世
各一千名一小千界此小千千倍說名一
中千此千倍大千皆同一成壞七寶者金

銀琉璃珊瑚碼碯赤真珠頗黎二釋福多
以酬
須菩提言甚多世尊何以故是福德即非福
德性是故如來說福德多
無著云是福德者標牒即非者約勝義空
是故者約世俗有三判經福超過
若復有人於此經中受持乃至四句偈等為
他人說其福勝彼
偈云受持法及說不空於福德福不趣菩
提二能趣菩提四句者但於四句詮義究
竟即成四句偈如凡所有相皆是虛妄若
見諸相非相即見如來此最妙也然但義
見四句持說即趣菩提文或增減不必唯
四義若闕者則互成謗四釋超過所以二
初正釋
何以故須菩提一切諸佛及諸佛阿耨多羅
三藐三菩提法皆從此經出
諸佛菩提法者論云名為法身於彼法身
此二能作了因一切諸佛者即報化身論
云於此能為生因二轉釋

須菩提所謂佛法者即非佛法
第一義中無有佛法從經出也四斷聲聞
得果是取疑論云向說聖人無為法不可
取說云何聲聞各取自果如證而說斷之
文四初入流果
須菩提於意云何須陀洹能作是念我得須
陀洹果不須菩提言不也世尊何以故須陀
洹名為入流而無所入不入色聲香味觸法
是名須陀洹
須陀洹此云入流入聖人流故亦云須流
預聖人流故秖由不入六塵名入聖流不
是別有所入故論云聖人得果不取一法
不取六塵境界故名逆流乃至羅漢不取
一法以是義故名阿羅漢然非不取無為
自果但於證時離取我等煩惱是故無如
是心我能得果若起如是心我能得果即
為著我等故知得果是不取義何得疑云
是取二一來果
須菩提於意云何斯陀含能作是念我得斯
陀含果不須菩提言不也世尊何以故斯陀
含名一往來而實無往來是名斯陀含
斯陀含此云一來斷欲界六品脩惑從此
命終一往天上一來人間便得阿羅漢果
故名一來而實無來者已悟無我誰能往
來三不來果
須菩提於意云何阿那含能作是念我得阿
那含果不須菩提言不也世尊何以故阿那
含名為不來而實無不來是故名阿那含
阿那含此云不來亦云不還斷欲界九品
脩惑盡命終一往天上更不還來下界故
云不來而實無不來義同前釋四不生果
阿羅漢此釋有三一無賊三界見脩煩惱
盡故二不生不受後有故三應應供受人天
廣大供養故文三初舉所得以問
須菩提於意云何阿羅漢能作是念我得阿
羅漢道不
二明無取以荅
須菩提言不也世尊何以故實無有法名阿
羅漢世尊若阿羅漢作是念我得阿羅漢道
即為著我人眾生壽者

三引已證令信三初明佛先印
世尊佛說我得無諍三昧人中最爲第一是
第一離欲阿羅漢
無諍者不惱衆生能令衆生不起煩惱故
佛讚之十弟子中善現第一離欲者三界
煩惱但有貪心盡名爲欲非唯欲界二彰
已不取
我不作是念我是離欲阿羅漢
三却釋佛意
世尊我若作是念我得阿羅漢道世尊則不
說須菩提是樂阿蘭那行者以須菩提實無
所行而名須菩提是樂阿蘭那行
論云離二種障一煩惱障得阿羅漢故離
二三昧障得無諍故離故無所行阿蘭那
者此云寂靜五斷釋迦然燈取說疑論云
釋迦昔於然燈佛所受法彼佛爲此佛說
法云何言不可取不可說
佛告須菩提於意云何如來昔在然燈佛所
於法有所得不不也世尊如來在然燈佛所
於法實無所得

於法實無所得者然燈佛說說是語言釋
迦所聞唯聞語言語言非實智證法故論
云釋迦於然燈所言語所說不取證法以
是義故顯彼證智不可說不可取六斷嚴
土違於不取疑論云若法不可取云何諸
菩薩取莊嚴淨土云何自受法王身斷之
文三初舉取相莊嚴問
須菩提於意云何菩薩莊嚴佛土不
佛意欲明法性真土故問取形相莊嚴土
不二釋離相莊嚴答
不也世尊何以故莊嚴佛土者即非莊嚴是
名莊嚴
偈云智習唯識通如是取淨土非形第一
體非嚴莊嚴意論釋云諸佛無有莊嚴國
土事唯真實智慧習識通達故不可取莊
嚴有二一形相二第一義相非嚴者無形
相故莊嚴意者即是第一莊嚴以一切功
德成就莊嚴故三依淨心莊嚴勸
是故須菩提諸菩薩摩訶薩應如是生清淨
心不應住色生心不應住聲香味觸法生心

應無所住而生其心
論云若人分別佛土是有爲形相而言我
成就者彼住於色等境中爲遮此故故云
應如是生清淨心不應住色等也而生其
心者則是正智此是真心若都無心便同
空見七斷受得報身有取疑疑意如前斷
之文二初問答斷疑
須菩提譬如有人身如須彌山王於意云何
是身爲大不須菩提言甚大世尊何以故佛
說非身是名大身
論云如須彌山王勢力高遠故名爲大而
不取我是山王以無分別故報佛亦如是
以得無上法王體故名大而不取我是法
王以無分別故故偈云如山王無取受報
亦復然非身名身者非有漏有爲身是無
漏無爲身故偈云遠離於諸漏及有爲法
故論云若如是即無有物若如是即名有
物以唯有清淨身故以遠離有爲法故以
是義故實有我體以不依他緣住故二校
量顯勝二一約外財校量廣顯經勝二一

校量勝劣三初約多河以辨沙
須菩提如恒河中所有沙數如是沙等恒河於意云何是諸恒河沙寧為多不須菩提言甚多世尊但諸恒河尚多無數何况其沙
恒河者從阿耨池東面流出周四十里沙細如麵金沙混流佛多近此說法故取為喻二約多沙以彰福
須菩提我今實言告汝若有善男子善女人以七寶滿爾所恒沙河數三千大千世界以用布施得福多不須菩提言甚多世尊
論云前已說喻何故復說偈云說多義差別亦成勝校量後福過於前故重說勝喻何故不先說此喻為漸化衆生令信上妙義故又前未顯以何等勝功德能得菩提故三約多福以顯勝
佛告須菩提若善男子善女人於此經中乃至受持四句偈等為他人說而此福德勝前福德
施感生死經趣菩提大意同前二釋勝所以五一尊處歎人勝三初明處可敬

復次須菩提隨說是經乃至四句偈等當知此處一切世間天人阿脩羅皆應供養如佛塔廟
大般若說天帝不在諸天若來但見空座盡皆作禮供養而去窣堵波此云高顯塔者邊國訛語廟貌也於塔中安佛形貌二顯人獲益

卷二　二十八

何况有人盡能受持讀誦須菩提當知是人成就最上第一希有之法
前四句猶勝况此盡能受持故最上等也三顯處有佛
若是經典所在之處則為有佛若尊重弟子
經顯如來法身依法則有報化又一切賢聖皆以無為得名經顯無為必有賢聖尊重弟子二約義釋辨名勝
爾時須菩提白佛言世尊當何名此經我等云何奉持佛告須菩提是經名為金剛般若波羅蜜以是名字汝當奉持所以者何須菩提佛說般若波羅蜜則非般若波羅蜜
佛立經名約能斷惑斷惑故勝也則非般若者無著云對治如言執故三佛無異說勝
須菩提於意云何如來有所說法不須菩提白佛言世尊如來無所說
無所說者無別異增減之說但如證而說既如其說則無所說三世佛皆然故云無異說故論云無有一法唯獨如來說餘佛不說無著云第一義不可說四施福劣塵勝

卷二　二十九

須菩提於意云何三千大千世界所有微塵是為多不須菩提言甚多世尊須菩提諸微塵如來說非微塵是名微塵如來說世界非世界是名世界
論云實施福德是煩惱因以能成就煩惱事故地塵無記非煩惱因故塵勝施劣大雲云故諸地塵則非貪等煩惱塵是名無記地塵如來說三千界非煩惱染因界是名地塵無記界是則界為塵因塵不生煩惱施為福因福生煩惱五感果離相勝
須菩提於意云何可以三十二相見如來不不也世尊不可以三十二相得見如來何以

故如來說三十二相即是非相是名三十二相

恐施寶者云我施求佛誰言煩惱故此經云可以相爲佛不論云持說此法能成菩提勝彼福德何以故彼相於佛菩提非法身相故經福能降施福德三十二相意明經福降施方得色相佛身若但寶施即煩惱因二約內財校量倍顯經勝二初校量勝劣

須菩提若有善男子善女人以恒河沙等身命布施若復有人於此經中乃至受持四句偈等爲他人說其福甚多

捨身勝於寶施持說又勝捨命二釋勝所以五初泣歎未聞深法勝

爾時須菩提聞說是經深解義趣涕淚悲泣而白佛言希有世尊佛說如是甚深經典我從昔來所得慧眼未曾得聞如是之經

捨身之苦已感人心何況更聞不及持說是故悲淚論云念彼身苦尊重法故悲淚慧眼人空也未聞法空也二淨心契實真德勝二初正明

世尊若復有人得聞是經信心清淨則生實相當知是人成就第一希有功德

論云此中有實相餘者非實相二佛跡

世尊是實相者則是非相是故如來說名實相

無著云爲離實相分別想故三信解三空同佛勝三初總標信解

世尊我今得聞如是經典信解受持不足爲難若當來世後五百歲其有衆生得聞是經信解受持是人則爲第一希有

無著云未來法滅時尚有菩薩受持故無我人等取云何汝等於正法時遠離脩行不生慚愧二別顯三空

何以故此人無我相人相衆生相壽者相所以者何我相即是非相人相衆生相壽者相即是非相何以故離一切諸相即名諸佛

無著云無我等者無人取我等即非相者無法取離一切者顯示諸菩薩隨順學相

諸佛世尊離一切相是故我等應如是學

三如來印定

佛告須菩提如是如是

四聞時不動希有勝

若復有人得聞是經不驚不怖不畏當知是人甚爲希有

論云驚者謂非處生懼怖者不能斷疑心故畏者一向怖故其心畢竟墮驚怖故五大因清淨第一勝

何以故須菩提如來說第一波羅蜜即非第一波羅蜜是名第一波羅蜜

何以故者有二一躡前不驚等徵二都躡前勝以徵論云此法門者名爲大因勝餘脩多羅故名爲清淨無量諸佛同說故彼珍寶檀等無如是功德是故彼福德中此福爲勝

金剛般若經疏論纂要

金剛般若經疏論纂要上

校勘記

一 底本，明永樂北藏本。

一 四二九頁上二行「大興福寺」，徑、清作「京大興福寺」。

一 四三〇頁下一行「二流通分」，徑、清作「三流通分」。

一 四三四頁上一二行「生㓕」，徑、清作「生滅」。

一 四三四頁上末行「依密」，徑、清作「依蜜」。

一 四三五頁中一四行末字「相」，徑、清作「福」。

一 四三六頁下六行第九字「視」，徑、清作「故」。

一 四三八頁中一〇行「須流」，徑作「預流」。

一 四四一頁下末行書名，徑作「金剛般若經疏論纂要上」。

金剛般若經疏論纂要下　農三
京大興福寺沙門宗密述　長水沙門子璿治定
八斷持說未脫苦果疑論云向說捨身苦身果報故福劣若爾依此法門持說諸菩薩行苦行亦是苦果云何此法不成苦果○斷之文二初明超忍以斷疑二○初明忍體
須菩提忍辱波羅蜜如來說非忍辱波羅蜜
忍到彼岸已離苦相況彼岸非岸誰苦誰忍△二明忍相二初引一生證極苦忍二
初正明
何以故須菩提如我昔為歌利王割截身體我於尒時無我相無人相無衆生相無壽者相
歌利此云極惡佛昔作仙山中修道王獵疲寢妃共禮仙王問得四果皆荅不得王怒割截天怒雨石王懼而懺悔仙證本無瞋王乃免害論云不但無苦而乃有樂以慈悲故○二反顯
何以故我於往昔節節支解時若有我相人相衆生相壽者相應生嗔恨
二引多生證相續忍
須菩提又念過去於五百世作忍辱仙人於尒所世無我相無人相無衆生相無壽者相
累苦故忍熟而樂但與正定慈悲相應故偈云離我及恚相實無有苦惱共樂有慈悲如是苦行果○二勸離相以安忍論云若有菩薩不離我相見苦行苦欲捨菩提心故勸離相無著云為對治不忍因緣有三種苦謂流轉苦衆生相違苦乏受用苦○文二○初揔標
是故須菩提菩薩應離一切相發阿耨多羅三藐三菩提心
若離相發心雖逢大苦即能不捨無著云離一切相者為離如是三苦相也○二別顯二○初對治不忍流轉苦
不應住色生心不應住聲香味觸法生心應生無所住心若心有住則為非住是故佛說菩薩心不應住色布施
初正明流是集諦轉是苦諦無著云若著色等則於流轉苦中疲乏故菩提心不生後引證引前說無住施具含六度證此文矣○二對治不忍相違苦
須菩提菩薩為利益一切衆生應如是布施如來說一切諸相即是非相又說一切衆生則非衆生
無著云既為衆生行施云何於彼生瞋由不能無衆生想故衆生相違時即生疲乏故顯示人無我法無我論云諸相者衆生相也非相者無我也陰中見我是衆生相一切衆生者五陰法也非衆生者陰空故法無我也乏受用苦配在後斷九斷能證無體非因疑論云於證果中無道云何彼於果為能作因○斷之文二○初斷疑
須菩提如來是真語者實語者如語者不誑語者不異語者
佛所有說皆如其事今說證果何疑不然真語者說佛身大菩提法也是真智故實語者說小乘四諦諦是實義如語者說大

乘法有真如小乘無也不異語者說三世
授記等事更無參差佛將此四語不誑衆
生是故秦譯加不誑語○二離執
須菩提如來所得法此法無實無虛
無實者如言說性非有故無虛者不如言
說自性故有○十斷如遍有得無得疑論
云若聖人以無為真如法得名彼真如一
切時處恒有何故有得者有不得○斷之
文二○初舉喻斷疑
須菩提若菩薩心住於法而行布施如人入
闇則無所見若菩薩心不住法而行布施如
人有目日光明照見種種色
論云無智住法心不清淨故不得有智不
住法心清淨故得有目者如得對治法日
光者如所治闇盡能治現前空喻真如色
喻性上萬德○二讚經功德二○初惣標
須菩提當來之世若有善男子善女人能於
此經受持讀誦則爲如來以佛智慧悉知
是人悉見是人皆得成就無量無邊功德
無著云讀誦者此說受持因故爲欲受故
讀爲欲持故誦論云受持修行依惣持法
故讀誦修行依聞慧廣故是則從他聞法
內自思惟得修行智也故偈云修從他及
內○二別顯十初捨命不如二○初捨命
福
須菩提若有善男子善女人初日分以恒河
沙等身布施中日分復以恒河沙等身布施
後日分亦以恒河沙等身布施如是無量百
千萬億刧以身布施
偈云以事及時大福中勝福德○二信經
福
若復有人聞此經典信心不逆其福勝彼何
況書寫受持讀誦爲人解說
信經劣於持說多命勝於前喻○二餘乘
不測
須菩提以要言之是經有不可思議不可稱
量無邊功德
偈云非餘者境界無著云不可思議者唯
自覺故不可稱量者無有等及勝故○三
依大心說
如來爲發大乘者說爲發最上乘者說
最上者一佛乘也○四具德能傳
若有人能受持讀誦廣爲人說如來悉知是
人悉見是人皆得成就不可量不可稱無有
邊不可思議功德如是人等則爲荷擔如來
阿耨多羅三藐三菩提
成就等者偈云滿足無上界荷擔者無著
云肩負菩提重擔故○五樂小不堪
何以故須菩提若樂小法者著我見人見衆
生見壽者見則於此經不能聽受讀誦爲人
解說
六所在如塔
須菩提在在處處若有此經一切世間天人
阿修羅所應供養當知此處則爲是塔皆應
恭敬作禮圍繞以諸華香而散其處
七轉罪爲佛
復次須菩提善男子善女人受持讀誦此經
若爲人輕賤是人先世罪業應墮惡道以今
世人輕賤故先世罪業則爲消滅當得阿耨
多羅三藐三菩提

輕賤者揔包於中或打或罵故隋譯云輕
賤甚輕賤無著云此毀辱事有無量門故
復云甚輕賤當得菩提者罪滅故○八超
事多尊論云示現速證菩提法故○文二
初供佛多中全具福

須菩提我念過去無量阿僧祇劫於然燈佛
前得值八百四千萬億那由他諸佛悉皆供
養承事無空過者
那由他者十億為洛叉十洛叉為俱胝十
俱胝為那由他○二持經多中少分福

若復有人於後末世能受持讀誦此經所得
功德於我所供養諸佛功德百分不及一千
萬億分乃至筭數譬喻所不能及
九具聞則疑

須菩提若善男子善女人於後末世有受持
讀誦此經所得功德我若具說者或有人聞
心則狂亂狐疑不信
十揔結幽邃

須菩提當知是經義不可思議果報亦不可
思議

無著云此顯示彼福體及果體不可測量
故○十一斷住修降伏是我疑佛教我住
修降伏兼不住前十種疑執過患若無我
者誰人受教誰人住修誰人如此離過云
云亦云除微細執故偈云於内心修行存

我為菩薩此即障於心違於不住道○斷
之文二○初問

尒時須菩提白佛言世尊善男子善女人發
阿耨多羅三藐三菩提心云何應住云何降
伏其心

二荅三○初若名菩薩必無我

佛告須菩提若善男子善女人發阿耨多羅
三藐三菩提心者當生如是心我應滅度一
切衆生滅度一切衆生已而無有一衆生實
滅度者

二若有我相非菩薩

何以故若菩薩有我相人相衆生相壽者相
則非菩薩

三能所俱即是菩提

所以者何須菩提實無有法發阿耨多羅三
藐三菩提心者

十二斷佛因是有菩薩疑論云若無菩薩
云何釋迦如來於然燈佛所行菩薩行○
斷之文四○初舉疑處

須菩提於意云何如來於然燈佛所有法得
阿耨多羅三藐三菩提不
降怨王請然燈佛入城城中長幼盡迎路
泥善慧布髮佛與授記故舉此問○二斷
疑念

不也世尊如我解佛所說義佛於然燈佛所
無有法得阿耨多羅三藐三菩提
善慧彼時都無所得離諸分別由無法故
得記若有法者是有相心不順菩提佛不
與記○三印決定

佛言如是如是須菩提實無有法如來得阿
耨多羅三藐三菩提
論云我於彼時所修諸行無有一法得阿
耨多羅三藐三菩提功德施論引佛說云
若見於佛即見自身見身清淨見佛清淨
見一切智智皆悉清淨是中見清淨智亦

復清淨是名見佛我如是見然燈如來得
無生忍一切智智明了現前即得受記是
受記聲不至於耳亦非餘智之所能知我
於此時亦非惛懵無覺然無所得○四反
覆釋
須菩提若有法如來得阿耨多羅三藐三菩
提者然燈佛則不與我授記汝於來世當得
作佛號釋迦牟尼以實無有法得阿耨多羅
三藐三菩提是故然燈佛與我授記作是言
汝於來世當得作佛號釋迦牟尼
無著云若正覺法可說如彼然燈所說者
我於彼時便得正覺然燈則不記言來世
當得以法不可說故我於彼時不得正覺
是故記言來世當得○十三斷無因則無
佛法疑於中三初斷一向無佛疑論云若
無菩提即無諸佛如來有如是謗謂一向
無佛為斷此疑故云如來者即是真如○
斷之文二○初顯真如是佛故非無
何以故如來者即諸法如義
無著云如清淨故名為如來猶如真金

二明佛即菩提故無得
若有人言如來得阿耨多羅三藐三菩提
須菩提實無有法佛得阿耨多羅三藐三
菩提
先標錯解魏云若有人言如來得阿耨菩
提者是人不實語後釋正見偈云菩提彼
行等謂等前菩薩行無得也無著云式謂
然燈如來所於法不得正覺世尊後時自
得正覺為離此取故云若人言等○二斷
一向無法疑論云有人謗言若無因行則
如來不得阿耨菩提為斷此疑故云如來
所得等○斷之文二○初遣執遮疑
須菩提如來所得阿耨多羅三藐三菩提於
是中無實無虛
論云無色等相故彼即菩提相故無著云
顯真如無二故謂言說故謂彼正覺不無
世間言說故○二釋義斷疑
是故如來說一切法皆是佛法須菩提所言
一切法者即非一切法是故名一切法
論云一切法者皆真如體故皆佛法即非

者由色等法即真如故即非色等法真如
常無色等諸相故是名者即是真如法自
性矣○三顯真佛真法體
須菩提辟如人身長大須菩提言世尊如來說
人身長大則為非大身是名大身
偈云依彼法身佛故說大身喻身離一切
障及徧一切境功德及大體故即說大身
非身即是身是故說大身論云非身者無
有諸相故大身者有真如體故無著云攝
一切衆生大身故於彼身中安立非自非
他故○十四斷無人度生嚴土疑論云若
無菩薩者諸佛亦不成菩提衆生亦不入
涅槃亦無清淨佛土何故諸菩薩發心欲
令衆生入涅槃起心修行清淨佛土○斷
之文三初遮度生念三○初明失念
須菩提菩薩亦如是若作是言我當滅度無
量衆生則不名菩薩
偈云不達真法界起度衆生意及清淨國
土生心即是倒○二明無人
何以故須菩提實無有法名為菩薩

無法名菩薩豈有我度衆生〇三引前說
是故佛說一切法無我無人無衆生無壽者
二遮嚴土念二〇初明失念
須菩提若菩薩作是言我當莊嚴佛土是不
名菩薩
二釋所以
何以故如來說莊嚴佛土者即非莊嚴是名
莊嚴
三釋成菩薩
須菩提若菩薩通達無我法者如來說名真
是菩薩
論云若起度衆生嚴土之心即是顛倒非
菩薩者起何等心名爲菩薩故經言通達
等無著云謂人無我法無我〇十五斷諸佛
不見諸法疑論云前說菩薩不見彼是衆
生不見我爲菩薩不見清淨佛土若如是
則諸佛不見諸法〇斷之文二初約能見
五眼明見淨偈云雖不見諸法非無了境
眼諸佛五種實以見彼顛倒〇文五〇初
肉眼

須菩提於意云何如來有肉眼不如是世尊
如來有肉眼
肉團中有清淨色見障內色名爲肉眼佛
具諸根故有肉眼〇二天眼
須菩提於意云何如來有天眼不如是世尊
如來有天眼
於肉眼邊引淨天眼見障外色依大般若
佛肉眼能見人中無數世界不唯障內若
佛天眼能見諸天所有細色除見天外見
人等事名肉眼矣淨名云唯佛世尊得真
天眼照見恒沙佛土不以二相〇三慧眼
須菩提於意云何如來有慧眼不如是世尊
如來有慧眼
以根本智照真理故〇四法眼
須菩提於意云何如來有法眼不如是世尊
如來有法眼
後得智說法度人〇五佛眼
須菩提於意云何如來有佛眼不如是世尊
如來有佛眼
前四在佛總名佛眼又見佛性圓極名爲

佛眼〇無著云爲令知見淨勝故顯示有
五種眼略說有四種謂色攝第一諦攝世
諦攝一切種一切應知攝〇古德偈云天
眼通非礙肉眼礙非通法眼唯觀俗慧眼
直緣空佛眼如千日照異體還同〇二約
所知諸心明智淨五〇初約一箇恒河以
數沙
須菩提於意云何如恒河中所有沙佛說是
沙不如是世尊如來說是沙
二約一河中沙以數河
須菩提於意云何如一恒河中所有沙有如
是沙等恒河
三約沙河中沙以數界
是諸恒河所有沙數佛世界如是寧爲多不
甚多世尊
四約介所界中所有生
佛告須菩提介所國土中所有衆生
五約一一衆生所有心三〇初惣明染淨
以標悉知
若干種心如來悉知

無著云若干種心者有二種謂染及淨即共欲心離欲心等○二會妄歸真以釋悉知

何以故如来說諸心皆爲非心是名爲心

大雲云由一切妄心依真如體都無其性佛證真如故悉知之諸心者標指非心者妄識本空是名心者真心不滅若本論釋則與此殊偈云種種顛倒識以離於實念不住彼實智是故說顛倒○三推破雜染以釋非心

所以者何須菩提過去心不可得現在心不可得未来心不可得

無著云過去已滅故未来未有故現在第一義故○十六斷福德例心顛倒疑論云向說心住顛倒皆不可得若如是福德亦是顛倒何名善法○斷之文二○初問福荅福

須菩提於意云何若有人滿三千大千世界七寶以用布施是人以是因縁得福多不如是世尊此人以是因縁得福甚多

以是離相無倒行施因縁成無漏福離於二障既非顛倒故得福多○二反釋順釋

須菩提若福德有實如来不說德福德多以福德無故如来說得福德多

偈云佛智慧爲本非顛倒功德論云顯示福非顛倒佛智爲本故福有者取相也福無者離相也問福性空故福多者前說妄心性空妄亦應多荅福以佛智爲本順於性空故悟性空福則甚多心識顛倒違於性空故悟性空則心識都盡十七斷無爲何有相好疑論云若諸佛以無爲得名云何諸佛成就相好而名爲佛此約法身佛故以爲疑○斷之文二○初由無身故現身

須菩提於意云何佛可以具足色身見不不也世尊如来不應以具足色身見何以故如来說具足色身即非具足色身是名具足色身

即隨形好也如鏡中無物方能現物故論云法身畢竟非色身非諸相然相好二種亦非不佛此二不離法身故是故此二亦得言無故說非身亦得言有故說成就○二由無相故現相

須菩提於意云何如来可以具足諸相見不不也世尊如来不應以具足諸相見何以故如来說諸相具足即非具足是名諸相具足

即三十二相也一一如前色身中說十八斷無身何以說法疑論云若如来色身相好不可得見云何言如来說法○斷之文三○初遮錯解

須菩提汝勿謂如来作是念我當有所說法莫作是念

谷中無人能作音聲故○二釋所以

何以故若人言如来有所說法即爲謗佛不能解我所說故

世尊達諸法空畢竟無執今言有說是謗佛執法也○三示正見

須菩提說法者無法可說是名說法

偈云如佛法亦然所說二差别不離於法界說法無自相大雲云若言無說是真說法若言有說不名說法是謗佛故○十九斷無法如何修證疑論云如来不得一法

云何離上上證轉轉得阿耨菩提為斷此
疑示現非證法名為阿耨菩提○斷之文
三○初以無法為正覺
須菩提白佛言世尊得阿耨多羅三藐三菩
提為無所得耶佛言如是如是須菩提我於
阿耨多羅三藐三菩提乃至無有少法可得
是名阿耨多羅三藐三菩提
偈云彼處無少法知菩提無上論云彼菩
提處無有一法可證名為阿耨菩提○二
以平等為正覺
復次須菩提是法平等無有高下是名阿耨
多羅三藐三菩提
偈云法界不增減論云是法平等是故名
無上以更無上上故○三以正助修正覺
以無我無人無衆生無壽者修一切善法則
得阿耨多羅三藐三菩提須菩提所言善法
者如来說即非善法是名善法
無我等是了因即正道也修一切善法是
緣因即助道也即得阿耨菩提是正覺也
所言善法者標指也即非等者論云彼法
無有漏法故名非善法以有無漏法故名
為善法○二十斷所說無記非因疑論云
若修一切善法得阿耨菩提者則所說法
不能得菩提以是無記法故○斷者
須菩提若三千大千世界中所有諸須彌山
王如是等七寶聚有人持用布施若人以此
般若波羅蜜經乃至四句偈等受持讀誦為
他人說於前福德百分不及一百千萬億分
乃至筭數譬喻所不能及
偈云雖言無記法而說是彼因是故一法
寶勝無量珍寶論云以離所說法不能得
大菩提故此法能為菩提因又言汝法是
無記而我法是記是故勝捨無量七寶○
二十一斷平等云何度生疑論云若法平
等無高下者云何如来度衆生○斷之文
四○初遮其錯解
須菩提於意云何汝等勿謂如来作是念我
當度衆生須菩提莫作是念
二示其正見
何以故實無有衆生如来度者
偈云平等真法界佛不度衆生以名共彼
陰不離於法界論云衆生假名與五陰共
不離法界○三反釋所以
若有衆生如来度者如来則有我人衆生壽
者
論云若如来有如是心五陰中有衆生可
度者此是取相過無著云如来如尒炎而
知是故若有衆生想則為有我取○四展
轉拂跡
須菩提如来說有我者則非有我而凡夫之
人以為有我須菩提凡夫者如来說則非凡
夫
二十二斷以相比知真佛疑論云雖相成
就不可得見如来而以見相成就比智則
知如来法身○斷之文五○初問以相表
佛
須菩提於意云何可以三十二相觀如来不
二荅因苗識根
須菩提言如是如是以三十二相觀如来
大雲云前悟色身今迷法身意謂法身既

流出相身即由此相知佛證得無相法身
○三難凡聖不分
佛言須菩提若以三十二相觀如來者轉輪
聖王則是如來
偈云非是色身相可比知如來諸佛唯法
身轉輪王非佛○四悟佛非相見
須菩提白佛言世尊如我解佛所說義不應以
三十二相觀如來
五即見聞不及
尒時世尊而說偈言若以色見我以音聲求
我是人行邪道不能見如來
魏加後偈云彼如來妙體即法身諸佛法
身不可見彼識不能知偈云唯見色聞聲
是人不知佛以真如法身非是識境故無
著云以彼法真如相故非如言說而知唯

麗三　大

自證知故二十三斷佛果非關福相疑由
前相比法身是失又聞以色見聲求是邪
遂作念云佛果一向無相無為若尒則修
福德之因但成相果相果既非佛果佛果
則不以具相而得故佛果畢竟不關福相

故論云有人起如是心若不依福德得大
菩提如是諸菩薩則失福德及失果報○
斷之文四初遮毀相之念
須菩提汝若作是念如來不以具足相故得
阿耨多羅三藐三菩提須菩提莫作是念如
來不以具足相故得阿耨多羅三藐三菩提
華嚴經云色身非是佛音聲亦復然亦不
離色聲見佛神通力肇云不偏在色聲故
言非非不身相故復言是大雲云若言如
來不以相具斷滅見矣故佛止云莫作是
念○二出毀相之過
須菩提汝若作是念發阿耨多羅三藐三菩
提心者說諸法斷滅莫作是念
毀相則墮斷滅斷滅是損減之過斷見邊
見之過○三明福相不失

麗三　十九

何以故發阿耨多羅三藐三菩提心者於法
不說斷滅相
無著云於法不說斷滅者謂如所住法而
通達不斷一切生死影像法於涅槃自在
行利益衆生事此中爲遮一向寂靜故顯

示不住涅槃偈云不失功德因及彼勝果
報論云雖不依福德得真菩提而不失福
德及彼果報以能成就智慧莊嚴功德莊
嚴○四明不失所以二○初明得忍故不
失
須菩提若菩薩以滿恒河沙等世界七寶布
施若復有人知一切法無我得成於忍此菩
薩勝前菩薩所得功德
論云有人起如是心諸菩薩得出世智失
彼福德及以果報爲遮此故偈云得勝忍
不失以得無垢果無我者二種無我也○
一明不受故不失二○初正明
須菩提以諸菩薩不受福德故
論云彼福德得有漏果報故可訶也無著
云此顯示不著生死故若住生死即受福
德○二徵釋
須菩提白佛言世尊云何菩薩不受福德須
菩提菩薩所作福德不應貪著是故說不受
福德
二十四斷化身出現受福疑論云若諸菩

薩不受福德云何諸菩薩福德衆生受用
○斷之文二○初斥錯解
須菩提若有人言如來若來若去若坐若臥
是人不解我所說義
偈云是福德應報爲化諸衆生自然如是
業諸佛現十方○二示正見
何以故如來者無所從來亦無所去故名如
來
偈云去來化身佛如來常不動大雲云衆
生心水若清淨則見佛來來無所從濁則見
雙林示滅則云佛去去無可至疏鈔云解極
會如體無方所緣至物現來無所從感畢
爲隱亦何所去○二十五斷法身化身一
異疑據前不可以化相比知法身法身無
去來坐臥即似真化異據遮斷滅之念又
顯不失福相即似真化一故成疑也此約微
塵世界委釋非一非異義以斷此疑○文二初
約塵界破一異五○初細末方便破麤色
須菩提若善男子善女人以三千大千世界
碎爲微塵於意云何是微塵衆寧爲多不

甚多世尊
偈云於是法界處非一亦非異論云彼諸
佛如來於真如法界中非一處住亦非異
處住爲示此義故說世界碎爲微塵故偈
云世界作微塵此喻示彼義○無著云爲
破名色身故說界塵等於中細末方便及
無所見方便塵甚多者是細末方便○大
雲云即是析塵至於細末以此方便破麤
色矣此言微塵依大乘宗於一搏色假想
分析至極略色爲塵非小乘宗實塵矣○
二不念方便破微塵
何以故若是微塵衆實有者佛則不說是微
塵衆所以者何佛說微塵衆則非微塵衆是
名微塵衆
論云塵碎爲末故非一處塵衆聚故故非
異處如是佛住法界中非一處住非異處
住○又若塵衆實有者世間凡夫悉亦自
知何須佛說秖爲不知體不成就故佛說
矣故無著云世尊說非者以此聚體不成
就故若異此者佛雖不說亦自知是聚○

三不念方便破世界
世尊如來所說三千大千世界則非世界是
名世界
本論破世界不實之義可知無著云此破
名身世界者衆生世界○四俱約塵界破
和合
何以故若世界實有者則是一合相如來說
一合相則非一合相是名一合相
論云若實有一世界如來則不說三千界
大雲云若實有一世界冥然是一一和合
矣是則不合有多差別今既佛說三千明
非冥然一矣故約三千破一界也○無著
云爲並說若世界若微塵界故有二種摶
取爲一摶取及差別摶取大雲云此明塵
衆及衆生類俱名世界一合相者即是摶
取摶取爲一故云和合故此一合有二摶
取一者一摶取即是世界和合爲一二差
別摶取即是微塵有衆多極微名爲差別
非一合者第一義中二界無實故五佛印
無中妄執有

須菩提一合相者則是不可說但凡夫之人貪著其事

論云以彼聚集無物可取虛妄分別故云妄取若有實者即是正見無著云世諦說搏取第一義不可說彼小兒凡夫如言說取大雲云執見五蘊取其和合是貪著事迷於事法起煩惱矣○二約止觀破我法二初除我執二初斥錯解

須菩提若人言佛說我見人見衆生見壽者見須菩提於意云何是人解我所說義不世尊是人不解如來所說義

二遣言執

何以故世尊說我見人見衆生見壽者見則非我見人見衆生見壽者見是名我見人見衆生見壽者見

論云我見虛妄分別佛說即是不見無著云此顯示如所不分別云何顯示如外道說我如來說爲我見故安置人無我又爲說有此我見故安置法無我如是觀察善薩入相應三昧時不復分別即此觀察爲入方便○二除法執二○初除分別

須菩提發阿耨多羅三藐三菩提心者於一切法應如是知如是見如是信解不生法相

無著云此顯示何人無分別於何法不分別何方便不分別○此顯示增上心增上智故於無分別中知見勝解○於中若智依止奢摩他故知依止毗鉢舍那故見此二依止三摩提故勝解以三摩提自在故解內攀緣影像彼名勝解○云何無分別此正顯無分別大雲云前之方便是加行智今不分別是根本智即親證真如離能所取名不分別○二顯本寂

須菩提所言法相者如來說即非法相是名法相

無著云此顯示法相中不共義及相應義

如前已說二十六斷化身說法無福疑因聞真化非一非異意云若就非一化唯虛假若就非異又唯冥合歸一法身即化身終無自體若介即所說法受持演說無福○斷之文二○初明說法功德

須菩提若有人滿無量阿僧祇世界七寶持用布施若有善男子善女人發菩薩心者持於此經乃至四句偈等受持讀誦爲人演說其福勝彼

偈云化身示現福非無無盡福論云雖諸佛自然化身作業而彼諸佛化身說法有無量無盡無漏功德○二明說法不染

云何爲人演說不取于相如如不動

無著云爲說法不染故以有如是大利益故決定演說如是演說即無所染○云何演說等者顯示不可言說故若異此者則爲染說以顛倒義故又說時不求信敬等亦爲無染說法○大雲云若能不以生滅心行說實相法則如彼真如故曰如如又心如境如故曰如如不動者則無染義○

二十七斷入寂如何說法疑論云若諸佛如來常爲衆生說法云何言如來入涅槃○斷者

何以故一切有爲法如夢幻泡影如露亦如電應作如是觀

釋此文為三初約兩論釋魏本中九喻魏本云一切有為法如星翳燈幻露泡夢電雲應作如是觀○於中文二初約本論斷疑偈云非有為非離諸如来涅槃九種有為法妙智正觀故論云諸佛得涅槃化身說法故非有為非離有為何故示現世間而不住有為由妙智正觀有為如九喻虛假故○二兼無著釋相無著云此偈顯示四有為相文四○一自性相此見相二用識為體生死根本故文三○一星喻見無著云無智暗中有彼光故有智明中無彼光故○二翳喻相論云如目有翳則見毛輪等色觀有為法亦尒以顛倒見故無著云人法我見如翳以取無義故○三燈喻識燈約膏油相續不絕識依貪愛生死無休○二著所住味相論云幻喻所依住處以器世間種種差別無一體實故無著云味着顛倒境故大雲云幻出城郭誑人識變山河不實故○三隨順過失相自身及受用是過失觀此無常是名隨順又解云隨順身受即是過失

文二○初露喻身論云身亦如是少時住故二泡喻受論云所受用事亦復如是以受想因三法不定故無著云顯示隨順苦體以受如泡故功德施云觀察壽如水泡或始生未成體或纔生或暫停住即歸散滅○四隨順出離相無著云隨順人法無我故得出離文三○初夢喻過去無著云彼過去行以所念處故如夢論云應觀過去所有集造同於夢境但唯念性故功德施云觀察作者如夢中隨見聞之境以念分別熏習住故雖無作者種種境界分明現前如是衆生無始時来有諸煩惱善不善業熏習而住雖無我是能作者而現無涯生死等事○二電喻現在論云以刹那不住故功德施云觀察心如電生時即滅三雲喻未來論云以於子時阿黎耶識與一切法為種子根本無著云彼麁惡種子以虛空引心出故如雲○無著云如是知三世行則達無我此顯示隨順出離相大雲云過未無體現又不住則三世空達無

我矣○二約諸經顯諸虛假喻之大意佛說一切法空疑云云何現見一切境界故說如幻幻法雖無分明可見又疑云幻法既無人何愛著故說如陽焰渴鹿謂之水愛著奔趣又疑云渴鹿畢竟不得水貪者如何皆得受用故說如夢夢中所見亦得受用又疑云若夢造善惡寤無業報夢打尊長寤無憂懼故說如影如響雖全無體明鏡對色空谷對聲妍媸高低一一皆應必無雜亂必無參差又疑云若都無實菩薩何以作利樂事故說如化謂變化者雖知不實而化事○三會通秦譯經本夢幻泡影空理全彰露電二喻無常足顯悟真空則不住諸相觀生滅則警策修行妙符破相之宗巧示亡情之觀○魏譯九喻秦本略者以星燈有體雲種含生恐難契空心潛濫相想取意之譯妙在茲焉○第三流通分

佛說是經已長老須菩提及諸比丘比丘尼優婆塞優婆夷一切世間天人阿修羅聞佛

所說皆大歡喜信受奉行

尼者此云女也優婆塞此云近事男優婆夷此云近事女親近比丘比丘尼而承事故阿修羅此云非天皆大等者文殊所問經云有三種義歡喜奉行一說者清淨不為取著利養所染二所說清淨以如實知法體三得果清淨○無著云若聞如是義於大乘無覺我念過於石究竟無因故天親云諸佛希有總持法不可稱量深句義從尊者聞及廣說迴此功德施群生大雲云大聖說經妙理斯畢二空圓極四衆奉行肇云同聽聲悟法喜蕩心服戢遵式永崇不朽資聖云般若深經三世佛母聞經四句以超惡趣之因一念淨持必獲菩提之記故人天異類莫不虔受奉行矣

金剛般若經疏論纂要下

金剛般若經疏論纂要下

校勘記

一　底本，明永樂北藏本。

一　四四三頁中六行「忍熱而樂」，徑作「忍熱而累苦故忍熱而樂」。

一　四四五頁上一三行「萬億人」，徑、清作「萬億分」。

一　四四五頁上末行註解「以上諸段爲十四難寂靜味住」，徑、清無。

一　四五一頁上一八行「細未」，徑、清作「細末」。

一　四五一頁下一一行「羞別」，徑、清作「差別」。

一　四五三頁上一〇行「根木」，徑、清作「根本」。

一　四五三頁上一七行「無者」，徑、清作「無著」。

四教義卷第一　　藉

天台山修禪寺沙門　智顗　撰

夫眾生機緣不一是以教門種種不同經云自從得道夜至泥洹夜
所說之法皆實不虛仰尋斯旨抑有由致所以言之夫道絕二途畢
竟者常樂法唯一味寂滅者歸真於鹿野鶴林之文七處八會之教
非頓漸之異不定秘密之殊是以近代諸師各為理釋今所立義意
異前規故略撰四教用義大都漸頓不定秘密之藏若達斯旨者
則如來權實信矣無方至人本迹微哉難究況復此漸頓不定秘密
之蹤皆無滯矣今明此義略開七章第一釋四教名第二辨所詮第
三明四門入理第四明判位不同第五明權實第六約觀心第七通
諸經論第一釋四教名者一三藏教二通教三別教四圓教此
四通言教者以詮理化物為義大聖於四不可說用四悉檀赴緣而
有四說說能詮理化轉物心故言教也化轉有三義一轉惡為善二
轉迷成解三轉凡成聖故教以詮理化物為義也略為五意一正釋
四教名二辨定三引證料簡五明經論用教多少不同第一正釋四
教名即為四一釋三藏教名二釋通教名三釋別教名四釋圓教名
一釋三藏教名者此教明因緣生滅四聖諦理正教小乘傍化菩薩
所言三藏教者一修多羅藏二毘尼藏三阿毘曇藏一修多羅藏者
修多羅此或云有翻或言無翻言有翻亦有多家不同然多用法本
出世善法言教之本故云法本即是四阿含經也二毘尼藏者毘尼
此翻為滅佛說作無作戒能滅身口之惡是故云滅即八十誦律也
三阿毘曇藏者阿毘曇此翻云無比法聖人智慧分別法義也故云
無比法若佛自分別法義若佛弟子分別法義皆名阿毘曇也然此
三法通名藏者以含藏為義但解者不同有言文能含理故名為藏
又言理能含文故名為藏今言三法之名各是一句三名各含一切
文理故名藏也阿含即是定藏四阿含多明修行法也毘尼即是戒

藏正明因事制戒防止身口之惡法也阿毘曇即是慧藏分別無漏
慧法不可比也此之三藏的屬小乘故法華云貪著小乘三藏學者
問曰如此對當義理可然而名乖詮次答曰說時非行時教起之次
阿含為先修行之初木叉為首又如八正道正見正思惟為先次正
語等八法皆名為正如人行法眼前明路然後發足故大智論云目
足備故入清涼池也問曰佛於三藏初開三乘大乘最勝何不以大
乘為正小乘為傍耶答曰鹿苑初說四諦法輪俱隣五人見諦成道
八萬諸天得法眼淨但有小乘得道未有大乘故以小乘為正也大
智論云佛於阿含中雖為彌勒授記亦不說種種菩薩行故大乘為
傍也問曰外人亦說戒定慧此有何異答曰外人所說戒定慧即是
舊醫如彼蟲道舊醫戒有二一邪二正一邪者即是雞狗等戒二正
者即是十善道也舊醫定有二一邪二正一邪者即是九十六種道經
所說鬼神邪定或能知世吉凶現神變相也二正者即是四禪四無
量心四無色定及發五神通也舊醫慧有二一邪二正一邪者即是因
身邊見心發諸邪智撥無因果食糞裸形等也二正者即是因身邊
見心發諸世智說有因果修諸善法也今佛說三藏教所明客醫戒
定慧即是新醫從遠方來曉八種術初說四枯正術即是三藏教門
明戒定慧也一戒者即是十種得戒發一切律儀無作如是五部毘
尼所明身口諸善法也二定者即依八背捨入九次第定師子奮迅
超越三昧願智頂禪六通四辯等也三慧者即是生滅四諦破身邊
二見六十二見發真無漏成十一智三無漏根也此戒定慧外人尚
不聞其名況有少分譬如驢乳牛乳色雖同若傳驢乳則成尿糞
若傳牛乳便成酪酥醍醐也二釋通教名通者同也三乘同稟故名
為通此教明因緣即空無生四真諦理是摩訶衍之初門也正為菩
薩傍通二乘故大品經云欲學聲聞乘者當學般若欲學緣覺乘者
當學般若欲學菩薩乘者當學般若三乘同稟此教見第一義故云
通教也所言通者義乃多途略出八義一教通二理通三智通四斷

通五行通六位通七因通八果通教通者三乘通同因緣即空之教理通者同見偏真之理智通者同得巧度一切智斷通者界內惑斷同也行通者見思無漏行同也位通者從乾慧地乃至辟支佛地位皆同也因通者九無礙同也果通者九解脫二種涅槃之果同也通義有八而但名通教者若不因通教即不知通理乃至成通果也故諸大乘方等及諸般若有三乘得道者為同稟此教也問曰何故不名共教答曰共名但得二乘近通不得遠通若立通名近遠俱便言遠便者通別通圓也三釋別教名者別者不共之名也此教不共二乘人說故名別教此教正明因緣假名無量四聖諦理的化菩薩不涉二乘故聲聞在座如聾如啞法華經明迦葉領解自述往昔聞方等大品淨佛國土成就眾生心不喜樂即其義也所言別者義乃多途略明有八一教別二理別三智別四斷別五行別六位別七因別八果別故名別教也教別者佛說恒沙佛法別為菩薩不通二乘理別者藏識有恒沙俗諦之理也智別者道種智也斷別者塵沙無知界外見思無明斷也行別者歷沙劫修諸波羅蜜自行化他之行也位別者三十心伏無明是賢位十地發真斷無明是聖位之別因別者無礙金剛之因也果別者解脫涅槃四德異二乘也別義有八但名別教者若不因別教則不知別理乃至得成別果也問曰何故不說為不共教而作別教之名答曰智論明不共般若即是不共二乘人說如不思議經今明別教如說方等大品二乘共聞而別教菩薩故用別名也兼欲簡非圓教別雖異通猶是未圓之寄也四釋圓教名者圓以不偏為義此教明不思議因緣二諦中道事理具足不別但化最上利根之人故名圓教也花嚴經云顯現自在力為說圓滿經無量諸眾生悉受菩提記維摩經云一切眾生即大涅槃不可復滅也大品經具足品云諸法雖空一心具足萬行法華經云合掌以敬心欲聞具足道涅槃經云金剛寶藏無所缺減故名圓也所言圓者義乃多途略說有八一教圓二理圓三智圓四斷圓五行圓六位圓七

因圓八果圓教圓者正說中道故言教圓也理圓者中道即一切法理不偏也智圓者一切種智圓也斷圓者不斷而斷無明惑斷也行圓者一行一切行也位圓者從初一地具足諸地功德也因圓者雙照二諦自然流入也果圓者妙覺不思議三德之果不縱不橫也圓義有八但名圓教者若不因圓教則不知圓理乃至得成圓果也問曰教理若圓何得更有行位因果之殊答曰只為教理圓故使有智斷行位因果之殊如世間法寶能生之本臨學之者得有皆異雖復初臨乃於後臨本未曾異也第二料簡此四教通而為語於一教中各有四教即有四教義但其三義不成故各從一義以受教名也即為四意一聚定三藏教二聚定通教三聚定別教四聚定圓教一聚定三藏教者問曰如三藏教說無常三乘同稟入道即是通教別為菩薩說六度此即別教為說一切種智今求佛果豈非圓教答曰今聚此教三義者言說無常通教三乘是通教者二乘聞無常發真斷結一世便入涅槃可是通教見無常理菩薩雖聞無常之教三阿僧祇劫不發真斷結豈見無常之理故知無常通教之義不成雖說願行化物別教義不成若本論別教詮別理斷別惑初三藏教所明願行猶約生滅四諦而起見生滅四諦不及二乘豈是別教雖說一切種智勸菩薩求果行因不名為圓者菩薩因中不得即具種智豈得論圓又此種智只照二諦不照中道豈得圓也是則雖有三教義義不成但名三藏教也二聚定通教者問曰通教說戒定智慧豈非三藏教道種智豈非別教說一切種智豈非圓教耶答曰雖有此三教義義不成所以然者通教說無生戒定智慧一相無相不同三藏戒定智慧別相異也復次一得不失從勝受名故不說三藏之名受通教名也雖說道種智止相異也復次一得不失從勝受名故不說三藏之名受通教名也雖說道種智止言照界內俗諦非是說如來藏恒沙佛法之道種智故別教義不成雖復說一切種智止是照界內二諦明一切種智非照中道不思議二諦之一切種

智故圓教義不成是則三教義不成但名通教也三聚定別教者問曰別教亦說戒定智慧何故不名三藏教亦說無生之理何故不名通教亦說中道一切種智何故不名圓耶答曰別教說恒沙佛法無量戒定智慧異前生滅戒定智慧故非三藏也雖說空理是不可得空非是但空不與二乘同見故非通也雖說中道一切種智非初後發心即具一切種智故非圓也是則三義不成但名別教四聚定圓教者問曰圓教亦有戒定智慧何故不名三藏亦有真空之理何故非通亦有歷別階級法門何故非別答曰圓教所說戒定智慧皆約真如實相佛性涅槃而辨豈同三藏偏說戒定智慧不明佛性真空平等之理聲聞辟支佛所不能知何況稟入故非通也種種法門位行階級無不與實相相應攝一切法從初一地無不具足一切諸地是故非別三義不成但名圓教也是則四教四名雖復互通而研其理實當教立名不可混濫若圓教攝三即是又多濫從而得稱之也第三引證者夫欲申通佛法事須經論明文但佛教皆沒玄旨難尋若不立名辨義何以得知旨趣今明此義略為三意一明無文立名作義以通經二別引經論證三總引經論也一無文立名作義以通經教者問曰立四教名義若無經論明文豈可承用答曰古來諸師講說何必悉有經論明文如開善光宅五時明義莊嚴四時判教地論四宗五宗六宗攝山單複中假興皇四假並無明文皆言隨情所立助揚佛化其有緣者莫不承習信解弘宣問曰何意不依半滿五味等出經文答曰佛教豈有漏處不足為立文味各據一途豈得通釋此諸教也但依義符經論無文不足致疑大智論云法施者依附經法廣作義理為立名字皆名法施今一家解釋佛法處處約名作義隨義立名或有文證或無文證若有文證故不應疑無文證者亦須得意譬如神農本草但是古之聖人所造藥對治撰集經方當時所治無往不差今人依用未必皆愈而今代凡醫雖約古方出意增損隨病處藥亦有不差者深稱此喻用經說法觀時事所宜作義立

名亦有何失今釋此經一部前後作義文旨此非一條若不體此意
者何但四教之名而生疑也經論正赴往人機緣末代學者因教是非
諸行道障起非一寧可守株待兔必貽斯責且佛教無窮恒沙非譬
東流之者萬不一達智人君子希更詳焉二別引經論證四教者前
釋名以具引經文今更略出如我心云廣學修多羅毗尼阿毗曇佛
在世時豈無三藏之教也故成論云我今正欲論三藏中實義此證
三藏教者此經淨名為迦旃延解說五受陰二百比丘心得解脫大品經
三慧品明薩婆若智三乘同得中論云諸法實相三人共入此證通
教者此經明以無所受而受諸受未具佛法亦不滅受而取證也無
量義經云摩訶般若華嚴海空宣說菩薩歷劫修行即是別文涅槃經
明五行正是別教意也大智論云結使有二種一者共二乘斷二者
不共斷者不共般若斷於別惑文殊問經云我於諸修
多羅此經云諸佛解脫當於眾生心行中求大品經云欲以一切種
智知一切法當學般若法華經名實如來教言善哉釋迦牟尼佛
乃以平等大慧為大眾說如所說者皆是真實涅槃經云復有一行
是如來行所謂大乘大般涅槃智論云三智其實一心中得如是等
討大乘經論四教義文處處有也三慧引經論證者今影傍大乘經
論立四教名義者如大涅槃經明四不可說有因緣故亦可得說四
種之說以化前緣即是四教又涅槃經四種四諦法輪即是四教
之意又法華經明三草二木禀澤不同此即三教也一地所
生一雨所潤譬說教實事即圓教也中論破諸異執既洗淨諸因緣
四句通佛四說即是四教之意如此等四說法隨機化物即四教義
四說即是四教之異名也第四料簡者問曰法華經云佛平等說如
一味雨何曾有四說之殊答曰上來處處引四不可說有四因緣故
亦可得說者未曾定有一說何曾定有四教耶故此經云佛以一
音演說法眾生隨類各得解類異解即是四教不同之相也且
諸經明義不同自有說異解異說一解一說異解一說一解異無說

無解故此經云其說法者無說無示其聽法者無聞無得若違此意
四教點定五義何所疑哉問曰四教從何而起答曰今明四教還從
前所明三觀而起為成三觀初從假入空觀具有析體拙巧二種入
空不同從析假入空故有三藏教起從體假入空故有通教起若約
第二從空入假假中即有別教起約第三一心中道正觀即有圓教
起問曰三觀復因何而起答曰三觀還因四教而起問觀教因何而
起答曰觀教皆從因緣所生四句而起問曰因緣所生四句因何而
起答曰因緣所生四句即是心心即是諸佛不思議解脫不思議解
脫畢竟無所有即是不可說故淨名杜口默然說也有因緣故亦可
得說者即是用四悉檀說心因緣所生之四句起四種根性十因緣
法所成眾生而說也四種根性者一者下根二者中根三者上根四
者上上根赴此四種根故因此教觀無礙而起皆利眾生得成信法
兩行之益此即若聖說法若聖默然之義也問曰大涅槃經云根有
三種一者下二者中三者上根為中根人於波羅奈轉于法輪為上
根人於拘尸那轉大法輪若下根人如來終不為轉法輪今何得言
有四種根性為下根人說三藏教耶答諸佛教門隨緣不定或說一
根或說二根或說三根或說四根或言三為下根者或言不為下根
者說言為下根說者如法華經三草譬佛皆得增長言不為下根者
說即如引涅槃經文也問曰提謂經說五戒明人天善何意不開為
五教義耶答曰人天教者賢所說世之常道不離生死法王出世欲
化眾生令出火宅是以鹿苑三轉法輪人天得道以此為實故有三
藏教此經大品法華涅槃諸大乘經皆云於波羅奈轉四諦法輪又
大智度論明結集法藏亦從鹿苑而起不取提謂經為初也問曰若
不開人天善何得法華經明三草二木禀澤也答曰三藏教明出世間
布施持戒禪定即是人天之教並是正因緣所生善法此已為三藏
所攝故不須為五也問曰四教義與地論人四宗義同不答曰若人
聞言四諦即是四大不此為非問今不依四宗五四教者意乃多途

略出二妨一四宗明義言方似滯二細尋研覈立名作義似如不便
三四宗雖言寬博一家往望攝佛法猶有所闕一四宗明義言方
似滯者彼不約四不可說用四悉檀起緣而說即成滯也二細尋研
覈立名作義似如不便者彼之四宗以毗曇見有得道可許因緣為宗
三假是世諦何得為宗成論見空得道何不以空為宗且智論明三
藏教有三門入道一是有門二是空門三是假名門也又智論彈方
廣義云取十喻直說一切法不生不滅夫般若意甚得用夢幻為不
真宗也今語曰不真宗即是通教真宗即是通宗者宗則通真不真
何意沒宗而用教真宗何意無教而立宗家若無教何得知真真宗
若沒宗有教則同名通教若俱沒教留宗則同名通宗若俱安教則
同名通宗教若留不真則名通不真宗教通不真宗可
為三乘通修通真宗亦應三乘通修也若言此通是融通之通者教
亦是通與之通也此則兩名混同義無別也答曰楞伽經云說通教
童蒙說宗通教菩薩故以真為通宗也又諮曰若爾是則前因緣假名
不真皆是教直取不應為立宗名也設卻並是意謂立四宗名義甚
不便也今言四教者佛從初得道至大涅槃顯示一切法門無非言
教也三設巧救四宗名義得立若比古今雖為當博一家往望攝佛
法意猶人有所闕今採諸經論立四教義一教各有四門合十六門
彼因緣假名兩宗似與此所明三藏教有空二門相參猶闕亦有門
及非空有兩門也彼不真宗明諸法如幻如化似與此通教有門相
參餘三門彼所不明彼真宗似與此別教有門相參餘三門彼所不
明此則四宗明義但得與此三教四門相參此圓教四門彼所不
明四教猶有十二門明義彼四宗所不明也又護身法師用五宗義
四宗如前長立法界宗似與此圓教有門相參四教猶有十一門彼
所不明也若闍法師用六宗明義二宗似與此三門相參如上分別
彼真宗似與此通教空門相參彼常宗似與此別教有門相參彼圓
宗似與此圓教有門相參四教猶有十門彼六宗之所不明也故知

四宗六宗雖言古今比來明教之意將今一家往望頗似得意猶大有所闕也所以前明四教揀義者正是述一家明經說法異古今所說運用不同也故前明三觀以破諸法略為聲聞菩薩權實則知與諸禪師及三論師所說意有殊也今明四教一教各有四門四教即有十六門又開三藏教四門如五百阿羅漢各說身因即是五百門也故經說泥洹真法寶眾生從種種門入但三藏教四門上開無量門入道何況通教別教圓教各有四門而不得各開無量門也故華嚴經明善才童子見四十二善知識各言我唯知此一法門如是見一百二十善知識乃至彌勒善知識皆各言我唯能知此一法門是則大乘法門無量又淨名經三十二菩薩各說入不二法門乃至八千菩薩皆說入不二法門故法華經云以種種法門宣示於佛道如此法於不可說用四悉檀而起教門令一切眾生以佛教門出三界若若留心此意比決四宗五宗六宗自知殊別也第三明經論用四教多少不同若華嚴頓教用別圓兩教若漸教之初小乘經但用三藏教若大集方等則具有四教若摩訶般若用通別圓三教法華但用圓教大般涅槃備明佛法界四教皆入佛性涅槃諸論隨經用教多少義類可解問曰四教遍通眾經何故於此經文前廣辨答曰一切漸頓諸經未必皆明四教唯方等大集及此經具有四教之文故約此經玄略明四教義也但每嘆末代弘法之人孫棄經義用通一論致使後生皆謂論富經貧解經立論今採眾經論立四教義以通諸大乘經者蓋欲令後賢有緣之者并易投經意若能尋心大乘方等聽受讀誦書寫如說修行非但功不唐捐亦稱理之要也第二辨所詮者夫教是能詮理是所詮故因理教教顯理即理非教即教非理離理無教離教無理故思益經云菩提之中無文字文字之中亦無菩提雖菩提非文字文字非菩提以離菩提無文字故約理而說教雖文字無菩提故即教能顯理是則教為能詮理為所詮若往於此所言理者即是四諦也今約四諦明理起教教能詮理教是能詮理

是所詮今明詮義略為四意一約四諦之理以明所詮二約三諦之理以明所詮三約二諦之理以明所詮四約一諦之理以明所詮也一約四諦明所詮者即為三一明所詮四諦之理二明能詮之教三明約經論一明所詮四諦之理者有四種四諦一生滅四諦二無生四諦三無量四諦四無作四諦問曰何處經論出此四種四諦答曰若散論諸經赴緣處處有此文義但不聚在一處大涅槃經明聖行欲為五味譬本是以次第分別明此四種四諦勝鬘亦有四種四諦之文所謂有作四諦有量四諦無作四諦無量四諦但涅槃勝鬘明無量四諦詮文不同義意少異問曰前明生滅四諦是三藏教半字之義此事可然次明無生無量無作云何分別答曰若作滿字明義三種四諦同是滿教不須分別若五味明義三種四諦義則不同無生四諦此雖大乘猶通二乘無量四諦但是菩薩所行之道無作四實諦乃是佛之境界此為異也一明約生滅四諦之理明所詮者即是因緣生滅次明諦理故法華云昔於波羅柰轉四諦法輪分別說諸法五眾之生滅生滅即是起作故勝鬘經明有作四諦也所言四諦者一苦二集三滅四道所言苦者逼切為義無常三相逼切色心故名為苦審實不虛名之為諦所言集者招聚為義煩惱業合能招聚生死苦果故名為集審實不虛為諦所言滅者滅無為義無有子果二縛故名為滅審實不虛為諦所言道者能通為義戒定智慧能通至涅槃故名為道審實不虛目之為諦此是生滅四諦故涅槃云聲聞有苦有苦諦有集有集諦有滅有滅諦有道有道諦也問曰滅道聖人行因得果可言審實苦集虛妄何名審實答曰凡夫虛妄因果虛妄非不虛妄是則有漏無漏因果皆悉審實不可混濫故遺教經云日可令冷月可令熱佛說四諦不可令異釋此生滅四諦義備如數人成論分別今不具明二明無生四諦者如思益云知苦無生名苦聖諦知集無和合相名集聖諦以不二相觀名道聖諦法本不生今則無滅是滅聖諦是則苦集滅道四法名字事相是同而

諦義有異前以生滅之理為諦今明不生不滅真空之理為諦亦名四真諦也故涅槃云菩薩解苦無苦是故無苦而有真諦解集無集是故無集而有真諦有滅有真故名四真諦三乘共觀得第一義證二種涅槃亦是勝鬘經明有量四諦也問曰若是三乘通學涅槃何故解滅明常樂我淨耶答曰若方等般若所明無生真諦三乘共見而二乘通教菩薩不見佛性不明滅諦是常住也至大涅槃為三乘人同說佛性故無生四真諦通別圓故明滅諦四德異於方等大品意在於此也三明無量四聖諦者如大涅槃說知諸陰苦名為苦諦分別諸陰有無量相悉是苦是名無量苦諦無量集滅道至下自當具出經文如是四諦之理涅槃云非諸聲聞緣覺所知皆是別教所詮文理也問曰此無量四聖諦是何等四諦無量耶答曰今明四教所詮菩薩學道種智並得論無量四諦但此無量四諦的屬別教也問曰若爾涅槃明四諦無量相何得定知是別教所詮無量四諦耶答曰若不明佛性而說無量即是前三教所詮無量也若明佛性說無量者則任運自成後兩教所明無量也若圓教亦名無量四聖諦者即是無作實諦之異名也四明無作四諦者如涅槃明約一實諦而辨四諦即是無作四實明四實不作四故名無作觀四得實故名四實諦也涅槃云所言苦者為無常相是可斷相是為實諦如來之性非苦非無常非可斷相是故為實虛空佛性亦復如是無作集滅道諦在下當具引經涅槃此文即無作實諦之明證也若能依經解此四諦即一實是為圓教所詮之理勝鬘經明無作四諦無一實結成涅槃不云無作皆用一實結成四諦義既相關今合兩經立名故言無作四諦也問曰勝鬘云明無量四聖諦無作四聖諦涅槃亦有是說二處經文為同為異答曰有無量四聖諦雖依藏識非無作若無量四聖諦亦依藏識即是無作所以者何若約無明恒沙四法事數論無量即是別教所詮無量非無作若約法性明四諦無量即圓教所詮無量無量即無作也涅槃答迦葉明無量四諦正約教數無

此別教所詮也若文殊明四諦即是明無作四實諦勝鬘明二種四諦一異未可判定別問曰勝鬘明無量四諦何故在無作四諦後答曰勝鬘云依無作說無量四諦依義有三種一依未說因無量即是無作之因也二明依理說義無作之理不可思量無量也三依體說用無量即是無作之教無量也若解此三義次無作後說無量四諦不足致疑也問曰無生無作何異其之異實何異答曰若義名異義一往難者恒強取意通釋佛意不無各有所主二明能詮之教者即是四教能詮四種四諦之理即為四意一初三藏教詮生滅四諦之理但生滅四諦之理即是大涅槃經明生生之義生生既不可說云何說三藏教能詮此理涅槃經云有因緣時亦可得說即是四悉檀善巧故能詮也若是世界對治為人用此三悉檀說生滅四諦此約隨情辨能詮用第一義悉檀說生滅四諦即是約隨智辨能詮也若無情智之機則不可說此二機發則可以方便赴機善巧說生滅四諦故法華經云諸法寂滅相不可以言宣以方便力故為五比丘說是名轉法輪便有涅槃音及以阿羅漢也二明通教詮無生四真諦之理無生四諦即是大涅槃明不生生義不生生既不可說云何說通教能詮此理又涅槃云有因緣故亦可得說即是用四悉檀因緣說也若世界為人對治三悉檀故說無生四諦此約隨情辨能詮也若用第一義悉檀說無生四諦即是約隨智辨能詮也若無情智之機則不可說此機若發則以方便赴機善巧而說三乘向道之人聞說即入見第一義諦無言說道斷見思煩惱也三明別教能詮無量四諦之理無量四諦即是涅槃明不生生義不生生既不可說云何說別教能詮此理又涅槃云有因緣故亦可得說即用四悉檀因緣說也若用世界為人對治善巧方便而說無量四諦即是隨情辨能詮也若用第一義悉檀即是隨智辨能詮若無情智二機則不可說此二機發則可以方便赴機而說別教菩薩聞說即入十行迴向登初地也四次明用圓教詮無作四諦之理無作四諦之理即是大涅槃

明不生不生義不生不生既不可說云何圓教能詮此理又涅槃經明有因緣故亦可得說即是用四悉檀因緣說也若世界為人對治三悉檀說無作四實諦乃得隨情辨能詮耳若用第一義悉檀說無作四實諦即是隨智辨能詮也若無情智之機即不可說此二機發則可說也利根大士聞說即開佛知見見佛性理住大涅槃也三明對治經論者即為二意一對經二對論一對經者若華嚴經用別圓兩教詮無量四諦無作四諦之理小乘三藏漸教之初但詮生滅四諦之理大乘方等及此經用四教詮四種四諦之理摩訶般若用三教詮三種四諦之理法華但用一教詮無作四實諦理大涅槃通用四教詮四種四諦之理事如前引涅槃文即其義也二明對論者別通經論類然可知若通申經論如中論破一切內外顛倒執諍外人問曰若一切世間皆空無所有者即應無生無滅以無生滅故則無四諦四沙門果三寶若受空法有如此等過論主答曰汝今實不知空因緣諸佛依二諦為衆生說法若不知二諦則不知真佛法以有空義故則一切法得成若無空義一切則不成一切法成者有四諦四沙門果三寶也今釋此語論主破執見既盡明有四諦四沙門果三寶者即是摩訶衍中三種四諦三種四沙門果三種三寶也問曰云何得知答曰論主說偈故知有偈云因緣所生法我說即是空此偈申通教大乘無生四諦四沙門果三寶也偈云亦為是假名即是申別教大乘詮無量四諦四沙門果三寶也偈云亦是中道義即是通圓教大乘詮無作四實諦四沙門果三寶也破申之意大乘三教亦用一偈作論之巧妙在於此次後讀兩品初品云問曰已知摩訶衍入第一義今欲聞聲聞法入第一義論主具明生滅十二因緣破六十二見入第一義即是為鈍根聲聞弟子說因緣生滅因緣即是生滅四諦四沙門果三寶也中論前申摩訶衍通別圓三教三種四諦四沙門果三寶後兩品申三藏生滅四諦四沙門果三寶者以後世人根轉鈍應須還用此教是則中論文略而義富申佛教既

顯於四諦之理已顯故言有四諦也乃是如意珠論非水精珠論也若不解此義但依經依文說若同井功夫四假謗佛大小乘經論並成謗法也第三約三諦明四教所詮之理者即為三意一明三諦所詮之理二明能詮之理二明能詮四教三約經論一明三諦所詮理者三諦名義具出瓔珞仁王經一者有諦二者無諦三者中道第一義諦亦言有諦者二十五有世間衆生妄情所見名之為有如彼情見實有故虛名之為諦故言有諦亦名俗諦亦名世諦者如涅槃云如世人之所見者名為世諦二無諦者三乘出世之人所見真空無名無相故名為無諦亦名真諦故言無諦亦名真諦亦名第一義諦故涅槃云如出世人之見故名為第一義諦三中道第一義諦者遮二邊故說名中道言遮二邊者遮凡夫所見有邊二乘所見無邊相空邊遮俗諦真諦之二邊遮世諦第一義諦之二邊遮如此等之二邊名為不二不二之理目之為中此理虛通無擁名之為道最上無過故稱第一深有所以目之為義諸佛菩薩之所證見審實不虛謂之為諦故言中道第一義諦亦名一實諦亦名虛空佛性法界如來藏也故涅槃云凡夫者有二乘菩薩有無菩薩之法不有不無即是三諦之理不同之義此理並為四教所詮故約三諦之理明所詮也問曰所言三諦之理為是隨情為是隨智答曰今一家明義所辨諦理有三種不同一者隨情二者隨情智三者隨智此義別有料簡今且用一途依涅槃判三諦之理也是則一是隨情之理二是隨情智之理又云二是隨情之理一是隨智之理情智合說以為三諦之理也二明能詮之四教三諦理者即為四一三藏教但詮二諦之理所以棄教之流不聞佛性常住涅槃三乘猶存灰斷之果也二通教亦但詮二諦之理所以棄教之流亦不聞佛性常住涅槃三乘猶存灰斷之果也三別教別詮三諦之理所以棄教之流三十心但成二觀二智之方便適登地方乃見性入流也四圓教證一諦之理是故圓教流初心即開佛知見自然深入菩薩位若海也三明對經論者如華嚴但

名俗諦中道或云華嚴教詮別相三諦一心三諦三藏明教詮真俗
二諦方等大乘之教詮三諦一往同華嚴摩訶般若亦具詮三諦一
往同華嚴法華但詮一心三諦涅槃備詮三諦一往亦同華嚴也諸
論隨經類之可知中論云因緣所生法我說即是空此似詮真諦亦
為是假名即詮俗諦也亦是中道義即詮中道第一義諦也此偈即
是申摩訶衍詮三諦之理若下兩品明聲聞辟支入第一義此即是別
申三藏教詮二諦之理也第三明約二諦明所詮者亦為三意一正
明所詮之理二明能詮之教三約經論明所詮之理者即是二諦之
理也二諦有二種一者理外二諦二者理內二諦若真諦非佛性即
是理外之二諦真即佛性即是理內之二諦也一理外二諦有二種
一者不即之二諦生滅二諦也二者相即之二諦無生二諦也故大
品云即色是空非色滅空色滅方空是不即之二諦即色是空相即
之二諦也二明理內二諦亦有二種一不即之二諦二相即之二諦
不即之二諦是無量二諦也故涅槃云分別世諦有無量相第一義
有無量相非諸聲聞緣覺所知也二相即之二諦無作之二諦也無
作者滅道名為世諦即一實諦故名第一義二明能詮之四教者
若三藏教詮於理外不即之二諦若通教詮於理外相即之二諦別
教詮於理內不即之二諦圓教詮於理內相即之二諦也三對經論
文華嚴詮理內二種二諦三藏教詮理外不即之二諦方等大集詮
理內理外四種二諦摩訶般若詮理外相即二諦理內二種二諦法
華但詮理內相即之二諦涅槃經通詮理內理外四種二諦諸論通
經類之可解中論云因緣所生法我說即是空此申理外相即之二
諦亦為是假名亦是中道義此申理內不相即相即之二諦後兩品
明聲聞入第一義即是申三藏教理外不相即之二諦也第四明一
諦之理辨所詮者亦為三意一者正明所詮之理二明能詮之教三
約經論一明所詮之理者即是一諦之理也何者名為一諦諦名審
實審實之法即是不二之真有三諦二諦皆不審實今明真俗說為諦

者但是方便實非諦也故涅槃云所言二諦者其實是一如來方便
為化眾生故說為二譬如日月不轉醉人見轉當知唯有不轉之日
不醉之人同見豈別有迴轉之日若實有轉日者不醉之人亦應並
見也一諦如真日二諦如轉日真日審實可名一諦轉日不實何有
二諦方便說二實義不成故非諦也今以此一實為所詮之理也二
明能詮之教者若三藏教通教正是煩惱患滅未唯詮真諦說有
二諦不能詮一實諦也若別教詮一實諦如醉轉日圓教詮一實諦
轉日即不轉日也三對經論者若華嚴教詮一實諦帶理內世諦不
即之方便三藏教一向不詮一實諦也若方等教詮一實諦同華嚴
有佛具會一實諦之方便摩訶般若教詮一實諦亦同華嚴亦備具
會實諦之方便故無量義經云佛成道已來四十餘年未顯真實今
謂何有不說實諦但或時赴緣帶二諦三諦不即一諦之方便所攝
法華教詮一實諦無復不即之方便但詮一切即一實諦也故法華
說二萬日月燈明佛皆去說諸法實相義已為汝等說今佛放光明助
發實相義諸佛法久後要當說真實正直捨方便但說無上道若涅
槃經同方等通釋入佛性為異諸論隨經類之可解如中論云亦名
中道義此即是申一實諦之教也故青目釋云遮二邊故名為中道
即是遮因緣空邊假邊非此二邊則非遮真俗二諦名一實諦也故
涅槃云一實諦則無二也又云無二之性即是實性無二之性即是
入不二法門又一實諦者即是不生不生不生不生不可說故是故
淨名默然杜口文殊稱歎意在於此也第一卷竟第三明四門入理
者尋真性實相之理幽微妙絕一切世間莫之能契但以大聖明鑒
通理之門乃於無言之理赴緣起教以教為門是以稟教之徒因門
契理故法華云以佛教門出三界苦又云其智慧門難解難入淨名
經明諸菩薩各說入不二法門即其意也今略以五意解釋一略辨
四門相二正明四門入理三悉檀起四門教四約十法成門義五信
法兩行四門不同也第一略辨四門相者門以能通為義佛教所詮

正四句法通行人至真性實相之理故名為門若外人邪因緣無因
緣法四句因此四句各見四種邪法之理因此生十四難六十二見
起諸結業沉輪生死此是邪道四門今所不述若佛法四門即是正
因緣四句法能通行人同入第一義涅槃故大智論云四門入清涼
池又波若如大聚四邊不可觸又云般若波羅蜜有四種相即四門
義明尋佛法所有四教不同今約教明門各有四別一三藏教四門
二通教四門三別教四門四圓教四門一明三藏教四門即為四一
有門二空門三有空門四非有非空門一有門者即三藏教明正因
緣生滅之有若稟此教能破十六知見見陰界入一切有為諸法皆
悉無常苦空無我得世第一法發真無漏因有見真有即第一義諦
之門也故大集云甚深之理不可說第一實義無聲字聲聞弟子
陳如比丘於諸法中得真實之知見此即諸阿毗曇論之所申也
二明空門者即是三藏教明析正因緣假實法生滅入空若稟此教
能破假實之惑見假實空發真無漏因空見真空即第一義之門也
故須菩提在石室觀生滅無常入空因空得道名見佛法身恐此是
成實論之所申也三明有空門者即三藏教明正因緣生滅之有空
若稟此教能破偏執有無之惑見因緣有空發真無漏因有空見真
有空即第一義之門也此是迦旃延因入道故作昆勒論還申此門
也四非有非空門者即三藏教明正因緣生滅非有非無理若稟此
教能破有無邊邪執見因緣非有非無發真無漏因非有非無見真
非有非無即第一義之門也惡口車匿因此入道未見論文有人言
犢子阿毗曇申此意也彼論明我在第五不可說藏中我非三世即
非是見有非無為法即是非空也此恐未可定用二明通教四門者
即是智論明一切實一切不實一切亦實亦不實一切非實非不實
佛於此四句廣說第一義悉檀中論明此四句皆名諸法之實相即
通教明正因緣法如幻響化水月鏡像體法即空之句也若三乘
共稟此教而根緣不同各於一句入第一義故四句皆名門也此具

如青目注解又注云諸法實相有三種故知此四門即是三乘同入此四門得見第一義也三明別教四門者若用中論亦名假名而辨四門者即別教之四門大智論四句亦得也此別教四門意正出大涅槃經但多散說約乳明四句譬即是別教四門也若明佛性如乳有酪性石有金性力士額珠即是有門若明石無金性乳無酪性衆生佛性猶如虛空大涅槃空迦毗羅城空即是空門也涅槃又云佛性亦有亦無者云何為有一切衆生悉皆有故云何為無從善方便而得見故又譬如乳中有酪性亦無酪性即是亦有亦無門也若明佛性即是中道百非雙遣故經云乳中非有酪性非無酪性即是非空非有門也別教菩薩別乘此四門之教因見佛性住大涅槃故此四句之說即是別教之四門也今一往約涅槃經分別別教四門之相但此經文或可圓教四門至下圓教四門自當料簡同異也問曰若別教四門但出涅槃前諸摩訶衍經何意無別教四門也答曰大涅槃經是解釋前教之經此前摩訶衍豈無別教四門具出經文事盛繁也四明圓教四門者四門明入佛性第一義一往與別教四門入第一義諦見佛性得常涅槃名義是同細尋意趣有異問曰以何相知異耶答曰分別有異意乃多途今略約圓教七義分別即知別教四門與圓教四門有殊也七義者一若明一切法即真性實相佛性涅槃不可謂復滅而明四門者即是圓教四門也二若初心即開佛知見圓照而辨四門者即圓教四門也三若明不思議不斷煩惱而入涅槃辨四門者即是圓教四門也四若明圓行而辨四門者即是圓教四門也五若明圓位而辨四門者即是圓教四門也六若明圓體而辨四門者即是圓教明四門也七若明圓用而辨四門者即是圓教明四門也第二正明四門入理者若外人四門心行理外諸顛到相與顛到相應不得入真性理所以者何隨心異故見理亦異是故各說謂得一究竟遂起諍論也今明佛性四門皆得入一理但有兩種不同一者三藏通教兩種四門同入偏真之理二者別

圓兩教四門同入圓真之理一明三藏通教四門同入偏真之理者各因四門同見第一義得二種涅槃是同也理雖是一而門有異者見有巧拙兩度之殊故有兩種四門能通之別也真理無二故所通至理是一也譬如州城開四門使君是一從四門入者門雖有殊而所見使君只是一也三藏教四門如從州城四邊偏門入通教四門如從正門而入偏正雖殊入見偏真第一義諦得二種涅槃是一也二明別教四門圓教四門同入中道實相真性理者各因四門而入見實相佛性得常樂涅槃是一也理雖是同而門有異者教門既有偏圓之殊故有兩種四門能通之異也佛性真理不二故所通至真性理是一也譬如臺城有四門門雖不同所見天子是一也別教四門如從臺城四邊偏門而入圓教四門如從四正門而入偏正雖殊入見真性解脫實相之理是一也第三明用四悉檀起四門之教者若外道四門皆不見根緣執心計相定說如舊醫常用乳藥治一切病此不因四悉檀而起四門也今佛法四門皆因四悉檀而起也一明悉檀起三藏教四門二明悉檀起通教四門三明悉檀起別教四門四明悉檀起圓教四門一明四悉檀起三藏教四門者即是生生不可說有四悉檀因緣亦可得說一明用四悉檀起有門者若衆生心樂有法即用世界悉檀說毗曇有門若宜聞生善即用各各為人悉檀說於有門若執無因邪因緣或執空計著起諸結業即用對治悉檀為說有門若聞即悟見第一義即用第一義悉檀為說有門如拘隣五人聞說四諦即見第一義諦得須陁洹果若不能用四悉檀赴緣而說者即是差機說法是衆生怨共天魔外道一手作諸勞侶涅槃云說法者諸佛境界非諸聲聞緣覺所知也二用四悉檀起空門者類前有門用四悉檀起空門義即成也而諸成論師云毗曇有門但是調心不能得道成實見空方得道耳諸數論師云我用小乘明義見有得道汝採用大乘明義故說見空得道今謂此並不得三藏教意大集經云常見之人說異念斷斷見之人說一

念斷二見雖殊得道無異大智論云聲聞經中處處明法空義亦得言見空得道採明大乘今約此四悉檀意作成壞義數人四義成成論四義壞成論四義成數人四義壞是則成壞敵爭何者是成論成何者是數人壞若解三藏教巧拙度則成論空門義成數人有門義壞三明用四悉檀起有無門類前有門用悉檀具則有空門得起故為昆勒論之所通也四明用四悉檀起非有非無門者亦類前有門用四悉檀意可見也二明四悉檀起通教四門者通教四門雖知幻化但有名字即是生不生不可說而衆生四種根緣不同若用四悉檀赴緣即得起四門也用四悉檀起義類前可知也三明用四悉檀起別教四門者不生生不可說以四悉檀因緣故得赴緣起別教說四門也但地論師明阿梨耶識是如來藏即是用別教有門通三論人曰汝是不具宗亦是要義三論師明諸法畢竟無所有此是別教空門論地論師曰汝是外人冥初生覺義亦是黃蜂蝶義執諍不稽何可融會耶今謂此是不得別教四門之意不知四悉檀說此有空四門義也四明四悉檀起圓教不生不生不可說以四悉檀因緣起圓教說四門也第四明十法成四門義者外人亦說四門但不為十法所成故諸顛到執轉生死不得解脫今佛法四門皆為十法所成必得涅槃故不同外人也就此即為四一十法成三藏教四門二十法成通教四門三十法成別教四門四十法成圓教四門一明十法成三藏教四門者四門即為四一明用十法成毗曇有門見有得道者十法名目具如前出但知正因緣法成見有得道者知無明因緣生一切法破一切外人計無因邪因緣生一切法也二真正發心成見有得道者知無明因緣有三界一切生死苦覺悟心生欲斷無明結業正求涅槃此心真正過一切天魔外道之心也三止觀進行成見有得道者因止觀能發無漏定慧不同外人不知攝發猶難得見生酪蘇也四破法遍成見有得道者用生滅無常破身邊二見單四見複四見具足四見六十二見無量諸見皆知從無明因

緣生心不受著涅槃云若外道法無有一法不從緣生從緣生法皆無常云何外道有常樂我淨如此諸見四倒悉能遍破不同外道也五善知通塞成見有得道者知無量諸見皆有道滅故為通集有若集故為塞不同外道如彼外道不知是字非字也六善修三十七品成見有得道者三十七品調適行對涅槃開三解脫門不同外人如佛為須跋羅經中作師子吼八正道外人尚無一分決定不得四沙門果也七對治助開成見有得道者五停心觀發諸禪定背捨勝處不同外人根本味禪起慢見慢之三病也八善知次位成見有得道者知七賢七聖之位心不叨濫起增上慢不同外人戒計見取計生死法為涅槃也九安忍強軟兩賊成見有得道者能忍八風內外三障四魔心不退轉不同外人不能安忍細微違道法也十順道法愛不生成見有得道者四善根入發得善有漏五陰大涅槃經說我弟子有外道則無若不生法愛則不頂墮進入忍法成世第一法發苦忍真明十六刹那證須陀洹果若入超果人即成羅漢故知十法成見有得道聲聞乘辟支佛乃至大乘故知此土見有得道此非虛說也三明十法成空門三明十法成有空門四明十法成非空非有門乘得見第一義證二種涅槃類有門十法所成意可知也今佛法中義學坐禪若不深得此意但言見有見空得道與外人有何殊也故大智論云若無方便入阿毘曇即墮有中入空門即墮無中入昆勒門即墮有無中中論云若非有非無即是愚癡論也二明十法成通教四門三明十法成別教四門四明十法成圓教四門皆得入道猶前可知若偏取四門執諍戲論不深得十法入道意者皆為邪見之所燒也故大智論云般若波羅蜜譬如大火炎四邊不可取邪見火燒故是事前於四教中已處處分別第五明信法兩種四門不同者外人不信三寶不識佛法邪信行無有四門非佛弟子豈成信法兩行今明佛弟子依信佛教皆佛法能發無漏故成信法兩行若信行人即是四種教門若法行即是四種觀門是則信行入以佛教門出

三界若約教各有四種教門一往則有十六教門十六種信行人約四教各有四種觀門一往則有十六觀門十六種法行人若細分別四教所有信法兩行教門無量無邊信行亦無量無邊觀門無量無邊法行亦無量無邊直論三藏四門五百羅漢各說身因即是五百觀門況復此經諸菩薩各說入不二法門善財入法界見無量善知識各各說所得法門皆從四教三十二門離出也若四不可說故文殊師利說一切無言無說空諸戲論名入不二法門淨名杜口默然無說文殊稱歎是真入不二法門當知一切法門皆不可說也

四教義卷第一

四教義卷第一

校勘記

一　底本，金藏廣勝寺本。

一　四五五頁中二行撰者，徑、清作「隋天台山修禪寺沙門智顗撰」。以下各卷同。

一　四五五頁中一五行「料簡」，南、徑、清作「四料簡」。

一　四五五頁下三行「如比」，徑、清作「如此」。

一　四五六頁中七行「得有皆差」，南、徑、清作「得有階差」。

一　四五六頁中二五行「受名」，徑作「愛名」。

一　四五七頁上一〇行「劫修行」，南、徑、清作「歷劫修行」。

一　四五七頁上一一行「二者」，南、徑、清作「二者不共二乘斷」。

一　四五七頁上二一行第五字「閏」，南、徑、清作「潤」。

一　四五七頁中一八行末字至次行首

字「者説」，徑、清作「説者」。

一　四五七頁下一四行「童矇」，徑、清作「童蒙」。一五行同。

一　四五七頁下二二行末字「不」，南、徑、清無。

一　四五七頁下二四行第一八字「条」，清作「用」。

一　四五八頁上三行「數千」，南、徑、清作「數十」。又「尋攬者」，南、徑、清作「尋覽者」。

一　四五八頁上六行「法實」，南、徑、清作「法寶」。

一　四五八頁上一三行第三字「若」，南、徑、清作「苦」。

一　四五九頁下三至四行「二明能詮之理」，南、清無。

一　四五九頁下二四行「猶存」，徑作「猶在」。

一　四六〇頁中一三行第九字「後」，南、徑、清作「復」。

一　四六一頁上六行第一五字「誠」，南、徑、清作「城」。

一　四六一頁中二四行第七字「萌」，南、徑、清作「前」。

一　四六一頁下三行第一九字「敵」，清作「敵」。

一　四六二頁中三行末字「邊」，南、徑、清作「無邊」。

四教義卷第二　　計十

天台山修禪寺沙門　智顗　撰

第四約四教位分別淨無垢稱義者即為六意一約三藏教位明淨無垢稱義二約通教位明淨無垢稱義三約別教位明淨無垢稱義四約圓教位明淨無垢稱義五約五味以結成六明經論辨多少第一約三藏教明位釋淨無垢稱義者尋佛三藏計緣多種元其正要不出四門入道一有門二空門三有無門四非有非無門但四教各明四門雖俱得入道然隨教立義必須逐便若是三藏教四門雖俱得入道而諸經論多用有門通教四門雖俱得入道而經論多用空門別教四門雖俱得入道而經論多用亦空亦有門圓教四門雖俱得入道而經論多用非空非有門也今明三藏教四門入道正用毗曇有門以判位也若論道機化物計緣而說四門並可偏用明義隨便事須如此四門義卷下辯體中當略解釋今就三藏教有門明入道階位即是毗曇論主之所用也約此有門明位釋淨無垢稱義即為三意一略開三乘二明三藏教三乘位不同三釋淨無垢稱義一略開三乘者佛於生生不可說非三之理用四悉檀約苦集滅道開三乘教門赴三種行人之根緣令同得滅諦涅槃也故法華經云為求聲聞者說應四諦法度生老病死究竟涅槃為求辟支佛者說應十二因緣法為求菩薩者說應六波羅蜜令得三菩提一切種智若聲聞小乘教門苦諦為初觀四諦入道發真無漏斷正使盡位證羅漢具足三明八解脫既無慈悲度物現身而入涅槃故大智論說如麞在獵圍中獨能跳出都不顧群人不約此判淨名位也若緣覺中乘教門集諦為初觀十二因緣發真無漏斷三界結盡侵除習氣具足三明及八解脫雖有少慈悲不能度物亦於一世即入涅槃故大智論云如鹿在獵圍驚跳自出雖顧眄羣鹿怖不待侍今亦不就此判淨名位若菩薩大乘慈悲弘誓不捨衆生為物心大教門以道諦為

初修行六度化一切衆生共出三界乃至成佛果利益功圓方入涅槃故大智論云如大香象在於獵圍雖遭刀箭猶荷衆共出此是大士位懷故須約此判淨名位也問曰此說不思議大乘菩薩之教何須說小乘除糞之事答曰今欲明小乘除糞以明除糞之器未不無諸所為今略出十意一為用故如維摩大士為諸國王長者現無常不淨苦空之法二為破故如破十大弟子五百羅漢如先有所方可用擿三為斥奪故如室內所明說身有苦而不樂於涅槃又云亦不與聲聞辟支佛而相違背四為會通故如大品經廣乘品會宗之所明五為開發故法華云決了聲聞法是諸經之王涅槃又云為諸聲聞開發慧眼六為末代聽學小乘經論觀行之人未普通達若不說耶見人內耶見人所破即便退沒七為破末代辯說小乘大乘教人壞亂佛半滿正教能攻者何如有人言毗曇見有得道誠實見空入道道非有無何得言見有見空得道耶是則毗曇論佛小乘有空教門便成無用中論何故言欲聞聲聞入第一義耶是則聲佛四枯之教八為破末世坐禪內證豁虛解苦欲開發或同尼揵破戒行惡養裸形謂是大乘或復持戒坐禪同彼觀頭陀苦行是亦必修梵行也九為令一家義學善別內外邪正之說明識大聖枯榮教門十為令一家釋學別識一切內外邪非辯通大小乘觀取捨得益正入佛道也二明三藏教三乘位不同者即為三意一明聲聞乘位二明緣覺乘位三明菩薩乘位一明三藏教聲聞乘位者但三藏教具有四門明聲聞位今正約毗曇有門解釋次下略明四門辯位就有門明位即為二意一明七賢位二明七聖位一明七賢位者一五停心觀二明別相四念處三總相四念處四煖法五頂法六忍法七世第一法是為七賢之位也通言賢者鄰聖曰賢此七位皆是非學非無學智學習似解能伏見惑因此似解能發苦忍真明故云鄰聖曰賢今解賢者名直善也一切天魔外道及諸凡夫皆以愛著之心修善一切外道皆以邪見之心修善此等雖復修善咸悉邪曲不名為直善

佛弟子七種行人皆明識生滅四諦之理知愛論見論皆是邪曲伏此愛見邪曲之心用正信直之心修諸善法故名直善也復次一切愛論所詮皆有生滅四諦之理天魔眷屬及諸凡夫所不能見是故流轉生死循若循環又一切見論所詮皆有生滅四諦之理六師外道悉不能見是故生死流轉循若循環故涅槃云我昔與汝等不見四真諦是故久流轉生死大苦海今佛法七種行人從聞生解明識此二種生滅四諦故得信心正直以此直心修諸善法即是直善故通名為賢也問曰云何名為屬愛生滅四諦之理答曰行人一期果報即是屬愛之果具有三苦故名為苦苦理審實不虛名之為諦若於此之苦果無明不了愛著此果起諸惡業能招報三塗劇苦之報又愛著此果起諸善業能招聚脩羅人天生死之報此二結業能招六道二十五有生死苦報通名為集集理審實不虛名之為諦若能觀此報身修戒定慧四念處三十七品通至涅槃名之為道道理審實名之為諦屬愛煩惱善不善業三界二十五有因滅名子縛滅捨此報身永更不受三界二十五有苦果名果縛滅此二種滅名之為滅滅理審實名之為諦問曰云何名屬見生滅四諦之理答曰眾生一期報身具有三苦名之為苦苦理審實不虛目之為諦迷此報身起身邊二見四見六十二見即是無明受取因此若起惡業則能招眾三途苦報又因此若起善業則能招聚脩羅人天生死之果此二種結業能招聚六道三界二十五有生死苦果故通名集集理審實目之為諦若能觀此諸見汚穢善不善五陰修戒定慧四念處三十七品則能通至涅槃名之為道道理審實名之為諦若身邊二見滅則一切八十八使煩惱業滅得須陀洹果超凡之人三界思惟十使滅則九十八使業煩惱滅是則三界二十五有因滅名子縛滅捨此等報畢竟不生三界二十五有名果縛滅此二種滅名之為滅滅理審實名之為諦今明此諸見四諦並是今所建末代講說偏說四諦名義實為妨惑豈而明之未必深見此意故以邪為正以正為邪

以淺為深以深為淺世出世法混濫無分聽講坐禪者明識此意即於佛法得正信分明歸依三寶道心自然而發專求離苦得涅槃不染著文字語言無益諍論貪世名利眷屬果報也此之七賢三是外凡名乾慧地四是內凡即是性地若外凡已前未能歸心三寶並識愛見四諦修五停心邪皆名為邪定聚眾生也若乾慧地名不定聚眾生若性地名正定聚眾生也一明初賢五停心觀者一阿那般那觀二不淨觀三慈心觀四因緣觀五界方便觀此五通言停心者停以停止為義亦名五度門觀若人歸依三寶受佛戒法名佛四眾弟子若聞生滅四諦之教因此發聲聞心欲觀四諦離生死苦求涅槃樂但以五種煩惱散動不定如風中燈當修五種觀法五種觀法者一數息觀二不淨觀三慈心觀四因緣觀五界方便觀問曰何不依數人說不淨觀為先答曰今依禪門辨次第也以病先後隨人不須定執前後次第也問曰此五觀門為對五人為對一人答曰橫對五人豎為一人一人隨病多少對不定也此五種觀法對治五不善法即有五意一對治二轉治三不轉治四兼治五亦對亦轉亦不轉亦兼治一對治者若覺觀多者對治數息二貪欲多者對治不淨三瞋恚多者對治修慈四愚癡多者對治修因緣觀五著我多者對治修界方便觀若行者覺觀等分煩惱俱重攀緣不住當修數息隨觀息對治相應則三種覺觀煩惱止息心不動散發諸禪定定法持心入出安隱故名停心也所以者何修安般念有三種一名始習行二名已習行三名思惟已度一數即是始習二隨即已習行三觀即已度復次數隨觀皆名始習得三種欲界未到地定名已習行發諸初禪名已度餘不淨觀等四停心法亦當如是入分別心既調停心乃可習觀猶如密室之燈入道根本無過此五法也若心不住或須轉治不轉治等及發諸禪功德具如次第禪門內方便明也若行人隨成一觀心得停住即入初賢位問曰此處何故不說念佛三昧為五種邪答曰開因緣觀出界方便代也界方便與小乘念諸佛相同亦破境界逼迫鄣

也有人言若作五度門無念佛名若作六度門即明念佛度治等分鄣道也問曰若以數息不淨等心得停住為初賢者今世人修數息不淨等觀非但心住乃發種種禪門境界是初賢位不答曰若以愛見之心修禪乃至非想尚非初賢何況數息不淨等心得停住乃發淺近諸禪而名賢耶所以者何如經所說多修福德禪定不修智慧名之為愚多修智慧不修福德禪定名之為狂豈可說狂愚之人為初賢也今明賢者本是直善人耳問曰何等名直善人相答曰此應四義簡別一者若人隨愛見破戒此非直非善故非賢人如無目無足之人不能到清涼池也二者持戒禪定而生邪見此善而不直亦不名賢如有足無目亦不能到清涼池也三者信心正見而破戒心亂此直而不善亦不名賢如有目而無足亦不能到清涼池也四者若人信解真正得佛教意持戒清淨修阿那般那不淨觀等得心停住乃名直善初賢之位如人目足備故入清涼池也問曰云何名為信解真正得佛教意分明之相答曰如中論說佛去世後後五百歲像法之中人根轉鈍深著諸法求十二因緣五陰十二入十八界等決定相不知佛意但著文字今謂不知佛意者佛知生生不可說有因緣故亦可得說也佛說正因緣生滅教門計緣化物者意欲令眾生離生死苦得涅槃樂也若著文字分別諍競則為三界火宅所燒此不得佛意也今明欲知佛意者若知三藏教門十意分明必定離生死苦得涅槃樂也十意者即是十法名目具如前三觀中辨今略說此三藏教門解釋一信解因緣法者即是知不可說無明因緣出生一切法破外人說無因緣生一切法破外人說邪因緣生一切法種種顛倒妄計之邪僻也二真正發心者厭患無常之火燒諸世間一心樂求涅槃不念世間名聞利養如摩在獄圍欲跳出也三巧修止觀出世之行者如人乘馬亦愛亦策也四破諸法徧者觀因緣生滅破一切愛見戲論諸法徧也五善知通塞者知一切愛見之法皆有道滅之理名之為通集有苦集名為塞也六善修三十七品調

適有於諸受見不動而修性四念處乃至八正道也七善修助道法若即是修五停心入十二門禪九想八念背捨除入共念處等諸對治助道觀法也八善知位次者善識七賢之位心不叨濫破增上慢成勉慢有善備也九安忍成就者能忍內外強軟二賊三郭四魔也十順道法愛不生者發外凡內凡種種順道善法心不愛著也未世求聲聞乘行人知此十法信解分明不著一切文字戲論爲求寂志修五停心入初賢位即是善知佛教意也二明別相四念處位者即爲七意一明念處是佛法入道要門二略釋念處名三分別三種念處不同四明爲破三種六師五明爲成三種羅漢六明念處觀法七正明念處位一明念處是佛法入道要門者如佛在雙樹間將般涅槃阿難請問佛去世後諸比丘依何而住依何修道佛答阿難若我在世及滅度後諸比丘依波羅提木叉住念處修道當知五停心觀成得入初賢即是依尸羅清淨名攝根之戒也是故數人說欲界定爲十善相應心若依未到地發初禪即是定共戒也佛法雖有種種法門而佛道言但囑依念處以修道也若離念處復布施持戒忍辱精進誦經行道頭陀坐禪講讀多聞講說教化皆不得入正道故佛勸令依念處修道也二略釋四念處名者四念處亦名四意止即是觀五陰十二入十八界一切諸法中各觀身受心法具實智慧眞實智慧者破四倒四食四識四住四魔之智慧也一身念處二受念處三心念處四法念處一身念處者一切內外色陰名之爲身觀身智慧名之爲念明見不淨破淨顛倒名之爲處是爲身念處二受念處者一切內外受陰名之爲受觀受智慧名之爲念知受是苦破樂顛倒名之爲處是名受念處三心念處者一切內外識陰名之爲心觀心智慧名之爲念見心無常破常顛倒名之爲處是名心念處四法念處者一切內外想行二陰及無爲法名之爲法觀法智慧名之爲念見法無我破我顛倒名爲處是爲法念處是四念處有十二種觀所謂內四外四內外四也問曰四念處是慧云何又從念受名耶

答曰爲初學用念持慧不妄受異緣念爲增上從念受名也三明分別三種念處不同者一自性念處二共念處三緣念處所言自性念處者說不顛倒慧也如佛說修身觀身觀者是慧念處者所作事不妄受緣故除自性過故說念處南岳師云亦名慧行亦名實觀緣理斷結之正要也所言共念處者與慧相共法如佛說此比丘善法積聚謂四念處是爲正說也南岳師云亦名行行亦名得解觀是對治事中善法共正道斷結色及諸數也又能發諸禪神通也所言緣念處者一切法如佛所說比丘一切法四念處是爲正攝受具足故及略緣故南岳師云還是性共二種念處能觀之智所觀之境合辨具一切法義也若能分別觀察即發四無閡辯也問曰如雜心說共念處斷煩惱非餘自性念處雖有略境界彼不具足不能斷結也答曰衆生根有利鈍鈍根結厚彼不具足不能斷結利根結薄雖不具助道性念處慧即能斷結復次如雜心明四念處法念處斷結非前三念處今明如禪經說摩訶迦絺那修身念處觀成即得初果何必定至法念處也問曰性念處但說慧數羸弱云何能斷結若自慧數不獨起豈不能斷結也問曰若諸數隨起即是共義答曰諸數隨起有三種一但是緣理之慧諸數任運隨起此說性念處二修諸數作助道善法故說共念處斷結故佛說善法積聚名爲共念處助正道共斷結使故雜心偏說共念斷結然利根入用性念處非不斷結也四明爲破三種六師故佛說四念處教出過三種六師之說故能破一切外道也若三乘行人修三種念處得成就者亦能破一切外人也何等名爲三種六師外道一者一切智六師二者神通六師三者韋陀六師一切智六師者邪心見理發於邪智辯才無閡也神通六師者得世間禪定發五神通亦有慈悲忍力刀割香塗心無增愛於是根本十二門禪之力用也韋陀六師者即是博學多聞通四韋陀十八大經世間吉凶天文地理醫方卜相無所不知故名韋陀六師也若此六師內有邪一切智慧外能神通轉變知世吉凶通四韋陀又

十八大經無不知曉是則各有智慧神解十六大國敬之如佛爲欲破此三種六師故說此三種四念處也一者性念處破一切智六師所以者何外人皆依身邊二見發一切智謂得涅槃常樂我淨此則如蟲食木偶得成字蟲亦不知是字非字也今佛說性念處觀破此身邊二見不生四見六十二見顛倒是故破一切智六師也次明共念處破神通六師者外人但於根本四禪發五神通定既淺近兼無不淨觀故神力轉變蓋不足言今佛說共念處即能發背捨勝處一切處九次第定師子奮迅超越三昧發諸神通禪定既深觀行力大所發神通無閡自在變化無方摧諸外道事如又掌是以身子降伏勞度差目連化河消諸外道皆是共念處觀所成神通也次緣念處觀破韋陀外道者四韋陀十八大經皆明世間人天愛論見論淺近之論佛說出世三藏若名與義而彼經書所不說載佛說緣念處觀緣佛所說三藏教門出世名義法門道理相對比並豈是外人之所聞見故緣念處觀破韋陀外道也五明三種念處成三種羅漢者一若單修性念處成慧解脫羅漢二共念處成俱解脫羅漢三緣念處成無疑解脫羅漢所以者何性念處即是緣理之智慧念處相應發真無漏即成慧解脫羅漢也共念處共善五陰成就背捨乃至超越三昧願智頂禪如此助道共正道合發真無漏即得三明六通具八解脫成俱解脫阿羅漢也若緣念處即緣佛語言教所詮一切陰入界性共二種念處能觀所觀名義若在禪定觀此名義即發四無閡辯名爲無疑解脫大羅漢也問曰慧俱之名乃是無德部非數家所用也答曰三藏教同俱用無礙復次雜心偈云慧解脫當知不得滅盡定若得滅盡定當知俱解脫此偈明時不時有慧俱不同也問曰不應別說無疑解脫九種羅漢無此名目答曰此出智度論明欲結集法藏集千羅漢皆得共解脫無疑解脫也如辟支佛出無佛世雖得緣覺道具三明八解脫六通變化作佛以不聞佛說法故不得四無閡辯若欲報信施之恩但現十八變化何況羅漢不聞佛說三

藏教所能自發四辯無閡解釋佛法能破淨邪六明念處觀法者念
處觀法有三種一性念處者大智論云性念處是智慧性觀身智慧
是身念處受心法亦如是解者不同有但取慧數為智慧性即是性
念處若南岳師解觀五陰理性名性念處故雜心偈云是身不淨相
真實性常定諸受及心法亦復實是說觀別相性念處破四顛倒有
二種一破愛二破見一破緣愛性念處者夫有生之類無不愛著果
報五陰及外依報也一身念處觀者觀此內身有五種不淨一生處
不淨二種子不淨三自相不淨四自性不淨五究竟不淨一觀生處
不淨者女人腹中生熟二藏之間十月住也二種子不淨者攬他精
血合為種子也三自相不淨者身諸竅臟九孔流溢也四自性不淨
者觀身不淨如明眼人開倉見穀粟三十六物不淨充滿也五究竟
不淨者此身若死膖脹爛壞蟲膿臭穢甚可厭惡若見五種不淨破
淨顛倒名內身念處觀外身內外身亦如是二受念處觀內有六根
外有六塵根塵合故生六識六識生三受苦受樂受不苦不樂受觀
苦受是苦苦相觀樂受是壞苦相觀不苦不樂受是行苦相若意根
生三受皆苦即破樂顛倒名內受念處外受內外受亦如是三心念
處觀此意識是有為有為因緣故無常先無今有今有後無剎那念念
生滅故無常即破常顛倒名內心念處外心內外心如是四法念處
觀內想行二陰因緣和合無有自性起唯法起滅唯法滅無人無我
眾生壽命十六知見皆不可得破我顛倒名內法念處外法內外法
亦如是此如誠實大智論明是為性念處之初也二破見性念處者
即是觀身邊二見穢汙無記五陰即陰我離陰我陰中有我我中有
陰撿我不可得破二十種身見名空聖行次別觀邊見五陰所言陰
身念處者即是色性色若麁若細麁是不淨麁色即是人身業細
色極於隣虛若見麁細色常是見依色若見麁細色無常亦常亦
無常非常非無常是見依色常即有見無常即無見亦常亦無常
即亦有亦無見非常非無常即是非有非無見如是等四見悉依色

即是四邊見若不知是邊見色陰生解執著戲論諍競從見起諸煩
惱結使因使作諸惡業或因使起諸善業結業流轉三界二十五有
生死無際也云何名為不知邊見色陰之相若是外人直其故自不
識邊見汙穢之色不云是事實餘妄語計為涅槃常樂我淨此不足
及言但末世佛法學問坐禪之人亦多迷此邊見之色所以者何如
毗曇師言毗曇是見有得道析色至隣虛細塵不可破盡見此細塵
有理即得道也今謂此猶是邊見有見汙穢之色若因有見生解起
諸結業流轉生死事同前說何關道也故智度論云若不得般若方
便入阿毗曇即墮有中又諸誠論師皆云見隣虛細色有者此是調
心之觀不能得道若析此隣虛細塵空得實法空以見空故即能得
道也今謂若見隣虛色空秖是空見邊見汙穢色陰若見此生解起
諸結業流轉生死事同前說何關道也故智度論云不得般若方便
若入空門即墮無中是勸說見有隣虛色亦有亦無入道過同前說
論既不來此土無論可對無容具出但智論云若不得般若方便即
墮有無中也但毗曇三論師或云道非有無非有非無見隣虛細色
之有得道也誠論復執忽云見隣虛細色空得道也今附若爾見非
空非有是得道不若言得道中論何故云若言非有非無名愚癡論
此是非有非無邊見汙穢之色何關道也答曰用非有非無破有無
有無既破豈有非有非無之可存正道畢竟清淨無說無示也問曰
若爾與長爪及老氏明不可說何殊答今一家明性身念處不爾若
不見非有非無汙穢色陰四諦之理名愚癡論若知此是汙穢之色
名性身念處開三念處門四念處開三十七品門因三十七品見生
滅四諦得寂滅涅槃即是見有得道是名於諸見不動而修三十七
品若知非有非無汙穢之色如幻如化畢竟不可得本自不生即是
摩訶衍明身念處具足一切佛法如大智論說也此經云於諸見不
動而修行三十七品是為宴坐復何須捨非有非無以盡淨不可說
為道也故思益經云譬如有人欲捨虛空終不離空又欲遠離虛空

終不得空若不見非有非無中半滿之道亦不知盡淨不可說中半
滿之道雖復慧解分明終是世智辯聰不免結業流轉生死同前所
說若知身邊二見四見六十二皆是汙穢色陰即是觀色不淨破淨
顛倒名身念處也二受念處若觀受是常是見依受受無常亦常亦
無常非常非無常是四見悉依受即是四邊見受陰一受各有三受
三受皆苦破樂顛倒是名受念處觀三心念處若觀心是常是見依
識心無常亦常亦無常非常非無常是見悉依識即是四邊見識陰
四種見識皆是無常破常顛倒是名心念處也四法念處若觀想行
二陰想行常是見依想行無常亦常亦無常非常非無常是見悉依想
行即是四邊見想行二陰四種見想行二陰皆無我破我顛倒是名
法念處觀此性四念處觀觀果報五陰身邊二見具復具足乃至不
可說汙穢無記五陰若破四顛倒即破十四難伏六十二見八十八
使及因見所起一切善不善二十五有生死之業又此諸見未必悉
是外人所起若佛法中學問坐禪發種種知見是非諍論皆是身邊
二見汙穢五陰起如是等諸見戲論破於慧眼不見真實若不覺不
知不能用性念處觀觀此五陰破四顛倒則起見使作諸惡業或用
見心修善即是外道此意雖見佛法學問坐禪之人當好思之若能
覺知用性念處如前觀察破四顛倒能生暖法故智論云若有為法
中不得正憶念能生暖法無有是處有為法中得正憶念不生暖法
無有是處長爪梵志聰明博學為一切法可轉一切論可破無一法
可得自言得諸法實相尚迷此念處是故如來用受正性念處徵問
即破其憍慢得法眼淨當知別相四念處入道之要門若利根人修
此性念處觀解分明即能發真無漏故佛勸諸比丘依念處修道若
末世坐禪講說學此義即毗曇見有得道其意申也若迷此者設言
非有非無畢竟不可說皆是愚癡論同上說長爪之過意在此也問
曰若念處如此玄絕經論何意不作是說答曰佛在世時人根猛利
去世之後正像法中猶有得道之人經論何須言提其耳側諸其掌

也復次西土經論釆度來耳復次上所引經論之文非佛菩薩意耶次明共念處觀大智論觀身爲苦因緣生道若有漏若無漏受心法念處亦如是解者不同有師解云共善五陰諸善心數法合明念處若南岳師解即是九想背捨勝處諸對治觀門助正道開三解脫故名爲共念處故經云亦當念空法修心觀不淨是名諸如來甘露灌頂藥服者心無憂得至涅槃岸此即是共念處之明文也言空法者毗曇有門止觀生空名爲空修心觀不淨者即是初背捨不壞內外色相不內外滅色相以是不淨心觀外色是名初背捨從初背捨習不淨觀不淨觀有二種一小不淨觀二大不淨觀破淨顛倒內無色相入二背捨乃至成就八背捨八勝處十一切處九次第定師子奮迅超越三昧觀欲界入初禪皆見不淨破淨顛倒是名共身念處觀受心法念處亦如是也次明緣念處觀者智論云一切色法名之爲身十入及一入少分名之爲身六種受爲受六識爲心想行二陰及三無爲名法解者不同有師解通一切所觀境界皆名緣念處觀有言十二因緣境有言慈悲所緣境若南岳師解緣佛說教所詮一切陰入界四諦事理名義言語音辭因果體用觀達無閡能生四辯於一切法心無所礙成無疑解脫是緣念處觀也七明別相四念處位者有三種根性不同若慧解脫根性別相四念處但修性念處若俱解脫根性修性念處亦修共念處若無疑解脫根性俱修三種念處成別相念處若能於別相念處中生四種精進名四正勤修四種定名四如意足五種善法生名之爲根善法增長遮諸煩惱名之爲力分別道用名七覺分安隱道中行名八正道若入八正道即能觀四諦成別相四念處也三明總相念處位者有人言共念處即是總相念處今謂不爾應作四句分別一者境別觀亦別二者境別而觀總三者境總而觀別四者觀境亦總初境別觀亦別正是別相性四念處位次境別觀總境總觀別此二即是總相四念處之方便四觀總境亦總此觀若成即是總相四念處之位今明境總觀總即是總

上所明性念處所觀五陰作一身念處觀此身汙穢不淨及苦無常無我破淨顛倒及三倒也是名總相性身念處是總身念處觀或總二陰或總三陰或總四陰或總五陰具釋云云受心法念處亦如是總相共念處總相緣念處亦如是類之可解是名總相四念處位此位亦有三種根性類別相念處可知若有方便即入總相念處位若無方便即非總位也云何有方便若於總相念處之中具足修總相正勤如意足根力覺道皆如性四念處中說但以總相善法深細爲異耳若安隱八正道中行即能觀四諦是得性法念處故能生於暖法故智論云八正道中行初得善有漏五陰名爲暖法當知有方便者已得三十七品也問曰八正見道七覺修道今何念處位中說耶答曰毗婆沙論云若八正在前七覺在後決定是無漏若七覺在前八正在後通有漏無漏也此三賢人位並名乾慧地未得善有漏五陰相似理水定水未沾故名爲乾而恐有觀行能伏諸見故名爲慧住持能生善法名之爲地名乾慧地亦名外凡人也四明暖法者是善五陰是智慧性生聖智火故名暖法行者因善方便總相四念處唯緣法念處依六地定婆沙說暖頂亦依七地初發善有漏五陰等智似解得十六智火之氣分名之爲暖亦四正勤也譬如鑽火暖氣若發即有煙相用念處觀鑽五陰境發智慧暖起正勤煙故名暖法也又如冬冰春陽氣動則有消融之相暖法解發身邊六十二見冰執漸覺消融也涅槃云得暖法人七十三人我弟子有外道則無以佛法有別相總相四念處觀能破一切諸見顛倒故得暖法十八種六師雖各稱一切智人戲論破壞眼不見於真實故法華云深著虛妄法堅受不可捨我慢自矜高諂曲心不實於千萬億劫不聞佛名字亦不聞正法如是人難度是故舍利弗我爲設方便說諸盡苦道涅知外人如此執見罪鄣深重豈得生暖法也末法多學闇坐禪之人不能如是修習念處執著諍競者亦同外人之過尚不能生煖法之善大乘功德終不發也略說煖位竟五明頂法位者亦是善五陰亦

智慧性在煖法之上名之爲頂諸暖法已用正方便正憶念勤修增進煖法善根依六地定亦依七地若煖法增長次生善根名爲頂法緣四諦十六行得四如意足定見四諦分明如登山頂觀瞩四方悉皆明了故名頂法若生法愛即頂墮也六明忍法位者亦是善五陰亦智慧性於四諦堪忍欲樂名忍法位於頂法位用正方便勤修增進頂法善依六地定若頂法善根增進即生柔順忍亦緣四諦十六行爾時信等五種善法並得成根以善根故於四聖諦堪忍欲樂故名忍法忍法有三品下忍於十六行作法諦觀中忍十六行縮觀上忍但觀欲界苦下四行隨觀一行若下中二品忍雖起煩惱惡業而不受三途報由受人天百千生若上品忍成但有人天七生業在增上一剎那即入世第一法也問曰煖頂亦堪忍何故不名堪忍答曰若通論四善根亦名四忍但忍法不退別受忍名若煖法遇惡因緣退能造五逆謗方等經作一闡提墮無間地獄若頂法遇惡因緣退雖不斷善根猶作五逆等罪也今此忍法智强惑弱諸惡所不能動以忍力大故一切惡心非數緣滅如師子王餘獸遠避也問曰若煖頂退者云何名性地答曰此人雖造惡墮地獄一入受罪竟終不重入有性地善根故能得聖果是故經云寧爲調達不爲鬱頭藍弗調達造三逆罪墮於地獄出生人中得辟支佛諸根猛利過舍利弗也七明世第一法位者於凡夫所得最勝善根名爲世間第一法也亦是善有漏五陰亦智慧性上忍一剎那依六地定以生一剎那最勝善根名世間第一法此一剎那具足五力苦下四行隨緣一行一剎那不住故以見道所以者何行人有二種一愛行二見行愛行有二種一我慢二懈怠增見行亦二種謂我及我所著我慢者修無常行入世第一法懈怠增者修苦行入著我者修無我行入著我所者修空行入彼總相念處次第生決分世間善有九品下下下中下上名煖法中下中中中名頂法中上上下上中名忍法上上名世間第一法若觀陰無常等善根名煖法觀三寶功德名頂法觀四聖諦名忍法觀其聖諦

次第聖道名世間第一法煖法者退法捨者命終捨若度欲界地捨頂法亦如是忍法無退法捨餘二捨同上世第一法一刹那無捨復次共四善根人皆用性緣法念處修道亦是四念異名也即一得一失更受勝名之義也毗婆沙解釋世第一法遂有數十家異釋不同七賢名義無量豈凡所知也問曰七賢之位前淺後深何故偏釋乾慧地不委分別性地答曰乾慧地最淺如上分別已自難知非世測正是初心所學邪正分流一切佛法行人即日急用一切學問坐禪之人所迷沒處須略分別也若入性地解轉首生非凡能測多言妄說何異承信所以一家講經說法必須委釋初心若賢聖深位無章而已其坐禪者略知佛法大意即須覺悟無常慚愧行道豈可馳逐不急之言其欲講說利物得此正意分明名相有所不達更自尋訪略說七賢位竟二明七聖位者一隨信行二隨法行三信解四見得五身證六時解脫羅漢七不時解脫羅漢此七位通名聖者聖以正為義即練道爲鋭也苦忍真明捨凡夫性得入聖人性真智見理斷於同類之因故名爲聖此七聖人復有二種不同謂學無學前五種聖人悉是學人後二種聖人是無學位也言學人者始從苦法忍發得真智自爾方有聖人也有聖諦具有漏無漏二種今除見聖迹故名爲學人於諦不推求故名無學人也又無學人者真智見理斷揔三界正使已盡無惑可治不須更學四真智也復就七聖之位分爲三道所謂見道修道無學道一見道者即是八正道見理斷見諦惑至十五心如破石方便也二修道者即是七覺分隨觀一諦所斷思惟如斷藕絲方便也三無學道者如前分別也一明信行位即是鈍根人入見道之名也所言鈍者非自智勤憑他生解名爲鈍也是在方便道先雖有信已未發真不名爲行以進趣爲義從得苦法忍真明十五刹那進趣見真名隨信行故說但有近行人無遠行人又若在十五心中命終無有是處苦法忍者欲界見斷十使對治共緣是則初無滿無閒道也復次世間第一法次第不作不向不行以能

捨邪業邪趣邪見也又復世間第一法分別苦法忍作五種定謂地定行定緣定刹那定次第緣定次第緣定者世間第一法後即入苦忍也雜心偈云謂色無色苦集滅道亦然此法無間等是說十六心十五心成就見道第十六心即屬修道也若謂不應然者如盡智成亦不應屬無學道也是信行人見道十五心亦名八人地八忍具足智少一分也即是須陀洹向亦名行中須陀洹也二明隨法行位者即是利根人入見道之名也言利根者自以智慧見理斷結故去利也本在方便道中能自用觀智觀四真諦法但未發真不名爲行因世間第一法發苦忍真明十五刹那進趣見真故名法行也分別行類前行解釋可知但鈍根憑他生解智少觀察利根自智多觀察爲異耳三明信解位者即是信行人入修道轉名信解也鈍根憑他信進發真解故名信解此信解人證果有三一證須陀洹果二證斯陀含果三證阿那含果一明信解證須陀洹果者第十六道比智相應即證須陀洹果也須陀洹天竺之言此翻修習無漏若成論明猶是見道若數人明義證果即入修道即用此一往釋修習無漏義便也若見使斷略說三結盡廣說八十八使盡名須陀洹受生死七返終不至八生二明信解證斯陀含果即有二種一向二果一向者從初果心後更修十六諦觀七菩提行現前即此世無漏斷煩惱一品無閡斷欲界煩惱一品二品無閡斷二品乃至五品皆是斯陀含向亦名勝進須陀洹約此說家家也二果者若斷六品盡證欲界第六品解脫即是斯陀含果也斯陀含天竺之言此翻云薄欲界煩惱分爲九品前六品盡餘三品在前斷已多共所未斷少故名爲薄三明信解人證阿那含亦有二種一向二果一向者若斷欲界七品乃至八品皆是阿那含向亦名勝進斯陀含約此說一種子也二明果者九無閡斷欲界結證第九解脫即名阿那含果也阿那含天竺之言此土翻云不還此人欲界五下分結盡更不還生欲界故言不還也復次須陀洹有三種一行中須陀洹即是須陀洹向二住果正是須陀

洹果也三勝進勝進須陀洹亦名家家即是斯陀含向也斯陀含但有二種一住果二勝進勝進斯陀含亦名一種子即阿那含向也阿那含亦二種一住果二勝進勝進阿那含進斷五上分結所謂色染無色染等結即阿羅漢向也阿羅漢但有一住果問曰此說次第得果毗曇明超越得果云何分別答曰若凡夫時斷欲界六品乃至八品盡來入見諦道後發苦忍真明十五心中是斯陀含向十六心即證斯陀含果也若凡夫時先斷欲界第九品乃至無所有處盡後入見諦十五心名阿那含行第十六心即證阿那含果此是超越人不證前二果也是信解人雖是利根而有五種根性不同所謂退思護住勝進也若證阿那含果復有五種般及七種般八種般五種般者一中般二生般三行般四不行般五上流般也七種般者開中般爲三種也八種般者五種如前足現般無色般不定般也四明見得位者法行人轉入修道名爲見得是利根人自以智慧見法得理故名見得是見得人在思惟道次第證三果超越得二果亦如信解中分別但以利根不藉聞法不假眾具自能見法得果爲異也見得利根但是不動根性若證阿那含果亦有五種般及七種八種不同也五明身證位者還是信解見得二人入思惟道用無漏智斷五下分結故發四禪四無色定即用共念處修八背捨八勝處十一切處入九次第定三空定事性兩鄣先已斷盡又斷非想事鄣滅緣理諸心心數法入滅盡定得此定故名身證阿那含也所以者何入滅盡定似涅槃法安置身內息三界一切勞務身證想受滅故名身證也若約初果解身證者但以先於凡夫用等智斷四得四禪四無色定後得見諦第十六心證那含果即修共念處還從欲界修八背捨勝處一切處入九次第定成身證也是阿那含有二種一者住果但是阿那含也二者帶果行向即是勝進阿那含也猶名那含行向故即是羅漢向攝故智度論云那含有十一種五種阿那含正是阿那含六種阿那含阿羅漢向攝當知此身證阿那含即是勝進阿那含阿羅漢向

攝五種般那含七種般那含皆但有上流般八種般那含但有現般
無色般也如是阿毗曇約信解見得分別數那含乃至有一萬二千
九百六十種廣說大章宜煩分別也六明時解脫羅漢者即是信行
鈍根待時及衆緣具方得解脫故名時解脫所言阿羅漢者是天竺
語此土無翻名含三義一殺賊二不生三應供也具此三義位居無
學羅漢有五種謂隨信行生五種退法思法護法住法必勝進也彼
得二智盡智無學等見也若用金剛三昧及非想第九無礙道一
一刹那證非想第九解脫成盡智又一刹那得無學等見也彼或時退
故不說得無生智此五種阿羅漢是信種性根鈍因中修道必假衣
食牀具處所說法及人隨順善根增進不能一切時所欲進也是五
種羅漢各有二種不得滅盡定但是慧解脫得滅盡定即是俱解脫
若不得滅盡定是人因中偏修性念處觀不修共念處觀若得滅盡
定者是人因中修性念處觀亦修共念處觀若證果時三明八解一時
俱得故名俱解脫也七明不時解脫阿羅漢者即是法行利根名不
動法阿羅漢也所言不時解脫者不動法人一向利根因中用道能
一切時中隨所欲進修善業不待衆具故名不時解脫也是人不為
煩惱所動故名不動是不退義成就三智故謂盡智無生智無學等
等見能用重空三昧擊聖善法必定捨定故言能擊是不動法阿羅
漢亦有二種不同一不得滅盡定但名慧解脫二若得滅盡定即是
俱解脫若聞佛說三藏教門修緣念處即發四辯名無礙解脫是名
波羅蜜聲聞能究竟具足一切阿羅漢功德也問曰是時不時二人
利鈍不同云何並得俱解脫也答曰此約闇鈍利明得有難易之殊何
關簡得與不得耶此之七聖名真沙門沙門有二種一者直言沙門
沙門即因也二者沙門那沙門那者果也沙門有八十九所謂見諦
八忍道惟八十一無閡也就沙門那亦有八十九所謂見諦八智思
惟八十一解脫也就沙門那復有二種一有為果八十九有為果也
二無為果八十九無為果也此約智斷約智德明八十九有為果約

斷德明八十九無為果也略說三藏教毗曇有門明七賢七聖位大
意竟但賢聖義多有所關毗曇有門雖義無很是過若欲分別究
其支派必須讀毗婆沙也問曰前說乾慧之位實與此解殊途次明
性地見思無學此與常人解釋未常有異答曰若乾慧有異即性地
見思無學皆悉異也譬如生人死人若一身分是生一切身分皆悉是
生若一身分是死一切身分俱死死生之殊豈非一切俱異今明乾
慧若如生人則性地見思無學皆如生人他明乾慧若如死人則性
地見思無學皆如死人復次今明乾慧若如死人性地見思無學皆
如死人他明乾慧如生人性地見思無學皆如生人常用智斷合譬
始終名相如身身分何曾不同始終智斷如生死之異何得不異其
得此意者如人有目日光明照見種種色其迷此意者如為盲人說
燭何益無目者乎此應次明三藏教空門入道二十七賢聖位者信
法二行即是兩賢在方便道空門發真斷見惑未盡行即須陀洹近
向見惑盡名須陀洹果空解增明斷欲界思惟一品乃至五品名斯
陀含向斷六品盡即是斯陀含果斷七品八品盡名阿那含向欲界
九品下分盡即是阿那含果阿那含有十一種帶果行向即是阿羅
漢向進斷上二界思惟也非想九品盡即是阿羅漢果是阿羅漢有
九種賢人有二聖有二十五合有二十七賢聖具出成論但事相煩
名廣說摩訶衍義是動門非空非有門經不來出論不來此豈可緣
有所判問曰兩門不度不可懸判空門明義勝何毗曇何故捨勝用
劣答曰毗曇雖劣而是佛法根本是故佛去世後流傳利物且又大
乘經論破小用小多取毗曇有門少用空門故須略出毗曇有門佛
法根本賢聖之位次也第二明三藏教辟支佛乘位者三藏教詮生
滅十二因緣之理明辟支佛義亦應具有四門今但約薩婆多宗明
有門辟支佛果位即約五意一翻譯二分別大小三明宿緣四明觀
法五料簡一翻譯者即為二意一翻名二解釋一翻名者辟支迦羅
是天竺之言此土翻為緣覺此人宿世福德神根勝利學十二因緣

以悟道也二解釋者大智論云緣覺有二種一獨覺二因緣覺一明
獨覺辟支迦羅者若佛不出世佛法已滅是人先世因緣能獨出智
慧不從他聞自以智慧得道故名獨覺如大智論明有一國王出園
遊戲清旦見樹林花果蔚茂甚可愛樂時王食已即便臥王諸綵
女皆競採花毀折林樹時王覺已見林毀壞內心覺悟一切世間無
常變壞皆亦如是思惟是已無漏道心開發斷諸結使成辟支
迦羅具六神通即飛到閑靜處山林清曠入深禪定受無為樂二明
因緣覺者是人道根淳熟藉小因緣而能覺悟也如見林壞因此覺
悟成辟支佛大智論意似用此為因緣覺也今明因緣覺者因聞十
二因緣解悟成辟支佛也十二因緣有三種不同一者三世十二因
緣二者二世十二因緣三者一世十二因緣三世破斷常二世破我
一世破性也一明三世十二因緣者過去二因現在五果現在三因
未來二果過去二因者謂無明行現在五果謂識名色六入觸受現
在三因者謂愛取有未來二果者謂生老死憂悲苦聚是為三世各
明十二因緣是十二因緣有三種道一煩惱道二業道三苦道是三
道更互為因緣從無始已來生死不絕至于今身若不修觀智未來
流轉憂悲苦惱無有邊際若作觀智則無明滅乃至老死憂悲苦惱
皆悉滅也譬如千年闇室若不置之一燈其室方將永闇若置之一
燈則故闇皆滅新闇不生也若聞此十二因緣發真無漏則無明滅
乃至生老死憂悲苦聚皆滅是名因緣覺也二次明二世十二因緣
者出大集經佛為求辟支佛人說也此十二因緣現在有十未來有
二有解現在有九未來有三現在十者一無明大集經云何為觀於
無明先觀中陰入父母所生貪愛心愛因緣故四大和合精血二渧
合成一渧大如豆子名歌羅邏是歌羅邏有三事一命二識三煖過
去世中業緣感果無有作者及以受者初心出入是名無明歌羅邏
時熱息入出有三種道所謂隨母氣息上下七日一變息入出者名
為壽命是名風道不臭不爛是名為煖是中心意名之為識善男子

若有欲得辟支佛果者當觀如是十二因緣二行者復觀三受因緣五陰十二入十八界云何爲觀隨於念心觀息出入觀於內身皮膚肌肉筋骨髓腦如空中雲是身內風亦復如是有風能上有風能下有風能滿有風能燃有風增長是故息之出入名爲身行以出入息從覺觀生故名意行知合出聲名口行也三者識三行因緣則有識生故名爲識四名色者識因緣則有四陰及以色陰故名名色五六入者五陰因緣識行六處故名六入六觸者眼色相對故名爲觸乃至意法皆亦如是七受者觸因緣故名色至法名之爲受八愛者貪著於色乃至於法名之爲愛九取愛因緣故四方求覓名之爲取十有者取因緣故受於後身故名爲有此下二因緣屬未來也十一生者有因緣故有生是名爲生十二老死生因緣故則老死種種諸苦是名五陰十二入十八界十二因緣之大樹若聞此因緣發真無漏亦名因緣覺也備說具出大集經三次明一念十二因緣者此但緣現在隨一念心起即具足十二因緣亦出大集經爲辟支佛人說此因緣也經曰因眼見色而生愛心名爲無明爲愛造業名之爲行至心專念名識識色共行名爲名色六處生貪是爲六入因入求愛名之爲觸念色至法名之爲受若心貪著名之爲愛求是等法名之爲取此等法生名之爲有次第不斷名之爲生次第斷故名之爲死生死因緣衆苦逼切名之爲惱乃至意法生貪亦復如是是十二因緣一人一念悉皆具足若聞此因緣心開悟解發無漏慧亦名因緣覺也瓔珞經又出十種十二因緣若隨聞一種發真無漏皆名因緣覺也今不備出故涅槃經云譬如老人年百二十不堪付金意在此也問曰獨覺亦得悟上來所說諸因緣不答曰皆由前生之宿習也問曰若依三種因緣教得無漏智即是稟教緣覺名利根聲聞云何生聞等三慧耶又問何等爲生得慧何等爲方便慧耶此答二明分別大小不同者此二種辟支迦羅皆有大小不同今明獨覺辟支迦羅具有二種一者本是學人在人間生是時無佛佛法已滅或須陀洹

七生既滿不受八生自悟成道是人不名爲佛亦非羅漢名曰小辟支迦羅若論其道力或有不如舍利弗等大羅漢也二者大辟支迦羅於三百劫中作功德增長智慧得三十二相分或三十一相或三十相二十九相乃至一相於九種阿羅漢中智慧利勝於諸深法總相別相能知能入久修習定常樂獨處有如是相名大辟支迦羅也皆歷三種十二因緣十種十二因緣分別小大也若因緣覺亦分別小大亦如是三明宿緣者今此小大二種獨覺辟支迦羅宿植不同或於前世若偏修性念處觀十二因緣善根淳熟生無佛世因於遠離自然獨覺成小辟支迦羅也若於宿世修性共二種念處理事善根淳熟獨覺自悟具足三明八解脫及六神通成大辟支迦羅也而其不發四無閡辯者禪定是內證智因符慧而發名義是外法故雖有宿習而不得發皆約三種十二因緣十種十二因緣分別宿習因緣也若生佛世聞生滅十二因緣三藏之教即發四辯還名羅漢在聲聞衆數猶如迦葉舍利弗等皆是辟支根性人也亦名辟支佛若不值佛者那得云爲小辟支佛果說十二因緣此人設不值佛亦自得道故法華經云若人有福曾供養佛志求勝法爲說緣覺皆因緣覺也根性三種十種宿緣不同可知四明觀法者十二因緣有二種者觀屬愛十二因緣二觀屬見十二因緣一觀屬愛十二因緣者即爲二意一推尋二觀破一推尋者是人聞正因緣生滅之法信解分別覺一切屬愛煩惱皆是十二因緣觀因緣入定欲息心達本源永自然樂獨善寂修習停心得諸禪定住此定中知屬愛煩惱即是無明逆順推尋即見十二因緣云何逆推此貪愛因何而生即知因受受因何生即知因觸觸如是觸因何而生即知因六入六入因名色名色因識識因於行行因無明過去一切煩惱也復順推此愛能生取因取則成有業因此有業則有未來二十五有之生因生有老死憂悲苦聚輪轉無際若因停心觀入深禪定如是逆推尋或時見歌羅邏初受生乃至見過去身起業煩惱乃至二生百千生也順尋

取有若因禪定之力或見未來一生二生乃至十百千生若見過去未來事其心悲感道心精勤轉復增感也二明觀破屬愛十二因緣者即是性念處歷別觀十二因緣也性念處觀略如前說所以者何若觀愛即汙穢五陰性念處若觀受觸六入名色識即是觀果報無記五陰性四念處若觀於行即是善不善五陰性四念處若觀無明即是過去汙穢煩惱五陰性四念處若觀於取即是現在汙穢五陰性四念處若觀於有即是善不善五陰性四念處若觀未來生老死即是報生無記性四念處是則用四念處逆順觀察十二因緣破四顛倒顛倒若滅即是無明一切煩惱滅以無明滅故行滅乃至老死憂悲苦惱滅是名性四念處歷別觀屬愛煩惱十二因緣之觀也二次明觀破屬見煩惱十二因緣者亦爲二意一者推尋二者觀破一推尋者若見神及世間常無常亦常亦無常非常非無常是則現在生身邊四見因此身邊四見生十四難六十二見此身邊四見即是四取逆順尋此四取逆尋四取因四愛四愛因四受四受因四觸四觸因四入四入因四名色四名色因四識四識因四行四行因四種無明復順尋四取四取能生四有此四有即受一切二十五有生老死憂悲苦惱若因停心觀得深禪定或見過去未來生事具如前說也二明觀破因性四念處觀觀四取身邊四見如是次第乃至無明破過去如去不如去亦如去亦不如去非如去非不如去身邊二見汙穢五陰也又順觀有四取乃至未來生死破有邊無邊亦有邊亦無邊非有邊非無邊身邊二見汙穢五陰若能如是用性四念處破二世身邊二見之四見即破十四難六十二見一切屬見煩惱一時皆滅是名無明滅即行滅乃至老死憂悲苦惱皆滅若屬見煩惱滅即還用前觀愛十二因緣性念處觀破欲愛色愛無色愛皆滅是則三界煩惱業道滅者名爲有餘涅槃若苦道滅者即是無餘涅槃是名用性念處智慧觀十二因緣入涅槃也性念處觀法略如前說故經云十二因緣其義甚深難解難見意在此也如佛說大涅槃

經時有一外道名曰富那問瞿曇汝云何令我知神及世間常乃至非常非無常佛荅言汝若能畢故不造新即能知神及世間常乃至非常非無常梵志即言我已知竟佛問汝云何知梵志荅言故名無明新名取有若知無明不起取有即知神及世間者常乃至非常非無常是時梵志求哀出家為佛弟子也又中論明聲聞經入第一義並約觀十二因緣破六十二見入第一義若深得此意不止破外道也若佛弟子學問坐禪發種種見取著諍論起諸煩惱二十五有生死之業皆是屬見十二因緣也覺知者能用性念處撿破即得解脫其迷此者十二因緣流轉生死無有邊際故中論云真法及說者聽者難得故如是即生死非有邊無邊也共念處緣念處助觀十二因緣類前可知也五明料簡者問曰若宿習自然覺悟者何須佛為說十二因緣荅曰聞說則疾得不說自悟少遲如果熟雖應自墮若須急取薄搖即落問曰辟支佛乘何意不判果荅曰聲聞人鈍故判果若辟支佛久習智慧神根利故不須判果譬如二人共行其身羸者須止息處若身強者直到所在故佛但說辟支佛道不立果位也復次總相斷結智慧麁故但除正使名聲聞乘別相觀因緣智慧細故侵除習氣名辟支佛復次聲聞鈍故先觀苦諦緣覺利故先觀集諦也問曰聲聞念處別相為麁總相為勝今何故總相為麁別相為勝荅曰還用別總歷別細觀十二因緣故別為勝也復次聲聞功德禪定力淺天眼極遠但見小千國土辟支佛久種善根禪定力深若發天眼乃過三千見他方世界略明三藏教有門緣覺位竟空門如誠論分別昆勒門非空非有門論既不度則不可知也

四教義卷第二

四教義卷第二

校勘記

一　底本，金藏廣勝寺本。

一　四六四頁中五行第二三字「辨」，[南]作「教」。

一　四六四頁下五行「長老現」，[南]、[徑]、[清]作「長者說」。

一　四六四頁下一二行「能以」，[南]、[徑]、[清]作「所以」。又「誠實」，[徑]、[清]作「成實」。下同。

一　四六五頁上一九行第一〇字「若」，[南]作「苦」。

一　四六五頁上二二行第六字「涌」，[清]作「通」。

一　四六五頁中九行第二三字「若」，[南]、[徑]、[清]作「苦」。

一　四六五頁下二五行「第也」，[南]、[徑]、[清]作「策也」。

一　四六六頁上一六行「聽讀」，[南]、[徑]、[清]作「聽誦」。

一　四六六頁中二四行「增愛」，[徑]、[清]作「憎愛」。

一　四六六頁中二六行「十相」，[南]、[徑]、[清]作「卜相」。

一　四六七頁上一八行「如是」，[南]、[徑]、[清]作「亦如是」。

一　四六七頁上二三行第二一字「見」，[徑]作「有」。

一　四六七頁上二五行第七字「見」，[徑]作「是」。

一　四六七頁中九行「誠論」，[徑]、[清]作「成論」。一六行同。

一　四六七頁中一二行「流轉」，[徑]作「流輪」。

一　四六八頁上一行第一一字「耳」，至此，[南]、[徑]、[清]卷第二終，卷第三始。

一　四六八頁下六行第四字「善」，[徑]、[清]作「善根」。

一　四六八頁下二二行「二愛行」，[南]、[徑]、[清]作「一愛行」。

一　四六九頁上六行末字「測」，[徑]、[清]作「能測」。

一　四六九頁上二四行第二字「云」，南、經、清作「方」。
一　四六九頁上二六行末字「治」，南、經、清作「法」。
一　四六九頁下一三行「得理」，南作「得利」。
一　四六九頁下二〇行末字「似」，經作「以」。
一　四六九頁下二二行「四得」，南、經、清作「結得」。
一　四七〇頁中一一行末字「說」，南、經、清作「設」。
一　四七〇頁中二五行第九字「約」，南、經、清作「爲」。
一　四七〇頁下五行第七字「析」，南、經、清作「折」。
一　四七〇頁下一八行第四字「也」，南作「已」。
一　四七〇頁下二四行「有三事」，經作「愛三事」；清作「愛有三事」。
一　四七一頁上一三行末字「緣」，南、經、清作「約」。
一　四七一頁中二一行「停心」，南、經、清作「定心」。
一　四七二頁上一三行「判果」，南、經、清作「制果」。下同。
一　四七二頁上二二行「誠論」，經、清作「成論」。
一　四七二頁上末行「卷第二」，南、經、清作「卷第三」。

四教義卷第三　計十六帋

天台山修禪寺沙門　智顗　撰

第三約三藏教明菩薩位者三藏教論因緣生滅之理明菩薩藏下應具有四門今約毗曇有門明大乘菩薩位即有四意一翻譯二釋位三料簡四釋淨無垢稱義第一翻譯所言菩薩摩訶薩者是天竺語者具依彼言應云菩提薩埵摩訶薩埵但諸師翻譯不同今不具述而智度論翻云菩提名佛道薩埵名成衆生摩訶言大此人用諸佛大道成衆生也又師翻云菩提名道薩埵名心摩訶名大是為大道心而諸經多云菩薩摩訶薩者什師以天竺語煩兩句八字標名故除三字留五字合為一句名菩薩摩訶薩也但三乘菩提通名為道而菩薩獨受大名者以其緣四諦起慈悲四弘誓願上求佛果下化衆生此心曠大故別受摩訶薩埵之稱也第二釋菩薩位略為七意一發菩提心二行菩薩道三種三十二相業四六度成滿五一生補處六生兜率天七八相成道一發菩提心者如釋迦牟尼菩薩於過去世為陶師值釋迦牟尼佛供養彼佛又見彼佛智慧第一弟子名舍利弗神足第一弟子名目揵連多聞侍者名曰阿難爾時陶師供養佛已即便發菩提心作是誓願未來世我得作佛還名釋迦牟尼智慧弟子名舍利弗神足弟子名目揵連多聞侍者還名阿難佛可其願從是初發菩提心即慈悲四弘誓願發也但三藏教慈悲四弘誓願皆緣生滅四諦而起所言慈悲心者一大慈心欲與愛見二種衆生道滅之樂也二大悲心欲拔愛見二種衆生苦集之苦也四弘誓者一未度者令度即是度天魔外道愛見二種六道衆生未度三界火宅之苦諦令得度也二未解者令解即是愛見二種衆生未解愛見二十五有集令得解也三未安者令安即是愛見二種衆生未安三十七品一切諸道令安道諦也四未涅槃者令得涅槃即是愛見二種衆生未滅二十五有生死因果皆令得滅諦涅槃也若緣愛見二種衆生生滅四諦而起慈悲四弘誓願者即非菩薩初發菩提心也知愛見四諦故智慧勝諸天魔一切外道有慈悲誓願功德故勝一切聲聞緣覺故大智度論云初發心以為天人師勝出一切聲聞及一切也二行菩薩道者即是三阿僧祇劫行六度也從過去釋迦牟尼至罽那尸棄佛時名一阿僧祇劫從此常離女人身爾時不自知我當作佛不作佛此初阿僧祇劫即是得五停心別相總相念處之位用性念處共念處緣念處行六度也三種念處義略如前說所以者何修性念處為壞屬愛魔業破屬見一切智六師修共念處欲壞愛結破神通六師修緣念處為一切愛見衆生說法屬愛壞故一切天魔眷屬壞見壞故三六十八種六師及一切外道眷屬壞也故用三種念處行六波羅蜜意欲降伏天魔制諸外道菩薩用三種念處行六度時雖修性念處而不斷結為生三界度衆生故常欲多修共念處觀為得神通成四攝法同事調伏愛見衆生又常多修緣念處觀為欲成四辯說三乘法化一切愛見衆生共出三界火宅也是初阿僧祇劫修行六度用四弘誓願安撫生死衆生心無怯弱故壞女人之業常受丈夫之身也爾時未發誓解位在外凡故不自知已身當作佛不作佛次明從罽那尸棄佛至然燈佛為二阿僧祇劫是時菩薩用七莖青蓮花供養然燈佛敷鹿皮衣布髮掩泥時然燈佛便授其記汝當來世必得作佛名釋迦牟尼爾時菩薩雖能自知我必作佛口不稱我當作佛諸此是用暖法智慧修六度也所以者何因總相四念處初得善有漏五陰即是性地順忍初心之位既有證法之信故必知作佛而用暖解法修行六度心未分明故不向他說次從然燈佛至毗婆尸佛為第三阿僧祇劫滿是時菩薩內心了了自知作佛口自發言無所畏難我於來世當得作佛今謂此是頂法之位行六度四諦觀解分明如登山頂四顧分明了了自知作佛亦向他人說也三明過三阿僧祇劫種三十二相業者今謂此是入下忍之位用此忍智修行六度成百福德用百福德成一相以

後三十二相之業因也種三十二相業因於下忍之位修六波羅蜜成百福之相以為三十二相業因也是三十二相於欲界閻浮提人中受男子身佛出世時緣佛身相故得種也問曰所言百福得成相者幾功德成一福德耶答曰異解不同難可定判有人言是福不可稱量不可譬諭是菩薩入三阿僧祇劫心修大行種是三十二相因緣以是故福無能量唯佛能知問曰菩薩幾時種三十二相答曰極遲百劫極疾九十一劫弗沙佛觀釋迦菩薩自生弟子熟彌勒菩薩自熟弟子生多人難度一人易化故弗沙佛於寶窟中放光照釋迦釋迦菩薩尋光至弗沙佛所於七日七夜一心觀佛目不暫眴但用一偈稱歎云天地此界多聞室逝宮天處十方無丈夫牛王大沙門尋地山林徧無等以善行力故超越九劫在彌勒前成正覺也四明六波羅蜜滿者問曰檀波羅蜜云何滿答曰一切能施無所遮礙乃至以身施時心無所惜如尸毗王以身施鴿解割皮肉雖受痛苦舉身上秤以贖鴿命心不悔恨立誓自證我心無悔者身可平復既立誓已天地震動身還如故如是等菩薩本生捨身命施心不退悔是檀波羅蜜滿也問曰尸波羅蜜云何滿答曰不惜身命護持禁戒如須陀摩王是王精進持戒常依實語與劫磨沙陀大王共期欲出還國七日供養沙門竟即來就終是王期其滿為持實語故赴期就死是則為持一戒不惜身命如是等處處因緣經說今生菩薩因地持戒捨身心無悔根即是尸波羅蜜滿相問曰羼提波羅蜜云何滿答曰若人來罵撾捶割剝支解奪命心不起瞋如羼提比丘常修慈忍在林樹下入禪三昧時迦梨尸王為女色故生重嫉妬截其手足耳鼻心忍不動時王問言今截解汝身定能忍不比丘答言我不瞋恨王言誰信汝耶比丘答言我若實忍心不瞋恨當令我身即平復說是語時身即如故如是等不惜身命修行忍辱是名羼提波羅蜜滿相問曰毗梨耶波羅蜜云何滿答曰若有大心如大施太子為一切眾生入海採寶從龍王得如意珠欲將還閻浮提而被龍掣布施眾生海神惜珠因其睡臥即盜取其珠將還海宮太子覺已為此珠故誓以此身抒大海水令海乾盡從神索珠心定不懈帝釋天感太子心為物精勤不惜身命即將諸天助抒海水水遂減半海神怖故慚愧還珠亦如釋迦菩薩值弗沙佛七日七夜翹一足目不暫眴如是等不惜身命為物精進即名毗梨耶波羅蜜滿相問曰云何名禪波羅蜜滿相答曰如一切禪定自在又如尚闍梨仙人坐禪時無出入息鳥於螺髻中生子不動不搖乃至鳥子飛去是名禪波羅蜜滿相問曰般若波羅蜜云何滿答曰菩薩大心分別如劫賓婆羅門大臣分閻浮大地作七分若干大城小城聚落村民盡作七分般若波羅蜜亦如是是菩薩般若波羅蜜滿相今謂此皆下忍智慧能調伏諸根滿足六度也所以者何下忍智慧力強煩惱力弱用此智慧修行六度能忍六蔽不惜身命成六度也四波羅蜜滿正是性念處力至下忍也禪波羅蜜滿多是共念處力至下忍也般若波羅蜜滿正是緣念處力至下忍也問曰羅漢尚不能不惜身命修行六度下忍智慧之力何能成六度耶答曰若無慈悲誓願積劫修行之力羅漢智尊尚不能爾何況下忍今外緣慈悲誓願久殖熏修內有忍法智慧助破六蔽之力也五住一生補處即是釋迦菩薩生在迦葉佛所為補處弟子淨持禁戒行諸功德迦葉授記次當作佛忍此在中忍之位也六生兜率陀天者捨閻浮之報上生此天為諸天師在於此天用三種念處修八勝處為欲伏結清淨下閻浮提神通變化降伏天魔四辯說法破諸外道又一切眾生也此猶屬中忍之位問曰菩薩何意從初發心伏結至此伏而不斷耶答曰若斷結即不得受生化物觀無常伏結令諸煩惱脂消用清淨心修行六度令諸功德肌長也七下生成道者即是三藏教明八相成菩提果也所言八相成道者一從兜率天下二託胎三出生四出家五降魔六成道七轉法輪八入涅槃一兜率天下者菩薩將欲下生時用四種觀人間一觀時即是人壽百歲是佛出世之時二觀土地諸佛常依中國生迦維羅衛即是百億日月之中也三觀種姓生二種姓中一剎利姓勢力大故二婆羅門姓智慧大故釋迦牟尼佛生剎利姓也四觀生處何等母人能懷那羅延力菩薩唯中國迦毗羅婆淨飯王后能懷後身菩薩如是觀已後兜率天下問何故作白象形非餘二明處胎即是正慧入母胎一切眾生邪慧入母胎菩薩憶念不失故名正慧入母胎中陰住則知中陰入胎時知入胎歌羅邏時知歌羅邏七日赤白精與合安浮陀時二七如蘭狀伽陀時三七日如凝酪五胞時出生時皆憶念不失是名正慧入母胎復次餘人住中陰欲受生時於父母所生顛倒心生不淨心菩薩不爾正慧明識父母相續入胎是名正慧也三明出胎相者是菩薩滿足十月正念不失念從右脇而出胎生墮於地即行七步口自發言天上天下唯我為尊當初生時國內即有三十二瑞事在瑞應經具明乃至將示相師阿夷相太子身具三十二相八十種好即便悲泣王恐不祥問阿夷日我子不祥故悲泣耶仙人答曰吉無不利太子相好分明其若在家當作轉輪聖王飛行皇帝王四天下十善化世其若出家必成自然之佛度脫萬姓但太子相好分明必不在家作轉輪聖王其若出家必得菩提度脫天人傷吾年老不覩佛興故悲泣耳所以用三十二相八十種好莊嚴其身欲為得三菩提之器也問何故現相三十二好有八十答成佛莊嚴法如此故四明出家者是時菩薩年漸長大出四城門見老病死苦厭怖心生夜半踰城出家六年苦行爾乃難陀波羅門女食乳糜益身十六功德五明降魔相者即於菩提樹下破萬八千億鬼兵魔眾魔王敗衂鬼兵退散六成道相者魔眾散已攝心端坐於第四禪住中忍修觀成中忍一剎那上忍一剎那世第一法一剎那發真無漏三十四心得阿耨多羅三藐三菩提三十四心者八忍八智九無礙九解脫也具足佛十力四無所畏十八不共法三達無礙三意止大慈大悲四無礙智一切諸法總相別相悉知故名為佛第九解脫具足一切種智進在未來故名小

乘佛七明轉法輪相者於鹿野苑爲拘隣五人三轉生滅四諦法輪天人得道此爲證三寶於是現世間次說十二因緣法輪次爲菩薩說六波羅蜜法輪是則開三乘之教名修多羅藏十二年後佛在毗舍離國爲須隣那迦陀長者子作婬欲以是因緣結初大罪二百五十戒次佛在舍婆提城告諸比丘諸有五怖五罪五怨不除不燒是因緣故作此世未來受無量苦是名佛自說毗曇教從此轉三藏法輪乃至涅槃教三乘弟子是名轉法輪也八明入涅槃相者於拘尸那城娑羅雙樹間逆順出入超越三昧於第四禪中入火光三昧燒身滅度唯留舍利爲人天福田身智俱滅入無餘涅槃是爲聲聞經中說大乘之位也次第三明料簡者問曰聲聞經明三乘何故三乘即生斷結菩薩從初發心乃至降魔都不斷結答曰聲聞緣覺猒患生死自求涅槃不爲利物是故貪取直斷結盡則不受生入涅槃也菩薩大慈憐愍欲度一切受生死苦教化衆生出世善根淳孰即便成道說三乘教共三乘人同入涅槃若因中斷結即不得受生豈能利物是故忍受生死不斷結使三阿僧祇劫在生死教化衆生共出三界不斷結使意在此也問曰菩薩斷結誓願神通應化利物何必須留結而受生耶答曰斷結誓願神通應化受生此乃是摩訶衍之所明也所以者何斷結誓願受生通教之所說法性身神通受生別教之所說法身應生圓教所說也問曰聲聞經何意不得論斷結受生答曰三藏之教正化小乘傍化菩薩若說菩薩結盡受生二乘即疑若結盡而得受生者諸聲聞人得羅漢果將不更受生耶是故不說菩薩斷結受生也問曰若爲二乘疑不說菩薩斷結受生者大乘方等摩訶般若通教三乘亦應不說菩薩斷結用誓願神通受生也答曰此是生酥熟酥之教二乘漸漸熟信解分明聞菩薩事心不疑惑故法華云過此已後心相體信入出無難然其所止故在本處問曰所明聲聞經菩薩義爲是佛說爲佛去世後諸聲聞弟子說耶答曰有是佛說亦有是諸羅漢作毗婆沙阿毗

曇中說也問曰何者是佛說何者是羅漢說耶答曰如說菩薩從初發心乃至不斷結使坐道場時正習俱斷此是佛說何以得知龍樹論主數數人言若後身菩薩不斷結者是佛方便所說也亦有是諸羅漢佛去世後說者如言初阿僧祇不自知作佛二阿僧祇劫自知作佛而口不宜說三阿僧祇劫了了自知作佛亦發言向他說此義非佛三藏中所說乃是羅漢作毗婆沙釋菩薩義也問曰若佛自說三藏教明菩薩義此則可信若諸羅漢所說云何可信答曰諸羅漢既是聖人共採佛三藏教意明菩薩義何容全失問曰若爾智度論何意從始至終一一彈破答曰龍樹爲欲申摩訶衍明菩薩所行之道以大破小皆可破也若就小乘明三藏宗途羅漢聖人之所撰集何容頓乖僻也若諸羅漢明聲聞經所釋菩薩義途乖僻末世凡人法師何可證有中釋凡情解釋小乘既不可承用大乘深經豈可出在妄情而論故知雖非佛說若是羅漢作論亦須信受也第二約通教辯位以釋淨無垢義者通教既詮因緣即空之理三乘同稟共理詮道必有淺深故須判位通教人入道亦具四門四門者一實門二不實門三亦實亦不實門四非實非不實門此四門入諸法實相出智度論中論雖不作門名四句既能通行人入第一義今立門名觀其義意今謂於理無失至下辯體當略釋今判三乘同入第一義智斷之階級此通教具有四門入道而經論多用空門者論逗機化物隨緣而說四門豈可偏用經論義便事須如此是故今約通教明三乘位正就空門以辯也就此即爲五意一略明半滿判位有同不同二約通教開三乘三正辯通教三乘共位四料簡五正約位釋淨無垢稱義一略明半滿判同不同者若三藏半字教門門位大同小異如毗曇成實釋三藏教辯賢聖位雖復小異而大意是同不足疑也若摩訶衍滿字教門通論秖是一摩訶衍教若細尋義理即有三教明位高下不同其不達大乘方便實者可疑也故大品經云有菩薩從初發心即與薩婆若相應此恐約通教明入位亦是法華經小樹增長

之譬也又大品經云有菩薩從初發心即遊戲神通淨佛國土成就衆生此恐約別教以明入位即是法華經大樹增長之譬也又大品經云有菩薩從初發心即坐道場度衆生當知是菩薩爲如佛此恐約圓教明入位亦是法華經一地所生之譬也故大智度論釋燈炷品云有人言乾慧地初焰佛地爲後焰有人言歡喜地爲初焰佛地爲後焰有人言初發心爲初焰佛地爲後焰如此解釋不同者恐是諸大乘論師釋滿字教門三教明位不同各取此意以釋初後焰問曰何意三藏教明位多同摩訶衍開爲三教判位不同耶答曰半字教門正明界內一世斷結使入涅槃小乘狹劣明事淺近不可動逃若是滿字教門廣大深遠備明界內外行位法門權實無方說諸菩薩行類相貌位次不同無量礙也故涅槃經云譬如隘道不容二人並行解脫不爾多所容受容受即真解脫真解脫內權實行位何所不容故龍樹菩薩作大智論種種因緣破迦旃延引毗婆沙釋三藏義明菩薩義正是欲申摩訶衍教不可思議行類階級隨緣不同也第二略明約通教開三乘者此通教約因緣即空之理分三乘也三人同稟通教見第一義諦同斷三界見思得一切智同求有餘無餘二種涅槃此義既同故約通教義以辯位也而分爲三乘者聲聞摠相體法入空智慧分弱但斷正使根性不同亦有二種解脫如前三藏教中分別緣覺福德利根能少分別相體法入空生無佛世不因聞法時至道熟自然覺悟見第一義斷三界結盡侵除習氣是名辟支佛乘根性不同亦有二種一者小辟支迦羅二者大辟支迦羅也如前說若菩薩具彼摠相別相智慧體因緣即空起大悲誓願以修諸行見第一義斷界內煩惱用誓願扶習還生三界用道種智遊戲神通淨佛國土成就衆生三乘善根淳熟即坐道場用一念相應慧斷煩惱習盡得一切種智名之爲佛轉生滅無生滅二種法輪化三乘衆生無餘涅槃是爲大乘故大品經云三乘之人同以第一義諦無言說道斷煩惱但是煩惱習盡不盡爲異又中論云諸佛以甘露味

教化衆生諸法實相是具甘露味也佛說實相分爲三種若得諸法實相滅諸煩惱名聲聞乘若生大悲發無上意名爲大乘若佛滅度後時世無佛因遠離生智名辟支佛乘問曰若爾與前三藏教明三乘何異答曰前已處處說見第一義不殊但教門有拙度巧度之別觀門則有析體見真之殊彼明菩薩從初發心乃至補處未言斷結便此門菩薩從初發心即斷結使乃至補處正使久盡殘習微薄此爲大異復次三藏教約生滅四諦十二因緣六波羅蜜三法分三乘今明通教則不如此三乘同觀無生四諦見第一義而分三乘之別者事如前解三乘同體假入空觀十二因緣見第一義而分三乘之別者事如前釋三乘同觀六波羅蜜見第一義而分別三乘之別者如前分別如此豈同三藏教之三乘也問曰菩薩可修六度二乘何得亦同修六度耶答曰涅槃經云福德莊嚴有爲有漏是聲聞法何處有慳貪聲聞破戒瞋恚放逸散亂愚癡漢辟支佛耶但二乘之人不能徧行其事成就衆生何曾不同修六度第一義諦無言說道而能斷結耶問曰上引中論所明即應是大乘聲聞緣覺也答曰不然此雖通從大乘門入而二乘取涅槃證即身滅度故中論簡別得諸法實相滅諸煩惱名聲聞乘若生大悲發無上意名爲大乘若佛不出世辟支佛人因遠離生智此二既無大悲何得名爲大乘聲聞緣覺耶故法華經身子自歎云我等同入法性云何如來以小乘法而見濟度是我等咎非世尊也此則自述得法實相非是大乘聲聞若如迦葉領解聞法華開權顯實云我等今者真是聲聞以佛道聲令一切聞也故不得言見諸法實相即是大乘聲聞辟支佛也第三正明通教三乘位者即爲二意一明三乘共十地二簡名別義通一明三乘共行十地位者即爲二意一標名二解釋一標名者一乾慧地二性地三八人地四見地五薄地六離欲地七已辦地八辟支佛地九菩薩地十佛地故大品經云菩薩從初乾慧地至菩薩地皆行皆學而不取證佛地亦學亦證故言三乘道位也二解釋者釋乾

慧地三乘初心通名乾慧地乾慧地者即是三賢之位一五停心二別相念處三總相念處一五停心者就此爲三意一分別拙巧不同二正明停心之位三簡真僞一分別拙巧而同者三藏所明初賢與通教不同也彼約信解生滅四諦修五停心今約無生四諦信解修五停心二種信解既拙巧不同故入停心之位自是不同也二正明五停心位所言賢者本是隣聖之義亦是直善之名今言直善即爲二意一釋直義二釋善義一釋直義者信解直正異於外人邪僻又不同拙度之曲離此二邊名之爲直所以然者三乘之人同聞無生四諦信解分明故得然也信無生苦諦者信五陰十二入十八界不生皆如夢幻響化水月鏡像畢竟空無所有是則解苦無苦雖無苦若不知無苦則爲苦所苦名曰愚夫若知無苦此則無苦而有真諦信無生集者了一切煩惱業行皆如夢幻響化水月鏡像畢竟空無所有無和合相若不知無所有則有結業流轉知無所有是則解集無集是故無集而有真諦信無生滅諦者知一切生滅之法皆不可得設使有法過於涅槃亦如夢幻響化水月鏡像本自不生今亦無滅若不知不生不滅則生滅終不自滅若知不生不滅則生滅自然而滅是則有真諦也信無生道諦者信一切至涅槃道皆如夢幻響化水月鏡像無有二相是則不見通與不通若見有二有通不通則成壅塞若知不二之相不見通與不通則任運虛通入第一義是則知道有道而有真也若三乘之人初入佛法信解此語分明名正直心但菩薩因此無生四諦起慈悲誓願故名摩訶薩也問曰若知諸法皆無所有是則不見真與不真何須結無生四真諦之名也答曰此約思益經涅槃制義非凡情自立得意忘言無生四真之名何足疑礙二釋善義者即是五停心之善法也此之五法能發諸禪禪名棄惡亦名功德叢林止行二善無過於禪禪因五法此之五法內善之本也行人初心信解雖直但以五種不善隨其重者牽心馳散不得暫停如風中燈照物豈了欲知因緣即真必須一心禪寂如水澄清珠

相自現是故賢觀多者教令數息因數息故心不動散得欲界定任運到地能發初禪乃至四禪四無色定如明鏡不動如淨水無波目足備故入清涼池是名直善直善之人能發無漏故說隣聖曰賢也是以大品經云阿那波那即是菩薩摩訶衍以不可得故此約初停心明賢人乾慧地之位不淨觀對破貪欲明停心入初賢乾慧之位亦如是故大品經云不淨觀即菩薩摩訶衍以不可得故慈心界方便因緣明停心入初賢乾慧之位亦如是三簡真僞者問曰三乘初心信解無生四諦有真僞答曰迦羅迦果鎮頭迦果僞多真少於末世學三乘之人雖知無生四諦不識正因緣義即是迦羅迦果若兼道心貪著名利即是迦羅迦果不知善巧修習止觀即是迦羅迦果破法不偏即是迦羅迦果不知通塞即是迦羅迦果不知道品調適進趣修習即是迦羅迦果不知對治助開三解脫門即是迦羅迦果不知位次生增上慢即是迦羅迦果不能安忍內外强軟兩賊即是迦羅迦果是則迦羅迦果乃有九分如女人不別將還家食眷屬皆死若能了知畢竟無所有而精解此之得失發諸順道法門而不愛著即是鎮頭迦果纔有一分也故中論云佛去世後人根轉鈍聞大乘法中說畢竟空不知何因緣故空即生見疑若都畢竟空云何分別有罪福報應等如是則無世諦第一義諦取此空相而生貪著於畢竟空中生種種過龍樹菩薩造論意在此也智論云第三邪見破因緣果報亦破一切法與觀真空何異龍樹論主八翻復次簡別真僞具出云云問曰五停心善法有真僞不答曰一家次第禪門明發禪覺支若過不及有二十種壞禪邪覺即是迦羅迦果十種成禪善覺即是鎮頭迦果也問曰信解無生四諦智慧辯才即是般何須數息五停心觀耶答曰大智論云空無相無作雖是智慧若無定心即是顛智慧狂智慧豈可說顛狂之人是初賢乾慧地耶二明別相四念處乾慧地位者三乘之人住靜定心修三種念處事相略如前三藏教分別但此通教所明性念處但觀五陰即空法性之智慧名爲性

念處是故以大品經說即色是空非色滅空色性自空空即是色離空
無色離色無空受想行識亦復如是若觀此色愛見身邊二見四
見十四見及一切諸色皆不淨虛妄不實本自不生破色四邊見無
生有四十八番乃至九十六番類前體假入空觀可知也不生即是
空空即法性法性非垢非淨即破垢淨二倒是真不淨義名身念處
若觀受受見一切諸受皆苦虛妄不實本自不生破受四邊見無
生有四十八番乃至九十六番類前可知也不生即空空即法性法性
非苦非樂破苦樂倒是真苦義名受念處若觀心心見一切心皆
無常虛妄不實本自不生破心四邊見無生四十八番乃至九十六
番類前可知也不生即空空即法性法性非常非無常即破常無
常倒是真無常義名心念處若觀法法見一切想行二陰皆無我虛
妄不實本自不生破想行四邊見無生有四十八番乃至九十六番類
前可知也不生故即空空即法性法性非我非無我即破我無我倒
是真無我義名法念處也三乘之人觀五陰第一義諦修四念處時
四念處中四種精進名正勤四種禪定名四如意足信等五種善生
名之為根善根增長遮諸煩惱名之為力分別道用名為七覺安隱
道中行名八正道此性四念處對破身邊二見四邊見無生結成四
十八番乃至九十六番明二十一心無生四念處並其難解自非徹
恩終不可見若修共念處事相如前但以膖脹相爛相壞等相皆
捨勝處皆如夢幻畢竟不可得為異也若修緣念處分別名義如前
但知名字性離即解脫相無句義是菩薩句義如是通達一切名義
即是緣念處三乘人修此三種念處皆以正勤如意根力覺道者
巧調適觀五陰一切諸法不取不捨能伏一切身受見八十八使
三界二十五有一切結集欲言善滅諸戲論也略說三乘通觀相
四念處位乾慧地但菩薩雖知五陰畢竟空寂而大悲誓願不捨衆
生以無所得調伏諸根修行六度即是摩訶衍故大品經云四念處
是菩薩摩訶衍以不可得故問曰通教性念處理既是通破八倒何

須別對答曰三藏教別相四念處既別破四倒明乾慧地位既是通
對共別破拙但破四倒今明別破之巧故還用別以破八倒也三明
總相四念處乾慧地位者總相三種四念處同前三藏教分別但以
如幻如化體法即空為異耳是為無生總相四念處住是總相念處
中若修身念處節觀五陰十二入十八界一切諸法總破八倒是名
身念處受心法念處亦如是住是總相四念處修正勤如意根力
覺道雖未發煖法相似無漏法水而總相觀五陰智慧深利勝別相
四念處是則名總相四念處乾慧地外凡之位也問曰三乘人通觀第
一義諦同破八倒應同見佛性何故通教人入二涅槃也答曰破八
倒有四種意一破八倒不結枯榮是則通別圓不定二破八倒結成
四枯定成通教三破八倒結四榮定成別教四破八倒結枯榮即是
圓教今明破八倒用淨名訶迦旃延破三藏五義說摩訶衍五義即
結成四枯故三百比丘心得解脫正屬通教意也二明性地者因總
相念處成三十七品初發善有漏五陰名煖法頂法義如前說增進
初中後心入頂法忍法乃至世第一法名為性地內凡性地之義皆
如前說但以從乾慧地皆無生方便異故所論性地初中後心解慧
善巧亦有殊別拙巧雖復不同而俱伏界內見諦之惑也三明八人
地者即是三乘信行法行人體見假以發真斷見諦惑在無間三昧
即八人之位也四見地者即是三乘同見第一義無生四諦之理同
斷見惑八十八使盡也問曰上明體法入空破受身見今何故
見惑前盡愛在後方斷答曰見新愛舊體假入空雖復俱破見
則易盡愛則難除譬如斷藕若手折斷藕斷絲連若用刀斷藕絲
俱絕次第證果之人見惑雖盡思惑猶在超證之人則見思俱斷也
五薄地者體愛假即真發六品無礙斷欲界六品證第六解脫欲界
煩惱薄也六離欲地者即是三乘之人體愛假即真斷欲界五分結
盡離欲界煩惱也七已辦地即是三乘之人體色無色愛即真發
真無漏斷五上分結七十二品盡也斷三界事惑究竟故言已辦地

也八辟支佛地者緣覺發真無漏功德力大故能侵除習也九菩薩
地者從空入假道觀雙流深觀二諦進斷習氣色等無明得成界外
法眼道種智遊戲神通淨佛國土成就衆生學佛十力四無所畏十
八不共法大慈大悲斷習氣將盡也十佛地者大功德力資智慧一
念相應慧觀真諦究竟習氣究竟盡也故智論云聲聞智慧力弱如
小火燒木雖然猶有炭在緣覺智慧力勝如大火燒木木然炭盡
餘有灰在諸佛智慧力大如劫燒火灰炭俱盡亦如兔馬象三獸度
河之諭也問曰菩薩佛地名與二乘何得言通也答曰名雖有異同
是無學應供得二涅槃共歸灰斷證果是一名義不殊是則名義究
竟俱同也二簡名別義通者即為三意一約前三乘共十地菩薩別
立忍名二明用別教名名別義通一明用通教位立別位名別而義
通者義通已如前說今言名別者別為菩薩立伏忍柔順忍無生
忍之名也所以者何乾慧地三乘同伏見惑而菩薩別受伏忍之名
者菩薩信因緣即空而發無生四諦降伏其心起四弘誓願雖知衆
生如虛空而發心度一切衆生是故衆生如虛空故金剛般若經
云菩薩應如是降伏其心所謂滅度無量無邊衆生實無衆生得滅
度者次明三指願降伏心亦如是故在乾慧修停心時別名為伏忍
異二乘也別相總相念處皆名伏忍亦如是次明三乘之人同發善
有漏五陰生相似解皆能柔伏見惑順第一義諦理而菩薩獨受柔
順忍名者菩薩非但伏結順理又能為一切衆生伏心遍行六度一
切事中福德智慧皆令究竟如三藏教門三阿僧祇修六度乃至不
惜身命至中忍滿今此菩薩亦如是以空無相無願調伏諸根欲為
衆生滿足六度故名柔順忍也次三乘之人同發真無漏若智若
斷同名無生而菩薩獨受無生法忍名者以其見第一義諦雖斷結
使而不生取證之心故別受無生法忍之名也所以者何若生取證
心即墮二乘地不得入菩薩第九地次三乘同得神通而二乘不
能用神通成就衆生淨佛國土故不得受遊戲之名菩薩能爾故名

菩薩受遊戲神通之名阿那含雖斷五下分結而不能捨深禪定來
生欲界和光利物而不同塵菩薩能如是故別說為離欲清淨也問
曰通教三乘同觀二諦約位云何分別答曰二乘雖觀二諦一向體
假入空用真斷結至無學果菩薩亦觀二諦始從乾慧終至見地多
用從假入空觀得一切智慧眼多用真也從薄地學遊戲神通多修
從空入假觀得道種智法眼多用俗也從辟支佛地學二觀雙遊
照二諦入菩薩地自然流入薩婆若海是則無功用心修種智佛眼
佛地圓明成一切種智佛眼圓照二諦究竟也故大智論云聲聞法
中名乾慧地於菩薩即是伏忍聲聞法中名性地於菩薩法中名柔
順忍於聲聞法名八人地於菩薩法名無生忍於聲聞法名為見地
於菩薩法是無生法忍果聲聞法名薄地於菩薩法名為遊戲五神
通聲聞法名離欲地於菩薩法名離欲清淨阿羅漢地於聲聞法即
是佛地三藏佛三十四心發真斷三界結盡與羅漢齊也大品經云
阿羅漢若智若斷是菩薩無生法忍大品經云辟支佛若智若斷是
菩薩無生法忍即對菩薩八地侵除習氣九過辟支佛地入菩薩位
菩薩位者九地十地是則十地菩薩當知如佛齊此習氣未盡過菩
薩地則入佛地用若願扶習氣生閻浮提八相成道五相如前料簡
大小乘同異如智度論分別六成道相者菩提樹下得一念相應慧
與無生四諦理相應斷一切煩惱習氣盡具足大慈大悲十力四無所
畏十八不共法四無礙智一切功德智慧者名之為佛七轉法輪相
者權智開三藏生滅四諦法輪實智說摩訶衍無生四諦法輪通三
乘人也八入涅槃相者雙樹入無餘涅槃如薪盡火滅留舍利為一
切人天福田也是名通教大乘八相成道是則三乘之人同見共諦
之理同得二種涅槃但大乘有八相成道之異是為通教大乘別為
菩薩立名位也二明用別教別位名名別而義通者即是三乘同觀
第一義諦之理取別教之名辨菩薩位也就此則為二意一正約名
別義通判位二料簡一正約名別義通辨位者即是十信三十心十

地之名也鐵輪位即是乾慧地伏忍三十心即是性地柔順忍八人
地見地即是初歡喜地得無生忍故大品經云須陀洹若智若斷是
菩薩無生法忍薄地向果即離垢地果即發光地也故大品經云
斯陀含若智若斷是菩薩無生法忍阿那含地向果向即炎地果即
是難勝地故大品經云阿那含若智若斷是菩薩無生法忍羅漢地向果
向是現前地果是遠行地故大品經云阿羅漢若智若斷是菩薩無生法
忍辟支佛地即是第八不動地侵除習氣也故大品經云辟支佛若智
斷是菩薩無生法忍菩薩地即是第九善慧地十法雲地當知如佛
佛地如前說坐道場時一念相應慧斷二障習氣盡所謂煩惱障法
障之習氣也化一切有緣眾生竟入無餘涅槃如薪盡火滅八相成
道如前說是則用別教名辨位名異而義同猶屬通教之位也第二
料簡者問曰從初地至七地對四果出何經論耶答曰經論非不對
當但高下不同末代法師對當亦多殊異所以然者或云見地止對
初地此如今所用或取三地併對見地仁王經明四地併對見地此
則難可定依但通教見地本是無閒之道不出觀證須陀洹豈得
從初地斷見乃至三地或云四地耶若斷別惑不共二乘如此明義
或當有之又或言六地斷結與羅漢齊或云七地名阿羅漢此難定
執前後兩果經論對既不定其間二果以意可知既不可定依今用
義推作此對位雖一往小便終不可定執也

四教義卷第三

四教義卷第三

校勘記

一　底本，金藏廣勝寺本。

一　四七四頁中一行「卷第三」，南、徑、清作「卷第四」。卷末書名同。

一　四七四頁中三行第一五字「論」，南、徑、清作「詮」。又末字「下」，南、徑、清作「亦」。

一　四七五頁上八行「寶窟」，南、徑、清作「寶窟」。

一　四七五頁上二四行第二一字「今」，南、徑、清作「令」。

一　四七五頁中一六行第二〇字「久」，清作「名」。

一　四七五頁中一七行末字至次行首字「迦棄」，徑、清作「迦葉」。下同。

一　四七五頁中末行「上地」，南、徑、清作「土地」。

一　四七六頁中五行「阿僧」，徑、清作「阿僧祇」。

一 四七六頁中二三行「教門門位」，南、徑、清作「教門明位」。

一 四七七頁上六行第三字「門」，徑、清作「明」。又第二〇字「久」，南作「斷」。

一 四七七頁上末行「通立」，徑、清作「通位」。

一 四七七頁中三行「而同」，南、徑、清作「不同」。

一 四七七頁中一一行「此則無苦」，南無。

一 四七七頁中二六行第九字「直」，清作「真」。

一 四七七頁下二三行「即是般」，南、徑、清作「即是般若」。

一 四七七頁下末行第二一字「之」，南無。

一 四七八頁上六行「屬愛」，南無。

一 四七八頁上七行「乃至十六番」，南作「乃至有十六番」；徑、清作「乃至九十六番」。又第一六字「也」，清無。

一 四七八頁上二四行「欲言」，南、徑、清作「故言」。

一 四七八頁中一二行「說摩訶衍五義」，南無。

一 四七八頁中二六行「色無」，南、徑、清作「色愛」。

一 四七八頁下五行「智論」，南、徑、清作「智度論」。

一 四七八頁下一五行「是故衆生」，南、徑、清作「是故度衆生」。

一 四七八頁下二三行「若智」，南、徑、清作「若知」。

四教義卷第四　　摘

計二十八紙　　天台山修禪寺沙門　智顗　撰

第三約別教明位釋淨無垢稱義者別教詮因緣假名如來藏佛性之理菩薩眞果此教門修行得證必有淺深故須明位此別教入道亦有四門一有門二空門三亦空亦有門四非空非有門別教雖有四門而尋經論意多用亦空亦有門明行位也如涅槃經云第一義空名爲佛性又云智者見空及與不空聲聞辟支佛但見於空不見不空不空者即佛性也若赴機利物四門入道各逐根緣豈可偏用但一往明位義便事須如此是以今明別教行位還約空有門以辨也就此即有四意一經論出別教菩薩位不同二撿明位三別解釋四約教位釋淨無垢稱義第一經論出別教菩薩位斷伏對法門不同者尋別教正明因緣假名恒沙佛法佛性涅槃常住之理菩薩稟此教觀三諦理歷劫修種種行斷恒沙無知別惑破見佛性求常住四德涅槃是則教別理別智別斷別行別位別因別果別此唯明一乘二乘聞此如聾如瘂但諸經明此別位名數多少斷伏高下對諸法門多有不同者即爲三一者位數不同二斷伏高下不同三對法門不同一位數多少不同者如華嚴經明三十心十地佛地有四十一地瓔珞經明五十二位仁王經明五十一位新翻金光明經但出十地佛果勝天王般若大品經等亦但明十地佛地不辨三十心等覺地也涅槃經明五行十功德約義配位似開三十心十地佛地而文不出名又十地論攝大乘論地持論十住毘婆沙論大智度論並釋菩薩地位如此等諸經諸論明菩薩位名數多少不同斷伏高下亦異對諸法門明位非無殊別所以然者此既明界內界外生法兩身菩薩行位如來方便用四悉檀化界內衆隨機利益豈得定執若不廣尋經論則不知同異偏取定執或生諍論此同無目而諍天上日今明別教大乘次位須用瓔珞仁王兩經若明斷伏高下須約大品三觀若明觀行對法門意取涅槃五行釋義對諸法門隨便採識經論一家說法正在初心觀門教門須分明也諸佛菩薩三乘聖位此非凡測輒可妄說而須明位知大意者行者道破增上慢心若說法講經權須消文引物希向又欲令聽者咸知大乘經論出別教菩薩位行不同輒可偏執是非諍競耶問曰何意約教的取瓔珞仁王判位名目答曰華嚴頓教多明圓位四十一地又不出十信之名諸大乘方等經文多明諸法門不正辨位前四時教若亦多明菩薩觀行法門意亦不在辨位今請瓔珞明五十二位名義整足恐是結成諸大乘方等別圓之位也仁王般若明五十一位恐是結成前四時般若別圓之位也法華但開藏通別之權位顯一圓位涅槃大意亦明別圓兩位而不的出名目問曰斷伏高下何故約大品三觀答曰一家義便問曰別教觀行對法門何故取涅槃五行答曰末代入道正得其宜別教明觀行有二種一者不共二乘說如華嚴十地論地持九種戒定慧及攝大乘論二者共二乘說如方等大品中論釋論明涅槃五行實爲末代行用之要也第二撿明別教菩薩位者即爲三意一約瓔珞經明位數二約大品經三觀明斷伏三約涅槃經對法門辨位一約瓔珞經明位數者瓔珞經有七種明位七位者一者十信二者十住三者十行四者十迴向五者十地六者等覺地七者妙覺地初十信即是外凡別教乾慧地伏忍之位也十住即是習種性位從此已去盡三十心解行位悉是別教之內凡性地柔順忍位也約別教義推如煖法也十行者即是性種性別教義推如頂法也十迴向即是道種性別教義推如忍法也世第一法也問曰別教何須明煖頂忍邪答曰十地既對四果故須明也通教通其似解說爲煖頂忍世第一法今別教別其似解義立此名比決分明也次十地即是聖種性此皆入別教四果聖位悉斷無明別見思惑也六等覺位即是等覺性者望諸菩薩名等覺望佛地名爲金剛心菩薩亦名無垢地菩薩也七明妙覺地亦名妙覺性即是究竟佛菩提果

大涅槃之果果也二約大品經及三觀合位明斷伏高下者大品經云佛告舍利弗菩薩欲具足道慧當學般若波羅蜜即此是十信習從假入空伏愛論見論欲入十住位若得十住即斷界內見思也欲以道慧具足道種慧當學般若此即修從空入假入十行也欲以道種慧具足一切智當學般若此即修中道正觀入十迴向位也欲以一切智具足一切種智當學般若此即是證中道觀入十地也欲以一切種智斷煩惱習當學般若此即是等覺地無明煩惱習盡名之為佛即是妙覺地也問曰智度論何故云佛說三智一心中得答為辯圓教從初一地即具足一切諸地若執此義即乖三慧品說別相三智之義也三約涅槃經明五行合位者初戒聖行定聖行生滅四諦慧聖行即是十信位次無生四真諦聖行即是十住位次無量四聖諦即是十行位次明修一實諦無作四聖諦即是十迴向位次若發真見一實諦證無作四聖諦即是聖行滿住無畏地得二十五三昧能破二十五有名歡喜地五行具足次後而說十功德者恐此表住大涅槃十地之功德也過此明住大涅槃即是妙覺地第三歷別解釋者釋七番別位初明十信心者一信心二念心三精進心四慧心五定心六不退心七迴向心八護法心九戒心十願心此十通名信心者信以順從為義若聞說別教因緣假名無量四諦佛性之理常住三寶隨順不疑名信心也今略釋初信心義即為二意一發菩提心二行菩薩道發心即是目修行即是足目足備故入清涼池即是別教初賢菩薩之義也一發菩提心者聞大涅槃方等經典因信解心大悲誓願發也大涅槃經明有五行一聖行二梵行三天行四嬰兒行五病行云何菩薩修聖行若從如來聞大涅槃經聞已生信作是思惟諸佛世尊有無上道有大正法大眾正行復有大乘方等經典我當愛樂貪仰尊重修道即是信心所以者何若聞大涅槃經信心歡喜即信佛性常住三寶即是信非因非果大涅槃果也若聞五行心生愛樂即是修非因之因聖行因也若信心開發即是發菩提心

欲行菩薩道發菩提心者即慈悲憐愍一切眾生於無量四聖諦慈與眾生無量道滅之樂悲拔眾生無量苦集之苦起無量四弘誓願未度無量苦諦者令度未解無量集諦者令解未安無量道諦者令安未得無量滅諦者令得大涅槃常樂我淨是為別教菩薩因於信解初發菩提心也問曰前明因大涅槃經四種聖諦約此人辨別教菩薩位今何但約無量四聖諦發弘誓不取餘三種四諦發願耶答曰若在別教此四種四諦皆名無量所以者何菩薩觀無量生滅四諦調心異於二乘觀無量無生滅四諦斷界內結異於二乘觀如來藏無量四諦之理雖非即是無作而二乘亦不聞其名若證無作四諦爾時無作亦名無量所以者何依一實諦即有四諦名為無作世間出世間因果法相數量無邊與虛空等亦名無量故無量四諦發菩提心即是四種四諦也問曰若生滅無生滅二種四諦皆名無量者何故勝鬘經說名有量四聖諦耶答曰雖復數無邊而在二乘心同歸灰斷故名有量也問曰若有無作何意不約無作發心答曰此無作若是無量以無作證果時名非不思議無作也如生滅盡非是無生四諦也二明修菩薩行者即是受持讀誦大乘方等為人解說自行聖行亦教人行聖行自行聖行者大涅槃經聖行有三種一戒聖行二定聖行三慧聖行菩薩思惟佛性之理幽微難見初心不可頓入必須持戒修定義次第三觀調心而入中道三諦佛性若除方乃得道見於佛性住大涅槃別相三觀如前說一戒聖行者菩薩護持五篇之戒如護浮囊愛見二種煩惱羅剎來乞若能與我令汝得入涅槃者令得屬愛世間樂之涅槃屬見世間樂之涅槃也菩薩若不隨愛見破戒即具五支諸戒所謂具足菩薩根本業清淨戒前後眷屬餘清淨戒非諸惡覺覺清淨戒護持正念念清淨戒迴向具足無上道戒又復護持性重戒息世譏嫌戒等無差別如是持戒施與一切眾生願一切眾生得清淨戒善戒不缺戒不析戒大乘戒不退戒隨順戒畢竟戒具足戒成就諸波羅蜜戒菩薩堅固護持諸戒得

入於初不動地菩薩住不動地中不動不退不散是名菩薩修戒聖行二修定聖行者所謂從初安般隨息觀息入根本特勝通明淨禪見身三十六物如明眼之人開倉見穀粟麻豆又分別三十六物不見有我又修八背捨觀禪觀身內外不淨除却皮肉諦觀白骨見骨色相異所謂青黃白色鴿色如是骨相亦復無我得觀欲界之定善菩薩爾時次第觀骨觀青骨時見此大地東西南北悉皆青相黃白鴿色亦復如是此即是得觀禪未到地定成也又云作是觀時眉間出青黃赤白鴿等色光光中見佛是為初背捨乃至成就八背捨八勝處十一切處九次第定師子奮迅三昧超越三昧菩薩住背捨勝處諸禪定中修四無量心六波羅蜜四攝法神通變化即是共念處又因受持讀誦大乘方等於禪定中思惟名義修四無礙辯即是緣念處若念處成就即得住於堪忍之地是名菩薩修定聖行此三念處若未與性念處相應猶屬修心初賢位也三修慧聖行者即是四諦大涅槃經云所言苦者逼迫相集者能生長相滅者寂滅相道者大乘相又復苦者現相集者轉相滅者除相道者能除相又苦者三苦集者二十五有滅者滅二十五有道者修戒定慧此即是先觀生滅四諦調伏界內見思煩惱修性念處即是正觀苦諦若觀是苦集是苦滅是苦滅道如是正觀生滅四諦修觀無生無量中道佛性之理而正用生滅四諦伏界內屬愛屬見一切煩惱結集皆是性念處智慧力也性念處義具如前說菩薩得是性念處與前共緣處合即於堪忍地智慧善根增長從初信心乃至願心十心成就即是鐵輪外凡乾慧伏忍也問曰別教菩薩成就幾法所得信心異前通教答曰還約十法即知不同一信正因緣者即是知四種四諦因緣不亂也二真正發心知於無量四諦發慈悲誓願也三勤修止觀者即知次第善修四種止觀也四破法遍者即觀因緣生滅空假中三諦惑遍也五知通塞者即知四種道滅是通四種苦集即是塞也六善修道品者即是知次第修四種三十七道品也七善修助道法者即

是背捨勝處能成一切對治六波羅蜜助開三解脫門也八善識次位者即知因四種四諦入七位不叨濫也九安忍強軟賊者即是稱修四種道諦時於四種苦集必能安忍也十順道法愛不生者即知於第修四種道諦發諸順道法不生愛著心也別教信心菩薩解此十事分明異於通教之信心也此之十法深解義趣即得用釋十信心至下明圓教十信備出其相也瓔珞經云一信有十十信有百此之百法為一切道法之根本也二明十住位者即是十解習種性初人內凡十賢之位也一發心住二持地住三修行住四生貴住五方便具足住六正心住七不退住八童真住九法王子住十灌頂住此十通名住者會理之心名之為住故仁王般若云入理般若名為住此即體假入空觀成發真無漏見通教真諦之理斷界內見思惑九十八使故名發心住也此有二義一發真解住偏真法性之理二生中道似解住第一義佛性之理若生偏真之解即是通教八人地見地智斷齊生中道似解是初得別教者有漏之位入別教內凡性地柔順忍之位也所以者何是菩薩因前持戒禪定生滅四諦智慧調心觀無生四諦斷界內見思煩惱是聲聞經說五種佛子位齊五種佛子者一須陀洹佛子二斯陀含佛子三阿那含佛子四阿羅漢佛子五辟支佛佛子開一為二合十品即對十住位斷見思煩惱入習氣是辟支佛齊位斷恒沙上品但菩薩觀無生四諦如涅槃經說凡夫有苦無苦諦聲聞緣覺有苦有苦諦而無真實諸菩薩等解苦無苦是故無苦而有真諦凡夫有集無集諦二乘有集有集諦諸菩薩等解集無集是故無集而有真諦聲聞緣覺有道非真菩薩有道有真聲聞緣覺有滅非真菩薩有滅有真無生四真諦具如通教初說但大涅槃明此滅諦是常樂我淨此義與通教有同有異同即四諦即真通教三乘觀無生四諦見第一義即真諦也別者菩薩知於空即是不空別知佛性涅槃常樂我淨也問曰若爾涅槃何得說二乘有苦有苦諦而無真答曰此明聲聞經三藏教門所辨非摩訶衍

初門通教也若得滅道能觀佛性常住即發中道似解為別教之聯法也三明十行位者即是性種性內凡十賢一歡喜行二饒益行三無瞋恨行四無盡行五離癡亂行六善現行七無著行八尊重行九善法行十真實行此十通名行者行以進趣為義前既發真悟理從此加修從空入假觀無量四諦無量四諦如大涅槃經說知諸陰苦名為中智分別諸陰有無量相悉是諸苦非諸聲聞緣覺所知是名上智是名無量苦諦知諸入者名之為門名為苦諦入分別諸入有無量相悉是諸苦即是無量苦聖諦也知十八界名之為分亦名為性即是苦諦分別諸界有無量相悉是諸苦是名無量苦聖諦所言無量集聖諦者知愛因緣能生五陰名之為集一人起愛無量無邊況一切眾生所起諸愛如是等愛無量無邊即是無量集聖諦也所言無量滅聖諦者知滅煩惱名為滅諦分別煩惱不可稱計滅亦如是不可稱計即是無量滅聖諦也所言無量道聖諦者能斷煩惱名為道諦分別道相無量無邊所離煩惱亦無量無邊即是無量道聖諦也如是四諦大涅槃經說悉云非諸聲聞緣覺所知故知此屬別教菩薩之所學也菩薩住此無量道諦學十波羅蜜一切諸道斷塵沙無知中品十行成就從空入假平等觀成也得道種慧法眼清淨相似中道之解轉更分明即是別教頂法之位菩薩住此位中遊戲神通淨佛國土成就眾生也四明十迴向者即是道種性內凡後十賢也一救護一切眾生離眾生相迴向二不壞迴向三等一切佛迴向四一切至處迴向五無盡藏功德迴向六隨順平等善根迴向七隨順等觀一切眾生迴向八如相迴向九無縛無著解脫迴向十法界無量迴向此十通名迴向者迴事向理迴因向果迴己功德普施眾生事理和融順入法界故名迴向正修中道第一義觀從無量四諦學無作四諦也約實說四實不作四故名無作之四觀四得實故名四實因名無量得果名無作證果斷苦集有道滅非圓教之無作也今立無作四實諦名義見在此故涅槃云一實諦者名為真法若

法非真不名實諦實諦名無顛倒無顛倒者名為實諦實諦無有虛妄若有虛妄不名實諦實諦名為大乘非大乘者不名實諦實諦是佛所說非魔所說若是魔說非是實諦實諦者一道清淨無有二也有常有樂有我有淨是則名為實諦之義又涅槃云一實諦者即是如來虛空佛性無差別也有苦有諦有實有集有諦有實有滅有諦有實有道有諦有實如來非苦非諦是名為實虛空佛性亦復如是又涅槃云所言苦者名無常相是可斷相是為實諦如來之性非苦非無常非可斷是名為實虛空佛性亦復如是所言集者能令五陰和合而生亦名為苦亦名無常是可斷相是為實諦如來非是集性非是陰因非可斷相是為實諦虛空佛性亦復如是所言滅者名煩惱滅亦常無常二乘所得名曰無常諸佛所得是則名常亦名證法是為實諦如來之性不名為諦能滅煩惱非常非無常不名證知常住無變是故名實諦虛空佛性亦復如是所言道者能斷煩惱亦常無常是可修法是名實諦如來非道能斷煩惱非可修法常住不變是為實諦虛空佛性亦復如是菩薩學無量無作四諦觀觀知如來藏無量生死種子恒沙佛法斷恒沙下品煩惱伏無明別惑見相似中道之解更轉增明法界願行事理和融成別教一切智得六根清淨即是別教忍法世第一法位五明十地者此是聖種性位從此見佛性發中道第一義諦觀雙照二諦心心寂滅自然流入薩波若海證無作四諦一實平等法界圓融從初地至佛地皆斷無明但以約位分為三道初地名見諦道二地至六地名為修道從七地已去名無學道十地者初歡喜地二離垢地三明地四焰地五難勝地六現前地七遠行地八不動地九善慧地十法雲地此十通言地者一能生成佛智住持不動二能與無緣大悲荷負一切故名為地也初歡喜地名見道者初發真中道見佛性理斷無明見惑顯真應二身緣感印應百佛世界現十法界身入三世佛智地能自利利他真實大慶故名歡喜地也大涅槃云菩薩聖行滿即是住於無所畏地

即是初地初地菩薩離五怖畏無死畏無不活畏無惡道畏無惡名畏無大衆威德畏涅槃經雖不作此名義推尋同若言不畏貪欲恚癡內無三毒外離八風無惡名畏也若言不畏地獄等即無惡道畏若言不畏沙門婆羅門即無大衆畏今旣入無畏地見中道則無二死故言無死畏也法身常命已顯無不活畏以得入此地故則具二十五三昧破二十五有顯二十五有之我性我性即是實性實性慧行成就得王三昧即五行成住於無畏之地即得初地之名也就此即爲五意一明得二十五三昧聖行成二明梵行三明天行四嬰兒行五明病行一明得二十五三昧聖行成者即爲三意一釋二十五三昧名二正明修二十五三昧成三外用利物一釋二十五三昧名者略爲四意即是約四悉檀而立名也一者隨時趣立名二隨便立名三隨治立名四隨理立名一隨時立名者譬如入有二十五子隨時名作一字大者初生爲作一字次者後生又作一字不可見大兄名此亦令第二者名此如是則濫此二十五名亦如是各舉一名令世諦不亂世間名字皆爾不可求定實也二者隨二十五有便立名若作餘名事義不便是故隨便立名也三者隨對治立二十五三昧名各治一有因是故對治得名四隨治立名者此二十五不出法性理理含於義從義而立名名義雖別理實無異約此四意故得立二十五三昧名也詳經文意多用對治約理兩義以立二十五三昧名二正釋修成二十五三昧者一一三昧中皆有四意一出諸有行諸有行業感障二用三昧治破三結成三昧四慈悲破有一一悉具此四意也初約無垢三昧破地獄有即爲四意一明業結者非之尤重莫若地獄惡業垢重見思垢塵沙垢無明垢二明用三昧破者菩薩爲破此諸垢故修前根本戒破惡業垢修前八背捨等定伏見思垢修有作無生等慧斷見思垢修無量慧破塵沙垢修無作慧破無明垢三明結成三昧者破見思垢故真諦三昧成破惡業垢及塵沙垢故俗諦三昧成破無明垢故中道第一義三昧成四明慈

悲利他菩薩已自破地獄故得三諦三昧有大慈悲常冥熏法界衆生有機開於慈悲以王三昧力法性不動而能應之如薩婆藪調達應入地獄隨其所宜而爲說法破地獄有如聖行所明自修戒定慧等諸行故自證三諦三昧成於聖行中有慈悲攝願故破他三諦上垢亦破他三諦上惡業煩惱垢自旣無垢令他無垢故此三昧名無垢三昧也自下具此四意類前可知次不退三昧破畜生有者畜生攝慙無愧起惡業故退失善道見思故退塵沙故退無明故退菩薩爲破諸退故修戒忍破惡業退修定伏見思退修生滅無生慧破見思退修無量慧破塵沙退修無作慧破無明退見思破故位不退三昧成塵沙破故行不退三昧成無明破故念不退三昧成自修行力破三種退滅三不退自得三諦三昧慈悲之力冥熏法界隨畜生有機感或爲象王啄鳥大鵬之身隨其所宜而生其中而爲說法破畜生有自旣不退令他不退故此三昧名不退三昧也次心樂三昧破餓鬼有者餓鬼常爲慳貪業縛貪愛飢餓苦見思煩惱苦塵沙無知苦無明闇蔽苦菩薩爲破是諸苦修戒施破慳貪惡業苦修定伏見思苦修生滅等慧破見思苦修無量慧破塵沙苦修無作慧破無明苦破見思苦故真諦無爲心樂三昧成破慳貪惡業塵沙苦俗諦分別多聞心樂三昧成破無明苦中道常樂三昧成以自修行證得三樂三諦三昧以諸行中慈悲之力冥熏現諸鬼形普施令得飽滿而爲說法令破三種苦得三種樂菩薩自得此樂又令他得樂是故三昧名心樂三昧也次歡喜三昧破阿脩羅有者阿脩羅多忿惡業怖見思怖塵沙怖無明怖菩薩爲破是諸怖故持戒精進而修諸行不破戒者破惡業怖修禪悅喜伏見思怖修生滅等慧得喜覺喜破見思怖修照鏡喜及無量喜破塵沙怖修無作慧破無明怖見思破故真空喜悅三昧成惡業塵沙破故一切衆生喜見三昧成無明破故喜王三昧成以已修行力得如此三諦歡喜三昧以諸行中慈悲之力冥熏修羅有而生其中歡言調伏而爲說法破脩羅有令得無怖自無三怖自

證三喜令他無怖令他得歡喜故三昧名爲歡喜也次日光三昧破弗婆提有者日初出於東隨便爲名日譬智光能照迷暗破惡業迷暗見思塵沙迷暗無明迷暗菩薩爲破此之迷暗故修善業戒光修禪定淨光修生滅無生滅一切智光修道種智光修一切種智光明生暗滅以善戒光破惡業暗禪定光伏見思暗以生滅無生滅慧光破見思暗修無量道種智光破塵沙暗修無作一切種智光破無明暗破見思暗故一切智日光三昧成破塵沙暗故道種智日光三昧成破無明暗故一切種智日光三昧成以修行力自證如是三諦三昧以慈悲力熏弗婆提有感現說法破其三迷顯三諦智日光故此三昧名爲日光三昧也次月光三昧破瞿耶尼有者月之初生光現於西此隨便立名也月光亦譬破闇釋三昧四意類日光三昧可知次釋熱炎三昧破鬱單越有者其方是陰地冰結難消自非熱炎終不消也鬱單越人冰執無我我所難可化度非智火熱炎無我所心終不可消彼無我我所乃是妄計無我所理實由有性人我之惑有法我惑眞如我惑冰執未融也菩薩爲破此諸我惑冰執修生滅無生滅等眞無我慧破性人我惑修無量四諦破法我惑修無作四諦慧破眞如我惑若得眞人空智炎破性人我惑眞諦三昧成得眞法空智炎破法我惑得俗諦三昧成故能如空種樹順俗以化物也得眞如無我智炎破眞如我惑知非我非無我是眞我義無我法中有眞我即見鬱單越之我性即有三昧成心心寂滅也菩薩自證三諦三昧慈悲力故現鬱單越天身破其方無我我所令成眞我三昧故此三昧名爲熱炎三昧也次如幻三昧破閻浮提有者南方果報雜穢命短促不定由如幻化此是幻出惡業果幻出煩惱幻出無知幻出無明一切衆生不知如幻今菩薩爲破是諸幻故修三種三昧修眞諦三昧幻出無漏破見思之幻修俗諦三昧幻出道種智破無知之幻修中道三昧幻出一切種智破無明之幻修行力故自證三諦三昧成慈悲之力故破他力成是故名爲如幻三昧也次不動三昧者破

四天王有此天守護國土遊行世界身報流動此則是果報動見思動無知動無明動一心修善不動及修背捨等不動業破果報動真慧不動破見思動出假慧不動破無知動中道不動如須彌頂破無明動修行力故自證三種不動慈悲力破他三動故此三昧名爲不動也次難伏三昧破三十三天有者此天居四天之頂即是果報難伏見思難伏無知難伏無明難伏菩薩爲破其高心是故修戒定慧破果報難伏修生滅無生滅故破見思難伏修無量慧故破無知難伏修中道故破無明難伏自行力故成三難伏慈悲力故破他三難伏故此三昧名爲難伏悅意三昧破炎摩天者此天處空無刀杖畏以之爲悅實非是悅未有不動業悅未有無漏悅未有道種智悅未有中道悅菩薩爲破此故修四諦觀八背捨中禪悅破其動散不悅生滅無生破其有漏不悅無量慧破沉空不悅無作慧破二邊不悅以無生悅故真諦三昧成出假稱機之悅故俗諦三昧成中道悅意故中道三昧成自行力故自證三昧成以慈悲力故破他三昧成故名悅意三昧也次青色三昧破兜率天者此天果報樂青眼睹皆青菩薩爲破此有故修第一義非青色具見青非青假見青假故得中道見青中道破其青有義推可知次黃色三昧破化樂天有次赤色三昧破他化自在天有類前青色三昧可解也次白色三昧破初禪有者初禪離欲界五蓋不善即是定心善白但未離見思塵沙無明等黑菩薩爲破是諸黑行故修三諦白法破惑之義推之可知次種種三昧破梵王者梵王主三千大千大千品類既多故有種種之號爲破其種種故修種種空入種種假見種種中道如來藏多所含藏名種種三昧其義推可知也次雙三昧破二禪者二禪獨有内淨喜兩支故受雙名菩薩爲破此雙故修雙空雙假雙中雙照二諦義推可知次雷音三昧破三禪者此禪受樂故爲第一若樂深入如冰魚蟄蟲菩薩爲破此樂故用三諦雷音以驚駭推之可知次注雨三昧破四禪者四禪如大地具種種芽若未得無漏芽則不生一切善根在四禪中若得三諦雨三智善發生也義推可知次如虛空三昧破無想天者此是外道天實非無想而計爲無想涅槃如小兒夢來菩薩爲破是有故以三諦空破無想故言之也次照鏡三昧破那含有者修熏禪隨禪生此雖得淨色不能知色如鏡像菩薩知色如鏡像即空分別無量像依鏡即見本性中道成三諦三昧破那含有也次無礙三昧破空處者此處得出色籠飄颺無礙未是三諦三昧之無礙見思礙塵沙礙無明礙菩薩爲修三諦三昧破是諸礙故名無礙也次常三昧破識處識相續不斷即無常菩薩爲破此無常故修數緣常化用相續常佛性常湛然常破之也次樂三昧破不用處者此不用處如癡癡故是苦菩薩用三諦三昧破得三諦三昧樂是爲樂三昧也次我三昧破非想天者此天最頂計爲涅槃真我菩薩見此由有細煩惱不自在即是見思不自在塵沙不自在無明不自在何得是我爲破此我故修三諦三昧破之令得無我隨俗我八自在我是故名我三昧云云二十五有用自除二十五三昧一有之中悉有三諦菩薩自修三諦三昧自除二十五有三諦惑以慈悲力除他二十五有三諦之惑由是得二十五三昧之名或從無住之本用四悉檀立二十五名如前說通言三昧名調直定也真諦三昧以離愛見而爲調直俗諦三昧以稱機爲調直中道以無二邊之曲爲調直是故皆名三昧若但入空之直不名爲直聲聞人得入空非王三昧若入假亦非究竟菩薩雖得道種智亦不名王三昧以得中道三昧故稱之爲王以二十五三昧一一皆有中道三昧是故稱二十五三昧悉是王三昧涅槃經云是二十五三昧名諸三昧王若入王三昧一切三昧悉入其中是故菩薩住不動地具得此二十五三昧種種力用須彌高廣内於芥子中吞吐出沒變通自在能入地獄不受碎身相等苦若慧聖行成能有是力具如涅槃經說三明外用利物者所謂能隱顯二種利一隱利益者入王三昧一切三昧悉入其中是故一切衆生受諸苦惱一心皈依稱名求乞救護菩薩於三昧中即觀三業皆得解脫解脫有八種一破二十五有事報之苦二破二十五有因苦三破聲聞二十五有見思煩惱苦四破緣覺二十五有見思煩惱苦五破三藏菩薩二十五有見思煩惱苦六破通教三乘人二十五有見思煩惱苦七破別教菩薩二十五有恒沙無知別惑苦八破圓教菩薩二十五有三諦無明之惑苦一心稱名皆得解脫意在此也故說二十五三昧能破二十五有也二顯利益者即是住二十五三昧十法界衆生機緣來感普現色身八番與衆生樂如觀音普門示現神通之相也若有衆生應以佛身得度者即能八相成道現身說法亦是此經明往不思議解脫種種示現也此菩薩初地聖行滿足具足無緣大慈大悲如磁石吸鐵也二明梵行者即是無緣慈悲菩薩菩薩以大涅槃心修於聖行得無畏地有二十五三昧無方大用爾時慈悲是真梵行非餘梵天所修四無量心亦非三藏教通教菩薩衆生緣法緣之慈也菩薩爾時以此慈悲無緣無念普熏修衆行無不成辦此之梵行即是一切法故涅槃云慈即如來慈即佛性慈若不具足佛十力三十二相四無所畏者非如來慈故慈力弘深能具足一切福德以自莊嚴名梵行也三明天行者即是中道第一義天天然之理循行顯理因理成行故名理爲天行菩薩雖入不應住有所得故又應修上地智慧十重發真修慧破惑顯理成行名爲天行天行即智慧莊嚴梵行即福德莊嚴上求佛道是故有聖行天行下化衆生即有梵行病行嬰兒行四嬰兒行者若菩薩福德智慧轉增是則寶相彌顯雖不作意利益衆生任運能有冥顯兩益以天行之力則有冥益以梵行之力則有顯益衆生應有小善之機無善萌發不能生長以慈善根力如磁石吸鐵和光利行能令衆生得見菩薩同其始學漸從五戒十善人天果報三十三天楊葉之行又示二百五十戒觀練熏修禪四諦十二因緣三十七道品同二乘學見行又示同修習六度百劫種相柔伏煩惱六度菩薩小善之行又示同

即色是空無生無滅通教小善之行又示同別教歷別來華相似中道小善之行皆是慈心之力俯同眾生品提接成就使慈心與樂起慶見行如涅槃言嬰兒行者能說大字所謂婆和此即是同六度也六度是小行而求作佛故言大字所謂婆和又云不見晝夜親疏等相此即同通教菩薩即色是空第一義諦意也又云不能造作大小諸事大事即五逆小事即二乘心此即同別教非生死故五逆非涅槃故無小乘心云楊樹之行即同人天五戒十善之嬰兒又云非道爲道以能生道微因緣故說非道爲道即是同二乘嬰兒故知大慈善根之力能出假化物同其小善方便引之令趣佛慧故名嬰兒行也五病行者此行從無緣大悲起若爾小善必有病行今當分別同生善邊名嬰兒行同煩惱邊名爲病行病行從大悲生眾生病是故我病大悲熏心遊戲地獄同眾生惡業之病如調達在地獄如三禪樂乃至畜生餓鬼脩羅亦如是又同人天有結業生老病死之病又同二乘有見思之病方便附近語令勤作三藏通教菩薩亦如是又同別教塵沙無明之病是故菩薩還同彼病稱於法界利益眾生是爲五行之相也病行即是此經問疾品室內六品之所明也初地菩薩五行具足或是初功德也餘九種功德或可對九地所言破無明見戒者涅槃經云自此已前皆名邪見人也是則兩教三乘之人皆未見此理故名邪見人也是以大士訶須菩提六師是汝師天魔外道共一手作諸勞侶意在此也乃至別教十信三十心雖伏此惑既未能斷由是成就無明別見訶諸菩薩惑意在此也二從二地至六地名修道者斷別惑三界愛如智論明迦葉聞甄迦琴聲不能自安云三界五欲我已斷竟此是菩薩淨妙功德所生五欲故於是事不能安忍例色愛無色愛亦復如是此是此經大士訶須菩提云同於煩惱不到彼岸入於八難不得無難意在此也故從二地至六地通名修道斷此別惑也今以義推二離垢地即伏斷別教欲愛名斯陀含向三明地即是別教斯陀含果四炎地即是別教阿那含向五難

勝地即是別教阿那含果斷別惑愛欲盡也六現前地即是別教阿羅漢向斷別色無色愛也七遠行地即是別教阿羅漢果斷別無色愛盡故從此名無學道也問曰此對四果出何經論答曰別教明斷伏對四果經論多不同也諸大乘法師所用亦異地論師通教判位云初地斷見二地斷欲愛三地斷色愛四地斷無色愛地論師通宗判位有用三地斷見名須陀洹從四地至六地名斯陀含第二依法師七地名阿那含第三依法師十地等覺名阿羅漢是第四依法師有三地斷見四地名斯陀含五地名阿那含六地名阿羅漢有用仁王經四地斷見五地名斯陀含六地名阿那含七地名阿羅漢如是等異說不同難可定依今以義推作四對四果也一往似便既無的文佛意難解不須爲執問曰何故解釋不定答曰已如前釋八不動地即是別教辟支佛地地論師云從此明無學道未知的出經論不但八地得無生忍寂而常用用而無相無功用心自然斷法界無明色習盡也九善慧地無明稍薄斷心習盡慧轉分明善入實相也十法雲地慈悲智慧由若大雲慈悲普洽一切皆雨慧雲能持十方諸佛所說法雨斷無量品無明也六等覺地者即是邊際智滿入重玄門若望法雲名之爲佛望妙覺名金剛心菩薩亦名無垢地菩薩三魔已盡餘有一品死魔在斷無明習也問曰前通教何意不辯等覺佛耶答曰界內習氣易盡故不須開法雲出等覺也問曰別教經論何故處處明法雲之後更有金剛等覺自有經論止明十地行滿便成佛果南北法師抑諍論此義若更立等覺未足爲疑所以然者華嚴經明法雲地功德智慧用比於佛如爪上土方於大地若爾雖說品無明而實不可說品何以得知後心菩薩無功用道其疾甚風一日之間能破無量品無明鄣惑何況瓔珞經明等覺地於百千萬劫入重玄門若修凡夫事是故開法雲更立金剛心等覺佛於理無失若知一品有無量品無明用法雲無礙之智即盡復何須開出等覺地耶妙覺者金剛後心朗然大覺妙智窮源無明習盡名真解脫蕭

然無累寂而常照名妙覺地常住佛果具足一切佛法名菩提果四德涅槃名爲果果問曰爲定用金剛智斷無明爲用妙覺智斷無明耶答曰涅槃云有所斷者名有上士無所斷者名無上士問曰勝鬘經云無明住地其力最大佛菩提智之所能斷答曰若用別接通十地等覺即是佛菩提智所以者何涅槃經云九住菩薩名爲聞見十住菩薩名爲眼見雖見佛性而不了了以無礙道惑共住故不了了諸佛如來了了見者即真解脫蕭然累外故了了也若別教明義從初歡喜地即用佛菩提智斷初品無明乃至等覺後心方乃斷盡若圓教明義即是初發心住得用佛菩提智斷初品無明乃至等覺後心方斷盡也第四約圓教明位釋淨無稱義者圓教詮因緣即中道不思議佛性涅槃之理菩薩稟此教門理雖非淺非深而證者不無淺深之位今明圓教入道亦具四門一有門二空門三空有門四非空非有門圓教雖有四門而諸大乘經意多用非空非有門以明位也正如此經諸菩薩各說入不二法門一往雖同細撿不無四門之別而多用非空非有門入不思議解脫也此義在下自當可見若隨機利物四門赴緣皆入不思議解脫豈可偏用但一往明行位義便事須如此是以今明圓教位正約非空非有門以辨也就此即爲五意一簡別圓二教明位不同二正明圓教辨位三引眾經論證四料簡五約圓教位釋淨無垢稱義第一簡別圓兩教明位不同者圓教既詮圓理菩薩稟教圓斷五住之惑開佛知見住大涅槃是則教圓理圓智圓斷圓行圓位圓因圓果圓不同別教具如前說今略更用五義釋別圓兩教不同之相也一約斷無明判位高下不同二約斷界內界外見思不同三約斷不斷不同四約位明法門別圓不同五約位通不通不同一約斷無明高下不同者若別教明位三十心斷界內結盡即伏界外無明至迴向後心初地方發真智斷無明一品乃至斷十品名爲十地等覺後心斷無明方盡妙覺常果蕭然累外無所斷也此如前說若圓教所明從初隨喜心修一心三

觀入十信位斷界內惑盡即伏界外無明十住初心即發真智斷無
明住地初品從此四心皆斷無明至等覺後心無明方盡妙覺極地
湛然累外名究竟菩提無上涅槃也此則判位高下殊別故有圓
別二教明位不同也二約斷界內外見思無明不同者若別教三
十心斷界內見思伏界外無明十地斷界外見思無明分為三道如
前別教明十地中分別若圓教十信斷界內見思圓伏界外見思無
明發趣初心圓斷界外見思無明終至等覺方盡故地持論明清淨
淨禪云離一切見清淨淨禪煩惱智障斷清淨淨禪此並等覺之位
明此義也大涅槃云十地菩薩為無我見論惑之所轉也即是斷見
不盡之義又十地菩薩雖見佛性而不了了諸佛如來見於佛性而
得了了此皆約見惑盡不盡故有了了不了了殊也斷欲愛至佛果
方盡者欲愛即是六欲央掘經云所謂彼眼根於諸如來常具足無
減修了了分明見乃至意根亦復如是如法華經說六根清淨雖未
得無漏而其六根清淨如此當知即是伏欲愛煩惱之位發趣初心
發真無漏即分斷欲愛至等覺方盡故華嚴經明得佛六根究竟
清淨也斷色愛至等覺方盡者大涅槃云因滅是色獲得常色
名為色解脫涅槃色愛方盡斷無色愛至佛方盡者因滅是受獲得
常受想行識亦如是名受想行識解脫涅槃無色愛方盡也四住
惑與無明合四住若盡無明亦盡若無明盡四住亦盡是則圓伏圓
斷圓盡大品云色無邊故般若波羅蜜無邊陰入界一切諸法皆亦
如是又云諸法等故般若波羅蜜亦等此經云於食等者諸法亦等
諸法等者於食亦等以一食施一切若能如是乃可取食食法尚等
況復見思無明所緣之法而不等耶如此之義豈與前別教斷伏而
不異乎經說依了義經勿依不了義經三約斷不斷不同者至論其
理虛無無明體性本自不有既無無明何論智慧無解無惑豈可分
別別圓之殊故涅槃云誰有智慧誰有煩惱而言暗與明合能破煩
惱此則不論斷與不斷而涅槃云暗時無明明時無暗有煩惱時則

無智慧有智慧則無煩惱今約有智慧無煩惱義故說為斷若約別
教多就定相論斷即是思議智斷明位大乘之拙度也若圓教明義
多說不斷不斷而斷者即是不思議斷非大位以明大位正是大乘
巧度之義故此經云婬怒癡性即是解脫又云不斷癡愛起於明脫
問曰義推斷不斷有三十六句今何但分斷屬別教不斷屬圓教耶
答曰此兩句是佛法正意餘皆是傍不斷而入位義同須彌入芥子
此是不思議智斷之位也四約法門別圓簡別者別教明位對諸法
門非但法門不圓約位亦有齊限如十地論云初地具足檀波羅蜜
於餘非為不修但隨力隨分是義有餘圓教明諸法門不如是一法
門具足一切法門悉皆通至佛地也五約位通不通簡別不同者若
別教明位初地不得通二地何況具足諸地若圓教明位如華嚴經
說從初一地具足一切諸地功德第二正明圓教位者亦遂約七位
明五十二位不同一十信二十住三十行四十迴向五十地六等覺
地七妙覺地但解者不同有師言圓教頓悟一悟即是佛無復位次
差別之殊說十地位者為鈍根之人耳如思益云如此學者即不從
一地至一地又有師解云圓教既是頓悟初心一悟即究竟圓極而
有四十二位者但是化物方便立淺深之名耳故楞伽云初地即二
地二地即三地寂滅真如有何位次也又有師云圓教初頓悟至十
住即是十地而說有十行十迴向十地者此是重說其謂此諸解釋
悉是偏取但平等法界尚不論悟與不悟孰論淺之與深不悟而論
悟者不淺不深而論淺深也今尋諸大乘經明理究竟無過華嚴大集
大品法華涅槃雖明法界平等無說無示而菩薩位行終自炳然是
以今還約七位以明圓教菩薩之位也一明十信位者為四意一明
因法生信二明因信修行三明因行入位四明經說不同一明聞法
生信者上根利智聞圓教詮因緣即中道明無作四實諦理即便信
解一實諦即是如來虛空佛性非世間非出世間非因非果不可宣
說非可顯示無說而說說世間因果即是無作苦集說出世間因果

即是無作道滅故此經大士訶彌勒云佛知一切眾生畢竟寂滅即
涅槃相不可復滅一切眾生即菩提相若知涅槃即生死是為無作
之苦諦若知菩提即煩惱是為無作之集諦若知生死即涅槃是為
無作之滅諦若知煩惱即菩提是為無作之道諦秖以非生死非涅
槃非菩提非煩惱是一實諦論此四諦者即是無作四實諦也所
以者何約一實以明四一實諦不作於四四不自作四不他作四亦
非共作四亦非無因緣而作四也而說為四者此是無作之四此四
畢竟不可得即是一實諦名為無作四實諦也若聞此信解無礙
者即信一切眾生即是不思議解脫即是大乘即是般若即是首楞
嚴定即是佛性即是法身即是實相即是中道第一義諦即是如
來藏即是法界即是畢竟空即是一切佛法因此發悲誓願菩提心
發是為圓發名字即之信解也二明因信修行者因此名字信心即
已發菩提心若欲行菩薩道應當受持讀誦解說書寫大乘經典
末世人若欲疾得入十信位具六根清淨但起精進不惜身命應當
加修四種三昧四種三昧者一常坐三昧如文殊般若經說二常行
三昧如般舟經說三半行半坐如方等經法華經說四非行非坐三
昧即諸大乘經說種種行法此諸三昧行法具如諸大乘經中說此
即代於初修止觀今約圓教明修初信心行諸三昧應信解十法十
法者如前三觀中說一者識思議不思議因緣者思議因緣如上三
藏所明不思議因緣者即是今所說不思議無作四實諦如前三觀
中明譬如一念眠心具一切法不縱不橫即是不思議因緣無作四實
諦也如此的取淨名大士訶彌勒云一切眾生即大涅槃即菩提相
明此不思議因緣餘九法亦如是義意玄隱今次第明舉者可善思
之二次明真正發心者即是無緣慈悲無作四弘誓願也無緣大慈
觀生死即涅槃煩惱即菩提與眾生此滅道之樂也無緣大悲觀涅
槃即生死菩提即煩惱欲拔眾生此虛妄之苦也無作四弘誓願者
知涅槃即生死未度苦諦令度苦諦也知菩提即煩惱未解集諦令

解集諦也知煩惱即菩提求安道諦今安道諦也知生死即涅槃求得涅槃今得涅槃也菩薩如是慈悲普覆無緣無念而覆一切衆生由如大雲不加功用如磁石吸鐵是名真正菩提心也三明行菩提道勤修止觀者若知生死即涅槃即是善修止也若知煩惱即菩提即善修觀也如陰陽調適萬物長成若巧修止觀即能一心具萬行也問曰以何為集答曰依此經及涅槃住無明愛一切煩惱爲集諦集感於苦於今對義爲使也四明破諸法徧者若知生死即涅槃即破分段變易二種生死皆徧若知煩惱即菩提則破一切界內外煩惱徧也譬如轉輪聖王能破一切強敵亦不有所破般若波羅蜜亦復如是能破一切法亦不有所破五善知通塞者知生死即涅槃煩惱即菩提則一切皆通知涅槃即生死菩提即煩惱則一切皆塞六善修道品者觀十法界五陰生死即是法性五陰法性五陰即是性淨涅槃即是四念處破八倒知涅槃即生死顯四枯也知生死即涅槃顯四榮也知一實諦即是見虛空佛性住大涅槃也因此四念處修正勤如意足根力覺道即道品善知識由是成正覺亦是莊嚴雙樹是則煩惱即菩提也七對治助道修諸波羅蜜者知菩提即是重惡煩惱是以知生死即涅槃以起對治諸波羅蜜諸度法等以助知煩惱即是菩提開三脫門對治若成煩惱即菩提也八善識位次者涅槃即生死菩提即煩惱此是理即若知生死即涅槃煩惱即菩提是爲名字即因此觀行分明成五品弟子即是觀行即得六根清淨名相似即成四十一地即是分證具實即證妙覺果即是究竟即若能善解此之次位即不起大乘增上慢大乘稱陀羅之過罪也九安忍成就者若知生死即涅槃即不爲陰界入境病患境業相境魔事境禪定境二乘境菩薩境之所壞也若知煩惱即菩提即不爲煩惱境諸見增上慢境之所壞能忍此無作苦集不爲所壞者此如大智論說能忍成道事不動亦不退是名菩薩也十順道法愛不生者觀生死即涅槃生一切諸禪定三昧等功德觀煩惱即菩提生諸

陀羅尼門四無所畏十八不共法四無礙智一切種智於順道法不愛不著若生愛著是名頂墮知如虛空不住不著即得成初信心乃至十信心也三明因修十法入十信心者解正因緣不思議無作四諦即修初信心信平等法界佛法三寶也二真正發菩提心慈悲誓願憐愍一切即是修念心三勤修止觀成一切萬行即是修進心也四用觀破諸法徧即是巧修慧心五止心澄靜一切得失通塞之相自現即是修定心也六道品次第增長善根不退不沒即是修不退心七迴事中諸度助開三解脫門即是修迴向心八善知次位所防增上慢難稱陀羅業即是修護法心九安忍成就內外強法皆不得生即是修戒心十順道法愛不生著頭求勝果即不愛著所得淺近法門故名願心是以菩薩知生死即涅槃知煩惱即菩提故能巧修此十法即是修十信心名觀行即因此若得三昧陀羅尼得入初信心位如此一信有十十信有百成鐵輪十信心位住此信中得六根清淨功德不可思議如法華經說是名圓教柔順忍位亦是圓教之暖頂忍世第一法之位也故仁王般若云十善菩薩發大心長別三界苦輪海故知住此十信之位斷界內見思盡破界內界外塵沙無知伏無明住地之惑也四明經說不同者如華嚴經云菩薩住是十念天子明菩薩觀十種梵行空即學十種智力入初住位即是此教十信位也所以者何觀十種梵行空即是一實諦學十種智力即是觀無作四諦此經即是大等之教明即大涅槃即煩惱相若止若觀生相似解即是瓔珞經明十信大品云是乘從三界中出也十法成乘如前三觀中說初出三界即十信也又大品經云譬如入海先見平相即是仁王經明十善菩薩發大心長別三界苦輪海法華明入如來室著如來衣坐如來座此即是修四安樂行行親近處得六根清淨住十信位普賢觀經明修大乘人未得無生忍前有十種諸相此即是十信之位涅槃云復有一行是如來行所謂大乘大般涅槃如大智論云菩薩從初發心即觀涅槃行道若觀涅槃行道生相似解即是一

行是如來行也二明十住者十住名前說竟今明初發心住略爲四意一正釋初發心住二明經說不同三略辨功德四類明九住一正釋初發心住位者所言發心住者三種心發故名發心住三德涅槃名爲住也云何名爲三種心發一者緣因善心發二者了因慧心發三正因理心發一緣因善心發者衆生無量劫來所有低頭合掌彈指散花發菩提心慈悲誓願布施持戒忍辱精進禪定等一切善根一時開發一心具足萬行諸波羅蜜也二了因慧心發者衆生無量劫來聞大乘經乃至一句一偈受持讀誦解說書寫觀行修習所有智慧一時開發成具無漏也三正因理心發者衆生無始以來佛性真心常爲無明之所隱覆緣了兩因力破無明暗朗然圓顯也此三種心開發故名發心二住三德涅槃名之爲住者一法身二般若三解脫此三不縱不橫如世伊字名秘密藏真實心發即是法身了因心發即是般若緣因心發即是解脫三心既發同世伊字假名行人以不住法住此三心即是住於三德涅槃秘密之藏故言初發心住也若住三德之理即是住不思議解脫即是住於大乘以不住法住於般若即是住首楞嚴三昧修持於心由如虛空即是住法性即是住實相即是住如如即是住如來藏即是住中道第一義諦即是住法界即是住畢竟空即是住大慈悲即是住十力即是住四無畏住十八不共法四無礙智住大悲三念處住大神通住四攝法住諸波羅蜜一切三昧一切陀羅尼門舉要言之即是住真應二身一切佛法也二明諸大乘經初發心住名義不同者華嚴經云初發心時便成正覺了達諸法真實之性所有閒法不由他悟是菩薩成就十種智力究竟離虛妄無染如虛空清淨妙法身湛然應一切當知此即是發真無漏斷無明初品也即是此經明一念知一切法是道場成就一切智故又即是此經入不二法門得無生法忍也即是大品經明從初發心即坐道場轉法輪度衆生當知此菩薩爲如佛又大品經明菩薩從初一日行般若智慧由如日光假使舍利佛目犍連

滿閻浮提四天下如稻麻竹葦智慧欲比菩薩如滿閻浮提四天下螢光欲比日月光也又即是大品經阿字門所謂一切法初不生也即是法華經云為令衆生開佛知見又法華云龍女於剎那頃發菩提心成等正覺即往南方無垢世界坐道場轉法輪也即是大涅槃云發心畢竟二不別如是二心前心難即是涅槃經復有一行是如來行所謂大乘大般涅槃初住分證涅槃也如此等諸大乘經處是圓教明初發心住也三明初發心功德無量無邊非是凡夫二乘所測不可宣說今採大乘經略以十種法門稱述初住圓滿功德一者住圓滿清淨菩提之心即是無生法忍無緣慈悲無作誓願普覆法界二於一念中成就一切萬行諸波羅蜜三得一切種智圓斷法界見思無明四明佛眼圓見十法界三諦之法五圓入一切法門所謂得二十五三昧入王三昧一切三昧悉入其中宜益衆生八番破二十五有六成就菩薩圓滿乘能顯一切神通所謂三輪不思議化彌滿法界顯益衆生八番利益二十五有七能成就衆生開權顯實入一乘道八能嚴淨一切佛土如佛國品所明九能起法界三業供養一切十方諸佛得圓滿陀羅尼受持一切佛法如雲持雨十能從一地具足一切諸地功德心心寂滅自然流入薩般若海故華嚴明初住菩薩所有功德三世諸佛歎不能盡佛者具足說一切凡夫人聞迷亂心發狂此乃不思議難解之事諸大乘了義經之所稱說豈同通教所明十住功德比格此明初住與別教初地智斷功德神通變化一往是齊與經論所說或深或淺甚有所在四類釋九住者如此初住三觀現前無功用心念念斷法界無量品無明不可稱計一往大分略為十品智斷即是十住故仁王經云入理般若名為住即是十番進發無漏真明同入中道佛性第一義諦之理以不住法從淺至深住佛三德涅槃之理即是十品住一切佛法故名十住地三明十行者即於佛性第一義諦無漏真明一心具一切行念念進趣流入平等法界海破十品無明成十品智斷一切諸行諸波羅蜜不可思議增長出生自行化他功德與虛空法界等故名十行也四明十迴向者無功用不思議無漏真明念念開發增長一切法界願行事理和融心心寂滅自然迴入平等法界薩婆若海又進破十品無明證十品智斷故名十迴向也五明十地者無漏真明入無功用道猶如大地能生一切佛法能荷負法界衆生普入三世佛地廣大如法界究竟如虛空又進破十品無明成就十品智斷約此已明十地也六明等覺地觀達無始無明源本邊際智滿畢竟清淨斷最後窮源微細無明登中道山頂與無明父母別是名有所斷者名有上士也七明妙覺地者究竟解脫無上佛智故言無所斷者名無上士也此即是三德不縱不橫究竟後心大涅槃也是大涅槃名諸佛法界豎深橫闊能用二十五三昧普化衆生隱顯十番利物究竟周普譬如大樹其根若深入枝條亦大若實相智慧窮源盡性化用之功則彌滿法界無方大用究竟圓極也故智論云智度大海佛從來智度深海佛窮底也大品經云過茶無字可說涅槃云不生不生不可說也若作如此而辨位者皆是寂滅真如平等法界不思議無次位之次位也第三引衆經證成圓教位者大涅槃明月愛三昧從初一日至十五日光明漸漸增長又從十六日至三十日光明漸漸盡月光漸漸增長譬智德十五摩訶般若光明漸漸滅盡譬十五斷德無累解脫無明漸滅盡也十五種智斷者三十心為三智斷十地為十智斷等覺為一智斷妙覺為一智斷合為十五智斷故從初一日至十五日故以月為譬也月體即譬法身法身是一光明漸增譬般若智德不生而生光明漸滅譬解脫斷德不滅而滅故涅槃經明從初安置諸子秘密之藏三德涅槃然後我亦當於此秘藏而般涅槃此最後究竟涅槃名為不生不生般若畢竟不生不生不滅不滅更無惑可滅也問曰若是圓位頓悟一證即便究竟何得引月愛三昧十五日月譬答曰一向無淺深已如前破但證位是諸佛境界凡夫未證豈可定執今借十五日月譬者此約不可譬中而論譬也故經云又解脫者名無譬又諭無譬諭者取其解脫究竟如十五日滿月實非無有五根相同彼月也問曰何得知月譬地位答勝天王般若具出此義也問曰若約佛性中道為無明所覆何得只有四十二品答曰此義前已略明無明雖無所有不有而有不無淺深階品一往大分為四十二品然論品數實自無量無邊不可說故智論云無明品類其數甚多是故處處說破無明三昧又云法愛難斷處處重說般若也法華云諸佛為一大事因緣故出現於世為令衆生開佛知見示佛知見悟佛知見入佛知見道故此之四義南嶽師解云開佛知見即是十住示佛知見即是十行悟佛知見即是十迴向入佛知見即是十地及等覺地皆言佛知者悉得一切種智也皆言佛見者悉得佛眼又結句云是為諸佛一大事因緣者同入一乘諸佛實相也又云唯佛與佛乃能究盡諸法實相又火宅品諸子門外索車長者各賜諸子等一大車是時諸子乘此寶乘遊於四方嬉戲快樂自在無礙直至道場言四方者即譬開示悟入四位也直至道場即是究盡諸法實相妙覺極位如此皆是明圓位之異名也大品經明字等語等四十二字門南嶽師解云此是諸佛密語表四十二心之位若學問人多疑此語謂大智論無此釋然龍樹釋大品經論有千卷什師並略何必無此釋也今謂此釋實應冥會所以然者經說初阿後茶中有四十二字初阿字門具四十二字後茶字門亦具四十二字華嚴經云從初一地具足一切諸地功德詳此義意極以相關又大品經云若聞初阿字門則解一切義所謂一切法初不生故此豈非圓教菩薩初得無生法忍之位耶過茶無字可說此豈非妙覺極地無上無過不可過此字有法而可說耶又大品廣乘品說一切法門竟即說四十二字豈非是圓教菩薩從初發心得諸法實相具一切佛法故名阿字妙覺地窮一切諸法源底故名茶字作此解釋圓教之位極似分明又四十二字門後即說十地此即是顯別教方便之次位也又說十地就三乘共十地即是顯通教方

四教義卷第四　第二十七張　牧字號

便之位也經文三處然決比圓別通三教顯在大品經文也故大品云是乘從三界中出到薩婆若中又三慧品云菩薩從初發心修習三慧至坐道場仁王般若云三賢十聖忍中行唯佛一人能盡源前所引思益楞伽等經明寂滅真如有何次位即是無次位之次位也又瓔珞經云三賢菩薩心心寂滅同然流入薩婆若海華嚴經明四十一位既是圓頓之教明圓位之意甚自分明但有時開別教方便之說事相隔別似如淺近故十地論師作教道證道二道明義或作地相地實二種明義正是為修別教方便事相之文也又云一切無礙人一道出生死也智論云菩薩從初發心觀涅槃行道乃至坐道場又云菩薩從初發心觀諸法實相慧名為般若波羅蜜至佛心中變名一切種智譬如大海有始入者有入至半者有到彼岸者皆名入海菩薩亦爾從初發心觀諸法實相實相雖一而觀智不無淺深之殊也第四料簡問何不依大乘經論對諸法門明位答曰今引此等經論釋成圓教次位者此約不思議平等法界辨不思議非次位之次位也若別對法門尋者若不得旨多別解別執則失圓頓中道之正意不思議諸佛菩薩之次位也是事非凡夫所知止可仰信而已故華嚴經云諸地不可說何況以示人所以然者直置大乘懺悔發初隨喜一信心獲一旋陀羅尼門已不可向一切人說設復種種分別亦不可解何況圓教四十二字法門二乘尚不聞其名豈有凡夫而能識耶且置是事如聲聞法中學四念處發煖法時亦不可向一切外凡未證者說設種種因緣而解說者終不能解豈況圓教諸佛菩薩行位而可知可說耶且置是事如世凡人坐禪發五支功德尚不可為未證者說設方便巧說未證之者亦不能解豈況諸佛菩薩地位法門而可分別耶末代法師多取經論方便所明斷伏對諸法門釋大乘賢聖地位執諍云云今意不爾所以者何如水性至冷飲者方知心無實行何用閒爲是以今辨四教四位者出諸經論此乃諸佛權實法門於四不可說中用四悉檀而說此是諸佛大

四教義卷四　第二十八張　牧字號

菩薩境界非諸小菩薩聲聞緣覺所知豈況末代凡夫所能解也深屬一家學道說法之者自非得證分明慎勿偏執經論諸佛菩薩方便赴緣之言空諍不思議不可測量之行位也普願法界衆生聽僧息諍論入大和合海也第五約五味譬顯四教位者大涅槃經明五味譬其不同以成四教辨位不同之相也經云凡夫如乳須陀洹如酪斯陀含如生酥阿那含如熟酥阿羅漢辟支佛如醍醐此譬意恐是顯三藏教所明位也經又云凡夫如乳聲聞如酪辟支佛如生酥菩薩如熟酥佛如醍醐此譬意是顯通教明位也經又云凡夫如雜血乳羅漢如清淨乳支佛如酪菩薩如生熟酥佛如醍醐此譬意是顯別教明位也經又云雪山有草名曰忍辱牛若食者即得醍醐忍辱草者譬八聖道乳譬十二部經隨有能修八聖道者即見佛性住大涅槃此即譬於圓教菩薩從初發心即開佛知見見於佛性住大涅槃也涅槃明此之四譬譬四教明位其義宛然若不信四教明位不同者云何銷釋經此五味四種譬也今用前四教明位合此四譬一往似如目覩秖自聖人密意難知何可定執又涅槃云譬如有人置毒乳中乃至醍醐亦能殺人此譬應將兩用若對經教五味明義處處皆得見佛性入涅槃也此即是不定教門事在下釋若是約位明殺人義四位五味根緣不定隨其大乘機發即皆以如來滅度而滅度之故同殺人之義也第六辨衆經明四教位多少不同者華嚴頓教但明別圓兩位漸教之初聲聞經但明三藏教三乘之位若方等大集具用四教明位摩訶般若但明通別圓三教之位若法華經但明圓教一佛乘開示悟入之位大涅槃經亦具明四教之位俱通大乘明二乘如前但通教菩薩位用別接通名佛性四德涅槃三藏二乘如前發三藏大乘之位無復三阿僧祇劫伏結之因三十四心斷結之果二涅槃也又通教三藏教明二乘位至入涅槃俱引入別圓二位也問曰若廢三藏佛位何得言羅漢辟支佛佛如醍醐耶答三位俱界內結盡此結成往昔之義非今之所用也

四教義卷第四

四教義卷第四

校勘記

一　底本，金藏廣勝寺本。

一　四八一頁中一行「卷第四」，南、徑、清作「卷第五」。

一　四八一頁中二一行「文不出名」，徑作「文不出不出名」。

一　四八一頁中二五行第二二字「月」，徑、清作「目」。

一　四八二頁上四行「智慧」，南、徑、清作「種慧」。

一　四八二頁上九行第三字「放」，南、徑、清作「教」。

一　四八二頁下二一行第二字「於」，南、徑、清作「是」。

一　四八三頁下二六行第三字「惑」，南、徑、清作「感」。

一　四八三頁下末行第二五字「是」，南、徑、清作「畏」。

一　四八四頁上一行第五、六字「初地」，南無。

一　四八四頁上一七行第一六字「治」，南、徑、清作「理」。

一　四八四頁上二一行「諸有行」，南、徑、清無。

一　四八四頁中四行第二字「說」，徑、清作「諸」。

一　四八五頁中一四行「自除」，南、徑、清作「自修」。

一　四八五頁中二五行第九字「力」，徑作「方」。

一　四八五頁下一六行第一〇字「也」，至此，南、徑、清卷第五終，卷第六始。

一　四八六頁上七行「之行」，南、徑、清作「黄葉」。

一　四八六頁中二三行首字「品」，南、徑、清作「一品」。

一　四八六頁中二五行第五字「幸」，南、徑、清作「報」。

一　四八六頁下一〇行「無稱義者」，徑、清作「無垢稱義者」。

一　四八七頁上一六行第二〇字「是」，徑、清無。

一　四八七頁中一行第四至六字「有智慧」，徑、清作「有智慧時」。

一　四八七頁中一二行第二三字「逆」，南、徑、清作「還」。

一　四八七頁下一行「畢究」，南、徑、清作「畢竟」。

一　四八八頁下五行首字「三」，徑、清作「三者」。

一　四九〇頁上五行「同然」，清作「自然」。

一　四九〇頁上一七行「直置」，徑、清作「且置」。

一　四九〇頁中卷末「卷第四」，南、徑、清作「卷第六」。

天台八教大意　　韓十

隋天台沙門灌頂撰

前佛後佛自行化他究其旨歸咸宗一妙佛之知見但機緣差品應物現形爲實施權故分乎八頓漸祕密不定化之儀式譬如藥方藏通別圓所化之法譬如藥味初言頓者從部得名即華嚴也佛垂迹化塵劫巨量因壽倍之果寧可喻且從今日一期降生託陰摩耶主伴互爲唯資大法譬如日出先照高山機不經歷故名爲頓約譬次第以初譬初名爲乳味故涅槃云從佛出十二部經譬從牛出乳又二乘機生未受大化雖復在座如聾若盲初會俱無見聞之益亦名爲乳故迦葉領解云即遣傍人急追將還迷悶躃地等即第一時也次從鹿苑至于般若名爲漸教既二乘全生貴藥非賤治不動九會脫妙著麤貫日託陰納妃生子示成鹿苑轉生滅四諦法輪小乘生信先度五人約譬次第名爲酪味故迦葉領解云密遣二人方便附近等故涅槃云從十二部經出修多羅譬從乳出酪即第二時也次明方等大集寶積淨名瘶冏歎大折小彈偏自悲敗種約譬次第名生酥味故涅槃云從修多羅出方等典譬從酪出生酥故迦葉領解云過是已後心相體信出入無難然其所止猶在本處即第三味也次說諸部般若轉教付財融通洮汰約譬次第名熟酥味故迦葉領解云長者自知將死不久等即第四味也此等四味對頓名漸法華涅槃非頓漸攝開前頓漸歸會佛乘約譬次第名醍醐味故涅槃云從摩訶般若出大涅槃合於法華譬從熟酥出醍醐味故迦葉領解云臨欲終時而命其子等即第五味也餘之六教遍在漸頓之中同聽異聞互不相知名祕密教同聽異聞彼彼相知名不定教祕密不定名下之法只是藏通別圓佛世逗機一音異解從化儀大判且受二名略明化儀四教義竟次明藏通別圓四教亦遍頓漸二味之中華嚴頓部圓教兼別鹿苑初成十二年前說戒定慧三並屬小但三藏教十二年後般若之前大集寶積楞伽思益淨名金光明除般若外並屬方等對半明滿具有四教諸部般若帶半明滿具通別圓無三藏教法華會竟無三唯一圓教涅槃最後談常四教並知圓理所以二經同醍醐味第一明三藏教者仍於法華及大智度論對斥小乘得此名也論云迦旃延子自以聰明利根於婆沙中明三藏義不讀衍經非大菩薩廣破三祇六度權義建立衍門通別圓三大乘觀行謂四阿含即修多羅藏俱舍婆沙即阿毗曇藏五部毗尼即是戒藏此之三藏三乘同須戒防身口經多詮定論多辯慧聲聞觀於四諦緣覺觀十二因緣菩薩修事六度二乘則自調自度菩薩乃弘誓與拔因雖小異俱析實陰而歸但空聲聞階位立於七賢七聖不同種福乃三生六十劫次明支佛者支佛此翻緣覺若出無佛世觀華飛葉落頓悟支佛名爲獨覺生於佛世聞說因緣頓悟支佛名爲緣覺並福厚根利謂四生一百劫所修因也三明菩薩乘者從初發心緣生滅四諦發四弘誓願一未度者令度即衆生無邊誓願度

謂度天魔外道愛見二種六道衆生此緣苦諦境而發心也二未解者令解即煩惱無數誓願斷願斷愛見六道衆生二十五有見思之縛令得解脫即緣集諦境而發心也三未安者令安謂法門無盡誓願知即令愛見六道衆生知三十七品道諦自安此緣道諦而發心也四未得涅槃者令得涅槃即佛道無上誓願成此令六道愛見衆生滅二十五有因果證滅諦理此依滅諦境而發心也既以發心須行塡願行即三祇百劫所修六度從初值釋迦牟尼至罽那尸棄名初僧祇從此常離女人身亦不自知當得作佛即是外凡五停心總別念位從尸棄至然燈佛用七莖蓮華供養布髮掩泥受然燈記當得作佛號釋迦文爾時自知口亦未說名二僧祇此是煖法修事六度次從然燈至毗婆尸佛爲第三僧祇亦知亦說此是頂法之位修行六度若過三祇百劫種福三十二相百福成一相福謂相因福義多途難可定判於南洲男身佛出世時緣佛身相故得種也一云輪王於

四天下自在爲一福有云如帝釋於二天下自在爲一福有云大千人盲治差爲一福有云一切人破戒能爲說法令捨毀禁爲一福有云不可譬喻唯佛能知入第三僧祇修行大行故福難量問幾時種三十二相因答極遲百劫極疾九十一劫故弗沙佛觀見釋迦弟子根熟宜在前度於寶窟中放光遠照菩薩尋光至弗沙所七日七夜一心觀佛目不蹔眴苦行讚歎超彌勒前九劫獲證修行六度各有滿時凡有所施而無遮礙如尸毗王代鴿是檀滿如須陀摩王捨國獲偈護不妄語是名尸滿如羼提仙人爲歌利王割截無恨身體平復是忍辱滿如大施太子爲諸衆生入海求珠充足窮乏得珠入手海神見其睡即藏其珠太子覺已誓將此身抒海令盡天帝感見諸天助之海水減半乃至七日翅足偈讚弗沙即精進滿如尚闍黎仙人入定鳥巢髻中待子能飛方乃出定是名禪滿如劬嬪大臣分閻浮提地而爲七分息國仇諍是般若滿此訖前百劫並下忍位也次入補

處生兜率託母胎出生出家降魔魔軍散已安坐住禪即中忍成就次一刹那入上忍次一刹那入世第一次一刹那發眞無漏三十四心斷惑證果十力無畏等皆成就名佛轉于法輪緣盡入滅舍利住世廣福人天此是三藏三乘之相問何故二乘即生斷結菩薩從初乃至降魔仍未斷耶答二乘猒患生死自求涅槃故先斷結菩薩慈悲先物後己設乃因時斷思未得無漏力弱從其元意亦名未斷問二乘所修凡具幾法答大而爲論並用十法能通之門有四隨入咸然今約有門略明十義一明所觀之境即是識正無明因緣生一切法也故大論云色若麤若細總而觀之無常無我悉是顛倒如阿毗曇廣說不同外道計微塵世性及自然等二眞正發心者既識無明乃至老死正求涅槃發三乘心出離見愛不要名利唯志無餘三遵定慧者既誓求出有依木叉住修道但遮障紛馳道何由剋爲修四念學五停心破五種障名停事觀名定念處即慧慧定均停故名安心四破法

遍令見有得道以無常等慧遍破見愛也五知通塞者前雖知見等是過未見其德過即是塞德即是通通謂道滅無明滅等及於六度塞即集因緣生等及於六蔽節節檢校是通須護塞即須破六道品調適既識通塞進修道品所謂觀身不淨觀受是苦觀心無常觀法無我勤修念處名四正勤定心中修名四如意五善根生名五根根增長名五力定慧調停名七覺安隱道中行名八正若一停作三十七品餘停心亦如是此三十七是行道法將入無漏城有三門謂空無相無作苦下空無我二行爲空門集道各四及苦下苦無常十行爲無作門滅下有四爲無相門故知三乘莫不依諦七修對治者若利人即入鈍人不入當修助道故論云貪欲心起教修不淨及背捨等爲助無常析觀歸眞爲正八識次位者雖修正助等法明識眞似階降不同令無上慢九善修安忍總修四念入於煖法似道煙生若不安忍不至煖頂頂法退爲五逆煖退爲一闡提忍世第一後入眞無漏

由能安忍內外諸障十無法愛者上安忍乘進外凡令入內凡令無法愛策內凡位而入見諦斷於見惑或超或次得成無學利人節節得入鈍人具乘至十阿毗曇中所明雖廣不出十意名爲十法成乘有門既爾空門亦有亦空門非有非空門亦如是廣如大本三藏教竟次明通教通者同也此教三乘因果大同故名通教故經云欲得三乘當學般若論云聲聞及緣覺解脫涅槃道皆從般若得三人共行十地三人同斷見思前無七賢之名後無等覺妙覺所證雖同三藏觀法巧拙有殊通教體陰即眞名巧三藏析陰方眞名拙即是界內巧拙相對相對雖爾此去三教並屬大乘大名雖同若地若行名數多少深淺天隔初乾慧地即是外凡體陰界入如幻如化總伏見愛八倒名四念觀住是觀中修正勤如意根力覺道雖未得煖法相似理水總相智慧深利故稱乾慧地二性地者得煖法理水霑心增進頂忍及世第一見無漏性皆名性地即內凡也三八人地四見地此兩

地不出入觀共斷見惑發眞無漏見於諦理即初果位八人者八忍也即無漏一十六心亦應云八智智少一分文略從因故云八人五薄地者體破欲界六品思惑故名爲薄即斯陀含果六離欲地斷欲九品不來欲界即阿那含果故云離欲七已辦地者三乘進斷色無色界八九七十二品思惑即羅漢果名爲已辦聲聞行極八支佛地雖同斷見思福厚根利能除習氣也九菩薩地從初發心緣無生四諦發菩提心至六七地從空入假假謂化道空即空觀道觀雙流誓扶習氣還生三界用道種智遊戲神通淨佛國土成就衆生三乘機熟即坐道場用一念相應智慧進斷餘習及界內無知得一切種智名第十佛地轉無生四諦法輪化三乘衆入無餘涅槃如火燒木無復灰炭香象度河到於邊底故經云諸法實性相三乘亦皆得而不名爲佛三乘觀行亦有四門今亦約有門明於十法成乘初明觀境即六道陰入能觀所觀皆如幻化二明發心二乘緣眞自行菩薩體幻兼

人與樂拔苦譬於鏡像三安心定慧前雖止觀並空如空而安二法四破法遍用幻化之慧破幻化見思五識通塞雖知苦集十二緣生及六蔽等皆如幻化亦以幻化道滅十二緣滅及六度等通之節節檢校皆如幻化六道品調適者以不可得心修三十七品也七對治者體三藏法無常苦空如幻而治八識次位者了乾慧等十地因果三人殊途而不謬濫九令安忍乾慧外凡內外諸障而入性地第十速令內凡性地不著相似法愛而入八人見地證眞餘三門亦如是廣如大本通教竟三明別教者此約界外獨菩薩法教理智斷行位因果別前二教別後圓教故名爲別涅槃云四諦因緣有無量相非諸聲聞緣覺所知諸大乘經廣明菩薩歷劫修行行位次第互不相攝並此教也華嚴明十住十行十迴向爲賢十地爲聖妙覺爲佛瓔珞明五十二位前加十信仁王不論等覺但五十一位金光明經但出十地佛果勝天王但明十地涅槃明五行十功德既是界外菩薩行位隨機利益豈得定說今約瓔珞總明七位一十信二十住三十行四十迴向五十地六等覺七妙覺初十信者十心之中以信爲本故云十信十心者一信二念三精進四慧五定六不退七迴向八護法九戒十願即是外凡伏忍位也住行向三並屬內凡柔順忍位二明十住者即習種性從信入住習從假入空斷界內見思故名習種一發心二持地三修行四生貴五方便具足六正心七不退八童眞九法王子十灌頂三明十行者性種性也從十住空性而入十行假性名性種性一歡喜二饒益三無瞋恨四無盡五離癡亂六善現七無著八尊重九善法十眞實四明十迴向道種性者修中道觀伏界外惑故名道種一救護衆生二不壞三等一切諸佛四遍至一切處五無盡功德藏六隨順一切堅固平等善根七等觀一切衆生八眞如相九無縛無著解脫十入法界無量五明十地聖種性者證中道觀故名爲聖一歡喜二離垢三明地四燄地五難勝六現前七遠行八不動九善慧十法雲此之十地破界外十品無明更破一品入於等覺更破一品入於妙覺始終但破十二品無明乃與圓教第二行齊以我之因爲汝之果教權位高者譬如邊方未靜高位目之定爵論功其官則下此教緣無量四諦發菩提心苦集滅道皆無量相若論自行隨門竪入化他始終横破故十住自行從假入空用生無生觀六界空十行入假廣集四四十六門法知十界假迴向後心滅九界假證佛界中地前緣修兩觀經劫無量爲中道方便登地三觀現前與圓初住無二無別名爲證道若有宜聞地上歷別亦作一地不知二地說之故得諸大乘經或明七地之前猶居方便位也此則始終約教不同緣修地前對地名爲教道且約自行四門之中有門所修十法成觀初明境者緣於登地中道妙有之境而爲所觀局出空有之表二明發心者緣此妙有起四弘誓故華嚴云菩薩不爲一人一國一界微塵人乃爲法界衆生發菩提心也三安心者既發心已安心進行修諸

定慧定愛慧榮耳四破法遍者用妙有慧遍破空有也五識通塞者次第三觀爲通見思塵沙無明爲塞傳傳檢校是塞令通耳六道品調適者三十七品是菩薩寶炬陀羅尼念處破倒正勤如意能生五根力必增長七覺八正定慧均平入三解脫門證中無漏七對治助開者用前藏通助開妙有實相中道八知次位者善達七位終不謂我叨極上聖九安忍者策十信位入於十住令離違順強軟二賊十無法愛者策三十心令入十地若愛相似之法名爲頂墮餘三門亦如是廣如大本別教竟次略明圓教者圓名圓妙華嚴法界賓大淨名入不二法門般若最上之乘涅槃一心五行等並圓妙法也此等圓妙一理無他兼帶半滿權覆於實旨趣猶隱今從佛意卷權歸實開顯之圓粗勝網要即以法華分別功德品末明本迹流通如來滅後五品聞經轉說起觀行成以爲凡地措心之首經云又復如來滅後若聞是經而不毀呰起隨喜心從會而出聚落田里爲父母宗親隨力

演說如是展轉至第五十人聞而隨喜其福超勝於四百萬億那由他恒河沙等衆生令得羅漢百千億分不及其一則初隨喜品也經云何況讀誦受持之者即第二品經云若有受持讀誦爲他人說即第三品經云況復有人能持此經兼行布施持戒忍辱精進一心智慧是兼行六度即第四品經云若人讀誦爲他人說復能持戒忍辱無瞋精進勇猛得諸深定智慧問答則是具行六度第五品也初品之初校量叵測餘之四品非凡小所知略如經文不能具述初言隨喜者隨喜妙法也法即心法及生佛法此法即心此心即法三無差別凡聖一如如即實相實相遍相百界三千百界三千無非實相故經云諸法實相即指諸佛權實法也所謂如是相性體力等即百界三千也妙心體具具不出心猶如金體具足衆器具不出金故名具心以之爲妙妙心是境妙智是觀觀境不二能照能遮所言境者具三諦也具心即空眞諦境也具心即假俗諦境也具心即中中道第一義

諦也知眞即空觀知俗即假觀知中即中觀常境無相常智無緣無緣而緣無非三觀無相而相三諦宛然初心此知慶已慶人故名隨喜即第五十人也會初聞說即五品之初觀念無間故有異也一一品中以五悔爲本故彌勤因時無別苦行但修五悔日夜六時無時有須臾廢成等正覺次以圓解觀心修行五悔更加讀誦善言妙義與心相會如膏助火是時心觀益明名第二品也次以增品勝心修行五悔更加說法轉其內解導利前人以曠濟故化功歸已心倍勝前名第三品次增進心修行五悔傍行六度福德力故倍助觀心更一重深進名第四品次以圓心修行五悔正行六度自行化他事理具足心觀無礙轉勝於前不可比喻名第五品此等五品並外凡位假名五品旣轉明靜豁入聞慧通達無滯深信難動即入十信六根清淨內凡位也見思之惑任運先除如冶鐵作器麤垢先盡故仁王般若云十善菩薩發大心長別三界苦輪海與三藏通教佛果位齊與別

教十迴向齊也信名雖同別教人之與行深淺永殊住行向地亦復如是圓賢位竟次明聖位四十二品並破界外微細無明初入十住破十品無明證圓佛性開佛知見故華嚴云初發心時便成正覺真實之性不由他悟即此意也證初一位即能分身百佛世界爲十界像普現色身隨機設化二住已去十位加前乃至妙覺不可說界本高迹下普現三昧次入十行更破十品示佛知見次入十迴向更破十品悟佛知見次入十地進破十品入佛知見竪論雖爾橫論一一皆具開示悟入佛知見也次破一品入等覺後破一品入妙覺妙覺無上無所復論始終理等故名爲圓約事仍殊乃分諸位譬如濕性冰水無殊融冰成水初後究然應明六即方顯聖理圓性恒遍生佛咸如理即佛性如理而知名字佛性如知修觀刹那無間觀行佛性獲淨六根相似佛性破界外惑證真初住乃至等覺四十一位分證佛性妙覺一位智斷俱圓究竟佛性理同故即事異故六故名六即如諸

大教有即名者生死即涅槃煩惱即菩提等並判六即方免濫非問華嚴經云初發心住便成正覺何須更因餘之位耶答正覺分成名成正覺非即發心成究竟正覺譬如闇室分四十二分一炷之燈即名室明可同於二三乃至四十二炷若了此喻一成一切成不失初後明昧究然應知圓人四門並位位十法淺深有異今且總明十法名相一觀不思議境者謂觀一念所具之心即無作四諦達此具心無非衆生生佛一如涅槃無二即苦滅諦不可思議達此具心無非煩惱煩惱即般若即集道諦不可思議惑智相即因果寧殊一一無非空假中境即空故方便淨即假故圓淨即事故性淨三淨一心中得名大涅槃故淨名云一切衆生即大涅槃名不思議境境法非一名廣無非實相名高故法華云其車高廣第二發真正菩提心者緣前實境起四弘誓緣前苦境誓度衆生故法華云未度者令度緣前集境誓斷煩惱故法華云未解者令解達惑即智則法門無盡誓願知故

法華云未安者令安生死即涅槃則佛道無上誓願成故法華云未得涅槃者令得涅槃四諦是所緣之境四弘是能發之誓誓若無境名爲狂願境不發誓名爲頑諦依諦發心離於邪小偏僞之過故名真正故法華云又於其上張設幰蓋等三巧安止觀者體境法界法界寂然名止止即定也寂然常照名觀觀即慧也此即總安若分止觀逗四悉機名爲別安若總若別無非圓觀故名善巧故法華云安置丹枕即車內枕也四破法遍者以圓三觀遍破三惑惑智俱圓一心中破名破法遍故法華云其疾如風五識通塞者苦集無明見思塵沙爲塞道滅無明滅即空即假即中等爲通是通須護有塞須破於通起塞亦復如是節節檢校名識通塞即車外枕也六道品調適者無作七科一一調試隨宜而入四念爲本雙非枯榮餘品例之無非中道名道品調適故法華云有大白牛等七對治助開者若正道多障圓理不開須修事助事即五停及三藏六度等事成理顯事理咸如

名爲合行故法華云又多僕從等八知次位令無上慢九能安忍策進五品而入十信十無法愛榮於十信入證初住故經總譬乘是寶車遊於四方乃至直至道場等故知中下修觀十法具須上根體境含諸或一二三不定内外作受無不咸然大車無量言豈徒設以法對譬出自一家本迹所歸圓理無二不別而別位位增明廣如餘文非此可具依文判義若四若八目擊道存更引涅槃證成其理故第六云凡夫如乳須陀洹如酪斯陀含如生酥阿那含如熟酥阿羅漢辟支佛佛如醍醐大論云聲聞經中稱阿羅漢名爲佛地故三人同是醍醐此譬三藏教五味也涅槃三十二云衆生如雜血乳須陀洹斯陀含如淨乳阿那含如酪阿羅漢如生酥辟支佛如熟酥佛如醍醐此譬通教五味支佛侵習小勝聲聞故與菩薩同爲熟酥佛正習俱盡名醍醐涅槃第九云衆生如牛新生血乳未別聲聞如乳緣覺如酪菩薩如生熟酥佛如醍醐此譬別教五味十信輕毛菩薩如雜血乳九住已前斷通見思名乳比擬聲聞十住小深故比擬支佛如酪十行十向如生熟酥十地之初已名爲佛故如醍醐涅槃二十七云雪山有草名爲忍辱牛若食者即成醍醐草喻八正能修八正即見佛性此譬圓教不歷四味即成醍醐又涅槃二十七云置毒乳中遍於五味皆能煞人譬於祕密及不定教毒譬佛性了因種子五味譬受報五道煞人譬值佛聞法斷惑不明諸教經不可通無彼經譬教何能顯問別具五味亦具四教及方等涅槃四教何別荅涅槃四教俱知常住方等四教隔別不融別具四教法四人一謂菩薩人知四種法雖四不同善須得意故知稟教自行化他暗於八教旨歸行解甚難通會爲實施權意在於實卷權歸實意在於權權實雖殊不思議一本迹又近妙理恒同十方佛化無他戒定智慧人人備足汝等所行是菩薩道五篇何局自度心修無二無三之談方便焉不歸實得法華意氷冶雲銷古今失意之人咸招打脚之喻執實謗權尚違安樂之行執權謗實僭逾七逆者哉謹案天台一宗略論旨趣究其始末餘文廣尋可謂習義觀之初章辯偏圓之妙慧終朝結舌遍誦衆經八音掩扇常聞梵響靈山親證語不徒施發陀羅尼言可驗矣頃因好事者直筆書之儻有見聞者咸資種智自他功德冀必由茲法界怨親俱霑願海天台釋明曠於三童寺録焉

天台八教大意

天台八教大意

校勘記

一　底本，明永樂北藏本。

一　四九二頁上二行撰者，[南]作「頂法師撰」。

一　四九二頁上一四行第一六字「等」，[南]無。

一　四九三頁下九行第三字「思」，[南]作「忍」。

一　四九四頁中一四行第一四字「數」，[南]作「及」。

一　四九六頁下一一行第三字「曠」，[徑]作「廣」。

一　四九七頁上七行第四字「普」，[南]作「並」。

時教圖

天台四教儀大科分二　初總題二　初正立題　二抄錄人　二別文三　初叙時教法義散爲二　初正叙二　初能化教五　二所用判釋　初總標　二引列二　初五時　二八教二　初正列

天台四教儀　世一

高麗沙門諦觀錄

天台智者大師以五時八教判釋東流一代聖教罄無不盡

言五時者一華嚴時二鹿苑時（說四阿含）三方等時（說維摩思益楞伽楞嚴三昧金光明勝鬘等經）四般若時（說摩訶般若光讚般若金剛般若大品般若等諸般若經）五法華涅槃時是爲五時亦名五味

言八教者頓漸祕密不定藏通別圓是名八教

頓等四教是化儀如世藥方藏等四教名化法如辨藥味

如是等義散在廣文

今依大本略錄綱要

初辨五時五味及化儀四教然後出藏通別圓

第一頓教者即華嚴經也從部時味等得名爲頓

所謂如來初成正覺在寂滅道場四十一位法身大士及宿世根熟天龍八部一時圍繞如雲籠月爾時如來現盧舍那身說圓滿修多羅故言頓教

若約機約教未免兼權謂初發心時便成正覺等文爲圓機說圓教處處說行布次第則爲權機說別教

故約部爲頓約教名兼

此經中云譬如日出先照高山（第一時）

涅槃云譬如從牛出乳此從佛出十二部經（乳味一）

法華信解品云即遣旁人急追將還窮子驚愕稱怨大喚等此領何義

答諸聲聞在座如聾若瘂等是也

第二漸教者（此下三時三味總名爲漸）

次爲三乘根性於頓無益故不動寂場而遊鹿苑脫舍那珍御之服著丈六弊垢之衣示從兜率降下託摩耶胎住胎出胎納妃生子出家苦行六年已後木菩提樹下以草爲座成劣應身初在鹿苑先爲五人說四諦十二因緣事六度等教

若約時則日照幽谷（第二時）

二約時　三約味　四引證二　初引經徵起　二答釋　二方等四　初約部教二　初約部　二約教　二約時　三約味　四引證二　初引經徵起　二答釋　三般若四　初約部教二

若約味則從乳出酪此從十二部經出九部修多羅（二酪味）

信解品云而以方便密遣二人（聲聞）（緣覺）形色憔悴無威德者汝可詣彼徐語窮子雇汝除糞此領何義

答次頓之後說三藏教二十年中常令除糞即破見思煩惱等義也

次明方等部淨名等經彈偏折小歎大褒圓

四教俱說藏爲半字教通別圓爲滿字教對半說滿故言對教

若約時則食時（第三時）

若約味則從酪出生酥此從九部出方等（三生酥味）

信解品云過是已後心相體信入出無難然其所止猶在本處此領何義

答三藏之後次說方等已得道果心相體信聞罵不瞋內懷慙愧心漸淳淑

初部　二教　二約時　三約味　四引證二　初引經徵起　二答釋　○三總結　○三祕密教三　初標　二釋　三結　○四不定教二　初正明三　初標　二釋

次說般若轉教付財融通淘汰

此般若中不說藏教帶通別二正說圓教

約時則禺中時（第四時）

約味則從生酥出熟酥此從方等（世二）之後出摩訶般若（四熟酥味）

信解品云是時長者有疾自知將死不久語窮子言我今多有金銀珍寶倉庫盈溢其中多少所應取與此領何義

答明方等之後次說般若般若觀慧即是家業空生身子受敕轉教即是領知等也

已上三味對華嚴頓教總名爲漸

第三祕密教者

如前四時中如來三輪不思議故或爲此人說頓或爲彼人說漸彼此互不相知能令得益

故言祕密教

第四不定教者

三結　二雙結　○二結前四時　○二第五時開顯二　初法華四　二涅槃　初開顯　初正明三

亦由前四味中佛以一音演說法衆生隨類各得解此則如來不思議力能令衆生於漸說中得頓益於頓說中得漸益

如是得益不同故言不定教也（世一）

然祕密不定二教教（五）下義理只是藏通別圓

化儀四教齊此

次說法華開前頓漸會入非頓非漸故言開權顯實又言廢權立實又言會三歸一

言權實者名通今昔義意不同

謂法華已前權實不同大小相隔如華嚴時一權一實（圓實別權）各不相即大不納小故小雖在座如聾若瘂是故所說法門雖廣大圓滿攝機不盡不暢如來出世本懷

所以者何初頓部有一麤（別教）一妙（圓教）一妙則與法華無二無別若是一麤須待法華開會廢了方始稱妙

次鹿苑但麤無妙藏教次方等三麤
藏通別一妙圓教次般若二麤通別一妙
圓教來至法華會上總開會廢前四味
麤令成一乘妙
諸味圓教更不須開本自圓融不
待開也
但是部內兼但對帶故不及法華
純一無雜
獨得妙名良有以也
故文云十方佛土中唯有一乘法
無二亦無三一教正直捨方便但說
無上道一行但為菩薩不為小乘一人
世間相常住一理
時人未得法華妙旨但見部內有
三車窮子化城等譬乃謂不及餘
經蓋不知重舉前四時權獨顯大
車但付家業唯至寶所故致誹謗
之答也
約時則日輪當午罄無側影第五時

約味則從熟酥出醍醐此從摩訶
般若出法華五醍醐味
信解品云聚會親族即自宣言此
實我子我實其父吾今所有皆是
子有付與家業窮子歡喜得未曾
有此領何義
答即般若之後次說法華先已領
知庫藏諸物臨命終時直付家業
而已譬前轉教皆知法門說法華
時開示悟入佛之知見授記作佛
而已
次說大涅槃者有二義
一為未熟者更說四教具談佛性
令具真常入大涅槃故名捃拾教
二為末代鈍根於佛法中起斷滅
見夭傷慧命亡失法身設三種權
扶一圓實故名扶律談常教
然若論時味與法華同
論其部內純雜小異
故文云從摩訶般若出大涅槃

前法華合此經為第五時也
問此經具四教與前方等部具說
四教為同為異
答名同義異方等中四圓則初後
俱知常別則初不知後方知藏通
則初後俱不知涅槃中四初後俱
知
問將五味對五時教其意如何
答有二
一者但取相生次第
所謂牛譬於佛五味譬教乳從牛
出酪從乳生二酥醍醐次第不亂
故譬五時相生次第
二者取其濃淡
此則取一番下劣根性所謂二乘
根性在華嚴座不信不解不變凡
情故譬其乳次至鹿苑聞三藏教
二乘根性依教修行轉凡成聖故
譬轉乳成酪次至方等聞彈斥聲
聞慕大恥小得通教益如轉酪成

二通教。三別教。四圓教。初標　二釋二　三結。初教法六　二行位　初示名義甲　初列名　二揀取　三引證　四準判　二敘所被機二

生酥次至般若奉勅轉教心漸通泰得別教益如轉生酥成熟酥次至法華聞三周說法得記作佛如轉熟酥成醍醐

此約最鈍根具經五味[八]

其次者或經一二三四[廿一]

其上達根性味味得入法界實相何必須待法華開會

上來已錄五味五時化儀四教大綱如此自下明化法四教

第一三藏教者

一修多羅藏（四阿含等經）　二阿毗曇藏（俱舍婆沙等論）　三毗尼藏（五部律）

此之三藏名通大小今取小乘三藏也

大智度論云迦旃延子自以聰明利根於婆沙中明三藏義不讀衍經非大菩薩又法華云貪著小乘三藏學者

依此等文故大師稱小乘為三藏

教

此有三乘根性

初聲聞人依生滅四諦教

言四諦者

一苦諦二十五有依正二報是[廿一]

言二十五有者四洲四惡趣六欲并梵天四禪四空處無想及那含[九]（四洲四趣成八六欲天并梵王天成十五四禪四空處成二十三無想天及那含天成二十五）

別則二十五有總則六道生死

一地獄道梵語捺落迦又語泥黎此翻苦具而言地獄者此處在地之下故言地獄謂八寒八熱等大獄各有眷屬其類無數其中受苦者隨其作業各有輕重經劫數等其最重處一日之中八萬四千生死經劫無量作上品五逆十惡者感此道身

二畜生道亦云旁生此道徧在諸處披毛戴角鱗甲羽毛四足多足有足無足水陸空行互相吞噉受苦無窮愚癡貪欲作中品五逆十惡者感此道身

三餓鬼道梵語闍黎哆此道亦徧諸趣有福德者作山林塚廟神無福德者居不淨處不得飲食常受鞭打填河塞海受苦無量諂誑心意作下品五逆十惡感此道身

四阿修羅道此翻無酒又無端正又無天或在海岸海底宮殿嚴飾常好鬬戰怕怖無極在因之時懷猜忌心雖行五常欲勝他故作下品十善感此道身

五人道四洲不同謂東弗婆提（壽二百五十歲）　南閻浮提（壽一百歲）[廿二]　西瞿耶尼（壽五百歲）　北鬱單越（壽一千歲命無中夭聖人不出其中即八難之一）[十]皆苦樂相間在因之時行五常五戒五常者仁義禮智信五戒者不殺不盜不邪淫不妄語不飲酒行中品十善感此道身

六天道二十八天不同欲界六天色界十八天無色界四天

初欲界六天者一四天王天居須彌山腹二忉利天居須彌山頂自有三十三天已上二天單修上品十善得生其中三夜摩天四兜率天五化樂天六他化自在天已上四天空居修上品十善業坐未到定得生其中次色界十八天分爲四禪初禪三天梵衆梵輔大梵二禪三天少光無量光光音三禪三天少淨無量淨徧淨四禪九天無雲福生廣果已上三天凡夫住處修上品十善坐禪者得生其中無想天外道所居無煩無熱善見善現色究竟已上五天第三果居處上之九天離欲麤散未出色籠故名色界坐得禪定故得禪名三無色界四天空處識處無所有處非非想已上四天只有四陰而無色蘊故得名也

上來所釋從地獄至非非想天雖然苦樂不同未免生而復死死已還生故名生死

此是藏教實有苦諦

二集諦者即見思惑又云見修又云四住又云染污無知又云取相惑又云枝末無明又云通惑又云界内惑雖名不同但見思耳

初釋見惑有八十八使

所謂一身見二邊見三見取四戒取五邪見已上利使六貪七瞋八癡九慢十疑已上鈍使

此十使歷三界四諦下增減不同成八十八

謂欲界苦十使具足集滅各七使除身見邊見戒取道諦八使除身見邊見四諦下合爲三十二

上二界四諦下餘皆如欲界只於每諦下除瞋使故一界各有二十八

二界合爲五十六并前三十二合爲八十八使也

二明思惑者有八十一品

謂三界分爲九地欲界合爲一地四禪四定爲八共爲九地

欲界一地中有九品貪瞋癡慢言九品者上上上中上下中上中中中下下上下中下下

上八地各有九品除瞋使故成八十一也

上來見思不同總是藏教實有集諦

三滅諦者

滅前苦集顯偏眞理因滅會眞滅非眞諦

四道諦者

略則戒定慧廣則三十七道品

此三十七合爲七科

一四念處一觀身不淨色蘊二觀受是苦受蘊三觀心無常識蘊四觀法無我想行蘊

二四正勤一未生惡令不生二已生惡令滅三未生善令生四已生善令增長

三四如意足欲念進慧四五根信進念定慧五五力同上根名六七覺支念擇進喜輕安定捨七八正道正見正思

（惟正語正業正精進正定正念正命）已上七科即是藏教生滅道諦然如前所列四諦名數通下三教但是隨教廣狹勝劣生滅無生無量無作不同耳故向下名數更不再列

然四諦之中分世出世前二諦爲世間因果（苦果集因）後二諦爲出世間因果（滅果道因）

問何故世出世前果後因耶

答聲聞根鈍知苦斷集慕果修因是故然也

略明藏教修行人之與位

初明聲聞位分二初凡二聖凡又二外凡內凡

釋外凡中自分三

初五停心一多貪衆生不淨觀二多瞋衆生慈悲觀三多散衆生數息觀四愚癡衆生因緣觀五多障衆生念佛觀

二別相念處（如前四念處是）

三總相念處一觀身不淨受心法皆不淨乃至觀法無我身受心亦無我中間例知（已上三科名外凡亦名資糧位）

二明內凡者有四謂煖頂忍世第一（此四位屬內凡亦名加行位又名四善根位）

上來內凡外凡總名凡位亦名七方便位

次明聖位亦分三一見道（初果）二修道（二三果）三無學道（四果）

一須陀洹此翻預流此位斷三界八十八使見惑見真諦故名爲見道又名聖位

二斯陀含此云一來此位斷欲界九品思中斷前六品盡後三品猶在故更一來

三阿那含此云不來此位斷欲殘思盡進斷上八地思

四阿羅漢此云無學又云無生又云殺賊又云應供此位斷見思俱盡子縛已斷果縛猶在名有餘涅槃若灰身滅智名無餘涅槃又名孤調解脫

略明聲聞位竟

次明緣覺亦名獨覺

值佛出世禀十二因緣教

所謂一無明（煩惱障煩惱道）二行（業障業道此二支屬過去）三識（託胎一分氣息）四名色（名是心色是質）五六入（六根成此胎中）六觸（出胎）七受（領納前境好惡等事從識至受名現在五果）八愛（愛色男女金銀錢物等事）九取（凡見一切境皆生取著心此二未來因皆屬煩惱如過去無明）十有（業已成就是未來因屬業道如過去行）十一生（未來受生事）十二老死此是所滅之境

與前四諦開合之異耳

云何開合謂無明行愛取有此之五支合爲集諦餘七支爲苦諦也

既名異義同何故重說爲機宜不同故

緣覺之人先觀集諦所謂無明緣

二緣覺自觀
行行緣識乃至生緣老死此則生
起
三同異二
若滅觀者無明滅則行滅乃至生
滅則老死滅
初一緣自釋
因觀十二因緣覺眞諦理故言緣
覺
二對聲聞釋二
言獨覺者出無佛世獨宿孤峯觀
初斷止同
物變易自覺無生故名獨覺
兩名不同行位無別
二侵習異
此人斷三界見思與聲聞同
更侵習氣故居聲聞上
三菩薩二
次明菩薩位者從初發心緣四諦
初能爲所衆
境發四弘願修六度行
二釋所爲境二
一未度者令度即衆生無邊誓願
度此緣苦諦境二未解者令解即
初行二
煩惱無盡誓願斷此緣集諦境三
未安者令安即法門無量誓願學
二成道○
此緣道諦境四未得涅槃者令得
涅槃即佛道無上誓願成此緣滅
初發願
諦境

二修行二
既已發心須行行塡願
初約前生後
於三阿僧祇劫修六度行百劫種
相好
二正明修行一
言三阿(無)僧祇(數)劫(時)者且約釋
迦修菩薩道時論分限者(十六)
初總標
(廿二)從古釋迦至尸棄佛值七萬五千
佛名初阿僧祇從此常離女身及
二釋相三
四惡趣常修六度然自不知當作
佛若望聲聞位即五停心總別念
初三祇行行三
處(凡外)
初總標
次從尸棄佛至然燈佛值七萬六
千佛名第二阿僧祇此時用七莖
二示相三
蓮華供養布髮掩泥得受記莂號
釋迦文爾時自知作佛口未能說
初初祇
若望聲聞位即暖位
二二祇
次從然燈佛至毗婆尸佛七萬七
千佛名第三阿僧祇滿此時自知
三三祇
亦向人說必當作佛自他不疑若
望聲聞位即頂位
二百劫種相二
經如許時修六度竟更住百劫種

初約前生後
相好因修百福成一相
二別示福相
福義多途難可定判又云大千盲
人治差爲一福等
三六度滿相二
修行六度各有滿時
初總標
如尸毗王代鴿檀滿(十七)普明王捨國
二示相
(廿一)尸滿羼提仙人爲歌利王割截無
恨忍滿大施太子抒海弁七日翹
足讚弗沙佛進滿尚闍梨鵲巢頂
二成道四
初八相
上禪滿劬嬪大臣分閻浮提七分
二第六
息諍智滿望初聲聞位是下忍位
三第七
次入補處生兜率託胎出家
降魔安坐不動爲中忍位次一剎
四第八
那入上忍位次一剎那入世第一
位
二結
發眞無漏三十四心頓斷見思習
氣坐木菩提樹下生草爲座成劣
三結
應丈六身佛
二通敎二
受梵王請三轉法輪度三根性
住世八十年現老比丘相薪盡火
初標
滅入無餘涅槃者即三藏佛果也

二釋甲
上來所釋三人修行證果雖則不
同然同斷見思同出三界同證偏
三結○
真只行三百由旬入化城耳
略明藏教竟
初名二
次明通教者
初前後
通前藏教通後別圓故名通教
二當教
又從當教得名謂三人同以無言
說道體色入空故名通教
依大品經乾慧等十地即是此教
二位二
位次也
三揀藏通○
一乾慧地未有理水故得其名即
外凡位與藏教五停心總別等三
四所屬文○
位齊二性地相似得法性水伏見
思惑即內凡位與藏教四善根齊
初當教四
三八人地四見地此二位入無間
三昧斷三界八十八使見盡發真
初總標
無漏見真諦理與藏教初果齊五
二細釋二
薄地斷欲界九品思前六品與藏
教二果齊六離欲地斷欲界九品
初九地
思盡與藏教三果齊七已辦地斷

上佛地三
三界見思惑盡但斷正使不能侵
習如燒木成炭與藏教四果齊聲
聞位齊此八辟支佛地更侵習氣
初成佛
如燒炭成灰九菩薩地正使斷盡
與二乘同扶習潤生道觀雙流遊
戲神通淨佛國土
二說法
十佛地機緣若熟以一念相應慧
頓斷殘習坐七寶菩提樹下以天
衣為座現帶劣勝應身成佛
三涅槃
為三乘根性轉無生四諦法輪
三引證
緣盡入滅正習俱除如炭灰俱盡
經云三獸渡河謂象馬兎也喻斷
四同異
惑不同故又經云諸法實相三乘
二前後二
皆得亦不名佛即此教也
初標
此教三乘因同果異證果雖異同
斷見思同出分段同證偏真
二釋二
然於菩薩中有二種謂利鈍
初鈍根通前
鈍則但見偏空不見不空止成當
二利根通後
教果頭佛行因雖殊果與藏教齊
初正釋
故言通前

上揀位二
若利根菩薩非但見空兼見不空
初問
不空即中道分二種謂但不但若
見但中別教來接若見不但中圓
二答二
教來接故言通後
初通定三根
問何位受接進入何位
二入位真似
答受接人三根不同若上根三地
四地被接中根之人五地六地下
根之人七地八地
○三揀藏通二
所接之教真似不同若似位被接
初問
別十迴向圓十信位若真位受接
二答二
別初地圓初住
初許所問
問此藏通二教同是三乘同斷四
二正答同異二
住止出三界同證偏真同行三百
初雖同而異
由旬同入化城何故分二
二別釋異教二
答誠如所問
初藏小拙
然同而不同所證雖同大小巧拙
永異此之二教是界內教
二通大巧二
藏是界內小拙不通於大故小析
初正釋
色入空故拙此教三人雖當教內
二所揀位二
有上中下異望通三人則一槩鈍

初問
二答
四所屬文
三結
三別教三
初標
二釋二
三結
二約辨名義二
初正釋
二引證
二正列位行二
三別示隨機
初總指
二別列二
初總列諸經二

根故須析破也
通教則界內大巧大謂大乘初門
故巧謂體色入空故雖當教中三
人上中下異若望藏教則一槩為
利
問教既大乘何故有二乘之人
答朱雀門中何妨庶民出入故人
雖有小教定是大大乘兼小漸引
入實豈不巧哉
般若方等部內共般若等即此教
也
略明通教竟
次明別教者
此教明界外獨菩薩法教理智斷
行位因果別前二教別後圓教故
名別也
涅槃云四諦因緣有無量相非聲
聞緣覺所知
諸大乘經廣明菩薩歷劫修行行
位次第互不相攝此並別教之相

初正列
二辯意
二別依瓔珞二
初分科二
初准經
二分科
二細釋二
初凡二

也
華嚴明十住十行十迴向為賢十
地為聖妙覺為佛瓔珞明五十二
位金光明但出十地佛果勝天王
明十地涅槃明五行
如是諸經增減不同者界外菩薩
隨機利益豈得定說
然位次周足莫過瓔珞經故今依
彼略明菩薩歷位斷證之相
以五十二位束為七科謂信住行
向地等妙又合七為二初凡二聖
就凡又二信為外凡住行向為內
凡亦名為賢約聖亦二十地等覺
為因妙覺為果大分如此自下細
釋
初言十信者一信二念三精進四
慧五定六不退七迴向八護法九
戒十願此十位伏三界見思煩惱
故名伏忍位（外凡）與藏教七賢位通
教乾慧性地齊

初外凡
二內凡三
初十住
二十行
三十迴向
二聖二

次明十住者一發心住（斷三界見惑盡與藏教初果通教八人見地齊）二治地三修行四生
貴五具足方便六正心七不退（已上六住斷三界思惑盡得位不退與藏通二佛齊）八童眞九
法王子十灌頂（已上三住斷界內塵沙伏界外塵沙）
（前二不知名目）亦名習種性用從假入空
觀見眞諦理開慧眼成一切智行
三百由旬
次明十行者一歡喜二饒益三無
違逆四無屈撓五無癡亂六善現
七無著八難得九善法十眞實（斷界外塵沙惑）亦云性種性用從空入假觀
見俗諦開法眼成道種智
次明十迴向者一救護衆生離衆
生相二不壞三等一切諸佛四至
一切處五無盡功德藏六入一切
平等善根七等隨順一切衆生八
眞如相九無縛無著解脫十入法
界無量（伏無明習中觀）亦名道種性行四
百由旬居方便有餘土（已上三十位為三賢）

亦名內凡從八住至此爲行不退位

初因二

初十地

次明十地者一歡喜（從此用中道觀破一分無明顯一分三德乃至等覺俱名聖種性）至此是見道位又無功用位百界作佛八相成道利益衆生行五百由旬初入實報無障閡土初入寶所二離垢地三發光地四燄慧地五難勝地六現前地七遠行地八不動地九善慧地十法雲地（已上九地各斷一品無明證一分中道）

二等覺

更斷一品入等覺位亦名金剛心亦名一生補處亦名有上士

二果二

初成佛

更破一品無明入妙覺位坐蓮華藏世界七寶菩提樹下大寶華王座現圓滿報身

二說法

爲鈍根菩薩衆轉無量四諦法輪

三判示隨機二

初前隨機二

初顯示教道

即此佛也

二借別名通

有經論說七地已前名有功用道八地已上名無功用道妙覺位但破一品無明者總是約教道說

二借別名圓

二勸審斷設

三結

有處說初地斷見從二地至六地斷思與羅漢齊者此乃借別教位名名通教位耳

○四圓教二

初標

二釋二

有云三賢十聖住果報唯佛一人居淨土此借別教名明圓教位也

三結

如此流類甚衆須細知當教斷證之位至何位斷何惑證何理往判諸教諸位無不通達

初名教

二功用

初名用二

略明別教竟

二位次二

次明圓教者

初總指

二別釋二

初位次二

圓名圓妙圓滿圓足圓頓故名圓教也

二六即

初列

所謂圓伏圓信圓斷圓行圓位圓自在莊嚴圓建立衆生

二結

諸大乘經論說佛境界不共三乘位次總屬此教也

初通列諸經二

二別依一經二

初標

法華中開示悟入四字對圓教住行向地此四十位

二釋二

初凡二

華嚴云初發心時便成正覺所有慧身不由他悟清淨妙法身湛然應一切此明圓四十二位維摩經云薝蔔林中不嗅餘香入此室者唯聞諸佛功德之香又云入不二法門般若明最上乘涅槃明一心五行又經云有人入大海浴已用一切諸河之水又娑伽羅龍澍車軸雨唯大海能受餘地不堪又擣萬種香爲丸若燒一塵具足衆氣如是等類並屬圓教

二聖

初外凡三

二內凡

初標

二釋五

三結位對判

初隨喜品

二讀誦品

三說法品

四兼行六度

五正行六度

今且依法華瓔珞略明位次有八

初標

一五品弟子位（外凡出法華經）二十信位（內凡）三十住位（聖初）四十行五十迴向六十地七等覺（是因位末）八妙覺（是果位）

二釋二

初五品位者

初正行二

一隨喜品

二助行

初引經

經云若聞是經而不毀呰起隨喜心

二徵釋二

初徵

問隨喜何法

二釋三

答妙法

初總答

妙法者即是心也

妙心體具
如如意珠
心佛及衆生是三無差別
此心即空即假即中
常境無相常智無緣
無緣而緣無非三觀無相而相三
諦宛然
初心知此慶已慶人故名隨喜
內以三觀觀三諦境外以五悔勤
加精進助成理解
言五悔者有二一理二事
理懺者若欲懺悔者端坐念實相
衆罪如霜露慧日能消除即此義
也
言事懺者晝夜六時三業清淨對
於尊像披陳過罪無始已來至于
今身凡所造作殺父殺母殺阿羅
漢破和合僧出佛身血邪淫偷盜
妄言綺語兩舌惡口貪瞋癡等如
是五逆十惡及餘一切隨意發露

更不覆藏畢故不造新
若如是則外障漸除內觀增明
如順流舟更加櫓棹豈不速疾到
於所止
修圓行者亦復如是正觀圓理事
行相助豈不速至妙覺彼岸
莫見此說便謂漸行謂圓頓無如
是行謬之甚矣
何處天然彌勒自然釋迦
若纔聞生死即涅槃煩惱即菩提
即心是佛不動便到不加修習便
成正覺者
十方世界盡是淨土觸向對面無
非覺者
今雖然即佛此是理即亦是素法
身無其莊嚴何關修證者也
我等愚輩纔聞即空便廢修行不
知即之所由鼠唧鳥空廣在經論
尋之思之
二勸請者勸請十方諸如來留身

久住濟含識
三隨喜者隨喜稱讚諸善根
四迴向者所有稱讚善盡迴向菩
提
五發願者若無發心萬事不成故
須發心以導前四
是爲五悔
下去諸位直至等覺總用五悔更
不再出例此可知
二讀誦品者
經云何況讀誦受持之者
謂內以圓觀更加讀誦
如膏助火
三說法品者
經云若有受持讀誦爲他人說
內解轉勝道利前人化功歸己心
倍勝前
四兼行六度
經云況復有人能持是經兼行布
施等

福德力故倍增觀心
五正行六度者
經云若人讀誦爲他人說復能持戒等
謂自行化他事理具足觀心無閡轉勝於前不可比喻
此五品位圓伏五住煩惱外凡位也與別十信位同
次進六根清淨位即是十信
初信斷見惑顯眞理與藏教初果通教八人見地別教初住齊證位不退也
次從二信至七信斷思惑盡與藏通二佛別教七住齊三界苦集斷盡無餘
故仁王云十善菩薩發大心長別三界苦輪海
解曰十善者各具十善也
若別十信即伏而不斷故定屬圓信

然圓人本期不斷見思塵沙意在入位斷無明見佛性
然譬如冶鐵麤垢先去非本所期意在成器器未成時自然先落雖見先去其人無一念欣心所以者何未遂所期故
圓教行人亦復如是雖非本所望自然先落
永嘉大師云同除四住此處爲齊若伏無明三藏則劣即此位也
解曰四住者只是見思謂見爲一名見一切處住地思惑分三一欲愛住地欲界九品思二色愛住地色界四地各九品思三無色愛住地無色界四地各九品思此之四住三藏佛與六根清淨人同斷故言同除四住也
言若伏無明三藏則劣者無明即界外障中道之別惑三藏教止論界內通惑無明名字尚不能知況復伏斷故言三藏則劣也
次從八信至十信斷界內外塵沙惑盡假觀現前見俗諦理開法眼成道種智行四百由旬與別教八九十住及行向位齊行不退也
次入初住斷一品無明證一分三德謂解脫般若法身此之三德不縱不橫如世伊三點若天主三目現身百界八相成道廣濟羣生
華嚴經云初發心時便成正覺所有慧身不由他悟清淨妙法身湛然應一切
解曰初發心者初住名也便成正覺者成八相佛也是分證果即此教眞因
謂成妙覺謬之甚矣若如是者二住已去諸位徒施
若言重說者佛有煩重之咎
雖有位位各攝諸位之言又云發心究竟二不別須知攝之所由細

識不二之旨
龍女便成正覺諸聲聞人受當來成佛記莂皆是此位成佛之相
慧身即般若德了因性開發妙法身即法身德正因性開發應一切即解脫德即緣因性開發如此三身發得本有故言不由他悟
中觀現前開佛眼成一切種智行五百由旬到寶所初居實報無障閡土念不退位
次從二住至十住各斷一品無明增一分中道與別教十地齊
次入初行斷一品無明與別教等覺齊次入二行與別教妙覺齊
從三行已去別教之人尚不知名字何況伏斷以別教但破十二品無明故
故以我家之眞因爲汝家之極果
只緣教彌權位彌高教彌實位彌下
譬如邊方未靜借職則高定爵論勳其位實下
故權教雖稱妙覺但是實教中第二行也
次從三行已去至十地各斷一品無明增一分中道即斷四十品惑也
更破一品無明入等覺位此是一生補處
進破一品微細無明入妙覺位永別無明父母究竟登涅槃山頂諸法不生般若不生不生不生名大涅槃
以虛空爲座成清淨法身居常寂光土即圓教佛相也
然圓教位次若不以六即判之則多濫上聖故須六即判位
謂一切衆生皆有佛性有佛無佛性相常住又云一色一香無非中道等言總是理即次從善知識及從經卷聞見此言爲名字即依教修行爲觀行即五品位相似解發爲相似即十信分破分見爲分證即從初住至等覺智斷圓滿爲究竟即妙覺位
約修行位次從淺至深故名爲六約所顯理體位位不二故名爲即
是故深識六字不生上慢委明即字不生自屈可歸可依思之擇之
略明圓教位竟
然依上四教修行時各有方便正修謂二十五方便十乘觀法若教教各明其文稍煩義意雖異名數不別故今總明可以意知
言二十五方便者束爲五科一具五緣二訶五欲三棄五蓋四調五事五行五法
初明五緣者一持戒清淨如經中說依因此戒得生諸禪定及滅苦智慧是故比丘應持淨戒有在家出家大小乘不同

初具五緣五　初持戒清淨

二衣食具足

二衣食具足衣有三一者如雪山大士隨所得衣蔽形即足不遊人間堪忍力成故二者如迦葉等集糞埽衣及但三衣不畜餘長三者多寒國土如來亦許三衣之外畜百一衆具食亦有三一者上根大士深山絕世菓根草果隨得資身二常乞食三檀越送食僧中淨食

三閑居靜處

三閑居靜處不作衆事名閑無憒鬧處名靜處有三例衣食可知

四息諸緣務

四息諸緣務息生活息人事息工巧技術等

五近善知識

五近善知識有三一外護善知識二同行善知識三教授善知識

二訶五欲五　初訶色

第二訶五欲一訶色謂男女形貌端嚴脩目高眉丹脣皓齒及世間寶物玄黃朱紫種種妙色等

二訶聲

二訶聲謂絲竹環珮之聲及男女歌詠聲等

三訶香

三訶香謂男女身香及世間飲食香等

四訶味

四訶味謂種種飲食肴膳美味等

五訶觸

五訶觸謂男女身分柔軟細滑寒時體温熱時體涼及諸好觸等

三棄五蓋

第三棄五蓋謂貪欲瞋恚睡眠掉悔疑

四調五事

第四調五事謂調心不沉不浮調身不緩不急調息不澀不滑調眠不節不恣調食不饑不飽

五行五法五　初欲

第五行五法一欲欲離世間一切妄想顛倒欲得一切諸禪定智慧門故

二精進

二精進堅持禁戒棄於五蓋初中後夜勤行精進故

三念

三念念世間欺誑可輕可賤禪定智慧可重可貴

四巧慧

四巧慧籌量世間樂禪定智慧樂得失輕重等

五一心

五一心念慧分明明見世間可患可惡善識禪定智慧功德可尊可貴

三結意

此二十五法爲四教前方便故應須具足若無此方便者世間禪定尚不可得豈況出世妙理乎然前明教既漸頓不同方便亦異依何教修行臨時商量耳

二正修十　初約標法浹四機

次明正修十乘觀法亦四教名同義異今且明圓教餘教例此

二別明圓教十　初觀不思議境

一觀不思議境謂觀一念心具足無減三千性相百界千如即此之境即空即假即中更不前後廣大圓滿橫豎自在故法華經云其車高廣（上根觀此境）

二發菩提心

二眞正發菩提心謂依妙境發無作四弘誓願慨已慨他上求下化故經云又於其上張設幰蓋

三巧安心

三善巧安心止觀謂體前妙理常恒寂然名爲定寂而常照名爲慧故經云安置丹枕（車內枕）

四破法徧

四破法徧謂以三觀破三惑三觀

一心無惑不破故經云其疾如風

五識通塞

五識通塞謂苦集十二因緣六蔽塵沙無明為塞道滅因緣智六度一心三觀為通若通須護有塞須破於通起塞能破如所破節節撿校名識通塞經云安置丹枕車外枕

六調道品

六道品調適謂無作道品一一調停隨宜而入經云有大白牛等已上五中根

七對治助開

七對治助開謂若正道多障圓理不開須修事助謂五停心及六度等經云又多僕從此下為下根

八知位次

八知位次謂修行之人免增上慢故

九能安忍

九能安忍謂於逆順安然不動策進五品而入六根廿一 二十五

十離法愛

十離法愛謂莫著十信相似之道須入初住真實之理經云乘是寶乘遊於四方遊四十位直至道場妙覺位

三結勝指廣示要

初結妙略

謹案台教廣本抄錄五時八教略知如此

二指廣

若要委明之者請看法華玄義十卷委判十方三世諸佛說法儀式猶如明鏡及淨名玄義中四卷全判教相

三示諸家

自從此下略明諸家判教儀式耳

天台四教儀

天台四教儀

校勘記

一　底本，清藏本。本書眉科，[經]無。

一　五〇〇頁上時教圖，[南]無；[經]置於卷末經名前。

一　五〇〇頁上「時教圖」內四行「一十八」，[經]無。又一〇行左「追泯」，[經]作「追皈」。

一　五〇〇頁上一行眉科「天台四教儀大科分二」，[南]作「科天台四教儀二」。

一　五〇〇頁中五行眉科末字「二」，[南]無。

一　五〇〇頁中一八行眉科「二別釋三」，[南]作「二別釋二」。

一　五〇〇頁中一九行「行布」，[南]作「行方」。

一　五〇一頁下一一、一二行眉科「初總明部教今昔權實二」，[南]作「初摠明今昔二」。

一　五〇一頁下一九、二〇行眉科「二

一　別列昔日麁妙二」，[南]作「二列昔麁妙二」。

一　五〇二頁上三行眉科「三別示能開」，[南]作「三示能開」。

一　五〇二頁上四、五行眉科「初約教二」，[南]作「初開昔部二」。

一　五〇二頁上七行，[南]有眉科「二開昔圓成妙二」。

一　五〇二頁上七、八行眉科「二示圓體同」，[南]作「初本融故妙」。

一　五〇二頁上一〇行，[南]有眉科「二隔偏故分麁」。

一　五〇二頁上一〇、一一行眉科「初——得名」，[南]作「初能開得名」。

一　五〇二頁上一三行眉科「二引證」，[南]作「二引證彵二」。

一　五〇二頁上一四、一五行眉科「二約部」，[南]作「二顯令部」。

一　五〇二頁中六、七行眉科「二涅槃部四」，[南]作「二湼槃四」。

一　五〇二頁下三行眉科「初問」，[南]作「初問四」。

一　五〇二頁下一九行眉科「二化法四教」，[南]作「化法四教」。

一　五〇三頁中四、五行眉科「三四諦因未」，[南]作「三四諦因果」。

一　五〇三頁中七行「及那含」，[南]、[徑]作「五那含」。

一　五〇三頁下六、七行眉科「二揀別成總」，[南]作「二揀別成總二」。

一　五〇四頁下四、五行眉科「三結」，[南]作「二結」。

一　五〇五頁中六行眉科「初外凡三」，[南]作「初外凡二」。

一　五〇七頁上一四、一五行眉科「初當教四」，[南]作「平」。

一　五〇九頁上九行夾註左「分中」，[南]、[徑]作「一分中」。

一　五〇九頁上一九行眉科「二借別名圓」，[南]作「三借別名圓」。

一　五一一頁中二行第二字「位」，[南]、[徑]作「住」。

一　五一一頁中八行眉科首字「次」，[南]無。

一　五一三頁下一七行眉科「三巧安心」，[南]作「三巧安止」。

一　五一四頁上六行夾註「車外枕」，[徑]作「車內枕」。

一　五一四頁上八行「大白牛」，[徑]作「大白車」。

一　五一四頁中末行「天台四教議」，[徑]作「天台四教儀終」。

天台四教儀集註卷第一　稼一

南天竺沙門　蒙潤　集

科天台四教儀 一
初總題 二
二別文 三
初敘時教法義散廣 二
二依廣本撮錄綱要 二
三結抄畧指廣示異。
初標所依 今依
二示綱要 二
初總約五時正釋教相 二
二別約化法畧明行法。
初四時次第 二
二第五開顯。
三料揀時味。
初別釋四儀 四
二結齊四時。
初頓教 三
二漸教 三
三秘密教。
初正立題 天台
二抄錄人 高麗
初正敘 二
二廣結 知是
初分章 初辨
二牒釋 二
初化儀四教 二
二化法四教。
初總標 第一
二別釋 三
三引證 二
初引經徵起 法華
二荅釋所領 荅指
初總標
二別釋 三
三總結
初能立教主 天台
三所用判釋 二
初總標
二別列 二
初五時
二八教 二
初正列
二喻顯
初正釋 五
二結前生後 二
初約部教 五
初部 所謂
二教 二
初標教
二雙示 二

四不定教。
初鹿苑 四
一方等 四
初約部教 二
初部 次明
二教
二約時
三約味
四引證 二
初引經徵起信解
二荅釋
三般若 四
○三秘密教 三
初標 第三
二釋 如前
二結 故言
○四不定教
○二結齊四時 化儀
○二第五開顯 二
初法華 四
初約部教 二
初從頓開漸 二
二正施藏教 二
二正明施教
二約時
三約味
四引證 二
初約部教 二
二約時
三約味 約味
四引證 二
初正明 三
二雙結
初總明部教今昔權實 二
初開權顯實 次說
二權實名通
初總指頓漸隔異
二別列昔日藏妙 二
二別列所開昔日權實 二
初圓
二別
三雙結
二約時
三約味
初對機示應
二約喻顯身脫
初引經徵起信解
二荅釋
初部 次說
二教
初引經徵起信
二荅釋
初標 第四
二釋
二結 如是
初隔異非本懷
二兼法須開顯
初頓部 二
二三漸

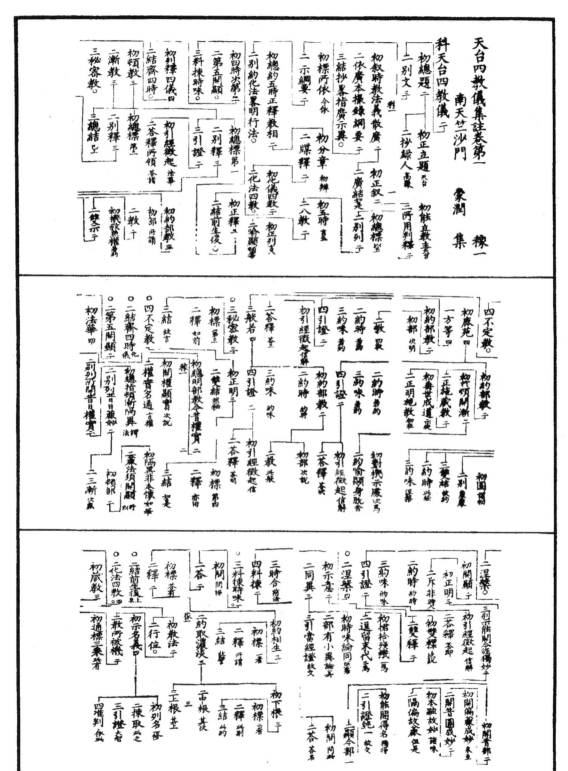

二涅槃。
初開顯 二
初正明 三
二斥非時人
二約時 約時
三約味 約味
四引證 二
○二涅槃 四
初示意 二
二同異 三
三時合
四料揀 二
○三料揀時味。二
初問
二荅 二
初標
二釋 二
○二結前生後
○二化法四教。四
初藏教 三
三引示能開今經獨妙 二
初引經徵起 信解
二荅釋
初雙釋
二雙釋 二
初据拾殘機
二逗留末代
初時味論同
二部有小異
三引當經證
初約相生 三
初標
二釋
三結
二約取濃淡 三
初教法 二
二行位。
初示名義 四
二教所被機 二
初通標三乘
初開昔部 二
初開偏成妙
二開昔圓成妙 二
初本融故妙 諸味
二隔偏故麁
初能開得名
二引證純一
二顯今部 一
初問
二荅
初下根 三
初標
二釋
三結
二中根
三上根
初列名
二揀取
三引證
四准判

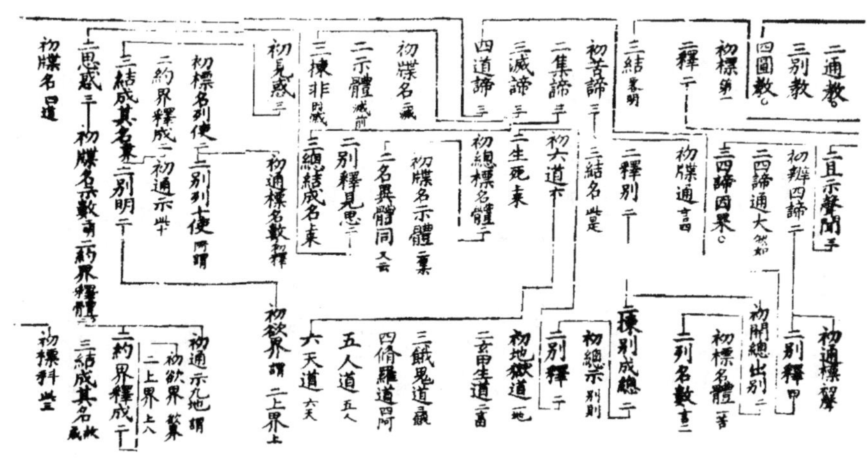
二通教
三別教
四圓教
初標
二釋
三結
初苦諦
二集諦
三滅諦
四道諦
初牒名
二示體
二揀非
初見惑
初標名列使
二約界釋成
三結成其名
二思惑
初牒名
二直示聲聞
初辨四諦
二四諦通大
三四諦因果
初牒通
二釋別
二結名
初六道苦
二生死果
初總標名體
初牒名示體
二名異體同
二別釋見思
三總結成名
初通標名數
二別列十使
二約界釋成
初通示
二別明
初牒名來數
初通標聲聞
二別釋
初開總出別
初標名體
二列名數
三揀別成總
初總示
二別釋
初地獄道
二畜生道
三餓鬼道
四脩羅道
五人道
六天道
初欲界
二上界
初通示九地
初欲界
二上界
二約界釋成
三結成其名
初標科

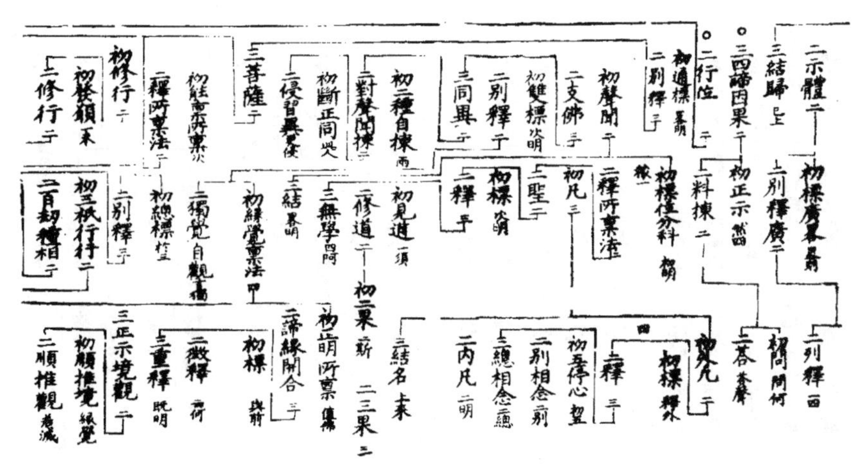
二示體
三結歸
三四諦因果
二行位
初通標
二別釋
初聲聞
二支佛
初雙標
二別釋
三同異
初二種自揀
初對聲聞揀
初斷正同
二侵習異
三菩薩
二釋所乘法
初修行
初發願
二修行
初標廣略
二別釋廣
初正示
二料揀
初標位分科
二釋所乘法
初凡
二聖
初標
二釋
初見道
二修道
三無學
二結
初總標
二獨覺自觀
初總標
二別釋
二百劫種相
二列釋
初問
二答
初標
二釋
初五停心
二別相念
三總相念
二內凡
三結名
二三果
二諦緣開合
初標
二徵釋
三重釋
三正示境觀
二順推觀

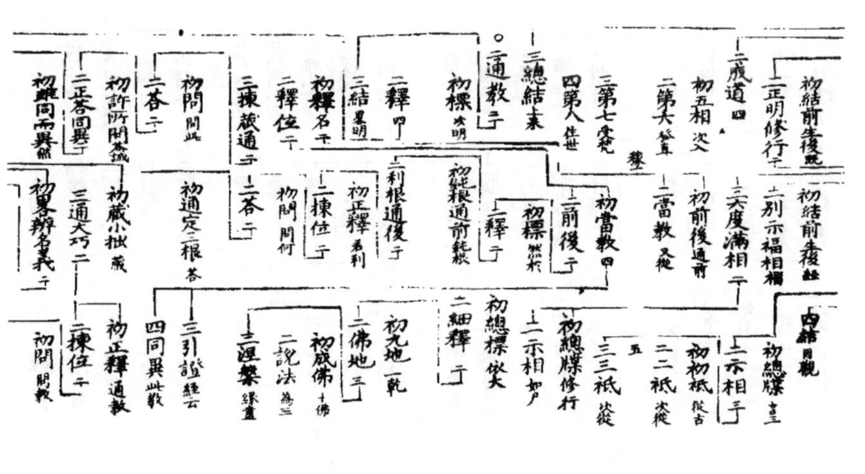
初結前生後
二正明修行
二成道
初五相
二第六
三第七
四第八
三總結
二通教
初標
二釋
三結
初釋名
二釋位
三揀教通
初問
二答
初許所問
二正答同異
初雖同而異
初結前生後
二別示福相
三六度滿相
初前後通論
二當教
初當教
二前後
初標
二釋
二利根通後
初正釋
二揀位
初問
初通定三根
二答
初藏小拙
二通大巧
四結
初總標
二示相
初初祇
二二祇
三三祇
初總標修行
二示相
初總標
二細釋
初九地
二佛地
初成佛
二說法
三涅槃
三引證
四同異
初正釋
二揀位
初問

二別釋異教三
四所屬文般若
初正釋 敎
二引證 瓔珞
二正列位行三
初總指 諸文
二別列 二
三別依瓔珞 二
初總列 諸經
一答 華嚴
初正列 華嚴
二釋意 初是
○三別教 三
初標 論
二釋 三
三結 異明
二別示隨機 三
初准經 然教
初正明隨機 三
初顯示教道
二借別名通
三借別名圓
初分科 二
二細釋 三
初凡 三
初外凡
二內凡 三
初十住 次明
二分科
二勸審斷證
初因 三
二聖 三
初十地 次明
二十行 次明
三十回向 次明
二果 三
二等覺
初成佛
二說法
初位次 三
二六即 ○
初明用 二
初名義
二功用
初總指 諸大
二位次 三
二別釋 二
初通列諸經 三
初列
二結
二別依二經 三
○四圓教 三
初標
二釋 二
二結
初標 今立
初凡 三
初外凡 三
二釋 二
初標

二釋 二
初隨喜品 三
初標 一隨
二釋 二
初正行 二
初約所隨立妙解 三
二約能隨立妙行 三
初釋境觀 心
二境智俱亡
三境智俱立
二聖 ○
初引經 經云
二徵釋 二
初徵 問
二釋 三
二內凡 ○
初心法
二生佛
初結前生後
二正釋 三
三例後 下去
初總標
二喻顯
二別釋 三
三結示
初示心體 妙者
二示體總
三結位對別 ○
二助行 三
初懺悔 三
二勸請 二
三隨喜
四迴向
五發願
初正明
二結
初正釋 三
二事懺 二
初法 三
二喻
三合
初總斥
二斥非 三
初首罪
二別斥 三
二能助
初無因有果斥
二衆諍執法斥 二
初舉執計
二約教斥 三
初舉所執
二舉能計
初判屬理即
二重斥所計
二讀誦品 三
初標 讀
初引經 經云
二釋意

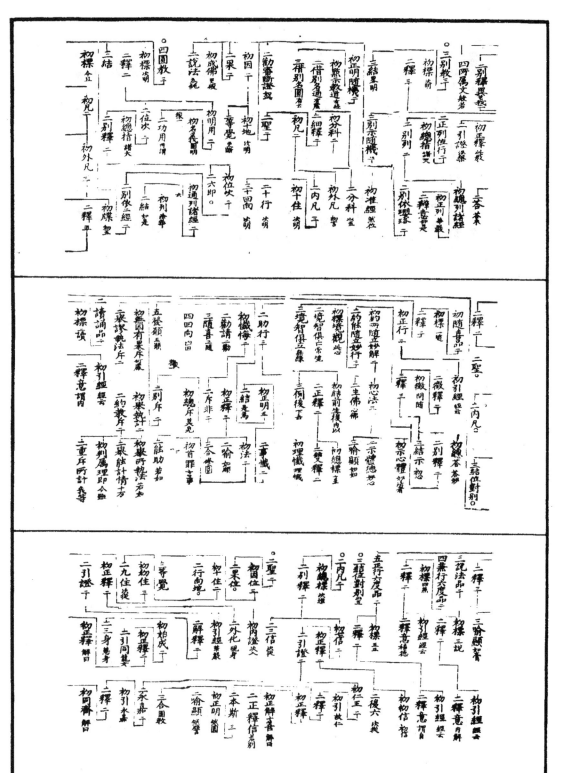

二釋 三
三喩顯
三說法品 三
四兼行六度品 三
初標
二釋 三
初標
初引經 經云
二釋意
五正行六度品 二
初標
二釋 三
初引經
二釋意
初標
二釋 二
○二內凡 三
初總標
二別釋 二
初信
二引證
初正釋
二後六
初仁王
初引
二釋
初正釋
○二聖 三
初因位 三
初內證
二外化
三結
二果位 ○
初住
二行向地 ○
三等覺
初初住 三
初正釋
二九住
二引證
初正釋
二引同
三三身
初相成

三結成 出觀
二斥謬 三
三伏劣 言若
○二行向地 二
初行 三
初明行與別同 ○
二明後位與別異 後三
初以因為果 謂成
二引救重詰 若言
○二三行至十地後
三釋同所以 二
三引文勸審
○三等覺 破
初位成智斷 破
初以因為果
二座身土圓 崖
二因果所以 三
○二果位 二
○六即 四
初略明所以 緣
初所以 緣
○二結 略明
二正判位次 一
二喻顯
○二別約化法略明行法 二
三重釋本修 修
三結同
初總明法被四機
四誡勸 故
初持戒清淨
二夾略述二種 二
初科分 二
二衣食具足
初方便 三
二牒釋 五
三閑居靜處
二正修 二
三結意 ○
四息諸緣務
初總標法被顯觀
初具五緣 五
五近善知識
二引明圓教 十
二訶五欲 五
初訶色 第二
初觀不思議境 觀
二訶聲
二發真菩提心 真
三棄五蓋 第三
二訶香
三善巧安止 三善
四調五事 第四
四訶味
四破法徧
五行五法 五
五訶觸
五識通塞 識
六調道品
七對治助開
初欲 第五

八知位次 八知
九能安忍 九能
十離法愛 十離
二精進 二精
三念 三念
○結益 二
初結抄畧 集
二指廣 若要
四巧慧 四巧
○三結抄畧指廣示異 三
三示諸家 良
五一心 五一

八

九

天台四教儀科文終

天台四教儀集註序

天台四教儀者實教門之要道也自昔至今註釋者衆或略而不備或博而太繁矧又節去正文但標初後苟非精誦者莫之能閱也今集諸部之文註於其下將無便於披覽者歟其間一二與諸家有同異者蓋述所聞於先德非任胸臆也若夫文末正修初乘觀法文雖簡約理亦備焉諸新學人究心於茲忘言忘思筌蹄俱擲奚以是爲然能爾也則無適而不可亦豈離是云乎哉時元統甲戌夏五南天竺白蓮華沙門蒙潤謹序

天台四教儀集註卷第一

校勘記

一　底本，明永樂北藏本。本卷科文，清未收録，但清有天台四教儀集註序一篇，兹附録於卷後。

一　五一六頁中一七行「四不定教」，徑作「四不定教二」。

一　五一六頁下一三行「時味一」，徑作「時味二」。

一　五一七頁中四行「行位二」，徑作「行位三」。

一　五一七頁中六行「聲聞二」，徑作「聲聞三」。

一　五一七頁下一六行「初通定三根菩」之左，徑有「二入位真似所接」一條。

一　五一七頁下一九行「三通大巧二」，徑作「二通大巧二」。

一　五一八頁上二行「初總列諸經」，徑作「初總列諸經二」。

一　五一八頁中五行「三釋三」，徑作「二釋三」。

一　五一八頁中一七行末「若如」，徑作「若才」。

天台四教儀集註卷第二　稼二

南天竺沙門　蒙潤　集

天台四教儀

天台山名也天者顛也元氣未分混而爲一兩儀既判清而爲天濁而爲地此本俗名且依俗釋台者星名也其地分野應天三台故以名焉如輔行十一上七此山即大師棲身入寂之所蓋以西方風俗稱名爲尊此土避名爲敬故以此處顯其人也復以人命家則天台爲宗矣今題意在焉四教者別文明化儀化法有乎八教今但言四教者以通名立題義攝兩種蓋非化儀無以判非化法無以釋一書之旨莫越於斯教者聖人被下之言亦詮理化物爲義問或約化儀立題乃據籤文化儀四教文義整足任運攝得三藏等四爲證或謂須宣藏等以爲頓等謂化儀無体又謂頓等四教古師亦用藏等四教起自天台以此爲化法立題今何以從通名耶荅化儀化法有体無体或彼此相攝文各有意皆不爲此立題而設況古師所立頓等與今不同故妙樂以頓等藏等爲天台一家判釋之綱目今此一書既明判釋立題四教豈偏屬乎儀者天台一家四教判釋儀式也文末既云自從此下畧明諸家判教儀式顯今一書明判明釋在乎天台豈可謂如來施化次第儀式耶

高麗沙門

諦觀録高麗東夷國名沙門此云勤息謂勤行衆善止息諸惡故又沙門復以釋爲姓者始於晉安法師也後增一阿含來此土云四河入海同一鹹味四姓出家皆名爲釋文顯性録以四句揀云一是沙門非釋子出家外道二是釋子非沙門在家釋種此王種之釋也三是釋子是沙門兩土之僧此四姓出家通稱爲釋四非釋子非沙門兩土之俗四句揀之無遺矣或謂是釋子是沙門乃釋種出家且梵土餘種出家及此土之僧皆稱沙門釋子爲何句收耶録謂觀師抄録台教綱要也

天台智者大師

拾遺記云天台棲真之處智者隋主所稱大師羣生模範亦帝王大臣所師也

以五時八教判釋東流一代聖教罄無不盡

五時八教本是如來所説之法大師依義立名用此判釋一代聖教故云以也然上天台智者乃能判能釋之人東流聖教乃所判所釋之法五時八教乃判釋之儀式也蓋天台準法華意判釋諸經如籤文云判釋準乎部教部教之義唯在法華判謂剖判釋謂解釋妙樂云頓等是此宗判教之大綱藏等是一家釋義之綱目如以化儀判華嚴爲頓以化法別圓解釋乃至判法華爲非頓非漸以純圓獨妙解釋

五時八教判釋之圖

東流者佛法自西而流東也代者更也如來五十年說法爲一代今以五時八教判釋無遺若爾妙玄何云柰苑之前不預小攝耶須知妙玄約時破古謂說提謂經時乃未轉法輪已前未有僧寶故破古師不應於鹿苑前別立提謂爲人天小教若約法收經則如四教義云三藏明世間布施持戒禪定即是人天之教並正因緣所生善法此已爲三藏所攝故先達云約時破古不當五時所收約法收經義當三藏所攝也

言五時者一華嚴時

從經題立時雖歷七處八會（新經九會）秖是一經因行如華莊嚴果德具云大方廣佛華嚴經此人法譬三具足立題更有單三複三

七種立題
- 單三
  - 人—佛說阿彌陀經等
  - 法—涅槃經等
  - 譬—梵網經等
- 複三
  - 人法—文殊問般若經等
  - 法譬—妙法蓮華經等
- 具足一
  - 人譬—如來獅子吼經等
  - 人法譬—大方廣佛華嚴經等

舊經晉譯五十卷或六十卷成新經唐譯八十卷成若龍宮三本上本十三世界微塵數品中本四十九萬八千八百偈下本十萬偈四十八品今但有三十九品如釋籤十（十八）舊立四種華嚴祖無顯文考大師荊溪之意則有約時約處約理之不同約理則曰法界約處或曰寂場約時曰三七日或時長盡未來際何得認此名言便謂華嚴有四種之別且其間於義有妨不應以後分時長華嚴而爲寂場又不應將通五時中通後之義爲時長也問華嚴時長爲至何時答如妙樂云義當轉教時也經家取後分部類相從結歸前分華嚴部內此即通五時中文通之類也若般若明華嚴海空及日若垂沒餘輝峻嶺與夫蓮華藏海通至涅槃之後此於他部明華嚴義不可結歸本部乃通五時中義通之類非時長也

二鹿苑時

從處立時說經雖多同一處故乃如來昔生垂化之地緣如輔行輔行群鹿所居故名鹿苑從樹爲名亦名柰苑二仙所居亦名仙苑

說四阿含

阿含翻無比法妙玄（十十）云增一明人天因果中明真寂深義雜明諸禪定長破外道而通說無常知苦斷集證滅修道文

三方等時

廣談四教均被衆機說經既多處亦不一故約法立時也若普賢觀稱方等者從理得名如釋籤六（十五）云此以理等名方等典若止觀二（六）云四門入清涼池曰方所契之理曰等此約行理合論今是生酥調斥之方等義應屬事

說維摩

具云維摩詰所說經人法立題此云淨名亦翻淨無垢稱

思益

具云思益梵天所問經綱明菩薩荅
楞伽
　翻不可住
楞嚴三昧
　楞嚴翻健相三昧翻調直定亦云正心行處
金光明
　金即法身光即般若明即解脫單法立題
　玄文順古復約譬喻一釋格他譬法不周
　其如經題是法非譬又不可以被利鈍機
　雙存法譬也
勝鬘等經
　具云勝鬘獅子吼一乘大方便方廣經勝
　鬘夫人即舍衛國波斯匿王女末利夫人
　所生爲踰闍國妃
四般若時　緣二　六
　說摩訶般若光讚般若金剛般若大品般若等諸般若經從經題立時
　般若翻智慧般若尊重智慧輕薄即五種
　不番之一也摩訶翻大多勝以多含故不
　翻光讚經云於是世尊從其舌本悉覆佛
　土而出無數百千光明照三千界其光明

中自然而植金蓮華其蓮華上各有諸佛
講說此經光即光明讚即講說即大品上
帙金剛從喻立名以金中精剛能斷難斷
喻般若斷疑蕩相亦名小般若乃大部六
百卷中第五百七十七卷大品輔行五上
十云大品凡列法門無不皆以五陰爲首
等諸般若經者謂等於小品放光仁王天
王文殊問般若等
五法華涅槃時
　從經題立時以此二經同醍醐故具云妙
　法蓮華經妙名不可思議法即十界十如
　權實之法蓮華譬上權實法也涅槃具云
　摩訶般涅槃那此云大滅度大即法身滅
　即解脫度即般若即三德秘藏也
是爲五時　緣二　七
　結也
亦名五味
　五時在大部中或作五味列故云亦也五
　時說法頌云阿含十二方等八二十二年
　般若談法華涅槃共八年華嚴最初三七日

言八教者頓漸秘密不定藏通別圓是名八教
　初總標不從漸來直說於大時部居初故
　名爲頓中間三味次第調停破邪立正鹿苑
　引小向大方等會一切法皆摩訶衍般若故名
　爲漸不思議力同聽異聞互不相知名秘
　密教聞小證大聞大證小得益不同名不
　定教經律論三各含文理條然不同名三
　藏教三乘共行鈍同三藏利根菩薩通後
　別圓故名通教獨菩薩法別前藏通次第
　修證別後圓教故名別教教理智斷行位
　因果滿足頓妙一切圓融故名圓教
頓等四教是化儀如世藥方藏等四教名化
法如辨藥味
　化儀化物儀式化法化物方法義例五云
　頓等四教是佛化儀藏等四教是佛化法
如是等義散在廣文今依大本畧錄綱要
　廣文一家教部即下文廣本也大本即法
　華玄義今文所錄通依一家廣文如文末
　云謹案台教廣本的依大本玄義如云請
　看法華玄義十卷

初辨五時五味及化儀四教然後出藏通別圓
此明今文抄録之法化儀屬部故與時味
兼明化法屬教故後別明也
第一頓教者即華嚴經也
此判部屬頓
從部時味等得名爲頓
籤二
此釋出屬頓所以也部唯約法時兼法譬
八
味專約譬最初說大時味俱初故得頓名
此下所謂如来等約部判頓此經中云下
約時判頓涅槃云下約味判頓後準法華
判也
所謂如来初成正覺在寂滅道場四十一位
法身大士及宿世根熟天龍八部一時圍繞
如雲籠月爾時如来現盧舍那身說圓滿修
多羅故言頓教
如来乘如實道来成正覺文句九十一 初成
正覺三七日說大化之始故曰初成離邪
曰正背妄曰覺寂滅道場寂五住煩惱滅
二種生死得道之場故曰道場即摩竭提
國阿蘭若處處隨法轉名寂滅場四十一

位圓教住行向地等覺別地已上證道同
圓四念處云華嚴後無等覺者乃部中談
位不可以此而難今文經前列衆也法身
大士破無明惑得無生忍捨生身已居實
報土受法性身故曰法身上求下化建立
籤二
大事故曰大士宿世根熟佛化衆生種熟
九
脫三時時不廢謂種在久遠熟在宿世脫
在今日天龍八部天龍別名八部總稱總
別兼舉也天一 龍二 夜叉三 乾闥婆四 阿
修羅五 迦樓羅六 緊那羅七 摩睺羅伽八
人非人等總結八部龍鬼等得預法會者
乘急戒緩故大師準涅槃經云於戒緩者
不名爲緩於乘緩者乃名爲緩之文遂開
乘戒四句

乘戒緩急四句
- 一乘急戒緩——四趣聞法由乘急故
- 二戒急乘緩——人天著樂不聞法由乘緩故
- 三乘戒俱急——人天聞法悟道戒乘急故
- 四乘戒俱緩——四趣不聞法戒乘緩故

如雲籠月月喻教主具智斷二德初一至
十五謂之白月智光漸增故譬智德十六

至三十日謂之黑月邪光漸滅故譬斷德
爾時如来指丈六身即境本定身也現盧
舍那身現即現起盧舍那翻淨滿謂諸惡
都盡故淨衆德悉圓故滿自報亦翻光明遍
照他報亦名尊特亦名勝應新譯華嚴云毗
盧遮那妙樂九廿七 破云近代翻譯法報不
分二三莫辨文 然華嚴教主經疏諸文或
云釋迦或云舍那者盖是釋迦現起舍那
故也而淨覺謂本是實報土身應下二土
故解謗破云汝執藏塵爲尊特相樹下之
身有此相否故昇須彌山頂品云爾時世
尊不離一切菩提樹下而上昇須彌向帝
釋殿豈非華嚴是千百億應身所說此身
既被別圓之機見是尊特何須獨指花嚴
受職身耶文 盖指千百億應身中之一身
籤二
十
所說月堂云境本定身則是釋迦機感見
相乃是舍那此即釋迦境本定身現起舍
那尊特也上品相好下品尊特二現言之
正當須現圓滿修多羅約圓實部主說釋
籤云華嚴頓部正在圓具兼申別借修多

羅翻契經聖教之都名若十二部中直說法相者名修多羅今非此意故言頓教結部屬頓也

若約機約教未免兼權

機是所被教是能被機有別圓教兼權實

輔行曰約部約味得名爲頓部内之教教仍兼漸

謂初發心時便成正覺等文爲圓機說圓教此釋能兼之圓如後釋等文者等於三無差別之文

處處說行布次第則爲權機說別教

此釋所兼之別凡經文處處所說行列排布恒沙法門歷劫修行次第之義皆別教也今文欲顯部中機教兼權故指經中別圓各說顯文爲證若別圓間說及分圓即別融別即圓義非一槩也

校二　十一

故約部爲頓

此結從部爲頓

約教名兼

此結部中機教兼權

此經中云譬如日出先照高山第一時

晉譯華嚴二十九寶王如來性起品文有四照合法有五今家約義引經但作三照又復義開平地爲三用對涅槃五味妙玄

一六釋籤一十七別行義疏記云彼經預叙一代始終故立譬云猶如日出先照高山次照幽谷後照平地今家義開平地爲三對於涅槃五味文日譬於佛光譬說教照物譬被機高山譬別圓衆此譬兼於機應也若釋籤用兩經二義相成者旻智行云若不用涅槃五味則不顯華嚴演三成五若不用華嚴三照則不顯涅槃後之四味皆從牛出舊謂今家合四爲三而諸文直作三照引經何嘗云合四耶又有以經中譬如日月出現世間乃至深山幽谷無不普照之文謂是經文合四爲三殊不知此文只是照幽谷也

三照五

經文四照

約義引經但作三照

先照諸大山王——普照菩薩衆——高山——乳——旁追——華嚴

次照一切大山中——聲聞——幽谷——酪——二誘——鹿苑

味相成圖

次照金剛寶山——緣覺

然後普照大地——決定善根衆生——平地——義開平地爲三

一切衆生

食時——生酥——体信——方等

禺中——熟酥——領知——般若

正中——醍醐——付業——法華

涅槃云譬如從牛出乳此從佛出十二部經味一乳牛譬於佛乳譬於教釋籤云此五味相生之文在十三卷聖行品末佛印無垢藏王菩薩竟云譬如從牛出乳乃至醍醐譬如佛出十二部經乃至涅槃十二部經

家　十二

頌曰長行重頌并授記孤起無問而自說因緣譬喻及本事本生方廣未曾有論議俱成十二名廣如大論三十三華梵名義具如妙玄六此十二部經通論大小各具十二部別而言之小乘讓三存九小乘灰斷無方廣經說必假緣無無問自說雖有授記作佛者少此以小九望大三也玄文又以大九望小三者謂大乘根利無因緣譬喻論議之三也又以大一望小十一者謂小乘但讓廣經一部耳釋籤云如上所說一往赴機據理應以通說爲正

信解品云即遣旁人急追將還窮子驚愕稱怨大喚等

譬喻周中四大弟子具領五時今領華嚴文也即遣說華嚴教以擬宜也約教理爲所依智爲能遣教爲所遣約人師弟相望佛爲能遣菩薩爲所遣傍人約教理智爲正說教爲旁約人化主爲正菩薩爲旁謂加被四菩薩說四十位法慧說十住功德林說十行金剛幢說十向金剛藏說十地是四菩薩說此位時並云佛力故說故名爲遣然加被四菩薩者一表旁追義便二彰主伴互融急追將還直將大教擬宜小機故云急追昔有大種故曰將還況復性德本有窮子無大乘功德法財故驚愕文句六卅云縱昔曾發廢久不憶卒聞大教乖心故驚不識故愕稱怨大喚等文句六卅一云小乘以煩惱爲怨生死爲苦若勸煩惱即菩提即大喚稱寃枉若聞生死即涅槃即大喚稱若痛等者等於我不相犯何爲見捉之文

此領何義

徵此信解品文爲領何等之義

答諸聲聞在座如聾若瘂等是也

答出華嚴擬宜也謂有耳不聞圓頓教故如聾有眼不見舍那身以不見故不能讚歎故若啞問妙玄十卅云華嚴初分永無聲聞今何云聲聞在座耶答華嚴不入二乘人手聲聞若聞華嚴則非聲聞故不可云有若據華嚴擬宜小機其最鈍根具經五味故不可云無是則顯對則無擬宜則有今四大弟子領解如來擬宜之時故云聲聞在座也所以摩訶迦葉却叙小機冢大擬時迷悶躃地若聾啞文出經後分妙玄云後分則有後分狀當聾啞況前分耶故別行疏記云以後顯前機未堪大昔惠覺謂前分乃有根性聲聞此則不可若云聲聞根性義亦有之如下文云所謂二乘根性在華嚴座也

第二漸教者此下三時三味總名爲漸

次頓之後總名三漸者寢頓施漸也

次爲三乘根性於頓無益故不動寂場而游鹿苑脫舍那珍御之服著丈六弊垢之衣

三乘乘以運載爲義聲聞以四諦爲乘緣覺以十二因緣爲乘菩薩以六度爲乘運出三界歸於涅槃根性輔行云能生爲根數習爲性於頓無益此三乘人於華嚴座不信不解是故如來不動寂場而游鹿苑此顯雙垂兩相二始同時也脫舍那珍御之服此明寢大施小化儀次第也約佛意則寢法華之實而施權據化儀次第則寢華嚴之頓而施漸處說不動而游衣論脫珍着弊文互顯耳然若不明不動而遊無以見二始同時不明脫珍着弊無以見寢大施小此文曲盡如來妙應無謀設化之相也舍那勝應尊特智定莊嚴故譬珍御丈六劣應生身忍生法惱故譬弊垢盖決譬雙明也

示從兜率降下託摩耶胎住胎出胎納妃生子出家苦行六年已後木菩提樹下以草爲座成劣應身

此明小始也本是圖佛垂爲三藏初成之
相故云示也兜率翻知足此天有内苑外
苑菩薩居内苑而降神也然在六欲梵世
七天之中以佛常居中故從彼下生托摩
耶胎摩耶翻天后淨飯王之后也妙樂云
一切諸佛皆不在餘二賤姓故尚尊貴時
在剎利尚多聞時在婆羅門又濁難調時
在剎利清易調時在婆羅門文托胎菩薩
自右脇入正惠托胎小乘見乘白象貫日
之精大乘見乘栴檀樓閣等住胎若小乘
八相合住胎在托胎内今示小始垂化事
迹非正明八相也出胎四月八日右脇降
神出瑞應經納妃有三一瞿夷二耶輸三
鹿野生子即羅睺羅也佛出同居示同人
法出家時年十九二月十五日夜半乘天
馬踰城苦行須六年者文句七 十九 云但諸
佛道同爲緣專異釋迦苦行六年草生攢
髀至肘不覺諸天哭喚動地不聞移座得
道彌勒即出家日成道彼佛十劫猶不現
前非根有利鈍道有難易緣宜賒促應示

長短耳文 輔行云六年苦行所以伏見爲
調外道過其所行文 頌云十九踰城六苦
行五歲遊歷三十成說法度生五十年是
則共當八十壽木菩提樹菩提翻道佛於
樹下成道故名道樹草座因果經說帝釋
籤二 十六
化爲吉祥童子以草施佛坐以成道木樹
草座皆表三藏詮生滅故劣應對大乘勝
應判爲劣也
初在鹿苑先爲五人說四諦十二因緣事六
度等教
五人頌曰頞鞞跋提并俱利此三屬在父
之親陳如十力母之親初轉法輪先度此
文句五二云問何故初爲五人轉法輪荅
人先見諦故人是現見故人爲證故佛所
行事業與人同故諸天從人中得善利故
人中有四衆故妙樂五 卅 問雖涉五意正
在人故皆以人荅文 若唯就五人應有三
意妙樂一 十六 一酬釋尊行因本願二赴五
人本願先悟三報今日侍奉之勞

法華文句五

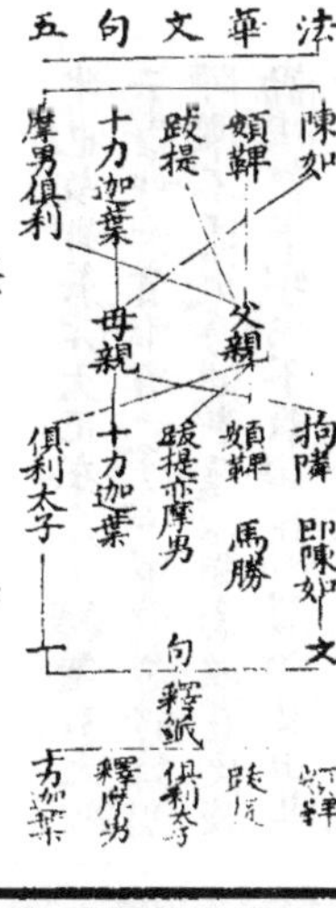

籤二 十七
摩男長子之通稱以摩訶翻大故 俱利斛飯王之
長子跋提甘露飯王之長子故皆稱摩男
釋摩男即陳如也以四姓出家同名釋氏
佛初成道最先得度在一切人天羅漢之
前如妙樂一 卅七 引分別功德論云佛最長
子即陳如也諦緣度三具在下文五人是
聲聞只應說四諦今通舉鹿苑所說之法
也事六度者三藏教談實有事不即理故
若約時則日照幽谷第二時
舊譯華嚴出現品云譬如日月出現世間
乃至深山幽谷無不普照文 輔行一上 廿八
云幽谷者山川之幽邃也文
若約味則從乳出酪此從十二部經出九部
修多羅 二酪味
從乳出酪蓋譬如來施教次第從頓施漸

相生之義若約機者濃淡在焉如下文云
一者但取相生次第二者取其濃淡從十
二部出九部亦且相生其實九部從佛出也
信解品云而以方便密遣二人聲聞緣覺形色憔
悴無威德者汝可詣彼徐語窮子顧汝除糞
而以方便方法也便用也善用其法逗會
衆生亦善巧之謂也密遣文句六卅三云約
擬大乘云即遣旁人表一實諦一大乘教
一菩薩人令明方便隱實爲密指偏真爲
遣約教隱滿字爲密半字爲遣約人內祕
菩薩行爲密外現是聲聞爲遣約化儀寢
大施小爲遣小不測大爲密文二人文句
六卅三云四大弟子齊已分領不涉菩薩故
言二人約法是因緣四諦約理是有作真
俗約人是聲聞緣覺文今且約人形色憔
悴文句六卅三云二乘教中不修相好但說
苦空無常不淨即形色憔悴又五卅云內怖
無常曰憔外遭八苦曰悴文無威德者無
有十力四無所畏故汝可詣彼徐語窮子
文句六卅四云即以小教擬小機也大教明

理直實故言疾走往捉小教明理紆隱故
言徐語文顧汝除糞顧賃也文句六卅四云
除苦集之糞取道滅之價文
此領何義荅次頓之後說三藏教二十年中
常令除糞即破見思煩惱等義也
二十年中用八忍八智斷見合爲一無礙
一解脫用九無礙九解脫斷思總成二十
經中更有兩處明二十年若住二乘位轉大乘教名爲
於二十年中執作家事從有二乘之機而
來感佛故云自見子來已二十年皆取二
乘各有十智見思煩惱分別曰見貪愛曰
思止觀八初云昏煩之法惱亂心神文此
破見思荅上除糞糞能染汚故以譬之謂
染汚真理也
次明方等部淨名等經彈偏折小歎大褒圓
四教俱說藏爲半字教通別圓爲滿字教對
半說滿故言對教
次明方等部等判部收經也彈偏等明部
意也四教俱說等明部中用教也蓋以大
斥小逗大逗小須四教故收經雖廣淨名

有彈斥功特標爲首彈偏折小歎大褒圓
妙樂四六三十云今家八字判盡經理謂折
小彈偏歎大褒圓文釋籤十二云如觀衆
生品即是歎大稱歎文殊淨名即是褒圓
故令小根耻小慕大文須彈斥者蓋爲小
機執真保果取證入滅故纔證小果便堪
彈斥未必須在十二年後後因維摩示疾
毗耶佛令弟子詣彼問疾故皆述昔被訶
辞不堪往此是述昔訶乃密彈也若當座
訶如禮座去花等也四教俱說方等說三
藏者一爲彈斥之本二爲橫來之機如釋
籤云復有漸中初入小行及俗衆室外說
無常道輔行十四卅云方等傍用三藏正用
三教以斥二乘令二乘人密成通益不語
菩薩者轉成行中人也對半說滿以滿斥
半也故雖兼斥大正在斥小釋籤引大經
云譬如長者唯有一子心常愛念將詣明
師懼不速成尋便將還以愛念故晝夜慇
勤但教半字而不教誨毗伽羅論良由其
子力未堪故毗伽羅論翻字本謂世間文

字之根本即滿字也若合喻者半字謂九部經毘伽羅論謂方等典即滿字也此據方等以大斥小故以衍門三教之滿而對三藏之半若文句云無方等所對之三者乃顯法華部妙唯一圓乘不同方等對三之圓也

若約時則食時第三時

即華嚴照平地中初食時也辰時毘羅三昧經有四食時早起諸天食日中三世佛食日西畜生食日暮鬼神食今是諸天食時也

若約味則從酪出生酥此從九部出方等三生酥味

約教論相生約機論濃淡既恥小慕大如熏酪作生酥

信解品云過是已後心相體信入出無難然其所止猶在本處

過是已後過鹿苑三藏之後即今方等也心相體信父子互相体悉信順子信父故得果不虛父信子故聞大不謗入出無難文句六廿九二云由是見尊特身聞大乘教名此爲入復被訶斥猶見文六說小乘法名此爲出大小入出皆無疑難也文釋籤三廿三云不同畏懼王等之時故云無難文然而修空觀用事識見生身住權理修中觀用業識見尊特住實理今二乘人雖修空觀入見尊特者由業識故蓋事業二識爲見相之本故解謗云入見尊特功由業識教未開故且住草庵猶在本處猶居羅漢果保證真空也

此領何義答三藏之後次說方等已得道果心相體信聞罵不瞋內懷慚愧心漸淳淑

已得道果真空寂滅之道小乘羅漢果也聞罵不瞋妙玄十十八云恣殃掘之譏任淨名之折內懷慚愧釋籤云謂受彈斥令歎大自鄙即其益相心漸淳淑寄得通益也

次說般若轉教付財融通淘汰此般若中不說藏教帶通別二正說圓教

次說般若等明部意也此般若中等部中用教也轉教融通約法付財淘汰約喻所以令其轉教菩薩意在二乘領知法門故曰付財二乘本所不知但謂加被令說故曰轉教妙樂七十二云於佛即是付財二乘自謂加說故般若中云豈聲聞人敢有所說有所說者皆是佛力由機未轉且言被加文般若會一切法皆摩訶衍故曰融通以空慧水蕩其執情故曰淘汰不說藏教

光明記四三云諸部般若廣示衍中三教空慧復以三藏爲助道觀又仁王般若說四無常偈恐其各國正助合行帶通別二正說圓教此約圓實部主而說蓋一代教主意在圓若輔行十廿四云般若傍用通教正用別圓加於二乘密成別益文釋籤三廿三云前於方等義已成通故至般若唯須此二明不共者說部意也即不共般若意也正用別圓意雖不共猶有方等新受小者至此須通亦有衍門傍得小者是故兼用文傍用通教此皆部中用教意也共部釋籤云諸部般若以但不但二種中道不共之法與二乘共說例方等部非無此義以方等經多順彈訶共義稍疎般若於菩薩則成共說

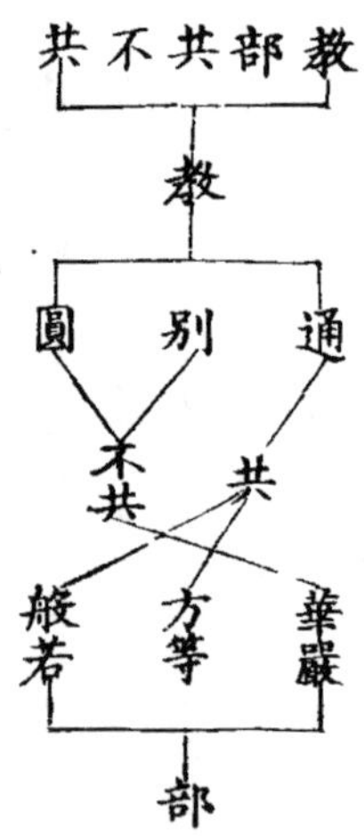

約時則禺中時第四時
禺中說文云日在巳曰禺中約味則從生
酥出熟酥此從方等之後出
摩訶般若四熟酥味
約教生熟二酥相生次第約機則二乘心
漸通泰自知螢火不及日光敬伏之情倍
更轉熟如從生酥轉成熟酥也
信解品云是時長者有疾自知將死不久語
窮子言我今多有金銀珍寶倉庫盈溢其中
多少所應取與糅二 二十三
長者喻如來世間長者具十德如來具十
號有疾者法身無病隨機權示也自知將
死不久文句六卅九云有機則應爲生機盡
應謝爲死今化機將畢應謝非久也多有
金銀文句六卅九云金即別教理銀即通教
理大品所明真諦不出此二兩言多有者
理則非多約種種門亦得言多文妙樂七
十九云問大品有圓何故但云不出通別荅
一者但語通別理已攝餘二論能詮教必
須具四今且從理故云不出此二二者二
乘至此多成通別亦且言之文珍寶者文
句六卅九云勸學中明一切法門皆是珍寶
文倉庫盈溢等文句六卅九云倉是定門即
百八三昧庫是慧門即十八空境也通別
兩種定慧倉庫包藏一切禪定智慧無所
鈌少內充外溢故云盈溢其中多少者說
於般若則有廣畧二門畧則爲少廣則爲
多自行爲取化他爲與文
此領何義荅明方等之後次說般若般若觀
慧即是家業空生身子受敕轉教即是領知
等也
般若觀慧妙玄十八云大品或說無常無
我或說於空或說不生不滅皆歷色心至
一切種智句句回轉明修行法文即觀慧
義也家業長者宅爲大乘家諸珍寶爲不
思議業妙樂七十二云前云付財今云付業
財從所營業即造作皆是菩薩修德三因
之作業也名異義同故得互舉空生身子
須菩提翻空生解空第一舍利弗翻身子
亦云鶖子智慧第一受敕轉教受如來之
敕命轉教菩薩即加被說也以空慧爲入糅二 二十四
道之主故加二人輔行六上二十云凡言加
者加於可加須菩提空與般若空相應相
作是故佛加令其說空般若是智慧故亦
加身子所以但加此二人也文領知妙樂
二十八云被加爲奉命所說名領知名說爲
領無別領也文此是熟酥益相得此益已
義成別人淨名疏云大品二乘已有入假
之義文觀音玄記上二十云聲聞轉教容破
塵沙文大品會法八十一科皆摩訶衍不會人而無希取
已上三味對華嚴頓教總名爲漸一贅之意
總結漸中三味
第三祕密教者如前四時中如來三輪不思
議故或爲此人說頓或爲彼人說漸彼此互

不相知能令得益故言祕密教
隱密赴機互不相知故名祕密釋籤一二廿云不定與祕並皆不出同聽異聞但互相知互不相知以辨兩異文若不堪於顯露入者須祕密說令對前頓漸顯露即明祕密若大本中先明不定對前頓漸定教爲次第也此據說相次第雖爾祕密不定遍前四時初無前後具足應云祕密不定顯露不定今皆略標然祕密之名起自龍樹如釋籤一一廿引大論釋大品經諸天子歎云我見閻浮提第二法輪轉今轉但初轉問初轉少今轉多云何以大喻小而言但耶答諸佛法輪有二種一者顯二者密初轉聲聞見八萬及一人諸菩薩見無量阿僧祇人得二乘無量阿僧祇人得無生忍無量阿僧祇人發無上道心行六波羅密阿僧祇人得初地乃至十地一生補處坐道場是名爲密文故知初見八萬一人屬顯露攝祕密者如次明之文如前四時中指祕密教橫在四時別無部帙三輪光明記一十三云身業現化名神通輪口業說法名正教輪意業鑒機名記心輪三皆摧碾衆生惑業故名爲輪下地不測亦名三密或爲此人說頓等妙玄先約頓漸三說相對次約說默相對各有三義謂此座十方多人一人及俱三相對

天台四教儀集註卷第二

天台四教儀集註卷第二
校勘記

一　底本，明永樂北藏本。
一　五二一頁上一行「卷第二」，【清】作「卷第一」。卷末卷次同。
一　五二一頁中一一行「阿合」，【徑】、【清】作「阿含」。
一　五二一頁下一二行「大綱」，【徑】、【清】作「大綱」。
一　五二一頁下圖表名稱「五時八教判釋之圖」，【清】作「五時八教判釋之圖」。
一　五二四頁下六行「近代」，【清】作「近來」。
一　五二四頁下末行第一四字「偕」，【清】作「俗」。
一　五二五頁中一三行末字「真」，【徑】、【清】作「直」。
一　五二五頁下九行「涅柈」，【徑】、【清】作「涅槃」。
一　五二六頁上一六行首字「垂」，【清】

作「乘」。

一　五二六頁上一九行「若痛」，經、清作「苦痛」。

一　五二七頁中一行「若行」，清作「苦行」。

一　五二七頁中一六行夾註「卅」，清作「卅一」。

一　五二八頁中四行第一〇字「說」，清作「説」。一六行第四字、一七行第二字同。

一　五二八頁中一五行第一二字「折」，清作「斥」。本頁下一行第一一字、二行末字同。

一　五二九頁下末行末字「說」下，清有夾註「此據三根解源」。

一　五三〇頁中六行第九字「旦」，經作「但」；清作「且」。

一　五三〇頁下九行第七字「其」，經作「共」。

一　五三〇頁下一六行夾註右「一飡」、經作「二飡」；清作「一食」。

天台四教儀集註卷第三　　稼三

南天竺沙門　蒙潤　集

三說相對─初此座十方相對（文云此座說頓十方說漸說不定頓座不聞十方十方不聞頓漸或此座說漸十方說頓說不定各各不相知聞如前於此是顯於彼是密文又於彼是顯於此是密廣記義加）
　　　　─二多人一人相對（文云或爲一人說頓或爲多人說漸說不定或爲一人說漸爲多人說頓說不定各各不相知聞互爲顯密如前一方既爾餘方亦然）
　　　　─三俱三相對（或俱頓俱漸俱不定各各不相知聞互爲顯密此記文義加）

說默相對─初此座十方（或一座默十方說　或十方默一座說）
　　　　─二多人一人（或對一人默多人說　或多人默一人說）
　　　　─三俱說默（或俱默或俱說）
　　　　─義加─各不相知
　　　　　　　─互爲顯密

通示不定祕密之相─同聽（金口梵音）─不定─互相知
　　　　　　　　　　　　　　　　　─祕密─互不相知
　　　　　　　　─異聞

如釋籤云不定與祕並皆不出同聽異聞但有互相知互不相知以辨兩異

大論叙出鹿苑顯密之相─顯─聲聞見八萬一人（玄籤問此記但云得法眼淨不可云八萬俱大亦不可以此作不定說）
　　　　　　　　　　─密─諸菩薩見無量阿僧祇人得二乘等

此以般若對鹿苑說即鹿苑中密說般若義該三教故云諸菩薩見等也

玄籤明鹿苑顯露定不定相對─定─陳如得初果
　　　　　　　　　　　　─不定─八萬諸天得無生忍

此約鹿苑聞小證大而說如籤云略中雖無二別不妨以八萬及一人以辯定不定也

別行玄記涅槃疏明鹿苑顯密相對─顯─說生滅─鈍根
　　　　　　　　　　　　　　─密─說常住─利根（別行玄云利人密去記釋云八萬諸天獲無生忍是也）

此以法華涅槃對鹿苑說即鹿苑中密說圓常與法華涅槃悟入是同如別行玄記云若八萬諸天獲無生忍故云密去又大疏云利根人於三藏中宜聞常住聞即得解如初轉法輪時八萬諸天得無生忍乃是密教意據此豈可謂同聽生滅耶問鹿苑會上只一八萬諸天何故諸文或定不定顯密有異耶答如來赴機難思祖師釋義非一據諸天得法眼淨即顯露定教如云聲聞見八萬是也據聞小證大即顯露不定教如云八萬諸天得無生忍是也若曰密聞圓常即祕密教如云利人密去是也經意多含不可一準然八萬諸天既是利根密爲正意蓋於三藏中宜聞常住故也且祕密教何以得傳如妙樂一（八十）云祕密不傳降佛已還非所述故尚非阿難能受豈弘教者所量（文）蓋用後叙出故可傳耳如妙樂云阿難非不傳祕赴機之祕非所傳耳故祕密所用全是顯教是故傳祕秖名傳顯（文）

第四不定教者亦由前四味中佛以一音演說法衆生隨類各得解此則如來不思議力能令衆生於漸說中得頓益於頓說中得漸益如是得益不同故言不定教也

蓋一類機宿世於頓有漸種於漸有頓種故今聞小證大聞大證小推功歸教教名不定矣如大經置毒發毒大論八萬諸天得無生忍等皆不定義古師以金光明等別爲一緣名偏方不定教今家不然一時一說一念之中備有不定一音通大小因果當分跨節顯之與密定與不定今是不定一音該乎大小是果人所用於漸說中得頓益妙玄云雖說四諦生滅而不妨不生不滅等釋籤云此指鹿苑雖施於漸不起於頓於頓說中得漸益妙玄云雖高山

頓說不動寂場而遊鹿苑釋籤云此指頓後漸初不動於頓而施漸化若方等般若雖爲菩薩說佛境界而有二乘智斷此二時中俱有小果新得舊得如常所明雖五人證果不妨八萬諸天得無生忍此重指漸初對般若說前文約法此中約人當知即頓而漸即漸而頓

然秘密不定二教教下義理只是藏通別圓上指四時爲秘密不定之部今明部中之教故此二教以藏等四教爲當體體真中二理爲所依體如妙樂一九十云不定秘密義各含四顯之與密定與不定相對論故此以法華相待之意判前四時不出頓等八教意顯法華超八教外出四時表故釋

化儀四教齊此

籤一十六科玄文云初明八教以辨昔次約今經以顯妙若釋籤一十七云秘密橫被無時不遍者此約方等對前二時爲言考彼問辭自見又釋籤十廿四云五味則一道竪進味味有半滿相成復於味味皆有秘密及以不定文蓋約五味對半滿以論相成故玄文云雖復俱遊行漸得所俱遊論相成行藏論用捨華嚴唯滿不半乃至法華廢半明滿半有成滿之功非謂味味各有半滿又云味味皆有秘密不定者此且據前四時爲言或顯密相成則以昔時秘密不定成今法華是顯非秘密是定非不定矣妙玄六二十引大論云餘經非秘密法華是秘密者釋籤七十三云非八教中之秘密但是前所未說爲秘閒已無外爲密次說法華妙法難解取喻蓮華蓮華華果同時妙法則權實一體故有迹門三喻本門三喻

迹門		本門
爲實施權	一爲蓮故花	從本垂迹
開權顯實	二花開蓮現	開迹顯本
廢權立實	三花落蓮成	廢迹立本

開前頓漸會入非頓非漸故言開權顯實又言廢權立實又言會三歸

一妙名一唱待絕俱時故相待論判出前三教四時之上絕待論開復能開前今皆圓妙今文但云開者蓋上既云化儀四教齊此則顯法華出前四時況復下文歷部揀教即是判也然待絕二妙妙體無殊約義而論開爲正意凡論開權有約部約教約界約理等今云頓漸者乃約部通開頓漸是權屬前四時非頓非漸是實即今法華又三即是權一即是實故以開廢會三而結云故言開權顯實等也開者發也拓也昔不言三是方便故方便門閉今言三是方便故方便門開廢者捨之別名開已俱實無權可論義當於廢約法乃開時即廢約喻必義須先開若約理者開廢俱時開時已廢故也或謂今文開發會三準彼玄籤第一對於四一義雖無妨但在彼不對其文則重在今但作結上開部義似稍允蓋法華部開廢會三法應尒也如下文云總開會廢前四味攝舊於開權有同體異體之辨然約所開法體及能開之妙佛意遍論皆同體也但所開機情在昔執之爲異故不得不開如釋籤云法本自妙麤由物情但開其情理自復本文玄文云開

昔之異顯今之同故開機情的開異體也
言權實者名通今昔義意不同
權謂權謀暫用還廢實謂實錄究竟指歸
昔有偏圓自他權實等義今有爲實施權
開權顯實等義義不同也在昔權實各趣
在今權皆趣實意不同也妙樂十三十三云
權實之語非獨今經相即之言出自於此文
謂法華已前權實不同大小相隔
此下釋出今昔權實義意不同文初約部
通開故以頓漸爲權法華爲實此揀昔日
部中之教有權有實然在昔實妙權麁在
今開𢪛即妙方顯義意不同也今且先明
昔之權實故云謂法華已前權實不同等
權實約偏圓大小約半滿亦可權實約法
大小約人在昔之中皆有此義然文意正
校三　六
明昔部權實而復明大小者須知權通偏
教而未的顯權中三藏小機歷前四時與
大相隔直至法華方得入圓故論權實復
明大小雖明大小不出權實如下文云重
舉前四時權蓋指此小機也

如華嚴時一權一實（別權圓實）各不相即大不納
小故小雖在座如聾若瘂是故所說法門雖
廣大圓滿攝機不盡不暢如来出世本懷
一權一實釋權實不同大不納小釋大小
相隔今此正當大隔於小故小雖在座如
聾若啞釋籤一十一云華嚴大機尚隔於
別小機被隱一向不聞是故但立頓大之
名不立一乘獨妙之稱非佛本懷良由於
此華嚴頓大尚非本懷況復鹿苑故三藏
教首及以部內麁尚未周故妙號都絶方
等般若此說可知文
所以者何初頓部有一麁（別教）一妙（圓教）一妙則
與法華無二無別若是一麁須待法華開會
廢了方始稱妙
校三　七
所以者何此徵起釋出不暢本懷之意皆
由在昔不能開𢪛顯妙故此以下歷部揀
教明判明開初頓部等於此別明頓中𢪛
教須待開會者以時人謂華嚴勝故也
次鹿苑但麁無妙（藏教）次方等三麁（藏通別）一妙（圓教）
次般若二麁（通別）一妙（圓教）

此約相待判前部中麁妙也
来至法華會上總開會廢前四味麁令成一
乘妙諸味圓教更不須開本自圓融不待開也
此開前四味部中三教之麁成今一乘妙
也且昔部中三教既開昔部中圓還須開
否故下即云諸味圓等也以今圓昔圓二
圓不別此約教別與也若妙樂云圓人初
心須聞開顯諸法實相者蓋昔圓人義有
兩向名字初心謂圓隔偏聞佛開權隔偏
情泯非開圓體也若觀行去已入實者但
論增進如經揀衆云除諸菩薩衆信力堅
固者是也信力五品堅固十信若昔部中
三教權人来至法華一向須開若三教權
果本是圓果豈可更開令成圓佛若對機
之權亦不妨論開如云開丈六垢衣等也
又妙樂云今經是圓復須開顯者蓋顯法
華中圓非但出前四時復須開顯諸教也
但是部內兼但對帶故不及法華淳一無雜
獨得妙名良有以也
正判昔部屬麁除鹿苑外雖皆有圓以兼

等故不得稱妙麤人細人二俱犯過此約部通奪也釋籤一十云始自華嚴終至般若雖多不同但爲次第三諦所攝今經會實方曰圓融文是故文初約部通開須云開前頓漸等也如上相待論判絕待論開約教別與約部通奪番覆抑揚方顯法華出諸教上部圓教圓妙絕群經出世本懷於此暢矣故即引經四一爲證

故文云十方佛土中唯有一乘法無二亦無三一教 正直捨方便但說無上道一行 但爲菩薩不爲小乘一人 世間相常住一理

以純一故獨得妙名故引一以顯妙蓋一即妙也十方佛土等據其同者而言亦約佛意也一乘法者部圓教圓故無二亦無三者約教則無通教半滿相對之二無三藏之三乘無有餘乘即無別教及圓入別也約部則無般若所帶之二無方等所對之三方等之藏則攝鹿苑二酥之別則該華嚴唯一佛乘故云教一正直捨方便但說無上道者文句五五云五乘是曲而非直通別偏傍而非正今皆捨彼偏曲但說正直一道也文 跡據說邊屬教一今據道名能通故屬行一但爲菩薩者約佛意但爲菩薩據昔方便謂教化三乘今此同一菩薩人故云人一世間相常住者十界依正隔歷差別之相名世間相以即理故皆常住也若乃情見生滅遷流廓尒情忘諸相常住常既即性非常無常言偏意圓斯之謂矣學者於此宜解會焉

時人未得法華妙旨但見部內有三車窮子化城等譬乃謂不及餘經蓋不知重舉前四時權獨顯大車但付家業唯至寶所故致誹謗之咎也

當代弘教之人未解法華開權絕待微妙旨趣但見經中有三車等喻乃謂不及華嚴等經蓋不知三車等喻乃重舉昔日之權意在指權即實故舉三車顯大車窮子付家業化城至寶所不知此意故有謗法之愆也三車羊車譬聲聞乘鹿車譬緣覺乘水牛車譬菩薩乘即鹿苑三乘也化城文句七十八云以神力故無而欻有名之爲化防非禦敵名之爲城文譬真諦涅槃能防見思也寶所譬寂光大經中名寶渚前四時權且三車等指昔三藏三乘而云重舉前四時權者須知三周開顯藏圓相對雖正開小機然舉昔之權則該四時又此小機歷前四時名四時權也妙樂五十三云立一開權之言於今乃成二意一者騰昔所施二爲顯實之所不指所開無由說實況指權是權知非究竟既顯實已權全是實文誹謗釋籤十三云當知法華約部則尚破華嚴般若約教則尚破別教後心文人不見之故致誹謗

約時則日輪當午罄無側影時第五

十界咸開無不成佛如日方中無處不南周禮用一尺五寸土圭立八尺之表夏至午時以側日影求地之中以建國宋嚴觀二師與太史何承天用此法測日影以定中國表北得影一尺五寸與土圭等地上餘陰一寸天上萬里則知天竺方爲地中

今云鐙無側影據天竺說

約味則從熟酥出醍醐此從摩訶般若出法華五醍醐味釋籤一十九問彼經自以醍醐譬於涅槃今何得以譬於法華荅一家義意謂二部同味然涅槃尚劣何者法華開權如破大陣餘機至彼如殘黨不難故以法華爲大收涅槃爲捃拾若不介者涅槃不應遥指八千聲聞於法華中得授記莂見如來性如秋收冬藏更無所作文然彼經本無出法華之語今約義說故但云此

從摩訶般若出法華

信解品云聚會親族即自宣言此實我子我實其父吾今所有皆是子有付與家業窮子歡喜得未曾有

文句六三十一云十方法身菩薩影響者爲親族影響之衆多是釋迦昔日同業並共如來於二萬億佛所共開化之於其即是伯叔之行故用此爲親族文此實我子我實其父結會父子文句六二十一云實從我受學實是我子從我起解是我所生我實曾於二萬億佛所常教大法故我實是父文吾今所有皆是子有正付家業文句六三十一云一切大乘萬德萬行故云所有文又如來藏子性不殊故云皆是子有當知如來所有即子本有

此領何義荅即般若之後次說法華先已領知庫藏諸物臨命終時直付家業而已譬前轉教皆知法門說法華時開示悟入佛之知見授記作佛而已

臨命終時靈山唱入涅槃時也譬前轉教皆知法門文句六三十一云追指昔日大品領教所委有廣畧般若共不共法是汝所知即汝所有故法華但明佛之知見更不廣說一切行相也文開示悟入文句四十三約四意消之一約四位住行向地二約四智道慧道種慧一切智一切種智即上圓位能契之智也三約四門四約觀心妙樂云約智約位唯聖方開約觀約門乃通名字不妨高位不棄衆生文又二帋云若作餘釋爲令之說徒施佛之知見安在文佛之知見佛知即一切種智具足三智佛見即佛眼具足五眼亦名真實知見若通途被開其不在座展轉爲說或在界外亦得聞之或佛滅後敎逼令信乃至久遠四惡麁智人天世智若不開之則佛之知見永埋四趣長沒人天若別開者則在座得益當機妙悟得受記者授記聖言說與曰授果與心期曰記若通途記如法師品初八部四衆三乘之類在座聞佛一句偈者皆與授記當得菩提乃至滅後聞一句偈亦與授記若別記者如迹門別授應身記本門授法身記又揔與七百別與刼國名號等記五百也妙樂四廿六云二乘且與八相記者更令與物結淨土緣菩薩已於多刼利物隨熟隨脫不假八相淺近之記二乘不爾是故須之文

次說大涅槃者有二義

佛出淨土不說涅槃即以法華爲後教後味如燈明迦葉等今佛熟前番人以法華爲醍醐更熟後番人重將般若淘汰方入

涅槃後以涅槃爲後教後味一爲未熟者更說四教具談佛性令具真常入大涅槃故名捃拾教二爲末代鈍根於佛法中起斷滅見夭傷慧命亡失法身設三種權扶一圓實故名扶律談常教

一爲未熟者即五千起去人天被移者更說四教法華廢竟今經復用故云更說而具追說追泯兩種四教妙玄二廿二云涅槃聖行品追分別衆經故具說四種四諦施權德王品追泯衆經俱寂四種四諦文

開權即四不可說也釋籤三十三云追者退也却更分別前諸味也泯者會也自法華已前諸經皆泯此意則順法華部也至大經中更分別者爲被末代故大經中具斯二說文具談佛性令具真常涅槃經首

廣開常宗令一切衆生皆知常住佛性入祕密藏止觀云涅槃寄滅談常輔行云寄應迹滅度談法身圓常捃拾釋籤一十九云法華開權如已破大陣餘機至彼如殘黨不難故法華爲大收涅槃爲捃拾文二

爲末代鈍根妙玄十廿一云涅槃臨滅更扶三藏誡約將來使末代鈍根不於佛法中起斷滅見廣開常宗破此顛倒令佛法久住文起斷滅見一者破戒撥無因果斷見二者說於無常滅見夭傷慧命無戒門

也亡失法身無乘門也若常途論自報慧命理體法身在衆生不減諸佛不增以迷背故夭傷亡失今此爲無乘戒兩門以致慧命法身夭傷亡失意與常途自不侔矣設三種權扶一圓實輔行三下廿一云彼

經四教皆知常住本意在圓權用三教以爲酥息實不保權以爲究竟文扶律談常教釋籤云以彼經部前後諸文扶事說常若末代中諸惡比丘破戒戒門說於如來無常乘門及讀誦外典則並無乘戒失常

住命賴由此經扶律說常則乘戒具足故號此經爲贖常住命之重寶也如釋籤三引經應有單複二義所言複者謂乘及戒以律助常意也若言不許畜八不淨此是戒門事門若說如來畢竟入於涅槃及遮

外典此是乘門理門此扶律談常意也所言單者唯約戒門彼經扶律律是贖常住命之重寶四念處三二云若別圓有法身慧命何須贖命贖命意在藏通灰斷之命令得法身常住也文既扶律說常則以律

助常也如義例云佛世尚以涅槃爲壽況末代根鈍非助不前然上云設三種權扶一圓實何故結云扶律談常且三權俱律耶須知上明經中具用四教則以偏助圓後以乘戒兩門重扶三藏之意結歸爲末

代鈍根故云扶律談常也

然若論時味與法華同論其部內純雜小異故文云從摩訶般若出大涅槃前法華合此經爲第五時也

妙玄十廿一云然二經教意起盡是同如法華三周說法斷奠聲聞咸歸一實後開近顯遠明菩薩事涅槃亦尒先勝三修常樂我斥劣三修若無常無我斷奠聲聞入祕密藏後三十六問明菩薩事文論其部內純雜小異妙玄十八云涅槃猶帶三乘

得道此經純一無雜涅槃更不發迹此經
顯本義彰妙樂七十九約十六意揀云云
故文云等别行義疏記云彼經就般若部
後分結撮五味次第也文前法華等者今
經時味既同法華故此文中更不别立時
味但云前法華合此經爲第五時也
問此經具四教與前方等部具説四教爲同
爲異荅名同義異方等中四圓則初後俱知
常别則初不知後方知藏通則初後俱不知
涅槃中四初後俱知妙玄十二十三
云問涅槃追説四方等正開四别教復有
四若爲分别荅涅槃當四通入佛性别教
次第後見佛性方等保證二不見性文今
以涅槃追説四與方等中四對揀荅名同
義異四教名同知常不知常異圓則初後
俱知常初心名字知五品觀行知六根相
似知住上分證知妙覺究竟知别則初不
知後方知初即地前人也輔行三下二十
九云别亦知中今言不知者前三不知圓
理故也文若妙玄四三十一云别教初心

即知常住者但中常住耳後即登地人也
若得意者回向薄知藏通則初後俱不知
觀音玄記上十二云凡言别圓初後知常
蓋知人法不可灰斷藏通反是故曰不知
涅槃中四初後俱知輔行三下二十二云

教三　十六

彼經四教皆知常住本意在圓文觀音玄
記上二十七云涅槃四教雖俱知常初心
用觀不無差别藏通且須順於二諦别初
心人未即圓法文釋籤二二十八云涅槃
解即而行不即文
問將五味對五時教其意如何荅有二一者
但取相生次第所謂牛譬於佛五味譬教乳
從牛出酪從乳生二酥醍醐次第不亂故譬
五時相生次第
南本涅槃第十三卷聖行品中無垢藏王
菩薩對佛稱歎涅槃教勝佛印可竟佛言
譬如從牛出乳從乳出酪從酪出生酥從
生酥出熟酥從熟酥出醍醐醍醐最上佛
亦如是從佛出十二部經從十二部經出
修多羅從修多羅出方等從方等出般若

波羅蜜從般若波羅蜜出大涅槃猶如醍
醐文是則五味對教出自於佛也相生釋
籤一十九云此五味教相生之文在大經
聖行品末文此約教論相生也妙玄十十
八云漸機於頓未轉全生如乳三藏中轉

教三　十七

華凡成聖喻變乳爲酪即是次第相生爲
第二時教不取濃淡優劣爲喻也文此約
機論相生也
二者取其濃淡此則取一番下劣根性所謂
二乘根性在華嚴座不信不解不變凡情故
譬其乳次至鹿苑聞三藏教二乘根性依教
修行轉凡成聖故譬轉乳成酪次至方等聞
彈斥聲聞慕大恥小得通教益如轉酪成生
酥次至般若奉敕轉教心漸通泰得别教益
如轉生酥成熟酥次至法華聞三周説法得
記作佛如轉熟酥成醍醐此約最鈍根具經
五味其次者或經一二三四其上達根性味
味得入法界實相何必須待法華開會
義例六云五味唯喻一代五時濃淡文盖
言經文相生雖顯意取濃淡以譬涅槃教

勝即約教論濃淡也今文教論相生機論濃淡者今易顯故其實約機約教皆具二義下劣根性天親呼爲下劣小乘衆香稱爲貧所樂法不信不解非其境界故維摩跡一初引華嚴云此經不入二乘人手垂

裕記二十云手以受物表信力故受法二乘不聞從何起信文慕大恥小得通教益釋籤三二十三云謂受彈斥令其歎大自鄙即生酥益相文輔行十二十四云密成通益文心漸通泰得別教益釋籤三二十

三云至般若中不復同前悲泣之時故云通泰又云皆使令知即熟酥益相得此益已義成別人文輔行云密成別益文盖顯二乘人於法華前不論所觀故云密也三周說法法說周爲上根人作三乘一乘說

穢三 十八

身子得悟譬說周爲中根人作三車一車說四大弟子得悟因緣周爲下根人作宿世因緣說千二百聲聞得悟皆授初住入相之記最鈍根妙玄十二十四云自有一人歷五味如小乘根性於頓如乳三藏如

酪乃至醍醐方得究竟文即最鈍根性也其次者妙玄十二十四云自有利根菩薩未入位聲聞或於三藏中見性是歷二味自有方等中見性是歷三味般若中見性是歷四味文據此則一味不得入至於二味乃至三味不得入至於四味皆名次根也上達根性妙玄十二十四云自有一人稟一味如華嚴純一根性即得醍醐不歷五味也大經云雪山有草名曰忍辱牛若食者即得醍醐文即上達根性也前四時中鹿苑密入餘皆顯入故云味味得入於法華中但論增道也法界實相一體異名上有味味之言故重云耳若輔行云實相是別理法界是圓理據大經十千菩薩得一生實相初地同住是接入別五千菩薩

穢三 十九

得二生法界圓教二住是接入圓以教判文理還不異

上来已錄五味五時化儀四教大綱如此

籤云言次第者華嚴初云於菩提道場始成正覺在初明矣諸部小乘雖云初成自是小機見爲初耳據信解品脫妙着麁故居其次大集云如来成道始十六年故知方等在鹿苑後仁王云如来成道二十九年已爲我說摩訶般若故知在方等後亦知仁王在大品後法華云四十餘年大經云臨滅度時當知次第有所據也文此乃別論次第通則不然如妙玄十二云若華嚴頓乳別但在初通則至後故無量義云次說般若歷劫修行華嚴海空法華會入佛慧即是通至二經乃至天日初出先照高山日若垂沒亦應餘輝峻嶺故蓮華藏海通至涅槃之後況前教耶若修多羅半酪之教別論在第二時通論亦至於後何者迦留陀夷於法華中面得受記後入聚落被害作結戒緣起又如身子法華請主後入滅均提持三衣至佛問五分法身滅不荅云不滅雖云五分不滅終是小乘中意豈非三藏至後耶若方等教別論在第三時通論亦至於後何者陀羅尼云先於王城授聲聞記今於舍衛國復授聲聞記

故知方等至法華後般若別論在第四時通論亦至初後何者始從得道夜至泥洹夜常說般若若涅槃別論在第五時通論亦至於初何者釋論云從初發心常觀涅槃行道此則通至於前若法華顯露不見通前祕密遮論理無障礙故身子云我昔從佛聞如是法見諸菩薩受記作佛豈非證昔通記之文文若論方等亦通於前淨名畧記下之上初云鹿苑理須密說彈斥又華嚴中四何須更論亦是其例既其一切俱通初後豈可方等不通於初文然只一五時論通論別別則次第通則互通並是如來赴機之相但於通中有文通義通若文通者如結集經家乃取部類相從之文收通歸別如時長華嚴方等陀羅尼等是也若義通者如蓮華藏海通至涅槃之後與天日若垂沒餘輝峻嶺等是也此則不可收歸於別也然非別五時無以見如來說法次第非通五時無以見教法融通

自下明化法四教

妙玄十二十八云問四教名義出何經答長阿含行品佛在圓彌城北尸舍婆村說四大教者從佛聞從和合衆聞從多比丘聞從一比丘聞是名四大教文釋籤十三十一云但同有四非即藏等亦一往語耳

然教定體與今不同文妙玄十二十九云月燈三昧經第六明四重修多羅謂諸行訶責煩惱清淨私釋會之諸行是因緣生法即三藏義也訶責是體知過罪即通教義也煩惱者若無煩惱即無智慧即別教義也清淨者既舉一淨當名任運有常樂我等即圓教也然則四教在小乘中有名無義在大乘中有義無名是故經家引傍經論立此藏通別圓則名義備矣

第一三藏教者一修多羅藏（四阿含等經）二阿毘曇藏（俱舍婆沙等論）三毘尼藏（五部律）四教義一初云此教明因緣生滅四聖諦理正教小乘傍教菩薩文修多羅此云法本出世善法言教之本也又翻契經契理契機也契理合於二諦契機符彼三根觀

經疏初云經者訓法訓常文凡聖之所軌則曰法魔外不能改壞曰常此釋訓經者由也經由聖人金口故言經也此釋義阿含如前阿毘曇翻無比法聖人智慧分別法義不可比故俱舍翻藏即包含攝持之義婆沙翻廣說亦名五百說毗尼此翻爲滅佛說作無作戒能滅身口之惡故即八十誦律也文南山云毘尼翻滅從功能爲名非正譯也正翻爲律律法也從教爲名斷割重輕開遮持犯非法不定文五部律如來滅後上座大迦葉等五百聖人於畢鉢羅窟內命優波離結集名上座部大衆婆尸迦等一千凡聖窟外結集名大衆部此二通稱僧祇即根本也迦葉阿難末田地商那和修優波毱多五師體權通道故不分教後毱多有五弟子各執一見遂分律藏爲五部焉

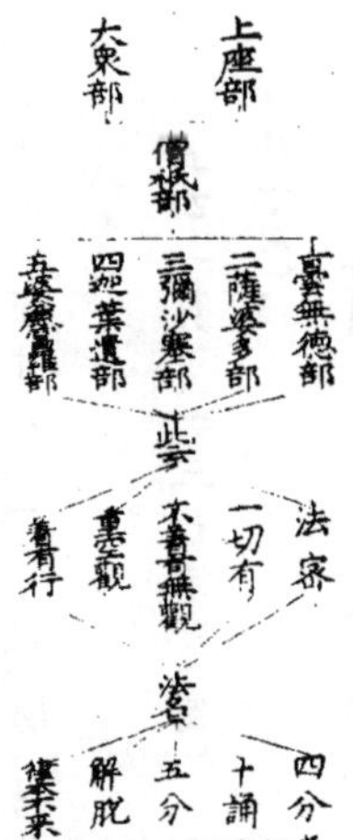

三藏　起教之次　阿含爲先　經藏　律藏　論藏
三學　修行之初　戒學　定學　慧學
詮義　木叉爲首
戒學：正明因事制戒防止身口惡法　又戒是所詮行毘尼是能詮教
定學：經明修行即安心法修行有情　今不散亂又佛說經先入定故
慧學：聖人智慧分別法義若佛自分別　法義者弟子分別法義

四教義云然此三法通名藏者以皆各含一切文理也又經通五人說法樂一二十五云佛及聲聞天仙化人下四印定即名佛說文律唯佛制降佛已還不許措辞如禮樂征伐自天子出論通佛世滅後文句九二引出曜經云佛在波羅柰最初爲五人說契經修多羅藏佛在羅閱祇最初爲須那提說毘尼藏佛在毘舍離獼猴池最初爲跋耆子說阿毘曇藏文妙樂九十云故知别有阿毘曇藏是佛自說五百羅漢結集名相續解脱經後廣集法相乃名爲論文今此三藏皆是佛說若云佛說名經弟子所作名論一往語耳

天台四教儀集註卷第三

天台四教儀集註卷第三

校勘記

一　底本，明永樂北藏本。

一　五三三頁上一行「卷第三」，清作「卷第二」，卷末卷次同。

一　五三三頁上四行小字右末字「如」，徑、清作「加」。

一　五三三頁上五行小字右「餘弓亦然」，清作「餘方亦然」。

一　五三四頁中一七行末字「歸」，清作「歸一」。

一　五三四頁下一六行第九字「掮」，徑、清作「掮」。

一　五三六頁中九行末字「馬」，徑、清作「馬」。

一　五三六頁下九行「所施」，清作「施權」。

一　五三八頁中一行「涅柈」，徑、清作「湼槃」。下同。

一　五三八頁下七行「根鈍」，清作「鈍根」。

一　五四一頁上二行「泥洹」，清作「泥洹」。

一　五四一頁中八行「訶責」，徑、清作「訶責」。

一　五四一頁下一三行末字「商」，清作「商」。

一　五四二頁上正文二行「法樂」，清作「妙樂」。

天台四教儀集註卷第四　稼四

南天竺沙門　蒙潤　集

此之三藏名通大小今取小乘三藏也大智度論云迦旃延子自以聰明利根於婆沙中明三藏義不讀衍經非大菩薩又法華云貪著小乘三藏學者依此等文故大師稱小乘爲三藏教

通論小衍俱有三藏今則別指小乘不可以通難別故下即引經論以證別意大智度論釋大品經龍樹造羅什譯九倍畧之百卷成文亦名釋論智論大論迦旃延子此云文飾善讚詠故大論云佛滅後百年有迦旃延婆羅門乂非佛世之迦旃延也聰明利根大論云迦旃延子輩是生死人不讀不誦摩訶衍經非大菩薩不知諸法實相自以利根慧智於佛法中作諸論議文則知天台以小乘爲三藏本乎經論旨静法苑師毀之於前清涼觀師讃之於後苑師謂法華云貪著小乘三藏學者乃以小乘爲能別之言明知三藏不唯屬小天台此名濫涉大乘特遣至教指法華爲至教清涼華嚴疏云此師立義理致圓備但三藏名義似小濫以後三教亦有三故所以爾者良以智論之中多名小乘爲三藏教成實論中亦自說云我今欲說三藏中實義故有據初對舊醫戒定慧故立此三事條然不同異後二教通教意融三故別教依一法性而顯三故圓教三一無礙故所以不名小乘教者此教亦有大乘六度菩薩三十四心斷結成真佛故文釋籤十七云三藏通大小何故但屬小今明如法華云貪著小乘三藏學者又大論中處處以三藏對衍而辯大小故準此文以三藏爲小若通論者小衍二門俱有三藏但是通途非別意也若唯通途如何消通法華大論具如四教本中廣明文然論別意有三一小乘三藏部別故二小乘三藏隔異故三小乘三藏破舊醫故苑師謂法華以小乘爲能別之言且法華大論皆羅什譯論中既以小乘名三藏教故至譯經二言雙舉爲成偈文即別義也又大論云佛在世時無三藏名法華何云三藏學者須知三藏之名起於結集法藏者故大論云摩訶迦葉将諸比丘在耆闍堀山中集三藏文殊尸利彌勒諸大菩薩亦將阿難集摩訶衍三藏是聲聞法摩訶衍是大乘法復次佛在世時無三藏名但有持修多羅比丘持毘尼比丘持摩多羅比丘文是則結集經家既立三藏之名故譯經者作此譯耳故法華云三藏學者

此有三乘根性

此是總標三乘聲聞四諦教苦爲初門支佛因緣教集爲初門菩薩六度教道爲初門又三人亦通諦緣度三文句七廿一四念處一二云所言三者其義有八謂教理智斷行位因果理三者聲聞理在正使外緣覺理在習氣外菩薩理在正習外教三者聲聞稟四諦教緣覺稟十二因緣菩薩稟六度智三者聲聞總相智緣覺別相智菩薩總別相智斷三者聲聞斷正緣覺斷習

菩薩斷正習行三者聲聞爲自修戒定慧緣覺爲自修樂獨善寂菩薩爲衆生修六度位三者聲聞住學無學緣覺住無學菩薩三僧祇登道場因三者聲聞帶果行因緣覺望果行因菩薩伏惑行因果三者聲聞斷正如燒木爲炭緣覺斷習如燒木爲灰菩薩正習盡如燒木無炭灰也文

初聲聞人依生滅四諦教

聞佛聲教故曰聲聞生滅四諦止觀一十一云苦則三相遷移生異滅集則四心流動貪嗔癡等分道則對治易奪滅則滅有還無雖世出世四皆變異故名生滅文自性不虛四皆諦實故名爲諦也

言四諦者一苦諦

大經云凡夫有苦而無諦聲聞有苦而有諦凡夫不見苦理故言無諦聲聞能見無常苦空故言有諦法界次第中十云苦以逼惱爲義一切有爲心行常爲無常患累之所逼惱故名爲苦謂三苦八苦等

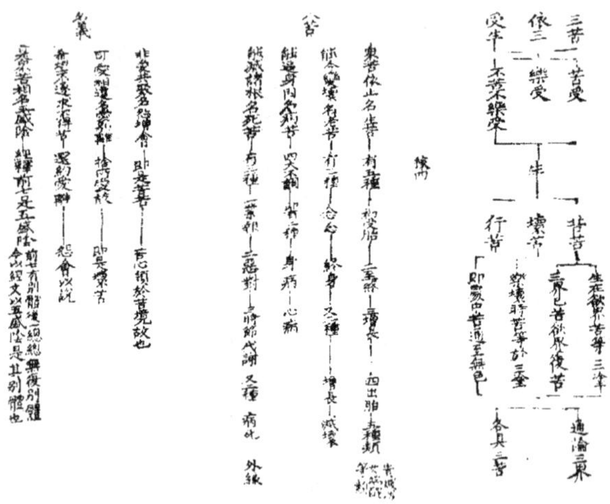

二十五有依正二報是言二十五有者四洲四惡趣六欲并梵天四禪四空處無想五那含四洲四趣成八六欲天并梵王天成十五四禪四空處成二十三無想天及那含天成二十五別則二十五有總則六道生死

輔行一下廿一云因果不忘故名爲有文界

云三有欲色無色或云九有三界分九地故國土名依報五陰假名是正報即苦諦之體四洲水中可居曰洲四惡趣三途加修羅以修羅一日一夜三時受苦故六欲希須名欲六天各有三種欲一飲食欲二睡眠欲三婬欲梵王無想及五那含總在四禪經教別爲三有者爲破外道計梵王爲生萬物之主計無想無心爲涅槃計五那含爲真解脫故六道輪轉相通故名爲道輔行二上廿五引大論三十三問云云何六道復云五道荅佛去世後五百年中部別不同各田佛經以從已義故使修羅一道有無不同文楞嚴中更開神仙一類爲七趣又六道不出胎卵濕化四生俱舍頌云人旁生具四地獄及諸天中有唯化生鬼通胎化二文

一地獄道梵語捺落迦又語泥黎此翻苦具而言地獄者此處在地之下故言地獄謂八寒八熱等大獄各有眷屬其類無數其中受苦者隨其作業各有輕重經刧數等其最重

處一日之中八萬四千生死經刧無量作上品五逆十惡者感此道身地獄從處爲名婆沙云贍部洲下過五百踰繕那乃有地獄梵語釋籤八(十二)云元梵天種還作梵語及以梵書(文)輔行七(八十)云光音初下展轉出生是故五天並名梵種(文)翻彼梵語成此華言故云翻也周禮有象胥氏通四方之語東方曰寄南方曰象西方曰狄鞮(音低低之言知也)北方曰譯今翻西語諸經皆云譯者從通稱也如周禮四官通稱象胥氏苦具造惡之者受苦具度亦云苦器八寒八熱偈云頞部陁尼剌部陀寒逼身皰及皰裂頞晰吒卉嚯嚯婆唬唬婆三皆痛聲六嗢(烏沒反)鉢羅鉢特摩第八摩訶鉢特摩青蓮紅蓮大紅蓮如次對三

校四　六

種身色(已上八寒)等活(斫剌磨擣吹活等前)黑繩(黑繩綳量後方斷鋸)三衆合(苦具衆至合黨相殘)嘷叫(衆苦所逼悲嘷發聲)大叫(極苦所逼大叫稱怨)六炎熱(火隨身轉熱苦難堪)七極熱(若內若外自身他身俱出猛火互相燒害)下八阿鼻(或云阿鼻旨亦云阿毘成論明趣果受苦時命及形五皆無間也)此八寒熱根本獄各有

眷屬其類無數等活等八獄各有四門四門各有四獄謂煻煨屍糞鋒刃烈河增一獄十六總有百二十八皆名遊增有情遊彼其苦增故準妙玄第六云八寒亦具百二十八而正理論等但云眷屬故俱舍圖熱竪寒横於八寒邉不列遊增更有孤獨虜子輕繫等獄遍在江海山林空中等處婆娑七云南洲有正有邉東西二洲唯邉無正北洲邉正俱無三洲人若造重罪皆來南洲正獄及東西南洲邉獄受苦妙玄六(八廿)云此正地獄在地下二萬由旬其傍地獄或在地上或在鐵圍山間輕重傍輕正重重者遍歷百三十六獄中者不遍下者復減經刧數等俱舍云等活等上六如次以欲天壽爲一晝夜(人間五十歲爲四天王一晝夜四天王五百歲爲等活一晝夜當人間九百萬歲又人間百歲爲忉利天一晝夜忉利天一千歲爲黑繩一晝夜當人間三千六百萬歲)壽量亦同彼(等活壽同四天王五百歲黑繩壽同忉利天一千歲等活等苦壽如此可不畏耶)極熱半中刧無間中刧全旁生極一中(難陀龍等壽一住刧)鬼日月五百(鬼以人間一月爲一日積日爲月壽五百年)頻

校四　七

部陁壽量如一婆訶麻(婆訶翻篇紵二十斛胡麻今俗所用盛來者是)百年除一盡(假使有人百年除一粒麻二十斛盡名爲頞部陁壽)後後倍二十(第二皰裂二十婆訶麻後之六獄倍增可知)八萬四千生死毗婆娑云五道各有自爾之力地獄色斷還續妙樂五(十三)引毗曇云一切地獄初生之時皆有三念知此處是地獄由某因所生從某處來文句四(四二十)云初皆衆生若受苦時痛聲不復可分別妙樂五(十三)云初入地獄如本有語後時但作波波等聲不復可辯文句云獄卒是變化令見非衆生數初將罪人縛至閻王所者是衆生數若受苦時非衆生數妙樂五(十三)云有情非情並是共業所感而爲心變(文)衆生常爲熱苦所逼小獄通寒熱大獄惟在熱四解脫經稱爲火途且從熱爲名也五逆殺父殺母殺阿羅漢出佛身血破和合僧十惡身業三種謂殺盜淫口業有四妄言綺語兩舌惡口意業有三貪嗔癡上品善不善業皆有三品而復有三如摭華鈔

逆惡三品

一約境
- 善則於劣不殺爲上謂於蚊蚋等於勝不殺爲下謂父母等餘者爲中不善反此

二約心
- 無間善不善但猗利心作爲上泛爾心作爲下餘者
- 爲中

三約時
- 此道善不善但三時無悔者爲上作已方悔爲中正
- 作能悔爲下三時者欲作正作作已

稼四 八

二畜生道亦云旁生此道遍在諸處披毛戴角鱗甲羽毛四足多足有足無足水陸空行互相吞啖受苦無窮愚癡貪欲作中品五逆十惡者感此道身

梵語底栗車輔行二上廿五云畜生者褚六許六向究三反並通作褚六音即六畜也謂牛馬雞豚犬羊則攝趣不盡今通論此道不局六也旁生婆沙云形旁行旁此道徧在諸處婆沙云遍五道中有之故也文句四二十四云四天三十三天悉有而上天所乘象馬等是福業化作非衆生數也披毛如走獸等戴角如牛羊等鱗甲如魚鱉等羽毛如飛禽等水陸空行此三是畜生所依處也妙玄云陸有三品重者土內不見光明中者山林輕者人所畜養大論以

三類攝畜生晝謂晝行夜行晝夜行互相吞啖文句四三十四云畜生者多育冥盲冥者無明也強者伏弱飲血啖肉怖畏百端四解脫經稱爲血途從相啖邊爲名也中品其心劣前作已少悔俱舍頌云旁生極一中（旁生壽量多無定限其極長者亦一中劫謂難陀龍等諸大龍王皆住一中劫能持大地也）稼四 文句四三十五云劫初時皆解聖語後飲食與諂心而語皆變或不能語妙樂五十三云諸教相中畜生能言皆此時也又畜生能飛空自爾力也 九

三餓鬼道梵語闍黎哆此道亦徧諸趣有福德者作山林塚廟神無福德者居不淨處不得飲食常受鞭打填河塞海受苦無量諂誑心意作下品五逆十惡感此道身

輔行二上廿五云梵語闍黎哆此翻祖父後生云祖父者從初受名又後生亦是後生之祖父也爾雅云鬼者歸也尸子曰古者名死人爲歸人又云人神曰鬼地神曰祇天神曰靈又云餓餓謂餓鬼也恒被驅使此道亦遍諸趣輔行三下云此處在閻浮提下五百由旬有閻王界縱廣量亦等是根本處亦有住閻浮提洲者有德者住花果樹林無德者居不淨處東西二洲亦有鬼北洲唯有威德者諸天亦有隨生處形或居海渚或在人間山林中或似人形或似獸形不得飲食重者饑火節燄不聞漿水之名中者伺求蕩滌膿血糞穢輕者時薄一飽加以刀杖驅逼塞海填河四解脫經稱爲刀途從被刀杖驅逼爲名也下品正作能悔故云下品俱舍頌云鬼日月五百以人間一月爲一日壽五百歲更有三類九種內障外障無障如蘭盆疏令水陸施食正爲燄口鬼神婆羅門仙出生所供爲曠野鬼神鬼子母等

稼四

三類九種
- 無財三：炬口　針咽　臭口
- 少財三：針毛　臭毛　大癭
- 多財三：得棄　得失　勢力

十

四阿修羅道此翻無酒又無端正又無天或在海岸海底宮殿嚴飾常好鬬戰怕怖無極在因之時懷猜忌心雖行五常欲勝他故作下品十善感此道身

文句廿二云四天下採花醖於大海魚龍業力其味不變嗔妬誓斷故言無酒無端正男醜女端舍脂是也無天淨名疏二十四云此神果報最勝隣次諸天而非天也妙樂二卅九云無天德故文或在海岸海底輔行二上卅五云世界初成住須彌頂亦有宮殿後光音天下如是展轉至第五天修羅嗔便避之無住處下生此文文句二廿一云鬼道攝者居大海邊畜生道攝者居大海底準此則知妙玄明或居半須彌山岩窟應天種攝妙樂引阿含四修羅次第住於海底各於海下二萬由旬以為一宮居止處殊勝必蕉多福方得生彼又楞嚴經明胎卵濕化四種之異屬於鬼畜人天四趣所攝具如彼文宮殿嚴飾妙樂長阿含十八云南洲金剛山中有修羅宮所治六十由旬欄楯行樹等然一日一夜三時受苦苦具自來入其宮中屬四趣者良有以也文常好鬬戰文句二廿二云毗摩質多生舍脂帝釋納為妻後讒其父遂交兵脚波海水手攻善見帝釋以般若呪力不能為害文怕怖無極淨名疏二十四云往昔嫉妬惱他故常多怖畏文猜忌輔行二上卅五云又嫉佛說法佛為諸天說四念處則說五念處佛說三十七品則說三十八品常為曲心所覆猜者疑懼也詩傳云以色為妬以行為忌害賢曰嫉故知修羅嫉賢忌行五常輔行一下三云以慈育物為仁以德推遷為義進退合宜為禮權奇超拔為智言可反覆為信内德俱備方成人道慢強無德判屬修羅又據善心仍居下品外揚五德本在輕他文十善對十惡立謂不殺等又十皆有止行二善如不殺止善放生是行善等

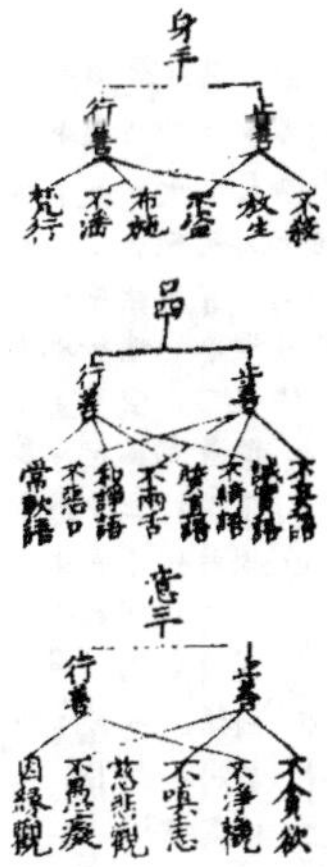

五人道四洲不同謂東弗婆提壽二百五十歲南閻浮提壽一百歲西瞿耶尼壽五百歲北鬱單越壽一千歲命無中天聖人不出其中即八難之一皆苦樂相間在因之時行五常五戒五常者仁義禮智信五戒者不殺不盜不邪淫不妄語不飲酒行中品十善感此道身

輔行二上卅六云梵語摩㝹賒此云意人中所作皆先意思易曰唯人為萬物之靈禮云人者天地之心五行之端此亦未知五道故也婆沙云五道多慢莫過於人又云五道中能息意者亦莫過人文法苑云人者忍也於世違順人能安忍四洲此世界下有三輪下風次水上金輪金輪之上有九山八海須彌居中鐵圍在外中繞須彌有七金山七香水海第七山外鐵圍之内

即第八醎海東西南北有四大洲四洲土輪居金輪之上於四洲邊復有二小洲具如俱舍弗婆提翻勝身閻浮提亦云贍部無熱池側有贍部林樹形高大其果甘美依樹立名此方無故不翻西域記中翻為穢樹瞿耶尼翻牛貨俱舍鈔云刦初時高[十三]樹下有一寶牛為貨易故欝單越亦云俱盧翻勝處勝三洲故俱舍頌云贍部洲人量三肘半四肘八尺東西北洲人倍倍增如次東洲八肘西洲十六肘北洲三十二肘唯有北洲人壽定一千歲餘三且據極分為言未必全爾聖人不出其中不生於彼而闡化非不居彼準寶雲經頗羅墮將弟子六百人住欝單越八難三途以為三人中則有四一盲聾瘖瘂二世智辯聰三佛前佛後四北俱盧洲天上一無想或指長壽天受此諸果報不得於聖化苦樂相間輔行四上九云若論果報南洲為下下若得值佛南洲為上上故大論六十二云閻浮提以三事故尚勝諸天北洲不及一能斷婬欲二識念力三能

精進勇猛復有書般若是故諸天下來聽法故大經云下下因緣故生北洲乃至上上因緣故生南洲文妙玄六廿九云四天下人雖果報勝劣俱有生老病死同是輕報泥犁文五常五戒常者不易戒乃防非仁則不殺義則不盜禮則不淫信則不妄語智則不飲酒酒能昏性起過故也又五戒四性一遮酒乃遮制餘性是惡大小乘禁戒此為根本止觀四二云性戒者莫問受與不受犯即是罪受與不受持即是善若受戒持生福犯獲罪不受無福不受犯無罪文輔行四上三云所言性者即舊戒也不待佛制性是善惡故名為性又云五戒者四性一遮故俱舍云遮中唯離酒為護餘律儀若論制已性上更加一箇制罪文[十四]性戒輪王亦用遮戒如來所制五戒十善開合之異身三可見不妄語則攝口業四種酒防意地則攝意三

六天道二十八天不同欲界六天色界十八天無色界四天輔行二上廿六云今釋典中所言天者亦名最勝亦名光明文文句四未云天者天然自然樂勝身勝文二十八天不同舉竪包橫也若統論一佛化境則有三千大千世界三千者小千中千大千也二禪統一小千三禪統一中千四禪統一大千三千是總大千是別總別雙舉以別顯總也俱舍頌云四大洲日月蘇迷盧欲天梵世各一千名一小千界謂一千四洲一千日月一千須彌一千六欲天一千初禪天總名小千世界此小千千倍說名一中千一千箇小千世界名中千世界此千倍大千一千箇中千世界名大千世界小千為一二禪所覆中千為一三禪所覆大千為一四禪所覆例此應云千箇初禪為小千千箇二禪為中千千箇三禪為大千小千如十錢中千如十貫大千如千箇千貫然以十萬為億則大千有萬億日月而光明經云百億日月乃至百億非非想天等者蓋億有四種一十萬為億中千有十億大千萬億二百萬為億中千有一億大千有千億三千萬為億大千則有百億光明據此數也四萬萬為億大千世界但有十億又復四禪非想唯一亦言百億者光明記五七云以下望上言之耳又恐翻譯之詑也以義淨垂翻則無百[十五]億非想之言又瑞應經云三千日月萬一千天地之中央者萬即大千謂萬億二千即中千小千也蓋言佛生迦維衛國是三千世界之中夫也皆同一成壞須知成住壞空各二十刦為一大刦一增一減為一小劫於住劫中二十增減每一增減有小三災壞於有情住刦盡時乃有大三災壞於世界經二十刦空刦成刦各二十刦並約住刦數量而論業道增壽減至十三災

現刀疾飢如次七日月年止據瑜伽論人壽減至三十歲饑饉災起七年七月七日止減至二十歲時疾疫災起七月七日止減至十歲時刀兵災起七日七夜止令俱舍云至十三災現者乃據減刦之極爲言也故自十歲返吹逆對則十歲刀兵乃對七日二十歲時疾疫乃對七月三十歲時饑饉乃對七年則與瑜伽初無異也垂裕記十廿引件師云婆須蜜從忉利天下生王家作太子化衆人言我等祖父壽命極長以令嗔恚無慈故至此短壽是故汝等當行慈心衆人從命惡心漸薄此後生子壽二十歲如是展轉增至八萬四千歲也文論增則子年倍父年則自十歲增至八萬四千論減則百年減一年則自八萬四千歲減至十歲故一增一減爲一小劫三災水火風上三定爲頂二禪爲火災頂三禪爲水災頂四禪爲風災頂如次內災等四無不動故初禪內有覺觀能燒惱心等外火災二禪內有喜受與輕安俱潤身如水故編身猶重等外水災三禪內有動息息亦是風等外風災四禪無內患故亦無外災然彼器非常情俱生滅故彼器即依報雖云不動非是常住不壞之法情即有情正報彼天宮殿情生則生情滅則滅要七火一水七水火後風初禪已下七經火災是則七皆成住壞空當七大劫第八水災壞於二禪又一當成壞當八大劫如是初禪已下七七四十九火二禪已下七皆水災成五十六劫初禪已下又七火災當六十三劫第六十四劫風災壞至三禪也又火災興由七日並現劫未壞時六日隱在雙持山下世界壞時後六日斷七水災起時由雨霖注風災生時由風相擊從下風輪有猛風起又業力盡崩云生屋

初欲界六天者一四天王天居須彌山腹二忉利天居須彌山頂自有三十三天已上二天單修上品十善得生其中三夜摩天四兜率天五化樂天六他化自在天已上四天空居修上品十善兼修未到定得生其中俱舍頌云六受欲交抱執手笑視婬初如五至十色圓滿有衣輔行六上二云地居形交忉利以風爲事夜魔抱持兜率執手化樂視笑他化但視文六欲天化生時四天王天如五歲兒乃至他化如十歲兒復則漸長如其身量色界初生身量即成且具天衣如梵衆天初生長半由旬四天王天東方提頭賴吒天王此云持國護持國土故居黃金埵領乾闥婆富單那南方毘留勒叉天王此云增長令他善根增長故居琉璃埵領鳩槃茶薜荔多王有九十一子如靈感傳西方毘留博叉天王此云廣目亦云非好報亦云雜語能作種種語故居白銀埵領毘舍闍毒龍等北方毘沙門天王此云多聞福德之名聞四方故居水晶埵領夜叉羅刹諸處建立天王堂事見唐天寶元年如僧史畧俱舍頌云妙高層有四相去各十千梵語蘇迷盧亦云須彌此云妙高妙謂四寶所成高謂出衆山表始從水際于山半腹分爲四級相去各十千

由旬旁出十六千八四二千量此轉廣也旁即是橫最下一層廣十六千踰繕那第二層八千第三層四千第四層二千也堅首及持鬘恒憍大王衆如次居四級堅首第三皆藥叉衆大王即四天王堅首最下級乃堅四王居最上級亦住餘七山諸藥叉衆亦住餘七金山是四王所部衆故又日月宮城五風所持一持二養三受四轉五調齊雙持山頂旋環山腹照四天下雙持山高四萬二千由旬須彌七金及銕圍山入水皆八萬四千由旬須彌出水亦八萬四千由旬餘之八山半半論減乃至銕圍山高三百二十八由旬二俱盧半九山廣闊皆等高量俱盧舍此云二里日宮廣五十一由旬月宮廣五十由旬俱舍頌云夜半日沒中日出四洲等輔行引長阿含二十二云鬱單越夜半弗婆提日沒閻浮提日中瞿耶尼日出經文次第四方通說彼經又云閻浮提爲東弗于逮爲西乃至單越爲西于逮爲東以由日月轉故皆謂日出處爲東文近日自影覆故見月輪缺如新月則西近於日自影覆東故見東缺殘月則東近於日自影覆西故見西缺忉利此云三十三山頂四角各有八宮中帝釋殿昔世三十三人天帝爲主於摩竭陀國修勝業故同生此俱舍頌云妙高頂八萬但過八萬

(踰膳那)三十三天居四角有四峯金剛手所住(有藥叉神名金剛手執金剛杵止住其中護諸天故)中宮名善見(見者稱善故)周萬踰膳那高一半金城(善見外墻以金為之高一由旬半城有千門)雜飾地柔軟中有殊勝殿(城外)周千踰膳那外四苑莊嚴衆車麤雜喜(四苑一衆車苑隨天福力種種車現二麤惡苑[illegible]遊戰器天欲戰時刀杖等現三雜林苑雜受欲樂故四喜林苑極妙之境觀者無厭名曰喜林也)妙地居四方相去各二十(苑邊有地去苑各二十由旬)東北圓生樹(城外東北樹名圓生挺葉開花妙香芬馥順風遍滿百踰膳那逆風遍五十踰膳那)西南善法堂(三十三天時集於彼議論如法不如法事)單修上品十善(揀夜摩已上兼修定故)夜摩此翻善時亦名時分時時唱快樂故兜率此云妙足新云覩史陀此云知足於五欲境知止足故化樂於境變化自娛樂故他化自在欲得境時餘天爲化假他所作以成已樂即魔王也淨名云多是不思議解脫菩薩住赤色三昧不取不捨應爲魔王(文)未到定未入根本禪也止觀九(四)云住欲界定從是心後泯然一轉虛豁不見欲界定中身首衣服床鋪猶如虛空冏冏安隱身是事

障事障未來障去身空未來得發是名未到定相(文)然生上四天自是欲界定力今從欲天極處爲言云未到定不必四天皆爾俱舍頌云欲天俱盧舍四分一一增(四分之一即半里也初四天王長半里上五並半里論增)人間五十年下天一晝夜承斯壽五百上五倍倍增(四天王壽五百歲以人間五十年爲一日忉利千歲以人間百年爲一日乃至他化十六千歲以人間一千六百年爲一日)法華文句(二十九)云三光天子是帝釋內臣如卿相四王是外臣如武將(文)又帝釋爲地居天主魔王爲六欲天主雖主欲界帝釋四王欲行佛法魔不得制(如感通傳)次色界十八天分爲四禪初禪三天(梵衆梵輔大梵)二禪三天(少光無量光光音)三禪三天(少淨無量淨徧淨)四禪九天(無雲福生廣果已上三天凡夫住處修上品十善坐禪者得生其中無想天外道所居無煩無熱善見善現色究竟已上五天第三果居處上之九天離欲麁散未出色龍故名色界坐得禪定故得禪名)妙玄云正報之身是清淨色非如欲界垢染色也十八天此準上座部立若薩婆多宗唯立十六天以梵輔大梵合爲一無別處故無想廣果合爲一身壽同故若經部宗(佛滅後四百年初從一切有部優出一部名爲經部立義準經不依律論)立十七天梵輔大梵身量別故上座部中須明十八者以廣果無想身壽雖同因果有異廣果以無尋伺爲因果無想以無心爲因果四禪梵語禪那此翻爲定攝心專注不流散故世出世間此禪爲根本各有支林功德如法界次第

初禪五支
- 覺支
- 觀支
- 喜支
- 樂支
- 一心支

二禪四支
- 內淨支
- 喜支
- 樂支
- 一心支

三禪五支
- 捨支
- 念支
- 慧支
- 樂支
- 一心支

四禪四支
- 不苦不樂支
- 捨支
- 念清淨支
- 一心支

輔行九上九引婆沙中問初三何故五二四何故四答自古相承云欲界五欲爲外亂二禪喜爲內亂初禪治外亂之始三禪治內亂之始故各有五二禪外亂息四禪內亂息是故二四但立四支初禪三天梵

者淨也無欲染故十八天皆淨無欲此當
其首偏得淨名梵衆是民梵輔是臣大梵
即王也劫初先生劫盡後滅主領大千然
通論有萬億梵王唯此是大千之中王名
尸棄得爲大千之主降此不得(橫論)又初禪
有語言號令能統上冠下故也如法華云
娑婆世界主梵天王尸棄大梵若摩醯首
羅居色界頂報勝爲王無統主義以二禪
已上無言語法是故諸禪亦各以報勝爲
主非統御也(竪辯)具如法華文句淨名疏明
若涅槃疏云娑婆世界主正是首羅又云
梵王只領小千而已乃古師之說非經家
正意二禪三天少光光明少故無量光光
明轉增無限量故光音以光當語音故新
譯云極光三禪三天少淨意識嗜樂離喜
而純樂受故無量淨淨勝於前不可量故
偏淨樂受最勝淨周普故四禪九天無雲
者下雖空居依雲而住此無雲首特號無
雲業疏云第四禪上雲居輕薄如星散住
不同下天如雲密合(文)福生者修勝福力

方生此天從因彰名廣果者凡夫之果無
勝過故無想者一期中間心想不行故無
煩雜無熱惱善相見善現相究竟無極此
五天三果所居名五不還天若俱舍舊圖
次第而上若準楞嚴第九皆橫在四禪中
彼四禪天獨有欽聞不能知見如今世間
曠野深山聖地道場皆羅漢所住持故世
間鄙人所不能見(文)又色究竟中有摩醯
首羅此翻大自在天俱舍頌云色天踰繕
那初四增半半(謂梵衆半踰繕那梵輔一大梵一半少光二也)此
上倍倍增(無量光四光音八乃至徧淨六十四)唯無雲減三(下徧淨天既六十四無雲倍應百二十八身壽但有一百二十五者謂從變易受入不變易受難故各減三變易不變易約三災壞不壞論)少光上下天
大全半爲劫(少光已上大全爲劫謂少光二大劫乃至色究竟萬六千大劫少光已下大半爲劫以由身量與壽量等大梵身既一由旬半故壽當一劫半故以四十小劫爲一大劫則六十小劫成劫半也梵輔壽一劫身一由旬四十小劫也梵衆身半由旬故壽半劫二十小劫也)
三無色界四天(空處識處無所有處非非想已上四天只有四陰而無色蘊故得名也)
若厭色籠修四空定生四空天名無色界

輔行六上(四)云從第四禪欲入空處必作
方便滅三種色一可見可對色(色塵)二不可
見可對色(五根四塵)三不可見無對色(法入少分無表色也)
此之三色並在色界欲入無色故滅此
三(文)無色界色小乘空有二宗各計不同
大衆部云但無麤色非無細色妙玄四(六)
引毘曇云無色有道共戒戒是無作色以
無漏緣通故此戒色隨無漏緣至無色也
(文)釋籤四(一三十)云言無漏緣通者通九地
也既通九地豈隔無色(文)妙樂六(九)云無
色雖無四大造色定果所爲皆是墻壁(欲色二界業果所爲)
三界皆以意識維持若約諸宗無
色非全無四大色雅合其宜(文有門計有色合經墻壁)
(譬)此是有宗計有色也妙玄引成論云色
是無教法(此是空宗牒有宗計)不至無色(此是空宗雖有宗也)
(難云應不至無色耶如讀教記戒體中辯)此是空宗計無色也
然小乘計有是不了義說無色者乃名了
義大乘反此楞嚴經云是四空天身心滅
盡定性現前無業果色孤山釋云謂無業
果色者顯有定果色也此與小乘有宗義

合若大經云無色界色(是佛境界)非諸聲聞緣覺所知者此是大乘說有色義也空處禪門六九云此定最初離三種色心緣虛空既與無色相應故名虛空定也文識處禪門六一十云捨空緣識以識爲處正從所緣處受名故名識處文無所有處行者厭於識處無邊於是捨之入無所有處亦名不用處禪門六二十修此定時不用一切內外境界外境名空內境名識捨此二境故言不用處文非非想止觀六四引阿毘曇婆沙云非無想天之無想非三空之有想故言非想非無想也人師云無想是色天異界不應仍此得名就同界釋名前無所有定已除想今復除無想想無想兩捨故言非有想非無想文輔行六上五人師尚不許引色無想天況總引四禪既是論文取亦無失人師釋義亦未全非今家俱存故無破斥文止觀九八云此定不緣識處故非想不緣不用處故非非想文只有四陰輔行五上四廿云蘊之與陰新舊異譯文積聚名蘊蓋覆名陰積集有爲蓋覆眞性然諸文或云四禪八定或云四定者輔行九上初云若色無色二界想對則色界名禪無色界名定若總以上界望於下欲則上二界俱名定地下界爲散文

上来所釋從地獄至非非想天雖然苦樂不同未免生而復死死已還生故名生死此是藏教實有苦諦

一往言之三途唯苦諸天純樂人中苦樂相間通而言之天亦有苦妙玄六廿九云六欲天者地天別有修羅鬪戰之難通有五衰死相苦等地獄色天雖無下界諸苦而爲色所籠若命盡時不樂入禪風觸吹身唯除眼識餘皆有苦四空諸天雖無欲色界等苦如瘡(空處)如癰(識處)如病(無所有處)如箭入體(非想非非想)成就細煩惱文及非想有八苦等文句六云三藏教詮生滅故云實有也

天台四教儀集卷第四

天台四教儀集註卷第四

校勘記

一 底本，明永樂北藏本。
一 五四三頁上一行「卷第四」，清作「卷第三」。卷末卷次同。
一 五四三頁中七行「二教」，清作「三教」。
一 五四四頁中「八苦名義」表內五行「怨增會」，清作「怨憎會」。
一 五四四頁中正文二行第一六字「五」，清作「及」。
一 五四五頁上一六行中夾註右「磨犄」，清作「磨犄」。
一 五四六頁中二行「盲冥」，徑、清作「盲冥」。
一 五四六頁下「三類九種」表內一行「具口」，徑作「且口」；清作「臭口」。
一 五四七頁下正文三行夾註右「中天」，清作「中夭」。
一 五四八頁下一行小字「未」，徑、

清作「末」。

一五四八頁下一六行夾註右末字「一」，清作「二」。

一五四八頁下一七行夾註左「中夫」，徑、清作「中央」。

一五四九頁中一八行第二字「掌」，清作「堂」。

一五四九頁中末行夾註左「相云」，徑、清作「相去」。

一五四九頁下一三行夾註「長阿舍」，清作「長阿含」。

一五五〇頁上九行夾註右「梃葉」，清作「挺葉」。

一五五一頁上三行「先生」，清作「先王」。

天台四教儀集註卷第五　　稼五

南天竺沙門　蒙潤　集

二集諦者即見思惑又云見修又云四住又云染汚無知又云取相惑又云枝末無明又云通惑又云界內惑雖名不同但見思耳

集者招集爲義惑與業俱能招生死而今但云惑者前苦諦中已明善惡業故即見思惑示集諦之體也見者若云見理時能斷此惑即從解得名若云見祇是假謂因成相續相待三假也假者不實爲義即當體受稱

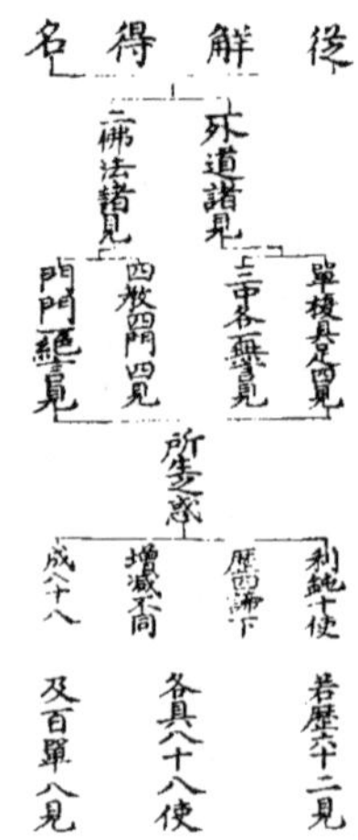

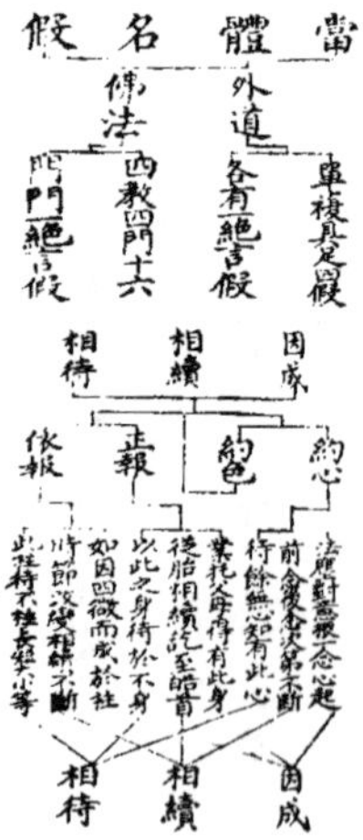

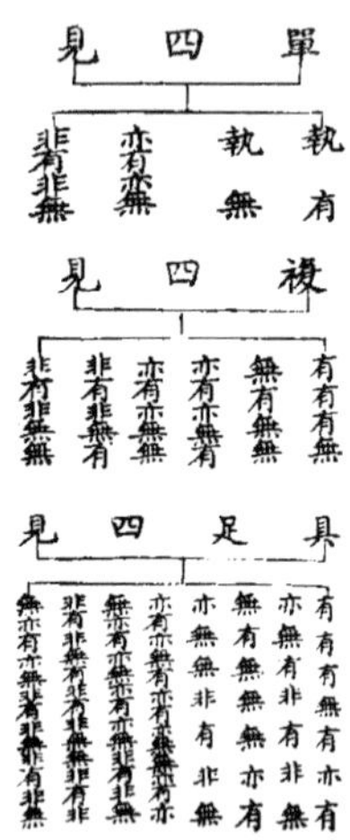

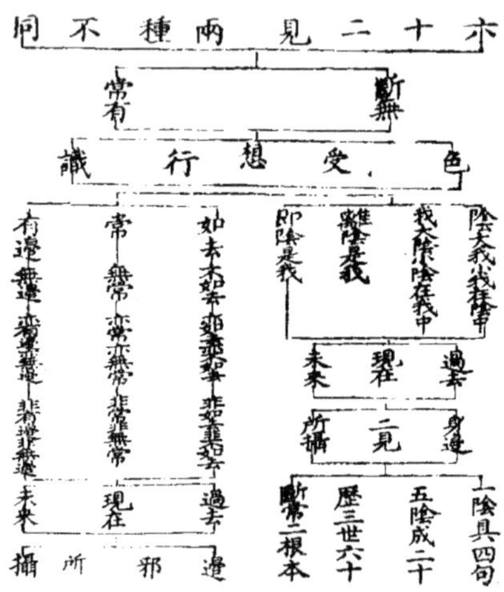

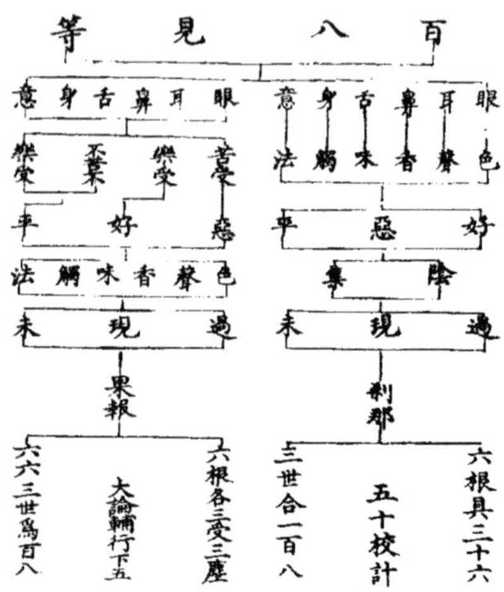

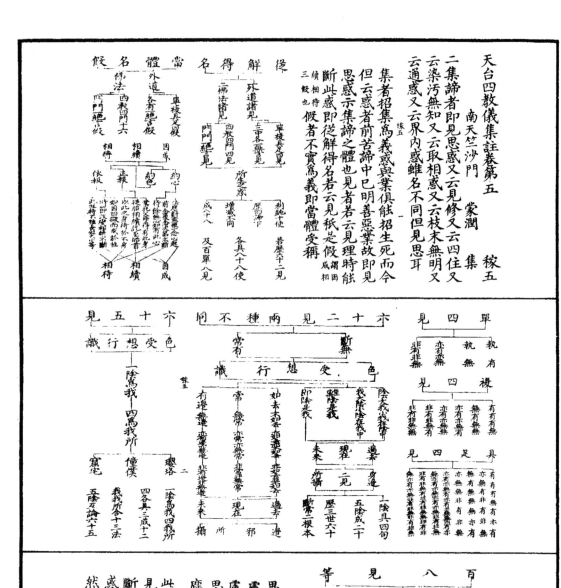

思惑入修道位重慮緣眞輔行云慮謂思慮見道觀眞已發無漏今復重觀故云重慮此惑即除名思惟惑此從解得名若云思假及愛惑者此當體受稱然見惑從法塵起能障眞理思惑從五塵起能牽三界此皆約欲界多分說細論不拘見修見惑見道所斷思惑修道所斷約能斷位名所斷惑也四住見爲一住思惑分三因此二惑故住着三界染汚無知妙樂一廿四云然小乘中立二無知染汚無知無明爲體

不染污無知劣慧爲體謂味勢熟德時數量耳（文諸法滋味損益等勢成熟德用近遠等時一二等數大小等量）取相惑三惑皆名取相觀音玄記上七云見思取生死相塵沙取涅盤相無明取二邊相今見思取六道生死之相也枝末無明對根本得名見思以無明爲根本故云枝末於一切法無所明了故曰無明通惑對別惑得名見思通三乘人斷故曰通惑塵沙無明別在菩薩所斷故名別惑界內惑對界外得名見思潤有漏業招三界生故云界內塵沙潤無漏業無明潤非漏非無漏業招變易生故云界外塵沙則通界內外也

初釋見惑有八十八使所謂一身見二邊見三見取四戒取五邪見（已上利使）六貪七瞋八癡九慢十疑（已上鈍使）此十使歷三界四諦下增減不同成八十八謂欲界苦十使具足集滅各七使除身見邊見戒取道諦八使除身見邊見四諦下合爲三十二上二界四諦下餘皆如欲界只於每諦下除瞋使故一界各有二十八二界合爲五十六并前三十二合爲八十八使也

法界次第上七云使以驅役爲義能驅役行者心神流轉三界故通受使名身見於陰入界中妄計爲身強立主宰恒起我見諸文或云身見或云我見止觀十（十六）雙列二名云求我叵得故則身見破身見破故則我見破文輔行五下九云外人計我如麻豆及母指等或計偏身神身四句及一異等文邊見於身見上計我斷常執常非斷執斷非常隨執一邊也見取謂因此見通至非想信此非餘執劣爲勝戒取執邪爲道名非因計因及雞狗等戒名戒取邪見由計斷常不信因果復計此我以爲自然冥初世性世性即是二十五諦（一冥初二覺等如圖子）及六諦等或計從於父母微塵梵天等生皆名邪見貪是已法者愛即指五見爲已法也瞋非已法故嗔癡不識見中苦集慢我解他不解疑猶豫不決利鈍利則造次恒有鈍則推利方生五鈍亦名見中思亦名推利思亦名背上使利使若去鈍使亦亡故屬見攝四諦下惑增減不同前云集諦雖在惑業今歷四諦者集是能迷苦是所迷又道滅雖是出世間因果由迷苦集道滅亦迷如不識病亦迷於藥此四諦惑俱舍頌云苦下具一切集滅各除三道除於二見上界不行嗔輔行五下九問四諦下惑依何理教增減不同耶答依阿毘曇上界不行嗔無相害故有善欲故性寂靜故心滋潤故然止而不行非能斷也故法華中蜈蚣喻嗔通三界妙樂六（三十二）云小乘中云上界無恚非盡理也問何故身邊唯在苦耶答此見依身故名身見依於身見而起邊見餘三非身故無此見又見苦斷故故在苦下四空無色有身見者雖無麤色而有細色所執未云即是身見非想八苦其義可知問戒取何故唯在苦道答唯彼所起問戒取計因苦諦是果何故在苦答計多苦行望爲實因故在苦下非出世道妄爲出道是故復於道處能起

集滅異此故無身見無身見故亦無邊見集滅非道不生戒取又復戒取在於苦道二諦下者本是內道見苦能斷本外道者見道能斷故惟在二此有親踈之義孤山作六十四句解云云八十八使且據見惑婆沙中云九十八使者兼十思故也輔行五下十云以十纏爲九十八論文所出不同或名三結止觀云初果所破如竭四十里水功夫甚大恐聞者生疑畧斷三結謂身見戒取疑如下圖示

四諦惑使親踈

二明思惑者有八十一品籤五謂三界分爲九地欲界合爲一地四禪四定爲八共爲九地欲界一地中有九品貪嗔癡慢言九品者上上上中上下中上中中中下下上下中下下上八地各有九品除瞋使故成八十一也六

此界繫思亦名迷事思亦名正三毒異俱生思及推利思也九地所依處得名欲界同一散地故合爲一於九地中各有九品貪瞋癡慢但上八地無瞋耳不言疑者見道已斷理合無疑斷此惑時或直緣一眞諦或於四諦中隨緣一諦故止觀中云見惑如四十里水思惑如十里水大經云初果所斷如四十里水其餘在者如毛一渧

上來見思不同總是藏教實有集諦

此惑有爲有漏之因故云實有上明見惑八十八使思惑八十一品乃見思俱開若云九十八使乃開見合思若云四住開思合見但云見思俱合義也或云三漏欲有無明或云四流見欲有無明或云上下五分妙樂七十八云上五分中色染無色染一向唯上掉舉等三雖復通下不能牽下故云上分籤五七言下分者貪雖通上不是惟上嗔一唯下不通於上餘三通攝一切見惑雖復通上而能牽下故名爲下故俱舍云由二不超欲由三復還下縱斷貪等至無所有由身

見等還來欲界文

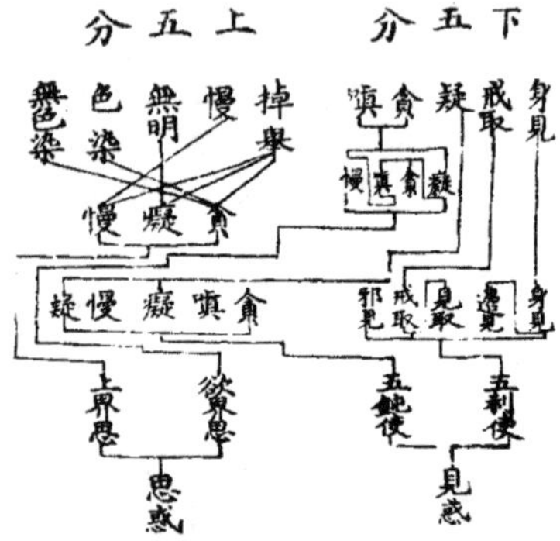

頌曰
身攝邊見戒攝取
邪見元從疑惑生
四鈍皆由利使生
是故三結攝見盡
癡起貪嗔二生慢
上二攝二成欲思
無明即癡染即貪
掉舉通三俱在愛

三滅諦者滅前苦集顯偏眞理因滅會眞滅非眞諦

法界次第中十云滅以滅無爲義結業既盡則無生死之累故名爲滅妙玄二十二云二十五有子果縛斷是滅諦文觀音玄記上七十云滅諦之體是二涅槃雖非眞諦能宜於理故云因滅會眞滅非眞諦因滅苦集方能會眞非謂此滅便是眞諦止觀一二十云法性自天而然集不能染苦不能惱道不能通滅不能淨如雲籠月不能妨害

卻煩惱已乃見法性經言滅非真諦因滅會真滅尚非真三諦焉是文輔行一下十一云當知苦集但是能覆不能惱染道滅能顯而理本淨法性如月苦集如雲道如卻除滅如卻已文

四道諦者略則戒定慧廣則三十七道品此三十七合為七科

法界次第中十云道以能通為義正道及助道是二相扶能通至涅槃故名為道文妙玄二十二云戒定慧無常苦空能除苦本是道諦文略則戒定慧釋籤九三道品雖多戒等攝盡戒攝三正語正業正命定攝十四如意足定根定力除覺定覺捨覺正定慧攝十八四念處四正勤進根慧根進力慧力擇覺進覺喜覺正見正思惟正精進通定慧念根念力念覺正念止觀七九云念通緣所處通三學信根信力輔行云一切諸法信為本故文廣則三十七道品三四二五單七隻八若六度攝三十七具如輔行七上一廿一道品者法界次第中二十云品者類也此七科法門悉是入道淺深之氣類故云道品也文

四種道品
- 當分——多人所修當分得道故
- 相攝——法門相攝各各能攝諸法門故
- 對位——對當位次四念對念處位四勤對煖四如意對頂五根對忍五力對世第一七覺對二三果八正對初果
- 相生——三四二五單七隻八次第相生不亂也

然此道品通正通助通大通小通漏通無漏亦漏亦無漏並如止觀第七具釋又小唯正道大通正助今是小乘道品義當相生

一四念處一觀身不淨色蘊二觀受是苦受蘊三觀心無常識蘊四觀法無我想行蘊

四念處一五云四者數也念者觀慧也處者境也今言四者人於五陰起四倒故於色多起淨倒於受多起樂倒於想行多起我倒於心多起常倒舉四倒故言四也若相生次第應言識受想行色若麤細次第應言色行想受識今從語便故言身受心法文若迷心不迷色則數為十二入若心色俱迷者則數為十八界如婆沙論俱舍頌云聚生門種族是蘊處界義愚根樂有三故說蘊處界諸有為法和合是聚義生長門是處義以能生長心心所法種族是界義如一山中有金銀銅鐵等名多界等補註十三卷十二葉

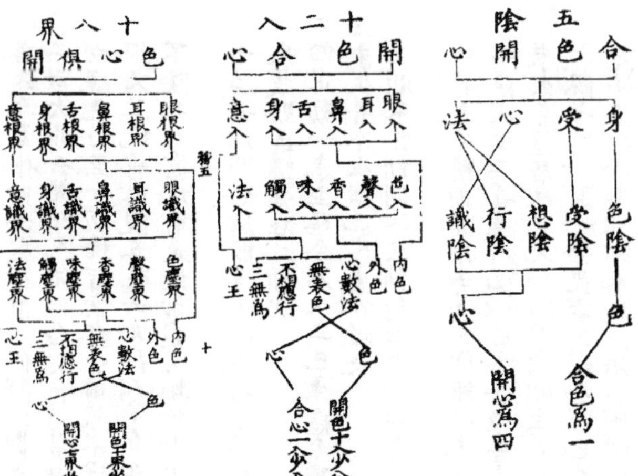

觀身不淨四念處一六云一切色法名之
爲身內身外身內外身已名內身眷屬及
他名外身若已若他名內外身此三種色
皆從前世不淨業生則有五種不淨謂生
處種子相性究竟生處者女人之體是不
淨聚蟲膿穢惡合集成立經十月日二臟
間夾迮隘如獄釋論云此身非蓮華亦不
由旃檀糞穢所長養但從尿道出種子不
淨者攬父母遺體赤白二渧於中而住是
識隨母氣息出入是爲受身最初種子不
淨也相不淨者頭等六分從首至足純是
穢物譬如死狗盡海水洗洗死屍盡唯餘
一塵一塵亦臭性不淨者根本從穢業生
託於穢物長養其性自爾不可改變究竟
不淨者業盡報終捐棄塚間如朽敗木大
小不淨盈流於外文觀受是苦四念處一
七云領納名受有內受外受內外受緣內
名內受緣外名外受緣內外名內外受又
意根受名內受五根名外受六根名內外
受一一根有順受違受不違不順受於順
生樂受於違生苦受於不違不順生不苦
不樂受樂受是壞苦苦受是苦苦不苦不
樂受是行苦觀心無常者心即心王心王
不住體性流動若麁若細若內若外皆悉
無常觀法無我四念處一七云法名軌則
有善法惡法無記法人皆約法計我我能
行善行惡行無記若於心王計我已屬心
念處攝若於心數計我從九心數一切善
數惡數通大地數並屬行陰法念處攝此
等法中求我決不可得龜毛兔角但有名
字實不可得若善法是我惡法應無我若
惡法是我善法應無我若無記是我無記
不能起業但名因等起因此無記起善起
惡善惡業尚非我因等起何得是我當知
皆無有我但是行陰故經云起惟法起滅
惟法滅但是陰法起滅無人無我衆生壽
命雖有法起亦是顛倒顛倒者即是身遂
二見想行蘊者止觀五八云想取相貌行
起違從文念處居初者一佛囑佛將入涅
槃阿難請問佛去世後比丘依何修道佛
荅比丘當依四念處行道二依經止觀五
二云大品云聲聞人依四念處行道菩薩
初觀色乃至一切種智章章皆爾故不違
經文三現前止觀五連云又行人受身誰
不陰入重擔現前是故初觀文輔行七上
十二云以四念處能爲大小觀行初門如
來殷勤遺囑意在於斯文
二四正勤一未生惡令不生二已生惡令滅
三未生善令生四已生善令增長
正則不邪勤則不息輔行七上二十云只是
於前念處精勤除惡生善文從語便先除
二惡次生二善據行必以已生善惡居先
未生善惡居次並先明滅惡次明生善文
止觀七二十六引十住毘婆沙偈云斷已生
惡法猶如除毒蛇斷未生惡法如預防流
水增長已生善如溉甘果栽未生善爲生
如鑽木出火文一未生惡令不生四念處
觀時若懈怠心起及諸煩惱惡法雖未生
恐後應生遮信等五種善根令爲不令生
故一心勤精進方便遮止不得令生也二

已生惡令滅四念處觀時若懈怠心起諸煩惱覆心離信等五種善根如是等惡若已生一心勤精進方便除斷令盡也三未生善令生四念處觀時信等五種善根未生爲令生故一心勤精進方便修習令善根生也四已生善令增長四念處觀時信等五種善根已生爲令增長故一心勤精進方便修習令不退失增長成就法界次第中十三

三四如意足

欲念進慧法界次第中三十云智定力等所須皆得故名如意足此四屬定六神通中身如意足藉茲而顯又通因定生亦可六通因茲並發四正勤是慧慧觀不勤念處不成反招散動如風中燈令修如意如加密室定慧均等欲者希向慕樂莊嚴彼法言彼法者謂念處境言莊嚴者修希向心令法端美凡所修立一切諸法若無樂欲事必踈遺念者專注彼境一心正住若無一心觀法斷絕進者唯專觀理使無間雜無雜故精無間故進凡所修立一切諸法若無精進事必不成慧者止觀法界次第皆名思惟思惟彼理心不馳散當知四法是入定方便出輔行七上十二析玄下三十六云四觀神足心所中慧以覺察爲義妙樂二入云思是慧數文

四五根信進念定慧

輔行七上二十云修前諸品縱善萌微發根猶未生根未生故萌善易壞令修五法使善根生故此五法皆名爲根文信者信於諦理能生一切無漏根力禪定解脫三昧等然此信根必依念處若無信境根何能生進者信諸法故倍策精進念者但念正助之道不令邪妄得入定者攝心在正道及諸助道善法中相應不散慧者念處之慧爲定所攝以觀自照不從他知

五五力同上根名

前不入故進修五力令根增長則能排障同上根名者輔行七上三十云問名同於根何須更立荅善根雖生惡猶未破復更修習令根增長是故此五復受力名根成惡破故名爲力文釋籤一九云信解品云無有欺怠嗔恨怨言欺爲信障怠爲進障嗔爲念障恨爲定障怨爲慧障若根增長能破五障故名爲力文信力信諦不爲邪外諸疑所動進力觀諦心無間雜本求道果未證不休念力持諦破邊邪想不令煩惱之所破壞定力若成能破欲界一切諸散能於諸禪互無妨碍不同單修根本之相慧力能破一切邪外等慧能破一切見愛等執

六七覺支念擇進喜輕安定捨

修前不入由定慧不調故用七覺均調學謂覺了支謂支分法界次第中四十云無學實覺七事能到文止觀七九云心浮動時以除覺除身口之麤以捨覺捨於觀智以定心入禪若心沉時以精進擇喜起之念通緣兩處文輔行七上三十云定慧各三各隨用一得益便止無假徧修若全無益方趣後品念能通持定慧六分是故念品通

於兩處文

七八正道正見正思惟正語正業正精進正定正念正命

正以不邪爲義能通至涅槃故名爲道正見修無漏十六行故明見四諦正思惟以正思惟發動此觀正語以無漏智除四邪命常攝口業住正語中正業以無漏智除身邪命住於清淨正身業中正精進勤修涅槃善入正諦正定正住於理决定不移正念心不動失正直不忘正命以無漏定慧通除三業中五種邪命見他得利心不熱惱而於已利常知止足住清淨正命

四邪
- 方口食—曲媚豪勢通使四方
- 維口食—種種呪術卜算吉凶
- 仰口食—仰觀星宿以自活命
- 下口食—種植田園合和湯藥

五邪
- 爲利養故現奇特相
- 爲利養故自說功德
- 卜相吉凶爲人說法
- 高聲現威令人[illegible]敬
- 說所得供養以動人心

已上七科即是藏教生滅道諦

輔行一下一十云菩提煩惱更互相傾故名生滅

然如前所列四諦名數通下三教但是隨教廣狹勝劣生滅無生無量無作不同耳故向下名數更不再列

釋籤三八云問何故立四種四諦之殊荅諦本無四諦秖是理理尚無一云何有四故知依如來藏同體權實依大悲力無緣誓願物機所扣不獲而用機宜不同致法差降從一實理施出權理權實二理能詮教殊故有四種差別教起涅槃實後暫用助圓故須具用偏圓事理故今引之以顯誠證三偏一圓界内界外各一事理故成四種文廣狹等者以藏通造六故狹別圓造十故廣藏別不即故劣通圓談即故勝於廣狹境各論勝劣則成四種四諦迷真有重輕故論生滅無生迷中有重輕故論無量無作不可作尋常迭論勝劣釋也生滅妙玄二十二云迷真重故從事受名如前釋無生妙玄二十二云迷真輕故從理得名苦無逼迫相集無和合相道不二相滅無生相無量妙玄云迷中重故從事得名苦有無量相十法界不同故集有無量相五住煩惱不同故道有無量相恒沙佛法不同故滅有無量相諸波羅蜜不同故文無作妙玄云迷中輕故從理得名止觀一三云陰入皆正無苦可捨無明塵勞即是菩提無集可斷邊邪皆中正無道可修生死即涅槃無滅可證文

然四諦之中分世出世前二諦爲世間因果苦果集因後二諦爲出世間因果滅果道因

釋籤三八云苦集只是世間一法道滅秖是出世一法世出世法因果性殊而因必趣果因果類異故值四殊文

問何故世出世前果後因耶荅聲聞根鈍知苦斷集慕果修因是故疑也

聲聞根鈍苦爲初門支佛以集菩薩以道通菩薩以滅別菩薩以界外道圓菩薩以界外滅慕果修因且據凡位若初果去則云帶果行因支佛不立分果乃云望果行因四諦果前因後此且一途餘亦不定

四諦次第
- 世法麤—苦、集—果麤—約教
- 出世法細—滅、道—因細—約行
- 從麤至細

若相麤故先說集細次說滅麤亦先說道細次說又俱世間苦果今感集滅能會出世果今其[illegible]道

畧明藏教修行人之與位

通標一教修行之人及三乘位次妙玄四

三十二云爲破行人增上慢心爲消經文引物希向文 釋籤五二十二云若無位次將何以爲見賢思齊將何以越增上慢罪文

初明聲聞位分二初凡二聖凡又二外凡內凡

凡有四門明位一毘曇有門明七賢七聖二成論空門明二十七賢聖三毘勒論明雙亦門四車匿論明雙非門後二門大論雖指論文不度若空門二十七賢聖者學人十八無學有九四教義二十七云賢人有

緣覺　十八

二聖人有二十五文凡位不備今家不用釋籤五十二具引今依有門明聲聞位者有三意一凡聖位足二佛法根本三待順教旨佛法根本者有門所說世間諸法乃是無明正因緣生不同外道邪無因緣生也

又四教義云大乘經論破小用小多取有門少用空門故須畧出毘曇有門佛法根本賢聖之位文又初二云三藏四門雖俱入道而諸經論多用有門乃至圓教多用非空非有門今不列七聖直作四果釋者名義顯故

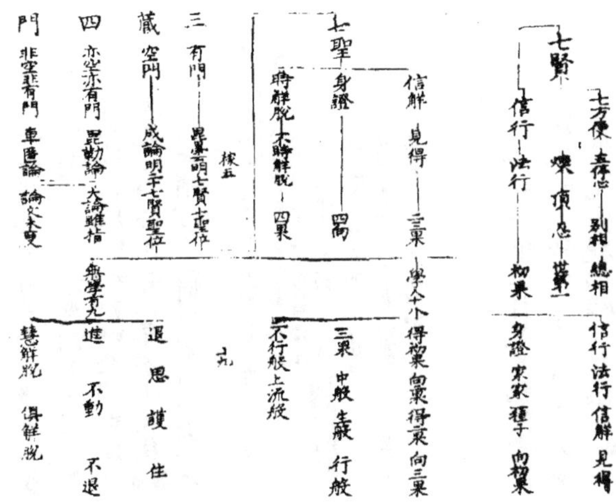

此依釋籤五十八列成論二十七賢聖若輔行準俱舍列則無身證故料揀云何緣身證不預其數荅無漏三學是聖者因擇滅涅槃是聖者果滅定有漏不是依因是故身證不預其數中阿含一卅云長者問佛福田有幾佛荅同俱舍且據學無學二十七人是同然福田經列身證俱舍則無也凡者常也亦名爲賢賢者善直亦曰鄰聖分內外者相似見理名內未得似解名外

釋外凡中自分三初五停

心停者止義住義修此五法止住五過心者有四種一草木二肉團三積聚精要四慮知今是慮知心也此五停心通於四教具如四念處明妙玄五三以五停心對圓五品禪門二五以停心名五門禪義該大小通於凡聖菩薩等修今是三藏聲聞助道也貪等是境不淨是觀四教義二四云心既調停乃可習觀猶如密室之燈入道根本無過此五法也文或云五停心觀則從慧或云五門禪則從定定慧調適故名停心

五停心諸文列次

析玄一	多貪不淨觀	多瞋慈悲觀	愚癡因緣觀	著我析界觀	散亂數息觀
四教義一	數息	不淨	慈悲	因緣	界方便
四念處一	數息	不淨	慈悲	界方便	因緣
妙玄三	數息	不淨	慈悲	因緣	念佛
止觀七	數息	不淨	慈悲	因緣	念佛
今文	不淨	慈悲	數息	因緣	念佛

然上列次析玄以不淨觀居初者約三不善根次第也第四明析界觀者約不善根後辦第五明數息者散亂是隨煩惱故於煩惱後辦四教義等文皆以數息居初者順修禪人必先攝散入定故四教義二云

今依禪門辯次第也以病先後隨人不須定執前後次第也又諸文專以不淨數息居初者妙樂六十引俱舍云入道要二門不淨觀數息析界與念佛互存沒者四教義二四問此處何不說念佛三昧為五種耶答開因緣出界方便代也以二世因緣與界方便皆破著我能破雖與所破是同故開二世因緣以破著我即出界方便代念佛也且界方便何以能代念佛耶故下即釋出云界方便與小乘念佛相同亦破境界逼迫障以界方便能破之相與念佛所破境界之相是同以皆不出六界十八界故念佛破境界逼迫障界方便亦破也又

四念處一云問此中何不云念佛停心答作五度門則不用作六度門則須用因緣自對等分性實斷常著我此三皆有故云等分念佛對逼迫障文止觀七十七云毘曇以界方便破我謂觀破六界十八界也如輔行七上對治不同今圖示之

止觀煩惱境中明六種治八之四　四教義二四念處二五明五種第五具治名異義同

小乘
- 一對治　藥對病如不淨對貪等
- 二轉治　病不轉藥轉藥病俱轉
- 三不轉治　病雖轉而藥不轉　[illegible]
- 四兼治　病兼三藥亦兼三
- 五具治　具用五法共治一病　五亦對亦轉亦不轉亦兼治

大乘
- 六第一義治　非對等五如阿伽陀藥遍治衆病

多貪衆生不淨觀

六識妄心於順情境上引起無厭故言多貪禪門第四明三種貪一外貪男女身分互相貪着用九想觀治觀他身九想者一膖脹二青瘀三壞四血塗漫五膿爛六噉七散八白骨九燒二內外貪於他已身而起貪愛用八背捨治先觀內身骨鎖故能治內三遍一切處貪資生五塵等物用大不淨觀治即八勝處因於自身骨人觀成斷見十方依正故能治自他貪欲析玄上八明四種一顯色謂青黃等作青瘀想二形色長短等形作壞爛想三妙觸自他身分細軟光澤作蟲蛆想四供奉衹承適意用死想治也此四望大論六種缺人相音聲姿態等此不淨觀與念處觀身有異一正助不同彼正此助二自他境別彼觀自身此想他境三假實觀異彼是實境此是假想

二多瞋衆生慈悲觀

於違情境上忿恨不已名曰多瞋佛令修慈悲觀可以對治若準禪門第四一義通大乘境觀有三一非理瞋欻起瞋心不問可否修衆生緣慈一切衆生如己眷屬二順理瞋人實來惱我修法緣慈見一切法皆從緣生三諍論瞋著己所解為是謂他說行為非修無緣慈能所一體慈即無緣今是小乘助觀當彼第一衆生緣慈若法界次第則具明慈悲喜捨四無量心今但慈悲析玄準俱舍論七周行慈輔行九五下依婆沙明九周行慈而皆不出七境三樂謂上親父母師長中親兄弟姊妹下親朋友知識中人非冤非親下冤害下親者中冤害中親者上冤害上親者三樂者析玄十一上一謂諸佛上菩薩中諸天下輔行引婆沙云三禪上四

事(中)經行處(下)輔行(九五)引婆沙云問與衆生何處樂荅有說與三禪樂樂中勝故有說與四事樂已曾得故有說與經行處所有樂至所住處思惟令得文若枏玄三樂恐成過分隨機之說貴在治障不可槩論

天台四教儀集註卷第五

天台四教儀集註卷第五

校勘記

一　底本，明永樂北藏本。

一　五五四頁上一行「卷第五」，[清]作「卷第四」。卷末卷次同。

一　五五七頁中正文一一行「犕細」，[清]作「麤細」。

一　五五九頁上一〇行末字「足」，[清]作「定」。

一　五五九頁下二行小字「丸」，[清]作「九」。

一　五五九頁下一三行末字「學」，[徑]、[清]作「覺」。

一　五六〇頁下一二行「疑也」，[清]作「然也」。

一　五六〇頁下「四諦次第從犕至細」表内所有「犕」字，[清]均作「麁」。

一　五六一頁中「七聖」表内中行「三果」，[清]作「得三果」。

一　五六一頁下五行夾註「川一」，[清]作「卅一」。

一　五六一頁下一五行第五字「二」，[清]作「三」。

一　五六二頁中圖表後正文一行「多貪衆生不淨觀」，[清]冠以序數「一」字。

一　五六二頁下一八行夾註「娣妹」，[清]作「姊妹」。

天台四教儀集註卷第六　稼六

南天竺沙門　蒙潤　集

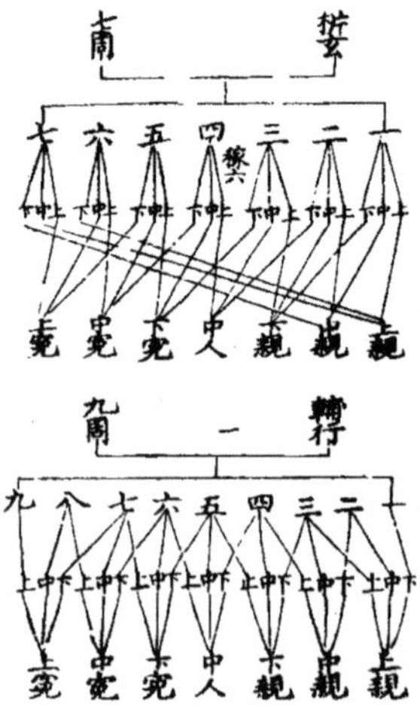

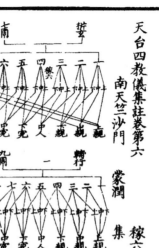

先親後冤者從易至難順心成觀若析玄第六觀方與上親下樂第七上親中樂中親下樂者一者次第脩觀未暇與故二者順七周次第每一番用觀先與上樂中下非要故在後時與雖前後境境皆三使冤親平等以破嗔障輔行開爲九周者一順從親至冤次第與樂不待六七却緣前親又復前境爲得不得盖爲破障且爾運心其實前人實未得樂故析玄上云問自身有樂可施於他忽若自身無樂將何施與荅自身若無樂可施即運心將餘諸天菩薩等樂而惠施之願彼冤親平等衆生得受如是等樂故又涅槃疏云雖欲拔苦實未拔苦皆是虛言雖欲與樂實未得樂此是假說又行者用觀當念冤讐如過去父母等方能冤親平等與樂廣如析玄上云云

三多散衆生數息觀

攀緣思慮與定相違故名多散息有四相止觀八七十云有聲曰風守之則散結滯曰氣守之則結出入不盡曰喘守之則勞不聲不滯出入俱盡曰息守之則定文數者從一至十不多不少令心不散禪門第五二有四師一師數出息不急不脹身則輕利易入三昧二師數入息隨息內歛三師出入無在但取所便而數四師依四時用數經家正依第三師又不許出入俱數恐生病故梵語阿那波那此云遣來入息遣去出息即是三世諸佛入道初門通於三乘四教又用息明六妙門謂數隨止觀還淨攝心在息從一至十名之爲數細心依息知入知出故名爲隨息心靜慮名之爲止分別推析名之爲觀轉心返照名之爲還心無所依妄波不起名之爲淨如法界次第上今是小乘助道但名數息

四愚癡衆生因緣觀

迷倒不了撥無因果故曰愚癡須知着我及計斷常并執性實三皆迷倒因緣者法界次第中七十云展轉感果爲因互相由藉爲緣文如無明爲因能與行支爲緣乃至生支爲因能與老死爲緣四教義二八十云十二因緣有三種不同一者三世十二因緣過去二支因現在五支果現在三支因未來二支果二者二世十二因緣現在有十未來有二三者一念十二因緣此約現在隨一念心起即具十二因緣三世破斷常二世破着我一念破性實也文輔行七上末云三世破斷常者三世相續故不斷三世迭謝故不常又過去破常未來破斷現在雙破斷常二世破我者現未二世具十二因緣於父生愛於母生嗔名爲無明父遺體時謂是已有名之爲行從識支去至老死支與二世同文輔行八上十一云言一念者非謂

極促一剎那時謂善惡業成名爲一念異於三世二世連縛等相故名一念皆是無常故無性實文如妙玄二十六禪門三九然此三種因緣破愚癡者着我在內準大集及禪經說若毗曇大經乃以界方便破着我此皆隨機宜樂也若束十二爲三道輪轉相生者俱舍云三煩惱二業七事亦名果雖有十二而二三爲性三謂惑業事二謂因果畧果及畧因由中可比二後際畧果前際畧因中間廣說可比知也比準俱舍缺畧義若準婆沙前際畧果後際畧因乃全畧義補注十二引論具釋又云從惑生惑業從業生於事從事事惑生有支理惟此十二因緣通名有支道理惟若此也此名束十二輪爲三道以能通義與輪轉義同廣如輔行三下十四釋

三世十二因緣

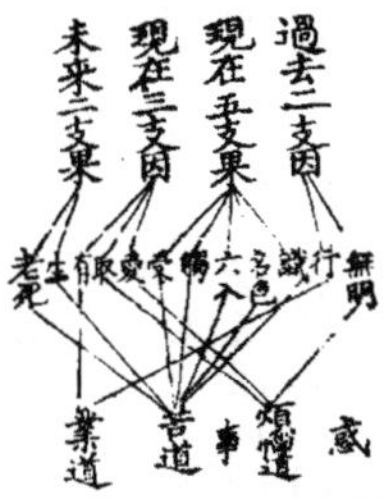

古頌云無明愛取三煩惱行有二支屬業道從識至受幷生死七世同名一苦道此十二支亦名十二重城十二棘園十二牽連十二苦事十二輪束縛不窮故名爲輪

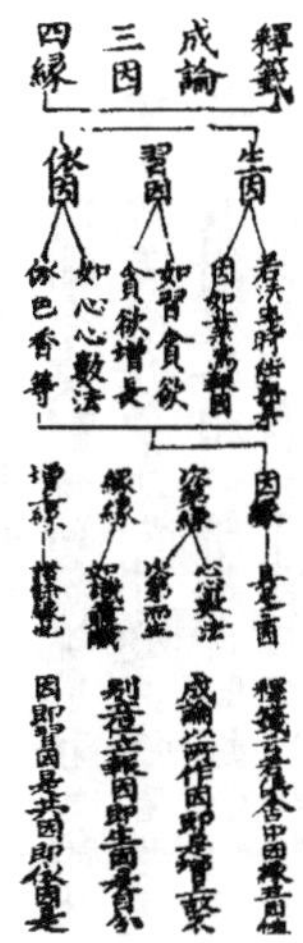

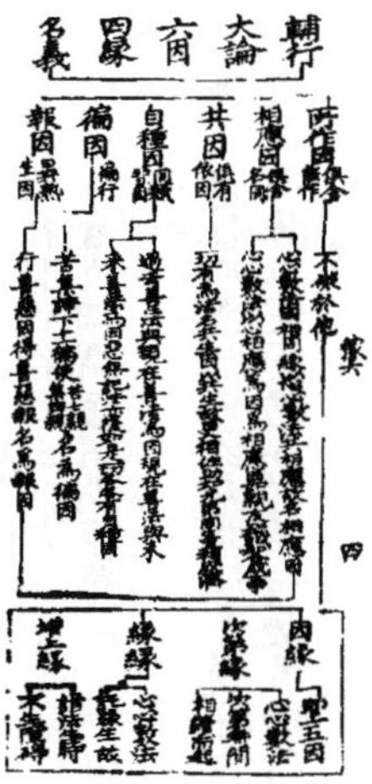

鈔六　四

輔行引俱舍云能作及俱有同類與相應徧行幷異熟許因唯六種今且依大論畧出六因相以大論是一家承用名字稍同故且依之乃至云復次心心數法從四緣生無想滅定從三緣生除於緣緣諸餘心數不相應行及色從二緣生除次第緣及緣緣餘有爲法劣故無有從於一緣生者報生心心數法從五因生除於徧因無漏心心數法從三因生謂相應共及無障碍淨名記云十二秖是四六而已故知但是

離合說也且如無明秖是行家之能通也即同類因行必四相即俱有也行中五部亦同類也見歷四諦思歷一諦無明行中心心數法共行共感所作必同行有必招識等異熟此行必有徧行五部之惑若四緣中論云增上即能作因緣

鈔六　五

五因性比六因說可知輔行八上十六云大論問佛說因緣甚爲難解云何令於癡人觀耶答非如牛馬等禪門但云聰明利根分別籌量不得正慧邪心取理名爲愚癡文比因緣觀與支佛何異今是助道破障畧論三世支佛正觀破惑必須逆順兩緣百千萬世因緣等

五多障衆生念佛觀

止觀云睡障念處乃云逼迫障禪門第四明三種障念三身治彼通大乘今且明小乘助道障即惡業三種者一昏沉暗塞障昏睡無記念應身三十二相治二惡念思惟障欲作五逆十惡等事念報身力無畏等治三境界逼迫障身忽卒痛或見無手足火焚水溺等也念法身空寂無爲治文今明小乘助道據四教義云破境界逼迫障合念真空法身若以身對教如輔行一下七

云前之三教各念一身謂生應報圓念法身諸身具足（文）

二別相念處（如前四念處是）妙玄四（二十三）云五障既除觀慧諦當能觀四諦而正以苦諦爲初門作四念處觀破四顛倒（文）析玄上（二十）云別謂各別身受心法不同故相謂行相觀此四法作不淨等行相故言念觀者然觀體非念觀是其慧推求觀察知不淨等故（乃至）處謂處所謂身受心法是念所緣住止之處故（文）於五陰境脩四念處爲破四倒合五爲四受則六根對六塵義兼内外故獨爲一想行一向居内故合爲一又此念處別名屬慧通亦有定輔行三下（十一）云四境上心故名爲定（文）

三總相念處一觀身不淨受心法皆不淨乃至觀法無我身受心亦無我中間例知（已上三科名外凡亦名資粮位）此有四句四念處一云一境別觀別正是別相念處二境別觀總三境總觀別此二是總相之方便四境觀俱總是總相念處（文）初則一藥對一倒中間二句觀心漸熟或別於一境總用四觀或別用一觀總觀四境第四境觀純熟舉一俱得也若析玄準俱舍頌前三皆別相攝第四句方是總相位今依妙玄四念處初句是別後三皆總令此正當境總觀別謂別用一觀總觀四境又上停心破障四念處惟觀苦諦至內凡位方觀四諦妙玄四（三十三）云七賢位人明識四諦此約解說心行理外名外凡資粮者從喻也欲越三有此爲資粮

二明內凡者有四謂煖頂忍世第一（此四位爲內凡亦名加行位又名四善根位）漸見法性心遊理內身居有漏聖道未生故名內凡以定資慧加功用行故名加行聖道根本亦曰善根煖從喻妙玄四（二十四）云以別總念處觀緣四諦境能發似解伏煩惱惑得佛法氣分如鑽燧先煙春陽煖發以慧鑽境發相似解解即喻煖（此喻慧行）又如春夏積集花草自有煖生以四諦慧習衆善法善法熏積慧解得起故名煖也（此喻行行）頂妙玄四（二十四）云似解轉增得四如意定十六諦觀轉更分明在煖之上如登山頂觀矚四方悉皆明了故名頂法（文）忍妙玄四（二十四）云亦是似解增長五種善法增進成根於四諦中堪忍樂欲（文）亦忍可義世第一釋籤四五云此是有漏故名世間於中最勝故云第一（文）此四位觀行者俱舍頌云從此生煖法（從總相後生煖善根）具觀四聖諦脩十六行觀（四諦爲所緣十六行爲能緣釋籤謂煖八諦十六行相有解入字字恐誤或約上二界四諦体同通解云八耳其實只觀欲界四諦此位有三品）次生頂亦然（用觀同前亦有三品）下中忍同頂（下忍通觀八諦中忍縮觀明減緣行令皆云同頂者下忍雖上下遍觀不出四諦中忍雖成緣行約初觀說）上惟觀欲苦一行一剎那（此上忍合有一行二剎那心言一剎那此擬滿故）世第一亦然（上忍位中有二剎那一剎那盡餘一剎那在名上忍滿即入世第一今一剎那引入無漏故云亦然也）

七賢立
- 一五停心——觀破貪等五障
- 二別相念——唯觀三界苦諦
- 三總相念——具觀三界四諦脩十六行

脩觀行相

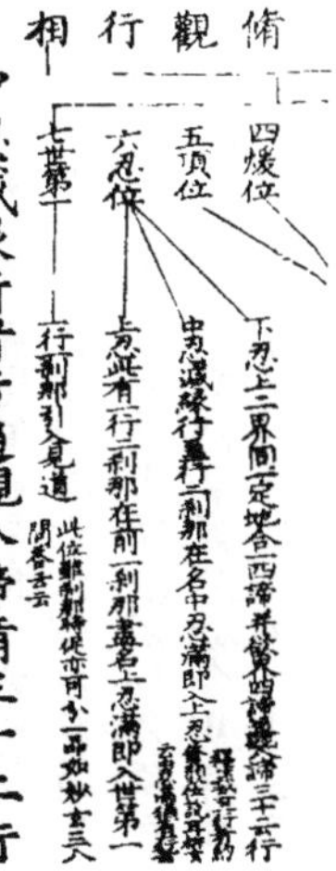

中忍減緣行者若通觀八諦脩三十二行名下忍位若初依欲界苦脩四行次例觀上二界苦亦四行又觀欲集四行次上二界集四行乃至上二界道下不用最後乘之一行名爲一周減一行也復從前觀從後減至第四番減上二界道諦下道之一行到此能緣之行既無所緣之諦亦減此道行與道緣同名亦與緣同減故云減緣必減行據初一行減行未必減緣據後三行第五番減欲界道諦下乘行乃至最初欲界苦下空行總有三十一周減緣減行皆名中忍唯留一行并所緣苦境入上忍位此位所留一行隨行者所宜如釋籤第四云云是則上四下三七緣與初行同名行與緣同減故釋籤四四云七周減緣二十四周減行

中忍減緣行之圖

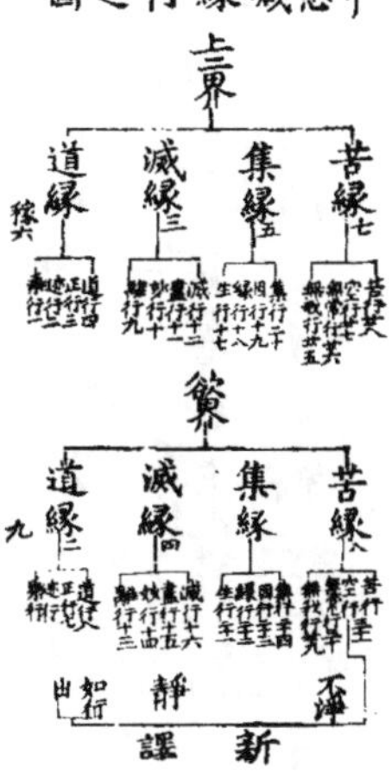

十六行義如輔行三下十七及析玄上具釋文上二界合一四諦者同一定地故以欲界現前比上而觀故析玄五義備釋云云此則伏三界四諦下惑至發真時故上二界同名比法忍智等又十六行只是觀門涅槃疏名十六諦者取諦審觀察義故又此減緣行妙玄三八合作八番者以行從緣但約八諦爲八周也四教義一十二云中忍作十番縮觀者約後七諦以行從緣爲七周開欲界苦下所減三行爲三周總爲十番妙玄八八云三番縮觀進成上忍者以三界不出四諦亦以行從緣減後三諦故曰二番諸文詳畧不同蓋赴機異耳四善根勝利者俱舍頌云煖必至涅槃頂終不斷善釋籤四云忍位是進煖位是退頂位是進退兩際猶如山頂文四教義二

云煖頂退者何云性地答此人雖造惡墮地獄一入受罪不復重入有性地善根故能脩聖果文且必至涅槃與終不斷善有何異耶蓋煖雖造惡入獄終不久留後必生人天證涅槃果着到頂位雖退入惡必不起大邪見斷善根故但有明時淺深之殊其善根一也**忍不墮惡道**四教義二廿云下中二忍雖起煩惱惡業而不受三途猶受人天百千萬生者上忍成但有人天七生業在**第一入**

離生此一剎那即入見道故同見道離四趣生問前中忍中玄文云但作二心觀於一行釋籤何云彼四心同一行一緣耶答中忍二心似於忍智二心也以由忍智二心雖在世第一後心發真而得今中忍位有此似解故云如似約一行說但有二心故云但作二心觀於一行若釋籤云四心者緣行各二故云彼四心同一行一緣也釋籤四引論明脩煖法從欲界至無所有八地各九品并一具縛總七十三人是則煖法通於三界涅槃經何云如是煖法是色界法非欲界有文須知能脩之人通於三界所發煖法依色界定發也釋籤引評家云盡是色界法住定地法文涅槃疏作三義釋云一多用定發煖法觀從多爲言二據中間三界皆能

發於煖法而色界居中故言色有三㨾處爲語色發煖法易欲界則難文

上來内凡外凡總名凡位亦名七方便位以此七位爲入聖道之方便諸文或云五方便者蓋僔心破障故不論總別念處但合爲一文

次明聖位亦分三一見道初果二脩道二三果三無學道四果

四教義云通名聖者聖以正爲義捨凡性入正性初果見理破惑名見道二三果去重慮緣真名脩道四果惑盡名曰無學文句八四云研真斷惑名爲學真窮惑盡名曰無學文然初果位從世第一後心苦忍真明或云苦忍明發即欲界苦諦下苦法忍也明發即苦法智也謂真智明發也於八諦下發八忍八智總十六心有門以十五心名見道爲初果向十六心是脩道初果攝栝玄空門以十六心名見道爲初果二果去方屬脩道宗計不同不須和會経家雖多用有門高麗師欲令易解且準空門註見道是初果也八忍八智者倶

舍頌云前十五見道見未曾見故世第一無間即緣欲界苦生無漏法忍忍次生法智次緣餘界苦生類忍類智緣集滅道諦各生二亦然

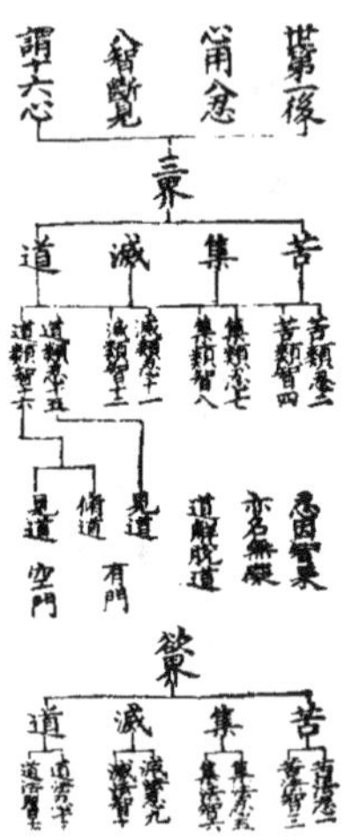

七聖位對三道四果及向次第超越住果勝進委如妙玄四教義明今圖示之

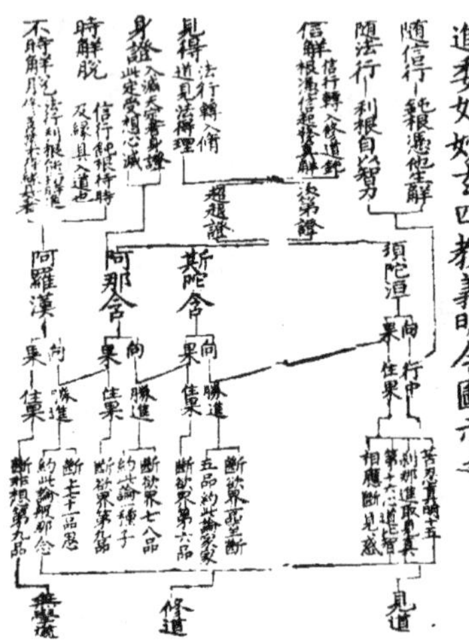

一須陀洹此翻預流此位斷三界八十八使見惑見真諦故名爲見道又名聖位

預流者預入聖道法流金剛云入流或翻逆流逆生死流也栝玄下八名抵債不受三途業債故斷三界八十八使者何故婆沙論云二十八使見道斷餘六十使修道斷耶先達云有二種根性若等觀四諦者見道斷八十八使若不等觀四諦者見道中唯斷三界苦諦下二十八使餘三諦下見隨修道斷乃是鈍根

二斯陀含此云一來此位斷欲界九品思中斷前六品盡後三品猶在故更一來

此果斷欲界九品思惑前之六品於初果之後此果之前須論家家今先明欲惑潤七番生死次通示超次根性後别釋家家之義惑有麤細故分九品無漏智力故經七生所以須七生者如輔行引成論云於七世中無漏智熟如服酥法七日病消如歌羅邏七日一變如親族法限至七代如七步蛇四大力故行至七步蛇毒力故不

至八步惑力至七道力非八婆沙云應云十四何故云七答中有本有數不出七故但云七(乃至)若總論生應云七人七天十四中有合二十八生且依前說不出七故故但云七

經生損惑

古德頌

初品潤二生
二三四各一
五六共潤六
第七斷三品

次斷
- 任斷
  - 得初果已不起加行任運經於七生斷九品惑即止觀中
  - 引舊婆沙對超所論之次也既非斷惑損生無斷惑緣
- 次斷
  - 得初果已不欲經生起大加行斷二必三斷五必六必無不
  - 斷大品惑盡而命終者前任斷以經生損惑今次斷以
  - 斷惑損生三緣具足得論家家即輔行所引俱舍所須之以斷也

超斷
- 本斷超
  - 本在外道修世禪時用六行觀斷思惑隨其本斷數多少而超
  - 果不同有漏智弱抑退一位雖本得非想定直超至三果後緣
- 小超
  - 是內弟子因時習定伏於見思者未得禪令入初果見惑斷時
  - 隨所伏思與見同斷超至五品功齊四品以五六二品共一生故
  - 此亦論家家者至八品名一種子乃至無學向果超果不定
- 大超
  - 本在凡地聽法聞唱善來成阿羅漢果無受生緣
- 大大超
  - 如佛一念正智俱盡輔行云正習盡者是三藏佛耳

任斷者此人非全無觀行但不及次斷勤加功行耳次斷者雖異任斷乃對超斷越次得名本斷超者輔行六上十云本得非想定即是已斷下八地思至十六心應名阿羅漢向但名阿那含者以凡地時有漏智弱但名那含若本斷九品今名三向若七八品得名二果斷六品等名二果向斷五四等但名初果(文)須抑退者意令此人此生必定起無漏聖道故(文出俱舍)小超者止觀六(九)云若凡地未得禪十六心滿超能兼除欲惑諸品或三兩品(輔行云應云三四或恐文誤或婆沙不同)即是家家一種子等即是小超(文)及前文云超斷至五品名家家乃至八品名一種子(文)輔行(六上)釋云今文中言超斷者只是下文小超之人(此定止觀超斷屬小超也)本在凡地未得色定或脩欲定欲惑未斷此人至十六心超斷五品名為家家此之五品同四品故(此文別釋小超中斷五品惑論家家者一種人也不可據此之文通定小超之人皆未得色定如止觀云若凡地未得禪若已得禪豈止三向蓋小超人其類非一)隨其本斷品之多少而得名為家家種子及以無學向果等名(此文通釋小超超果不定蓋止觀文明小超人至一種子義猶未盡故此點云隨其本斷等也蓋隨其小超本位斷惑品數多少則斷五品名家家多則乃至極果則知小超不可惟局三果向也故止觀云十六心後即有一念超果至那含或超至羅漢)問小超若超至四果者上觀何故但云若凡地未得禪超能兼除欲惑諸品答此據小超中未得色定者而言故云若凡地未得禪超能兼除欲惑諸品若之為言乃不定之辭也況諸品之言豈惟八品故下即云一種子等問或謂小超只至三向乃判輔行隨其本斷品之多少謂雙點超次而得名為家家種子乃別點小超及以無學向果等名乃別點次斷如此可乎答止觀雖超次對辯輔行唯指小超如云今文中言超斷者即是下文小超之人乃至云此之五品同四品故隨其本斷品之多少等乃釋小超一連之文豈可分擘對當耶問止觀超次對辯何故小超只至一種子耶答小超一種子已前與次斷異若三果後與次斷同故止觀不論也問或謂十六心後一念超果至

那含屬本斷超超至羅漢屬大超者且小超何不預耶答本斷超人豈止那含若大超人凡地聞唱善來即證羅漢何得云十六心後問小超既至羅漢與大超何別答以小超凡地修觀伏於見思至十六心超果不定若大超人凡地一呼善來直超四果與小超自不侔矣次釋家家之義家家者受生處不一也人中三洲張王不同天上六欲宫殿等別故論天家家人家家不等家家平等家家輔行六上（六）云家家者有二不同謂天及人天謂欲天三二家生而證圓寂（此天家家）人謂人處或三二家或三二洲而證圓寂（此人家家已上皆平等家家也）若天三生天三人二若天二生天二人一（天不等家家）人生三二反此可知（人不等家家）故天家家先於人中得見道已若超若次進斷三四後於天中三二處生人中反此天家家者於最後生天中餘殘結斷名得圓寂人中家家準此可知（然輔行云三二生而證圓寂即四果也此是家家種性不可作尋常斷九品惑得三果釋也）俱舍頌云斷欲三四品三

二生家家（此二句正頌家家斷三品則損四生後三生在論三生家家若斷四品則損五生後二生在論二生家家）斷五至二向（斷至五品名二果向）斷六一來果斷七或八品一生名一間（斷至七品或八品猶有一生間隔此據命終者）此則第三向（此據不命終者而向三果）斷九不還果已上論頌正頌加行次斷備乎九種根性輔行問何緣無斷一品二品及斷五品名家家耶答加行次人斷二必三斷五必六必無不斷大品惑盡而命終者輔行云此次斷義與今文同蓋指俱舍加行次斷與止觀所引婆沙小超是同問次斷之人必斷大品惑盡何故斷四不至五六又斷八品何不至九答斷初大品已既有餘力故更進斷第四也不至九者以有得果越界二義故六唯得果無越界義是故斷五必至於六二三品中全無二義斷二必三於理無疑問還有斷一二品論五四生家家否答既斷二必三豈惟一耶問還有斷六品論一生家家否答家家者受生處不一既唯一生則不論也問斷五至二向還可於此論功齊四品論

家家否答加行次人既斷五必六不同小超也三緣具足方論家家俱舍云即預流者進斷修惑若三緣具轉名家家一斷惑緣斷欲修惑三四品故（此揀異任斷）二成根緣得能治彼三四成無漏根故（此揀異本斷超）三受生緣更受欲有三二生故（此揀異大超）頌中但說初後緣者（斷欲三四品即斷惑緣三二生家家即受生緣）論中既云預流果後進斷修惑即是治彼三四成無漏根義準已成故不具說三緣缺一非家家之義若斷七八亦具三緣轉名一間此約次斷若小超人既論家家三緣必具輔行六上若超若次進斷三四（文）得非小超亦至三四品耶彼釋家家三二處生故以五品功齊四品而總言耳非謂小超至四品也又復小超至五品而不至六者由得果義故止觀六引婆沙云次斷五品名斯陀含向超斷五品名家家次斷六品名斯陀含果超斷六品名一往來次斷七品八品名阿那含向超斷八品名一種子（文）問次斷五品名二向超斷五品名家家

人斯陀含與一往来那含向與一種子其義無别何分超次各由命終不命終經生不經生異也盖次斷五品名二向者此人既不命終向二果也超斷五品名家家者此既命終雖斷五品功齊四品以論家家下二例説故三縁具足得受一間正取命終一生間隔三縁不具不受一間之名但名阿那含向正取不經生者向三果也然教門方便論家家者爲令聖者畏經生故速得證果若任斷人既經生損惑故不説也

三阿那含此云不来此位斷欲殘思盡進斷上八地思

此果斷欲界下三品思盡進斷上八地思取證四果而般涅槃此云滅度就此釋般那含籤六大此名從畧乃是般涅槃之阿那含也舊對家家稱爲般般義無所準又此且論有餘涅槃俱舍論云般涅槃者謂有餘依有餘師説亦無餘依此不應理彼應捨壽無自在故止觀六五云次斷初禪初品至非想

第八品凡七十一品悉名阿羅漢向六種那含位在其中此是任根性斷輔行六上六引大論七種一中般二生般三有行般四無行般五上流般色界六現般欲界七無色般俱舍七種前五如大論第六却取無色般輔行彪一無字乃云但取色般并五爲六第七方立現般荆溪謂俱舍不立現般指七種中第六不立耳非謂論文不明現般據二論六種一立一不立對釋止觀六種那含故有此言但諸文種數多少今準俱舍三界七種圖示然後對揀頌云此中生有行無行般涅槃上流若雜修能往色究竟超半超遍沒餘能往有頂餘字指不雜修有頂非非想處行無色有四住此般涅槃輔行六上拼玄具釋論頌七種先色次無色後欲般令圓順三界次第色善善無無無廣福無徧無少光無少大梵梵究竟現見熱煩想果生雲淨量淨音量光籤六亢梵輔梵衆

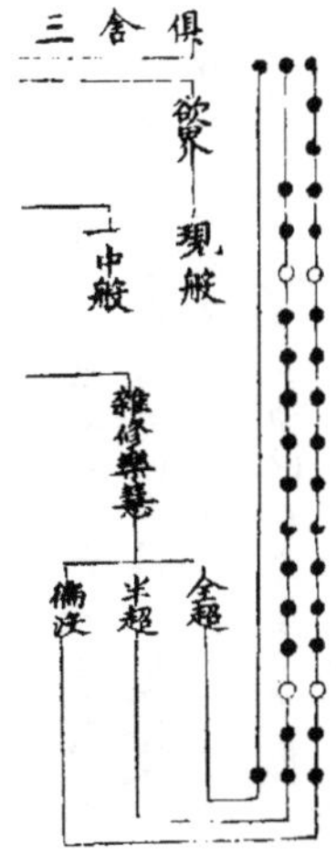

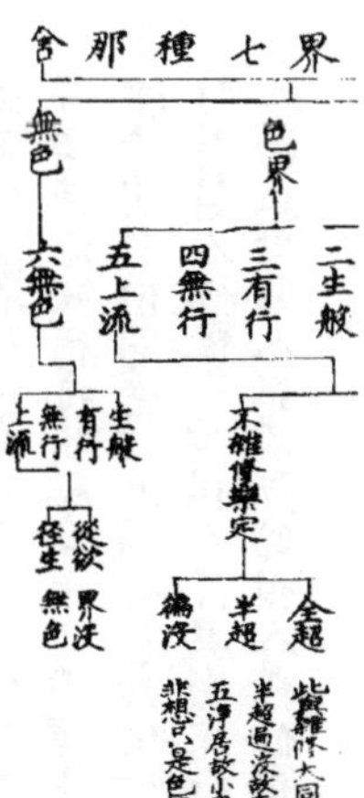

大論七種名同俱舍列次小異知下圖示俱舍論云行無色者差别有四謂在欲界離色界貪從此命終生於無色此并前五成六不還復有不行色無色界即住於此現般涅槃并前六爲七全超謂在欲界於四禪中已徧雜修遇縁退失從梵衆沒生色究竟中間盡越故名全超半超梵衆沒已中間漸受十四天處或超一二乃至十三後乃方生色究竟天皆名半超非全超故通受半名徧沒全不能超名爲徧沒色界徧沒即十六天大梵是天主我慢無想是外道所居聖者不生此二天也俱舍復有九種即於色般合五爲三有行無行皆生般攝即開三爲九頌云行色界有九謂三各分三業惑根有殊致成三九别

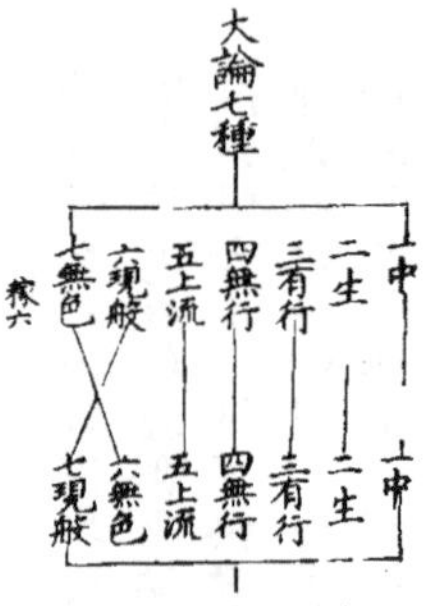

判涅特指第六種者對
俱舍七種
止觀六種那含位在其中也

稼六

十一

色界九種般圖

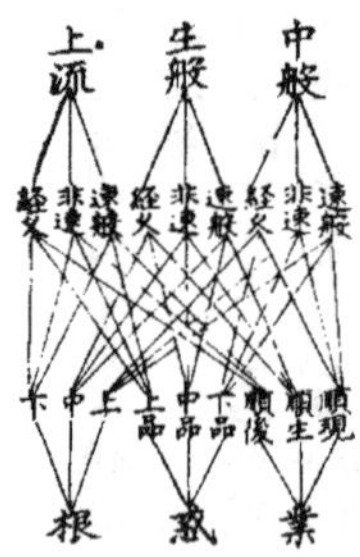

即於色般合五爲三
有行無行皆生般
攝即開三爲九
釋籤五十八引論備釋

諸文或云五種獨指色般或云八種三界七中加不定般補注十四初引婆沙三界般中遍有不定進若示不定相乃約期心欲界便般涅槃或謂能克却生上界而取證也或期生上界忽發宿習欲界即證色無色準說可知雜心論七種妙玄所用於色界五初開中爲三速非速經久并後四成七毘曇有一萬二千九百六十種般如釋籤第五具示色界中般者初離欲界生色界時厭苦心切即在中有而般涅槃故屬色攝若至色界上生餘天雖有中有不得論般爲無宿習厭苦力故如析玄下無色不立中

般者指歸鈔八十云經云無色衆生無有中陰者毘曇法中說除四空餘一切處定有中陰以無色界無處所故文俱舍明隨於何處得無色定於命終時即生無色圖中引五差者謂下中上上勝上極輔行六上三

稼六

析玄下三十委釋行相由此五禪生五淨居

十二

又樂論議者恐就下界修觀時說非生淨居有論議也以二禪上無語言故文

四阿羅漢此云無學又云無生又云殺賊又云應供此位斷見思俱盡子縛已斷果縛猶在名有餘涅槃若灰身滅智名無餘涅槃又名孤調解脫畧明聲聞位竟

此位斷上八地七十二品思俱盡四智已圓我生已盡梵行已立所作已辦不受後有無法可學名無學果亦名究竟如析玄下阿羅漢者文句一云或言無翻含三義故淨名疏十引智論釋云一殺賊從破惡以得名二不生從怖魔以受稱三應供因乞士以成德文因果對釋多含不翻乃經家正意以三義翻之乃順古耳若釋比丘因名乞士等對舉果名蓋欲顯

大比丘之階位也如法華文句及觀經疏又前標聲聞通凡聖位若阿羅漢局第四果此位修三昧一名金剛二名重空三名電光上二名如妙玄第四電光如止觀第九電光義通初果金剛通前五種羅漢重空別在不動羅漢所修此果別號二種三種六種九種及果性退不退義今歷示之先明二種

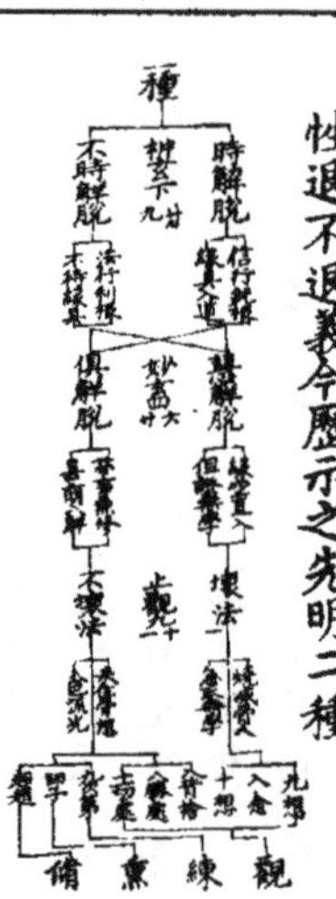

稼六

十三

初時不時從緣得名次慧俱約觀立號三壞不壞依境受稱也或準正理論以時不時敵對慧俱若準妙玄四廿六及四教義二十六信行法行各二不得滅盡定者但是慧解脫得滅盡定者名俱解脫舊云敵對乃從正從多各對則旁正兼舉以信行亦有帶事兼修法行亦有緣空直入若壞法不壞法與慧俱同舊約五義揀判慧俱一約性共慧人修性念處俱人修共念處四教義二約正助慧人正道斷結俱人兼修助道

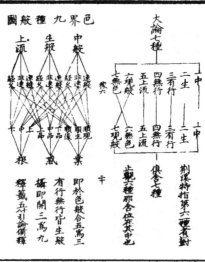

光明句中四教義二三約事理直緣真理名慧解脫帶事兼修名俱解脫事者一帶根本四禪俱人亦依世禪修六行觀故二帶無漏禪慧人但至觀禪俱人具修觀練熏修止觀第九婆沙亦有少分慧脫全分慧脫此有三根至無四禪下根也能修一禪至四禪中根也能修無漏禪至九想十想上根也俱人能修一二三禪下根具四禪中根修觀練熏修上根也妙樂二云四禪一切羅漢並得次觀等四俱解脫人方乃具足三得滅盡定如妙玄四廿六已上三事俱人兼得也四約神變慧人十四變化俱人十八變文句一五約三明八解俱人則具慧人則無若輔行云通通於六明唯局三天眼宿命漏盡三也諸羅漢皆能得之文此有闕具之義婆沙云若有一明二明名慧解脫文準知俱人三明具足次明三種

稼六

二十三

三種
- 慧解脫
- 俱解脫
- 無疑解脫

修
- 性念處
- 共念處
- 緣念處

破
- 一切智外道
- 神通外道
- 文字外道

性念處者亦名自性念處練理斷結除自性迷共念處者正助合修緣念處者緣佛藏及世間文字法緣處廣也具如四念處二四教義二俱舒亦於三種羅漢各論三念處

慧俱略如上無疑者三藏教法四韋陀典天文地理一切通達故曰無疑四教義二云問不應別說無疑九種羅漢無此名目答此出智度論明欲結集法藏集千羅漢皆得共解脫無疑解脫也文既是大論開出在佛世時俱人所攝佛世且明自行入道是故諸文只云慧俱名若集論明六種六種九種皆無此中有無疑法者與不動法名異義一非今無疑釋籤五九十云得滅盡定但名俱解脫人以未修緣念處終非無疑解脫也文故知無疑乃俱人中勝者耳小大言之慧俱並小無疑乃名大阿羅漢妙樂一之十引中阿含舍利弗問五百比丘幾三明幾俱解脫幾慧解脫佛言九十人三明九十三俱解脫餘但慧解脫荊溪云三明者即無疑解脫文須知三明是俱人得取其勝者復云無疑也後明六種附揀七種及列九種然後約六種明果性

退否

天台四教儀集註卷第六

稼六

二十四

天台四教儀集註卷第六

校勘記

一　底本，明永樂北藏本。

一　五六四頁上一行「卷第六」，清作「卷第五」。卷末卷次同。

一　五六五頁下九行「北因緣觀」，徑、清作「此因緣觀」。

一　五六六頁上一四行「四境上心」，徑、清作「四境止心」。

一　五六六頁下一三行夾註左末字「中」，清作「下」。

一　五六六頁下一四行夾註右第三字「感」，清作「滅」。

一　五六七頁上「脩觀行相」表內右一行「三十云行」，清作「三十二行」。

一　五六七頁中「中忍滅緣行之圖」表內：「上二界」下四行「道緣」，清作「道緣一」。「欲界」下二行「集緣」，清作「集緣六」。又四行「道緣二」下「迹行」、「乘行」，清分別作「迹行六」、「乘行五」。

一　五六八頁上一四行夾註右「若法」，清作「苦法」。

一　五六八頁上一七行第六字「玄」，清作「云」。

一　五六八頁中前表表題「三界」，清作「上二界」。又「欲界」表內右下方「苦法智三」，清作「苦法智二」。

一　五六八頁中後表內左下方倒數二行「般那念」，清作「般那含」。

一　五六九頁上中表「次斷」內左下方「所須之」，清作「所頌之」。

一　五六九頁上後表「超斷」內右下方「入十六心」，清作「十六心」。

一　五六九頁下五行「上觀」，清作「止觀」。

一　五七〇頁中七行末字「人」，清作「入」。

一　五七〇頁中九行「令文」，清作「今文」。

一　五七一頁下表題「七種那舍」，徑、清作「七種那含」。

一　五七二頁下一行夾註左首字「及」，清作「又」。

一　五七二頁下圖表表題「一種」，徑、清作「二種」。又表內右行「壞法」下「一」字，清無。又中行「六廿」，清作「廿六」。又「十一」，清作「廿一」。

天台四教儀集註卷第七　　稼七

南天竺沙門　蒙潤　集

信行 / 法行

六種（妙玄四 六十二）（釋籤五 六十）

- 退法
  - 妙玄云遇緣退失所得法故[illegible]
  - 羅漢[illegible]
- 思法
  - 常自思惟所得之法恐有退失[illegible]
  - 為死法[illegible]俱舍名自害法[illegible]論名念法其義一也
- 護法
  - 於已所證心生愛樂善自護持故俱舍稱守護法
- 住法
  - 住所證法不退不進故俱舍稱住不動法成實論稱不動法非後之不動也
- 進法
  - 能進至不動故新俱舍稱堪達法妙玄所用集論稱分別法明了能進法故
- 不動法
  - 本住不動不被煩惱所退動也新俱舍稱不壞法顯揚聖教論稱不
  - 退法集論名無畏法利根不動然法無證譯師不同以義會之可也

附明七種

- 新婆沙於第六本住不動又開練根不動則成七種成實論云不動分二
- 復先別說先不動性及練根得不動性文既第六開出故不別示七種也

九種

- 釋籤五引福田經九無學由進退不退不動住護思俱　思死只是一種恐脫逗
- 輔行三下引成論無學為九退護住思死進升壞俱　字別次少殊義必可會

六種約根性慧俱約觀行九種乃根性觀行兼舉耳又九是空門二十七賢聖中之無學為答福田長者所問顯福田之多赴機生善故又六種明二加行差別如析玄下廿一者恒時加行即勤修行二者尊重加行即猛利修行六種羅漢前二種俱無加行第三護法惟有恒時無尊重第四住法惟尊重無恒時第五第六皆具二加行也

果性退否者俱舍頌云阿羅漢有六退法至不動前五信解生信行轉入修道名信解總名時解脫後不時解脫從前見至生見得亦名見至亦是法行轉入之名有是先種性有後練根得六種羅漢有先世種性定者有後來修練根性轉劣成勝者如本是退法練成思法乃至不動或思練成護乃至進練成不動唯初退法是先種性無練根者又練根通資加修三位唯除見道以時速不能轉根故四從種性退第一退法最下無處可退第六利根不退唯中間四種根性有退如第二退為第一乃至第五退為第四又此退性乃是練根非先定根性也五從果非先前五種從無學果退居學位第六則不退也亦是練根論退非先種性也非先二字總頌果性二種退者若析玄辨果退非先中云如第三護法若先是退法至果練成護法則有果退若先是思法後練成護法則無果退乃至結云即知果退雖約先是退法若先是思法等四性必無果退文此似即就退法根性論之非先有退者但據餘四說此釋伏缺也蓋上云五從果非先然於退法本先種性何故併云五從果非先故即釋云非先有退等也則果退雖在前五者論非先唯中間四第一退法雖無練根不論性退亦論果退思護住進若退法練入尚論果退況本是退法豈不退耶不動盡智後必起無生智第六於盡智後能起無生智所以果性皆不論退餘五有退以不起無生智故本住不動練根不動皆無退義餘盡或正見五種盡智後或但起正見此應果皆有盡智後正見六種應果皆有已上頌語取析玄意略注且羅漢見思已盡已證無學所以有退者考論祖誥妙玄四十六止觀九上十二輔行九上十五蓋信行惠解脫入不修事禪不得滅盡定或世智斷惑但得盡智不得無生智遇著違緣還起煩惱故有退也違緣者一長病二遠行三諍訟四營事五多讀誦又大經明五緣一樂多事二樂說世事三樂睡眠四樂近在家五樂多遊行又析玄謂非先種性者但是無學一道所成不得堅固故有退若是先種性由學無學二道資持堅固故無退彼文更有果退性不

退等四句分別

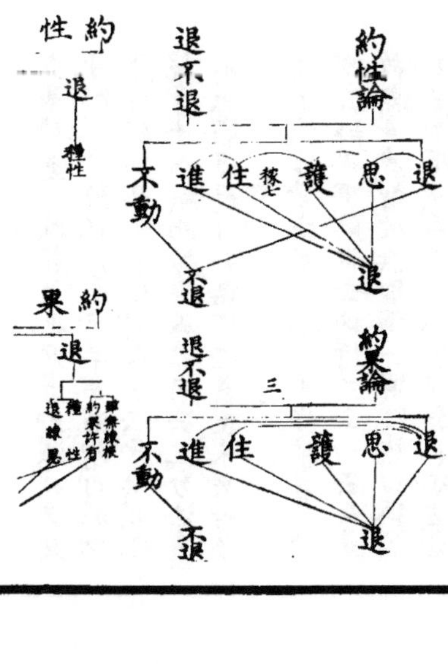

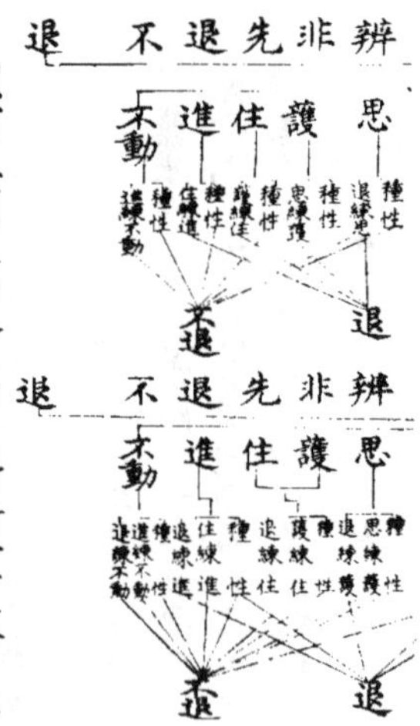

然前五種未必全退有遇違緣者故有退
耳故輔行九上十五云然慧解脫亦不併退有
退義故說有退文又退者非久輔行云
問退經幾時荅經少時乃至自不知退若
自知退當修勝進方便復次彼煩惱現在
前時心生慚愧速作方便如明眼人晝日
平地顛蹶尋即還起文釋籤云此生之中
必得無疑極至臨終亦得無學故也文五十九
或曰前時不時各有慧俱不動既從時解
脫生得非六種皆有退義耶荅慧人未必
一向論退恐只鈍根有漏智斷遇違緣者
退今復圖示

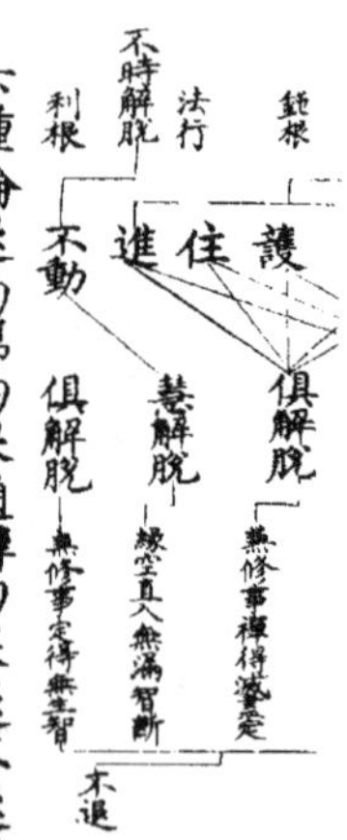

六種論退局第四果通辨四果退不退者
疏七 四
析玄引三家一薩婆多云初果不退後三
果退二大衆部云前三果退第四不退三
經部宗云初四兩果不退中間二果有退
爲如彼文彼但註云三師難定今恐成諍略爲
和融輔行九上十五引婆沙云阿羅漢退牽二
三果退猶如井沙上下有甎中間唯沙上
甎若頹從上至下其中間沙豈得不頹四
果如上甎二果如中沙初果如底下乃至
初果之前更無有退若彼退時更無住處
文不可聖退爲凡夫也合彼初師然見道
既有不等觀四諦如婆沙云二十八使見
道斷餘六十使修道斷先斷三界苦下見惑見既分
盡果理未圓例如身子六住尚退又後三果
中斷惑之智通漏無漏是則四果俱退俱
不退三師之說皆無妨礙子縛者見思煩

惱果縛者五陰報質也灰身即滅戒身定
身解脫身解脫知見中半分滅智即滅慧
身解脫知見中半分則五分法身俱滅也
然身子入滅而均提荅佛何云五分法身
不滅耶釋籤十云無作之業至未來世名
疏七 五
爲不滅非常住不滅也文無作業者乃功
熏耳云云孤調解脫者輔行三上十一云灰身
故無身滅智故無智獨一解脫故曰孤調
妙玄取獨滅義亦名孤調涅槃名獨滅者
輔行引大論云小乘戒爲自調禪爲自淨
慧爲自度文然斷欲九品立二三果上八
地思惟一無學者止觀六七云如險處多
難多須城壁欲界多難多果休息也文六七
故知上界定地少難唯立一果若爾七聖
中二爲見道信行法行二爲修道信解見得二爲無
學道時解脫時解脫不復以身證對四果向者何
耶有云位隣無學將斷非非想惑特立此
位如別圓之有等覺也今謂空有二論設
位不等教門方便多少隨宜耳妙玄明身
證得滅盡定約似證也成論云不得滅盡

定名身證者對四果真證奪而言之

次明緣覺亦名獨覺

輔行九下十五引大論二十一云迦羅此翻緣覺亦名獨覺文四教義二十八標云辟支迦羅此翻緣覺釋中開二謂緣覺獨覺新譯華嚴音義云二名各有梵語畢勒支底迦此名各各獨行佛者覺也鉢羅底迦此翻緣覺翻譯名義亦開二名辟支迦羅名通二種若畢勒支底迦局在獨覺此皆梵音賖切故也緣覺者觀內因緣禀佛教法獨覺者觀外因緣無師自悟文句四七引大論云獨覺者出無佛世緣覺者願生佛世文俱舍明獨覺自有二種一麟喻二部行如析玄上巳上名義各釋若集解云慈恩基師引仁王經列獨覺衆又云釋迦出世五百獨覺從

黎七　六

山中来至於佛所學者如何肖釋此耶文補註云亦引而釋曰本是聲聞根性以緣悟菩提故名支佛文然仁王經初本無獨覺之名但云復有八百萬億大仙緣覺慈恩意以緣覺一衆諸經兼聲聞而列之若

二乘別列如仁王也然經云緣覺慈恩稱獨覺者蓋根性不異名義互通如緣覺稱獨覺者雖值於佛樂獨善寂故即慈恩所云是也獨覺稱緣覺者雖無師教觀外因緣故如光明經云或不恭敬緣覺菩薩智者科爲懺無佛世敬田惡業是也又獨覺亦通見佛文句四七引華嚴等獨覺有三類一者知佛出世即先入滅或佛神力從於他土二者無佛世三者雖生佛世願見佛故不即捨壽亦不被移文中東具此三五百獨覺從山中来者即第三類通議雖爾別釋如前又二辟支各有大小準輔行九下十五有三義一具相名大不具名小二兩大中現通者大無通者小三現通中說法者大不說者小又四教義四宿世偏修性念處者小

黎七　七

兼修共念處者大又先達立漸頓二義如輔行等七生初果後方極證爲小頓證爲大若與聲聞對辨者如文句七廿六云二乘六義同十義別同出三界同盡無主同斷正使同得有餘無餘同得一切智同名小

乘別聞十義者行因久近六十刧百刧故一根利鈍二從師獨悟三無悲鹿羊四聲聞如羊鷲絶奔走支佛如鹿並馳並顧有相無相五觀廣略六能說得四果法不能說法得煗法七有云支佛能說法令人得四果聲聞不能說法不能令人得煗法在佛世不在佛世八頓證漸證九多現通少說法聲聞不定十文中六十刧百刧者析玄上一明修行聲聞利者三生鈍者六十刧支佛利者四生鈍者百刧文然則聲聞勝支佛耶聲聞但入見道支佛極證無學還以支佛爲勝又有相者支佛無相者聲聞分別功德論五卷初紙字函云身子有七相目連有五相阿難二十相獨難陀有三十相難陀金色阿難銀色文是則聲聞亦有相耶須知元是聲聞根性不論種相若是支佛轉爲聲聞不妨有相四教義一云迦葉舍利佛等皆是辟支根性人也文若文句解形色憔悴謂二乘不修相好此以大形小不可爲並又根利鈍者別對支佛是法行聲聞是信行通論各有信法二行文句五三十妙樂六二十八諸

文更有侵習不侵習亦由根利鈍故支佛不制分果四教義二釋小獨覺云本是學人在人間生或須陀洹七生既滿不受八生自悟成道輔行亦云七生初果此是聲聞根性出無佛世後證支佛是故云爾非分果也若般若經明獨覺向此則無妨大乘同性經明支佛十地此乃兼說耳別行跡云支佛侵習爲淺處通教菩薩正習盡名彼岸文此以三藏支佛與通菩薩共論跡記上云支佛修行不立分果深觀緣起久種三生作福供佛聞法福慧既隆預侵二習預逮也此釋支佛侵習之所以也不可違下文作難雖未發眞眞無漏智四流莫動欲有見無明名得淺處支佛向中伏惑頓證極果名到彼岸此以支佛向與支佛自論通教菩薩正盡得淺處習盡到彼岸文此約通菩正盡習盡自論舊謂支佛必須發眞方侵習氣別行跡記云預侵一習複云雖未發眞此爲難也須如跡中以三藏支佛與通菩薩共論淺處彼岸記中義開二人各論不可謂記文正違釋跡中支佛侵習爲淺處以預侵二習下聊未發眞而作難也若如上注釋則無妨矣

值佛出世稟十二因緣教所謂一無明煩惱障煩惱道

過去一切煩惱皆是無明體即是癡迷暗爲性無所明了故曰無明註云煩惱障煩惱道者輔行三下四十云能從聖道故名爲障展轉互通故名爲道並從過患功能立名文

二行業障業道此二支屬過去

造作名行於過去世造作諸業也

三識託胎一分氣息

既有惑業以生垢心故父母交會時意識忘念投託母胎一剎那間有了別義名之爲識託胎一分氣息止觀九一廿云初托胎名歌羅邏此時即具三事一命二煖三識是中有報風依風名爲命精血不臭不爛名爲煖是中心意名爲識文此時便隨母氣息上下出入也

四名色名是心色是質

從託胎後五箇七日名形位生諸根形四支差別故雖有身根及意根未有眼等餘四根故六處未圓皆是名色攝名是心色是質者四蘊是心一蘊是色質礙曰色心但有名也

五六入六根成此胎中

從名色後至第六七日名髮毛爪齒位七七日名具根位五根圓滿故六根成者輔行四下一廿云十九七日諸根具足文此胎中總有名色六入皆胎中位故輔行八云三十八箇七日皆胎中位

六觸出胎

出胎已後至三四歲由根對塵情塵識合然於違順中庸差別境上未能了知生苦樂捨是名爲觸

七受領納前境好惡等事從識至受名現在五果

從五六歲至十三歲因六塵觸六根即領納前境於三受違順中庸境上已能了別然未能起婬貪之心故名受也

八愛愛色男女金銀錢物等事

從十四五歲至十八九歲貪於種種勝妙資具及婬欲等境然猶未能廣遍追求不名爲取皆是愛支所攝

九取凡見一切境皆生取著心此二未來因皆屬煩惱如過去無明

即從二十歲已後貪欲轉盛於五塵境四方馳求名之爲取

十有（業已成就是未來因屬業通如過去行）體即是業爲馳求諸境起善惡業積集牽引當生三有果故名爲有注云是未來因者雖屬現在却爲未來苦果之因也

十一生（未來受生事）從有還受後世五衆之身是名生所謂四生六道中受生也

十二老死

從生五衆之身熟壞是名老死

此是所滅之境

以能滅之觀順推此境故此十二即所滅境也不立病支者妙玄二（六十）云問何不說病爲支答一切時一切處盡有者立支自有人從生無病如薄拘羅生來不識頭痛況餘病是故不立問憂悲是支否答非也以終顯始耳如老死必憂悲（文）釋籤三三云問愛取何別答愛增廣名取（文）然上一往似論三世在支佛逆順兩緣百千萬世

觀因緣等

與前四諦開合之異耳云何開合謂無明行愛取有此之五支合爲集諦餘七支爲苦諦也

止觀一（二十）云總說名四諦別說名十二因緣苦是識名色六入觸受生老死七支集是無名行愛取有五支道是對治因緣方便滅是無明滅乃至老死滅（文）輔行一下（十）云離苦集爲十二支觀因緣智以爲道諦十二支滅以爲滅諦（文）文句七（一廿）云十二因緣者還是別相細觀四諦耳約苦集即有無明老死約道滅即有無明滅乃至老死滅也（文）

既名異義同何故重說爲機宜不同故緣覺之人先觀集諦所謂無明緣行行緣識乃至生緣老死此則生起若滅觀者無明滅則行滅乃至生滅則老死滅因觀十二因緣覺真諦理故言緣覺

聲聞總觀四諦緣覺別觀十二因緣緣覺之人等者此觀十二因緣生若滅觀者等此觀十二因緣滅諸文更有逆順等異如阿含明始無明終老死名順觀始老死終無明名逆觀又止觀禪境以有支在初推因知果也釋籤先從受支起觀此推果知因也（此如輔行又四念處約十二支觀因愛觀見明推尋觀攻之義也文）

觀十二等以觀因緣生滅覺悟真空而結名也

言獨覺者出無佛世獨宿孤峯觀物變易自覺無生故名獨覺

觀外因緣無師自悟未必一向獨宿孤峯如國王花飛釧動等（如釋籤七廿一云）兩名不同行位無別此人斷三界見思與聲聞同更侵習氣故居聲聞上

雖緣覺獨覺之異而同修因緣之行同證侵習之果習氣者慣習氣分如器中香其香雖盡餘氣尚存統論諸文有三家二即今是見思家習耳大經云我衣我鉢見習也舍利弗嗔畢陵伽慢思習也

次明菩薩位者

菩薩具云菩提薩埵摩訶薩埵舊翻大道

心衆生亦大道成衆生新譯云覺有情以上求佛道下化衆生故此菩薩於當教内亦稱大乘然此菩薩全不斷惑三祇百刧伏惑行因四教義三六云三藏正化二乘傍化菩薩若說菩薩斷惑受生二乘即疑

稼七　五

若結盡而得受生者諸聲聞人得羅漢果將不更受生耶是故不說菩薩斷結受生也文又妙玄五三十云今生事善故作是說欲求佛者改惡從善文又四教義二三云雖修性念處而不斷結爲生三界度衆生故文由教不詮中道應本故留結惑受生利物故三藏菩薩不斷惑明矣此乃五權則有若大論云聲聞人言菩薩不斷結使乃至坐道場然後斷者是爲大錯又云豈有菩薩具足三毒能集佛法文此蓋龍樹申通摩訶衍義以大破小故作此說當彼鹿苑稟教之時雖謂實歷三祇百刧伏惑不斷若方等般若轉入衍中來至法華會歸一實定無始終三祇伏惑故得大論約實斥權此乃斥權則無若釋迦果後權示利生不妨自歷三

祇百刧故有尸棄然燈等事今之所辨且順立權義邉故約鹿苑三藏明不斷惑如法華文句六七廿引阿含五佛子釋更與作字名之爲兒四果支佛名佛真子菩薩不斷惑子義未成文妙樂七七十云阿含至子義未成者豐跳引經既阿含中亦明不斷惑菩薩而大論斥權非謂全無此會同經論明破立意謂非但婆沙明不斷惑菩薩而阿含亦明此對婆沙而云亦也以阿含會同婆沙而判大論則知大論斥權云無非謂全無乃立權則有論云迦旃延造者從所造論及所計者說此由上文阿含婆沙明不斷惑菩薩則經論相符而大論斥之者蓋斥其執權之人耳故曰論云迦旃延造者從所造論及所計者說即出其斥權之意蓋從其所造論及所計故大論謂是迦旃延造是則大論斥其計執權之非也論豈以會二還歸阿含法華

稼七

準舊十二年前一何可笑此由他師不分大小菩薩之殊及昧水牛白牛之異謂法華會二乘歸菩薩故此破云豈可會二乘斷惑之人還歸阿含不斷惑菩薩若以會二乘還歸阿含法華四十餘年之後開顯之教還復準昔十二年前阿含之教故云一何可笑止觀三六十云煩惱脂消者名伏爲消也故別行三下云但伏惑不斷如無脂肥羊取世智爲般若即此悉也又俱舍婆沙意云下八地惑初修禪時先巳

十四

斷竟此有漏斷亦是伏義如輔行三下會釋云云然不斷見思還斷塵沙否荅須知三祇百刧亦但伏而不斷故至樹王下斷見思時於塵沙法上證四真諦方斷塵沙也若止觀三六十云得法眼照俗諦文得相似法眼有漏智照耳

從初發心緣四諦境發四弘願脩六度行生滅四諦爲所依境弘者大也誓制其心志求滿足名爲誓願度者越生死流到彼岸也誓若無境名爲狂願不行六度其願則虛又此化他四門徧學異乎二乘一門自行又二乘雖無破戒乃至愚癡行非利生不名六度蓋奪而言之別對諦緣三祇百刧名四階成道

一未度者令度即衆生無邊誓願度此緣苦

稼七　十五

諦境二未解者令解即煩惱無數誓願斷此緣集諦境三未安者令安即法門無量誓願學此緣道諦境四未得涅槃者令得涅槃即佛道無上誓願成此緣滅諦境

四教義三初云一未度者令度即是度天魔

外道愛見二種六道衆生未度三界火宅之苦諦令得度也二未解者令解即是愛見二種衆生未解愛見二十五有業令得解也三未安者令安即是愛見二種衆生未安三十七品一切諸道令安道諦也四未得涅槃者令得涅槃即是愛見二種衆生未滅二十五有生死因果皆令得滅諦涅槃也

既已發心須行行填願於三阿僧祇劫修六度行百劫種相好言三阿（無）僧祇（數）劫（時）者

觀音玄記上（七）云若匪行山莫填願海（文）輔行三下（初）云阿僧祇此翻無數劫翻時俱舍云八十中大劫（謂一增一減爲一小劫二十增減爲一中劫合此一增一減亦名中劫如劫章具小劫名自有十種當詳）大劫三無數謂六十數中第五十二數名阿僧祇謂積此大劫成無數時故云三阿僧祇（文）俱舍問云既積無數何復言三答非無數言顯不可數（文）諸經更有拂石劫芥子劫具如輔行一上（六紙）若大乘亦有一百二十零三數（如華嚴）

且約釋迦修菩薩道時論分限者從古釋迦至尸棄佛值七萬五千佛名初阿僧祇從此常離女身及四惡趣常修六度然自不知當作佛若望聲聞位即五停心總別念處（凡外）

輔行六上（三十）云彼婆沙中釋菩薩義明因則指釋迦三祇百劫明果則指彌勒當成（籤七）（十六）何故爾耶釋迦果已成是故指因行爲令慕果而行因故彌勒因已滿是故指當果皆使觀因以知果故故諸聖教並明釋迦之因如說菩薩昔苦行等並明彌勒之果如說彌勒下生經等（文）從古釋迦等者發軫鈔云釋迦翻能仁牟尼翻寂默能仁是姓寂默是字姓從慈悲利物字取智慧冥理以利物故不住涅槃以冥理故不住生死（文）尸棄此翻寶髻非七佛中第二尸棄也緣載四教義三（初）并大論第二（文）從此常離女身者妙玄四（七廿）釋籤三（五十）四教義三（二）云第三僧祇始離五障（一惡道二貧窮三女身四形殘五喜忘）方乃不墮如戒疏上（三）云初僧祇得五種功德（一生人天二生貴家三男身四根具五知宿命）舊云初僧祇有遇緣不遇緣異不遇違緣即離五障（如戒疏）若遇違緣至第三祇方離（如釋籤）又初僧祇離障且約功能三祇方離乃據定位又文句二（二十）云不生三惡道位不退不生邊地諸根完具不受女身即行不退常識宿命即念不退（文）妙樂二（二廿）云第三祇時橫得三不退故（文）（籤七）（十七）成論以念處爲位不退煖頂爲行不退忍爲念不退數論以下中上忍爲三不退淨名疏以煖頂忍爲三不退各隨義對也然自不知作佛四教義三（二）云爾時未發煖解位在外凡故不自知己身當作佛不作佛

次從尸棄至然燈佛值七萬六千佛名第二阿僧祇此時用七莖蓮華供養布髮掩泥得受記莂號釋迦文爾時自知作佛口未能說若望聲聞位即煖位

梵語提洹竭此云燃燈大論云太子生時一切身邊光如燈故故云燃燈以至成佛亦名燃燈（文）瑞應經翻爲錠光七莖蓮華等者初儒童爲五百道士講論得銀錢五

百後問王家女名瞿夷買得五花并女寄
二花供養於佛故云七莖諸文但云摩納
五花奉散也如業解瑞應經布髮掩泥稽首佛足
見地濯濕即解皮衣欲以覆之不足掩泥
乃解髮布地令佛蹈而過文得受記莂等
瑞應經云佛因記曰汝自是後九十一劫
劫號爲賢汝當作佛號釋迦文菩薩已得
訣言疑解望止爣然無想寂而入定便逮
清淨不起法忍文妙玄七一寸既云斷惑故
知通佛行因之相也文釋籤八三云燃燈
授記得無生忍故知是通佛行因也文發
軫鈔據此判瑞應經屬方等攝若明降生
之相蓋約三藏境本而言此時自知等者
戒疏上三云爾時雖自知作佛而口不說
準位在煖法性地既有證法之信必知作
佛修行六度心未分明口不向他說也文
次從然燈佛至毗婆尸佛七萬七千佛名第
三阿僧祇滿此時自知亦向人說必當作佛
自他不疑若望聲聞位即頂位
毘婆尸翻勝觀亦云徧見優婆塞戒經云

於迦葉佛滿三僧祇者隨機異說耳此三
祇等義並出大論俱舍婆娑此時自知等
者戒疏上三云是時內心了了自知作佛
口自發言準望位在頂法位中修行六度
四諦解明如登山頂了見四方故曰向他
說文觀音玄記下四云聲聞但於一境一
門修念處等故易成就菩薩徧於一切境
界一一四門復加六度久遠熏修使一一
行攝諸衆生令種熟脫故三祇內凡化幾
人超凡入聖自身此岸度人彼岸故經劫
長證位猶下文
經如許時修六度竟更住百劫種相好丙修
百福成一相福義多途難可定判有云大千
盲人治差爲一福等
輔行三下三云過三祇已百劫種相種即
修也於欲界人中南洲男身佛出世時能
種相業也前後不拘文百福成一相者四
教義三二云修行六度成百福德用百福
德成一相以爲三十二相之業因也文福
義多途等者輔行三下三云問幾許爲一

福乃至菩薩修十善各有五心謂下中上
上上上中上初發五心乃至具足五心如
是百心名爲百福成於一相如是至三十
二名身清淨文觀音玄下二云凡用三千
二百福修成三十二大人相現時方稱菩
薩摩訶薩文
修行六度各有滿時
六度滿文在種相後者蓋種相時亦修六
度也
如尸毗王代鴿檀滿普明王捨國尸滿羼提
仙人爲歌利王割截無恨忍滿大施太子抒
海并七日翹足讚弗沙佛進滿尚闍梨鵲巢
頂上禪滿劬嬪大臣分閻浮提七分息諍智
滿望初聲聞位是下忍位
觀音玄記下三云徧割身肉就鷹貿鴿至
盡一身不惱不沒自誓真實感身平復是
檀滿相尸毘翻與檀翻爲施如須摩提王以身就死
持不妄戒是尸滿相尸羅翻好善即戒善也如忍辱
仙人被柯利王翻惡世無道割截身體慈忍不
動作誓即感血化爲乳是羼提滿相羼提翻忍

尋如大施太子求如意珠兩寳濟貧得珠墮海抒海取之抒音汝酌取也筋骨斷壞終不懈廢諸天問之云吾生生不休故助抒海海水減半龍恐海乾送珠與之是毘離耶滿相尚闍黎螺髻仙人名也得第四禪出入息斷鳥謂爲木於髻生卵定起欲行恐鳥母不来即更入禪鳥飛方起是禪滿相劬嬪大臣分閻浮提七分城邑山川均故息諍是般若滿相所言滿者度本治蔽行期滿願今蔽已離與拔遂心即知六度其功𣆶滿文

七日翹足等者觀音玄記下四云婆沙云爾時有佛號曰底沙有二弟子一名釋迦樂修利他行所化機先熟二名慈氏樂修自利行所化機在後熟彼佛念曰多人就一人難一人就多人則易欲令釋迦先成道故於是捨二弟子入至山中時釋迦菩薩隨後入山尋求本師不見蹤跡正行之次忽見彼佛在寳龕中入火界定威光赫奕特異於常行次忘下一足經于七日說於一偈歎彼世尊云天地此界多聞室逝

宮天處十方無丈夫牛王大沙門尋地山林遍無等因此精進超於九劫在彌勒前成佛文是下忍位者戒疏上三云若過三僧祇種三十二相業準望此是下忍位文大論云三阿僧祇時六波羅蜜者此乃事禪事智滿耳俱舍云道樹已前四波羅蜜滿至佛果位二波羅蜜滿此約緣理禪理智始滿觀音玄下三云問依三藏說釋迦彌勒同時發心一超九劫何意二佛俱成賢劫中佛耶荅釋迦值佛沙促百劫彌勒值諸佛何必不促爲九十一劫耶文記下四云彌勒值佛必有超劫恐梵文未至文

次入補處生兜率託胎出胎出家降魔安坐不動爲中忍位次一刹那入上忍位次一刹那入世第一位發真無漏三十四心頓斷見思習氣坐木菩提樹下生草爲座成劣應丈六身佛受梵王請三轉法輪度三根性住世八十年現老比丘相薪盡火滅入無餘涅槃者即三藏佛果也

補處者前佛既滅而此菩薩即補其處故

云補處文此下具八相一從兜率天下二託胎三出生四出家五降魔六成道七轉法輪八入涅槃然此八相通大小乘舊謂大無降魔了魔即法界故小無住胎不談常住故且華嚴中列降魔相豈小乘耶故先達云成道必降魔托胎必住胎若開住胎即合降魔在成道内若開降魔即合住胎在託胎中但存沒不同耳若大小義約真中分以華嚴中所列八相是大乘故但小乘八相皆劣大乘八相難思若爾別相亦難思耶以同詮中故證道同圓故今是小乘八相也降魔者四教義三五云即於菩提樹下破萬八千億鬼兵魔衆魔王敗績鬼兵退散文安坐不動等四教義三五云魔衆散已攝心端坐於第四禪住中忍修觀成中忍一刹那上忍一刹那世第一法一刹那文言刹那者止觀三六十云經言一念六百生滅成論師云一念六十刹那文俱舍云壯士一彈指六十五刹那文發真無漏等輔行三下四引大論云下八地

諸惑因時未斷至樹王下時乃以九地九品思惑通名一九以九無礙九解脫合爲十八見道中八忍八智合爲十六心總前合成三十四心聲聞見思前後各斷支佛雖見思頓斷習猶未盡故皆不得論三十四心 三藏菩薩至樹王下正習俱盡方得論也受梵王請正法念經云昔有國王有二夫人第一夫人生一千子試當來成佛次第釋迦探籌居第四第二夫人生二子第一子願作梵王請千兄轉法輪其次願爲密跡金剛護千兄教文 梵王通爲一代請轉法輪主今別在小三轉法輪者淨名經云三轉法輪於大千其輪本來常清淨文 輪者佛證四諦法有可轉之義故名爲輪又能壞煩惱名之爲輪三轉者一示轉

稜七　二十三

謂此是苦等二勸轉謂此是苦汝應知等三證轉謂此是苦我已知不復更知乃至此是道我已修不復更修一一皆生眼智明覺三轉則成十二行法輪如文句及記釋化城喻品云云 度三根性文句七十二云爲聲聞三轉爲緣覺再轉爲菩薩一轉何故爾由根利鈍此一往說耳通云例皆三轉何故三轉諸佛語法法至於三爲衆生有三根故文 住世八十年光句上一世云世壽有三品下方四十中方八十上方百二十下方少天上方太老中方不少不老表常又中方表中道佛樂中道爲此義故方八十年也文 老比丘妙樂一四二十云老比丘者從後異故文 薪盡火滅者佛身名薪智慧名火身滅智云名無餘涅槃也大乘則云機薪既盡應火云亡

上來所釋三人修行證果雖則不同然同斷見思同出三界同證偏真只行三百由旬入化城耳畧明藏教竟

妙玄一五云三因大異三果小同文 釋籤一五十云諦緣度殊故因大異俱斷見思三乘徵異故果小同文 偏真望大說故三百由旬文句七六廿 約三義明一約生死處以三界果報處爲三百二約煩惱謂見思三約觀智謂空觀由旬即踰繕那此云限量如此方之驛大論云由旬三別大者八十里中者六十里下者四十里文

稜七　二十四

天台四教儀集註卷第七

天台四教儀集註卷第七

校勘記

一 底本，明永樂北藏本。

一 五七五頁上一行「卷第七」，清作「卷第六」。卷末卷次同。

一 五七五頁上末行夾註右首字「廿」，清作「廿九」。

一 五七五頁中一行夾註左「佳法」，經、清作「住法」。

一 五七八頁上一三行夾註左首字「典」，清作「與」。

一 五七八頁上一四行夾註右第四字「菩」，經、清作「菩薩」。

一 五七八頁上一九行至末行夾註「須惱道」，經、清作「煩惱道」。

一 五七九頁中七行「無名」，清作「無明」。

一 五七九頁下五行夾註右第二字「如」，清作「知」。

一 五八〇頁上一二行夾註右末字「五」，清作「立」。

一 五八〇頁中一九行第一四字「悉」、清作「意」。

一 五八二頁上九行夾註「寸一」，清作「十一」。

一 五八二頁下一四行「是下忍位」，清作「是忍位」。

一 五八四頁中四行「光句上」，清作「文句上」。又夾註「世一」，經、清作「廿一」。

天台四教儀集註卷第八　稼八

南　天　竺　沙　門　蒙潤　集

次明通教者

四教義一二云此教明因緣即空無生四真諦理是摩訶衍之初門也（遠通常住故）正爲菩薩傍通二乘（通樣）故諸大乘方等及諸般若有二乘得道者爲同稟此教也（通部）問何故不名共教荅共名但得二乘近邊不得遠邊若立通名近遠俱便言遠便者通別通圓也

通前藏教通後別圓故名通教

此望前望後獨就菩薩釋通教名釋籤九十二云通近同三藏通遠如別教四念處二初有三通義一因果俱通通當教是二因通而果非通即被接者是三通別通圓即藉通開導人是謂別圓用通而爲方便但成別圓因果人也此三通義唯在菩薩今文通後別圓者下文釋出雖但被接意亦該於藉通開導也

又從當教得名謂三人同以無言說道體色入空故名通教

此通就三乘釋通教名若三藏諦緣度三法分三乘今通教三乘同觀無生四諦同體假入空觀十二因緣同觀六波羅蜜見第一義而分三乘之別者但總相別相等智斷結侵習自行化他根性不同耳言說是是事即空故無輔行六上六十云通人既觀諸法如幻幻本不生今無所滅名之爲體文謂體六凡依正之色如幻如化當體即空而入真理也

依大品經乾慧等十地即是此教位次也

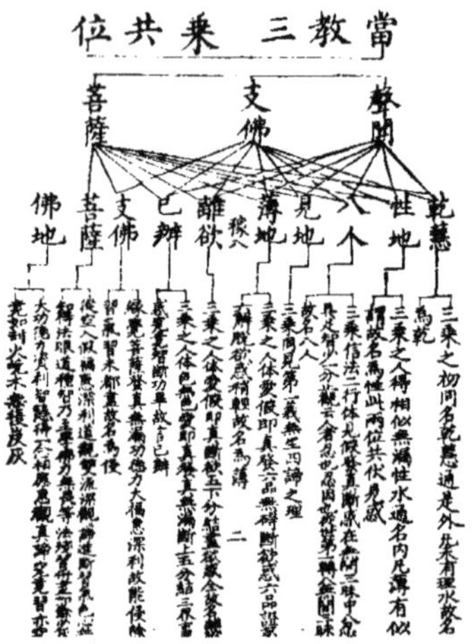

此是三乘共位若明三借等義者一三乘共借別教始終位次二單借別教十地亦三乘共三別爲菩薩借別一教又別爲菩薩立忍名別明菩薩燋炷十地大品更說十地菩薩爲如佛併圖于后

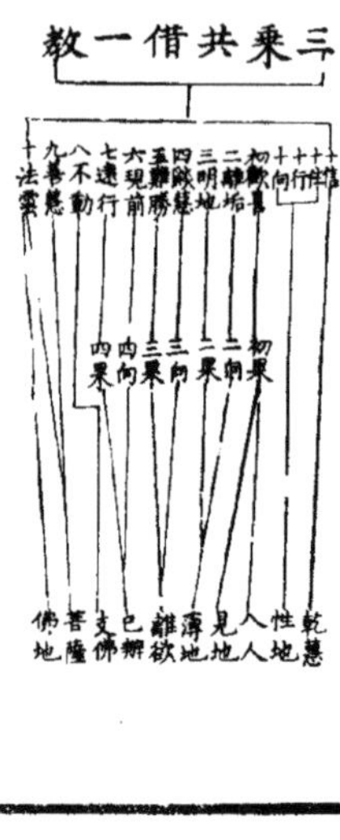

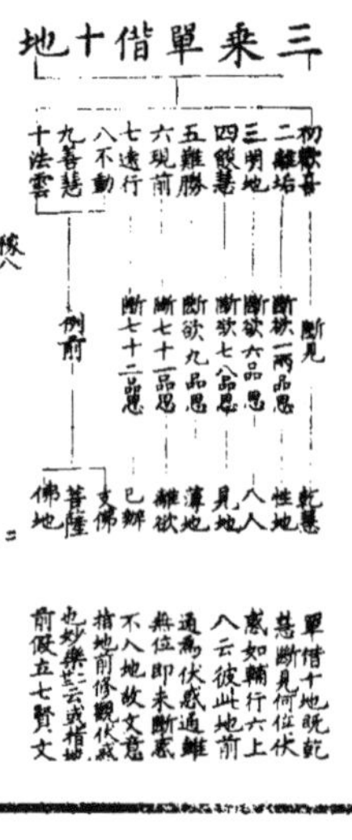

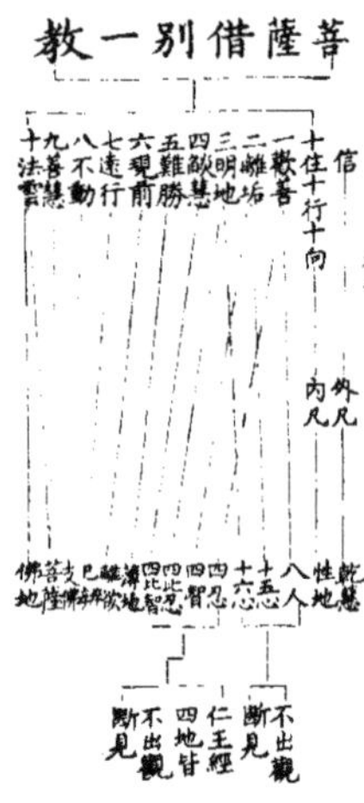

別為菩薩立忍名
一伏忍——乾慧　如大論玄文具出
二柔順忍——性地
三無生忍——三地至十地皆菩薩位

別明菩薩燋炷十地妙玄四三十三云別圓各逗一種根性故用發真為初燄別初地圓初住通教為逗多種根性所謂別圓入通故含容取乾慧耳大品明初地燋炷大論明三處初燄燄約能燋譬智炷約所燋喻惑三處者通別圓也三教含容通說故曰別圓入通非被接義若鈍根者八人見地是初燄利者於乾慧即能斷結即是初燄文且乾慧初燄三通言之是何根性須知論釋燋炷雖通三教乾慧初燄自是一途不必三通收也以通教機雜故又乾慧初燄何位伏惑倒如單借十地如輔行或云利根即伏即斷大品更說十地菩薩為如佛輔行明通二種如佛以釋大品一別為菩薩立忍名第十亦名菩薩地對共佛地故云如也又被接人至十地破無明能八相作佛似通佛教故云如也釋籤亦明圓教觀行如佛相似如佛但非今通教所論

一乾慧地未有理水故得其名即外凡位與藏教五停心揔別等三位齊三乘之初同名乾慧用體法念處等觀雖未得煖法相似理水而揔相智慧深利故稱乾慧也籤八四

二性地相似得法性水伏見思惑即內凡位與藏教四善根齊性地中無生方便解慧善巧轉勝於前得相似無漏性水故言性地也

三八人地四見地此二位入無間三昧斷三界八十八使見盡發真無漏見真諦理與藏教初果齊

三乘信法二行體見假以發真斷惑在無間三昧中八忍具足智少一分故名八人即八忍也位也三乘同見第一義無生四諦之理同斷見惑八十八使盡也無間三昧等者止觀六六云若言三地者據斷見初言四地者據斷見後皆不出觀文輔行六上七云通雖二地斷時仍促二乘共故雖促復長是故須分三地四地

五薄地斷欲界九品思前六品與藏教二果齊

體愛假即真發六品無礙斷欲界六品證第六解脫欲界煩惱輕薄也籤八五

六離欲地斷欲界九品思盡與藏教三果齊

體愛假即真斷欲界五下分結盡離欲界煩惱也

七已辦地斷三界見思惑盡但斷正使不能侵習如燒木成炭與藏教四果齊聲聞位齊此

三乘之人體色無色愛即真斷五上分結七十二品盡也斷三界事惑究竟故言已辦地文燒木成炭四教義三十二引智論云聲聞智慧力弱如小火燒木雖然猶有炭在聲聞位齊此者輔行六上七云通教二乘七地已前與菩薩共名共聲聞若爾八地已上過二乘地何故亦名共菩薩耶答以初名後從本立名不同別圓始終別故

八辟支佛地更侵習氣如燒炭成灰
緣覺發真無漏功德力大故能侵除習氣也燒炭成灰者四教義三二十引大論云緣覺智慧力勝如大火燒木木然炭盡餘有灰在

九菩薩地正使斷盡與二乘同扶習潤生道觀雙流游戲神通淨佛國土
從空入假道觀雙流深觀二諦進斷習氣色心無知得法眼道種智遊戲神通淨佛國土成就眾生學佛十力四無所畏斷習氣將盡也扶習潤生者輔行五下四廿云大品云留餘殘習以誓願力及扶餘習而生三界利樂有情文此教亦無中道應本以誓扶習而生三界道觀雙流者道謂化道觀謂空觀帶空出假故曰雙流遊戲神通者遊諸世間譬如兒戲亦如幻師種種變現神名天心通名慧性天然之慧徹照無碍淨佛國土者一切諸行無非菩薩淨土之行如以布施攝眾生菩薩成佛時布施眾生來生其國等是也

十佛地機緣若熟以一念相應慧頓斷殘習坐七寶菩提樹下以天衣為座現帶劣勝應身成佛為三乘根性轉無生四諦法輪緣盡入滅正習俱除如炭灰俱盡
上釋諸位具如妙玄四八廿過菩薩地則入佛地用誓扶餘習生閻浮提八相成道五相同三藏唯六成道樹下得一念相應慧與無生四諦理相應斷一切煩惱習盡具足力無畏等名之為佛頓斷殘習者觀音玄記下五云前斷正使今侵二習至于佛地見思習盡真諦究竟塵沙習盡俗諦究竟七寶天衣者表殊勝自然也現帶劣勝應者通佛亦是丈六之身或十里百億神通變現耳住空故劣住中故勝以通教有合身義故云帶劣勝應舊開別圓成道在初寂場鹿苑唯明三藏成佛今通教佛為何處成如法師云只一金剛土臺成道四機所見不同若寂場鹿苑自論大小兩始轉法輪處不可以難成道也然通教佛合明八相今但明成道等者以由此三稍異三藏前五不異故畧不論緣盡入滅者第八涅槃相妙玄四十三云雙樹入無餘涅槃薪盡火滅留舍利為一切人天福田也正習俱除兼前揔舉炭灰俱盡四教義三二十云大論云諸佛智慧力大如刦燒火炭灰俱盡

經云三獸度河謂象馬兎也論斷惑不同故又經云諸法實相三乘皆得亦不名佛即此教也
河喻空理菩薩正習俱盡如象得底支佛侵習如馬次深聲聞斷正使如兎最淺如涅槃經又經云者文出華嚴彼云諸法實性相三乘亦皆得而不名為佛幻有之俗名為諸法即空之理名為實相乃真空實相也菩薩至果名佛言不名佛者以中尊偏耳彼經不共二乘那作此說如拾遺記云彼部雖無小機稟教何妨說於三乘猶淺顯圓佛乘文彼後分經明四乘品故斥三乘非佛乘也
此教三乘因同果異證果雖異同斷見思同

出分段同證偏真
三因大同三果小異異則習盡不等同乃
共觀即空不同三藏諦緣度別分段者支
分形段三界生死也
然於菩薩中有二種謂利鈍
此約接不接而分利鈍
鈍則但見偏空不見不空止成當教果頭佛
行因雖殊果與藏教齊故言通前
修因克果果在於上故曰果頭通教菩薩
扶習潤生雖異藏教伏惑行因斷惑證理
不別故言通前結釋前文通前藏教也
若利根菩薩非但見空兼見不空不空即中
道分二種謂但不但若見但中別教來接若
見不但中圓教來接故言通後
利根被接被字去聲如來被下之義此約
應說如云說圓中道被而覆之也若上聲
呼此就機論如云通教利根被別圓接接
即點示接入也然被接義散出諸經大品
八地聞中大經空不空一切法趣非漏非
無漏楞伽三種意生身大經三十六文末

一生二生等若具明者謂大經十二明四
諦後列八二諦章安作七二諦消之初一
是總餘七是別此於四正復論三接故名
七種二諦古來二十三家明乎二諦唯莊
嚴開善擅風流之名莊嚴謂佛果出二諦
外(即今被接)開善謂佛果不出二諦(當通教佛)吾祖
曲盡如來逗機設化之相故明被接則於
諸經無所壅矣古明被接不出三義以含
中為發源點示為機要發習為根性以通
教巧故一真含二中利根菩薩纔證真空
即為點示如妙玄明別接通中寄三法以
示三根解源謂非漏非無漏空不空一切
法趣如釋籤三(九十)具釋然由利根發昔所
習方可點示若鈍根菩薩同二乘人直至
法華方乃被會非但見空等者止觀三(六十)
引大經云二乘之人但見於空不見不空
智者非但見空能見不空不空即大涅槃
(文)離邊名但即邊名不但
問何位受接進入何位答受接人三根不同
若上根三地四地被接中根之人五地六地

下根之人七地八地所接之教真似不同若
似位被接別十廻向圓十信位若真位受接
別初地圓
初住初問所接次問能接答中就被接機
發習遲速以論(三)根輔行以四地為上六
七為中八九為下今進一位者教位從容
(文)或進退故此答初問所接之教等者答
次問也所即語辭別向圓信接位接也別
地圓住勝進接也據上似位被接真位受
接應作被字蓋以能從所也輔行三下(八)
云若接入教道在回向中若接入證道即
在初地若接入圓亦分教證比說可知(文)
又別圓接通接聖不接賢接真不接俗若
圓接別接俗不接真接賢不接聖又妙玄
順能詮教約教道邊具明三接止觀為成
觀故從所詮理約證道邊唯明一接然圓
頓止觀亦明被接者為知通塞復以思議
顯不思議也如釋籤三(七十)
問此藏通二教同是三乘同斷四住止出三
界同證偏真同行三百由旬同入化城何故

分二荅誠如所問然同而不同所證雖同大
小巧拙永異此之二教是界內教藏是界內
小拙不通於大故小析色入空故拙此教三
人雖當教內有上中下異望通三人則一槩
鈍根故須析破也通教則界內大巧大謂大
乘初門故巧謂體色入空故雖當教中三人
上中下異若望藏教則一槩為利
然藏通三乘斷惑出界證理雖同教行有
異大小約小衍巧拙論體析對界外方便
等土名界內教以此二教化界內也不通
於大故小不能遠通常住故析色入空者
外計鄰虛不出斷常今總觀色心生滅非
斷非常對破外道汝析非正如止觀三廿六
輔行三下四廿通後別圓故是初門了知諸
法如幻如化當體即空
隸八　十一
問教既大乘何故有二乘之人荅朱雀門中
何妨庶民出入故人雖有小教定是大大乘
兼小漸引入實豈不巧哉般若方等部內共
般若等即此教也畧明通教竟
天子南門謂之朱雀漸引入實明佛意也

釋籖四九十云不同三藏四阿含等別有部
帙今以諸部方等諸般若中但是三乘共
行即判屬通文今文通指般若方等下但
云共般若等盖方等彈斥共義稍踈故
次明別教者此教明界外獨菩薩法教理智
斷行位因果別前二教別後圓教故名別也
涅槃云四諦因緣有無量相非聲聞緣覺所
知諸大乘經廣明菩薩歷劫修行行位次第
互不相攝此並別教之相也
四教義一三云別者不共之名也若名不
共但異藏通未異圓教故但名別此教明
因緣假名無量四聖諦理的化菩薩不涉
二乘別義畧明有八謂教理智斷等也教
則獨被菩薩理則隔歷三諦智則三智次
第斷則三惑前後行則五行差別位則位
不相收因則一因迴出果則一果不融釋籖一十五在因說理不在二邊故云迴出復說果理諸位差別故云不融獨被
菩薩故別前隔歷次第故別後涅槃云等
乃聖行品明四種四諦中無量四諦即別
教義謂苦集滅道各各因緣皆有無量相

是菩薩法豈二乘所知乃以涅槃對鹿苑
說故云非聲聞等也此證別前藏通諸大
乘經等者釋籖四十二指華嚴方等般若中
歷別行法即是其相然方等中多以別行
斥於小行般若中多以別法展轉融通華
嚴正當歷別之行文如別行玄下四別行
記下六既時長行遠次第隔歷此證別後
隸八　十二
圓教
華嚴明十住十行十迴向為賢十地為聖妙
覺為佛纓絡明五十二位金光明但出十地
佛果勝天王明十地涅槃明五行如是諸經
增減不同者界外菩薩隨機利益豈得定說
此出諸大乘經行位次第之義華嚴前無
十信後無等覺於十住品前明十梵行自
古講者指為十信四念處三初於十住中
多明圓義於登地中多明別義文故華嚴
位義通圓別今且示別故云住行向為賢
十地妙覺為聖本業瓔珞亦明六輪如法數對
金光明指真諦所譯者勝天王即般若也
五行者聖梵天病嬰兒也又仁王般若明

五十一位但無等覺然上諸經隨機明位雖增減不同莫非次第故屬別也然位次周足莫過纓絡經故今依彼畧明菩薩歷位斷證之相以五十二位束為七科謂信住行向地等妙又合七為二初凡二聖就凡又二信為外凡住行向為內凡亦名為賢約聖亦二十地等覺為因妙覺為果大分如此自下細釋

瓔珞凡聖位足故今依彼以明別義然凡聖位中有教證二道此本出乎地論今家借用有二義焉一者玄文借證權實部二者輔行借消別門良由地論兩種教道皆為方便兩種證道皆為真實義同部味昔權今實是故借用若輔行借消別教教證者由今別教教權證實既與三教一向不同其義難曉而地論師教道方便證道真實名義宛同故借用之如輔行云是故今家借用地論教證二道以消別門於中先須知於二意一者約行地前為教登地為證二者約說為地前說始終屬教乃至結云若讀玄文善須曉此教證二道則別門可消應知地論雖有四種玄文借用證權實部但成二意輔行借用但成三義何者以由此教行分教證說唯教道是則能詮之教始終是權所被之機地前屬權初地證實舊於借消別門亦立四種者且約說證道為權為實若權則違教權證實借證權實之義若實則背有教無人之文況地論正申華嚴十地論師不分圓別之異但約教證明方便真實如云若說十地已證之法彼為實證安可約彼立別說證既云借證可全同耶又別位中復有竪入橫學兩種四教釋籤十七廿云別教十住修生無生十行修於無量十向修於無作登地證於無作故云有四又十行中習諸佛法具

足入於一十六門亦名為四門住已習八何故行中更習十六荅前是自行隨用一門後為化他是故行中更習前八是故十六俱須廣習文更有三根出假十信上根十住中根十行下根四教但論三根出假如止觀六廿三

又對五忍十信伏忍十住信忍十行去柔順忍十地無生忍妙覺寂滅忍妙宗中十八亦對圓位若論真緣二修則地前為緣修登地為真修緣謂作意緣念真謂任運相應元是地師之義今家復加觀義空假為緣中道為真通圓亦有此之二義三云六種性習如下對初言十信者四教義四三云此十通名信心者信以順從為義若聞說別教因緣假名無量四諦佛性之理常住三寶隨順不疑名信心也文

一信二念三精進四慧五定六不退七迴向八護法九戒十願信

常住理名曰信心憶念無忘名曰念心真精進趣名精進心心精智慧名曰慧心周徧湛寂名曰定心定光無退名不退心保

持不失名護法心回向佛地名迴向心文今回向在護法前此依舊譯瓔珞經說安住無失名為戒心十方隨願名曰願心文此依楞嚴釋十信名但成在圓此十位伏三界見思煩惱故名伏忍位外凡與藏教七賢位通教乾慧性地齊

妙玄四(卅三)二此十信習從假入空觀伏愛見論(文)觀音玄下(四)云十信通伏諸惑正伏四住(文)伏忍位輔行九下(十五)云仁王用五忍以判別位(文)妙宗中(十八)云若依別教十信伏忍仁王經䟽中(十一)云未得無漏未能證但能伏不能斷故爲伏忍智也與藏通齊者格量伏惑義齊也(下去扳量集此)此位出假即名上根淨名䟽七(二十)云菩薩化物心重自行則輕故慈悲重者不務斷結從相似空解即便出假見思未斷故言有疾(文)

次明十住者

四教義四(五)云此十通名住者會理之心名之爲住

一發心住(斷三界見惑盡與藏教初果通教八人見地齊)二治地三修行四生貴五具足方便六正心七不退(已上)(六住斷三界思惑盡得位不退與藏通二佛齊)

於諸劫中行十信心不作邪見廣求智慧名發心住常隨空心淨諸法門名治地住長養衆行名修行住生在佛家種性清淨名生貴住多習無量善根名具足方便住成就第六般若法門名正心住入於無生畢竟空界名不退住得位不退者初住至七住位不退八住至十向行不退初地已上念不退妙玄四(十一)見思破故得位不退真諦三昧成惡業塵沙破故得行不退俗諦三昧成無明破故得念不退中道三昧成(文)

八童真九法王子十灌頂(已上三住斷界內塵沙伏界外塵沙)(前二不知名目)

不生邪倒破菩提心名童真住從佛王教而生於解當紹佛位名法王子住觀空無相得無生心法水灌頂名灌頂住斷界內塵沙等者正修假觀爲伏觀成俗顯爲斷輔行一下(九)云塵沙者譬無知數多(文)然塵沙惑只是通別見思就所化衆生得名

妙宗上(卅六)云衆生見思重數如塵若沙究論其體即劣慧也如妙樂云不染污無知劣慧爲體以其不能分別藥病等也若知病識藥應病授藥令得服行即斷塵沙相也懶於化導爲塵沙習且三品塵沙與三根出假何異蓋三品塵沙約一人豎論三根出假約三人橫辯又三根出假通乎四教三品塵沙局在別論

亦名習種性用從假入空觀見真諦理開慧眼成一切智行三百由旬

習種性者纓絡經上卷(賢字函)明六種性以對別位(淨名䟽第九亦借別名以顯圓)今家玄籤四教義戒䟽等並依經列四念處中少有不次又地持論略明二種(亦名經弥物造賢字函)如戒䟽列六種後復用二種及對教證前後生報佛

法佛併圖示

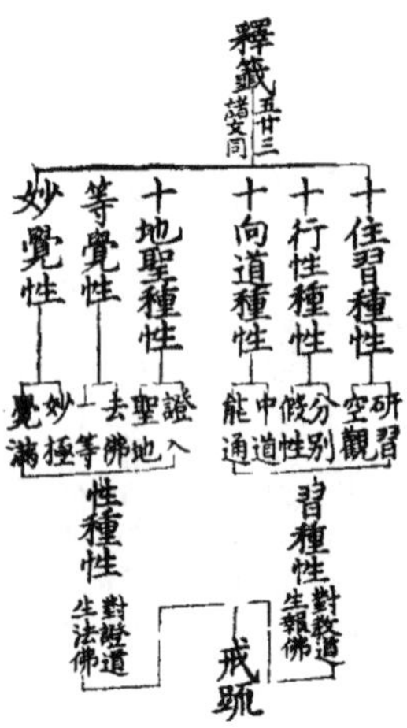

六種性者種別性分也地持第一云種性

者名爲種子名爲界名爲性（文種子不同有六界分）又性通六位種局在因故前四名種等覺雖因望前稱覺二種者地持經云略說二種性種性者是菩薩六入殊勝展轉相續無始法尒是名性種性習種性者若從先來修善所得是名習種性（大）戒疏以六種對位後復用二種者以六位不出地前修習登地證性故用地持結攝六種雖不顯標意必如是况梵網是華嚴結經地持正宗華嚴故宜用彼地持二種結攝瓔珞六種又與約行教證其義宛齊故復例之自古以戒疏文難今準舊註戒疏云性習二種若據位分習種在前性種在後若據行論性習同時前後不定（據約行中義）依體起用（緣中道理起觀行用）先明性種後明習種尋用取體（從自行用取中道體）先習後性（自依體下釋同時不定義）與教證二道相似就位以論教道在前證道在後（約行教證）據行論之教證同時前後不定（此標）依體起用先證後教（望證道理起教道用）尋用取體先教後證（尋教道用證中道體）習種能生報佛性種能

生法佛（文地前既論自行修習至果合生報佛登地證性合生法佛智與體具任運起用故不論應佛也具解備諸章疏）梵網經中更有六種一習種性二長養性（只是研習增長與習種性通對十住）三性種性四不可壞性（俗諦定文故不可壞與性種通對十行）五道種性（十向）六正法性（通收聖種等妙三種）

四念處（二三）
- 信住習種性
- 十行道種性
- 十向性種性
- 十地聖種性
- 等覺性
- 妙覺性

前示釋義依經對位諸文並同今四念處扶大品三觀約義對故少不同信住同習空觀成一切智故對習種十行修假觀成道種智故對道種十向觀中道性成一切種智故對性種由道性二字義通兩向道有化導道性論種性性故得互通取義而對也

從假入空觀者次第三觀出纓絡經觀經疏（三）云假是虛妄俗諦也空是審實真諦也今欲去俗歸真故言從假入空觀妙宗上（廿六）云見思取境無而謂有虛假凡俗知虛名諦二空之理是審實法知實名諦不究俗虛莫知真實要須照假方得入空是故名曰從假入空觀妙玄三（十一）云十住正修空傍修假中十行正修假旁修中淨名略記下之上（十五）若約別教爲語正觀中道爲慧眼者於十住中遠所期耳慧眼者古

德頌云天眼通非礙肉眼礙非通法眼唯觀俗慧眼了知空佛眼如千日照異體還同一切智者觀音玄義下（初）云知一切內法內名一切能知能解一切外法外名能知能解但不能用一切道起一切種故名一切智玄記下具釋初住斷見即離四趣身于昔生至六住有退者此見思俱斷思既未盡見亦餘殘故有退墮如四明荅曰本難（微行難）

次明十行者

四教義四（六）云此十通名行者行以進趣爲義前既發真悟理從此加修從空入假觀無量四諦一歡喜二饒益三無違逆四無屈撓五無癡亂六善現七無着八難得九善法十真實（斷界外塵沙惑）始入法空不爲邪動名歡喜行常化衆生使得法利名饒益行常修忍法謙下恭敬名無違逆行行大精進令一切至究竟涅槃名無屈撓行不爲無明之所失亂名無

癡亂行生生常在佛國中生名善現行於我我所一切皆空名無着行菩薩成就難得善根名難得行說法授人成物軌則名善法行二諦非如亦非非相名真實行亦云性種性用從空入假觀見俗諦開法眼成道種智

性種性者假觀分別十界差別種性也從空入假觀者觀經疏三云若住於空與二乘何異不成佛法不益衆生是故觀空不住於空而入於假知病識藥應病授藥令得服行故名從空入假觀文道種智者觀音玄下初云能知一切道種差別則分別假名無謬故名道種智文諸文云十住修空斷見思十行修假破塵沙十向修中伏無明此以觀對位也若云初住斷見二住至七住斷思八九十住斷界內塵沙十行斷界外塵沙此斷惑分齊也四念處四云十住斷界外上品塵沙十行斷中品塵沙十向斷下品塵沙文言三品若生無生八門為上品無量四門為中品無作四門為下品此以惑從教也以別是界外

教或純用假觀攝故又此十行明橫學四且無作四門爲圓爲但若圓無作十行位淺尚未修中如何能說以此化他耶若謂但中釋籤五初云各附彼教而爲相狀文既附彼圓豈應是但雜編五四十云十向圓修可由實道智轉行融乃修圓中十行無作且順權方只是但中無作良以修中之位已深出假之位尚淺位深故知昔日化他無非妙行位淺故知將來自行亦是但中不可以實難權以他妨自文其說切當學者知之附彼圓教但爲明於無作相狀能附豈可全同深位然此出假若果但中圓機起時何以赴之當知圓機自感圓應十行出假乃教道說無稽之問不足評矣

次明十回向者

四教義四七云此十通名回向者回事向理回因向果回己功德普施衆生事理和融順入法界故名回向四念處三一十云別向圓修文霅川云可由實道雜編但不合云只緣被接方曰圓修此據得意者智轉行融及證道說也

若三觀次第惟修但中據不得意者及教道說也

一救護衆生離衆生相二不壞三等一切諸佛四至一切處五無盡功德藏六入一切平等善根七等隨順一切衆生八真如相九無縛無著解脫十入法界無量伏無明智中觀

以無想心常行六道而入果報不受而受名救護衆生離衆生相觀一切法有受有用念念不住名爲不壞三世佛法一切時行名等一切諸佛以大願力入一切佛土供養一切佛名至一切處以常住法授與前人名無盡功德藏行無漏善善而不二名入一切平等善根以觀善惡無二一相名等隨順一切衆生心得自在等三世佛常照有無名真如相以般若照三世諸法是一合相名無縛無著解脫覺一切法中道無相名入法界無量伏無明習中觀者集解云空假之心既已滿足正修中道第一義觀無明不起悉伏故也文

亦名道種性行四百由旬居方便有餘土已上

三十位為三賢亦名內凡從八住至此為行不退位

道種性者始正修中故名道能生佛果故名種行四百由旬必約生死處加方便土約煩惱加塵沙約觀智加假觀以此增前為四百也方便有餘土者觀經疏五云修方便道斷四住惑故曰方便無明未盡故曰有餘行不退者化他行滿無退轉也前七住還斷惑證空名位不退後初地去名念不退中道正念二邊莫動

次明十地者

四教義四八云此十通言地者一能生成佛智住持不動二能與無緣大悲荷負一切故名為地也 文

一歡喜 從此用中道觀破一分無明顯一分三德乃至等覺俱名聖種性 此是見道位又無功用位百界作佛八相成道利益眾生行五百由旬初入實報無障閡土

初入寶所

捨凡入聖四魔不動到有無邊平等雙照名歡喜地從此用中道觀者四教義四七云從此見佛性發中道第一義諦觀雙照二諦心心寂滅自然流入薩婆若海證無作四諦一實平等法界圓融 文 破一分無明顯一分三德者無明乃是障中道之別惑無明分破中道分顯法身般若解脫是為三常樂我淨故稱德應知初地所破無明細分三品中上雖破猶在回向後心至三品盡方入初地俱名聖種性者據同證論準經必須開等覺性見道位者四教義四七云從初地至佛地皆斷無明但以約位分為三道初地名見諦道二地至六地名修道從七地已去名無學道 文 初地斷無明別見發真中道故云見道大經云自此已前皆名邪見人也故知兩教三乘別教地前未見中道未斷別見皆名邪見人也此約證道同圓初地即同初住故也 又無功用者既至初地不加功力任運流入薩婆若海百界作佛者四教義四八云初發真中道見佛性理斷無明見感顯真應二身緣感即應百佛世界現十法界身入三世佛智地能自利利他真實大慶故名歡喜地也 文 輔行七下四廿引瓔珞云如初地百界二地千界乃至萬億等界現身亦爾 文 行五百由旬者約生死處加實報土約煩惱加無明約觀智加中觀實報無障礙土者觀經疏六云行真實法感得勝報色心不相妨故言無障礙 文 實所者喻分證寂光也

天台四教儀集註卷第八

天台四教儀集註卷第八

校勘記

一　底本，明永樂北藏本。

一　五八六頁上一行「卷第八」，清作「卷第七」。卷末卷次同。

一　五八六頁中「當教三乘共位」表内小字第四行首字「謂」，清作「解」。又一一行「盡欲惑全」，清作「盡欲惑全亡」。又一四行「功德力大福惠」，清作「功德力入福慧」。

一　五八六頁下「菩薩借別一教」表内一行首字「信」，清作「十信」。

一　五八七頁下末行「從本立名」，清作「從立本名」。

一　五八八頁中四行第七字「如」，徑作「爲」。

一　五八八頁下一七行第一四字「觕」，徑作「麤」。

一　五八九頁中一行「一生二生」，徑作「而非一生二生」。

一　五八九頁中七行第一二字「明」，清作「名」。

一　五九〇頁上一四行「三下」，清作「下三」。

一　五九〇頁中四行第五字「等」，清無。

一　五九一頁下六行夾註「三云」，徑、清作「云云」。

一　五九三頁上二行第一四字「種」，清作「中」。

天台四教儀集註卷第九　稼九

南天竺沙門　蒙潤　集

二離垢地三發光地四燄慧地五難勝地六現前地七遠行地八不動地九善慧地十法雲地已上九地地地各斷一品無明證一分中道

以正無相入衆生界同於虛空名離垢地光慧信忍習佛之道極淨明生名發光地順無生忍觀一切法名燄慧地順忍修道三界無明莫不皆空名難勝地上順諸法觀於三世寂滅無二名現前地觀諸煩惱不有不無常向上地念念寂滅名遠行地以無生觀捨於三界名不動地入於上觀光光佛化無生忍道名善慧地入中道觀受佛職位既同真如亦等法界妙雲普覆名法雲地

更斷一品無明入等覺位亦名金剛心亦名一生補處亦名有上士

於十地後心用觀更斷一品方入等覺四教義四十四云即是邊際智滿入重玄門若望法雲名之爲佛望妙覺名金剛心菩薩亦名無垢地菩薩三魔已盡餘有一品死魔在斷無明習也文集解云解入百千三昧照一相無相寂滅無爲望于妙覺猶有一等比下名覺故名等覺所修觀智純一堅利喻若金剛名金剛心文一生補處者猶有一品無明故有一生過此一生即補妙覺之處觀音玄記上四云猶儲君之義也文妙宗上廿三云有惑可斷名有上士文

更破一品無明入妙覺位坐蓮華藏世界七寶菩提樹下大寶華王座現圓滿報身爲鈍根菩薩衆轉無量四諦法輪即此佛也

四教義四十五云金剛後心朗然大覺妙智窮源無明習盡名真解脫翛然無累寂而常照名妙覺地文藏者包含十方法界悉在中也文七寶菩提樹者七寶衆多表無量故大寶華王座者妙玄玄十二云或言寂滅道場七寶華爲座身稱華臺千葉上一一菩薩復有百億菩薩如是則有千百億菩薩十方放白毫及分身光白毫入華臺菩薩頂分身光入華葉菩薩頂此名受法王職位窮得諸佛法底而得成佛華臺名報佛華葉上名應佛報應但是相關而已不得相即此是別佛果成相也文鈍根菩薩者迷中重故次第修證達通實所對圓名鈍有經論說七地已前名有功用道八地已上名無功用道妙覺位但破一品無明者捻是約教道說

華嚴云菩薩未至第八地時如人乘舡欲渡大海未至大海多用功力若至八地從大方便近佛智慧無功用心不加功力妙覺位但破一品無明未審據何文說諸文但云斷十二品稱爲妙覺也

有處說初地斷見從二地至六地斷思與羅漢齊者此乃借別教位名名通教位耳

至六地斷思與羅漢齊者取十度義以第六般若空慧斷惑故也如止觀第六借位中云云十度者六度外加願智力方便

有云三賢十聖住果報唯佛一人居淨土此借別教名明圓教位也

三賢者別住行向住果報上義則屬圓此仁王經偈文

如此流類甚衆須細知當教斷證之位至何

位斷何惑證何理性判諸教諸位無不通達此乃觀師示人判教之方能知此者不但別門可通於一切教皆無壅矣

略明別教竟

此教明縱橫者別論不出性橫修縱因縱果橫通論因果各具縱橫性但有橫修具縱橫初性橫修縱者妙句九云若但性德三如來是橫修德三如來是縱前後而得先法次報後應亦是縱一性二修記九云性德之名名通別教別教雖有性德之語三皆在性而不互融故成別義若三在修前後而得道理成縱又妙宗云別人不知本覺之性具染惡德是故染惡非二佛性別修緣了顯本法身修縱亦爲不知本覺之性具染惡德不能全性起染惡修乃成理体橫具三法性橫次因縱果橫者光明記一云行智理三次第資發修時縱也法報應三果中齊顯證時橫也良由此教本有法身爲惑所覆故須別作緣了之功相資顯發後由此教性具三法而不相收故使三身橫顯此指修縱只是因縱性橫成於果橫修性因果相對別論也次因果各有縱橫者文句二云別家因時三法縱橫果時三法亦縱橫因縱如向因橫即性橫也果縱如妙玄九云法身本有般若修成解脫始滿果橫亦如向說須知此教因果三法次第即縱各異即橫妙玄五云資成在前觀照居次真性在後此三豎別縱非大乘此三並異橫非大乘次性但有橫修具縱橫者性橫如上性中三法未論起修無前後故則無縱義凡言修者通因通果因果既具各有縱橫修任運有也

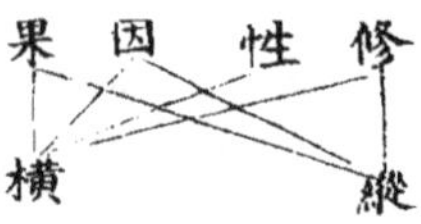

修縱者即修德三如來也性橫者即性德三如來也因縱者智行理三次第資發果橫者法報應三果中齊顯也修縱者如前修橫者即果橫也因縱者如向因橫者即性橫也果縱者法身本有般若修成解脫始滿果橫者如向若別論修縱性橫因縱果橫通而言之修具縱橫性但有橫因果各具縱橫也

次明圓教者

四教義一三云圓以不偏爲義此教明不思議因緣二諦中道事理具足不別但化最上利根之人故名圓教也文又云圓教詮因緣即中道不思議佛性涅槃之理菩薩稟此教門理雖非淺非深而證者不無淺深之位今明入道亦具四門而諸大乘經意多用非空非有門以明位也文釋籤五十二云圓教菩薩以界外滅諦爲初門文

圓名圓妙圓滿圓足圓頓故名圓教也此釋圓名三諦圓融不可思議名圓妙三相即無有缺減名圓滿圓見事理一念具足名圓足體非漸成故名圓頓

所謂圓伏圓信圓斷圓行圓位圓自在莊嚴圓建立衆生此釋圓法圓伏五住圓常正信圓斷五住圓行一行一切行圓位位位相攝妙用華嚴故云自在四悉普益故云建立如止觀一三

諸大乘經論說佛境界不共三乘位次總屬此教也

一代教中唯除鹿苑顯露無圓諸大乘經凡說圓法皆佛境界也不共三乘位次者

揀異別教不共二乘今圓是佛乘故不共
三乘也
法華中開示悟入四字對圓教住行向地此
四十位華嚴云初發心時便成正覺所有慧
身不由他悟清淨妙法身湛然應一切此明
圓四十二位維摩經云薝蔔林中不嗅餘香
入此室者唯聞諸佛功德之香又云入不二
法門般若明最上乘涅槃明一心五行又經
云有人入大海浴已用一切諸河之水又娑
伽羅龍澍車軸兩唯大海能受餘地不堪又
擣萬種香爲丸若燒一塵具足衆氣如是等
類並屬圓教
開示悟入如前釋初發心者三因性開發
即初住位二住已去莫不皆然故結云圓
四十二位薝蔔等者薝蔔翻黃花觀衆生
稽九　六
品天女訶身子之文淨名空室表常寂光
入不二法門者彼經三十一菩薩各說入
不二法門已問文殊師利何等是菩薩入
不二法門文殊曰如我意者於一切法無
言無說無示無識離諸問荅是爲入不二

法門於是文殊問維摩詰我等各自說已
仁者當說何等是菩薩入不二法門時維
摩詰默然無言文殊歎曰善哉善哉乃至
無有文字語言是真入不二法門文須知
三十一菩薩乃以有言言於無言文殊乃
以無言言於無言淨名乃以無言無言故
文殊歎云是真入不二法門也般若明最
上乘者金剛經云如來爲發最上乘者說
涅槃云復有一行是如來行所謂大乘大
般涅槃佛性之理又經云者大經云譬如
有人在大海浴當知是人已用一切諸河
之水輔行一上廿七云理具諸法如海水修
觀行者如在浴也行攝一切名爲已用文
娑伽羅此翻醎海如來龍王圓頓教雨爲
上根性不兩三教下類之地首楞嚴云擣
稽九　七
萬種香爲丸若燒一塵具足衆氣文輔行
一上廿七云理性如丸觀行如燒諸法頓發
名具衆氣文
今且依法華纓絡略明位次有八一五品弟
子位外凡出法華經二十信位內凡三十住位聖初四十

行五十迴向六十地七等覺是因位末八妙覺是果位
法華但有五品六根瓔珞具明五十二位
妙樂一一四云若云圓位六即亦足何須
更列四十二耶以分真位長故借別位分
其品秩文或者據此謂圓教本無位次但
借別顯圓然妙樂意以五十二位在經論
中多被別人祖師用釋圓位故云借耳又
有云五十二位名雖在別圓亦同用以分
淺深豈可圓教全無位次大品四十二字
華嚴初住八相法華五品六根皆圓位義
也故曰顯一理則始終無二存諸教則因
果歷然既稟教修行安得無位耶又揀諸
文開合有四一開前合後如大經三十三
天住行向爲三十地等妙爲三二合前開後如仁王十
四般若合三十心爲三十地爲十等覺爲一總十四忍轉入佛心名之爲智
三前後俱開如大品四十二字對四十二位四
前後俱合如法華開示悟入及遊四方對四十位
妙宗上廿三又楞嚴明位有六十前加三漸
次名字即及立乾慧地觀行即向後地前立四
加行并常五十二位共成六十

初五品位者一隨喜品經云若聞是經而不毁呰起隨喜心問隨喜何法荅妙法妙法者即是心也妙心體具如如意珠心佛及衆生是三無差別此心即空即假即中

文句說隨順事理無二無別喜是慶已慶人（文）妙樂十（三十）云事理秖是權實異名了此權實即非權實故無二無別即隨順開權顯實之事理也言已人者理有事故故能慶人事有理故能自慶又不二而二故慶已他二而不二了非已他妙玄五（二）云若人宿植深厚或值善知識或從經卷圓聞妙理謂一法一切法（假）一切法一法（空）非一非一切（中）不可思議起圓信解一心中具十法界如一微塵有大千經卷欲開此心而修圓行圓行者一行一切行謂十法成乘十心成就其心念念悉與諸波羅蜜相應是名圓教初隨喜品位（文）妙法即是心者指要鈔上（四）云経家釋經題法字約此三法各具三千互具互融方名妙法然雖諸法彼彼各具若為觀體必須的指心法三千起信論云所言法者謂衆生心妙心體具者止觀五（三十）云一心具十法界一法界又具十法界具百法界一界具三十種世間百法界即具三千種世間此三千法在一念心若無心而已介爾有心三千具足亦不言一心在前一切法在後亦不言一切法在前一心在後輔行五中（七）云言無心而已者顯心不無言介爾者謂刹那心無間相續未曾斷絶纔一刹那三千具足若具三千即具三德又介爾者介者弱也謂細念也但異無心三千具足（文）如如意珠止觀五（七十）云如如意珠天上勝寶狀如芥粟有大功能淨妙五欲七寶琳琅非内畜非外入不謀前後不擇多少不作麤妙稱意豐儉降雨穰穰不添不盡蓋是色法尚能如此况心神靈妙寧不具一切法耶（文）記中表法約理解釋須者尋之心佛衆生三無差別者釋籤二云當知三法即是不思議廣大法界應了此理具足佛法及衆生法雖復具足心性冥妙不一不多又衆生及佛不出於心故無差別名心法妙是故結歸三無差別方名為妙十義書云以我一念心法及一切衆生十方諸佛各各論於事造人人說於理具而皆互具互攝方名三無差別又指要云是則三法各具二造方無差別此心即空假中拾遺記下八云三觀之首皆言即者指一念心即三諦故言即空者非即偏空乃觀一念即圓空也此空能破三諦相着故云一空一切空（三觀悉破相之用也）言即假者非即偏假乃觀一念即妙假也此假能立三諦之法故云一假一切假（三觀悉立法之功也）言即中者非即但中蓋指一念即具德中此中能妙三諦之法故云一中一切中（三觀悉是絶待之体也）

常境無相常智無縁

此境智冥一

無縁而縁無非三觀無相而相三諦宛然

而言境智也止觀第一常境常智後復云以無縁智縁無相境以無相境相無縁智

智境冥一而言境智輔行釋云實相無相無相亦無實智無緣無緣亦絕何者境雖無相常爲智緣智雖無緣常爲境發智雖緣境稱境無相境雖發智令智無緣無緣而緣照境無間故云以無緣智緣無相境無相而相發智宛然故云以無相境相無緣智

初心知此慶已慶人故名隨喜

此結成隨喜也五品初心知此妙心體具事理三千境觀之法慶已有智慧慶人有慈悲

内以三觀觀三諦境

大意云三諦三觀三非三三一一三無所寄諦觀名別體復同是故能所二非二

外以五悔勤加精進助成理解

止觀七云唯法華別約六時五悔重作方便光約四種三昧相對而說不可以光明弥陀亦論五悔爲妨修懺要旨云所以悉稱悔者蓋皆能滅罪故也勸請則滅波旬請佛入滅之罪隨喜則滅嫉他修善之愆回向則滅倒求三界之心發願則滅修行退志之過文輔行二上八云於法無染曰精念念趣求曰進文助成理解一往分之五悔爲事名助諦觀爲理解名正

言五悔者有二一理二事

止觀二云事懺懺苦道業道理懺懺煩惱道理事不出三種懺法理謂無生妙懺事謂取相作法光明文句三四十云行者應知三種懺法無生是主二爲助緣灰汁皂角助於清水若缺妙觀不名大乘便同外道無益苦行須近善師學懺悔處及懺悔法方可行於道場事儀故於諸事皆用妙觀照而導之使作法等皆順實理悉爲佛因又云正助二懺修逐根緣自有一向修於正道直登圓住或内外凡自有一向修於助道如南嶽立有相安樂行不入三昧但誦持故亦能得見上妙色像此二隨根修入不同若悟理時必兩捨也自有正助相兼而修或先正後助或先助後正或同時而修今之所立意在同修耳懺悔名光明文句中初云懺者首也悔者伏也不逆爲伏順從爲首又懺名白法悔名黑法白法須尚黑法須捨又懺名修來悔名改往又懺名披陳衆失悔名斷相續心又懺者名慚悔者名愧慚則慚天愧則愧人文光明記三七云然懺悔二字乃雙舉二音梵語懺摩華言悔過以由悔過是首伏等五種之義今既華梵二音並列是故大師以首釋懺以伏釋悔乃至慚愧對釋懺悔欲令稟者修首伏行及慚愧等斯是善巧說法之相故不可以華梵詁訓而爲責也文懺悔處光明文句引普賢觀是名大懺悔約中道爲處也名莊嚴懺悔約俗爲處也名無罪相懺悔約空爲處也若三種差別者此是歷別論處爾即一而三即三而一此圓妙懺悔也記云若於三諦歷別而解乃次第觀非今妙觀其妙觀者空即三諦假中亦然名即一而三三諦俱空假中亦然名即三而一行者應知三一相即爲彰懺悔處絕乎思議若以此語增於言想則永不識懺悔處也然懺悔處誰人不具何法暫非但爲本迷滿目不見全心不知是故

經云於十力前不識諸佛勸求覔著須親善師須資妙教勤聽勤聞審讀審思若其然者必於能詮識所詮體倫然慮外無以狀名斯乃所求法性道理此理至妙爲懺法所依故名爲處若依此處而立行門方得名爲大乘懺也又懺之所依如器淳朴非砧不成以何爲砧謂一實相無別實相即罪相是得此處者罪無不滅德無不顯(文)

懺悔法要旨云一作法懺謂身口所作一依法度二取相懺謂定心運想相起爲期三無生懺謂了我心自空罪福無主觀業實相見罪本源法界圓融真如清淨法雖三種行在一時光明記云此三種懺同時而修無生是正二爲助緣斯乃正助一合而行如膏益明證理彌速也又須了知大乘三懺後一雖可獨修不進須假前二前二不可暫離無生得此意已方可說行三種懺法

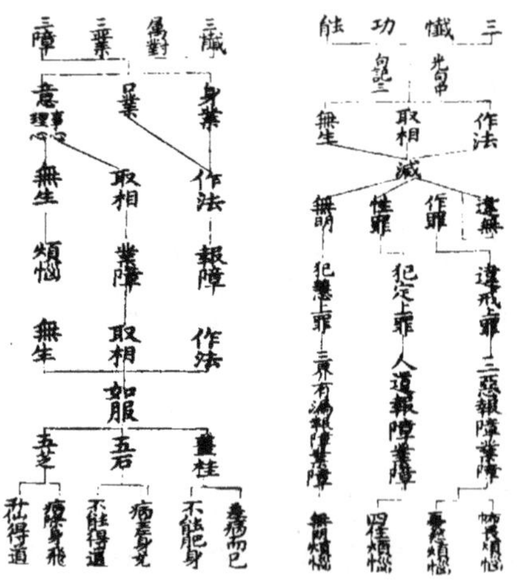

理懺者若欲懺悔者端坐念實相衆罪如霜露慧日能消除即此義也

光明記三(八)云端坐者身儀也禪波羅密具出坐法須者宜檢念實相者懺罪觀也實相無相當云何念必以無念之念念無相之相以無相之相相無念之念若於念外別有實相實相之外別有於念則非此經念實相也衆罪等者滅罪所以也前念實相蓋體修惡即是性惡性惡照明斯爲慧日修惡體虛如消霜露(文)

言事懺者晝夜六時三業清淨對於尊像披陳過罪無始已來至于今身凡所造作殺父殺母殺阿羅漢破和合僧出佛身血邪婬偷盜妄言綺語兩舌惡口貪瞋癡等如是五逆十惡及餘一切隨意發露更不覆藏畢故不造新

晝夜六時等四句明首伏法無始下明首伏辞殺父下明五逆罪(首試)下殺於上也妙樂八引俱舍云五並業障攝約處人除比約人除扇搋(此云黃門 勅住反)四身一語業三殺一虛誑一殺生加行(出佛血)無間一剎熟隨罪增苦增八比丘分二(破僧)以爲所破僧具如補注釋九(五)光明文句中(三)云人從父母稟身十月懷抱三年鞠養撫念惟惟始能升頭戴髮教方教數始解作人那忽違恩背義而行弒逆天雖大不覆此人地雖厚不載此人此人命終直入地獄(文)十惡中應明殺生釋十惡名如法界次第上(九)(云云)口有四惡或云五者加無義語發露著要旨(四)云罪根宜露則衆罪皆滅(文)若不

發露犯覆藏罪如律中說畢故不造新者斷相續心也已作之罪願乞消除未起之惡更不敢造

若如是則外障漸除內觀增明如順流舟更加櫓棹豈不速疾到於所止修圓行者亦復如是正觀圓理事行相助豈不速至妙覺彼岸

若如是等者光明文句中云若純用正懺亦不須助若正道暗昧不明了者修助以助之所謂灰汁滌豆皂莢木槵以助清水爾文如順流舟等者光明文句記三二十七云正解如順水正觀如順風可喻正道能趣妙理篙棹可喻旋禮等善助於風水舟豈不疾文

莫見此說便謂漸行謂圓頓無如是行謬之甚矣

此斥偏執理性無修無證者謂即心是佛若別修習則成漸次非圓頓行輔行七下十八云圓教位次者先明五悔為入位之方他人圓修都無此意將何以為造行之始但云一念即是如來空談舉心無非法界委捨心行全無毫徵文

何處天然彌勒自然釋迦

輔行一下二十二引彌勒問經云彌勒昔行菩薩道時但晝夜六時勤修五悔而得菩提文彌勒釋迦既是果人由因克故非天然等也唯今天台建立解行了修即性全性起修正助兼行從因至果故清涼國師云撮台衡三觀之玄趣使教合忘言之旨心同諸佛之心不假更看他面

若纔聞生死即涅槃煩惱即菩提即心是佛不動便到不加修習便成正覺者十方世界盡是淨土觸向對面無非覺者

舉其所執之法須知理雖平等事有迷悟何得便謂即是不加修習凡言即者以顯於離如氷不離水理須融氷義同於離十方世界盡是淨土此是依報論即觸向對面無非覺者此是正報論即謂三土皆即寂光九界無非佛界理實如然非修莫克故即云

今雖然即佛此是理即

妙宗上十三云然理即佛敗之極也以其全乏解行證即但有理性自爾即也文

亦是素法身無其莊嚴何關修證者也

無緣了功德莊嚴法身體素天龍之所恐劣

我等愚輩纔聞即空便廢修行不知即之所由鼠唧鳥空廣在經論尋之思之

重斥所計鼠唧鳥空者止觀八七云諸位全無謬謂即是猶如鼠唧著言空空如空鳥空文輔行八上十一云不達諦理謬說即名何異恠鼠作唧唧聲即聲無旨濫擬生死即是涅槃亦如恠鳥作空空聲豈得濫同重空三昧文此斥執理廢行之者所謂即之所由意開妙解而立妙行行可廢乎

二勸請者勸請十方諸如來留身久住濟含識

輔行七下十九云大為二意一者請住於世二者請轉法輪大論十五問諸佛之法法應說法何須勸請又若諸佛現見在前請佛可爾今乃不見云何可請荅佛雖必說而不待請請者得福何得不請復次佛法待請為說又衆生雖不面見諸佛諸佛何嘗

不見其心聞其所請假令諸佛不聞不見
請亦得福何況聞見而無益耶
三隨喜者隨喜稱讚諸善根
輔行七下十二云佛轉法輪衆生得三益我
助彼喜者喜前勸請也過去下種現在重
聞得成熟益未曾下種現在成種未來方
益故三世益皆因法輪故我隨喜衆生得
益要旨云隨他修善喜他得成文
四迴向者所有稱讚善盡迴向菩提
止觀七十三云回衆善向菩提一切賢聖功
德廣大我今隨喜福亦廣大衆生無善我
以善施施衆生已正向菩提如囬聲入角
響聞則遠回向爲大利文輔行七下一卄云
如回聲入角等者大論三十二云回向者
如少物上王如回聲入角問菩薩功德勝
於二乘有何奇特荅今此不以功德比之
但以隨喜回向心比如巧匠指示倍得價
直執斧之人倍用功力直不足言聲聞自
行如執斧者菩薩教他而行回向猶如大
匠文要旨六云所謂回事向理回自向他

回因向果文
五發願者若無發心萬事不成故須發心以
導前四是爲五悔
止觀七十三云願者誓也如許人物若不分
券物則不定施衆生善若不要心或恐退
悔加之以誓又無誓願如牛無御不知所
趣願來持行將至所在如坯得火堪可盛
物二乘生盡故不須願菩薩生生化物須
總願別願四弘是總願法藏華嚴所說一
一善行陀羅尼皆有別願一切諸願四弘
攝盡故名爲總故知一切菩薩凡見諸佛
無不發於總願別願
下去諸位直至等覺揔用五悔更不再出例
此可知
光明文句中四云當知懺悔位長其義極
廣云何而言止齊凡夫是故五十校計經
齊至等覺皆令懺悔即其義也文記三三十
云從造無間業者上至圓教等覺故云位
長位位橫論各有三障煩惱頭數結業流
類苦報等差故云義廣古人何爲但在凡

夫大師本以三昧總持說懺悔位該一且
凡聖自然與校計經合實匪尋經作此安
布行者知之文
二讀誦品者經云何況讀誦受持之者謂內
以圓觀更加讀誦如膏助火
止觀七十三云善言妙義與心相會如膏助
火是時心觀益明名第二品也讀誦如膏
圓觀如火文句八五看文爲讀不忘爲誦
信心故受念力故持文
三說法品者經云若有受持讀誦爲他人說
內解轉勝導利前人化功歸已心倍勝前
文句八五宣傳爲說聖人經書難解須解
釋文妙玄五三云行者內觀轉強外資又
著圓解在懷誓願熏動更加說法如實演
布說法開導是前人得道全因緣化功歸
已十心則三倍轉明是名第三品位文止
觀七一三十云更加說法轉其內解導利前
人以曠濟故化功歸已釋籤五云故知以
說法力內熏自智令倍清淨爲說圓常內
心無着故名爲淨化功歸已意在於斯問

南嶽天台皆云爲他損已及止觀中令修三術誡勿領徒又輔行七下六卅云早領衆者名成損已益他蓋徹其如玄文止觀及令說法品皆云說法開導化功歸已耶須知以慈忍無着之心說法則可如云三軌備足方可宣通如四安樂行方許說法否則不許若南嶽天台所云蓋嘗自以誡他也如妙樂一云今聞弘經者爲名利壅已爲大悲益物自行暗於妙宗何殊無目而導衆座室誡思之自克問今五品位說法品中化功歸已彼止觀安恐中正於五品令修三術誡勿領徒何耶須知雖於品中令修三術意誡初心爲他損已又品位雖說須守觀心若逐外有妨是亦須誡

四兼行六度經云況復有人能持是經兼行布施等福德力故倍增觀心

妙玄五三云上來前熟觀心未遑涉事今正觀稍明即傍兼利物能以少施與虛空法界等使一切法趣檀檀爲法界餘五亦如是事相雖少運懷甚大此則理觀爲正事行爲傍故言兼行布施事福資理則十心彌盛是名第四品位文

五正行六度者經云若人讀誦爲他人說復能持戒等謂自行化他事理具足觀心無閡轉勝於前不可比喻

妙玄五三行人圓觀稍熟理事欲融涉事不妨理在理不隔事故具行六度若布施時無二邊取着十法界依正一捨一切捨財身及命無畏等施若持戒時性重譏嫌等無差別五部重輕無所觸犯若行忍時生法寂滅荷負安耐若行精進身心俱淨無間無退若行禪時遊入諸禪靜散無妨若修慧時權實二智究了通達乃至世智治生産業皆與實相不相違背具足解釋佛之知見而於正觀如火益薪此是第五品位文釋籤第五六卅云事理不二方名正行若取其意但用三戒事六度相皆以實相融今不二無非法界即是其相無畏等施者論有三施謂資生無畏法捨於依正名施資生畧不言法故云等也文止觀七一三十云正修六度自行化他事理具足心觀無碍轉勝於前不可比喻名第五品也文

圓家五品擬三藏五停心
三藏：數息停散　不淨停貪　慈悲停嗔　因緣停癡　念佛停障
圓家以：觀理除於昏散　讀誦除於雜染　說法治彼法恚　六度治無明暗　理觀除於事相

四信五品對三慧文句十云初二是聞慧位廣聞廣說是思慧位觀行想成是修慧位自淺之深成六根清淨十信位也又云前三人是聞慧位兼行六度是思慧位正行六度是修慧位

現在四信：初一念信解、二畧解言趣——聞慧；三廣爲他說——思慧；四深信觀成——修慧
滅後五品：初隨喜品、二讀誦品、三說法品、四兼行六度、五正行六度

妙樂十二十云何故現在唯四信滅後立五

品答其義既齊四五義則但是滅後加讀誦為第二品耳文

此五品位圓伏五住煩惱外凡位也與別十信位同

妙玄五八云五品已圓解一實四諦其心念念與法界諸波羅密相應徧體無邪曲偏等倒圓伏枝客根本惑故名伏忍諸教初心無此氣分文又十紙云五品之位理雖未顯觀慧已圓具煩惱性能知如來秘密之藏堪為世間作初依止文妙玄五一十

云五品六根為初依十住為二依十行十回向為三依十地等覺為四依文釋籤六三云四依位者以此四人並能化他故以此位釋於因人功用文此約觀行成就五品在十信前若普賢觀品信合說盡赴機異爾又吾祖位居五品而云獲旋總持者然旋假入空約位竪論雖在六根七信已前約觀橫辨不妨通於五品

次進六根清淨位即是十信初信斷見惑顯真理與藏教初果通教八人見地別教初住齊證位不退也次從二信至七信斷思惑盡與藏通二佛別教七住齊三界苦集斷盡無餘故仁王云十善菩薩發大心長別三界苦輪海解曰十善者各具十善也若別十信即伏而不斷故定屬圓信

妙玄五四云十信位者初以圓聞能起圓信修於圓行善巧增益令此圓行五倍深明因此圓行得入圓位以善修平等法界即人信心乃至善修無著即入願心是名十信位瓔珞云一信有十十信有百百法為一切法之根本也是名圓教鐵輪十信位即是六根清淨圓教似解煖頂忍世第一法普賢觀明無生忍前有十種境界即此位也文普賢釋迦分身多寶四聖及六根清淨共為十種仁王云者波斯匿王所說偈也十善者仁王跡中九十云十信善者有三品上品善鐵輪王化一天下中品善粟散王下品善人中王文妙樂十八云信信通皆具足十善非謂專以人天不殺盜等用對十信即云長別三界苦輪當知須是斷惑十信文釋籤五廿七云亦有人云六根清淨名為頓義十善菩薩此是漸義今文所引十善菩薩以證六根豈應引漸而證於頓故知二文俱頓明矣但仁王經語其初後法華經意論其中間人不見之徒生異見文

然圓人本期不斷見思塵沙意在入住斷無明見佛性然譬如治鐵觕垢先去非本所期意在成器器未成時自然先落雖見先去其人無一念欣心所以者何未遂所期故圓教行人亦復如是雖非本所望自然先落

此明圓斷之義輔行六上九云從初已來三諦圓修與次第義永不相關此論觕惑任運斷處與次第齊文又七下四廿云五品已能圓伏五住豈至此位別斷見思但是圓修觕惑先斷猶如治鐵觕垢先除文別行玄記下六云圓譬治鐵作器別喻燒金作器治謂鎔鑄淳朴頓融任運觕垢先落燒謂鍛鍊物體猶堅特要觕塵先去然後融金以除細垢圓觀頓窮法界無異先觀二諦二惑任運先落別觀次第顯中有意

先觀二諦故使二惑先除 文 指要鈔下五云圓人始終用絕持智頓亡諸法理果尚亡惑何次第只由此智功力微著故成麁親由麁親故惑落前後名迷厚薄智麁惑厚智親惑薄轉轉明之此乃約智分惑也 籤九 二五

先達云修觀惑智一如功成惑落前後 文 永嘉大師云同除四住此處爲齊若伏無明三藏則劣即此位也解曰四住者只是見思謂見爲一名見一切處住地思惑分三一欲愛住地欲界九品思二色愛住地色界四地各九品思三無色愛住地無色界四地各九品思此之四住三藏佛與六根清淨人同斷故言同除四住也言若伏無明三藏則劣者無明即界外障中道之別惑三藏教止論界內通惑無明名字尚不能知況復伏斷故言三藏則劣也

永嘉集云然三藏之佛望六根清淨位有齊有劣同除四住此處爲齊若伏無明三藏則劣二乘可知此本是妙玄位妙中文永嘉集中引用之耳昔傳唐末五代台教湮沒因錢氏讀永嘉集至此不解問於韶國師國師指爲台教中語當問螺溪羲寂法師師奏海東盛行遂求於高麗由是觀師賫教部來使始復興焉今稱永嘉蓋有由矣釋籤六四 云有齊有劣者惑盡處齊觀行闇教是則爲劣亦以佛位格者爲順教道故也 文 籤九 二六

天台四教儀集註卷第九

天台四教儀集註卷第九

校勘記

一　底本，明永樂北藏本。

一　五九七頁上一行「卷第九」，清作「卷第八」。卷末卷次同。

一　五九七頁上一〇行夾註右「上地」，徑作「土地」。

一　五九七頁下一八行第一一字「上」，徑作「土」。

一　六〇〇頁上一一行第九字「值」，清作「植」。

一　六〇二頁上末行後，徑有「三懺功能三懺屬對三業三障圖」一行。

一　六〇二頁下八行夾註「首試」，徑、清作「音試」。

一　六〇二頁下九行末字「比」，徑、清作「北」。

一　六〇四頁下一行「一且」，清作「一切」。

一　六〇五頁中一三行「宄了」，徑、清作「究了」。

一　六〇六頁上一五行第一四字「盡」，徑、清作「蓋」。

一　六〇六頁下一五行第九字「治」，清作「治」。一七行第三字同。

一　六〇七頁上二行第八字「持」，清作「待」。

天台四教儀集註卷第十　稼十

南天竺沙門　蒙潤　集

次從八信至十信斷界內外塵沙惑盡假觀現前見俗諦理開法眼成道種智行四百由旬與別教八九十住及行向位齊行不退也

雖約位斷證格量似齊圓別即離不可一混又此六根明下根出假功逾十向此是相似圓融三諦不同次第出假之位又五品明中根出假五品之初爲上根亦約觀行論坐道場度衆生等又輔行五上云以初住爲真出假位

次入初住斷一品無明證一分三德謂解脫般若法身此之三德不縱不橫如世伊三點若天主三目現身百界八相成道廣濟群生

此明斷惑證理全體起用三德次第本法身般若解脫今順初住緣了正三心開發而爲次也言不縱不橫者異乎別教非縱即橫也釋籤六十二云雖一點在上不同點水之縱三德亦爾雖法身本有不同別教爲惑所覆雖二點在下不同烈火之橫三德亦爾以（釋籤中作雖字者誤　妙宗引作以字者正）二德修成不同別人理體具足而不相收如妙宗云三雖性具緣了是修二雖是修非適今有二若非修三法則橫二若非性三法則縱三點三目出大經哀歎品西方有新舊二伊舊伊如橫川走火點水之縱新伊如此方草書下字細畫相貫不縱不橫摩醯首羅有三目八臂八相者華嚴云或見入胎等皆云或者一一相中皆有八相故文華嚴經云初發心時便成正覺所有慧身不由他悟清淨妙法身湛然應一切解曰初發心者初住名也便成正覺者成八相佛也是分證果即此教真因謂成妙覺謬之甚矣若如是者二住已去諸位徒施若言重說者佛有煩重之咎雖有位位各攝諸位之言又云發心究竟二不別須知攝之所由細識不二之旨龍女便成正覺諸聲聞人受當來成佛記莂皆是此位成佛之相慧身即般若德了因性開發妙法身即法身德正因性開發應一切即解脫德即緣因性開發如此三身發得本有故言不由他悟中觀現前開佛眼成一切種智行五百由旬到寶所初居實報無障閡土念不退位

此下引經釋出就斥他謬雖云各攝諸位須知攝之所由者由理具故雖云發心究竟不別細識不二之旨者旨在於即即具之理雖爾淺深之事位那不分即故初後不二六故初後不濫位位各攝諸位者如大品初阿後茶中四十字初阿字門具四十二字後茶字門亦然又如華嚴一地具諸地功德大經云發心究竟二不別如是二心前心難發心即初住究竟即妙覺龍女成佛文從權說以證圓經成佛速疾若實行不疾權行徒施權實義等理不徒然如妙樂八（卅五　云云）諸聲聞授記國名號與物結緣文發得本有者妙宗上（二十）云今初住所發三法皆性具故發則俱發從智證法從法起應即非一時三身頓得故非前後不縱不橫復見於此從始圓修一心三觀今圓三智一心中得即以此智證得法身

智性即色三一體融名妙色身此身湛寂如鑒無情形對像生山毫靡閒名應一切三身三德體離縱橫文中觀現前者既三因開發應三智圓明王眼洞照今但云佛眼種智者中必雙照三智具足四眼入佛眼同名爲佛眼輔行三上五卄云如河入海失本河名何以故肉天二眼有漏因緣慧法二眼習氣未盡故捨本位入佛眼中文

次從二住至十住各斷一品無明增一分中道與別教十地齊次入初行斷一品無明與別教等覺齊次入二行與別教妙覺齊從三行已去別教之人尚不知名字何況伏斷以別教但破十二品無明故故以我家之真因爲汝家之極果只緣教彌權位彌高教彌實位彌下譬如邊方未靜借職則高定爵論勳其位實下故權教雖稱妙覺但是實教中第二行也次從三行已去至十地各斷一品無明增一分中道即斷四十品惑也更破一品無明入等覺位此是一生補處

次從二住等者妙玄五五云即是十番進發無漏同見中道佛性第一義理以不住法從淺至深住佛三德及一切佛法故名十住位文次入初行等者妙玄五五云即是從十住後實相真明不可思議更十番智斷破十品無明一行一切行念念進趣流入平等法界海諸波羅蜜任運生長自行化他功德與虛空等故名十行位也文我家真因等者妙玄五二十云若十地十品破無明圓家十住亦十品破無明設開十地爲三十品秖是圓家十住三十品齊若與而爲論圓家不開十住合取三十心爲三十品與別家十地三十品等者則十地與圓家十回向齊若奪而爲論別家佛地與圓家初行齊與而爲論別家佛地與圓家初地齊故知別教權說判佛則高望實爲言其佛猶下譬如邊方未靜授官則高定爵論勳置官則下別教權說雖高而猶圓家實說雖低而妙以我之因爲汝之果文爵者封也爵有五等謂公侯伯子男勳者功也十向者妙玄五六云即是十行之後無功用道不可思議真明念念開發一切法界願行事理自然和融回入平等法界海更證十番智斷破十品無明故名回向也十地位者即是無漏真明入無功用道猶如大地能生一切佛法荷負法界衆生普入三世佛地又證十番智斷破十品無明故名十地位也文等覺者妙玄五六云觀達無始無明源底邊際智滿畢竟清淨斷最後窮源微細無明登中道山頂與無明父母別是名有所斷者名有上士也文等覺位中正習俱斷如今文云更破一品無明并上妙玄文斷正也淨名疏二四云無復餘習者圓教始從初住終至法雲圓斷諸見猶有習在等覺入重玄門千萬億劫重修凡事見理分明習氣微薄事等微煙文此斷習也又淨名疏五五卅云住等覺地餘有一品反習氣在文

進破一品微細無明入妙覺位永別無明父母究竟登涅槃山頂諸法不生般若不生不生不名大涅槃以虛空爲座成清淨法身

居常寂光土即圓教佛相也

觀經疏三云究竟佛者道窮妙覺位極於茶故唯佛與佛乃能究盡諸法實相邊際智滿種覺頓圓無上士者名無所斷無上士者更無過者文妙宗上二三十云今此極位乃究竟具諸位功德故引法華唯我釋迦與一切佛乃能究盡諸法之權實相之實達無明底到諸法邊名邊際智不思議權智也今已究竟故名爲滿於種種法證本圓覺不思議實智也此覺極滿名爲頓圓復用第七無上士號顯智斷極有惑可斷名有上士等覺位也無惑可斷名無上士即是妙覺斷德究竟名大涅槃云無明父母者楞伽經云弒無明父斷貪愛母文涅槃山頂喻更無過上也諸法是境般若是智境智寂滅名大涅槃以虛空爲座者義彰法身體徧也成清淨法身者指修即性增勝而說也若論教主亦名尊特亦名勝應妙玄七三十云或言道場以虛空爲座一成一切成毗盧遮那徧一切處舍那釋迦成亦徧一切處三佛具足無有缺減三佛相即無有一異法華八方一一方各四百萬億那由他國土安置釋迦悉是遮那普賢觀經云釋迦牟尼名毗盧遮那此即圓佛果成相也文文句一八云隱前三相唯示不可思議如虛空相即圓佛自覺覺他文妙樂一廿四云若隱前三相從勝而說非謂太虛名爲圓佛文光明記一八云此教所說世間相常故一切法無非中道雖與別人同見尊特彼兼別修此皆性具故龍女云微妙淨法身具相三十二欲彰全性是故從勝特名法身文常寂光土者觀經疏六云常即法身寂即解脫光即般若是三點不縱橫並別名秘密藏諸佛如來所遊居處真常究竟極爲淨土文

然圓教位次若不以六即判之則多濫上聖故須六即判位

六即位者義蘊佛經名出智者如貧女寶藏力士額珠等在諸文所明或顯法門高深或明修觀位次今文備明圓位之後後明六即欲越上慢自屈之過輔行一下三卅云此六即義起自一家深符圓旨永無衆過暗禪者多增上慢文字者推功上人並由不曉六而復即文輔行一上六十云即者廣雅云合也若依此釋仍似二物相合名即其理猶疎今以義求體不二故故名爲即文妙宗上三十云六種即名皆是事理體不二義文

謂一切衆生皆有佛性有佛無佛性相常住又云一色一香無非中道等言總是理即

金錍云言佛性者佛是果人言一切衆生皆有果人之性文觀經疏二云斯理灼然世間常住有佛不能益無佛不能損得之不爲高失之不爲下故言衆生即是佛理佛也文妙宗上五十云世間常住者即十法界三十世間一一皆住真如法位法位常故世間亦常文今云性相者十如中舉初二也性以據内自分不改相以據外攬而可別色香等者輔行一上十二云此色香等世人咸謂以爲無情然亦共許色香中道

無情佛性惑耳驚心文六塵中趣舉二種圓觀諸法無非中道故經云處第四明唯色唯聲唯香等義如觀經疏二又涅槃經云一切皆衆生如佛如貧女舍寶衆物具存力士額珠圓明頓在如來藏經舉十喻幣帛裹黃金土模內像暗室缾盆井中七寶本自有之非適今也淨名云一切衆生皆如也寶篋云佛界衆生界一界無別界文理即者妙宗上十三云良由衆生性具染惡不可變異其性圓明名之爲佛性染性惡全體起作修染修惡更無別體全修是性故得迷事無非理佛即以此理起惑造業輪回生死而全不知事全是理長劫用理長劫不知不由不知便非理佛以全是故名理即佛以不知故非後五即然理即佛貶之極也以其全乏解行證即但有理性自尒即也又理即佛非於事外指理爲佛蓋言三障理全是佛又復應知不名障即佛而名理即佛者欲彰後五有修德是此之一位唯理性是也又障即佛其名猶通以後五人皆了三障即是佛故文

次從善知識及從經卷聞見此言爲名字即止觀一卄二云理雖即是日用不知以未聞三諦全不識佛法如牛羊眼不解方隅或從知識或從經卷聞上所說一實菩提於名字中通達解了知一切法皆是佛法是爲名字即文妙宗上卄六云名字即佛者修德之始聞前理性能詮名也然有收簡收則耳歷法音不聞明昧異全不聞俱在此位簡則未得圓聞齊別內凡尚屬理即以七方便未解妙名豈知即佛文

依教修行爲觀行即五品位止觀一卄三云若但聞名口說如蟲食木偶得成字是蟲不知是字非字必須心觀明了理慧相應所行如所言所言如所行是名觀行文妙宗上十七云始自圓聞觀佛妙境至識次位勤行五海若未發品此等行人皆屬名字故知名字其位甚長境觀相資塵念靡間方能得入觀行位也文

相似解發爲相似即十信止觀一卄三云以其逾觀逾明逾止逾寂如勤射隣的名相似觀慧文觀經疏二云相似者二物相類如鍮似金若比鄰猶火先暖涉海初平文妙宗上二十云約四喻明相似行人本覺寂照及雙相似而發成相似位三種之覺此覺侶真若鍮若比金比鄰此之二物喻始侶本如將至火先覺暖氣行欲近海預覩平相此之二事喻於相似近乎分真前二約法論似後二約位論似文

分破分見爲分證即從初住至等覺止觀一卄三云因相似觀力入銅輪位初破無明見佛性開寶藏顯真如名發心住乃至等覺無明微薄智慧轉著若人應以佛身得度者即八相成道應以九法界身得度者以普門示現文妙宗上二十云雖得相侶尚屬緣修今則親證屬於真修分破無明起信論中稱隨分覺寂照雙融本覺真佛分分而顯從所顯說名爲分真從能顯言名爲分證四十一位皆受此名文

智斷圓滿為究竟即妙覺位
如前引觀經疏釋妙覺義
約修行位次從淺至深故名為六約所顯理
體位位不二故名為即是故深識六字不生
上慢委明即字不生自屈可歸可依思之擇
之略明圓教位竟
約修行位次等者止觀大意一云即故初
後俱是六故初後不濫理同故即事異故
六文六種即名既皆是事理體不二義是
故六即皆具事理兩種三千故理同故即
理造也事異故六事造也如義書云修善
修惡事造三千六也理即迷逆是修惡名字已去順性是修善性
善性惡理造三千即也但即不妨六六處常
即故得六而復即也
然依上四教修行時各有方便正修謂二十
五方便十乘觀法若教教各明其文稍煩義
意雖異名數不別故今總明可以意知
然前明四教釋經方軌正為開解若依解
立行必須各明方便正修故所列方便則
通四教但十乘且就圓論蓋立行以圓為

正也不明四種三昧常坐常行半行半坐非行非坐及十
境者陰煩病業魔禪見慢乘薩蓋錄大本綱要非止觀
意故不委也妙玄明入體之門四教四門
門門十乘若止觀十境境境十乘惟明圓
行義例云若無十境乘則無體若無十法
名壞驢車文以陰等十為所觀境以不思
議境等為能觀觀故
言二十五方便者東為五科一具五緣二訶
五欲三棄五蓋四調五事五行五法
止觀四初方便名善巧善巧修行以微少
善根能令無量行成解發入菩薩位文止
觀四初云圓教以假名五品觀行等位去
真猶遙名遠方便六根清淨相似隣真名
近方便約內外凡位今就五品之前假名位中
復論遠近二十五法為遠方便十種境界
為近方便橫豎該羅十觀具足成觀行位
能發真似名近方便文輔行四上初具釋
又二十五法為通方便通四三昧故方等
夢王法華六時五悔為別方便四三昧中
別於一種三昧所用故束為五科者止觀

四初云夫道不孤運弘之在人人弘勝法
假緣進道所以須具五緣緣力既具當割
諸嗜欲嗜欲外屏當內淨其心其心若寂
當調試五事五事調已行於五法必至所
在乃至三科出大論一種出禪經具五緣一
是諸禪師立文調五事止觀云譬如陶師若欲
得器先擇良處具緣息餘緣務訶欲治身內疾
棄蓋調於泥輪調五事作而不廢行五法得此譬
意五如指掌若欲造修當尋止觀云云
初明五緣者
禪經云四緣雖具足開導由良師故用五
法為入道梯凳一缺則妨事文輔行四上二
云大小兩乘以戒為本是故先明內禁雖
嚴必資衣食進修定慧須藉空閑處雖空
閑假絕緣務四緣雖具開導由師文止觀
大意四云一衣食具足離希望緣故二持
戒清淨離惡道因故三閑居靜處離憒閙
事故四息諸緣務棄猥雜業故五須善知
識有諮疑地故文
一持戒清淨如經中說依因此戒得生諸禪

定及滅苦智慧是故比丘應持淨戒有在家
出家大小乘不同
法界次第上二十云戒以防止爲義文戒踈
上初云梵音尸羅大論云秦言性善亦云
清涼以其能止破戒熱惱從能得名亦名
波羅提木叉譯言保解脫又名淨命亦言
成就威儀文如經中說者遺教經也輔行
四上五云引證道定復以律儀而爲根本
文。在家戒者五戒八戒於五更加不坐高
廣床不着花鬘衣不往觀聽歌舞故名八
戒出家戒者比丘比丘尼沙彌沙彌尼式
叉摩那此云學法女小乘沙彌十戒比丘二百
五十戒頌曰四重夷十三殘二不定三十
九十提四提尼尼一百衆學吉七滅諍揔
論二百五十戒若論五篇者夷四波羅夷婬盜殺妄
殘十三僧殘提三十尼薩耆九十波逸提共百二十尼四提舍尼吉突吉
羅即一百衆學若論六聚更加偷蘭遮若云七聚
開吉羅爲惡作惡說結罪齊五報劫齊六因果雜攝齊七蘭有
三品不入正篇不定七滅諍篇聚不攝亦屬吉羅報劫齊六者以六聚受報劫數與
等活等上六獄劫數相齊因果雜攝齊七者以惡作惡說是吉聚之因并前五聚之
果故爲七聚如翻譯名義大乘即梵網十重四十八輕
凡有心者皆得受之更有大論十戒大經
十戒及五支戒通大小乘具如妙玄三末釋
籤四廿四止觀四三輔行四上六
二衣食具足
止觀四五十云衣以蔽形遮醜陋食以支命
填飢瘡身安道隆道隆則本立形命及道
尅此衣食此雖小緣能辦大事裸餒不安
道法焉在故須衣食具足也
衣有三一者如雪山大士隨所得衣蔽形即
足不游人間堪忍力成故二者如迦葉等集
糞掃衣及但三衣不畜餘長三者多寒國土
如来亦許三衣之外畜百一衆
具雪山大士絶形深澗不涉人間結草爲
席披鹿皮衣無受持說淨等事堪忍力成
不須溫厚不遊人間無煩支助此上人也
十二頭陁但畜三衣不多不少出聚入山
披服齊整故立三衣此中士也多寒國土
聽百一助身要當說淨趣足供事無得多
求多求辛苦守護又苦妨亂自行復擾檀
越少有所得即便知足下士也文輔行四
上九十云十二頭陀等者此云抖擻一蘭若
二常乞食三糞掃衣四一坐食五節量食
六中後不飲漿七塚間八樹下坐九露坐
十常坐十一次第乞十二三衣今文以十
二頭陀中糞掃三衣合爲中士言三衣者
但三衣也出聚落則著僧伽黎加二衣上
入大衆則著鬱多羅僧加五條上入山林
則唯著安陀會爲慚愧故爲多寒故許其
畜著皆威儀整肅長物善根故云披服齊
整下根者此土多寒根性又薄大聖一許
三品通開故三衣外聽畜百一及許畜長但三衣爲上畜百一爲中畜長
爲下故云通開此依律說與今少異今取雪山爲上品故若畜百一記
憶而已有云加法薩婆多云百一之物各得畜一百一之外皆是
長物言記憶者於百一物心中但自記憶一種謂是我物有云加法者加法受持如
六物圖若畜長說淨則加法受持百一之外若畜長物
定須說淨詞云大德一心念此是某甲長衣未作淨爲淨故施與大德糞掃
衣者南山云世人所棄無復堪用義同糞
掃體是賤物離自貪著不爲王賊所貪常
得資身長道文三衣者一僧伽黎此云雜

碎衣條相多故從用則名入王宮聚落衣二欝多羅僧名中價衣從用名入衆衣三安陀會名下衣從用名院內行道雜作衣若云袈裟此云不正色染亦名壞色即戒本中三種染壞皆如法也一者青色二者黑色三者木蘭色如六物圖若據律文以糞掃衣及但三衣爲上百一爲中餘長爲下今文以雪山大士披鹿皮衣爲上故以糞掃衣但三衣爲中畜百一及畜餘長爲下上云不畜餘長應更云不畜百一下畜百一衆具亦應更云畜餘長也

食亦有三一者上根大士深山絕世菓根草果隨得資身二常乞食三檀越送食僧中淨食

止觀四六十云一深山絕迹去遠人民但資甘果美水一菜一果而已或餌松栢以續精氣如雪山甘香藕等如是食者上士也二阿蘭若處頭陀抖擻分衛自資七佛皆明乞食法方等般舟法華皆云乞食也路遥若遠分衛勢妨若近人物相喧不遠不近乞食便易是中士也三既不能絕穀餌松栢不能頭陀乞食外護檀越送食供養亦可得受又僧中如法潔淨食亦可得受下士也文輔行四下初云分衛者此云乞食十住婆沙云乞食有十利云僧中淨食仍爲下根豈可安坐房中私營別味文

二閑居靜處不作衆事名閑無憒閙處名靜處有三例衣食可知

止觀四廿七云若深山遠谷途路艱險永絕人蹤誰相惱亂恣意禪觀是處最勝二頭陀抖擻極近三里交往亦疎覺策煩惱是處爲次三蘭若伽藍閑靜之寺獨處一房不干事物正諦思惟是處爲下文

四息諸緣務息生活息人事息工巧技術等

止觀四卅云緣務妨禪由來甚矣蘭若比丘去喧就靜云何營造緣務壞蘭若行非所應也緣務有四一生活二人事三技能四學問一生活緣務者經紀生方觸途紛糾得一失一喪道亂心二人事者慶弔俯仰低昂造聘此往彼來來往不絕三技能者醫方卜筮泥木彩畫棊書呪術等是也四學問者讀誦經論問荅勝負等是也領持記憶心勞志倦言論往復水濁珠昏何暇更得修止觀耶此事尚捨況前三務文今云等者等於學問也

五近善知識有三一外護善知識二同行善知識三教授善知識

止觀四九十云大外護者不揀白黑但能營理所須如母養兒如虎啣子調和得所舊行道人乃能爲耳是名外護二同行者更相策發不眠不散日有其新切瑳琢磨同心齊志如乘一舡互相敬重如視世尊是名同行三教授者內外方便通塞妨障皆能決了善巧說法示教利喜轉破人心於諸方便自能決了可得獨行妨難未諳不宜捨也文教授者輔行四下六云宜傳聖言名之爲教訓誨於我名之爲授文通名善知識者法華疏云聞名爲知見形爲識是人益我菩提之道名善知識文

第二訶五欲一訶色謂男女形貌端嚴修目高眉丹脣皓齒及世間寶物玄黃朱紫種種

妙色等

止觀四十二云五塵非欲而其中有味能生行人須欲之心故言五欲常能牽人入諸魔境雖具前緣攝心難立是故須訶乃至此五過患者色如熱金丸執之則燒聲如塗毒鼓聞之必死香如憋龍氣嗅之則病味如沸蜜湯舌則爛如蜜塗刀舐之則傷觸如卧師子近之則齧上代名僧詩云遠之易為士近之難為情香味頽高志聲色喪軀齡文五中皆有依正二報

二訶聲謂絲竹環珮之聲及男女歌詠聲等

絲竹者絲曰絃竹曰管具有八音金石絲竹匏土革木環佩者在指者為環佩謂佩帶並是飾女身者歌詠者止觀四十一云即是嬌媚妖詞婬聲染語文輔行四下二十引提波延那僊人聞舍脂語失通五百僊人在雪山中住聞甄迦羅女歌聲失諸禪定云云

三訶香謂男女身香及世間飲食香等

輔行四下三十云人謂着香少過今則不然開結使門杜真正路百年持戒能一時壞文

四訶味謂種種飲食肴膳美味等

輔行四下二十云以着味故當受洋銅灌口以着味故墮不淨中文

五訶觸謂男女身分柔耎細滑寒時體溫熱時體涼及諸好觸等

輔行四下三十云觸欲者生死之本繫縛之緣何以故餘欲於四根各得其分惟此觸欲徧滿身受生處廣故多生染着此着難捨若墮地獄還以身觸受苦萬端此觸名為大黑暗處文

第三棄五蓋謂貪欲瞋恚睡眠掉悔疑

止觀四二十云通稱蓋者蓋覆纏綿心神昏暗定慧不發故名為蓋前訶五欲乃是五根對現在五塵發五識今棄五蓋即是五識轉入意地追緣過去逆慮未來五塵等法為心內大障乃至貪欲蓋起追念昔時猗弊五欲思想計較心性忰感忘失正念等瞋恚蓋者追想是人惱我惱我親稱嘆我怨三棄五蓋謂貪欲恨心熱氣猗忿怒相續等睡眠蓋者心神昏昏為睡六識染着氣猗相續為眠眠名增心數法烏暗沉塞容来覆人難可防衛等掉悔疑以甚掉故起屬前蓋攝今覺觀等起徧緣諸法乍緣貪欲又想嗔恚蓋者追想是念不停卓卓無住乍起乍伏種種紛紜身無趣遊行口無益談笑是名為掉掉而無悔則不成蓋以其掉故心地思惟謹慎不節云何乃作無益之事實為可耻心中憂悔懊絲繞心則成悔蓋疑蓋者此非見諦障理之疑乃是障定疑也疑有三種一疑自者謂我身底下必非道器是故疑身二疑師者此人身口不稱我懷何必能有深禪好慧師而事之將不悞我三疑法者所受之法何必中理三疑猶豫常在懷抱禪定不發設發永失此是疑蓋之相也若貪欲蓋重當用不淨觀棄之若嗔恚蓋多當念慈心滅除恚火若睡蓋多者當勤精進策勵身心若掉散者應用數息若三疑在懷當作是念我身即是大富盲兒具足無上法身財寶煩惱所翳道眼未開要當修治終不捄

捨又無量刧來習因何定豈可自疑失時失利若疑師者我今無智上聖大人皆求其法不取其人若疑法者我法眼未開未別是非憑信而已佛法如海唯信能入文

第四調五事謂調心不沉不浮調身不緩不急調息不澁不滑調眠不節不恣調食不飢不飽

止觀四廿九云土水不調不任爲器五事不善不得入禪眠食兩事就定外調之三事就入出住調之調食者增病增眠增煩惱等食則不應食也安身愈疾之物是所應食略而言之不飢不飽是食調相調眠者眠是眼食不可苦節增於心數損失工夫復不可恣上訶蓋中一向除棄爲正入定障故此中在散心時從容四大故各有其意略而言之不節不恣是眠調相三事合調者三事相依不得相離初入定時調身令不寬不急調息令不澁不滑調心令不沉不浮調𢪛入細住禪中隨不調處覺當檢校調使安隱若出定從細至𢪛備如次第禪門也文

輔行四下三廿云故禪門中調身云夫坐者須先安處使久無妨若半跏以左壓右牽來近身使與左右髀齊若欲全跏更𨁲右以壓左寬衣帶周正身勿令坐時更有脫落手以左壓右重累相當置右脚上亦令近身當心安置挺動支節七八許度如按摩法勿曲勿聳正頭直項令鼻對臍不偏邪不低昂身如矴石無得騷動無寬急過是身調相調息者身既調已次開口吐胷中氣自恣而出使身中百脉處皆悉隨氣出次閉口鼻中納清氣如是至三若息已調一度亦足次閉口脣齒纔相拄舌向上齶閉眼纔令斷外光次簡息風氣息若調者則易入定次調心者一者調亂令不越逸二者調心令沉浮得所若心沉時繫念鼻端若心浮時安心向下云云

第五行五法一欲欲離世間一切妄想顛倒欲得一切諸禪定智慧門故二精進堅持禁戒棄於五蓋初中後夜勤行精進故三念念世間欺誑可輕可賤禪定智慧可重可貴四巧慧籌量世間樂禪定智慧樂得失輕重等五一心念慧分明明見世間可患可惡善識禪定智慧功德可尊可貴

止觀四一卅云上二十法雖備若無樂欲希慕身心苦策念想方便一心决志者止觀無由現前若能欣習無厭曉夜匪懈念念相續善得其意一心無異此人能進前路一心譬舡柁巧慧如駃頭三種如篙𣏾若少一事則不安隱文

此二十五法爲四教前方便故應須具足若無此方便者世間禪定尚不可得豈况出世妙理乎然前明教既漸頓不同方便亦異依何教修行臨時審量耳

止觀四末云此二十五法通爲一切禪慧方便諸觀不同故方便亦轉譬如曲弄既別調絃亦別文

次明十乘觀法亦四教名同義異今且明圓教餘教例此

大本十乘雖通四教但十法名同偏圓義異今揀偏明圓故云且明圓教輔行五上

廿六云觀法非十對根有殊雖復根殊但是
一不思議觀觀不思議境乃至離愛不離
境故又次位下三雖非觀法並由觀力相
從名觀故名十觀又備此十令觀可成故
名成觀亦名成乘前之四法用無前後通
塞等三成就前四次位等三以判前七文
輔行七下廿七云故知前七正明車體及以
具度後三只是乘之所涉若無所涉運義
不成是故十法通名乘也文
一觀不思議境謂觀一念心具足無減三千
性相百界千如即此之境即空即假即中更
不前後廣大圓滿橫豎自在故法華經云其
車高廣上根正觀此境
此初乘觀忘能所故從境受名又爲九乘
本稱本修九方堪入位謂觀一念心等者　二十三　科十
即現前陰妄一刹那心稱性而觀具三千
法不唯三科揀境明一念心正當於此揀
思議心取不思議心也故妙樂一云揀境
及心光句記一云須去思議取不思議方
名揀心文即達陰境成不思議境也既云

三千性相復云百界千如者以三千法約
百界千如歷三世間而論也即此之境等
者即境爲觀即空假中境觀不二三一互
融更不前後亦不一時不縱不橫絕思絕
議此境周徧故廣大無法不備故圓滿橫
周十界豎徹三諦橫豎相即故云自在法
華車體其在是歟其車高廣文句五廿七云
假名車有高廣相譬如來知見深遠橫周
法界之邊際豎徹三諦之源底文上根等
者義例云上根之人即於境種而生於果
爲中下根復論九乘大意云又此十法雖
俱圓常圓人復有三根不等上根惟一法
中根二或七下根方具十文然此不思議
境在止觀中具明三境一性德境觀一念
心具三千法二修德境推本具心離四性
計三化他境解離四性無妨四說蓋即性
德而爲修德如輔行云其實但推本具理
心之當修德時而有化他之解非即說法
也如輔行云初心依理生解與起教後心不
同文雖分三境只在一心用觀推求正在

修德蓋末代行者離四句外無修觀處今
文云具足無減等即性德也即空假中即
性而修也如義書義第二云心具三千是假此
之二千假觀非法性自生無明他生自他共離而
造故空觀約此空假遮照不偏名爲中道文　科十　二十四
又輔行釋修德云不得而得三諦宛然文
不得者空觀遮情也而得者假觀照性也
遮照不偏中道在焉今缺明化他境者修
德離四性時而有無妨四說之解即化他也
二真正發菩提心謂依妙境發無作四弘誓
願憫己憫他上求下化故經云又於其上張
設幰蓋
輔行五中四十問應先起誓後觀妙境何故
境後方云發心荅境前非不發心具如五
畧中意今發重爲成觀故須緣理益他文
大意五云觀境不悟須加發心此人無始
已起弘誓今由觀境不契於理重須發誓
於靜心中思惟彼我鯁痛自他無量劫來
沉迴生死縱發小志迷菩提心我今雖知
行猶未備故重發誓言等文張設幰蓋者

文句五七廿云譬四無量衆德之中慈悲最
高普覆一切也

三善巧安心止觀謂體前妙理常恒寂然名
爲定寂而常照名爲慧故經云安置丹枕車內枕
輔行五中七十云善以法性自安其心故云

安心文大意六云安心者先總次別所言
總者以法界爲所安以寂照爲能安若知
煩惱及以生死本性清淨名之爲寂本性
如空名之爲照此煩惱生死復名法界即
此法界體用互顯體是所安之法界用是

能安之寂照所言別者雖復安之彌晴彌
散良由無始習性不同故今順性逐而安
之謂宜聽宜思宜寂宜照隨樂隨治隨第
一義何以故有因寂照而善根增長有不
增長有因寂照煩惑破壞或有不破見理

亦然或聞思而回轉或聞思相資未可卒
具細尋方曉文今文畧明總安心故云常
恒等也安置丹枕者文句五七廿云若車內
枕者休息身首譬一行三昧息一切智一
切行也丹即赤光譬無分別法也妙樂六

四廿云智首行身三昧如枕所息得理法理
而然赤光等者無他法間名無分別以光
譬智故云智光朱正紫間故以赤表無雜
之光南山注經音云西方無木枕皆以赤
皮內着綿毛用倚卧也赤而且光文輔行

七下七廿云若車內枕休息衆行即安心也

四破法徧謂以三觀破三惑三觀一心無惑
不破故經云其疾如風

大意七云衆教諸門大各有四乃至八萬
四千不同莫不並以無生爲首今且從初

於無生門徧破諸惑復以無生度入餘門
縱橫俱破令識體徧文輔行七上六云今
一心具三破次第之三故云一心三觀破
竪通塞三觀一心能破横者彼横三觀離
屬三人並在初心故三不合一今以三只

是一破彼分張之三故云三觀一心破横
通塞應知一心三觀與三觀一心言互理
同爲破横竪翻對而說文八正道中行速
疾到薩婆若故其疾如風

五識通塞謂苦集十二因緣六蔽塵沙無明

爲塞道滅滅因緣智六度一心三觀爲通若
通須護有塞須破於通起塞能破如所破節
節檢校名識通塞經云安置丹枕車外枕

大意七云雖知生死煩惱爲塞菩提涅槃
爲通復應須識於通起塞此塞須破於塞

得通此通須護如將爲賊此賊豈存若賊
爲將此將豈破節節檢校無令生着著故
名塞破塞存通非唯一轍有心皆爾念念
常須檢校通塞文安置丹枕者文句五十廿
云車若駕運隨所到處須此支昂譬即動

而靜即靜而動文妙樂六四廿云丹枕云支
昂者即車外枕車住須支支之恐昂故云
支昂支持也昂舉也譬動靜相即者車行
枕閑而靜即動車息枕用而動即靜用時常靜閑時
常動實體與用亦復如是自因之果法性

無動所以如風不移寂然而到萬行無作
衆智莫觀此則三德俱不二也以三即一
故使爾耳文輔行七下七廿云若車外枕或
動或靜動靜秖是通塞義也文

六道品調適謂無作道品一一調停隨宜而

入經云有大白牛等已上中根五
大意七云約門偏破於理又昧應須七科
次第調試若不爾者此之道品爲誰施設
以破偏門雖觀陰境陰上未分念處名故
兇有牛車運轉調停故用此門檢校銓擇
文實相爲車體道品爲前導故喻白牛白
牛等者等於經中膚色充潔形體姝好有
大筋力行步平正文也大意以中根至七
乘今至第六者以正助分中下也
七對治助開謂若正道多障圓理不開須修
事助謂五停心及六度等經云又多僕從此下爲下根
大意八云七助道對治者涅槃云衆生煩
惱非一種佛說無量對治門夫不信有對
治之人當知此人未曉正行若識已身正
行未辦良由事惡助於理惡共蔽理善令
不現前事惡若去理善易明故先修事度
以治事惡事惡傾已理善可生文
八知位次謂修行之人免增上慢故
大意八云下根障重非唯正助不明却生
上慢謂已均佛未得謂得未證謂證須知

次位使未濫不濫若未證得而謂證得非
唯失位却墮泥犁故小乘經中四禪比丘
謂爲四果大乘經中魔與菩薩授䟦致記
若生取著必用涅槃尚夫人天何關至道
故大小經論咸明次位文於此知位次中
彌修五悔
九能安忍謂於逆順安然不動策進五品而
入六根
大意九云圓頓行人初入外凡外招名利
內動宿障宿障縱薄名利彌至爲衆圍繞
廢損自行因玆破敗豈能進道外人視之
猶謂大聖如樹抱蝎表似內虛唯當自勉
不爲所動得入內凡名爲似位文謂於逆
順等者逆是煩惱業定見慢等從內來破
者當以內三術治之謂空假中也順則名
譽羅罥利養毛繩眷屬集樹妨蠹內侵枝
葉外盡從外來破者當以外三術去之一
莫受莫著二縮德露玼三一舉萬里如止觀七卅二
十無法愛謂莫著十信相似之道須入初住
真實之理經云乘是寶乘游於四方游四十位直

至道場妙覺位
大意九云若專住似位名爲法愛已得相
似六根互用已破兩惑永無墜苦愛此似
位名爲頂墮若修離愛進入銅輪名爲十
住分身百界一多相即身土既爾已他亦
然十身利生四土攝物文
謹案台教廣本抄録五時八教略知如此
此結所録五時八教天台判釋儀式也
若要委明之者請看法華玄義十卷委判十
方三世諸佛說法儀式
所判聖教一期施化之相也
猶如明鏡及淨名玄義中四卷全判教相
妙樂一七十云淨名前玄總有十卷因爲晉
王著淨名疏別製略玄乃離前玄分爲三
部別立題目謂四教六卷四悉兩卷三觀
兩卷後人合六爲四今云淨名玄義中四
卷是也
自從此下略明諸家判教儀式耳
今依大本玄義抄録綱要彼文今師判教
之後備叙諸家今略去而不明也如是則

顯上一書判釋儀式在今天台然所判是如來說法儀式能判是大師判教儀式兩種不分而分須善識焉

天台四教儀集註卷第十

天台四教儀集註卷第十

校勘記

一　底本，明永樂北藏本。

一　六〇八頁上一行「卷第十」，清作「卷第九」。卷末卷次同。

一　六〇九頁上四行「王眼」，徑、清作「五眼」。

一　六一一頁上一九行第一〇字「彰」，清作「障」。

一　六一一頁中一三行「若但」，清作「但若」。

一　六一一頁中一七行第九字「海」，清作「悔」。

一　六一二頁下八行夾註「調五車」，清作「調五事」。

一　六一三頁中一行「梵網」，徑、清作「梵綱」。

一　六一四頁下一八行「善提」，徑、清作「菩提」。

一　六一五頁上七行「塗刀」，徑作「塗刀」。

一　六一五頁中一九行第六字「盍」，徑、清作「蓋」。

一　六一六頁中七行末字「項」，清作「項」。

一　六一六頁下一九行「十乘」，徑作「大乘」。

一　六一八頁下九行夾註「廿十」，徑作「廿七」。

一　六一九頁上一七行夾註「文」，徑無。

一　六一九頁中一行「未紫」，徑、清作「朱紫」。

一　六一九頁中一八行夾註左「卅二」，清無。

四念處卷第一　法七

隋天台山修禪寺智者大師說

門人章安灌頂記

一切諸法皆不可思議不可思想圖度不可言語商略何以故言語道斷故不可議心行處滅故不可思大經云生生不可說生不生不可說不生生不可說不生不生不可說既不可說亦不可思大品云色不可說乃至識不可說眼不可說乃至意不可說色不可說乃至法不可說眼界不可說乃至法界不可說當知五陰十二入十八界皆不可說此指俗諦不可說也四念處不可說乃至根力覺道皆不可說須陀洹不可說乃至阿羅漢亦不可說此指眞諦不可說佛十力不可說四無畏十八不共三十二相八十種好等皆不可說此指中道第一義諦不可說也大論云實法不顚倒念想觀已除言語法皆滅無量衆罪除清淨心常一如是尊妙人則能見般若此總指三諦不可思說也法華云諸法寂滅相不可以言宣又云是法非思量分別之所能解當知不可以心思口議亦不可以無心口思議不可以有無不可以非有非無非方非數非法非諭寂然無爲群經之極說衆聖之誠言深深若此明明若彼境智雙冥能所俱寂淨名諸菩薩以言言於無言文殊以無言言於無言淨名不以言不以無言默然無言文殊歎曰眞入不二法門當知玄妙玄妙不可思議復不可思議但可冥悟不可以彰辯問若不可說不可說何故言滿龍宮若不可思不可思何故雪山深思此義答佛常樂寂而哀於蒙欲納於言而斂於行慈悲權巧指畫虛空撝方示月作種種說或作生生說或作生不生說或作不生生說或作不生不生說若作生生說時又非一種或作有說或作無說或作亦有亦無說或作非有非無說引諸根性從四方門入清涼池閒悅善生惡亡理顯得四利益餘三句亦如是欲令此義明了更引諸經大經名諸佛法界佛即果人法界即果法於無果中而作果說大品云諸法實相慧名摩訶般若此慧有能度所度今取能度名般若於無因中而作因說大集云菩薩觀一切法平等衆生性同涅槃性若觀平等即因也同涅槃即果也此約亦因亦果說也華嚴云遊心法界如虛空則知諸佛之境界遊心即因佛境界即果如前說法華云是法不可示言辭相寂滅此即非因非果說也法門甚衆廣說令智退略則義不周我今處中說方則四句略則因果聞而修行名之爲因與法相應名之爲果約果更修故言因因從因又得果故言果果若初若後究竟寂滅故言非因非果初生生四門亦作因果四說乃至不生不生亦作四門門門亦作因果之說一一說中悅種種衆生立種種善根治種種罪垢從於種種入第一義故初中後重說無咎說即是教稟教修觀以修觀故名修四念處此義廣可思之元佛出世爲一大事因緣開發衆生諸覺寶藏譬如日出先照高山先喜先利先治先益大經云若欲盛貯先用完淨若欲耕墾先種肥良若欲乘御先駕調壯若欲教詔先教孝明斯皆積習深厚

煩惱障薄先聞雷震先沐甘雨先出籠樊先獲正觀皆由往昔數數勤修令世道成最初四益其未度者更設方便而塗熨之隱其無量神德以貧所樂法趣波羅柰便有涅槃音法僧差別名則是從頓次漸而調熟之令從此義粗爲四說說即是教依教修觀即是四種四念處所爲生生四念處乃至不生不生四念處亦名三藏通別圓四念處若三藏四念處更爲三大意五停四念所言三者其義有八謂理教智斷行位因果理三者聲聞謂理在正使外緣覺謂理在習氣外菩薩謂理在正習外三人出三種外方乃見理故言理三也教三者聲聞稟四諦緣覺稟十二緣菩薩稟六度聲聞修總相智緣覺修別相智菩薩修總別智聲聞斷正緣覺斷習菩薩斷正習聲聞爲自修戒定慧緣覺爲自修獨善寂菩薩爲衆生修六度五通聲聞住學無學緣覺住無學菩薩三僧祇登道場聲聞帶果行因緣覺望果行因菩薩伏惑行因聲聞斷正如燒木爲炭緣覺斷習如燒木爲灰菩薩正習盡如燒木無灰炭具此八三故言三也藏者謂修多羅藏毗尼藏阿毗曇藏修多羅藏謂四阿含增一阿含說人天因果長阿含破邪見雜阿含明諸禪法中阿含明諸深義具如彼云云毗尼藏明持犯輕重如律藏中說阿毗曇藏名無比分別無比分別云云大經云此是契經甚深之義此是戒律輕重之義此是阿毗曇分別法句皆佛自釋三藏名也今不具論然佛臨涅槃阿難心沒憂海阿㝹樓馱語云汝持佛法人應問將來事云何啼哭阿難即醒悟乃問四事佛皆具答今出其二比丘當依四念處行道依波羅提木叉住木叉有二一舊二客舊又二一邪二正正謂十善邪謂鷄狗牛馬等云云定有二一舊二客舊又二一正二邪正謂三四十二邪謂邪禪鬼定等云云慧有二一舊二客舊又二一正二邪正謂識因識果邪謂撥無因果三種舊邪墮三惡道佛棄而不用三種舊正昇三善道佛會而取之更說三種客法客戒者謂三歸五戒二百五十等客定者謂九想八背等客慧者謂四諦智也佛之遺囑以戒爲師師訓七支弟子奉行莫令汙染仁讓貞信和雅眞正戰戰兢兢動靜和諧故言以戒爲師也依木叉住者木叉名保得解脫若依木叉住者保脫世間熱惱所謂居家逼迫牢獄熱惱妻子扼檔繫縛熱惱財業產貨怨賊熱惱王難逼迫水火熱惱若依木叉保脫如此熱惱也又復住者未來住安樂之處也若能住戒者不耐惡聲惟欣善法未來保住四天王住處也若住戒者則是供養三寶供養父母未來保住三十三天也若住戒者能發麤住保得住於炎摩天住處也若住戒者能發細住保住兜率陀天若持戒者能得欲界定保住自在天若住戒者能發未來禪保住他化自在天若持戒者能發四禪四空保得住於色無色界諸天住處也是名依波羅提木叉住也依念處行道者若無念處慧一切行法皆非佛法非行道人皆空剃頭如放牧者空著染衣如木頭旛雖執鉢錫如病人乞具雖讀誦經書如盲人誦賦雖復禮拜如碓上下雖復坐禪

如樹木葉雖復與造娸衒客作種樹貿易沈淪生死蠶繭自縛無解脫期捨身命財但得名施非波羅蜜雖復持戒不免鷄狗雖復精進精進無繡媚雖復坐禪如彼株杌雖復知解狂顛智慧常在此岸不到彼岸不降愛見不破取相不得入道品非賢聖位不成四枯樹非波羅蜜何以故無念慧故以念慧能破邪顯正大經云舊醫乳藥其實是毒如蟲食木偶成字耳是蟲不知是字非字更有新醫從遠方來曉八種術謂四枯四榮以新四枯破其舊乳法華亦云大火從四面起即斯例也執倒略有三種一一切智六師故六臣白王我師是一切智王若見者罪垢消滅此執世性也大論云得宿命智見八萬劫事過是已不復能知但見初受胎身中陰之識而自思惟此識不應無因緣憶想分別有法名世性非五情所知極微細故於世性冥初生覺覺即中陰識從覺生我從我生五塵謂色聲香味觸從聲塵生空大從聲觸生風大從色觸生火大從色聲觸味生水大從色聲觸味

香生地大從空生耳根從風生身根從火生眼根從水生舌根從地生鼻根如是漸漸從細至麤還從麤至細譬如泥丸中具有鉼盆等性鉼盆等破還爲泥都無所失世性是常無所從來此僧佉所執也復有執微塵微塵常不可破至微細故但待罪福因緣因緣和合故有身若天人地獄等以父母故罪福盡則散壞復有執自然爲世界始貧富貴賤非願行所得復有人言天主是世界主始造吉凶滅時還天攝取復有人言世世受苦樂盡自到邊譬如山上投縷丸盡自止受罪福命歸於盡是諸邪外皆於禪定知見不從他聞亦不從韋陀中聞執此明利故云是事實餘妄語即此意也復計自在天復計父母等皆是一切智之執也二者神通六師修得五通停河在耳十二年變釋爲羊千根在體毗富羅城變爲鹵土等是也三者韋陀六師解星文地理十八大經知吉凶等是也雖知世性無神通是小知世性通是次知三種備足是大六師阿毗曇中明三種念處謂性共緣對

破此三外道有人釋性念處謂觀無生淺名爲生深細觀無生見細法皆生死苦諦名性念處有人專用慧數緣無生空理發眞斷結得慧解脫羅漢對破邪因緣無因緣顛倒執性一切智外道也共念處者以禪定助道正助合修亦名事理共觀發得無漏三明六通八解成俱解脫羅漢對破根本愛慢得五通外道也緣念處者緣佛三藏十二部文言及一切世間名字所緣處廣非如支佛出無佛世不稟聲教但作神通以悅衆生不能說法緣念處人了達根性善知四辯堪集法藏成無疑大羅漢對破世間韋陀星文地理文字鄙狹當知邪正眞僞猶金比鐵螢日跡海故大經云於諸想中無常爲最於諸耕中秋耕爲最於諸跡中象跡爲最無常譬性耕譬神通跡譬文字也經云諸優婆塞善解諸法對治之門所謂常無常等故知心行理外未入正眞破邪之義可解二明五停心者謂數息不淨慈心界方便因緣觀也停名停住行人聞生滅四諦發心觀苦諦欲出生死爲煩惱

風搖動慧燈照境不了爲除此障修五停心息門有數隨觀等不淨門有九想八背等慈心界方便十二因緣皆如禪門中廣說令不委論此五停門復有五意謂對轉不轉兼亦對亦轉亦不轉亦兼對者數息對覺觀不淨對貪欲慈心對瞋恚方便對我因緣對癡對治若成煩惱不起又發禪定禪定持心安隱出入故云五停心也心既調定乃可習觀若對治未益更須用後四種治之行者善用四隨巧修五治煩惱不能障觀心停住即入初賢位具如禪門廣說問此中何不用念佛停心答作五度門則不用作六度門即須用因緣對等分念佛對逼迫障云云問停心得住名初賢者今人數息或得不淨或二三四五是爲賢不答若以愛見心修禪乃至非想尚非初賢況數息不淨乃發淺法而名爲賢耶經說多修福德名爲愚多修智慧名爲狂豈可以狂愚爲賢舊云隣聖爲賢此語大高今言善直曰賢應作四句一隨愛見破戒亂心此非直非善如無目無足不能入清涼池二持戒修禪而生邪見此善而不直亦不名賢如有足無目亦不能入清涼池三信心正見而破戒心亂此直而不善亦非是賢如有目無足不能入清涼池四信解正智得佛教意持戒清淨修安般不淨等觀心得停住名直名善有目有足能入清涼池是四初賢善直義成也問云何名得佛教意答中論云佛去世後像法中人人根轉鈍深著諸法求十二因緣五陰十二入十八界等決定相但著文字此不知佛意佛意者生生不可說有因緣故作生說令物離生死得涅槃若著文字與毀諍競則三界火猛不得佛意非賢人也云云三釋四念處四者數也念者觀慧也處者境也數有開合若迷心不迷色則數爲五陰若迷色不迷心則數爲十二入若俱迷者則數爲十八界如毗婆沙也云云今言四者人於五陰起四倒於色多起淨倒於受多起樂倒於想行多起我倒於心多起常倒舉四倒故言四也若相生次第應言識受想行色若麤細次第者應言色行想受識今從語便故言身受心法文從起倒多如前說然三藏要意正猒生死欣入涅槃須信解正因緣三世二世一世十二因緣因緣支是四諦無明行愛取有是集諦五果是苦諦知苦斷集是道諦無集苦是滅諦識此無明老死破外人邪無因緣生一切法種種顛倒不隨虛想邪僻深信正因緣也二眞正發心者驚覺無常之火燒諸世間一心求出剎那不懈莫念名利如麞在圍跳透求脫似犢失母惆悵嗚呼修習禪慧如救頭然云云三巧修定慧出世之行欲界亂心如風中燈是故依靜求定若定無慧如闇中無所見巧修二法如二手互相揩摩亦如乘馬亦愛亦策善用四隨信法兩行八句得所云云四破法遍者觀因緣生滅破一切愛見戲論諸法徧知一一愛見中有四諦十二因緣六波羅蜜以其藥去病除云云五善知通塞者知一切愛見之法皆有道滅之理名通悉有苦集名爲塞六善修道品者於諸見動而修念處若別若總乃至三解脫門云云七善修助道即是五停心共念緣念六番觀禪謂

八念九想十想八背捨八勝處十一切處等也八善知次位者善識七賢位不叨濫增上慢成慚愧有羞僧內外明照善識邪正佛法非佛法破諸邪外也九安忍强輭兩賊外則眷屬惡名譏刪若不忍者則爲所壞內忍種種證得諸禪著則生愛爲輭賊所壞境界逼迫是强賊也十順道法愛不生發外凡內凡種種順道善法心不愛著也是爲要意云末代求聲聞人知此十法分明不著文字戲論內有智性求於聖道厭患三界修五停心入初賢位即是善知佛教發種種諸禪境或有增益觸或有增病觸或有二十種壞禪觸或有十種成禪覺行者因停心故得欲界定或得對治心在靜中功德法門起即便觀之觀之略爲十一陰界入境乃至第十菩薩境自有行人或次第或不次第或是善是邪今作十雙料簡一次第不次第乃至第十三障四魔次第者如上不次第者不如上別有所出云云問大乘生死即涅槃得有理即乃至六即之義三藏亦得作六即不答欲作亦得三乘

同有偏眞之理是理即三藏中習學名相語言是名字即五停心別相總相念處是觀行即四善根是相似即苦忍眞明至第九無礙道是分眞即至佛三十四心斷煩惱及習是究竟即云云已知三藏要意須識三人念處不同先明聲聞別四念處後說總四念處別者身受心法也云何觀身一切色法名之爲身內身外身內外身已名內身眷屬及他名外身若已若他名內外身此三種色皆從前世不淨業生前世不畏生死不厭繫縛不欣解脫不尚涅槃於四聖諦了無願樂種顛倒業業縛於識將入母胎則有五種不淨謂生處種子相性究竟生處者女人之體是不淨聚蟲膿穢惡合集成立筋纏血塗皮裹其上如彼土壁假以泥治虛莊粉墡經十月日二藏間夾窄隘如獄釋論云此身非蓮華亦不由栴檀糞穢所長養但從尿道出云云種子不淨者攬於遺體赤白二渧於中而住是識隨母氣息是爲受身最初種子不淨也相不淨者頭等六分從首至足純是穢物譬如死狗盡

海水洗洗死屍盡唯餘一塵一塵亦臭猶如糞穢多少俱臭從頭至足皆不淨相也性不淨者根本從穢業生託於穢物長養其性自是不可改變身中有三十六物內有十二名性不淨外有十二名相不淨中有十二通於相性云云究竟不淨者業盡報終捐棄塚間如朽敗木大小不淨盈流於外體生諸蟲唼食其肉狐狼鵄鷲啄裂其外尚不可眼見耳聞況鼻齅耽湎故毗曇偈云是身不淨相眞性常其始終麤細過患若此而言淨者是大顛倒如狂如醉如癡小兒捉糞嘍嗽是何可恥云云受念處者領納名受有內受外受內外受緣內名內受緣外名外受緣內外名內外受又意根受名內受五根受名外受六根受名內外受於一根有順受違受不違不順受於順生樂受於違生苦受於不違不順生不苦不樂受於六根即有十八受根塵能所合三十六受約三世有百八受諸受皆苦樂受是壞苦苦受是苦苦不樂不苦受是行苦諸受麤細無不是苦如食有毒食消則苦樂受

壞則苦如播疥初美後苦樂受壞苦亦復如是餘兩苦可知云心念處者若依麤細應先法念處今依說便明心念處心者心王興乎木石心例上有內心外心內外心心王不住體性流動若麤若細若內若外皆悉無常無奢無促今日雖存明亦難保一比丘不保七日乃至不保一日佛訶皆懈怠一比丘言出息不保入息佛言善哉剎那促時無常老死至近是一期無常佛法欲滅是轉變無常山水溜斷石光若不及時後悔無益云法念處者法名執則有善法惡法無記法人皆約法計我我能行善行惡行無記若於心王計我已屬心念處攝若於心數計我從九心數一切善數惡數通大地數並屬行陰法念處攝此等法中求我決不可得龜毛兔角但有名字實不可得若善法是我惡法應無我若惡法有我善法應無我又惡法是我何容爲惡自害若無記是我者無記不能起業但名因等起因此無記起善起惡善惡業尚非我因等起何得是我當知皆無有我但是行陰故

經云起唯法起滅唯法滅但是陰法起滅無人無我衆生壽命雖有法起亦是顚倒顚倒者即是身邊二見名爲汙穢五陰無記亦是汙穢五陰無記緣報法起故皆無我也雖心王心數同時俱起用有強弱若心強屬心念處若數強屬法念處釋論云覺觀雖同時覺時觀不明了觀時覺不明了故分覺觀之異今心念法念逐其強弱亦復如是如是善惡等法求我不可得故名法念處也說別相念處竟總相念處者緣一境總爲四觀此中應四句料簡謂境觀俱別境觀俱總境別觀總觀別境總初是別觀四念處後三句是總四念處也略說如此夫一切衆生生死流轉皆由顚倒顚倒縱橫如猪嗜糞肉肥內飽外油祖父之鎧云云斯甚惑矣似魚吞鉤如蛾赴火以苦捨苦斯甚惑矣掣電野馬水泡石火以無常爲常斯甚惑矣兔角龜毛黃門子石女見無人謂有人無物謂有物斯惑甚矣今以念處智慧破之知身受心法是知苦不起倒惑是知集猒苦息集是修道苦集寂然是知

滅大經云我昔與汝等不見四眞諦是故久流轉生死大苦海若能見四諦即得斷生死生有既已盡更不受諸有中論云能觀身破二十種身見得須陀洹觀身是知苦身見不起是無集破二十種身見是有得道得須陀洹是證滅經論冥同當知念處之慧有大利益云云共念處觀者大論云觀身爲首因緣生道若有漏若無漏受心法念處亦如是道從因緣生即是共義觀身爲首共三四十二即是有漏生也共八背八勝十一切處即是共無漏生也南嶽師云九想八背諸對治助開三脫門故名共念處也經云亦當念空法修心觀不淨即此意也云云毗曇有門觀生空名爲空法修心不淨從不壞內外色以不淨心觀之名初背捨若內外色增廣一村乃至多村一禽獸乃至一切飛鳥走獸悉皆不淨是名大不淨若內無色相以不淨心觀外色入二背捨乃至八背捨八勝一切處九次第師子奮迅超越欲界初禪皆不淨破淨顚倒以事助道故名共念處發眞之時理慧成就事

定具足三明六通俱解脫羅漢堪可結集法藏破神通外道有人弘經云非禪不慧從五停禪生四念處發聞慧也若非慧不禪者此從四念處生四如意足也私謂此禪又慧共修證共修念處應便也緣念處者大論云一切色法名身一入及十入少分既是色色屬身也六受爲受六識爲心想行兩陰及無爲法名法通一切境界皆名緣念處觀有人言十二因緣境慈悲皆緣名緣念處南嶽師云教所詮一切入界事理名義言語音辭因果體用觀達無礙能生四辯於一切色心無所礙成無疑解脫羅漢破韋陀外道齊此約愛使爲觀意次破見惑明三種念處者大論云眞空人亦破一切法邪見人亦破一切法云何有異答邪見有三種一破因不破果二因果俱破三破因果又破一切法瞋處生瞋愛處生愛癡處生癡是爲邪見眞空人破諸法瞋愛癡處不生以此爲異云云有人破空有兩門云道非有無畢竟不可說今開空有是斷常者此則瞋處生瞋同彼外道畢竟不可說

者此則亦愛處生愛過同邪見又是自然計耳經言於諸見不動而修三十七品此應作四句動修不動修亦動亦不動修非動非不動修四句對四門皆動修是析法道品四句皆不動修是體法道品若論見者四句皆見云何棄兩云[法七]是斷常取一句言[十六]是清淨若論修道品四句皆得修云何言一句是修道兩句非修道若識四句皆是身邊五陰身邊五陰即有集既識苦集即可修於道品若不識四句身邊戒取邪疑者不知苦集即是愚癡與長爪何異大品云色若麤若細若常無常乃至非常非無常是見皆依色起若起我見若麤若細若常若無常乃至非常非無常是見皆依色起即是身見受心法亦如是常見有三假一假有四句三假十二句四假則有四十八句能所合九十六句受心法一一皆有九十六句觀性念既爾共念緣念亦如是若阿毗曇人善識見有中六因四緣因緣無性無常生滅四諦可得道能破六十二見若成論見空善識見空中四緣三假四諦能破

六十二見見有見空俱得道即是於諸見不動而修三十七品成四枯念處若不識者只是有見空見都未入賢況於聖位設極修善只得人天若作爲惡三途是宅佛法無分當知四念處觀邪正分門若得四念處一切法正若不得者一切法邪[法七]今時行人不識[十七]此意悲痛奚言若值衆師廣聽多論無能了者尚不成四枯豈得四榮可悲轉深云云總四念處者有人言共念處即總相念處今謂不爾應作四句分別前已說今更叙一境別觀別二境別而觀總三境總而觀別四觀總境亦總境觀別者正是別相性念處次境別觀總觀別境總此二是總相四念處之方便四境觀俱總是總相四念處若作一身念處觀或總二陰乃至總五陰是名境觀俱總也受心法念處亦復如是總相緣念處總共相念處亦如是類之可解若解前方便者入總相念處修總相正勤如意根力覺道類前可解總相法深細爲異耳若安隱八正道中行能觀四諦生煖法故大論云八正道中行得善有漏

五陰名爲煖法當知有方便者即得三十七品也問八正七覺是修道今何得四念處中說耶答薩婆多云八正在前七覺在後決定是無漏若七覺在前八正在後通有漏無漏也此三賢人並名乾慧地未證善有漏五陰相似之理定水未霑名乾既有觀行能伏諸見故名爲慧住持生善法名之爲地故名乾慧地亦名外凡位云云次明支佛觀者佛者此間名覺覺有二種有獨覺緣覺俱有小大小者在人中生是時無佛自能得須陀洹七生又滿不受八生自性成道是人不名爲佛亦非羅漢論其道力不如舍利弗而諸大羅漢呼此爲小辟支迦羅大者於二百劫行行三多倍隆智慧又强得三十二相或三十一相或三十二十九乃至一相於九種羅漢勝於總相別相能知能入久修習空常樂獨處是名大辟支迦羅皆歷三種因緣十種十二因緣分別大小若聞因緣修性念處觀十二因緣善根淳熟因於遠離自然獨覺成小迦羅若修共念處緣念處事理善根淳熟獨覺自悟具足三明八解六通成大迦羅若聞生滅十二因緣即發四辯在聲聞數中故經云爲求辟支佛者說應十二因緣法法華云若人有福曾供養佛志求勝法爲說緣覺也次論十二因緣觀者初從愛支爲首一推尋二觀破推尋者是人聞正因緣生滅之法信解分明知一切屬愛煩惱皆是十二因緣觀之入空息心達本源求自然慧樂獨善寂修五停心得諸禪定於定中知屬愛煩惱即是無明逆順推尋見十二因緣推此貪愛因何而生即知此貪因受而生受因何生即知因觸觸因六入六入因名色名色因識識因行行因無明無明因過去一切煩惱又順推此愛能生取取生有有生未來二十五有生死因生有老憂悲苦聚輪迴無際若因停心入深禪定如是逆尋或見歌羅邏初受身乃至見過去身起業煩惱時乃至二生十生百生千萬無量世界順推尋取有若因禪定之力或見未來一生乃至十生百千無量生若見過去未來事共心悲喜道心精進轉復增盛二觀破屬愛十二因緣者即是性念處歷別觀十二緣也性念處如前說觀愛即是汙穢五陰性四念處若觀受觸六入名色即是果報無記五陰性四念處若觀無明即過去汙穢煩惱五陰性四念處若觀於取即是汙穢煩惱五陰性四念處若觀於有即善不善五陰性四念處若觀未來生死即果報生死無記性四念處是名逆順觀察破四顛倒顛倒滅是無明滅一切煩惱行乃至老死憂悲苦滅是名用性念處歷別觀愛煩惱十二緣觀也二明破屬見十二緣又二一推尋二觀破尋者若見神及世間常無常亦常亦無常非常非無常是則現在生身邊四見因此身邊四見生十四難六十二見此身邊四見即四取逆順尋此四取因四愛四愛因四受四受因四觸四觸因四入四入因四名色四名色因四識四識因四行四行因四無明復順尋四取四取生四有四有生一切二十五有生死憂悲苦聚若深識見惑過去未來生事如前說云云二明性念處觀破四取身邊四見如是次

第乃至無明破過去如去不如去亦如去亦不如去非如去非不如去身邊二見汙穢五陰也又順觀四取乃至未來生老死破有邊無邊亦有邊亦無邊非有邊非無邊身邊二見汙穢五陰能如是用性念處破三世身邊二見四見即破十四難六十二見一切屬見煩惱一時皆滅則無明滅乃至老死滅屬見煩惱既滅即還用前觀愛十二因緣性念處觀破欲愛色無色愛三界煩惱道業道名有餘涅槃若苦道滅即是無餘涅槃是名性念處智慧觀十二因緣入涅槃也經云十二因緣其義甚深難解難知佛說涅槃時有外道名富那問云何令我知神及世間常乃至非常非無常佛答汝能畢故不造新即能知神及世間常無常乃至非常非無常梵志悟解求索出家為佛弟子又中論明聲聞經入第一義並約觀十二因緣破六十二見入第一義若深得此意不止破外道若佛弟子學問坐禪發種種見取諍論起煩惱作二十五有生死業皆是屬見煩惱十二因緣若覺知者能用性念處撿校即得解脫其迷此者流轉生死無有邊際故中論云真法及說者聽衆難得故如是則生死非有邊非無邊共念處緣念處觀十二因緣類前可知問宿世自然能悟何須佛說答聞說疾得不說未悟譬如果熟雖自應落急搖即墮問支佛何不制果答聲聞鈍故制果支佛利久習智慧不須制果譬如二人共行身羸須止息處身强者直到故不制果復次總相斷結智慧麁故但除正使名聲聞若別相智慧細侵習氣名支佛復次聲聞鈍先觀苦諦緣覺利故先觀集問聲聞亦別相為麁總相故為勝今那得總相故為麁別相為勝答若前四諦中明別相是麁今歷別十二因緣故別為勝也復次聲聞禪定力淺天眼但見小千支佛久植定力深天眼過三千見他方世界問支佛乘何故無方便道答支佛根利未值佛已悟道何須前方便入道耶問支佛自悟得道共戒更須受戒不答若發無作未必更受若爾小羅漢沙彌應不受戒耶答受者和僧耳今三藏有門緣覺觀十二緣破屬愛見觀門不具足說之若行者自善思之餘三門例可見三明菩薩異凡聖異聖則四弘誓願異凡行六度行也二乘斷煩惱證真菩薩不斷惑不入真故異聖人也凡夫任煩惱流菩薩降煩惱伏生死作佛事故與凡夫異也於檀中修性念處觀不與二乘斷煩惱證真同亦不與凡夫隨生死流轉同伏煩惱住下忍中修檀學一切世智調熟衆生若人為貪癡墮地獄菩薩於念處行檀破貪癡令脫地獄苦若衆生破戒應墮地獄菩薩修尸令脫地獄若衆生多瞋應墮地獄菩薩修羼提破之令脫地獄若衆生多怠應墮地獄菩薩行毗離耶破之令脫地獄若衆生亂想應墮地獄菩薩修禪破之自行教他讚歎行者行法等上四下一皆如是菩薩修念處觀乃至行般若波羅蜜破一切衆生愛煩惱貪著果報作二十五有業受生死苦果菩薩修三種念處破六蔽屬愛二十五有因即是拔苦令修三種念處即是道是名與樂修性念處成四波羅蜜修共念處成禪

波羅蜜修緣念處成般若波羅蜜前四度修性力弱不成更修共念處成破愛也又修性念處故爲成大悲拔苦修共念處爲成大慈與樂修緣念處爲雙成兩誓願也第二破屬見煩惱若衆生謂此貪心有無乃至非有非無菩薩爾時修念處行檀破有見中三假無見中三假乃至非有非無中三假自他共無因四十八句若有衆生謂此破戒心有無乃至非有非無菩薩修性念處行尸破有見乃至非有非無見中三假衆生謂此瞋心有無乃至非有非無菩薩修性念處行忍破之若衆生謂懈怠心有無乃至非有非無菩薩行進破之若衆生謂亂心有無乃至非有非無菩薩修禪破之有無三假乃至非有非無四十八句破之若謂癡心有無乃至非有非無行般若破之從有無乃至四十八句破之無生淳熟然後三十四心斷結成道轉三藏法輪入涅槃此應四門毗曇是有門成論是空門昆勒是亦有亦無門那陀迦旃延是非有非無門二門不度大論標名指之俱舍論破

拔和弗多羅部中明非空非有正解此義大論引毗婆沙菩薩品行因證果成論無文若論師破數人見有不得道言見空得道若作此語互是互非通論兩見見有只是常見見無只是斷見斷常二見豈不相破故龍樹云若不得般若方便入毗曇墮有中若入無墮空中皆不得道若不用四悉檀對緣不同或用世界入理故云見有得道也大論云色若麤若細總而觀之無常無我即發眞得生空有門入道也麤是事觀細是理觀但得生不得法者如經云當起法想但有五陰空法用爲人悉檀破有顯空菩薩隨根機有益者宜聞有門得道今宜聞空門入道是故破有明空故兩菩薩作二論伸三藏中空有二門前後雖異得道是同故云斷見之人說一念斷常見之人說異念斷斷結雖異得道是一三假入生空五陰空是平等空爲二聖行生空是假名空法空是實法空是老死誰老死二俱邪見是聲聞經中說生法二空相是老死生空誰老死是法空是三藏中辯四緣三假

入空而有門終是鈍只得生空於拙度中空門是利故得法空共念處緣念處亦如是示知大意細作可解但無菩薩義唯明二十七賢聖位若作四句此是一周說法於三藏教中四門修生滅四聖諦四念處竟問何不先說大乘四念處答經中具二義日照高山則先大若初至鹿苑則先小今先說小其意有十一爲用故如淨名爲國王長者說無常苦空等云云二爲破故無砧窒得運槌如淨名破十弟子云云三爲攝故如淨名室內說身有苦而不樂於涅槃云云四爲會故如大品會宗明諸法皆是摩訶衍云云五爲開故如法華決了聲聞法是諸經之王大經云爲諸聲聞開發慧眼云云六爲學者識外邪內曲不爲邪曲所誤云云七爲聲聞人破曲知其失佛方便聞本世僻說知其壞亂半滿如有人言毗曇見有得道成論見空得道道非有空見有空那得道若從此師之說佛小乘教有無二門便是無用若無用者中論那云欲聞聲聞法中入第一義如後兩品說箇師醫佛四枯之教今

爲申之云云八末世禪人內證空解同末括尼犍破戒行惡食糞裸形謂是大乘同戒取尼犍壞亂佛法方便道令雙申之九爲學者令識內外孟浪之說孟浪之行精明枯榮法門云云十爲令學者內證之時懸別邪曲門戶小（法七）大碩異取捨得宜不謬持瓦礫謂琉璃珠爲（廿五）此十意須說四枯觀也私記者雜錄聲聞念處苦諦爲首緣覺集諦爲首菩薩道諦爲首通菩薩滅諦爲首別菩薩界外道諦爲首圓菩薩界外滅諦爲首又聲聞總相觀緣覺別相觀菩薩總別雙觀通別界內外次第觀圓界內外圓觀又聲聞因成假觀爲首緣覺相續假爲首菩薩相待假爲首問道品六度何者爲正答大經云一地至十地名智慧莊嚴六度波羅蜜名福德莊嚴法華明五品一念隨喜爲正兼行六度爲助道淨名道品善知識六度爲等侶凡三經皆以六度爲助道大論云三十七品爲正道三解脫助開門乃至不淨助破貪勝處助緣中不自在十一切處助緣中不廣普無量心助福德並助開門法

問道品是有漏是無漏答大論對位各有差降或有漏無漏云云成論明念處不退數人明煖法退爲闡提頂退爲五逆成論明念處伏惑成假名空數人但是聞慧今明若通說從初至後皆是道品逐勝分品節級受名云云大論云初從師受前用念持名念處四種精進名正勤四種定生名如意足五善根生名五根五煩惱破名五力分別道用名七覺安隱道中行名八正道此乃勝者受名皆通念處位只是有漏耳故論云八正道中行初得善有漏五陰名爲煖法若不許四念處通至八道亦不得八道通四念處故婆沙云若八正在七覺前決定是無漏若八正在七覺後亦有漏亦無漏此通修語耳若八正是見道位判在前七覺在後是證道位云云（法七）（廿六）

四念處卷第一

四念處卷第一

校勘記

一　底本，明永樂北藏本。此四念處金藏廣勝寺本見存二卷，即卷三、卷四，故卷一、卷二以北藏本補之。

一　六二一頁上二行講説者，南作「天台山修禪寺智者大師説」。卷第二同。

一　六二一頁上三行「門人章安灌頂記」，南無。卷第二同。

一　六二七頁上六行「十人」，南、徑、清作「十入」。

四念處卷第二　法八

隋天台山修禪寺智者大師説

門人章安灌頂記

分章爲三大意停心念處大意者前性共緣只見生滅之理發眞斷結乃至極果猶是四枯拙度今無生四聖諦即事而眞麁細等觀皆如幻化四榮巧度大經云聲聞有苦有苦諦菩薩解苦無苦而有眞諦大品云欲得聲聞欲得緣覺欲得菩薩皆當學般若故名通教四念處也通義有八謂理教智斷行位因果理通者同緣即色是空故教通者同稟無生之説故智通者諸法不生般若生故斷通者須陀洹若斷同是無生法忍故行通者同乘摩訶衍乘故位通者同是乾慧地乃至佛地故因通者同學般若波羅蜜故果通者同到薩婆若故三人八義不殊故名通也復次通有三義一因果皆通二因通果不通三通別通圓因果俱通者如上八通説近通偏眞四枯拙度因通果不通者乃是別果來接通因得見佛性成四榮雙樹通別通圓者別圓因果皆與通異藉通開導得入別圓因成非枯非榮雙樹之果也若通因果正是小大半滿分門亦是析體拙巧聲聞藏菩薩藏羊鹿異路何者三藏未斷惑猶是凡夫住下忍位伏見思惑以誓願乘五通住生死化衆生二乘斷正使拙度保涅槃不能前進故從此分門若三人同以無言説道斷煩惱者是滿字摩訶衍門多所含容即開爲三一通二別三圓體諸法如幻化不生不滅不斷而斷三人通位從乾慧性地爲伏道見地至七地斷正盡緣覺根利能侵習位齊八地若菩薩斷正盡留習扶誓受生死化衆生八地九地斷塵沙無知學道種智此即通教通三乘人意也若通別者初因通門得入十住斷界内惑盡十行斷界外塵沙學道種智十迴向學中道十地破無明見佛性是爲通於別意也通圓意者初因通門入十信斷界内惑任運自盡登住見佛性斷無明十行十迴向並斷別惑此通圓意也故知大乘斷伏求異小乘如習應中有菩薩從初發心與薩婆若相應是聲聞一切智通通教意若菩薩從初發心遊戲神通淨佛國土成就衆生者通別意也若從初發心即坐道場轉法輪度衆生是菩薩爲如佛通圓意故大論舉三人諭謂步馬神通馬雖勝步不及神通一念即至譬圓教力大不妨餘也又大論明燈炷云乾慧爲初炎佛地爲後炎此即通家名乾慧非斷道而爲初炎者乃是論主申含容引外人作此解乃以相似燈炷爲初炎耳若言二地是菩薩斷道者此取性地爲斷道至六地與羅漢齊或取八人地是斷道此以三地爲斷道七地齊羅漢而今不取二地三地乃取乾慧者故知是通三人之初以似道爲初炎耳復有人言歡喜爲初炎佛地爲後炎此約別教斷道爲初炎別家初地見常住理斷無明見中道故名歡喜是初炎復有人言初住爲初炎佛地爲後炎是圓教意初住見中性圓斷一品無明故初住爲初炎此是通教通別通圓之義通教四門者大論云一切實一切不實一切亦實亦不實一切非實非不實爲向道人説聞

即得悟皆名第一義悉檀云云中論觀法品又
作四句證諸法實相三人共得即其例也若
幻化有門則通五人四門門有五人是則
二十人三藏雖四多用有門通多用空門別
多用亦空亦有門圓多用非空非有門天親
雖說別圓多明別階級龍樹雖明幻化影像
十諭論之有不離無無不失有非有非無不
思議之理教也問若爾三藏亦有三人同入
何不名通通亦有三人之殊何不名別答三
藏三人一人不入故不名通通雖三人而皆
入但空不得稱別云云問通是講字門而稱通
者何故停灰斷耶答譬如朱雀臺門雖通貫
庶有停私室者有至府省者有見天顏者如
前所釋通通通別通圓此義可知又譬如因
心有眠有夢夢諭於空眠諭於假心諭於中
聲聞觀四諦無生如幻如化以入空緣覺觀
十二緣無生如幻化以入空菩薩觀六度無
生如幻化以入空不深見假中故同住灰斷
若能尋夢得眠尋眠得心非但見空亦見不
空亦見非空非不空釋大意竟二五停心者

名數同前云何有異魚目明珠質同理別曲
直體析巧拙料簡已如前大經明果報五陰
色受想行識亦是一法凡夫爲苦爲惱二乘
緣不淨無常出生死菩薩觀陰即是於真更
無別理如薄福者觀金成蛇爲之所害福人
見寶得而用之苦諦既然三諦亦爾衆生不
知沒在於苦造二十五有輪環宛轉無解脫
期菩薩爲此而起大悲發弘誓願拔苦與樂
雖發誓願所度如度虛空雖誓斷如空共鬪
雖安如空種樹雖滅實無得度觀一切無所
有無所有故空空故不生不生故不滅畢竟
清淨行者雖作此觀其心浮逸如犬逐塊若
欲攝散睡眠昏熟如蠶得暖當知不修停心
心不得住雖作此解是直作善如有眼無足
不得入池若善用四悉檀修五停心者即得
住觀如密室無風照物得了當知阿那波那
三世佛入道初門又云亦爲甘露門光明云
即開甘露門入處食等云云既信解已當修五
停謂阿那波那等云云覺觀多者當觀入息不
生出息不滅不生不滅息即是空無能觀所

觀皆不可得不可得即真真即心停也多貪
欲者當觀貪欲非垢無貪欲非淨非垢故不
生非淨故不滅不生不滅故即空空即真真
故心停多瞋恚者當觀於慈慈恚即不生亦
不滅不生不滅即是空空即真真故心停又
觀罵者是誰誰受罵者何等是罵罵者與諸
佛等受罵者與畢竟空等罵法與薩婆若等
打者受打者打法亦如是一一音聲不能見
罵衆多音聲亦不能罵唯當自責過去煩惱
多今世瞋恚盛若不能忍心則螫毒生死無
畔應當息之令停也著我多者當觀其身如
屠牛四分但見四大六種五陰十二入十八
界何處有我即破我見五愚癡者對因緣觀
三世因緣破斷常二世破果報我一世破性
我善用五法治心心則安住得觀無生無生
現前即破煩惱有直有善名爲初賢大論云
觀行是智慧性何故言三昧答若不定心中
修此是顛倒智慧如前說狂愚之人豈是賢
聖善直之意也作是修時種種諸境發一陰
界入境乃至菩薩境善當識別去取得宜無

生正觀破之一一皆是摩訶衍故乃至二十種壞禪覺十種成禪覺皆須識知故大經云迦羅迦果有九分鎮頭迦果纔有一分城中人不識食之即死行者若明十法即鎮頭迦十法者一善識無生正因緣境如空無相無方維上下心性亦爾二眞正發心三止觀修習四破愛見諸法徧五善識通塞愛見中若集爲塞滅道爲通六用三十七品調適七修助道開三脫門八善識次位九安忍十順道法愛不生此十法成乘即入菩薩位得三乘道云云問何等煩惱障定慧答有人言愛生煩惱障慧散動無知障定復有人言百八煩惱障定性得繩障慧今不爾但隨偏多爲障也問通家若爲明六即答無生理即幻化名字即乾慧地觀行即性地相似即八人已上爲分眞即佛地爲究竟即云云三明四念處者念是無生觀慧處是所觀境先明屬愛煩惱者大品云即色是空非色滅空色性自空空即是色色即是空觀空無色觀色無空能觀智境並不生不滅智即是境境即是智非智識境智性自境即生無生故名無生非謂無有生名無生觀內身外身內外身一切色法若麤若細皆如幻化即是約身修性念處受心法皆是苦性苦性即空皆如幻化若作共念處者亦當念空法修心觀不淨背捨勝處一切處皆即空是爲共意緣念處者緣佛無生方等十二部經乃至知衆生根性即空云云何修身性念處色若麤若細總而觀之如夢如幻響化此色緣不淨如我此身歌羅邏時父母二滴爲緣業煩惱爲因因緣和合生此報身九孔常流膿囊涕唾三十六物性相種子究竟不淨貪愛計淨是顚倒見若見不淨即破淨倒中論劫初穀子不生世間現見故劫初穀不滅世間現見故因緣合集名爲生因緣散名爲滅散故不常集故不斷是名世間不常不斷此文正表內種子十二因緣和合不生不滅也問若種子生即從自生若從遺體生即是他性生自種子遺體合即是共生若非種非遺即無因生若從種子生何用遺體若從和合復屬何緣若無父母之他云何得種子之自無自故從誰生汝種子能自生未有父母之他無種子之自若已有種子之自即不從他也問汝過去業與六識心俱不若其事滅業附心識來於現在難六識生滅業亦生滅不爲衆生若滅不應附心來若不依阿梨耶識義不成也若從父母生是從他生汝自性尚不能生云何從他生難猶有自性故即有他性能生若無自性父母爲誰作他若自他共能生者汝於自他若能生共可能生俱既不能和合亦不生若能生即有兩過自既不生他亦不生即兩不能生兩法相助成生爲是自爲是他如兩砂無油合亦無油若自他不能生合時亦不能若合能生者並亦應兩砂無油合時應有油若兩合無油當知自他本不能生合亦不能生如一盲不見二盲亦不見若謂非種子非父母生從無因生難無因得果果復應無如無泥而能生缾者亦應從木生等是無因故從因緣生尚不可況無因耶是則因果倒亂罪人獲福云云壞世間法若無世諦即無出世是大邪見人

若四句責生不可得是則無生無生而生是名假生假生非生但有名字是字不生亦不不生是字無所有故自他共無因畢竟不見身生處不可得若無生處亦無滅處生滅不生滅非生滅非不生滅清淨平等正觀觀身細色如隣虛塵即有十方分若有十方分即具四微所成色香味觸色爲自香味爲他即因成假義若從色生即是自性若從香味生即是從他性生合是共生離色離香味是無因生四句檢之生不可得是故說無生無生而說生是名假生是名細色無生如論云若有極微色是則四微所成又云若有極微色即有十方分則不名極微四微成色此即因成假觀此假因成如夢幻細色麁色無生是苦聖諦思益云菩薩知苦無生名苦聖諦此色身四句因成中檢無生名身念處問此色爲從滅生爲從不滅生爲從滅不滅生離滅不滅生若從不滅生是自生若從滅生則從他生若從滅不滅生是共生離生則無因生論云不自不他不共不無因四句生皆不可

得是故說無生無生而說生是名假生色不淨破淨倒又問此色爲待色待無色乃至共離皆不可得是則無生無生而說生是則假生是皆不淨破淨倒是性身念處以智慧性觀屬愛身色生相得慧解脫須陀洹乃至慧解脫阿羅漢若作是觀時未能得道於中生著是愚癡法名無染若染於法乃至涅槃是則染著隨情三種念處如前三藏中說若隨理三種念處即如通中說隨情是事相隨理是無生念處乃至心法亦如是共念處者行人觀念處修八背捨事中諸禪乃至熏修等如明眼開倉見穀粟種種不淨不同大論明骨想即解十力四無所畏十八不共法等乃至燒想諸論師疑文誤何意從骨想即解十力無所畏耶今師云人不得論意此中爲修共念處又不壞骨人成俱解脫三明六通八解悉皆具足受心法亦如是爲成摩訶衍故非論誤也緣念處者緣佛十二部經四辯說法悉皆無礙教化衆生心緣普徧也四念處四種精進名四正勤四種定名四如意足五

善生名爲根破煩惱名爲力分別道用名七覺安隱道中行名八正道次破屬見煩惱觀身如幻化非垢非淨若起見謂淨不淨亦淨亦不淨非淨非不淨是事實餘妄語是見皆依色若謂此淨等過去如去不如去亦如去亦不如去非如去非不如去未來有邊無邊亦有邊亦無邊非有邊非無邊即陰離陰十四難約三世五陰六十二身見是汙穢無記五陰即具三假淨法塵對意根生意識者爲意生爲塵生爲合生爲離生若意生是自生乃至離生是無因即破因成假若意根滅生不滅生亦滅亦不滅生非滅非不滅生皆隨四句則破相續假若待無有識生若待有有識生若待亦有亦無識生若待非有非無而識生皆墮四句則破相待假所破能破例十二是破有見中十四難六十二見不淨無見中亦三假十二句能破亦例十二句亦淨亦不淨亦有亦無見三假十二句破能觀亦十二句例破非淨非不淨非有非無見亦十二句破能觀亦十二句破用性念處觀之破身

念處九十六句破生見不可得成無生身性念處次觀受念處破生見經云受受受不受受亦受亦不受受非受非不受又云行亦不受云何受受不行亦不受云何受不受行不行亦不受云何受亦受亦不受非行非不行亦不受云何受非受非不受受故是有見是見依受起受不受故是無見是見依受起受亦受亦不受故是亦有亦無見是見依受起受非受非不受故是非有非無見是見依受起是事實餘妄語過去如去不如去乃至非如去非不如去未來有邊無邊乃至非有邊非無邊即陰離陰爲十四難約三世有六十即陰離陰合成六十二有見中三假能所二十四破生見無見中三假能所亦二十四無生見亦有亦無見中三假能所二十四句亦生亦無生非有非無見中三假能所二十四句破非生非無生合成九十六句破生見成無生受性四念處次觀心性四念處觀心常無常乃至非常非無常是見依識起過去如去乃至非如去非不如去未來有邊無邊乃至非有邊非無邊即離爲十四難約三世爲六十即離爲六十二見常見中三假能所二十四句無常見中三假二十四句亦常亦無常見中三假能所二十四句非常非無常見中三假能所二十四句九十六句破生見成無生也法性四念處觀有我無我亦有我亦無我非有我非無我是見皆依法起過去四見未來四見即離爲上四難約三世五陰爲六十二有見中三假能所破有二十四句破後例爾九十六句破我見是名四念處乃至八正道是破屬見中三十七品故經言我斷一切諸見纏等以智慧刀割斷破裂也若共念處觀九想八背等一切禪亦名得解觀非實觀也三十七品例前受心法亦如是緣念處觀見中有一切佛法無生四諦教理名字句義通達無壅隨衆生根性樂欲便宜對治第一義而爲說法是爲破屬見煩惱中修三種別相四念處觀問何意通教明非苦非樂是三十七品例前受心法亦如是苦果非苦非樂應是樂答此作四句若通論非苦非樂此意通四句不可說有因緣故說非苦非樂結成生滅苦樂是三藏意若非苦非樂結成無苦無樂之苦樂屬通教攝也淨名云迦旃延五義五受陰通達空無所起是苦義結受念處如大品不淨觀即是摩訶衍皆不可得故以是不淨心觀色自念我身未脫是法未免三界生猶應受百千生死故言未脫引廣乘品成身念處觀諸法不生不滅是無常義結成心念處觀於我無我而不二是無我義結成法念處觀若作非常非無常成常非垢非淨結成淨非苦非樂結成樂非我非無我結成我即成別教義常樂我淨斷惑歷別來證也若作非垢非淨雙照垢淨非苦非樂雙照苦樂非常非無常雙照常無常非我非無我雙照我無我結成圓教圓心修習不斷煩惱而入涅槃也於乾慧地中修總相三種四念處如前三藏中分別但有如幻如化體法即空之異耳是爲無生總相四念處但是總相念處修身即空陰入界一切法亦如是是名身念處受心法亦如是觀此位是總相

念處修四正勤如意根力覺道三十七品共緣念處亦如是雖未發煖相似無漏法水而總相觀五陰智慧深利勝別相念處是故名總相念處屬乾慧地外凡也辟支迦羅名目大小如前亦修三種念處十二因緣過去無明只是不淨煩惱五陰諸行只是善惡五陰從識乃至受是果報無記五陰愛取煩惱五陰有是善惡五陰未來生死是果報無記五陰若麤若細總而觀之如幻如化是名性念處因緣覺也共緣念處例前亦有性共緣三種觀三人大小也菩薩發菩提心慈悲誓願觀此身受心法三種念處修性身時觀此身色若無生如幻如化能發煖頂等法成五停心別總四念處名伏忍四善根名柔順忍發眞斷結八人地名無生忍須陀洹名無生法忍果斯陀含名遊戲神通阿那含名離欲清淨阿羅漢名已辦地八名辟支佛地九地名菩薩地十地名佛地性念處觀成破界內見思通惑得一切智與羅漢齊八地修界內道種智破界內塵沙無知是共念處九地已上學一切種智是緣念處十地當知爲如佛佛是通教佛成就四枯莊嚴雙樹故云四念處坐道場斷通惑正習盡見偏眞之理於二諦中觀照純熟是名坐道場般涅槃者即有餘無餘二種涅槃轉法輪者轉通教無生偏其之法輪令一切衆生同入偏眞法性非中道不空法性故法華云我等同入法性不見佛性二乘俱得此理並有坐道場轉法輪而羅漢不斷習氣只是四枯莊嚴支佛小深侵習亦是四枯菩薩不斷習以誓願力熏行處處受生調熟衆生學一切智道種智一切種智是名通教佛只是四枯莊嚴雙樹但三藏是拙度觀門既拙解空亦淺如迦旃延五義是通教體假入空觀門既深三藏是事觀爲踈通教理觀爲密三藏附事僞通教緣理爲眞比至證得眞時無復爲別異也

四念處卷第二

四念處卷第二

校勘記

一　底本，明永樂北藏本。

一　六三四頁下五行「衆生」，南、徑、清作「自生」。

一　六三五頁上二行「不生」，南作「不住」。三行同。

一　六三七頁中五行末字「其」，南、徑、清作「眞」。

一　六三七頁中一五行第一一字「僞」，南、徑、清作「爲僞」。

四念處卷第三　許十五

天台山修禪寺智者大師說

開章爲三一大意二五停三念處大意者四句雖略網羅蓋無若絕若說若世出世已如上辨今依不生生而明別也中論名假名即此句也別家四門且指大經云佛性如闇室缾盆井中七寶有門也衆生佛性猶如虛空畢竟清淨無門也譬如乳中亦有酪性亦無酪性亦有亦無門也佛性非空非有第四門也雖列四門若說若行多用亦有亦無門也開有門可明佛性空門云何有性復濫通家若別教是不但空所以得見佛性通家但空爲不但空廣爲云何相濫衆經諸門列位位數增減華嚴初無十信後無等覺於十住中多明圓義於登地中多明別義若住若地皆說界外行位不語界內云云方等前分對緣散說得道而已未論地位至瓔珞總結階級明五十二地前後數皆界內亦分明諸般若前分亦對緣散說亦未有階大勝大王但明十地前無三十心後無等覺新金光明無前無後但明十地仁王般若明五十一位無等覺推諸經意如軍師蕩寇竟方敘勳勞定其爵祿所以前散後結問法華是後經那不明位答前明一部之前後法華是一期之後良以瓔珞結諸方等仁王結般若竟法華在後不明次位但決了諸權而入於實涅槃亦不明次位同開佛性入秘密藏但地義深微非聖證不了凡下莫知對緣增減隨機廣略出沒宜爾但順佛語依循多羅不得執此可彼各興諍競非法毀人誣佛謗典云云南岳師釋大品三處明位初四十二字門初阿後荼皆具一切法判屬圓教四十二位也次明初地修治地業乃至第十地作治地業判屬別教位後明乾慧地乃至佛地判屬通教位此深得經意夫義明然然佛一期諸大經門門不同位位數異行人採用各異若論數整須依瓔珞若扶三觀次第須依大品若凡夫得預須依涅槃數整可解扶三觀者欲以道慧具足道種慧當學般若欲以道種

慧具足一切智當學般若欲以一切智具足一切種智當學般若欲以一切種智斷煩惱及習當學般若初五方便伏見思從假入空觀十住是道慧斷見思從空入假學道種慧斷塵沙若從假入空破偏假從空入假破偏空至十迴向中學不假不空一切智伏無明登地得一切種智若至等覺一時斷煩惱及習若不明等覺只十地斷煩惱習也是以三觀相扶云云若瓔珞明十信十住爲習種性十行爲道種性十迴向爲性種性十地聖種性等覺性妙覺性略則七位廣說五十二位也依涅槃五行十功五味半滿次第相扶始自凡夫皆須修學具有別圓界內界外四四諦意菩薩住堪忍地鐵輪位中修生滅四諦十住中修無生四諦十行中修無量四諦十迴向中修相似無作四諦登地見中得一切種智五行十功開通藏云何得入涅槃中修學耶答涅槃扶律而說故名贖命若別圓有法身慧命何須贖命贖命意在藏通及斷之命今得法身常住也問三藏生滅慧云何贖成常住慧答今涅槃引藏通中昔日灰斷不明佛性今俱引見佛性當知三藏被決不同先日若論戒則五支諸戒小乘所無世若論定從八背捨十信中伏通藏住堪忍地教化衆生豈同二乘問何以得知答一以義推可見二以聲聞相異問別教登地猶用界內通名名四依義何意不用界內方便耶答即得用既以通名名斷道何意不得用方便伏道煖等位耶又復佛法名教通用小乘名教在方便中尚用大乘方便道見諦斷道何意不用耶所言別教共義有八謂理教智斷行位因果云云理別者三諦之理理隔不融信而修之從淺至深歷別有異從淺與後別深與前別當體隔隔是名理別教別者佛日先照菩薩二乘聾啞豈況凡夫瓔珞仁王地論攝論不明界內故凡聖異聞大論明一異聲聞共說二不共說不共說即教別也大經五行不融大品三慧屬三人釋論釋之實是一法爲向人說令易解故三慧爲三如一時說三相此即教別也智別者圓意難類要假方便次第後可見如因作入無作因無常以入常外人難因無常果云

何常佛答汝因是常而果無常何故不聽我法中因無常而果是常云云別菩薩欲學常住佛性先修無量四聖諦後觀諸法實相中道佛性不生不滅不垢不淨次第梯橙先觀空次學恒沙佛法後開如來藏次第修三眼三智是名智別斷惑別者如無量義云衆生欲性無量欲性無量說法無量說法無量故藥病無量藥病無量故通塞無量分別校計生滅無生滅無量無作苦集滅道皆無量復如來藏闇故造作二十五有業受諸生死感此長夜發菩提心與四弘誓自脫無量緊縛亦脫衆生無量緊縛是名斷惑別行位因果等別可知也問無作既勝何不緣無作發菩提心答別家以無作是果果不通因故非發心正意意者緣無量發心至果方成無作耳問若爾初地已得無作何意不緣發心耶答初地分得妙覺時乃究竟例如三藏初生滅果方無生通則不爾發心即觀無生別人初緣無量後乃無作圓人發心初則緣作大意竟云云二停心者前三藏數息不淨等依心蹤迹事僞通以觀息不生不滅停心即事而理近密具夫今別教以持戒之根本若我住世無異此也即佛依此而住即僧雖爾望於三藏是密亦是真望於實相非近非密非真非理與前別後別居然孟之間此義可知云云大經云菩薩作是思惟出家閑曠猶若虛空一切善法因之增長在家逼迫猶如牢獄一切惡法因之而生住請僧坊聞佛有無上道無上正法大衆正行即求出家佛是非果之果人也無上道是慧聖行正法是定聖行大衆是戒聖行此是非因之因也菩薩受持時如來淨藏度於大海爾時愛見羅剎來乞浮囊若全若半若手若指若塵令汝安隱得入涅槃謂稱情暢樂名涅槃鈍使造惡多墮三塗利使執見破戒亦墮三塗或執見修善多生天上久後還墮若不隨愛見能生五支諸戒一根本業清淨戒謂四重也二前後眷屬餘清淨戒前後是方便偷蘭遮等餘是諸四篇等也非諸惡覺覺清淨戒定共戒也護持正念念清淨戒道共戒也迴向菩提大乘戒也復有九種與釋論十種相似一清淨戒謂受

得清淨也二善法戒謂動不動皆毗尼也若護持不犯生止行二善謂法也三不缺戒謂五篇不破也四不析戒析假入空體假入空皆道共戒也五大乘戒即菩薩初信心經云汝等但發菩提心則出家禁戒具足也六不退戒即十住不退也七隨順戒對十行隨道戒也八究竟戒九迴向戒斷界內正習也十具足諸波羅蜜戒者登初地乃至等覺也於一戒中具足爾許法門即是別家停心如前數息身命之要今戒爲法本道之根源故以戒爲停心也菩薩雖備法常住之理內解分明猶自覺觀不住是直而非曲爾時更學定聖行停心即共念處也依經即是隨息停心此知阿那出息入息繩長知長繩短知短元治覺觀發根本淨特勝通明等淨眼開合見發乘經云復有梵行謂見身中三十六物是修念處實觀也次不淨觀治貪欲經云復有聖行謂除却皮肉諦觀白骨二節間有我不耶作此觀時即見骨中青黃赤鴿色是背捨欲界定相四色轉明心與色青合故一切皆青餘亦爾是未到地相爾時不壞內色不壞外色內外俱不滅色相以是不淨心觀內外色即見額上骨中八色光明熠熠而出照天下即初禪覺支相聲聞但有光不見佛菩薩多修念佛見佛或爲說法即初背捨初禪觀內無色相以是不淨心觀外色者內滅却骨人以不淨心觀外色外色有二一身外之色即是死屍等二骨人所放八色光明是界外之色所以須觀者去欲界近用以防過故界內色外色皆不淨故言以不淨心觀外色若作修家方便自有觀法滅却骨人今但言證法見骨人自然消磨不見但有八色及外不淨故言內無色外觀色此骨人滅時即有未到地相亦是初禪謝二禪內淨起起時八色一陪更明青黃赤鴿非復前比亦有內淨喜樂一心四支不同根本特勝通明中是爲二背捨三禪捐也云云三淨背捨身作證時是三禪相若云三禪無勝處四禪無非背捨釋論明淨背捨身作證三禪遍身樂得爲證四禪無樂何所爲身作證成論人以三禪共爲淨背捨今用三四兩禪從容共

爲一淨背捨無嫌三禪身證爲淨背初門成就在第四禪第四禪具足勝處也何故言淨大論云緣淨故淨八色是淨法未被練不得淨今三禪四禪法起來觸此八色爲作淨緣三四禪等此是色界極淨之色用此爲緣故言緣淨觸八色更淨故言緣淨是樂徧身受故知是三禪中淨有四義三如前兩背捨即是緣淨故淨此意也四空四背捨無色更無別法但以空無相心修若凡夫人自地地愛染聖人深心有慧利直去不迴故名背捨問舊云此無別法但以無漏修此可然前何意無別法不可指舊禪爲別法不可指邪禪鬼定外道事爲別法云云今次四禪得修若不得禪作觀不成設修雖不發無漏亦名修背捨而不名解脫若有宿習發此何嫌但滅受一背捨不得無漏修則不成故不論發宿習也九次第師子超越等三藏中無有凡夫修得此定大乘或有云云次大不淨亦名大背捨良以假想厭力小若假想厭背大皆由緣處廣狹若觀骨人不淨除却皮肉或觀一屍一兩城邑聚落等所有正報故言小不淨小背捨若大不淨緣是依報國土錢財穀帛山川林園江河池沼大地一切色法悉皆不淨蟲膿流出臭腥流潰山如聚膿河海穢濁衣服如臭屍皮飲食皆蟲汁大經云觀好美羹作穢汁想飯如蟲聚宅如冢墓大地無可愛處若幻術誑人令神通得法道理故酥酪金鐵遇暖則流遇冷冰結凡夫遇淨緣成淨遇不淨緣便不淨達此道理得其轉變良以昔曾修得今發宿習故大地依正悉是不淨初學乍有興廢數習成性任運不淨譬如鑽火發不擇薪乃至江河乾竭此觀亦爾初止一屍一屍一兩聚落老成大勢一切依正無非不淨故言大不淨觀也又稱人愛色穢又人心著淨重於穢輕破此大著背爲不淨不可定執山河國土而言爲淨如僧護見地獄一百二十五所所見大地是身爲他所耕叫喚苦惱是名田地獄又見身是樹蔡苦號哭蜿轉呼吒若山若屋衣裳浴室房法事等悉皆是苦何者昔觸境生著起慢今觸境起惡受苦今爲轉此受故修大不淨觀破淨顛倒亦名大

不淨大背捨若凡夫所修八禪但除下地不能除自地佛弟子所修能除下地亦除自地未是無漏不能除上地若無漏緣通則自地下上皆能除也若內觀骨人外觀色名初背捨初禪攝若內無色外觀色外八色正依皆不淨時名二背捨二禪攝此兩背約依正判大小若三禪入淨背捨則不論何者根本是小所得不淨成小背捨若根本是大成大背捨乃至四空滅受例如此云云若約兩不淨為勝處還依依正判大小若約多少好醜成小勝處亦約依正多少好醜成大勝處所以然者心未能轉變自在勝處更來熟之一屍少二屍多十少百多一國少大千多衣食多少亦爾初未能多少亡智既成即能多今發還爾若好若醜者此約兩報為好醜端陋黠愚富貴賤而論好醜好醜皆不淨此亦小不淨耳大則好山惡山好國惡國好醜皆不淨此則大也衣依正俱醜骨人所放八色為好此兩俱不淨者而名好醜此為勝處初禪攝若內無色外觀色若多若少若好若醜勝知勝見二禪攝雖無骨人而外有八色復有依正若多若少好醜如前云云勝知勝見者了此心於色不為色所縛心能轉色故言勝知勝見淨不淨等皆於已心能得自在觀解成就故言勝知勝見行者如此觀勝之時豈更貪世已身尚不惜何容貪他上古賢聖推位讓國還牛洗耳皆昔經成此今於五欲無復染著不得此心貪之至死後四勝處在四禪中三禪味樂多不能轉變於聲聞法如此菩薩豈無勝處耶大論云青黃赤白瓔珞云地水火風此亦無在四色是名地水是其體此中但多少轉變無好醜何以故內外色盡故但八色流光故無好醜四勝處在第四禪中十一切處亦在四禪中初禪覺觀多二禪喜動三禪樂動不得廣一切處唯此不動念慧則能一切處以一青徧十方皆青餘色亦如是若一切入者將一青色入一黃色徧一切處一黃入青亦徧一切處而青黃不失餘色相入亦如是為一切入此是內心所放八色徧一切處那言取少樹葉為緣徧一切處若內心無此力外不能徧不應取

於色為緣也大論取優鉢羅花者為人不解借外諭內不可以諭為共亦有此義若通明觀中無骨人不放八色是時修八解脫借外為緣可爾今不壞法人有八色自不用之取外樹葉此不成義今不用云云次明菩薩修緣念處於依正中轉變自在具諸波羅蜜慳心既破尚不惜身何得為身貪求他物是名檀得是觀時終不為此依正偷盜妄語危他自安順理行心名尸若彼觸已終不生瞋發言動身口加報是名忍辱終不猗此不淨生身懈逸耽著恣情以自纖羅是名精進善巧方便四隨得所所觀諷適念慧現前或不淨背捨勝處神通變化願智頂禪緣是諸禪於中轉變得成三昧百千變化一切道一切定皆在此禪而得具足是名為禪作此觀時身受心法非因非果非世出世若苦集滅道悉皆不淨能觀所觀一切諸法皆不可得無所有故畢竟清淨無一可得不生不滅名般若波羅蜜是名於勝處中轉變為一切法門是心定故隨意自在隨作隨成勝處之觀如好馬能破前陣復能調制其馬欲去欲住迴轉自在作諸礙亦復如是不可窮盡是名菩薩於四念處修勝處觀觀中廣修諸法悉於勝處修習若發宿世善根時亦於勝處中發是時觀淨無魔入壞此法何以故心得自在無障閡故作於心師心使於魔魔不能破心也行四三昧人多轉入五種佛子之位或即入五品弟子之位何故爾並是助道力大大助開門入清涼池眷是觀禪發相也若九次第定師子超越等有二位依三藏阿那含人得無漏心地調柔方能修九定凡人僅不得大乘人修習者如發心二不別別教菩薩歷別修習但不取證也若樂經前有持戒對數息次有不淨觀一一節閒求我不得即對界方便光中見佛即是念佛停心齊此是性念處對四停心也次修緣念處觀學四無量心修法緣慈分明定開發觀法無我不可得故是界方便觀四無量心者通論慈悲始終皆有無緣即以實相為慈慈即如來慈即解脫慈即法身此乃實相之理無緣之慈不修衆生法緣之慈不修衆生法緣事慈亦得無緣

大慈心第二次自發應須識知所言事慈者即衆生緣慈發有兩義一發此慈心兼定定法轉緣因此慈定即發根本二者或先得欲界或得未到地或得根本於根本中有慈亦言發此慈一切衆生得樂之相無怨無惱歡喜稱心適意或得人中樂或得天中樂若修得慈定分明想其得樂無一衆生而不得樂此名慈心定但此定緣衆生有三種若緣親人得樂名為廣緣中人得樂名為大緣怨人得樂與親人等名無量又緣一方衆生得樂名為廣緣四維名為大緣十方名無量此定有兩一隱沒二不隱沒若緣衆生得樂心中明淨決定所緣之處實不見此衆生得受於樂但想而已是為內不隱沒而外隱沒自有內心明淨作得樂想而外所緣十方衆生分明見其得樂或得人中或得天中其相分明是名內外不隱沒若慈定中見三種人得此樂相後始復發根本五支五支功德倍勝根本如砂糖石蜜和水豈方單冷悲喜捨附定起亦如是若菩薩修此禪定內思力強故住堪忍地在十信位中雖所不作故迦葉問菩薩有緣得破戒不答有緣亦得如仙豫殺五百施甘露鼓十劫之壽乃至為衆生地獄云云次住共念處合修生滅四諦調心深觀無生四諦助伏見惑至斷見時還用無生四諦斷故大經云菩提道道相集是能生相滅是寂滅相道是大乘相如三藏中要須禪助伏見惑暖法方得發今亦如此菩薩知此惑障深重不可即斷借生滅方便發十住暖法也問十住十信中退不答經明六心退七心不退問別教只用此戒與聲聞異不答雖同而異菩薩戒具足五支及究竟諸波羅蜜二乘不能究竟或身智俱亡入無餘灰斷問禪復若為答聲聞法中斷欲界方得修初禪菩薩不爾於十信修共念處觀學背捨安忍成就為衆生修一切護持正法異於二乘道如惜命者二乘豈能如此菩薩修十信初心即具十行經云十法為道一信有十十信有百乃至十地只是十法但一受不失勝者受名耳四念處亦如此只是觀解轉深名轉勝即是別家乾慧地初賢位問此十信與圓十信云何答圓伏無明見思自

盡六根清淨皆能互用故言若干種一時皆悉知身如淨明鏡能現
諸色像唯獨自明了餘人所不見問圓與通十觀若為答通用一法
傳傳簡別若三藏中法止破外道成三乘人外人不知暖法人所
行處況有十法通教十法異三藏三藏後心亦不知通家初心通家
初心亦不知別教初心況後心耶別教十法異者一善識正因緣
無明佛性之境通家但識無生真諦幻化境耳二真正發真正無
量四聖諦心求常住佛果能度法界衆生通家只發心緣無生四真
今得有餘涅槃度界內衆生三止觀調適者止成一切禪觀成一切
種智通家但通三乘共止觀願智頂禪耳四破法徧者破界內界外
法次第徧通家止破界內二諦徧耳五善識通塞者如來藏顯為通
取相塵沙障為塞通家只約四諦見愛中論通塞耳六三十七道品
調適者大經云依無量三十七品是大涅槃因通家但是偏真小涅
槃因耳七善修助道者修十波羅蜜一切萬行恒沙佛法開三脫門
通家但開四諦助三脫門耳八善識五十二地七位廣略皆知通家只
三乘共十位耳九安忍強軟兩賊者忍法界衆生二十五有有空強
軟通家只忍愛見為強軟耳十順道法愛不生者於大涅槃不生
貪著況小涅槃通家守果愛小涅槃是生死貪著故如此分別十
法大異又具十番觀門入十信成壞忍地上菩薩位亦可以十法對
十信菩薩修三種念處發諸境界種種諸法或真或偽或益或損
不出於十十者謂陰界入煩惱病患業相魔禪見慢二乘菩薩等
今不委釋如彼具明若不頂墮得入初賢位問別教六即如何答中
道佛性為理即解五十二地文義通暢無閡名字即十信為觀行即
三十心為相似即登地至等覺為分真即妙覺為究竟即也第三念
處觀者遠緣如來藏理其理難明而假方便具實得開至如三藏通
教用世間方法世間行人五種七種以為方便別教以出世方法出世
行人三十心等以為方便譬如鑽火暖在前出亦如入海先見平相法
華以無漏為涅槃相當知析假是三藏方便體假是無生方便析體無

量是別方便方便性念處顯真實性念處方便共念處顯實真共念
處方便緣念處顯真實緣念處生滅無生滅無量皆是別家方便方
便若成可稱火相平相方便不成無暖無平大海難得其觀云何初以
五停心遮煩惱風善直成就慧燈照了陰身不淨五種穢惡受有百
八悉皆是苦介爾違順念念無常苦中無我我中亦無我非善非惡何
處有我別相揔相循環宛轉寂入涅槃此觀成時開五停成十信亦
名外凡亦名乾慧地亦名善有漏五陰能伏界內淨等四顛倒怙然
不動聲聞厭苦欲速涅槃菩薩不爾捨生滅四諦觀正修無生四諦
觀觀苦本不生不生故不滅不生故不有不滅故不無不常不斷畢
竟清淨淨者虛空尚無有苦云何顛倒受想行識亦復如是是觀成
時進入十住入理解心名為內凡亦名暖法亦名亦有漏亦無漏約
界內名亦無漏約界外名亦有漏故名似解十行十迴向似解亦滿
無漏登地乃名無漏正用無生四諦慧斷界內見思故大經云菩薩
解苦無苦而有於真三諦亦如是故云入理般若名為住有二種般
若若發中道是圓般若若發空是偏般若於界內為真於界外為假
亦名一品相似中道論其所斷斷界內通惑盡與通七地齊亦得界
外相似慧眼故須菩提云我從昔來所得慧眼未曾得聞如是經典
即此義也又斷界外上品塵沙又伏無明猶是暖法內凡也地入以
五佛子謂四果支佛開五為十對十住今不爾大論云先於五佛子
果人中歎今何故獨歎菩薩答聲聞諸菩薩未得果大乘菩薩得
果故獨歎菩薩今不用前五佛子對十住若欲作者取法華五品弟
子開五品為十對十信故仁王云十善菩薩發大心長別三界苦輪
海十善即十信十信尚斷惑況十住耶云云若欲前進應捨無生四諦
正修無量四諦無明與法性合起無量取相惑無量生死無量塵
沙招無量果報無量無明受無量報身則有色受想行識皆若
諦無量受陰所有煩惱皆是集諦無量能觀之智皆是道諦無量
集盡苦除皆是滅諦如是無量根性無量藥無量授藥法無量方

使菩薩為此而起大悲發四弘誓未度界內外五陰乃至餘有一生
在者皆令得度未解通別見思兩輪塵沙無明者皆令得解未安偏
道者並令得安未入小涅槃者皆令得入常樂我淨四德具足修是觀
時進入十行從理進趣方修一切衆行故名為行亦名登頂斷界外
中品塵沙得界外相似法眼見恒沙佛法相似如來藏云云若進入十
迴向者應捨無量四諦正觀無作四諦云何觀初從有門觀佛性但
無明重故不見大品云諸法如是有如是無所以是事不知名曰無
明無明覆心不見佛性四門俱塞巧用四隨四門俱開門雖有四只
是不二法門也觀此無明為從無明生為從法性生瓔珞及地論皆
解云從法性生攝論云從無明生依阿黎耶識起此識是無記如地
有金土依染如土依淨如金故言依他也黎耶識依業生故言依他
也若他依者六識所起善惡業六識謝滅種子依黎耶攝持俱生故
名他依彼論偈言此識無始時一切所依止三藏學士述難小乘人
云汝六識中起善惡業六識謝過善惡亦應隨滅若滅現不得起
若不滅無黎耶依何攝持今還難之汝偈道依依汝耶道依黎耶黎耶
是無明客法為他法性是本法為自若法性為自黎耶成他但依他
何處有自若他等是客法喚六識為他何意不得喚黎耶為他又難
六識依黎耶六識為他黎耶依法性黎耶亦是他云云若黎耶他是自
性自性應是他如此定時隨彼意若自若他俱被破耳問一切善
惡從無明生法性生無明法性共生為離無明法性生法性生是自
生無明生是他性生無明法性合故生是共性生離無明離法性生
者是無因生諸法不自生亦不從他生不共不無因是故說無生無
生說生假生非生但有名字是字不住亦不不住是字無所有故無
明為自法性為他者亦作此破云云師云雖四句不立而人多執共生
譬如眠法與眠心合即生眠眠故有無量夢事起云云無明與法性合
生無量六道事六道事皆從無量煩惱生又生無量不思議塵沙煩
惱起無量界外事菩薩修四念處爭此無量煩惱無量修共伏無明

起若得無明即得法性得法性故見佛性若通教只尋六識如幻如
化即空之觀但斷枝條不尋根本無明不見如來藏以不見故不得
無明不得法性不得無明不得法性故不見佛性如尋夢得眠不得
眠心良由六識中觀淺但是化城止息不能深觀如來藏恒沙佛法
菩薩深觀如來藏破無量取相破無量塵沙破無量無明破無量身
相破無量受相無量心相無量法相識無量病相知無量藥作此觀
時即入十迴向迴因向果迴事向理迴己濟他故名迴向此位正是解
行終心眞識已融似中慧淨斷界外下品塵沙伏無明轉登如向山
趣前漸易見相似中道見恒沙佛法斷恒沙煩惱入相似是自行出
界假是化他地持解自性禪是三十心位末至初地大經明初依之
人具煩惱性能知如來祕密之藏未得第二第三住處正是三十心
位又地持明三十心為三分一觀分二止分三二分同類正是地前
方便道中修三種念處觀分是修性念處止分是修共念處二分同
類是修緣念處也相似中道觀於一剎那頃真解開發登於初地斷
一品無明得一分無作四諦解五行成就諸功德滿若通對位一一
位中各有三種念處若別對者十住修性念處觀十行修共念處觀
十迴向迴別向圓修緣念處觀至初地三種念處分成就若對大品
欲以道慧當學般若對十住性念處位欲以道慧具足道種慧對十
行共念處位欲以道種慧具足一切智對十迴向緣念處位欲以一
切智具足一切種智對十地位一往如此若登地中道顯時具性法
身分成就一切禪一切禪有三一現法樂禪二出生三昧禪三利益
眾生禪登初地時名味皆轉觀分轉名現法樂禪能生十力種性三
摩跋提破無明法身顯現佛性一法界一切法界一切法界一法界
非一非一切三諦自在能百佛世界作佛諸佛加之能為十地菩薩
說法菩薩不諦謂是真極法華中佛加勢開為菩薩說法諸佛子等
從我聞法佛為授記汝於來世當得作佛諸聲聞尚爾況加諸菩薩
持色心神通相好光天動地形聲兩益法眼開明知眾生根有機即

應善巧分別猶如虛空不可窮盡聞說法者皆得道果此是觀分亦
是觀身內法性理顯名性念處力也止分轉名出生三昧禪出生百
八三昧普現色身名三昧王一切三昧悉入其中住首楞嚴脩治於
心猶如虛空能一法門一切法門一切法門一法門非一非一切無
閡自在破無明顯真我性十波羅蜜諸陀羅尼門如來藏海理內之
事皆悉明顯若化眾生假作名字說種種五陰破種種顛倒說種種
法藥破種種病作無量醫王應病與藥令得服行皆令悟入菩薩
正位是名檀波羅蜜以施眾生故經言有法門名無盡燈即此意也
下九波羅蜜例爾彼解十波羅蜜對十地初檀滿但是約位耳直於
禪中修具百波羅蜜觀法界神通徧照法界一切眾生蒙光罪
垢煩惱皆悉除滅是名止分亦是共念處力云云二分同類以修緣念
處觀得法界緣起以無緣慈悲修身赴機得如來一身為無量身無
量身為一身非一非無量自在能現十法界身處處應現往只同是
一五陰用有強弱界內力弱只見偏真界外力強能見圓滿八八時三
種念處具足三德性念處顯為法身共念處顯名摩訶般若緣念處名
解脫所調伏眾生之處名為解脫復次亦以性念處為般若共念處
為解脫緣念處為法身法身即法性見法即見佛性即得中道得中道
即得菩提得菩提即住大涅槃即得諸佛法界法界即法身法身徧
法界用故住大涅槃種種示現三種念處名三點不縱不橫為大涅槃
得色解脫受想行識五種涅槃具二十德名四念處坐道場轉法輪
若圓為雙樹非偏非圓中間入涅槃諸行功德莊嚴名常樂我淨是
稱歎新醫從遠方來曉八種術遠方者從法身地起慈悲誓願
應眾生眾生根緣不同是以現種種身說種種法法華云長者驚入
火宅為度眾生生老病死憂悲苦惱愚癡闇蔽三毒之火教化令得三
菩提云云登初地時得二十五三昧凡十番破二十五有破二十五空
破二十五無明得無畏地不畏三惡四趣有邊不畏聲聞緣覺兩邊
不畏大眾威德二邊中間皆不畏以修性念處故云云得自在地菩薩

地獄不受燒然碎身等苦至一切處無一切苦能以須彌入芥子芥
子入含須彌毛孔注滿四海海內一毛孔以脩共念處力云云得二十五
三昧一切三昧悉入其中一切事一切理皆無所畏皆自在皆名
王三昧以本修緣念處故初地既如此從二地乃至妙覺可以意知
不俟更說當知四念處有如此大功德力何況後諸法門耶有眼有耳
者自當執味何俟囑耶

四念處卷第三

比丘[illegible]

四念處卷第三

校勘記

一　底本，金藏廣勝寺本。

一　六三八頁中二行「天台山」，徑、清

作「隋天台山」。卷第四同。

一　六三八頁中二行與三行之間，經、清有「門人章安灌頂記」。卷第四同。

一　六三八頁下七行「七位」，清作「一位」。

一　六三八頁下一一行「誦藏」，經、清作「藏通」。

一　六三八頁下一五行第一一字「日」，經作「曰」。

一　六三九頁上三行「梯橙」，經、清作「梯隥」。

一　六三九頁中一〇行第一四字「淨」，南作「淨眼」。又「淨眼」，南、經、清作「淨如」。又末字「槃」，經作「穀」。

一　六三九頁中末行第一三字「淨」，南、經、清作「一淨」。

一　六三九頁下一七行「家墓」，南、經、清作「塜墓」。

一　六三九頁下一八行第八字「令」，南、經、清作「今」。又「酥臘」，經作「酥蠟」。

一　六三九頁下二二行第二字「一」，南、經、清作「二」。

一　六三九頁下二三行第六字「穢」，南、經、清作「淨」。

一　六四〇頁上九行「七習」，南、經、清作「少習」。

一　六四〇頁中一九行第一九字「齊」，經作「劑」。又第二〇字「是」，南、經、清作「此是」。

一　六四〇頁中二四行「分明定」，南、經、清作「定分明」。

一　六四一頁上二行「問圓」，南、經、清作「問別」。又「一法」，南、清作「十法」。

一　六四一頁上三行第八字「中」，南、經、清作「十」。

一　六四一頁上六行「通家」，南、經、清作「通教」。

一　六四一頁上八行首字「令」，南、經、清作「今」。

一　六四一頁中一行「實真」，經作「真實」。

一　六四一頁中二五行末字「若」，南、經、清作「苦」。

一　六四一頁下二行「兩輪」，南、經、清作「四諦」。

一　六四一頁下一二行「俱生」，南、清作「得生」。

一　六四一頁下末行「修共衣」，南、經、清作「事相依」。

一　六四二頁上一四行「刹那傾」，南、清作「刹那頃」。

一　六四二頁上末行「開明」，南、經、清作「開朗」。

一　六四二頁中一五行末字「名」，南、經、清作「顯名」。

一　六四二頁中一七行「見法」，南、經、清作「見法性」。

四念處卷第四　計十五帋　稱

天台山修禪寺智者大師說

第四圓教四念處者為三一大意二傳心三念處大意開四門云云若執若行多用非有非無門云云餘法易知別圓須解一明位有高下二明法之偏圓三明斷不斷四明具不具五明通不通位高下者別教十信伏界內見思十住斷界內見思又斷界外上品塵沙七行斷中品塵沙十迴向斷下品塵沙伏無明登初地見中道斷無明乃至等覺妙覺斷無明盡圓教初有五品弟子名外凡七信名內凡皆圓伏無明而界內見思自然而盡如火燒鐵鐵雖未融垢在前去正遷觀無明無明未除見思前盡若登初住斷一品無明乃至十住斷十品無明與別家十地齊若登初行又斷一品無明與別家等覺齊若至二行與別家妙覺齊若登三行所有智斷別人不識其名況知其法四行乃至十行十迴向十地等覺妙覺所有智斷皆非境界但知十二品斷無明為己家之極果不知是他家之下因譬如構塼石為基以金寶飾上豈知從基至頂悉是金剛非唯高低有殊亦實非曾別法譬說階別朗然不須惑矣二法偏圓者類如小乘斷通惑不除別惑聞甄迦羅彈琴迦葉起舞天冒問曰耆年餘脫何故如此迦葉答言聲聞之惑我已斷盡此是菩薩勝妙功德故善於此不能自安如四方風不動須彌毗嵐風至碎如腐草當知聲聞斷通不能知別無漏力弱不能自安別教初心止伏見思地前止斷界內見思登地分分伏無明分分斷無明此則偏斷非圓伏也若作界外別說者登地斷別見二地至六地斷別欲界思七地斷別色無色界思此亦偏斷之義耳又作不思議六塵義者入無量禪作無記變化色住復入力禪捨復入力禪起復入力禪無量百千億劫倒修凡夫事至八地已上猶是無色界果報不可思議六塵何以得知地持解等覺無垢地始得離見見清淨禪當知離欲界色無色惑俱至等覺乃盡

方是圓義若八地始離無色界果報者是偏斷之義也故大經云六十地為無我輪惑所轉無我只是見惑若見惑先斷不應至無垢地若見至無垢地者乃圓義耳以是推之偏斷則是別意也圓斷惑者始外內凡即圓伏界外之惑十住即圓斷無明二住至等覺皆圓斷無明以此推之圓別斷則明矣三斷不斷者別但明斷不論不斷圓具一義若教道明斷證道不斷例如小乘方便論斷證真不論斷不斷今亦如是若不思議觀內不見有煩惱可斷煩惱性不障菩提菩提不障煩惱煩惱即菩提菩提即煩惱故淨名云佛為增上慢人說斷婬怒癡名為解脫無增上慢者婬怒癡性即是解脫無行云婬怒即是道又云六十二見為如來種即六根六塵而無限閡只眼中見色亦眼中入三解脫門花嚴明十眼乃至六根皆明於一塵中具十方三世諸佛八相成道轉法輪度眾生皆不斷而明了也四具不具者若只作一法不作一切法者此是別意若一法一切法趣一切是趣不過趣尚不可得況有趣非趣一即法性法性即法界無一法出法界外若有一法過涅槃者我亦說如幻如化故知一法具一切法即圓意也五諸功德通不通者若別意只一地不關餘地若圓意一地一切諸地故大品云若聞阿字門即解一切義過荼無字可說初阿具足四十一字後荼亦具四十一字從初地具有住持生長滿足義至後究竟亦具三義大論云有始入中入終入實是一入而有初中後聞若作圓意若為判不思議二諦答偏圓俱通是世諦相非通非塞是真諦相大意竟二五停心者私謂五品是也即事而理其相自彰何者初教以數息停散亂圓家以信理除疑惑又信是道元故當初品又信是功德毋如彼氣命又信順不動即具停心故信品是一停心也初教以不淨停貪欲圓家以讀誦除穢深若著文字深汙法性是為深法非求法也文字性離即是解脫解脫清淨是第二停心也初教以慈停瞋圓以慈故有說說無染法有染悲則非慈相當知此故能說第三品停心也初教以因緣觀停癡闇

以六度度於六蔽闇去明生是第四品停心也初教以念佛停過迫
圓以即事而理理即法佛法佛豈過迫佛法無能過所過無過無過
者無過法是第五停心當知信事即理文字即解脫慈即寬弘度蔽
彼岸一切平等是國家五停心也以五品爲停心其義已顯更有事
四弘四三昧生死苦諦即是涅槃無二無別此則信忍順理道元功
德毋未度苦諦令度苦諦是初停心煩惱即菩提無二無別是爲未
解集諦令解集諦即第二讀誦解脫停心也大悲拔苦兩揩顯云云未
安道諦令安道諦即是以無恢之慈而說法第三停心也未入滅諦
是即兼行六度度蔽彼岸第四停心也大慈與樂兩揩顯云云又指四三
昧爲第五停心也此四三昧皆修念佛破障道罪自有人數息覺觀
不休若念佛者稱佛名即破覺觀怗然心定故普門品云若有衆生
多於貪欲常念觀音即便得離破根本無明淨名云一念知一切法
是爲坐道場皆是念佛停法門也常行出般舟諸佛倚立現前觀法界
佛也常坐出文殊問般若繫緣法界一念法界而念佛也半行半坐
出方等法華如是作已却坐思惟諸佛實法法華云當成就四法一
爲諸佛護念云云此語初心行人入行道者如安樂行常好坐禪在於
閑處修攝其心觀心無心法不住法彼心信空罪福無主作是懺悔
名大懺悔云云非行非坐通四法一通衆經二通諸善三通諸惡如
般若軍我家業等不妨用心四通無記行住坐卧語默皆是摩訶
衍以不可得故夫達者懸解迷者求悟如囊中有寶不探示人人
無見者今更點對具得超然前三藏中以事緣事謂數息不淨乃
至念相好等今則不爾以理觀緣理生死即涅槃煩惱即菩提生死
是衆生之息命涅槃是法身之息命難不可數而可數動明寂對於
數息也煩惱是底下之穢菩提是尊極之淨理對前顯後故以
文字解脫對不淨停心也大悲拔苦拔因果苦若有我所尚不自出
況彼他苦若無我所以慈悲心自拔拔他對前顯後云云大慈擡顯與
因果樂若十二因緣癡尚攝自縛況與他樂今自無癡故能與樂

耳對前云云行四三昧皆是念佛破障道罪前教念生身應相好今念
法身相好事理永殊大異故舉四三昧爲第五停心也次修十觀成
五停者五停上求上求何等一信順不思議一實四諦是也信一念
具十法界生死即苦諦一心具十法界煩惱即集諦集諦即菩提菩
提是道諦也生死苦諦即涅槃是滅諦也此四非四此一非一而名
實諦煩惱徧一切處一切處皆是菩提非此菩提更何處求菩提
如此生死苦諦徧一切處皆是涅槃非此涅槃更何處求涅槃畢定
停心於此煩惱上求菩提畢定停心於此生死上求涅槃信即是求
非別求也是名信一實諦成於停心也又云何停心停心欲下化須
發真正心衆生不知生死即涅槃未度苦諦菩薩爲此而起大悲誓
令得解脫既得脫已即是令度苦諦衆生未知煩惱即菩提菩薩
爲此而起大悲令得解脫既得脫已即是令度集諦衆生若解煩
惱即是菩提即是安於道諦衆生若解生死即是涅槃即是而得滅
諦是爲菩薩下化衆生言其正者無行經云若發心求菩提是人去
佛譬如天與地是爲三方便菩提心也此乃菩提心魔大經云自此
之前我等皆名邪見人也若人爲說此法名善知識魔經言涅槃
爲生死者指貪著果外涅槃爲變易生死也經言生死即涅槃者指
分段生死即大涅槃既復變易而非涅槃以其正菩提心真正化也將
此下化以成停心初名上求次名下化乘何等法向上向下所謂善
修止觀生死即涅槃涅槃名止止心心性名爲大定大涅槃深
禪定窟故涅槃即是止也觀煩惱即是菩提即觀也實相之慧名
一切種智一切種智名爲般若法華是慧力莊嚴即上求涅槃度衆
生即是下化當知止觀是所乘之法事此止觀成於停心既能乘
向上向下向上應得果向下應得度既不果不度者何物妨閡而令不
獲當知破法不徧當研生死即涅槃橫破十法界無塞煩惱即菩
提堅破十法界無塞菩提涅槃道即通也不即六法那忽即六法是
故須破不離六法那忽離六法是故須破不即不離菩提涅槃以此破

法成於停心云云既破法徧應與理會那猶不會當更細撿一切諸法
中皆有安樂性那忽併破一切諸法皆應羅網那忽併取須明識
通塞若迷生死非涅槃十法界皆塞迷煩惱非菩提十法界亦塞
達生死即涅槃十法界寂滅名之爲通煩惱即菩提十法界癡如虛
空不可盡老死如虛空不可盡究竟無明無見始見終名之爲通如此
善知識不思議險道通塞之相以成停心云云既識通塞云何於道
中修於道品若生死身不淨乃至心無常此析法四枯道品涅槃即
生死指此意也若初修不淨後修於淨乃至初修無常後修於常此
即四榮道品生死成涅槃此之謂也若即不淨即修非淨非不淨乃
至即無常修非常非無常此是非枯非榮於其中間入般涅槃此之
謂也故經言從初發心常觀涅槃行道具百句解脫名百介金煩惱
即菩提名首楞嚴三昧修治於心猶如虛空亦名王三昧是名善修道
品以成停心也既善修道品自能流入三解脫門未入而難起方救他
而難起皆何對治若慳蔽難起觀慳即菩提受不受亦受亦不受
乃至五不受權即法界權義攝於六蔽生無畏法是中一二三慳即
菩提不取不捨餘蔽亦如是又對治轉治不轉兼非等云云是名助道
成於停心云云行人未得謂得未證謂證增上慢起當知之何觀生死
即涅槃煩惱即菩提理涅槃也能如此解與修多羅合文字涅槃也
所觀如文文如觀觀行涅槃也六根清淨相似涅槃也無明破佛性
理顯分具涅槃也等諸佛同大覺究竟涅槃也當自觀察是何等位
無脫論心莫自欺欺他是名識次位助成停心也行人行道欲熟未
熟必動內外障難每須安忍令內外障不能動搖能忍成道事不動
亦不退是心薩埵外謂毀譽八風內謂强軟兩賊生死不能羅煩惱
不能絆十法界見愛皆爲侍者分段變易二死寂然以安侍者侍者
以供給役運是名安忍以成停心也順道法愛不生者夫將登而崩
將過而墮此非小事大有所失行者慎之莫起法愛故云涅槃即生
死涅槃貪著故生死即涅槃無退不生故於十法界法一無所著

順愛不生而生般若般若者如人有眼能避險徑平何須傍教是名
十觀成五停心一一停心皆須十觀總有五十觀云云初品觀十法界
衆生即是佛十法界五陰即是法衆生與佛無二無別衆生陰佛陰
無毫芥之殊三世佛事衆生四儀無不具足諸波羅蜜是名爲信入
論云衆生無上佛是法無上涅槃是又至名僧者第一義是信順隨
喜而無疑惑是名初隨喜品牒此心讀誦名第二品能以分說名第
三品兼行六度名第四品具足六度造立僧坊四事如理乃至般若
名第五品五品成熟名觀行位一品既須十觀四品亦如是十觀成
五品如上說以想慧純熟轉爲十信心初隨喜一實之理無二無別
轉成信心信非分別圓圓無滯於此信中具一切佛法如金剛寶藏
無所缺減故二真正發心度下崇上轉成念慧真正故經云百生千
生七萬億生令心正念以正念故如來善護念又如七覺中心沈以
念起之破生死即涅槃若心散時以念觀攝之令煩惱即菩提是爲
真正發念也三善修止觀轉成精進心者經言一心勤精進故得三
菩提一切衆行精進爲本正觀明白純無間雜爲精不染愛見爲進
云云四破法徧轉成定心涅槃即生死菩提即煩惱是大散亂令觀十
界生死即涅槃達一切法解脫相究竟常寂滅相終歸於空體常寂
滅是名橫破生死轉成定心起深愛煩惱煩惱即菩提是竪破十法
界無閡徹至法性轉成定心也五善知通塞轉成慧心若起十界愚
癡名爲生死若起十界貪瞋名爲煩惱觀生死即涅槃煩惱即菩提
菩提非二非三是名慧心也六善修三十七品轉成不退心若聖
道品雖不退入分段而不進變易猶名爲退今四枯道品又非榮非
枯道品出到不生不生彼岸故名不退心也七修對治助道轉成迴
向心迴生死向涅槃迴煩惱向菩提迴因向果迴事入理故言迴向心
也八善識次位轉成護心若叨上濫下起增上慢即是菩薩栴陀羅
今不執生死作涅槃不執煩惱作菩提又三業於涅槃無染於菩提
無著是名護心也九安忍内外强軟轉成戒心菩薩戒具防形心若

起二乘心是破戒知諸法不生無心無念不倚不著名不破戒大集
云寧捨身命不求小乘名持戒心也十順道法愛不生轉成願心者
菩薩發願求大涅槃不取不證大品願求菩提不以小爲足是即住
以不足故涅槃不應住用此十心成一一住十住有百名百法明門
十行十向十地展轉增倍千法明門萬法明門十萬百萬不可說不
可說明門故瓔珞云十信爲諸道大勝者受名名住行向地耳若復
前推十信是内凡相似之位名柔順忍亦名伏忍界内煩惱圓融無
明圓伏得六根清淨云何淨眼中取相淨塵沙無明淨乃至意根亦
三種淨故不障三身三德三身三德皆與真相似相似故名六根清
淨廣說如法華云何六根互清淨大品云眼中眼不可得眼中耳不
可得乃至眼中鼻舌身意皆不可得是爲六根互清淨又眼中眼
相不可得眼中耳相不可得乃至鼻舌身意相皆不可得是爲六根
相互清淨眼中眼性不可得眼中耳性不可得乃至鼻舌身意性皆
不可得是爲六根性互清淨若名不可得是俗清淨相不可得是真
清淨性不可得是中清淨又名相性皆不可得是俗清淨不可得亦
不可得是真清淨非俗非真不可得是中清淨但以眼爲本互淨諸
根耳鼻舌身意各各爲本各各互淨諸根互如上說云何六根互用
於眼根中能見無量百千萬億不可說不可說不可思議不可思議
虛空等世界中十法界衆生色若依若正若内若外若上若下悉
見悉知是爲眼根用即於眼中聞無量百千萬億不可說不可說不
可思議不可思議虛空等世界中十法界衆生若正若依兩種音聲
地獄燒煮聲大論云考掠聲象馬車牛楚毒聲餓鬼求食聲脩羅
鬪諍高大聲無數種人聲苦受第三受聲乃至有頂入禪出禪聲大
論云所受時聲比丘比丘尼讀誦音聲空無我聲菩薩解義聲諸佛
演法聲其耳明利故悉能分別知是爲眼能耳用又於眼中知無量
百千億不可說不可思虛空十法界香若依若正鐵圍大海中諸衆
生脩羅男女大勢小輪王自諸宮人乃至於梵世光音及有頂比丘

衆菩薩衆在在方世界聞香悉能知是爲眼有鼻用即於眼中知無
量百千萬億不可說不可思虛空世界中衆味法門於食等於法等
等如純陀八斛四斗爲涅槃佛事若好不好若美不美至其舌根變
成上味如天甘露無不美者又知十法界衆生堪能法味於大衆中
出深妙聲能入其心皆令歡喜又令天龍人神聞其所說言論次第
皆樂來聽受又諸菩薩諸佛常樂向其處說法聞皆受持又能出深
妙之音是爲眼有舌用即於眼中知十法界衆生百萬億不可說不可
思虛空等觸身如淨明鏡衆生皆喜見其身淨故三千内外依正山
林河海皆於身中現地獄已上有頂已還所有正報生時死時若好
若醜悉於身中現二乘菩薩悉於身中現唯獨自明了餘人所不見
十方三世佛從初發心中間行行乃至成道轉法輪入涅槃悉於身
中現佛境界既爾況復餘耶是爲眼中有身用又於眼中能知百千
萬億不可說不可思虛空等十法界所念若干種一時能悉知是爲
眼中有意用其聞聲知香味觸法亦有互用皆如上說當知六識所
有無明所有智慧並是緣因緣因種緣因性七識所有無明所有智
慧並是了因了因種了因性八識所有無明所有智慧並是正因正
因種正因性如是三種種三相三性未發名爲六根清淨三種若發
即真正開佛知見若小乘法門析滅諸根入空取證今大乘報身即
是法界不須更滅能於諸根作此互用一根具六六六三十六法門
正受清淨能此互用故淨名云或有佛土光明爲佛事或佛土音
聲爲佛事或以香味衣服爲佛事或無言寂滅爲佛事皆此意也此
有似有真如法華所明即相似如華嚴所說即是真故明闇不相除
顯出佛菩提只言斷而言即解脫只言不斷復云結習盡者花不著
身非斷非不斷中論斷斷中論不斷此乃不思議圓融方便宜斷即
斷如此土大士度剛强衆生宜不斷即不斷如香積土聞香即入律
行也仁王云十善菩薩發大心長別三界苦輪海十善即十信也三
界苦即界内惑圓融也大經云學大乘者雖有肉眼名爲佛眼法華

云雖未得無漏而其眼根清淨若此此昔明相似位之文也若觀如來藏心地法門即是觀如來眼耳鼻舌身豁然具發得見佛性或因聞發三智現前三身具足華嚴云初發心時便成正覺所有慧身不由他悟得如來一身無量身湛然應一切衆生機感即能垂應作八相成道百世界作佛或現二乘身利益衆生乃至作地獄身利益衆生諸佛加之能為大菩薩說法此即發真之文也三明四念處觀者先約經示大經云其後不久王復得病醫占王病定應服乳王者八倒衆生也其後病者初倒伏後倒起故言不久也定服乳者應授四榮之術也正是今之念處意耳又譬有人以毒塗鼓衆中打之近者死遠者未死後打毒鼓近遠俱死初塗四枯止枯分段故言未死今塗四榮無明根斷故近遠俱死亦是今四念處意也又云如鳥出籠纔得離網今二鳥俱飛高翔遠遊去住自在正是今四念處也又云初枯生死不能照明佛法不能開悟衆生於佛法無工夫於衆生無利益故言枯雙樹今圓顯佛法大益衆生夫有心者皆當作佛八千聲聞得見佛性如秋收多藏成大果實故言四榮莊嚴雙樹大經不令噉酒糟麥麩不與特牛同共一羣不在高原亦不下濕下濕者凡邪四倒也高原者偏曲四倒也酒糟是愚癡麥麩是瞋恚特牛是貪欲選擇中原安處其子法華云正直捨方便但說無上道不令二乘獨得滅度皆以如來滅度而滅度之開示悟入佛之知見解王頂上明珠與之我本立大願普令一切衆亦同得此道無智者錯亂迷惑不信受是故於今日決定說大乘又云諸佛法久後要當說真實真實者非生死非涅槃無邪無偏無倒無正咄哉丈夫示昔繫珠然哉去來寶處在近是故從本垂迹與法身眷屬隱實揚權藏高設下共化衆生開示正道內祕外現今開顯令得入妙正是此四念處也所言四者不可思議數一即無量無量即一一一皆是法界三諦具足攝一切法出法界外更無有法法界無法界具足法界雖無法具足諸法是不思議數也華嚴云一微塵中具一切塵及一切法於

一念具一切念及一切法塵即是色念即是心色心即念處異名耳大品云四念處即摩訶衍摩訶衍即四念處者於一念處與三念處無二無別一切法趣四念處是趣不過念處尚不可得云何當有趣不趣此亦不思議意同也普賢觀云觀心無心法不住法名大懺悔名莊嚴懺悔觀心既然觀色亦爾大經云佛性者亦一非一非一非非一亦一者一切衆生悉一乘故非一者說三乘故非一非非一者數非數不決定故當知四數不可決定即不思議之四也法華經中八千聲聞得見佛性大經云為諸聲聞開發慧眼天親以七種佛性釋法華當知一經佛性理同同圓同妙同大更不異也而法華以一乘為宗約智明法相涅槃以常為宗約定明法相智定左右之異耳法華指前經亦云以方便力故為五比丘說當文云正直捨方便但說無上道涅槃開前經云為瞋命故說大涅槃明歷別五行十功德當文云復有一行是如來行所謂大乘大般涅槃故知二經是同今取究竟實說處即是圓極不可思議四念處也釋數竟次釋念者觀慧也大論云念想智皆一法異名初錄心名念次習行為想後成辦名智處者境也元從不離薩婆若能觀之智照而常寂名之為念所觀之境寂而常照名之為處境寂智亦寂智照境亦照一相無相無相一相即是實相實相即一實諦亦名虛空佛性亦名大般涅槃如是境智無二無異如如之境即如如之智智即是境說智及智處皆名為般若亦例云說處及處智皆名為所諦是非境之境而言為境非智之智而名為智亦名心寂三昧亦名色寂三昧亦是明心三昧亦是明色三昧請觀音云身出大智光如燒紫金山大經云光明者即是智慧金光明云不可思議智境不可思議智照此諸經皆明念只是處處只是念色心不二不二而二為化衆生假名說二耳此之觀慧只觀衆生一念無明心此心即是法性為因緣所生即空即假即中一心三心三心一心此觀亦名一切種智此境亦名一圓諦一諦三諦三諦一諦諸佛為此一大事因緣出現於世欲令衆生佛之知

見開諸佛出世事足大經云王夷坦道無量義經云行大直道無留難故法華名具足道雖言三智其實一心為四人說令易解故而說為三若教道為言所斷煩惱如翻大地河海俱覆似崩大樹根枝悉倒用此智斷惑亦復如是通別塵沙無明一時清淨無量功德諸波羅蜜萬行法門具足無減佛法祕藏悉現在前大品云諸法雖空一心具萬行大經云發心畢竟二不別法華云本末究竟等等故名妙覺平等道當知此慧即法界心靈之源三世諸佛無上法母以殊常故諸佛亦常樂我淨等亦復如是亦名寶所亦名祕藏佛及一切之所同歸前三藏隘路不得並行通教共稟共行共入入不能深別教紆迴歷別遙遠即不能達今此念處曠若虛空際於無際猶如直繩直入四海故名圓教四念處耳張衡曰翔翩仰而不逮況青鳥與黃雀當前三念處所不能及唯圓念處孤飛獨運凌摩絳霄無上無等無等等竪無高蓋故言無上橫無儔例故言無等無等等等於十方三世諸佛言無等等也欲重說此義更引天親唯識論唯是一識復有分別識無分別識分別識者是識識無分別者似塵識一切法界所有樹木草等等皆是無分別識成三無性無性名非安立諦如彼具說龍樹云四念處即摩訶衍摩訶衍即四念處一切法趣身念處即是一性色得有分別色無分別色分別色如言光明即是智慧也無分別色即是法界四大所成皆是無分別等是色心不二彼既得作兩識之名此亦作兩色之說若色心相對離色無心離心無色若不得作此分別色無分別色云何得作分別識無分別識耶若圓說者亦得唯色唯聲唯香唯味唯觸唯識若合論一一法皆具足法界諸法等故般若等內照既等外化亦等即是四隨逐物情有難易大論曰一切法併空何須更用十論答空有二種一難解空二易解空十論是易解空今以易解空諭難解空唯識意亦如是但約唯識具一切法門而衆生有兩種一多著外色少著內識二多著內識少著外色如上界著內識下界著外色多內識少色[illegible]問十一

名向外解若約識名唯識論者破外向內今觀明白十法界法皆是一識識空十法界空識假十法界假識中十法界亦中專以內心破一切法若外觀十法界即見內心當知若色若識皆是唯識若色若識皆是唯色今雖說色心兩名其實只一念無明法性十法界即是不可思議一心具一切因緣所生法一句名為一念無明法性心若廣說四句成一偈即因緣所生心即空即假即中故般若云受持一四句偈與十方虛空等法華云聞一偈亦與菩提記一句亦然三世亦如是今觀此只一心不可思議十界相現前入心地法門故能不起寂滅現身八會只是一句一句有無量無量中只一句是為不思議故知心諸佛然如佛衆生然是三無差別諸佛解脫當於一切衆生心中求衆生心亦當於諸佛解脫中求始是般若究竟等求了者一切法正一切法邪不以心分別即一切正心起想即癡無想即涅洹此不思議識非青黃赤白方圓長短無名無相究竟寂滅唯當心知口不能說若有因緣善方便用巧權亦可得說以方便力為五比說衆生無量劫自性心不為煩惱所染不染而染難可了知迷妄即染染即覆心不見淨性是以久處生死不能返本還源流轉難解三乘尚不聞其名何況凡夫今佛為作習因如大通智所繫珠至釋迦時方成果實今此種子漸漸積習後遇聲光發此種子轉凡入聖漸漸積功德具足大悲心皆已成佛道若不爾者無明覆法性出十法界五陰重迷積苦若能超悟起二乘五陰乃至佛陰華嚴云心如工畫師造種種五陰一切世間中無不由心造諸陰只心作耳觀無明心畢竟無所有而能出十界諸陰此即不思議如法華云一念夢行因得果在一念眠中無明心與法性合起無量煩惱等此煩惱即得法性問別圓俱作此譬云何異答別則隔歷圓則一念具如芥子含須彌山故名不思議華嚴性起云一微塵中有大千經卷智人開塵出經是一念無明心有煩惱法有智慧法煩惱是惡塵善塵無記塵開出法身般若解脫法華云如是性相等一界十界百千法

界究竟一此皆等今觀此無明心從何而生為從無明為從法性為共為離若自若他四皆叵得名空解脫門只觀心性為有為無為共為離若常若斷四倒不可得名無相解脫門只此心性為真為緣為共為離非四句所作名無作解脫門無生而說生生十法界相性也無明性即是實性亦言無明即是明明亦不可得是為入不二法門但衆生迷倒不見心之無心明成無明云云問衆生自性清淨不為煩惱所染云何有無明生答如前責生相不可得而作十四難佛皆不答譬只長邪見大品中問有亦不得道無亦不得道乃至四句俱不得道將非世尊不得道耶佛答實得非四句耳金剛般若云須菩提於是中無實無虛大論摩揵提云瘂法應得道佛答汝若諍我法是時自當瘂佛有時知利益亦答十四難如答淨梵志畢故不違新義已知故云何知無明名故取有名新若知無明不起取有即知神及世間常無常衆生只為愛見迷於自性隨逐諸妄緣輪不息去道甚遠五百由旬普賢觀云為恩愛奴色使我眼法華云貪著生愛則為所燒諸苦所因貪欲為本不斷煩惱而入涅槃無明煩惱是如來種若斷煩惱即斷佛種故言煩惱是道場斷煩惱不名涅槃不生煩惱乃名涅槃煩惱即菩提生死即涅槃意在修三種念處觀十界色名身十界受名受十界識名心十界想行名法法性色一色一切色一切色一色一受一切受一切受一受一心一切心一切心一心一想行法一切法一切法一法將智慧性觀十法界色性名為觀了達色中非垢非淨名為處智慧性觀十界受性名觀了達受中非苦非樂性名為處智慧性觀十界心性名為觀了達心性非常非無常性名為處智慧性觀十法界法性名為觀了達法性非我非無我名為處能所合標名性念處觀也次釋共念處觀觀十法界色非垢非淨雙照二諦垢之與淨其性無二無二之性即是實性次觀十界受非苦非樂雙照二諦苦之與樂其性無二無二之性即是實性次觀十界非常非無常雙照二諦常與無常其性無二無二之性即是實性次觀

十界非常非無常雙照二諦常與無常其性無二無二之性即是實性次觀十法界非我非無我雙照二諦我與無我其性無二無二之性即是實性是名共念處觀次釋緣念處菩薩觀此身受心法無緣慈悲無緣無念如磁石吸鐵寂而常照雖無念不動而運大慈普覆十界衆生衆生無量慈悲亦無量非一廣大不可盡指願非一廣大不可盡是名緣念處三種一心具足觀此身受心法智慧性名性念處一性念處一切性念處觀身受心法定慧均和能助大道名共念處一共念處一切共念處觀身受心法所有慈悲名緣念處一緣念處一切緣念處觀此一念無明心即是衆生衆生即法性法性即摩訶衍摩訶衍即十法界性處處利益十法界衆生同於四念處坐道場轉不思議種種法輪一切種智以為根本無量功德之所莊嚴皆令衆生安置十地十種珍寶以為腳足枯榮智慧以為雙樹若見佛性非榮非枯為中間而般涅槃雙照二諦摠結四念處雖別說示人文言難見只一剎那心即是因緣所生法因緣心生滅即是三藏三十七品因緣心空是通三十七品因緣心假是別三十七品因緣心空作空作假即是圓三十七品只是一念心若橫無際若豎無窮盡三諦源然此一念不橫不豎若心即空即假即中是橫觀此心先見空次見假後見中即是縱今諦觀心中三句實不縱不橫不前不後畢竟清淨廣大法界究竟若虛空觀心實性無有微塵知覺即是法名不覺不覺而覺名為佛具足恒沙法藏虛空法門十方不可說不可說一微塵中法界佛法僧究盡實相而無積聚譬如貪人多所積聚乃名藏解脫不爾無所積聚無所積聚即真解脫解脫即是如來無所積聚乃名虛空能觀此藏是大千經卷開此大藏是開佛知見知見故五眼具足五眼具足即成菩提菩提即摩訶般若般若即得法身法身即具解脫三點不縱不橫名大涅槃涅槃名諸佛法門作是觀心是入如來室著如來衣坐如來座舉足下足從道場來往於佛法矣如來遺囑令於念處修道要在

數乎問前五停心六根互用今念處證何功德答前說似解相貌如上今修念處進發十住真位前觀海邊平相咫尺若斯況大海深廣渺渺浩浩可以智知無俟更說

四念處卷第四

四念處卷第四

校勘記

一　底本，金藏廣勝寺本。

一　六四四頁中四行首字「執」，[南]、[徑]、[清]作「說」。

一　六四四頁中一四行第二三字「搆」，[南]、[清]作「構」。

一　六四四頁中一七行「天晢」，[南]、[徑]、[清]作「天冠」。

一　六四四頁下四行第七字「界」，[南]、[徑]、[清]作「三界」。又「十住」，[南]、[徑]、[清]作「初住」。

一　六四四頁下五行末字「一」，[南]、[徑]、[清]作「二」。

一　六四四頁下九行第二十二字「云」，[清]作「經云」。

一　六四五頁上六行「令度苦諦」，[南]、[徑]、[清]無。

一　六四五頁上八行「未入滅諦」，[南]、[徑]、[清]作「未入滅諦令入滅諦」。

一　六四五頁上九行「是即」，[南]、[徑]、[清]作「即是」。

一　六四五頁上一七行第一七字「信」，[南]、[徑]、[清]作「自」。

一　六四五頁中一五行首字「佛」，[南]、[徑]、[清]作「佛遠」。

一　六四六頁上一〇行「囧囧」，[南]、[徑]、[清]作「冏冏」。

一　六四六頁上二一行第四字「二」，[南]、[徑]、[清]作「一」。又「四生」，[南]、[徑]、[清]作「四枯」。

一　六四六頁中三行「大品」，[徑]、[清]作「大品云」。

一　六四六頁中五行「十萬」，[南]、[徑]、[清]作「千萬」。

一　六四六頁中一七行第一七字「互」，[南]、[徑]、[清]作「互淨」。

一　六四六頁中一九行第一二字「色」，[南]無。

一　六四六頁中二一行「若正若依」，[南]、[徑]、[清]作「若依若正」。

一　六四六頁中二六行「大海」，[南]、[清]作「大海地」。

一　六四六頁下七行第二〇字「百」，南、清作「百千」。

一　六四六頁下二四行第一九字「議」，南無。

一　六四七頁上二四行第一四字「今」，南、徑、清作「令」。

一　六四七頁中四行「思識」，南、徑、清作「思議」。

一　六四七頁中九行第六字「一」，南、徑、清作「二」。

一　六四七頁中一五行第七字「皆」，徑、清作「者」。

一　六四七頁下二行「四人」，南、徑、清作「向人」。

一　六四七頁下六行「等等」，南、徑、清作「等」。

一　六四七頁下一一行「翔翾」，徑作「翔鷗」。

一　六四七頁下一三行「儔例」，徑、清作「儔列」。

一　六四八頁上一行第一七字「令」，徑、清作「今」。

一　六四八頁上五行「思識」，徑、清作「思議」。

一　六四八頁中二六行「十界」，徑、清作「十界心」。

一　六四八頁中一六行第一〇字至本頁下四行第一八字「煩……念」與本頁下四行第一九字至二〇行第六字「不……覺」，徑互置。

一　六四八頁下一行「十界」，南作「十法界」。又第四字「常」，南作「我」；第七字、第一二字、第一五字同。

一　六四八頁下二行第二字至三行第五字「次……性」，南無。

一　六四八頁下一〇行「處處」，徑、清作「念處」。

一　六四八頁下一六行「心空作空作假」，南、徑、清作「心中非空非假」。

一　六四八頁下二四行首字「開」，南、徑、清作「聞」。

一　六四八頁下末行第九字「往」，徑、清作「住」。

觀心論　亦名前來論　計六帋

天台智者大師說

問曰佛經無量論亦甚多弘法之人說讚蓋世聽受之衆無處不有
是則法雨普潤四衆霑濡利益無邊何所見聞更何利益而欲造論
耶荅曰如所問言佛經無量論亦甚多是事共知但弘法之人爲物
故多加水之乳致令聽受之人失真道味四衆轉就澆漓致使信心
之者漸漸歇淡將恐深廣大法不久傳留衆生眼滅失正法利是以
閑坐悲傷檳寃難忍不惟凡淺寡聞少見欲盱鸚鵡奮其翅勢故作
斯論也問者欲知作論意者有二一者自責爲諸學徒二者外諸四
衆脫能信受亦可傳之以偈荅曰

大師將涅槃　慈父有遺囑　四念處修道　當依木叉住
我等非佛子　不念此遺囑　乘緩內無道　戒緩墮三塗
由不問觀心　令他信漸薄　烏鵶不施食　豈報白鵶恩
非但田不良　無平等種子　法雨若不降　法種必燋枯
各無來世粮　失三利致苦　大法將欲頹　哀哉見此事
爲是因緣故　須造觀心論　平等真法界　無行亦無到
若能問觀心　能行亦能到　即是四念處　能依木叉住
乘急內有道　戒急生人天　此是真佛子　不乖慈父囑
天龍皆慶喜　一切豈不忻　能報白鵶恩　普施烏鵶食
既有好良田　有平等種子　法雨應時降　法種皆生長
各有來世資　俱獲三利樂　爲是因緣故　須造觀心論
諸來求法者　欲聞無上道　不知問觀心　聞慧終不發
諸來求法者　欲思無上道　不知問觀心　思慧終不發
諸來求法者　欲修無上道　不知問觀心　修慧終不發
諸來求法者　勤修四三昧　不知問觀心　困苦無所獲
諸來求法者　多聽得言語　不知問觀心　未得真法樂

諸來求法者　修三昧得定　不知問觀心　盲禪無所見
諸來求法者　欲懺悔衆罪　不知問觀心　罪終難得脫
諸來求法者　意欲離煩惱　不知問觀心　煩惱終不滅
諸來求法者　本欲利益他　不知問觀心　退轉令他謗
諸來求法者　欲興顯佛法　不知問觀心　退還大汚損
如此衆得失　非偈可具傳　有此諸得失　無人覺悟者
爲是因緣故　須造觀心論　末世修觀心　得邪定發見
辯才無窮盡　自謂入聞實　無智者鼻繫　野狐亂衝眼
舉尾共却行　次第墮坑殞　爲是因緣故　須造觀心論
守鼻隔安般　及修不淨觀　安般得四禪　不免泥犁苦
不淨謂無學　羅漢受女飯　設得隨禪生　倚長壽天難
爲是因緣故　須造觀心論　依事法用心　無栽發鬼定
顯異動物心　事發壞佛法　命終生鬼趣　九十六眷屬
像法決疑明　三師破佛法　爲是因緣故　須造觀心論
內心不爲道　邪諂念名利　詐現坐禪相　得名利眷屬
事發壞他信　毀損佛正道　此是扇提羅　死墮無間獄
爲是因緣故　須造觀心論　說法得解脫　聽法衆亦然
不知問觀心　如貧數他寶　說者問觀心　無說亦無示
聽者問觀心　無聞亦無得　爲是因緣故　須造觀心論
戒爲制心馬　雖持五部律　不知問觀心　心馬終不調
律住持佛法　解外不解內　淨名訶上首　乃名真奉律
爲是因緣故　須造觀心論　誦經得解脫　非爲世財利
若能問觀心　破一微塵中　出大千經卷　受持讀誦者
聞持無遺忘　心開得解脫　爲是因緣故　須造觀心論
勸化修供養　興顯安行人　密心爲自利　倚託以資身
壞他有持善　駝驢以償人　若能問觀心　即如駝驢也
爲是財緣故　須造觀心論　諸道各有法　了不自尋研

忽聞闡釋教　勤經十數年　非但彼法拙　亦有誹壞心
此是迦毗梨　仙聖豈聽說　爲是因緣故　須造觀心論
富貴而無道　多增長憍逸　若能問觀心　得真法富貴
雖高而不危　雖滿而不溢　不著世富貴　心常存道法
爲是因緣故　須造觀心論　貧賤多姦諂　鬪亂造衆惡
現被王法治　死墮三惡道　若能問觀心　即安真養道
有道即真貴　無爲即富樂　爲是因緣故　須造觀心論
四衆皆佛子　無非是法親　因執善法諍　遂結未來怨
若能問觀心　和合如水乳　皆師子之子　悉是栴檀林
爲是因緣故　須造觀心論　年衰身帶疾　眼闇耳漸聾
心昏多忘漏　年不如一年　死王金翅鳥　不久吞命根
一旦業繩斷　氣絶豈能言　爲是因緣故　須造觀心論
稽首十方法　深慈觀心者　勸善諦觀察　發正學好樂
稽首十方佛　深悲觀心者　勸善諦觀察　得具免諸苦
稽首十方僧　大衆和合海　若能善觀察　歡喜心無量
稽首龍樹師　願加觀心者　令速得開曉　亦加捨三心
今承三寶力　起三十六問　其問諸細問　對事難可數
若觀一念心　能答此問者　當知心眼開　得入清涼池
不能答此問　奈何盲瞑者　少義尚不見　那能行大道
哀哉末法中　無復行道人　設令有三數　寧別此問也
故生悲愍心　歸命礼三寶　作此問心論　令觀者開朗
願諸見聞者　莫生疑謗心　信受勤修習　必獲大法利

問曰何故作此問心論答曰末代數實大人本不預此言論若坐禪觀行之者得守鼻隔不淨安般此亦面牆何可論道若有觀心入道得生解辯說無窮自謂入聞之聖豈知邪僞然如今作此問若句句不知何得未得謂得未證謂證法華勸持品說此人難可化度也又常不輕品威音王如來去世之後如此之類甚多非一復以傷念一家門徒隨逐積年者心猶久遊不知研覈問心是以不涉内法著外文字偷記注而奔走尋經論而浪行何不絶言遣文破一微塵出大千經卷念此迷徒瞻望良戴空無所獲既一旦實自誰復示之以是因緣悲切轉至故作斯論摩訶般若波羅蜜經明四十二字門初云若聞阿字門即解一切義所謂一切法初不生也龍樹菩薩造中論釋摩訶衍經正意以不生等八不以開論端用一偈釋初不生云諸法不自生亦不從他生不共不無因是故說無生今但問觀初自生一句起三十六問若於觀心能答此問無滯者當知此行人六種即中人觀行即吾品弟子即是入初隨喜心住故法華經云乃至聞一句通達無量義矣第如法說月四月至歲也論曰

問觀自生心　云何四不生　離戲論執諍　心淨如虛空
問觀自生心　云何是魔行　業煩惱所繫　三界火宅燒
問觀自生心　云何是外道　諸見煩惱業　流轉於六道
問觀自生心　云何是三乘　拙度斷見思　出三界火宅
問觀自生心　云何是巧度　三乘不斷結　得入二涅槃
問觀自生心　云何是別教　求大乘常果　菩薩斷別惑
問觀自生心　云何圓教乘　不破壞法界　住三德涅槃
問觀自生心　云何爲涅槃　修四種三昧　得真無生忍
問觀自生心　云何巧成就　二十五方便　調心入正道
問觀自生心　云何知自心　起十種境界　成一心三智
問觀自生心　云何知十境　各成十法乘　遊四方快樂
問觀自生心　云何不住法　入初發心住　及四十二位
問觀自生心　云何六度成　能得諸三昧　及諸陀羅尼
問觀自生心　云何得六通　用四攝行化　四辯無罣礙
問觀自生心　云何得相好　成真應二身　對緣如鏡像
問觀自生心　云何具十力　及四無所畏　内外照用圓
問觀自生心　云何於觀心　不共世間法　能得十八種
問觀自生心　云何得大慈　大悲三念處　與樂無我想
問觀自生心　云何巧方便　成就諸衆生　嚴淨一切剎
問觀自生心　云何於此心　莊嚴菩提樹　建清淨道場
問觀自生心　云何降魔怨　能制諸外道　令衆悉歸敬
問觀自生心　云何坐道場　現四種成佛　赴機無差殊
問觀自生心　云何轉四教　清淨妙法輪　一切得甘露
問觀自生心　云何現四佛　四種涅槃相　究竟滅無餘
問觀自生心　云何知依正　四土天器同　而感物有異
問觀自生心　云何於此心　見一切根緣　通達無罣礙
問觀自生心　云何知悉檀　無形無所說　現形廣說法
問觀自生心　云何知漸頓　祕密不定教　一音說此四
問觀自生心　云何知四教　各開出四門　及一切法門
問觀自生心　云何於四教　四門十六門　作論通衆經
問觀自生心　云何住滅定　普入十法界　廣利諸衆生
問觀自生心　云何知四土　用教有增減　普利一切衆
問觀自生心　云何知此心　具一切佛法　無一法出心
問觀自生心　云何知此心　即平等法界　佛不度衆生
問觀自生心　云何知此心　法界如虛空　畢竟無所念
問觀自生心　云何無文字　一切言語斷　寂然無言說

今約一念自生心起三十六問問外觀心人及久相逐眷屬行四種三昧者彼觀心者若能一一通達當生心如佛想觀近受行如四依也門徒眷屬若於此無滯是真行是法王子紹三寶種使不斷絶若不能觀於一念自生心一一答此問者即是天魔外道眷屬爲彼之所驅馳方處三界牢獄未有出離之期若心不悟欲求免出者終墮二乘三惡道坑自斷法身慧命誅滅菩提眷屬甚具破佛法國王大乘家業哀哉哀哉奈何也若觀自生心得失如此觀他生共無因生心亦然也

觀心論

觀心論　第六張　穀字号

觀心論　校勘記

一　底本，金藏廣勝寺本。此論又名煎乳論，一卷。無校。

觀心論疏卷第一　刊六

隋天台沙門灌頂撰

然論有序正流通從初問佛經無量下去至四月一歲有三紙半論文並是序分從問觀自生心云何四不説下去至寂然無言説有三十六行偈是正説從令約觀一念下去有十行三字是流通分就初序分爲二一問二答就問中爲五意一問佛經無量二問論亦甚多三問弘法之人説説蓋世四問聽法之衆無處不有五則結問云是則法雨普潤利益無量何所見聞更何利益而欲造論者耶此之五意在於論初讀則可見今不更釋就第二答中爲二一長行略答二偈中廣答就長行略答爲二一者然可其二問云佛經無量論亦甚多此實如所問故論云是事共知也二者正彈其三問爲非何者一正爲弘法者多加水乳故爲失二由弘者有過故所以聽者失眞道味故復爲失三明由説者聽者有失故所以四衆轉就澆醨佛法頹毀爲此三失悲傷而欲造論意在於此也何者經云諸法寂滅相不可以言宣而今宣説者欲使物藉宣通會理而反本但佛經義隱文玄所以菩薩作論申之令稟教之徒得月忘指研心諦理故於不可説之中備宣諸法而令諸律法禪等之三師乖違聖旨非但不能光顯三寶乃更汙辱佛法故像法決疑經明三師破佛法也問三師有過耶答略各有十過法師十者一但外求文解而不內觀修心釋論云有聞文而無慧所説不應受二不融經息諍趣道但執已非他我慢自高不識見心苦集三不導遺囑不依念處修道不依木叉而住非佛弟子四經云非禪不慧偏慧不禪一翅一輪豈能遠運五法本無説説破貪求但名利弘宣寧會聖旨六貴耳入而口出何利於已經云如人數他寶自無一錢分七無行而宣何利於他八多加水乳無道之教教誤後生九四衆失眞法利轉就澆醨十非止不能光顯亦乃破佛法也禪師十者一經云假名阿練若納衣在空閑自謂人間寶道説我等過二者恃行凌他不識戒取苦集煩惱三無慧修定盲禪無目寧出生死四不導遺囑不依念處修道不依木叉而住非佛弟子五無慧之禪多發鬼定生破佛法死墮鬼道六名利坐禪如扇提羅死墮地獄七設證得禪即墮長壽天難八加水乳禪教授學徒紹三塗種也九四衆不沾眞法之門轉就澆醨十非止不能光顯三寶亦乃破佛法也律師十者一但執外律不識内戒故被淨名所呵二執律名相諍計是非不識見心苦集三然戒定慧相資方能進道但律不慧不禪何能進道四弘在名譽志不存道果在三途五不遵遺囑不依念處修道不依木叉而住六執律方便小教以爲正理而障大道七師師執律不同弘則多加水乳八不依聖教傳授則誤累後生九四衆不沾眞法轉就澆醨十非止不能光顯三寶亦乃破佛法也然晩生莫不執崇三師以爲良導師既邪而無道弟子何能自正故經云三師破佛法也偈云大師將涅槃慈父有遺囑四念處修道當依木叉住此一偈明釋迦慈父令四衆依四念處修道

依木叉戒而住故釋論明如來臨涅槃時阿
難請問佛云如來滅後諸比丘依何道行依
何而住佛答云令依四念處修道依木叉戒
而住問諸佛入道法門無量云何唯令依念
處木叉二法而住耶答二法雖略而理含攝
一切法門皆盡故偏勸也今略辨二行多含
之相者何耶四念處是慧性爲目木叉戒爲
足經云目足具故能到清涼池又念處慧是
解木叉之戒爲行又念處是智慧莊嚴木叉
之戒是福德莊嚴又念處是般若度行是五
度又念處是觀照軌行是資成軌由是二軌
能顯眞性之軌又慧是圓淨涅槃行是方便
淨涅槃由是二涅槃能顯性淨涅槃又慧是
了因行是緣因由是二因能顯正因又慧是
般若德行是解脫德由是二德能顯法身成
三德也又念處是觀照般若行是方便般若
由是二般若能顯實相般若又念處是圓淨
解脫行是方便解脫由是二解脫能顯性淨
解脫是則念處之慧木叉之戒略具十義故
偏勸耳但凡夫謂身爲淨言受是樂執心是

常計法爲我由斯四倒而起貪愛貪愛無明
而有諸行乃至老死苦集浩然八萬四千煩
惱火燒於五陰舍宅故法華云四面俱時欻
然火起即譬四倒也若小乘觀人即觀身不
淨破於淨倒觀受是苦破於樂倒觀心無常
破於常倒觀法無我破於我倒是則由前迷
心顚倒謂身是常樂我淨故起貪愛諸煩惱
今既觀知身是不淨乃至苦無我則不起貪
愛無明行識乃至老死滅是則生死河傾涅
槃河滿即是競共推排爭出火宅到無畏處
爲是因緣勸爲小行之人令依念處修道耳
次明大乘念處者經云煩惱即菩提生死即
涅槃然菩提涅槃之道寂寥無相非淨非穢
非苦非樂非常非無常非我非無我等也而
今既言生死之身即是菩提涅槃之身即是
眞如法界實相之體故經云不壞於身而隨
一相又云觀身實相觀佛亦然一切衆生即
涅槃相不復更滅斯則非枯非榮在雙樹之
閒恬惔寂於二死苦矣但衆生抱慧而常夜
遊寧識身中佛之知見醉無明酒豈覺衣中

之寶故勸令依修大乘念處觀身非淨非穢
觀受非苦非樂觀心非常非無常觀法非我
非無我是則非枯非榮歸於大寂涅槃住於
如來三德涅槃秘密之藏經云安置諸子秘
密藏中我亦不久安住是中爲是因緣令依
四念處修道耳勸依木叉戒者持小乘戒則
有十利功德何者一者云攝僧僧者此云衆
衆以和爲義然雖殊方異國若同在佛法出
家具戒財法悉共攝令不乖則事和也無作
戒資發定慧契於無漏同歸一極即理和也
二者極好攝同稟淨戒各護三業則無相惱
觸即極好攝也三者僧安樂住以戒各護身
口無相惱亂故僧得安樂住也四者折伏高
心以戒淨故能得禪定觀解心生能伏煩惱
高心也五者有慚愧得安樂住由有淨戒能
發定慧內懷慚愧是得安樂住也六者未信
得淨信即是內凡得假名定慧遣外凡不信
也七者已信增長信進修實法空得煖頂忍
等三法信解轉深也八者遮令世惱漏此則
世第一法折伏道滿也九者斷後世惡從苦

忍初心訖羅漢金剛心以還眞斷惑故也十者梵行久住梵之言淨亦云涅槃此是羅漢極果所作已辦也斯是持小乘戒得此十利故勸依木叉住也次明持大乘戒者即是智所讚戒自在戒具足戒諸波羅蜜戒也持此者亦有十利名同前而義大別何者一攝僧即是一體三寶之僧三智與三諦理和融即是僧義智照於境無境不明即智攝於境境發於智無智不發即境攝於智境智相攝和融故名攝僧也二極好攝者智照於境攝境無不中境發於智攝智無不圓故名極好攝也三僧安樂住者三觀之智栖三諦之境境智相稱和融故名安樂住也四折伏高心人者得大乘戒能折伏三諦下惑之高心也五者有慚愧得安樂住者慚天即是慚第一義天愧人即是愧方便道中之人故名慚愧得安樂住也六者未信得淨信者未信諦理者令皆得明信也七者已信增長信者增進中道信也八遮今世漏者即大乘伏道滿也九斷後世惡者即斷五住惑訖金剛心十梵行

久住者即是妙覺大涅槃始名極淨即梵行久住也是則持淨戒者得大乘十利之益故勸令依木叉住偈云我等非佛子不念此遺囑乘緩內無道戒緩墮三途此偈去有四行半正明上法律等三師及四衆不順佛教不依念處修道不依木叉戒住之過倒令佛法滅壞三寶頽毀也涅槃經云於戒緩者不名為緩於乘緩者乃名為緩然大乘戒即是乘戒急即是乘急也何以故此戒能動能出故中道大乘此乘即是戒何以故此乘即能防非止惡故乘急即戒急也今但取三歸五戒十戒等戒不動不出為戒取能動能出念處之觀為乘共為四句然戒急得天人身戒緩得四趣身乘急能得道乘緩不得道初一句者乘急戒緩乘急故得道戒緩故墮三塗今經中明四趣身受道即其義也二戒急乘緩戒急得人天身乘緩不得道今有人天身不得道即其事也三乘急戒急今明有人天身得道即其事也四乘緩戒緩今明三塗身而不得道即其事也今明上三師及四衆不依

四念處修道不依木叉而住即是非佛子不念慈父囑即是第四句乘戒俱緩內則自縈毒苦外則破毀三寶令他無信故論偈云我等非佛子不念此遺囑乘緩內無道戒緩墮三途由不問觀心令他信漸薄等問此去論何故並云不知問觀心衆行皆不成若能問觀心衆行皆成耶答波若經云波若能導五波羅蜜乃至萬行能至佛果若無波若導者萬行皆邪倒今明能問觀心者即是修波若即是修四念處圓三觀也以此觀導衆行皆正不導則邪故論從始至終皆云問觀心也問四念處身是色法云何亦是心邪答經云三界無別法唯是一心作又云心為工畫師能畫種種五陰故皆是心為其本也偈云烏鵄不施食豈報白鵄恩非但田不良無平等種子此一偈明不修念處之觀即是無平等種子不依木叉而住即非良田也何者夫觀大乘念處者觀生死五陰之身非枯非榮即大寂涅槃經云色解脫涅槃乃至識亦解脫涅槃若修此念處觀即是觀一切六道衆生

即是常樂我淨大涅槃具足佛之知見如常不輕圓信成就經云施城中最下乞人與難勝如來等是則豈分別是田非田可施不可施耶故念處之觀即是平等種子若不修則見生死涅槃有異凡聖有殊聖是敬田則崇仰而施凡是悲田則賤而不捨故無平等種子今取王爲譬者喻無平等種子也何者昔有國王遊戲頓乏近卧草中蛇欲螫之時有白鵶啄王令寤王既覺已還宮仍勅諸臣令覓白鵶欲報其恩諸臣答之若專覓白鵶無由可得王但普施烏鵶即是報白鵶恩也借白鵶以喻聖人烏鵶以譬凡人王喻衆生不修念處平等種子之人也故簡悲敬兩田然凡夫内無平等種子圓觀之道居懷外則不能爲佛宣化大乘平等說法豈報佛恩又破如來禁戒則無良田故事如偈說也偈云法雨若不降法種必燋枯此半行明四衆無戒慧之機聖則不應何者涅槃經云純陀自云我今身有良田無諸荒穢唯希如來甘露法雨雨我身田令生法芽而今四衆不依念處

修道則無慧種不依木叉而住則無良田既無種則衆生無感聖之機豈能招聖法雨之應衆生佛性之芽何得不枯也偈云各無來世粮失三利致苦大法將欲頽哀哉見此事此一偈明内無善機外無聖應法種之芽又枯是則失現未之涅槃三利之樂非但失三利之樂乃更招三途之苦斯則法無人弘日就頽毁苦哀哉耳爲是因緣故須造觀心論半行結也偈云平等眞法界無行無能到若能問觀心能行亦能到此下五行半偈明信順佛之遺囑則是佛之眞子翻前之迷爲今解行也言平等眞法界無行無能到者然中道眞法界之理寂絶無相無爲無人無法非境非智豈有人之能行法之可到者也然雖無行無到若能研心圓修三觀念處即到究竟涅槃之彼岸也偈云即是四念處能依木叉住乘急内有道戒急生人天此是眞佛子不乖慈父囑天龍皆慶喜一切豈不欣此兩偈明能問觀心者無行而行無到而到者即是能依四念處能依木叉住有念處即是乘

急内有道依木叉故即是戒急生人天也是即有行有解依教修習理是眞佛子不乖慈父囑斯人必具自行化他之德一切天龍幽顯必藉斯得度所以欣歡也偈云能報白鵶恩普施烏鵶食既有好良田有平等種子法雨應時降法種皆增長各有未來資俱獲三利樂此兩偈明有平等種子復有好良田能施烏鵶食能報白鵶恩也何者然佛聖人能覺悟衆生不令爲三毒諸煩惱蛇毒所傷即是聖人於衆生有恩如白鵶覺悟於王不爲毒蛇所害也經云依教修行名報佛恩能助佛宣化亦名報於聖恩而今行者依念處觀慧依木叉而住即是依教修行名報佛恩復能以已之行化導一切衆生即是普施烏鵶之食能報白鵶之恩也又有戒良田有慧種子有行有解之機必招聖應應則必獲利也爲是因緣故須造觀心論半行結也偈云諸來求法者欲聞無上道不知問觀心聞慧終不成此下有三偈明欲求三慧不知問觀心聞思修不成何者然圓修三觀念處實相之

慧者即知文字性離無形無相即是解脫經云無離文字說解脫也然以文字雖有不實故文字即是解脫雖空而不虛故亦可宣也有無常中故文字非宣非解脫斯即文字之境能圓生三智之觀慧以此妙慧統其神耳者所聞音教皆成聞慧也偈云諸來求法者欲思無上道不知問觀心思慧終不成此一偈明思慧思者思惟文字能詮所詮皆是中道實相然其實有所以即空故萬法不能有其相也有其所以而假故諸法不能斷無有其所以而中故常離二邊是則文字三諦之理圓發三慧之思故名思慧是則思非有相亦非無相相無相皆不可得究竟盡淨此是境智皆不可思議名爲思慧也偈云諸來求法者欲修無上道不知問觀心修慧終不成此一偈明修慧修者研修理實進趣行用以其理實雖照而寂所以云無人我無受者雖寂而照所以勤修萬善經云善惡之業不敗亡以其理實即中所以福慧不二二相不可得故經云爲福德故不住無爲爲智慧故不住有爲爲無爲皆不可得也又聞慧以十二部經爲境於文作理解也思慧文義合爲境求文取理義也修慧但以義爲境忘文取理也偈云諸來求法者勤修四三昧不知問觀心困苦無所獲此一偈釋四種三昧事如後說然四種三昧雖爲行不同皆以圓觀念處之慧爲體經云植衆德本所以六度之中波若以爲良導皆得稱波羅蜜到涅槃彼岸也今不修念處觀慧道于四種三昧者雖復疲勞三業困苦無所獲也所以外道雖種種苦行無波若導故不免三途而今無慧苦行殆不殊此經云亦不樂世間無益之苦行即其事也偈云諸來求法者多聽得言語不知問觀心未得眞法樂此一偈明聽者存名執相而不虛懷不知尋理之失何者經云生生不可說乃至不生不生皆不可說諸法寂滅相不可以言宣而今方便宣者理外之辭也亦如醫方是愈病之外緣而今學者存名執相恃解陵他增長我慢不修念處內觀照顯言外之理除煩惱病是則何益於學者如尋方而不服藥何利於病者也若病必須服藥而愈學者必須內觀而得道也偈云諸來求法者修三昧得定不知問觀心盲禪無所見此一偈明無慧之禪無所見也經云非智不禪非禪不智定慧相資二輪方能遠運無慧之禪豈能度生死海也何者凡夫修四禪八定釋論皆云是長壽天難而不得道況乎徒近無慧之定而非盲也至如二乘修觀練諸禪無漏三昧入滅盡猶被淨名所呵云夫宴坐者不於三界現身意猶是盲無所見也若能問觀心修三昧定者即是首楞嚴三昧也何者而今雖觀空而不虛鑒有而不實鑒有而不實故照而常寂即動而常靜故不於三界現身意也觀空而不虛即寂而常照亦是靜而常動即不起滅定現諸威儀是則照而常寂則非有寂而常照則非無是則非有非無非寂非照名爲中道即首楞嚴三昧也所以淨名將圓觀首楞嚴定彈於身子宴坐不成即是盲禪無所見也況今無慧之禪而非盲也偈云諸來求法者欲懺悔衆罪不知問觀心

罪終難得脫此一偈明不觀心懺罪終不滅然夫懺有三種一作法懺如律所明隨犯罪輕重或對首作法或二十僧出罪作法法成即云罪滅此懺違無作罪也二觀相懺如方等法華半行半坐懺等觀見好相或空中唱罪滅等即云罪滅此懺性罪三觀無生懺經云端坐念實相衆罪如霜露慧日能銷除此懺煩惱罪問此三種罪云何異答大論云如殺草奪衆生命雖同犯波夜提罪若對首懺時兩違無作障道罪滅而殺生之報不滅故知殺生屬性罪不問受戒不受戒犯即得罪殺草戒受犯得罪不受則無罪例餘戒亦然故知兩罪別也煩惱罪障理之惑屬煩惱罪是則三罪既異三懺亦別問作法懺不能滅性罪者觀相懺亦不能滅違無作罪障耶答勝能兼劣故無生懺例可知問作法懺出在律文觀相方法出在方等諸經可解無生懺相云何答前引普賢觀文即其事也又如淨名彈優波離云當直除滅勿擾其心所以者何彼罪性不在內不在外不在中間如其心

然罪垢亦然諸法亦然不出於如如優波離心相得解脫寧有垢不波離言不也淨名云一切衆生心相無垢亦復如是妄想是垢無妄想是淨取我是垢不取我是淨一切諸法如幻化相即其相也是則不能爾者雖懺不除事如偈也偈云諸來求法者意欲離煩惱不知問觀心煩惱終不滅問此偈與前偈何異答前偈明通懺悔諸罪此偈明欲觀平常所起煩惱爲異也然木石無心則無煩惱故知由心有煩惱心爲生死之本罪垢之源今欲脫煩惱不觀心性豈得離惑若煩惱體性是實而非虛者雖復觀照終不可離以其煩惱體相不實妄想因緣和合而有經云令我此病皆從前世妄想顛倒諸煩惱生以心惑不實故可觀離若不觀心惑之相煩惱之枝終不滅也偈云諸來求法者本欲利益他不知問觀心退轉令他謗諸來求法者欲興顯佛法不知問觀心退還大汚損此兩偈明行化興顯欲利益他內無觀慧翻爲大損何者經云謂無慧方便縛謂菩薩住貪欲瞋恚成

就衆生淨佛國土是名無慧方便縛也何以然此明內無慧除自煩惱而欲外化斯則非但衆生不成就而更增己煩惱故爲縛也何者若無內觀照明外必闇於六塵則貪財著色而令外化必涉聲塵利養利養經懷不能不起貪愛利己利己則壞他喜捨之心所以若無內觀勸化翻爲大損如偈所說如此之失其非一也故一行半偈結云如此衆得失非偈可具陳有此諸得失無人覺悟者爲是因緣故須造觀心論偈云末代修觀心得邪定發見辯才無窮盡自謂人間寶無智者鼻嗅野狐氣衝眼舉尾共却行次第墮坑殞爲是因緣故須造觀心論前有十一行半偈明諸來求法者不知問觀心衆行皆不成此下兩行半偈明修於邪觀發於邪定辯說無窮無人別者然雖明九十六種道一道是正餘者皆邪故知衆邪非一實難可別自非明師智者誰能識此者乎昔曾有人修觀發得魔鬼邪定辯說則無窮盡問一切禪師法師皆不能別美其不可思議高安其位既得勝人

印可彌復自謂云世人之寶邪心轉熾唯有南岳師善能精別令其內觀照了窮檢若是好法自當明淨如燒眞金若是魔邪自當滅去如僞金也因而用觀魔鬼即去去後一無所知亦如著蠱設言多語蠱若去後病者一無言也若無智之人即謂其得陀羅尼敬貴修行次第墮三途坑也故偈云無智者鼻嗅次第墮坑殞爲是因緣故須造觀心論半行結也偈云守鼻隔安般及修不淨觀安般得四禪不免泥梨業不淨謂無學覆鉢受女飯設得隨禪生墮長壽天難爲是因緣故須造觀心論此兩偈半明事相修禪之倒也守鼻隔安般一句標修有漏四禪章門及修不淨觀一句標修無漏事禪章門守鼻隔者安心在鼻也安般者數息也以數息故能得四禪八定但昔有比丘數息修得四禪即自謂是羅漢無復後生臨終見中陰生處即謗佛云大妄語人云羅漢無生我今那見生處因謗佛即墮地獄故偈云安般得四禪不免泥梨業昔有比丘學不淨觀少時伏心欲想不起即自謂已得羅漢後出聚落乞食見女送飯欲心即發情迷心醉仍即覆鉢受於女飯故偈云不淨謂無學覆鉢受女飯也然數息得禪設不起謗乃不墮於地獄而隨禪受生墮長壽天難故偈云設得隨禪生墮長壽天難

十六 而今勸修禪者欲寄靜心令觀照慧明見生死煩惱虛妄過患知其源起之由即以慧斷拔生死根經云毗婆舍那能破煩惱何故復須奢摩他耶佛言先以定動後以慧拔非貪禪樂而修習也經云貪著禪味是菩薩縛也偈云依事法用心無慧發鬼定顯異動物心事發壞佛法命終生鬼道九十五眷屬像法決疑明三師破佛法爲是因緣故須造觀心論此兩偈半明事法用心之失還是上安般數息又無理觀照明故云事法大論稱爲闇證無記有垢即四禪八定是也然夫偷法必藉闇而行盜也經云譬如偷狗夜入人舍令邪魔諂鬼欲偷殺行者法身慧命盜出世之財必入無慧之禪五陰闇舍故偈云依事法用心無慧發鬼定然魔禪鬼定亦得一七二七乃至無量時入定乃復有種種神異世人見之謂言非聖者也但邪魔之法勢不得久必當事發壞敗令人起謗不信佛法故偈云顯異動物心事發壞佛法然自有魔鬼之禪魔去禪亦失也自有正禪但魔鬼入中魔去

十七 禪猶在也然兩種邪鬼之禪雖異生則被其所使死則爲其眷屬邪魔雖多不出九十五種故偈云命終生鬼趣九十五眷屬也上來合三十偈所明得失亦不出三師破佛法偈云內心不爲道邪諂念名利詐現坐禪相得名利眷屬事發壞他信毀損佛正道此是扇提羅死墮無間獄爲是因緣故須造觀心論前總明三師之過此下別出三師之失先有兩行半偈明禪師過何者昔有五人相契爲求利養發心入山坐禪更互一人入於城邑告衆人言四人居山坐禪並得四禪八定證斯須舍漢等果汝可供養迭相告示遂得果心利養因爾得遂五百世墮地獄五百世爲施主之奴偈云扇提羅者即是五中之一人名也故偈云內心不爲道邪諂念名利詐現

坐禪相死墮無間獄等然今學道之人心多在此道門既久所作行業多在名利邪諂之中麤心不覺細意撿之難得出離實心爲道恐之寡也然君子非不愛財取之由道苟非其道君子不爲況但恨修道不能通神感聖逺得無生苟能有道則德建名立不求梵天梵天自至矣至則妨道翻應離之何得發心市朝之懷居於情抱而自墜也偈云說法得解脫聽法衆亦然不知問觀心如貪數他寶說者問觀心無說亦無示聽者問觀心無聞亦無得爲是因緣故須造觀心論此兩偈半明法師得失前論初已總明法師爲利弘法失眞道味過如前說此中更略别明得失也然圓觀之慧潛流而說彰其神口斯則情慮虛微遊心符會說則朗其神慮辯則能遣內惑故偈云說法得解脫也聽者內修圓觀理爲神御潛統神耳閑符響會故偈云聽法衆亦然若苟斯理說者雖復終年聽者盡其身壽無利於說聽故偈云不知問觀心如貪數他寶心能內觀者終日言而無說終日聽而

無聞斯則說如幻說聽如谷響故偈云說者問觀心無說亦無示聽者問觀心無聞亦無得也偈云戒爲制心馬雖持五部律不知問觀心心馬終不調律住持佛法解外不解內淨名呵上首乃名眞奉律爲是因緣故須造觀心論此兩偈半明律師之得失也然佛初於寂滅道場成等覺爲大根大行制戒則說十重四十八輕正防意也故心爲戒體也次爲小根小行制戒則說二百五十戒或止防七支作法發無作戒因以無作而爲戒體欲引接小根漸悅之者故說小戒耳法華云始見我身聞我所說即便信受入如來慧除先修習學小乘者我今亦令得入佛慧始見即華嚴入如來慧也漸入即三藏中歷五味於法華入佛慧也故知五部之律是小乘方便之一藏也然心是生死涅槃之本萬物之源所以大乘之戒正防意地制伏心馬今學律之師不尋佛之本意而但存執方便之戒以爲正道不研心念處觀行制心終竟不得還源本淨使心馬調也然七支是外防意地是

內防波離解外而不解內故被淨名所彈今之律者內外通達恐之少也豈能是住持佛法之人者乎偈云誦經得解脫非爲世財利若能問觀心破一微塵中出大千經卷受持讀誦此聞持無遺忘心開得解脫爲是因緣故須造觀心論此兩偈半明誦經得失何者然佛於不可說而假宣者欲示衆生病之源本治病之妙方而勸讀四衆令勤誦者使數宣於口數聞於耳數統神心數服良藥除煩惱病解脫生死非令讀誦擬貸齋供之利故偈云誦經得解脫非爲世財利經云破微塵出大千經卷即是心塵出大千經也舊云經者外國稱修多羅名含五義也今明心是修多羅具含十五義不可翻也何者舊云一法本今云教本義本行本也然夫法本何得過心經云三界無别法唯是一心作談生死涅槃之教則心是教本也生死涅槃之義亦即心是本宣生死涅槃之行亦即心是本故知心含三法之本也舊云二含微發今云教微發義微發行微發也微發者從微至大即微

發之義而令心者有教行義三事之微發也舊云三舍涌泉今云教涌泉義涌泉行涌泉令心能流出三法無盡故譬涌泉無竭舊云四舍繩墨者截愛見之邪也今云教截邪義截邪行截邪即繩墨義也何者心正故語正即心教截邪心正故義正即心義截邪心正故行正即心行截邪也舊云五舍結髮結者如結華髮令不零落也今云心教行義三結髮使不零落故知其心含十五義不可翻且置不論也心經明矣是則能觀心塵即空出聲聞法藏觀心即假出菩薩法藏觀心即中出諸佛法藏斯則三種法藏何經不收何論不攝即心具八萬四千法藏持誦研修觀心經者有何遺忘是則觀經内流明朗統御情慮使心開解脫煩惱也偈云勸化修供養與顯安行人密心爲自利倚託以資身壞他善捨善馳驢以儐人若能問觀心即如馳驟也由是因緣故須造觀心論前有二偈半明欲興顯佛法翻爲汙損誑通方行化人也此兩偈半正明知事得失然自非内有明解觀行

知因識果畏罪憚業誓能無利已者耳觀智觀心知萬法幻化何物可貪何身可爲雖如幻化因果不差盜至於五如斷多羅樹佛法死人不預僧數顯則人天所惡冥則幽聖所呵現則色心摧折末則馳驢償人一失人身萬劫不復侵利極微受報極重何有觀智之人而爲斯也至如馳驟終無利已侵衆之失也偈云諸道各有法了不自尋研忽窺窬釋教動經十數年非但彼法拙必有謀壞心此則迦毗梨仙聖豈聽然爲是因緣故須造觀心論此兩偈半明外道之得失也然外道窺窬釋教不出二意一者賤其法拙二者謀壞佛法窺窬竟過事非好心而尋佛教也昔外道難破一切法師唯無柰一禪師何其母勸云汝若將禪師論者罵驢馬頭一切諸獸之頭即可得勝外道遂隨其母計得勝後受迦毗梨之身一身而有千頭既運惡心冥聖豈聽也事如偈說偈云富貴而無道多增長憍逸若能問觀心得眞法富貴雖高而不危雖滿而不溢不著世富貴心常在道法爲是因

緣故須造觀心論此兩偈半明富貴得失何者夫富貴不與憍奢而憍奢自至故偈云富貴而無道多增長憍逸若能問觀心而觀實相境境發於妙智即是種性貴也而實相境智具足七聖之財乃至具足萬德萬行稱之爲富也法華云有大長者其家大富即其義也得此富貴之道居懷流乎其體者即如偈雖高而不危雖滿而不溢不著世富貴心常在道法等也偈云貧賤多姦諂窺窬造衆惡現彼王法治死墮三惡道若能問觀心即安貧養道有道即富貴無爲即富樂爲是因緣故須造觀心論此兩偈半明貧者得大也何者若内無觀慧之道照朗心胸情抱則闇以心闇故不識生死涅槃世間出世間之因果也而復爲貧窮飢寒所逼而遂窺窬姦諂造惡故偈云現被王法治死墮於地獄若有觀智之心即識往因達今世之報不更造惡招將來之苦但安神養道故偈云有道即富貴無爲即富樂也偈云四衆皆佛子無非是法親因執善法諍遂結未來怨若能問觀心和

合如水乳皆師子之子悉是栴檀林爲是因緣故須造觀心論此兩偈半明三師各執所弘之法而相是非遂結未來重怨論初已略出其過然外道各執所計是故云是事實餘盡妄語是則有衆多究竟之道故是邪也而今佛法唯一實相印之一道故經云唯一究竟道無衆多究竟故經云雖示種種道其實爲一乘而今諸師不取所詮之一道共出生死昏衢法侶之親但執能詮種種之道共相是非遂結重怨何愚之甚故偈云遂結未來怨也非但自空失一生妄縈毒苦復誤學徒失於慧目師弟皆同外道矣故云諸論各異端修行理無二執者有是非達者無違諍故諸師是執而不達也若能觀心實相修乎一道四衆無非法親事如偈說也偈云年衰身帶疾眼闇耳漸聾心昏多忘漏年不如一年死王金翅鳥不久吞命根一旦業繩斷氣絶豈能言爲是因緣故須造觀心論此兩偈半明師自唱涅槃時至也然從論初至于今說猶屬序分雖未正說深義而先明三師四衆諸有得失言方雖復淺近而是即事所行之要行道家之大障而今行者識此諸失知過必改者可謂眞行道人雖未證無生而無生不遠也然二萬燈明佛一期將竟而說法華即入涅槃釋迦亦爾特更別爲一緣而說涅槃今之大師一期隨緣異說不同今將欲涅槃故撮要說其一論何者是論始終唯令觀心者只爲心是如來藏具足一切佛法而衆生不覺内衣有無價寶珠今論正示衆生心中寶藏佛之知見示悟衆生與法華無別故今唱衰老即是欲入涅槃所以說此論竟即歸眞滅度更無言也稽首十方佛下有四行偈明歸請何者夫欲造論必須歸三寶加威建立偈云稽首十方佛深慈觀心者勸善諦觀察發正覺妙樂此一偈歸請於佛然三寶者皆具足四無量心但慈能與樂佛慈最重故請與樂也偈云稽首十方法深悲觀心者勸善諦觀察得眞法免苦然悲能拔苦而法寶是眞妙藥體能救苦故請法深悲觀心者免苦也偈云稽首十方僧若能善觀察入大和合海歡喜心無量然僧名和合即是隨喜不乖之義故就僧論歡喜也偈云稽首龍樹師願加觀心者令速得解脱亦加捨三心然龍樹正破執除見而興故請龍樹加捨慈悲喜之三心見愛之著也又宗本於龍樹故請加也偈云令承三寶力下一行明已歸命三寶竟今當承三寶之力起三十六問然三十六問明義略周故有三十六也若隨緣對事辯問則不可數也偈云若觀一念心下一行明若能觀一念心能答此問當知心眼則開得入清涼池也偈云不能答此問下一行明迷惑者不能答問也哀哉末法中下一行傷嘆明末法無行道人設有三數寧別是問故傷嘆也偈云故生悲愍心下一行明恐畏後生或有能解者故起悲心作此觀心論令觀者開朗也願諸見聞者下一行明誡勸令莫疑謗何者而法華略說中恐生疑謗故三止不說止其毀謗非但不能得解復增其重罪後廣說中雖嚴誡勸五千之流猶從座起不信佛言今將欲開於論端畏物疑謗故預先

誡勸也問曰下有十三長行四字重問造論正爲何人即答意明不爲二人而爲二人言不爲二人者一則文字外學如貧數他寶但貴耳入口出未常研心内觀斯亦未足可論圓道也二則設得四禪八定者亦全未識佛法況初心安般數息何可共論妙道乎而令言爲二人者一則坐禪得定發解辯說無窮自謂人間之寶今作此問不能答者何者未得謂得未證謂證懵增上慢也二則爲相隨學徒不知内心求道外著文字負經論而浪行空無所獲而不知破一微塵出大千經卷爲斯二人而造論也

觀心論疏卷第一

觀心論疏卷第一

校勘記

一　底本，明永樂北藏本。金藏廣勝寺本見存，分上、中、下三卷，因卷上缺，卷中殘缺甚多，僅存卷下，故不宜作底本。現將金藏本卷下附錄於卷第五之後，供參考。北藏本分五卷，金藏本卷下相當北藏本卷四第一三版九行末字至卷五末。

一　六五四頁上一行「卷第一」，南作「卷上」。

一　六五四頁上二行撰者首字「隋」，南無。以下各卷撰者同。

一　六五四頁中四行「而令」，南作「而今」。

一　六五四頁中一七行首字「後」，徑作「能」。

一　六五五頁上五行第一六字「舍」，南、清作「含」。六行末字同。

一　六五五頁上六行第八字「偏」，南作「徧」。

一　六五五頁上末行首字「偏」，清作「徧」。

一　六五五頁中八行「至苦」，南作「至苦無常」。

一　六五五頁中一九行首字「聞」，南作「問」。

一　六五五頁下一六行第八字「是」，南作「足」。

一　六五九頁中一五行第一三字「相」，南作「根」。

一　六六一頁上一〇行第八字「亦」，南作「則」。

一　六六一頁上末行第一〇字「言」，南作「而言」。

一　六六一頁中八行「意也」，南、徑、清作「意地」。

一　六六一頁中一一行第六字「恍」，南作「悟」。

一　六六二頁中一行末字「智」，南作「者」。

一　六六二頁下一〇行第二字「彼」，南、清作「被」。

一　六六四頁上末行書名、卷次，南無（未換卷）。

觀心論疏卷第二　刑七

隋　天台沙門灌頂撰

論曰摩訶般若波羅蜜經明四十二字門初云若聞阿字門即解一切義所謂一切法初不生今論初明四不可説即是不生義故引彼文也次引龍樹中論八不者一彼論初明八不即是不生爲首與今論同二彼論明諸法不自生亦不從他生不共不無因是故説無生論主用此四句釋八不辯諸法不生以用申經今論約彼自生一句起三十六問有此二義故引彼論文也問云何是龍樹用八不破立申經之相復云何是自他四句釋八不申經之相復云何是約自生一句起三十六問耶答今當次第釋此三問也今先明經中破立後明論申破立何者然涅槃經明昔以四枯破外道邪常之計今以四榮破三修斷無之執二邊病除始得非枯非榮入大涅槃而復枯榮雙用二鳥俱遊利者因斯入祕密藏經云安置諸子祕密藏中我亦不久自住其中法華亦先破三乘四枯之病故云無二亦無三然後會歸常樂我淨故云汝是我子我今常住不滅汝亦具於四榮既識枯榮即悟非枯非榮經云終歸於空即是非枯非榮入大寂涅槃空也而能枯榮雙用經云一切財物汝悉知之無智人前勿妄宣傳有智人中可廣宣也何者三根並悟五千之流猶未信也而諸大乘破立得意者已悟迷者執教未曉龍樹後出作論初明八不破執二邊邪迷申佛中道正教然論雖明八不合而論之只是不生不滅二句破斷常二邊何者不常即是不生不斷即是不滅不一即不生不異即不滅不來即不生不去即不滅也是則不生即四枯之空破二十五有計常樂我淨之生病不滅即四榮之假破二乘斷無之滅病是以衆生因龍樹用不生不滅破二邊病除方曉中道始悟經中枯榮非枯非榮三觀妙用開佛知見識衣中之寶也故論中辯三觀之名云因緣所生法我説即是空亦名爲假名亦是中道義也問若爾因緣生法四句若爲會通不生不滅三觀耶答因緣所生者即是二十五有有漏生滅之法先出所破之境也次云我説即是空者即是不生破因緣有漏生法明其不生故是空也次云亦名爲假名者即是不滅破灰斷滅無故云亦名假名也次云亦名中道義者即是不生故不常不滅故不斷不常不斷非有非無故亦名中道義也所以論用不生不滅之空假破迷申佛中道圓妙三觀意在此也論破外人云若如汝所計則無三寶四諦若如我所破則不失三寶四諦三寶四諦即榮樹一鳥之用也論後兩品明小乘觀法即是枯樹一鳥之用也是則二鳥俱遊枯榮雙運斯論之妙用又論明二觀即是論用中即是論體故稱中道論也問今正應明此論四不可説何乃釋中論破中之意耶答彼論不生不滅等因緣所生法四句破申即是今四不可説破執申於佛教是同故先釋彼次解今也何者經云生生不可説即彼因緣所生有漏之法也經云生不生不可説即彼我説即是空也經云不生生不可説即彼亦名爲假名也經云不生

不生不可說即彼亦名中道義也是則名異而義同申破一也問既其同一彼已明之此何繁更說答雖同而大異何者彼歷一切法廣破一切迷執不專破心辯心出一切佛法之知見所以學者多失宗本今明心是萬法之本故句句約心而破顯其心中圓具一切佛法令識家中伏藏衣中之寶息其希求之勞與彼論大異也今次答上問云何用自他四句釋八不以用申經者今先釋不生一句何者但衆生一切迷惑莫不計執三界二十五有而起四倒橫計神我生於三毒八萬四千諸煩惱惑無明緣行乃至老死苦集流轉生死浩然死已更生生已歸死虛妄而受三途重苦莫知休息而龍樹菩薩愍斯群迷故作論申經示衆生諸法之本源清淨無生無滅令其反本還源故說諸法不生等但衆生執計已久未能即悟無生之理故外人徵云世間現見有一切萬物瓶衣柱地神我等云何論主破云言無耶論主言何得信汝愚癡牛羊眼所見即謂之為有如病眼見空華病

眼何足為證耶論主為是等衆生不能得信悟故約自他四句一一檢破窮責令其情窮理極方悟無生之理故云以自他四句釋成八不也今略出自他四句責破之相者但一切衆生一計有心神之我二計有一切萬物今且破檢心神者今問夫計心生不生四句為自生為他生為共生為無因生耶若謂一念心起不從外境但從自心而生者即自生也即應常生何得對境即生不對不生故經云有緣思生無緣思不生故知心不自生也若謂從境而生者即他生也若是他生離於內心而應得生若離必不能生何謂他生耶若言由內有心外藉於境內外和合共生今問前責自生不得即是內無有生前責他生不得即是外境無生是二各無生合共云何得生耶如一沙無油合兩沙亦無也若內外各有生合則兩生又若必各自有生何用共合而生耶是則共生猶有三過也若謂離心離境無因緣而生者有因緣責生尚不可得何況無因緣而得有生耶故中論云諸法不

自生亦不從他生不共不無因是故說無生廣破如論也次破無情一切法求生不可得者且寄穀子檢破例餘一切法亦然也何者今問穀子為自生他生共生無因生耶若言穀子自生者不應藉水土而生耶今實不爾故知穀子不自生若謂從水土之他生者離穀子之外而水土之他應能生耶今實不爾故知他不能生也若謂內由有穀子外藉水土為因緣共生者前已責自他各求生不可得共云何生共生有三過如前說若謂離穀子水土無因緣而生者有因緣求生尚不可得何況無因緣生耶故云諸法不自生等云云今略舉大綱得意者亦足以除疑也若欲廣知可自往尋論也釋論云一切諸法中但有名與色若欲如實觀但當觀名色然名即是心攝得一切有情之法色即外塵攝得一切無情之法是則今約色心二法自他四句檢生不可得者當知一切萬法皆無生也衆生因此四句檢責求生不可得始悟解一切法無生即得反本還源歸真本淨方曉一切萬

法皆是虛妄無復執計鈍者未悟聞破諸法不生即復謂之有滅論主即復四句求撿於滅何者若謂法體自滅即是自滅若謂法體爲三相所滅即是他滅若謂法體三相合滅即共滅若謂離法體三相滅者即無因滅四句俱不可求撿不可得始悟諸法本自不生今則無滅知即色是空非色滅空此是破二十五有之生滅歸偏眞自性之空此未顯中道今用不滅破自性空者若云即色自性是空者即自滅若謂滅色取空者即他滅若謂滅色自空和合即共滅若謂離自他即無因滅是則四句撿自性空亦不可得也此即諸法不自滅亦不從他滅不共不無因是故知無滅不常不斷不一不異不來不去例四句撿皆不可得故知不滅是則兩用也然既以四句不滅撿自性空不可得即是非空而空名第一義即是四枯四句不生撿自性之有不可得即是非有而有名法性之色經云捨無常色獲得常色即是四榮以此自他四句求撿生滅不常不斷不一不異不來不去衆

生因悟經中枯榮非枯非榮三觀中道是名自他四句釋論初八不用申佛經其相如是也次答上第三問云何約自生一句起三十六問者經云不內觀得是智慧乃至非內外觀得是智慧亦不離內外觀得是智慧今亦爾四句求生不可得亦不離自他四句論主又明不生則不有不滅即不無不無故得約自生一句起三十六問也餘他生共生無因生亦然也論云問觀自生心云何四不說離戲論諍訟心淨如虛空此一偈去是第二正說分有三十六偈爲三十六問就正說分爲十章初一偈明教理圓妙不可說二有兩偈明迷理教起見思二惑三有四偈明悟理有淺深致有四教之別四有一偈明欲尋教下之理應依四種三昧方軌而修五有一偈明妙理不可頓階應先修二十五方便六有一偈明心觀理實而諸境雜發不同七有一偈明隨觀一境用十法成乘八有七偈明十法觀成證諸地住具諸法門不同九有十四偈明化他起用法不同十有四偈總結自行化

他法門並在於一心盡淨言語道斷也偈云四不可說者一生生不可說二生不生不可說三不生生不可說四不生不生不可說論釋云生生故生生故不生云何可說令例此語者生生故生不生生故不生不生云何單可說失其圓旨也又生生即三藏教生不生即通教不生生即別教不生不生即圓教是則不但三句即一句一句即三句不可說亦即三教即一教一教即三教云何可說故論初云四不可說次後辯其四教也又經釋云生生是有漏之法故云生生即是中論因緣所生法也生不生者釋云世諦死時名生不生即中論我說即是空不生生者釋云初出胎名不生生即中論亦名爲假名不生不生者釋云大般涅槃有不生不生即中論亦名中道義也是則論中四句即是論中三觀三觀即一觀一觀即三觀云何可單說單說則惑者極乎題目而領豈會玄旨耶經云止止不須說我法妙難思即其義也故初明四不可說復明三觀理妙也又經云一切衆生亦

一非一非一非非一亦一者一切衆生則一乘故即佛法義也非一者如是數法記三乘故即聲聞辟支佛菩薩三法數也非非一者如是數不定故即六道法界又言衆生者即六道也是則經明一念之心具十法界明矣又經云衆生身有毒草復有妙藥王毒草即六道界藥王即四聖界是六道即生生也二乘即生不生也菩薩界即不生生佛界即不生不生結四句即一句在乎一心九界即一界在乎一念文義合會結六道界即生死四聖界即涅槃涅槃即生死生死即涅槃九界即一界一界即九界即是不可思議境云何可說又六道生死即是罪四聖涅槃則是福是則識心中十界四不可說不思議境者即是識生死非涅槃之妙理深達罪福之相也法華云深達罪福相徧照於十方微妙淨法身具相三十二龍女悟斯圓理疾成佛道當不輕圓信妙理故得六根清淨是則境智理妙不可說也故初明不可說後辯心具十界明不思議境也結四句教十法界三觀諸教

文字論云文字即解脫解脫即妙理妙理云何可說故初明不可說後結云一切語言道斷畢竟無所得也然四不可說等法並須約一念一念心即是因緣所生即空即假即中即空故是常寂即假故是常照即中故即非寂非照因緣所生法亦得是空假雙照結此四句即四不可說如前辯者則寂照四句類之可知既即寂而照即照而寂即寂照而非寂非照而雙寂照一句即四句是則理圓云何單可說故云四不可說也得其圓理者息諍訟心淨如虛空事如偈說也問何不約餘法起三十六問耶答經云三界無別法唯是一心作又云心如工畫師能畫種種五陰一切世間中無不從心造故知心是二河之本萬物之源而今只爲一切禪慧學者不知觀心除煩惱病本如欲伐樹除枝不淨其根生終不住亦如治塘不塞其穴漏終不斷亦如癡狗逐塊不知逐人塊終不息諸喻可知故約心而辯經云能觀心性名爲上定問若爾佛何不但令觀心耶答爲鈍根衆生種種異

說智者須得意也如貧女不知家內求寶而外求之爲其鈍故涅槃教起正爲示之心中伏藏聲聞醉故不覺內衣心中之寶法華教起正爲示之故云爲令衆生開佛知見出現於世維摩亦然故云諸佛解脫當於衆生心行中求今論亦爾亦示衆生心中伏藏故約心起三十六問若能答者即識心中一切法也問若爾只應問心出一切法云何復問心出見思兩惑耶答只爲不知觀心而結生八萬四千煩惱之冰若能觀智照了即融出八萬四千諸波羅蜜之水而冰水未嘗有異解惑何得別體爲不了故示心諸過令知罪必改疾除妄惑示心法門令識福不忘勤修習之爲是義故約心觀於外惑也又且心是一法易可觀之萬法萬境逐物意移難可照也論云問觀自生心云何是魔行業煩惱所繫三界大宅燒問觀自生心云何是外道諸見煩惱業流轉於六道此兩偈不了一念自生之心即空不解四不可說之理故起見思二惑思惑即是魔非第六天魔也見惑即外道

非六師也經云衆魔者樂生死菩薩於生死而不捨外道者樂諸見菩薩於諸見而不動此並就見思惑心論魔外道耳今就六塵論思惑魔者不了一念之心即空虛妄而見可愛六塵纏綿愛著起貪出二萬一千之惑輭賊魔也見可畏六塵生怖起瞋出二萬一千惑即強魔也平平六塵起癡出二萬一千平品之魔也等分復出二萬一千等分魔也是則並由不了一念之心即空虛妄故觸緣對境而爲三毒等分八萬四千魔賊之所縈纏業煩惱繫而被三界火宅之所燒著故偈云問觀自生心云何是魔行等斯之謂也次釋見惑者正就推求諦理不當心行理外而生煩惱稱爲見惑名之外道何者若定謂一念之心具含萬法是如來藏者即同迦毗羅外道因中先有果計若定謂心無萬法修之方有者即同堀樓僧迦外道因中無果之計若定謂心亦具亦不具即同勒沙婆外道因中亦有果亦無果之計六師各有定執乃至單四句複四句具足之見等並是外道所計推

准可知所以闡心具萬法是如來藏即謂如橐之盛沙闡心無萬法即謂之如兔角斯並永執邪見之人何可論道者乎經取譬如箜篌之聲不可定實責之有無四句若如癡王斷弦求箜篌聲者斯人求理四句有無皆是邪見苟執能如智臣善取聲者巧能會眞四句皆是得門也門名能通則無法不具一色一香無非中道舉足下足無非道場必其苟執其門則塞塞則無法非惑惑心所見一色一香無非顛倒邪見外道也略出八十八使見惑者如觀一念之心愛著觀法經云法名無染若染於法乃至涅槃是則染法非求法也此是貪使以貪愛故讃其觀法則喜呵之則瞋此是瞋使既未發眞諦即是無明闇惑此是癡使既有無明昏闇疑惑諦理即是疑使恃我觀解陵他是則慢使存我能觀心即是身見既未見中道即是邊見執已見爲是撥他爲非即是邪見必謂其觀解是涅槃因即是戒取定存所見之理是涅槃果即是見取斯是觀一念自生之心不了起此十使之

惑十使約欲界四諦三十二色無色四諦各二十八三界四諦有八十八使也名爲集諦見必依色即是苦諦然長爪利根尚不識其見心苦集我慢自高今時行者焉能識乎是以行者未悟理前何得非見宜可虛心七處悔過自省不可苟執是非諍計而生我慢起八十八使自縈妄惑可謂舊病不除更增新疾然四教各有四門合爲十六門一門修觀見惑苦斯餘十五門准而可知問八十八使止障小乘何得通於大乘答別則如問通則具有有而義別也此等見惑外道皆由不了一念之心妄縈惑苦流轉生死故偈云問觀自生心云何是外道等斯之是也論云問觀自生心云何是三乘拙度斷見思出三界火宅前三偈明不了一念自生之心不達四不可說之義理故起見思二惑事如前說此去有四偈是第三明理有淺深若解悟一念自生之心達四不可說之理但解有大小巧拙悟有漸頓淺深致有四教之別即爲四偈也問教本詮理所詮唯二能詮之教何得有四

耶答詮二理各有曲直巧拙而成四也後當可見問寶所化城所詮二理今在何處若知處所求之即易也答一色一香無非中道無非寶所即色是空無非化城此道辯耳既近即心而論者經云一切衆生即涅槃相不復更滅諸佛解脱當於衆生心行中求爲令衆生開佛知見但由衆生不覺内衣裏有無價寶珠何知寶所之理在於即心之内亦如貧女不識家中伏藏衆生豈悟身内中道之源者乎經云生死即涅槃煩惱即菩提是則寶所之理豈在五百由旬之外經云即色是空偏眞化城亦非三百之外也是則二理在乎一念之心無勞遠涉經云能觀心性名爲上定然衆生尋求二理根有利鈍巧拙四緣教隨於緣致有四教之别今先釋初偈三藏教者但衆生顛倒謂身心是常樂我淨隨顛倒想起見思二惑造作無邊生死罪果常在火宅之中爲煩惱之所煎迫常受苦惱經云火來逼身苦痛切已雖遭大苦不以爲患但東西馳走視父而已無求出意長者雖復身手

有力而不用之即以方便設羊鹿等車爲諸三乘説諦緣度斯則名爲三藏説三乘之教經云即趣波羅柰轉四諦法輪爲五比丘説五衆之生滅等五衆者即是説五陰生滅云三藏生滅教也若今行者欲禀學三藏生滅觀者觀一念自生之心爲生住滅三相所遷念念無常無常故苦苦故無我無我故空以觀知苦空無常無我即破常樂我淨四倒四倒破故即不起見思妄惑見思惑除名爲火滅則兢共推排爭出火宅是則有惑之本生有惑之念滅故名生滅觀也修此生滅觀故得悟心空證化城理是名三藏拙度曲證眞理也故偈云問觀自生心云何是三乘等斯之是也論云問觀自生心云何是巧度三乘不斷結得入二涅槃此一偈明通教也行者禀此教而修觀觀一念自生之心即是空非心滅空心自性空經云自性離故自性無所有故自性不可得故經云譬如幻師見所幻人菩薩觀衆生爲若此也如智者見水中月如鏡中見其面像如熱時炎如呼聲響如空

中雲如水上泡菩薩觀衆生爲若此經云無明體性本自不有妄想因緣和合而有但衆生不知虚妄謂身爲實言是常樂我淨而起四倒横計諸惑流轉生死今時行者觀已身心虚幻而無有實何常樂我淨之有則不起倒想煩惱自滅如人夢中見人毁讃讃則喜躍毁則憂惱眠覺已後方悟眠中喜怒横生忻懼菩薩行者觀自生心喜怒而生諸惑亦如幻化經云如夢所見作斯觀故即悟一念自生之心空理是名通教體法無生巧度傍詮化城理也問何故名體法無生巧度之觀答今當譬解者一如鏡外實像二如鏡内影像而即目世人可不謂鏡外像是實有鏡内之像是虚無耶若禀三藏教行者觀身心之法如鏡外實像但爲三相所遷故無常苦空無我作斯觀者得悟無常苦空之理而今通教行者體知身心只如鏡内之像虚無然今鏡像可不即像而空何得滅像方空故經云即色是空非色滅空色自性空是則無鏡像之本滅故經云本自不生今則無滅此觀巧

且妙故名體法無生巧度觀也舉鏡譬既然
夢幻影響等喻可知也此觀比三藏即是利
根三乘人乃能修此巧度之觀故經云解集
無集而有真諦既云解集無集何煩惱可斷
而有真諦即是得二涅槃如偈云三乘不斷
結得入二涅槃也論云問觀自生心云何是
別教求大乘常果菩薩斷別惑此一偈明別
教何者然稟別教者始心即知常住佛果發
心欲求但佛果玄微不可即事而頓修故從
微至著從淺至深初觀身心生滅苦空無常
無我修生滅之觀不異前三藏觀法但三藏
不知常住佛果以此為異耳次修體法無生
之觀亦不異通教通教但同三藏偏真化城
不求大乘常果異別教耳而別教先修生滅
伏四住惑次修無生斷四住故名從假入空
觀也故瓔珞經云從假入空名二諦觀中論
云因緣所生法我說即是空也次出假觀者
觀一念自生之心若是究竟空即是斷無經
云雖空而不斷雖有亦不常善惡亦不失故
知雖空而是如來藏具足百界千如生死涅

槃皆在心內萬法萬行並在其中故宜修學
恒沙佛法集無量四聖諦破無知塵沙之惑
顯出心中如來藏理故名從空入假觀也瓔
珞云從空入假名平等觀前但破假未破空
今復破空故名平等觀也中論云亦名為假
名淨名云未具佛法不應滅受而取證也是
則二經一論共證假觀也三修中道觀者前
觀心雖空而不無後觀心雖假而不有不有
故不常不無故不斷不常不斷即是中道又
不有故非有不無故非無名為中道又不有
而有即是中道真善妙有法性常色故經云
捨無常色獲得常色受想行識亦復如是又
不無而無即是第一義空名為中道即大涅
槃空也斯之有無並是中道異名故名從假
入中瓔珞云二觀為方便得入中道第一義
諦觀中論云亦名中道義淨名云今我此病
非真非有非真而非空非有即非假名為中
道乃至非凡夫行非賢聖行是菩薩行等乃
有兩紙餘經文並雙非兩捨顯於中道是則
二經一論亦共證成中道觀也此是菩薩行

者稟別教之觀觀一念自生之心修歷別三
觀之理志求大乘常住佛果而斷無明別惑
是名別教曲詮中道理也故偈云問觀自生
心云何是別教等斯之是也
論曰問觀自生心云何圓教乘不破壞法界
住三德涅槃此一偈明圓教何者經云生死
即涅槃煩惱即菩提者三觀圓觀一念生死
之心即是中道涅槃煩惱之心即是中道菩
提經云菩薩未成佛菩提為煩惱菩薩成佛
時煩惱即菩提故知迷心為煩惱生死悟心
即菩提涅槃是則菩提煩惱更無二法如寒
結水為冰暖即融冰為水名殊而體一也亦
何妨名異而體同故經云有身為種無明有
愛為種貪癡為種四顛倒為種等乃至一切
皆是佛種是則煩惱惡法既是佛種善無記
法理應是也斯則一切無非佛法一色一香
無非中道經云不壞於身而隨一相即是苦
道法身德也不滅癡愛起於明脫即煩惱道
般若德也以五逆相即是解脫即是業道解
脫德也是則經明不壞生死三道即是三德

祕密大般涅槃故云一切衆生即大涅槃不復更滅即其義也然而三德即是三般若三法身三寶等乃至一切八萬四千法門諸波羅蜜萬德萬行一切佛法皆在一念生死三道之内故目此心爲如來藏故知道至近而易迷理即事而難曉必其苟領斯意以圓道神統者矚目對境何非妙道也經云治生産業皆與實相不相違背四儀之間無非是道舉足下足無非道場是則金玉出於沙石道出於無道故經云行於非道通達佛道火生蓮華謂之希有自非大行大根性人何能遊神斯道者也俱衆生理具情迷故云貧女寶藏無人知者不覺内衣裏有無價寶珠凡夫不知以此寶自富故名貧女二乘不能以此寶自饒故名窮子此之寶藏不妄授人故云久默斯要不務速說四十餘年未顯眞實今乃說之良由法不可妄說問昔何不說今乃說之答經云衆生五濁障重故不得說也問五濁何以障大答衆生以五濁因緣横計生死謂常樂我淨而起妄惑墜墮三途而今更說其身是如來藏常樂我淨增其倒惑何由得出生死者也只令行空之人即是其事何者而其本多貪欲三毒聞經婬欲即是道恚癡亦復然如是三法中具無量佛法其不達斯妙旨扶其惑心更增起迷倒豈可妄說問今說身有如來常樂我淨與衆生横計常樂我淨若爲有異答涅槃經云横計常樂等如蟲食木偶得成字是蟲不識是字非字經將此釋以斥於彼今可借彼以釋此也然佛初寂滅道場成道即欲以此大法擬之衆生無機不受大化故信解品中領解云長者於師子牀見子便識即遣傍人急追將還于時窮子稱怨大喚我不相犯何爲見捉我若强說衆生則破法墮惡道故云我寧不說法疾入於涅槃此即全生如乳尋念過去佛所行方便力我今亦如是方便度衆生即趣波羅柰爲五比丘說說生滅之教斷四住惑故云更遣二人追捉將來二十年中除見思之糞即是從凡入聖轉乳如酪次說方等帶三教方便說圓教調伏故淨名用圓别兩教折十大弟子用圓彈偏行菩薩歷别之行漸令調伏何者昔對其說大破法不信令不得說今既得二乘聖道聞其說大即自傷敗種故聲振大千歎菩薩妙法難思雖未得悟而不起謗故云過是已後心相體信入出無難然其所止猶在草庵下劣之心亦未能捨也此是轉酪爲生酥即是三藏之後說方等教也次說般若帶通别兩方便說圓調伏爲諸菩薩說般若故信解品云長者知子漸已通泰而命領知家業故偈頌云佛勑我等爲諸菩薩說波羅蜜而我無有希取一餐之意此是轉生酥爲熟酥此方等後說般若教也次般若後說法華圓教經云正直捨方便但說無上道即是說令圓觀觀一念之心即是中道如來寶藏常樂我淨佛之知見故云爲大事因緣故出現於世舍利弗問云何名大事因緣佛云爲令衆生開佛知見故示悟入等亦復如是故信解品中云長者自知臨命終時聚會親族即云我是其父汝是我子一切財物皆悉付之即般若之後說法華圓教也故知前

之三教並是爲令圓教妙觀之方便調伏令堪受今之妙觀故知圓觀微而復妙何得比前三教者乎故經歎云初發心時即坐道場又云初發心時已過於牟尼譬如王子初生即在百官之上初發圓心即在三教之上經格量第五十人功德尚不可稱量況最初隨喜人即是今圓觀人也以是義故借五味之教顯今圓教之觀相也然圓觀之道體生死三道即是三德涅槃已如前釋是即三道即法界法界何所破壞故偈云問觀自生心云何是圓教不破壞法界住三德涅槃斯之謂也行法衆多而言其四

觀心論疏卷第二

觀心論疏卷第二

校勘記

一　底本，明永樂北藏本。

一　六六五頁上一行書名、卷次，二行撰者，[南]無(未换卷)。

一　六六九頁上七行末字「乎」，[南]作「正」。

一　六六九頁上一一行「燒者」，[南]作「燒煑」。

一　六六九頁下九行第三字「苦」，[南]、[徑]、[清]作「若」。

一　六七〇頁上一二行末字「乎」，[南]無。

一　六七〇頁中六行「三相」，[南]作「五相」。

一　六七〇頁下一六行第一六字「令」，[南]作「今」。一七行末字同。

一　六七〇頁下末行「不生」，[南]作「不然」。

一　六七一頁下四行「是也」，至此，[南]卷上終，卷中始。

一　六七一頁下六行「三德」，[南]作「二德」。

一　六七二頁上四行「佛法」，[南]作「法佛」。又末字「三」，[南]作「二」。

一　六七二頁上一二行第六字「俱」，[南]、[徑]、[清]作「但」。

一　六七三頁上末行書名、卷次，[南]無(未换卷)。

觀心論疏卷第三　刑八

隋天台沙門灌頂撰

論曰問觀自生心云何為涅槃修四種三昧得真無生忍此是第四一偈明欲觀一念自生之心取其理證應須依四種三昧方軌而修也故經云又見佛子修種種行以求佛道種種行即是四種三昧修行不同故云種種也言其四者一常坐三昧二常行三昧三半行半坐四非行非坐言三昧者稱調直定釋論云善心一處住不動是名三昧大經云繫心一境名為三昧第一常坐三昧者出文殊說波若亦名一行三昧為三別一事相二觀法三勸修初事相者行人欲觀一念自生之心必可依何者或可處衆或可獨行居一靜室安一繩床結跏趺坐端直不動誓助不著床經云一坐十小劫身體及手足寂然安不動常捨一切亂想不得欺佛不負心不誑衆生何者夫論修懺學道必是初心諸佛經云佛知衆生行道不行道豈得詐心冥聖不但舊罪不除更增重患所以宜須專一其心也若念一佛當令與十方佛功德等又須稱唱佛名助身心二業如人憂喜舉聲大叫悲喜之情乃暢三業勤修設使疲勞經云設身有苦當念一切苦惱衆生將他之重苦奪己之輕苦當忘疲勞且復我已造因三途之果不久當受佛慈許悔我今懺洗小小疲勞不能安忍當來三途之苦何何者經云非空非海中亦非山市間無有地方所脫之不受報當何逃耶扣冰魚踊泣竹筍生世孝志情尚能有感況虔心三寶何患不應者乎二明觀法者即是一念法界繫緣法界言法界者一色一香皆是中道無非佛法故皆是法界也而念心緣一切法皆是佛法即是真妙實相法界故云繫緣法界一念法界故經云言法界者信一切法皆是佛法佛法者無前無後無有際畔同是一佛界故此佛法界無知者無說者非有非無非知非不知離此二邊住無所住如諸佛安處寂滅法界聞如是說勿生驚怖又此法亦名菩提亦名不思議境亦名般若住處亦名不生不滅若能如是觀法界者是樂觀如來觀如來時不謂如來為如來也若觀衆生相如諸佛相衆生界量如諸佛界量諸佛界量不可思議衆生界量亦不可思議衆生界無住如虛空住以不住法住般若以無相相般若若不見凡法云何捨凡法不見聖法云何取聖法生死涅槃垢淨亦如是不捨不取住實際故如此觀衆生真法界若觀貪瞋癡煩惱是寂滅行是不動行非生死法非涅槃法不捨諸見而修佛道非修道非不修道是名正住煩惱法界若觀業之重者無出五逆五逆即菩提菩提即五逆無二相故無覺者無知者無分別者逆罪相實相相皆不可思議皆不可壞本無本性一切業緣皆住實際不來不去非因非果是為觀業即是法界此法界印四魔不能得便何以故魔即法界印法界印云何毀法界印以此意歷一切法亦應如是此並彼經誠言然四三昧觀法者並應須取前圓教觀法在四種三昧中用也今更重取彼經觀法助成耳三勸修者此一一法界是佛真法是菩薩印若聞此法

不驚不畏不從千佛種諸善根乃從百千萬億佛所久植德本譬如長者失摩尼寶憂愁苦惱若還得之心甚歡喜若四衆有信樂心不聞是法則生苦惱若聞信解甚大歡喜當知是人即是見佛親近供養如人穿珠忽遇摩尼心大歡喜當知此人必已曾見若人修學餘法忽聞此經能生歡喜當知是人已曾從文殊師利所聞是法也身子云若於斯義諦了決定是名菩薩摩訶薩彌勒云得聞如是具足法相即是近於佛座何以故如來現覺此法相故文殊云得聞深法不驚即是佛佛言若聞是法不驚不怖即住不退轉地具熾然六波羅蜜亦具足佛法若人欲學一切佛法相好威儀無量法式欲解一切法相欲徧知一切衆生心欲住阿鞞越致地速得三菩提皆當修此一行三昧精進不懈則能得入如治摩尼珠隨磨隨瑩光明映徹表裏證此不可思議功德時知諸法相光明徧滿無有缺少菩薩能如是忍速得三菩提比丘比丘尼聞不驚怖即是隨佛出家信士信女聞

不驚怖即眞歸依處格量功德具在彼文也第二常行三昧者亦爲三一事相二觀法三勸修初事相者行者欲觀一念自生之心依常行三昧者此法出般舟三昧經名爲佛立三昧佛立有三事一佛威力二三昧力三本功德力能於定中見十方現在佛在前而立如明眼人夜仰觀星見十方佛亦如是多行此法時須避惡知識及癡人亦避親屬離鄉里常獨處止不得希望他方有所求索常乞食不受別請嚴治道場備須具辦衆餚饍甘果香華又盥沐清淨出入左右改換衣服如常法唯行旋無三威儀須好明師善能開導解內外律除諸妨障於所聞三昧處敬師如世尊若見師短求是三昧終不可得當割肌肉供養何況餘耶又須外護人晝夜調養精勤忍辱如母護兒又須好同行嚴相課策如共涉嶮須發要期誓願運牢强精進心使我筋骨枯朽學是三昧終不懈退起大正信無能壞者精進無能逮者所入智慧無能及者常與善師從事行是四事疾得三昧又一終

竟三月不得思念世間想欲如彈指頃二終竟三月不得困出如彈指頃三終竟三月經行不得住息不得坐除食左右四爲人說經不得望衣食行是四法者疾得三昧也二明觀意者彼經云何因致是三昧持戒浣具獨一處止念西方阿彌陀佛去此十萬億佛剎在衆菩薩中央說經三月常念云何念念彼佛一一相從足下千輻輪相乃至無見頂相我當逮是相我當從心得佛從身得佛佛不用心得不用身得佛不用心得佛色不用色得佛心何以故心者佛無心色者佛無色故不用是色心得三菩提佛色已盡乃至佛識已盡佛所說盡者癡人不見不知智者曉了不用身口得佛不用智慧得佛何以故智慧索不可得故自索我了不可得亦無所見一切法本無有壞本絕本譬如夢見七寶及親識歡喜覺已追念不知在何處當知是念佛又如舍衛有婬女名須門聞之歡喜夜夢從事覺已念之彼不來我不往而樂事宛然亦如是念佛如人行大澤飢渴夢得美食覺已

腹空自念一切所有皆如夢當如是念數數
莫得休息用是念當生阿彌陀佛國是名相
空如以七寶倚瑠璃上影現其中亦如比丘
觀骨起種種光此光無持來者亦無是骨是
意作耳如鏡中像不外來不內出識鏡淨故
自見其形行人色清淨所有者清淨欲見佛
即得見見即問問經大歡喜自念佛從何所
來我亦無所至我所念即見心作佛心自見
心是佛心是佛心是我心見佛心不自知心
心不自見心心起想則癡無想是泥洹是法
無可示皆念所爲設有念亦了無所有爲空
耳心者不知心有心不見心心起想即癡無
想即泥洹是法不堅固常住在我心以解見
空故一切無想念諸法不可獲如實觀察示
佛道無歸趣黠慧菩薩常了是五道鮮潔不
受色有解此者成大道三勸修者行人若欲
得智慧如大海令無能爲我作師者於此坐
不遷神通悉見諸佛悉聞所說聞悉受持欲
得如是功德者常行三昧於諸功德最爲第
一如是三昧是諸佛母諸佛眼十住毗婆沙

云般舟三昧父無生大悲母一切諸如來從
此二法生又云是三昧果報於無上道得不
退轉碎大千地草木諸物皆如微塵一塵爲
一佛世界滿爾世界中寶用布施福甚多不
如聞此三昧不驚不怖福德無量何況信心
受持讀誦爲人解說此又勝聞而不畏者又
何況定心修習如聲牛乳頃此復勝信解者
況能成是三昧者故無量無量經云行是三
昧須臾聞功德不可稱說現世安樂即入菩
薩位婆沙云劫火官賊怨毒獸衆疾侵是人
者無有是處此人常爲天龍八部諸佛皆共
護念稱讚皆共欲見共來其所若人聞此三
昧如上四種皆隨喜三世諸佛菩薩行是三
昧我亦隨喜迴向菩提所未聞經即能得聞
此經隨喜福復勝上譬喻若不修如是真法
失無量重寶人天爲之憂悲如把栴檀不視
不齅反呼爲臭如田家子以摩尼珠欲博一
牛行者已得聞此三昧可不努力勤修者也
第三半行半坐三昧者亦爲三一事相二觀
法三勸修初事相者行者欲觀一念自生心

依此半行半坐三昧出此二經方等云旋百
二十徧却坐思惟法華云若行若坐讀誦是
經若坐思惟是經我乘六牙白象現其人前
故知二經半行半坐爲方法也方等至尊不
可聊爾若欲修習神明爲證先求夢王若得
見一是許懺悔於閑靜處莊嚴道場香泥塗
地及室內外作圓壇綵畫懸五色旛燒海岸
香燃燈敷高座請二十四尊像多亦無妨設
餚饍盡心力須新淨衣鞋屩無新浣故出入
著脫無令參雜七日長齋日三時洗浴初日
供養僧隨意多少別請一明了內外律者爲
師受二十四戒及陀羅尼呪對師說罪要當
用月八日十五日當以七日爲一期決不可
減若能更進隨力堪任十人已還不得出此
俗人亦許須辦單縫三衣備佛法式預誦陀
羅尼呪一篇使利於初日分異口同音三徧
召請三寶十佛方等父母十法王子召請竟
燒香運念三業供養供養訖禮前所請三寶
禮竟以志誠心悲泣雨淚陳悔罪咎竟起旋
百二十匝一旋一呪不遲不疾不高不下旋

呪竟禮十佛方等十法王子如是作已却坐思惟思惟訖更起旋呪竟更却思惟周而復始終竟七日其法如是從第二日略召請一法餘悉如常行之二觀法者經合思惟摩訶袒持陁羅尼翻爲大祕要遮惡持善祕要只是實相中道正空經云吾從眞實中來眞實者寂滅相寂滅相者無有所求求者亦空乃至涅槃亦復皆空一切虛空界分亦復皆空無所求中吾故求之如是空空眞實之法當於何求當於六波羅蜜中求此與大品十八空同更無有異以此空慧歷一切事無不成觀方等者或言廣平今言方者法也般若有四種方法謂四門入清涼池即方也所契之理平等大慧即等也今求夢王即二觀前方便也道場即清淨境界也治五住糠顯實相米亦是定慧用莊嚴法身也香泥者即無上尸羅也五色蓋者觀五陰免子縛起大慈悲覆法界也圓壇者即實相不動地也繒旛即翻法界上迷生動出之解旛壇不相離即動出不動出不相離也香燈即戒慧也高座者

諸法空也一切佛皆棲此空二十四像者即是逆順觀十二因緣覺了智也餚饍者即是無常苦酢助道觀也新淨衣者即寂滅忍也瞋或重積稱爲故翻瞋起忍名爲新七日即七覺分也一日即一實諦也三洗即觀一實修三觀蕩三障淨三智也一師者即一實諦法也二十四戒者逆順十二因緣發道共戒也呪者囑對也瓔珞明十二因緣有十種即有一百二十支一呪呪一支束而言之只是三道謂苦業煩惱也今呪此因緣即是呪於三道而論懺悔事懺懺苦道業道理懺懺煩惱道文云犯沙彌戒乃至大比丘戒若不還生無有是處即懺業道文也眼耳諸根清淨即懺苦道文也第七日見十方佛聞法得不退轉即懺煩惱道文也三障去即十二因緣樹壞亦是五陰舍空思惟實相正破於此故名諸佛實法懺悔也三勸修者諸佛道皆由此法是佛父母世間無上大寶若能修行得全分寶但能讀誦得中分寶華香供養得下分寶佛與文殊說下分寶所不能盡況中上

耶若從地積寶至梵天以奉供佛不如施持經者一食充軀如經廣說云次約法華亦爲三事相觀法勸修事相者行者觀自生心依法華經修三昧者方法有十一嚴淨道場二淨身三業三供養四請佛五禮佛六六根懺悔七繞旋八誦經九坐禪十證相別有一卷名法華三昧是天台大師所著流傳於世行者宗之二觀法者普賢觀云專誦大乘不入三昧日夜六時懺六根罪安樂行品云於諸法無所行亦不行不分別二經本爲相成豈可執文鬪競蓋乃爲緣前後互出非碩異也安樂行護持讀誦深心禮拜等豈非事耶觀經明無相懺悔我心自空罪福無主慧日能銷除豈非理耶南嶽云有相安樂行無相安樂行豈非就事理得如是名特是行人涉事修六根懺爲悟入弄引故名有相若直觀一切法空爲方便者故名無相妙證之時悉皆兩捨若得此意於二經無疑修理觀者今歷事修觀言六牙白象者是菩薩無漏六神通牙有利用如通之捷疾象有大力表法身荷

負無漏無涤稱之爲白頭上三人一持金剛
杵一持金剛輪一持如意珠表三智居無漏
頂杵擬象能行表慧導行輪轉表出假如意
表中牙上有池表八解是禪體通是定用體
用不相離故牙端有池池中有華華表妙因
以神通力淨佛國土利益衆生即是因因從
通生如華由池發華中有女女表慈若無無
緣慈豈能以神通力促身令小入此娑婆通
由慈運如華擎女女執樂器表四攝也慈修
身口現種種同事利行財法二施引物多端
如五百樂器音聲無量也示喜見身者是普
現色身三昧也隨所宜樂而爲現之未必純
作白玉之像語言陀羅尼者即是慈熏口説
種種法也皆法華三昧之異名若得此意於
象身上自在作法門也三勸修者普賢觀曰
若七衆犯戒欲一彈指頃除滅百千萬億阿
僧祇劫生死之罪者欲發菩提心不斷煩惱
而入涅槃不離五欲而淨諸根見障外事欲
見分身多寶釋迦佛者欲得法華三昧一切
諸陀羅尼入如來室著如來衣坐如來座於

天龍八部衆中説法者欲得文殊藥王諸大
菩薩持華香住立空中侍奉者應當修習此
法華經讀誦大乘念大乘事令此空慧與心
相應念諸菩薩毋無上勝方便從思實相生
衆罪如霜露慧日能銷除成辦如此諸事無
不具足能解此經者則爲見我亦見於汝亦
供養多寶及分身令諸佛歡喜如經廣説誰
聞如是法不發菩提心除彼不肖人癡冥無
智者第四明非行非坐三昧者上一向用行
坐此既異上爲成四句故名非行非坐實通
行坐及一切事南嶽師呼爲隨自意意起即
修三昧大品稱覺意三昧意之趣向皆能覺
識明了雖復三名實是一法今依經釋名覺
者照了也意者心數也三昧如前釋行者觀
一念自生心心數起時反照觀察不見動轉
根源終末來處去處故名覺意三昧也隨自
意非行非坐准此可解云云
論曰問觀自生心云何巧成就二十五方便
調心入正道此是第五一偈明妙理不可頓
階若欲進趣正道須善方便今明方便者方

便名善巧也行者觀一念自生心善修行以
微少善根能令無量行成解發入菩薩位也
又方便者衆緣和合也以能和合成因亦能
和合取果故也經云如來身者不從一因一
緣從無量功德生如來身顯此巧能故論方
便也若依漸次即有四種方便方便各有遠
近如阿毗曇明五停心爲遠四善根爲近通
別二種方便例可意知圓教以假名五品觀
行等位去眞猶遥名遠方便六根清淨相似
鄰眞名近方便今就五品之前假名位中復
論遠近二十五法爲遠方便十種境界爲近
方便横竪該羅十觀具足成觀行位能發眞
似爲方便也今釋遠方便略爲五一具五緣
二訶五欲三棄五蓋四調五事五行五法夫
道不孤運弘之在人人弘勝法假緣進道所
以須具五緣緣力既具當割諸嗜欲嗜欲外
屏當内淨其心其心若寂當調試五事五事
調已行於五法必至所在譬如陶師若欲得
器先擇良處無砂無滷草水豐便可作之所
次息餘際務際務不淨安得就功雖息外緣

身內有疾云何執作身雖康壯泥輪不調不
成器物上緣雖整不專於業廢不相續永無
辦理修行五緣亦復如是有待之身必假資
籍如彼好處訶厭塵欲如斷外緣棄絶五蓋
如治內疾調適五事如學輪繩行於五法如
作不廢世間淺事非緣不合何況出世之道
若無弄引何易可階故歷二十五法約事爲
觀調麤入細捨散令靜故爲初心遠方便也
此五法三科出大論一種出禪經一是諸禪
師立云云　一具五緣者一持戒清淨二衣食
具足三閑居靜處四息諸緣務五得善知識
禪經云四緣雖具足開導由良師故知用五
法爲入道梯隥耳一闕則妨事一持戒者經
論出處甚多且依釋論有十種戒謂不缺不
破不穿不雜隨道無著智所讚自在隨定具
足此十通用性戒爲根本大論云性戒者是
尸羅身口等八種謂身三口四更加不飲酒
是淨命防意地又云十善是尸羅佛不出世
世常有之故名舊戒佛不出世凡夫亦修八
門禪故名舊定外道邪見六十二等舊醫乳
藥名爲舊慧今用三歸五戒二百五十爲客
戒根本淨禪觀練熏修爲客定四諦慧爲客
慧佛出方有也性戒者莫問受與不受犯即
是罪受與不受持即是善若受戒持生福犯
獲罪不受無福不受犯無罪如伐草害畜罪
同對首懺二罪俱滅定共戒無作者與定俱
發有人言入定時有出定時無有人言無作
依定定在不失定退即謝也道共無作者此
無作依道道無失故此亦無失戒定道共通
是戒名通以性戒爲本故經云依因此戒能
生諸禪定及滅苦智慧即此意也持此十種
戒攝一切戒不缺戒者即是持於性戒乃至
四重清淨守護如愛明珠若毀犯者如器已
缺無所堪用佛法邊人非沙門釋子失比丘
法故稱爲缺不破者即是持於十三無有破
損若有毀犯如器破裂也不穿者是持波夜
提等是也若有毀犯如器穿漏不能受道故
名爲穿也不雜者持定共戒也雖持律儀念
破戒事名之爲雜定共持心欲念不起故名
不雜隨道者隨順諦理能破見惑無著戒者
即是見真成聖於思惟惑無所染著也此兩
戒約真諦持戒也智所讚自在戒者此兩戒
則約菩薩化他爲佛所讚於世間中而得自
在是約俗諦論持戒也隨定具足兩戒即是
隨首楞嚴定不起滅定現諸威儀示十法界
像導利衆生雖威儀起動而任運常淨故名
隨定戒前來諸戒律儀防止故名不具足中
道之戒無戒不備故名具足此是持中道第
一義諦戒也用中道慧徧入諸法故經云式
叉式叉名大乘戒也涅槃明五支戒及十種
戒義勢略同設諸經論更明戒相終不出此
十科云云束前三種戒名律儀戒秉善防惡從
初根本乃至不穿纖毫清淨束名律儀戒凡
夫散心悉能持得此戒也次不雜一戒定法
持心心不妄動身口亦寂三業皎鏡此是定
共戒入定時任運無雜出定身口柔輭亦不
雜凡夫入定則能持得也隨道戒初果見諦
發真成聖聖人所持非凡夫能持也無著戒
則三果人所持亦非初果所持也智讚自在
此乃菩薩利他須持此戒則非二乘所持也

隨定具足此是大根性所持則非六度通教菩薩所能持也況復凡夫二乘耶向判位高下事義不同若觀一念自生心論持戒者具能持得上十種戒也先束十戒爲四意前四戒但是因緣所生法通爲觀境次二戒即是觀因緣生法即空空觀持戒也次兩戒觀因緣即是假假觀持戒也次兩戒觀因緣生法即是中中觀持戒也所言觀心爲因緣生法者若觀一念心從惡緣起即能破根本乃至不雜戒等與善相違故名爲惡念念以善順之心防止惡心能令根本乃至不雜等戒善順成就得無毀損故稱善心名爲防止惡心既止身口亦然防止即是止善善順即是行善行善即是觀止善即是止是名觀因緣所生心持四種戒也乘戒緩急懺淨等具如止觀廣明也云云二衣食具足者衣以蔽形遮障醜陋食以支命填彼飢瘡身安道隆道隆則本立形命及道賴此衣食故經云如來食已得三菩提此雖小緣能辦大事衣者遮醜陋遮寒熱遮蚊䖟飾身體衣有三種雪山大士

絕形深澗不涉人間結草爲席被鹿皮衣無受持說淨等事堪忍力成不須溫厚不遊人間無煩支助此上人也十二頭陀但畜三衣不多不少出聚入山被服齊整故立三衣此中士也多寒國土聽百一助身要當說淨趣足供事無得多求多求辛苦守護又苦妨亂自行復擾檀越少有所得即便知足此下士也觀行爲衣者經云汝等比丘雖服袈裟心猶未染大乘法服法華云柔和忍辱衣是也此即寂滅忍生死涅槃二邊麤獷與中道理不二不異故名柔和安心中道故名爲忍離二喧故名寂過二死故名滅也云云食者三處論食可以資身養道一深山絕跡去遠人民但資甘果美水一菜一果而已或餌松栢以續精氣如雪山甘香藕等食已繫心思惟坐禪更無餘事如是食者上士也二阿蘭若處頭陀抖擻絕放牧聲是修道處分衛自資七佛皆明乞食法方等般舟法華皆云乞食也路徑若遠分衛勞妨若近人物相喧不遠不近乞食便易是中士也三既不能絕穀餌果

又不能頭陀乞食外護檀那送食供養亦可得受又僧中如法結淨食亦可得受下士也若就觀心明食者大經云汝等比丘雖行乞食而未得入大乘法食大乘法食者如來法喜禪悅也此之法喜即是平等大慧觀一切法無有障礙淨名云於食等者於法亦等於法等者於食亦等煩惱爲薪智慧爲火以是因緣成涅槃食令諸弟子皆悉甘嗜此食資法身增慧命如食乳糜更無所須即眞解脫眞解脫者即是如來用此法喜禪悅歷一切法無不一味一色一香無非中道中道之法具一切法即是飽義無所須義如彼深山上士一草一果資身即足頭陀乞食者行人不能即事而中修實相慧者當次第三觀調心入中道次第觀故名爲乞食亦見中道又名飽義即中士也檀越送食者若人不能即事通達又不能歷法次觀自無食義應須隨善知識能說般若者善爲分別隨聞得解而見中道是人根鈍從聞生解名爲得食如人不能如上兩事聽他送食又僧中結淨食者即

是證得禪定支林功德藉定得悟名僧中食
也是故行者常當存念大乘法食不念餘味
也三閑居靜處者雖具衣食住處云何若隨
自意觸處可安三種三昧必須好處好處有
三一深山遠谷二頭陀抖擻三蘭若伽藍若
深山遠谷途路艱險永絶人蹤誰相惱亂恣
意禪觀念念在道毀譽不起是處最勝二頭
陀抖擻極近三里交往亦踈覺策煩惱是處
爲次三蘭若伽藍閑靜之寺獨處一房不干
事物閑門靜坐正諦思惟是處爲下若離此
三餘則不可觀心處者諦理是也中道之法
幽遠深邃七種方便絶跡不到名之爲深高
廣不動名之爲山遠離二邊稱之爲靜不生
不起稱之爲閑大品云若千由旬外起聲聞
心者此身雖遠離心不遠離以憒閙爲不憒
閙非遠離也雖住城傍不起二乘心是名遠
離即上品處也頭陀處者即是出假之觀此
觀與空相鄰如蘭若與聚落並出假之觀安
心俗諦分別藥病抖擻無知淨道種智此次
處也閑寺一房者即從假入空觀也寺本衆

閙居處而能安靜一室即下處也四息諸緣
務者緣務妨禪由來甚矣蘭若比丘去喧就
靜云何營造緣務壞蘭若行非所應也緣務
有四一生活二人事三技能四學問生活緣
務者經紀生方觸途紛糺得一失一喪道亂
心若動營衆事則隨自意攝非今所論二人
事者慶弔俯仰低昂造聘此往彼來來往不
絶況復衆人交絡擾攘追尋夫違親離師本
求要道更結三州還敦五郡意欲何之倒裳
索領鑽火求冰非所應也三技能者醫方卜
筮泥木彩畫棊書呪術等是也皮文美角膏
煎鐸毀傷已害身況修出世之道而當樹林
招鳥腐氣來蠅豈不摧折汚辱乎四學問者
讀誦經論問答勝負等是也領持記憶心勞
志倦言論往復水濁珠昏何暇更得修於觀
心此事尚捨況前三務耶觀心生活者愛是
養業之法如水潤種因愛有憂因憂有畏若
能斷愛名息生活緣務也人事是業業生三
界往來五道以愛潤業處處受生若無業者
愛無所潤也技術習學等者未得聖道不得

修通妄想之法障於般若般若如虛空無戲
論無文字若得般若如得如意珠但一心修
何遑忽忽用神通爲習學未得無生忍而修
世智辯聰種種分別皆是瓦礫非真寶珠若
能停住水則澄清下觀瑠璃安徐取寶欲行
大道不應從彼小逕中學也五得善知識者
是大因緣所謂化導令得見佛阿難說知識
得道半因緣佛言不爾具足全因緣也知識
有三種一外護二同行三教授若深山絶域
無所資待不假外護若修三種三昧應仰勝
緣夫外護者不簡白黑但能營理所須莫見
過莫觸惱莫稱歎莫帆舉而致損壞如母養
兒如虎啣子調和得所舊行道人乃能爲耳
是名外護二同行者行隨自意及安樂行未
必須伴方等般舟行法決須好伴更相策發
不眠不散日有其新切磋琢磨同心齊志如
乘一船互相敬重如視世尊是名同行三教
授者能說般若示道非道內外方便通塞妨
障皆能決了經云隨順善師學得見恒沙佛
是名教授也觀心知識者大品云佛菩薩羅

漢是善知識六波羅蜜三十七品是善知識法性實際是善知識若佛菩薩威光覆育即外護也六度道品是入道之門即同行也法性實際即是諦理諸佛所師境能發智即教授也一中各具三義如止觀廣辯云云二訶五欲者謂色聲香味觸十住婆沙云禁六情如繫狗鹿魚蛇猿鳥狗樂聚落鹿樂山澤魚樂池沼蛇樂居穴猿樂深林鳥樂依空六根樂六塵非是凡夫淺智弱志所能降伏唯有大智慧堅心正念乃能降伏耳總諭六根令私對之眼貪色色有質像如聚落眼如狗也耳貪聲聲無質像如空澤耳如鹿也鼻貪香如魚也舌貪味如蛇也身著觸如猿也心緣法如鳥也今除意但明於五塵五塵非欲而其中有味能生行人貪欲之心故言五欲譬如陶師人客近請不得就功五欲亦爾常欲牽人入諸魔境雖具前緣攝心難立故須訶也色者所謂赤白長短明眸善睞素頸翠眉皓齒丹脣乃至依報紅黃朱紫諸珍寶物惑動人心如禪門中所說色害尤深令人狂醉生死根本良由於此經云衆生貪狼於財色坐之不得道觀經云爲色所使爲恩愛奴不得自在若能知色過患則不爲所欺如是訶已色欲即息攀緣不生專心入定聲欲者即是嬌媚妖辭淫聲染語絲竹絃管環釧玲珮等聲也香欲者即是鬱茀氛氳蘭馨麝氣芬芳酷烈郁馧之物及男女身分等香味欲者即是酒肉珍餚肥腴津膩甘甜酸辣酥油鮮血等也觸欲者即是冷煖細滑輕重强輭名衣上服男女身分等也此五欲過患者色如熱金丸執之則燒聲如塗毒鼓聞之必死香如憋龍氣嗅之則病味如沸蜜湯舌則爛如蜜塗刀舐之則傷觸如臥師子近之則齧此五欲者得之無厭惡心轉盛如火益薪世世爲害劇於怨賊累劫已來常相劫奪摧折色心今妨禪寂復相惱亂深知其過貪染休息也觀心訶五欲者如色欲中滋味無量謂常無常我無我淨不淨苦樂空有世第一義皆是滋味也釋論云二乘爲禪故訶色事不名波羅蜜菩薩訶色即見色實相見色實相即是見禪實相故名波羅蜜到色彼岸到色彼岸即是見中道分別色者即是見色俗即色空者是見色眞如是訶色盡色源底成三諦三昧發三種智慧深訶於色爲觀心方便其意在此訶色既然餘四亦爾三棄五蓋者謂貪欲瞋恚睡眠掉悔疑通稱蓋者蓋覆纏綿心神昏闇定慧不發故名爲蓋也前訶五欲乃是五根對現在五塵發五識今棄五蓋即是五識轉入意地追緣過去逆慮未來五塵等法爲心內大障喻如陶師身中有疾不能執作蓋亦如是爲妨既深加之以棄如翦毒樹如檢偷賊不可留也大品云離欲及惡法離欲者五欲也如前訶惡法者五蓋也宜須急棄此五蓋者其相云何貪欲蓋起追念昔有時所更五欲念淨潔色與眼作對憶可愛聲鬢鬚在耳思悅意香開結使門想於美味甘液流口憶愛諸觸毛竪戰動貪如此等麤弊五欲思想計校心生醉惑忘失正念或密作方便更望得之若未曾得亦復推尋或當求覓心入塵境無有間念麤覺蓋禪禪何由獲

是名貪欲蓋相瞋恚蓋者追想是人惱我惱
我親稱歎我怨三世九惱怨對結恨心熱氣
麤忿怒相續百計伺獲欲相中害危彼安身
恣其毒忿暢情爲快如此瞋火燒諸功德禪
定枝林豈得生長此即瞋蓋相也睡眠蓋者
心神昏昏六識闇塞四支倚放爲眠眠名增
心數法烏闇沉塞密來覆人難可防衛五情
無識猶如死人但餘片息名爲小死若甚眠
者眠則滋多故經云若多睡眠懈怠妨未得
不得已得者退失若欲勝道除睡疑放逸論
云如人被縛將去殺爾時云何安可眠又如
臨陣白刃間如共毒蛇同室居爾時安可睡
故經云中夜誦經以當消息競共推求爭出
火宅尺璧非寶寸陰是競今修妙道安可貪
睡勿昏於理宜須棄之掉悔蓋者若覺觀偏
起屬前蓋攝今覺觀等起徧緣諸法作緣貪
欲又想瞋恚及以邪癡炎炎不停卓卓無住
作起作伏種種紛紜身無趣遊行口無益談
笑是名爲掉掉而無悔則不成蓋以其掉故
心地思惟謹慎不節云何乃作無益之事實
可爲恥心中憂悔懊結繞心則成悔蓋蓋覆
禪定不得開發故云悔已莫復憂不應常念
著不應作而作應作而不作即此意也是名
掉悔蓋相也疑蓋者此非見諦障理之疑乃
是障定疑也疑有三種一疑自二疑師三疑
法一自疑者謂我身底下必非道器是疑身
二疑師者此人身口不稱我懷何必能有深
禪好慧師而事之三疑法者所受之法何必
中理三疑猶豫常在懷抱禪定不發設得永
失此是疑蓋之相也棄相云何行者常自省
察我今心中何病偏多若知病者應先治之
若貪蓋重當用不淨觀棄何故向謂五欲爲
淨愛著纏綿今觀不淨膿囊涕唾無可欣樂
此蓋若去心即得安若瞋恚蓋多當念慈心
滅除恚火此火能燒二世功德人不喜見今
修慈心棄捨此惡觀一切人父母親想悉令
得樂作是觀時瞋心即息安心入禪若睡蓋
多者當勤精進策勵身心加意防擬思惟法
相莫以睡眠因緣失二世樂徒生徒死無一
可獲如入寶山空手而歸深可傷歎當好制
心善巧防抑也若掉散蓋者應用數息何以
故此蓋甚利來時不覺于久始知今數息若
數不成或時中忘即知已去覺已便數數相
成就則覺觀被伏若不治之終身被蓋若三
疑在懷者作是念我身即是大富盲兒具足
無上法身財寶煩惱所翳道眼未開莫以疑
恚而自毀傷若疑師者我今無智上聖大人
皆求其法不取其人雪山從鬼請偈天帝拜
畜爲師若疑法者我法眼未開未別是非憑
信而已佛法如海唯信能入故經云雖示種
種道其實爲一乘莫疑能詮種種之教但取
所詮之實理離此三疑其蓋亦棄也然斯之
五蓋即是生死煩惱惡法經云煩惱即菩提
生死即涅槃然生死涅槃隨衆生迷悟致有
二河之別而理實無生死五蓋可棄涅槃之
法可求是則無棄而棄名棄五蓋也四調五
事者謂調眠調食調身調息調心一調眠者
然眠是眼食過多則沉昏自弊故經云如人
喜眠眠則滋多過少則失明如阿那律是也
令調令得所使坐念觀慧明淨内合者無明

煩惱是眠二乘斷盡煩惱如調眠太過凡夫未斷如不調眠菩薩不同二邊故經云不住調伏心不住不調伏心是菩薩調眠也二調食者過飽則妨坐念過少則虛劣不飢不飽是食調相觀解者經云分別法喜禪悅為食偏空是太飢偏假是太飽中觀平等是食調相也三調身者坐時仰身是其急相坐時頭低是其寬相不低不仰是身調相觀解者經云六波羅蜜滿足之身卒起精進是菩薩魔事是身急相不卒起亦是魔事是身寬相是則不急不寬是身調相也四調息者坐時息之出入太利是滑相息出壅滯是息澀相若息亦不澀不滑是息調相也觀解者經云以波若之慧為壽命是則息也今調波若之慧不利不鈍是息調相也五調心多攀緣是心浮相多昏闇是沉相不沉不浮是心調相觀解者經云菩提之心令偏假發是菩提心浮相偏空發是菩提心沉相中道發菩提心不空不假不沉不浮是心調相也此是調五事也五行五法者謂欲精進念巧慧一心也欲者欲樂望求無相波若圓妙勝果如薩陀波崙求般若欲見曇無竭聞般若波羅蜜存心志想更無異求也精進者如薩陀波崙求般若時身心精進不念晝夜不念疲極不念飲食曉夜勞勤至求般若無餘願也念者唯念何時得見曇無竭菩薩唯念何時聞般若波羅蜜唯念何時與波羅蜜相應更無餘念巧慧者思惟知捨無常敗壞之身而求如來金剛之體棄無常命而求般若常住慧命非但得離大患之身而乃獲得無上大利之寶思惟是巳設欲終身疲苦不覺有勞所以不念疲極不念飲食但念賣身何時得售供養學無竭菩薩得聞般若也一心者唯存中道實相般若之心更無二邊之心是名一心也齊此略明事理兩釋解二十五方便竟斯之方便義乃雖不過深隱而是初心學道者之要方還源者之良導則二十五種皆須巧慧一心方便調心得入正道故偈云問觀自生心云何巧成就二十五方便調心入正道斯之謂也

觀心論疏卷第三

觀心論疏卷第三

校勘記

一　底本，明永樂北藏本。

一　六七四頁上一行書名、卷次，二行撰者，〔南〕無(未換卷)。

一　六七四頁上一五行第一三字「助」，〔南〕作「勵」；〔清〕作「肋」。

一　六七四頁中七至八行「非空非海中亦非山市間無有地方」，〔南〕作「非山非石間亦非他方」。

一　六七六頁上四行第一三字「亦」，〔南〕作「或」。

一　六七六頁上五行第一四字「識」，〔南〕、〔徑〕作「以」。

一　六七六頁上九行第二字「是」，〔南〕作「見」。

一　六七六頁上一八行第二字「遲」，〔南〕、〔徑〕、〔清〕作「運」。

一　六七六頁中末行第三字「勸」，〔徑〕作「觀」。

一　六七六頁下一行第五字「生」，〔南〕、〔徑〕、〔清〕作「半」。

一　六七六頁下二行第一〇字「去」，〔南〕、〔徑〕、〔清〕作「云」。

一　六七七頁下一三行「無主」，〔南〕、〔清〕作「無生」。

一　六七八頁下一一行「方便」，〔南〕作「者便」。

一　六七八頁下一三行第六字「今」，〔徑〕作「本」。

一　六八三頁上八行第一六字「喜」，〔南〕作「善」。

一　六八四頁上四行第七字「坐」，〔南〕作「生」。

一　六八四頁上一二行第八字「相」，〔南〕作「煩」。

一　六八四頁下卷末書名、卷次，〔南〕無(未換卷)。

觀心論疏卷第四　　　　刑九

隋　天　台　沙　門　灌　頂　撰

論曰問觀自生心云何是因心起十種境界成一心三智此是第六一偈明正觀理實而諸境雜發不同然上四種三昧及二十五方便皆是明修正觀之前方便今去正是明圓觀方法也言因心者觀起十境名爲因心起十種境界者一陰入境二煩惱境三病患境四魔事境五業相境六禪定境七諸見境八增上慢境九二乘境十菩薩境初觀陰界境者然一切衆生常以陰界入俱故須先觀次陰界後而觀煩惱者然槩流則水涌由觀陰境擊發煩惱則動三毒越逸異常若不明之行者不識則必爲之沉溺所以第二明煩惱發動用觀治之也次觀病患境者然一切衆生以四大毒蛇共爲一身常自是病然病有多種或業病或四大違返病或魔鬼病或因坐用心不調得病今觀陰入界境不發而但發諸病若不明者發時行者不識則壞三觀之心破毀浮囊亡失正念故第三明病患境

次觀業相境者然一切衆生過去皆有一切善惡之業但衆生心水波浪不靜業不得現今因觀陰界入澄神靜慮過去之業因靜心而發若不明之發時不識則爲破壞故第四明業發相也次觀魔事境者經云菩薩道若成當化導衆生空我宮殿及其道未成我當破之故云道高魔盛今觀陰入多發動魔若不先明之發時行者不識則爲之所惑故第五明觀魔事境也次觀禪定境者經云一切衆生有三種定謂上中下下者謂十大地心數中定也中者一切衆生皆有初地味禪也上定者一切衆生皆有佛性首楞嚴定也所以今觀陰入境靜心多發諸禪若不明之發時行者不識則爲所破故第六明禪定境也次觀諸見境者一切衆生常在諸見網中今觀陰入境種種推畫多發諸見若不明之發時不識則爲諸見所破故第七明諸見境也次觀增上慢境者今觀陰界入境或隨發少許即自謂之是聖未得謂證墮增上慢若不明之發時不識爲之沉溺故第八明增上慢

境也次觀二乘境者經云我見恒河衆生發菩提心少有得成就者多墮二乘地今行者初觀陰入境發菩提心學菩薩道但菩薩之道難成多退發二乘之心若不明之發時不識壞菩薩道故第九明二乘境也次觀菩薩境者菩薩有四種一三藏菩薩二通教菩薩三別教菩薩四圓教菩薩今觀陰入境正是第四明圓菩薩但圓教微妙修圓菩薩行位難成多墮前三教菩薩中若不明之發時不識必退失圓位故第十明觀菩薩境也然因觀陰界入境發餘諸境種種不同何者或次第發如前分別或不次第發或具足發十或不具足發或諸境雜發或發一境成就更發一境或未成就更發餘境或發一境竟重復更發或不更發或發一境久久而謝或不久即滅如是十義料簡陰界入境發既爾餘九境發亦十義料揀也然十境既多合論只成一心三智三觀何者陰入煩惱病患業相魔事禪定見慢等八境即見假觀道種智攝二乘境即是空觀一切智攝菩薩境即是中道

觀一切種智攝此三觀三智並在一心中故
偈云問觀自生心起十種境界成一心三智
等是也
論曰問觀自生心云何知十境各成十法乘
遊四方快樂此是第七一偈明十境之中隨
觀一境用十法成乘是則十境是有百法成
乘今且先觀陰界入一境辯十法成乘者問
何故先觀陰界入耶答陰即五陰入即十二
入界即十八界還約色心二法開合為陰界
入只是五陰之身耳今先觀者為一切衆生
與五陰旃陀羅相隨而復常被其害行者既
已覺知仍欲度涅槃彼岸故先觀也且復今
觀心論始終正明問觀自生心今觀五陰即
是觀一念心也偈云各成十法乘者即是正
就觀陰入境更開十法成乘何者一明不思
議境二發菩提心三明止觀四明破法徧五
識知通塞六明道品調停七明六度助道八
明次位九明安忍十不起順道法愛然斯之
十法是學道之方軌還源之要術出火宅之
良津度生死河之橋梁所以令行者宜記憶
斯之十法細心尋之釋出方知其妙也而言
十法成乘者乘是運出之義斯之十法共成
一大乘運出生死涅槃二樂直入中道故法
華云乘此寶乘遊於四方嬉戲快樂直至道
場四方者十住行向地等四十位也直至道
場即妙覺也今第一觀心是如來藏故即是
不可思議境也但衆生理具而情迷有而不
知故第二起弘誓慈悲也欲顯出心中如來
寶藏必須修定慧方可顯故第三明修止觀
安心止觀即定慧定慧照了有壅滯不通即
須破之故第四明破法徧也雖復徧破然塞
處須破通處不須故第五明善知通塞也雖
知通塞復須道品調停故第六明三十七品
調停得所也此六章多明正道而復須助道
故第七明六度為助道也然正助既具必證
勝法行者不識即謂是極聖多墮增上慢故
第八明識次位也雖知次位不墮上慢而發
勝法不能不說說畢則破菩薩行故第九明
安忍也雖外忍不說而內心不能不愛著愛
著名菩薩頂墮故第十明不起順道法愛也
今略明十法次第之相如是次廣明十法第
一先觀心是不思境者即是觀知一念自生
之心而是如來藏而具十界百如生死涅槃
在一念心中而不相妨故名不可思議境也
言十法界者六道為六二乘為八菩薩為九
佛為十此十界同是真如實際之法故云法
界又十法隔別不同故云法界也百如者一
界有十十界有百也所言十者法華云如是
相如是性如是體如是力如是作如是因如
是緣如是果如是報如是本末究竟等此是
十如也可攬名相不改名性主質名體堪任
為力運動為作習因為因報因為緣習果為
果報果為報初相為本本即空假中後報為
末末亦空假中如是本末同等有三觀故云
本末究竟等也今且約地獄界有十如者地
獄相者相是惡相表墮不如意處性者黑業
是體者麤惡摧折色心是力者登刀山上劒
樹之功力是作者運動三業建創諸惡是因
者惡習因是緣者惡緣助也果者習果是如
多欲人墮地獄見刀山是可愛色境即往趣

之是其智果登山即變受刀山劍樹之苦即是報也本末究竟等者如是相是初故是本如是報是後故是末初本相空末報亦空此就空爲等也假中等亦然今相師初見相即記其後受果報之事者良由後末報在於初相中故逆記也是本與末等如佛逆記鴿後爲支佛相師見其後報追記前相之事者良由初本相在於後末報中是即末報與初等如佛追記鴿前生事此就假論等也初後皆同具如法界即中論等也故云即本末究竟等也此就地獄法界論十如之相也次約佛法界論十如者緣因是佛相了因是佛性正因是佛體菩提心是佛力智慧莊嚴是佛因福德莊嚴是佛緣朗然大覺是佛果斷德涅槃是佛報初相後報皆三觀三諦故云究竟等也問何以獨約地獄及佛兩法界辯十如耶答地獄最惡佛界最善今約善惡辯十如可見者中間八界十如例知不能委說若得意者亦足除疑不得意者徒繁無益也若截別說十界百如歷別如前今就圓論一念之心即具百界千如故目此心爲不可思議境也問凡夫罪心何得有佛清淨法界十如者耶斯義若明餘界十如則可知也答實如所問難行之事所以法華教起正以此爲大事只爲衆生有佛法界十如之知見故而衆生理具情迷爲無明醉有而不見故云不覺內衣裏有無價寶珠今示所繫珠故云大事何者爲令衆生開示悟入佛之知見道故出現於世衆生若無佛之知見何所開悟若貧女無藏何所示耶佛將此爲大事何可得易解耶如前釋圓教義同可將彼以釋今也更略釋者經云一切衆生即菩提相豈非衆生有佛如是相耶經云一切衆生皆有佛性豈非衆生有佛如是性耶經云煩惱即菩提豈非衆生有佛如是力如是作如是因如是緣四如耶經云生死即涅槃豈非衆生有佛如是體如是果如是報三如耶經云一切衆生心是三十二相八十隨形好是心是佛是心作佛又云心佛及衆生是三無差別斯則證衆生有本末佛法界十如明文可見經譬貧女伏藏力士額珠內衣之寶水內瑠璃並是諭此是則人法界有佛法界十如其義已明人法界有二乘菩薩六道八界十如等可以意知無勞更說故經云衆生身有毒草復有微妙藥王者六道法界十如即是身毒草四聖法界十如即是藥王問佛菩薩二乘四聖即是涅槃六道十如即是生死生死涅槃昇沉永別云何得同在一心中耶答譬解者冰喻六道水譬四聖而冰水一質何妨生死涅槃體同只爲空有不相礙二河不相妨而在一心故名不可思議境也問既云衆生有佛法界十如佛之知見而衆生何以不見何不遮衆生墮地獄耶答涅槃中迦葉等諸菩薩處處共佛論難斯事有之與無見與不見佛論如箜篌之聲何者菩薩有善方便修習則見佛性故名爲有即能遮地獄亦如善彈箜篌者其聲則出而凡夫無方便修習則不見佛性故墮地獄雖不見性不可言無亦如癡王斷絃求聲不得而不可言箜篌無聲今衆生有佛法界十如有之與無其相如是是則聞

有不可即責其形質聞無不可即謂如兔角故經云佛性非有非無非有破虛空非無破兔角衆生佛性既爾餘九如亦然斯則亦得是有亦得是無亦有亦無非有非無若取相生著四句皆是邪見經云般若波羅蜜四邊不可取邪見火燒故若無相潛流聞佛四說皆能悟理四句皆是門也故云般若四門入清涼池薩遮尼乾子受記經云一切衆生煩惱身即是如來藏當知一切煩惱藏有如來法身湛然滿足如麻中油如木中火如地中水如乳中酪如藏中寶是故衆生即如來藏此並是經明文也問生死衆生有佛法界十如經論明證理應可信但佛是出生死人何得復有六道法界十如耶答斯義微隱實難可取信經云五眼具足成菩提又佛問須菩提佛有肉眼不乃至問有佛眼不答云有然既有凡夫之肉眼豈無凡夫之六根是即肉眼天眼及六根即是六道法界慧眼即二乘法界法眼即菩薩法界佛眼即佛界斯則佛既具五眼則有十法界百如明矣問衆生六根法界十如皆悉無常佛既有者亦應無常耶答經云所謂彼眼根於諸如來常具足無減修了了分明見乃至彼意根於諸如來常具足無減修了了分明知經云彼者彼指衆生是則衆生六根於諸如來是常況佛有肉眼等諸根而不是常耶經云凡人所知者名為世諦如來所知者名為眞諦斯則雖同照一境境隨於照有眞俗之殊雖同有六根而有常無常之異也問何以然答中論云因緣所生法我說即是空亦名為假名亦名中道義六道十如即是因緣生法二乘十如即是空菩薩十如即是假佛十如即是中是則十界百如只是三觀佛有空假而常中不為二邊所染所以佛有十界皆常而衆生雖有三觀不得空中二觀用故為六塵所染而復無常雖不得用不可言無空中二觀也貧女不知伏藏不可言無財如癡王不善取聲不可言無響也二諭況之可以意知無勞疑也如是圓信成就名初隨喜品人所以法華格量此人功德不可思議諸佛窮劫歎其功德不能令盡況凡夫耶事如經說以常不輕作此圓信故敬一切衆生皆作佛想所以六道衆生皆有佛法界體力性相等妙法豈可輕耶以其圓信故得六根清淨龍女以圓而修速成三菩提故經云我本立誓願欲令一切衆皆令入佛道我願已滿足一期事辦所以二萬燈明佛說法華竟即入涅槃良有以也問一心只是一法何得有十界百如耶答若具論者有百界千如恐聞者疑謗故且略說耳若信十界百如則不疑百界千如也何者如人界有地獄畜生餓鬼修羅天聲聞支佛菩薩佛十界百如在於人心而一界既有十界如地獄復有畜生等十如是更互相有故十界有百界千如也並在乎一心而不相礙故名不可思議境也譬如一念之心而有八萬四千煩惱心有百界千如何足可疑又如一鏡而現萬像無情尚爾何況心靈智識耶又如安樂行品明一念眠心夢初發心行菩薩道次成佛轉法輪入涅槃百千萬億阿僧祇事而在一念夢心耳以諭況之可以意得但

勤研修勿致疑而自妨道若衆生心無百界千如者佛何得記衆生應墮六道應得四聖者也然以衆生心空而常假故有百界千如故爲佛三明十力之所照也假而常空如來雖照百界千如寂而無相空假而常中故如來雖復寂照無空假二相雖無二相不失雙照俱遊是則境智相稱感應相關也斯則雖言心是百界千如何可定存有之與非有非無者乎故云心是不可思議境一法者也二明發四弘誓之心者觀一念自生心具十界百如而六道界即是生死苦集二諦四聖界即是涅槃道滅二諦然既十界在乎一念是則四諦亦在乎一心而十界名殊而體同是一是則四諦名異而理同何以知然迷則苦集悟則道滅迷悟起於行者之心而道滅苦集未嘗有二故云一體一體即實諦也故經云唯一實諦方便說二是則一實四諦如來寶藏在一念心中我昔不知今始覺悟而衆生迷惑不曉所以於此四諦而起四弘慈悲之心經云弟子衆塵勞即以心數爲弟子心

有六道法界即是八萬四千塵勞成假名衆生弟子是名苦諦即起誓心衆生無邊誓願度一弘也八萬四千塵勞實法名爲集諦即起誓心煩惱無數誓願斷二弘也心有四聖法界即有八萬四千法藏諸波羅蜜而起誓心法門無盡誓願知三弘也攬此法門名諸佛即起誓心無上佛道誓願成四弘也然十界百如在乎一心經云緣於如來名曰無緣今觀心九界即佛界是緣於如來即是同體無緣四弘慈也問云何是思議慈耶答見四趣苦悲拔慈與人天之樂名衆生緣慈見六道生死苦悲拔慈與即空涅槃之法樂名法緣慈見二乘無知苦悲拔慈與出假法喜多聞分別樂亦是衆生緣慈見二邊分別苦悲拔慈與如來中道法身之樂名曰無緣是則次第拔苦與樂雖緣如來非同體無緣故是思議慈耳今觀九界即是佛界更何苦集異樂而言拔苦與樂故是同體觀心九界即是如來名曰無緣慈而緣如來界不失九界枯榮雙照即大涅槃珍寶大聚經云是慈即是大

法聚是慈即是大涅槃故慈亦不可思議也三明修止觀者然一心有十界十界即三觀已如前說是則心性之理寂而常照照而常寂而衆生迷寂故而起妄亂自破寂定迷照故而起闇惑自破慧眼之明破慧眼故不能照了本源顛倒造罪妄勞無害破寂定故惑亂理珠心水不清瑠璃不現欲令還源本寂令修止也使歸本照令修觀也又本源不寂不照者散不可止闇不可破雖修止觀散闇終無滅理亦無得聖之佛以其散闇虛而不實所以可破可滅者耳問何能知本寂答身爲本又問身孰爲本淨名云欲貪爲本又問欲貪孰爲本答虛妄分別爲本又問虛妄誰爲本答顛倒爲本又云顛倒誰爲本答無住爲本又問無住誰爲本答無住則無本從無住本立一切法無住豈非本寂而妄起一切法耶又既悟心是如來藏具足一切佛法若不修止觀顯出者無殊悟伏藏於宅而不施功常患貧也渴遇泉而不飲飢遇食而不餐飢渴終不息也苟欲修心研習者莫過定慧

止觀二輪也經云毘婆舍那能破煩惱何故
復須奢摩他耶佛言先以定動後以慧拔釋
論云覺觀風動心禪定能滅之是則定止散
風觀照惑闇心偏沉則用觀察起心偏浮則
用止息之沉浮迭謝宜用四悉擅修止觀便
宜治之云云四明破法徧者然上止觀研修而
未入者必由見著苟執之心事須破也文爲
二一竪次第破二非横非竪圓破就初爲三
一從假入空破二從空出假破三得中道破
就初又二一破見假惑二破思假惑然夫破
惑取理必須依門而入然門有種種非一至
如小乘五百羅漢各說身因即是五百門也
華嚴云無量空門汝猶未入又如五千菩薩
各說入不二法門即五千門也經略出三十
二菩薩耳而最初法自在菩薩而說生滅爲
不二法本不生今則無滅是爲入不二法門
者即是初明無生門也淨名最後嘿然入不
二法門還是無生門也欲表四十二字門初
阿後茶皆是不生今論亦初辨四不可說即
初不生門最後偈云云何無文字一切言語

斷寂然無言說即同淨名無言入不二法門
也今約無生門破法徧同法自在菩薩體法
無生觀門也今且會通四不可說者法本不
生者即是不生心中六道生生即有門也今
則無滅者即是無滅心中二乘生不生之滅
即空門也是爲入不二法門者即是入心中
佛界不生不生不二法門即非空非有門也
雖入不二法門而復能雙照即是心中菩薩
界不生生亦空亦有門也今觀心六道即四
聖界者豈非一門即三門生生一句即三句
耶觀心二乘界即八界者豈非空門即三門
生不生一句即三句耶觀心菩薩界即九界
者豈非亦空亦有一門即三門不生生一句
即三句耶觀心佛界即九界者即是非空非
有一門即三門不生不生一句即三句耶是
則四句四門十界融通無閡即是圓人之所
用也今爲圓破難見先明三觀次第竪破今
約有門破見惑見者即是見理時斷故名見
惑從解得名也就中有二一明見惑之過二
明體法觀門即約三假四句檢責今明見惑

過者由止觀心有百界千如即生苟執空謂
心有百界千如形相可存因生八十八使苦
集何者由此觀生死不識見心苦集火宅所
燒爲諸蟲獸所噉今示相者恃此觀解陵慢
於他如經鵄梟鵰鷲譬慢使也讚其見解則
喜訶之則瞋如經蚖蛇蝮蝎譬瞋使也不識
見心苦集即癡如經守宮百足譬癡使纏綿
貪愛此見如經狐狼野干譬貪使也今雖無
疑後當大疑或被人破即生疑心如經鬪諍
薩制上譬疑使也因此有見撥無因果即邪見
如經夜叉惡鬼食噉人肉譬邪見使也計此
爲道望通至涅槃即戒取如經鳩槃茶鬼蹲
踞土埵譬戒取使也計我能解即身見如經
其身長大裸形黑瘦譬身見也謂我所計即
是涅槃即是見取如經復有諸鬼其咽如針
譬見取也計我斷常不當中理即是邊見如
經復有諸鬼首如牛頭譬邊見也此十使約
欲界四諦苦十集七除身邊戒道八除身邊
滅七除身邊戒合三十二是欲界被火燒也
上界通除瞋色界四諦二十八如經惡獸毒

蛇藏竄孔穴明色界被燒也無色界四諦二十八如經蜈蚣蚰蜒毒蛇之類譬無色界被燒也合三界有八十八使爲集諦是見依色起即苦諦又五十校計經云若眼見好色中有陰中有集見惡色中有陰中有集見平等色中有陰中有集乃至意識好法有陰有集餘根亦然是則集即集諦陰即苦諦斯則由計執此又十二因緣愛取有無明行五是集諦識名色六入觸受生老死七是苦諦是見心苦集即是十二因緣又無明愛取即是煩惱道行有即業道識名色六入觸受生老死七即是苦道又五因即是六弊又生老病死即四苦求悟理不得即求不得苦今起倒惑爲惑所燒即怨憎會苦識名色六入觸受即五盛陰苦此即八苦也是即由計定謂者執心有百界千如因起八十八使諸毒蟲等四倒八苦之火燒五陰舍宅常遭猛火所燒寧知其過爲是苦集煩惱煎迫自障道門寧得悟理也二明體法觀者經云無明體相即約三假四句檢責何者一念心起必藉法塵而

起即因成假見心相續而起即相續假此有見之心待於無見即相待假也一假之中復作自他四句檢責何者今問觀一念自生之心謂有百界千如者爲從何生若云從内心生觀解心者即自生若謂自生即應常生不須待緣前境法塵而生耶經云有緣思生無緣思不生云何得自生耶經云非内觀故得是智慧云何自生中論云諸法不自生云何自生耶若謂由緣前境法塵而生者即是他生是即不可經云非外觀得是智慧云何從境生耶論云亦不從他生云何他生耶若必謂他生境應常生觀智何待内心觀緣方生耶若謂由内心對外境法塵而生觀智即是共生是亦不可前責自他無生合共云何得生如一沙無油合衆多沙亦無油也若前自他各有生者合則應有兩生又若各有生者云何復用合生論云諸法不共生經云非内外觀故得是智慧云何計共生耶若謂離心離境生者即是無因生是亦不可論云有因緣生尚不可何況無因緣經云不離内外觀

得是智慧云何無因生耶行者如是四句檢責求心雖不可得意猶未已終計見有心相續而生今即約相續假破問爲前心滅後心生爲前心不滅後心生爲亦滅亦不滅生爲非滅非不滅生若前心不滅生即自生若前心滅生即他生若亦滅亦不滅生即共生若非滅非不滅生即無因生四句俱不可得故論云諸法不自生亦不從他生不共不無因云何四句計有生耶即復度入相待假今即約相待假破問此心爲待生心生爲待不生心生爲待亦生亦不生心生爲待非生非不生心生若待生心生即自生若待不生心生即他生若待亦生亦不生心生即共生若待非生非不生心生即無因生四句檢皆不可得如是三假四句求檢生不可得即自知所計定謂心有百界千如形相是妄起顛倒悔過自責愧懺先罪是則八十八使苦集十二因緣被伏不起六弊名爲滅諦能伏苦集之道名爲道諦知苦集之過即不更造名行道人也復次如上檢責求心不得即發一重空

解定心湛湛空見逾明尚不見心豈有百界千如者手尋經讀論有明空處與心相扶計心轉盛因而我慢自高陵他不解即慢使也讃空則喜訶空則瞋貪愛空見即貪無明不了即癡疑惑諦理即疑我能解即身見由身見起邊見因空見撥無因果即邪見謂空見能通涅槃即戒取謂空見是道即見取如是十使約三界有八十八使爲集諦是見依色而起是苦諦因此苦集流轉生死爲四倒八苦之火所燒爲鈍使諸蟲利使諸鬼之所殘害寧得悟解識第一義空者也今破此見還約三假四句破何者如一念心起必因空境法塵生即是因成假空見相續而生即相續假空見待不空見生即相待假今問空見之解心生爲從內心生爲從外空境法塵生爲內外合共生爲離內外生若內心生即自生若外法塵生即他生若內外合生即共生若離內心外法塵生即無因生四句皆有過事如前破計心未已者更約相續假何者若謂一念空心從前不滅心生即自生前心滅生

即他生前心亦滅亦不滅生即共生若前心非滅非不滅生即無因生四句皆不可得事如前破若復執相待假者今破若待生心生即自生若待不生心生即他生若待亦生亦不生心生即共生若待非生非不生心生即無因生四句皆不可得如是三假四句寂撿空見不可得而自知計定心空無百界無聖人妙法還是妄倒經云若云衆生定有佛性即謗佛法僧若云衆生定無佛性亦是謗佛法僧故知我所計心定有定無即謗毀三寶悔過自責愧懺先罪是則八十八使苦集十二因緣六弊不生名爲滅諦能伏苦集之道即是道諦也次復思惟若心定有即是常見若心定無即是斷見即計心亦有亦無即發一品定心湛湛亦有亦無見心明淨即謂爲道因此見心還起八十八使苦集流轉自障其道是則約三假四句撿責例前可知求撿既不可得即識亦有亦無見心苦集道滅四諦也次復計心非有非無心起苦集還約三假四句求撿不可得即識非有非無見心四

諦次復計心出四句外不可説因不可説見心復起苦集還約三假四句撿責不可得即識不可説見心苦集道滅如是單四句外複四句外有不可説句具足四句及具足四句外不可説如是次第起過次第撿破乃至横竪破皆求撿不可得即知所計皆是顛倒悔過自責愧懺先罪見心苦集被伏名爲滅諦能伏之智名爲道諦能識見心四諦名行道人也是中應有五句料揀何者一舊病不除更起新病如不得定外道二舊病除新病起如得禪外道三舊病不除新病被伏即五方便人四舊病不除而新病滅即初果人五舊新病俱除即羅漢人也次約位簡者外道既起見惑新病則無道諦之車不能運出生死也若三藏伏見惑行人乘似道諦運至五方便也若通教伏見行人運至乾慧性地若別教人運至十信若圓教人運至五品今行者觀心從六道界出運至二乘界若斷見惑者三藏即苦忍眞明通則見地別則初住圓則初信問單複具足四句何得皆云是見耶

答迦葉是得證人猶言自此之前皆名邪見人也況今凡情推畫而言非見若言非見今應得聖果若未得謂得是增上慢斯人未可論道若撫臆論心未得道前雖復千重萬疊絕言百句何得非見耶如長爪思惟諸法千久不得一法入心難佛云一切法不受此豈不濫於大乘不受三昧也長爪利根尚不識其見心苦集況今凡淺寧識者乎二破思假惑者就思惑爲二一明思惑過二明觀法思惑者欲界貪瞋癡慢上二界通除瞋各三合三界有十欲界地思有九品色無色八禪一禪有九品是則三界九地九九八十一品思惑重慮所斷故名爲思然三界爲之所惑況於凡也經云貪狼於財色坐之不得道又云一念起瞋障千法明門淨名云從癡有愛則我病生故經云今我病者皆從前世妄想諸煩惱生即貪愛無明爲本也由無明故則有諸行識名色六入觸受愛取有生則十二因緣流轉六道妄縈毒苦五因爲集諦七果爲苦諦如是從十二因緣出三道四倒八苦六弊八萬四千皆從三毒而生三毒十使潤三業徧造十惡衆多重罪是則思惑覆障行人理觀何由得發故須破也然皆是妄惑皆以無明爲本一切受生莫不無明爲始是則界外五位之惑無明爲根經云無明之體本自不有妄想因緣和合而有斯則無明之本虛而不實況一切諸惑何得不虛三界果報豈應是實是則無明之源本自不生亦無今之可滅本性清淨生死即涅槃也何緣而起妄惑滅耶若妄情未息者今更約三假四句撿責也何者外人云世間現見云何言無論主破云何得信汝牛羊眼所見即謂之爲有耶何以須四句破撿然心生藉於六塵而生即因成假貪心念念相續而起即相續假待不生得有今生即相待假也今問思惑生爲從內心生爲從外六塵生爲內心外塵合生爲離內心外塵生耶四句俱不可得若內生即自生如穀子不藉水土應能生若外塵生即他生如水土無穀子應能生若內外合生即共生上撿內外無生合云何生如合二沙俱無油也若各有生合則有兩生若離內外生即無因生有因生尚不可得何況無因生是則四句皆不可得也然雖破因成假情猶謂心相續而生今問爲前心滅生爲不滅生爲亦滅亦不滅生爲非滅非不滅生若前心不滅生後貪心若即自生過若前心滅後貪心生者即他生過若亦滅亦不滅生後貪心者即共生過若前心非滅非不滅後貪心生者即無因生過四句之過例前可知是則四句窮撿思惑生不可得也然雖破相續而情猶謂心相待而生今問謂待生心生爲待無生心生爲待亦生亦無生心生爲待非生非不生心生若待生心生即自生若待無生心生即他生若待亦生亦無生心生即共生若待非生非無生心生即無因生四句之過例前可知是則四句撿相待假亦究竟空無也如是三假四句求心不可得即悟心空不生執計定有六塵境界色聲可存思惑被伏名爲滅諦能伏惑之智名爲道諦苦集滅故即無明滅乃至老死滅因緣滅故即三道六弊四

倒八苦皆滅六弊滅故得牛車苦集滅故得羊車十二因緣滅故得鹿車故經云爲聲聞說四諦爲辟支佛說十二因緣爲諸菩薩說六波羅蜜乘此三乘出五陰之宅滅四倒八苦之火名出火宅即入化城得一切智眞諦一切法門也是名從假入空觀也約位者三藏即羅漢位通即已辦地別即十住圓即十信約觀心者從六道界入二乘界也第二從空出假觀者經云未具佛法不應滅受而取證也設身有苦當念一切苦惱衆生我既調伏亦當調伏一切衆生此是明出假之意然出假有五意一慈悲心重先人後已二憶本誓願初發心時誓拔一切衆苦與一切樂從假入空既自拔四住苦已今從空出假宜拔衆生苦也三智慧猛利知住空有棄衆生之過不能淨佛國土成就衆生又未具足佛法教四有善方便雖即入假不爲六塵所染五有精進勇心於生死意而有勇也今取淨名經中五義配之意同經云以已之疾愍於彼疾即慈悲同也當識宿世無數億苦豈非憶本誓願也當念饒益一切衆生豈非智慧知住空失利衆生之過同也念於淨命即善巧方便同也常起精進即是精進同也此是經明五義與此五意同矣然二乘無此五事故不能出假正出假有三事一知病二識藥三授藥一知病者即知衆生見思世間出世間種種苦集之病經云苦有無量相我於彼經竟不說之非聲聞之所能解集諦亦爾徧知此無量苦集故云知病也二識藥者譬如大醫師善能了知一切衆生種種諸病藥亦非一知藥即是知世間出世間種種道滅之藥徧學恒沙佛法經云道有無量相我於彼經竟不說之非諸聲聞緣覺所知滅亦如是菩薩徧學此無量道滅法門故云識藥也三應病授藥者經云舍利弗教金師之子作不淨觀教浣衣之子作數息觀二俱不悟道非但不悟而更增其邪見此是不解應病授藥之失也佛爲說法即得悟道此是應病授藥之相今菩薩亦爾學是應病授藥之法隨應所堪稱其所宜而授法藥令無差機之失爲此三事而出假也前從假入空徧破見思慧眼照眞名破法徧今從空入假徧學恒沙佛法而破無知塵沙而法眼照俗應病授藥而無差機之過名破法徧也

觀心論疏卷第四

觀心論疏卷第四

校勘記

一　底本，明永樂北藏本。

一　六八六頁上一行書名、卷次，二行撰者，南無（未換卷）。

一　六八六頁下一九行第一〇字「見」，南、徑、清作「是」。

一　六八七頁上一二行首字「已」，南作「也」。

一　六八八頁下九行第四字「譬」，徑作「喻」。

一　六九〇頁上九行「者也」，至此，南卷中終，卷下始。

一　六九〇頁中一行「六道法界」，南作「六道」。

一　六九一頁上一七行「淨名」，南作「淨明」。

一　六九二頁上一一行「名色」，南作「明色」。

一　六九二頁中一行第四字「成」，南無。

一　六九二頁中一六行第二字「各」，南作「若」。

一　六九三頁上六行第四字「見」，南無。

一　六九三頁上一六至一八行「外生……內心」，南作「心離」。

一　六九三頁中一一行第一一字「生」，南無。五行第四字同。

一　六九三頁中二行第一六字「得」，南無。

一　六九四頁上一四行「貪狼」，南作「貪狠」。

一　六九四頁中一四行「而起即相續」，南無。

一　六九四頁下八行第一四字「貪」，南無。

一　六九五頁下卷末書名、卷次，南無（未換卷）。

觀心論疏卷第五　刑十

隋　天台　沙門　灌頂　撰

第三明中道觀破法徧者亦明五意何者一為學無緣慈前從假入空破衆生緣慈次從空出假破法緣慈今修中道離二邊慈故名無緣慈也經云緣如來者名曰無緣與實相同體無緣普覆法界拔苦與樂故名無緣同體慈悲也二滿本弘誓者經云我本立誓願令一切衆生咸令得佛道也三為求佛智慧佛眼橫竪覺了究竟窮源盡數也四為學大方便無謀善權住首楞嚴種種示現五修大精進力法華云如有勇健能為難事求王頂上之珠有此事修第三觀也此觀正破無明但無明無有相貌云何可觀今還觀前二觀之智何者望前則二觀是智望後復為智障問何以名智障答夫中道智和融不二前二智未能融一故名智障融一者空而常假假而常空寂則未始不照照則未始不寂是則空假寂照雙遊而不二即是中道不二而二即是雙遊是則三觀名雖異而體同雖同未嘗一雖異未嘗三非三而三名為三德非一而一名大涅槃故經云三德成一涅槃非三非一非縱非橫不可思議是則三觀智圓融玄妙非相無相皆不可得名為中道觀智故破前二相不融之智也今正明次第三觀云何圓融不二是則與圓觀何殊答次第三觀若入中道與圓則不異故如是說也今更約三法檢破何者一觀無明二觀法性三觀真緣初觀無明者觀前二智是智障即是無明今問此智障為從何生若謂從無明生即是自生過又無明無實云何能生若謂從法性生即是他生又且法性無生云何能生耶若謂無明法性合即是共生若離即是無因生四句皆不可例前破也二約法性破者前檢無明不可得仍謂無明即法性今問為無明滅法性生為不滅法性生為亦滅亦不滅法性生為非滅非不滅法性生四句皆不可也三約真緣破者此無明為從緣修生為從真修生若共若無因生耶若緣修生緣修無常云何能生若真修生真云何生共無因皆不可也兩釋不同一云緣修顯真二云緣修滅真自顯即是自生若緣修顯真修即是他生四句皆不可並如前破也齊此次第三觀竪破法徧略竟餘廣如止觀中辯也第二明非竪破者前已明圓門今更略出者明圓觀心十界六道即有門是生生句二乘即空門是生不生句菩薩即亦空亦有門是不生生句佛界即非空非有門是不生不生句今既觀一念圓具十界豈非一界即十界一句即四句一門即四門名為圓門耶今約此圓門修觀者門既圓通觀亦圓融圓觀入圓門也何者今圓觀心六道界約生法即具十界者假即未嘗不空不中即是圓伏五住惑也觀心二乘界即具十界者即是空觀空未嘗不假不中圓伏五住觀心佛界具十界者觀中未嘗不空不假而常雙照也又觀假而未嘗不空不中者斯則假非有相非無相即圓伏五住也觀空而未嘗不假不中者斯空非無相非有相即圓伏五住觀中而未嘗不空不假斯則相無相而雙遊雙遊而未嘗相無相也

斯則一假一切假一空一切空一中一切中非一非一切也問空破假假破空中雙破空假云何得用一體耶答世間質閬四大相破而相成共成一體況乎靈智三觀相破而相資成三德一大涅槃何足致疑乎何者空破假假無有相假破空空無有相中破空假無二邊過雙用破中中不失枯榮雙照也空資於假方便有慧解假資於空慧有方便解中資空假二慧俱寂空假資中中常雙用二鳥俱遊也今更喻者冰譬於假水喻於空濕況於中是則冰水濕三名雖異而不妨體一三觀名殊何妨體同也斯則一破一切破無惑而不盡一資一切資無法而不成又圓觀心十界者佛界即法身德亦即如來衣二乘界是第一義空即般若德亦即如來座菩薩界即是解脫德亦即如來室是則三德成大涅槃名為安樂行如來衣座室三是如來之圓行此行是涅槃行故名安樂行也涅槃經云復有一行是如來行斯之謂也故知圓觀心十界者即是常觀涅槃行道行如來行是安

樂行也然三德即三般若三涅槃乃至十種三法圓具十法界觀中也又安樂即理一行即行一修觀者即人一圓觀之教即教一四一之義是法華之玄宗也圓破九法界故名非横非竪破法徧也五明通塞者法華經云有一導師善知通塞將導衆人欲過險道至珍寶所淨名云弟子衆塵勞隨意之所轉即是行者善能將導心數衆生過險道也經云寧作心師莫師於心今觀心十界三觀寂照導諸心數離二乘難是為心師名大導師善知通塞何者識心中六道界即苦集是塞於真諦識心中二乘界道滅雖通真諦而塞菩薩世諦識心中菩薩界雖通世諦而塞中道第一義諦心中佛界具通三諦此次第論通塞耳若識心中九界即佛界者一切塞皆通也若迷心中佛界為九界者一切通皆塞也圓觀一道清淨無通無塞而通塞不相障也又觀心假而不空即增謗之塞觀心空而不假即損謗之塞若雙照空假而不中即增損謗之塞但中而不空假即非有非無名愚癡

論之塞也觀心若空而常假慧有方便解是通非塞也觀心假而常空方便有慧解是通非塞也觀心空假而常中二慧雙寂是通非塞也觀心中而常空假雙用寂照是通非塞也問何以俱約心辯通塞耶答上觀心而不悟者由不識心中通塞邪正障難一切法門乃至十章並約心論何止通塞一章耶約餘則蹤學者則外求不稱論意也六明三十七道品調停者然道品有四種一者分別道品如四念處四正勤等各各從此入道也二相攝道品者如相攝六度也三約位如四念處位乃至八正道即見道位也四相生道品今正明相生調停之道品也問道品是二乘法菩薩云何觀答釋論正訶此義誰作是說經云道品善知識由是成正覺又經云修八正道能見佛性云何非大乘耶四念處者觀一念心有十界百如今觀心中六道五陰即空二乘界者名四枯念處也觀心六道五陰即假菩薩界者名四榮念處也觀心六道五陰即佛界者即非枯非榮入大寂涅槃觀心佛

界即九法界者即枯榮雙照二鳥俱遊也斯則觀心十界照而常寂即於心中娑羅雙樹入三德祕密之藏大涅槃也故經云一切衆生即大涅槃不復更滅即其義也論初巳釋四念處今不廣論也又觀心中六道界即二乘界者即破常樂四倒之魔也觀心六道界即菩薩界者即破無常四倒之魔也觀心六界即佛界者即雙破八倒非枯非榮而枯而榮二鳥俱遊寂而常照即於此心而坐道場也故經云修四念處名坐道場斯之謂也然十界百如在心稱不可思議名相寂絶者約心辨坐道場入涅槃意趣玄微亦不可思議也四正勤者觀心十界未生六道惡心勤遮令莫生巳生勤斷令滅未生四聖善心勤令生巳生勤令增長是名四正勤又勤滅九界勤生佛界也四如意足者靜定也前修念處正勤皆是慧性慧多則散次修如意定用制其散令定慧均平使觀照明了經云一切衆生有三種定謂上中下下者心數定也中者味禪定也上者佛性首楞嚴定是則衆生皆有寂定之本習令修如意息散歸本定也經云一切衆生即菩提相即本有智明令修念處使還源本淨也五根者謂信進定慧念也上修念處如意定慧寂照心源十界百如明了無疑信根生也正勤轉進即精進根生念慧轉明即慧根生也如意增進定根生也定慧均平念根生也五力者謂信進定慧念力者信破疑障進破懈怠障定破亂障慧破癡障念破邪障能破五障故名五力也七覺者謂喜進擇除捨定念也上雖定慧照明心源不悟者恐沉浮不一故用七覺調停令得一心經云御以一心遊於八正路也何者心若沉昏當用擇喜進三覺分策起也心若浮散當用除捨定三覺分息亂也心若不沉不浮當用念覺分寂照心源也又偏觀心空即沉相偏觀心假即浮相正觀中道即不沉不浮名一心也若七覺不入當更修八正道也觀心十界百如如上念處之觀觀心非枯非榮而枯榮雙照一心圓具三觀名爲正見研思此理名正思惟爲他說心正觀名爲正語此觀能感妙果名爲正業以此慧名爲正命一心中道名爲正念此觀能破二邊之惑名爲正慧此觀能止二邊亂名爲正定也譬者四念處如種子正勤如抽芽五根如根生五力如莖葉七覺爲華八正如果故經云覺意淨妙華解脫智慧果斯之是也然道品將到涅槃城有空無相無作三門亦名三解脫亦名三三昧從正見入定發無漏智名大臣定名大王故名三三昧非智不禪也正定生正見發無漏定爲大臣正見爲大王名三解脫非禪不智也三藏苦下空無我二爲空門滅下四爲無相門集道八苦下二足爲十名無作門通教苦集皆空即空門亦不計空相名無相門亦無能觀者名無作門別教從假入空即空門亦無空相即從空出假名無相門既無空相亦無假相即入中道亦無中道相可願求名無作門圓教三三昧即圓用也既次第破入宜別教三三昧門入涅槃也七修六度助道何者上修道品調停而真明不開慳貪心蔽保愛身財惑亂心神苟求障於理觀

經云貪狼於財色坐之不得道斯由不能捨依正二報貪愛纏綿豈能悟道者也至如薩陀波崙捨難捨之髓賣難賣之身以求般若何況資財者乎斯則豈不果頋於香城契般若於東土者也然積劫空喪身財未曾爲道令能捨必亡之身求道取盡何憂不會世有人怒勇亡身入陣斯之等類死亡者億兆經云刀兵死者必墮地獄竟何利之有今行者必能怒勇亡身攻破四魔王豈不解髻中明珠而與之者也或正修觀時破戒心起三業乖違犯於戒律使理觀不開經云尸羅不清淨三昧不現前所以加心持戒以爲橋梁以爲戒足生死大河方可得度也所以菩薩爲度生死大海護惜浮囊微塵不棄行者當軌之也或修觀時瞋恚蔽生常思九惱以障理觀爾時當修忍心經云忍辱第一道涅槃佛稱最彼以曲來我以直應誠心無瞋於理自直經云瞋時當著如來衣如來衣者柔和忍辱是又經云設衆惡來加念佛故應忍若存聖言無事不成也或修觀時懈怠心生不能

開悟當加精進夫建小事心不決至尚不能成況欲排五住之重關度生死之大海而不勤勞妙道何由可契至如波崙傍立於衢經無量時不念疲勞不念晝夜不念飲食但念何時得見曇無竭菩薩得聞般若以其精進遂感冥通耳故云諸佛一心勤精進故得三菩提何況餘善法耶所以仙人禮白骨謝往昔之勤餓鬼打死尸報其昔懈今不打身進道後勞思何益也或時正修觀而散亂心生爾時當加修禪寂也經云十劫坐道場身體及手足寂然安不動斯則理觀何能不發者耶釋論云囂塵蔽天日天雨能淹之覺觀風動心禪定能滅之禪爲清冷水能洗諸塵勞禪爲利智藏功德之福田故知禪有種種功能宜加心修之助理觀也或正修觀時閙心生當修善巧方便何者上修圓觀觀生死即是涅槃煩惱即是菩提而於生死不生怖心多生懈慢所以應修苦空無常無我觀五種不淨助道策理觀何以然理雖圓通而未能證何能即免無常怖畏者耶斯略明六度助

發理觀若不開悟當更觀此助道六度即不可思議攝道品理觀一切法門即知六度功力大能破惑事理兼修也如檀度攝道品中捨覺分捨二邊生死經云捨與生死後際等離生老病死得不壞常住者中論云因緣所生法我說即是空亦名爲假名亦名中道義今觀心六道界生滅而捨煩惱即是因緣所生法三藏事檀捨也觀心二乘界即是空而捨生死前際也觀心菩薩界即假而捨生死後際也觀心佛界即中道而離生老病死得不壞常住斯則一心圓觀十界者即是圓修四教道品事理捨檀圓捨生死後際得不壞常住是則事理檀度具足也若未悟者更修道品中正業正命爲戒度所攝上說約心辨道品六度今還約心辨事理十種戒也何者觀心六道界因緣生法持不缺戒乃至不雜等四戒也觀心二乘界者即持隨道無著兩戒也觀心菩薩界者即持智所讚自在二戒也觀心佛界者即持隨定具足戒也是則觀心六道因緣生滅三藏事中道品正業正命

之戒觀心即空即假即中持通別圓之教理中道品正業正命之戒斯則圓觀十界即事理持戒也若未開悟當更思道品五根中念根五力中念力七覺中念覺八正中正念即爲忍度所攝也今例前還約觀心中六道界即因緣生法事中伏忍觀心中二乘界即空即柔順忍觀心中菩薩界即假名無生忍觀心中佛界即中名寂滅忍此三忍是理是即圓觀心十界具足事理修忍也若未悟者更思道品八精進也觀心中六道界即事精進觀心中二乘界即空精進觀心中菩薩界即出假精進故經云於生死意而有勇也觀心中佛界即中精進經云諸佛一心精進得三菩提也是則圓觀心十界具事理精進也若未悟者更思道品八定四如意足定根定力定覺分正定爲禪度所攝也觀心中六道界是修事中四禪四定等定也觀心中二乘界是修觀鍊熏修眞諦三昧定也觀心中菩薩界是修俗諦三昧也觀心中佛界是修九種大禪首楞嚴王三昧也是則圓觀心中十界具修事理諸禪也若未悟者當更思道品中十慧四念處慧慧根慧力擇喜兩覺分正見正思惟此慧爲般若度所攝也若觀心中六道界是事修世智觀心二乘界是修一切智觀心菩薩界是修道種智觀心佛界是修一切種智是則觀心中十界具事理諸波羅蜜也然三藏菩薩多約事中精勤苦到修六度更無過者通教菩薩多約即空理修六度故三事俱亡別教菩薩多約出假六度化物圓教菩薩多約中道修六度是則道品六度相攝相破相修相即四句云云云何六度調伏諸根耶觀心六道界是因緣生法即事六度調伏諸根也觀心二乘界即空調伏諸根離六塵愛染也觀心菩薩界即假調伏諸根離空愛染觀心佛界即中調伏諸根離二邊愛染一心圓觀十界即事理六度如前所說圓調伏諸根也經云所謂彼眼根於諸如來常具足無減修了了分明見乃至意根以圓觀調故云五根皆稱是常細尋可知云何六度攝佛威儀佛以十力無畏不共等法爲威儀十力者然六道界是因緣生法即生滅四諦心中二乘界即無生四諦心中菩薩界即無量四諦心中佛界即無作四諦今寂照觀了心中六道苦集還至六道斯有是處若至涅槃無有是處各各照了餘三種四諦苦集亦爾是名處非處力也照知四種四諦集是業力也照知四種四諦苦是根力也道滅亦爾照知四種道諦中道品八定是定力也知心中十界衆生過去苦集是根力也知十界衆生現在苦集是欲力也知十界衆生未來苦集是性力也知四種道是至處力也知四種滅諦是漏盡力也四無畏者觀照心中十界四種苦諦爲他分別及爲心數衆生顯之過患決定師子吼無微畏相無能破是法非法智無畏也知四種集諦障四種道滅決定師子吼無微畏相無能難言此非障道即障道無畏也知四種道諦能盡苦說之無畏是盡苦道無畏也知四滅諦一切證說之無畏是漏盡無畏也十八不共法者身口無失是戒也無不定心是定也欲無減精進無減念無減

是八精進也慧無減解脱無減解脱知見無
減三業隨智慧行有十二不共法是十種慧
也還將道品六度攝盡也四無閡者知心中
十界衆生言辭不同是辭無閡也知四種四
諦法是法無閡也知四種諦義是義無閡也
說四諦無窮是樂說無閡也六通者眼耳如
意三通如調諸根中說他心宿命漏盡如十
力中說三明者如六通說也四攝者捨即布
施攝也正業正語即愛語攝也八定即利行
同事二攝也定發神力故能同事也陀羅尼
者四正勤生善即陀羅尼也三十二相者四
種道諦道品爲因也畧舉十二條法門而爲
六度助道攝盡況正道耶然三觀四教各有
道品六度十力無畏等一切法門令觀心具
十界即是三觀四教者是則何教何理何行
何智何位何惑何法而不攝盡者乎故經云
破心微塵出大千經卷又云衆生心是如來
藏無法不具也淨名云諸佛解脱當於衆生
心行中求法華云爲令衆生開佛知見涅槃
云爲示貧女心中伏藏是則由心具一切萬

法所以諸大乘經皆歎衆生心不可思議勸
令觀察顯出心中實藏也今依隨聖旨而觀
心目心爲不可思議境者意在此也境既不
可思議者境發於智智亦不可思議故經云
不可思議智境不可思議智照斯之謂也又
經云諸佛如來法界身皆從衆生心想生是
心即是三十二相是心是佛故經云心遊法
界如虛空是人能知諸佛之法界也八明識
次位者然上既正助具修必隨分證其勝法
不識次位即謂之是聖非但失於正觀乃更
招其重罪是以須識位也何者三藏五方便
爲似四果爲眞通教乾慧性地等爲似見地
已上爲眞別教三十心爲似十地爲眞圓教
十信爲似十住爲眞是即四教各有眞似之
位將心所證之法約位自知行處也然欲入
圓位者更約六時修五悔助顯理觀第一懺
悔先須識順流十心之過何者一者內有無
明由迷心中佛界起六道生死也二者外逢
惡友一是惡人二是惡境也三不隨喜他善
內不信心中佛界外不隨喜善事四縱恣三

業造罪由內有無明外逢惡境致之然也五
事雖不徧而心普徧淫盜妄等罪不可得徧而
心徧造六道惡業也六惡念相續三毒四趣
惡心迭互相續也七覆藏不悔外則不向凡
聖敗懺內則不修心中佛界妙法破六道覆
蔽也八不畏惡道現則不畏苦業煩惱三道
三障四倒八苦之火燒煮未則不畏墮墜三
途九無慚無愧常起三道惡業外則不愧於
凡聖內則不慚第一義天也十撥無因果作
一闡提不信心有六道苦集因果四聖道滅
因果也夫欲悔者必須識此順流十心流入
生死大苦海中知過必改方可悔也次修逆
生死海十心者翻破前十心何者一明深信
因果即是圓信心具十界迷出六道苦集因
果如結水爲冰悟則成四聖道滅因果如融
冰爲水而冰水未常異體生死涅槃未常有
二此翻破第十不信二明慚愧愧內心有佛
界我何妄罪背父而入五道五十餘年妄造
衆罪外慚一切冥聖翻破第九無慚無愧三
怖畏惡道已造無邊大罪必墮三途非山非

石間而可逃避故云生怖畏翻破第八不畏四明發露悔過逆覆則生死轉增悔過則還源本淨故云發露則安隱不發露罪益深翻破第七覆藏五斷相續心悔已三觀相續存心四聖勿起六道惡念翻破第六惡念相續六外則徧發慈心內則誓度心中六道衆生翻破第五事雖不徧而心常徧七修功補過勤精進三業顯心中四聖法門補昔三業之過翻破第四縱恣三業造罪也八隨喜他善既信我心四聖亦信一切衆生皆有佛之知見喜而敬之如常不輕菩薩翻破第三不隨喜他善也九親近善友常觀心中四聖二乘界有八萬四千空波羅蜜實法攬此爲八萬四千假名聲聞菩薩界即有八萬四千菩薩佛界即有八萬四千如來故經云道品善知識由是成正覺經云信汝所說則爲見我亦見於汝及比丘僧并諸菩薩此約心辨聖衆知識翻破第二外逢惡友也十觀破無明觀心九界即佛法界本源清淨非生死六道之有非二乘涅槃之無深達二邊罪福明闇不

相除顯心佛菩提即破無明還源本淨翻破第一內有無明故目此爲逆流十心翻前順流十心也此名大懺悔名莊嚴懺悔故經云端坐念實相衆罪如霜露慧日能銷除也二勸請者外則請諸佛轉法輪度衆生內則勸觀心佛說法化九界之衆生合內外衆生皆蒙法利三隨喜外則隨喜諸佛菩薩諸功德凡夫靜亂有相善內則隨喜心中四聖衆善諸功德深信隨喜不逆也四迴向者外則迴凡聖三業所修之善向佛菩提內則迴九界之善向心佛界之果五發願者外則願衆生皆見佛性內則願心數衆生速還源本淨也常於六時修此五悔助明圓觀請佛加威圓信成就名爲初隨喜品也更加讀誦名第二品兼爲他說化功歸己助益觀明名第三品兼行六度名第四品具足行六度名第五品經云爲他種種解說清淨持戒忍辱無瞋常貴坐禪精進勇猛利根智慧當知是人已趣道場近三菩提即十信心前普賢觀明五品即十信未詳如是次第五十二位究竟妙覺

無濫名知次位也九明安忍者能忍成道事不動亦不退是心名薩埵從觀一念之心是不可思議境至今第八明識次位是則障惑迴轉慧心開發或得一品進悟神智爽利慧心聰敏有踰鋒刃本不聽學而能洞覽經論欲釋一條辯不可盡若之日月在胸心懷寶藏若能蘊解是名勤策內修必更進入但雖不處囊不能安忍或被他牽領衆讚說亦言有益然行未固必爲八風所敗故次明安忍也十明不起順道法愛者然已過上內外諸障應得入眞而不入者必有法愛住著而不得入也經云法名無染若染於法乃至涅槃是則染著非求法也法名無住若住於法是則住法非求法也毗曇云煖法猶退若是頂法位人起法愛者應入而不得入退爲四重五逆也通別兩教皆有頂墮之義大論云三三昧是似道位未發眞時喜有法愛名爲頂墮今時行者萬不至此若有此者善自將護此位無內外障唯有法愛法愛難斷若有稽留此非小事若無法愛則自然流入薩婆若

海所有慧身不由他悟此人功德唯佛能知是則此之十法導示行者學道方軌進趣乃齊於此後所入功德非今所論從初觀心是不思議境至今第十不起順道法愛此之十法名爲大乘名摩訶衍法華云各賜諸子等一大車其車高廣衆寶莊校周匝欄楯四面懸鈴又於其上張設幰蓋等如經說今之大乘亦復如是何者今圓修三觀竪徹三諦之源名高橫收十界名廣即其事高廣也止觀二法爲車二輪無量道品爲衆寶莊嚴也陀羅尼能遮惡不起持善不失即周帀欄楯也四辯即四面懸鈴也慈悲普覆即是張設幰蓋十力無畏十八不共法等即珍奇雜寶而嚴飾之也四弘誓願能要持諸行即是寶繩交絡四攝能悅物心即是垂諸華纓三三昧即是重敷綩綖四門歸宗休息諸行名安置丹枕四念處慧能破八倒之黑即是駕以白牛四正勤勤生二善即是肥壯多力勤遮二惡即是膚色充潔四如意足即是形體姝好五根磐固不可移動即是有大筋力七覺調停沉浮得所名爲行步八正道無二邊邪名平正六度助道即是又多僕從而侍衛之不起法愛即是其疾如風是則圓觀心十界一切法門能運出二邊生死直至佛果故名大乘車也法門帖釋如向所說今觀陰界入作十法成乘其相如此故經云乘此寶乘遊於四方嬉戲快樂故偈云問觀自生心云何知十境各成十法乘遊四方快樂斯之謂也第二觀煩惱境者前觀陰界入若不得悟則非其宜而觀察不已貪瞋煩惱發作是則宜置陰入而觀煩惱也何者前五欲五蓋及陰界諸惑並是平常煩惱但陰入是觀果報平常之惑於中求解今觀異常發作之三毒名觀煩惱境也然平常惑發則易可諫曉如平流之水若煩惱境發者瞋發則不可諫諭欲發則不避其死馬如急流之水繫之以連濟豹起亦如健人不知有力觸之怒壯亦如觸睡師子哮吼震地今道場懺悔觀陰界入而發煩惱境其相如是也若不識者則爲所敗牽人作種種重罪非唯正觀不成更增大諐過也爲是故須觀煩惱境爲四一明發相二明因緣三明治四修止觀發相者然煩惱是昏煩之法惱亂心神即是見思利鈍惑也然鈍使何必專是貪瞋而不計我如蠕動實不推理而擧螯張鬚又如凡劣何曾執見四儀常起我心故知五鈍非無利也而五利豈唯見取戒取何曾無貪瞋彈其見心即生恚毒故知利鈍之名通於見思也今約位分判鈍者若未發禪起見世智推理見相猶弱所有十使並屬於鈍也若發定起見見心猛利所有十使並屬於利也若未發禪起見正是今所觀煩惱境發禪起見如後觀諸見境辯也復次今若束利鈍爲四分開四分爲八萬四千煩惱也二因緣者爲三一習種子無量劫來煩惱重積種子成就熏習相續如駛水流順之不覺繫之則奔猛難制如前說也二業力無量劫惡業行成就如負怨債那得令汝修道出離故惡業卓起破觀心也三魔若作善行出其境故來動亂今道場行道觀陰界入修出世業欲離其界故魔遣十軍擁擒深利

之惑欻然而至破亂行者今譬類者抖擻火起可諭初習種子也風扇諭如業力動也足膏油諭如魔起也業之與魔在後方說習種子煩惱發正是今所觀也三治法不同者小乘明治五種一對治如貪欲作不淨觀瞋慈心觀等是也二轉治如貪欲應修不淨觀不淨觀而不得脫而修慈心觀名轉治病不轉而藥轉名不轉治藥病俱轉名爲轉治也三不轉治病不轉藥亦不轉名不轉治四兼治如貪欲兼瞋不淨兼慈心是名病兼藥兼病或兼一或兼二三皆名兼治也五具足治具用上法共治一病也是名小乘先用五治後用諦智乃得入眞也若大乘明治非對非兼非轉不轉名第一義治如阿竭陀藥能治一切病也小乘多用三悉檀爲治大乘多用第一義悉檀爲治也四修正觀還如止觀陰界入境開爲十意唯轉陰入之名爲煩惱境爲異耳還具十法經云煩惱即菩提塵勞之疇是如來種乃至六十二見一切煩惱皆是佛種然三界妄惑是六道種此惑即空是二乘種即假是菩薩種即中是如來種故知一念煩惱是十界之種而十界生死涅槃昇沉永別而同一種即是第一不可思議境也觀心六道即空名止觀心六道即假名觀觀心六道即中名優畢叉即是修平等觀是名第三明修止觀也觀心六道即二乘空破六道種觀心六道即菩薩假破二乘種觀心六道即佛中道破二邊種顯中道佛種是第四名破法徧也而六道之種是塞四聖之種是通又九界之種是塞佛界之種是通又十界即一界即非通非塞一界即十界即而通而塞是爲第五善知通塞也觀心六道之種即空名枯念處觀心二乘之種即假名榮念處觀心九界即中即非枯非榮念處也觀心九界即佛法界即生中道信進念定慧五根也九界即佛界破二邊疑障名信力破二邊懈怠障名進力破二邊眞俗二念障名念力破二邊智障名慧力破二邊沉散障名定力即中道五力也除捨定三覺分除六道煩惱散亂之種也喜進擇三覺分調起二乘沉空之種也念覺分唯念中道正佛種是名第六道品調停也觀心九界即佛法界捨二邊分別假變易生死名檀不爲二邊六塵汙染名戒勤出二邊名爲精進不受二邊浮沉之惱名忍不爲二邊所亂名禪不爲二邊所愚名般若是名第七六度助道也九界煩惱種即佛種若理即也聞名即名字即也常觀九界種即是佛界名觀行即也觀之不已相似開發名相似即眞解開明名分證即窮照了佛種之源名究竟即也是名第八知次位也得觀行解安而未說名爲安忍是第九安忍也內不愛染名爲不起順道法愛是第十法愛不生也此之十法成於大乘遊於四方直至道場是觀煩惱境十法成乘也圓教次位不可得知事約六即明之若一切衆生心神冥妙不可執持但有名字名爲理即也若更讀誦等是名字即也又加觀行明淨心無纖芥疑閡名觀行即也若得六根清淨互用是相似即也亦對十信位若十住位一發一切發開佛知見是分眞即也到妙覺地是名究竟即也

觀心論疏卷下

觀心論疏卷第五

校勘記

一　底本，明永樂北藏本。

一　六九七頁上一行書名、卷次，二行撰者，南無（未換卷）。

一　六九七頁下八行「非空」，南作「空」。

一　六九八頁中一三行「識心中」，南作「菩薩世諦識心中菩薩世諦識心中」。

一　六九八頁中一四行第一〇字「通」，南無；徑作「遍」。又末字「通」，南作「道」。

一　六九九頁上九行第三字「鳥」，徑作「爲」。

一　七〇〇頁上一八行第六字「當」，徑作「常」。

一　七〇一頁中一九行「可知」，南作「可知也」。

一　七〇三頁上二行第一六字「則」，南無。

一　七〇三頁中末行「五十二」，南作「三十二」。

一　七〇四頁上一六行「綄筵」，南作「婉筵」。

一　七〇四頁中一六行第六字「焉」，南作「馬」。

一　七〇五頁下一七行第六字「加」，南作「如」。

一　七〇五頁下末行末字「也」，徑作「也終」。

一　七〇六頁上末行「卷下」，徑作「卷五」。

觀心論疏卷下　　計廿二帋

天台沙門灌頂撰

二明發四弘誓願之心者觀一念自生心具十界百如而六道界即是生死苦集二諦四聖界即是涅槃道滅二諦然既十界在乎一念是則四諦亦在乎一心而十界名殊而體同是一是則四諦名異而理同何以知然迷則苦集悟則道滅迷悟起於行者之心而道滅苦集示當有二故云一體一體即實諦也故經云唯一實諦方便說二是則一實四諦如來寶藏在一念心中我昔不知今始覺悟而衆生迷惑不曉所以於此四諦而起四弘誓慈悲之心經云弟子衆塵勞即以心數爲弟子心有六道界即是八萬四千塵勞成假名衆生弟子是名苦諦即起誓心衆生無邊誓願度一弘也八萬四千塵勞實法名爲集諦即起誓心煩惱無數誓願斷二弘也心有四聖法界即有八萬四千法藏諸波羅蜜而起誓心法門無盡誓願知三弘也攬此法門名諸佛即起誓心無上佛道誓願成四弘也然心十界百如在乎一心經云緣於如來名曰無緣今觀心九界即佛界是緣於如來即是同體無緣四弘慈悲也問云何是思議慈耶答見四趣苦悲拔慈與人天之樂名衆生緣慈見六道生死苦悲拔慈與即空涅槃之法樂名法緣慈見二乘無知苦悲拔慈與出假法音多聞分別樂亦是衆生緣慈見二邊分別苦悲拔慈與如來中道法身之樂名曰無緣是則次第拔苦與樂雖緣如來非同體無緣故是思議慈耳今觀九界即是佛界更何苦集異集而言拔苦與樂故是同體觀心九界即是如來名曰無緣慈而緣如來界不失九界枯勞雙照即大涅槃珍寶大聚經云是慈即是大法聚是慈即是大涅槃故慈亦不可思議也三明修止觀者然一心有十界十界即三觀已如前說是則心性之理寂而常照照而常寂而衆生迷寂故而起妄亂自破寂定迷照故而起闇惑自破慧眼之明破慧眼故不能照了本源顛倒造罪妄勞無

窮破寂定故亂理珠心水不清琉璃不現欲令還源本寂令修止也使歸本照令修觀也又本源不寂不照者散不可止闇不可破雖修止觀散闇終無滅理亦無得聖之佛以其散闇虛而不實所以可破可滅若爾問何能知本寂答身爲本又問身孰爲本淨名云欲貪爲本又問欲貪孰爲本答虛妄分別爲本又問虛妄誰爲本答顛倒爲本又問顛倒誰爲本答無住爲本又問無住誰爲本答無住則無本從無住本立一切法無住豈非本寂而妄起一切法耶又既悟心是如來藏具足一切佛法若不修止觀顯出者無殊貧伏藏於宅而不施功常患貧也渴逼泉而不飲飢遇食而不餐飢渴終不息也若欲修心研習者莫過定慧止觀二輪也經云毗婆舍那能破煩惱何須復須奢摩他耶答言先以定動後以慧拔釋論云覺觀風動心禪定能滅之是則定止散風觀照惑闇心偏沉則用觀察起心偏浮則用止息之沉浮迭謝宜用四悉檀修止觀便宜治之云云四明破法遍者然上止觀研修而未入者必由見著茍執之心事須破也文爲二一豎次第破二非橫非豎圓破就初爲三一從假入空破二從空出假破三得中道破就初又二一破見假惑二破思假惑然夫破惑取理必須依門而入然門有種種非一至知小乘五百羅漢各說身因即是五百門也華嚴云無量空門波猶未入又如五千菩薩各說入不二法門即五千門也經略出三十二菩薩耳而最初法自在菩薩而說生滅爲不二法本不生今則無滅是爲入不二法門者即是初明無生門也淨名最後默然入不二法門還是無生門也欲表四十二字門初阿後荼皆是不生本論亦初辨四不可說即初不生門最後偈云云何無文字一切言語斷寂然無言說即同淨名無言入不二法門也今約無生門破法遍同法自在菩薩體法無生觀門也今且會通四不可說者法本不生者即是不生心中六道生生即有門也今則無滅者即是無滅心中二乘生不生之滅即空門也是爲入不二法門者即是入心中佛界不生不生不二法門即非空非有門也雖入

不二法門而復能雙照即是心中菩薩界不生生亦空亦有門也今觀心六道即四聖界者豈非一門即三門生生一句即三句耶觀心二乘界即八界者豈非空門即三門生不生一句即三句耶觀心菩薩界即九界者豈非亦空亦有一門即三門不生生一句即三句耶觀心佛界即九界者即是非空非有一門即三門不生不生一句即三句耶是則四句四門十界融通無閡即是圓人之所用也今爲圓破難見先明三觀次第豎破今約有門破見惑見者即是見理時斷故名見惑從解得名也就中有二一明見惑之過二明體法觀門即約三假四句撿責今明見惑過者由上觀心有百界千如即生苦執空謂心有百界千如形相可存因生八十八使苦集何者如此觀生死不識見心苦集火宅所燒爲諸虫獸所啖今示相者恃此觀解陵慢於他如經鵄梟鵰鷲譬慢使也譏其見解則毒訶之則瞋如經蚖蛇蝮蝎譬瞋使也不識見心苦集即癡如經守宮百足譬癡使纏綿貪愛此見如經狐狼野干譬貪使也今雖無疑後當大疑或被人破即生疑心如經鬪諍摣掣譬疑使也因此有見撥無因果即邪見如經夜叉惡鬼食噉人肉譬邪見使也計此爲道至涅槃即戒取如經鳩槃茶鬼蹲踞土埵譬戒取使也計我能解即身見如經其身長大裸形黑瘦譬身見也謂我所計即是涅槃即是見取如經復有諸鬼其咽如針譬見取也計我斷常不當中理即是邊見如經復有諸鬼首如牛頭譬邊見也此十使約欲界四諦苦下集七除身邊戒道八除身邊滅七除身邊戒合三十二是欲界被火燒也上界通除瞋色界四諦二十八如經惡獸毒蛇藏竄孔穴明色界被燒也無色界四諦二十八如經蜈蚣蚰蜒毒蛇之類譬無色界被燒也合三界有八十八使爲集諦是見依色起即苦諦又五十校計經云若眼見好色中有陰中有集見惡色中有陰中有集見平等色中有陰中有集乃至意識好法有陰有集餘根亦然是則集即集諦陰即苦諦斯則由計執此又十二因緣愛取有無明行五是集諦識名色

六入觸受生老死七是苦諦是見心苦集即是十二因緣又無明愛取即是煩惱道行有即業道識名色六入觸受生老死七即是苦道又五因即是六弊又生老病死即四苦求悟理不得即求不得苦今起倒惑爲惑所燒即怨憎會苦識名色六入觸受即五盛陰苦此即八苦也是即由計見謂者執心有百界千如因起八十八使諸毒蟲等四倒八苦之火燒五陰舍宅常運猛火所燒寧知其過爲見甚集煩惱煎迫自障道門寧得悟理也二明體法觀者經云無明體相即約三假四句撿責何者一念心起必藉法塵而起即因成假見心相續而起即相續假此有見之心待於無見即相待假也一假之中復作自他四句撿責何者今問觀一念自生之心謂有百界千如者爲從何生若云從內心生觀解心者即自生若謂自生即應常生不須待緣前境法塵而生耶經云有緣思生無緣不生云何得自生耶經云非內觀故得是智慧云何自生中論云諸法不自生云何自生耶若謂由緣前境法塵而生者即是他生是即不可經云非外觀得是智慧云何從境生耶論云亦不從他生云何他生耶若必謂他生境應常生觀智何待內心觀緣方生耶若謂由內心對外境法塵而生觀智即是共生是亦不可前責自他無生合共云何得生如一沙無油合衆多沙亦無油也若前自他若有生者合則應有兩生又若各有生者云何復用合生論云諸法不共生經云非內外觀故得是智慧云何計共生耶若謂離心離境生者即是無因生是亦不可論云有因緣生尚不可何況無因緣經云不離內外觀得是智慧云何無因生耶行者如是四句撿責求心雖不可得甚由未已終計見有心相續而生今即約相續假破問爲前心滅後心生爲前心不滅後心生爲亦滅亦不滅生爲非滅非不滅生若前心不滅生即自生若前心滅生即他生若亦滅亦不滅生即共生若非滅非不滅生即無因生四句俱不可得故論云諸法不自生亦不從他生不共不無因云何四句計有生耶即復度入相待假今即約相待假破問此心爲待

生心生爲待不生心生爲待亦生亦不生心生爲待非生非不生心生若待生心生即自生若待不生心生即他生若待亦生亦不生心生即共生若待非生非不生心生即無因生四句撿皆不可得如是三假四句求撿生不可得即自知所計定謂心有百界千如形相是妄起顛倒悔過自責愧識先罪是則八十八使苦集十二因緣被伏不起六弊名爲滅諦能伏苦集之道名爲道諦知苦集之過即不更造名行道人也復次如上撿責求心不得即發一重空解定心湛湛空見逾明尚不見心豈有百界千如者耶尋經讀論有明空處與心相扶計心轉感因而我慢自高陵他不解即慢使也讚空則喜訶空則瞋貪愛空見即貪無明不了即癡疑惑諦理即疑我能解即身見由身見起邊因空見撥無因果即邪見謂空見能通涅槃即戒取謂空見是道即見取如是十使約三界有八十八使爲集諦是見依色而起是苦諦因此苦集流轉生死爲四倒八苦之火所燒爲鈍使諸蟲利使諸鬼之所殘害寧得悟解識第一義空者也今破此見還約三假四句破何者如一念心起必因空境法塵生即是因成假空見相續而生即相續假空見待不空見生即相待假今問空見之解心生爲從內心生爲從外空境法塵生爲內外合共生爲離內外生若內心生即自生若外法塵生即他生若內外合生即共生若離內心外法塵生即無因生四句皆有過事如前破計心未已者更約相續假何者若謂一念空心從前不滅心生即自生前心滅生即他生前心亦滅亦不滅即共生若前心非滅非不滅生即無因生四句皆不可事如前破若復執相待假者今破若待生心生即自生即自生若待不生心生即他生若待亦生亦不生心生即共生若待非生非不生心生即無因生四句皆不可得如是三假四句寂撿空見不可得而自知計定心空無百界無聖人妙法還是妄倒經云若云衆生定有佛性即謗佛法僧若云衆生定無佛性亦是謗佛法僧殷知我所計心定有定無即謗毀三寶悔過自責愧識先罪是則八十

八使苦集十二因緣六弊不生名為滅諦能伏苦集之道即是道諦也次復思惟若心定有即是常見若心定無即是斷見即計心亦有亦無即發一品定心堪湛亦有亦無見心明淨即謂為道因此見心還起八十八使苦集流轉自障其道是則約三假四句撿責例前可知次撿既不可得即識亦有亦無見心苦集道滅四諦也次復計心非有非無心起苦集還約三假四句求撿不可得即識非有非無見心四諦次復計心出四句外不可說因不可說見心復起苦集還約三假四句撿責不可得即識不可說見心苦集道滅如是單四句外複四句外有不可說句具足四句及具足四句外不可說如是次第起過次第撿破乃至横竪破皆求撿不可得即知所計皆是顛倒悔過自責慚愧先罪見心苦集被伏名為滅諦能伏之智名為道諦能識見心四諦名行道人也是中應有五句料揀何者一舊病不除更起新病如不得定外道二舊病除新病起如得禪外道三舊病不除新病被伏即五方便人四舊病不除而新病滅即初果人五舊新病俱除即羅漢人也次約位簡者外道既起見惑新病則無道諦之車不能運出生死也若三藏伏見惑行人乘似道諦運至五方便也若通教伏見行人運至乾慧地性地若別教人運至十信若圓教人運至五品今行者觀心從六道界出運至二乘界若斷見惑者三藏即苦忍真明通則見地別則初住圓則初信問單複具足四句何得皆云是見耶若如來是得證人藉言自此之前皆名邪見人也況今凡情推劃而言非見若言非見今應得聖果若未得謂得是增上慢誑人未可論道若撫臆論心未得道前雖復千重萬疊絕言亦何得非見耶如長爪梵志惟諸法于久不得一法入心難佛云一切法不受此豈不濫於大乘不受三昧也長爪利根尚不識其見心苦集況今凡淺單識者乎二破思假惑者就思惑為二一明思惑過二明觀法道惑者欲界貪瞋癡慢上二界通除瞋各三合三界有十欲界地思有九品色無色八禪一禪有九品是則三界九地九九八十一品思惑

車慮所斷故名為思然三果為之所惑況於凡也經云貪愛無明能生坐之不得道又云一念起瞋障七法明門淨名云從癡有愛則我病生故經云今我病者皆從前世妄想諸煩惱生即貪愛無明為本也由無明故則有諸行識名色六入觸受愛取有生則十二因緣流轉六道妄受苦五因為集諦七果為苦諦如是從十二因緣出三道四倒八苦六弊八萬四千皆從三毒而生三毒十使潤三業造十惡衆多重罪是則思惑障行人理觀何由得發故須破也然皆是妄惑皆以無明為本一切受生莫不無明為始是則界外五住之惑無明為根經云無明之體本自不有妄想因緣和合而有斯則無明之本虛而不實況一切諸惑何得不虛三界果報豈應是實是則無明之源本自不生亦無今之可滅本性清淨生死即涅槃也何緣而起妄惑滅耶若妄情未息者今更約三假四句撿責也何者外人云世間現見云何言無論主破云何得信汝牛羊眼所見即謂之為有耶何以須四句破撿然心生藉於六塵而生即因成假貪心念念相續假待不生得有人生即相待假也今問思惑生為從內心生為從外六塵生為內心外塵合生為離內心外塵生耶四句俱不可得若內生即自生如穀子不藉水土應能生若外塵生即他生如水土無穀子應能生若內外合生即共生上撿內外無生合云何生如合二沙俱無油也若各有生合則有兩生若離內外生即無因生有因生尚不可得何況無因生是則四句皆不可得也然雖破因成假情猶謂心相續而生今問為前心滅生為不滅生為亦滅亦不滅生為非滅非不滅生若前心不滅生後貪心者即自生過若前心滅後貪心生者即他生過若亦滅亦不滅生後貪心者即共生過若前心非滅非不滅後心生者即無因生過四句之過例前可知是則四句窮撿思惑生不可得也然雖破相續而情猶謂心相待而生今問為待生心生為待無生心生為待亦生亦無生心生為待非生非不生心生若待生心生即自生若待無生心生即他生若待亦生亦無生心生

即共生若待非生非無生心生即無因生四句之過例前可知是心四句撿相待假亦究竟空無也如是三假四句求心不可得即悟心空不生貪計定有六塵境界色聲可存思惑被伏名為滅諦能伏惑之智名為道諦苦集滅故即無明滅乃至老死滅因緣滅故即三道六弊四倒八苦皆滅六弊滅故得羊車苦集滅故得牛車十二因緣滅故得鹿車故經云為聲聞說四諦為辟支佛說十二因緣為諸菩薩說六波羅蜜乘此三乘出五陰之宅滅四倒八苦之火名出火宅即入化城得一切智具諦一切法門也是名從假入空觀也約位者三藏即羅漢位通即已辦地別即十住圓即十信約觀心者從六道界入二乘界也第二從空出假觀者經云未具佛法不應滅受而取證也設身有苦當念一切苦惱衆生我既調伏亦當調伏一切衆生此是明出假之意然出假有五意一慈悲心重先人後己二憶本誓願初發心時誓拔一切衆生苦與一切樂從假入空既自拔四住苦已今從空出假宜拔衆生苦已三智慧猛利知住空有棄衆生之過不能淨佛國土成就衆生又未具足佛法教四有善方便雖即入假不為六塵所染五有精進勇心於生死意而有勇也今取淨名經中五義配之意同經云以己之疾愍於彼疾即慈悲同也當識宿世無數億苦豈非憶本誓願也當念饒益一切衆生豈非智慧知住空失利衆生之過同也念於淨命即善巧方便同也常起精進即是精進同也此是經明五義與此五意同矣然二乘無此五事故不能出假正出假有三事一知病二識藥三授藥一知病者即知衆生見思世間出世間種種苦集之病經云苦有無量相我於彼經竟不說之非聲聞之所能解集諦亦爾遍知此無量苦集故云知病也二識藥者論如大醫師善能了知一切衆生種種諸病藥亦非一知藥即是知世間出世間種種道滅之藥偏學恒沙佛法經云道有無量相我於彼經竟不說之非諸聲聞緣覺所知滅亦如是菩薩徧學此無量道滅法門故云識藥也三應病授藥者經云舍利弗教

金師之子作不淨觀教浣衣之子作數息觀二俱不得道非但不悟而更增其邪見此是不解應病投藥之失也佛為說法即得悟道此是應病投藥之相今菩薩亦爾學是應病投藥之法觀應所堪稱其所宜而授法藥令無差機之失為此三事而出假也前從假入空遍破見思慧眼照眞名破法遍今從空入假遍學恒沙佛法而破無知塵沙而法眼照俗應病投藥而無差機之過名破法遍也第三明中道觀破法遍者亦明五意何者一為學無緣慈前從假入空破衆生緣慈次從空出假破法緣慈今修中道離二邊慈故名無緣慈也經云緣如來者名曰無緣與實相同體無緣普覆法界拔苦與樂故名無緣同體慈悲也二滿本弘誓者經云我本立誓願令一切衆生咸令得佛道也三為求佛智慧佛眼橫竪見了究竟窮源盡數也四為學大方便無謀善權住首楞嚴種種示現五修大精進力法華云如有勇健能為難事求王頂上之珠有此事修第三觀也此觀正破無明但無明無有相貌云何可觀今還觀前二觀之智何者望前則二觀是智望後復為智障問何以名智障答夫中道智相融不二前二智未能融一故名智障融一者空而常假假而常空寂則未始不照照則未始不寂是則空假寂照雙遊而不二即是中道不二而二即是雙遊是則三觀名雖異而體同雖同未常一雖異未常三非三而三名為三德非一而一名大涅槃故經云三德成一涅槃非三非一非縱非橫不可思議是則三觀智圓融玄妙非相無相皆不可得名為中道觀智故破前二相不融之智也今正明大第三觀云何圓融不二是則與圓觀何殊答大第三觀若入中道與圓則不異故如是說也今更約三法撿破何者一觀無明二觀法性三觀具緣初觀無明者觀前無明是智障即是無明今問此智障為從何生若謂從無明生即是自生過又無明無實云何能生若謂從法性生即是他生又且法性無生云何能生耶若謂無明法性合即是共生若離即是無因生四句皆不可例前破也二約法性破者前撿無明不可得何謂無明即法性

今問為無明滅法性生為不滅法性生為亦滅亦不滅法性生為非滅非不滅法性生四句皆不可也三約眞緣破者此無明為從緣修生為從眞修生若共若無因生耶若緣修生緣修無常云何能生若眞修生眞云何生共無因皆不可也兩釋不同一云緣修顯眞二云緣修滅眞自顯即是自生若緣修顯眞修即是他生四句皆不可並如前破也齊此次第三觀豎破法遍略竟餘廣如止觀中辨也第二明非豎破者前已明圓門今更略出者明圓觀心十界六道即有門是生句二乘即空門是生不生句菩薩即亦空亦有門是不生生句佛界即非空非有門是不生不生句今既觀一念圓具十界豈非一界即十界一句即四句一門即四門名為圓門耶今約此圓門修觀者門既圓通觀亦圓融圓觀入圓門也何者今圓觀心六道界約生法即具十界者假即未曾不空不中即是圓伏五住惑也觀心二乘界即具十界者即是空觀空未曾不假不中即圓伏五住觀心佛界具十界者觀中未曾不空不假而常雙照也又觀假而未曾不空不中者斯則假非有相非無相即圓伏五住也觀空而未曾不假不中者斯空非無相非有相即圓伏五住觀中而未曾不空不假斯則相無相而雙遮雙遊而未曾相無相也斯則一假一切假一空一切空一中一切中非一非一切也問空破假假破空中雙破空假云何得用一體耶答世間質閡四大相破而相成共成一體況乎靈智三觀相破而相資成三德一大涅槃何足致疑乎何者空破假假無有相假破空空無有相中破空假無二邊過雙用破中中不失枯榮雙照也空資於假方便有慧解假資於空慧有方便解中資空假二慧俱寂空假資中中常雙用二鳥俱遊也今更喻者冰譬於假水諭於空濕況於中是則冰水濕三名雖異而不妨體一三觀名殊何妨體同也斯則一破一切破無惑而不盡一資一切資無法而不成又圓觀心十界者佛界即法身德亦即如來衣三乘界是第一義空即般若德亦即如來坐菩薩界即是解脫德亦即如來室是則三

德成大涅槃名為安樂行如來衣座室三是如來之圓行此行是涅槃行故名安樂行也涅槃經云復有一行是如來行斯之謂也故知圓觀心十界者即是常觀涅槃行道行如來行是安樂行也然三德即三般若三涅槃乃至十種三法圓具十法界觀中也又安樂即理一行即行一修觀者即人一圓觀之教即教一四一之義是法華之玄宗也圓破九法界故名非橫非竪破法遍也五明通塞者法華經云有一導師善知通塞將導衆人欲過嶮道至珍寶所淨名云弟子衆塵勞隨意之所轉即是行者善能將導心數衆生過嶮道也經云寧作心師莫師於心今觀心十界三觀寂照導諸心數離二乘難是為心師名大導師善知通塞何者識心中六道界即苦集是塞於眞諦識心中二乘界道滅雖通眞諦而塞菩薩世諦識心中菩薩世諦識心中菩薩界雖通世諦而塞中道第一義諦心中佛界具通二諦此大第論通塞耳若識心中九界即佛界者一切塞皆通也若迷心中佛界為九界者一切通皆塞也圓觀一道清淨無通無塞而通塞不相障也又觀心假而不空即增謗之塞觀心空而不假即損謗之塞若雙照空假而不中即增損謗之塞但中而不空假即非有非無名愚癡論之塞也觀心若空而常假慧有方便解是通非塞也觀心假而常空方便有慧解是通非塞也觀心空假而常中二慧雙寂是通非塞也觀心中而常空假雙用寂照是通非塞也問何以但約心辨通塞耶答上觀心而不悟者由不識心中通塞邪正障難一切法門乃至十章並約心論何止通塞一章耶約餘則疑學者則外求不稱論意也六明三十七道品調停者然道品有四種一者分別道品如四念處四正勤等各各從此入道也二相攝道品者如相攝六度也三約位如四念處位乃至八正道即見道位也四相生道品今正明相生調停之道品也問道品是二乘法菩薩云何觀答釋論正訶此義誰作是說經云道品善知識由是成正覺又經云修八正道能見佛性云何非大乘耶四念處者觀一念心有十界百如今

觀心中六道五陰即空二乘界者名四枯念處也觀心六道五陰即假菩薩界者名四榮念處也觀心六道五陰即佛界者即非枯非榮入大寂涅槃觀心佛界即九法界者即枯榮雙照二鳥俱遊也斯則觀心十界照而常寂即於心中娑羅雙樹入三德秘密之藏大涅槃也故經云一切衆生即大涅槃不復更滅即其義也論初已釋四念處今不廣論也又觀心中六道界即二乘界者即破常樂四倒之魔也觀心六道界即菩薩界者即破無常四倒之魔也觀心六界即佛界者即雙破八倒非枯非榮而枯而榮二鳥俱遊寂而常照即於此心而坐道場也故經云修四念處名坐道場斯之謂也然十界百如在心稱不可思議名相寂絕者約心辨坐道場入涅槃意趣玄微亦不可思議也四正勤者觀心十界未生六道惡心勤遮令莫生已生勤斷令滅未生四聖善心勤令生已生勤令增長是名四正勤又勤滅九界勤生佛界也四如意足者靜定也前修念處正勤皆是慧性慧多則散今修如意定用制其散令定慧均平使觀照明了經云一切衆生有三種定謂上中下下者心數定也中者味禪定也上定也經云一切衆生即菩提相即本有智明今修念處使還源本淨者佛性首楞嚴定是則衆生皆有寂定之本習今修如意息散歸本也五根者謂信進定慧念也修念處如意定慧寂照心源十界百如明了無疑信根生也正勤轉進即精進根生念慧轉明即慧根生也如意增進定根生也定慧均平念根生也五力者謂信進定慧念力者信破疑障進破懈怠障定破亂障慧破癡障念破邪障能破五障故名五力也七覺者謂喜進擇除捨定念也上雖定慧照明心源不悟者恐沉浮不一故用七覺調停令得一心經云御以一心遊於八正路也何者心若沉昏當用擇喜進三覺分策起也心若浮散當用除捨定三覺分息亂也心若不沉不浮當用念覺分寂照心源也又偏觀心空即沉相偏觀心假即浮相正觀中道即不沉不浮名一心也若七覺不入當更修八正道也觀心十界百如如上念處之觀

心非枯非榮而枯榮雙照一心圓具三觀名為正見研思此理名正思惟為他說心正觀名為正語此觀能感妙果名為正業以此慧名為正命一心中道名為正念此觀能破二邊之惑名為正精進此觀能止二邊亂名為正定也譬者四念處如種子正勤如抽牙五根如根生五力如莖葉七覺為華八正如果故經云覺意淨妙華解脫智慧果斯之是也然道品將到涅槃城有空無相無作三門亦名三解脫亦名三三昧從正見入定發無漏智名大臣定名大王故名三三昧非智不禪也正定生正見正見發無漏定為大臣正見為大王名三解脫非禪不智也三藏苦下空無我二為空門滅下四為無相門集道八苦下二足為十名無作門通教苦集皆空即空門亦不計空相名無相門亦無能觀者名無作門別教從假入空即空門亦無空相即從空出假名無相門既無空相亦無假相即入中道亦無中道相可願求名無作門圓教三三昧即圓用也既次第破入宜別教三三昧門入涅槃也七修六度助道何者上修道品調停而真明不開慳貪心蔽保愛身財惑亂心神若求障於理觀經云貪狼於財色坐之不得道斯由不能捨依正二報貪愛纏綿豈能悟道者也菩薩陀波崙捨難捨之軀賣難賣之身以求般若何況資財者乎斯則豈不果願於香城契般若於東方者也然積劫空喪身財未曾為道今能捨必亡之身求道取盡何憂不會耳有人怒勇亡身入陣斯之等類死亡者億兆經云刀兵死者必墮地獄竟何利之有今行者必能怒勇亡身攻破四魔王豈不解髻明珠而與之者也或正修觀時破戒心起三業乖違犯於戒律使理觀不開經云尸羅不清淨三昧不現前所以加心持戒以為橋梁以為戒足生死大河方可得度也所以菩薩為度生死大海護惜浮囊微塵不棄行者當軌之也或修觀時瞋恚蔽生常思九惱以障理觀爾時當修忍心經云忍辱第一道涅槃佛稱最彼以曲來我以直應誠心無瞋於理自直經云瞋時當著如來衣如來衣者柔和忍辱是又經云設衆惡來加念

佛故應忍若存聖言無事不成也或修觀時懈怠心生不能開悟當加精進夫建小事心不決至尚不能成況欲排五住之重關度生死之大海而不勤勞妙道何由可契至如波崙傍行於衢經無量時不念疲勞不念晝夜不念飲食但念何時得見曇無竭菩薩得聞般若以其精進遂感冥通耳故云諸佛一心勤精進故得三菩提何況餘善法耶所以仙人禮白骨謝往昔之勤餓鬼打死尸報其昔懈今不打身進道後勞恩何益也或時正修觀而散亂心生爾時當加修禪寂也經云十劫坐道場身體及手足寂然安不動斯則理觀何能不發者耶釋論云照塵蔽天日雨能淹之覺觀風動心禪定能滅之禪為清冷水能洗諸塵勞禪為利智藏功德之福田故知禪有種種功能且加心修之助理觀也或正修觀時闇心生當修善巧方便何者上修圓觀觀生死即是涅槃煩惱即是菩提而於生死不生怖心多生懈慢所以應修苦空無常無我觀五種不淨助進衆理觀何以然理雖圓融而未能證何能即免無常怖畏者耶斯略明六度助發理觀若不開悟當更觀此助道六度即不可思議攝道品理觀一切法門即知六度功力大能破惑事理兼修也如種種度攝道品中捨覺分捨二邊生死經云捨與生死後際等離生老病死得不壞常住者中論云因緣所生法我說即是空亦名為假名亦名中道義今觀心六道界生滅而捨煩惱即是因緣所生法三藏事檀捨也觀心二乘界即是空而捨生死前際也觀心菩薩界即假而捨生死後際也觀心佛界即中道而離生老病死得不壞常住斯則一心圓觀十界者即是圓修四教道品事理捨檀圓捨生死後際得不壞常住是則本理檀度具足也若未悟者更修道品中正業正命為戒度所攝上說約心辨道品六度今還約心辨事理十種戒也何者觀心六道界因緣生法持不缺戒乃至不雜等四戒也觀心二乘界者即持隨道無著兩戒也觀心菩薩界者即持智所讚自在二戒也觀心佛界者即持隨定具足戒也是則觀心六道因緣生滅三藏事中道品正業

正命之戒觀心即空即假即中持通別圓之教理中道品正業正命之戒斯則圓觀十界即事理持戒也若未開悟當更思道品五根中念根五力中念力七覺中念覺八正中正念即爲忍度所攝也今例前還約觀心中六道界即因緣生法事中伏忍觀心中二乘界即空即柔順忍觀心中菩薩界即假名無生忍觀心中佛界即中名寂滅忍此三忍是理即圓觀心十界具足事理修忍也若未悟者更思道品八精進也觀心中六道界即事精進觀心中二乘界即空精進觀心中菩薩界即出假精進故經云於生死意而有勇也觀心中佛界即中精進經云諸佛一心精進得三菩提也是則圓觀心十界具事理精進也若未悟者更思道品八定四如意足定根定力定覺分正定爲禪度所攝也觀心中六道界是修事中四禪四定等定也觀心中二乘界是修觀練熏修真諦三昧定也觀心中菩薩界是修俗諦三昧也觀心中佛界是修九種大禪首楞嚴王三昧也是則圓觀心中十界具修事理諸禪也若未悟者當更思道品中十慧四念處擇慧根慧力擇善兩覺分正見正思惟此慧爲般若度所攝也若觀心中六道界是事修世智觀心二乘界是修一切智觀心菩薩界是修道種智觀心佛界是修一切種智是則觀心中十界具事理諸波羅蜜也然三藏菩薩多約事中精勤苦到修六度更無過者通教菩薩多約即空理修六度故三事俱亡別教菩薩多約出假六度化物圓教菩薩多約中道修六度是則道品六度相攝相破相修相即四句云云云何六度調伏諸根耶觀心六道界是因緣生法即事六度調伏諸根也觀心二乘界即空調伏諸根離六塵愛染也觀心菩薩界即假調伏諸根離空愛染觀心佛界即中調伏諸根離二邊愛染一心圓觀十界即事理六度如前所說圓調伏諸根也經云所謂彼眼根於諸如來常具足無減修了了分明見乃至意根亦圓觀調故云五根皆稱是常細尋可知也云何六度攝佛威儀佛以十力無畏不共等法爲威儀十力者然六道界是因緣生法即生滅四

諦心中二乘界即無生四諦心中菩薩界即無量四諦心中佛界即無作四諦今寂照觀了心中六道苦集還至六道斯有是處若至還槃無有是處各各照了餘三種四諦苦集亦爾是名處非處力也照知四種四諦集是業力也照知四種四諦苦是根力也道滅亦爾照知四種道諦中道品八定是定力也知心中十界衆生過去苦集是根力也知十界衆生現在苦集是欲力也知十界衆生未來苦集是性力也知四種道是至處力也知四種滅諦是漏盡力也四無畏者觀照心中十界四種苦諦爲他分別及爲心數衆生願之遍患決定師子吼無微畏相無能難是法非法智無畏也知四種集諦障四種道滅決定師子吼無微畏相無能難言此非障道即障道無畏也知四種道諦能盡苦說之無畏是盡苦道無畏也知四滅諦一切證說之無畏是漏盡無畏也十八不共法者身口無失是戒也無不定心是定也欲無減精進無減念無減是八精進也慧無減解脫無減解脫知見無減三業隨智慧行有十二不共法是十種慧也是將道品六度攝盡也四無閡者知心中十界衆生言辭不同是也無閡也知四種四諦法是法無閡也知四種諦義是義無閡也說四諦無窮是樂說無閡也六通者眼耳如意三通如調諸根中說他心宿命漏盡如十力中說三明者如六通說也四攝者捨即布施攝也正業正語即愛語攝也八定即利行同事二攝也定發神力故能同事也陀羅尼者四正勤生善即陀羅尼也三十二相者四種道諦道品爲因也略舉十二條法門而爲六度助道攝盡況正道耶然三觀四教各有道品六度十力無畏等一切法門今觀心具十界即是三觀四教者是則何教何理何行何智何位何惑何法而不攝盡者乎故經云破心微塵出大千經卷又云衆生心是如來藏無法不具也淨名云諸佛解脫當於衆生心行中求法華云爲令衆生開佛知見涅槃云爲示貧女心中伏藏是則由心具一切萬法所以諸大乘經皆歎衆生心不可思議勸今觀察顯出心中寶藏也今依隨聖言

而觀心因心爲不可思議境者意在此也境既不可思議者境發於智智亦不可思議故經云不可思議智境不可思議智照斯之謂也又經云諸佛如來法界身皆從衆生心想生是心即是三十二相是心是佛故經云心遊法界如虛空是人能知諸佛之法界也入明識位者然上既正助具修必隨分證其勝法不識次位即謂之是聖罪在失於正觀乃更招其重罪是以須識位也何者三藏五方便爲似四果爲真通教乾慧性地等爲似見地已上爲真別教三十心爲似十地爲真圓教十信爲似十住爲真是即四教各有真似之位將心所證之法約位自知行處也然欲入圓位者更約六時修五悔助顯理觀第一懺悔先須識順流十心之過何者一者內有無明由迷心中佛界起六道生死也二者外逢惡友一是惡人二是惡境也三不隨喜他善內不信心中佛界外不隨喜善事四縱恣三業造罪由內有無明外逢惡境致之然也五事雖不遍而心普遍淫盜等罪不可得遍而心遍造六道惡業也六惡念相續三毒四趣惡心逆乎相續也七覆藏不悔外則不向凡聖發露內則不修心中佛界妙法破六道覆蔽也八不畏惡道現則不畏苦業煩惱三道三障四倒八苦交燒養未則不畏墮墜三途九無慚無愧常起三道惡業外則不愧於凡聖內則不慚第一義天也十撥無因果作一闡提不信心有六道苦集因果四聖道滅因果也夫欲悔者必須識此順流十心流入生死大苦海中知過必改方可悔也次修逆生死海十心者翻破前十心何者一明深信因果即是圓信心具十界迷出六道苦集因果如結水爲冰悟則成四聖道滅因果如融冰爲水而冰水未常異體生死涅槃未常有異翻破第十不信二明慚愧慚愧內心有佛界我何妄罪背父而入五道五十餘年妄造衆罪外慚一切冥聖翻破第九無慚無愧三怖畏惡道已造無邊大罪必墮三途非山非石間而可逃避故云生怖畏翻破第八不畏四明發露懺悔過迷覆則生死轉增悔過則還源本淨故云發露則安隱不發露罪益深翻破第七

覆藏五斷相續心悔已三觀相續存心四聖勿起六道惡念翻破第
六惡念相續六外則徧發慈心內則搘度心中六道衆生翻破第五
事雖不徧而心常徧七修功補過勤精進三業顯心中四聖法門補
昔三業之過翻破第四縱恣三業造罪也八隨喜他善既信我心四
聖亦信一切衆生皆有佛之知見喜而敬之如常不輕菩薩翻破第
三不隨喜他善也九親近善友常觀心中四聖二乘界有八萬四千
空波羅蜜實法攬此為八萬四千假名聲聞菩薩界即有八萬四千
菩薩佛界即有八萬四千如來故經云道品善知識由是成正覺經
云信汝所說則為見我亦見於汝及比丘僧并諸菩薩此約心辨聖
衆知識翻破第二外逢惡友也十觀破無明觀心九界即佛法界本
源清淨非生死六道之有非二乘涅槃之無深達二邊罪福明闇不
相除顯心佛菩提即破無明還源本淨翻破第一內有無明故目此
為逆流十心翻前順流十心也此名大懺悔名莊嚴懺悔故經云端
坐念實相衆罪如霜露慧日能消除也二勸請者外則請諸佛轉法
輪度衆生內則勸觀心佛說法化九界之衆生合內外衆生皆蒙法
利三隨喜者外則隨喜諸佛菩薩諸功德凡夫雜亂有於善內則隨
喜心中四聖衆善諸功德深信隨喜不逆也四迴向者外則迴凡聖
三業所修之善向佛菩提內則迴九界之善向心佛界之果五發願
者外則願衆生皆見佛性內則願心數衆生速還源本淨也常於六
時修此五悔助明圓觀請諸佛加威圓信成就名為初隨喜品也更
加讀誦名第二品兼為他說化功歸己助益觀明名第三品兼行六
度名第四品具足行六度名第五品經云為他種種解說清淨持戒
忍辱無瞋常貴坐禪精進勇猛利根智慧當知是人已趣道場近三
菩提即十信心前普賢觀明五品即十信未詳如是文第三十二位
究竟妙覺見無漏名知次位也九明安忍者能忍成道事不動亦不退
是心名薩埵從觀一念之心是不可思議境至今第八明識次位是
則障惑迴轉慧心開發或得一品進悟神智爽利慧心聰叡有餘鋒

刃本不聽學而能洞覽經論欲釋一條辯不可盡若之日月在胸心
懷寶藏若能蘊解是名勤策內修必更進入但鋒不處囊不能安
忍或被他伏領衆讚說亦言有益然行未固必為八風所敗故次明
安忍也十明不起順道法愛者然已過上內外諸障應得入真而不
入者必有法愛住著而不得入也經云法名無染若染於法乃至涅
槃是則深著非求法也法名無住若住於法是則住法非求法也毗
曇云煖法猶退若是頂法住人起法愛者應入而不得入退為四重
五逆也通別兩教皆有頂墮之義大論云三三昧是似道位未發真
時喜有法愛名為頂墮今時行者萬不至此若有此者善自將護此
位無內外障唯有法愛法愛難斷若有稽留此非小事若無法愛則
自然流入薩婆若海所有慧身不由他悟此入功德唯佛能知是則
此之十法導示行者學道方軌進趣乃齊於此後所入功德非今所
論從初觀心是不思議境至今第十不起順道法愛此之十法名為
大乘名摩訶衍法華云各賜諸子等一大車其車高廣衆寶莊校
周匝欄楯四面懸鈴又於其上張設幰蓋等如經說今之大乘亦復
如是何者今圓修三觀洞徹三諦之源名高橫收十界名廣即其事
高廣也止觀二法為車二輪無量道品為衆寶莊嚴也陀羅尼能遮
惡不起持善不失即周匝欄楯也四辯即四面懸鈴也慈悲普覆即
是張設幰蓋十力無畏十八不共法等即珍奇雜寶而嚴飾之也四
弘誓願能要持諸行即是寶繩交絡四攝能攝物心即是垂諸華纓
三三昧即是重敷婉筵四門歸宗休息諸行名安置丹枕四念處慧
能破八倒之黑即是駕以白牛四正勤勤生二善即是肥壯多力勤
遮二惡即是膚色充潔四如意足即是形體姝好五根磐固不可移
動即是有大筋力七覺調停沉浮得所名為行步入正道無二邊邪
名平正六度助道即是又多僕從而侍衞之不起法愛即是其疾如
風是則圓觀心十界一切法門能運出二邊生死直至佛果故名大
乘車也法門帖釋如向所說今觀陰界入作十法成乘其相如此故

經云乘此寶乘遊於四方嬉戲快樂故偈云問觀自生心云何知十
境各成十法乘遊四方快樂斯之謂也第二觀煩惱境者前觀陰界
入若不得悟則非其宜而觀察不已貪瞋煩惱發作是則宜置陰入
而觀煩惱也何者前五欲五蓋及陰界諸惑並是平常煩惱但陰入
是觀果報平常之惑於中未解今觀異常發作之三毒名觀煩惱境
也然平常惑發則易可諫曉如平流之水若煩惱境發者瞋發則不
可諫諭欲發則不避其死馬如急流之水槃之以漣漪豹起亦如健
人不知有力觸之忿壯亦如觸睡師子哮吼震地今道場懺悔觀
陰界入而發煩惱境其相如是也若不識者則為所敗牽人作種種
重罪非但正觀不成更增大譬過也為是故須觀煩惱境為四一明
發相二明因緣三明治四修止觀發相者然煩惱是昏煩之法惱亂
心神即是見思利鈍惑也然鈍使何必專是貪瞋而不計我如蜎動
實不推理而舉蠢張瞋又如凡劣何曾執見四儀常起我心故知五
鈍非無利也而五利豈唯見取戒取何曾無貪瞋彈其見心即生恚
害故知利鈍之名通於見思也今約位分判鈍者若未發禪起見世
智推理見相猶弱所有十使並屬於鈍也若發定起見見心猛利所
有十使並屬於利也若未發禪起見正是今所觀煩惱境發禪起見
如後觀諸見境辨也復次今若束利鈍為四分開四分為八萬四千
煩惱也二因緣者為三一習種子無量劫來煩惱重積種子成就薰
習相續如駛水流順之不覺犯之則奔猛難制如前說也二業力無
量劫惡業行成就如負怨責那得今欲修道出離故惡業卒起破
觀心也三魔若作善行出其境故來動亂今道場行道觀陰界入
修出世業欲離其界故魔遣十軍種種深利之惑欻然而至破亂行
者今辨相者習數火起可論初習種子也風扇論如業力動也忽於
油論如魔起也業之與魔在後方說習種子煩惱發正是今所觀也
三治法不同者小乘明治五種一對治如貪欲作不淨觀瞋慈心觀
等是也二轉治如貪欲應修不淨觀不淨觀而不得脫而修慈心觀

名轉治病不轉而藥轉名不轉治藥病俱轉名爲轉治也三不轉治病不轉藥亦不轉名不轉治四兼治如多貪欲兼瞋不淨兼慈心是名病兼藥兼病或兼一或兼二三皆名兼治也五具足治具用上法共治一病也是名小乘先用五治後用諦智乃得入真也若大乘明治非對非兼非轉不轉名第一義治如阿竭陀藥能治一切病也小乘多用三悉檀爲治大乘多用第一義悉檀爲治也四修止觀還約止觀陰界入境開爲十意唯轉陰入之名爲煩惱境爲異耳還具十法經云煩惱即菩提塵勞之疇是如來種乃至六十二見一切煩惱皆是佛種然三界妄惑是六道種此惑即空是二乘種即假是菩薩種即中是如來種故知一念煩惱是十界之種而十界生死涅槃升沉永別而同一種即是第一不思議境也觀心六道即空名止觀心六道即假名觀觀心六道即中名雙非又即是修平等觀是名第三明修止觀也觀心六道即二乘空破六道種觀心六道即菩薩假破二乘種觀心六道即佛中道破二邊種顯中道佛種是第四名破法徧也而六道之種是塞四聖之種是通又九界之種是塞佛界之種是通又十界即一界即非通非塞一界即十界即而通而塞是爲第五善知通塞也觀心六道之種即空名枯念處觀心二乘之種即假名榮念處觀心九界即中即非枯非榮念處也觀心九界即佛法界即生中道信進念定慧五根也九界即佛界破二邊疑障名信力破二邊懈怠障名進力破二邊真俗二念障名念力破二邊智障名慧力破二邊沉散障名定力即中道五力也除捨定三覺分除六道煩惱散亂之種也喜進擇三覺分調起二乘沉空之種也念覺分唯念中道正佛種是名第六道品調停也觀心九界即佛法界捨二邊分別假變易生死名檀不爲二邊六塵汙染名戒勤出二邊名爲精進不受二邊沉浮之惱名忍不爲二邊所亂名禪不爲二邊所惑名般若是名第七六度助道也九界煩惱種即佛種者理即也聞名即名字即也常觀九界種即是佛界名觀行即也觀之不已相似開

發名相似即真解開明名分證即窮照佛種之源名究竟即也是名第八知次位也得觀行解安而未說名爲安忍是第九安忍也內不愛染名爲不起順道法愛是第十法愛不生也此之十法成於大乘遊於四方直至道場是觀煩惱境十法成乘也圓教次位不可得知事約六即明之若一切衆生心神冥妙不可執持但有名字名爲理即也若更讀誦等是名字即也又加觀行明淨心無纖芥疑闇名觀行即也若得六根清淨未用是相似即也亦對十信位若十住位一發一切發開佛智見是分真即也到妙覺地是名究竟即也

觀心論疏卷下

菩薩戒義疏卷上　討大帝

天台智者大師說

菩薩戒者運善之初章却惡之前陣真道而歸生源可盡聲聞小行
尚自珎敬木叉大士兼懷寧不精持戒品內外二途咸皆敬奉王衆
庶衆委質虔恭斯乃趣極果之勝因結道場之妙業然經論所載戒
相有於多種詎傳所辨受法不無同異良以機悟偏圓宜聞詳略辭
無雙美事不並行今謹案什師所述依相出自梵網經律藏品什師
秦弘始三年來達漢境光顯大乘匡維聖教傳譯經論三百餘卷梵
網一本最後誦出誓願弘宣是故殷勤一言三復特為文義幽隱
旨趣深玄所以指掌曉示令後生取悟為易經稱梵網者欲明諸佛
教法不同猶如梵王網目品言心地者菩薩律儀遍防三業心意識
體一異名三業之中意業為主身口居次據勝為論故言心地也釋
此戒經三重玄義

第一釋名

第二出體

第三料揀

就釋名中初明人名次辨法号後明堦位天竺梵音摩訶菩提質帝
薩埵今言菩薩略其餘字翻云大道心成衆生亦云開士亦大勇心
復云善美隨行為名以其運心廣普斯因立號大品經明此人有大
道心不可沮壞如金剛從初發心終至等覺皆名菩薩也又稱佛子
以紹繼為義三乘皆從佛生解並是子義法華云若如我子大士紹
續為勝稱為真子又三乘同皆修道並有此義二乘自通至小果狹
而且短大士廣長自通通他故受斯稱大經發心云初已為天人師
勝出聲聞及緣覺故言大心次辨法號即是戒義梵音尸羅大論云
秦言性善亦云清凉以其能止破戒熱惱從能得名亦云波羅提木
叉譯言保解脫又名淨命亦言成就威儀無所受者未來生處離三

惡道淨土受形能止邪命防非止惡亦言戒是約義訓義復言勤義
禁義並是隨義立名大經云如佛禁無常汝猶說者即破佛禁古則
墮落又云是人所有禁戒皆不具足尚不能得二乘菩提況無上道
今言戒者有律儀戒定共戒道共戒此名亦出三藏律是遮止儀是
行人肅然可畏亦曰調御使心行調善也定是靜攝入定之時自然
調善防止諸惡也道是能通發真已後自無毀犯初果耕地蟲離
四寸道共力也此二戒法既是心上勝用力能發戒道定與律儀
並起故稱為共薩婆多說律儀戒禪戒無漏戒此名雖出三藏今菩
薩戒善亦有此三若要揀所得名曰律儀若菩薩定共道共皆止三
業通稱戒也若攝律儀攝善法攝衆生此三聚戒名出方等地持
不通三藏大士律儀通止三業今從身口相顯皆名律儀也攝善者
於律儀上起大菩提心能止一切不修善事勤修諸善滿菩提願也
攝生者菩薩利益衆生有十一事皆是益物廣利衆生也戒品廣列
菩薩一切戒竟總結九種戒皆為三戒所攝律儀能令心住攝善自
成佛法攝生成就衆生此三攝大士諸戒盡也瓔珞經云律儀戒謂
十波羅蜜攝善謂八萬四千法門攝生謂慈悲喜捨化及衆生令得
安樂也大論戒品列十種戒一不缺二不破三不穿四不雜五隨道六
無著七智所讚八自在九隨定十具足義推此十不缺者持於性戒
性重清淨如愛明珠若毀犯者如器已缺佛法邊人也不破者持於
十三無有破損也不穿者波夜提等若有所犯如器穿漏不堪受道也
不雜者持定共戒雖持律儀念破戒事名之為雜定共持心欲念不
起大經云言語嘲調辭外剛聲男女相追皆污淨戒也隨道者隨順
諦理能破見惑也無著者見真成聖於思惟惑無所染著此兩約真
諦持戒也智所讚戒自在戒約菩薩化他為佛所讚於世間中而得
自在約俗諦論持戒也隨定具足兩戒即是隨首楞嚴不起滅定現
諸威儀示十法界衆導利衆生雖威儀起動任運常淨故名隨定戒
前來諸戒律儀防止名不具足中道之戒無戒不備故名具足用中道

慧備入諸法故名具足此是持中道第一義諦戒也次明階位釋尊
一化所說教門准義推尋具明四教謂藏通別圓如大論引迦旃延
明六度除限尸毗代鴿是檀滿須摩提王不妄語是尸滿忍辱仙人
歌利王割其心不動是忍滿大施抒海是進滿尚闍梨為鳥巢是禪
滿劬賓大臣分地息諍是等智滿偏菩薩也大品明有菩薩發心真
薩婆若相應通菩薩也有菩薩發心遊戲神通淨佛國土淨名中
不思議解脫變身登座而像受祖被呵者別菩薩也發心即坐道場成
正覺轉法輪度衆生圓菩薩也四菩薩中行位深淺今當說最初三
藏正為小乘聲聞有七賢聖外凡有三一五停二別相念處三摠相
念處次入內凡一切善根第四暖法五頂法六忍法七世第一法過
此入聖位一隨信行二隨法行三信解脫四見得五身證六時解脫
七不時解脫聲聞如此菩薩不論階位不斷煩惱唯修六度若論次
位只可准望小乘作深淺耳從初發心起慈悲拔願觀察四諦以道
諦為初門專修六度檀破餓鬼尸救地獄忍濟畜生進拔修羅禪破
人中慧照天衆從釋迦至刺那尸棄名初僧祇得五種功德一不生
三惡道二不生邊地三諸根完具四不受女身五常識宿命而自不
知作佛不作佛准望位在五停別摠念處也從尸棄至然燈名二僧
祇爾時雖自知作佛而口不說准望位在暖法性地既有諸法之信
必知作佛修六度行心未分明口不向他說也從然燈至毗婆尸三
僧祇滿是時內心了了自知作佛口自發言准望在頂法位中修行
六度四諦解明如登山頂了見四方故口向他說若過三僧祇種三
十二相業准望此是下忍之位若坐道場位在上忍後一刹那入
宜三十四心斷結得三菩提則為佛也通教者菩薩即三乘共十地一
乾慧地者事相名曰三藏觀行心別體法界入如幻如化摠破見愛
八倒名身念處心受法亦如是住是觀中修正勤如意根力覺道雖
未得暖法相似理水摠相智慧利故稱乾慧地二性地者得過
乾慧地得暖法已能增進初中後心入頂法乃至世第一法皆名性

地得無漏水性故言性地也三八人地三乘信行法行體假發真
斷惑在無間三昧中八忍具足智少一分名八人地也四見地者三
乘同見第一義無生四諦之理同斷見惑八十八使盡五薄地體愛
假發真斷欲界思惑第六解脫煩惱薄也六離欲地者三乘體愛
假即真斷欲界五下結身見戒取疑貪瞋故言離欲地也七已辨地
者二乘之人體色無色愛即真發無漏斷五上分結掉慢疑色染
無色染七十二盡三界事惑究竟故言已辨地也八辟支佛地緣覺
發真無漏功德力大能除習氣也九菩薩地者從空入假道觀雙流
深觀二諦進斷習氣色心無知得法眼道種智遊戲神通淨佛國土
成就衆生學佛十力四無畏斷習氣將盡也十佛地者大功德力已
資智慧一念相應慧觀真諦究竟習亦無餘如劫火燒木無復灰
炭香象渡河到於底底雖佛菩薩名異三乘道觀無生體法同是無
學共歸灰斷證果處一稱為通也別教階位五十二地一外凡十信一
信二念三進四慧五定六不退七迴向八護九戒十願第二內凡習種
性十住一發心二持地三修行四生貴五方便具足六正心七不退八
童真九法王子十灌頂盡三十心皆名解行位悉是內凡盡名
性地第三性種性十行一歡喜二饒益三無恚恨四無盡五離癡
亂六善現七無著八尊重九善法十真實第四道種性十迴向一救
護一切衆生離衆生相二不壞三等一切諸佛四徧至一切處五無
盡功德藏六隨順一切堅固平等善根七隨順等觀一切衆生八
如相九無縛無著解脫十法界無量第五聖種性十地一歡喜二離
垢三明四炎五難勝六現前七遠行八不動九善慧十法雲第六等覺地
名金剛心菩薩亦名無垢地臨真極聖衆學之頂也第七妙覺地即
見性究竟佛菩提果了了見性稱妙覺也性習二性若據位分習種
在前性種在後若據行論性習同時故前後不定依體起用先明性種
後明習種學用取體先習後性與說教二道相似就位以論教道在
前證道在後據行論之證教同時前後不定依體起用先證後教為用

取體先教後證也就解行中復有四種一名解行二名發心三名迴向
四名道種於出世道解而勤行故名解行於大菩提起意趣求故名
發心用已善法趣向菩提故名迴向當分之中知觀道立故名為道種
後佛果能生曰種也習種性能生報佛性種性能生法佛舊云法身
王子六心中退即云十住第六心難云十住云性地性以不攺為義
云何退作二乘其猶一苦性是不作一闡提不妨退大向小終是難
通止觀師說是十法信中六心退耳此釋論師及金剛般若論師皆
作此解是信習十心中六心耳七心已上永離二乘兩時設為利弘
經不無輕滿而度物心不失恒有菩薩之名也圓教明位別教五十二
位次第修行圓教圓修一心具萬行異於次第行也外凡五品位一初
隨喜心若人宿植深厚或值善知識或從經卷圓聞妙理一法一切
法一切法一法非一非一切不可思議起圓信解信一心中具十法
界如一微塵有大千經卷欲開此心而修圓行圓行者一行一切行略
言為十謂識一念平等具足不可思議傷已悟況慈及一切又知此
心常寂常照用寂照心破一切法即空即假即中又識一心諸心若
通若塞能於此心具足道品向菩提路又解此心正助之法識已心
及凡聖心又安心不動不墮不退不散雖識一心無量功德不生染
著十心成就其心念念悉與諸波羅蜜相應也二讀誦者圓信始生
善須將養涉事紛動令道牙破唯得內修理觀外則讀誦大乘聞有
助觀之力內外相藉圓信轉明十心堅固如日光照見種種色也三
說法者內觀轉強外資又著圓解在懷弘誓兼勤更加說法如實衍
布但以大乘法答設以方便終令悟大隨說法淨則智慧淨說法開
道是前人得道全因緣化功歸已十心三倍轉明也四兼行六度上
來前熟觀心未遑涉事今正觀稍明即傍兼利物能以少施與虛空
等使一切法趣檀擅為法界事相雖少運懷甚大理觀為正事行為
傍故言兼行事福資理十心彌盛也五正行六度圓觀稍熟事理欲
融事不妨理理不隔事具行六度權實二智究了通達治生產業皆

與實相不相違背具足解釋佛之知見而於正觀如火益薪力用光猛也第一內凡十信圓聞圓信修於圓行善巧增益五倍深明因此圓行得入圓位善修平等法界即入信心善修慈悲即入念心善修寂照即入進心善修破法即入慧心善修通塞即入定心善修道品即入不退心善修正助即入迴向心善修凡聖即入護心善修不動即入戒心善修無著即入願心是名圓教鐵輪十圓信位圓教似解六根清淨也第二聖位前明十住眞中智也初發心住發時三種心發一緣因善心發二了因慧心發三正因理心發即是境智行妙三種開發緣因心發即是住不可思議解脫首楞嚴究了因心發即摩訶般若畢竟空也正因心發即是住實相法身中道第一義諦也華嚴云初住所有功德三世諸佛歎不能盡初發心時便成正覺了達諸法眞實之性所有聞法不由他悟淨名云知一切法是坐道場亦是入不二法門大品從初發心即坐道場轉法輪度衆生爲如佛阿字門一切法初不生也第三明十行者即是十住後實相眞明不可思議更十番智斷破十品無明一行一切行念念進趣流入平等法界海諸波羅蜜任運生長自行化他與虛空等也第四十迴向者十行之後無功用道不可思議眞明念念開發一切法界願行事理自然和融迴入平等法界海更證十番智斷破十品無明故名迴向也第五十地者即是無漏眞明入無功用道猶如大地能生一切佛法荷負法界衆生普入三世佛地又證十番智斷破十品無明也第六等覺地者觀達無始無明源邊際智滿畢竟清淨斷最後窮源微細無明登中道山頂與無明父母別是名有所斷者名有上士也第七妙覺地者究竟解脫無上佛智故言無所斷者名無上士此即三德不縱不橫不並不別究竟後心大涅槃也一切大理大誓願大莊嚴大智斷大徧知大道大用大權實大利益大無住即是十觀成乘因極竟在於佛過荼無字可說盧舍那名淨滿一切皆滿也南岳師云四十二字門是佛密語何必不表四十二位諸學人執釋論

無此解多疑不用但論本文千卷什師九倍略之何必無此解深難冥會何者經云初阿後荼中間四十二字門具諸字功德華嚴云從初一地具足諸地功德此義即同阿字門諸法初不生故此豈非圓教初住初得無生忍過荼無字可說豈非妙覺無上無過廣乘品明一切法皆是摩訶衍竟即說四十二字門豈非圓菩薩從初發心得諸法實相具一切法至妙覺地窮一切法底此義與圓位甚自分明次發趣品明別教十地後明三乘共十地三教階位其文現也第二出體者初明無作次明止行二善初戒體者不起而已起即性無作假色纓論平說評論有無一云都無無作色心假合共成衆生善惡本由心起不應別有頑善頑惡皆是指心誓不爲惡即名受戒瓔珞經云一切聖凡戒盡以心爲體心無盡故戒亦無盡或言教爲戒體或云眞諦爲戒體或言願爲戒體無別無作大經聖行觀指無常阿闍世王觀指境界但明色心不道無作五陰名教通大小乘唯有一色四心小乘引接小根恐其輕慢因果權言重惡口能別生一法無作牽報善法須行惡法須止行一則有兩力豈可不慎方便假說適會一時直如論主一生成四果法勝別有凡夫法豈可依此便是實耶若因中別有頑善共爲佛因佛地亦別有此善共爲佛果當知心爲因果更無別法二云大小乘經論盡有無作皆是實法何者心力巨大能生種種諸法能牽果報小乘明此別有一善能制定佛法遮師受發極至盡形或依定依道品別生皆以心力勝用有此感發成論有無作品云是非色非心聚律師用義亦依此說若毗曇義戒是色聚無作是假色亦言無教非對眼色大乘所明戒是色法大論云多少思是心數云何言多少耶觀論意以戒是色即開此是數義大乘云何而用數義解云若用非色非心復同成實還是小乘今言數自家是數色大乘色何開數家中論云語言雖同其心則異今大乘明戒是色聚也大乘情期極果遠師一受遠至菩提隨定隨道皆修諸善善度含識亦以此心力大別發戒善爲行者所緣止息諸

惡優婆塞戒經云譬如有面有鏡則有像現如是因作便有無作大論解戒度云罪不罪不可得具足尸羅此是戒度正體復云云何名戒以心生口言從今受息身口惡法是名爲戒既有能持所持則別有法即無作也地持戒品云下軟心犯後四重不失律儀增上心犯則失律儀若不捨菩提願不增上心犯亦不失律儀若都無無作何得言失梵網大本即大乘教下文云若不見好相雖佛菩薩前受不名得戒又云若有七遮雖發心欲受不名得戒若直以心爲戒發便是戒何故言不得大經云非異色同果又念戒中雖無形色而可護持雖無觸對善修方便可令具足又如刀劍灰汁腳足橋梁若即心爲戒何假言無形色無觸對故知別有無作能持戒心以爲其戒聖行與世王中不道觀指無作直舉色心者是易觀者耳亦不言無無作小乘說四果大乘開之是權法勝說凡夫法毆摩明其非有未有大乘經開無作是權又既頑善作佛因此自非妨如無常善亦作常善因即其例也然此二釋舊所諍論言無於理極會在文難愜言有於理難安在文極便既皆有文何者當道理耶然理非當非無當當無當皆得論理教義若言無者於理爲當若言有者於教爲當理則爲實教則是權在實雖無教門則有今之所用有無作也文明道定皆以無作爲體定共於定心中發無作無復諸惡道共者見諦道中所發無作與心上勝道俱故言道共也止觀師釋未必見道所發無作是道共戒只取中道正觀心中發此無作有防非止惡義故云道共大經云一心法戒二受世教戒菩薩得心法戒謂道共戒得此戒者終不爲惡不從師授故稱爲得中道心中發得此戒也受世教戒謂白四羯磨然後乃得必假憑師故稱爲受差別約示故言世教也定共道共通大小乘大乘道定入攝善法戒有師言唯入禪定能發無作欲界定不發無作唯假空解能發無作有言但令證此定道隨能止伏麤品成就便發無作欲界定念處前皆能發戒也大論與發凡者初菩薩律儀方便求受其體則興若捨菩提願若增上煩惱起

十重其體則廢若無此二級至佛乃廢定道兩戒得定得道爲因初
念定道未與戒俱具足前心爲因第二念心方與戒俱爾時是興出
定出道最後一念爾時即廢三言入定入道時戒與心俱是時名興
出定出道時戒與故心俱謝是時名廢俱稱心俱戒也三言一發
之後出入恒有後入勝定勝道隨從勝受名爾時恒興退定退道
三藏盡壽菩薩至菩提爾時即發攝善攝生與律儀同隨受則興
二緣則廢也次三聚戒體者律儀者法戒儀則規矩行人令入道也
又云律者埒也如此馬埒令馬調直律亦如是調直行人不令作惡
大士誓心不過止惡與善若不動身口即是止惡發戒防動不動
即是律儀戒若應動身口即是興善今發此戒防其不動攝善攝生
即是應動涉事故開爲兩取策勵衆善依六度門稱善法起心兼
物依四引門稱攝衆生即是爲人故動下化衆生中修萬善上歸
佛果也律儀多主內德攝生外化攝善兼於內外故立三聚戒也次
論止行二善如百論息惡不作名之爲止信受修習名之爲行佛
教雖多止行收盡諸惡莫作即是戒門衆善奉行即是勸門無
作義設善惡善惡無作義摠止行今先明善戒不起而已起則
伐惡皆是止義皆有進趣皆是行義逐其強弱故有止行差別者
遂興心止惡無作是止善興心修善無作是行善如造井橋梁禮佛
布施是善無作如造魚獵等網是惡無作次論道定二無作有行有
止道定二戒義判爲止道定二心義判爲行尋無作從因緣息從
止緣息後生無作是止義從行緣息後生名爲行善又戒門是止善
行門悉屬行善又解行唯是作止唯無作又云止行二善皆有無
作聲聞七衆戒皆是律儀戒體但止身口二惡菩薩律儀備防三
業復申之至佛長短闊狹爲異無作義從緣增上心發下劣不發
無記心劣不發無作如欲界修道或有九品前六品發無作後三品不
發故云斯陀含出無作表阿那含出不善表羅漢出無記表善惡無
作對心爲論各有四句善四句者一是戒非無作息惡之心能止故名

戒也二是無作非戒謂造井橋梁隨事隨用無作等不能止惡
非是戒也三者是戒是無作謂善律儀等四非戒非無作者謂餘善
心也惡家四句一是戒非無作謂息善之心二是無作非戒謂殺盜
等事隨用無作也三是戒是無作謂惡律儀等四非戒非無作謂
餘惡心也惡戒二種一十六惡律儀二外道邪戒惡律儀如大經外
道惡戒九十五種各有戒法或苦行爲戒持牛馬等事火服氣常
翹一脚赴火投巖等以此爲戒即是邪戒遮心長短皆是惡戒
也第三料揀更爲三一須信心二無三鄣三人法爲緣信心者依三
藏門略舉三種一信因果善惡必有所招二信觀諦得道我能
觀諦必得聖道三信有戒是觀諦入道初門依方等戒故更備此
三信復加三種一信自他心識皆有佛性二信勤行勝善必能得
果三信所得果常樂我淨次無三障者衆生障閡乃有三種煩惱
常有故不說障業障乃有輕重重業障戒妨因之義謂七逆十重
現身有此是則爲障前身非復可知隔生事遠七逆一云懺亦非障
云犯一悔與不悔悉皆是障十重一云前四性罪事同七逆悔與不悔
悉障後六悔者非障不悔則障二云前四須悔見相非障後六不悔
亦不障三云十重不悔悉障悔已悉非障報障者地獄餓鬼二
道重苦自隔從多例判不說爲因非人畜生但能解語皆得受戒非
人是鬼神修羅龍是畜生人中男女黃門二根天從六欲天上至十
八梵皆說爲因四空處既能聽法亦應得戒但業報虛妙故略不
說非想倒執脫若迴心慕善亦能得戒經說三塗長壽天邊地攻
難地攝不能修道義耳薩婆多記云龍等受八齋止是得善不
得名齋今依文推理五戒既是菩薩戒根本文不表定佛法五戒菩
薩許四道皆得從八戒已上至具足戒既是出家表定威儀唯人中
三天下能感餘道悉非因也大論龍即得八齋戒次人法緣初人緣
三種得菩薩戒一諸佛二聖人三凡師諸佛有兩一眞佛如妙海王子
從盧舍那佛受菩薩戒二像佛金銅泥木等千里內無師許求得

好相自誓受也舍利塔衣鉢杖牙齒皆起塔敬龕可爲緣而舍利
具偽難知或是小聖敬重如佛便可悉對次大乘經卷也三釋一云不
許二云與佛像差次爲授千里無師許對佛像千里無像許對經卷
三云莫問有佛無佛對大乘經卷如得爲緣大乘經與所在如佛塔
無異也二聖人亦二一眞聖二像聖眞者謂十地等大士對此爲緣故
宜發戒像聖者謂金銅等作菩薩像此經亦云於佛菩薩前自誓
受戒恐單菩薩像則成遊漫如凡夫發心是菩薩作此人像不能發
戒言佛菩薩者是佛邊有菩薩地持但言佛像不道菩薩也凡師者
有內凡外凡並以眞人爲緣不許形像經中稱爲智者人數多少地持
瓔珞並止一師梵網受法亦止一師下制戒中道和上闍梨故成七
遮亦不見請和上法有言和上者請諸佛爲和上文又云二師應問
言汝有七遮罪不似非指佛雖有現前智者猶應共在佛像前若經
卷前助爲發起爾時智者在佛像前若有智者無經像不應得戒
具十八物中制佛像經典恒應相隨故也次論德業梵網經中言爲
師必是出家菩薩具足五德一持戒二十臘三解律藏四通禪思五
慧藏窮玄什師所轉融師筆受流轉至今止其正說次地持云必
須戒德嚴明善解三藏堪能發彼敬心方可從受不爾得罪也次論
法緣道俗共用方法不同略出六種一梵網本二地持本三高昌本
四瓔珞本五新撰本六制旨本優婆塞戒經偏受在家普賢觀受
戒法多似高位人自誓受法今不具列梵網受法是盧舍那佛爲妙
海王子授戒法釋迦從舍那所受誦大轉與逸多菩薩如是二十餘
菩薩次第相付什師傳來出律藏品先受三歸云我某甲從今身至
佛身於其中間歸依常住佛歸依常住法歸依常住僧三說次結三
已三說次悔十不善業更起三拜次讚歎受約勅諦聽三說直說十重相
問能持不次第甚能然後結撮讚歎發願所餘未解問戒師便教後文言
欲受戒者應香火請一師至佛前受師應問能不十事不制因緣鷹
投身餓虎等恐性地以上方能此制亦云千里內無師許佛像前自誓受三

歸懺悔說十重如前無異出口為別耳二地持經相傳是彌勒說原
本是燈明佛說蓮華菩薩受持次第三十餘菩薩傳化後有
伊波勒菩薩應迹託化傳來此土然地持是曇無讖所譯讖即是
伊波勒第四戒品出受戒法若菩薩發無上菩提願已於同法菩薩
已發願者有智有力善義能誦能持於此人所先禮足已作是言我
某甲從大德乞受菩薩戒大德於我不憚勞苦哀愍聽許三說次起禮
十方諸佛更請師云唯願大德授我某甲菩薩戒三說次生念不久當
得無盡無量大功德聚師應問言汝是菩薩不已發菩提願未答
應言法弟聽汝欲於我受一切菩薩戒儀戒攝善法戒此戒是過去
未來現在一切菩薩所住戒過去一切菩薩已學未來一切菩薩當
學現在一切菩薩今學汝能受不答能三說師應起自禮佛竟作是言
某甲菩薩於我某甲菩薩前三說受菩薩戒我為作證一切十方
無量諸佛第一無上大師於一切衆生一切諸法現前見學者證知
某甲菩薩於我某甲菩薩前三說受菩薩戒三說然後結撮請教便散
席依經本受法如此三高昌本者或題暢法師本原宗出地持而作
法小廣先請師云族姓大德我某甲今從大德乞受菩薩戒唯願大
德忍許聽受憐愍故三說次乞戒云族姓大德今正是時願時與我受
菩薩戒三說次問遮法凡十問師應起為白諸佛曾言一切諸佛及大地
諸菩薩僧聽此某甲菩薩欲從諸佛菩薩僧乞受菩薩戒此某甲已
是真實菩薩已發菩提願能生深信已能捨一切所有不惜身命唯
願諸佛菩薩僧憐愍故施與某甲菩薩戒三說次問受戒者言汝某甲
聽一切諸佛菩薩僧受菩薩戒律儀戒攝善法戒攝衆生戒是要
未來現在一切菩薩所住戒如過去菩薩已學未來菩薩當學現
在菩薩今學汝如是學汝能持不答能三說次白竟唱言此某甲菩薩已
切佛菩薩前從我某甲菩薩邊已第二第三說受菩薩戒竟我某甲
菩薩為作證人此戒受菩薩名某甲復白十方無量諸佛第一勝師
及柔和者一切衆生歡覺者此某甲菩薩於某甲菩薩前已三說受

一切菩薩律儀戒竟三說次說十重相竟結撮讚歎次白齊宋已來多
用此法所以題作高昌本者曇無讖於河西所譯有沙門
道進求讖受菩薩戒讖不許且令悔過七日七夜竟詣讖求受讖大
怒不答進自念正是我障業未消耳復更竭誠禮懺首尾三年進夢
見釋迦文佛授已戒法明日詣讖欲說所夢未至數十步讖驚起唱
善哉已感戒矣我當為汝作證次第於佛像前更說戒相時有道朗
法師是河西高足當進感戒之時朗亦通夢乃自卑戒臘求為法弟
於是從進受者千有餘人河西王沮渠蒙遜子景環後移據高昌既
奉進為師進亦隨往值高昌荒饑進生割已身以救飢者因此捨命
進弟子僧遵姓趙高昌人傳師戒法復有比丘曇景亦傳此法宗出
彼郡故名高昌本又元嘉末有玄暢法師從魏國度在荊州之門宣
授菩薩戒法大略相似不無小異故別有暢法師本此出曇無讖而
小廣地持恐讖菩薩願發起人情有此重複也四瓔珞經受菩薩戒法
前禮三世三寶三說次受四不壞信歸依佛歸依法歸依僧歸依戒三說
次懺悔十惡五逆等三說次說十重戒犯者失四十二賢聖法問能持
不答能然後結撮三歸重勝前十重戒讚歎發願言是菩薩戒甚過度
四魔越三界苦生生不失常隨行人乃至成佛若不受戒不名有識
畜生無異常離三寶海非菩薩是邪見外道不近人情勸化人受戒
功德勝造八萬四千寶塔有戒犯者勝無戒不犯若具佛菩薩前受
者名上品戒若佛滅後千里內無法師從佛菩薩像前自誓受者名
下品戒五新撰本者是近代諸師所集凡十八科第一師初入道場
禮佛在佛邊就座坐第二弟子入道場禮佛胡跪第三師請三寶
第四令起心念三寶如在目前第五懺悔十不善業第六請諸聖作
師第七請現前師第八師讚歎弟子能發勝心第九正乞是戒第十
教發菩薩心第十一問遮法有十五問第十二想念得戒第十三發戒時
立誓是第十四受菩薩三歸以此三歸發戒第十六結竟第十七師還坐勸學
第十八說十重相結撮讚歎作禮便去六制旨受戒法備有在家出

家方法文廣不列也此經題名梵網上卷文言佛觀大梵天王因陀
羅網千重文綵不相障閡為說無量世界猶如網目一一世界各各不
同諸佛教門亦復如是莊嚴法身無所障閡從譬立名摠諭一部所
詮參差不同如梵王網也品名菩薩心地者亦是譬名品內所明大
士要用如人身之有心能摠萬事能生勝果為大士所接義言如地
也盧舍那者實梁經翻為淨滿以諸惡都盡故稱為淨衆德悉圓
名為滿也釋迦牟尼者瑞應經譯為能儒亦云能仁又能忍亦直昧
牟尼者身口意寂或云度沃焦此是異說華嚴名号品或名盧舍或名
釋迦今明不一不異機緣宜聞耳釋迦在第四禪摩醯首羅宮說此
心地品舉文始末有千釋迦與千百億釋迦各接有緣皆至舍那所
受菩薩戒藏然後各坐道場示成正覺覆述說法凡有十處一在妙
光堂說十世界海二在帝釋宮說十住三在夜摩宮說十行四在兜
率陀天說十迴向五在化樂天說十禪定六在他化天說十地七在
初禪說十金剛八在二禪說十忍九在三禪說十願十在四禪說心
地品第十會摠更說前三十心十地皆約無相義為解後又云釋迦
從初道華藏世界入天宮下閻浮提成道說釋迦始於道場說法
乃至十處復從天宮下至菩提樹下為此衆生說盧舍那初發心所
誦戒即是十重四十八輕華嚴所說文來未盡止有七處八會多道
不起本座不道在化樂天說法而此經多道座起復至餘處在化樂
天說十禪定又諸地多不相應前後符或復同異良由聖迹難思隨
機異說耳於三教中即是頓教明佛性常住一乘妙旨所被恒人唯
為大士不為二乘華嚴云二乘在座不知不覺故大士階位非二乘
所行制戒輕重非小乘所學大小乘戒制法不同菩薩一時頓制五
十八事聲聞持犯隨犯隨結理論聞機宜事論凡有三義一大士深
信頓聞不逆聲聞淺信頓聞則不受二者大士不恒待左右無有隨
事隨白故一時頓制聲聞恒得隨侍可有小欲白佛故待犯方制
三者梵網所制起盧舍那為妙海王子受菩薩戒爾時諸大士法須

說此五十八種故一時頓制也梵網大本一百一十二卷六十一品唯第十菩薩心地品什師誦出上下兩卷上序菩薩階位下明菩薩戒法從大本出序及流通皆闕即別部外稱菩薩戒經就文爲三從初偈長行說清淨者爲序次十重訖現在菩薩今誦爲正說餘盡卷爲勸說流通也就序中初偈明舍那發起長行明釋迦勸發偈中大意四戒三勸四戒者一舍那戒二釋迦戒三菩薩戒四衆生戒舍那爲本傳授釋迦爲迹釋迦得此復授諸菩薩諸菩薩得此戒復傳授凡夫衆生也三勸者一勸受二勸持三勸誦此四品戒得之有由根本宜傳自下授作佛記所以勸凡夫受既受須持既持須誦欲使相傳不斷也十一行半偈分爲三段初二行三句明舍那說戒傳授釋迦二從是時千百億下三行三句明釋迦迹佛傳受諸菩薩諸菩薩傳授衆生三從諦聽我正誦下盡偈明勸信受持一言三序是三佛各說二言初序是舍那自說餘二是此土釋迦說今言三序案是此土釋迦說雜有經家之辭初更爲二前兩行半明本迹大一行句明人法就初又三初半行明舍那本身二一行半明釋迦佛迹三半行總結本迹上句明舍那本身下句明舍那本土此即依正兩報佛身四種一謂法身二謂眞應三謂法報應四盧遮那正法爲身舍那行滿報果爲身釋迦應迹赴感爲身世言光揚論名法應化若更四身者應身受純陀供化身受大衆供我今者自在我也舍那者無明塵垢永盡智慧功德圓備如淨滿月以名表德也方坐蓮華下句明依報方者正也安住正法故云坐也何故坐華臺世界形相似蓮華故云蓮華藏華嚴云華在下臺華蓮二義處穢不汚譬舍那居穢不染也藏者包含十方法界悉在中也臺者中也表因能起果故譬臺也又以本佛坐於華臺又表戒是衆德之本周匝千釋迦望百億國釋迦千爲本百億爲迹故兩重本迹此又爲三一明迹中之本二明迹中之迹三明本之與迹皆成佛道今初明迹中之本千華者人中華有十餘葉大華百葉佛菩薩華千葉一葉有一佛世界故

有千佛淨土表十地十波羅蜜圓因起應果之本地現千釋迦一葉一淨土即是一佛世界起圓應身又一世界中一佛國土此猶略說華嚴微塵世界也十方方各一百也一華百億國下二明迹中之迹一葉一世界有百億國土娑婆百億國是一葉之上耳各坐下三明本迹俱成佛道如是千百億下第三總結本迹是千百億初句結迹身舍那下句結本身明千百億皆以舍那爲本千百億下第二明人明法就文爲兩初明人次明法人中有三句一明能接之人二明所接之人三結能所接人俱至佛所能接之人是千百億釋迦畧接下明所接之人接者取有緣之義也微塵者聽衆多也俱來至下第三結能接所接之人俱至舍那佛所聽我下第二明法二句上明說戒次正歎戒初戒菩薩聽也誦佛戒者問何故誦不道說耶答此是三世十方諸佛之法非始自作故只得稱誦不得道說甘露門者歎戒譬服甘露令人長壽不死要因此戒得至涅槃常樂我淨教能通理譬之如門又戒能濟拔免離生死譬如甘露服得命長大經云有山從四方來唯當持戒布施也是時千百億下第二釋迦迹佛傳授菩薩菩薩授衆生也又爲三一明經家序釋迦佛傳授之緣由二明釋迦說戒傳授諸菩薩三勸菩薩傳化授諸衆生今初經家述釋迦傳授之由三句明千百億佛各還本處然法身無在今初明迹傳本戒則本爲迹師以迹誦本故也傳授諸菩薩此文爲三一明戒體二明戒用三勸菩薩受持十重四十八下第一明戒體則十重等爲戒體戒如明日月下二歎戒用持此戒能除罪霧譬之於日使得清涼諭之若月富有善法如瓔珞珠又曰能長萬物戒亦如是能生長萬善又如瓔珞能羌貧窮戒亦如是能羌衆生貧長善法財又如日月麗天無不瞻仰持戒在體無不歸崇瓔珞在身莊嚴第一持戒離醜如端正也微塵菩薩衆下第三勸菩薩受持如人渡海必假舟航若度生死要因於戒大經云如憑短筏又諭浮囊又爲三前明能受之人次所授之人盧舍那下能授之人新發下所受之人受持是

下第三勸發傳授衆生三十心菩薩傳授外凡發大乘心也第三勸信授持文爲三一出所誦法二勸人信受三結勸諦聽下出所誦法此戒簡異外道雞狗等戒淨戒爲因木叉爲果大衆第二勸人信受又二一勸信二勸受今初勸信所以爾者信是入道初門大論云信爲能入我持此戒得成正覺汝亦應爾一切有心下第二勸受凡有心者皆得受菩薩大乘常樂等明衆生有心所有佛性要當作佛須受三戒大衆下第三結勸上句結下句誡聽總明諸佛傳授戒法發起序竟長行下此土釋迦序爲二初經家辭次釋迦自說初中三階一叙佛欲結戒二放光表瑞三大衆願聞初階四別一摽化主大聖釋尊二摽處所謂坐菩提樹下得道因名道樹亦曰思惟梵音貝多也三明得道謂成正覺即正徧知號四出所結法謂菩薩波羅提木叉於第四自更四句一摽所結名即是木叉二能成勝因謂孝事等寶藏經云孝事父母天主帝釋在汝家中又能行孝大梵尊天在汝家中又能盡孝釋迦文佛在汝家中睒摩菩薩親服患命慈心童子大輪速滅即其靈應爾雅云善事父母爲孝孝即順也大史叔明用順釋孝孝經鈎命決云孝字訓究竟是了悉始終色養也亦可訓度度是儀法淸淨合儀也三明能得勝果謂至道之法四結名字是制戒也即口放光中階叙放光表瑞瑞者信也欲說大事前須放光故稱爲瑞光是色像之勝故勝光明召有緣衆同來聽戒戒是諸善最勝能滅惡生善口放者表釋尊今自宣說大乘菩薩戒法是時百億下後階叙大衆願聞也文爲三一摠叙大衆二別四種衆一菩薩二十八梵三六欲天四十六國王十六國者名出長阿含一史伽二摩竭提三迦尸四拘薩羅五跋祇六末羅七支提八跋沙九尼樓十槃闍羅十一阿濕波十二婆蹉十三蘇羅十四乾陀羅十五劍浮沙十六阿槃提西土諸國甚多略舉此耳機應聞聲自然雲集合掌即第三時衆樂聞也告菩薩言下釋迦自說亦三階一舉我自誦二釋迦放光因緣三勸物尊學即准前諸佛序中三事亦成經家三意

前舉譬讚歎此釋迦放光即是讚歎也此三階各兩別初階兩者一序我自誦二勸餘人中凡舉五位人一發心謂共地菩薩十發趣謂初十心依梵網列名一捨二戒三忍四進五定六慧七願八護九喜十頂心三十長養謂中十心一慈二悲三喜四捨五施六好說七道八同九定十慧四十金剛後十心一信二念三迴向四達五圓六不退七大乘八無相九慧十不壞心五十地謂登地已上一體性平等地二體性善方便地三體性光明地四體性爾炎地五體性慧照地六體性華光地七體性滿足地八體性佛吼地九體性華嚴地十體性入佛界地是故戒光下中階釋放光因緣亦兩別一直緣二列因緣於中有兩一表得果二表行因各三句得果中三句者一非青黃色心二非有無三非因果法行因三者一諸佛本源二菩薩根本三大衆之根本或言表真俗兩諦是故大衆諸佛子後階勸物集學亦兩別一標四勸二釋四勸標者一勸受二勸持三勸讀誦四勸學後釋中但釋勸受一事餘皆略也

菩薩戒義疏卷上

菩薩戒義疏卷上

校勘記

一　底本，金藏廣勝寺本。此書金藏本卷下缺，以清藏本補。

一　七一五頁中二行「天台智者大師說」，經、清均冠以「隋」。二、三行之間並有「門人灌頂記」一行。

一　七一五頁中一〇行第八字「掌」，南、經、清作「堂」。

一　七一五頁中一九行「斯因」，南、經、清作「因斯」。

一　七一五頁中二〇行第七字「如」，南、經、清作「猶如」。

一　七一五頁下四行末字「是」，南、經、清作「是形儀能止形止諸惡故稱爲戒亦曰威儀威是清嚴可畏儀是軌範」。

一　七一五頁下一四行第二〇字「能」，經作「皆」。

一　七一五頁下一六行「波羅密」，南、經、清作「波羅夷」。

一　七一五頁下一九行第六字「愛」，南、經、清作「護」。

一　七一五頁下二二行第九字「辟」，南、經、清作「壁」。

一　七一五頁下二五行第三字「約」，南、經、清作「此約」。

一　七一六頁上一〇行「凡一切」，南、經、清作「凡有四」。

一　七一六頁上一一行「信解脱」，南、經、清作「信解」。

一　七一六頁上二三行首字「宾」，南、經、清作「真」。

一　七一六頁上二五行「正勤」，南、經、清作「止勤」。

一　七一六頁中一行「水性」，南、經、清作「性水」。

一　七一六頁中五行「五下」，南、經、清作「五下分」。

一　七一六頁中六行「二乘」，南、經、清作「三乘」。又第二一字「悼」，南、經、清作「掉」。

一　七一六頁中九行末字「七」，南、經、

清作「土」。

一 七一六頁中一四行「八護九戒」，南、徑、清作「八護法九界」。

一 七一六頁中二一行「如相九德縛」，南、徑、清作「真如相几無縛」。

一 七一六頁中二六行「證教」，南、徑、清作「教證」。

一 七一六頁下七行第一五字「此」，南、徑、清作「比」。

一 七一六頁下一〇行末字「初」，徑作「切」。

一 七一七頁上六行第二〇字「圓」，南、徑、清無。

一 七一七頁上一〇行「心發」，南、徑、清作「發心」。

一 七一七頁上二一行第一六字「源」，南、徑、清作「源底」。

一 七一七頁中二五行第一二字「閞」，南、徑、清作「闢」。

一 七一七頁下八行第一五字「同」，南、徑、清作「因」。

一 七一七頁下一七行第六字「是」，南、徑、清作「爲」。又第一六字「令」，南、徑作「令」。

一 七一八頁上三行「三言」，南、徑、清作「二言」。

一 七一八頁上四行第八字「故」，徑、清無。

一 七一八頁上二一行「止義從行緣息後生」，南、徑、清作「止善從行緣息後生無作」。

一 七一八頁上二二行首字「行」，南、徑、清作「勸」。

一 七一八頁中三行第四字「家」，徑、清作「戒」。

一 七一八頁中一五行首字「云」，南、徑、清作「二云」。

一 七一八頁中二一行末字「以」，南、徑、清作「爲」。

一 七一八頁中二三行「推理」，南、徑、清作「準理」。又本行末字至次行首字「菩薩」，南、徑、清作「菩薩戒」。

一 七一八頁下四行第一四字「如」，南、徑、清作「即」。

一 七一八頁下一六行第八字及第一四字「轉」，南、徑、清作「傳」。

一 七一八頁下二一行「授戒」，南、徑、清作「受戒」。

一 七一八頁下二三行「結三」，南、徑、清作「三結」。

一 七一八頁下二五行「所餘」，南、徑、清作「餘所」。

一 七一八頁下末行「千里」，徑作「十里」。

一 七一九頁上二行「受授持」，南、徑、清作「受持」。

一 七一九頁上九行「儀戒攝善法戒」，南、徑、清作「謂律儀戒攝善法戒饒益有情戒」。

一 七一九頁上二六行「戒受」，南、徑、清作「受戒」。

一 七一九頁中一七行「二界」，徑、清作「三界」。

一 七一九頁中二六行夾註左「發戒」下，徑、清有「十五文缺」四字。

一七一九頁下五行「所接」，南、徑、清作「所依」。

一七一九頁下六行「淨衆」，徑作「淨滿」。

一七一九頁下七行末字「昧」，南、徑、清作「林」。

一七一九頁下二一行「恒人」，南、徑、清作「之人」。

一七二〇頁上四行第四字「説」，南、徑、清作「訖」。

一七二〇頁上一一行「三句」，南、徑、清作「四句」。又「傳受」，南、徑、清作「傳授」。

一七二〇頁上一五行「佛迹」，南、徑、清作「迹佛」。

一七二〇頁上一七行「遮耀」，南、徑、清作「偏耀」。

一七二〇頁上二二行「華蓮」，南、徑、清作「蓮華」。

一七二〇頁中一七行「傳化授」，南、徑、清作「傳授」。

一七二〇頁中一八行第一五字「還」，南作「遝」。

一七二〇頁中末行首字及第六字「受」，南、徑、清作「授」。

一七二〇頁中末行第一八字「發」，南、徑、清作「學」。

一七二〇頁下二行第二字「授」，南、徑、清作「受」。

一七二〇頁下一四行末字「大」，南、徑、清作「火」。

一七二〇頁下一七行第五字「汝」，徑、清作「法」。

一七二〇頁下二一行「四種」，南、徑、清作「叙四」。

一七二一頁上二行「十二」，南、徑、清作「二十」。

一七二一頁上一〇行「二非」，南、徑、清作「一非」。

菩薩戒義疏卷下　伊一

隋天台智者大師說

門人灌頂記

十重此下第二正說段也文爲二先明十重
次四十八輕初三章一總標二別解三總結
也第一殺戒十重之始若聲聞非梵行在初
者人多起過故地繫煩惱重故制之殺雖性
罪出家人起此罪希亦易防斷婬既易起制
之當初大論云聲聞戒消息人情多防起邊
所以輕者多起是故重制重者起希輕罪制
之婬欲非性罪殺是性罪大乘制之當初也
今言殺斷他命故五陰相續有衆生而今斷
此相續故云殺也大經云遮未來相續名之
爲殺道俗同制如五戒八戒之類也大士以
慈悲爲本故須斷也七衆菩薩同犯聲聞五
衆大同小異同者同不許殺異者略三事一
開遮異二色心異三輕重異開遮異者大士
見機得殺聲聞雖見不許殺色心異者大士
制心聲聞制色三輕重異者大士害師犯逆
聲聞非逆又大士重重於聲聞重也文爲三
別先標人謂若佛子第二序事謂中間所列
三結罪名波羅夷就序事有三一不應二應
三結就不應中三別初六句明殺事次有四
句成業後一句舉輕況重初六者一自殺謂
自害他命凡三種法内色外色内外色並皆
犯也二教他他亦是殺大論云口教是殺罪
非作瘡律部分別甚多條緒教他遣使等三
方便殺者即殺前方便所謂束縛繫等四讚
歎殺亦得罪也五隨喜者獎勸令命斷亦犯
也六呪殺謂毗陀羅等雖假餘緣亦皆同犯
律中明殺十五種謂優多頭多[木*強]弦撥毗陀
羅等如律部廣明云云殺業已下三重中第
二成業之相也三業成殺自動用者正身業
也教他及呪口業造身業心念欲殺鬼神自
宣遂者意業造身業也三階於緣中造作皆
是業義殺法謂刀劒坑[木*強]等皆有法體故稱
爲法殺因殺緣者親疎二塗正因殺心爲因
餘者助成故爲緣親者造作來果爲業四者
一是衆生二衆生想三殺害四命斷一是衆
生者衆生雖多大爲三品一者上品謂諸佛
聖人父母師僧害則犯逆三果人兩解一云
同逆以聲聞害時已是重中之重故二云犯
重大經明三種殺殺三果人但入中殺不在
上殺故知非逆菩薩人以取解行已上大經
云畢定菩薩同上科今取不作二乘爲畢定
位或取七心已上皆可爲斷也養胎母一云
無逆二云犯逆大士之重重於聲聞也中品
即人天害心犯重三下品四趣也兩解一云
同重大士防殺嚴重故文云一切有命不得
殺即其證也二云但犯輕垢在重戒中兼制
以非道器故文云有命者舉輕況重耳三殺
心有兩一自身殺心二教他殺心自身殺心
有二一通心二隔心通心者如漫作坑[木*強]漫
燒煮等通三性皆犯若緣此爲彼於彼上起
害心皆屬通心既自對境又命不復續雖所
爲不稱悉皆正犯隔心者作坑止爲此無心
在彼彼死亦犯彼邊不遂輕垢若此路本是
此道衆人行往今作坑止爲此而彼死亦重
以此殺具體能通害以具緣心還屬通心也
若本斫東人誤中西人中西人上都無殺心

此屬隔心四命根斷有兩時一此生二後生此生有二句一有戒時犯重二無戒時斷當戒去時結不遂輕垢命斷時結罪同前聲聞臨終時未結聲聞捨具戒作五戒等結也後生爲戒自復兩種一自憶二不自憶自憶者若任前勢若更加方便命斷坐重以前後皆自憶故不自憶者若任勢死犯重已死時有戒故若加方便當知前瘡不死後方便時不憶但犯輕垢也而言命根者數論別有非色心爲命根成論及大乘無別非色非心爲命根也秖取色心連持相續不斷爲命耳大論亦然六入六識得相續生假名爲命乃至一切有命下第三舉輕況重是菩薩下第二階明應有三句一常住慈悲心兩解一云應學常住佛起慈悲二云心恒應常住慈悲之地二孝順心秉戒不惱他三方便救護非直爾不惱乃應涉事救解而恣心下第三結不應故成罪亦三句一恣心謂貪心殺二快意謂瞋心殺三殺生謂舉殺事有此三故墮不如意罪第二盜戒謂不與取灼然不與取名劫

潜盜不與取名盜盜彼依報得罪此戒七衆同犯聲聞五衆有同有異同者皆不應盜畢者有三一開遮異如見機得不得等或復謂見機盜以無盜心大士爲物種種運爲皆得聲聞自度必依規矩大士不畏罪但令前人有益即便爲之聲聞人佛滅後盜佛物輕菩薩恒重又本應與他外命而反取豈是大士之心耶序事中有三三中各有三不應有三就十一句判三也初六次四後一應中亦三如文文句同前殺戒不應中三如前盜業下第二別明成業之相有四句同前運手取他物離本處成盜業業是造作爲義重物謂五錢也律云大銅錢準十六小錢其中錢有貴賤取盜處爲斷菩薩之重重聲聞二錢已上便重有人作此說者今不盡用取五錢爲斷是重離處盜業決在此時而菩薩第二階明應也與前大同小異前明應學常住佛行慈悲今言孝順行慈悲也菩薩應學此等事故言應也不應者不應爲偷盜及殺生等事此即誡勸二門也誡勿令殺盜勸令行善慈悲

孝順及學常住佛行行等皆是善法而爲孝順也佛性者一切衆生皆有當果之性性是不改爲義耳而反第三結不應也解三寶物如律說第三婬戒名非梵行鄙陋之事故言非淨行也七衆同犯大小乘俱制而制有多少五衆邪正俱制二衆但制邪婬與聲聞同異大略同前序事三階一不應二應三結婬事出家人不應爲也應學佛菩薩淨行如前教門不異初不應有三別第一三句舉婬事中四句明成業後三句舉輕況重文小差互不次耳此戒備三因緣成重一是道二婬心三事遂或備五一是衆生二衆生想等後三句舉劣結過自妻非道非處産後乳兒妊娠等大論皆名邪婬優婆塞戒經云六重以制邪婬戒中復制非時非處似如自妻非時不正犯重教人婬自無迷涂但犯輕垢或言菩薩則重今釋聲聞菩薩同爾不與殺盜例也人畜鬼神男女黃門二根但令三道皆重餘稱歎摩觸出不淨皆是此戒方便悉犯輕垢也而菩薩下第三階明應也而反下第三結

此中所制皆不應爲爲即犯罪故結不應也第四妄語戒妄是不實之名欺凡罔聖迴惑人心所以得罪此戒七衆同犯大小乘俱制與聲聞同異大略同前殺戒序事三段不應中三别初三句明妄語等事次四句明成業後三句舉輕況重自妄語者言得上法教他者教説或教他自説方便妄説如蜜塗樹衆蜂悉來此戒備五緣成重一是衆生二衆生想三欺誑心四説重具五前人領解一是衆生者謂前三品境上品境中自父母師僧妄語犯重向諸佛聖人兩解一云入重因二云此人不惑又能神力遮餘人令不聞但犯輕垢聖人有大小有他心智者有不得者今從多例羅漢及解行已上向説罪輕降此或得他心或不得者例悉同重向中品境天人等同重正是惑解防道之限向下品境四趣等或言同重今釋輕垢二衆生想有當有疑有僻大略同前有言妄語心通本向此説此不聞而彼聞説亦同重今釋不重於彼無心故三欺誑心是業主若避難及增上慢皆不犯

地持云菩薩味禪名染汙犯當知菩薩起增上慢亦輕垢遣使有兩解一云教他説我是聖人亦重以士無珪璧談者爲價傍人讃説勝自道教他道是聖名利不入我非重也二云聖法寘密證之在我必須自説方重他説坐輕四説重具謂身證眼見若説得四果十地八禪神通若言見天龍鬼神悉是重具若説得登性地一云既是凡法罪輕垢五前人領解結罪時節多少兩解一云隨人二云隨語結此戒既制口業理應隨語遠爲妨損必應通人小妄語戒應隨人人復隨語若增上煩惱犯則失戒者復説但犯性罪若對面不解且結方便後追思前言忽解者則壞輕結重十重皆有因緣今且釋四重餘可例知直出爲言宣述爲語論述有所表明能詮理事名爲語也第五酤酒戒酤即貨賀之名酒是所貨之物所貨乃多種酒是無明之藥令人惛迷大士之體與人智慧以無明藥飲人非菩薩行大論明酒有三十五失所以制此爲菩薩十重中攝也七衆同犯大小乘俱制大

小同異者同不應酤菩薩以利物故重聲聞止不應作犯七聚貨賣但犯第三篇是販賣戒所制菩薩若在婬舍或賣肉犯輕垢以招呼引召不能如酒故也文句同前酤者求利教人者令人爲我賣酒亦同重教人自酤罪輕酤酒因下明成業四句業者運手法者是酤酒方便法用也因緣者備五也一是衆生二衆生想三希利貨賀四真酒五授與前人衆生謂前三境上品無醉亂者輕是醉亂者重中品境謂人天正是所制故重下品四趣亂道義弱酤與罪輕衆生想有當有疑有僻同前若隔心亦重希利貨賣亦重以欲得多集故真酒者謂依醉亂人者藥酒雖希利貨不亂人貨無罪二云待飲時隨人數結重如小兒來沽彼竟不飲於誰結重耶第六説四衆過戒説是談道之名衆謂同法四衆過者七逆十重也一以抑没前人損正法故得罪也此戒七衆同犯大小乘俱制大士掩惡揚善爲心故罪重也上者第二篇中者第三篇下者第七聚聲聞法如此與菩薩有異也文

句同前此戒備六緣成重一是衆生二衆生想三有説罪心四所説罪五所向人説六前人領解一是衆生者上中二境取有菩薩戒者方重以妨彼上業故無菩薩戒止有聲聞戒及下境有戒無戒悉犯輕垢此戒兼制以妨業緣文云在家菩薩即是清信士女出家菩薩是十戒具戒又言比丘比丘尼一云猶是出家菩薩具戒者耳亦云是聲聞僧尼若説此人重過亦犯重此是行法勝者亦損深法故二衆生想有當有疑有僻大意同前三説過者有兩一陷没心欲令前人失名利等二謂治罰心欲令前人被繫縛等此二心皆是業主必犯此戒若獎勸心説及被差説罪皆不犯四所説過謂七逆十重稱犯者名字在此戒正制若謂治罰心在第四十八破法戒制若説出佛身血破僧依律部本制向僧説是謗僧知出血等事希故輕此正制向無戒者説應得重若重罪作重名説是事當義作輕名説是論則失當義但令心重事重悉同犯重此是名僻若事僻者實輕謂重則犯

重實重謂輕則罪輕以其心謂輕重故若作書遣使一云同重二云罪輕然犯七逆十重前人失戒失戒後説但犯輕垢五向人説謂上中二境無菩薩戒向説犯重損法深故爲下境悉輕毁損不過深文云菩薩聞外道二乘説佛法過應慈悲教化而反自説即是向彼人説損辱爲甚六前人信解已所説口業事遂據此時結罪結罪多少一云隨人二云隨口業第七自讃毁他戒自讃者自稱已功德毁他者譏他過惡備二事故重菩薩與直於他引曲向已何容舉我毁他故得罪七衆同犯大小乘俱制但菩薩利安爲本故讃毁罪重聲聞不兼物毁他犯第三篇自讃犯第七聚文句同前二此戒備五緣成重一是衆生二衆生想三讃毁心四説讃毁具五前人領解一是衆生者一云毁上中二境犯重毁下犯輕二云上中二境有菩薩戒者方重惱彼妨深故若無戒及下境有戒悉輕惱妨淺故二衆生想有當有疑有僻大意同上三讃毁心謂揚我抑他欲令彼惱若折伏非犯自

非心正是業主教他兩解一云同重二云罪輕四説讃毁具者此經漫云他人受毁辱依律部有八事云云五前人領解者彼人解讃毁之言隨語語結重增上犯已失戒後但性罪前戒制向他説彼過止八事中犯事以向無戒人故重第八慳惜加毁戒慳惜是愛恪之名加毁是身口加辱前人求財請法慳恪不與復加毁辱頓乖化道故得罪此戒七衆同犯大小不全共菩薩不揀親疎求者皆施不與加辱皆犯以本誓兼物故聲聞唯弟子不教法犯第七聚不與財不制尼家二歲内不與財法犯第三篇二歲外不與犯第七聚加毁隨事各結不合爲重此戒備五緣成重一是衆生二衆生想三慳毁心四示慳相五前人領解一是衆生者謂上中二境犯重下境輕二衆生想如前三慳毁心謂惡瞋恪惜財法而加打罵是犯若彼不宜聞法得財宜見訶辱皆不犯自慳自毁正是業主犯輕垢以前人教不犯我故四示慳相者或隱避不與財法或言都無或手杖驅斥或惡言加罵

等皆名示相或自身示作或使人打駡皆重若彼遣使求財請法對使人慳惜或惡言呵駡皆應不重既非對面損惱彼輕故決定毗尼經云在家菩薩應行二施一財二法出家菩薩行四施一紙二墨三筆四法得忍菩薩行三施一王位二妻子三頭目皮骨當知凡夫菩薩隨宜惠施都杜絶故犯也五前人領解知悋惜之相領納打駡之言隨事隨語結重此戒亦一例結重也第九瞋心不受悔戒不受悔謝乖接他之道故得罪此戒七衆同犯大小乘不全同菩薩本接取衆生瞋隔犯重聲聞自利犯第七聚二文句同前此戒具五縁成重一是衆生二衆生想三隔瞋心四示不受相五前人領解一是衆生者上中境重下境輕也二衆生想有當有疑有僻等同上三隔瞋心者不欲和解犯重知彼未堪受悔不犯四示不受相或開閉斷隔發口不受五前人領解知彼不受身口加逼之苦隨身口業多少結重第十謗三寶戒亦云謗菩薩法或云邪見邪說戒謗是乖背之名絓是解

不稱理言不審實異解說者皆名爲謗也乖已宗故得罪七衆同犯大小倶制大士以化人爲任令邪說亂正故犯重聲聞異此三諫不止犯第三篇文句同前此戒備五縁成重一是衆生二衆生想三欲說心四正吐說五前人領解一是衆生謂上中二境若菩薩若聲聞若外道向說犯重二衆生想有當有疑有僻如上三欲說心者運意作欲向說之意四正說者發言向他自對他說若令他傳說悉重五前人領解納受邪言隨語語結重若作邪說經者欲令人解隨彼披覽發解者隨語語重邪見推畫條緒乃多略有四種一上邪見二中三下四雜上邪見者撥一切都無因果如闡提中邪見者不言都無因果但謂三寶不及外道有兩相一法相異謂三寶不如此是瘂陋之心計成失戒二非法相知三寶爲勝口說不如既不翻歸戒善不失隨所出言犯重亦此戒所制下品邪見不言三寶不及外道但於中棄大取小心中謂二乘勝大乘不及若計未成犯輕垢下自有背大向

小此戒中廣明雜邪見有四種一偏執二雜信三繫念小乘四思義僻謬偏執有二一執大謗小二偏謗一部執大謗小者計云唯有大乘都無小乘非佛所說此謗聲聞藏犯輕偏謗一部者於方等中偏言一部非佛說若計成犯輕垢既不頓違經教犯輕垢不失戒二雜信者謂心中不背因果及三寶大乘但言外道鬼神有威力遂奏章解神或勸他悉犯輕垢三繫信小乘知大乘高勝且欲斷煩惱取小果後更修大此名念退若計成犯輕垢四思義僻謬如即今人義淺三五家釋此應非罪是我智力不及非作意强撥也復有知義輕輒解復有知他爲是强欲立異皆邪畫之流所犯輕垢善學十重第三段總結有三章前舉所持法二誡勸三指後說此三中各二段初二者一舉人謂善學諸人是歎美之辭二舉法菩薩波羅提木叉此言保解脱解脱是果戒是因因中說果也應當下第二誡勸犯持亦二初勸學持二別舉得失若有下第一舉得失汝等下第二勸學持也八萬

下第三總指後說懸指大本後分八萬威儀品當說四十八輕類前三段第一不敬師友戒慠不可長妨於進善故制七衆同犯大小乘俱制自下諸戒皆有三章一標人謂若佛子二序事謂中間所列三結罪名謂輕垢就序事中或差降不同三階一勸受二明應三明不應與十重無異前明勸受是結戒遠緣凡舉位人爲勸恐在憍奢縱誕不修戒行故偏勸王雖秉法行殺有罪有福如聖所說若受得戒非人防護福善增多此階三別一舉所勸人二正勸令受三明受利下悦鬼神上匡佛法有人言此文屬總勸受戒若是總勸何簡高下偏勸王官者制令恭敬恐王憍奢故舉爲言先也既得已下第二明應應行敬事也亦有三別一序已得戒善二應生孝敬三出所敬之境而菩薩下第三不應生慢前明應應行謙卑敬讓師友自下諸戒皆有此意第二飲酒戒酒開放逸門故制七衆同犯大小俱制唯咽咽輕垢序事三階一明過失二制不應三舉非結過過酒器與人二解一云執杯酒器令相勸二云止過空器令斟酌尋下況語應如後釋過器尚爾況自飲乎所以結戒有五五百一五百在鹹糟地獄二五百在沸屎三五百在曲蛆蟲四五百在蠅蚋五五百在癡熟無知蟲今之五百或是最後與人癡藥故生癡熟蟲中也不得教此第二制不應教人及非人并自飲皆制若故下第三段舉非結過自作教他悉同輕垢必重病宣藥及不爲過患悉許也未曾有經未利飲酒此見機爲益不同恒例第三食肉戒斷大慈心大士懷慈爲本一切悉斷聲聞漸教初開三種淨肉等後亦皆斷文云當知斷現肉義大經四相品廣明三種九種十種也序事三階一明過失二制不應三舉非結過若有重病飲藥能治準律得噉或應不制第四食五辛戒葷臭妨法故制七衆大小如前菩薩小重發色故也序事三階一明單辛不應食二明雜飲食亦不應三舉非結過舊云五辛謂蒜葱興蕖韮薤此文止蘭葱足以爲五兼名苑分別五辛大蒜是葫荾茖葱是薤慈葱是葱蘭葱是小蒜興蕖是葸葱生熟皆臭悉斷經云五辛能葷悉不食之必有重病餌藥不斷如身子行法菩薩亦應不制第五不教悔罪戒以明惡長過故制出家二衆全犯餘三衆及在家雖未有僧事利養見過不令悔亦犯輕垢大小同制序事三階一出犯事二明應三明不應犯事者謂犯八戒五戒十戒大小乘皆有小乘八戒即齋法大乘八戒謂地持八重小乘五戒清信士女優婆塞經所明小乘五逆大乘七逆七逆如下文應教悔第二明應凡大小乘人犯上諸罪必有三根應須舉處教悔而菩薩下三明不應不應有三句一不應同住二不應同利三不應同法凡上來所制若一往見犯不舉是一罪是不可同住者復默與同住復加一罪不可同利養者復差與施利復加一罪第六不供給請法戒喪涂資神之益故制七衆同犯大小乘不全共大士見有解者當應供給啓請以欲善無猒故聲聞有解廣略布薩法應供給五歲內及未解五法法應啓請不者犯第七衆

序事中第一序大乘師來言大乘同見同行簡小乘第二明應應二事所謂應供給請法言三兩坐極勢之語若有諮請當應捨三兩金如雪山一偈爲此殞軀況小供給三時者中前中後初夜請益第七懈怠不聽法戒制意與前同序事三段一有講法處二應三不應言毗尼經律者大乘毗尼經律非三藏中毗尼也大乘經有滅惡義故稱毗尼傍人已請在彼講說法應往聽而懈怠不去日日輕垢地持有講法處不聽不往瞋慢心得罪優婆塞經相去一由旬不限第八背大向小戒直制猶預未決是下邪見之方便若決謂大劣小勝計成失戒若心邪畫未成犯輕垢同此戒制令舉背大向小爲語以凡夫菩薩多行此事故若彰言說則有兩種若法相說戒

善巳謝正犯性罪若非法相說犯第十重而受持二乘者是欲受外道惡見兩解一云二乘望大乘悉是外道二云若背大乘欲受六師法計未成是邪見方便犯輕垢此戒制第九不看病戒乖慈故制七衆同犯大小乘不全共大士一切應看聲聞止在師友同活共房及僧尼此外不制以其本不兼物故序事三重一舉病人是勝福田二應言供養病人如佛極敬爲語此明在心不在田如阿難分飯與餓狗以此心明好故與佛一等菩薩見一切病人隨力所能皆應看視文中舉父母師弟子從近爲始也末云城邑曠野凡是病皆救即知通一切也若瞋心捨置隨人結輕垢若力不及起慈念心不犯其細碎如律部也第十畜殺具戒以傷慈故制七衆同犯大小俱制序事三重一不應畜二引況三舉非結過父母之仇尚不思報況畜殺具欲害衆生曾繳羅網等道俗皆制刀矟弓箭舊開國王王子等此十戒總結如下六品所明第十一國使戒夫爲敵國使命必覘候盈虛矯誑策略邀合戰陣情存勝負以乖本慈文云國賊七衆同犯大小俱制序事中三一不應二引況三舉非結過序爲利惡心揀除和合不得入軍中軍中喧雜非佛子所行處與師相伐殺乖慈不應爲也此使命爲相害因緣故制第十二販賣戒希利損物乖慈故制大小同犯七衆不全共夫販賣者謂生口六畜或販賣良人多有眷屬分張之苦若販賣棺材則惡心希售故道俗俱斷若自作若教他爲我或教他自作悉犯輕垢若偷販生口賣畜生令殺呪令人死欲得棺材售此別犯盜罪殺罪第十三謗毀戒陷没前人傷慈故制大小乘俱制七衆同犯刪取天人已上同有菩薩戒者說其七逆十重或陷没或治罰莫問有根無根但令向異法人說悉犯重前說四衆過戒巳制若向同法人說莫問境高下有戒無戒陷没人者此戒同犯輕垢序事有三一舉謗事二應三不應言父母兄弟者舉大士之心心常想一切如父母六親應生孝順慈悲心而今反加謗害聲聞向同戒同見同衆四重無根者僧殘餘如律部廣說第十四放火燒戒傷損有識故制七衆同犯大小乘俱制序事三重一放火事二遠有焚燒三舉非結過有師言殺鬼畜犯重初戒巳制此戒但不得燒林木遠損害義今釋殺鬼畜既不

犯重今燒林木而死者與此戒同制四月至九月多生蟲類此時道俗同制不得燒林木遠有損害義在家菩薩爲業燒者不制出家菩薩爲妨害衆事亦應開許者若不慎燒犯輕垢一切有生物謂有生命有言生誤應言有主物若燒有主物何但四月九月當知作有生也第十五僻教戒使人失正道故制七衆同犯大小乘不共以所習異故序事三階一舉所應教人自佛弟子謂内衆外道謂外衆六親善知識通内外二明應應教大乘經律令發菩提心十心者十發趣心起金剛心謂十金剛略不說十長養此三十是始行者急須應爲開示故三明不應不應惡心教二乘外典等若見機益物不犯第十六爲利倒說戒乖訓授之道故制七衆同犯大小乘俱制前戒隱大示小今戒雖爲說大而希利斷固隱没義味不令顯示聲聞教訓他人隱没義理犯輕垢序事三階一先應自學二爲後來者具說三明不應爲利隱没就文易見有師言此中所列苦行制令救物不爾輕垢又解是舉没況之辭大士當應捨身施人然後具爲說法況今止爲說法而希利隱没耶後階示三文相易見第十七恃勢乞求戒者惱他故制七衆同犯大小乘俱制序事有三一爲利親附二非理告乞三舉非結過因倚勢乞書屬置打拍乞索若自及教他爲我皆犯此戒第十八無解作師戒無解强授有誤人之失故制出家二衆同犯大小乘俱制三衆及在家無師範義未制聲聞師德在七法誦受戒法所制菩薩師法必須十歲五法如初釋序事三重一應誦戒解義亦是所制日日六時晝夜各三一云誦未通利必須六時已通利未必恒爾二云恒應六時二明不誦不解不應作師一乖巳心則自欺誤前人則欺他也第十九兩舌戒遘扇彼此乖和合故制七衆同大小俱制序事兩階一舉所鬪遘人謂持戒菩薩比丘手捉香爐聊舉善行一事二不應不應鬪遘兩頭持此過向彼說故言兩頭謗欺賢人道其無惡不造兩舌之辭實語兩舌亦犯此戒舉虛遘爲語故言謗欺過字或作遇字文語以鬪言值遇二邊皆消文或言應作遘字文誤也此戒名嫉善戒直憎嫉善人說其過惡於兩頭之語小不便今言嫉善此戒兼制由以鬪於彼此也第二十不行放救戒見危不濟乖慈故制菩薩行慈悲爲本何容見危不救大士見危致命故也七衆同犯大小乘不俱制大士一切普度聲聞止在眷屬此制自度序事三重一非親應度二是親應度三舉非結過初重可解前明想念如親即制令憶慈觀如大經明習九品七品等第一使上怨等於上親大士應與資身之益及資神之利在文易見若父母下第二是親應度大士前人後巳故親在後準前亦應有三今止明資神之益如是下第三總結指滅罪品中廣明第二十一瞋打報仇戒既傷慈忍方復結怨故制也外書有二途一是禮之所許二是法之所禁漸教故也今内經悉禁七衆同犯大小俱制序事三階初制不應報仇謂以瞋打報瞋打非謂應以德報怨尚不應畜下第二舉況而出家下三舉非結

過奴婢出家菩薩不得畜在家得畜而不應非理打拍第二十二憍慢不請法戒慢如高山法水不住有乖傳化之益故制七衆同犯大小不全共大士常應諮請聲聞是應請者內懷憍慢不請方犯輕失序事三階一自恃憍慢即是兼制言始出家者涂法未深多有自舉解者未有正自恃聰明者於餘事有知其法師者下二出慢之境小姓卑陋所以起慢實自有解是故不應而新學下第三舉非結過第一義者菩薩勝法皆名第一義此戒與前第六戒同制不請法以心爲異前制懈怠不請此制憍慢不請若慢心不往聽應同此戒第二十三憍慢僻說戒乖教訓之道故制七衆同犯大小俱制序事三階一求法之人遠來問道文中具序初新學菩薩已受戒竟遠來聽法法主言非已師恃解恃勢輕慢心不好答問使義理隱沒顛倒法相故犯若千里內無師於佛像前自誓受必須見好相方得二師師相授不假見相生重心故若法師此二法師自恃所以與慢而新學下舉非結過第三句也彼遠來問義倚恃憍慢不好訓對故犯第二十四不習學佛戒不務所務不應學者乖出要之道故制七衆同犯大小不全共菩薩常應大乘在先不限時節聲聞五歲未滿五法未明若學失所非急犯第七聚此外不制以自修自滿故序事三階一應學而不學有佛經律大乘法者通舉菩薩藏正見者謂萬行之解正性者謂正因性正法者謂正果性修萬行從因至果此是要知而令反不勤學而反學二乘外道數論等是斷佛性此第三舉非結過習小助大不犯爲伏外道讀其經書亦不犯菩薩若撥無二乘亦名爲犯若學二乘法爲欲引化二乘令入大乘不犯第二十五不善知衆戒自損損他故制出家二衆同犯大小俱制三衆及在家既未持衆不制序事三階出衆主凡五種人以初句爲兩方便成六人律中有十四人如律中說此略舉六人應生下第二應應有三事一事慈心謂欲與衆生樂二善和諍訟謂如法滅諍諍有四毗尼有七應如法除滅不得差違三善守三寶物應事施用不得差互而反亂衆第三不應但舉後兩句不舉不生慈心此二事即是無慈第二十六獨受利養戒僧次請僧不問客舊等皆有分而舊人獨受不以分客乖施主心貪利故制此戒出家二衆同犯大小俱制三衆及在家未知僧事不制序事三階一有客來至文中雖道菩薩比丘若聲聞僧預利養分亦同其例先住下二應應有二事一禮拜迎接給僧卧具等二應依次差僧言賣身供給舉況之辭而先住下第三不應不應中但舉不次差僧據後以兼前若不與僧物分不迎接亦同此制若知僧次的至彼人不差而舊但犯輕垢以臨差時界外或有來者未專有分故差竟而舊與餘人餘人知爾能差及所差並是盜方便後得施家食䞋五錢入手各結重畜生無異或云此爲不差僧次戒差僧次有六種如律中說第二十七受別請戒各受別請則施主不請十方僧使施主失平等心功德十方僧失常利施故制出家五衆同犯在家二衆無此利

未制大小乘不同菩薩僧一云凡齋會利施悉斷別請若請受戒說法見機或比智知此人無我則不營功德如此等不制二云從四人已上有一僧次不犯都無者被制文意似前解序事三階初標不應而此第二釋不應意施主修福法應廣普當知利施本通十方由汝別受故十方不得遂有奪十方之義是故不應八福田下此三結不應八福田並有應得僧次義如佛應迹爲僧等八福田者一佛二聖人三和尚四闍黎五僧六父七母八病人然三藏中佛恒受別請而不名犯一佛是上福田不減等心之福二此土秖有一佛無有奪餘中義第二十八別請僧戒分別是田非田如經德王品當知是心則爲狹劣失平等心七衆同犯大小乘不全共道俗菩薩請僧齋會一云都不得別請悉應僧次的請一人便犯二云一食處莫問人數多少止請一僧次便不犯都無則制若悉請者益善文意似如前解序事三階一標應而世人下二釋應意明次請雖得凡僧有勝的請聖僧也

他云五百羅漢不及一凡僧此就心邊不論田也若別請下三不應不應同外道異法不隨佛教即乖孝道七佛者並在此土應化迹在百劫之內長壽天皆所曾見故多引七佛證義欲使信者易明過去九十劫初有一佛名毗婆尸亦維衞中間諸劫無佛至三十一劫有兩佛一名尸棄二名毗舍婆亦言隨比第九十一劫名賢劫千佛應出四佛已過一拘留孫二拘那含牟尼三迦葉四釋迦牟尼也第二十九邪命自活戒大論云貪心發身口名爲邪命文列七事例同者皆犯乖淨命也序事三階一惡心爲利揀見機益物二列七事三舉非結過即是無慈故犯聲聞邪命凡有四食方仰及下等四此中五事通前四食一販賣女色二手自作食通制道俗三相吉凶俗人如相以自活不犯道一向制四呪術五工巧六調鷹方法此三事於物無侵如法自活在家不制出家悉斷若淨治救無所希望不犯出家亦開七和合藥毒殺人犯罪第三十不敬好時戒三齋六齋並是鬼神得

力之日此日宜修善福過餘日而今於好時虧慢更犯隨所犯事隨篇結罪此時此日不應不知加一戒一云七衆俱制皆應敬時二云但制在家年三長齋月六齋齋本爲在家出家盡壽持齋不論時節序事三階一總舉犯戒凡有所犯皆言行相違乖反正真皆謗三寶於六齋日下二所敬之時謂六齋三長齋等作殺生下第三更舉所犯結過殺生劫盜略舉初二重破齋者謂非時食等優婆塞戒云六齋日三齋月受八戒持齋在家菩薩應行此事如是十戒第三總結也第三十一不行救贖戒見有賣佛菩薩形像不救贖損辱之甚非大士行應隨力救贖不者犯罪故制七衆同大小不全共菩薩應贖聲聞見父母不贖犯第七聚經像不見制序事有三先能賣之人謂劫賊所賣即佛菩薩形像此有父母有大慈故而菩薩下第三正應救贖也第三十二損害衆生戒此有六事遠防損害乖慈故制七衆同犯大小乘俱制序事凡列六事一販賣殺具二畜輕秤小斗丈尺短者

亦從此例三因官形勢求覓錢財四害心繫縛五破壞成功六畜養猫狸此等六物皆有損害不應畜損傷之事也第三十三邪業覺觀戒凡所運爲皆非正業思想覺觀有亂真道故制大小同犯七衆不全同序事三階前標不應惡心揀去見機二列事三總結列事大列成五第一兩事不同觀看道俗同制第二若爲自娱道俗同不得作不得聽若供養三寶道俗同開第三八事不得雜戲第四六事不得卜筮爲利此道俗等俱制也第五使命第三十四暫念小乘戒乖本所習故制七衆同犯大小不共以習各異欲背大向小心計未成犯前第八背大向小戒計成失戒在第十重戒中說此戒所制不欲背大正言小乘易行且欲斷結然後化生序事有兩一應應念大乘略舉三事一護大乘戒凡舉兩譬一金剛取堅義浮囊如大經草繫出因緣經二生大乘信三發大乘心若起下二不應不應一念起自度之想外道者指二乘爲外道若權入此道爲化非所制也第三十五不發

願戒菩薩常應願求勝事緣心善境將來因此尅遂若不發願求善之心難遂故制七衆同大小異所習不同故序事三重一出願體二應三不應一願體有十事一願孝父母師僧二願得好師三願得勝友同學四願教我大乘經律五願解十發趣六願解十長養七願解十金剛八願解十地九願如法修行十願堅持佛戒寧捨下第二應應發此心若一切下第三不應不應不發此心第三十六不發誓戒誓是必固之心願中之勇烈意始行心弱宜須防持若不發心作意亦生違犯故制七衆同犯而用不必皆盡大小乘不共二乘不制心易防持序事有三初一句標勸以發一願下應發誓持戒後一句結不發爲過中間十三復次正明誓體第三十七冐難遊行戒始行菩薩業多不定且人身難得堪爲道器不慎遊行致有夭逝在危生念所喪事重以不慎故制七衆同大小俱制序事三重一明遊止所應是制戒之緣在先兼制更有三初明遊止二時十八物自隨二時頭陀者

遊行時也春秋二時調適遊行化物無妨損也頭陀有十二大論廣明食有五一不受別請二常一食三中後不飲漿四一坐食五節量食住處有五一阿練若處二常坐不卧三冢間住四樹下坐五露地住衣上有兩一但畜三衣二常著納衣冬寒夏熱遊行多妨損故制若不依制犯輕垢有人言菩薩立誓安居五月下半至八月上半文云此時不復頭陀是安居之限遊行冐難皆是制限第三十八乖尊卑次序戒乖亂失儀故制七衆同大小俱制序事三階一應次第莫如外道下二不應不應亂次我佛法中下三總結應不應義聲聞次序出律部卧具法以戒爲次乃至大須臾時皆名上座通道俗九衆一比丘二比丘尼三六法尼四沙彌五沙彌尼六出家七出家尼八優婆塞九優婆夷此九衆有次第不得亂如律部說第三十九不修福慧戒福慧二莊嚴如鳥二翼不可不修乖出要之道故制七衆同大小乘不全共菩薩攝一切善應修聲聞夏分自誓應修福業餘時不制

序事三階一修福自作教他文中略序七事
一僧坊二山林三園四田五塔六冬夏坐禪
安居處七一切行道處凡此流類悉應建立
力若不及者不犯而菩薩下第二應修智慧
亦自作教人而新學下第三舉非結過不修
爲失如是九戒下第四段總結梵壇品廣明
第四十揀擇受戒戒有心樂受悉皆應與若
瞋惡揀棄乖於勸獎故制出家二衆同犯餘
無師範者未制大小不全共菩薩本兼物聲
聞若許而中悔是犯不許不犯序事有三初
不應揀擇二應揀擇者有兩一身形不如應
揀擇二業障不如須揀擇衣中聲聞用青泥
櫌菩薩亦應用依此文意似不必盡備但與
俗艷不同便名如法一云道俗受戒皆須服
壞色二云是可壞色處道俗同制文云與俗
有異當知出家菩薩必用壞色然出家人法
下第三舉非結過第四十一爲利作師戒内
無實解外爲名利輒爾强爲有誤人之失故
制出家二衆同大小不俱制三衆及在家無
師範義不制序事三階一明所解解此故堪

爲師兼制不解則犯問遮道遮道有三一七
逆二十重三四十八輕如是三事皆應一一
好解不欲受者不得逼增受之罪若不解大
乘下第二不解不解此而作師亦是兼制而
菩薩下第三舉非結過第四十二爲惡人說
戒凡未受菩薩戒者皆曰惡人若預爲說後
受不能慇重故制七衆同大小制序事三階
一不得輒說唯除國王外道惡人即九十五
種是惡人輩下第二不受皆爲惡人空生空
死同畜生也而菩薩下第三舉非結過第四
十三無慙受施戒當分犯已自結罪不思慙
愧而冒當利施無愧故制出家五衆同大小
俱制以枉當福田故文云信心出家毁正戒
者在家未當田任未制序事三重一帶罪無
愧不得受施國王本以地水給有德之人無
有德行不應受用五千下第二帶罪無愧人
鬼所毁若毁正戒第三舉非結過第四十四
不供養經典戒三寶皆應供養若不修者乖
於謹敬之心故制七衆同大小不全共菩薩
應修五事聲聞五篇輕重法應誦持餘事不

制序事三階一標勸受持下二别列勸事凡
五種一受持二讀三誦四書寫五供養解説
已在上三十九中若不下第三舉非結過經
典是佛母應供養不者犯罪第四十五不化
衆生戒菩薩發心爲物見有識之類應須教
化令得悟解若不能者乖大士之行故制七
衆同犯大小不共大士化衆生是正行小乘
自度不化非犯序事三重一勸起大悲不起
兼制悲能拔苦大士恒願衆生離苦若入一
切下二列悲心之事凡三種一見人類令發
心二見畜令發心三隨所至方隨所見人悉
令發心是出要之急故須此三通制道俗菩
薩若不下第三舉非結過第四十六説法不
如法戒强爲解説彼此有慢法之失故制出
家五衆同大小俱制在家不全爲法主止説
一句一偈不如法亦犯序事三重一常應大
悲教化即是兼制也不得立示説法儀則爲
白衣説不得倚立法應同坐若相與立亦非
過此中舉立爲語若人卧説法坐立或復覆
頭捉杖悉不得二爲四衆説亦不得立莫言

僧尼有道而倚立爲説亦是輕法爲犯也其
説法者三舉非結過第四十七非法制限戒
既見善事法應隨喜而今制網障閡乖善之
義故制在家二衆同犯出家五衆無其自在
之制脱立閡善制限亦同此制大小同犯序
事三階一標受戒者兩釋一云標被制之人
佛子欲信心受戒而制限障閡不聽彼受二
云標能制之人佛子始以信心受戒未便立
非法制限是故示應若國王下二正制限之
事不聽出家斷僧寶也不聽四部出家者謂
居士居士婦童男童女不聽道立形像斷佛
寶也不聽書寫經律斷法寶也故作下舉非
結過第四十八破法戒内衆有過依内法治
問乃向白衣外人説罪令彼王法治罰鄙辱
清化故名破法乖護法之心故制出家五衆
同犯大小乘俱制序事三重第一不應破法
第二明護法從若受佛戒文已去是也第三
舉過結非從教人破法已去文是也或名此
戒爲令他得損惱戒也諸佛子下第三總結
有三一標數二勸持三勸誦一標數即四十

八輕汝等受持即第二勸秉持在心第三勸
誦舉三世菩薩誦爲勸諸佛子聽下第三大
段流通就此中大分爲兩一流通此戒制輕
重二流通此一品就第一流通此戒輕重復
有四意一明誦二正流通三流通得益四大
衆奉持就此四更各有三別第一誦中三者
一標名二三世諸佛誦三我釋迦亦誦第一
標名數十重四十八輕事也第二三世佛尊
重此戒誦持勸也我今亦誦第三我釋迦亦
誦爲流通勸物汝等一切大衆此四階中第
二正流通亦有三一勸流通人二流通相三
流通事流通人者即時座大衆也流通相五
種法師也流通事者以此戒法流通三世化
化不絶得見千佛下此是四重中第三階流
通得益得見千佛是益事也就此文爲三一
值聖二離苦三得樂值聖者見千佛也三世
千佛悉見今舉千佛一世耳佛佛授手者非
即舉手更授也明秉戒如與佛相隣次不遠
故義言授手也世世不墮離苦也常生得樂
也所離所得豈止於此且舉凡情所欣猒以

之爲勸耳我今在此樹下付囑奉行此下不
更開也爾時釋迦第二章總流通一品一卷
戒本亦有闕者是抄不盡耳亦四階一偏結
説心地品二略舉總結十處説三所説之法
四大衆奉行初階兩别一明此釋迦説竟二
明餘釋迦説竟從摩醯第二階總結十處説
竟亦兩一舉此釋迦所説十處出上卷二舉
餘釋迦所説餘釋迦中文末闕亦如是學第
三階舉所説法凡七句亦兩前六是别後一
是總千百億世界中下第四大衆奉行亦兩
前明千百億世界中衆生各各皆説各各奉
行指餘處廣説華光王品應是大本中也本
不同三千者是菩薩應學三千威儀三年者
聲聞五年菩薩三年三事者戒定慧耳
菩薩戒義疏卷下

菩薩戒義疏卷下

校勘記

一　底本，清藏本。

一　七二四頁上二行首字「隋」，[南]無。

一　七二四頁上三行「門人灌頂記」，[南]無。

一　七二六頁上九行「領解」，[經]作「頌解」。

一　七二七頁上九行第五字「過」，[經]作「適」。

一　七二七頁中一四行「二此」，[經]作「此二」。

一　七二八頁中一七行第一〇字「翻」，[經]作「見」。

一　七二八頁中一八行第一三字「見」，[經]作「翻」。

一　七二九頁上九行第八字「殺」，[經]作「故」。

一　七二九頁下一五行第一〇字「復」，[經]作「便」。

一　七三〇頁中七行第六字「爲」，[經]作「而」。

一　七三〇頁中一一行「引況」，[經]作「引泥」。

一　七三〇頁下三行首字及五行第一三字「販」，[南]作「度」。

一　七三〇頁下八行「天人」，[南]作「大人」。

一　七三一頁中一七行第一二字「聊」，[經]作「即」。

一　七三二頁上四行末字「者」，[南]作「之」。

止觀大意一卷　稽

天台釋湛然　因員外李華欲知止觀大意略綴綱要

略述教觀門戶大槩今家教門以龍樹為始祖慧文但列內觀視聽
而已洎乎南岳天台復因法華三昧發陀羅尼開拓義門觀法周備
消釋諸經皆以五重玄義十義融通觀法乃用五科方便十乘軌行
言五重者一切經前五義冠釋名通義異以標冠別謂釋名出體明
宗辨用判教自法華前諸教未合五重皆麤來至法華名等俱妙廣
如玄文十卷委釋言十義者一先明道理寂絕亡離不可思議於一
寂理不分而分雖開諸諦謂四四諦七二諦五三諦等若開若合攝
寄道理渙然可見二能詮教門網格縈峙包括秘密謂漸頓不定秘
密藏通別圓得此八意一代聲教化道可知三經論矛盾言義相乖
不可以情通不可以博解古來執諍連代不休今用四悉檀意無滯
不融拔擲自在四者巧破執著着用諸句破能著心如所破惑單
複具足無言為對五結正法門對當行位使依教修有方便依行蓋
有階差賢聖不濫免增上慢六隨以一句縱橫無礙而論緒委弟苑
然成章七開章科段鉤鎖相承決疏文勢生起冠帶八帖釋經文
須義順理當九翻譯方言令名義不謬十一句下理觀消通觀與經
合即心成行非數他寶若釋法華彌須曉了權實本迹方可立行此
經獨得稱妙方可依此以立觀意言五方便及十乘軌行者即圓頓
止觀全依法華圓頓止觀即法華三昧之異名耳若欲修此圓頓三
昧具圓十乘方名圓行方便是法文雖略譬喻品大車譬足然止觀
十卷大分為二初之二卷略釋綱紀後之八卷廣明行相初略明中
又開為五謂發圓心修圓行感圓果起八教歸三德初發圓心在第
一卷謂約四弘四諦六即以簡偏圓發心之相四弘是能發之誓四
諦是所依之境六即是所歷之位若言誓若無境名為狂願境不辨位凡
聖不分言依境發誓者謂眾生無邊誓願度依苦諦境煩惱無數

誓願斷依集諦境法門無盡誓願知依道諦境佛道無上誓願成
依滅諦境涅槃經中四諦開為四重故使弘誓亦有四重今簡偏從圓
以此圓四願融前三願無非法界故使法界起於妙願初心偏攝觀惑法
界偏習佛法三身等雖已發圓心未知圓心為初心是為後心是為
初即後為初異後若初非後是若初心異後俱非圓融故辨六即而
判是非謂理即名字即觀行即相似即分真即究竟即即故初後俱
是六故初後不濫理同故即事異故六凡諸經中有即名者如生死
即涅槃之流皆以六位甄之使始終理同而初後無濫次修圓行等
四文並在第二卷中初圓行者謂四種三昧遍攝眾行若無勝行勝
果難階一常坐出文殊問文殊說兩般若經亦名一行三昧唯專念法
界故也以九十日為一期二常行出般舟三昧經亦名佛立三昧成
時見十方佛在空中立亦以九十日為一期三半行半坐出法華方
等二經法華三七日為一期方等不限時節四非行非坐亦名隨
自意意起即觀故也方法出請觀音等諸大乘經通於四儀及
諸作務名私意三昧亦可修也是四三昧行異理同是故同用十乘之
法三感圓果者由諸行故得入圓位近在初住名無生忍遠期妙覺
名寂滅忍初住功能具如華嚴歎初住文即其相也豈可造次自謂
證得乃至妙覺廣如經說四起八教者既入位已八相成道現十界
身能隨順物機用三藏等四及漸等四五時利物一代始終五歸三
德者機緣息已宜歸三德三德者何謂秘密藏故涅槃云安置諸子
秘密藏中我亦不久自住其中次第三卷去廣釋行相開演前五今
易行故謂釋止觀名辨止觀體明攝法判法偏圓此四並在第三
卷中次為正修作前方便並在第四卷中謂二十五法總為五科初
具五緣一衣食具足離布施緣故二持戒清淨離惡道因故三閑居
靜處離憒鬧事故四息諸緣務弃猥雜業故五須善知識有諸疑地
故文中各有事理二具二訶五欲謂色聲香味觸正報依報各具此
五並能生於行者須欲心故故須呵滅文中自有事理三訶三弃五

蓋者緣具無欲方堪入觀觀未相應當五法界所謂貪欲瞋恚睡眠掉悔狐疑由觀所起倍異於常損於寂照覺已須棄文中各有事理三棄四調五事者蓋去不入當具身等五法不調謂身息心三定內合調令身不寬急息無澁滑心無浮沉眠食二法定外各調眠應不節不恣食使不飢不飽五行五法者四科雖具必須此五方成行首一樂欲須希慕故二專念須憶持故三精進須相續故四巧慧須回轉故五一心無他求故具此方便正觀可獲正觀者何所謂十法若無此十名壞驢車文此十法雖俱圓常圓人復有三根不等上根唯一法中根二或七下根方具十上根一法者謂觀不思議境境為所觀觀為能觀所觀者何謂陰界入不出色心色從心造全體是心故經云三界無別法唯是一心作此之能造具足諸法若漏無漏非漏非無漏等若因若果非因非果等故經云心佛及眾生是三無差別眾生理具諸佛已成成之與理莫不性等謂一一心中一切心一一塵中一切塵一一心中一切塵一一塵中一切心一一剎中一切剎一切剎塵亦復然諸法諸塵諸剎身其體究竟無自性無性本來隨物變所以相入事恆分故我身心剎塵遍諸佛眾生亦復然一一身土體恆同何妨心佛眾生異異故分於染淨緣緣體本空空不空三諦三觀三非三三一一三無所寄諦觀名別體復同是故能所二非二（三觀名義在大瓔珞本業經　三諦名義在仁王等經）如是觀時名觀心性隨緣不變故為性不變隨緣故為心故涅槃經云能觀心性名為上定上定者名第一義第一義者名為佛性佛性者名毗盧遮那此遮那性具三佛性遮那遍故三佛亦遍故知三佛唯一剎那三佛遍故剎那則遍如是觀者名觀煩惱名觀法身此觀法身是觀三身是觀剎那是觀煩惱是觀真如是觀實相是觀眾生是觀己身是觀虛空是觀中道故此妙境為諸法本故此妙觀是諸行源如是方離偏小邪外所以居在十法之首上根一觀橫豎攝法收攝無相眾相宛然即破無明登於初住若內外凡故編之於此其車高廣乃至道場中

根未曉更修下法二起慈悲心者觀境不悟須加發心此人無始已起弘誓故云發僧那於始心終大悲以赴難僧那者弘誓也赴難者入惡也今由觀境不契於理當須發誓於靜心中思惟彼我鯁痛自他無量劫來沉迴生死縱發小志迷菩提心我今雖知行由未備故重發誓言眾生無邊誓願度生死即涅槃故煩惱無數誓願斷煩惱即菩提故法門無盡誓願知即惑成智故佛道無上誓願成即生成滅故作此思惟豁然大悟所照境入凡聖位故論云張設幰蓋等若未入者由心不安三安心者先總次別所言總者以法界為所安以寂照為能安若知煩惱及以生死本性清淨名之為寂本性如空名之為照此煩惱生死復名法身即此法界體用互顯體是所安之法界用是能安之寂照體名平等法身亦具三德用名般若解脫亦具三德體用不二三德理均冰水藤蛇諭意可識所言別者雖復安之彌暗猶散良由無始習性不同故令順性逐而安之謂宜聽宜思宜寂宜照隨樂隨治隨第一義何以故有因寂照而善根增長有不增長有因寂照煩惑破壞或有不破見理亦然或闇思迴轉或間思相資未可卒具細尋方曉故論云安置丹枕即車內枕也若不入者由破法不遍四破法遍者眾教諸門大各有四乃至八萬四千不同莫不並以無生為首今具從初於無生門遍破諸惑復以無生度入餘門縱橫俱破令識體遍故論云其疾如風此門最廣不可即具若不入者應專通塞若識通塞者雖知生死煩惱為塞菩提涅槃為通復應須識於通起塞此塞須破於塞得通此通須護恐將為賊此賊宜存若賊為將此將宜破節節撿校無令生著故名塞破塞存通非唯一轍有心皆爾念念常須撿校通塞故論云安置丹枕即車外枕也若不入者由道品不均六道品調適者約門遍破於理又昧應須七科次第調識若不爾者此之道品為誰施設以破遍門雖觀陰境陰上未分念處名故況有六科展轉調停故用此門撿校銓擇謂念處正勤如意根力七覺八道初念處者謂身受心法四法並於

法性心中三諦推撿初觀身者身是色法觀法性色一色一切色一切色一色雙照一一切雙非一一切能所三一具如前文妙境中說受等三法例前可知餘之六科不可具委故論云有大白牛等如上六門名為正行若不悟者良由事惡助理善七助道對治者涅槃云眾生煩惱非一種佛說無量對治門夫不信有對治之人當知此人未曉正行若識已身正行未辨良由事惡助於理惡共蔽理善今未現前理善者法界常住事善者事施等六理惡者微細無明事惡者謂六重蔽由修止觀此六現起慳貪破戒瞋恚懈怠亂想愚癡具此六惡而內有勝法或云常自相應若相應者即同法身應無方所說又稱機若暫相應復起惡者都無此理則與成佛還作眾生為妨若言曾契妨亦如之若言知理不妨惡者亦應知富免貧知藥免病事惡若去理善易明仍請聖加助我顯理若爾但觀惡即是道豈有惡能蔽理此義不然若惡已成道道即法身法身未契由即觀微故先修事度以治事惡事惡傾已理善甫生故但觀者須以事惡援以六即判理善明竟事惡必亡須知理明位在何許乃以小助大以偏助圓況復更有轉治兼治具治第一義治等非可卒盡故論云又多僕從而侍衛之若無僕從傾覆何疑中根用觀極至於此八知次位者下根障重非唯正助不明抑生上慢謂已均佛未得謂得未證謂證須知次位使朱紫不濫夫小大真似非證不明故三世諸佛皆明諸位若未證得而謂證得非唯失位抑墮泥犂故小乘經中四禪比丘謂為四果大乘經中魔作菩薩授跋致記若生取著必同魔屬尚失人天何關至道故大小經論咸明次位又說深位勝妙功德引接始行令欣慕故又有樂聞長遠之位生增上信立難行行破大煩惱見第一義故論云遊於四方論住等四難知次位不忍違順須明安忍九安忍者圓頓行人初入外凡外招名利內動宿障宿障縱薄名利彌至為眾圍繞廢損自行因茲破敗豈能進道外人視之猶謂大聖如樹抱蝎表似內虛唯當自

魁不爲所動得入內凡名爲似位若專住似位名爲法愛若離法愛
者已得相似六根互用已破兩惑永無墜落若憂此似位名爲頂墮不
同小乘退爲五逆以內外凡位諸教別故若修離愛進入銅輪名爲
十住分身百界一多相即身土既爾已他亦然十身利生四土攝物
初住功德具如華嚴賢首品廣明此上從第五卷初盡第七卷末明
正修行始從初心終至初住從第八卷去明觀陰後更發宿習由觀
觀習若用上乘十種觀法未得入位必發宿習謂煩惱病患業相魔
事並在第八卷中禪境在第九卷中見境在第十卷中餘有上慢兩
教菩薩時過夏終故略不說以前諸文可比知故宿習若起不可不
識先若知之忽其發怪如此諸境發又不定隨過去世若近若熟此
世現前文中一往且從次第凡有所起但以寂照而止觀之令等法
界一相無相無不皆用十乘觀法初言煩惱發者謂無始已來積集
重惑今因用觀此惑過常不可控制言病患者由觀陰惑激動四大
識其元由且用何治或內觀力或術或醫然後用觀言業相者有
漏之業或已受報未復更發或未受報於靜心中忽然俱發發相
雖多不出善惡各有六相或因止生或因觀生言魔事者由觀諸境
或雖未破天魔猶恐出境空其宮殿化其民屬與其戰諍故民主皆
來即四魔中天子魔也乃至人間魑魅夜叉時媚等鬼皆屬天魔爲
其巡邏防遏行者不許出界故大品云菩薩不說魔者名菩薩旃陀
羅次禪發者謂根本四禪特勝通明九想背捨乃至念佛神通等禪
隨近熟者而發其相相最難知次諸見者乃至百四十見言上慢者
既伏見已謂爲證詣濫叨上位是故須識次二乘者昔發小志由茲
習失次菩薩者三藏通別三菩薩心由習而現如上諸境並須觀力
而調伏之並在本文不可具抄故一家觀法入道次第稍異諸說以
附諸經成行相故則內順觀道外扶教門依而修行必不空過縱此
生未獲爲種亦復貴於博達該括包籠盡未來際不復改轍若依
之修行咸須口訣方成一家行相湛然所見略知梁承無功本文三

百餘紙略此多有不周雖俛仰以赴機會實恐失大師深旨諸有不
逮敢望通悉云耳

止觀大意

止觀大意

校勘記

一　底本，金藏廣勝寺本。此文南、徑、清皆有眉科，甚難校對，故以清藏本爲別本，附於卷後，並校以南、徑。

止觀大意

唐天台沙門釋湛然述

因員外李華欲知止觀大意畧敘綱要

畧述教觀門戶大槩今家教門以龍樹爲始祖慧文但列內觀視聽而已洎乎南嶽天台復因法華三昧發陀羅尼開拓義門觀法周備

消釋諸經皆以五重玄解十義融通觀法乃用五科方便十乘軌行

言五重者一切經前五義玄釋名通義異以總冠別謂釋名出體明宗辨用判教

自法華前諸教未合五重皆麤來至法華名等俱妙

廣如玄文十卷委釋

言十義者一先明道理寂絕亡離不可思議於一寂理不分而分離開諸諦謂四四諦七二諦五三諦等若開若合權實道理泠然可見

二能詮教門網格槃峙包括祕露謂漸頓不定祕密藏通別圓得此八意一代聲教化道可知

三經論矛盾言義相乖不可以情通不可以博解古來執諍遞代不休今用四悉檀意無滞不融拔擲自在

四者巧破執著善用諸句破能著心如所破惑單複具足無言窮逐

五結正法門對當行位使依教修有方便依行證有階差賢聖不濫免增上慢

六隨以一句縱橫無礙而綸緒次第宛然成章

七開章科段鉤鎖相承決疏文勢生起冠帶

八帖釋經文須義順理當

九翻譯方言令名義不壅

十一一句下理觀消通觀與經合印心成行非數他寶

若釋法華彌須曉了權實本迹方可立行此經獨得稱妙方可依此以立觀意

言五方便及十乘軌行者即圓頓止觀全依法華圓頓止觀即法華三昧之異名耳若欲修此圓頓三昧具圓十乘方名圓行方便品法文雖畧譬諭品大車論足

然止觀十卷大分爲二初之二卷畧釋綱紀後之八卷廣明行相

初畧明中又開爲五謂發圓心修圓行感圓果起八教歸三德

初發圓心在第一卷

謂約四弘四諦六即以簡偏圓發心之相

四弘是能發之誓四諦是所依之境六即是所歷之位誓若無境名爲狂願境不辨位凡聖不分

言依境發誓者謂衆生無邊誓願度依苦諦境煩惱無數誓願斷依集諦境法門無盡誓願知依道諦境佛道無上誓願成依滅諦境

涅槃經中四諦開爲四重故使弘誓亦有四番今簡偏從圓以此圓四願融前三願無非法界故依法界起於妙願初心遍攝觀惑法界徧習佛法三身等證

已發圓心未知圓心爲初心是爲後心是爲初即後爲初異後

若初非後是若初心異後俱非

圓融故辨六即而判是非

謂理即名字即觀行即相似即分眞即究竟即即故初後俱是六故初後不濫理同故即事異故六

凡諸經中有即名者如生死即涅槃之流皆以六位甄之使始終理同而初後無濫

次修圓行等四文並在第二卷中

初圓行者謂四種三昧遍攝衆行若無勝行勝果難階

一常坐出文殊問文殊說兩般若經亦名一行三昧唯專念法界故也以九十日爲一期二常行出般舟三昧經亦名佛立三昧成時見十方佛在空中立亦以九十日爲一期三半行半坐出法華方等二經法華三七日爲一期方等不限時節四非行非坐亦名隨自意意起即觀故也方法出請觀音等諸大乘經通於四儀及諸作務公私忽遽亦可修也

是四三昧行異理同是故同用十乘之法

三感圓果者由諸行故得入圓位近在初住名無生忍遠期妙覺名寂滅忍初住功能具如華嚴歎初住文即其相也豈可造次自謂證眞乃至妙覺廣如經說

四起八教者既入位已八相成道現十界身能隨順物機用三藏等四及漸等四五時利物一代始終

五歸三德者機緣息已宜歸三德三德者何謂祕密藏故涅槃云安置諸子祕密藏中我亦不久自住其中

次第三卷去廣釋行相開演前五令易行故

謂釋止觀名辨止觀體明體攝

初略列四章對文一

法判法偏圓此四並在第三卷
中

二方便正觀對文二

次爲正修作前方便並在第四
卷中謂二十五法總爲五科

初五科方便二

初對文總標

初具五緣一衣食具足離希望
緣故二持戒清淨離惡道因故
三閑居靜處離憒閙事故四息
諸緣務棄猥雜業故五須善知
識有諮疑地故文中各有事理

二五科別示五

初具五緣

二具

二訶五欲

二訶五欲謂色聲香味觸正報
依報各具此五並能生於行者
須欲心故故須訶滅文中自有
事理二訶

二棄五蓋

三棄五蓋者緣具無欲方堪入
觀觀未相應五法覆心謂貪欲
瞋恚睡眠掉悔狐疑由觀所起
倍異於常損於寂照覺已須棄
文中各有事理二棄
四調五事者蓋去不入當是身

四調五事

等五法不調謂身息心三定內
合調令身不寬急息無澀滑心
無浮沈眠食二法定外各調眠
應不節不恣食使不飢不飽

五行五法

五行五法者四科雖具必須此
五方成行首一樂欲須希慕故
二專念須憶持故三精進須相
續故四巧慧須迴轉故五一心
無他求故

二十乘軌行二

初總前示後

具此方便正觀可獲

二正明軌行二

初通示十乘用變三

初徵示

正觀者何所謂十法

二所以

若無此十名壞驢車

三對根

又此十法雖俱圓常圓人復有
三根不等上根唯一法中根二
或七下根方具十

二正約十乘觀法二

初正約十乘十

上根一法者謂觀不思議境境
爲所觀觀爲能觀

二對文結位

所觀者何謂陰界入不出色心

二前觀陰後例餘

色從心造全體是心故經云三

初妙境三

界無別法唯是一心作

此之能造具足諸法若漏無漏
非漏非無漏等若因若果非因
非果等故經云心佛及衆生是
三無差別
衆生理具諸佛已成成之與理
莫不性等
謂一一心中一切心一一塵中
一切塵一一心中一切塵一一
塵中一切心一一塵中一切刹
一切刹塵亦復然
諸法諸塵諸刹身其體宛然無
自性
無性本來隨物變所以相入事
恒分
故我身心刹塵遍諸佛衆生亦
復然
一一身土體恒同何妨心佛衆
生異異故分於染淨緣體本
空空不空
三諦三觀三非三三一一三無

所寄諦觀名別體復同是故能
所二非二（三觀名義在瓔珞等經 三諦名義在仁王等經）
如是觀時名觀心性隨緣不變
故爲性不變隨緣故爲心故涅
槃經云能觀心性名爲上定上
定者名第一義第一義者名爲
佛性佛性者名毗盧遮那此遮
那性具三佛性遮那遍故三佛
亦遍故知三佛唯一刹那三佛
遍故刹那則遍
如是觀者名觀煩惱名觀法身
此觀法身是觀三身是觀刹那
是觀海藏是觀真如是觀實相
是觀衆生是觀已身是觀虛空
是觀中道
故此妙境爲諸法本故此妙觀
是諸行源如是方離偏小邪外
所以居在十法之首上根一觀
橫竪該攝便識無相衆相宛然
即破無明登於初住若內外凡

故論云其車高廣乃至道場
中根未曉更修下法
二起慈悲心者觀境不悟須加
發心此人無始已起弘誓故云
發僧那於始心終大悲以赴難
僧那者弘誓也赴難者入惡也
今由觀境不契於理重須發誓
於靜心中思惟彼我鯁痛自他
無量劫來沈迴生死縱發小志
迷菩提心我今雖知行由未備
故重發誓言衆生無邊誓願度
生死即涅槃故煩惱無數誓願
斷煩惱即菩提故法門無盡誓
願知即惑成智故佛道無上誓
願成即生成滅故
作此思惟豁然大悟冥所照境
入凡聖位
故論云張設幰蓋等
若不入者由心不安
三安心者先總次別

所言總者以法界爲所安以寂
照爲能安
若知煩惱及以生死本性清淨
名之爲寂本性如空名之爲照
此煩惱生死復名法界即此法
界體用互顯體是所安之法界
用是能安之寂照
體名平等法身亦具三德用名
般若解脫亦具三德體用不二
三德理均
冰水藤蛇論意可識
所言別者雖復安之彌暗彌散
良由無始習性不同故今順性
逐而安之
謂宜聽宜思宜寂宜照隨樂隨
治隨第一義何以故有因寂照
而善根增長有不增長有因寂
照煩惑破壞或有不破見理亦
然
或聞思迴轉或聞思相資

三引大車喻
未可卒具細尋方曉
故諭云安置丹枕即車内枕也
四生起後乘
若不入者由破法不遍
四破法遍者衆教諸門大各有
四破遍四
四乃至八萬四千不同莫不並
以無生爲首
初標無生功
今且從初於無生門遍破諸惑
二正示破遍
復以無生度入餘門縱横俱破
三引喻指廣
令識體遍
四生起後乘
故諭云其疾如風此門最廣不
可即具
五通塞四
若不入者應尋通塞
初標示通塞
五識通塞者雖知生死煩惱爲
二勸誡檢校三
塞菩提涅槃爲通
初明互用
復應須識於通起塞此塞須破
於塞得通此通須護
二約喻顯
如將爲賊此賊豈存若賊爲將
三正檢校
此將豈破
節節檢校無令生著著故名塞
三引大車喻
破塞存通非唯一轍有心皆爾

四生起後乘
念念常須檢校通塞
故諭云安置丹枕即車外枕也
六道品五
若不入者由道品不均
六道品調適者約門遍破於理
初標章示意
又昧應須七科次第調試若不
爾者此之道品爲誰施設以破
二列名解釋二
遍門雖觀陰境陰上未分念處
名故況有六科展轉調停故用
初列七科
此門檢校銓擇
二正解釋二
謂念處正勤如意根力七覺八
道
初明念處
初念處者謂身受心法四法並
二略餘科
於法性心中三諦推檢初觀身
者身是色法觀法性色一色一
三引大車喻
切色一切色一色雙照一一切
雙非一一切能所三一一云如前
四通結正行
文妙境中說受等三法例前可
知
五生起後乘
餘之六科不可具委
七對治五
故諭云有大白牛等

如上六門名爲正行
若不悟者良由事惡助覆理善
七助道對治者涅槃云衆生煩
惱非一種佛說無量對治門
夫不信有對治之人當知此人
未曉正行
若識巳身正行未辦良由事惡
助於理惡共蔽理善令不現前
理善者法界常住事善者事施
等六理惡者微細無明事惡者
謂六重蔽
由修止觀此六現起慳貪破戒
瞋恚懈怠亂想愚癡
具此六惡而云内有勝法或云
常自相應若相應者即同法身
應無方所說必稱機若斬相應
後起惡者都無此理則與成佛
還作衆生爲妨若言曾契妨亦
如之若言知理不妨惡者亦應
知富免貧知藥免病

事惡若去理善易明仍請聖加
助我顯理
若爾但觀惡即是道豈有惡能
蔽理此義不然若惡已成道道
即法身法身未契由即觀微故
先修事度以治事惡事惡傾已
理善可生
故修觀者須以事惡檢以六即
判理善明竟事惡必亡須知理
明位在何許
乃以小助大以偏助圓
況復更有轉治兼治具治第一
義治等非可卒盡
故論云又多僕從而侍衛之若
無僕從傾覆何疑
中根用觀極至於此
八知次位者下根障重非唯正
助不明却生上慢謂已均佛未
得謂得未證謂證須知次位使
朱紫不濫

夫小大真似非證不明故三世
諸佛皆明諸位
若未證得而謂證得非唯失位
却墮泥犁故小乘經中四禪比
丘謂爲四果大乘經中魔與菩
薩授記若生取著必同魔
屬尚失人天何關至道故大小
經論咸明次位
又說深位勝妙功德引接始行
令欣慕故又有樂聞長遠之位
生增上信立難行行破大煩惱
見第一義
故論云遊於四方諭住等四
雖知次位不忍違順須明安忍
九安忍者圓頓行人初入外凡
外招名利内動宿障宿障縱薄
名利彌至
爲衆圍繞廢損自行因茲破敗
豈能進道外人視之猶謂大聖
如樹抱蝎表似内虚

唯當自勉不爲所動得入内凡
名爲似位
若專住似位名爲法愛
十離法愛者已得相似六根互
用已破兩惑永無墜苦愛此似
位名爲頂墮
不同小乘退爲五逆以内外凡
位諸教别故
若修離愛進入銅輪名爲十住
分身百界一多相即身土既爾
已他亦然十身利生四土攝物
初住功德具如華嚴賢首品廣
明
此上從第五卷初盡第七卷末
明正修行始從初心終至初住
從第八卷去明觀陰後更發宿
習用觀觀習
若用上來十種觀法未得入位
必發宿習
謂煩惱病患業相魔事並在第

初牒列觀發習

八卷中禪境在第九卷中見境
在第十卷中

二明諸境發異二

餘有上慢兩教二乘三教菩薩
時逼夏終故畧不說以前諸文

初列六境對文

可比知故

宿習若起不可不識先若知之

二示三境不說

恣其變怪

如此諸境發又不定隨過去世

三識習起須識

若近若熟此世現前文中一往
且從次第

四示習發過旨

凡有所起但以寂照而止觀之
令等法界一相無相無不皆用

五明境用十乘

十乘觀法

初言煩惱發者謂無始已來積
集重惑今因用觀此惑過常不
可控制

二示病境之由

言病患者由觀陰惑激動四大

初煩惱

識其元由宜用何治或內觀力
或術或醫然後用觀

言業相者有漏之業或已受報
不復更發或未受報於靜心中

二病患

忽然俱發發相雖多不出敵度
各有六相或因止生或因觀生

三業相

言魔事者由觀諸境惑雖未破
天魔猶恐出境空其宮殿化其
民屬與共戰諍故民主皆來即

四魔事

四魔中天子魔也乃至人間惿
惕夜叉時媚等鬼管屬天魔爲
其巡邏防遏行者不許出界故
大品云菩薩不說魔者名菩薩
旃陀羅

五禪定

次禪發者謂根本四禪特勝通
明九想背捨乃至念佛神通等
禪隨近熟者而發其相相最難
知

六諸見

次諸見者乃至百四十見

七上慢

言上慢者既伏見已謂爲深證
濫叨上位是故須識

八二乘

次二乘者昔發小志由茲習生

九菩薩

次菩薩者三藏通別三菩薩心
由習而現

四結勸用觀指廣

如上諸境並須觀力而調伏之
並在本文不可具抄

三結歎勸修

初結歎

故一家觀法入道次第稍異諸
說以附諸經成行相故則內順
觀道外扶教門

二勸修二

依而修行必不空過縱此生未
獲爲種亦彊意氣博達該括包
籠盡未來際不復改轍

初勸修勞劫大

若依之修行咸須口訣方成一
家行相

二示修須口訣

湛然所見暗短稟承無功本文
三百餘紙畧此多有不周雖俛
仰以赴嚴命實恐失大師深旨
諸有不逮敢望通恕云耳

三讓已

止觀大意竟

止觀大意

校勘記

一　底本，清藏本。

一　七四一頁上二行首字「唐」，及末字「述」，南無。

一　七四一頁中一七行上科文「貼釋」，南作「帖釋」。

一　七四一頁下一〇行上科文「結歎」，徑作「結歡」。

一　七四二頁中一行上科文「三釋」，南、徑作「二釋」。

一　七四二頁中一四行「空中」，徑作「室中」。

一　七四二頁中末行第一一字「怱」，徑作「忽」。

一　七四二頁下三行上科文「起教」，徑作「教起」。

一　七四二頁下四行首字「三」，徑作「二」。

一　七四二頁下一〇行首字「四」，徑作「三」。

一　七四二頁下一四行首字「五」，徑作「四」。

一　七四三頁中一〇行上科文末「三」，南無。

一　七四三頁中一六行上科文「初正約十乘十」，南作「初正明十乘」。

一　七四三頁中一九行上科文「三明」，南作「三例」。

一　七四四頁上二行夾註右「瓔珞」，南作「大瓔珞」。

一　七四四頁上八行上科文「二結名」，南、徑作「三結名」。

一　七四四頁中末行上科文末字「二」，南無。

一　七四六頁中末行上科文末字「三」，南無。

一　七四七頁上三行上科文「二明」，南作「二別」。

一　七四七頁中一九行第一〇字「茲」，徑作「慈」。

一　七四七頁下一行上科文「結歎」，南作「結歡」。

一　七四七頁下九行末字「轍」，徑作「輙」。

科金剛錍序　起七

宋雲間沙門淨岳撰

科分大經章段起自關內憑小山瑶前代未聞也吾祖章安作疏益詳至荊溪將迦葉品分正緣了別指方隅則權實進否曉然而明可謂善乎派深良哉析重也余復以佛性周偏三千具攝而分今文分而又分賓主問答引文釋義畧無混亂雖短脛亦可以厲法流孺子敢當荷負矣或曰猶牧女之添水將非澆漓於乳味乎不然乳益乳也苟能鑽搖醍醐可獲豈仍乳而已耶

科分二　初總題二　初正標題　次述人號　次判文二　初積學潛心

金剛錍　圓伊金錍以抉四眼無明之膜令一切處悉見遮那佛性之諸偏權纔碎加之以剛假要奇案立以賓主觀者恕之

唐天台沙門湛然述

自濫霑釋典積有歲年未嘗不以佛性義經懷

二意成解行　三喻法顯要　四思修則契

恐不了之徒爲苦行大教斯立功在於茲萬派之通途衆流之歸趣諸法之大旨造行之所期若是而思之依而觀之則凡聖一如色香泯淨阿鼻依正全處極聖之自心毗盧身土不逾下凡之一念

初通叙佛性意歸四　次別叙今文緣起二　初假夢　二寄客　初序分七　二正宗二　三流通　初正示佛性體徧二　初約三千顯其攝　初略領客問二　初問　二領　次廣釋客難五　初釋涅槃凡名佛性四　二釋智論無情法性　三釋三因種偏　四釋屢聞則見　五明心外取別性　初釋非情文義

曾於靜夜久而思之思之未已恍焉如睡不覺寤云無情有性仍於睡夢忽見一人云僕野客也容儀麤獷進退不恒逼前平立謂余曰向來忽聞無情有性仁所述耶

余曰然

客曰僕忝尋釋教薄究根源盛演斯宗豈過雙林最後極唱究竟之談而云佛性非謂無情仁何獨言無情有耶

初敘　次判　二主約大小教判二　三客述部顯教　四立權實大小教判二　初明涅槃迦葉權實二　次依現未且立圓教　初斥他不解　次明今所宗三　初示立意　二正立宗　三引經釋義二　初釋迦葉品二　二泛示諸文　初佛性迦葉二　二會之權實　初引文　二釋義

余曰古人尚云一闡提無云無情無未足可怪然以教分大小其言碩乖若云無情即不應云有性若云有性即不合云無情

客曰涅槃部大云何並列

余曰以子不閑佛性進否教部權實故使同於常人疑之今且爲子委引經文使後代好引此文證佛性非無情者善得經旨不昧理性知余所立善符經宗

今立衆生正因體偏

經文亦以虛空譬之故三十一迦葉品云衆生佛性猶如虛空非內非外若內外者云何得名一切處有請觀有之一字虛空何所不收故知經文不許唯內專外故云

三結正因 初正釋二 次結斥○ 初引經正因[illegible] 初約因明正難[illegible] 二約果明正[illegible] 三雙[illegible] 次引示緣了性[illegible] 初示難意 二引經文 初迦葉難二 二如來答三 初標 二引十 三結斥○ 初先順問答[illegible]

非内外等及云如空
既云衆生佛性豈非理性正因
次迦葉問云何名爲猶如虚空
佛乃以果地無礙而答迦葉
豈非正因因果不二
由佛果答迦葉乃以權智斷果
果上緣了悉皆是有難佛空喻
法喻不齊
故迦葉云如來佛性涅槃是有
虚空應當亦是有耶
佛先順問答次復宗明空
先順問云爲非涅槃說爲涅槃
非涅槃者謂有爲煩惱爲非如
來說爲如來非如來者謂闡提
二乘爲非佛性說爲佛性非佛
性者謂墻壁瓦礫
今問若瓦石永非二乘煩惱亦
永非耶
故知經文寄方便教說三對治
暫說三有以斥三非

初標順問[illegible] 初引經 二反難[illegible] 三示經意 二正因結難[illegible] 初引經 次出經意 三迦葉並空[illegible] 初標示引經 次明經並意 [illegible] 五[illegible]

故此文後便即結云一切世間
無非虚空對於虚空
佛意以瓦石等三以爲所對故
云對於虚空是則一切無非如
來等三
迦葉復以四大爲並令空成有
故迦葉云世間亦無非四大對
四大是有虚空無對何不名有
迦葉意以空無對故有之大也
佛於此後捨喻從法廣明涅槃
不同虚空若涅槃不同餘二亦
異
故知經以正因結難一切世間
何所不攝豈隔煩惱及二乘乎
虚空之言何所不該安棄墻壁
瓦石等耶
佛後復云空與涅槃雖俱非世
攝涅槃如來有證有見虚空常
故是故不然豈非正與緣了不
同

[illegible] 次復宗明空[illegible] 初示意 二引經十 二釋邪正○ [illegible] 初破邪計十 初破心所 初引經 二釋義 三斥世間邪 二破光明[illegible] 初引經 二斥世間邪 三破住處[illegible] 初引經 二斥世間邪 初引經 二斥世間邪 四破次第[illegible]

次佛復宗顯空非有故恐世人
以邪計空爲佛性喻更次一十
復次而遮其非
初云世人言虚空者名爲無色
無對不可見佛言此即心所三
世所攝
語似心所故佛破之
世言身内何殊心所
復次外道言虚空者即是光明
佛言亦是色法
世言身内何殊色法
有云住處
世言身内豈非住處
有云次第
世言身内必須隨身剎那時運
有云不離三法一空二實三者
空實佛言若言空者有處無故
若言實者空處無故若言空實
二處無故
世言身内猶關外計空及二俱

有云作法如去合等
世言身沒與具相應即同作法
有云無礙處佛言有分有具餘
處無故
世言身内餘處則無
有云與有並合佛言合有三種
一如鳥投樹二如羊相𦍒三如
二指已合
世言身内如二指合
有云如器中空
世言身内何異器中
有云所指之處佛言則有方面
世言身中豈非方面
佛總結云從因緣生皆是無常
故此一十邪計虚空非佛性喻
是無常故三世攝故虚空異彼
徧一切處
此違迦葉問復宗符空以喻正
因
世人何以棄佛正教朋於邪空

云何乃以智斷果上緣了佛性
以難正因如來是智果涅槃是
斷果故智斷果上有緣了性所
以迦葉難云如來佛性涅槃是
有
世人多引涅槃爲難故廣引之
以杜餘論子應不見涅槃之文
空數世人尨石之妨緣了難正
殊不相應
此即子不知佛性之進否也
況復以空譬正緣了猶局如迦
葉所引三皆有者此乃涅槃帶
權門説故佛順迦葉三皆是有
若頓教實説本有三種三理元
徧達性成修修三亦徧
欲示衆生本有正性且云正徧
猶如虚空欲赴末代以順迦葉
豈非迦葉知機設疑故佛覆實
述權緣了
此子不知教之權實

故涅槃中佛性之言不唯一種
如迦葉品下文云言佛性者所
謂十力無畏不共大悲三念三
十二相八十種好
子何不引此文令一切衆生亦
無何獨尨石
若云此是果德衆生有此果性
者果性身土何不霑於尨石等
耶
文若許因有果性者世何但云
十方諸佛同一法身力無畏等
而不云生佛亦同法身力無畏
等使一塵一心無非三身三德
之性種也
若言但有果地法身性者何故
經云十力無畏乃至相好
文復經中闡提等人四句辯性
子云衆生有性爲何衆生有何
等性尨石爲復無四句耶
文第六第九及三十二皆以雜

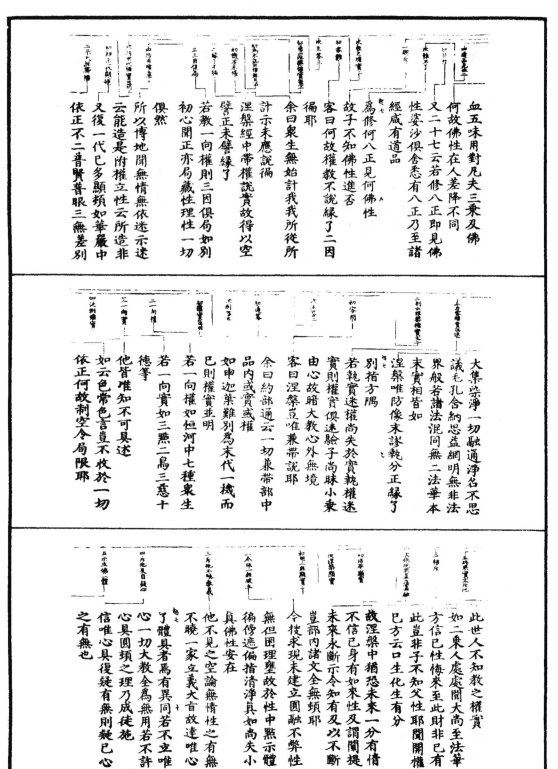

血五味用對凡夫三乘及佛
何故佛性在人差降不同
又二十七云若修八正即見佛
性婆沙俱舍悉有八正乃至諸
經咸有道品
爲修何八正見何佛性
故子不知佛性進否
客曰何故權教不說緣了二因
偏耶
余曰衆生無始計我我所從所
計示未應說偏
涅槃經中帶權說實故得以空
譬正未譬緣了
若教一向權則三因俱局如別
初心聞正亦局藏性理性一切
俱然
所以博地聞無情無依迷示迷
云能造是附權立性云所造非
又復一代已多顯頬如華嚴中
依正不二普賢普眼三無差別

大集染淨一切融通淨名不思
議毛孔含納思益網明無非法
界般若諸法混同無二法華本
末實相皆如
涅槃唯防像末謬執分正緣了
別指方隅
若執實迷權尚失於實執權迷
實則權實俱迷驗子尚昧小乘
由心故暗大教心外無境
客曰涅槃豈唯兼帶說耶
余曰約部通云一切兼帶部中
品内或實或權
如申迦葉難別爲末代一機而
已則權實並明
若一向權如恒河中七種衆生
若一向實如三點二鳥三慈十
德等
他皆唯知不可具述
如云色常色言豈不收於一切
依正何故制空令局限耶

此世人不知教之權實
如二乘人處處聞大尚至法華
方信己性悔來至此財非己有
此豈非子不知父性耶聞開權
已方云口生化生有分
故涅槃中猶恐未來一分有情
不信己身有如來性及謂闡提
未來永斷示令知有及以不斷
豈部内諸文全無頬耶
今枝求現未建立圓融不弊性
無但困理壅故於性中點示體
徧傍遮偏指清淨眞如尚失小
眞佛性安在
他不見之空論無情性之有無
不曉一家立義大旨故達唯心
了體具者焉有異同若不立唯
心一切大教全爲無用若不許
心具圓頬之理乃成徒施
信唯心具復疑有無則疑己心
之有無也

六揀對辨顯宗旨

故知一塵一心即一切生佛之心性何獨自心之有無耶

以共造故以共變故同化境故同化事故

七結斥不知權實迷

故世不知教之權實以予不思佛性之名從何教立無情之稱局在何文已如前說

八重示立論所以

余患世迷恒思點示是故寱言無情有性何謂點示一者示迷元從性變二者示性令其改迷是故且云無情有性

九重約大小判斥

若分大小則隨緣不變之說出自大教木石無心之語生于小宗子欲執小道而抗大達者其猶螳蜋乎何殊井蛙乎

十結斥勸信二

初約法

故子應知萬法是眞如由不變故眞如是萬法由隨緣故子信無情無佛性者豈非萬法無眞如耶

二約喻二

初事理相對立

故萬法之稱寧隔於纖塵眞如之體何專於彼我

初立喻

是則無有無波之水未有不濕之波在濕詎間於混澄爲波自分於清濁

二合法

雖有清有濁而一性無殊縱造正造依依理終無異轍

三約該依他

若許隨緣不變復云無情有無豈非自語相違耶

四良示法體

故知果地依正融通並依衆生理本故也

五以事理結

此乃事理相對以說

六事理名論三

初喻二

初約理

若唯從理只可云水本無波必不得云波中無水如迷東爲西只可云東處無西終不得云西處無東

次唯迷

若唯從迷說則波無水名西失東稱

二約有情譬合

情性合譬思之可知

三以無情例合

無情有無例之可見

○辨智論無情法性二

於是野客恭退昊跪而諮曰波水之譬其理實然僕曾聞人引

初客難

大智度論云眞如在無情中但名法性在有情內方名佛性仁何故立佛性之名

大走答中

初斥謬傳

余曰親曾委讀細檢論文都無此說或恐謬引章疏之言世共傳之

二法通要義

況爲通之此乃迷名而不知義

三示反徵

法名不覺佛名爲覺衆生雖本有不覺之理而未曾有覺不覺智故且分之令覺不覺豈覺不覺不覺猶不覺耶亙謂所覺離能覺耶

四廣破救五

初客斥

客曰若爾至佛方會凡離何乖

一約佛即法徵

余曰子爲學佛爲學凡耶

理本無殊凡謂之離故示衆生令覺不覺故覺不覺自會一如

二佛法相從徵

故知覺無不覺不名佛性

不覺無覺法性不成覺無不覺佛性寧立

四以即顯定大小

是則無佛性之法性容在小宗

五廣以異名難客五
初標定真如法性

即法性之佛性方曰大教
故今問子諸經論中法界實際
實相眞性等爲同法性在無情
中爲同眞如分爲兩派

二難真如

若同眞如諸教不見無情法界
及實際等

三難法性二
初縱計

若在無情但名法性非佛性者

次引經難四
初證有報佛性

何故華嚴須彌山頂偈讚品云
了知一切法自性無所有若能
如是解則見盧舍那豈非諸法
本有舍那之性耶

二證有應佛性

又云法性本空寂無取亦無見
性空即是佛不可得思量又精
進慧云法性本清淨如空無有
相此亦無所脩能見大牟尼豈
於無性又云無脩能見牟尼

三證有法佛性

又眞實慧云一切法無相是則
眞佛體既眞佛體在一切法

四誡勸免迷

請子思之當免迷教及迷佛性
之進否也

四正示名體同異二
初名異體同二
初體同二
初正釋

故眞如隨緣即佛性隨緣佛之
一字即法佛也故法佛與眞如
體一名異

次引證

故佛性論第一云佛性者即人
法二空所顯眞如當知眞如即
佛性異名

次證與真如同二
初引大示義

華嚴又云衆生非衆生二俱無
眞實如是諸法性實義俱非有
言衆生非衆生豈非情與無情
二俱隨緣並皆不變故俱非有

二例餘名

所以法界實際一切皆然

三結斥

故知法性之名不專無情中之
眞如也以由世人共迷法相名
異體一故也

次義異二
初實明義異二
初泛約三類別異

然雖體同不無小別凡有性名
者多在凡在理如云佛性理性
眞性藏性實性等無性名者多
通凡聖因果事理如云法界及
實相等如三昧陀羅尼波羅蜜
等則唯在於果

次別示權實所以

所以因名佛性等者衆生實未
成佛得理證眞開藏以煩惱生
死是佛等性亦令脩習名佛等
性而諸教之中諸名互立

初偏名之意二
初正明經義

涅槃經中多云佛性者佛是果
人言一切衆生皆有果人之性
故偏言之

次斥世不了

世人迷故而不從果云衆生有
故失體偏

次性徧所由三
初由煩惱心

又云徧者以由煩惱心性體徧
云佛性徧故知不識佛性徧者
良由不知煩惱性徧故唯心之
言豈唯眞心

二由生死色

子尚不知煩惱心徧安能了知
生死色徧色何以徧色即心故

三結由心色一如

何者依報共造正報別造豈信
共徧不信別徧耶能造所造既
是唯心心體不可局方所故所
以十方佛土皆有衆生理性心

次名同體異三
初總前生後

種以性喻空具如涅槃一十復

二引示名體
次
故知不曉大小教門名體同異
此是學釋教者之大患也
三勉釋舊疑
故身子云我等同入法性叉亦
得解脫等
三總示世失三
子初不達余之義旨故聞之驚
駭爲子申巳理合釋然
初標計
故知世人局我遮那唯陰質内
而直云諸法是無情者
二斥失
則有二種不如外道外道尚云
我大色小我徧虛空又外道猶
計衆塵所成亦不直云無情而
巳又有二種不如小乘小乘尚
云猶業力造造徧三界又小乘
猶知諸法無常亦不直云無情
而巳又有二種不如共乘共乘
尚知造心幻化幻徧三界又知
三勸生新解
諸法體性即眞若次第乘故非
所擬
子聞是巳亦合薄知教法權實

佛性進否
三釋三因種徧二
客曰仁善分別實壞重疑信一
切法皆正因性而云正中三因
初客難
種徧脩徧果徧又云一塵一心
即一切生佛之心性情猶未決
次主答二
起七　余曰良由自昔不善十六徧攬因果
自他依正觀於巳心心佛衆生
亦由不聞諸教大旨不曉佛說
初原他未決之由
果德之意不達佛現互融之由
余欲開導子之情懷更以四十
二定今開導之法
六問而問於子子若能曉余之
一問則衆滯自消法界融通釋
然大觀洞見法界生佛依正一
念具足一塵不虧
三主問攻通二
問佛性之名從因從果從因非
佛果不名性問佛性之名常無
初攻難八
常耶無常非性常不應變問佛
性之名共耶別耶別不名性共
初約佛性
不可分問佛性之名大小教耶
小無性名大無無情問佛性之

名有權實耶對體辯異其相何
耶
二約無情
問無情之名大小教耶大教大
部有權實耶問無情無者無情
爲色爲非色耶爲二俱耶問無
起七　情色等佛見爾耶十七爲生見耶爲
共見耶問無情敗壞故無性者
陰亦敗壞性亦然耶問無情是
色法界處色爲亦無耶爲復有
耶
三約衆心
問唯心之言子曾聞耶唯只是
心異不名唯問唯心之言凡聖
心耶若聖若凡二俱有過問唯
心名心造無心耶唯造心耶二
俱有過問唯心唯心亦唯色耶
若不唯色色非心耶問唯心所
造唯依與正依正能所同耶異
耶
問衆生量異性隨異耶不爾非
内爾不名性問衆生感心性徧

四約衆生

不徧神我四句爲同異耶問衆
生有性唯應身性亦法性耶亦
報性耶問衆生本迷迷佛悟耶
佛既悟已悟生迷耶問衆生一
身幾佛性耶一佛身中幾生性
耶

五約佛土

問佛國土身爲始本耶始本同
耶爲復異耶問佛土佛身爲一
異耶一無能所異則同凡問佛
土界分生亦居耶爲各所居佛
無土耶問佛土所攝爲遠近耶
何土與生一異共別問佛佛土
體爲同異耶娑婆之處爲共別
耶

六約果成

問佛成道時土亦成耶成廣狹
耶不成有過問佛成見性與生
見處爲同異耶離二不可問佛
成土成與彼彼成彼彼不成爲
一異耶問佛成三身與彼彼果
及彼彼生爲一異耶問佛成身

七約眞即

土成何眼智見自他境初後如
何
問眞如所造互相攝耶不相攝
耶二俱如何問眞如之體通於
脩性脩性身土等不等耶問眞
如隨緣變爲無情爲永無耶何
當有耶問眞如隨緣隨已與眞
爲同異耶爲永隨耶問眞如本
有爲本無耶與惑共住同異如
何

八約譬喻

問波水同異前後得失眞妄同
異法譬如何問病眼見華華處
空處同異存沒法譬如何問鏡
像明體本始同異前後存沒法
譬如何問帝網之譬唯譬果耶
亦譬因耶果無因耶問如意珠
身身有土耶唯在果耶通因如
何

次攻行

問行者觀心心即境耶能所得
名同異如何問行者觀心一耶
多耶一多心境同異如何問行
者觀心爲唯觀心亦觀身耶亦
觀土耶問行者觀心在惑業苦
內耶外耶同耶異耶問行者觀
心心內佛性爲本淨耶爲始淨
耶問行者觀心心佛衆生因果
身土法相融攝一切同耶

四示所聞之意二
初略示

如是設問不可窮盡爲斷子疑
且至爾許

次委示二
初客問

客曰何以不多不少唯四十六

次主答四

余曰攻惑攻疑攻行攻理通敬
通義通自通他一問亦足

初示聞意該攝

爲對鈍根故四十六

二對鈍根

及對六即分證離爲四十一位
兼前及後故四十六

三及對六即

應知一問亦皆能攻餘四十五
餘一一位仍須皆具四十六問
乃至無量亦復如是

四復示直融

主客述信解二

客曰仁所立義灼然異僕於昔
所聞僕初聞之乃謂一草一木

一礫一塵各一佛性各一因果且足緣了若其然者僕實不忍何者草木有生有滅塵礫隨劫有無豈唯不能脩因得果亦乃佛性有滅有生世皆謂此以爲無情故曰無情不應有性僕乃悁以世所傳習難仁至理失之甚矣過莫大矣

余曰子何因猶存無情之名

客曰乃僕重述初迷之見今亦粗知仁所立理只是一一有情心徧性徧心具性具猶如虛空彼彼無礙彼彼各徧身土因果無所增減故法華云世間相常住世間之言凡聖因果依正攝盡

余曰觀子所見似知大旨何不試答向之一問

客曰仁向自云若思一問衆滯自消僕若答者則以一答徧答衆問何一問之有耶

余曰請述其旨

客曰僕還攬向諸問意若消衆滯即名爲答何假曲申一一問耶何者衆問豈不由僕不受無情有性之説僕今受之此即是答

余曰大畧雖爾未曉子情

客曰仁所立義關諸大教難可具陳僕畧論之冀垂聽覽豈非曉最後問三無差別即知我心彼彼衆生一一刹那無不與彼遮那果德身心依正自他互融互入齊等我及衆生皆有此性故名佛性其性徧造徧變徧攝世人不了大教之體唯云無情不云有性是故須云無情有性了性徧已則識佛果具自他之因性我心具諸佛之果德果上以佛眼佛智觀之則唯佛無生因中若實慧實眼冥符亦全生是佛無別果佛故生外無佛衆生以我執取之即無佛唯生初心能信教仰理亦無生唯佛亡之則無生無佛照之則因果昭然

應知衆生但理諸佛得事衆生但事諸佛證理是則衆生唯有迷中之事理諸佛具有悟中之事理迷悟雖殊事理體一故一佛成道法界無非此佛之依正一佛既爾諸佛咸然衆生自於佛依正中而生殊見苦樂昇沈一一皆計爲己身土淨穢宛然成壞斯在仁所問意豈不畧爾

余曰善哉善哉快領斯旨實可總知諸問綱格此即已答百千萬問何獨四十六耶

客曰幾不遇仁此生空喪必依此見獲勝果耶

余曰必欲脩習教法未周若不善余一家宗途未可委究行門始末安能徧括教行事理感智因果依正心法用爲凡夫初心觀首然子所領似虛其情計子觀道猶爲罔象

客曰觀道者何仁師誰耶法依何耶

余曰子豈不聞天台大師靈山親承大蘇妙悟是余師也摩訶止觀所承法也以二十五法爲前方便十法成乘觀於十境十境互發觀時進否此觀道之大畧也諸問且令識十乘初妙境而已餘乘諸境不暇論之

客曰善哉僕當慕之以爲永劫之仗託也

客曰屢聞講說大乘諸師猶以無情佛性爲一別見何耶

余曰此有由也斯等曾觀小乘無情之名又見大乘佛性之語亡其所弘融通之譚而棄涅槃虛空之喻不達脩性三因離合不思生佛無差之旨

謬數傳習無情之言反難已宗唯心之教

專引涅槃瓦石之說不測時部出沒之意

如福德子而無壽命弱喪徒歸猶迷本族如受貴位不識祖宗亦如死人而著瓔珞用是福爲用瓔珞爲法相徒施全迷其本

忽遇斯等應以如上諸意問之所弘之典大小乘耶尚失小乘已如前說

客曰斯失者衆聞仁所宗四教釋義可得聞耶

余曰此之四釋關涉五時牢籠八教十方三世大小乘法咸攝其中豈可率爾譚其始末

客曰若爾可能以四教畧判佛性無情有無心造心變具不具耶

余曰畧示方隅斯亦可矣

何者自法華前藏通三乘俱未稟性二乘憚教菩薩不行別人初心教權理實以教權故所稟未周故此七人可云無情不云有性

圓人始末知理不二心外無境誰情無情法華會中一切不隔草木與地四微何殊舉足脩途皆趣寶渚彈指合掌咸成佛因與一許三無乖先志豈至今日云無情無

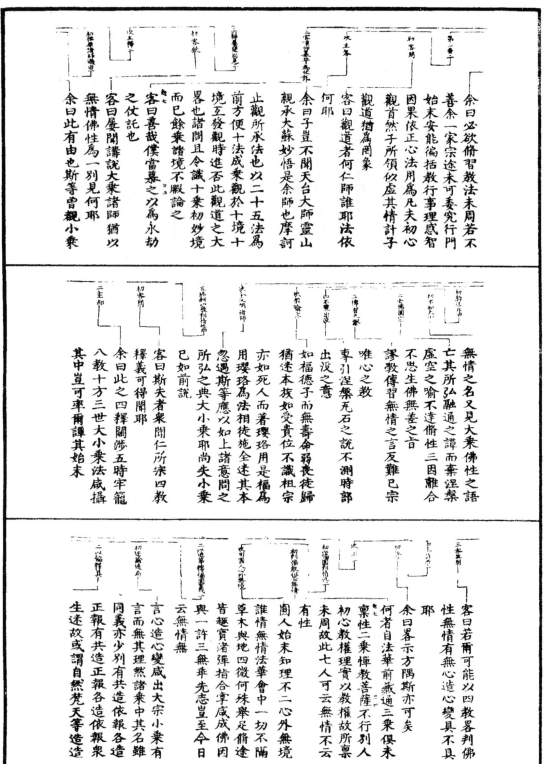

言心造心變咸出大宗小乘有言而無其理然諸乘中其名雖同義亦少別有共造依報各造正報有共造正報各造依報衆生迷故或謂自然梵天等造造

已或謂情與無情故造名猶通應云心變心變復通應云體具

三總勝通局

以無始來心體本徧故佛體徧由生性徧徧有二種一究竟徧二即狹徧

所以造通於四變義唯二即具唯圓及別後位

二以徧圓結造十但二

初歷教揀準

故藏通造六別圓造十此六及十括大小乘教法罄盡由觀解異故十與六各分二別藏見六實通見無生別見前後生滅圓見事理一念具足

二對揀定具

論生兩教似等明具別教不詮種具等義非此可述故別佛性滅九方見圓人即達九界三道即見圓伊三德體徧

二約三千釋具依正

客曰如何能攝依正因果

初標方便品十

余曰一家所立不思議境於一念中理具三千故曰念中具有因果凡聖大小依正自他故所變處無非三千而此三千性是中理不當有無有無自爾何以故俱實相故實相法爾具足諸法諸法法爾性本無生故雖三千有而不有共而不雜離亦不分雖一一徧亦無所在

初三千體量

初客問

二主答

初客問

客曰其理必然僕深仰之此爲憑教爲通依諸部爲專在一經

二主答

余曰斯問甚善能使其理永永不朽雖則通依一切大部指的妙境出自法華故方便品初佛歎十方三世諸佛所得微妙難解之法所謂諸法實相如是相等當知如是相等即是轉釋諸法實相以諸法故有相等以實相故相等皆是實相無相相等皆如

二三千所出

三三千名相

初客問

客曰云何三千

二主答

余曰實相必諸法諸法必十如十如必十界十界必身土又依大經及以大論立三世界故有三千具如止觀及廣記中故知因果凡聖恒具三千

二周通至二部

是故歎云唯佛與佛乃能究盡十方世界稻麻二乘如恒河沙不退菩薩並不能知斯義少分即指前之七種人也是故身子三請慇懃十方三世諸佛開顯釋迦仰同無復異趣大車譬此宿世示此壽量久本唯證於此根敗適復獲記由此菩薩疑除損生增道始初發心終記補處豈有餘途並託於此

三約性歷法華

由前四時兼但對帶部非究竟故推功法華涅槃兼權意如前說

四約為諸當本

當知一乘十觀即法華三昧之正體也普現色身之所依也正因佛性由之果用緣了行性由之能顯性德緣了所開發也涅

槃眞伊之所喻也法華大車之
所至也諸大乘意准例可知
子得聞之可謂久種勤而習之
無使焦敗願未來世諸佛會中
與子相遇
於是野客悲喜交集曰投身莫
報粉骨寧酬唯以此義隨方轉
說以報所聞如何
余曰佛有誠誡自可爲規經云
若但讚佛乘衆生沒在苦我寧
不說法疾入於涅槃尋思方便
先小後大此乃以偏助圓方可
爲說又云當來世惡人破法墮
惡道志求佛道者廣讚一乘道
此即簡人方可爲說
然末代施化復未知根亦可如
安樂行中但以大答亦可如不
輕喜根而強毒之故首楞嚴中
聞生謗者後終獲益如人倒地
還從地起應運大悲無惱他說

子應從容觀時進否將護彼意
順佛本懷
若有衆生未稟教者來至汝所
先當語云汝無始來唯有煩惱
業苦而已即此全是理性三因
由未發心未曾加行故性緣了
同名正因故云衆生皆有正性
既信已心有此性已次示此性
非內外徧虛空同諸佛等法界
既信徧已次示徧具既同諸佛
等於法界故此徧性具諸佛之
身一身一切身如諸佛之感土
一土一切土身土相即身說土
說大小一多亦復如是有彼性
故故名有性
若世人云衆生唯有淸淨之性
加脩萬行爲功用體故至果時
方有大用此乃佛有衆生之性
不名衆生有佛性也二無差別
斯言有徵寄言說者勿負斯教

若言衆生有正因性與法身等
不與報化等者還成衆生與衆
生等何者若除報化猶是衆生
若言等於有報化之法身其如
法身非報化外以是言之故須
悉等
今此示有是示種性示徧是示
體量示具是示體德
既示三已次令緣於一體三寶
發四弘誓進受菩薩淸淨律儀
一一緣向理性三因脩行塡誓
如向所聞種必相續世世生處
以人天身佛會再聞而得解脫
若已稟方便教者若聞若行若
伏若斷隨其所得點示體具故
經云汝等所行是菩薩道故法
華中五章開權一一但云是法
皆爲一佛乘故衆生聞已皆得
種智
散心講授者隨宜設化

一種觀心者從心示之

若憚教生諍競者應當語云闡已成種不敢輕汝汝等行道皆當作佛

故大師判教末云佛法不思議

唯教相難解二乘及菩薩尚所不能測何況諸凡夫而欲判此事譬如生盲人分別日輪相欲判虛空界一切諸色像而言了達者畢竟無是事是故有智者各生慙愧心自責無明暗捨戲論諍競大師親證判已尚自謙喻後輩

四勸修流通

余今准此一家宗途獎導於予非師已見子亦順教如是流行

野客於是歡喜頂受自爾永劫唯奉持之所在宣弘不違尊命斂容再拜安庠而出

四夢覺無得

忽然夢覺問者答者所問所答都無所得

金剛錍竟

金剛錍

校勘記

一　底本，明永樂北藏本。金藏廣勝寺本嚴重殘缺，難作底本，兹將其殘卷後五版畧作修補，附於卷後，以資參考。

一　七四九頁上二行首字「宋」，南無。

一　七四九頁上一五行首字「唐」，南無。

一　七四九頁下一五行「三十一」，清作「三十二」。

一　七五一頁中一四行與一五行眉科「次結六不知進否」，南作「次結斥不知進否」。

一　七五二頁下七行「闡提」，徑作「闡發」。

一　七五三頁中一九行第七字「昊」，南、清作「昃」。

一　七五五頁中八行「不閑」，徑作「不閑」。

一　七五六頁下一一行末字「敬」，南、徑、清作「教」。

一　七五七頁中一三行第九字「目」，南、徑、清作「自」。

一　七五九頁上六行末字「具」，南作「是」。

一　七六〇頁中一行第一〇字「護」，徑作「獲」。

一　七六〇頁中一九行第九字「二」，南、徑、清作「三」。

昭然應知衆生但理諸佛得事衆生但事諸佛證理是則衆生唯有迷中之事理諸佛具有悟中之事理迷悟雖殊事理體一故一佛成道法界無非此佛之依正一佛既爾諸佛咸然衆生自於佛依正中而生殊見苦樂昇沉一皆計爲已身土淨穢宛然成壞斯在仁所問意豈不略爾余曰善哉善哉快領斯旨實可懃知諸問綱格此即已答百千万問何獨四十六耶 客曰幾不遇仁此生空喪必依此見獲勝果耶 余曰必欲脩習教法未周若不善余一家宗途未可委究行門始末安能徧括教行事理感智因果依正心法用爲凡夫初心觀首然子所領似虛其情計子觀道猶爲罔象 客曰觀道者何仁師誰耶法依何耶 余曰子豈未聞天台大師靈山親承大蘇妙悟是余師也摩訶止觀所承法也以二十五法爲前方便十法成乘觀於十境十境互發觀時進否此觀道之大略也諸問且令識十乘初妙境而已餘乘諸境不暇論之 客曰善哉僕當慕之以爲永劫之仗託也 客曰屢聞講說大乘諸師猶以無情佛性爲一別見何耶 余曰此有由也斯等曾覩小乘無情之名又見大乘佛性之語亡其所弘融通之談而棄涅槃虛空之喻不達修性三因離合不思生佛無差之旨謬教傳習無情之言反難己宗唯心之教 尊引涅槃瓦石之說不測部時出沒之意 如福德子而無壽命 弱喪徒歸猶迷本族如受貴位不識祖宗亦如死人

而著瓔珞用是福爲用瓔珞爲 法相徒施全迷其本 忽遇斯等應以如上諸意問之所弘之典大小乘耶尚失小乘已如前說 客曰斯失者衆聞仁所宗四教釋義可得聞耶 余曰此之四釋關涉五時牢籠八教十方三世大小乘法咸攝其中豈可率爾談其始末 客曰若爾可能以四教略判佛性無情有無心造心變具不具耶 余曰略示方隅斯亦可矣 何者自法華前藏通三乘俱未稟性二乘禪教菩薩不行別人初心教權理實以教權故所稟未周故此七人可云無情不云有性圓人始末知理不二心外無境誰情無情 法華會中一切不隔草木與地四微何殊舉足脩途皆趣實渚彈指合掌咸成佛因與一許三無乖先志 豈至今日云無情無言心造心變咸出大宗小乘有言而無其理 然諸乘中其名雖同義亦少別有共造依報各造正報有共造止報各造依報衆生迷故或謂自然梵天等造浩已或謂情與無情故造名猶通應六心變心變復通應云體具以無始來心體本徧故佛體徧由生性徧徧又二種一寬廣徧二即狹徧 所以造通於四變義唯二即具唯圓及別後位 故藏通造六別圓造十此六及十括大小乘教法罄盡由觀解異故十與六各分二別藏見六實通見無生別見前後生滅圓見事理一念具足 論生兩教似等明具別教不詮種具等義非此可述故別佛性滅九方見圓人即達九界三道即見圓伊三德體徧 客曰如何能攝

依正因果　余曰一家所立不思議境於一念中理具三千故曰念中具有因果凡聖大小依正自他故所變處無非三千　而此三千性是中理不當有無有無自爾何以故俱實相故實相法爾具足諸法諸法法爾性本無生　故雖三千有而不有共而不雜離亦不分雖一一徧亦無所在　客曰其理必然僕深仰之此爲憑教爲通依諸部爲專在一經　余曰斯問甚善能使其理永永不朽雖則通依一切大部指的妙境出自法華　故方便品初佛歎十方三世諸佛所得微妙難解之法所謂諸法實相如是相等當知如是相等即是轉釋諸法實相以諸法故故有相等以實相故相等皆是實相無相相等皆如　客曰云何三千　余曰實相必諸法諸法必十如十如必十界十界必身土　又依大經及以大論立三世界故有三千具如止觀及廣記中　故因果凡聖恒具三千是故歎云唯佛與佛乃能究盡十方世界獨稱二乘如恒河沙不退菩薩並不能知斯義少分即指前之七種人也是故身子三請懇懃十方三世諸佛開顯釋迦仰同無復異趣大車辟此宿世示此壽量久本唯證於此根敗遇復獲記由此菩薩疑除損生增道始別發心終記補處豈有餘途並記於此　由前四時兼但對帶部非究竟故推功法華涅槃　兼權意如前說　當知一乘十觀即法華三昧之正體也普現色身之所依也正因佛性由之果用緣了行性由之能顯性德緣了所開發也涅槃真伊之所喻也

法華大車之所至也諸大乘意準例可知　子得聞之可謂久種勤而習之無使焦敗願未來世諸佛會中與子相遇　於是野客悲喜交集曰投身莫報粉骨寧酬　唯以此義隨方轉說以報所聞如何　余曰佛有誠誡自可爲規經云若但讚佛乘衆生沒在苦我寧不說法疾入於涅槃尋思方便先小後大此乃以偏助圓方可爲說又云當來世惡人破法墮惡道志求佛道者廣讚一乘道此即觀人方可爲說　然末代施化復未知根亦可如安樂行中但以大答亦可如不輕毒根而強毒之故首楞嚴中聞生謗者後終獲益如人倒地還從地起　應運大悲無惱他說子應從容觀時進否將護彼意順佛本懷　若有衆生未稟教者來至汝所先當問云汝無始來雖有煩惱業苦而已即此全是理性三因由未發心未曾加行故性緣了同名正因故云衆生皆有正性　既信已心有此性已次示此性非內外徧虛空同諸佛等法界　既信徧已次示徧具既同諸佛等於法界故此徧性具諸佛之身一身一切身如諸佛之國土一土一切土身土相即身說土說大小一多亦復如是有彼性故故名有性若世人云衆生唯有清淨之性加脩万行爲功用體故至果時方有大用此乃佛有衆生之性不名衆生有佛性也　三無差別斯言有徵寄言說者勿負斯教　若言衆生有正因性具法身等不與報化等者還成衆生與衆生等何者若除報化猶是衆生若言等於有報化之法身　其如法身非報化外以是

言之故須悉等　今此示有是示種性示徧是示體量示具是示體德　既示三已次今緣於一體三寶發四弘誓進受菩薩清淨律儀二緣向理性三因修行填誓如向所聞種必相續世世生處以人天身佛會再聞而得解脫若已禀方便教者若聞若行若伏若斷隨其所得點示體具故經云汝等所行是菩薩道故法華中五章開權一一云是法皆爲佛乘故衆生聞已皆得種智　散心講授者隨宜設化一種觀心者從心示之　若憚教生諍覓者應當語云聞已成種不敢輕汝汝等行道皆當作佛　故大師判教末云佛法不思議唯教相難解二乘及菩薩尚所不能測何況諸凡夫而欲判此事辟如生盲人分別日輪相欲判虛空界一切諸色像而言了達者畢竟無是事　是故有智者各生慚愧心自責無明暗捨戲論諍覺大師親證判已尚自謙諭後輩　余今準此一家宗途雙導於子非師已見子亦順教如是流行　野客於是歡憙頂受自爾永劫唯奉持之所在宣弘不違尊命斂容載拜安詳而出　忽然夢覺問者答者所問所答都無所得

金剛錍一卷

法界次第初門總序　　刊一

天台山修禪寺沙門釋智顗輒依經附論撰
法界次第初門三百科裁爲七卷流傳新學
略爲三意一爲讀經尋論隨見法門脫有迷
於名數者二爲未解聖教所制法門淺深之
次第三爲學三觀之者當以此諸法名相義
理一一歷心而轉作則觀解無礙觸境不迷
若於一念心中通達一切佛法者則三觀自
然了了分明也故出此三百科名教仍當名
下略辨體相始得三卷

法界次第初門卷上

陳　隋　國　師　智　者　大　師　撰

名色初門第一一名二色

今辨法界初門先從名色而始者至論諸法
本原清淨絕名離相尚非是一何曾有二不
二而辨其二者以行者初受一期妄報歌羅
邏時但有名色二法當知名色即是一切世
間出世間法之根本能生一切法普攝一切
法即是一切法若諸大聖分別說一切法門
皆約名色而分別之無有一法出於名色故

智度論偈云

一切諸法中　但有名與色　若欲如實觀
但當觀名色　雖癡心多想　分別於異事
更無有一法　出於名色者

一名心但有字故曰名也即是心及相應數法雖有能緣之用而無質礙可尋既異於色而有心意識及諸數法種種之別名故謂之爲名也二色有形質礙之法謂之爲色是十入及一入少分皆是質礙之法並無知覺之用既異於心意識法故稱爲色也

五陰初門第二一色陰二受陰三想陰四行陰五識陰

次名色而辨五陰者以惑者迷名偏重故大
聖教門開名則爲四心對色合爲五也此五
通稱爲陰者一往而釋陰以陰覆爲義能覆
出世眞明之慧而增長生死集散不絕故通
名爲陰

一色陰有形質礙之法名爲色色有十四種所謂四大五根五塵此之十四並是色法也　二受陰領納所緣名爲受受有六種謂六觸因緣生六受但境既有違順非違非順之別故六受亦各有苦受樂受不苦不樂受之異也　三想陰能取所領之緣相名爲想想有六種謂取所領六塵之相爲六想也　四行陰造作之心能趣於果名爲行行有六種大品經中說爲六思思即是行謂於六想之後各起不善業善業無動業也　五識陰了別所緣之境名爲識識有六種即是六識若諸論師多云識在二心之前諸大乘經中明識最居後今依經爲次料簡

十二入初門第三　內六根入一眼入二耳入三鼻入四舌入五身入六意入　外六塵入一色入二聲入三香入四味入五觸入六法入

次五陰而辨十二入者以惑者迷色偏重故
大聖教門開色爲十心但爲二合爲十二也

通稱入者入以涉入為義根塵相對則有識生識依根塵仍為能入根塵即是所入今此十二從所入受名故通受入名

內六入者此之六法親故屬內為識所依故名為入亦名根者根以能生為義此六既並有生識之功故通名根也

一眼入 身分對色能見色之處名眼眼是四大造色體為十色共成所謂四大四微身根微眼根微也

二耳入 身分對聲能聞聲之處名耳耳是四大造色亦為十色共成謂四大四微身根微耳根微

三鼻入 身分對香能聞香之處名鼻鼻是四大造色亦為十色共成謂四大四微身根微鼻根微

四舌入 身分對味能知味之處名為舌舌是四大造色亦為十色所成謂四大四微身根微舌根微也

五身入 六分假合之體對觸能覺觸處皆名為身身是四大造色但有九色所成謂四大四微身根微

六意入 心對一切法即有能知法之用名之為意意者即心王也是中除諸心數法但取心王以為意入

外六入者此六法踈故屬外識所遊涉故名為入亦名塵者塵以染汙為義以能染汙情識故通名為塵也

一色入 一切對眼所見之色名為色色有二種色攝一切色一正報可見色眾生身色青黃赤白黑色等二依報可見色外染知青黃赤白黑色等也

二聲入 一切對耳所聞之名曰聲聲有二種聲攝一切聲一從正報色出聲眾生語言音聲也二從依報色出聲也

三香入 一切對鼻所聞之色名香香有二種香攝一切香一正報色處香眾生身中香臭也二依報色出香外一切無知色中所有香臭

四味入 一切對舌所知之色曰味味有二種味攝一切味一正報色處味眾生身中之六味也二依報色處味外一切無知色中所有六味也

五觸入 一切對身所覺之色名觸觸有二種觸攝一切觸一正報色處觸眾生身中冷暖澁滑等十六觸也二依報色處觸外一切無知色中冷暖等一十六觸也

六法入 一切對意所知之法名法法有二種法攝一切法一者心法是中除心王但取相應諸心數法也二者非心法即過去未來色法及心不相應諸行及三無為法

十八界初門第四

內六根界 一眼界二耳界三鼻界四舌界五身界六意界

外六塵界 一色界二聲界三香界四味界五觸界六法界

六識界 一眼識界二耳識界三鼻識界四舌識界五身識界六意識界

次十二入而辨十八界者以惑者迷於名色俱重故開色為十離名作八合為十八界也通名界者以界別為義此十八法各有別體義無渾濫故通受界名也

內六根界 此具如前明內六根入中分別其相乃更加以界之名義者欲使修觀之徒推揀無謬不濫十六知見之妄計也

外六塵界 此具如前外六塵入中分別其相乃更加以界之名義者意同六根界中立界名

六識界者若根塵相對即有識生識以識別為義識依於根能識別於塵故此六通名識也若了識從緣生豈計有神使知諺取也

一眼識界 眼根若對色塵即生眼識眼識生時即識色塵故名眼識界也

二耳識界 耳根若對聲塵即生耳識耳識生時即識聲塵故名耳識界也

三鼻識界 鼻根若對香塵即生鼻識鼻識生時即識香塵故名鼻識界也

四舌識界 舌根若對味塵即生舌識舌識生時即識味塵故名舌識界也

五身識界 身根若對觸塵即生身識身識生時即識觸塵故名身識界也

六意識界 五識生已即滅意為意識此意識續生意識生時即識法塵若五識能生意識即以前五識為根後意識為意識此意識滅次識續生是則前意識生後意識如是亦既傳受根識之名皆以能生為根所生為識今說所生之識為意識界也

十六知見初門第五

一我二眾生三壽者四命者五生者六養育者七眾數八人九作者十使作者十一起者十二使起者十三受者十四使受者十五知者十六見者

次名色陰入界而辨十六知見者名色等法中神我本不可得而未見道者悉於名色等法中妄計有我我所計我之心歷緣略辨即有十六知見之別廣對諸緣則妄計不可稱數因此顛倒備起一切煩惱生死行業今為欲於後明生法二空等一切觀門必須善識

假實之法故略依傍大智度論釋之也

一我（若於名色陰入界等法中無明不了若即若離中妄計有我所之實故名爲我也）二衆生（於名色陰入界等法和合中妄計有我生故名衆生）三壽者（於名色陰入界等法中妄計我受一期果報壽有長短數名壽者）四命者（於名色陰入界等法中妄計我命攝成識連持不斷數名命者）五生者（於名色陰入界等法中妄計我能起衆事如父生子名爲生者亦計我來人中受生故名生者）六養育（於名色陰入界等法中妄計我能養育於他故名養育亦計我從生已來爲父母養育故名養育）七衆數（於名色陰入界等法中妄計我有名色五衆十二入十八界等諸因緣是衆法有數故名衆數）八人（於名色陰入界等法中妄計我是行人異於非行之人故名爲人亦計我生人道異於餘道故名爲人）九作者（於名色陰入界等法中妄計我有身力手足能有所作故名作者）十使作者（於名色陰入界等法中妄計我能役他故名使作者）十一起者（於名色陰入界等法中妄計我能造後世罪福業故名起者）十二使起者（於名色陰入界等法中妄計我能令他起後世罪福業故名使起者）十三受者（於名色陰入界等法中妄計我當後身受罪福果報故名受者）十四使受者（於名色陰入界等法中妄計我當令他受苦樂果報故名使受者）十五知者（於名色陰入界等法中妄計有五根能知五塵故名知者）十六見者（於名色陰入界等法中妄計我有眼根故能見一切色亦計我能起邪見我起正見名見者）

見愛二煩惱初門第六（一見煩惱二愛煩惱）

次名色陰入界及我等十六而辨見愛者若迷此假實二法則倒想紛然故三界流轉無際皆是煩惱使之然也若論煩惱根本不出見愛枝派分別則科目甚多所謂三毒五蓋十使九十八煩惱八萬四千乃至塵沙等數此諸科目雖數有多少而同是煩惱潤生之力體無殊別但教門善巧乃約增減之數而制立之故瓔珞經云見著二法迷法界色心廣起一切三界煩惱通名煩惱者煩以喧煩爲義惱以逼亂爲義能喧煩之法逼亂行者心神致使眞明不得開發故名煩惱也

一見煩惱（邪心觀理名之爲見若於假實之理情迷而倒想邪求隨見偏理妄執爲實通名爲見見煩惱者謂五利使見諦所斷八十八使及六十二見等也）二愛煩惱（貪染之心名之爲愛若於假實二事情迷隨心所對一切事境染著纏綿通名爲愛愛煩惱者謂五鈍使思惟所斷十使及所斷結流愛扼纏蓋纏等也）

三毒初門第七（一貪毒二瞋毒三癡毒）

次見愛而辨三毒者此二科既有合離之異事須分別若合但取癡一分爲見餘一分及貪恚並合爲愛也若離則見愛之中各有三毒如此歷三界五行則離出九十八使一切煩惱通名毒者毒以沉毒爲義惱壞之甚故云沉毒以其能壞出世善心故名爲毒也

一貪毒（引取之心名之爲貪若以迷心對一切順情之境引取無猒即是貪毒歷三界五行十五貪使並是貪毒但上二界煩惱既清故別受愛名）二瞋毒（違忿之心名之爲瞋若以迷心對一切違情之境便起忿怒即是瞋毒歷欲界五行下即有五瞋使並是瞋毒數人義上二界無瞋也）三癡毒（迷惑之心名之爲癡若迷一切事理之法無明不了迷惑妄取起諸邪行即是癡毒亦名無明無明有二種一者相應無明即是與三界五行下八十八使相應共起二者不相應無明即是三界五行下十五癡使也）

五蓋初門第八（一貪欲蓋二瞋恚蓋三睡眠蓋四掉悔蓋五疑蓋）

次三毒而辨五蓋者若論三毒之體豈異五蓋但科目不同名字增減有異故次分別所以然者若從癡毒之名而離癡法爲睡眠掉悔疑三蓋足貪瞋爲五蓋也若開五蓋則煩惱無量通名蓋者蓋以覆蓋爲義能覆蓋行者清淨善心不得開發故名爲蓋而此五蓋既的爲在下所明諸禪正鄣故須略辨其相

一貪欲蓋（引取心無猒足爲貪欲分別體相具如貪毒中說三界五行中十五貪使即是貪欲蓋）二瞋恚蓋（忿怒之心名爲瞋恚分別體相具如前說欲界五五行五種瞋使即是瞋蓋也）三睡眠蓋（意識惛熟曰睡五情暗冥名眠若心依無記則增長無明故意識惛惛而熟五情暗冥無所覺知謂之睡眠也數人說爲增心）

數法猶屬見思所斷十五癡使攝也

四掉悔蓋邪心動念曰掉退思憂悔爲悔若樂無明謬取則戲論動掉心生既所爲乖失退思則有憂悔也亦是增心數法正屬見諦所斷三十二見使攝思惟斷亦有少分也

五疑蓋癡心求理猶預不決名之爲疑若修道定等法無明暗鈍不別真僞因生猶須心無決斷皆謂疑也世間通疑非一正論部道之疑即是見諦所斷三界四行十二疑使也

十使初門第九

五鈍使一貪使二瞋使三無明使四慢使五疑使

五利使一身見使二邊見使三邪見使四戒取使五見取使

次五蓋而辨十使者豈有十使異於五蓋若教門但爲修定者說略立三毒五蓋之數若爲修慧者說欲使明識所斷之惑無謬故須分別爲十使也所以然者貪瞋二蓋即是貪瞋二使睡蓋之本即是癡使離癡出慢即爲慢使疑蓋即疑使也是爲五鈍使掉悔即是邪思掉動之心若細分別其相則有五利五鈍使之別而此推之還是五蓋分別爲十使也若問十使則出一切煩惱此十通名使者使以驅役爲義能驅役行者心神流轉三界故通受使名亦名十煩惱煩惱義如前說

一貪欲使引取無厭名曰貪欲分別其相具如前毒中說見思所斷三界五行中十五貪皆是貪使

二瞋恚使忿怒之心名之曰瞋分別其相具如瞋毒中說見思所斷欲界五行中五恚即是恚使也

三無明使迷惑不了之心名爲無明若以迷心緣境隨有所起則念念永失而不知慚愧者皆是癡也見思所斷三界五行下十五癡即是無明使

四慢使自恃輕他之心曰慢若自恃種姓富貴有德才能輕蔑於他即是慢也慢有八種在下別出乃至見思所斷三界五行下十五種慢皆是慢使也

五疑使迷心乖理猶預不決曰疑分別其相具如疑蓋中說三界四行十二種疑並是疑使也

六身見使若於名色陰入界中妄計爲身名爲身見若以無明不了則於五陰中起二十種身見則身見有二十種見諦所斷一行中歷三界有二身見也

七邊見使執邊之心名爲邊見若於四邊不了隨見一邊爲實餘邊悉爲妄語如其所見互執一邊悉墮邊見歷三世五陰即有六十二見並是見諦所斷合六十二見同是一邊見攝也又約見諦所斷一行中歷三界即有三邊見

八邪見使邪心取理故名邪見若無明不了四諦因果邪心推撥謂無此理因斷滅出世間善根乃至世間善根作闡提行是爲邪見見諦所斷三界四行中有十二邪見是也

九見取使於非眞勝法中謬見涅槃生心而取故曰見取若行道之時雖入種種觀門而依明本教無明不了便謂計所得以爲眞爲勝生心取著皆名見取也見諦所斷三界四行有十二見取是也

十戒取使於非戒中謬以爲戒取以進行故曰戒取若取雞狗牛戒乃至九十五種外道所行之戒以爲眞戒皆名戒取若人雖持佛戒身有戒相亦是戒取見諦所斷三界二行有六種戒取是也

九十八使初門第十

見諦門八十八使欲界有三十二使色界有二十八使無色界二十八使思惟門十使欲界有四使色界有三使無色界有三使

次十使而辨九十八使者正爲見思兩道惑鄣不同欲使修觀之者精識所治之惑斷伏無濫故教門歷三界五行細分別十使則有九十八也亦名九十八煩惱通名爲使名煩惱者類如前釋若離九十八使則出一切煩惱今依數人明九十八使也若成實論人所解則異也

見諦惑欲界三十二使苦諦下具有十使集諦下有七使除身見邊見戒取滅諦下有七使亦除身見邊見戒取道諦下有八使但除身見邊見故欲界四行下合有三十二使

見諦惑色界二十八使苦諦下有九使除瞋集諦下有六使除瞋及除身見邊見戒取滅諦下有六使亦除瞋及身見邊見戒取道諦下有七使亦除瞋使及身見邊見故色界四行下合有二十八使也

見諦惑無色界二十八使苦諦下有九使集諦下有六使滅諦下有六使道諦下有七使若取若除皆如色界中分別故無色界四行下合二十八使合三界四諦下有八十八使並是能鄣見諦之惑爲須陀洹見道之所斷也分別使相略說並如前十使章門辨也

思惟惑欲界四使一貪使二瞋使三癡使四慢使

此使從斯陀含向入修道斷乃至阿那含果九品方盡

思惟惑色界三使（一貪使二癡使三慢使）

此三使並是阿羅漢向用修道智斷也

思惟惑無色界三使（一貪使二癡使三慢使）

故三界思惟惑合有十使足前見諦合爲九十八使但此三使亦是阿羅漢向斷至果方盡也

次此應廣出諸煩惱科目所謂三漏四流四縛八邪八倒九結九惱十纏乃至五百煩惱八萬四千諸塵勞門及恒沙等數煩惱皆從見愛九十八使離合而辨若具出科目（云云）今畧出數科足以顯教門明煩惱離合惑鄣潤生之法諸煩惱科目至第六卷中別當更隨要而出

十惡初門第十一

身有三惡（一殺生二偷盜三邪婬）口有四惡（一妄語二兩舌三惡口四綺語）意有三惡（一貪欲二瞋恚三邪見）

次諸煩惱結使而辨十惡者以煩惱既是惑亂之法能驅役行者心神乃令觸境顛倒若縱此惑情而起身口意者則動與理乖故於三業所起備有十惡也通名惡者惡以乖理爲義此十並是乖理而起故名爲惡亦名十不善道以其能通苦報故非善道也

一殺生（斷一切衆生命故名爲殺生）二偷盜（盜取他財物故名爲偷盜）三邪婬（於非妻妾而行婬欲事故名邪婬）四妄語（以言誑他故名妄語）五兩舌（構鬬之言間他令致得失分乖名爲兩舌）六惡口（惡言加彼令他受惱名爲惡口）七綺語（綺側語辭言乖道理名爲綺語）八貪欲（引取順情塵境心無厭足名爲貪欲）九瞋恚（若對違境心生忿怒名爲瞋恚）十邪見（撥正因果併信求福皆名邪見）

次此應出四重五逆七逆謗方等經用僧鬘物作闡提行十六惡律儀等諸輕重惡業科目皆從十惡中離合分別而說者今欲論諸入道要門具出（云云）至後第六卷中別當更出

十善初門第十二

身三種善（一不殺生二不偷盜三不邪婬）口四種善（一不妄語二不兩舌三不惡口四不綺語）意三種善（一不貪欲二不瞋恚三不邪見）

次十惡而辨十善者若人能知惡是乖理之行故現在將來由斯招苦則必須息惡行善可以來世永致清升之樂果是以次十惡而明十善也但十善有二種一止二行止則但止前惡不惱於他行則修行勝德利安一切此二通稱善者善以順理爲義息倒歸眞故云順理止則息於重倒之惡行則漸歸勝道之善故止行二種皆名爲善或加以道名以能通至樂果也

一不殺生（即是止善止前殺生之惡行善者當行放生之善也）二不偷盜（即是止善止前盜他財物之惡行善者當行布施之善）三不邪婬（即是止善止前於非妻妾婬欲之惡行善者當行恭敬之善）四不妄語（即是止善止前虛言誑他之惡行善者當行實語之善也）五不兩舌（即是止善止前構鬬兩邊之惡行善者當行和合之善）六不惡口（即是止善止前惡言加人之惡行善者當行軟語之善）七不綺語（即是止善止前綺側乖理之惡語行善者當行有義語饒益之善）八不貪欲（即是止善止前引取無厭之惡行善者當行不淨觀觀諸六塵皆欺誑不淨之觀行善）九不瞋恚（即是止善止前忿怒之惡行善者當行慈忍之善）十不邪見（即是止善止前撥正因果僻信邪心之惡行善者當行正信歸心正道生智慧之善心）

三歸戒初門第十三（一歸佛二歸法三歸僧）

次十善而辨三歸者如來未興於世爾時已有十善之化是爲世間舊善豈有三寶之可歸大聖初成正覺方因提謂長者開授三歸之戒翻邪歸正以爲入聖之根本三乘行者歸宗進行此爲初首也三歸之用正破三邪

濟三塗接三乘出三有佛法以此三歸爲本通發一切戒品及諸出世善法豈同十善之舊法耶問曰十二門禪亦是舊法今何故不三歸前說答曰若依說教時節實如所問但今欲次論修行戒定之次則不得爾今次三歸之下備出諸戒科目並同此意

一歸依佛佛陀秦言覺者自覺覺他故名爲佛歸者以反還爲義反邪師還事正師故名歸依者憑也憑心靈覺得出三塗及三界生死也故經云歸依於佛者終不更歸依其餘諸外天神也

二歸依法達磨秦言法法云可軌大聖所說若教若理可爲心軌故言法也歸者反邪法還修正法故名歸依者憑佛所說法得出三塗及三界生死故經云歸依於法者永離於殺害

三歸依僧僧伽秦言衆衆名和合出家三乘行者心與佛所說事理法合故名爲僧歸者反九十五種邪行之侶歸心出家三乘正行之伴故名歸依者憑心出家三乘正行伴得出三塗及三界生死故經云歸依於僧者永不復更歸依其餘諸外道也

五戒初門第十四一不殺生戒二不偷盜戒三不邪婬戒四不妄語戒五不飲酒戒

次三歸而辨五戒者大智度論云念佛如醫王念法如服藥念僧如瞻病人念戒如藥禁忌今所以次三歸而明諸戒品意在此也故佛爲提謂等在家弟子受三歸已即授五戒爲優婆塞若在家佛弟子破此五戒則非清信士女故經云五戒者天下大禁忌若犯五戒在天則違五星在地則違五嶽在方則違五帝在身則違五藏如是等世間違犯無量若約出世犯五戒者則破五分法身一切佛法所以者何五戒是一切大小乘尸羅根本若犯五戒則不得更受大小乘戒也若能堅持即是五大施也此五通名戒者以防止爲義能防惡律儀無作之非止三業所起之惡故名防止

一不殺生戒云何名殺生若實知是衆生發心欲殺而奪其命起身業有作已是名殺罪若不作是事名不殺戒其餘繫閉鞭打等是殺方便非正罪

二不偷盜戒云何名盜知他物生盜心取物去離本處物屬我是名盜若不作是事名不偷盜戒其餘計校乃至手捉未離地等是盜方便非正罪

三不邪婬戒云何名邪婬若女人爲父母兄弟姊妹夫主兒子世間法王法守護若出家戒法護乃至自婦受一日戒法若有娠乳兒及非道處如是犯者名爲邪婬若不作是事名不邪婬戒其餘言戲以物相要乃至捉手觸身未逯婬事皆爲邪婬方便非正罪

四不妄語戒云何名妄語不淨心欲誑他隱覆實事出興語生口業是名妄語若不作是事名不妄語戒妄語之罪從言聲相解生若不相解譯不實語皆是妄語方便不謂正罪

五不飲酒戒云何名酒酒有三種一者穀酒二者果酒三者藥酒若乾若溼若濁若清如是等能令人心動放逸起三十六失若不飲者是名不飲酒戒也

次此應明在家優婆塞優婆夷一日一夜八戒出家沙彌沙彌尼十戒式叉摩那尼六法戒比丘比丘尼十種得戒五篇七聚相乃至菩薩十重四十八輕戒及三千威儀八萬律儀是中皆應次第略出科目辨大聖從麤至細制戒之意事轉繁多具列云云今欲且逐要出諸禪定智慧法門科目次第此諸戒中事數至下第六卷別更隨要者出之

四禪初門第十五一初禪二二禪三三禪四四禪

今次諸戒品而辨四禪者上所明戒相雖復麤細有殊終是同防欲界身口外惡既未除細亂豈能超出欲界之境若自尸羅皎潔志在禪門專修五法五法在下別出科目則色界清淨四大自現身中緣是以次第獲得根本四禪種種勝妙支林功德爾乃因超欲網果居色界通名禪者禪是西土之音此翻棄惡能棄欲界五蓋等一切諸惡故云棄惡或翻功德叢林或翻思惟修今不具釋而言根本者以無

量心背捨勝處一切處神通變化及無漏觀慧等種種諸禪三昧悉從四禪中出故稱根本

初禪有五支　一覺支二觀支三喜支四樂支五一心支

一覺支　初心在緣名為覺行者依未到地發初禪色界清淨色法觸欲界身根心大驚悟爾時即生身識覺此色觸未曾有功德利益故名覺支

二觀支　細心分別名為觀行者既證初禪功德即以細心分別此禪定中色法諸妙功德境界分明無諸蓋覆如是等功德欲界之所未有故名觀支

三喜支　欣慶之心名之為喜行者初發禪時乃有喜生但分別未了故喜心未成若觀心分別所捨欲界之樂甚少今獲得初禪利益甚多如是思惟已則歡喜無量故名喜支

四樂支　怡悅之心名為樂行者發初禪時乃即有樂但分別喜動踊心息則恬然靜慮受於樂爾怡悅之安快故名樂支

五一心支　心與定法一故名曰一心行者初證禪時乃即著定而心猶依覺觀喜樂之法故有細微之散若受喜樂心自然與定法一故名一心支

二禪有四支　一內淨支二喜支三樂支四一心支

一內淨支　心無覺觀之渾濁故名內淨行者欲離初禪時種種訶責覺觀覺觀既滅則心內靜心與靜色法相應豁爾明淨故名內淨支也

二喜支　欣慶之心名之為喜行者初得內淨時即與喜俱發而喜心未成次心自慶得免覺觀之患獲得勝定內淨之喜歡喜無量故名為喜支

三樂支　怡悅之心名之為樂行者喜踊之情既息則恬然靜應受於內淨喜中之悅樂故名為樂支也

四一心支　心與定法一謂之一心行者受樂心息則心與定一澄渟不動故名為一心支

三禪有五支　一捨支二念支三慧支四樂支五一心支

一捨支　離喜不悔此心名捨行者欲離二禪時種種因緣訶責於喜喜既滅謝三禪即發若證三禪之樂則捨二禪之喜不生悔心故名為捨亦名三禪樂初生時是樂三界第一能生心著心著則禪壞故須行捨

二念支　念名愛念行者既發三禪之樂樂從內起應須愛念將息則樂得增長乃至徧身如慈母念子愛念將養故名念支

三慧支　解知之心名慧行者既發三禪之樂此樂微妙難得增長徧身若非善巧之解慧則不能方便長養此樂得徧身

四樂支　怡悅之心名之為樂行者發三禪樂已若能善用捨念慧將護此樂樂既樂過則增長徧身怡悅受樂安快三禪之樂三禪為最樂若離三禪餘地更無徧身之樂也

五一心支　心與定法一名曰一心行者受樂心息則心自與定法一澄渟不動名一心支

四禪四支　一不苦不樂支二捨支三念支四一心支

一不苦不樂支　中庸之心不苦不樂行者欲離三禪時種種因緣訶責於樂樂既謝滅則不動之定與捨俱發故內心湛然不苦不樂也

二捨支　離樂不悔此心名捨行者既得第四禪不動具定則捨三禪難捨之樂不生悔心故名捨支亦云證捨四禪不動定時不應取定起動念心若心行捨則樂動念之乘也

三念清淨支　念者愛念也行者既得四禪真定當念下地之過念自功德方便將護令不退失進入勝品故名為念念亦云是四禪中有不動照了正一心分明故名念支

四一心支　心與定法一名一心支行者既得四禪捨俱之定捨念將息則心無所依泯然凝寂一心在定猶如明鏡不動淨水無波湛然而照萬像皆現何故此四禪中獨名不動定也初禪覺觀動二禪喜所動三禪樂所動是四禪中先離憂喜今復除苦樂故名真定也三界勝定無復過此若三乘行人善巧照了分明則因此定發真無漏有漏外道無慧方便入此定時不壞身色直滅其心入無想定謂為涅槃是為邪倒非涅槃也從初禪而四禪有十八法皆名支者支派也從四禪中分派出十八功德故名支也

四無量心初門第十六　一慈無量心二悲無量心三喜無量心四捨無量心

次四禪而辨四無量心者四禪但是自證禪定功德而未有利他之功故樂大功德者當憐愍一切眾生修慈悲喜捨四無量定此四通名無量心者從境以得名以所緣眾生無量故能緣之心亦隨境無量故悉受量心名

一慈無量心　能與他樂之心名之為慈若行者於禪定中念眾生令得樂時心數法中生定名為慈定是慈相應心無瞋無恨無怨無惱善修得解廣大無量徧滿十方名慈無量心

二悲無量心　能拔他苦之心名之為悲若行者於禪定中念受苦眾生令得解脫時心數法中生定名為悲定是悲相應心無瞋無恨無怨無惱善修得解廣大無量徧滿十方是為悲無量心也

三喜無量心　慶他得樂生歡悅心名之為喜若行者於禪定中念眾生令離苦得樂歡喜時心數法中生定名為喜定是喜相應心無瞋無恨無怨無惱善修得解廣大無量徧滿十方是為喜無量心

四捨無量心　若緣於他無憎無愛之心名之為捨行者於禪定中念眾生悉念同得無憎無愛如證涅槃寂然清淨如是念時心數法中生定名為捨定是捨相應心無瞋無恨無怨無惱善修得解廣大無量徧滿十方是為捨無量心

四空定初門第十七 一虛空處定 二識處定 三無所有處定 四非有想非無想處定

次無量心而辨四空處定者，四無量心中雖有大功德，而未免形質之患累，若行人厭色如牢獄者，則心心樂欲出離色籠，故次無量以明四空處定。通言空者，此四定體無形色，故名為空。各依所證之境為處，境法持心，心無分散，故名定也。

一空處定 若滅三種色，緣空而入定者，名空處定。行者厭患色如牢獄，心欲出離，即修觀智破於色，故過一切色相，滅有對相，不念種種相，入無邊虛空處，心與虛空之法相應，是為虛空處定。

二識處定 若捨空緣識而入定者，名識處定。行者厭患虛空，虛空無邊，緣多則散，能破於定，即捨虛空，轉心緣識，心與識法相應，名為識處定。

三無所有處定 若捨識處，心依無所有法而入定者，名無所有處定。行者厭患於識，三世之識無邊，緣多則散，能破於定，故捨緣識，轉心依無所有法，心與無所有法相應，名為無所有處定。有人解云：捨多識取少識緣之入定，名無所有處定也。

四非有想非無想定 若捨二邊之想而入定者，名非有想非無想定。行者厭患無所有處想如癡，有想處如癰如瘡，更有定名非有想非無想處，即捨無所有處緣念非有非無想之法，心與非有非無想法相應，是為非有想非無想處定。亦云凡夫外道得此定，謂證涅槃，斷一切想，故言非有想；佛弟子如實知有細想，依四衆而住，故云非無想。得失合而立名，故云非有想非無想處定。累明三界十二門禪，極在於此也。

六妙門初門第十八 一數 二隨 三止 四觀 五還 六淨

次四空定而辨六妙門者，前來所明禪定，雖復深遠，而並是世間舊法，從初至後，厭下攀上，地地之中，都未有觀慧照了出世方便，故凡夫外道修得此十二門禪，不能發真悟道。是以生死無絕，意在此也。今之六法，前三是定，後三是慧，定愛慧察，能發真明，出離生死，豈同上也。此六通言妙門者，涅槃為妙，門謂能通。六法次第相通，能至真妙泥洹，故云妙門。一家所明有十種六妙門，今但略出次第相生一科。六門以為次者，此六門既是亦有漏亦無漏禪，於餘亦有漏亦無漏禪中淺而且麤，故以為次也。

一數息門 攝心在息，從一至十，名之為數。行者為修無漏真法，先須調心入定。欲界麤散難攝，非數不治，故須善調身息，從一至十，則麤亂靜息，心神停住，是為入定之要，故以數息為妙門也。

二隨息門 細心依息，知入知出，故曰為隨。行者雖因數息心住，而禪定未發，若猶存數，則心有起念之失，故須放數修隨，心依於息，入時知入，出時知出，長短冷暖，皆悉知之。若心安明淨，因是則諸禪自發，故以隨為門也。

三止門 息心靜慮，名之為止。行者雖因隨息心安明淨，而定猶未發，若心依隨，則微有起想之亂，澄渟安隱，莫若於止，故捨隨修止。是中多用凝心止也。凝心寂慮，心無波動，則諸禪定自然開發，故以止為門。

四觀門 分別推析之心，名為觀。行者雖因止證諸禪定，而解慧未發，若住定心，則有無明味著之乖，故須推尋檢析所證禪定，身中多用實觀四念處也。若觀心分明，則知五衆虛誑，破四顛倒及我等十六知見顛倒，既無無漏方便因此開發，故以觀為門。

五還門 轉心反照，名之為還。行者雖修觀照，而真明未發，若計有我能觀析破於顛倒，則計我之惑還附觀而生，同於外道，故云是諸外道計著觀空智慧，不得解脫。若覺此患，即當轉心反照能觀之心，若知能觀之心虛誑無實，即附觀執我之倒自亡，因是無漏方便自然而朗，故以還為門。

六淨門 心無所依，妄波不起，名之為淨。行者修還之時，雖能破觀之倒，若真明未發，而住無能所，即是受念，故今心智穢濁。覺知此已，不住不著，泯然清淨，因此真明開發，即斷三界結使，證三乘道，故云其清淨得一心者，則萬邪滅矣。以淨為門，意在此也。

十六特勝初門第十九 一知息入 二知息出 三知息長短 四知息徧身 五除諸身行 六受喜 七受樂 八受諸心行 九心作喜 十心作攝 十一心作解脫 十二觀無常 十三觀出散 十四觀離欲 十五觀滅 十六觀棄捨

次六妙門而辨十六特勝者，此二種禪定大意雖同，而六妙門一往豎淺橫廣，十六特勝則豎長橫局，長則位遠難窮，次後而明也。皆稱特勝者，解釋別有因緣，事具出云云。但此禪始從調心，終至非想，地地皆有觀照，能發無漏，而無厭惡自害之失，故受特勝之名。諸師

多以此十六對四念處觀若作此釋則進退約位但與六妙門齊分別二種對特勝之相竪橫不同畧如下辨適取意用之

一知息入修習特勝之初正依隨息故以知息入爲門即代初數息調心之法所以然者數息則闇心而數故觀慧不明今知息入則照息分明故解慧易發是以用知息入爲調心法也若將十六特勝橫對四念處者從知息入去有五特勝並屬身念處觀

二知息出修特勝者當以此知息出代數息初調心之法也意如前釋若對念處猶屬身念處觀也

三知息長短修特勝者攝觀以調心心既靜細則照了漸明若得麤住細住及欲界定定中暗都薄即便覺息入出長短之相也若對念處猶屬身念處觀也

四知息徧身修特勝者從欲界定與觀相扶入未到地故證未到地定時即覺身及定法悉皆虛假息之入出徧身微微如有如無既於定中照了分明淡著心薄也若對念處猶屬身念處也

五除諸身行修特勝者從未到地欲入初禪時常應觀析因此若發初禪覺觀之法則身心豁然開朗如明眼人開倉即自了了見倉中所有分別所證境界皆虛假空無人我既無人我誰作諸事誰受禪定是則顚倒所起身業皆悉壞滅故云除諸身行若對念處齊此猶屬身念處觀

六受喜修特勝者既常與觀慧相應若證初禪喜支即能照了因是喜生無過故云受喜若對念處從此有三特勝並屬受念處觀

七受樂修特勝者既常與觀慧相應若證初禪得樂支時即能覺了便於樂支不起見著以無所受而受樂觸故云受樂若對念處猶屬受念處觀

八受諸心行修特勝者既常與觀慧相扶若證初禪一心支時即能照了一心不起顚倒於一心中獲得正受故示受諸心行若對念處齊此猶屬受念處觀也

九心作喜修特勝者離初禪入二禪時常自照了因是若發二禪內淨喜則眞喜從觀慧而生故名心作喜若對念處從此有三特勝並屬心念處觀也

十心作攝修特勝者既因觀慧得二禪一心支即照了一心因是倒想不起故云心作攝也若對念處猶屬心念處觀

十一心作解脫修特勝者離二禪入三禪常有觀照是故若發三禪即能照了雖得妙樂心不耽著無累自在故云心作解脫若對念處齊此猶屬心念處觀

十二觀無常修特勝者離三禪入四禪時常修觀照是故若發四禪不動定時即自觀達定中心識虛誑念念生滅故云觀無常也若對念處從此有五特勝皆屬法念處觀

十三觀出散修特勝者從四禪入虛空處時加修觀智內外照了是故若證空定之時即知能離色界緣空之識自在遍散而虛誑不實心不愛著故云觀出散若對念處猶屬法念處觀

十四觀離欲修特勝者離虛空處定入識處時常以觀慧內自推檢欲離虛空處離欲之心是故發識處定即能觀達識定虛誑不實心不愛著故云觀離欲若對念處猶屬法念處觀

十五觀滅修特勝者離識處入無所有時以智照了所修之境能修之心是故若發無所有處定即自觀達無所有處虛誑不實心不住著故云觀滅若對念處猶屬法念處觀

十六觀棄捨修特勝者離無所有修非有想非無想定時即自以智觀察所修之法能修之心是故若發非想定時即觀照分明知非想處兩捨之定猶有細想四衆和合而有虛誑不實非是涅槃安樂眞法則心不愛著特勝行者若於是地修觀照了則地地之中顚倒不起心不染著隨其因緣會處即於是地發眞無漏證三乘道畧辨特勝竟言少則意難見讀者必須細心比類今知地地之中與根本禪四空證定一往雖同而觀慧有別也

通明禪初門第二十

初禪二禪三禪四禪虛空處識處少處非有想非無想處滅受想定

次十六特勝而辨通明禪此禪豎深橫細定觀精巧過於特勝故次後辨之而不次九想背捨後辨者此禪雖是實觀深細而未具無漏得解廣大對治之用於破煩惱義劣故不次背捨等安之亦以非其氣類今次十六之後正應從容得所也言通明者辨此禪相具出大集經中但經不別出名目而北國諸禪師坐證此法者欲以教人必須標名傳世若用根本禪說雖定名一往相似而行相逈異還用此名說者行人便作常解則大乖其妙若安十六特勝觀法雖小相似而名目都不相關若對背捨勝處等名之與觀條然併異既進退並不同餘禪豈可用餘禪名說故別爲立自名名曰通明所言通明者修此禪時必須三事通觀故云通明亦以能發六通三明故云通明但此禪境界繁多非可傳述今止列大集經中所出科目示知有此一法門異常所傳禪也

初禪六支大集經云言初禪者亦名爲具亦名爲離離者謂離五蓋具者謂具足五支言五支者覺觀喜樂安定一覺支者云何名覺如心覺大覺思惟大思惟觀於心性是名覺云何名觀心行大行遍行隨喜是名爲觀云何名喜如眞實知大知小心動其心是名爲喜云何名爲樂行於此法心悅受於樂觸是名爲樂云何名爲安謂心安身安受於樂觸是名爲安云何名爲定謂若心住大住不亂於緣不謬無有顚倒是名爲住

二禪三支大集經云言二禪者亦名爲離亦名爲具離者同離五蓋具者具足三支謂喜安定也

三禪五支大集經云言三禪者亦名爲離亦名爲具離者謂離五蓋具者具足五支謂念捨慧安定

四禪四支大集經云言四禪者亦名爲離亦名爲具離者同離五蓋具者具足四支謂念捨不苦不樂定

空處定大集經云若有比丘觀身厭患遠離身相一切身觸苦觸樂觸分別色相遠離色陰觀無量空處是名比丘得空處定也

識處定大集經云若有比丘修奢摩他毗婆舍那觀心意識自知此身不受三受以得遠離是三種受是名比丘得識處定

少處定大集經云若有比丘觀三世空知一切行亦生亦滅空處識處亦生亦滅作是觀已次第觀識我今此識亦識非識若非識者名寂靜我云何求斷此識是名得少處定

非想定大集經云若有比丘有非想心作是思惟我今此想是苦是漏是瘡是癰是不寂靜若我能斷如是非想及非非想是名寂靜若有比丘能斷如是想非非想者是名獲得無想解脫門何以故法行比丘作是思惟若有受想若有識想若有觸想若有空想若有識想若非想非非想等皆名麤想我今若修無想無想三昧則能永斷如是等想是故見於非想非非想爲寂靜如是見已入非非想定已不受不著破無明破無明已名獲阿羅漢果爾三種定二道所斷後第四定終不可以世俗道斷凡夫於非想處雖離麤煩惱而亦有十種細法以其無麤煩惱故一切凡夫謂是涅槃凡夫者外道欝頭藍弗是也

滅盡定大集經云憍陳如若有比丘修習聖道厭離四禪四空處觀滅莊嚴之道而入滅盡定也

今此所述通明禪支並出大集經文是中未有一句私解讀者自具尋思

法界次第初門卷上

法界次第初門卷上

校勘記

一　底本，明永樂北藏本。本書金藏廣勝寺本見存，分三卷，今存中、下兩卷，卷上殘缺，以北藏本補之。

一　本書六十品目録分置於三卷卷首，每卷二十品，徑山藏分六卷，此六十品目集中置於首卷之前，各卷卷首不列。

一　七六四頁上一一行「卷上」，徑作「卷上之上」。

一　七六四頁上一三行第三、四字「初門」，南無。下至本頁中七行同。

一　七六四頁上一五行第七字「第」，南無。又本頁上一六行、本頁中三至七行等各行之「第」，同。

一　七六四頁上一六行「見愛」，南作「愛見」。

一　七六四頁上一八行夾註「亦名十使」，南無。

一　七六四頁中四行夾註「亦名四空定」，南無。

一　七六四頁中七行夾註「亦名通明禪」，南無。

一　七六四頁中七與八行間，徑有「法界次第初門卷上三上」，「陳隋國師智者大師撰」各一行。

一　七六七頁上四行註釋左第一五字「疑」，南作「教」。

一　七六七頁中一八行註釋右「三界」，南作「三戒」。

一　七六八頁下一四行註釋左「善心」，至此，徑卷上之上終，卷上之下始。

一　七七〇頁上八行註釋右末「之」，南、徑無。

一　七七〇頁中七行註釋左四「得」，南作「則」。

一　七七〇頁下二行註釋左第一三字「而」，南、徑作「至」。

一　七七〇頁下一〇行「悉受量心」，南作「受無量心」；徑作「悉受無量心」。

一　七七二頁中一一行註釋右「識處」，南作「觀處」。

一　七七二頁中一四行註釋右末「實」，南作「住」。

一　七七三頁中末行「卷上」，徑作「卷上之下」。

法界次第初門卷中　陳隋國師智者大師述

九想第二十一　八念第二十二　十想第二十三
八背捨二十四　八勝處二十五　十一切處二十六
十四變化二十七　六神通二十八　九次第定二十九
三三昧第三十　師子奮迅三十一　超越三昧三十二
四諦第三十三　十六行三十四　生法空三十五
三十七品三十六　三解脫門三十七　三無漏根三十八
十智第三十九　十二因緣第四十

九想初門第二十一　一脹想　二青瘀想　三壞想　四血塗漫想　五膿爛想　六噉想　七散想　八骨想　九燒想

次通明禪而辨九想者上所明禪雖有定慧但是實觀未有得解之觀則對治力弱從九想已去所明禪定悉有得解之觀於對治重煩惱病中力用為強如伐堅樹若用軟斧斷之不斷應更取強斧九想既是得解觀之初故次而辨之此九通名想者能轉心轉想故名為想所謂能轉不淨顛倒想故此九法皆言想也

一脹想 若觀人死屍胮脹如韋囊盛風異於本相是為脹想 二青瘀想 若觀死屍皮肉黃赤瘀黑青黭是為青瘀想 三壞想 若觀死屍風吹日曝轉大裂壞在地為壞想 四血塗漫想 若觀死屍處處膿血流溢汙穢塗漫是為血塗漫想 五膿爛想 若觀死屍蟲膿流出皮肉壞爛滂沲在地是為膿爛想 六噉想 若觀死屍蟲蛆唼食烏挑其眼狐狗咀嚼虎狼䶩裂是為噉想 七散想 若觀死屍禽獸分裂身形破散筋斷骨離頭手交橫是為散想 八骨想 若觀死屍皮肉已盡但見白骨筋連或分散狼藉如貝如珂是為骨想也 九燒想 若觀死屍為火所焚爆裂煙臭薪盡形滅同於灰土假令不燒亦歸磨滅是為燒想

八念初門第二十二　一念佛　二念法　三念僧　四念戒　五念捨　六念天　七念入出息　八念死

次九想而辨八念者為除恐怖也若修九想時思惟死屍可惡因此驚怖歘然毛豎及為惡魔惱亂憂懼轉增若存心八念恐怖即除故以為次也通言念者內心存憶之異名也專心存憶八種功德故名為八念非但能除世間驚怖若能善修亦除世間三界生死一切鄣難也

一念佛 若遭恐怖及眾鄣難之時應當念佛佛是多陁阿伽度阿羅訶三藐三佛陁神德無量如是念已恐怖鄣難即除 二念法 若有恐怖鄣難之時應當念法佛法巧出得今世果無熱惱不待時能到善處通達無礙是為念法 三念僧 念僧者僧是佛弟子眾具足五分法身中有四雙八輩三乘得果應受供養禮事世間無上福田是為念僧也 四念戒 念戒者戒是能遮諸惡安隱住處是中戒有三種所謂律儀戒定共戒道共戒律儀能除身口諸惡定共能遮煩惱惡覺道共能破無明得慧解脫是為念戒 五念捨 念捨者有二種一者捨施二者捨煩惱捨施捨能生大功德捨煩惱捨因此得智慧入涅槃是為念捨也 六念天 念天者謂四天王天乃至他化自在天復有四種天一名天二生天三淨天四生淨天如是等果報清淨剎安一切是為念天 七念阿那般那 念阿那般那者如十六特勝明出入息也如是念時能除心亂入於正道何況世間恐怖是為念阿那般那也 八念死 念死者有二種死一者自死二者他因緣死是二種死常隨此身無可避處是為念死

十想初門第二十三（一無常想　二苦想　三無我想　四食不淨想　五世間不可樂想　六死想　七不淨想　八斷想　九離想　十盡想）

次八念而辨十想者，大智度論云：九想如縛賊，十想如殺賊。若尒，即應次前九想而明。但為修九想時有恐怖等鄣，故須說八念。既得離諸恐怖，則心安無鄣，故次說十想也。通言想者，能轉心轉想也。能轉計常樂等諸顛倒等想，故名為想。前三想為斷見諦惑說，中四想為斷思惟惑說，後三想為修無學道者說。是以壞法之人修此十想，能斷三界結使，證無漏之聖果也。

一無常想（觀一切有為法無常智慧相應想，名無常想。一切有為法有二種：一者眾生，二者國土。是二皆新新生滅，故無常也。）

二苦想（觀一切有為法苦智慧相應想，名苦想。若有為法無常者，即是苦，常為三苦八苦之所遷逼，故名苦也。）

三無我想（觀一切法等無我智慧相應想，名無我想。若有為法悉是苦者，即無我，以無自在故，亦以苦從緣生，無有自性，無自性中我不可得也。）

四食不淨想（觀諸飲食不淨智慧相應想，名食不淨想。世間飲食皆從不淨因緣故有，如肉從精血水道中生，酥酪等皆亦[illegible]，觀之悉是不淨也。）

五世間不可樂想（觀一切世間不可樂智慧相應想，名為世間不可樂想。有二種世間：一者眾生，二者國土，有過惡無可樂也。）

六死想（觀死智慧相應想，名為死想。若一期果報常為二種死之所逐者，則出息不保入息也。）

七不淨想（觀自他身不淨智慧相應想，名為不淨想。若觀此身內有三十六物，外則九孔惡露常流，從生至終無一淨也。）

八斷想（觀涅槃離生死智慧相應想，名為斷想。行者思惟若涅槃清淨無煩惱者，當斷結使，證涅槃也。）

九離想（觀涅槃離生死智慧相應想，名為離想。行者思惟若涅槃清淨離生死者，當離生死，證涅槃也。）

十盡想（觀涅槃結使及生死盡智慧相應想，名為盡想。行者思惟若涅槃清淨結使及生死永盡，結使及生死業證涅槃也。）

八背捨初門第二十四（一內有色相外觀色　二內無色相外觀色　三淨背捨身作證　四虛空處背捨　五識處背捨　六無所有處背捨　七非有想非無想背捨　八滅受想背捨）

次十想而辨八背捨者，前九想十想既是壞法對治觀門，則橫局而豎短，對治定觀諸禪皆未具足。若證聖果，則無三明八解脫等諸大功德也。今欲具明一切無漏對治觀練熏修禪定，故次而辨之。若修此觀練諸禪定，證聖果時則成大力羅漢，具足六通三明及八解脫、願智、頂禪、無諍三昧等諸功德也。此八通名背捨者，大智度論云：背是淨潔五欲，捨是著心，故名背捨。若發真無漏慧，斷三界結業盡，即名解脫也。

一內有色相外觀色（內有色相者，不壞內色，不滅內色相也。外觀色者，不壞外色，不滅外色相，以是不淨心觀外色。所以然者，為修流光故，不應初背捨中壞滅內身骨人也。欲界結使難斷，故須以不淨心觀外色也。此初背捨位在初禪，能捨自地及下地，故名背捨。）

二內無色相外觀色（內無色相者，壞內色，滅內色相也。外觀色者，不壞外色，不滅外色相，以是不淨心觀外色。所以然者，行者為入二禪內淨故，壞滅內骨人。欲界結使難斷，故猶觀外不淨之相也。）

三淨背捨身作證（淨者緣淨，故名淨。行者除外不淨相，但於定中

練八色光明清淨皎潔猶如妙寶之色，故名緣淨。身作證者，以無受著心而受三禪中徧身樂，故名身作證也。）

四虛空處背捨（若滅根本四禪色及三背捨、四勝處、八一切處中色，一心緣無邊虛空而入定，即觀此定依陰入界，皆有無常苦空無我虛誑不實，心生猒背而不受著，深入一向不迴，是為虛空處背捨。）

五識處背捨（若捨虛空，一心緣識入定時，即觀此定依陰入界，故有無常苦空無我虛誑不實，心生猒背而不受著，深入一向不迴，是為五識處背捨。）

六無所有處背捨（若捨識，一心緣無所有入定時，即觀此定依陰入界，故有無常苦空無我虛誑不實，心生猒背而不受著，深入一向不迴，是為無所有處背捨也。）

七非有想非無想背捨（若捨無所有處，一心緣非有想非無想入定時，即觀此定依陰入界，故有無常苦空無我虛誑不實，心生猒背而不受著，深入一向不迴，是為非有想非無想背捨也。）

八滅受想背捨（背滅受想諸心心數法，是為滅受想背捨。所以者何？諸佛弟子患猒散亂心，欲入定休息，以涅槃法安著身中，故云身證，即想受滅也。）

八勝處初門第二十五（一內有色相外觀色少若好若醜是名勝知勝見　二內有色相外觀色多若好若醜是名勝知勝見　三內無色相外觀色少亦尒　四內無色相外觀色多亦尒　五青勝處　六黃勝處　七赤勝處　八白勝處）

次八背捨而辨八勝處者，背捨雖能有背捨淨潔五欲之用，既是初觀，於緣中轉變未得自在，隨心若欲得觀心純熟，轉變自在，必須進修勝處觀也，故次而明之。故大智度論作譬云：如人乘馬能破前陣，亦能自制其馬，故名勝處也。亦名八除入。

一內有色相外觀色少若好若醜是名勝知勝見（內有色相外觀色少，初背捨而言少者，緣少故名少。若觀道未增，故須觀少，因緣觀多畏難攝持。若不得隨心，若觀少好醜法中不淨轉變自在，通達無礙，心無取捨，不起愛憎，是名勝知勝見也。）

二內有色相外觀色多若好若醜是名勝知勝見 內有色相外觀色如初背捨而言多者觀多因緣故名多觀心狹調則觀多無妨故言多若於多好醜不淨境中轉變自在通達無礙心無取捨不起愛憎是名勝知勝見也

三內無色相外觀色少若好若醜是名勝知勝見 內無色相如二背捨外觀色少若好若醜等皆如初勝處也

四內無色相外觀色多若好若醜是名勝知勝見 內無色相如二背捨外觀色多若好若醜等皆如二勝處也

五青勝處 若觀青色轉變自在少能多多能少光色照曜勝於背捨所見青相亦不起法愛是名青勝處也 六黃勝處 類如青勝處中分別 七赤勝處 類如青勝處中分別 八白勝處 亦類如青勝處中分別今用四色爲勝處依大智論也若瓔珞經中則以四大爲四勝處也

十一切處初門第二十六 一青一切處 二黃一切處 三赤一切處 四白一切處 五地一切處 六水一切處 七火一切處 八風一切處 九空一切處 十識一切處

次八勝處而辨十一切處者勝處雖能少觀中轉變自在而未普徧今十一切處所觀普徧是以次而明之故大智度論云背捨爲初門勝處爲中行一切處爲成就也三種觀足即是觀禪體成就通稱一切處者皆從所觀境徧滿得名也亦名十一切入

一青一切處 還取前背捨勝處中少青色使徧一切處皆青也 二黃一切處 還取前背捨勝處中少黃色使徧一切處皆黃也 三赤一切處 還取前背捨勝處中少赤色使徧一切處皆赤也 四白一切處 還取前背捨勝處中少白色使一切處皆白也

五地一切處 還取前背捨勝處中少地色使一切處皆地色 六水一切處 還取前背捨勝處中少水色使一切處皆水色也 七火一切處 還取前背捨勝處中少火色使一切處皆火色也 八風一切處 還取前背捨勝處中少風色使一切處皆風色 九空一切處 還入前虛空背捨定使一切處皆空也 十識一切處 還入前識處背捨使一切處皆有識也

十四變化初門第二十七 初禪二變化 二禪三變化 三禪四變化 四禪五變化 合十四變化

次十一切處而辨十四變化者上所明觀禪正體雖備猶未辨其功用今欲學六通之用必須先脩變化心也通言變化者能使無而欻有有而欻無故名爲變化也

一初禪二變化 一初禪初禪化能變化自地也二初禪欲界化能變化下欲界地

二禪三變化 一二禪二禪化能變化自地也二二禪初禪化能變化下初禪地也三二禪欲界化能變化下欲界地也

三禪四變化 一三禪三禪化能變化自地也二三禪二禪化能變化下二禪地也三三禪初禪化能變化下初禪地也四三禪欲界化能變化下欲界地也

四禪五變化 一四禪四禪化能變化自地也二四禪三禪化能變化下三禪地也三四禪二禪化能變化下二禪地也四四禪初禪化能變化下初禪地也五四禪欲界化能變化下欲界地也

六神通初門第二十八 一天眼通 二天耳通 三知他心通 四宿命通 五身如意通 六漏盡通

次變化而辨六神通者此有二意不同若依報得神通得神通方能變化若是脩得神通則先脩變化方得神通今此既約脩得次第故次變化而辨神通此皆名通者瓔珞經云神名天心通名慧性天然之慧徹照無礙故名神通

一天眼通 脩天眼者若於深禪定中發得色界四大清淨造色住眼根中即能見六道衆生死此生彼及見一切世間種種形色是爲天眼通

二天耳通 脩天耳者若於深禪定中發得色界四大情淨造色住耳根中即能聞六道衆生語言及世間種種音聲是爲天耳通

三知他心通 脩他心智者若於深禪定中發他心智即能知六道衆生心及數法種種所緣念事是爲他心通

四宿命通 脩宿命通者若於深禪定中發宿命智即能知自過去一世二世百千萬世乃至八萬大劫宿命及所行之事亦能知六道衆生所有宿命及所作之事是爲宿命智也

五身如意通 脩身通者若於深禪定中發得身通有二種一者飛行遠到山鄣無礙二能轉變自身他身及世間所有隨心自在是爲身如意通

六漏盡通 脩漏盡通者若於深禪定中發見思眞智則三漏永盡是爲漏盡神通也

九次第定初門第二十九 一初禪 二二禪 三三禪 四四禪 五空處 六識處 七無所有處 八非有想非無想處 九滅受想次第定

次六通而辨九次第定者上所明禪雖體用具足而並是觀禪未明練熟調柔之相今欲修練觀禪體用令純熟入體及起時心無間念故次明也通言次第定者若入禪時深心智慧深利能從一禪入一禪心心相續無異念間雜故名次第定也

初禪次第定 離諸欲惡不善法有覺有觀離生喜樂入初禪定時是中初禪定觀齊自識其心其心次第而入無有剎那雜念間入初禪定是爲初禪次第定

二禪次第定若從初禪入二禪時是中二禪定均齊自識其心其心次第而入無有刹那雜念間入二禪定是爲二禪次第定三禪次第定意類如初禪二禪中明四禪次第定意亦類如初禪二禪中明五虛空處次第定意亦類同初禪二禪中明六識處次第定意亦類如初禪二禪中明七無所有處次第定意亦類同初禪二禪中明八非有想非無想處次第定意亦類同初禪二禪中明九滅受想次第定若從非有想非無想入滅受想定時於是定前自識其心要期心刹心心次第而入無有刹那雜念間入滅受想定是爲滅受想次第定也

三三昧初門第三十一有覺有觀三昧 二無覺有觀三昧 三無覺無觀三昧

次九次第定而辨三三昧者九次第定體乃即是三三昧但有離合名數多少不同制立有異其意云云所以者何九次第定通緣諸禪自無別體三三昧亦介故知體無異法而無定名九定名數雖多不取中間三昧名數雖少而通中間合取九定一往從諸禪理事以得名三昧一往從諸禪事理而受稱是爲小異故次九定以明三三昧也通言三昧者三摩提秦言正心行處是心從無始已來常曲不端得是直故故名三昧

一有覺有觀三昧若以空無相無作相應心入諸定觀初禪及方便中則一切覺觀俱禪皆悉正直故名有覺有觀三昧 二無覺有觀三昧若以空無相無作相應心入諸定觀中間禪則一切無覺有觀禪皆悉正直故名無覺有觀三昧 三無覺無觀三昧若以空無相無作相應心入諸定觀無覺無觀禪中則從二禪乃至滅受想定一切定觀諸無覺無觀皆悉正直故名無覺無觀三昧也

師子奮迅三昧初門第三十一有二種師子奮迅三昧 一奮迅入 二奮迅出

次三三昧而辨師子奮迅三昧者大品經中佛自誠言菩薩依九次第定入師子奮迅三昧三三昧與九定法相既同故次三三昧而明於義無乖也所言師子奮迅者借譬以顯法也如世師子奮迅爲二事故一爲奮却塵土二能前走却走捷疾異於諸獸此三昧亦介一則奮除鄣定細微無知之惑二能入出捷疾無間異上所得諸禪定也故名師子奮迅三昧

一入禪奮迅師子奮迅入三昧者離欲惡不善法有覺有觀入初禪如是次第入二禪三禪四禪空處識處無所有處非有想非無想處滅受想定是爲奮迅入也 二出禪奮迅師子奮迅出者從滅受想定起還入非有想非無想非有想非無想處起還入無所有處如是識處空處四三二初禪乃至出散心中是爲奮迅出

超越三昧初門第三十二一超入 二超出

次師子奮迅而辨超越者大品經佛自誠言菩薩依師子奮迅三昧入超越三昧所以名超越者能超過諸地自在入出故名超越

一超入三昧云何名超入三昧離諸欲惡不善法有覺有觀離生喜樂入初禪從初禪起入非有想非無想處非有想非無想處起入滅受想定起還入初禪從初禪起入滅受想定滅受想定起入二禪二禪起入滅受想定滅受想定起入三禪三禪起入滅受想定滅受想定起入四禪四禪起入滅受想定滅受想定起入空處空處起入滅受想定滅受想定起入識處識處起入滅受想定滅受想定起入不用處不用處起入滅受想定滅受想定起入非有想非無想處非有想非無想處起入滅受想定是爲諸佛菩薩超入三昧相若聲聞人但能超入一而不能超二必能如上所明自在超也是中明超入有三種一順入超二逆入超三順逆入超也細心約義自作可解 二超出三昧云何名超出三昧從滅受想起入散心中散心中起入滅受想定滅受想定起還住散心中散心中起入非有想非無想處非有想非無想處起住散心中散心中起入無所有處無所有處起住散心中散心中起入識處識處起住散心中散心中起入空處空處起住散心中散心中起入四禪四禪起住散心中散心中起入三禪三禪起住散心中散心中起入二禪二禪起住散心中散心中起入初禪初禪起住散心中是爲諸佛菩薩超出三昧之相若聲聞人超出但能超一禪出而不能超二何況能自在超出也是中超出有三種一順超出二逆超出三順逆超出是前三種超入合爲六種超越三昧如來於此六三昧而入涅槃也齊此明三乘行行共禪竟也

四諦初門第三十三一苦諦 二集諦 三滅諦 四道諦

次超越而辨四諦者但上來所說諸無漏禪中乃禪禪悉有四諦觀慧彼既明禪相則隱理顯事從事以立名是以雖有四諦觀法而不從諦得名如囊中有寶不探示人人無見者是以今更次諸禪後明四諦等八科慧行法門此四通言諦者諦以審實爲義此四諦法門正爲聲聞人從聞生解故必須藉教詮理

今明教理不虛故云審實也若由因感果則應先因而後果今悉先果而後因者教門引物爲便故皆先果而後因也

一苦諦 苦以逼惱爲義一切有爲心行常爲無常患累之所逼惱故名爲苦苦有三種一苦苦二壞苦三行苦今明三苦有別有通別者三苦即別對三受苦受從苦緣生情覺是苦即苦苦也樂受樂壞時生苦即是壞苦不苦不樂受常爲無常遷動即是行苦也若通論三苦則三受通有三苦也所以然者三受之心即是苦通從緣生故通是苦苦三受之心通爲壞相所壞故通是壞苦也三受之心通是起役遲動不停之相故通是行苦也若三受心若別若通無非是苦者當知苦是審實而有故名諦也

二集諦 集以招聚爲義若心與結業相應未來定能招聚生死之苦故名爲集集有三種業攝一切業一不善業即十不善也二善業即十善也三不動業即十二門禪也具如前辨煩惱者二種煩惱攝一切煩惱一屬愛煩惱二屬見煩惱是二煩惱出一切三毒五蓋十使九十八煩惱等皆如前辨若此煩惱與前業合則未來定能招聚三界死生苦果即是集諦也

三滅諦 滅以滅無爲義結業既盡則無生死之患累故名爲滅若發見思無漏真明具三十四心斷結者則三界九十八使皆滅以煩惱結使滅故三界業亦滅若三界業煩惱滅者即是滅諦有餘涅槃也因滅故果滅捨此報身時後世苦果永不相續名入無餘涅槃真滅度也滅理不虛故名爲諦

四道諦 道以能通爲義正道及助道是二相扶能通至涅槃故名爲道正道者實觀三十七品三解脫門緣理慧行名爲正道次下當出科目助道者得解觀中種種諸對治法及諸禪定皆是助道具如上出復次正道者謂見諦八忍八智十六心思惟九無礙九解脫十八心真無漏慧名爲正道其餘方便對治諸禪三昧及三十七品三解脫等皆是助道此二道相扶能通涅槃審實不虛即名道諦也

十六行初門第三十四

苦諦下四行 一無常 二苦 三空 四無我

集諦下四行 一集 二因 三緣 四生

滅諦下四行 一盡 二滅 三妙 四離

道諦下四行 一道 二正 三跡 四乘

次四諦而辨十六行者還離四諦開爲十六行也但教門既有揔別之殊故諦有離合之異欲使修觀之者取理無謬故次於四諦之下各以四行分別則審實之義意乃愈明通加以行名者行以往趣爲義修此十六觀法能趣四實之理故名行也或時從理得名即十六諦也

苦諦下四行 一無常行者觀五受陰因緣生新新生滅故無常也二苦行者觀五受陰若無常即是苦爲無常之所逼也三空行者觀五受陰一相異相無故空即是空四無我者觀五受陰中我我所法不可得故無相是爲無我行也

集諦下四行 一集行者觀煩惱有漏累和合衆招苦果故名集行二因行者觀六因生苦果故名因行三緣行者觀四緣生苦果故名緣行四生行者還受後有五陰故名生行

滅諦下四行 一盡行者觀涅槃種種苦盡故名盡二滅行者觀涅槃諸煩惱火滅故名滅三妙行者涅槃一切中第一故名妙四出行者觀涅槃離世間生死法故名爲出也

道諦下四行 一道行者觀五不受陰三十七品等道能通至涅槃名道二正行者觀五不受陰三十七品等道非顛倒法故名正三跡行者觀三十七品等道是一切聖人去處故名跡四乘行者觀三十七品等道能運行人必至三解脫愛見等煩惱不能遮故名乘

生法二空初門第三十五

一衆生空 二法空

次四諦十六行而辨生法二空者正明聲聞之人雖云通於三藏教門入道而三藏教門既有二空不同故知修四諦十六行者亦應有別是以毗曇見有得道成實證空成聖此皆約二空教門有斯之異也今爲分別修四諦十六行者不同故次而辨生法二空也通言空者空以無有爲義無此生法二有故名爲空

一衆生空 若觀生死苦果但見名色陰入界實法從因緣生新新生滅是實法中空無我人衆生壽者等十六知見如龜毛兔角畢竟不可得是爲衆生空也

二法空 若觀生死苦果非但我人衆生等十六知見空如龜毛兔角不可得是中名色陰入界異法一一分別推析破壞乃至微塵剎那分分細撿皆悉空無所有即名法空是爲聲聞人經明法空相若摩訶衍中辨法空者諸法如夢幻本來自空不以推析破壞故空也

三十七品初門第三十六

一四念處 二四正勤 三四如意足 四五根 五五力 六七覺分 七八正道 合七法門爲三十七品

次生法二空而辨三十七品者若觀二空而入道並須善識道品之階級若依有門學聖必約衆生空觀以修三十七法若用平等斷惑則應歷法空行於道品之門故次二空而辨也通言道品者道義如前品者品類也此七科法門悉是入道淺深之氣類故云道品也

四念處 一身念處 二受念處 三心念處 四法念處

一身念處者 頭等六分四大五根假合故名爲身是中觀身智慧爲念明見內身五種不淨破淨顛倒即是處也觀外身內外身亦如是是爲身念處也

二受念處者 六觸因緣生六受從六受生三受名之爲受是中觀受智慧名爲念明達三受皆苦破樂顛倒即是處觀外受內外受亦如是是爲受念處也

三心念處者

六識能識諸塵分別攀緣謂之為心是中觀心智慧名之為念了知心從緣生剎那不住念念生滅破常顛倒即是處也觀外心內外心亦如是為心念處也四法念處者想行二陰及三無為法名之為法是中觀法智慧名為念通達一切法我我所畢竟不可得故無我破我顛倒即是處也觀外法內外法亦如是是為法念處若聲聞經中明念處但說破四倒為念處若摩訶衍中明念處即說破八倒為念處也故大品經云若能深觀四念處是為坐道場

四正勤 一已生惡法為除斷一心勤精進 二未生惡法不令生一心勤精進 三未生善法為生一心勤精進 四已生善法為增長一心勤精進

一已生惡法為除斷一心勤精進 四念處觀時若懈怠心起五蓋等諸煩惱覆心離信等五種善根時如是等惡若已生為斷故一心勤精進方便除斷令盡也

二未生惡法不令生一心勤精進 四念處觀時若懈怠心及五蓋等諸煩惱惡法雖未生恐後應生遮信等五種善根令為不生故一心勤精進方便遮止不令得生也

三未生善法為生一心勤精進 四念處觀時信等五種善根未生為令生故一心勤精進方便修習令信等善根生也

四已生善法為增長一心勤精進 若四念處觀時信等五種善根已生為令增長故一心勤精進方便修習信等善根令不退失增長成就此四通名正勤者破邪道於正道中勤行故名正勤也

四如意足 一欲如意足 二精進如意足 三心如意足 四思惟如意足

一欲如意足 欲為主得定斷行成就修如意分是為欲如意足

二精進如意足 精進為主得定斷行成就修如意分是為精進如意足

三心如意足 心為主得定斷行成就修如意足

四思惟如意足 思惟為主得定斷行成就修如意分此通言如意者四念處中實智慧四正勤中正精進精進智慧增多定力小弱得四種定攝心故智定力等所願皆得故名如意足智定若等能斷結使故云斷行成就也

五根 一信根 二精進根 三念根 四定根 五慧根

一信根 信正道及助道法是名信根也

二精進根 行是正道及諸助道善法時勤求不息是名精進根

三念根 念正道及諸助道善法更無他念是名念根也

四定根 攝心在正道及諸助道善法中相應不散是名定根

五慧根 為正道及諸助道善法觀無常等十六行是名慧根此五通名根者能生也行者既得四如意足智定安隱即信等五種善法若似真任運而生譬如陰陽調適一切種子悉有根生故名根也

五力 一信力 二精進力 三念力 四定力 五慧力

一信力 信正道及諸助道法時若信根增長能遮疑惑破諸邪信及煩惱故名信力

二精進力 行是正道及諸助道法時若精進根增長破種種身心懈怠成辦出世之事是為精進力

三念力 念正道及諸助道法時若念根增長破諸邪念成就一切出世正念功德是為念力

四定力 攝心在正道及諸助道法時若定根增長則能破諸亂想發諸事理禪定是為定力

五慧力 為正道及諸助道法觀無常十六行時若慧根增長則能遮三界見思之惑發真無漏故名慧力此五通名力者能壞諸有漏不善成辦出世善事故名力也

七覺分 一擇法覺分 二精進覺分 三喜覺分 四除覺分 五捨覺分 六定覺分 七念覺分

一擇法覺分 智慧觀諸法時善能簡別真偽不謬取諸虛偽法故名擇法覺分

二精進覺分 精進修諸道法時善能覺了不謬行於無益之苦行常勤心在真法中行故名精進覺分

三喜覺分 若心得法喜善能覺了此喜不依顛倒之法而生歡喜住真法喜故名喜覺分

四除覺分 若斷除諸見煩惱之時善能覺了除諸虛偽不損真正善根故名除覺分

五捨覺分 若捨所見念著之境時善能覺了所捨之境虛偽不實永不追憶是為捨覺分

六定覺分 若發諸禪定之時善能覺了諸禪虛假不生見愛妄想是為定覺分

七念覺分 若修出世道時善能覺了常使定慧均平若心沉沒當念用擇法精進喜等三覺分察起若心浮動當念用除捨定等三分攝故念覺常在二法之間調和中適是念覺分此七通名覺分者無學實覺七事能到故通名覺分

八正道分 一正見 二正思惟 三正語 四正業 五正命 六正精進 七正念 八正定

一正見 若修無漏十六行見四諦分明故名正見

二正思惟 見四諦時無漏心相應思惟動發覺知籌量為令增長入涅槃故名正思惟

三正語 以無漏智慧除四種邪命攝口業住一切口正語中是名正語

四正業 以無漏智慧除身一切邪業住清淨正身業中是為正業

五正命 以無漏智慧通除三業中五種邪命住清淨正命中是為正命何等五種一為利養故詐現異相奇特二為利養故自說功德三為利養故占相吉凶為人說法四為利養故高聲現威令人畏敬五為利養故稱說所得供養以動人心邪因緣活命故是為邪命

六正精進 以無漏智慧相應勤精進修涅槃道是為正精進

七正念 以無漏智慧相應念正道及助道法故名正念

八正定 以無漏智慧相應入定故名正定是八通名正道者正以不邪為義今此八法不依偏邪而行皆名為正能通至涅槃故名為道

三解脫初門第三十七 一空解脫門 二無相解脫門 三無作解脫門

次三十七品而辨三解脫門者大智度論云三十七品是趣涅槃道行是道已到涅槃城有三門謂空無相無作既已說道故次應說到處門也此三通名解脫門者解脫即是涅槃門謂能通此三法能通行者得入涅槃故名解脫門也亦云三三昧三昧義如前說但三昧即是當體得名解脫從能通之用以受稱也此無別法有師解云因時名三昧證果則變名解脫此類如八背捨八解脫也

一空解脫門 云何名空解脫門觀諸法無我我所故空所以者何諸法從因緣和合從無有作者無有受者能如是通達者是名空解脫門是空解脫門緣二行謂空無我

二無相解脫門

云何名無相解脫門觀男女相一異相等是相中求實皆不可得故無相所以者何若諸法無我我所故空空故無男無女一異等法我我所中名字是異以是故男女一異等相實不可得能知如是通達者是為無相解脫門是解脫槃四行謂盡滅妙出

三無作解脫門 知一切法無相即都無所作是名無作所以者何若於法有所得者即於三界而有願求因是造作三有之業今一切相皆不可得故則於三界無所願求不造一切三有生死之業無業故無報是為無作解脫門是無作解脫門緣十行謂無常苦集因緣生道正迹乘也

三無漏根初門第三十八 一未知欲知根　二知根　三知已根

次三解脫門而辯三無漏根者解脫既是涅槃之門若善修三解脫必定發真無漏證有餘涅槃得有餘涅槃自有三道不同謂見道修道無學道也證三道時必發三根故次三解脫而辯之通名根者根以住立能生為義得此三法住立不退生真智照故名根也

一未知欲知根 無漏九根和合信行法行人於見諦道中名未知欲知根所謂九根者信根精進根念根定根慧根喜根樂根捨根意根也　二知根 信解見得人思惟道中是九根轉名知根九根如未知欲知根中分別　三知已根 若至無學道中是九根轉名知已根九根亦如未知欲知根中分別也

十一智初門第三十九 一法智　二比智　三他心智　四世智　五苦智　六集智　七滅智　八道智　九盡智　十無生智　十一如實智

夫三無漏根而辯十一智者以三根能生十一智故所以者何未知欲知根生法智比智

知根生苦智集智滅智道智及他心智世智知已根生盡智無生智及如實智是以次三根而辯十一智也通名智者決定了知故名為智若發此十一智時各齊位照了分明故通名為智也

一法智 欲界繫法中無漏智欲界繫因中無漏智欲界法智滅中無漏智為斷欲界繫法道中無漏智及法智品中無漏智也　二比智 於色界無色界中約四諦辨四種無漏智亦如法智中所明但有法比之殊也　三他心智 知欲界色界繫現在心心數法及無漏心心數法少分是為他心智也

四世智 諸世間有漏智慧亦名等智凡夫聖人同有此智故名等智亦云名字智是智但有名而無理

五苦智 五陰無常苦空無我觀時得無漏智　六集智 知諸法因因集生緣觀無漏智也

七滅智 滅止妙出觀時無漏智也　八道智 道正行達觀時無漏智也　九盡智 我見苦已斷集已證滅已修道已如是念時無漏智慧見明覺也　十無生智 我見苦已不復更見斷集已不復更斷盡證已不復更證修道已不復更修如是念時無漏智慧見明覺也

十一如實智 一切法總相別相如實正智無有罣礙是為如實智此智獨在佛心中有二乘之所無也

十二因緣初門第四十 一無明　二行　三識　四名色　五六入　六觸　七受　八愛　九取　十有　十一生　十二老死

次十一智而辯十二因緣者除如實智其餘十智皆是二乘共得今一往明若聲聞人但約一世總觀四諦成十智則智劣智劣故不能侵除習氣功德神用亦減少若緣覺人通約三世細分別觀十二因緣若成十智則智

強智強故能侵除習氣功德神用亦廣是以大聖教門別開出中乘之道意在此也通稱因緣者是十二法展轉能感果故名因互相由藉而有謂之緣也因緣相續則生死往還無際若知無明不起取有則三界二十五有生死皆息是為出世之要術也教門十二因緣有三種不同一者約三世明十二因緣二者約果報二世辨十二因緣三者約一念一世辨十二因緣今無明三世十二因緣者初二過去世攝後二未來世攝中八現在世攝是中略說三事煩惱業苦是三事展轉更互為因緣是煩惱業因緣業苦因緣苦苦因緣苦煩惱因緣煩惱業因緣業苦因緣苦苦因緣是為展轉更互為因緣故云三世十二因緣也

一無明 過去世一切煩惱通是無明以過去未有智慧光明故則一切煩惱得起故是以過去煩惱悉是無明也　二行 從無明生業業即是行以善不善業能作世界果故故名為行也　三識 從行生垢心初身因如牘子識母自相識故名識即是父母交會初欲託胎時之名　四名色 從識生非色四陰及所任色陰是名名色即是歌羅邏時之名也　五六入 從名色中生眼等六情是名六入從五皰初開已來即受六入名也　六觸 由入對塵情塵識合是名為觸以六塵觸六根故即有六識生故名情塵識合也　七受 從觸生受故名為受即是因六觸觸六根即領受六塵為六受也　八愛 從受中心著名

之為愛謂於所領受六塵中心生渴愛也 **九取** 從渴愛因緣求是名為取謂求取所愛之塵也 **十有** 從取則後世業因成是名為有因能有果故名為有 **十一生** 從有還受後世五衆之身是名生所謂四生六道中受生也 **十二老死** 從生五衆身熟壞是為老死老死則生憂悲哭泣種種愁苦衆惱合集若正觀諸法實相清淨則無明盡無明盡故行盡乃至衆苦和合皆盡若能如是正觀三世十二因緣發真無漏成辟支佛

無明從果報約二世觀十二因緣相具出大集經今略出經文是十二因緣從歌羅邏而辨無明故云果報也約二世明者前十因緣屬現在後二因緣屬未來二世合為十二也

一無明 大集經言云何名為觀於無明先觀中陰於父母所生貪愛心愛因緣故四大和合精血二渧合成一渧大如豆子名歌羅邏是歌羅邏有三事一命二識三煖過去世中業緣果報無有作者及以受者初息出入是名無明歌羅邏時氣息入出者有二種道所謂隨母氣息上下七日一變息入出者名為壽命是名風道不臭不爛是名為煖是中心意名之為識善男子若有欲得辟支佛當觀如是十二因緣 **二行** 復觀三受因緣五陰十二入十八界云何為觀隨心於念觀息出入觀於內身皮膚肌肉筋骨髓腦如空中雲是身中風亦復如是有風能上有風能下有風能滿有風能燋有風能增長是故息之出入名為身行息從覺觀生故名意行和合出聲是名口行 **三識** 以如是三行因緣故有識生故名為識 **四名色** 識因緣故則有四陰及以色陰故名名色 **五六入** 五陰因緣識行六處故名六入 **六觸** 眼色相對故名為觸乃至意法亦如是 **七受** 觸因緣故念色乃至法是名為受 **八愛** 貪著於色乃至於法是名為愛 **九取** 愛因緣故四方求覓故名為取 **十有** 取因緣故受於後身故名為有 **十一生** 有因緣故有生是為生也 **十二老死** 生因緣故則有老死種種諸苦是名五陰十二入十八界十二因緣之大樹也此並是略出經文辦從初受報來約二世明十二因緣相炳然無一句私語讀者善尋自知與前來

約三世明十二因緣有異也

次明一念十二因緣但約一世中隨一念心起即具十二因緣亦出大集經中今略出經文明一念十二因緣相

一無明 因眼見色而生愛心即是無明 **二行** 為愛造業即名為行 **三識** 至心專念故名為識 **四名色** 識共色行是名名色 **五六入** 六處生貪是名六入 **六觸** 因入求愛名之為觸 **七受** 貪著心者名之為受 **八愛** 經中脫落不釋愛相今私作義釋云纏綿不捨名之為愛 **九取** 求是等法名之為取 **十有** 如是法生是名為有 **十一生** 次第不斷是名為生 **十二老死** 次第斷故名之為死生死因緣衆苦所逼名之為惱乃至憂悲因緣生貪亦復如是是十二因緣一人一念悉具是並出大集經文未有一句私語讀者善尋此與常所說三世因緣迥異若有欲學因緣佛道者上來至此三種辨因緣相隨用一門修學即證緣覺智也

法界次第卷中

法界次第初門卷中

校勘記

一　底本，金藏廣勝寺本。

一　七七五頁中一行「卷中」，徑作「卷中之上」。

一　七七五頁中二行至八行目録，徑、清各品名目序數前均冠以「初門第」三字。卷下一版二行至八行目録同。

一　七七五頁下一行註釋左「筋斷」，徑、清作「筋斷」。

一　七七五頁下二行註釋左「狼藉」，徑、清作「狼藉」。

一　七七五頁下一九行註釋左「十六特」，南作「十六持」。

一　七七六頁上四行第五字「殺」，徑、清作「殺」。

一　七七六頁中二行註釋左「永盡」，徑、清作「未盡」。

一　七七六頁中一八行註釋左「自地」，南、徑、清作「自他」。

一七七六頁下八行註釋右第一五字「依」，南作「衣」。

一七七六頁下一〇行註釋左「即想」，南、徑、清作「而想」。

一七七七頁上一〇行註釋左「大智」，徑、清作「大智度」。

一七七八頁下一三行註釋左「行共禪竟也」，至此，徑卷中之上終，卷中之下始。

一七七九頁上一五行註釋右「相扶」，清作「相抉」。

一七八〇頁上末行註釋左「定若」，南、徑、清作「定力」。

一七八〇頁中一四行註釋右「覺了」，南作「覺分」。

一七八〇頁中一八行註釋左「忘想」，徑、清作「妄想」。

一七八〇頁下二〇行註釋左「舍從」，南、徑、清作「合生」。

一七八一頁上四行註釋左第一二字「今」，南、清作「令」。

一七八一頁下二〇行註釋右「即受」，南、徑、清作「即是」。

一七八二頁上六行首字「無」，南、徑、清作「次」。

一七八二頁上一七行註釋左「故名六入」，南作「名六入」。

一七八二頁中卷末書名，南、清作「法界次第初門卷中」；徑作「法界次第初門卷中之下」。

法界次第初門卷下

陳隋國師智者大師撰

四弘誓願初門第四十一（一未度者令度 二未解者令解 三未安者令安 四未得涅槃者令得涅槃）

次十二因緣而辨四弘誓願者上二卷所出法門或是凡夫共法或與二乘同有並未明菩薩諸佛不共之道故今此一卷略出二十科法門皆是別明菩薩所行諸佛證法故從弘誓而辨也所以凡夫二乘法中雖有慈悲而並無弘誓之德者若凡夫人既不識四諦十二因緣雖修慈悲止是爲大福德生梵天中受梵王果報此於衆生無出世利益豈能因慈悲樹立弘誓之功若是二乘雖知四諦十二因緣所修慈悲但爲自調其心欲於一世盡苦獨入無餘既不能久處生死荷負一切豈能因慈悲而起弘誓之德今菩薩善達四諦十二因緣憐愍一切同於子想故能爲衆生久處生死發心荷負一切共入涅槃是以必須大誓莊嚴要心不退也此四通言弘誓願者廣普之緣謂之爲弘自制其心名之曰誓志求滿足故云願也菩薩摩訶薩以慈悲緣四眞諦運懷曠闊自要其心志令一切衆生同證四眞實究竟之道故云四弘誓願也菩薩若以諸法實相之慧發此四願即是發菩提心萬行之本靈覺之源是以一切大士由斯弘誓曩刧修因十方大聖緣此四願常處生死廣度衆生而不永滅今明不共之法先從弘誓爲始意在此也

一未度者令度（此弘誓緣苦諦而起故瓔珞經云未度苦諦令度苦諦令明苦者即是生死也生死有二種一分段生死謂六道衆生所稟陰入界身果報既麁有形質分段之成壞也二變易生死謂羅漢辟支及大力菩薩三種意生身雖無分段麁報猶有細微因轉果移變易生滅之所遷也若一切未度二種生死苦者菩薩發心願令得度故云未度者令度）

二未解者令解（此弘誓緣集諦而起故瓔珞經云未解集諦令解集諦令明集者即是煩惱煩惱潤業能招聚生死煩惱潤業有二種一四住地煩惱潤分段生死業能招集分段生死苦果也二無明住地煩惱潤變易生死業能招聚變易生死苦果也若一切未解此二種集者菩薩發心願令得解故云未解者令解）

三未安者令安（此弘誓緣道諦而起故瓔珞經云未安道諦令安道諦令明即是能通涅槃之正助道也有二種正助道一偏緣真諦修正助道此道但得至小乘盡苦涅槃二正緣中道實相修正助道此道能到大乘大般涅槃若一切未安此二種道者菩薩發心願令得安故

云未安道者今安也四未涅槃者令得涅槃此弘誓緣滅諦而起故瓔珞經云未得滅諦令得滅諦令明滅諦者即是業煩惱及生死苦果滅也有二種業煩惱生死一分段生死業四住地煩惱滅則分段生死苦果滅即二乘所得滅諦也二變易生死業無明住地煩惱滅即變易生死苦果滅諸佛及大菩薩所得不共究竟滅諦也若一切未得此二種滅諦者菩薩發心願令得滅故云未得涅槃者令得涅槃今四弘所緣四諦與前聲聞中明四諦有半滿異前但明半字有作四聖諦今明滿字無作四聖諦所以二種四聖諦合明者菩薩之道教門不同若是三藏教通教所明弘誓但緣有作四聖諦而起若是別教圓教所明弘誓通緣有作無作二種四聖諦而起故約弘誓分別四諦半滿異於前也

六波羅蜜初門第四十二

一檀波羅蜜　二尸羅波羅蜜　三羼提波羅蜜　四毗梨耶波羅蜜　五禪波羅蜜　六般若波羅蜜

次四弘誓願而辨六波羅蜜者菩薩之道願行相扶既發大願必須修行今六波羅蜜即是菩薩正行之本是以法華經云為求菩薩道者說應六波羅蜜故次弘誓而辨之也檀尸乃至般若並是外國語至下別釋中當各翻名此六通云波羅蜜者並是西土之言秦翻經論多不同今略出三翻或翻云事究竟或翻云到彼岸或翻云度無極菩薩修此六法能究竟通別二種因果一切自行化他之事故云事究竟乘此六法能從二種生死此岸到二種涅槃彼岸謂之到彼岸因此六法能度通別二種事理諸法之曠遠故云度無極也若依別釋三翻各有所主若依通解則三翻雖異意同無別也

一檀波羅蜜

檀那秦言布施若內有信心外有福田有財物三事和合時心生捨法能破慳貪是為檀布施者有二種一者財施二者法施財施者所謂飲食衣服田宅六畜奴婢珍寶一切己之所有資身之具及妻子乃至身命屬他為他財物故云捨身猶屬財施及隨有所須者悉能施與皆名財施也法施者若從諸佛及善知識聞說世間出世間善法若從經論中聞若自以觀行故知以清淨心為人演說皆名法施菩薩以質直清淨心行此二種施故名為檀波羅蜜者翻名如前若菩薩於檀中能具修五種心者是時布施名波羅蜜何等五一者知施實相二者起慈悲心三者發願四者迴向五者具足方便一云何名知施實相若布施時施人受人及財物三事皆空不可得入實相正觀以無所捨法而隨他有所須者能捨不悋是為知施實相二云何名起慈悲心若菩薩雖知布施實相無所有而起大慈大悲欲因此施與一切衆生拔一切苦是為起慈悲心三云何名發願施時願因此施得無上佛果不求凡夫二乘果報是為發願四者云何名迴向隨所施時迴此施功德向薩婆若及施一切衆生是為迴向五云何名具足方便所謂能於布施一一法旋轉通達一切佛法遍修諸行是為具足方便菩薩若能具足此五心者是時隨有所施因中說果亦名事究竟亦名到彼岸亦名度無極也是以菩薩所行布施者名為行檀波羅蜜若至無上菩提佛果方是檀波羅蜜具足成就

二尸羅波羅蜜

尸羅秦言好善好行善道不自放逸是名尸羅或受戒行善或不受戒行善皆名尸羅尸羅略說有二種一者在家尸羅二者出家尸羅在家尸羅者所謂三歸五戒八齋戒也二出家尸羅所謂出家沙彌沙彌尼十戒式叉摩那尼六法戒大比丘比丘尼具足戒乃至三千威儀八萬律行若菩薩十重四十八輕則通在家出家共戒也若菩薩以質直清淨心持如是等戒皆名尸羅波羅蜜者翻名如前若菩薩住二種尸羅中能具足修行五種心者是時尸羅名波羅蜜何等為五一知尸羅實相罪不可得而好行善道不自放逸餘四類如檀中分別若菩薩若能具修此五心者隨所持戒行善因中說果亦具三義是以菩薩行戒名為行尸羅波羅蜜若至無上菩提佛果方是尸羅波羅蜜具足成就也

三羼提波羅蜜

羼提秦言忍辱內心能安忍外所辱境故名忍辱忍辱有二種一者生忍二者法忍云何名生忍生忍有二種一於恭敬供養中能忍不著不生憍逸二於瞋罵打害中能忍不生瞋恨怨惱是為生忍云何名法忍法忍有二種一者非心法謂寒熱風雨飢渴老病死等二心法謂瞋恚憂愁疑婬欲憍慢諸邪見等菩薩於此二法能忍不動是名法忍菩薩以質直清淨心修此二忍為羼提波羅蜜者翻名如前若菩薩住羼提中能具修五種心是時羼提名波羅蜜何等為五一知忍實相雖不得能忍之心所辱之事而隨對生法二種所辱之境心能安忍不動餘四心類如檀中分別菩薩若能具足修此五種心隨所忍事因中說果皆具三義是以菩薩修忍名為行羼提波羅蜜若至無上菩提佛果方是羼提波羅蜜具足成就

四毗梨耶波羅蜜

毗梨耶秦言精進欲樂勤行善法不自放逸謂之精進精進有二種一者身精進二者心精進若身勤修善法行道禮誦講說勸助開化是為身精進若心勤行善道心心相續其為心精進復次勤修施戒善法是為身精進勤修忍辱禪定智慧是為心精進如是等種種分別身心精進之相不同今不具辨若菩薩以質直清淨心修是二種精進故名為毗梨耶波羅蜜者翻名如前若菩薩能於精進具足修五種心者是時毗梨耶名波羅蜜何等為五一者菩薩知精進實相身心離不可得而能勤修一切善法餘四心類如檀中分別菩薩若能於精進中具此五心者隨所勤修善法因中說果皆具三義是以菩薩精進名為行毗梨耶波羅蜜若至無上菩提佛果方是毗梨耶波羅蜜具足成就

五禪波羅蜜

禪秦言思惟修一切攝心繫念學諸三昧皆名思惟修此禪有二種一者世間禪二者出世間禪世間禪者謂根本四禪四無量心四無色定即是凡夫所行世間禪出世間禪復有二種一出世間禪二出世間上上禪出世間禪者謂六妙門十六特勝通明九想八念十想八背捨八勝處十一切處練禪十四變化願智頂禪無諍三昧三三昧師子奮迅超越三昧乃至三明六通如是等禪皆是出世間禪亦名二乘共禪二出世間上上禪者謂自性禪等九種大禪首楞嚴等百八三昧諸佛不動等百二十三昧皆出世間上上禪亦名不共禪不與凡夫二乘共也若菩薩以質直清淨心修如是等禪名之為禪波羅蜜者翻名如前若菩薩能一一於諸禪中具修五種心者是時禪定名波羅蜜何等為五一者知禪實相不亂不味而能遍修諸禪餘四心類如檀中分別菩薩若能如是於所得禪中具修此五心者隨所入禪因中說果皆具三義是以菩薩所修禪定皆名行禪波羅蜜若至無上菩提佛果方是禪波羅蜜具足成就也

六般若波羅蜜 般若秦言智慧照了一切諸法皆不可得而能通達一切無礙名為智慧智慧有三種一者聲聞智慧二者辟支佛智慧三者佛智慧一求聲聞智慧有三種學無學非學非無學非學非無學智慧者如乾慧地不淨觀安那般那欲界繫四念處煖法頂法忍法世第一法等學智者苦法忍慧乃至阿羅漢第九無閒中金剛三昧慧無學智者阿羅漢第九解脫智從是已後一切無學智如盡智無生智等是為聲聞智慧求辟支佛道智慧亦如是但以是人無漏善根純熟雖生無佛之世不從他聞自然覺悟得禪定三界漏盡所得三明六通等功德小勝聲聞是為辟支佛智慧又以觀十二因緣智慧深利能侵除習氣勝於聲聞從四諦觀門斷結此為異也求佛道智慧者菩薩從初發心已來行六波羅蜜破魔軍眾及諸煩惱得一切智成佛道乃至入無餘涅槃隨本願力從是中間所有智慧總相別相一切盡知是為佛智若菩薩以質直清淨心修此三種智慧故名為般若波羅蜜者翻名如前若菩薩隨所修智慧中能具足五種心者是時般若名波羅蜜也何等為五一者了知智法實相非境非智心無所得而能徧學三乘智慧及一切世間知見餘四心類如檀中分別菩薩能如是於所修智慧中具此五心者隨所得智慧因中說果皆具三義是以菩薩所修智慧皆名行般若波羅蜜若至無上菩提佛果方是般若波羅蜜具足成就也

四依初門第四十三 一依法不依人　二依了義經不依不了義經　三依義不依語　四依智不依識

次六波羅蜜而辨四依者菩薩既欲學六波羅蜜之正行但行不孤立必有所依而得成就依憑若正則具正行能至菩提依憑若邪則墮邪道故次六度而明四依也此四通名依者依憑也依憑此四法能成諸波羅蜜萬行之因滿足菩提佛果故云依也

一依法不依人 依法者實相及一切隨順實相善法通名為法亦名法身若依實相法身而修諸波羅蜜萬行功德皆悉具足一切清淨能至菩提故云依法不依人者人是攬五陰所成假名相好之身若依相好之身而修諸波羅蜜萬行功德則皆墮顛倒終不得見真實法身故云不依人也所以者何如涅槃說魔王波旬尚能作佛況不能作四依之人是故雖是凡夫若所說行與實相相應則可依信雖現佛身相好若所說行乖實相法者則不應依況餘人也

二依了義經不依不了義經 依了義經者謂諸大乘方等十二部經中皆明中道佛性真相如如之理若依此教而修諸波羅蜜萬行功德則心與中道相應能見佛性如來藏理故云依了義經不依不了義經者所謂聲聞所應行九部中不修中道佛性如來藏理若依此教而修諸波羅蜜萬行功德則隨二邊不見佛性如來藏理故云不依不了義經也

三依義不依語 依義者義是中道第一義諦若依中道第一義而修諸波羅蜜萬行功德則言語道斷心行處滅破諸顛倒心心寂滅自然流入無量義定故云依義不依語者語是世間語文字章句虛誑無實乃至二乘所見真諦涅槃亦有文字故法華經以化城喻若依如是文字言語而修諸波羅蜜萬行功德則增長諍訟妄想煩惱或墮二乘之地不到大乘大般涅槃故云不依語也

四依智不依識 依智者照了之心名之為智若於正觀智慧心無所著而修諸波羅蜜萬行功德則能破散五住煩惱及無邊生死之業必獲大乘涅槃常樂我淨故云依智不依識者妄想之心名之為識若依妄識而修諸波羅蜜萬行功德則攝集五住煩惱二邊生死之業是以流轉無際眾苦不息故云不依識

九種大禪初門第四十四 一自性禪　二一切禪　三難禪　四一切門禪　五善人禪　六一切行禪　七除煩惱禪　八此世他世樂禪　九清淨淨禪

次四依而辨九種禪者菩薩既得正依憑處則能進修深廣之大行也至論深廣之內行莫若禪定故大智度論云禪最大如王言禪則一切皆攝所謂若諸菩薩成道起轉法輪入涅槃所有勝妙功德悉在禪中今明別觀菩薩成道起轉法輪入涅槃勝妙功德思惟修法並在九種禪中故次四依而辨也此九種禪瓔珞經中雖有其意而不列名解釋彌勒菩薩造地持處明六波羅蜜方乃辨出九種相並是菩薩不共之禪從自性禪乃至清淨不與二乘人共今為明菩薩不共次第深廣內行思惟修法於六波羅蜜中的別出此九種大禪此九通名禪者翻禪名同前是則名同而法相有別

一自性禪 云何名自性禪於菩薩藏聞思前行世間出世間善一心安住或止分或觀分或此二同類或俱分是自性禪

二一切禪 云何名菩薩一切禪略說二種一者世間二者出世間又隨其所應各有三種一者現法樂住禪二者出生三昧功德禪三者利益眾生禪菩薩禪定離一切妄想身心止息第一寂滅自舉心息捨離味著及一切想是名現法樂住禪菩薩禪定出生種種不可思議無量無邊十力種性所攝三昧發諸三昧一切聲聞辟支佛不知其名況復能知起及所出生二乘解脫除入一切無礙慧無諍願智勝妙功德是名菩薩出生三昧功德禪利益眾生禪者十一種如前說菩薩依布施眾生所作以義饒益皆與同事為除眾苦知所應說知恩報恩護諸恐怖憂難憂苦能為開解資生不具給施所須如法畜眾善能隨順見實功德歡喜讚歎等心折伏神力恐怖或令歡喜是名略說一切禪無餘無上

三難禪 云何菩薩難禪略說二種菩薩久習勝妙禪定於諸三昧心得自在哀愍眾生欲令成熟捨第一禪樂而生欲界是名菩薩第一難禪菩薩依禪出生無量無數不可思議諸深三昧出過一切聲聞辟支佛上是名第二難禪菩薩依禪得無上菩提是名第三難禪也

四一切門禪 云何菩薩一切門禪略說四種一者有覺有觀俱禪二者喜俱禪三者樂俱禪四者捨俱禪

五善人禪 云何菩薩善人禪略說五種一者不味著二者慈心俱三者悲心俱四者喜心俱五者捨心俱

六一切行禪 云何菩薩一切行禪謂六種七種略說十三種善禪

無記化化禪止分類分自他利正念禪出生神通力功德禪名緣義緣止相緣舉相緣捨相緣現法樂住第一義禪述十二種菩薩一切行禪也

七除惱禪 云何菩薩除惱禪略說八種一者菩薩入咒除諸苦患諸窋霜雹熱病鬼是名咒術所依禪二者菩薩入定能除四大所起衆疾是名除病禪三者菩薩入定興致甘雨能消災旱救諸飢饉是名雲雨禪四者菩薩入定濟諸恐難一切水陸人非人怖是名等度禪五者菩薩入定能以飲食饒益饑渴衆生是名饒益禪六者菩薩入定能以財物調伏衆生是名調伏禪七者菩薩入定覺諸迷醉迷十方者等開覺之是名開覺禪八者菩薩入定衆生所作悉令成就是名等作禪

八此世他世樂禪 略說九種一者神足變現調伏衆生禪二者隨說調伏衆生禪三者教誡變現調伏衆生禪四者為惡衆生示惡趣禪五者失辯衆生以辯饒益禪六者失念衆生以念饒益禪七者造不顛倒論微妙讚頌摩得勒伽為令正法久住世禪八者世間技術義饒益攝取衆生所謂書數算計資生方便法如是等種種衆具禪九者於息惡趣放光明禪

九清淨淨禪 云何菩薩清淨淨禪略說十種一者世間清淨淨不味不染汙禪二者出世間清淨淨禪三者方便清淨淨禪四者得根本清淨淨禪五者得根本上勝進清淨淨禪六者住起力清淨淨禪七者捨復入力清淨淨禪八者神通所作力清淨淨禪九者離一切見清淨淨禪十者煩惱智障斷清淨淨禪如是菩薩無量禪得大菩提果菩薩依是得阿耨多羅三藐三菩提已得當得

是中所明九種禪從始至終並是出地持處弥勒菩薩之所說未有一句私言讀者自思取其意也

十八空初門第四十五

一內空　二外空　三內外空　四空空　五大空　六第一義空　七有為空　八無為空　九畢竟空　十無始空　十一散空　十二性空　十三自相空　十四諸法空　十五不可得空　十六無法空　十七有法空　十八無法有法空

次九種禪而辯十八空者前九種正為重顯禪波羅蜜深廣之階級今十八空次成般若波羅蜜智慧照了無得無著之妙絶也故次而明之此十八通言空者無也無此十八種有故名為空若菩薩始從初修自性禪終至清淨淨禪雖有大功德神通智慧之用而禪定是門戶詮次階級之法若不善以十八空慧照了遣蕩或於所證諸禪三昧中十八有法隨滯一有則不得無礙解脫縱任自在故須修十八空照了無住無著也經論明空開合名數不同或以略故合十八空但為十四空或為十一空或為七空乃至三空二空一空或以廣故開十八空為二十空二十五空乃至無量空今處中用十八空遣蕩諸有釐無不盡則諸波羅蜜禪定三昧萬行悉皆清淨也

一內空 內空者內法空內法者所謂內六入眼耳鼻舌身意眼空無我無我所無眼耳鼻舌身意亦如是是為內空也

二外空 外空者外法空外法者謂外六入色聲香味觸法色空無我無我所無色聲香味觸法亦如是是為外空也

三內外空 內外空者內外法空內外法者所謂內外十二入十二入中無我無我所無內外法是為內外空也

四空空 空空者以空破內外空內外空破是三空故名為空空也故維摩經云得此法已無有餘病唯有空病空病亦空故名空空

五大空 大空者十方相空故名大空所以者何東方無邊故名為大亦一切處有故名為入徧一切色故名為大如是大方能破故名為大空乃至南西北方四維上下亦如是

六第一義空 第一義空者諸法中第一者名為涅槃涅槃中亦無涅槃相涅槃空即第一義空

七有為空 有為空者有為法名因緣和合生所謂五衆十二入十八界等今有為法二因緣故空一者無我無我所及常相不變易不可得故空二者有為法有為法相空不生不滅無所有故是為有為空也

八無為空 無為空者無為法名無因緣常不生不滅如虛空今待有為故說無為若有為法不可得則無無為之可著故即是無為空

九畢竟空 畢竟空者以前八空破諸法畢竟盡淨名為畢竟若無諸法亦無畢竟之可著故名畢竟空又解畢竟名為終竟觀是終竟之法亦不可得則不執有究竟之法名為畢竟空故法華經云乃至究竟涅槃常寂滅相終歸於空

十無始空 無始空者一切世間若衆生若法皆無有始如佛告諸比丘衆生無始無明覆愛所繫往來生死無始可得可破是無始於無始中無執著故名無始空也

十一散空 散空者五衆和合故有人若以智慧一一分別破散人與五衆及所破散法皆空無所有如佛告羅睺羅此色破散滅令無所有餘衆亦如是是名散空

十二性空 性空者性名自有不待因緣若待因緣則是作法不名為性今諸法中皆無性何以故一切有為法皆從因緣生因緣生則是作法若不從因緣和合則是無法如是一切諸法性不可得故名為性空

十三自相空 自相空者一切法有二種相一總相二別相總相者如無常等別相者諸法雖無常而各有別相如地有堅相火有熱相如是二種相皆空故名相空分別性相不同或言名異體同或云名體俱異所以者何性言其體相言其識性以據內相以據外相如見黃色為金相而內是銅火燒石磨知非金相性故別明相空

十四諸法空 諸法空者一切法名五衆十二入十八界等是諸法皆入種種門所謂一切法有相知相識相緣增上相因相果相總相別相依相是等一切皆空空無實故名諸法空

十五不可得空 不可得空者一切法及因緣畢竟不可得故名為不可得空又解云上以諸法空空一切法皆不可得若作可得則為斷滅若知是不可得亦不可得則於不可得中心不沒故名不可得空也

十六無法空 無法空者無法名法已滅是滅無故名無法空有人解云過去未來法名無法是無法不可得故名無法空也

十七有法空 有法空者有法名諸因緣和合生故有二法無故名有法空有人解云現在一切法及無為法名為有法如是有法皆空故名有法空

十八無法有法空 無法有法空者取無法有法相不可得故名無法有法空亦以觀無法有法空故名無法有法空有人解云過去未來現在一切皆空故名無法有法空也

十喻初門第四十六

一如幻 二如炎 三如水中月 四如虛空 五如響 六如揵闥婆城 七如夢 八如影 九如鏡中像 十如化

次十八空而辯十喻者此十喻既爲易解空故說若修十八空觀者不善用十喻曉其迷執滯有之情體法眞空正解發則無由故次十八空而辯十喻爲成觀空之易悟亦以異於二乘壞法而修空也此十通名喻者借事匹理以曉迷情故名爲喻今以世間幻夢易解之空以辟迷心冰執難解之空令同易解故此十事爲喻也

一如幻 如幻者譬如幻師幻作象馬及種種諸物雖無實然有幻色可見幻聲可聞與情相對而不錯亂無智不了謂之爲實諸法亦如是皆是無明幻作雖空而可見聞不相錯亂迷心不了妄執爲實修空觀者若知諸法同如幻相則心無所得豁然開解悟一切法皆悉空寂故說如幻

二如炎 如炎者炎以日光風動塵故曠野中如野馬無智之人初見謂爲水男女相及一切法相亦如是結使煩惱日光熱諸行塵邪憶念風生死曠野中情無智慧者謂爲一相爲男爲女是名爲炎復次若遠見炎想爲水近則無水相無智之者亦如是若遠聖法不知無我不知諸法空於陰入界性空法中生人想男想女想近聖法則知諸法實相是時虛誑種種妄想盡除以是故說如炎

三如水中月 如水中月者月在虛空中影現於水實法相在如法性實際虛空中而凡夫心水中有我我所相現以是故如水中月如小兒見水中月歡喜欲取大人見之則笑無智人亦如是身見故見有吾我無實智故見種種法見已歡喜欲取諸相男相女相等諸得道聖人咲之而笑也

四如虛空 如虛空者虛空但爲有名而無實法虛空非可見遠視故眼光轉見縹色諸法亦如是空無所有人遠無漏實智慧故弃實見彼我男女屋舍種種著修空觀入實相理則一切皆無所有故說如虛空也

五如響 如響者若深山溪谷中及空大舍中若語聲若打聲從聲有聲無智者謂爲有人語聲智者了是聲無人作但以聲觸故名爲響響事空而能誑耳根一切音聲亦如是人欲語時口中風名憂陀那還入至臍觸臍響出時觸七處退還是名語言如響無智者不識語之因緣謂爲實有心取生憂喜智者知語因緣無實如響聞之心不生著諸法如是故說如響

六如揵闥婆城 如揵闥婆城者日初出時見城門樓櫓宮殿行人出入日轉高轉滅但可眼見而無有實無智人不識謂之爲實智者見之即知無實諸法亦如是無智不了妄計有假名吾我陰入界之實智者了達皆無所有故說如揵闥婆城

七如夢 如夢者夢中無實事謂之有實覺已而還自笑人亦如是諸結使眠中實無而著得覺時乃知無實亦復自笑以是故說如夢又夢以眠力故無法而見有人亦如是無明眠力故種種無而見有所謂我我所男女等也

八如影 如影者但可見而不可捉諸法亦如是雖眼情等見聞覺知實不可得又如影映光則現不映則無諸結使煩惱遮正見光則有我相法相影若結使煩惱滅則我相法相皆無又如影人去則去人住則住善惡業影亦如是後世去時亦去今世住時亦住報不斷故也

九如鏡中像 如鏡中像者鏡中之像非鏡作非面作非鏡面和合作亦非無因緣作非無定有而亦可見分別諸法亦如是非自有非他有非共有亦非無因緣有雖有不可得但以名字而有分別如鏡中像實無所有而誑惑小兒令生憂喜智者雖見即知非實故無憂喜諸法亦如是誑惑凡夫生諸煩惱實智慧者雖復見聞既知無實不生結業故說如鏡中像

十如化 如化者若諸天仙聖得神通者能有變化諸物如化人無生老病死無苦無樂亦異於人生以是故空無實一切諸法亦如是無生滅又如化主無定物但以心生便有所作皆無有實人身亦如是本無所因但從先世心生今世身皆無有實以是故說諸法如化

百八三昧初門第四十七

百八之數既多非可具列於後

次十喻而辯百八三昧者菩薩若善以十喻開曉其心則所修十八空觀自然明了以是空慧照諸禪定種種法門無染無著則能出生諸菩薩百八三昧諸佛三昧不動等百則有二十如是乃至無量三昧於諸三昧遊戲自在是諸三昧不可思議不與二乘之所共也今此百八乃至無量通名三昧者三昧名通猶同前翻釋但首楞嚴等百八境界體用微妙深廣故次而辯之今於百八中略出初三後一以成次第章門百八等名相既多豈可具辯若欲徧知當尋大智度論

一首楞嚴三昧 首楞嚴三昧者首楞嚴秦言健相分別知諸三昧行相多少深淺如大將知諸兵力多少也菩薩得是三昧諸煩惱魔及魔人無能壞者譬如轉輪聖王主兵寶將所住至處無能壞伏故名健相三昧也

二寶印三昧 寶印三昧者能印諸三昧於諸三昧中法寶是實今世後世乃至涅槃能爲利益如佛語比丘爲汝說法所謂法印法印是實印即是解脫門若三藏教門以三法爲法印若摩訶衍教門但有諸法實相一法印與實相般若相應三昧名爲寶印三昧也

三師子遊步三昧 師子遊步三昧者菩薩得是三昧於一切三昧中出入遲速皆得自在譬如衆獸戲時若見師子率皆怖懾師子戲時於諸羣獸強者則殺伏者則放菩薩亦如是得是三昧於諸外道強者破之信者度之故名師子遊步三昧下一百四三昧亦應如是具出大智度論若欲知之自當尋彼論

一百八離著虛空不染三昧 離著虛空不染三昧者菩薩行般若波羅蜜觀諸法畢竟空不生不滅如虛空無物可喻鈍根菩薩著此虛空得此三昧故離著虛空等諸法亦不染著是三昧如沒在泥中有人挽出蟻脚爲奴有三昧離著虛空而復著此三昧亦如是今是三昧能離著虛空亦自離著故名離著虛空不染三昧也如是諸佛菩薩無量不可思議諸三昧是中應具列其名目略釋其相是事云云廣出餘法門也

五百陀羅尼初門第四十八（五百之數既多非可具列於第下也）

次諸三昧而辨陀羅尼門者若依論解三昧但是心相應法陀羅尼或心相應或不相應故異於三昧若法華所明普現色身三昧猶是解一切衆生語言陀羅尼以三昧陀羅尼既是相成之法故次而辨之此五百通名陀羅尼者陀羅尼是西土之言此土翻云能持或言能遮言能持者集種種善法持令不散不失辟如完器盛水水不漏散能遮者惡不善根生能遮不令起故云能遮又翻爲摠持隨有若名若義若行地功德皆悉能持故名摠持今此五百並有持遮摠持之義故通名陀羅尼陀羅尼者略說則有五百廣明則有八萬四千乃至無量悉是菩薩諸佛所得法門名義皆不與二乘人共也今依大智度論略辨三陀羅尼以成次第章門五百之數名義既多豈可具辨

一聞持陀羅尼（得此陀羅尼者一切語言諸法耳所聞者皆不忘失所謂十方諸佛及弟子衆有所演說一時能聞憶持不忘故名聞持陀羅尼即是名持）

二分別陀羅尼（得是陀羅尼諸衆生諸法大小好醜分別悉知故分別陀羅尼即是義持）

三入音聲陀羅尼（得此陀羅尼者聞一切語言音聲不喜不瞋一切衆生如恒沙等劫身惡言罵詈心不憎恨一切衆生如恒沙等劫讚歎供養其心不動不喜不著是爲入音聲陀羅尼即是行持也復有寂滅陀羅尼無邊陀羅尼威德陀羅尼隨地觀陀羅尼華嚴陀羅尼虛空藏陀羅尼海藏陀羅尼分別諸陀羅尼明諸法義陀羅尼如是等略說乃至五百陀羅尼廣明則無量陀羅尼）

四攝初門第四十九（一布施　二愛語　三利行　四同事）

次諸陀羅尼而辨四攝者菩薩若內具諸三昧陀羅尼自行既充必須外引含識同己所行之道然大士利物廣濟莫若四無量心與四攝法但四無量心名目既已先辨豈繁重出四攝善巧接引之要故次而明之此四通言攝者衆生情所愛者即是此之四法若大士用此四法同情接引則物之所歸焉若衆生依附方乃導以大乘正道而度脫之故云先以欲拘牽後令入佛道

一布施攝（菩薩以無所捨心行於二種布施能攝衆生一者財施二者法施若爲樂財衆生即以財施而攝取之若以樂法衆生即以法施而攝取之以此二施能利益一切衆生既蒙恩利因是生親愛心而隨受道得住真理故名種布施攝也二者施相略如前檀波羅蜜中分別）

二愛語攝（菩薩若以善軟之言隨順一切根情安慰開喻則一切衆生之所樂聞因是生親愛心依附菩薩而隨受道得住真理故名愛語攝）

三利行攝（菩薩隨起身口意行能令一切各霑利益衆生既蒙勝利以欣所得利故因是生親愛心依附受道得住真理故名利行攝）

四同事攝（菩薩用法眼明見衆生根緣故一切隨有同欣之者即分形散影普和其光同彼事業各使霑益既巧同共事因是生親愛心依附受道得住涅槃故同事益物名）

六和敬初門第五十（一同戒　二同見　三同行　四身慈　五口慈　六意慈）

次四攝而辨六和敬者菩薩既能善用四種同情之法攝得衆生爲成就故必須久處若不和同愛敬則兩不和合不得盡成般若是爲魔事若善用六和則與一切冥同必得善始令終則能安立一切於菩提大道故次四攝而明之也此六通名和敬者外同他善謂之爲和內自謙卑名之爲敬菩薩與物共事外則同物行善內則常自謙卑故名和敬

一同戒和敬（菩薩通達實相知罪不可得爲欲安立衆生於實相理以戒方便巧同一切持諸戒品無有乖諍亦知衆生同此戒善不斷不常未來必得菩提大果是以敬之如佛故說同戒爲和敬）

二同見和敬（菩薩通達實相不得諸法不知不見爲欲安立衆生於實相正見方便巧同一切種種知見無有乖諍亦知衆生因此知見分別增進開解必得種智圓明是以敬之如佛故說同見爲和敬）

三同行和敬（菩薩通達實相無念無行爲欲安立衆生於實相正行方便巧同一切修種種行無有乖諍亦知衆生同此諸行漸漸積功德皆當成佛道是以敬之如佛故說同行爲和敬）

四身慈和敬（菩薩住無緣平等大慈以修其身慈善根力能不起滅定現諸威儀與一切樂故身與九道和同亦知前得樂衆生悉有佛性未來必定當得金剛之身是以敬之如佛故說身慈爲和敬）

五口慈和敬（菩薩以無緣平等大慈以修其口慈善根力能不起滅定普出一切音聲語言與一切樂故口與九道和同亦知前所得樂衆生悉有佛性未來必定當得無上口業是以敬之如佛故說口慈爲和敬）

六意慈和敬（菩薩心常在無緣慈三昧以修於意慈善根力能不起慈定現諸心意與衆生樂故意與九道和同亦知前所得樂衆生悉有佛性如來藏理未來必定當得心如佛心是以敬之如佛故說意慈爲和敬）

八種變化初門第五十一

一能作小 二能作大 三能作輕 四能作自在 五能有主 六能遠到 七能動地 八隨意所作

次六和敬而辨八種變化者菩薩善住和敬之法則與一切猶如水乳衆生心既親愛故易可化度若欲生物希有之信必須現大神通大神通者即六通也六通名目並已前列今不重出但八種變化自在之用利物功深二乘所不能測故次和敬而辨之也此八種通名變化者變化之名一往既與前十四是同無勞重釋而八種力用自在巧妙非二乘所得是以別出故大涅槃經中以此八法釋於我義

一能作小 以變化力能自作己之小身亦化作他之小身或化作世界所有小物乃至皆如微塵是為能作小

二能作大 以變化力自化作己之大身亦化作他之大身或化作世界所有大物乃至滿虛空是為能作大

三能作輕 以變化力能自輕己身亦輕他身或輕世界及所有乃至令如鴻毛是為能作輕

四能作自在 以變化力能以大為小以小為大以長為短以短為長如是等種種中能作自在也

五能有主 以變化力能化為大人心無所下降伏一切攝受一切於一切衆生而得自在故名為有主

六能遠到 以變化力故能遠到有四種一飛行遠到二此沒彼出三移遠令近不往而到四一念徧到十方是為遠到

七能動地 以變化力能令大地六種震動及十八種震動故名能動

八隨意所欲盡能得 以變化力能得一身能作多身多身能作一身石壁皆過履水蹈虛手捫日月能轉四大地作水水作地火作風風作火石作金金作石是為隨意所欲盡能得若涅槃明八自在雖小異而大同耳

四無礙辯初門第五十二

一義無礙智 二法無礙智 三辭無礙智 四樂說無礙智

次八變化而辨四無礙智者菩薩若能現種種神通變化則一切見者無不信伏衆生既起敬信若欲闡揚大道必須無礙辯才故次八種變化以明四無礙智此四通名無礙智者菩薩於此四法智慧捷疾分別了了通達無滯故通名無礙智也

一義無礙智 知諸法義了了通達無滯是名義無礙智又能知一切義皆入實相義亦名義無礙智

二法無礙智 法名一切義名字為知一切義故智慧通達諸法名字分別無滯故名法無礙智又能以是法無礙智分別三乘而不壞法性於所說名字語言中無著無滯亦是法無礙智也

三辭無礙智 以語言說名字義種種莊嚴言語隨其所應能令得解所謂一切衆生殊方異語若一語二語多語略語廣語女語男語過去未來現在語如是等語言能令各各得解辯說無礙一切聞者悉解其言說是為辭無礙智

四樂說無礙智 菩薩於一字中能說一切字一語中能說一切語一法中能說一切法於所說法皆是真實皆隨可度者而有所益所謂十二部經八萬四千法藏隨一切衆生根性所樂聞法而為說之善赴機緣言方無滯聞者無厭足菩薩以樂說辯力能住世半劫一劫乃至無量劫辯說無盡廣利益一切無有一句差機之過故名樂說無礙智也

十力初門第五十三

一是處非處力 二業力 三定力 四根力 五欲力 六性力 七至處道力 八宿命力 九天眼力 十漏盡力

次四無礙智而辨十力者上之所明多是菩薩所得自行化他之法今欲明諸佛所得自行化他法門故次明十力不共等法也此十通名力者即諸佛所得如實智用通達一切了了分明無能壞無能勝故名力也大菩薩亦分得此智力但比佛小劣故沒不受名

一是處非處力 佛知一切諸法因緣果報定相從是因緣生如是果報從是因緣不生如是果報如惡業得受樂報無有是處惡業尚不得世間樂何況出世間樂惡行生天無有是處惡行尚不能得生天何況涅槃五蓋覆心散亂雖修七覺而得涅槃無有是處五蓋覆心雖修七覺尚不能得聲聞道心無覆蓋佛道可得況辟聞道如是等種種是處不是處佛悉徧知無能壞無能勝是初力也

二業智力 佛知一切衆生過去未來現在諸業諸受知造業處知因緣知果報皆悉徧知無能壞無能勝二力也

三定力 佛知一切諸禪解脫三昧定垢淨分別相如實徧知無能壞無能勝三力也

四根力 佛知他衆生諸根上下相如實徧知無能壞無能勝四力也

五欲力 佛知他衆生種種欲如實徧知無能壞無能勝五力

六性力 佛知世間種種無數性如實徧知無能壞無能勝六力也

七至處道力 佛知一切道至處相如實徧知無能壞無能勝七力

八宿命力 佛知種種宿命共相共因緣一世二世乃至百千世劫初盡我在彼衆生中如是姓名飲食苦樂壽命長短彼中死是間生是間死還生是間此間生名姓飲食苦樂壽命長短亦如是如實徧知無能壞無能勝八力

九天眼力 佛天眼淨過諸人眼見衆生死時生時端正醜陋若大若小若墮惡道若生善道如是業因緣受報是諸衆生惡身口意成就謗毀聖人邪見業成就是因緣故身壞死時入惡道生地獄中是諸衆生善身口意業成就不謗聖人正見正業成就是因緣故身壞死時入善道生天上如實徧知無能壞無能勝九力也

十漏盡力 佛諸漏盡故無漏心解脫無漏智慧解脫現在法中自識知我生已盡持戒已立不作後有盡如實徧知無能壞無能勝十力

四無所畏初門五十四

一一切智無所畏 二漏盡無所畏 三說障道無所畏 四說盡苦道無所畏

次十力而辨四無所畏者諸佛十力之智內充明了決定故對外緣而無恐也故次十力

辨之意在易見此四通名無所畏者於八衆中廣說自他智斷既決定無失則無微致恐懼之相故稱無所畏

一一切智無所畏 佛作誠言我是一切正智人若有沙門婆羅門若天若魔若梵若復餘衆如實言是法不知乃至不見是微畏相以是故我得安隱得無所畏安住聖主處如牛王在大衆中師子吼能轉梵輪諸沙門婆羅門若天若魔若梵若復餘衆實不能轉一無所畏也

二漏盡無所畏 佛作誠言我一切漏盡若有沙門婆羅門若天若魔若梵若復餘衆如實言是漏不盡乃至不見微畏相以是故我得安隱得無所畏安住聖主處如牛王在大衆中師子吼能轉梵輪諸沙門婆羅門若天若魔若梵若復餘衆實不能轉二無所畏

三說鄣道無所畏 佛作誠言我說鄣法若有沙門婆羅門若天若魔若梵若復餘衆如實言受是鄣法不鄣道乃至不見是微畏相以是故我得安隱得無所畏安住聖主處如牛王在大衆中師子吼能轉梵輪諸沙門婆羅門若天若魔若梵若復餘衆實不能轉三無所畏

四說盡苦道無所畏 佛作誠言我所說聖道能出世間隨是行能盡諸苦若有沙門婆羅門若天若魔若梵若復餘衆如實言行是道不能出世間不能盡苦乃至不見是微畏相以是故我得安隱得無所畏安住聖主處如牛王在大衆中師子吼能轉梵輪諸沙門婆羅門若天若魔若梵若復餘衆實不能轉四無所畏也

十八不共法初門第五十五 一身無失 二口無失 三念無失 四無異想 五無不定心 六無不知已捨 七欲無減 八精進無減 九念無減 十慧無減 十一解脫無減 十二解脫知見無減 十三一切身業隨智慧行 十四一切口業隨智慧行 十五一切意業隨智慧行 十六智慧知過去世無礙 十七智慧知未來世無礙 十八智慧知現在世無礙

次四無所畏而辨十八不共法者諸佛十力之智內充無畏之德外顯故所有一切功德智慧超過物表不與世共欲簡異一切凡聖所得是以次而明之此十八通名不共者極地之法不與凡夫二乘及諸菩薩共有故云不共也

一身無失 佛無量劫來常用戒定智慧慈悲以修於身此諸功德滿足故諸罪根本拔故所謂一切不善五住煩惱及習氣俱盡也一切身業隨智慧行故身無畏

二口無失 口無失因緣類如身無失中說也

三念無失 佛四念處心長夜善修故善修諸深禪定心不散亂故善斷欲愛及法愛故於諸法中心無著故得第一安隱處故一切意業隨智慧行故念無失

四無異想 佛於一切衆生無分別無遠近異想平等普度心無簡擇如日出普照萬物是爲無異想

五無不定心 佛心一切細微亂盡離常在禪定故無不定心

六無不知已捨 佛於一切法悉皆照知方捨無有一法不經心知而捨者故名無不知已捨

七欲無減 佛知善法恩故雖具衆善而常欲習諸善法欲度一切故欲無減心無厭足故欲無減辟如轉輪王馬寶雖復一日周行四天下徧意遊不足

八精進無減 佛身心二種精進滿足常度一切未曾休息故名精進無減

九念無減 佛於三世諸佛法一切智慧相應故滿足無減故名念無減

十慧無減 佛得一切智慧十力四無所畏四無礙智成就圓極故名慧無減

十一解脫無減 佛具二種解脫故名解脫無減何等爲二一有爲解脫謂無漏智慧相應解脫也二無爲解脫謂一切煩惱都盡無餘也

十二解脫知見無減

佛於一切解脫中知見了了分明故名解脫知見無減所謂有爲解脫無爲解脫時解脫不時解脫慧解脫俱解脫不壞解脫八解脫不思議解脫無礙解脫等分別諸解脫相牢固是解脫知見無減

十三一切身業隨智慧行 佛先知然後隨知起一切身業故有所現處無非佛事利益一切故名身業隨智慧行

十四一切口業隨智慧行 類如身業中分別

十五一切意業隨智慧行 類如身業中分別

十六智慧知過去世無礙 佛智慧照知過去世盡過去際所有一切若衆生法若非衆生法悉徧知無礙也

十七智慧知未來世無礙 佛智慧照未來世盡未來際所有一切若衆生法若非衆生法悉徧知無礙也

十八智慧知現在世無礙 佛智慧照現在世盡現在際所有一切若衆生法若非衆生法悉徧知無礙也

大慈大悲初門第五十六 一大慈 二大悲

次十八不共法而辨大慈大悲者諸佛得十八不共法等法常在大慈悲住故慈善根力普熏三業於十方世界普現而作佛事利益一切故次而辨之釋慈悲之名雖同四無量中而體殊別非可爲類故至極果方得受於大名也

一大慈 佛住大慈心中以大慈善根力故能實與一切衆生世間樂及出世間樂故云慈能與樂若四無量中慈雖心念與樂而衆生實未得樂故不名大也有二種與樂一住大慈三昧慈力冥熏隨所應得樂衆生各得安樂二慈三昧力普現三業隨有應得樂衆生見聞知者各獲安樂故名大慈即是如意珠王身也

二大悲 佛住大悲心中以大悲善根力故能實拔一切衆生世間苦分段生死苦及變易生死苦故云悲能拔苦前四無量中悲雖心念救苦而衆生實未得脫苦不名大悲也有二種拔苦意同慈中分別但有拔苦之異故名大即是藥樹王身也

三十二相初門第五十七 三十二相名目既多非可具列第下

次大慈大悲而辨三十二相八十種好八音三念處等四科者至論法身虛寂豈有形聲心識之可見聞知乎但以慈悲之力隨有應

見清淨三業之機而得樂免苦者即便爲現
端嚴相好及妙音聲平等三念與樂拔苦之
緣故次慈悲而辨相好八音三念處也今此
三十二通云相者相名有所表發攬而可別
名之爲相如來應化之體現此三十二相以
表法身衆德圓極使見者愛敬知有勝德可
崇人天中尊衆聖之主故現三十二相也
一足下安平如奩底　二足下千輻輪相
三手足指長勝餘人　四手足柔軟勝餘身分
五手足指合縵網勝餘人　六足跟具足滿好
七足趺高好根相稱　八伊尼延鹿王腨纖好
九立手摩膝　十陰藏相如馬王　十一身縱廣等
十二毛孔生青色柔軟　十三毛上靣青色柔軟右旋
十四金色光其相微妙　十五身光面各一丈
十六皮膚薄細滑不受塵水不停蚊蚋
十七兩足下兩手兩肩項中七處滿
十八兩腋下滿　十九身上如師子
二十身端直　二十一肩圓好　二十二四十齒具足
二十三齒白淨齊密而根深　二十四四牙最白而大
二十五頰車如師子　二十六咽中津液得味中上味
二十七舌大薄覆面至髮際

二十八梵音深遠如迦陵頻伽聲
二十九眼色如金精　三十眼睫如牛王
三十一眉間白毫相如兜羅綿　三十二頂肉髻成
八十種好初門第五十八八十種好名目既多非可具列第下
次三十二相而辨八十種好者相好乃同是
色法皆爲莊嚴顯發佛身但相揔而好別相
若無好則不圓滿輪王釋梵亦有相以無好
故相不微妙故次相而辨好也通云好者可
愛樂也以八十種好莊嚴身故天人一切之
所愛樂故云好也即是以慈修身故有此清
淨相好之身業也
一無見頂相　二鼻高好孔不現　三眉如初月紺瑠璃色
四耳輪輻相埵成　五身堅實如那羅延
六骨際如鉤鏁　七身一時迴如象王
八行時足去地四寸而印文現
九爪如赤銅色薄而細澤　十膝骨堅著圓好
十一身清潔　十二身柔軟　十三身不曲
十四指長纖圓　十五指文藏覆　十六脉深不現
十七踝不現　十八身潤澤　十九身自持不逶迤
二十身滿足　二十一容儀備足　二十二容儀滿足
二十三住處安無能動者　二十四威振一切

二十五一切樂觀　二十六面不長大
二十七正容貌不撓色　二十八面具滿足
二十九脣如頻婆果色　三十言音深遠
三十一臍深圓好　三十二毛右旋　三十三手足滿
三十四手足如意　三十五手文明直　三十六手文長
三十七手文不斷　三十八一切惡心衆生見者和悅
三十九面廣姝好　四十面淨滿如月
四十一隨衆生意和悅與語　四十二毛孔出香氣
四十三口出無上香　四十四儀容如師子
四十五進止如象王　四十六行法如鵞王
四十七頭如摩陁那果　四十八一切聲分具足
四十九四牙白利　五十舌色赤　五十一舌薄
五十二毛紅色　五十三毛軟淨　五十四廣長眼
五十五孔門相具　五十六手足赤白如蓮華色
五十七臍不出　五十八腹不現　五十九細腹
六十身不傾動　六十一身持重　六十二其身大
六十三身長　六十四手足軟淨滑澤
六十五四邊光各一丈長　六十六光照身而行
六十七等視衆生　六十八不輕衆生
六十九隨衆生音聲不增不減　七十說法不著
七十一隨衆生語言而說法　七十二發音報衆聲

七十三次第有因緣說法　七十四一切衆生不能盡觀相　七十五觀無厭足　七十六髮長好　七十七髮不亂　七十八髮旋好　七十九髮色青珠　八十手足有德相 坐禪三昧經云胸有德字手足有吉字

八音初門第五十九 一極好　二柔軟　三和適　四尊慧　五不女　六不誤　七深遠　八不竭

次相好而辦八音者，若佛以相好端嚴發見者之善心，音聲理當清妙，起聞者之信敬，故次相好而明八音也。此八通云音者詮理之聲，謂之爲音。佛所出聲，凡有詮辯言辭清雅，聞者無厭，聽之無足，能爲一切作與樂拔苦因緣，莫若聞聲之益，即是以慈修口，故有八音清淨之口業。

一極好音 一切諸天賢聖雖各有好音，好之未極。佛報圓極，故出音聲清雅，能令聞者無厭，皆入好道，好中之最好，故名極好音也。

二柔軟音 佛德慈善，故所出音聲巧順物情，能令聞者喜悅，蠲之無足，皆捨剛強之心，自然入律行，故名柔軟音。

三和適音 佛居中道之理，巧解從容，故所出音聲調和中適，能令聞者心融和，因聲會理，故名和適音。

四尊慧音 佛德尊高，慧心明徹，故所出音聲能令聞者尊重，解慧開明，故名尊慧音。

五不女音 佛住首楞嚴定，常有世雄之德，久已離於雌軟之心，故所出音聲能令一切聞者敬畏，天魔外道莫不歸伏，故名不女音。

六不誤音 佛智圓明，照了無謬，故所出音聲詮論無失，能令聞者各獲正見，離於九十五種之邪非，故名不誤音。

七深遠音 佛智照窮如如實際之底，行位高極，故所出音聲從臍而起，徹至十方，令近聞非大，遠聞不小，皆悟甚深之理，梵行高遠，故名深遠音也。

八不竭音 如來極果願行無盡，是以住於無盡法藏，故出音聲滔滔無盡，其響不竭，能令聞者尋其語義，無盡無邊，至成無盡常住之果，故名不竭音。

三念處初門第六十 一不一心聽法不以爲憂　二一心聽者不以爲喜　三常行捨心行

次八音而辦三念處者，既八音爲物開演正法，聽者善惡不同，必有信毁違順之別。若無三念之德，豈能心地坦若虛空，泯無憂喜之相？故次八音而辦三念處也。此三通名念處者，慧心能緣名之爲念，平等之理不增不減之謂之爲處。佛以慧心緣於平等不增不減之理，是以違順學者心無憂喜之相，故三通名念處，即是以慈修意，能現平等清淨之意業也。

一不一心聽法不以爲憂 佛智了達不一心聽法之人，平等法界中滅退相畢竟不可得，故無憂相也。

二聽者一心不以爲喜 佛智了達聽者平等法界中增進相畢竟不可得，故無喜相也。

三常行捨心 佛智了達一切衆生即大涅槃，不可復滅，故於一切言說利益衆生中常行捨心也。故金剛般若經云：如是滅度無量衆生，實無衆生得滅度者。

法界次第卷下

法界次第初門卷下

校勘記

一　底本，金藏廣勝寺本。

一　七八四頁中一行「卷下」，徑作「卷下之上」。又末字「撰」，南作「説」。

一　七八四頁中四行「四攝法」，徑、清作「四攝」。

一　七八四頁中五行第一三字「一」下，徑、清有夾註「亦名八種變化」。

一　七八四頁中七行「大慈悲」，徑、清作「大慈大悲」。

一　七八四頁下一四行註釋右「入界」，清作「界入」。

一　七八五頁上二行註釋右末「及」，南、徑、清作「滅」。

一　七八五頁上四行末字至五行首字「四弘」，徑、清作「四種弘誓」。

一　七八五頁中一一行註釋右「二乘」，徑作「三乘」。

一　七八六頁上六行註釋右第六字「功」，清作「爲」。

一七八六頁上一五行「但行」，徑作「而行」。

一七八六頁中八行註釋左第五字「義」，南、徑、清作「禪」。

一七八六頁下七行「翻禪」，南、徑、清作「翻釋」。

一七八六頁下一四行註釋右「如前說」，南、徑、清作「如前釋」。

一七八七頁上一行註釋「出生」，南作「止生」。

一七八七頁上三行註釋右第二字「諸」，南、徑、清作「毒」。

一七八八頁中八行註釋左「無而」，南作「而無」。

一七八八頁中九行註釋右第一八字「情」，南、徑、清作「根」。

一七八八頁中一六行註釋左首字「身」，南、徑、清作「生」。

一七八八頁中一七行註釋左「如化」，至此，徑卷下之上終，卷下之下始。

一七八八頁下一〇行註釋左第一五字「至」，南作「之」。

一七八八頁下一二行註釋右「印是」，南、徑、清作「即是」。

一七八九頁上二〇行註釋右末字「醜」，南、徑、清作「惡」。

一七八九頁中一三行第四字「拘」，南、徑、清作「鉤」。

一七八九頁中一九行上註釋右末字「住」，南、徑、清無。

一七九〇頁下一一行上註釋左首字「力」，徑、清作「力也」。一二行左第一〇字、一四行左第一三字及一八行左末字同。

一七九〇頁下一九行「五十四」，南、徑、清作「第五十四」。

一七九一頁中二行「二乘」，南作「三乘」。又末字「云」，南無。

一七九一頁中一四行註釋右第二字「名」，南作「智」。

一七九一頁下一三行註釋右第五字「雖」，南作「惟」。

一七九二頁上七行第九字「主」，南、徑、清作「王」。

一七九二頁上一一行第九字「八」，徑、清作「八如」。

一七九三頁上一六行註釋左首字「地」，徑、清作「皆」。

一七九三頁中一行註釋左「故音名不竭音」，南、徑、清作「故名不竭音也」。

一七九三頁中二行註釋右第一〇字「憂」，南、徑、清作「憂去」。

一七九三頁中一五行註釋左末字「者」，南、徑、清無。

一七九三頁中末行「卷下」，南、清作「初門卷下」；徑作「初門卷下之下」。

止觀義例卷上

唐天台沙門湛然述

第一所傳部別例　第二所依正教例
第三依正消釋例　第四大章總別例
第五心境釋疑例　第六解行相資例
第七喻疑顯正例

第一所傳部別例者總指一部以爲圓頓佛乘正行之大體也大意文初雖有數處三止觀結但況爾借名結義非爲即爲三種行相以大意中文略意廣故用三一收束結撮應知部內意雖在頓故序中云大意在一頓以略冠廣不可差殊又示處中云圓頓文者如玉泉寺所記下文雖有四教八教思議不思議相待絕待皆爲顯於圓頓一實故大車文中以思議相待等而爲僕從實相妙理以爲車體無漏妙觀以爲白牛自餘諸法皆莊嚴具故知此部更無他趣

第二所依正教例者散引諸文該乎一代文體正意雖歸二經一依法華本迹顯實二依涅槃扶律顯常以此二經同醍醐故所以釋名論待論絕乃至偏圓文中具引蓮華三喻釋名顯體具用光宅四一即是實相爲行正體也況諸境十乘皆以大車爲喻故生起文末總稱歎云積劫勤求道場證得身子三請法譬三說正在茲乎是知四種三昧皆依實相實相是安樂之法四緣是安樂之行證實相已所獲依報名爲大果起教只是爲令衆生開示悟入旨歸只是歸於三軌妙法祕藏所以始末皆依法華此即法華三昧之妙行也次用涅槃者雖依法華咸歸一實末代根鈍若無扶助則正行傾覆正助相添方能遠運佛化尚以涅槃爲壽況末代修行非助不前故扶律說常以顯實相推功在彼故正用法華意顯圓常二經齊等

第三文義消釋例者又更爲二一者詳究文義二者消釋體勢初文爲二一者詳究文義二者詳究文相初爲十例一者引證通局如引法華部唯一實文敘昔教以爲所開故部中之文有權有實若局證一實則引實文若通證方便則兼引昔義如引法華證漸不定所引四味文之與部通局亦然二者況引流類謂引教證觀等如引華嚴先照高山淨名始坐佛樹大經從牛出乳法華以異方便等以證三止觀義故知教觀漸等名同其義永異彼文判教今以類同是故借用三者借名中義謂借權名申於實義如引方等斥奪之名申今開權絕待之義引餘三時類此可知於彼即是兼但對等於今即成開廢會等四者借喻轉譬如豬揩金山等論喻忍等今借譬止等喻是世間物類而以隨義轉用何局本文如火一物諸經或時譬瞋譬智或用照用燒以形以性若體若用地水風等爲喻亦然是故不應局文爲定五者旁引辨異如諸文用毘曇成實若證漸初及偏小等則名義兼借如信法二行文初五陰王數同時異時等但爲辨異非借名義六者開總出別如四悉五味三假二空本文義含開合義偏諸門諸教莫不咸然七者引用宗要如法華權實本迹般若加說共不共等方等彈斥神力不共等隨引一句兩句得彼文心若破若立不

失部旨八者引用儒道若破若立不違本宗畧辨異同不在委細不以名似將爲義同是故所引粗爾存畧九者借名畧義如攝法中及識藥等但借其名以示相狀若更委釋太成繁廣畧指上下準例可知十者準例用義如教證二道本在別教今則通用乃分兩意約證約說準望三觀立三止等二者詳究文相亦爲十例一者隨相開合如三觀四教四悉五味諦緣度等一家立義文相皆然寛廣無窮隨事隨理隨法隨名隨行隨證隨自隨他無不通用然須結撮勿使浮濫若不爾者徵文靡託立行莫施若得今意存本文則淺深有則演義理則縱廣無涯示一心則卷權歸實從被物則開實出權立行儀則以智爲導蕩相著則纖毫不遺存諸教則因果歷然顯一理則始終無二二者結示處所及立本文意如例餘陰入在破偏文末豎破法偏有六處示妙妙境中明說教大體發心中則約圓斥偏安心中義開三種道品中不出念處通塞中元治能執次位中勸修五悔安忍無

著但在進功若搜得宗源則諸文可識大綱既整網目易存三者事理旁正如四三昧正爲顯理旁兼治重如十法界正示理具旁識淺深如識次位正爲簡濫旁爲通經又諸文中一切皆以破古爲旁意雖旁正文不可廢四者文偏意圓如以三止觀結於諸文及五畧中所用三教諸境十乘縱橫偏小等三種止觀皆緣實相等五者廣畧有無如發心中顯數則廣而文相畧後十法中文相則廣而顯數畧修大行中事儀則廣而十法畧修正觀中十法則廣而事儀畧後三大章大意中有廣解中無十種境界正觀中有四三昧無雖互畧無義必通具六者文行不同如十境十乘生起次第十禪淺深豎破法偏文雖次第行必隨人十禪何必自淺階深豎破元爲顯於不二或隨豎次入何障於理自淺階深妙觀斯在七者待絕前後若約教相必先待後絕若論道理待絕俱時八者破會不同若依化儀必先破次會如先斥小後方會圓故方等般若廣破偏小次至法華方會入實約

人約行破會同時如照權了實照權名破了實名會是故今文爲顯理故不同玄文專在判教凡有釋義破必居先故今偏圓借彼釋名次第則別九者行解不同如五畧生起分別十章引證破古問答料簡等多爲生解若十法總別十境互發十禪離合十境發相專在於行是故先識方可造修十者舉例從畧如道品攝法假中空例破餘陰餘使餘品以例初品相續相待以例因成則細尋廣意以申餘文歷法先思方不昧旨若十法成觀但於陰入委識根由餘九待發方可設觀故九境中但分別境境下十觀不細委分但隨境轄照非關廣說次消釋體勢又更爲二一文體勢二義體勢初文體勢亦爲十例一者法喻廣畧若法畧喻廣則展法文與喻相稱不專守畧法以擁喻文或法廣喻畧則攢法對喻或開喻對法如如意珠喻不思議境等或法別喻總如以大車喻於十法則開彼總喻以對十法若以善畫勝堂爲喻不須開對但畧合而已若法喻俱總如以虛空喻於法界

若法喻俱別則隨文對消可以意得二者法
喻合三互有互無隨宜設用存没適時三者
開合自他凡列章門有對自開合如五畧對
十廣有對他開合如以十廣對五重玄義有
相攝開合如開上合下有義立開合如攝法
等開六開四等不出自他因果及文四義二
意雖在一文相若盈若縮多少適時後數必
使至十從義則賒促隨宜四者注云云者若
上文已具或餘部廣存重展成繁或廣文非
要若消釋者須委的處所撮畧指示若傳寫
者有闕須塡五者破立存没如破古師及破
邪僻其義壞已不須更存縱存其名不用其
義或小有不當則有去有取若破偏破小破
已必立爲成一家不思議理爲逗一代不思
議化等六者長短不同若大小法相問答研
覈法喻對當章門開合則隨文消釋無俟遠
求如不思議境等及破法徧必觀歷初後尋
求中間或結長就短或演短令長是故皆須
逐牓文勢方可碎釋碎釋文顯必融碎令全
使文理通暢令一家行門歸趣有在或總別

二釋則以總冠別別釋義長則擧別歸總七
者法喻隱顯若法隱喻顯則求喻意以消法
若法顯喻隱則求法意以消喻喻望於合顯
隱例然是則不失文旨上下相承八者問答
迷解若迷問而不迷答則求答意以設問若
迷答而不迷問則研問文以成答或問從答
生或孤然釋妨或因答作並或從答設難或
答順於問或答違於問或答杜於問或答開
問端九者擧例消文如六度之文或語勢兼
含應以教定之使六文一類若歸若緣諸法
皆爾十者以教定法皆隨其教體以立義宗
或名偏意圓從體以定二者義體勢亦爲十
例一者部體本意凡欲釋義先思部類如法
華玄雖諸義之下皆立觀心然文本意明五
重玄義出諸教上則教正觀旁託事興觀義
立觀心教中則以權實本迹爲主常以五味
八教以簡於權並以世界塵數以簡於迹若
本迹交雜教味疏遺無以顯於待絶二妙餘
味餘部以類求之則可知矣若今止觀縱用
諸教意在十法以成妙觀則觀正教旁爲顯

實理旁通諸教復爲生信旁引諸經二者觀
教同異既約法華應須八教教雖有八頓等
四教是佛化儀藏等四教是佛化法依法起
觀觀則有四漸既異別更加不定故觀則有
六開權顯實會藏等三漸及不定元知圓極
故佛本意唯佛乘是如今文隨教雖復若八
若四本意唯爲成一佛乘三者觀門準則隨
機逗物雖立四門教法體度無生爲首若消
法相爲成行解亦應比決上下交映皆悉結
撮歸於一乘四者會異考同若一切異名皆
入一實名爲通會如會隨入悉止觀異名等
名爲別會通別二會攝法罄盡則一家義勢
攝法無窮乃至法門亦具通別二會之意又
如破偏度入名爲通會當教當門名爲別會
言考同者如大小經論凡所立名部袠雖殊
名相不別豈爲名同令法一槩必以理簡而
使甄分如諸外人尚以大自在天立三身名
豈此三名體同宗極故云不可尋通名而求
別體故用相簡之是以考同出異會異令同
若異若同同入一極五者以一例諸如教證

二道及一心具法不同世人取著一念思議境立佛法界前明可思議後明不可思議等部內唯有一文說之以此一文而均上下使處處文義通徹聆然六者名義通局如置毒譬經中唯譬五道不同佛性不變五味唯喻一代五時濃淡濃淡雖殊皆從牛出今文從義處處偏入或定不定或行或人或教或位或時或部不可壅義而守其名故用置毒則有兩種醍醐殺人若用五味則有兩種乳不等七者開拓句法或四或六或三十六乃至百千隨其文意應多應少皆使偏在一代教門一一皆令有名有義無得輒爾無義立名八者束散前後凡諸寬文文中無結或隨文勢若逐意便或前結而後開或前散而後束所以釋者先須檢括語意寬急所詣歸宗使觀行有在九者行理交映理有權實行有親疎親正疎旁廢權入實理無種種行有淺深說理則泯彼階差談行必積功方達以理融行以行綜理諸位無濫方可免失豈可尚深偏求一句況以二十五法而爲前導十乘十境以爲正修故知行理相融方有所至故第五云照潤導達交絡瑩飾一體二手更互揩摩然義解者非消文時欲出文意必須出沒開合先令妙境周圓依境立願願行相稱正助無闕不失次位是則可以斥偏邪可以進圓行可以顯異意可以立宗徒若消文時先鉤鎖文勢一道豎進次洮鍊前後以顯行相以一觀境冠於下九以一弘誓通及諸行以一安心偏該始末破偏只是安心加行通塞只是上二細門以一道品調停陰入正助只是助開前四次位通爲上之七門以除濫過安忍離愛上八功能入初住時轉名十大良有以也若不得意徒勞生起說行說理未足可師何者越次則傷文專文則損理十者教觀析攝教析攝者若權若實適時而用或攝權析實或歎實析權理事因果四門四悉隨教隨機約人約部若容若顯若現若當爲熟爲種逆化順化不出一析一攝意也觀析攝者觀一境歷一心或析爲無常或融爲理性宜治樂厭止觀智斷苦樂縱奪順逆體析如是等相皆亦不出析攝二意故此教觀析攝二者以理觀之使元意有在此四十條畧知大槩餘不盡者準此可知

第四大章總別例者十章十境十乘離合同異立意等別初十立大章言大章者準分別中十門不同具如大意與九而辨同異初釋大意既云五畧對下即是廣畧二門若爾亦可釋名已去更開十章如法華玄釋十妙文令此爲對旨歸非廣非畧文勢便故故以大意共爲十章禪門亦爾若欲開者則開顯體出眼智教相則中間八章自離爲十如五重玄義亦是合於中八而爲五章合攝法入體相中義當顯體合方便正觀果報共爲一宗起教義當於用偏圓義當判教彼爲釋經此爲成觀故有少別爾今存十數故離五爲八更加初後則數整足十境離合者互發正意只有九雙亦爲成十數故加三障四魔一雙故此十境若非三障即是四魔又十境者亦是爲成十數故具示爾故下章安問云法若塵沙境何定十今於十內若更合者二乘善

薩但合爲一方便境則但有九若以煩惱入於六蔽習因相中則但有八若以煩惱及業并陰入境爲三道境則但有七或依前八復以慢入煩惱境中亦但成七若以見慢入世禪攝則但有六又以病患入陰入攝則但有五四三者如四魔三障若但以發不發相對則但成二若但以一所觀爲言則但有一開合雖爾今明發相氣類不同是故爲十以陰對九陰非發得是故別立二乘菩薩雖同方便發心異故煩惱起重習因輕微展轉互通故名爲道此諸發得三皆現起慢與煩惱濫別禪中未必一向發見病雖是陰陰不必病病雖有業非業相現病雖有魔已屬魔境二及三四發相頗分況但爲一最爲通漫是故隨相必須開十次明十乘立意者下文云橫竪該羅十觀具足今探文意總爲五釋一者總釋二者別釋三者橫竪四句釋四者附文來意法相釋五者與他所立永異釋總別二釋橫竪四句具如記中附文者十法生起又名爲竪一一法中各含多意又名爲橫生起

如文各有多意具如本文隨義別釋今撮文意覽畧知廣雖有小小多少不同今於十法各例爲五故立斯十妙境五者一爲示三千在一念故二爲示極理異後乘故三爲欲開顯思議境故四爲利根者開悟理故五爲下九法作所依故發心五者一爲解理者仍須願故二爲明發心攝法徧故三爲欲辨異諸偏小故四爲明中根發方悟故五爲下八法作行始故安心五者一爲明有願仍須行故二爲辨中根難安故三爲示法同隨人異故四爲示凡夫自他安故五爲示開總出別安故破法徧五者一爲辨此門徧用慧故二隨用一門橫竪徧故三爲初心者依教門故四示初心者依無生故五三諦圓融破方徧故此中五意後之三意別在今文前之二意通在初後通塞五者一爲示撿校非一節故二爲示橫竪通仍塞故三爲示一心仍有塞故四爲示寶渚是所通故五兼消經文過五百故道品五者一爲示須用道品調故二爲示調停異偏小故三爲示念處是陰境故四爲

示道品攝諸行故五爲示品後必有門故正助五者一爲重蔽者必須助故二爲示事度能治蔽故三爲示助道攝法徧故四爲示正助合行相故五爲示三教俱是助故次位五者一爲示妙位使不濫故二爲示妙位德難思故三爲示慕果令思齊故四爲增上慢知非聖故五爲逗衆生宜樂者故安忍五者一示內外障須安忍故二爲斥鄙夫擅師位故三爲示行者內外術故四爲示先賢安忍軌故五爲令策進相似位故離愛五者一爲令離於項墮位故二爲示大小乘項墮別故三爲示似愛非眞愛故四爲示功用異偏小故五爲令策進入初住故此一一五並以初文而爲正意下四並是文中兼具若預了此五則對文可識次明所立異於諸家及令學者讀文昧旨不知所立唯順圓融若不了之修習無分於中又二先總次別所言總者畧列十條一須知乘體無發無到二須知乘體通因通果三須知圓乘具於十法四須知大車唯喻十法五須知諸法皆具十乘六須知諸

教門門具十七須知開顯唯妙十法八須知簡體與具度別九須知觀心立十法義十須知白牛異黑牛故所言別者於一一法各具四意縱有一兩似前附文爲欲辨異他所立故妙境四者一於無情境立佛乘故若無佛乘佛法身體爲徧不徧亦不應云佛法身體同於無情及以不同是故應云法名不覺佛名爲覺佛即是法法即是衆豈可條然二衆生性德具三因故若無三因則緣了始有始有無常如何無常而立常果大經破外用別教意非此所論三依正二報在一念故他人咸知一切唯識不知身土居乎一心故知心體即常寂光寂光諸土無二無別遮那之身與土相稱法與報應一體無差四佛本不斷性惡法故性惡若斷普現色身從何而立但使分得常住法身不動而動徧應身土具如觀音玄文及第五記發心四者一發心先思所託之境如十種發心各四解不同乃至當分跨節不同二念念具足四弘誓故以總冠別一一行願從茲而立故知無作四諦只一念心爲依此境徧於多念三於一念心以辨能所以此能所悲己悲他一念心生佛理等是故菩薩依斯起誓四圓發仍須徧立徧破離能著已方契所依安心四者一圓頓止觀據行仍開六十四番不立多番逗會不足二一念止觀須了能所定慧諦境諸行宛然所以離總出別別皆有總雖異而同雖同而異三寂照相即初心可修他以用權在於極果初後不二其教徒施四凡師爲他仍須問彼同設一位未見益方縱轉弄好異尚新而已隨順己見何關適他受者非機語見增長所以同宗枝派乖各理觀既薄矛盾遂滋今家辨師先分凡聖六根淨位尚曰凡流五品弟子理非眞應問他設教依病立方四悉便宜二行互益何須固執終朝守株破徧四者一初無生心横竪雖徧復須後位六即竪窮若横若竪無不即理横門一一無不具竪及非横竪二須知他門他門理等三度入他門諸法無差若用一門諸門融入况涅槃釋義佛藏示相棱伽釋成地持對教咸隨法相度入諸門又以一念心該冠兩門高廣大車不動而運四入住應徧方名假徧及以眞徧爾前雖觀圓融三諦但是自行觀行相似約位仍在若俗若眞是故雖圓未名破徧住後尚須節節離愛方能令淨餘位無明通塞四者一三止三觀在一心中仍了開權諸法無外節節檢校能著之心無檢無著方乃名通二一心止觀仍須善達通中之塞塞中若集無明蔽等無非法界成於無作諦緣度也三初心實諸六即甄分故得毫善皆成佛因四須了能破轉爲所破謂賊爲將此諭可知若不爾者不見說觀然成或過乃成菩薩旃陀羅也道品四者一爲示聞觀大小俱須講者唯約小位辨之尚失小乘相生相攝况復餘耶大乘觀者大小俱棄將何以爲所行之軌二須用諸品展轉調停諸家縱修唯云念處後品何妨而不用之三圓道品後明三空門他既不明能通何在如世行道至無門可入四與一切行名異體同具如攝法文中廣明正助四者一圓頓仍須助開三脫近代修者得

語爲證是故不論助治開門二別教教道仍名爲事乃至用圓猶名理助助成理發藥位勝進三雖用三教而爲助治仍須委用對轉兼具他無一番況復諸句四六度乃至一十二條成道轉法輪入涅槃等俱須四教事理合行次位四者一始終不二仍須六即弘教修觀咸須委知方免初住稱爲妙覺二他又不立五品六根法華之文便爲無用三約陰界入而辨次位四六時五悔爲入位方便他不明之將何以爲圓行之始安忍四者一雖行六度事理相即即位未深因生違順他不辨此牽破觀心不入六根良由於此二事理雖即須知此位煩惱全在豈以麤心暫時小息便計此相而爲果頭若歎爲果頭懃不敢受若降爲凡下仍復鄙之二楹中間無所名也是故當知初品檢量他已無分三內外違順俱安忍故須明識能忍所忍四以三術自安令入後位離愛四者一三界愛斷仍受愛名二此頂墮名不同退墮三受此互用得法愛名四此位向後復須入位

第五心境釋疑例者畧爲二十番問第一卷弘誓中云對法界起法界如何法界有起有對答如前分別其義已顯若欲更論各有所以一者約理心佛無殊雖對雖起奚嘗非理二者夫念起依理體達若起若對不出法界三者稱理理既法界起對稱理無非法界今此文中義通三種意在前二故云起對復云法界此三即是六即意也初是理即次是名字觀行相似三即三是分眞究竟二即問十界四運正起其相易知已起未起如何觀察答起已未起雖即不專的在一境然須形於正起之心則知已起爲屬何界望前爲已望後爲未是故已未望於欲正而得修觀問起已望前心相可識未起望後有後可望則名欲起何名未起答對於後境知心未起名爲未起心相欲生即是欲起是故二心心相全別觀此一運即具十界百界千如即空即中故知雖觀十界四運亡界亡運雙觀三千即空即中無三名字能所胳合是故不同賴緣之假無自性空空假不二名之爲中故借喻

云諸色心現時如金銀隱起金處異名生與金無前後亦如官路土私人掘爲像智者知路土凡愚謂像生後時官欲行還將像塡路像本不生滅路亦無新故四問外無情色不與心俱如何復能具足三德而云三德徧一切處答何但外色不與心俱內身亦如草木瓦礫若論具德不獨內心由心變故謂內心外色心非內外故色無內外而內而外隨其心淨則佛土淨隨佛土淨則智慧淨色心淨故諸法淨諸法淨故色心淨何得獨云外色非心是故破法徧中以識例色第七卷末若心若色無非大車五問今現見青黃赤白如何即是眞如法界答言青等執情所見言法界者從理而說何得將情以難於理今所觀者違情觀理不可更令違理順情又青等是世諦法界是眞諦又青等是世諦少分法界是三諦全分又青等是肉天二眼所見少分法界是佛眼所見全分一眼具五眼青等具諸法一諦三諦亦復如是是故不得以青等難於法界故棄蓋中云色非味非離凡夫自

味二乘自離色體本來法界常住六問發善
提心求於極果果地自然能應一切何須必
假大悲居先而云佛菩提心從大悲起答若
無大悲熏於法性理藏性法無由得開藏若
不開尚無初住何況極果是故不以大悲熏
心後時則無能利之法並若爾十法成乘何
不以大悲居初而但以妙境爲首答通塗次
第理境居初若發心中大悲爲首七問安心
初云本來寂滅爲修爲性答若云心性本寂
本滅寂即是止滅即是觀此約理性若云體
安即是法性法性無起達安本空空亦無滅
此約修觀說亦是修性合說故八問總安心
中止觀圓修下別安中但是偏修如何得云
以總冠別答所云偏者非永別也止是觀家
之止觀是止家之觀體同用別暫適行宜故
知即總俱時而異隨用故分順理故合若其
離成三諦次第之別此則止觀不可俱時具
如諸教分別相狀若圓安者如總安初云不
動止只是不動智不動智只是不動止以此
同體而冠於別故無二也九問安心初云但

信法性不信其諸爲唯法性無復其諸若都
無者現見諸法復云法性具一切法答以衆
生久刧但著諸法不信法性破昔計故約對
治說令於諸法純見法性若見法性即見法
性純是諸法是諸法性本無名字約破立說
名性名法十問諸文皆云色心不二若欲觀
察如何立觀答心色一體無前無後皆是法
界修觀次第必先内心内心若淨以此淨心
歷一切法任運脗合又亦先了萬法唯心方
可觀心能了諸法則見諸法唯心唯色當知
一切由心分別諸法何曾自謂同異故占察
經云觀有二種一者唯識二者實相實相觀
理唯識歷事事理不二觀道稍開能了此者
可與論道十一問安心中云體其實不起滅
安謂起滅爲當只除安謂猶存起滅爲體安
謂令無起滅答此亦無別須善其意若單論
理非起非性若約果德則性不妨起若約衆
生唯起迷性若聖鑒凡即起只是性令從反
迷歸悟以説令離起歸性見非起性仍恐迷
者離起求性故令體起其實不起起既不起

滅亦無滅十二問既云一心止觀何得更立
六十四番答六十四番者約根約行迴轉相
資總徧而論有六十四行者何必盡具諸數
又論其體性只是約於法性寂照自在堪用
故爾許爾十三問即此文中或云諸法即是
法性或云四運四性推檢何者爲要答夫觀
心法有事有理從理唯達法性更不餘塗從
事則專照起心四性叵得亦名本末本末相
映事理不二十四問法華玄文境能照智雖
引誠證理亦難明答順方便教理不可會若
從極說於理易融以心爲境心亦能照能所
俱心心體俱徧心心相照於理甚明故不可
思議境初云不可思議境即是觀以是得爲
四句分別境照於境境照於智智照於境智
照於智照者方照非說可窮照者應說非照
可了說者方說非照可窮說者應照非說可
了是故不同世謂頑境以爲所照又亦不同
偏小安心以爲所照又亦不同假立眞如以
爲所照所照既爾能照亦然不可率爾十五
問破法徧中云須先用無生爲首者門後料

簡云何復云無生是智無滅是斷智則是觀斷則是止應無生門唯觀無止答破偏門意從事偏說故文中云有定之慧而盡淨之具如記中廣分別說十六問禪境初十二因緣觀不思議境初云不同世人取著一念能具三千為唯此中諸境皆然答一切皆爾十七問若爾應當取著心中不具三千答此準用觀觀境而說取著之心本是諸法照此著心緣生虛假假中三千自體性空即是心性不可思議圓妙三諦譬如空華華與空體無二無別此空不當華之與空對華說空空無名字以此細推諸法皆爾十八問十二因緣妙境文中束為三道以對三德苦身質閡那對法身答此約理說的相翻對以身對身故作此說實論三體更無前後且論無始苦輪無際與業煩惱不並不別況今文中約於一念十界百界以論因緣約此因緣以論三道約此三道以論三德是故三道及以三德並無前後性德三因無時不具豈更問質閡等耶十九問有人問云此土真詮禀承有緒雖教科開廣而本味仍存尋求宗源自可會本何須復立一心三觀四運推檢溷我清流答濬流本清撓之未濁真源體淨混也詎妨設使印度一聖來儀未若兜率二生垂降故東陽大士位居等覺尚以三觀四運而為心要故獨自詩云獨自精其實離聲名三觀一心融萬品荊棘叢林何處生獨自作問我心中何所著推檢四運併無生千端萬累何能縛況復三觀本宗瓔珞補處大士金口親承故知一家教門遠禀佛經復與大士宛如符契況所用義旨以法華為宗骨以智論為指南以大經為扶疏以大品為觀法引諸經以增信引諸論以助成觀心為經諸法為緯織成部帙不與他同問大師口決純為治病為復更有餘心要耶答諸皆治病唯有一偈云師常教誡言實心繫實境實緣次第生實實迭相注自然入實理釋曰心若繫境境必繫心心境相繫名為實緣復由後心心心相續心心相繫名迭相注即是心注於境境注於境境注於心心心境境念念相注如是次第剎那無間自然從於觀行相似以入分證故云入實

止觀義例卷上

止觀義例卷上
校勘記

一　底本，明永樂北藏本。金藏廣勝寺本爲一卷本，因殘缺較多，不能作爲底本，故附於底本卷下後，以供參考。
一　七九五頁上二行述者，南、徑作「天台沙門湛然述」。卷下同。
一　七九五頁上六行末字「例」下，南、徑有夾註「有題云破迷者請改」。
一　七九六頁上一行第三字「旨」，南、徑作「音」。
一　七九六頁上五行末字「義」，徑作「意」。
一　七九七頁中一一行第一三字「擊」，徑作「掣」。
一　七九九頁上一三行第四字「業」，徑作「障」。
一　八〇〇頁上九行「有始」，南、徑無。
一　八〇一頁上末行首字「愛」，南、徑作「受」。
一　八〇一頁中一九行「脗合」，南、徑作「涽合」。次頁中九行同。
一　八〇一頁下七行第九字「内」，南、徑作「向」。
一　八〇二頁上六行第一〇字「並」，徑作「問」。

止觀義例卷下　逑四

唐　天台沙門湛然　述

第六行解相資例者如分別中總以十義分別十章於中且約自行化他則前八自行於中去果論因則果報爲果非今正意前七爲因正明修相於七因中前五生解後二爲行分別文中雖以起教取譬於目起教化他義當於解越次取文兼化他故自行解唯前五章是也大意雖有行及果報等文但是示行及果報等令知始末非謂即是修行相也何者修行俱須二十五法以爲方便十乘十境以爲正修所以者何若無十境乘則無體若無十法名壞驢車故知必須五章以生妙解於生解中大意則畧解始終自他因果則文畧而意寛次四專在名體則文理俱廣故以廣解導於行始使二十五法隨教甄分會開廢麤方可得名妙行之首也是故五章一不可廢若用此解而修十法則但釋十法名宗次第於理自足而今文中相猶廣者爲鈍根者仍恐不曉觀法次第故引前解入觀委論又恐繁文故於陰入具釋十法九境比知是故諸文不無旁正且如十境只一念心行之地也一一顯示境相不同行之種也一一起於十乘觀法行之雨也一一轉成不思議境行之芽也一一發心行之榦也一一安心行之莖也一一破偏乃至正助行之華也一一次位以至離愛行之果也若無六事道樹不端次第雖爾若從人說上根即於境種而生於果故文云直聞是言病即除愈爲中下根更須後法是故文云至長者所爲合衆藥又於十乘一一復須了其文旨一一皆依不思議寂照止觀文之髓也一一乘相生起次第文之骨也一一引事助成行相文之肉也廣破古舊問答釋疑文之膚也又釋名等四文兼於膚義兼於肉意即骨也意下所詣即是髓也若無四事法身不成是故讀者行者須知緩急無得謬指偏言僻意令行不周修行之來豈過集解而起方便行因得果果滿教他他機我應感應斯息自他同歸滅理真性今之一部意唯若是故此十章攝無不盡

第七喻疑顯正例者此所學宗同稟一師文理相承終無異解忽遇僻者因問異答事不獲已而徵喻之問頓教有幾種答有漸頓及頓頓喻曰夫講貫之法先觀本文本文立名不可取異求異會釋仍須體同頓頓之名經論不出一家著述諸部所無若名體俱無修行何託若以頓頓是圓如圓圓等此義可爾既分二頓漸頓爲圓更加頓頓爲何所擬問此二位者斷惑何殊答二位不同若漸頓者初住已前四住先除若頓頓者初住已前圓伏五住登住已去圓破五住喻曰初住已前四住先除引證屬圓處處皆爾故圓教四念處云如治鐵作器本爲成器非爲除垢麤垢先除非關漸次頓頓既云登住圓破即顯住前五住全在當知此義非別非圓圓則初住唯破無明不應入住五住俱斷別須住前五住全在住破四住行破塵沙登地方破一品無明故知非別離二別立無教可憑問二頓修成其相何別答漸頓觀者空觀先成頓頓觀者三觀俱證喻曰此甚違背一家教文既

云漸圓是四教中圓應依六即判此圓位則不應云空觀先成何者五品即是觀行三觀六根即是相似三觀初住已去分證三觀如何乃云空觀先成又復不識見思先落似位之意若先成者何名似即頓頓既云三觀俱證爲是何位若在初住與漸頓何別若在住前都無此理若云住前但伏初住俱斷諸教無文方成邪說問據何得知有二種頓答準玄文八教謂漸頓祕密不定漸又四謂藏通別圓此四兼前名爲八教漸中既有最後一圓漸外又復更立一頓故知前圓但是漸圓別立一頓即是頓頓頻將此義以難他人他無對者唯我獨知喻曰依此所判則有多妨一者不識教名之妨別立一頓乃是華嚴最初頓部佛初成道未遊諸會不從漸來直說於大大部在初故名爲頓部仍兼別不得妙名豈以兼別之經翻爲頓頓法華獨顯却號漸圓二者不識漸開之妨言漸開者準法華玄華嚴頓後別爲小機不動不降施於漸教漸教之初先說三藏三藏教後彈斥洮汰方具用四故云開出故玄文中自鹿苑來至般若會皆名爲漸豈此漸中有於圓教便名漸圓又玄第十漸頓判教自華嚴來至般若會皆有漸頓華嚴圓教與方等般若中圓圓既不殊亦應並名爲頓頓何獨華嚴若方等般若中圓名漸圓者則華嚴圓教亦名漸頓何關餘部三者不識教體之妨若漸開出四如開拳爲指唯指無拳合四爲漸如合指爲拳唯拳無指存漸則教唯有四沒漸則教唯有七俱存必一邊無體立八則體陿名寬四者抑挫法華之妨近代判教多以華嚴爲根本法輪以法華爲枝末法輪唯天台大師靈鷲親承大蘇妙悟自著章疏以十義比之迹門尚殊本門永異故玄文中凡諸解釋皆先約教判則三麤一妙次約味判則四麤一妙如何以麤稱爲頓頓以妙翻作漸圓五者不識頓名之妨若從行爲名圓只是頓是故舊題圓頓止觀若從味立稱則頓異於圓故判初味云高山頓說若將判味兼帶之頓以斥判教獨顯之圓一何誤哉一何誤哉六者違拒本宗之妨本師賛爲獨妙學者毀爲漸圓抑實揚權有何利益七者違文背義之妨經云已說今說當說而於其中法華第一華嚴至般若名已說無量義經名今說大般涅槃經名當說依彼所判則已說第一何關法華如此獨知聞者掩耳問從漸開四并前但七何成八教答開出四已仍有一漸喻四如前第三妨中足知迷誤彼既不知漸從鹿苑以至般若將何別立一漸教耶若知鹿苑至般若來約時名漸終不輙判四教中圓名爲漸圓豈判法華劣於乳教問法華經部爲是何頓答漸頓也準玄文第一結教相云今經漸頓知非頓頓喻曰此師非但不識頓漸之名亦乃不曉結文之意玄文釋前四味教竟次以漸等結釋法華云非頓漸祕密不定初云今法華是顯露非祕密是定非不定結非祕密不定祕密不定通前四時次云是漸頓非漸漸結非前頓後漸教言漸頓者約前四時漸中有頓頓中有漸今法華經迹門圓說與漸頓中其義不殊但異漸中漸耳言漸漸者鹿

苑一方等三般若二頓中之漸即是別教與
漸中漸其義不殊故不須簡頓中之頓同漸
中之頓亦同法華是故頓教不須別簡故玄
後文今法華迹門與諸經有同有異本門與
諸經一向異同者謂諸部中圓異者謂諸部
中兼於三教不見此意望聲釋義便謂法華
但是漸頓非頓頓也文中只云非是漸漸何
曾復云不是頓頓問復何得知法華是漸頓
華嚴是頓頓答據法華中諸聲聞人從於小
來經歷諸味至法華會方始開頓故知法華
是漸頓也華嚴居初不經諸味故是頓頓喻
曰今法華圓極頓足此從於法不從於人不
應聲聞從於漸來即依聲聞判經爲漸況復
聲聞不過五百千二二千此等但名開權顯
實又有菩薩開顯何獨聲聞如云菩薩聞是
法疑網皆已逆四除等又下文云無數六諸佛子聞
世尊分別說得法利者大喜充徧身又有顯
本如分別功德品中三千微塵數乃至一四
天下又八世界塵數初發菩提心況下方踊
現幷妙音東來嚴王諸營從文殊所教化如

是諸衆何曾歷四味應當從此方判經爲頓
頓況復法師品現在若滅後若有聞一句皆
與授佛記華嚴經衆雖不游漸有二義故不
及法華一帶別二覆本豈闕二義便稱頓頓
具二義者稱爲漸耶問亦有菩薩法華聞頓
而獨從聲聞判耶答據多分說喻曰如前所
引應以八界及聞一句爲多而反以聲聞爲
多者非但玄理不會亦乃讀文未熟應知聲
聞鈍根菩薩法華經前機緣未熟不堪聞頓
更以方等般若調治方堪來至法華聞頓是
故應判此法華經是開漸顯頓故名漸頓人
不見之謂非頓頓問據何得知漸圓之教四
住先落答如引仁王長別苦輪既云別苦知
是漸頓如引法華六根清淨云肉眼等知是
頓頓喻曰此一家義前後皆引仁王以證法
華法華云無漏逆四意根仁王云長別七三界兩經
皆是四住先落且於界內得無漏名有漏業
除故云長別當知二處文義本同如何分擗
以證兩頓問三種止觀中圓頓止觀是何頓
耶答是漸頓何以得知如第一卷以三譬喻

三止觀以通者騰空喻於圓頓至第七卷識
通塞中即三觀破於神通神通被破故非
頓頓文云別則畧指三門大意在一頓又三
止觀竟又云今依經更明圓頓又第五卷安
心文末初約三止觀結數次又約一心止觀
結數又第一結發心文先三止觀結次云又
以一止觀結此等皆是三止觀外別一頓頓
之正文也喻曰一往引證似有所憑仔細推
求都無所據何以故以違文故生多妨故何
者如破神通及依經更明文在序中序是章
安所置說止觀時未有此序如何預將正文
破之又三觀本傳南嶽如何弟子反破師宗
乃成逆路伽耶論又南嶽稟承慧文龍樹既
破師法觀心論中何須更云歸命祖師況兩
處神通其義各別序中以頓行者譬通者履
空空無淺深履者階降空喻頓理履譬行儀
行雖階差仍名圓漸理無深淺不當偏圓第
七卷中以步馬神通喻橫別三觀神通即是
別相之中故以中即三觀破橫別之中如何
不見近文遠破未生之序次依經文更明者

前以三喻證三文竟更依華嚴以證圓文故云更明再治定文意在於此如何見一更字便於三外立頓頓名若引華嚴即名頓頓者玄第十卷亦引華嚴方等般若圓證於頓華嚴既其非是漸圓方等般若寧非頓頓言別則畧指三門大意在一頓者彼料簡文問畧明三種止觀畧與大意名相似同是故重問云何同異答中分於通別二意通則畧指只是大意別則畧與大意不同以不同故畧有三種大意但在三中之一故文云漸與不定置而不論人不見之便於三外別立頓頓安心文末先以次第三觀結數次以一心結數次第義當於別一心義當於圓此圓還同初總安心爲結數故義開三別次還依本以結一心不見此意異說便生言發心文末一止觀結者大意五章文相寬總是故皆以止觀結之或時唯用一止觀結如六即文六文皆一或復唯用三止觀結如隨自意文末或時俱用三一結之如前所引復闕無結文如常行等三種三昧又若俱用三一結者只是通別不同何者一種結云發菩提心即是觀邪僻心息即是止當知三種無不發心邪僻心息又三種結者亦是通義以通三故是故結之始從三藏終至圓頓皆悉有於漸頓不定具如第三偏圓文中及玄文第十判教中四教是別三種是通此第一文不歷四教一一三結總以四教共爲三結以三對一三復爲別人不見之便以又以之言憑玆別立深不可也問兩種頓位同異云何答住前則別登住則同喻曰凡列位者皆須準教及以古師一家立位唯分四別一期教迹因果顯著有始有終莫過此四三藏則四果支佛百劫僧祇通教則三乘共位及名別義通別圓並立五十二位但行有賒促斷伏不同圓依法華更加五品一家所用諸部咸然輒不曾聞兩頓之位已如前破問何故分別立二頓耶答由根利鈍立二不同喻曰自昔承禀一圓家教決不見二頓而分兩根處處文中但云華嚴兼於利鈍利則圓教鈍則別人或一一教中而分三根或信法二行以分利鈍是則教教部部無不皆然來至法華同入一實無容開會同一根性仍稱爲鈍覆權隱迹有鈍有利而名爲利深不可也問方等中四漸中開四兩四中圓爲何同異答但是四教中圓皆是漸圓喻曰此師不識漸教之義是故不知方等只是漸中之一謂言漸教與方等殊即便答云但是四教皆名爲漸若知不別云何便答但是之言借使法華會前四教中圓皆名漸圓法華開權獨顯一圓何故仍立漸圓之稱若爾但識四教從漸之言不了法華開廢等意因玆輒立漸頓之言問涅槃中圓復何差別答亦是漸圓喻曰若如所判始自鹿苑終至涅槃一槩漸圓玄文何故苦破光宅光宅仍以法華異昔引昔通譏尚乃破之此師禀受山門翻更不如光宅應云涅槃雖四前三知圓方等雖四三不入實漸中開四不殊方等諸文盛說何足復疑依彼所論涅槃圓伊便成無用復有一行乃是徒設問涅槃四教俱入圓不答有不入者十仙外道即是其流喻曰徒聞涅槃入實之言不曉据拾得

入之意若十仙不入三修豈聞初後俱無中問寧入十仙不入世尊何故爲其說常破云汝外道中因雖是常而果無常我佛法中因是無常而果是常乃至陳如色常受想行識常餘諸外道大意皆爾如何謬判以爲無常易見之文尚謬況復難見耶問止觀第一卷後多種譬文如迦陵頻伽聲擣萬種爲丸在大海浴阿伽陀藥等爲喻何頓答並是漸頓何以故猶在㲉中萬種須擣須待諸水入於大海合諸藥爲阿伽陀故是漸頓若不出㲉諸水是海不擣萬種不合爲藥任運自具方是頓頓喻曰此中二失一者不曉喻旨二者違於自言不曉喻者夫言喻者但約少分故大經云不可以喻喻眞解脫如雪山類象豈可求其尾牙舉扇喻月豈可求其光桂況本文意意在一法具是諸法取現見者以之爲喻未入海諸水不具未擣爲丸衆氣不足自餘諸鳥㲉中不鳴餘藥雖合治病不偏故用此等以爲頓喻如何破喻而爲漸圓養子不肖過而難他喻即其事也二違自言者自立大意以爲頓頓此等喻文皆在大意如何自斥以爲漸圓問第一卷中實非父子兩謂路人此喻何等答實非骨肉是前兩教兩謂路人是後兩教喻曰此深不見文中喻意文以界內界外各有一理理各兩教以爲能詮並用四諦以爲迷解文中自合瞋以譬集打譬苦若兩謂父子瞋打薄者以譬直教兩謂路人瞋打厚者以喻紆迴此謂道諦智解不同故使滅諦即離亦別若即解者苦集即理如路人爲父子若離解者苦集異理如父子爲路人當知實非骨肉兩謂路人但約拙教一離義爾亦闕分判界內外是何等拙而便跨節以爲四教具如止觀記中釋問漸之與別爲同爲異答此二不同漸則開四別不開四喻曰既其不識漸教開四徒與別教辨異何盍今言漸別皆應開四者兩文不同漸教開四已如前說別開四者具如別教四弘之中約四諦境皆歷四教但須委知開四所以然於別人自行化他未必全立四教之名但云界內界外曲直巧拙自行則次第竪入化他則隨緣橫被被機雖橫行終成竪自行雖竪偏學成橫如初入空偏用析體以破見思仍是偏用一門自行若至十行爲利他故方始偏習析體八門及以無量無作八門爾時所習乃得名橫是則自他四教義足讀文不委義理輕疏而便謬判別不開四問商畧之文爲是何處答挹流尋源已下文是喻曰此亦二失一者不曉新舊文意二者商畧謬判祖承初不曉文意者舊文十章前五是序後五是正故舊本初云竊念述聞共爲十章商畧等五名爲竊念己之私竊念與序故開章等五名爲述聞述已親從法會聞故再治改者良以竊念不應連接述聞爲十故廢商畧五章之名章名雖廢仍存其文述聞五章次第雖在亦没章名新移商畧之文以爲引證之例首加止觀等字用爲通序則以挹流等文用擬別序人不見之便爲亂說空張舊本商畧以消別序新文奈何商畧之文復彰祖承之後甚不可也問挹流已下正當舊本祖承之文如何將爲商畧文耶答正當商畧有師

無師故云商畧𭀚曰舊釋商畧云畧述佛經粗彰圓意故云商畧即引華嚴了達賢首聞圓等文今乃判他祖承之文而爲商畧有師無師既將祖承以爲商畧祖承儻更指後辨差從始至終重重妄說問有情心法并有情之色及外依報此之三法頓及頓頓起觀何殊答頓頓隨觀即具諸法漸頓心具餘二則無𭀚曰據此答文却用漸圓爲頓頓何者四教中圓奚嘗不云三處具法故四念處圓文中云非但唯識亦乃唯色唯聲唯觸三處具法正是四教末後之圓今謬判爲頓頓文者驗知諸判但用智𫌓又漸圓既知心具諸法諸法徧攝豈隔色耶色攝入心心即是色如何謬判唯心具耶若别教人初心色心並不具法何獨色耶漸頓迴互教門雜矣教門既雜依教修觀冥如夜游問此二種觀初心何别答頓頓觀者初發心時三諦俱觀漸頓觀者先觀中道離於二邊二觀先成見思前破後證中道三諦方同𭀚曰雖指文中三處五處以立頓頓既無正義約觀判位亦無正文

大師唯引諸經明位以證四教不見引證四教之外别立一頓况彼諸處頓頓之文盡是四教最後之圓彼以此圓判爲漸圓云初發心者先觀中道一切教法都無此文别則先觀二邊方乃見思先落豈有但觀中道先破見思圓别不成都無所據問一心三觀與三觀一心二文何别答一心三觀即是假三觀一心即是空非三非一即是中爲破步馬神通故云空假若論頓頓一中具三𭀚曰本論三觀須有所以此是佛法大體又是一家要門凡用其名須得指實旣用此三格一切法應曉三意方盡其門一者對境成觀如觀一心爲不思議境及破法徧等文是也二者覆踈收束如第一卷合散非合非散三一非三非一等是三者寄名義立如門非門非門非非門權實非權非實等是此三觀一心一心三觀都非此之三觀意只是翻對破彼縱横觀縱觀唯約次第之三而不得一故以即一而三破彼縱義故云一心三觀破竪通塞横觀唯得各别之一而不得三故以即三之一破彼横文故云三觀一心破彼横通塞人不見此便加雙非以對三觀又文自云空即三故破步涉假即三故破乘馬中即三故破神通彼師乃云爲破步馬神通故云空假步馬元是單空單假何須更以空假破之破於横别步馬神通正用圓教一中具三何故别云若論頓頓一中具三此是違文謬說令迷文者信之亦是立觀違文令誤觀者輒受問相待絶待有何同異答頓頓是絶待漸頓是相待𭀚曰誤之甚矣依此所判則應相待絶待俱非頓頓何者以玄文中判今法華具有二義謂相待絶待若爾何處别有頓頓絶耶又依彼所判則唯華嚴是絶法華純待若知法華具有二義復以待絶分爲二頓當知此判自語相違據斯以論俱迷二待何者二待並須非漸唯頓判爲相待又判爲漸此復一重自語相背凡言相待待前諸教爲漸爲麤方今法華是頓是妙頓居漸後兼所破說對漸明頓故云漸頓人不見之徒分待絶以對二經又亦不識絶待之意絶於所待名絶待者

方是妙頓彼乃離頓待別立絕名何爲頓頓
問此法華之文具足二待豈可離文判屬二
塗答會竟無二未會則別喻曰此師非但迷
於玄文待絕之名亦乃不達法華開會之意
一代教法會在法華彼判法華唯有相待更
立何部稱爲會經若以法華會入華嚴實無
開顯之說若爾兩俱未會應別立一經以會
斯二若以觀會會則無文今家所判以法華
之絕絕彼華嚴當知華嚴未絕明矣又何但
未絕亦乃無待以兼別故獨顯不成尚非相
待絕何所寄會竟無二還歸法華何故判之
云非頓頓問法華之文豈有不會答對前稱
待麤無別理喻曰若據此答定判法華唯有
相待雖有相待理亦不周但得待前之言失
於能對之妙縱使法華但有相待終成不曉
所待之名所待即前諸麤前謂華嚴若望彼
所判還負己宗華嚴既麤頓頓何在法華咸
妙頓頓不疑相待既然絕待可判問修觀之
法準義用文既同法華應依會義因何對昔
而分二塗又以法華爲不會乃將華嚴爲絕

待答修觀不同於教是故觀二教一喻曰凡
修觀者必依於教若觀二教一其理不成法
華既融只應還依融義修觀其虛立二觀謬
以絕爲華嚴會義既歸法華頓頓之名徒設
況教一觀二一觀無文又與立宗全成乖互
違四　十六
本立華嚴爲頓頓頓頓卻歸於法華頓義既
歸於法華言判爲漸者謬矣問觀本依教無
教如何立觀答根別喻曰此乃臨急之說不
思前後相違觀既隨根根本順教有根無教
同於本迷若以頓頓爲華嚴則漸圓無教若
以法華爲漸教則頓頓無文問曰云何名爲
頓頓觀相答前即後故名空後即前故名假
前後不二名中喻曰後即是前何異前即是
後徒於不二前後謬立空假之名實未能知
三觀相狀又自說云頓頓如法華六根清淨
位但云六根清淨不云先斷見思故知是頓
頓漸圓如仁王十信菩薩位既云長別苦海
即是先除見思故云漸頓喻曰自言相違不
可窮盡初以法華爲漸頓今以法華爲頓頓
況復不知山門諸部並將仁王以證法華法

華云無漏意根仁王云長別苦海無漏與別
苦但有因果之殊不見義同從文分二又云
前文既云大意在一頓當知五畧正明頓頓
釋名已去並是漸頓喻曰大意與下文但是
廣畧之殊如何分二故分別中將大意對八
違四　十七
章十義分別廣畧即其一焉豈有畧頓而廣
漸耶又第五初列前六重以開解令依解以
立行如何以解爲頓頓以行爲漸圓依解起
行行既違解此乃目視東而足西嚮南而明
北又若大意唯在於頓頓何故大行通引三
乘若下文唯在於漸圓何故復有一心止觀
及中即三觀破前神通又若大意唯在頓頓
何故發心四諦四弘十種發心皆列四教下
文屬漸破亦同前文既相違依何立行又云
此之兩觀初心修觀大難分別須自入觀方
乃得知喻曰如破徧初初入無生咸須依教
況大章生解以導行初既云分別大難信是
解心冥昧解既冥昧入觀無由彼解未明便
推入觀何異闇證增上鼠即鳥空而宣入證
之言令他生於聖想忽令領納說實墜於過

人實得說尚招愆違想故當重釁又若實得
為何位次若假名與他何異若五品位便同
大師予實不裁證者自了頑不欺聖無違自
心又云依頂法師十二部經觀心之文修觀
必得喻曰夫三觀者義唯三種一者從行唯
於萬境觀一心萬境雖殊妙觀理等如觀陰
等即其意也二約法相如約四諦五行之文
入一念心以為圓觀三託事相如王舍耆闍
名從事立借事為觀以導執情即如方等普
賢其例可識故十二部觀寄事立名雖有三
觀之名十境十乘不列一部名下唯施一句
豈此一句能申觀門若此一句足得修行十
境十乘便成煩芿故知偏指文中一句兩句
以為頓頓義同禎境體心踏心十卷之文便
成無用兼出大師虛構之愆問漸圓觀但中
校四　十八
中是實相不答非即實相體是但中喻曰實
相與但中體同名異實即俱實權即俱權若
約教釋文但中在別修觀次第仍居後心四
教中圓一切諸文並皆初心圓修三觀彼將
此觀屬頓頓人別為圓人立但中觀偏尋諸

部都無此文唯煩惱境中斥失玄云不住調
伏不住不調伏初心修中成雙非失如何拾
失以判法華苦哉苦哉不可救濟問初心修
中既非實相是涅槃不答是涅槃喻曰涅槃
實相大小名通初心修中既非實相若非實
相亦非涅槃若是涅槃亦是實相若是實相
即是從初常觀涅槃如何乃云非是實相云
是涅槃若從初心是小涅槃此通別二種菩
薩偏是一往通塗而說若別論者通教菩薩
至第七地恐墮涅槃如三惡道別教初心但
名真諦仍不得立涅槃之名故知初觀唯在
於頓言非實相是涅槃者無教可憑問豈有
但中名為初心觀涅槃也答有也喻曰不知
求教但任已言須無即無須有即有一家教
相不見少判但中涅槃問如其必有二種頓
校四　十九
者大師何不分明顯說答如大意在一頓等
即其文也又頂法師涅槃疏釋不次第五行
中云十信斷惑即是漸頓不斷惑者即是頓
頓喻曰大意一頓已如前破彼引涅槃疏親
共對檢全無此文應是續後謬思便將想心

證義文所不載故使再檢無文又大師諸文
文所不載何須更引章安之文況復再檢全
無何勞苦據況復不次第行正是四教中圓
又數數常云有八教故有二頓喻曰八教
中意具如前破又云二頓初心非一向異雖
異而同雖同而異喻曰無將此異質覈他人
不許漸圓即是頓頓理窮無據同異混和問
一色一香無非中道是何觀相答是漸頓非
頓頓喻曰此師已執初心修觀但聞中道便
謂漸圓而不曉於言偏理圓故大意云勿守
語害圓誣罔聖意故經論名數或具或偏言
下之旨理必周備大師以備具釋偏言故大
意中云空即不空等自語相違亦如前破問
初心起觀若捨二邊但觀中道何異通教但
有中名如何初心見此但理便默不答喻曰
言若有旨言勝不言既無歸不言勝說凡
修觀者須立解心解心未成輒立此觀言究
理極以至無言又云據文須分兩種頓異初
心修觀實難分別喻曰前云教唯有一觀則
有二此中復云文雖分兩兩觀難分據茲又

成文二觀一前後違反不可復論故知學宗不得輙爾此時猶可曠累多生仍使未來不逢善友問別教地前爲登地雙亡雙照方便其義如何答地前雙亡登地雙照至第二地又亡又照諭曰非但觀門失緒亦乃文義參差旣云地前以爲初地亡照方便當知正亡正照合在初地如何乃云登地雙照地前雙亡具如止觀第三卷中此是讀文未周不須別破問何名四三昧是通修念佛是別修答頂法師誤應云四三昧是別修念佛是通修諭曰此師自誤推失與他今言通修者以四三昧攝一切行故曰通反以爲別念佛通收諸行不徧乃是通中之一故名爲別反名爲通深不可也又云三賢十聖住果報者此兼兩教圓教三賢別教十聖諭曰言果報者是實報土旣生果報即是圓教四位之人此師但見是賢聖之名便分以爲別圓兩教賢聖之稱乃借別名圓俱生實報即是正明圓位若言別教賢聖位不合生彼而判十地屬別者圓四十位俱破無明因何乃分十地屬別人又約證道地即是住何須分別縱存教道則十地以含兩教亦無分義問彼問人曰聲聞經漸名漸圓者八界發心不從漸來從此應判以爲何教答頓頓人也諭曰難已如前何不從於八界塵數爲判頓頓而名漸圓自此已前畧明觀失教失不論歸命諸賢聖願捨是非心爲樹涅槃因非欲貶量失

止觀義例卷下

止觀義例卷下

校勘記

一　底本，明永樂北藏本。

一　八〇五頁上七行第一二字「目」，徑作「自」。

一　八〇六頁下一二行全行「答漸……漸頓」，南、徑無。

一　八〇九頁下五行第八字「自」，徑作「是」。

一　八〇九頁下末行第一三字「當」，南、徑作「是」。

一　八一〇頁上一〇行「三處」，徑作「二處」。

一　八一一頁下七行第一四字「今」，南、徑作「令」。

一　八一二頁上三行第三字「予」，徑作「子」。

一　八一二頁下六行第一五字「衆」，南、徑作「衮」。

止觀義例

計卅四帋　傚

天台沙門　湛然　述

第一所傳部別例　第二所依正教例
第三依正消釋例　第四大章總別例
第五心境釋疑例　第六解行相資例
第七喻疑顯正例　有題云破迷者請改

第一所傳部別例者總指一部以爲圓頓佛乘正行之大體也大意文初雖有數處三止觀結但汎爾借名結義非爲即爲三種行相以大意中文略意廣故用三一收束結攝應知部內意唯在頓故序中云大意在一頓以略冠廣不可差殊又示處中云圓頓文者如玉泉寺所記下文雖有四教八教思議不思議相待絕待皆爲顯於圓頓一實故大車文中以思議相待等而爲僕從實相妙理以爲車體無漏妙觀以爲白牛自餘諸法皆莊嚴具故知此部更無他趣

第二所依正教例者散引諸文該乎一代文體正意唯歸二經一依法華本迹顯實二依涅槃扶律顯常以此二經同醍醐故所以釋名論待論絕乃至偏圓文中具引蓮華三喻釋名顯體具用光宅四一即是實相爲行正體也況諸境十乘皆以大車爲喻故生起文末攝稱歎云積劫勤求道場證得身子三請法譬三說正在茲乎是知四種三昧皆依實相實相是安樂之法四緣是安樂之行證實相已所獲依報名爲大果起教只是爲令衆生開示悟入旨歸只是歸於三軌妙法祕藏所以始末皆依法華此即法華三昧之妙行也次用涅槃者雖依法華咸歸一實末代根鈍若無扶助則正行傾覆正助相添方能速運佛化尚以涅槃爲壽況末代修行非助不前故扶律說常以顯實相推功在彼故正用法華意顯圓常二經齊等

第三文義消釋例者又更爲二一者詳究文義二者消釋體勢初文爲二一者詳究文義二者詳究文相初爲十例一者引證通局如引法華部唯一實文敘昔教以爲所開故部中之文有權有實若局證一實則引實文若通證方便則兼引昔義如引法華證漸不定所引四味文之與部通局亦然二者汎引流類謂引教證觀等如引華嚴先照高山淨名始坐佛樹大經從牛出乳法華以異方便等以證三止觀義故知教觀漸等名同其義永異彼文判教今以類同是故借用三者借名申義謂借權名申於實義如引方等斥奪之名申今開權絕待之義引餘三時類此可知於彼即是兼但對等於今即成開廢會等四者借喻轉譬如豬揩金山等論喻冶等今借譬止等喻是世間物類而以隨義轉用何局本文如火一物諸經或時譬瞋譬智或用照用燒以形以性若體若用地水風等爲喻亦然是故不應局文爲定五者旁引辨異如諸文用毗曇成實若證漸初及偏小等則名義兼借如信法二行文初五陰王數同時異時等但爲辨異非借名義六者開總出別如四悉五味三假二空本文義合開合義偏諸門諸教莫不咸然七者引用宗要如法華權實本迹般若加說共不共等方等彈斥神力不共等隨引一句兩句得彼文心若破若

立不失部旨八者引用儒道若破若立不違本宗略辨異同不在委細不以名似將為義同是故所引粗爾存略九者借名略義如攝法中及識藥等但借其名以示相狀若更委釋太成繁廣略借上下準例可知十者準例用義如教證二道本在別教今則通用乃分兩意約證約說準望三觀立三止等二者詳究文相亦為十例一者隨相開合如三觀四教四悉五味諦緣度等一家立義文相皆然寬廣無窮隨事隨理隨法隨名隨行隨證隨自隨他無不通用然須結撮勿使浮濫若不爾者微文靡託立行莫施若得今意存本文則淺深有則演義理則縱廣無涯示一心則卷權歸實從被物則開實出權立行儀則以智為導蕩相著則纖毫不遺存諸教則因果歷然顯一理則始終無二二者結示處所及立本文意如例餘陰入在破偏文末豎破法偏有六處示妙妙境中明說教大體發心中則約圓斥偏安心中義開三種道品中不出念處通塞中元治能執次位中勸修五悔安忍無著但在進功若搜得宗源則諸文可識大綱既整網目易存三者事理旁正如四三昧正為顯理旁兼治重如十法界正示理具旁識淺深如識次位正為簡濫旁為通經又諸文中一切皆以破古為旁意雖旁正文不可廢四者文偏意圓如以三止觀結於諸文及五略中所用三教諸境十乘縱橫偏小等三種止觀皆緣實相等五者廣略有無如發心中顯數則廣而文相略後十法中文相則廣而顯數略修大行中事儀則廣而十法略修正觀中十法則廣而事

儀略後三大章大意中有廣解中無十種境界正觀中有四三昧無雖互略無義必通具六者文行不同如十境十乘生起次第十禪淺深豎破法偏文雖次第行必隨人十禪何必自淺階深豎破元為顯於不二或隨豎次入何障於理自淺階深妙觀斯在七者待絕前後若約教相必先待後絕若論道理待絕俱時八者破會不同若依化儀必先破次會如先斥小後方會圓故方等般若廣破偏小次至法華方會入實約人約行破會同時如照權了實照權名破了實名會是故今文為顯理故不同玄文專在判教凡有釋義破必居先故今偏圓借彼釋名次第則別九者行解不同如五略生起分別十章引證破古問答料簡等多為生解若十法總別十境互發十禪離合十境發相專在於行是故先識方可造修十者舉例從略如道品攝法假中空例破餘陰餘使餘品以例初品相續相待以例因成則細尋廣意以申餘文歷法先思方不昧旨若十法成觀但於陰入委識根由餘九待發方可設觀故九境中但分別境境下十觀不細委分但隨境轉照非關廣說次消釋體勢又更為二一文體勢二義體勢初文體勢亦為十例一者法喻廣略若法略喻廣則展法文與喻相稱不專守略法以擁喻文或法廣喻略則擴法對喻或開喻對法如如意珠喻不思議境等或法別喻總如以大車喻於十法則開總總喻以對十法若以善畫勝掌為喻不須開對但略合而已若法喻俱總如以虛空喻於法界若法喻俱別則隨文對消可以意得二者法喻

合三互有互無隨宜設用存沒適時三者開合自他凡列章門有對自開合如五略對十廣有對他開合如以十廣對五重玄義有相攝開合如開上合下有義立開合如攝法等開六開四等不出自他因果及文四義二意唯在一文相若盈若縮多少適時從數必使至十從義則賒促隨宜四者注云云者若上文已具或餘部廣存重展成繁或廣文非要若消釋者須委的處所撮略指示若傳寫者有闕須填五者破立存沒如破古師及破邪僻其義壞已不須更存縱存其名不用其義或小有不當則有去有取若破偏破小破已必立為成一家不思議理為退一代不思議化等六者長短不同若大小法相問答研覈法喻對當章門開合則隨文消釋無俟遠求如不思議境等及破法徧必觀歷初後尋求中間或結長就短或演短令長是故皆須遠騰文勢方可碎釋碎釋文顯必融碎令全使文理通暢令一家行門歸趣有在或總別二釋則以總冠別別釋義長則攀別歸總七者法喻隱顯若法隱喻顯則求喻意以消法若法顯喻隱則求法意以消喻喻望於合顯隱例然是則不失文旨上下相承八者問答迷解若迷問而不迷答則求答意以設問若迷答而不迷問則研問文以成答或問從答生或孤然釋妨或因答作並或從答設難或答順於問或答違於問或答杜於問或答開問端九者舉例消文如六度之文或語勢兼含應以教定之使六文一類若諦若緣諸法皆爾十者以教定法皆隨其教體以立義宗或名偏意圓從體以定二者

義體勢亦爲十例一者部體本意凡欲釋義先思部類如法華玄雖諸義之下皆立觀心然文本意明五重玄義出諸教上則教正觀旁託事與觀義立觀心教中則以權實本迹爲主常以五味八教以簡於權並以世界塵數以簡於迹若本迹交雜教味蹤遺無以顯於待絕二妙餘味餘部以類求之則可知矣若今止觀縱用諸教意在十法以成妙觀則觀正教旁爲顯實理旁通諸教復爲生信旁引諸經二者觀教同異既約法華應須八教教雖有八頓等四教是佛化儀藏等四教是佛化法依法起觀觀則有四漸既異別更加不定故觀則有六開權顯實會藏等三漸及不定元知圓極故佛本意唯佛乘是如今文隨教雖復若八若四本意唯爲成一佛乘三者觀門準則隨機逗物雖立四門教法體度無生爲首若消法相爲成行解斥奪比決上下交映皆悉結撮歸於一乘四者會異考同若一切異名皆入一實名爲通會如會隨入悉止觀異名等名爲別會通別二會攝法罄盡則一家義勢攝法無窮乃至法門亦具通別二會之意文如破偏度入名爲通會當教當門名爲別會言考同者如大小經論凡所立名部袠雖殊名相不別豈以名同令法一概必以理簡而使甄分如諸外人尚爲大自在天立三身名豈此三名體同宗極故云不可尋通名而求別體故用相簡之是以考同出異會異令同若異若同入一極五者以一例諸如教證二道及一心具法不同世人取著一念思議境立佛法界前明可思議後明不可思議等部內唯有一文

說之以此一文而均上下使處處文義通徹昭然六者名義通局如置毒譬經中唯譬五道不同佛性不變五味唯喻一代五時濃淡濃淡雖殊皆從牛出今文從義處處偏入或定不定或行或人或教或位或時或部不可雍義而守其名故用置毒則有兩種醍醐殺人若用五味則有兩種乳不等七者開拓句法或四或六或三十六乃至百千隨其文意廣多應少皆使偏在一代教門一一皆令有名有義無得輒爾無義立名八者束散前後凡諸寬文文中無結或隨文勢若逐意便或前結而後開或前散而後束所以釋者先須撿括語意寬急所詣歸宗使觀行有在九者行理交映理有權實行有親疏親正疏旁發權入實理無種種行有淺深說理則泯彼階差談行必積功方達以理融行以行綜理諸位無濫方可免失豈可尚深偏求一句況以二十五法而爲前導十乘十境以爲正修故知行理相融方有所至故第五云照潤導達交絡瑩飾一體二手更互揩摩然義解者非消文時欲出文意必須出沒開合先令妙境周圓依境立願願行相稱正助無闕不失次位是則可以斥偏邪可以進圓行可以顯異意可以立宗徒若消文時先鉤鎖文勢一道豎進次洮鍊前後以顯行相以一觀境冠於下九以一弘擅通及諸行以一安心偏該如未破偏只是安心加行通塞只是上二細門以一道品調停陰入正助只是助開前四次位通爲上之七門以除濫過安忍離愛上八功能入初住時轉名十大良有以也若不得意徒勞生起說行說理未

足可師何者越次則傷文專文則損理十者教觀折攝教折攝者若權若實適時而用或攝權折實或歎實折權理事因果四門四悉隨教隨機約人約部若密若顯若現若當爲熟爲種逆化順化不出一折一攝意也觀折攝者觀一境歷一心或折爲無常或融爲理性宜治樂厭止觀智斷苦樂縱奪順逆體析如是等相皆亦不出折攝二意故此教觀折攝二者以理觀之使元意有在此四十條略知大概餘不盡者準此可知

第四大章揔別例者十章十境十乘離合同異立意等別初十立大章言大章者準分別中十門不同具如大意與九而弁同異初釋大意既云五略對下即是廣略二門若爾亦可釋名已去更開十章如法華玄釋十妙文今此爲對旨歸非廣非略文勢便故故以大意共爲十章禪門亦爾若欲開者則開顯體出眼智教相則中間八章自離爲十如五重玄義亦是合於中八而爲五章合攝法入體相中義當顯體合方便正觀果報共爲一宗起教義當於用偏圓義當判教彼爲釋經此爲成觀故有少別爾今存十數故離五爲八更加初後則數整足十境離合者互發正意只有九雙亦爲成十數故加三障四魔一雙故此十境若非三障即是四魔又十境者亦是爲成十數故具示爾故下章安問云法若塵沙境何定十今於十內若更合者二乘菩薩但合爲一方便境則但有九若以煩惱入於六蔽習因相中則但有八若以煩惱及業并陰入境爲三道境則但有七或依前八復以

慢入煩惱境中亦但成七若以見慢入世禪攝則但
有六又以病患入陰入攝則但有五四三者如四魔
三障若但以發不發相對則但成二若但以一所觀
爲言則但有一開合雖爾今明發相氣類不同是故
爲十以陰對九陰非發得是故別立二乘菩薩雖同
方便發心異故煩惱起重習因輕微展轉互通故名
爲道此諸發得三皆現起慢與煩惱濫別禪中未必
一向發見病雖是陰陰不必病病雖有業非業相現
病雖有魔已屬魔境二及三四發相頗分况但爲一
最爲通漫是故隨相必須開十次明十乘立意者下
文云橫竪該羅十觀具足今探文意揔爲五釋一者
揔釋二者別釋三者橫竪四句釋四者附文來意法
相釋五者與他所立永異釋揔別二釋橫竪四句具
如記中附文者十法生起又名爲竪一一法中各含
多意又名爲橫生起如文各有多意具如本文隨義
別釋今搜文意覽略知廣雖有小小多少不同今於
十法各例爲五故立斯十妙境五者一爲示三千在
一念故二爲示極理異後乘故三爲欲開顯思議境
故四爲利根者開悟理故五爲下九法作所依故發
心五者一爲解理者仍須願故二爲明發心攝法徧
故三爲欲弁異諸偏小故四爲明中根發方悟故五
爲下八法作行始故安心五者一爲明有願仍須行
故二爲辨中根難安故三爲示法同隨人異故四爲
示凡夫自他安故五爲示開揔出別安故破法徧五
者一爲弁此門偏用慧故二隨用一門橫竪徧故三
爲初心者依教門故四示初心者依無生故五三諦

圓融破方偏故此中五意後之三意別在今文前之
二意通在初後通塞五者一爲示撿挍非一節故二
爲示橫竪通仍塞故三爲示一心仍有塞故四爲示
實渚是所通故五兼消經文過五百故道品五者一
爲示須用道品調故二爲示調停異偏小故三爲示
念處是陰境故四爲示道品攝諸行故五爲示品後
必有門故正助五者一爲重蔽者必須助故二爲示
事度能治蔽故三爲示助道攝法徧故四爲示正助
合行相故五爲示三教俱是助故次位五者一爲示
妙位使不濫故二爲示妙位德難思故三爲示慕果
令思齊故四爲增上慢知非聖故五爲逗衆生宜樂
者故安忍五者一示內外障須安忍故二爲斥鄙夫
擅師位故三爲示行者內外術故四爲示先賢安忍
軌故五爲令策進相似位故離愛五者一爲令離於
頂墮位故二爲示大小乘頂墮別故三爲示似愛非真
愛故四爲示功用異偏小故五爲令策進入初住故
此一一五並以初文而爲正意下四並是文中兼具
若預了此五則對文可識次明所立異於諸家及今
學者讀文昧旨不知所立唯順圓融若不了之修習
無分於中又二先揔次別所言揔者略列十條一須
知乘體無發無到二須知乘體通因通果三須知圓
乘具於十法四須知大車唯喻十法五須知諸法皆具
十乘六須知諸教 門門具十七須知開顯唯妙十法
八須知簡體與具度別九須知觀心立十法義十須
知白牛異黒牛故所言別者於一一法各具四意縱
有一兩似前附文爲欲弁異他所立故妙境四者一

於無情境立佛乘故若無佛乘佛法身體爲偏不徧
亦不應云佛法身體同於無情及以不同是故應云
法名不覺佛名爲覺佛即是法法即是衆豈可條然
二衆生性德具三因故若無三因則緣了始有始有
無常如何無常而立常果大經破外用別教意非此
所論三依正二報在一念故他人咸知一切唯識不
知身土居乎一心故知心體即常寂光寂光諸土無
二無別遮那之身與土相稱法與報應一體無差四
佛本不斷性惡法故性惡若斷普現色身從何而立
但使分得常住法身不動而動徧應身土具如觀音
玄文及第五記發心四者一發心先思所託之境如
十種發心各四解不同乃至當分跨節不同二念念
具足四弘揩故以揔冠別一一行願從茲而立故知
無作四諦只一念心爲依此境徧於多念三於一念
心以弁能所以此能所悲己悲他一念心生佛理
等足故菩薩依斯起揩四圓發仍須徧立徧破離能
著己方契所依安心四者一圓頓止觀據行仍開六
十四番不立多番逗會不足二一念止觀須了能所
定慧諦境諸行宛然所以離揔出別別皆有揔雖異
而同雖同而異三寂照相即初心可修他以用權在
於極果初後不二其致徒施四凡師爲他仍須問彼
同設一位未見益方縱轉弄好異尚新而已隨順己
見何關適他受者非機語見增長所以同宗枝派乖
各理觀既薄矛盾遂滋今家弁師先分凡聖六根淨
位尚日凡流五品弟子理非真應問他設教依病立
方四悉便宜二行互益何須固執終朝守株破徧四

者一初無生心橫竪雖徧復須後位六即竪窮若橫
若竪無不即理橫門一一無不具竪及非橫竪二須
知他門他門理等三度入他門諸法無差若用一門
諸門融入況涅槃釋義佛藏示相棱伽釋成地持
對教咸隨法相度入諸門又以一念心該冠兩門高
廣大車不動而運四入住應徧方名假徧及以眞徧
爾前雖觀圓融三諦但是自行觀行相似約位仍在
若俗若眞是故雖圓未名破徧住後尚須節節離愛
方能令淨餘位無明通塞四者一三止三觀在一心
中仍了開權諸法無外節節撿挍能著之心無撿無
著方乃名通二一心止觀仍須善達通中之塞塞中
苦集無明蔽等無非法界成於無作諦緣度也三初
心實渚六即甄分故得毫善皆成佛因四須了能破
轉爲所破謂賊爲將此喻可知若不爾者不見說觀
然成或過乃成菩薩旃陀羅也道品四者一爲示闕
觀大小俱須講者唯約小位弃之尚失小乘相生相
攝況復餘耶大乘觀者大小俱弃將何以爲所行之
軌二須用諸品展轉調停諸家縱修唯云念處後品
何妨而不用之三圓道品後明三空門他既不明能
通何在如世行道至無門可入四與一切行名異體同
具如攝法文中廣明正助四者一圓頓仍須助開三
脫近代修者得語爲證是故不論助治開門二別教
教道仍名爲事乃至用圓猶名理助成理發案位
勝進三雖用三教而爲助治仍須委用對轉兼具他
無一番況復諸句四六度乃至二十二條成道轉法輪入
涅槃等俱須四教事理合行次位四者一始終不二仍

須六即弘教修觀咸須委知方免初住稱爲妙覺二
他又不立五品六根法華之文便爲無用三約陰界入
而弁次位四六時五悔爲入位方便他不明之將何
以爲圓行之始安忍四者一雖行六度事理相即即
位未深因生違順他不辨此牽破觀心不入六根
良由於此二事理雖即須知此位煩惱全在豈以麤
心暫時小息便計此相而爲果頭若歎爲果頭慙不
敢受若降爲凡下仍復鄙之二盈中間無所名也是
故當知初品撿量他已無分三內外違順俱安忍故
須明識能忍所忍四以三術自安令入後位離愛四
者一三界愛斷仍受愛名二此頂墮名不同退墮三
受此互用得法愛名四此位向後復須入位
第五心境釋疑例者略爲二十番問第一卷弘捨中
云對法界起法界如何法界有起有對答如前分別
其義已顯若欲更論各有所以一者約理心佛無殊
雖對雖起奚嘗非理二者夫念起依理體達若起若
對不出法界三者稱理理既法界起對稱理無非法
界今此文中義通三種意在前二故云起對復云法
界此三即是六即意也初是理即次是名字觀行相
似三即三是分眞究竟二即問十界四運正起其相
易知已起未起如何觀察答起已未起雖即不專的
在一境然須形於正起之心則知已起爲屬何界望
前爲已望後爲未是故已未望於欲正而得修觀問
起已望前心相可識未起望後有後可望則名欲起
何名未起答對於後境知心未起名爲未起心相欲
生即是欲起是故二心心相全別觀此一運即具十

界百界千如即空即中故知雖觀十界四運亡界亡
運唯觀三千即空即中無三名字能所渚合是故不
同賴緣之假無自性空空假不二名之爲中故借喻
云諸色心現時如金銀隱起金處異名生與金無前
後亦如官路土私人摇爲像智者知路土凡愚謂像
生後時官欲行還將像填路像本不生滅路亦無新
故四問外無情色不與心俱如何復能具足三德而
云三德徧一切處答何但外色不與心俱內身亦如
草木瓦礫若論具德不獨內心由心變故謂內心外
色心非內外故色無內外而內而外隨其心淨則佛
土淨隨佛土淨則智慧淨色心淨故諸法淨諸法淨
故色心淨何得獨云外色非心是故破法徧中以識
例色第七卷末若心若色無非大車五問今現見青
黃赤白如何即是眞如法界答言青等執情所見言
法界者從理而說何得將情以難於理今所觀者達
情觀理不可更令違理順情又青等是也俗諦法界是
眞諦又青等是世諦少分法界是三諦全分又青等
是肉天二眼所見少分法界是佛眼所見全分一眼
具五眼青等具諸法一諦三諦亦復如是是故不得
以青等難於法界故弃蓋中云色非味非離凡夫自
味二乘自離色體本來法界常住六問發菩提心求
於極果果地自然能應一切何須必假大悲居先而
云佛菩提心從大悲起答若無大悲熏於法性理藏
性法無由得開藏若不開尚無初住何況極果是故
不以大悲熏心後時則無能利之法並若爾十法成
乘何不以大悲居初而但以妙境爲首答通途次第

止觀義例　第十五張

理境居初若發心中大悲爲首七問安心初云本來
寂滅爲修爲性答若云心性本寂本滅寂即是止滅
即是觀此約理性若云體妄即是法性法性無起違
妄本空空亦無滅此約修觀說亦是修性合說故八
問揔安心中止觀圓修下別安中但是偏修如何得
云以揔冠別答所云偏者非永別也止是觀家之止
觀是止家之觀體同用別暫適行宜故知即揔俱時
而異隨用故分順理故合若其離成三諦次第之別
此則止觀不可俱時具如諸教分別相狀若圓安者
如揔安初云不動止只是不動智不動智只是不動
止以此同體而冠於別故無二也九問安心初云但
信法性不信其諸爲唯法性無復其諸若都無者現
見諸法復云法性具一切法答以衆生久劫但著諸
法不信法性破昔計故約對治說令於諸法純見法
性若見法性即見法性純是諸法是諸法性本無
名字約破立說名性名法十問諸文皆云色心不二
若欲觀察如何立觀答心色一體無前無後皆是法
界修觀次第必先內心內心若淨以此淨心歷一切
法任運滔合又亦先了萬法唯心方可觀心能了諸法
則見諸法唯心唯色當知一切由心分別諸法何曾
自謂同異故占察經云觀有二種一者唯識二者實
相實相觀理唯識歷事事理不二觀道稍開能了此
者可與論道十一問安心中云體其實不起滅妄謂
起滅爲當只除妄謂猶存起滅爲體妄謂令無起滅
答此亦無別須善其意若單論理非起非性若約果
德則性不妨起若約衆生唯起迷性若聖鑒凡即起

止觀義例　第十六張

只是性今從反迷歸悟以說令離起歸性見非起性
仍恐迷者離起求性故令體起其實不起起既不起
滅亦無滅十二問既云一心止觀何得更立六十四
番答六十四番者約根約行迴轉相資揔徧而論有
六十四行者何必盡具諸數又論其體性只是約於
法性寂照自在堪用故尓許爾十三問即此文中
或云諸法即是法性或云四運四性推撿何者爲要
答夫觀心法有事有理從理唯達法性更不餘塗從
事則專照起心四性叵得亦名本末本末相映事理
不二十四問法華玄文境能照智雖引誠證理亦難
明答順方便教理不可會若從極說於理易融以心
爲境心亦能照能所俱心心體俱徧心心相照於理
甚明故不可思議境初云不可思議境即是觀以是
得爲四句分別境照於境境照於智智照於境智照
於智照者方照非說可窮照者應說非照可了說者
方說非照可窮說者應照非說可了是故不同世謂
頑境以爲所照又亦不同偏小妄心以爲所照又亦
不同假立真如以爲所照所照既爾能照亦然不可
率爾十五問破法徧中云須先用無生爲首者門後
料簡云何復云無生是智無滅是斷智則是觀斷則
是止應無生門唯觀無止答破徧門意從事徧說故
文中云有定之慧而盡淨之具如記中廣分別說十
六問禪境初十二因緣觀不思議境初云不同世人
取著一念能具三千爲唯此中諸境皆然答一切皆
爾十七問若爾應當取著心中不具三千答此準用
觀觀境而說取著之心本是諸法照此著心緣生虛

止觀義例

假假中三千自體性空即是心性不可思議圓妙三
諦譬如空華華與空體無二無別此空不當華之真
空對華說空空無名字以此細推諸法皆爾十八問
十二因緣妙境文中束爲三道以對三德苦身質闕
那對法身答此約理說的翻對以身對身故作此
說實論三體更無前後且論無始若輪無際與業煩
惱不並不別況今文中約於一念十界百界以論因
緣約此因緣以論三道約此三道以論三德是故三
道及以三德並無前後性德三因無時不具豈更問
質開等耶十九問有人問云此土真詮稟承有緒雖
教科開廣而本味仍存尋求宗源自可會本何須復
立一心三觀四運推撿溷我清流答滔流本清撓之
未濁真源體淨混也詎妨設使印度一聖來儀未若
此土二生垂降故東陽大士位居等覺尚以三觀四
運而爲心要故獨自詩云獨自精其實離聲名三觀
一心融萬品荆棘叢林何處生獨自作問我心中何
所著推撿四運併無生千端萬累何能縛況復三觀
本宗瓔珞補處大士金口親承故知一家教門遠稟
佛經復與大士宛如符契況所用義旨以法華爲宗
骨以智論爲指南以大經爲扶疏以大品爲觀法引
諸經以增信引諸論以助成觀心爲經諸法爲緯織
成部袟不與他同開大師口說純爲治病爲復更有
餘心要耶答諸皆治病唯有一偈云師常教誡言實
心繫實境實緣次第生實實迭相注自然入實理釋
曰心若繫境境必繫心心境相繫名爲實緣復由後
心心心相續心心相繫名迭相注即是心注於境境

注於境境注於心心境境念念相注如是次第剎那無間自然從於觀行相似以入分證故云入實第六行解相資例者如分別中總以十義分別十章於中且約自行化他則前八自行於中去果論因則果報為果非今正意前七為因正明修相於七因中前五生解後二為行分別文中雖以起教取辭於目起教化他義當於解越次取文兼化他故自行解唯前五章是也大意雖有行及果報等文但是示行及果報等令知始末非謂即是修行相也何者修行俱須二十五法以為方便十乘十境以為正修所以者何若無十境乘則無體若無十法名壞驢車故知必須五章以生妙解於生解中大意則備解始終自他因果則文略而意寬次四專在名體則文理俱廣故以廣解導於行始使二十五法隨敎甄分會開廢麤方可得名妙行之首也是故五章一不可廢若用此解而修十法則但釋十法名宗次第於理自足而今文中相猶廣者為鈍根者仍恐不曉觀法次第故引前解入觀委論又恐繁文故於陰入具釋十法九境比知是故諸文不無旁正且如十境只一念心行之地也一一顯示境相不同行之種也一一起於十乘觀法行之雨也一一轉成不思議境行之牙也一一發心行之幹也一一安心行之葉也一一破徧乃至正助行之華也一一次位以至離愛行之果也若無六事道樹不端次第雖爾若從人說上根即於境種而生於果故文云直聞是言病即除愈為中下根更須後法是故文云至長者所為合衆藥又於十乘一一

復須了其文旨一一皆依不思議寂照止觀文之體也一一乘相生起次第文之骨也一一引事助成行相文之肉也廣破古舊問荅釋疑文之膚也又釋名等四文兼於膚義兼於肉意即骨也意下所詮即是髓也若無四事法身不成是故讀者行者須知緩急無得謬指偏言僻意令行不周修行之來並過集解而起方便行因得果果滿敎他他機我應感應斯息自他同歸滅理真性今之一部意唯若是故此十章攝無不盡第七喻疑顯正例者此所學宗同稟一師文理相承終無異解忽遇僻者因問異荅事不獲已而徵喻之問頓敎有幾種荅有漸頓及頓頓喻曰夫講貫之法先觀本文本文立名不可輙異求異會釋仍須體同頓頓之名經論不出一家著述諸部所無若名體俱無修行何託若以頓頓是圓如圓圓等此義奇爾既分二頓漸頓為圓更加頓頓為何所擬問此二位者斷惑何殊荅二位不同若漸頓者初住已前四住先除若頓頓者初住已前圓伏五住登住已去圓破五住喻曰初住已前四住先除引證屬圓處處皆爾故圓敎四念處云如治鐵作器本為成器非為除垢麤垢先除非關漸次頓頓既云登住圓破即顯住前五住全在當知此義非別非圓圓則初住唯破無明不應入住五住俱斷別須住前五住全在住破四住行破塵沙登地方破一品無明故知非別離二別立無敎可憑問二頓修成其相何別荅漸頓觀者空觀先成頓頓觀者三觀俱證喻曰此甚違背一家敎文既云漸圓是四敎中圓應依六即判此圓位

則不應云空觀先成何者五品即是觀行三觀六根即是相似三觀初住已去分證三觀如何乃云空觀先成又復不識見思先落似位之意若先成者何名似即頓頓既云三觀俱證為是何位若在初住與漸頓何別若在住前都無此理若云住前但伏初住俱斷諸敎無文方成邪說問據何得知有二種頓荅準玄文八敎謂漸頓祕密不定漸又四謂藏通別圓此四兼前名為八敎漸中既有最後一圓漸外又復更立一頓故知前圓但是漸圓別立一頓即是頓頓將此義以難他人他無對者唯我獨知喻曰依此所判則有多妨一者不識敎名之妨別立一頓乃是華嚴最初頓部佛初成道未游諸會不從漸來直說於大大部在初故名為頓部仍兼別不得妙名豈以兼別之經翻為頓頓法華獨顯却号漸圓二者不識漸開之妨言漸開者準法華玄華嚴頓後別為小機不動不降施於漸敎漸敎之初先說三藏三藏敎後彈斥洮汰方具用四故云開出故玄文中自鹿苑來至般若曾皆名為漸並此漸中有於圓敎便名漸圓又玄第十漸頓判敎自華嚴來至般若會皆有漸頓華嚴圓敎與方等般若中圓圓既不殊亦應並名為頓頓何獨華嚴若方等般若中圓名漸圓者則華嚴圓敎亦名漸頓何關餘部三者不識敎體之妨若漸開出四如開拳為指唯指無拳合四為漸如合指為拳唯拳無指存漸則敎唯有四沒漸則敎唯有七俱存必一邊無體立八則體隘名寬四者抑挫法華之妨近代判敎多以華嚴為根本法輪以法華為枝末法輪唯天台大師靈鷲

親承大蘇妙悟自著章疏以十義比之迹門尚殊本門永異故玄文中凡諸解釋皆先約教判則三麤一妙次約味判則四麤一妙如何以麤稱為頓頓以妙翻作漸圓五者不識頓名之妨若從行為名圓只是頓是故舊題圓頓止觀若從味立稱則頓異於圓故判初味云高山頓說若將判味兼帶之頓以斥判教獨顯之圓一何誤哉一何誤哉六者違拒本宗之妨本師贊為獨妙學者毀為漸圓抑實揚權有何利益七者違文背義之妨經云已說今說當說而於其中法華第一華嚴至般若名已說無量義經名今說大般涅槃經名當說依彼所判則已說第一何關法華如此獨知聞者掩耳問從漸開四并前但七何成八教答開出四已仍有一漸喻曰如前第三妨中足知迷誤彼既不知漸從鹿苑以至般若將何別立一漸教耶若知鹿苑至般若來約時名漸終不輒判四教中圓名為漸圓豈判法華劣於乳教問法華經部為是何頓荅漸頓也準玄文第一結教相云今經漸頓知非頓頓喻曰此師非但不識頓漸之名亦乃不曉結文之意玄文釋前四味教竟次以漸等結釋法華云非頓漸秘密不定初云今法華是顯露非秘密是定非不定結非秘密不定秘密不定通前四時次云是漸頓非漸漸結非前頓後漸教言漸頓者約前四時漸中有頓頓中有漸今法華經迹門圓說與漸頓中其義不殊但異漸中漸耳言漸漸者鹿苑一方等三般若二頓中之漸即是別教與漸中漸其義不殊故不須簡頓中之頓同漸中之頓亦同法華是故頓教不須別

簡故玄後文今法華迹門與諸經有同有異本門與諸經一向異同者謂諸部中圓異者謂諸部中兼於三教不見此意望聲釋義便謂法華但是漸頓非頓頓也文中只云非是漸漸何曾復云不是頓頓問復何得知法華是漸頓華嚴是頓頓答據法華中諸聲聞人從於小來經歷諸味至法華會方始開頓故知法華是漸頓也華嚴居初不經諸味故是頓頓喻曰今法華圓極頓足此從於法不從於人不應聲聞從於漸來即依聲聞判經為漸況復聲聞不過五百千二二千此等但名開權顯實又有菩薩開顯何獨聲聞如云菩薩聞是法疑網皆已除等又下文云無數諸佛子聞世尊分別說得法利者大喜充徧身又有顯本如分別功德品中三千微塵數乃至一四天下又八世界塵數初發菩提心況下方踊現并妙音東來嚴王諸眷從文殊所教化如是諸衆何曾歷四味應當從此方判經為頓頓況復法師品現在若滅後若有聞一句皆與授佛記華嚴經衆雖不遊漸有二義故不及法華一帶別二覆本豈闕二義便稱頓頓具二義者稱為漸耶問亦有菩薩法華聞頓而獨從聲聞判耶荅據多分說喻曰如前所引應以八界及聞一句為多而反以聲聞為多者非但玄理不會亦乃讀文未熟應知聲聞鈍根菩薩法華經前機緣未熟不堪聞頓更以方等般若調治方堪來至法華聞頓是故應判此法華經是開漸顯頓故名漸頓人不見之謂非頓頓問據何得知漸圓之教四住先落荅如引仁王長別若輪既云別若知是漸頓如引法華六根清淨云

肉眼等知是頓頓喻曰此一家義前後皆引仁王以證法華法華云無漏意根仁王云長別三界兩經皆是四住先落且於界內得無漏名有漏業除故云長別當知二處文義本同如何分擗以證兩頓問三種止觀中圓頓止觀是何頓耶答是漸頓何以得知如第一卷以三譬喻三止觀以通者騰空喻於圓頓至第七卷識通塞中即三觀破於神通神通被破故非頓頓文云別則略指三門大意在一頓又三止觀竟又云今依經更明圓頓又第五卷安心文末初約三止觀結數次又約一心止觀結數又第一結發心文先三止觀結次云又以一止觀結此等皆是三止觀外別一頓頓之正文也喻曰一往引證似有所憑子細推求都無所據何以故以違文故生多妨故何者如破神通及依經更明文在序中序是章安所置說止觀時未有此序如何預將正文破之又三觀本傳南嶽如何弟子反破師宗乃成逆路伽耶論又南嶽稟承慧文龍樹既破師法觀心論中何須更云歸命祖師況兩處神通其義各別序中以頓行者譬通者履空空無淺深履者階降空喻頓理履譬行儀行雖階差仍名圓漸理無深淺不當偏圓第七卷中以步馬神通喻橫別三觀神通即是別相之中故以中即三觀破橫別之中如何不見近文遠破未生之序次依經文更明者前以三喻證三文竟更依華嚴以證圓文故云更明再治定文意在於此如何見一更字便於三外立頓頓名若引華嚴即名頓頓者玄第十卷亦引華嚴方等般若圓證於頓華嚴既其非是漸圓

方等般若寧非頓頓言別則略指三門大意在一頓者彼料簡文問略明三種止觀略與大意名相似同是故重問云何同異答中分於通別二意通則略指只是大意別則略與大意不同以不同故略有三種大意但在三中之一故文云漸與不定置而不論人不見之便於三外別立頓頓安心文末先以次第三觀結數次以一心結數次第義當於別一心義當於圓此圓還同初揔安心爲結數故義開三別次還依本以結一心不見此意異說便生言發心文末一止觀結者大意五章文相寬揔是故皆以止觀結之或時唯用一止觀結如六即文六文皆一或復唯用三止觀結如隨自意文末或時俱用三一結之如前所引復闕無結文如常行等三種三昧又若俱用三一結者只是通別不同何者一種結云發菩提心即是觀邪僻心息即是止當知三種無不發心邪僻心息又三種結者亦是通義以通三故是故結之始從三藏終至圓頓皆悉有於漸頓不定具如第三偏圓文中及玄文第十判教中四教是別三種是通此第一文不歷四教一一三結揔以四教共爲三結以三對一三復爲別人不見之便以又以之言憑茲別立深不可也問兩種頓位同異云何答住前則別登住則同喻曰凡列位者皆須準教及以古師一家立位雖分四別一期教迹因果顯著有始有終莫過此四三藏則四果支佛百劫僧祇通教則三乘共位及名別義通別圓並立五十二位但行有賖促斷伏不同圓依法華更加五品一家所用諸部咸然輒不曾聞兩頓之位已如前破問何

故分別立二頓耶答由根利鈍立二不同喻曰自昔承稟一圓家教法不見二頓而分兩根處處文中但云華嚴兼於利鈍利則圓教鈍則別人或一一教中而分三根或信法二行以分利鈍是則教教部部無不皆然來至法華同入一實無容開會同一根性仍稱爲鈍齊權隱迹有鈍有利而名爲利深不可也問方等中四漸中開四兩四中圓爲何同異答但是四教中圓皆是漸圓喻曰此師不識漸教之義是故不知方等只是漸中之一謂言漸教與方等殊即便答云但是四教皆名爲漸若知不別云何使答但是之言借使法華會前四教中圓皆名漸圓法華開權獨顯一圓何故仍立漸圓之稱若爾但識四教從漸之言不了法華開廢等意因茲暗立漸頓之言問涅槃中圓復何差別答亦是漸圓喻曰若如所判始自鹿苑終至涅槃一槪漸圓玄文何故若破光宅光宅仍以法華異昔引昔通譏尚乃破之此師稟受山門翻更不如光宅應云涅槃雖四前三知圓方等雖四二不入實漸中開四不殊方等諸文盛說何足復疑依彼所論涅槃圓伊便成無用復有一行乃是之意問涅槃四教俱入圓不答有不入者十仙外道即是其流喻曰徒聞涅槃入實之言不曉捃拾得入之意若十仙不入三修豈聞初後俱無中間寧入十仙不入世尊何故爲其說常破云汝外道中因雖是常而果無常我佛法中因是無常而果是常乃至陳如色常受想行識常餘諸外道大意皆爾如何謬判以爲無常易見之文尚謬況復難見耶問止觀第一卷後多

種譬文如迦陵頻伽聲擣萬種爲丸在大海浴阿伽陀藥等爲喻何頓答並是漸頓何以故猶在㲉中萬種須擣須待諸水入於大海合諸藥爲阿伽陀故是漸頓若不出㲉諸水是海不擣萬種不合爲藥任運自具方是頓頓喻曰此中二失一者不曉喻旨二者違於自言不曉喻者夫言喻者但約少分故大經云不可以喻喻真解脫如雪山類象豈可求其尾牙舉扇喻月豈可求其光桂況本文意在一法具是諸法取現見者以之爲喻未入海諸水不具未擣爲丸衆藥不足自餘諸鳥㲉中不鳴餘藥雖合治病不徧故用此等以爲頓喻如何破喻而爲漸圓養子不肖過而難他喻即其事也二違自言者自立大意以爲頓頓此等喻文皆在大意如何自斥以爲漸圓問第一卷中實非父子兩謂路人此喻何等答實非骨肉是前兩教兩謂路人是後兩教喻曰此深不見文中喻意文以界内界外各有一理理各兩教以爲能詮並用四諦以爲迷解文中自合瞋以辟集打辟苦若兩謂父子瞋打薄者以辟直教兩謂路人瞋打厚者以喻紆迴此謂道諦智解不同故使滅諦即離亦別若即解者苦集即理如路人爲父子若離解者苦集異理如父子爲路人當知實非骨肉兩謂路人但約拙教一離義爾亦關分判界内外是何等拙而便蹐節以爲四教具如止觀記中釋問漸之與別爲同爲異答此二不同漸則開四別不開四喻曰既其不識漸教開四徒與別教弁異何益今言漸別皆應開四者兩文不同漸教開四已如前說別開四者具如別教四弘

之中約四諦境皆歷四教但須委知開四所以然於別人自行化他未必全立四教之名但云界內界外曲直巧拙自行則次第竪入化他則隨緣横被被機雖横行終成竪自行雖竪偏學成横如初入空偏用析體以破見思仍是偏用一門自行若至十行爲利他故方始偏習析體八門及以無量無作八門介時所習乃得名横是則自他四教義足讀文不委義理輕跣而便謬判別不開四問商略之文爲是何處答挹流尋源已下文是衡曰此亦二失一者不曉新舊文意二者商略謬判祖承初不曉文意者舊文十章前五是序後五是正故舊本初云竊念述聞共爲十章商略等五名爲竊念已之私竊念興序故開章等五名爲述聞述己親從法會聞故再治改者良以竊念不應連接述聞爲十故廢商略五章之名章名雖廢仍存其文述聞五章次第雖在亦沒章名新移商略之文以爲引證之例首加止觀等字用爲通序則以挹流等文用擬別序人不見之便爲亂說空張舊本商略以消別序新文奈何商略之文復彰祖承之後甚不可也問挹流已下正當舊本祖承之文如何將爲商略文耶答正是商略有師無師故云商略衡曰舊釋商略云略述佛經粗彰圓意故云商略即引華嚴了達賢首聞圓等文今乃判他祖承之文而爲商略有師無師既將祖承以爲商略祖承儻更指後升鑒從始至終重重妄說問有情心法并有情之色及外依報此之三法頓及頓頓起觀何殊答頓頓體觀即具諸法漸頓心具餘二則無衡曰據此答文却

用漸圓爲頓頓何者四教中圓奚嘗不云三處具法故四念處圓文中云非但唯識亦乃唯色唯聲唯觸三處具法正是四教末後之圓今謬判爲頓頓文者驗知諸判但用胷襟又漸圓既知心具諸法諸法徧攝豈隔色耶色攝入心心即是色如何謬判唯心具耶若別教人初心色心並不具法何獨色耶漸頓迴互教門雜矣教門既雜依教修觀冥如夜遊問此二種觀初心何別答頓頓觀者初發心時三諦俱觀漸頓觀者先觀中道離於二邊二觀先成見思前破後證中道三諦方同衡曰雖指文中三處五處以立頓頓既無正義約觀判位亦無正文大師唯引諸經明位以證四教不見引證四教之外別立一頓況彼諸處頓頓之文盡是四教最後之圓彼以此圓判爲漸圓云初發心者先觀中道一切教法都無此文別則先觀二邊方乃見思先落豈有但觀中道先破見思圓別不成都無所據問一心三觀與三觀一心二文何別答一心三觀即是假三觀一心即是空非三非一即是中爲破步馬神通故云空假若論頓頓一中具三衡曰本論三觀須有所以此是佛法大體又是一家要門凡用其名須得指實既用此三格一切法應曉三意方盡其門一者對境成觀如觀一心爲不思議境及破法徧等文是也二者覆疏收束如第一卷合散非合非散三一非三非一等是三者寄名義立如門非門非門非不門權實非權非實等是此三觀一心一心三觀都非此之三觀意只是翻對破彼縱横觀縱觀唯約次第之三而不得一故以即一而

三破彼縱義故云一心三觀破竪通塞横觀唯得各別之一而不得三故以即三之一破彼横文故云三觀一心破彼横通塞人不見此便加雙非以對三觀又文自云空即三故破步涉假即三故破乘馬中即三故破神通彼師乃云爲破步馬神通故云空假步馬元是單空單假何須更以空假破之破於横別步馬神通正用圓教一中具三何故別云若論頓頓一中具三此是違文謬說今迷文者信之亦是立觀違文令誤觀者輒受問相待絶待有何同異答頓頓是絶待漸頓是相待衡曰誤之甚矣依此所判則應相待絶待俱非頓頓何者以玄文中判今法華具有二義謂相待絶待若爾何處別有頓頓絶耶又依彼所判則唯華嚴是絶法華純待若知法華具有二義復以待絶分爲二頓當知此判自語相違據斯以論俱迷此復一重自語相背凡言相待待前諸教爲漸爲麤方今法華是頓是妙頓居漸後兼所破說對漸明頓故云漸頓人不見之徒分待絶以對二經又亦不識絶待之意絶於所待名絶待者方是妙頓彼乃離頓待別立絶名何爲頓頓問此法華之文具足二待豈可離文判屬二塗荅會竟無二未會則別衡曰此師非但迷於玄文待絶之名亦乃不達法華開會之意一代教法會在法華彼判法華唯有相待更立何部稱爲會經若以法華會入華嚴實無開顯之說若爾兩俱未會應別立一經以會斯二若以觀會會則無文今家所判以法華之絶絶彼華嚴當知華嚴未絶

方等三昧行法序

宋沙門遵式述

山門教卷自唐季多流外國或尚存目錄而莫見其文學者思之渺隔滄海方等三昧行法者皇宋咸平六祀日本僧寂照等齎至雖東國重來若西乾新譯載披載沃適奉醍醐竊念方等至尊禁法嚴密苟不克由聖範事出師心豈唯招無益之訶抑亦負餘殃之責南嶽師躬行七載理洞其微位淨六根言符先佛大師咨詢有在況發總持垂此典謨足可繩準今時或壇場延袤形像巍峩行法則半任臆裁律範則全由心匠縱謂七衆階節寧適上首之科雖曰像多無妙要符表法之便將恐未除故業更貽新戚染衣增垢良用悲夫然此行法六篇後二不載者修行備百錄止觀受戒具出本經存篇目者令知法有始終也

方等三昧行法

隋智者大師說

門人灌頂記

方等秘法具六緣第一

方等秘法識遮障第二

方等秘法禁法第三

方等秘法內律要訣第四

方等秘法修行第五

方等秘法受戒第六

第一具六緣者（一法緣二善知識三齋方便四辦衣五行法六供養）

一法緣者依經有總有別總法者如第一卷末七衆通行七日要心行法誦三篇呪經云爾時上首告恒伽言若善男子善女人願欲聞者汝當夢中住其人前當現汝身是人若見汝身當教行如是實法若欲行時七日長齋日三時洗浴著淨潔衣坐佛形像作五色蓋用月八日十五日行此法時若衆生犯五逆罪身有白癩若不除差無有是處若菩薩二十四戒沙彌十戒式叉摩那沙彌尼戒比丘比丘尼戒如是諸戒若犯一一諸戒當一心懺悔若不還生無有是處除不至心是名總相法也言別相法者如第四卷初七衆行法階節各別誦呪亦別如經若有比丘毀四重禁至心憶念此陀羅尼呪請一比丘為懺悔主如經誦呪一千四百徧已乃一懺悔經八十七日懺悔已是諸戒根若不還生無有是處若見比丘尼毀八重禁者若欲滅八重禁罪請一比丘為懺悔主修行九十七日誦呪四十九徧乃一懺悔隨師修行是諸惡業若不除滅無有是處若有菩薩受八重禁然後毀德者誦呪六百徧乃一懺悔當懺悔時應請一比丘在前立口自陳罪經六十七日於其夢想如上所說若下劣沙彌沙彌尼優婆塞優婆夷亦請一比丘誦呪四百徧乃一懺悔如是次第四十七日已如上所說夢中得見二事者當知是沙彌沙彌尼優婆塞優婆夷住清淨戒是名別相行法問第一卷末上首七日要心通於七衆十惡五逆並得消除何故第四卷初乃各別行法日有延促誦呪亦別答文殊大悲重請世尊佛去世後若有

比丘犯於四重比丘尼犯八重乃至菩薩戒又沙彌沙彌尼優婆塞優婆夷犯重禁者如是等罪當云何滅佛言因汝問故我今當說汝若不問我終不說今既明懺法各異日數不同故知上首七日要心不可令犯重過者修行此實法也何以故現生所犯業障尤重若不加其功行滅罪無由是以世尊哀愍文殊致問濁惡世時救於七衆地獄衰惱故立別相懺悔

八十七日懺悔法者（此法唯大比丘應行）

呪曰

離婆離婆帝　仇呵仇呵帝　陀羅離帝　尼呵羅帝　毗摩離帝　莎訶（懺四重禁誦一千四百徧已乃一懺悔）

九十七日懺悔法（此唯大比丘尼應行懺八禁）

呪曰

阿隸離婆其羅帝　羅帝婆摩羅帝　阿摩羅帝莎訶（如上懺八重禁誦呪四十九徧乃一懺悔）

六十七日懺悔法（此唯受菩薩戒者應修行之）

呪曰

婆羅隸　仇那羅隸　其那羅隸　伽那隸　阿隸那隸　阿帝那隸　阿帝那隸　莎訶（懺八重禁誦呪六百徧已乃一懺悔）

四十七日懺法（此唯沙彌沙彌尼優婆塞優婆夷行式叉經雖不說義亦應行）

呪曰

律伽羅帝　慕伽羅帝　阿帝摩羅帝　郁伽羅帝　婆羅帝婆痤羅蝎帝　座羅蝎帝　豆羅奢蝎帝　毗奢蝎帝　離婆蝎帝　婆羅隸阿隸　其羅隸阿隸持羅隸阿隸提蘭隸阿隸　毗羅阿隸　莎訶（如上懺犯重禁誦呪四百徧乃一懺悔）

如上懺悔並請一比丘解內外律儀者（謂大小乘律及男女二部為懺悔主也）應自陳罪向形像前令彼了聞所求境界如經文說道場之法衣服道具護淨洗浴一依七日行法不求夢王相不限人數多少入道場亦無定日力辦即作若有行者自撿經文此略不載（如上所犯各別行已然始得行上首懺）

七日要心上首懺悔法（亦名總相懺法）

呪曰

南無㗚㗚㗚寫　嗤提易勸　那伽移彌莎訶　哆㗚吔　蒱者㢮婆　鬱婆多毗耶蒱者㢮婆多破羅　阿㲊那多㗚吔　復得究追　蒱㢮者婆莎訶

南無摩呵浮陀婢　南無摩呵離波浮陀呵南無華聚陀羅尼　毗舍闍窒收　郁伽林袒吒林　窮伽林　怛伽噤　阿隸　那隸那羅隸莎訶（此呪不得用治病患及為所求）

二者善知識緣有其三種一者外護善知識所謂能荷負衆事供給所須將護行人加以善事猶如慈母養護嬰兒勿令行人心有所念二者同行善知識謂是舊行道人同行一道互相勸發離彼我人若見同行者有情念過生即應當起悲愍之心如法教導如人被火燒頭燒衣救令速滅火若未滅心不得安亦如自身為毒所害更無餘念但為利益安樂行人資長法身策勤修進善和諍訟如水乳合如同一船得失共之行者亦爾勸發未聞同得甘露乘方便船至薩婆若海三教授

善知識者謂行道日久觀行分明勝人所印解內外律相識遮障知通塞奉請爲道場主迎來送去日三時禮拜百味飲食而供養之當於此人如醫王想於自己身作癰瘡想當於此人作天人想於自己身如三惡道想當於此人如橋梁想於自己身如墮溺想當於此人如正路想於自己身如迷路想當於此人生安樂國想於自己身如牢獄人想以生重心故令一切障道罪滅若無如上之人但使戒根清淨浮囊所護雖不能言詞辯了廣明法相亦得爲次善知識也

三前方便緣者七日行道誦呪令利至誠禮懺請十二夢王求乞見其形相若感一一相者方可得行如是懺法經云若有男女於其夢中修通能飛懸繒旛蓋從此人後如是見者即名祖荼羅 相四 六

若有男女於其夢中若見形像舍利塔廟大衆僧聚如是見者即是筋持羅

若有男女於其夢中見國王大臣著淨潔衣單乘白馬如是見者即是茂持羅

若有男女於其夢中若見乘象渡於大江如是見者即是乾基羅

若有男女於其夢中乘於駱駝上于高山如是見者即是多林羅 此上五相是家人相

若有比丘求於此法於其夢中上於高座轉于般若如是見者即是波林羅

若有比丘於其夢中到一樹下上於戒壇授具足戒如是見者即是檀林羅

若有比丘於其夢中坐佛形像請召衆僧施設供具如是見者即是檀多林羅

若有比丘於其夢中見有一樹華果茂盛於其樹下入禪三昧如是見者即是窮伽林羅 此上四相即是出家比丘相

若有大王於其夢中帶持刀劍遊行四方見如是者即是迦林羅 此是國王相 相四

若有大臣於其夢中見有諸人持諸水瓶洗浴其身坌種種香著淨潔衣見如是者即是窮伽林羅 此是大臣相 七

若有夫人於其夢中乘於白羊入於深水於其水中有諸毒蛇見如是者即是波林羅 此一國王大臣夫人之相也問曰經中但言男子人相據何得知是王大臣夫人之相答曰上初五相但言男子女人即攝一切俗人盡然經中更別說國王大臣之相故知非前男子攝今經既別言夫人非前女人所攝理是國王大臣夫人也又夫既別舉妻亦應爾也又此祖荼羅等十二夢即魔王發心護助受持大方等陀羅尼者是大菩薩也 如是見者乃可爲說七日行法

四辦衣緣者出家在家皆須具備三種衣服悉須新淨若無新者浣故令淨以香湯渡之亦得以布衣爲上服若三衣不具足者應請一知法比丘作捨墮懺悔如法受持三衣六物乃至突吉羅罪皆須發露則行成就如上三種淨衣一最上淨者擬入道場中著一衣次淨擬從浴處趣道場時著一衣擬常坐起時著問在家人三衣爲是俗衣爲是出家衣耶答經云一是出家衣 但單縫者爲異 此衣擬入道場時著作三世諸佛法式雖著出家衣服然不應剃髮亦須具楊枝澡豆水瓶食器坐具如比丘法將至道場餘二是俗衣用同前法又須辦華鬘兩量輕細者又要須新作大小兩廁與舊令別

五行法緣者月八日十五日可入道場行人

極多數可至十人已還不應過數則違教法行者若多即須別作道場應作圓壇縱廣一丈六尺以香泥塗地高座置上請二十四像幷座各高一尺繒幡二十四口古鏡一面以鎮道場作五色圓蓋懸於壇上行人可作五寸下脚床面向佛坐氈褥薦席皆須新淨盡世珍妙嚴飾道場燒香散華如法供養日日掃灑以種種香熏陸棧沉塗末海渚岸香及以香湯常置一盆於其板上洗穢入淨脫故衣及革屣遠置於外必以新淨之衣入於內淨無令淨觸混雜

六供養緣者隨力所辦種種飲食一切器物皆以香湯淨之若如山間不可得處故須初日一供養後七日滿一供養解道場日請衆僧不限多少隨力堪能並無妨也若能廣設悲敬二田最爲勝益若有施主每日供養故須別設隨有充供

第二識遮障有四調適（一者洗浴調適二者飲食調適三者行道調適四者坐禪調適）

一洗浴調適者三時行法調秋夏內既熱於洗浴非妨春冬二時既寒善須調適若行人身羸多以水澆腹則發痢疾妨廢行道若能將慎調適得所則無患難不妨行道若上廁別著不淨衣宜以灰汁香湯熟洗三洗浴時以手薄拭令淨其浴室極須如法若有力能辦者當造四間好舍悉令相連間間密隔其內差互皆安小門悉令相通莊嚴一間以爲道場其次一間香泥塗地以爲淨室擬安上淨衣服及供養灰火其次一間亦以香泥塗治擬安香湯火爐一間作浴室及安次衣行者若欲入道場時先於浴室淨澡浴以淨板承足赤體入次淨室入已却閉門當以香湯灑身已香烟熏身之足然後入上淨室入已還却閉門當著衣服入於道場若欲出道場時先入淨室脫去衣服赤身入於浴室著次淨衣然後而出每常如此若行者要須行道急時力未能辦如上室者當近道場之側作一室與道場相通若猶不辦者當以淨席淨縵幕等權時遮障作室亦得通道場結淨皆以香泥塗治如道場無別擬安上淨衣及以次淨衣此二衣雖同一室然須別處莫令相觸又浴室中安新淨鞋屐一緉澡浴已香湯灌之并須以楊枝淨口著淨鞋屐赤身入次淨室乃至上淨如上所說雖不及前法護淨亦得行道若不如是護淨則不如法徒行無益乃更招罪是故行者努力護之日三時浴者不可闕也

二飲食調適者行者以食爲命憑之進道若過飽則身急百脉不通好多沉睡若過飢則心懸不能觀行身弱不能行道若能調適飢飽得所則身能行道經云有命有食有身有道依色報命而得法身慧命若不宜身食不得食之若強食則發宿病若識其性即知此性熱此性冷此能發病則不可食此能資補應可食之若調適得所七日行法得成若先來腹內病患護行法故忍食白飲白餅即差勝餘治也是故行者應善知節度勿令因食爲患閡也

三行道調適者行道必藉脚以進步善須將護也可作氈鞋蒲革務令寬大細軟勿使研

脚生瘡行若過急脚即楚痛行若過緩法復
不成若先太急後則致患故須初行道時三
日徐行漸調適已疾行非妨若是寒時行疾
風扇下分冷則腹內脹滿發瘌即宜加坐令
下分暖治之即差行者當須善識對治爲之
利益若對治睡眠可加行行若散動可加坐
爲對治也
四坐禪調適者加趺正坐以左脚置右脚上
以左手置右手上牽來近身對臍開口三吐
胷中穢氣開口吐熱氣閉口內冷氣然後閉
口齒才相拄閉眼才斷外光然後平面而住
以要言之令身不寬不急若寬則頭低垂若
急則胷背煩痛故不寬不急是身調相當調
息令不澁不滑若出入有聲及不細即是滑
相若結滯不通則是澁相若隨息連綿微微
然徧諸毛孔出入則資補四大易得禪定取
要言之可自耳聽不聞聲者是息調相當調
心令不浮不沉若覺觀攀緣則是浮相若無
所記錄即是沉相浮則可以止攝歸心性知
性不動沉則可以觀察起令念慮明白雖無
能觀所觀而法性平等非垢非淨即是實性
然此實性不爲二十五有生死所垢亦不爲
萬行所淨是則垢淨雙泯無垢無淨猶如虛
空名爲畢竟清淨亦名心性眞如心性法界
諸佛之本源一切衆生之實際正觀了達無
間現前是名思惟諸佛一實
第三禁法者（一者七日要心及誦呪二者請師受戒及發露三者見善惡業相及法王子不得向他人說也）
一者七日要心及誦呪徧奉請三尊在道場
內則有七日要期無作戒法生起更不得餘
事中途有廢一則違前要心作禁法不成則
令善心有間不得相續二則行法不成於後
若更行道還有障閡事起行者必當愼之行
道法者有其三種謂上中下良爲行人强羸
不等行有遲速上品行者二十一周中品行
者十六周下品行者十二周一周有一百二
十帀誦呪一百二十徧爲一周取角爲誌若
始此角還終此角行道及誦呪齊始齊終不
得賸一步少一字不得欠一步賸一字常須
行與呪俱以爲數定若唯數行道法亦不成
若唯數呪爲徧法亦不成壞於禁法若同行
道人俱行俱誦是則齊好其中若遲駃不等
禁法不成若人人捉珠各自數徧復不齊好
可預調習令熟遲駃齊等從容共行一百二
十徧不高不下不緩不急誦呪令自耳聽分
明不得錯謬但令用心爲正則作法成就必
不得生雜念間斷遲亦無妨但取二十一周
爲上（次十六下十二）
二奉請懺悔主受戒發露者請一比丘解內
外律者爲懺悔主若受戒時師將至大衆於
佛像前爲受二十四重戒行者起殷重心如
渴思飲如飢遇食如死得脫若生此心必能
發方等淨戒無作戒法任運增長自要其心
七日行法受此戒時隨心遠志乃至菩提受
持此戒皆須發究竟不退轉心若欲行此法
者須識眞僞可同行不必是道伴應當三呼
共行此法發大精進勇猛不怯能建大志有
大忍力乃可共行從令發心至妙菩提修學
此法如不能發弘誓心但爲隨時小善終不
能以此實法相應若於道場三尊前不得委

卧勒拄著地不得語言調戲及睡並作法不
成唯除道場主說法誡勸也發露者可人各
就師盡所憶者悉皆發露師可條疏依此判
相知罪滅盡不盡故經云懺悔有二種一者
眞實懺悔所謂發露向人二者虛妄懺悔謂
刑四　十三
不發露覆藏衆罪罪轉益深禁法不成如欲
染衣不却垢膩雖加水色外增其垢如欲治
癰不令決破終身抱疾如人掘樹更以糞壤
擁根終年茂盛如是懺悔罪終不滅
三者見善惡業相及十法王子等不得向人
說唯得向師一人說決疑行者過去今生雖
造種種衆行不出總別二業一總相業現二
別相業現總相業者不出善惡兩業若從來
不行道覺觀覆蔽心目善惡業皆不現經云
一切衆生如大富盲人雖有種種法寶而不
得見行者不可以過去習因難知若行道功
成行者罪垢除滅心路清淨善惡皆現喻如
水鏡澄明衆像皆現若善惡業現者不出四
恩所謂過去今生經負貸師僧父母國王信
施財物相現或五逆相現所謂殺父母殺和

尚阿闍梨出佛身血殺阿羅漢破轉法輪僧
現身白癩若能至心懺悔業轉病除相現或
可侵犯三寶及經知事互用三寶物相現或
可作三寶田不還稅直或用三寶淨人及牛
車力或偷盜三寶園果等如是等相現時師
自當別不可文載問曰用三寶物花聚所不
攝云何現耶答曰經雖不說因行道心淨故
現行人若見相知負三寶物可廻心向三寶
懺悔求乞倍償若許多少相不復現者即知
罪滅若雖少猶相現者將知行者過去今生
負貸三寶過多不可備償故救疾經云佛物
出手十倍法物七倍僧物五倍若年淹積不
可憶知行者今生復無依報廣更求乞則妨
行道復惱檀越行人爾時須知轉心從今生
盡菩提際當乞三寶申寬誓當不負願勿障
刑四　十四
道乃至成就法身一時報償也復次若能爲
三寶種得一千株果樹滅一切罪若直爲三
寶種此心則狹後人取食即得大罪若種時
普願一切衆生食者皆發菩提心後人食者
大得功德復次若能教化得一千人發菩提

心一切罪皆悉消滅若不得化一百邪見人
亦得罪滅若不得但教化得一一闡提發菩
提心一切罪消滅二善相現者善有二種一
者散善二者定善若散善者多是行人過去
今生習報兩業若行人於行道及坐中見解
釋戒律篇聚輕重即是過去習報業現若定
中念念欲清淨護持禁戒思惟罪過怖畏心
生自識輕重改往修來發露懺悔即是習業
現或見今生行檀事報業現欲心中念念欲
行檀行布施此是習業現或見供養三寶父
母師僧營齋設會造塔造寺並是習業相現
或見講說大小二乘聽學讀誦此是習業現
或意欲聽習大小二乘思義難問答無窮盡
此是過去今生聽學聞思修慧業現也若定
善相現者或是行者過去今造生禪懺悔或
刑四　十五
修阿那般那欲界散心得發欲界未到地根
本初禪定善業相現或根本淨禪特勝通明
過去定習定善業相現或意欲修阿那般那
自然息道調適身心輕微調和柔輭此是今
生習定善業相現或見死屍狼藉或見骨人

自身及外人皆悉是骨人節節相拄唯見不淨蟲膿無有我人猒惡世間此是過去習定善業相現或心中念念欲繫心修九相八背捨等觀能破貪欲念念相續猒惡世間一切皆捨安心修道更無餘念此是今生習定善業相現此二甘露門能破下地衆生利使覺觀心病鈍使貪欲心病既除三昧現前慧解開發此是三藏中世間出世間定善習報兩業相現若行者過去今生曾學菩薩藏今因懺悔故世間出世間定慧善業皆現或對治覺觀故隨止分攝歸或意念念自欲止心一緣因此過去今生習定功德善業開發相現或對治沉惛故隨觀分察起闇心或意念念自欲隨觀觀心明白過去今生習慧功德善業現或現在對治愛見兩惑止觀俱隨或意念念自欲修止觀故名俱分問曰何故前止無觀次觀無止俱分故止觀雙明答曰爲治見愛偏病今爲治見愛兩病故雙明二分同類者止觀調適互爲方便或如欲修觀先以止爲方便息外麤心方便修觀是則止爲觀方便如欲修止先以觀破惛闇心了達心性明白方便安心心性是則觀爲止方便故名二分同類此是菩薩藏世間定善習報兩業相現若行者因此調心定力既強煩惱輕薄能發一切禪一切禪有三種一者現法樂住禪二者出生三昧禪三者利益衆生禪此三種攝一切菩薩藏究竟無餘何以故如現法樂住禪即攝中道第一義諦三昧如利益衆生禪即攝俗諦三昧出生三昧禪即攝眞諦三昧得此三諦三昧名三昧王一切三昧悉入其中具二十五三昧亦名首楞嚴三昧具足百八三昧能見佛性住大涅槃此是菩薩出世間定善業開發也三者若於七日道場內若見七日道場主及見十法王子隨見一一王子等並不得向他人說即得障道罪青盲愚癡等病從是上來法相並不得說壞於禁法唯除師一人決疑問曰何故有相可識有不可識耶答曰相有二種一者標相二者現相若是過去隔生忘却多是標相現才令覺知則不可識若是現在相多是現相則事近行人亦見即識如若不識師爲判之若著者懺悔即謝也

第四內律要決二意（一明五篇戒滅不滅相二明十惡十善業滅不滅相）

第二別明善惡業現者行人繫心思惟諸佛實法至心精勤加其功德有種種善惡業現一明犯五篇戒滅不滅相者若業相現者行者若於夢中及行坐中若見無頭無手無脚或見無衣滐坑及餘破器當知是犯初篇戒相行者若於夢中及坐中若見人無耳鼻身體缺破諸根不具及諸穢器或見多欲男女生染汙心共相抱持當知是犯第二篇戒相現行者若於夢中及行坐中若見形容憔悴著垢膩衣及乘破車畏身墮落見已憂愁或見身體無衣纜縷破壞當知是犯第三篇戒相現行者若於夢中及行坐中若見破鉢空器黑色衣裳或見酒漿非時食噉更相排盪當知是犯第三篇中九十事戒相現行者若於夢中及行坐中若見所有境界瞙瞙不能明淨心不悅樂身體沉重於所行行不得滋

味當知是犯第四篇提舍尼戒及前後方便六聚及七聚破戒相現善相現者若見惡相已至心懺悔破戒罪滅已善相即現夫欲修道受法先須淨戒戒若清淨法得增長隨輕重之相悉現在前行者若於夢中及行坐中若見頭戴寶冠身被瓔珞身相微妙當知即是行者懺悔初篇戒淨相現行者若於夢中及行坐中若見寶髮在行人頂上或見端正之人諸根具足當知懺悔第二篇淨戒相現行者若於夢中及行坐中若見細滑薄衣或見嚴整行人執持衣鉢威儀清淨當知行者懺悔第三篇戒淨相現行者若於夢中及行坐中若見完器鮮白色衣僧事和合或見清淨飯佛及僧當知行者懺第三篇九十事戒淨相現行者若於夢中及行坐中若自覺身柔輭舉動輕利於所學法心生歡悅當知行者懺第四篇戒淨相現及前後方便第六第七戒淨相現略示出五篇一翻善惡相其間子細自非行證口決豈可文載

二明十惡十善業滅不滅者行者業相雖復衆多不出十善十惡行者藉懺悔力故皆現在前十惡業者行者若於夢中及行坐中若見境界麤惡衆人執持刀杖更相殘害或見人畜來索命或見斷道嗔罵或見多病人壽命短促當知是殺生業相現行者於夢中若見滓粕垢穢衣裳服飾或見雜衣寶物來在脚下或見倉庫破壞或見自身荒怖處黑山巖穴或見貧窮人來或負他債當知即是偷盜業相現行者若於夢中及行坐中若見大山巖青色崩頹隤落斷遏道路或見大水浩漫或見染境攝臆遮斷不得通或見對境即起染心或見眷屬非法當知是淫欲相現行者於夢中及行坐中若見麤惡之事更相誹謗或被他誑或迷失正路雖自有理枉抑不申當知是妄語業相現行者若於夢中及行坐中若見兩山障閡音信不通或見親友離隔眷屬不和當知是兩舌相現行者若於夢中及行坐中若聞惡聲振吼心懷驚怖無處自容或見有人罵言汝欺我我今報汝或見有人更相鬪諍當知是惡罵相現行者若於夢中及行坐中若見吐氣出口下如糟粕或見自口發言吃澀不出設有音辭不自明了以告前人人不信受當知綺語業相現行者若於夢中及行坐中若見雲起猶如黑風或見多欲之者貪著果報或見五塵境界紛亂在前或見自身陷没不能自出當知是貪欲相現行者若於夢中及行坐中若見七寶山雲霧覆蔽變成土石心生怖畏或見有人揮手打搥忿恨恚怒或見人來爲作惱亂或見有人來牽衣將去慘謝不解或見毒蛇徧地吐毒向人當知即是嗔恚相現行者若於夢中若行坐中若見雜砂礫石坌汙行人若見前境覆如斷雲來闇行人令心路冥塞不知趣向或見黑象交横或見邊地之人不信三寶心懷諂曲猶豫或見退戒還俗當知即是邪見相現此略出一種麤事十惡業相現行者若見如是惡已若能至心懺悔十惡業滅爾時善相自現行者若見黑色變爲白黃色衆生相視其心悅樂敬愛無猒當知是懺殺生業滅相現若見寶樹華果具足或見諸財

物衆人互相賞遺當知是懺盜業滅相現若見蓮華滿閻浮提或見衆人皆從華化生或見前人爲説清白之法當知懺婬業滅相現若見有人示七寶城城内人民示其精妙堂舍其心歡喜轉面餘方亦見當知是懺妄語業滅相現行者若見衆集聚説和合法聚會歡娯慶樂當知是懺兩舌罪業滅相現若見大路淨潔遠行人歸慈心慰問如父如母或聞稱讚三寶音聲當知是惡罵業滅相現行者若見善知識誡勸精進説眞法要心生信樂如説修行當知是綺語業滅相現行者若見身受大苦惱忽自警悟皆是計有身心爲衆苦之本骨節虛假種種諸蟲自見己身如大地獄一切火然焚燒淨盡當知是貪欲業滅相現行者若見一切憔悴衆生變成端正和顏相向天開日現一切光明或見枯木茂盛當知是瞋恚業滅相現行者若見如意寶珠雨一切寶衆生揉用無盡或見比丘執持應器愛樂心生或見比丘爲説勝法呼之共入三昧當知是邪見業滅相現良由行人懺悔功成十善標相現已無量何況其中現相百千萬品不可具述問曰相貌無量行者修行各別得法亦異何一類耶答曰初云略示行者令知行道有此境界直明五篇中一戒七支犯相或緣貪起或緣瞋起或緣癡起三七二十一犯相有二十一持相亦二十一初受戒時始從阿鼻獄上至佛身徧三千大千世界有情無情皆發無作戒約一戒明持犯衆多乃至大小乘不可説不可計微塵無邊故持犯相亦無邊或標相或現相不可文載行者若自久行或教人行如上方法一一成就自他既明與經中皆合佛不虛説唯除不至心及緣不具非可如何若此救急之法定能滅罪增壽長福若無如是知識及新學三昧心強行者此則如經中明得遮道法如不善呪捉於毒蛇十惡十善及障道法亦不可計行者爾時自以智力斟酌或他爲決疑莫見一相應生邪見何以故相相不同隱顯輕重有異心若明了如鏡淨好醜自現問曰諸法實相無有善惡之相云何行諸佛實法而有相現答曰諸法實相無相能示世間之相行者行道不念相不念無相但觀心實性心淨則一切法淨心盡則一切法盡但心心增上功成相現喻如水盆處之密室雖無心分別而衆相自現問曰相現之時眞僞難知云何可得別識而取捨耶答曰眞僞實自難識若好知識自爲決定雖然行者四儀一切相不得取不得捨若念想觀除能見般若若取如人取虛空若捨如人捨虛空平等法界亦復如是修行分中廣明條教此不可載矣

方等三昧行法

方等三昧行法

校勘記

一 底本，明永樂北藏本。

一 八二四頁上二行首字「宋」，南無。

一 八二四頁上一五行第一六字「備」，南作「備在」。

一 八二四頁上一六行「知法」，南作「知行法」。

一 八二四頁中二行首字「隋」，南無。

一 八二四頁中三行「門人灌頂記」，南無。

一 八二五頁上八行「衰惱」，南作「哀惱」。

一 八二五頁中一九行夾註單字「懺」，南作「懺悔」。

一 八二五頁下一〇行首字「二」，徑無。

一 八二六頁上一二行首字「三」，徑作「二」。

一 八二六頁下一六行「澡豆」，南作「澡頭」。

一 八二七頁下一一行「身能行道」，南作「身安道興」。

一 八二七頁下一二行第二字「依」，南作「因」。

一 八二八頁上一五行末二字至次行首字「微微然」，南作「微」。

一 八二八頁上一七行第一四字「調」，南無。

一 八二八頁中一四行第一二字「良」，南作「根」。

一 八二九頁上二行第九字「誠」，南作「誡」。

一 八二九頁上三行第一一字「師」，徑無。

一 八二九頁上一六行「不可」，南作「不可自輕」。

一 八二九頁下一一行「造塔」，南作「起塔」。

一 八二九頁下一五行「今造」，南作「今生」。

一 八三〇頁中一四行「十法」，南作「干法」。

一 八三〇頁中一九行「現才」，南作「現相」。

一 八三二頁上一七行第七字「業」，南無。

一 八三二頁上一九行「愛樂」，南作「信樂」。

釋禪波羅蜜次第法門卷第一　卅十七帋

天台智者大師說　弟子法慎記　弟子灌頂再治

又台山修禪寺顗禪師於都講說禪法大莊嚴寺沙門法慎既預聽學輒依說抄記法門深廣難可委悉若取具足有三十卷今略出前卷事此流通此本於之治更得功改前謂所寫之者隨時觚末將成就猶慮錯略或繁而不次若見此本更改定之庶於學者將勉誤失

釋禪波羅蜜次第法門大開為十意不同所言十意者

修禪波羅蜜大意第一　釋禪波羅蜜名第二

明禪波羅蜜門第三　辨禪波羅蜜詮次第四

簡禪波羅蜜法心第五　分別禪波羅蜜前方便第六

釋禪波羅蜜修證第七　顯示禪波羅蜜果報第八

從禪波羅蜜起教第九　結會禪波羅蜜歸趣第十

今約此十義以辨禪波羅蜜者文則略收諸佛教法之指歸理則遠通如來之秘藏一切圓如法界若教若行若事若理始從凡夫終至極聖所有因果行位悉在其中若行人深達禪門意趣則自然解了一切佛法不俟餘尋故摩訶衍云譬如牽衣一角則衆處皆動所以第一先明修禪波羅蜜大意者菩薩發心所為正求菩提淨妙之法必須簡擇具偽善識秘要若欲具足一切諸佛法藏唯禪為最如得珠王衆寶皆獲是故發意修禪既欲修習應知名字尋名取理其義不虛次釋禪名尋名求理理則非門不通次明禪門禪定幽遠無由頓入必須從淺至深故應辨詮次夫欲涉淺遊深須善識禪中境智是以次簡心法既明識心法若欲習行事須善巧次分別方便依法而行必有所證次釋修證若得內心相應因成則感果次顯示果報從因至果自行既圓便樹立益物之功次釋教門理致既已圓備法相同歸平等一實之道次結會指歸以此十義相生辨釋禪波羅蜜攝一切衆行法門至下尋文冷然可見故大品經云菩薩從初已來住禪波羅蜜中具足修一切佛法乃至坐道場成一切種智起轉法輪是名菩薩次第行次第學次第道

修禪波羅蜜大意第一（從此盡今一卷大段有五意商辯禪波羅蜜攝一切佛法所以可讀故喜發行者悉深信樂歸宗在是中然未論修行入證之相）

今明菩薩修禪波羅蜜所為有二一者簡非二者正明所為第一簡非者有十種行人發心修禪不同多墮在邪僻不入禪波羅蜜法門何等為十一為利養故發心修禪多屬發地獄心二邪偽心生為名聞稱歎故發心修禪多屬發鬼神心三為眷屬故發心修禪多屬發畜生心四為嫉妬勝他故發心修禪多屬發脩羅心五為畏惡道苦報息諸不善業故發心修禪多屬發人心六為善心安樂故發心修禪多屬發六欲天心七為得勢力自在故發心修禪多屬發魔羅心八為得利智捷疾故發心修禪多屬發外道心九為生梵天處故修禪此屬發色無色界心十為度老病死苦疾得涅槃故發心修禪此屬發二乘心就此十種行人善惡雖殊縛脫有異既並無大悲正觀發心邪僻皆墮二邊不趣中道若住此心修行禪定終不得與禪波羅蜜法門相應第二正明菩薩行人修禪波羅蜜大意即為二意一先明菩薩發心之相二正明菩薩修禪所為第一云何名菩薩發心之相所謂發菩提心菩提心者即是菩薩以中道正觀以諸法實相憐愍一切起大悲心發四弘誓願四弘誓願者一未度者令度亦云衆生無邊誓願度二未解者令解亦云煩惱無數誓願斷三未安者令安亦云法門無盡誓願知四未得涅槃令得涅槃亦云無上佛道誓願成此之四法即對四諦故瓔珞經云未度苦諦令度苦諦未解集諦令解集諦未安道諦令安道諦未證滅諦令證滅諦而此四法若在二乘心中但受諦名以其緣理審實不謬故若在菩薩心中即別受弘誓之稱所以者何菩薩雖知四法畢竟空寂而為利益衆生善巧方便緣此四法其心廣大故名為弘慈悲憐愍志求此法心如金剛制心不退不沒必取成滿故名誓願行者若能具足發此四願善知四心攝一切心一切心即是一心亦不得一心而具一切心是名清淨菩提之心因此心生得名菩薩故摩訶衍

論偈說
若初發心時　誓願當作佛　已過於世間　應受世供養
第二正明菩薩行人修禪所為者菩薩摩訶薩既已發菩提心思惟為欲滿足四弘誓願必須行菩薩道所以者何有願而無行如欲度人彼岸不肯備於船栰當知常在此岸終不得度如病者須藥得而不服當知病者必定不差如貧須珍寶見而不取當知常弊窮弟之如欲遠行而不涉路當知此人不至所在菩薩發四弘誓不修四行亦復如是復作是念我今往何法門修菩薩道能得疾滿如此四願即知住深禪定能滿四願何以故如無六通四辯以何等法而度眾生若修六通非禪不發故經言深修禪定得五神通欲斷煩惱非禪不智從禪發慧能斷結使無定之慧如風中燈欲知法門當知一切功德智慧並在禪中如摩訶衍論云若諸佛成道起轉法輪入般涅槃所有種種功德悉在禪中復次菩薩入無量義處三昧一心具足萬行能知一切無量法門若欲具足無上佛道不修禪定尚不能得色無色界及三乘道何況能得無上菩提當知欲證無上妙覺必須先入金剛三昧而諸佛法乃現在前菩薩如是深心思惟審知禪定能滿四願如摩訶衍偈說
禪為利智藏　功德之福田　禪如清淨水　能洗諸欲塵
禪為金剛鎧　能遮煩惱箭　雖未得無餘　涅槃分已得
得金剛三昧　摧碎結使山　得六神通力　能度無量人
囂塵蔽天日　大雨能淹之　覺觀風動之　禪定能滅之
此偈所說即證因修禪定滿足四願問曰菩薩若欲滿足四弘誓願應當遍行十波羅蜜何特讚禪定答曰前四義劣後五因禪今則處中而說所以者何菩薩修禪即能具足增上四度下五亦然如菩薩發心為修禪故一切家業內外皆捨不惜身命寂然閑居無所慳悋是名大捨復次菩薩為修禪故身心不動關閉六情惡無從入名大持戒復次菩薩為修禪故能忍辱謂一切榮辱皆能安忍設為眾惡來加恐障三昧不生瞋惱名為忍辱復次菩薩為修禪故一心專精進設身疲苦終不退息如鑽火之喻常坐不臥攝諸亂意未嘗放逸設復經年無證亦不退沒是為難行之事即是大精進也故知修禪因緣雖不作意別行四度四度自成復次菩薩因修禪定具足般若波羅蜜者菩薩修禪一心正住心在定故能知世間生滅法相智慧勇發如石中泉故摩訶衍偈說
般若波羅蜜　實法不顛倒　念想觀已除　言語法皆滅
無量眾罪除　清淨心常一　如是尊妙人　則能見般若
復次因禪具足方便波羅蜜者一切方便善巧要須見機若不入深禪定云何能得明見根性起諸方便引接眾生復次因禪具足力波羅蜜者一切自在變現諸神通力皆藉禪發具如前辨復次因禪具足願波羅蜜者如摩訶衍中說菩薩禪定如阿脩羅琴當知即是大願成就之相復次因禪具足智波羅蜜者若一切智道種智一切種智非定不發其義可見行者菩薩修禪故即便成就十波羅蜜滿足萬行一切法門是故菩薩欲具一切願行諸波羅蜜要修禪定是事如摩訶衍論中說問曰菩薩之法正以度眾生為事何故獨處空山棄捨眾生閑居自善答曰菩薩身雖捨離而心不捨如人有病將身服藥暫息事業病差則修業如故菩薩亦爾身雖暫捨眾生而心常憐愍於閑靜處服禪定藥得實智慧除煩惱病起六神通還生六道廣度眾生以如是等種種因緣菩薩摩訶薩發意修禪波羅蜜心如金剛天魔外道及諸二乘無能沮壞

釋禪波羅蜜名第二

今釋禪波羅蜜名略為三意一先簡別共不共名二翻釋三料揀第一簡別共不共名即為二意一共名二不共名共名者如禪一字凡夫外道二乘菩薩諸佛所得禪定通得名禪故名為共不共名者波羅蜜三字名到彼岸此但據菩薩諸佛故摩訶衍論云禪在菩薩心中名波羅蜜是名不共所以者何凡夫著愛外道著見二乘無大悲方便不能盡修一切禪定是以不得受到彼岸名故言波羅蜜即是不共復次禪名四禪凡夫外道二乘菩薩諸佛同得此定故名為共波羅蜜名度無極此獨菩薩諸佛禪能通達中道佛性出生九種大禪得大涅槃不與凡夫二乘共故波羅蜜者名為不共通而為論即無勞分別所以者何禪自有共禪不共禪波羅蜜亦爾有共不共故摩訶衍論云天竺語法凡所作事竟皆名波羅蜜第二翻釋即為二意一翻釋共名二翻釋不共名第一先翻釋共名共名者即是禪也亦為二意一正翻名二者解釋第一先翻共名者禪是外國之言此間翻則不定今略出三翻一摩訶衍論中翻禪秦言思惟修二舉例往翻如檀波羅蜜此言布施度禪波羅蜜此言定度故知用定以翻禪三阿毗曇中用功德叢林以翻禪第二釋此三翻即作二意一別二通若釋別翻思惟修者此可對因何以故思惟是籌量之念修是專心研習之名故以對修因翻禪為定者此可對果何以故定名靜默行人離散求靜既得靜住訓本所習故以對果翻禪為功德叢林者此可通對因果如功是功夫所以對因積功成德可以對果如萬行對因萬德對果因果合翻故名功德叢林者譬言顯功德非一所以然者如多草共聚名為叢眾樹相依名為林草叢小故可以譬於因中之功小林木大故可以對果上之德大此而推之功德叢林通對因果於義則便第二通釋禪三翻並對因果所以者何如思惟修者言撮因亦得對果何以故定中靜慮即是思惟乘上益下故名為修此可以斅人九修中乘上修義為類故於果中亦得說思惟修因中亦得說定者如十大地心數散心尚得言定何況行者專心斂念守一不散而不名定故知因中亦得說定因中亦得名功德叢林者因中功義前已說之由運功故即成行因之德果中德義說亦如前所言功者即是功用果上有寂靜雙遍神通變化益物之用故名為功因之與果悉是眾善功德之所成故通言功德叢林復次諸經論中翻名立義不同或言禪名棄惡或言疾大疾住大住

如是處處不同不可偏執第二翻釋不共名者即是波羅蜜亦為二意一者翻名二者解釋就第一翻名中略出三翻不同一者諸經論中多翻為到彼岸二摩訶衍論中別翻云事究竟三瑞應經中翻云度無極第二釋此三翻亦為二意一別二通此皆對事理明義第一別釋言到彼岸者生死為此岸涅槃為彼岸煩惱為中流菩薩以無相妙慧乘禪定舟航從生死此岸度涅槃彼岸故知約理定以明波羅蜜言事究竟者即是菩薩大悲為眾生遍作一切事行滿足故摩訶衍云菩薩因禪能究竟眾事禪在菩薩心中名波羅蜜此據事行說波羅蜜言度無極者通論事理悉有幽遠之義合而言之故云度無極此約事理行滿說波羅蜜第二通釋三翻並得同對事理但隨緣化物故立異名所以者何若言無相之慧能度生死故為理行者今言理中有佛無佛性相常然豈論無相之慧能度生死終是就事作此說也事究竟亦是從理立名者若緣理而起事行當知說事究竟亦是約理名波羅蜜度無極亦未必一向就事理無極名波羅蜜所以者何諸佛隨緣利物出沒不定無極或時對事或時對理若有定準當知三名理事互通未必偏有所屬餘例可知釋波羅蜜義竟至下第十結會歸趣中自當廣明第三料揀如摩訶衍論中云問曰背捨勝處一切處等何故不名波羅蜜獨稱禪為波羅蜜答曰禪最大如王言禪波羅蜜者一切皆攝是四禪中有八背捨八勝處十一切處四無量心五神通練禪自在定十四變化心無諍三昧願智頂禪首楞嚴等諸三昧百則有八諸佛不動等百二十則二十皆在禪中若諸佛成道轉法輪入涅槃所有勝妙功德悉在禪中說禪則攝一切若說餘定則有所不攝故禪名波羅蜜復次四禪中智定等故說波羅蜜未到地中間禪智多而定少四無色定多而智少如車輪一強一弱則不任載四禪智定等故說波羅蜜復次約禪說波羅蜜則攝一切諸定所以者何禪秦言思惟修此諸定悉是思惟修功德故當知諸定悉得受波羅蜜名如大品中說百波羅蜜亦說背捨勝處等皆名波羅蜜但四禪在根本先受其名非不通於餘定問曰上明禪定三昧波羅蜜等為同為異答曰通而為論名義互通別而往解四法名義各有主對所以者何根本四禪但名禪非定三昧亦不名波羅蜜無色但名定非禪非三昧亦不名波羅蜜未到地禪中間雖非正禪定是方便故或名禪或名定非三昧亦不名波羅蜜空無相等但名三昧非禪非定亦不名波羅蜜背捨勝處六通四辯等具有禪定三昧等三法而不名禪定三昧亦非波羅蜜九次第定具有三法但名為定不名禪三昧亦非波羅蜜有覺有觀及師子超越無諍等亦具三法但名三昧不名禪定亦非波羅蜜願智頂等具有三法但名禪不名定三昧亦非波羅蜜九種大禪及首楞嚴等並具四法亦名禪亦名定亦名三昧即是波羅蜜若用首楞嚴心入前三法中一切皆名波羅蜜故百波羅蜜中一切法門皆名波羅蜜今略對四法分別如前若諸大聖方便隨緣利物則言無定準解釋云云故諸經論中出沒立名其意難見不可謬執而經論中多約禪明波羅蜜者以根本四禪是眾行之本一切內行功德皆因四禪發依四禪而住是以獨禪得受波羅蜜名問曰禪波羅蜜但有一名更有餘名答曰如涅槃經中說言佛性者有五種名亦名首楞嚴亦名波若亦名中道亦名金剛三昧大涅槃亦云禪波羅蜜即是佛性故知諸餘經中所說種種勝妙法門名字無量皆是禪波羅蜜之異名故摩訶衍偈說

波若是一法　佛說種種名　隨諸眾生類　為之立異字
若人得般若　戲論心皆滅　譬如日出時　朝露一時失

以此類之禪名豈不徧通若其禪定不具足攝一切諸法則非究竟何得名波羅蜜義問曰諸法實相首楞嚴及到彼岸等唯佛一人方稱究竟菩薩所行禪定云何名波羅蜜答曰因中說果故隨分說故頓教所明發心畢竟二不別故以如是等眾多義故菩薩所行禪定亦得名波羅蜜

明禪波羅蜜門第三

行者善巧知故自知其體若欲進修必因門而入今略明禪門即為三意第一標禪門第二解釋三料揀第一標禪門者若尋經論所說禪門乃有無量源其根本不過有二所謂一色二心如摩訶衍中偈說

一切諸法中　但有名與色　若欲如實觀　亦當觀名色
雖癡心多想　分別於諸法　更無有一法　出於名色者

今就色門中即開為二如經中說二為甘露門一者不淨觀門二者阿那波那門心門唯有一門如經中說能觀心性名為上定開色別立於心此則禪門有三所謂一世間禪門二出世間禪門三出世間上上禪門故大集經云有三種攝心一者出法攝心二者滅法攝心三者非出非滅法攝心第二解釋此三門中即各為二意一別二通第一別明門者門名能通如世門通人有所至處一以息為禪門者若因息攝心則能通行心至四禪四空四無量心十六特勝通明等禪即是世間禪門亦名出法攝心此一往據凡夫禪門二以色為禪門者如因不淨觀等攝心則能通行心至九想八念十想背捨勝處一切處次第定師子奮迅超越三昧等處即是出世間禪門亦名滅法攝心一往據二乘禪門三以心為禪門者若用智慧反觀心性則能通行心至法華念佛般舟覺意首楞嚴諸大三昧及自性禪乃至清淨淨禪等是出世間上上禪門亦名非出非滅法攝心此一往據菩薩禪門以此義故約三法為門問曰諸法無量何故但取此三為禪門答曰今略明有三意故立三法為門一如法相二隨便易三攝法盡一如法相者如大集經說歌羅邏時即有三事一命二暖三識出入息者名為壽命不臭不爛名之為暖即是業持火大故地水等色大臭爛也此中心意名之為識即是刹那覺知心也三法和合從生至長無增無減凡夫不了於中妄計我人眾生作諸業行心生染著顛倒因緣往來三界若尋其源本不出此之三法故以三法為門不多不少二隨便易故立三法為門者如因息修禪則有二便一疾

得禪定二易悟無常以色爲門亦有二便一能斷貪欲二易了虛假心
爲門者此亦有二便一能除一切煩惱二易悟空理三攝法盡者此三
此是禪門根本故所以者何舉要說三門即無量如息門中或數或
隨或時觀息如此非一至處亦異如色門中或緣外色或緣內色或
作慈悲或緣佛相乃至得解脫觀如此非一至處亦異如心門中或
止或觀或覺或了或覺了諸心入於非心覺了非心出無量心或覺
了非心非不心能知一切心非心如是緣心不同至處亦復非一故說
三門攝一切禪門此事至第七八釋修證中方乃可見第二通明
三門者此三法通得作世間出世間出世間上上等禪門所以者何
一如息法不定但屬世間門何以得知如毗尼中佛爲聲聞弟子
說觀息等十六行法弟子隨教而修皆得聖道故知亦是出世間禪
門即大乘門者如大品說阿那波那即是菩薩摩訶衍故請觀音
經約數息說六字章句明三乘得道此豈可但是世間禪門二色法爲
門亦不得但是二乘所行不通大乘及凡夫外道何以故如涅槃中說
外道但能治色不能治心我弟子善治於心故知凡夫亦得觀色大
乘觀色如大品中說脹想爛想等是菩薩摩訶衍此豈可但是出世
間禪門三約心爲門亦不得但據菩薩何以故如外道亦觀心起四
十八見凡夫緣心入四空通聲聞者如涅槃說我弟子善治心故能離
三界此豈可是出世間上上禪門當知三門互通但三種人用心異故
發禪得道亦各不同此義至第九明從禪波羅蜜起教中當廣分別
第三料揀通別二門問曰若爾者何故如前分別答曰一切義理有
通有別教門對緣益物不同具說無咎復次前非了義之說未可定執
問曰三門互得通者今就事中數息而學得證九想八背捨自性等
禪不答曰或得或不得初學者不得二乘學自在定者得菩薩具足
方便波羅蜜者隨意無礙問曰何故云初學不得有人數息發九想背
捨慈佛慈心此復云何答曰此發宿緣不正因修得證緣盡則滅謝不
進終不成就次第法門至下內方便中明善根發相當廣分別餘二門

類然可知

辨禪波羅蜜詮次第四

行者既知禪門之相善識從初發心乃至佛果修習禪定從淺至深次
第階級是義應知今略取經論數義揀於次第故大品經云菩薩摩
訶薩次第行次第學次第道辨禪定次第即爲二意一者正明諸禪
次第二者簡非次第一正釋諸禪次第義者行人從初持戒清淨厭
患欲界欲今修習阿那波那入欲界定依欲界定得未到地定是依
未到地次第獲得初禪乃至四禪是名內色界定次爲大功德緣外
衆生發慈悲心次第獲得四無量心是名外色界定此八種禪定雖
緣內外境入定有殊而皆屬色界攝行者於第四禪中厭患色如牢
獄滅有內外二種色一心緣空得度色難獲得四空處定是名無色
界定此十二門禪皆是有漏法次此應明亦有漏亦無漏禪行者既
得根本禪已爲欲除此禪中見著次還從欲界修六妙門所以者何
此六門中數隨止是入定方便觀還淨是慧方便定愛慧策故
說有漏次故說無漏此六法多是欲界未到地四禪中具足亦有至
上無色地者次此應明十六特勝橫則對四念處豎則從欲界乃至
非想但此地中立觀破析故能生無漏次應說通明觀前十六特勝
總觀故今通明別觀故細此禪亦從欲界至非想乃至入滅定此
三種禪亦名淨禪五種禪中由是根本攝今明無漏禪次第之相即
有二意不同一者行行次第二者慧行次第行行次第所謂觀練
熏修初明觀禪次第有六種禪初修九想無漏之前用此對治破欲
界煩惱故次八念爲除修九想時怖畏心生故次十想壞法人於欲
界修此十想斷三界煩惱故次八背捨不壞法人修此觀禪對治三
界根本定中見著故次明八勝處爲於諸禪定觀緣中得自在故次
明十一切處爲欲廣禪定中色心令普遍故乃至修六神通由是觀
禪攝次明練禪者即九次第定爲鍛前定觀二種禪令心調柔入諸
禪時心心次第無間故次有覺有觀等三三昧皆是練禪攝次明熏

禪熏禪者即是師子奮迅三昧順逆次第入出熏諸禪令定觀分明
純熟增益功德故次明修禪修禪者即是超越三昧於諸禪中超越
入出得無礙自在解脫故是以大品經云菩薩摩訶薩住般若波
羅蜜取禪波羅蜜除諸佛三昧入餘一切三昧若聲聞三昧若辟支佛
三昧若菩薩三昧皆行皆入餘一切三昧者根本定是若聲聞三昧
者三十七品空無相等三三昧四諦十六行是若辟支三昧者十二
因緣三昧是若菩薩三昧者自性禪等皆名三昧是菩薩住諸三昧逆
順出入八背捨依八背捨逆順出入九次第定依九次第定逆順出
入師子奮迅三昧依師子奮迅三昧逆順出入超越三昧是菩薩依諸
三昧得諸法相等齊此始是二乘行行共禪滿何以故大阿羅漢亦
得超越三昧故二明無漏慧行次第之相因聞四諦即修三十七品
次入三解脫門次用十六行觀分別四諦次具十智三無漏根成就
九修猶九斷如此略辨聲聞所行無漏慧行次應說十二因緣觀門
即是辟支迦羅之所行無漏慧行若菩薩次第成就二乘學無學所
得智斷亦名從假入空道觀具足也故大品經云菩薩摩訶薩行般
若波羅蜜以方便力故從乾慧地入性地八人地見地離欲地阿羅
漢辟支佛地皆行皆入而不取證次明菩薩不共禪次第者一自性
禪二一切禪三難禪四一切門禪五善人禪六一切行禪七除惱
禪八此世他世樂禪九清淨淨禪菩薩依是禪故得大菩提果具
足十力四無所畏十八不共等一切佛法此則略明菩薩從初發心修
禪次第行次第學次第道乃至佛地名住大涅槃深禪定窟此義至
釋第七修證第八顯示果報中方乃具辨問曰菩薩大士爲通達諸
禪淺深具足一切佛法次第行次第學可如上說今行人初學禪時
爲當直如上依次第修爲當不爾答曰今且欲明諸禪淺深相一往
作此次第分別若論初心學人隨所欲樂便宜對治易入泥洹者從
諸禪方便初門而修不必定如前一一依次第此義至內方便安心
禪門中當廣分別第二簡非次第義問曰菩薩修禪爲一向次第修

亦有非次第答曰此待為四一明次第二明非次第三明次第非
次第四明非次第非次第今明次第如上說大品經云菩薩次第行次
第學次第道非次第者菩薩修法華一行等諸三昧觀平等法界
非深非淺故名非次第如無量義經說行大直道無留難故次第非
次第者如大品中須菩提白佛次第心應行波若應生波若應修波
若不佛告須菩提常不離薩波若為行波若為生波若為修波若
非次第次第者如須菩提白佛一切諸法皆無自性云何菩薩得從
一地至一地佛告須菩提以諸法空故菩薩得從一地至一地問曰今
此四句但據菩薩亦得通二乘答曰二乘亦得作此說何以故知自
有聲聞初發心行於行行從根本初禪兩修乃至超越禪方得阿羅
漢果是為次第或有聲聞人聞說善來一時具足三明八解脫等是
為非次第或有聲聞人修次第行行時即用熟行善觀次第性空從
初心乃至得阿羅漢是名次第非次第也或有聲聞從初發心即修
非次行發電光三昧得四果未具諸禪為欲滿足有為功德故次第修
五種禪定滿足即是非次第而次第也此義至第七釋修證次第入
顯示果報等十意竟即自分明

釋禪波羅蜜法心第五

已略說諸禪次竟諸禪中法心之相復應知之今就明法心中即
為三意一先辨法二明心三分別簡定法心之別就第一先辨法中
法有四種一有漏法二無漏法三亦有漏亦無漏法四非有漏非無
漏法一有漏法者謂十善根本四禪衆生緣四無量心四空定是所
以者何此十二門禪體非觀慧之法不能照了斷諸煩惱故二無漏
法者九想八念十想背捨勝處一切處次第定師子奮迅超越三昧四
諦十六行十二因緣法緣四無量心三十七品三三昧乃至願智頂禪
十二智三無漏根等諸無漏定是所以者何此諸禪中悉有對治觀
慧具足能斷三漏故三亦有漏亦無漏法者六妙門十六特勝通明
等是所以者何此三種禪中雖有觀慧對治力用劣弱故名亦有漏
亦無漏四非有漏非無漏法者法華三昧般舟念佛首楞嚴等百八
三昧自性禪等九種禪乃至無緣大慈大悲十波羅蜜四無礙智十
八空十力四無所畏十八不共法一切種智等是所以者何修是等
法不墮二邊故名非有漏非無漏法問曰何故言法華三昧等諸
名非有漏非無漏如法華中說是德藏菩薩大無漏實相心已得
通達其次當作佛號曰為淨身又如四無畏中第二無畏名無漏無
畏如是等諸經論中多悉說為無漏今何以言皆是非有漏非無
漏法答曰此欲簡諸佛菩薩有中道不共之法故須作此分別如凡
夫專依有漏二乘偏行無漏今諸佛菩薩所得不共之法不滯二邊
則無二邊之漏失是以經云無漏何故得然二邊漏失正以中道之法
非二邊所攝故云非有漏非無漏也此之一說語異而意同故無乖失
若任理性而論則一切皆名非有漏非無漏法故大品經云色無縛
無脫乃至一切種智無縛無脫理既無縛無脫稱理之行豈不同名
無縛無脫無縛無脫者即是非有漏非無漏之異名也問曰分別定
慧為四句可爾戒復云何答曰從十善三歸五戒八齋戒沙彌十
戒大比丘二百五十戒菩薩十重四十八輕戒亦得作四句分別其
義云云今不具釋問曰上第四明禪詮次及下第七辨修證中皆先
明有漏次亦有漏亦無漏次無漏次非有漏非無漏今分別四句法
何故異於前後乃以三為二也答曰前後皆約修行入證以為詮次
今欲簡別心法之相事須約言句為便亦以諸經論中說四句皆爾
故云行時非說時說時非行時此義易明第二明心有四種心一有
漏心二無漏心三亦有漏亦無漏心四非有漏非無漏心一有漏心
者即是凡夫外道心具三漏故名有漏心所以者何凡夫外道修禪
定時約四時中分別不得離結漏故何等為四時中分別一者初發
心欲修禪時不能厭患世間為求禪定中樂及果報故二者當修
禪時不能反照觀察生貪著心三者證諸禪時即計為實不知虛誑
於地地中見著心生四者從禪定起若對眾境還生結業以是因緣
名為漏心第二明無漏心亦約四時中分別一約發心者二乘之人
初發心欲修禪時厭離世間不樂禪樂及求果報但為調心則漏
心自然微薄不起因此能發無漏二修行者隨所修禪悉知虛假能
伏見著不生結業三得證者入諸禪定之時若於定中發真慧斷
諸煩惱則三漏永盡四從禪定起隨所對境不生見著造諸結業以
是因緣名無漏心前二心雖是有漏而為無漏作因因中說果亦名
無漏第三明亦有漏亦無漏心亦約四時中分別一約發心者此行
人初發心欲修禪時恒悵不定或時厭離生死不樂禪樂或生見
著悕望定樂樂果報以生厭故結業微薄以悕望定樂故增長煩
惱二約修行者如不斷善根人欲修禪時是人雖成就信等五法
不得名根以其不能定伏結使故名亦有漏生於信等善法故名亦
無漏三約得證者七種學人入諸禪時雖發真智結漏未盡故名
亦有漏亦無漏乃至退法羅漢亦有此義所以者何未得無生智
故名亦有漏得盡智故名亦無漏四諸學人等從禪定起隨對眾
境隨所斷或未盡之處或猶生著故名亦有漏斷或盡處雖對眾
境結業不起名亦無漏第四釋非有漏非無漏心亦約四時中明一
約發心者菩薩大士初發心欲修禪時不為生死不為涅槃則心
不墮二邊二約修行者菩薩修禪波羅蜜時為福德故不住無為
為智慧故不住有為三約得證者菩薩入諸禪時若於禪中發無
生忍慧爾時心與法性相應不著生死不染涅槃四菩薩從禪定起
隨對眾境心常不依有無二邊以是因緣菩薩之心名非有漏非無
漏心第三料簡法心問曰諸佛說一切法皆空絕諸言句如摩訶衍
論偈說

般若波羅蜜　譬如大火炎　四邊不可取　邪見火燒故

今云何作四句分別辨非情識論耶答曰佛法中不可得空於諸
法無所礙因是不可得空故說一切佛法十二部經今說有四句無
礙譬如虛空雖無所有而一切物依以成如摩訶衍論偈說

若信諸法空　是則順於理　若不信法空　一切皆違失
若以無是空　無所應造作　未作已有業　不作有作者
如是諸法相　誰能思量者　唯有得直心　所說無依止
離於有無見　心自然內滅

今為開發行人方便知見分別種種法門故無句義中辨於句義於理無失故大品經云無句義是菩薩句義若汝欲離四句求解脫者即還被無句縛所以然者如說有四句無四句亦有四句亦無四句非有四句非無四句汝尚不勉無四句縛豈得勉亦有亦無等四句縛當知了句非句於句義無礙而得解脫非是離句求於無句而得解脫如天女呵身子云無離文字說解脫也文字性離即解脫相復次今明法之與心合為八句迴轉分別則有三十六句若細歷法而明即出無量句若能於一句法通達一切句則此辯若虛空無有邊際問曰若爾何以不約法心各作五句答曰諸佛出世對緣化物教門多約四句如摩訶衍論中說有四種悉檀一世界悉檀二為人悉檀三對治悉檀四第一義悉檀初有漏法心即是世界悉檀攝二無漏法心即是對治悉檀攝三亦有漏亦無漏法心即是為人悉檀攝四非有漏非無漏法心即是第一義悉檀攝是中相攝之意細尋可見復次摩訶衍論又於第一義悉檀中分別四門如論偈說

一切實一切不實　一切亦實亦不實　一切非實非非實
如是皆名諸法實

如是等但有四句更無第五句今約四句明法心可以類於餘經論中說有五句明義別有因緣今取一途義便故不約五句分別問曰此四種法心法之與心有何等異如有漏法有漏心此法心為當各是有漏為當各非故說漏若二各有者心法合時應有二漏法起若若無和合亦應無若今不得言二各是漏亦不得言二法中各都無漏何以故若心即是漏如阿羅漢漏盡時心應盡法亦如是所以者何若法定是漏者聖人捨本四禪亦應生漏此四禪法來與心合亦應自是漏如聖人入四禪法不生於漏四禪法來與心相應時亦自無有漏法生云何言法即是有漏今言此漏不獨在法亦不獨在心法心合時便有漏生以有有漏故二處受名譬如仙藥人若服之即令得仙而藥之與人本各非仙藥人和合則便有仙故藥受仙藥之名人受仙人之稱若藥不因人不名仙藥人不因藥不名仙人漏法漏心亦復如是餘三種法心義類關可知故阿難說示比丘為舍利弗說偈

諸法從緣生　是法說因緣　是法緣及盡　我師如是說

復次若謂有漏之法自有有漏法若有漏之法由有漏心故有有漏法若有漏法由法由心故有有漏法若有漏之法不由法不由心故有有漏法如此之計皆墮邪見所以者何若謂由有漏法故有有漏法者即是自性有漏法若是自性有漏法則應有無窮之漏法以自性復有自性故今實不爾若謂有漏法不能自有由有漏心故有者即是他性有漏法所以者何若有漏法待有漏心為自性者今有漏心待有漏法豈非他性若由他性而有有漏法者他性若是有有漏法則有漏法還是有漏法更無心法之別他性若非有漏法非有漏法何能有有漏法故知有漏法不由有漏心故有若謂有漏法由有漏法有漏心故有者即是共有若是共有則從自他性中而有不漏法若爾則一時應有二有漏法今實不然故知非自他共故有有漏法若謂離有漏法離有漏心有有漏法者即是無因緣而有有漏法從因緣有有漏法尚不可何況無因緣而有有漏法破因成假廣說如止觀有漏心亦如是餘三種法心亦如是復次若有漏法定是有漏法者是有漏法即是生滅相續法為生故生猶滅故生為生滅故生為離生離滅得生若是生生即是自生若猶滅故生即是他生若猶生滅故生即共生若離生滅而說生者即是無因緣生從因緣生尚不可何況無因緣生當知有漏生畢竟不可得若無生則無滅若無生滅即無相續若無生滅相續則無有漏法破相續假廣說如止觀有漏心亦如是餘三種法心亦如是復次若有漏法是生者為生生故生為不生生故生為生不生故生為非生非不生故生若生生則是自性生若不生生即是他性生若生不生故生即是共生若非生非不生故生即是無因緣生從因緣生尚不可何況無因緣生是則於相待假中求有漏法生畢竟不可得若無生則無有漏破相待假廣說如止觀有漏心亦如是餘三種法心亦如是當知有漏之法於因成相續相待中各各四句求畢竟不可得若不可得云何分別有有漏法若無有有漏之法而說有漏法者當知但有名字是中不應定有所依生諸戲論破智慧眼不明有漏心亦如是若有漏法心如是餘三句法心亦如是但以世間名字故說名字之法不在內外兩中間亦不常自有無名之名故曰假名問曰若爾云何分別法心之異答曰但以世間名字故分別法心之別是中無有定實問曰云何於名字中分別法心之別答曰若知法心無所有但有名字則還如上分別法心之相無咎故大品經云須菩提不壞假名而說諸法實相復次如心數為法心王為心受想行三陰及色陰為法識陰為心心相應法心不相應法及色法無為法為法心法為心所緣為法能緣為心能生為法所生為心所觀之境為法能觀之智為心法成於心心依於法如是等於名字中種種分別法心之別雖作此分別皆如幻化無所取著同歸一相此義至下第十結會歸趣中當廣釋

釋禪波羅蜜次第法門卷第一

禪波羅蜜序

禪波羅蜜者輔行云次第禪門目錄云大師於瓦官寺說也大莊嚴寺法愼私記章安頂禪師治定爲十卷開十大章一大意二釋名三明門四詮次五法心六方便七修證八果報九起敎十歸趣但至修證餘三略無於修證中又開四別一世間禪二亦世間亦出世間三出世間四非世間非出世間四中唯至第三出世復爲二一對治無漏二緣理無漏但至對治又爲九謂九想八念十想背捨勝處一切處九次第定奮迅超越然修證之相豈可盡具傳聞大師嘗在高座云若說次第禪門年可一徧若著章疏可五十卷今刋預示大科庶學者不昧始末云

十大章
- 初修禪波羅蜜大意
- 二釋禪波羅蜜名
- 三明禪波羅蜜門
- 四辨禪波羅蜜詮次
- 五簡禪波羅蜜法心 —— 第一卷上下
- 六分別禪波羅蜜前方便二
  - 初外方便 —— 第二卷
  - 二內方便二
    - 初正明因止發內外善根 —— 第三卷上
    - 二明驗惡根性 —— 第四卷
- 七釋禪波羅蜜修證四
  - 初修證世間禪相三
    - 初四禪 —— 第五卷
    - 二四無量心
    - 三四無色定 —— 第六卷
  - 二修證亦世間亦出世間禪相三
    - 初六妙門
    - 二十六特勝 —— 第七卷
    - 三通明 —— 第八卷
  - 三修證出世間禪相二
    - 初對治無漏九
      - 初九想
      - 二八念
      - 三十想 —— 觀壞法
      - 四八背捨
      - 五八勝處
      - 六十一切處 —— 觀不壞法 —— 第九卷
      - 七九次第定 —— 鍊
      - 八師子奮迅三昧 —— 熏
      - 九超越三昧 —— 修 —— 第十卷
    - 二緣理無漏
  - 四修證非世間非出世間禪相
- 八顯示禪波羅蜜果報
- 九從禪波羅蜜起敎
- 十結會禪波羅蜜歸趣 —— 不說

釋禪波羅蜜次第法門卷第一

校勘記

一 底本，金藏廣勝寺本。

一 八三四頁中一行前，南、徑、清有序文與十大章科文，玆據徑錄附於卷末。（徑科文「第一卷上下」及「第三卷上下」，南、清作「第一卷」、「第三卷」。）

一 八三四頁中一行「卷第一」，徑作「卷第一之上」。

一 八三四頁中二行說者，徑、清作「隋天台智者大師說」。以下各卷除卷九因底本爲清藏本外皆同此。

一 八三四頁中三行小字右第二四字「既」，徑、清作「記」。

一 八三四頁中四行小字左末字「失」，南、徑、清作「失矣」。

一 八三四頁中一二行「如法」，南、徑、清作「妙法」。

一 八三四頁中一八行第五字「次」，徑、清作「以」。

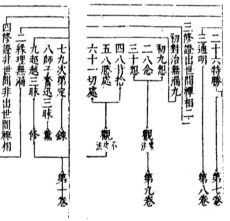

一八三四頁中二〇行第九、一〇字「心法」，徑、清作「法心」。本行第一四、一五字同。

一八三四頁下二行小字右第三字「閒」，南、徑、清作「開」。

一八三五頁上三行「第二」，清作「第一」。

一八三五頁上一九行「無餘」，南、徑、清作「無爲」。

一八三五頁中一九行「神通」，南、徑、清作「神足」。

一八三五頁中二三行「翻釋」，南、徑、清作「翻譯」。

一八三六頁上四行末字「明」，徑作「名」。

一八三六頁中八行「二法」，南、徑、清作「三法」。

一八三六頁中九行第四字「第」，南、徑、清作「等」。

一八三六頁中二二行「老人」，南、徑、清作「若人」。

一八三六頁下八行「止定」，南、徑、清作「上定」。

一八三六頁下二四行第二字「大」，南、徑、清作「不」。

一八三七頁上三行首字「此」，南、徑作「法」。

一八三七頁上八行末字「明」，南、徑作「名」。

一八三七頁上一〇行第一一字「門」，徑、清作「禪門」。

一八三七頁中一行「可知」，至此，徑換卷，卷第一上終，卷第一下始。

一八三七頁中二〇行末字「練」，徑作「鍊」。二六行第五字、末行第二一字同。

一八三七頁下六行「辟支」，徑、清作「辟支佛」。

一八三八頁上九行「二乘」，徑、清作「二乘否」。

一八三八頁上二三行第五字「入」，清作「八」。

一八三八頁上二五行「十二」，南、清作「十一」。

一八三八頁中一一行「一說」，南、徑、清作「二說」。

一八三八頁中二〇行「心法」，清作「法心」。

一八三八頁下二行「厭離」，南、徑、清作「猒患」。

一八三九頁上二四行「心法」，徑、清作「法心」。

一八三九頁上二五行「若無」，南、徑、清作「各無」。

一八三九頁中一九行首字「不」，南、徑、清作「有」。

一八三九頁中二三行「猶滅」，南、徑、清作「爲滅」。

一八三九頁下一三行第一〇字「法」，南作「蕟」。

一八三九頁下末行「卷第一」，徑作「卷第一之下」。

釋禪波羅蜜次第法門卷第二　計十六紙

天台智者大師說　弟子法慎記　弟子灌頂再治

分別禪波羅蜜前方便第六

釋此一段有三卷今之一卷正釋外方便是中明調伏欲界麁心中淺近方便爾者想不便類一向涉事淺近說易行難當得即論理諸禪方便也至下釋第七大段修證中有十二卷乃當廣明禪事理深淺爲證位之前節節明行行態行二種善巧用心之相此文並未流傳故記以知之

行人若能通達如前所辨五重明諸禪相則內信開發若發安心習學必須善知方便今明修禪方便大開爲二一者外方便即是定外用心之法二者內方便即是定內用心之法此二通言方便者善巧修學之異名行者於初緣中善巧修習故名方便若細論外方便亦有通定內用內方便亦有得定外用今一往從多爲論應如上分別就明外方便自有五種第一具五緣第二訶五欲第三棄五蓋第四調五法第五行五法此五五凡有二十五法並是未得禪時初修心方便之相第一具五緣者一持戒清淨二衣食具足三閑居靜處四息諸緣務五得善知識此是修禪五緣也第一持戒清淨者開爲三意一明有戒無戒二明持犯三明懺悔第一明有戒無戒者出家受得禁戒故名有戒即爲三意一明發戒機緣不同凡有十種何等爲十一自然得戒即佛是其人無師自發二自誓得戒即迦葉是本辟支根性值佛出世情存聞教中立誓言佛是我師我是佛弟子作是言已即使發戒三見諦得戒即拘隣五人佛爲轉四諦法輪即悟初果因而發戒四者三歸得戒千時未有羯磨聞佛三說即發戒品以其根利故五八敬得戒即佛姨母佛既不欲度女人出家姨母苦求佛令遣授八敬即發具戒六者論義得戒即須陀耶沙彌與佛論義佛問其無常等義並能答後佛問汝家在何處答佛言三界皆空世尊云何乃問我家處佛語阿難將還僧中爲受具戒于時年始七歲七者善來得戒道機時熟佛呼善來即便得戒八者遣使得戒即半迦尸女有好善容評堪半迦尸國爲人欲抄斷故令遣使僧

中代受戒後還尼寺爲其受戒九邊地如法人少聽五人受得戒十者中國人多十人受具戒此爲十種得戒相今時多用十人羯磨得戒此辨有戒相第二正明戒之體相者有二種教門不同若小乘教辨戒是無作善法受戒因緣具足若發得無作戒爾後睡眠入定此善任運自生不須身口意造作以無作正爲戒體若薩婆多人解無作戒是無表色不可見無對若曇無德人明無作戒是第三聚非色非心法諸部既異雖不可偏執約小乘教門悉是無作爲戒體其義不差若大乘教門中說戒從心起即以善心爲戒體此義如瓔珞經說有師言摩訶僧祇部人云無作戒是心法第三明有戒相不同即有二意一者若約小乘七衆發心受戒作法不同故得戒亦有優劣如優婆塞優婆夷在家有五戒相若本未入佛法男子女人不殺父害母不作逆罪遇好良師教歸依三寶爲受五戒作法成就即五戒無作起名得五戒從此名清信士女復次明沙彌有十戒相若和上阿闍梨二師如法受人清淨歸依三寶隨佛出家若二師作法成就即發無作名得沙彌戒次明大僧有戒相若作沙彌時不犯重過清淨十師和上阿闍梨作羯磨如法成就是名得大比丘具足戒若沙彌尼式叉摩尼大戒尼有戒相亦同七人本雖犯重若遇良緣請作大乘方等懺悔得相成就後受戒亦得無作若依於上說名不得戒亦名無戒二者若菩薩行人有戒無戒則不可知所以者何菩薩世世已來或初發心時值遇良緣受得戒故第二明持犯自有三意一略明持犯二歷別廣明持犯三明持犯成就初略明持犯有二一者持相二者犯相一持相者持者護持如上所說七種之人受佛禁戒爲十利故護持無犯十利者如毗尼中說一攝僧故二極好攝故三僧安樂住故四折伏高心人故五慚愧者安樂住故六不信令信故七已信增長信故八遮今世漏故九斷後世惡故十令梵行人久住故行者一心敬慎不敢侵毀如護浮囊微塵不棄故名護持亦名乘持如持油鉢之喻是名持相二明犯相者犯名違犯本受佛戒欲出生

死願求解脫今遇惡緣不能自制其心中途違返若重若輕故名違犯復次犯名犯觸猶如服藥誤忌斷食不隨醫教而食惡食犯觸禁勢非唯不能愈病翻致更增或時至死犯戒之相亦復如之故名為犯第二廣明持犯者從初心至佛果以明持犯有十種一持不缺戒謂持初四重不犯二持不破戒謂持僧殘不犯三持不穿戒謂對下三篇悉不犯四持無瑕戒亦名不雜戒謂不起諂心及諸惱覺觀雜念亦名定共戒五持隨道戒即是心行十六行觀發苦忍智慧亦名道共戒六持無著戒即阿那含人若斷欲界九品思惟盡名斷律儀戒乃至色無色愛等諸結使盡皆名無著戒七持智所讚戒發菩提心為令一切衆生得涅槃故持戒如是持戒則為智所讚歎亦可言持菩薩十重四十八輕戒此戒能至佛果故為智所讚歎八持自在戒菩薩持戒於種種破戒緣中而得自在亦可言菩薩知罪不罪不可得故但為利益衆生而持戒心無所執故名自在戒九持具足戒菩薩能具一切衆生戒法及上地戒十持隨定戒不起滅定現種種威儀戒法以度衆生前四即是世間戒淨亦得出世間戒義具如前說善應分別中二是出世間戒淨後四是出世間上上戒淨若能如上所說受持是持戒相異上所說即是犯相是名從初心至佛果淺深論持戒及犯戒相故經言唯佛一人具淨戒餘人皆名破戒者復次今明持戒者但隨分隨力而修習今增進漸漸清淨若不爾者不能生諸禪定復次頓行菩薩能以慧方便從初發心一念之中即具持十種戒是故經言發心畢竟二不別第三明戒發禪中自有二意一者正明覆發二者簡定云何名覆發相行者持戒能發禪定破戒即覆禪定行者持世間戒淨故即發世間禪若持世間戒不淨即覆世間禪出世間戒及出世間上上戒持則發禪毀則覆禪類如是分別二者簡定覆發者為衆生現在修禪不定故應作四句分別一自有毀犯戒而發定持而不發二自有破戒而不發定持戒而發三自有持戒犯戒二俱發四自有持犯俱不發初一犯戒之人修禪定

而發者是過去習因善根深厚今雖有罪過去善根力強故亦必現前修禪定重慚愧為緣故譬如負債強者先牽所以得有發定之義二次持戒而不發定者是人過去不種深禪定之因今生雖復持戒修定而不即發三俱發四俱不發悉可類釋故有四種不同尋其根源要因持戒而發犯戒終為遮障何以故若過去經得禪定即知過去以曾持戒發定故成今世之習因今生復以慚愧懺悔清淨為緣是故得發宿世善根也第三明懺悔中自有二意一者先明運懺悔心二者正明懺悔方法第一云何名運懺悔之心若人性自不作惡則無罪可悔行人既不能決定持戒或於中間值遇惡緣即便破毀若輕若重以戒破故則尸羅不淨三昧不生譬如衣有垢膩不受染色是故宜須懺悔以懺悔故則戒品清淨三昧可生如衣垢汙若浣清潔染之可著行者如是思惟若戒不清淨必須懺悔是故經云佛法之中有二種健兒一性不作惡二作已能悔今造過知悔名健人也夫懺悔者懺名懺謝三寶及一切衆生悔名慚愧改過求哀我今此罪若得滅者於將來時寧失身命終不更造如斯苦業如比丘白佛我寧抱是熾然大火終不敢毀犯如來淨戒生如是心唯願三寶證明攝受是名懺悔復次懺名外不覆藏悔則內心剋責懺名知罪為惡悔則恐受其報如是衆多今不廣說舉要言之若能知法虛妄永息惡業修行善道是名懺悔第二明懺悔方法即為三意一正明懺悔法不同二明罪滅階降三明復不復相第一正明懺悔法不同者滅罪之由各有其法如衣垢膩若直以水浣終不可脫是莫灰汁則能去之滅罪之法亦復如是今明懺悔方法教門乃復衆多取要論之不過三種一作法懺悔此扶戒律以明懺悔二觀相懺悔此扶定法以明懺悔三觀無生懺悔此扶慧法以明懺悔此三種懺悔法義通三藏摩訶衍但從多為說前一法多是小乘懺悔法後二法多是大乘懺悔法初明作法懺悔者以作善事反惡事故故名懺悔如毗尼中一向用此法滅罪何以故如懺第二篇二十衆作別住

下意出罪等羯磨作法成就即名為滅此不論見種種相亦不論智慧觀解故知但是作法懺悔羯磨此翻作法如是乃至下三篇並是作法此事易知義如律中廣明但未明懺悔四重法別有最妙初教經出懺悔四重法彼經云當請三十清淨比丘僧於大衆中犯罪比丘當自發露僧為作羯磨成就又於三寶前作諸行法及誦戒千徧即得清淨亦云今取得相為證而說罪滅清淨當知律中雖不出經中有此羯磨明文作法相貌如彼經中廣說二明觀相懺悔者行人依諸經中懺悔方法專心用意於靜心中見種種諸相如菩薩戒中所說若懺十重要須見好相乃滅相者佛來摩頂見光花種種瑞相已罪即得滅若不見相雖懺無益諸大乘方等陀羅尼行法中多有此觀相懺法三藏及雜阿含中亦說觀相懺悔方法謂作地獄毒蛇白毫等觀相成就即說罪滅此是就定心中作故觀相懺悔多依修定法說問曰見種種相云何知罪滅答曰經說不同罪法輕重有異不可定判今但舉要而明相不出四種一夢中見相二於行道時聞空中聲或見異相及諸靈瑞三坐中觀見善惡破戒持戒等相四以內證種種法門道心開發等為相此隨輕重判之不可定說若下至驗善惡根性更當略出問曰魔羅亦能作此等相云何可別答曰實爾邪正難別不可定取若相現時良師乃識事須面決非可文載是故行者初懺悔時必須近善知識別邪正之人復次夫見相者不怨欲而觀尚邪正難知若逐文作心求之多著魔也問曰若爾者不應觀相懺悔答曰許觀相者但用心行道功成相現取此判之便知罪滅不滅非謂行道之時心存相事而生取著若如此用心必定多來魔事問曰觀相懺悔行法云何答曰方法出在諸大乘方等修多羅中行者當自尋經依文而行三明觀無生懺悔者如普賢觀經中偈說

一切業障海　皆由妄想生　若欲懺悔者　端坐念實相
衆罪如霜露　慧日能消除　是故至誠心　懺悔六情根

大行人欲行大懺悔者應當起大悲心憐愍一切深達罪源所以者何一切諸法本來空寂尚無有福況復罪耶但眾生不善思惟妄執有為而起無明及與愛恚從此三毒廣作無量無邊一切重罪皆從一念不了心生若欲除滅但當反觀如此心者從何處起若在過去過去已滅已滅之法則無所有無所有法不名為心若在未來未來未至未至之法即是不有不有之法亦無此心若在現在現在之中剎那不住無住相中心不可得復次若言現在者為在內外兩中間耶若言在內則不待外內自有故若言在外於我無過復次外塵無知豈得有心既無內外豈有中間若無中間則無停處如是觀之不見相貌不在方所當知此心畢竟空寂既不見心不見非心尚無所觀況有能觀無能無所顛倒想斷顛倒斷則無無明及以愛恚無此三毒罪從何生復次一切萬法悉屬於心心性尚空何況萬法若無萬法誰是罪業若不得罪不得不罪觀罪無生破一切罪以一切諸罪根本性空常清淨故故維摩羅詰謂優波離彼自無罪勿增其過當直除滅勿擾其心又如普賢觀經中說觀心無心法不住法我心自空罪福無主一切諸法皆悉如是無住無壞作是懺悔名大懺悔名莊嚴懺悔名破壞心識懺悔名無罪相懺悔行此悔者心如流水念念之中見普賢菩薩及十方佛故知深觀無生名大懺悔於懺悔中最尊最妙一切大乘經中明懺悔法悉以此觀為主若離此觀則不得名大方等懺也問曰觀無生懺悔云何知罪滅相答曰如是用心於念念中即諸罪業念念自滅若欲知障道法轉者精勤不已諸相亦當自現觀此可知如前觀相中所說善夢瑞相定慧開發等相此中應具明復次若行者觀心與理相應即是罪滅之相不勞餘求故普賢觀經中言令此空慧與心相應當知於一念中能滅百萬億阿僧祇劫生死重罪以此為證若得無生忍慧則便究盡罪源此則尸羅清淨可修禪定第三明罪滅階降不同者懺法既有別異當知滅罪亦復不同所以者何罪有三品

一者違無作起障道罪二者體性罪三者無明煩惱根本罪通稱罪者摧也現則摧損行人功德智慧未來之世三塗受報則能摧折行者色心故名為罪一明作法懺悔者破違無作障道罪二明觀相懺者破除體性惡業罪故摩訶衍論云若比丘犯殺生戒雖復懺悔得戒清淨障道罪滅而殺報不滅此可以證前釋復當知觀相懺悔用功既大能除體性之罪三觀無生懺悔罪滅者破除無明一切煩惱習因之罪此則究竟除罪源本第三明復本不復本相者問曰懺悔清淨得復本不答曰解者不同有言不復如衣破更補雖完終不如不破有言得復如衣不淨更浣淨與本無異有言有復有不復如律中所明初二篇不復後三篇可復初教經所明作羯磨懺悔四重悉復今言不必定爾應當對前三種懺法還為三義一者復義二者過本義三增上過本義今當借譬顯之一者作法懺悔罪滅或復不復如冷病人服於薑桂所患除差身有復不復二者觀相懺悔非唯罪滅能發禪定此則過本何以故本無禪定故如冷病人服石散等非但冷除亦復肥壯過本三者觀無生懺悔非唯罪滅發諸禪定乃得成道此為增上過本如病服於仙藥非直病除乃得仙通神變自在此而推之豈得一類問曰有戒者可然其無戒者云何答曰無戒者當更受戒或有因懺發戒此如普賢觀經中所說復次若菩薩戒者從生世以來或已遇善知識發菩提心受菩薩戒但於生死中顛倒造罪妄失毀犯因今歸依三寶重更緣之雖復懺悔清淨用此本戒亦發禪定是故雖無事戒若提本戒或已有之復次如摩訶衍論說尸羅秦言好善好行善道不自放逸是名尸羅或受戒行善或不受戒行善皆名尸羅若不受戒行善名尸羅者既有尸羅豈不得發諸禪三昧耶問曰若爾者何用受戒答曰為不然一為助道二定佛法外相豈可不依問曰上來所說初坐禪者必須懺悔亦有不然答曰不必一向如妙勝定經所明但能直心坐禪即是第一懺悔若於坐中有難障多不得用心者必須懺悔第二明衣食具足者今明衣法有

三種一者如雪山大士等學道但畜一衣即足以不遊人間堪忍力成故此上人也二者如迦葉等常受頭陀法但畜糞掃三衣不須餘長此是中人衣法三者若多寒國土及下士不堪如來更開畜百一物等而要應說淨作法知量知足若過貪求則於道有妨具足食法者食有四種若上人大士深山絕人果菜隨得以支命二者常行頭陀受乞食法是乞食法能破四種邪命依正命自活能生聖道故名聖種四邪命自活者一下口食二仰口食三四維口食四方口食此是邪命之相如舍利弗為青目女說是中應廣分別三者阿蘭若受檀越送食四者於僧中結淨食有此等食名緣具足是名衣食具足若無此資身因緣則心不安於道有妨第三得閑居靜處閑者不作眾事名之為閑無憒鬧故名之為靜此有三處可修禪定一者深山絕人之處二者頭陀蘭若之處離於聚落極近三里此放牧聲絕無諸憒鬧三者遠白衣舍處清淨伽藍之中皆具閑居靜處此第四息諸緣務者緣務眾多略說有四一息生活緣務所謂不作一切有為事業二息人事緣務所謂不追尋俗人朋友親識斷絕往還三息工巧伎術緣務所謂不作世間工匠醫方禁呪卜相書數算計等事四息學問緣務所謂讀誦聽學義論等悉皆棄捨此為息諸緣務所以者何若多緣務則於修定有廢心亂難攝不得定也第五近善知識有三種一外護善知識經營供養善能將護行人不相惱亂二者同行善知識共修一道互相勸發不相擾亂三者教授善知識以內外方便禪定法門示教利喜是則略明五緣具足第二呵五欲五欲惡法者即是棄五蓋言五欲者即是世間上妙色聲香味觸等常能誑惑一切凡夫壞於善事若不明識過罪呵責厭離則諸禪三昧無由可獲一呵色欲者所謂男子女人形貌端嚴修目高眉朱脣素齒及世間寶物青黃赤白紅紫縹綠種種妙色能令愚人見即生愛作諸惡業如頻婆娑羅王以色欲故身入敵國獨在婬女阿

梵婆羅房中優填王以色染故截五百仙人手足如是等種種因緣知色過罪如摩訶衍中廣說二呵聲欲者所謂箜篌箏笛絲竹金石音樂之聲及男女歌詠讚頌等聲能令凡夫聞即染著起諸惡業如五百仙人雪山中住聞甄陀羅女歌聲即失禪定心醉狂亂如是等種種因緣知聲過罪如摩訶衍中廣說三呵香欲者所謂男女身香世間飲食馨香及一切薰香等愚人不了香相聞即愛著開結使門如一比丘在蓮華池邊聞花香氣心生愛樂池神即大呵責何故偷我香氣以著香故令諸結使臥者皆起如是種種因緣知香過惡如摩訶衍中廣說四呵味欲者所謂苦酸甘辛醎淡等種種飲食餚饍美味能令凡人心生染著起不善業如一沙彌染著酪味命終後即生酪中受於蟲身如是等種種知味過罪如摩訶衍中廣說五呵觸欲者男女身分柔軟細滑寒時體溫熱時體涼及諸好觸愚人無智為之沈沒起障道業如獨角仙人因觸欲故退失神通為婬女騎頸如是等種種觸欲過罪如摩訶衍中廣說問曰云何呵五欲答曰呵欲之法如摩訶衍中哀哉眾生常為五欲所惱而猶求之不已此五欲者得之轉劇如火益薪其焰轉熾五欲無益如狗齧枯骨五欲增諍如鳥競肉五欲燒人如逆風執炬五欲害人如踐惡蛇五欲無實如夢所得五欲不久亦如假借須臾世人愚惑貪著五欲至死不捨為之後世受無量苦此五欲法與畜生同有一切眾生常為五欲所使名欲奴僕坐此弊欲沈墜三塗我今修禪復為障蔽此為大賊當急遠之如禪經中說偈

生死不斷絕　貪欲嗜味故　養怨入丘冢　唐受諸辛苦
身臭如死屍　九孔流不淨　如廁蟲樂糞　愚貪身無異
智者應觀身　不貪染世間　無累無所欲　是名真涅槃
如諸佛所說　一心一意行　數息在禪定　是名行頭陀

如是等種種因緣知五欲過罪心不親近如離怨賊以遠離故心無熱惱欲想不生此為修禪之要呵五欲相如摩訶衍廣說第三

棄五蓋者一者貪欲蓋二瞋恚蓋三睡眠蓋四掉悔蓋五疑蓋第一棄貪欲者前說外五塵中生欲今約內意根生欲所謂行者端坐修禪心生欲覺念念相續覆蓋善心令不生長覺已應棄所以者何如術婆伽欲心內發尚能燒身況復心生欲火而不燒諸善法復次貪欲之人去道甚遠所以者何欲為種種惱亂住處若心著欲無由近道如除蓋偈說

入道慚愧人　持鉢福眾生　云何縱塵欲　沈沒於五情
已捨於五欲　棄之而不顧　如何還欲得　如愚自食吐
諸欲求時苦　得時多怖畏　失時懷悲惱　一切無樂處
諸欲患如是　已何能捨之　得福禪定樂　則不為所欺

如是等種種因緣呵貪欲蓋如摩訶衍中呵欲偈說第二棄瞋恚蓋者瞋是生諸不善法之根本墮諸惡道之因緣法樂之怨家善心之大賊種種惡口之府藏復次行者於坐時思惟此人惱我及惱我親讚歎我怨思惟過去未來亦如是是為九惱故生瞋瞋故生恨恨故生怨怨故欲加報惱彼瞋恨怨惱覺觀覆心故名為蓋當急棄之無令增長如釋提婆那以偈問佛

何物殺安隱　何物殺無憂　何物毒之根　吞滅一切善

佛以答言

殺瞋則安隱　殺瞋則無憂　瞋為毒之根　瞋滅一切善

如是知已當修慈忍以除滅之令心清淨如摩訶衍中佛教弟子呵瞋偈是中應廣說第三呵睡眠蓋者內心惛暗名為睡放恣支節委臥垂熟名為眠復次意識惛實名為睡五情闇蔽惛熟名為眠以是因緣名為睡眠蓋阿毗曇中說為增心數法能破今世三事謂樂利樂福德又能破今世後世實樂如此惡法最為不善何以故餘蓋情覺可除眠如死人無所覺識以不覺故難可除滅如有菩薩教睡眠弟子言

汝起勿抱死屍臥　種種不淨假名人　如得重病箭入體

諸苦痛集安可眠　如人被縛將去殺　災害垂至安可眠
結賊未滅害未除　如共毒蛇同室居　亦如臨陣白刃間
爾時云何而可眠　眠為大暗無所見　日日欺誑奪人明
以眠覆心無所見　如是大失安可眠

如是等種種呵眠蓋警覺無常減損睡眠令無惛覆若睡眠心重當用禪鎮禪杖等卻之也第四棄掉悔者掉有三種一身二口三心身掉者身好遊走諸雜戲謔坐不暫安口掉者好喜吟詠競諍是非無益戲論及世俗言語等心掉者心情放蕩縱意攀緣思惟文藝世間才伎諸惡覺觀等名為心掉掉之為法破出家心如人攝心猶不得定何況掉散掉散之人如無鉤醉象穴鼻駱駝不可禁制如偈說

汝已剃頭著染衣　執持瓦鉢行乞食　云何樂著戲掉法
放逸縱情失法利

既無法利又失世樂覺其過已當急棄之悔者若掉無悔則不成蓋何以故掉時未在緣中故後欲入定時大悔前所作憂惱覆心故名為蓋復次悔有二種一者因掉後生悔如前說二者如大重罪人常懷怖畏悔箭入心堅不可拔如偈說

不應作而作　應作而不作　煩惱火所燒　後世墮惡道
若人罪能悔　悔已莫復憂　如是心安樂　不應常念著
若有二種悔　若應作不作　不應作而作　是則愚人相
不以心悔故　不作而能作　諸惡事已作　不能令不作

如是種種因緣呵掉悔蓋心神清淨無有覆蓋常在善心則寂然安樂以是因緣心得法喜第五棄疑蓋者以疑覆故於諸法中不得定心定心無故於佛法中空無所獲譬如人入寶山若無有手無所能取復次通疑甚多未必障定今正障定疑者謂三種疑一者疑自二者疑師三者疑法疑自者若人作是念我諸根暗鈍罪垢深重非其器乎作此自疑定法終不發也欲得之者無得自輕以宿世善根難測故二疑師者彼人威儀相貌如是自尚無道何能教我作是疑慢即

為障定欲除之法如摩訶衍中說如臭皮囊中金以貪金故不可棄臭皮囊行者亦爾師雖不清淨亦應生佛想此事如摩訶衍中釋薩陀波崙求善知識具明是中應廣說三疑法者世人多執本心於所受之法不能即信故不敬心受行若心生猶預即法不染神何以故如訶疑偈中說

如人在岐道　疑惑無所取　諸法實相中　疑亦復如是

疑故不勤求　諸法之實相　是疑從癡生　惡中之惡者

善不善法中　生死及涅槃　定實真有法　於中莫生疑

汝若懷疑惑　死王獄吏縛　如師子搏鹿　不能得解脫

在世雖有疑　當隨妙善法　譬如觀岐道　利好者應逐

復次佛法之中信為能入若無信者雖在佛法終無所獲如是等種種因緣覺知疑過當急棄之問曰不善法塵無量何故但棄五法答曰此五蓋中即有三毒等分為根本亦得攝八萬四千塵勞門所以者何貪欲蓋即貪毒瞋恚蓋即瞋毒睡眠及疑此二蓋共為癡毒當知即具三毒掉悔蓋通從三毒起即等分攝合為四分煩惱一中即有二萬一千四中合有八萬四千是故除此五蓋即是除一切不善之法行者如是等種種因緣棄於五蓋譬如負債得脫重病得差如飢餓之人得至豐國如於怨賊中得自勉濟安隱無患行者亦如是除此五蓋其心安隱清淨快樂譬如日月以五事覆翳煙雲塵霧羅睺阿脩羅手障則不能照人亦如是第四調五法者一者調節飲食二者調節眠睡三者調身四者調氣息五者調心所以者何今借近譬以況斯法如世陶師欲造眾器先須善巧調泥令使不強不軟然後可就輪繩亦如彈琴先應調弦令寬急得所方可入弄出諸妙曲行者修心亦復如是善調五事必使和適則三昧易生若有所不調多諸妨難善根難發第一調食者夫食之為法本欲資身進道食若過飽則氣急心身滿百脈不通令心閉塞坐念不安若食過少則身羸心懸意慮不固此皆非得定之道復次若食穢濁之物令

人心識惛迷若食不宜身物則動宿疾使四大違反此為修定之初深須慎之故云身安則道隆經云飯食知節量常樂在閑處心靜樂精進是名諸佛教第二調睡眠者夫眠是無明惑覆之法雖不可縱之若都不眠則心神虛恍若其眠寐過多非唯廢修聖法亦復空喪功夫令心暗晦善根沉沒當覺悟無常調伏睡眠令神道清白念心明淨如是乃可栖心聖境三昧現前故經云初夜後夜亦勿有廢無以睡眠因緣令一生空過無所得也當念無常之火燒諸世間早求自度勿睡眠也第三調身第四調息第五調心此應合用不得別說但有初中後方法不同是則入住出相有異第一入禪調三事者行人欲入三昧調身之宜若在定外行住進止動靜運為悉須詳審若所作麤獷則氣息隨麤以氣麤故則心散難錄兼復坐時煩憒心不恬怡是以雖在定外亦須用心逆作方便後入禪時須善安身得所初至繩牀即前安坐處每令安隱久久無妨次當正脚若半跏坐以左脚置右胜上牽來近身令左脚指與右胜齊若脚指與左胜齊若欲全跏即上下右脚必置左脚上次解寬衣帶周正不令坐時脫落次當安手以左掌置右手上重累手相對頓置左脚上牽近身當心而安正身先當挺動其身并諸支節作七八反如自按摩法勿令手足差異竟即正身端直令脊骨相對勿曲勿聳次正頭頸令鼻與臍相對不偏不邪不低不昂平面正住次開口吐胸中穢氣吐法開口放氣自恣而出想身分中百脈不通處悉隨氣而出盡閉口鼻中納清氣如是至三若身息調和但一亦足次當閉口脣齒纔相拄著舌向上腭次當閉眼纔令斷外光而已當端身正坐猶如奠石無得身首四支切爾搖動是為初入禪定調身之法舉要言之不寬不急是身調相第二初入禪調息法者息調凡有四相一風二喘三氣四息前三為不調相後一為調相云何風相坐時鼻中息出入覺有聲云何喘相坐時息雖無聲而出入結滯不通是喘相云何氣相坐時息雖無聲亦不結滯而出入不細是名氣相息相者不聲不結不麤出入緜緜

若存若亡資神安隱情抱悅豫此是息相守風則散守喘則結守氣則勞守息則定復次坐時有風喘氣等三相是名不調而用心者則為患也心亦難定若欲調之當依三法一者下著安心二者寬身體三者想氣徧毛孔出入通同無障若細其心令息微微然息調則眾患不生其心易定是名行者初入定時調息方法舉要言之不澁不滑是息調相第三初入定調心者調心有二義一者調伏亂念不令越逸二者當令沉浮寬急得所何等為沉相若坐時心中昏暗無所記錄頭好低垂是為沉相爾時當繫念鼻端令心住在緣中無令散意此可治沉何等為浮相若坐時心神飄動身亦不安念在異緣此是浮相爾時宜安心向下係緣制諸亂念心則定住此則心易安靜舉要言之不沉不浮是心調相問曰心得有寬急相不答曰亦有此事心急相者由坐中攝心用念望得因此入定是故氣上向胸臆急痛當寬放其心想氣流下患自差矣若心寬相者覺心志遊漫身好萎陀或口涎流或時暗晦爾時應當斂身急念令心住在緣中身體相持以此為治心有澁滑之相推之可知是為初入定時調心方法欲入定時本是從麤入細是以身既為麤息居其中心最為細以善方便調麤就細令心安靜此則入定初方便也第二住坐中調三事者當一坐之中隨時長短攝念用心是中應善識身息心三事調不調相若坐時上雖調身竟而今身或寬或急或偏或曲低昂不俱覺已隨正毋令安隱中無寬急平直正住復次當坐之中身雖調和而氣或不調不調相者如上所說或風喘或氣急身中脹滿當用前法隨治之每令息道緜緜如有如無復次一坐時中身息雖調而心或沉或浮寬急不俱爾時若覺當用前法調令中適此三事的無前後隨不調者而調適之令一坐之中身息心三事調適無相乖越和融不二此則能除宿患障妨不生定道可剋第三若坐禪將竟欲出定時應前放心異緣開口放氣想從百脈隨意而散然後微微動身次動肩胛及頭頸次動兩足悉令柔軟然後以手徧摩諸毛孔次摩手令煖

以掩兩眼卻手然後開目待身熱汗稍歇方可隨意出入若不爾者或得住心出既卒促則細法未散住在身中令人頭痛百骨節強猶如風勞於後坐中煩躁不安是故心不欲坐每須在意此爲出定調身息心方法以從細出麁故是名善入出住如偈說

進止有次第　麁細不相違　譬如善調馬　欲去而欲住

第五行五法者一欲二精進三念四巧慧五一心欲者行人初修禪時欲從欲界中出欲得初禪故亦名爲志亦名願亦名爲樂是人內心志願好樂諸禪定故問曰怖望心生於修禪中則爲妨礙云何以此爲方便耶答曰夫欲者秖是大志成就願樂之心故名爲欲不應於用心時起怖望憶想之念若怖望心起則不澄靜若心不澄靜則諸三昧無由得發矣二精進者有二種精進一身二心精進行者若能修十二頭陀即是具足身心精進如佛告迦葉阿蘭若比丘遠離二著形心清淨行頭陀頭陀者有十二事一阿蘭若處二常行乞食三次第乞食四受一食法五節量食六中後不飲漿七著弊衣八但三衣九冢間住十樹下止十一露地坐十二常坐不卧是名十二頭陀如頭陀經中所明是中應廣說頭陀者名抖擻抖擻身心諸不善法故若修禪時行此等法是名不放逸行具足身心精進當知此人能得三乘聖果何況世間禪定復次行者爲修禪故持戒清淨棄捨五蓋初夜後夜專精不廢譬如鑽火未然終不休息是名精進如佛告阿難諸佛一心勤精進故得三菩提何況餘善道法三念者如摩訶衍中說念欲界不淨欺誑可賤念初禪爲尊重可貴此與六行意同但立名異六行觀者一厭下苦麁障爲三即是觀欲不淨欺誑可賤攀上勝妙出爲三即是觀初禪爲尊重可貴今釋六法自可爲二意一約果明二約因明先約欲界果明言厭下苦麁障者猒患欲界底下色心麁重故行者思惟今處欲界報身飢渴寒熱病痛刀杖等種種所逼故名苦麁者此身爲三十六物屎尿臭穢之所成故名爲麁麁者醜陋故障者此身質礙不得自在爲山河石壁所隔

礙故名爲障次約色界果明攀上勝者行者思惟知色界樂爲上勝故如欲界樂爲苦色界樂爲勝得樂勝苦故名上勝妙者受得色界之身如鏡中像雖有形色無有質礙故名爲妙出者復得五通徹見障外等事山壁無礙故名爲出二明因中六行者先約欲界因明厭下苦麁障者行者思惟苦於報身中所起心數緣於貪欲不能出離如經說一切衆生爲愛奴僕故名爲苦麁者緣欲界五塵散動起惡故名爲麁障者爲煩惱蓋覆故名爲障次約色界因明攀上勝妙出者行者思惟初禪上勝之樂從樂內發故名爲上勝貪欲樂從外五塵生惱熱怨結以爲下劣不如妙者禪定之樂心定不動而樂法成就故名爲妙貪欲之樂心亂馳動故名爲麁出者心得出離蓋障至初禪故名爲出亦如石泉不從外來內自涌出今因此六行釋於念義意在可見問曰今說佛弟子修禪何用說凡夫六行觀法答曰既說三界共禪亦應知其所行之因若佛弟子用八聖種起十六行觀離欲爲念入初禪則無過失在下明無漏禪中當廣分別四巧慧者籌量欲界樂初禪樂得失輕重之相今翻譯作二釋言籌量者即是用智慧思度之名得失者欲界樂爲失初禪樂爲得初禪樂無過失故爲得欲界樂過失故名爲失亦可言初禪爲失欲界樂爲得者欲界樂麁故計以爲貪生重得心初禪爲失者覺身空寂受於細樂似若無故不可定取失樂相貌故名爲失言輕重者欲界爲輕初禪爲重欲界輕者五識相應所得樂迮淺故爲輕初禪所得樂重意識相應久住緣深故名重重者可貴寶重亦得言欲界爲重初禪爲輕者欲界樂與煩惱俱心累重故故名重初禪樂心累少故名爲輕次有師言巧慧者行人初修禪時善識內外方便巧而用之不失其宜疾得禪定故名巧慧也五一心者行人已善能巧慧籌量用心無謬今但應專心中一而行故名一心如人欲行善須識道路通塞之相決定知已即一心而去故說非智不禪非禪不智義在此也

釋禪波羅蜜次第法門卷第二

釋禪波羅蜜次第法門卷第二

校勘記

一　底本，金藏廣勝寺本。

一　八四二頁中三行「第六」，徑作「第六之一」。

一　八四二頁中六行第一二字「重」，清作「種」。

一　八四二頁下七行「偏執」，南、徑、清作「偏執」。

一　八四三頁上八行第二〇字「推」，南、清作「惟」。

一　八四三頁上一四行第一〇字「土」，南、徑、清作「上」。

一　八四三頁下一六行第一一字「聞」，南、清作「開」。

一　八四四頁中四行第二一字「主」，南、徑、清作「生」。

一　八四四頁中二四行「荅曰爲」，清作「爲荅曰」。

一　八四五頁上四行「飄迦羅」，南、徑、清作「甄迦羅」。

一 八四五頁上一〇行「凡人」，清作「凡夫」。

一 八四五頁上一九行第一八字「畜」，南、清作「衆」。

一 八四五頁上二二行第一六字「唐」，經作「廣」。

一 八四五頁中一〇行第七字「何」，南、經、清作「訶」。

一 八四五頁下五行第九字「驚」，經、清作「警」。

一 八四六頁中七行第二二字「詣」，經作「諸」。

一 八四六頁中一八行第一一字「骨」，經、清作「脊」。

一 八四六頁中一九行第三字「徧」，南、清作「偏」。

一 八四六頁中二二行第三字「咢」，經、清作「鰐」。

一 八四六頁下一三行末字「陀」，南、經、清作「蛇」。

一 八四七頁上七行第一八字「名」，經、清作「名爲」。

一 八四七頁上一一行「精進一身」，經、清作「一身精進」。

釋禪波羅蜜次第法門卷第三　計二十

天台智者大師說　弟子法慎記　弟子灌頂再治

分別禪波羅蜜前方便猶屬第六段（從此有兩卷並明內方便令之一卷正釋因止發內外善根是中明事理諸禪三昧善根發通約初禪初境界因緣而辯止表行人習因根性不同故於初證之時發禪有異若論初禪已後發事理諸禪三明深妙境界並在第七大段修證中廣明此文悉未流通也）

第二明修禪波羅蜜內方便開為五重一先明止門二明驗善惡根性三明安心法四明治病患五明覺魔事此五通稱內方便者並據初發定時靜細心中善巧運用取捨不失其宜因此必證深禪定故名方便今於內方便中以止為初門者一切禪定功德皆因制心息亂而發故經云制之一處無事不辦止為初門則意在此也問曰上來明外方便行五法中已辨一心今何故重說答曰不然上但通論一心未是具足分別微細止門之法此中為令行者善知安心之本廣明修止淺深麤細入定之相重說無咎問曰經中說二為甘露門一者不淨觀門二者阿那波那門不說止為初門今云何言止為初門答曰不然於諸禪中止為通門通攝於別別不攝通故先教止若止後入餘禪則有通發若依餘門則有乖違之過治煩惱亦爾復次今明師有二種第一師者已得道眼觀機授法必扶本習善識對治不如舍利弗為二弟子說法不知機故金師之子教不淨觀浣衣之子教令數息違本所習法則不起遂生耶見佛為轉觀即悟道迹第二師者無他心智不得道眼不識機根其有來學坐者唯當先教止門心在定故即發善惡根性若因靜心發諸禪定師即應教扶本而修若都不發法門或貪瞋癡等諸結使發隨其多者即教對治破之遮道法滅禪定則發今止門為先者即是第二師授法之正意若異此說則善惡根緣難可分別妄授他法必有差機之過就止門中自有四意一者分別止門不同二者立止大意三明修止方法四辨證止之相也第一分別止門不同即為二意一約行論止二約義論止初約行明止乃有多途今略出三意一繫緣止二制心止三體真止所以通言止者止名制止亦名止息心起制之不令流動故名制專心定志息諸亂想故名止今言繫緣止者繫心鼻柱臍間等處不令馳蕩故名繫緣止制心止者心若覺觀即制令不起故名制心止體真止者體諸法空息諸妄慮故名體真止二約義論止亦有多途今略出三意一隨緣止二入定止三真性止隨緣止者隨心起時悉有三摩提數故涅槃經云十大地中定名為下定入定止者證定之時定法持心心息止住是入定止真性止者心性之理常自不動故名為止故思益經云一切衆生即是滅盡定今用此三義成上三止約隨緣任性有定故說繫緣止約果有定法說制心止約真性不動說體真止第二明立止大意者自為四一明淺深二對治相破三隨樂欲四隨機宜一簡別三種止淺深之相不同者因麤入細則有淺深之義繫緣及制心既是事故為淺體真入細故為深細二明三止對治相破有二種一者以深破淺二者迴互相破以深破淺者為破緣外之散心故立繫緣止制心止者即破繫緣止心非色法豈可繫在鼻隔等處若欲靜之但當息諸攀緣故令制心守一體真止者即破前制心止心無形相性不可得云何可制了心非心不起妄念無止之止止無所止乃名為止有止之止由依妄想不名為止此則以深破淺反本還源故立三止二迴互相破者隨修止時若有見生即互取一止對治破之細尋可解三隨樂欲者自有人樂安心境界自有但樂制心體真亦爾若隨所樂以法教之則歡喜奉行若乖其情則心不願樂四對機宜者未必隨樂如人樂欲體真而不入定若暫繫心守境即發諸禪此應隨便宜而授法第三明修止方法亦為三意一修繫緣止二修制心止三修體真止第一先明修繫緣止法者略明有五處一繫心頂上二繫心髮際三繫心鼻柱四繫心臍間五繫心在地輪外國金齒三藏說此為五門禪問曰身分皆可繫心云何的說五處答曰此五處於用心為便餘處非安定

所若脇肋等處皆偏故不說如頭頂法天足方法地臍是氣海臍是風門髮際是修骨觀之所故以爲門令繫心頂上者爲心沉惛多睡故在上安心若久久即令人浮飄上如風病或以得通欲飛有此等過不可恒用若繫心髮際此處髮黑而白心則易住或可發本骨觀久則過生眼好上瞻或可見於黃赤等色如花如雲種種相貌令情應顛倒若繫心鼻柱者鼻是風門覺出息入息念念不住易悟無常亦以扶本安般之習心靜能發禪定若繫心臍下臍是氣海亦曰中宮繫心在臍能除衆病或時內見三十六物發特勝等禪若繫心地輪此最在下氣隨心下則四大調和亦以扶本修習不淨觀者多從下起因此繫心或能發本不淨觀門約此五處爲緣令心不散以譬修繫緣止意在於此譬如獼猴得樹騰躍跳擲若鏁之於柱久久自調心亦如是若心停住未入定前復有一止名凝心止若得入定身心泯然任運自寂即是入定止二明修制心止者心非形色亦無處所豈可繫之在境但是妄想緣慮故須制之心若靜住則不須制之但凝其心息諸亂想即是修止問曰心非上下有時若寬若急若沉浮調適之法其事云何答曰心雖非上下爲治沉浮患故上下安之於行無失若心浮動可作意下著止之若心沉沒可上著止之復次若下著安心利益衆多略說有二一心易得定二者衆病不生

第三明修體眞止者以正智慧體一切陰入界三毒九十八使及十二因緣等三界因果諸法悉皆空寂如大品經中說即色是空非色滅空色性自空空即是色色即是空離色無空離空無色受想行識等一切諸法亦皆如是所以者何今現見陰入界等諸法自性不有何能生我人衆生壽命等一切諸顛倒事云何知空如過去所起一切煩惱業行爲因現在攬父母身分爲緣因緣和合則有果報有果報故則有陰入界等一切諸法者此業爲是何法而能爲果報陰入等作因若言過去善心即是業者過去作善之心及心數法皆已滅謝豈得爲現在果報及陰入等法作因若言心非是業因心作業

業隨心來者心轉滅故業亦應隨心轉滅若業轉滅豈能感今世果報及陰入等法若業轉滅當知業即不至現在何以故業不來故若業不來而受報者此報不名報何以故無業則報無所酬若言過去心雖滅謝而次心續生故業得隨心來者亦應過去業雖滅謝次業續生故得至現在若爾即有大失何以故或時過去善心滅而惡心續生今亦應過去善業滅而次惡業續生此唯見惡業至現在若爾應感惡報何得感善果耶若言業來而不隨心者此業應自有報離心而受今實不爾復次業若有相即是有爲若是有爲必墮三相若墮三相即是生滅若是生滅即不至現在過去既滅當知今業亦滅誰感此果不可以新業始生能感今果當知業有相貌此義不可若言業無相貌而能感果者此亦不然所以者何無相之法即是無爲無爲無業何得感果復次無相之法即是空義空無生滅豈得名業若說空無相能感果者三無爲法亦應感果既不得爾云何而言業是無相而能感果如是種種因緣業不可得當知無有此業若業不可得云何言陰入界等一切皆從內業因生亦不從外緣生若定從緣而有報者則一切陰陽會時皆應有果報陰入界等一切諸法若爾則不待業持識來方乃有生故知非外緣生若謂因緣合故有果報陰入等法生者若因緣中各有生合時應有二生若各無生合時何得而有生若謂離因緣而有生者此事不然從因緣故有生尚不可何況無因緣而有生若無因緣而有生者則因果義壞世間行善之人應得惡報行惡之人應得善報亦不應有修道此即破於世間善惡因果名大邪見當知陰入等一切諸法不從內因有亦不從外緣有亦不因緣合故有亦不無因緣有若非有即是空若於無所有空中計有者當知但是無明顛倒妄計爲有若了知顛倒所計之法一切悉皆虛誑猶如夢幻但有名字名字之法亦不可得則言語道斷心行處滅畢竟空寂猶如虛空若行者體知一切諸法如虛空者無取無捨無依無倚無住無著若心無取

捨依倚住著則一切妄想顛倒生死業行悉皆止息無爲無欲無念無行無造無作無示無說無諍無競泯然清淨如大涅槃是名眞止此則止無所止無止之止名體眞止故經偈云

一切諸法中　因緣空無主　息心達本源　故號爲沙門

第四明證止者有二解不同有師云止無別證但能爲諸禪作前方便若有所證即屬餘禪此義至下明善根發中即是其事二者有師言止非但通發諸禪亦自有別證之法即是五輪禪所以者何諸餘法門悉別有安心修習之法然後次第發禪不同今明此止但制心一處則五輪自發譬如淨水無波則萬像悉現止亦如是今明因止證五輪者一地輪二水輪三風輪四金沙輪五金剛輪此五法門悉是借譬立名通名爲輪者轉也如世輪者轉離此至彼禪中明輪亦令如地輪因離下地亂心轉至上地故名爲輪乃至金剛輪義亦復如是轉至無學極果故一地輪者如地有二義一者住持不動二者出生萬物行者因止若證未到地定忽然湛心自暑身心相空泯然入定定法持心不動故名住持因未到地出生初禪種種功德事同出生萬物二水輪者水有二義一潤漬生長二體性柔軟行者於地輪中若證水輪三昧即是發諸禪種種功德定水潤心自覺心中善根增長即是潤漬義因得定故身心濡軟折伏高心隨善法即是柔軟義故名水輪三風輪者如世間風有三義一者遊空無礙二者鼓動萬物三者能破壞行者發風輪三昧亦如是若因禪定發相似智慧無礙方便如風遊空一切無礙鼓動者得方便道即能鼓擊發種種出世善根功德生長破壞者智慧方便能摧破一切諸見煩惱若二乘人得此風輪三昧即是五方便相似無漏解發若是菩薩即入鐵輪十信是名風輪四金沙輪者金則譬眞沙諭無著行者若發見思眞無漏無著得三道果若是菩薩即入三賢十地位中能破一切塵沙煩惱是名金沙輪五金剛輪者第九無礙道名金剛輪三昧譬如金剛體堅用利能摧碎諸物金剛三昧亦復

如是不為妄惑所侵能斷一切結使成阿羅漢若在菩薩心即是金剛波若破無明細惑證一切種智亦名清淨禪菩薩依是禪故得大菩提果復次如輪若無牛御終不自轉五輪禪定亦復如是雖當地各有諸妙功德若不體具為導無善無作則於地地有礙便乘輪用今行者善修體具無著故能從初心轉至極果輪用乃成是以法華經云衆生處處著引之令得出當知行者善修止門則能具足五輪禪定證三乘聖果第二明驗善惡根性者行人既能善修止門息諸亂想則其心澄靜以心靜故宿世善根自然開發若無善者則發諸惡法故經云先以定動後以智拔止為初門善惡二事之中必有其一行者應當明識其相取捨之間不乖正道故須分別今就善惡根性中即為一意一明驗善根性二明驗惡根性然論善惡發之前後各逐其人未必定前善而後惡也第一明驗善根性即為四意一列善法章門二正明善根發相三驗知虛實四料揀發禪不定第一列善法章門者善有二種一者外善二者內善今就明外善中善乃衆多略出五種一布施二持戒三孝順父母師長四信敬三寶精勤供養五讀誦聽學略以此等五種善根示表外善發相不同所以悉屬外善者原其本行悉是散心中修習未能出離欲界發諸禪定無漏故說為外善二明內善者即是五門禪一阿那波那門二不淨觀門三慈心門四因緣門五念佛三昧門此五法門通攝一切諸禪發諸無漏故名為內善問曰內善無量何得但說五門答曰五名雖少而行通諸禪所以者何一阿那波那門者此通至根本及特勝通明等諸禪三昧二不淨觀門者此通九想背捨超越等諸禪三昧三慈心門者此通四無量等諸禪三昧四因緣門者此通至十二因緣四諦等慧行諸禪三昧五念佛門者此通至九種禪及百八三昧復次初數息門即是世間凡夫禪次不淨門即是出世間禪諸聲聞人所行次慈心門即是凡聖二人為大福德修慈入四無量心次因緣門者即是辟支佛人所行次念佛門功德廣大即是諸菩薩之所行此則略

明五門次第淺深之相復次五門禪定對治四分煩惱四分煩惱出生八萬四千塵勞當知五門亦能出八萬四千法門此而言之但說五門則攝一切內善具足數人所明初賢五停心觀發與此有相關處第二次明善根發相亦還為二一明外善根發相二明內善根發相云何外善根發相外善非一今依前章門略出五種初明行者若坐中靜定忽見種種衣服臥具飲食珍寶田園池沼車乘如是等事或復因心靜故自能捨離慳貪心行惠施無所悋惜當知此是過去今生布施習報二種善根發相二行者若於此靜定之中忽見自身相好端嚴身所著衣清淨如法洗浴清淨得好淨物見如是等事或復因心靜故發戒忍心自然知輕識重乃至小罪心生怖畏忍辱謙卑當知此是過去今生戒忍習報二種善根發相也三行者若於坐中忽見師僧父母宗親尊屬著淨衣服歡喜悅豫端嚴見如是等事或復以心靜故自然慈仁恭敬孝悌心生當知此是過去今生孝順尊長習報二種善根發相也四行者若於坐中忽見諸塔寺尊儀形像經書供養莊嚴清淨僧衆聚集法會見如是等事或復於靜心中發信敬尊重三寶心樂供養精勤勇猛常無懈惓當知此是過去今生信敬三寶精勤供養習報二種善根發相也五行者若於坐中因心澄靜或見解釋三藏聽受讀誦大乘有德四衆或時因心靜故讀誦自然而入隨所聽聞即時開悟或復自然能了解三藏大乘經典分別無滯當知悉是過去今生讀誦聽說習報二種善根發相行者見如是種種好相及發諸善心者此非禪定多是過去今生於散心中修諸功德今以心靜力故得發其事見諸相貌悉屬報因相現善心開發皆是習因善發也如是衆多說不可盡此則略示大意復次發習報兩因行人根性不同自有行人但發報因相不發習因善心自有行人但發習因善心而不發報因之相自有行人具發習報兩因自有行人二俱不發如是等事因緣難解具可論釋問曰散心善根何得於靜心中現答曰於禪定中尚得見過去今生

所起煩惱惡業何況善業於理而不得見問曰見此等諸相亦有是魔所作不答曰亦有是魔所作若欲分別但魔名殺者若此等相發時能令行人心識動亂或復增諸煩惱逼迫鄣蔽衆多妨難不利定心悉是魔之所作其善根發者行人自覺見此相已雖復未證禪定而身心明白諸根清淨身有色力所為吉利善念開發因此已後自覺心神易可攝錄身心安隱無諸過患當知此為善根發相復次若此等事善根發者報因之相則暫現便謝習因心善則相續不斷若是魔作相則久久不滅雖謝更來逼亂行者善心則暫發還滅或時變成惡念當知邪也復次邪正之相甚為難別自非親近明師非可妄取問曰此諸善根為當一向前發亦得證諸禪時於深定中發也答曰此事無定未必一向定前見也外善既麤故先明耳第二云何名內善根發相今約五門禪中辨內善根發此五門中一門開為三合有十五種善根發一明阿那波那門有三種善根發相不同一數息善根二隨息善根三觀息善根一數息善根者行人如上善修三止身心調和發於欲界及未到地等諸禪身心湛然空寂定心安隱於後或一坐二坐乃至經旬或經月經年將息得所定心不退即於定中忽覺身心運動八觸次第而起此即發根本初禪善根之相於此定中喜樂善心安隱不可為喻如是發初禪已乃至發四禪定等二隨息善根發亦於欲界未到靜定心中忽然覺息出入長短及徧身毛孔虛踈即以心明見於身內三十六物猶如開倉見諸麻豆等心大驚喜寂靜安快除諸身行乃至心受喜樂等是為特勝善根發相三明觀息善根發者亦於欲界未到細靜心中忽見自身氣息從毛孔出入徧身無礙漸漸明利如羅縠中見皮重數乃至骨內等亦如是亦見身內八萬尸蟲麤細長短言語音聲定心喜樂倍於上說或見自身猶如芭蕉聚沫雲影相等此是通明觀善根發相二明不淨觀中有三種善根發相不同一九想二背捨三大不淨觀一九想善根者亦於欲界未到靜定心中忽然見

他男女死尸膖脹爛時其心驚悚自傷往昔惛迷癡愛所愛五欲永不親近或見青瘀與塗膿爛敗戍狼籍白骨散壞等相此為九想善根發相二明背捨善根發者亦於欲界未到靜定心中忽見內身不淨膖脹狼籍或見白身白骨從頭至足節節相拄乃至骨人光明昱燿定心安隱厭患五欲不著我人此是背捨善根發相三明大不淨觀善根發者亦於欲界未到定心中見於內身及外身一切飛禽走獸衣服飲食山林樹木皆悉不淨或見一家一聚落一國土乃至十方皆悉不淨或見白骨乃至自身白骨光明昱燿等此為大不淨觀勝處善根發相此觀發時能破一切著心三明慈心觀中三種善根發不同者一衆生緣慈二法緣慈三無緣慈一衆生緣慈發者亦於欲界未到靜定心中忽然發心慈念衆生先緣親人得樂之相因發定安隱快樂乃至中人怨人念見得樂無瞋無恨無怨無惱廣大無量徧滿十方是為衆生緣慈善根發相或發衆生緣悲乃至喜捨亦如是二明法緣慈發者亦於欲界未到靜定心中忽然自覺一切內外但有陰入法起唯法起滅唯法滅不見衆生及我我所但有五陰於受陰中有樂受如是知已即緣此樂受發於慈定無瞋無恨無怨無惱廣大無量徧滿十方是為法緣慈或發法緣悲乃至喜捨亦如慈善根發相三明無緣慈發者亦於欲界未到定心中忽然覺悟一切諸法非有非無不見二邊所謂若衆生非衆生若法非法皆不可得則無所緣以無緣故顛倒想息寂然安樂心與慈定相應等觀一切同此安樂無瞋無恨無怨無惱廣大無量徧滿十方是為無緣慈善根發相或發無緣悲定乃至喜捨亦如是四明因緣觀中有三種善根發不同者一三世十二緣二果報十二緣三一念十二緣一明三世十二因緣善根發者亦於六界未到定心中忽然覺悟心生推尋三世過去無明以來不見我人無明等法不斷不常能破六十二種諸邪見網心得正定安隱寂然觀慧分明通達無礙身口清淨正行成就此是三世十二因緣觀慧善根發相二明果

報十二因緣善根發者亦於欲界未到定心中忽覺心識明利即自思尋我初生時攬父母身分以為己有名歌羅邏歌羅邏時名曰無明因緣則有行識乃至老死名為十二因緣若歌羅邏時但有三事合和無人無我三事不實今無明等十二因緣諸法竟何所依若不見無明等諸法定是有者豈是無邪如是念時破有無二見歸心正道正定相應慧解開發離諸邪行此為果報十二因緣觀智善根發相如此明十二因緣出大集經中具辨作此明因緣相與苦集正同亦得約此明四諦善根發也三明一念十二因緣善根發者亦於欲界未到靜定心中忽然自覺刹那之心無人無我性本無實所以者何一念起時必藉因緣言因緣者即具十二因緣緣無自性一念豈有定實若不得一念之實即破世性邪執心與正定相應智慧開發猶如涌泉身口清淨離諸邪行是為一念十二緣善根發相此之十二因緣亦出大集經中具辨亦得約此十二緣明一心具四諦善根發也五明念佛中自有三種善根發相不同一念應佛二念報佛三念法佛明三佛義出楞伽經廣分別其相也一明念應佛善根發者亦於欲界未到靜定心中忽然憶念佛之功德即作是念如來往昔阿僧祇劫中為一切衆生故備行六波羅蜜一切功德智慧故身有相好光明心有智慧圓照降伏魔怨無師自悟自覺覺他轉正法輪普度一切乃至入涅槃後舍利經教廣益衆生如是等功德無量無邊作是念時即撥愛心生三昧開發入定安樂或於定中見佛身相善心開發或聞佛說法心淨信解如是等勝善境界非一是為念應佛善根發相二明念報佛善根發者亦於欲界未到靜細心中忽然憶念十方諸佛真實圓滿果報之身湛然常住色心清淨微妙寂滅功德智慧充滿法界不生不滅無作無為豈有王宮之生亦非雙樹之滅為化衆生十方佛土普應生滅如是等功德無量無邊不可思議作是念時心定安隱三昧開發慧解分明或作定中見不可思議佛法境界即便出生無量願行無量功德無量智慧三昧法門是為念報

佛善根發相三明念法佛善根發者亦於欲界未到靜定心中忽然憶念十方諸佛法身實相猶如虛空即便覺悟一切諸法本自不生今則無滅非有非無非來非去非增非減非境非智非因非果非常非斷非縛非脫非生死非涅槃湛然清淨有佛無佛相性常然衆生諸佛同一實相者即是法身佛也故大品經云諸法如實相諸法如實即是佛離是之外更無別佛如是念時三昧現前實慧開發即時通達無量法門寂然不動一切不思議境界皆現定中成就之相如法華經六根清淨中廣說是為念法佛善根發相是心所明因此發十五門禪相並約初禪初境界明後而辨夫一切禪定證相不可具以文傳此止是示表行人過去習因不同故發禪不等若欲具論十五門禪事理廣博深遠之相下第七大段明修證中一一從始說終當少分分別復次若於欲界未到地中身心澄靜或發無常苦無我不淨世間可厭患食不淨死斷離盡等想或發念佛法僧戒捨天等念或發念處正勤如意根力覺道等或發空無相無作四諦十六行等觀或發六波羅蜜四攝四辯等種種諸行願或發天耳他心宿命等諸神通或發內空外空內外空乃至無法有法空等十八空或發自性禪十力種性三摩跋提首楞嚴師子吼等諸三昧門或發旋陀羅尼百千萬億旋陀羅尼法音方便陀羅尼等一切陀羅尼門如是等種種諸禪三昧境界不同其相衆多在下第七大段明修證中辨種種諸禪三昧深廣境界之相當具分別也第三驗知虛實略為二意一正明驗知虛實二簡是魔非魔一明驗知虛實者若於定中發諸禪善根是中有真有偽不可諮生取捨所以者何若發諸禪三昧時心不別識或見魔定謂是善根發心生取著因此邪僻得病發狂若見善根謂是魔定心疑捨離即退失善利是事難識若欲別知當依二法驗之即知真偽一則相驗知二以法驗知一則相驗知者即有二意一邪二正邪者如根本禪中諸觸發時隨發一觸若有邪法即是邪相邪法衆多今約一觸中略

出十雙邪法以明邪相一者觸體增減二定亂三空有四明闇五憂喜六苦樂七善惡八愚智九縛脫十心強軟此十雙明邪相皆約若過若不及中分別一觸體增減者如動觸發時或身動手起腳亦隨然外人見其兀兀如睡或如著鬼身手紛動或坐時見諸異境此為增相減者動初發時若上若下未及遍身即便漸漸減壞因此都失境界坐時蕭索無法持身此為減相二定亂者動觸發時識心及身為定所縛不得自在或復因此便入邪定乃至七日不出亂者動觸發時心意撩亂攀緣不住三者空有空者觸發之時都不見身謂證空定有者觸發之時覺身堅硬猶如木石四明闇明者觸發之時見外種種光色乃至日月星辰青黃赤白種種光明闇者觸發之時身心闇瞑如入闇室五憂喜憂者觸發之時其心熱惱憔悴不悅喜者觸發之時心大慶悅勇動不能自安六苦樂苦者觸發之時身心處處痛惱樂者觸發之時甚大快樂貪著纏綿七善惡善者觸發之時念外散善覺觀破壞三昧惡者觸發之時即無慚無愧等諸惡心生八愚智愚者觸發之時心識愚惑迷惛顛倒智者觸發之時利使知見心生邪覺破壞三昧九縛脫縛者觸發之時五蓋及諸煩惱覆蔽心識脫者觸發之時謂證空無相定得道得果斷結解脫生增上慢十心強軟強者觸發之時其心剛強出入不得自在猶如瓦石難可迴變不順善道軟者觸發之時心志軟弱易可敗壞猶若軟泥不堪為器如是等二十種惡觸擾亂坐心破壞禪定令心邪僻是為邪定發相復次二十邪法隨有所發若不別邪偽心生愛著者因或失心狂逸或歌或哭或笑或啼或時驚狂漫走或時得病或時致死或時自欲投巖赴火自絞自害如是鄣惱非一復次二十種邪中隨有發一邪法若與九十六種道鬼神法一鬼神法相應而不覺識者即念彼道行彼法於所得法中鬼神隨念便入因是證鬼神法門鬼加其勢力或發諸深邪定及智慧辯才知世吉凶神通奇異現希有事感動眾生廣行邪化或大作惡破人善根或雖作善而所行偽雜世

人無智但見異人謂是賢聖深心信伏然其內心顛倒專行鬼法常以鬼法教人故信行之者則破正戒破正見破威儀破淨命或時噉食糞穢裸形無恥不敬三尊父母師長或毀壞經書形像塔寺作諸逆罪斷滅善根現平等相或自讚說所行平等故於非道無鄣無礙毀他修善云非正道或說無因無果或說邪因邪果如是邪說紛然壞亂正法其有聞受之者邪法染心既內證邪禪三昧智斷功德種種法門外則辯才無盡威風化物故得名聞眷屬供養禮敬稱歎等利是以九十六種道經云人為說法鬼神加力則一切聞者無不信受一切見者咸生愛敬以有如斯等事故深心執著不可迴轉邪行顛倒種種非一若如是者當知是人遠離聖法身壞命終墮三惡道中是事如大品經及摩訶衍論中廣說若欲知鬼神之相當尋九十六種道經細心比類分別事則可知問曰邪法相應行惡之者現在之過如是命終當生三惡道中其有偽心行善之者現在之失云何命終復生何處答曰此人身口行善雖似佛法而解心邪僻若不覺知障發三乘無漏雖不會真於顛倒心中或時亦能興顯三寶勸物修善是人命終未必墮於地獄畜生餓鬼之中而隨所與鬼神相應之法共彼鬼神同生一處還為彼眷屬或時得生人天之中故九十六種道經中說上有六十餘道邪倒罪障重故悉須說呪治之下有二十餘道邪戒罪障小輕直覺知而已復次是人雖生天人之中而冥密常係屬魔邪之道樂近邪師樂聞邪法樂行邪道供養親近稱揚讚歎修邪行者見有正學三乘之人不樂親近或生惱亂故法華經云若魔若魔子若魔女若魔民若為魔所著者大品經亦云若魔天若魔人故知是人雖生人天之中猶係屬於魔常起魔業乃至雖得出家猶造魔業故涅槃經云佛去世後五百歲中魔道漸興魔作比丘壞亂佛法亦如大集經中廣辨魔業之相是中應廣分別如一動觸中邪相如是餘七觸中亦具有此邪相應當別知如根本禪邪相如是餘十四門禪及諸禪中若事若理皆有邪偽之法

其事云云非可具說問曰發邪觸時為當具發如上所說二十邪事為當不具答曰或具或不具無在若觸發時但有一邪法不即除之便墮邪定何況具足二十邪法所以者何譬如二十人共行若一是賊則誤十九人禪中亦爾有一惡法破壞諸善不名正定況復多邪略辨一觸相如是則餘七觸邪相亦然復次更有異禪門邪法入定中亦應識知所謂餘禪門境界邪法如一不淨觀禪入此定中亦有二十邪法來入此定餘十四門禪亦當如是一一分別是中應廣說行者若欲證此法須善識知方便照了不著邪定之法即自便謝第二明正相者若動觸發時無向二十惡法具足十種善法十種善法者一觸相如法二定相如法三空相如法四明相如法五喜相如法六樂相如法七善相如法八智相如法九解脫相如法十心調相如法云何名如法若與二十不善相法相違安隱清淨調和中適即是如法名為正相是事至後第七大段明證根本初禪覺支中當分別其相如一動觸正相如是餘七觸正相皆類之可知問曰是中一向但述事說若隨此相分別是邪是正是偽是真是應捨是應取豈非顛倒憶想情生邪僻邪答曰正有二種一世間正二出世間正若如世間善法相而說即是世間正相出世間解脫善法相而說即是出世間正相今明根本禪中十種正相即是辨世間正也如摩訶衍論云因世間正見得出世正見若破世間正見即破出世正見是故今欲明出世正法必須先明世間正法欲因事顯理借近明遠故須先分別根本事中初觸正相復次若觸內發時或見三十六物或發慈心四緣正智念佛等諸餘禪定若有功德安隱如法資益觸樂亦是宿世善根發各有十種正相並是正定但欲修根本禪定成就者悉不得取是相若謝不謝於根本禪無所妨也然末世行者善根微薄證觸之時多不發諸餘事理禪中境界今恐有發者不識故略出此意餘十四門禪發正相亦當如是一一自類廣分別之第二明以法驗知邪正者自有邪禪其相微細難別與正禪相似非則相之所

能別應以三法驗知一定心研磨二用本法修治三智慧破析如涅槃經說欲知真金應三種試之謂燒打磨行人亦爾難可別識若欲別之亦須三種試之所謂當與共事共事不知當與久處久處不知以智慧觀察今借此意以明禪定邪正之相如發一動觸若邪正未了應當深入定心於所發境中不取不捨但平心定住若是善根定力逾深善根逾發若魔所為不久自壞二以本法修治如發不淨觀禪還修不淨觀隨所修時境界增明此則非偽若以本修治漸漸壞滅當知即是邪相三以智慧觀察者觀所發法推檢根源不見生處深知空寂心不住著邪當自滅正當自顯如燒真金益其光色若是偽金即自黑壞如此簡別以三法驗之邪正可知定譬於磨修治譬諭打智慧觀察類以火燒又復久處論其共事如打火燒即譬智慧觀察餘禪定例爾驗之邪正可知二簡是魔非魔即為二意一明是魔相二明非魔相今明魔禪有二種不同一明禪非是魔魔入禪中如行者於正心中發諸禪定惡魔恐其道高為作惱亂入其禪中若心含貪著或生憂懼即魔得其便若能如上用心卻之魔邪既滅如雲除日顯定心明淨二明一向魔作禪定誑惑行者若覺知非真用法之治魔退之後則無復定發禪法次明非魔相者罪障於禪似如魔作理實非魔雖可別識若用前所說卻之終不得去若能勤修懺悔罪既除滅則禪定自然分明復次或入定時方便不巧致令境界不如法若更善作方便則所證明淨故知非魔之所作也第四次料揀發禪不定略為五意一正料揀事理兩修發禪不定二明發禪所由三辨發禪多少四明發宿善根盡相五約有漏無漏分別第一先料揀事理兩修發禪不定者問曰上所明三止若係緣制心此二止並是事止應但發事中禪定唯體真一止既是理止應發理中禪定今何故三止通皆發事理諸禪此則因果渾而無別答曰不然今一家所明事理兩修悉隨行人根緣是以發法不同寧可定有分別如上所明三止若略說則應如所問合為事理兩修若具足分

別應開為四修就四修中則有二種一約止門明四修二約觀門明四修第一約止門明四修者一事止所謂係緣制心等止即是事修二理止所謂體真止即是理修三事理止所謂緣修體真止即是事理修四非事非理止所謂息二邊分別止即是非事非理修第二約觀門明四修者一事觀所謂安般不淨觀等即是事修二理觀所謂空無相等觀即是理修三事理觀所謂雙觀二諦即是事理修四非事非理觀所謂中道正觀即是非事非理修今為欲成前止門發禪不定義故但約四止以明修一一修中各有四種發禪不定是故四種修中合有十六種發禪不定行者善識此相即自了知事理兩修通發一切諸禪三昧心無疑惑云何名為四種止中一一各有四種發禪不定今先料揀第一事修發禪不定即有四種不同一自有行人安心係緣制心等事止還發事中禪定謂根本四禪四無量心四無色定及九想背捨勝處一切處等事中諸禪三昧二自有行人安心事止而但發理中禪定謂空無相無作三十七品四諦十二因緣等慧行理中諸禪三昧三自有行人安心事止具發事理禪定謂根本四禪四無量心四無色定九想背捨勝處一切處等事中諸禪三昧空無相無作三十七品四諦十二因緣等慧行理中諸禪三昧乃至特勝通明皆屬事理禪定四自有行人安心事止乃發非事非理禪定謂自性禪一切禪等及法華三昧一行三昧首楞嚴師子吼等中道所攝諸禪三昧乃至十力無畏不共之法問曰若修事止但應發事中禪定今何得發理及非事理等諸禪三昧不共法耶答曰發禪有二種一者現前方便修得二者發宿世善根若事修還發事禪者多是修得若事修而發理發非事非理等諸禪三昧者悉是發宿世禪定善根也如數人辨有二種修義一得修二行修得修名本所未得行修名本已曾得今此類然故約事修則發禪有四種不定復次今此內方便所明但辨因止發宿世善根是故雖說事理諸禪三昧發相皆略而淺近若論修習成就因果相稱從始至終諸禪三昧事理廣深之

相並須約第七大段從中方復具足分別問曰若事修乃發非事非理等諸禪三昧不共之法並由先世習因而得者則一切隨事而修皆應得首楞嚴等諸禪三昧不共之法若爾何故一切十方諸佛殷勤稱歎般若波羅蜜若能如聞行者即具足一切佛法答曰此難更成今義所以者何若行者過去已經值無量諸佛從諸佛所聞說般若波羅蜜如聞而行則今世隨有所修一切非事非理諸禪三昧不共之法自然開發若過去不聞波若不修波若今世雖聞雖修而不能發何況不聞不修而得發耶復次今世雖聞波若雖修波若而不得發後世若值諸佛菩薩聞說般若波羅蜜如聞而行即一切大乘諸禪三昧不共之法悉當開發故知皆是聞般若如聞而行能發非無因緣是以一切十方諸佛殷勤稱歎般若波羅蜜若有如聞而行則能具足一切佛法正成今義復次行者以般若波羅蜜方便力故能於事修之中即具非事非理修勇猛精進常修習者則能發一切非事非理諸禪三昧不共之法問曰此與前何別答曰是中應作四句料揀一者因強而緣弱二者因弱而緣強三者因緣俱強四者因緣俱弱一因強而緣弱能發非事非理諸禪三昧不共之法如前分別二因弱而緣強能發非事非理諸禪三昧不共之法即是今之所明三因緣俱強能發非事非理諸禪三昧不共之法者以前合今即是其事此人得法最勝四因緣俱弱者則今世或發或不發設得發禪微細淺薄亦不牢固多好退失像末世中極上行人只得如此如上三句所明者萬中或有一無一第二次料揀理修發禪不定亦有四種不同一自有行人安心體真理止還發理中禪定謂空無相等一切理中諸禪三昧二自有行人安心理止而但發事中禪定謂根本禪背捨一切事中諸禪三昧三自有行人安心理止而具發事理禪定謂根本禪背捨空無相等一切事理諸禪三昧四自有行人安心理止乃發非事非理禪定謂自性禪等中道所攝一切諸禪三昧不共之法廣分別諸禪相及料揀修

發之義類如初句中說第三次料揀事理修發禪不定亦有四種不同一自有行人安心緣俗體真事理止便還發事理禪定謂根本禪背捨空無相等一切事理諸禪三昧二自有行人安心事理止而但發事中禪定謂根本禪背捨等一切事中諸禪三昧三自有行人安心事理止而但發理中禪定謂空無相等一切理中諸禪三昧四自有行人安心事理止乃發非事非理禪定謂自性禪及中道所攝一切諸禪三昧不共之法廣分別諸禪相及料揀修發之義類如初諸句中說第四次料揀非事非理修發禪不定亦有四種不同一自有行人安心息二邊分別非事非理止還發非事非理禪謂自性禪等及中道所攝一切諸禪三昧不共之法二自有行人安心非事非理止而但發事中禪定謂根本禪八背捨等一切事中諸禪三昧三自有行人安心非事非理止而但發理中禪定謂空無相等一切理中諸禪三昧四自有行人安心非事非理止而具發事理禪定謂根本禪背捨及空無相等一切事理諸禪三昧廣分別諸禪相及料揀修發之義類如初句中說今但約止門中四修分別則有十六種發禪不定若更就觀門中四修分別亦有十六種發禪不定止觀合辯則有三十二種發禪不定此三十二但就法行人分別若約信行人聞說止觀教門發禪悟道不定亦有三十二種其事云云今不具說此一往通論略出六十四種若具約三乘人根性分別則有一百九十二種發禪之異若細歷諸禪及約邪正辯發相分別則有無量今此皆是就行人心地分別非是虛設之言當知禪定發法不可思議乃是諸佛菩薩境界尚非二乘所量豈是凡夫之所能測若行者欲自行化他必須少分識之寧可謗自師心則有自損損他之失已所修治爲無慈矜第二明發諸禪三昧所由具有二解不同一有師言但修止入定諸禪自發不勞餘習此師一向併用止法教人事等藥盤純用乳藥今不同此所以然者止者一法發法亦應但一既行者因止發禪不同何得一向由止此則非唯於理有失亦

是乖佛教門二有師言宿世經習諸禪善根爲因今世修止得定爲緣是故具發不同其義可見譬如陸地雖有藥草樹木叢林種類若干名色各異若不同沾一味之雨豈得有異類生長之殊此亦如是若依大乘闇室餅盆井中七寶之義此則別論第三明發法多少者上雖辯因止通發一切諸禪三昧然行人根性不同發法不無多少之別有人但發一種禪門有發二門三門四門五門或有一人並發十五門及一切諸禪三昧不可定判所以而然此皆由行者過去習因偏圓不等厚薄之殊亦以今世精進懈怠有慧方便無慧方便之別故發法優劣不同殊途萬品之甚是則略明發法多少之相也第四明因止發禪有盡不盡今就易顯者明故先約一不淨觀中分別自有行人宿世已經修得不淨白骨流光今於止中但發得不淨未得白骨流光此名不盡若具足發者名之爲盡若過去所習勢分已盡雖復修止則不增進若更專心諦觀白骨練於骨人研修不已即覺隨心所觀境界漸漸開發成八背捨觀練熏修悉皆具足此即是今世善巧精勤修習之所成就非關過去習因善發問曰修止境界不進何必由習因已盡或由罪障障於宿善故不得增長開發答曰實如來問此別是一途不妨自有發盡之者非關罪障必須方便依如觀法修習乃得成就其中應歷五種根性人料揀一退分人二護分人三住分人四進分人五達分人分別云云今不具記餘十四禪發盡不盡相類可知第五約有漏無漏分別者問曰上明十五門諸禪三昧發相其中自有有漏無漏有漏之善過去經得可有習因善發無漏本未經得豈有過去習因善發邪答曰無漏有二種一者行行無漏二者慧行無漏行行無漏既是對治事法不的據緣真得有過去習因善發慧行無漏既的約緣真不可定論有過去習因善發慧行無漏復有二種一者緣理修習以明慧行二者發慧見理緣真以明慧行緣理修習則有習因善發發慧見理雖復緣真則無習因善發發慧見真復有二種

一者發相似慧二者發真實慧發相似慧或有習因善發發真實慧則無習善發發真實慧復有二種一者發苦忍等見諦無漏二發無礙解脫等三界思惟無漏若發苦忍等見諦無漏一向不論有習因善發若發思惟無漏則教門不定若薩婆多解意退法斯陀含阿那含阿羅漢退還初果中後更證果則有習因善發若不退法三果人既無重發之義皆不辯有習因善若摩訶衍無德解意所明四果發真無漏皆無習因善發問曰如阿毗曇分別但初生無漏無有自種因今何得一向四果所發真無漏皆無習因善發答曰今明諸禪三昧發習因義意不同是中的據過去經得之善中間退失今因止更發以明習因善發四果發真無漏悉無先世經得中間失退因今修止重發皆得爲類若通論初品心無漏具解即爲二品心無漏作種類如是乃至九品約此明習因善者則四果所發無漏皆名習因善發也今既不約此明習因善發故云四果所發皆非習因善根發也復次行者過去修習事理諸禪三昧雖未得證成就而已經修習今世善根時熟藉修止爲緣悉皆開發此亦是習因善根發也類等佛命善來無漏即發三明八解一時具足料揀亦有漏亦無漏乃至非有漏非無漏類例可知

釋禪波羅蜜次第法門卷第三

釋禪波羅蜜次第法門卷第三

校勘記

一　底本，金藏廣勝寺本。

一　八四九頁上一行「卷第三」，徑作「卷第三之上」。

一　八四九頁上三行「便猶屬第六段」，徑作「便第六之二」。

一　八四九頁上一一行第一四字「令」，南、清無。

一　八四九頁下一一行首字「真」，南、徑、清作「具」。

一　八四九頁下二二行「如人」，徑、清作「如有人」。

一　八五〇頁上三行第一三字「飄」，南、徑、清作「風」。

一　八五〇頁上二三行第二二字「如」，清作「是」。

一　八五〇頁下末行第一七字「確」，徑、清作「搉」。

一　八五一頁上一一行第四字「一」，南、徑、清作「二」。

一　八五一頁上末行第六字「所」，清作「之所」。

一　八五一頁中一五行「聚集」，南、徑、清作「雲集」。

一　八五一頁中一六行「懈惓」，南、徑、清作「懈倦」。

一　八五一頁下一行「善業」，南、徑、清作「善根」。

一　八五一頁下九行「難惻」，徑、清作「難測」。

一　八五二頁上一行「驚悞」，南、清作「悟」。

一　八五二頁上二行第一一字「[月闌]」，南、徑、清作「爛」。

一　八五二頁上二四行「六界」，南、清作「欲界」。

一　八五二頁下八行「因山」，南、徑、清作「因止」。

一　八五二頁下二〇行「分別也」，徑至此卷三之上終，卷三之下始。

一　八五三頁上八行「料亂」，南、徑、清作「撩亂」。

一　八五四頁上二行「亦爾」，南、徑、清作「亦是」。

一　八五四頁上一七行「之治」，南、徑、清作「治之」。

一　八五四頁上二五行第一六字「此」，清作「止」。

一　八五五頁中二二行第一三字「末」，南、清作「未」。

一　八五五頁下二行第四字「習」，南、清作「習因」。

一　八五五頁下六行第一五字「善」，清作「善發」。

一　八五五頁下末行「卷第三」，徑作「卷第三之下」。

釋禪波羅蜜次第法門卷第四

天台智者大師說　弟子法慎記　弟子灌頂再治

分別禪波羅蜜前方便第六章　內方便下分　明驗惡根性

第二明驗惡根性中即有四意一先明煩惱數量二次明惡根性發三立對治法四結成眾禮廣攝佛法今釋第一煩惱數量煩惱者涅槃經云煩惱即是惡法若具論惡法名數眾多今略約五種不善惡法開合以辨數量五種不善法者一覺觀不善法二貪欲不善法三瞋恚不善法四愚癡不善法五惡業不善法若開乃有八萬四千論其根本不過但有三毒等分若合五不善法為四分煩惱者三毒即守本還為三分并屬前因覺觀惡業障道此二不善合為一分所以者何覺觀即是帶三分煩惱而生亦得說為習因等分惡業障道屬報因等分習報合論但說一等分故五種不善法若一往合說即但有四分開論即為八萬四千者如摩訶衍論中所明貪欲煩惱具足二萬一千瞋恚煩惱具足二萬一千愚癡煩惱具足二萬一千等分煩惱具足二萬一千四分煩惱合出八萬四千塵勞佛為對此說八萬四千法門為治今處中而明是故但約五種不善惡法以辨惡根性發相所以者何上明善根性發既約五門分別今明惡根性發豈不還約五不善法而辨此則藥病相對法相昇降行者發修禪定必須善分別之第二次明惡根性發者自有行人修禪定時煩惱罪垢深重雖復止心靜住如上所說內外善法都不發一事唯覺煩惱起發是故次明惡根性發今就惡法發中還約五種不善而辨一不善法中各自為三三五則為十五不善法若論行人發不善時乃無的次第今約教門依次而辨具如前列一明覺觀發相即為三種一者明利心中覺觀二者半明半昏心中覺觀三者一向昏迷心中覺觀一明利心中覺觀發者若行人過去既不深種善根於修定時都不發種種善法但覺覺觀攀緣念念不住三毒之中亦無的緣或時緣貪或時緣瞋或時緣癡而所緣之事分明了了如是雖經年累月而不發一豪禪定此為明利心中覺觀發相二半明半昏心中覺觀者若行人於攝念之時雖覺覺觀煩惱念念不住但隨所緣時或明或昏明則覺觀攀緣思想不住昏則無記瞪瞢無所覺了名半明半昏覺觀發相三一向沈昏心中覺觀者若行人於修定之時雖心昏闇似如睡眠而於昏昏之中切切攀緣覺觀不住是名沈昏心中覺觀煩惱發相二明貪欲中即有三種發相一外貪欲二內外貪欲三徧一切處貪欲一外貪欲煩惱發者若行人當修定時貪欲心生若是男子即緣於女人若是女人即緣於男子取其色貌姿容威儀言語即結使心生念念不住即此是外貪婬結使發相二內外貪欲煩惱發者若行人於修定之時欲心發動或緣外男女身相色貌姿態儀容起於貪著或復自緣己身形貌摩頭拭頸念念染著是諸貪愛失以障諸禪定此即內外貪欲煩惱發相三徧一切處貪欲煩惱起者此人愛著內外如前而復於一切五塵境界資生物等皆起貪愛或貪田園屋宅衣服飲食於一切處貪欲發相三明瞋恚發相即有三種一非理瞋二順理瞋三諍論瞋一違理瞋發者若行人於修定時瞋覺欻然而起無問是理非理他犯不犯無事而瞋是為違理邪瞋發相二順理正瞋發者若於修定之時外人實來惱亂以此為緣而生瞋覺相續不息亦如持戒之人見非法者而生瞋恚故摩訶衍中說清淨佛土中雖無邪三毒而有正三毒今言順理正瞋者即其人也三諍論瞋者行人於修禪時著己所解之法為是謂他所行所說悉以為非既外人所說不順己情即惱覺心生世自有人雖財帛相侵猶能安忍少諍義理即大瞋根風馬不交是名諍論瞋發相四明愚癡發相自有三種一計斷常二計有無三計世性此三並是著果邪見不出生死是故通名愚癡一計斷常癡發者行者於修定中忽亦發邪思惟利心分別過去我及諸法為滅而有現在我及諸法邪為不滅而有邪因是思惟見心即發推尋三世若謂滅即墮斷

中若謂不滅心隨常中以是難覺念念不住因此利智捷疾辯才無
滯辭說或作諸惡行能障正定出世之法是為計斷常見發之相
二計有無見發者亦於作定之時豁然思惟分別見心計色我及陰
等諸法為定有邪為定無邪乃至非有非無邪如是推尋見心即發
隨見生執以為定實邪覺念念不住因此利智捷疾或能辯說如是
諸邪行障礙於正定不得開發是為計有無見發之相三計世性
癡發者亦於作定之時忽作是念由有微塵所以即有實法有實法
故便有四大有四大故而有假名眾生及諸世界如是思惟見心即
發念念不住因此利智辯才能問能說高心自舉是非詩說邪行
行離真實道乃至思惟分別邪之心亦復如是以是因緣不得發
諸禪定設發禪定墮邪定聚是為計世性癡發之相五明惡業障
道發相亦有三種一沈昏闇蔽障二惡念思惟障三境界逼迫障一
沈昏闇蔽障者行者欲修定用心之時即便沈昏闇睡無記瞪瞢
無所別知障諸禪定不得開發是為沈昏闇蔽障發之相二惡念
思惟障者若行者欲作定時雖不沈昏闇睡而惡念心生或念欲作
十惡四重五逆毀禁還俗等事無時暫停因是障諸禪定不得開發
是為惡念思惟障發之相三境界逼迫障者若行者於作定之時
雖無上事而身或卒痛覺有逼迫之事見諸外境或見無頭手
足無眼目等或見衣裳破壞或復陷入於地或火來燒身或見高
崖而復墮落二山隔障羅刹虎狼或復夢見有諸惡相如是等事皆是
障道罪起逼迫行人或令驚怖或時苦惱如此種種非可備說是名
境界逼迫障發之相今約此五不善法即合為三障前三毒即為
因煩惱障等分之中覺觀亂法即是蘊四陰故名為報障三種障道
即為業障何以知之由過去造惡未來應受惡報即以業對惡若
行者於未受報中間而修善者善與惡乖業即扶惡而起來障於
善故知即是業障如是三障障一切行人禪定智慧不得開發故名
為障第三次明對治法者對名主對治名為治如不淨觀主治貪欲

故名對治如共乃至念佛三昧等主治惡業障但今明對治中自有
六意不同一者對治二者轉治三者不轉治四者兼治五者具轉
兼不轉治六者非對非轉非兼治一明對治者前惡根性發中各
為十五今此對治中亦為十五問曰此豈非煩長邪答曰不然前約
知故說今為對治故說前為約善根自發故說今為修習故說非
煩重一明治覺觀多病者如經中說覺觀多者教令數息今覺觀
之病既有三種息為對治亦為三意一明利心覺觀者行者坐中明
利之心攀緣念念不住此應教令數息何以故數息之法繫心在
息息是治亂之良藥也若能從一至十中間不忘必得入定能破亂
想數息之法於沉昏心中記數沉昏之心能治明利是以數息能除
明利心中覺觀病也二明治半明半昏覺觀者病相如前說今對治之
法應教令隨息隨息出入則心常依息以依息故息麤心即麤息細心亦
細細息出入繼心緣之能破昏覺觀心靜明鑒知息出入長短去就明分
明能破昏沈是故說隨為治若但數息者即有扶昏之過若但觀
息亦有浮亂之失不名善對治也三明治昏沈心中覺觀者病相覺觀起
相如前說對治之法應教令觀息今息入時諦觀此息從何處來中
間何所經遊入至何處住出息亦如是此法破當體說如是求其
根源出無分散入無積聚不見定想明心觀照心眼即開破於沈昏
靜心依息能破散亂故以觀息對治沈昏覺觀之病二明治貪欲
多病如經中說貪欲多者教不淨觀貪欲病既有三種今對治亦為三
意一明治外貪欲多者病發從著外境男女容色姿態語言威儀細
滑等相是故煩火熾然不息對治之法應教作九想觀若至家閒
取死尸相亦當諦觀可愛之境壞著地上觀見死尸膖脹爛壞膿血
流出大小便利諸蟲唼食今我著者亦復如是何處可愛作是觀已
婬心自息是故九想能治愛著外境貪婬重疾二明治內外貪欲
煩惱煩惱病發如前說若欲治之當教作初背捨等觀諦觀內
身不淨破壞可惡即破緣內貪愛復當如前觀外不淨可惡即

離外境貪愛即是初背捨以是不淨心觀內外色能破內外貪婬
婬之病三明治一切處貪愛者貪病發相如前說治法應教緣一
切處大不淨觀觀一切境男女自身他身田園屋宅衣服飲食一切世
間所有皆見不淨無有一處可生貪心爾時一切處中生厭離心則
一切貪欲無復起處是名對治一切處貪欲病三明治瞋恚多病如
經中說瞋恚多者教慈心觀治瞋病既有三種今對治亦復有三一
明治邪瞋者日夜心中思惟非理欲以惡事惱他瞋發之相具如上
說治之應令修眾生緣慈取一親人得樂之相緣之入定如是見親人
得樂中怨人等皆令得樂取他樂相能生慈念即破於眾生中瞋惱
怨害之心二明治正瞋者若於餘事之中都無瞋心但見人作惡或
復犯戒而起瞋心病發之相具如前說治之應教修法緣慈觀五陰虛
假不見眾生豈有持犯是非之事但緣諸受中法樂以與於他慈心覺
念不應加惱是非既泯瞋心自息是為行法緣慈能治順理瞋病三
明治一切法中諍論故瞋者病發如前說對治方法應教修無緣慈
何以故此人隨所得法既自以為是謂他即非同我者喜違我者即
瞋或於四句及絕四句中生執或復執於中道如是皆有所依故有
諍訟執計因緣便生瞋覺對治方法令修無緣之慈行此慈時言語
道斷心行處滅於一切法不憶不念若無憶念因何諍訟而生瞋心
大慈平等同與本淨之樂離惱他想故名慈能與樂亦得言菩薩為
諸眾生說如是法名為大慈當知修無緣慈對治一切法中諍論瞋
恚四明治愚癡多病如經中說愚癡多者教觀因緣問曰因緣之法
其義甚深云何愚癡之人教觀因緣答曰言愚癡者非謂如牛羊
等但是人聰明利根分別籌量不得正慧邪心取理名為愚癡愚癡
之病既有三種對治亦應立三一明治斷常癡病者邪思執著或起
常見或起斷見便破因果病相如前說對治方法應教觀三世十
二因緣過去有二現在有八未來有二是為十二因緣三世相因不
常不斷如經偈說

我只佛法中　雖空亦不斷　相續亦不常　善惡亦不失
若行者能善觀十二因緣不執斷常則邪見心息亦得以此對治
破相續假惑二明治計有無癡病發者邪念思惟有我無我有陰無
陰等如前說立對治者應教觀果報十二因緣果報十二因緣者觀
現在歌羅邏時名曰無明乃至生老死等現在即有五陰十二入十
八界成就皆從因緣生此歌羅邏時即有三事一命二煖三識故名
無明此既從緣而生無有自性不可言有不可言無乃至老死亦復
如是若知非空非有即破空有二見當知果報十二因緣觀即治有
無見病今亦得以此對治破執因成假惑三明治世性愚癡發者若
見細微之性能生萬法如是邪念名計世性廣說如前對治之法還
作一念十二緣觀何以故行者深觀一念之中具足十二非十二
十二非一而今約一說十二約十二說一當知一無定性無定一故
則世性不可得故以一念十二緣觀破執世性邪癡此一念十二
緣觀多破執一異見今亦即得以此破相待假惑五明治惡業障
道多病如經中說障道者教令念佛今障道既有三種對治則亦
立三一明治沈昏闇塞障發者若惡業病相如前說對治應教觀應
佛三十二相中隨取一相或先取佛眉間毫相閉目而觀若心闇鈍
懸作不成當對一好端嚴形像一心取相緣之入定若不明了即開
眼更觀復更閉目如是取一相明了次第徧觀衆相使心眼開明即
破昏睡沈闇之心念佛功德則除罪障閉目若取其相分明能破
沈昏者何不作九想白骨等觀答曰九想白骨但是生死不淨之身
除罪義劣故非對治二明治惡念思惟障者障發如前說對治應教
念報佛功德云何爲念正念之心緣佛十力四無所畏十八不共一切種
智圓照法界常寂不動普現色身利益一切功德無量不可思議
如是念時即是對治何以故此念佛功德從緣勝善法中生心數
惡念思惟從緣惡法中生心數善能破惡故應念報佛譬如醜
陋少智之人在端正大智人中即自鄙恥惡亦如是在善心中則恥

愧自息緣佛功德念念之中滅一切障三明治境界逼迫障者
罪業發相如上所說對治方法應教念法佛法佛者即是法性平
等不生不滅無有形色空寂無爲無爲之中既無境界何者是逼
之相知境界空故即是對治若人念三十二相即非對治何以故是人未
緣相時已爲境界惱亂而更取相者多因此著魔狂亂其心今觀空
破除諸境界存心念佛功德無量即滅重罪此爲對治於義可見略
說對治竟第二明轉治者出摩訶衍論解十力明定力坊淨智力
中說彼論云貪欲之人教修慈心多瞋之人作不淨觀愚癡多者教
思惟邊無邊掉散心中教令用智慧分別及心人中教令攝心若如
是者名爲轉治若不爾者名不轉治此爲及上所說今明轉治有二
種一者病轉法亦轉二者病不轉而法轉今約前一觀中明轉治
義前對治中貪心多者教觀不淨觀心既成見於不淨厭患前
境便生瞋心如佛在世有諸比丘學不淨觀成即雇人自害如是之類
應教轉觀修慈以治於瞋名爲轉治此即藥病俱轉如此說者細
熟尋撿猶未稱教意二者病不轉而藥轉者貪病不轉前不淨觀
修慈觀治問曰貪心之法取人好相慈亦取人好相云何爲對治
答曰菩薩戒有明文一切男子皆是我父一切女人皆是我母而菩
薩不起慈悲行婬無度不避六親犯波羅夷罪若觀前境男女皆如
父如母如子則自敬愛心生慈念能破貪欲譬如父母終不於子
所生非法心復次慈名與他之樂今貪欲不善增他煩惱此非與樂之
道如是思惟繫心修慈慈定若發即治貪欲何以故無量心是色界
法不應得有貪欲心生此則病雖不轉轉觀治之今以不淨一門類
之餘十四門禪悉有二種轉治之義可知復次轉觀有二種一者
轉心不轉境二者心境俱轉尋自推尋其義可見第三明不轉治
者亦爲二意一者病不轉觀亦不轉二者病轉觀不轉一病不轉
觀亦不轉者如貪心人作不淨觀貪心不息更增想作觀不須轉
觀當更作膖脹爛壞相等作一人不息復作多人如是乃至一城一

聚落皆作不淨如禪經中廣說或進入白骨流光等治貪心方息
故名不轉治雖有此義理而推之猶恐未是教之正意二病轉觀
不轉治者行者爲有貪欲病作不淨觀治貪欲轉而生瞋恚爾時
不轉不淨觀即於不淨中增想作不淨觀及白骨流光入定瞋心自
除亦得即爲二意一境不轉而心轉二境不轉心亦不轉餘十四對治
不轉治義類亦如是第四明兼治者亦出摩訶衍論解八念捨支
中彼論云菩薩法施者法施因緣或復說法或現神通或復放光如
是等利益度脫衆生名爲法施復次行法施者應當善識衆生煩
惱多少或但有一煩惱病或兩兩雜或三三雜若一煩惱說一法
治兩兩雜者說二法治三三雜者說三法治此即是兼治相一病
說一法治如前說兩病二法治者如有貪欲病復有瞋恚當用
不淨慈心觀共治何以故若但用一法雖偏治一邊復增一邊則
爲過失今二法相兼病則皆差或不淨兼慈或慈兼不淨今應
隨病起以義斟酌兼三兼四乃至五等悉有其義今不具說第五
明兼不轉治者此義亦如轉治不轉治意但於兼中對病發多少還
約上轉不轉意細推可見第六非對非轉非兼治者即是第一義悉
檀波若正觀此觀通能治十五種病亦通能發十五種門禪所以言
非對非轉非兼治正觀法性即法不可以法對法故云非對正觀無
偏不增餘病不須轉也力能偏破衆病故不須兼雖不得能破所破
而治諸不善悉皆除滅故名爲治是以摩訶衍云有三昧但能除貪
不能除瞋不能除癡有三昧能除三毒即是今所明正觀
第一義悉檀也所以波若一觀能治五病者一正觀能治貪欲如思
益經云貪欲之人以淨觀得脫不以不淨世尊自知二正觀能治瞋
者如般若說我昔爲歌利王割截身體爾時無我相人相衆生相則
瞋恚不生故知實相能治於瞋三正觀能破治癡者智慧破於無明
其義可見故涅槃經云明時無闇闇時無明有智慧時則無煩惱有
煩惱時則無智慧四正觀能治覺觀者正觀心中語言道斷心行處

滅則覺觀從何而生故毗摩詰經言云何息攀緣謂心無所得五正觀能治罪障者如前引普賢觀云端坐念實相是名第一懺衆罪霜露慧日能消除復次如世餘藥各隨對治能治一病不能徧治一切病也阿竭陀藥即能徧治一切衆病是名非對非轉非兼治亦能具足一切禪門如大品經說欲學一切善法當學般若所以者何譬如王來必有從若般若慧發則一心具足萬行此則可以如意寶珠爲諭第四次明結成悉檀攝佛法者今約此藥悉檀性中辨對治即以對摩訶衍論所明四種悉檀義所以者何如十五種不善覺罪發相此正是世界悉檀乃至前明善根發相亦屬世界悉檀也其皆是因緣生陰入界攝故次明十五種對治禪門即是對治悉檀是中正對治病相對故次明轉治兼轉不轉治即是爲人悉檀此正逐人根緣不定方便利益故名爲人次明非對非轉即是第一義悉檀其義可見故摩訶衍論云此四悉檀即攝十二部經八萬四千法藏一切佛法理而推之當知禪門之義則爲廣博所不攝第三次明安心禪門者略爲五意一明隨便宜二明隨對治成就三明隨樂欲四明隨次第五明隨第一義今釋第一隨便宜者如驗善根性中發十五種禪門隨其發法當知過去已經修習可還修令成就隨所發法安心修之如發覺觸後欲修安心當教數息所以者何根本初禪多從數息中發當知是人過去已曾數息修禪今若從息道更與本相扶禪則易發加功不止則能具足四禪空定因此即發三乘聖道事等金師之子教令數息是爲隨本善根發說安心法餘十四善根發隨便宜立安心亦如是二明隨對治成就立安心法者如行人本有貪欲不善障法爲治此病作不淨觀觀成病滅爾時雖無欲病而未證深法當更如心修習不淨作種種不淨成已大當知除皮肉修白骨流光入八背捨斷三界結成三乘道此則不失其功若更安心餘法方復造功則於事難成餘十四隨對治成就辨安心法類之可知三隨樂欲者若能對治斷欲界煩惱不善之患則十五

種禪通無遮障爾時當隨行者心所欲樂諸禪一一隨各安心其門而修習之即皆開發始終成就此可以教人同治修爲類四約次第立安心法者遮障既除自有行人欲從淺至深具足修一切禪定應從阿那般那中而教數息證根本四禪次定已次教隨息證十六特勝已次應觀息具足通明之禪次教不淨觀入九想背捨等禪乃至次應觀心性入九種大禪禪定次第並如上第五明禪次第中分別修證方法在下自當具說今明約驗善惡根性後用安心法既有如此之便利故次後而說五明隨第一義者泥洹真法寶衆生種種門入此十五種善根發後及五對治除障已後隨於一法門易悟之處即以此爲安心者行人多因是門入聖道也第四次明治病方法行者既安心修道或本四大有病因今用心心息鼓擊發動成病或時不能善調適身息心三事內外有所違犯故有病發夫坐禪之法若能善用心者則四百四病自然差矣若用心失所則動四百四病是故若自行化他應當善識病源善知坐中內心治病方法若不知治病方法一旦動病非唯行道有障則大命有慮今明治病法中即爲二意一明病發相二明治病方法病發雖復多途略出不過三種一者四大增動病相二者從五藏生病三者五根中病略明四大病者地大增故腫結沈重身體枯瘠如是等百一患生水大增故痰陰脹滿飲食不消腹痛下利等百一患生火大增故煎寒壯熱支節皆痛口爽大小行不通利等百一患生風大增故虛懸戰掉疼痛肺悶脹嘔吐嗽氣急如是等百一患生故經云一大不調百一病惱四大不調四百四病一時俱動四大病發各有相貌當於坐時及夢中察之甚相衆多不可具記二次明五藏生患之相從心生患者多身體寒熱口燥等心主口故從肺生患者多身體脹滿四支煩疼悶鼻塞等肺主鼻故從肝生患者多喜愁憂不樂悲思瞋恚頭痛眼闇昏悶等肝主眼故從脾生患者身體面上遊風通身癢悶疼痛飲食失味脾主舌故從腎生患者或咽喉噎塞腹脹耳聾故五藏生患

衆多各有其相於坐時及夢中察之可知其相衆多不可具記一次略明五根中患相身患者身體苦痛百節酸疼痺痒等舌患者舌瘖強急飲食失味等鼻患者鼻塞疼痛流涕等耳患者耳鳴疼痛聾及或時嘈嘈作聲等眼患者眼赤視暗眩盲昏闇疼痛等此是四大五藏五根病患因起非一病相衆多不可具說問曰五根之患緣界五藏內外相因今何以別說答曰爲坐中別有治法故須別說其相行者若欲修禪既有患生應當善自知因起三種病通因內外發動若外傷寒冷熱風飲食不慎而病從三處發者當知因外發者用心不調觀行違僻或內心法起不知將息而致此三處病發此因內發復次行者應知得病有三種不同一者四大增損故病如前說二者鬼神所作及因魔事觸惱故得病三者業報所得病如此等病初得即治甚易得差若經久則病成身羸治之則爲難矣今正明治病方法者既深知病源起發當作方法治之治病之法乃有多途舉要言之不過五種一者氣息治病所謂六種息及十二種息何等爲六種氣一吹二呼三嘻四呵五噓六呬此六種息皆於脣口之中方便轉側而作若於坐時寒時應吹熱時應呼若以治病吹以去寒呼以去熱嘻以去痛及以治風呵以去煩又以下氣噓以散痰又以消滿呬以補勞若治五藏呼吹二氣可以治心噓以治肝呵以治肺嘻以治脾呬以治腎復次有十二種息能治衆患一謂上息二下息三滿息四燋息五增長息六滅壞息七暖息八冷息九衝息十持息十一和息十二補息此十二息皆心中作想而用今略明十二息對治患之相上息治沈重下息治虛懸滿息治枯瘠燋息治腫滿增長息治損滅壞息治增暖息治冷冷息治熱衝息治壅結不通持息治戰動和息通治四大不和補息資補四大善用此息可以徧治衆患用之失所各生衆患推之可知諸師用息治病方法衆多云云不備說今略示一兩條令知大意二明假想治病者具如雜阿含治禪病秘法七十二法中廣說但令人神根既鈍作此觀想多不成就或不

得其意非唯治病不老更增衆患故諸師善得其意者若有心要假
想用之無往不愈但不可具以文載三呪術治病者萬法悉有對治以
相厭禳善知其法術用之無不即愈呪法出諸修多羅及禪經中術
法諸師秘之多不妄傳四用心主境治病者有師言心是一期果報之
主譬如王有所至處群賊迸散心王亦爾隨有病生之處住心其中
經久不散病即除滅又師云用心住憂陀那此云丹田去臍下二寸
半多治衆患又師云安心足下多有所治其要衆多不具說五觀
析治病者用止智慧檢覓病既不可得四大之患即自消滅若是鬼
神及因魔羅得病當用強心加呪及以觀照等法助治之若是業
病必須助以修福懺悔讀悪即自滅此五種治病之法若行人善
得一意則可自行兼他況復具足通達者都不知其一則患生無治
非惟廢修正業亦恐性命有虞豈可自行教人是故欲修禪之者必
須善解內心治病之法內心治病方法衆多豈可具傳於文若欲習
知當更尋訪上來所出是盲是示其大意若但依此文文既闕略
恐未可定怙智者善得其意方便迴轉無量知識之處亦在權以救
急問曰用心坐中治病必有効不答曰若具十法無有不益十法者
一信二用三勤四恒住緣中五別病因起六者方便七久行八知取
捨九善將護十識遮障何謂爲信謂信此法必能治病何謂爲用
謂隨時常用何謂爲勤謂用之專精不息取得汝爲度何謂爲恒住
緣中謂細心念念依法而不散亂何謂別病因起如上說
何謂爲方便謂吐納運心緣想善巧成就不失其宜何謂爲久行謂
若用之未即有益不計日月常習不廢何謂知取捨謂知益則勤用
損則捨之漸轉心取治何謂知將護謂善識異緣犯觸何謂遮障謂
得益不向外說未損不疑謗若依此十法所治必定有効矣第五明
魔事者魔羅秦言殺者奪行人功德之財殺智慧命故名魔羅云何
名魔事如佛以功德智慧度脫衆生入涅槃爲事魔亦如是常以破
壞衆生善根令流轉生死爲事若能安心道門道高則魔盛故須善

識魔事今釋即爲三一分別魔法不同二明魔事發相三明壞魔之
法第一分別魔法不同魔有四種一者煩惱魔二者陰入界魔三者
死魔四者欲界天子魔一煩惱魔者即是三毒九十八使取有流扼
縛蓋纏惱結等皆能破壞修道之事如摩訶衍論偈說

欲是汝初軍　憂愁爲第二　飢渴爲第三　觸愛爲第四
睡眠第五軍　怖畏爲第六　疑悔爲第七　瞋恚爲第八
利養虛稱九　自高蔑人十　如是等軍衆　厭沒出家人
我以禪智力　破汝此諸軍　得成佛道已　度脫一切人

二陰界入魔爲五陰十二入十八界一切名色繫縛衆生陰覆行
者清淨善根功德智慧不得增長故名爲魔所謂欲界陰入乃至
色無色界陰入亦如是行者若心不了受著者悉名爲魔若能不受不
著觀如虛空不爲覆障即破魔業三死魔者一切生死業報輪轉不
息皆名爲魔復次若行人欲發心修道便得病命終或爲他害不
得修道即爲魔又修習聖道比至後世因緣轉異妄失本心皆名魔
事復次行者當修道時慮死不活便愛著其身而不修道亦是死魔所
攝四天子魔者即是波旬此魔是佛法怨讎常恐行人出離其界故
令諸鬼神眷屬作種種惱亂破壞行者善根是爲他化自在天子魔
第二明四魔發相者若煩惱魔發如前不善根性中三毒等分煩惱中
廣說若陰入界魔發相如前不善及善根性中發種種色心境界說
若死魔發相如前病患法中廣說所以者何病爲死因若鬼神魔者
今當分別說鬼神魔有三種一者精媚二者埠惕鬼三者魔羅精媚
者十二時狩變化作種種形色或作男女老宿之形及可畏身
相等非一以惱行人各當其時而來善須別識若多卯時來者必是
狐兎貉等說其名字精媚即散餘十一時形相類此可知二埠惕鬼
者亦作種種惱亂行人或如蟲緣人頭面鑽刺熠熠或擊櫪人兩掖
下或乍抱持於人或復言說音聲喧鬧及作諸獸之形異相非一來
惱行人者應即覺知一心閉眼陰而罵之作是言我今識汝汝是此

閻浮提中食火臭香偷臘吉支邪見喜破戒種我今持戒終不畏
汝若出家人應誦戒本若在家人應誦三歸五戒菩薩十重四十八
輕戒等鬼便卻行匍匐而去如是作種種留難相貌及除卻之法並
如禪經中廣說三魔羅惱亂者是魔多作三種相來破行人一作違
情事即是作可畏五塵二作順情事即是作可愛五塵令人心著三作
非違非順事即是作平品五塵動亂行者是故魔名殺者亦名花箭
亦名五箭射五情故一情中有三種境對惱行者五情合有十
五種境惑亂行人一違情色中三者一順情色或作父母兄弟諸佛形像端正男女可愛之
境令人心著二色中違者或作虎狼師子羅剎之形種種可畏之像來怖行
者三色中非違非順者但作平品之形色亦不令人生愛亦不令人
生怖皆能動亂人心令失禪定故名爲魔餘諸情中亦當如是分
別但約塵相有異行者若不別諸邪僞則爲所壞狂亂作非裸形無
恥起種種過破於善事或摘三寶非可具說或時得病致死必須慎
之善加覺識問曰何故不約法塵對意根中論三種魔事答曰從多
爲論一切魔事多從五情中入故但說五情細而論之法塵中亦不
無三種惱亂之事類而可知復次諸大乘經中辨種種六塵中幻僞
對意根魔事起相是中廣說故大品經云如是等魔事魔罪亦說不
教當知即是菩薩惡知識三明破魔法者當用三法除卻魔罪一者
了知所見聞覺知皆無所有不受不著亦不憂感亦不分別彼即不
現二者但反觀能見聞覺知之心不見生處何所惱亂如是觀時不
受不分別便自謝滅三者若作此觀不即去者但當正念勿生懼想
不著軀命正心不動知魔界如即是佛界如魔界如佛界如一如無
二如於魔界無所捨於佛界無所取即佛法現前魔自退散既不見
去來亦不憂喜爾時自然魔所惱擾久亦未曾見有人坐中見魔作
虎來剝食此人骨肉狼籍正是怖人令心驚畏耳都無實事當知虛
誑如是知已心不驚怖復作是念設令是實我今身命爲道故死何
足可懼令我此身隨汝分別心如金剛不可迴轉如是或一月二月乃

至經年不去亦當端心正念堅固莫生憂怖當誦大乘方等諸治魔呪默念誦之存心三寶若出禪定亦當誦呪自防懺悔慚愧及誦波羅提木叉戒邪不干正久久自滅事理除魔其法衆多非可備說行者善須識之方便除滅故初心行人欲學坐時必須親近善知識者爲有如此等難是魔入人心時能令行人證諸禪定三昧智慧神通陀羅尼何況不能作此小小境界若欲知之諸大乘經及九十六種道經中亦少分分別今略說此爲令行者深知此意則不妄受諸境取要言之若欲遣邪歸正當觀諸法實相是故摩訶衍論云除諸法實相其餘一切皆是魔事故偈言

若分別憶想　是即魔羅網　不動不分別　是即爲法印
常念常空理　是人非行道　不生不滅中　而作分別想

復次略明破魔義不同如摩訶衍中說得菩薩道故破煩惱魔得法性身故破陰界入魔得菩薩道得法性身故破死魔得不動三昧一切法中自在無住故破欲界他化自在天子魔若大集經明得四念處即破四魔此二說名異意同若瓔珞經明等覺如來三魔已過唯有一品死魔在若法華說二乘之人但破三魔餘有欲界天子魔所不能破此則經論互說不同悉有深意若通明四魔並至菩提方盡所以者何如煩惱魔無明細惑佛菩提智之所能斷陰界入魔如告憍陳如色是無常因滅是色獲得常色受想行識亦復如是死魔如前瓔珞經所說欲界天子魔坐道場時方來與菩薩興大鬪戰故知四魔皆至菩提究竟永盡菩薩摩訶薩心廣大故安住不動作深禪定從初發心乃至佛果降伏四魔而作佛事度化衆生心不退沒涅槃經中說有八魔華嚴經中說有十魔菩薩得其意四魔攝盡更無別法諸經辨魔事衆多略說不具足

釋禪波羅蜜次第法門卷第四

釋禪波羅蜜次第法門卷第四

校勘記

一　底本，金藏廣勝寺本。

一　八五七頁中三行「第六章」，徑作「第六章之四」。

一　八五七頁中一六行第七字「治」，南、徑作「治」。

一　八五七頁中一七行「五門」，南、徑、清作「五種」。

一　八五七頁下三行第二字「行」，南、徑、清無。

一　八五八頁上一七行「行者」，南、徑、清作「行人」。

一　八五八頁中三行末字「各」，徑作「名」。

一　八五八頁中一五行「覺者」，南、徑、清作「覺觀者」。

一　八五八頁中二二行「家間」，南、徑、清作「塚間」。

一　八五八頁中二五行第一八字「疾」，南、徑、清作「病」。

一　八五八頁下一九行「他想」，南、徑、清作「他相」。

一　八五九頁上二三行第二字「報」，南、徑、清無。

一　八五九頁下二一行「有能除瞋」，南、徑、清無。

一　八六〇頁上一行「毗摩」，徑、清作「維摩」。

一　八六〇頁中一八行「淡陰」，南、徑、清作「痰癊」。

一　八六〇頁中二〇行第二三字「肕」，清作「筋」。

一　八六〇頁中二四行第九字「肺」，清作「肺」。

一　八六〇頁中二五行「從肝」，南、徑、清作「故從肝生」。

一　八六一頁上一九行第一八字「汙」，南、清作「汗」。

一　八六一頁中七行第八字「篾」，徑作「蔑」。

一　八六一頁中一四行第二〇字「妄」，南、清作「忘」。

一　八六一頁中一七行首字「今」，南、徑、清作「令」。

一　八六二頁上一八行第二一字「除」，南、清作「陰」。

釋禪波羅蜜次第法門卷第五　卅十八帝

天台智者大師說　弟子法慎記　弟子灌頂再治

上已廣明內外方便行者若能專心修習繫念禪門必有證驗禪為第七廣明修證故經言修我法者證乃自知今明修證中此禪以為第一修證世間禪相第二修證亦世間亦出世間禪相第三修證出世間禪相第四修證非世間非出世間禪相今第一釋修證世間禪者則為三一四禪二四無量心三四無色定今前釋修證四禪四禪者一初禪二二禪三三禪四四禪今論色界根本正定但說有四若通方便中間是則不定若薩婆多人說有未到地及中間禪足四禪為六地定若曇無德人例不說有未來禪而說有欲界定中間禪以為六地若摩訶衍及毘曇所明則具有欲界未到地中間禪足四禪為七地定此中融會以義推之今據正禪而論但說有四第一釋初禪修證如經偈說

離欲及惡法　有覺并有觀　離生及喜樂　是人入初禪
已得離婬火　則獲清涼定　如人大熱悶　入冷池則樂
如貧得寶藏　大喜覺動心　分別則為觀　入初禪亦然

佛此偈中具明修證初禪之相但意難見今當分別就明初禪中開為三別第一釋名第二明修習第三明證相第一釋名者所言初禪者禪名支林行者初得支林之法故名初禪復次覺觀等法名之為支行者修初禪覺觀之法必於前發故說覺觀名為初禪問曰若言在前發得故為初禪者欲界未到地最在前發何故不得受初禪之名答禪名功德叢林欲界未到等未有支林功德之法雖復前發不名初禪復次摩訶衍說欲界未到中間智多而定少是處非禪與非正地是故不得受初禪之名復次言初禪者亦名有覺有觀三昧為有人疑言覺觀心中無定是故佛說覺觀三昧地持論說名覺觀俱禪此禪發時必與覺觀俱發亦名聖說法定此定內有覺觀轉

言道未斷故與說法之名如是等種種名字不同第二明修習復開為三一前明所修之法後辨能修之心第一明所修法者即是阿那波那為修習根本初禪之法就中即有三意一釋息名二辨息相三明用息不同第一所言阿那波那者此是外國語此言阿那為入息波那為出息安般守意三昧經言安之言生般之言滅若約息生滅明義如上說若約心生滅為語是則不定今用入出息為正第二辨息相中有四一風二喘三氣四息分別四種之相具如調息中說但數風則散數喘則結數氣則勞數息則定行者應當捨三存息善取不聲不結緜緜若存若亡之相而用之第三明用息不同者一師教繫心數出息所以者何數出息則氣不急身不脹滿身心輕利易入三昧有師教數入息何故爾數入息一者易入定隨息內斂故二斷外境故三易見內三十六物故四身力轉盛故五內實息食患故有如是等勝利非麤數入息有師教數入出無在但取所便而數無的偏用隨人心安入定無過即用三師所論皆不許出入一時俱數何以故以有息遮病生在喉中猶如草葉吐則不出咽則不入此患生故文師依四時用數今所未詳第二明能數之心亦為三意一明能數之心二明轉緣三料揀一明能數之心者以細念之心撲心對息從一至十令心不散故名數息若數不滿十名數減若至十一名數增然增減之數並非得定之道若從一至十恒具十無有間一之失故名數法成就若於中間心緣異緣數法則亂是故心覺散亂義難若以一為數者一則無間若有異緣便不即覺知但緣一息不能除亂若過十者更一法起一心緣二即有亂生故名為增夫數息者但細心約息記數而已不得多取數相若息多則氣滿腹脹體急生欲不安二轉緣者初數於息覺息微微當置數息便隨於息往還出入若心欲靜便捨隨凝心止住心若闇忽即便靜照色息心若浮動即便捨觀歸數及隨止也是故名還心不馳蕩凝神寂慮故名為淨行者若能如是善巧攝錄心則易定第三料揀息為初門者問曰一切法門悉可為初

何故但說阿那波那以為初門答曰不然今依佛教如經說阿那波那是三世諸佛入道初門是故釋迦初詣道樹欲習佛法内思安般一數二隨乃至還淨具如瑞應經所說復次提婆初出世時伏外道已諸人信敬度人出家不可稱數於是大集在家出家七衆弟子及刹利婆羅門等大衆之中昇師子座說法如雨爾時大衆皆悉默念將非佛法欲滅外道復興邪將非國大饑亂疫病流行邪菩薩爾時知大衆心念以白拂巾拭淚更整衣服舉右手而言亦非佛法欲滅外道將興非國不安疫病流行但傷佛日潛輝賢聖月沒衆聖之中空無所有耳于時大衆聞此語已各自感傷發聲大哭爾時飛鳥雜類在虛空中繽紛亂墜亦皆悲鳴爾時菩薩以慈軟音安慰大衆而說偈言

佛日常在世　無目不見耳　賢聖月不沒　障礙故不見
若能淨慧眼　當自得觀見　何為浸憂海　凝醉如嬰兒

尒時大衆聞菩薩教音心各醒悟攝心安坐寂然無聲諦觀菩薩菩薩開法綱時菩薩普告大衆而說偈言

廣說甘露門　名阿那波那　於諸法門中　第一安隱道
因緣次第起　不雜諸苦惱　譬如種果樹　莖葉次第生
花實及色味　自然非可作　時至時自熟　非如脂粉色
汝等調熟地　惠汝石種種　令心入甘露　道法次第生

從汝受甘露法師相傳不絕今以此法為學道之初根根大士六通達諸說法度人此為首非入道初門末代相承謂此法最長自不修禪既無内道出言即便破人修定若觀枇婆之說乃以禪定為要世人顛倒實可哀哉復有人言禪法一向不得廣說此說乃非枇婆在大衆中廣說禪定今時豈頓杜口但不得向外人說我證法耳經法及禪秘密微妙境界向人說此獲罪不輕第三明證禪相通方便論雖有三階一證欲界定相二證未到定相三正明證初禪相一明證欲界定自有二意一正明證相二明得失今證欲界中自有三一

麤住心二細住心三證欲界定一麤住相者因前息道諸方便修習心漸漸虛凝不復緣慮名為麤住細住相者於後其心泯泯轉細即是細住心當得此麤細住時或將得時必有持身法起此法發時身心自然正直坐不疲倦如物持身若好持身但微微扶助身力而已若是麤持身者堅急勁強來則苦急去則寬緩因人此非好法心既細已於後豁然心自然明淨與定相應定法持心任運不動從淺入深或經一坐無分散意所以說此名欲界定入此定時欲界報身相未盡故二明得失者入欲界定法心既淺未有支持難得易失易失因緣是事須識失定有二種一殊外緣失謂得定時不善用心内外方便中途違犯則退失禪定復次若行者當得定時或向人說或現定相令他知覺或卒有事緣相壞如是等種種外事於中不覺不識障法既生則便失定若能將護本得不失障不得生故名為得二者約内論得失者有六種法能失禪定一怖望心二疑心三驚怖四大喜五重愛六憂悔未得禪有一謂怖望心入禪有四謂疑怖喜愛出禪多有憂悔此則能破定心令退失若通論此六皆得在未入住出中俱有此六法能退失定若能離此六法即易得定以不失故名得也此雖近事若不識者則入不知若善取其意則知遮障二明證未到地定相因此欲界定後身心泯然虛豁失於欲界之身坐中不見頭手牀敷猶若虛空此是未到地定所言未到地者此地能生初禪故即是初禪方便定亦名未來禪亦名忽然湛心證此定時不無淺深之相今不具明復次此等定中或有邪偽行者應識其相非一略出二事一定心過明二者過暗並是邪定明者入定時見外境界青黃赤白或見日月星辰宮殿等事或一兩日乃至七日不出禪定見一切事如得神通此為邪當急去之二者者入此定時忽無所覺知如眠熟不異即是無心想法能令行人生顛倒心當急知之此則略說邪定之相是中妨難非可具以文傳復次若依成論毗曇分別二定為不便也今依普者驅沙所明分別二定

有異亦無失具如前引摩訶衍中釋而多見坐人證定之時曾有兩種定相不同是故今說欲界未到二定各異第三明證初禪相自有六種一明初禪發相二明支三明因果體用四明淺深五明進退六明功德第一正明初禪發相中復為四意一正明初禪發相二簡非禪之法三釋發因緣四分別邪正第一初禪發相者行者於未到地中證十六觸成就即是初禪發相云何是證行者於未到地中入定漸深身心虛寂不見内外或經一日乃至七日或一月乃至一年若定心不壞守護增長於此定中忽覺身心凝然運運而動當動之時還覺漸漸有身如雲如影動發或從上發或從下發或從腰發漸漸遍身上發多退下發多進動觸發時功德無量略說十種善法眷屬與動俱起其十者何一定二空三明淨四喜悅五樂六善心生七知見明了八無累解脫九境界現前十心調柔軟如是十法與動俱生名動眷屬勝妙功德莊嚴動法若具分別則難可盡此則略說初動觸相如是或經一日或經十日或一月四月如是一年此事既過復有餘觸次第而發故名初禪餘觸發者謂八觸也一動二痒三涼四暖五輕六重七澁八滑復有八觸謂一掉二猗三冷四熱五浮六沈七堅八軟此八觸與前相雖同而細分別不無小異更別出名目足前合為十六觸此十六種觸發時悉有善法功德眷屬如前動觸中說行者因未到地發如是等種種諸觸功德善法故名初禪初發並是色界清淨四大依欲界身中而發故摩訶衍云色界四大造色著欲界身中問曰二十七觸何故有去取復出異觸名料簡非禪第二料簡非禪之相者問曰行者於初坐中未得定心亦發如是冷暖動等觸既無如上所說功德之事有人言此是大病法起所以者何如重澁等是地大病生如輕動觸是風大病生如熱痒等觸是火大病生如冷滑等觸是水大病生復次因暖熱痒等生貪欲蓋因重滑沈等觸生睡眠蓋因動浮冷等生掉悔蓋因強澁等生於疑蓋因重堅澁等生瞋蓋當知觸等發時能令四大發病及生五蓋障法

或言是魔所作若發動時如上過上所說皆爲觸發云何以此爲初禪耶答曰不然若如汝向所說觸發之相此是生病生蓋之觸若如上說及增各亦是魔觸發相今說不爾若未得未到地定而先發觸者名是病觸是生蓋及魔所作若觸發時無如上所說十種功德眷屬者亦是病觸生蓋及魔觸也今所說觸發者要因未到地定發亦具足有諸功德眷屬俱發故以此爲初禪發相何可疑誑問曰未到地前發觸但是生病生蓋及魔觸亦有治病除蓋非魔觸不答曰亦有此義問曰若爾與初禪觸復云何異答曰有異欲界雖有治病除蓋又非魔觸而非初禪觸者此猶是欲界中四大色法不能發定無諸功德支林善法故不名初禪此則略出欲界善不善觸相但行人初坐或有證此一兩或都不證然既有此法故略出之耳問曰未到地中亦發欲界善不善觸不答曰非無此義三明禪發因緣有二一者從初修禪以來不計勤苦既有善心功力成就自然感報如法華中說隨功賞賜乃至禪定根力等事復次有師言是十善相應故難見二者色界五陰住在欲界身中麤細相違故有持動八觸等事譬如世人憂愁煩惱內起結滯擁塞不通令四大受諸熱惱使心而生乃至得病至死不從外來而有苦也今此禪中有觸發之事亦從心有由數息故使心軟細修諸定法色界定法住在欲界身中色定之法與欲界報身相觸故有十六觸次第而生亦不從外來而能覺知故名爲觸此八雖有十六並約四大而發因四大生地中四者重沉堅澁水中四者涼冷軟滑火中四者暖熱猗痒風中四者動揮輕浮故金光明云地水二蛇其性沉下風火二蛇性輕上昇問者因四大但應有四何得十六答曰相兼故得爾如熱是火體兼水故有暖兼風故有痒兼地故有猗兼二之時失本熱相故說有四餘三大各兼三義類此可知復次此十六觸各有十種功德善法合則有一百六十法而初坐發法之人未必發盡或發三五故略出之問曰此八觸爲必具發有次第爲無次第諸觸之中先發何等答曰若論其次第亦無定前後雖四大因緣合時强者先發而多見有人從動觸發事如前釋四者辨邪正之相具如前內方便中驗善惡根性相中虛實中說是中應廣分別第二明支義亦關爲三一釋支名二釋支義三辨支相第一釋支名者初禪有五支一覺支二觀支三喜支四樂支五一心支覺者初心覺悟名爲覺細心分別名爲觀慶悅之心名爲喜恬澹之心名爲樂寂然不散名一心所以制五支者若對不善即爲破五欲五蓋若對善法即對行五法故釋論云離五蓋行五法具五支入初禪第二釋支義者如瓔珞經說禪名支林此對揀總別之明義也言支者支離爲義如因樹根莖則有枝條根並是一枝條有異禪中支義亦爾從一定心出生五支此是總中別義所言林者如林因衆多樹得有林名禪義亦爾五支和合總受禪稱此即據別中之總故知若就禪即知有五支如聞林名必知有樹及以枝條復次有人言枝持爲義如欲界未到地中雖有望靜定心未有覺觀等五支共相枝持則定心淺薄易失若得初禪即有覺觀等法則定心安隱牢固難壞三辨支相者數人辨相正約二十二心數去取辨五支相具出彼義大論云今家所明略爲二一者別二者通一別釋五支相者云何名覺覺見名觸覺有二種一成禪覺二壞禪覺如有風能成雨有風能壞雨如上所說十六觸中一觸有十種善法眷屬安隱莊嚴者是成禪覺如上說一觸有二十惡法是壞禪觸復次覺者覺屬身根爲身有情異乎木石所以對觸故生覺如經說見聞覺知義見屬於眼聞屬於耳鼻舌觸覺屬於身知屬於意亦對法也有增用故問曰如經中說不觸因緣生受何得覺觸但屬於身耶答曰此對通說若通時見中亦說聞緣義類爾今就別義論覺支者正對身也於未到定中發十六觸觸於身根生識覺前觸相故名覺支復次覺名驚悟行者得初禪未曾所得善法諸功德故心大驚悟昔常爲欲火所燒得初禪時如人入清涼池具此覺生時與欲界身根生覺有異何以故與欲界善故一時俱發是以偈言如貧得寶藏大喜覺動心故言初心麤覺名爲覺此與數人明義雖有小異料揀云云二釋觀支者後細心分別名爲觀既分別觸發已正念之心思量分別何觸生時與欲界中善法及未到等法大有異所以者何於此觸中有種種善法珍寶與觸俱發欲界所無復次分別者分別十六觸中法寶之相亦不同知麤細則離知善則修此細心分別故名觀支故經說分別則爲觀問曰若爾覺有何等異答曰如論說麤心在緣名爲覺細心分別名爲觀又問如毗曇中說覺觀在一心中今云何爲二答曰二法雖在一心二相不俱謂覺時觀不明了觀時覺不明了譬如撞鐘聲雖一而麤細有異一心中覺觀亦如是復次身根身識相應名爲覺意根意識相應名爲觀身識是外鈍故名爲麤意識是內利故能分別名細此雖同緣一觸而二相不俱故爲觀支三明喜支者見細心分別思量覺知十六觸等微妙珍寶昔所未逢是以心生慶悅又知所失欲樂甚少今得初禪功德其樂甚多如是覺觀利我不少深心慶悅踊躍無量故名喜支四樂支者行者於歡喜已後其心恬然受於觸中之樂樂法娛心安隱恬愉故名樂支問曰喜樂有何異答曰如上覺觀分別今喜樂亦爾麤樂名喜細樂名樂亦可言麤喜爲喜細喜爲樂復次喜樂雖俱是歡悅之相而二相有異喜根相應故名喜樂根相應故名樂踊躍心中故名喜恬靜心中故名樂復次行者初緣得樂心生歡喜未及受樂名喜後緣喜情既息以樂自娛故名樂譬如飢人得食初得歡喜未及受其味故名喜後得食之方受味中之樂故名樂又如三禪有樂而無喜故知二根有異五一心支者經文受樂心息雖有覺觀等事而心不緣既無分散定住寂靜故名一心支此則略說初禪五支次第而發並據成就立於支義問曰若爾約十六觸一一觸皆有五義不答曰實爾故給初禪對緣即有衆多支也雖復對觸有多然不出五支譬如五陰若

對五根根根說五雖復衆多而不可說言有第六陰五支亦爾一者約通義明五支即一覺發時具有五支義云何當覺發時本對於觸覺觸中冷暖即是覺支當覺時豈不即分別知冷異暖即是觀支當觸發時即有喜心如人見好美色即生喜悅不待思量故論偈說大喜覺動心觸發之時必舉體信解即是樂支解發必與定俱故名覺觀俱三昧當知即有一心支此則五支一時而發不待成就但於事未顯故轉成而說別義如前問曰若爾心便並處答曰心雖不俱法並何過此類如十大地心王心數之義問曰若通支有五者五支應有二十五答曰如佛經中說五陰一陰有五五五二十有五而不亦五陰之義通五支義亦如是第三明體用即為二意一者明因果二明體用一因果者遠而論之行內外方便及入未到地等為因感得初禪為果今就近釋但據初禪自有因果有人言四支為因後一心支為果此即無文今依瓔珞解釋支五支為因第六默然心為定體即以體為果若通論因果支支相因悉得辨因果也二明體用還以默然心為定體從默然觸更動發起五支此則為用何以故從體起用用則在後因則據前問曰因用體果即無分別答曰不然雖同據五支明因用就默然為體果然義意有異所以者何因中五支為默然之果因默然之果起五支之法此就默然為體五支為用例如三十七品道前為因道後為用問曰有時從默然體發勝品五支復得增勝默然此義云何答曰若爾即還應說因果若無勝品但是體用第四明淺深者初禪發時五支及默然心前後不無麤細之異故有淺深應須分別所以者何如論云佛弟子修諸禪時有下中上名為三品離此三品一品為三故有九品淺深之相若細而論則應有無量品不直得定亦有淺深而不作品說者以其心麤於定中不覺故亦以不修無漏觀慧照了則心不覺知就五品明淺深中自為二意一約同類二約異類一同類者如一動觸發時漸漸覺深乃至九品二約

異類者如動觸謝後即發餘觸雖觸相不同而覺定漸深勝於上復次若約五支中明淺深者亦有二一同類者如觸發五支時即有淺深之相二異類者若五支次第增長一一支中亦各自有淺深之相問曰爲當要發十六觸得具足方名初禪爲當亦發一二觸亦名初禪答曰初禪有二種一具足二不具足若具發十六觸此即是具足初禪爲勝若發一兩觸等亦亦得名初禪何以故以一觸具有十種定法眷屬五支成就故但此初禪不名具足第五明進退者諸初禪時有四種人根性不同一者退分二者住分三者進分四者達分一退分者若人得初禪時或有因緣或無因緣而便退失失有二種一者更修還得二者更修不得所謂過去今世障法起故未世之中此退分多二住分者有人得初禪已即不退失定心安隱住分亦有二種一者任運自住二者守護乃住三進分者有人得初禪時即便進得勝品乃至進得上地進有二種一者不加功力任運自進二者勤修乃進四達分者有人得初禪時於此定中即發見思無漏達到涅槃達亦有二種一者任運自達二者修觀乃達復次此四分定中復有四種人根性不同如退分中四者一自有退退得九品漸退乃至併失二自有退住得九品退至八品七品便住不失三自有退進得九品退至八品七品乃至一品從一品還進四者自有退達得九品已退還八七等品乃至一品於其中間忽然發真無漏餘住分進分達分各有四義亦如是是中或有因故退障故退或因懺悔清淨故遂住進達此義衆多不可具辨第六明初禪功德者如前偈說已得離欲火則獲清涼定此偈自可爲二功德一者離過德二者善心德此對止行二善亦可類於智斷二德故大集經云初禪者亦名爲離亦名爲具所言離者謂離五蓋所言具者謂具五支今釋所以得初禪時離貪欲蓋者欲界之樂麤淺今得初禪之樂細妙以勝奪劣故能離五欲離瞋者欲界苦緣逼迫故生瞋得初禪時無有諸逼迫樂境在心故無瞋能離睡眠者得初禪時身心明淨定法

持心不令亂觸樂自娛故不睡也所以能離掉悔者禪定持心任運不動故能離掉由掉故有悔無掉即無悔離疑者未得初禪時疑有定無定今親證定疑心即除故得離疑是故得初禪時具有離過之德得初禪時具足善心功德者約五支明功德善法義如前說復次若得初禪即具信戒捨定聞慧等善心也次明第二禪者如偈說知二法亂心雖善而應離如大水澄靜波蕩亦無見譬如人大極安隱睡眠時若有喚呼聲其心大惱亂攝心入禪時以覺觀爲惱是故除覺觀得入一識處內心清淨故定生得喜樂得入此二禪喜踊心大悅佛以此偈中廣明中間禪二禪相今明二禪有三意一者釋名二明修行三明證相第一釋名者次初禪後故說二禪既離覺觀於第二心得勝支功德故名二禪亦名無覺無觀三昧所以者何得中間禪斷覺二禪內淨發故斷觀亦名聖默然定以覺觀語言滅故故名默然若得無漏正慧入此定故即名聖默然地持論中說名喜俱禪此定生時與喜俱發故第二修習即爲二一者明修對方法二明證中間禪今明修二禪者若凡夫人亦當先修六行觀弟子多修八聖種聖種義如前說六行者謂於初禪第六默然心中厭離覺觀初禪爲下苦知二法動亂逼惱定心故爲苦從覺觀生喜樂定等故爲麤此覺觀法障二禪內淨故名障攀上勝者二禪內淨安隱勝初禪覺觀動亂之定妙者喜定因內淨而發是爲微妙出者若得二禪即必得出離覺觀等障復次行者既知初禪之過障於二禪今欲遠離當依三種方便一不受不著故得離二訶責故得離三觀析故得離譬如世人共事後見其過失心欲令去亦用三法一者上人剝智不與顏色前人自去二者若不去應須數責彼即自去三者若不去當與杖加之自便去也若得此三意可以離初禪覺觀之過二者明中間禪發相行者既能深心呵責初禪覺觀覺觀既滅五支及默然悉謝以離初禪二禪未生於其中間亦有定法亦得名禪但不牢固無支等扶助之法所以其心蕩然屑屑然

諸師多說名轉寂心轉初禪默然也釋論說名觀相應此定以六行
觀為證住此定中若離六行觀者則多生憂悔憂悔心生則永
不發二禪乃至轉寂亦失或時還更發初禪或時合初禪亦失因
是無法自居到此定時為山之功而少一簣當善自慎經中說為無
覺有觀三昧初禪及默然已謝但住觀相應心中修二禪故第三明
二禪發相亦開為六意一者明禪發二明支義三明因果體用四
淺深五明進退六明功德第一明二禪發相者行者於中間禪心不
憂悔心加功專精不止於後其心澹然澄靜無有分散名未到
地故論偈云得入一識處即是二禪方便定發問曰如論中唯說初
禪前有未到地今二禪前何故復說有未到地答曰論總明故說一
若舍利弗毗曇說有四未到地四中間禪今用此義故更說有未到
地及中間也經久不失不退專心不止於後其心豁然明淨皎潔定
心與喜俱發亦如人從暗室中出見外日月光明其心豁然明亮內
淨十種功德眷屬俱發之義具如初禪發相但以從內淨定俱發
為異耳復次二禪喜樂等發不從外來一心澄淨大喜美妙清
淨勝初禪故論云內心清淨故定生得喜樂得入此二禪喜勇心
大悅云何名為內淨遠而言之對外塵故說內淨近而言之對內垢
故說內淨所以者何如初禪中得觸樂時身即明淨兼令心淨觸是
身識相應故名外淨今得初禪外淨故說二禪心識相應為內淨亦
令身淨身故名外淨內淨是心淨從心出令身亦淨故言內淨
今言得內垢故說內淨者初禪之中心為覺觀所動故名為內垢今
得二禪內心無有覺觀之垢故名為內淨言定生得喜樂者上於初
禪說離生今此說定生義意云何正言初禪雖欲界生色界定法故
二禪既無此義但說定生問曰若爾虛空定亦應說離生耶答曰不
然前已受名故不應重說又且虛空離色界但受定之稱而無支林
等法生故不說離生問曰初禪亦有喜樂與此何異答曰彼從覺
觀生喜樂與身識相應此中喜樂從內心生喜與意識相應以此為

異二明支義者二禪有四支一內淨二喜三樂四一心今明支義例有
通別通者支離之義類如前說所言內淨支者既離覺觀依內
淨心發定皎潔分明無有垢穢故名內淨支二喜支者定與喜俱
發行者深心自慶於內心生喜定等十種功德善法故悅豫無量
故名喜支三樂支者行者受於喜中之樂恬澹悅怡綿綿美快
故名樂支四一心支者受樂心息既不緣定內喜樂復不緣外念思
想一心不動故名一心支問曰瓔珞經何得於一心前立猗支說名曰猗
是內淨於喜樂後立異名說所以者何猗名為繫繫名為任既內
無垢累猗任自在不慮覺刺及覺觀所牽故言猗問曰不然經
中何故但立三支無內淨耶答曰彼經以存略不說二禪名為喜俱
定既離覺觀說喜必知有內淨定通別立支之意類前可知三明體
用因果者如瓔珞經說二禪四支為因第五默然心為定體翻覆明
因果體用之義不異初禪四明淺深者例如初禪從初品乃至次第
發勝品此為淺深之相可見今不別明第五明進退之義例如初
禪六明功德中即還為二意一者離過德二者善心德故大集經
云二禪者亦名為離亦名為具所言離者離五蓋所言具者謂
具四支若言離過者離覺觀過具者從內淨喜心具足生信敬慚
愧等及六善法此大明第二禪相禪義如偈說

攝心第一定　寂然無所見　患苦欲棄之　亦如捨覺觀
由受故有苦　失喜則生憂　離苦樂身安　捨念及方便

此偈中具明三禪修證之相今釋三禪義亦開為三一者釋名二
明修習三明得證第一釋三禪名者行者於第三心中得五種支林
功德定中之善法故名三禪也若依地持論名為樂俱禪此定功
德眷屬偏身樂俱發故攝是無覺無觀三昧聖默然定之所攝但
名通於前二禪中已受名今不重釋第二釋修習三禪方法如前一
行半偈說攝心第一定寂然無所見患若欲棄之亦如捨覺觀由受
故有苦失喜則生憂此偈廣說訶二禪喜相今行者觀二禪喜為過失

欲得三禪時是中應具足明六行方法今但略出三禪過罪相六行
之義此二禪定雖從內淨而發但大喜勇動定不牢固類如前說
但誑心令著安隱處如人知婦是羅剎女則棄之不生愛著一心專念
三禪功德爾時即捨大喜及喜默然當如上用三法遣之一不受二呵
責三觀心窮檢既不受著喜及默然則自謝三禪未生中間有定
亦如是說但淺深有異行者是時慎勿憂悔過同前說第三明
三禪發相亦類前為六意一正明三禪發相二明支義三明因果四
明淺深五明進退六明功德第一明三禪發相者加功不止一心修習
其心湛然安靜爾時樂定未發而不加功力心自澄靜即是三禪未
到地於後其心泯然入定不依內外與樂俱發當樂發時亦有功德
眷屬具如前辨但無動勇之喜為異而綿綿之樂從內心而發心
樂美妙不可為諭樂定初生既未即遍身中間多有三過一者樂定
既淺其心沈沒少有智慧用二者樂定微少心智勇發故不安隱三
者樂定之心與其慧力等綿綿美妙多生貪著其心迷醉故經言是
樂聖人得捨餘人捨為難三禪欲發有此三過則樂定不得增長徧
身行者當善調適云何調適當用三法一者心若沈沒當用念精進
慧等法策起二者若心勇發當念三昧定法攝之三者心若迷醉當
念後樂及諸勝妙法門以自醒悟令心不著行者若能善修三法調
適樂定當知樂法必定增長徧滿身分是故經言三禪受徧身樂
問曰若樂充滿徧身身具五根五根之中悉有樂不答樂徧身時
身諸毛孔悉皆欣悅爾時五情雖無外塵發識而樂法內出充滿
諸根五根之中皆悉欣悅但無外塵對則不發五識情依於身身
樂既滿情得適悅樂與意識相應以識內滿故則徧身而受所以佛
說三禪之樂徧身而受復次初禪樂從外而發外識相應意識不相
應內樂不滿二禪之樂雖從內發然從喜而生喜根相應樂根不
相應樂依於喜喜尚不徧況於樂耶今三禪之樂從內發以樂為主
內無喜動念意因緣令樂增長徧身內外充滿恬愉快樂世間第一

樂中之上故佛說行者果報徧淨地中問曰佛說三禪有二時樂一受樂未二快樂約何義說答曰實爾快樂者樂定初發未徧身但受樂樂者樂既增長徧身受樂譬如石中之泉從內涌出盈流於外徧滿溝渠三禪之樂亦復如是第二明支義開為二意一明支義二明前後不同今明支者三禪有五支其五云何一捨二念三智四樂五一心捨支者得三禪樂定生時捨喜心不悔亦得言捨離三過二念支者既得三禪之樂念用三法守護令樂增長三智支者善巧三法離三過四樂支者快樂徧身受五一心支者受樂心息一心寂定相貌如二禪發相中說此支中約義自有四意一者三為方便支二為證支用念捨智三支調適樂定令速得增長徧身故說為方便支受身樂心二支為證此二時發是三禪之正主也二者四是自地支一是下地立慧念樂心約自地立捨支約捨下地喜不悔立也三者五支通得說作方便支三如上說下二何故亦得名方便邪正言俱樂未增長能成後樂故一心亦爾復望第六默然定體五支例得名因例得名方便四者五支通得說為證支所證樂定時自然生捨受念智樂定如世孝子不由人勸等智自發善巧調適五支俱皆證問曰若爾前說並是方便後說是證得此意豈不實相違反耶答曰並有其義細尋自見第二明支前後不同者諸經及論各異今略如成實論明五支次第者捨念智受樂一心阿毗曇明次第慧念樂捨一心大集所出次第者念捨慧安定瓔珞經中明次第樂護念智一心釋論明次第文則不定或與成論同或與瓔珞同問曰何獨此明支次第不定餘禪不然耶答曰初禪等唯有一樂故今三禪有二種樂故由此二樂前後異故中間迴互不定是故諸經次第各立不同而悉有意必須得所以第三明體用如瓔珞經云五支為因第六默然心為體第四明淺深五明進退並如前釋第六明功德者具有離過善心二德如大集經說所言離者謂離五蓋具者謂具五支攝則則但三禪獨有離喜過之德餘義類上可知次釋第四禪相如經偈說

聖人得能捨　餘人捨為難　若能知樂患　見不動大安

憂喜先已除　苦樂今亦斷　捨念清淨心　入第四禪中

第三禪中樂　無常動故棄　欲界中斷憂　初二禪除苦

是故佛世尊　第四禪中說　先已斷憂苦　今則除喜樂

今此四行偈具明修證四禪之相今釋第四禪開為三意一釋名二明修習方法三明發相第一釋四禪名者禪名支林四禪攬四支成定於第四心中證得故名四禪亦是無覺無觀三昧聖默然攝亦名不動定地持經說名捨俱禪此定發時體無苦樂與微妙捨受俱發此定與捨根相應故名捨俱禪第二明修習方法者如上一行偈說是樂聖人得能捨餘人捨為難若能知樂患見不動大安佛此偈具明修四禪方便所以者何行者欲得四禪當應深見三禪過患云何見過初欲得樂一心勤求大為辛苦既得守護愛著是亦為苦一旦失壞則復受苦是故經說第三禪中樂無常動故苦又此樂法覆心令不清淨行者既深見三禪樂有大苦之患應厭離求四禪種不動定爾時於三禪邊地當修六行方法例如前說亦應用於三法除遣一不著二呵責三觀析行此三法即三禪謝滅而四禪未到中間必有定前發與觀相應等相貌並如上說不同處喜過如前說第三釋四禪發相此如上三行偈說證例前開為六意一正明證四禪二明支義三明體用四明淺深五明進退六明功德第一明四禪發相行者因中間禪修行不止得入未到地心無動散即四禪方便定於後其心豁然開發定心安隱出入息斷定發之時與捨俱生無苦無樂空明寂靜善法扶助如前說但無喜樂動轉之異爾時心如明鏡不動亦似淨水無波絕諸亂想正念堅固猶如虛空是名世間真實禪定無諸垢染行者住是定中心不依善亦不附惡無所依倚無形無質亦無若干種種色相而內成就淨色之法何以得知若無淨色根本則不應於定中對因緣時發種種色如通四無量心勝處一切處變化等色並依四禪若以不見諸色謂言無色者應知虛空處定三種色滅一切色悉不得現今一切色法自在得現而於定法無所損減者當知是具色定譬如明鏡體是淨色故隨對諸色一切得現若無淨色為本者終不於虛空中現諸色像復次此四禪種種智定一心故念常清淨亦名不動定亦名不動智慧於此禪中若欲轉緣學一切事隨意成就一切神通變化悉兩說法莫不從此定出如經說佛於四禪為根本第二明支義四禪有四支一不苦不樂支二捨支三念清淨支四一心支不苦不樂支者此禪初發與捨受俱發捨受心數不與苦樂相應故言不苦不樂支二捨支者既得不苦不樂定捨下勝樂不生厭悔復次真定已發未得成就若心進勝定則便隨念動轉不名無動定是故定發心不念著無能捨離故名捨支禪定分明等智照了故名念清淨支定心寂靜雖對眾緣心無動念名一心支若次第明支義如前說通而為論於初一支即具四支問曰何故大集明不苦不樂支為第三此中云何為初答曰前後皆有所以今約發說彼據成就而立例如三禪立樂支前後不定第三體用者如瓔珞經說四禪四支為用第五默然為體第四淺深第五進退例上可解第六功德者四禪亦具離過善心二種功德如大集經說者離五蓋具四支而獨四禪有離憂喜苦樂之過善心敬信慚愧等及六善法悉從不動定四禪而發功德善根深厚倍勝於上類前可解問曰今明行菩薩道應說諸法實相甚深空定等何故說於凡夫四禪世間有漏生死虛誑之法答曰不然如經論中說問答曰是波若波羅蜜論義中但說諸法相空菩薩云何於空法中能起禪定答曰菩薩知諸五欲及五蓋從因緣生無自性空無所有捨之甚易眾生顛倒因緣著此少事貪少樂而離禪中深妙定樂菩薩為是眾生故起慈悲心修行禪定繫心緣中離五欲除五蓋入一切禪滅覺觀攝心深入內清淨得微

妙善世入第三禪以深喜散之故離一切喜得徧滿樂入第三禪離
一切苦樂一切憂喜及出入息自斷以清淨微妙捨而自莊嚴入第
四禪是菩薩雖知諸法空無相以衆生不知故以禪相教化衆生若
有諸法空是不名為空亦不應捨五欲而得禪無捨無得故今諸
法空相亦不可得作是難言若諸法空何能得禪復次若菩薩
不以取相愛著故行禪如人服藥欲以除病不以為美為欲清淨智
慧成就故行禪菩薩二禪中行大慈觀空於禪無所依止以五欲
麤穢誑顛倒故以細微妙虛空法治之譬如善能治諸毒復次釋
論又說譬如國王見子從高崖墜落恐必定死即以軟物接之不
令身命損毀菩薩亦爾見衆生違離波若顛倒墜落故說四禪
空法以接衆生不令損失法身慧命是故今辨行菩薩道略明
四禪於義無過也

禪波羅蜜次第法門卷第五

釋禪波羅蜜次第法門卷第五

校勘記

一 底本，金藏廣勝寺本。
一 八六四頁中二與三行之間，徑有「釋禪波羅蜜修證第七之一」一行。
一 八六四頁中三行「禪爲」，南、徑、清作「是故」。
一 八六四頁中四行「参禪以爲」，南、徑、清作「自開爲四」。
一 八六四頁中一〇行第五字「雲」，南、徑、清作「曇」。
一 八六四頁中一一行「六地」，徑作「六地定」。
一 八六四頁下一一行第一八字「數」，南、徑、清作「歛」。
一 八六四頁下一二行末字「非」，南、徑、清作「非一」。
一 八六五頁上一五行首字「樂」，南、清作「咸」。
一 八六五頁上一六行首字「廣」，南、徑、清作「佛」。
一 八六五頁中五行第四字「特」，南、徑、清作「持」。
一 八六五頁中六行第八字「後」，清無。
一 八六五頁中二五行第四字「忽」，南、徑、清作「忽」。
一 八六五頁下三行第六字「明」，南、徑、清作「名」。
一 八六五頁下八行末字「界」，南、徑、清作「當」。
一 八六五頁下二三行第六字「解」，清作「觸」。
一 八六五頁下二六行第二三字「於」，南、徑、清無。
一 八六六頁中一行「離五蓋」，南、徑、清作「動而發」。
一 八六六頁中五行第一八字「一」，南、徑、清作「細」。
一 八六六頁中二〇行首字「觸」，南、徑、清作「覺」。
一 八六六頁中二二行「不觸」，南、徑、清作「六觸」。

一　八六六頁中末行第四字「具」，南、徑、清作「但」。

一　八六八頁上二一行第三字「得」，南、徑、清作「待」。

一　八六九頁上一七行第一八字「實」，南、徑、清作「碩」。

一　八六九頁上二五行「六明」，南、徑、清作「六門」。

一　八六九頁中二四行「亦似」，南、清作「亦如」。

一　八六九頁下二四行第二字「室」，南、徑、清作「空」。

一　八七〇頁上末行首字「禪」，徑作「釋禪」。

釋禪波羅蜜次第法門卷第六　計十七章

天台智者大師說　弟子法慎記　弟子灌頂再治

釋四無量心開爲五

第一明次第　第二釋名　第三明處所

第四明修證　第五明功德

第一釋四無量心所以次四禪後者明行人有二種一者世間行人二者出世間行人就凡夫行人中則有三一者樂高勝自在求作梵天王是故雖得四禪而更進修無量心何以故然四禪但是色界自行具足而無益他之德淺薄若生彼天不得王領若修四無量心緣於十方衆生而入三昧慈悲普攝利他心大是故功德轉多若生彼天必作梵天王王領自在是故雖得四禪猶更修習四無量心二者外道行人雖得四禪而見有心識之患欲求涅槃無想寂滅不知破色直用邪智滅心入無想定三者或有凡夫外道行人悉厭患色猶如牢獄一心破色修四空定是爲凡夫行人同得此定志願不同各隨所習愛樂不同若佛弟子有二種人所謂小大兩乘是二種人得四禪時進修無量心者小乘之人爲自調心增長福德易得涅槃故大乘之人欲度衆生必以大悲爲本故次四禪明修四無量心問曰如摩訶衍中假設問云是四禪中有四無量及十一切入等諸定今何故別說答曰雖四禪中皆有是法若不別說人則不知其功德譬如囊中有寶若不示人即無人知者若欲示大福德爲說四無量心患厭色如牢獄爲說四無色定於緣中不得自在觀所緣爲說八勝處若有遮道不得通達爲說八背捨心不調柔不能從禪起次第入禪爲說九次第定不能得一切緣遍照隨意爲說十一切處問曰若以論說令得四禪者亦應悉得四無量等諸禪定不答曰此依義語說若無漏四禪中說有四無量心則於義無過何以故無漏禪中具諸觀行法門故若有漏根本禪說者當知乳中說酪耳第二釋四無量名者一慈無量心者慈名愛念衆生常求樂事以饒益之二悲無量心者悲名愍念衆生受五道中種種身苦心苦三喜無量心者喜名欲令衆生從樂得歡喜四捨無量心者捨三種心但念衆生不憎不愛緣此四法故說於四心徧十方平等無隔名無量心修慈心爲除衆生中瞋覺故修悲心爲除衆生中惱覺故修喜心爲除衆生中不悅樂故修捨心爲除衆生中憎愛故此四定次第階級之相在下當釋第三明修處所自有二種一爲通明二者別明第一通明處者四禪中間定悉得修四無量心如釋論中說是慈在色界根本禪亦在禪中間無色界無色不緣衆生爲不便欲界未到地定淺不任修諸功德問曰欲界未到地利根之人能用此定發見思真解何故不得修四無量心答曰緣理之慧利故得發若神通無量等其事深必假深定而發欲界未到非全不得修無量心但發得即屬初禪是故不說如初禪五支覺觀二支分別欲界則生悲易喜支生喜易樂支生慈易一心支生捨易故說爲修諸之處問曰第四禪及中間無喜樂云何以喜樂與衆生答曰內雖無有喜樂緣取外喜樂人相而與等與樂譬如離欲行人自不須五塵亦不與塵欲交涉而爲大檀越故亦以五欲勝妙樂具給施前人而於自心無所染汙於四禪中與他喜樂亦復如是未到中間類即可解第二別明修處者如初禪以覺觀爲主深識欲界衆生苦惱之相此處修悲則易二禪內有大喜此處修喜無量則易三禪內有徧身之樂此處修慈則易四禪妙捨莊嚴此處修捨爲易此則隨地各有其便問曰若爾佛何故說四禪修四無量易得邪答曰第四禪名爲清淨得不動安於此中修一切佛法功德易成故作是說耳問曰上說初禪行悲此則壞於次第如慈在前應初禪而修慈二禪修悲三禪修喜四禪修捨何故不爾答曰此逐義便不隨次第譬如佛十弟子各有第一若問何人智慧第一應答身子是若以身麤大而答第一者則於義大僻第四正明修證約四無量心即自有四一修慈證慈二修悲證悲三修喜

證者四修捨證捨第一明修慈證慈者即開爲二第一正明修習方法此如佛處處經中說有比丘以慈相應心無恚無恨無怨無惱廣大無量善修習云何名以慈相應心如釋論說若念十方衆生令得樂時心數法中生法名爲慈善是相應欲入禪定當先作誓願一切衆生悉受快樂我於定中悉得見愛想行識是名心數法諸身業口業及心不相應諸行是法和合皆名爲慈以慈爲主故慈得名譬如一切心數法皆是從因緣而但思得名於作業中思着力故是名慈相應相復次行者初修時用念清淨心取外所愛親人受樂之相若父母兄弟隨取一最愛者一心緣之若有異念攝之令還令於心想的的分明見於親人受樂之相其心愛念乃至中人怨人餘五道亦如是復次行者如是修時若見種種善惡境界及發諸禪中事悉不得取但一心觀於親人得樂之相心心相續是則略說修慈方法第二明慈定發相行者禪定智慧福德善根力清淨故如是一心慈念衆生時三昧即發三昧力故即於定心中見所愛親人受於快樂之相身心悅豫顏色和適了了分明如是見親人得樂已次見中人乃至怨人亦復如是於定心中見一人次見於十人千人萬億一聚落一國土一閻浮提一四天下乃至十方世界一切衆生悉皆受樂行者於定中見外人受樂而自定轉深與外相應湛然無動是名慈相應心即是相應受想行識陰入界等法如前說問曰慈相應定見衆生時爲當如上說從一至十漸漸而見爲當一時併見答曰行者根有漸頓不定一種慈相應心者慈名心數法能除心中憒濁所謂瞋恨慳貪煩惱譬如淨水明珠置濁水中水澄清無恚無恨無怨無惱者於衆生中若有因緣若無因緣初生名爲瞋瞋增長籌量若著心中而未決了是名爲恨亦名爲怨若心已定無所畏忌欲損於他是名爲惱以慈心力除捨離此三事是名無瞋無恨無怨無惱此無瞋無恨無怨無惱以是讚歎慈心功德廣大無量者一心分別有二種名如慈相緣見一方爲廣四方爲大

緣四維及上下爲無量復次破瞋恨心名爲廣破怨心名爲大破惱心名爲無量慈緣親人爲廣慈緣中人爲大慈緣怨人得福多故名無量復次爲狹緣故名爲廣爲小緣故名爲大爲有量緣故名無量善修者是慈心牢固初得慈不名爲善修非但愛念衆生中非但好衆生中非但益一衆生中非但一方衆生中名爲善修行者於上親中親下親上中人中中人下中人下怨中怨上怨是九種人中愛憎正等無異乃至愛念五道衆生中以一慈心視之如父如母如兄弟子姪知識常求好事欲令利益安樂如是之心徧滿十方是名善修復次若但與衆生欲界樂不名善修但與初禪樂不名善修但與二禪樂不名善修若能具足與欲界樂乃至三四禪樂是名善修如是慈心名衆生緣或在凡夫人行處或有學人未漏盡者亦行此慈爲調心得大福德入無漏故法緣者諸漏盡阿羅漢辟支佛諸佛是諸聖人破吾我相滅一異相故但觀從因緣相續生以慈念衆生時從和合因緣相續但空五陰即是衆生念是五陰此慈念衆生不知是法空定衆生常一心欲得樂聖人愍之令隨意得樂爲世俗法故名爲法緣無緣者是慈但諸佛有何以故諸佛心不住有爲無爲性中不依上下過去未來現在知諸因緣爲不實顛倒虛誑故心無所緣佛以衆生不知是諸法實相往來五道心著諸法而分別取捨以是諸法實相智慧令衆生得之是爲無緣譬如給濟貧人或與財物金銀實物或與如意神珠衆生緣法緣無緣亦復如是此義如摩訶衍中廣說復次衆生緣慈但見受果報樂相法緣慈則見受諸法門及涅槃樂相無緣慈則見一切同是佛性常樂平等相復次衆生緣慈則在根本禪中法緣慈多在特勝通明背捨諸無漏禪中無緣慈多是首楞嚴法華三昧及九種禪中第二釋修證悲即爲二一者正明修悲方法如佛說若有比丘以悲相應心無瞋無恨無怨無惱廣大無量善修悲相應心者行者於慈定中常念欲與衆生樂從慈定起猶見衆生受種種身苦心苦心生憐愍即作是念衆生可

念莫令受是種種身苦心苦後更念言我今無目五道之中親中怨人並受種種身心諸苦而我不知不見長夜孤冥不生救拔之心作是念已即發願言若有衆生受種種苦我於定中悉願得見勤加救護作是願已即入禪定用定念淨心先取一所愛親人受苦之相繫心緣之若有異念攝之令還令於心想的的分明其心憐愍悲念無極如是乃至中怨憎一方乃至十方一道乃至五道亦如是是則略說修悲方法二明悲定發相行者福德智慧善根清淨作是觀時三昧便發即於定中見所親人受苦之相了了分明其心悲愍欲加救護既見親人受苦生憐愍已次見中人怨人如是乃至十方五道衆生受苦之相行者於定心中見外人受苦而內心憐愍從悲定起心轉深固定心與外相應湛然無動是名悲相應心無瞋無恨無怨無惱廣大無量皆如上說善修者於悲定中非但見親人受苦深憐愍乃至中怨九種十方五道諸受苦者憐愍救濟其心平等故名善修復次若見是受苦之人生愍念受樂者不念受不苦不樂者亦不愍念不名善修若見三種之人悉皆是苦憐愍不二是名善修復次見五道衆生受苦差別名不善修若見受苦不異憐愍平等名曰善修亦可得言若見五道衆生受苦一種不善修若能分別五道衆生受苦差別不同名爲善修如是略說善修之相問曰五道衆生果報不同苦樂有異如三惡道衆生多苦報人道衆生半受苦樂天道衆生多受樂果云何行悲因緣皆見一切受樂行悲因緣皆見一切受苦豈非顛倒邪答曰不然是爲得解之道行者欲學是慈無量心時先當作願願諸衆生受種種樂取受樂人相攝心入定即見衆生皆悉受樂譬如鑽火先已軟草乾牛糞等然火勢轉大能燒大濕大慈心初發亦如是初生之火唯及親人慈心轉廣怨親同等皆見受樂無復苦相復次一切衆生五道輪轉苦樂不定即雖有受樂後得大苦今雖大苦後當得樂雖即未然然有其事是故行者用得解之心緣於一切皆樂不爲顛倒悲喜捨心亦復如是第三釋修喜證喜即爲二

一者正明修喜方法如佛說若比丘以喜相應心無瞋無恨無怨無惱廣大無量善修喜相應心者行者入悲定已其心慈傷一切衆生長夜爲諸苦惱之所逼迫我當云何而拔濟之令是等衆生並得樂從樂生歡喜爾時深觀衆生雖受苦惱此苦虛妄本無今有易可除滅所以者何如人有病苦若遇良藥即便差愈更以衣食供給快樂無量復次如人火熱身受苦惱若得清冷之水火苦即滅歡樂便生如人現受貧困以是因緣慳貪造惡若給施珍寶教修布施行善則現在離於貧弊身心慶快未來之世長受安樂復次如世人愚癡顛倒深著煩惱受種種苦若聞無漏清淨妙法如說修行煩惱頓除即便獲得禪定智慧及涅槃樂如是種種因緣苦無定性易可除滅今得歡樂行者作是觀已即發願言願諸衆生一切諸苦悉皆除滅受樂歡喜我於定中悉皆得見作是願已即入禪定用念清淨心取於親人從苦得脫受樂歡喜相一心觀之令於念心的的分明見於親人受歡樂相其心悅豫欣慶無量次緣中人怨人乃至十方五道衆生受喜之相心生慶悅是則略明修喜方法二者明喜定發相行者如是修已念甚福德善根力故作是緣時即發三昧力故即於定中任運見於所愛親人離苦得樂歡喜之相了了分明於三昧中其心悅豫不可說乃至十方五道衆生受於歡喜亦復如是行者於三昧中見於外人受喜之相而於內心無有動轉定漸增深是名喜相應心無瞋無恨無怨無惱廣大無量善修之義如慈心中說問曰慈心令衆生樂喜心令衆生喜樂之與喜有何等異答曰如摩訶衍中說身樂名樂心樂名喜五識相應名樂意識相應名喜五塵中生樂名樂法塵中生樂名喜復次欲界中五識相應名樂初禪中三識相應名樂三禪中一切樂是名樂欲界及初禪意識相應名樂二禪中一切樂是名喜麤樂名樂細樂名喜因時名樂果時名喜初得樂時名樂歡心內發樂相外現歡喜踊躍是名喜樂根相應名爲樂喜根相應故名喜如是等種種分別喜樂之相異問曰

若爾者何以不慈喜次第答曰行慈心時愛念衆生猶如赤子心願與樂此慈三昧猶見衆生受種種苦深心愛念欲拔其苦令得安樂當如初樂後喜中隔於悲故不次慈說喜也譬如人母雖常念子令得安樂而未名喜後見染病其心愁毒病既得差安樂付之大歡喜故次悲說喜也問曰何故約禪明喜樂即爲麤約無量心明喜即爲細答曰禪則以定爲貴樂心恬靜與定相扶故爲勝無量則心緣衆生因緣衆生歡喜爲勝故細復次行者初定既淺但以樂緣生何以故若取喜相心抜難攝復緣三昧漸深雖歡喜踊躍心不散亂故爲細第四釋修捨論捨亦爲二一者正明修捨方法如佛說若比丘以捨相應心無瞋無恨無怨無惱廣大無量善修捨相應心者行者從喜定出心自思念若慈與衆生樂悲欲拔苦喜令歡喜而我能利益不忘二事即非勝行譬如慈父益子不求恩德乃曰良親復次衆生得樂有多因緣不獨由我若言我能與樂則爲過分復次慈心與樂但是得解然諸衆生實不得樂若以爲實即是顛倒復次是諸衆生受苦樂憂喜心生即是結使難得解脫我今欲與清淨善法不應住此三心復次我雖慈悲愛念於彼無益今當捨此三心行諸善法實利衆生如是念已即捨三心一心緣願一切衆生皆得妙捨莊嚴令我悉見作是念已即入禪定用念清淨心取於親人受不苦不樂之相一心緣之若有異念攝之令還令於心想的的分明見於前人受不苦不樂如是次第緣中人怨人十方五道一切衆生皆是不苦不樂其心平等是則略明修捨方法二者明捨定發相行者如是修已正念福德善根力故作是緣時三昧便發即於定中不加功力任運見於所愛親人受於不苦不樂之相了了分明於禪定中雖見衆生心無憎愛乃至十方五道衆生亦復如是行者爾時於此定中見諸衆生皆是捨相三昧開發無有動轉深妙堅固其心安隱平等不二是名捨相應心無瞋無恨無怨無惱廣大無量善修之義並如上說問曰前三種心

中應有福德是捨心於衆生不苦不樂有何等益答曰行者作是念一切衆生離苦得樂失時即是苦皆是惱累得不苦不樂則心安隱始終無患以捨饒益故得福亦大復次行者慈喜心時或時愛著心生行悲心時或時憂悲心生貪憂故則功德尠薄入是捨心除此貪過無諸煩惱當知行捨福德甚大復次行者於捨心中能作種種益衆生事是故福德增多略說捨無量心竟問曰悲喜捨中何故不說法緣無緣答曰義類前慈心可見不煩重說問曰是四無量心樂爲二分悲喜捨何故不作二分答曰樂是一切衆生所愛重故作二分苦不愛不欲故不作二分問曰四無量發願入定見衆生爲實見爲心想見答曰見有二種一得天眼無量心此實見二者但用得解憶想緣衆生而入三昧既證三昧三昧力故入則得見出則不見此爲三昧得解之力非實見問曰證四無量心何故不分別支及體用淺深進退等相答曰證無量心時亦非全無其義但既無的文故不須分別第五釋四無量功德即爲二一者現世二者未來世一現世功德者如佛阿含中說若入慈心三昧者現世得五種功德一入火不燒二中毒不死三兵刃不傷四終不橫死五善神擁護以利益無量衆生故得無量福德二未來功德者善修四無量心者生色界多作梵王以無量心廣攝衆生故若於初禪得即作初禪主至四禪亦爾問曰三藏中但說初禪號娑婆世界主梵天王今何故說乃至四禪悉有梵王答曰瓔珞經中明四禪禪禪並有梵王問曰若爾佛何以故說慈報生梵天上答曰以梵天衆生所尊皆聞皆識故佛在天竺國常多婆羅門婆羅門法所有福德盡願生梵天若聞行慈生梵天聞多信樂修行慈法以是故說行慈心生梵天上復次斷婬欲天皆名爲梵說梵則攝四禪四無色定如五戒中律儀但說一種不妄語則攝三事復次若於四禪中修四無量心隨是禪中悉得受生既隨禪生無量心福德大故果報亦應有異得生於彼天而無君民之別復次如佛於人王經說十八梵亦應有王民之異文云四

禪中有大勢王亦佛於三藏中但說初禪有大梵王者以初禪內有覺觀心雖則有語言法主領下地衆生爲便上地無此故不別出問曰若爾佛何故說四無量功德慈心好修善修福德極淨天悲心好修善修福德極虛空處喜心好修善修福德極識處捨心好修善修福德極無所有處云何言欲果報應生梵天上答曰佛法不可思議隨衆生應度者如是說復次從慈定起入三禪易從悲定起向虛空處易從喜定起入識處易捨定起入無所有處易復次慈心願令衆生得樂此果報自應受樂三界中徧淨天最爲樂故言福德極徧淨悲心觀衆生老病殘害行者憐愍心生云何令得離苦若除內苦外苦復來若爲除外苦心苦復來行者思惟有身則有苦唯有無身乃得無苦虛空能破色是故福德極虛空處喜心欲與衆生樂心識樂者心得離身如鳥出籠虛空處心雖得出身猶繫心虛空處無得礙於一切法中皆有心識識得自在無邊故以喜福極在識處捨心者捨衆生中苦樂故得具法所謂無所有處以是故捨心福極無所有處若作如是明四無量心功德但諸聖人智慧方便自在故如是非諸凡夫何以故凡夫之人住初禪乃至四禪修四無量隨禪受報不能方便巧入無色修四無量復次佛知未來世諸弟子鈍根故分別著諸法錯說四無量相是四無量心聖人所知衆生緣故但是有漏但緣欲界故無色界中無所以者何無色界不緣欲界故爲斷如是人妄見故說四無量心無色界中亦以四無量心普緣十方衆生故不重言不緣無色界如是說者多存法緣無緣復次行者若於衆生緣中具足入法緣無緣是時衆生緣四無量心是摩訶衍復次菩薩發菩提心行菩薩道此衆生緣四無量心雖是凡夫所行亦應知應證證已以不可得空無所著善巧方便即能於此定中具足一切善法度諸衆生即是行菩薩道復次四無量心中觀行功德衆多更欲論餘事不具明也次四無量心後應釋無想定何以故有諸外道深猒有爲心識生滅欲求涅槃寂靜常樂既無智慧

不知真實得四禪時不見細色之過但見究心識生滅虛誑則猒患心生心既不知破色斷色纏縛直以邪智滅抑其心邪法相應心無憶想謂證涅槃既未斷色繫縛若捨命時即生無想天中猶是色界生死不得解脫亦名客天猶如阿那含人修五品熏禪爲色界患惟感未盡寄生色界亦名客天此無想定既是邪法非佛弟子所修今欲具足明三界定所以略明示知邪正相耳第三釋四無色定四無色定者一空處二識處三無所有處四非有想非無想處今釋此四定爲二意一揔釋二別釋一揔釋者前四禪四無量定悉依色法故有今此四定悉依無色法從境得名故云無色定是故經云四空滅色道心心互相依亦名四空定無形無質即是義同虛空故名四空定亦名四空定處此四種定心亦名定處此四種定心以所觀之境爲處如念處勝處一切處悉從所觀處得名四空定次第之相在下當明而不名禪者前已受名不應重立今應更立勝名復次此四無色自體支林有闕不得名禪問曰瓔珞經說五支爲因默然爲定體此復云何答曰此但約義方便立支非如四禪具足成就支林之法故諸經論中並不說有支也第二別釋空處即開爲三一釋名二修行三證相第一釋名所以名空處定者此定最初離三種色心緣虛空既與無色相應故名虛空定今此空處及上三無色定並是無覺無觀聖默然及捨俱所攝故摩訶衍云得虛空處定不苦不樂其心轉增問曰若虛空無色名空定者上來諸禪亦見空想何故不名虛空定邪答曰不爾彼六地中但是入定心細不見麤色之相意謂爲空而實未能觀色破散色法斷色繫縛所以定中或時見色或不見色非如空定一向永絕色相是故六地定中雖有空相不名虛空無色定也第二明修空方法就中有二一明所修之境二明能修之心一明所修之境中有二種一者障境二者相成境一障者行者欲入空處要須滅三種色一可見有對色二不可見有對色三不可見無對色故經中說過一切色相滅有對相不念種種相入無邊虛空處摩訶衍

云過一切色相即破可見有對色滅有對相即是破不可見有對色不念種種相是滅不可見無對色一切色法不過十一謂五塵五根及一入少分即是色法塵如阿毗曇說一則見十則說有對一入少分是不可見無對行者欲入虛空處定必須破此三色此三種色即是障境二成定境者虛空爲智所緣因此入定即是成定之境第二明能修之心即爲二一呵讚二觀析修習言呵讚者如行者欲求虛空處定應當深思色法過罪所謂若有身色則內有飢渴疾病大小便利滓穢重弊惡欺誑虛假等一切諸苦外受寒熱刀杖枷鎖刑罰等一切諸苦從先世因緣和合報得此身即是種種衆苦之本不可保著復次一切色法繫縛於心不得自在即是心之牢獄令心受惱訶可貪樂是則略說呵色過罪之相讚者讚歎虛空無色則無此過虛豁安樂此處寂靜無衆惱患令明呵責讚歎者即是修習行之相類前可知也二明觀析修習行者於四禪中應作是念我今此定依欲界身具足色法何故不見作此念已即當一心諦觀己身一切毛道及與九孔身內空種皆悉虛疎猶如羅縠內外相通亦如芭蕉重重無實作是觀時即便得見既得見已復更諦心觀察見身如簁如甑如蜘蛛網漸漸微末身分皆盡不見於身及五根等如內身既盡外色亦然所以者何內身四微四大一切色法不異外身四微四大一切色法故復次行者如是觀時眼見色壞故名過色耳聲鼻香舌味身觸壞故名滅有對相於二種餘色及無教色種種不分別故名不念種種別異相一切色法既滅但一心緣空念空不捨即色定便謝而空定未發亦有中間禪爾時慎勿憂悔勤加精進一心念空當度色難是則略說修習禪定方法第三明證虛空定亦爲六意一證相二明有支無支三體用四淺深五進退六功德第一明證相者行者既一心念空不捨則其心泯然任運自住空緣此亦似如前說未到地之相於後豁然與空相應其心明淨不苦不樂益更增長於深定中唯見虛空無諸色相雖緣無邊虛空

心無分散既無色縛心識澄靜無礙自在如鳥在籠中籠破得出
飛騰自在證虛空定亦復如是復次得空處定出過色界故名過一切
色相空法持心種種諸色而不得起故名滅有對相既得勝妙空處
次定能捨色法心不憶念故名不念種種相是故經中多以此義明
證虛空處定第二明有支無支者餘經論中明四無色定例不立支
唯瓔珞經云四空定五支爲因第六默然心爲定體方便道同體用
相似故若依瓔珞所說虛空定即有五支五支者如經說一想二護
三正四觀五一心但上來四禪悉有支相貌可見今此空定既無別
證支離之法此恐是據修空方便義立爲支故經言方便道同體用
相似故餘經論悉不立支者當是爲自體無有別證支林成就之相
而於瓔珞中說有支者多是據方便及約義故說支約方便立支其
義云何一想者修空定時想身如籠如甑想二護者即是捨支持於
三種色相又護者名護持遮三種色不令破於空心三正者不邪爲
義今修空定爲正若念色相是則爲邪四觀者觀達正念破三種色
達於空理若觀心住虛空無有分散名一心支通明支者謂支離爲
義因此五法支離非一故名爲支約修方便論支正應如此佛若難
知既無的文不可定判或是證空定時於空定中義立五支何以故
經亦說言五支爲因第六默然心爲定體今約修空立支隱顯明因
果體用如似不便若約證空定時義立五支亦復宛然似如可見深
非自解不煩多釋第三體用者前五支爲因第六默然心爲果果後
更起五支則爲用默然爲體例如前四禪不異問曰向言無證支邪
得例上答曰還用方便支義支對隱顯例作亦當於義無失第四淺
深者初得虛空定即離三種色心與十方虛空相應於後定既重發
復覺心識明淨見空亦廣定又增深自覺初淺狹今則漸廣深如是
乃至九品類前可知第五進退者得虛空定亦有四種人不同所謂
退分住分進分達分類如上四禪中說今不廣明第六明功德者亦
有共不共共如上說不共離過者始於此空定中方得離三種色過

者心不共者得離色證空更得堪勝信敬慚愧等諸功德第二明識
處定者亦爲三第一釋名二修行方法三證相第一釋名者所以名識
處者捨空緣識以識爲處正從所緣受名故名識處第二修行方
法者有二種一者呵毀空處讚歎識處二者觀破空處緣識處
云何名呵責空定行者知空處定與空相應虛空無邊心緣虛空緣
多則散能破於定復次虛空是外法緣外法入定定從外生則不安隱
過罪多是名呵虛空定識處既是內法緣內法入定則多寂靜安隱
是故讚歎識處第二觀破空處者觀緣空受想行識如病如癰如瘡
如刺無常苦空無我和合而有欺誑不實此即是八聖種觀前四是
對治方法便是事觀後無常等四即是緣諦理觀就此八種觀中即
有總別總者用此八法總觀空處定四陰和合故有此定可患無實
別觀者用此八法前四對治觀四陰事如病者對治受陰如癰者對
治想陰如瘡者對治行陰如刺者對治識陰復次四無常等即對觀
四陰理相無常觀識陰苦觀受陰空觀想陰無我觀行陰此事理二
觀總別觀虛空處事理無可貪樂即心易生厭疾能捨離善用念處
中意等此別對之義可見問曰離四禪時何故但說三方便今離四
空定說八聖種邪答曰空定既細若不說聖種往觀則過難見問曰
若爾凡夫無八聖種云何得離答曰善修六行亦得離之但不如八
聖種疾問曰若修有漏禪得用八聖種者與無漏復有何異答曰今
此中用八聖種但是欲疾離下修上地定不能即深觀自地發無漏
慧故與無漏有異次明繫心緣識行者既善知空定過罪心不喜樂
便捨空處一心繫緣現在心識念念不離未來過去亦復如是常念
於識欲得與識相應如功專至不計日月一心緣識經與念問曰過
去識已滅未來未至見在不住云何可緣而入定耶答曰心識之法
實如所問離三世心識不可得而亦可憶持如過去瞋心已滅不可
復得猶可憶知亦如得他心智即能知他三世之心諸法雖空而
不斷故何況自緣已三世識心而不得作入定因緣此而推之亦得

有緣識入定之義是故行者一心緣識空定即謝識定未生中間
亦例如前問曰若爾亦說中間禪相耶答曰上已解之其義可見第
三證相亦有六義一證相二明支三體用四淺深五進退六功德一
證定發相者行者一心緣識即便泯然任運自住識緣因此後泯然
與識相應心定不動而於定中不見餘事唯見現在心識念念不住
定心分明識慮廣闊無量無邊亦於定中憶過去已滅之識無量無
邊及未來應起之識亦無量無邊悉現定中與識法相應識法持
心無分散意此定安隱清淨寂靜心識明利不可說也問曰行者未得
三通云何知三世心答曰此是三昧之力類上四無量心其義可知二
明支者如瓔珞經說四空五支方便道同用相似故例如空處不煩
更說三體用及淺深進退功德等並類可知今不別釋第三明不用
處亦爲三一釋名二明修行方法三明證相一釋名者不用處者修
此定時不用一切內外境界外境名空內境名心捨此二境因初修
得名故言不用處亦名少處亦名無所有處亦名無想處此三名
從定體得名也二明修無所有處定方法爲二一者呵讚二觀行修
習云何呵責識處行者深知識處過故所以者何識定心與識法相
應若於定中心緣於識過去現在未來心識悉無量無邊若心緣無
邊緣多則散壞於定復次上緣空入定名爲外定今緣識入定名爲
內定而依內依外皆非寂靜若依內心以心緣心入定者此定已依
三世心生非眞實唯有無心識處心無依倚乃名安隱如是知已
讚無所有處二觀行修習者觀於緣識受想行識如病如癰如瘡
如刺無常苦空無我和合而有虛誑不實義如前釋如是知已即捨
識處繫心無所有處既無所依緣心識則內靜息求不用
一切心識之法知無所有法非空非識無爲法塵無有分別如是知
已靜息其心念無所有法是時識定即謝少定未發於其中間證相
如前說問曰有人言但無所有取少識緣之入定此事云何答曰不
然應捨一切但念無所有法故名無所有處而說言少處者但爲根

中華大藏經

對無所有法塵生於少處非是緣少識入定名爲少處也第三明證相亦爲六一者正明證相二者明支三明體用四淺深五進退六功德第一明無所有定發相者行者於中間心不憂悔專精不懈一心內淨空無所依不見諸法寂然安隱心無動搖此爲證無所有定相入此定時怡然寂絕諸想不起尚不見心相何況餘法無所分別是名無所有處定亦名無想定二明支三明體用四明淺深五進退六功德例如前說第四釋非想非非想定亦爲三一釋名二修行方法三證相一釋名者言非想非非想者解釋不同有言此定名一存一亡觀所言非想者非麤想此則亡於麤想非非想者非非細想此則存於細想又解云前觀識處是有想不用處是無想今雙除上三想非想遣識處有想非非想遣不用處無想故又解言若非有想者此定中不見一切相貌故言非有想非無想者行人或作是念若一向無想者如木石無知云何能知無想故言非無想也問曰非有想非無想中實有想云何言無想耶答曰非想有四陰共成豈得言無但凡夫人入此定中陰界入細故不覺謂言無想佛法中說有四陰共成但因其本名故言非有想非無想亦有解言約凡夫說言非有想約佛法中說言非無想合而論之故言非有想非無想也第二修行方法亦有二一者呵讚二者觀行修習呵責者深知無想中過罪是無所有定如痴如醉如眠如暗無明覆蔽無所覺了無可愛樂故摩訶衍云觀於識處如瘡如箭觀無想處如痴皆是心罪非真寂靜處更有妙定名曰非想是處安隱無諸過罪我當求之二明觀行修習行者爾時諦觀無所緣受想行識如病如癰如瘡如刺無常苦空無我欺誑不實和合而有非實有如是觀已即便捨離一心觀於非有非無何法非有謂心非有何以故過去現在未來求之都不可得無有形相亦無處所當知非有云何非無若言是無何法名無爲心是無爲離心是無若心是無不名爲心以無覺無緣故若心非無更無別無何以故無不自無破有故無不自無破有

故說無無有則無無故言非有非無如是觀時不見有無一心緣中不念餘事是名修習非有想非無想定知是即便非有非無常念不捨則不用處定便自謝滅而非有想非無想定未發於其中間亦如上說第三明證相亦爲六意一者正明證相二明支三明體用四明淺深五進退六功德第一明證相者行者既一心專精加功不已其心任運住在緣中於後忽然真實定發不見有無相貌泯然寂絕心無動搖恬然清淨如涅槃相是定微妙三界無過外道證之謂是中道實相涅槃常樂我淨愛著是法更不修習彼若正觀知如步屈蟲行至樹更不復進到退還如經中說凡夫證此定法如繩繫鳥繩盡則還已其不知四陰和合而有自性然其雖無麤煩惱而亦成就十種細煩惱以不知故謂是真實外道入此定中不見有無而覺有能知非有非無之心即計此心謂是真神不滅故言神至細不破神能知若佛弟子知是四陰和合而有虛誑不實是中心想故知無別神知復次前虛空處破色故說空識處破空故說識識說識爲有想不用處破識故無識說無識識爲無想今此定破無所有說非無想故言非有想非無想此定於世間中況浮等故智定空有均平是定安隱於世間中最爲尊勝等智所不能破故數人言一常有滿復次無想有三義一無想天定二非有想非無想定三滅受想定無方便外道滅心入無想天定有方便凡夫外道滅心入非有想非無想定佛弟子滅心入滅受想定問曰無所有處亦名無想定何故不入三種滅心限答曰不善滅無所有中心數法故非妙復次若在色界無想爲釋若在無色界非有想非無想爲釋若佛法中自有滅受想不用處於三處中皆非勝定故不取也第二明支三體用四淺深五進退六功德義類前可知波若滅一切法而能生一切法如從初禪來滅憂乃至非想非非想滅不用處之想皆是波若中前方便滅諸法爲入空以其滅諸法故能生後勝法故波若能生萬法故此十二門禪皆波若氣分所攝問曰菩薩行菩提道入實相空尚不得空今云何

隨此不實顛倒之空分別有四耶答曰如釋論解四空義中說真諸法實相共智慧行是四無色中無有顛倒是摩訶衍中四無色問曰何等是諸法實相智答曰諸法自性空是問曰色法和合分別因緣故空此無色中云何空答曰色是眼見耳聞麤事能令空何況不可見無有對不覺苦樂而不空耶復次色分別乃至微塵皆散滅歸空是心心數法在日月時節乃至一念中不可得是名真實四無色空義菩薩如是知已亦能分別種種諸相以大悲方便爲一切衆生故行而不著以此功德迴向菩提具一切佛法普施衆生即是行菩薩道也

釋禪波羅蜜次第法門卷第六

釋禪波羅蜜次第法門卷第六

校勘記

一　底本，金藏廣勝寺本。

一　八七二頁中二與三行之間，徑有「釋禪波羅蜜修證第七之二」一行。

一　八七二頁中一一行「雖得」，南、徑、清作「能得」。

一　八七三頁上一八行「自定」，清作「內定」。

一　八七三頁上二二行末字「澄」，南、徑、清作「即澄」。

一　八七三頁中一六行第二〇字「心」，南、清無。

一　八七三頁下一七行第一四字「種」，徑、清作「種名」。

一　八七五頁中二行「繼縛」，南、徑、清作「繫縛」。

一　八七五頁下七行第五字「當」，南、徑、清無。

一　八七六頁中二一行「繼心」，南、徑、清作「繫心」。

一　八七七頁上二三行末字「一」，南、徑、清無。

一　八七七頁上二六行第二字「法」，南、徑、清無。

一　八七七頁上末行「故無不自無破有」，南、徑、清無。

一　八七七頁中二一行第三字「限」，徑、清作「耶」。

釋禪波羅蜜修證亦有漏亦無漏禪卷第七　計十条

天台智者大師說　弟子法慎記　弟子灌頂再治

今約三種法門以辨亦有漏亦無漏禪一者六妙門二者十六特勝三者通明觀此三法門亦得說為淨禪此中明淨禪與阿毗曇不異淺深位次並如前第五卷中說但教門分一息道立三種禪意者衆生今須略推此教意多是對三種人根性不同一者自有衆生慧性多而定性少為說六妙門六妙門中慧性多故於欲界初禪中即能發無漏此未必至上地諸禪也二者自有衆生定根多而慧性少為說十六特勝慧根性少故下地不即發無漏定性多故以具上地諸禪方得修道三者自有衆生定慧根性等為說通明通明者亦具根本禪而觀慧巧細從於下地乃至上地皆能發無漏也此是隨機之說若隨對治則與此相違如前五門中意可解初釋六妙門為三一者釋名二辨位次三明修證第一釋名者所言六妙門者一數二隨三止四觀五還六淨通稱六妙門者妙名涅槃此之妙法能通至涅槃故名妙門亦名六妙門此六妙門三是定法三是慧法定愛慧策亦有漏亦無漏義在於此二辨次位者此六妙門位即辨是所以者何若於欲界未到地中巧行六法第六淨心成就即發三乘無漏況復進得上地諸禪而不疾證道雖此與前有異是以瑞應經云因此六法遊止三四出生十二正而推之故知此六妙門位則不必定耳三明修證者廣明此六法修證則諸禪皆攝六妙門攝今但取次第相生入道之正要以明六妙修證之相今明修證六妙門開為十二門也所以者何如數有二種一者修數二者數相應乃至淨與相應亦如是今約修證分別有十二門一修數二與數相應一者修數行者調和氣息不澀不滑安詳徐數從一至十攝心在數不令馳散是名修數二與數相應者覺心任運從一至十不加功力心息自住息既虛凝心相漸細患數為麤意不欲數爾時行者應當放數修隨隨亦有二種一者修隨二者與隨相應修隨者捨數法一心依隨息之出入心住息緣無分散意是名修隨二者與隨相應心既漸細覺息長短遍身入出息任運相依意慮恬然凝靜是名與隨相應覺隨為麤心厭欲捨如人疲極欲眠不樂衆務爾時行者應當捨隨修止止有二種一者修止二與止相應修止者三止之中但用制心止也制心息諸緣慮不念數隨凝靜其心是名修止二與止相應者自覺身心泯然入定不見內外相貌如欲界未到地等定法持心任運不動行者爾時即作是念今此三昧雖復寂靜而無慧方便不能破壞生死復作是念今此定者皆屬因緣陰入界法和合而有虛誑不實我今不覺應須照了作是念已即不著止起觀分別亦有二種一者修觀二者與觀相應一修觀者觀有三種一者慧行觀觀真之慧二者得解觀即假想觀三者實觀如事而觀也今此六妙門十六特勝通明等並正用實觀成就然後用慧行觀觀理入道所以者何名實觀者如衆生一期果報實有四大不淨三十六物所成但以無明覆故心眼不開明則不依實而見若能審諦觀察心眼開明依實而見故名實觀慧行觀及得解觀在下四諦十二因緣九想背捨等中當廣分別云何修習實觀行者於定心中以心眼諦觀此身中細微入出息想如空中風皮肉筋骨三十六物如芭蕉不實內外不淨甚可厭惡復觀定中喜樂等受悉有破壞之相是苦非樂又觀定中心識無常生滅剎那不住無可著處復觀定中善惡等法悉屬因緣皆無自性如是觀時能破四倒不得人我定何所依是名修觀二與觀相應者如是觀時覺息入出遍諸毛孔心眼開明徹見內三十六物及諸蟲戶內外不淨衆苦逼迫剎那變易一切諸法悉無自性心生悲喜無所依倚得四念處破四顛倒是名與觀相應觀解既發心緣觀境分別破析覺念流動非真實道爾時應當捨觀修還還亦有二種一者修還二者與還相應一修還者既知觀從心發若隨析境此則不會本源應當反觀此心者從何而生為從觀心生為從

非觀心生若從觀心生則先已有觀今實不爾所以者何數隨止等
三法之中未有觀故若非觀心生不觀心為滅生為不滅生若不滅
生即二心並若是滅法已謝不能生現在若言亦滅亦不滅生乃至
非滅非不滅生皆不可得當知觀心本自不生不生故不有不有故
即空空故無觀心若無觀心豈有觀境境智雙亡還源之要是名修還
二與還相應者心慧開發不加功力任運自能破析反本還源是名
與還相應既相應已行者當知若離境智欲歸無境智不離境智縛
心隨二邊故爾時當捨還安心淨道亦有二一者修淨二者與淨相
應一修淨者知色淨故不起妄想分別受想行識亦復如是息妄想
垢息分別垢息取我垢是名修淨舉要言之若能心如本淨名為修
淨亦不得能修及淨不淨是名修淨二與淨相應者作是修時豁
然心慧相應無礙方便任運開發三昧正受心無依倚證淨亦有二
一者相似證五方便相似無漏慧發二者真實證苦法忍乃至第九
無礙道等三乘真無漏慧發也三界垢盡故名證淨復次觀衆生空
故名為觀觀實法空故名為還觀平等空故名為淨復次空三昧相
應故名為觀無相三昧相應故名為還無作三昧相應故名為淨復
次一切外觀名為觀一切內觀名為還一切非內非外觀名為淨故先尼
梵志言非內觀故得是智慧非外觀故得是智慧亦不無觀故得是
智慧復次菩薩從假入空觀故名為觀從空入假觀故名為還空假
一心觀故名為淨若能如是修者當知六妙門即是摩訶衍復次三世
諸佛入道之初先以六妙門為本如釋迦初詣道樹即內思安般一數
二隨三止四觀五還六淨遊止三四出生十二因此證一切諸法降魔
成道當知菩薩善入六妙門即能具一切佛法故六妙門即是菩薩
摩訶衍今欲更論餘事故略說不具足也次釋十六特勝即開為三
意一釋名二明觀門制立不同三明修證第一釋名者所言十六特
勝者一知息入二知息出三知息長短四知息徧身五除諸身行六
受喜七受樂八受諸心行九心作喜十心作攝十一心作解脫十二

觀無常十三觀出散十四觀欲十五觀滅十六觀棄捨所以通名十
六特勝者十六即是數法特勝者從因緣得名如佛未出世時外道
等並已修得四禪四空而無對治觀行故不出生死如來成道初為
拘隣及舍利弗等利根弟子說四真諦即得道跡復為摩訶迦葉諸
鈍等直聞四諦真理不悟更說不淨觀法對治破諸煩惱因此初明
九想背捨等諸不淨觀禪爾時修此觀者得道無量復有一種衆生
貪欲既薄若厭惡心重作不淨觀即大生厭患便增惡此身無有衆
發即雇人自害此事如律文所明佛因此告諸比丘捨不淨觀更修
勝法法名十六特勝修之可以得道此十六特勝有定有觀是中具
足諸禪以喜樂等法資養故則無自害之過而有實觀觀察不著諸
禪所以能發無漏既進退從容不隨二邊亦能得道故名特勝問若
爾應在觀禪後說淨禪何以故若取教門即在觀禪之後若論行法
既勝二邊亦應在後答今明禪定力用淺深之相非是對緣利物之
時所以者何背捨勝處是得解之觀觀力既能轉想轉心於斷結
義強今此特勝唯是實觀能見身內三十六物力用劣弱不能斷
結使功德淺薄故應前說復次若不淨觀散壞骨人則不能得更觀
身毛孔息出入相若於實觀後觀作九想背捨等則具足成就於義
無失復次大品經廣乘品觀於十六特勝復次說九想背捨等諸觀
禪此為明證不應生疑也第二明觀門制立不同者解有二一者有
人云此阿那波那等十六法對四念處若約四念處而明當知但在
欲界未到地乃至初禪則具足也欲至上地非為不得但觀法少
不具足如四禪既無出入息及喜樂等若約息及喜樂明念處則不
便也上下類而可知亦明對四念處復有二解不同一師解云前五
對身中三對受次三對心後五對法此師明十六特勝自大依禪經
中說一觀入息至於氣滅二觀出息止至於鼻端三觀息長短若身
不安心多散亂則出入息俱短若身安心靜則出入息俱長四息徧
身者形心既安則氣道無壅如似飲氣既統徧身中五除諸身行者

想受為心行覺觀為口行出入息為身行既息徧身中患從覺動麤
念除諸麤故名除諸身行此五屬身念處受念處有三謂離麤息除故
身心安隱故六受喜七受樂者雖有微喜樂能徧滿身識既滿內心
喜悅故名樂八受諸心行者既受樂在懷必有散法相隨倚心樂境
故名受諸心行心念處有三九心作喜既亡心一境未有慧解必為沉
心所覆沒以喜舉之令不沉沒故名作喜十心作攝者喜心動散則
發越過常攝之令還不使馳散諸緣故作攝十一心作解脫者心不掉
散均等無累故名解脫法念處有五十二觀無常者已得自在不為
沉浮所敗故能觀諸法無常念念生滅不可樂也十三觀散壞者此
身不久當散壞磨滅之法非真實有十四觀離欲者此身唯是苦本
心欲離之故名離欲十五觀滅者是心住滅多諸過患心不欲住故十
六觀棄捨者觀此諸法皆是過患故名棄捨此阿那般等十六行是
慧性無一息入出而不覺故彼師自去依經明十六特勝今既未見
經文但述而不作亦未敢治定次師別解云若對四念處起十六行
無往不爾但分之不調如無漏十六行約四諦中一諦下有四四四
十六有漏亦復爾應然約四念處中說一念中有四四四十六義亦
然向言身念處有四以除身行屬身者此義未然何以故若心息為
身行者如大集經說息乃通於三行非止屬身行今正明身行者如
摩訶衍說行名身業今明善惡諸業皆從心生身是無知之法不
能造善惡但為行作緣令身以心來受身令身有所造作名為身今
明行破於受心即是破行也故知此屬受念處當知受中亦具四法
也向言法中有五觀無常屬法念處者此亦不然何以故經中皆
說觀心無常觀法無我今明觀無常正是心念處也此則一中各說
有四四四十六於義為便也次第二師云此十六法應須具對諸禪
八觀法相關故所以者何一知息入二知息出者此則對於數息三
知息長短知者對欲界定四知息徧身者對未到地定五除諸身行者
對初禪覺支六受喜對初禪喜支七受樂對初禪樂支八受諸心行

若對初禪一心支九心作喜對二禪內淨喜支十心作攝對三禪一心
支十一心住解脫對三禪樂支十二觀無常對四禪不動定十三觀
出散對空處十四觀離欲對識處十五觀滅對不用處十六觀棄捨
對非想非非想處此則從初調心乃至發諸禪定明觀行具足此解
爲勝也第三明修證者所以心名修證者即是作心修習心未相應
證者即是任運開發心得相應既有三師制立觀法不同今亦修有
證之異但前師去於欲界未到地及初禪中約四念處明十六特勝
觀法大意亦不異如前說六妙門中觀法而非無小小不同而名目
有異善尋配當其義可解此則不煩別說修證也今正明後師豎
對三界明其特勝既上來未說此觀慧方法今當出修證之相豎明
修十六特勝者一知息入二知息出此對代息也調息方法事事如
前數息中說行者既調息綿綿一心依隨於息息若入時知從鼻端
入至臍若出時知從臍出至鼻如是一心照息依隨不亂爾時知息麤
細之相麤者知風喘氣爲麤細者知息相爲細若入息麤時即調之
令細是名知麤細相譬如守門之人知門人出入亦知好人惡人知
好則進知惡則遮復次知麤細者入息則麤出息則細何故爾入氣
利急故相麤出息澀遲故細復次知輕重知入息時輕出息時重何
以故入息既在身內即令體輕出息時身無風氣則覺身重復次知
澀滑入息時滑出息時澀何以故息從外來風氣利故則滑從內出
吹內滓穢塞諸毛孔則澀復次知冷暖知入息時冷知出息時暖何
以故息從外來冷氣而入故冷息從內出吹內熱氣而出故暖復次
知久近入息時近出息時久何以故息入既利則易盡故近息出澀
則難盡故久復須覺知因出入息故則有一切衆苦煩惱生死往來
輪轉不息心知驚畏行者隨息之時知息有如是等法相非一婆
知息入出也問何故以此代數息答若是數息直闇心數無有觀
行修證時多生愛見慢等諸煩惱病也愛者愛著此數息見者
謂見我能數慢者謂我能數以此慢他今以隨代數者隨息之時

即覺知此息無常命依於息以息爲命一息不還即便無命既覺息
無常知身命危脆知息無常即不生愛知息非我即不生見悟無常
即不生慢此則從初方便已能破諸結使不同數息復次行者一心依
息令心不散得入禪定故名亦愛覺悟無常故名亦策與定相應名
亦有觀行不著名亦無漏復次若數息時冥闇心而數既無照了
後證定時則心無所見今隨息者既明心照息後證定時則心眼開
明見身三十六物破愛見慢此即是特勝勝於數息也三知息長短
者此對欲界定若證欲界定時宜是定明淨都不覺知息中相貌今
此中初得定時即覺息中長短之相云何爲覺若心定時覺入息長
出息短何以故心既靜住於內息隨心入故入則知長既心不緣外故
出則知短復次覺息長則心細覺息短則心麤何以故心細則息細
息細則入從鼻至臍微微而長出息從臍至鼻亦爾心麤則息麤
息麤則入從鼻至臍急疾短出從臍至鼻亦爾復次息短故覺心細
息長故覺心麤何以故如心既靜時出息從臍至胸即盡入息從鼻
至咽間即知盡此則心靜故覺息短覺長故心麤者如行者息麤故
覺息從臍至鼻從鼻至臍道里長遠此則心麤故覺息長復次知短
中覺長則定細長中知短則是麤何故爾如息從鼻至胸則盡此行
處雖短而時節大久久方至臍此則行處短而時節長也若就此而
論短中覺長則定細覺長中而短是麤者如心麤故息從鼻至臍道
里極長而時節短促然之間即出至鼻何以故心麤氣急行疾故此
雖長而短然此息短則是心麤也故云短中長而細長中短而麤也如
此覺長短時節知無常由心生滅不定故令息長短相貌非一得此定
時覺悟無常轉更分明證欲界定故名亦愛觀行覺無常故名亦策
此略說第三知息長短破欲界定也第四知息徧身者對未到地定
若根本未到地直覺身相泯然如虛空爾時實有身息但心眼不開
故不覺不見今轉勝中發未到地時亦泯然入定即覺漸漸有身如
雲影覺出入息徧身毛孔爾時亦知息長短相等見息入無積聚出

無分散無常生滅覺見身空假不實亦知生滅刹那不住三事和合故
有定生三事既空則定無所依知空亦空於定中不著即破根本未
到地愛策之義已在其中問摩訶衍中及諸經多說觀息入出何
以故言知息入出答此說知爲觀而觀法實未具足故今說爲知大
品廣乘品中明十六特勝相皆言知息入出長短以是文爲證說知
則不乖文義觀慧在下當說第五除諸身行者對初禪覺觀支
就中二一明身行二明除身行者欲界身中發得初禪色界四大造
色觸欲界身依欲界身根生身識覺此色觸二界色相依共住故名身
身行者即覺觀支此覺觀支從身分生知身中之法有所造作故名身行次
明除身行者因覺息徧身發得初禪心眼開明見身三十六物臭穢
可惡爾時即知三十六物猶四大有頭等六分一一非身四大之中各
各非身此即是除欲界身也除初禪身者於欲界身中求色界四大
不可得名除初禪身所以者何若言有色界造色者是爲從外來爲
從內出爲在中間住如是觀時畢竟不可得但以顛倒憶想故言受
色界觸諦觀不得即是除初禪身身除故身行即滅復次未得初禪
時於欲界身中起種種善惡行今見身不淨則不造善惡諸結業故
名除身行今明此定亦有二種一者根本五支如前說二者淨禪五
支者覺見身三十六物虛假不實名覺分別此禪與欲界及根本功德
大有優劣名爲觀支既得法喜心大慶悅爲喜於無垢受恬淨之樂
名爲樂正定持心令不動搖名爲一心此中支除成就勝妙喜樂而
心無染著故名爲淨禪也復次如阿毗曇中說隱沒無記有垢不隱
沒有記無垢等義約此二種禪中應廣分別六受喜者即是對破初
禪喜支根本禪中喜支從隱沒有垢覺觀後生既無觀慧照了多生
煩惱故不應受今明受喜者於淨禪覺觀支中生以有觀行破析達
覺觀性空當知從覺觀生喜亦空即於喜中不著無諸過罪故說受
喜如羅漢人不著一切供養故名應供復次如真實知見得真法喜
故說受喜七受樂者對根本禪樂支彼禪既無觀慧樂中多染故不

應受今言受樂者受無樂知樂性空於樂中不著既無樂過罪亡無
別證無爲之樂故說受樂八受諸心行者此對破根本一心支今明
能通諸法故名諸心行心行有二種一者動行二者不動行有人解
云從初禪乃至三禪猶是動行四禪已去名不動行今略說不動行
者覺等四支是動行後一心支是不動行亦名諸心行者即是一心
支不動之行若根本禪入一心時心生染著此一心不應受今明受諸
心行者知此一心虛誑不實一心非心即不取著既無過罪即是三
昧正受故說受諸心行九心作喜者此對二禪內淨喜所以者何二
禪喜從內淨發以無智慧照了多受也今觀此喜即知虛誑不生受
著如真實知生法喜亦名喜覺分既從正觀心生真法喜故名心作
喜十心作攝者此對三禪一心支何以故爲二禪喜動經攝故說心作
攝今明攝者正以破前僞喜生喜覺喜此喜雖正而不無涌動之過
即應反觀喜性既知空寂畢竟定心不亂不隨喜動故云作攝是以
大集經云動至心十一心住解脫者此對破三禪樂所以者何三禪
有徧身之樂凡夫得之多生深愛爲之所縛不得解脫今言解
脫者以觀慧破析證徧身樂時即知此樂從因緣生空無自性虛誑
不實觀樂不著心得自在故名心作解脫十二觀無常此對破四
禪不動所以者何如世間中有動有不動法三種爲樂所動猶名動
法今此四禪名不動定凡夫得此定時多生常想心生愛取今若觀
此定生滅代謝三相所遷知是破壞不安之相故經云一切世間動
不動法皆敗壞不安之相故名觀無常十三觀出散者此對破空處
所以者何出者即是出離色界散者即是散三種色復次出散者謂
出離色心依虛空消散自在不爲色法所縛故名出散凡夫得此定
時謂是真空妄隱心生取著今言觀出散者行人初入虛空處時即
知四陰和合故有無自性不可取著所以者何若言有出散者爲虛
空是出散爲心是出散若心出散心爲三相所遷過去已謝未來未
至現在無住何能出邪若空是出散者空是無知無知之法有何出

散既不得空定則心無受著是名觀出散十四觀離欲者此對識處
所以者何一切受著外境皆名爲欲從欲界乃至空處皆是心外之境
若虛空爲外境識來領受此空即以空爲所欲今識處定緣於內識
能離外空欲故離欲若凡夫得此定無慧眼照了謂言心與識法相
應真實安隱即生染著今言觀離欲者得此定時即觀破析皆言
必緣識心與識相應得入定者此實不然何以故過去未來現在三
世識皆不與現在心相應故云何言與三世識相應定法持心名爲
識定故知此識定但有名字虛誑不實故名離欲也十五觀滅者
此對無所有處所以者何此定緣無爲法塵心與無爲相應對無爲
法塵發少識故凡夫得之謂之心滅深生愛著不能捨爲之所縛今
言觀滅者得此定時即覺有少識此識雖少亦有四陰和合無常
無我虛誑餘如棄識多少俱是不可染著是名觀滅十六觀棄
捨者此對非想所以者何非想是兩捨之對治從初禪以來但有偏
捨無有兩捨故未與棄捨之名今此非想既有雙捨有無故名棄
捨亦以此定是捨中之極故最後受名若凡夫得此定時謂爲涅槃
無有觀慧覺了不能捨離今明棄捨者得此定時即知四陰十二入
三界及十種細心數等和合所成當知此定無常苦空無我虛誑不
實不應計爲涅槃生安樂想既知空寂即不受著是名觀棄捨
雖求定相而亦成就此定爾時即具二種棄捨一者根本棄捨二者涅
槃棄捨永棄生死故云觀棄捨行者爾時深觀棄捨即便得悟三
乘涅槃此事如須跋陀羅佛令觀非想中細想即便獲得阿羅漢果
今明悟道未必應須具十六或得三三特勝即便得悟亦利根者初隨
息時覺悟無常便即悟道此隨人不定也從初以來俱發根本定故
名亦有漏於中觀行破析不著名亦無漏故云特勝是亦有漏亦無漏
禪此豎對三界諸禪者則二觀法相至義可見也

釋禪波羅蜜卷第七

釋禪波羅蜜次第法門卷第七

校勘記

一　底本，金藏廣勝寺本。

一　八七九頁中一行書名、卷次，南、清作「釋禪波羅蜜次第法門卷第七」及小字「修證亦有漏亦無漏禪」；徑作「釋禪波羅蜜次第法門卷第七」。

一　八七九頁中二行說者，徑、清作「隋天台智者大師說」。

一　八七九頁中二與三行之間，徑有「釋禪波羅蜜修證第七之三」及小字「修證亦有漏亦無漏禪」。

一　八七九頁下一八行「肉筋骨」，南、徑、清作「筋骨肉」。

一　八八〇頁上五行第一八字「亡」，徑作「忘」。

一　八八〇頁中二四行第八字「三」，南、徑、清作「二」。

一　八八〇頁下五行「作喜既亡」，南作「作喜既止」；徑、清作「作喜者既止」。

一　八八〇頁下一二行「阿那般」，經、清作「阿那波那」。

一　八八〇頁下一六行「儞應」，南作「儞」；經、清作「應儞」。

一　八八〇頁下二六行第四字「知」，南、清作「短」。

一　八八一頁上六行第五字「住」，南、清作「任」。

一　八八一頁上一一行第一七字「代」，經、清作「代數」。

一　八八一頁中二二行第一七字「令」，南、經、清作「今」。

一　八八一頁中二五行第二三字「心」，南、經、清作「以」。

一　八八一頁中二六行第七字「轉」，經、清作「特」。

一　八八一頁中末行「積衆」，南、清作「積聚」。

一　八八一頁下五行第九字「特」，南作「持」。

一　八八一頁下一一行「分二」，南、經、清作「分一一」。

一　八八一頁下一九行第八字「支」，經、清無。又「爲喜」，經、清作「名爲喜」。

一　八八二頁中二三行「便卽」，南、經、清作「卽便」。

一　八八二頁中末行第五字「蜜」，南、經、清作「蜜次第法門」。

釋禪波羅蜜修證通明觀卷第八　卄十四帋

天台智者大師說　弟子法慎記　弟子灌頂再治

今辯此禪大意爲三一者釋名二者辯次位三者明修證一釋名者
所以此禪名爲通明觀者此觀方法出大集經文無別名目北國諸
禪師修得此禪欲以授人既不知名字正欲安根本禪裏而法相迥
殊若對十六特勝則名目全不相關若安之背捨勝處觀行方法條
然別異既進退並不相應所以諸師別作名目名爲通明觀禪或有
說言華嚴經有此名目所言通者謂從初修習即通觀三事若觀
息時即通照色心若觀色乃至心亦如是此法明淨能開心眼無諸闇
蔽既觀一達三徹見無閡故名通明復次善修此禪必定能發六
通三明故大集經明法行比丘修此禪時欲得神通即能得之今言
通者即是能得六通明者即是能生三明此因中說果故言通明觀
問曰餘禪亦能發六通三明何故獨此禪說爲通明答曰餘禪乃有
發通明之義不如此禪利疾故名通明問曰如大集經亦有別釋此
禪名義故經言五禪者禪者疾故名禪疾大疾住大住寂靜觀滅達離
是名爲禪今何故別立名耶答曰彼經雖有此釋於義乃顯而名猶
漫既不的有名目故復更立通明之名第二明次位者此禪無別次
位猶是約根本四禪四空立次位但於一一禪內更有增勝出世間
觀定之法能發無漏及三明六通疾利亦於非想後必滅諸心數入
滅受想定故不同根本暗證取著無有神智功能是故雖復次位同
於根本而觀慧殊別恐人謬解故立別名雖名有異而次位無差問
曰若此禪得入滅定與九次第定有何異耶答曰備此定時心心無
間亦得說爲九次第定終非是具足九次第定法是事在下自當
可見若比准成實論解九定八解亦是具足第三明修證此禪既無
別次位還約根本次位辯修證也第一先明修證初禪之相如大集
經說言初禪者亦名爲具亦名爲離離者謂離五蓋具者謂具五支

五支者謂覺觀喜安定云何爲覺如心覺大覺思惟大思惟觀於
心性是名爲覺云何爲觀觀心行大行遍行隨意是名爲觀云何爲
喜如實知大知心動至心是名爲喜云何爲安謂心安身安受安
受於樂觸是名爲安云何爲定謂心住大住不亂於緣不謬無有顛
倒是名爲定即是彼經略釋修證通明初禪之相推此經文所明五
支則與餘經論所明大異故須別釋今先釋如心如心者即是初禪
前方便定發也亦即是未到地但證不孤發要由修習云何修習行
者從初安心即觀於息色心三事俱無分別觀三事者必須先觀息
道云何觀息謂攝心靜坐調和氣息一心諦觀息想遍身出入若慧
心明利即覺息入無積聚出無分散來無所經由去無所涉履雖復
明覺息入出遍身如空中風性無所有是則略說觀息如心相次觀
色如行者既知息依於身離身無息即應諦觀身色如此色本自不
有皆是先世妄想因緣招感今世四大造色圍虛空故假名爲身一
心諦觀頭等六分三十六物及四大四微一一非身四微四大亦各非
實尚不自有何能生六分之身三十六物無身色可得爾時心無分別
即達色如次觀心如行者當知由有心故則有身色去來動轉若無
此心誰分別色色因誰生諦觀此心藉緣而有生滅迅速不見住處
亦無相貌但有名字名字亦空即達心如行者若不得三性別異名
爲如心復次行者若觀息時既不得息即達色心空寂何以故三法
不相離故色心亦爾若不得色心三事即不得一切法所以者何由
此三事和合能生一切陰入界眾苦煩惱善惡行業往來五道流轉
不息若了三事無生則一切諸法本來空寂是則略說修習如心之相
第二明證相此亦具有證欲界未到地相行者如上觀察三性達不
可得其心任運自住真如其心泯然明淨名欲界定於此定後心依
真如法心泯然入定與如相應如法持心心定不動泯然不見身息
心三法異相一往猶如虛空故名如心即是通明未到地也次釋初
禪發相如前引經說此應具釋五支證相今先出覺支爲本覺義既

成釋餘四支則從可見所以經言覺大覺覺者覺根本禪覺觸發
相故名為覺此事如前說但輕重有異大覺者豁然心目開明明見
三事養相名為大覺此但停釋未是正意復次今當分別覺大覺義所
言覺者覺世間相也大覺出世間也此即對真俗二諦釋之亦有漏
無漏義意在此今明世間則有三種一根本世間一期正報五陰是
也二義世間者知根本之法與外一切法義理相關也三事世間者
發五通時悉見一切眾生種類及世間事也世間既有三種出世間
對世間亦為三所以者何眾生根有下中上利鈍不等是故雖同證
此初禪境界淺深其實有異故須約三義分別證初禪不同第一先
釋約根本世間出世間明覺大覺五支成初禪之相即為二意第一
先明初禪發相第二即釋成覺大覺五支差別之相一先明初禪發之
相即為三意品次不同一者初發二次三後一初發相行者發初禪時
即豁然見自身九萬九千毛孔空疎氣息遍身毛孔出入雖心眼明
見徧身出入而入無積聚出無分散來無所經由去無所履涉即見
身內三十六物二分明三十六物者諸髮毛爪齒薄皮厚皮筋肉
骨髓脾腎心肝肺小腸大腸胃胞膽膀胱屎尿垢汗淚涕唾膿血脈黃淡
白淡痷肪腦膜此三十六物十是外物二十六是內物二十二是
地物十四是水物已見風火地相分明復覺知諸物各有熱氣煎煮火
相分明觀此四大猶如四蛇同處一篋四大蚖蛇其性各異亦如居牛之
人分肉為四分諦觀四分各不相關行者亦爾心大驚悟復於行者
非但見身三十六物如大假合不淨可惡亦見知五種不淨之相何
等為五一者見外十物相不淨心生厭患是名自相不淨二者見身內
二十六物內性不淨是名自性不淨三者自覺此身從歌羅邏時父
母精血和合以為身種是名種子不淨四者此身處胎之時在生熟
二藏之間是名生處不淨五者及其此身死後捐棄冢間壞爛臭穢
是名究竟不淨當知此身從始至終不淨所成無一可樂甚可厭惡我
為無明忽於過去來著此不淨臭爛之身造生死業於無量劫今始覺

悟悲喜交懷五種不淨如摩訶衍論廣說復次覺定內心識緣諸境
界念念不停諸心數法相續而起所念相異亦復非一是名初禪初
證之相次明中證相行者住此定內三昧漸深豁然見自身內生息
相各異所謂青黃赤白黑等隨藏色別出至毛孔若從根入色相亦
不同如是分別氣相非一復見此身薄皮厚皮膜肉各有九十九重
大骨小骨三百六十及髓各有九十八重於此骨肉之間有諸蟲四
頭四口九十九尾如是形相非一乃至出入來去音聲言語亦悉覺
知唯腦有四分分有十四重身內五藏葉葉相覆猶如蓮華孔竅
空疎內外相通亦各有九十九重諸物之間亦各有八十戶蟲於內
住止不相使役若行者心靜細亦於定內聞諸蟲語言音聲或時
因此發解眾生言語三昧身內諸脈心脈為主復從心脈內生四大
之脈一大各十脈生十脈之內一一復各九脈合成四百脈從頭至
足四百四脈內悉有風氣血流相注此脈血之內亦有諸細微之蟲
依脈而住行者如是知是知身內外不實猶如芭蕉復觀心數隨所
緣時悉有受想行識四心差別不同三明後證之相行者三昧智慧
轉深淨明利復見氣息調和同為一相如瑠璃器非青黃赤白亦見
息之出入無常生滅悉皆空寂復見身相新新無常代謝所以者何
飲食是外四大入腹資身時新四大既生當知故身隨滅譬如草木
新葉既生故葉便落身亦如是愚夫不了謂是昔身智者於三昧內
覺此身相無常所見新新生滅空無自性色不可得復覺一念心生
之時即有六十刹那生滅或有人言六百刹那生滅迅速空無自性
心不可得第二明釋成覺觀五支之相即為五第一釋覺支經說
覺支大覺思惟大思惟觀於心性約此五句以明覺相
今先釋覺大覺二句此約世間出世間境界分別故有此二覺之異
世間境即是異相出世間境即是如相此之如異即是真俗二諦之
別名也今約觀門淺深易見今當具依摩訶衍分別論大有三種
上中下如異既有三種覺大覺亦應為三也論意分別假名為異

分別四大實法同體名為下如分別地大異餘三大名為異同一無常
生滅不異名大如無常生滅名為異生滅即空無異名上如今即約
禪為下中上品明觀門淺深之相第一先明下品覺相覺氣息入出
青黃赤白諸色隔別名為覺覺此諸息同一風大無異名大覺大覺
三十六物隔別名為覺覺餘三大無有別異名大覺覺於心數非一
名為覺覺同是四心無異名大覺第二明中品覺者覺息是風大名
為覺覺息生滅無常名大覺覺餘三大各別名為覺覺同一無常生
滅不異名大覺覺四心差別不同名為覺覺無常生滅不異名大覺第
三明上品覺者覺息無常為異者此息為八相所遷故無常何等為
八相一生二住三異四滅五生生六住住七異異八滅滅此八種相遷法
體別異非一名為覺覺息本空寂無八相之異名大覺覺餘三大
各有八相別異名為覺覺餘三大本來空寂無八相之異名大覺覺心
八相所遷別異非一名為覺覺心本來空寂無八相之異名大覺所以
者何若心即是八相八相即是心者則壞有為相所以者何今息色
亦即是八相八相亦即是息色八相無異故息色心三事亦應無異
若爾說心時即應是說息色今實不爾壞亂世諦相故如人喚火
應得水來說心一向即是息色過同於此復次若離心有八相離八相有
心者此則心非八相非心若心非八相則心但有名無相無相之法是
不名心若八相離心八相則無所遷即不名八相八相無所相故如
是審諦求之則心與八相本自不有亦不依他有性性如虛空無一
異相故名大覺覺前息色二亦當如是分別此則略說上品覺
大覺之相次釋思惟大思惟二句此還約前覺大覺說所以者何初
心覺悟真俗之相名覺大覺後心重慮觀察名思惟大思惟對小覺
後說思惟大覺後說大思惟此義易見不煩多釋次釋觀於心性者
即是反觀能思惟大思惟之心也所以者何行者雖能了於前境而
不能反達觀心則不會實道今即反照能觀之心為從觀心生為從
非觀心生若從觀心生若從非觀心生二俱有過當知觀心畢竟空

寂五句釋覺支竟第二次釋觀支經六若觀心行大行徧行隨意觀心者即是前觀於心性也行大行者聲聞之人以四諦爲大行當觀心時即具四諦正觀所以者何若人不了心故無明不了造諸結業名爲集諦集諦因緣必招未來名色苦果是名苦諦觀若觀心性即是具足戒定智慧行三十七品故名道諦若有正道則現在煩惱不生未來苦果亦滅名爲滅諦是名聲聞大行若緣覺人以十二因緣爲大行若是菩薩即入無生正道正觀證於寂定瑠璃三昧毛孔見佛入菩薩位也此則略明三乘大行之道相也徧行者觀行未利亦並約心而觀四諦名爲大行今觀道稍利能徧歷諸緣觀於四諦出十六行觀故名徧行隨意者若是徧行雖在定內得見諸緣出禪定時則觀不相應今隨意者隨入出定觀一切法任運自成不由作意是名隨意此則略釋觀支相也第三明喜支喜支者經言如真實知大知心動至心是名爲喜知真實知者即是上來觀於心性四諦真理也大知者如上觀行若心審諦停住緣內稱觀而知故言如真實知若豁然開悟稱理而知心生法喜故名大知心動至心者既得法喜心動若隨此喜則爲顛倒今了此喜無即得喜性即得喜性故名至心是名爲喜第四次明安支安支者經言若身安心安受安受於樂觸是名爲安身安者了達身性故不爲身業所動即得身安故名身安心安者了達心性故不爲心業所動即得心樂故名心安受安者能觀之心名之爲受知受非受斷諸受故名之爲樂故名受安受於樂觸者世間出世間二種樂法成就樂法對心故受於樂第五次明定支者經言定心住大住不亂於緣不課無有顛倒是名爲定心住者住世間定法持心不散故名住大住者住真如定法持心不散故不亂於緣者雖住一心而分別世間之相不亂也不課者課名妄課諦了真如妄取不起故言不課不顛倒者若心偏取世間相即隨有見沉沒生死不得解脫若心偏取如相即隨空見破世間因果不修善法是大可畏處行者善達真俗離此二種邪僻名不顛倒

復次若二乘之人得此心破四倒名不顛倒若是菩薩得此一心能破八倒名不顛倒行者初得喜支成就即覺身息不實猶如芭蕉今得住此一心定支成就心既寂靜於後泯然微細即覺身息之相不實猶如聚沫是則略明下根行者證通明初禪之相第二次釋約義世間明中次根行者進證初禪五支之相即爲二一者正明義世間相二者即釋成覺義就第一釋義世間爲二意一明外義世間二明內義世間今釋外義世間復爲三意一正明根本世間因緣二明根本與外世界相關三明王道治正第一釋覺知根本世間因緣生義行者初得初禪既已證見根本世間爾時或見道或未見道今欲深知此根本世間一期果報因何而生爾時於三昧內心生悲明利諦觀身內三十六物四大五陰以願知心願知此身何因緣有三昧智慧福德善根力故即便覺知如此身命皆由先世五戒業力持於中陰不斷不滅於父母交會之時業力變識即計父母身分精血二渧大如豆子以爲己有識託其間爾時即有身根命根識心具足識在其間具有五識之性七日一變如薄酪凝酥於後漸大如鷄子黃業力因緣變此一身內先爲者五藏安置五識爾時即知不殺戒力變此身內次爲肝藏則魂依之不盜戒力變此身內以爲腎藏則志依之不婬戒力變此身內爲肺藏則魄依之不妄語戒力變此身內以爲脾藏則意依之不飲酒戒力即變身內以爲心藏則神依之此魂志魄意神五神即是五識之異名也五藏宮室既成則神識即有所栖既有栖託便須營養五戒業力復變身內以爲六府神氣府養五藏及與一身府者膽爲肝府盛水爲氣合潤於肝小腸爲心府心赤小腸亦赤心爲血氣小腸亦通血氣主潤於心入一身故大腸爲肺府肺白大腸亦白主殺物益肺成化一身胃爲脾府胃黃脾亦黃胃亦動作黃間通理脾藏氣入四支膀胱爲腎府腎府黑膀胱亦黑通濕氣潤腎利小行膀故三焦合爲一府分各有所主上焦主通津液清溢之氣中焦主通血脈精神之氣下焦主通大便之物三焦主利

上下五藏之神分治六府六府之氣以成五官之神主治一身義府藏相因出生七體腎生二體一骨二髓腎屬於水以水內有砂石故即骨之義也肝生二體一筋二膓肝爲木木爲地筋故生筋膓也心生血脈心色赤屬血以通神氣其道自然脾生肌膚脾爲土肌膚亦土肺生於皮肺在衆藏之上故皮亦是一身之上是爲五藏能生七體亦名七支肺爲大夫在上下捨不義肝爲尉仁心在中央氣稱類脾在其間平五味腎在下衛四氣增長七體成身骨以柱之髓以膏之筋以縫之脈以通之血以潤之肉以裹之皮以覆之以是因緣則有頭身手足大分之軀餘骨爲齒餘肉爲舌餘筋爲爪餘血爲髮餘皮爲耳識神在內戒力因緣則五胞開張四大造色清淨變爲五情是以對塵則依情以識知五色因緣則生意識塵謝則識歸五藏一期果報四大五陰十二入十八界具足成就此則略說一期果報根本世間義所因由問曰若言識從內出在五根間識別五塵與外道義有何異耶答曰如淨名經說不捨八邪而入八正亦云六十二見是如來種此言何謂如是等義皆出提謂經明非人所作若於此義不了在下自當可見第二釋內世間與外國土義相關相行者三昧智慧願智之力諦觀身時即知此身具仿天地一切法俗之事所以者何如此身相頭圓象天足方法地內有空種即是虛空腹溫煖法春夏背剛強法秋冬四季體法四時大節十二法十二月小節三百六十法三百六十日鼻口出氣息法山澤谿谷之風氣眼目法日月眼開閉法晝夜髮法星辰眉爲北斗脈爲江河骨爲玉石皮肉爲地土毛法叢林五藏在內在天法五星在地法五岳在陰陽法五行在世法五帝內爲五神脩爲五德使者爲八卦治罪爲五形主領爲五官昇爲五雲化爲五龍心爲朱雀腎爲玄武肝爲青龍肺爲白虎脾爲句陳此五種衆生則攝一切世間禽獸悉在其內亦爲五姓謂宮商角徵羽一切萬姓並在其內對書典則爲五經一切書史並從此出若對工巧即是五明六藝一切伎術悉出其間當知人身雖小義與天地相關

如是說身非但直是五陰世間亦是國土世間第三釋身內王法治正義行者於三昧內願智之力即復覺知身內心爲大王上義下仁故居在百重之內出則有前後左右官屬侍衛肺爲司馬肝爲司徒脾爲司空腎爲大海中有神龜呼吸元氣行風致雨通氣四支四支爲民子左爲司命右爲司錄主錄人命齊中太一君亦人之主柱天大將軍特進君王主身內萬二千大神太一有八使者八卦是也合爲九卿三焦關元爲左社右稷主姦賊上焦通氣入頭中爲宗廟王者於間治化若心行正法群下皆隨則治正清夷故五藏調和六府通適四大安樂無諸疾惱終保年壽若心行非法則郡僚作亂更相殘害故四大不調諸根闇塞因此抱患致終皆由行心惡法故經言失魄即亂失魂則狂失意則惑失志則忘失神則死當知外立王道治化皆身內之法如是等義具如提謂經說第二明內世間義相關者上來所說並與外義相關所以者何佛未出時諸神仙世智等亦達此法名義相對故說前爲外世間義也是諸神仙雖復世智辯聰能通達世間若住此分別終是心行理外未見眞實於佛法不名聖人猶是凡夫輪迴三界二十五有未出生死若化衆生名爲舊醫亦名世醫故涅槃經云世醫所療治差已還復發若是如來療治者差已不復發此如下說今言內義世間者即是如來出世廣說一切教門名義之相以化衆生行者於定心內意欲得知佛法教門主對之相三昧智慧善根力故即便覺知云何知如佛說五戒義爲對五藏已如前說若四大五陰十二入十八界四諦十二因緣悉入身內也即知四大此義爲對五藏風對肝火對心水對腎地對肺脾若聞五陰之名尋即覺知對身五藏色對肝識對脾想對心受對腎行對肺名雖不次而義相關若聞十二入十八界亦復即知對內五藏十入十五界義自可見二入三界今當分別五識悉爲意入界外五塵內法塵以爲法入界此即二入三界相關意識界者初生五識爲根對外法塵即生意識名意識界若聞五根亦知對內五藏憂根對

肝苦根對心喜根對肺樂根對腎捨根對脾五根因緣則具有三界所以者何憂根對欲界苦根對初禪喜根對二禪樂根對三禪捨根對四禪乃至四空定皆名捨俱禪當知三界亦與五藏其義相關說四生亦覺知此義關五藏所以者何欲界具五根五根關五藏五藏關四大四大對四生一切卵生多是風大性身能輕舉故一切濕生多是水大性因濕而生故一切胎生多屬地大性其身重鈍故一切化生多屬火大性火體無而欻有故亦有光明故如來爲化三界四生故說四諦十二因緣六波羅蜜當知此三法藥神丹悉是對治衆生五藏五根陰故說所以者何如佛說一心四諦義當知集諦對肝因屬初生故苦諦對心果是成就故道諦對肺金能斷截故滅諦對腎冬藏之法已有還無故一心已對脾開通四諦故乃至十二因緣六波羅蜜類此可知也此三種法藏則廣攝如來一切教門是故行者若心明利諦觀身相即便覺了一切佛法名義故華嚴經言明了此身者即是達一切是則說內義世間義相關之相意在幽微非悟勿述第二次釋成覺五支義者亦爲三義一下二次三上今先釋覺支三義二下覺大覺者行者於靜心內悉覺上來所說內外二種世間之相分別名義不同即是隔別之相故名覺義世覺義世間故名覺大覺者覺一切外名義雖別而無實體但依五藏如因肝說不殺戒歲星太山青帝木塊眼識仁毛詩角性震等諸法此諸法不異肝肝義不異不殺戒等即是如故名大覺覺餘一切法如四藏亦如是第二次明覺大覺者行者覺知肝雖如不殺戒等一切法而肝非肺脾心腎等一切法了知別異名爲覺覺肝等諸法無常生滅不異四藏等諸法無常名大覺第三次明上覺大覺者行者覺知肝等諸法八相別異名爲覺覺此肝等諸法本來空寂無有異相名大覺如此分別覺大覺及世間出世間相雖與前同而亦有異深思自當可見次釋思惟大思惟者觀於心性之義類如前說是則略明約義世諦中辨初禪覺支之相餘觀喜安定等亦當如是一一分別稍

三釋事世間者此據得初禪時獲六神通見世諦事了了分明如觀掌內菴摩勒果此則現觀衆事不同上說以義比類惟忖分別世事也今就明事世間內亦爲二意第一正見事世間相第二釋成覺觀五支義今釋第一事世諦相者上根行人福德智慧利故證初禪時有二因緣得五神通一者自發二者修得一自發者是人入初禪時深觀根本世間三事即能通達義世間相覺義世諦時三昧智慧轉更深利神通即發見得色界四大淸淨造色眼成就以此淨色之心眼徹見十方一切之色事相分明分別不亂名天眼通所餘天耳他心宿命身通亦復如是得五通故明見十方三世色心境界差別不同衆生種類國土相貌二有異是名觀見事世間也故經言深修禪定得五神通第二修得五通見事世間者如大集經言法行比丘獲得初禪入禪已欲得身通繫心鼻端觀息入出深見九萬九千毛孔息之出入見身悉空乃至四大亦復如是如是觀已遠離色相獲得身通乃至四禪亦復如是云何法行比丘獲得眼通若有比丘得初禪觀息出入見眞實色既見色已作是思惟如我所見三世諸色意欲得見隨意即見乃至四禪亦復如是云何法行比丘得天耳通憍陳如若有比丘得初禪觀息出入次第觀聲乃至四禪亦復如是云何法行比丘得他心智通若有比丘觀息出入得初禪時修奢摩他毗婆舍那是名他心智乃至四禪亦復如是云何法行比丘得宿命智憍陳如若有比丘觀出入息得初禪時即獲眼通獲眼通已觀於初有歌羅邏時乃至五陰生滅乃至四禪亦復如是既得五通即能見十方三世九道聖凡衆生種類國土所有二相貌差別不同是名得神通見事世間通達無閡第二次釋成覺觀五支義今先釋覺亦爲三義一下二中三上下覺大覺者用天眼通徹見諸色分別衆生種類非一國土所有差別不同名字亦異故名爲覺也大覺者即覺世間所有但假施設諦觀四大即不見有世間差別之異了了分明故名大覺餘四通亦爾第二明次品覺大覺者用天眼通

見四大色即知其性各異故名為覺見知四大無常生滅性無差別故名大覺餘四通亦爾第三明上品覺大覺者用天眼通明見無常之法八相有異是名為覺覺知八相之法本來空寂一相無相故名大覺餘四通亦爾此則略說用五神通見事世間覺大覺相思惟大思惟觀於心性成就覺支之相類如前說餘觀支喜安定等亦當如是一一分別行者當知若聲聞緣覺得此禪故依定獲得不壞解脫無閡解脫三明六通故名通明觀若菩薩大士住此禪時即得無閡大陀羅尼乃至四禪亦復如是次明二禪自此已下乃至非想滅定禪門轉復深妙事相非一寧可具辨今但別出經文略釋正意而已所言二禪者經云二禪者亦名為離亦名為具離者同離五蓋具者具足三支謂喜安定釋曰行者於初禪後心患初禪覺觀動散攝心在定不受覺觀亦知上地不實諦觀息色心三性一心緣內覺觀即滅則發內淨大喜三昧於定內見身如泡具二禪行次明三禪經云三禪者亦名為離亦名為具離者同離五蓋具者具足五支謂念捨慧安定釋曰行者於二禪後心患厭大喜動散攝心不受亦知上地不實攝心諦觀喜法即謝發身樂即於定內見身如雲成三禪行次明四禪相經云四禪者亦名為離亦名為具離者謂同離五蓋具者具足四支謂念捨不苦不樂定釋曰行者於三禪後心厭患樂法一心不受亦知四禪非實諦觀三性即豁然明淨三昧智慧與捨俱發心不依善亦不附惡正住其中即於定內見身如影具四禪行次明空處經言觀身厭患遠離身相一切身觸苦觸樂觸分別色相遠離色陰一心觀無量空處是名比丘得空處定釋曰此可為二義一者通貫上下二者但約自地及以上通上下者經觀身厭患遠離身相者深知欲界之身過罪非一身分皆不可得也身等三觸對初禪二禪三禪對可見分別色相者分別欲界色身乃至四禪色二別異不實亦知空處未離色法也遠離色陰及觀無量空處者並如前根本禪內滅三種色法與虛空相應也二並約自地釋者觀身厭患遠離身相者厭患如影之色麤蓋於心觀此影色亦不可得也身等三觸者別喜根前已壞此是四禪色起觸心生三觸也分別色相者分別四禪喜樂及如影之色皆虛誑也遠離色陰及觀無量空處不異前說次明識處定相者經言若有比丘修奢摩他毗婆舍那觀心意識自知此身不受三受以得遠離是三種受是名比丘得識處定釋曰心意識者心者即是捨空定緣三性入識處定行者用三昧攝智慧觀離知三性不實為勉空難一心緣識即入識處定也自知此身不受三受者緣色四句空處雖離初句而猶受後三句今識處緣識入定則過離色界四句所有四受悉屬於識故云自知此身不受三受亦得言不受苦樂等三受也已得遠離是三種受名識處定相次明少識處定相者經言若有比丘觀三世空知一切行亦生亦滅空處識處亦生亦滅作是觀已次第觀識我今此識亦非識非非識若非識者是名寂靜我今云何求斷此識是名得少識處定釋曰觀三世空一切諸行亦生亦滅者深觀自地及上下心數悉是有為之相虛誑不實次第觀識者是觀識處亦諦非識非非識者即通知所有法不可得也若非識者是名寂靜我今云何求斷此識者即是念滅識之方便緣非識之法入少識處定也次明非想定者經言若有比丘有非心想作是思惟我今此想是苦是漏是瘡是癰是不寂靜若我能斷如是非想及非非想是名寂靜若有比丘能斷如是非想非非想者是名獲得無想解脫門何以故法行比丘作是思惟若有受想若有識想若有空想若有識想若非想非非想是等皆名麤想我今若修無相三昧則能永斷如是等想是故見於非想非非想為寂靜處如身見已入非非想定已不受不著即破無明破無明已名獲阿羅漢果釋曰有非心想者即無想定也是苦是漏等即是觀無想定過罪也若我能斷如是非想及非非想是名寂靜非想者即是無想定也又非非想者已逆見上地之過應斷除是寂靜者破非想定故作涅槃之寂靜也若有比丘能斷如是非想獲得無想解脫門者一切三界之定皆名為想今斷此想獲得無想三昧即能於非想定破無明發無漏得阿羅漢果證涅槃也法行比丘若有受想已下即是重釋出上意義可見也又經言前三種定二道所斷後第四定終不可以世俗道斷凡夫於非想處雖離麤煩惱而亦具有十種細法以其無麤煩惱故一切凡夫謂是涅槃廣說如經釋曰此明凡夫等智於非想不能發無漏也又經云憍陳如若比丘修習聖道厭離四禪四空處觀於滅莊嚴之道者釋曰此明通觀於想後得入滅盡也此義下背捨中當具說行者入此法門不取實際作證具足大悲方便一切佛法起六神通度脫衆生即是約一種法門明摩訶衍也

第十四張　戴字

釋禪波羅蜜修證通明觀卷第八

釋禪波羅蜜次第法門卷第八

校勘記

二　底本，金藏廣勝寺本。

一　八八四頁中一行書名、卷次，[南]、[清]作「釋禪波羅蜜次第法門卷第八」及小字「修證通明觀」；[徑]作「釋禪波羅蜜次第法門卷第八」。

一　八八四頁中二行說者，[徑]、[清]作「隋天台智者大師說」。

一　八八四頁中二與三行之間，[徑]有「釋禪波羅蜜修證第七之四」及小字「修證通明觀」一行。

一　八八四頁下一五行第二〇字「可」，[南]、[徑]、[清]作「可得」。

一　八八五頁上一六行末字「澹」，[徑]、[清]作「痰」。一七行第二字同。

一　八八五頁中一二行第八字「生」，[南]、[徑]、[清]無。

一　八八五頁中二〇行第二二字「覺」，[南]、[徑]、[清]作「各」。

一　八八五頁下六行第二〇字「覺」，[南]、[徑]、[清]無。

一　八八五頁下一四行「有爲」，[南]、[徑]、[清]作「有餘」。

一　八八六頁上四行第二一字「觀」，[南]、[徑]、[清]無。

一　八八六頁上八行第八字「此」，[南]、[徑]、[清]無。

一　八八六頁上一一行「入出」，[南]、[徑]、[清]作「出入」。

一　八八六頁上二二行「定心」，[南]、[徑]、[清]作「若心」。

一　八八六頁上末行「併名」，[南]、[徑]、[清]作「命名」。

一　八八六頁中一二行「如此」，[南]、[徑]、[清]作「如是」。

一　八八六頁下六行「舒仁」，[南]、[徑]、[清]作「尉仁」。

一　八八六頁下八行第一四字「內」，[徑]作「肉」。

一　八八六頁下二〇行第一五字「谷」，[南]、[徑]、[清]作「谷中」。

一　八八六頁下二二行「世法」，[南]、[徑]、[清]作「世間法」。

一　八八六頁下二三行首字「帝」，[南]、[徑]、[清]作「諦」。又「五形」，[南]、[徑]、[清]作「五刑」。

一　八八六頁下二四行「拘陳」，[清]作「勾陳」。

一　八八六頁下末行「人身」，[清]作「此身」。

一　八八七頁上七行第六字「開」，[南]、[徑]、[清]作「關」。

一　八八七頁上九行「郡僚」，[南]、[徑]、[清]作「群僚」。

一　八八七頁上二六行「二入」，[南]、[徑]、[清]作「二十」。

一　八八七頁中三行「亦與」，[南]、[徑]、[清]作「亦爲」。

一　八八七頁中二四行第一六字「法」，[南]、[徑]、[清]無。

一　八八七頁下一〇行「是名」，[南]、[徑]、[清]作「是爲」。

一　八八七頁下二三行「得神脩」，[南]、[徑]、[清]作「修得神」。

一　八八八頁上一八行第三字「友」，南、徑、清作「支」。

一　八八八頁上二三行第二字「貫」，南、徑、清作「觀」。

一　八八八頁中六行第二五字「觀」，南、徑、清無。

一　八八八頁中七行第七字「勉」，徑作「免」。

一　八八八頁中二一行「若有空想若有識想」，南、徑、清作「若有觸想若有空想」。

一　八八八頁中二二行首字「相」，南、清作「想」。

一　八八八頁下末行書名、卷次，南、徑、清作「釋禪波羅蜜次第法門卷第八」。

釋禪波羅蜜次第法門卷第九　　銘九

隋天台智者大師說

弟子法愼記

弟子灌頂再治

明修證無漏禪卷上

今明無漏有二種一者對治無漏二者緣理無漏故大集經云有二種行一者慧行二者行行行行者即是九想背捨等對治無漏也緣事起行對治破諸煩惱故名行行無漏行也二慧行者即是四諦十二因緣眞空正觀緣理斷惑故名慧行無漏行也第一前釋對治無漏此約九種法門明也一九想二八念三十想四八背捨五八勝處六十一切處七九次第定八師子奮迅三昧九超越三昧今此九種禪通說爲對治無漏及次第淺深之義皆如前第一卷中說今就此九種法門中即有二種對治無漏道一者壞法道二者不壞法道壞法道者即是九想八念十想是也善修此三若發眞無漏即成壞法阿羅漢也二不壞法道即是背捨勝處一切處九次第定師子奮迅超越等三昧具足此禪發眞無漏成不壞法大阿羅漢也今通釋第一壞法觀中三種法門所以此三法門名壞法觀者行人心厭六欲猶如怨賊故修九想以爲對治作此觀時雖破壞六欲而多生恐怖若修八種正念恐怖即除既貪欲心薄又無怖畏爾時欲斷三界結使即應進修十想十想成就即便殺諸結賊成阿羅漢是人既壞滅欲界身相不能具足三界觀練熏修三明八解故名壞法也問曰九想與十想有何異耶答曰有異不異異者九想如縛賊十想如殺賊九想爲初學十想爲成就九想爲因十想爲果故經云二爲甘露門一者不淨觀門二者阿那波那門不異者善修九想即具足十想此義在下當明之初釋九想觀門者一脹想二壞想三血塗想四膿爛想五青瘀想六噉想七散想八骨想九燒想此九種法門通稱想者能轉心轉想所謂能轉不淨中淨顚倒想故名爲想今釋九想即開爲四意一明修證二明對治三明攝法四明趣道一明修證者行人先持戒清淨令心不悔易受觀法能破婬欲諸煩惱賊故爾時當先觀人初死之時辭訣言語息出不反忽已死亡氣滅身冷無所覺知室家驚慟號天叫地言說方爾奄便何去此爲大畏無可免者譬如劫盡火燒無有遺脫如偈說

死至無貧富　無勤修善法　無貴亦無賤

老少無免者　無祈請可救　亦無欺誑處

無捍格得脫　一切無免者

死法名永離恩愛之處一切有生之所惡雖知可惡甚無得免者我身不久必當如是同於木石無所別知我今不應貪著五欲不覺死至同於牛羊牛羊禽獸雖見死者跳騰哮吼不自覺悟我既已得人身識別好醜當求甘露不死之法如偈說

六情根完具　智鑒亦明利　而不求道法

唐受身智慧　禽獸皆亦智　欲樂以自恣

而不知方便　爲道修善事　既已得人身

而但自放恣　不知修善行　與彼復何異

三惡道衆生　不得修道業　已得此人身

當勉自益利
行者思惟是已即取我所愛人若男若女脫衣露體卧置地上於前如死尸想一心三昧觀此死尸心甚驚畏破愛著心此則略說死想以爲九想前方便也復次九想有二種一者利根二者鈍根若利根之人懸心存想死脹等事悉得成就若鈍根之人懸作不成必須見人初死至尸所取是相已繫心修習既見相分明心想成就即發三昧於後雖離死尸隨想即見一脹想者行者對死尸邊見胮脹如韋囊盛風異於本相此身中無主妄識役御視聽言語以此自誑今何所趣但見空舍胮脹項直此身姿容妖媚細膚朱脣素齒長眼直鼻平頟高眉如是好身令人心惑今但見胮脹好在何處男女之相亦不可識即取此相以觀我所愛人作此訶責欲心臭屎囊胮脹可惡何足貪著爲此沉没自念我身未脫此法一心三昧除世貪愛二壞想行者復觀死尸風吹日曝轉大烈壞在地六分破碎五臟屎尿臭穢盈流惡露已現我所著者以此觀之無可愛樂我爲癡惑爲此屎囊薄皮所誑如燈蛾投火但貪明色不顧燒身之禍自念我身亦爾未脫此法一心三昧除世貪愛三血塗漫想行者復觀死尸既見破壞處處膿血流溢從頭至足點汙不淨臭穢腥臊胮脹不可親近我所愛者以此觀之無可愛樂我爲癡惑坐是沉淪汙穢不淨好在何處自念我身未脫此法一心三昧除世貪愛四膿爛想行者觀死尸風熱水漬日漸經久身上九孔蟲膿流出皮肉處處膿爛滂沱在地臭氣轉增我所愛者以此觀之好容美貌爲此昏迷今見臭爛甚於糞穢何可貪著自念我身未脫此法一心三昧除世貪愛五青瘀想行者復觀死尸膿血稍盡風日所變皮肉黃赤瘀黑青黤臭氣轉增我所愛者以此觀之桃華之色誑惑於我今何所在自念我身未脫此法一心三昧除世貪愛六噉想行者復觀死尸蟲蛆唼食烏挑其眼狐狗咀嚼虎狼齘裂身殘缺骸脫落可惡我所愛人以此觀之本時形體清潔服飾莊嚴嬌態自惑今見破壞本相皆失甚可猒惡自念我身未脫此法一心三昧除世貪愛七散想行者復觀死尸禽獸分裂身形破散風吹日曝筋斷骨離頭首交橫我所愛人以此觀之人相何在自念我身未脫是法一心三昧除世貪愛八骨想行者復觀死尸皮肉等已盡但見白骨見骨有二種一者見筋相連二者筋盡骨離復有二種一則餘血膏膩染汙二則骨白如珂如貝我所愛人以此觀之髑髏可畏堅強之相甚於瓦石柔輭細觸一旦皆失自念我身未免此法一心三昧除世貪愛九燒想行者復到死尸林中或見積多草木焚燒死尸腹破肥出爆裂烟臭甚可驚畏或見但燒白骨烟燄洞然薪盡火滅形同灰土假令不燒不埋亦歸磨滅我所愛人以此觀之身相皆盡甚於兵刃沐浴香熏華粉嚴飾輭肥細體清溫諂佞以此惑人今皆磨滅竟何所在自念我身未脫此法一心三昧除世貪愛二明九想對治者行者修九想既通必須增想重修令觀行熟利隨所觀時心即與定相應

想法持心無分散意此則能破六欲除世貪愛六欲者一者色欲二形貌欲三威儀姿態欲四言語音聲欲五細滑欲六人相欲此六欲中能生六種著色欲者有人染著赤色若赤白色若黃白色黑色若赤黑色若青色若青白色若桃華色無智愚人見此等色没溺迷醉若形貌欲有人但著形貌面如滿月修目高眉細腰纖指相好端嚴心即惑著威儀欲者有人著威儀姿態行步汪洋揚眉頓臉含笑嬌盈便生愛染言語欲者有人但愛語聲若聞巧言華說應意承旨音詞清雅歌詠讚歎悅動人心愚夫淺識爲之迷惑細滑欲者有人但愛身形柔輭肥膚光悅猶若兜羅之綿寒時體溫熱時體涼按摩接待身服熏香凡情没溺爲此危喪雜欲者有人皆著五（銘九）（六）事人相欲者有人皆不著五事但著人相若男若女雖見上五事若不得所愛之人猶不染著若遇適意之人則能捨世所重頓亡軀命如是六欲世世誑惑衆生沉淪生死没溺三塗不得解脫若能善修九想對治除滅則

六欲賊破散疾證涅槃所以者何初死想破威儀語言二欲次脹想壞想噉想破形貌欲次血塗漫想青瘀想膿爛想多破色欲次骨想燒想多除細滑欲九想除雜欲及所著人相欲噉想散想骨想偏除人相欲殘噉離散白骨中不見有人可著故以是九想觀能破欲結瞋癡亦薄三毒薄故九十八使山皆動漸漸增進其道以金剛三昧摧破結使山得三乘道九想雖是不淨觀因是能成大事譬如大海中死尸溺人依之即得度也三明攝法者是九想法緣欲界身色想陰攝亦身念處少分或欲界攝或初禪二禪攝未離欲散心人得欲界繫離欲人得色界繫膖脹等八想欲界初禪二禪中攝淨骨想欲界初禪二禪四禪中攝三禪中樂多故無是想四明九（銘九）（七）想趣道者修九想有二種若按事而修此則但能伏欲界結後别修十想以斷見思成無學道二者若善修九想即具十想從事入理此則不煩别約餘門修十想所以者何如行者觀人死時動轉言語須臾間忽然已滅身

體膖脹爛壞分散各各變異是則無常若著此身無常壞時是即爲苦若無常苦不得自在者是則無我不淨無常苦無我故則世間不可樂著觀身如是食雖在口腦涎流下與唾和合成味而咽與吐無異下入腹中即爲糞穢即是食不淨想以此九想觀身無常變易念念皆滅即是死想以是九想猒世間樂知煩惱斷即安隱寂滅即是斷想以是九想遮諸煩惱即離想以九想猒世間故知五陰滅更不須生是處安隱即是盡想若能如是善修九想即具十想斷見思惑當知是人必定趣三乘道復次摩訶衍中說若善修九想開身念處門身念處開三念處門四念處開三十七品門三十七品開涅槃門入涅槃故則滅一切憂苦菩薩憐愍衆生故雖於九想能入涅槃而亦不取實際作證所以者何若色中無味相衆生即不應著於色若色中無離相令亦不應從色得解脫以色中有味故衆生則著於色色中有離相故衆生從色得解脫而味不即離離不即味離味處無脫

處離脫處無味處當知色即非縛非脫爾時不隨生死不證涅槃但以大悲憐愍一切衆生於此不淨觀中成就一切佛法大品經云九想即是菩薩摩訶衍次釋八念法門所言八念者一念佛二念法三念僧四念戒五念捨六念天七念入出息八念死此八通稱念者一心緣中憶持不忘失故名之爲念今釋八念即爲三意一明教門所爲二明修證三明趣道之相一明教門所爲者佛弟子於阿蘭若處空舍塚間山林曠野善修九想外不淨猒患其身而作是念我云何將是底下不淨臭屎尿囊以自隨逐爾時嗇然驚怖舉身毛竪及爲惡魔作種種形色來恐怖之欲令其道退没以是故念佛次九想後說八念以除怖畏如經中說佛告諸比丘若於阿蘭若處有驚怖心爾時應當念佛恐怖即滅若不念佛應當念法恐怖即除若不念法應當念僧恐怖即除故知三念爲除怖畏說也問曰經說三念因緣爲除怖畏後五念復云何答曰是比丘自布施持戒怖畏即除所以者何若彼破戒畏墮地獄若慳貪畏墮餓鬼及貧窮中自念我有是淨戒布施則歡喜上諸天皆是布施持戒果報我亦有是福德是故念天亦能令怖畏不生十六行中念阿那波那時細心覺尚滅何况怖畏麤覺念死者念五陰身念念生滅從生已來恒與死俱今何以畏死是五念佛雖不别說當知是爲深除怖畏所以者何念他功德以除恐怖則難念自功德以除怖畏則易以是義故不别說二明修證八念念佛者若行者於阿蘭若中心有怖畏應當念佛佛是多陀阿伽度阿羅訶三藐三佛陀乃至婆伽婆十號具足三十二相八十種好大慈大悲十力四無所畏十八不共法智慧光明神通無量能度無量十方衆生是我大師救護一切我當何畏一心憶念恐怖即除二念法者行者應念是法巧出得令世果無諸熱惱不待時能到善處通達無礙巧出者善說二諦不相違故是法能出二邊故名巧出得今世果者諸外道法皆無今世果唯佛法中因緣展轉生所謂持戒清淨故得心不悔得心不悔故生法歡喜生法歡喜故得心樂得心樂故則能攝心攝心故得如實智得如實智故得猒離得猒離故得離欲離欲故得解脫解脫果報故得涅槃是名得今世果報無熱惱者無三毒生死熱惱也不待時者諸外道受法要須待時節佛法不爾譬如薪遇火即然不待時到善處者若行佛法必至人天樂果三乘涅槃之處通達無礙者得三法印故通達無礙也我修如是等法當何所畏一心憶念恐怖即除三念僧者行者應念僧僧是佛弟子衆具五分法身是中有四雙八輩二十七人應受供養禮事世間無上福田所謂若聲聞僧若辟支佛僧若菩薩僧神智無量能救苦難度脫衆生如是聖衆是我真伴當何所畏一心憶念恐怖即除四念戒者行者應念是戒能遮諸惡安隱住處是中戒有二種所謂有漏戒無漏戒復有二種一律儀戒二定共戒律儀戒能遮諸惡身得安隱定共戒能遮諸煩惱心得內樂無漏戒能破無明諸惡根本得解脫樂我修

如是之法當何所畏一心憶念恐怖即除五念捨者行者應念捨有二種一者捨施捨二者諸煩惱捨捨施有二種一者捨財二者捨法是二種捨皆名爲捨即是一切善法根本行者自念我有身已來亦有如是捨施功德我當何畏一心憶念怖畏即除六念天者行者應念四天王天乃至他化自在天彼諸天等悉因往昔戒施善根得生彼處長夜快樂善法護念我等復當憶念天有四種一者名天二者生天三者淨天四者義生天如是等天果報清淨若我有戒施之善捨命之時必生彼處當何所畏一心憶念恐怖即除七念阿那波那者如前十六特勝初門中說行者若心驚怖即當調息緣息出入覺知滿十即當發言念阿那波那如是至十六神即歸一心念息恐怖即除次念死者死有二種一者自死二他因緣死是二種死常隨此身若他不殺自亦當死何足生怖譬如勇士入陣以死往適則心安無懼如是一心念死怖畏即除是則略說八念對治恐怖是中法相並如

摩訶衍廣分別三明八念趣道之相者若如前說止是權除怖畏及諸障難今明善修八念即是一途入道法門釋八念入道有二意一者次第修行入道之相二者一一念各得入道次第修行入道者行者欲求解脫煩惱之病先當念佛如醫王念法如良藥念僧如瞻病念戒如禁忌飲食念捨如將養念天如身病少差念阿那波那使發禪定念死即悟無常四諦若三界病盡即得聖道二者明二念各是入道方法者念佛即是念佛三昧入道之相如文殊般若及諸經中說念法者如經說諸佛所師所謂法也若四諦十二因緣六波羅蜜中道實相如是等法皆是入道之法念僧者如觀世音三昧藥上等經中說念戒如前十種戒中說念施如摩訶衍中檀波羅蜜入道相中說餘三念者若念天及第一義天即入道若念阿那波那入道之相其如通明中說念死如下死想義中說當知八念隨修一念即得入道不須餘習菩薩爲求佛道故行是八念心無依倚大悲方便廣習法門以化衆生當知八念即是菩薩摩訶衍也

次釋十想法門十想者一無常想二苦想三無我想四食不淨想五一切世間不可樂想六死想七不淨想八斷想九離想十盡想今釋十想即爲三意一明次位二明修證三明趣道想第一所言次位者於佛教所說諸法中有三種道一見道二修道三無學道今此十想即約三道以明位次所以者何壞法人於乾慧地已具九想伏諸結使今修無常等三想即是總相觀爲破六十二見諸顛倒法入見道中得初果故次有食不淨想等四想此爲須陀洹斯陀含人入修道中欲斷五下分結證阿那含果故說是四種別相事觀助成正觀斷思惟惑後斷離盡等三想爲阿那含人行阿羅漢向修無學道爲欲斷離色無色愛證阿羅漢故說當知十想約三道以辯次位一往義則可見第二明修證一無常想者觀一切有爲法無常智慧相應故名無常想所以者何一切有爲法新新生滅故屬因緣故不增積故生時無所從來滅時無所去

處故名無常是中無常有二種一者衆生無常二者世界無常衆生無常者行者觀我及一切衆生從歌羅邏來色心生滅變異乃至老死無暫停時所以者何一切有爲悉屬生住滅三相遷變故知無常所謂欲生異生欲住異住欲滅異滅如是變易無常剎那迅速無暫停息故知一切衆生悉皆無常世界無常者如偈說大地草木皆磨滅須彌巨海亦崩竭諸天住處皆燒盡爾時世界何處常

復次如佛說無常觀有二種一者有餘二者無餘一切人物皆盡唯有名在是名有餘若人物滅盡是名無餘所以者何若言以三相故一切有爲法爲無常者三相自不可得云何有無常如生時無住滅離生時亦無住滅若生時即有住滅即壞生相以生滅相違故若言離生有滅住亦壞三相義若離生則滅無所滅故當知三相不可得若無有三相云何言無常若不得無常相即見聖道是名無常想問曰若爾佛何故說無常爲聖諦答曰爲對治破著常顚倒故是中不應求實若心計無常爲實者即墮斷見復次有餘無常想如上特勝通明中說無餘者在下慧行中當廣說問曰何以聖行初門先說無常想答曰一切凡夫未見道時各貴所行或言持戒爲重或言多聞爲重或言十二頭陀爲重或言禪定爲重如是各各所行爲貴更不復勤求涅槃佛言是諸功德皆是趣涅槃道分若觀諸法無常是爲眞涅槃道如是種種因緣故諸法雖空而說是無常想二苦想者行者應作是思惟若一切有餘法無常遷變即是苦想所以者何從內六情外六塵和合故生六種識六種識中生三種受謂苦受樂受捨受是三種受中生老病死恩愛別離求不得怨憎會五陰盛等八苦之所逼切故名爲苦復次是苦受以事即是苦故一切衆生所不欲是樂受以爲順情故一切衆生所愛若生貪著無常敗壞即現受衆苦後受地獄畜生餓鬼等苦如是等種種諸苦皆從求樂生故知樂即是苦捨受雖復情中不覺苦樂不取不棄理實無常遷逼亦爲大苦如是觀時於三界中不見樂相可生貪著心生猒畏是名苦想問曰若無常即是苦者道聖諦有爲無常亦應是苦答曰道聖諦雖無常而能滅苦不生諸著又與空無我等諸智慧和合故但是無常而非苦也三無我想者行者當深思惟若有爲法悉是苦者苦即是無我所以者何五受陰中悉皆是苦若是苦者即不自在若不自在是則無我何以故若有我自在者則不應爲苦所逼知苦即是無我復次五陰十二入十八界中諸法從緣生則無自性故若即陰離陰更求我等十六知見皆不可得既不得我則捨一切諸見執著心無所取便得解脫是名無我想是無常苦無我三想觀行深細在下釋苦諦中更當廣說問曰無常苦無我爲是一事爲是三事若是一事一事不應說三若是三事佛何故說無常即苦苦即無我答三是一事所謂受有漏法觀門分別故有三種異無常行想應是無常想苦行想應是苦想無我行想應是無我想無常不令入三界苦令知三界過罪無我則捨世間復

次無常生厭苦生怖畏無我拔出令得解脫復次無常者遮常見苦遮令世涅槃見無我者遮著處見無常者世間所可著常法是苦者世間計樂處是無我者世間所可計我牢固者是如是等種種分別並如摩訶衍中廣說也四食不淨想者行者雖知無常苦空無我若於飲食猶生貪著當修食不淨想以爲對治諦觀此食皆是不淨因緣故有如肉是精血水道中生是爲膿蟲住處如酥乳酪血變所成與爛膿無異飯似白蟲羹如糞汁一切飯食廚人執作汁垢不淨若著口中腦有爛涎二道流下與唾和合然後成味其狀如吐從腹門入地持水爛風動火煑如釜熟爨滓濁下沉清者在上譬如釀酒滓濁者爲屎清者爲尿腰有三孔風吹膿汁散入百脉先與血和合凝變爲肉從新肉生脂骨髓以是因緣故生身根從新舊肉令生五精根從此五根則生五識次第生意識分別取相籌量好醜然後生我我所心等諸煩惱及諸罪業觀食如是本末因緣種種不淨知內四大與外四大則無有異但以我見力故強計爲我有行者如是思惟知食罪過若我貪著當墮地獄餓鬼吞熱鐵丸或墮畜生猪狗之中噉食糞穢如是觀食則生厭想因厭食故五欲亦薄即是食不淨想五一切世間不可樂想者行者若念世間色欲滋味眷屬親里服飾園觀國土人事等則生樂想惡覺不息障離欲道故行者應當深心諦觀世間過罪之相過罪有二種一者衆生二者國土衆生過罪者一切衆生皆有八苦之患無可貪著復觀衆生貪欲多故不擇好醜猶如禽獸瞋恚重故乃至不受佛語不敬聞法不畏惡道愚癡多故所求不以道理不識尊卑或慳貪憍慢嫉妬很戾諂誑讒賊邪見無信不識恩義或罪業多故造作五逆不敬三寶輕蔑善人世間衆生善者甚少弊惡者多深觀如是煩惱過罪應生厭離如是不可親厚國土過罪者如偈說

或有國多寒　或有國多熱　有國無救護
或有國多惡　有國多饑餓　或有國多病
有國不修福　如是無樂處

行者深觀欲界惡事如是無有樂處乃至上二界果報破壞時憂苦甚於下界譬如極高處墮落摧碎爛壞經言三界無安猶如火宅衆苦充滿甚可怖畏若常觀是相則深生厭離愛覺不生是名世間不可樂想六死想者行者若修上來諸想多少懈怠心生不能疾斷漏是時應須深修死想如佛說死想義有一比丘偏袒白佛我能修死想佛言汝云何修比丘言我不望一歲活佛言汝爲放逸修死想者復有比丘言我不望七月活有比丘言七日六日五日四日三日二日活佛言汝等皆是放逸修死想者有比丘言從旦至食有一比丘言一食頃佛言汝等皆是放逸修死想者有一比丘偏袒白佛言我於出息不保入息入息不保出息佛言善哉善哉是眞修死想者是眞不放逸行若能如是修死想者當知是人破懈怠賊一切善法恒得現前是名修死想也七不淨想者如前通明觀見身三十六物五種不淨是中應廣說入斷

想九離想十盡想者緣涅槃斷煩惱結使故名斷想離結使故名爲離想盡諸結使故名爲盡想問曰若爾者一想便足何故說三答曰如前一法三說無常即苦苦即無我此想亦如是斷想有餘涅槃盡想無餘涅槃離想二涅槃方便門當知壞法人成就十想即成阿羅漢具足二種涅槃故說九想十想爲壞法道也十想義種種分別具如摩訶衍中廣說第三明趣道相者即有三種一者漸次入壞法道具如前說二者非次第壞法道從初發心即具修十想斷諸結使得阿羅漢果具足二種涅槃故摩訶衍云若於煗頂忍世間第一法正智慧觀離諸煩惱是離想得無漏道斷結使是斷想入涅槃特滅五受陰不復相續是名盡想當知從初乾慧地來即說離想等此則異前所說三想併在後無學道中也三者隨分入道若於十想之中隨修一想善得成就即能斷三界結使得阿羅漢證二種涅槃故經云善修無常能斷一切欲愛色愛無色愛掉慢無明三界結使永盡無餘當知無常即是具足入道不煩惱想下九想亦當如是一一分別趣道之相復次菩薩摩訶薩行菩薩道時心廣大故欲爲一切衆生習甘露法藥雖知諸法畢竟空寂而亦具足成就十想是菩薩於一一想中次第入一切法門旋轉無閡爲衆生說當知十想即是菩薩摩訶衍也

釋禪波羅蜜次第法門卷第九

釋禪波羅蜜次第法門卷第九

校勘記

一　底本，清藏本。此卷金藏廣勝寺本缺，故以清藏本補。

一　八九一頁上二行說者，[南]作「天台智者大師說」。

一　八九一頁上四、五行之間，[徑]有「釋禪波羅蜜修證第七之五」一行。

一　八九一頁上五行「卷上」，[徑]無。

一　八九一頁上一一行第一一字「行」，[南]無。

一　八九二頁下一七行第五字「倿」，[南]作「倿」。又「摩滅」，[南]、[徑]作「磨滅」。

一　八九五頁上一五行「十六」，[南]作「七六」。

一　八九五頁中九行末字「二」，[徑]作「一一」。

一　八九五頁中一七行第一六字「其」，[南]、[徑]作「具」。

一　八九七頁上一七行第一四字「精」，[南]、[徑]作「情」。

一　八九七頁下末行第一六字「入」，[南]、[徑]作「八」。

釋禪波羅蜜次第法門卷第十

卄十八条一　藏

天台智者大師說　弟子法慎記　弟子灌頂再治

從八背捨已去有六種法門並屬不壞法道所攝利根羅漢聞具此六法
發具無漏即成不壞法大力阿羅漢故摩訶衍云不壞法阿羅漢能
具無諍三昧願智頂禪今分此六種法門即為四意謂觀鍊熏修一
者背捨及勝處一切處此三門並屬觀禪故摩訶衍云背捨是初
行勝處是中行一切處是後行悉為對治破根本味禪中無明貪著
及淨法愛也二九次第定即是鍊禪三師子奮迅三昧即是熏禪
四超越三昧即是修禪今釋第一觀禪即為二意一先釋三翻依擬
禪方法二明觀禪功能第一釋三翻觀行方法者一先釋背捨二次
釋勝處三釋一切處也次釋八背捨八背捨者一內有色相外觀色
是初背捨二內無色相外觀色是二背捨三淨背捨身作證是三背
捨四虛空處背捨五識處背捨六不用處背捨七非有想非無想背
捨八滅受想背捨今釋背捨即為五意一釋名二明次位三辨觀法
不同四明修證五分別趣道之相第一釋名此八法門所以通名背
捨者背是淨潔五欲離是著心故名背捨言淨潔五欲者欲界麤弊
聲香味觸貪著是法沉沒三塗名為不淨五欲欲界定未到地根
本四禪四空是中雖生味著皆名淨潔五欲今以背捨無漏對治
破除厭離不著欲界根本禪定喜樂故言能背是淨潔五欲捨是
著心名為背捨復次多有人言背捨即是解脫之異名今用摩訶衍
意往撿此義不然所以者何如大品經云菩薩依八背捨入九次第
定身證阿那含人雖得九次第定而不得受具足八解之名故知
因中厭離煩惱名背捨後具足觀鍊熏修發真無漏三界結盡爾
時背捨轉名解脫如此說者義則可依第二明次位者解釋不同若
依曇無德人所明初二背捨位在欲界三淨背捨位在色界四禪第
四五六七此四背捨位在四空第八滅受想背捨位過三界若依薩婆
多人所說初二背捨位通欲界初禪二禪第三淨背捨唯在四禪彼
云三禪樂多又離不淨近故不立背捨下五背捨明位不異於前復
有師言三禪無勝處四禪無背捨此則與前有異今依摩訶衍中說
論言初背捨初禪攝第二背捨二禪攝當知此二背捨位在初二禪中
為對治破欲界故皆言以是不淨心觀外色第三淨背捨位在三禪
中故論云淨背捨者緣淨故淨遍身受樂故名身作證三界之法若
除三禪更無遍身之樂論文又言是四禪中有一背一捨四勝處如
比上進退從容當知位在三禪四禪苟而偏屬即互乖論今若具
以此義破射於前及融通教意甚自紜紜下五背捨配位不異於前
今依後家之釋以辨位次也第三釋觀法不同者若曇無德人明此
八解脫觀並以空觀而為體若薩婆多人明此背捨不淨觀並是有
觀厭背為體今此八背捨具有事理兩觀在因則名背捨果滿則名
解脫亦名俱解脫也若偏依前二家所說此則事理互有不具豈得
受於俱解脫之名此中觀行方法與前二家不同淺深之異在下自
當可見第四明修證行者欲修八背捨無漏觀行必須精持五篇諸
戒發令清淨復當精勤勇猛大誓莊嚴心無退沒乃能成辦大事所
言初背捨者不壞內外色不內外滅色相已是不淨心觀色是名初背
捨所以者何眾生有二分行愛行見行愛多者著樂多縛在外結使
見多者多著身見等諸見為內結使縛以是故愛多者觀外身不淨
見多者觀內身不淨敗壞今明背捨觀行多先從內起內觀既成然
後以不淨心觀外云何觀內行者端身正心諦觀足大拇指想如大
豆脹黑亦如脚疊之相於靜心中觀此相成即復想脹起如棃豆大如
是乃至見一拇指脚如鷄卵大次觀二指三四五指亦然次觀脚趺
復見腫脹乃至脚心脚跟脚踝蹲腨膝髖悉見腫脹次觀右脚亦如
是復當靜心諦想大小便道腰脊腹背胸脅悉見腫脹復當靜心諦
觀左臂肘腕掌五指悉見腫脹乃至右臂亦復如是復當靜心諦
觀頸項頭頷悉見腫脹舉身填直如是從頭至足從足至頭循身觀

察但見膖脹心生厭惡復當觀壞膖爛血汗不淨大小便道蟲膿流出膖脹既坼破見諸內藏及三十六物臭爛不淨心生厭惡自觀己身甚於死狗觀外所愛男女之身亦復如是不可愛樂廣說如九想但除散燒二想爲異耳行者修此觀時若欲界煩惱未息當更住此觀中令厭心純熟若斷貪愛是時應當進觀白骨一心靜定諦觀眉間想皮肉裂開見白骨如小大的的分明未當以心向上裂開皮肉即見額骨及髮際骨鬂（音宜鬢反）然而開即見骨相復觀頂骨亦見皮肉脫落髑髏骨出復當定心從頭向下想皮肉皆隨心漸漸擗落至足皮肉既脫但見骨人節節相拄端坐不動行者爾時即定心諦觀此骨從因緣生依因指骨以拄足骨依因足骨以拄踝骨依因踝骨以拄蹲骨依因蹲骨以拄膝骨依因膝骨以拄髀骨依因髀骨以拄髖骨依因髖骨以拄腰骨依因腰骨以拄脊骨依因脊骨以拄肋骨復因脊骨上拄項骨依因項骨以拄頷骨依因頷骨以拄牙齒上有髑髏復因項骨以拄肩骨依因肩骨以拄臂骨依因臂骨以拄腕骨依因腕骨以拄掌骨依因掌骨以拄指骨如是展轉相依有三百六十骨一一諦觀知大知小知强知軟共相依假是中無主無我何者是身見出入息但是風氣風亦復非身非我觀受觀心乃至觀法悉知虛誑無主無我作此觀已即破我見憍慢五欲亦皆除滅爾時復當定心從頭至足從足至頭循身諦觀深練白骨乃經百千許遍骨人肪膏既盡骨色如珂如貝深觀不已即見骨上白光煜爚見是相已即當諦觀眉間當觀時亦見白光熾熾悉來趣心行者不取光相但定心眉間若心恬然任運自住善根開發即於眉間見八色光明旋轉而出徧照十方皆悉明淨八色者謂地水火風青黃赤白普照大地見地色如黃白淨地見水色如淵中澄清之水見火色如無煙薪清淨之火見風色如無塵清風見青色如金精山見黃色如薝蔔華見赤色如春朝霞見白色如珂雪雖是色相悉有光耀雖復見色分明而無形質可得此色超勝非世所有是相發時行者心定安隱身樂無量不可

文載也行者復當從頭至足深練骨人還復攝心諦觀於額住心緣中復見八色光明旋轉而出如是次第定心觀髮際頂兩耳孔眉骨眼骨鼻骨齒頷頸項骨從上至下三百六十諸骨諸節悉見八色光明旋轉而出行者攝心轉細從頭至足從足至頭觀此骨人悉見徧身放光普照一切悉皆明淨若是菩薩大志成於光中見諸佛像若行人善根力弱乃至四禪方得見諸佛像行者既光明照曜定心喜樂從上所得是名證初背捨相所以者何內骨人未滅故故名內有色相見外八種光明及欲界不淨境故故言以是不淨心觀外色外色有二種如欲界不淨此是不淨外色八種清淨之色是出世間色界之色故名外色行者見內外不淨色故背捨欲界心不喜樂見八種淨色故即知根本初禪無明暗蔽虛誑不實壞其樂著即能棄捨心不深著故論言背是淨潔五欲離是著心故名背捨復次如摩訶衍中說初禪一背捨當知背捨即是無漏初禪若是初禪即具有五支之義今當分別如行者從初不淨觀來乃至鍊骨人光耀即是觀禪欲界定相攝心眉間泯然定住即是觀禪未到地相八種光明旋轉而出覺此八色昔所未見心大驚悟即是觀禪覺支之相分別八色其相各異非世所有即是觀支慶心踊躍即是喜支恬澹之法恬悅娛心即是樂支雖覩此色無顛倒想三昧不動即是一心支今略事分別此無漏觀禪五支之相當知與上根本特勝通明中五支條然有異二背捨者壞內色滅內色相不壞外色不滅外色相以是不淨心觀外色是第二背捨所以者何行者於初背捨中骨人放光既徧今欲入二禪內淨故壞滅內骨人取盡欲界見思未斷故猶觀外白骨不淨之相故云以是不淨心觀外色今明修證行者於初背捨後心中不受覺觀動亂諦觀內身骨人虛假不實內外空疎專取壞散磨滅之相如是觀時漸漸見於骨人腐爛碎壞猶如塵粉散滅歸空不見內色是時但攝心入定緣外光明及與不淨一心緣中不受覺觀於後內心豁然明淨三昧正受與喜俱發即見八

種光明照從內淨出明十方倍勝於上既證內法大喜光明即知根本二禪虛誑無實厭此大著故名此背捨亦名無漏第二禪是中具有四支推尋可見三淨背捨身作證者如摩訶衍中說緣淨故淨徧身受樂故名身作證所以者何行者欲入是三背捨於二背捨後心即不受觀外不淨骨境壞散滅無有遺餘亦不受大喜踊動但攝心諦觀八色光耀之相取是相已入深三昧練此八色極令明淨住心緣中即泯然入定定發之時與樂俱生見外八色光明清淨皎潔猶如妙寶光色各隨其相光明照曜徧滿十方內外徹淨淨色照心心即明淨樂漸增長徧滿身中樂體怡悅既證此法背捨根本心不樂著是則心證淨背捨亦名無漏三禪是中具足五支深思可見乃至四禪淨色亦復如是皆淨背捨所攝但以無樂身樂爲異耳問曰若爾從初背捨來悉有淨色何故今方說爲淨背捨耶答曰是中應用四義分別一者不淨不淨二者不淨淨三者淨不淨四者淨淨不淨不淨者如欲界三十六物之身性相已是不淨不淨觀力更見此身膖脹爛青瘀臭處此則不淨中更見不淨不淨淨者如白骨本是不淨之體諦心觀之骨體既盡如珂如貝白光熾爍此則不淨中淨也淨中不淨者從初背捨來雖有淨光但此光明有三種不淨因緣一者出處不淨謂從骨人出也二者所照不淨謂照外境也三者光體未被鍊故不淨譬如金不被鍊未真光色不淨以是因緣初禪雖有光明不名緣淨故淨二禪雖無白骨光從內淨而出猶照外不淨而未被鍊及大喜故亦得名爲緣淨今言淨淨八色光明本是淨色今於此地又離三種不淨故淨言淨淨亦名緣淨故淨既淨義具足所以說爲淨背捨也四虛空背捨者行者於欲界後已除自身皮肉不淨之色初背捨後已滅內身白骨之色二背捨後已却外一切不淨之色唯有八種淨色至第四禪此八種色皆依心住譬如幻色依幻心住若心捨色色即謝滅一心緣空與空相應即入無邊虛空處此明滅色方便異於前也證虛空處義如

前說行者欲入虛空背捨當先入空定空定即是背捨之初門背捨色縛無色故凡夫人入此定名為無色佛弟子入此定深心一向不迴是名背捨云何名深心若修之者厭惡故云何名一向不迴於此定中善修毘婆舍那空無相無作無願故能捨根本著心即不退沒墮生死故名一向不迴復次佛弟子當入無色定時即有八聖種觀如無常等四種對治觀故即能破無色之法無常等四種正觀故即破無色假實二倒能發無漏入聖種觀行方法並如前禪中虛空定作證時說復次欲離虛空故方便修入聖種今行入即入虛空定時即修八聖種雖住定中而不著虛空定故名背捨也五識處六無所有處七非有想非無想處背捨亦當如是一一分別入滅受想背捨者背滅受想諸心心數法是名滅受想背捨所以者何諸佛弟子厭患散亂心故入定休息俗諸緣法安著身中故名身證行者修是滅受想背捨必須滅非想陰界入及諸心數法云何滅是非想中雖無麤煩惱而具足四陰三入三界十種細心數法所謂一受二想三行四觸五思六欲七解八念九定十慧云何為受所謂識受云何為想所謂識想云何為行所謂法行云何為觸所謂意觸云何為思所謂法思云何為欲謂入出定云何為解所謂法解云何為念謂念於三昧云何為定謂心如法住云何為慧謂慧根慧身及無色愛無明掉慢心不相應諸行等苦集法和合因緣則有非想前於非想背捨中雖共是事不著非想故名背捨而未滅諸心數法今行者欲入滅受想背捨故必須不念非想一心緣真絕陰界入則非想陰入界滅一切諸行因緣及滅受滅乃至慧滅愛無明等諸煩惱滅一切心數法滅一切非心數亦滅是名不與凡夫共非是世法若能如是觀者是名滅受想以能觀真之受想滅非想苦集之受想今行者欲入滅受想背捨復須深知能觀真之受想亦非究竟寂靜即捨能觀之定受慧想捨此緣真定慧二心故云背滅受想諸心心數法譬如以後聲止前聲前聲既息即後聲亦如是能除受想心既息因此心與滅法相應滅

法持心寂然無所知覺故云身證想受滅此定中既無心識若欲出入但聽本要期長短也第六分別趣道之相行者修八背捨入道有三種不同一者先用背捨破遮道法後則具足修習勝處乃至超越三昧事理二觀具足方發真無漏證三乘道二者若修八背捨時是人厭離生死欲速得解脫是時徧修緣諦真觀等即於八背捨中發真無漏證三乘道亦名具足八解脫也當知此人未必具下五種法門問曰若爾此人未得九次第定云何已得受八解脫之名答曰是義應作四句分別一者自有九次第定非解脫自有是解脫非次第定自有次第定亦是解脫自有非次第定非解脫而是八背捨三者若人厭離生死心重但證初背捨時即深觀四諦真定之理無漏若發便於此地入金剛三昧證三乘道當知是人亦復未必具上七種背捨菩薩摩訶薩心如虛空無所取捨以方便力善修背捨具足成就一切佛法度脫衆生當知背捨即是菩薩摩訶衍文釋八勝處法門八勝處者一內有色相外觀色少若好若醜是名勝知勝見一勝處也二內有色相外觀色多若好若醜是名勝知見二勝處也三內無色相外觀色少若好若醜是名勝知見三勝處也四內無色相外觀色多若好若醜是名勝知見四勝處也五青勝處六黃勝處七赤勝處八白勝處若依瓔珞經用四大爲四勝處今明勝處即為四意一者釋名二明階位三辨修證之相四明趣道第一釋名此八法通名勝處者則有二義一者若淨若不淨五欲得此觀時隨意能破故名勝處二者善調觀心譬如乘馬擊賊非但破前陣亦能善制其馬故名勝處此則有異背捨經亦說爲八除入若因勝處斷煩惱盡則知亦是除入皆滅觸時勝處變名八除入也第二明次位者今但依摩訶衍中說初二勝處位在初禪次第三第四勝處位在二禪後四勝處位在四禪所以三禪不立勝處者以樂多心鈍故前二禪雖欲界近欲界煩惱難破雖位居二禪猶觀不淨破下地結四禪既是色中之極故色勝位極於此四空既無色故亦以發地煩惱障故

故不立勝處第三明修證所以言內有色相外觀色少者緣少故名少觀道未增故觀少因緣觀多畏難攝故譬如鹿遊未調則不中遠放云何名觀少行者自觀見己身不淨亦觀所愛之人不淨膖爛白骨心甚厭惡如初背捨中說若好若醜者觀外諸色善業果報故名好惡業報故名醜復次行者從師所受觀法觀外緣種種不淨是名醜色行者或時憶念妻子淨潔觀淨色是好色復次行者自身中繫心一處觀欲界中色有二種一者能生婬欲二者能生瞋恚能生淫欲是淨色名為好能生瞋恚者是不淨色故名醜勝知勝見者觀心淳熟於好色中心不貪愛於醜色中心不瞋恚但觀色四大因緣和合而生如水沫不堅固智慧深達假實之相行者住是不淨門中淫欲瞋恚諸結使來能不隨故名勝處勝是不淨中淨顛倒諸煩惱故復次好醜者不淨觀有二種一者見自身他身三十六物臭穢不淨是名醜二者除內外皮肉五藏但觀白骨如珂如雪乃至流光照耀是名為好行者見不淨時即知虛假心不畏沒見淨色時知從緣生心不愛染是名勝知勝見復次行者於少緣中隨意觀色轉變自在亦能善制觀心故名勝處二內有色相外觀色多若好若醜是名勝知勝見者行者觀心既調爾時不滅內骨人更於定中廣觀外色所謂諦觀一死尸乃至十百千萬一國土乃至十百千國一閻浮提乃至一四天下等皆見悉是死尸若觀一膖脹時悉見一切膖脹乃至壞血汙膿爛青瘀噉落亦如是行者既廣見死尸不淨心甚厭惡次當諦觀一死尸脫除皮肉但見白骨如是乃至一切死尸悉除皮肉皆見白骨徧滿世界此觀如禪經廣明是中應具說行者外骨觀既成復當定心諦觀內身白骨鍊使明淨如珂如貝當自觀骨時見外一切骨人悉皆起立行行相對羅列舉手而來行者於三昧中即知此諸骨人皆是幻想而來無有定實心不驚怖從定默念呵此骨人出汝諸骨人從何而來如是呵時即見骨人悉還辟地如是或至多反行者深觀內骨即見光明普照十方一切骨人為

光所照悉亦明淨此觀成時於一切怨親中人及諸好醜其心平等無有愛恚是名若好若醜勝知勝見好醜勝知見義如前說復次行者住此觀中能觀一骨人徧四天下皆是骨人是名爲多還復攝念觀一骨人故名勝知勝見隨意五欲男女淨潔相中能勝故故名勝處又能善調觀心雖知能觀之心性無所有而於緣中自在迴轉觀諸境界無有障閡故名勝處是義如摩訶衍中廣說復次有師言若但觀一切人見不淨白骨是名少若作大不淨觀是名多大不淨觀者爲破一切處貪愛故何謂一切觀見象馬牛羊六畜飛禽走獸之屬悉見爲死屍膖脹復次觀飲食皆如蟲如糞衣服絹布猶如爛皮爛肉之段臭處可惡錢財金寶如毒蛇蚖斯須死壞臭爛不淨殺米如臭死蟲屋宅舍田園國土城邑大地江河山川林藪皆悉爛壞臭處不淨流溢滂沛乃至見白骨狼藉一切世間不淨如此甚可猒患行者於三昧中隨觀即見迴轉自在能破一切世間好醜愛憎貪愛煩惱故名內有色相外觀色多若好若醜勝知勝見問世間資生既不淨悉是皮肉筋骨之法云何悉見不淨爛壞者白此爲得解之道心力轉變非實觀也所以者何一切非實見淨淨倒力故遂悉見淨而生貪愛一切雖非悉不淨今不淨觀智慧力皆見不淨破諸煩惱復有何過譬如劫燒火起一切天地有情無情若干種類皆成火燄以火力故今以不淨心觀一切世間悉見不淨亦如神通之人轉瓦石爲金玉當知諸法有何定性彼師如是明第二勝處深思此義義理觀行悉皆有用也次明第三第四勝處觀行方法不異於前但以內無色相爲異滅內色方法前二背捨初門說今行者爲欲界煩惱難破故於第二禪中重修此二勝處對治除滅下地結使令無遺餘亦以重轉變觀道令利熟增明牢固不失工力轉勝也次釋青黃赤白四勝處者行者不受三禪身證之樂入第四禪時命慧清淨四色轉更光顯如妙寶光明勝於前色故名勝處復次行者於四禪中用不動智慧鍊此四色必能多能少轉變自在欲見即見欲滅即滅故

名勝處復次行者於三昧中見是勝色結漏未斷或時法愛心生爲斷法愛諦觀此色知從心起譬如幻師觀所幻色知從心生則不生著是時背捨變名勝處第四明趣道之相亦爲三意一者先用勝處調心然後具足修習超越等法發真無漏證三乘道二者此八勝處具足成就深入四諦具觀第四禪中發真無漏具足三十四心斷三界結證三乘道三者自有行人得初勝處入初禪時猒患心重即作念言我今何用事中諸禪但須疾取涅槃作此念已即於此地深觀四諦十二因緣中道實相若發無漏即證三乘聖果也下七勝處亦當一一如是分別菩薩摩訶薩雖知諸法畢竟空寂憐愍一切衆生故深修勝處於勝處中發大神通摧伏天魔破諸外道度脫衆生當知勝處即是菩薩摩訶衍次釋十一切處法門十一切處者一青二黃三赤四白五地六水七火八風九空十識此十通名一切處者一一色各照十方徧滿故名一切處乃至空亦如是前背捨勝處雖有八色所照既狹未能普徧是以不得受一切之名復次經中有時說爲十一切入有人解言此猶是一切處之異名今則不爾初名以一色徧照十方名一切處後心轉善巧能於一切徧照色中一一互得相入無相妨閡故處立一切入名今明十一切處即爲二意一明階位二辨修證第一明階位者十一切處初八色一切處位在第四禪中次第九空一切處位在空處第十識一切處位在識處所以前三禪中不立一切處者行者初學彼三地中有覺觀喜樂動故不能令色徧滿停住上無所有處定無物可廣亦不得快樂佛亦不說無所有處無量無邊故不立一切處非有想非無想處心鈍難取相廣大故不立一切處第二次明修證行者住第四禪中以成就自在勝色爾時應用念清淨心捨七種色直念青色取少青光炎相如草葉大一心緣中即與少青相應觀心運此少青徧照十方即見光明隨心普照一切世間皆見青相徧滿停住不動如青世界是名青一切處餘七一切處修觀之相亦當如是一一分別白有師言修

一切處緣取草葉等相因外色起相徧滿常照如此說者非唯乖失觀門之法亦與摩訶衍所說都不相關行者既已成就以一切處欲入虛空一切處當入虛空背捨但背捨緣狹未名一切處今更廣緣十方虛空故名虛空一切處欲入識一切處者當亦先入識處背捨於識定中廣觀此識徧滿十方皆見是識故名識一切處行者若欲修一切入既得一切處成當以一切處爲本然後用善巧觀心於青一切中令黃赤白等皆入其中不壞青之本相而能於青色之中具見衆色是則略說一切處一切入竟問曰何故不於一切處中分別趣道之相答曰一切聲聞經中多說一切處是有漏緣但是修通法既於發無漏義劣故不分別若依摩訶衍義欲分別者類如前背捨勝處中說今菩薩爲欲令神通普徧成就普現色身是一切法界中事故修是一切處故大品經亦說名一切處波羅蜜第二明觀禪功用之法者佛弟子既得此三翻觀行若欲爲化衆生現稀有事令心清淨應當廣修一切神通道力所謂六通十四變化四辯無諍三昧願智頂禪自在定鍊禪十八變化等諸大功德皆應住此背捨勝處一切處中學既學得已令多衆生觀見歡喜信伏得度故修神變次釋六神通六通者一天眼通二天耳通三他心通四宿命通五身如意通六漏盡通皆言神通者神名天心通是智慧性以天然之智慧徹照一切色心等法無閡故名神通今約此諸禪後釋六通即爲三意一明得通因緣不同二正明修通方法三明變化功用第一明得通因緣不同者自有三種一者報得如諸天大福德淨土中人及生即自報得五通也二者發得若人但因懺悔或深修上所說禪定雖不作取通方便而神通自發故經云深修禪定得五神通三修得者行人雖證上所說諸深禪定而未斷障通無知則神通終不發若於禪定中更作取通方便斷障無知神通即發今正約此明義第二次明修通法者經論所說乃各不同今但取摩訶衍中意以略明修通之法一修天眼通者行人深心憐愍一切發願欲見六道

衆生死此生彼之相隨時當住色界背捨勝處一切處及四如意足中正念修習具足四緣即生天眼通何等爲四一光明常照晝夜無異二諦觀世間所障悉如虛空無有覆蔽之相三專心先取一易可見境以心緣之常勤精進善巧修習欲見前境四於禪定中發四大造清淨眼根成就是名具足四緣和合因此生清淨識即見十方六道衆生死此生彼苦樂之相若明若闇近遠障內障外麤細之色微見無閡了了分明是名天眼通二次明修天耳通行者既見色已若欲聞其聲當於禪定中諦取障外可聞細聲一心憶之願欲得聞若心明利發得四大造清淨色耳根即聞障外障內一切六道音聲苦樂憂喜語言辭不同是名天耳通三明修他心通行者既聞聲已若欲知衆生心所念事當即於禪定中觀前人喜怖瞋相怖畏等相悉知依心而住借此等相諦觀其心所緣念法一心願欲知之若心明利因此發通隨所見衆生即知心所念事是名他心通四次明修宿命通行者既知他心已若欲自知已宿命及他宿命百千萬世所作事業即當於禪定中自憶已所於日月歲數中經作之事乃至歌羅邏時所作之事如是憶念一心願欲知之若心明利便發神通即自知過去一世乃至百千萬世劫數中宿命所作事業之相了了分明乃至知他宿命亦如是是名宿命通五次明修身如意通行者既知宿命若欲得身通變化當於三昧中繫心身內虛空滅麤重色相常取輕空之相發大欲精進心智慧籌量心力能舉身未舉當自知心力已大能舉其身譬如學跳之人常自輕舉其身若觀心成就即發身如意身通有三種一者能到二者轉變三者自在所言能到者即有四種一者身能飛行如鳥無閡二移遠令近不往而到三此沒彼出四一念能到二次明轉變者大能作小小能作大一能作多多能作一種種諸物皆能轉三聖如意者外六塵中不受不淨物能觀令淨可受淨物能令不淨是自在法如意神通從修勝處一切處四如意足中生是名證身如意通行者得是身如意通故即能隨意

變現若欲自得解脫及度衆生必須斷除心病是時應修無漏通修無漏通下明諦觀中當廣分別問曰修下六次第一向如前所說耶答曰此約一往論次第若行人隨所樂通前學即得未必皆如前辨第三明變化者十四變化能生神通亦因神通能有變化云何名十四變化一者欲界初禪成就二變化一初禪初禪化二初禪欲界化二者二禪成就三變化一二禪二禪化二二禪初禪化三二禪欲界化三者三禪成就四變化一三禪三禪化二三禪二禪化三三禪初禪化四三禪欲界化四者四禪成就五變化一四禪四禪化二四禪三禪化三四禪二禪化四四禪初禪化五四禪欲界化是爲十四變化若人成就此變化即具十八變化一切神通力觀行功德無量無邊是事微細豈可以文字具載今但略出名目欲令學者知一切神通變化皆從觀禪中出此諸神通若在菩薩心中名神通波羅蜜大釋九次第定者離諸欲離諸惡不善法有覺有觀離生喜樂入初禪如是次第入二禪三禪四禪空處定識處定不用處定非有想非無想處定滅受想定是名九次第定釋九次第定即爲三意一者釋名二明次位三明修證第一釋名今此九法皆轉名次第定者上來諸法門既觀行未熟入禪時心有間故不名次第定也行者定觀之法先已成就今於此中修鍊既熟能從一禪心起次入一禪 心心無間不令異念得入若善若垢如是次乃至滅受想定是名九次第定亦名鍊禪所以者何諸佛弟子心樂無漏先得諸味禪今欲除其滓穢以無漏禪鍊之皆令清淨如鍊金之法問曰說九次第定中鍊法與阿毗曇人明熏禪之法有何等異答曰有同有異彼以無漏鍊有漏今亦以無漏鍊有漏故同彼則但明鍊四禪爲防退轉鈍爲利現法樂及生五淨居故唯鍊四禪無色界則無鍊法今明從初禪乃至非想悉皆鍊之令一切諸禪清淨調柔增益功德故爲異也餘下修證自當可見第二明階位者此位雖一往約四禪四空及滅盡定然實位通諸禪所以者何如上所說特勝通明背捨勝處悉

有四禪四空未必但是根本今修鍊之法悉應普入諸禪令心無間不可的約根本世間禪以爲次位也故大品云菩薩依八背捨逆順出入九次第定若依成論毗曇義但用無漏心入八禪緣具入滅以爲九次第定今用大品摩訶衍論所明九次第定意往望彼則大有闕閑習者尋上來所說言意匹類同異之相粲然可見第三明修證者行者既具足諸禪今欲入九次第定者先當從淺至深修鍊諸禪定觀之法極今調柔利熟然後總合定觀二種法門一心齊入善斷法愛自識其心從初調心入一禪不令異念間雜如是乃至滅受想定所以者何行者於根本禪中定多而智少則心不調柔故入禪有間若背捨等觀多而定少故心不調柔入禪有間譬如車有二輪若一強一弱則載不安穩亦如刃強軟不調則失利用此亦如是今修此定既定觀均等定深智利定深故在緣則不散智慧利故則進入捷疾無閡是故從一禪起入一禪時利疾心心相次無諸雜閒隨念即入亦名無間三昧行者若用此心徧入諸禪非但次第調柔心無雜閒亦復增益諸禪功德轉深微妙如鍊金光色更增價直亦倍故說此定名曰鍊禪問曰是中亦有欲界未到中閒何故但說九定答曰雖有此法既不牢固又聖人所得大功德不在邊地是故不說復次上來入禪心鈍故於方便中閒經停則久是故分別有未到中閒之相今此九定定慧心利欲入正地隨念即入既不久住方便中閒是故不說若分別趣道之相具如前背捨勝處中說故不別明次釋三三昧三三昧者一有覺有觀三昧二無覺有觀三昧三無覺無觀三昧所以次九定後明三三昧者此二種禪名雖有異而法相殊同所以者何九定既通鍊諸禪而自無別體三三昧亦如是此義在下自當可見釋三三昧即爲二意一釋名二辨相三明出生三昧第一釋名覺觀等三法名同次位已如前根本禪中說三昧今當分別一切禪定攝心皆名爲三摩提秦言正心行處是心從無始已來常曲不端得是正心行處心則端直故名三昧聲妃結行

常曲入筒則直此亦如是問曰若言禪定攝心名三昧者根本禪定與此有何異答曰有異彼則但明根本攝心今徧約一切諸禪中明攝心當知此則定深而廣直得不異復次根本禪但是緣事攝心未斷邪倒不名端直今明三昧並緣理攝心能斷邪倒之曲故以心端直處為三昧也第二次辨相者此三三昧義同九定既無別體但約諸禪以辨相也一明有覺有觀三昧如上所說根本初禪乃至特勝通明背捨勝處等初禪各有覺有觀相應心數及諸功德行者入此等諸初禪時住正心行處皆名有覺有觀三昧二如上所說諸禪中間乃至特勝通明背捨勝處各有中間與觀相應心數法及諸功德行者以正心行處入此等諸禪中間皆名無覺有觀三昧三如上所說根本二禪乃至有頂及特勝通明背捨勝處等各有二禪從二禪已去乃至有頂及滅受想定有無覺無觀相應法并諸功德行者正心行處入此等諸禪功德皆名無覺無觀三昧當知此三三昧更無別體但是約諸禪以為三分大聖欲令衆生雖聞廣說諸禪而不失根本故總以三法收攝諸禪罄無不盡譬如數法若至百萬總為一億此亦如是第三明出生三昧之相者則有二種一者出生二乘三昧所以者何如上所說諸有覺有觀初禪等悉發念處三昧乃至八聖道空無相無作十六行十二因緣煖頂忍世第一等三昧電光三昧金剛三昧乃至佛智無諍等三昧此諸法門涅槃經中悉說名三昧也若於諸初禪中發此等三昧即證二乘若道若果故名有覺有觀三昧乃至無覺有觀無覺無觀亦當如是一一分別二者如上所說諸有覺有觀禪得發大乘諸三昧者如觀佛三昧二十五三昧三昧般舟三昧首楞嚴等諸菩薩三昧百則有八諸佛三昧不動等百則有二十及八萬四千諸三昧等皆因有覺有觀三昧發乃至無覺有觀無覺無觀亦當如是一一分別菩薩摩訶薩得此諸三昧故即入菩薩位亦能現身如佛度一切衆生三三昧義如摩訶衍中廣分別次釋師子奮迅三昧今明師子奮迅三昧者如般若經中說行者依九次第定入師子奮迅三昧云何名師子三昧離欲離不善法有覺有觀離生喜樂入初禪如是次第入二禪三禪四禪空處識處不用處非有想非無想處入滅受想定從滅受想定起還入非有想非無想定從非有想非無想處起還入不用處如是次第還入識處入空處入四禪入三禪入二禪入初禪是名師子奮迅三昧也譬如師子奮迅之時非但能前進奮迅而去亦能却行奮迅而歸一切諸獸所不能爾行者入此法門亦復如是非但能心心次第從於初禪直至滅受亦能從滅受想定却入非想入至初禪此則善壽師子奮迅上來諸禪所不能爾故說此定爲師子奮迅三昧行者住此法門即能復却攝入一切諸禪燻諸觀定悉令通利轉變自在出生甚深三昧種種功德神智轉勝亦名燻禪譬如牛皮燻熟隨意作諸世物此亦如是分別次位事同九定但有却出無間之異是中用心巧細修習之相略知大意不廣分別也次釋超越三昧今明超越三昧者如般若經中說行者因師子奮迅三昧逆順出入超越三昧云何超越三昧離諸欲惡不善法有覺有觀離生喜樂入初禪從初禪起入非有想非無想處從非有想非無想處起入滅受想定從滅受想定起還入初禪從初禪起入滅受想定從滅受想定起入二禪二禪起入滅受想定滅受想定起入三禪三禪起入滅受想定滅受想定起入四禪四禪起入滅受想定滅受想定起入虛空處虛空處起入滅受想定滅受想定起入識處識處起入滅受想定滅受想定起入無所有處無所有處起入滅受想定滅受想定起入非有想非有想起入非無想處非無想處起入滅受想定從滅受想定起入散心中散心中起入滅受想定滅受想定起還入散心中散心中起入非有想非有想起入非無想處非無想處起住散心中散心中起入第四禪中第四禪中起住散中心散心中起入第三禪中第三禪中起住散心中散心中起入第二禪第二禪起住散心中散心中起入初禪初禪起住散心中是超越三昧今明超越之相自有超入超出相如前二翻經文說超入出中各有四種一者順入超二者逆入超三者順逆入超四者逆順入超超出亦如是復次此超越三昧中復有傍超傍超亦有四種類如前說譬如師子有四種超一者前擲四十里即譬順超之相二者却擲四十里即譬逆超之相三者右傍擲四十里即譬傍超入根本禪定之相四者左傍擲四十里即譬傍超入觀禪之相復有二種超越一者具足超二者不具足超具足超即是菩薩超越如上所說不具足超即是聲聞超越三昧不能自在遠超入故故摩訶衍云譬如黃師子白師子二俱能超若黃師子超則不遠若白師子則能遠擲聲聞之人入超越三昧但能從初禪超入三禪尚不能超二何能超三此則如黃師子超菩薩不爾從於初禪超能超入滅受想定隨意自在此則如白師子之超若三乘行人入此三昧具足修一切法門是時觀定等法轉深明利更復出生百千三昧功德深厚神通猛利故名觀禪亦有練禪自在定鍊禪如上說自在定者於諸法門自在出入住變轉見入自在也亦名頂禪於諸禪中最為高極則能轉壽為福轉福為壽故復名佛智三昧欲知隨願即知三世事二處攝謂欲界四禪復有無諍三昧令他心不起諍五處攝欲界及四禪復有四辯諸辭辯二處攝謂欲界初禪義辯樂說辯九地攝謂欲界四禪四無色定復有五神通十四變化心十八變化皆如前說若禪中欲聞見觸時皆用梵世識識滅則止復次是諸禪中皆有三十七品三解脫門四諦十六行觀十一智三無漏根如是等皆行在下當分別若三乘人具此諸禪者即是俱解脫事理具足成就無累故亦名不壞解脫具足成就出世間諸禪定法故具足三明六通及八解脫等一切諸大功德故名大力阿羅漢也若是菩薩於正觀心中入此三昧得諸法等相即得二十五三昧能破二十五有住王三昧一切三昧悉入其中是時亦名禪波羅蜜滿此則略說三乘共禪行行法門竟是中法門無量今欲更詮入道要行豈得具說耶

釋禪波羅蜜次第法門卷第十　禪波羅蜜第十　第六張　載

釋禪波羅蜜次第法門卷第十

校勘記

一　底本，金藏廣勝寺本。

一　八九九頁中二行「說者」，徑、清作「隋天台智者大師說」。

一　八九九頁中二與三行之間，徑有「釋禪波羅蜜修證第七之六」一行。

一　八九九頁中五行第二三字「鍊」，南、徑、清作「練」。

一　八九九頁中九行「三翻」，南、徑、清作「三番」。一〇行同。

一　八九九頁中一一行「次釋」，南、徑、清作「先釋」。又「色想」，南、清作「色相」，一二行同。

一　八九九頁中一七行首字「聲」，徑、清作「色聲」。

一　八九九頁下八行第一七字「偏」，南、徑、清作「徧」。

一　九〇〇頁上八行「博落」，徑、清作「剝落」。

一　九〇〇頁上一八行第一〇字「彼」，南、徑、清作「破」。

一　九〇〇頁上二三行「地色」，清作「色地」。

一　九〇〇頁上二五行末字「眷」，南、徑作「春」。

一　九〇〇頁中五行第一九字「成」，南、清作「咸」。

一　九〇〇頁下八行「晃昱」，徑、清作「昱晃」。

一　九〇〇頁下八行至九行「內外徹淨淨色照心」，南、徑、清作「外徹清淨外色照心」。

一　九〇〇頁下九行第二一字「比」，清作「此」。

一　九〇〇頁下二一行末字「淨」，南、徑、清作「者」。

一　九〇〇頁下二三行第二二字「者」，清作「諸」。

一　九〇〇頁下二六行「相相」，南、徑、清作「相」。

一　九〇一頁上二四行末字「背」，南、徑、清作「之背」。

一　九〇一頁上二六行「心心」，南、徑、清作「心」。

一　九〇一頁中二行「第六」，南、徑、清作「第五」。

一　九〇一頁中末行「彼地」，南、清作「破地」。

一　九〇一頁下一八行「千國」，南、徑、清作「千萬國」。

一　九〇一頁下二〇行「博落」，徑、清作「剝落」。

一九〇一頁下二六行第二〇字「即」，南、徑、清作「悉」。

一九〇二頁上三行第八字「觀」，南、徑、清作「見」。

一九〇二頁上六行「是義」，南、徑、清作「有義」。

一九〇二頁上八行第九字「憂」，南、徑、清作「愛」。

一九〇二頁上一一行「江河」，南、徑、清無。

一九〇二頁上一七行第四字「憂」，徑、清作「愛」。

一九〇二頁上一八行「天地」，南、徑作「大地」。

一九〇二頁上二二行「万法」，南、徑、清作「方法」。

一九〇二頁下一三行「三翻」，南作「三番」。同行「稀有」，清作「希有」。

一九〇二頁下一七行末字「身」，南、徑、清無。

一九〇二頁下二二行第五字「自」，南、徑、清作「得」。

一九〇二頁下二五行「無知」，徑、清作「通無知」。

一九〇三頁上一四行「知已」，清作「已知」。

一九〇三頁上二〇行「籌量」，徑、清作「籌」。

一九〇三頁上二二行第五字「身」，南、徑、清無。

一九〇三頁上二五行「不受」，徑、清作「不受用」。

一九〇三頁中三行「一徒」，南、徑、清作「一途」。

一九〇三頁下六行第一一字「令」，南、徑、清作「今」。

一九〇三頁下一一行第二三字「失」，南、徑、清作「無」。

一九〇三頁下二四行「二意」，南、徑、清作「三意」。

一九〇四頁上三行「知此」，徑、清作「如此」。

一九〇四頁上二三行第一、二字「三昧」，南、徑、清無。

一九〇四頁中八行第一五字「却」，清作「即」。

一九〇四頁中一二行「事同」，南、徑、清作「此同」。

一九〇四頁中二五行「中心」，清作「心中」。

一九〇四頁下一行「二翻」，清作「二番」。

一九〇四頁下一〇行第二三字「超」，徑、清作「之超」。

一九〇四頁下一三行「練禪」，徑、清作「鍊禪」。

一九〇四頁下一四行「變轉」，南、徑、清作「轉變」。

一九〇四頁下末行第四字「今」，南、徑、清作「令」。

淨土十疑論序

宋　無爲子楊傑述

愛不重不生娑婆念不一不生極樂娑婆穢土也極樂淨土也娑婆之壽有量彼土之壽則無量矣娑婆備諸苦彼土則安養無苦矣娑婆隨業轉輪生死彼土一往則永證無生法忍若願度生則任意自在不爲諸業轉矣其淨穢壽量苦樂生死如是差別而衆生冥然不知可不哀哉

阿彌陀佛淨土攝受之主也

釋迦如來指導淨土之師也觀音勢至助佛揚化者也是以如來一代教典處處叮嚀勸往生也阿彌陀佛與觀音勢至乘大願船泛生死海不著此岸不留彼岸不止中流唯以濟度爲佛事是故阿彌陀經云若有善男子善女人聞說阿彌陀佛執持名號若一日乃至七日一心不亂其人臨命終時阿彌陀佛與諸聖衆現在其前是人終時心不顛倒即得往生極樂國土又經云十方衆生聞我名號憶念我國植諸德本至心迴向欲生我國不果遂者不取正覺所以祇洹精舍無常院令病者面西作往生淨土想蓋彌陀光明徧照法界念佛衆生攝取不捨聖凡一體機感相應諸佛心內衆生塵塵極樂衆生心中淨土念念彌陀吾以是觀之智慧者易生能斷疑故禪定者易生不散亂故持戒者易生遠諸染故布施者易生不我有故忍辱者易生不瞋恚故精進者易生不退轉故不造善不作惡者易生念能一故諸惡已作業報已現者易生實慚懼故雖有衆善若無誠信心無深心無迴向發願心者則不得上品生矣噫彌陀甚易持淨土甚易往衆生不能持不能往佛如衆生何夫造惡業入苦趣念彌陀生極樂二者皆佛言也世人憂墮地獄而疑往生者不亦惑哉晉慧遠法師與當時高士劉遺民等結白蓮社於廬山盖致精誠於此爾其後七百年僧俗修持獲感應者非一咸見于淨土傳記豈誣也哉然贊輔彌陀教觀者其書山積唯天台智者大師淨土十疑論最爲首冠援引聖言開決群惑萬年闇室日至而頓有餘光千里水程舟具而不勞自力非法藏後身不能至於是也傑頃於都下嘗獲斯文讀示所知無不生信自遭酷罰感痛益深將廣其傳因爲序引

熙寧九年仲秋述

淨土十疑論

隋　天台智者大師說

第一疑

問曰諸佛菩薩以大悲爲業若欲救度衆生秖應願生三界於五濁三塗中救苦衆生因何求生淨土自安其身捨離衆生則是無大慈悲專爲自利障菩提道

答曰菩薩有二種一者久修行菩薩道得無生忍者實當所責二者未得已還及初發心凡夫凡夫菩薩者要須常不離佛忍力

成就方堪處三界内於惡世中救苦衆生故智度論云具縛凡夫有大悲心願生惡世救苦衆生者無有是處何以故惡世界煩惱強自無忍力心隨境轉聲色所縛自墮三塗焉能救衆生假令得生人中聖道難得或因施戒修福得生人中得作國王大臣富貴自在縱遇善知識不肯信用貪迷放逸廣造衆罪乘此惡業一入三塗經無量劫從地獄出受貧賤身若不逢善知識還墮地獄如此輪迴至於今日人人皆如是此名難行道也故維摩經云自疾不能救而能救諸疾人又智度論云譬如二人各有親眷爲水所溺一人情急直入水救爲無方便力故彼此俱没一人有方便往取船筏乘之救接悉皆得脱水溺之難新發意菩薩亦復如是如是未得忍力不能救衆生爲此常須近佛得無生忍已方能救衆生如得船者又論云譬如嬰兒不得離毋若也離毋或墮坑井渴乳而死又如鳥子翅羽未成秖得依樹傳枝不能遠去翅翮成就方能飛空自在無礙凡夫無力唯得專念阿彌陀佛使成三昧以業成故臨終斂念得生決定不疑見彌陀佛證無生忍已還來三界乘無生忍船救苦衆生廣施佛事任意自在故論云遊戲地獄行者生彼國得無生忍已還入生死國教化地獄救苦衆生以是因緣求生淨土願識其教故十住婆沙論名易行道也

第二疑

問諸法體空本來無生平等寂滅今乃捨此求彼生西方彌陀淨土豈不乖理哉又經云若求淨土先淨其心心淨故即佛土淨此云何通

答釋有二義一者總答二者別答總答者汝若言求生西方彌陀淨土則是捨此求彼不中理者汝執住此不求西方則是捨彼著此此還成病不中理也又轉計云我亦不求生彼亦不求生此者則斷滅見故金剛般若經云須菩提汝若作是念發阿耨菩提者說諸法斷滅相莫作是念何以故發菩提心者於法不說斷滅相二別答者夫不生不滅者於生緣中諸法和合不守自性求於生體亦不可得此生生時無所從來故名不生不滅者諸法散時不守自性言我散滅此散滅時去無所至故言不滅非謂因緣生外別有不生不滅亦非不求生淨土喚作無生爲此中論偈云因緣所生法我說即是空亦名爲假名亦名中道義又云諸法不自生亦不從他生不共不無因是故知無生又維摩經云雖知諸佛國及與衆生空而常修淨土教化諸群生又云譬如有人造立宮室若依空地隨意無礙若依虛空終不能成諸佛說法常依二諦不壞假名而說諸法實相智者熾然求生淨土達生體不可得即是眞無生此謂心淨故即佛土淨愚者爲生所縛聞生即作生解聞無生即作無生解不知生者即是無生無生即是生不達此理横相是非嗔他求生淨土幾許誤哉此則是謗法罪人邪見外道也

第三疑

問十方諸佛一切淨土法性平等功德亦等行者普念一切功德生一切淨土今乃偏求一佛淨土與平等性乖云何生淨土

答一切諸佛土實皆平等但衆生根鈍濁亂者多若不專繫一心一境三昧難成專念阿彌陀佛即是一相三昧以心專至得生彼國如隨願往生經云普廣菩薩問佛十方悉有淨土世尊何故偏讚西方彌陀淨土專遣往生佛告普廣閻浮提衆生心多濁亂爲此偏讚西方一佛淨土使諸衆生專心一境即易得往生若總念一切佛者念佛境寬則心散漫三昧難成故不得往生又求一佛功德與一切佛功德無異以同一佛法性故爲此念阿彌陀佛即念一切佛生一淨土即生一切淨土故華嚴經云一切諸佛身即是一佛身一心一智慧力無畏亦然又云譬如淨滿月普應一切水影像雖無量本月未曾二如是無礙智成就等正覺應現一切剎佛身無有二智者以譬喻得解智者若能達一切月影即一月影一月影即一切月影月影無二故一佛即一切佛一切佛即一佛法身無二故織然念一佛時即是念一切佛也

第四疑

問等是念求生一佛淨土何不十方佛土中隨念一佛淨土隨得往生何須偏念西方彌陀佛耶

答凡夫無智不敢自專專用佛語故能偏念阿彌陀佛云阿用佛語釋迦大師一代說法處處聖教唯勸衆生專心偏念阿彌陀佛求生西方極樂世界如無量壽經觀經往生論等數十餘部經論文等殷勤指授勸生西方故偏念也又彌陀佛別有大悲四十八願接引衆生又觀經云阿彌陀佛有八萬四千相一一相有八萬四千好一一好放八萬四千光明偏照法界念佛衆生攝取不捨若有念者機感相應決定得生又阿彌陀經大無量壽經鼓音王陀羅尼經等云釋迦佛說經時皆有十方恒沙諸佛舒其舌相徧覆三千大千世界證成一切衆生念阿彌陀佛乘佛大悲本願力故決定得生極樂世界當知阿彌陀佛與此世界偏有因緣何以得知無量壽經云末世法滅之時特駐此經百年在世接引衆生往生彼國故知阿彌陀佛與此世界極惡衆生偏有因緣其餘諸佛一切淨土雖一經兩經略勸往生不如彌陀佛國處處經論殷勤叮嚀勸往生也

第五疑

問具縛凡夫惡業厚重一切煩惱一毫未斷西方淨土出過三界具縛凡夫云何得生

答有二種緣一者自力二者他力自力者此世界修道實未得生淨土是故瓔珞經云始從具縛凡夫未識三寶不知善惡因之與果初發菩提心以信爲本住在佛家以戒爲本受菩薩戒身身相續戒行不闕經一劫二劫三劫始至初發心住如是修行十信十波羅蜜等無量行願相續無間滿一萬劫方始至第六正心住若更增進至

第七不退住即種性位此約自力卒未得生淨土他力者若信阿彌陀佛大悲願力攝取念佛衆生即能發菩提心行念佛三昧猒離三界身起行施戒修福於一一行中迴願生彼彌陀淨土乘佛願力機感相應即得往生是故十住婆沙論云於此世界修道有二種一者難行道二者易行道難行者在於五濁惡世於無量佛時求阿鞞跋致甚難可得此難無數塵沙說不可盡略述三五一者外道相善亂菩薩法二者無賴惡人破他勝德三者顛倒善果能壞梵行四者聲聞自利障於大慈五者唯有自力無他力持譬如跛人步行一日不過數里極大辛苦謂自力也易行道者謂信佛語教念佛三昧願生淨土乘彌陀佛願力攝持決定往生不疑也如人水路行藉船力故須臾即至千里謂他力也譬如劣夫從轉輪王一日一夜周行四天下非是自力轉輪王力也若言有漏凡夫不得生淨土者亦可有漏凡夫應不得見佛身然念佛三昧並無漏善根所起有漏凡夫隨分得見佛身麁相也菩薩見微細相淨土亦爾雖是無漏善根所起有漏凡夫發無上菩提心求生淨土常念佛故伏滅煩惱得生淨土隨分得見麁相菩薩見微妙相此何所疑故華嚴經說一切諸佛剎平等普嚴淨衆生業行異所見各不同即其義也

第六疑

問設令具縛凡夫得生彼國邪見三毒等常起云何得生彼國即得不退超過三界

釋曰得生彼國有五因緣不退云何爲五一者阿彌陀佛大悲願力攝持故得不退二者佛光常照故菩提心常增進不退三者水鳥樹林風聲樂響皆說苦空聞者常起念佛念法念僧之心故不退四者彼國純諸菩薩以爲良友無惡緣境外無神鬼魔邪內無三毒等煩惱畢竟不起故不退五者生彼國即壽命永劫共菩薩佛齊等故不退也在此惡世日月短促經阿僧祇劫復不起煩惱長時修道云何不得無生忍也此理顯然不須疑也

第七疑

問彌勒菩薩一生補處即得成佛上品十善得生彼處見彌勒菩薩隨從下生三會之中自然而得聖果何須求生西方淨土耶

答求生兜率一日聞道見佛勢欲相似若細比校大有優劣且論二種一者縱持十善恐不得生何以得知彌勒上生經云行衆三昧深入正定方始得生更無方便接引之義不如阿彌陀佛本願力光明力但有念佛衆生攝取不捨又釋迦佛說九品教門方便接引殷勤發遣生彼淨土但衆生能念彌陀佛者機感相應必得生也如世間慕人能受慕者機會相投必成其事二者兜率天宮是欲界退位者多無有水鳥樹林風聲樂響衆生聞者悉念佛發菩提心伏滅煩惱又有女人皆長諸天愛著五欲之心又天女微妙諸天耽玩不能自勉不如彌陀淨土水鳥樹林風聲樂響衆生

聞者皆生念佛發菩提心伏滅煩惱又無
女人二乘之心純一大乘清淨良伴爲此
煩惱惡業畢竟不起遂至無生之位如此
比校優劣顯然何須致疑也如釋迦佛在
世之時大有衆生見佛不得聖果者如恒
沙彌勒出世亦爾大有不得聖果者未如
彌陀淨土但生彼國已悉得無生法忍未
有一人退落三界爲生死業縛也又聞西
國傳云有三菩薩一名無著二名世親三
名師子覺此三人契志同生兜率願見彌
勒若先亡者得見彌勒誓來相報師子覺
前亡一去數年不來後世親無常臨終之
時無著語云汝見彌勒即來相報世親去
已三年始來無著問曰何意如許多時始
來世親報云至彼天中聽彌勒菩薩一坐
十一
說法旋繞即來相報爲彼天日長故此處
已經三年又問師子覺今在何處世親報
云師子覺爲受天樂五欲自娛在外眷屬
從去已來總不見彌勒諸小菩薩生彼尚
著五欲何况凡夫爲此願生西方定得不
退不求生兜率也

第八疑

問衆生無始已來造無量業今生一形不逢
善知識又復作一切罪業無惡不造云何
臨終十念成就即得往生出過三界結業
之事云何可通

釋曰衆生無始已來善惡業種多少強弱並
不得知但能臨終遇善知識十念成就者
皆是宿善業強始得遇善知識十念成就
若惡業多者善知識尚不可逢何可論十
念成就又汝以無始已來惡業爲重臨終
十念爲輕者今以道理三種校量輕重不
定不在時節久近多少云何爲三一者在
心二者在緣三者在決定在心者造罪之
時從自虛妄顛倒生念佛者從善知識聞
說阿彌陀佛眞實功德名號生一虛一實
豈得相比譬如萬年闇室日光暫至而闇
頓滅豈以久來之闇不肯滅耶在緣者造
罪之時從虛妄癡闇心緣虛妄境界顛倒
生念佛之心從聞佛清淨眞實功德名號
緣無上菩提心生一眞一僞豈得相比譬
如有人被毒箭中箭深毒慘傷肌破骨一
聞滅除藥鼓即箭出毒除豈以箭深毒慘
而不肯出也在決定者造罪之時以有間
心有後心也念佛之時以無間心無後心
遂即捨命善心猛利是以即生譬如十圍
十二
之索千夫不制童子揮劒須臾兩分又如
千年積柴以一豆火焚少時即盡又如有
人一生已來修十善業應得生天臨終之
時起一念決定邪見即墮阿鼻地獄惡業
虛妄以猛利故尚能排一生之善業令墮
惡道豈况臨終猛心念佛眞實無間善業
不能排無始惡業得生淨土無有是處又
云一念念佛滅八十億劫生死之罪爲念
佛時心猛利故伏滅惡業決定得生不須
疑也上古相傳判十念成就作別時意者
此定不可何以得知攝論云由唯發願故
全無有行雜集論云若願生安樂國土即
得往生若聞無垢佛名即得阿耨菩提者
並是別時之因全無有行若將臨終無間

十念㣲利善行是別時意者幾許誤哉願諸行者深思此理自生其心莫信異見自墜陷也

第九疑

問西方去此十萬億佛刹凡夫劣弱云何可到又往生論云女人及根缺二乘種不生既有此教當知女人及以根缺者定必不得往生

答爲對凡夫肉眼生死心量說耳西方去此十萬億佛刹但使衆生淨土業成者臨終在定之心即是淨土受生之心動念即是生淨土時爲此觀經云彌陀佛國去此不遠又業力不可思議一念即得生彼不須愁遠又如人夢身雖在牀而心意識徧至他方一切世界如平生不異也生淨土亦爾動念即至不須疑也女人及根缺二乘種不生者但論生彼國無女人及無盲聾瘖瘂人不道此間女人根缺人不得生彼若如此說者愚癡全不識經意即如韋提夫人是請生淨土主及五百侍女佛授記悉得往生彼國但此處女人及盲聾瘖瘂人心念彌陀佛悉生彼國已更不受女身亦不受根缺身二乘人但迴心願生淨土至彼更無二乘執心爲此故云女人及根缺二乘種不生非謂此處女人及根缺人不得生也故無量壽經四十八願云設我得佛十方世界一切女人稱我名號厭惡女身捨命之後更受女身者不取正覺況生彼國更受女身根缺者亦爾

第十疑

問今欲決定求生西方未知作何行業以何爲種子得生彼國又凡夫俗人皆有妻子未知不斷婬欲得生彼否

答欲決定生西方者具有二種行定得生彼一者厭離行二者欣願行言厭離行者凡夫無始已來爲五欲纏縛輪迴五道備受衆苦不起心厭離五欲未有出期爲此常觀此身膿血屎尿一切惡露不淨臭穢故涅槃經云如是身城愚癡羅刹止住其中誰有智者當樂此身又經云此身衆苦所集一切皆不淨扼縛癰瘡等根本無義利上至諸天身皆亦如是行者若行若坐若睡若覺常觀此身唯苦無樂深生厭離縱使妻房不能頓斷漸漸生厭作七種不淨觀一者觀此婬欲身從貪愛煩惱生即是種子不淨二者父母交會之時赤白和合即是受生不淨三者母胎中在生藏下居熟藏上即是住處不淨四者在母胎時唯食母血即是食噉不淨五者日月滿足頭向產門膿血俱出臭穢狼藉即是初生不淨六者薄皮覆上其內膿血徧一切處即是舉體不淨七者乃至死後胮脹爛壞骨肉縱橫狐狼食噉即是究竟不淨自身既爾他身亦然所愛境界男女身等深生厭離常觀不淨若能如此觀身不淨之者婬欲煩惱漸漸減少又作十想等觀廣如經說又發願願我永離三界雜食臭穢膿血不淨耽荒五欲男女等身願得淨土法性生身此謂厭離行二明欣願行者復有二種一者先明求往生之意二者觀彼淨土

莊嚴等事欣心願求明往生意者所以求生淨土爲欲救拔一切衆生苦故即自思忖我今無力若在惡世煩惱境强自爲業縛淪溺三塗動經劫數如此輪轉無始已來未曾休息何時能得救苦衆生爲此求生淨土親近諸佛若證無生忍方能於惡世中救苦衆生故往生論云言發菩提心者正是願作佛心願作佛心者則是度衆生心度衆生心者則是攝衆生生佛國心又願生淨土須具二行一者必須遠離三種障菩提門法二者須得三種順菩提門法何者爲三種障菩提法一者依智慧門不求自樂遠離我心貪著自身故二者依慈悲門拔一切衆生苦遠離無安衆生心故三者依方便門當憐愍一切衆生欲與其樂遠離恭敬供養自身心故若能遠三種菩提障則得三種順菩提法一者無染清淨心不爲自身求諸樂故菩提是無染清淨處若爲自身求樂即染身心障菩提門是故無染清淨心是順菩提門二者安清淨心爲拔衆生苦故菩提心是安隱一切衆生清淨處若不作心拔一切衆生令離生死苦即違菩提門是故安清淨心是順菩提門三者樂清淨心欲令一切衆生得大菩提涅槃故菩提涅槃是畢竟常樂處若不作心令一切衆生得畢竟常樂即遮菩提門此菩提因何而得要因生淨土常不離佛得無生忍已於生死國中救苦衆生悲智内融定而常用自在無礙即菩提心此是願生之意二明欣心願求者希心起想緣彌陀佛若法身若報身等金色光明八萬四千相一一相中八萬四千好一一好放八萬四千光明常照法界攝取念佛衆生又觀彼淨土七寶莊嚴妙樂等備如無量壽經觀經十六觀等常行念佛三昧及施戒修等一切善行悉已迴施一切衆生同生彼國決定得生此謂欣願門也

淨土十疑論終

淨土十疑論後序

人心無常法亦無定心法萬差其本在此信此則徧信華嚴所以說十信疑此則徧疑智者所以說十疑出疑入信一入永入不離於此得究竟處淨土者究竟處也此處有說法之主名無量壽此佛說法未嘗間斷疑障其耳則聵而不聞疑障其心則昧而不覺不聞不覺安住惡習讚歎不念隨喜麤心妄指蓮胞以爲虛誕終不自念此分段身從何而得自何而來胎獄穢濁真實安在信憑業識自隔真際於一幻境非彼執此生生不靈永絶聖路以如是故釋迦如來起大慈愍於穢濁中發大音聲讚彼淨土上妙之樂於生死中爲大船師載以法船令趨彼岸晝夜度生無有休息然而彌陀之岸本無彼此釋迦之船實非往來譬如一燈分照八鏡鏡有東西光影無二彌陀說法徧光影中而釋迦方便獨指西鏡故已到彼岸者乃可以忘彼此未入法界者何自而泯東西於此法中若未

究竟勿滯方隅勿分彼此但當正念諦信而已此二聖之意而智者之所以信也信者萬善之母疑者衆惡之根能順其母能耡其根則向之所謂障緣衆生聾可復聞眹可復覺未出生死得出生死未生淨土得生淨土順釋迦之誨往面彌陀隨彌陀之願來助釋迦在此而徧歷十方即西而普入諸鏡自二聖建立以來如是之人如河沙數云何不信云何而疑能自信已又作方便令諸未信無不信者此則智者之所以爲悲也明智大師中立學智者之道不順其文而順其悲所以又印此論冠以次公之序予乃申廣其説以助其傳元祐八年七月十一日左宣義郎前簽書鎮東軍節度判官廳公事陳瓘序

淨土十疑論

校勘記

一　底本，清藏本。

一　九〇七頁上二行首字「宋」，[南]無。

一　九〇七頁下一〇行首字「隋」，[南]無。

一　九〇九頁中一〇行第六字「阿」，[南]作「何」。

一　九〇九頁下五行第八字「駐」，[南]作「留」。

一　九一三頁中一五行「觀經」，[徑]無。

一　九一三頁中末行末字「終」，[南]無。

一　九一三頁下首行至次頁上末行後序全文，[南]無。

法智遺編觀心二百問　起八

法孫繼忠集

景德四年六月十五日四明沙門比丘知禮謹用爲法之心問義于浙陽講主昭上人左右五月二十六日本州國寧寺傳到上人答十義書一軸云云答釋未善讀文縱事改張終當乖理始末全書於妄語披尋備見於謟心毀人且容壞法寧忍欲數後難恐混前文故且於十科立二百問蓋恐上人仍前隱覆不陳己墮之愆更肆奸詭重改難酬之問故先標問目後布難詞必莫上人依數標章覽文爲答毋使一條漏失欲令正理分明希不延時庶塞顒望

問辨訛云觀有二種一曰理觀二曰事觀今文不須附事而觀蓋十法純談理觀故且二種觀法各能觀境顯理既不附事相而觀乃是直於陰入觀理此則正是約行理觀今那云是事法理觀耶

問夫名事法爲理觀者須託事附法入陰心用觀顯理方名理觀今文既不附事託陰而觀於理何顯而名理觀耶

問附事顯理乃是一種觀法何得摽列云觀有二種一曰理觀二曰事觀豈以所附事自爲一事所顯理更立爲一理觀耶

問約教明三法對觀心三法但名爲事今文既非約觀三法那名爲所顯三諦耶

問辨訛云今文理觀事事全成於法界心心成顯於金光既不附事相法相則是直體陰入事事成不思議境則十乘心心顯於金光既爾得不是約行理觀耶

問十法若非約行理觀那得便是普賢端坐念實相耶

問答疑書既云普賢觀法證前圓談理觀示可修義何故釋難書轉云念念相續及念實相令依止觀修證耶

問若非約行理觀焉得念念相續焉得入理證果耶

問答疑書云此玄直顯心性義同理觀若少帶事法且非直顯心性唯約行理觀直觀陰心顯性此玄既直觀心顯性那非約行理觀耶

問今文既是約行理觀那無揀陰及十乘耶

問本立十法是約行理觀故廢後附法觀心約行觀既不成後文觀心如何廢耶

問此玄十種三法乃是正談果法何得是直顯心性耶

問所引五章但稱涅槃尺是佛性乃是正談果法該於因人佛性豈是直顯衆生佛性耶

問如云游心法界如虛空則知諸佛之境界乃是直顯心性該得佛法豈名直顯佛法耶

問詰難書特問此玄正談佛法那名直顯心性因何不答何得二三度改云予不許直顯法性耶

問今既率率而答何得言心性處不言直顯言直顯處不言心性豈非四字全書恐義乖返耶

問答疑書云此玄文直顯心性今何改云學者備覽妙玄已知心性徧生徧佛故觀此

果法知是心性此豈非妙玄自顯心性此
玄不顯心性何得云此直顯心性耶
問予云良師取意講授義合諸文仁尚不伏
仁立學者先解妙玄方尋此部出何文耶
問既此玄直顯心性故十法皆以理融妙玄
不直顯心性故十法不以理融學者解彼
心性尚能融於他部何不自融當部而更
觀心融之耶
問此玄十法文顯標云爲未有智眼約信解
分別郝云純被妙玄深達心性人耶
問秖爲此玄附於如來所游十法廣示心觀
故至經文不論觀解何得據彼廢此觀心
耶
問此玄大師被在日當機故須即示修法涅
槃玄是滅後私制既非當衆業觀故且缺
如以託講者做諸部授人那云學者自知
耶
問妙經文疏雖敘偏小本被習圓之人故附
文作觀多分在圓令一一文不違所習據
何文證知是久習止觀之人豈大師講妙
經時預爲玉泉寺修止觀人示觀心耶
問所據觀心銷開等欲成觀心銷文是要且
開等具於四釋最後旁用觀心銷之觀銷
若要何不居初又何文云觀心銷是要耶
問大師說玄疏時尚未說圓頓止觀何得純
爲久習圓頓止觀人示事法觀耶
問妙玄觀心令即聞即修不待觀境那云指
示行人須依止觀中修耶
問若廢此文觀心何以稱久修者本習耶
問本習既是揀境修觀今文亦揀恰稱本習
豈以太稱而以爲非耶
問若廢此文觀心將何以指示令於止觀中
修耶
問止觀既揀境修觀今文預揀示之有何乖
違耶
問發揮本據十法有六即義故不觀心妙玄
十法一一細示六即何故却云彼文須有
觀心觀於十法耶
問此玄十法以一法性貫之故不須觀心妙
玄十法豈不以一理貫之何故須有觀心
耶
問仁以此三法欲類淨名疏法無衆生具觀
心義彼約研心修觀辨三法此談果證三
法那具觀心義耶
問仁立十法只是三諦異名故具觀心義既
類法無衆生彼約所觀所顯能觀能顯能
破所破助道正道自行利物論三法此既
一向是所顯諦理安類彼文具觀心義耶
問又云此三法具修性義故具觀心義釋毘
耶離城具論修性三德何故更示觀心耶
問此十法從三德至三道而辨妙玄十法從
衆生心性三道辨至極果一一皆具六即
何故却須用觀心觀之此文何故不用觀
之耶
問攝事入陰用觀顯理方名攝事成理故妙
玄五義正觀心文俱明觀陰仁何但云攝
事歸理不云入陰觀理耶
問今十法文既不攝入陰心又無觀法顯理
那名事法理觀耶
問辨訛顯立十法純是理觀修證之法同普

賢觀何故改云只有理觀義耶
問常坐雖觀三道事境既非起心末事又非借事立觀乃是直顯心性那名事觀耶
問觀於一念及三道皆是直附事境觀只是一種理觀那名事理二觀耶
問常行觀相好是立事境三觀依之顯理方成一種觀法那名事理二觀耶
問隨自意推於末事四運叵得只是一種事觀那名事理二觀耶
問令約四三昧論事理二觀辨訛既云不須附事而觀即是不附三道相好播壇白象起心等事乃是一念法界觀空之理觀既爾十法那無一念等十乘耶
問辨訛既立十法純談理觀遂問何無理觀揀陰十乘仁既不立純是事觀那責不問事觀揀境幷十乘耶
問大意與正修事儀與理觀互有廣畧舉四行必帶正修觀法予將常坐爲難已攝正修何得枉云常坐唯在大意耶
問予云若依五畧修行證果能利他者一是聞師取意教授二是宜畧即能修證那得枉云五畧自具十乘耶
問若諸經與妙經觀體全同何故妙樂云此示觀解異於他經他經豈無圓觀耶
問前時圓教欲修觀人既未聞開於聲聞那能自用開顯之理爲觀體耶
問若二經圓理是同妙玄十法那無理融耶
問妙玄一心成觀那類方等懺儀未成之觀耶
問若執王數相扶觀王必觀數何故約識心修觀後更歷四陰觀耶觀時既然悟時那不然耶
問王城耆山房宿萬二千數皆觀陰入那云事法觀不立陰入爲陰境耶
問既云又諸觀境不出五陰今此山等約陰便故山等約陰既便故立陰名則顯諸境雖無陰名而體皆是陰故云不出五陰那據此句判諸觀境非陰耶
問所云以諸文中直云境智者蓋以諸文既對陰不便故輟陰名而但以一念心及因緣生心等爲境以三觀爲智即是直云境智也若不爾者有何觀解但立境智兩字耶
問諸文觀一念心及因緣生心若非陰心謂是何物如仁之意豈不謂是清淨真如耶
問大意妙境云觀心性諸文事法多觀心性止觀既是陰識之性諸文那不是耶
問山城觀中妙樂令於此辨方便正修講人還須於此辨否若不辨者則違尊教若具辨之學者還可修否
問妙樂於山城觀中令於此揀境及心若非揀陰爲揀何境若不揀思議取不思議爲揀何心耶
問阿難觀中妙樂令具述觀相若不述揀境十乘何名具述豈獨此中具述驗知凡指止觀皆令具述那違教耶
問婆多觀中妙樂令廣引般舟三昧仁於講時還曾引否
問山城之外只合直云境智今文既立陰境以驗是訛者山城之外房宿亦立陰境不

異山城萬二千人立十二入爲境豈亦後人添耶

問諸文觀一念心與此棄三觀一何異縱諸數相扶豈不的以心王爲主耶

問今文因云棄三觀一驗是誑者據何教云附法觀心不得揀陰耶

問十二入各具千如則已結成妙境諸文但云陰等未結妙境乃於此境示手三觀三觀若立境自成妙故云但寄能觀觀耳今文棄三觀一方當示陰未結妙境故於此境示手三觀顯金光明豈非寄能觀耶那將示陰便爲妙境那云不是寄能觀觀耶

問義例二種觀法雖不云陰而云入一念心心之與陰雖能造能覆少殊其體豈異託事則山城觀陰既令揀境那執二種不立陰耶

問答疑書云此玄文十境不足既無修發九境驗知只有陰境既是十境中辨須是揀陰之境且今十法何文是揀陰境耶

問妙玄心如幻䜛等既在觀心科中須作境觀而說故釋籤云今銷一一文俱入觀門仍須細釋令成妙觀何得諺云是通途法相耶

問指要本立先解諸法皆妙然欲立行須論起觀之處乃立不變隨緣陰識爲境觀之顯理仁曾破之今那枉予解則唯妄觀方了眞耶

問予據金錍大意立不變隨緣名心爲所觀境豈是獨頭之妄那斥同外道耶

問予據止觀念處懺儀立陰識妄心一念無明爲境此諸教文既單就妄立未云即眞豈是外道說耶

問所觀之心是無明染緣所成佛界心是十乘淨緣所成諸難書定所觀心那責不說淨緣佛界心耶

問金錍立不變隨緣名心本示妄染色心有果佛性若是隨淨緣佛界心者豈是佛界色心有佛性耶

問輔行引心造如來本證妄染陰識能造一切因何拘作非染非淨心耶

問若云妄心即眞故立非染非淨心者豈大師不知即眞那但云陰識應不及仁之所說耶

問大意本示止觀陰識是隨緣心輔行乃指隨緣所成陰識能造如來那作四句分之云大意是隨緣染淨心止觀是非染淨心耶

問若轉計云妄心即理故云非染非淨者何獨止觀論即大意不即耶若皆即者何故約句定分之耶

問若約染淨兩緣所成十界心論所觀境者十境之中那無佛心耶

問示珠云一念常靈寂體一念眞知等顯是以眞性釋一念耶

問示珠若知一念是妄何不仰順妙玄釋籤以迷因法釋心那云心非因果約理能造事以釋心是因耶

問大意雖將陰境在修觀文中揀繁取要與大部不殊豈見文在一處便不分陰境理境所破所顯耶

問大意云異故分於染淨緣緣體本空空不空此論所顯能破三諦三觀那得引此而難所破心境耶

問仁既自云濁成本有之語此示本迷今了迷心當體即理染淨不二等且所觀陰心爲約本迷說爲約今了說二義若混則將賊不分那名觀法耶

問雖云三無差別乃是陰心攝他生佛豈可攝佛便令能攝之心屬果耶若便屬果何故釋籤云生佛在心亦定屬因耶

問仁立鑚火之喻意執於火唯是所鑚所出而不知出已燒木復是能燒觀陰顯理本欲滅陰理顯陰滅理非能滅耶

問輔行既用器械權謀及以將身喻止觀及以諦理此三俱運方破三賊因何身力獨非能破耶

起八　十一

問仁執了陰是理所以觀之不知此是妙解若欲立行須且立陰觀陰顯理豈云觀理顯理鑚火出火耶

問辨訛云三千是妄法今云是所顯之理因誰解耶

問初棄於陰明具三千後依妙境起誓安心等豈非妙境對陰爲能對九爲所耶

問仁執心具三千色無三千且心與色皆是眞如隨緣而造豈一片具德眞如造心一片不具德眞如造色不爾何故心具色無耶

問若色不具三千何故妙經疏十二入各具千如耶

問若執入義帶心妙樂那云界亦各具耶

問既許有情體遍無情體既徧已具那不遍豈有一分不具德體遍於無情不爾那執色無三千耶

問金錍本立無情有佛性豈獨有不具三千之性若爾不名有果人之性也莫違宗否

問能造之心既由全理而起故能具三千色是全理之心而起那不具三千能生樹根既具四微所生枝條豈不具四微耶

問他約能造論於唯識故無唯色之義今既約具論於唯識故有唯色之義既許唯色那無三千耶

問豈以色不造心等故便不得云色具三千便不名法界中道及不名唯色耶豈以波結爲冰暫不流動便謂不具波性耶

問心具於色色是妙色既是妙色那無三千耶

起八　十二

問觀陰爲妙境攝彼無情同爲佛乘蓋顯法法皆具三千若無情不具那爲佛乘耶

問四念處內外二觀之後結歸心者蓋捨旁從正捨難從易外觀破於內着豈全不觀外耶

問荆溪云四教中圓奚嘗不云三處具法那師執此立頓頓觀却抑四教中圓唯論心具二處不具仁立心具三千色無三千是不及彼師所見以彼元知隨觀即具但不合立爲頓頓耳仁全不知此義望彼邪師千里萬里更何分踈耶

問予據破於着內着外之文遂立恐心外向復遵唯識唯色之教乃云心具色具何得以標隅見誣獨頭爲謗耶

問內心徧攝觀成更論歷外者猶居因位故也雖約理融寧無事境唯遍游歷而任運見理既云任運那以巡檢覆察釋於歷耶

問內外不二門標列牒釋二種境觀文義顯然何得但對義例淨心外歷及止觀例餘陰入國土方等歷播壇等耶 十三

問若色心門明內觀畢何故次門方標列二境逐一牒釋耶

問若先了等文爲結前生後者既云先了外色心一念無念則結前已泯合畢因何內體三千即空假中生後之文又對泯合是何道理

問示珠以外觀豁同眞淨是六根淨位則成結前外觀至六根已方乃生後令修內觀豈名字全無內觀耶

問內外門立二境觀乃加功研習之義那對任運泯合之文耶

問色心門無修觀相那對內心正觀內外門二種觀境分明因何知對傍歷外觀耶

問仁執色心門明內觀對實相觀內外門明外觀對唯識觀且義例實相唯識二觀既且約內心修之則二觀俱在色心門豈非內外門全不明觀法耶

問四念處令著外者修唯識觀著內者修唯色觀豈得特違教文將唯識爲外觀耶

問仁令議論特扶先師之義示珠既判色心門未論觀法內外門方對境明觀今何違彼自立色心門明內心正觀內外門但示外境旁歷之觀耶

問示珠判外觀豁同眞淨名六根觀成位則外已泯合仁何違彼自立次文內觀方是泯合耶

問示珠自於外境明觀成相於義無虧仁何乖義苦破師耶

問若示珠釋不二門有乖發揮廢觀心自敗何故拌入地獄强諍非義耶 十四

問心佛衆生既是事用故分高下廣狹初心修觀遂有難易去取若三種三千本來融攝因何內觀但觀己之三千未攝生佛三千外觀但觀彼彼三千未與己心三千泯合至第二再觀內境方得彼此泯合此之邪曲之見還與一家觀法合否

問若心佛衆生事相既別三處理性又殊則人人各住法法不融約何義說三無差別獨頭標隔推與誰耶

問大意約三無差別染淨明其假觀此假空中明三諦觀仁何違彼內觀不觀生佛三千違文違義何可言耶

問事境暫隔故扶宗云初觀內心未涉外境仁何破云理境本融生佛同趣內觀如何作意去取耶

問今執內觀未觀生佛三千何故辨訛更令內觀託彼色心依正豈非其時全不識內外二境耶

問仁於前書數將止觀例餘界入國土及方等播壇以爲外觀豈此外境非己依正尚違自語寧會圓宗耶 十五

問義例本論色心不二之觀先觀內心約心融色明不二觀次歷色等任運各融本既不論三法之觀何以初觀己心次歷生佛

豈非不解看讀耶

問仁於前書堅執內外二觀並修方名事理不二今那改云內心理觀自說事理不二豈非竊予之義爲已見耶

問實相唯識用觀雖殊妙解無別那云觀唯識者未能即了一切唯心但隨自意四運推檢若爾與通教觀心何異耶

問辨訛既將揀境中心造諸法便爲妙境中一念三千又以託外依正色心便爲內觀之境還是不分事理二造內外二境耶

問既遭問疑書難便改轉云所造諸法者理具名造實非事造又云所言三千者即是所具三千名造實非外境事造此是歟心轉計否

問辨訛難於恐心外向之義云何不恐心外向但云託彼心即空即中彼心既是生佛之心豈託彼心便非外向耶此時還知二境否

問辨訛云色心之境俱觀此時還知揀境之意耶

問仁今轉云觀理攝事者乃是甘伏予云但觀理具自然攝於事造不可遍將事造諸法爲觀所託境前那頻難未涉二修事造耶

問仁今復云遍攬諸法專觀能造之心意以遍攬之言欲成色心之境俱觀之義且遍攬諸法乃是妙解總攝諸法歸心若論修觀須的揀陰境而觀用觀遍攬豈免俱觀之失耶

問義例先了萬法唯心方可觀心仁前定云先了屬解觀心是行今之遍攬那非解耶

問仁今復云若了一心即見諸法意成色心內外俱爲觀境既云若了一心顯是初唯觀心未涉他境即見諸法者乃是了悟一心具攝諸法豈是所託事境耶

問若觀內心理具攝一切法便爲色心之境俱觀內外之法皆託者或修內觀不入更將何法爲境觀之顯理耶

問若言觀內心理具雖攝外境事造不妨修外觀時的就外境事造觀之顯理若爾者正合予之所立非初作觀便觀依正諸法及未涉二修事相何頻妄破耶

問若不暫分內外二境但以理攝便云俱觀者或用正觀歷衆緣時何異未歷時耶

問仁立外觀只是觀色歸心仁立內觀亦是攬外歸內二觀如何分耶

問義例本爲邪解之師錯謂止觀釋名已下皆是漸圓乃將十二部經觀心之文立頓頓觀修道即得既謂九章帶漸終不取彼方便正修十境十乘度入事法觀中修習此師又云頓將二頓問人人無答者終不肯咨稟良師口訣只據見文一句爲頓頓觀修道即得遂斥之爲壞驢車也若稟師氏取彼止觀方便十境十乘細釋成乎妙觀豈是驢車餘文或有此斥皆潛防此計乃言止觀一部爲妙行者皆爲防於不取大部銷通便以一句爲足者也那例破事法觀心不得修習儻得知識決通豈亦成壞驢車耶

問仁執金錍須善一家宗途方可委究行門

始末之語謂須讀止觀者且妙境最遠尚
於言下開通儻再請餘乘豈聞說不解而
執須讀止觀部帙耶
問懺儀既云不入三昧但誦持故南嶽云散
心誦法華不入禪三昧亦見普賢身那云
於誦持時修十乘耶請細看廣難一一答
之
問荊溪自云面授口訣非後代所堪今懸敘
私記決事法觀道有何失耶
問妙玄觀心一釋令即聞即修何得以聲聞
悟入稍難而便不許委銷事法勸人修觀
耶
問大師說禪門六妙門小止觀既各有人修
說諸文事法觀門何獨無人修耶
問大師在日聞事法觀既能修行滅後聞之 廸八 十八
豈不能即修耶
問若據陳都機緣減少豈獨今日無機抑亦
玉泉虛唱傳法本令誘物而卻約時退人
還善為師否
問輔行云若依五畧修行證果能利他者自

是一途此指不須廣聞為自是一途何得
類同頑境踏心之一途耶
問若執方便純解無行者或習方便時欲盡
數起還須用圓觀呵棄否或因茲悟理還
入位否況云初心即可修習仍結六即耶
問夫論法門須求其意不可以名相多少為
論釋名等四章三觀名相雖多意謂生於
止觀之解釋法無衆生名相雖少意成中
道生空之觀得意之師依章善消豈不成
乎解行耶
問仁用違文背義各十段文難予不尋止觀
即修附法若得良師取意決通何須尋讀
止觀既蒙勸進可不即修此義既成更問
何耶
問始從發揮至答疑書皆以談於妙性真理
便為觀心因何改云觀六識妄心成三諦 廸八 十九
真心此義因誰解耶
問始從扶宗觀於一念識心及諸義狀皆立
因心為境那枉抑予不許觀於妄心仁於
何時說觀妄心予不許耶

問示珠既云心非因果還是偏指清淨真如
否
問若轉計云色由心造但示心即妙理者自
己報色且由心造生佛各有能造之心何
不皆即妙理何故定作因果事釋耶
問予立三法各具二造何文謂生佛約色論
造豈非三各二造示珠全無此義仁欲翻
為己見說之遂先加誣色造之失作偷義
之計便自約心各論二造此之賊心仁當
自省謂無報耶
問示珠何文曾言生佛約心論能造耶
問三法各論二造互具互攝方名無差示珠
於六義中心之事造尚不全以約心論能
造故餘之五義本非擬議還甘伏否
問示珠設問本定經中三無差語為就三人
論為約一人說答中約心迷悟論生佛畢
即明判云示本末因果不二故云三無差
別豈非定判經中三法在於一人那得抵
諱翻轉作了己知他救之耶
問既不約因心論乎二造則不善了已若例

他亦以真心造事則不善知他如此了知有何益耶

問妙玄三法皆判屬事示殊何故作一理二事判耶

二十 問止觀二境觀法全在名字中示因何答疑書五番言修二觀皆在觀行五品位中偶一迴云五品初心便自歸觀行那於今來改轉將五品初心却爲名字既朗自結歸觀行如何翻改爲名字耶

問止觀八種觀成顯云初品因何答疑書五番言觀成皆在相似況五番說五品方修二觀却言初品觀成誰不知之得非彰灼欺誑耶

問不二門結境智行三法相符設位簡濫豈非六即之位揀三法之濫況證果起用不離三法仁何抑之但在凡位耶

問若境智行局在初住前位因何妙樂通果說耶

問若智局在名字不通後位豈可行時全無於目若二凡無智則名字無境豈非五即皆無佛性耶

問若位位中以正行爲智將助行爲行明智妙既至極果行妙因何更明正行又妙樂智三既在妙覺豈等覺來唯修助行耶

廿一 問仁執正釋三法全無修二性一今那自許八種三法是修二性一耶

問不二門本論一切三法離合仁堅執只約三因說離合今那八種有離合耶

問今觀心前先約離明觀識次約合示歷法豈須就前離論於後合如正釋三智約離次釋三因約合豈云離則三智合則緣了豈智唯空行惟假耶

問若合三智之解爲了三脱之行爲緣顯發性三爲正如此約開論合有何等過那得枉云開則三觀合則空假耶

問妙玄云生佛高廣難觀觀心則易此玄十種果法正當太高那云談此便不用觀心耶

問諸文事法之後所明觀心豈非捨難取易仁廢觀心自以果法爲理觀豈非捨易取難耶

問十義書引淨名玄約教明三身三脱爲事解後更約觀心明三身三脱仁但謂彼之事解與今三涅槃惑畢竟不生等不齊何不具說不齊之義耶

問仁今又云淨名玄三身與法無衆生義齊否未知欲與彼事釋觀釋何義論齊不齊何不顯說耶

問此玄十法約乎果證該及迷因其間具示自行化他若智若行何得名爲於諸佛法邊直談理性耶

問妙玄起五心中乃先出觀心一解之意觀心解中既皆約陰論觀何得以不待陰境銷於起五心中不待觀境之文

廿二 問釋籤不待觀境方名修觀乃是預出觀解之意實未正明觀解何得輙謂是觀心之式樣耶

問若轉計云自道不待揀示陰境不道不待通示陰境且釋籤今消示陰之文皆入觀門若不揀陰那得入於觀門耶

問彼觀心文云三界無別法皆是一心作止觀大意皆以此示揀陰妙玄觀心何獨非耶又既在觀心文中豈以願境及生解銷之耶

問仁轉計云自是久修止觀行人攝法入於三千三諦心中不待玄文揀示陰境此說甚違釋籤自令講者銷入觀門乃是宗師取意揀示故不待止觀教文故云即聞即修那云學者自能修那

問仁又報云未習止觀即聞事法乃知須依止觀修之此則固違妙玄即聞即修之說既須待止觀揀境示妙教文豈非又違釋籤不待觀境之語耶

問若不攝事法入乎陰心修觀顯發何名攝事成理耶起八

問若云不待觀境之文是觀心式廿三樣者縱云不待陰境豈不待精進而修耶

問諸事法觀未明揀境尚須精進修之此玄觀心既揀那不可修耶

問既許不二門攝乎十妙爲止觀大體那不許諸得意師將十門妙意入事法中爲觀體耶

問大師說此十法開解之後即合策衆觀心故有觀法章安制大經玄義既非對衆時節又辯但宣教義託後師氏比望餘部示人學者因茲諳練豈是自尋諸部耶

問初習玄疏事法之觀人師取其止觀通釋如引衆經說乎止觀修入者豈名衆經修入耶

問若先習止觀未悟今歷事法觀門得悟如將無生觀法度入生門豈名無生門悟耶

問予引義例唯達法性不云達陰既是端坐十乘豈不達陰爲法性用例攝事成理雖不云入陰後觀解中既立陰境驗須攝事入陰觀理方名攝事成理仁那枉云意謂法性不關三千耶

問仁荅疑書中引此文正圓談法性義同理觀理觀既不達陰驗仁當時不知約行須觀陰心若不爾者何故引此證無陰理觀耶

問妙玄以三軌通十法此玄以無量甚深法性貫十法因何此中獨得云以法性融法耶

問若妙玄尚不以法性融圓果十法何能融餘因果又何能開二乘耶

問答疑書明說彼起八玄不以法性融十四故故用觀心觀前十法今那轉云觀三教三軌又援引文相耶

問妙玄三教三軌既云從一開三又一一皆以如來藏攝何得却用觀心融之此玄三教十法未云從實開出未成藏理融攝何以却不用觀心融耶

問義例自云託事導情何得自撰附法觀情耶

問若託事一向導情全無修相何故著山觀中令於此明方便正修耶

問縱云附法遣執教忘行之情者妙玄十法皆以一念用六即辨至極果何故更用觀心示行此玄但約信解說四教法相何能自遣忘行之情那無觀心示行耶

問妙玄十法附妙法題那非理融此玄十法
附世金喻却得是理融耶
問止觀結題說爲結文相事法觀心處處言
爲行立今即聞即修安穩類之耶
問發心中觀心約自己心數衆生明乎與拔
之觀那自撰爲結其文相及示行耶
問仁元執云此玄所談十法純是理觀直顯心性超過妙玄故廢附法觀心今何全同法界次第列諸法數却是學三觀者自用觀法融之則成此玄全不談理觀全不顯心性乃自發揮至今義狀所說一時傾敗
此文觀心自成眞說
此之義目並是自來廢立觀心之意儻於此問不能酬答及答不盡理則顯妄破觀心正文仍以上人心行多奸言詞無准已墮之義隱覆不言縱答之文復多釋改使鑑覽稍分於得失討論未息於往來故今列數於前冀答無缺畧演義於後知問有因由請上人只將所列問詞實書前項用所陳答語即寫次文休將巳義前書如不善消文之類莫謂後科兼答如直顯心性之流庶邪正之甄分俾勝負之明白須臻極理必見所歸唯願上人正直修心流通勸念莫顧一期之虛譽仰扶千載之眞宗使教觀之不空見說行之並運損益即大罪福不輕須取證於神明豈强行於呪詛若心無諛諂任呪之無徵或意有誑欺必言之速驗請揣尋昔見比對今言儻用實解以廢教文罪應少薄或縱欺心而毀方等禍必不遲切宜審思莫侮聖法悟與未悟酬與不酬速望迴音即有徵索（或作徽纛）也

法智遺編觀心二百問

法智遺編觀心二百問

校勘記

一　底本，明永樂北藏本。
一　九一五頁上一五行末字「且」，南作「具」。
一　九一五頁中八行首字「感」，徑作「成」。
一　九一六頁上一二行第一二字「彼」，徑作「被」。
一　九二二頁中一一行第一三字「子」，南、清作「予」。
一　九二二頁下三行第四字「計」，南作「許」。
一　九二二頁下九行第二字「計」，南作「勢」。
一　九二五頁中九行第二字「禍」，南、清作「報」。
一　九二五頁中一〇行末字「也」下，南有「卷終」二字。
一　九二五頁中卷末經名，南無。

淨土境觀要門

元傳天台宗教興教大師虎谿沙門懷則述

夫淨土法門者乃末世機緣出生死之要路横截五道之舟航一生彼處永無退轉以諸天身飛行自在衣食自然得預清淨海衆常得見佛聞法速入聖位無虎狼師子蚊虻蚤虱有情之惱無寒熱風雨無情之所煎熬蓮華化生壽命無量既無生老病死等苦但受諸樂故名極樂世界故我釋迦如來欲令此土在迷衆生出離衆苦開折伏之門彌陀慈父示攝受之路所以苦口叮嚀殷勤告誡偏讚淨土普勸往生良由於此是故西天此土聖賢道俗迴向發願臨終見佛得往生者具載典記不可勝數但下劣凡夫貪著麤弊色聲甘心流浪生死不求出離譬如入城勾當若不預辦安歇之處至于日暮無所棲泊深可痛傷悲悼也然而諸上善人厭苦求樂發心念佛者多知於境觀者少因引筆畧書大槩庶使信樂之人因此以得入道之門不致徒勞苦行也初入道場當存想三寶心生懇惻然發願云我與法界衆生諸佛菩薩性體不二但我與衆生在迷諸佛菩薩已悟我今普爲法界衆生求生安養淨土入是道場諷誦經文稱念佛號如補助儀觀無量壽佛經云若欲志心生西方者先當觀於一丈六像在池水上如先所說身量無邊非是凡夫心力所及是則八萬相好乃是十信位人方得見之非是凡夫初心所觀境界是故今觀丈六之身身有三十二相不可徧觀須是從一相好入但觀眉間白毫三十二相自然當現觀若純熟不妨改觀觀餘身相無不可也若觀此相極須明了其相在兩眉中間白如珂雪長一丈五尺周圍五寸外有八稜内則虛通右旋宛轉顯映金顏分齊分明瑩淨明徹不可云喻欲觀此相應須先了萬法唯心一切唯識故經云心包太虛量周沙界又云心如工畫師造種種五陰一切世間中莫不從心造是則極樂依報國土寶樹寶地寶池彌陀海衆正報之身三十二相等皆是我心本具皆是我心造作不從他得不向外來能了此者方可論於即心觀佛所以得云唯心淨土本性彌陀故觀經云諸佛如來是法界身入一切衆生心想中至八十隨形好諸句天台大師作二義釋之一約感應道交釋二約解入相應釋若無初釋則觀非觀佛若無次釋則心外有佛是則解入相應者即心也感應道交者觀佛也至釋是心作佛是心是佛從修觀邊說名爲心作從本具邊說名爲心是文出第八像觀義徧初後夫如是例此合云是心作日是心是日乃至是心作勢至是心是勢至以至九品之中隨境作觀莫不咸然然而即心觀佛亦名約心觀佛者約心就託佛邊說即心就本具邊論由具故即也各舉一義意必雙含也此之境觀說者雖多未見的當今當先引舊說評之而後正出其意淨覺法師謂攝佛歸心然後用觀名爲觀佛今謂送想西方境在東土境觀既差何由生彼亦濫直觀於心也廣智法師謂攝心歸佛名爲觀佛此乃直觀於佛祖師何名心觀爲宗耶若據二師所見必須先了萬法唯心方可觀心先了萬法唯佛方可觀佛此同常坐等直觀三道是爲直觀心直觀佛也二師執諍不已

遂求決於四明祖師祖師雙收二家云也不是攝佛歸心也不是攝心歸佛乃是約心觀佛何者彌陀淨土既是我心本具是故託彼果佛三十二相熏我自心本具法身性體觀智若成自然發現故妙宗云託彼依正熏乎心性心性易發即此義也問約心觀佛唯是所觀境亦含能觀觀耶答觀之一字是能觀觀心佛二字是所觀境若爾此所觀境是妄耶是真耶答一家所論境觀永異諸說直觀真心真佛唯屬佛界是故凡曰觀心觀佛皆屬妄境意在了妄即真不須破妄然後顯真諸家直觀真者妄必須破真理方顯此乃緣理斷九之義正是破九界修惡顯佛界性善是斷滅法乃屬偏前別教非是圓頓妙觀問既曰約心觀佛佛是果人何得是妄若是妄者彌陀世尊應是凡夫耶答初心行者外境未忘以來見有他佛無非是妄亦是外陰入也則知過在於我何關佛耶問凡所觀境不出內外心則屬內佛則屬外今云約心觀佛矣也內外俱觀若爾必須仰面觀佛低頭照心如足跨門限如首鼠兩端畢意如何用心答此尤難得的當今畧舉一家之非而後出其正義初義者先輩乃云定境屬外觀屬唯心須知此說有二失一者正墮內外俱觀之失二者觀屬唯心有濫真心之失以由初心行者須約妄心而觀彌陀應身顯真佛體方免斯過祖師雖有唯心觀立之言正是唯於妄心所造之境用三觀體之觀若成時真佛方顯也故知此說失之甚矣次出正義者須知我心不局方所如前所引經文是也故荊溪云唯心之言豈唯真心須知煩惱心徧子尚不知煩惱心徧安能了知生死色徧色何以徧色即心故若爾不須攝佛歸乎東土五陰質內亦不須仰面觀佛低頭照心今斷之曰定境屬外境便是心不須攝佛歸心方名約心觀佛如此明之非但深得佛意亦乃迥出常情況佛觀口引喻云如執明鏡自見面像鏡中之像在外豈可攝歸我身方是我像耶亦是引心向彼作往生因雖無方所在迷成局今以妙解融此局心而即於佛成三諦三觀是則鏡喻觀法執喻修觀見像喻觀成即見本性佛也觀未成時像既在外以譬於心何須攝歸我身耶此譬顯然人自不達耳問約心觀佛定爲外境乃屬於妄其義顯然無可疑者用於三觀體此妄境成妙三諦願示其相答如觀白毫一心一意專想不移了了分明能了此境具足諸法此相爲從我身得爲從我心得佛不從我身得不從我心得不從我身得佛心不從我心得佛色何者若是心佛無心若是色佛無色不可以色心求三菩提所觀之境既空能觀之觀亦寂能所俱亡不落情想空雖不可得隨念即見如鏡照面像現其中又如比丘觀骨起種種光此無持來者亦無有此骨皆意作耳悉如幻化假佛本不曾來我亦無所至心不自知心心不自見心心有想則癡無想是泥洹是法不可示皆念想所爲設有念亦無所有空耳中三觀就能觀邊論三諦就所顯邊說諦觀不二能所一如故祖師云三諦三觀三非三三一一三無所寄諦觀名別體復同是故能所

二非二斯之謂也問一心三觀三諦一境不前不後方是圓頓三昧據上所論似如次第一心之義何在答說雖前後用在一時且如照此白毫即是我心心外無法法法叵得是空其相宛然是假假即是境空即是觀了了通達不爲境所染亡假也了了通達不爲智所淨亡空也非染非淨境觀雙絕能所頓亡即是中道何有前後耶若論假觀亦復如是白毫宛然如骨起光是假其相叵得是空此無持來者亦無有此骨是中也若論中觀了此白毫非空非假若心有想則癡無想是泥洹是法不可示皆念想所爲亡二邊也既其雙亡必也雙照以雙照故空假宛然亡照同時不可前後是則一空一切空三觀俱空一假一切假三觀俱假一中一切中三觀俱中不前不後絕思絕議問淨土依正在十萬億剎外何云唯心淨土本性彌陀又經云阿彌陀佛去此不遠耶答此義須約三諦三觀說之其疑方解何者就不失自體東西宛爾遊何妨在十萬億剎之外即妙假也就同一性體不隔毫氂邊即妙空也就不一不異二相亡泯邊即妙中也亦是一即一切故不妨遠一切即一故不妨近非一非一切故不遠不近以例取捨不取不捨合散不合不散等莫不皆然具如止觀前六章依修多羅廣開妙解直論諸法本真無非三諦妙法由此理具方有事用以即假故不失自體不遠而遠往生彼土復由即空故同一性體故以佛力故三昧力故一念能見故心在定故如彈指頃故不近而近實不往生雙非二邊非生非不生事既即理便是妙事但佛世根利隨舉其一必具三故小彌陀偏語其遠十六觀經偏語其近既其遠近雙照必也遠近雙寂是則近遠非近非遠生即無生無生即生非生非不生今人隨語生解偏執一邊不能圓解故十疑論云今人聞生便作生解聞不生便作不生解正墮此責也悲夫若不約理具三法而論事用三法則遭從心生法之過復招緣理斷九之譏豈是圓頓法門若不爾者何故妙宗引般舟三昧經三力爲證一佛力二三昧力此二非事用耶三者本功德力此非理具耶然末代行人而欲立行造修須揀入理之門起觀之處以衆生在迷未悟理故故至第七正修章中方論陰等十境的揀所觀今亦如是如前所辯良由於此不見此意豈不惑哉問唯心淨土之唯心與本性彌陀及十不二門唯色唯心之唯心同異如何答唯心淨土是所觀陰境本性彌陀是所顯法門亦是能觀觀法各舉一邊意在互顯若十不二門約三諦妙色妙心而論唯心故云非色非心空也而色而心假也唯色唯心中也此乃直約中道絕待而論名爲妙色妙心豈與唯心淨土所觀陰心同日而語熟看金錍指要自見臧否若觀二菩薩身相既同彌須揀別經云但觀首相知是觀世音知是大勢至首相者觀音頂上有一肉髻如未開蓮瑩淨紅鮮大勢至於肉髻上有一寶瓶盛諸光明若念此菩薩名時須觀此相若念清淨海衆時須想三乘諸天圍繞一佛二菩薩也所論境觀之相悉例上可知若不精揀何稱圓修是故

不能已也信筆述此老眼昏華不及檢文多有疎脫觀者恕之至大三年冬至前三日

淨土境觀要門終

一心三觀

達一念性具三千妙境（境即是假）本來空寂（空即是觀）（是為雙照空假）無能觀空（不為智所淨亡空也）無所觀境（不為境所染亡假也）境觀雙絕能所頓亡（雙亡二邊是為中道）是為日用中一心三觀更無前後（文出光明跳第三卷二十六紙記第四卷十七紙）頌曰境為妙假觀為空境觀雙亡便是中亡照何曾有前後一心融絕了無蹤

一心三觀終

淨土境觀要門

校勘記

一　底本，明永樂北藏本。

一　九二六頁上二行「元傳……大師」，南無。

一　九二六頁下七行第一五字「云」，清無。

一　九二九頁上三行「淨土……終」，南無。

一　九二九頁上末行「一心三觀終」，南無。

南嶽思大禪師立誓願文　起一

我聞如是釋迦牟尼佛悲門三昧觀衆生品本起經中說佛從癸丑年七月七日入胎至甲寅年四月八日生至壬申年年十九二月八日出家至癸未年年三十是臘月月八日得成道至癸酉年年八十二月十五日方便入涅槃

正法從甲戌年至癸巳年足滿五百歲止住

像法從甲午年至癸酉年足滿一千歲止住

末法從甲戌年至癸丑年足滿一萬歲止住

入末法過九千八百年後月光菩薩出真丹國說法大度衆生滿五十二年入涅槃後首楞嚴經般舟三昧先滅不現餘經次第滅無量壽經在後得百年住大度衆生然後滅去至大惡世我今誓願持令不滅教化衆生至彌勒佛出佛從癸酉年入涅槃後至未來賢劫初彌勒成佛時有五十六億萬歲我從末法初始立大誓願修習苦行如是過五十六億萬歲必願具足佛道功德見彌勒佛如願中說入道之由莫不行願早修禪業少習弘經中間障難事緣非一略記本源兼發誓願及造金字二部經典

稽首歸命十方諸佛

稽首歸命十二部經

稽首歸命諸大菩薩四十二地諸賢聖僧

稽首歸命一切緣覺聲聞學無學衆又復

稽首梵釋四王天龍八部冥空善神護法大將慧思自惟有此神識無始已來不種無漏善根是故恒爲愛見所牽無明覆蔽致令虛妄生死日增苦輪常轉未曾休息往來五道橫使六識輪迴六趣進不值釋迦出世後復未蒙彌勒三會居前後衆難之中又藉往昔微善根力釋迦末世得善人身仰承聖教之所宣說釋迦牟尼說法住世八十餘年導利衆生化緣既訖便取滅度滅度之後正法住世逕五百歲正法滅已像法住世逕一千歲像法滅已末法住世逕一萬年我慧思即是末法八十二年太歲在乙未十一月十一日於大魏國南豫州汝陽郡武津縣生至年十五出家修道誦法華經及諸大乘精進苦行至年二十見世無常衆生多死輙自思惟此身無常苦空無有我人不得自在生滅敗壞衆苦不息甚可怖畏世法如雲有爲難信其愛著者即爲煩惱大火所燒若棄捨者則至無爲涅槃大樂一切衆生迷失正道永無出心我爲衆生及爲我身求解脫故發菩提心立大誓願欲求如來一切神通若不自證何能度人先學已證然後得行自求道果爲度十方無量衆生爲斷十方一切衆生諸煩惱故爲令十方無量衆生通達一切諸法門故爲欲成就十方無量一切衆生菩提道故求無上道爲首楞嚴遍歷齊國諸大禪師學摩訶衍恒居林野經行修禪年三十四時在河南兗州界論義故遭值諸惡比丘以惡毒藥令慧思食舉身爛壞五臟亦爛垂死之間而更得活初意欲渡河遍歷諸禪師中路值此惡毒困藥厭此言說知其妨道即持餘命還歸信州不復渡河心心專念入深山中欲去之間是時信州刺史共諸守令苦苦留停建立禪齋說摩訶衍義頻經三年未曾休息梁

州許昌而復來請又信州刺史復欲送啓將歸鄴郡慧思意決不欲向北心欲南行即便捨衆渡向淮南山中停住從年二十至三十八恒在河南習學大乘親覲供養諸大禪師遊行諸州非一處住是時國勑喚國內一切禪師入臺供養慧思自量愚無道德不肯隨勑方便捨避渡淮南入山至年三十九是末法一百二十年淮南郢州刺史劉懷寶共遊郢州山中喚出講摩訶衍義是時爲義相答故有諸法師起大瞋怒有五人惡論師以生金藥置飲食中令慧思食所有餘殘三人噉之一日即死慧思于時身懷極困得停七日氣命垂盡臨死之際一心合掌向十方佛懺悔念般若波羅蜜作如是言不得他心智不應說法如是念時生金毒藥即得消除還更得差從是已後數遭非一年至四十是末法一百二十一年在光州開岳寺巴子立五百家共光州刺史請講摩訶衍般若波羅蜜經一遍至年四十一是末法一百二十二年在光州境大蘇山中講摩訶衍義一遍至年四

十二是末法一百二十三年在光州城西觀邑寺上又講摩訶衍義一遍是時多有衆惡論師競來惱亂生嫉妬心咸欲殺害毀壞般若波羅蜜義我於彼時起大悲心念衆惡論師即發誓願作如是言誓造金字摩訶般若及諸大乘瑠璃寶函奉盛經卷現無量身於十方國土講說是經令一切衆惡論師咸得信心住不退轉至年四十三是末法一百二十四年在南定州刺史請講摩訶衍義一遍是時多有衆惡論師競起惡心作大惱亂復作種種諸惡方便斷諸檀越不令送食經五十日唯遣弟子化得以濟身命于時發願我爲是等及一切衆生誓造金字摩訶衍般若波羅蜜一部以淨瑠璃七寶作函奉盛經卷衆寶高座七寶帳蓋珠交露幔華香瓔珞種種供具供養般若波羅蜜然後我當十方六道普現無量色身不計劫數至成菩提當爲十方一切衆生講說般若波羅蜜經於是中間若作法師如曇無竭若作求法弟子如薩陀波崙發願之後衆惡比丘皆悉退散發此

願已即便教化作如是言我造金字摩訶般若波羅蜜經至年四十四是末法一百二十五年太歲戊寅還於大蘇山光州境內唱告諸方我欲奉造金字摩訶般若波羅蜜經須造經首誰能造者時有一比丘名曰僧合而忽自來作如是言我能造金字般若既得經首即遍教化諸州刺史及土境人民白黑道俗得諸財寶持買金色造作經用從正月十五日教化至十一月十一日於南光州光城都光城縣齊光寺方得就手報先心願奉造金字摩訶般若波羅蜜經一部并造瑠璃寶函盛之即於爾時發大誓願願此金字摩訶般若波羅蜜經及七寶函以大願故一切衆魔諸惡災難不能沮壞願於當來彌勒世尊出興于世普爲一切無量衆生說是般若波羅蜜經時

以我誓願　金字威力　當令彌勒　莊嚴世界
六種震動　大衆生疑　稽首問佛　有何因緣
大地震動　唯願世尊　敷演說之　時彌勒佛
告諸弟子　汝等應當　一心合掌　諦聽諦信

過去有佛號釋迦文出現世間說是般若
波羅蜜經廣度衆生彼佛世尊滅度之後
正法像法皆已過去遺法住世末法之中
是時世惡五濁競興人命短促不滿百年
行十惡業共相殺害是時般若波羅蜜經
興于世間時有比丘名曰慧思造此摩訶
波羅蜜經黄金爲字瑠璃寶函盛此經典
發弘誓願我當度脱無量衆生未來賢劫
彌勒出世說是摩訶般若經典波羅蜜經
我以誓願金經寶函威神力故當令彌勒
七寶世界六種震動大衆生疑稽首問佛
唯願說此地動因緣時佛世尊告諸大衆
汝等當知是彼比丘願力因緣金經寶函
今欲出現大衆白佛唯願世尊以神通力
令我得見金經寶函佛言汝等應當一心
禮過去佛釋迦牟尼亦當一心專念般若
波羅蜜經佛說是時大地以復六種震動
出大光明普照十方無量世界其香殊妙
超過栴檀百千萬倍衆生聞者發菩提心
瑠璃寶函現大衆前唯可眼見無能開者

時諸大衆踊躍歡喜俱白佛言唯然世尊
云何得見般若經文彌勒佛言彼造經者
有大誓願汝等應當一心念彼稱其名號
自當得見說是語時一切大衆稱我名號
南無慧思是時四方從地涌出遍滿虛空
身皆金色三十二相無量光明悉是往昔
造經之人以佛力故寶函自開出大音聲
震動十方一切世界于時金經放大光明
無量衆色猶如大雲流滿十方一切世界
種種音聲普告衆生復有妙香悅可衆心
是時衆生以我願力及覩地動又見光明
聞香聲告得未曾有身心悅樂譬如比丘
入第三禪即於是時悉得具足三乘聖道
乃至具足一切種智此願不滿不取妙覺
又願十方諸佛世尊說此般若波羅蜜處
一切皆如彌勒大會若使十方無量諸佛
一時說法亦願此經一時皆得普現於前
一一瑞相諸佛大會等度衆生一一世尊
皆稱釋迦及我名字亦如彌勒大會無量
若不爾者不取妙覺又願當來十方國土

函及經卷無量名字隨諸國土人量大小
人身大處函及經卷文字亦大人身小處
函及經卷文字亦小隨其國土衆寶中精
人所貴者般若力故函及經卷文字變作
上妙珍寶終不常爲瑠璃金字書經之紙
爲金剛精不可損壞至於未來不可思議
無量劫數十方世界有佛出世說是般若
波羅蜜處亦復如是若不爾者不取妙覺
願於來世十方國土諸佛世界皆稱釋迦
如來名號金經寶函及我名字是故音聲
遍至十方一切世界衆生普聞皆得入道
若有衆生不入道者種種方便神足變化
而調伏之必令得道若不爾者不取妙覺
又復發願我今入山懺悔一切障道重罪
經行修禪若得成就五通神仙及六神通
闇誦如來十二部經并誦三藏一切外書
通佛法義作無量身飛行虛空過色究竟
至非非想聽采諸天所說法門我亦於彼
向諸天說所持佛經還下閻浮爲人廣說
復至三途至金剛際說所持法遍滿三千

大千世界　十方國土　亦復如是　供養諸佛
及化衆生　自在變化　一時俱行　若不爾者
不取妙覺
上妙栴檀爲高座　衆彩雜色以莊嚴
上妙七寶爲帳蓋　衆寶莊嚴放光明
閻浮檀金爲經字　瑠璃水精爲經函
敬諸佛法好供養　然後説法化衆生
無前無後無中間　一念心中一時行
我今入山爲學此　非爲幻惑誑衆生
若有惡人障礙我　令其現世不吉祥
備受種種諸惡報　若不改心自中傷
死墮地獄入鑊湯　謗法罪報劫數長
願令彼發菩提心　持戒修善至道場
我爲衆生行此願　令佛法藏得久住
惡人嫉妬横惱亂　妨廢修行不得作
若得好人擁護我　諸天善神爲佐助
令其護法得久住　後生淨土得佛道
令其修道速成就　我無二心發此願
願令衆生識果報
又復發願　十方諸佛　自當證知　我今爲此

摩訶般若　妙法蓮華　二部金字　大衆經故
欲於十方　廣説法故　三業無力　不得自在
不能十方　一時出現　調伏身心　及化衆生
今故入山　懺悔修禪　學五通仙　求無上道
願先成就　五通神仙　然後乃學　第六神通
受持釋迦　十二部經　及十方佛　所有法藏
并諸菩薩　所有論藏　辯説無礙　十方普現
供養諸佛　於惡世中　持釋迦法　令不斷絶
於十方佛　法欲盡處　願悉在彼　持令不滅
誓願此土　具足十地　種智圓滿　成就佛地
是故先作　長壽仙人　藉五通力　學菩薩道
自非神仙　不得久住　爲法學仙　不貪壽命
誓以此身　未來賢劫　見彌勒佛　若不爾者
不取妙覺　誠心發願　願我當來　賢劫之初
彌勒世尊　成佛道已　爲大衆説　大品經時
我以今日　發誓願力　醜陋之形　卑小色陰
見彌勒佛　以誓願力　更立一身　色像無比
過於人天　無量辯才　神通變化　隨意自在
見彌勒佛　以此二身　一時見佛　以誓願力
卑小醜身　亦能變化　具足成就　無礙神通

諸波羅蜜　以造金字　誓願之力　在彌勒前
二身一時　普現變化　遍滿十方　廣説深法
摩訶般若　六波羅蜜　三十七品　及神通事
度衆生已　忽然不現　願彌勒佛　爲諸大衆
説我今身　發願因緣　若不爾者　誓不成佛
又復發願　我今稽首　誠心懺悔　從無始劫
至于今身　多作冤對　惱他因緣　見他修善
爲作障礙　壞他善事　不自覺知　自恃種姓
盛年放逸　以勢陵他　不思道理　信邪倒見
事外道師　於三寶中　多作留難　久積罪業
報在今身　是故稽首　誠心懺悔　十方諸佛
一切賢聖　梵釋四王　天龍八部　護法善神
冥空幽顯　願爲證明　除障道罪　身心清淨
從今已後　所作吉祥　無諸障礙　願在深山
思惟佛道　願得甚深　諸禪解脱　得神通力
報諸佛恩　誓於此身　得不退智　若不爾者
誓不成佛
又願一切十方國土若有四衆比丘比丘尼
及餘智者受持讀誦摩訶般若波羅蜜經若
在山林曠野靜處城邑聚落爲諸大衆敷揚

解說有諸魔衆競來惱亂破壞般若波羅蜜是人若能一心合掌稱我名字即得無量神通我於爾時亦作化人在彼衆中現爲眷屬稱彼弟子降伏衆魔破諸外道令彼智者大得名稱我時復爲化作四衆山林聚落處處皆現爲作衛護或作大力鬼神王像或作沙門或作居士或作國王大臣宰相勅令國內治罰一切破戒惡人若有剛強不改心者或令現入阿鼻地獄種種遍切必令改心還令歸命彼說法者叩頭求哀爲作弟子乃可放耳令諸惡事變爲吉祥若不爾者不取妙覺我從發心所有福業盡施衆生至於當來彌勒世尊出世之時具足十地入無垢位於授記人中最爲第一於未來世過筭數劫得成佛道時不可思議三千大千世界爲一佛土超殊十方嚴淨世界過此之外所有穢土以我願力令諸衆生雖一處住所見各異調伏惡人發菩提心即發心已見諸穢惡悉皆當淨七寶華果應時具足無有四時差別之異所住國土天人之類同一金色三十二相八十種好具六神通與佛無異除佛智慧無能知者若不爾者不取妙覺

設我得佛十方衆生皆悉發願來生我國一切具足普賢之道隨其本願脩短自在色身相好智慧神通教化衆生等無差別飲食衣服應念化現不須造作若不爾者不取妙覺

設我得佛十方衆生聞我名字持戒精進修行六度受持我願稱我名字願見我身修行七日至三七日即得見我一切善願具足若不爾者不取妙覺

設我得佛十方世界若有衆生具五逆罪應墮地獄臨命終時值善知識教稱我名罪人聞已合掌稱名聲聲不絕經十念頃命欲終時即得見我迎其精神來生我國爲說大乘是人聞法得無生忍永不退轉若不爾者不取妙覺

設我得佛世界清淨無三惡道亦無女人一切衆生皆悉化生三十二相飛行自在光明普照無有日月七寶國土無諸穢惡若不爾者不取妙覺

若有衆生在大地獄聞我名字即得解脫若不爾者不取妙覺

若有衆生墮餓鬼中百千萬劫乃至不聞飲食之名恒爲熾然飢火所燒受大苦惱聞我名字即得飽滿得正念力捨餓鬼身生人天中發菩提心至不退轉若不爾者不取妙覺

若有衆生以惡業故墮畜生中受種種苦聞我名字衆苦永滅即得人天端正之身即聞正法具足聖道若不爾者不取妙覺

若有衆生牢獄繫閉鞭撻楚毒稱我名字發菩提心而得解脫瘡瘢亦滅因是發心住不退轉若不爾者不取妙覺

若有衆生橫被繫縛遇大禍對若有罪若無罪臨當刑戮稱我名字彼所執刀杖杻械枷鎖皆悉摧碎即得解脫發菩提心住不退轉若不爾者不取妙覺

一切十方無量衆生百千病苦及以業障諸根不具稱我名字執持不忘正念思惟病苦消滅諸根具足即得平復若不爾者不取妙覺

若有比丘在山林中讀誦般若及諸大乘修學禪定及神通力宿罪障故修不能得於日夜中應各三時稱十方佛持我名字是人心願種種所求即得具足若不爾者不取妙覺

若我得佛十方世界六道衆生聞我名字即發無上菩提之心住不退轉若不爾者不取妙覺

若得佛時無量光明常照一切若諸四衆求佛道者聞我名字修行我願應時即得十地具足入如來慧若不爾者不取妙覺

若我得佛十方世界一切諸佛皆共稱揚說我本願及佛功德衆生聞者即得受記此願不滿不取妙覺

我未來世得成佛時爲大衆說般若波羅蜜十方世界六種震動金經寶函於前涌現爲大衆演說本願因緣如諸佛會等無有異若不爾者不取妙覺

如我所發上來諸願求佛道故不計劫數勤修方便學習種種微妙法門爲衆生故起大悲心常無懈倦功德智慧皆悉滿足如上諸願必剋不虛若不爾者不取妙覺

誓於此生得大仙報獲六神通種種變化十方六道普現色身一時說法衆生聞者得不退轉速成菩提若不爾者不取妙覺

從此願後金經文字瑠璃寶函爲說般若七寶帳蓋金銀鈴網數座寶物及諸一切供養之具若有惡人來欲偷劫此諸寶物令此惡心時心痛悶絶或復顛狂亂語自說其罪手觸此物手即碎折惡眼視者兩眼盲瞎惡言毀謗即令惡人口啞無舌若惡心來欲作惱亂作諸障礙兩脚雙折或復病癩或復生入阿鼻地獄發大惡聲交徹四方令諸惡人皆見此事令法久住護正法故化衆生故發如是願我無惡心亦無嫉妬十方賢聖自當證知欲重宣願意而說偈言

願得身心證　般若波羅蜜　具足無量義
廣爲衆生說　願得身心證　般若波羅蜜
未來賢劫初　得見彌勒佛　於受記人中
名號最第一　具足諸禪定　神通波羅蜜
願我從此生　修一切苦行　爲求佛道故
不顧於身命　過五十億萬　如是世數中
爲道修苦行　復過六億萬　爾乃至賢劫
得見彌勒佛　具一切種智　受記最第一
決誓後賢劫　具六波羅蜜　自在神通力
等齊十方佛　誓在賢劫初　說法度衆生
以此誓願力　轉無上法輪　住壽無量劫
常住不涅槃　應化遍十方　忍苦爲衆生
世界甚清淨　衆生皆化生　又無三惡道
亦無諸女人　天人同一類　相好如世尊
悉具如意通　智慧亦同然　生即能飛行
亦具足諸禪　等齊佛菩薩　無二乘聲聞
十方世界中　諸不淨穢土　三障惡衆生
不聞三寶名　以大誓願力　慈悲心等化之
轉穢爲淨土　衆生亦齊平　天人等無差
飛行放光明　女悉變爲男　斷三惡道名
十方大地獄　我悉於中行　教化諸罪人
悉令生人天　應時齊菩薩　不作二乘人
畜生及餓鬼　轉報亦同然　十方世界中
若有一國土　衆生不如此　誓不成正覺
十方世界中　若有惡國土　衆生皆邪見

剛强無善心　我以誓願力　神通摧伏之
種種苦逼切　必令歸三寶　或先同其事
方便引導之　既悅可其心　轉令入佛道
十方世界中　剛强惡衆生　三塗及八難
悉聞我名字　柔化及苦切　必令入佛道
或先隨其意　後人斷煩惱　十方世界中
若有刀兵劫　國國相殺害　人民皆饑饉
或現作猛將　神伏便安和　五穀悉豐熟
爲民心安寧　或復方便化　作天龍神鬼
方便治惡王　及其惡人民　遍歷惡國土
隨我本願行　降伏一闡提　悉發菩薩心
十方世界中　淨土諸如來　悉在大衆中
稱歎我名號　彼諸佛世尊　我悉到其所
供養及給侍　無前後中間　於一念心中
現一切色身　持一切供養　供養諸世尊
受持佛法藏　及以化衆生　供養諸菩薩
亦供養聲聞　以此方便力　願速成菩提
未來賢劫中　見彌勒世尊　誓願賢劫中
具三十七亦　獲大神通力　在賢劫數中
我從初發心　乃至得菩提　於其兩中間

爲道學苦行　捨名聞利養　捨一切眷屬
悉常在深山　懺悔障道罪　若得神通力
報十方佛恩　願持釋迦法　常住不滅盡
至彌勒出世　化衆生不絶　誓於此生作
長壽五通仙　修習諸禪定　學第六神通
具足諸法門［廿一］　成就等覺地　［十六］妙覺常湛然
以此度衆生　諸佛無優劣　但隨本願行
隨諸佛方便　示現種種名
我今入山修習苦行懺悔破戒障道重罪今
身及先身是罪悉懺悔爲護法故求長壽命
不願生天及餘趣願諸賢聖佐助我得好芝
草及神丹療治衆病除飢渴常得經行修諸
禪願得深山寂靜處足神丹藥修此願藉外
丹力修内丹欲安衆生先自安己身有縛能
解他縛無有是處
以此求道誓願力　作長壽仙見彌勒
不貪身命發此願　既是凡夫未得道
脱恐捨命生異路　輪迴六趣妨修道
諸法性相雖空寂　善惡行業必有報
誓願入山學神仙　得長命力求佛道

若得此願入龍宫　受持七佛世尊經
過去未來今諸佛　所有經藏我悉持
一切十方世界中　若有佛法欲滅處
我願持讀令不滅　爲彼國土人廣説
十方世界惡比丘　及以邪見惡俗人
見行法者競［廿一］惱亂　我當作助［十七］摧伏之
令説法者得安隱　降伏惡人化衆生
稽首十方現在佛　菩薩緣覺及聲聞
梵王帝釋四天王　護法大將及金剛
五通神仙及地神　六齋使者及冥官
一切護法諸善神　我今懺悔障道罪
願爲證明除癡慢　爲求道故早成仙
宣暢廣説釋迦法　不計劫數報佛恩
爲護正法發此願　故造金字般若經
爲護衆生及己身　復造金字法華經
爲大乘故入深山　願速成就大仙人
壽命長遠具神通　供養十方諸世尊
未來賢劫彌勒佛　爲大衆説般若經
以我誓願神通力　金經寶函現其前
從地涌出住空中　大地震動放光明

遍照十方諸世界　種種妙音告衆生
稱揚讚歎釋迦法　三途八難悉解脫
彌勒會前現此事　十方佛前亦復然
願諸世尊說我願　以此因緣度衆生
發大誓願修此行　願速成就大仙人
爲護正法求此願　願佛哀愍令速成
諸佛世尊同證知　梵釋四王爲證明
日月參辰及星宿　金剛大士及神仙
五嶽四海及名山　諸大聖王亦證明
願以慈悲擁護我　令此誓願速得成

應常念本願捨諸有爲事名聞及利養乃至惡弟子內外悉應捨專求四如意八種自在我五眼及種智爲佛一切智當發大精進具足神通力可化衆生耳當念十方佛海慧諸大士世間所有道俗慇勤請供養者乃至强勸請令講（起一）經者此等道俗皆（十八）非善知識是惡知識耳何以故皆是惡魔所使初即假作慇勤似有好心後即斗生忿怒善惡二魔俱非好事從今已後不應信此所有學士亦復如是皆不可信如怨詐親苦哉苦哉不可思議諸王剎利處皆亦復如是擇擇擇擇

南嶽思大禪師立誓願文

南嶽思大禪師立誓願文

校勘記

一　底本，明永樂北藏本。
一　九三一頁中一二行第七字「化」，南作「乞」。
一　九三三頁中五行「第六」，南作「第一」。
一　九三三頁中一八行第四字「天」，徑作「大」。
一　九三三頁中末行「早小」，徑作「卑小」。
一　九三六頁上六行第七字「人」，南、徑作「令」。
一　九三六頁上八行「神伏」，南、徑作「降伏」。
一　九三六頁上一四行「給侍」，徑作「奉侍」。
一　九三六頁上一八行第五字「中」，南、徑作「初」。
一　九三六頁上一九行第五字「亦」，南、徑作「品」。

中華大藏經（漢文部分）

校勘凡例

一　《中華大藏經（漢文部分）》的底本以《趙城金藏》爲主；《趙城金藏》缺佚，則以《高麗藏》等作底本。各卷所用底本的名稱及涉及底本的其他問題，均在校勘記的第一條中説明。

一　《中華大藏經（漢文部分）》選用的參校本共八種，即《房山雲居寺石經》（[石]）、宋《資福藏》（[資]）、《影印宋磧砂藏》（[磧]）、元《普寧藏》（[普]）、明《永樂南藏》（[南]）、明《徑山藏》（[徑]）、《清藏》（[清]）、《高麗藏》（[麗]）。

一　校勘記中的「諸本」，若底本爲金藏，即包括[石]、[資]、[磧]、[普]、[南]、[徑]、[清]、[麗]全部八種校本；若底本爲麗藏，則包括[石]、[資]、[磧]、[普]、[南]、[徑]、[清]全部七種校本。其他情況若用「諸本」，校勘記中則另加説明。

一　校勘採用底本與校本逐字對校的办法，只勘出經文中的異同及字句錯落，一般不加評注。參校本若有缺卷，或有殘缺、漫漶等字迹無可辨認者，則略去不校，校勘記亦不作記録。

一　一經多卷，經名、譯者、品名出現同様性質的問題，一般只在第一卷出校，並注明以下各卷同；分卷不同時，以底本爲主出校。

一　古今字、異體字、正俗字、通假字及同義字，一般不出校。如：

古今字：宍（肉）；猗（倚）；距（跛）；鉾（矛）；誼（義）等。

異體字：腂（槃）；刹（剎）；皃（貌）；惱（惱）；㝵（碍、礙、閡）等。

正俗字：怪（恠）；滴（渧）；體（躰）；刺（刾）；閇（閉）等。

通假字：惟（唯）；嫉（疾）；頻（嚬、顰）；揣（摶）；尟（鮮）等。

同義字：言（曰）；如（若）；弗（不）等。